LAROUSSE

DICTIONNAIRE
DE POCHE

FRANÇAIS
ANGLAIS

ANGLAIS
FRANÇAIS

LAROUSSE

21, rue du Montparnasse 75283 Paris Cedex 06

Réalisé par / Produced by
LAROUSSE

© **Larousse-Bordas, 1999**
21, rue du Montparnasse
75283 Paris Cedex 06, France

ISBN 2-03-401163-5
Larousse-Bordas, Paris
Distributeur exclusif au Québec : Messageries ADP, 1751 Richardson, Montréal (Québec)

ISBN 2-03-420710-6
Diffusion/Sales : Larousse Kingfisher Chambers Inc., New York
Library of Congress Catalog Card Number
98-75568

LAROUSSE

POCKET DICTIONARY

FRENCH
ENGLISH

ENGLISH
FRENCH

LAROUSSE

21, rue du Montparnasse 75283 Paris Cedex 06

AU LECTEUR

La gamme LAROUSSE DE POCHE est un compagnon idéal pour le travail scolaire, l'auto-apprentissage ou le voyage.

Le POCHE anglais & français apporte une réponse rapide et pratique au plus grand nombre des questions posées par la lecture de l'anglais d'aujourd'hui. Avec plus de 55.000 mots et expressions éclairés par plus de 80.000 traductions, il permet d'accéder à un large éventail de textes et de traduire l'anglais courant de manière rapide et précise. De nombreux sigles et noms propres, les termes les plus courants des affaires et de l'informatique en font une référence actuelle.

Par le traitement clair et détaillé du vocabulaire fondamental, les exemples de constructions grammaticales, les tournures idiomatiques, les indications de sens soulignant la ou les traductions appropriées, il permet de rédiger dans une langue simple sans risque de contresens et sans hésitation.

Une présentation, une typographie et un format très étudiés concourent à rendre plus aisée la consultation. Pour tous ceux qui apprennent l'anglais, qu'ils soient débutants ou d'un niveau déjà plus avancé, le POCHE constitue la référence idéale.

N'hésitez pas à nous faire part de vos observations, questions ou critiques éventuelles, vous contribuerez ainsi à rendre cet ouvrage encore meilleur.

L'ÉDITEUR

TO OUR READERS

The Larousse POCKET dictionary is ideal for all your language needs, from language learning at school and at home to travelling abroad.

This handy dictionary is designed to provide fast and practical solutions to the various problems encountered when reading present-day French. With over 55,000 references and 80,000 translations, it enables the user to read and enjoy a wide range of texts and to translate everyday French quickly and accurately. This new dictionary also features up-to-date coverage of common abbreviations and acronyms, proper names, business terms and computing vocabulary.

Writing basic French accurately and confidently is no longer a problem thanks to the POCKET's detailed coverage of essential vocabulary, and helpful sense-markers which guide the user to the most appropriate translation.

Careful thought has gone into the presentation of the entries, both in terms of layout and typography. The POCKET is the ideal reference work for all learners from beginners up to intermediate level.

Send us your comments or queries – you will be helping to make this dictionary an even better book.

THE PUBLISHER

ABBREVIATIONS _____ ABRÉVIATIONS

abbreviation	*abbr/abr*	abréviation
adjective	*adj*	adjectif
administration, administrative	ADMIN	administration
adverb	*adv*	adverbe
aeronautics, aviation	AERON/AÉRON	aéronautique
agriculture, farming	AGR(IC)	agriculture
American English	*Am*	anglais américain
anatomy	ANAT	anatomie
archaeology	ARCHAEOL/ ARCHÉOL	archéologie
architecture	ARCHIT	architecture
slang	*arg*	argot
article	*art*	article
astrology	ASTROL	astrologie
astronomy	ASTRON	astronomie
automobile, cars	AUT(OM)	automobile
auxiliary	*aux*	auxiliaire
before noun	*avant n*	avant le nom
– indicates that the translation is always used directly before the noun which it modifies		– appliqué à la traduction d'un adjectif français, indique l'emploi d'un nom anglais avec valeur d'adjectif; souligne aussi les cas où la traduction d'un adjectif est nécessairement antéposée
Belgian French	*Belg*	belgicisme
biology	BIOL	biologie
botany	BOT	botanique
British English	*Br*	anglais britannique
Canadian English/French	*Can*	canadianisme
chemistry	CHEM/CHIM	chimie
cinema, film-making	CIN(EMA)	cinéma
commerce, business	COMM	commerce
compound	*comp*	nom anglais utilisé en apposition
comparative	*compar*	comparatif
computers, computer science	COMPUT	informatique
conjunction	*conj*	conjonction
construction, building trade	CONSTR	construction, bâtiment
continuous	*cont*	progressif
sewing	COUT	couture
culinary, cooking	CULIN	cuisine, art culinaire
definite	*def/déf*	défini
demonstrative	*dem*	démonstratif
ecology	ÉCOL	écologie
economics	ECON/ÉCON	économie
electricity	ELEC/ÉLECTR	électricité
electronics	ELECTRON/ ÉLECTRON	électronique
especially	*esp*	particulièrement

exclamation	*excl*	interjection
feminine	*f*	féminin
informal	*fam*	familier
figurative	*fig*	figuré
finance, financial	FIN	finances
formal	*fml*	soutenu
soccer	FTBL	football
inseparable	*fus*	non séparable

— shows that a phrasal verb is "fused", i.e. inseparable, e.g. **look after** where the object cannot come between the verb and the particle, e.g. *I looked after him* but not * *I looked him after*

— indique qu'un verbe anglais à particule ("phrasal verb") ne peut pas être séparé de sa particule, c'est-à-dire qu'un complément d'objet ne peut être inséré entre les deux, par exemple, *I looked after him* et non * *I looked him after*

generally, in most cases	*gen/gén*	généralement
geography, geographical	GEOGR/GÉOGR	géographie
geology, geological	GEOL/GÉOL	géologie
geometry	GEOM/GÉOM	géométrie
grammar	GRAM(M)	grammaire
Swiss French	*Helv*	helvétisme
history	HIST	histoire
humorous	*hum*	humoristique
industry	IND	industrie
indefinite	*indef/indéf*	indéfini
informal	*inf*	familier
infinitive	*infin*	infinitif
computers, computer science	INFORM	informatique
exclamation	*interj*	interjection
interrogative	*interr*	interrogatif
invariable	*inv*	invariable
ironic	*iro/iron*	ironique
juridical, legal	JUR	juridique
linguistics	LING	linguistique
literal	*lit/litt*	littéral
phrase(s)	*loc*	locution(s)
adjectival phrase	*loc adj*	locution adjectivale
adverbial phrase	*loc adv*	locution adverbiale
conjunctival phrase	*loc conj*	locution conjonctive
prepositional phrase	*loc prép*	locution prépositionnelle

— adjectives, adverbs and prepositions consisting of more than one word, e.g. **d'affilée, par dépit**

— adjectifs, adverbes et prépositions composés de plusieurs mots, **d'affilée, par dépit,** par exemple

masculine	*m*	masculin
mathematics	MATH(S)	mathématiques
medicine	MED/MÉD	médecine
weather, meteorology	METEOR/MÉTÉOR	météorologie
military	MIL	domaine militaire
music	MUS	musique
mythology	MYTH	mythologie

noun	*n*	nom
nautical, maritime	NAUT/NAVIG	navigation
numeral	*num*	numéral
oneself	*o.s.*	
pejorative	*pej/péj*	péjoratif
personal	*pers*	personnel
pharmacology, pharmaceutics	PHARM	pharmacologie
philosophy	PHILO	philosophie
photography	PHOT	photographie
phrase(s)	*phr*	locution(s)
physics	PHYS	physique
plural	*pl*	pluriel
politics	POL(IT)	politique
possessive	*poss*	possessif
past participle	*pp*	participe passé
present participle	*ppr*	participe présent
preposition	*prep/prép*	préposition
pronoun	*pron*	pronom
psychology, psychiatry	PSYCH(OL)	psychologie
past tense	*pt*	passé
	qqch	quelque chose
	qqn	quelqu'un
registered trademark	®	nom déposé
railways	RAIL	rail
relative	*rel*	relatif
religion	RELIG	religion
someone, somebody	*sb*	
school	SCH/SCOL	scolarité
Scottish English	*Scot*	anglais écossais
separable	*sep*	séparable
– shows that a phrasal verb is separable, e.g. **let in, help out** where the object can come between the verb and the particle, *I let her in, he helped me out*		– indique qu'un verbe anglais à post-position ("phrasal verb") peut être séparé de sa particule, c'est-à-dire qu'un complément d'objet peut être inséré entre les deux, par exemple *I let her in, he helped me out*
singular	*sg*	singulier
slang	*sl*	argot
sociology	SOCIOL	sociologie
formal	*sout*	soutenu
stock exchange	ST EX	Bourse
something	*sthg*	
subject	*subj/suj*	sujet
superlative	*superl*	superlatif
technology, technical	TECH(NOL)	domaine technique et technologique
telecommunications	TELEC/TÉLÉCOM	télécommunications
very informal	*tfam*	très familier
television	TV/TÉLÉ	télévision
printing, typography	TYPO	typographie

uncountable noun – i.e. an English noun which is never used in the plural or with "a"; used when the French word is or can be a plural, e.g. **applause** *n* (*U*) applaudissements *mpl*, **battement** *nm* beat, beating (*U*)	*U*	substantif non comptable – désigne en anglais les noms qui ne sont jamais utilisés au pluriel, lorsque le terme français est un pluriel, ou peut être mis au pluriel, par exemple **applause** *n* (*U*) applaudissements *mpl*, **battement** *nm* beat, beating (*U*)
university	UNIV	université
usually	*usu*	habituellement
link verb followed by a predicative adjective or noun	*v attr*	verbe suivi d'un attribut
verb	*vb/v*	verbe
veterinary science	VETER	médecine vétérinaire
intransitive verb	*vi*	verbe intransitif
impersonal verb	*v impers*	verbe impersonnel
very informal	*v inf*	très familier
pronominal verb	*vp*	verbe pronominal
transitive verb	*vt*	verbe transitif
vulgar	*vulg*	vulgaire
zoology	ZOOL	zoologie
cultural equivalent	≃	équivalence culturelle
introduces a new part of speech within an entry	◇	introduit une nouvelle catégorie grammaticale dans une entrée
introduces a sub-entry, such as a plural form with its own specific meaning or a set phrase containing the headword (e.g. a phrasal verb or adverbial phrase)	◆	introduit une sous-entrée, par exemple une forme plurielle ayant un sens propre, ou une locution (locution adverbiale, verbe pronominal, etc)

A NOTE ON ENGLISH COMPOUNDS

A compound is a word or expression which has a single meaning but is made up of more than one word, e.g. **point of view, kiss of life, virtual reality, West Indies** and **Confederation of British Industry**. It is a feature of this dictionary that English compounds appear in the A-Z list in strict alphabetical order. The compound **blood poisoning** will therefore come after **bloodhound** which itself follows **blood group**.

MOTS COMPOSÉS ANGLAIS

On désigne par composés des entités lexicales ayant un sens autonome mais qui sont composées de plus d'un mot. Nous avons pris le parti de faire figurer les composés anglais dans l'ordre alphabétique général. Le composé **blood poisoning** est ainsi présenté après **bloodhound** qui suit **blood group**.

PHONETIC TRANSCRIPTION _____ TRANSCRIPTION PHONÉTIQUE

English Vowels

[ɪ] pit, big, rid
[e] pet, tend
[æ] pat, bag, mad
[ʌ] putt, cut
[ɒ] pot, log
[ʊ] put, full
[ə] mother, suppose
[i:] bean, weed
[ɑ:] barn, car, laugh
[ɔ:] born, lawn
[u:] loop, loose
[ɜ:] burn, learn, bird

English Diphthongs

[eɪ] bay, late, great
[aɪ] buy, light, aisle
[ɔɪ] boy , foil
[əʊ] no, road, blow
[aʊ] now, shout, town
[ɪə] peer, fierce, idea
[eə] pair, bear, share
[ʊə] poor, sure, tour

Semi-vowels

you, spaniel
wet, why, twin

Voyelles françaises

[i] fille, île
[e] pays, année
[ɛ] bec, aime
[a] lac, papillon
[ɑ] tas, âme
[o] drôle, aube
[u] outil, goût
[y] usage, lune
[ø] aveu, jeu
[œ] peuple, bœuf
[ə] le, je

Nasales françaises

[ɛ̃] limbe, main
[ɑ̃] champ, ennui
[ɔ̃] ongle, mon
[œ̃] parfum, brun

Semi-voyelles

[j]   yeux, lieu
[w]   ouest, oui
[ɥ]   lui, nuit

Consonants

pop, people
bottle, bib
train, tip
dog, did
come, kitchen
gag, great
chain, wretched
jig, fridge
fib, physical
vine, livid
think, fifth
this, with
seal, peace
zip, his
sheep, machine
usual, measure
how, perhaps
metal, comb
night, dinner
sung, parking

little, help
right, carry

Consonnes

[p]   prendre, grippe
[b]   bateau, rosbif
[t]   théâtre, temps
[d]   dalle, ronde
[k]   coq, quatre
[g]   garder, épilogue
[tʃ]
[dʒ]
[f]   physique, fort
[v]   voir, rive
[θ]
[ð]
[s]   cela, savant
[z]   fraise, zéro
[ʃ]   charrue, schéma
[ʒ]   rouge, jabot
[h]
[m]   mât, drame
[n]   nager, trône
[ŋ]   dancing, smoking
[ɲ]   agneau, peigner
[l]   halle, lit
[r]   arracher, sabre

The symbol ['] has been used to represent the French "h aspiré", e.g. **hachis** [ˈaʃi].

Le symbole ['] représente le "h aspiré" français, e.g. **hachis** [ˈaʃi].

The symbol ['] indicates that the following syllable carries primary stress and the symbol [ˌ] that the following syllable carries secondary stress.

Les symboles ['] et [ˌ] indiquent respectivement un accent primaire et un accent secondaire sur la syllabe suivante.

The symbol [ʳ] in English phonetics indicates that the final "r" is pronounced only when followed by a word beginning with a vowel. Note that it is nearly always pronounced in American English.

Le symbole [ʳ] indique que le "h" final d'un mot anglais ne se prononce que lorsqu'il forme une liaison avec la voyelle du mot suivant; le "r" final est presque toujours prononcé en anglais américain.

A phonetic transcription has been given where appropriate after every French headword (the main word which starts an entry). All one-word English headwords similarly have phonetics. For English compound headwords, whether hyphenated or of two or more words, phonetics are given for any element which does not appear elsewhere in the dictionary as a headword in its own right.

Une transcription phonétique – quand elle a été jugée nécessaire – suit chaque libellé (terme-vedette de l'entrée) français, ainsi que chaque libellé anglais écrit en un seul mot. Pour les mots composés anglais (avec ou sans trait d'union, et composés de deux éléments ou plus), la phonétique est présente pour ceux des éléments qui n'apparaissent pas dans le dictionnaire en tant que libellé à part entière.

Conjugaisons

Légende: *ppr* = participe présent, *pp* = participe passé, *pr ind* = présent de
l'indicatif, *imp* = imparfait, *fut* = futur, *cond* = conditionnel,
pr subj = présent du subjonctif

acquérir: *pp* acquis, *pr ind* acquiers, acquérons, acquièrent, *imp* acquérais,
fut acquerrai, *pr subj* acquière

aller: *pp* allé, *pr ind* vais, vas, va, allons, allez, vont, *imp* allais, *fut* irai,
cond irais, *pr subj* aille

asseoir: *ppr* asseyant, *pp* assis, *pr ind* assieds, asseyons, *imp* asseyais,
fut assiérai, *pr subj* asseye

atteindre: *ppr* atteignant, *pp* atteint, *pr ind* atteins, atteignons, *imp* atteignais,
pr subj atteigne

avoir: *ppr* ayant, *pp* eu, *pr ind* ai, as, a, avons, avez, ont, *imp* avais, *fut* aurai,
cond aurais, *pr subj* aie, aies, ait, ayons, ayez, aient

boire: *ppr* buvant, *pp* bu, *pr ind* bois, buvons, boivent, *imp* buvais,
pr subj boive

conduire: *ppr* conduisant, *pp* conduit, *pr ind* conduis, conduisons,
imp conduisais, *pr subj* conduise

connaître: *ppr* connaissant, *pp* connu, *pr ind* connais, connaît, connaissons,
imp connaissais, *pr subj* connaisse

coudre: *ppr* cousant, *pp* cousu, *pr ind* couds, cousons, *imp* cousais,
pr subj couse

courir: *pp* couru, *pr ind* cours, courons, *imp* courais, *fut* courrai, *pr subj* coure

couvrir: *pp* couvert, *pr ind* couvre, couvrons, *imp* couvrais, *pr subj* couvre

craindre: *ppr* craignant, *pp* craint, *pr ind* crains, craignons, *imp* craignais,
pr subj craigne

croire: *ppr* croyant, *pp* cru, *pr ind* crois, croyons, croient, *imp* croyais,
pr subj croie

cueillir: *pp* cueilli, *pr ind* cueille, cueillons, *imp* cueillais, *fut* cueillerai,
pr subj cueille

devoir: *pp* dû, due, *pr ind* dois, devons, doivent, *imp* devais, *fut* devrai,
pr subj doive

dire: *ppr* disant, *pp* dit, *pr ind* dis, disons, dites, disent, *imp* disais, *pr subj* dise

dormir: *pp* dormi, *pr ind* dors, dormons, *imp* dormais, *pr subj* dorme

écrire: *ppr* écrivant, *pp* écrit, *pr ind* écris, écrivons, *imp* écrivais, *pr subj* écrive

essuyer: *pp* essuyé, *pr ind* essuie, essuyons, essuient, *imp* essuyais,
fut essuierai, *pr subj* essuie

être: *ppr* étant, *pp* été, *pr ind* suis, es, est, sommes, êtes, sont, *imp* étais,
fut serai, *cond* serais, *pr subj* sois, sois, soit, soyons, soyez, soient

faire: *ppr* faisant, *pp* fait, *pr ind* fais, fais, fait, faisons, faites, font, *imp* faisais,
fut ferai, *cond* ferais, *pr subj* fasse

falloir: *pp* fallu, *pr ind* faut, *imp* fallait, *fut* faudra, *pr subj* faille

FINIR: *ppr* finissant, *pp* fini, *pr ind* finis, finis, finit, finissons, finissez,
finissent, *imp* finissais, finissais, finissait, finissions, finissiez, finissaient,
fut finirai, finiras, finira, finirons, finirez, finiront, *cond* finirais, finirais, finirait,
finirions, finiriez, finiraient, *pr subj* finisse, finisses, finisse, finissions,
finissiez, finissent

fuir: *ppr* fuyant, *pp* fui, *pr ind* fuis, fuyons, fuient, *imp* fuyais, *pr subj* fuie

haïr: *ppr* haïssant, *pp* haï, *pr ind* hais, haïssons, *imp* haïssais, *pr subj* haïsse

joindre: *comme* **atteindre**

lire: *ppr* lisant, *pp* lu, *pr ind* lis, lisons, *imp* lisais, *pr subj* lise

mentir: *pp* menti, *pr ind* mens, mentons, *imp* mentais, *pr subj* mente

mettre: *ppr* mettant, *pp* mis, *pr ind* mets, mettons, *imp* mettais, *pr subj* mette

mourir: *pp* mort, *pr ind* meurs, mourons, meurent, *imp* mourais, *fut* mourrai, *pr subj* meure

naître: *ppr* naissant, *pp* né, *pr ind* nais, naît, naissons, *imp* naissais, *pr subj* naisse

offrir: *pp* offert, *pr ind* offre, offrons, *imp* offrais, *pr subj* offre

paraître: *comme* **connaître**

PARLER: *ppr* parlant, *pp* parlé, *pr ind* parle, parles, parle, parlons, parlez, parlent, *imp* parlais, parlais, parlait, parlions, parliez, parlaient, *fut* parlerai, parleras, parlera, parlerons, parlerez, parleront, *cond* parlerais, parlerais, parlerait, parlerions, parleriez, parleraient, *pr subj* parle, parles, parle, parlions, parliez, parlent

partir: *pp* parti, *pr ind* pars, partons, *imp* partais, *pr subj* parte

plaire: *ppr* plaisant, *pp* plu, *pr ind* plais, plaît, plaisons, *imp* plaisais, *pr subj* plaise

pleuvoir: *pp* plu, *pr ind* pleut, *imp* pleuvait, *fut* pleuvra, *pr subj* pleuve

pouvoir: *pp* pu, *pr ind* peux, peux, peut, pouvons, pouvez, peuvent, *imp* pouvais, *fut* pourrai, *pr subj* puisse

prendre: *ppr* prenant, *pp* pris, *pr ind* prends, prenons, prennent, *imp* prenais, *pr subj* prenne

prévoir: *ppr* prévoyant, *pp* prévu, *pr ind* prévois, prévoyons, prévoient, *imp* prévoyais, *fut* prévoirai, *pr subj* prévoie

recevoir: *pp* reçu, *pr ind* reçois, recevons, reçoivent, *imp* recevais, *fut* recevrai, *pr subj* reçoive

RENDRE: *ppr* rendant, *pp* rendu, *pr ind* rends, rends, rend, rendons, rendez, rendent, *imp* rendais, rendais, rendait, rendions, rendiez, rendaient, *fut* rendrai, rendras, rendra, rendrons, rendrez, rendront, *cond* rendrais, rendrais, rendrait, rendrions, rendriez, rendraient, *pr subj* rende, rendes, rende, rendions, rendiez, rendent

résoudre: *ppr* résolvant, *pp* résolu, *pr ind* résous, résolvons, *imp* résolvais, *pr subj* résolve

rire: *ppr* riant, *pp* ri, *pr ind* ris, rions, *imp* riais, *pr subj* rie

savoir: *ppr* sachant, *pp* su, *pr ind* sais, savons, *imp* savais, *fut* saurai, *pr subj* sache

servir: *pp* servi, *pr ind* sers, servons, *imp* servais, *pr subj* serve

sortir: *comme* **partir**

suffire: *ppr* suffisant, *pp* suffi, *pr ind* suffis, suffisons, *imp* suffisais, *pr subj* suffise

suivre: *ppr* suivant, *pp* suivi, *pr ind* suis, suivons, *imp* suivais, *pr subj* suive

taire: *ppr* taisant, *pp* tu, *pr ind* tais, taisons, *imp* taisais, *pr subj* taise

tenir: *pp* tenu, *pr ind* tiens, tenons, tiennent, *imp* tenais, *fut* tiendrai, *pr subj* tienne

vaincre: *ppr* vainquant, *pp* vaincu, *pr ind* vaincs, vainc, vainquons, *imp* vainquais, *pr subj* vainque

valoir: *pp* valu, *pr ind* vaux, valons, *imp* valais, *fut* vaudrai, *pr subj* vaille

venir: *comme* **tenir**

vivre: *ppr* vivant, *pp* vécu, *pr ind* vis, vivons, *imp* vivais, *pr subj* vive

voir: *ppr* voyant, *pp* vu, *pr ind* vois, voyons, voient, *imp* voyais, *fut* verrai, *pr subj* voie

vouloir: *pp* voulu, *pr ind* veux, veux, veut, voulons, voulez, veulent, *imp* voulais, *fut* voudrai, *pr subj* veuille

ENGLISH IRREGULAR VERBS

Infinitive	Past Tense	Past Participle
arise	arose	arisen
awake	awoke	awoken
be	was, were	been
bear	bore	born(e)
beat	beat	beaten
befall	befell	befallen
begin	began	begun
behold	beheld	beheld
bend	bent	bent
beseech	besought	besought
beset	beset	beset
bet	bet (also betted)	bet (also betted)
bid	bid (also bade)	bid (also bidden)
bind	bound	bound
bite	bit	bitten
bleed	bled	bled
blow	blew	blown
break	broke	broken
breed	bred	bred
bring	brought	brought
build	built	built
burn	burnt (also burned)	burnt (also burned)
burst	burst	burst
buy	bought	bought
can	could	–
cast	cast	cast
catch	caught	caught
choose	chose	chosen
cling	clung	clung
come	came	come
cost	cost	cost
creep	crept	crept
cut	cut	cut
deal	dealt	dealt
dig	dug	dug
do	did	done
draw	drew	drawn
dream	dreamed (also dreamt)	dreamed (also dreamt)
drink	drank	drunk
drive	drove	driven
dwell	dwelt	dwelt
eat	ate	eaten
fall	fell	fallen
feed	fed	fed
feel	felt	felt
fight	fought	fought
find	found	found
flee	fled	fled
fling	flung	flung
fly	flew	flown
forget	forgot	forgotten
forsake	forsook	forsaken

Infinitive	Past Tense	Past Participle
freeze	froze	frozen
get	got	got (*Am* gotten)
give	gave	given
go	went	gone
grind	ground	ground
grow	grew	grown
hang	hung (also hanged)	hung (also hanged)
have	had	had
hear	heard	heard
hide	hid	hidden
hit	hit	hit
hold	held	held
hurt	hurt	hurt
keep	kept	kept
kneel	knelt (also kneeled)	knelt (also kneeled)
know	knew	known
lay	laid	laid
lead	led	led
lean	leant (also leaned)	leant (also leaned)
leap	leapt (also leaped)	leapt (also leaped)
learn	learnt (also learned)	learnt (also learned)
leave	left	left
lend	lent	lent
let	let	let
lie	lay	lain
light	lit (also lighted)	lit (also lighted)
lose	lost	lost
make	made	made
may	might	–
mean	meant	meant
meet	met	met
mow	mowed	mown (also mowed)
pay	paid	paid
put	put	put
quit	quit (also quitted)	quit (also quitted)
read	read	read
rend	rent	rent
rid	rid	rid
ride	rode	ridden
ring	rang	rung
rise	rose	risen
run	ran	run
saw	sawed	sawn
say	said	said
see	saw	seen
seek	sought	sought
sell	sold	sold
send	sent	sent
set	set	set
shake	shook	shaken
shall	should	–
shear	sheared	shorn (also sheared)
shed	shed	shed
shine	shone	shone

	Past Tense	Past Participle
	shot	shot
	showed	shown
	shrank	shrunk
	shut	shut
	sang	sung
	sank	sunk
	sat	sat
...ay	slew	slain
sleep	slept	slept
slide	slid	slid
sling	slung	slung
slit	slit	slit
smell	smelt (also smelled)	smelt (also smelled)
sow	sowed	sown (also sowed)
speak	spoke	spoken
speed	sped (also speeded)	sped (also speeded)
spell	spelt (also spelled)	spelt (also spelled)
spend	spent	spent
spill	spilt (also spilled)	spilt (also spilled)
spin	spun	spun
spit	spat	spat
split	split	split
spoil	spoiled (also spoilt)	spoiled (also spoilt)
spread	spread	spread
spring	sprang	sprung
stand	stood	stood
steal	stole	stolen
stick	stuck	stuck
sting	stung	stung
stink	stank	stunk
stride	strode	stridden
strike	struck	struck (also stricken)
strive	strove	striven
swear	swore	sworn
sweep	swept	swept
swell	swelled	swollen (also swelled)
swim	swam	swum
swing	swung	swung
take	took	taken
teach	taught	taught
tear	tore	torn
tell	told	told
think	thought	thought
throw	threw	thrown
thrust	thrust	thrust
tread	trod	trodden
wake	woke (also waked)	woken (also waked)
wear	wore	worn
weave	wove (also weaved)	woven (also weaved)
wed	wedded	wedded
weep	wept	wept
win	won	won
wind	wound	wound
wring	wrung	wrung
write	wrote	written

FRANÇAIS–ANGLAIS
FRENCH–ENGLISH

A

a¹, A [a] *nm inv* a, A; **de A à Z** from beginning to end. ◆**A -1.** *(abr de* **ampère)** A, amp. **-2.** *(abr de* **autoroute)** M.

a² → **avoir**.

à [a] *prép (contraction de à + le =* **au**, *contraction de à + les =* **aux) -1.** [introduisant un complément d'objet indirect] to; **parler à qqn** to speak to sb; **donner qqch à qqn** to give sthg to sb, to give sb sthg. **-2.** [introduisant un complément de lieu - situation] at, in; [- direction] to; **être à la maison/au bureau** to be at home/at the office; **il habite à Paris/à la campagne** he lives in Paris/in the country; **aller à Paris/à la campagne/au Pérou** to go to Paris/to the country/to Peru; **un voyage à Londres/aux Seychelles** a journey to London/to the Seychelles. **-3.** [introduisant un complément de temps]: **à onze heures** at eleven o'clock; **au mois de février** in the month of February; **à lundi!** see you (on) Monday!; **à plus tard!** see you later!; **de huit à dix heures** from eight to ten o'clock; **se situer à une heure/à 10 kilomètres de l'aéroport** to be situated an hour/10 kilometres (away) from the airport. **-4.** [introduisant un complément de manière, de moyen]: **à haute voix** out loud, aloud; **rire aux éclats** to roar with laughter; **agir à son gré** to do as one pleases; **acheter à crédit** to buy on credit; **à pied/cheval** on foot/horseback. **-5.** [indiquant une caractéristique] with; **une fille aux cheveux longs** a girl with long hair; **l'homme à l'imperméable** the man with the raincoat. **-6.** [introduisant un chiffre]: **ils sont venus à dix** ten of them came; **un livre à 30 francs** a 30-franc book, a book costing 30 francs; **la vitesse est limitée à 50 km à l'heure** the speed limit is 50 km per OU an hour; **un groupe de 10 à 12 personnes** a group of 10 to 12 people, a group of between 10 and 12 people; **deux à deux** two by two. **-7.** [marque l'appartenance]: **c'est à moi/toi/lui/elle** it's mine/yours/his/hers; **ce vélo est à ma sœur** this bike is my sister's OU belongs to my sister; **une amie à moi** a friend of mine. **-8.** [introduit le but]: **coupe à champagne** champagne goblet; **le courrier à poster** the mail to be posted; **appartement à vendre/louer** flat for sale/to let.

AB *(abr de* **assez bien)** fair grade (as assessment of schoolwork).

abaisser [abese] *vt* **-1.** [rideau, voile) to lower; [levier, manette] to push OU pull down. **-2.** [diminuer] to reduce, to lower. ◆**s'abaisser** *vp* **-1.** [descendre - rideau] to fall, to come down; [- terrain] to fall away. **-2.** [s'humilier] to demean o.s.; **s'~ à faire qqch** to lower o.s. to do sthg.

abandon [abɑ̃dɔ̃] *nm* **-1.** [désertion, délaissement] desertion; **à l'~** [jardin, maison] neglected, in a state of neglect. **-2.** [renonciation] abandoning, giving up. **-3.** [nonchalance, confiance] abandon.

abandonner [abɑ̃dɔne] *vt* **-1.** [quitter - femme, enfants] to abandon, to desert; [- voiture, propriété] to abandon. **-2.** [renoncer à] to give up, to abandon. **-3.** [se retirer de - course, concours] to withdraw from. **-4.** [céder]: **~ qqch à qqn** to leave sthg to sb, to leave sb sthg.

abasourdi, -e [abazurdi] *adj* stunned.

abat-jour [abaʒur] *nm inv* lampshade.

abats [aba] *nmpl* [d'animal] offal (U); [de volaille] giblets.

abattement [abatmɑ̃] *nm* -1. [faiblesse physique] weakness. -2. [désespoir] dejection. -3. [déduction] reduction; ~ fiscal tax allowance.

abattis [abati] *nmpl* giblets.

abattoir [abatwar] *nm* abattoir, slaughterhouse.

abattre [abatr] *vt* -1. [faire tomber - mur] to knock down; [- arbre] to cut down, to fell; [- avion] to bring down. -2. [tuer - gén] to kill; [- dans un abattoir] to slaughter. -3. [épuiser] to wear out; [démoraliser] to demoralize.

abbaye [abei] *nf* abbey.

abbé [abe] *nm* -1. [prêtre] priest. -2. [de couvent] abbot.

abc *nm* basics (*pl*).

abcès [apsɛ] *nm* abscess.

abdiquer [abdike] ◇ *vt* [renoncer à] to renounce. ◇ *vi* [roi] to abdicate.

abdomen [abdɔmɛn] *nm* abdomen.

abdominaux [abdɔmino] *nmpl* -1. [muscles] abdominal OU stomach muscles. -2. [exercices]: faire des abdominaux to do exercises for the stomach muscles.

abeille [abɛj] *nf* bee.

aberrant, -e [abɛrɑ̃, ɑ̃t] *adj* absurd.

abîme [abim] *nm* abyss, gulf.

abîmer [abime] *vt* [détériorer - objet] to damage; [- partie du corps, vue] to ruin. ◆ **s'abîmer** *vp* [gén] to be damaged; [- fruits] to go bad.

abject, -e [abʒɛkt] *adj* despicable, contemptible.

abnégation [abnegasjɔ̃] *nf* selflessness.

aboiement [abwamɑ̃] *nm* bark, barking (U).

abolir [abɔlir] *vt* to abolish.

abominable [abɔminabl] *adj* appalling, awful.

abondance [abɔ̃dɑ̃s] *nf* -1. [profusion] abundance. -2. [opulence] affluence.

abondant, -e [abɔ̃dɑ̃, ɑ̃t] *adj* [gén] plentiful; [végétation, chevelure] luxuriant; [pluie] heavy.

abonder [abɔ̃de] *vi* to abound, to be abundant; ~ en qqch to be rich in sthg; ~ dans le sens de qqn to be entirely of sb's opinion.

abonné, -e [abɔne] *nm, f* -1. [à un journal, à une chaîne de télé] subscriber; [à un théâtre] season-ticket holder. -2. [à un service public] consumer.

abonnement [abɔnmɑ̃] *nm* -1. [à un journal, à une chaîne de télé] subscription; [à un théâtre] season ticket. -2. [au

téléphone] rental; [au gaz, à l'électricité] standing charge.

abonner [abɔne] ◆ **s'abonner** *vp*: s'~ à qqch [journal, chaîne de télé] to take out a subscription to sthg; [service public] to get connected to sthg; [théâtre] to buy a season ticket for sthg.

abord [abɔr] *nm*: être d'un ~ facile/difficile to be very/not very approachable. ◆ **abords** *nmpl* [gén] surrounding area (*sg*); [de ville] outskirts. ◆ **d'abord** *loc adv* -1. [en premier lieu] first. -2. [avant tout]: **(tout) d'~** first (of all), in the first place.

abordable [abɔrdabl] *adj* [lieu] accessible; [personne] approachable; [de prix modéré] affordable.

aborder [abɔrde] ◇ *vi* to land. ◇ *vt* -1. [personne, lieu] to approach. -2. [question] to tackle.

aborigène [abɔriʒɛn] *adj* aboriginal. ◆ **Aborigène** *nmf* (Australian) aborigine.

abouti, -e [abuti] *adj* [projet, démarche] successful.

aboutir [abutir] *vi* -1. [chemin]: ~ à/dans to end at/in. -2. [négociation] to be successful; ~ à qqch to result in sthg.

aboyer [abwaje] *vi* to bark.

abrasif, -ive [abrazif, iv] *adj* abrasive.

abrégé, -e [abreʒe] *adj* abridged.

abréger [abreʒe] *vt* [visite, réunion] to cut short; [discours] to shorten; [mot] to abbreviate.

abreuvoir [abrœvwar] *nm* [lieu] watering place; [installation] drinking trough.

abréviation [abrevjasjɔ̃] *nf* abbreviation.

abri [abri] *nm* shelter; à l'~ de sheltered from; *fig* safe from.

abricot [abriko] *nm & adj inv* apricot.

abricotier [abrikɔtje] *nm* apricot tree.

abriter [abrite] *vt* -1. [protéger]: ~ qqn/qqch (de) to shelter sb/sthg (from). -2. [héberger] to accommodate. ◆ **s'abriter** *vp*: s'~ (de) to shelter (from).

abroger [abrɔʒe] *vt* to repeal.

abrupt, -e [abrypt] *adj* -1. [raide] steep. -2. [rude] abrupt, brusque.

abruti, -e [abryti] *fam nm, f* moron.

abrutir [abrytir] *vt* -1. [abêtir]: ~ qqn to deaden sb's mind. -2. [accabler]: ~ qqn de travail to work sb silly.

abrutissant, -e [abrytisɑ̃, ɑ̃t] *adj* -1. [bruit, travail] stupefying. -2. [jeu, feuilleton] moronic.

absence [apsɑ̃s] *nf* -1. [de personne] absence. -2. [carence] lack.

absent, -e [apsɑ̃, ɑ̃t] ◇ *adj* **-1.** [personne]: ~ **(de)** [gén] away (from); [pour maladie] absent (from). **-2.** [regard, air] vacant, absent. **-3.** [manquant] lacking. ◇ *nm, f* absentee.

absenter [apsɑ̃te] ◆ **s'absenter** *vp*: **s'~ (de la pièce)** to leave (the room).

absinthe [apsɛ̃t] *nf* [plante] wormwood; [boisson] absinth.

absolu, -e [apsɔly] *adj* [gén] absolute; [décision, jugement] uncompromising.

absolument [apsɔlymɑ̃] *adv* absolutely.

absorbant, -e [apsɔrbɑ̃, ɑ̃t] *adj* **-1.** [matière] absorbent. **-2.** [occupation] absorbing.

absorber [apsɔrbe] *vt* **-1.** [gén] to absorb. **-2.** [manger] to take.

abstenir [apstənir] ◆ **s'abstenir** *vp* **-1.** [ne rien faire]: **s'~ (de qqch/de faire qqch)** to refrain (from sthg/from doing sthg). **-2.** [ne pas voter] to abstain.

abstention [apstɑ̃sjɔ̃] *nf* abstention.

abstentionnisme [apstɑ̃sjɔnism] *nm* abstaining.

abstinence [apstinɑ̃s] *nf* abstinence.

abstraction [apstraksjɔ̃] *nf* abstraction; **faire ~ de** to disregard.

abstrait, -e [apstrɛ, ɛt] *adj* abstract.

absurde [apsyrd] *adj* absurd.

absurdité [apsyrdite] *nf* absurdity; **dire des ~s** to talk nonsense (U).

abus [aby] *nm* abuse; **~ de confiance** breach of trust; **~ de pouvoir** abuse of power.

abuser [abyze] *vi* **-1.** [dépasser les bornes] to go too far. **-2.** [user]: **~ de** [autorité, pouvoir] to overstep the bounds of; [temps] to take up too much of; **~ de ses forces** to overexert o.s.

abusif, -ive [abyzif, iv] *adj* **-1.** [excessif] excessive. **-2.** [fautif] improper.

acabit [akabi] *nm*: **du même ~** *péj* of the same type.

acacia [akasja] *nm* acacia.

académicien, -ienne [akademisjɛ̃, jɛn] *nm, f* academician; [de l'Académie française] member of the French Academy.

académie [akademi] *nf* **-1.** SCOL & UNIV ≃ regional education authority *Br*, school district *Am*. **-2.** [institut] academy; **l'Académie française** the French Academy (*learned society of leading men and women of letters*).

acajou [akaʒu] *nm & adj inv* mahogany.

acariâtre [akarjatr] *adj* bad-tempered, cantankerous.

acarien [akarjɛ̃] *nm* [gén] acarid; [de poussière] dust mite.

accablant, -e [akablɑ̃, ɑ̃t] *adj* **-1.** [soleil, chaleur] oppressive. **-2.** [preuve, témoignage] overwhelming.

accabler [akable] *vt* **-1.** [surcharger]: **~ qqn de** [travail] to overwhelm sb with; **~ qqn d'injures** to shower sb with abuse. **-2.** [accuser] to condemn.

accalmie [akalmi] *nf litt & fig* lull.

accéder [aksede] ◆ **accéder à** *vi* **-1.** [pénétrer dans] to reach, to get to. **-2.** [parvenir à] to attain. **-3.** [consentir à] to comply with.

accélérateur [akseleratœr] *nm* accelerator.

accélération [akselerasjɔ̃] *nf* [de voiture, machine] acceleration; [de projet] speeding up.

accélérer [akselere] ◇ *vt* to accelerate, to speed up. ◇ *vi* AUTOM to accelerate.

accent [aksɑ̃] *nm* **-1.** [gén] accent; **~ aigu/grave/circonflexe** acute/grave/circumflex (accent). **-2.** [intonation] tone; **mettre l'~ sur** to stress, to emphasize.

accentuation [aksɑ̃tɥasjɔ̃] *nf* [à l'écrit] accenting; [en parlant] stress.

accentuer [aksɑ̃tɥe] *vt* **-1.** [insister sur, souligner] to emphasize, to accentuate. **-2.** [intensifier] to intensify. **-3.** [à l'écrit] to put the accents on; [en parlant] to stress. ◆ **s'accentuer** *vp* to become more pronounced.

acceptable [aksɛptabl] *adj* satisfactory, acceptable.

acceptation [aksɛptasjɔ̃] *nf* acceptance.

accepter [aksɛpte] *vt* to accept; **~ de faire qqch** to agree to do sthg; **~ que** (+ *subjonctif*): **~ que qqn fasse qqch** to agree to sb doing sthg; **je n'accepte pas qu'il me parle ainsi** I won't have him talking to me like that.

acception [aksɛpsjɔ̃] *nf* sense.

accès [aksɛ] *nm* **-1.** [entrée] entry; **avoir/donner ~ à** to have/to give access to; **«~ interdit»** "no entry". **-2.** [voie d'entrée] entrance. **-3.** [crise] bout; **~ de colère** fit of anger.

accessible [aksesibl] *adj* [lieu, livre] accessible; [personne] approachable; [prix, équipement] affordable.

accession [aksesjɔ̃] *nf*: **~ à** [trône, présidence] accession to; [indépendance] attainment of.

accessoire [akseswar] ◇ *nm* **-1.** [gén] accessory. **-2.** [de théâtre, cinéma] prop. ◇ *adj* secondary.

accident [aksidɑ̃] *nm* accident; **par ~** by chance, by accident; **~ de la route/de**

voiture/du travail road/car/industrial accident.

accidenté, -e [aksidɑ̃te] ◇ *adj* **-1.** [terrain, surface] uneven. **-2.** [voiture] damaged. ◇ *nm, f* (*gén pl*): ~ **de la route** accident victim.

accidentel, -elle [aksidɑ̃tɛl] *adj* accidental.

acclamation [aklamasjɔ̃] *nf* (*gén pl*) cheers (*pl*), cheering (*U*).

acclamer [aklame] *vt* to cheer.

acclimatation [aklimatasjɔ̃] *nf* acclimatization.

acclimater [aklimate] *vt* to acclimatize; *fig* to introduce.

accolade [akɔlad] *nf* **-1.** TYPO brace. **-2.** [embrassade] embrace.

accommodant, -e [akɔmɔdɑ̃, ɑ̃t] *adj* obliging.

accommodement [akɔmɔdmɑ̃] *nm* compromise.

accommoder [akɔmɔde] *vt* CULIN to prepare.

accompagnateur, -trice [akɔ̃paɲatœr, tris] *nm, f* **-1.** MUS accompanist. **-2.** [guide] guide.

accompagnement [akɔ̃paɲmɑ̃] *nm* MUS accompaniment.

accompagner [akɔ̃paɲe] *vt* **-1.** [personne] to go with, to accompany. **-2.** [agrémenter]: ~ **qqch de** to accompany sthg with. **-3.** MUS to accompany.

accompli, -e [akɔ̃pli] *adj* accomplished.

accomplir [akɔ̃plir] *vt* to carry out. ◆ **s'accomplir** *vp* to come about.

accomplissement [akɔ̃plismɑ̃] *nm* [d'apprentissage] completion; [de travail] fulfilment.

accord [akɔr] *nm* **-1.** [gén & LING] agreement. **-2.** MUS chord. **-3.** [acceptation] approval; **donner son** ~ **à qqch** to approve sthg. ◆ **d'accord** ◇ *loc adv* OK, all right. ◇ *loc adj*: **être d'**~ (**avec**) to agree (with); **tomber** OU **se mettre d'**~ to come to an agreement, to agree.

accordéon [akɔrdeɔ̃] *nm* accordion.

accorder [akɔrde] *vt* **-1.** [donner]: ~ **qqch à qqn** to grant sb sthg. **-2.** [attribuer]: ~ **qqch à qqch** to accord sthg to sthg; ~ **de l'importance à** to attach importance to. **-3.** [harmoniser] to match. **-4.** GRAM: ~ **qqch avec qqch** to make sthg agree with sthg. **-5.** MUS to tune. ◆ **s'accorder** *vp* **-1.** [gén]: **s'**~ (**pour faire qqch**) to agree (to do sthg); **s'**~ **à faire qqch** to be unanimous in doing sthg. **-2.** [être assorti] to match. **-3.** GRAM to agree.

accoster [akɔste] ◇ *vt* **-1.** NAVIG to come alongside. **-2.** [personne] to accost. ◇ *vi* NAVIG to dock.

accotement [akɔtmɑ̃] *nm* [de route] shoulder; ~ **non stabilisé** soft verge *Br*, soft shoulder *Am*.

accouchement [akuʃmɑ̃] *nm* childbirth; ~ **sans douleur** natural childbirth.

accoucher [akuʃe] *vi*: ~ (**de**) to give birth (to).

accouder [akude] ◆ **s'accouder** *vp* to lean on one's elbows; **s'**~ **à** to lean one's elbows on.

accoudoir [akudwar] *nm* armrest.

accouplement [akupləmɑ̃] *nm* mating, coupling.

accourir [akurir] *vi* to run up, to rush up.

accouru, -e [akury] *pp* → **accourir.**

accoutré, -e [akutre] *adj péj*: **être bizarrement** ~ to be oddly got up.

accoutrement [akutrəmɑ̃] *nm péj* getup.

accoutumer [akutyme] *vt*: ~ **qqn à qqn/qqch** to get sb used to sb/sthg; ~ **qqn à faire qqch** to get sb used to doing sthg. ◆ **s'accoutumer** *vp*: **s'**~ **à qqn/qqch** to get used to sb/sthg; **s'**~ **à faire qqch** to get used to doing sthg.

accréditer [akredite] *vt* [rumeur] to substantiate; ~ **qqn auprès de** to accredit sb to.

accro [akro] *fam* ◇ *adj*: ~ **à** hooked on. ◇ *nmf*: **c'est une** ~ **de la planche** she's a windsurfing freak.

accroc [akro] *nm* **-1.** [déchirure] tear. **-2.** [incident] hitch.

accrochage [akrɔʃaʒ] *nm* **-1.** [accident] collision. **-2.** *fam* [dispute] row.

accroche [akrɔʃ] *nf* COMM catch line.

accrocher [akrɔʃe] *vt* **-1.** [suspendre]: ~ **qqch (à)** to hang sthg up (on). **-2.** [déchirer]: ~ **qqch (à)** to catch sthg (on). **-3.** [attacher]: ~ **qqch (à)** to hitch sthg (to). ◆ **s'accrocher** *vp* **-1.** [s'agripper]: **s'**~ (**à**) to hang on (to); **s'**~ **à qqn** *fig* to cling to sb. **-2.** *fam* [se disputer] to row, to have a row. **-3.** *fam* [persévérer] to stick at it.

accroissement [akrwasmɑ̃] *nm* increase, growth.

accroître [akrwatr] *vt* to increase. ◆ **s'accroître** *vp* to increase, to grow.

accroupir [akrupir] ◆ **s'accroupir** *vp* to squat.

accru, -e [akry] *pp* → **accroître.**

accueil [akœj] *nm* **-1.** [lieu] reception. **-2.** [action] welcome, reception.

accueillant, -e [akœjɑ̄, ɑ̄t] *adj* welcoming, friendly.

accueillir [akœjir] *vt* **-1.** [gén] to welcome. **-2.** [loger] to accommodate.

accumulateur [akymylatœr] *nm* accumulator, battery.

accumulation [akymylasjɔ̄] *nf* accumulation.

accumuler [akymyle] *vt* to accumulate; *fig* to store up. ◆ **s'accumuler** *vp* to pile up.

accusateur, -trice [akyzatœr, tris] ◇ *adj* accusing. ◇ *nm, f* accuser.

accusation [akyzasjɔ̄] *nf* **-1.** [reproche] accusation. **-2.** JUR charge; **mettre en ~** to indict; **l'~** the prosecution.

accusé, -e [akyze] *nm, f* accused, defendant. ◆ **accusé de réception** *nm* acknowledgement (of receipt).

accuser [akyze] *vt* **-1.** [porter une accusation contre]: **~ qqn (de qqch)** to accuse sb (of sthg). **-2.** JUR: **~ qqn de qqch** to charge sb with sthg.

acerbe [asɛrb] *adj* acerbic.

acéré, -e [asere] *adj* sharp.

achalandé, -e [aʃalɑ̄de] *adj* [en marchandises]: **bien ~** well-stocked.

acharné, -e [aʃarne] *adj* [combat] fierce; [travail] unremitting.

acharnement [aʃarnəmɑ̄] *nm* relentlessness.

acharner [aʃarne] ◆ **s'acharner** *vp* **-1.** [combattre]: **s'~ contre** OU **après** OU **sur qqn** [ennemi, victime] to hound sb; [suj: malheur] to dog sb. **-2.** [s'obstiner]: **s'~ (à faire qqch)** to persist (in doing sthg).

achat [aʃa] *nm* purchase; **faire des ~s** to go shopping.

acheminer [aʃmine] *vt* to dispatch. ◆ **s'acheminer** *vp*: **s'~ vers** [lieu, désastre] to head for; [solution, paix] to move towards.

acheter [aʃte] *vt litt* & *fig* to buy; **~ qqch à** OU **pour qqn** to buy sthg for sb, to buy sb sthg.

acheteur, -euse [aʃtœr, øz] *nm, f* buyer, purchaser.

achevé, -e [aʃve] *adj sout*: **d'un ridicule ~** utterly ridiculous.

achèvement [aʃɛvmɑ̄] *nm* completion.

achever [aʃve] *vt* **-1.** [terminer] to complete, to finish (off). **-2.** [tuer, accabler] to finish off. ◆ **s'achever** *vp* to end, to come to an end.

achoppement [aʃɔpmɑ̄] → **pierre**.

acide [asid] ◇ *adj* **-1.** [saveur] sour. **-2.**
[propos] sharp, acid. **-3.** CHIM acid. ◇ *nm* CHIM acid.

acidité [asidite] *nf* **-1.** CHIM acidity. **-2.** [saveur] sourness. **-3.** [de propos] sharpness.

acidulé, -e [asidyle] *adj* slightly acid.

acier [asje] *nm* steel; **~ inoxydable** stainless steel.

aciérie [asjeri] *nf* steelworks (*sg*).

acné [akne] *nf* acne.

acolyte [akɔlit] *nm péj* henchman.

acompte [akɔ̄t] *nm* deposit.

à-côté [akote] (*pl* **à-côtés**) *nm* **-1.** [point accessoire] side issue. **-2.** [gain d'appoint] extra.

à-coup [aku] (*pl* **à-coups**) *nm* jerk; **par ~s** in fits and starts.

acoustique [akustik] *nf* **-1.** [science] acoustics (U). **-2.** [d'une salle] acoustics (*pl*).

acquéreur [akerœr] *nm* buyer.

acquérir [akerir] *vt* [gén] to acquire.

acquiescement [akjɛsmɑ̄] *nm* approval.

acquiescer [akjese] *vi* to acquiesce; **~ à** to agree to.

acquis, -e [aki, iz] ◇ *pp* → **acquérir**. ◇ *adj* **-1.** [caractère] acquired. **-2.** [droit, avantage] established. ◆ **acquis** *nm* knowledge.

acquisition [akizisjɔ̄] *nf* acquisition.

acquit [aki] *nm* receipt; **pour ~** COMM received; **faire qqch par ~ de conscience** *fig* to do sthg to set one's mind at rest.

acquittement [akitmɑ̄] *nm* **-1.** [d'obligation] settlement. **-2.** JUR acquittal.

acquitter [akite] *vt* **-1.** JUR to acquit. **-2.** [régler] to pay. **-3.** [libérer]: **~ qqn de** to release sb from.

âcre [akr] *adj* **-1.** [saveur] bitter. **-2.** [fumée] acrid.

acrobate [akrɔbat] *nmf* acrobat.

acrobatie [akrɔbasi] *nf* acrobatics (U).

acrylique [akrilik] *adj* & *nm* acrylic.

acte [akt] *nm* **-1.** [action] act, action; **faire ~ d'autorité** to exercise one's authority; **faire ~ de candidature** to submit an application. **-2.** THÉÂTRE act. **-3.** JUR deed; **~ d'accusation** charge; **~ de naissance/de mariage** birth/marriage certificate; **~ de vente** bill of sale. **-4.** RELIG certificate. **-5.** *loc*: **faire ~ de présence** to put in an appearance; **prendre ~ de** to note, to take note of. ◆ **actes** *nmpl* [de colloque] proceedings.

acteur, -trice [aktœr, tris] *nm, f* actor (*f* actress).

actif, -ive [aktif, iv] *adj* [gén] active; **la population active** the working population. ◆ **actif** *nm* **-1.** FIN assets (*pl*). **-2.** *loc:* **avoir qqch à son ~** to have sthg to one's credit.

action [aksjɔ̃] *nf* **-1.** [gén] action; **sous l'~ de** under the effect of. **-2.** [acte] action, act; **bonne/mauvaise ~** good/bad deed. **-3.** JUR action, lawsuit. **-4.** FIN share.

actionnaire [aksjɔnɛr] *nmf* FIN shareholder.

actionner [aksjɔne] *vt* to work, to activate.

activement [aktivmɑ̃] *adv* actively.

activer [aktive] *vt* to speed up. ◆ **s'activer** *vp* to bustle about.

activiste [aktivist] *adj & nmf* activist.

activité [aktivite] *nf* [gén] activity; **en ~** [volcan] active.

actualisation [aktɥalizasjɔ̃] *nf* [d'un texte] updating.

actualiser [aktɥalize] *vt* to bring up to date.

actualité [aktɥalite] *nf* **-1.** [d'un sujet] topicality. **-2.** [événements]: **l'~ sportive/politique/littéraire** the current sports/political/literary scene. ◆ **actualités** *nfpl:* **les ~s** the news (*sg*).

actuel, -elle [aktɥɛl] *adj* [contemporain, présent] current, present; **à l'heure ~le** at the present time.

actuellement [aktɥɛlmɑ̃] *adv* at present, currently.

acuité [akɥite] *nf* acuteness.

acupuncture, acuponcture [akypɔ̃ktyr] *nf* acupuncture.

adage [adaʒ] *nm* adage, saying.

adaptateur, -trice [adaptatœr, tris] *nm, f* adapter. ◆ **adaptateur** *nm* ÉLECTR adapter.

adaptation [adaptasjɔ̃] *nf* adaptation.

adapter [adapte] *vt* **-1.** [gén] to adapt. **-2.** [fixer] to fit. ◆ **s'adapter** *vp:* **s'~ (à)** to adapt (to).

additif, -ive [aditif, iv] *adj* additive. ◆ **additif** *nm* **-1.** [supplément] rider, additional clause. **-2.** [substance] additive.

addition [adisjɔ̃] *nf* **-1.** [ajout, calcul] addition. **-2.** [note] bill *Br*, check *Am*.

additionner [adisjɔne] *vt* **-1.** [ajouter]: **~ une poudre d'eau** to add water to a powder. **-2.** [calculer] to add up.

adepte [adɛpt] *nmf* follower.

adéquat, -e [adekwa, at] *adj* suitable, appropriate.

adhérence [aderɑ̃s] *nf* [de pneu] grip.

adhérent, -e [aderɑ̃, ɑ̃t] *nm, f:* **~ (de)** member (of).

adhérer [adere] *vi* **-1.** [coller] to stick, to adhere; **~ à** [se fixer sur] to stick OU adhere to; [être d'accord avec] *fig* to support, to adhere to. **-2.** [être membre]: **~ à** to belong to, to be a member of.

adhésif, -ive [adezif, iv] *adj* sticky, adhesive. ◆ **adhésif** *nm* adhesive.

adhésion [adezjɔ̃] *nf* **-1.** [à idée]: **~ (à)** support (for). **-2.** [à parti]: **~ (à)** membership (of).

adieu [adjø] ◇ *interj* goodbye!, farewell!; **dire ~ à qqch** *fig* to say goodbye to sthg. ◇ *nm* (*gén pl*) farewell; **faire ses ~x à qqn** to say one's farewells to sb.

adipeux, -euse [adipø, øz] *adj* [tissu] adipose; [personne] fat.

adjectif [adʒɛktif] *nm* GRAM adjective.

adjoint, -e [adʒwɛ̃, ɛ̃t] ◇ *adj* deputy (*avant n*), assistant (*avant n*). ◇ *nm, f* deputy, assistant; **~ au maire** deputy mayor.

adjonction [adʒɔ̃ksjɔ̃] *nf* addition.

adjudant [adʒydɑ̃] *nm* [dans la marine] warrant officer; [dans l'armée] company sergeant major.

adjuger [adʒyʒe] *vt:* **~ qqch (à qqn)** [aux enchères] to auction sthg (to sb); [décerner] to award sthg (to sb); **adjugé!** sold!

admettre [admɛtr] *vt* **-1.** [tolérer, accepter] to allow, to accept. **-2.** [autoriser] to allow. **-3.** [accueillir, reconnaître] to admit.

administrateur, -trice [administratœr, tris] *nm, f* **-1.** [gérant] administrator; **~ judiciaire** receiver. **-2.** [de conseil d'administration] director.

administratif, -ive [administratif, iv] *adj* administrative.

administration [administrasjɔ̃] *nf* **-1.** [service public]: **l'Administration** ≃ the Civil Service. **-2.** [gestion] administration.

administrer [administre] *vt* **-1.** [gérer] to manage, to administer. **-2.** [médicament, sacrement] to administer.

admirable [admirabl] *adj* **-1.** [personne, comportement] admirable. **-2.** [paysage, spectacle] wonderful.

admiratif, -ive [admiratif, iv] *adj* admiring.

admiration [admirasjɔ̃] *nf* admiration.

admirer [admire] *vt* to admire.

admis, -e [admi, iz] *pp* → **admettre**.

admissible [admisibl] *adj* **-1.** [attitude] acceptable. **-2.** SCOL eligible.

admission [admisjɔ̃] *nf* admission.

ADN (*abr de* **acide désoxyribonucléique**) *nm* DNA.

ado [ado] (*abr de* **adolescent**) *nmf fam* teenager.

adolescence [adɔlesɑ̃s] *nf* adolescence.

adolescent, -e [adɔlesɑ̃, ɑ̃t] *nm, f* adolescent, teenager.

adonner [adɔne] ◆ **s'adonner** *vp*: **s'~ à** [sport, activité] to devote o.s. to; [vice] to take to.

adopter [adɔpte] *vt* **-1.** [gén] to adopt. **-2.** [loi] to pass.

adoptif, -ive [adɔptif, iv] *adj* [famille] adoptive; [pays, enfant] adopted.

adoption [adɔpsjɔ̃] *nf* adoption; **d'~** [pays, ville] adopted; [famille] adoptive.

adorable [adɔrabl] *adj* adorable, delightful.

adoration [adɔrasjɔ̃] *nf* **-1.** [amour] adoration. **-2.** RELIG worship.

adorer [adɔre] *vt* **-1.** [personne, chose] to adore. **-2.** RELIG to worship.

adosser [adose] *vt*: ~ **qqch à qqch** to place sthg against sthg. ◆ **s'adosser** *vp*: **s'~ à** OU **contre qqch** to lean against sthg.

adoucir [adusir] *vt* **-1.** [gén] to soften. **-2.** [chagrin, peine] to ease, to soothe. ◆ **s'adoucir** *vp* **-1.** [temps] to become OU get milder. **-2.** [personne] to mellow.

adoucissant, -e [adusisɑ̃, ɑ̃t] *adj* soothing. ◆ **adoucissant** *nm* softener.

adoucisseur [adusisœr] *nm*: ~ **d'eau** water softener.

adresse [adrɛs] *nf* **-1.** [gén & INFORM] address; ~ **électronique** e-mail address. **-2.** [habileté] skill.

adresser [adrese] *vt* **-1.** [faire parvenir]: ~ **qqch à qqn** to address sthg to sb. **-2.** [envoyer]: ~ **qqn à qqn** to refer sb to sb. ◆ **s'adresser** *vp*: **s'~ à** [parler à] to speak to; [être destiné à] to be aimed at, to be intended for.

Adriatique [adriatik] *nf*: **l'~** the Adriatic.

adroit, -e [adrwa, at] *adj* skilful.

aduler [adyle] *vt* to adulate.

adulte [adylt] *nmf & adj* adult.

adultère [adylter] ◇ *nm* [acte] adultery. ◇ *adj* adulterous.

advenir [advənir] *v impers* to happen; **qu'advient-il de ...?** what is happening to ...?; **qu'est-il advenu de ...?** what has happened to OU become of ...?

advenu [advəny] *pp* → **advenir**.

adverbe [adverb] *nm* adverb.

adversaire [adverser] *nmf* adversary, opponent.

adverse [advers] *adj* [opposé] opposing; → **parti**.

adversité [adversite] *nf* adversity.

aération [aerasjɔ̃] *nf* [circulation d'air] ventilation; [action] airing.

aérer [aere] *vt* **-1.** [pièce, chose] to air. **-2.** *fig* [présentation, mise en page] to lighten.

aérien, -ienne [aerjɛ̃, jen] *adj* **-1.** [câble] overhead (*avant n*). **-2.** [transports, attaque] air (*avant n*).

aérobic [aerɔbik] *nm* aerobics (*U*).

aérodrome [aerɔdrom] *nm* aerodrome.

aérodynamique [aerɔdinamik] *adj* streamlined, aerodynamic.

aérogare [aerɔgar] *nf* **-1.** [aéroport] airport. **-2.** [gare] air terminal.

aéroglisseur [aerɔglisœr] *nm* hovercraft.

aérogramme [aerɔgram] *nm* aerogramme.

aéronautique [aerɔnotik] *nf* aeronautics (*U*).

aéronaval, -e, -als [aerɔnaval] *adj* air and sea (*avant n*).

aérophagie [aerɔfaʒi] *nf* abdominal wind.

aéroport [aerɔpɔr] *nm* airport.

aéroporté, -e [aerɔpɔrte] *adj* airborne.

aérosol [aerɔsɔl] *nm & adj inv* aerosol.

aérospatial, -e, -iaux [aerɔspasjal, jo] *adj* aerospace (*avant n*). ◆ **aérospatiale** *nf* aerospace industry.

affable [afabl] *adj* **-1.** [personne] affable, agreeable. **-2.** [parole] kind.

affaiblir [afeblir] *vt litt & fig* to weaken. ◆ **s'affaiblir** *vp litt & fig* to weaken, to become weaker.

affaire [afer] *nf* **-1.** [question] matter. **-2.** [situation, polémique] affair. **-3.** [marché] deal; **faire une ~** to get a bargain OU a good deal. **-4.** [entreprise] business. **-5.** [procès] case. **-6.** *loc*: **avoir ~ à qqn** to deal with sb; **vous aurez ~ à moi!** you'll have me to deal with!; **faire l'~** to do nicely. ◆ **affaires** *nfpl* **-1.** COMM business (*U*). **-2.** [objets personnels] things, belongings. **-3.** [activités] affairs; **les Affaires étrangères** = the Foreign Office (*sg*).

affairé, -e [afere] *adj* busy.

affairer [afere] ◆ **s'affairer** *vp* to bustle about.

affairisme [aferism] *nm* racketeering.

affaisser [afese] ◆ **s'affaisser** *vp* **-1.** [se

creuser] to subside, to sink. **-2.** [tomber] to collapse.

affaler [afale] ◆ **s'affaler** *vp* to collapse.

affamé, -e [afame] *adj* starving.

affecter [afɛkte] *vt* **-1.** [consacrer]: ~ qqch à to allocate sthg to. **-2.** [nommer]: ~ qqn à to appoint sb to. **-3.** [feindre] to feign. **-4.** [émouvoir] to affect, to move.

affectif, -ive [afɛktif, iv] *adj* emotional.

affection [afɛksjɔ̃] *nf* **-1.** [sentiment] affection; **avoir de l'~ pour** to be fond of. **-2.** [maladie] complaint.

affectionner [afɛksjɔne] *vt* to be fond of.

affectueusement [afɛktɥøzmɑ̃] *adv* affectionately.

affectueux, -euse [afɛktɥø, øz] *adj* affectionate.

affichage [afiʃaʒ] *nm* **-1.** [d'affiche] putting up, displaying. **-2.** ÉLECTRON: ~ à cristaux liquides LCD, liquid crystal display; ~ numérique digital display.

affiche [afiʃ] *nf* [gén] poster; [officielle] notice.

afficher [afiʃe] *vt* **-1.** [liste, affiche] to put up; [vente, réglementation] to put up a notice about. **-2.** [laisser transparaître] to display, to exhibit.

affilée [afile] ◆ **d'affilée** *loc adv*: **trois jours d'~** three days running.

affiler [afile] *vt* to sharpen.

affiner [afine] *vt litt & fig* to refine.

affinité [afinite] *nf* affinity.

affirmatif, -ive [afirmatif, iv] *adj* **-1.** [réponse] affirmative. **-2.** [personne] positive. ◆ **affirmative** *nf*: **dans l'affirmative** if yes, if the answer is yes; **répondre par l'affirmative** to reply in the affirmative.

affirmation [afirmasjɔ̃] *nf* assertion.

affirmer [afirme] *vt* **-1.** [certifier] to maintain, to claim. **-2.** [exprimer] to assert.

affliction [afliksjɔ̃] *nf* affliction.

affligeant, -e [afliʒɑ̃, ɑ̃t] *adj* **-1.** [désolant] saddening, distressing. **-2.** [lamentable] appalling.

affliger [afliʒe] *vt sout* **-1.** [attrister] to sadden, to distress. **-2.** [de défaut, de maladie]: **être affligé de** to be afflicted with.

affluence [aflyɑ̃s] *nf* crowd, crowds (*pl*).

affluent [aflyɑ̃] *nm* tributary.

affluer [aflye] *vi* **-1.** [choses] to pour in, to flood in. **-2.** [personnes] to flock. **-3.** [sang]: ~ (à) to rush (to).

afflux [afly] *nm* **-1.** [de liquide, dons, capitaux] flow. **-2.** [de personnes] flood.

affolement [afɔlmɑ̃] *nm* panic.

affoler [afɔle] *vt* [inquiéter] to terrify. ◆ **s'affoler** *vp* [paniquer] to panic.

affranchir [afrɑ̃ʃir] *vt* **-1.** [lettre - avec timbre] to stamp; [- à la machine] to frank. **-2.** [esclave] to set free, to liberate.

affreux, -euse [afrø, øz] *adj* **-1.** [repoussant] horrible. **-2.** [effrayant] terrifying. **-3.** [détestable] awful, dreadful.

affriolant, -e [afrijɔlɑ̃, ɑ̃t] *adj* enticing.

affront [afrɔ̃] *nm* insult, affront.

affrontement [afrɔ̃tmɑ̃] *nm* confrontation.

affronter [afrɔ̃te] *vt* to confront.

affubler [afyble] *vt péj*: **être affublé de** to be got up in.

affût [afy] *nm*: **être à l'~ (de)** to be lying in wait (for); *fig* to be on the lookout (for).

affûter [afyte] *vt* to sharpen.

Afghanistan [afganistɑ̃] *nm*: **l'~** Afghanistan.

afin [afɛ̃] ◆ **afin de** *loc prép* in order to. ◆ **afin que** *loc conj* (+ *subjonctif*) so that.

a fortiori [afɔrsjɔri] *adv* all the more.

africain, -e [afrikɛ̃, ɛn] *adj* African. ◆ **Africain, -e** *nm, f* African.

Afrique [afrik] *nf*: **l'~** Africa; **l'~ du Nord** North Africa; **l'~ du Sud** South Africa.

agacer [agase] *vt* to irritate.

âge [aʒ] *nm* age; **quel ~ as-tu?** how old are you?; **prendre de l'~** to age; **l'~ adulte** adulthood; **l'~ ingrat** the awkward OU difficult age; ~ **mental** mental age; ~ **d'or** golden age; **le troisième** ~ [personnes] the over-sixties.

âgé, -e [aʒe] *adj* old, elderly; **être ~ de 20 ans** to be 20 years old OU of age; **un enfant ~ de 3 ans** a 3-year-old child.

agence [aʒɑ̃s] *nf* agency; ~ **immobilière** estate agent's *Br*, real estate agent's *Am*; ~ **matrimoniale** marriage bureau; **Agence nationale pour l'emploi** ≈ job centre; ~ **de publicité** advertising agency; ~ **de voyages** travel agent's, travel agency.

agencer [aʒɑ̃se] *vt* to arrange; *fig* to put together.

agenda [aʒɛ̃da] *nm* diary.

agenouiller [aʒnuje] ◆ **s'agenouiller** *vp* to kneel.

agent [aʒɑ̃] *nm* agent; ~ **de change** stockbroker; ~ **de police** police officer; ~ **secret** secret agent.

agglomération [aglɔmerasjɔ̃] *nf* [ville] conurbation.

aggloméré [aglɔmere] *nm* chipboard.

agglomérer [aglɔmere] *vt* to mix together.

agglutiner [aglytine] *vt* to stick together. ◆ **s'agglutiner** *vp* [foule] to gather, to congregate.

aggraver [agrave] *vt* to make worse. ◆ **s'aggraver** *vp* to get worse, to worsen.

agile [aʒil] *adj* agile, nimble.

agilité [aʒilite] *nf litt* & *fig* agility.

agios [aʒjo] *nmpl* FIN bank charges.

agir [aʒir] *vi* **-1.** [faire, être efficace] to act. **-2.** [se comporter] to behave. **-3.** [influer]: ~ **sur** to have an effect on. ◆ **s'agir** *v impers*: **il s'agit de ...** it's a matter of ...; **de quoi s'agit-il?** what's it about?

agissements [aʒismɑ̃] *nmpl péj* schemes, intrigues.

agitateur, -trice [aʒitatœr, tris] *nm, f* POLIT agitator.

agitation [aʒitasjɔ̃] *nf* agitation; [politique, sociale] unrest.

agité, -e [aʒite] *adj* **-1.** [gén] restless; [enfant, classe] restless, fidgety; [journée, atmosphère] hectic. **-2.** [mer] rough.

agiter [aʒite] *vt* **-1.** [remuer - flacon, objet] to shake; [- drapeau, bras] to wave. **-2.** [énerver] to perturb. ◆ **s'agiter** *vp* [personne] to move about, to fidget; [mer] to stir; [population] to get restless.

agneau [aɲo] *nm* **-1.** [animal, viande] lamb. **-2.** [cuir] lambskin.

agonie [agɔni] *nf* [de personne] mortal agony; *fig* death throes (*pl*).

agoniser [agɔnize] *vi* [personne] to be dying; *fig* to be on its last legs.

agrafe [agraf] *nf* **-1.** [de bureau] staple. **-2.** MÉD clip.

agrafer [agrafe] *vt* [attacher] to fasten.

agrafeuse [agraføz] *nf* stapler.

agraire [agrer] *adj* agrarian.

agrandir [agrɑ̃dir] *vt* **-1.** [élargir - gén & PHOT] to enlarge; [- rue, écart] to widen. **-2.** *fig* [développer] to expand. ◆ **s'agrandir** *vp* **-1.** [s'étendre] to grow. **-2.** *fig* [se développer] to expand.

agrandissement [agrɑ̃dismɑ̃] *nm* **-1.** [gén & PHOT] enlargement. **-2.** *fig* [développement] expansion.

agréable [agreabl] *adj* pleasant, nice.

agréé, -e [agree] *adj* [concessionnaire, appareil] authorized.

agréer [agree] *vt sout* **-1.** [accepter]: **veuillez** ~ **mes salutations distinguées** OU **l'expression de mes sentiments distingués** yours faithfully. **-2.** [convenir]: ~ **à qqn** to suit OU please sb.

agrégation [agregasjɔ̃] *nf competitive examination for secondary school and university teachers.*

agrégé, -e [agreʒe] *nm, f holder of the agrégation.*

agrément [agremɑ̃] *nm* **-1.** [caractère agréable] attractiveness. **-2.** [approbation] consent, approval.

agrès [agrɛ] *nmpl* SPORT gym apparatus (*U*).

agresser [agrese] *vt* **-1.** [suj: personne] to attack. **-2.** *fig* [suj: bruit, pollution] to assault.

agresseur [agresœr] *nm* attacker.

agressif, -ive [agresif, iv] *adj* aggressive.

agression [agresjɔ̃] *nf* attack; MIL & PSYCHOL aggression.

agricole [agrikɔl] *adj* agricultural.

agriculteur, -trice [agrikyltœr, tris] *nm, f* farmer.

agriculture [agrikyltyr] *nf* agriculture, farming.

agripper [agripe] *vt* **-1.** [personne] to cling OU hang on to. **-2.** [objet] to grip, to clutch.

agronomie [agrɔnɔmi] *nf* agronomy.

agrume [agrym] *nm* citrus fruit.

aguets [agɛ] ◆ **aux aguets** *loc adv*: **être/rester aux** ~ to be OU keep on the lookout.

ahuri, -e [ayri] *adj*: **être** ~ **(par qqch)** to be taken aback (by sthg).

ahurissant, -e [ayrisɑ̃, ɑ̃t] *adj* astounding.

ai → **avoir**.

aide [ɛd] *nf* **-1.** [gén] help; **appeler (qqn) à l'**~ to call (to sb) for help; **venir en** ~ **à qqn** to come to sb's aid, to help sb; ~ **ménagère** home help. **-2.** [secours financier] aid; ~ **sociale** social security *Br*, welfare *Am*. ◆ **à l'aide de** *loc prép* with the help OU aid of.

aide-mémoire [ɛdmemwar] *nm inv* aide-mémoire; [pour examen] revision notes (*pl*).

aider [ede] *vt* to help; ~ **qqn à faire qqch** to help sb to do sthg. ◆ **s'aider** *vp* **-1.** [s'assister mutuellement] to help each other. **-2.** [avoir recours]: **s'**~ **de** to use, to make use of.

aide-soignant, -e [ɛdswaɲɑ̃, ɑ̃t] *nm, f* nursing auxiliary *Br*, nurse's aide *Am*.

aie, aies *etc* → **avoir**.

aïe [aj] *interj* [exprime la douleur] ow!, ouch!

aïeul, -e [ajœl] *nm, f sout* grandparent, grandfather (*f* grandmother).

aïeux [ajø] *nmpl* ancestors.

aigle [ɛgl] *nm* eagle.

aigre [ɛgr] *adj* **-1.** [gén] sour. **-2.** [propos] harsh.

aigre-doux, -douce [ɛgrədu, dus] *adj* **-1.** CULIN sweet-and-sour. **-2.** [propos] bittersweet.

aigrelet, -ette [ɛgrəlɛ, ɛt] *adj* **-1.** [vin] vinegary. **-2.** [voix] sharpish.

aigreur [ɛgrœr] *nf* **-1.** [d'un aliment] sourness. **-2.** [d'un propos] harshness. ◆ **aigreurs d'estomac** *nfpl* heartburn (*U*).

aigri, -e [egri] *adj* embittered.

aigu, -uë [egy] *adj* **-1.** [son] high-pitched. **-2.** [objet, lame] sharp; [angle] acute. **-3.** [douleur] sharp, acute. **-4.** [intelligence, sens] acute, keen. ◆ **aigu** *nm* high note.

aiguillage [eguijaʒ] *nm* RAIL - manœuvre] shunting *Br*, switching *Am*; [- dispositif] points (*pl*) *Br*, switch *Am*.

aiguille [eguij] *nf* **-1.** [gén] needle; ~ à tricoter knitting needle; ~ de pin pine needle. **-2.** [de pendule] hand.

aiguiller [eguije] *vt* **-1.** RAIL to shunt *Br*, to switch *Am*. **-2.** [personne, conversation] to steer, to direct.

aiguilleur [eguijœr] *nm* **-1.** RAIL pointsman *Br*, switchman *Am*. **-2.** AÉRON: ~ du ciel air traffic controller.

aiguiser [egize] *vt litt & fig* to sharpen.

ail [aj] (*pl* **ails** OU **aulx** [o]) *nm* garlic (*U*).

aile [ɛl] *nf* [gén] wing.

aileron [ɛlrɔ̃] *nm* **-1.** [de requin] fin. **-2.** [d'avion] aileron.

ailier [elje] *nm* winger.

aille, ailles *etc* → **aller**.

ailleurs [ajœr] *adv* elsewhere, somewhere else; **nulle part/partout** ~ nowhere/everywhere else. ◆ **d'ailleurs** *loc adv* moreover, besides.

aimable [ɛmabl] *adj* kind, nice.

aimablement [ɛmabləmɑ̃] *adv* kindly.

aimant¹, -e [ɛmɑ̃, ɑ̃t] *adj* loving.

aimant² [ɛmɑ̃] *nm* magnet.

aimer [ɛme] *vt* **-1.** [gén] to like; ~ **bien qqch/qqn** to like sthg/sb, to be fond of sthg/sb; ~ **bien faire qqch** to (really) like doing sthg; ~ **(à) faire qqch** to like

to do sthg, to like doing sthg; **j'aime à croire que ...** I like to think that ...; **elle aime qu'on l'appelle par son surnom** she likes being called by her nickname; **je n'aime pas que tu rentres seule le soir** I don't like you coming home alone at night; **j'aimerais (bien) que tu viennes avec moi** I'd like you to come with me; **j'aimerais bien une autre tasse de café** I wouldn't mind another cup of coffee; ~ **mieux qqch** to prefer sthg; ~ **mieux faire qqch** to prefer doing OU to do sthg. **-2.** [d'amour] to love. ◆ **s'aimer** *vp* (*emploi réciproque*) to love each other; **s'~ bien** to like each other.

aine [ɛn] *nf* groin.

aîné, -e [ene] ◇ *adj* [plus âgé] elder, older; [le plus âgé] eldest. ◇ *nm, f* [plus âgé] older OU elder child, older OU eldest son/daughter; [le plus âgé] oldest OU eldest child, oldest OU eldest son/daughter; **elle est mon ~e de deux ans** she is two years older than me.

aînesse [enɛs] → **droit**.

ainsi [ɛ̃si] *adv* **-1.** [manière] in this way, like this. **-2.** [valeur conclusive] thus; **et** ~ **de suite** and so on, and so forth; **pour** ~ **dire** so to speak. ◆ **ainsi que** *loc conj* [et] as well as.

air [ɛr] *nm* **-1.** [gén] air; **en plein** ~ (out) in the open air, outside; **en l'~** [projet] (up) in the air; *fig* [paroles] empty; ~ **conditionné** air-conditioning. **-2.** [apparence, mine] air, look; **il a l'~ triste** he looks sad; **il a l'~ de bouder** he looks like he's sulking; **il a l'~ de faire beau** it looks like being a nice day. **-3.** MUS tune.

aire [ɛr] *nf* [gén] area; ~ **d'atterrissage** landing strip; ~ **de jeu** playground; ~ **de repos** lay-by; ~ **de stationnement** parking area.

aisance [ɛzɑ̃s] *nf* **-1.** [facilité] ease. **-2.** [richesse]: **il vit dans l'~** he has an affluent lifestyle.

aise [ɛz] *nf sout* pleasure; **être à l'~** OU **à son** ~ [confortablement] to feel comfortable; [financièrement] to be comfortably off; **mettez-vous à l'~** make yourself comfortable; **mettre qqn mal à l'~** to make sb feel ill at ease OU uneasy. ◆ **aises** *nfpl*: **aimer ses ~s** to like one's (home) comforts; **prendre ses ~s** to make o.s. comfortable.

aisé, -e [eze] *adj* **-1.** [facile] easy. **-2.** [riche] well-off.

aisselle [ɛsɛl] *nf* armpit.

ajourner [aʒurne] *vt* **-1.** [reporter - décision etc] to postpone; [- réunion, procès] to adjourn. **-2.** [candidat] to refer.

ajout [aʒu] *nm* addition.

ajouter [aʒute] *vt* to add; ~ **foi à qqch** *sout* to give credence to sthg. ◆ **s'ajouter** *vp* : **s'~ à qqch** to be in addition to sthg.

ajuster [aʒyste] *vt* **-1.** [monter] : ~ **qqch (à)** to fit sthg (to). **-2.** [régler] to adjust. **-3.** [vêtement] to alter. **-4.** [tir, coup] to aim. ◆ **s'ajuster** *vp* to be adaptable.

alarme [alarm] *nf* alarm; **donner l'~** to give OU raise the alarm.

alarmer [alarme] *vt* to alarm. ◆ **s'alarmer** *vp* to get OU become alarmed.

albanais, -e [albanɛ, ɛz] *adj* Albanian. ◆ **albanais** *nm* [langue] Albanian. ◆ **Albanais, -e** *nm, f* Albanian.

Albanie [albani] *nf* : **l'~** Albania.

albâtre [albatr] *nm* alabaster.

albatros [albatros] *nm* albatross.

albinos [albinos] *nmf & adj inv* albino.

album [albɔm] *nm* album; ~ **(de) photo** photo album.

alchimiste [alʃimist] *nmf* alchemist.

alcool [alkɔl] *nm* alcohol; ~ **à brûler** methylated spirits (*pl*); ~ **à 90 degrés** surgical spirit.

alcoolique [alkɔlik] *nmf & adj* alcoholic.

alcoolisé, -e [alkɔlize] *adj* alcoholic.

alcoolisme [alkɔlism] *nm* alcoholism.

Alc(o)otest ® [alkɔtɛst] *nm* Breathalyser®.

alcôve [alkov] *nf* recess.

aléatoire [aleatwar] *adj* **-1.** [avenir] uncertain. **-2.** [choix] random.

alentour [alɑ̃tur] *adv* around, round about. ◆ **alentours** *nmpl* surroundings; **aux ~s de** [spatial] in the vicinity of; [temporel] around.

alerte [alɛrt] ◇ *adj* **-1.** [personne, esprit] agile, alert. **-2.** [style, pas] lively. ◇ *nf* alarm, alert; **donner l'~** to sound OU give the alert; ~ **à la bombe** bomb scare.

alerter [alɛrte] *vt* to warn, to alert.

algèbre [alʒɛbr] *nf* algebra.

Alger [alʒe] *n* Algiers.

Algérie [alʒeri] *nf* : **l'~** Algeria.

algérien, -ienne [alʒerjɛ̃, jɛn] *adj* Algerian. ◆ **Algérien, -ienne** *nm, f* Algerian.

algue [alg] *nf* seaweed (*U*).

alibi [alibi] *nm* alibi.

aliénation [aljenasjɔ̃] *nf* alienation; ~ **mentale** insanity.

aliéné, -e [aljene] ◇ *adj* **-1.** MÉD insane. **-2.** JUR alienated. ◇ *nm, f* MÉD insane person.

aliéner [aljene] *vt* to alienate.

alignement [aliɲmɑ̃] *nm* alignment, lining up.

aligner [aliɲe] *vt* **-1.** [disposer en ligne] to line up, to align. **-2.** [adapter] : ~ **qqch sur** to align sthg with, to bring sthg into line with. ◆ **s'aligner** *vp* to line up; **s'~ sur** POLIT to align o.s. with.

aliment [alimɑ̃] *nm* [nourriture] food (*U*).

alimentaire [alimɑ̃tɛr] *adj* **-1.** [gén] food (*avant n*); **c'est juste un travail ~** I'm doing this job just for the money. **-2.** JUR maintenance (*avant n*).

alimentation [alimɑ̃tasjɔ̃] *nf* **-1.** [nourriture] diet; **magasin d'~** food store. **-2.** [approvisionnement] : ~ **(en)** supply OU supplying (*U*) (of).

alimenter [alimɑ̃te] *vt* **-1.** [nourrir] to feed. **-2.** [approvisionner] : ~ **qqch en** to supply sthg with.

alinéa [alinea] *nm* **-1.** [retrait de ligne] indent. **-2.** [dans document officiel] paragraph.

aliter [alite] *vt* : **être alité** to be bedridden. ◆ **s'aliter** *vp* to take to one's bed.

allaitement [alɛtmɑ̃] *nm* [d'enfant] breast-feeding; [d'animal] suckling.

allaiter [alete] *vt* [enfant] to breast-feed; [animal] to suckle.

allé, -e [ale] *pp* → **aller**.

alléchant, -e [aleʃɑ̃, ɑ̃t] *adj* mouthwatering, tempting.

allécher [aleʃe] *vt* : **il a été alléché par l'odeur/la perspective** the smell/prospect made his mouth water.

allée [ale] *nf* **-1.** [dans un jardin] path; [dans une ville] avenue. **-2.** [trajet] : ~**s et venues** comings and goings.

allégé, -e [aleʒe] *adj* [régime, produit] low-fat.

alléger [aleʒe] *vt* **-1.** [fardeau] to lighten. **-2.** [douleur] to soothe.

allégorie [alegɔri] *nf* allegory.

allègre [alegr] *adj* **-1.** [ton] cheerful. **-2.** [démarche] jaunty.

allégresse [alegrɛs] *nf* elation.

alléguer [alege] *vt* : ~ **une excuse** to put forward an excuse; ~ **que** to plead (that).

Allemagne [almaɲ] *nf* : **l'~** Germany; **l'(ex-)~ de l'Est** (former) East Germany; **l'(ex-)~ de l'Ouest** (former) West Germany.

allemand, -e [almɑ̃, ɑ̃d] *adj* German. ◆ **allemand** *nm* [langue] German.

◆ **Allemand**, **-e** *nm, f* German; **un Allemand de l'Est/l'Ouest** an East/a West German.

aller [ale] ◇ *nm* **-1.** [trajet] outward journey. **-2.** [billet] single ticket *Br*, one-way ticket *Am*. ◇ *vi* **-1.** [gén] to go; **allez!** come on!; **vas-y!** go on!; **allons-y!** let's go! **-2.** (+ *infinitif*): ~ **faire qqch** to go and do sthg; ~ **chercher les enfants à l'école** to go and fetch the children from school; ~ **travailler/se promener** to go to work/ for a walk. **-3.** [indiquant un état]: **comment vas-tu?** how are you?; **je vais bien** I'm very well, I'm fine; **comment ça va?** — **fine** OU **all right**; [santé] how are you? — **fine** OU **all right**; [situation] how are things? — **fine** OU **all right**; ~ **mieux** to be better. **-4.** [convenir]: **ce type de clou ne va pas pour ce travail** this kind of nail won't do OU isn't suitable for this job; ~ **avec** to go with; ~ **à qqn** to suit sb; [suj: vêtement, taille] to fit sb; **ces couleurs ne vont pas ensemble** these colours don't go well together. **-5.** *loc*: **cela va de soi, cela va sans dire** that goes without saying; **il en va de ... comme ...** the same goes for ... as ...; **il en va de même pour lui** the same goes for him. ◇ *v aux* (+ *infinitif*) [exprime le futur proche] to be going to, will; **je vais arriver en retard** I'm going to arrive late, I'll arrive late; **nous allons bientôt avoir fini** we'll soon have finished. ◆ **s'en aller** *vp* **-1.** [partir] to go, to be off; **allez-vous en!** go away! **-2.** [disparaître] to go away.

allergie [alɛrʒi] *nf* allergy.

allergique [alɛrʒik] *adj*: ~ **(à)** allergic (to).

aller-retour [alerətur] *nm* return (ticket).

alliage [aljaʒ] *nm* alloy.

alliance [aljɑ̃s] *nf* **-1.** [union - stratégique] alliance; [- par le mariage] union, marriage; **cousin par** ~ cousin by marriage. **-2.** [bague] wedding ring.

allié, -e [alje] ◇ *adj*: ~ **(à)** allied (to). ◇ *nm, f* ally. ◆ **Alliés** *nmpl*: **les Alliés** the Allies.

allier [alje] *vt* [associer] to combine. ◆ **s'allier** *vp* to become allies; **s'~ qqn** to win sb over as an ally; **s'~ à qqn** to ally with sb.

alligator [aligatɔr] *nm* alligator.

allô [alo] *interj* hello!

allocation [alɔkasjɔ̃] *nf* **-1.** [attribution] allocation. **-2.** [aide financière]: ~ **chô-** mage unemployment benefit (*U*); ~ **logement** housing benefit (*U*); ~**s familiales** child benefit (*U*).

allocution [alɔkysjɔ̃] *nf* short speech.

allongé, -e [alɔ̃ʒe] *adj* **-1.** [position]: **être** ~ to be lying down OU stretched out. **-2.** [forme] elongated.

allonger [alɔ̃ʒe] *vt* **-1.** [gén] to lengthen, to make longer. **-2.** [jambe, bras] to stretch (out). **-3.** [personne] to lay down. ◆ **s'allonger** *vp* **-1.** [gén] to get longer. **-2.** [se coucher] to lie down.

allopathique [alɔpatik] *adj* allopathic.

allumage [alymaʒ] *nm* **-1.** [de feu] lighting. **-2.** [d'appareil électrique] switching OU turning on. **-3.** [de moteur] ignition.

allume-cigares [alymsigar] *nm inv* cigar lighter.

allume-gaz [alymgaz] *nm inv* gas lighter.

allumer [alyme] *vt* **-1.** [lampe, radio, télévision] to turn OU switch on; **allume dans la cuisine** turn the kitchen light on. **-2.** [gaz] to light; [cigarette] to light (up). **-3.** *fam* [personne] to turn on.

allumette [alymɛt] *nf* match.

allumeuse [alymøz] *nf fam péj* tease.

allure [alyr] *nf* **-1.** [vitesse] speed; **à toute** ~ at top OU full speed. **-2.** [prestance] presence; **avoir de l'**~ to have style. **-3.** [apparence générale] appearance.

allusion [alyzjɔ̃] *nf* allusion; **faire** ~ **à** to refer OU allude to.

almanach [almana] *nm* almanac.

aloi [alwa] *nm*: **de bon** ~ [mesure] of real worth; **de mauvais** ~ [gaîté] not genuine; [plaisanterie] in bad taste.

alors [alɔr] *adv* **-1.** [jadis] then, at that time. **-2.** [à ce moment-là] then. **-3.** [exprimant la conséquence] then, so; **et** ~, **qu'est-ce qui s'est passé?** so what happened?; **il va se mettre en colère** — **et** ~? he'll be angry — so what? **-4.** [emploi expressif] well (then); ~, **qu'est-ce qu'on fait?** well, what are we doing?; **ça** ~! well fancy that! ◆ **alors que** *loc conj* **-1.** [exprimant le temps] while, when. **-2.** [exprimant l'opposition] even though; **elle est sortie** ~ **que c'était interdit** she went out even though it was forbidden; **ils aiment le café** ~ **que nous, nous buvons du thé** they like coffee whereas we drink tea.

alouette [alwɛt] *nf* lark.

alourdir [alurdir] *vt* **-1.** [gén] to weigh

down, to make heavy. **-2.** *fig* [impôts] to increase.

aloyau [alwajo] *nm* sirloin.

Alpes [alp] *nfpl*: **les ~** the Alps.

alphabet [alfabɛ] *nm* alphabet.

alphabétique [alfabetik] *adj* alphabetical.

alphabétiser [alfabetize] *vt*: **~ qqn** to teach sb (how) to read and write; **~ un pays** to eliminate illiteracy from a country.

alpin, -e [alpɛ̃, in] *adj* alpine.

alpinisme [alpinism] *nm* mountaineering.

alter ego [altɛrego] *nm inv* alter ego.

altérer [altere] *vt* **-1.** [détériorer] to spoil. **-2.** [santé] to harm, to affect; [vérité, récit] to distort. ◆ **s'altérer** *vp* **-1.** [matière - métal] to deteriorate; [- aliment] to go off, to spoil. **-2.** [santé] to deteriorate.

alternance [altɛrnɑ̃s] *nf* **-1.** [succession] alternation; **en ~** alternately. **-2.** POLIT change of government party.

alternatif, -ive [altɛrnatif, iv] *adj* **-1.** [périodique] alternating. **-2.** [parallèle] alternative. ◆ **alternative** *nf* alternative.

alternativement [altɛrnativmɑ̃] *adv* alternately.

alterner [altɛrne] *vi* [se succéder]: **~ (avec)** to alternate (with).

altier, -ière [altje, jɛr] *adj* haughty.

altitude [altityd] *nf* altitude, height; **en ~** at (high) altitude.

alto [alto] *nm* [MUS - voix] alto; [- instrument] viola.

aluminium [alyminjɔm] *nm* aluminium *Br*, aluminum *Am*.

alvéole [alveɔl] *nf* **-1.** [cavité] cavity. **-2.** [de ruche, poumon] alveolus.

amabilité [amabilite] *nf* kindness; **avoir l'~ de faire qqch** to be so kind as to do sthg.

amadouer [amadwe] *vt* [adoucir] to tame, to pacify; [persuader] to coax.

amaigrir [amegrir] *vt* to make thin OU thinner.

amaigrissant, -e [amegrisɑ̃, ɑ̃t] *adj* slimming (*avant n*) *Br*, reducing (*avant n*) *Am*.

amaigrissement [amegrismɑ̃] *nm* loss of weight.

amalgame [amalgam] *nm* **-1.** TECHNOL amalgam. **-2.** [de styles] mixture. **-3.** [d'idées, de notions]: **il ne faut pas faire l'~ entre ces deux questions** the two issues must not be confused.

amalgamer [amalgame] *vt* to combine.

amande [amɑ̃d] *nf* almond.

amandier [amɑ̃dje] *nm* almond tree.

amant, -e [amɑ̃, ɑ̃t] *nm, f* lover.

amarre [amar] *nf* rope, cable.

amarrer [amare] *vt* **-1.** NAVIG to moor. **-2.** [fixer] to tie down.

amas [ama] *nm* pile.

amasser [amase] *vt* **-1.** [objets] to pile up. **-2.** [argent] to accumulate.

amateur [amatœr] *nm* **-1.** [connaisseur - d'art, de bon café]: **~ de** lover of. **-2.** [non-professionnel] amateur; **faire qqch en ~** to do sthg as a hobby. **-3.** *péj* [dilettante] amateur.

amazone [amazon] *nf* horsewoman; **monter en ~** to ride sidesaddle.

Amazonie [amazoni] *nf*: **l'~** the Amazon (Basin).

amazonien, -ienne [amazonjɛ̃, jɛn] *adj* Amazonian; **la forêt ~ne** the Amazon rain forest.

ambassade [ɑ̃basad] *nf* embassy.

ambassadeur, -drice [ɑ̃basadœr, dris] *nm, f* ambassador.

ambiance [ɑ̃bjɑ̃s] *nf* atmosphere.

ambiant, -e [ɑ̃bjɑ̃, ɑ̃t] *adj*: **température ~e** room temperature.

ambidextre [ɑ̃bidɛkstr] *adj* ambidextrous.

ambigu, -uë [ɑ̃bigy] *adj* ambiguous.

ambiguïté [ɑ̃biguite] *nf* ambiguity.

ambitieux, -ieuse [ɑ̃bisjø, jøz] *adj* ambitious.

ambition [ɑ̃bisjɔ̃] *nf* **-1.** *péj* [arrivisme] ambitiousness. **-2.** [désir] ambition; **avoir l'~ de faire qqch** to have an ambition to do sthg.

ambivalent, -e [ɑ̃bivalɑ̃, ɑ̃t] *adj* ambivalent.

ambre [ɑ̃br] *nm* **-1.** [couleur] amber. **-2.** [matière]: **~ (gris)** ambergris.

ambré, -e [ɑ̃bre] *adj* [couleur] amber.

ambulance [ɑ̃bylɑ̃s] *nf* ambulance.

ambulancier, -ière [ɑ̃bylɑ̃sje, jɛr] *nm, f* ambulanceman (*f* ambulancewoman).

ambulant, -e [ɑ̃bylɑ̃, ɑ̃t] *adj* travelling (*avant n*).

âme [am] *nf* **-1.** [gén] soul; **avoir une ~ de comédien** to be a born actor; **~ sœur** soulmate. **-2.** [caractère] spirit, soul.

amélioration [ameljɔrasjɔ̃] *nf* improvement.

améliorer [ameljɔre] *vt* to improve. ◆ **s'améliorer** *vp* to improve.

amen [amɛn] *adv* amen.

aménagement [amenaʒmɑ̃] *nm* **-1.** [de

lieu] fitting out. **-2.** [de programme] planning, organizing.
aménager [amenaʒe] *vt* **-1.** [pièce] to fit out. **-2.** [programme] to plan, to organize.
amende [amɑ̃d] *nf* fine.
amendement [amɑ̃dmɑ̃] *nm* POLIT amendment.
amender [amɑ̃de] *vt* **-1.** POLIT to amend. **-2.** AGRIC to enrich. ◆ **s'amender** *vp* to mend one's ways.
amener [amne] *vt* **-1.** [mener] to bring. **-2.** [inciter]: ~ **qqn à faire qqch** [suj: circonstances] to lead sb to do sthg; [suj: personne] to get sb to do sthg. **-3.** [occasionner, préparer] to bring about.
amenuiser [amənɥize] *vt* **-1.** [rendre plus petit]: **ses cheveux amenuisent son visage** her hair makes her face look thinner. **-2.** [réduire] to diminish, to reduce. ◆ **s'amenuiser** *vp* to dwindle, to diminish.
amer, -ère [amɛr] *adj* bitter.
américain, -e [amerikɛ̃, ɛn] *adj* American. ◆ **américain** *nm* [langue] American English. ◆ **Américain, -e** *nm, f* American.
américanisme [amerikanism] *nm* Americanism.
Amérique [amerik] *nf*: **l'~** America; **l'~ centrale** Central America; **l'~ du Nord** North America; **l'~ du Sud** South America; **l'~ latine** Latin America.
amertume [amɛrtym] *nf* bitterness.
améthyste [ametist] *nf* amethyst.
ameublement [amœblamɑ̃] *nm* [meubles] furniture; [action de meubler] furnishing.
ami, -e [ami] ◇ *adj* friendly. ◇ *nm, f* **-1.** [camarade] friend; **petit ~** boyfriend; **petite ~e** girlfriend. **-2.** [partisan] supporter, friend.
amiable [amjabl] *adj* [accord] friendly, informal. ◆ **à l'amiable** *loc adv & loc adj* out of court.
amiante [amjɑ̃t] *nm* asbestos.
amibe [amib] *nf* amoeba.
amical, -e, -aux [amikal, o] *adj* friendly. ◆ **amicale** *nf* association, club (*for people with a shared interest*).
amicalement [amikalmɑ̃] *adv* **-1.** [de façon amicale] amicably, in a friendly way. **-2.** [dans une lettre] yours (ever), (with) best wishes.
amidon [amidɔ̃] *nm* starch.
amidonner [amidɔne] *vt* to starch.
amincissant, -e [amɛ̃sisɑ̃, ɑ̃t] *adj* slimming.
amiral, -aux [amiral, o] *nm* admiral.

amitié [amitje] *nf* **-1.** [affection] affection; **prendre qqn en ~** to befriend sb. **-2.** [rapports amicaux] friendship; **faire ses ~s à qqn** to give sb one's good OU best wishes.
ammoniac, -iaque [amɔnjak] *adj* CHIM ammoniac. ◆ **ammoniac** *nm* ammonia. ◆ **ammoniaque** *nf* ammonia (water).
amnésie [amnezi] *nf* amnesia.
amniocentèse [amnjɔsɛ̃tɛz] *nf* amniocentesis.
amnistie [amnisti] *nf* amnesty.
amnistier [amnistje] *vt* to amnesty.
amoindrir [amwɛ̃drir] *vt* to diminish.
amonceler [amɔ̃sle] *vt* to accumulate.
amont [amɔ̃] *nm* upstream (water); **en ~ de** [rivière] upriver OU upstream from; *fig* prior to.
amoral, -e, -aux [amɔral, o] *adj* **-1.** [qui ignore la morale] amoral. **-2.** [débauché] immoral.
amorce [amɔrs] *nf* **-1.** [d'explosif] priming; [de cartouche, d'obus] cap. **-2.** PÊCHE bait. **-3.** *fig* [commencement] beginnings (*pl*), germ.
amorcer [amɔrse] *vt* **-1.** [explosif] to prime. **-2.** PÊCHE to bait. **-3.** *fig* [commencer] to begin, to initiate.
amorphe [amɔrf] *adj* [personne] lifeless.
amortir [amɔrtir] *vt* **-1.** [atténuer - choc] to absorb; [- bruit] to deaden, to muffle. **-2.** [dette] to pay off. **-3.** [achat] to write off.
amour [amur] *nm* [gén] love; **faire l'~** to make love. ◆ **amours** *nfpl* [vie sentimentale] love-life.
amoureux, -euse [amurø, øz] ◇ *adj* **-1.** [personne] in love; **être/tomber ~ (de)** to be/fall in love (with). **-2.** [regard, geste] loving. ◇ *nm, f* **-1.** [prétendant] suitor. **-2.** [passionné]: ~ **de** lover of; **un ~ de la nature** a nature lover.
amour-propre [amurprɔpr] *nm* pride, self-respect.
amovible [amɔvibl] *adj* [déplaçable] detachable, removable.
ampère [ɑ̃pɛr] *nm* amp, ampere.
amphétamine [ɑ̃fetamin] *nf* amphetamine.
amphi [ɑ̃fi] *nm fam* lecture hall OU theatre; **cours en ~** lecture.
amphibie [ɑ̃fibi] *adj* amphibious.
amphithéâtre [ɑ̃fiteatr] *nm* **-1.** HIST amphitheatre. **-2.** [d'université] lecture hall OU theatre.
ample [ɑ̃pl] *adj* **-1.** [vêtement - gén] loose-fitting; [- jupe] full. **-2.** [projet] extensive; **pour de plus ~s informations**

for further details. **-3.** [geste] broad, sweeping.

amplement [ɑ̃pləmɑ̃] *adv* [largement] fully, amply.

ampleur [ɑ̃plœr] *nf* **-1.** [de vêtement] fullness. **-2.** [d'événement, de dégâts] extent.

ampli [ɑ̃pli] *nm* amp.

amplificateur, -trice [ɑ̃plifikatœr, tris] *adj* ÉLECTR amplifying; **un phénomène ~ de la croissance** *fig* a phenomenon which increases growth. ◆ **amplificateur** *nm* **-1.** [gén] amplifier. **-2.** PHOT enlarger.

amplifier [ɑ̃plifje] *vt* **-1.** [mouvement, son] to amplify; [image] to magnify, to enlarge. **-2.** [scandale] to increase; [événement, problème] to highlight.

amplitude [ɑ̃plityd] *nf* **-1.** [de geste] fullness. **-2.** [d'onde] amplitude. **-3.** [de température] range.

ampoule [ɑ̃pul] *nf* **-1.** [de lampe] bulb. **-2.** [sur la peau] blister. **-3.** [médicament] ampoule, phial.

amputation [ɑ̃pytasjɔ̃] *nf* MÉD amputation.

amputer [ɑ̃pyte] *vt* MÉD to amputate; *fig* [couper] to cut (back OU down); **son article a été amputé d'un tiers** his article was cut by a third.

amulette [amylet] *nf* amulet.

amusant, -e [amyzɑ̃, ɑ̃t] *adj* [drôle] funny; [distrayant] amusing; **c'est très ~** it's great fun.

amuse-gueule [amyzgœl] *nm inv fam* cocktail snack, (party) nibble.

amusement [amyzmɑ̃] *nm* amusement (U).

amuser [amyze] *vt* to amuse, to entertain. ◆ **s'amuser** *vp* to have fun, to have a good time; **s'~ à faire qqch** to amuse o.s. (by) doing sthg.

amygdale [amidal] *nf* tonsil.

an [ɑ̃] *nm* year; **avoir sept ~s** to be seven (years old); **en l'~ 2000** in the year 2000; **le nouvel ~** the New Year.

anabolisant [anabɔlizɑ̃] *nm* anabolic steroid.

anachronique [anakrɔnik] *adj* anachronistic.

anagramme [anagram] *nf* anagram.

anal, -e, -aux [anal, o] *adj* anal.

analgésique [analʒezik] *nm & adj* analgesic.

anallergique [analɛrʒik] *adj* hypoallergenic.

analogie [analɔʒi] *nf* analogy.

analogique [analɔʒik] *adj* analogue.

analogue [analɔg] *adj* analogous, comparable.

analphabète [analfabɛt] *nmf & adj* illiterate.

analyse [analiz] *nf* **-1.** [étude] analysis. **-2.** CHIM & MÉD test, analysis. **-3.** [psychanalyse] analysis (U).

analyser [analize] *vt* **-1.** [étudier, psychanalyser] to analyse. **-2.** CHIM & MÉD to test, to analyse.

analyste [analist] *nmf* analyst.

analyste-programmeur, -euse [analist-prɔgramœr, øz] *nm, f* systems analyst.

analytique [analitik] *adj* analytical.

ananas [anana(s)] *nm* pineapple.

anarchie [anarʃi] *nf* **-1.** POLIT anarchy. **-2.** [désordre] chaos, anarchy.

anarchique [anarʃik] *adj* anarchic.

anarchiste [anarʃist] *nmf & adj* anarchist.

anatomie [anatɔmi] *nf* anatomy.

anatomique [anatɔmik] *adj* anatomical.

ancestral, -e, -aux [ɑ̃sɛstral, o] *adj* ancestral.

ancêtre [ɑ̃sɛtr] *nmf* [aïeul] ancestor; *fig* [forme première] forerunner, ancestor; *fig* [initiateur] father (*f* mother).

anchois [ɑ̃ʃwa] *nm* anchovy.

ancien, -ienne [ɑ̃sjɛ̃, jɛn] *adj* **-1.** [gén] old. **-2.** (*avant n*) [précédent] former, old. **-3.** [qui a de l'ancienneté] senior. **-4.** [du passé] ancient.

anciennement [ɑ̃sjɛnmɑ̃] *adv* formerly, previously.

ancienneté [ɑ̃sjɛnte] *nf* **-1.** [d'une tradition] oldness. **-2.** [d'un employé] seniority.

ancre [ɑ̃kr] *nf* NAVIG anchor; **jeter l'~** to drop anchor; **lever l'~** to weigh anchor; *fam* [partir] to make tracks.

ancrer [ɑ̃kre] *vt* [bateau] to anchor; *fig* [idée, habitude] to root.

Andes [ɑ̃d] *nfpl*: **les ~** the Andes.

Andorre [ɑ̃dɔr] *nf*: **(la principauté d')~** (the principality of) Andorra.

andouille [ɑ̃duj] *nf* **-1.** [charcuterie] *type of sausage made of chitterlings (pig's intestines eaten cold)*. **-2.** *fam* [imbécile] prat, twit.

âne [ɑn] *nm* **-1.** ZOOL ass, donkey. **-2.** *fam* [imbécile] ass.

anéantir [aneɑ̃tir] *vt* **-1.** [détruire] to annihilate; *fig* to ruin, to wreck. **-2.** [démoraliser] to crush, to overwhelm.

anecdote [anɛkdɔt] *nf* anecdote.

anecdotique [anɛkdɔtik] *adj* anecdotal.

anémie [anemi] *nf* MÉD anaemia; *fig* enfeeblement.

anémié, -e [anemje] *adj* anaemic.

anémique [anemik] *adj* anaemic.

anémone [anemɔn] *nf* anemone.

ânerie [anri] *nf fam* [parole, acte]: **dire/ faire une ~** to say/do something stupid.

ânesse [anɛs] *nf* she-ass, she-donkey.

anesthésie [anɛstezi] *nf* anaesthesia; **~ locale/générale** local/general anaesthetic.

anesthésier [anɛstezje] *vt* to anaesthetize.

anesthésique [anɛstezik] *nm & adj* anaesthetic.

anesthésiste [anɛstezist] *nmf* anaesthetist.

anfractuosité [ãfraktɥozite] *nf* crevice.

ange [ãʒ] *nm* angel; **~ gardien** guardian angel; **être aux ~s** *fig* to be in one's seventh heaven.

angélique [ãʒelik] *adj* angelic.

angélus [ãʒelys] *nm* [sonnerie] angelus (bell).

angine [ãʒin] *nf* [pharyngite] pharyngitis; [amygdalite] tonsillitis.

anglais, **-e** [ãglɛ, ɛz] *adj* English. ◆ **anglais** *nm* [langue] English. ◆ **Anglais**, **-e** *nm, f* Englishman (*f* Englishwoman); **les Anglais** the English. ◆ **anglaises** *nfpl* ringlets.

angle [ãgl] *nm* **-1.** [coin] corner. **-2.** MATHS angle; **~ droit/aigu/obtus** right/acute/obtuse angle.

Angleterre [ãglətɛr] *nf*: **l'~** England.

anglican, **-e** [ãglikã, an] *adj & nm, f* Anglican.

anglophone [ãglɔfɔn] ◇ *nmf* English-speaker. ◇ *adj* English-speaking, anglophone.

anglo-saxon, **-onne** [ãglosaksɔ̃, ɔn] *adj* Anglo-Saxon. ◆ **anglo-saxon** *nm* [langue] Anglo-Saxon, Old English. ◆ **Anglo-Saxon**, **-onne** *nm, f* Anglo-Saxon.

angoisse [ãgwas] *nf* anguish.

angoisser [ãgwase] *vt* [effrayer] to cause anxiety to. ◆ **s'angoisser** *vp* **-1.** [être anxieux] to be overcome with anxiety. **-2.** *fam* [s'inquiéter] to fret.

anguille [ãgij] *nf* eel.

anguleux, **-euse** [ãgylø, øz] *adj* angular.

anicroche [anikrɔʃ] *nf* hitch.

animal, **-e**, **-aux** [animal, o] *adj* **-1.** [propre à l'animal] animal (*avant n*). **-2.** [instinctif] instinctive. ◆ **animal** *nm* [bête] animal; **~ sauvage/domestique** wild/domestic animal.

animateur, **-trice** [animatœr, tris] *nm, f* **-1.** RADIO & TÉLÉ presenter. **-2.** [sociocul-turel, sportif] activities organizer.

animation [animasjɔ̃] *nf* **-1.** [de rue] activity, life; [de conversation, visage] animation. **-2.** [activités] activities (*pl*). **-3.** CIN animation.

animé, **-e** [anime] *adj* [rue] lively; [conversation, visage] animated; [objet] animate.

animer [anime] *vt* **-1.** [mettre de l'entrain dans] to animate, to liven up. **-2.** [présenter] to present. **-3.** [organiser des activités pour] to organize activities for. ◆ **s'animer** *vp* **-1.** [visage] to light up. **-2.** [rue] to come to life, to liven up.

animosité [animozite] *nf* animosity.

anis [ani(s)] *nm* BOT anise; CULIN aniseed.

ankylosé, **-e** [ãkiloze] *adj* [paralysé] stiff; [engourdi] numb.

annales [anal] *nfpl* **-1.** [d'examen] past papers. **-2.** [chronique annuelle] chronicle (*sg*), annals.

anneau, **-x** [ano] *nm* **-1.** [gén] ring. **-2.** [maillon] link.

année [ane] *nf* year; **souhaiter la bonne ~ à qqn** to wish sb a Happy New Year; **~ bissextile** leap year; **~-lumière** light year; **~ scolaire** school year.

annexe [anɛks] ◇ *nf* **-1.** [de dossier] appendix, annexe. **-2.** [de bâtiment] annexe. ◇ *adj* related, associated.

annexer [anɛkse] *vt* **-1.** [incorporer]: **~ qqch (à qqch)** to append OU annex sthg (to sthg). **-2.** [pays] to annex.

annexion [anɛksjɔ̃] *nf* annexation.

annihiler [aniile] *vt* [réduire à néant] to destroy, to wreck.

anniversaire [anivɛrsɛr] ◇ *nm* [de mariage, mort, événement] anniversary; [de naissance] birthday; **bon** OU **joyeux ~!** happy birthday! ◇ *adj* anniversary (*avant n*).

annonce [anɔ̃s] *nf* **-1.** [déclaration] announcement; *fig* sign, indication. **-2.** [texte] advertisement; **petite ~** classified advertisement, small ad.

annoncer [anɔ̃se] *vt* **-1.** [faire savoir] to announce. **-2.** [prédire] to predict.

annonciateur, **-trice** [anɔ̃sjatœr, tris] *adj*: **~ de qqch** heralding sthg.

annoter [anɔte] *vt* to annotate.

annuaire [anɥɛr] *nm* annual, yearbook; **~ téléphonique** telephone directory, phone book.

annuel, **-elle** [anɥɛl] *adj* **-1.** [tous les ans] annual, yearly. **-2.** [d'une année] annual.

annuité [anɥite] nf **-1.** [paiement] annual payment OU instalment. **-2.** [année de service] year (of service).

annulaire [anylɛr] nm ring finger.

annulation [anylasjɔ̃] nf **-1.** [de rendez-vous, réservation] cancellation. **-2.** [de mariage] annulment.

annuler [anyle] vt **-1.** [rendez-vous, réservation] to cancel. **-2.** [mariage] to annul. ◆ **s'annuler** vp to cancel each other out.

anoblir [anɔblir] vt to ennoble.

anodin, -e [anɔdɛ̃, in] adj **-1.** [blessure] minor. **-2.** [propos] harmless. **-3.** [détail, personne] insignificant.

anomalie [anɔmali] nf anomaly.

ânon [anɔ̃] nm young donkey OU ass.

ânonner [anɔne] vt & vi to recite in a drone.

anonymat [anɔnima] nm anonymity.

anonyme [anɔnim] adj anonymous.

anorak [anɔrak] nm anorak.

anorexie [anɔreksi] nf anorexia.

anormal, -e, -aux [anɔrmal, o] ◇ adj **-1.** [inhabituel] abnormal, not normal. **-2.** [intolérable, injuste] wrong, not right. **-3.** [arriéré] (mentally) subnormal. ◇ nm, f mental defective.

ANPE (abr de **Agence nationale pour l'emploi**) nf French national employment agency, ≃ job centre Br.

anse [ɑ̃s] nf **-1.** [d'ustensile] handle. **-2.** GÉOGR cove.

antagoniste [ɑ̃tagɔnist] adj antagonistic.

antan [ɑ̃tɑ̃] ◆ **d'antan** loc adj littéraire of old, of yesteryear.

antarctique [ɑ̃tarktik] adj Antarctic; **le cercle polaire** ~ the Antarctic Circle. ◆ **Antarctique** nm **-1.** [continent]: l'~ Antarctica. **-2.** [océan]: l'~ the Antarctic (Ocean).

antécédent [ɑ̃tesedɑ̃] nm (gén pl) [passé] history (sg).

antenne [ɑ̃tɛn] nf **-1.** [d'insecte] antenna, feeler. **-2.** [de télévision, de radio] aerial Br, antenna. **-3.** [succursale] branch, office.

antérieur, -e [ɑ̃terjœr] adj **-1.** [dans le temps] earlier, previous; ~ **à** previous OU prior to. **-2.** [dans l'espace] front (avant n).

antérieurement [ɑ̃terjœrmɑ̃] adv earlier, previously; ~ **à** prior to.

anthologie [ɑ̃tɔlɔʒi] nf anthology.

anthracite [ɑ̃trasit] ◇ nm anthracite. ◇ adj inv charcoal (grey).

anthropologie [ɑ̃trɔpɔlɔʒi] nf anthropology.

anthropophage [ɑ̃trɔpɔfaʒ] nmf cannibal.

anti-âge [ɑ̃tiaʒ] adj: **crème** ~ anti-ageing cream.

antialcoolique [ɑ̃tialkɔlik] adj: **ligue** ~ temperance league.

antibiotique [ɑ̃tibjɔtik] nm & adj antibiotic.

antibrouillard [ɑ̃tibrujar] nm & adj inv: **(phare** OU **feu)** ~ fog lamp Br, foglight Am.

antichambre [ɑ̃tiʃɑ̃br] nf antechamber; **faire** ~ fig to wait patiently (to see somebody).

anticipation [ɑ̃tisipasjɔ̃] nf LITTÉRATURE: **roman d'**~ science fiction novel.

anticipé, -e [ɑ̃tisipe] adj early.

anticiper [ɑ̃tisipe] ◇ vt to anticipate. ◇ vi: ~ **(sur qqch)** to anticipate (sthg).

anticonformiste [ɑ̃tikɔ̃fɔrmist] adj & nmf non-conformist.

anticorps [ɑ̃tikɔr] nm antibody.

anticyclone [ɑ̃tisiklon] nm anticyclone.

antidater [ɑ̃tidate] vt to backdate.

antidépresseur [ɑ̃tidepresœr] nm & adj m antidepressant.

antidote [ɑ̃tidɔt] nm antidote.

antigel [ɑ̃tiʒɛl] nm inv & adj inv antifreeze.

antillais, -e [ɑ̃tijɛ, ɛz] adj West Indian. ◆ **Antillais, -e** nm, f West Indian.

Antilles [ɑ̃tij] nfpl: **les** ~ the West Indies.

antilope [ɑ̃tilɔp] nf antelope.

antimilitariste [ɑ̃timilitarist] nmf & adj antimilitarist.

antimite [ɑ̃timit] adj inv: **boule** ~ mothball.

antipathie [ɑ̃tipati] nf antipathy, hostility.

antipathique [ɑ̃tipatik] adj unpleasant; **elle m'est** ~ I dislike her, I don't like her.

antipelliculaire [ɑ̃tipelikylɛr] adj: **shampooing** ~ anti-dandruff shampoo.

antiphrase [ɑ̃tifraz] nf antiphrasis.

antiquaire [ɑ̃tikɛr] nmf antique dealer.

antique [ɑ̃tik] adj **-1.** [de l'antiquité - civilisation] ancient; [- vase, objet] antique. **-2.** [vieux] antiquated, ancient.

antiquité [ɑ̃tikite] nf **-1.** [époque]: **l'Antiquité** antiquity. **-2.** [objet] antique.

antirabique [ɑ̃tirabik] adj: **vaccin** ~ rabies vaccine.

antiraciste [ɑ̃tirasist] adj & nmf antiracist.

antirides [ɑ̃tirid] adj inv anti-wrinkle.

antirouille [ɑ̃tiruj] *adj inv* [traitement] rust (*avant n*); [revêtement, peinture] rustproof.

antisèche [ɑ̃tisɛʃ] *nm ou nf arg scol* crib *Br*, cheat sheet *Am*.

antisémite [ɑ̃tisemit] ◇ *nmf* anti-Semite. ◇ *adj* anti-Semitic.

antiseptique [ɑ̃tisɛptik] *nm & adj* antiseptic.

antisismique [ɑ̃tisismik] *adj* earthquake-proof.

antithèse [ɑ̃titɛz] *nf* antithesis.

antiviral, -aux [ɑ̃tiviral, o] *nm* antivirus.

antivol [ɑ̃tivɔl] *nm inv* anti-theft device.

antre [ɑ̃tr] *nm* den, lair.

anus [anys] *nm* anus.

anxiété [ɑ̃ksjete] *nf* anxiety.

anxieux, -ieuse [ɑ̃ksjø, jøz] ◇ *adj* anxious, worried; **être ~ de qqch** to be worried OU anxious about sthg; **être ~ de faire qqch** to be anxious to do sthg. ◇ *nm, f* worrier.

aorte [aɔrt] *nf* aorta.

août [u(t)] *nm* August; *voir aussi* septembre.

apaisement [apɛzmɑ̃] *nm* -1. [moral] comfort. -2. [de douleur] alleviation. -3. [de tension, de crise] calming.

apaiser [apeze] *vt* -1. [personne] to calm down, to pacify. -2. [conscience] to salve; [douleur] to soothe; [soif] to slake, to quench; [faim] to assuage; [passion] to calm. ◆ **s'apaiser** *vp* -1. [personne] to calm down. -2. [besoin, passion] to be assuaged; [tempête] to subside, to abate; [douleur] to die down; [scrupules] to be allayed.

apanage [apanaʒ] *nm sout* privilege; **être l'~ de qqn/qqch** to be the prerogative of sb/sthg.

aparté [aparte] *nm* -1. THÉÂTRE aside. -2. [conversation] private conversation; **prendre qqn en ~** to take sb aside.

apartheid [apartɛd] *nm* apartheid.

apathie [apati] *nf* apathy.

apathique [apatik] *adj* apathetic.

apatride [apatrid] *nmf* stateless person.

apercevoir [apɛrsəvwar] *vt* [voir] to see, to catch sight of. ◆ **s'apercevoir** *vp*: **s'~ de qqch** to notice sthg; **s'~ que** to notice (that).

aperçu, -e [apɛrsy] *pp* → apercevoir. ◆ **aperçu** *nm* general idea.

apéritif, -ive [aperitif, iv] *adj* which whets the appetite. ◆ **apéritif** *nm* aperitif; **prendre l'~** to have an aperitif, to have drinks (*before a meal*).

apesanteur [apəzɑ̃tœr] *nf* weightlessness.

à-peu-près [apøprɛ] *nm inv* approximation.

aphone [afɔn] *adj* voiceless.

aphrodisiaque [afrɔdizjak] *nm & adj* aphrodisiac.

aphte [aft] *nm* mouth ulcer.

apiculteur, -trice [apikyltœr, tris] *nm, f* beekeeper.

apitoyer [apitwaje] *vt* to move to pity. ◆ **s'apitoyer** *vp* to feel pity; **s'~ sur** to feel sorry for.

ap. J.-C. (*abr de* après Jésus-Christ) AD.

aplanir [aplanir] *vt* -1. [aplatir] to level. -2. *fig* [difficulté, obstacle] to smooth away, to iron out.

aplatir [aplatir] *vt* [gén] to flatten; [couture] to press flat; [cheveux] to smooth down.

aplomb [aplɔ̃] *nm* -1. [stabilité] balance. -2. [audace] nerve, cheek. ◆ **d'aplomb** *loc adv* steady.

apocalypse [apɔkalips] *nf* apocalypse.

apogée [apɔʒe] *nm* ASTRON apogee; *fig* peak.

apolitique [apɔlitik] *adj* apolitical, unpolitical.

apologie [apɔlɔʒi] *nf* justification, apology.

apoplexie [apɔplɛksi] *nf* apoplexy.

apostrophe [apɔstrɔf] *nf* [signe graphique] apostrophe.

apostropher [apɔstrɔfe] *vt*: **~ qqn** to speak rudely to sb.

apothéose [apɔteoz] *nf* -1. [consécration] great honour. -2. [point culminant - d'un spectacle] grand finale; [- d'une carrière] crowning glory.

apôtre [apotr] *nm* apostle, disciple.

apparaître [aparɛtr] ◇ *vi* -1. [gén] to appear. -2. [se dévoiler] to come to light. ◇ *v impers*: **il apparaît que** it seems OU appears that.

apparat [apara] *nm* pomp; **d'~** [dîner, habit] ceremonial.

appareil [aparej] *nm* -1. [gén] device; [électrique] appliance. -2. [téléphone] phone, telephone; **qui est à l'~?** who's speaking? -3. [avion] aircraft. ◆ **appareil digestif** *nm* digestive system. ◆ **appareil photo** *nm* camera; **~ photo numérique** digital camera.

appareillage [aparejaʒ] *nm* -1. [équipement] equipment. -2. NAVIG getting under way.

appareiller [apareje] ◇ *vt* [assortir] to match up. ◇ *vi* NAVIG to get under way.

apparemment [aparamɑ̃] *adv* apparently.

apparence [aparɑ̃s] *nf* appearance. ◆ **en apparence** *loc adv* seemingly, apparently.

apparent, -e [aparɑ̃, ɑ̃t] *adj* **-1.** [superficiel, illusoire] apparent. **-2.** [visible] visible.

apparenté, -e [aparɑ̃te] *adj*: ~ **à** [personne] related to; *fig* [ressemblant] similar to.

appariteur [aparitœr] *nm* porter (*in university*).

apparition [aparisjɔ̃] *nf* **-1.** [gén] appearance. **-2.** [vision - RELIG] vision; [- de fantôme] apparition.

appart [apart] (*abr de* **appartement**) *nm fam* flat *Br*, apartment *Am*.

appartement [apartəmɑ̃] *nm* flat *Br*, apartment *Am*.

appartenir [apartənir] *vi* **-1.** [être la propriété de]: ~ **à qqn** to belong to sb. **-2.** [faire partie de]: ~ **à qqch** to belong to sthg, to be a member of sthg; **il ne m'appartient pas de faire ...** *fig & sout* it's not up to me to do ....

appartenu, -e [apartəny] *pp inv* → **appartenir**.

apparu, -e [apary] *pp* → **apparaître**.

appâter [apate] *vt litt & fig* to lure.

appauvrir [apovrir] *vt* to impoverish. ◆ **s'appauvrir** *vp* to grow poorer, to become impoverished.

appel [apɛl] *nm* **-1.** [gén] call; **faire ~ à qqn** to appeal to sb; **faire ~ à qqch** [nécessiter] to call for sthg; [avoir recours à] to call on sthg; ~ **(téléphonique)** (phone) call. **-2.** [JUR] appeal; **faire ~** JUR to appeal; **sans ~** final. **-3.** [pour vérifier - gén] roll-call; [- SCOL] registration. **-4.** COMM: ~ **d'offre** invitation to tender. **-5.** [signe]: **faire un ~ de phares** to flash one's headlights.

appelé, -e [aple] *pp* → **appeler**. ◆ **appelé** *nm* conscript.

appeler [aple] *vt* **-1.** [gén] to call. **-2.** [téléphoner] to ring, to call. **-3.** [exiger] to call for. ◆ **s'appeler** *vp* **-1.** [se nommer] to be called; **comment cela s'appelle?** what is it called?; **il s'appelle Patrick** his name is Patrick, he's called Patrick. **-2.** [se téléphoner]: **on s'appelle demain?** shall we talk tomorrow?

appendice [apɛ̃dis] *nm* appendix.

appendicite [apɛ̃disit] *nf* appendicitis.

appentis [apɑ̃ti] *nm* lean-to.

appesantir [apəzɑ̃tir] *vt* [démarche] to slow down. ◆ **s'appesantir** *vp* **-1.** [s'alourdir] to become heavy. **-2.** [insister]: **s'~ sur qqch** to dwell on sthg.

appétissant, -e [apetisɑ̃, ɑ̃t] *adj* [nourriture] appetizing.

appétit [apeti] *nm* appetite; **bon ~!** enjoy your meal!

applaudir [aplodir] ◇ *vt* to applaud. ◇ *vi* to clap, to applaud; ~ **à qqch** *fig* to applaud sthg; ~ **à tout rompre** *fig* to bring the house down.

applaudissements [aplodismɑ̃] *nmpl* applause (*U*), clapping (*U*).

application [aplikasjɔ̃] *nf* [gén & INFORM] application.

applique [aplik] *nf* wall lamp.

appliquer [aplike] *vt* [gén] to apply; [loi] to enforce. ◆ **s'appliquer** *vp* **-1.** [s'étaler, se poser]: **cette peinture s'applique facilement** this paint goes on easily. **-2.** [se concentrer]: **s'~ (à faire qqch)** to apply o.s. (to doing sthg).

appoint [apwɛ̃] *nm* **-1.** [monnaie] change; **faire l'~** to give the right money. **-2.** [aide] help, support; **d'~** [salaire, chauffage] extra.

appointements [apwɛ̃tmɑ̃] *nmpl* salary (*sg*).

apport [apɔr] *nm* **-1.** [gén & FIN] contribution. **-2.** [de chaleur] input.

apporter [apɔrte] *vt* **-1.** [gén] to bring. **-2.** [raison, preuve] to provide, to give. **-3.** [mettre - soin] to exercise; [- attention] to give.

apposer [apoze] *vt* **-1.** [affiche] to put up. **-2.** [signature] to append.

apposition [apozisjɔ̃] *nf* GRAM apposition.

appréciable [apresjabl] *adj* **-1.** [notable] appreciable. **-2.** [précieux]: **un grand jardin, c'est ~!** I/we really appreciate having a big garden.

appréciation [apresjasjɔ̃] *nf* **-1.** [de valeur] valuation; [de distance, poids] estimation. **-2.** [jugement] judgment. **-3.** SCOL assessment.

apprécier [apresje] *vt* **-1.** [gén] to appreciate. **-2.** [évaluer] to estimate, to assess.

appréhender [apreɑ̃de] *vt* **-1.** [arrêter] to arrest. **-2.** [craindre]: ~ **qqch/de faire qqch** to dread sthg/doing sthg.

appréhension [apreɑ̃sjɔ̃] *nf* apprehension.

apprendre [aprɑ̃dr] *vt* **-1.** [étudier] to learn; ~ **à faire qqch** to learn (how) to do sthg. **-2.** [enseigner] to teach; ~ qqch à qqn to teach sb sthg; ~ à qqn à faire qqch to teach sb (how) to do sthg. **-3.** [nouvelle] to hear of, to learn of; ~ que to hear that, to learn that; ~ qqch à qqn to tell sb of sthg.

apprenti, -e [aprɑ̃ti] nm, f [élève] apprentice; fig beginner.

apprentissage [aprɑ̃tisaʒ] nm **-1.** [de métier] apprenticeship. **-2.** [formation] learning.

apprêter [aprete] vt to prepare.
♦ **s'apprêter** vp **-1.** [être sur le point]: s'~ à faire qqch to get ready to do sthg. **-2.** [s'habiller]: s'~ pour qqch to dress up for sthg.

appris, -e [apri, iz] pp → **apprendre**.

apprivoiser [aprivwaze] vt to tame.

approbateur, -trice [aprɔbatœr, tris] adj approving.

approbation [aprɔbasjɔ̃] nf approval.

approchant, -e [aprɔʃɑ̃, ɑ̃t] adj similar; quelque chose d'~ something similar.

approche [aprɔʃ] nf [arrivée] approach; à l'~ des fêtes as the Christmas holidays draw near; il a pressé le pas à l'~ de la maison he quickened his step as he approached OU drew near the house.

approcher [aprɔʃe] ◇ vt **-1.** [mettre plus près] to move near, to bring near; ~ qqch de qqn/qqch to move sthg near (to) sb/sthg. **-2.** [aborder] to go up to, to approach. ◇ vi to approach, to go/come near; approchez! come nearer!; n'approchez pas! keep OU stay away!; ~ de [moment, fin] to approach.
♦ **s'approcher** vp to come/go near, to approach; s'~ de qqn/qqch to approach sb/qqch.

approfondir [aprɔfɔ̃dir] vt **-1.** [creuser] to make deeper. **-2.** [développer] to go further into.

approprié, -e [aprɔprije] adj: ~ (à) appropriate (to).

approprier [aprɔprije] vt **-1.** [adapter] to adapt. **-2.** Belg to clean. ♦ **s'approprier** vp [s'adjuger] to appropriate.

approuver [apruve] vt [gén] to approve of.

approvisionnement [aprɔvizjɔnmɑ̃] nm supplies (pl), stocks (pl).

approvisionner [aprɔvizjɔne] vt **-1.** [compte en banque] to pay money into. **-2.** [magasin, pays] to supply.

approximatif, -ive [aprɔksimatif, iv] adj approximate, rough.

approximation [aprɔksimasjɔ̃] nf approximation.

approximativement [aprɔksimativmɑ̃] adv approximately, roughly.

appt abr de **appartement**.

appui [apɥi] nm [soutien] support.

appui-tête [apɥitɛt] (pl **appuis-tête**) nm headrest.

appuyer [apɥije] ◇ vt **-1.** [poser]: ~ qqch sur/contre qqch to lean sthg on/against sthg, to rest sthg on/against sthg. **-2.** [presser]: ~ qqch sur/contre to press sthg on/against. **-3.** fig [soutenir] to support. ◇ vi **-1.** [reposer]: ~ sur to lean OU rest on. **-2.** [presser] to push; ~ sur [bouton] to press. **-3.** fig [insister]: ~ sur to stress. **-4.** [se diriger]: ~ sur la OU à droite to bear right. ♦ **s'appuyer** vp **-1.** [se tenir]: s'~ contre/sur to lean against/on, to rest against/on. **-2.** [se baser]: s'~ sur to rely on.

âpre [apr] adj **-1.** [goût, discussion, combat] bitter. **-2.** [ton, épreuve, critique] harsh. **-3.** [concurrence] fierce.

après [aprɛ] ◇ prép **-1.** [gén] after; ~ avoir mangé, ils ... after having eaten OU after they had eaten, they ...; ~ cela after that; ~ quoi after which. **-2.** [indiquant l'attirance, l'attachement, l'hostilité]: soupirer ~ qqn to yearn for sb; aboyer ~ qqn to bark at sb. ◇ adv **-1.** [temps] afterwards; un mois ~ one month later; le mois d'~ the following OU next month. **-2.** [lieu, dans un ordre, dans un rang]: la rue d'~ the next street; c'est ma sœur qui vient ~ my sister's next. ♦ **après coup** loc adv afterwards, after the event. ♦ **après que** loc conj (+ indicatif) after; je le verrai ~ qu'il aura fini I'll see him after OU when he's finished; ~ qu'ils eurent dîné, ... after dinner OU after they had dined, ... ♦ **après tout** loc adv after all. ♦ **d'après** loc prép according to; d'~ moi in my opinion; d'~ lui according to him. ♦ **et après** loc adv (employée interrogativement) **-1.** [questionnement sur la suite] and then what? **-2.** [exprime l'indifférence] so what?

après-demain [apredmɛ̃] adv the day after tomorrow.

après-guerre [apregɛr] nm post-war years (pl); d'~ post-war.

après-midi [apremidi] nm inv ou nf inv afternoon.

après-rasage [aprɛrazaʒ] nm & adj inv aftershave.

après-ski [apreski] *nm* [chaussure] snow-boot.

après-soleil [apresɔlej] *adj inv* after-sun (*avant n*).

après-vente [aprevɑ̃t] → **service**.

à-propos [aprɔpo] *nm inv* [de remarque] aptness; **faire preuve d'~** to show presence of mind.

apte [apt] *adj*: **~ à qqch/à faire qqch** capable of sth/of doing sth; **~ (au service)** MIL fit (for service).

aquarelle [akwarɛl] *nf* watercolour.

aquarium [akwarjɔm] *nm* aquarium.

aquatique [akwatik] *adj* [plante, animal] aquatic; [milieu, paysage] watery, marshy.

aqueduc [akdyk] *nm* aqueduct.

aqueux, -euse [akø, øz] *adj* watery.

aquilin [akilɛ̃] → **nez**.

arabe [arab] ◇ *adj* [peuple] Arab; [désert] Arabian. ◇ *nm* [langue] Arabic. ◆ **Arabe** *nmf* Arab.

arabesque [arabɛsk] *nf* **-1.** [ornement] arabesque. **-2.** [ligne sinueuse] flourish.

Arabie [arabi] *nf*: **l'~** Arabia; **l'~ Saoudite** Saudi Arabia.

arachide [araʃid] *nf* **-1.** [plante] groundnut. **-2.** [graine] peanut, groundnut.

araignée [areɲe] *nf* spider. ◆ **araignée de mer** *nf* spider crab.

arbalète [arbalɛt] *nf* crossbow.

arbitrage [arbitraʒ] *nm* **-1.** [SPORT- gén] refereeing; [- au tennis, cricket] umpiring. **-2.** JUR arbitration.

arbitraire [arbitrɛr] *adj* arbitrary.

arbitre [arbitr] *nm* **-1.** [SPORT - gén] referee; [- au tennis, cricket] umpire. **-2.** [conciliateur] arbitrator.

arbitrer [arbitre] *vt* **-1.** [SPORT - gén] to referee; [- au tennis, cricket] to umpire. **-2.** [conflit] to arbitrate.

arboriculture [arbɔrikyltyr] *nf* tree growing.

arbre [arbr] *nm* **-1.** BOT & *fig* tree; **~ fruitier** fruit tree; **~ généalogique** family tree. **-2.** [axe] shaft.

arbrisseau [arbrisó] *nm* shrub.

arbuste [arbyst] *nm* shrub.

arc [ark] *nm* **-1.** [arme] bow. **-2.** [courbe] arc; **~ de cercle** arc of a circle. **-3.** ARCHIT arch.

arcade [arkad] *nf* **-1.** ARCHIT arch; **~s** arcade (*sg*). **-2.** ANAT: **~ sourcilière** arch of the eyebrows.

arc-bouter [arkbute] ◆ **s'arc-bouter** *vp* to brace o.s.

arceau [arso] *nm* **-1.** ARCHIT arch. **-2.** [objet métallique] hoop.

arc-en-ciel [arkɑ̃sjɛl] (*pl* **arcs-en-ciel**) *nm* rainbow.

archaïque [arkaik] *adj* archaic.

arche [arʃ] *nf* ARCHIT arch.

archéologie [arkeɔlɔʒi] *nf* archaeology.

archéologique [arkeɔlɔʒik] *adj* archaeological.

archéologue [arkeɔlɔg] *nmf* archaeologist.

archet [arʃɛ] *nm* MUS bow.

archevêque [arʃəvɛk] *nm* archbishop.

archipel [arʃipɛl] *nm* archipelago.

architecte [arʃitɛkt] *nmf* architect.

architecture [arʃitɛktyr] *nf* architecture; *fig* structure.

archives [arʃiv] *nfpl* [de bureau] records; [de musée] archives.

archiviste [arʃivist] *nmf* archivist.

arctique [arktik] *adj* Arctic; **le cercle polaire ~** the Arctic Circle. ◆ **Arctique** *nm*: **l'~** the Arctic.

ardemment [ardamɑ̃] *adv* fervently, passionately.

ardent, -e [ardɑ̃, ɑ̃t] *adj* **-1.** [soleil] blazing. **-2.** [soif, fièvre] raging; [passion] burning.

ardeur [ardœr] *nf* **-1.** [vigueur] fervour, enthusiasm. **-2.** [chaleur] blazing heat.

ardoise [ardwaz] *nf* slate.

ardu, -e [ardy] *adj* [travail] arduous; [problème] difficult.

are [ar] *nm* 100 *square metres*.

arène [arɛn] *nf* arena. ◆ **arènes** *nfpl* amphitheatre (*sg*).

arête [arɛt] *nf* **-1.** [de poisson] bone. **-2.** [du nez] bridge.

argent [arʒɑ̃] *nm* **-1.** [métal, couleur] silver. **-2.** [monnaie] money; **~ liquide** (ready) cash; **~ de poche** pocket money.

argenté, -e [arʒɑ̃te] *adj* silvery, silver.

argenterie [arʒɑ̃tri] *nf* silverware.

Argentine [arʒɑ̃tin] *nf*: **l'~** Argentina.

argile [arʒil] *nf* clay.

argileux, -euse [arʒilø, øz] *adj* clayey.

argot [argo] *nm* slang.

argotique [argɔtik] *adj* slang (*avant n*), slangy.

argument [argymɑ̃] *nm* argument.

argumentation [argymɑ̃tasjɔ̃] *nf* argumentation.

argus [argys] *nm*: **coté à l'~** *rated in the guide to secondhand car prices.*

aride [arid] *adj litt* & *fig* arid; [travail] thankless.

aristocrate [aristɔkrat] *nmf* aristocrat.

aristocratie [aristɔkrasi] *nf* aristocracy.

arithmétique [aritmetik] *nf* arithmetic.

armateur [armatœr] *nm* ship owner.

armature [armatyr] *nf* **-1.** CONSTR & *fig* framework. **-2.** [de parapluie] frame; [de soutien-gorge] underwiring.

arme [arm] *nf litt* & *fig* weapon; ~ **blanche** blade; ~ **à feu** firearm. ◆ **armes** *nfpl* **-1.** [armée]: **les** ~**s** the army. **-2.** [blason] coat of arms (*sg*). **-3.** *loc:* **partir avec** ~**s et bagages** to leave taking everything.

armée [arme] *nf* army; **l'**~ **de l'air** the air force; **l'**~ **de terre** the army. ◆ **Armée du salut** *nf:* **l'Armée du salut** the Salvation Army.

armement [arməmã] *nm* [MIL - de personne] arming; [- de pays] armament; [- ensemble d'armes] arms (*pl*); **la course aux** ~**s** the arms race.

Arménie [armeni] *nf:* **l'**~ Armenia.

armer [arme] *vt* **-1.** [pourvoir en armes] to arm; **être armé pour qqch/pour faire qqch** *fig* [préparé] to be equipped for sthg/to do sthg. **-2.** [fusil] to cock. **-3.** [appareil photo] to wind on. **-4.** [navire] to fit out.

armistice [armistis] *nm* armistice.

armoire [armwar] *nf* [gén] cupboard *Br*, closet *Am*; [garde-robe] wardrobe; **c'est une** ~ **à glace!** *fam fig* he's built like a tank!; ~ **à pharmacie** medicine cabinet.

armoiries [armwari] *nfpl* coat of arms (*sg*).

armure [armyr] *nf* armour.

armurier [armyrje] *nm* [d'armes à feu] gunsmith; [d'armes blanches] armourer.

arnaque [arnak] *nf fam* rip-off.

arnaquer [arnake] *vt fam* to do *Br*, to swindle; **se faire** ~ to be had.

aromate [arɔmat] *nm* [épice] spice; [fine herbe] herb.

arôme [arom] *nm* **-1.** [gén] aroma; [de fleur, parfum] fragrance. **-2.** [goût] flavour.

arpège [arpɛʒ] *nm* arpeggio.

arpenter [arpãte] *vt* [marcher] to pace up and down.

arqué, -e [arke] *adj* **-1.** [objet] curved. **-2.** [jambe] bow (*avant n*), bandy; [nez] hooked; [sourcil] arched.

arr. *abr de* **arrondissement.**

arrache-pied [araʃpje] ◆ **d'arrache-pied** *loc adv:* **travailler d'**~ to work away furiously.

arracher [araʃe] *vt* **-1.** [extraire - plante] to pull up OU out; [- dent] to extract. **-2.** [déchirer - page] to tear off OU out; [- chemise, bras] to tear off. **-3.** [prendre]: ~ **qqch à qqn** to snatch sthg from sb; [susciter] to wring sthg from sb. **-4.** [soustraire]: ~ **qqn à** [milieu, lieu] to drag sb away from; [lit, sommeil] to drag sb from; [habitude, torpeur] to force sb out of.

arrangeant, -e [arãʒã, ãt] *adj* obliging.

arrangement [arãʒmã] *nm* **-1.** [gén] arrangement. **-2.** [accord] agreement, arrangement.

arranger [arãʒe] *vt* **-1.** [gén] to arrange. **-2.** [convenir à] to suit. **-3.** [régler] to settle. **-4.** [améliorer] to sort out. **-5.** [réparer] to fix. ◆ **s'arranger** *vp* to come to an agreement; **s'**~ **pour faire qqch** to manage to do sthg; **arrangez-vous pour être là à cinq heures** make sure you're there at five o'clock; **cela va s'**~ things will work out.

arrdt. *abr de* **arrondissement.**

arrestation [arɛstasjɔ̃] *nf* arrest; **être en état d'**~ to be under arrest.

arrêt [arɛ] *nm* **-1.** [d'un mouvement] stopping; **à l'**~ [véhicule] stationary; [machine] (switched) off; **tomber en** ~ **devant qqch** to stop dead in front of sthg. **-2.** [interruption] interruption; **sans** ~ [sans interruption] non-stop; [sans relâche] constantly, continually; **être en** ~ **maladie** to be on sick leave; ~ **maladie** OU **de travail** doctor's certificate; ~ **du travail** stoppage. **-3.** [station]: ~ **(d'autobus)** (bus) stop. **-4.** JUR decision, judgment.

arrêté [arete] *nm* ADMIN order, decree.

arrêter [arete] ◇ *vt* **-1.** [gén] to stop. **-2.** [cesser]: ~ **de faire qqch** to stop doing sthg; ~ **de fumer** to stop smoking. **-3.** [voleur] to arrest. ◇ *vi* to stop. ◆ **s'arrêter** *vp* to stop; **s'**~ **à qqch: il ne s'arrête pas à ces détails** he's not going to dwell on these details; **s'**~ **de faire** to stop doing.

arrhes [ar] *nfpl* deposit (*sg*).

arrière [arjɛr] ◇ *adj inv* back, rear; **roue** ~ rear OU back wheel; **marche** ~ reverse gear. ◇ *nm* **-1.** [partie postérieure] back; **à l'**~ at the back *Br*, in back *Am*. **-2.** SPORT back. ◆ **en arrière** *loc adv* **-1.** [dans la direction opposée] back, backwards; **faire un pas en** ~ to take a step back OU backwards. **-2.** [derrière, à la traîne] behind; **rester en** ~ to lag behind.

arriéré, -e [arjere] *adj* [mentalité, pays] backward. ◆ **arriéré** *nm* arrears (*pl*).

arrière-boutique [arjɛrbutik] (*pl*
arrière-boutiques) *nf* back shop.

arrière-garde [arjɛrgard] (*pl* **arrière-
gardes**) *nf* rearguard.

arrière-goût [arjɛrgu] (*pl* **arrière-goûts**)
nm aftertaste.

arrière-grand-mère [arjɛrgrɑ̃mɛr] (*pl*
arrière-grands-mères) *nf* great-
grandmother.

arrière-grand-père [arjɛrgrɑ̃pɛr] (*pl*
arrière-grands-pères) *nm* great-
grandfather.

arrière-pays [arjɛrpei] *nm inv* hinter-
land.

arrière-pensée [arjɛrpɑ̃se] (*pl* **arrière-
pensées**) *nf* [raison intéressée] ulterior
motive.

arrière-plan [arjɛrplɑ̃] (*pl* **arrière-plans**)
nm background.

arrière-saison [arjɛrsɛzɔ̃] (*pl* **arrière-
saisons**) *nf* late autumn.

arrière-train [arjɛrtrɛ̃] (*pl* **arrière-
trains**) *nm* hindquarters (*pl*).

arrimer [arime] *vt* -**1.** [attacher] to secure. -**2.** NAVIG to stow.

arrivage [arivaʒ] *nm* [de marchandises]
consignment, delivery.

arrivée [arive] *nf* -**1.** [venue] arrival. -**2.**
TECHNOL inlet.

arriver [arive] ◇ *vi* -**1.** [venir] to arrive;
j'arrive! (I'm) coming!; ~ **à Paris** to arrive in OU reach Paris; **l'eau m'arrivait
aux genoux** the water came up to my
knees. -**2.** [parvenir]: ~ **à faire qqch** to
manage to do sthg, to succeed in
doing sthg; **il n'arrive pas à faire ses
devoirs** he can't do his homework. ◇
v impers to happen; **il arrive que** (+
subjonctif): **il arrive qu'il soit en retard**
he is sometimes late; **il arrive à tout le
monde de se décourager** we all get fed
up sometimes; **il arrive à tout le
monde de se tromper** anyone can
make a mistake; **il lui arrive d'oublier
quel jour on est** he sometimes forgets
what day it is; **quoi qu'il arrive** whatever happens.

arrivisme [arivism] *nm péj* ambition.

arrogance [arɔgɑ̃s] *nf* arrogance.

arrogant, -e [arɔgɑ̃, ɑ̃t] *adj* arrogant.

arroger [arɔʒe] ◆ **s'arroger** *vp*: **s'~ le
droit de faire qqch** to take it upon o.s.
to do sthg.

arrondi [arɔ̃di] *nm* [de jupe] hemline.

arrondir [arɔ̃dir] *vt* -**1.** [forme] to make
round. -**2.** [chiffre - en haut] to round
up; [- en bas] to round down.

arrondissement [arɔ̃dismɑ̃] *nm* ADMIN
arrondissement (*administrative division of
a département or city*).

arroser [aroze] *vt* -**1.** [jardin] to water,
to spray. -**2.** *fam* [célébrer] to celebrate.

arrosoir [arozwar] *nm* watering can.

arsenal, -aux [arsənal, o] *nm* -**1.** [de na-
vires] naval dockyard. -**2.** [d'armes] arsenal.

arsenic [arsənik] *nm* arsenic.

art [ar] *nm* art; **le septième** ~ cinema;
~s et métiers *state-funded institution offering vocational classes by correspondence
or evening classes.*

art. *abr de* **article.**

artère [artɛr] *nf* -**1.** ANAT artery. -**2.** [rue]
arterial road.

artériel, -ielle [arterjɛl] *adj* arterial.

artériosclérose [arterjɔskleroz] *nf* arte-
riosclerosis.

arthrite [artrit] *nf* arthritis.

arthrose [artroz] *nf* osteoarthritis.

artichaut [artiʃo] *nm* artichoke.

article [artikl] *nm* -**1.** [gén] article; ~ **de
fond** feature. -**2.** *loc*: **à l'~ de la mort**
at death's door.

articulation [artikylasjɔ̃] *nf* -**1.** ANAT &
TECHNOL joint. -**2.** [prononciation] articulation.

articuler [artikyle] *vt* -**1.** [prononcer] to
articulate. -**2.** ANAT & TECHNOL to articulate, to joint.

artifice [artifis] *nm* -**1.** [moyen astucieux]
clever device OU trick. -**2.** [tromperie]
trick.

artificiel, -ielle [artifisjɛl] *adj* artificial.

artillerie [artijri] *nf* MIL artillery.

artisan, -e [artizɑ̃, an] *nm, f* craftsman (*f*
craftswoman).

artisanal, -e, -aux [artizanal, o] *adj* craft
(*avant n*).

artisanat [artizana] *nm* [métier] craft;
[classe] craftsmen.

artiste [artist] *nmf* -**1.** [créateur] artist; ~
peintre painter. -**2.** [interprète] performer.

artistique [artistik] *adj* artistic.

as¹ [a] → **avoir.**

as² [as] *nm* -**1.** [carte] ace. -**2.** [cham-
pion] star, ace.

ascendant, -e [asɑ̃dɑ̃, ɑ̃t] *adj* rising.
◆ **ascendant** *nm* -**1.** [influence] influence, power. -**2.** ASTROL ascendant.

ascenseur [asɑ̃sœr] *nm* lift *Br*, elevator
Am.

ascension [asɑ̃sjɔ̃] *nf* -**1.** [de montagne]
ascent. -**2.** [progression] rise. ◆ **Ascension** *nf*: **l'Ascension** Ascension (Day).

ascète [asɛt] *nmf* ascetic.

asiatique [azjatik] *adj* **-1.** [de l'Asie en général] Asian. **-2.** [d'Extrême-Orient] oriental. ◆ **Asiatique** *nmf* Asian.

Asie [azi] *nf*: l'~ Asia; l'~ du Sud-Est Southeast Asia.

asile [azil] *nm* **-1.** [refuge] refuge. **-2.** PO-LIT: **demander/accorder l'~ politique** to seek/to grant political asylum. **-3.** *vieilli* [psychiatrique] asylum.

asocial, -e, -iaux [asɔsjal, jo] ◇ *adj* antisocial. ◇ *nm, f* social misfit.

aspect [aspɛ] *nm* **-1.** [apparence] appearance; **d'~ agréable** nice-looking. **-2.** [angle & LING] aspect.

asperge [aspɛrʒ] *nf* [légume] asparagus.

asperger [aspɛrʒe] *vt*: ~ **qqch de qqch** to spray sthg with sthg; ~ **qqn de qqch** [arroser] to spray sb with sthg; [éclabousser] to splash sb with sthg.

aspérité [asperite] *nf* [du sol] bump.

asphalte [asfalt] *nm* asphalt.

asphyxier [asfiksje] *vt* **-1.** MÉD to asphyxiate, to suffocate. **-2.** *fig* [économie] to paralyse.

aspic [aspik] *nm* [vipère] asp.

aspirant, -e [aspirã, ãt] *adj*: **hotte ~e** cooker hood *Br*, cooker range *Am*; **pompe ~e** suction pump. ◆ **aspirant** *nm* [armée] ≃ officer cadet; [marine] ≃ midshipman.

aspirateur [aspiratœr] *nm* Hoover® *Br*, vacuum cleaner; **passer l'~** to do the vacuuming OU hoovering.

aspiration [aspirasjɔ̃] *nf* **-1.** [souffle] inhalation. **-2.** TECHNOL suction. ◆ **aspirations** *nfpl* aspirations.

aspirer [aspire] *vt* **-1.** [air] to inhale; [liquide] to suck up. **-2.** TECHNOL to suck up, to draw up. **-3.** [désirer] : ~ **à qqch/à faire qqch** to aspire to sthg/to do sthg.

aspirine [aspirin] *nf* aspirin.

assagir [asaʒir] *vt* to quieten down. ◆ **s'assagir** *vp* to quieten down.

assaillant, -e [asajã, ãt] *nm, f* assailant, attacker.

assaillir [asajir] *vt* to attack, to assault; ~ **qqn de qqch** *fig* to assail OU bombard sb with sthg.

assainir [asenir] *vt* **-1.** [logement] to clean up. **-2.** [eau] to purify. **-3.** ÉCON to rectify, to stabilize.

assaisonnement [asɛzɔnmã] *nm* [sauce] dressing.

assaisonner [asɛzɔne] *vt* [salade] to dress; [viande, plat] to season.

assassin, -e [asasɛ̃, in] *adj* provocative.

◆ **assassin** *nm* [gén] murderer; POLIT assassin.

assassinat [asasina] *nm* [gén] murder; POLIT assassination.

assassiner [asasine] *vt* [tuer - gén] to murder; [- POLIT] to assassinate.

assaut [aso] *nm* [attaque] assault, attack; **prendre d'~** [lieu] to storm; [personne] to attack.

assécher [aseʃe] *vt* to drain.

ASSEDIC, Assedic [asedik] (*abr de* **Associations pour l'emploi dans l'industrie et le commerce**) *nfpl* French unemployment insurance scheme; **toucher les ~** to get unemployment benefit *Br* OU welfare *Am*.

assemblage [asãblaʒ] *nm* [gén] assembly.

assemblée [asãble] *nf* **-1.** [réunion] meeting. **-2.** [public] gathering. **-3.** AD-MIN & POLIT assembly; **l'Assemblée nationale** *lower house of the French parliament*.

assembler [asãble] *vt* **-1.** [monter] to put together. **-2.** [réunir - objets] to gather (together). **-3.** [personnes] to bring together, to assemble. ◆ **s'assembler** *vp* to gather.

assener [asəne], **asséner** [asene] *vt*: ~ **un coup à qqn** [frapper] to strike sb, to deal sb a blow.

assentiment [asãtimã] *nm* assent.

asseoir [aswar] *vt* **-1.** [sur un siège] to put; **faire ~ qqn** to seat sb, to ask sb to take a seat. **-2.** [fondations] to lay. **-3.** *fig* [réputation] to establish. ◆ **s'asseoir** *vp* to sit (down).

assermenté, -e [asɛrmãte] *adj* [fonctionnaire, expert] sworn.

assertion [asɛrsjɔ̃] *nf* assertion.

assesseur [asesœr] *nm* assessor.

assez [ase] *adv* **-1.** [suffisamment] enough; ~ **de** enough; ~ **de lait/chaises** enough milk/chairs; **en avoir ~ de qqn/qqch** to have had enough of sb/sthg, to be fed up with sb/sthg. **-2.** [plutôt] quite, rather.

assidu, -e [asidy] *adj* **-1.** [élève] diligent. **-2.** [travail] painstaking. **-3.** [empressé]: ~ **(auprès de qqn)** attentive (to sb).

assiduité [asidɥite] *nf* **-1.** [zèle] diligence. **-2.** [fréquence] : **avec ~** regularly. ◆ **assiduités** *nfpl péj* & *sout* attentions.

assiéger [asjeʒe] *vt litt* & *fig* to besiege.

assiette [asjɛt] *nf* **-1.** [vaisselle] plate; ~ **creuse** OU **à soupe** soup plate; ~ **à dessert** dessert plate; ~ **plate** dinner plate. **-2.** [d'impôt] base. **-3.** CULIN: ~ **anglaise**

assorted cold meats (*pl*) Br, cold cuts (*pl*) Am.

assigner [asiɲe] *vt* JUR: ~ **qqn en justice** to issue a writ against sb.

assimiler [asimile] *vt* **-1.** [aliment, connaissances] to assimilate. **-2.** [confondre]: ~ **qqch (à qqch)** to liken sthg (to sthg); ~ **qqn à qqn** to compare sb to OU with sb.

assis, -e [asi, iz] ◇ *pp* → **asseoir**. ◇ *adj* sitting, seated; **place ~e** seat. ◆ **assise** *nf* [base] seat, seating. ◆ **assises** *nfpl* **-1.** JUR assizes. **-2.** [congrès] conference (*sg*).

assistance [asistɑ̃s] *nf* **-1.** [aide] assistance; **l'Assistance publique** *French authority which manages the social services and state-owned hospitals.* **-2.** [auditoire] audience.

assistant, -e [asistɑ̃, ɑ̃t] *nm, f* **-1.** [auxiliaire] assistant; ~**e sociale** social worker. **-2.** UNIV assistant lecturer.

assister [asiste] ◇ *vi*: ~ **à qqch** to be at sthg, to attend sthg. ◇ *vt* to assist.

association [asɔsjasjɔ̃] *nf* **-1.** [gén] association. **-2.** [union] society, association; ~ **sportive** sports club. **-3.** COMM partnership.

associé, -e [asɔsje] ◇ *adj* associated. ◇ *nm, f* **-1.** [collaborateur] associate. **-2.** [actionnaire] partner.

associer [asɔsje] *vt* **-1.** [personnes] to bring together. **-2.** [idées] to associate. **-3.** [faire participer]: ~ **qqn à qqch** [inclure] to bring sb in on sthg; [prendre pour partenaire] to make sb a partner in sthg. ◆ **s'associer** *vp* **-1.** [prendre part]: **s'~ à qqch** [participer] to join OU participate in sthg; [partager] to share sthg. **-2.** [collaborer]: **s'~ à** OU **avec qqn** to join forces with sb.

assoiffé, -e [aswafe] *adj* thirsty; ~ **de pouvoir** *fig* power-hungry.

assombrir [asɔ̃bʀiʀ] *vt* **-1.** [plonger dans l'obscurité] to darken. **-2.** *fig* [attrister] to cast a shadow over. ◆ **s'assombrir** *vp* **-1.** [devenir sombre] to grow dark. **-2.** *fig* [s'attrister] to darken.

assommer [asɔme] *vt* **-1.** [frapper] to knock out. **-2.** [ennuyer] to bore stiff.

Assomption [asɔ̃psjɔ̃] *nf*: **l'~** the Assumption.

assorti, -e [asɔrti] *adj* [accordé]: **bien ~** well-matched; **mal ~** ill-matched; **une cravate ~e au costume** a tie which matches the suit.

assortiment [asɔrtimɑ̃] *nm* assortment, selection.

assortir [asɔrtiʀ] *vt* [objets]: ~ **qqch à qqch** to match sthg to OU with sthg.

assoupi, -e [asupi] *adj* [endormi] dozing.

assoupir [asupiʀ] *vt sout* [enfant] to send to sleep. ◆ **s'assoupir** *vp* [s'endormir] to doze off.

assouplir [asupliʀ] *vt* **-1.** [corps] to make supple. **-2.** [matière] to soften. **-3.** [règlement] to relax.

assourdir [asurdir] *vt* **-1.** [rendre sourd] to deafen. **-2.** [amortir] to deaden, to muffle.

assouvir [asuviʀ] *vt* to satisfy.

assujettir [asyʒetiʀ] *vt* **-1.** [peuple] to subjugate. **-2.** [soumettre]: ~ **qqn à qqch** to subject sb to sthg.

assumer [asyme] *vt* **-1.** [fonction - exercer] to carry out. **-2.** [risque, responsabilité] to accept. **-3.** [condition] to come to terms with. **-4.** [frais] to meet.

assurance [asyʀɑ̃s] *nf* **-1.** [gén] assurance. **-2.** [contrat] insurance; ~ **maladie** health insurance; ~ **tous risques** AUTOM comprehensive insurance; ~**-vie** life assurance.

assuré, -e [asyʀe] *nm, f* policy holder; ~ **social** National Insurance Br OU Social Security Am contributor.

assurément [asyʀemɑ̃] *adv sout* certainly.

assurer [asyʀe] *vt* **-1.** [promettre]: ~ **à qqn que** to assure sb (that); ~ **qqn de qqch** to assure sb of sthg. **-2.** [permanence, liaison] to provide. **-3.** [voiture] to insure. ◆ **s'assurer** *vp* **-1.** [vérifier]: **s'~ que** to make sure (that); **s'~ de qqch** to ensure sthg, to make sure of sthg. **-2.** COMM: **s'~ (contre qqch)** to insure o.s. (against sthg). **-3.** [obtenir]: **s'~ qqch** to secure sthg.

astérisque [asteʀisk] *nm* asterisk.

asthme [asm] *nm* MÉD asthma.

asticot [astiko] *nm* maggot.

astiquer [astike] *vt* to polish.

astre [astʀ] *nm* star.

astreignant, -e [astʀɛɲɑ̃, ɑ̃t] *adj* demanding.

astreindre [astʀɛ̃dʀ] *vt*: ~ **qqn à qqch** to subject sb to sthg; ~ **qqn à faire qqch** to compel sb to do sthg.

astreint, -e [astʀɛ̃, ɛ̃t] *pp* → **astreindre**.

astringent, -e [astʀɛ̃ʒɑ̃, ɑ̃t] *adj* astringent.

astrologie [astʀɔlɔʒi] *nf* astrology.

astrologue [astʀɔlɔg] *nm* astrologer.

astronaute [astʀɔnot] *nmf* astronaut.

astronautique [astʀɔnotik] *nf* astronautics (*U*).

astronomie [astrɔnɔmi] *nf* astronomy.
astronomique [astrɔnɔmik] *adj* astro-nomical.
astuce [astys] *nf* -1. [ruse] (clever) trick. -2. [ingéniosité] shrewdness (U).
astucieux, -ieuse [astysjø, jøz] *adj* -1. [idée] clever. -2. [personne] shrewd.
asymétrique [asimetrik] *adj* asym-metric, asymmetrical.
atelier [atəlje] *nm* -1. [d'artisan] work-shop. -2. [de peintre] studio.
athée [ate] ◇ *nmf* atheist. ◇ *adj* athe-istic.
Athènes [atɛn] *n* Athens.
athlète [atlɛt] *nmf* athlete.
athlétisme [atletism] *nm* athletics (U).
atlantique [atlãtik] *adj* Atlantic. ◆ At-**lantique** *nm*: **l'Atlantique** the Atlantic (Ocean).
atlas [atlas] *nm* atlas.
atmosphère [atmɔsfɛr] *nf* atmosphere.
atome [atom] *nm* atom.
atomique [atɔmik] *adj* -1. [gén] nuclear. -2. CHIM & PHYS atomic.
atomiseur [atɔmizœr] *nm* spray.
atone [atɔn] *adj* [inexpressif] lifeless.
atout [atu] *nm* -1. [carte] trump; ~ **cœur/pique/trèfle/carreau** hearts/spades/clubs/diamonds are trumps. -2. *fig* [ressource] asset, advantage.
âtre [atr] *nm littéraire* hearth.
atroce [atrɔs] *adj* -1. [crime] atrocious, dreadful. -2. [souffrance] horrific, atro-cious.
atrocité [atrɔsite] *nf* -1. [horreur] atrocity. -2. [calomnie] insult.
atrophier [atrɔfje] ◆ s'atrophier *vp* to atrophy.
attabler [atable] ◆ s'attabler *vp* to sit down (at the table).
attachant, -e [ataʃã, ãt] *adj* lovable.
attache [ataʃ] *nf* [lien] fastening. ◆ **attaches** *nfpl* links, connections.
attaché, -e [ataʃe] *nm, f* attaché; ~ **de presse** [diplomatique] press attaché; [d'organisme, d'entreprise] press officer.
attaché-case [ataʃekez] (*pl* **attachés-cases**) *nm* attaché case.
attachement [ataʃmã] *nm* attachment.
attacher [ataʃe] ◇ *vt* -1. [lier]: ~ **qqch (à)** to fasten OU tie sthg (to). -2. [pa-quet] to tie up. -3. [lacet] to do up; [ceinture de sécurité] to fasten. ◇ *vi* CULIN: ~ **(à)** to stick (to). ◆ s'attacher *vp* -1. [émotionnellement]: s'~ **à qqn/qqch** to become attached to sb/sthg. -2. [se fermer] to fasten; s'~ **avec** OU **par qqch** to do up OU fasten with

sthg. -3. [s'appliquer]: s'~ **à qqch/à faire qqch** to devote o.s. to sthg/to doing sthg, to apply o.s. to sthg/to doing sthg.
attaquant, -e [atakã, ãt] *nm, f* attacker.
attaque [atak] *nf* [gén & MÉD] attack; ~ **contre qqn/qqch** attack on sb/sthg.
attaquer [atake] *vt* -1. [gén] to attack. -2. [JUR - personne] to take to court; [- jugement] to contest. -3. *fam* [plat] to tuck into. ◆ s'attaquer *vp* -1. [com-battre]: s'~ **à qqn** to attack sb. -2. *fig*: s'~ **à qqch** [tâche] to tackle sthg.
attardé, -e [atarde] *adj* -1. [idées] out-dated. -2. [passants] late. -3. [enfant] backward.
attarder [atarde] ◆ s'attarder *vp*: s'~ **sur qqch** to dwell on sthg; s'~ **à faire qqch** to stay on to do sthg, to stay be-hind to do sthg.
atteindre [atɛdr] *vt* -1. [gén] to reach. -2. [toucher] to hit. -3. [affecter] to af-fect.
atteint, -e [atɛ̃, ɛt] ◇ *pp* → atteindre. ◇ *adj* [malade]: **être ~ de** to be suf-fering from. ◆ **atteinte** *nf* -1. [préju-dice]: **porter ~e à** to undermine; **hors d'~e** [hors de portée] out of reach; [inat-taquable] beyond reach. -2. [effet] ef-fect.
attelage [atlaʒ] *nm* [chevaux] team.
atteler [atle] *vt* [animaux, véhicules] to hitch up; [wagons] to couple.
attelle [atɛl] *nf* splint.
attenant, -e [atnã, ãt] *adj*: ~ **(à qqch)** adjoining (sthg).
attendre [atãdr] ◇ *vt* -1. [gén] to wait for; **le déjeuner nous attend** lunch is ready; ~ **que** (+ *subjonctif*): ~ **que la pluie s'arrête** to wait for the rain to stop; **faire** ~ **qqn** [personne] to keep sb waiting. -2. [espérer]: ~ **qqch (de qqn/qqch)** to expect sthg (from sb/sthg). -3. [suj: surprise, épreuve] to be in store for. ◇ *vi* to wait; **attends!** hang on! ◆ s'attendre *vp*: s'~ **à** to expect. ◆ **en attendant** *loc adv* -1. [pendant ce temps] meanwhile, in the meantime. -2. [quand même] all the same.
attendrir [atãdrir] *vt* -1. [viande] to ten-derize. -2. [personne] to move. ◆ s'attendrir *vp*: s'~ **(sur qqn/qqch)** to be moved (by sb/sthg).
attendrissant, -e [atãdrisã, ãt] *adj* mov-ing, touching.
attendu, -e [atãdy] *pp* → attendre. ◆ **attendu que** *loc conj* since, consider-ing that.

attentat [atɑ̃ta] *nm* attack; ~ à la **bombe** bomb attack, bombing.

attente [atɑ̃t] *nf* **-1.** [station] wait; **en** ~ in abeyance. **-2.** [espoir] expectation; **répondre aux** ~s **de qqn** to live up to sb's expectations.

attenter [atɑ̃te] *vi*: ~ **à** [liberté, droit] to violate; ~ **à ses jours** to attempt suicide; ~ **à la vie de qqn** to make an attempt on sb's life.

attentif, -ive [atɑ̃tif, iv] *adj* [auditoire]: ~ **(à qqch)** attentive (to sth).

attention [atɑ̃sjɔ̃] ◇ *nf* attention; **à l'**~ **de** for the attention of; **faire** ~ **à** [prudence] to be careful of; [concentration] to pay attention to. ◇ *interj* watch out!, be careful!

attentionné, -e [atɑ̃sjɔne] *adj* thoughtful.

attentivement [atɑ̃tivmɑ̃] *adv* attentively, carefully.

atténuer [atenɥe] *vt* [douleur] to ease; [propos, ton] to tone down; [lumière] to dim, to subdue; [bruit] to quieten. ◆ **s'atténuer** *vp* [lumière] to dim, to fade; [bruit] to fade; [douleur] to ease.

atterrer [atere] *vt* to stagger.

atterrir [aterir] *vi* to land; ~ **dans qqch** *fig* to land up in sthg.

atterrissage [aterisaʒ] *nm* landing.

attestation [atɛstasjɔ̃] *nf* [certificat] certificate.

attester [atɛste] *vt* **-1.** [confirmer] to vouch for, to testify to. **-2.** [certifier] to attest.

attirail [atiraj] *nm fam* [équipement] gear.

attirance [atirɑ̃s] *nf* attraction.

attirant, -e [atirɑ̃, ɑ̃t] *adj* attractive.

attirer [atire] *vt* **-1.** [gén] to attract. **-2.** [amener vers soi]: ~ **qqn à/vers soi** to draw sb to/towards one. **-3.** [provoquer]: ~ **des ennuis à qqn** to cause trouble for sb. ◆ **s'attirer** *vp*: **s'**~ **qqch** to bring sthg on o.s.

attiser [atize] *vt* **-1.** [feu] to poke. **-2.** *fig* [haine] to stir up.

attitré, -e [atitre] *adj* **-1.** [habituel] usual. **-2.** [titulaire - fournisseur] by appointment; [- représentant] accredited.

attitude [atityd] *nf* **-1.** [comportement, approche] attitude. **-2.** [posture] posture.

attouchement [atuʃmɑ̃] *nm* caress.

attractif, -ive [atraktif, iv] *adj* **-1.** [force] magnetic. **-2.** [prix] attractive.

attraction [atraksjɔ̃] *nf* **-1.** [gén] attraction. **-2.** [force]: ~ **magnétique** magnetic force. ◆ **attractions** *nfpl* **-1.** [jeux] amusements. **-2.** [spectacle] attractions.

attrait [atrɛ] *nm* **-1.** [séduction] appeal. **-2.** [intérêt] attraction.

attrape-nigaud [atrapnigo] (*pl* **attrape-nigauds**) *nm* con.

attraper [atrape] *vt* **-1.** [gén] to catch. **-2.** *fam* [gronder] to tell off. **-3.** *fam* [tromper] to take in.

attrayant, -e [atrejɑ̃, ɑ̃t] *adj* attractive.

attribuer [atribɥe] *vt* **-1.** [tâche, part]: ~ **qqch à qqn** to assign OU allocate sthg to sb, to assign OU allocate sb sthg; [privilège] to grant sthg to sb, to grant sb sthg; [récompense] to award sthg to sb, to award sb sthg. **-2.** [faute]: ~ **qqch à qqn** to attribute sthg to sb, to put sthg down to sb. ◆ **s'attribuer** *vp* **-1.** [s'approprier] to appropriate (for o.s.). **-2.** [revendiquer] to claim (for o.s.).

attribut [atriby] *nm* **-1.** [gén] attribute. **-2.** GRAM complement.

attribution [atribysjɔ̃] *nf* **-1.** [de prix] awarding, award. **-2.** [de part, tâche] allocation, assignment. **-3.** [d'avantage] bestowing. ◆ **attributions** *nfpl* [fonctions] duties.

attrister [atriste] *vt* to sadden. ◆ **s'attrister** *vp* to be saddened.

attroupement [atrupmɑ̃] *nm* crowd.

attrouper [atrupe] ◆ **s'attrouper** *vp* to form a crowd, to gather.

au [o] → **à**.

aubade [obad] *nf* dawn serenade.

aubaine [obɛn] *nf* piece of good fortune.

aube [ob] *nf* [aurore] dawn, daybreak; **à l'**~ at dawn.

aubépine [obepin] *nf* hawthorn.

auberge [obɛrʒ] *nf* [hôtel] inn; ~ **de jeunesse** youth hostel.

aubergine [obɛrʒin] *nf* **-1.** BOT aubergine *Br*, eggplant *Am*. **-2.** *péj* [contractuelle] traffic warden *Br*, meter maid *Am*.

aubergiste [obɛrʒist] *nmf* innkeeper.

auburn [obœrn] *adj inv* auburn.

aucun, -e [okœ̃, yn] ◇ *adj* **-1.** [sens négatif]: **ne ...** ~ no; **il n'y a** ~**e voiture dans la rue** there aren't any cars in the street, there are no cars in the street; **sans faire** ~ **bruit** without making a sound. **-2.** [sens positif] any; **il lit plus qu'**~ **autre enfant** he reads more than any other child. ◇ *pron* **-1.** [sens négatif] none; ~ **des enfants** none of the children; ~ **d'entre nous** none of us; ~ **(des deux)** neither (of them). **-2.** [sens positif]: **plus qu'~ de nous** more than any of us.

aucunement [okynmɑ̃] *adv* not at all, in no way.

audace [odas] *nf* **-1.** [hardiesse] daring, boldness. **-2.** [insolence] audacity. **-3.** [innovation] daring innovation.

audacieux, -ieuse [odasjø, jøz] *adj* **-1.** [projet] daring, bold. **-2.** [personne, geste] bold.

au-dedans [odədɑ̃] *loc adv* inside. ◆ **au-dedans de** *loc prép* inside.

au-dehors [odəɔr] *loc adv* outside. ◆ **au-dehors de** *loc prép* outside.

au-delà [odəla] ◇ *loc adv* **-1.** [plus loin] beyond. **-2.** [davantage, plus] more. ◇ *nm*: **l'~** RELIG the beyond, the afterlife. ◆ **au-delà de** *loc prép* beyond.

au-dessous [odəsu] *loc adv* below, underneath. ◆ **au-dessous de** *loc prép* below, under.

au-dessus [odəsy] *loc adv* above. ◆ **au-dessus de** *loc prép* above, over.

au-devant [odəvɑ̃] *loc adv* ahead. ◆ **au-devant de** *loc prép*: **aller ~ de** to go to meet; **aller ~ du danger** to court danger.

audible [odibl] *adj* audible.

audience [odjɑ̃s] *nf* **-1.** [public, entretien] audience. **-2.** JUR hearing.

Audimat® [odimat] *nm* audience rating.

audionumérique [odjonymerik] *adj* digital audio.

audiovisuel, -elle [odjovizɥɛl] *adj* audio-visual. ◆ **audiovisuel** *nm* TV and radio.

audit [odit] *nm* audit.

auditeur, -trice [oditœr, tris] *nm, f* listener. ◆ **auditeur** *nm* **-1.** UNIV: **~ libre** *person allowed to attend lectures without being registered*, auditor *Am*. **-2.** FIN auditor.

audition [odisjɔ̃] *nf* **-1.** [fait d'entendre] hearing. **-2.** JUR examination. **-3.** THÉÂTRE audition. **-4.** MUS recital.

auditionner [odisjɔne] *vt & vi* to audition.

auditoire [oditwar] *nm* [public] audience.

auditorium [oditɔrjɔm] *nm* [de concert] auditorium; [d'enregistrement] studio.

auge [oʒ] *nf* [pour animaux] trough.

augmentation [ogmɑ̃tasjɔ̃] *nf*: **~ (de)** increase (in); **~ (de salaire)** rise (in salary).

augmenter [ogmɑ̃te] ◇ *vt* to increase; [prix, salaire] to raise; [personne] to give a rise *Br* OU raise *Am* to. ◇ *vi* to increase, to rise; **le froid augmente** it's getting colder; **la douleur augmente** the pain is getting worse.

augure [ogyr] *nm* [présage] omen; **être de bon/mauvais ~** to be a good/bad sign.

auguste [ogyst] *adj* august.

aujourd'hui [oʒurdɥi] *adv* today.

aulx → **ail**.

aumône [omon] *nf*: **faire l'~ à qqn** to give alms to sb.

auparavant [oparavɑ̃] *adv* **-1.** [tout d'abord] first (of all). **-2.** [avant] before, previously.

auprès [oprɛ] ◆ **auprès de** *loc prép* **-1.** [à côté de] beside, next to. **-2.** [comparé à] compared with. **-3.** [en s'adressant à] to.

auquel [okɛl] → **lequel**.

aurai, auras *etc* → **avoir**.

auréole [oreɔl] *nf* **-1.** ASTRON & RELIG halo. **-2.** [trace] ring.

auriculaire [orikylɛr] *nm* little finger.

aurore [orɔr] *nf* dawn.

ausculter [oskylte] *vt* MÉD to sound.

auspice [ospis] *nm* (*gén pl*) sign, auspice; **sous les ~s de qqn** under the auspices of sb.

aussi [osi] *adv* **-1.** [pareillement, en plus] also, too; **moi ~** me too; **j'y vais ~** I'm going too OU as well. **-2.** [dans une comparaison]: **~ ... que** as ... as; **il n'est pas ~ intelligent que son frère** he's not as clever as his brother; **je n'ai jamais rien vu d'~ beau** I've never seen anything so beautiful; **~ incroyable que cela paraisse** incredible though OU as it may seem. ◆ **(tout) aussi bien** *loc adv* just as easily, just as well; **j'aurais pu (tout) ~ bien refuser** I could just as easily have said no. ◆ **aussi bien ... que** *loc conj* as well ... as; **tu le sais ~ bien que moi** you know as well as I do.

aussitôt [osito] *adv* immediately. ◆ **aussitôt que** *loc conj* as soon as.

austère [ostɛr] *adj* **-1.** [personne, vie] austere. **-2.** [vêtement] severe; [paysage] harsh.

austérité [osterite] *nf* **-1.** [de personne, vie] austerity. **-2.** [de vêtement] severeness; [de paysage] harshness.

austral, -e [ostral] (*pl* **australs** OU **austraux** [ostro]) *adj* southern.

Australie [ostrali] *nf*: **l'~** Australia.

australien, -ienne [ostraljɛ̃, jɛn] *adj* Australian. ◆ **Australien, -ienne** *nm, f* Australian.

autant [otɑ̃] *adv* **-1.** [comparatif]: ~ **que** as much as; **ce livre coûte ~ que l'autre** this book costs as much as the other one; ~ **de** (... **que**) [quantité] as much (... as); [nombre] as many (... as); **il a dépensé ~ d'argent que moi** he spent as much money as I did; **il y a ~ de femmes que d'hommes** there are as many women as men. **-2.** [à un tel point, en si grande quantité] so much; [en si grand nombre] so many; ~ **de patience** so much patience; ~ **de gens** so many people; **il ne peut pas en dire ~** he can't say the same; **en faire ~** to do likewise. **-3.** [il vaut mieux]: ~ **dire la vérité** we/you *etc* may as well tell the truth. ◆ **autant que** *loc conj*: **(pour)** ~ **que je sache** as far as I know. ◆ **d'autant** *loc adv* accordingly, in proportion. ◆ **d'autant que** *loc conj*: **d'~ (plus) que** all the more so since; **d'~ moins que** all the less so since. ◆ **d'autant mieux** *loc adv* all the better; **d'~ mieux que** all the better since. ◆ **pour autant** *loc adv* for all that.

autel [otɛl] *nm* altar.

auteur [otœr] *nm* **-1.** [d'œuvre] author. **-2.** [responsable] perpetrator.

authentique [otɑ̃tik] *adj* authentic, genuine.

autiste [otist] *adj* autistic.

auto [oto] *nf* car.

autobiographie [otobjɔgrafi] *nf* autobiography.

autobronzant, -e [otobrɔ̃zɑ̃, ɑ̃t] *adj* self-tanning.

autobus [otobys] *nm* bus.

autocar [otɔkar] *nm* coach.

autochtone [otɔktɔn] *nmf & adj* native.

autocollant, -e [otɔkɔlɑ̃, ɑ̃t] *adj* self-adhesive, sticky. ◆ **autocollant** *nm* sticker.

auto-couchettes [otɔkuʃɛt] *adj inv*: **train ~** Motorail® train.

autocritique [otɔkritik] *nf* self-criticism.

autocuiseur [otɔkɥizœr] *nm* pressure cooker.

autodéfense [otɔdefɑ̃s] *nf* self-defence.

autodétruire [otɔdetrɥir] ◆ **s'autodétruire** *vp* **-1.** [machine] to self-destruct. **-2.** [personne] to destroy o.s.

autodidacte [otɔdidakt] *nmf* self-taught person.

auto-école [otɔekɔl] (*pl* **auto-écoles**) *nf* driving school.

autofinancement [otɔfinɑ̃smɑ̃] *nm* self-financing.

autofocus [otɔfɔkys] *nm & adj inv* autofocus.

autogestion [otɔʒɛstjɔ̃] *nf* workers' control.

autographe [otɔgraf] *nm* autograph.

automate [otɔmat] *nm* [robot] automaton.

automatique [otɔmatik] ◇ *nm* **-1.** [pistolet] automatic. **-2.** TÉLÉCOM ≃ direct dialling. ◇ *adj* automatic.

automatisation [otɔmatizasjɔ̃] *nf* automation.

automatisme [otɔmatism] *nm* **-1.** [de machine] automatic operation. **-2.** [réflexe] automatic reaction, automatism.

automne [otɔn] *nm* autumn, fall *Am*; **en ~** in autumn, in the fall *Am*.

automobile [otɔmɔbil] ◇ *nf* car, automobile *Am*. ◇ *adj* [industrie, accessoires] car (*avant n*), automobile (*avant n*) *Am*; [véhicule] motor (*avant n*).

automobiliste [otɔmɔbilist] *nmf* motorist.

autonettoyant, -e [otɔnɛtwajɑ̃, ɑ̃t] *adj* self-cleaning.

autonome [otɔnɔm] *adj* **-1.** [gén] autonomous, independent. **-2.** [appareil] self-contained.

autonomie [otɔnɔmi] *nf* **-1.** [indépendance] autonomy, independence. **-2.** AUTOM & AVIAT range. **-3.** POLIT autonomy, self-government.

autonomiste [otɔnɔmist] *nmf & adj* separatist.

autoportrait [otɔpɔrtrɛ] *nm* self-portrait.

autopsie [otɔpsi] *nf* post-mortem, autopsy.

autoradio [otɔradjo] *nm* car radio.

autorail [otɔraj] *nm* railcar.

autorisation [otɔrizasjɔ̃] *nf* **-1.** [permission] permission, authorization; **avoir l'~ de faire qqch** to be allowed to do sthg. **-2.** [attestation] pass, permit.

autorisé, -e [otɔrize] *adj* [personne] in authority; **milieux ~s** official circles.

autoriser [otɔrize] *vt* to authorize, to permit; ~ **qqn à faire qqch** [permission] to give sb permission to do sthg; [possibilité] to permit OU allow sb to do sthg.

autoritaire [otɔritɛr] *nmf & adj* authoritarian.

autorité [otɔrite] *nf* authority; **faire ~** [ouvrage] to be authoritative; [personne] to be an authority.

autoroute [otɔrut] *nf* motorway *Br*, highway *Am*, freeway *Am*.

auto-stop [otɔstɔp] *nm* hitchhiking; **faire de l'~** to hitchhike, to hitch.

auto-stoppeur, -euse [otɔstɔpœr, øz] *nm, f* hitchhiker, hitcher.

autour [otur] *adv* round, around. ◆**autour de** *loc prép* **-1.** [sens spatial] round, around. **-2.** [sens temporel] about, around.

autre [otr] ◇ *adj indéf* **-1.** [distinct, différent] other, different; **je préfère une ~ marque de café** I prefer another OU a different brand of coffee; **l'un et l'~ projets** both projects; **~ chose** something else. **-2.** [supplémentaire] other; **tu veux une ~ tasse de café?** would you like another cup of coffee? **-3.** [qui reste] other, remaining; **les ~s passagers ont été rapatriés en autobus** the other OU remaining passengers were bussed home. ◇ *pron indéf:* **l'~** the other (one); **un ~** another (one); **les ~s** [personnes] the others; [objets] the others, the other ones; **l'un à côté de l'~** side by side; **d'une semaine à l'~** from one week to the next; **aucun ~, nul ~, personne d'~** no one else, nobody else; **quelqu'un d'~** somebody else, someone else; **rien d'~** nothing else; **l'un et l'~ sont venus** they both came, both of them came; **l'un ou l'~ ira** one or other (of them) will go; **ni l'un ni l'~ n'est venu** neither (of them) came. ◆**entre autres** *loc adv* among other things.

autrefois [otrəfwa] *adv* in the past, formerly.

autrement [otrəmɑ̃] *adv* **-1.** [différemment] otherwise, differently; **je n'ai pas pu faire ~ que d'y aller** I had no choice but to go; **~ dit** in other words. **-2.** [sinon] otherwise.

Autriche [otriʃ] *nf:* **l'~** Austria.

autrichien, -ienne [otriʃjɛ̃, jɛn] *adj* Austrian. ◆**Autrichien, -ienne** *nm, f* Austrian.

autruche [otryʃ] *nf* ostrich.

autrui [otrɥi] *pron* others, other people.

auvent [ovɑ̃] *nm* canopy.

aux [o] → **à**.

auxiliaire [oksiljɛr] ◇ *nmf* [assistant] assistant. ◇ *nm* GRAM auxiliary (verb). ◇ *adj* **-1.** [secondaire] auxiliary. **-2.** ADMIN assistant (*avant n*).

auxquels, auxquelles [okɛl] → **lequel**.

av. *abr de* **avenue**.

avachi, -e [avaʃi] *adj* **-1.** [gén] misshapen. **-2.** [personne] listless; **il était ~**

dans un fauteuil he was slumped in an armchair.

aval, -als [aval] *nm* backing (U), endorsement. ◆**en aval** *loc adv* litt & fig downstream.

avalanche [avalɑ̃ʃ] *nf* litt & fig avalanche.

avaler [avale] *vt* **-1.** [gén] to swallow. **-2.** fig [supporter] to take; **dur à ~** difficult to swallow.

avance [avɑ̃s] *nf* **-1.** [progression, somme d'argent] advance. **-2.** [distance, temps] lead; **le train a dix minutes d'~** the train is ten minutes early; **le train a une ~ de dix minutes sur l'horaire** the train is running ten minutes ahead of schedule; **prendre de l'~ (dans qqch)** to get ahead (in sthg). ◆**avances** *nfpl:* **faire des ~s à qqn** to make advances towards sb. ◆**à l'avance** *loc adv* in advance. ◆**d'avance** *loc adv* in advance. ◆**en avance** *loc adv:* **être en ~** to be early; **être en ~ sur qqch** to be ahead of sthg. ◆**par avance** *loc adv* in advance.

avancement [avɑ̃smɑ̃] *nm* **-1.** [développement] progress. **-2.** [promotion] promotion.

avancer [avɑ̃se] ◇ *vt* **-1.** [objet, tête] to move forward; [date, départ] to bring forward; [main] to hold out. **-2.** [projet, travail] to advance. **-3.** [montre, horloge] to put forward. **-4.** [argent]: **~ qqch à qqn** to advance sb sthg. ◇ *vi* **-1.** [approcher] to move forward. **-2.** [progresser] to advance; **~ dans qqch** to make progress in sthg. **-3.** [faire saillie]: **~ (dans/sur)** to jut out (into/over), to project (into/over). **-4.** [montre, horloge]: **ma montre avance de dix minutes** my watch is ten minutes fast. **-5.** [servir]: **ça n'avance à rien** that won't get us/you anywhere. ◆**s'avancer** *vp* **-1.** [s'approcher] to move forward; **s'~ vers qqn/qqch** to move towards sb/sthg. **-2.** [s'engager] to commit o.s.

avant [avɑ̃] ◇ *prép* before. ◇ *adv* before; **quelques jours ~** a few days earlier OU before; **tu connais le cinéma? ma maison se situe un peu ~** you know the cinema? my house is just this side of it. ◇ *adj inv* front; **les roues ~** the front wheels. ◇ *nm* **-1.** [partie antérieure] front. **-2.** SPORT forward. ◆**avant de** *loc prép:* **~ de faire qqch** before doing sthg; **~ de partir** before leaving. ◆**avant que** *loc conj* (+ *subjonctif*): **~ que nous partions, nous**

devons ... before we leave, we must .... ◆ **avant tout** *loc adv* above all; **sa carrière passe ~ tout** his career comes first. ◆ **en avant** *loc adv* forward, forwards.

avantage [avɑ̃taʒ] *nm* [gén & TENNIS] advantage; **se montrer à son ~** to look one's best.

avantager [avɑ̃taʒe] *vt* **-1.** [favoriser] to favour. **-2.** [mettre en valeur] to flatter.

avantageux, -euse [avɑ̃taʒø, øz] *adj* **-1.** [profitable] profitable, lucrative. **-2.** [flatteur] flattering.

avant-bras [avɑ̃bra] *nm inv* forearm.

avant-centre [avɑ̃sɑ̃tr] (*pl* **avants-centres**) *nm* centre forward.

avant-coureur [avɑ̃kurœr] → **signe.**

avant-dernier, -ière [avɑ̃dɛrnje, jɛr] (*mpl* **avant-derniers,** *fpl* **avant-dernières**) *adj* second to last, penultimate.

avant-garde [avɑ̃gard] (*pl* **avant-gardes**) *nf* **-1.** MIL vanguard. **-2.** [idée] avant-garde.

avant-goût [avɑ̃gu] (*pl* **avant-goûts**) *nm* foretaste.

avant-hier [avɑ̃tjɛr] *adv* the day before yesterday.

avant-première [avɑ̃prəmjɛr] (*pl* **avant-premières**) *nf* preview.

avant-projet [avɑ̃prɔʒe] (*pl* **avant-projets**) *nm* draft.

avant-propos [avɑ̃prɔpo] *nm inv* foreword.

avant-veille [avɑ̃vɛj] (*pl* **avant-veilles**) *nf:* **l'~** two days earlier.

avare [avar] ◇ *nmf* miser. ◇ *adj* miserly; **être ~ de qqch** *fig* to be sparing with sthg.

avarice [avaris] *nf* avarice.

avarie [avari] *nf* damage (*U*).

avarié, -e [avarje] *adj* rotting, bad.

avatar [avatar] *nm* [transformation] metamorphosis. ◆ **avatars** *nmpl* [mésaventures] misfortunes.

avec [avɛk] ◇ *prép* **-1.** [gén] with; **~ respect** with respect, respectfully; **c'est fait ~ du cuir** it's made from leather; **et ~ ça?** *fam* [dans un magasin] anything else? **-2.** [vis-à-vis de] to, towards. ◇ *adv fam* with it/him *etc*; **tiens mon sac, je ne peux pas courir ~!** hold my bag, I can't run with it!

Ave (Maria) [ave(marja)] *nm inv* Hail Mary.

avenant, -e [avnɑ̃] *adj* pleasant. ◆ **avenant** *nm* JUR additional clause. ◆ **à l'avenant** *loc adv* in the same vein.

avènement [avɛnmɑ̃] *nm* **-1.** [d'un roi] accession. **-2.** *fig* [début] advent.

avenir [avnir] *nm* future; **avoir de l'~** to have a future; **d'~** [profession, concept] with a future, with prospects. ◆ **à l'avenir** *loc adv* in future.

Avent [avɑ̃] *nm:* **l'~** Advent.

aventure [avɑ̃tyr] *nf* **-1.** [gén] adventure. **-2.** [liaison amoureuse] affair.

aventurer [avɑ̃tyre] *vt* [risquer] to risk. ◆ **s'aventurer** *vp* to venture (out); **s'~ à faire qqch** *fig* to venture to do sthg.

aventureux, -euse [avɑ̃tyrø, øz] *adj* **-1.** [personne, vie] adventurous. **-2.** [projet] risky.

aventurier, -ière [avɑ̃tyrje, jɛr] *nm, f* adventurer.

avenu [avny] *adj m:* **nul et non ~** JUR null and void.

avenue [avny] *nf* avenue.

avérer [avere] ◆ **s'avérer** *vp:* **il s'est avéré (être) à la hauteur** he proved (to be) up to it; **il s'est avéré (être) un musicien accompli** he proved to be an accomplished musician.

averse [avɛrs] *nf* downpour.

averti, -e [avɛrti] *adj* **-1.** [expérimenté] experienced. **-2.** [initié]: **~ (de)** informed OU well-informed (about).

avertir [avɛrtir] *vt* **-1.** [mettre en garde] to warn. **-2.** [prévenir] to inform; **avertissez-moi dès que possible** let me know as soon as possible.

avertissement [avɛrtismɑ̃] *nm* **-1.** [gén] warning. **-2.** [avis] notice, notification.

avertisseur, -euse [avɛrtisœr, øz] *nm* **-1.** [Klaxon®] horn. **-2.** [d'incendie] alarm.

aveu , -x [avø] *nm* confession.

aveugle [avœgl] ◇ *nmf* blind person; **les ~s** the blind. ◇ *adj litt & fig* blind.

aveuglement [avœgləmɑ̃] *nm* blindness.

aveuglément [avœglemɑ̃] *adv* blindly.

aveugler [avœgle] *vt litt & fig* [priver de la vue] to blind.

aveuglette [avœglɛt] ◆ **à l'aveuglette** *loc adv:* **marcher à l'~** to grope one's way; **avancer à l'~** *fig* to be in the dark.

aviateur, -trice [avjatœr, tris] *nm, f* aviator.

aviation [avjasjɔ̃] *nf* **-1.** [transport aérien] aviation. **-2.** MIL airforce.

avide [avid] *adj* **-1.** [vorace, cupide] greedy. **-2.** [désireux]: **~ (de qqch/de faire qqch)** eager (for sthg/to do sthg).

avidité [avidite] *nf* **-1.** [voracité, cupidité] greed. **-2.** [passion] eagerness.

avilir [avilir] *vt* [personne] to degrade.
◆**s'avilir** *vp* **-1.** [personne] to demean o.s. **-2.** [monnaie, marchandise] to depreciate.

aviné, -e [avine] *adj* **-1.** [personne] inebriated. **-2.** [haleine] smelling of alcohol.

avion [avjɔ̃] *nm* plane, aeroplane, airplane *Am*; **en** ~ by plane, by air; **par** ~ [courrier] airmail; ~ **à réaction** jet (plane).

aviron [avirɔ̃] *nm* **-1.** [rame] oar. **-2.** SPORT: **l'**~ rowing.

avis [avi] *nm* **-1.** [opinion] opinion; **changer d'**~ to change one's mind; **être d'**~ **que** to be of the opinion that; **à mon** ~ in my opinion. **-2.** [conseil] advice (*U*). **-3.** [notification] notification, notice; **sauf** ~ **contraire** unless otherwise informed.

avisé, -e [avize] *adj* [sensé] sensible; **être bien/mal** ~ **de faire qqch** to be well-advised/ill-advised to do sthg.

aviser [avize] ◇ *vt* [informer]: ~ **qqn de qqch** to inform sb of sthg. ◇ *vi* to reassess the situation. ◆**s'aviser** *vp* **-1.** *sout* [s'apercevoir]: **s'**~ **de qqch** to notice sthg. **-2.** [oser]: **s'**~ **de faire qqch** to take it into one's head to do sthg; **ne t'avise pas de répondre!** don't you dare answer me back!

av. J.-C. (*abr de* **avant Jésus-Christ**) BC.

avocat, -e [avɔka, at] *nm, f* JUR lawyer; ~ **de la défense** counsel for the defence *Br*, defense counsel *Am*; ~ **général** ≃ counsel for the prosecution *Br*, prosecuting attorney *Am*. ◆**avocat** *nm* [fruit] avocado.

avoine [avwan] *nf* oats (*pl*).

avoir [avwar] ◇ *nm* **-1.** [biens] assets (*pl*). **-2.** [document] credit note. ◇ *v aux* to have; **j'ai fini** I have finished; **il a attendu pendant deux heures** he waited for two hours. ◇ *vt* **-1.** [posséder] to have (got); **il a deux enfants/les cheveux bruns** he has (got) two children/brown hair; **la maison a un grand jardin** the house has (got) a large garden. **-2.** [être âgé de]: **il a 20 ans** he is 20 (years old); **il a deux ans de plus que son frère** he is two years older than his brother. **-3.** [obtenir] to get. **-4.** [éprouver] to have; ~ **du chagrin** to feel sorrowful; ~ **de la sympathie pour qqn** to have a liking for sb; *voir aussi* **faim, peur, soif** *etc*. **-5.** *loc*: **se faire** ~ *fam* to be had OU conned; **en** ~

assez (de qqch/de faire qqch) to have had enough (of sthg/of doing sthg); **j'en ai pour cinq minutes** it'll take me five minutes; **en** ~ **après qqn** to have (got) it in for sb. ◆**avoir à** *vi* + *prép* [devoir]: ~ **à faire qqch** to have to do sthg; **tu n'avais pas à lui parler sur ce ton** you had no need to speak to him like that, you shouldn't have spoken to him like that; **tu n'avais qu'à me demander** you only had to ask me; **tu n'as qu'à aller toi-même** just go (there) yourself, why don't you just go (there) yourself? ◆**il y a** *v impers* **-1.** [présentatif] there is/are; **il y a un problème** there's a problem; **il y a des problèmes** there are (some) problems; **qu'est-ce qu'il y a?** what's the matter?, what is it?; **il n'y a qu'à en finir** we'll/you'll *etc* just have to have done (with it). **-2.** [temporel]: **il y a trois ans** three years ago; **il y a longtemps de cela** that was a long time ago; **il y a longtemps qu'il est parti** he left a long time ago.

avoisinant, -e [avwazinã, ɑ̃t] *adj* **-1.** [lieu, maison] neighbouring. **-2.** [sens, couleur] similar.

avortement [avɔrtəmã] *nm* MÉD abortion.

avorter [avɔrte] *vi* **-1.** MÉD: (**se faire**) ~ to have an abortion. **-2.** [échouer] to fail.

avorton [avɔrtɔ̃] *nm péj* [nabot] runt.

avouer [avwe] *vt* **-1.** [confesser] to confess (to). **-2.** [reconnaître] to admit.

avril [avril] *nm* April; *voir aussi* **septembre.**

axe [aks] *nm* **-1.** GÉOM & PHYS axis. **-2.** [de roue] axle. **-3.** [prolongement]: **dans l'**~ **de** directly in line with.

axer [akse] *vt*: ~ **qqch sur/autour de qqch** to centre sthg on/around sthg.

axiome [aksjom] *nm* axiom.

ayant [ɛjã] *ppr* → **avoir.**

azalée [azale] *nf* azalea.

azimut [azimyt] ◆**tous azimuts** *loc adj* [défense, offensive] all-out.

azote [azɔt] *nm* nitrogen.

azur [azyr] *nm littéraire* **-1.** [couleur] azure. **-2.** [ciel] skies (*pl*).

B

b, B [be] *nm inv* b, B. ◆ **B** (*abr de* **bien**), *good grade (as assessment on schoolwork)*, ≃ B.

BA (*abr de* **bonne action**) *nf fam* good deed.

babiller [babije] *vi* to babble.

babines [babin] *nfpl* chops.

bâbord [babɔr] *nm* port; **à ~ to** port, on the port side.

babouin [babwɛ̃] *nm* baboon.

baby-sitter [bebisitœr] (*pl* baby-sitters) *nmf* baby-sitter.

baby-sitting [bebisitiŋ] *nm*: **faire du ~** to baby-sit.

bac [bak] *nm* **-1.** → baccalauréat. **-2.** [bateau] ferry. **-3.** [de réfrigérateur]: **~ à glace** ice tray; **~ à légumes** vegetable drawer.

baccalauréat [bakalɔrea] *nm* school-leaving examinations leading to university entrance qualification.

bâche [baʃ] *nf* [toile] tarpaulin.

bachelier, -ière [baʃəlje, jɛr] *nm, f holder of the baccalauréat.*

bacille [basil] *nm* bacillus.

bâcler [bakle] *vt* to botch.

bactérie [bakteri] *nf* bacterium.

badaud, -e [bado, od] *nm, f* gawper.

badge [badʒ] *nm* badge.

badigeonner [badiʒɔne] *vt* [mur] to whitewash.

badiner [badine] *vi sout* to joke; **ne pas ~ avec qqch** not to treat sthg lightly.

badminton [badmintɔn] *nm* badminton.

baffe [baf] *nf fam* slap.

baffle [bafl] *nm* speaker.

bafouiller [bafuje] *vi & vt* to mumble.

bâfrer [bafre] *fam vi* to guzzle.

bagage [bagaʒ] *nm* **-1.** (*gén pl*) [valises, sacs] luggage (*U*), baggage (*U*); **faire ses ~s** to pack; **~s à main** hand luggage. **-2.** [connaissances] (fund of) knowledge; **~ intellectuel/culturel** intellectual/cultural baggage.

bagagiste [bagaʒist] *nmf* [chargement des avions] **baggage** handler; [à l'hôtel etc] porter; [fabricant] **travel goods** manufacturer.

bagarre [bagar] *nf* brawl, fight.

bagarrer [bagare] *vi* to fight. ◆ **se bagarrer** *vp* to fight.

bagatelle [bagatɛl] *nf* **-1.** [objet] trinket. **-2.** [somme d'argent]: **acheter qqch pour une ~** to buy sthg for next to nothing; **la ~ de X francs** *iron* a mere X francs. **-3.** [chose futile] trifle.

bagnard [baɲar] *nm* convict.

bagne [baɲ] *nm* [prison] labour camp.

bagnole [baɲɔl] *nf fam* car.

bague [bag] *nf* **-1.** [bijou, anneau] ring; **~ de fiançailles** engagement ring. **-2.** TECH: **~ de serrage** clip.

baguer [bage] *vt* [oiseau, arbre] to ring.

baguette [bagɛt] *nf* **-1.** [pain] French stick. **-2.** [petit bâton] stick; **~ magique** magic wand; **~ de tambour** drumstick; **mener qqn à la ~** to rule sb with a rod of iron. **-3.** [pour manger] chopstick. **-4.** [de chef d'orchestre] baton.

bahut [bay] *nm* **-1.** [buffet] sideboard. **-2.** *arg scol* [lycée] secondary school.

baie [bɛ] *nf* **-1.** [fruit] berry. **-2.** GÉOGR bay. **-3.** [fenêtre]: **~ vitrée** picture window.

baignade [bɛɲad] *nf* [action] bathing (*U*) *Br*, swimming (*U*); **«~ interdite»** "no bathing/swimming".

baigner [beɲe] ◇ *vt* **-1.** [donner un bain à] to bath. **-2.** [tremper, remplir] to bathe; **baigné de soleil** bathed in sunlight. ◇ *vi*: **~ dans son sang** to lie in a pool of blood; **les tomates baignaient dans l'huile** the tomatoes were swimming in oil. ◆ **se baigner** *vp* **-1.** [dans la mer] to go swimming, to swim. **-2.** [dans une baignoire] to have a bath.

baigneur, -euse [bɛɲœr, øz] *nm, f* bather *Br*, swimmer. ◆ **baigneur** *nm* [poupée] baby doll.

baignoire [bɛɲwar] *nf* bath.

bail [baj] (*pl* baux [bo]) *nm* JUR lease.

bâillement [bajmɑ̃] *nm* yawning (*U*), yawn.

bâiller [baje] *vi* **-1.** [personne] to yawn. **-2.** [vêtement] to gape.

bailleur, -eresse [bajœr, bajrɛs] *nm, f* lessor; **~ de fonds** backer.

bâillon [bajɔ̃] *nm* gag.

bâillonner [bajɔne] *vt* to gag.

bain [bɛ̃] *nm* **-1.** [gén] bath; **prendre un ~** to have OU take a bath; **~ moussant** foaming bath oil; **~s-douches** public baths. **-2.** [dans mer, piscine] swim; **~ de mer** sea bathing *Br* OU swimming. **-3.** *loc*: **prendre un ~ de soleil** to sunbathe.

bain-marie [bɛmari] (*pl* **bains-marie**) *nm*: **au** ~ in a bain-marie.

baïonnette [bajɔnɛt] *nf* **-1.** [arme] bayonet. **-2.** ÉLECTR bayonet fitting.

baiser [beze] *nm* kiss.

baisse [bɛs] *nf* [gén]: ~ **(de)** drop (in), fall (in); **en** ~ falling; **la tendance est à la** ~ there is a downward trend.

baisser [bese] ◇ *vt* [gén] to lower; [radio] to turn down. ◇ *vi* **-1.** [descendre] to go down; **le jour baisse** it's getting dark. **-2.** [santé, vue] to fail. **-3.** [prix] to fall. ◆ **se baisser** *vp* to bend down.

bajoues [baʒu] *nfpl* jowls.

bal [bal] *nm* ball; ~ **masqué/costumé** masked/fancy-dress ball; ~ **populaire** OU **musette** *popular old-fashioned dance accompanied by accordion.*

balade [balad] *nf fam* stroll.

balader [balade] *vt* **-1.** [traîner avec soi] to trail around. **-2.** [emmener en promenade] to take for a walk. ◆ **se balader** *vp fam* **-1.** [se promener - à pied] to go for a walk; [- en voiture] to go for a drive.

baladeur, -euse [baladœr, øz] *adj* wandering. ◆ **baladeur** *nm* personal stereo.

balafre [balafr] *nf* **-1.** [blessure] gash. **-2.** [cicatrice] scar.

balafré, -e [balafre] *adj* scarred.

balai [balɛ] *nm* **-1.** [de nettoyage] broom, brush. **-2.** *fam* [an]: **il a 50** ~**s** he's 50 years old.

balai-brosse [balɛbrɔs] *nm* (longhandled) scrubbing brush.

balance [balɑ̃s] *nf* **-1.** [instrument] scales (*pl*). **-2.** COMM & POLIT balance. ◆ **Balance** *nf* ASTROL Libra.

balancer [balɑ̃se] *vt* **-1.** [bouger] to swing. **-2.** *fam* [lancer] to chuck. **-3.** *fam* [jeter] to chuck out. ◆ **se balancer** *vp* **-1.** [sur une chaise] to rock backwards and forwards. **-2.** [sur une balançoire] to swing. **-3.** *fam*: **se** ~ **de qqch** not to give a damn about sthg.

balancier [balɑ̃sje] *nm* **-1.** [de pendule] pendulum. **-2.** [de funambule] pole.

balançoire [balɑ̃swar] *nf* [suspendue] swing; [bascule] see-saw.

balayage [balɛjaʒ] *nm* [gén] sweeping; TECHNOL scanning.

balayer [balɛje] *vt* **-1.** [nettoyer] to sweep. **-2.** [chasser] to sweep away. **-3.** [suj: radar] to scan; [suj: projecteurs] to sweep (across).

balayette [balɛjɛt] *nf* small brush.

balayeur, -euse [balɛjœr, øz] *nm, f*

roadsweeper *Br*, streetsweeper *Am*. ◆ **balayeuse** *nf* [machine] roadsweeper.

balbutier [balbysje] ◇ *vi* [bafouiller] to stammer. ◇ *vt* [bafouiller] to stammer (out).

balcon [balkɔ̃] *nm* **-1.** [de maison - terrasse] balcony; [- balustrade] parapet. **-2.** [de théâtre, de cinéma] circle.

balconnet [balkɔnɛ] *nm*: **soutien-gorge à** ~ half-cup bra.

baldaquin [baldakɛ̃] *nm* → **lit**.

baleine [balɛn] *nf* **-1.** [mammifère] whale. **-2.** [de corset] whalebone. **-3.** [de parapluie] rib.

balise [baliz] *nf* **-1.** NAVIG marker (buoy). **-2.** AÉRON runway light. **-3.** AUTOM road sign. **-4.** INFORM tag.

baliser [balize] *vt* to mark out.

balivernes [balivɛrn] *nfpl* nonsense (*U*).

Balkans [balkɑ̃] *nmpl*: **les** ~ the Balkans.

ballade [balad] *nf* ballad.

ballant, -e [balɑ̃, ɑ̃t] *adj*: **les bras** ~**s** arms dangling.

ballast [balast] *nm* **-1.** [chemin de fer] ballast. **-2.** NAVIG ballast tank.

balle [bal] *nf* **-1.** [d'arme à feu] bullet; ~ **perdue** stray bullet. **-2.** [de jeu] ball. **-3.** [de marchandises] bale. **-4.** *fam* [argent] franc.

ballerine [balrin] *nf* **-1.** [danseuse] ballerina. **-2.** [chaussure] ballet shoe.

ballet [balɛ] *nm* [gén] ballet; *fig* [activité intense] to-ing and fro-ing.

ballon [balɔ̃] *nm* **-1.** JEU & SPORT ball; ~ **de football** football. **-2.** [montgolfière, de fête] balloon.

ballonné, -e [balɔne] *adj*: **avoir le ventre** ~, **être** ~ to be bloated.

ballot [balo] *nm* **-1.** [de marchandises] bundle. **-2.** *vieilli* [imbécile] twit.

ballottage [balɔtaʒ] *nm* POLIT second ballot; **en** ~ standing for a second ballot.

ballotter [balɔte] ◇ *vt* to toss about. ◇ *vi* [chose] to roll around.

ballottine [balɔtin] *nf*: ~ **de foie gras** *type of galantine made with foie gras.*

ball-trap [baltrap] *nm* clay pigeon shooting.

balluchon = **baluchon**.

balnéaire [balneɛr] *adj*: **station** ~ seaside resort.

balourd, -e [balur, urd] *adj* clumsy.

balte [balt] *adj* Baltic. ◆ **Balte** *nmf* native of the Baltic states.

Baltique [baltik] *nf*: **la** ~ the Baltic (Sea).

baluchon, balluchon [balyʃɔ̃] *nm* bundle; **faire son ~** *fam* to pack one's bags (and leave).

balustrade [balystrad] *nf* **-1.** [de terrasse] balustrade. **-2.** [rambarde] guardrail.

bambin [bābē] *nm* kiddie.

bambou [bābu] *nm* [plante] bamboo.

ban [bā] *nm* **-1.** [de mariage]: **publier** OU **afficher les ~s** to publish OU display the banns. **-2.** *loc:* **être/mettre qqn au ~ de la société** to be outlawed/to outlaw sb (from society); **le ~ et l'arrière-~** the whole lot of them.

banal, -e, -als [banal] *adj* commonplace, banal.

banaliser [banalize] *vt*: **voiture banalisée** unmarked police car.

banalité [banalite] *nf* **-1.** [caractère banal] banality. **-2.** [cliché] commonplace.

banane [banan] *nf* **-1.** [fruit] banana. **-2.** [sac] bum-bag. **-3.** [coiffure] quiff.

bananier, -ière [bananje, jɛr] *adj* banana (*avant n*). ◆ **bananier** *nm* **-1.** [arbre] banana tree. **-2.** [cargo] banana boat.

banc [bā] *nm* [siège] bench; **le ~ des accusés** JUR the dock; **~ d'essai** test-bed; **être au ~ d'essai** *fig* to be at the test stage; **~ de sable** sandbank.

bancaire [bākɛr] *adj* bank (*avant n*), banking (*avant n*).

bancal, -e, -als [bākal] *adj* **-1.** [meuble] wobbly. **-2.** [théorie, idée] unsound.

bandage [bāda3] *nm* [de blessé] bandage.

bande [bād] *nf* **-1.** [de tissu, de papier] strip; **~ dessinée** comic strip. **-2.** [bandage] bandage; **~ Velpeau®** crepe bandage. **-3.** [de billard] cushion; **par la ~** *fig* by a roundabout route. **-4.** [groupe] band; **en ~** in a group. **-5.** [pellicule de film] film. **-6.** [d'enregistrement] tape; **~ magnétique** (magnetic) tape; **~ originale** CIN original soundtrack; **~ vidéo** video (tape). **-7.** [voie]: **~ d'arrêt d'urgence** hard shoulder. **-8.** RADIO: **~ de fréquence** waveband. **-9.** NAVIG: **donner de la ~** to list.

bande-annonce [bādanɔ̃s] *nf* trailer.

bandeau [bādo] *nm* **-1.** [sur les yeux] blindfold. **-2.** [dans les cheveux] headband.

bandelette [bādlɛt] *nf* strip (of cloth).

bander [bāde] ◇ *vt* **-1.** MÉD to bandage; **~ les yeux de qqn** to blindfold sb. **-2.** [arc] to draw back. **-3.** [muscle] to flex. ◇ *vi vulg* to have a hard-on.

banderole [bādrɔl] *nf* streamer.

bande-son [bādsɔ̃] (*pl* **bandes-son**) *nf* soundtrack.

bandit [bādi] *nm* [voleur] bandit.

banditisme [bāditism] *nm* serious crime.

bandoulière [bāduljɛr] *nf* bandolier; **en ~** across the shoulder.

banlieue [bāljø] *nf* suburbs (*pl*).

banlieusard, -e [bāljøzar, ard] *nm, f person* living in the suburbs.

bannière [banjɛr] *nf* [étendard] banner.

bannir [banir] *vt*: **~ qqn/qqch (de)** to banish sb/sthg (from).

banque [bāk] *nf* **-1.** [activité] banking. **-2.** [établissement, au jeu] bank. **-3.** INFORM: **~ de données** data bank. **-4.** MÉD: **~ d'organes/du sang/du sperme** organ/blood/sperm bank.

banqueroute [bākrut] *nf* bankruptcy; **faire ~** to go bankrupt.

banquet [bākɛ] *nm* (celebration) dinner; [de gala] banquet.

banquette [bākɛt] *nf* seat.

banquier, -ière [bākje, jɛr] *nm, f* banker.

banquise [bākiz] *nf* ice field.

baptême [batɛm] *nm* **-1.** RELIG baptism, christening. **-2.** [première fois]: **~ de l'air** maiden flight.

baptiser [batize] *vt* to baptize, to christen.

baquet [bakɛ] *nm* [cuve] tub.

bar [bar] *nm* **-1.** [café, unité de pression] bar. **-2.** [poisson] bass.

baraque [barak] *nf* **-1.** [cabane] hut. **-2.** *fam* [maison] house. **-3.** [de forain] stall, stand.

baraqué, -e [barake] *adj fam* well-built.

baraquement [barakmā] *nm* camp (*of huts for refugees, workers etc*).

baratin [baratē] *nm fam* smooth talk; **faire du ~ à qqn** to sweet-talk sb.

baratiner [baratine] *fam* ◇ *vt* [femme] to chat up; [client] to give one's sales pitch to. ◇ *vi* to be a smooth talker.

barbare [barbar] ◇ *nm* barbarian. ◇ *adj* **-1.** *péj* [non civilisé] barbarous. **-2.** [cruel] barbaric.

barbe [barb] *nf* beard; **se laisser pousser la ~** to grow a beard; **~ à papa** candy floss *Br*, cotton candy *Am*; **quelle** OU **la ~!** *fam* what a drag!

barbelé, -e [barbəle] *adj* barbed. ◆ **barbelé** *nm* barbed wire (U).

barbiche [barbiʃ] *nf* goatee (beard).

barbiturique [barbityrik] *nm* barbiturate.

barboter [barbɔte] *vi* to paddle.

barboteuse [barbɔtøz] *nf* romper-suit.
barbouillé, -e [barbuje] *adj*: être ~, avoir l'estomac ~ to feel sick.
barbouiller [barbuje] *vt* [salir]: ~ qqch (de) to smear sthg (with).
barbu, -e [barby] *adj* bearded. ◆ **barbu** *nm* bearded man.
bardé, -e [barde] *adj*: il est ~ de diplômes he's got heaps of diplomas.
barder [barde] ◇ *vt* CULIN to bard. ◇ *vi fam*: ça va ~ there'll be trouble.
barème [barɛm] *nm* [de référence] table; [de salaires] scale.
baril [baril] *nm* barrel.
bariolé, -e [barjɔle] *adj* multicoloured.
barjo(t) [barʒo] *adj inv fam* nuts.
barmaid [barmɛd] *nf* barmaid.
barman [barman] (*pl* **barmans** OU **barmen** [barmɛn]) *nm* barman.
baromètre [barɔmɛtr] *nm* barometer.
baron, -onne [barɔ̃, ɔn] *nm, f* baron (f baroness).
baroque [barɔk] *adj* -1. [style] baroque. -2. [bizarre] weird.
barque [bark] *nf* small boat.
barquette [barkɛt] *nf* -1. [tartelette] pastry boat. -2. [récipient - de fruits] punnet; [- de crème glacée] tub.
barrage [baraʒ] *nm* -1. [de rue] roadblock. -2. CONSTR dam.
barre [bar] *nf* -1. [gén & JUR] bar; ~ d'espacement [sur machine à écrire] space bar; ~ fixe GYM high bar; ~ des témoins JUR witness box Br OU stand Am. -2. NAVIG helm; être à la ~ NAVIG & fig to be at the helm. -3. [trait] stroke.
barreau [baro] *nm* bar; le ~ JUR the Bar.
barrer [bare] *vt* -1. [rue, route] to block. -2. [mot, phrase] to cross out. -3. [bateau] to steer. ◆ **se barrer** *vp fam* to clear off.
barrette [barɛt] *nf* [pince à cheveux] (hair) slide Br, barrette Am.
barreur, -euse [barœr, øz] *nm, f* NAVIG helmsman; [à l'aviron] cox.
barricade [barikad] *nf* barricade.
barrière [barjɛr] *nf litt & fig* barrier.
barrique [barik] *nf* barrel.
baryton [baritɔ̃] *nm* baritone.
bas, basse [ba, baz *devant nm commençant par voyelle ou h muet*, bas] *adj* -1. [gén] low. -2. *péj* [vil] base, low. -3. MUS bass. ◆ **bas** ◇ *nm* -1. [partie inférieure] bottom, lower part; avoir/connaître des hauts et des ~ to have/go through ups and downs. -2. [vêtement] stocking; ~ de laine woollen stocking; *fig* nest egg. ◇ *adv* low; à ~

...! down with ...!; parler ~ to speak in a low voice, to speak softly; mettre ~ [animal] to give birth. ◆ **en bas** *loc adv* at the bottom; [dans une maison] downstairs. ◆ **en bas de** *loc prép* at the bottom of; attendre qqn en ~ de chez lui to wait for sb downstairs. ◆ **bas de gamme** ◇ *adj* downmarket. ◇ *nm* bottom of the range.
basalte [bazalt] *nm* basalt.
basané, -e [bazane] *adj* tanned.
bas-côté [bakote] *nm* [de route] verge.
bascule [baskyl] *nf* [balançoire] seesaw.
basculer [baskyle] ◇ *vi* to fall over, to overbalance; [benne] to tip up; ~ dans qqch *fig* to tip over into sthg. ◇ *vt* to tip up, to tilt.
base [baz] *nf* -1. [partie inférieure] base. -2. [principe fondamental] basis; à ~ de based on; de ~ basic; une boisson à ~ d'orange an orange-based drink; sur la ~ de on the basis of. -3. INFORM: ~ de données database.
baser [baze] *vt* to base. ◆ **se baser** *vp*: sur quoi vous basez-vous pour affirmer cela? what are you basing this statement on?
bas-fond [bafɔ̃] *nm* [de l'océan] shallow. ◆ **bas-fonds** *nmpl fig* -1. [de la société] dregs. -2. [quartiers pauvres] slums.
basilic [bazilik] *nm* [plante] basil.
basilique [bazilik] *nf* basilica.
basique [bazik] *adj* basic.
basket [baskɛt] *nf* -1. [chaussure] trainer Br, sneaker Am; lâche-moi les ~s! *fam fig* get off my back! -2. = **basket-ball**.
basket-ball [baskɛtbol] *nm* basketball.
basque [bask] ◇ *adj* Basque; le Pays ~ the Basque country. ◇ *nm* [langue] Basque. ◇ *nf* [vêtement] tail (*of coat*); être toujours pendu aux ~s de qqn *fam fig* to be always tagging along after sb. ◆ **Basque** *nmf* Basque.
bas-relief [barəljɛf] *nm* bas-relief.
basse [bas] ◇ *adj* → **bas**. ◇ *nf* MUS bass.
basse-cour [baskur] *nf* -1. [volaille] poultry. -2. [partie de ferme] farmyard.
bassement [basmɑ̃] *adv* despicably; être ~ intéressé to be motivated by petty self-interest.
basset [basɛ] *nm* basset hound.
bassin [basɛ̃] *nm* -1. [cuvette] bowl. -2. [pièce d'eau] (ornamental) pond. -3. [de piscine]: petit/grand ~ children's/main pool. -4. ANAT pelvis. -5. GÉOL bassin; ~ houiller coalfield; le Bassin parisien the Paris basin.

bassine [basin] *nf* bowl, basin.

bassiste [basist] *nmf* bass player.

basson [basɔ̃] *nm* [instrument] bassoon; [personne] bassoonist.

bastide [bastid] *nf* traditional farmhouse or country house in southern France; walled town (in south-west France).

bastingage [bastɛ̃gaʒ] *nm* (ship's) rail.

bastion [bastjɔ̃] *nm litt* & *fig* bastion.

baston [bastɔ̃] *nf* *fam* punch-up.

bas-ventre [bavɑ̃tr] *nm* stomach.

bataille [bataj] *nf* **-1.** MIL battle. **-2.** [bagarre] fight. **-3.** [jeu de cartes] ≃ beggar-my-neighbour. **-4.** *loc*: **en** ~ [cheveux] dishevelled.

bataillon [batajɔ̃] *nm* MIL battalion; *fig* horde.

bâtard, -e [batar, ard] ◇ *adj* **-1.** [enfant] illegitimate. **-2.** *péj* [style, solution] hybrid. ◇ *nm, f* illegitimate child. ◆ **bâtard** *nm* **-1.** [pain] ≃ Vienna loaf. **-2.** [chien] mongrel.

batavia [batavja] *nf* Webb lettuce.

bateau [bato] *nm* **-1.** [embarcation - gén] boat; [- plus grand] ship; ~ **à voile/ moteur** sailing/motor boat; ~ **de pêche** fishing boat; **mener qqn en** ~ *fig* to take sb for a ride. **-2.** [de trottoir] driveway entrance (*low kerb*). **-3.** (*en apposition inv*) [sujet, thème] well-worn; **c'est** ~! it's the same old stuff!

bâti, -e [bati] *adj* **-1.** [terrain] developed. **-2.** [personne]: **bien** ~ well-built. ◆ **bâti** *nm* **-1.** COUTURE tacking. **-2.** CONSTR frame, framework.

batifoler [batifɔle] *vi* to frolic.

bâtiment [batimɑ̃] *nm* **-1.** [édifice] building. **-2.** IND: **le** ~ the building trade. **-3.** NAVIG ship, vessel.

bâtir [batir] *vt* **-1.** CONSTR to build. **-2.** *fig* [réputation, fortune] to build (up); [théorie, phrase] to construct. **-3.** COUTURE to tack.

bâtisse [batis] *nf souvent péj* house.

bâton [batɔ̃] *nm* **-1.** [gén] stick; ~ **de ski** ski pole. **-2.** *fam fig* 10 000 francs. **-3.** *loc*: **mettre des** ~**s dans les roues à qqn** to put a spoke in sb's wheel; **à** ~**s rompus** [conversation] rambling; **parler à** ~**s rompus** to talk of this and that.

bâtonnet [batɔnɛ] *nm* rod.

batracien [batrasjɛ̃] *nm* amphibian.

battage [bataʒ] *nm*: ~ **(publicitaire** OU **médiatique)** (media) hype.

battant, -e [batɑ̃, ɑ̃t] ◇ *adj*: **sous une pluie** ~**e** in the pouring OU driving rain; **le cœur** ~ with beating heart. ◇ *nm, f* fighter. ◆ **battant** *nm* **-1.** [de porte] door (*of double doors*); [de fenêtre] half (*of double window*). **-2.** [de cloche] clapper.

battement [batmɑ̃] *nm* **-1.** [mouvement - d'ailes] flap, beating (*U*); [- de cœur, pouls] beat, beating (*U*); [- de cils, paupières] flutter, fluttering (*U*). **-2.** [intervalle de temps] break; **une heure de** ~ an hour free.

batterie [batri] *nf* **-1.** ÉLECTR & MIL battery; **recharger ses** ~**s** *fig* to recharge one's batteries. **-2.** [attirail]: ~ **de cuisine** kitchen utensils (*pl*). **-3.** MUS drums (*pl*). **-4.** [série]: **une** ~ **de** a string of.

batteur [batœr] *nm* **-1.** MUS drummer. **-2.** CULIN beater, whisk. **-3.** [SPORT - de cricket] batsman; [- de base-ball] batter.

battre [batr] ◇ *vt* **-1.** [gén] to beat; ~ **en neige** [blancs d'œufs] to beat until stiff. **-2.** [cartes] to shuffle. ◇ *vi* [gén] to beat; ~ **des cils** to blink; ~ **des mains** to clap (one's hands). ◆ **se battre** *vp* to fight; **se** ~ **contre qqn** to fight sb.

battu, -e [baty] *pp* → **battre**. ◇ *adj* **-1.** [tassé] hard-packed; **jouer sur terre** ~**e** TENNIS to play on clay. **-2.** [fatigué]: **avoir les yeux** ~**s** to have shadows under one's eyes. ◆ **battue** *nf* **-1.** [chasse] beat. **-2.** [chasse à l'homme] manhunt.

baume [bom] *nm litt* & *fig* balm; **mettre du** ~ **au cœur de qqn** to comfort sb.

baux → **bail.**

bavard, -e [bavar, ard] ◇ *adj* talkative. ◇ *nm, f* chatterbox; *péj* gossip.

bavardage [bavardaʒ] *nm* **-1.** [papotage] chattering. **-2.** (*gén pl*) [racontar] gossip (*U*).

bavarder [bavarde] *vi* to chatter; *péj* to gossip.

bave [bav] *nf* **-1.** [salive] dribble. **-2.** [d'animal] slaver. **-3.** [de limace] slime.

baver [bave] *vi* **-1.** [personne] to dribble. **-2.** [animal] to slaver. **-3.** [limace] to leave a trail. **-4.** [stylo] to leak. **-5.** *loc*: **en** ~ *fam* to have a hard OU rough time of it.

bavette [bavɛt] *nf* **-1.** [bavoir, de tablier] bib. **-2.** [viande] flank. **-3.** *loc*: **tailler une** ~ **(avec qqn)** *fam* to have a natter (with sb) *Br*.

baveux, -euse [bavø, øz] *adj* **-1.** [bébé] dribbling. **-2.** [omelette] runny.

bavoir [bavwar] *nm* bib.

bavure [bavyr] *nf* **-1.** [tache] smudge. **-2.** [erreur] blunder.

bayer [baje] *vi*: ~ **aux corneilles** to stand gazing into space.

bazar [bazar] *nm* **-1.** [boutique] general store. **-2.** *fam* [désordre] jumble, clutter.

bazarder [bazarde] *vt fam* to chuck out, to get rid of.

BCBG (*abr de* **bon chic bon genre**) *nmf & adj* term used to describe an upper-class lifestyle reflected especially in expensive but conservative clothes.

bcp *abr de* **beaucoup**.

bd *abr de* **boulevard**.

BD, bédé (*abr de* **bande dessinée**) *nf*: **une** ~ a comic strip.

béant, -e [beã, ãt] *adj* [plaie, gouffre] gaping; [yeux] wide open.

béat, -e [bea, at] *adj* [heureux] blissful.

beau, belle, beaux [bo, bɛl] *adj* (*bel devant voyelle ou h muet*) **-1.** [joli - femme] beautiful, good-looking; [- homme] handsome, good-looking; [- chose] beautiful. **-2.** [temps] fine, good. **-3.** (*toujours avant le nom*) [important] fine, excellent; **une belle somme** a tidy sum (of money). **-4.** *iron* [mauvais]: **une belle grippe** a nasty dose of the flu; **un** ~ **travail** a fine piece of work. **-5.** (*sens intensif*): **un** ~ **jour** one fine day. **-6.** *loc*: **elle a** ~ **jeu de dire ça** it's easy OU all very well for her to say that. ◆ **beau** *adv*: **il fait** ~ the weather is good OU fine; **j'ai** ~ **essayer ...** however hard I try ..., try as I may ...; **j'ai** ~ **dire ...** whatever I say .... ◇ *nm*: **être au** ~ **fixe** to be set fair; **avoir le moral au** ~ **fixe** *fig* to have a sunny disposition; **faire le** ~ [chien] to sit up and beg. ◆ **belle** *nf* **-1.** [femme] lady friend. **-2.** [dans un jeu] decider. ◆ **de plus belle** *loc adv* more than ever.

beaucoup [boku] ◇ *adv* **-1.** [un grand nombre]: ~ **de** a lot of, many; **il y en a** ~ there are many OU a lot (of them). **-2.** [une grande quantité]: ~ **de** a lot of; ~ **d'énergie** a lot of energy; **il n'a pas** ~ **de temps** he hasn't a lot of OU much time; **il n'en a pas** ~ he doesn't have much OU a lot (of it). **-3.** (*modifiant un verbe*) a lot; **il boit** ~ he drinks a lot; **c'est** ~ **dire** that's saying a lot. **-4.** (*modifiant un adjectif comparatif*) much, a lot; **c'est** ~ **mieux** it's much OU a lot better; ~ **trop vite** much too quickly. ◇ *pron inv* many; **nous sommes** ~ **à penser que ...** many of us think that .... ◆ **de beaucoup** *loc adv* by far.

beauf [bof] *nm* **-1.** *péj* stereotype of average French man with narrow views. **-2.** *fam* [beau-frère] brother-in-law.

beau-fils [bofis] *nm* **-1.** [gendre] son-in-law. **-2.** [de remariage] stepson.

beau-frère [bofrɛr] *nm* brother-in-law.

beau-père [bopɛr] *nm* **-1.** [père du conjoint] father-in-law. **-2.** [de remariage] stepfather.

beauté [bote] *nf* beauty; **de toute** ~ absolutely beautiful; **en** ~ [magnifiquement] in great style.

beaux-arts [bozar] *nmpl* fine art (*sg*). ◆ **Beaux-Arts** *nmpl*: **les Beaux-Arts** French national art school.

beaux-parents [boparã] *nmpl* **-1.** [de l'homme] husband's parents, in-laws. **-2.** [de la femme] wife's parents, in-laws.

bébé [bebe] *nm* baby.

bébé-éprouvette [bebeepruvɛt] (*pl* **bébés-éprouvette**) *nm* test-tube baby.

bébête [bebɛt] *adj* silly.

bec [bɛk] *nm* **-1.** [d'oiseau] beak. **-2.** [d'instrument de musique] mouthpiece. **-3.** [de casserole etc] lip; ~ **de gaz** [réverbère] gaslamp (*in street*); ~ **verseur** spout. **-4.** *fam* [bouche] mouth; **ouvrir le** ~ to open one's mouth; **clouer le** ~ **à qqn** to shut sb up.

bécane [bekan] *nf fam* **-1.** [moto, vélo] bike. **-2.** [ordinateur etc] machine.

bécasse [bekas] *nf* **-1.** [oiseau] woodcock. **-2.** *fam* [femme sotte] silly goose.

bec-de-lièvre [bɛkdəljɛvr] (*pl* **becs-de-lièvre**) *nm* harelip.

bêche [bɛʃ] *nf* spade.

bêcher [beʃe] *vt* to dig.

bécoter [bekɔte] *vt fam* to snog *Br* OU smooch with. ◆ **se bécoter** *vp* to snog *Br*, to smooch.

becquée [beke] *nf*: **donner la** ~ **à** to feed.

becqueter, béqueter [bɛkte] *vt* to peck at.

bedaine [bədɛn] *nf* potbelly.

bédé = **BD**.

bedonnant, -e [bədɔnã, ãt] *adj* potbellied.

bée [be] *adj*: **bouche** ~ open-mouthed.

bégayer [begeje] ◇ *vi* to have a stutter OU stammer. ◇ *vt* to stammer (out).

bégonia [begɔnja] *nm* begonia.

bègue [bɛg] ◇ *adj*: **être** ~ to have a stutter OU stammer. ◇ *nmf* stutterer, stammerer.

béguin [begɛ̃] *nm fam*: **avoir le** ~ **pour qqn** to have a crush on sb.

beige [bɛʒ] *adj & nm* beige.

beignet [bɛɲe] *nm* fritter.

bel [bɛl] → **beau**.

bêler [bele] *vi* to bleat.

belette [bəlɛt] *nf* weasel.

belge [bɛlʒ] *adj* Belgian. ◆ **Belge** *nmf* Belgian.

Belgique [bɛlʒik] *nf*: **la ~** Belgium.

bélier [belje] *nm* **-1.** [animal] ram. **-2.** [poutre] battering ram. ◆ **Bélier** *nm* AS-TROL Aries.

belladone [beladɔn] *nf* deadly night-shade.

belle [bɛl] *adj & nf* → **beau**.

belle-famille [bɛlfamij] *nf* **-1.** [de l'homme] husband's family, in-laws (*pl*). **-2.** [de la femme] wife's family, in-laws (*pl*).

belle-fille [bɛlfij] *nf* **-1.** [épouse du fils] daughter-in-law. **-2.** [de remariage] step-daughter.

belle-mère [bɛlmɛr] *nf* **-1.** [mère du conjoint] mother-in-law. **-2.** [de rema-riage] stepmother.

belle-sœur [bɛlsœr] *nf* sister-in-law.

belligérant, -e [beliʒerɑ̃, ɑ̃t] *adj & nm, f* belligerent.

belliqueux, -euse [belikø, øz] *adj* [peu-ple] warlike; [humeur, tempérament] ag-gressive.

belvédère [bɛlvedɛr] *nm* **-1.** [construc-tion] belvedere. **-2.** [terrasse] viewpoint.

bémol [bemɔl] *adj & nm* MUS flat.

bénédiction [benediksjɔ̃] *nf* blessing.

bénéfice [benefis] *nm* **-1.** [avantage] ad-vantage, benefit; **au ~ de** in aid of. **-2.** [profit] profit.

bénéficiaire [benefisjɛr] ◇ *nmf* [gén] beneficiary; [de chèque] payee. ◇ *adj* [marge] profit (*avant n*); [résultat, société] profit-making.

bénéficier [benefisje] *vi*: **~ de** [profiter de] to benefit from; [jouir de] to have, to enjoy; [obtenir] to have, to get.

bénéfique [benefik] *adj* beneficial.

Bénélux [benelyks] *nm*: **le ~** Benelux.

benêt [bənɛ] *nm* clod.

bénévole [benevɔl] ◇ *adj* voluntary. ◇ *nmf* volunteer, voluntary worker.

bénin, -igne [benɛ̃, iɲ] *adj* [maladie, acci-dent] minor; [tumeur] benign.

bénir [benir] *vt* **-1.** [gén] to bless. **-2.** [se réjouir de] to thank God for.

bénitier [benitje] *nm* holy water font.

benjamin, -e [bɛ̃ʒamɛ̃, in] *nm, f* [de fa-mille] youngest child; [de groupe] youngest member.

benne [bɛn] *nf* **-1.** [de camion] tipper. **-2.** [de téléphérique] car. **-3.** [pour dé-chets] skip.

benzine [bɛ̃zin] *nf* benzine.

béotien, -ienne [beɔsjɛ̃, jɛn] *nm, f* phil-istine .

BEP, Bep (*abr de* **brevet d'études pro-fessionnelles**) *nm* school-leaver's diploma (*taken at age 18*).

BEPC, Bepc (*abr de* **brevet d'études du premier cycle**) *nm* former school certificate (*taken at age 16*).

béquille [bekij] *nf* **-1.** [pour marcher] crutch. **-2.** [d'un deux-roues] stand.

berceau, -x [bɛrso] *nm* cradle.

bercer [bɛrse] *vt* [bébé, bateau] to rock.

berceuse [bɛrsøz] *nf* **-1.** [chanson] lulla-by. **-2.** *Can* [fauteuil] rocking chair.

béret [berɛ] *nm* beret.

berge [bɛrʒ] *nf* **-1.** [bord] bank. **-2.** *fam* [an]: **il a plus de 50 ~s** he's over 50.

berger, -ère [bɛrʒe, ɛr] *nm, f* shepherd (*f* shepherdess). ◆ **berger allemand** *nm* alsatian *Br*, German shepherd.

bergerie [bɛrʒəri] *nf* sheepfold.

Berlin [bɛrlɛ̃] *n* Berlin.

berline [bɛrlin] *nf* saloon (car) *Br*, se-dan *Am*.

berlingot [bɛrlɛ̃go] *nm* **-1.** [de lait] car-ton. **-2.** [bonbon] boiled sweet.

berlue [bɛrly] *nf*: **j'ai la ~!** I must be seeing things!

bermuda [bɛrmyda] *nm* bermuda shorts (*pl*).

berne [bɛrn] *nf*: **en ~** ≃ at half-mast.

berner [bɛrne] *vt* to fool.

besogne [bəzɔɲ] *nf* job, work (*U*).

besoin [bəzwɛ̃] *nm* need; **avoir ~ de qqch/de faire qqch** to need sthg/to do sthg; **au ~** if necessary, if need OU needs be. ◆ **besoins** *nmpl* **-1.** [exigen-ces] needs. **-2.** *loc*: **faire ses ~s** to re-lieve o.s.

bestial, -e, -iaux [bɛstjal, jo] *adj* bestial, brutish.

bestiole [bɛstjɔl] *nf* (little) creature.

bétail [betaj] *nm* cattle (*pl*).

bête [bɛt] ◇ *nf* [animal] animal; [insecte] insect; **~ de somme** beast of burden. ◇ *adj* [stupide] stupid.

bêtise [betiz] *nf* **-1.** [stupidité] stupidity. **-2.** [action, remarque] stupid thing; **faire/dire une ~** to do/say something stupid.

béton [betɔ̃] *nm* [matériau] concrete; **~ armé** reinforced concrete.

bétonnière [betɔnjɛr] *nf* cement mixer.

betterave [bɛtrav] *nf* [potagère] beetroot *Br*, beet *Am*; **~ sucrière** OU **à sucre** sugar beet.

beugler [bøgle] *vi* [bovin] to moo, to low.

beurre [bœr] *nm* [aliment] butter.

beurrer [bœre] *vt* to butter.

beurrier [bœrje] *nm* butter dish.

beuverie [bœvri] *nf* drinking session.

bévue [bevy] *nf* blunder.

Beyrouth [berut] *n* Beirut.

biais [bjɛ] *nm* **-1.** [ligne oblique] slant; **en** OU **de ~** [de travers] at an angle; *fig* indirectly. **-2.** COUTURE bias. **-3.** [moyen détourné] expedient; **par le ~ de** by means of.

biaiser [bjeze] *vi fig* to dodge the issue.

bibelot [biblo] *nm* trinket, curio.

biberon [bibrɔ̃] *nm* baby's bottle.

bible [bibl] *nf* bible.

bibliographie [biblijɔgrafi] *nf* bibliography.

bibliophile [biblijɔfil] *nmf* book lover.

bibliothécaire [biblijɔtekɛr] *nmf* librarian.

bibliothèque [biblijɔtɛk] *nf* **-1.** [meuble] bookcase. **-2.** [édifice, collection] library.

biblique [biblik] *adj* biblical.

bicarbonate [bikarbɔnat] *nm*: **~ (de soude)** bicarbonate of soda.

biceps [bisɛps] *nm* biceps.

biche [biʃ] *nf* ZOOL hind, doe.

bicolore [bikɔlɔr] *adj* two-coloured.

bicoque [bikɔk] *nf péj* house.

bicorne [bikɔrn] *nm* cocked hat.

bicyclette [bisiklɛt] *nf* bicycle; **rouler à ~** to cycle.

bide [bid] *nm fam* **-1.** [ventre] belly. **-2.** [échec] flop.

bidet [bidɛ] *nm* **-1.** [sanitaire] bidet. **-2.** *hum* [cheval] nag.

bidon [bidɔ̃] *nm* **-1.** [récipient] can. **-2.** *fam* [ventre] belly. **-3.** (*en apposition inv*) *fam* [faux] phoney.

bidonville [bidɔ̃vil] *nm* shantytown.

bielle [bjɛl] *nf* connecting rod.

bien [bjɛ̃] (*compar & superl* **mieux**) ◇ *adj inv* **-1.** [satisfaisant] good; **il est ~ comme prof** he's a good teacher; **il est ~, ce bureau** this is a good office. **-2.** [en bonne santé] well; **je ne me sens pas ~** I don't feel well. **-3.** [joli] good-looking; **tu ne trouves pas qu'elle est ~ comme ça?** don't you think she looks good OU nice like that? **-4.** [à l'aise] comfortable. **-5.** [convenable] respectable. ◇ *nm* **-1.** [sens moral]: **le ~ et le mal** good and evil. **-2.** [intérêt] good; **je te dis ça pour ton ~** I'm telling you this for your own good. **-3.** [richesse, propriété] property, possession; **~s de consommation** consumer goods. **-4.** *loc*: **faire du ~ à qqn** to do sb good; **dire du ~ de qqn/qqch** to

speak well of sb/sthg; **mener à ~** to bring to fruition, to complete. ◇ *adv* **-1.** [de manière satisfaisante] well; **on mange ~ ici** the food's good here; **il ne s'est pas ~ conduit** he didn't behave well; **tu as ~ fait** you did the right thing; **tu ferais ~ d'y aller** you would be wise to go; **c'est ~ fait!** it serves him/her *etc* right! **-2.** [sens intensif] quite, really; **~ souvent** quite often; **en es-tu ~ sûr?** are you quite sure (about it)?; **j'espère ~ que...** I DO hope that...; **on a ~ ri** we had a good laugh; **il y a ~ trois heures que j'attends** I've been waiting for at least three hours; **c'est ~ aimable à vous** it's very kind OU good of you. **-3.** [renforçant un comparatif]: **il est parti ~ plus tard** he left much later; **on était ~ moins riches** we were a lot worse off OU poorer. **-4.** [servant à conclure ou à introduire]: **~, je t'écoute** well, I'm listening. **-5.** [en effet]: **c'est ~ lui** it really IS him; **c'est ~ ce que je disais** that's just what I said. ◇ *interj*: **eh ~!** oh well!; **eh ~, qu'en penses-tu?** well, what do you think? ◆ **biens** *nmpl* property (U). ◆ **bien de, bien des** *loc adj*: **~ des gens sont venus** quite a lot of people came; **~ des fois** many times; **il a ~ de la chance** he's very OU really lucky; **il a eu ~ de la peine à me convaincre** he had quite a lot of trouble convincing me. ◆ **bien entendu** *loc adv* of course. ◆ **bien que** *loc conj* (+ *subjonctif*) although, though. ◆ **bien sûr** *loc adv* of course, certainly.

bien-aimé, -e [bjɛ̃neme] (*mpl* **bien-aimés**, *fpl* **bien-aimées**) *adj & nm, f* beloved.

bien-être [bjɛ̃nɛtr] *nm inv* [physique] wellbeing.

bienfaisance [bjɛ̃fəzɑ̃s] *nf* charity.

bienfaisant, -e [bjɛ̃fəzɑ̃, ɑ̃t] *adj* beneficial.

bienfait [bjɛ̃fɛ] *nm* **-1.** [effet bénéfique] benefit. **-2.** [faveur] kindness.

bienfaiteur, -trice [bjɛ̃fɛtœr, tris] *nm, f* benefactor.

bien-fondé [bjɛ̃fɔ̃de] (*pl* **bien-fondés**) *nm* validity.

bienheureux, -euse [bjɛ̃nœrø, øz] *adj* **-1.** RELIG blessed. **-2.** [heureux] happy.

bientôt [bjɛ̃to] *adv* soon; **à ~!** see you soon!

bienveillance [bjɛ̃vejɑ̃s] *nf* kindness.

bienveillant, -e [bjɛ̃vejɑ̃, ɑ̃t] *adj* kindly.

bienvenu, -e [bjɛ̃vəny] ◊ *adj* [qui arrive à propos] welcome. ◊ *nm, f:* être le ~/ la ~e to be welcome; soyez le ~! welcome! ◆ **bienvenue** *nf* welcome; souhaiter la ~e à qqn to welcome sb.

bière [bjɛr] *nf* **-1.** [boisson] beer; ~ blonde lager; ~ **brune** brown ale; ~ **pression** draught beer. **-2.** [cercueil] coffin.

bifteck [biftɛk] *nm* steak.

bifurcation [bifyrkasjɔ̃] *nf* [embranchement] fork; *fig* new direction.

bifurquer [bifyrke] *vi* **-1.** [route, voie ferrée] to fork. **-2.** [voiture] to turn off. **-3.** *fig* [personne] to branch off.

bigamie [bigami] *nf* bigamy.

bigoudi [bigudi] *nm* curler.

bijou, -x [biʒu] *nm* **-1.** [joyau] jewel. **-2.** *fig* [chef d'œuvre] gem.

bijouterie [biʒutri] *nf* [magasin] jeweller's (shop).

bijoutier, -ière [biʒutje, jɛr] *nm, f* jeweller.

bikini [bikini] *nm vieilli* bikini.

bilan [bilɑ̃] *nm* **-1.** FIN balance sheet; déposer son ~ to declare bankruptcy. **-2.** [état d'une situation] state of affairs; faire le ~ (de) to take stock (of); ~ de santé checkup.

bilatéral, -e, -aux [bilateral, o] *adj* **-1.** [stationnement] on both sides (of the road). **-2.** [contrat, accord] bilateral.

bile [bil] *nf* bile; se faire de la ~ *fam* to worry.

biliaire [biljɛr] *adj* biliary; calcul ~ gallstone; vésicule ~ gall bladder.

bilingue [bilɛ̃g] *adj* bilingual.

billard [bijar] *nm* **-1.** [jeu] billiards (U). **-2.** [table de jeu] billiard table.

bille [bij] *nf* **-1.** [d'enfant] marble. **-2.** [de bois] block of wood.

billet [bijɛ] *nm* **-1.** [lettre] note. **-2.** [argent]: ~ (de banque) (bank) note; un ~ de 100 francs a 100-franc note. **-3.** [ticket] ticket; ~ de train/d'avion train/plane ticket; ~ de loterie lottery ticket.

billetterie [bijɛtri] *nf* **-1.** [à l'aéroport] ticket desk; [à la gare] booking office OU hall. **-2.** BANQUE cash dispenser.

billion [biljɔ̃] *nm* billion *Br*, trillion *Am*.

bimensuel, -elle [bimɑ̃sɥɛl] *adj* fortnightly *Br*, twice monthly. ◆ **bimensuel** *nm* fortnightly review *Br*.

bimoteur [bimɔtœr] *nm* twin-engined plane.

binaire [binɛr] *adj* binary.

biner [bine] *vt* to hoe.

binocle [binɔkl] *nm* pince-nez. ◆ **binocles** *nmpl fam vieilli* specs.

bio [bjo] *adj inv* natural; aliments ~ wholefood, health food.

biocarburant [bjɔkarbyrɑ̃] *nm* biofuel.

biochimie [bjɔʃimi] *nf* biochemistry.

biodégradable [bjɔdegradabl] *adj* biodegradable.

biographie [bjɔgrafi] *nf* biography.

biologie [bjɔlɔʒi] *nf* biology.

biologique [bjɔlɔʒik] *adj* **-1.** SCIENCE biological. **-2.** [naturel] organic.

biopsie [bjɔpsi] *nf* biopsy.

biorythme [bjɔritm] *nm* biorhythm.

biréacteur [bireaktœr] *nm* twin-engined jet.

bis¹, -e [bi, biz] *adj* greyish-brown; pain ~ brown bread.

bis² [bis] *adv* **-1.** [dans adresse]: 5 ~ 5a. **-2.** [à la fin d'un spectacle] encore.

bisannuel, -elle [bizanɥɛl] *adj* biennial.

biscornu, -e [biskɔrny] *adj* **-1.** [difforme] irregularly shaped. **-2.** [bizarre] weird.

biscotte [biskɔt] *nf toasted bread sold in packets and often eaten for breakfast.*

biscuit [biskɥi] *nm* **-1.** [sec] biscuit *Br*, cookie *Am*; [salé] cracker. **-2.** [gâteau] sponge.

bise [biz] *nf* **-1.** [vent] north wind. **-2.** *fam* [baiser] kiss; grosses ~s love and kisses.

biseau, -x [bizo] *nm* bevel; en ~ bevelled.

bison [bizɔ̃] *nm* bison.

bisou [bizu] *nm fam* kiss.

bissextile [bisɛkstil] → année.

bistouri [bisturi] *nm* lancet.

bistro(t) [bistro] *nm fam* cafe, bar.

bit [bit] *nm* INFORM bit.

bivouac [bivwak] *nm* bivouac.

bivouaquer [bivwake] *vi* to bivouac.

bizarre [bizar] *adj* strange, odd.

bizutage [bizytaʒ] *nm practical jokes played on new arrivals in a school or college.*

black-out [blakawt] *nm* blackout.

blafard, -e [blafar, ard] *adj* pale.

blague [blag] *nf* [plaisanterie] joke.

blaguer [blage] *fam* ◊ *vi* to joke. ◊ *vt* to tease.

blagueur, -euse [blagœr, øz] *fam* ◊ *adj* jokey. ◊ *nm, f* joker.

blaireau, -x [blɛro] *nm* **-1.** [animal] badger. **-2.** [de rasage] shaving brush.

blâme [blam] *nm* **-1.** [désapprobation] disapproval. **-2.** [sanction] reprimand.

blâmer [blame] vt -1. [désapprouver] to blame. -2. [sanctionner] to reprimand.

blanc, blanche [blɑ̃, blɑ̃ʃ] adj -1. [gén] white. -2. [non écrit] blank. -3. [pâle] pale. ◆ **blanc** nm -1. [couleur] white. -2. [personne] white (man). -3. [linge de maison]: **le ~** the (household) linen. -4. [sur page] blank (space); **en ~** [chèque] blank. -5. [de volaille] white meat. -6. [vin] white (wine). -7. loc: **chauffé à ~** white-hot. ◆ **blanche** nf -1. [personne] white (woman). -2. MUS minim. ◆ **blanc d'œuf** nm egg white.

blancheur [blɑ̃ʃœr] nf whiteness.

blanchir [blɑ̃ʃir] ◇ vt -1. [mur] to whitewash. -2. [linge, argent] to launder. -3. [légumes] to blanch. -4. [sucre] to refine; [papier, tissu] to bleach. ◇ vi: ~ (de) to go white (with).

blanchissage [blɑ̃ʃisaʒ] nm [de linge] laundering.

blanchisserie [blɑ̃ʃisri] nf laundry.

blasé, -e [blaze] adj blasé.

blason [blazɔ̃] nm coat of arms.

blasphème [blasfɛm] nm blasphemy.

blasphémer [blasfeme] vt & vi to blaspheme.

blatte [blat] nf cockroach.

blazer [blazɛr] nm blazer.

blé [ble] nm -1. [céréale] wheat, corn. -2. fam [argent] dough.

blême [blɛm] adj: ~ (de) pale (with).

blennorragie [blenɔraʒi] nf gonorrhoea.

blessant, -e [blesɑ̃, ɑ̃t] adj hurtful.

blessé, -e [blese] nm, f wounded OU injured person.

blesser [blese] vt -1. [physiquement - accidentellement] to injure, to hurt; [- par arme] to wound. -2. [moralement] to hurt. ◆ **se blesser** vp to injure o.s., to hurt o.s.

blessure [blesyr] nf litt & fig wound.

blet, blette [blɛ, blɛt] adj overripe.

bleu, -e [blø] adj -1. [couleur] blue. -2. [viande] very rare. ◆ **bleu** nm -1. [couleur] blue. -2. [meurtrissure] bruise. -3. fam [novice - à l'armée] raw recruit; [- à l'université] freshman, fresher Br. -4. [fromage] blue cheese. -5. [vêtement]: ~ de travail overalls (pl).

bleuet [bløɛ] nm cornflower.

bleuir [bløir] vt & vi to turn blue.

bleuté, -e [bløte] adj bluish.

blindé, -e [blɛ̃de] adj [véhicule] armoured; [porte, coffre] armour-plated. ◆ **blindé** nm armoured car.

blinder [blɛ̃de] vt [véhicule] to armour; [porte, coffre] to armour-plate.

blizzard [blizar] nm blizzard.

bloc [blɔk] nm -1. [gén] block; **en ~** wholesale. -2. [assemblage] unit; ~ **d'alimentation** INFORM power pack; ~ **opératoire** operating theatre; ~ **sanitaire** toilet block.

blocage [blɔkaʒ] nm -1. ÉCON freeze, freezing (U). -2. [de roue] locking. -3. PSYCHOL (mental) block.

blockhaus [blɔkos] nm blockhouse.

bloc-notes [blɔknɔt] nm notepad.

blocus [blɔkys] nm blockade.

blond, -e [blɔ̃, blɔ̃d] ◇ adj fair, blond. ◇ nm, f fair-haired OU blond man (f fair-haired OU blonde woman). ◆ **blond** nm: ~ **cendré/vénitien/platine** ash/strawberry/platinum blond. ◆ **blonde** nf -1. [cigarette] Virginia cigarette. -2. [bière] lager.

blondeur [blɔ̃dœr] nf blondness, fairness.

bloquer [blɔke] vt -1. [porte, freins] to jam; [roues] to lock. -2. [route, chemin] to block; [personne]: **être bloqué** to be stuck. -3. [prix, salaires, crédit] to freeze. -4. PSYCHOL: **être bloqué** to have a (mental) block. ◆ **se bloquer** vp [se coincer] to jam.

blottir [blɔtir] ◆ **se blottir** vp: se ~ (contre) to snuggle up (to).

blouse [bluz] nf [de travail, d'écolier] smock.

blouson [bluzɔ̃] nm bomber jacket, blouson.

blue-jean [bludʒin] (pl **blue-jeans** [bludʒins]) nm jeans (pl).

blues [bluz] nm inv blues.

bluffer [blœfe] fam vi & vt to bluff.

blush [blœʃ] nm blusher.

boa [bɔa] nm boa.

boat people [botpipəl] nmpl boat people.

bobard [bɔbar] nm fam fib.

bobine [bɔbin] nf -1. [cylindre] reel, spool. -2. ÉLECTR coil.

bobsleigh [bɔbslɛg] nm bobsleigh.

bocage [bɔkaʒ] nm GÉOGR bocage.

bocal, -aux [bɔkal, o] nm jar.

body-building [bɔdibildiŋ] nm: **le ~** body building (U).

bœuf [bœf, pl bø] nm -1. [animal] ox. -2. [viande] beef.

bof [bɔf] interj fam [exprime le mépris] so what?; [exprime la lassitude] I don't really care.

bohème [bɔɛm] adj bohemian.

bohémien, -ienne [bɔemjɛ̃, jɛn] nm, f

-1. [tsigane] gipsy. **-2.** [non-conformiste] bohemian.

boire [bwar] ◇ vt **-1.** [s'abreuver] to drink. **-2.** [absorber] to soak up, to absorb. ◇ vi to drink.

bois [bwa] ◇ nm wood; **en ~** wooden. ◇ nmpl **-1.** MUS woodwind (U). **-2.** [cornes] antlers.

boisé, -e [bwaze] adj wooded.

boiserie [bwazri] nf panelling (U).

boisson [bwasɔ̃] nf [breuvage] drink.

boîte [bwat] nf **-1.** [récipient] box; **en ~** tinned Br, canned; **~ de conserve** tin Br, can; **~ à gants** glove compartment; **~ aux lettres** [pour la réception] letter-box; [pour l'envoi] postbox Br, mailbox Am; **~ à musique** musical box Br, music box Am; **~ postale** post office box; **~ de vitesses** gearbox. **-2.** TÉLÉ-COM: **~ vocale** voice mail. **-3.** fam [entreprise] company, firm; [lycée] school. **-4.** fam [discothèque]: **~ (de nuit)** nightclub, club.

boiter [bwate] vi [personne] to limp.

boiteux, -euse [bwatø, øz] adj **-1.** [personne] lame. **-2.** [meuble] wobbly. **-3.** fig [raisonnement] shaky.

boîtier [bwatje] nm **-1.** [boîte] case. **-2.** TECHNOL casing.

bol [bɔl] nm **-1.** [récipient] bowl. **-2.** [contenu] bowl, bowlful. **-3.** loc: **prendre un ~ d'air** to get some fresh air.

bolet [bɔlɛ] nm boletus.

bolide [bɔlid] nm [véhicule] racing car.

Bolivie [bɔlivi] nf: **la ~** Bolivia.

bombance [bɔ̃bɑ̃s] nf: **faire ~** fam to have a feast.

bombardement [bɔ̃bardəmɑ̃] nm bombardment, bombing (U).

bombarder [bɔ̃barde] vt **-1.** MIL to bomb. **-2.** [assaillir]: **~ qqn/qqch de** to bombard sb/sthg with.

bombardier [bɔ̃bardje] nm **-1.** [avion] bomber. **-2.** [aviateur] bombardier.

bombe [bɔ̃b] nf **-1.** [projectile] bomb; fig bombshell; **~ atomique** atomic bomb; **~ à retardement** time bomb. **-2.** [casquette] riding hat. **-3.** [atomiseur] spray, aerosol.

bombé, -e [bɔ̃be] adj bulging, rounded.

bon, bonne [bɔ̃, bɔn] (compar & superl **meilleur**) adj **-1.** [gén] good. **-2.** [généreux] good, kind. **-3.** [utilisable - billet, carte] valid. **-4.** [correct] right. **-5.** [dans l'expression d'un souhait]: **bonne année!** Happy New Year!; **bonne chance!** good luck!; **bonnes vacances!** have a nice holiday! **-6.** loc: **être ~ pour qqch/pour**

faire qqch fam to be fit for sthg/for doing sthg; **tu es ~ pour une contravention** you'll end up with OU you'll get a parking ticket; **~ à** (+ infinitif) fit to; **c'est ~ à savoir** that's worth knowing. ◆ **bon** ◇ adv: **il fait ~** the weather's fine, it's fine; **sentir ~** to smell good; **tenir ~** to stand firm. ◇ interj **-1.** [marque de satisfaction] good! **-2.** [marque de surprise]: **ah ~!** really? ◇ nm **-1.** [constatant un droit] voucher; **~ de commande** order form; **~ du Trésor** FIN Treasury bill OU bond. **-2.** (gén pl) [personne]: **les ~s et les méchants** good people and wicked people. ◆ **pour de bon** loc adv seriously, really.

bonbon [bɔ̃bɔ̃] nm **-1.** [friandise] sweet Br, piece of candy Am. **-2.** Belg [gâteau] biscuit.

bonbonne [bɔ̃bɔn] nf demijohn.

bonbonnière [bɔ̃bɔnjɛr] nf [boîte] sweet-box Br, candy box Am.

bond [bɔ̃] nm [d'animal, de personne] leap, bound; [de balle] bounce; **faire un ~** to leap (forward).

bonde [bɔ̃d] nf **-1.** [d'évier] plug. **-2.** [trou] bunghole. **-3.** [bouchon] bung.

bondé, -e [bɔ̃de] adj packed.

bondir [bɔ̃dir] vi **-1.** [sauter] to leap, to bound; **~ sur qqn/qqch** to pounce on sb/sthg. **-2.** [s'élancer] to leap forward.

bonheur [bɔnœr] nm **-1.** [félicité] happiness. **-2.** [chance] (good) luck, good fortune; **par ~** happily, fortunately; **porter ~** to be lucky, to bring good luck.

bonhomme [bɔnɔm] (pl **bonshommes** [bɔ̃zɔm]) nm **-1.** fam péj [homme] fellow. **-2.** [représentation] man; **~ de neige** snowman.

bonification [bɔnifikasjɔ̃] nf **-1.** [de terre, de vin] improvement. **-2.** SPORT bonus points (pl).

bonjour [bɔ̃ʒur] nm hello; [avant midi] good morning; [après midi] good afternoon.

bonne [bɔn] ◇ nf maid. ◇ adj → **bon**.

bonnet [bɔnɛ] nm **-1.** [coiffure] (woolly) hat; **~ de bain** swimming cap. **-2.** [de soutien-gorge] cup.

bonneterie [bɔnɛtri] nf [commerce] hosiery (business OU trade).

bonsoir [bɔ̃swar] nm [en arrivant] hello, good evening; [en partant] goodbye, good evening; [en se couchant] good night.

bonté [bɔ̃te] nf **-1.** [qualité] goodness, kindness; **avoir la ~ de faire qqch** sout

to be so good OU kind as to do sthg.
-2. (*gén pl*) [acte] act of kindness.

bonus [bɔnys] *nm* [prime d'assurance] no-claims bonus.

bord [bɔr] *nm* **-1.** [de table, de vêtement] edge; [de verre, de chapeau] rim; **à ras ~s** to the brim. **-2.** [de rivière] bank; [de lac] edge, shore; **au ~ de la mer** at the seaside. **-3.** [de bois, jardin] edge; [de route] edge, side. **-4.** [d'un moyen de transport]: **passer par-dessus ~** to fall overboard. ◆ **à bord de** *loc prép*: **à ~ de qqch** on board sthg. ◆ **au bord de** *loc prép* at the edge of; *fig* on the verge of.

bordeaux [bɔrdo] ◇ *nm* **-1.** [vin] Bordeaux. **-2.** [couleur] claret. ◇ *adj inv* claret.

bordel [bɔrdɛl] *nm vulg* **-1.** [maison close] brothel. **-2.** [désordre] shambles (*sg*).

border [bɔrde] *vt* **-1.** [vêtement]: **~ qqch de** to edge sthg with. **-2.** [être en bordure de] to line. **-3.** [couverture, personne] to tuck in.

bordereau, -x [bɔrdəro] *nm* **-1.** [liste] schedule. **-2.** [facture] invoice. **-3.** [relevé] slip.

bordure [bɔrdyr] *nf* **-1.** [bord] edge; **en ~ de** on the edge of. **-2.** [de fleurs] border.

borgne [bɔrɲ] *adj* [personne] one-eyed.

borne [bɔrn] *nf* **-1.** [marque] boundary marker. **-2.** *fam* [kilomètre] kilometre. **-3.** [limite] limit, bounds (*pl*); **dépasser les ~s** to go too far; **sans ~s** boundless. **-4.** ÉLECTR terminal.

borné, -e [bɔrne] *adj* [personne] narrow-minded; [esprit] narrow.

borner [bɔrne] *vt* [terrain] to limit; [projet, ambition] to limit, to restrict. ◆ **se borner** *vp*: **se ~ à qqch/à faire qqch** [suj: personne] to confine o.s. to sthg/to doing sthg.

Bosnie [bɔsni] *nf*: **la ~** Bosnia.

bosniaque [bɔsnjak] *adj* Bosnian. ◆ **Bosniaque** *nmf* Bosnian.

bosquet [bɔskɛ] *nm* copse.

bosse [bɔs] *nf* **-1.** [sur tête, sur route] bump. **-2.** [de bossu, chameau] hump.

bosser [bɔse] *vi fam* to work hard.

bossu, -e [bɔsy] ◇ *adj* hunchbacked. ◇ *nm, f* hunchback.

bot [bo] ▶ **pied**.

botanique [bɔtanik] ◇ *adj* botanical. ◇ *nf*: **la ~** botany.

botte [bɔt] *nf* **-1.** [chaussure] boot. **-2.**

[de légumes] bunch. **-3.** [en escrime] thrust, lunge.

botter [bɔte] *vt* **-1.** [chausser]: **être botté de cuir** to be wearing leather boots. **-2.** *fam* [donner un coup de pied à] to boot. **-3.** *fam vieilli* [plaire à]: **ça me botte** I dig it.

bottier [bɔtje] *nm* [de bottes] bootmaker; [de chaussures] shoemaker.

Bottin® [bɔtɛ̃] *nm* phone book.

bottine [bɔtin] *nf* (ankle) boot.

bouc [buk] *nm* **-1.** [animal] (billy) goat; **~ émissaire** *fig* scapegoat. **-2.** [barbe] goatee.

boucan [bukɑ̃] *nm fam* row, racket.

bouche [buʃ] *nf* [gén] mouth; **~ d'incendie** fire hydrant; **~ de métro** metro entrance OU exit.

bouché, -e [buʃe] *adj* **-1.** [en bouteille] bottled. **-2.** *fam* [personne] thick *Br*, dumb.

bouche-à-bouche [buʃabuʃ] *nm inv*: **faire du ~ à qqn** to give sb mouth-to-mouth resuscitation.

bouchée [buʃe] *nf* mouthful.

boucher¹ [buʃe] *vt* **-1.** [fermer - bouteille] to cork; [- trou] to fill (in OU up). **-2.** [passage, vue] to block.

boucher², -ère [buʃe, ɛr] *nm, f* butcher.

boucherie [buʃri] *nf* **-1.** [magasin] butcher's (shop). **-2.** *fig* [carnage] slaughter.

bouche-trou [buʃtru] (*pl* **bouche-trous**) *nm* **-1.** [personne]: **servir de ~** to make up (the) numbers. **-2.** [objet] stopgap.

bouchon [buʃɔ̃] *nm* **-1.** [pour obturer - gén] top; [- de réservoir] cap; [- de bouteille] cork. **-2.** [de canne à pêche] float. **-3.** [embouteillage] traffic jam.

boucle [bukl] *nf* **-1.** [de ceinture, soulier] buckle. **-2.** [bijou]: **~ d'oreille** earring. **-3.** [de cheveux] curl. **-4.** [de fleuve, d'avion & INFORM] loop.

bouclé, -e [bukle] *adj* [cheveux] curly; [personne] curly-haired.

boucler [bukle] *vt* **-1.** [attacher] to buckle; [ceinture de sécurité] to fasten. **-2.** [fermer] to shut. **-3.** *fam* [enfermer - voleur] to lock up; [- malade] to shut away. **-4.** [encercler] to seal off. **-5.** [terminer] to finish.

bouclier [buklije] *nm litt* & *fig* shield.

bouddhiste [budist] *nmf* & *adj* Buddhist.

bouder [bude] ◇ *vi* to sulk. ◇ *vt* [chose] to dislike; [personne] to shun; **elle me boude depuis que je lui ai fait faux-**

bond she has cold-shouldered me ever since I let her down.
boudeur, -euse [budœr, øz] *adj* sulky.
boudin [budẽ] *nm* CULIN blood pudding.
boue [bu] *nf* mud.
bouée [bwe] *nf* -1. [balise] buoy. -2. [pour flotter] rubber ring; ~ **de sauvetage** lifebelt.
boueux, -euse [buø, øz] *adj* muddy.
bouffe [buf] *nf fam* grub.
bouffée [bufe] *nf* -1. [de fumée] puff; [de parfum] whiff; [d'air] breath. -2. [accès] surge; ~s **délirantes** mad fits.
bouffer [bufe] *vt fam* [manger] to eat.
bouffi, -e [bufi] *adj*: ~ **(de)** swollen (with).
bouffon, -onne [bufõ, ɔn] *adj* farcical.
◆ **bouffon** *nm* -1. HIST jester. -2. [pitre] clown.
bouge [buʒ] *nm péj* -1. [taudis] hovel. -2. [café] dive.
bougeoir [buʒwar] *nm* candlestick.
bougeotte [buʒɔt] *nf*: **avoir la ~ to** have itchy feet.
bouger [buʒe] ◇ *vt* [déplacer] to move. ◇ *vi* -1. [remuer] to move; **je ne bouge pas (de chez moi) aujourd'hui** I'm staying at home today. -2. [changer] to change. -3. [s'agiter]: **ça bouge partout dans le monde** there is unrest all over the world.
bougie [buʒi] *nf* -1. [chandelle] candle. -2. [de moteur] spark plug, sparking plug.
bougon, -onne [bugõ, ɔn] *adj* grumpy.
bougonner [bugɔne] *vt & vi* to grumble.
bouillant, -e [bujã, ãt] *adj* -1. [qui bout] boiling. -2. [très chaud] boiling hot.
bouillie [buji] *nf* baby's cereal; **réduire en ~** [légumes] to puree; [personne] to reduce to a pulp.
bouillir [bujir] *vi* [aliments] to boil; **faire ~ to** boil.
bouilloire [bujwar] *nf* kettle.
bouillon [bujõ] *nm* -1. [soupe] stock. -2. [bouillonnement] bubble; **faire bouillir à gros ~s** to bring to a rolling boil.
bouillonner [bujɔne] *vi* -1. [liquide] to bubble. -2. [torrent] to foam. -3. *fig* [personne] to seethe.
bouillotte [bujɔt] *nf* hot-water bottle.
boul. *abr de* boulevard.
boulanger, -ère [bulãʒe, ɛr] *nm, f* baker.
boulangerie [bulãʒri] *nf* -1. [magasin] baker's (shop). -2. [commerce] bakery trade.

boule [bul] *nf* [gén] ball; [de loto] counter; [de pétanque] bowl; ~ **de neige** snowball.
bouleau [bulo] *nm* silver birch.
bouledogue [buldɔg] *nm* bulldog.
boulet [bulɛ] *nm* -1. [munition]: ~ **de canon** cannonball. -2. [de forçat] ball and chain. -3. *fig* [fardeau] millstone (round one's neck).
boulette [bulɛt] *nf* -1. [petite boule] pellet. -2. [de viande] meatball.
boulevard [bulvar] *nm* -1. [rue] boulevard. -2. THÉÂTRE light comedy (U).
bouleversant, -e [bulvɛrsã, ãt] *adj* distressing.
bouleversement [bulvɛrsəmã] *nm* disruption.
bouleverser [bulvɛrse] *vt* -1. [objets] to turn upside down. -2. [modifier] to disrupt. -3. [émouvoir] to distress.
boulier [bulje] *nm* abacus.
boulimie [bulimi] *nf* bulimia.
boulon [bulõ] *nm* bolt.
boulonner [bulɔne] ◇ *vt* to bolt. ◇ *vi fam* to slog (away).
boulot [bulo] *nm fam* -1. [travail] work. -2. [emploi] job.
boum [bum] *nf fam vieilli* party.
bouquet [bukɛ] *nm* -1. [de fleurs - gén] bunch (of flowers). -2. [de vin] bouquet. -3. [de feu d'artifice] crowning piece.
bouquin [bukẽ] *nm fam* book.
bouquiner [bukine] *vi & vt fam* to read.
bouquiniste [bukinist] *nmf* secondhand bookseller.
bourbier [burbje] *nm* [lieu] quagmire, mire; *fig* mess.
bourde [burd] *nf fam* [erreur] blunder.
bourdon [burdõ] *nm* [insecte] bumblebee.
bourdonnement [burdɔnmã] *nm* -1. [d'insecte, de voix] buzz (U). -2. [de moteur] hum (U).
bourdonner [burdɔne] *vi* -1. [insecte] to buzz. -2. [machine, voix] to hum. -3. [oreille] to ring.
bourgeois, -e [burʒwa, az] ◇ *adj* -1. [valeur] middle-class. -2. [cuisine] plain. -3. *péj* [personne] bourgeois. ◇ *nm, f* bourgeois.
bourgeoisie [burʒwazi] *nf* ≃ middle classes (*pl*).
bourgeon [burʒõ] *nm* bud.
bourgeonner [burʒɔne] *vi* to bud.
Bourgogne *nf*: **la ~** Burgundy.
bourlinguer [burlẽge] *vi fam* [voyager] to bum around the world.

bourrade [burad] *nf* thump.

bourrage [buraʒ] *nm* [de coussin] stuffing. ◆ **bourrage de crâne** *nm* -1. [bachotage] swotting. -2. [propagande] brainwashing.

bourrasque [burask] *nf* gust of wind.

bourratif, -ive [buratif, iv] *adj* stodgy.

bourreau [buro] *nm* HIST executioner.

bourrelet [burlɛ] *nm* [de graisse] roll of fat.

bourrer [bure] *vt* -1. [remplir - coussin] to stuff; [- sac, armoire]: ~ **qqch (de)** to cram sthg full (with). -2. *fam* [gaver]: ~ **qqn (de)** to stuff sb (with).

bourrique [burik] *nf* -1. [ânesse] she-ass. -2. *fam* [personne] pigheaded person.

bourru, -e [bury] *adj* [peu aimable] surly.

bourse [burs] *nf* -1. [porte-monnaie] purse. -2. [d'études] grant. ◆ **Bourse** *nf* -1. [lieu] ≃ Stock Exchange *Br*, ≃ Wall Street *Am*. -2. [opérations]: **Bourse des valeurs** stock market, stock exchange; **Bourse de commerce** commodity market.

boursier, -ière [bursje, jɛr] *adj* -1. [élève] on a grant. -2. FIN stock-market (*avant n*).

boursouflé, -e [bursufle] *adj* [enflé] swollen.

bousculade [buskylad] *nf* -1. [cohue] crush. -2. [agitation] rush.

bousculer [buskyle] *vt* -1. [faire tomber] to knock over. -2. [presser] to rush. -3. [modifier] to overturn.

bouse [buz] *nf*: ~ **de vache** cow dung.

bousiller [buzije] *vt fam* [abîmer] to ruin, to knacker *Br*.

boussole [busɔl] *nf* compass.

bout [bu] *nm* -1. [extrémité, fin] end; **au ~ de** [temps] after; [espace] at the end of; **d'un ~ à l'autre** [de ville etc] from one end to the other; [de livre] from beginning to end. -2. [morceau] bit. -3. *loc*: **être à ~** to be exhausted; **à ~ portant** at point-blank range; **pousser qqn à ~** to drive sb to distraction; **venir à ~ de** [personne] to get the better of; [difficulté] to overcome.

boutade [butad] *nf* [plaisanterie] jest.

boute-en-train [butɑ̃trɛ̃] *nm inv* live wire; **il était le ~ de la soirée** he was the life and soul of the party.

bouteille [butɛj] *nf* bottle.

boutique [butik] *nf* [gén] shop; [de mode] boutique.

bouton [butɔ̃] *nm* -1. COUTURE button; ~ **de manchette** cuff link. -2. [sur la peau] spot. -3. [de porte] knob. -4. [commutateur] switch. -5. [bourgeon] bud.

bouton-d'or [butɔ̃dɔr] (*pl* **boutons-d'or**) *nm* buttercup.

boutonner [butɔne] *vt* to button (up).

boutonneux, -euse [butɔnø, øz] *adj* spotty.

boutonnière [butɔnjɛr] *nf* [de vêtement] buttonhole.

bouton-pression [butɔ̃presjɔ̃] (*pl* **boutons-pression**) *nm* press-stud *Br*, snap fastener *Am*.

bouture [butyr] *nf* cutting.

bovin, -e [bɔvɛ̃, in] *adj* bovine. ◆ **bovins** *nmpl* cattle.

bowling [buliŋ] *nm* -1. [jeu] bowling. -2. [lieu] bowling alley.

box [bɔks] (*pl* **boxes**) *nm* -1. [d'écurie] loose box. -2. [compartiment] cubicle; **le ~ des accusés** the dock. -3. [parking] lock-up garage.

boxe [bɔks] *nf* boxing.

boxer¹ [bɔksɛ] ◇ *vi* to box. ◇ *vt fam* to thump.

boxer² [bɔksɛr] *nm* [chien] boxer.

boxeur [bɔksœr] *nm* SPORT boxer.

boyau [bwajo] *nm* -1. [chambre à air] inner tube. -2. [corde] catgut. -3. [galerie] narrow gallery. ◆ **boyaux** *nmpl* [intestins] guts.

boycotter [bɔjkɔte] *vt* to boycott.

BP (*abr de* **boîte postale**) *nf* PO Box.

bracelet [braslɛ] *nm* -1. [bijou] bracelet. -2. [de montre] strap.

bracelet-montre [braslɛmɔ̃tr] *nm* wristwatch.

braconner [brakɔne] *vi* to go poaching, to poach.

braconnier [brakɔnje] *nm* poacher.

brader [brade] *vt* [solder] to sell off; [vendre à bas prix] to sell for next to nothing.

braderie [bradri] *nf* clearance sale.

braguette [bragɛt] *nf* flies (*pl*).

braille [braj] *nm* Braille.

brailler [braje] *vi* to bawl.

braire [brɛr] *vi* [âne] to bray.

braise [brɛz] *nf* embers (*pl*).

bramer [brame] *vi* [cerf] to bell.

brancard [brɑ̃kar] *nm* -1. [civière] stretcher. -2. [de charrette] shaft.

brancardier, -ière [brɑ̃kardje, jɛr] *nm, f* stretcher-bearer.

branchage [brɑ̃ʃaʒ] *nm* branches (*pl*).

branche [brɑ̃ʃ] *nf* -1. [gén] branch. -2. [de lunettes] side.

branché, -e [brɑ̃ʃe] *adj* **-1.** ÉLECTR plugged in, connected. **-2.** *fam* [à la mode] trendy.

branchement [brɑ̃ʃmɑ̃] *nm* [raccordement] connection, plugging in.

brancher [brɑ̃ʃe] *vt* **-1.** [raccorder & INFORM] to connect; ~ qqch sur ÉLECTR to plug sthg into. **-2.** *fam* [orienter] to steer; ~ qqn sur qqch to start sb off on sthg. **-3.** *fam* [plaire] to appeal to.

branchies [brɑ̃ʃi] *nfpl* [de poisson] gills.

brandir [brɑ̃dir] *vt* to wave.

branlant, -e [brɑ̃lɑ̃, ɑ̃t] *adj* [escalier, mur] shaky; [meuble, dent] wobbly.

branle-bas [brɑ̃lba] *nm inv* pandemonium (*U*).

braquage [brakaʒ] *nm* **-1.** AUTOM lock. **-2.** [attaque] holdup.

braquer [brake] ◇ *vt* **-1.** [diriger]: ~ qqch sur [arme] to aim sthg at; [regard] to fix sthg on. **-2.** *fam* [attaquer] to hold up. ◇ *vi* to turn (the wheel). ◆ **se braquer** *vp* [personne] to take a stand.

bras [brɑ] *nm* **-1.** [gén] arm; ~ droit right-hand man OU woman; ~ de fer [jeu] arm wrestling; *fig* trial of strength; **avoir le ~ long** [avoir de l'influence] to have pull. **-2.** [de cours d'eau] branch; ~ de mer arm of the sea.

brasier [brazje] *nm* [incendie] blaze, inferno.

bras-le-corps [brɑlkɔr] ◆ **à bras-le-corps** *loc adv* bodily.

brassage [brasaʒ] *nm* **-1.** [de bière] brewing. **-2.** *fig* [mélange] mixing.

brassard [brasar] *nm* armband.

brasse [bras] *nf* [nage] breaststroke; ~ papillon butterfly (stroke).

brassée [brase] *nf* armful.

brasser [brase] *vt* **-1.** [bière] to brew. **-2.** [mélanger] to mix. **-3.** *fig* [manier] to handle.

brasserie [brasri] *nf* **-1.** [usine] brewery. **-2.** [café-restaurant] brasserie.

brasseur, -euse [brasœr, øz] *nm, f* [de bière] brewer.

brassière [brasjɛr] *nf* **-1.** [de bébé] (baby's) vest *Br* OU undershirt *Am*. **-2.** *Can* [soutien-gorge] bra.

bravade [bravad] *nf*: par ~ out of bravado.

brave [brav] ◇ *adj* **-1.** (*après n*) [courageux] brave. **-2.** (*avant n*) [honnête] decent. **-3.** [naïf et gentil] nice. ◇ *nmf*: mon ~ my good man.

braver [brave] *vt* **-1.** [parents, règlement] to defy. **-2.** [mépriser] to brave.

bravo [bravo] *interj* bravo! ◆ **bravos** *nmpl* cheers.

bravoure [bravur] *nf* bravery.

break [brɛk] *nm* **-1.** [voiture] estate (car) *Br*, station wagon *Am*. **-2.** [pause] break.

brebis [brəbi] *nf* ewe; ~ galeuse black sheep.

brèche [brɛʃ] *nf* **-1.** [de mur] gap. **-2.** MIL breach.

bredouiller [brəduje] *vi* to stammer.

bref, brève [brɛf, brɛv] *adj* **-1.** [gén] short, brief; **soyez ~!** make it brief!; **d'un ton ~** curtly. **-2.** LING short. ◆ **bref** *adv* in short, in a word. ◆ **brève** *nf* PRESSE brief news item.

brelan [brəlɑ̃] *nm*: un ~ three of a kind; un ~ de valets three jacks.

Brésil [brezil] *nm*: le ~ Brazil.

Bretagne [brətaɲ] *nf*: la ~ Brittany.

bretelle [brətɛl] *nf* **-1.** [d'autoroute] slip road *Br*. **-2.** [de pantalon]: ~s braces *Br*, suspenders *Am*. **-3.** [de bustier] strap.

breuvage [brœvaʒ] *nm* [boisson] beverage.

brève → **bref**.

brevet [brəvɛ] *nm* **-1.** [certificat] certificate; ~ de secouriste first-aid certificate. **-2.** [diplôme] diploma. **-3.** [d'invention] patent.

breveter [brəvte] *vt* to patent.

bréviaire [brevjɛr] *nm* breviary.

bribe [brib] *nf* [fragment] scrap, bit; *fig* snippet; ~s de conversation snatches of conversation.

bric [brik] ◆ **de bric et de broc** *loc adv* any old how.

bric-à-brac [brikabrak] *nm inv* bric-a-brac.

bricolage [brikɔlaʒ] *nm* **-1.** [travaux] do-it-yourself, DIY. **-2.** [réparation provisoire] patching up.

bricole [brikɔl] *nf* **-1.** [babiole] trinket. **-2.** [chose insignifiante] trivial matter.

bricoler [brikɔle] ◇ *vi* to do odd jobs (around the house). ◇ *vt* **-1.** [réparer] to fix, to mend. **-2.** [fabriquer] to knock up *Br*.

bricoleur, -euse [brikɔlœr, øz] *nm, f* home handyman (*f* handywoman).

bride [brid] *nf* **-1.** [de cheval] bridle. **-2.** [de chapeau] string. **-3.** COUTURE bride, bar. **-4.** TECHNOL flange.

bridé [bride] → **œil**.

brider [bride] *vt* [cheval] to bridle; *fig* to rein (in).

bridge [bridʒ] *nm* bridge.

briefer [brife] *vt* to brief.

briefing [brifiŋ] *nm* briefing.

brièvement [brijɛvmɑ̃] *adv* briefly.

brièveté [brijɛvte] *nf* brevity, briefness.

brigade [brigad] *nf* **-1.** [d'ouvriers, de soldats] brigade. **-2.** [détachement] squad; ~ **volante** flying squad.

brigand [brigɑ̃] *nm* [bandit] bandit.

brillamment [brijamɑ̃] *adv* [gén] brilliantly; [réussir un examen] with flying colours.

brillant, -e [brijɑ̃, ɑ̃t] *adj* **-1.** [qui brille - gén] sparkling; [- cheveux] glossy; [- yeux] bright. **-2.** [remarquable] brilliant. ◆ **brillant** *nm* [diamant] brilliant.

briller [brije] *vi* to shine.

brimer [brime] *vt* to victimize, to bully.

brin [brɛ̃] *nm* **-1.** [tige] twig; ~ **d'herbe** blade of grass. **-2.** [fil] strand. **-3.** [petite quantité]: **un** ~ **(de)** a bit (of); **faire un** ~ **de toilette** to have a quick wash.

brindille [brɛ̃dij] *nf* twig.

bringuebaler, brinquebaler [brɛ̃gbale] *vi* [voiture] to jolt along.

brio [brijo] *nm* [talent]: **avec** ~ brilliantly.

brioche [brijɔʃ] *nf* **-1.** [pâtisserie] brioche. **-2.** *fam* [ventre] paunch.

brioché, -e [brijɔʃe] *adj* [pain] brioche-style.

brique [brik] *nf* **-1.** [pierre] brick. **-2.** [emballage] carton. **-3.** *fam* [argent] 10,000 francs.

briquer [brike] *vt* to scrub.

briquet [brikɛ] *nm* [cigarette] lighter.

brisant [brizɑ̃] *nm* [écueil] reef. ◆ **brisants** *nmpl* [récif] breakers.

brise [briz] *nf* breeze.

brise-glace(s) [brizglas] *nm inv* [navire] icebreaker.

brise-lames [brizlam] *nm inv* breakwater.

briser [brize] *vt* **-1.** [gén] to break. **-2.** *fig* [carrière] to ruin; [conversation] to break off; [espérances] to shatter. ◆ **se briser** *vp* **-1.** [gén] to break. **-2.** *fig* [espoir] to be dashed; [efforts] to be thwarted.

briseur, -euse [brizœr, øz] *nm, f*: ~ **de grève** strike-breaker.

bristol [bristɔl] *nm* [papier] Bristol board.

britannique [britanik] *adj* British. ◆ **Britannique** *nmf* British person, Briton; **les Britanniques** the British.

broc [bro] *nm* jug.

brocante [brɔkɑ̃t] *nf* **-1.** [commerce] secondhand trade. **-2.** [objets] secondhand goods (*pl*).

brocanteur, -euse [brɔkɑ̃tœr, øz] *nm, f* dealer in secondhand goods.

broche [brɔʃ] *nf* **-1.** [bijou] brooch. **-2.** CULIN spit; **cuire à la** ~ to spit-roast **-3.** ÉLECTR & MÉD pin.

broché, -e [brɔʃe] *adj* **-1.** [tissu] brocade (*avant n*), brocaded. **-2.** TYPO: **livre** ~ paperback (book).

brochet [brɔʃɛ] *nm* pike.

brochette [brɔʃɛt] *nf* **-1.** [ustensile] skewer. **-2.** [plat] kebab. **-3.** *fam fig* [groupe] string, row.

brochure [brɔʃyr] *nf* **-1.** [imprimé] brochure, booklet.

broder [brɔde] *vt & vi* to embroider.

broderie [brɔdri] *nf* **-1.** [art] embroidery. **-2.** [ouvrage] (piece of) embroidery.

bromure [brɔmyr] *nm* bromide.

bronche [brɔ̃ʃ] *nf* bronchus; **j'ai des problèmes de** ~s I've got chest problems.

broncher [brɔ̃ʃe] *vi*: **sans** ~ without complaining, uncomplainingly.

bronchite [brɔ̃ʃit] *nf* bronchitis (*U*).

bronzage [brɔ̃zaʒ] *nm* [de peau] tan, suntan.

bronze [brɔ̃z] *nm* bronze.

bronzé, -e [brɔ̃ze] *adj* tanned, suntanned.

bronzer [brɔ̃ze] *vi* [peau] to tan; [personne] to get a tan.

brosse [brɔs] *nf* brush; ~ **à cheveux** hairbrush; ~ **à dents** toothbrush; **avoir les cheveux en** ~ to have a crew cut.

brosser [brɔse] *vt* **-1.** [habits, cheveux] to brush. **-2.** [paysage, portrait] to paint. ◆ **se brosser** *vp*: **se** ~ **les cheveux/les dents** to brush one's hair/teeth.

brouette [bruɛt] *nf* wheelbarrow.

brouhaha [bruaa] *nm* hubbub.

brouillard [brujar] *nm* [léger] mist; [dense] fog; ~ **givrant** freezing fog; **être dans le** ~ *fig* to be lost.

brouille [bruj] *nf* quarrel.

brouillé, -e [bruje] *adj* **-1.** [fâché]: **être avec qqn** to be on bad terms with sb; **être** ~ **avec qqch** *fig* to be hopeless OU useless at sthg. **-2.** [teint] muddy. **-3.** → **œuf**.

brouiller [bruje] *vt* **-1.** [désunir] to set at odds, to put on bad terms. **-2.** [vue] to blur. **-3.** RADIO to cause interference on; [- délibérément] to jam. **-4.** [rendre confus] to muddle (up). ◆ **se brouiller** *vp* **-1.** [se fâcher] to fall out; **se** ~ **avec qqn (pour qqch)** to fall out with sb (over sthg). **-2.** [se troubler] to become blurred. **-3.** MÉTÉOR to cloud over.

brouillon, -onne [bruʃɔ̃, ɔn] *adj* careless, untidy. ◆ **brouillon** *nm* rough copy, draft.

broussaille [brusaj] *nf*: **les ~s** the undergrowth; **en ~** *fig* [cheveux] untidy; [sourcils] bushy.

brousse [brus] *nf* GÉOGR scrubland, bush.

brouter [brute] ◇ *vt* to graze on. ◇ *vi* **-1.** [animal] to graze. **-2.** TECHNOL to judder.

broutille [brutij] *nf* trifle.

broyer [brwaje] *vt* to grind, to crush.

bru [bry] *nf sout* daughter-in-law.

brugnon [brynɔ̃] *nm* nectarine.

bruine [bruin] *nf* drizzle.

bruissement [bruismã] *nm* [de feuilles, d'étoffe] rustle, rustling (*U*); [d'eau] murmur, murmuring (*U*).

bruit [brui] *nm* **-1.** [son] noise, sound; **~ de fond** background noise. **-2.** [vacarme & TECHNOL] noise; **faire du ~** to make a noise; **sans ~** silently, noiselessly. **-3.** [rumeur] rumour. **-4.** [retentissement] fuss; **faire du ~** to cause a stir.

bruitage [bruitaʒ] *nm* sound-effects (*pl*).

brûlant, -e [brylã, ãt] *adj* **-1.** [gén] burning (hot); [liquide] boiling (hot); [plat] piping hot. **-2.** *fig* [amour, question] burning.

brûle-pourpoint [brylpurpwɛ̃] ◆ **à brûle-pourpoint** *loc adv* point-blank, straight out.

brûler [bryle] ◇ *vt* **-1.** [gén] to burn; [suj: eau bouillante] to scald; **la fumée me brûle les yeux** the smoke is making my eyes sting. **-2.** [feu rouge] to drive through; [étape] to miss out, to skip. ◇ *vi* **-1.** [gén] to burn; [maison, forêt] to be on fire. **-2.** [être brûlant] to be burning (hot); **~ de** *fig* to be consumed with; **~ de faire qqch** to be longing OU dying to do sthg; **~ de fièvre** to be running a high temperature. ◆ **se brûler** *vp* to burn o.s.

brûlure [brylyr] *nf* **-1.** [lésion] burn; **~ au premier/troisième degré** first-degree/third-degree burn. **-2.** [sensation] burning (sensation); **avoir des ~s d'estomac** to have heartburn.

brume [brym] *nf* mist.

brumeux, -euse [brymø, øz] *adj* misty; *fig* hazy.

brun, -e [brœ̃, bryn] ◇ *adj* brown; [cheveux] dark. ◇ *nm, f* dark-haired man (f

woman). ◆ **brun** *nm* [couleur] brown. ◆ **brune** *nf* **-1.** [cigarette] *cigarette made of dark tobacco.* **-2.** [bière] brown ale.

brunir [brynir] *vi* [personne] to get a tan; [peau] to tan.

brushing [brœʃiŋ] *nm*: **faire un ~ à qqn** to give sb a blow-dry, to blow-dry sb's hair.

brusque [brysk] *adj* abrupt.

brusquement [bryskəmã] *adv* abruptly.

brusquer [bryske] *vt* to rush; [élève] to push.

brusquerie [bryskəri] *nf* abruptness.

brut, -e [bryt] *adj* **-1.** [pierre précieuse, bois] rough; [sucre] unrefined; [métal, soie] raw; [champagne] extra dry; (pétrole) ~ crude (oil). **-2.** *fig* [fait, idées] crude, raw. **-3.** ÉCON gross. ◆ **brute** *nf* brute.

brutal, -e, -aux [brytal, o] *adj* **-1.** [violent] violent, brutal. **-2.** [soudain] sudden. **-3.** [manière] blunt.

brutaliser [brytalize] *vt* to mistreat.

brutalité [brytalite] *nf* **-1.** [violence] violence, brutality. **-2.** [caractère soudain] suddenness.

Bruxelles [bry(k)sɛl] *n* Brussels.

bruyamment [bruijamã] *adv* noisily.

bruyant, -e [bruijã, ãt] *adj* noisy.

bruyère [bryjɛr] *nf* [plante] heather.

BT *nm* (*abr de* **brevet de technicien**) *vocational training certificate (taken at age 18).*

BTP (*abr de* **bâtiments et travaux publics**) *nmpl building and public works sector.*

BTS (*abr de* **brevet de technicien supérieur**) *nm advanced vocational training certificate (taken at the end of a 2-year higher education course).*

bu, -e [by] *pp* → **boire**.

BU (*abr de* **bibliothèque universitaire**) *nf university library.*

buanderie [buɑ̃dri] *nf* laundry.

buccal, -e, -aux [bykal, o] *adj* buccal.

bûche [byʃ] *nf* [bois] log; **~ de Noël** Yule log; **prendre** OU **ramasser une ~** *fam* to fall flat on one's face.

bûcher[1] [byʃe] *nm* **-1.** [supplice]: **le ~** the stake. **-2.** [funéraire] pyre.

bûcher[2] [byʃe] ◇ *vi* to swot. ◇ *vt* to swot up.

bûcheron, -onne [byʃrɔ̃, ɔn] *nm, f* forestry worker.

bûcheur, -euse [byʃœr, øz] ◇ *adj* hard-working. ◇ *nm, f fam* swot.

bucolique [bykɔlik] *adj* pastoral.

budget [bydʒɛ] *nm* budget.

budgétaire [bydʒetɛr] *adj* budgetary; **année ~** financial year.

buée [bɥe] *nf* [sur vitre] condensation.

buffet [byfɛ] *nm* **-1.** [meuble] sideboard. **-2.** [repas] buffet. **-3.** [café-restaurant]: **~ de gare** station buffet.

buis [bɥi] *nm* box(wood).

buisson [bɥisɔ̃] *nm* bush.

buissonnière [bɥisɔnjɛr] → **école.**

bulbe [bylb] *nm* bulb.

bulgare [bylgar] *adj* Bulgarian. ◆ **bulgare** *nm* [langue] Bulgarian. ◆ **Bulgare** *nmf* Bulgarian.

Bulgarie [bylgari] *nf*: **la ~** Bulgaria.

bulldozer [byldozɛr] *nm* bulldozer.

bulle [byl] *nf* **-1.** [gén] bubble; **~ de savon** soap bubble. **-2.** [de bande dessinée] speech balloon.

bulletin [byltɛ̃] *nm* **-1.** [communiqué] bulletin; **~ (de la) météo** weather forecast; **~ de santé** medical bulletin. **-2.** [imprimé] form; **~ de vote** ballot paper. **-3.** SCOL report. **-4.** [certificat] certificate; **~ de salaire** OU **de paye** pay slip.

bulletin-réponse [byltɛ̃repɔ̃s] (*pl* **bulletins-réponse**) *nm* reply form.

buraliste [byralist] *nmf* [d'un bureau de tabac] tobacconist.

bureau [byro] *nm* **-1.** [gén] office; **~ d'aide sociale** social security office; **~ de change** bureau de change; **~ d'études** design office; **~ de poste** post office; **~ de tabac** tobacconist's; **~ de vote** polling station. **-2.** [meuble] desk.

bureaucrate [byrokrat] *nmf* bureaucrat.

bureaucratie [byrokrasi] *nf* bureaucracy.

bureautique [byrotik] *nf* office automation.

burette [byrɛt] *nf* [de mécanicien] oilcan.

burin [byrɛ̃] *nm* [outil] chisel.

buriné, -e [byrine] *adj* engraved; [visage, traits] lined.

burlesque [byrlɛsk] *adj* **-1.** [comique] funny. **-2.** [ridicule] ludicrous, absurd. **-3.** THÉÂTRE burlesque.

bus [bys] *nm* bus.

busqué [byske] → **nez.**

buste [byst] *nm* [torse] chest; [poitrine de femme, sculpture] bust.

bustier [bystje] *nm* [corsage] strapless top; [soutien-gorge] longline bra.

but [byt] *nm* **-1.** [point visé] target. **-2.** [objectif] goal, aim, purpose; **errer sans ~** to wander aimlessly; **il touche au ~** he's nearly there; **à ~ non lucratif** JUR non-profit-making *Br*, non-profit *Am*; **aller droit au ~** to go straight to the point; **dans le ~ de faire qqch** with the aim OU intention of doing sthg. **-3.** SPORT goal; **marquer un ~** to score a goal. **-4.** *loc*: **de ~ en blanc** point-blank, straight out.

butane [bytan] *nm*: **(gaz) ~** butane; [domestique] Calor gas® *Br*, butane.

buté, -e [byte] *adj* stubborn.

buter [byte] ◇ *vi* [se heurter]: **~ sur/ contre qqch** to stumble on/over sthg, to trip on/ over sthg. ◇ *vt fam* [tuer] to do in, to bump off. ◆ **se buter** *vp* to dig one's heels in; **se ~ contre** *fig* to refuse to listen to.

butin [bytɛ̃] *nm* [de guerre] booty; [de vol] loot; [de recherche] finds (*pl*).

butiner [bytine] *vi* to collect nectar.

butte [byt] *nf* [colline] mound, rise; **être en ~ à** *fig* to be exposed to.

buvard [byvar] *nm* [papier] blotting-paper; [sous-main] blotter.

buvette [byvɛt] *nf* [café] refreshment room, buffet.

buveur, -euse [byvœr, øz] *nm, f* drinker.

C

c¹, C [se] *nm inv* c, C. ◆ **C** (*abr de* **Celsius, centigrade**) C.

c² *abr de* **centime.**

c' → **ce.**

CA *nm abr de* **chiffre d'affaires.**

ça [sa] *pron dém* **-1.** [pour désigner] that; [- plus près] this. **-2.** [sujet indéterminé] it, that; **comment ~ va?** how are you?, how are things?; **~ ira comme ~** that will be fine; **~ y est** that's it; **c'est ~** that's right. **-3.** [renforcement expressif]: **où ~?** where?; **qui ~?** who?

çà [sa] *adv*: **~ et là** here and there.

caban [kabɑ̃] *nm* reefer (jacket).

cabane [kaban] *nf* [abri] cabin, hut; [remise] shed; **~ à lapins** hutch.

cabanon [kabanɔ̃] *nm* **-1.** [à la campagne] cottage. **-2.** [sur la plage] chalet. **-3.** [cellule] padded cell. **-4.** [de rangement] shed.

cabaret [kabarɛ] *nm* cabaret.

cabas [kaba] *nm* shopping-bag.

cabillaud [kabijo] *nm* (fresh) cod.

cabine [kabin] *nf* **-1.** [de navire, d'avion, de véhicule] cabin. **-2.** [compartiment, petit local] cubicle; ~ **d'essayage** fitting room; ~ **téléphonique** phone box.

cabinet [kabinɛ] *nm* **-1.** [pièce]: ~ **de toilette** ≃ bathroom. **-2.** [local professionnel] office; ~ **dentaire/médical** dentist's/doctor's surgery *Br*, dentist's/doctor's office *Am*. **-3.** [de ministre] advisers (*pl*). ◆ **cabinets** *nmpl* toilet (*sg*).

câble [kabl] *nm* cable; **télévision par** ~ cable television.

câblé, -e [kable] *adj* TÉLÉ equipped with cable TV.

cabosser [kabɔse] *vt* to dent.

cabotage [kabɔtaʒ] *nm* coastal navigation.

caboteur [kabɔtœr] *nm* [navire] coaster.

cabrer [kabre] ◆ **se cabrer** *vp* **-1.** [cheval] to rear (up); [avion] to climb steeply. **-2.** *fig* [personne] to take offence.

cabri [kabri] *nm* kid.

cabriole [kabrijɔl] *nf* [bond] caper; [pirouette] somersault.

cabriolet [kabrijɔlɛ] *nm* convertible.

CAC, Cac *nm* (*abr de* **Compagnie des agents de change**) *nf*: **l'indice** ~**-40** *the French stock exchange shares index*.

caca [kaka] *nm fam* pooh; **faire** ~ to do a pooh; ~ **d'oie** greeny-yellow.

cacahouète, cacahuète [kakawɛt] *nf* peanut.

cacao [kakao] *nm* **-1.** [poudre] cocoa (powder). **-2.** [boisson] cocoa.

cachalot [kaʃalo] *nm* sperm whale.

cache [kaʃ] ◇ *nf* [cachette] hiding place. ◇ *nm* [masque] card (*for masking text etc*).

cache-cache [kaʃkaʃ] *nm inv*: **jouer à** ~ to play hide and seek.

cachemire [kaʃmir] *nm* **-1.** [laine] cashmere. **-2.** [dessin] paisley.

cache-nez [kaʃne] *nm inv* scarf.

cache-pot [kaʃpo] *nm inv* flowerpotholder.

cacher [kaʃe] *vt* **-1.** [gén] to hide; **je ne vous cache pas que ...** to be honest, ... **-2.** [vue] to mask. ◆ **se cacher** *vp*: **se** ~ (**de qqn**) to hide (from sb).

cachet [kaʃɛ] *nm* **-1.** [comprimé] tablet, pill. **-2.** [marque] postmark. **-3.** [style] style, character; **avoir du** ~ to have character. **-4.** [rétribution] fee.

cacheter [kaʃte] *vt* to seal.

cachette [kaʃɛt] *nf* hiding place; **en** ~ secretly.

cachot [kaʃo] *nm* [cellule] cell.

cachotterie [kaʃɔtri] *nf* little secret; **faire des** ~**s (à qqn)** to hide things (from sb).

cachottier, -ière [kaʃɔtje, ɛr] *nm, f* secretive person.

cactus [kaktys] *nm* cactus.

c.-à-d. (*abr de* **c'est-à-dire**) i.e.

cadastre [kadastr] *nm* [registre] ≃ land register; [service] ≃ land registry, land office *Am*.

cadavérique [kadaverik] *adj* deathly.

cadavre [kadavr] *nm* corpse, (dead) body.

cadeau, -x [kado] ◇ *nm* present, gift; **faire** ~ **de qqch à qqn** to give sthg to sb (as a present). ◇ *adj inv*: **idée** ~ gift idea.

cadenas [kadna] *nm* padlock.

cadenasser [kadnase] *vt* to padlock.

cadence [kadɑ̃s] *nf* **-1.** [rythme musical] rhythm; **en** ~ in time. **-2.** [de travail] rate.

cadencé, -e [kadɑ̃se] *adj* rhythmical.

cadet, -ette [kadɛ, ɛt] *nm, f* **-1.** [de deux enfants] younger; [de plusieurs enfants] youngest; **il est mon** ~ **de deux ans** he's two years younger than me. **-2.** SPORT junior.

cadran [kadrɑ̃] *nm* dial; ~ **solaire** sundial.

cadre [kadr] *nm* **-1.** [de tableau, de porte] frame. **-2.** [contexte] context. **-3.** [décor, milieu] surroundings (*pl*). **-4.** [responsable]: ~ **moyen/supérieur** middle/senior manager. **-5.** [sur formulaire] box.

cadrer [kadre] ◇ *vi* to agree, to tally. ◇ *vt* CIN, PHOT & TÉLÉ to frame.

caduc, caduque [kadyk] *adj* **-1.** [feuille] deciduous. **-2.** [qui n'est plus valide] obsolete.

cafard [kafar] *nm* **-1.** [insecte] cockroach. **-2.** *fig* [mélancolie]: **avoir le** ~ to feel low OU down.

café [kafe] *nm* **-1.** [plante, boisson] coffee; ~ **crème** white coffee (*with cream*); ~ **en grains** coffee beans; ~ **au lait** white coffee (*with hot milk*); ~ **moulu** ground coffee; ~ **noir** black coffee; ~ **en poudre** OU **soluble** instant coffee. **-2.** [lieu] bar, cafe.

caféine [kafein] *nf* caffeine.

cafétéria [kafeterja] *nf* cafeteria.

café-théâtre [kafeteatr] *nm* ≃ cabaret.

cafetière [kaftjer] *nf* **-1.** [récipient] coffee-pot. **-2.** [électrique] coffee-maker; [italienne] percolator.

cafouiller [kafuje] *vi fam* **-1.** [s'embrouiller] to get into a mess. **-2.** [moteur] to misfire; TÉLÉ to be on the blink.

cage [kaʒ] *nf* **-1.** [pour animaux] cage. **-2.** [dans une maison]: ~ **d'escalier** stairwell. **-3.** ANAT: ~ **thoracique** rib cage.

cageot [kaʒo] *nm* [caisse] crate.

cagibi [kaʒibi] *nm* boxroom *Br*.

cagneux, -euse [kaɲø, øz] *adj* knock-kneed.

cagnotte [kaɲɔt] *nf* **-1.** [caisse commune] kitty. **-2.** [économies] savings (*pl*).

cagoule [kagul] *nf* **-1.** [passe-montagne] balaclava. **-2.** [de voleur, de pénitent] hood. ~ **de textes** homework book.

cahier [kaje] *nm* **-1.** [de notes] exercise book, notebook; ~ **de brouillon** rough book; ~ **de textes** homework book. **-2.** COMM: ~ **des charges** specification.

cahin-caha [kaɛ̃kaa] *adv*: **aller** ~ to be jogging along.

cahot [kao] *nm* bump, jolt.

cahoter [kaɔte] *vi* to jolt around.

cahute [kayt] *nf* shack.

caille [kaj] *nf* quail.

caillé, -e [kaje] *adj* [lait] curdled; [sang] clotted.

caillot [kajo] *nm* clot.

caillou, -x [kaju] *nm* **-1.** [pierre] stone, pebble. **-2.** *fam* [crâne] head.

caillouteux, -euse [kajutø, øz] *adj* stony.

caïman [kaimɑ̃] *nm* cayman.

Caire [kɛr] *n*: **Le** ~ Cairo.

caisse [kɛs] *nf* **-1.** [boîte] crate, box; ~ **à outils** toolbox. **-2.** TECHNOL case. **-3.** [guichet] cash desk, till; [de supermarché] checkout, till; ~ **enregistreuse** cash register. **-4.** [recette] takings (*pl*). **-5.** [organisme]: ~ **d'allocation** ≃ social security office; ~ **d'épargne** [fonds] savings fund; [établissement] savings bank; ~ **de retraite** pension fund.

caissier, -ière [kesje, jɛr] *nm, f* cashier.

caisson [kesɔ̃] *nm* **-1.** MIL & TECHNOL caisson. **-2.** ARCHIT coffer.

cajoler [kaʒɔle] *vt* to make a fuss of, to cuddle.

cajou [kaʒu] → **noix**.

cake [kɛk] *nm* fruit-cake.

cal¹ [kal] *nm* callus.

cal² (*abr de* **calorie**) cal.

calamar [kalamar], **calmar** [kalmar] *nm* squid.

calamité [kalamite] *nf* disaster.

calandre [kalɑ̃dr] *nf* **-1.** [de voiture] radiator grille. **-2.** [machine] calender.

calanque [kalɑ̃k] *nf* rocky inlet.

calcaire [kalkɛr] ◇ *adj* [eau] hard; [sol] chalky; [roche] limestone (*avant n*). ◇ *nm* limestone.

calciner [kalsine] *vt* to burn to a cinder.

calcium [kalsjɔm] *nm* calcium.

calcul [kalkyl] *nm* **-1.** [opération]: **le** ~ arithmetic; ~ **mental** mental arithmetic. **-2.** [compte] calculation. **-3.** *fig* [plan] plan. **-4.** MÉD: ~ **(rénal)** kidney stone.

calculateur, -trice [kalkylatœr, tris] *adj péj* calculating. ◆ **calculateur** *nm* computer. ◆ **calculatrice** *nf* calculator.

calculer [kalkyle] ◇ *vt* **-1.** [déterminer] to calculate, to work out. **-2.** [prévoir] to plan; **mal/bien** ~ **qqch** to judge sthg badly/well. ◇ *vi péj* [dépenser avec parcimonie] to count the pennies.

calculette [kalkylɛt] *nf* pocket calculator.

cale [kal] *nf* **-1.** [de navire] hold; ~ **sèche** dry dock. **-2.** [pour immobiliser] wedge.

calé, -e [kale] *adj fam* [personne] clever, brainy; **être** ~ **en** to be good at.

calèche [kalɛʃ] *nf* (horse-drawn) carriage.

caleçon [kalsɔ̃] *nm* **-1.** [sous-vêtement masculin] boxer shorts (*pl*), pair of boxer shorts. **-2.** [vêtement féminin] leggings (*pl*), pair of leggings.

calembour [kalɑ̃bur] *nm* pun, play on words.

calendrier [kalɑ̃drije] *nm* **-1.** [système, agenda, d'un festival] calendar. **-2.** [emploi du temps] timetable. **-3.** [d'un voyage] schedule.

cale-pied [kalpje] (*pl* **cale-pieds**) *nm* toe-clip.

calepin [kalpɛ̃] *nm* notebook.

caler [kale] ◇ *vt* **-1.** [avec cale] to wedge. **-2.** [stabiliser, appuyer] to prop up. **-3.** *fam* [remplir]: **ça cale (l'estomac)** it's filling. ◇ *vi* **-1.** [moteur, véhicule] to stall. **-2.** *fam* [personne] to give up.

calfeutrer [kalføtre] *vt* to draughtproof. ◆ **se calfeutrer** *vp* to shut o.s. up OU away.

calibre [kalibr] *nm* **-1.** [de tuyau] diameter, bore; [de fusil] calibre; [de fruit, d'œuf] size. **-2.** *fam fig* [envergure] calibre.

calibrer [kalibre] *vt* **-1.** [machine, fusil] to calibrate. **-2.** [fruit, œuf] to grade.

Californie [kalifɔrni] *nf*: **la** ~ California.

califourchon [kalifurʃɔ̃] ◆ **à califourchon** *loc adv* astride; **être (assis) à** ~ **sur qqch** to sit astride sthg.

câlin, -e [kalɛ̃, in] *adj* affectionate.
◆ **câlin** *nm* cuddle.

câliner [kaline] *vt* to cuddle.

calleux, -euse [kalø, øz] *adj* calloused.

call-girl [kɔlgœrl] (*pl* **call-girls**) *nf* call girl.

calligraphie [kaligrafi] *nf* calligraphy.

calmant, -e [kalmã, ãt] *adj* soothing.
◆ **calmant** *nm* [pour la douleur] painkiller; [pour l'anxiété] tranquillizer, sedative.

calmar → **calamar**.

calme [kalm] ◇ *adj* quiet, calm. ◇ *nm* **-1.** [gén] calm, calmness. **-2.** [absence de bruit] peace (and quiet).

calmer [kalme] *vt* **-1.** [apaiser] to calm (down). **-2.** [réduire - douleur] to soothe; [- inquiétude] to allay. ◆ **se calmer** *vp* **-1.** [s'apaiser - personne, discussion] to calm down; [- tempête] to abate; [- mer] to become calm. **-2.** [diminuer - douleur] to ease; [- fièvre, inquiétude, désir] to subside.

calomnie [kalɔmni] *nf* [écrits] libel; [paroles] slander.

calorie [kalɔri] *nf* calorie.

calorique [kalɔrik] *adj* calorific.

calot [kalo] *nm* [bille] (large) marble.

calotte [kalɔt] *nf* **-1.** [bonnet] skullcap. **-2.** GÉOGR: ~ **glaciaire** ice cap.

calque [kalk] *nm* **-1.** [dessin] tracing. **-2.** [papier]: **(papier)** ~ tracing paper. **-3.** *fig* [imitation] (exact) copy.

calquer [kalke] *vt* **-1.** [carte] to trace. **-2.** [imiter] to copy exactly; ~ **qqch sur qqch** to model sthg on sthg.

calvaire [kalvɛr] *nm* **-1.** [croix] wayside cross. **-2.** *fig* [épreuve] ordeal.

calvitie [kalvisi] *nf* baldness.

camaïeu [kamajø] *nm* monochrome.

camarade [kamarad] *nmf* **-1.** [compagnon, ami] friend; ~ **de classe** classmate; ~ **d'école** schoolfriend. **-2.** POLIT comrade.

camaraderie [kamaradri] *nf* **-1.** [familiarité, entente] friendship. **-2.** [solidarité] comradeship, camaraderie.

Cambodge [kãbɔdʒ] *nm*: **le** ~ Cambodia.

cambouis [kãbwi] *nm* dirty grease.

cambré, -e [kãbre] *adj* arched.

cambriolage [kãbrijɔlaʒ] *nm* burglary.

cambrioler [kãbrijɔle] *vt* to burgle *Br*, to burglarize *Am*.

cambrioleur, -euse [kãbrijɔlœr, øz] *nm, f* burglar.

camée [kame] *nm* cameo.

caméléon [kameleɔ̃] *nm litt* & *fig* chameleon.

camélia [kamelja] *nm* camellia.

camelote [kamlɔt] *nf* [marchandise de mauvaise qualité] rubbish.

caméra [kamera] *nf* **-1.** CIN & TÉLÉ camera. **-2.** [d'amateur] cinecamera.

cameraman [kameraman] (*pl* **cameramen** [kameramɛn] OU **cameramans**) *nm* cameraman.

Cameroun [kamrun] *nm*: **le** ~ Cameroon.

Caméscope® [kameskɔp] *nm* camcorder.

camion [kamjɔ̃] *nm* lorry *Br*, truck *Am*; ~ **de déménagement** removal van *Br*, moving van *Am*.

camion-citerne [kamjɔ̃sitɛrn] *nm* tanker *Br*, tanker truck *Am*.

camionnage [kamjɔnaʒ] *nm* road haulage *Br*, trucking *Am*.

camionnette [kamjɔnɛt] *nf* van.

camionneur [kamjɔnœr] *nm* **-1.** [conducteur] lorry-driver *Br*, truck-driver *Am*. **-2.** [entrepreneur] road haulier *Br*, trucker *Am*.

camisole [kamizɔl] ◆ **camisole de force** *nf* straitjacket.

camouflage [kamuflaʒ] *nm* [déguisement] camouflage; *fig* [dissimulation] concealment.

camoufler [kamufle] *vt* [déguiser] to camouflage; *fig* [dissimuler] to conceal, to cover up.

camp [kã] *nm* **-1.** [gén] camp; ~ **de concentration** concentration camp. **-2.** SPORT half (of the field). **-3.** [parti] side.

campagnard, -e [kãpaɲar, ard] *adj* **-1.** [de la campagne] country (*avant n*). **-2.** [rustique] rustic.

campagne [kãpaɲ] *nf* **-1.** [régions rurales] country; **à la** ~ in the country. **-2.** MIL, POLIT & PUBLICITÉ campaign; **faire pour/contre** to campaign for/against; ~ **d'affichage** poster campaign; ~ **électorale** election campaign; ~ **de presse** press campaign; ~ **publicitaire** advertising campaign; ~ **de vente** sales campaign.

campement [kãpmã] *nm* caɪnp, encampment.

camper [kãpe] ◇ *vi* to camp. ◇ *vt* **-1.** [poser solidement] to place firmly. **-2.** *fig* [esquisser] to portray.

campeur, -euse [kãpœr, øz] *nm, f* camper.

camphre [kãfr] *nm* camphor.

camping [kɑ̃piŋ] nm -1. [activité] camping; **faire du ~** to go camping. -2. [terrain] campsite.

Canada [kanada] nm: **le ~** Canada.

canadien, -ienne [kanadjɛ̃, jɛn] adj Canadian. ◆ **canadienne** nf [veste] sheepskin jacket. ◆ **Canadien, -ienne** nm, f Canadian.

canaille [kanaj] ◇ adj -1. [coquin] roguish. -2. [vulgaire] crude. ◇ nf -1. [scélérat] scoundrel. -2. hum [coquin] little devil.

canal, -aux [kanal, o] nm -1. [gén] channel; **par le ~ de qqn** fig [par l'entremise de] through sb. -2. [voie d'eau] canal. -3. ANAT canal, duct. ◆ **Canal** nm: Canal+ French TV pay channel.

canalisation [kanalizasjɔ̃] nf [conduit] pipe.

canaliser [kanalize] vt -1. [cours d'eau] to canalize. -2. fig [orienter] to channel.

canapé [kanape] nm [siège] sofa.

canapé-lit [kanapeli] nm sofa bed.

canaque, kanak [kanak] adj Kanak. ◆ **Canaque** nmf Kanak.

canard [kanar] nm -1. [oiseau] duck. -2. [fausse note] wrong note. -3. fam [journal] rag.

canari [kanari] nm canary.

cancan [kɑ̃kɑ̃] nm -1. [ragot] piece of gossip. -2. [danse] cancan.

cancer [kɑ̃sɛr] nm ASTROL Cancer. ◆ **Cancer** nm MÉD cancer.

cancéreux, -euse [kɑ̃serø, øz] ◇ adj -1. [personne] suffering from cancer. -2. [tumeur] cancerous. ◇ nm, f [personne] cancer sufferer.

cancérigène [kɑ̃seriʒɛn] adj carcinogenic.

cancre [kɑ̃kr] nm fam dunce.

cancrelat [kɑ̃krəla] nm cockroach.

candélabre [kɑ̃delabr] nm candelabra.

candeur [kɑ̃dœr] nf ingenuousness.

candi [kɑ̃di] adj: **sucre ~** [sugar] candy.

candidat, -e [kɑ̃dida, at] nm, f: **~ (à)** candidate (for).

candidature [kɑ̃didatyr] nf -1. [à un poste] application; **poser sa ~ pour qqch** to apply for sthg. -2. [à une élection] candidature.

candide [kɑ̃did] adj ingenuous.

cane [kan] nf (female) duck.

caneton [kantɔ̃] nm (male) duckling.

canette [kanɛt] nf -1. [de fil] spool. -2. [petite cane] (female) duckling. -3. [de boisson - bouteille] bottle; [- boîte] can.

canevas [kanva] nm COUTURE canvas.

caniche [kaniʃ] nm poodle.

canicule [kanikyl] nf heatwave.

canif [kanif] nm penknife.

canin, -e [kanɛ̃, in] adj canine; **exposition ~e** dog show. ◆ **canine** nf canine (tooth).

caniveau [kanivo] nm gutter.

canne [kan] nf -1. [bâton] walking stick; **~ à pêche** fishing rod. -2. fam [jambe] pin. ◆ **canne à sucre** nf sugar cane.

cannelle [kanɛl] nf [aromate] cinnamon.

cannelure [kanlyr] nf [de colonne] flute.

cannibale [kanibal] nmf & adj cannibal.

canoë [kanɔe] nm canoe.

canoë-kayak [kanɔekajak] nm kayak.

canon [kanɔ̃] nm -1. [arme] gun; HIST cannon. -2. [tube d'arme] barrel. -3. MUS: **chanter en ~** to sing in canon. -4. [norme & RELIG] canon.

canoniser [kanɔnize] vt to canonize.

canot [kano] nm dinghy; **~ pneumatique** inflatable dinghy; **~ de sauvetage** lifeboat.

cantatrice [kɑ̃tatris] nf prima donna.

cantine [kɑ̃tin] nf -1. [réfectoire] canteen. -2. [malle] trunk.

cantique [kɑ̃tik] nm hymn.

canton [kɑ̃tɔ̃] nm -1. [en France] ≈ district. -2. [en Suisse] canton.

cantonade [kɑ̃tɔnad] ◆ **à la cantonade** loc adv: **parler à la ~** to speak to everyone (in general).

cantonais, -e [kɑ̃tɔnɛ, ɛz] adj Cantonese; **riz ~** egg fried rice. ◆ **cantonais** nm [langue] Cantonese.

cantonner [kɑ̃tɔne] vt -1. MIL to quarter, to billet Br. -2. [maintenir] to confine; **~ qqn à ou dans** to confine sb to.

cantonnier [kɑ̃tɔnje] nm roadman.

canular [kanylar] nm fam hoax.

caoutchouc [kautʃu] nm -1. [substance] rubber. -2. [plante] rubber plant.

caoutchouteux, -euse [kautʃutø, øz] adj rubbery.

cap [kap] nm -1. GÉOGR cape; **le ~ de Bonne-Espérance** the Cape of Good Hope; **le ~ Horn** Cape Horn; **passer le ~ de qqch** fig to get through sthg; **passer le ~ de la quarantaine** fig to turn forty. -2. [direction] course; **changer de ~** to change course; **mettre le ~ sur** to head for. ◆ **Cap** nm: **Le Cap** Cape Town.

CAP (abr de certificat d'aptitude professionnelle) nm vocational training certificate (taken at secondary school).

capable [kapabl] adj -1. [apte]: **~ (de qqch/de faire qqch)** capable (of sthg/of doing sthg). **-2.** [à même]: ~ **de faire qqch** likely to do sthg.

capacité [kapasite] *nf* **-1.** [de récipient] capacity. **-2.** [de personne] ability. **-3.** UNIV: ~ **en droit** [diplôme] *qualifying certificate in law gained by examination after 2 years' study.*

cape [kap] *nf* [vêtement] cloak; **rire sous** ~ *fig* to laugh up one's sleeve.

CAPES, Capes [kapɛs] (*abr de* **certificat d'aptitude au professorat de l'enseignement du second degré**) *nm secondary school teaching certificate.*

capharnaüm [kafarnaɔm] *nm* mess.

capillaire [kapilɛr] ◇ *adj* **-1.** [lotion] hair (*avant n*). **-2.** ANAT & BOT capillary. ◇ *nm* **-1.** BOT maidenhair fern. **-2.** ANAT capillary.

capillarité [kapilarite] *nf* PHYS capillarity.

capitaine [kapitɛn] *nm* captain.

capitainerie [kapitɛnri] *nf* harbour master's office.

capital, -e, -aux [kapital, o] *adj* **-1.** [décision, événement] major. **-2.** JUR capital. ◆ **capital** *nm* FIN capital; ~ **santé** *fig* reserves (*pl*) of health; ~ **social** authorized OU share capital. ◆ **capitale** *nf* [ville, lettre] capital. ◆ **capitaux** *nmpl* capital (*U*).

capitaliser [kapitalize] ◇ *vt* FIN to capitalize; *fig* to accumulate. ◇ *vi* to save.

capitalisme [kapitalism] *nm* capitalism.

capitaliste [kapitalist] *nmf & adj* capitalist.

capiteux, -euse [kapitø, øz] *adj* [vin] intoxicating; [parfum] heady.

capitonné, -e [kapitɔne] *adj* padded.

capituler [kapityle] *vi* to surrender; ~ **devant qqn/qqch** to surrender to sb/sthg.

caporal, -aux [kapɔral, o] *nm* **-1.** MIL lance-corporal. **-2.** [tabac] caporal.

capot [kapo] *nm* **-1.** [de voiture] bonnet *Br,* hood *Am.* **-2.** [de machine] (protective) cover.

capote [kapɔt] *nf* **-1.** [de voiture] hood *Br,* top *Am.* **-2.** *fam* [préservatif]: ~ **(anglaise)** condom.

câpre [kapr] *nf* caper.

caprice [kapris] *nm* whim.

capricieux, -ieuse [kaprisjø, jøz] ◇ *adj* [changeant] capricious; [coléreux] temperamental. ◇ *nm, f* temperamental person.

capricorne [kaprikɔrn] *nm* ZOOL capricorn beetle. ◆ **Capricorne** *nm* ASTROL Capricorn.

capsule [kapsyl] *nf* **-1.** [de bouteille] cap. **-2.** ASTRON, BOT & MÉD capsule.

capter [kapte] *vt* **-1.** [recevoir sur émetteur] to pick up. **-2.** [source, rivière] to harness. **-3.** *fig* [attention, confiance] to gain, to win.

captif, -ive [kaptif, iv] ◇ *adj* captive. ◇ *nm, f* prisoner.

captivant, -e [kaptivɑ̃, ɑ̃t] *adj* [livre, film] enthralling; [personne] captivating.

captiver [kaptive] *vt* to captivate.

captivité [kaptivite] *nf* captivity.

capture [kaptyr] *nf* **-1.** [action] capture. **-2.** [prise] catch.

capturer [kaptyre] *vt* to catch, to capture.

capuche [kapyʃ] *nf* (detachable) hood.

capuchon [kapyʃɔ̃] *nm* **-1.** [bonnet - d'imperméable] hood. **-2.** [bouchon] cap, top.

capucine [kapysin] *nf* [fleur] nasturtium.

caquet [kakɛ] *nm péj* [bavardage]: **rabattre le** ~ **à** OU **de qqn** to shut sb up.

caqueter [kakte] *vi* **-1.** [poule] to cackle. **-2.** *péj* [personne] to chatter.

car[1] [kar] *nm* coach *Br,* bus *Am.*

car[2] [kar] *conj* for, because.

carabine [karabin] *nf* rifle.

caractère [karaktɛr] *nm* [gén] character; **avoir du** ~ to have character; **avoir mauvais** ~ to be bad-tempered; **en petits/gros** ~ **s** in small/large print; **~s d'imprimerie** block capitals.

caractériel, -ielle [karakterjɛl] *adj* [troubles] emotional; [personne] emotionally disturbed.

caractérisé, -e [karakterize] *adj* [net] clear.

caractériser [karakterize] *vt* to be characteristic of. ◆ **se caractériser** *vp*: **se ~ par qqch** to be characterized by sthg.

caractéristique [karakteristik] ◇ *nf* characteristic, feature. ◇ *adj*: ~ **(de)** characteristic (of).

carafe [karaf] *nf* [pour vin, eau] carafe; [pour alcool] decanter.

Caraïbes [karaib] *nfpl*: **les** ~ the Caribbean.

carambolage [karɑ̃bɔlaʒ] *nm* pile-up.

caramel [karamɛl] *nm* **-1.** CULIN caramel. **-2.** [bonbon - dur] toffee, caramel; [- mou] fudge.

carapace [karapas] *nf* shell; *fig* protection, shield.

carapater [karapate] ◆ **se carapater** *vp fam* to scarper, to hop it.

carat [kara] *nm* carat; **or à 9 ~s** 9-carat gold.

caravane [karavan] *nf* [de camping, de désert] caravan.

caravaning [karavaniŋ] *nm* caravanning.

carbone [karbɔn] *nm* carbon; **(papier) ~** carbon paper.

carbonique [karbɔnik] *adj*: **gaz ~** carbon dioxide; **neige ~** dry ice.

carboniser [karbɔnize] *vt* to burn to a cinder.

carburant [karbyrɑ̃] *nm* fuel.

carburateur [karbyratœr] *nm* carburettor.

carcan [karkɑ̃] *nm* HIST iron collar; *fig* yoke.

carcasse [karkas] *nf* **-1.** [d'animal] carcass. **-2.** [de bâtiment, navire] framework. **-3.** [de véhicule] shell.

carder [karde] *vt* to card.

cardiaque [kardjak] *adj* cardiac; **être ~** to have a heart condition; **crise ~** heart attack.

cardigan [kardigɑ̃] *nm* cardigan.

cardinal, -e, -aux [kardinal, o] *adj* cardinal. ◆ **cardinal** *nm* **-1.** RELIG cardinal. **-2.** [nombre] cardinal number.

cardiologue [kardjɔlɔg] *nmf* heart specialist, cardiologist.

cardio-vasculaire [kardjɔvaskylɛr] (*pl* **cardio-vasculaires**) *adj* cardiovascular.

Carême [karɛm] *nm*: **le ~** Lent.

carence [karɑ̃s] *nf* [manque]: **~ (en)** deficiency (in).

carène [karɛn] *nf* NAVIG hull.

caressant, -e [karɛsɑ̃, ɑ̃t] *adj* affectionate.

caresse [karɛs] *nf* caress.

caresser [karese] *vt* **-1.** [personne] to caress; [animal, objet] to stroke. **-2.** *fig* [espoir] to cherish.

cargaison [kargɛzɔ̃] *nf* TRANSPORT cargo.

cargo [kargo] *nm* **-1.** [navire] freighter. **-2.** [avion] cargo plane.

caricature [karikatyr] *nf* **-1.** [gén] caricature. **-2.** *péj* [personne] sight.

carie [kari] *nf* MÉD caries.

carillon [karijɔ̃] *nm* **-1.** [cloches] bells (*pl*). **-2.** [d'horloge, de porte] chime.

carlingue [karlɛ̃g] *nf* **-1.** [d'avion] cabin. **-2.** [de navire] keelson.

carmin [karmɛ̃] *adj inv* crimson.

carnage [karnaʒ] *nm* slaughter, carnage.

carnassier [karnasje] *nm* carnivore.

carnaval [karnaval] *nm* carnival.

carnet [karnɛ] *nm* **-1.** [petit cahier] notebook; **~ d'adresses** address book; **~ de notes** SCOL report card. **-2.** [bloc de feuilles] book; **~ de chèques** cheque book; **~ de tickets** book of tickets.

carnivore [karnivɔr] ◇ *adj* carnivorous. ◇ *nm* carnivore.

carotte [karɔt] *nf* carrot.

carpe [karp] *nf* carp.

carpette [karpɛt] *nf* **-1.** [petit tapis] rug. **-2.** *fam péj* [personne] doormat.

carquois [karkwa] *nm* quiver.

carré, -e [kare] *adj* [gén] square; **20 mètres ~s** 20 square metres. ◆ **carré** *nm* **-1.** [quadrilatère] square; **élever un nombre au ~** MATHS to square a number; **blanc ~** TV white square in the corner of the screen indicating that a television programme is not recommended for children. **-2.** CARTES: **un ~ d'as** four aces. **-3.** [petit terrain] patch, plot.

carreau [karo] *nm* **-1.** [carrelage] tile. **-2.** [vitre] window pane. **-3.** [motif carré] check; **à ~x** [tissu] checked; [papier] squared. **-4.** CARTES diamond.

carrefour [karfur] *nm* [de routes, de la vie] crossroads (*sg*).

carrelage [karlaʒ] *nm* [surface] tiles (*pl*).

carrément [karemɑ̃] *adv* **-1.** [franchement] bluntly. **-2.** [complètement] completely, quite. **-3.** [sans hésiter] straight.

carrière [karjɛr] *nf* **-1.** [profession] career; **faire ~ dans qqch** to make a career (for o.s.) in sthg. **-2.** [gisement] quarry.

carriériste [karjerist] *nmf péj* careerist.

carriole [karjɔl] *nf* **-1.** [petite charrette] cart. **-2.** *Can* [traineau] sleigh.

carrossable [karɔsabl] *adj* suitable for vehicles.

carrosse [karɔs] *nm* (horse-drawn) coach.

carrosserie [karɔsri] *nf* [de voiture] bodywork, body.

carrossier [karɔsje] *nm* coachbuilder.

carrure [karyr] *nf* [de personne] build; *fig* stature.

cartable [kartabl] *nm* schoolbag.

carte [kart] *nf* **-1.** [gén] card; **~ bancaire** cash card *Br*; **~ de crédit** credit card; **~ d'étudiant** student card; **~ graphique** INFORM graphics board; **~ grise** ≃ (vehicle) registration document *Br*; **~ d'identité** identity card; **~ à mémoire** memory card; **Carte Orange** season ticket (*for use on public transport in Paris*); **~ postale** postcard; **~ privative** personal credit card; **~ à puce** smart card; **~ de séjour** residence permit; **Carte Vermeil** card entitling senior citizens to reduced rates in cinemas, on pub-

lic transport etc; ~ **de visite** visiting card *Br;* **calling card** *Am;* **donner** ~ **blanche à qqn** *fig* to give sb a free hand. **-2.** [de jeu]: ~ **(à jouer)** (playing) card. **-3.** GÉOGR map; ~ **d'état-major** ≃ Ordnance Survey map *Br;* ~ **routière** road map. **-4.** [au restaurant] menu; **à la** ~ [menu] à la carte; [horaires] flexible; ~ **des vins** wine list.

cartilage [kartila3] *nm* cartilage.

cartomancien, -ienne [kartɔmɑ̃sjɛ̃, jɛn] *nm, f* fortune-teller (*using cards*).

carton [kartɔ̃] *nm* **-1.** [matière] cardboard. **-2.** [emballage] cardboard box; ~ **à dessin** portfolio.

cartonné, -e [kartɔne] *adj* [livre] hardback.

carton-pâte [kartɔ̃pat] *nm* pasteboard.

cartouche [kartuʃ] *nf* **-1.** [gén & INFORM] cartridge. **-2.** [de cigarettes] carton.

cas [ka] *nm* case; **au** ~ **où** in case; **en aucun** ~ under no circumstances; **en tout** ~ in any case, anyway; **en** ~ **de** in case of; **en** ~ **de besoin** if need be; **le** ~ **échéant** if the need arises, if need be; ~ **de conscience** matter of conscience; ~ **social** person with social problems.

casanier, -ière [kazanje, jɛr] *adj & nm, f* stay-at-home.

casaque [kazak] *nf* **-1.** [veste] overblouse. **-2.** HIPPISME blouse.

cascade [kaskad] *nf* **-1.** [chute d'eau] waterfall; *fig* stream, torrent. **-2.** CIN stunt.

cascadeur, -euse [kaskadœr, øz] *nm, f* CIN stuntman (*f* stuntwoman).

cascher [kaʃe] = **kas(c)her.**

case [kaz] *nf* **-1.** [habitation] hut. **-2.** [de boîte, tiroir] compartment; [d'échiquier] square; [sur un formulaire] box.

caser [kaze] *vt* **-1.** *fam* [trouver un emploi pour] to get a job for. **-2.** *fam* [marier] to marry off. **-3.** [placer] to put. ◆ **se caser** *vp fam* **-1.** [trouver un emploi] to get (o.s.) a job. **-2.** [se marier] to get hitched.

caserne [kazɛrn] *nf* barracks.

cash [kaʃ] *nm* cash; **payer** ~ to pay (in) cash.

casier [kazje] *nm* **-1.** [compartiment] compartment; [pour le courrier] pigeonhole. **-2.** [meuble - à bouteilles] rack; [- à courrier] set of pigeonholes. **-3.** PÊCHE lobster pot. ◆ **casier judiciaire** *nm* police record; ~ **judiciaire vierge** clean (police) record.

casino [kazino] *nm* casino.

casque [kask] *nm* **-1.** [de protection] helmet. **-2.** [à écouteurs] headphones (*pl*). ◆ **Casques bleus** *nmpl:* **les Casques bleus** the UN peace-keeping force.

casquette [kaskɛt] *nf* cap.

cassant, -e [kasɑ̃, ɑ̃t] *adj* **-1.** [fragile - verre] fragile; [- cheveux] brittle. **-2.** [dur] brusque.

cassation [kasasjɔ̃] → **cour.**

casse [kas] ◇ *nf* **-1.** *fam* [violence] aggro. **-2.** [de voitures] scrapyard. ◇ *nm fam* [cambriolage] break-in.

casse-cou [kasku] *nmf inv* [personne] daredevil.

casse-croûte [kaskrut] *nm inv* snack.

casse-noisettes [kasnwazɛt], **casse-noix** [kasnwa] *nm inv* nutcrackers (*pl*).

casse-pieds [kaspje] ◇ *adj inv* annoying. ◇ *nmf inv* pain (in the neck).

casser [kase] ◇ *vt* **-1.** [briser] to break. **-2.** JUR to quash. **-3.** COMM: ~ **les prix** to slash prices. ◇ *vi* to break. ◆ **se casser** *vp* **-1.** [se briser] to break. **-2.** [membre]: **se** ~ **un bras** to break one's arm.

casserole [kasrɔl] *nf* [ustensile] saucepan.

casse-tête [kastɛt] *nm inv* **-1.** *fig* [problème] headache. **-2.** [jeu] puzzle.

cassette [kasɛt] *nf* **-1.** [coffret] casket. **-2.** [de musique, vidéo] cassette.

cassis [kasis] *nm* **-1.** [fruit] blackcurrant; [arbuste] blackcurrant bush; [liqueur] blackcurrant liqueur. **-2.** [sur la route] dip.

cassure [kasyr] *nf* break.

caste [kast] *nf* caste.

casting [kastiŋ] *nm* [acteurs] cast; [sélection] casting; **aller à un** ~ to go to an audition.

castor [kastɔr] *nm* beaver.

castrer [kastre] *vt* to castrate; [chat] to neuter; [chatte] to spay.

cataclysme [kataklism] *nm* cataclysm.

catadioptre [katadjɔptr], **Cataphote®** [katafɔt] *nm* **-1.** [sur la route] cat's eye. **-2.** [de véhicule] reflector.

catalogue [katalɔg] *nm* catalogue.

cataloguer [katalɔge] *vt* **-1.** [classer] to catalogue. **-2.** *péj* [juger] to label.

catalyseur [katalizœr] *nm* CHIM & *fig* catalyst.

catalytique [katalitik] → **pot.**

catamaran [katamarɑ̃] *nm* [voilier] catamaran.

Cataphote® [katafɔt] = **catadioptre.**

cataplasme [kataplasm] *nm* poultice.

catapulter [katapylte] *vt* to catapult.

cataracte [katarakt] *nf* cataract.

catastrophe [katastrɔf] *nf* disaster, catastrophe.

catastrophé, -e [katastrɔfe] *adj* shocked, upset.

catastrophique [katastrɔfik] *adj* disastrous, catastrophic.

catch [katʃ] *nm* wrestling.

catéchisme [kateʃism] *nm* catechism.

catégorie [kategɔri] *nf* [gén] category; [de personnel] grade; [de viande, fruits] quality; **~ socio-professionnelle** ÉCON socio-economic group.

catégorique [kategɔrik] *adj* categorical.

cathédrale [katedral] *nf* cathedral.

cathodique [katɔdik] → **tube**.

catholicisme [katɔlisism] *nm* Catholicism.

catholique [katɔlik] *adj* Catholic.

catimini [katimini] ◆ **en catimini** *loc adv* secretly.

cauchemar [koʃmar] *nm litt & fig* nightmare.

cauchemardesque [koʃmardɛsk] *adj* nightmarish.

cause [koz] *nf* **-1.** [gén] cause; **à ~ de** because of; **pour ~ de** on account of, because of. **-2.** JUR case. **-3.** *loc:* **être en ~** [intérêts] to be at stake; [honnêteté] to be in doubt OU in question; **remettre en ~** to challenge, to question.

causer [koze] ◇ *vt:* **~ qqch à qqn** to cause sb sthg. ◇ *vi* [bavarder]: **~ (de)** to chat (about).

causerie [kozri] *nf* talk.

caustique [kostik] *adj & nm* caustic.

cautériser [koterize] *vt* to cauterize.

caution [kosjɔ̃] *nf* **-1.** [somme d'argent] guarantee. **-2.** [personne] guarantor; **se porter ~ pour qqn** to act as guarantor for sb.

cautionner [kosjɔne] *vt* **-1.** [se porter garant de] to guarantee. **-2.** *fig* [appuyer] to support, to back.

cavalcade [kavalkad] *nf* **-1.** [de cavaliers] cavalcade. **-2.** [d'enfants] stampede.

cavalerie [kavalri] *nf* MIL cavalry.

cavalier, -ière [kavalje, jɛr] *nm, f* **-1.** [à cheval] rider. **-2.** [partenaire] partner. ◆ **cavalier** *nm* [aux échecs] knight.

cavalièrement [kavaljɛrmɑ̃] *adv* in an offhand manner.

cave [kav] ◇ *nf* **-1.** [sous-sol] cellar. **-2.** [de vins] (wine) cellar. ◇ *adj* [joues] hollow; [yeux] sunken.

caveau, -x [kavo] *nm* **-1.** [petite cave] small cellar. **-2.** [sépulture] vault.

caverne [kavɛrn] *nf* cave.

caviar [kavjar] *nm* caviar.

cavité [kavite] *nf* cavity.

CB (*abr de* **citizen's band, canaux banalisés**) *nf* CB.

cc *abr de* **charges comprises**.

CCP (*abr de* **compte chèque postal, compte courant postal**) *nm* post office account, = Giro *Br*.

CD *nm* (*abr de* **compact disc**) CD.

CDD *nm abr de* **contrat à durée déterminée**.

CDI *nm* **-1.** (*abr de* **centre de documentation et d'information**) school library. **-2.** *abr de* **contrat à durée indéterminée**.

CD-ROM, CD-Rom (*abr de* **compact disc read only memory**) *nm inv* CD-ROM.

ce [sə] ◇ *adj dém* (**cet** [sɛt] devant voyelle ou h muet, *f* **cette** [sɛt], *pl* **ces** [se]) [proche] this, these (*pl*); [éloigné] that, those (*pl*); **~ mois, ~ mois-ci** this month; **cette année, cette année-là** that year. ◇ *pron dém* (**c'** devant voyelle): **c'est** it is, it's; **~ sont** they are, they're; **c'est mon bureau** this is my office, it's my office; **~ sont mes enfants** these are my children, they're my children; **c'est à Paris** it's in Paris; **qui est-~?** who is it?; **~ qui, ~ que** what; **ils ont eu ~ qui leur revenait** they got what they deserved; **..., ~ qui est étonnant ...**, which is surprising; **elle n'achète même pas ~ dont elle a besoin** she doesn't even buy what she needs; **vous savez bien ~ à quoi je pense** you know exactly what I'm thinking about; **faites donc ~ pour quoi on vous paie** do what you're paid to do. ◆ **n'est-ce pas?** *loc adv* isn't it?/aren't you? *etc*; **~ café est bon, n'est-~ pas?** this coffee's good, isn't it?; **tu connais Pierre, n'est-~ pas?** you know Pierre, don't you?

CE ◇ *nm* **-1.** *abr de* **comité d'entreprise**. **-2.** (*abr de* **cours élémentaire**): **~1** second year of primary school; **~2** third year of primary school. ◇ *nf* (*abr de* **Communauté européenne**) EC.

ceci [səsi] *pron dém* this; **à ~ près que** with the exception that, except that.

cécité [sesite] *nf* blindness.

céder [sede] ◇ *vt* **-1.** [donner] to give up. **-2.** [revendre] to sell. ◇ *vi* **-1.** [personne]: **~ (à)** to give in (to), to yield (to). **-2.** [chaise, plancher] to give way.

CEDEX, Cedex [sedɛks] (*abr de* **courrier d'entreprise à distribution exceptionnelle**) *nm accelerated postal service for bulk users*.

cédille [sedij] *nf* cedilla.

cèdre [sɛdr] *nm* cedar.

CEE (*abr de* **Communauté économique européenne**) *nf* EEC.

CEI (*abr de* **Communauté d'États Indépendants**) *nf* CIS.

ceinture [sɛ̃tyr] *nf* -1. [gén] belt; ~ de sécurité OU seat belt. -2. ANAT waist.

ceinturon [sɛ̃tyrɔ̃] *nm* belt.

cela [səla] *pron dém* that; ~ **ne vous regarde pas** it's OU that's none of your business; **il y a des années de** ~ that was many years ago; **c'est** ~ that's right; ~ **dit** ... having said that ...; **malgré** ~ in spite of that, nevertheless.

célèbre [selɛbr] *adj* famous.

célébrer [selebre] *vt* -1. [gén] to celebrate. -2. [faire la louange de] to praise.

célébrité [selebrite] *nf* -1. [renommée] fame. -2. [personne] celebrity.

céleri [sɛlri] *nm* celery.

céleste [selɛst] *adj* heavenly.

célibat [seliba] *nm* celibacy.

célibataire [selibatɛr] ◇ *adj* single, unmarried. ◇ *nmf* single person, single man (*f* woman).

celle → **celui**.

celle-ci → **celui-ci**.

celle-là → **celui-là**.

celles → **celui**.

celles-ci → **celui-ci**.

celles-là → **celui-là**.

cellier [selje] *nm* storeroom.

Cellophane® [selɔfan] *nf* Cellophane®.

cellulaire [selylɛr] *adj* -1. BIOL & TÉLÉCOM cellular. -2. [destiné aux prisonniers]: **régime** ~ solitary confinement; **voiture** ~ prison van.

cellule [selyl] *nf* -1. [gén & INFORM] cell. -2. [groupe] unit; [réunion] emergency committee meeting.

cellulite [selylit] *nf* cellulite.

celte [sɛlt] *adj* Celtic. ◆ **Celte** *nmf* Celt.

celui [səlɥi] (*f* **celle** [sɛl], *mpl* **ceux** [sø], *fpl* **celles** [sɛl]) *pron dém* -1. [suivi d'un complément prépositionnel] the one; **celle de devant** the one in front; **ceux d'entre vous qui** ... those of you who .... -2. [suivi d'un pronom relatif]: ~ **qui** [objet] the one which OU that; [personne] the one who; **c'est celle qui te va le mieux** that's the one which OU that suits you best; ~ **que vous voyez** the one (which OU that) you can see, the one whom you can see; **ceux que je connais** those I know.

celui-ci [səlɥisi] (*f* **celle-ci** [sɛlsi], *mpl* **ceux-ci** [søsi], *fpl* **celles-ci** [sɛlsi]) *pron dém* this one, these ones (*pl*).

celui-là [səlɥila] (*f* **celle-là** [sɛlla], *mpl* **ceux-là** [søla], *fpl* **celles-là** [sɛlla]) *pron dém* that one, those ones (*pl*); ~ ... **celui-ci** the former ... the latter.

cendre [sɑ̃dr] *nf* ash.

cendré, -e [sɑ̃dre] *adj* [chevelure]: **blond** ~ ash blond.

cendrier [sɑ̃drije] *nm* -1. [de fumeur] ashtray. -2. [de poêle] ashpan.

cène [sɛn] *nf* (Holy) Communion. ◆ **Cène** *nf*: **la Cène** the Last Supper.

censé, -e [sɑ̃se] *adj*: **être** ~ **faire qqch** to be supposed to do sthg.

censeur [sɑ̃sœr] *nm* -1. SCOL ≃ deputy head *Br*, ≃ vice-principal *Am*. -2. CIN & PRESSE censor.

censure [sɑ̃syr] *nf* -1. [CIN & PRESSE - contrôle] censorship; [- censeurs] censors (*pl*). -2. POLIT censure. -3. PSYCHOL censor.

censurer [sɑ̃syre] *vt* -1. CIN, PRESSE & PSYCHOL to censor. -2. [juger] to censure.

cent [sɑ̃] ◇ *adj num* one hundred, a hundred. ◇ *nm* -1. [nombre] a hundred; *voir aussi* **six**. -2. [mesure de proportion]: **pour** ~ per cent.

centaine [sɑ̃tɛn] *nf* -1. [cent unités] hundred. -2. [un grand nombre]: **une** ~ **de** about a hundred; **des** ~**s (de)** hundreds (of); **plusieurs** ~**s de** several hundred; **par** ~**s** in hundreds.

centenaire [sɑ̃tnɛr] ◇ *adj* hundred-year-old (*avant n*); **être** ~ to be a hundred years old. ◇ *nmf* centenarian. ◇ *nm* [anniversaire] centenary.

centiare [sɑ̃tjar] *nm* square metre.

centième [sɑ̃tjɛm] *adj num, nm & nmf* hundredth; *voir aussi* **sixième**.

centigrade [sɑ̃tigrad] → **degré**.

centilitre [sɑ̃tilitr] *nm* centilitre.

centime [sɑ̃tim] *nm* centime.

centimètre [sɑ̃timɛtr] *nm* -1. [mesure] centimetre. -2. [ruban, règle] tape measure.

central, -e, -aux [sɑ̃tral, o] *adj* central. ◆ **central** *nm* [de réseau]: ~ **téléphonique** telephone exchange. ◆ **centrale** *nf* -1. [usine] power plant OU station; ~**e hydroélectrique** hydroelectric power station; ~**e nucléaire** nuclear power plant OU station. -2. COMM: ~**e d'achat** buying group.

centraliser [sɑ̃tralize] *vt* to centralize.

centre [sɑ̃tr] *nm* [gén] centre; ~ **aéré** outdoor centre; ~ **commercial** shopping centre; ~ **culturel** arts centre; ~ **de gravité** centre of gravity; ~ **nerveux** nerve centre.

centrer [sɑ̃tre] *vt* to centre.

centre-ville [sɑ̃trəvil] *nm* city centre, town centre.

centrifuge [sɑ̃trifyʒ] → **force**.

centrifugeuse [sɑ̃trifyʒøz] *nf* **-1.** TECHNOL centrifuge. **-2.** CULIN juice extractor.

centuple [sɑ̃typl] *nm*: **être le ~ de qqch** to be a hundred times sthg; **au ~** a hundredfold.

cep [sɛp] *nm* stock.

cèpe [sɛp] *nm* cep.

cependant [səpɑ̃dɑ̃] *conj* however, yet.

céramique [seramik] *nf* [matière, objet] ceramic.

cerceau [sɛrso] *nm* hoop.

cercle [sɛrkl] *nm* circle; ~ **vicieux** vicious circle.

cercueil [sɛrkœj] *nm* coffin.

céréale [sereal] *nf* cereal.

cérémonial, -als [seremɔnjal] *nm* cérémonial.

cérémonie [seremɔni] *nf* ceremony.

cérémonieux, -ieuse [seremɔnjø, jøz] *adj* ceremonious.

cerf [sɛr] *nm* stag.

cerf-volant [sɛrvɔlɑ̃] *nm* [jouet] kite.

cerise [səriz] *nf & adj inv* cherry.

cerisier [sərizje] *nm* [arbre] cherry (tree); [bois] cherry (wood).

cerne [sɛrn] *nm* ring.

cerné [sɛrne] → **œil**.

cerner [sɛrne] *vt* **-1.** [encercler] to surround. **-2.** *fig* [sujet] to define.

certain, -e [sɛrtɛ̃, ɛn] ◇ *adj* certain; **être ~ de qqch** to be certain OU sure of sthg; **je suis pourtant ~ d'avoir mis mes clés là** but I'm certain OU sure I left my keys there. ◇ *adj indéf (avant n)* certain; **il a un ~ talent** he has some talent OU a certain talent; **un ~ temps** for a while; **avoir un ~ âge** to be getting on, to be past one's prime; **c'est un monsieur d'un ~ âge** he's getting on a bit; **un ~ M Lebrun** a Mr Lebrun. ◆ **certains** *(fpl* **certaines**) *pron indéf pl* some.

certainement [sɛrtɛnmɑ̃] *adv* certainly.

certes [sɛrt] *adv* of course.

certificat [sɛrtifika] *nm* [attestation, diplôme] certificate; ~ **médical** medical certificate.

certifié, -e [sɛrtifje] *adj*: **professeur ~** qualified teacher.

certifier [sɛrtifje] *vt* **-1.** [assurer]: ~ **qqch**

à qqn to assure sb of sthg. **-2.** [authentifier] to certify.

certitude [sɛrtityd] *nf* certainty.

cerveau [sɛrvo] *nm* brain.

cervelle [sɛrvɛl] *nf* **-1.** ANAT brain. **-2.** [facultés mentales, aliment] brains *(pl)*.

cervical, -e, -aux [sɛrvikal, o] *adj* cervical.

ces → **ce**.

CES *(abr de* **collège d'enseignement secondaire)** *nm* former secondary school.

césarienne [sezarjɛn] *nf* caesarean (section).

cesse [sɛs] *nf*: **n'avoir de ~ que** (+ *subjonctif*) *sout* not to rest until. ◆ **sans cesse** *loc adv* continually, constantly.

cesser [sese] ◇ *vi* to stop, to cease. ◇ *vt* to stop; ~ **de faire qqch** to stop doing sthg.

cessez-le-feu [seselfø] *nm inv* cease-fire.

cession [sesjɔ̃] *nf* transfer.

c'est-à-dire [sɛtadir] *conj* **-1.** [en d'autres termes]: ~ **(que)** that is (to say). **-2.** [introduit une restriction, précision, réponse]: ~ **que** well ..., actually ....

cet → **ce**.

cétacé [setase] *nm* cetacean.

cette → **ce**.

ceux → **celui**.

ceux-ci → **celui-ci**.

ceux-là → **celui-là**.

cf. *(abr de* **confer)** cf.

CFC *(abr de* **chlorofluorocarbone)** *nm* CFC.

chacal [ʃakal] *nm* jackal.

chacun, -e [ʃakœ̃, yn] *pron indéf* each (one); [tout le monde] everyone, everybody; ~ **de nous/de vous/d'eux** each of us/you/them; ~ **pour soi** every man for himself; **tout un ~** every one of us/them.

chagrin, -e [ʃagrɛ̃, in] *adj* [personne] grieving; [caractère, humeur] morose. ◆ **chagrin** *nm* grief; **avoir du ~** to grieve.

chagriner [ʃagrine] *vt* **-1.** [peiner] to grieve, to distress. **-2.** [contrarier] to upset.

chahut [ʃay] *nm* uproar.

chahuter [ʃayte] ◇ *vi* to cause an uproar. ◇ *vt* **-1.** [importuner - professeur] to rag, to tease; [- orateur] to heckle. **-2.** [bousculer] to jostle.

chaîne [ʃɛn] *nf* **-1.** [gén] chain; ~ **de montagnes** mountain range. **-2.** IND: ~ **de fabrication/de montage** production/assembly line; **travail à la ~** production-line work; **produire qqch**

à la ~ to mass-produce sthg. **-3.** TÉLÉ channel. **-4.** [appareil] stereo (system); ~ **hi-fi** hi-fi system. ◆ **chaînes** *nfpl fig* chains, bonds.

chaînon [ʃɛnɔ̃] *nm litt* & *fig* link.

chair [ʃɛr] *nf* flesh; **avoir la ~ de poule** *fig* to have goosepimples *Br*, to have goosebumps *Am*.

chaire [ʃɛr] *nf* **-1.** [estrade - de prédicateur] pulpit; [- de professeur] rostrum. **-2.** UNIV chair.

chaise [ʃɛz] *nf* chair; ~ **longue** deckchair.

châle [ʃal] *nm* shawl.

chalet [ʃalɛ] *nm* **-1.** [de montagne] chalet. **-2.** *Can* [maison de campagne] (holiday) cottage.

chaleur [ʃalœr] *nf* heat; [agréable] warmth.

chaleureux, -euse [ʃalœrø, øz] *adj* warm.

challenge [ʃalɑ̃ʒ] *nm* **-1.** SPORT tournament. **-2.** *fig* [défi] challenge.

chaloupe [ʃalup] *nf* rowing boat *Br*, rowboat *Am*.

chalumeau [ʃalymo] *nm* TECHNOL blowlamp *Br*, blowtorch *Am*.

chalutier [ʃalytje] *nm* [bateau] trawler.

chamailler [ʃamaje] ◆ **se chamailler** *vp fam* to squabble.

chambranle [ʃɑ̃brɑ̃l] *nm* [de porte, fenêtre] frame; [de cheminée] mantelpiece.

chambre [ʃɑ̃br] *nf* **-1.** [où l'on dort]: ~ **(à coucher)** bedroom; ~ **à un lit**, ~ **pour une personne** single room; ~ **pour deux personnes** double room; ~ **à deux lits** twin-bedded room; ~ **d'amis** spare room. **-2.** [local] room; ~ **forte** strongroom; ~ **froide** cold store; ~ **noire** darkroom. **-3.** JUR division; ~ **d'accusation** court of criminal appeal. **-4.** POLIT chamber, house; **Chambre des députés** ≃ House of Commons *Br*, ≃ House of Representatives *Am*. **-5.** TECHNOL chamber; ~ **à air** [de pneu] inner tube.

chambrer [ʃɑ̃bre] *vt* **-1.** [vin] to bring to room temperature. **-2.** *fam* [se moquer] to wind up *Br*.

chameau, -x [ʃamo] *nm* [mammifère] camel.

chamois [ʃamwa] *nm* chamois; [peau] chamois (leather).

champ [ʃɑ̃] *nm* **-1.** [gén & INFORM] field; ~ **de bataille** battlefield; ~ **de courses** racecourse. **-2.** [étendue] area.

champagne [ʃɑ̃paɲ] *nm* champagne.

champêtre [ʃɑ̃pɛtr] *adj* rural.

champignon [ʃɑ̃piɲɔ̃] *nm* **-1.** BOT & MÉD fungus. **-2.** [comestible] mushroom; ~ **vénéneux** toadstool.

champion, -ionne [ʃɑ̃pjɔ̃, jɔn] ◇ *nm, f* champion. ◇ *adj fam* brilliant.

championnat [ʃɑ̃pjɔna] *nm* championship.

chance [ʃɑ̃s] *nf* **-1.** [bonheur] luck (*U*); **avoir de la ~** to be lucky; **ne pas avoir de ~** to be unlucky; **porter ~** to bring good luck. **-2.** [probabilité, possibilité] chance, opportunity; **avoir des ~s de faire qqch** to have a chance of doing sthg.

chanceler [ʃɑ̃sle] *vi* [personne, gouvernement] to totter; [meuble] to wobble.

chancelier [ʃɑ̃səlje] *nm* **-1.** [premier ministre] chancellor. **-2.** [de consulat, d'ambassade] secretary.

chanceux, -euse [ʃɑ̃sø, øz] *adj* lucky.

chandail [ʃɑ̃daj] *nm* (thick) sweater.

Chandeleur [ʃɑ̃dlœr] *nf* Candlemas.

chandelier [ʃɑ̃dəlje] *nm* [pour une bougie] candlestick; [à plusieurs branches] candelabra.

chandelle [ʃɑ̃dɛl] *nf* [bougie] candle.

change [ʃɑ̃ʒ] *nm* **-1.** [troc & FIN] exchange. **-2.** [couche de bébé] disposable nappy *Br*, diaper *Am*.

changeant, -e [ʃɑ̃ʒɑ̃, ɑ̃t] *adj* **-1.** [temps, humeur] changeable. **-2.** [reflet] shimmering.

changement [ʃɑ̃ʒmɑ̃] *nm* change.

changer [ʃɑ̃ʒe] ◇ *vt* **-1.** [gén] to change; ~ **qqch contre** to change OU exchange sthg for; ~ **qqn en** to change sb into; ~ **des francs en livres** to change francs into pounds, to exchange francs for pounds. **-2.** [modifier] to change, to alter; **ça me/te changera** that will be a (nice) change for me/you. ◇ *vi* **-1.** [gén] to change; ~ **de train (à)** to change trains (at); ~ **d'avis** to change one's mind; **ça changera!** that'll make a change!; ~ **de direction** to change direction; ~ **de place (avec qqn)** to change places (with sb); ~ **de voiture** to change one's car; **pour** ~ for a change. **-2.** [modifier] to change, to alter; ~ **de comportement** to alter one's behaviour.

chanson [ʃɑ̃sɔ̃] *nf* song; **c'est toujours la même** ~ *fig* it's the same old story.

chansonnier, -ière [ʃɑ̃sɔnje, jɛr] *nm, f* cabaret singer-songwriter.

chant [ʃɑ̃] *nm* **-1.** [chanson] song, singing (*U*); [sacré] hymn. **-2.** [art] singing.

chantage [ʃɑ̃taʒ] *nm littt* & *fig* black-mail; **faire du ~** to use OU resort to blackmail; **faire du ~ à qqn** to black-mail sb.

chanter [ʃɑ̃te] ◇ *vt* **-1.** [chanson] to sing. **-2.** *littéraire* [célébrer] to sing OU tell of; **~ les louanges de qqn** to sing sb's praises. ◇ *vi* **-1.** [gén] to sing. **-2.** *loc:* **faire ~ qqn** to blackmail sb; **si ça vous chante!** *fam* if you feel like OU fancy it!

chanteur, -euse [ʃɑ̃tœr, øz] *nm, f* singer.

chantier [ʃɑ̃tje] *nm* **-1.** CONSTR (building) site; [sur la route] roadworks (*pl*); **~ na-val** shipyard, dockyard. **-2.** *fig* [désor-dre] shambles (*sg*), mess.

chantonner [ʃɑ̃tɔne] *vt* & *vi* to hum.

chanvre [ʃɑ̃vr] *nm* hemp.

chaos [kao] *nm* chaos.

chap. (*abr de* **chapitre**) ch.

chaparder [ʃaparde] *vt* to steal.

chapeau, -x [ʃapo] *nm* **-1.** [coiffure] hat. **-2.** PRESSE introductory paragraph.

chapeauter [ʃapote] *vt* [service] to head; [personnes] to supervise.

chapelet [ʃaplɛ] *nm* **-1.** RELIG rosary. **-2.** *fig* [d'injures] string, torrent.

chapelle [ʃapɛl] *nf* [petite église] chapel; [partie d'église] choir.

chapelure [ʃaplyr] *nf* (dried) bread-crumbs (*pl*).

chapiteau, -x [ʃapito] *nm* [de cirque] big top.

chapitre [ʃapitr] *nm* [de livre & RELIG] chapter.

chaque [ʃak] *adj indéf* each, every; **~ personne** each person, everyone; **j'ai payé ces livres 100 francs ~** I paid 100 francs each for these books.

char [ʃar] *nm* **-1.** MIL: **~ (d'assaut)** tank. **-2.** [de carnaval] float. **-3.** *Can* [voiture] car.

charabia [ʃarabja] *nm* gibberish.

charade [ʃarad] *nf* charade.

charbon [ʃarbɔ̃] *nm* [combustible] coal; **~ de bois** charcoal.

charcuter [ʃarkyte] *vt* *fam* *péj* to butcher.

charcuterie [ʃarkytri] *nf* **-1.** [magasin] pork butcher's. **-2.** [produits] pork meat products.

charcutier, -ière [ʃarkytje, jɛr] *nm, f* [commerçant] pork butcher.

chardon [ʃardɔ̃] *nm* [plante] thistle.

charge [ʃarʒ] *nf* **-1.** [fardeau] load. **-2.** [fonction] office. **-3.** [responsabilité] re-sponsibility; **être à la ~ de** [personne]

to be dependent on; **les travaux sont à la ~ du propriétaire** the owner is liable for the cost of the work; **pren-dre qqch en ~** [payer] to pay (for) sthg; [s'occuper de] to take charge of sthg; **prendre qqn en ~** to take charge of sb. **-4.** ÉLECTR, JUR & MIL charge. ◆ **charges** *nfpl* **-1.** [d'appartement] ser-vice charge. **-2.** ÉCON expenses, costs; **~s sociales** ≃ employer's contribu-tions.

chargé, -e [ʃarʒe] ◇ *adj* **-1.** [véhicule, personne]: **~ (de)** loaded (with). **-2.** [responsable]: **~ (de)** responsible (for). **-3.** [occupé] full, busy. ◇ *nm, f:* **~ d'affaires** chargé d'affaires; **~ de mis-sion** head of mission.

chargement [ʃarʒəmɑ̃] *nm* **-1.** [action] loading. **-2.** [marchandises] load.

charger [ʃarʒe] *vt* **-1.** [gén & INFORM] to load. **-2.** ÉLECTR, JUR & MIL to charge. **-3.** [donner une mission]: **~ qqn de faire qqch** to put sb in charge of doing sthg. ◆ **se charger** *vp:* **se ~ de qqn/qqch** to take care of sb/sthg, to take charge of sb/sthg; **se ~ de faire qqch** to undertake to do sthg.

chargeur [ʃarʒœr] *nm* **-1.** ÉLECTR charger. **-2.** [d'arme] magazine.

chariot [ʃarjo] *nm* **-1.** [charrette] hand-cart. **-2.** [à bagages, dans un hôpital] trol-ley *Br*, wagon *Am*. **-3.** [de machine à écrire] carriage.

charisme [karism] *nm* charisma.

charitable [ʃaritabl] *adj* charitable; [conseil] friendly.

charité [ʃarite] *nf* **-1.** [aumône & RELIG] charity. **-2.** [bonté] kindness.

charlatan [ʃarlatɑ̃] *nm* *péj* charlatan.

charmant, -e [ʃarmɑ̃, ɑ̃t] *adj* charming.

charme [ʃarm] *nm* **-1.** [séduction] charm. **-2.** [enchantement] spell. **-3.** [arbre] iron-wood, hornbeam.

charmer [ʃarme] *vt* to charm; **être charmé de faire qqch** to be delighted to do sthg.

charmeur, -euse [ʃarmœr, øz] ◇ *adj* charming. ◇ *nm, f* charmer; **~ de ser-pents** snake charmer.

charnel, -elle [ʃarnɛl] *adj* carnal.

charnier [ʃarnje] *nm* mass grave.

charnière [ʃarnjɛr] ◇ *nf* hinge; *fig* turn-ing point. ◇ *adj* [période] transitional.

charnu, -e [ʃarny] *adj* fleshy.

charogne [ʃarɔɲ] *nf* [d'animal] carrion (*U*).

charpente [ʃarpɑ̃t] *nf* **-1.** [de bâtiment,

de roman] framework. **-2.** [ossature] frame.

charpentier [ʃarpɑ̃tje] *nm* carpenter.

charretier, -ière [ʃartje, jɛr] *nm, f* carter.

charrette [ʃarɛt] *nf* cart.

charrier [ʃarje] ◇ *vt* **-1.** to carry. **-2.** *fam* [se moquer de]: ~ **qqn** to take sb for a ride. ◇ *vi fam* [exagérer] to go too far.

charrue [ʃary] *nf* plough, plow *Am*.

charte [ʃart] *nf* charter.

charter [ʃartɛr] *nm* chartered plane.

chartreuse [ʃartrøz] *nf* **-1.** RELIG Carthusian monastery. **-2.** [liqueur] Chartreuse.

chas [ʃa] *nm* eye (*of needle*).

chasse [ʃas] *nf* **-1.** [action] hunting; ~ **à courre** hunting (*on horseback with hounds*). **-2.** [période]: **la ~ est ouverte/fermée** it's the open/close season. **-3.** [domaine]: ~ **gardée** private hunting OU shooting preserve; *fig* preserve. **-4.** [poursuite] chase; **faire la ~ à qqn/qqch** *fig* to hunt (for) sb/sthg, to hunt sb/sthg down; **prendre qqn/qqch en ~** to give chase to sb/sthg. **-5.** [des cabinets]: ~ **(d'eau)** flush; **tirer la ~** to flush the toilet.

chassé-croisé [ʃasekrwaze] *nm* toing and froing.

chasse-neige [ʃasnɛʒ] *nm inv* snowplough.

chasser [ʃase] *vt* **-1.** [animal] to hunt. **-2.** [faire partir - personne] to drive OU chase away; [- odeur, souci] to dispel.

chasseur, -euse [ʃasœr, øz] *nm, f* hunter. ◆ **chasseur** *nm* **-1.** [d'hôtel] page, messenger. **-2.** MIL: ~ **alpin** *soldier specially trained for operations in mountainous terrain*. **-3.** [avion] fighter.

châssis [ʃasi] *nm* **-1.** [de fenêtre, de porte, de machine] frame. **-2.** [de véhicule] chassis.

chaste [ʃast] *adj* chaste.

chasteté [ʃastəte] *nf* chastity.

chasuble [ʃazybl] *nf* chasuble.

chat, chatte [ʃa, ʃat] *nm, f* cat.

châtaigne [ʃatɛɲ] *nf* **-1.** [fruit] chestnut. **-2.** *fam* [coup] clout.

châtaignier [ʃatɛɲe] *nm* [arbre] chestnut (tree); [bois] chestnut.

châtain [ʃatɛ̃] *adj & nm* chestnut, chestnut-brown.

château, -x [ʃato] *nm* **-1.** [forteresse]: ~ **(fort)** castle. **-2.** [résidence - seigneuriale] mansion; [- de monarque, d'évêque] palace; ~ **de sable** sandcastle. **-3.** [réservoir]: ~ **d'eau** water tower.

châtiment [ʃatimɑ̃] *nm* punishment.

chaton [ʃatɔ̃] *nm* **-1.** [petit chat] kitten. **-2.** BOT catkin.

chatouiller [ʃatuje] *vt* **-1.** [faire des chatouilles à] to tickle. **-2.** *fig* [titiller] to titillate.

chatoyant, -e [ʃatwajɑ̃, ɑ̃t] *adj* [reflet, étoffe] shimmering; [bijou] sparkling.

châtrer [ʃɑtre] *vt* to castrate; [chat] to neuter; [chatte] to spay.

chatte → chat.

chaud, -e [ʃo, ʃod] *adj* **-1.** [gén] warm; [de température très élevée, sensuel] hot. **-2.** *fig* [enthousiaste]: **être ~ pour qqch/pour faire qqch** to be keen on sthg/on doing sthg. ◆ **chaud** ◇ *adv*: **avoir ~** to be warm OU hot; **il fait ~** it's warm OU hot; **manger ~** to have something hot (to eat). ◇ *nm* heat; **rester au ~** to stay in the warm.

chaudement [ʃodmɑ̃] *adv* warmly.

chaudière [ʃodjɛr] *nf* boiler.

chaudron [ʃodrɔ̃] *nm* cauldron.

chauffage [ʃofaʒ] *nm* [appareil] heating (system); ~ **central** central heating.

chauffant, -e [ʃofɑ̃, ɑ̃t] *adj* heating; **plaque ~e** hotplate.

chauffard [ʃofar] *nm péj* reckless driver.

chauffe-eau [ʃofo] *nm inv* water-heater.

chauffer [ʃofe] ◇ *vt* [rendre chaud] to heat (up). ◇ *vi* **-1.** [devenir chaud] to heat up. **-2.** [moteur] to overheat. **-3.** *fam* [barder]: **ça va ~** there's going to be trouble.

chauffeur [ʃofœr] *nm* AUTOM driver.

chaume [ʃom] *nm* [paille] thatch.

chaumière [ʃomjɛr] *nf* cottage.

chaussée [ʃose] *nf* road, roadway; **«~ déformée»** "uneven road surface".

chausse-pied [ʃospje] (*pl* **chausse-pieds**) *nm* shoehorn.

chausser [ʃose] ◇ *vt* [chaussures, lunettes, skis] to put on. ◇ *vi*: ~ **du 39** to take size 39 (shoes). ◆ **se chausser** *vp* to put one's shoes on.

chaussette [ʃosɛt] *nf* sock.

chausson [ʃosɔ̃] *nm* **-1.** [pantoufle] slipper. **-2.** [de danse] ballet shoe. **-3.** [de bébé] bootee. **-4.** CULIN turnover; ~ **aux pommes** apple turnover.

chaussure [ʃosyr] *nf* **-1.** [soulier] shoe; ~ **basse** low-heeled shoe, flat shoe; ~ **de marche** [de randonnée] hiking OU walking boot; [confortable] walking shoe; ~ **montante** (ankle) boot; ~ **de ski** ski boot. **-2.** [industrie] footwear industry.

chauve [ʃov] *adj* [sans cheveux] bald.

chauve-souris [ʃovsuri] nf bat.

chauvin, -e [ʃovɛ̃, in] adj chauvinistic.

chaux [ʃo] nf lime; **blanchi à la ~** whitewashed.

chavirer [ʃavire] vi **-1.** [bateau] to capsize. **-2.** fig [tourner] to spin.

chef [ʃɛf] nm **-1.** [d'un groupe] head, leader; [au travail] boss; **en ~** in chief; **~ d'entreprise** company head; **~ de famille** head of the family; **~ de file** POLIT (party) leader; **~ de gare** stationmaster; **~ d'orchestre** conductor; **~ de rayon** departmental manager OU supervisor; **~ de service** ADMIN departmental manager. **-2.** [cuisinier] chef. ◆ **chef d'accusation** nm charge, count.

chef-d'œuvre [ʃɛdœvr] (pl **chefs-d'œuvre**) nm masterpiece.

chef-lieu [ʃɛfljø] nm ≃ county town.

cheik [ʃɛk] nm sheikh.

chemin [ʃəmɛ̃] nm **-1.** [voie] path; **~ de fer** railway; **~ vicinal** byroad, minor road. **-2.** [parcours] way; fig road; **en ~** on the way.

cheminée [ʃəmine] nf **-1.** [foyer] fireplace. **-2.** [conduit d'usine] chimney. **-3.** [encadrement] mantelpiece. **-4.** [de paquebot, locomotive] funnel.

cheminement [ʃəminmã] nm [progression] advance; fig [d'idée] development.

cheminer [ʃəmine] vi [avancer] to make one's way; fig [idée] to develop.

cheminot [ʃəmino] nm railwayman Br, railroad man Am.

chemise [ʃəmiz] nf **-1.** [d'homme] shirt; **~ de nuit** [de femme] nightdress. **-2.** [dossier] folder.

chemisette [ʃəmizɛt] nf [d'homme] short-sleeved shirt; [de femme] short-sleeved blouse.

chemisier [ʃəmizje] nm [vêtement] blouse.

chenal, -aux [ʃənal, o] nm [canal] channel.

chêne [ʃɛn] nm [arbre] oak (tree); [bois] oak.

chenet [ʃənɛ] nm firedog.

chenil [ʃənil] nm [pour chiens] kennel.

chenille [ʃənij] nf **-1.** [insecte] caterpillar. **-2.** [courroie] caterpillar track.

chèque [ʃɛk] nm cheque; **faire/toucher un ~** to write/cash a cheque; **~ (bancaire)** (bank) cheque; **~ barré** crossed cheque; **~ postal** post office cheque; **~ sans provision** bad cheque; **~ de voyage** traveller's cheque.

chèque-cadeau [ʃɛkkado] nm gift token.

chèque-repas [ʃɛkrəpa] (pl **chèques-repas**), **chèque-restaurant** [ʃɛkrɛstorã] (pl **chèques-restaurant**) nm luncheon voucher.

chéquier [ʃekje] nm chequebook.

cher, chère [ʃɛr] ◇ adj **-1.** [aimé]: **~ (à qqn)** dear (to sb); **Cher Monsieur** [au début d'une lettre] Dear Sir; **Chère Madame** [au début d'une lettre] Dear Madam. **-2.** [produit, vie, commerçant] expensive. ◇ nm, f hum: **mon ~** dear. ◆ **cher** adv: **valoir ~, coûter ~** to be expensive, to cost a lot; **payer ~** to pay a lot; **je l'ai payé ~** litt & fig it cost me a lot. ◆ **chère** nf: **aimer la bonne ~** sout to like to eat well.

chercher [ʃɛrʃe] ◇ vt **-1.** [gén] to look for. **-2.** [prendre]: **aller/venir ~ qqn** [à un rendez-vous] to (go/come and) meet sb; [en voiture] to (go/come and) pick sb up; **aller/venir ~ qqch** to (go/come and) get sth. ◇ vi: **~ à faire qqch** to try to do sth.

chercheur, -euse [ʃɛrʃœr, øz] nm, f [scientifique] researcher.

chéri, -e [ʃeri] ◇ adj dear. ◇ nm, f darling.

chérir [ʃerir] vt [personne] to love dearly; [chose, idée] to cherish.

chétif, -ive [ʃetif, iv] adj [malingre] sickly, weak.

cheval, -aux [ʃəval, o] nm **-1.** [animal] horse; **être à ~ sur qqch** [être assis] to be sitting astride sth; fig [siècles] to straddle sth; fig [tenir à] to be a stickler for sth; **~ d'arçons** horse (in gymnastics). **-2.** [équitation] riding, horseriding; **faire du ~** to ride. **-3.** AUTOM: **~, ~-vapeur** horsepower.

chevalerie [ʃəvalri] nf **-1.** [qualité] chivalry. **-2.** HIST knighthood.

chevalet [ʃəvalɛ] nm [de peintre] easel.

chevalier [ʃəvalje] nm knight.

chevalière [ʃəvaljɛr] nf [bague] signet ring.

chevauchée [ʃəvoʃe] nf [course] ride, horse-ride.

chevaucher [ʃəvoʃe] vt [être assis] to sit OU be astride. ◆ **se chevaucher** vp to overlap.

chevelu, -e [ʃəvly] adj hairy.

chevelure [ʃəvlyr] nf [cheveux] hair.

chevet [ʃəvɛ] nm head (of bed); **être au ~ de qqn** to be at sb's bedside.

cheveu, -x [ʃəvø] nm [chevelure] hair; **se faire couper les ~x** to have one's hair cut.

cheville [ʃəvij] *nf* **-1.** ANAT ankle. **-2.** [pour fixer une vis] Rawlplug®.

chèvre [ʃɛvr] ◇ *nf* [animal] goat. ◇ *nm* [fromage] goat's cheese.

chevreau, -x [ʃəvro] *nm* kid.

chèvrefeuille [ʃɛvrəfœj] *nm* honeysuckle.

chevreuil [ʃəvrœj] *nm* **-1.** [animal] roe deer. **-2.** CULIN venison.

chevronné, -e [ʃəvrɔne] *adj* [expérimenté] experienced.

chevrotant, -e [ʃəvrɔtã, ãt] *adj* tremulous.

chevrotine [ʃəvrɔtin] *nf* buckshot.

chewing-gum [ʃwiŋgɔm] (*pl* chewing-gums) *nm* chewing gum (U).

chez [ʃe] *prép* **-1.** [dans la maison de]: **il est ~ lui** he's at home; **il rentre ~ lui** he's going home; **être ~ le coiffeur/médecin** to be at the hairdresser's/doctor's; **aller ~ le médecin/coiffeur** to go to the doctor's/hairdresser's; **il va venir ~ nous** he is going to come to our place OU house; **il habite ~ nous** he lives with us. **-2.** [en ce qui concerne]: **~ les jeunes** among young people; **~ les Anglais** in England. **-3.** [dans les œuvres de]: **~ Proust** in (the works of) Proust. **-4.** [dans le caractère de]: **cette réaction est normale ~ lui** this reaction is normal for OU with him; **ce que j'apprécie ~ lui, c'est sa gentillesse** what I like about him is his kindness.

chez-soi [ʃeswa] *nm inv* home, place of one's own.

chic [ʃik] ◇ *adj* (*inv en genre*) **-1.** [élégant] smart, chic. **-2.** *vieilli* [serviable] nice. ◇ *nm* style. ◇ *interj*: **~ (alors)!** great!

chicorée [ʃikɔre] *nf* [salade] endive; [à café] chicory.

chien [ʃjɛ̃] *nm* **-1.** [animal] dog; **~ de chasse** [d'arrêt] gundog; **~ de garde** guard dog. **-2.** [d'arme] hammer. **-3.** *loc*: **avoir un mal de ~ à faire qqch** to have a lot of trouble doing sthg; **en ~ de fusil** curled up.

chiendent [ʃjɛ̃dã] *nm* couch grass.

chien-loup [ʃjɛ̃lu] *nm* Alsatian (dog).

chienne [ʃjɛn] *nf* bitch.

chiffe [ʃif] *nf*: **c'est une ~ molle** he's spineless, he's a weed.

chiffon [ʃifɔ̃] *nm* [linge] rag.

chiffonné, -e [ʃifɔne] *adj* [visage, mine] worn.

chiffre [ʃifr] *nm* **-1.** [caractère] figure, number; **~ arabe/romain** Arabic/

Roman numeral. **-2.** [montant] sum; **~ d'affaires** COMM turnover *Br*, net revenue *Am*; **~ rond** round number; **~ de ventes** sales figures (*pl*).

chiffrer [ʃifre] ◇ *vt* **-1.** [évaluer] to calculate, to assess. **-2.** [coder] to encode. ◇ *vi fam* to mount up.

chignole [ʃiɲɔl] *nf* drill.

chignon [ʃiɲɔ̃] *nm* bun (*in hair*); **se crêper le ~** *fig* to scratch each other's eyes out.

Chili [ʃili] *nm*: **le ~** Chile.

chimère [ʃimɛr] *nf* **-1.** MYTH chimera. **-2.** [illusion] illusion, dream.

chimie [ʃimi] *nf* chemistry.

chimiothérapie [ʃimjɔterapi] *nf* chemotherapy.

chimique [ʃimik] *adj* chemical.

chimiste [ʃimist] *nmf* chemist.

chimpanzé [ʃɛ̃pãze] *nm* chimpanzee.

Chine [ʃin] *nf*: **la ~** China.

chiné, -e [ʃine] *adj* mottled.

chiner [ʃine] *vi* to look for bargains.

chinois, -e [ʃinwa, waz] *adj* Chinese. ◆ **chinois** *nm* **-1.** [langue] Chinese. **-2.** [passoire] conical sieve. ◆ **Chinois, -e** *nm, f* Chinese person; **les Chinois** the Chinese.

chiot [ʃjo] *nm* puppy.

chipie [ʃipi] *nf* vixen *péj*.

chips [ʃips] *nfpl*: **(pommes) ~** (potato) crisps *Br*, (potato) chips *Am*.

chiquenaude [ʃiknod] *nf* flick.

chiquer [ʃike] ◇ *vt* to chew. ◇ *vi* to chew tobacco.

chirurgical, -e, -aux [ʃiryrʒikal, o] *adj* surgical.

chirurgie [ʃiryrʒi] *nf* surgery.

chirurgien [ʃiryrʒjɛ̃] *nm* surgeon.

chiure [ʃjyr] *nf*: **~ (de mouche)** flyspecks (*pl*).

chlore [klɔr] *nm* chlorine.

chloroforme [klɔrɔfɔrm] *nm* chloroform.

chlorophylle [klɔrɔfil] *nf* chlorophyll.

choc [ʃɔk] *nm* **-1.** [heurt, coup] impact. **-2.** [conflit] clash. **-3.** [émotion] shock. **-4.** (*en apposition*): **images-~s** shock pictures; **prix-~** amazing bargain.

chocolat [ʃɔkɔla] ◇ *nm* chocolate; **~ au lait/noir** milk/plain chocolate; **~ à cuire/à croquer** cooking/eating chocolate. ◇ *adj inv* chocolate (brown).

chœur [kœr] *nm* **-1.** [chorale] choir; [d'opéra & *fig*] chorus; **en ~** *fig* all together. **-2.** [d'église] choir, chancel.

choisi, -e [ʃwazi] *adj* selected; [termes, langage] carefully chosen.

choisir [ʃwazir] ◇ *vt:* ~ **(de faire qqch)** to choose (to do sthg). ◇ *vi* to choose.

choix [ʃwa] *nm* **-1.** [gén] choice; **le livre de ton** ~ any book you like; **au** ~ as you prefer; **avoir le** ~ to have the choice. **-2.** [qualité]: **de premier** ~ grade OU class one; **articles de second** ~ seconds.

choléra [kɔlera] *nm* cholera.

cholestérol [kɔlɛsterɔl] *nm* cholesterol.

chômage [ʃomaʒ] *nm* unemployment; **en** ~, **au** ~ unemployed; **être mis au** ~ **technique** to be laid off.

chômeur, -euse [ʃomœr, øz] *nm, f:* **les** ~**s** the unemployed.

chope [ʃɔp] *nf* tankard.

choper [ʃɔpe] *vt fam* **-1.** [voler, arrêter] to nick *Br*, to pinch. **-2.** [attraper] to catch.

choquant, -e [ʃɔkã, ãt] *adj* shocking.

choquer [ʃɔke] *vt* **-1.** [scandaliser] to shock. **-2.** [traumatiser] to shake (up).

choral, -e, -als OU **-aux** [kɔral, o] *adj* choral. ◆ **chorale** *nf* [groupe] choir.

chorégraphie [kɔregrafi] *nf* choreography.

choriste [kɔrist] *nmf* chorister.

chose [ʃoz] *nf* thing; **c'est (bien) peu de** ~ it's nothing really; **c'est la moindre des** ~**s** it's the least I/we can do; **de deux** ~**s l'une** (it's got to be) one thing or the other; **parler de** ~**s et d'autres** to talk of this and that.

chou, -x [ʃu] ◇ *nm* **-1.** [légume] cabbage. **-2.** [pâtisserie] **choux** bun. ◇ *adj inv* sweet, cute.

chouchou, -oute [ʃuʃu, ut] *nm, f* favourite; [élève] teacher's pet.

choucroute [ʃukrut] *nf* sauerkraut.

chouette [ʃwɛt] ◇ *nf* [oiseau] owl. ◇ *adj fam vieilli* smashing *Br*, great. ◇ *interj:* ~ **(alors)**! great!

chou-fleur [ʃuflœr] *nm* cauliflower.

choyer [ʃwaje] *vt sout* to pamper.

chrétien, -ienne [kretjɛ̃, jɛn] *adj & nm, f* Christian.

chrétienté [kretjɛ̃te] *nf* Christendom.

Christ [krist] *nm* Christ.

christianisme [kristjanism] *nm* Christianity.

chrome [krom] *nm* CHIM chromium.

chromé, -e [krome] *adj* chrome-plated; **acier** ~ chrome steel.

chromosome [krɔmozom] *nm* chromosome.

chronique [krɔnik] ◇ *nf* **-1.** [annales] chronicle. **-2.** PRESSE: ~ **sportive** sports section. ◇ *adj* chronic.

chronologie [krɔnɔlɔʒi] *nf* chronology.

chronologique [krɔnɔlɔʒik] *adj* chronological.

chronomètre [krɔnɔmɛtr] *nm* SPORT stopwatch.

chronométrer [krɔnɔmetre] *vt* to time.

chrysalide [krizalid] *nf* chrysalis.

chrysanthème [krizɑ̃tɛm] *nm* chrysanthemum.

chuchotement [ʃyʃɔtmã] *nm* whisper.

chuchoter [ʃyʃɔte] *vt & vi* to whisper.

chut [ʃyt] *interj* sh!, hush!

chute [ʃyt] *nf* **-1.** [gén] fall; ~ **d'eau** waterfall; ~ **de neige** snowfall. **-2.** [de tissu] scrap.

ci [si] *adv (après n):* **ce livre-**~ this book; **ces jours-**~ these days.

ci-après [siapre] *adv* below.

cible [sibl] *nf litt & fig* target.

cicatrice [sikatris] *nf* scar.

cicatriser [sikatrize] *vt litt & fig* to heal.

ci-contre [sikɔ̃tr] *adv* opposite.

ci-dessous [sidəsu] *adv* below.

ci-dessus [sidəsy] *adv* above.

cidre [sidr] *nm* cider.

Cie (*abr de* **compagnie**) Co.

ciel, cieux [sjɛl, sjø] *nm* **-1.** [firmament] sky; **à** ~ **ouvert** open-air. **-2.** [paradis, providence] heaven; **c'est le** ~ **qui l'envoie**! he's heaven-sent! ◆ **cieux** *nmpl* heaven (*sg*).

cierge [sjɛrʒ] *nm* RELIG (votive) candle.

cigale [sigal] *nf* cicada.

cigare [sigar] *nm* cigar.

cigarette [sigaret] *nf* cigarette.

ci-gît [siʒi] *adv* here lies.

cigogne [sigɔɲ] *nf* stork.

ci-inclus, -e [siɛ̃kly, yz] *adj* enclosed. ◆ **ci-inclus** *adv* enclosed.

ci-joint, -e [siʒwɛ̃, ɛ̃t] *adj* enclosed. ◆ **ci-joint** *adv:* **veuillez trouver** ~ ... please find enclosed ....

cil [sil] *nm* ANAT eyelash, lash.

ciller [sije] *vi* to blink (one's eyes).

cime [sim] *nf* [d'arbre, de montagne] top; *fig* height.

ciment [simã] *nm* cement.

cimenter [simãte] *vt* to cement.

cimetière [simtjɛr] *nm* cemetery.

ciné [sine] *nm fam* cinema.

cinéaste [sineast] *nmf* film-maker.

ciné-club [sineklœb] (*pl* **ciné-clubs**) *nm* film club.

cinéma [sinema] *nm* **-1.** [salle, industrie] cinema. **-2.** [art] cinema, film; **un acteur de** ~ a film star.

cinémathèque [sinematεk] *nf* film archive.

cinématographique [sinematɔgrafik] *adj* cinematographic.

cinéphile [sinefil] *nmf* film buff.

cinglé, -e [sε̃gle] *fam adj* nuts, nutty.

cingler [sε̃gle] *vt* to lash.

cinq [sε̃k] ◊ *adj num* five. ◊ *nm* five; *voir aussi* **six**.

cinquantaine [sε̃kᾶten] *nf* **-1.** [nombre]: **une ~ de** about fifty. **-2.** [âge]: **avoir la ~** to be in one's fifties.

cinquante [sε̃kᾶt] *adj num & nm* fifty; *voir aussi* **six**.

cinquantième [sε̃kᾶtjεm] *adj num, nm & nmf* fiftieth; *voir aussi* **sixième**.

cinquième [sε̃kjεm] ◊ *adj num, nm & nmf* fifth. ◊ *nf* second year (*of secondary school*); *voir aussi* **sixième**.

cintre [sε̃tr] *nm* [pour vêtements] coat hanger.

cintré, -e [sε̃tre] *adj* COUTURE waisted.

cirage [siraʒ] *nm* [produit] shoe polish.

circoncision [sirkɔ̃siziʒɔ̃] *nf* circumcision.

circonférence [sirkɔ̃ferᾶs] *nf* **-1.** GÉOM circumference. **-2.** [pourtour] boundary.

circonflexe [sirkɔ̃flεks] → **accent**.

circonscription [sirkɔ̃skripsjɔ̃] *nf* district.

circonscrire [sirkɔ̃skrir] *vt* **-1.** [incendie, épidémie] to contain. **-2.** *fig* [sujet] to define.

circonspect, -e [sirkɔ̃spε, εkt] *adj* cautious.

circonstance [sirkɔ̃stᾶs] *nf* **-1.** [occasion] occasion. **-2.** (*gén pl*) [contexte, conjoncture] circumstance; **~s atténuantes** JUR mitigating circumstances.

circonstancié, -e [sirkɔ̃stᾶsje] *adj* detailed.

circonstanciel, -ielle [sirkɔ̃stᾶsjεl] *adj* GRAM adverbial.

circuit [sirkɥi] *nm* **-1.** [chemin] route. **-2.** [parcours touristique] tour. **-3.** SPORT & TECHNOL circuit; **en ~ fermé** [en boucle] closed-circuit (*avant n*); *fig* within a limited circle.

circulaire [sirkylεr] *nf & adj* circular.

circulation [sirkylasjɔ̃] *nf* **-1.** [mouvement] circulation; **mettre en ~** to circulate; **~ (du sang)** circulation. **-2.** [trafic] traffic.

circuler [sirkyle] *vi* **-1.** [sang, air, argent] to circulate; **faire ~ qqch** to circulate sthg. **-2.** [aller et venir] to move (along); **on circule mal en ville** the traffic is bad in town. **-3.** [train, bus] to run. **-4.** *fig* [rumeur, nouvelle] to spread.

cire [sir] *nf* **-1.** [matière] wax. **-2.** [encaustique] polish.

ciré, -e [sire] *adj* **-1.** [parquet] polished. **-2.** → **toile**. ◆ **ciré** *nm* oilskin.

cirer [sire] *vt* to polish.

cirque [sirk] *nm* **-1.** [gén] circus. **-2.** GÉOL cirque. **-3.** *fam fig* [désordre, chahut] chaos (*U*).

cirrhose [siroz] *nf* cirrhosis (*U*).

cisaille [sizaj] *nf* shears (*pl*).

cisailler [sizaje] *vt* [métal] to cut; [branches] to prune.

ciseau, -x [sizo] *nm* chisel. ◆ **ciseaux** *nmpl* scissors.

ciseler [sizle] *vt* **-1.** [pierre, métal] to chisel. **-2.** [bijou] to engrave.

Cisjordanie [sizʒɔrdani] *nf*: **la ~** the West Bank.

citadelle [sitadεl] *nf litt & fig* citadel.

citadin, -e [sitadε̃, in] ◊ *adj* city (*avant n*), urban. ◊ *nm, f* city dweller.

citation [sitasjɔ̃] *nf* **-1.** JUR summons (*sg*). **-2.** [extrait] quote, quotation.

cité [site] *nf* **-1.** [ville] city. **-2.** [lotissement] housing estate; **~ universitaire** halls (*pl*) of residence.

citer [site] *vt* **-1.** [exemple, propos, auteur] to quote. **-2.** JUR [convoquer] to summon. **-3.** MIL: **être cité à l'ordre du jour** to be mentioned in dispatches.

citerne [sitεrn] *nf* **-1.** [d'eau] water tank. **-2.** [cuve] tank.

cité U [sitey] *nf fam abr de* **cité universitaire**.

citoyen, -enne [sitwajε̃, εn] *nm, f* citizen.

citoyenneté [sitwajεnte] *nf* citizenship.

citron [sitrɔ̃] *nm* lemon; **~ pressé** fresh lemon juice; **~ vert** lime.

citronnade [sitrɔnad] *nf* (still) lemonade.

citronnier [sitrɔnje] *nm* lemon tree.

citrouille [sitruj] *nf* pumpkin.

civet [sivε] *nm* stew; **~ de lièvre** jugged hare.

civière [sivjεr] *nf* stretcher.

civil, -e [sivil] ◊ *adj* **-1.** [gén] civil. **-2.** [non militaire] civilian. ◊ *nm, f* civilian; **dans le ~** in civilian life; **policier en ~** plain-clothes policeman; (*f* policewoman); **soldat en ~** soldier in civilian clothes.

civilement [sivilmᾶ] *adv*: **se marier ~** to get married at a registry office.

civilisation [sivilizasjɔ̃] *nf* civilization.

civilisé, -e [sivilize] *adj* civilized.

civiliser [sivilize] *vt* to civilize.

civique [sivik] *adj* civic; **instruction** ~ civics (*U*).

civisme [sivism] *nm* sense of civic responsibility.

cl (*abr de* **centilitre**) cl.

clair, -e [klɛr] *adj* **-1.** [gén] clear; **c'est** ~ **et net** there's no two ways about it. **-2.** [lumineux] bright. **-3.** [pâle - couleur, teint] light; [- tissu, cheveux] light-coloured. ◆ **clair** ◇ *adv*: **voir** ~ (**dans qqch**) *fig* to have a clear understanding (of sthg). ◇ *nm*: **mettre** OU **tirer qqch au** ~ to shed light upon sthg. ◆ **clair de lune** (*pl* **clairs de lune**) *nm* moonlight (*U*). ◆ **en clair** *loc adv* TÉLÉ unscrambled (*esp of a private TV channel*).

clairement [klɛrmã] *adv* clearly.

claire-voie [klɛrvwa] ◆ **à claire-voie** *loc adv* openwork (*avant n*).

clairière [klɛrjɛr] *nf* clearing.

clairon [klɛrɔ̃] *nm* bugle.

claironner [klɛrɔne] *vt fig* [crier]: ~ **qqch** to shout sthg from the rooftops.

clairsemé, -e [klɛrsəme] *adj* [cheveux] thin; [arbres] scattered; [population] sparse.

clairvoyant, -e [klɛrvwajã, ãt] *adj* perceptive.

clamer [klame] *vt* to proclaim.

clameur [klamœr] *nf* clamour.

clan [klã] *nm* clan.

clandestin, -e [klãdɛstɛ̃, in] ◇ *adj* [journal, commerce] clandestine; [activité] covert. ◇ *nm, f* [étranger] illegal immigrant OU alien; [voyageur] stowaway.

clapier [klapje] *nm* [à lapins] hutch.

clapoter [klapɔte] *vi* [vagues] to lap.

claquage [klaka3] *nm* MÉD strain; **se faire un** ~ to pull OU to strain a muscle.

claque [klak] *nf* **-1.** [gifle] slap. **-2.** THÉÂTRE claque.

claquer [klake] ◇ *vt* **-1.** [fermer] to slam. **-2. faire** ~ [langue] to click; [doigts] to snap; [fouet] to crack. **-3.** *fam* [gifler] to slap. **-4.** *fam* [dépenser] to blow. ◇ *vi* [porte, volet] to bang.

claquettes [klakɛt] *nfpl* [danse] tap dancing (*U*).

clarifier [klarifje] *vt litt* & *fig* to clarify.

clarinette [klarinɛt] *nf* [instrument] clarinet.

clarté [klarte] *nf* **-1.** [lumière] brightness. **-2.** [netteté] clarity.

classe [klas] *nf* **-1.** [gén] class; ~ **touriste** economy class. **-2.** SCOL: **aller en** ~ to go to school; ~ **de neige** skiing

trip (*with school*); ~ **verte** field trip (*with school*). **-3.** MIL rank. **-4.** *loc*: **faire ses** ~**s** MIL to do one's training.

classé, -e [klase] *adj* [monument] listed.

classement [klasmã] *nm* **-1.** [rangement] filing. **-2.** [classification] classification. **-3.** [rang - SCOL] position; [- SPORT] placing. **-4.** [liste - SCOL] class list; [- SPORT] final placings (*pl*).

classer [klase] *vt* **-1.** [ranger] to file. **-2.** [plantes, animaux] to classify. **-3.** [cataloguer]: ~ **qqn** (**parmi**) to label sb (as). **-4.** [attribuer un rang à] to rank. ◆ **se classer** *vp* to be classed, to rank; **se** ~ **troisième** to come third.

classeur [klasœr] *nm* **-1.** [meuble] filing cabinet. **-2.** [d'écolier] ring binder.

classification [klasifikasjɔ̃] *nf* classification.

classique [klasik] ◇ *nm* **-1.** [auteur] classical author. **-2.** [œuvre] classic. ◇ *adj* **-1.** ART & MUS classical. **-2.** [sobre] classic. **-3.** [habituel] classic; **ça c'est l'histoire** ~! it's the usual story!

clause [kloz] *nf* clause.

claustrophobie [klostrɔfɔbi] *nf* claustrophobia.

clavecin [klavsɛ̃] *nm* harpsichord.

clavicule [klavikyl] *nf* collarbone.

clavier [klavje] *nm* keyboard.

clé, clef [kle] ◇ *nf* **-1.** [gén] key; **la** ~ **du mystère** the key to the mystery; **mettre qqn/qqch sous** ~ to lock sb/sthg up; ~ **de contact** AUTOM ignition key. **-2.** [outil]: ~ **anglaise** OU **à molette** adjustable spanner *Br* OU wrench *Am*, monkey wrench. **-3.** MUS [signe] clef; ~ **de sol/fa** treble/bass clef. ◇ *adj*: **industrie/rôle** ~ key industry/role. ◆ **clé de voûte** *nf litt* & *fig* keystone.

clémence [klemãs] *nf* **-1.** *sout* [indulgence] clemency. **-2.** *fig* [douceur] mildness.

clément, -e [klemã, ãt] *adj* **-1.** [indulgent] lenient. **-2.** *fig* [température] mild.

clémentine [klemãtin] *nf* clementine.

cleptomane → **kleptomane**.

clerc [klɛr] *nm* [assistant] clerk.

clergé [klɛrʒe] *nm* clergy.

cliché [kliʃe] *nm* **-1.** PHOT negative. **-2.** [banalité] cliché.

client, -e [kliã, ãt] *nm, f* **-1.** [de notaire, d'agence] client; [de médecin] patient. **-2.** [acheteur] customer. **-3.** [habitué] regular (customer).

clientèle [kliãtɛl] *nf* **-1.** [ensemble des clients] customers (*pl*); [de profession libérale] clientele. **-2.** [fait d'être client]:

accorder sa ~ à to give one's custom to.

cligner [kliɲe] *vi*: **~ de l'œil** to wink; **~ des yeux** to blink.

clignotant, -e [kliɲɔtɑ̃, ɑ̃t] *adj* [lumière] flickering. ◆ **clignotant** *nm* AUTOM indicator.

clignoter [kliɲɔte] *vi* **-1.** [yeux] to blink. **-2.** [lumière] to flicker.

climat [klima] *nm litt & fig* climate.

climatisation [klimatizasjɔ̃] *nf* air-conditioning.

climatisé, -e [klimatize] *adj* air-conditioned.

clin [klɛ̃] ◆ **clin d'œil** *nm*: **faire un ~ d'œil (à)** to wink (at); **en un ~ d'œil** in a flash.

clinique [klinik] ◇ *nf* clinic. ◇ *adj* clinical.

clip [klip] *nm* **-1.** [vidéo] pop video. **-2.** [boucle d'oreilles] clip-on earring.

cliquer [klike] *vi* INFORM to click.

cliqueter [klikte] *vi* **-1.** [pièces, clés, chaînes] to jingle, to jangle. **-2.** [verres] to clink.

clivage [klivaʒ] *nm fig* [division] division.

clochard, -e [klɔʃar, ard] *nm, f* tramp.

cloche [klɔʃ] ◇ *nf* **-1.** [d'église] bell. **-2.** *fam* [idiot] clot *Br*. ◇ *adj fam*: **ce qu'elle peut être ~, celle-là!** she can be a right idiot!

cloche-pied [klɔʃpje] ◆ **à cloche-pied** *loc adv* hopping; **sauter à ~** to hop.

clocher [klɔʃe] *nm* [d'église] church tower.

clochette [klɔʃɛt] *nf* **-1.** [petite cloche] (little) bell. **-2.** [de fleur] bell.

clodo [klɔdo] *nm fam* tramp.

cloison [klwazɔ̃] *nf* [mur] partition.

cloisonner [klwazɔne] *vt* [pièce, maison] to partition (off); *fig* to compartmentalize.

cloître [klwatr] *nm* cloister.

clopiner [klɔpine] *vi* to hobble along.

cloporte [klɔpɔrt] *nm* woodlouse.

cloque [klɔk] *nf* blister.

clore [klɔr] *vt* to close; [négociations] to conclude.

clos, -e [klo, kloz] ◇ *pp* → **clore**. ◇ *adj* closed.

clôture [klotyr] *nf* **-1.** [haie] hedge; [de fil de fer] fence. **-2.** [fermeture] closing, closure. **-3.** [fin] end, conclusion.

clôturer [klotyre] *vt* **-1.** [terrain] to enclose. **-2.** [négociation] to close, to conclude.

clou [klu] *nm* **-1.** [pointe] nail; **~ de gi-**

rofle CULIN clove. **-2.** [attraction] highlight.

clouer [klue] *vt* [fixer - couvercle, planche] to nail (down); [- tableau, caisse] to nail (up); *fig* [immobiliser]: **rester cloué sur place** to be rooted to the spot.

clouté, -e [klute] *adj* [vêtement] studded.

clown [klun] *nm* clown; **faire le ~** to clown around, to act the fool.

club [klœb] *nm* club.

cm (*abr de* **centimètre**) cm.

CM *nm* (*abr de* **cours moyen**): **~1** fourth year of primary school; **~2** fifth year of primary school.

CNAM [knam] (*abr de* **Conservatoire national des arts et métiers**) *nm science and technology school in Paris*.

CNRS (*abr de* **Centre national de la recherche scientifique**) *nm national scientific research organization*.

coaguler [kɔagyle] *vi* **-1.** [sang] to clot. **-2.** [lait] to curdle.

coalition [kɔalisjɔ̃] *nf* coalition.

coasser [kɔase] *vi* [grenouille] to croak.

cobaye [kɔbaj] *nm litt & fig* guinea pig.

cobra [kɔbra] *nm* cobra.

Coca® [kɔka] *nm* [boisson] Coke®.

cocaïne [kɔkain] *nf* cocaine.

cocaïnomane [kɔkainɔman] *nmf* cocaine addict.

cocarde [kɔkard] *nf* **-1.** [insigne] roundel. **-2.** [distinction] rosette.

cocardier, -ière [kɔkardje, jɛr] *adj* [chauvin] jingoistic.

cocasse [kɔkas] *adj* funny.

coccinelle [kɔksinɛl] *nf* **-1.** [insecte] ladybird *Br*, ladybug *Am*. **-2.** [voiture] Beetle.

coccyx [kɔksis] *nm* coccyx.

cocher[1] [kɔʃe] *nm* coachman.

cocher[2] [kɔʃe] *vt* to tick (off) *Br*, to check (off) *Am*.

cochon, -onne [kɔʃɔ̃, ɔn] ◇ *adj* dirty, smutty. ◇ *nm, f fam péj* pig; **un tour de ~** a dirty trick. ◆ **cochon** *nm* pig.

cochonnerie [kɔʃɔnri] *nf fam* **-1.** [nourriture] muck (*U*). **-2.** [chose] rubbish (*U*). **-3.** [saleté] mess (*U*). **-4.** [obscénité] dirty joke, smut (*U*).

cochonnet [kɔʃɔne] *nm* JEU jack.

cocktail [kɔktɛl] *nm* **-1.** [réception] cocktail party. **-2.** [boisson] cocktail. **-3.** *fig* [mélange] mixture.

coco [kɔko] *nm* **-1.** → **noix**. **-2.** *péj* [communiste] commie.

cocon [kɔkɔ̃] *nm* ZOOL & *fig* cocoon.

cocorico [kɔkɔriko] *nm* [du coq] cock-a-doodle-doo.

cocotier [kɔkɔtje] *nm* coconut tree.

cocotte [kɔkɔt] *nf* -1. [marmite] casserole (dish). -2. [poule] hen. -3. *péj* [courtisane] tart.

Cocotte-Minute® [kɔkɔtminyt] *nf* pressure cooker.

cocu, -e [kɔky] *nm, f & adj fam* cuckold.

code [kɔd] *nm* -1. [gén] code; ~ **barres** bar code; ~ **pénal** penal code; ~ **postal** postcode *Br*, zip code *Am*; ~ **de la route** highway code. -2. [phares] dipped headlights (*pl*).

coder [kɔde] *vt* to code.

coefficient [kɔefisjɑ̃] *nm* coefficient.

coéquipier, -ière [kɔekipje, jɛr] *nm, f* teammate.

cœur [kœr] *nm* heart; **au ~ de l'hiver** in the depths of winter; **au ~ de l'été** at the height of summer; **au ~ du conflit** at the height of the conflict; **de bon ~** willingly; **de tout son ~** with all one's heart; **apprendre par ~** to learn by heart; **avoir bon ~** to be kind-hearted; **avoir mal au ~** to feel sick; **s'en donner à ~ joie** [prendre beaucoup de plaisir] to have a whale of a time; **manquer de ~, ne pas avoir de ~** to be heartless; **soulever le ~ à qqn** to make sb feel sick.

coexister [kɔɛgziste] *vi* to coexist.

coffre [kɔfr] *nm* -1. [meuble] chest. -2. [de voiture] boot *Br*, trunk *Am*. -3. [coffre-fort] safe.

coffre-fort [kɔfrəfɔr] *nm* safe.

coffret [kɔfrɛ] *nm* -1. [petit coffre] casket; ~ **à bijoux** jewellery box. -2. [de disques] boxed set.

cogner [kɔɲe] *vi* -1. [heurter] to bang. -2. *fam* [donner des coups] to hit. -3. [soleil] to beat down. ◆ **se cogner** *vp* [se heurter] to bump o.s.; **se ~ à** OU **contre qqch** to bump into sthg; **se ~ la tête/le genou** to hit one's head/knee.

cohabiter [kɔabite] *vi* -1. [habiter ensemble] to live together. -2. POLIT to cohabit.

cohérence [kɔerɑ̃s] *nf* consistency, coherence.

cohérent, -e [kɔerɑ̃, ɑ̃t] *adj* -1. [logique] consistent, coherent. -2. [unifié] coherent.

cohésion [kɔezjɔ̃] *nf* cohesion.

cohorte [kɔɔrt] *nf* [groupe] troop.

cohue [kɔy] *nf* -1. [foule] crowd. -2. [bousculade] crush.

coi, coite [kwa, kwat] *adj*: **rester ~** *sout* to remain silent.

coiffe [kwaf] *nf* headdress.

coiffé, -e [kwafe] *adj*: **être bien/mal ~** to have tidy/untidy hair; **être ~ d'une casquette** to be wearing a cap.

coiffer [kwafe] *vt* -1. [mettre sur la tête]: ~ **qqn de qqch** to put sthg on sb's head. -2. [les cheveux]: ~ **qqn** to do sb's hair. ◆ **se coiffer** *vp* -1. [les cheveux] to do one's hair. -2. [mettre sur sa tête]: **se ~ de** to wear, to put on.

coiffeur, -euse [kwafœr, øz] *nm, f* hairdresser. ◆ **coiffeuse** *nf* [meuble] dressing table.

coiffure [kwafyr] *nf* -1. [chapeau] hat. -2. [cheveux] hairstyle.

coin [kwɛ̃] *nm* -1. [angle] corner; **au ~ du feu** by the fireside. -2. [parcelle, endroit] place, spot; **dans le ~** in the area; **un ~ de ciel bleu** a patch of blue sky; ~ **cuisine** kitchen area; **le petit ~** *fam* the little boys'/girls' room. -3. [outil] wedge.

coincer [kwɛ̃se] *vt* -1. [bloquer] to jam. -2. *fam* [prendre] to nab; *fig* to catch out. -3. [acculer] to corner, to trap.

coïncidence [kɔɛ̃sidɑ̃s] *nf* coincidence.

coïncider [kɔɛ̃side] *vi* to coincide.

coing [kwɛ̃] *nm* [fruit] quince.

coït [kɔit] *nm* coitus.

col [kɔl] *nm* -1. [de vêtement] collar; ~ **roulé** polo neck *Br*, turtleneck *Am*. -2. [partie étroite] neck. -3. ANAT: ~ **du fémur** neck of the thighbone OU femur; ~ **de l'utérus** cervix, neck of the womb. -4. GÉOGR pass.

coléoptère [kɔleɔptɛr] *nm* beetle.

colère [kɔlɛr] *nf* -1. [irritation] anger; **être/se mettre en ~** to be/get angry; **piquer une ~** to fly into a rage. -2. [accès d'humeur] fit of anger OU rage.

coléreux, -euse [kɔlerø, øz], **colérique** [kɔlerik] *adj* [tempérament] fiery; [personne] quick-tempered.

colimaçon [kɔlimasɔ̃] ◆ **en colimaçon** *loc adv* spiral.

colique [kɔlik] *nf* -1. (*gén pl*) [douleur] colic (*U*). -2. [diarrhée] diarrhoea.

colis [kɔli] *nm* parcel.

collaborateur, -trice [kɔlabɔratœr, tris] *nm, f* -1. [employé] colleague. -2. HIST collaborator.

collaboration [kɔlabɔrasjɔ̃] *nf* collaboration.

collaborer [kɔlabɔre] *vi* -1. [coopérer, sous l'Occupation] to collaborate. -2. [participer]: ~ **à** to contribute to.

collant, -e [kɔlɑ̃, ɑ̃t] *adj* -1. [substance] sticky. -2. *fam* [personne] clinging, clingy. ◆ **collant** *nm* tights (*pl*) *Br*, panty hose (*U*) *Am*.

colle [kɔl] *nf* **-1.** [substance] glue. **-2.** [question] poser. **-3.** [SCOL - interrogation] test; [- retenue] detention.

collecte [kɔlɛkt] *nf* collection.

collectif, -ive [kɔlɛktif, iv] *adj* **-1.** [responsabilité, travail] collective. **-2.** [billet, voyage] group (*avant n*). ◆ **collectif** *nm* **-1.** [équipe] team. **-2.** LING collective noun. **-3.** FIN: ~ **budgétaire** collection of budgetary measures.

collection [kɔlɛksjɔ̃] *nf* **-1.** [d'objets, de livres, de vêtements] collection; **faire la** ~ **de** to collect. **-2.** COMM line.

collectionner [kɔlɛksjɔne] *vt litt* & *fig* to collect.

collectionneur, -euse [kɔlɛksjɔnœr, øz] *nm, f* collector.

collectivité [kɔlɛktivite] *nf* community; **les** ~**s locales** ADMIN the local communities.

collège [kɔlɛʒ] *nm* **-1.** SCOL ≃ secondary school. **-2.** [de personnes] college.

collégien, -ienne [kɔleʒjɛ̃, jɛn] *nm, f* schoolboy (*f* schoolgirl).

collègue [kɔlɛg] *nmf* colleague.

coller [kɔle] ◇ *vt* **-1.** [fixer - affiche] to stick (up); [- timbre] to stick. **-2.** [appuyer] to press. **-3.** *fam* [mettre] to stick, to dump. **-4.** SCOL to give (a) detention to, to keep behind. ◇ *vi* **-1.** [adhérer] to stick. **-2.** [être adapté]: ~ **à qqch** [vêtement] to cling to sthg; *fig* to fit in with sthg, to adhere to sthg. ◆ **se coller** *vp* [se plaquer]: **se** ~ **contre qqn/qqch** to press o.s. against sthg/sthg.

collerette [kɔlrɛt] *nf* [de vêtement] ruff.

collet [kɔlɛ] *nm* **-1.** [de vêtement] collar; **être** ~ **monté** [affecté, guindé] to be strait-laced. **-2.** [piège] snare.

collier [kɔlje] *nm* **-1.** [bijou] necklace. **-2.** [d'animal] collar. **-3.** [barbe] *fringe of beard along the jawline*.

colline [kɔlin] *nf* hill.

collision [kɔlizjɔ̃] *nf* [choc] collision, crash; **entrer en** ~ **avec** to collide with; *fig* [opposition] clash.

colloque [kɔlɔk] *nm* colloquium.

colmater [kɔlmate] *vt* **-1.** [fuite] to plug, to seal off. **-2.** [brèche] to fill, to seal.

colombe [kɔlɔ̃b] *nf* dove.

Colombie [kɔlɔ̃bi] *nf*: **la** ~ Colombia.

colon [kɔlɔ̃] *nm* settler.

côlon [kolɔ̃] *nm* colon.

colonel [kɔlɔnɛl] *nm* colonel.

colonial, -e, -iaux [kɔlɔnjal, jo] *adj* colonial.

colonialisme [kɔlɔnjalism] *nm* colonialism.

colonie [kɔlɔni] *nf* **-1.** [territoire] colony. **-2.** [d'expatriés] community; ~ **de vacances** holiday *Br* OU vacation *Am* camp (*for children*).

colonisation [kɔlɔnizasjɔ̃] *nf* colonization.

coloniser [kɔlɔnize] *vt litt* & *fig* to colonize.

colonne [kɔlɔn] *nf* column. ◆ **colonne vertébrale** *nf* spine, spinal column.

colorant, -e [kɔlɔrɑ̃, ɑ̃t] *adj* colouring. ◆ **colorant** *nm* colouring.

colorer [kɔlɔre] *vt* [teindre] to colour.

colorier [kɔlɔrje] *vt* to colour in.

coloris [kɔlɔri] *nm* shade.

colorisation [kɔlɔrizasjɔ̃] *nf* CIN colourization.

coloriser [kɔlɔrize] *vt* CIN to colourize.

colossal, -e, -aux [kɔlɔsal, o] *adj* colossal, huge.

colporter [kɔlpɔrte] *vt* [marchandise] to hawk; [information] to spread.

coma [kɔma] *nm* coma; **être dans le** ~ to be in a coma.

comateux, -euse [kɔmatø, øz] *adj* comatose.

combat [kɔ̃ba] *nm* **-1.** [bataille] battle, fight. **-2.** *fig* [lutte] struggle. **-3.** SPORT fight.

combatif, -ive [kɔ̃batif, iv] *adj* [humeur] fighting (*avant n*); [troupes] willing to fight.

combattant, -e [kɔ̃batɑ̃, ɑ̃t] *nm, f* [en guerre] combatant; [dans bagarre] fighter; **ancien** ~ veteran.

combattre [kɔ̃batr] ◇ *vt litt* & *fig* to fight (against). ◇ *vi* to fight.

combattu, -e [kɔ̃baty] *pp* → **combattre**.

combien [kɔ̃bjɛ̃] ◇ *conj* how much; ~ **de** [nombre] how many; [quantité] how much; ~ **de temps?** how long?; **ça fait** ~? [prix] how much is that?; [longueur, hauteur etc] how long/high *etc* is it? ◇ *adv* how (much). ◇ *nm inv*: **le** ~ **sommes-nous?** what date is it?; **tous les** ~? how often?

combinaison [kɔ̃binɛzɔ̃] *nf* **-1.** [d'éléments] combination. **-2.** [de femme] slip. **-3.** [vêtement - de mécanicien] boiler suit *Br*, overalls (*pl*) *Br*, overall *Am*; [- de ski] ski suit. **-4.** [de coffre] combination.

combine [kɔ̃bin] *nf fam* trick.

combiné [kɔ̃bine] *nm* receiver.

combiner [kɔ̃bine] *vt* **-1.** [arranger] to combine. **-2.** [organiser] to devise. ◆ **se combiner** *vp* to turn out.

comble [kɔ̃bl] ◇ *nm* height; **c'est un** OU **le ~!** that beats everything! ◇ *adj* packed. ◆ **combles** *nmpl* attic (*sg*), loft (*sg*).

combler [kɔ̃ble] *vt* **-1.** [gâter]: **~ qqn de** to shower sb with. **-2.** [boucher] to fill in. **-3.** [déficit] to make good; [lacune] to fill.

combustible [kɔ̃bystibl] ◇ *nm* fuel. ◇ *adj* combustible.

combustion [kɔ̃bystjɔ̃] *nf* combustion.

comédie [kɔmedi] *nf* **-1.** CIN & THÉÂTRE comedy; **~ musicale** musical. **-2.** [complication] palaver.

comédien, -ienne [kɔmedjɛ̃, jɛn] *nm, f* [acteur] actor (*f* actress); *fig* & *péj* sham.

comestible [kɔmɛstibl] *adj* edible.

comète [kɔmɛt] *nf* comet.

comique [kɔmik] ◇ *nm* THÉÂTRE comic actor. ◇ *adj* **-1.** [style] comic. **-2.** [drôle] comical, funny.

comité [kɔmite] *nm* committee; **~ d'entreprise** works council (*also organizing leisure activities*).

commandant [kɔmɑ̃dɑ̃] *nm* commander.

commande [kɔmɑ̃d] *nf* **-1.** [de marchandises] order; **passer une ~** to place an order; **sur ~** to order; **disponible sur ~** available on request. **-2.** TECHNOL control. **-3.** INFORM command; **~ numérique** digital control.

commander [kɔmɑ̃de] ◇ *vt* **-1.** MIL to command. **-2.** [contrôler] to operate, to control. **-3.** COMM to order. ◇ *vi* to be in charge; **~ à qqn de faire qqch** to order sb to do sthg.

commanditer [kɔmɑ̃dite] *vt* **-1.** [entreprise] to finance. **-2.** [meurtre] to put up the money for.

commando [kɔmɑ̃do] *nm* commando (unit).

comme [kɔm] ◇ *conj* **-1.** [introduisant une comparaison] like; **il sera médecin ~ son père** he'll become a doctor (just) like his father. **-2.** [exprimant la manière] as; **fais ~ il te plaira** do as you wish; **~ prévu/convenu** as planned/agreed; **~ bon vous semble** as you think best. **-3.** [tel que] like, such as; **les arbres ~ le marronnier** trees such as OU like the chestnut. **-4.** [en tant que] as. **-5.** [ainsi que]: **les filles ~ les garçons iront jouer au foot** both girls and boys will play football; **l'un ~ l'autre sont très gentils** the one is as kind as the other, they are equally kind. **-6.** [introduisant une cause] as, since; **~ il pleuvait nous**

sommes rentrés as it was raining we went back. ◇ *adv* [marquant l'intensité] how; **~ tu as grandi!** how you've grown!; **~ c'est difficile!** it's so difficult!; **regarde ~ il nage bien!** (just) look what a good swimmer he is!, (just) look how well he swims!

commémoration [kɔmemɔrasjɔ̃] *nf* commemoration.

commémorer [kɔmemɔre] *vt* to commemorate.

commencement [kɔmɑ̃smɑ̃] *nm* beginning, start.

commencer [kɔmɑ̃se] ◇ *vt* [entreprendre] to begin, to start; [être au début de] to begin. ◇ *vi* to start, to begin; **~ à faire qqch** to begin OU start to do sthg, to begin OU start doing sthg; **~ par faire qqch** to begin OU start by doing sthg.

comment [kɔmɑ̃] ◇ *adv* how; **~?** what?; **~ ça va?** how are you?; **~ cela?** how come? ◇ *nm inv* → **pourquoi**.

commentaire [kɔmɑ̃tɛr] *nm* **-1.** [explication] commentary. **-2.** [observation] comment.

commentateur, -trice [kɔmɑ̃tatœr, tris] *nm, f* RADIO & TÉLÉ commentator.

commenter [kɔmɑ̃te] *vt* to comment on.

commérage [kɔmeraʒ] *nm péj* gossip (U).

commerçant, -e [kɔmɛrsɑ̃, ɑ̃t] ◇ *adj* [rue] shopping (*avant n*); [quartier] commercial; [personne] business-minded. ◇ *nm, f* shopkeeper.

commerce [kɔmɛrs] *nm* **-1.** [achat et vente] commerce, trade; **~ de gros/détail** wholesale/retail trade; **~ extérieur** foreign trade. **-2.** [magasin] business; **le petit ~** small shopkeepers (*pl*).

commercial, -e, -iaux [kɔmɛrsjal, jo] ◇ *adj* [entreprise, valeur] commercial; [politique] trade (*avant n*). ◇ *nm, f* marketing man (*f* woman).

commercialiser [kɔmɛrsjalize] *vt* to market.

commère [kɔmɛr] *nf péj* gossip.

commettre [kɔmɛtr] *vt* to commit.

commis, -e [kɔmi, iz] *pp* → **commettre**. ◆ **commis** *nm* assistant; **~ voyageur** commercial traveller.

commisération [kɔmizerasjɔ̃] *nf sout* commiseration.

commissaire [kɔmisɛr] *nm* commissioner; **~ de police** (police) superintendent *Br*.

commissaire-priseur [kɔmisɛrprizœr] *nm* auctioneer.

commissariat [kɔmisarja] *nm*: ~ de police police station.

commission [kɔmisjɔ̃] *nf* **-1.** [délégation] commission, committee. **-2.** [message] message. **-3.** [rémunération] commission. ◆ **commissions** *nfpl* shopping (*U*); **faire les ~s** to do the shopping.

commissure [kɔmisyr] *nf*: **la ~ des lèvres** the corner of the mouth.

commode [kɔmɔd] ◇ *nf* chest of drawers. ◇ *adj* **-1.** [pratique - système] convenient; [- outil] handy. **-2.** [aimable]: **pas ~** awkward.

commodité [kɔmɔdite] *nf* convenience.

commotion [kɔmosjɔ̃] *nf* MÉD shock; ~ cérébrale concussion.

commun, -e [kɔmœ̃, yn] *adj* **-1.** [gén] common; [- décision, effort] joint; [- salle] shared; **avoir qqch en ~** to have sthg in common; **faire qqch en ~** to do sthg together. **-2.** [courant] usual, common. ◆ **commune** *nf* town.

communal, -e, -aux [kɔmynal, o] *adj* [école] local; [bâtiments] council (*avant n*).

communauté [kɔmynote] *nf* **-1.** [groupe] community. **-2.** [de sentiments, d'idées] identity. ◆ **Communauté européenne** *nf*: **la Communauté européenne** the European Community.

commune → **commun.**

communément [kɔmynemɑ̃] *adv* commonly.

communiant, -e [kɔmynjɑ̃, ɑ̃t] *nm, f* communicant; **premier ~** child taking first communion.

communication [kɔmynikasjɔ̃] *nf* **-1.** [gén] communication. **-2.** TÉLÉCOM: ~ (téléphonique) (phone) call; **être en ~ avec qqn** to be talking to sb; **obtenir la ~** to get through; **recevoir/prendre une ~** to receive/take a (phone) call; ~ **interurbaine** long-distance (phone) call.

communier [kɔmynje] *vi* RELIG to take communion.

communion [kɔmynjɔ̃] *nf* RELIG communion.

communiqué [kɔmynike] *nm* communiqué; ~ **de presse** press release.

communiquer [kɔmynike] *vt*: ~ **qqch à** [information, sentiment] to pass on OU communicate sthg to; [chaleur] to transmit sthg to.

communisme [kɔmynism] *nm* communism.

communiste [kɔmynist] *nmf & adj* communist.

commutateur [kɔmytatœr] *nm* switch.

compact, -e [kɔ̃pakt] *adj* **-1.** [épais, dense] dense. **-2.** [petit] compact. ◆ **compact** *nm* [disque laser] compact disc, CD.

compagne → **compagnon.**

compagnie [kɔ̃paɲi] *nf* **-1.** [gén & COMM] company; **tenir ~ à qqn** to keep sb company; **en ~ de** in the company of. **-2.** [assemblée] gathering.

compagnon [kɔ̃paɲɔ̃], **compagne** [kɔ̃paɲ] *nm, f* companion. ◆ **compagnon** *nm* HIST journeyman.

comparable [kɔ̃parabl] *adj* comparable.

comparaison [kɔ̃parɛzɔ̃] *nf* [parallèle] comparison; **en ~ de, par ~ avec** compared with, in OU by comparison with.

comparaître [kɔ̃parɛtr] *vi* JUR: ~ **(devant)** to appear (before).

comparatif, -ive [kɔ̃paratif, iv] *adj* comparative.

comparé, -e [kɔ̃pare] *adj* comparative; [mérites] relative.

comparer [kɔ̃pare] *vt* **-1.** [confronter]: ~ **(avec)** to compare (with). **-2.** [assimiler]: ~ **qqch à** to compare OU liken sthg to.

comparse [kɔ̃pars] *nmf péj* stooge.

compartiment [kɔ̃partimɑ̃] *nm* compartment.

comparu, -e [kɔ̃pary] *pp* → **comparaître.**

comparution [kɔ̃parysjɔ̃] *nf* JUR appearance.

compas [kɔ̃pa] *nm* **-1.** [de dessin] pair of compasses, compasses (*pl*). **-2.** NAVIG compass.

compassion [kɔ̃pasjɔ̃] *nf* sout compassion.

compatible [kɔ̃patibl] *adj*: ~ **(avec)** compatible (with).

compatir [kɔ̃patir] *vi*: ~ **(à)** to sympathize (with).

compatriote [kɔ̃patrijɔt] *nmf* compatriot, fellow countryman (*f* countrywoman).

compensation [kɔ̃pɑ̃sasjɔ̃] *nf* [dédommagement] compensation.

compensé, -e [kɔ̃pɑ̃se] *adj* built-up.

compenser [kɔ̃pɑ̃se] *vt* to compensate OU make up for.

compétence [kɔ̃petɑ̃s] *nf* **-1.** [qualification] skill, ability. **-2.** JUR competence;

cela n'entre pas dans mes ~s that's outside my scope.

compétent, -e [kɔ̃petɑ̃, ɑ̃t] *adj* **-1.** [capable] capable, competent. **-2.** ADMIN & JUR competent; **les autorités ~es** the relevant authorities.

compétitif, -ive [kɔ̃petitif, iv] *adj* competitive.

compétition [kɔ̃petisjɔ̃] *nf* competition; **faire de la ~** to go in for competitive sport.

complainte [kɔ̃plɛ̃t] *nf* lament.

complaisant, -e [kɔ̃plɛzɑ̃, ɑ̃t] *adj* **-1.** [aimable] obliging, kind. **-2.** [indulgent] indulgent.

complément [kɔ̃plemɑ̃] *nm* **-1.** [gén & GRAM] complement. **-2.** [reste] remainder.

complémentaire [kɔ̃plemɑ̃tɛr] *adj* **-1.** [supplémentaire] supplementary. **-2.** [caractères, couleurs] complementary.

complet, -ète [kɔ̃plɛ, ɛt] *adj* **-1.** [gén] complete. **-2.** [plein] full. ◆ **complet (-veston)** *nm* suit.

complètement [kɔ̃plɛtmɑ̃] *adv* **-1.** [vraiment] absolutely, totally. **-2.** [entièrement] completely.

compléter [kɔ̃plete] *vt* [gén] to complete, to complement; [somme d'argent] to make up.

complexe [kɔ̃plɛks] ◇ *nm* **-1.** PSYCHOL complex; **~ d'infériorité/de supériorité** inferiority/superiority complex. **-2.** [ensemble] complex. ◇ *adj* complex, complicated.

complexé, -e [kɔ̃plɛkse] *adj* hung up, mixed up.

complexifier [kɔ̃plɛksifje] *vt* to make (more) complex.

complexité [kɔ̃plɛksite] *nf* complexity.

complication [kɔ̃plikasjɔ̃] *nf* intricacy, complexity. ◆ **complications** *nfpl* complications.

complice [kɔ̃plis] ◇ *nmf* accomplice. ◇ *adj* [sourire, regard, air] knowing.

complicité [kɔ̃plisite] *nf* complicity.

compliment [kɔ̃plimɑ̃] *nm* compliment.

complimenter [kɔ̃plimɑ̃te] *vt* to compliment.

compliqué, -e [kɔ̃plike] *adj* [problème] complex, complicated; [personne] complicated.

compliquer [kɔ̃plike] *vt* to complicate.

complot [kɔ̃plo] *nm* plot.

comploter [kɔ̃plɔte] *vt & vi litt & fig* to plot.

comportement [kɔ̃pɔrtəmɑ̃] *nm* behaviour.

comportemental, -e, -aux [kɔ̃pɔrtəmɑ̃tal, o] *adj* behavioural *Br*.

comporter [kɔ̃pɔrte] *vt* **-1.** [contenir] to include, to contain. **-2.** [être composé de] to consist of, to be made up of. ◆ **se comporter** *vp* to behave.

composant, -e [kɔ̃pozɑ̃, ɑ̃t] *adj* constituent, component. ◆ **composant** *nm* component. ◆ **composante** *nf* component.

composé, -e [kɔ̃poze] *adj* compound. ◆ **composé** *nm* **-1.** [mélange] combination. **-2.** CHIM & LING compound.

composer [kɔ̃poze] ◇ *vt* **-1.** [constituer] to make up, to form. **-2.** [créer - musique] to compose, to write. **-3.** [numéro de téléphone] to dial. ◇ *vi* to compromise. ◆ **se composer** *vp* [être constitué]: **se ~ de** to be composed of, to be made up of.

composite [kɔ̃pozit] *adj* **-1.** [disparate - mobilier] assorted, of various types; [- foule] heterogeneous. **-2.** [matériau] composite.

compositeur, -trice [kɔ̃pozitœr, tris] *nm, f* **-1.** MUS composer. **-2.** TYPO typesetter.

composition [kɔ̃pozisjɔ̃] *nf* **-1.** [gén] composition; [de roman] writing, composition. **-2.** SCOL test. **-3.** [caractère]: **être de bonne ~** to be good-natured.

composter [kɔ̃pɔste] *vt* [ticket, billet] to date-stamp.

compote [kɔ̃pɔt] *nf* compote; **~ de pommes** stewed apple.

compréhensible [kɔ̃preɑ̃sibl] *adj* [texte, parole] comprehensible; *fig* [réaction] understandable.

compréhensif, -ive [kɔ̃preɑ̃sif, iv] *adj* understanding.

compréhension [kɔ̃preɑ̃sjɔ̃] *nf* **-1.** [de texte] comprehension, understanding. **-2.** [indulgence] understanding.

comprendre [kɔ̃prɑ̃dr] *vt* **-1.** [gén] to understand; **je comprends!** I see!; **se faire ~** to make o.s. understood; **mal ~** to misunderstand. **-2.** [comporter] to comprise, to consist of. **-3.** [inclure] to include.

compresse [kɔ̃prɛs] *nf* compress.

compresseur [kɔ̃presœr] → **rouleau**.

compression [kɔ̃presjɔ̃] *nf* [de gaz] compression; *fig* cutback, reduction.

comprimé, -e [kɔ̃prime] *adj* compressed. ◆ **comprimé** *nm* tablet; **~ effervescent** effervescent tablet.

comprimer [kɔ̃prime] *vt* **-1.** [gaz, vapeur]

to compress. **-2.** [personnes]: **être comprimés dans** to be packed into.

compris, -e [kɔ̃pri, iz] ◇ *pp* → **comprendre.** ◇ *adj* **-1.** [situé] lying, contained. **-2.** [inclus]: **charges (non) ~es** (not) including bills, bills (not) included; **tout ~** all inclusive, all in; **y ~** including.

compromettre [kɔ̃prɔmetr] *vt* to compromise.

compromis, -e [kɔ̃prɔmi, iz] *pp* → **compromettre.** ◆ **compromis** *nm* compromise.

compromission [kɔ̃prɔmisjɔ̃] *nf péj* base action.

comptabilité [kɔ̃tabilite] *nf* [comptes] accounts (*pl*); [service]: **la ~** accounts, the accounts department.

comptable [kɔ̃tabl] *nmf* accountant.

comptant [kɔ̃tɑ̃] *adv*: **payer** OU **régler ~** to pay cash. ◆ **au comptant** *loc adv*: **payer au ~** to pay cash.

compte [kɔ̃t] *nm* **-1.** [action] count, counting (*U*); [total] number; **~ à rebours** countdown. **-2.** BANQUE, COMM & COMPTABILITÉ account; **ouvrir un ~** to open an account; **~ bancaire** OU **en banque** bank account; **~ courant** current account, checking account *Am*; **~ créditeur** account in credit; **~ débiteur** overdrawn account; **~ de dépôt** deposit account; **~ d'épargne** savings account; **~ d'exploitation** operating account; **~ postal** post office account. **-3.** *loc*: **avoir son ~** to have had enough; **être/se mettre à son ~** to be/ become self-employed; **prendre qqch en ~, tenir ~ de qqch** to take sthg into account; **se rendre ~ de qqch** to realize sthg; **s'en tirer à bon ~** to get off lightly; **tout ~ fait** all things considered. ◆ **comptes** *nmpl* accounts; **faire ses ~s** to do one's accounts.

compte-chèques, compte chèques [kɔ̃tʃɛk] *nm* current account, checking account *Am*.

compte-gouttes [kɔ̃tgut] *nm inv* dropper.

compter [kɔ̃te] ◇ *vt* **-1.** [dénombrer] to count. **-2.** [avoir l'intention de]: **~ faire qqch** to intend to do sthg, to plan to do sthg. ◇ *vi* **-1.** [calculer] to count. **-2.** [être important] to count, to matter; **~ pour** to count for. **-3.** **~ sur** [se fier à] to rely OU count on. ◆ **sans compter que** *loc conj* besides which.

compte rendu, compte-rendu [kɔ̃trɑ̃dy] *nm* report, account.

compteur [kɔ̃tœr] *nm* meter.

comptine [kɔ̃tin] *nf* nursery rhyme.

comptoir [kɔ̃twar] *nm* **-1.** [de bar] bar; [de magasin] counter. **-2.** HIST trading post. **-3.** *Helv* [foire] trade fair.

compulser [kɔ̃pylse] *vt* to consult.

comte [kɔ̃t] *nm* count.

comtesse [kɔ̃tɛs] *nf* countess.

con, conne [kɔ̃, kɔn] *tfam* ◇ *adj* bloody *Br* OU damned stupid. ◇ *nm, f* stupid bastard (*f* bitch).

concave [kɔ̃kav] *adj* concave.

concéder [kɔ̃sede] *vt*: **~ qqch à** [droit, terrain] to grant sthg to; [point, victoire] to concede sthg to; **~ que** to admit (that), to concede (that).

concentration [kɔ̃sɑ̃trasjɔ̃] *nf* concentration.

concentré, -e [kɔ̃sɑ̃tre] *adj* **-1.** [gén] concentrated. **-2.** [personne]: **elle était très ~e** she was concentrating hard. **-3.** → **lait.** ◆ **concentré** *nm* concentrate.

concentrer [kɔ̃sɑ̃tre] *vt* to concentrate. ◆ **se concentrer** *vp* **-1.** [se rassembler] to be concentrated. **-2.** [personne] to concentrate.

concentrique [kɔ̃sɑ̃trik] *adj* concentric.

concept [kɔ̃sɛpt] *nm* concept.

conception [kɔ̃sɛpsjɔ̃] *nf* **-1.** [gén] conception. **-2.** [d'un produit, d'une campagne] design, designing (*U*).

concernant [kɔ̃sɛrnɑ̃] *prép* regarding, concerning.

concerner [kɔ̃sɛrne] *vt* to concern; **être/se sentir concerné par qqch** to be/feel concerned by sthg; **en ce qui me concerne** as far as I'm concerned.

concert [kɔ̃sɛr] *nm* MUS concert.

concertation [kɔ̃sɛrtasjɔ̃] *nf* consultation.

concerter [kɔ̃sɛrte] *vt* [organiser] to devise (jointly). ◆ **se concerter** *vp* to consult (each other).

concerto [kɔ̃sɛrto] *nm* concerto.

concession [kɔ̃sesjɔ̃] *nf* **-1.** [compromis & GRAM] concession. **-2.** [autorisation] rights (*pl*), concession.

concessionnaire [kɔ̃sesjɔnɛr] *nmf* **-1.** [automobile] (car) dealer. **-2.** [qui possède une franchise] franchise holder.

concevable [kɔ̃səvabl] *adj* conceivable.

concevoir [kɔ̃səvwar] *vt* **-1.** [enfant, projet] to conceive. **-2.** [comprendre] to conceive of; **je ne peux pas ~ comment/pourquoi** I cannot conceive how/why.

concierge [kɔ̃sjɛrʒ] *nmf* caretaker, concierge.

conciliation [kɔ̃siljasjɔ̃] *nf* **-1.** [règlement d'un conflit] reconciliation, reconciling. **-2.** [accord & JUR] conciliation.

concilier [kɔ̃silje] *vt* [mettre d'accord, allier] to reconcile; ~ qqch et OU avec qqch to reconcile sthg with sthg.

concis, -e [kɔ̃si, iz] *adj* [style, discours] concise; [personne] terse.

concision [kɔ̃sizjɔ̃] *nf* conciseness, concision.

concitoyen, -yenne [kɔ̃sitwajɛ̃, jɛn] *nm, f* fellow citizen.

conclu, -e [kɔ̃kly] *pp* → conclure.

concluant, -e [kɔ̃klyã, ãt] *adj* [convaincant] conclusive.

conclure [kɔ̃klyr] ◇ *vt* to conclude; en ~ que to deduce (that). ◇ *vi:* ~ à qqch to conclude (that); les experts ont conclu à la folie the experts concluded he/she was mad; le tribunal a conclu au suicide the court returned a verdict of suicide.

conclusion [kɔ̃klyzjɔ̃] *nf* **-1.** [gén] conclusion. **-2.** [partie finale] close.

concombre [kɔ̃kɔ̃br] *nm* cucumber.

concordance [kɔ̃kɔrdãs] *nf* [conformité] agreement; ~ des temps GRAM sequence of tenses.

concorder [kɔ̃kɔrde] *vi* **-1.** [coïncider] to agree, to coincide. **-2.** [être en accord]: ~ (avec) to be in accordance (with).

concourir [kɔ̃kurir] *vi* **-1.** [contribuer]: ~ à to work towards. **-2.** [participer à un concours] to compete.

concours [kɔ̃kur] *nm* **-1.** [examen] competitive examination. **-2.** [compétition] competition, contest. **-3.** [coïncidence]: ~ de circonstances combination of circumstances.

concret, -ète [kɔ̃krɛ, ɛt] *adj* concrete.

concrétiser [kɔ̃kretize] *vt* [projet] to give shape to; [rêve, espoir] to give solid form to. ◆ se concrétiser *vp* [projet] to take shape; [rêve, espoir] to materialize.

conçu, -e [kɔ̃sy] *pp* → concevoir.

concubinage [kɔ̃kybinaʒ] *nm* living together, cohabitation.

concupiscent, -e [kɔ̃kypisã, ãt] *adj* concupiscent.

concurremment [kɔ̃kyramã] *adv* jointly.

concurrence [kɔ̃kyrãs] *nf* **-1.** [rivalité] rivalry. **-2.** ÉCON competition.

concurrent, -e [kɔ̃kyrã, ãt] ◇ *adj* rival, competing. ◇ *nm, f* competitor.

concurrentiel, -ielle [kɔ̃kyrãsjɛl] *adj* competitive.

condamnation [kɔ̃danasjɔ̃] *nf* **-1.** JUR sentence. **-2.** [dénonciation] condemnation.

condamné, -e [kɔ̃dane] *nm, f* convict, prisoner.

condamner [kɔ̃dane] *vt* **-1.** JUR: ~ qqn (à) to sentence sb (to); ~ qqn à une amende to fine sb. **-2.** *fig* [obliger]: ~ qqn à qqch to condemn sb to sthg. **-3.** [malade]: être condamné to be terminally ill. **-4.** [interdire] to forbid. **-5.** [blâmer] to condemn. **-6.** [fermer] to fill in, to block up.

condensation [kɔ̃dãsasjɔ̃] *nf* condensation.

condensé [kɔ̃dãse] ◇ *nm* summary. ◇ *adj* → lait.

condenser [kɔ̃dãse] *vt* to condense.

condescendant, -e [kɔ̃desãdã, ãt] *adj* condescending.

condiment [kɔ̃dimã] *nm* condiment.

condisciple [kɔ̃disipl] *nm* fellow student.

condition [kɔ̃disjɔ̃] *nf* **-1.** [gén] condition; se mettre en ~ [physiquement] to get into shape. **-2.** [place sociale] station; la ~ des ouvriers the workers' lot. ◆ conditions *nfpl* **-1.** [circonstances] conditions; ~s de vie living conditions; ~s atmosphériques atmospheric conditions. **-2.** [de paiement] terms. ◆ à condition de *loc prép* providing OU provided (that). ◆ à condition que *loc conj* (+ subjonctif) providing OU provided (that). ◆ sans conditions ◇ *loc adj* unconditional. ◇ *loc adv* unconditionally.

conditionné, -e [kɔ̃disjɔne] *adj* **-1.** [emballé] ~ sous vide vacuum-packed. **-2.** → air.

conditionnel, -elle [kɔ̃disjɔnɛl] *adj* conditional. ◆ conditionnel *nm* GRAM conditional.

conditionnement [kɔ̃disjɔnmã] *nm* **-1.** [action d'emballer] packaging, packing. **-2.** [emballage] package. **-3.** PSYCHOL & TECHNOL conditioning.

conditionner [kɔ̃disjɔne] *vt* **-1.** [déterminer] to govern. **-2.** PSYCHOL & TECHNOL to condition. **-3.** [emballer] to pack.

condoléances [kɔ̃dɔleãs] *nfpl* condolences.

conducteur, -trice [kɔ̃dyktœr, tris] ◇ *adj* conductive. ◇ *nm, f* [de véhicule] driver. ◆ conducteur *nm* ÉLECTR conductor.

conduire [kɔ̃dɥir] ◇ *vt* **-1.** [voiture, personne] to drive. **-2.** [transmettre] to conduct. **-3.** *fig* [diriger] to manage. **-4.** *fig* [à la ruine, au désespoir]: ~ **qqn à qqch** to drive sb to sthg. ◇ *vi* **-1.** AUTOM to drive. **-2.** [mener]: ~ **à** to lead to. ◆ **se conduire** *vp* to behave.

conduit, -e [kɔ̃dɥi, it] *pp* → **conduire**. ◆ **conduit** *nm* **-1.** [tuyau] conduit, pipe. **-2.** ANAT duct, canal. ◆ **conduite** *nf* **-1.** [pilotage d'un véhicule] driving; ~**e à droite/gauche** right-hand/left-hand drive. **-2.** [comportement] behaviour (*U*). **-3.** [canalisation]: ~**e de gaz/d'eau** gas/water main, gas/water pipe.

cône [kon] *nm* GÉOM cone.

confection [kɔ̃fɛksjɔ̃] *nf* **-1.** [réalisation] making. **-2.** [industrie] clothing industry.

confectionner [kɔ̃fɛksjɔne] *vt* to make.

confédération [kɔ̃federasjɔ̃] *nf* **-1.** [d'états] confederacy. **-2.** [d'associations] confederation.

conférence [kɔ̃ferɑ̃s] *nf* **-1.** [exposé] lecture. **-2.** [réunion] conference; ~ **de presse** press conference.

conférencier, -ière [kɔ̃ferɑ̃sje, jɛr] *nm, f* lecturer.

conférer [kɔ̃fere] *vt* [accorder]: ~ **qqch à qqn** to confer sthg on sb.

confesser [kɔ̃fese] *vt* **-1.** [avouer] to confess. **-2.** RELIG: ~ **qqn** to hear sb's confession. ◆ **se confesser** *vp* to go to confession.

confession [kɔ̃fesjɔ̃] *nf* confession.

confessionnal, -aux [kɔ̃fesjɔnal, o] *nm* confessional.

confetti [kɔ̃feti] *nm* confetti (*U*).

confiance [kɔ̃fjɑ̃s] *nf* confidence; **avoir ~ en** to have confidence OU faith in; **avoir ~ en soi** to be self-confident; **en toute ~** with complete confidence; **de ~** trustworthy; **faire ~ à qqn/qqch** to trust sb/sthg.

confiant, -e [kɔ̃fjɑ̃, ɑ̃t] *adj* [sans méfiance] trusting.

confidence [kɔ̃fidɑ̃s] *nf* confidence.

confident, -e [kɔ̃fidɑ̃, ɑ̃t] *nm, f* confidant (*f* confidante).

confidentiel, -ielle [kɔ̃fidɑ̃sjɛl] *adj* confidential.

confier [kɔ̃fje] *vt* **-1.** [donner]: ~ **qqn/ qqch à qqn** to entrust sb/sthg to sb. **-2.** [dire]: ~ **qqch à qqn** to confide sthg to sb. ◆ **se confier** *vp*: **se ~ à qqn** to confide in sb.

confiné, -e [kɔ̃fine] *adj* **-1.** [air] stale; [atmosphère] enclosed. **-2.** [enfermé] shut away.

confins [kɔ̃fɛ̃] ◆ **aux confins de** *loc prép* on the borders of.

confirmation [kɔ̃firmasjɔ̃] *nf* confirmation.

confirmer [kɔ̃firme] *vt* [certifier] to confirm. ◆ **se confirmer** *vp* to be confirmed.

confiscation [kɔ̃fiskasjɔ̃] *nf* confiscation.

confiserie [kɔ̃fizri] *nf* **-1.** [magasin] sweet shop *Br*, candy store *Am*, confectioner's. **-2.** [sucreries] sweets (*pl*) *Br*, candy (*U*) *Am*, confectionery (*U*).

confiseur, -euse [kɔ̃fizœr, øz] *nm, f* confectioner.

confisquer [kɔ̃fiske] *vt* to confiscate.

confiture [kɔ̃fityr] *nf* jam.

conflit [kɔ̃fli] *nm* **-1.** [situation tendue] clash, conflict. **-2.** [entre États] conflict.

confondre [kɔ̃fɔ̃dr] *vt* **-1.** [ne pas distinguer] to confuse. **-2.** [accusé] to confound. **-3.** [stupéfier] to astound.

confondu, -e [kɔ̃fɔ̃dy] *pp* → **confondre**.

conformation [kɔ̃fɔrmasjɔ̃] *nf* structure.

conforme [kɔ̃fɔrm] *adj*: ~ **à** in accordance with.

conformément [kɔ̃fɔrmemɑ̃] ◆ **conformément à** *loc prép* in accordance with.

conformer [kɔ̃fɔrme] *vt*: ~ **qqch à** to shape sthg according to. ◆ **se conformer** *vp*: **se ~ à** [s'adapter] to conform to; [obéir] to comply with.

conformiste [kɔ̃fɔrmist] ◇ *nmf* conformist. ◇ *adj* **-1.** [traditionaliste] conformist. **-2.** [Anglican] Anglican.

conformité [kɔ̃fɔrmite] *nf* [accord]: **être en ~ avec** to be in accordance with.

confort [kɔ̃fɔr] *nm* comfort; **tout ~** with all mod cons *Br*.

confortable [kɔ̃fɔrtabl] *adj* comfortable.

confrère [kɔ̃frɛr], **consœur** [kɔ̃sœr] *nm, f* colleague.

confrontation [kɔ̃frɔ̃tasjɔ̃] *nf* [face à face] confrontation.

confronter [kɔ̃frɔ̃te] *vt* [mettre face à face] to confront; *fig*: **être confronté à** to be confronted OU faced with.

confus, -e [kɔ̃fy, yz] *adj* **-1.** [indistinct, embrouillé] confused. **-2.** [gêné] embarrassed.

confusion [kɔ̃fyzjɔ̃] *nf* **-1.** [gén] confusion. **-2.** [embarras] confusion, embarrassment.

congé [kɔ̃ʒe] *nm* **-1.** [arrêt de travail] leave (*U*); ~ **(de) maladie** sick leave; ~ **de maternité** maternity leave. **-2.** [vacances] holiday *Br*, vacation *Am*; **en ~** on holiday; ~**s payés** paid holiday (*U*) OU holidays OU leave (*U*) *Br*, paid vacation Am; **une journée/semaine de** ~ a day/week off. **-3.** [renvoi] notice; **donner son** ~ **à qqn** to give sb his/her notice; **prendre** ~ **(de qqn)** *sout* to take one's leave (of sb).

congédier [kɔ̃ʒedje] *vt* to dismiss.

congé-formation [kɔ̃ʒefɔrmasjɔ̃] (*pl* **congés-formation**) *nm* training leave.

congélateur [kɔ̃ʒelatœr] *nm* freezer.

congeler [kɔ̃ʒle] *vt* to freeze.

congénital, -e, -aux [kɔ̃ʒenital, o] *adj* congenital.

congère [kɔ̃ʒɛr] *nf* snowdrift.

congestion [kɔ̃ʒɛstjɔ̃] *nf* congestion; ~ **pulmonaire** pulmonary congestion.

Congo [kɔ̃go] *nm*: **le** ~ the Congo.

congratuler [kɔ̃gratyle] *vt* to congratulate.

congrégation [kɔ̃gregasjɔ̃] *nf* congregation.

congrès [kɔ̃grɛ] *nm* [colloque] assembly.

conifère [kɔnifɛr] *nm* conifer.

conjecture [kɔ̃ʒɛktyr] *nf* conjecture.

conjecturer [kɔ̃ʒɛktyre] *vt & vi* to conjecture.

conjoint, -e [kɔ̃ʒwɛ̃, ɛ̃t] ◇ *adj* joint. ◇ *nm, f* spouse.

conjonction [kɔ̃ʒɔ̃ksjɔ̃] *nf* conjunction.

conjonctivite [kɔ̃ʒɔ̃ktivit] *nf* conjunctivitis (*U*).

conjoncture [kɔ̃ʒɔ̃ktyr] *nf* ÉCON situation, circumstances (*pl*).

conjugaison [kɔ̃ʒygɛzɔ̃] *nf* **-1.** [union] uniting. **-2.** GRAM conjugation.

conjugal, -e, -aux [kɔ̃ʒygal, o] *adj* conjugal.

conjuguer [kɔ̃ʒyge] *vt* **-1.** [unir] to combine. **-2.** GRAM to conjugate.

conjuration [kɔ̃ʒyrasjɔ̃] *nf* **-1.** [conspiration] conspiracy. **-2.** [exorcisme] exorcism.

connaissance [kɔnɛsɑ̃s] *nf* **-1.** [savoir] knowledge (*U*); **à ma** ~ to (the best of) my knowledge; **en** ~ **de cause** with full knowledge of the facts; **prendre** ~ **de qqch** to study sthg, to examine sthg. **-2.** [personne] acquaintance; **faire** ~ **(avec qqn)** to become acquainted (with sb); **faire la** ~ **de** to meet. **-3.** [conscience]: **perdre/reprendre** ~ to lose/regain consciousness.

connaisseur, -euse [kɔnɛsœr, øz] ◇ *adj* expert (*avant n*). ◇ *nm, f* connoisseur.

connaître [kɔnɛtr] *vt* **-1.** [gén] to know; ~ **qqn de nom/de vue** to know sb by name/sight. **-2.** [éprouver] to experience. ◆ **se connaître** *vp* **-1.** s'y ~ **en** [être expert] to know about; **il s'y**

connaît he knows what he's talking about/doing. **-2.** [soi-même] to know o.s. **-3.** [se rencontrer] to meet (each other); **ils se connaissent** they've met (each other).

connecter [kɔnɛkte] *vt* to connect.

connexion [kɔnɛksjɔ̃] *nf* connection.

connu, -e [kɔny] ◇ *pp* → **connaître.** ◇ *adj* [célèbre] well-known, famous.

conquérant, -e [kɔ̃kerɑ̃, ɑ̃t] ◇ *adj* conquering. ◇ *nm, f* conqueror.

conquérir [kɔ̃kerir] *vt* to conquer.

conquête [kɔ̃kɛt] *nf* conquest.

conquis, -e [kɔ̃ki, iz] *pp* → **conquérir.**

consacrer [kɔ̃sakre] *vt* **-1.** RELIG to consecrate. **-2.** [employer]: ~ **qqch à** to devote sthg to. ◆ **se consacrer** *vp*: ~ **à** to dedicate o.s. to, to devote o.s. to.

conscience [kɔ̃sjɑ̃s] *nf* **-1.** [connaissance & PSYCHOL] consciousness; **avoir** ~ **de qqch** to be aware of sthg. **-2.** [morale] conscience; **bonne/mauvaise** ~ clear/guilty conscience; ~ **professionnelle** professional integrity, conscientiousness.

consciencieux, -ieuse [kɔ̃sjɑ̃sjø, jøz] *adj* conscientious.

conscient, -e [kɔ̃sjɑ̃, ɑ̃t] *adj* conscious; **être** ~ **de qqch** [connaître] to be conscious of sthg.

conscription [kɔ̃skripsjɔ̃] *nf* conscription, draft Am.

conscrit [kɔ̃skri] *nm* conscript, recruit, draftee Am.

consécration [kɔ̃sekrasjɔ̃] *nf* **-1.** [reconnaissance] recognition; [de droit, coutume] establishment. **-2.** RELIG consecration.

consécutif, -ive [kɔ̃sekytif, iv] *adj* **-1.** [successif & GRAM] consecutive. **-2.** [résultant]: ~ **à** resulting from.

conseil [kɔ̃sɛj] *nm* **-1.** [avis] piece of advice, advice (*U*); **donner un** ~ OU **des** ~**s (à qqn)** to give (sb) advice. **-2.** [personne]: ~ **(en)** consultant (in). **-3.** [assemblée] council; ~ **d'administration** board of directors; ~ **de classe** staff meeting; ~ **de discipline** disciplinary committee.

conseiller¹ [kɔ̃seje] ◇ *vt* **-1.** [recommander] to advise; ~ **qqch à qqn** to recommend sthg to sb. **-2.** [guider] to advise, to counsel. ◇ *vi* [donner un conseil]: ~ **à qqn de faire qqch** to advise sb to do sthg.

conseiller², -ère [kɔ̃seje, ɛr] *nm, f* **-1.** [guide] counsellor. **-2.** [d'un conseil] councillor; ~ **municipal** town councillor *Br*, city councilman (*f* -woman) *Am*.

consensuel, -elle [kɔ̃sɑ̃sɥɛl] *adj*: **politique** ~**le** consensus politics.

consentement [kɔ̃sɑ̃tmɑ̃] *nm* consent.

consentir [kɔ̃sɑ̃tir] *vi*: ~ **à qqch** to consent to sthg.

conséquence [kɔ̃sekɑ̃s] *nf* consequence, result; **ne pas tirer à** ~ to be of no consequence.

conséquent, -e [kɔ̃sekɑ̃, ɑ̃t] *adj* -1. [cohérent] consistent. -2. [important] sizeable, considerable. ◆ **par conséquent** *loc adv* therefore, consequently.

conservateur, -trice [kɔ̃sɛrvatœr, tris] ◊ *adj* conservative. ◊ *nm, f* -1. POLIT conservative. -2. [administrateur] curator. ◆ **conservateur** *nm* preservative.

conservation [kɔ̃sɛrvasjɔ̃] *nf* -1. [état, entretien] preservation. -2. [d'aliment] preserving.

conservatoire [kɔ̃sɛrvatwar] *nm* academy; ~ **de musique** music college.

conserve [kɔ̃sɛrv] *nf* tinned *Br* OU canned food; **en** ~ [en boîte] tinned, canned; [en bocal] preserved, bottled.

conserver [kɔ̃sɛrve] *vt* -1. [garder, entretenir] to keep. -2. [entreposer - en boîte] to can; [- en bocal] to bottle.

considérable [kɔ̃siderabl] *adj* considerable.

considération [kɔ̃siderasjɔ̃] *nf* -1. [réflexion, motivation] consideration; **prendre qqch en** ~ to take sthg into consideration. -2. [estime] respect.

considérer [kɔ̃sidere] *vt* to consider; **tout bien considéré** all things considered.

consigne [kɔ̃siɲ] *nf* -1. (*gén pl*) [instruction] instructions (*pl*). -2. [entrepôt de bagages] left-luggage office *Br*, checkroom *Am*, baggage room *Am*; ~ **automatique** left-luggage lockers (*pl*). -3. [somme d'argent] deposit.

consigné, -e [kɔ̃siɲe] *adj* returnable.

consistance [kɔ̃sistɑ̃s] *nf* [solidité] consistency; *fig* substance.

consistant, -e [kɔ̃sistɑ̃, ɑ̃t] *adj* -1. [épais] thick. -2. [nourrissant] substantial. -3. [fondé] sound.

consister [kɔ̃siste] *vi*: ~ **en** to consist of; ~ **à faire qqch** to consist in doing sthg.

consœur → **confrère**.

consolation [kɔ̃sɔlasjɔ̃] *nf* consolation.

console [kɔ̃sɔl] *nf* -1. [table] console (table). -2. INFORM: ~ **de visualisation** VDU, visual display unit.

consoler [kɔ̃sɔle] *vt* [réconforter]: ~ **qqn (de qqch)** to comfort sb (in sthg).

consolider [kɔ̃sɔlide] *vt litt* & *fig* to strengthen.

consommateur, -trice [kɔ̃sɔmatœr, tris] *nm, f* [acheteur] consumer; [d'un bar] customer.

consommation [kɔ̃sɔmasjɔ̃] *nf* -1. [utilisation] consumption; **faire une grande** OU **grosse** ~ **de** to use (up) a lot of. -2. [boisson] drink.

consommé, -e [kɔ̃sɔme] *adj sout* consummate. ◆ **consommé** *nm* consommé.

consommer [kɔ̃sɔme] ◊ *vt* -1. [utiliser] to use (up). -2. [manger] to eat. -3. [énergie] to consume, to use. ◊ *vi* -1. [boire] to drink. -2. [voiture]: **cette voiture consomme beaucoup** this car uses a lot of fuel.

consonance [kɔ̃sɔnɑ̃s] *nf* consonance.

consonne [kɔ̃sɔn] *nf* consonant.

conspirateur, -trice [kɔ̃spiratœr, tris] *nm, f* conspirator.

conspiration [kɔ̃spirasjɔ̃] *nf* conspiracy.

conspirer [kɔ̃spire] ◊ *vt* [comploter] to plot. ◊ *vi* to conspire.

constamment [kɔ̃stamɑ̃] *adv* constantly.

constant, -e [kɔ̃stɑ̃, ɑ̃t] *adj* constant.

constat [kɔ̃sta] *nm* -1. [procès-verbal] report. -2. [constatation] established fact.

constatation [kɔ̃statasjɔ̃] *nf* -1. [révélation] observation. -2. [fait retenu] finding.

constater [kɔ̃state] *vt* -1. [se rendre compte de] to see, to note. -2. [consigner - fait, infraction] to record; [- décès, authenticité] to certify.

constellation [kɔ̃stelasjɔ̃] *nf* ASTRON constellation.

consternation [kɔ̃stɛrnasjɔ̃] *nf* dismay.

consterner [kɔ̃stɛrne] *vt* to dismay.

constipation [kɔ̃stipasjɔ̃] *nf* constipation.

constipé, -e [kɔ̃stipe] *adj* -1. MÉD constipated. -2. *fam fig* [manière, air] ill at ease.

constituer [kɔ̃stitɥe] *vt* -1. [élaborer] to set up. -2. [composer] to make up. -3. [représenter] to constitute.

constitution [kɔ̃stitɥsjɔ̃] *nf* -1. [création] setting up. -2. [de pays, de corps] constitution.

constructeur [kɔ̃stryktœr] *nm* -1. [fabricant] manufacturer; [de navire] shipbuilder. -2. [bâtisseur] builder.

construction [kɔ̃stryksjɔ̃] *nf* **-1.** IND building, construction; ~ **navale** ship-building. **-2.** [édifice] structure, building. **-3.** GRAM & *fig* construction.

construire [kɔ̃strɥir] *vt* **-1.** [bâtir, fabriquer] to build. **-2.** [théorie, phrase] to construct.

construit, -e [kɔ̃stryi, it] *pp* → **construire**.

consulat [kɔ̃syla] *nm* [résidence] consulate.

consultation [kɔ̃syltasjɔ̃] *nf* **-1.** [d'ouvrage]: **de ~ aisée** easy to use. **-2.** MÉD & POLIT consultation.

consulter [kɔ̃sylte] ◇ *vt* **-1.** [compulser] to consult. **-2.** [interroger, demander conseil à] to consult, to ask. **-3.** [spécialiste] to consult, to see. ◇ *vi* [médecin] to take OU hold surgery; [avocat] to be available for consultation. ◆ **se consulter** *vp* to confer.

contact [kɔ̃takt] *nm* **-1.** [gén] contact; **le ~ du marbre est froid** marble is cold to the touch; **prendre ~ avec** to make contact with; **rester en ~ (avec)** to stay in touch (with); **au ~ de** on contact with. **-2.** AUTOM ignition; **mettre/couper le ~** to switch on/off the ignition.

contacter [kɔ̃takte] *vt* to contact.

contagieux, -ieuse [kɔ̃taʒjø, jøz] *adj* MÉD contagious; *fig* infectious.

contagion [kɔ̃taʒjɔ̃] *nf* MÉD contagion; *fig* infectiousness.

contaminer [kɔ̃tamine] *vt* [infecter] to contaminate; *fig* to contaminate, to infect.

conte [kɔ̃t] *nm* story; ~ **de fées** fairy tale.

contemplation [kɔ̃tɑ̃plasjɔ̃] *nf* contemplation.

contempler [kɔ̃tɑ̃ple] *vt* to contemplate.

contemporain, -e [kɔ̃tɑ̃pɔrɛ̃, ɛn] *nm, f* contemporary.

contenance [kɔ̃tnɑ̃s] *nf* **-1.** [capacité volumique] capacity. **-2.** [attitude]: **se donner une ~** to give an impression of composure; **perdre ~** to lose one's composure.

contenir [kɔ̃tnir] *vt* to contain, to hold, to take. ◆ **se contenir** *vp* to contain o.s., to control o.s.

content, -e [kɔ̃tɑ̃, ɑ̃t] *adj* [satisfait]: ~ **(de qqn/qqch)** happy (with sb/sthg), content (with sb/sthg); ~ **de faire qqch** happy to do sthg.

contentement [kɔ̃tɑ̃tmɑ̃] *nm* satisfaction.

contenter [kɔ̃tɑ̃te] *vt* to satisfy. ◆ **se contenter** *vp*: **se ~ de qqch/de faire qqch** to content o.s. with sthg/with doing sthg.

contentieux [kɔ̃tɑ̃sjø] *nm* [litige] dispute; [service] legal department.

contenu, -e [kɔ̃tny] *pp* → **contenir**. ◆ **contenu** *nm* **-1.** [de récipient] contents (*pl*). **-2.** [de texte, discours] content.

conter [kɔ̃te] *vt* to tell.

contestable [kɔ̃tɛstabl] *adj* questionable.

contestation [kɔ̃tɛstasjɔ̃] *nf* **-1.** [protestation] protest, dispute. **-2.** POLIT: **la ~** anti-establishment activity.

conteste [kɔ̃tɛst] ◆ **sans conteste** *loc adv* unquestionably.

contester [kɔ̃tɛste] ◇ *vt* to dispute, to contest. ◇ *vi* to protest.

conteur, -euse [kɔ̃tœr, øz] *nm, f* storyteller.

contexte [kɔ̃tɛkst] *nm* context.

contigu, -uë [kɔ̃tigy] *adj*: ~ **(à)** adjacent (to).

continent [kɔ̃tinɑ̃] *nm* continent.

continental, -e, -aux [kɔ̃tinɑ̃tal, o] *adj* continental.

contingence [kɔ̃tɛ̃ʒɑ̃s] *nf* (*gén pl*) contingency.

contingent [kɔ̃tɛ̃ʒɑ̃] *nm* **-1.** MIL national service conscripts (*pl*), draft *Am*. **-2.** COMM quota.

continu, -e [kɔ̃tiny] *adj* continuous.

continuation [kɔ̃tinɥasjɔ̃] *nf* continuation.

continuel, -elle [kɔ̃tinɥɛl] *adj* **-1.** [continu] continuous. **-2.** [répété] continual.

continuellement [kɔ̃tinɥɛlmɑ̃] *adv* continually.

continuer [kɔ̃tinɥe] ◇ *vt* [poursuivre] to carry on with, to continue (with). ◇ *vi* to continue, to go on; ~ **à** OU **de faire qqch** to continue to do sthg.

continuité [kɔ̃tinɥite] *nf* continuity.

contorsionner [kɔ̃tɔrsjɔne] ◆ **se contorsionner** *vp* to contort (o.s.), to writhe.

contour [kɔ̃tur] *nm* **-1.** [limite] outline. **-2.** (*gén pl*) [courbe] bend.

contourner [kɔ̃turne] *vt litt* & *fig* to bypass, to get round.

contraceptif, -ive [kɔ̃trasɛptif, iv] *adj* contraceptive. ◆ **contraceptif** *nm* contraceptive.

contraception [kɔ̃trasɛpsjɔ̃] *nf* contraception.

contracter [kɔ̃trakte] *vt* **-1.** [muscle] to contract, to tense; [visage] to contort. **-2.** [maladie] to contract, to catch. **-3.** [engagement] to contract; [assurance] to take out.

contraction [kɔ̃traksjɔ̃] *nf* contraction; [état de muscle] tenseness.

contractuel, -elle [kɔ̃traktɥɛl] *nm, f* traffic warden *Br*.

contradiction [kɔ̃tradiksjɔ̃] *nf* contradiction.

contradictoire [kɔ̃tradiktwar] *adj* contradictory; **débat** ~ open debate.

contraignant, -e [kɔ̃trɛɲɑ̃, ɑ̃t] *adj* restricting.

contraindre [kɔ̃trɛ̃dr] *vt*: ~ **qqn à faire qqch** to compel OU force sb to do sthg; **être contraint de faire qqch** to be compelled OU forced to do sthg.

contraire [kɔ̃trɛr] ◇ *nm*: **le** ~ the opposite; **je n'ai jamais dit le** ~ I have never denied it. ◇ *adj* opposite; ~ **à** [non conforme à] contrary to; [nuisible à] harmful to, damaging to. ◆ **au contraire** *loc adv* on the contrary. ◆ **au contraire de** *loc prép* unlike.

contrairement [kɔ̃trɛrmɑ̃] ◆ **contrairement à** *loc prép* contrary to.

contrarier [kɔ̃trarje] *vt* **-1.** [contrecarrer] to thwart, to frustrate. **-2.** [irriter] to annoy.

contrariété [kɔ̃trarjete] *nf* annoyance.

contraste [kɔ̃trast] *nm* contrast.

contraster [kɔ̃traste] *vt & vi* to contrast.

contrat [kɔ̃tra] *nm* contract, agreement; ~ **à durée déterminée/indéterminée** fixed-term/permanent contract.

contravention [kɔ̃travɑ̃sjɔ̃] *nf* [amende] fine; ~ **pour stationnement interdit** parking ticket; **dresser une** ~ **à qqn** to fine sb.

contre [kɔ̃tr] ◇ *prép* **-1.** [juxtaposition, opposition] against. **-2.** [proportion, comparaison] **élu à 15 voix** ~ **9** elected by 15 votes to 9. **-3.** [échange] (in exchange) for. ◇ *adv* [juxtaposition]: **prends la rampe et appuie-toi** ~ take hold of the rail and lean against it. ◆ **par contre** *loc adv* on the other hand.

contre-attaque [kɔ̃tratak] (*pl* **contre-attaques**) *nf* counterattack.

contrebalancer [kɔ̃trəbalɑ̃se] *vt* to counterbalance, to offset.

contrebande [kɔ̃trəbɑ̃d] *nf* [activité] smuggling; [marchandises] contraband.

contrebandier, -ière [kɔ̃trəbɑ̃dje, jɛr] *nm, f* smuggler.

contrebas [kɔ̃trəba] ◆ **en contrebas** *loc adv* (down) below.

contrebasse [kɔ̃trəbas] *nf* [instrument] (double) bass.

contrecarrer [kɔ̃trəkare] *vt* to thwart, to frustrate.

contrecœur [kɔ̃trəkœr] ◆ **à contrecœur** *loc adv* grudgingly.

contrecoup [kɔ̃trəku] *nm* consequence.

contre-courant [kɔ̃trəkurɑ̃] ◆ **à contre-courant** *loc adv* against the current.

contredire [kɔ̃trədir] *vt* to contradict. ◆ **se contredire** *vp* **-1.** (*emploi réciproque*) to contradict (each other). **-2.** (*emploi réfléchi*) to contradict o.s.

contredit, -e [kɔ̃trədi] *pp* → **contredire**.

contrée [kɔ̃tre] *nf* [pays] land; [région] region.

contre-espionnage [kɔ̃trɛspjɔnaʒ] *nm* counterespionage.

contre-exemple [kɔ̃trɛgzɑ̃pl] (*pl* **contre-exemples**) *nm* example to the contrary.

contre-expertise [kɔ̃trɛkspɛrtiz] (*pl* **contre-expertises**) *nf* second (expert) opinion.

contrefaçon [kɔ̃trəfasɔ̃] *nf* [activité] counterfeiting; [produit] forgery.

contrefaire [kɔ̃trəfɛr] *vt* **-1.** [signature, monnaie] to counterfeit, to forge. **-2.** [voix] to disguise.

contrefort [kɔ̃trəfɔr] *nm* **-1.** [pilier] buttress. **-2.** [de chaussure] back. ◆ **contreforts** *nmpl* foothills.

contre-indication [kɔ̃trɛ̃dikasjɔ̃] (*pl* **contre-indications**) *nf* contraindication.

contre-jour [kɔ̃trəʒur] ◆ **à contre-jour** *loc adv* against the light.

contremaître, -esse [kɔ̃trəmɛtr, ɛs] *nm, f* foreman (forewoman).

contremarque [kɛ̃trəmark] *nf* [pour sortir d'un spectacle] pass-out ticket.

contre-offensive [kɔ̃trɔfɑ̃siv] (*pl* **contre-offensives**) *nf* counteroffensive.

contre-ordre = **contrordre**.

contrepartie [kɔ̃trəparti] *nf* **-1.** [compensation] compensation. **-2.** [contraire] opposing view. ◆ **en contrepartie** *loc adv* in return.

contre-performance [kɔ̃trəpɛrfɔrmɑ̃s] (*pl* **contre-performances**) *nf* disappointing performance.

contrepèterie [kɔ̃trəpetri] *nf* spoonerism.

contre-pied [kɔ̃trəpje] *nm*: **prendre le** ~ **de** to do the opposite of.

contreplaqué, contre-plaqué [kɔ̃trəplake] *nm* plywood.

contrepoids [kɔ̃trəpwa] *nm litt & fig* counterbalance, counterweight.

contre-pouvoir [kɔ̃trəpuvwar] (*pl* contre-pouvoirs) *nm* counterbalance.

contrer [kɔ̃tre] *vt* -1. [s'opposer à] to counter. -2. CARTES to double.

contresens [kɔ̃trəsɑ̃s] *nm* -1. [erreur - de traduction] mistranslation; [- d'interprétation] misinterpretation. -2. [absurdité] nonsense (*U*). ◆ **à contresens** *loc adv litt & fig* the wrong way.

contresigner [kɔ̃trəsiɲe] *vt* to countersign.

contretemps [kɔ̃trətɑ̃] *nm* hitch, mishap. ◆ **à contretemps** *loc adv* MUS out of time; *fig* at the wrong moment.

contrevenir [kɔ̃trəvnir] *vi*: ~ à to contravene, to infringe.

contribuable [kɔ̃tribɥabl] *nmf* taxpayer.

contribuer [kɔ̃tribɥe] *vi*: ~ à to contribute to OU towards.

contribution [kɔ̃tribysjɔ̃] *nf*: ~ (à) contribution (to); **mettre qqn à** ~ to call on sb's services. ◆ **contributions** *nfpl* taxes; ~**s directes/indirectes** direct/indirect taxation.

contrit, -e [kɔ̃tri, it] *adj* contrite.

contrôle [kɔ̃trol] *nm* -1. [vérification - de déclaration] check, checking (*U*); [- de documents, billets] inspection; ~ **d'identité** identity check. -2. [maîtrise, commande] control; **perdre le** ~ **de qqch** to lose control of sthg; ~ **des naissances** birth control; ~ **des prix** price control. -3. SCOL test.

contrôler [kɔ̃trole] *vt* -1. [vérifier - documents, billets] to inspect; [- déclaration] to check; [- connaissances] to test. -2. [maîtriser, diriger] to control. -3. TECHNOL to monitor, to control.

contrôleur, -euse [kɔ̃trolœr, øz] *nm, f* [de train] ticket inspector; [d'autobus] (bus) conductor (*f* conductress); ~ **aérien** air traffic controller.

contrordre, contre-ordre (*pl* contre-ordres) [kɔ̃trɔrdr] *nm* countermand; **sauf** ~ unless otherwise instructed.

controverse [kɔ̃trɔvɛrs] *nf* controversy.

controversé, -e [kɔ̃trɔvɛrse] *adj* [personne, décision] controversial.

contumace [kɔ̃tymas] *nf* JUR: **condamné par** ~ sentenced in absentia.

contusion [kɔ̃tyzjɔ̃] *nf* bruise, contusion.

convaincant, -e [kɔ̃vɛ̃kɑ̃, ɑ̃t] *adj* convincing.

convaincre [kɔ̃vɛ̃kr] *vt* -1. [persuader]: ~ **qqn (de qqch)** to convince sb (of sthg); ~ **qqn (de faire qqch)** to persuade sb (to do sthg). -2. JUR: ~ **qqn de** to find sb guilty of, to convict sb of.

convaincu, -e [kɔ̃vɛ̃ky] ◇ *pp* → **convaincre**. ◇ *adj* [partisan] committed; **d'un ton** ~, **d'un air** ~ with conviction.

convainquant [kɔ̃vɛ̃kɑ̃] *ppr* → **convaincre**.

convalescence [kɔ̃valesɑ̃s] *nf* convalescence; **être en** ~ to be convalescing OU recovering.

convalescent, -e [kɔ̃valesɑ̃, ɑ̃t] *adj & nm, f* convalescent.

convenable [kɔ̃vnabl] *adj* -1. [manières, comportement] polite; [tenue, personne] decent, respectable. -2. [acceptable] adequate, acceptable.

convenance [kɔ̃vnɑ̃s] *nf*: **à ma/votre** ~ to my/your convenience. ◆ **convenances** *nfpl* proprieties.

convenir [kɔ̃vnir] *vi* -1. [décider]: ~ **de qqch/de faire qqch** to agree on sthg/to do sthg. -2. [plaire]: ~ **à qqn** to suit sb, to be convenient for sb. -3. [être approprié]: ~ **à** OU **pour** to be suitable for. -4. *sout* [admettre]: ~ **de qqch** to admit to sthg; ~ **que** to admit (that).

convention [kɔ̃vɑ̃sjɔ̃] *nf* -1. [règle, assemblée] convention. -2. [accord] agreement; ~ **collective** collective agreement.

conventionné, -e [kɔ̃vɑ̃sjone] *adj* ≃ National Health (*avant n*) *Br*.

conventionnel, -elle [kɔ̃vɑ̃sjɔnɛl] *adj* conventional.

convenu, -e [kɔ̃vny] ◇ *pp* → **convenir**. ◇ *adj* [décidé]: **comme** ~ as agreed.

convergent, -e [kɔ̃vɛrʒɑ̃, ɑ̃t] *adj* convergent.

converger [kɔ̃vɛrʒe] *vi*: ~ **(vers)** to converge (on).

conversation [kɔ̃vɛrsasjɔ̃] *nf* conversation.

converser [kɔ̃vɛrse] *vi sout*: ~ **(avec)** to converse (with).

conversion [kɔ̃vɛrsjɔ̃] *nf* [gén]: ~ **(à/en)** conversion (to/into).

convertible [kɔ̃vɛrtibl] *nm* [canapé-lit] sofa-bed.

convertir [kɔ̃vɛrtir] *vt*: ~ **qqn (à)** to convert sb (to); ~ **qqch (en)** to convert sthg (into). ◆ **se convertir** *vp*: **se** ~ **(à)** to be converted (to).

convexe [kɔ̃vɛks] *adj* convex.

conviction [kɔ̃viksjɔ̃] *nf* conviction.

convier [kɔ̃vje] *vt*: ~ **qqn à** to invite sb to.

convive [kɔ̃viv] *nmf* guest (*at a meal*).

convivial, -e, -iaux [kɔ̃vivjal, jo] *adj* **-1.** [réunion] convivial. **-2.** INFORM user-friendly.

convocation [kɔ̃vɔkasjɔ̃] *nf* [avis écrit] summons (*sg*), notification to attend.

convoi [kɔ̃vwa] *nm* **-1.** [de véhicules] convoy. **-2.** [train] train.

convoiter [kɔ̃vwate] *vt* to covet.

convoitise [kɔ̃vwatiz] *nf* covetousness.

convoquer [kɔ̃vɔke] *vt* **-1.** [assemblée] to convene. **-2.** [pour un entretien] to invite. **-3.** [subalterne, témoin] to summon. **-4.** [à un examen]: ~ **qqn** to ask sb to attend.

convoyer [kɔ̃vwaje] *vt* to escort.

convoyeur, -euse [kɔ̃vwajœr, øz] *nm, f* escort; ~ **de fonds** security guard.

convulsion [kɔ̃vylsjɔ̃] *nf* convulsion.

coopération [kɔɔperasjɔ̃] *nf* **-1.** [collaboration] cooperation. **-2.** [aide]: **la** ~ ≃ overseas development.

coopérer [kɔɔpere] *vi*: ~ **(à)** to cooperate (in).

coordination [kɔɔrdinasjɔ̃] *nf* coordination.

coordonnée [kɔɔrdɔne] *nf* **-1.** LING coordinate clause. **-2.** MATHS coordinate. ◆ **coordonnées** *nfpl* **-1.** GÉOGR coordinates. **-2.** [adresse] address and phone number, details.

coordonner [kɔɔrdɔne] *vt* to coordinate.

copain, -ine [kɔpɛ̃, in] ◇ *adj* matey; **être très ~s** to be great pals. ◇ *nm, f* friend, mate.

copeau, -x [kɔpo] *nm* [de bois] (wood) shaving.

Copenhague [kɔpenag] *n* Copenhagen.

copie [kɔpi] *nf* **-1.** [double, reproduction] copy. **-2.** [SCOL - de devoir] fair copy; [- d'examen] paper, script.

copier [kɔpje] ◇ *vt* to copy. ◇ *vi*: ~ **sur qqn** to copy from sb.

copieux, -ieuse [kɔpjø, jøz] *adj* copious.

copilote [kɔpilɔt] *nmf* copilot.

copine → **copain**.

coproducteur, -trice [kɔprɔdyktœr, tris] *nm, f* [pour spectacle] coproducer.

coproduction [kɔprɔdyksjɔ̃] *nf* coproduction.

copropriété [kɔprɔprijete] *nf* co-ownership, joint ownership.

coq [kɔk] *nm* cock, cockerel; **sauter** OU **passer du** ~ **à l'âne** to jump from one subject to another.

coque [kɔk] *nf* **-1.** [de noix] shell. **-2.** [de navire] hull.

coquelicot [kɔkliko] *nm* poppy.

coqueluche [kɔklyʃ] *nf* whooping cough.

coquet, -ette [kɔkɛ, ɛt] *adj* **-1.** [vêtements] smart, stylish; [ville, jeune fille] pretty. **-2.** (*avant n*) *hum* [important]: **la ~te somme de 100 livres** the tidy sum of £100. ◆ **coquette** *nf* flirt.

coquetier [kɔktje] *nm* eggcup.

coquetterie [kɔkɛtri] *nf* [désir de plaire] coquettishness.

coquillage [kɔkijaʒ] *nm* **-1.** [mollusque] shellfish. **-2.** [coquille] shell.

coquille [kɔkij] *nf* **-1.** [de mollusque, noix, œuf] shell; ~ **de noix** [embarcation] cockleshell. **-2.** TYPO misprint.

coquillettes [kɔkijet] *nfpl* pasta shells.

coquin, -e [kɔkɛ̃, in] ◇ *adj* [sous-vêtement] sexy, naughty; [regard, histoire] saucy. ◇ *nm, f* rascal.

cor [kɔr] *nm* **-1.** [instrument] horn. **-2.** [au pied] corn. ◆ **à cor et à cri** *loc adv*: **réclamer qqch à ~ et à cri** to clamour for sthg.

corail, -aux [kɔraj, o] *nm* **-1.** [gén] coral. **-2.** RAIL: **train ~** ≃ express train.

Coran [kɔrɑ̃] *nm*: **le** ~ the Koran.

corbeau, -x [kɔrbo] *nm* **-1.** [oiseau] crow. **-2.** [délateur] writer of poison-pen letters.

corbeille [kɔrbɛj] *nf* **-1.** [panier] basket; ~ **à papier** waste paper basket. **-2.** THÉÂTRE (dress) circle. **-3.** [de Bourse] stockbrokers' enclosure (*at Paris Stock Exchange*).

corbillard [kɔrbijar] *nm* hearse.

cordage [kɔrdaʒ] *nm* **-1.** [de bateau] rigging (*U*). **-2.** [de raquette] strings (*pl*).

corde [kɔrd] *nf* **-1.** [filin] rope; ~ **à linge** washing OU clothes line; ~ **à sauter** skipping rope. **-2.** [d'instrument, arc] string. **-3.** ANAT: ~ **vocale** vocal cord. **-4.** HIPPISME rails (*pl*); ATHLÉTISME inside (lane).

cordée [kɔrde] *nf* ALPINISME roped party (*of mountaineers*).

cordial, -e, -iaux [kɔrdjal, jo] *adj* warm, cordial.

cordon [kɔrdɔ̃] *nm* string, cord; ~ **ombilical** umbilical cord; ~ **de police** police cordon.

cordon-bleu [kɔrdɔ̃blø] *nm* cordon bleu cook.

cordonnerie [kɔrdɔnri] *nf* [magasin] shoe repairer's, cobbler's.

cordonnier, -ière [kɔrdɔnje, jer] *nm, f* shoe repairer, cobbler.

Corée [kɔre] *nf* Korea.

coriace [kɔrjas] *adj litt & fig* tough.

cormoran [kɔrmɔrɑ̃] *nm* cormorant.

corne [kɔrn] *nf* -1. [gén] horn; [de cerf] antler. -2. [callosité] hard skin (*U*), callus.

cornée [kɔrne] *nf* cornea.

corneille [kɔrnɛj] *nf* crow.

cornemuse [kɔrnəmyz] *nf* bagpipes (*pl*).

corner¹ [kɔrne] *vt* [page] to turn down the corner of.

corner² [kɔrnɛr] *nm* FOOTBALL corner (kick).

cornet [kɔrnɛ] *nm* -1. [d'aliment] cornet, cone. -2. [de jeu] (dice) shaker.

corniaud, corniot [kɔrnjo] *nm* -1. [chien] mongrel. -2. *fam* [imbécile] twit.

corniche [kɔrniʃ] *nf* -1. [route] cliff road. -2. [moulure] cornice.

cornichon [kɔrniʃɔ̃] *nm* -1. [condiment] gherkin. -2. *fam* [imbécile] twit.

corniot = **corniaud**.

Cornouailles [kɔrnwaj] *nf*: **la ~** Cornwall.

corollaire [kɔrɔlɛr] *nm* corollary.

corolle [kɔrɔl] *nf* corolla.

coron [kɔrɔ̃] *nm* [village] mining village.

corporation [kɔrpɔrasjɔ̃] *nf* corporate body.

corporel, -elle [kɔrpɔrɛl] *adj* [physique - besoin] bodily; [- châtiment] corporal.

corps [kɔr] *nm* -1. [gén] body. -2. [groupe]: **~ d'armée** (army) corps; **~ enseignant** [profession] teaching profession; [d'école] teaching staff.

corpulent, -e [kɔrpylɑ̃, ɑ̃t] *adj* corpulent, stout.

correct, -e [kɔrɛkt] *adj* -1. [exact] correct, right. -2. [honnête] correct, proper. -3. [acceptable] decent; [travail] fair.

correcteur, -trice [kɔrɛktœr, tris] ◇ *adj* corrective. ◇ *nm, f* -1. [d'examen] examiner, marker *Br*, grader *Am*. -2. TYPO proofreader.

correction [kɔrɛksjɔ̃] *nf* -1. [d'erreur] correction. -2. [punition] punishment. -3. TYPO proofreading. -4. [notation] marking. -5. [bienséance] propriety.

corrélation [kɔrelasjɔ̃] *nf* correlation.

correspondance [kɔrɛspɔ̃dɑ̃s] *nf* -1. [gén] correspondence; **cours par ~** correspondence course. -2. TRANSPORT connection; **assurer la ~ avec** to connect with.

correspondant, -e [kɔrɛspɔ̃dɑ̃, ɑ̃t] ◇ *adj* corresponding. ◇ *nm, f* -1. [par lettres] penfriend, correspondent. -2. [par téléphone]: **je vous passe votre ~** I'll put you

through. -3. PRESSE correspondent.

correspondre [kɔrɛspɔ̃dr] *vi* -1. [être conforme]: **~ à** to correspond to. -2. [par lettres]: **~ avec** to correspond with.

corridor [kɔridɔr] *nm* corridor.

corrigé [kɔriʒe] *nm* correct version.

corriger [kɔriʒe] *vt* -1. TYPO to correct, to proofread. -2. [noter] to mark. -3. [modifier] to correct. -4. [guérir]: **~ qqn de** to cure sb of. -5. [punir] to give a good hiding to. ◆ **se corriger** *vp* [d'un défaut]: **se ~ de** to cure o.s. of.

corroborer [kɔrɔbɔre] *vt* to corroborate.

corroder [kɔrɔde] *vt* [ronger] to corrode; *fig* to erode.

corrompre [kɔrɔ̃pr] *vt* -1. [soudoyer] to bribe. -2. [dépraver] to corrupt.

corrosion [kɔrozjɔ̃] *nf* corrosion.

corruption [kɔrypsjɔ̃] *nf* -1. [subornation] bribery. -2. [dépravation] corruption.

corsage [kɔrsaʒ] *nm* -1. [chemisier] blouse. -2. [de robe] bodice.

corsaire [kɔrsɛr] *nm* -1. [navire, marin] corsair, privateer. -2. [pantalon] pedal-pushers (*pl*).

corse [kɔrs] ◇ *adj* Corsican. ◇ *nm* [langue] Corsican. ◆ **Corse** ◇ *nmf* Corsican. ◇ *nf*: **la Corse** Corsica.

corsé, -e [kɔrse] *adj* [café] strong; [vin] full-bodied; [plat, histoire] spicy.

corset [kɔrsɛ] *nm* corset.

cortège [kɔrtɛʒ] *nm* procession.

corvée [kɔrve] *nf* -1. MIL fatigue (duty). -2. [activité pénible] chore.

cosmétique [kɔsmetik] *nm & adj* cosmetic.

cosmique [kɔsmik] *adj* cosmic.

cosmonaute [kɔsmɔnot] *nmf* cosmonaut.

cosmopolite [kɔsmɔpɔlit] *adj* cosmopolitan.

cosmos [kɔsmos] *nm* -1. [univers] cosmos. -2. [espace] outer space.

cossu, -e [kɔsy] *adj* [maison] opulent.

Costa Rica [kɔstarika] *nm*: **le ~** Costa Rica.

costaud (*f* **costaud** OU **-e**) [kɔsto, od] *adj* sturdily built.

costume [kɔstym] *nm* -1. [folklorique, de théâtre] costume. -2. [vêtement d'homme] suit.

costumé, -e [kɔstyme] *adj* fancy-dress (*avant n*).

costumier, -ière [kɔstymje, jɛr] *nm, f* THÉÂTRE wardrobe master (*f* mistress).

cotation [kɔtasjɔ̃] *nf* FIN quotation.

cote [kɔt] *nf* **-1.** [marque de classement] classification mark; [marque numérale] serial number. **-2.** FIN quotation. **-3.** [popularité] rating. **-4.** [niveau] level; ~ **d'alerte** [de cours d'eau] danger level; *fig* crisis point.

côte [kot] *nf* **-1.** [ANAT, BOT & de bœuf] rib; [de porc, mouton, agneau] chop; ~ **à** ~ side by side. **-2.** [pente] hill. **-3.** [littoral] coast.

côté [kote] *nm* **-1.** [gén] side; **être couché sur le** ~ to be lying on one's side; **être aux** ~s **de qqn** *fig* to be by sb's side; **d'un** ~ ..., **de l'autre** ~ ... on the one hand ..., on the other hand ...; **et** ~ **finances, ça va?** *fam* how are things moneywise? **-2.** [endroit, direction] direction, way; **de quel** ~ **est-il parti?** which way did he go?; **de l'autre** ~ **de** on the other side of; **de tous** ~s **from** all directions; **du** ~ **de** [près de] near; [direction] towards; [provenance] from. ◆ **à côté** *loc adv* **-1.** [lieu - gén] nearby; [- dans la maison adjacente] next door. **-2.** [cible] **tirer à** ~ to shoot wide (of the target). ◆ **à côté de** *loc prép* **-1.** [proximité] beside, next to. **-2.** [en comparaison avec] beside, compared to. **-3.** [en dehors de]: **être à** ~ **du sujet** to be off the point. ◆ **de côté** *loc adv* **-1.** [se placer, marcher] sideways. **-2.** [en réserve] aside.

coteau [kɔto] *nm* **-1.** [colline] hill. **-2.** [versant] slope.

Côte-d'Ivoire [kotdivwar] *nf*: **la** ~ the Ivory Coast.

côtelé, -e [kotle] *adj* ribbed; **velours** ~ corduroy.

côtelette [kotlɛt] *nf* [de porc, mouton, d'agneau] chop; [de veau] cutlet.

coter [kɔte] *vt* **-1.** [marquer, noter] to mark. **-2.** FIN to quote.

côtier, -ière [kotje, jɛr] *adj* coastal.

cotisation [kɔtizasjɔ̃] *nf* [à club, parti] subscription; [à la Sécurité sociale] contribution.

cotiser [kɔtize] *vi* [à un club, un parti] to subscribe; [à la Sécurité sociale] to contribute. ◆ **se cotiser** *vp* to club together.

coton [kɔtɔ̃] *nm* cotton; ~ **(hydrophile)** cotton wool.

Coton-Tige® [kɔtɔ̃tiʒ] *nm* cotton bud.

côtoyer [kotwaje] *vt fig* [fréquenter] to mix with.

cou [ku] *nm* [de personne, bouteille] neck.

couchant [kuʃɑ̃] ◇ *adj* → **soleil**. ◇ *nm* west.

couche [kuʃ] *nf* **-1.** [de peinture, de vernis] coat, layer; [de poussière] film, layer. **-2.** [épaisseur] layer; ~ **d'ozone** ozone layer. **-3.** [de bébé] nappy *Br*, diaper *Am*. **-4.** [classe sociale] stratum. ◆ **fausse couche** *nf* miscarriage.

couché, -e [kuʃe] *adj*: **être** ~ [étendu] to be lying down; [au lit] to be in bed.

couche-culotte [kuʃkylɔt] *nf* disposable nappy *Br* OU diaper *Am*.

coucher[1] [kuʃe] ◇ *vt* **-1.** [enfant] to put to bed. **-2.** [objet, blessé] to lay down. ◇ *vi* **-1.** [passer la nuit] to spend the night. **-2.** *fam* [avoir des rapports sexuels]: ~ **avec** to sleep with. ◆ **se coucher** *vp* **-1.** [s'allonger] to lie down. **-2.** [se mettre au lit] to go to bed. **-3.** [astre] to set.

coucher[2] [kuʃe] *nm* [d'astre] setting; **au** ~ **du soleil** at sunset.

couchette [kuʃɛt] *nf* **-1.** [de train] couchette. **-2.** [de navire] berth.

coucou [kuku] ◇ *nm* **-1.** [oiseau] cuckoo. **-2.** [pendule] cuckoo clock. **-3.** *péj* [avion] crate. ◇ *interj* peekaboo!

coude [kud] *nm* **-1.** [de personne, de vêtement] elbow. **-2.** [courbe] bend.

cou-de-pied [kudpje] (*pl* **cous-de-pied**) *nm* instep.

coudre [kudr] *vt* [bouton] to sew on.

couette [kwɛt] *nf* **-1.** [édredon] duvet. **-2.** [coiffure] bunches (*pl*).

couffin [kufɛ̃] *nm* [berceau] Moses basket.

couille [kuj] *nf* (*gén pl*) *vulg* ball.

couiner [kwine] *vi* **-1.** [animal] to squeal. **-2.** [pleurnicher] to whine.

coulée [kule] *nf* **-1.** [de matière liquide]: ~ **de lave** lava flow; ~ **de boue** mudslide. **-2.** [de métal] casting.

couler [kule] ◇ *vi* **-1.** [liquide] to flow. **-2.** [beurre, fromage, nez] to run. **-3.** [navire, entreprise] to sink. ◇ *vt* **-1.** [navire] to sink. **-2.** [métal, bronze] to cast. **-3.** *fam* [personne, entreprise] to ruin. **-4.** [remplir]: **faire** ~ **un bain** to run a bath.

couleur [kulœr] ◇ *nf* **-1.** [teinte, caractère] colour. **-2.** [linge] coloureds (*pl*). **-3.** CARTES suit. ◇ *adj inv* [télévision, pellicule] colour (*avant n*).

couleuvre [kulœvr] *nf* grass snake.

coulisse [kulis] *nf* [glissière]: **fenêtre/ porte à** ~ sliding window/door. ◆ **coulisses** *nfpl* THÉÂTRE wings.

coulisser [kulise] *vi* to slide.

couloir [kulwar] *nm* **-1.** [corridor] corridor. **-2.** GÉOGR gully. **-3.** SPORT & TRANSPORT lane.

coup [ku] *nm* **-1.** [choc - physique, moral] blow; ~ **de couteau** stab (*with a knife*); **un ~ dur** *fig* a heavy blow; **donner un ~ de fouet à qqn** *fig* to give sb a shot in the arm; ~ **de grâce** *litt & fig* coup de grâce, death-blow; ~ **de pied** kick; ~ **de poing** punch. **-2.** [action nuisible] trick. **-3.** [SPORT - au tennis] stroke; [- en boxe] blow, punch; [- au football] kick; ~ **franc** free kick. **-4.** [d'éponge, de chiffon] wipe; **un ~ de crayon** a pencil stroke. **-5.** [bruit] noise; ~ **de feu** shot, gunshot; ~ **de tonnerre** thunderclap. **-6.** [action spectaculaire]: ~ **d'État** coup (d'état); ~ **de théâtre** *fig* dramatic turn of events. **-7.** *fam* [fois] time. **-8.** *loc*: **boire un ~** to have a drink; **donner un ~ de main à qqn** to give sb a helping hand; **jeter un ~ d'œil à** to glance at; **tenir le ~** to hold out; **valoir le ~** to be well worth it. ◆ **coup de fil** *nm* phone call. ◆ **coup de foudre** *nm* love at first sight. ◆ **coup du lapin** *nm* AUTOM whiplash (U). ◆ **coup de soleil** *nm* sunburn (U). ◆ **coup de téléphone** *nm* telephone OU phone call; **donner** OU **passer un ~ de téléphone à qqn** to telephone OU phone sb. ◆ **coup de vent** *nm* gust of wind; **partir en ~ de vent** to rush off. ◆ **après coup** *loc adv* afterwards. ◆ **du coup** *loc adv* as a result. ◆ **coup sur coup** *loc adv* one after the other. ◆ **du premier coup** *loc adv* first time, at the first attempt. ◆ **tout à coup** *loc adv* suddenly. ◆ **à coup sûr** *loc adv* definitely. ◆ **sous le coup de** *loc prép* **-1.** [sous l'action de]: **tomber sous le ~ de la loi** to be a statutory offence. **-2.** [sous l'effet de] in the grip of.

coupable [kupabl] ◇ *adj* **-1.** [personne, pensée] guilty. **-2.** [action, dessein] culpable, reprehensible; [négligence, oubli] sinful. ◇ *nmf* guilty person OU party.

coupant, -e [kupã, ãt] *adj* **-1.** [tranchant] cutting. **-2.** *fig* [sec] sharp.

coupe [kup] *nf* **-1.** [verre] glass. **-2.** [à fruits] dish. **-3.** SPORT cup. **-4.** [de vêtement, aux cartes] cut. **-5.** [plan, surface] (cross) section. **-6.** [réduction] cut, cutback.

coupé, -e [kupe] *adj*: **bien/mal ~** well/badly cut.

coupe-ongles [kupɔ̃gl] *nm inv* nail clippers.

coupe-papier [kuppapje] (*pl inv* OU **coupe-papiers**) *nm* paper knife.

couper [kupe] ◇ *vt* **-1.** [matériau, cheveux, blé] to cut. **-2.** [interrompre, trancher] to cut off. **-3.** [traverser] to cut across. **-4.** [pain, au tennis] to slice; [rôti] to carve. **-5.** [mélanger] to dilute. **-6.** [CARTES - avec atout] to trump; [- paquet] to cut. **-7.** [envie, appétit] to take away. ◇ *vi* [gén] to cut. ◆ **se couper** *vp* **-1.** [se blesser] to cut o.s. **-2.** [se croiser] to cross. **-3.** [s'isoler]: **se ~ de** to cut o.s. off from.

couperet [kuprɛ] *nm* **-1.** [de boucher] cleaver. **-2.** [de guillotine] blade.

couperosé, -e [kuproze] *adj* blotchy.

couple [kupl] *nm* [de personnes] couple; [d'animaux] pair.

coupler [kuple] *vt* [objets] to couple.

couplet [kuplɛ] *nm* verse.

coupole [kupɔl] *nf* ARCHIT dome, cupola.

coupon [kupɔ̃] *nm* **-1.** [d'étoffe] remnant. **-2.** [billet] ticket.

coupon-réponse [kupɔ̃repɔ̃s] (*pl* **coupons-réponse**) *nm* reply coupon.

coupure [kupyr] *nf* **-1.** [gén] cut; [billet de banque]: **petite ~** small denomination note; ~ **de courant** ÉLECTR power cut; INFORM blackout. **-2.** *fig* [rupture] break.

cour [kur] *nf* **-1.** [espace] courtyard. **-2.** [du roi, tribunal] court; *fig & hum* following; **Cour de cassation** Court of Appeal; ~ **martiale** court-martial.

courage [kuraʒ] *nm* courage; **bon ~!** good luck!; **je n'ai pas le ~ de faire mes devoirs** I can't bring myself to do my homework.

courageux, -euse [kuraʒø, øz] *adj* **-1.** [brave] brave. **-2.** [audacieux] bold.

couramment [kuramã] *adv* **-1.** [parler une langue] fluently. **-2.** [communément] commonly.

courant, -e [kurã, ãt] *adj* **-1.** [habituel] everyday (avant n). **-2.** [en cours] present. ◆ **courant** *nm* **-1.** [marin, atmosphérique, électrique] current; ~ **d'air** draught. **-2.** [d'idées] current. **-3.** [laps de temps]: **dans le ~ du mois/de l'année** in the course of the month/the year. ◆ **au courant** *loc adv*: **être au ~** to know (about it); **mettre qqn au ~ (de)** to tell sb (about); **tenir qqn au ~ (de)** to keep sb informed (about); **se mettre/se tenir au ~ (de)** to get/keep up to date (with).

courbature [kurbatyr] *nf* ache.

courbaturé, -e [kurbatyre] *adj* aching.

courbe [kurb] ◇ *nf* curve; ~ **de niveau** [sur une carte] contour (line). ◇ *adj* curved.

courber [kurbe] ◇ *vt* -1. [tige] to bend. -2. [tête] to bow. ◇ *vi* to bow. ◆ **se courber** *vp* -1. [chose] to bend. -2. [personne] to bow, to bend down.

courbette [kurbɛt] *nf* [révérence] bow; **faire des ~s** *fig* to bow and scrape.

coureur, -euse [kurœr, øz] *nm, f* SPORT runner; **~ cycliste** racing cyclist.

courge [kurʒ] *nf* -1. [légume] marrow *Br*, squash *Am*. -2. *fam* [imbécile] dimwit.

courgette [kurʒɛt] *nf* courgette *Br*, zucchini *Am*.

courir [kurir] ◇ *vi* -1. [aller rapidement] to run. -2. SPORT to race. -3. [se précipiter, rivière] to rush. -4. [se propager]: **le bruit court que ...** rumour has it that ...; **faire ~ un bruit** to spread a rumour. ◇ *vt* -1. SPORT to run in. -2. [parcourir] to roam (through). -3. [fréquenter - bals, musées] to do the rounds of.

couronne [kurɔn] *nf* -1. [ornement, autorité] crown. -2. [de fleurs] wreath. -3. [monnaie - de Suède, d'Islande] krona; [- du Danemark, de Norvège] krone; [- de Tchécoslovaquie] crown.

couronnement [kurɔnmɑ̃] *nm* -1. [de monarque] coronation. -2. *fig* [apogée] crowning achievement.

couronner [kurɔne] *vt* -1. [monarque] to crown. -2. [récompenser] to give a prize to.

courre [kur] → **chasse**.

courrier [kurje] *nm* mail, letters (*pl*); **~ du cœur** agony column; **~ électronique** e-mail.

courroie [kurwa] *nf* TECHNOL belt; [attache] strap; **~ de transmission** driving belt; **~ de ventilateur** fanbelt.

courroucer [kuruse] *vt* *littéraire* to anger.

cours [kur] *nm* -1. [écoulement] flow; **~ d'eau** waterway; **donner** OU **laisser libre ~ à** *fig* to give free rein to. -2. [déroulement] course; **au ~ de** during, in the course of; **en ~** [année, dossier] current; [affaires] in hand; **en ~ de route** on the way. -3. FIN price; **avoir ~** [monnaie] to be legal tender. -4. [leçon] class, lesson; **donner des ~ (à qqn)** to teach (sb). -5. [classe]: **~ élémentaire** years two and three of primary school; **~ moyen** last two years of primary school; **~ préparatoire** = first-year infants *Br*, = nursery school *Am*.

course [kurs] *nf* -1. [action] running (*U*); **au pas de ~** at a run. -2. [compétition] race. -3. [en taxi] journey. -4. [mouvement] flight, course. -5. [commission] errand; **faire des ~s** to go shopping.

coursier, -ière [kursje, jɛr] *nm, f* messenger.

court, -e [kur, kurt] *adj* short. ◆ **court** ◇ *adv*: **être à ~ d'argent/d'idées/d'arguments** to be short of money/ideas/arguments; **prendre qqn de ~** to catch sb unawares; **tourner ~** to stop suddenly. ◇ *nm*: **~ de tennis** tennis court.

court-bouillon [kurbujɔ̃] *nm* court-bouillon.

court-circuit [kursirkɥi] *nm* short circuit.

courtier, -ière [kurtje, jɛr] *nm, f* broker.

courtisan, -e [kurtizɑ̃, an] *nm, f* -1. HIST courtier. -2. [flatteur] sycophant. ◆ **courtisane** *nf* courtesan.

courtiser [kurtize] *vt* -1. [femme] to woo, to court. -2. *péj* [flatter] to flatter.

court-métrage [kurmetraʒ] *nm* short (film).

courtois, -e [kurtwa, az] *adj* courteous.

courtoisie [kurtwazi] *nf* courtesy.

couru, -e [kury] ◇ *pp* → **courir**. ◇ *adj* popular.

cousin, -e [kuzɛ̃, in] *nm, f* cousin; **~ germain** first cousin.

coussin [kusɛ̃] *nm* -1. [de siège] cushion. -2. *Can* BASE-BALL base.

cousu, -e [kuzy] *pp* → **coudre**.

coût [ku] *nm* cost.

coûtant [kutɑ̃] → **prix**.

couteau, -x [kuto] *nm* -1. [gén] knife; **à cran d'arrêt** flick knife. -2. [coquillage] razor shell *Br*, razor clam *Am*.

coûter [kute] ◇ *vi* -1. [valoir] to cost; **ça coûte combien?** how much is it?; **~ cher à qqn** to cost sb a lot; *fig* to cost sb dear OU dearly. -2. *fig* [être pénible] to be difficult. ◇ *vt* *fig* to cost. ◆ **coûte que coûte** *loc adv* at all costs.

coûteux, -euse [kutø, øz] *adj* costly, expensive.

coutume [kutym] *nf* [gén & JUR] custom.

couture [kutyr] *nf* -1. [action] sewing. -2. [points] seam. -3. [activité] dressmaking.

couturier, -ière [kutyrje, jɛr] *nm, f* couturier.

couvée [kuve] *nf* [d'œufs] clutch; [de poussins] brood.

couvent [kuvɑ̃] *nm* [de sœurs] convent; [de moines] monastery.

couver [kuve] ◇ *vt* -1. [œufs] to sit on. -2. [dorloter] to mollycoddle. -3. [maladie] to be sickening for. ◇ *vi* [poule] to brood; *fig* [complot] to hatch.

couvercle [kuvɛrkl] *nm* [de casserole, boîte] lid, cover.

couvert, -e [kuver, ɛrt] ◇ *pp* → **couvrir**. ◇ *adj* **-1.** [submergé] covered; ~ **de** covered with. **-2.** [habillé] dressed; **être bien** ~ to be well wrapped up. **-3.** [nuageux] overcast. ◆ **couvert** *nm* **-1.** [abri]: **se mettre à** ~ to take shelter. **-2.** [place à table] place (setting); **mettre** OU **dresser le** ~ to set OU lay the table. ◆ **couverts** *nmpl* cutlery (U).

couverture [kuvɛrtyr] *nf* **-1.** [gén] cover. **-2.** [de lit] blanket; ~ **chauffante** electric blanket. **-3.** [toit] roofing (U).

couveuse [kuvøz] *nf* **-1.** [poule] sitting hen. **-2.** [machine] incubator.

couvre-chef [kuvrəʃef] (*pl* **couvre-chefs**) *nm hum* hat.

couvre-feu [kuvrəfø] (*pl* **couvre-feux**) *nm* curfew.

couvreur [kuvrœr] *nm* roofer.

couvrir [kuvrir] *vt* **-1.** [gén] to cover; ~ **qqn/qqch de** *litt* & *fig* to cover sb/sthg with. **-2.** [protéger] to shield. ◆ **se couvrir** *vp* **-1.** [se vêtir] to wrap up. **-2.** [se recouvrir]: **se** ~ **de feuilles/de fleurs** to come into leaf/blossom. **-3.** [ciel] to cloud over. **-4.** [se protéger] to cover o.s.

CP *nm abr de* **cours préparatoire.**

CQFD (*abr de* **ce qu'il fallait démontrer**) QED.

crabe [krab] *nm* crab.

crachat [kraʃa] *nm* spit (U).

cracher [kraʃe] ◇ *vi* **-1.** [personne] to spit. **-2.** *fam* [dédaigner]: **ne pas** ~ **sur qqch** not to turn one's nose up at sthg. ◇ *vt* [sang] to spit (up); [lave, injures] to spit (out).

crachin [kraʃɛ̃] *nm* drizzle.

crachoir [kraʃwar] *nm* spittoon.

craie [krɛ] *nf* chalk.

craindre [krɛ̃dr] *vt* **-1.** [redouter] to fear, to be afraid of; ~ **de faire qqch** to be afraid of doing sthg; **je crains d'avoir oublié mes papiers** I'm afraid I've forgotten my papers; ~ **que** (+ *subjonctif*) to be afraid (that); **je crains qu'il n'oublie** OU **n'oublie** I'm afraid he may forget. **-2.** [être sensible à] to be susceptible to.

craint, -e [krɛ̃, ɛ̃t] *pp* → **craindre.**

crainte [krɛ̃t] *nf* fear; **de** ~ **de faire qqch** for fear of doing sthg; **de** ~ **que** (+ *subjonctif*) for fear that; **il a fui de** ~ **qu'on ne le voie** he fled for fear that he might be seen OU for fear of being seen.

craintif, -ive [krɛ̃tif, iv] *adj* timid.

cramoisi, -e [kramwazi] *adj* crimson.

crampe [krɑ̃p] *nf* cramp.

crampon [krɑ̃põ] *nm* [crochet - gén] clamp; [- pour alpinisme] crampon.

cramponner [krɑ̃pɔne] ◆ **se cramponner** *vp* [s'agripper] to hang on; **se** ~ **à qqn/qqch** *litt* & *fig* to cling to sb/sthg.

cran [krɑ̃] *nm* **-1.** [entaille, degré] notch, cut. **-2.** (U) [audace] guts (*pl*).

crâne [kran] *nm* skull.

crâner [krane] *vi fam* to show off.

crânien, -ienne [kranjɛ̃, jɛn] *adj*: **boîte** ~**ne** skull; **traumatisme** ~ head injury.

crapaud [krapo] *nm* toad.

crapule [krapyl] *nf* scum (U).

craquelure [kraklyr] *nf* crack.

craquement [krakmɑ̃] *nm* crack, cracking (U).

craquer [krake] ◇ *vi* **-1.** [produire un bruit] to crack; [plancher, chaussure] to creak. **-2.** [se déchirer] to split. **-3.** [s'effondrer - personne] to crack up. **-4.** [être séduit par]: ~ **pour** to fall for. ◇ *vt* [allumette] to strike.

crasse [kras] *nf* **-1.** [saleté] dirt, filth. **-2.** *fam* [mauvais tour] dirty trick.

crasseux, -euse [krasø, øz] *adj* filthy.

cratère [krater] *nm* crater.

cravache [kravaʃ] *nf* riding crop.

cravate [kravat] *nf* tie.

crawl [krol] *nm* crawl.

crayon [krɛjõ] *nm* **-1.** [gén] pencil; ~ **à bille** ballpoint (pen); ~ **de couleur** crayon. **-2.** TECHNOL pen; ~ **optique** light pen.

créancier, -ière [kreɑ̃sje, jɛr] *nm, f* creditor.

créateur, -trice [kreatœr, tris] ◇ *adj* creative. ◇ *nm, f* creator. ◆ **Créateur** *nm*: **le Créateur** the Creator.

créatif, -ive [kreatif, iv] *adj* creative.

création [kreasjõ] *nf* creation.

créativité [kreativite] *nf* creativity.

créature [kreatyr] *nf* creature.

crécelle [kresel] *nf* rattle.

crèche [krɛʃ] *nf* **-1.** [de Noël] crib. **-2.** [garderie] crèche.

crédible [kredibl] *adj* credible.

crédit [kredi] *nm* **-1.** [gén] credit; **faire** ~ **à qqn** to give sb credit; **acheter/vendre qqch à** ~ to buy/sell sthg on credit; ~ **municipal** pawnshop. **-2.** *fig* & *sout* influence.

crédit-bail [kredibaj] (*pl* **crédits-bails**) *nm* leasing.

créditeur, -trice [kreditœr, tris] ◇ *adj* in credit. ◇ *nm, f* creditor.

crédule [kredyl] *adj* credulous.

crédulité [kredylite] *nf* credulity.

créer [kree] *vt* **-1.** [RELIG & inventer] to create. **-2.** [fonder] to found, to start up.

crémaillère [kremajer] *nf* **-1.** [de cheminée] trammel; **pendre la ~** *fig* to have a housewarming (party). **-2.** TECHNOL rack.

crémation [kremasjɔ̃] *nf* cremation.

crématoire [krematwar] → **four**.

crème [krem] ◇ *nf* [gén] cream; **~ fouettée/fraîche/glacée** whipped/fresh/ice cream; **~ anglaise** custard; **~ hydratante** moisturizer. ◇ *adj inv* cream.

crémerie [kremri] *nf* dairy.

crémier, -ière [kremje, jer] *nm, f* dairyman (*f* dairywoman).

créneau, -aux [kreno] *nm* **-1.** [de fortification] crenel. **-2.** [pour se garer]: **faire un ~** to reverse into a parking space. **-3.** [de marché] niche. **-4.** [horaire] window, gap.

créole [kreɔl] *adj & nm* creole.

crêpe [krep] ◇ *nf* CULIN pancake. ◇ *nm* [tissu] crepe.

crêperie [krepri] *nf* pancake restaurant.

crépi [krepi] *nm* roughcast.

crépir [krepir] *vt* to roughcast.

crépiter [krepite] *vi* [feu, flammes] to crackle; [pluie] to patter.

crépon [krepɔ̃] ◇ *adj* → **papier**. ◇ *nm* seersucker.

crépu, -e [krepy] *adj* frizzy.

crépuscule [krepyskyl] *nm* [du jour] dusk, twilight; *fig* twilight.

crescendo [kreʃendo, kreʃɛ̃do] ◇ *adv* crescendo; **aller ~** *fig* [bruit] to get OU grow louder and louder; [dépenses, émotion] to grow apace. ◇ *nm inv* MUS & *fig* crescendo.

cresson [kresɔ̃] *nm* watercress.

Crète [kret] *nf*: **la ~** Crete.

crête [kret] *nf* **-1.** [de coq] comb. **-2.** [de montagne, vague, oiseau] crest.

crétin, -e [kretɛ̃, in] *fam* ◇ *adj* cretinous, idiotic. ◇ *nm, f* cretin, idiot.

creuser [krøze] *vt* **-1.** [trou] to dig. **-2.** [objet] to hollow out. **-3.** *fig* [approfondir] to go into deeply.

creuset [krøzɛ] *nm* crucible; *fig* melting pot.

creux, creuse [krø, krøz] *adj* **-1.** [vide, concave] hollow. **-2.** [période - d'activité réduite] slack; [- à tarif réduit] off-peak.

-3. [paroles] empty. ◆ **creux** *nm* **-1.** [concavité] hollow. **-2.** [période] lull.

crevaison [krəvezɔ̃] *nf* puncture.

crevant, -e [krəvɑ̃, ɑ̃t] *adj fam* [fatigant] knackering *Br*.

crevasse [krəvas] *nf* [de mur] crevice, crack; [de glacier] crevasse; [sur la main] crack.

crevé, -e [krəve] *adj* **-1.** [pneu] burst, punctured. **-2.** *fam* [fatigué] dead, shattered *Br*.

crève-cœur [krɛvkœr] *nm inv* heartbreak.

crever [krəve] ◇ *vi* **-1.** [éclater] to burst. **-2.** *tfam* [mourir] to die; **~ de** *fig* [jalousie, santé, orgueil] to be bursting with. ◇ *vt* **-1.** [percer] to burst. **-2.** *fam* [épuiser] to wear out.

crevette [krəvet] *nf*: **~ (grise)** shrimp; **~ (rose)** prawn.

cri [kri] *nm* **-1.** [de personne] cry, shout; [perçant] scream; [d'animal] cry; **pousser un ~** to cry (out), to shout; **pousser un ~ de douleur** to cry out in pain. **-2.** [appel] cry; **le dernier ~** *fig* the latest thing.

criant, -e [krijɑ̃, ɑ̃t] *adj* [injustice] blatant.

criard, -e [krijar, ard] *adj* **-1.** [voix] strident, piercing. **-2.** [couleur] loud.

crible [kribl] *nm* [instrument] sieve; **passer qqch au ~** *fig* to examine sthg closely.

criblé, -e [krible] *adj* riddled; **être ~ de dettes** to be up to one's eyes in debt.

cric [krik] *nm* jack.

cricket [kriket] *nm* cricket.

crier [krije] ◇ *vi* **-1.** [pousser un cri] to shout (out), to yell. **-2.** [parler fort] to shout. **-3.** [protester]: **~ contre** OU **après qqn** to nag sb, to go on at sb. ◇ *vt* to shout (out).

crime [krim] *nm* **-1.** [délit] crime. **-2.** [meurtre] murder.

criminalité [kriminalite] *nf* criminality.

criminel, -elle [kriminel] ◇ *adj* criminal. ◇ *nm, f* criminal; **~ de guerre** war criminal.

crin [krɛ̃] *nm* [d'animal] hair.

crinière [krinjer] *nf* mane.

crique [krik] *nf* creek.

criquet [krike] *nm* locust; [sauterelle] grasshopper.

crise [kriz] *nf* **-1.** MÉD attack; **~ cardiaque** heart attack; **~ de foie** bilious attack. **-2.** [accès] fit; **~ de nerfs** attack of nerves. **-3.** [phase critique] crisis.

crispation [krispasjɔ̃] nf -1. [contraction] contraction. -2. [agacement] irritation.

crispé, -e [krispe] adj tense, on edge.

crisper [krispe] vt -1. [contracter - visage] to tense; [- poing] to clench. -2. [agacer] to irritate. ◆ **se crisper** vp -1. [se contracter] to tense (up). -2. [s'irriter] to get irritated.

crisser [krise] vi [pneu] to screech; [étoffe] to rustle.

cristal, -aux [kristal, o] nm crystal; ~ **de roche** quartz.

cristallin, -e [kristalɛ̃, in] adj -1. [limpide] crystal clear, crystalline. -2. [roche] crystalline. ◆ **cristallin** nm crystalline lens.

critère [kritɛr] nm criterion.

critique [kritik] ◇ adj critical. ◇ nmf critic. ◇ nf criticism.

critiquer [kritike] vt to criticize.

croasser [krɔase] vi to croak, to caw.

croate [krɔat] adj Croat, Croatian. ◆ **Croate** nmf Croat, Croatian.

Croatie [krɔasi] nf: **la ~** Croatia.

croc [kro] nm [de chien] fang.

croche [krɔʃ] nf quaver Br, eighth (note) Am.

croche-pied [krɔʃpje] (pl croche-pieds) nm: **faire un ~ à qqn** to trip sb up.

crochet [krɔʃɛ] nm -1. [de métal] hook; **vivre aux ~s de qqn** to live off sb. -2. TRICOT crochet hook. -3. TYPO square bracket. -4. BOXE: ~ **du gauche/du droit** left/right hook.

crochu, -e [krɔʃy] adj [doigts] claw-like; [nez] hooked.

crocodile [krɔkɔdil] nm crocodile.

croire [krwar] ◇ vt -1. [chose, personne] to believe. -2. [penser] to think; **tu crois?** do you think so?; **il te croyait parti** he thought you'd left; ~ **que** to think (that). ◇ vi: ~ **à** to believe in; ~ **en** to believe in, to have faith in.

croisade [krwazad] nf HIST & fig crusade.

croisé, -e [krwaze] adj [veste] double-breasted. ◆ **croisé** nm HIST crusader.

croisement [krwazmɑ̃] nm -1. [intersection] junction, intersection. -2. BIOL crossbreeding.

croiser [krwaze] ◇ vt -1. [jambes] to cross; [bras] to fold. -2. [passer à côté de] to pass. -3. [chemin] to cross, to cut across. -4. [métisser] to interbreed. ◇ vi NAVIG to cruise. ◆ **se croiser** vp [chemins] to cross, to intersect; [personnes] to pass; [lettres] to cross; [regards] to meet.

croisière [krwazjɛr] nf cruise.

croisillon [krwazijɔ̃] nm: **à ~s** lattice (avant n).

croissance [krwasɑ̃s] nf growth, development; ~ **économique** economic growth OU development.

croissant, -e [krwasɑ̃, ɑ̃t] adj increasing, growing. ◆ **croissant** nm -1. [de lune] crescent. -2. CULIN croissant.

croître [krwatr] vi -1. [grandir] to grow. -2. [augmenter] to increase.

croix [krwa] nf cross; **en ~** in the shape of a cross; ~ **gammée** swastika; **la Croix-Rouge** the Red Cross.

croquant, -e [krɔkɑ̃, ɑ̃t] adj crisp, crunchy.

croque-mitaine [krɔkmitɛn] (pl croque-mitaines) nm bogeyman.

croque-monsieur [krɔkməsjø] nm inv toasted cheese and ham sandwich.

croque-mort [krɔkmɔr] (pl croque-morts) nm fam undertaker.

croquer [krɔke] ◇ vt -1. [manger] to crunch. -2. [dessiner] to sketch. ◇ vi to be crunchy.

croquette [krɔkɛt] nf croquette.

croquis [krɔki] nm sketch.

cross [krɔs] nm [exercice] cross-country (running); [course] cross-country race.

crotte [krɔt] nf [de lapin etc] droppings (pl); [de chien] dirt.

crottin [krɔtɛ̃] nm [de cheval] (horse) manure.

crouler [krule] vi to crumble; ~ **sous** litt & fig to collapse under.

croupe [krup] nf rump; **monter en ~** to ride pillion.

croupier [krupje] nm croupier.

croupir [krupir] vi litt & fig to stagnate.

croustillant, -e [krustijɑ̃, ɑ̃t] adj [croquant - pain] crusty; [- biscuit] crunchy.

croûte [krut] nf -1. [du pain, terrestre] crust. -2. [de fromage] rind. -3. [de plaie] scab. -4. fam péj [tableau] daub.

croûton [krutɔ̃] nm -1. [bout du pain] crust. -2. [pain frit] crouton. -3. fam péj [personne] fuddy-duddy.

croyance [krwajɑ̃s] nf belief.

croyant, -e [krwajɑ̃, ɑ̃t] ◇ adj: **être ~** to be a believer. ◇ nm, f believer.

CRS (abr de **Compagnie républicaine de sécurité**) nm member of the French riot police.

cru, -e [kry] ◇ pp → **croire**. ◇ adj -1. [non cuit] raw. -2. [violent] harsh. -3. [direct] blunt. -4. [grivois] crude.

crû [kry] pp → **croître**.

cruauté [kryote] nf cruelty.

cruche [kryʃ] *nf* **-1.** [objet] jug. **-2.** *fam péj* [personne niaise] twit.

crucial, -e, -iaux [krysjal, jo] *adj* crucial.

crucifix [krysifi] *nm* crucifix.

crudité [krydite] *nf* crudeness. ◆ **crudités** *nfpl* crudités.

crue [kry] *nf* rise in the water level.

cruel, -elle [kryɛl] *adj* cruel.

crûment [krymɑ̃] *adv* **-1.** [sans ménagement] bluntly. **-2.** [avec grossièreté] crudely.

crustacé [krystase] *nm* shellfish, crustacean; ~s shellfish (*U*).

Cuba [kyba] *n* Cuba.

cubain, -aine [kybɛ̃, ɛn] *adj* Cuban. ◆ **Cubain, -aine** *nm, f* Cuban.

cube [kyb] *nm* cube; **4 au ~ = 64** 4 cubed is 64; **mètre ~** cubic metre.

cueillette [kœjɛt] *nf* picking, harvesting.

cueilli, -e [kœji] *pp* → **cueillir**.

cueillir [kœjir] *vt* [fruits, fleurs] to pick.

cuillère, cuiller [kɥijɛr] *nf* spoon; ~ **à café** coffee spoon; ~ **à dessert** dessertspoon; ~ **à soupe** soup spoon; CULIN tablespoon; **petite ~** teaspoon.

cuillerée [kɥijere] *nf* spoonful; ~ **à café** CULIN teaspoonful; ~ **à soupe** CULIN tablespoonful.

cuir [kɥir] *nm* leather; [non tanné] hide; ~ **chevelu** ANAT scalp.

cuirasse [kɥiras] *nf* [de chevalier] breastplate; *fig* armour.

cuirassé [kɥirase] *nm* battleship.

cuire [kɥir] ◇ *vt* [viande, œuf] to cook; [tarte, gâteau] to bake; **faire ~** qqch to cook/bake sthg. ◇ *vi* **-1.** [viande, œuf] to cook; [tarte, gâteau] to bake. **-2.** [personne] to roast, to be boiling.

cuisine [kɥizin] *nf* **-1.** [pièce] kitchen. **-2.** [art] cooking, cookery; **faire la ~** to do the cooking, to cook.

cuisiné, -e [kɥizine] *adj*: **plat ~** ready-cooked meal.

cuisiner [kɥizine] ◇ *vt* **-1.** [aliment] to cook. **-2.** *fam* [personne] to grill. ◇ *vi* to cook; **bien/mal ~** to be a good/bad cook.

cuisinier, -ière [kɥizinje, jɛr] *nm, f* cook. ◆ **cuisinière** *nf* cooker; **cuisinière électrique/à gaz** electric/gas cooker.

cuisse [kɥis] *nf* **-1.** ANAT thigh. **-2.** CULIN leg.

cuisson [kɥisɔ̃] *nf* cooking.

cuit, -e [kɥi, kɥit] ◇ *pp* → **cuire**. ◇ *adj*: **bien ~** [steak] well-done.

cuivre [kɥivr] *nm* [métal]: ~ **(rouge)** copper; ~ **jaune** brass. ◆ **cuivres** *nmpl*: les ~s MUS the brass.

cuivré, -e [kɥivre] *adj* [couleur, reflet] coppery; [teint] bronzed.

cul [ky] *nm* **-1.** *tfam* [postérieur] bum. **-2.** [de bouteille] bottom.

culbute [kylbyt] *nf* **-1.** [saut] somersault. **-2.** [chute] tumble, fall.

cul-de-sac [kydsak] (*pl* **culs-de-sac**) *nm* dead end.

culinaire [kylinɛr] *adj* culinary.

culminant [kylminɑ̃] → **point**.

culot [kylo] *nm* **-1.** *fam* [toupet] cheek, nerve; **avoir du ~** to have a lot of nerve. **-2.** [de cartouche, ampoule] cap.

culotte [kylɔt] *nf* [sous-vêtement féminin] knickers (*pl*), panties (*pl*), pair of knickers OU panties.

culotté, -e [kylɔte] *adj* [effronté] **elle est ~e** she's got a nerve.

culpabilité [kylpabilite] *nf* guilt.

culte [kylt] *nm* **-1.** [vénération, amour] worship. **-2.** [religion] religion.

cultivateur, -trice [kyltivatœr, tris] *nm, f* farmer.

cultivé, -e [kyltive] *adj* [personne] educated, cultured.

cultiver [kyltive] *vt* **-1.** [terre, goût, relation] to cultivate. **-2.** [plante] to grow.

culture [kyltyr] *nf* **-1.** AGRIC cultivation, farming; **les ~s** cultivated land. **-2.** [savoir] culture, knowledge; ~ **physique** physical training. **-3.** [civilisation] culture.

culturel, -elle [kyltyrɛl] *adj* cultural.

culturisme [kyltyrism] *nm* bodybuilding.

cumin [kymɛ̃] *nm* cumin.

cumuler [kymyle] *vt* [fonctions, titres] to hold simultaneously; [salaires] to draw simultaneously.

cupide [kypid] *adj* greedy.

cure [kyr] *nf* (course of) treatment; **faire une ~ de fruits** to go on a fruit-based diet; ~ **de désintoxication** [d'alcool] drying-out treatment; [de drogue] detoxification treatment; ~ **de sommeil** sleep therapy; **faire une ~ thermale** to take the waters.

curé [kyre] *nm* parish priest.

cure-dents [kyrdɑ̃] *nm inv* toothpick.

curer [kyre] *vt* to clean out.

curieux, -ieuse [kyrjø, jøz] ◇ *adj* **-1.** [intéressé] curious; ~ **de qqch/de faire qqch** curious about sthg/to do sthg. **-2.** [indiscret] inquisitive. **-3.** [étrange] strange, curious. ◇ *nm, f* busybody.

curiosité [kyrjozite] nf curiosity.
curriculum vitae [kyrikylɔmvite] nm inv curriculum vitae.
curry [kyri], **carry** [kari], **cari** [kari] nm -1. [épice] curry powder. -2. [plat] curry.
curseur [kyrsœr] nm cursor.
cutané, -e [kytane] adj cutaneous, skin (avant n).
cutiréaction, **cuti-réaction** (pl **cuti-réactions**) [kytireaksjɔ̃] nf skin test.
cuve [kyv] nf -1. [citerne] tank. -2. [à vin] vat.
cuvée [kyve] nf [récolte] vintage.
cuvette [kyvɛt] nf -1. [récipient] basin, bowl. -2. [de lavabo] basin; [de W.-C.] bowl. -3. GÉOGR basin.
CV nm -1. (abr de curriculum vitae) CV. -2. (abr de cheval-vapeur) hp; [puissance fiscale] classification for scaling of car tax.
cyanure [sjanyr] nm cyanide.
cybercafé [siberkafe] nm cybercafe.
cyberespace [siberɛspas] nm cyberspace.
cyclable [siklabl] → piste.
cycle [sikl] nm cycle; **premier ~** UNIV ≃ first and second year; SCOL middle school Br, junior high school Am; **second ~** UNIV ≃ final year Br, ≃ senior year Am; SCOL upper school Br, high school Am; **troisième ~** UNIV ≃ postgraduate year OU years.
cyclique [siklik] adj cyclic, cyclical.
cyclisme [siklism] nm cycling.
cycliste [siklist] nmf cyclist.
cyclone [siklon] nm cyclone.
cygne [siɲ] nm swan.
cylindre [silɛ̃dr] nm -1. AUTOM & GÉOM cylinder. -2. [rouleau] roller.
cymbale [sɛ̃bal] nf cymbal.
cynique [sinik] adj cynical.
cynisme [sinism] nm cynicism.
cyprès [sipre] nm cypress.
cyrillique [sirilik] adj Cyrillic.

D

d, D [de] nm inv d, D.
d' → de.
d'abord [dabɔr] → abord.
d'accord [dakɔr] loc adv: ~! all right!, OK!; être ~ avec to agree with.

dactylo [daktilo] nf [personne] typist; [procédé] typing.
dactylographier [daktilɔgrafje] vt to type.
dada [dada] nm -1. [cheval] gee-gee. -2. fam [occupation] hobby. -3. fam [idée] hobbyhorse. -4. ART Dadaism.
dahlia [dalja] nm dahlia.
daigner [deɲe] vi to deign.
daim [dɛ̃] nm -1. [animal] fallow deer. -2. [peau] suede.
dallage [dalaʒ] nm [action] paving; [dalles] pavement.
dalle [dal] nf [de pierre] slab; [de lino] tile.
dalmatien, -ienne [dalmasjɛ̃, jɛn] nm, f dalmatian.
daltonien, -ienne [daltɔnjɛ̃, jɛn] adj colour-blind.
dame [dam] nf -1. [femme] lady. -2. CARTES & ÉCHECS queen. ◆ **dames** nfpl draughts Br, checkers Am.
damier [damje] nm -1. [de jeu] draughtboard Br, checkerboard Am. -2. [motif]: à ~ checked.
damné, -e [dane] ◇ adj fam damned. ◇ nm, f damned person.
damner [dane] vt to damn.
dancing [dãsiŋ] nm dance hall.
dandiner [dãdine] ◆ **se dandiner** vp to waddle.
Danemark [danmark] nm: le ~ Denmark.
danger [dãʒe] nm danger; **en ~** in danger; **courir un ~** to run a risk.
dangereux, -euse [dãʒrø, øz] adj dangerous.
danois, -e [danwa, az] adj Danish. ◆ **danois** nm -1. [langue] Danish. -2. [chien] Great Dane. ◆ **Danois, -e** nm, f Dane.
dans [dã] prép -1. [dans le temps] in; **je reviens ~ un mois** I'll be back in a month OU in a month's time. -2. [dans l'espace] in; **~ une boîte** in OU inside a box. -3. [avec mouvement] into; **entrer ~ une chambre** to come into a room, to enter a room. -4. [indiquant état, manière] in; **vivre ~ la misère** to live in poverty; **il est ~ le commerce** he's in business. -5. [environ]: **~ les ... about ...; ça coûte ~ les 200 francs** it costs about 200 francs.
dansant, -e [dãsã, ãt] adj litt & fig dancing; **soirée ~e** dance; **thé ~** tea dance.
danse [dãs] nf -1. [art] dancing. -2. [musique] dance.

danser [dɑ̃se] ◇ *vi* **-1.** [personne] to dance. **-2.** [bateau] to bob; [flammes] to flicker. ◇ *vt* to dance.

danseur, -euse [dɑ̃sœr, øz] *nm, f* dancer.

dard [dar] *nm* [d'animal] sting.

date [dat] *nf* **-1.** [jour+mois+année] date; **~ de naissance** date of birth. **-2.** [moment] **event.**

dater [date] ◇ *vt* to date. ◇ *vi* **-1.** [marquer] to be OU mark a milestone. **-2.** *fam* [être démodé] to be dated; **il y avait ~ quinze à vingt mille spectateurs** de *loc prép* as of OU from.

datte [dat] *nf* date.

dattier [datje] *nm* date palm.

dauphin [dofɛ̃] *nm* **-1.** [mammifère] dolphin. **-2.** HIST heir apparent.

daurade, dorade [dɔrad] *nf* sea bream.

davantage [davɑ̃taʒ] *adv* **-1.** [plus] more; **~ de** more. **-2.** [plus longtemps] (any) longer.

de [də] *(contraction de de + le = du* [dy], *de + les = des* [de]) ◇ *prép* **-1.** [provenance] from; **revenir ~ Paris** to come back OU return from Paris; **il est sorti ~ la maison** he left the house, he went out of the house. **-2.** [avec à]: **~ ... à** from ... to; **~ Paris à Tokyo** from Paris to Tokyo; **~ dix heures à midi** from ten o'clock to OU till midday; **il y avait ~ quinze à vingt mille spectateurs** there were between fifteen and twenty thousand spectators. **-3.** [appartenance] of; **la porte du salon** the door of the sitting room, the sitting-room door; **le frère ~ Pierre** Pierre's brother; **la maison ~ mes parents** my parents' house. **-4.** [indique la détermination, la qualité]: **un verre d'eau** a glass of water; **un peignoir ~ soie** a silk dressing gown; **un appartement ~ 60m²** a flat 60 metres square; **un bébé ~ trois jours** a three-day-old baby; **une ville ~ 500 000 habitants** a town with OU of 500,000 inhabitants; **le train ~ 9 h 30** the 9.30 train. ◇ *article partitif* **-1.** [dans une phrase affirmative] some; **je voudrais du vin/du lait** I'd like (some) wine/(some) milk; **boire ~ l'eau** to drink (some) water; **acheter des légumes** to buy some vegetables. **-2.** [dans une interrogation ou une négation] any; **ils n'ont pas d'enfants** they don't have any children, they have no children; **avez-vous du pain?** do you have any bread?, have you got any bread?; **voulez-vous du thé?** would you like some tea?

dé [de] *nm* **-1.** [à jouer] dice, die. **-2.** COUTURE: **~ (à coudre)** thimble.

DEA (*abr de* **diplôme d'études approfondies**) *nm* postgraduate diploma.

dealer¹ [dile] *vt* to deal.

dealer² [dilœr] *nm fam* dealer.

déambuler [deɑ̃byle] *vi* to stroll (around).

débâcle [debakl] *nf* [débandade] rout; *fig* collapse.

déballer [debale] *vt* to unpack; *fam fig* to pour out.

débandade [debɑ̃dad] *nf* dispersal.

débarbouiller [debarbuje] *vt*: **~ qqn** to wash sb's face. **◆ se débarbouiller** *vp* to wash one's face.

débarcadère [debarkadɛr] *nm* landing stage.

débardeur [debardœr] *nm* **-1.** [ouvrier] docker. **-2.** [vêtement] slipover.

débarquement [debarkəmɑ̃] *nm* unloading.

débarquer [debarke] ◇ *vt* [marchandises] to unload; [passagers & MIL] to land. ◇ *vi* **-1.** [d'un bateau] to disembark. **-2.** MIL to land. **-3.** *fam* [arriver à l'improviste] to turn up; *fig* to know nothing.

débarras [debara] *nm* junk room; **bon ~!** *fig* good riddance!

débarrasser [debarase] *vt* **-1.** [pièce] to clear up; [table] to clear. **-2.** [ôter]: **~ qqn de qqch** to take sthg from sb. **◆ se débarrasser** *vp*: **se ~ de** to get rid of.

débat [deba] *nm* debate.

débattre [debatr] *vt* to debate, to discuss. **◆ se débattre** *vp* to struggle.

débattu, -e [debaty] *pp* → **débattre**.

débauche [deboʃ] *nf* debauchery.

débaucher [deboʃe] *vt* **-1.** [corrompre] to debauch, to corrupt. **-2.** [licencier] to make redundant.

débile [debil] ◇ *nmf* **-1.** [attardé] retarded person; **~ mental** mentally retarded person. **-2.** *fam* [idiot] moron. ◇ *adj fam* stupid.

débit [debi] *nm* **-1.** [de marchandises] (retail) sale. **-2.** [coupe] sawing up, cutting up. **-3.** [de liquide] (rate of) flow. **-4.** [élocution] delivery. **-5.** FIN debit; **avoir un ~ de 500 francs** to be 500 francs overdrawn.

débiter [debite] *vt* **-1.** [marchandises] to sell. **-2.** [arbre] to saw up; [viande] to cut up. **-3.** [suj: robinet] to have a flow of. **-4.** *fam fig* [prononcer] to spout. **-5.** FIN to debit.

débiteur, -trice [debitœr, tris] ◇ *adj* **-1.** [personne] debtor (*avant n*). **-2.** FIN debit (*avant n*), in the red. ◇ *nm, f* debtor.

déblayer [debleje] *vt* [dégager] to clear; ~ **le terrain** *fig* to clear the ground.

débloquer [debloke] ◇ *vt* **-1.** [machine] to get going again. **-2.** [crédit] to release. **-3.** [compte, salaires, prix] to unfreeze. ◇ *vi fam* to talk rubbish.

déboires [debwar] *nmpl* **-1.** [déceptions] disappointments. **-2.** [échecs] setbacks. **-3.** [ennuis] trouble (*U*), problems.

déboiser [debwaze] *vt* [région] to deforest; [terrain] to clear (of trees).

déboîter [debwate] ◇ *vt* **-1.** [objet] to dislodge. **-2.** [membre] to dislocate. ◇ *vi* AUTOM to pull out. ◆ **se déboîter** *vp* **-1.** [se démonter] to come apart; [porte] to come off its hinges. **-2.** [membre] to dislocate.

débonnaire [deboner] *adj* good-natured, easy-going.

déborder [deborde] *vi* [fleuve, liquide] to overflow; *fig* to flood; ~ **de** [vie, joie] to be bubbling with.

débouché [debuʃe] *nm* **-1.** [issue] end. **-2.** (*gén pl*) COMM outlet. **-3.** [de carrière] prospect, opening.

déboucher [debuʃe] ◇ *vt* **-1.** [bouteille] to open. **-2.** [conduite, nez] to unblock. ◇ *vi:* ~ **sur** [arriver] to open out into; *fig* to lead to, to achieve.

débourser [deburse] *vt* to pay out.

debout [dəbu] *adv* **-1.** [gén]: **être** ~ [sur ses pieds] to be standing (up); [réveillé] to be up; [objet] to be standing up OU upright; **mettre qqch** ~ to stand sthg up; **se mettre** ~ to stand up; ~! get up!, on your feet! **-2.** *loc:* **tenir** ~ [bâtiment] to remain standing; [argument] to stand up; **il ne tient pas** ~ he's asleep on his feet.

déboutonner [debutone] *vt* to unbutton, to undo.

débraillé, -e [debraje] *adj* dishevelled.

débrayage [debrejaʒ] *nm* [arrêt de travail] stoppage.

débrayer [debreje] *vi* AUTOM to disengage the clutch, to declutch.

débris [debri] ◇ *nm* piece, fragment. ◇ *nmpl* [restes] leftovers.

débrouillard, -e [debrujar, ard] *fam adj* resourceful.

débrouiller [debruje] *vt* **-1.** [démêler] to untangle. **-2.** *fig* [résoudre] to unravel, to solve. ◆ **se débrouiller** *vp:* **se** ~ (**pour faire qqch**) to manage (to do sthg); **se** ~ **en anglais/math** to get by in English/maths; **débrouille-toi!** you'll have to sort it out (by) yourself!

débroussailler [debrusaje] *vt* [terrain] to clear; *fig* to do the groundwork for.

début [deby] *nm* beginning, start; **au** ~ at the start OU beginning; **au** ~ **de** at the beginning of; **dès le** ~ (right) from the start.

débutant, -e [debytã, ãt] *nm, f* beginner.

débuter [debyte] *vi* **-1.** [commencer]: ~ (**par**) to begin (with), to start (with). **-2.** [faire ses débuts] to start out.

deçà [dəsa] ◆ **en deçà de** *loc prép* **-1.** [de ce côté-ci de] on this side of. **-2.** [en dessous de] short of.

déca [deka] *nm fam* decaff.

décacheter [dekaʃte] *vt* to open.

décadence [dekadãs] *nf* **-1.** [déclin] decline. **-2.** [débauche] decadence.

décadent, -e [dekadã, ãt] *adj* decadent.

décaféiné, -e [dekafeine] *adj* decaffeinated. ◆ **décaféiné** *nm* decaffeinated coffee.

décalage [dekalaʒ] *nm* gap; *fig* gulf, discrepancy; ~ **horaire** [entre zones] time difference; [après un vol] jet lag.

décaler [dekale] *vt* **-1.** [dans le temps - avancer] to bring forward; [- retarder] to put back. **-2.** [dans l'espace] to move, to shift.

décalquer [dekalke] *vt* to trace.

décamper [dekãpe] *vi fam* to clear off.

décapant, -e [dekapã, ãt] *adj* **-1.** [nettoyant] stripping. **-2.** *fig* [incisif] cutting, caustic. ◆ **décapant** *nm* (paint) stripper.

décaper [dekape] *vt* to strip, to sand.

décapiter [dekapite] *vt* [personne] to behead; [- accidentellement] to decapitate; [arbre] to cut the top off; *fig* to remove the leader OU leaders of.

décapotable [dekapotabl] *nf & adj* convertible.

décapsuler [dekapsyle] *vt* to take the top off, to open.

décapsuleur [dekapsylœr] *nm* bottle opener.

décédé, -e [desede] *adj* deceased.

décéder [desede] *vi* to die.

déceler [desle] *vt* [repérer] to detect.

décembre [desãbr] *nm* December; *voir aussi* **septembre**.

décemment [desamã] *adv* **-1.** [convenablement] properly. **-2.** [raisonnablement] reasonably.

décence [desãs] *nf* decency.

décennie [deseni] *nf* decade.

décent, -e [desã, ãt] *adj* decent.

décentralisation [desɑ̃tralizasjɔ̃] nf decentralization.

décentrer [desɑ̃tre] vt to move off-centre OU away from the centre.

déception [desɛpsjɔ̃] nf disappointment.

décerner [desɛrne] vt: ~ qqch à to award sthg to.

décès [desɛ] nm death.

décevant, -e [desəvɑ̃, ɑ̃t] adj disappointing.

décevoir [desəvwar] vt to disappoint.

déchaîné, -e [deʃene] adj **-1.** [vent, mer] stormy, wild. **-2.** [personne] wild.

déchaîner [deʃene] vt [passion] to unleash; [rires] to cause an outburst of. ◆ **se déchaîner** vp **-1.** [éléments naturels] to erupt. **-2.** [personne] to fly into a rage.

déchanter [deʃɑ̃te] vi to become disillusioned.

décharge [deʃarʒ] nf **-1.** JUR discharge. **-2.** ÉLECTR discharge; ~ électrique electric shock. **-3.** [dépotoir] rubbish tip OU dump Br, garbage dump Am.

déchargement [deʃarʒəmɑ̃] nm unloading.

décharger [deʃarʒe] vt **-1.** [véhicule, marchandises] to unload. **-2.** [arme - tirer] to fire, to discharge; [- enlever la charge] to unload. **-3.** [soulager - cœur] to unburden; [- conscience] to salve; [- colère] to vent. **-4.** [libérer]: ~ qqn de to release sb from.

décharné, -e [deʃarne] adj [maigre] emaciated.

déchausser [deʃose] vt: ~ qqn to take sb's shoes off. ◆ **se déchausser** vp **-1.** [personne] to take one's shoes off. **-2.** [dent] to come loose.

déchéance [deʃeɑ̃s] nf [déclin] degeneration, decline.

déchet [deʃɛ] nm [de matériau] scrap. ◆ **déchets** nmpl refuse (U), waste (U).

déchiffrer [deʃifre] vt **-1.** [inscription, hiéroglyphes] to decipher; [énigme] to unravel. **-2.** MUS to sight-read.

déchiqueter [deʃikte] vt to tear to shreds.

déchirant, -e [deʃirɑ̃, ɑ̃t] adj heartrending.

déchirement [deʃirmɑ̃] nm [souffrance morale] heartbreak, distress.

déchirer [deʃire] vt **-1.** [papier, tissu] to tear up, to rip up. ◆ **se déchirer** vp **-1.** [personnes] to tear each other apart. **-2.** [matériau, muscle] to tear.

déchirure [deʃiryr] nf tear; fig wrench; ~ musculaire MÉD torn muscle.

déchu, -e [deʃy] adj **-1.** [homme, ange] fallen; [souverain] deposed. **-2.** JUR: être ~ de to be deprived of.

décibel [desibɛl] nm decibel.

décidé, -e [deside] adj **-1.** [résolu] determined. **-2.** [arrêté] settled.

décidément [desidemɑ̃] adv really.

décider [deside] vt **-1.** [prendre une décision]: ~ (de faire qqch) to decide (to do sthg). **-2.** [convaincre]: ~ qqn à faire qqch to persuade sb to do sthg. ◆ **se décider** vp **-1.** [personne]: se ~ (à faire qqch) to make up one's mind (to do sthg). **-2.** [choisir]: se ~ pour to decide on, to settle on.

décilitre [desilitr] nm decilitre.

décimal, -e, -aux [desimal, o] adj decimal. ◆ **décimale** nf decimal.

décimer [desime] vt to decimate.

décimètre [desimɛtr] nm **-1.** [dixième de mètre] decimetre. **-2.** [règle] ruler; double ~ ≃ foot rule.

décisif, -ive [desizif, iv] adj decisive.

décision [desizjɔ̃] nf decision.

décisionnaire [desizjɔnɛr] nmf decision-maker.

déclamer [deklame] vt to declaim.

déclaration [deklarasjɔ̃] nf **-1.** [orale] declaration, announcement. **-2.** [écrite] report, declaration; [d'assurance] claim; ~ de naissance/de décès registration of birth/death; ~ d'impôts tax return; ~ de revenus statement of income.

déclarer [deklare] vt **-1.** [annoncer] to declare. **-2.** [signaler] to report; rien à ~ nothing to declare; ~ une naissance to register a birth. ◆ **se déclarer** vp **-1.** [se prononcer]: se ~ pour/contre qqch to come out in favour of/against sthg. **-2.** [se manifester] to break out.

déclenchement [deklɑ̃ʃmɑ̃] nm [de mécanisme] activating, setting off; fig launching.

déclencher [deklɑ̃ʃe] vt [mécanisme] to activate, to set off; fig to launch. ◆ **se déclencher** vp [mécanisme] to go off, to be activated; fig to be triggered off.

déclic [deklik] nm **-1.** [mécanisme] trigger. **-2.** [bruit] click.

déclin [deklɛ̃] nm **-1.** [de civilisation, population, santé] decline. **-2.** [fin] close.

déclinaison [deklinɛzɔ̃] nf GRAM declension.

décliner [dekline] ◇ vi [santé, population, popularité] to decline. ◇ vt **-1.** [offre, honneur] to decline. **-2.** GRAM to décline; *fig* [gamme de produits] to develop.

décoder [dekɔde] *vt* to decode.

décoiffer [dekwafe] *vt* [cheveux] to mess up.

décoincer [dekwɛ̃se] *vt* **-1.** [chose] to loosen; [mécanisme] to unjam. **-2.** *fam* [personne] to loosen up.

décollage [dekɔlaʒ] *nm litt & fig* takeoff.

décoller [dekɔle] ◇ *vt* [étiquette, timbre] to unstick; [papier peint] to strip (off). ◇ *vi litt & fig* to take off.

décolleté, -e [dekɔlte] *adj* [vêtement] low-cut. ◆ **décolleté** *nm* **-1.** [de personne] neck and shoulders (*pl*). **-2.** [de vêtement] neckline, neck.

décolonisation [dekɔlɔnizasjɔ̃] *nf* decolonization.

décolorer [dekɔlɔre] *vt* [par décolorant] to bleach, to lighten; [par usure] to fade.

décombres [dekɔ̃br] *nmpl* debris (*U*).

décommander [dekɔmɑ̃de] *vt* to cancel.

décomposé, -e [dekɔ̃poze] *adj* **-1.** [pourri] decomposed. **-2.** [visage] haggard; [personne] in shock.

décomposer [dekɔ̃poze] *vt* [gén] : ~ **(en)** to break down (into). ◆ **se décomposer** *vp* **-1.** [se putréfier] to rot, to decompose. **-2.** [se diviser] : **se ~ en** to be broken down into.

décomposition [dekɔ̃pozisjɔ̃] *nf* **-1.** [putréfaction] decomposition. **-2.** *fig* [analyse] breaking down, analysis.

décompresser [dekɔ̃prese] ◇ *vt* TECHNOL to decompress. ◇ *vi* to unwind.

décompression [dekɔ̃presjɔ̃] *nf* decompression.

décompte [dekɔ̃t] *nm* [calcul] breakdown (of an amount).

déconcentrer [dekɔ̃sɑ̃tre] *vt* [distraire] to distract. ◆ **se déconcentrer** *vp* to be distracted.

déconcerter [dekɔ̃serte] *vt* to disconcert.

déconfiture [dekɔ̃fityr] *nf* collapse, ruin.

décongeler [dekɔ̃ʒle] *vt* to defrost.

décongestionner [dekɔ̃ʒestjɔne] *vt* to relieve congestion in.

déconnecter [dekɔnɛkte] *vt* to disconnect.

déconseillé, -e [dekɔ̃seje] *adj* : **c'est fortement ~** it's extremely inadvisable.

déconseiller [dekɔ̃seje] *vt* : ~ **qqch à qqn** to advise sb against sthg; ~ **à qqn de faire qqch** to advise sb against doing sthg.

déconsidérer [dekɔ̃sidere] *vt* to discredit.

décontaminer [dekɔ̃tamine] *vt* to decontaminate.

décontenancer [dekɔ̃tnɑ̃se] *vt* to put out.

décontracté, -e [dekɔ̃trakte] *adj* **-1.** [muscle] relaxed. **-2.** [détendu] casual, laid-back.

décontracter [dekɔ̃trakte] *vt* to relax. ◆ **se décontracter** *vp* to relax.

décor [dekɔr] *nm* **-1.** [cadre] scenery. **-2.** THÉÂTRE scenery (*U*); CIN sets (*pl*), décor.

décorateur, -trice [dekɔratœr, tris] *nm, f* CIN & THÉÂTRE designer; ~ **d'intérieur** interior decorator.

décoratif, -ive [dekɔratif, iv] *adj* decorative.

décoration [dekɔrasjɔ̃] *nf* decoration.

décorer [dekɔre] *vt* to decorate.

décortiquer [dekɔrtike] *vt* [noix] to shell; [graine] to husk; *fig* to analyse in minute detail.

découcher [dekuʃe] *vi* to stay out all night.

découdre [dekudr] *vt* COUTURE to unpick.

découler [dekule] *vi* : ~ **de** to follow from.

découpage [dekupaʒ] *nm* **-1.** [action] cutting out; [résultat] paper cutout. **-2.** ADMIN : ~ **(électoral)** division into constituencies.

découper [dekupe] *vt* **-1.** [couper] to cut up. **-2.** *fig* [diviser] to cut out.

découpure [dekupyr] *nf* [bord] indentations (*pl*), jagged outline.

découragement [dekuraʒmɑ̃] *nm* discouragement.

décourager [dekuraʒe] *vt* to discourage; ~ **qqn de qqch** to put sb off sthg; ~ **qqn de faire qqch** to discourage sb from doing sthg. ◆ **se décourager** *vp* to lose heart.

décousu, -e [dekuzy] ◇ *pp* → **découdre**. ◇ *adj fig* [conversation] disjointed.

découvert, -e [dekuver, ɛrt] ◇ *pp* → **découvrir**. ◇ *adj* [tête] bare; [terrain] exposed. ◆ **découvert** *nm* BANQUE overdraft; **être à ~ (de 6 000 francs)** to be (6,000 francs) overdrawn. ◆ **découverte** *nf* discovery; **aller à la ~e de** to explore.

découvrir [dekuvrir] *vt* **-1.** [trouver, surprendre] to discover. **-2.** [ôter ce qui couvre, mettre à jour] to uncover.

décrasser [dekrase] *vt* to scrub.

décrépitude [dekrepityd] *nf* **-1.** [de personne] decrepitude. **-2.** [d'objet] dilapidation.

décret [dekrɛ] *nm* decree.

décréter [dekrete] *vt* [décider]: ~ **que** to decide that.

décrire [dekrir] *vt* to describe.

décrit, -e [dekri, it] *pp* → **décrire**.

décrocher [dekrɔʃe] ◇ *vt* **-1.** [enlever] to take down. **-2.** [téléphone] to pick up. **-3.** *fam* [obtenir] to land. ◇ *vi fam* [abandonner] to drop out.

décroître [dekrwatr] *vi* to decrease, to diminish; [jours] to get shorter.

décrypter [dekripte] *vt* to decipher.

déçu, -e [desy] ◇ *pp* → **décevoir**. ◇ *adj* disappointed.

déculotter [dekylɔte] *vt*: ~ **qqn** to take sb's trousers off.

dédaigner [dedɛɲe] *vt* **-1.** [mépriser - personne] to despise; [- conseils, injures] to scorn. **-2.** [refuser]: ~ **de faire qqch** *sout* to disdain to do sthg; **ne pas** ~ **qqch/de faire qqch** not to be above sthg/above doing sthg.

dédaigneux, -euse [dedɛɲø, øz] *adj* disdainful.

dédain [dedɛ̃] *nm* disdain, contempt.

dédale [dedal] *nm litt & fig* maze.

dedans [dədɑ̃] *adv & nm* inside. ◆ **de dedans** *loc adv* from inside, from within. ◆ **en dedans** *loc adv* inside, within. ◆ **en dedans de** *loc prép* inside, within; *voir aussi* là-dedans.

dédicace [dedikas] *nf* dedication.

dédicacer [dedikase] *vt*: ~ **qqch (à qqn)** to sign OU autograph sthg (for sb).

dédier [dedje] *vt*: ~ **qqch (à qqn/à qqch)** to dedicate sthg (to sb/to sthg).

dédire [dedir] ◆ **se dédire** *vp sout* to go back on one's word.

dédommagement [dedɔmaʒmɑ̃] *nm* compensation.

dédommager [dedɔmaʒe] *vt* **-1.** [indemniser] to compensate. **-2.** *fig* [remercier] to repay.

dédouaner [dedwane] *vt* [marchandises] to clear through customs.

dédoubler [deduble] *vt* to halve, to split; [fil] to separate.

déduction [dedyksjɔ̃] *nf* deduction.

déduire [dedɥir] *vt*: ~ **qqch (de)** [ôter] to deduct sthg (from); [conclure] to deduce sthg (from).

déduit, -e [dedɥi, ɥit] *pp* → **déduire**.

déesse [deɛs] *nf* goddess.

défaillance [defajɑ̃s] *nf* **-1.** [incapacité - de machine] failure; [- de personne, orga-

nisation] weakness. **-2.** [malaise] blackout, fainting fit.

défaillant, e [defajɑ̃, ɑ̃t] *adj* [faible] failing.

défaillir [defajir] *vi* [s'évanouir] to faint.

défaire [defɛr] *vt* **-1.** [détacher] to undo; [valise] to unpack; [lit] to strip. ◆ **se défaire** *vp* **-1.** [ne pas tenir] to come undone. **-2.** *sout* [se séparer]: **se** ~ **de** to get rid of.

défait, -e [defɛ, ɛt] ◇ *pp* → **défaire**. ◇ *adj fig* [épuisé] haggard. ◆ **défaite** *nf* defeat.

défaitiste [defetist] *nmf & adj* defeatist.

défaut [defo] *nm* **-1.** [imperfection] flaw; [- de personne] fault, shortcoming; ~ **de fabrication** manufacturing fault. **-2.** [manque] lack; **à** ~ **de** for lack OU want of; **l'eau fait (cruellement)** ~ there is a serious water shortage.

défaveur [defavœr] *nf* disfavour; **être/ tomber en** ~ to be/fall out of favour.

défavorable [defavɔrabl] *adj* unfavourable.

défavoriser [defavɔrize] *vt* to handicap, to penalize.

défection [defɛksjɔ̃] *nf* **-1.** [absence] absence. **-2.** [abandon] defection.

défectueux, -euse [defɛktɥø, øz] *adj* faulty, defective.

défendeur, -eresse [defɑ̃dœr, rɛs] *nm, f* defendant.

défendre [defɑ̃dr] *vt* **-1.** [personne, opinion, client] to defend. **-2.** [interdire] to forbid; ~ **qqch à qqn** to forbid sb sthg; ~ **à qqn de faire qqch** to forbid sb to do sthg; ~ **que qqn fasse qqch** to forbid sb to do sthg. ◆ **se défendre** *vp* **-1.** [se battre, se justifier] to defend o.s. **-2.** [nier]: **se** ~ **de faire qqch** to deny doing sthg. **-3.** [thèse] to stand up.

défendu, -e [defɑ̃dy] ◇ *pp* → **défendre**. ◇ *adj*: **«il est** ~ **de jouer au ballon»** "no ball games".

défense [defɑ̃s] *nf* **-1.** [d'éléphant] tusk. **-2.** [interdiction] prohibition, ban; **«**~ **de fumer/de stationner/d'entrer»** "no smoking/parking/entry"; **«**~ **d'afficher»** "stick no bills". **-3.** [protection] defence; **prendre la** ~ **de** to stand up for; **légitime** ~ JUR self-defence.

défenseur [defɑ̃sœr] *nm* [partisan] champion.

défensif, -ive [defɑ̃sif, iv] *adj* defensive. ◆ **défensive** *nf*: **être sur la défensive** to be on the defensive.

déférence [deferɑ̃s] *nf* deference.

déferlement [defɛrləmɑ̃] *nm* [de vagues] breaking; *fig* surge, upsurge.

déferler [defɛrle] *vi* [vagues] to break; *fig* to surge.

défi [defi] *nm* challenge.

défiance [defjɑ̃s] *nf* distrust, mistrust.

déficience [defisjɑ̃s] *nf* deficiency.

déficit [defisit] *nm* FIN deficit; **être en ~** to be in deficit.

déficitaire [defisitɛr] *adj* in deficit.

défier [defje] *vt* [braver]: **~ qqn de faire qqch** to defy sb to do sthg.

défigurer [defigyre] *vt* **-1.** [blesser] to disfigure. **-2.** [enlaidir] to deface.

défilé [defile] *nm* **-1.** [parade] parade. **-2.** [couloir] defile, narrow pass.

défiler [defile] *vi* **-1.** [dans une parade] to march past. **-2.** [se succéder] to pass. ◆ **se défiler** *vp fam* to back out.

défini, -e [defini] *adj* **-1.** [précis] clear, precise. **-2.** GRAM definite.

définir [definir] *vt* to define.

définitif, -ive [definitif, iv] *adj* definitive, final. ◆ **en définitive** *loc adv* in the end.

définition [definisjɔ̃] *nf* definition.

définitivement [definitivmɑ̃] *adv* for good, permanently.

défiscaliser [defiskalize] *vt* to exempt from taxation.

déflationniste [deflasjɔnist] *adj* deflationary, deflationist.

défoncer [defɔ̃se] *vt* [caisse, porte] to smash in; [route] to break up; [mur] to smash down; [chaise] to break.

déformation [defɔrmasjɔ̃] *nf* **-1.** [d'objet, de théorie] distortion. **-2.** MÉD deformity; **~ professionnelle** *mental conditioning caused by one's job*.

déformer [defɔrme] *vt* to distort. ◆ **se déformer** *vp* [changer de forme] to be distorted, to be deformed; [se courber] to bend.

défouler [defule] *vt fam* to unwind. ◆ **se défouler** *vp fam* to let off steam, to unwind.

défricher [defriʃe] *vt* [terrain] to clear; *fig* [question] to do the groundwork for.

défunt, -e [defœ̃, œ̃t] ◇ *adj* [décédé] late. ◇ *nm, f* deceased.

dégagé, -e [degaʒe] *adj* **-1.** [ciel, vue] clear; [partie du corps] bare. **-2.** [désinvolte] casual, airy. **-3.** [libre]: **~ de** free from.

dégager [degaʒe] ◇ *vt* **-1.** [odeur] to produce, to give off. **-2.** [délivrer - blessé] to free, to extricate. **-3.** [bénéfice] to show. **-4.** [pièce] to clear. **-5.**

[libérer]: **~ qqn de** to release sb from. ◇ *vi fam* [partir] to clear off. ◆ **se dégager** *vp* **-1.** [se délivrer]: **se ~ de qqch** to free o.s. from sthg; *fig* to get out of sthg. **-2.** [émaner] to be given off. **-3.** [émerger] to emerge.

dégarnir [degarnir] *vt* to strip, to clear. ◆ **se dégarnir** *vp* [vitrine] to be cleared; [arbre] to lose its leaves; **sa tête se dégarnit, il se dégarnit** he's going bald.

dégât [dega] *nm litt & fig* damage (U); **faire des ~s** to cause damage.

dégel [deʒɛl] *nm* [fonte des glaces] thaw.

dégeler [deʒle] ◇ *vt* [produit surgelé] to thaw. ◇ *vi* to thaw.

dégénéré, -e [deʒenere] *adj & nm, f* degenerate.

dégénérer [deʒenere] *vi* to degenerate; **~ en** to degenerate into.

dégivrer [deʒivre] *vt* [pare-brise] to de-ice; [réfrigérateur] to defrost.

dégonfler [degɔ̃fle] ◇ *vt* to deflate, to let down. ◇ *vi* to go down. ◆ **se dégonfler** *vp* **-1.** [objet] to go down. **-2.** *fam* [personne] to chicken out.

dégouliner [deguline] *vi* to trickle.

dégourdi, -e [degurdi] *adj* clever.

dégourdir [degurdir] *vt* **-1.** [membres - ankylosés] to restore the circulation to. **-2.** *fig* [déniaiser]: **~ qqn** to teach sb a thing or two. ◆ **se dégourdir** *vp* **-1.** [membres]: **se ~ les jambes** to stretch one's legs. **-2.** *fig* [acquérir de l'aisance] to learn a thing or two.

dégoût [degu] *nm* disgust, distaste.

dégoûtant, -e [degutɑ̃, ɑ̃t] *adj* **-1.** [sale] filthy, disgusting. **-2.** [révoltant, grossier] disgusting.

dégoûter [degute] *vt* to disgust.

dégoutter [degute] *vi*: **~ (de qqch)** to drip (with sthg).

dégradé, -e [degrade] *adj* [couleur] shading off. ◆ **dégradé** *nm* gradation; **un ~ de bleu** a blue shading. ◆ **en dégradé** *loc adv* [cheveux] layered.

dégrader [degrade] *vt* **-1.** [officier] to degrade. **-2.** [abîmer] to damage. **-3.** *fig* [avilir] to degrade, to debase. ◆ **se dégrader** *vp* **-1.** [bâtiment, santé] to deteriorate. **-2.** *fig* [personne] to degrade o.s.

dégrafer [degrafe] *vt* to undo, to unfasten.

dégraissage [degrɛsaʒ] *nm* **-1.** [de vêtement] dry-cleaning. **-2.** [de personnel] trimming, cutting back.

degré [dəgre] *nm* [gén] degree; **~s centigrades** OU **Celsius** degrees centigrade

OU Celsius; **prendre qqn/qqch au premier** ~ to take sb/sthg at face value.

dégressif, -ive [degresif, iv] *adj*: **tarif** ~ decreasing price scale.

dégringoler [degrɛ̃gɔle] *fam vi* [tomber] to tumble; *fig* to crash.

déguenillé, -e [degnije] *adj* ragged.

déguerpir [degɛrpir] *vi* to clear off.

dégueulasse [degœlas] *tfam* ◇ *adj* **-1.** [très sale, grossier] filthy. **-2.** [révoltant] dirty, rotten. ◇ *nmf* scum (U).

dégueuler [degœle] *vi fam* to throw up.

déguisement [degizmɑ̃] *nm* disguise; [pour bal masqué] fancy dress.

déguiser [degize] *vt* to disguise. ◆ **se déguiser** *vp*: **se** ~ **en** [pour tromper] to disguise o.s. as; [pour s'amuser] to dress up as.

dégustation [degystasjɔ̃] *nf* tasting, sampling; ~ **de vin** wine tasting.

déguster [degyste] ◇ *vt* [savourer] to taste, to sample. ◇ *vi fam* [subir]: **il va** ~**!** he'll be for it!

déhancher [deɑ̃ʃe] ◆ **se déhancher** *vp* [en marchant] to swing one's hips; [en restant immobile] to put all one's weight on one leg.

dehors [dəɔr] ◇ *adv* outside; **aller** ~ to go outside; **dormir** ~ to sleep out of doors, to sleep out; **jeter** OU **mettre qqn** ~ to throw sb out. ◇ *nm* outside. ◇ *nmpl*: **les** ~ [les apparences] appearances. ◆ **en dehors** *loc adv* outside, outwards. ◆ **en dehors de** *loc prép* [excepté] apart from.

déjà [deʒa] *adv* **-1.** [dès cet instant] already. **-2.** [précédemment] already, before. **-3.** [au fait]: **quel est ton nom** ~**?** what did you say your name was? **-4.** [renforce une affirmation]: **ce n'est** ~ **pas si mal** that's not bad at all.

déjeuner [deʒœne] ◇ *vi* **-1.** [le matin] to have breakfast. **-2.** [à midi] to have lunch. ◇ *nm* **-1.** [repas de midi] lunch. **-2.** *Can* [dîner] dinner.

déjouer [deʒwe] *vt* to frustrate; ~ **la surveillance de qqn** to elude sb's surveillance.

delà [dəla] ◆ **au-delà de** *loc prép* beyond.

délabré, -e [delabre] *adj* ruined.

délacer [delase] *vt* to unlace, to undo.

délai [delɛ] *nm* **-1.** [temps accordé] period; **sans** ~ immediately, without delay; ~ **de livraison** delivery time, lead time. **-2.** [sursis] extension (of deadline).

délaisser [delese] *vt* **-1.** [abandonner] to leave. **-2.** [négliger] to neglect.

délassement [delasmɑ̃] *nm* relaxation.

délasser [delase] *vt* to refresh. ◆ **se délasser** *vp* to relax.

délation [delasjɔ̃] *nf* informing.

délavé, -e [delave] *adj* faded.

délayer [deleje] *vt* [diluer]: ~ **qqch dans qqch** to mix sthg with sthg.

délecter [delɛkte] ◆ **se délecter** *vp*: **se** ~ **de qqch/à faire qqch** to delight in sthg/in doing sthg.

délégation [delegasjɔ̃] *nf* delegation; **agir par** ~ to be delegated to act.

délégué, -e [delege] ◇ *adj* [personne] delegated. ◇ *nm, f* [représentant]: ~ **(à)** delegate (to).

déléguer [delege] *vt*: ~ **qqn (à qqch)** to delegate sb (to sthg).

délester [delɛste] *vt* **-1.** [circulation routière] to set up a diversion on, to divert. **-2.** *fig & hum* [voler]: ~ **qqn de qqch** to relieve sb of sthg.

délibération [deliberasjɔ̃] *nf* deliberation.

délibéré, -e [delibere] *adj* **-1.** [intentionnel] deliberate. **-2.** [résolu] determined.

délibérer [delibere] *vi*: ~ **(de OU sur)** to deliberate (on OU over).

délicat, -e [delika, at] *adj* **-1.** [gén] delicate. **-2.** [exigeant] fussy, difficult.

délicatement [delikatmɑ̃] *adv* delicately.

délicatesse [delikatɛs] *nf* **-1.** [gén] delicacy. **-2.** [tact] delicacy, tact.

délice [delis] *nm* delight.

délicieux, -ieuse [delisjø, jøz] *adj* **-1.** [savoureux] delicious. **-2.** [agréable] delightful.

délié, -e [delje] *adj* [doigts] nimble.

délier [delje] *vt* to untie.

délimiter [delimite] *vt* [frontière] to fix; *fig* [question, domaine] to define, to demarcate.

délinquance [delɛ̃kɑ̃s] *nf* delinquency.

délinquant, -e [delɛ̃kɑ̃, ɑ̃t] *nm, f* delinquent.

délirant, -e [delirɑ̃, ɑ̃t] *adj* **-1.** *MÉD* delirious. **-2.** [extravagant] frenzied. **-3.** *fam* [extraordinaire] crazy.

délire [delir] *nm* *MÉD* delirium; **en** ~ *fig* frenzied.

délirer [delire] *vi* *MÉD* to be OU become delirious; *fam fig* to rave.

délit [deli] *nm* crime, offence; **en flagrant** ~ red-handed, in the act.

délivrance [delivrɑ̃s] *nf* **-1.** [libération] freeing, release. **-2.** [soulagement] relief. **-3.** [accouchement] delivery.

délivrer [delivʀe] vt -1. [prisonnier] to free, to release. -2. [pays] to deliver, to free; ~ **de** to free from; *fig* to relieve from. -3. [remettre]: ~ **qqch (à qqn)** to issue sthg (to sb). -4. [marchandise] to deliver.

déloger [delɔʒe] vt: ~ **(de)** to dislodge (from).

déloyal, -e, -aux [delwajal, o] *adj* -1. [infidèle] disloyal. -2. [malhonnête] unfair.

delta [dɛlta] *nm* delta.

deltaplane, delta-plane (*pl* **deltaplanes**) [dɛltaplan] *nm* hang glider.

déluge [delyʒ] *nm* -1. RELIG: **le Déluge** the Flood. -2. [pluie] downpour, deluge; **un ~ de** *fig* a flood of.

déluré, -e [delyʀe] *adj* [malin] quick-witted; *péj* [dévergondé] saucy.

démagogie [demagɔʒi] *nf* pandering to public opinion, demagogy.

demain [dəmɛ̃] ◇ *adv* -1. [le jour suivant] tomorrow; ~ **matin** tomorrow morning. -2. *fig* [plus tard] in the future. ◇ *nm* tomorrow; **à ~!** see you tomorrow!

demande [dəmɑ̃d] *nf* -1. [souhait] request. -2. [démarche] proposal; ~ **en mariage** proposal of marriage. -3. [candidature] application; ~ **d'emploi** application; «~s **d'emploi**» "situations wanted". -4. ÉCON demand.

demandé, -e [dəmɑ̃de] *adj* in demand.

demander [dəmɑ̃de] ◇ vt -1. [réclamer, s'enquérir] to ask for; ~ **qqch à qqn** to ask sb for sthg. -2. [appeler] to call; **on vous demande à la réception/au téléphone** you're wanted at reception/on the telephone. -3. [désirer] to ask, to want; **je ne demande pas mieux** I'd be only too pleased (to), I'd love to. -4. [exiger]: **tu m'en demandes trop** you're asking too much of me. -5. [nécessiter] to require. ◇ vi -1. [réclamer]: **à qqn de faire qqch** to ask sb to do sthg; **ne ~ qu'à ...** to be ready to .... -2. [nécessiter]: **ce projet demande à être étudié** this project requires investigating/ needs investigating. ◆ **se demander** *vp*: **se ~ (si)** to wonder (if OU whether).

demandeur, -euse [dəmɑ̃dœʀ, øz] *nm, f* [solliciteur]: ~ **d'asile**. asylum-seeker; ~ **d'emploi** job-seeker.

démangeaison [demɑ̃ʒɛzɔ̃] *nf* [irritation] itch, itching (U); *fam fig* urge.

démanger [demɑ̃ʒe] vi [gratter] to itch;

ça me démange de ... *fig* I'm itching OU dying to ....

démanteler [demɑ̃tle] vt [construction] to demolish; *fig* to break up.

démaquillant, -e [demakijɑ̃, ɑ̃t] *adj* make-up-removing (*avant n*). ◆ **démaquillant** *nm* make-up remover.

démaquiller [demakije] vt to remove make-up from. ◆ **se démaquiller** *vp* to remove one's make-up.

démarche [demaʀʃ] *nf* -1. [manière de marcher] gait, walk. -2. [raisonnement] approach, method. -3. [requête] step; **faire les ~s pour faire qqch** to take the necessary steps to do sthg.

démarcheur, -euse [demaʀʃœʀ, øz] *nm, f* [représentant] door-to-door salesman (*f* saleswoman).

démarquer [demaʀke] vt -1. [solder] to mark down. -2. SPORT not to mark. ◆ **se démarquer** *vp* -1. SPORT to shake off one's marker. -2. *fig* [se distinguer]: **se ~ (de)** to distinguish o.s. (from).

démarrage [demaʀaʒ] *nm* starting, start; ~ **en côte** hill start.

démarrer [demaʀe] ◇ vi -1. [véhicule] to start (up); [conducteur] to drive off. -2. *fig* [affaire, projet] to get off the ground. ◇ vt -1. [véhicule] to start (up). -2. *fam fig* [commencer]: ~ **qqch** to get sthg going.

démarreur [demaʀœʀ] *nm* starter.

démasquer [demaske] vt -1. [personne] to unmask. -2. *fig* [complot, plan] to unveil.

démêlant, -e [demɛlɑ̃, ɑ̃t] *adj* conditioning (*avant n*). ◆ **démêlant** *nm* conditioner.

démêlé [demɛle] *nm* quarrel; **avoir des ~s avec la justice** to get into trouble with the law.

démêler [demɛle] vt [cheveux, fil] to untangle; *fig* to unravel. ◆ **se démêler** *vp*: **se ~ de** *fig* to extricate o.s. from.

déménagement [demenaʒmɑ̃] *nm* removal.

déménager [demenaʒe] ◇ vt to move. ◇ vi to move (house).

déménageur [demenaʒœʀ] *nm* removal man *Br*, mover *Am*.

démence [demɑ̃s] *nf* MÉD dementia; [bêtise] madness.

démener [demne] ◆ **se démener** *vp litt* & *fig* to struggle.

dément, -e [demɑ̃, ɑ̃t] ◇ *adj* MÉD demented; *fam* [extraordinaire, extravagant] crazy. ◇ *nm, f* demented person.

démenti [demɑ̃ti] *nm* denial.

démentiel, -ielle [demɑ̃sjɛl] *adj* MÉD demented; *fam* [incroyable] crazy.

démentir [demɑ̃tir] *vt* **-1.** [réfuter] to deny. **-2.** [contredire] to contradict.

démesure [deməzyr] *nf* excess, immoderation.

démettre [demɛtr] *vt* **-1.** MÉD to put out (of joint). **-2.** [congédier]: ~ qqn de to dismiss sb from. ◆ **se démettre** *vp* **-1.** MÉD: se ~ l'épaule to put one's shoulder out (of joint). **-2.** [démissionner]: se ~ de ses fonctions to resign.

demeurant [dəmœrɑ̃] ◆ **au demeurant** *loc adv* all things considered.

demeure [dəmœr] *nf sout* [domicile, habitation] residence. ◆ **à demeure** *loc adv* permanently.

demeuré, -e [dəmœre] ◇ *adj* simple, half-witted. ◇ *nm, f* half-wit.

demeurer [dəmœre] *vi* **-1.** (*aux:* avoir) [habiter] to live. **-2.** (*aux:* être) [rester] to remain.

demi, -e [dəmi] *adj* half; **un kilo et ~** one and a half kilos; **une heure et ~e** half past one; **à ~** half; **dormir à ~** to be nearly asleep; **ouvrir à ~** to halfopen; **faire les choses à ~** to do things by halves. ◆ **demi** *nm* **-1.** [bière] beer, ≃ half-pint *Br.* **-2.** FOOTBALL midfielder. ◆ **demie** *nf*: **à la ~e** on the half-hour.

demi-cercle [dəmisɛrkl] (*pl* **demicercles**) *nm* semicircle.

demi-douzaine [dəmiduzɛn] (*pl* **demidouzaines**) *nf* half-dozen; **une ~ (de)** half a dozen.

demi-finale [dəmifinal] (*pl* **demifinales**) *nf* semifinal.

demi-frère [dəmifrɛr] (*pl* **demi-frères**) *nm* half-brother.

demi-gros [dəmigro] *nm*: **(commerce de) ~** cash and carry.

demi-heure [dəmijœr] (*pl* **demiheures**) *nf* half an hour, half-hour.

demi-journée [dəmiʒurne] (*pl* **demijournées**) *nf* half a day, half-day.

démilitariser [demilitarize] *vt* to demilitarize.

demi-litre [dəmilitr] (*pl* **demi-litres**) *nm* half a litre, half-litre.

demi-mesure [dəmiməzyr] (*pl* **demimesures**) *nf* **-1.** [quantité] half a measure. **-2.** [compromis] half-measure.

demi-mot [dəmimo] ◆ **à demi-mot** *loc adv*: **comprendre à ~** to understand without things having to be spelled out.

déminer [demine] *vt* to clear of mines.

demi-pension [dəmipɑ̃sjɔ̃] (*pl* **demipensions**) *nf* **-1.** [d'hôtel] half-board. **-2.** [d'école]: **être en ~** to take school dinners (*pl*).

démis, -e [demi, iz] *pp* → **démettre**.

demi-sœur [dəmisœr] (*pl* **demi-sœurs**) *nf* half-sister.

démission [demisjɔ̃] *nf* resignation.

démissionner [demisjɔne] *vi* [d'un emploi] to resign; *fig* to give up.

demi-tarif [dəmitarif] (*pl* **demi-tarifs**) ◇ *adj* half-price. ◇ *nm* **-1.** [tarification] half-fare. **-2.** [billet] half-price ticket.

demi-tour [dəmitur] (*pl* **demi-tours**) *nm* [gén] half-turn; MIL about-turn; **faire ~** to turn back.

démocrate [demɔkrat] *nmf* democrat.

démocratie [demɔkrasi] *nf* democracy.

démocratique [demɔkratik] *adj* democratic.

démocratiser [demɔkratize] *vt* to democratize.

démodé, -e [demɔde] *adj* oldfashioned.

démographique [demɔgrafik] *adj* demographic.

demoiselle [dəmwazɛl] *nf* [jeune fille] maid; **~ d'honneur** bridesmaid.

démolir [demɔlir] *vt* [gén] to demolish.

démolition [demɔlisjɔ̃] *nf* demolition.

démon [demɔ̃] *nm* [diable, personne] devil, demon; **le ~** RELIG the Devil.

démoniaque [demɔnjak] *adj* [diabolique] diabolical.

démonstratif, -ive [demɔ̃stratif, iv] *adj* [personne & GRAM] demonstrative. ◆ **démonstratif** *nm* GRAM demonstrative.

démonstration [demɔ̃strasjɔ̃] *nf* [gén] demonstration.

démonter [demɔ̃te] *vt* **-1.** [appareil] to dismantle, to take apart. **-2.** [troubler]: ~ qqn to put sb out. ◆ **se démonter** *vp fam* to be put out.

démontrer [demɔ̃tre] *vt* **-1.** [prouver] to prove, to demonstrate. **-2.** [témoigner de] to show, to demonstrate.

démoralisant, -e [demɔralizɑ̃, ɑ̃t] *adj* demoralizing.

démoraliser [demɔralize] *vt* to demoralize. ◆ **se démoraliser** *vp* to lose heart.

démordre [demɔrdr] *vt*: **ne pas ~ de** to stick to.

démotiver [demɔtive] *vt* to demotivate.

démouler [demule] *vt* to turn out of a mould, to remove from a mould.

démunir [demynir] *vt* to deprive. ◆ **se démunir** *vp*: **se ~ de** to part with.

dénationaliser [denasjɔnalize] *vt* to denationalize.

dénaturer [denatyre] *vt* -1. [goût] to impair, to mar. -2. TECHNOL to denature. -3. [déformer] to distort.

dénégation [denegasjɔ̃] *nf* denial.

dénicher [denife] *vt fig* -1. [personne] to flush out. -2. *fam* [objet] to unearth.

dénigrer [denigre] *vt* to denigrate, to run down.

dénivelé [denivle] *nm* difference in level OU height.

dénivellation [denivɛlasjɔ̃] *nf* -1. [différence de niveau] difference in height OU level. -2. [pente] slope.

dénombrer [denɔ̃bre] *vt* [compter] to count; [énumérer] to enumerate.

dénominateur [denɔminatœr] *nm* denominator.

dénomination [denɔminasjɔ̃] *nf* name.

dénommé, -e [denɔme] *adj*: **un ~ Robert** someone by the name of Robert.

dénoncer [denɔ̃se] *vt* -1. [gén] to denounce; **~ qqn à qqn** to denounce sb to sb, to inform on sb. -2. *fig* [trahir] to betray.

dénonciation [denɔ̃sjasjɔ̃] *nf* denunciation.

dénoter [denɔte] *vt* to show, to indicate.

dénouement [denumã] *nm* -1. [issue] outcome. -2. CIN & THÉÂTRE denouement.

dénouer [denwe] *vt* [nœud] to untie, to undo; *fig* to unravel.

dénoyauter [denwajote] *vt* [fruit] to stone.

denrée [dãre] *nf* [produit] produce (U); **~s alimentaires** foodstuffs.

dense [dãs] *adj* -1. [gén] dense. -2. [style] condensed.

densité [dãsite] *nf* density.

dent [dã] *nf* -1. [de personne, d'objet] tooth; **faire ses ~s** to cut one's teeth, to teethe; **~ de lait/de sagesse** milk/wisdom tooth. -2. GÉOGR peak.

dentaire [dãtɛr] *adj* dental.

dentelé, -e [dãtle] *adj* serrated, jagged.

dentelle [dãtɛl] *nf* lace (U).

dentier [dãtje] *nm* [dents] dentures (*pl*).

dentifrice [dãtifris] *nm* toothpaste.

dentiste [dãtist] *nmf* dentist.

dentition [dãtisjɔ̃] *nf* teeth (*pl*), dentition.

dénuder [denyde] *vt* to leave bare; [fil électrique] to strip.

dénué, -e [denye] *adj sout*: **~ de** devoid of.

dénuement [denymã] *nm* destitution (U).

déodorant, -e [deɔdɔrã, ãt] *adj* deodorant. ◆ **déodorant** *nm* deodorant.

déontologie [deɔ̃tɔlɔʒi] *nf* professional ethics (*pl*).

dépannage [depanaʒ] *nm* repair.

dépanner [depane] *vt* -1. [réparer] to repair, to fix. -2. *fam* [aider] to bail out.

dépanneur, -euse [depanœr, øz] *nm, f* repairman (*f* repairwoman). ◆ **dépanneuse** *nf* [véhicule] (breakdown) recovery vehicle.

dépareillé, -e [depareje] *adj* [ensemble] non-matching; [paire] odd.

départ [depar] *nm* -1. [de personne] departure, leaving; [de véhicule] departure. -2. SPORT & *fig* start. ◆ **au départ** *loc adv* to start with.

départager [departaʒe] *vt* -1. [concurrents, opinions] to decide between. -2. [séparer] to separate.

département [departəmã] *nm* -1. [territoire] *territorial and administrative division of France*. -2. [service] department.

départemental, -e, -aux [departəmãtal, o] *adj* of a French département. ◆ **départementale** *nf* ≃ B road *Br*.

dépassé, -e [depase] *adj* -1. [périmé] old-fashioned. -2. *fam* [déconcerté]: **~ par** overwhelmed by.

dépassement [depasmã] *nm* [en voiture] overtaking.

dépasser [depase] ◇ *vt* -1. [doubler] to overtake. -2. [être plus grand que] to be taller than. -3. [excéder] to exceed, to be more than. -4. [durer plus longtemps que]: **~ une heure** to go on for more than an hour. -5. [aller au-delà de] to exceed. -6. [franchir] to pass. ◇ *vi*: **~ (de)** to stick out (from).

dépayser [depeize] *vt* -1. [désorienter] to disorientate *Br*, to disorient *Am*. -2. [changer agréablement] to make a change of scene for.

dépecer [depəse] *vt* -1. [découper] to chop up. -2. [déchiqueter] to tear apart.

dépêche [depɛʃ] *nf* dispatch.

dépêcher [depeʃe] *vt sout* [envoyer] to dispatch. ◆ **se dépêcher** *vp* to hurry up; **se ~ de faire qqch** to hurry to do sthg.

dépeindre [depɛ̃dr] *vt* to depict, to describe.

dépeint, -e [depɛ̃, ɛ̃t] *pp* → **dépeindre**.

dépendance [depɑ̃dɑ̃s] nf -1. [de personne] dependence; **être sous la ~ de** to be dependent on. -2. [à la drogue] dependency. -3. [de bâtiment] outbuilding.

dépendre [depɑ̃dr] vt -1. [être soumis]: **~ de** to depend on; **ça dépend** it depends. -2. [appartenir]: **~ de** to belong to.

dépens [depɑ̃] nmpl JUR costs; **aux ~ de qqn** at sb's expense; **je l'ai appris à mes ~** I learned that to my cost.

dépense [depɑ̃s] nf -1. [frais] expense. -2. FIN & fig expenditure (U); **les ~s publiques** public spending (U).

dépenser [depɑ̃se] vt -1. [argent] to spend. -2. fig [énergie] to expend. ◆ **se dépenser** vp litt & fig to exert o.s.

dépensier, -ière [depɑ̃sje, jɛr] adj extravagant.

déperdition [depɛrdisjɔ̃] nf loss.

dépérir [deperir] vi -1. [personne] to waste away. -2. [santé, affaire] to decline. -3. [plante] to wither.

dépeupler [depœple] vt -1. [pays] to depopulate. -2. [étang, rivière, forêt] to drive the wildlife from.

déphasé, -e [defaze] adj ÉLECTR out of phase; fam fig out of touch.

dépilatoire [depilatwar] adj: **crème/lotion ~** depilatory cream/lotion.

dépistage [depistaʒ] nm [de maladie] screening; **~ du SIDA** AIDS testing.

dépister [depiste] vt -1. [gibier, voleur] to track down. -2. [maladie] to screen for.

dépit [depi] nm pique, spite. ◆ **en dépit de** loc prép in spite of.

déplacé, -e [deplase] adj -1. [propos, attitude, présence] out of place. -2. [personne] displaced.

déplacement [deplasmɑ̃] nm -1. [d'objet] moving. -2. [voyage] travelling (U).

déplacer [deplase] vt -1. [objet] to move, to shift; fig [problème] to shift the emphasis of. -2. [muter] to transfer. ◆ **se déplacer** vp -1. [se mouvoir - animal] to move (around); [- personne] to walk. -2. [voyager] to travel. -3. MÉD: **se ~ une vertèbre** to slip a disc.

déplaire [deplɛr] vt -1. [ne pas plaire]: **cela me déplaît** I don't like it. -2. [irriter] to displease.

déplaisant, -e [deplɛzɑ̃, ɑ̃t] adj sout unpleasant.

dépliant [deplijɑ̃] nm leaflet; **~ touristique** tourist brochure.

déplier [deplije] vt to unfold.

déploiement [deplwamɑ̃] nm -1. MIL deployment. -2. [d'ailes] spreading. -3. fig [d'efforts] display.

déplorer [deplɔre] vt [regretter] to deplore.

déployer [deplwaje] vt -1. [déplier - gén] to unfold; [- plan, journal] to open; [ailes] to spread. -2. MIL to deploy. -3. [mettre en œuvre] to expend.

déplu [deply] pp inv → **déplaire**.

déportation [depɔrtasjɔ̃] nf -1. [exil] deportation. -2. [internement] transportation to a concentration camp.

déporté, -e [depɔrte] nm, f -1. [exilé] deportee. -2. [interné] prisoner (in a concentration camp).

déporter [depɔrte] vt -1. [dévier] to carry off course. -2. [exiler] to deport. -3. [interner] to send to a concentration camp.

déposé, -e [depoze] adj: **marque ~e** registered trademark; **modèle ~** patented design.

déposer [depoze] ◇ vt -1. [poser] to put down. -2. [personne, paquet] to drop. -3. [argent, sédiment] to deposit. -4. [à la file]: **son bilan** FIN to go into liquidation. -5. [monarque] to depose. ◇ vi JUR to testify, to give evidence. ◆ **se déposer** vp to settle.

dépositaire [depoziter] nmf -1. COMM agent. -2. [d'objet] bailee; **~ de** fig person entrusted with.

déposition [depozisjɔ̃] nf deposition.

déposséder [deposede] vt: **~ qqn de** to dispossess sb of.

dépôt [depo] nm -1. [d'objet, d'argent, de sédiment] deposit, depositing (U); **verser un ~ (de garantie)** to put down a deposit; **~ d'ordures** (rubbish) dump Br, garbage dump Am. -2. ADMIN registration; **~ légal** copyright registration. -3. [garage] depot. -4. [entrepôt] store, warehouse. -5. [prison] ≃ police cells (pl).

dépotoir [depotwar] nm [décharge] (rubbish) dump Br, garbage dump Am; fam fig dump, tip.

dépouille [depuj] nf -1. [peau] hide, skin. -2. [humaine] remains (pl).

dépouillement [depujmɑ̃] nm [sobriété] austerity, sobriety.

dépouiller [depuje] vt -1. [priver]: **~ qqn (de)** to strip sb (of). -2. [examiner] to peruse; **~ un scrutin** to count the votes.

dépourvu, -e [depurvy] adj: **~ de** without, lacking in. ◆ **au dépourvu** loc adv:

prendre qqn au ~ to catch sb unawares.

dépoussiérer [depusjere] *vt* to dust (off).

dépravé, -e [deprave] ◇ *adj* depraved. ◇ *nm, f* degenerate.

dépréciation [depresjasjɔ̃] *nf* depreciation.

déprécier [depresje] *vt* **-1.** [marchandise] to reduce the value of. **-2.** [œuvre] to disparage. ◆ **se déprécier** *vp* **-1.** [marchandise] to depreciate. **-2.** [personne] to put o.s. down.

dépressif, -ive [depresif, iv] *adj* depressive.

dépression [depresjɔ̃] *nf* depression; **~ nerveuse** nervous breakdown.

déprimant, -e [deprimã, ãt] *adj* depressing.

déprime [deprim] *nf fam*: **faire une ~** to be (feeling) down.

déprimé, -e [deprime] *adj* depressed.

déprimer [deprime] ◇ *vt* to depress. ◇ *vi fam* to be (feeling) down.

déprogrammer [deprɔgrame] *vt* to remove from the schedule; TÉLÉ to take off the air.

dépuceler [depysle] *vt fam*: **~ qqn** to take sb's virginity.

depuis [dəpɥi] ◇ *prép* **-1.** [à partir d'une date ou d'un moment précis] since; **je ne l'ai pas vu ~ son mariage** I haven't seen him since he got married; **il est parti ~ hier** he's been away since yesterday; **~ le début jusqu'à la fin** from beginning to end. **-2.** [exprimant une durée] for; **il est malade ~ une semaine** he has been ill for a week; **~ 10 ans/longtemps** for 10 years/a long time; **~ toujours** always. **-3.** [dans l'espace] from; **~ la route, on pouvait voir la mer** you could see the sea from the road. ◇ *adv* since (then); **~, nous ne l'avons pas revu** we haven't seen him since (then). ◆ **depuis que** *loc conj* since; **je ne l'ai pas revu ~ qu'il s'est marié** I haven't seen him since he got married.

député [depyte] *nm* [au parlement] member of parliament *Br*, representative *Am*.

déraciner [derasine] *vt litt & fig* to uproot.

déraillement [derajmã] *nm* derailment.

dérailler [deraje] *vi* **-1.** [train] to leave the rails, to be derailed. **-2.** *fam fig* [mécanisme] to go on the blink. **-3.** *fam fig* [personne] to go to pieces.

dérailleur [derajœr] *nm* [de bicyclette] derailleur.

déraisonnable [derɛzɔnabl] *adj* unreasonable.

dérangement [derãʒmã] *nm* trouble; **~ out of order.**

déranger [derãʒe] ◇ *vt* **-1.** [personne] to disturb, to bother; **ça vous dérange si je fume?** do you mind if I smoke? **-2.** [plan] to disrupt. **-3.** [maison, pièce] to disarrange, to make untidy. ◇ *vi* to be disturbing. ◆ **se déranger** *vp* **-1.** [se déplacer] to move. **-2.** [se gêner] to put o.s. out.

dérapage [derapaʒ] *nm* [glissement] skid; *fig* excess.

déraper [derape] *vi* [glisser] to skid; *fig* to get out of hand.

déréglementer [dereglǝmãte] *vt* to deregulate.

dérégler [deregle] *vt* [mécanisme] to put out of order; *fig* to upset. ◆ **se dérégler** *vp* [mécanisme] to go wrong; *fig* to be upset OU unsettled.

dérider [deride] *vt fig*: **~ qqn** to cheer sb up.

dérision [derizjɔ̃] *nf* derision; **tourner qqch en ~** to hold sthg up to ridicule.

dérisoire [derizwar] *adj* derisory.

dérivatif, -ive [derivatif, iv] *adj* derivative. ◆ **dérivatif** *nm* distraction.

dérive [deriv] *nf* [mouvement] drift, drifting (U); **aller** OU **partir à la ~** *fig* to fall apart.

dérivé [derive] *nm* derivative.

dériver [derive] ◇ *vt* [détourner] to divert. ◇ *vi* **-1.** [aller à la dérive] to drift. **-2.** *fig* [découler]: **~ de** to derive from.

dermatologie [dɛrmatɔlɔʒi] *nf* dermatology.

dermatologue [dɛrmatɔlɔg] *nmf* dermatologist.

dernier, -ière [dɛrnje, jɛr] ◇ *adj* **-1.** [gén] last; **l'année dernière** last year. **-2.** [ultime] last, final. **-3.** [plus récent] latest. ◇ *nm, f* last; **ce ~** the latter. ◆ **en dernier** *loc adv* last.

dernièrement [dɛrnjɛrmã] *adv* recently, lately.

dernier-né, dernière-née [dɛrnjene, dɛrnjɛrne] *nm, f* [bébé] youngest (child).

dérobade [derɔbad] *nf* evasion, shirking (U).

dérobé, -e [derobe] *adj* **-1.** [volé] stolen. **-2.** [caché] hidden. ◆ **à la dérobée** *loc adv* surreptitiously.

dérober [derobe] *vt sout* to steal. ◆ **se dérober** *vp* **-1.** [se soustraire]: **se ~ à**

qqch to shirk sthg. **-2.** [s'effondrer] to give way.

dérogation [derɔgasjɔ̃] *nf* [action] dispensation; [résultat] exception.

déroulement [derulmã] *nm* **-1.** [de bobine] unwinding. **-2.** *fig* [d'événement] development.

dérouler [derule] *vt* [fil] to unwind; [papier, tissu] to unroll. ◆ **se dérouler** *vp* to take place.

déroute [derut] *nf* MIL rout; *fig* collapse.

dérouter [derute] *vt* **-1.** [déconcerter] to disconcert, to put out. **-2.** [dévier] to divert.

derrière [dɛrjɛr] ◇ *prép & adv* behind. ◇ *nm* **-1.** [partie arrière] back; **la porte de** ~ the back door. **-2.** [partie du corps] bottom, behind.

des [de] ◇ *art indéf* → **un**. ◇ *prép* → **de**.

dès [dɛ] *prép* from; ~ **son arrivée** the minute he arrives/arrived, as soon as he arrives/arrived; ~ **l'enfance** since childhood; ~ **1900** as far back as 1900, as early as 1900; ~ **maintenant** from now on; ~ **demain** starting OU from tomorrow. ◆ **dès que** *loc conj* as soon as.

désabusé, -e [dezabyze] *adj* disillusioned.

désaccord [dezakɔr] *nm* disagreement.

désaccordé, -e [dezakɔrde] *adj* out of tune.

désaffecté, -e [dezafɛkte] *adj* disused.

désaffection [dezafɛksjɔ̃] *nf* disaffection.

désagréable [dezagreabl] *adj* unpleasant.

désagréger [dezagreʒe] *vt* to break up. ◆ **se désagréger** *vp* to break up.

désagrément [dezagremã] *nm* annoyance.

désaltérant, -e [dezalterã, ãt] *adj* thirst-quenching.

désaltérer [dezaltere] ◆ **se désaltérer** *vp* to quench one's thirst.

désamorcer [dezamɔrse] *vt* [arme] to remove the primer from; [bombe] to defuse; *fig* [complot] to nip in the bud.

désappointer [dezapwɛte] *vt* to disappoint.

désapprobation [dezaprɔbasjɔ̃] *nf* disapproval.

désapprouver [dezapruve] ◇ *vt* to disapprove of. ◇ *vi* to be disapproving.

désarmement [dezarməmã] *nm* disarmament.

désarmer [dezarme] *vt* to disarm; [fusil] to unload.

désarroi [dezarwa] *nm* confusion.

désastre [dezastr] *nm* disaster.

désastreux, -euse [dezastrø, øz] *adj* disastrous.

désavantage [dezavɑ̃taʒ] *nm* disadvantage.

désavantager [dezavɑ̃taʒe] *vt* to disadvantage.

désavantageux, -euse [dezavɑ̃taʒø, øz] *adj* unfavourable.

désavouer [dezavwe] *vt* to disown.

désaxé, -e [dezakse] ◇ *adj* [mentalement] disordered, unhinged. ◇ *nm, f* unhinged person.

descendance [desɑ̃dɑ̃s] *nf* [progéniture] descendants (*pl*).

descendant, -e [desɑ̃dɑ̃, ɑ̃t] *nm, f* [héritier] descendant.

descendre [desɑ̃dr] ◇ *vt (aux: avoir)* **-1.** [escalier, pente] to go/come down; ~ **la rue en courant** to run down the street. **-2.** [rideau, tableau] to lower. **-3.** [apporter] to bring/take down. **-4.** *fam* [personne, avion] to shoot down. ◇ *vi (aux: être)* **-1.** [gén] to go/come down; [température, niveau] to fall. **-2.** [passager] to get off; ~ **d'un bus** to get off a bus; ~ **d'une voiture** to get out of a car. **-3.** [être issu]: ~ **de** to be descended from. **-4.** [marée] to go out.

descendu, -e [desɑ̃dy] *pp* → **descendre**.

descente [desɑ̃t] *nf* **-1.** [action] descent. **-2.** [pente] downhill slope OU stretch. **-3.** [irruption] raid. **-4.** [tapis]: ~ **de lit** bedside rug.

descriptif, -ive [dɛskriptif, iv] *adj* descriptive. ◆ **descriptif** *nm* [de lieu] particulars (*pl*); [d'appareil] specification.

description [dɛskripsjɔ̃] *nf* description.

désemparé, -e [dezɑ̃pare] *adj* [personne] helpless; [avion, navire] disabled.

désendettement [dezɑ̃dɛtmã] *nm* degearing, debt reduction.

désenfler [dezɑ̃fle] *vi* to go down, to become less swollen.

désensibiliser [desɑ̃sibilize] *vt* to desensitize.

déséquilibre [dezekilibr] *nm* imbalance.

déséquilibré, -e [dezekilibre] *nm, f* unbalanced person.

déséquilibrer [dezekilibre] *vt* **-1.** [physiquement]: ~ **qqn** to throw sb off balance. **-2.** [perturber] to unbalance.

désert, -e [dezɛr, ɛrt] *adj* [désertique - île] desert (*avant n*); [peu fréquenté] deserted. ◆ **désert** *nm* desert.

déserter [dezɛrte] vt & vi to desert.

déserteur [dezɛrtœr] nm MIL deserter; fig & péj traitor.

désertion [dezɛrsjɔ̃] nf desertion.

désertique [dezɛrtik] adj desert (avant n).

désespéré, -e [dezespere] adj -1. [regard] desperate. -2. [situation] hopeless.

désespérément [dezesperemɑ̃] adv -1. [sans espoir] hopelessly. -2. [avec acharnement] desperately.

désespérer [dezespere] ◇ vt -1. [décourager]: ~ qqn to drive sb to despair. -2. [perdre espoir]: ~ que qqch arrive to give up hope of sthg happening. ◇ vi: ~ (de) to despair (of). ◆ se désespérer vp to despair.

désespoir [dezespwar] nm despair; en ~ de cause as a last resort.

déshabillé [dezabije] nm negligee.

déshabiller [dezabije] vt to undress. ◆ se déshabiller vp to undress, to get undressed.

désherbant, -e [dezɛrbɑ̃, ɑ̃t] adj weed-killing. ◆ désherbant nm weedkiller.

déshérité, -e [dezerite] ◇ adj -1. [privé d'héritage] disinherited. -2. [pauvre] deprived. ◇ nm, f [pauvre] deprived person.

déshériter [dezerite] vt to disinherit.

déshonneur [dezɔnœr] nm disgrace.

déshonorer [dezɔnɔre] vt to disgrace, to bring disgrace on.

déshydrater [dezidrate] vt to dehydrate. ◆ se déshydrater vp to become dehydrated.

désigner [deziɲe] vt -1. [choisir] to appoint. -2. [signaler] to point out. -3. [nommer] to designate.

désillusion [dezilyzjɔ̃] nf disillusion.

désincarné, -e [dezɛ̃karne] adj -1. RELIG disembodied. -2. [éthéré] unearthly.

désindustrialisation [dezɛ̃dystrijalizasjɔ̃] nf deindustrialization.

désinfectant, -e [dezɛ̃fɛktɑ̃, ɑ̃t] adj disinfectant. ◆ désinfectant nm disinfectant.

désinfecter [dezɛ̃fɛkte] vt to disinfect.

désinflation [dezɛ̃flasjɔ̃] nf disinflation.

désintégrer [dezɛ̃tegre] vt to break up. ◆ se désintégrer vp to disintegrate, to break up.

désintéressé, -e [dezɛ̃terese] adj disinterested.

désintéresser [dezɛ̃terese] ◆ se désintéresser vp: se ~ de to lose interest in.

désintoxication [dezɛ̃tɔksikasjɔ̃] nf detoxification.

désinvolte [dezɛ̃vɔlt] adj -1. [à l'aise] casual. -2. péj [sans-gêne] offhand.

désinvolture [dezɛ̃vɔltyr] nf -1. [légèreté] casualness. -2. péj [sans-gêne] offhandedness.

désir [dezir] nm -1. [souhait] desire, wish. -2. [charnel] desire.

désirable [dezirabl] adj desirable.

désirer [dezire] vt -1. sout [chose]: ~ faire qqch to wish to do sthg; vous désirez? [dans un magasin] can I help you?; [dans un café] what can I get you? -2. [sexuellement] to desire.

désistement [dezistəmɑ̃] nm: ~ (de) withdrawal (from).

désister [deziste] ◆ se désister vp [se retirer] to withdraw, to stand down.

désobéir [dezɔbeir] vi: ~ (à qqn) to disobey (sb).

désobéissant, -e [dezɔbeisɑ̃, ɑ̃t] adj disobedient.

désobligeant, -e [dezɔbliʒɑ̃, ɑ̃t] adj sout offensive.

désodorisant, -e [dezɔdɔrizɑ̃, ɑ̃t] adj deodorant. ◆ désodorisant nm air freshener.

désœuvré, -e [dezœvre] adj idle.

désolation [dezɔlasjɔ̃] nf -1. [destruction] desolation. -2. sout [affliction] distress.

désolé, -e [dezɔle] adj -1. [ravagé] desolate. -2. [contrarié] very sorry.

désoler [dezɔle] vt -1. [affliger] to sadden. -2. [contrarier] to upset, to make sorry. ◆ se désoler vp [être contrarié] to be upset.

désolidariser [desɔlidarize] vt -1. [choses]: ~ qqch (de) to disengage OU disconnect sthg (from). -2. [personnes] to estrange. ◆ se désolidariser vp: se ~ de to dissociate o.s. from.

désopilant, -e [dezɔpilɑ̃, ɑ̃t] adj hilarious.

désordonné, -e [dezɔrdɔne] adj [maison, personne] untidy; fig [vie] disorganized.

désordre [dezɔrdr] nm -1. [fouillis] untidiness; en ~ untidy. -2. [agitation] disturbances (pl), disorder (U).

désorganiser [dezɔrganize] vt to disrupt.

désorienté, -e [dezɔrjɑ̃te] adj disoriented, disorientated.

désormais [dezɔrmɛ] adv from now on, in future.

désosser [dezɔse] vt to bone.

despote [dɛspɔt] nm [chef d'État] despot; fig & péj tyrant.

despotisme [dɛspɔtism] nm [gouvernement] despotism; fig & péj tyranny.

desquels, desquelles [dekɛl] → **lequel**.

DESS (*abr de* **diplôme d'études supérieures spécialisées**) *nm postgraduate diploma*.

dessécher [deseʃe] *vt* [peau] to dry (out); *fig* [cœur] to harden. ◆ **se dessécher** *vp* [peau, terre] to dry out; [plante] to wither; *fig* to harden.

desserrer [desere] *vt* to loosen; [poing, dents] to unclench; [frein] to release.

dessert [desɛʀ] *nm* dessert.

desserte [desɛʀt] *nf* **-1.** TRANSPORT (transport) service. **-2.** [meuble] sideboard.

desservir [desɛʀviʀ] *vt* **-1.** TRANSPORT to serve. **-2.** [table] to clear. **-3.** [désavantager] to do a disservice to.

dessin [desɛ̃] *nm* **-1.** [graphique] drawing; ~ **animé** cartoon (*film*); ~ **humoristique** cartoon (*drawing*). **-2.** *fig* [contour] outline.

dessinateur, -trice [desinatœʀ, tʀis] *nm, f* artist, draughtsman (*f* draughtswoman).

dessiner [desine] ◇ *vt* [représenter] to draw; *fig* to outline. ◇ *vi* to draw.

dessous [dəsu] ◇ *adv* underneath. ◇ *nm* [partie inférieure - gén] underside; [- d'un tissu] wrong side. ◇ *nmpl* [sous-vêtements féminins] underwear (*U*). ◆ **en dessous** *loc adv* underneath; [plus bas] below; **ils habitent l'appartement d'en** ~ they live in the flat below OU downstairs.

dessous-de-plat [dəsudpla] *nm inv* tablemat.

dessus [dəsy] ◇ *adv* on top; **faites attention à ne pas marcher** ~ be careful not to walk on it. ◇ *nm* **-1.** [partie supérieure] top. **-2.** [étage supérieur] upstairs; **les voisins du** ~ the upstairs neighbours. **-3.** *loc*: **avoir le** ~ to have the upper hand; **reprendre le** ~ to get over it. ◆ **en dessus** *loc adv* above.

dessus-de-lit [dəsydli] *nm inv* bedspread.

déstabiliser [destabilize] *vt* to destabilize.

destin [destɛ̃] *nm* fate.

destinataire [destinatɛʀ] *nmf* addressee.

destination [destinasjɔ̃] *nf* **-1.** [direction] destination; **un avion à** ~ **de Paris** a plane to OU for Paris. **-2.** [rôle] purpose.

destinée [destine] *nf* destiny.

destiner [destine] *vt* **-1.** [consacrer]: ~ **qqch à** to intend sthg for, to mean sthg for. **-2.** [vouer]: ~ **qqn à qqch/à**

faire qqch [à un métier] to destine sb for sthg/to do sthg; [sort] to mark sb out for sthg/to do sthg.

destituer [destitɥe] *vt* to dismiss.

destructeur, -trice [destʀyktœʀ, tʀis] ◇ *adj* destructive. ◇ *nm, f* destroyer.

destruction [destʀyksjɔ̃] *nf* destruction.

désuet, -ète [dezɥe, ɛt] *adj* [expression, coutume] obsolete; [style, tableau] outmoded.

désuni, -e [dezyni] *adj* divided.

détachable [detaʃabl] *adj* detachable, removable.

détachant, -e [detaʃɑ̃, ɑ̃t] *adj* stain-removing. ◆ **détachant** *nm* stain remover.

détaché, -e [detaʃe] *adj* detached.

détachement [detaʃmɑ̃] *nm* **-1.** [d'esprit] detachment. **-2.** [de fonctionnaire] secondment. **-3.** MIL detachment.

détacher [detaʃe] *vt* **-1.** [enlever]: ~ **qqch (de)** [objet] to detach sthg (from); *fig* to free sthg (from). **-2.** [nettoyer] to remove stains from, to clean. **-3.** [délier] to undo; [cheveux] to untie. **-4.** ADMIN: ~ **qqn auprès de** to second sb to. ◆ **se détacher** *vp* **-1.** [tomber]: **se** ~ **(de)** to come off; *fig* to free o.s. (from). **-2.** [se défaire] to come undone. **-3.** [ressortir]: **se** ~ **sur** to stand out on. **-4.** [se désintéresser]: **se** ~ **de qqn** to drift apart from sb.

détail [detaj] *nm* **-1.** [précision] detail. **-2.** COMM: **le** ~ retail. ◆ **au détail** *loc adj & loc adv* retail. ◆ **en détail** *loc adv* in detail.

détaillant, -e [detajɑ̃, ɑ̃t] *nm, f* retailer.

détaillé, -e [detaje] *adj* detailed.

détailler [detaje] *vt* **-1.** [expliquer] to give details of. **-2.** [vendre] to retail.

détaler [detale] *vi* **-1.** [personne] to clear out. **-2.** [animal] to bolt.

détartrant, -e [detartrɑ̃, ɑ̃t] *adj* descaling. ◆ **détartrant** *nm* descaling agent.

détaxe [detaks] *nf*: ~ **(sur)** [suppression] removal of tax (from); [réduction] reduction in tax (on).

détecter [detɛkte] *vt* to detect.

détecteur, -trice [detɛktœʀ, tʀis] *adj* detecting, detector (*avant n*). ◆ **détecteur** *nm* detector.

détection [detɛksjɔ̃] *nf* detection.

détective [detɛktiv] *nm* detective; ~ **privé** private detective.

déteindre [detɛ̃dʀ] *vi* to fade.

déteint, -e [detɛ̃, ɛ̃t] *pp* → **déteindre**.

dételer [detle] *vt* [cheval] to unharness.

détendre [detɑ̃dr] *vt* **-1.** [corde] to loosen, to slacken; *fig* to ease. **-2.** [personne] to relax. **◆ se détendre** *vp* **-1.** [se relâcher] to slacken; *fig* [situation] to ease; [atmosphère] to become more relaxed. **-2.** [se reposer] to relax.

détendu, -e [detɑ̃dy] ◇ *pp* → **détendre.** ◇ *adj* **-1.** [corde] loose, slack. **-2.** [personne] relaxed.

détenir [detnir] *vt* **-1.** [objet] to have, to hold. **-2.** [personne] to detain, to hold.

détente [detɑ̃t] *nf* **-1.** [de ressort] release. **-2.** [d'une arme] trigger. **-3.** [repos] relaxation. **-4.** POLIT détente.

détenteur, -trice [detɑ̃tœr, tris] *nm, f* [d'objet, de secret] possessor; [de prix, record] holder.

détention [detɑ̃sjɔ̃] *nf* **-1.** [possession] possession. **-2.** [emprisonnement] detention.

détenu, -e [detny] ◇ *pp* → **détenir.** ◇ *adj* detained. ◇ *nm, f* prisoner.

détergent, -e [detɛrʒɑ̃, ɑ̃t] *adj* detergent (*avant n*). **◆ détergent** *nm* detergent.

détérioration [deterjɔrasjɔ̃] *nf* [de bâtiment] deterioration; [de situation] worsening.

détériorer [deterjɔre] *vt* **-1.** [abîmer] to damage. **-2.** [altérer] to ruin. **◆ se détériorer** *vp* **-1.** [bâtiment] to deteriorate; [situation] to worsen. **-2.** [s'altérer] to be spoiled.

déterminant, -e [detɛrminɑ̃, ɑ̃t] *adj* decisive, determining. **◆ déterminant** *nm* LING determiner.

détermination [detɛrminasjɔ̃] *nf* [résolution] decision.

déterminé, -e [detɛrmine] *adj* **-1.** [quantité] given (*avant n*). **-2.** [expression] determined.

déterminer [detɛrmine] *vt* **-1.** [préciser] to determine, to specify. **-2.** [provoquer] to bring about.

déterrer [detɛre] *vt* to dig up.

détestable [detɛstabl] *adj* dreadful.

détester [detɛste] *vt* to detest.

détonateur [detɔnatœr] *nm* TECHNOL detonator; *fig* trigger.

détoner [detɔne] *vi* to detonate.

détonner [detɔne] *vi* MUS to be out of tune; [couleur] to clash; [personne] to be out of place.

détour [detur] *nm* **-1.** [crochet] detour. **-2.** [méandre] bend; **sans ~** *fig* directly.

détourné, -e [deturne] *adj* [dévié] indirect; *fig* roundabout (*avant n*).

détournement [deturnǝmɑ̃] *nm* diversion; **~ d'avion** hijacking; **~ de fonds** embezzlement; **~ de mineur** corruption of a minor.

détourner [deturne] *vt* **-1.** [dévier - gén] to divert; [- avion] to hijack. **-2.** [écarter]: **~ qqn de** to distract sb from, to divert sb from. **-3.** [tourner ailleurs] to turn away. **-4.** [argent] to embezzle. **◆ se détourner** *vp* to turn away; **se ~ de** *fig* to move away from.

détraquer [detrake] *vt fam* [dérégler] to break; *fig* to upset. **◆ se détraquer** *vp fam* [se dérégler] to go wrong; *fig* to become unsettled.

détresse [detrɛs] *nf* distress.

détriment [detrimɑ̃] **◆ au détriment de** *loc prép* to the detriment of.

détritus [detrity(s)] *nm* detritus.

détroit [detrwa] *nm* strait; **le ~ de Bering** the Bering Strait; **le ~ de Gibraltar** the Strait of Gibraltar.

détromper [detrɔ̃pe] *vt* to disabuse.

détrôner [detrone] *vt* [souverain] to dethrone; *fig* to oust.

détruire [detrɥir] *vt* **-1.** [démolir, éliminer] to destroy. **-2.** *fig* [anéantir] to ruin.

détruit, -e [detrɥi, ɥit] *pp* → **détruire.**

dette [dɛt] *nf* debt.

DEUG, Deug [dœg] (*abr de* **diplôme d'études universitaires générales**) *nm university diploma taken after 2 years of arts courses.*

deuil [dœj] *nm* [douleur, mort] bereavement; [vêtements, période] mourning (U); **porter le ~** to be in OU wear mourning.

DEUST, Deust [dœst] (*abr de* **diplôme d'études universitaires scientifiques et techniques**) *nm university diploma taken after 2 years of science courses; voir aussi* DEUG.

deux [dø] ◇ *adj num* two; **ses ~ fils** both his sons, his two sons; **tous ~ jours** every other day, every two days, every second day. ◇ *nm* two; **les ~** both; **par ~** in pairs; *voir aussi* **six.**

deuxième [døzjɛm] *adj num, num & nmf* second; *voir aussi* **sixième.**

deux-pièces [døpjɛs] *nm inv* **-1.** [appartement] two-room flat *Br* OU apartment *Am.* **-2.** [bikini] two-piece (swimming costume).

deux-points [døpwɛ̃] *nm inv* colon.

deux-roues [døru] *nm inv* two-wheeled vehicle.

dévaler [devale] *vt* to run down.

dévaliser [devalize] *vt* [cambrioler - maison] to ransack; [- personne] to rob; *fig* to strip bare.

dévaloriser [devalɔrize] vt **-1.** [monnaie] to devalue. **-2.** [personne] to run OU put down. **◆ se dévaloriser** vp **-1.** [monnaie] to fall in value. **-2.** [personne] fig to run OU put o.s. down.

dévaluation [devalɥasjɔ̃] nf devaluation.

dévaluer [devalɥe] vt to devalue. **◆ se dévaluer** vp to devalue.

devancer [dəvɑ̃se] vt **-1.** [précéder] to arrive before. **-2.** [anticiper] to anticipate.

devant [dəvɑ̃] ◇ prép **-1.** [en face de] in front of. **-2.** [en avant de] ahead of, in front of; **aller droit ~ soi** to go straight ahead OU on. **-3.** [en présence de, face à] in the face of. ◇ adv **-1.** [en face] in front. **-2.** [en avant] in front, ahead. ◇ nm front; **prendre les ~s** to make the first move. **◆ de devant** loc adj [pattes, roues] front (avant n).

devanture [dəvɑ̃tyr] nf shop window.

dévaster [devaste] vt to devastate.

développement [devlɔpmɑ̃] nm **-1.** [gén] development. **-2.** PHOT developing.

développer [devlɔpe] vt to develop; [industrie, commerce] to expand. **◆ se développer** vp **-1.** [s'épanouir] to spread. **-2.** ÉCON to grow, to expand.

devenir [dəvnir] vi to become; **que devenez-vous?** fig how are you doing?

devenu, -e [dəvny] pp → **devenir.**

dévergondé, -e [devɛrgɔ̃de] ◇ adj shameless, wild. ◇ nm, f shameless person.

déverser [devɛrse] vt **-1.** [liquide] to pour out. **-2.** [ordures] to tip (out). **-3.** fig [injures] to pour out.

dévêtu, -e [devɛty] pp → **dévêtir.**

déviation [devjasjɔ̃] nf **-1.** [gén] deviation. **-2.** [d'itinéraire] diversion.

dévier [devje] ◇ vi: **~ de** to deviate from. ◇ vt to divert.

devin, devineresse [dəvɛ̃, dəvinrɛs] nm, f: **je ne suis pas ~!** I'm not psychic!

deviner [dəvine] vt to guess.

devinette [dəvinɛt] nf riddle.

devis [dəvi] nm estimate; **faire un ~** to (give an) estimate.

dévisager [deviza͡ʒe] vt to stare at.

devise [dəviz] nf **-1.** [formule] motto. **-2.** [monnaie] currency. **◆ devises** nfpl [argent] currency (U).

dévisser [devise] ◇ vt to unscrew. ◇ vi ALPINISME to fall (off).

dévoiler [devwale] vt to unveil; fig to reveal.

devoir [dəvwar] ◇ nm **-1.** [obligation] duty. **-2.** SCOL homework (U); **faire ses ~s** to do one's homework. ◇ vt **-1.** [argent, respect]: **~ qqch (à qqn)** to owe (sb) sthg. **-2.** [marque l'obligation]: **~ faire qqch** to have to do sthg; **je dois partir à l'heure ce soir** I have to OU must leave on time tonight; **tu devrais faire attention** you should be OU ought to be careful; **il n'aurait pas dû mentir** he shouldn't have lied, he ought not to have lied. **-3.** [marque la probabilité]: **il doit faire chaud là-bas** it must be hot over there; **il a dû oublier** he must have forgotten. **-4.** [marque le futur, l'intention]: **~ faire qqch** to be (due) to do sthg, to be going to do sthg; **elle doit arriver à 6 heures** she's due to arrive at 6 o'clock; **je dois voir mes parents ce week-end** I'm seeing OU going to see my parents this weekend. **-5.** [être destiné à]: **il devait mourir trois ans plus tard** he was to die three years later; **cela devait arriver** it had to happen, it was bound to happen. **◆ se devoir** vp: **se ~ de faire qqch** to be duty-bound to do sthg; **comme il se doit** as is proper.

dévolu, -e [devɔly] adj sout: **~ à** allotted to. **◆ dévolu** nm: **jeter son ~ sur** to set one's sights on.

dévorer [devɔre] vt to devour.

dévotion [devɔsjɔ̃] nf devotion; **avec ~** [prier] devoutly; [soigner, aimer] devotedly.

dévoué, -e [devwe] adj devoted.

dévouement [devumɑ̃] nm devotion.

dévouer [devwe] **◆ se dévouer** vp **-1.** [se consacrer]: **se ~ à** to devote o.s. to. **-2.** fig [se sacrifier]: **se ~ pour qqch/pour faire qqch** to sacrifice o.s. for sthg/to do sthg.

dévoyé, -e [devwaje] adj & nm, f delinquent.

devrai, devras etc → **devoir.**

dextérité [dɛksterite] nf dexterity, skill.

diabète [djabɛt] nm diabetes (U).

diabétique [djabetik] nmf & adj diabetic.

diable [djabl] nm devil.

diabolique [djabɔlik] adj diabolical.

diabolo [djabɔlo] nm [boisson] fruit cordial and lemonade; **~ menthe** mint (cordial) and lemonade.

diadème [djadɛm] nm diadem.

diagnostic [djagnɔstik] nm MÉD & fig diagnosis.

diagnostiquer [djagnɔstike] vt MÉD & fig to diagnose.

diagonale [djagɔnal] nf diagonal.

dialecte [djalɛkt] nm dialect.

dialogue [djalɔg] *nm* discussion.

dialoguer [djaloge] *vi* **-1.** [converser] to converse. **-2.** INFORM to interact.

diamant [djamɑ̃] *nm* [pierre] diamond.

diamètre [djamɛtr] *nm* diameter.

diapason [djapazɔ̃] *nm* [instrument] tuning fork.

diapositive [djapozitiv] *nf* slide.

diarrhée [djare] *nf* diarrhoea.

dictateur [diktatœr] *nm* dictator.

dictature [diktatyr] *nf* dictatorship.

dictée [dikte] *nf* dictation.

dicter [dikte] *vt* to dictate.

diction [diksjɔ̃] *nf* diction.

dictionnaire [diksjɔnɛr] *nm* dictionary.

dicton [diktɔ̃] *nm* saying, dictum.

dièse [djɛz] ◇ *adj* sharp; do/fa ~ C/F sharp. ◇ *nm* sharp.

diesel [djezɛl] *adj inv* diesel.

diète [djɛt] *nf* diet.

diététicien, -ienne [djetetisjɛ̃, jɛn] *nm, f* dietician.

diététique [djetetik] ◇ *nf* dietetics (U). ◇ *adj* [considération, raison] dietary; [produit, magasin] health (*avant n*).

dieu, -x [djø] *nm* god. ◆ **Dieu** *nm* God; **mon Dieu!** my God!

diffamation [difamasjɔ̃] *nf* [écrite] libel; [orale] slander.

différé, -e [difere] *adj* recorded. ◆ **différé** *nm:* **en** ~ TÉLÉ recorded.

différence [diferɑ̃s] *nf* difference.

différencier [diferɑ̃sje] *vt:* ~ **qqch de qqch** to differentiate sthg from sthg. ◆ **se différencier** *vp:* **se** ~ **de** to be different from.

différend [diferɑ̃] *nm* [désaccord] difference of opinion.

différent, -e [diferɑ̃, ɑ̃t] *adj:* ~ **(de)** different (from).

différer [difere] ◇ *vt* [retarder] to postpone. ◇ *vi:* ~ **de** to differ from, to be different from.

difficile [difisil] *adj* difficult.

difficilement [difisilmɑ̃] *adv* with difficulty.

difficulté [difikylte] *nf* **-1.** [complexité, peine] difficulty. **-2.** [obstacle] problem.

difforme [difɔrm] *adj* deformed.

diffuser [difyze] *vt* **-1.** [lumière] to diffuse. **-2.** [émission] to broadcast. **-3.** [livres] to distribute.

diffuseur [difyzœr] *nm* **-1.** [appareil] diffuser. **-2.** [de livres] distributor.

diffusion [difyzjɔ̃] *nf* **-1.** [d'émission, d'onde] broadcast. **-2.** [de livres] distribution.

digérer [diʒere] ◇ *vi* to digest. ◇ *vt* **-1.** [repas, connaissance] to digest. **-2.** *fam fig* [désagrément] to put up with.

digestif, -ive [diʒestif, iv] *adj* digestive. ◆ **digestif** *nm* liqueur.

digestion [diʒestjɔ̃] *nf* digestion.

digital, -e, -aux [diʒital, o] *adj* **-1.** TECHNOL digital. **-2.** → **empreinte**.

digne [diɲ] *adj* **-1.** [honorable] dignified. **-2.** [méritant]: ~ **de** worthy of.

dignité [diɲite] *nf* dignity.

digression [digresjɔ̃] *nf* digression.

digue [dig] *nf* dike.

dilapider [dilapide] *vt* to squander.

dilater [dilate] *vt* to dilate.

dilemme [dilem] *nm* dilemma.

diligence [diliʒɑ̃s] *nf* HIST & *sout* diligence.

diluant [dilɥɑ̃] *nm* thinner.

diluer [dilɥe] *vt* to dilute.

diluvien, -ienne [dilyvjɛ̃, jɛn] *adj* torrential.

dimanche [dimɑ̃ʃ] *nm* Sunday; *voir aussi* **samedi**.

dimension [dimɑ̃sjɔ̃] *nf* **-1.** [mesure] dimension. **-2.** [taille] **dimensions** (*pl*), size. **-3.** *fig* [importance] magnitude.

diminuer [diminɥe] ◇ *vt* [réduire] to diminish, to reduce. ◇ *vi* [intensité] to diminish, to decrease.

diminutif, -ive [diminytif, iv] *adj* diminutive. ◆ **diminutif** *nm* diminutive.

diminution [diminysjɔ̃] *nf* diminution.

dinde [dɛ̃d] *nf* **-1.** [animal] turkey. **-2.** *péj* [femme] stupid woman.

dindon [dɛ̃dɔ̃] *nm* turkey; **être le** ~ **de la farce** *fig* to be made a fool of.

dîner [dine] ◇ *vi* to dine. ◇ *nm* dinner.

dingue [dɛ̃g] *fam* ◇ *adj* **-1.** [personne] crazy. **-2.** [histoire] incredible. ◇ *nmf* loony.

dinosaure [dinozɔr] *nm* dinosaur.

diplomate [diplɔmat] ◇ *nmf* [ambassadeur] diplomat. ◇ *adj* diplomatic.

diplomatie [diplɔmasi] *nf* diplomacy.

diplomatique [diplɔmatik] *adj* diplomatic.

diplôme [diplom] *nm* diploma.

diplômé, -e [diplome] ◇ *adj:* **être** ~ **de/en** to be a graduate of/in. ◇ *nm, f* graduate.

dire [dir] *vt:* ~ **qqch (à qqn)** [parole] to say sthg (to sb); [vérité, mensonge, secret] to tell (sb) sthg; ~ **à qqn de faire qqch** to tell sb to do sthg; **il m'a dit que ...** he told me (that) ...; **c'est vite dit** *fam* that's easy (for you/him *etc*) to say; **c'est beaucoup** ~ that's saying a lot; **la ville proprement dite** the actual town; **dire du bien/du mal (de)** to speak well/ill (of); **que dirais-tu de ...?** what would you say to ...?; **qu'en dis-tu?** what do you think (of it)?; **on dirait que ...** it looks as if ...; **on dirait de la soie** it looks like silk, you'd think it was silk; **et ~ que je n'étais pas là!** and to think I wasn't there!; **ça ne me dit rien** [pas envie] I don't fancy that; [jamais entendu] I've never heard of it. ◆ **se dire** vp **-1.** [penser] to think (to o.s.). **-2.** [s'employer]: **ça ne se dit pas** [par décence] you mustn't say that; [par usage] people don't say that, nobody says that. **-3.** [se traduire]: «**chat**» **se dit** «**gato**» **en espagnol** the Spanish for "cat" is "gato". ◆ **cela dit** loc adv having said that. ◆ **dis donc** loc adv fam so; [au fait] by the way; [à qqn qui exagère] look here! ◆ **pour ainsi dire** loc adv so to speak. ◆ **à vrai dire** loc adv to tell the truth.

direct, -e [dirɛkt] adj direct. ◆ **direct** nm **-1.** BOXE jab. **-2.** [train] direct train. **-3.** RADIO & TÉLÉ: **le ~** live transmission (U); **en ~** live.

directement [dirɛktəmã] adv directly.

directeur, -trice [dirɛktœr, tris] ◇ adj **-1.** [dirigeant] leading; **comité ~** steering committee. **-2.** [central] guiding. ◇ nm, f director, manager; **~ général** general manager, managing director Br, chief executive officer Am.

direction [dirɛksjɔ̃] nf **-1.** [gestion, ensemble des cadres] management; **sous la ~ de** under the management of. **-2.** [orientation] direction; **en** OU **dans la ~ de** in the direction of. **-3.** AUTOM steering.

directive [dirɛktiv] nf directive.

directrice → directeur.

dirigeable [diriʒabl] nm: **(ballon) ~** airship.

dirigeant, -e [diriʒã, ãt] ◇ adj ruling. ◇ nm, f [de pays] leader; [d'entreprise] manager.

diriger [diriʒe] vt **-1.** [mener - entreprise] to run, to manage; [- orchestre] to conduct; [- film, acteurs] to direct; [- recherches, projet] to supervise. **-2.** [conduire] to steer. **-3.** [orienter]: **~ qqch sur/vers** to aim sthg at/towards. ◆ **se diriger** vp: **se ~ vers** to go OU head towards.

discernement [disɛrnəmã] nm [jugement] discernment.

discerner [disɛrne] vt **-1.** [distinguer]: **~ qqch de** to distinguish sthg from. **-2.** [deviner] to discern.

disciple [disipl] nmf disciple.

disciplinaire [disiplinɛr] adj disciplinary.

discipline [disiplin] nf discipline.

discipliner [discipline] vt [personne] to discipline; [cheveux] to control.

disco [disko] nm disco (music).

discontinu, -e [diskɔ̃tiny] adj [ligne] broken; [bruit, effort] intermittent.

discordant, -e [diskɔrdã, ãt] adj discordant.

discorde [diskɔrd] nf discord.

discothèque [diskɔtɛk] nf **-1.** [boîte de nuit] discothèque. **-2.** [de prêt] record library.

discourir [diskurir] vi to talk at length.

discours [diskur] nm [allocution] speech.

discréditer [diskredite] vt to discredit.

discret, -ète [diskrɛ, ɛt] adj [gén] discreet; [réservé] reserved.

discrètement [diskrɛtmã] adv discreetly.

discrétion [diskresjɔ̃] nf [réserve, tact, silence] discretion.

discrimination [diskriminasjɔ̃] nf discrimination; **sans ~** indiscriminately.

discriminatoire [diskriminatwar] adj discriminatory.

disculper [diskylpe] vt to exonerate. ◆ **se disculper** vp to exonerate o.s.

discussion [diskysjɔ̃] nf **-1.** [conversation, examen] discussion. **-2.** [contestation, altercation] argument.

discutable [diskytabl] adj [contestable] questionable.

discuter [diskyte] ◇ vt **-1.** [débattre]: **~ (de) qqch** to discuss sthg. **-2.** [contester] to dispute. ◇ vi **-1.** [parlementer] to discuss. **-2.** [converser] to talk. **-3.** [contester] to argue.

diseur, -euse [dizœr, øz] nm, f: **~ de bonne aventure** fortune-teller.

disgracieux, -ieuse [disgrasjø, jøz] adj **-1.** [sans grâce] awkward, graceless. **-2.** [laid] plain.

disjoncteur [disʒɔ̃ktœr] nm trip switch, circuit breaker.

disloquer [dislɔke] vt **-1.** MÉD to dislocate. **-2.** [machine, empire] to dismantle. ◆ **se disloquer** vp [machine] to fall apart OU to pieces; fig [empire] to break up.

disparaître [disparɛtr] vi **-1.** [gén] to disappear, to vanish; **faire ~** [personne] to get rid of; [obstacle] to remove. **-2.** [mourir] to die.

disparité [disparite] *nf* [différence - d'éléments] disparity; [- de couleurs] mismatch.

disparition [disparisjɔ̃] *nf* **-1.** [gén] disappearance; [d'espèce] extinction; **en voie de ~** endangered. **-2.** [mort] passing.

disparu, -e [dispary] ◇ *pp* → **disparaître**. ◇ *nm, f* dead person, deceased.

dispatcher [dispatʃe] *vt* to dispatch, to despatch.

dispensaire [dispɑ̃sɛr] *nm* community clinic *Br*, free clinic *Am*.

dispense [dispɑ̃s] *nf* [exemption] exemption.

dispenser [dispɑ̃se] *vt* **-1.** [distribuer] to dispense. **-2.** [exempter]: **~ qqn de qqch** [corvée] to excuse sb sthg, to let sb off sthg; **je te dispense de tes réflexions!** *fig* spare us the comments!, keep your comments to yourself!

disperser [disperse] *vt* to scatter (about OU around); [collection, brume, foule] to break up; *fig* [efforts, forces] to dissipate, to waste. ◆ **se disperser** *vp* **-1.** [feuilles, cendres] to scatter; [brume, foule] to break up, to clear. **-2.** [personne] to take on too much at once, to spread o.s. too thin.

dispersion [dispersjɔ̃] *nf* scattering; [de collection, brume, foule] breaking up; *fig* [d'efforts, de forces] waste, squandering.

disponibilité [disponibilite] *nf* **-1.** [de choses] availability. **-2.** [de fonctionnaire] leave of absence. **-3.** [d'esprit] alertness, receptiveness.

disponible [disponibl] *adj* [place, personne] available, free.

disposé, -e [dispoze] *adj*: **être ~ à faire qqch** to be prepared OU willing to do sthg; **être bien ~ envers qqn** to be well-disposed towards OU to sb.

disposer [dispoze] ◇ *vt* [arranger] to arrange. ◇ *vi*: **~ de** [moyens, argent] to have available (to one), to have at one's disposal; [chose] to have the use of; [temps] to have free OU available.

dispositif [dispozitif] *nm* [mécanisme] device, mechanism.

disposition [dispozisjɔ̃] *nf* **-1.** [arrangement] arrangement. **-2.** [disponibilité]: **à la ~ de** at the disposal of, available to. ◆ **dispositions** *nfpl* **-1.** [mesures] arrangements, measures. **-2.** [dons]: **avoir des ~s pour** to have a gift for.

disproportionné, -e [disproporsjone] *adj* out of proportion.

dispute [dispyt] *nf* argument, quarrel.

disputer [dispyte] *vt* **-1.** [SPORT - course] to run; [- match] to play. **-2.** [lutter pour] to fight for. ◆ **se disputer** *vp* **-1.** [se quereller] to quarrel, to fight. **-2.** [lutter pour] to fight over OU for.

disquaire [diskɛr] *nm* record dealer.

disqualifier [diskalifje] *vt* to disqualify.

disque [disk] *nm* **-1.** MUS record; [vidéo] video disc; **~ compact** OU **laser compact disc. -2.** ANAT disc. **-3.** INFORM disk; **~ dur** hard disk. **-4.** SPORT discus.

disquette [diskɛt] *nf* diskette, floppy disk; **~ système** system diskette.

dissection [diseksjɔ̃] *nf* dissection.

dissemblable [disɑ̃blabl] *adj* dissimilar.

disséminer [disemine] *vt* [graines, maisons] to scatter, to spread (out); *fig* [idées] to disseminate, to spread.

disséquer [diseke] *vt litt & fig* to dissect.

dissertation [disertasjɔ̃] *nf* essay.

dissident, -e [disidɑ̃, ɑ̃t] *adj & nm, f* dissident.

dissimulation [disimylasjɔ̃] *nf* **-1.** [hypocrisie] duplicity. **-2.** [de la vérité] concealment.

dissimuler [disimyle] *vt* to conceal. ◆ **se dissimuler** *vp* **-1.** [se cacher] to conceal o.s., to hide. **-2.** [refuser de voir]: **se ~ qqch** to close one's eyes to sthg.

dissipation [disipasjɔ̃] *nf* **-1.** [dispersion] dispersal, breaking up; *fig* [de malentendu] clearing up; [de craintes] dispelling. **-2.** [indiscipline] indiscipline, misbehaviour.

dissiper [disipe] *vt* **-1.** [chasser] to break up, to clear; *fig* to dispel. **-2.** [distraire] to lead astray. ◆ **se dissiper** *vp* **-1.** [brouillard, fumée] to clear. **-2.** [élève] to misbehave. **-3.** *fig* [malaise, fatigue] to go away. **-4.** [doute] to be dispelled.

dissocier [disosje] *vt* [séparer] to separate, to distinguish.

dissolution [disolysjɔ̃] *nf* **-1.** JUR dissolution. **-2.** [mélange] dissolving. **-3.** *sout* [débauche] dissipation.

dissolvant, -e [disolvɑ̃, ɑ̃t] *adj* solvent. ◆ **dissolvant** *nm* [solvant] solvent; [pour vernis à ongles] nail varnish remover.

dissoudre [disudr] *vt*: **(faire) ~** to dissolve. ◆ **se dissoudre** *vp* [substance] to dissolve.

dissous, -oute [disu, ut] *pp* → **dissoudre**.

dissuader [disɥade] *vt* to dissuade.

dissuasion [disɥazjɔ̃] *nf* dissuasion; **force de ~** deterrent (effect).

distance [distɑ̃s] nf -1. [éloignement] distance; à ~ at a distance; [télécommander] by remote control; à une ~ de 300 mètres 300 metres away. -2. [intervalle] interval. -3. [écart] gap.

distancer [distɑ̃se] vt to outstrip.

distant, -e [distɑ̃, ɑ̃t] adj -1. [éloigné]: une ville ~e de 10 km a town 10 km away; des villes ~es de 10 km towns 10 km apart. -2. [froid] distant.

distendre [distɑ̃dr] vt [ressort, corde] to stretch; [abdomen] to distend. ◆ **se distendre** vp to distend.

distendu, -e [distɑ̃dy] pp → distendre.

distiller [distile] vt [alcool] to distil; [pétrole] to refine; [miel] to secrete; fig & littéraire to exude.

distinct, -e [distɛ̃, ɛ̃kt] adj distinct.

distinctement [distɛ̃ktəmɑ̃] adv distinctly, clearly.

distinctif, -ive [distɛ̃ktif, iv] adj distinctive.

distinction [distɛ̃ksjɔ̃] nf distinction.

distingué, -e [distɛ̃ge] adj distinguished.

distinguer [distɛ̃ge] vt -1. [différencier] to tell apart, to distinguish. -2. [percevoir] to make out, to distinguish. -3. [rendre différent]: ~ de to distinguish from, to set apart from. ◆ **se distinguer** vp -1. [se différencier]: se ~ (de) to stand out (from). -2. [s'illustrer] to distinguish o.s.

distraction [distraksjɔ̃] nf -1. [inattention] inattention, absent-mindedness. -2. [passe-temps] leisure activity.

distraire [distrɛr] vt -1. [déranger] to distract. -2. [divertir] to amuse, to entertain. ◆ **se distraire** vp to amuse o.s.

distrait, -e [distrɛ, ɛt] ◇ pp → distraire. ◇ adj absent-minded.

distribuer [distribɥe] vt to distribute; [courrier] to deliver; [ordres] to give out; [cartes] to deal; [coups, sourires] to dispense.

distributeur, -trice [distribytœr, tris] nm, f distributor. ◆ **distributeur** nm -1. AUTOM & COMM distributor. -2. [machine]: ~ (automatique) de billets BANQUE cash machine, cash dispenser; TRANSPORT ticket machine; ~ de boissons drinks machine.

distribution [distribysjɔ̃] nf -1. [répartition, diffusion, disposition] distribution; ~ des prix SCOL prize-giving. -2. CIN & THÉÂTRE cast.

dit, dite [di, dit] ◇ pp → dire. ◇ adj -1. [appelé] known as. -2. JUR said, above.

-3. [fixé]: à l'heure ~e at the appointed time.

divagation [divagasjɔ̃] nf wandering.

divaguer [divage] vi to ramble.

divan [divɑ̃] nm divan (seat).

divergence [divɛrʒɑ̃s] nf divergence, difference; [d'opinions] difference.

diverger [divɛrʒe] vi to diverge; [opinions] to differ.

divers, -e [divɛr, ɛrs] adj -1. [différent] different, various. -2. [disparate] diverse. -3. (avant n) [plusieurs] various, several.

diversifier [divɛrsifje] vt to vary, to diversify. ◆ **se diversifier** vp to diversify.

diversion [divɛrsjɔ̃] nf diversion.

diversité [divɛrsite] nf diversity.

divertir [divɛrtir] vt [distraire] to entertain, to amuse. ◆ **se divertir** vp to amuse o.s., to entertain o.s.

divertissement [divɛrtismɑ̃] nm [passe-temps] form of relaxation.

divin, -e [divɛ̃, in] adj divine.

divinité [divinite] nf divinity.

diviser [divize] vt -1. [gén] to divide, to split up. -2. MATHS to divide; ~ 8 par 4 to divide 8 by 4.

division [divizjɔ̃] nf division.

divorce [divɔrs] nm -1. JUR divorce. -2. fig [divergence] gulf, separation.

divorcé, -e [divɔrse] ◇ adj divorced. ◇ nm, f divorcee, divorced person.

divorcer [divɔrse] vi to divorce.

divulguer [divylge] vt to divulge.

dix [dis] adj num & nm ten; voir aussi six.

dix-huit [dizɥit] adj num & nm eighteen; voir aussi six.

dix-huitième [dizɥitjɛm] adj num, nm & nmf eighteenth; voir aussi sixième.

dixième [dizjɛm] adj num, nm & nmf tenth; voir aussi sixième.

dix-neuf [diznœf] adj num & nm nineteen; voir aussi six.

dix-neuvième [diznœvjɛm] adj num, nm & nmf nineteenth; voir aussi sixième.

dix-sept [disɛt] adj num & nm seventeen; voir aussi six.

dix-septième [disɛtjɛm] adj num, nm & nmf seventeenth; voir aussi sixième.

dizaine [dizɛn] nf -1. MATHS ten. -2. [environ dix]: une ~ de about ten; par ~s [en grand nombre] in their dozens.

DM (abr de deutsche Mark) DM.

do [do] nm inv MUS C; [chanté] doh.

doc [dɔk] (*abr de* **documentation**) *nf* literature, brochures (*pl*).

doc. (*abr de* **document**) doc.

docile [dɔsil] *adj* [obéissant] docile.

dock [dɔk] *nm* **-1.** [bassin] dock. **-2.** [hangar] warehouse.

docker [dɔkɛr] *nm* docker.

docteur [dɔktœr] *nm* **-1.** [médecin] doctor. **-2.** UNIV: ~ **ès lettres/sciences** = PhD.

doctorat [dɔktɔra] *nm* [grade] doctorate.

doctrine [dɔktrin] *nf* doctrine.

document [dɔkymã] *nm* document.

documentaire [dɔkymãtɛr] *nm & adj* documentary.

documentaliste [dɔkymãtalist] *nmf* [d'archives] archivist; PRESSE & TÉLÉ researcher.

documentation [dɔkymãtasjɔ̃] *nf* **-1.** [travail] research. **-2.** [documents] paperwork, papers (*pl*). **-3.** [brochures] documentation.

documenter [dɔkymãte] *vt* to document. ◆ **se documenter** *vp* to do some research.

dodo [dodo] *nm fam* beddy-byes; **faire ~** to sleep.

dodu, -e [dody] *adj fam* [enfant, joue, bras] chubby; [animal] plump.

dogme [dɔgm] *nm* dogma.

dogue [dɔg] *nm* mastiff.

doigt [dwa] *nm* finger; **un ~ de** (just) a drop OU finger of; **montrer qqch du ~** to point at sthg; **~ de pied** toe.

dois → devoir.

doive → devoir.

dollar [dɔlar] *nm* dollar.

domaine [dɔmɛn] *nm* **-1.** [propriété] estate. **-2.** [secteur, champ d'activité] field, domain.

dôme [dom] *nm* **-1.** ARCHIT dome. **-2.** GÉOGR rounded peak.

domestique [dɔmɛstik] ◇ *nmf* (domestic) servant. ◇ *adj* family (*avant n*); [travaux] household (*avant n*).

domestiquer [dɔmɛstike] *vt* **-1.** [animal] to domesticate. **-2.** [éléments naturels] to harness.

domicile [dɔmisil] *nm* [gén] (place of) residence; **travailler à ~** to work from OU at home; **ils livrent à ~** they do deliveries.

dominant, -e [dɔminã, ãt] *adj* [qui prévaut] dominant.

domination [dɔminasjɔ̃] *nf* **-1.** [autorité] domination, dominion. **-2.** [influence] influence.

dominer [dɔmine] ◇ *vt* **-1.** [surplomber,

avoir de l'autorité sur] to dominate. **-2.** [surpasser] to outclass. **-3.** [maîtriser] to control, to master. **-4.** *fig* [connaître] to master. ◇ *vi* **-1.** [régner] to dominate, to be dominant. **-2.** [prédominer] to predominate. **-3.** [triompher] to be on top, to hold sway. ◆ **se dominer** *vp* to control o.s.

Dominique [dɔminik] *nf*: **la ~** Dominica.

domino [domino] *nm* domino.

dommage [dɔmaʒ] *nm* **-1.** [préjudice] harm (*U*); **~s et intérêts, ~s-intérêts** damages; **c'est ~ que** (+ *subjonctif*) it's a pity OU shame (that). **-2.** [dégâts] damage (*U*).

domotique [dɔmɔtik] *nf* home automation.

dompter [dɔ̃te] *vt* **-1.** [animal, fauve] to tame. **-2.** *fig* [maîtriser] to overcome, to control.

dompteur, -euse [dɔ̃tœr, øz] *nm, f* [de fauves] tamer.

DOM-TOM [dɔmtɔm] (*abr de* **départements d'outre-mer/territoires d'outre-mer**) *nmpl* French overseas départements and territories.

don [dɔ̃] *nm* **-1.** [cadeau] gift. **-2.** [aptitude] knack.

donateur, -trice [dɔnatœr, tris] *nm, f* donor.

donation [dɔnasjɔ̃] *nf* settlement.

donc [dɔ̃k] *conj* so; **je disais ~ ...** so as I was saying ...; **allons ~!** come on!; **tais-toi ~!** will you be quiet!

donjon [dɔ̃ʒɔ̃] *nm* keep.

donné, -e [dɔne] *adj* given; **étant ~ que** given that, considering (that). ◆ **donnée** *nf* **-1.** INFORM & MATHS datum, piece of data; **~es numériques** numerical data. **-2.** [élément] fact, particular.

donner [dɔne] ◇ *vt* **-1.** [gén] to give; [se débarrasser de] to give away; **~ qqch à qqn** to give sb sthg, to give sthg to sb; **~ qqch à faire à qqn** to give sb sthg to do, to give sthg to sb to do; **~ sa voiture à réparer** to leave one's car to be repaired; **quel âge lui donnes-tu?** how old do you think he/she is? **-2.** [occasionner] to give, to cause. ◇ *vi* **-1.** [s'ouvrir]: **~ sur** to look out onto. **-2.** [produire] to produce, to yield.

donneur, -euse [dɔnœr, øz] *nm, f* **-1.** MÉD donor. **-2.** CARTES dealer.

dont [dɔ̃] *pron rel* **-1.** [complément de verbe ou d'adjectif]: **la personne ~ tu parles** the person you're speaking about, the person about whom you are speaking; **l'accident ~ il est res-**

ponsable the accident for which he is responsible; **c'est quelqu'un ~ on dit le plus grand bien** he's someone about whom people speak highly (*la traduction varie selon la préposition anglaise utilisée avec le verbe ou l'adjectif*). **-2.** [complément de nom ou de pronom - relatif à l'objet] of which, whose; [- relatif à personne] whose; **la boîte ~ le couvercle est jaune** the box whose lid is yellow, the box with the yellow lid; **c'est quelqu'un ~ j'apprécie l'honnêteté** he's someone whose honesty I appreciate; **celui ~ les parents sont divorcés** the one whose parents are divorced. **-3.** [indiquant la partie d'un tout]: **plusieurs personnes ont téléphoné, ~ ton frère** several people phoned, one of which was your brother OU among them was your brother.

dopage [dɔpaʒ] *nm* doping.

doper [dɔpe] *vt* to dope. ◆ **se doper** *vp* to take stimulants.

dorade [dɔrad] = **daurade**.

doré, -e [dɔre] *adj* **-1.** [couvert de dorure] gilded, gilt. **-2.** [couleur] golden.

dorénavant [dɔrenavɑ̃] *adv* from now on, in future.

dorer [dɔre] *vt* **-1.** [couvrir d'or] to gild. **-2.** [peau] to tan. **-3.** CULIN to glaze.

dorloter [dɔrlɔte] *vt* to pamper, to cosset.

dormir [dɔrmir] *vi* **-1.** [sommeiller] to sleep. **-2.** [rester inactif - personne] to slack, to stand around (doing nothing); [- capitaux] to lie idle.

dortoir [dɔrtwar] *nm* dormitory.

dos [do] *nm* back; **de ~** from behind; «**voir au ~**» "see over"; **~ crawlé** backstroke.

DOS, Dos [dɔs] (*abr de* **Disk Operating System**) *nm* DOS.

dosage [dozaʒ] *nm* [de médicament] dose; [d'ingrédient] amount.

dos-d'âne [dodan] *nm* bump.

dose [doz] *nf* **-1.** [quantité de médicament] dose. **-2.** [quantité] share; **forcer la ~** *fam fig* to overdo it; **une (bonne) ~ de bêtise** *fam fig* a lot of silliness.

doser [doze] *vt* [médicament, ingrédient] to measure out; *fig* to weigh up.

dossard [dosar] *nm* number (*on competitor's back*).

dossier [dosje] *nm* **-1.** [de fauteuil] back. **-2.** [documents] file, dossier. **-3.** [classeur] file, folder. **-4.** *fig* [question] question.

dot [dɔt] *nf* dowry.

doter [dɔte] *vt* [pourvoir]: **~ de** [talent] to endow with; [machine] to equip with.

douane [dwan] *nf* **-1.** [service, lieu] customs (*pl*); **passer la ~** to go through customs. **-2.** [taxe] (import) duty.

douanier, -ière [dwanje, jɛr] ◇ *adj* customs (*avant n*). ◇ *nm, f* customs officer.

doublage [dublaʒ] *nm* **-1.** [renforcement] lining. **-2.** [de film] dubbing. **-3.** [d'acteur] understudying.

double [dubl] ◇ *adj* double. ◇ *adv* double. ◇ *nm* **-1.** [quantité]: **le ~** double. **-2.** [copie] copy; **en ~** in duplicate. **-3.** TENNIS doubles (*pl*).

doublé [duble] *nm* [réussite double] double.

doublement [dubləmɑ̃] *adv* doubly.

doubler [duble] ◇ *vt* **-1.** [multiplier] to double. **-2.** [plier] to (fold) double. **-3.** [renforcer]: **~ (de)** to line (with). **-4.** [dépasser] to overtake. **-5.** [film, acteur] to dub. **-6.** [augmenter] to double. ◇ *vi* **-1.** [véhicule] to overtake. **-2.** [augmenter] to double.

doublure [dublyr] *nf* **-1.** [renforcement] lining. **-2.** CIN stand-in.

douce → **doux**.

doucement [dusmɑ̃] *adv* **-1.** [descendre] carefully; [frapper] gently. **-2.** [traiter] gently; [parler] softly.

douceur [dusœr] *nf* **-1.** [de saveur, parfum] sweetness. **-2.** [d'éclairage, de peau, de musique] softness. **-3.** [de climat] mildness. **-4.** [de caractère] gentleness. ◆ **douceurs** *nfpl* [friandises] sweets.

douche [duʃ] *nf* **-1.** [appareil, action] shower. **-2.** *fam fig* [déception] letdown.

doucher [duʃe] *vt* **-1.** [donner une douche à]: **~ qqn** to give sb a shower. **-2.** *fam fig* [décevoir] to let down. ◆ **se doucher** *vp* to (have a) shower.

doué, -e [dwe] *adj* talented; **être ~ pour** to have a gift for.

douillet, -ette [duje, ɛt] ◇ *adj* **-1.** [confortable] snug, cosy. **-2.** [sensible] soft. ◇ *nm, f* wimp.

douleur [dulœr] *nf* pain.

douloureux, -euse [dulurø, øz] *adj* **-1.** [physiquement] painful. **-2.** [moralement] distressing. **-3.** [regard, air] sorrowful.

doute [dut] *nm* doubt. ◆ **sans doute** *loc adv* no doubt; **sans aucun ~** without (a) doubt.

douter [dute] ◇ *vt* [ne pas croire]: **~ que** (+ *subjonctif*) to doubt (that). ◇ *vi* [ne pas avoir confiance]: **~ de qqn/de qqch** to doubt sb/sthg, to have doubts

about sb/sthg; **j'en doute** I doubt it.
◆ **se douter** *vp*: se ~ **de qqch** to suspect sthg; **je m'en doutais** I thought so.

douteux, -euse [dutø, øz] *adj* **-1.** [incertain] doubtful. **-2.** [contestable] questionable. **-3.** *péj* [mœurs] dubious; [vêtements, personne] dubious-looking.

Douvres [duvr] *n* Dover.

doux, douce [du, dus] *adj* **-1.** [éclairage, peau, musique] soft. **-2.** [saveur, parfum] sweet. **-3.** [climat, condiment] mild. **-4.** [pente, regard, caractère] gentle.

douzaine [duzɛn] *nf* **-1.** [douze] dozen. **-2.** [environ douze]: **une** ~ **de** about twelve.

douze [duz] *adj num & nm* twelve; *voir aussi* **six**.

douzième [duzjɛm] *adj num, nm & nmf* twelfth; *voir aussi* **sixième**.

doyen, -enne [dwajɛ̃, ɛn] *nm, f* [le plus ancien] most senior member.

Dr (*abr de* **Docteur**) Dr.

draconien, -ienne [drakɔnjɛ̃, jɛn] *adj* draconian.

dragée [draʒe] *nf* **-1.** [confiserie] sugared almond. **-2.** [comprimé] pill.

dragon [dragɔ̃] *nm* **-1.** [monstre, personne autoritaire] dragon. **-2.** [soldat] dragoon.

draguer [drage] *vt* **-1.** [nettoyer] to dredge. **-2.** *fam* [personne] to chat up, to get off with.

dragueur, -euse [dragœr, øz] *nm, f fam* [homme] womanizer; **quelle dragueuse!** she's always chasing after men!

drainage [drɛnaʒ] *nm* draining.

drainer [drene] *vt* **-1.** [terrain, plaie] to drain. **-2.** *fig* [attirer] to drain off.

dramatique [dramatik] ◇ *nf* play. ◇ *adj* **-1.** THÉÂTRE dramatic. **-2.** [grave] tragic.

dramatiser [dramatize] *vt* [exagérer] to dramatize.

drame [dram] *nm* **-1.** [catastrophe] tragedy; **faire un** ~ **de qqch** *fig* to make a drama of sthg. **-2.** LITTÉRATURE drama.

drap [dra] *nm* **-1.** [de lit] sheet. **-2.** [tissu] woollen cloth.

drapeau, -x [drapo] *nm* flag; **être sous les** ~**x** *fig* to be doing military service.

draper [drape] *vt* to drape.

draperie [drapri] *nf* [tenture] drapery.

dresser [drese] *vt* **-1.** [lever] to raise. **-2.** [faire tenir] to put up. **-3.** *sout* [construire] to erect. **-4.** [acte, liste, carte] to draw up; [procès-verbal] to make out. **-5.** [dompter] to train. **-6.** *fig* [opposer]: ~ **qqn contre qqn** to set sb against sb.
◆ **se dresser** *vp* **-1.** [se lever] to stand

up. **-2.** [s'élever] to rise (up); *fig* to stand; **se** ~ **contre qqch** to rise up against sthg.

dresseur, -euse [drɛsœr, øz] *nm, f* trainer.

dribbler [drible] SPORT ◇ *vi* to dribble. ◇ *vt*: ~ **qqn** to dribble past sb.

drogue [drɔg] *nf* [stupéfiant & *fig*] drug; **la** ~ drugs (*pl*).

drogué, -e [drɔge] ◇ *adj* drugged. ◇ *nm, f* drug addict.

droguer [drɔge] *vt* [victime] to drug.
◆ **se droguer** *vp* [de stupéfiants] to take drugs.

droguerie [drɔgri] *nf* hardware shop.

droguiste [drɔgist] *nmf*: **chez le** ~ at the hardware shop.

droit, -e [drwa, drwat] *adj* **-1.** [du côté droit] right. **-2.** [rectiligne, vertical, honnête] straight. ◆ **droit** ◇ *adv* straight; **tout** ~ straight ahead. ◇ *nm* **-1.** JUR law. **-2.** [prérogative] right; **avoir** ~ **à** to be entitled to; **avoir le** ~ **de faire qqch** to be allowed to do sthg; **être dans son** ~ to be within one's rights; **être en** ~ **de faire qqch** to have a right to do sthg; ~ **d'aînesse** birthright; ~ **de vote** right to vote; ~**s de l'homme** human rights. ◆ **droite** *nf* **-1.** [gén] right, right-hand side; **à** ~**e** on the right; **à** ~**e de** to the right of. **-2.** POLIT: **la** ~**e** the right (wing); **de** ~**e** right-wing.

droitier, -ière [drwatje, jɛr] ◇ *adj* right-handed. ◇ *nm, f* right-handed person, right-hander.

drôle [drol] *adj* **-1.** [amusant] funny. **-2.** ~ **de** [bizarre] funny; *fam* [remarquable] amazing.

dromadaire [drɔmadɛr] *nm* dromedary.

dru, -e [dry] *adj* thick.

ds *abr de* **dans**.

du → **de**.

dû, due [dy] ◇ *pp* → **devoir**. ◇ *adj* due, owing. ◆ **dû** *nm* due.

Dublin [dyblɛ̃] *n* Dublin.

duc [dyk] *nm* duke.

duchesse [dyʃɛs] *nf* duchess.

duel [dɥɛl] *nm* duel.

dûment [dymɑ̃] *adv* duly.

dune [dyn] *nf* dune.

duo [dyo] *nm* **-1.** MUS duet. **-2.** [couple] duo.

dupe [dyp] ◇ *nf* dupe. ◇ *adj* gullible.

duper [dype] *vt sout* to dupe, to take sb in.

duplex [dyplɛks] *nm* **-1.** [appartement] split-level flat, maisonette *Br*, duplex *Am*. **-2.** RADIO & TÉLÉ link-up.

duplicata [dyplikata] *nm inv* duplicate.

dupliquer [dyplike] *vt* [document] to duplicate.

duquel [dykɛl] → **lequel**.

dur, -e [dyr] ◇ *adj* **-1.** [matière, personne, travail] **hard**; [carton] **stiff. -2.** [viande] **tough. -3.** [climat, punition, loi] **harsh.** ◇ *nm, f fam:* ~ **(à cuire)** tough nut. ◆ **dur** *adv* hard.

durable [dyrabl] *adj* lasting.

durant [dyrɑ̃] *prép* **-1.** [pendant] for. **-2.** [au cours de] during.

durcir [dyrsir] ◇ *vt litt & fig* to harden. ◇ *vi* to harden, to become hard.

durée [dyre] *nf* length.

durement [dyrmɑ̃] *adv* **-1.** [violemment] hard, vigorously. **-2.** [péniblement] severely. **-3.** [méchamment] harshly.

durer [dyre] *vi* to last.

dureté [dyrte] *nf* **-1.** [de matériau, de l'eau] **hardness. -2.** [d'époque, de climat, de personne] **harshness. -3.** [de punition] severity.

dus, dut *etc* → **devoir**.

DUT (*abr de* **diplôme universitaire de technologie**) *nm* university diploma in technology.

duvet [dyvɛ] *nm* **-1.** [plumes, poils fins] **down. -2.** [sac de couchage] **sleeping bag.**

DVD (*abr de* **digital video disk**) *nm* DVD.

dynamique [dinamik] *adj* dynamic.

dynamisme [dinamism] *nm* dynamism.

dynamite [dinamit] *nf* dynamite.

dynastie [dinasti] *nf* dynasty.

dyslexique [dislɛksik] *adj* dyslexic.

e, E [ə] *nm inv* e, E. ◆ **E** (*abr de* **est**) E.

eau, -x [o] *nf* water; ~ **douce/salée/de mer** fresh/salt/sea water; ~ **gazeuse/plate** fizzy/still water; ~ **courante** running water; ~ **minérale** mineral water; ~ **oxygénée** hydrogen peroxide; ~ **de toilette** toilet water; **les** ~**x territoriales** territorial waters; **tomber à l'**~ *fig* to fall through.

eau-de-vie [odvi] (*pl* **eaux-de-vie**) *nf* brandy.

ébahi, -e [ebai] *adj* staggered, astounded.

ébattre [ebatr] ◆ **s'ébattre** *vp littéraire* to frolic.

ébauche [eboʃ] *nf* [esquisse] sketch; *fig* outline; **l'**~ **d'un sourire** the ghost of a smile.

ébaucher [eboʃe] *vt* **-1.** [esquisser] to rough out. **-2.** *fig* [commencer]: ~ **un geste** to start to make a gesture.

ébène [ebɛn] *nf* ebony.

ébéniste [ebenist] *nm* cabinet-maker.

éberlué, -e [ebɛrlɥe] *adj* flabbergasted.

éblouir [ebluir] *vt* to dazzle.

éblouissement [ebluismɑ̃] *nm* **-1.** [aveuglement] glare, dazzle. **-2.** [vertige] dizziness. **-3.** [émerveillement] amazement.

éborgner [ebɔrɲe] *vt*: ~ **qqn** to put sb's eye out.

éboueur [ebwœr] *nm* dustman *Br*, garbage collector *Am*.

ébouillanter [ebujɑ̃te] *vt* to scald.

éboulement [ebulmɑ̃] *nm* caving in, fall.

éboulis [ebuli] *nm* mass of fallen rocks.

ébouriffer [eburife] *vt* [cheveux] to ruffle.

ébranler [ebrɑ̃le] *vt* **-1.** [bâtiment, opinion] to shake. **-2.** [gouvernement, nerfs] to weaken. ◆ **s'ébranler** *vp* [train] to move off.

ébrécher [ebreʃe] *vt* [assiette, verre] to chip; *fam fig* to break into.

ébriété [ebrijete] *nf* drunkenness.

ébrouer [ebrue] ◆ **s'ébrouer** *vp* [animal] to shake o.s.

ébruiter [ebrɥite] *vt* to spread.

ébullition [ebylisjɔ̃] *nf* **-1.** [de liquide] boiling point. **-2.** [effervescence]: **en** ~ *fig* in a state of agitation.

écaille [ekaj] *nf* **-1.** [de poisson, reptile] scale; [de tortue] shell. **-2.** [de plâtre, peinture, vernis] flake. **-3.** [matière] tortoise-shell; **en** ~ [lunettes] horn-rimmed.

écailler [ekaje] *vt* **-1.** [poisson] to scale. **-2.** [huîtres] to open. ◆ **s'écailler** *vp* to flake ou peel off.

écarlate [ekarlat] *adj & nf* scarlet.

écarquiller [ekarkije] *vt*: ~ **les yeux** to stare wide-eyed.

écart [ekar] *nm* **-1.** [espace] space. **-2.** [temps] gap. **-3.** [différence] difference. **-4.** [déviation]: **faire un** ~ [personne] to step aside; [cheval] to shy; **être à l'**~ to be in the background.

écarteler [ekartəle] *vt fig* to tear apart.

écartement [ekartəmɑ̃] *nm*: ~ **entre** space between.

écarter [ekarte] vt **-1.** [bras, jambes] to open, to spread; ~ **qqch de** to move sthg away from. **-2.** [obstacle, danger] to brush aside. **-3.** [foule, rideaux] to push aside; [solution] to dismiss; ~ **qqn de** to exclude sb from. ◆ **s'écarter** vp **-1.** [se séparer] to part. **-2.** [se détourner]: **s'**~ **de** to deviate from.

ecchymose [ekimoz] nf bruise.

ecclésiastique [eklezjastik] ◇ nm clergyman. ◇ adj ecclesiastical.

écervelé, -e [esɛrvəle] ◇ adj scatty, scatterbrained. ◇ nm, f scatterbrain.

échafaud [eʃafo] nm scaffold.

échafaudage [eʃafodaʒ] nm **-1.** CONSTR scaffolding. **-2.** [amas] pile.

échalote [eʃalɔt] nf shallot.

échancrure [eʃɑ̃kryr] nf **-1.** [de robe] low neckline. **-2.** [de côte] indentation.

échange [eʃɑ̃ʒ] nm [de choses] exchange; **en** ~ **(de)** in exchange (for).

échanger [eʃɑ̃ʒe] vt **-1.** [troquer] to swap, to exchange. **-2.** [marchandise]: ~ **qqch (contre)** to change sthg (for). **-3.** [communiquer] to exchange.

échangisme [eʃɑ̃ʒism] nm [de partenaires sexuels] partner-swapping.

échantillon [eʃɑ̃tijɔ̃] nm [de produit, de population] sample; fig example.

échappatoire [eʃapatwar] nf way out.

échappement [eʃapmɑ̃] nm AUTOM exhaust; → **pot**.

échapper [eʃape] vi **-1.** ~ **à** [personne, situation] to escape from; [danger, mort] to escape; [suj: détail, parole, sens] to escape. **-2.** [glisser]: **laisser** ~ to let slip. ◆ **s'échapper** vp: ~ **(de)** to escape (from).

écharde [eʃard] nf splinter.

écharpe [eʃarp] nf scarf; **en** ~ in a sling.

écharper [eʃarpe] vt to rip to pieces OU shreds.

échasse [eʃas] nf [de berger, oiseau] stilt.

échassier [eʃasje] nm wader.

échauffement [eʃofmɑ̃] nm SPORT warm-up.

échauffer [eʃofe] vt **-1.** [chauffer] to overheat. **-2.** [exciter] to excite. **-3.** [énerver] to irritate. ◆ **s'échauffer** vp **-1.** SPORT to warm up. **-2.** fig [s'animer] to become heated.

échéance [eʃeɑ̃s] nf **-1.** [délai] expiry; **à longue** ~ in the long term. **-2.** [date] payment date; **arriver à** ~ to fall due.

échéant [eʃeɑ̃] adj: **le cas** ~ if necessary, if need be.

échec [eʃɛk] nm failure; ~ **et mat** checkmate. ◆ **échecs** nmpl chess (U).

échelle [eʃɛl] nf **-1.** [objet] ladder. **-2.** [ordre de grandeur] scale.

échelon [eʃlɔ̃] nm **-1.** [barreau] rung. **-2.** fig [niveau] level.

échelonner [eʃlɔne] vt [espacer] to spread out.

échevelé, -e [eʃəvle] adj **-1.** [ébouriffé] dishevelled. **-2.** [frénétique] wild.

échine [eʃin] nf ANAT spine.

échiquier [eʃikje] nm JEU chessboard.

écho [eko] nm echo.

échographie [ekɔgrafi] nf [examen] ultrasound (scan).

échoir [eʃwar] vi **-1.** [être dévolu]: ~ **à** to fall to. **-2.** [expirer] to fall due.

échoppe [eʃɔp] nf stall.

échouer [eʃwe] vi [ne pas réussir] to fail; ~ **à un examen** to fail an exam. ◆ **s'échouer** vp [navire] to run aground.

échu, -e [eʃy] pp → **échoir**.

éclabousser [eklabuse] vt **-1.** [suj: liquide] to spatter. **-2.** fig [compromettre] to compromise.

éclair [eklɛr] ◇ nm **-1.** [de lumière] flash of lightning. **-2.** fig [instant]: ~ **de** flash of. ◇ adj inv: **visite** ~ flying visit; **guerre** ~ blitzkrieg.

éclairage [eklɛraʒ] nm **-1.** [lumière] lighting. **-2.** fig [point de vue] light.

éclaircie [eklɛrsi] nf bright interval, sunny spell.

éclaircir [eklɛrsir] vt **-1.** [rendre plus clair] to lighten. **-2.** [rendre moins épais] to thin. **-3.** fig [clarifier] to clarify. ◆ **s'éclaircir** vp **-1.** [devenir plus clair] to clear. **-2.** [devenir moins épais] to thin. **-3.** [se clarifier] to become clearer.

éclaircissement [eklɛrsismɑ̃] nm [explication] explanation.

éclairer [eklere] vt **-1.** [de lumière] to light up. **-2.** [expliquer] to clarify. ◆ **s'éclairer** vp **-1.** [de lumière] to light one's way. **-2.** [regard, visage] to light up. **-3.** [rue, ville] to light up.

éclaireur [eklɛrœr] nm scout.

éclat [ekla] nm **-1.** [de verre, d'os] splinter; [de pierre] chip. **-2.** [de lumière] brilliance. **-3.** [de couleur] vividness. **-4.** [beauté] radiance. **-5.** [faste] splendour. **-6.** [bruit] burst; ~ **de rire** burst of laughter; ~**s de voix** shouts; **faire un** ~ to cause a scandal. **-7.** loc: **rire aux** ~**s** to roar OU shriek with laughter.

éclater [eklate] vi **-1.** [exploser - pneu] to burst; [- verre] to shatter; [- obus] to explode; **faire** ~ [ballon] to burst; [pétard] to let off. **-2.** [incendie, rires] to break out. **-3.** [joie] to shine; **laisser ~** to give vent to. **-4.** *fig* [nouvelles, scandale] to break. ◆ **s'éclater** *vp fam* to have a great time.

éclectique [eklɛktik] *adj* eclectic.

éclipse [eklips] *nf* ASTRON eclipse; **~ de lune/soleil** eclipse of the moon/sun.

éclipser [eklipse] *vt* to eclipse. ◆ **s'éclipser** *vp* **-1.** ASTRON to go into eclipse. **-2.** *fam* (s'esquiver) to slip away.

éclopé, -e [eklɔpe] ◇ *adj* lame. ◇ *nm, f* lame person.

éclore [eklɔr] *vi* **-1.** [s'ouvrir - fleur] to open out, to blossom; [- œuf] to hatch. **-2.** *fig* [naître] to dawn.

éclos, -e [eklo, oz] *pp* → **éclore**.

écluse [eklyz] *nf* lock.

écœurant, -e [ekœrɑ̃, ɑ̃t] *adj* **-1.** [gén] disgusting. **-2.** [démoralisant] sickening.

écœurer [ekœre] *vt* **-1.** [dégoûter] to sicken, to disgust. **-2.** *fig* [indigner] to sicken. **-3.** [décourager] to discourage.

école [ekɔl] *nf* **-1.** [gén] school; **~ maternelle** nursery school; **~ normale** = teacher training college *Br*, = teachers college *Am*; **École normale supérieure** *grande école for secondary and university teachers*; **~ primaire/secondaire** primary/ secondary school *Br*, grade/high school *Am*; **grande ~** *specialist training establishment, entered by competitive exam and highly prestigious*; **faire l'~ buissonnière** to play truant *Br* OU hooky *Am*; **faire ~** to be accepted. **-2.** [éducation] schooling; **l'~ privée** private education.

écolier, -ière [ekɔlje, jɛr] *nm, f* [élève] pupil.

écolo [ekɔlo] *nmf fam* ecologist; **les ~s** the Greens.

écologie [ekɔlɔʒi] *nf* ecology.

écologiste [ekɔlɔʒist] *nmf* ecologist.

éconduire [ekɔ̃dɥir] *vt* [repousser - demande] to dismiss; [- visiteur, soupirant] to show to the door.

économe [ekɔnɔm] ◇ *nmf* bursar. ◇ *adj* careful, thrifty.

économie [ekɔnɔmi] *nf* **-1.** [science] economics (U). **-2.** POLIT economy; **~ de marché** market economy. **-3.** [parcimonie] economy, thrift. **-4.** (*gén pl*) [pécule] savings (*pl*); **faire des ~s** to save up.

économique [ekɔnɔmik] *adj* **-1.** ÉCON economic. **-2.** [avantageux] economical.

économiser [ekɔnɔmize] *vt litt & fig* to save.

économiste [ekɔnɔmist] *nmf* economist.

écoper [ekɔpe] *vt* **-1.** NAVIG to bale out. **-2.** *fam* [sanction]: **~ (de) qqch** to get sthg.

écoproduit [ekɔprɔdɥi] *nm* green product.

écorce [ekɔrs] *nf* **-1.** [d'arbre] bark. **-2.** [d'agrume] peel. **-3.** GÉOL crust.

écorcher [ekɔrʃe] *vt* **-1.** [lapin] to skin. **-2.** [bras, jambe] to scratch. **-3.** *fig* [langue, nom] to mispronounce.

écorchure [ekɔrʃyr] *nf* graze, scratch.

écossais, -e [ekɔsɛ, ɛz] *adj* **-1.** [de l'Écosse] Scottish; [whisky] Scotch. **-2.** [tissu] tartan. ◆ **écossais** *nm* [langue] Scots. ◆ **Écossais, -e** *nm, f* Scot, Scotsman (*f* Scotswoman).

Écosse [ekɔs] *nf*: **l'~** Scotland.

écosser [ekɔse] *vt* to shell.

écosystème [ekɔsistɛm] *nm* ecosystem.

écotourisme [ekɔturism] *nm* ecotourism.

écouler [ekule] *vt* to sell. ◆ **s'écouler** *vp* **-1.** [eau] to flow. **-2.** [personnes] to flow out. **-3.** [temps] to pass.

écourter [ekurte] *vt* to shorten.

écouter [ekute] *vt* to listen to.

écouteur [ekutœr] *nm* [de téléphone] earpiece. ◆ **écouteurs** *nmpl* [de radio] headphones.

écoutille [ekutij] *nf* hatchway.

écran [ekrɑ̃] *nm* **-1.** [de protection] shield. **-2.** CIN & INFORM screen; **le petit ~** television.

écrasant, -e [ekrazɑ̃, ɑ̃t] *adj fig* [accablant] overwhelming.

écraser [ekraze] *vt* **-1.** [comprimer - cigarette] to stub out; [- pied] to tread on; [- insecte, raisin] to crush. **-2.** [accabler]: **~ qqn (de)** to burden sb (with). **-3.** [vaincre] to crush. **-4.** [renverser] to run over. ◆ **s'écraser** *vp* [avion, automobile]: **s'~ (contre)** to crash (into).

écrémer [ekreme] *vt* [lait] to skim.

écrevisse [ekrəvis] *nf* crayfish.

écrier [ekrije] ◆ **s'écrier** *vp* to cry out.

écrin [ekrɛ̃] *nm* case.

écrire [ekrir] *vt* **-1.** [phrase, livre] to write. **-2.** [orthographier] to spell.

écrit, -e [ekri, it] ◇ *pp* → **écrire**. ◇ *adj* written. ◆ **écrit** *nm* **-1.** [ouvrage] writing. **-2.** [examen] written exam. **-3.** [document] piece of writing. ◆ **par écrit** *loc adv* in writing.

écriteau, -x [ekrito] *nm* notice.

écriture [ekrityr] *nf* **-1.** [gén] writing. **-2.** (*gén pl*) COMM [comptes] books (*pl*).

écrivain [ekrivɛ̃] *nm* writer, author.

écrou [ekru] *nm* TECHNOL nut.

écrouer [ekrue] *vt* to imprison.

écrouler [ekrule] ◆ **s'écrouler** vp litt & fig to collapse.

écru, -e [ekry] adj [naturel] unbleached.

ECU [eky] (abr de **European Currency Unit**) nm ECU.

écu [eky] nm -1. [bouclier, armoiries] shield. -2. [monnaie ancienne] crown. -3. = ECU.

écueil [ekœj] nm -1. [rocher] reef. -2. fig [obstacle] stumbling block.

écuelle [ekɥɛl] nf [objet] bowl.

éculé, -e [ekyle] adj -1. [chaussure] down-at-heel. -2. fig [plaisanterie] hackneyed.

écume [ekym] nf [mousse, bave] foam.

écumoire [ekymwar] nf skimmer.

écureuil [ekyrœj] nm squirrel.

écurie [ekyri] nf -1. [pour chevaux & SPORT] stable. -2. fig [local sale] pigsty.

écusson [ekysɔ̃] nm -1. [d'armoiries] coat-of-arms. -2. MIL badge.

écuyer, -ère [ekɥije, jɛr] nm, f [de cirque] rider. ◆ **écuyer** nm [de chevalier] squire.

eczema [ɛgzema] nm eczema.

éden [edɛn] nm: **un** ~ a garden of Eden; **l'Éden** the garden of Eden.

édenté, -e [edɑ̃te] adj toothless.

EDF, Edf (abr de **Électricité de France**) nf French national electricity company.

édifice [edifis] nm -1. [construction] building. -2. fig [institution]: **l'**~ **social** the fabric of society.

édifier [edifje] vt -1. [ville, église] to build. -2. fig [théorie] to construct. -3. [personne] to edify; iron to enlighten.

Édimbourg [edɛ̃bur] n Edinburgh.

éditer [edite] vt to publish.

éditeur, -trice [editœr, tris] nm, f publisher.

édition [edisjɔ̃] nf -1. [profession] publishing. -2. [de journal, livre] edition.

éditorial, -iaux [editɔrjal, jo] nm leader, editorial.

édredon [edrədɔ̃] nm eiderdown.

éducateur, -trice [edykatœr, tris] nm, f teacher; ~ **spécialisé** teacher of children with special educational needs.

éducatif, -ive [edykatif, iv] adj educational.

éducation [edykasjɔ̃] nf -1. [apprentissage] education; **l'Éducation nationale** ≃ the Department for Education Br. -2. [parentale] upbringing. -3. [savoir-vivre] breeding.

édulcorant [edylkɔrɑ̃] nm: ~ **(de synthèse)** (artificial) sweetener.

édulcorer [edylkɔre] vt -1. sout [tisane] to sweeten. -2. fig [propos] to tone down.

éduquer [edyke] vt to educate.

effacé, -e [efase] adj -1. [teinte] faded. -2. [modeste - rôle] unobtrusive; [- personne] self-effacing.

effacer [efase] vt -1. [mot] to erase, to rub out; INFORM to delete. -2. [souvenir] to erase. -3. [réussite] to eclipse. ◆ **s'effacer** vp -1. [s'estomper] to fade (away). -2. sout [s'écarter] to move aside. -3. fig [s'incliner] to give way.

effarant, -e [efarɑ̃, ɑ̃t] adj frightening.

effarer [efare] vt to frighten, to scare.

effaroucher [efaruʃe] vt -1. [effrayer] to scare off. -2. [intimider] to overawe.

effectif, -ive [efɛktif, iv] adj -1. [remède] effective. -2. [aide] positive. ◆ **effectif** nm -1. MIL strength. -2. [de groupe] total number.

effectivement [efɛktivmɑ̃] adv -1. [réellement] effectively. -2. [confirmation] in fact.

effectuer [efɛktɥe] vt [réaliser - manœuvre] to carry out; [- trajet, paiement] to make.

efféminé, -e [efemine] adj effeminate.

effervescent, -e [efɛrvesɑ̃, ɑ̃t] adj [boisson] effervescent; fig [pays] in turmoil.

effet [efɛ] nm -1. [gén] effect; **sous l'**~ **de** under the effects of; ~ **de serre** greenhouse effect. -2. [impression recherchée] impression. -3. COMM [titre] bill. ◆ **en effet** loc adv in fact, indeed.

effeuiller [efœje] vt [arbre] to remove the leaves from; [fleur] to remove the petals from.

efficace [efikas] adj -1. [remède, mesure] effective. -2. [personne, machine] efficient.

effigie [efiʒi] nf effigy.

effiler [efile] vt -1. [tissu] to fray. -2. [lame] to sharpen. -3. [cheveux] to thin.

effilocher [efilɔʃe] vt to fray. ◆ **s'effilocher** vp to fray.

efflanqué, -e [eflɑ̃ke] adj emaciated.

effleurer [eflœre] vt -1. [visage, bras] to brush (against). -2. fig [problème, thème] to touch on. -3. fig [suj: pensée, idée]: ~ **qqn** to cross sb's mind.

effluve [eflyv] nm exhalation; fig [d'enfance, du passé] breath.

effondrement [efɔ̃drəmɑ̃] nm collapse.

effondrer [efɔ̃dre] ◆ **s'effondrer** vp litt & fig to collapse.

efforcer [efɔrse] ◆ **s'efforcer** vp: s'~ **de**

faire qqch to make an effort to do sthg.

effort [efɔr] *nm* **-1.** [de personne] effort. **-2.** TECHNOL stress.

effraction [efraksjɔ̃] *nf* breaking in; **entrer par ~ dans** to break into.

effrayer [efreje] *vt* to frighten, to scare.

effréné, -e [efrene] *adj* [course] frantic.

effriter [efrite] *vt* to cause to crumble. **◆ s'effriter** *vp* [mur] to crumble.

effroi [efrwa] *nm* fear, dread.

effronté, -e [efrɔ̃te] ◇ *adj* insolent. ◇ *nm, f* insolent person.

effronterie [efrɔ̃tri] *nf* insolence.

effroyable [efrwajabl] *adj* **-1.** [catastrophe, misère] appalling. **-2.** [laideur] hideous.

effusion [efyzjɔ̃] *nf* **-1.** [de liquide] effusion. **-2.** [de sentiments] effusiveness.

égal, -e, -aux [egal, o] ◇ *adj* **-1.** [équivalent] equal. **-2.** [régulier] even. ◇ *nm, f* equal.

également [egalmɑ̃] *adv* **-1.** [avec égalité] equally. **-2.** [aussi] as well, too.

égaler [egale] *vt* **-1.** MATHS to equal. **-2.** [beauté] to match, to compare with.

égaliser [egalize] ◇ *vt* [haie, cheveux] to trim. ◇ *vi* SPORT to equalize *Br*, to tie *Am*.

égalitaire [egalitɛr] *adj* egalitarian.

égalité [egalite] *nf* **-1.** [gén] equality. **-2.** [d'humeur] evenness. **-3.** SPORT: **être à ~** to be level.

égard [egar] *nm* consideration; **à cet ~** in this respect. **◆ à l'égard de** *loc prép* with regard to, towards.

égarement [egarmɑ̃] *nm* **-1.** [de jeunesse] wildness. **-2.** [de raisonnement] aberration.

égarer [egare] *vt* **-1.** [objet] to mislay, to lose. **-2.** [personne] to mislead. **-3.** *fig & sout* [suj: passion] to lead astray. **◆ s'égarer** *vp* **-1.** [lettre] to get lost, to go astray; [personne] to get lost, to lose one's way. **-2.** *fig & sout* [personne] to stray from the point.

égayer [egeje] *vt* **-1.** [personne] to cheer up. **-2.** [pièce] to brighten up.

égide [eʒid] *nf* protection; **sous l'~ de** *littéraire* under the aegis of.

église [egliz] *nf* church. **◆ Église** *nf*: **l'Église** the Church.

égocentrique [egɔsɑ̃trik] *adj* self-centred, egocentric.

égoïsme [egɔism] *nm* selfishness, egoism.

égoïste [egɔist] ◇ *nmf* selfish person. ◇ *adj* selfish, egoistic.

égorger [egɔrʒe] *vt* [animal, personne] to cut the throat of.

égosiller [egozije] **◆ s'égosiller** *vp fam* **-1.** [crier] to bawl, to shout. **-2.** [chanter] to sing one's head off.

égout [egu] *nm* sewer.

égoutter [egute] *vt* **-1.** [vaisselle] to leave to drain. **-2.** [légumes, fromage] to drain. **◆ s'égoutter** *vp* to drip, to drain.

égouttoir [egutwar] *nm* **-1.** [à légumes] colander, strainer. **-2.** [à vaisselle] rack (*for washing-up*).

égratigner [egratiɲe] *vt* to scratch; *fig* to have a go OU dig at. **◆ s'égratigner** *vp*: **s'~ la main** to scratch one's hand.

égratignure [egratiɲyr] *nf* scratch, graze; *fig* dig.

égrener [egrəne] *vt* **-1.** [détacher les grains de - épi, cosse] to shell; [- grappe] to pick grapes from. **-2.** [chapelet] to tell. **-3.** *fig* [marquer] to mark.

égrillard, -e [egrijar, ard] *adj* ribald, bawdy.

Égypte [eʒipt] *nf*: **l'~** Egypt.

égyptien, -ienne [eʒipsjɛ̃, jɛn] *adj* Egyptian. **◆ égyptien** *nm* [langue] Egyptian. **◆ Égyptien, -ienne** *nm, f* Egyptian.

égyptologie [eʒiptɔlɔʒi] *nf* Egyptology.

eh [e] *interj* hey!; **~ bien** well.

éhonté, -e [eɔ̃te] *adj* shameless.

Eiffel [efel] *n*: **la tour ~** the Eiffel Tower.

éjaculation [eʒakylasjɔ̃] *nf* ejaculation.

éjectable [eʒɛktabl] *adj*: **siège ~** ejector seat.

éjecter [eʒɛkte] *vt* **-1.** [douille] to eject. **-2.** *fam* [personne] to kick out.

élaboration [elabɔrasjɔ̃] *nf* [de plan, système] working out, development.

élaboré, -e [elabɔre] *adj* elaborate.

élaborer [elabɔre] *vt* [plan, système] to work out, to develop.

élaguer [elage] *vt litt & fig* to prune.

élan [elɑ̃] *nm* **-1.** ZOOL elk. **-2.** SPORT run-up; **prendre son ~** to take a run-up, to gather speed. **-3.** *fig* [de joie] outburst.

élancé, -e [elɑ̃se] *adj* slender.

élancer [elɑ̃se] *vi* MÉD to give shooting pains. **◆ s'élancer** *vp* **-1.** [se précipiter] to rush, to dash. **-2.** SPORT to take a run-up. **-3.** *fig* [s'envoler] to soar.

élargir [elarʒir] *vt* to widen; [vêtement] to let out; *fig* to expand. **◆ s'élargir** *vp* [s'agrandir] to widen; [vêtement] to stretch; *fig* to expand.

élasticité [elastisite] *nf* PHYS elasticity.

élastique [elastik] ◇ *nm* **-1.** [pour attacher] elastic band. **-2.** [matière] elastic. ◇ *adj* **-1.** PHYS elastic. **-2.** [corps] flexible. **-3.** *fig* [conscience] accommodating.

électeur, -trice [elɛktœr, tris] *nm, f* voter, elector.

élection [elɛksjɔ̃] *nf* [vote] election; ~ **présidentielle** presidential election; ~**s municipales** local elections.

électoral, -e, -aux [elɛktɔral, o] *adj* electoral; [campagne, réunion] election (*avant n*).

électricien, -ienne [elɛktrisjɛ̃, jɛn] *nm, f* electrician.

électricité [elɛktrisite] *nf* electricity.

électrifier [elɛktrifje] *vt* to electrify.

électrique [elɛktrik] *adj litt* & *fig* electric.

électroaimant [elɛktrɔɛmɑ̃] *nm* electromagnet.

électrocardiogramme [elɛktrɔkardjɔgram] *nm* electrocardiogram.

électrochoc [elɛktrɔʃɔk] *nm* electric shock treatment.

électrocuter [elɛktrɔkyte] *vt* to electrocute.

électrode [elɛktrɔd] *nf* electrode.

électroencéphalogramme [elɛktrɔ-ɑ̃sefalɔgram] *nm* electroencephalogram.

électrogène [elɛktrɔʒɛn] *adj*: **groupe** ~ generating unit.

électrolyse [elɛktrɔliz] *nf* electrolysis.

électromagnétique [elɛktrɔmaɲetik] *adj* electromagnetic.

électroménager [elɛktrɔmenaʒe] *nm* household electrical appliances (*pl*).

électron [elɛktrɔ̃] *nm* electron.

électronicien, -ienne [elɛktrɔnisjɛ̃, jɛn] *nm, f* electronics specialist.

électronique [elɛktrɔnik] ◇ *nf* SCIENCE electronics (*U*). ◇ *adj* electronic; [microscope] electron (*avant n*).

électrophone [elɛktrɔfɔn] *nm* record player.

élégance [elegɑ̃s] *nf* [de personne, style] elegance.

élégant, -e [elegɑ̃, ɑ̃t] *adj* **-1.** [personne, style] elegant. **-2.** [délicat - solution, procédé] elegant; [- conduite] generous.

élément [elemɑ̃] *nm* **-1.** [gén] element; **être dans son** ~ to be in one's element. **-2.** [de machine] component.

élémentaire [elemɑ̃tɛr] *adj* **-1.** [gén] elementary. **-2.** [installation, besoin] basic.

éléphant [elefɑ̃] *nm* elephant.

élevage [elvaʒ] *nm* breeding, rearing; [installation] farm.

élévateur, -trice [elevatœr, tris] *adj* elevator (*avant n*).

élevé, -e [elve] *adj* **-1.** [haut] high. **-2.** *fig* [sentiment, âme] noble. **-3.** [enfant]: **bien/mal** ~ well/badly brought up.

élève [elɛv] *nmf* [écolier, disciple] pupil.

élever [elve] *vt* **-1.** [gén] to raise. **-2.** [statue] to put up, to erect. **-3.** [à un rang supérieur] to elevate. **-4.** [esprit] to improve. **-5.** [enfant] to bring up. **-6.** [poulets] to rear, to breed. ◆ **s'élever** *vp* **-1.** [gén] to rise. **-2.** [montant]: **s'**~ **à** to add up to. **-3.** [protester]: **s'**~ **contre qqn/qqch** to protest against sb/sthg.

éleveur, -euse [elvœr, øz] *nm, f* breeder.

elfe [ɛlf] *nm* elf.

éligible [eliʒibl] *adj* eligible.

élimé, -e [elime] *adj* threadbare.

élimination [eliminasjɔ̃] *nf* elimination.

éliminatoire [eliminatwar] ◇ *nf* (*gén pl*) SPORT qualifying heat OU round. ◇ *adj* qualifying (*avant n*).

éliminer [elimine] *vt* to eliminate.

élire [elir] *vt* to elect.

élite [elit] *nf* elite; **d'**~ choice, select.

élitiste [elitist] *nmf* & *adj* elitist.

elle [ɛl] *pron pers* **-1.** [sujet - personne] she; [- animal] it, she; [- chose] it. **-2.** [complément - personne] her; [- animal] it, her; [- chose] it. ◆ **elles** *pron pers pl* **-1.** [sujet] they. **-2.** [complément] them. ◆ **elle-même** *pron pers* [personne] herself; [animal] itself, herself; [chose] itself. ◆ **elles-mêmes** *pron pers pl* themselves.

ellipse [elips] *nf* **-1.** GÉOM ellipse. **-2.** LING ellipsis.

élocution [elɔkysjɔ̃] *nf* delivery; **défaut d'**~ speech defect.

éloge [elɔʒ] *nm* [louange] praise; **faire l'**~ **de qqn/qqch** [louer] to speak highly of sb/sthg; **couvrir qqn d'**~**s** to shower sb with praise.

élogieux, -ieuse [elɔʒjø, jøz] *adj* laudatory.

éloignement [elwaɲmɑ̃] *nm* **-1.** [mise à l'écart] removal. **-2.** [séparation] absence. **-3.** [dans l'espace, le temps] distance.

éloigner [elwaɲe] *vt* **-1.** [écarter] to move away; ~ **qqch de** to move sthg away from. **-2.** [détourner] to turn away. **-3.** [chasser] to dismiss. ◆ **s'éloigner** *vp* **-1.** [partir] to move OU go away. **-2.** *fig* [du sujet] to stray from the point. **-3.** [se détacher] to distance o.s.

éloquence [elɔkãs] *nf* [d'orateur, d'expression] eloquence.

éloquent, -e [elɔkã, ãt] *adj* **-1.** [avocat, silence] eloquent. **-2.** [données] significant.

élu, -e [ely] ◇ *pp* → **élire.** ◇ *adj* POLIT elected. ◇ *nm, f* **-1.** POLIT elected representative. **-2.** RELIG chosen one; **l'~ de son cœur** *hum ou sout* one's heart's desire.

élucider [elyside] *vt* to clear up.

éluder [elyde] *vt* to evade.

Élysée [elize] *nm*: **l'~** *the official residence of the French President and, by extension, the President himself.*

émacié, -e [emasje] *adj littéraire* emaciated.

émail, -aux [emaj, emo] *nm* enamel; **en ~** enamel, enamelled.

émanation [emanasjɔ̃] *nf* emanation; **être l'~ de** *fig* to emanate from.

émanciper [emãsipe] *vt* to emancipate. ◆ **s'émanciper** *vp* **-1.** [se libérer] to become free OU liberated. **-2.** *fam* [se dévergonder] to become emancipated.

émaner [emane] *vi*: **~ de** to emanate from.

émarger [emarʒe] *vt* [signer] to sign.

émasculer [emaskyle] *vt* to emasculate.

emballage [ãbalaʒ] *nm* packaging.

emballer [ãbale] *vt* **-1.** [objet] to pack (up), to wrap (up). **-2.** *fam* [plaire] to thrill. ◆ **s'emballer** *vp* **-1.** [moteur] to race. **-2.** [cheval] to bolt. **-3.** *fam* [personne - s'enthousiasmer] to get carried away; [- s'emporter] to lose one's temper.

embarcadère [ãbarkadɛr] *nm* landing stage.

embarcation [ãbarkasjɔ̃] *nf* small boat.

embardée [ãbarde] *nf* swerve; **faire une ~** to swerve.

embargo [ãbargo] *nm* embargo.

embarquement [ãbarkəmã] *nm* **-1.** [de marchandises] loading. **-2.** [de passagers] boarding.

embarquer [ãbarke] ◇ *vt* **-1.** [marchandises] to load. **-2.** [passagers] to (take on) board. **-3.** *fam* [arrêter] to pick up. **-4.** *fam fig* [engager]: **~ qqn dans** to involve sb in. **-5.** *fam* [emmener] to cart off. ◇ *vi*: **~ (pour)** to sail (for). ◆ **s'embarquer** *vp* **-1.** [sur un bateau] to (set) sail. **-2.** *fam fig* [s'engager]: **s'~ dans** to get involved in.

embarras [ãbara] *nm* **-1.** [incertitude] (state of) uncertainty; **avoir l'~ du choix** to be spoilt for choice. **-2.** [si-tuation difficile] predicament; **être dans l'~** to be in a predicament; **mettre qqn dans l'~** to place sb in an awkward position; **tirer qqn d'~** to get sb out of a tight spot. **-3.** [gêne] embarrassment. **-4.** [souci] difficulty, worry.

embarrassé, -e [ãbarase] *adj* **-1.** [encombré - pièce, bureau] cluttered; **avoir les mains ~es** to have one's hands full. **-2.** [gêné] embarrassed. **-3.** [confus] confused.

embarrasser [ãbarase] *vt* **-1.** [encombrer - pièce] to clutter up; [- personne] to hamper. **-2.** [gêner] to put in an awkward position. ◆ **s'embarrasser** *vp* **-1.** [se charger]: **s'~ de qqch** to burden o.s. with sthg; *fig* to bother about sthg.

embauche [ãboʃ] *nf*, **embauchage** [ãboʃaʒ] *nm* hiring, employment.

embaucher [ãboʃe] *vt* **-1.** [employer] to employ, to take on. **-2.** *fam* [occuper]: **je t'embauche! I** need your help!

embaumer [ãbome] ◇ *vt* **-1.** [cadavre] to embalm. **-2.** [parfumer] to scent. ◇ *vi* to be fragrant.

embellir [ãbelir] ◇ *vt* **-1.** [agrémenter] to brighten up. **-2.** *fig* [enjoliver] to embellish. ◇ *vi* [devenir plus beau] to become more attractive; *fig & hum* to grow, to increase.

embêtant, -e [ãbetã, ãt] *adj fam* annoying.

embêtement [ãbetmã] *nm fam* trouble.

embêter [ãbete] *vt fam* [contrarier, importuner] to annoy. ◆ **s'embêter** *vp fam* [s'ennuyer] to be bored.

emblée [ãble] ◆ **d'emblée** *loc adv* right away.

emblème [ãblɛm] *nm* emblem.

emboîter [ãbwate] *vt*: **~ qqch dans qqch** to fit sthg into sthg. ◆ **s'emboîter** *vp* to fit together.

embonpoint [ãbɔ̃pwɛ̃] *nm* stoutness.

embouché, -e [ãbuʃe] *adj fam*: **mal ~** foul-mouthed.

embouchure [ãbuʃyr] *nf* [de fleuve] mouth.

embourber [ãburbe] ◆ **s'embourber** *vp* [s'enliser] to get stuck in the mud; *fig* to get bogged down.

embourgeoiser [ãburʒwaze] *vt* [personne] to instil middle-class values in; [quartier] to gentrify. ◆ **s'embourgeoiser** *vp* [personne] to adopt middle-class values; [quartier] to become gentrified.

embout [ãbu] *nm* [protection] tip; [extrémité d'un tube] nozzle.

embouteillage [ãbutɛjaʒ] nm [circulation] traffic jam.

emboutir [ãbutir] vt **-1.** fam [voiture] to crash into. **-2.** TECHNOL to stamp.

embranchement [ãbrãʃmã] nm **-1.** [carrefour] junction. **-2.** [division] branching (out); fig branch.

embraser [ãbraze] vt [incendier, éclairer] to set ablaze; fig [d'amour] to (set on) fire, to inflame. ◆ **s'embraser** vp [prendre feu, s'éclairer] to be ablaze; fig & littéraire to be inflamed.

embrassade [ãbrasad] nf embrace.

embrasser [ãbrase] vt **-1.** [donner un baiser à] to kiss. **-2.** [étreindre] to embrace. **-3.** fig [du regard] to take in. ◆ **s'embrasser** vp to kiss (each other).

embrasure [ãbrazyr] nf: **dans l'~ de la fenêtre** in the window.

embrayage [ãbrɛjaʒ] nm [mécanisme] clutch.

embrayer [ãbreje] vi AUTOM to engage the clutch.

embrocher [ãbrɔʃe] vt to skewer.

embrouillamini [ãbrujamini] nm fam muddle.

embrouiller [ãbruje] vt **-1.** [mélanger] to mix (up), to muddle (up). **-2.** fig [compliquer] to confuse.

embruns [ãbrœ̃] nmpl spray (U).

embryon [ãbrijɔ̃] nm litt & fig embryo.

embûche [ãbyʃ] nf pitfall.

embuer [ãbɥe] vt **-1.** [de vapeur] to steam up. **-2.** [de larmes] to mist (over).

embuscade [ãbyskad] nf ambush.

éméché, -e [emeʃe] adj fam merry, tipsy.

émeraude [emrod] nf emerald.

émerger [emɛrʒe] vi **-1.** [gén] to emerge. **-2.** NAVIG & fig to surface.

émeri [ɛmri] nm: **papier** OU **toile ~** emery paper.

émérite [emerit] adj distinguished, eminent.

émerveiller [emɛrveje] vt to fill with wonder.

émetteur, -trice [emetœr, tris] adj transmitting; **poste ~** transmitter. ◆ **émetteur** nm [appareil] transmitter.

émettre [emɛtr] vt **-1.** [produire] to emit. **-2.** [diffuser] to transmit, to broadcast. **-3.** [mettre en circulation] to issue. **-4.** [exprimer] to express.

émeute [emøt] nf riot.

émietter [emjete] vt **-1.** [du pain] to crumble. **-2.** [morceler] to divide up.

émigrant, -e [emigrã, ãt] adj & nm, f emigrant.

émigré, -e [emigre] ◇ adj migrant. ◇ nm, f emigrant.

émigrer [emigre] vi **-1.** [personnes] to emigrate. **-2.** [animaux] to migrate.

émincé, -e [emɛ̃se] adj sliced thinly. ◆ **émincé** nm thin slices of meat served in a sauce.

éminemment [eminamã] adv eminently.

éminence [eminãs] nf hill.

éminent, -e [eminã, ãt] adj eminent, distinguished.

émir [emir] nm emir.

émirat [emira] nm emirate. ◆ **Émirat** nm: **les Émirats arabes unis** the United Arab Emirates.

émis, -e [emi, iz] pp → **émettre**.

émissaire [emisɛr] ◇ nm [envoyé] emissary, envoy. ◇ adj → **bouc**.

émission [emisjɔ̃] nf **-1.** [de gaz, de son etc] emission. **-2.** [RADIO & TÉLÉ - transmission] transmission, broadcasting; [- programme] programme Br, program Am. **-3.** [mise en circulation] issue.

emmagasiner [ãmagazine] vt **-1.** [stocker] to store. **-2.** fig [accumuler] to store up.

emmailloter [ãmajɔte] vt to wrap up.

emmanchure [ãmãʃyr] nf armhole.

emmêler [ãmele] vt **-1.** [fils] to tangle up. **-2.** fig [idées] to muddle up, to confuse. ◆ **s'emmêler** vp **-1.** [fils] to get into a tangle. **-2.** fig [personne] to get mixed up.

emménagement [ãmenaʒmã] nm moving in.

emménager [ãmenaʒe] vi to move in.

emmener [ãmne] vt to take.

emmerder [ãmɛrde] vt tfam to piss off. ◆ **s'emmerder** vp tfam [s'embêter] to be bored stiff.

emmitoufler [ãmitufle] vt to wrap up. ◆ **s'emmitoufler** vp to wrap o.s. up.

émoi [emwa] nm **-1.** sout [agitation] agitation, commotion; **en ~** in turmoil. **-2.** [émotion] emotion.

émotif, -ive [emɔtif, iv] adj emotional.

émotion [emosjɔ̃] nf **-1.** [sentiment] emotion. **-2.** [peur] fright, shock.

émotionnel, -elle [emosjɔnɛl] adj emotional.

émousser [emuse] vt litt & fig to blunt.

émouvant, -e [emuvã, ãt] adj moving.

émouvoir [emuvwar] vt **-1.** [troubler] to disturb, to upset. **-2.** [susciter la sympathie de] to move, to touch. ◆ **s'émouvoir** vp to show emotion, to be upset.

empailler [ɑ̃paje] *vt* **-1.** [animal] to stuff. **-2.** [chaise] to upholster (with straw).

empaler [ɑ̃pale] *vt* to impale.

empaqueter [ɑ̃pakte] *vt* to pack (up), to wrap (up).

empâter [ɑ̃pate] *vt* **-1.** [visage, traits] to fatten out. **-2.** [bouche, langue] to coat, to fur up. ◆ **s'empâter** *vp* to put on weight.

empêchement [ɑ̃pɛʃmɑ̃] *nm* obstacle; **j'ai un ~** something has come up.

empêcher [ɑ̃peʃe] *vt* to prevent; **~ qqn/qqch de faire qqch** to prevent sb/sthg from doing sthg; **~ que qqn (ne) fasse qqch** to prevent sb from doing sthg; **(il) n'empêche que** nevertheless, all the same.

empereur [ɑ̃prœr] *nm* emperor.

empesé, -e [ɑ̃pəze] *adj* **-1.** [linge] starched. **-2.** *fig* [style] stiff.

empester [ɑ̃pɛste] *vi* to stink.

empêtrer [ɑ̃petre] *vt*: **être empêtré dans** to be tangled up in. ◆ **s'empêtrer** *vp*: **s'~ (dans)** to get tangled up (in).

emphase [ɑ̃faz] *nf* *péj* pomposity.

empiéter [ɑ̃pjete] *vi*: **~ sur** to encroach on.

empiffrer [ɑ̃pifre] ◆ **s'empiffrer** *vp fam* to stuff o.s.

empiler [ɑ̃pile] *vt* [entasser] to pile up, to stack up.

empire [ɑ̃pir] *nm* **-1.** HIST & *fig* empire. **-2.** *sout* [contrôle] influence.

empirer [ɑ̃pire] *vi & vt* to worsen.

empirique [ɑ̃pirik] *adj* empirical.

emplacement [ɑ̃plasmɑ̃] *nm* site, location.

emplette [ɑ̃plɛt] *nf* (*gén pl*) purchase.

emplir [ɑ̃plir] *vt sout*: **~ (de)** to fill (with). ◆ **s'emplir** *vp*: **s'~ (de)** to fill (with).

emploi [ɑ̃plwa] *nm* **-1.** [utilisation] use; **~ du temps** timetable; **mode d'~** instructions (*pl*) (for use). **-2.** [travail] job.

employé, -e [ɑ̃plwaje] *nm, f* employee; **~ de bureau** office employee OU worker.

employer [ɑ̃plwaje] *vt* **-1.** [utiliser] to use. **-2.** [salarier] to employ.

employeur, -euse [ɑ̃plwajœr, øz] *nm, f* employer.

empocher [ɑ̃pɔʃe] *vt fam* to pocket.

empoignade [ɑ̃pwaɲad] *nf* row.

empoigner [ɑ̃pwaɲe] *vt* [saisir] to grasp. ◆ **s'empoigner** *vp fig* to come to blows.

empoisonnement [ɑ̃pwazɔnmɑ̃] *nm* [intoxication] poisoning.

empoisonner [ɑ̃pwazɔne] *vt* **-1.** [gén] to poison. **-2.** *fam* [ennuyer] to annoy, to bug.

emporté, -e [ɑ̃pɔrte] *adj* short-tempered.

emportement [ɑ̃pɔrtəmɑ̃] *nm* anger.

emporter [ɑ̃pɔrte] *vt* **-1.** [emmener] to take (away); **à ~** [plats] to take away, to go *Am*. **-2.** [entraîner] to carry along. **-3.** [arracher] to tear off, to blow off. **-4.** [faire mourir] to carry off. **-5.** [surpasser]: **l'~ sur** to get the better of. ◆ **s'emporter** *vp* to get angry, to lose one's temper.

empoté, -e [ɑ̃pɔte] *fam* ◇ *adj* clumsy. ◇ *nm, f* clumsy person.

empreinte [ɑ̃prɛ̃t] *nf* [trace] print; *fig* mark, trace; **~s digitales** fingerprints.

empressement [ɑ̃prɛsmɑ̃] *nm* **-1.** [zèle] attentiveness. **-2.** [enthousiasme] eagerness.

empresser [ɑ̃prese] ◆ **s'empresser** *vp*: **s'~ de faire qqch** to hurry to do sthg; **s'~ auprès de qqn** to be attentive to sb.

emprise [ɑ̃priz] *nf* [ascendant] influence.

emprisonnement [ɑ̃prizɔnmɑ̃] *nm* imprisonment.

emprisonner [ɑ̃prizɔne] *vt* [voleur] to imprison.

emprunt [ɑ̃prœ̃] *nm* **-1.** FIN loan. **-2.** LING & *fig* borrowing.

emprunté, -e [ɑ̃prœ̃te] *adj* awkward, self-conscious.

emprunter [ɑ̃prœ̃te] *vt* **-1.** [gén] to borrow; **~ qqch à** to borrow sthg from. **-2.** [route] to take.

ému, -e [emy] ◇ *pp* → **émouvoir**. ◇ *adj* [personne] moved, touched; [regard, sourire] emotional.

émulation [emylasjɔ̃] *nf* **-1.** [concurrence] rivalry. **-2.** [imitation] emulation.

émule [emyl] *nmf* **-1.** [imitateur] emulator. **-2.** [concurrent] rival.

émulsion [emylsjɔ̃] *nf* emulsion.

en [ɑ̃] ◇ *prép* **-1.** [temps] in; **~ 1994** in 1994; **~ hiver/septembre** in winter/September. **-2.** [lieu - dans; direction] to; **habiter ~ Sicile/ville** to live in Sicily/town; **aller ~ Sicile/ville** to go to Sicily/town. **-3.** [matière] made of; **c'est ~ métal** it's (made of) metal; **une théière ~ argent** a silver teapot. **-4.** [état, forme, manière]: **les arbres sont ~ fleurs** the trees are in blossom; **du sucre ~ morceaux** sugar cubes; **du lait ~**

poudre powdered milk; **je la préfère ~ vert** I prefer it in green; **agir ~ traître** to behave treacherously; **je l'ai eu ~ cadeau** I was given it as a present; **dire qqch ~ anglais** to say sthg in English; **~ vacances** on holiday. **-5.** [moyen] by; **~ avion/bateau/train** by plane/boat/train. **-6.** [mesure] in; **vous l'avez ~ 38?** do you have it in a 38?; **compter ~ dollars** to calculate in dollars. **-7.** [devant un participe présent]: **arrivant à Paris** on arriving in Paris, as he/she *etc* arrived in Paris; **~ faisant un effort** by making an effort; **~ mangeant** while eating; **elle répondit ~ souriant** she replied with a smile. ◇ *pron adv* **-1.** [complément de verbe, de nom, d'adjectif]: **il s'~ est souvenu** he remembered it; **nous ~ avons déjà parlé** we've already spoken about it; **je m'~ porte garant** I'll vouch for it. **-2.** [avec un indéfini, exprimant une quantité]: **j'ai du chocolat, tu ~ veux?** I've got some chocolate, do you want some?; **tu ~ as?** have you got any?, do you have any?; **il y ~ a plusieurs** there are several (of them). **-3.** [provenance] from there.
ENA, Ena [ena] (*abr de* **École nationale d'administration**) *nf prestigious grande école training future government officials.*
encadrement [ɑ̃kadrəmɑ̃] *nm* **-1.** [de tableau, porte] frame. **-2.** [dans une entreprise] managerial staff; [à l'armée] officers (*pl*); [à l'école] staff. **-3.** [du crédit] restriction.
encadrer [ɑ̃kadre] *vt* **-1.** [photo, visage] to frame. **-2.** [employés] to supervise; [soldats] to be in command of; [élèves] to teach.
encaissé, -e [ɑ̃kese] *adj* [vallée] deep and narrow; [rivière] steep-banked.
encaisser [ɑ̃kese] *vt* **-1.** [argent, coups, insultes] to take. **-2.** [chèque] to cash.
encart [ɑ̃kar] *nm* insert.
encastrer [ɑ̃kastre] *vt* to fit. ◆ **s'encastrer** *vp* to fit (exactly).
encaustique [ɑ̃kostik] *nf* [cire] polish.
enceinte [ɑ̃sɛ̃t] ◇ *adj f* pregnant; **~ de 4 mois** 4 months pregnant. ◇ *nf* **-1.** [muraille] wall. **-2.** [espace]: **dans l'~ de** within (the confines of). **-3.** [baffle]: **~ (acoustique)** speaker.
encens [ɑ̃sɑ̃] *nm* incense.
encenser [ɑ̃sɑ̃se] *vt* **-1.** [brûler de l'encens dans] to burn incense in. **-2.** *fig* [louer] to flatter.
encensoir [ɑ̃sɑ̃swar] *nm* censer.

encercler [ɑ̃sɛrkle] *vt* **-1.** [cerner, environner] to surround. **-2.** [entourer] to circle.
enchaînement [ɑ̃ʃɛnmɑ̃] *nm* **-1.** [succession] series. **-2.** [liaison] link.
enchaîner [ɑ̃ʃene] ◇ *vt* **-1.** [attacher] to chain up. **-2.** *fig* [asservir] to enslave. **-3.** [coordonner] to link. ◇ *vi*: **~ (sur)** to move on (to). ◆ **s'enchaîner** *vp* [se suivre] to follow on from each other.
enchanté, -e [ɑ̃ʃɑ̃te] *adj* **-1.** [ravi] delighted; **~ de faire votre connaissance** pleased to meet you. **-2.** [ensorcelé] enchanted.
enchantement [ɑ̃ʃɑ̃tmɑ̃] *nm* **-1.** [sortilège] magic spell; **comme par ~** as if by magic. **-2.** *sout* [ravissement] delight. **-3.** [merveille] wonder.
enchanter [ɑ̃ʃɑ̃te] *vt* **-1.** [ensorceler, charmer] to enchant. **-2.** [ravir] to delight.
enchâsser [ɑ̃ʃase] *vt* **-1.** [encastrer] to fit. **-2.** [sertir] to set.
enchère [ɑ̃ʃɛr] *nf* bid; **vendre qqch aux ~s** to sell sthg at OU by auction.
enchevêtrer [ɑ̃ʃəvetre] *vt* [emmêler] to tangle up; *fig* to muddle, to confuse.
enclave [ɑ̃klav] *nf* enclave.
enclencher [ɑ̃klɑ̃ʃe] *vt* [mécanisme] to engage. ◆ **s'enclencher** *vp* **-1.** TECHNOL to engage. **-2.** *fig* [commencer] to begin.
enclin, -e [ɑ̃klɛ̃, in] *adj*: **~ à qqch/à faire qqch** inclined to sthg/to do sthg.
enclore [ɑ̃klɔr] *vt* to fence in, to enclose.
enclos, -e [ɑ̃klo, oz] *pp* → **enclore.** ◆ **enclos** *nm* enclosure.
enclume [ɑ̃klym] *nf* anvil.
encoche [ɑ̃kɔʃ] *nf* notch.
encoignure [ɑ̃kwaɲyr, ɑ̃kɔɲyr] *nf* [coin] corner.
encolure [ɑ̃kɔlyr] *nf* neck.
encombrant, -e [ɑ̃kɔ̃brɑ̃, ɑ̃t] cumbersome; *fig* [personne] undesirable.
encombre [ɑ̃kɔ̃br] ◆ **sans encombre** *loc adv* without a hitch.
encombré, -e [ɑ̃kɔ̃bre] *adj* [lieu] busy, congested; *fig* saturated.
encombrement [ɑ̃kɔ̃brəmɑ̃] *nm* **-1.** [d'une pièce] clutter. **-2.** [d'un objet] overall dimensions (*pl*). **-3.** [embouteillage] traffic jam. **-4.** INFORM footprint.
encombrer [ɑ̃kɔ̃bre] *vt* to clutter (up).
encontre [ɑ̃kɔ̃tr] ◆ **à l'encontre de** *loc prép*: **aller à l'~ de** to go against, to oppose.
encore [ɑ̃kɔr] *adv* **-1.** [toujours] still; **~ un mois** one more month; **pas ~** not yet; **elle ne travaille pas ~** she's not working yet. **-2.** [de nouveau] again; **il**

m'a ~ **menti** he's lied to me again; **quoi** ~? what now?; **l'ascenseur est en panne -** ~! the lift's out of order - not again!; ~ **une fois** once more, once again. **-3.** [marque le renforcement] even; ~ **mieux/pire** even better/worse. ◆ **et encore** loc adv: **j'ai eu le temps de prendre un sandwich, et** ~! I had time for a sandwich, but only just! ◆ **si encore** loc adv if only. ◆ **encore que** loc conj (+ subjonctif) although.

encouragement [ɑ̃kuraʒmɑ̃] nm [parole] (word of) encouragement.

encourager [ɑ̃kuraʒe] vt to encourage; ~ **qqn à faire qqch** to encourage sb to do sthg.

encourir [ɑ̃kurir] vt sout to incur.

encouru, -e [ɑ̃kury] pp → **encourir**.

encrasser [ɑ̃krase] vt **-1.** TECHNOL to clog up. **-2.** fam [salir] to make dirty OU filthy. ◆ **s'encrasser** vp **-1.** TECHNOL to clog up. **-2.** fam [se salir] to get dirty OU filthy.

encre [ɑ̃kr] nf ink.

encrer [ɑ̃kre] vt to ink.

encrier [ɑ̃krije] nm inkwell.

encroûter [ɑ̃krute] ◆ **s'encroûter** vp fam to get into a rut; **s'**~ **dans ses habitudes** to become set in one's ways.

encyclopédie [ɑ̃siklɔpedi] nf encyclopedia.

encyclopédique [ɑ̃siklɔpedik] adj encyclopedic.

endémique [ɑ̃demik] adj endemic.

endetter [ɑ̃dete] ◆ **s'endetter** vp to get into debt.

endeuiller [ɑ̃dœje] vt to plunge into mourning.

endiablé, -e [ɑ̃djable] adj [frénétique] frantic, frenzied.

endiguer [ɑ̃dige] vt **-1.** [fleuve] to dam. **-2.** fig [réprimer] to stem.

endimanché, -e [ɑ̃dimɑ̃ʃe] adj in one's Sunday best.

endive [ɑ̃div] nf chicory (U).

endoctriner [ɑ̃dɔktrine] vt to indoctrinate.

endommager [ɑ̃dɔmaʒe] vt to damage.

endormi, -e [ɑ̃dɔrmi] adj **-1.** [personne] sleeping, asleep. **-2.** fig [village] sleepy; [jambe] numb; [passion] dormant; fam [apathique] sluggish.

endormir [ɑ̃dɔrmir] vt **-1.** [assoupir, ennuyer] to send to sleep. **-2.** [anesthésier - patient] to anaesthetize; [- douleur] to ease. **-3.** fig [tromper] to allay. ◆ **s'endormir** vp [s'assoupir] to fall asleep.

endosser [ɑ̃dose] vt **-1.** [vêtement] to put on. **-2.** FIN & JUR to endorse; ~ **un chèque** to endorse a cheque. **-3.** fig [responsabilité] to take on.

endroit [ɑ̃drwa] nm **-1.** [lieu, point] place; **à quel** ~? where? **-2.** [passage] part. **-3.** [côté] right side; **à l'**~ the right way round.

enduire [ɑ̃dɥir] vt: ~ **qqch (de)** to coat sthg (with).

enduit, -e [ɑ̃dɥi, ɥit] pp → **enduire**. ◆ **enduit** nm coating.

endurance [ɑ̃dyrɑ̃s] nf endurance.

endurcir [ɑ̃dyrsir] vt to harden. ◆ **s'endurcir** vp: **s'**~ **à** to become hardened to.

endurer [ɑ̃dyre] vt to endure.

énergétique [enɛrʒetik] adj **-1.** [ressource] energy (avant n). **-2.** [aliment] energy-giving.

énergie [enɛrʒi] nf energy.

énergique [enɛrʒik] adj [gén] energetic; [remède] powerful; [mesure] drastic.

énergumène [enɛrgymɛn] nmf rowdy character.

énerver [enɛrve] vt to irritate, to annoy. ◆ **s'énerver** vp to get annoyed.

enfance [ɑ̃fɑ̃s] nf **-1.** [âge] childhood. **-2.** [enfants] children (pl). **-3.** fig [débuts] infancy; [de civilisation, de l'humanité] dawn.

enfant [ɑ̃fɑ̃] nmf [gén] child; **attendre un** ~ to be expecting a baby. ◆ **bon enfant** loc adj good-natured.

enfanter [ɑ̃fɑ̃te] vt littéraire to give birth to.

enfantillage [ɑ̃fɑ̃tijaʒ] nm childishness (U).

enfantin, -e [ɑ̃fɑ̃tɛ̃, in] adj **-1.** [propre à l'enfance] childlike; péj childish; [jeu, chanson] children's (avant n). **-2.** [facile] childishly simple.

enfer [ɑ̃fer] nm RELIG & fig hell. ◆ **Enfers** nmpl: **les Enfers** the Underworld (sg).

enfermer [ɑ̃ferme] vt [séquestrer, ranger] to shut away. ◆ **s'enfermer** vp to shut o.s. away OU up; **s'**~ **dans** fig to retreat into.

enfilade [ɑ̃filad] nf row.

enfiler [ɑ̃file] vt **-1.** [aiguille, sur un fil] to thread. **-2.** [vêtements] to slip on.

enfin [ɑ̃fɛ̃] adv **-1.** [en dernier lieu] finally, at last; [dans une liste] lastly. **-2.** [avant une récapitulation] in a word, in short. **-3.** [introduit une rectification] that is, well. **-4.** [introduit une concession] anyway.

enflammer [ãflame] vt **-1.** [bois] to set fire to. **-2.** fig [exalter] to inflame. ◆ **s'enflammer** vp **-1.** [bois] to catch fire. **-2.** fig [s'exalter] to flare up.

enflé, -e [ãfle] adj [style] turgid.

enfler [ãfle] vi to swell (up).

enfoncer [ãfɔ̃se] vt **-1.** [faire pénétrer] to drive in; ~ qqch dans qqch to drive sthg into sthg. **-2.** [enfouir]: ~ ses mains dans ses poches to thrust one's hands into one's pockets. **-3.** [défoncer] to break down. ◆ **s'enfoncer** vp **-1.** s'~ dans [eau, boue] to sink into; [bois, ville] to disappear into. **-2.** [céder] to give way.

enfouir [ãfwir] vt **-1.** [cacher] to hide. **-2.** [ensevelir] to bury.

enfourcher [ãfurʃe] vt to get on, to mount.

enfourner [ãfurne] vt **-1.** [pain] to put in the oven. **-2.** fam [avaler] to gobble up.

enfreindre [ãfrɛ̃dr] vt to infringe.

enfreint, -e [ãfrɛ̃, ɛ̃t] pp → enfreindre.

enfuir [ãfɥir] ◆ **s'enfuir** vp [fuir] to run away.

enfumer [ãfyme] vt to fill with smoke.

engagé, -e [ãgaʒe] adj committed.

engageant, -e [ãgaʒã, ãt] adj engaging.

engagement [ãgaʒmã] nm **-1.** [promesse] commitment. **-2.** JUR contract. **-3.** [MIL - de soldats] enlistment; [- combat] engagement. **-4.** FOOTBALL & RUGBY kick-off.

engager [ãgaʒe] vt **-1.** [lier] to commit. **-2.** [embaucher] to take on, to engage. **-3.** [faire entrer]: ~ qqch dans to insert sthg into. **-4.** [commencer] to start. **-5.** [impliquer] to involve. **-6.** [encourager]: ~ qqn à faire qqch to urge sb to do sthg. ◆ **s'engager** vp **-1.** [promettre]: s'~ à qqch/à faire qqch to commit o.s. to sthg/to doing sthg. **-2.** MIL: s'~ (dans) to enlist (in). **-3.** [pénétrer]: s'~ dans to enter.

engelure [ãʒlyr] nf chilblain.

engendrer [ãʒãdre] vt **-1.** littéraire to father. **-2.** fig [produire] to cause, to give rise to; [sentiment] to engender.

engin [ãʒɛ̃] nm **-1.** [machine] machine. **-2.** MIL missile. **-3.** fam péj [objet] thing.

englober [ãglɔbe] vt to include.

engloutir [ãglutir] vt **-1.** [dévorer] to gobble up. **-2.** [faire disparaître] to engulf. **-3.** fig [dilapider] to squander.

engorger [ãgɔrʒe] vt **-1.** [obstruer] to block, to obstruct. **-2.** MÉD to engorge. ◆ **s'engorger** vp to become blocked.

engouement [ãgumã] nm [enthousiasme] infatuation.

engouffrer [ãgufre] vt fam [dévorer] to wolf down. ◆ **s'engouffrer** vp: s'~ dans to rush into.

engourdi, -e [ãgurdi] adj numb; fig dull.

engourdir [ãgurdir] vt to numb; fig to dull. ◆ **s'engourdir** vp to go numb.

engrais [ãgrɛ] nm fertilizer.

engraisser [ãgrese] ◇ vt **-1.** [animal] to fatten. **-2.** [terre] to fertilize. ◇ vi to put on weight.

engrenage [ãgrənaʒ] nm **-1.** TECHNOL gears (pl). **-2.** fig [circonstances]: être pris dans l'~ to be caught up in the system.

engueulade [ãgœlad] nf fam bawling out.

engueuler [ãgœle] vt fam: ~ qqn to bawl sb out. ◆ **s'engueuler** vp fam to have a slanging match Br.

enhardir [ãardir] vt to make bold. ◆ **s'enhardir** vp to pluck up one's courage.

énième [enjɛm] adj fam: la ~ fois the nth time.

énigmatique [enigmatik] adj enigmatic.

énigme [enigm] nf **-1.** [mystère] enigma. **-2.** [jeu] riddle.

enivrant, -e [ãnivrã, ãt] adj litt & fig intoxicating.

enivrer [ãnivre] vt litt to get drunk; fig to intoxicate. ◆ **s'enivrer** vp: s'~ (de) to get drunk (on); fig to become intoxicated (with).

enjambée [ãʒãbe] nf stride.

enjamber [ãʒãbe] vt **-1.** [obstacle] to step over. **-2.** [cours d'eau] to straddle.

enjeu [ãʒø] nm [mise] stake; quel est l'~ ici? fig what's at stake here?

enjoindre [ãʒwɛ̃dr] vt littéraire: ~ à qqn de faire qqch to enjoin sb to do sthg.

enjoint [ãʒwɛ̃] pp inv → enjoindre.

enjôler [ãʒole] vt to coax.

enjoliver [ãʒɔlive] vt to embellish.

enjoliveur [ãʒɔlivœr] nm [de roue] hubcap; [de calandre] trim.

enjoué, -e [ãʒwe] adj cheerful.

enlacer [ãlase] vt [prendre dans ses bras] to embrace, to hug. ◆ **s'enlacer** vp [s'embrasser] to embrace, to hug.

enlaidir [ãledir] ◇ vt to make ugly. ◇ vi to become ugly.

enlèvement [ãlɛvmã] nm **-1.** [action d'enlever] removal. **-2.** [rapt] abduction.

enlever [ãlve] vt **-1.** [gén] to remove; [vêtement] to take off. **-2.** [prendre]: ~

qqch à qqn to take sthg away from sb. **-3.** [kidnapper] to abduct.

enliser [ɑ̃lize] ♦ **s'enliser** vp **-1.** [s'embourber] to sink, to get stuck. **-2.** fig [piétiner]: **s'~ dans qqch** to get bogged down in sthg.

enluminure [ɑ̃lyminyr] nf illumination.

enneigé, -e [ɑ̃neʒe] adj snow-covered.

ennemi, -e [enmi] ◇ adj enemy (avant n). ◇ nm, f enemy.

ennui [ɑ̃nɥi] nm **-1.** [lassitude] boredom. **-2.** [contrariété] annoyance; **l'~, c'est que ...** the annoying thing is that .... **-3.** [problème] trouble (U); **avoir des ~s** to have problems.

ennuyer [ɑ̃nɥije] vt **-1.** [agacer, contrarier] to annoy; **cela t'ennuierait de venir me chercher?** would you mind picking me up? **-2.** [lasser] to bore. **-3.** [inquiéter] to bother. ♦ **s'ennuyer** vp **-1.** [se morfondre] to be bored. **-2.** [déplorer l'absence]: **s'~ de qqn/qqch** to miss sb/sthg.

ennuyeux, -euse [ɑ̃nɥijø, øz] adj **-1.** [lassant] boring. **-2.** [contrariant] annoying.

énoncé [enɔ̃se] nm [libellé] wording.

énoncer [enɔ̃se] vt **-1.** [libeller] to word. **-2.** [exposer] to expound; [théorème] to set forth.

énorme [enɔrm] adj **-1.** litt & fig [immense] enormous. **-2.** fam fig [incroyable] far-fetched.

énormément [enɔrmemɑ̃] adv enormously; **~ de** a great deal of.

enquête [ɑ̃kɛt] nf **-1.** [de police, recherches] investigation. **-2.** [sondage] survey.

enquêter [ɑ̃kete] vi **-1.** [police, chercheur] to investigate. **-2.** [sonder] to conduct a survey.

enragé, -e [ɑ̃raʒe] adj **-1.** [chien] rabid, with rabies. **-2.** fig [invétéré] keen.

enrager [ɑ̃raʒe] vi to be furious; **faire ~ qqn** to infuriate sb.

enrayer [ɑ̃reje] vt **-1.** [épidémie] to check, to stop. **-2.** [mécanisme] to jam. ♦ **s'enrayer** vp [mécanisme] to jam.

enregistrement [ɑ̃rəʒistrəmɑ̃] nm **-1.** [de son, d'images, d'informations] recording. **-2.** [inscription] registration. **-3.** [à l'aéroport] check-in; **~ des bagages** baggage registration.

enregistrer [ɑ̃rəʒistre] vt **-1.** [son, images, informations] to record. **-2.** INFORM to store. **-3.** [inscrire] to register. **-4.** [à l'aéroport] to check in. **-5.** fam [mémoriser] to make a mental note of.

enrhumé, -e [ɑ̃ryme] adj: **je suis ~** I have a cold.

enrhumer [ɑ̃ryme] ♦ **s'enrhumer** vp to catch (a) cold.

enrichir [ɑ̃riʃir] vt **-1.** [financièrement] to make rich. **-2.** [terre & fig] to enrich. ♦ **s'enrichir** vp **-1.** [financièrement] to grow rich. **-2.** [sol & fig] to become enriched.

enrobé, -e [ɑ̃rɔbe] adj **-1.** [recouvert]: **~ de** coated with. **-2.** fam [grassouillet] plump.

enrober [ɑ̃rɔbe] vt **-1.** [recouvrir]: **~ qqch de** to coat sthg with. **-2.** fig [requête, nouvelle] to wrap up. ♦ **s'enrober** vp to put on weight.

enrôler [ɑ̃role] vt to enrol; MIL to enlist. ♦ **s'enrôler** vp to enrol; MIL to enlist.

enroué, -e [ɑ̃rwe] adj hoarse.

enrouler [ɑ̃rule] vt to roll up; **~ qqch autour de qqch** to wind sthg round sthg. ♦ **s'enrouler** vp **-1.** [entourer]: **s'~ sur** OU **autour de qqch** to wind around sthg. **-2.** [se pelotonner]: **s'~ dans qqch** to wrap o.s. up in sthg.

ensabler [ɑ̃sable] vt to silt up. ♦ **s'ensabler** vp to silt up.

enseignant, -e [ɑ̃sɛɲɑ̃, ɑ̃t] ◇ adj teaching (avant n). ◇ nm, f teacher.

enseigne [ɑ̃sɛɲ] nf **-1.** [de commerce] sign. **-2.** [drapeau, soldat] ensign.

enseignement [ɑ̃sɛɲmɑ̃] nm **-1.** [gén] teaching; **~ primaire/secondaire** primary/secondary education. **-2.** [leçon] lesson.

enseigner [ɑ̃seɲe] vt litt & fig to teach; **~ qqch à qqn** to teach sb sthg, to teach sthg to sb.

ensemble [ɑ̃sɑ̃bl] ◇ adv together; **aller ~** to go together. ◇ nm **-1.** [totalité] whole; **idée d'~** general idea; **dans l'~** on the whole. **-2.** [harmonie] unity. **-3.** [vêtement] outfit. **-4.** [série] collection. **-5.** MATHS set. **-6.** MUS ensemble.

ensemencer [ɑ̃səmɑ̃se] vt **-1.** [terre] to sow. **-2.** [rivière] to stock.

enserrer [ɑ̃sere] vt [entourer] to encircle; fig to imprison.

ensevelir [ɑ̃səvlir] vt litt & fig to bury.

ensoleillé, -e [ɑ̃sɔleje] adj sunny.

ensoleillement [ɑ̃sɔlejmɑ̃] nm sunshine.

ensommeillé, -e [ɑ̃sɔmeje] adj sleepy.

ensorceler [ɑ̃sɔrsəle] vt to bewitch.

ensuite [ɑ̃sɥit] adv **-1.** [après, plus tard] after, afterwards, later. **-2.** [puis] then, next, after that; **et ~?** what then?, what next?

ensuivre [ɑ̃sɥivʀ] ◆ **s'ensuivre** *vp* to follow; **il s'ensuit que** it follows that.

entaille [ɑ̃taj] *nf* cut.

entailler [ɑ̃taje] *vt* to cut.

entamer [ɑ̃tame] *vt* -1. [commencer] to start (on); [- bouteille] to start, to open. -2. [capital] to dip into. -3. [cuir, réputation] to damage. -4. [courage] to shake.

entartrer [ɑ̃taʀtʀe] *vt* to fur up. ◆ **s'entartrer** *vp* to fur up.

entasser [ɑ̃tase] *vt* -1. [accumuler, multiplier] to pile up. -2. [serrer] to squeeze. ◆ **s'entasser** *vp* -1. [objets] to pile up. -2. [personnes]: **s'~ dans** to squeeze into.

entendement [ɑ̃tɑ̃dmɑ̃] *nm* understanding.

entendre [ɑ̃tɑ̃dʀ] *vt* -1. [percevoir, écouter] to hear; **~ parler de qqch** to hear of OU about sthg. -2. *sout* [comprendre] to understand; **laisser ~ que** to imply that. -3. *sout* [vouloir]: **~ faire qqch** to intend to do sthg. -4. [vouloir dire] to mean. ◆ **s'entendre** *vp* -1. [sympathiser]: **s'~ avec qqn** to get on with sb. -2. [s'accorder] to agree.

entendu, -e [ɑ̃tɑ̃dy] ◇ *pp* → **entendre**. ◇ *adj* -1. [compris] agreed, understood. -2. [complice] knowing. ◆ **bien entendu** *adv* of course.

entente [ɑ̃tɑ̃t] *nf* -1. [harmonie] understanding. -2. [accord] agreement.

entériner [ɑ̃teʀine] *vt* to ratify.

enterrement [ɑ̃tɛʀmɑ̃] *nm* burial.

enterrer [ɑ̃teʀe] *vt litt* & *fig* to bury.

en-tête [ɑ̃tɛt] (*pl* **en-têtes**) *nm* heading.

entêté, -e [ɑ̃tete] *adj* stubborn.

entêter [ɑ̃tete] ◆ **s'entêter** *vp* to persist; **s'~ à faire qqch** to persist in doing sthg.

enthousiasme [ɑ̃tuzjasm] *nm* enthusiasm.

enthousiasmer [ɑ̃tuzjasme] *vt* to fill with enthusiasm. ◆ **s'enthousiasmer** *vp*: **s'~ pour** to be enthusiastic about.

enticher [ɑ̃tiʃe] ◆ **s'enticher** *vp*: **s'~ de qqn/qqch** to become obsessed with sb/sthg.

entier, -ière [ɑ̃tje, jɛʀ] *adj* whole, entire. ◆ **en entier** *loc adv* in its entirety.

entièrement [ɑ̃tjɛʀmɑ̃] *adv* -1. [complètement] fully. -2. [pleinement] wholly, entirely.

entité [ɑ̃tite] *nf* entity.

entonner [ɑ̃tɔne] *vt* [chant] to strike up.

entonnoir [ɑ̃tɔnwaʀ] *nm* -1. [instrument] funnel. -2. [cavité] crater.

entorse [ɑ̃tɔʀs] *nf* MÉD sprain; **se faire une ~ à la cheville/au poignet** to sprain one's ankle/wrist.

entortiller [ɑ̃tɔʀtije] *vt* -1. [entrelacer] to twist. -2. [envelopper]: **~ qqch autour de qqch** to wrap sthg round sthg. -3. *fam fig* [personne] to sweet-talk.

entourage [ɑ̃tuʀaʒ] *nm* [milieu] entourage.

entourer [ɑ̃tuʀe] *vt* -1. [enclore, encercler]: **~ (de)** to surround (with). -2. *fig* [soutenir] to rally round.

entourloupette [ɑ̃tuʀlupɛt] *nf fam* dirty trick.

entournure [ɑ̃tuʀnyʀ] *nf*: **être gêné aux ~s** *fig* [financièrement] to feel the pinch; [être mal à l'aise] to feel awkward.

entracte [ɑ̃tʀakt] *nm* interval; *fig* interlude.

entraide [ɑ̃tʀɛd] *nf* mutual assistance.

entrailles [ɑ̃tʀaj] *nfpl* -1. [intestins] entrails. -2. *sout* [profondeurs] depths.

entrain [ɑ̃tʀɛ̃] *nm* drive.

entraînement [ɑ̃tʀɛnmɑ̃] *nm* [préparation] practice; SPORT training.

entraîner [ɑ̃tʀene] *vt* -1. TECHNOL to drive. -2. [tirer] to pull. -3. [susciter] to lead to. -4. SPORT to coach. -5. [emmener] to take along. -6. [séduire] to influence; **~ qqn à faire qqch** to talk sb into sthg. ◆ **s'entraîner** *vp* to practise; SPORT to train; **s'~ à faire qqch** to practise doing sthg.

entraîneur, -euse [ɑ̃tʀenœʀ, øz] *nm, f* trainer, coach.

entrave [ɑ̃tʀav] *nf* hobble; *fig* obstruction.

entraver [ɑ̃tʀave] *vt* to hobble; *fig* to hinder.

entre [ɑ̃tʀ] *prép* -1. [gén] between; **~ nous** between you and me, between ourselves. -2. [parmi] among; **l'un d'~ nous ira** one of us will go; **généralement ils restent ~ eux** they tend to keep themselves to themselves; **ils se battent ~ eux** they're fighting among OU amongst themselves.

entrebâiller [ɑ̃tʀəbaje] *vt* to open slightly.

entrechoquer [ɑ̃tʀəʃɔke] *vt* to bang together. ◆ **s'entrechoquer** *vp* to bang into each other.

entrecôte [ɑ̃tʀəkot] *nf* entrecôte.

entrecouper [ɑ̃tʀəkupe] *vt* to intersperse.

entrecroiser [ɑ̃tʀəkʀwaze] *vt* to interlace. ◆ **s'entrecroiser** *vp* to intersect.

entrée [ɑ̃tre] *nf* **-1.** [arrivée, accès] entry, entrance; «~ **interdite**» "no admittance"; «~ **libre**» [dans musée] "admission free"; [dans boutique] "browsers welcome". **-2.** [porte] entrance. **-3.** [vestibule] (entrance) hall. **-4.** [billet] ticket. **-5.** [plat] starter, first course.

entrefaites [ɑ̃trəfɛt] *nfpl*: **sur ces ~** just at that moment.

entrefilet [ɑ̃trəfile] *nm* paragraph.

entrejambe, entre-jambes [ɑ̃trəʒɑ̃b] *nm* crotch.

entrelacer [ɑ̃trəlase] *vt* to intertwine.

entrelarder [ɑ̃trəlarde] *vt* **-1.** CULIN to lard. **-2.** *fam fig* [discours]: ~ **de** to lace with.

entremêler [ɑ̃trəmele] *vt* to mix; ~ **de** to mix with.

entremets [ɑ̃trəmɛ] *nm* dessert.

entremettre [ɑ̃trəmɛtr] ◆ **s'entremettre** *vp*: **s'~ (dans)** to mediate (in).

entremise [ɑ̃trəmiz] *nf* intervention; **par l'~ de** through.

entrepont [ɑ̃trəpɔ̃] *nm* steerage.

entreposer [ɑ̃trəpoze] *vt* to store.

entrepôt [ɑ̃trəpo] *nm* warehouse.

entreprendre [ɑ̃trəprɑ̃dr] *vt* to undertake; [commencer] to start; ~ **de faire qqch** to undertake to do sthg.

entrepreneur, -euse [ɑ̃trəprənœr, øz] *nm, f* [de services & CONSTR] contractor.

entrepris, -e [ɑ̃trəpri, iz] *pp* → **entreprendre**.

entreprise [ɑ̃trəpriz] *nf* **-1.** [travail, initiative] enterprise. **-2.** [société] company.

entrer [ɑ̃tre] ◇ *vi* **-1.** [pénétrer] to enter, to go/come in; ~ **dans** [gén] to enter; [pièce] to go/come into; [bain, voiture] to get into; *fig* [sujet] to go into; ~ **par** to go in OU enter by; **faire ~ qqn** to show sb in; **faire ~ qqch** to bring sth in. **-2.** [faire partie]: ~ **dans** to go into, to be part of. **-3.** [être admis, devenir membre]: ~ **à** [club, parti] to join; ~ **dans** [les affaires, l'enseignement] to go into; [la police, l'armée] to join; ~ **à l'université** to enter university; ~ **à l'hôpital** to go into hospital. ◇ *vt* **-1.** [gén] to bring in. **-2.** INFORM to enter, to input.

entresol [ɑ̃trəsɔl] *nm* mezzanine.

entre-temps [ɑ̃trətɑ̃] *adv* meanwhile.

entretenir [ɑ̃trətnir] *vt* **-1.** [faire durer] to keep alive. **-2.** [cultiver] to maintain. **-3.** [soigner] to look after. **-4.** [personne, famille] to support. **-5.** [parler à]: ~ **qqn de qqch** to speak to sb about sthg.

◆ **s'entretenir** *vp* [se parler]: **s'~ (de)** to talk (about).

entretien [ɑ̃trətjɛ̃] *nm* **-1.** [de voiture, jardin] maintenance, upkeep. **-2.** [conversation] discussion; [colloque] debate.

entre-tuer [ɑ̃trətɥe] ◆ **s'entre-tuer** *vp* to kill each other.

entrevoir [ɑ̃trəvwar] *vt* **-1.** [distinguer] to make out. **-2.** [voir rapidement] to see briefly. **-3.** *fig* [deviner] to glimpse.

entrevu, -e [ɑ̃trəvy] *pp* → **entrevoir**.

entrevue [ɑ̃trəvy] *nf* meeting.

entrouvert, -e [ɑ̃truvɛr, ɛrt] ◇ *pp* → **entrouvrir**. ◇ *adj* half-open.

entrouvrir [ɑ̃truvrir] *vt* to open partly. ◆ **s'entrouvrir** *vp* to open partly.

énumération [enymerasjɔ̃] *nf* enumeration.

énumérer [enymere] *vt* to enumerate.

env. *abr de* **environ**.

envahir [ɑ̃vair] *vt* **-1.** [gén & MIL] to invade. **-2.** *fig* [suj: sommeil, doute] to overcome. **-3.** *fig* [déranger] to intrude on.

envahissant, -e [ɑ̃vaisɑ̃, ɑ̃t] *adj* **-1.** [herbes] invasive. **-2.** [personne] intrusive.

envahisseur [ɑ̃vaisœr] *nm* invader.

enveloppe [ɑ̃vlɔp] *nf* **-1.** [de lettre] envelope. **-2.** [d'emballage] covering. **-3.** [membrane] membrane; [de graine] husk.

envelopper [ɑ̃vlɔpe] *vt* **-1.** [emballer] to wrap (up). **-2.** [suj: brouillard] to envelop. **-3.** [déguiser] to mask. ◆ **s'envelopper** *vp*: **s'~ dans** to wrap o.s. up in.

envenimer [ɑ̃vnime] *vt* **-1.** [blessure] to infect. **-2.** *fig* [querelle] to poison. ◆ **s'envenimer** *vp* **-1.** [s'infecter] to become infected. **-2.** *fig* [se détériorer] to become poisoned.

envergure [ɑ̃vergyr] *nf* **-1.** [largeur] span; [d'oiseau, d'avion] wingspan. **-2.** *fig* [qualité] calibre. **-3.** *fig* [importance] scope; **prendre de l'~** to expand.

envers¹ [ɑ̃vɛr] *prép* towards.

envers² [ɑ̃vɛr] *nm* **-1.** [de tissu] wrong side; [de feuillet etc] back; [de médaille] reverse. **-2.** [face cachée] other side. ◆ **à l'envers** *loc adv* [vêtement] inside out; [portrait, feuille] upside down; *fig* the wrong way.

envi [ɑ̃vi] ◆ **à l'envi** *loc adv* *littéraire* trying to outdo each other.

envie [ɑ̃vi] *nf* **-1.** [désir] desire; **avoir ~ de qqch/de faire qqch** to feel like sthg/like doing sthg, to want sthg/to do sthg. **-2.** [convoitise] envy; **ce tailleur me fait ~** I covet that suit.

envier [ɑ̃vje] *vt* to envy.

envieux, -ieuse [ɑ̃vjø, jøz] ◇ *adj* envious. ◇ *nm, f* envious person; **faire des ~** to make other people envious.

environ [ɑ̃virɔ̃] *adv* [à peu près] about.

environnement [ɑ̃virɔnmɑ̃] *nm* environment.

environs [ɑ̃virɔ̃] *nmpl* (surrounding) area (*sg*); **aux ~ de** [lieu] near; [époque] round about, around.

envisager [ɑ̃vizaʒe] *vt* to consider; **~ de faire qqch** to be considering doing sthg.

envoi [ɑ̃vwa] *nm* -1. [action] sending, dispatch. -2. [colis] parcel.

envol [ɑ̃vɔl] *nm* takeoff.

envolée [ɑ̃vɔle] *nf* -1. [d'oiseaux & fig] flight. -2. [augmentation]: **l'~ du dollar** the rapid rise in the value of the dollar.

envoler [ɑ̃vɔle] ◆ **s'envoler** *vp* -1. [oiseau] to fly away. -2. [avion] to take off. -3. [disparaître] to disappear into thin air.

envoûter [ɑ̃vute] *vt* to bewitch.

envoyé, -e [ɑ̃vwaje] ◇ *adj*: **bien ~** well-aimed. ◇ *nm, f* envoy.

envoyer [ɑ̃vwaje] *vt* to send; **~ qqch à qqn** [expédier] to send sb sthg, to send sthg to sb; [jeter] to throw sb sthg, to throw sthg to sb; **~ qqn faire qqch** to send sb to do sthg; **~ chercher qqn/ qqch** to send for sb/sthg.

épagneul [epaɲœl] *nm* spaniel.

épais, -aisse [epɛ, ɛs] *adj* -1. [large, dense] thick. -2. [grossier] crude.

épaisseur [epɛsœr] *nf* -1. [largeur, densité] thickness. -2. *fig* [consistance] depth.

épaissir [epesir] *vt & vi* to thicken. ◆ **s'épaissir** *vp* -1. [liquide] to thicken. -2. *fig* [mystère] to deepen.

épanchement [epɑ̃ʃmɑ̃] *nm* -1. [effusion] outpouring. -2. MÉD effusion.

épancher [epɑ̃ʃe] *vt* to pour out. ◆ **s'épancher** *vp* [se confier] to pour one's heart out.

épanoui, -e [epanwi] *adj* -1. [fleur] in full bloom. -2. [expression] radiant. -3. [corps] fully formed; **aux formes ~es** well-rounded.

épanouir [epanwir] *vt* [personne] to make happy. ◆ **s'épanouir** *vp* -1. [fleur] to open. -2. [visage] to light up. -3. [corps] to fill out. -4. [personnalité] to blossom.

épanouissement [epanwismɑ̃] *nm* -1. [de fleur] blooming, opening. -2. [de vi-

sage] brightening. -3. [de corps] filling out. -4. [de personnalité] flowering.

épargnant, -e [eparɲɑ̃, ɑ̃t] *nm, f* saver.

épargne [eparɲ] *nf* -1. [action, vertu] saving. -2. [somme] savings (*pl*); **~ logement** savings account (*to buy property*).

épargner [eparɲe] *vt* -1. [gén] to spare; **~ qqch à qqn** to spare sb sthg. -2. [économiser] to save.

éparpiller [eparpije] *vt* -1. [choses, personnes] to scatter. -2. *fig* [forces] to dissipate. ◆ **s'éparpiller** *vp* -1. [se disperser] to scatter. -2. *fig* [perdre son temps] to lack focus.

épars, -e [epar, ars] *adj sout* [objets] scattered; [végétation, cheveux] sparse.

épatant, -e [epatɑ̃, ɑ̃t] *adj fam* great.

épaté, -e [epate] *adj* -1. [nez] flat. -2. *fam* [étonné] amazed.

épaule [epol] *nf* shoulder.

épauler [epole] *vt* to support, to back up.

épaulette [epolɛt] *nf* -1. MIL epaulet. -2. [rembourrage] shoulder pad.

épave [epav] *nf* wreck.

épée [epe] *nf* sword.

épeler [eple] *vt* to spell.

éperdu, -e [eperdy] *adj* [sentiment] passionate; **~ de** [personne] overcome with.

éperon [eprɔ̃] *nm* [de cavalier, de montagne] spur; [de navire] ram.

éperonner [eprɔne] *vt* to spur on.

épervier [epervje] *nm* sparrowhawk.

éphèbe [efɛb] *nm hum* Adonis.

éphémère [efemer] ◇ *adj* [bref] ephemeral, fleeting. ◇ *nm* ZOOL mayfly.

éphéméride [efemerid] *nf* tear-off calendar.

épi [epi] *nm* -1. [de céréale] ear. -2. [cheveux] tuft.

épice [epis] *nf* spice.

épicéa [episea] *nm* spruce.

épicer [epise] *vt* [plat] to spice.

épicerie [episri] *nf* -1. [magasin] grocer's (shop). -2. [denrées] groceries (*pl*).

épicier, -ière [episje, jɛr] *nm, f* grocer.

épidémie [epidemi] *nf* epidemic.

épiderme [epidɛrm] *nm* epidermis.

épier [epje] *vt* -1. [espionner] to spy on. -2. [observer] to look for.

épilation [epilasjɔ̃] *nf* hair removal.

épilepsie [epilɛpsi] *nf* epilepsy.

épiler [epile] *vt* [jambes] to remove hair from; [sourcils] to pluck. ◆ **s'épiler** *vp*: **s'~ les jambes** to remove the hair from one's legs; **s'~ les sourcils** to pluck one's eyebrows.

épilogue [epilɔg] *nm* **-1.** [de roman] epilogue. **-2.** [d'affaire] outcome.

épiloguer [epilɔge] *vi* to hold forth.

épinards [epinar] *nmpl* spinach (*U*).

épine [epin] *nf* [piquant - de rosier] thorn; [- de hérisson] spine.

épineux, -euse [epinø, øz] *adj* thorny.

épingle [epɛ̃gl] *nf* [instrument] pin.

épingler [epɛ̃gle] *vt* **-1.** [fixer] to pin (up). **-2.** *fam fig* [arrêter] to nick *Br*.

épinière [epinjɛr] → **moelle**.

Épiphanie [epifani] *nf* Epiphany.

épique [epik] *adj* epic.

épiscopal, -e, -aux [episkɔpal, o] *adj* episcopal.

épisode [epizɔd] *nm* episode.

épisodique [epizɔdik] *adj* **-1.** [occasionnel] occasional. **-2.** [secondaire] minor.

épistolaire [epistɔlɛr] *adj* **-1.** [échange] of letters; **être en relations ~s avec qqn** to be in (regular) correspondence with sb. **-2.** [roman] epistolary.

épitaphe [epitaf] *nf* epitaph.

épithète [epitɛt] ◇ *nf* **-1.** GRAM attribute. **-2.** [qualificatif] term. ◇ *adj* attributive.

épître [epitr] *nf* epistle.

éploré, -e [eplɔre] *adj* [personne] in tears; [visage, air] tearful.

épluche-légumes [eplyʃlegym] *nm inv* potato peeler.

éplucher [eplyʃe] *vt* **-1.** [légumes] to peel. **-2.** [textes] to dissect; [comptes] to scrutinize.

épluchure [eplyʃyr] *nf* peelings (*pl*).

éponge [epɔ̃ʒ] *nf* sponge.

éponger [epɔ̃ʒe] *vt* **-1.** [liquide, déficit] to mop up. **-2.** [visage] to mop, to wipe.

épopée [epɔpe] *nf* epic.

époque [epɔk] *nf* **-1.** [de l'année] time. **-2.** [de l'histoire] period.

épouiller [epuje] *vt* to delouse.

époumoner [epumɔne] ◆ **s'époumoner** *vp* to shout o.s. hoarse.

épouse → **époux**.

épouser [epuze] *vt* **-1.** [personne] to marry. **-2.** [forme] to hug. **-3.** *fig* [idée, principe] to espouse.

épousseter [epuste] *vt* to dust.

époustouflant, -e [epustuflɑ̃, ɑ̃t] *adj fam* amazing.

épouvantable [epuvɑ̃tabl] *adj* dreadful.

épouvantail [epuvɑ̃taj] *nm* [à moineaux] scarecrow; *fig* bogeyman.

épouvanter [epuvɑ̃te] *vt* to terrify.

époux, épouse [epu, epuz] *nm, f* spouse.

éprendre [eprɑ̃dr] ◆ **s'éprendre** *vp sout*: **s'~ de** to fall in love with.

épreuve [eprœv] *nf* **-1.** [essai, examen] test; **à l'~ du feu** fireproof; **à l'~ des balles** bullet-proof; **~ de force** *fig* trial of strength. **-2.** [malheur] ordeal. **-3.** SPORT event. **-4.** TYPO proof. **-5.** PHOT print.

épris, -e [epri, iz] ◇ *pp* → **éprendre**. ◇ *adj sout*: **~ de** in love with.

éprouver [epruve] *vt* **-1.** [tester] to test. **-2.** [ressentir] to feel. **-3.** [faire souffrir] to distress; **être éprouvé par** to be afflicted by. **-4.** [difficultés, problèmes] to experience.

éprouvette [epruvɛt] *nf* **-1.** [tube à essai] test tube. **-2.** [échantillon] sample.

EPS (*abr de* **éducation physique et sportive**) *nf* PE.

épuisé, -e [epɥize] *adj* **-1.** [personne, corps] exhausted. **-2.** [marchandise] sold out, out of stock; [livre] out of print.

épuisement [epɥizmɑ̃] *nm* exhaustion.

épuiser [epɥize] *vt* to exhaust.

épuisette [epɥizɛt] *nf* landing net.

épurer [epyre] *vt* **-1.** [eau, huile] to purify. **-2.** POLIT to purge.

équarrir [ekarir] *vt* **-1.** [animal] to cut up. **-2.** [poutre] to square. **-3.** *fig* [personne]: **mal équarri** rough, crude.

équateur [ekwatœr] *nm* equator.

Équateur [ekwatœr] *nm*: **l'~** Ecuador.

équation [ekwasjɔ̃] *nf* equation.

équatorial, -e, -iaux [ekwatɔrjal, jo] *adj* equatorial.

équerre [eker] *nf* [instrument] set square; [en T] T-square.

équestre [ekɛstr] *adj* equestrian.

équilatéral, -e, -aux [ekɥilateral, o] *adj* equilateral.

équilibre [ekilibr] *nm* **-1.** [gén] balance. **-2.** [psychique] stability.

équilibré, -e [ekilibre] *adj* **-1.** [personne] well-balanced. **-2.** [vie] stable. **-3.** ARCHIT: **aux proportions ~es** well-proportioned.

équilibrer [ekilibre] *vt* to balance. ◆ **s'équilibrer** *vp* to balance out.

équilibriste [ekilibrist] *nmf* tightrope walker.

équipage [ekipaʒ] *nm* crew.

équipe [ekip] *nf* team.

équipement [ekipmɑ̃] *nm* **-1.** [matériel] equipment. **-2.** [aménagement] facilities (*pl*); **~s sportifs/scolaires** sports/educational facilities.

équiper [ekipe] *vt* **-1.** [navire, armée] to equip. **-2.** [personne, local] to equip, to fit out; ~ **qqn/qqch de** to equip sb/sthg with, to fit sb/sthg out with. ◆ **s'équiper** *vp*: **s'~ de** to equip o.s. (with).

équipier, -ière [ekipje, jɛr] *nm, f* team member.

équitable [ekitabl] *adj* fair.

équitation [ekitasjɔ̃] *nf* riding, horse-riding.

équité [ekite] *nf* fairness.

équivalent, -e [ekivalɑ̃, ɑ̃t] *adj* equivalent. ◆ **équivalent** *nm* equivalent.

équivaloir [ekivalwar] *vi*: ~ **à** to be equivalent to.

équivoque [ekivɔk] ◇ *adj* **-1.** [ambigu] ambiguous. **-2.** [mystérieux] dubious. ◇ *nf* ambiguity; **sans** ~ unequivocal (*adj*), unequivocally (*adv*).

érable [erabl] *nm* maple.

éradiquer [eradike] *vt* to eradicate.

érafler [erafle] *vt* **-1.** [peau] to scratch. **-2.** [mur, voiture] to scrape.

éraflure [eraflyr] *nf* **-1.** [de peau] scratch. **-2.** [de mur, voiture] scrape.

éraillé, -e [eraje] *adj* [voix] hoarse.

ère [ɛr] *nf* era.

érection [ereksjɔ̃] *nf* erection.

éreintant, -e [erɛ̃tɑ̃, ɑ̃t] *adj* exhausting.

éreinter [erɛ̃te] *vt* **-1.** [fatiguer] to exhaust. **-2.** [critiquer] to pull to pieces.

ergonomique [ɛrgɔnɔmik] *adj* ergonomic.

ergot [ɛrgo] *nm* **-1.** [de coq] spur. **-2.** [de mammifère] dewclaw. **-3.** [de blé] ergot.

ériger [eriʒe] *vt* **-1.** [monument] to erect. **-2.** [tribunal] to set up. **-3.** *fig* [transformer]: ~ **qqn en** to set sb up as.

ermite [ɛrmit] *nm* hermit.

éroder [erɔde] *vt* to erode.

érogène [erɔʒɛn] *adj* erogenous.

érosion [erozjɔ̃] *nf* erosion.

érotique [erɔtik] *adj* erotic.

érotisme [erɔtism] *nm* eroticism.

errance [erɑ̃s] *nf* wandering.

erratum [eratɔm] (*pl* **errata** [erata]) *nm* erratum.

errer [ere] *vi* to wander.

erreur [erœr] *nf* mistake; **par** ~ by mistake.

erroné, -e [erɔne] *adj sout* wrong.

ersatz [ɛrzats] *nm inv* ersatz.

éructer [erykte] *vi* to belch.

érudit, -e [erydi, it] ◇ *adj* erudite, learned. ◇ *nm, f* learned person.

éruption [erypsjɔ̃] *nf* **-1.** MÉD rash. **-2.** [de volcan] eruption.

es → **être**.

ès [ɛs] *prép* of (*in certain titles*); **docteur** ~ **lettres** ≃ PhD, doctor of philosophy.

escabeau, -x [ɛskabo] *nm* **-1.** [échelle] stepladder. **-2.** *vieilli* [tabouret] stool.

escadre [ɛskadr] *nf* **-1.** [navires] fleet. **-2.** [avions] wing.

escadrille [ɛskadrij] *nf* **-1.** [navires] flotilla. **-2.** [avions] flight.

escadron [ɛskadrɔ̃] *nm* squadron.

escalade [ɛskalad] *nf* **-1.** [de montagne, grille] climbing. **-2.** [des prix, de violence] escalation.

escalader [ɛskalade] *vt* to climb.

escale [ɛskal] *nf* **-1.** [lieu - pour navire] port of call; [- pour avion] stopover; **faire** ~ **à** [navire] to put in at, to call at; [avion] to stop over at. **-2.** [arrêt - de navire] call; [- d'avion] stopover, stop.

escalier [ɛskalje] *nm* stairs (*pl*); **descendre/monter l'~** to go downstairs/upstairs; ~ **roulant** OU **mécanique** escalator.

escalope [ɛskalɔp] *nf* escalope.

escamotable [ɛskamɔtabl] *adj* **-1.** [train d'atterrissage] retractable; [antenne] telescopic. **-2.** [table] folding.

escamoter [ɛskamɔte] *vt* **-1.** [faire disparaitre] to make disappear. **-2.** [voler] to lift. **-3.** [rentrer] to retract. **-4.** [phrase, mot] to swallow. **-5.** [éluder - question] to evade; [- objection] to get round.

escapade [ɛskapad] *nf* **-1.** [voyage] outing. **-2.** [fugue] escapade.

escargot [ɛskargo] *nm* snail.

escarmouche [ɛskarmuʃ] *nf* skirmish.

escarpé, -e [ɛskarpe] *adj* steep.

escarpement [ɛskarpəmɑ̃] *nm* **-1.** [de pente] steep slope. **-2.** GÉOGR escarpment.

escarpin [ɛskarpɛ̃] *nm* court shoe *Br*.

escarre [ɛskar] *nf* bedsore, pressure sore.

escient [esjɑ̃] *nm*: **à bon** ~ advisedly; **à mauvais** ~ ill-advisedly.

esclaffer [ɛsklafe] ◆ **s'esclaffer** *vp* to burst out laughing.

esclandre [ɛsklɑ̃dr] *nm sout* scene.

esclavage [ɛsklavaʒ] *nm* slavery.

esclave [ɛsklav] ◇ *nmf* slave. ◇ *adj*: **être** ~ **de** to be a slave to.

escompte [ɛskɔ̃t] *nm* discount.

escompter [ɛskɔ̃te] *vt* **-1.** [prévoir] to count on. **-2.** FIN to discount.

escorte [ɛskɔrt] *nf* escort.

escorter [ɛskɔrte] *vt* to escort.

escouade [ɛskwad] *nf* squad.

escrime [ɛskrim] *nf* fencing.

escrimer [ɛskrime] ◆ **s'escrimer** *vp*: **s'~ à faire qqch** to work (away) at doing sthg.

escroc [ɛskro] *nm* swindler.

escroquer [ɛskrɔke] *vt* to swindle; **~ qqch à qqn** to swindle sb out of sthg.

escroquerie [ɛskrɔkri] *nf* swindle, swindling (*U*).

eskimo, Eskimo → esquimau.

espace [ɛspas] *nm* space; **~ vert** green space, green area.

espacer [ɛspase] *vt* **-1.** [dans l'espace] to space out. **-2.** [dans le temps - visites] to space out; [- paiements] to spread out.

espadon [ɛspadɔ̃] *nm* [poisson] swordfish.

espadrille [ɛspadrij] *nf* espadrille.

Espagne [ɛspaɲ] *nf*: **l'~** Spain.

espagnol, -e [ɛspaɲɔl] *adj* Spanish. ◆ **espagnol** *nm* [langue] Spanish. ◆ **Espagnol, -e** *nm, f* Spaniard; **les Espagnols** the Spanish.

espèce [ɛspɛs] *nf* **-1.** BIOL, BOT & ZOOL species. **-2.** [sorte] kind, sort; **~ d'idiot!** you stupid fool! ◆ **espèces** *nfpl* cash; **payer en ~s** to pay (in) cash.

espérance [ɛsperɑ̃s] *nf* hope; **~ de vie** life expectancy.

espérer [ɛspere] ◇ *vt* to hope for; **~ que** to hope (that); **~ faire qqch** to hope to do sthg. ◇ *vi* to hope; **~ en qqn/qqch** to trust in sb/sthg.

espiègle [ɛspjɛgl] *adj* mischievous.

espion, -ionne [ɛspjɔ̃, jɔn] *nm, f* spy.

espionnage [ɛspjɔnaʒ] *nm* spying; **~ industriel** industrial espionage.

espionner [ɛspjɔne] *vt* to spy on.

esplanade [ɛsplanad] *nf* esplanade.

espoir [ɛspwar] *nm* hope.

esprit [ɛspri] *nm* **-1.** [entendement, personne, pensée] mind; **reprendre ses ~s** to recover. **-2.** [attitude] spirit; **~ de compétition** competitive spirit; **~ critique** critical acumen. **-3.** [humour] wit. **-4.** [fantôme] spirit, ghost.

esquimau, -aude, -aux, eskimo [ɛskimo, od] *adj* Eskimo. ◆ **Esquimau, -aude** *nm, f*, **Eskimo** *nmf* Eskimo.

esquinter [ɛskɛ̃te] *vt fam* **-1.** [abîmer] to ruin. **-2.** [critiquer] to slate *Br*, to pan. ◆ **s'esquinter** *vp*: **s'~ à faire qqch** to kill o.s. doing sthg.

esquiver [ɛskive] *vt* to dodge. ◆ **s'esquiver** *vp* to slip away.

essai [ɛse] *nm* **-1.** [vérification] test, testing (*U*); **à l'~** on trial. **-2.** [tentative] attempt. **-3.** RUGBY try.

essaim [ɛsɛ̃] *nm litt & fig* swarm.

essayage [ɛsejaʒ] *nm* fitting.

essayer [eseje] *vt* to try; **~ de faire qqch** to try to do sthg.

essence [esɑ̃s] *nf* **-1.** [fondement, de plante] essence; **par ~** *sout* in essence. **-2.** [carburant] petrol *Br*, gas *Am*; **prendre de l'~** to get some petrol. **-3.** [d'arbre] species.

essentiel, -ielle [esɑ̃sjɛl] *adj* **-1.** [indispensable] essential. **-2.** [fondamental] basic. ◆ **essentiel** *nm* **-1.** [point]: **l'~** [le principal] the essential OU main thing. **-2.** [quantité]: **l'~ de** the main OU greater part of.

essentiellement [esɑ̃sjɛlmɑ̃] *adv* **-1.** [avant tout] above all. **-2.** [par essence] essentially.

esseulé, -e [esœle] *adj littéraire* forsaken.

essieu [esjø] *nm* axle.

essor [esɔr] *nm* flight, expansion, boom; **prendre son ~** to take flight; *fig* to take off.

essorer [esɔre] *vt* [à la main, à rouleaux] to wring out; [à la machine] to spin-dry; [salade] to spin, to dry.

essoreuse [esɔrøz] *nf* [à rouleaux] mangle; [électrique] spin-dryer; [à salade] salad spinner.

essouffler [esufle] *vt* to make breathless. ◆ **s'essouffler** *vp* to be breathless OU out of breath; *fig* to run out of steam.

essuie-glace [esɥiglas] (*pl* **essuie-glaces**) *nm* windscreen wiper *Br*, windshield wiper *Am*.

essuie-mains [esɥimɛ̃] *nm inv* hand towel.

essuie-tout [esɥitu] *nm inv* kitchen roll.

essuyer [esɥije] *vt* **-1.** [sécher] to dry. **-2.** [nettoyer] to dust. **-3.** *fig* [subir] to suffer. ◆ **s'essuyer** *vp* to dry o.s.

est¹ [ɛst] ◇ *nm* east; **un vent d'~** an easterly wind; **à l'~** in the east; **à l'~ (de)** to the east (of). ◇ *adj inv* [gén] east; [province, région] eastern.

est² [ɛ] → être.

estafette [ɛstafɛt] *nf* dispatch-rider; MIL liaison officer.

estafilade [ɛstafilad] *nf* slash, gash.

est-allemand, -e [ɛstalmɑ̃, ɑ̃d] *adj* East German.

estampe [ɛstɑ̃p] *nf* print.

estampille [ɛstɑ̃pij] *nf* stamp.

est-ce que [ɛskə] *adv interr*: est-ce qu'il fait beau? is the weather good?; ~ vous aimez l'accordéon? do you like the accordéon?; où ~ tu es? where are you?

esthète [ɛstɛt] *nmf* aesthete.

esthétique [ɛstetik] *adj* **-1.** [relatif à la beauté] aesthetic. **-2.** [harmonieux] attractive.

estimation [ɛstimasjɔ̃] *nf* estimate, estimation.

estime [ɛstim] *nf* respect, esteem.

estimer [ɛstime] *vt* **-1.** [expertiser] to value. **-2.** [évaluer] to estimate; j'estime la durée du voyage à 2 heures I reckon the journey time is 2 hours. **-3.** [respecter] to respect. **-4.** [penser]: ~ que to feel (that).

estivant, -e [ɛstivɑ̃, ɑ̃t] *nm, f* (summer) holiday-maker *Br* OU vacationer *Am*.

estomac [ɛstɔma] *nm* ANAT stomach.

estomper [ɛstɔ̃pe] *vt* to blur; *fig* [douleur] to lessen. ◆ **s'estomper** *vp* to become blurred; *fig* [douleur] to lessen.

Estonie [ɛstɔni] *nf*: l'~ Estonia.

estrade [ɛstrad] *nf* dais.

estragon [ɛstragɔ̃] *nm* tarragon.

estropié, -e [ɛstrɔpje] ◇ *adj* crippled. ◇ *nm, f* cripple.

estuaire [ɛstɥɛr] *nm* estuary.

esturgeon [ɛstyrʒɔ̃] *nm* sturgeon.

et [e] *conj* **-1.** [gén] and; ~ moi? what about me? **-2.** [dans les fractions et les nombres composés]: **vingt ~ un** twenty-one; **il y a deux ans ~ demi** two and a half years ago; **à deux heures ~ demie** at half past two.

ét. (*abr de* étage) fl.

ETA (*abr de* Euskadi ta Askatasuna) *nf* ETA.

étable [etabl] *nf* cowshed.

établi [etabli] *nm* workbench.

établir [etablir] *vt* **-1.** [gén] to establish; [record] to set. **-2.** [dresser] to draw up. ◆ **s'établir** *vp* **-1.** [s'installer] to settle. **-2.** [s'instaurer] to become established.

établissement [etablismɑ̃] *nm* establishment; ~ **hospitalier** hospital; ~ **scolaire** educational establishment.

étage [etaʒ] *nm* **-1.** [de bâtiment] storey, floor; **un immeuble à quatre ~s** a four-storey block of flats; **au premier** ~ on the first floor *Br*, on the second floor *Am*. **-2.** [de fusée] stage.

étagère [etaʒɛr] *nf* **-1.** [rayon] shelf. **-2.** [meuble] shelves (*pl*), set of shelves.

étain [etɛ̃] *nm* [métal] tin; [alliage] pewter.

étais, était *etc* → être.

étal [etal] (*pl* **-s** OU **étaux** [eto]) *nm* **-1.** [éventaire] stall. **-2.** [de boucher] butcher's block.

étalage [etalaʒ] *nm* **-1.** [action, ensemble d'objets] display; **faire ~ de** *fig* to flaunt. **-2.** [devanture] window display.

étalagiste [etalaʒist] *nmf* **-1.** [décorateur] window-dresser. **-2.** [vendeur] stallholder.

étaler [etale] *vt* **-1.** [exposer] to display. **-2.** [étendre] to spread out. **-3.** [dans le temps] to stagger. **-4.** [mettre une couche de] to spread. **-5.** [exhiber] to parade. ◆ **s'étaler** *vp* **-1.** [s'étendre] to spread. **-2.** [dans le temps]: **s'~ (sur)** to be spread (over). **-3.** *fam* [tomber] to come a cropper *Br*, to fall flat on one's face.

étalon [etalɔ̃] *nm* **-1.** [cheval] stallion. **-2.** [mesure] standard.

étamine [etamin] *nf* [de fleur] stamen.

étanche [etɑ̃ʃ] *adj* watertight; [montre] waterproof.

étancher [etɑ̃ʃe] *vt* **-1.** [sang, larmes] to stem (the flow of). **-2.** [assouvir] to quench.

étang [etɑ̃] *nm* pond.

étant *ppr* → être.

étape [etap] *nf* **-1.** [gén] stage. **-2.** [halte] stop; **faire ~ à** to break one's journey at.

état [eta] *nm* **-1.** [manière d'être] state; **être en ~/hors d'~ de faire qqch** to be in a/in no fit state to do sthg; **en bon/mauvais ~** in good/poor condition; **en ~ d'ivresse** under the influence of alcohol; **en ~ de marche** in working order; ~ **d'âme** mood; ~ **d'esprit** state of mind; ~ **de santé** (state of) health; **être dans tous ses ~s** *fig* to be in a state. **-2.** [métier, statut] status; ~ **civil** ADMIN ≃ marital status. **-3.** [inventaire - gén] inventory; [- de dépenses] statement; ~ **des lieux** *inventory and inspection of rented property.* ◆ **État** *nm* [nation] state; **l'État** the State; **État membre** member state.

état-major [etamaʒɔr] *nm* **-1.** ADMIN & MIL staff; [de parti] leadership. **-2.** [lieu] headquarters (*pl*).

États-Unis [etazyni] *nmpl*: **les ~ (d'Amérique)** the United States (of America).

étau [eto] *nm* vice.

étayer [eteje] *vt* to prop up; *fig* to back up.

etc. (*abr de* et cætera) etc.

été [ete] ◇ *pp inv* → **être**. ◇ *nm* summer; **en ~** in (the) summer.

éteindre [etɛ̃dr] *vt* **-1.** [incendie, bougie, cigarette] to put out; [radio, chauffage, lampe] to turn off, to switch off. ◆ **s'éteindre** *vp* **-1.** [feu, lampe] to go out. **-2.** [bruit, souvenir] to fade (away). **-3.** *fig & littéraire* [personne] to pass away. **-4.** [race] to die out.

étendard [etɑ̃dar] *nm* standard.

étendre [etɑ̃dr] *vt* **-1.** [déployer] to stretch; [journal, linge] to spread (out). **-2.** [coucher] to lay. **-3.** [appliquer] to spread. **-4.** [accroître] to extend. **-5.** [diluer] to dilute; [sauce] to thin. ◆ **s'étendre** *vp* **-1.** [se coucher] to lie down. **-2.** [s'étaler au loin]: **s'~ (de/jusqu'à)** to stretch (from/as far as). **-3.** [croître] to spread. **-4.** [s'attarder]: **s'~ sur** to elaborate on.

étendu, -e [etɑ̃dy] ◇ *pp* → **étendre**. ◇ *adj* **-1.** [bras, main] outstretched. **-2.** [plaine, connaissances] extensive. ◆ **étendue** *nf* **-1.** [surface] area, expanse. **-2.** [durée] length. **-3.** [importance] extent. **-4.** MUS range.

éternel, -elle [etɛrnɛl] *adj* eternal; **ce ne sera pas ~** this won't last for ever.

éterniser [etɛrnize] *vt* [prolonger] to drag out. ◆ **s'éterniser** *vp* **-1.** [se prolonger] to drag out. **-2.** *fam* [rester] to stay for ever.

éternité [etɛrnite] *nf* eternity.

éternuer [etɛrnɥe] *vi* to sneeze.

êtes → **être**.

étêter [etete] *vt* to cut the head off.

éther [etɛr] *nm* ether.

Éthiopie [etjɔpi] *nf*: **l'~** Ethiopia.

éthique [etik] ◇ *nf* ethics (*U or pl*). ◇ *adj* ethical.

ethnie [ɛtni] *nf* ethnic group.

ethnique [ɛtnik] *adj* ethnic.

ethnologie [ɛtnɔlɔʒi] *nf* ethnology.

éthylisme [etilism] *nm* alcoholism.

étiez, étions *etc* → **être**.

étincelant, -e [etɛ̃slɑ̃, ɑ̃t] *adj* sparkling.

étinceler [etɛ̃sle] *vi* to sparkle.

étincelle [etɛ̃sɛl] *nf* spark.

étioler [etjɔle] ◆ **s'étioler** *vp* [plante] to wilt; [personne] to weaken; [mémoire] to go.

étiqueter [etikte] *vt litt & fig* to label.

étiquette [etikɛt] *nf* **-1.** [marque & *fig*] label. **-2.** [protocole] etiquette.

étirer [etire] *vt* to stretch. ◆ **s'étirer** *vp* to stretch.

étoffe [etɔf] *nf* fabric, material.

étoile [etwal] *nf* star; **~ filante** shooting star; **à la belle ~** *fig* under the stars. ◆ **étoile de mer** *nf* starfish.

étoilé, -e [etwale] *adj* **-1.** [ciel, nuit] starry; **la bannière ~e** the Star-Spangled Banner. **-2.** [vitre, pare-brise] shattered.

étole [etɔl] *nf* stole.

étonnant, -e [etɔnɑ̃, ɑ̃t] *adj* astonishing.

étonnement [etɔnmɑ̃] *nm* astonishment, surprise.

étonner [etɔne] *vt* to surprise, to astonish. ◆ **s'étonner** *vp*: **s'~ (de)** to be surprised (by); **s'~ que** (+ *subjonctif*) to be surprised (that).

étouffant, -e [etufɑ̃, ɑ̃t] *adj* stifling.

étouffée [etufe] ◆ **à l'étouffée** *loc adv* steamed; [viande] braised.

étouffer [etufe] ◇ *vt* **-1.** [gén] to stifle. **-2.** [asphyxier] to suffocate. **-3.** [feu] to smother. **-4.** [scandale, révolte] to suppress. ◇ *vi* to suffocate. ◆ **s'étouffer** *vp* [s'étrangler] to choke.

étourderie [eturdəri] *nf* **-1.** [distraction] thoughtlessness. **-2.** [bévue] careless mistake; [acte irréfléchi] thoughtless act.

étourdi, -e [eturdi] ◇ *adj* scatterbrained. ◇ *nm, f* scatterbrain.

étourdir [eturdir] *vt* [assommer] to daze.

étourdissement [eturdismɑ̃] *nm* dizzy spell.

étourneau, -x [eturno] *nm* starling.

étrange [etrɑ̃ʒ] *adj* strange.

étranger, -ère [etrɑ̃ʒe, ɛr] ◇ *adj* **-1.** [gén] foreign. **-2.** [différent, isolé] unknown, unfamiliar; **être ~ à qqn** to be unknown to sb; **être ~ à qqch** to have no connection with sthg; **se sentir ~** to feel like an outsider. ◇ *nm, f* **-1.** [de nationalité différente] foreigner. **-2.** [inconnu] stranger. **-3.** [exclu] outsider. ◆ **étranger** *nm*: **à l'~** abroad.

étrangeté [etrɑ̃ʒte] *nf* strangeness.

étranglement [etrɑ̃ɡləmɑ̃] *nm* **-1.** [strangulation] strangulation. **-2.** [rétrécissement] constriction.

étrangler [etrɑ̃ɡle] *vt* **-1.** [gén] to choke. **-2.** [stranguler] to strangle. **-3.** [réprimer] to stifle. **-4.** [serrer] to constrict. ◆ **s'étrangler** *vp* [s'étouffer] to choke.

étrave [etrav] *nf* stem.

être [etr] ◇ *nm* being; **les ~s vivants/humains** living/human beings. ◇ *v aux* **-1.** [pour les temps composés] to have/to be; **il est parti hier** he left yesterday; **il est déjà arrivé** he has already arrived; **il est né en 1952** he was born in 1952. **-2.** [pour le passif] to be; **la maison a été vendue** the house has been OU was sold. ◇ *v attr* **-1.** [état] to be; **la maison est blanche** the house is white; **il est médecin** he's a doctor; **sois sage! be good! -2.** [possession]: ~ **à qqn** to be sb's, to belong to sb; **c'est à vous, cette voiture?** is this your car?, is this car yours?; **cette maison est à lui/eux** this house is his/theirs, this is his/their house. ◇ *v impers* **-1.** [exprimant le temps]: **quelle heure est-il?** what time is it?, what's the time?; **il est dix heures dix** it's ten past ten *Br*, it's ten after ten *Am*. **-2.** [suivi d'un adjectif]: **il est ... it is ...**; **il est inutile de** it's useless to; **il serait bon de/que** it would be good to/ if, it would be a good idea to/if. ◇ *vi* **-1.** [exister] to be; **n'~ plus** *sout* [être décédé] to be no more. **-2.** [indique une situation, un état] to be; **il est à Paris** he's in Paris; **nous sommes au printemps/en été** it's spring/summer. **-3.** [indiquant une origine]: **il est de Paris** he's from Paris. ◆ **être à** *v* + *prép* **-1.** [indiquant une obligation]: **c'est à vérifier** it needs to be checked; **c'est à voir** that remains to be seen. **-2.** [indiquant une continuité]: **il est toujours à ne rien faire** he never does a thing.

étreindre [etrɛ̃dr] *vt* **-1.** [embrasser] to hug, to embrace. **-2.** *fig* [tenailler] to grip, to clutch. ◆ **s'étreindre** *vp* to embrace each other.

étreinte [etrɛ̃t] *nf* **-1.** [enlacement] embrace. **-2.** [pression] stranglehold.

étrenner [etrene] *vt* to use for the first time.

étrennes [etren] *nfpl* Christmas box (*sg*).

étrier [etrije] *nm* stirrup.

étriller [etrije] *vt* **-1.** [cheval] to curry. **-2.** [personne] to wipe the floor with; [film] to tear to pieces.

étriper [etripe] *vt* **-1.** [animal] to disembowel. **-2.** *fam fig* [tuer] to murder. ◆ **s'étriper** *vp fam* to tear each other to pieces.

étriqué, -e [etrike] *adj* **-1.** [vêtement] tight; [appartement] cramped. **-2.** [mesquin] narrow.

étroit, -e [etrwa, at] *adj* **-1.** [gén] narrow. **-2.** [intime] close. **-3.** [serré] tight. ◆ **à l'étroit** *loc adj*: **être à l'~** to be cramped.

étroitesse [etrwates] *nf* narrowness.

étude [etyd] *nf* **-1.** [gén] study; **à l'~** under consideration; ~ **de marché** market research (*U*). **-2.** [de notaire - local] office; [- charge] practice. **-3.** MUS étude. ◆ **études** *nfpl* studies; **faire des ~s** to study.

étudiant, -e [etydjɑ̃, ɑ̃t] *nm, f* student.

étudié, -e [etydje] *adj* studied.

étudier [etydje] *vt* to study.

étui [etɥi] *nm* case; ~ **à cigarettes/ lunettes** cigarette/glasses case.

étuve [etyv] *nf* **-1.** [local] steam room; *fig* oven. **-2.** [appareil] sterilizer.

étuvée [etyve] ◆ **à l'étuvée** *loc adv* braised.

étymologie [etimɔlɔʒi] *nf* etymology.

eu, -e [y] *pp* → avoir.

E-U, E-U A (*abr de* **États-Unis (d'Amérique)**) *nmpl* US, USA.

eucalyptus [økaliptys] *nm* eucalyptus.

euh [ø] *interj* er.

eunuque [ønyk] *nm* eunuch.

euphémisme [øfemism] *nm* euphemism.

euphorie [øfɔri] *nf* euphoria.

euphorisant, -e [øfɔrizɑ̃, ɑ̃t] *adj* exhilarating. ◆ **euphorisant** *nm* antidepressant.

eurent → avoir.

euro [øro] *nm* euro.

eurodéputé [ørodepyte] *nm* Euro MP.

eurodevise [ørodəviz] *nf* Eurocurrency.

Europe [ørɔp] *nf*: **l'~** Europe.

européen, -enne [ørɔpeɛ̃, ɛn] *adj* European. ◆ **Européen, -enne** *nm, f* European.

eus, eut *etc* → avoir.

eût → avoir.

euthanasie [øtanazi] *nf* euthanasia.

eux [ø] *pron pers* **-1.** [sujet] they; **ce sont** ~ **qui me l'ont dit** they're the ones who told me. **-2.** [complément] them. ◆ **eux-mêmes** *pron pers* themselves.

évacuer [evakɥe] *vt* **-1.** [gén] to evacuate. **-2.** [liquide] to drain.

évadé, -e [evade] *nm, f* escaped prisoner.

évader [evade] ◆ **s'évader** *vp*: **s'~ (de)** to escape (from).

évaluation [evalɥasjɔ̃] *nf* [action] valuation; [résultat] estimate.

évaluer [evalɥe] *vt* [distance] to estimate; [tableau] to value; [risque] to assess.

évangélique [evɑ̃ʒelik] *adj* evangelical.

évangéliser [evɑ̃ʒelize] *vt* to evangelize.

évangile [evɑ̃ʒil] *nm* gospel.

évanouir [evanwir] ◆ **s'évanouir** *vp* **-1.** [défaillir] to faint. **-2.** [disparaître] to fade.

évanouissement [evanwismɑ̃] *nm* [syncope] fainting fit.

évaporer [evapɔre] ◆ **s'évaporer** *vp* to evaporate.

évasé, -e [evaze] *adj* flared.

évasif, -ive [evazif, iv] *adj* evasive.

évasion [evazjɔ̃] *nf* escape.

évêché [eveʃe] *nm* [territoire] diocese; [résidence] bishop's palace.

éveil [evɛj] *nm* awakening; **en ~** on the alert.

éveillé, -e [eveje] *adj* -1. [qui ne dort pas] wide awake. -2. [vif, alerte] alert.

éveiller [eveje] *vt* to arouse; [intelligence, dormeur] to awaken. ◆ **s'éveiller** *vp* -1. [dormeur] to wake, to awaken. -2. [curiosité] to be aroused. -3. [esprit, intelligence] to be awakened. -4. [s'ouvrir]: **s'~ à qqch** to discover sthg.

événement [evɛnmɑ̃] *nm* event.

événementiel, -ielle [evɛnmɑ̃sjɛl] *adj* [histoire] factual.

éventail [evɑ̃taj] *nm* -1. [objet] fan; **en ~** fan-shaped. -2. [choix] range.

éventaire [evɑ̃tɛr] *nm* -1. [étalage] stall, stand. -2. [corbeille] tray.

éventer [evɑ̃te] *vt* -1. [rafraîchir] to fan. -2. [divulguer] to give away. ◆ **s'éventer** *vp* -1. [se rafraîchir] to fan o.s. -2. [parfum, vin] to go stale.

éventrer [evɑ̃tre] *vt* -1. [étriper] to disembowel. -2. [fendre] to rip open.

éventualité [evɑ̃tyalite] *nf* -1. [possibilité] possibility. -2. [circonstance] eventuality; **dans l'~ de** in the event of.

éventuel, -elle [evɑ̃tyɛl] *adj* possible.

éventuellement [evɑ̃tyɛlmɑ̃] *adv* possibly.

évêque [evɛk] *nm* bishop.

évertuer [evɛrtye] ◆ **s'évertuer** *vp*: **s'~ à faire qqch** to strive to do sthg.

évidemment [evidamɑ̃] *adv* obviously.

évidence [evidɑ̃s] *nf* [caractère] evidence; [fait] obvious fact; **mettre en ~** to emphasize, to highlight.

évident, -e [evidɑ̃, ɑ̃t] *adj* obvious.

évider [evide] *vt* to hollow out.

évier [evje] *nm* sink.

évincer [evɛ̃se] *vt*: **~ qqn (de)** to oust sb (from).

éviter [evite] *vt* -1. [esquiver] to avoid. -2. [s'abstenir]: **~ de faire qqch** to avoid doing sthg. -3. [épargner]: **~ qqch à qqn** to save sb sthg.

évocateur, -trice [evɔkatœr, tris] *adj* [geste, regard] meaningful.

évocation [evɔkasjɔ̃] *nf* evocation.

évolué, -e [evɔlye] *adj* -1. [développé] developed. -2. [libéral, progressiste] broad-minded.

évoluer [evɔlye] *vi* -1. [changer] to evolve; [personne] to change. -2. [se mouvoir] to move about.

évolution [evɔlysjɔ̃] *nf* -1. [transformation] development. -2. BIOL evolution. -3. MÉD progress.

évoquer [evɔke] *vt* -1. [souvenir] to evoke. -2. [problème] to refer to. -3. [esprits, démons] to call up.

exacerber [ɛgzasɛrbe] *vt* to heighten.

exact, -e [ɛgzakt] *adj* -1. [calcul] correct. -2. [récit, copie] exact. -3. [ponctuel] punctual.

exactement [ɛgzaktəmɑ̃] *adv* exactly.

exaction [ɛgzaksjɔ̃] *nf* extortion.

exactitude [ɛgzaktityd] *nf* -1. [de calcul, montre] accuracy. -2. [ponctualité] punctuality.

ex æquo [ɛgzeko] ◇ *adj inv & nmf inv* equal. ◇ *adv* equal; **troisième ~** third equal.

exagération [ɛgzaʒerasjɔ̃] *nf* exaggeration.

exagéré, -e [ɛgzaʒere] *adj* exaggerated.

exagérer [ɛgzaʒere] *vt & vi* to exaggerate.

exalté, -e [ɛgzalte] ◇ *adj* [sentiment] elated; [tempérament] over-excited; [imagination] vivid. ◇ *nm, f* fanatic.

exalter [ɛgzalte] *vt* to excite. ◆ **s'exalter** *vp* to get carried away.

examen [ɛgzamɛ̃] *nm* examination; SCOL exam, examination; **~ médical** medical (examination).

examinateur, -trice [ɛgzaminatœr, tris] *nm, f* examiner.

examiner [ɛgzamine] *vt* to examine.

exaspération [ɛgzasperasjɔ̃] *nf* exasperation.

exaspérer [ɛgzaspere] *vt* to exasperate.

exaucer [ɛgzose] *vt* to grant; **~ qqn** to answer sb's prayers.

excédent [ɛksedɑ̃] *nm* surplus; **en ~** surplus (*avant n*).

excéder [ɛksede] *vt* -1. [gén] to exceed. -2. [exaspérer] to exasperate.

excellence [ɛksel ɑ̃s] *nf* excellence; **par ~** par excellence.

excellent, -e [ɛksel ɑ̃, ɑ̃t] *adj* excellent.

exceller [ɛksele] *vi*: **~ en** OU **dans qqch** to excel at OU in sthg; **~ à faire qqch** to excel at doing sthg.

excentré, -e [ɛksɑ̃tre] *adj*: **c'est très ~** it's quite a long way out.

excentrique [ɛksɑ̃trik] ◇ *nmf* eccentric. ◇ *adj* -1. [gén] eccentric. -2. [quartier] outlying.

excepté, -e [ɛksɛpte] *adj*: **tous sont venus, lui ~** everyone came except (for) him. ◆ **excepté** *prép* apart from, except.

exception [ɛksɛpsjɔ̃] *nf* exception; **à l'~ de** except for.

exceptionnel, -elle [ɛksɛpsjɔnɛl] *adj* exceptional.

excès [ɛksɛ] ◇ *nm* excess; **~ de zèle** overzealousness. ◇ *nmpl* excesses.

excessif, -ive [ɛksesif, iv] *adj* -1. [démesuré] excessive. -2. [extrême] extreme.

excitant, -e [ɛksitɑ̃, ɑ̃t] *adj* [stimulant, passionnant] exciting. ◆ **excitant** *nm* stimulant.

excitation [ɛksitasjɔ̃] *nf* -1. [énervement] excitement. -2. [stimulation] encouragement. -3. MÉD stimulation.

excité, -e [ɛksite] ◇ *adj* [énervé] excited. ◇ *nm, f* hothead.

exciter [ɛksite] *vt* -1. [gén] to excite. -2. [inciter] : **~ qqn (à qqch/à faire qqch)** to incite sb (to sthg/to do sthg). -3. MÉD to stimulate.

exclamation [ɛksklamasjɔ̃] *nf* exclamation.

exclamer [ɛksklame] ◆ **s'exclamer** *vp* : **s'~ (devant)** to exclaim (at OU over).

exclu, -e [ɛkskly] ◇ *pp* → **exclure**. ◇ *adj* excluded. ◇ *nm, f* outsider.

exclure [ɛksklyr] *vt* to exclude; [expulser] to expel.

exclusion [ɛksklyzjɔ̃] *nf* expulsion; **à l'~ de** to the exclusion of.

exclusivement [ɛksklyzivmɑ̃] *adv* -1. [uniquement] exclusively. -2. [non inclus] exclusive.

exclusivité [ɛksklyzivite] *nf* -1. COMM exclusive rights (*pl*). -2. CIN sole screening rights (*pl*); **en ~** exclusively. -3. [de sentiment] exclusiveness.

excommunier [ɛkskɔmynje] *vt* to excommunicate.

excrément [ɛkskremɑ̃] *nm* (*gén pl*) excrement (*U*).

excroissance [ɛkskrwasɑ̃s] *nf* excrescence.

excursion [ɛkskyrsjɔ̃] *nf* excursion.

excursionniste [ɛkskyrsjɔnist] *nmf* daytripper *Br*.

excuse [ɛkskyz] *nf* excuse.

excuser [ɛkskyze] *vt* to excuse; **excusez-moi** [pour réparer] I'm sorry; [pour demander] excuse me. ◆ **s'excuser** *vp* [demander pardon] to apologize; **s'~ de qqch/de faire qqch** to apologize for sthg/for doing sthg.

exécrable [ɛgzekrabl] *adj* atrocious.

exécrer [ɛgzekre] *vt* to loathe.

exécutant, -e [ɛgzekytɑ̃, ɑ̃t] *nm, f* -1. [personne] underling. -2. MUS performer.

exécuter [ɛgzekyte] *vt* -1. [réaliser] to carry out; [tableau] to paint. -2. MUS to play, to perform. -3. [mettre à mort] to execute. ◆ **s'exécuter** *vp* to comply.

exécutif, -ive [ɛgzekytif, iv] *adj* executive. ◆ **exécutif** *nm* : **l'~** the executive.

exécution [ɛgzekysjɔ̃] *nf* -1. [réalisation] carrying out; [de tableau] painting. -2. MUS performance. -3. [mise à mort] execution.

exemplaire [ɛgzɑ̃plɛr] ◇ *nm* copy. ◇ *adj* exemplary.

exemple [ɛgzɑ̃pl] *nm* example; **par ~** for example, for instance.

exempté, -e [ɛgzɑ̃te] *adj* : **~ (de)** exempt (from).

exercer [ɛgzɛrse] *vt* -1. [entraîner, mettre en usage] to exercise; [autorité, influence] to exert. -2. [métier] to carry on; [médecine] to practise. ◆ **s'exercer** *vp* -1. [s'entraîner] to practise; **s'~ à qqch/à faire qqch** to practise sthg/doing sthg. -2. [se manifester] : **s'~ (sur** OU **contre)** to be exerted (on).

exercice [ɛgzɛrsis] *nm* -1. [gén] exercise. -2. [entraînement] practice. -3. [de métier, fonction] carrying out; **en ~** in office.

exhaler [ɛgzale] *vt littéraire* -1. [odeur] to give off. -2. [plainte, soupir] to utter. ◆ **s'exhaler** *vp* -1. [odeur] to rise. -2. [plainte, soupir] : **s'~ de** to rise from.

exhaustif, -ive [ɛgzostif, iv] *adj* exhaustive.

exhiber [ɛgzibe] *vt* [présenter] to show; [faire étalage de] to show off. ◆ **s'exhiber** *vp* to make an exhibition of o.s.

exhibitionniste [ɛgzibisjɔnist] *nmf* exhibitionist.

exhorter [ɛgzɔrte] *vt* : **~ qqn à qqch/à faire qqch** to urge sb to sthg/to do sthg.

exhumer [ɛgzyme] *vt* to exhume; *fig* to unearth, to dig up.

exigeant, -e [ɛgziʒɑ̃, ɑ̃t] *adj* demanding.

exigence [ɛgziʒɑ̃s] *nf* [demande] demand.

exiger [ɛgziʒe] *vt* -1. [demander] to demand; **~ que** (+ *subjonctif*) to demand that; **~ qqch de qqn** to demand sthg from sb. -2. [nécessiter] to require.

exigible [ɛgziʒibl] *adj* payable.

exigu, -ë [ɛgzigy] *adj* cramped.

exil [ɛgzil] *nm* exile; **en ~** exiled.

exilé, -e [ɛgzile] *nm, f* exile.

exiler [ɛgzile] *vt* to exile. ◆**s'exiler** *vp* **-1.** POLIT to go into exile. **-2.** *fig* [partir] to go into seclusion.

existence [ɛgzistɑ̃s] *nf* existence.

exister [ɛgziste] *vi* to exist.

exode [ɛgzɔd] *nm* exodus.

exonération [ɛgzɔnerasjɔ̃] *nf* exemption; ~ **d'impôts** tax exemption.

exorbitant, -e [ɛgzɔrbitɑ̃, ɑ̃t] *adj* exorbitant.

exorbité, -e [ɛgzɔrbite] → **œil**.

exorciser [ɛgzɔrsize] *vt* to exorcize.

exotique [ɛgzɔtik] *adj* exotic.

exotisme [ɛgzɔtism] *nm* exoticism.

expansif, -ive [ɛkspɑ̃sif, iv] *adj* expansive.

expansion [ɛkspɑ̃sjɔ̃] *nf* expansion.

expansionniste [ɛkspɑ̃sjɔnist] *nmf & adj* expansionist.

expatrié, -e [ɛkspatrije] *adj & nm, f* expatriate.

expatrier [ɛkspatrije] *vt* to expatriate. ◆**s'expatrier** *vp* to leave one's country.

expédier [ɛkspedje] *vt* **-1.** [lettre, marchandise] to send, to dispatch. **-2.** [personne] to get rid of; [question] to dispose of. **-3.** [travail] to dash off.

expéditeur, -trice [ɛkspeditœr, tris] *nm, f* sender.

expéditif, -ive [ɛkspeditif, iv] *adj* quick, expeditious.

expédition [ɛkspedisjɔ̃] *nf* **-1.** [envoi] sending. **-2.** [voyage, campagne militaire] expedition.

expérience [ɛksperjɑ̃s] *nf* **-1.** [pratique] experience; **avoir de l'**~ to have experience, to be experienced. **-2.** [essai] experiment.

expérimental, -e, -aux [ɛksperimɑ̃tal, o] *adj* experimental.

expérimenté, -e [ɛksperimɑ̃te] *adj* experienced.

expert, -e [ɛkspɛr, ɛrt] *adj* expert. ◆**expert** *nm* expert.

expert-comptable [ɛkspɛrkɔ̃tabl] *nm* chartered accountant *Br*, certified public accountant *Am*.

expertise [ɛkspɛrtiz] *nf* **-1.** [examen] expert appraisal; [estimation] (expert) valuation. **-2.** [compétence] expertise.

expertiser [ɛkspɛrtize] *vt* to value; [dégâts] to assess.

expier [ɛkspje] *vt* to pay for.

expiration [ɛkspirasjɔ̃] *nf* **-1.** [d'air] exhalation. **-2.** [de contrat] expiry.

expirer [ɛkspire] ◇ *vt* to breathe out. ◇ *vi* [contrat] to expire.

explicatif, -ive [ɛksplikatif, iv] *adj* explanatory.

explication [ɛksplikasjɔ̃] *nf* explanation; ~ **de texte** (literary) criticism.

explicite [ɛksplisit] *adj* explicit.

expliciter [ɛksplisite] *vt* to make explicit.

expliquer [ɛksplike] *vt* **-1.** [gén] to explain. **-2.** [texte] to criticize. ◆**s'expliquer** *vp* **-1.** [se justifier] to explain o.s. **-2.** [comprendre] to understand. **-3.** [discuter] to have it out. **-4.** [devenir compréhensible] to be explained, to become clear.

exploit [ɛksplwa] *nm* exploit, feat; *iron* [maladresse] achievement.

exploitant, -e [ɛksplwatɑ̃, ɑ̃t] *nm, f* farmer.

exploitation [ɛksplwatasjɔ̃] *nf* **-1.** [mise en valeur] running; [de mine] working. **-2.** [entreprise] operation, concern; ~ **agricole** farm. **-3.** [d'une personne] exploitation.

exploiter [ɛksplwate] *vt* **-1.** [gén] to exploit. **-2.** [entreprise] to operate, to run.

explorateur, -trice [ɛksplɔratœr, tris] *nm, f* explorer.

explorer [ɛksplɔre] *vt* to explore.

exploser [ɛksploze] *vi* to explode.

explosif, -ive [ɛksplozif, iv] *adj* explosive. ◆**explosif** *nm* explosive.

explosion [ɛksplozjɔ̃] *nf* explosion; [de colère, joie] outburst.

exportateur, -trice [ɛkspɔrtatœr, tris] ◇ *adj* exporting. ◇ *nm, f* exporter.

exportation [ɛkspɔrtasjɔ̃] *nf* export.

exporter [ɛkspɔrte] *vt* to export.

exposé, -e [ɛkspoze] *adj* **-1.** [orienté]: **bien** ~ facing the sun. **-2.** [vulnérable] exposed. ◆**exposé** *nm* account; SCOL talk.

exposer [ɛkspoze] *vt* **-1.** [orienter, mettre en danger] to expose. **-2.** [présenter] to display; [- tableaux] to show, to exhibit. **-3.** [expliquer] to explain, to set out. ◆**s'exposer** *vp*: **s'**~ **à qqch** to expose o.s. to sthg.

exposition [ɛkspozisjɔ̃] *nf* **-1.** [présentation] exhibition. **-2.** [orientation] aspect.

exprès[1], -esse [ɛksprɛs] *adj* **-1.** [formel] formal, express. **-2.** (*inv*) [urgent] express.

exprès[2] [ɛksprɛ] *adv* on purpose; **faire** ~ **de faire qqch** to do sthg deliberately OU on purpose.

express [ɛksprɛs] ◇ *nm inv* **-1.** [train] express. **-2.** [café] espresso. ◇ *adj inv* express.

expressément [ɛkspresemã] *adv* expressly.

expressif, -ive [ɛkspresif, iv] *adj* expressive.

expression [ɛkspresjɔ̃] *nf* expression.

exprimer [ɛksprime] *vt* [pensées, sentiments] to express. ◆ **s'exprimer** *vp* to express o.s.

expropriation [ɛksprɔprijasjɔ̃] *nf* expropriation.

exproprier [ɛksprɔprije] *vt* to expropriate.

expulser [ɛkspylse] *vt* : ~ **(de)** to expel (from); [locataire] to evict (from).

expulsion [ɛkspylsjɔ̃] *nf* expulsion; [de locataire] eviction.

expurger [ɛkspyrʒe] *vt* to expurgate.

exquis, -e [ɛkski, iz] *adj* **-1.** [délicieux] exquisite. **-2.** [distingué, agréable] delightful.

exsangue [ɛksɑ̃g] *adj* [blême] deathly pale.

extase [ɛkstaz] *nf* ecstasy.

extasier [ɛkstazje] ◆ **s'extasier** *vp* : s'~ **devant** to go into ecstasies over.

extensible [ɛkstɑ̃sibl] *adj* stretchable.

extension [ɛkstɑ̃sjɔ̃] *nf* **-1.** [étirement] stretching. **-2.** [élargissement] extension; **par** ~ by extension.

exténuer [ɛkstenɥe] *vt* to exhaust.

extérieur, -e [ɛksterjœr] *adj* [au dehors] outside; [étranger] external; [apparent] outward. ◆ **extérieur** *nm* [dehors] outside; [de maison] exterior; **à l'**~ **de qqch** outside sthg.

extérieurement [ɛksterjœrmã] *adv* **-1.** [à l'extérieur] on the outside, externally. **-2.** [en apparence] outwardly.

extérioriser [ɛksterjɔrize] *vt* to show.

exterminer [ɛkstɛrmine] *vt* to exterminate.

externat [ɛkstɛrna] *nm* **-1.** SCOL day school. **-2.** MÉD *non-resident medical studentship*.

externe [ɛkstɛrn] ◇ *nmf* **-1.** SCOL day pupil. **-2.** MÉD *non-resident medical student*, ≃ extern *Am.* ◇ *adj* outer, external.

extincteur [ɛkstɛ̃ktœr] *nm* (fire) extinguisher.

extinction [ɛkstɛ̃ksjɔ̃] *nf* **-1.** [action d'éteindre] putting out, extinguishing. **-2.** *fig* [disparition] extinction; ~ **de voix** loss of one's voice.

extirper [ɛkstirpe] *vt* : ~ **(de)** [épine, réponse, secret] to drag (out of); [erreur, préjugé] to root out (of).

extorquer [ɛkstɔrke] *vt* : ~ **qqch à qqn** to extort sthg from sb.

extra [ɛkstra] ◇ *nm inv* **-1.** [employé] extra help (*U*). **-2.** [chose inhabituelle] (special) treat. ◇ *adj inv* **-1.** [de qualité] top-quality. **-2.** *fam* [génial] great, fantastic.

extraction [ɛkstraksjɔ̃] *nf* extraction.

extrader [ɛkstrade] *vt* to extradite.

extraire [ɛkstrɛr] *vt* : ~ **(de)** to extract (from).

extrait, -e [ɛkstrɛ, ɛt] *pp* → **extraire**. ◆ **extrait** *nm* extract; ~ **de naissance** birth certificate.

extraordinaire [ɛkstraɔrdinɛr] *adj* extraordinary.

extrapoler [ɛkstrapɔle] *vt & vi* to extrapolate.

extraterrestre [ɛkstratɛrɛstr] *nmf & adj* extraterrestrial.

extravagance [ɛkstravagɑ̃s] *nf* extravagance.

extravagant, -e [ɛkstravagɑ̃, ɑ̃t] *adj* extravagant; [idée, propos] wild.

extraverti, -e [ɛkstraverti] *nm, f & adj* extrovert.

extrême [ɛkstrɛm] ◇ *nm* extreme; **d'un** ~ **à l'autre** from one extreme to the other. ◇ *adj* extreme; [limite] furthest.

extrêmement [ɛkstrɛmmã] *adv* extremely.

extrême-onction [ɛkstrɛmɔ̃ksjɔ̃] *nf* last rites (*pl*), extreme unction.

Extrême-Orient [ɛkstrɛmɔrjɑ̃] *nm* : **l'**~ the Far East.

extrémiste [ɛkstremist] *nmf & adj* extremist.

extrémité [ɛkstremite] *nf* **-1.** [bout] end. **-2.** [situation critique] straights (*pl*).

exubérant, -e [ɛgzyberɑ̃, ɑ̃t] *adj* **-1.** [personne] exuberant. **-2.** [végétation] luxuriant.

exulter [ɛgzylte] *vi* to exult.

F

f, F [ɛf] *nm inv* f, F; **F3** three-room flat *Br* OU apartment *Am.* ◆ **F -1.** (*abr de* **Fahrenheit**) F. **-2.** (*abr de franc*) F, Fr.

fa [fa] *nm inv* F; [chanté] fa.

fable [fabl] *nf* fable.

fabricant, -e [fabrikɑ̃, ɑ̃t] *nm, f* manufacturer.

fabrication [fabrikasjɔ̃] *nf* manufacture, manufacturing.

fabrique [fabrik] *nf* [usine] factory.

fabriquer [fabrike] *vt* **-1.** [confectionner] to manufacture, to make. **-2.** *fam* [faire]: **qu'est-ce que tu fabriques?** what are you up to? **-3.** [inventer] to fabricate.

fabulation [fabylasjɔ̃] *nf* fabrication.

fabuleux, -euse [fabylø, øz] *adj* fabulous.

fac [fak] *nf fam* college, uni *Br*.

façade [fasad] *nf litt & fig* facade.

face [fas] *nf* **-1.** [visage] face. **-2.** [côté] side; **faire ~ à qqch** [maison] to face sthg, to be opposite sthg; *fig* [affronter] to face up to sthg; **de ~** from the front; **en ~ de qqn/qqch** opposite sb/sthg.

face-à-face [fasafas] *nm inv* debate.

facétie [fasesi] *nf* practical joke.

facette [fasɛt] *nf litt & fig* facet.

fâché, -e [faʃe] *adj* **-1.** [en colère] angry; [contrarié] annoyed. **-2.** [brouillé] on bad terms.

fâcher [faʃe] *vt* [mettre en colère] to anger, to make angry; [contrarier] to annoy, to make annoyed. ◆ **se fâcher** *vp* **-1.** [se mettre en colère]: **se ~ (contre qqn)** to get angry (with sb). **-2.** [se brouiller]: **se ~ (avec qqn)** to fall out (with sb).

fâcheux, -euse [faʃø, øz] *adj* unfortunate.

facile [fasil] *adj* **-1.** [aisé] easy; **~ à faire/prononcer** easy to do/pronounce. **-2.** [peu subtil] facile. **-3.** [conciliant] easy-going.

facilement [fasilmɑ̃] *adv* easily.

facilité [fasilite] *nf* **-1.** [de tâche, problème] easiness. **-2.** [capacité] ease. **-3.** [dispositions] aptitude. **-4.** COMM: **~s de paiement** easy (payment) terms.

faciliter [fasilite] *vt* to make easier.

façon [fasɔ̃] *nf* **-1.** [manière] way. **-2.** [travail] work; COUTURE making-up. **-3.** [imitation]: **~ cuir** imitation leather. ◆ **de façon à** *loc prép* so as to. ◆ **de façon que** *loc conj* (+ *subjonctif*) so that. ◆ **de toute façon** *loc adv* anyway, in any case.

fac-similé [faksimile] (*pl* **fac-similés**) *nm* facsimile.

facteur, -trice [faktœr, tris] *nm, f* [des postes] postman (*f* postwoman) *Br*,

mailman (*f* mailwoman) *Am*. ◆ **facteur** *nm* [élément & MATHS] factor.

factice [faktis] *adj* artificial.

faction [faksjɔ̃] *nf* **-1.** [groupe] faction. **-2.** MIL: **être en** OU **de ~** to be on guard (duty) OU on sentry duty.

facture [faktyr] *nf* **-1.** COMM invoice; [de gaz, d'électricité] bill. **-2.** ART technique.

facturer [faktyre] *vt* COMM to invoice.

facultatif, -ive [fakyltatif, iv] *adj* optional.

faculté [fakylte] *nf* **-1.** [don & UNIV] faculty; **~ de lettres/de droit/de médecine** Faculty of Arts/Law/Medicine. **-2.** [possibilité] freedom. **-3.** [pouvoir] power. ◆ **facultés** *nfpl* (mental) faculties.

fadaises [fadɛz] *nfpl* drivel (*U*).

fade [fad] *adj* **-1.** [sans saveur] bland. **-2.** [sans intérêt] insipid.

fagot [fago] *nm* bundle of sticks.

fagoté, -e [fagɔte] *adj fam* dressed.

faible [fɛbl] ◇ *adj* **-1.** [gén] weak; **être ~ en maths** to be not very good at maths. **-2.** [petit - montant, proportion] small; [- revenu] low. **-3.** [lueur, bruit] faint. ◇ *nmf* weak person; **~ d'esprit** feeble-minded person. ◇ *nm* weakness.

faiblement [fɛbləmɑ̃] *adv* **-1.** [mollement] weakly, feebly. **-2.** [imperceptiblement] faintly. **-3.** [peu] slightly.

faiblesse [fɛblɛs] *nf* **-1.** [gén] weakness. **-2.** [petitesse] smallness.

faiblir [feblir] *vi* **-1.** [personne, monnaie] to weaken. **-2.** [forces] to diminish, to fail. **-3.** [tempête, vent] to die down.

faïence [fajɑ̃s] *nf* earthenware.

faignant, -e = **fainéant**.

faille [faj] ◇ → **falloir**. ◇ *nf* **-1.** GÉOL fault. **-2.** [défaut] flaw.

faillible [fajibl] *adj* fallible.

faillir [fajir] *vi* **-1.** [manquer]: **~ à** [promesse] not to keep; [devoir] not to do. **-2.** [être sur le point de]: **~ faire qqch** to nearly OU almost do sthg.

faillite [fajit] *nf* FIN bankruptcy; **faire ~** to go bankrupt; **en ~** bankrupt.

faim [fɛ̃] *nf* hunger; **avoir ~** to be hungry.

fainéant, -e [feneɑ̃, ɑ̃t], **feignant, -e**, **faignant, -e** [feɲɑ̃, ɑ̃t] ◇ *adj* lazy, idle. ◇ *nm, f* lazybones.

faire [fɛr] ◇ *vt* **-1.** [fabriquer, préparer] to make; **~ une tarte/du café/un film** to make a tart/coffee/a film; **~ qqch de qqch** [transformer] to make sthg into sthg; **~ qqch de qqn** *fig* to make sthg of sb; **il veut en ~ un avocat** he wants him to be a lawyer, he wants to make a lawyer of him. **-2.** [s'occuper à, entreprendre] to do; **qu'est-ce qu'il fait dans la vie?** what does he do (for a living)?; **que fais-tu dimanche?** what are you doing on Sunday? **-3.** [étudier] to do; **~ de l'anglais/des maths/du droit** to do English/maths/law. **-4.** [sport, musique] to play; **~ du football/ de la clarinette** to play football/the clarinet. **-5.** [effectuer] to do; **~ le ménage** to do the housework; **~ la cuisine** to do the cooking; **~ la lessive** to do the washing. **-6.** [occasionner]: **~ de la peine à qqn** to hurt sb; **~ du mal à** to harm; **~ du bruit** to make a noise; **ça ne fait rien** it doesn't matter. **-7.** [imiter]: **~ le sourd/ l'innocent** to act deaf/(the) innocent. **-8.** [calcul, mesure]: **un et un font deux** one and one are OU make two; **ça fait combien (de kilomètres) jusqu'à la mer?** how far is it to the sea?; **la table fait 2 mètres de long** the table is 2 metres long. **-9.** [dire]: **«tiens», fit-elle** "really", she said. **-10. ne ~ que** [faire sans cesse] to do nothing but; **elle ne fait que bavarder** she does nothing but gossip, she's always gossiping; **je ne fais que passer** I've just popped in. ◇ *vi* [agir] to do, to act; **fais vite!** hurry up!; **tu ferais bien d'aller voir ce qui se passe** you ought to OU you'd better go and see what's happening; **~ comme chez soi** to make o.s. at home. ◇ *v attr* [avoir l'air] to look; **~ démodé/joli** to look old-fashioned/pretty; **ça fait jeune** it makes you look young. ◇ *v substitut* to do; **je lui ai dit de prendre une échelle mais il ne l'a pas fait** I told him to use a ladder but he didn't; **faites! please do!** ◇ *v impers* **-1.** [climat, temps]: **il fait beau/froid** it's fine/cold; **il fait 20 degrés** it's 20 degrees; **il fait jour/nuit** it's light/dark. **-2.** [exprime la durée, la distance]: **ça fait six mois que je ne l'ai pas vu** it's six months since I last saw him; **ça fait six mois que je fais du portugais** I've been going to Portuguese classes for six months; **ça fait 30 kilomètres qu'on roule sans phares** we've been driving without lights for 30 kilometres. ◇ *v auxiliaire* **-1.** [à l'actif] to make; **~ démarrer une voiture** to start a car; **~ tomber qqch** to make sthg fall; **~ travailler qqn** to make sb work; **~ traverser la rue à un aveugle** to help a blind man cross the

road. **-2.** [au passif]: **faire qqch (par qqn)** to have sthg done (by sb); **~ réparer sa voiture/nettoyer ses vitres** to have one's car repaired/one's windows cleaned. ◆ **se faire** *vp* **-1.** [avoir lieu] to take place. **-2.** [être convenable]: **ça ne se fait pas (de faire qqch)** it's not done (to do sthg). **-3.** [devenir]: **se ~** (+ *adjectif*) to get, to become; **il se fait tard** it's getting late; **se ~ beau** to make o.s. beautiful. **-4.** [causer] (+ *nom*): **se ~ mal** to hurt o.s.; **se ~ des amis** to make friends; **se ~ une idée sur qqch** to get some idea about sthg. **-5.** (+ *infinitif*): **se ~ écraser** to get run over; **se ~ opérer** to have an operation; **se ~ aider (par qqn)** to get help (from sb); **se ~ faire un costume** to have a suit made (for o.s.). **-6.** *loc*: **comment se fait-il que ...?** how is it that ...?, how come ...? ◆ **se faire à** *vp* + *prép* to get used to.

faire-part [fεrpar] *nm inv* announcement.

fais, fait *etc* → **faire**.

faisable [fəzabl] *adj* feasible.

faisan, -e [fəzɑ̃, an] *nm, f* pheasant.

faisandé, -e [fəzɑ̃de] *adj* CULIN high.

faisceau, -x [fεso] *nm* [rayon] beam.

faisons → **faire**.

fait, faite [fε, fεt] ◇ *pp* → **faire**. ◇ *adj* **-1.** [fabriqué] made; **il n'est pas ~ pour mener cette vie** he's not cut out for this kind of life. **-2.** [physique]: **bien ~** well-built. **-3.** [fromage] ripe. **-4.** *loc*: **c'est bien ~ pour lui** (it) serves him right; **c'en est ~ de nous** we're done for. ◆ **fait** *nm* **-1.** [acte] act; **mettre qqn devant le ~ accompli** to present sb with a fait accompli; **prendre qqn sur le ~** to catch sb in the act; **~s et gestes** doings, actions. **-2.** [événement] event; **~s divers** news in brief. **-3.** [réalité] fact. ◆ **au fait** *loc adv* by the way. ◆ **en fait** *loc adv* in (actual) fact. ◆ **en fait de** *loc prép* by way of. ◆ **tout à fait** *loc adv* completely, quite.

faîte [fεt] *nm* **-1.** [de toit] ridge. **-2.** [d'arbre] top. **-3.** *fig* [sommet] pinnacle.

faites → **faire**.

fait-tout (*pl inv*), **faitout** (*pl faitouts*) [fεtu] *nm* stewpan.

fakir [fakir] *nm* fakir.

falaise [falεz] *nf* cliff.

fallacieux, -ieuse [falasjø, jøz] *adj* **-1.** [promesse] false. **-2.** [argument] fallacious.

falloir [falwar] *v impers*: **il me faut du temps** I need (some) time; **il lui faudra de l'énergie** he'll need (a lot of) energy; **il te faut un peu de repos** you need some rest; **il faut que tu partes** you must go OU leave, you'll have to go OU leave; **il faut toujours qu'elle intervienne!** she always has to interfere!; **il faut faire attention** we/you *etc* must be careful, we'll/you'll *etc* have to be careful; **s'il le faut** if necessary. ◆ **s'en falloir** *v impers*: **il s'en faut de peu pour qu'il puisse acheter cette maison** he can afford to buy the house; **il s'en faut de 20 cm pour que l'armoire tienne dans le coin** the cupboard is 20 cm too big to fit into the corner; **il s'en faut de beaucoup pour qu'il ait l'examen** it'll take a lot for him to pass the exam; **peu s'en est fallu qu'il démissionne** he very nearly resigned, he came close to resigning.

fallu [faly] *pp inv* → **falloir**.

falot, -e [falo, ɔt] *adj* dull.

falsifier [falsifje] *vt* [document, signature, faits] to falsify.

famé, -e [fame] *adj*: **mal ~** with a (bad) reputation.

famélique [famelik] *adj* half-starved.

fameux, -euse [famø, øz] *adj* **-1.** [célèbre] famous. **-2.** *fam* [remarquable] great.

familial, -e, -iaux [familjal, jo] *adj* family (*avant n*).

familiariser [familjarize] *vt*: **~ qqn avec** to familiarize sb with.

familiarité [familjarite] *nf* familiarity. ◆ **familiarités** *nfpl* liberties.

familier, -ière [familje, jɛr] *adj* familiar. ◆ **familier** *nm* regular (customer).

famille [famij] *nf* family; [ensemble des parents] relatives, relations.

famine [famin] *nf* famine.

fan [fan] *nmf fam* fan.

fanal, -aux [fanal, o] *nm* **-1.** [de phare] beacon. **-2.** [lanterne] lantern.

fanatique [fanatik] ◇ *nmf* fanatic. ◇ *adj* fanatical.

fanatisme [fanatism] *nm* fanaticism.

faner [fane] ◇ *vt* [altérer] to fade. ◇ *vi* **-1.** [fleur] to wither. **-2.** [beauté, couleur] to fade. ◆ **se faner** *vp* **-1.** [fleur] to wither. **-2.** [beauté, couleur] to fade.

fanfare [fɑ̃far] *nf* **-1.** [orchestre] brass band. **-2.** [musique] fanfare.

fanfaron, -onne [fɑ̃farɔ̃, ɔn] ◇ *adj* boastful. ◇ *nm, f* braggart.

fange [fɑ̃ʒ] *nf littéraire* mire.

fanion [fanjɔ̃] *nm* pennant.

fantaisie [fɑ̃tezi] ◇ *nf* **-1.** [caprice] whim. **-2.** (*U*) [goût] fancy. **-3.** [imagination] imagination. ◇ *adj inv*: **chapeau ~** fancy hat; **bijoux ~** fake jewellery.

fantaisiste [fɑ̃tezist] ◇ *nmf* entertainer. ◇ *adj* [bizarre] fanciful.

fantasme [fɑ̃tasm] *nm* fantasy.

fantasque [fɑ̃task] *adj* **-1.** [personne] whimsical. **-2.** [humeur] capricious.

fantassin [fɑ̃tasɛ̃] *nm* infantryman.

fantastique [fɑ̃tastik] ◇ *adj* fantastic. ◇ *nm*: **le ~** the fantastic.

fantoche [fɑ̃tɔʃ] ◇ *adj* puppet (*avant n*). ◇ *nm* puppet.

fantôme [fɑ̃tom] ◇ *nm* ghost. ◇ *adj* [inexistant] phantom.

faon [fɑ̃] *nm* fawn.

farandole [farɑ̃dɔl] *nf* farandole.

farce [fars] *nf* **-1.** CULIN stuffing. **-2.** [blague] (practical) joke; **~s et attrapes** jokes and novelties.

farceur, -euse [farsœr, øz] *nm, f* (practical) joker.

farcir [farsir] *vt* **-1.** CULIN to stuff. **-2.** [remplir]: **~ qqch de** to stuff OU cram sthg with.

fard [far] *nm* make-up.

fardeau, -x [fardo] *nm* [poids] load; *fig* burden.

farder [farde] *vt* [maquiller] to make up. ◆ **se farder** *vp* to make o.s. up, to put on one's make-up.

farfelu, -e [farfaly] *fam* ◇ *adj* weird. ◇ *nm, f* weirdo.

farfouiller [farfuje] *vi fam* to rummage.

farine [farin] *nf* flour.

farouche [faruʃ] *adj* **-1.** [animal] wild, not tame; [personne] shy, withdrawn. **-2.** [sentiment] fierce.

fart [far(t)] *nm* (ski) wax.

fascicule [fasikyl] *nm* part, instalment.

fascination [fasinasjɔ̃] *nf* fascination.

fasciner [fasine] *vt* to fascinate.

fascisme [faʃism] *nm* fascism.

fasse, fassions *etc* → **faire**.

faste [fast] ◇ *nm* splendour. ◇ *adj* [favorable] lucky.

fastidieux, -ieuse [fastidjø, jøz] *adj* boring.

fastueux, -euse [fastyø, øz] *adj* luxurious.

fatal, -e [fatal] *adj* **-1.** [mortel, funeste] fatal. **-2.** [inévitable] inevitable.

fataliste [fatalist] *adj* fatalistic.

fatalité [fatalite] *nf* **-1.** [destin] fate. **-2.** [inéluctabilité] inevitability.

fatigant, -e [fatigã, ãt] *adj* **-1.** [épuisant] tiring. **-2.** [ennuyeux] tiresome.

fatiguant [fatigã] *ppr* → **fatiguer**.

fatigue [fatig] *nf* tiredness.

fatigué, -e [fatige] *adj* tired; [cœur, yeux] strained.

fatiguer [fatige] ◇ *vt* **-1.** [épuiser, affecter] to tire; [- cœur, yeux] to strain. **-2.** [ennuyer] to wear out. ◇ *vi* **-1.** [personne] to grow tired. **-2.** [moteur] to strain. ◆ **se fatiguer** *vp* to get tired; se ~ **de qqch** to get tired of sthg; se ~ **à faire qqch** to wear o.s. out doing sthg.

fatras [fatra] *nm* jumble.

fatuité [fatɥite] *nf littéraire* complacency.

faubourg [fobur] *nm* suburb.

fauché, -e [foʃe] *adj fam* broke, hard-up.

faucher [foʃe] *vt* **-1.** [couper - herbe, blé] to cut. **-2.** *fam* [voler]: ~ **qqch à qqn** to pinch sthg from sb. **-3.** [piéton] to run over. **-4.** *fig* [suj: mort, maladie] to cut down.

faucille [fosij] *nf* sickle.

faucon [fokɔ̃] *nm* hawk.

faudra → **falloir**.

faufiler [fofile] *vt* to tack, to baste. ◆ **se faufiler** *vp*: se ~ **dans** to slip into; se ~ **entre** to thread one's way between.

faune [fon] ◇ *nf* **-1.** [animaux] fauna. **-2.** *péj* [personnes]: **la ~ qui fréquente ce bar** the sort of people who hang round that bar. ◇ *nm* MYTH faun.

faussaire [fosɛr] *nmf* forger.

faussement [fosmã] *adv* **-1.** [à tort] wrongly. **-2.** [prétendument] falsely.

fausser [fose] *vt* **-1.** [déformer] to bend. **-2.** [rendre faux] to distort.

fausseté [foste] *nf* **-1.** [hypocrisie] duplicity. **-2.** [de jugement, d'idée] falsity.

faute [fot] *nf* **-1.** [erreur] mistake, error; ~ **de frappe** [à la machine à écrire] typing error; [à l'ordinateur] keying error; ~ **d'orthographe** spelling mistake. **-2.** [méfait, infraction] offence; **prendre qqn en ~** to catch sb out; ~ **professionnelle** professional misdemeanour. **-3.** TENNIS fault; FOOTBALL foul. **-4.** [responsabilité] fault; **de ma/ta** *etc* ~ my/your *etc* fault; **par la ~ de qqn** because of sb. ◆ **faute de** *loc prép* for want OU lack of; ~ **de mieux** for want OU lack of anything better. ◆ **sans faute** *loc adv* without fail.

fauteuil [fotœj] *nm* **-1.** [siège] armchair; ~ **roulant** wheelchair. **-2.** [de théâtre]

seat. **-3.** [de président] chair; [d'académicien] seat.

fautif, -ive [fotif, iv] ◇ *adj* **-1.** [coupable] guilty. **-2.** [défectueux] faulty. ◇ *nm, f* guilty party.

fauve [fov] ◇ *nm* **-1.** [animal] big cat. **-2.** [couleur] fawn. **-3.** ART Fauve. ◇ *adj* **-1.** [animal] wild. **-2.** [cuir, cheveux] tawny. **-3.** ART Fauvist.

fauvette [fovɛt] *nf* warbler.

faux, fausse [fo, fos] *adj* **-1.** [incorrect] wrong. **-2.** [postiche, mensonger, hypocrite] false; ~ **témoignage** JUR perjury. **-3.** [monnaie, papiers] forged, fake; [bijou, marbre] imitation, fake. **-4.** [injustifié]: **fausse alerte** false alarm; **c'est un ~ problème** that's not an issue (here). ◆ **faux** ◇ *nm* [document, tableau] forgery, fake. ◇ *nf* scythe. ◇ *adv*: **chanter/jouer ~** MUS to sing/play out of tune; **sonner ~** *fig* not to ring true.

faux-filet, faux filet [fofilɛ] *nm* sirloin.

faux-fuyant [fofɥijã] *nm* excuse.

faux-monnayeur [fomɔnɛjœr] *nm* counterfeiter.

faux-sens [fosãs] *nm inv* mistranslation.

faveur [favœr] *nf* favour. ◆ **à la faveur de** *loc prép* thanks to. ◆ **en faveur de** *loc prép* in favour of.

favorable [favɔrabl] *adj*: ~ **(à)** favourable (to).

favori, -ite [favɔri, it] *adj & nm, f* favourite.

favoriser [favɔrize] *vt* **-1.** [avantager] to favour. **-2.** [contribuer à] to promote.

faxer [fakse] *vt* to fax.

fayot [fajo] *nm fam* [personne] creep, crawler.

fébrile [febril] *adj* feverish.

fécond, -e [fekɔ̃, ɔ̃d] *adj* **-1.** [femelle, terre, esprit] fertile. **-2.** [écrivain] prolific.

fécondation [fekɔ̃dasjɔ̃] *nf* fertilization; ~ **in vitro** in vitro fertilization.

féconder [fekɔ̃de] *vt* **-1.** [ovule] to fertilize. **-2.** [femme, femelle] to impregnate.

fécondité [fekɔ̃dite] *nf* **-1.** [gén] fertility. **-2.** [d'écrivain] productiveness.

fécule [fekyl] *nf* starch.

féculent, -e [fekylã, ãt] *adj* starchy. ◆ **féculent** *nm* starchy food.

fédéral, -e, -aux [federal, o] *adj* federal.

fédération [federasjɔ̃] *nf* federation.

fée [fe] *nf* fairy.

féerie [fe(e)ri] *nf* [de lieu] enchantment; [de vision] enchanting sight.

féerique [fe(e)rik] *adj* [enchanteur] enchanting.

feignant, -e = **fainéant**.

feindre [fɛ̃dr] ◇ *vt* to feign; ~ **de faire qqch** to pretend to do sthg. ◇ *vi* to pretend.

feint, -e [fɛ̃, fɛ̃t] *pp* → **feindre**.

feinte [fɛ̃t] *nf* **-1.** [ruse] ruse. **-2.** FOOTBALL [BOXE] feint.

fêlé, -e [fele] *adj* **-1.** [assiette] cracked. **-2.** *fam* [personne] cracked, loony.

fêler [fele] *vt* to crack.

félicitations [felisitasjɔ̃] *nfpl* congratulations.

féliciter [felisite] *vt* to congratulate. ◆ **se féliciter** *vp*: **se ~ de** to congratulate o.s. on.

félin, -e [felɛ̃, in] *adj* feline. ◆ **félin** *nm* big cat.

félon, -onne [felɔ̃, ɔn] *littéraire* ◇ *adj* traitorous. ◇ *nm, f* traitor.

fêlure [felyr] *nf* crack.

femelle [fəmɛl] *nf & adj* female.

féminin, -e [feminɛ̃, in] *adj* **-1.** [gén] feminine. **-2.** [revue, équipe] women's (*avant n*). ◆ **féminin** *nm* GRAM feminine.

féminisme [feminism] *nm* feminism.

féminité [feminite] *nf* femininity.

femme [fam] *nf* **-1.** [personne de sexe féminin] woman; **~ de chambre** chambermaid; **~ de ménage** cleaning woman. **-2.** [épouse] wife.

fémur [femyr] *nm* femur.

fendre [fɑ̃dr] *vt* **-1.** [bois] to split. **-2.** [foule, flots] to cut through. ◆ **se fendre** *vp* [se crevasser] to crack.

fendu, -e [fɑ̃dy] *pp* → **fendre**.

fenêtre [fənɛtr] *nf* [gén & INFORM] window.

fenouil [fənuj] *nm* fennel.

fente [fɑ̃t] *nf* **-1.** [fissure] crack. **-2.** [interstice, de vêtement] slit.

féodal, -e, -aux [feɔdal, o] *adj* feudal.

féodalité [feɔdalite] *nf* feudalism.

fer [fɛr] *nm* iron; ~ **à cheval** horseshoe; ~ **forgé** wrought iron; ~ **à repasser** iron; ~ **à souder** soldering iron.

ferai, feras *etc* → **faire**.

fer-blanc [fɛrblɑ̃] *nm* tinplate, tin.

ferblanterie [fɛrblɑ̃tri] *nf* **-1.** [commerce] tin industry. **-2.** [ustensiles] tinware.

férié, -e [ferje] → **jour**.

férir [ferir] *vt*: **sans coup ~** without meeting any resistance OU obstacle.

ferme¹ [fɛrm] *nf* farm.

ferme² [fɛrm] ◇ *adj* firm; **être ~ sur ses jambes** to be steady on one's feet. ◇ *adv* **-1.** [beaucoup] a lot. **-2.** [définitivement]: **acheter/vendre ~** to make a firm purchase/sale.

fermement [fɛrməmɑ̃] *adv* firmly.

ferment [fɛrmɑ̃] *nm* **-1.** [levure] ferment. **-2.** *fig* [germe] seed, seeds (*pl*).

fermentation [fɛrmɑ̃tasjɔ̃] *nf* CHIM fermentation; *fig* ferment.

fermer [fɛrme] ◇ *vt* **-1.** [porte, tiroir, yeux] to close, to shut; [rideaux] to close, to draw; [store] to pull down; [enveloppe] to seal. **-2.** [bloquer] to close; ~ **son esprit à qqch** to close one's mind to sthg. **-3.** [gaz, lumière] to turn off. **-4.** [vêtement] to do up. **-5.** [entreprise] to close down. **-6.** [interdire]: ~ **qqch à qqn** to close sthg to sb. ◇ *vi* **-1.** [gén] to shut, to close. **-2.** [vêtement] to do up. **-3.** [entreprise] to close down. ◆ **se fermer** *vp* **-1.** [porte] to close, to shut. **-2.** [plaie] to close up. **-3.** [vêtement] to do up.

fermeté [fɛrməte] *nf* firmness.

fermeture [fɛrmətyr] *nf* **-1.** [de porte] closing. **-2.** [de vêtement, sac] fastening; ~ **Éclair®** zip *Br*, zipper *Am*. **-3.** [d'établissement - temporaire] closing; [- définitive] closure; ~ **hebdomadaire/annuelle** weekly/annual closing.

fermier, -ière [fɛrmje, jɛr] *nm, f* farmer.

fermoir [fɛrmwar] *nm* clasp.

féroce [ferɔs] *adj* [animal, appétit] ferocious; [personne, désir] fierce.

ferraille [fɛraj] *nf* **-1.** [vieux fer] scrap iron (*U*); **bon à mettre à la ~** fit for the scrap heap. **-2.** *fam* [monnaie] loose change.

ferronnerie [fɛrɔnri] *nf* **-1.** [objet, métier] ironwork (*U*). **-2.** [atelier] ironworks (*sg*).

ferroviaire [fɛrɔvjɛr] *adj* rail (*avant n*).

ferry-boat [feribot] (*pl* **ferry-boats**) *nm* ferry.

fertile [fɛrtil] *adj* *litt & fig* fertile; ~ **en** *fig* filled with, full of.

fertiliser [fɛrtilize] *vt* to fertilize.

fertilité [fɛrtilite] *nf* fertility.

féru, -e [fery] *adj* *sout* [passionné]: **être ~ de qqch** to have a passion for sthg.

fervent, -e [fɛrvɑ̃, ɑ̃t] *adj* [chrétien] fervent; [amoureux, démocrate] ardent.

ferveur [fɛrvœr] *nf* [dévotion] fervour.

fesse [fɛs] *nf* buttock.

fessée [fese] *nf* spanking, smack (on the bottom).

festin [fɛstɛ̃] *nm* banquet, feast.

festival, -als [fɛstival] *nm* festival.

festivités [fɛstivite] *nfpl* festivities.

feston [fɛstɔ̃] *nm* **-1.** ARCHIT festoon. **-2.** COUTURE scallop.

festoyer [fɛstwaje] *vi* to feast.

fêtard, -e [fɛtar, ard] *nm, f* fun-loving person.

fête [fɛt] *nf* **-1.** [congé] holiday; **les ~s (de fin d'année)** the Christmas holidays; **~ nationale** national holiday. **-2.** [réunion, réception] celebration. **-3.** [kermesse] fair; **~ foraine** funfair. **-4.** [jour de célébration - de personne] saint's day; [- de saint] feast (day). **-5.** [soirée] party. **-6.** *loc*: **faire ~ à qqn** to make a fuss of sb; **faire la ~** to have a good time.

fêter [fete] *vt* [événement] to celebrate; [personne] to have a party for.

fétiche [fetiʃ] *nm* **-1.** [objet de culte] fetish. **-2.** [mascotte] mascot.

fétichisme [fetiʃism] *nm* [culte, perversion] fetishism.

fétide [fetid] *adj* fetid.

fétu [fety] *nm*: **~ (de paille)** wisp (of straw).

feu, -e [fø] *adj*: **~ M. X** the late Mr X; **~ mon mari** my late husband. ◆ **feu, -x** *nm* **-1.** [flamme, incendie] fire; **au ~!** fire!; **en ~** *litt & fig* on fire; **avez-vous du ~?** have you got a light?; **faire ~** MIL to fire; **mettre le ~ à qqch** to set fire to sthg, to set sthg on fire; **prendre ~** to catch fire; **~ de camp** camp fire; **~ de cheminée** chimney fire; **~ follet** will-o'-the-wisp. **-2.** [signal] light; **~ rouge/vert** red/green light; **~x de croisement** dipped headlights; **~x de position** sidelights; **~x de route** headlights on full beam. **-3.** CULIN [de cuisinière] ring *Br*, burner *Am*; **à ~ doux/vif** on a low/high flame; **à petit ~** gently. **-4.** CIN & THÉÂTRE light (U). ◆ **feu d'artifice** *nm* firework.

feuillage [fœjaʒ] *nm* foliage.

feuille [fœj] *nf* **-1.** [d'arbre] leaf; **~ morte** dead leaf; **~ de vigne** BOT vine leaf. **-2.** [page] sheet; **~ de papier** sheet of paper. **-3.** [document] form.

feuilleté, -e [fœjte] *adj* **-1.** CULIN: **pâte ~e** puff pastry. **-2.** GÉOL foliated.

feuilleter [fœjte] *vt* to flick through.

feuilleton [fœjtɔ̃] *nm* serial.

feutre [føtr] *nm* **-1.** [étoffe] felt. **-2.** [chapeau] felt hat. **-3.** [crayon] felt-tip pen.

feutré, -e [føtre] *adj* **-1.** [garni de feutre] trimmed with felt; [qui a l'aspect du feutre] felted. **-2.** [bruit, cri] muffled.

feutrine [føtrin] *nf* lightweight felt.

fève [fɛv] *nf* broad bean.

février [fevrije] *nm* February; *voir aussi* **septembre**.

fg *abr de* **faubourg**.

fi [fi] *interj*: **faire ~ de** to scorn.

fiable [fjabl] *adj* reliable.

fiacre [fjakr] *nm* hackney carriage.

fiançailles [fjɑ̃saj] *nfpl* engagement (*sg*).

fiancé, -e [fjɑ̃se] *nm, f* fiancé (*f* fiancée).

fiancer [fjɑ̃se] ◆ **se fiancer** *vp*: **se ~ (avec)** to get engaged (to).

fibre [fibr] *nf* ANAT, BIOL & TECHNOL fibre; **~ de verre** fibreglass, glass fibre.

ficelé, -e [fisle] *adj fam* dressed.

ficeler [fisle] *vt* [lier] to tie up.

ficelle [fisɛl] *nf* **-1.** [fil] string. **-2.** [pain] thin French stick. **-3.** (*gén pl*) [truc] trick.

fiche [fiʃ] *nf* **-1.** [document] card; **~ de paie** pay slip. **-2.** ÉLECTR & TECHNOL pin.

ficher [fiʃe] (*pp vt sens 1 & 2* **fiché**, *pp vt sens 3 & 4* **fichu**) *vt* **-1.** [enfoncer]: **~ qqch dans** to stick sthg into. **-2.** [inscrire] to put on file. **-3.** *fam* [faire]: **qu'est-ce qu'il fiche?** what's he doing? **-4.** *fam* [mettre] to put; **~ qqch par terre** *fig* to mess OU muck sthg up. ◆ **se ficher** *vp* **-1.** [s'enfoncer - suj: clou, pique]: **se ~ dans** to go into. **-2.** *fam* [se moquer]: **se ~ de** to make fun of. **-3.** *fam* [ne pas tenir compte]: **se ~ de** not to give a damn about.

fichier [fiʃje] *nm* file.

fichu, -e [fiʃy] *adj* **-1.** *fam* [cassé, fini] done for. **-2.** (*avant n*) [désagréable] nasty. **-3.** *loc*: **être mal ~** *fam* [personne] to feel rotten; [objet] to be badly made; **il n'est même pas ~ de faire son lit** *fam* he can't even make his own bed. ◆ **fichu** *nm* scarf.

fictif, -ive [fiktif, iv] *adj* **-1.** [imaginaire] imaginary. **-2.** [faux] false.

fiction [fiksjɔ̃] *nf* **-1.** LITTÉRATURE fiction. **-2.** [monde imaginaire] dream world.

fidèle [fidɛl] ◇ *nmf* **-1.** RELIG believer. **-2.** [adepte] fan. ◇ *adj* **-1.** [loyal, exact, semblable]: **~ (à)** faithful (to); **~ à la réalité** accurate. **-2.** [habituel] regular.

fidéliser [fidelize] *vt* to attract and keep.

fidélité [fidelite] *nf* faithfulness.

fief [fjɛf] *nm* fief; *fig* stronghold.

fiel [fjɛl] *nm litt & fig* gall.

fier[1], fière [fjɛr] *adj* **-1.** [gén] proud; **~ de qqn/qqch** proud of sb/sthg; **~ de faire qqch** proud to be doing sthg. **-2.** [noble] noble.

fier[2] [fje] ◆ **se fier** *vp*: **se ~ à** to trust, to rely on.

fierté [fjɛrte] *nf* **-1.** [satisfaction, dignité] pride. **-2.** [arrogance] arrogance.

fièvre [fjεvr] *nf* **-1.** MÉD fever; **avoir 40 de** ~ to have a temperature of 105 (degrees). **-2.** *fig* [excitation] excitement.

fiévreux, -euse [fjevrø, øz] *adj litt* & *fig* feverish.

fig. *abr de* **figure.**

figer [fiʒe] *vt* to paralyse. ◆ **se figer** *vp* **-1.** [s'immobiliser] to freeze. **-2.** [se solidifier] to congeal.

fignoler [fiɲɔle] *vt* to put the finishing touches to.

figue [fig] *nf* fig.

figuier [figje] *nm* fig-tree.

figurant, -e [figyrɑ̃, ɑ̃t] *nm, f* extra.

figuratif, -ive [figyratif, iv] *adj* figurative.

figure [figyr] *nf* **-1.** [gén] figure; **faire** ~ **de** to look like. **-2.** [visage] face.

figuré, -e [figyre] *adj* [sens] figurative. ◆ **figuré** *nm*: **au** ~ in the figurative sense.

figurer [figyre] ◇ *vt* to represent. ◇ *vi*: ~ **dans/parmi** to figure in/among.

figurine [figyrin] *nf* figurine.

fil [fil] *nm* **-1.** [brin] thread; ~ **à plomb** plumb line; **perdre le** ~ **(de qqch)** *fig* to lose the thread (of sthg). **-2.** [câble] wire; ~ **de fer** wire. **-3.** [cours] course; **au** ~ **de** in the course of. **-4.** [tissu] linen. **-5.** [tranchant] edge.

filament [filamɑ̃] *nm* **-1.** ANAT & ÉLECTR filament. **-2.** [végétal] fibre. **-3.** [de colle, bave] thread.

filandreux, -euse [filɑ̃drø, øz] *adj* [viande] stringy.

filasse [filas] ◇ *nf* tow. ◇ *adj inv* flaxen.

filature [filatyr] *nf* **-1.** [usine] mill; [fabrication] spinning. **-2.** [poursuite] tailing.

file [fil] *nf* line; **à la** ~ in a line; **se garer en double** ~ to double-park; ~ **d'attente** queue *Br*, line *Am*.

filer [file] ◇ *vt* **-1.** [soie, coton] to spin. **-2.** [personne] to tail. **-3.** *fam* [donner]: ~ **qqch à qqn** to slip sthg to sb, to slip sb sthg. ◇ *vi* **-1.** [bas] to ladder *Br*, to run *Am*. **-2.** [aller vite - temps, véhicule] to fly (by). **-3.** *fam* [partir] to dash off. **-4.** *loc*: ~ **doux** to behave nicely.

filet [filε] *nm* **-1.** [à mailles] net; ~ **de pêche** fishing net; ~ **à provisions** string bag. **-2.** CULIN fillet. **-3.** [de liquide] drop, dash; [de lumière] shaft.

filial, -e, -iaux [filjal, jo] *adj* filial. ◆ **filiale** *nf* ÉCON subsidiary.

filiation [filjasjɔ̃] *nf* [lien de parenté] line.

filière [filjεr] *nf* **-1.** [voie]: **suivre la** ~ [professionnelle] to work one's way up;

suivre la ~ **hiérarchique** to go through the right channels. **-2.** [réseau] network.

filiforme [filifɔrm] *adj* skinny.

filigrane [filigran] *nm* [dessin] watermark; **en** ~ *fig* between the lines.

filin [filε̃] *nm* rope.

fille [fij] *nf* **-1.** [enfant] daughter. **-2.** [femme] girl; **jeune** ~ girl; ~ **mère** *péj* single mother; **vieille** ~ *péj* spinster.

fillette [fijεt] *nf* little girl.

filleul, -e [fijœl] *nm, f* godchild.

film [film] *nm* **-1.** [gén] film; ~ **catastrophe** disaster movie; ~ **d'epouvante** horror film; ~ **policier** detective film. **-2.** *fig* [déroulement] course.

filmer [filme] *vt* to film.

filmographie [filmɔgrafi] *nf* filmography, films (*pl*).

filon [filɔ̃] *nm* **-1.** [de mine] vein. **-2.** *fam fig* [possibilité] cushy number.

fils [fis] *nm* son; ~ **de famille** boy from a privileged background.

filtrant, -e [filtrɑ̃, ɑ̃t] *adj* [verre] tinted.

filtre [filtr] *nm* filter; ~ **à café** coffee filter.

filtrer [filtre] ◇ *vt* to filter; *fig* to screen. ◇ *vi* to filter; *fig* to filter through.

fin, fine [fε̃, fin] ◇ *adj* **-1.** [gén] fine. **-2.** [partie du corps] slender; [couche, papier] thin. **-3.** [subtil] shrewd. **-4.** [ouïe, vue] keen. ◇ *adv* finely; ~ **prêt** quite ready. ◆ **fin** *nf* end; ~ **mars** at the end of March; **mettre** ~ **à** to put a stop OU an end to; **prendre** ~ to come to an end; **tirer** OU **toucher à sa** ~ to draw to a close; **arriver** OU **parvenir à ses** ~**s** to achieve one's ends OU aims. ◆ **fin de série** *nf* oddment. ◆ **à la fin** *loc adv*: **tu vas m'écouter, à la** ~? will you listen to me? ◆ **à la fin de** *loc prép* at the end of. ◆ **sans fin** *loc adj* endless.

final, -e [final] (*pl* **finals** OU **finaux**) *adj* final. ◆ **finale** *nf* SPORT final.

finalement [finalmɑ̃] *adv* finally.

finaliste [finalist] *nmf* & *adj* finalist.

finalité [finalite] *nf sout* [fonction] purpose.

finance [finɑ̃s] *nf* finance. ◆ **finances** *nfpl* finances.

financer [finɑ̃se] *vt* to finance, to fund.

financier, -ière [finɑ̃sje, jεr] *adj* financial. ◆ **financier** *nm* financier.

finaud, -e [fino, od] *adj* wily, crafty.

finesse [finεs] *nf* **-1.** [gén] fineness. **-2.** [minceur] slenderness. **-3.** [perspicacité] shrewdness. **-4.** [subtilité] subtlety.

fini, -e [fini] *adj* **-1.** *péj* [fieffé]: **un crétin ~** a complete idiot. **-2.** *fam* [usé, diminué] finished. **-3.** [limité] finite. ◆ **fini** *nm* [d'objet] finish.

finir [finir] ◇ *vt* **-1.** [gén] to finish, to end. **-2.** [vider] to empty. ◇ *vi* **-1.** [gén] to finish, to end; **~ par faire qqch** to do sthg eventually; **tu vas ~ par tomber** you're going to fall!; **mal ~** to end badly. **-2.** [arrêter]: **~ de faire qqch** to stop doing sthg; **en ~ (avec)** to finish (with).

finition [finisjɔ̃] *nf* [d'objet] finish.

finlandais, -e [fɛ̃lɑ̃dɛ, ɛz] *adj* Finnish. ◆ **Finlandais, -e** *nm, f* Finn.

Finlande [fɛ̃lɑ̃d] *nf*: **la ~** Finland.

finnois, -e [finwa, az] *adj* Finnish. ◆ **finnois** *nm* [langue] Finnish. ◆ **Finnois, -e** *nm, f* Finn.

fiole [fjɔl] *nf* flask.

fioriture [fjɔrityr] *nf* flourish.

fioul = **fuel**.

firmament [firmamɑ̃] *nm* firmament.

firme [firm] *nf* firm.

fis, fit *etc* → **faire**.

fisc [fisk] *nm* ≃ Inland Revenue *Br*, ≃ Internal Revenue *Am*.

fiscal, -e, -aux [fiskal, o] *adj* tax (*avant n*), fiscal.

fiscalité [fiskalite] *nf* tax system.

fissure [fisyr] *nf litt & fig* crack.

fissurer [fisyre] *vt* [fendre] to crack; *fig* to split. ◆ **se fissurer** *vp* to crack.

fiston [fistɔ̃] *nm fam* son.

FIV (*abr de* **fécondation in vitro**) *nf* IVF.

fixation [fiksasjɔ̃] *nf* **-1.** [action de fixer] fixing. **-2.** [attache] fastening, fastener; [de ski] binding. **-3.** PSYCHOL fixation.

fixe [fiks] *adj* fixed; [encre] permanent. ◆ **fixe** *nm* fixed salary.

fixement [fiksəmɑ̃] *adv* fixedly.

fixer [fikse] *vt* **-1.** [gén] to fix; [règle] to set; **~ son choix sur** to decide on. **-2.** [monter] to hang. **-3.** [regarder] to stare at. **-4.** [renseigner]: **~ qqn sur qqch** to put sb in the picture about sthg; **être fixé sur qqch** to know all about sthg. ◆ **se fixer** *vp* to settle; **se ~ sur** [suj: choix, personne] to settle on; [suj: regard] to rest on.

fjord [fjɔrd] *nm* fjord.

flacon [flakɔ̃] *nm* small bottle.

flageller [flaʒele] *vt* [fouetter] to flagellate.

flageoler [flaʒɔle] *vi* to tremble.

flageolet [flaʒɔlɛ] *nm* **-1.** [haricot] flageolet bean. **-2.** MUS flageolet.

flagrant, -e [flagrɑ̃, ɑ̃t] *adj* flagrant; → **délit**.

flair [flɛr] *nm* sense of smell; *fig* intuition.

flairer [flɛre] *vt* to sniff, to smell; *fig* to scent.

flamand, -e [flamɑ̃, ɑ̃d] *adj* Flemish. ◆ **flamand** *nm* [langue] Flemish. ◆ **Flamand, -e** *nm, f* Flemish person, Fleming.

flamant [flamɑ̃] *nm* flamingo; **~ rose** pink flamingo.

flambeau, -x [flɑ̃bo] *nm* torch; *fig* flame.

flamber [flɑ̃be] ◇ *vi* **-1.** [brûler] to blaze. **-2.** *fam* JEU to play for high stakes. ◇ *vt* **-1.** [crêpe] to flambé. **-2.** [volaille] to singe.

flamboyant, -e [flɑ̃bwajɑ̃, ɑ̃t] *adj* **-1.** [ciel, regard] blazing; [couleur] flaming. **-2.** ARCHIT flamboyant.

flamboyer [flɑ̃bwaje] *vi* to blaze.

flamme [flam] *nf* flame; *fig* fervour, fire.

flan [flɑ̃] *nm* baked custard.

flanc [flɑ̃] *nm* [de personne, navire, montagne] side; [d'animal, d'armée] flank.

flancher [flɑ̃ʃe] *vi fam* to give up.

flanelle [flanɛl] *nf* flannel.

flâner [flane] *vi* [se promener] to stroll.

flanquer [flɑ̃ke] *vt* **-1.** *fam* [jeter]: **~ qqch par terre** to fling sthg to the ground; **~ qqn dehors** to chuck OU fling sb out. **-2.** *fam* [donner]: **~ une gifle à qqn** to clout sb round the ear; **~ la frousse à qqn** to put the wind up sb. **-3.** [accompagner]: **être flanqué de** to be flanked by.

flapi, -e [flapi] *adj fam* dead beat.

flaque [flak] *nf* pool.

flash [flaʃ] *nm* **-1.** PHOT flash. **-2.** RADIO & TÉLÉ: **~ (d'information)** newsflash; **~ de publicité** commercial.

flash-back [flaʃbak] (*pl inv* OU **flash-backs**) *nm* CIN flashback.

flasher [flaʃe] *vi fam*: **~ sur qqn/qqch** to be turned on by sb/sthg.

flasque [flask] ◇ *nf* flask. ◇ *adj* flabby, limp.

flatter [flate] *vt* **-1.** [louer] to flatter. **-2.** [caresser] to stroke. ◆ **se flatter** *vp* to flatter o.s.; **je me flatte de le convaincre** I flatter myself that I can convince him; **se ~ de faire qqch** to pride o.s. on doing sthg.

flatterie [flatri] *nf* flattery.

flatteur, -euse [flatœr, øz] ◇ *adj* flattering. ◇ *nm, f* flatterer.

fléau, -x [fleo] nm **-1.** litt & fig [calamité] scourge. **-2.** [instrument] flail.

flèche [flɛʃ] nf **-1.** [gén] arrow. **-2.** [d'église] spire. **-3.** fig [critique] shaft.

fléchette [fleʃɛt] nf dart. ◆ **fléchettes** nfpl darts (sg).

fléchir [fleʃir] ◇ vt to bend, to flex; fig to sway. ◇ vi to bend; fig to weaken.

fléchissement [fleʃismɑ̃] nm flexing, bending; fig weakening.

flegmatique [flɛgmatik] adj phlegmatic.

flegme [flɛgm] nm composure.

flemmard, -e [flemar, ard] fam ◇ adj lazy. ◇ nm, f lazybones (sg), idler.

flemme [flɛm] nf fam laziness; **j'ai la ~ (de sortir)** I can't be bothered (to go out).

flétrir [fletrir] vt [fleur, visage] to wither. ◆ **se flétrir** vp to wither.

fleur [flœr] nf BOT & fig flower; **en ~, en ~s** [arbre] in flower, in blossom; **à ~s** [motif] flowered.

fleuret [flœrɛ] nm foil.

fleuri, -e [flœri] adj **-1.** [jardin, pré] in flower; [vase] of flowers; [tissu] flowered; [table, appartement] decorated with flowers. **-2.** fig [style] flowery.

fleurir [flœrir] ◇ vi to blossom; fig to flourish. ◇ vt [maison] to decorate with flowers; [tombe] to lay flowers on.

fleuriste [flœrist] nmf florist.

fleuron [flœrɔ̃] nm fig jewel.

fleuve [flœv] nm **-1.** [cours d'eau] river. **-2.** (en apposition) [interminable] lengthy, interminable.

flexible [flɛksibl] adj flexible.

flexion [flɛksjɔ̃] nf **-1.** [de genou, de poutre] bending. **-2.** LING inflexion.

flibustier [flibystje] nm buccaneer.

flic [flik] nm fam cop.

flinguer [flɛ̃ge] vt fam to gun down. ◆ **se flinguer** vp fam to blow one's brains out.

flipper [flipœr] nm pin-ball machine.

flirter [flœrte] vi: **~ (avec qqn)** to flirt (with sb); **~ avec qqch** fig to flirt with sthg.

flocon [flɔkɔ̃] nm flake; **~ de neige** snowflake.

flonflon [flɔ̃flɔ̃] nm (gén pl) blare.

flop [flɔp] nm [échec] flop, failure.

floraison [flɔrezɔ̃] nf litt & fig flowering, blossoming.

floral, -e, -aux [flɔral, o] adj floral.

flore [flɔr] nf flora.

Floride [flɔrid] nf: **la ~** Florida.

florissant, -e [flɔrisɑ̃, ɑ̃t] adj [santé]

blooming; [économie] flourishing.

flot [flo] nm flood, stream; **être à ~** [navire] to be afloat; fig to be back to normal. ◆ **flots** nmpl littéraire waves.

flottaison [flɔtɛzɔ̃] nf floating.

flottant, -e [flɔtɑ̃, ɑ̃t] adj **-1.** [gén] floating; [esprit] irresolute. **-2.** [robe] loose-fitting.

flotte [flɔt] nf **-1.** AÉRON & NAVIG fleet. **-2.** fam [eau] water. **-3.** fam [pluie] rain.

flottement [flɔtmɑ̃] nm **-1.** [indécision] hesitation, wavering. **-2.** [de monnaie] floating.

flotter [flɔte] ◇ vi **-1.** [sur l'eau] to float. **-2.** [drapeau] to flap; [brume, odeur] to drift. **-3.** [dans un vêtement]: **tu flottes dedans** it's baggy on you. ◇ v impers fam: **il flotte** it's raining.

flotteur [flɔtœr] nm [de ligne de pêche, d'hydravion] float; [de chasse d'eau] ballcock.

flou, -e [flu] adj **-1.** [couleur, coiffure] soft. **-2.** [photo] blurred, fuzzy. **-3.** [pensée] vague, woolly. ◆ **flou** nm [de photo] fuzziness; [de décision] vagueness.

flouer [flue] vt fam to do, to swindle.

fluctuer [flyktɥe] vi to fluctuate.

fluet, -ette [flyɛ, ɛt] adj [personne] thin, slender; [voix] thin.

fluide [flɥid] ◇ nm **-1.** [matière] fluid. **-2.** fig [pouvoir] (occult) power. ◇ adj [matière] fluid; [circulation] flowing freely.

fluidifier [flɥidifje] vt [trafic] to improve the flow of.

fluidité [flɥidite] nf [gén] fluidity; [de circulation] easy flow.

fluor [flyɔr] nm fluorine.

fluorescent, -e [flyɔresɑ̃, ɑ̃t] adj fluorescent.

flûte [flyt] ◇ nf **-1.** MUS flute. **-2.** [verre] flute (glass). ◇ interj fam bother!

flûtiste [flytist] nmf flautist.

fluvial, -e, -iaux [flyvjal, jo] adj [eaux, pêche] river (avant n); [alluvions] fluvial.

flux [fly] nm **-1.** [écoulement] flow. **-2.** [marée] flood tide. **-3.** PHYS flux.

fluxion [flyksjɔ̃] nf inflammation.

FM (abr de **frequency modulation**) nf FM.

FMI (abr de **Fonds monétaire international**) nm IMF.

FN (abr de **Front national**) nm extreme right-wing French political party, ≃ National Front Br.

foc [fɔk] nm jib.

focal, -e, -aux [fɔkal, o] adj focal.

fœtal, -e, -aux [fetal, o] adj foetal.

fœtus [fetys] *nm* foetus.

foi [fwa] *nf* -1. RELIG faith. -2. [confiance] trust; **avoir ~ en qqn/qqch** to trust sb/sth, to have faith in sb/sth. -3. *loc*: **être de bonne/mauvaise ~** to be in good/bad faith.

foie [fwa] *nm* ANAT & CULIN liver.

foin [fwɛ̃] *nm* hay.

foire [fwar] *nf* -1. [fête] funfair. -2. [exposition, salon] trade fair.

fois [fwa] *nf* time; **une ~** once; **deux ~** twice; **trois/quatre ~** three/four times; **deux ~ plus long** twice as long; **neuf ~ sur dix** nine times out of ten; **deux ~ trois** two times three; **cette ~** this time; **il était une ~ ...** once upon a time there was ...; **une (bonne) ~ pour toutes** once and for all. ◆ **à la fois** *loc adv* at the same time, at once. ◆ **des fois** *loc adv* [parfois] sometimes; **non, mais des ~!** *fam* look here! ◆ **si des fois** *loc conj fam* if ever. ◆ **une fois que** *loc conj* once.

foison [fwazɔ̃] ◆ **à foison** *loc adv* in abundance.

foisonner [fwazɔne] *vi* to abound.

folâtre [fɔlatr] *adj* playful.

folâtrer [fɔlatre] *vi* to romp (about).

folie [fɔli] *nf litt* & *fig* madness.

folklore [fɔlklɔr] *nm* [de pays] folklore.

folklorique [fɔlklɔrik] *adj* -1. [danse] folk. -2. *fig* [situation, personne] bizarre, quaint.

folle → **fou**.

follement [fɔlmɑ̃] *adv* madly, wildly.

follet [fɔlɛ] → **feu**.

fomenter [fɔmɑ̃te] *vt* to foment.

foncé, -e [fɔ̃se] *adj* dark.

foncer [fɔ̃se] *vi* -1. [teinte] to darken. -2. [se ruer]: **~ sur** to rush at. -3. *fam* [se dépêcher] to get a move on.

foncier, -ière [fɔ̃sje, jɛr] *adj* -1. [impôt] land (*avant n*); **propriétaire ~** landowner. -2. [fondamental] basic, fundamental.

foncièrement [fɔ̃sjɛrmɑ̃] *adv* basically.

fonction [fɔ̃ksjɔ̃] *nf* -1. [gén] function; **faire ~ de** to act as. -2. [profession] post; **entrer en ~** to take up one's post OU duties. ◆ **en fonction de** *loc prép* according to.

fonctionnaire [fɔ̃ksjɔnɛr] *nmf* [de l'État] state employee; [dans l'administration] civil servant.

fonctionnel, -elle [fɔ̃ksjɔnɛl] *adj* functional.

fonctionnement [fɔ̃ksjɔnmɑ̃] *nm* working, functioning.

fonctionner [fɔ̃ksjɔne] *vi* to work, to function.

fond [fɔ̃] *nm* -1. [de récipient, puits, mer] bottom; [de pièce] back; **sans ~** bottomless. -2. [substance] heart, root; **le ~ de ma pensée** what I really think; **le ~ et la forme** content and form. -3. [arrière-plan] background. ◆ **fond de teint** *nm* foundation. ◆ **à fond** *loc adv* -1. [entièrement] thoroughly; **se donner à ~** to give one's all. -2. [très vite] at top speed. ◆ **au fond, dans le fond** *loc adv* basically. ◆ **au fond de** *loc prép*: **au ~ de moi-même/lui-même** *etc* at heart, deep down.

fondamental, -e, -aux [fɔ̃damɑ̃tal, o] *adj* fundamental.

fondant, -e [fɔ̃dɑ̃, ɑ̃t] *adj* [neige, glace] melting; [aliment] which melts in the mouth.

fondateur, -trice [fɔ̃datœr, tris] *nm, f* founder.

fondation [fɔ̃dasjɔ̃] *nf* foundation. ◆ **fondations** *nfpl* CONSTR foundations.

fondé, -e [fɔ̃de] *adj* [craintes, reproches] justified, well-founded; **non ~** unfounded. ◆ **fondé de pouvoir** *nm* authorized representative.

fondement [fɔ̃dmɑ̃] *nm* [base, motif] foundation; **sans ~** groundless, without foundation.

fonder [fɔ̃de] *vt* -1. [créer] to found. -2. [baser]: **~ qqch sur** to base sth on; **~ de grands espoirs sur qqn** to pin one's hopes on sb. ◆ **se fonder** *vp*: **se ~ sur** [suj: personne] to base o.s. on; [suj: argument] to be based on.

fonderie [fɔ̃dri] *nf* [usine] foundry.

fondre [fɔ̃dr] ◇ *vt* -1. [beurre, neige] to melt; [sucre, sel] to dissolve; [métal] to melt down. -2. [mouler] to cast. -3. [mêler] to blend. ◇ *vi* -1. [beurre, neige] to melt; [sucre, sel] to dissolve; *fig* to melt away. -2. [maigrir] to lose weight. -3. [se ruer]: **~ sur** to swoop down on.

fonds [fɔ̃] ◇ *nm* -1. [ressources] fund; **le Fonds monétaire international** the International Monetary Fund. -2. [bien immobilier]: **~ (de commerce)** business. ◇ *nmpl* funds.

fondu, -e [fɔ̃dy] *pp* → **fondre**. ◆ **fondue** *nf* fondue.

font → **faire**.

fontaine [fɔ̃tɛn] *nf* [naturelle] spring; [publique] fountain.

fonte [fɔ̃t] *nf* -1. [de glace, beurre] melting; [de métal] melting down. -2. [alliage] cast iron.

foot [fut] = **football**.

football [futbol] *nm* football *Br*, soccer.

footballeur, -euse [futbolœr, øz] *nm, f* footballer *Br*, soccer player.

footing [futiŋ] *nm* jogging.

for [fɔr] *nm*: **dans son ~ intérieur** in his/her heart of hearts.

forage [fɔraʒ] *nm* drilling.

forain, -e [fɔrɛ̃, ɛn] *adj* → **fête**. ◆ **forain** *nm* stallholder.

forçat [fɔrsa] *nm* convict.

force [fɔrs] *nf* **-1.** [vigueur] strength; **c'est ce qui fait sa ~** that's where his strength lies. **-2.** [violence, puissance, MIL & PHYS] force; **faire faire qqch à qqn de ~** to force sb to do sthg; **avoir ~ de loi** to have force of law; **obtenir qqch par la ~** to obtain sthg by force; **~ centrifuge** PHYS centrifugal force. ◆ **forces** *nfpl* [physique] strength *(sg)*; **de toutes ses ~s** with all his/her strength. ◆ **à force de** *loc prép* by dint of.

forcément [fɔrsemɑ̃] *adv* inevitably.

forcené, -e [fɔrsəne] *nm, f* maniac.

forceps [fɔrsɛps] *nm* forceps *(pl)*.

forcer [fɔrse] ◇ *vt* **-1.** [gén] to force; **~ qqn à qqch/à faire qqch** to force sb into sthg/to do sthg. **-2.** [admiration, respect] to compel, to command. **-3.** [talent, voix] to strain. ◇ *vi*: **ça ne sert à rien de ~, ça ne passe pas** there's no point in forcing it, it won't go through; **~ sur qqch** to overdo sthg. ◆ **se forcer** *vp* [s'obliger]: **se ~ à faire qqch** to force o.s. to do sthg.

forcir [fɔrsir] *vi* to put on weight.

forer [fɔre] *vt* to drill.

forestier, -ière [fɔrɛstje, jɛr] *adj* forest *(avant n)*. ◆ **forestier** *nm* forestry worker.

forêt [fɔrɛ] *nf* forest.

forfait [fɔrfɛ] *nm* **-1.** [prix fixe] fixed price. **-2.** SPORT: **déclarer ~** [abandonner] to withdraw; *fig* to give up. **-3.** *littéraire* [crime] heinous crime.

forfaitaire [fɔrfɛtɛr] *adj* inclusive.

forge [fɔrʒ] *nf* forge.

forger [fɔrʒe] *vt* **-1.** [métal] to forge. **-2.** *fig* [caractère] to form.

forgeron [fɔrʒərɔ̃] *nm* blacksmith.

formaliser [fɔrmalize] *vt* to formalize. ◆ **se formaliser** *vp*: **se ~ (de)** to take offence (at).

formalisme [fɔrmalism] *nm* formality.

formaliste [fɔrmalist] ◇ *nmf* formalist. ◇ *adj* [milieu] conventional; [personne]: **être ~** to be a stickler for the rules.

formalité [fɔrmalite] *nf* formality.

format [fɔrma] *nm* [dimension] size.

formatage [fɔrmataʒ] *nm* INFORM formatting.

formater [fɔrmate] *vt* INFORM to format.

formateur, -trice [fɔrmatœr, tris] ◇ *adj* formative. ◇ *nm, f* trainer.

formation [fɔrmasjɔ̃] *nf* **-1.** [gén] formation. **-2.** [apprentissage] training.

forme [fɔrm] *nf* **-1.** [aspect] shape, form; **en ~ de** in the shape of. **-2.** [état] form; **être en (pleine) ~** to be in (great) shape, to be on (top) form. ◆ **formes** *nfpl* figure *(sg)*.

formel, -elle [fɔrmɛl] *adj* **-1.** [définitif, ferme] positive, definite. **-2.** [poli] formal.

former [fɔrme] *vt* **-1.** [gén] to form. **-2.** [personnel, élèves] to train. **-3.** [goût, sensibilité] to develop. ◆ **se former** *vp* **-1.** [se constituer] to form. **-2.** [s'instruire] to train o.s.

Formica® [fɔrmika] *nm inv* Formica®.

formidable [fɔrmidabl] *adj* **-1.** [épatant] great, tremendous. **-2.** [incroyable] incredible.

formol [fɔrmɔl] *nm* formalin.

formulaire [fɔrmylɛr] *nm* form; **remplir un ~** to fill in a form.

formule [fɔrmyl] *nf* **-1.** [expression] expression; **~ de politesse** [orale] polite phrase; [épistolaire] letter ending. **-2.** CHIM & MATHS formula. **-3.** [méthode] way, method.

formuler [fɔrmyle] *vt* to formulate, to express.

fort, -e [fɔr, fɔrt] ◇ *adj* **-1.** [gén] strong; **et le plus ~, c'est que ...** and the most amazing thing about it is ...; **c'est plus ~ que moi** ~! I can't help it. **-2.** [corpulent] heavy, big. **-3.** [doué] gifted; **être ~ en qqch** to be good at sthg. **-4.** [puissant - voix] loud; [- vent, lumière, accent] strong. **-5.** [considérable] large; **il y a de ~es chances qu'il gagne** there's a good chance he'll win. ◇ *adv* **-1.** [frapper, battre] hard; [sonner, parler] loud, loudly. **-2.** *sout* [très] very. ◇ *nm* **-1.** [château] fort. **-2.** [spécialité]: **ce n'est pas mon ~** it's not my strong point OU forte.

forteresse [fɔrtərɛs] *nf* fortress.

fortifiant, -e [fɔrtifjɑ̃, ɑ̃t] *adj* fortifying. ◆ **fortifiant** *nm* tonic.

fortification [fɔrtifikasjɔ̃] *nf* fortification.

fortifier [fɔrtifje] *vt* [personne, ville] to fortify; **~ qqn dans qqch** *fig* to strengthen sb in sthg.

fortuit, -e [fɔrtɥi, it] *adj* chance *(avant n)*, fortuitous.

fortune [fɔrtyn] *nf* -1. [richesse] fortune. -2. [hasard] luck, fortune.

fortuné, -e [fɔrtyne] *adj* -1. [riche] wealthy. -2. [chanceux] fortunate, lucky.

forum [fɔrɔm] *nm* forum.

fosse [fos] *nf* -1. [trou] pit. -2. [tombe] grave.

fossé [fose] *nm* ditch; *fig* gap.

fossette [fosɛt] *nf* dimple.

fossile [fosil] *nm* -1. [de plante, d'animal] fossil. -2. *fig & péj* [personne] fossil, fogy.

fossoyeur, -euse [foswajœr, øz] *nm, f* gravedigger.

fou, folle [fu, fɔl] ◇ *adj* (**fol** *devant voyelle ou h muet*) mad, insane; [prodigieux] tremendous. ◇ *nm, f* madman (*f* madwoman).

foudre [fudr] *nf* lightning.

foudroyant, -e [fudrwajɑ̃, ɑ̃t] *adj* -1. [progrès, vitesse] lightning *(avant n)*; [succès] stunning. -2. [nouvelle] devastating; [regard] withering.

foudroyer [fudrwaje] *vt* -1. [suj: foudre] to strike; **l'arbre a été foudroyé** the tree was struck by lightning. -2. *fig* [abattre] to strike down, to kill; ~ **qqn du regard** to glare at sb.

fouet [fwɛ] *nm* -1. [en cuir] whip. -2. CULIN whisk.

fouetter [fwete] *vt* -1. [gén] to whip; [suj: pluie] to lash (against). -2. [stimuler] to stimulate.

fougère [fuʒɛr] *nf* fern.

fougue [fug] *nf* ardour.

fougueux, -euse [fugø, øz] *adj* ardent, spirited.

fouille [fuj] *nf* -1. [de personne, maison] search. -2. [du sol] dig, excavation.

fouiller [fuje] ◇ *vt* -1. [gén] to search. -2. *fig* [approfondir] to examine closely. ◇ *vi*: ~ **dans** to go through.

fouillis [fuji] *nm* jumble, muddle.

fouine [fwin] *nf* stone-marten.

fouiner [fwine] *vi* to ferret about.

foulard [fular] *nm* scarf.

foule [ful] *nf* [de gens] crowd.

foulée [fule] *nf* [de coureur] stride.

fouler [fule] *vt* [raisin] to press; [sol] to walk on. ◆ **se fouler** *vp* MÉD: **se** ~ **le poignet/la cheville** to sprain one's wrist/ankle.

foulure [fulyr] *nf* sprain.

four [fur] *nm* -1. [de cuisson] oven; ~

électrique/à micro-ondes electric/microwave oven; ~ **crématoire** HIST oven. -2. THÉÂTRE flop.

fourbe [furb] *adj* treacherous, deceitful.

fourbu, -e [furby] *adj* tired out, exhausted.

fourche [furʃ] *nf* -1. [outil] pitchfork. -2. [de vélo, route] fork. -3. *Belg* SCOL free period.

fourchette [furʃɛt] *nf* -1. [couvert] fork. -2. [écart] range, bracket.

fourgon [furgɔ̃] *nm* -1. [camionnette] van; ~ **cellulaire** police van *Br*, patrol wagon *Am*. -2. [ferroviaire]: ~ **à bestiaux** cattle truck; ~ **postal** mail van.

fourgonnette [furgɔnɛt] *nf* small van.

fourmi [furmi] *nf* [insecte] ant; *fig* hard worker.

fourmilière [furmiljɛr] *nf* anthill.

fourmiller [furmije] *vi* [pulluler] to swarm; ~ **de** *fig* to be swarming with.

fournaise [furnɛz] *nf* furnace.

fourneau, -x [furno] *nm* -1. [cuisinière, poêle] stove. -2. [de fonderie] furnace.

fournée [furne] *nf* batch.

fourni, -e [furni] *adj* [barbe, cheveux] thick.

fournil [furnil] *nm* bakery.

fournir [furnir] *vt* -1. [procurer]: ~ **qqch à qqn** to supply OU provide sb with sthg. -2. [produire]: ~ **un effort** to make an effort. -3. [approvisionner]: ~ **qqn (en)** to supply sb (with).

fournisseur, -euse [furnisœr, øz] *nm, f* supplier; ~ **d'accès (à l')Internet** Internet service provider.

fourniture [furnityr] *nf* supply, supplying (*U*). ◆ **fournitures** *nfpl*: ~**s bureau** office supplies; ~**s scolaires** school supplies.

fourrage [furaʒ] *nm* fodder.

fourré [fure] *nm* thicket.

fourreau, -x [furo] *nm* -1. [d'épée] sheath; [de parapluie] cover. -2. [robe] sheath dress.

fourrer [fure] *vt* -1. CULIN to stuff, to fill. -2. *fam* [mettre]: ~ **qqch (dans)** to stuff sthg (into). ◆ **se fourrer** *vp*: ~ **une idée dans la tête** to get an idea into one's head; **je ne savais plus où me** ~ I didn't know where to put myself.

fourre-tout [furtu] *nm inv* -1. [pièce] lumber room *Br*, junk room *Am*. -2. [sac] holdall.

fourreur [furœr] *nm* furrier.

fourrière [furjɛr] *nf* pound.

fourrure [furyr] *nf* fur.

fourvoyer [furvwaje] ◆ **se fourvoyer** *vp sout* [s'égarer] to lose one's way; [se tromper] to go off on the wrong track.

foutre [futr] *vt tfam* **-1.** [mettre] to shove, to stick; ~ **qqn dehors** OU **à la porte** to chuck sb out. **-2.** [donner]: ~ **la trouille à qqn** to put the wind up sb; **il lui a foutu une baffe** he thumped him one. **-3.** [faire] to do; **ne rien** ~ **de la journée** to do damn all all day; **j'en ai rien à** ~ I don't give a toss. ◆ **se foutre** *vp tfam* **-1.** [se mettre]: **se** ~ **dans** [situation] to get o.s. into. **-2.** [se moquer]: **se** ~ **de (la gueule de) qqn** to take the mickey out of sb *Br.* **-3.** [ne pas s'intéresser]: **je m'en fous** I don't give a damn about it.

foyer [fwaje] *nm* **-1.** [maison] home. **-2.** [résidence] home, hostel. **-3.** [point central] centre. **-4.** [de lunettes] focus; **verres à double** ~ bifocals.

fracas [fraka] *nm* roar.

fracasser [frakase] *vt* to smash, to shatter.

fraction [fraksjɔ̃] *nf* fraction.

fractionner [fraksjɔne] *vt* to divide (up), to split up.

fracture [fraktyr] *nf* MÉD fracture.

fracturer [fraktyre] *vt* **-1.** MÉD to fracture. **-2.** [coffre, serrure] to break open.

fragile [fraʒil] *adj* [gén] fragile; [peau, santé] delicate.

fragiliser [fraʒilize] *vt* to weaken.

fragilité [fraʒilite] *nf* fragility.

fragment [fragmã] *nm* **-1.** [morceau] fragment. **-2.** [extrait - d'œuvre] extract; [- de conversation] snatch.

fragmenter [fragmãte] *vt* to fragment, to break up.

fraîche → **frais**.

fraîcheur [frɛʃœr] *nf* **-1.** [d'air, d'accueil] coolness. **-2.** [de teint, d'aliment] freshness.

frais, fraîche [frɛ, frɛʃ] *adj* **-1.** [air, accueil] cool. **-2.** [récent - trace] fresh; [- encre] wet. **-3.** [teint] fresh, clear. ◆ **frais** ◇ *nm*: **mettre qqch au** ~ to put sthg in a cool place. ◇ *nmpl* [dépenses] expenses, costs, **aux** ~ **de la maison** at the company's expense; **faire des** ~ to spend a lot of money; **rentrer dans ses** ~ to cover one's expenses. ◇ *adv*: **il fait** ~ it's cool.

fraise [frɛz] *nf* **-1.** [fruit] strawberry. **-2.** [de dentiste] drill; [de menuisier] bit.

fraiser [frɛze] *vt* to countersink.

fraiseuse [frɛzøz] *nf* milling machine.

fraisier [frɛzje] *nm* **-1.** [plante] strawberry plant. **-2.** [gâteau] strawberry sponge.

framboise [frãbwaz] *nf* **-1.** [fruit] raspberry. **-2.** [liqueur] raspberry liqueur.

franc, franche [frã, frãʃ] *adj* **-1.** [sincère] frank. **-2.** [net] clear, definite. ◆ **franc** *nm* franc.

français, -e [frãsɛ, ɛz] *adj* French. ◆ **français** *nm* [langue] French. ◆ **Français, -e** *nm, f* Frenchman (*f* Frenchwoman); **les Français** the French.

France [frãs] *nf*: **la** ~ France; ~ **2,** ~ **3** TÉLÉ *French state-owned television channels.*

franche → **franc**.

franchement [frãʃmã] *adv* **-1.** [sincèrement] frankly. **-2.** [nettement] clearly. **-3.** [tout à fait] completely, downright.

franchir [frãʃir] *vt* **-1.** [obstacle] to get over. **-2.** [porte] to go through; [seuil] to cross. **-3.** [distance] to cover.

franchise [frãʃiz] *nf* **-1.** [sincérité] frankness. **-2.** COMM franchise. **-3.** [d'assurance] excess. **-4.** [détaxe] exemption.

franciscain, -e [frãsiskɛ̃, ɛn] *adj & nm, f* Franciscan.

franciser [frãsize] *vt* to frenchify.

franc-jeu [frãʒø] *nm*: **jouer** ~ to play fair.

franc-maçon, -onne [frãmasɔ̃, ɔn] (*mpl* **francs-maçons**, *fpl* **franc-maçonnes**) *adj* masonic. ◆ **franc-maçon** *nm* freemason.

franc-maçonnerie [frãmasɔnri] *nf* freemasonry (*U*).

franco [frãko] *adv* COMM: ~ **de port** carriage paid.

francophone [frãkɔfɔn] ◇ *adj* French-speaking. ◇ *nmf* French speaker.

francophonie [frãkɔfɔni] *nf*: **la** ~ French-speaking nations (*pl*).

franc-parler [frãparle] *nm*: **avoir son** ~ to speak one's mind.

franc-tireur [frãtirœr] *nm* MIL irregular.

frange [frãʒ] *nf* fringe.

frangipane [frãʒipan] *nf* almond paste.

franglais [frãglɛ] *nm* Franglais.

franquette [frãkɛt] ◆ **à la bonne franquette** *loc adv* informally, without any ceremony.

frappant, -e [frapã, ãt] *adj* striking.

frapper [frape] ◇ *vt* **-1.** [gén] to strike. **-2.** [boisson] to chill. ◇ *vi* to knock.

frasques [frask] *nfpl* pranks, escapades.

fraternel, -elle [fratɛrnɛl] *adj* fraternal, brotherly.

fraterniser [fratɛrnize] *vi* to fraternize.

fraternité [fratɛrnite] *nf* brotherhood.

fratricide [fratrisid] *nmf* fratricide.

fraude [frod] *nf* fraud.

frauder [frode] *vt & vi* to cheat.

frauduleux, -euse [frodylø, øz] *adj* fraudulent.

frayer [freje] ◆ **se frayer** *vp*: se ~ un chemin (à travers une foule) to force one's way through (a crowd).

frayeur [frejœr] *nf* fright, fear.

fredaines [frədɛn] *nfpl* pranks.

fredonner [frədɔne] *vt & vi* to hum.

freezer [frizœr] *nm* freezer compartment.

frégate [fregat] *nf* [bateau] frigate.

frein [frɛ̃] *nm* **-1.** AUTOM brake. **-2.** *fig* [obstacle] brake, check.

freinage [frɛnaʒ] *nm* braking.

freiner [frene] ◇ *vt* **-1.** [mouvement, véhicule] to slow down; [inflation, dépenses] to curb. **-2.** [personne] to restrain. ◇ *vi* to brake.

frelaté, -e [frəlate] *adj* [vin] adulterated; *fig* corrupt.

frêle [frɛl] *adj* [enfant, voix] frail.

frelon [frəlɔ̃] *nm* hornet.

frémir [fremir] *vi* **-1.** [corps, personne] to tremble. **-2.** [eau] to simmer.

frémissement [fremismɑ̃] *nm* **-1.** [de corps, personne] shiver, trembling (*U*). **-2.** [d'eau] simmering.

frêne [frɛn] *nm* ash.

frénésie [frenezi] *nf* frenzy.

frénétique [frenetik] *adj* frenzied.

fréquence [frekɑ̃s] *nf* frequency.

fréquent, -e [frekɑ̃, ɑ̃t] *adj* frequent.

fréquentation [frekɑ̃tasjɔ̃] *nf* **-1.** [d'endroit] frequenting. **-2.** [de personne] association. ◆ **fréquentations** *nfpl* company (*U*).

fréquenté, -e [frekɑ̃te] *adj*: très ~ busy; c'est très bien/mal ~ the right/wrong sort of people go there.

fréquenter [frekɑ̃te] *vt* **-1.** [endroit] to frequent. **-2.** [personne] to associate with; [petit ami] to go out with, to see.

frère [frɛr] ◇ *nm* brother. ◇ *adj* [parti, pays] sister (*avant n*).

fresque [frɛsk] *nf* fresco.

fret [frɛ] *nm* freight.

frétiller [fretije] *vi* [poisson, personne] to wriggle.

fretin [frətɛ̃] *nm*: le menu ~ the small fry.

friable [frijabl] *adj* crumbly.

friand, -e [frijɑ̃, ɑ̃d] *adj*: être ~ de to be partial to.

friandise [frijɑ̃diz] *nf* delicacy.

fric [frik] *nm fam* cash.

friche [friʃ] *nf* fallow land; en ~ fallow.

friction [friksjɔ̃] *nf* **-1.** [massage] massage. **-2.** *fig* [désaccord] friction.

frictionner [friksjɔne] *vt* to rub.

Frigidaire® [friʒidɛr] *nm* fridge, refrigerator.

frigide [friʒid] *adj* frigid.

frigidité [friʒidite] *nf* frigidity.

frigo [frigo] *nm fam* fridge.

frigorifié, -e [frigɔrifje] *adj fam* frozen.

frileux, -euse [frilø, øz] *adj* **-1.** [craignant le froid] sensitive to the cold. **-2.** [prudent] unadventurous.

frimas [frima] *nm littéraire* foggy winter weather.

frimer [frime] *vi fam* [bluffer] to pretend; [se mettre en valeur] to show off.

frimousse [frimus] *nf fam* dear little face.

fringale [frɛ̃gal] *nf fam*: avoir la ~ to be starving.

fringant, -e [frɛ̃gɑ̃, ɑ̃t] *adj* high-spirited.

fripe [frip] *nf*: les ~s secondhand clothes.

fripon, -onne [fripɔ̃, ɔn] ◇ *nm, f fam vieilli* rogue, rascal. ◇ *adj* mischievous, cheeky.

fripouille [fripuj] *nf fam* scoundrel; petite ~ little devil.

frire [frir] ◇ *vt* to fry. ◇ *vi* to fry.

frise [friz] *nf* ARCHIT frieze.

frisé, -e [frize] *adj* [cheveux] curly; [personne] curly-haired.

friser [frize] ◇ *vt* **-1.** [cheveux] to curl. **-2.** *fig* [ressembler à] to border on. ◇ *vi* to curl.

frisquet [friskɛ] *adj m*: il fait ~ it's chilly.

frisson [frisɔ̃] *nm* [gén] shiver; [de dégoût] shudder.

frissonner [frisɔne] *vi* **-1.** [trembler] to shiver; [de dégoût] to shudder. **-2.** [s'agiter - eau] to ripple; [- feuillage] to tremble.

frit, -e [fri, frit] *pp* → **frire**.

frite [frit] *nf* chip *Br*, (French) fry *Am*.

friteuse [fritøz] *nf* deep fat fryer.

friture [frityr] *nf* **-1.** [poisson] fried fish. **-2.** *fam* RADIO crackle.

frivole [frivɔl] *adj* frivolous.

frivolité [frivɔlite] *nf* frivolity.

froid, froide [frwa, frwad] *adj litt & fig* cold; **rester** ~ to be unmoved. ◆ **froid** ◇ *nm* **-1.** [température] cold; **prendre** ~ to catch (a) cold. **-2.** [tension] **coolness.** ◇ *adv*: **il fait ~** it's cold; **avoir ~** to be cold.

froidement [frwadmɑ̃] *adv* **-1.** [accueillir] coldly. **-2.** [écouter, parler] coolly. **-3.** [tuer] cold-bloodedly.

froisser [frwase] *vt* **-1.** [tissu, papier] to crumple, to crease. **-2.** *fig* [offenser] to offend. ◆ **se froisser** *vp* **-1.** [tissu] to crumple, to crease. **-2.** MÉD: **se ~ un muscle** to strain a muscle. **-3.** [se vexer] to take offence.

frôler [frole] *vt* to brush against; *fig* to have a brush with, to come close to.

fromage [frɔmaʒ] *nm* cheese.

fromager, -ère [frɔmaʒe, ɛr] *nm, f* cheesemaker.

fromagerie [frɔmaʒri] *nf* cheese-dairy.

froment [frɔmɑ̃] *nm* wheat.

froncer [frɔse] *vt* **-1.** COUTURE to gather. **-2.** [plisser]: **~ les sourcils** to frown.

frondaison [frɔ̃dɛzɔ̃] *nf* **-1.** [phénomène] foliation. **-2.** [feuillage] foliage.

fronde [frɔ̃d] *nf* **-1.** [arme] sling; [jouet] catapult *Br*, slingshot *Am*. **-2.** [révolte] rebellion.

front [frɔ̃] *nm* **-1.** ANAT forehead. **-2.** *fig* [audace] cheek. **-3.** [avant] front; [de bâtiment] front, façade; **~ de mer** (sea) front. **-4.** MÉTÉOR, MIL & POLIT front.

frontal, -e, -aux [frɔ̃tal, o] *adj* **-1.** ANAT frontal. **-2.** [collision, attaque] head-on.

frontalier, -ière [frɔ̃talje, jɛr] ◇ *adj* frontier (*avant n*); **travailleur ~** *person who lives on one side of the border and works on the other.* ◇ *nm, f* inhabitant of border area.

frontière [frɔ̃tjɛr] ◇ *adj* border (*avant n*). ◇ *nf* frontier, border; *fig* frontier.

fronton [frɔ̃tɔ̃] *nm* ARCHIT pediment.

frottement [frɔtmɑ̃] *nm* **-1.** [action] rubbing. **-2.** [contact, difficulté] friction.

frotter [frɔte] ◇ *vt* to rub; [parquet] to scrub. ◇ *vi* to rub, to scrape.

frottis [frɔti] *nm* smear.

fructifier [fryktifje] *vi* **-1.** [investissement] to give OU yield a profit. **-2.** [terre] to be productive. **-3.** [arbre, idée] to bear fruit.

fructueux, -euse [fryktɥø, øz] *adj* fruitful, profitable.

frugal, -e, -aux [frygal, o] *adj* frugal.

fruit [frɥi] *nm litt* & *fig* fruit (*U*); **~s de mer** seafood (*U*).

fruité, -e [frɥite] *adj* fruity.

fruitier, -ière [frɥitje, jɛr] ◇ *adj* [arbre] fruit (*avant n*). ◇ *nm, f* fruiterer.

fruste [fryst] *adj* uncouth.

frustration [frystrasjɔ̃] *nf* frustration.

frustrer [frystre] *vt* **-1.** [priver]: **~ qqn de** to deprive sb of. **-2.** [décevoir] to frustrate.

fuchsia [fyʃja] *nm* fuchsia.

fuel, fioul [fjul] *nm* **-1.** [de chauffage] fuel. **-2.** [carburant] fuel oil.

fugace [fygas] *adj* fleeting.

fugitif, -ive [fyʒitif, iv] ◇ *adj* fleeting. ◇ *nm, f* fugitive.

fugue [fyg] *nf* **-1.** [de personne] flight; **faire une ~** to run away. **-2.** MUS fugue.

fui [fɥi] *pp inv* → **fuir.**

fuir [fɥir] ◇ *vi* **-1.** [détaler] to flee. **-2.** [tuyau] to leak. **-3.** *fig* [s'écouler] to fly by. ◇ *vt* [éviter] to avoid, to shun.

fuite [fɥit] *nf* **-1.** [de personne] escape, flight. **-2.** [écoulement, d'information] leak.

fulgurant, -e [fylgyrɑ̃, ɑ̃t] *adj* **-1.** [découverte] dazzling. **-2.** [vitesse] lightning (*avant n*). **-3.** [douleur] searing.

fulminer [fylmine] *vi* [personne]: **~ (contre)** to fulminate (against).

fumé, -e [fyme] *adj* **-1.** CULIN smoked. **-2.** [verres] tinted.

fumée [fyme] *nf* [de combustion] smoke.

fumer [fyme] ◇ *vi* **-1.** [personne, cheminée] to smoke. **-2.** [bouilloire, plat] to steam. ◇ *vt* **-1.** [cigarette, aliment] to smoke. **-2.** AGRIC to spread manure on.

fumeur, -euse [fymœr, øz] *nm, f* smoker.

fumier [fymje] *nm* AGRIC dung, manure.

fumiste [fymist] *nmf péj* skiver *Br*, shirker.

fumisterie [fymistəri] *nf fam* skiving *Br*, shirking.

fumoir [fymwar] *nm* **-1.** [pour aliments] smokehouse. **-2.** [pièce] smoking room.

funambule [fynɑ̃byl] *nmf* tightrope walker.

funèbre [fynɛbr] *adj* **-1.** [de funérailles] funeral (*avant n*). **-2.** [lugubre] funereal; [sentiments] dismal.

funérailles [fyneraj] *nfpl* funeral (*sg*).

funéraire [fynerɛr] *adj* funeral (*avant n*).

funeste [fynɛst] *adj* **-1.** [accident] fatal. **-2.** [initiative, erreur] disastrous. **-3.** [présage] of doom.

funiculaire [fynikylɛr] *nm* funicular railway.

fur [fyr] ◆ **au fur et à mesure** *loc adv* as I/you *etc* go along; **au ~ et à mesure des besoins** as (and when) needed. ◆ **au fur et à mesure que** *loc conj* as (and when).

furet [fyʀɛ] *nm* **-1.** [animal] **ferret. -2.** [jeu] **hunt-the-slipper.**

fureter [fyʀte] *vi* [fouiller] **to ferret around.**

fureur [fyʀœʀ] *nf* [colère] **fury.**

furibond, -e [fyʀibɔ̃, ɔ̃d] *adj* **furious.**

furie [fyʀi] *nf* **-1.** [colère, agitation] **fury; en ~** [personne] **infuriated;** [éléments] **raging. -2.** *fig* [femme] **shrew.**

furieux, -ieuse [fyʀjø, jøz] *adj* **-1.** [personne] **furious. -2.** [énorme] **tremendous.**

furoncle [fyʀɔ̃kl] *nm* **boil.**

furtif, -ive [fyʀtif, iv] *adj* **furtive.**

fus, fut *etc* → **être.**

fusain [fyzɛ̃] *nm* **-1.** [crayon] **charcoal. -2.** [dessin] **charcoal drawing.**

fuseau, -x [fyzo] *nm* **-1.** [outil] **spindle. -2.** [pantalon] **ski-pants** (*pl*). ◆ **fuseau horaire** *nm* **time zone.**

fusée [fyze] *nf* [pièce d'artifice & AÉRON] **rocket.**

fuselage [fyzlaʒ] *nm* **fuselage.**

fuselé, -e [fyzle] *adj* [doigts] **tapering;** [jambes] **slender.**

fuser [fyze] *vi* [cri, rire] **to burst forth** OU **out.**

fusible [fyzibl] *nm* **fuse.**

fusil [fyzi] *nm* [arme] **gun.**

fusillade [fyzijad] *nf* [combat] **gunfire** (*U*), **fusillade.**

fusiller [fyzije] *vt* [exécuter] **to shoot.**

fusion [fyzjɔ̃] *nf* **-1.** [gén] **fusion. -2.** [fonte] **smelting. -3.** ÉCON & POLIT **merger.**

fusionner [fyzjɔne] *vt* & *vi* **to merge.**

fustiger [fystiʒe] *vt* **to castigate.**

fut → **être.**

fût [fy] *nm* **-1.** [d'arbre] **trunk. -2.** [tonneau] **barrel, cask. -3.** [d'arme] **stock. -4.** [de colonne] **shaft.**

futaie [fytɛ] *nf* **wood.**

futile [fytil] *adj* **-1.** [insignifiant] **futile. -2.** [frivole] **frivolous.**

futur, -e [fytyʀ] ◇ *adj* **future** (*avant n*). ◇ *nm, f* [fiancé] **intended.** ◆ **futur** *nm* **future.**

futuriste [fytyʀist] *adj* **futuristic.**

fuyant, -e [fɥijɑ̃, ɑ̃t] *adj* **-1.** [perspective, front] **receding** (*avant n*). **-2.** [regard] **evasive.**

fuyard, -e [fɥijaʀ, aʀd] *nm, f* **runaway.**

G

g, G [ʒe] *nm inv* **g, G.**

gabardine [gabaʀdin] *nf* **gabardine.**

gabarit [gabaʀi] *nm* [dimension] **size.**

Gabon [gabɔ̃] *nm*: **le ~ Gabon.**

gâcher [gaʃe] *vt* **-1.** [gaspiller] **to waste. -2.** [gâter] **to spoil. -3.** CONSTR **to mix.**

gâchette [gaʃɛt] *nf* **trigger.**

gâchis [gaʃi] *nm* [gaspillage] **waste** (*U*).

gadget [gadʒɛt] *nm* **gadget.**

gadoue [gadu] *nf* *fam* [boue] **mud;** [engrais] **sludge.**

gaélique [gaelik] ◇ *adj* **Gaelic.** ◇ *nm* **Gaelic.**

gaffe [gaf] *nf* **-1.** *fam* [maladresse] **clanger. -2.** [outil] **boat hook.**

gaffer [gafe] *vi* *fam* **to put one's foot in it.**

gag [gag] *nm* **gag.**

gage [gaʒ] *nm* **-1.** [dépôt] **pledge; mettre qqch en ~ to pawn sthg. -2.** [assurance, preuve] **proof. -3.** [dans jeu] **forfeit.**

gager [gaʒe] *vt*: **~ que to bet (that).**

gageure [gaʒyʀ] *nf* **challenge.**

gagnant, -e [gaɲɑ̃, ɑ̃t] ◇ *adj* **winning** (*avant n*). ◇ *nm, f* **winner.**

gagne-pain [gaɲpɛ̃] *nm inv* **livelihood.**

gagner [gaɲe] ◇ *vt* **-1.** [salaire, argent, repos] **to earn. -2.** [course, prix, affection] **to win. -3.** [obtenir, économiser] **to gain; ~ du temps/de la place to gain time/space. -4.** [atteindre] **to reach;** [- suj: feu, engourdissement] **to spread to;** [- suj: sommeil, froid] **to overcome.** ◇ *vi* **-1.** [être vainqueur] **to win. -2.** [bénéficier] **to gain; ~ à faire qqch to be better off doing sthg; qu'est-ce que j'y gagne? what do I get out of it? -3.** [s'améliorer]: **~ en to increase in.**

gai, -e [ge] *adj* **-1.** [joyeux] **cheerful, happy. -2.** [vif, plaisant] **bright.**

gaieté [gete] *nf* **-1.** [joie] **cheerfulness. -2.** [vivacité] **brightness.**

gaillard, -e [gajaʀ, aʀd] ◇ *adj* **-1.** [alerte] **sprightly, spry. -2.** [licencieux] **ribald.** ◇ *nm, f* **strapping individual.**

gain [gɛ̃] *nm* **-1.** [profit] **gain, profit. -2.** [succès] **winning. -3.** [économie] **saving.** ◆ **gains** *nmpl* **earnings.**

gaine [gɛn] *nf* **-1.** [étui, enveloppe] sheath. **-2.** [sous-vêtement] girdle, corset.

gainer [gene] *vt* to sheathe.

gala [gala] *nm* gala, reception.

galant, -e [galɑ̃, ɑ̃t] *adj* **-1.** [courtois] gallant. **-2.** [amoureux] flirtatious. ◆ **galant** *nm* admirer.

galanterie [galɑ̃tri] *nf* **-1.** [courtoisie] gallantry, politeness. **-2.** [flatterie] compliment.

galaxie [galaksi] *nf* galaxy.

galbe [galb] *nm* curve.

gale [gal] *nf* MÉD scabies (*U*).

galère [galɛr] *nf* NAVIG galley; **quelle ~!** *fig* what a hassle!, what a drag!

galérer [galere] *vi fam* to have a hard time.

galerie [galri] *nf* **-1.** [gén] gallery. **-2.** THÉÂTRE circle. **-3.** [porte-bagages] roof rack.

galet [galɛ] *nm* **-1.** [caillou] pebble. **-2.** TECHNOL wheel, roller.

galette [galɛt] *nf* CULIN pancake (*made from buckwheat flour*).

galipette [galipɛt] *nf fam* somersault.

Galles [gal] → **pays**.

gallicisme [galisism] *nm* [expression] French idiom; [dans une langue étrangère] gallicism.

gallois, -e [galwa, az] *adj* Welsh. ◆ **gallois** *nm* [langue] Welsh. ◆ **Gallois, -e** *nm, f* Welshman (*f* Welshwoman); **les Gallois** the Welsh.

galon [galɔ̃] *nm* **-1.** COUTURE braid (*U*). **-2.** MIL stripe.

galop [galo] *nm* [allure] gallop; **au ~** [cheval] at a gallop; *fig* at the double.

galoper [galɔpe] *vi* **-1.** [cheval] to gallop. **-2.** [personne] to run about. **-3.** [imagination] to run riot.

galopin [galɔpɛ̃] *nm fam* brat.

galvaniser [galvanize] *vt litt & fig* to galvanize.

galvauder [galvode] *vt* [ternir] to tarnish.

gambader [gɑ̃bade] *vi* [sautiller] to leap about; [agneau] to gambol.

gamelle [gamɛl] *nf* [plat] mess tin *Br*, kit *Am*.

gamin, -e [gamɛ̃, in] ◇ *adj* [puéril] childish. ◇ *nm, f fam* [enfant] kid.

gamme [gam] *nf* **-1.** [série] range; **~ de produits** product range. **-2.** MUS scale.

ganglion [gɑ̃glijɔ̃] *nm* ganglion.

gangrène [gɑ̃grɛn] *nf* gangrene; *fig* corruption, canker.

gangue [gɑ̃g] *nf* **-1.** [de minerai] gangue. **-2.** *fig* [carcan] straitjacket.

gant [gɑ̃] *nm* glove; **~ de toilette** face cloth, flannel *Br*.

garage [garaʒ] *nm* garage.

garagiste [garaʒist] *nmf* [propriétaire] garage owner; [réparateur] garage mechanic.

garant, -e [garɑ̃, ɑ̃t] *nm, f* [responsable] guarantor; **se porter ~ de** to vouch for. ◆ **garant** *nm* [garantie] guarantee.

garantie [garɑ̃ti] *nf* [gén] guarantee.

garantir [garɑ̃tir] *vt* **-1.** [assurer & COMM] to guarantee; **~ à qqn que** to assure OU guarantee sb that. **-2.** [protéger]: **~ qqch (de)** to protect sthg (from).

garçon [garsɔ̃] *nm* **-1.** [enfant] boy. **-2.** [célibataire]: **vieux ~** confirmed bachelor. **-3.** [serveur]: **~ (de café)** waiter.

garçonnet [garsɔnɛ] *nm* little boy.

garçonnière [garsɔnjɛr] *nf* bachelor flat *Br* OU apartment *Am*.

garde [gard] ◇ *nf* **-1.** [surveillance] protection. **-2.** [veille]: **pharmacie de ~** duty chemist. **-3.** MIL guard; **monter la ~** to go on guard. **-4.** *loc*: **être/se tenir sur ses ~s** to be/stay on one's guard; **mettre qqn en ~ contre qqch** to put sb on their guard about sthg. ◇ *nmf* keeper; **~ du corps** bodyguard.

garde-à-vous [gardavu] *nm inv* attention; **se mettre au ~** to stand to attention.

garde-boue [gardəbu] *nm inv* mudguard *Br*, fender *Am*.

garde-chasse [gardəʃas] (*pl* **gardes-chasse** OU **gardes-chasses**) *nm* gamekeeper.

garde-fou [gardəfu] (*pl* **garde-fous**) *nm* railing, parapet.

garde-malade [gardəmalad] (*pl* **gardes-malades**) *nmf* nurse.

garde-manger [gardəmɑ̃ʒe] *nm inv* [pièce] pantry, larder; [armoire] meat safe *Br*, cooler *Am*.

garde-pêche [gardəpɛʃ] (*pl* **gardes-pêche**) *nm* [personne] water bailiff *Br*, fishwarden *Am*.

garder [garde] *vt* **-1.** [gén] to keep; [vêtement] to keep on. **-2.** [surveiller] to mind, to look after; [défendre] to guard. **-3.** [protéger]: **~ qqn de qqch** to save sb from sthg. ◆ **se garder** *vp* **-1.** [se conserver] to keep. **-2.** [se méfier]: **se ~ de qqn/qqch** to beware of sb/sthg. **-3.** [s'abstenir]: **se ~ de faire qqch** to take care not to do sthg.

garderie [gardəri] *nf* crèche *Br*, day nursery *Br*, day-care center *Am*.

garde-robe [gardərɔb] (*pl* garde-robes) *nf* wardrobe.

gardien, -ienne [gardjɛ̃, jɛn] *nm, f* **-1.** [surveillant] guard, keeper; ~ **de but** goalkeeper; ~ **de nuit** night watchman. **-2.** *fig* [défenseur] protector, guardian. **-3.** [agent]: ~ **de la paix** policeman.

gare [gar] *nf* station; ~ **routière** [de marchandises] road haulage depot; [pour passagers] bus station.

garer [gare] *vt* **-1.** [ranger] to park. **-2.** [mettre à l'abri] to put in a safe place. ◆ **se garer** *vp* **-1.** [stationner] to park. **-2.** [se ranger] to pull over.

gargariser [gargarize] ◆ **se gargariser** *vp* **-1.** [se rincer] to gargle. **-2.** *péj* [se délecter]: **se ~ de** to delight OU revel in.

gargouiller [garguje] *vi* **-1.** [eau] to gurgle. **-2.** [intestins] to rumble.

garnement [garnəmɑ̃] *nm* rascal, pest.

garni [garni] *nm vieilli* furnished accommodation (*U*).

garnir [garnir] *vt* **-1.** [équiper] to fit out, to furnish. **-2.** [remplir] to fill. **-3.** [orner]: ~ **qqch de** to decorate sthg with; COUTURE to trim sthg with.

garnison [garnizɔ̃] *nf* garrison.

garniture [garnityr] *nf* **-1.** [ornement] trimming; [de lit] bed linen. **-2.** [CULIN - pour accompagner] garnish *Br*, fixings (*pl*) *Am*; [- pour remplir] filling.

garrigue [garig] *nf* scrub.

garrot [garo] *nm* **-1.** [de cheval] withers (*pl*). **-2.** MÉD tourniquet.

gars [ga] *nm fam* **-1.** [garçon, homme] lad. **-2.** [type] guy, bloke *Br*.

gas-oil [gazɔjl, gazwal], **gazole** [gazɔl] *nm* diesel oil.

gaspillage [gaspijaʒ] *nm* waste.

gaspiller [gaspije] *vt* to waste.

gastrique [gastrik] *adj* gastric.

gastro-entérite [gastrɔɑ̃terit] (*pl* gastro-entérites) *nf* gastroenteritis (*U*).

gastronome [gastrɔnɔm] *nmf* gourmet.

gastronomie [gastrɔnɔmi] *nf* gastronomy.

gâteau, -x [gato] *nm* cake; ~ **sec** biscuit *Br*, cookie *Am*.

gâter [gate] *vt* **-1.** [gén] to spoil; [vacances, affaires] to ruin, to spoil. **-2.** *iron* [combler] to be too good to; **on est gâté!** just marvellous! ◆ **se gâter** *vp* **-1.** [temps] to change for the worse. **-2.** [situation] to take a turn for the worse.

gâteux, -euse [gatø, øz] ◇ *adj* senile. ◇ *nm, f* **-1.** [sénile] doddering old man (*f* woman). **-2.** [radoteur] old bore.

gauche [goʃ] ◇ *nf* **-1.** [côté] left, left-hand side; **à ~ (de)** on the left (of). **-2.** POLIT: **la ~** the left (wing); **de ~** left-wing. ◇ *adj* **-1.** [côté] left. **-2.** [personne] clumsy.

gaucher, -ère [goʃe, ɛr] ◇ *adj* left-handed. ◇ *nm, f* left-handed person.

gauchiste [goʃist] *nmf* leftist.

gaufre [gofr] *nf* waffle.

gaufrer [gofre] *vt* to emboss.

gaufrette [gofrɛt] *nf* wafer.

gaule [gol] *nf* **-1.** [perche] pole. **-2.** [canne à pêche] fishing rod.

gauler [gole] *vt* to bring OU shake down.

gaulliste [golist] *nmf & adj* Gaullist.

gaver [gave] *vt* **-1.** [animal] to force-feed. **-2.** [personne]: ~ **qqn de** to feed sb full of.

gay [gɛ] *adj inv & nm* gay.

gaz [gaz] *nm inv* gas.

gaze [gaz] *nf* gauze.

gazelle [gazɛl] *nf* gazelle.

gazer [gaze] *vt* to gas.

gazette [gazɛt] *nf* newspaper, gazette.

gazeux, -euse [gazø, øz] *adj* **-1.** CHIM gaseous. **-2.** [boisson] fizzy.

gazoduc [gazɔdyk] *nm* gas pipeline.

gazole → gas-oil.

gazon [gazɔ̃] *nm* [herbe] grass; [terrain] lawn.

gazouiller [gazuje] *vi* **-1.** [oiseau] to chirp, to twitter. **-2.** [bébé] to gurgle.

GB, G-B (*abr de* Grande-Bretagne) *nf* GB.

gd *abr de* grand.

GDF, Gdf (*abr de* Gaz de France) *French national gas company*.

geai [ʒɛ] *nm* jay.

géant, -e [ʒeɑ̃, ɑ̃t] ◇ *adj* gigantic, giant. ◇ *nm, f* giant.

geindre [ʒɛ̃dr] *vi* **-1.** [gémir] to moan. **-2.** *fam* [pleurnicher] to whine.

gel [ʒɛl] *nm* **-1.** MÉTÉOR frost. **-2.** [d'eau] freezing. **-3.** [cosmétique] gel.

gélatine [ʒelatin] *nf* gelatine.

gelée [ʒəle] *nf* **-1.** MÉTÉOR frost. **-2.** CULIN jelly.

geler [ʒəle] *vt & vi* **-1.** [gén] to freeze. **-2.** [projet] to halt.

gélule [ʒelyl] *nf* capsule.

Gémeaux [ʒemo] *nmpl* ASTROL Gemini.

gémir [ʒemir] *vi* **-1.** [gén] to moan. **-2.** [par déception] to groan.

gémissement [ʒemismɑ̃] *nm* **-1.** [gén] moan; [du vent] moaning (*U*). **-2.** [de déception] groan.

gemme [ʒɛm] nf gem, precious stone.

gênant, -e [ʒɛnɑ̃, ɑ̃t] adj **-1.** [encombrant] in the way. **-2.** [embarrassant] awkward, embarrassing. **-3.** [énervant]: être ~ to be a nuisance.

gencive [ʒɑ̃siv] nf gum.

gendarme [ʒɑ̃darm] nm policeman.

gendarmerie [ʒɑ̃darməri] nf **-1.** [corps] police force. **-2.** [lieu] police station.

gendre [ʒɑ̃dr] nm son-in-law.

gène [ʒɛn] nm gene.

gêne [ʒɛn] nf **-1.** [physique] difficulty. **-2.** [psychologique] embarrassment. **-3.** [financière] difficulty.

généalogie [ʒenealɔʒi] nf genealogy.

généalogique [ʒenealɔʒik] adj genealogical; **arbre ~** family tree.

gêner [ʒene] vt **-1.** [physiquement - gén] to be too tight for; [- suj: chaussures] to pinch. **-2.** [moralement] to embarrass. **-3.** [incommoder] to bother. **-4.** [encombrer] to hamper.

général, -e, -aux [ʒeneral, o] adj general; **en ~** generally, in general; **répétition ~e** dress rehearsal. ◆ **général** nm MIL general. ◆ **générale** nf THÉÂTRE dress rehearsal.

généralement [ʒeneralmɑ̃] adv generally.

généralisation [ʒeneralizasjɔ̃] nf generalization.

généraliser [ʒeneralize] vt & vi to generalize. ◆ **se généraliser** vp to become general OU widespread.

généraliste [ʒeneralist] ◇ nmf GP Br, family doctor. ◇ adj general.

généralité [ʒeneralite] nf **-1.** [idée] generality. **-2.** [universalité] general nature. ◆ **généralités** nfpl generalities.

générateur, -trice [ʒeneratœr, tris] adj generating. ◆ **générateur** nm TECHNOL generator.

génération [ʒenerasjɔ̃] nf generation.

générer [ʒenere] vt to generate.

généreux, -euse [ʒenerø, øz] adj generous; [terre] fertile.

générique [ʒenerik] ◇ adj generic. ◇ nm credits (pl).

générosité [ʒenerozite] nf generosity.

genèse [ʒənɛz] nf [création] genesis. ◆ **Genèse** nf BIBLE Genesis.

genêt [ʒəne] nm broom.

génétique [ʒenetik] ◇ adj genetic. ◇ nf genetics (U).

Genève [ʒənɛv] n Geneva.

génial, -e, -iaux [ʒenjal, jo] adj **-1.** [personne] of genius. **-2.** [idée, invention] in-

spired. **-3.** fam [formidable]: **c'est ~!** that's great!, that's terrific!

génie [ʒeni] nm **-1.** [personne, aptitude] genius. **-2.** MYTH spirit, genie. **-3.** TECHNOL engineering; **le ~** MIL ≃ the Royal Engineers Br.

genièvre [ʒənjɛvr] nm juniper.

génisse [ʒenis] nf heifer.

génital, -e, -aux [ʒenital, o] adj genital.

génitif [ʒenitif] nm genitive (case).

génocide [ʒenɔsid] nm genocide.

genou, -x [ʒənu] nm knee; **à ~x** on one's knees, kneeling.

genouillère [ʒənujɛr] nf **-1.** [bandage] knee bandage. **-2.** SPORT kneepad.

genre [ʒɑ̃r] nm **-1.** [type] type, kind. **-2.** LITTÉRATURE genre. **-3.** [style de personne] style. **-4.** GRAM gender.

gens [ʒɑ̃] nmpl people.

gentiane [ʒɑ̃sjan] nf gentian.

gentil, -ille [ʒɑ̃ti, ij] adj **-1.** [agréable] nice. **-2.** [aimable] kind, nice.

gentillesse [ʒɑ̃tijɛs] nf kindness.

gentiment [ʒɑ̃timɑ̃] adv **-1.** [sagement] nicely. **-2.** [aimablement] kindly, nicely. **-3.** Helv [tranquillement] calmly, quietly.

génuflexion [ʒenyflɛksjɔ̃] nf genuflexion.

géographie [ʒeɔgrafi] nf geography.

geôlier, -ière [ʒolje, jɛr] nm, f gaoler.

géologie [ʒeɔlɔʒi] nf geology.

géologue [ʒeɔlɔg] nmf geologist.

géomètre [ʒeɔmɛtr] nmf **-1.** [spécialiste] geometer, geometrician. **-2.** [technicien] surveyor.

géométrie [ʒeɔmetri] nf geometry.

géosphère [ʒeɔsfɛr] nf geosphere.

gérance [ʒerɑ̃s] nf management.

géranium [ʒeranjɔm] nm geranium.

gérant, -e [ʒerɑ̃, ɑ̃t] nm, f manager.

gerbe [ʒɛrb] nf **-1.** [de blé] sheaf; [de fleurs] spray. **-2.** [d'étincelles, d'eau] shower.

gercé, -e [ʒɛrse] adj chapped.

gérer [ʒere] vt to manage.

gériatrie [ʒerjatri] nf geriatrics (U).

germain, -e [ʒɛrmɛ̃, ɛn] → **cousin**.

germanique [ʒɛrmanik] adj Germanic.

germe [ʒɛrm] nm **-1.** BOT & MÉD germ; [de pomme de terre] eye. **-2.** fig [origine] seed, cause.

germer [ʒɛrme] vi to germinate.

gésier [ʒezje] nm gizzard.

gésir [ʒezir] vi littéraire to lie.

gestation [ʒɛstasjɔ̃] nf gestation.

geste [ʒɛst] nm **-1.** [mouvement] gesture. **-2.** [acte] act, deed.

gesticuler [ʒɛstikyle] *vi* to gesticulate.

gestion [ʒɛstjɔ̃] *nf* management; JUR administration; ~ **de fichiers** INFORM file management.

Ghana [gana] *nm*: **le** ~ Ghana.

ghetto [geto] *nm litt* & *fig* ghetto.

gibet [ʒibɛ] *nm* gallows (*sg*), gibbet.

gibier [ʒibje] *nm* game; *fig* [personne] prey.

giboulée [ʒibule] *nf* sudden shower.

gicler [ʒikle] *vi* to squirt, to spurt.

gifle [ʒifl] *nf* slap.

gifler [ʒifle] *vt* to slap; *fig* [suj: vent, pluie] to whip, to lash.

gigantesque [ʒigɑ̃tɛsk] *adj* gigantic.

gigolo [ʒigɔlo] *nm* gigolo.

gigot [ʒigo] *nm* CULIN leg.

gigoter [ʒigɔte] *vi* to squirm, to wriggle.

gilet [ʒilɛ] *nm* **-1.** [cardigan] cardigan. **-2.** [sans manches] waistcoat *Br*, vest *Am*.

gin [dʒin] *nm* gin.

gingembre [ʒɛ̃ʒɑ̃br] *nm* ginger.

girafe [ʒiraf] *nf* giraffe.

giratoire [ʒiratwar] *adj* gyrating; **sens** ~ roundabout *Br*, traffic circle *Am*.

girofle [ʒirɔfl] → **clou**.

girouette [ʒirwet] *nf* weathercock.

gisement [ʒizmɑ̃] *nm* deposit.

gît [ʒi] → **gésir**.

gitan, -e [ʒitɑ̃, an] *adj* Gipsy (*avant n*). ◆ **Gitan, -e** *nm, f* Gipsy.

gîte [ʒit] *nm* **-1.** [logement]: ~ **(rural)** gîte, *self-catering accommodation in the country*. **-2.** [du bœuf] shin *Br*, shank *Am*.

givre [ʒivr] *nm* frost.

glabre [glabr] *adj* hairless.

glace [glas] *nf* **-1.** [eau congelée] ice. **-2.** [crème glacée] ice cream. **-3.** [vitre] pane; [- de voiture] window. **-4.** [miroir] mirror.

glacé, -e [glase] *adj* **-1.** [gelé] frozen. **-2.** [très froid] freezing. **-3.** *fig* [hostile] cold.

glacer [glase] *vt* **-1.** [geler, paralyser] to chill. **-2.** [étoffe, papier] to glaze. **-3.** [gâteau] to ice *Br*, to frost *Am*.

glacial, -e, -iaux [glasjal, jo] *adj litt* & *fig* icy.

glacier [glasje] *nm* **-1.** GÉOGR glacier. **-2.** [marchand] ice cream seller OU man.

glaçon [glasɔ̃] *nm* **-1.** [dans boisson] ice cube. **-2.** [sur toit] icicle. **-3.** *fam fig* [personne] iceberg.

glaïeul [glajœl] *nm* gladiolus.

glaire [glɛr] *nf* MÉD phlegm.

glaise [glɛz] *nf* clay.

glaive [glɛv] *nm* sword.

gland [glɑ̃] *nm* **-1.** [de chêne] acorn. **-2.** [ornement] tassel. **-3.** ANAT glans.

glande [glɑ̃d] *nf* gland.

glaner [glane] *vt* to glean.

glapir [glapir] *vi* to yelp, to yap.

glas [gla] *nm* knell.

glauque [glok] *adj* **-1.** [couleur] blueygreen. **-2.** *fam* [lugubre] gloomy. **-3.** *fam* [sordide] sordid.

glissade [glisad] *nf* slip.

glissant, -e [glisɑ̃, ɑ̃t] *adj* slippery.

glissement [glismɑ̃] *nm* **-1.** [action de glisser] gliding, sliding. **-2.** *fig* [électoral] swing, shift.

glisser [glise] ◇ *vi* **-1.** [se déplacer]: ~ **(sur)** to glide (over), to slide (over). **-2.** [déraper]: ~ **(sur)** to slip (on). **-3.** *fig* [passer rapidement]: ~ **sur** to skate over. **-4.** [surface] to be slippery. **-5.** [progresser] to slip; ~ **dans/vers** to slip into/towards, to slide into/towards. ◇ *vt* to slip; ~ **un regard à qqn** *fig* to give sb a sidelong glance. ◆ **se glisser** *vp* to slip; **se** ~ **dans** [lit] to slip OU slide into; *fig* to slip OU creep into.

glissière [glisjɛr] *nf* runner.

global, -e, -aux [glɔbal, o] *adj* global.

globalement [glɔbalmɑ̃] *adv* on the whole.

globe [glɔb] *nm* **-1.** [sphère, terre] globe. **-2.** [de verre] glass cover.

globule [glɔbyl] *nm* corpuscle, blood cell; ~ **blanc/rouge** white/red corpuscle.

globuleux [glɔbylø] → **œil**.

gloire [glwar] *nf* **-1.** [renommée] glory; [de vedette] fame, stardom. **-2.** [mérite] credit.

glorieux, -ieuse [glɔrjø, jøz] *adj* [mort, combat] glorious; [héros, soldat] renowned.

glossaire [glɔsɛr] *nm* glossary.

glousser [gluse] *vi* **-1.** [poule] to cluck. **-2.** *fam* [personne] to chortle, to chuckle.

glouton, -onne [glutɔ̃, ɔn] ◇ *adj* greedy. ◇ *nm, f* glutton.

glu [gly] *nf* [colle] glue.

gluant, -e [glyɑ̃, ɑ̃t] *adj* sticky.

glucide [glysid] *nm* glucide.

glycémie [glisemi] *nf* glycaemia.

glycine [glisin] *nf* wisteria.

go [go] ◆ **tout de go** *loc adv* straight.

GO (*abr de* **grandes ondes**) *nfpl* LW.

goal [gol] *nm* goalkeeper.

gobelet [gɔblɛ] *nm* beaker, tumbler.

gober [gɔbe] *vt* **-1.** [avaler] to gulp down. **-2.** *fam* [croire] to swallow.

godet [gɔdε] *nm* **-1.** [récipient] jar, pot. **-2.** COUTURE flare.

godiller [gɔdije] *vi* **-1.** [rameur] to scull. **-2.** [skieur] to wedeln.

goéland [gɔelɑ̃] *nm* gull, seagull.

goélette [gɔelεt] *nf* schooner.

goguenard, -e [gɔgnar, ard] *adj* mocking.

goguette [gɔgεt] ◆ **en goguette** *loc adv fam* a bit tight OU tipsy.

goinfre [gwɛ̃fr] *nmf fam* pig.

goitre [gwatr] *nm* goitre.

golf [gɔlf] *nm* [sport] golf; [terrain] golf course.

golfe [gɔlf] *nm* gulf, bay; **le ~ de Gascogne** the Bay of Biscay; **le ~ Persique** the (Persian) Gulf.

gomme [gɔm] *nf* **-1.** [substance, bonbon] gum. **-2.** [pour effacer] rubber *Br*, eraser *Am*.

gommer [gɔme] *vt* to rub out, to erase; *fig* to erase.

gond [gɔ̃] *nm* hinge.

gondole [gɔ̃dɔl] *nf* gondola.

gondoler [gɔ̃dɔle] *vi* [bois] to warp; [carton] to curl.

gonfler [gɔ̃fle] ◇ *vt* **-1.** [ballon, pneu] to blow up, to inflate; [rivière, poitrine, yeux] to swell; [joues] to blow out. **-2.** *fig* [grossir] to exaggerate. ◇ *vi* to swell.

gonflette [gɔ̃flεt] *nf fam*: **faire de la ~** to pump iron.

gong [gɔ̃g] *nm* gong.

gorge [gɔrʒ] *nf* **-1.** [gosier, cou] throat. **-2.** (*gén pl*) [vallée] gorge.

gorgée [gɔrʒe] *nf* mouthful.

gorger [gɔrʒe] *vt*: **~ qqn de qqch** [gaver] to stuff sb with sthg; [combler] to heap sthg on sb; **~ qqch de** to fill sthg with.

gorille [gɔrij] *nm* [animal] gorilla.

gosier [gozje] *nm* throat, gullet.

gosse [gɔs] *nmf fam* kid.

gothique [gɔtik] *adj* **-1.** ARCHIT Gothic. **-2.** TYPO: **écriture ~** Gothic script.

gouache [gwaʃ] *nf* gouache.

goudron [gudrɔ̃] *nm* tar.

goudronner [gudrɔne] *vt* to tar.

gouffre [gufr] *nm* abyss.

goujat [guʒa] *nm* boor.

goulet [gulε] *nm* narrows (*pl*).

goulot [gulo] *nm* neck.

goulu, -e [guly] *adj* greedy, gluttonous.

goupillon [gupijɔ̃] *nm* **-1.** RELIG (holy water) sprinkler. **-2.** [à bouteille] bottle brush.

gourd, -e [gur, gurd] *adj* numb.

gourde [gurd] ◇ *nf* **-1.** [récipient] flask, waterbottle. **-2.** *fam* [personne] clot *Br*. ◇ *adj fam* thick.

gourdin [gurdɛ̃] *nm* club.

gourmand, -e [gurmɑ̃, ɑ̃d] ◇ *adj* greedy. ◇ *nm, f* glutton.

gourmandise [gurmɑ̃diz] *nf* **-1.** [caractère] greed, greediness. **-2.** [sucrerie] sweet thing.

gourmette [gurmεt] *nf* chain bracelet.

gousse [gus] *nf* pod.

goût [gu] *nm* taste; **de mauvais ~** tasteless, in bad taste.

goûter [gute] ◇ *vt* **-1.** [déguster] to taste. **-2.** [savourer] to enjoy. ◇ *vi* to have (afternoon) tea *Br*; **~ à** to taste. ◇ *nm* afternoon snack for children, typically consisting of bread, butter, chocolate and a drink.

goutte [gut] *nf* **-1.** [de pluie, d'eau] drop. **-2.** MÉD [maladie] gout. ◆ **gouttes** *nfpl* MÉD drops.

goutte-à-goutte [gutagut] *nm inv* (intravenous) drip *Br*, IV *Am*.

gouttelette [gutlεt] *nf* droplet.

gouttière [gutjεr] *nf* **-1.** [CONSTR - horizontale] gutter; [- verticale] drainpipe. **-2.** MÉD splint.

gouvernail [guvεrnaj] *nm* rudder.

gouvernante [guvεrnɑ̃t] *nf* **-1.** [d'enfants] governess. **-2.** [de maison] housekeeper.

gouvernement [guvεrnəmɑ̃] *nm* government.

gouverner [guvεrne] *vt* to govern.

gouverneur [guvεrnœr] *nm* governor.

grâce [gras] *nf* **-1.** [charme] grace; **de bonne ~** with good grace, willingly; **de mauvaise ~** with bad grace, reluctantly. **-2.** [faveur] favour. **-3.** [miséricorde] mercy. ◆ **grâce à** *loc prép* thanks to.

gracier [grasje] *vt* to pardon.

gracieusement [grasjøzmɑ̃] *adv* **-1.** [avec grâce] graciously. **-2.** [gratuitement] free (of charge).

gracieux, -ieuse [grasjø, jøz] *adj* **-1.** [charmant] graceful. **-2.** [gratuit] free.

gradation [gradasjɔ̃] *nf* gradation.

grade [grad] *nm* [échelon] rank; [universitaire] qualification.

gradé, -e [grade] ◇ *adj* non-commissioned. ◇ *nm, f* non-commissioned officer, NCO.

gradin [gradɛ̃] *nm* [de stade, de théâtre] tier; [de terrain] terrace.

graduation [graduasjɔ̃] *nf* graduation.

graduel, -elle [gradyɛl] *adj* gradual; [difficultés] increasing.

graduer [gradye] *vt* **-1.** [récipient, règle] to graduate. **-2.** *fig* [effort, travail] to increase gradually.

graffiti [grafiti] *nm inv* graffiti (*U*).

grain [grɛ̃] *nm* **-1.** [gén] grain; [de moutarde] seed; [de café] bean; **~ de raisin** grape. **-2.** [point]: **~ de beauté** beauty spot. **-3.** [averse] squall.

graine [grɛn] *nf* BOT seed.

graisse [grɛs] *nf* **-1.** ANAT & CULIN fat. **-2.** [pour lubrifier] grease.

graisser [grɛse] *vt* **-1.** [machine] to grease, to lubricate. **-2.** [vêtements] to get grease on.

grammaire [gramɛr] *nf* grammar.

grammatical, -e, -aux [gramatikal, o] *adj* grammatical.

gramme [gram] *nm* gram, gramme.

grand, -e [grɑ̃, grɑ̃d] ◇ *adj* **-1.** [en hauteur] tall; [en dimensions] big, large; [en quantité, nombre] large, great; **un ~ nombre de** a large OU great number of; **en ~** [dimension] full-size. **-2.** [âgé] grown-up; **les ~es personnes** grown-ups; **~ frère** big OU older brother; **~e sœur** big OU older sister; **il est assez ~ pour ...** he's old enough to .... **-3.** [important, remarquable] great; **un ~ homme** a great man. **-4.** [intense]: **un ~ blessé/brûlé** a person with serious wounds/burns; **un ~ buveur/fumeur** a heavy drinker/smoker. ◇ *nm, f* (*gén pl*) **-1.** [personnage] great man (*f* woman); **c'est l'un des ~s de l'électroménager** he's one of the big names in electrical appliances. **-2.** [enfant] older OU bigger boy (*f* girl).

grand-angle [grɑ̃tɑ̃gl] *nm* wide-angle lens.

grand-chose [grɑ̃ʃoz] ◆ **pas grand-chose** *pron indéf* not much.

Grande-Bretagne [grɑ̃dbrətaɲ] *nf*: **la ~** Great Britain.

grandeur [grɑ̃dœr] *nf* **-1.** [taille] size. **-2.** [apogée & *fig*] greatness; **~ d'âme** *fig* magnanimity.

grandir [grɑ̃dir] ◇ *vt*: **~ qqn** [suj: chaussures] to make sb look taller; *fig* to increase sb's standing. ◇ *vi* [personne, plante] to grow; [obscurité, bruit] to increase, to grow.

grand-mère [grɑ̃mɛr] *nf* grandmother; *fam fig* old biddy.

grand-père [grɑ̃pɛr] *nm* grandfather; *fam fig* old geezer.

grands-parents [grɑ̃parɑ̃] *nmpl* grandparents.

grange [grɑ̃ʒ] *nf* barn.

granit(e) [granit] *nm* granite.

granulé, -e [granyle] *adj* [surface] granular. ◆ **granulé** *nm* tablet.

granuleux, -euse [granylø, øz] *adj* granular.

graphique [grafik] ◇ *nm* diagram; [graphe] graph. ◇ *adj* graphic.

graphisme [grafism] *nm* **-1.** [écriture] handwriting. **-2.** ART style of drawing.

graphologie [grafɔlɔʒi] *nf* graphology.

grappe [grap] *nf* **-1.** [de fruits] bunch; [de fleurs] stem. **-2.** *fig* [de gens] knot.

grappiller [grapije] *vt litt & fig* to gather, to pick up.

grappin [grapɛ̃] *nm* [ancre] grapnel.

gras, grasse [gra, gras] *adj* **-1.** [personne, animal] fat. **-2.** [plat, aliment] fatty; **matières grasses** fats. **-3.** [cheveux, mains] greasy. **-4.** [sol] clayey; [crayon] soft. **-5.** *fig* [rire] throaty; [toux] phlegmy. **-6.** *fig* [plante] succulent. ◆ **gras** ◇ *nm* **-1.** [du jambon] fat. **-2.** TYPO bold (type). ◇ *adv*: **manger ~** to eat fatty foods.

grassement [grasmɑ̃] *adv* **-1.** [rire] coarsely. **-2.** [payer] a lot.

gratifier [gratifje] *vt* **-1.** [accorder]: **~ qqn de qqch** to present sb with sthg, to present sthg to sb; *fig* to reward sb with sthg. **-2.** [stimuler] to gratify.

gratin [gratɛ̃] *nm* **-1.** CULIN dish sprinkled *with breadcrumbs or cheese and browned.* **-2.** *fam fig* [haute société] upper crust.

gratiné, -e [gratine] *adj* **-1.** CULIN *sprinkled with breadcrumbs or cheese and browned.* **-2.** *fam fig* [ardu] stiff.

gratis [gratis] *adv* free.

gratitude [gratityd] *nf*: **~ (envers)** gratitude (to OU towards).

gratte-ciel [gratsjɛl] *nm inv* skyscraper.

grattement [gratmɑ̃] *nm* scratching.

gratter [grate] ◇ *vt* **1.** [gén] to scratch; [pour enlever] to scrape off. ◇ *vi* **-1.** [démanger] to itch, to be itchy. **-2.** *fam* [écrire] to scribble. **-3.** [frapper]: **~ à la porte** to tap at the door. **-4.** *fam* [travailler] to slave, to slog. ◆ **se gratter** *vp* to scratch.

gratuit, -e [gratɥi, it] *adj* **-1.** [entrée] free. **-2.** [violence] gratuitous.

gratuitement [gratɥitmɑ̃] *adv* **-1.** [sans payer] free, for nothing. **-2.** [sans raison] gratuitously.

gravats [grava] *nmpl* rubble (*U*).

grave [grav] ◇ *adj* **-1.** [attitude, faute, maladie] serious, grave; **ce n'est pas ~**

[ce n'est rien] don't worry about it. **-2.** [voix] deep. **-3.** LING: **accent ~** grave accent. ◇ *nm* (*gén pl*) MUS low register.

gravement [gravmɑ̃] *adv* gravely, seriously.

graver [grave] *vt* **-1.** [gén] to engrave. **-2.** [bois] to carve. **-3.** [disque] to cut.

gravier [gravje] *nm* gravel (*U*).

gravillon [gravijɔ̃] *nm* fine gravel (*U*).

gravir [gravir] *vt* to climb.

gravité [gravite] *nf* **-1.** [importance] seriousness, gravity. **-2.** PHYS gravity.

graviter [gravite] *vi* **-1.** [astre] to revolve. **-2.** *fig* [évoluer] to gravitate.

gravure [gravyr] *nf* **-1.** [technique]: **~ (sur)** engraving (on). **-2.** [reproduction] print; [dans livre] plate.

gré [gre] *nm* **-1.** [goût]: **à mon/son ~** for my/his taste, for my/his liking. **-2.** [volonté]: **bon ~ mal ~** willy nilly; **de ~ ou de force** *fig* whether you/they *etc* like it or not; **de mon/son plein ~** of my/his own free will.

grec, grecque [grɛk] *adj* Greek. ◆ **grec** *nm* [langue] Greek. ◆ **Grec, Grecque** *nm, f* Greek.

Grèce [grɛs] *nf*: **la ~** Greece.

gréement [gremɑ̃] *nm* rigging.

greffe [grɛf] *nf* **-1.** MÉD transplant; [de peau] graft. **-2.** BOT graft.

greffer [grefe] *vt* **-1.** MÉD to transplant; [peau] to graft; **~ un rein/un cœur à qqn** to give sb a kidney/heart transplant. **-2.** BOT to graft. ◆ **se greffer** *vp*: **se ~ sur qqch** to be added to sthg.

greffier [grefje] *nm* clerk of the court.

grégaire [greger] *adj* gregarious.

grêle [grɛl] ◇ *nf* hail. ◇ *adj* **-1.** [jambes] spindly. **-2.** [son] shrill.

grêler [grele] *v impers* to hail; **il grêle** it's hailing.

grêlon [grɛlɔ̃] *nm* hailstone.

grelot [grəlo] *nm* bell.

grelotter [grəlɔte] *vi*: **~ (de)** to shiver (with).

grenade [grənad] *nf* **-1.** [fruit] pomegranate. **-2.** MIL grenade.

grenat [grəna] *adj inv* dark red.

grenier [grənje] *nm* **-1.** [de maison] attic. **-2.** [à foin] loft.

grenouille [grənuj] *nf* frog.

grès [grɛ] *nm* **-1.** [roche] sandstone. **-2.** [poterie] stoneware.

grésiller [grezije] *vi* **-1.** [friture] to sizzle; [feu] to crackle. **-2.** [radio] to crackle.

grève [grɛv] *nf* **-1.** [arrêt du travail] strike; **faire ~** to strike, to go on strike. **-2.** [rivage] shore.

grever [grəve] *vt* to burden; [budget] to put a strain on.

gréviste [grevist] *nmf* striker.

gribouiller [gribuje] *vt & vi* **-1.** [écrire] to scrawl. **-2.** [dessiner] to doodle.

grief [grijɛf] *nm* grievance; **faire ~ de qqch à qqn** to hold sthg against sb.

grièvement [grijɛvmɑ̃] *adv* seriously.

griffe [grif] *nf* **-1.** [d'animal] claw. **-2.** *Belg* [éraflure] scratch.

griffer [grife] *vt* [suj: chat etc] to claw.

grignoter [griɲɔte] ◇ *vt* **-1.** [manger] to nibble. **-2.** *fam fig* [réduire - capital] to eat away (at). **-3.** *fam fig* [gagner - avantage] to gain. ◇ *vi* **-1.** [manger] to nibble. **-2.** *fam fig* [prendre]: **~ sur** to nibble away at.

gril [gril] *nm* grill.

grillade [grijad] *nf* CULIN grilled meat.

grillage [grijaʒ] *nm* **-1.** [de porte, de fenêtre] wire netting. **-2.** [clôture] wire fence.

grille [grij] *nf* **-1.** [portail] gate. **-2.** [d'orifice, de guichet] grille; [de fenêtre] bars (*pl*). **-3.** [de mots croisés, de loto] grid. **-4.** [tableau] table.

grille-pain [grijpɛ̃] *nm inv* toaster.

griller [grije] ◇ *vt* **-1.** [viande] to grill *Br*, to broil *Am*; [pain] to toast; [café, marrons] to roast. **-2.** *fig* [au soleil - personne] to burn; [- végétation] to shrivel. **-3.** [ampoule] to blow. **-4.** *fam fig* [dépasser - concurrents] to outstrip; **~ un feu rouge** to jump the lights. **-5.** *fig* [compromettre] to ruin. ◇ *vi* [viande] to grill *Br*, to broil *Am*.

grillon [grijɔ̃] *nm* [insecte] cricket.

grimace [grimas] *nf* grimace.

grimer [grime] *vt* CIN & THÉÂTRE to make up.

grimper [grɛ̃pe] ◇ *vt* to climb. ◇ *vi* to climb; **~ à un arbre/une échelle** to climb a tree/a ladder.

grincement [grɛ̃smɑ̃] *nm* [de charnière] squeaking; [de porte, plancher] creaking.

grincer [grɛ̃se] *vi* [charnière] to squeak; [porte, plancher] to creak.

grincheux, -euse [grɛ̃ʃø, øz] ◇ *adj* grumpy. ◇ *nm, f* moaner, grumbler.

grippe [grip] *nf* MÉD flu (*U*).

grippé, -e [gripe] *adj* [malade]: **être ~** to have flu.

gripper [gripe] *vi* **-1.** [mécanisme] to jam. **-2.** *fig* [processus] to stall.

gris, -e [gri, griz] *adj* **-1.** [couleur] grey. **-2.** *fig* [morne] dismal. **-3.** [saoul] tipsy. ◆ **gris** *nm* [couleur] grey.

grisaille [grizaj] *nf* **-1.** [de ciel] greyness. **-2.** *fig* [de vie] dullness.

grisant, -e [grizɑ̃, ɑ̃t] *adj* intoxicating.

griser [grize] *vt* to intoxicate.

grisonner [grizɔne] *vi* to turn grey.

grisou [grizu] *nm* firedamp.

grive [griv] *nf* thrush.

grivois, -e [grivwa, az] *adj* ribald.

Groenland [grɔɛnlɑ̃d] *nm*: **le ~** Greenland.

grog [grɔg] *nm* (hot) toddy.

grognement [grɔɲmɑ̃] *nm* **-1.** [son] grunt; [d'ours, de chien] growl. **-2.** [protestation] grumble.

grogner [grɔɲe] *vi* **-1.** [émettre un son] to grunt; [ours, chien] to growl. **-2.** [protester] to grumble.

groin [grwɛ̃] *nm* snout.

grommeler [grɔmle] *vt & vi* to mutter.

grondement [grɔ̃dmɑ̃] *nm* [d'animal] growl; [de tonnerre, de train] rumble; [de torrent] roar.

gronder [grɔ̃de] ◇ *vi* [animal] to growl; [tonnerre] to rumble. ◇ *vt* to scold.

gros, grosse [gro, gros] ◇ *adj* (*gén avant n*) **-1.** [gén] large, big; *péj* big. **-2.** (*avant ou après n*) [corpulent] fat. **-3.** [grossier] coarse. **-4.** [fort, sonore] loud. **-5.** [important, grave - ennuis] serious; [- dépense] major. ◆ **gros** ◇ *adv* [beaucoup] a lot. ◇ *nm* [partie]: **le (plus) ~ (de qqch)** the main part (of sthg). ◆ **en gros** *loc adv & loc adj* **-1.** COMM wholesale. **-2.** [en grands caractères] in large letters. **-3.** [grosso modo] roughly.

groseille [grozɛj] *nf* currant.

grosse [gros] *adj* → **gros**.

grossesse [grosɛs] *nf* pregnancy.

grosseur [grosœr] *nf* **-1.** [dimension, taille] size. **-2.** MÉD lump.

grossier, -ière [grosje, jɛr] *adj* **-1.** [matière] coarse. **-2.** [sommaire] rough. **-3.** [insolent] rude. **-4.** [vulgaire] crude. **-5.** [erreur] crass.

grossièrement [grosjɛrmɑ̃] *adv* **-1.** [sommairement] roughly. **-2.** [vulgairement] crudely.

grossir [grosir] ◇ *vi* **-1.** [prendre du poids] to put on weight. **-2.** [augmenter] to grow. **-3.** [s'intensifier] to increase. **-4.** [cours d'eau] to swell. ◇ *vt* **-1.** [suj: microscope, verre] to magnify. **-2.** [suj: vêtement]: **~ qqn** to make sb look fatter. **-3.** [exagérer] to exaggerate.

grossiste [grosist] *nmf* wholesaler.

grosso modo [grosomɔdo] *adv* roughly.

grotte [grɔt] *nf* cave.

grouiller [gruje] *vi*: **~ (de)** to swarm (with).

groupe [grup] *nm* group. ◆ **groupe sanguin** *nm* blood group.

groupement [grupmɑ̃] *nm* **-1.** [action] grouping. **-2.** [groupe] group.

grouper [grupe] *vt* to group. ◆ **se grouper** *vp* to come together.

grue [gry] *nf* TECHNOL & ZOOL crane.

grumeau, -x [grymo] *nm* lump.

Guatemala [gwatemala] *nm*: **le ~** Guatemala.

gué [ge] *nm* ford; **traverser à ~** to ford.

guenilles [gənij] *nfpl* rags.

guenon [gənɔ̃] *nf* female monkey.

guépard [gepar] *nm* cheetah.

guêpe [gɛp] *nf* wasp.

guêpier [gepje] *nm* wasp's nest; *fig* hornet's nest.

guère [gɛr] *adv* [peu] hardly; **ne (+ verbe) ~** [peu] hardly; **il ne l'aime ~** he doesn't like him/her very much.

guéridon [geridɔ̃] *nm* pedestal table.

guérilla [gerija] *nf* guerrilla warfare.

guérir [gerir] ◇ *vt* to cure; **~ qqn de** *litt & fig* to cure sb of. ◇ *vi* to recover, to get better.

guérison [gerizɔ̃] *nf* **-1.** [de malade] recovery. **-2.** [de maladie] cure.

guerre [gɛr] *nf* **-1.** MIL & *fig* war; **faire la ~ à un pays** to make OU wage war on a country; **Première/Seconde Guerre mondiale** First/Second World War. **-2.** [technique] warfare (*U*).

guerrier, -ière [gɛrje, jɛr] *adj* **-1.** [de guerre] war (*avant n*). **-2.** [peuple] warlike. ◆ **guerrier** *nm* warrior.

guet-apens [gɛtapɑ̃] *nm* ambush; *fig* trap.

guêtre [gɛtr] *nf* gaiter.

guetter [gete] *vt* **-1.** [épier] to lie in wait for. **-2.** [attendre] to be on the look-out for, to watch for. **-3.** [menacer] to threaten.

gueule [gœl] *nf* **-1.** [d'animal, ouverture] mouth. **-2.** *tfam* [bouche de l'homme] gob *Br*. **-3.** *fam* [visage] face.

gueuleton [gœltɔ̃] *nm fam* blow-out *Br*.

gui [gi] *nm* mistletoe.

guichet [giʃɛ] *nm* counter; [de gare, de théâtre] ticket office.

guide [gid] *nm* **-1.** [gén] guide. **-2.** [livre] guidebook.

guider [gide] *vt* to guide.

guidon [gidɔ̃] *nm* handlebars (*pl*).

guignol [giɲɔl] *nm* **-1.** [marionnette] glove puppet. **-2.** [théâtre] ≃ Punch and Judy show.

guillemet [gijmɛ] *nm* inverted comma, quotation mark.

guilleret, -ette [gijrɛ, ɛt] *adj* perky.

guillotine [gijɔtin] *nf* **-1.** [instrument] guillotine. **-2.** [de fenêtre] sash.

guindé, -e [gɛ̃de] *adj* stiff.

Guinée [gine] *nf*: **la ~** Guinea.

guirlande [girlɑ̃d] *nf* **-1.** [de fleurs] garland. **-2.** [de papier] chain; [de Noël] tinsel (*U*).

guise [giz] *nf*: **à ma ~** as I please OU like; **en ~ de** by way of.

guitare [gitar] *nf* guitar.

guitariste [gitarist] *nmf* guitarist.

guttural, -e, -aux [gytyral, o] *adj* guttural.

gymnastique [ʒimnastik] *nf* SPORT & *fig* gymnastics (*U*).

gynécologie [ʒinekɔlɔʒi] *nf* gynaecology.

gynécologue [ʒinekɔlɔg] *nmf* gynaecologist.

H

h1, H [aʃ] *nm inv* h, H.

h2 (*abr de* **heure**) hr.

ha (*abr de* **hectare**) ha.

hab. *abr de* **habitant.**

habile [abil] *adj* skilful; [démarche] clever.

habileté [abilte] *nf* skill.

habiller [abije] *vt* **-1.** [vêtir]: **~ qqn (de)** to dress sb (in). **-2.** [recouvrir] to cover. ◆ **s'habiller** *vp* **-1.** [se vêtir] to dress, to get dressed. **-2.** [se vêtir élégamment] to dress (up).

habit [abi] *nm* **-1.** [costume] suit. **-2.** RELIG habit. ◆ **habits** *nmpl* [vêtements] clothes.

habitacle [abitakl] *nm* [d'avion] cockpit; [de voiture] passenger compartment.

habitant, -e [abitɑ̃, ɑ̃t] *nm, f* **-1.** [de pays] inhabitant. **-2.** [d'immeuble] occupant. **-3.** *Can* [paysan] farmer.

habitation [abitasjɔ̃] *nf* **-1.** [fait d'habiter] housing. **-2.** [résidence] house, home.

habiter [abite] ◇ *vt* **-1.** [résider] to live in. **-2.** [suj: passion, sentiment] to dwell within. ◇ *vi* to live; **~ à** to live in.

habitude [abityd] *nf* [façon de faire] habit; **avoir l'~ de faire qqch** to be in the habit of doing sthg; **d'~** usually.

habituel, -elle [abityɛl] *adj* [coutumier] usual, customary.

habituer [abitye] *vt*: **~ qqn à qqch/à faire qqch** to get sb used to sthg/to doing sthg. ◆ **s'habituer** *vp*: **s'~ à qqch/à faire qqch** to get used to sthg/to doing sthg.

hache ['aʃ] *nf* axe.

hacher ['aʃe] *vt* **-1.** [couper - gén] to chop finely; [- viande] to mince *Br*, to grind *Am*. **-2.** [entrecouper] to interrupt.

hachisch = **haschisch**.

hachoir ['aʃwar] *nm* **-1.** [couteau] chopper. **-2.** [appareil] mincer *Br*, grinder *Am*. **-3.** [planche] chopping-board.

hachure ['aʃyr] *nf* hatching.

hagard, -e ['agar, ard] *adj* haggard.

haie ['ɛ] *nf* **-1.** [d'arbustes] hedge. **-2.** [de personnes] row; [de soldats, d'agents de police] line. **-3.** SPORT hurdle.

haillons ['ajɔ̃] *nmpl* rags.

haine ['ɛn] *nf* hatred.

haïr ['air] *vt* to hate.

Haïti [aiti] *n* Haiti.

hâle ['al] *nm* tan.

hâlé, -e ['ale] *adj* tanned.

haleine [alɛn] *nf* breath.

haleter ['alte] *vi* to pant.

hall ['ol] *nm* **-1.** [vestibule, entrée] foyer, lobby. **-2.** [salle publique] concourse.

halle ['al] *nf* covered market.

hallucination [alysinasjɔ̃] *nf* hallucination.

halo ['alo] *nm* [cercle lumineux] halo.

halogène [alɔʒɛn] *nm & adj* halogen.

halte ['alt] ◇ *nf* stop. ◇ *interj* stop!

haltère [altɛr] *nm* dumbbell.

haltérophilie [alterɔfili] *nf* weightlifting.

hamac ['amak] *nm* hammock.

hamburger ['ɑ̃burgœr] *nm* hamburger.

hameau, -x ['amo] *nm* hamlet.

hameçon [amsɔ̃] *nm* fish-hook.

hamster ['amstɛr] *nm* hamster.

hanche ['ɑ̃ʃ] *nf* hip.

handball ['ɑ̃dbal] *nm* handball.

handicap ['ɑ̃dikap] *nm* handicap.

handicapé, -e ['ɑ̃dikape] ◇ *adj* handicapped. ◇ *nm, f* handicapped person.

handicaper ['ɑ̃dikape] *vt* to handicap.

hangar ['ɑ̃gar] *nm* shed; AÉRON hangar.

hanneton ['antɔ̃] *nm* cockchafer.

hanter ['ɑ̃te] *vt* to haunt.

hantise ['ɑ̃tiz] *nf* obsession.

happer ['ape] *vt* [attraper] to snap up.

haranguer ['arɑ̃ge] *vt* to harangue.

haras ['ara] *nm* stud (farm).

harassant, -e ['arasɑ̃, ɑ̃t] *adj* exhausting.

harceler ['arsəle] *vt* **-1.** [relancer] to harass. **-2.** MIL to harry. **-3.** [importuner]: ~ qqn (de) to pester sb (with).

hardes ['ard] *nfpl* old clothes.

hardi, -e ['ardi] *adj* bold, daring.

hareng ['arɑ̃] *nm* herring.

hargne ['arɲ] *nf* spite (*U*), bad temper.

haricot ['ariko] *nm* bean; ~s verts/blancs/rouges green/haricot/kidney beans.

harmonica [armɔnika] *nm* harmonica, mouth organ.

harmonie [armɔni] *nf* **-1.** [gén] harmony. **-2.** [de visage] symmetry.

harmonieux, -ieuse [armɔnjø, jøz] *adj* **-1.** [gén] harmonious. **-2.** [voix] melodious. **-3.** [traits, silhouette] regular.

harmoniser [armɔnize] *vt* MUS & *fig* to harmonize; [salaires] to bring into line.

harnacher ['arnaʃe] *vt* [cheval] to harness.

harnais ['arnɛ] *nm* **-1.** [de cheval, de parachutiste] harness. **-2.** TECHNOL train.

harpe ['arp] *nf* harp.

harpon ['arpɔ̃] *nm* harpoon.

harponner ['arpɔne] *vt* **-1.** [poisson] to harpoon. **-2.** *fam* [personne] to waylay.

hasard ['azar] *nm* chance; au ~ at random; par ~ by accident, by chance.

hasarder ['azarde] *vt* **-1.** [tenter] to venture. **-2.** [risquer] to hazard. ◆ **se hasarder** *vp*: se ~ à faire qqch to risk doing sthg.

haschisch, haschich, hachisch ['aʃiʃ] *nm* hashish.

hâte ['at] *nf* haste.

hâter ['ate] *vt* **-1.** [activer] to hasten. **-2.** [avancer] to bring forward. ◆ **se hâter** *vp* to hurry; se ~ de faire qqch to hurry to do sthg.

hausse ['os] *nf* [augmentation] rise, increase.

hausser ['ose] *vt* to raise.

haut, -e [o, ot] *adj* **-1.** [gén] high; ~ de 20 m 20 m high. **-2.** [classe sociale, pays, région] upper. **-3.** [responsable] senior. ◆ **haut** ◇ *adv* **-1.** [gén] high; [placé] highly. **-2.** [fort] loudly. ◇ *nm* **-1.** [hauteur] height; faire 2 m de ~ to be 2 m high OU in height. **-2.** [sommet, vêtement] top. **-3.** *loc*: avoir OU connaître des ~s et des bas to have one's ups and downs. ◆ **de haut** *loc adv* haughtily; le prendre de ~ to react haughtily. ◆ **de haut en bas** *loc adv* from top to bottom. ◆ **du haut de** *loc prép* from the top of. ◆ **en haut de** *loc prép* at the top of.

hautain, -e ['otɛ̃, ɛn] *adj* haughty.

hautbois ['obwa] *nm* oboe.

haut de gamme [odgam] ◇ *adj* upmarket; une chaîne ~ a state-of-the-art hi-fi system. ◇ *nm* top of the range.

haute-fidélité [otfidelite] *nf* high fidelity, hi-fi.

hautement ['otmɑ̃] *adv* highly.

hauteur ['otœr] *nf* height; à ~ d'épaule at shoulder level OU height.

haut-fourneau ['ofurno] *nm* blast furnace.

haut-parleur ['oparlœr] (*pl* **haut-parleurs**) *nm* loudspeaker.

havre ['avr] *nm* [refuge] haven.

Haye ['ɛ] *n*: La ~ the Hague.

hayon ['ajɔ̃] *nm* hatchback.

hebdomadaire [ɛbdɔmadɛr] *nm & adj* weekly.

héberger [eberʒe] *vt* **-1.** [loger] to put up. **-2.** [suj: hôtel] to take in.

hébété, -e [ebete] *adj* dazed.

hébraïque [ebraik] *adj* Hebrew.

hébreu, -x [ebrø] ◇ *adj* Hebrew. ◆ **hébreu** *nm* [langue] Hebrew. ◆ **Hébreu, -x** *nm* Hebrew.

hécatombe [ekatɔ̃b] *nf litt* & *fig* slaughter.

hectare [ɛktar] *nm* hectare.

hectolitre [ɛktɔlitr] *nm* hectolitre.

hégémonie [eʒemɔni] *nf* hegemony.

hein ['ɛ̃] *interj fam* eh?, what?; tu m'en veux, ~? you're cross with me, aren't you?

hélas [elas] *interj* unfortunately, alas.

héler ['ele] *vt sout* to hail.

hélice [elis] *nf* **-1.** [d'avion, de bateau] propeller. **-2.** MATHS helix.

hélicoptère [elikɔptɛr] *nm* helicopter.

héliport [elipɔr] *nm* heliport.

hélium [eljɔm] *nm* helium.

Helsinki ['ɛlsinki] *n* Helsinki.

hématome [ematom] *nm* MÉD haematoma.

hémicycle [emisikl] *nm* POLIT: l'~ the Assemblée Nationale.

hémisphère [emisfɛr] *nm* hemisphere.

hémophile [emɔfil] ◇ *nmf* haemophiliac. ◇ *adj* haemophilic.

hémorragie [emɔraʒi] *nf* **-1.** MÉD haemorrhage. **-2.** *fig* [perte, fuite] loss.

hémorroïdes [emɔrɔid] *nfpl* haemorrhoids, piles.

hennir ['enir] *vi* to neigh, to whinny.

hépatite [epatit] *nf* MÉD hepatitis.

herbe [ɛrb] *nf* -1. BOT grass. -2. CULIN & MÉD herb. -3. *fam* [marijuana] grass.

herbicide [ɛrbisid] *nm* weedkiller, herbicide.

herboriste [ɛrbɔrist] *nmf* herbalist.

héréditaire [ereditɛr] *adj* hereditary.

hérédité [eredite] *nf* [génétique] heredity.

hérésie [erezi] *nf* heresy.

hérisson ['erisɔ̃] *nm* ZOOL hedgehog.

héritage [eritaʒ] *nm* -1. [de biens] inheritance. -2. [culturel] heritage.

hériter [erite] ◇ *vi* to inherit; ~ de qqch to inherit sthg. ◇ *vt*: ~ qqch de qqn *litt* & *fig* to inherit sthg from sb.

héritier, -ière [eritje, jɛr] *nm, f* heir (*f* heiress).

hermétique [ɛrmetik] *adj* -1. [étanche] hermetic. -2. [incompréhensible] inaccessible, impossible to understand. -3. [impénétrable] impenetrable.

hermine [ɛrmin] *nf* -1. [animal] stoat. -2. [fourrure] ermine.

hernie ['ɛrni] *nf* hernia.

héroïne [erɔin] *nf* -1. [personne] heroine. -2. [drogue] heroin.

héroïque [erɔik] *adj* heroic.

héroïsme [erɔism] *nm* heroism.

héron ['erɔ̃] *nm* heron.

héros ['ero] *nm* hero.

herse ['ɛrs] *nf* -1. AGRIC harrow. -2. [grille] portcullis.

hertz ['ɛrts] *nm inv* hertz.

hésitant, -e [ezitɑ̃, ɑ̃t] *adj* hesitant.

hésitation [ezitasjɔ̃] *nf* hesitation.

hésiter [ezite] *vi* to hesitate; ~ entre/sur to hesitate between/over; ~ à faire qqch to hesitate to do sthg.

hétéroclite [eterɔklit] *adj* motley.

hétérogène [eterɔʒɛn] *adj* heterogeneous.

hétérosexuel, -elle [eterɔsɛksyɛl] *adj* & *nm, f* heterosexual.

hêtre ['ɛtr] *nm* beech.

heure [œr] *nf* -1. [unité de temps] hour; 250 km à l'~ 250 km per OU an hour; faire des ~s supplémentaires to work overtime. -2. [moment du jour] time; il est deux ~s it's two o'clock; quelle ~ est-il? what time is it?; être à l'~ to be on time; à quelle ~? when?, (at) what time?; ~ de pointe rush hour; ~s de bureau office hours. -3. SCOL class, period. -4. *loc*: c'est l'~ (de faire qqch) it's time (to do sthg); de bonne ~ early.

heureusement [œrøzmɑ̃] *adv* [par chance] luckily, fortunately.

heureux, -euse [œrø, øz] *adj* -1. [gén] happy; [favorable] fortunate; être ~ de faire qqch to be happy to do sthg. -2. [réussi] successful, happy.

heurt ['œr] *nm* -1. [choc] collision, impact. -2. [désaccord] clash.

heurter ['œrte] *vt* -1. [rentrer dans - gén] to hit; [- suj: personne] to bump into. -2. [offenser - personne, sensibilité] to offend. -3. [bon sens, convenances] to go against. ◆ **se heurter** *vp* -1. [gén]: se ~ (contre) to collide (with). -2. [rencontrer]: se ~ à qqch to come up against sthg.

hexagonal, -e, -aux [ɛgzagɔnal, o] *adj* -1. GÉOM hexagonal. -2. [français] French.

hexagone [ɛgzagɔn] *nm* GÉOM hexagon.

hiatus [jatys] *nm inv* hiatus.

hiberner [ibɛrne] *vi* to hibernate.

hibou, -x ['ibu] *nm* owl.

hideux, -euse ['idø, øz] *adj* hideous.

hier [ijɛr] *adv* yesterday.

hiérarchie ['jerarʃi] *nf* hierarchy.

hiéroglyphe [jerɔglif] *nm* hieroglyph, hieroglyphic.

hilare [ilar] *adj* beaming.

hilarité [ilarite] *nf* hilarity.

Himalaya [imalaja] *nm*: l'~ the Himalayas (*pl*).

hindou, -e [ɛ̃du] *adj* Hindu. ◆ **Hindou, -e** *nm, f* Hindu.

hippie, hippy ['ipi] (*pl* hippies) *nmf* & *adj* hippy.

hippique [ipik] *adj* horse (*avant n*).

hippodrome [ipɔdrom] *nm* race-course.

hippopotame [ipɔpɔtam] *nm* hippopotamus.

hirondelle [irɔ̃dɛl] *nf* swallow.

hirsute [irsyt] *adj* [chevelure, barbe] shaggy.

hispanique [ispanik] *adj* [gén] Hispanic.

hisser ['ise] *vt* -1. [voile, drapeau] to hoist. -2. [charge] to heave, to haul. ◆ **se hisser** *vp* -1. [grimper]: se ~ (sur) to heave OU haul o.s. up (onto). -2. *fig* [s'élever]: se ~ à to pull o.s. up to.

histoire [istwar] *nf* -1. [science] history. -2. [récit, mensonge] story. -3. [aventure] funny OU strange thing. -4. (*gén pl*) [ennui] trouble (*U*).

historique [istɔrik] *adj* -1. [roman, recherches] historical. -2. [monument, événement] historic.

hiver [ivɛr] *nm* winter; en ~ in (the) winter.

HLM (*abr de* **habitation à loyer modéré**) *nm ou nf* low-rent, state-owned housing, ≃ council house/flat *Br*, ≃ public housing unit *Am*.

hobby ['ɔbi] *nm* hobby.

hocher ['ɔʃe] *vt*: ~ **la tête** [affirmativement] to nod (one's head); [négativement] to shake one's head.

hochet ['ɔʃɛ] *nm* rattle.

hockey ['ɔkɛ] *nm* hockey.

holding ['ɔldiŋ] *nm ou nf* holding company.

hold-up ['ɔldœp] *nm inv* hold-up.

hollandais, -e ['ɔlɑ̃dɛ, ɛz] *adj* Dutch. ◆ **hollandais** *nm* [langue] Dutch. ◆ **Hollandais, -e** *nm, f* Dutchman (*f* Dutchwoman).

Hollande ['ɔlɑ̃d] *nf*: **la** ~ Holland.

holocauste [ɔlɔkost] *nm* holocaust.

homard ['ɔmar] *nm* lobster.

homéopathie [ɔmeɔpati] *nf* homeopathy.

homicide [ɔmisid] *nm* [meurtre] murder.

hommage [ɔmaʒ] *nm* [témoignage d'estime] tribute; **rendre** ~ **à qqn/qqch** to pay tribute to sb/sthg.

homme [ɔm] *nm* man; ~ **d'affaires** businessman; ~ **d'État** statesman; ~ **politique** politician.

homme-grenouille [ɔmgrənuj] *nm* frogman.

homogène [ɔmɔʒɛn] *adj* homogeneous.

homologue [ɔmɔlɔg] *nm* counterpart, opposite number.

homonyme [ɔmɔnim] *nm* **-1.** LING homonym. **-2.** [personne, ville] namesake.

homosexualité [ɔmɔsɛksyalite] *nf* homosexuality.

homosexuel, -elle [ɔmɔsɛksyɛl] *adj & nm, f* homosexual.

Honduras ['ɔdyras] *nm*: **le** ~ Honduras.

Hongrie ['ɔgri] *nf*: **la** ~ Hungary.

hongrois, -e ['ɔgrwa, az] *adj* Hungarian. ◆ **hongrois** *nm* [langue] Hungarian. ◆ **Hongrois, -e** *nm, f* Hungarian.

honnête [ɔnɛt] *adj* **-1.** [intègre] honest. **-2.** [correct] honourable. **-3.** [convenable - travail, résultat] reasonable.

honnêtement [ɔnɛtmɑ̃] *adv* **-1.** [de façon intègre, franchement] honestly. **-2.** [correctement] honourably.

honnêteté [ɔnɛtte] *nf* honesty.

honneur [ɔnœr] *nm* honour; **faire** ~ **à qqn/à qqch** to be a credit to sb/to sthg; **faire** ~ **à un repas** *fig* to do justice to a meal.

honorable [ɔnɔrabl] *adj* **-1.** [digne] honourable. **-2.** [convenable] respectable.

honorablement [ɔnɔrabləmɑ̃] *adv* honourably.

honoraire [ɔnɔrɛr] *adj* honorary. ◆ **honoraires** *nmpl* fee (*sg*), fees.

honorer [ɔnɔre] *vt* **-1.** [faire honneur à] to be a credit to. **-2.** [payer] to honour.

honte ['ɔt] *nf* [sentiment] shame; **avoir** ~ **de qqn/qqch** to be ashamed of sb/sthg; **avoir** ~ **de faire qqch** to be ashamed of doing sthg.

honteux, -euse ['ɔtø, øz] *adj* shameful; [personne] ashamed.

hôpital, -aux [ɔpital, o] *nm* hospital.

hoquet ['ɔkɛ] *nm* hiccup.

horaire [ɔrɛr] ◇ *nm* **-1.** [de départ, d'arrivée] timetable. **-2.** [de travail] hours (*pl*) (of work). ◇ *adj* hourly.

horizon [ɔrizɔ̃] *nm* **-1.** [ligne, perspective] horizon. **-2.** [panorama] view.

horizontal, -e, -aux [ɔrizɔ̃tal, o] *adj* horizontal. ◆ **horizontale** *nf* MATHS horizontal.

horloge [ɔrlɔʒ] *nf* clock.

hormis ['ɔrmi] *prép* save.

hormone [ɔrmɔn] *nf* hormone.

horodateur [ɔrɔdatœr] *nm* [à l'usine] clock; [au parking] ticket machine.

horoscope [ɔrɔskɔp] *nm* horoscope.

horreur [ɔrœr] *nf* horror; **avoir** ~ **de qqn/qqch** to hate sb/sthg; **avoir** ~ **de faire qqch** to hate doing sthg; **quelle** ~! how dreadful!, how awful!

horrible [ɔribl] *adj* **-1.** [affreux] horrible. **-2.** *fig* [terrible] terrible, dreadful.

horrifier [ɔrifje] *vt* to horrify.

horripiler [ɔripile] *vt* to exasperate.

hors ['ɔr] *prép*: ~ **pair** outstanding. ◆ **hors de** *loc prép* outside.

hors-bord ['ɔrbɔr] *nm inv* speedboat.

hors-d'œuvre ['ɔrdœvr] *nm inv* hors d'oeuvre, starter.

hors-jeu ['ɔrʒø] *nm inv & adj inv* offside.

hors-la-loi ['ɔrlalwa] *nm inv* outlaw.

hors-piste ['ɔrpist] *nm inv* off-piste skiing.

hortensia [ɔrtɑ̃sja] *nm* hydrangea.

horticulture [ɔrtikyltyr] *nf* horticulture.

hospice [ɔspis] *nm* home.

hospitalier, -ière [ɔspitalje, jɛr] *adj* **-1.** [accueillant] hospitable. **-2.** [relatif aux hôpitaux] hospital (*avant n*).

hospitaliser [ɔspitalize] *vt* to hospitalize.

hospitalité [ɔspitalite] *nf* hospitality.

hostie [ɔsti] nf host.

hostile [ɔstil] adj: ~ (à) hostile (to).

hostilité [ɔstilite] nf hostility. ◆ **hostilités** nfpl hostilities.

hôte, hôtesse [ot, otɛs] nm, f host (f hostess); **hôtesse de l'air** air hostess. ◆ **hôte** nm [invité] guest.

hôtel [otɛl] nm **-1.** [d'hébergement] hotel. **-2.** [établissement public] public building; ~ **de ville** town hall.

hotte [ɔt] nf **-1.** [panier] basket. **-2.** [d'aération] hood.

houblon [ublɔ̃] nm **-1.** BOT hop. **-2.** [de la bière] hops (pl).

houille [uj] nf coal.

houiller, -ère [uje, ɛr] adj coal (avant n). ◆ **houillère** nf coalmine.

houle [ul] nf swell.

houlette [ulɛt] nf sout: **sous la ~ de qqn** under the guidance of sb.

houppe [up] nf **-1.** [à poudre] powder puff. **-2.** [de cheveux] tuft.

hourra, hurrah [ura] interj hurrah!

houspiller [uspije] vt to tell off.

housse [us] nf cover.

houx [u] nm holly.

HS (abr de **hors service**) adj out of order; **je suis ~** fam I'm completely washed out.

hublot [yblo] nm [de bateau] porthole.

huer [ɥe] vt [siffler] to boo.

huile [ɥil] nf **-1.** [gén] oil; ~ **d'arachide/ d'olive** groundnut/olive oil. **-2.** [peinture] oil painting. **-3.** fam [personnalité] bigwig.

huis [ɥi] nm littéraire door; **à ~ clos** JUR in camera.

huissier [ɥisje] nm **-1.** [appariteur] usher. **-2.** JUR bailiff.

huit [ɥit] ◇ adj num eight. ◇ nm eight; **lundi en ~** a week on Br OU from Am Monday, Monday week Br; voir aussi **six**.

huitième [ɥitjɛm] ◇ adj num & nmf eighth. ◇ nm eighth; **le ~ de finale** round before the quarterfinal. ◇ nf SCOL = second year OU form (at junior school) Br, = fourth grade Am; voir aussi **sixième**.

huître [ɥitr] nf oyster.

humain, -e [ymɛ̃, ɛn] adj **-1.** [gén] human. **-2.** [sensible] humane. ◆ **humain** nm [être humain] human (being).

humanitaire [ymaniter] adj humanitarian.

humanité [ymanite] nf humanity. ◆ **humanités** nfpl Belg humanities.

humble [œ̃bl] adj humble.

humecter [ymɛkte] vt to moisten.

humer [ˈyme] vt to smell.

humérus [ymerys] nm humerus.

humeur [ymœr] nf **-1.** [disposition] mood; **être de bonne/mauvaise ~** to be in a good/bad mood. **-2.** [caractère] nature. **-3.** sout [irritation] temper.

humide [ymid] adj [air, climat] humid; [terre, herbe, mur] wet, damp; [saison] rainy; [front, yeux] moist.

humidité [ymidite] nf [de climat, d'air] humidity; [de terre, mur] dampness.

humiliation [ymiljasjɔ̃] nf humiliation.

humilier [ymilje] vt to humiliate. ◆ **s'humilier** vp: **s'~ devant qqn** to grovel to sb.

humilité [ymilite] nf humility.

humoristique [ymɔristik] adj humorous.

humour [ymur] nm humour.

humus [ymys] nm humus.

huppé, -e [ˈype] adj **-1.** fam [société] upper-crust. **-2.** [oiseau] crested.

hurlement [ˈyrləmɑ̃] nm howl.

hurler [ˈyrle] vi [gén] to howl.

hurrah = **hourra**.

hutte [ˈyt] nf hut.

hybride [ibrid] nm & adj hybrid.

hydratant, -e [idratɑ̃, ɑ̃t] adj moisturizing.

hydrater [idrate] vt **-1.** CHIM to hydrate. **-2.** [peau] to moisturize.

hydraulique [idrolik] adj hydraulic.

hydravion [idravjɔ̃] nm seaplane, hydroplane.

hydrocarbure [idrokarbyr] nm hydrocarbon.

hydrocution [idrokysjɔ̃] nf immersion syncope.

hydroélectrique [idroelɛktrik] adj hydroelectric.

hydrogène [idrɔʒɛn] nm hydrogen.

hydroglisseur [idroglisœr] nm jetfoil, hydroplane.

hydrophile [idrɔfil] adj → **coton**.

hyène [jɛn] nf hyena.

hygiène [iʒjɛn] nf hygiene.

hygiénique [iʒjenik] adj **-1.** [sanitaire] hygienic. **-2.** [bon pour la santé] healthy.

hymne [imn] nm hymn.

hypermarché [ipɛrmarʃe] nm hypermarket.

hypermétrope [ipɛrmetrɔp] ◇ nmf longsighted person. ◇ adj longsighted.

hypertension [ipɛrtɑ̃sjɔ̃] nf high blood pressure, hypertension.

hypertexte [ipɛrtɛkst] nm hypertext.

hypertrophié [ipɛrtrɔfje] adj hypertrophic; fig exaggerated.

hypnotiser [ipnɔtize] *vt* to hypnotize; *fig* to mesmerize.

hypocondriaque [ipɔkɔ̃drijak] *nmf & adj* hypochondriac.

hypocrisie [ipɔkrizi] *nf* hypocrisy.

hypocrite [ipɔkrit] ◇ *nmf* hypocrite. ◇ *adj* hypocritical.

hypoglycémie [ipɔglisemi] *nf* hypoglycaemia.

hypotension [ipɔtɑ̃sjɔ̃] *nf* low blood pressure.

hypothèque [ipɔtɛk] *nf* mortgage.

hypothèse [ipɔtɛz] *nf* hypothesis.

hystérie [isteri] *nf* hysteria.

hystérique [isterik] *adj* hysterical.

I

i, I [i] *nm inv* i, I; **mettre les points sur les i** to dot the i's and cross the t's.

ibérique [iberik] *adj*: **la péninsule ~** the Iberian Peninsula.

iceberg [ajsbɛrg] *nm* iceberg.

ici [isi] *adv* **-1.** [lieu] here; **par ~** [direction] this way; [alentour] around here. **-2.** [temps] now; **d'~ là** by then.

icône [ikon] *nf* INFORM & RELIG icon.

iconographie [ikɔnɔgrafi] *nf* iconography.

idéal, -e [ideal] (*pl* **idéals** OU **idéaux** [ideo]) *adj* ideal. ◆ **idéal** *nm* ideal.

idéaliste [idealist] ◇ *nmf* idealist. ◇ *adj* idealistic.

idée [ide] *nf* idea; **à l'~ de/que** at the idea of/that; **se faire des ~s** to imagine things; **cela ne m'est jamais venu à l'~** it never occurred to me.

identification [idɑ̃tifikasjɔ̃] *nf*: **~ (à)** identification (with).

identifier [idɑ̃tifje] *vt* to identify. ◆ **s'identifier** *vp*: **s'~ à qqn/qqch** to identify with sb/sthg.

identique [idɑ̃tik] *adj*: **~ (à)** identical (to).

identité [idɑ̃tite] *nf* identity.

idéologie [ideɔlɔʒi] *nf* ideology.

idiomatique [idjɔmatik] *adj* idiomatic.

idiot, -e [idjo, ɔt] ◇ *adj* idiotic; MÉD idiot (*avant n*). ◇ *nm, f* idiot.

idiotie [idjɔsi] *nf* **-1.** [stupidité] idiocy. **-2.** [action, parole] idiotic thing.

idolâtrer [idɔlatre] *vt* to idolize.

idole [idɔl] *nf* idol.

idylle [idil] *nf* [amour] romance.

idyllique [idilik] *adj* [idéal] idyllic.

if [if] *nm* yew.

igloo, iglou [iglu] *nm* igloo.

ignare [iɲar] ◇ *nmf* ignoramus. ◇ *adj* ignorant.

ignoble [iɲɔbl] *adj* **-1.** [abject] base. **-2.** [hideux] vile.

ignominie [iɲɔmini] *nf* **-1.** [état] disgrace. **-2.** [action] disgraceful act.

ignorance [iɲɔrɑ̃s] *nf* ignorance.

ignorant, -e [iɲɔrɑ̃, ɑ̃t] ◇ *adj* ignorant. ◇ *nm, f* ignoramus.

ignorer [iɲɔre] *vt* **-1.** [ne pas savoir] not to know, to be unaware of. **-2.** [ne pas tenir compte de] to ignore. **-3.** [ne pas connaître] to have no experience of.

il [il] *pron pers* **-1.** [sujet - personne] he; [- animal] it, he; [- chose] it. **-2.** [sujet d'un verbe impersonnel] it; **pleut** it's raining. ◆ **ils** *pron pers pl* they.

île [il] *nf* island; **les ~s Anglo-Normandes** the Channel Islands; **les ~s Baléares** the Balearic Islands; **les ~s Britanniques** the British Isles; **les ~s Canaries** the Canary Islands; **les ~s Malouines** the Falkland Islands.

illégal, -e, -aux [ilegal, o] *adj* illegal.

illégalité [ilegalite] *nf* [fait d'être illégal] illegality.

illégitime [ileʒitim] *adj* **-1.** [enfant] illegitimate; [union] unlawful. **-2.** [non justifié] unwarranted.

illettré, -e [iletre] *adj & nm, f* illiterate.

illicite [ilisit] *adj* illicit.

illimité, -e [ilimite] *adj* **-1.** [sans limites] unlimited. **-2.** [indéterminé] indefinite.

illisible [ilizibl] *adj* **-1.** [indéchiffrable] illegible. **-2.** [incompréhensible & INFORM] unreadable.

illogique [ilɔʒik] *adj* illogical.

illumination [ilyminasjɔ̃] *nf* **-1.** [éclairage] lighting. **-2.** [idée soudaine] inspiration.

illuminer [ilymine] *vt* to light up; [bâtiment, rue] to illuminate. ◆ **s'illuminer** *vp*: **s'~ de joie** to light up with joy.

illusion [ilyzjɔ̃] *nf* illusion.

illusoire [ilyzwar] *adj* illusory.

illustration [ilystrasjɔ̃] *nf* illustration.

illustre [ilystr] *adj* illustrious.

illustré, -e [ilystre] *adj* illustrated. ◆ **illustré** *nm* illustrated magazine.

illustrer [ilystre] *vt* **-1.** [gén] to illustrate. **-2.** [rendre célèbre] to make famous. ◆ **s'illustrer** *vp* to distinguish o.s.

îlot [ilo] *nm* -1. [île] small island, islet. -2. *fig* [de résistance] pocket.

ils → **il**.

image [imaʒ] *nf* -1. [vision mentale, comparaison, ressemblance] image. -2. [dessin] picture.

imaginaire [imaʒinɛr] *adj* imaginary.

imagination [imaʒinasjɔ̃] *nf* imagination; **avoir de l'**~ to be imaginative.

imaginer [imaʒine] *vt* -1. [supposer, croire] to imagine. -2. [trouver] to think of. ◆ **s'imaginer** *vp* -1. [se voir] to see o.s. -2. [croire] to imagine.

imam [imam] *nm* imam.

imbattable [ɛ̃batabl] *adj* unbeatable.

imbécile [ɛ̃besil] *nmf* imbecile.

imberbe [ɛ̃bɛrb] *adj* beardless.

imbiber [ɛ̃bibe] *vt*: ~ **qqch de qqch** to soak sthg with OU in sthg.

imbriqué, -e [ɛ̃brike] *adj* overlapping.

imbroglio [ɛ̃brɔljo] *nm* imbroglio.

imbu, -e [ɛ̃by] *adj*: **être** ~ **de** to be full of.

imbuvable [ɛ̃byvabl] *adj* -1. [eau] undrinkable. -2. *fam* [personne] unbearable.

imitateur, -trice [imitatœr, tris] *nm, f* -1. [comique] impersonator. -2. *péj* [copieur] imitator.

imitation [imitasjɔ̃] *nf* imitation.

imiter [imite] *vt* -1. [s'inspirer de, contrefaire] to imitate. -2. [reproduire l'aspect de] to look (just) like.

immaculé, -e [imakyle] *adj* immaculate.

immangeable [ɛ̃mɑ̃ʒabl] *adj* inedible.

immanquable [ɛ̃mɑ̃kabl] *adj* impossible to miss; [sort, échec] inevitable.

immatriculation [imatrikylasjɔ̃] *nf* registration.

immédiat, -e [imedja, at] *adj* immediate.

immédiatement [imedjatmɑ̃] *adv* immediately.

immense [imɑ̃s] *adj* immense.

immerger [imɛrʒe] *vt* to submerge. ◆ **s'immerger** *vp* to submerge o.s.

immérité, -e [imerite] *adj* undeserved.

immeuble [imœbl] *nm* building.

immigration [imigrasjɔ̃] *nf* immigration.

immigré, -e [imigre] *adj & nm, f* immigrant.

immigrer [imigre] *vi* to immigrate.

imminent, -e [iminɑ̃, ɑ̃t] *adj* imminent.

immiscer [imise] ◆ **s'immiscer** *vp*: **s'**~ **dans** to interfere in OU with.

immobile [imɔbil] *adj* -1. [personne, visage] motionless. -2. [mécanisme] fixed, stationary. -3. *fig* [figé] immovable.

immobilier, -ière [imɔbilje, jɛr] *adj*: **biens** ~**s** property (U) Br, real estate (U) Am.

immobiliser [imɔbilize] *vt* to immobilize. ◆ **s'immobiliser** *vp* to stop.

immobilité [imɔbilite] *nf* immobility; [de paysage, de lac] stillness.

immodéré, -e [imɔdere] *adj* inordinate.

immoler [imɔle] *vt* to sacrifice; RELIG to immolate. ◆ **s'immoler** *vp* to immolate o.s.

immonde [imɔ̃d] *adj* -1. [sale] foul. -2. [abject] vile.

immondices [imɔ̃dis] *nfpl* waste (U), refuse (U).

immoral, -e, -aux [imɔral, o] *adj* immoral.

immortaliser [imɔrtalize] *vt* to immortalize.

immortel, -elle [imɔrtɛl] *adj* immortal. ◆ **immortel** *nm fam* member of the *Académie française*.

immuable [imɥabl] *adj* -1. [éternel - loi] immutable. -2. [constant] unchanging.

immuniser [imynize] *vt* -1. [vacciner] to immunize. -2. *fig* [garantir]: ~ **qqn contre qqch** to make sb immune to sthg.

immunité [imynite] *nf* immunity.

impact [ɛ̃pakt] *nm* impact; **avoir de l'**~ **sur** to have an impact on.

impair, -e [ɛ̃pɛr] *adj* odd. ◆ **impair** *nm* [faux-pas] gaffe.

imparable [ɛ̃parabl] *adj* -1. [coup] unstoppable. -2. [argument] unanswerable.

impardonnable [ɛ̃pardɔnabl] *adj* unforgivable.

imparfait, -e [ɛ̃parfɛ, ɛt] *adj* -1. [défectueux] imperfect. -2. [inachevé] incomplete. ◆ **imparfait** *nm* GRAM imperfect (tense).

impartial, -e, -iaux [ɛ̃parsjal, jo] *adj* impartial.

impartir [ɛ̃partir] *vt*: ~ **qqch à qqn** *littéraire* [délai, droit] to grant sthg to sb; [tâche] to assign sthg to sb.

impasse [ɛ̃pas] *nf* -1. [rue] dead end. -2. *fig* [difficulté] impasse, deadlock.

impassible [ɛ̃pasibl] *adj* impassive.

impatience [ɛ̃pasjɑ̃s] *nf* impatience.

impatient, -e [ɛ̃pasjɑ̃, ɑ̃t] *adj* impatient.

impatienter [ɛ̃pasjɑ̃te] *vt* to annoy. ◆ **s'impatienter** *vp*: **s'**~ **(de/contre)** to get impatient (at/with).

impayé, -e [ɛ̃peje] *adj* unpaid, outstanding. ◆ **impayé** *nm* outstanding payment.

impeccable [ɛ̃pekabl] *adj* **-1.** [parfait] impeccable, faultless. **-2.** [propre] spotless, immaculate.

impénétrable [ɛ̃penetrabl] *adj* impenetrable.

impénitent, -e [ɛ̃penitɑ̃, ɑ̃t] *adj* unrepentant.

impensable [ɛ̃pɑ̃sabl] *adj* unthinkable.

impératif, -ive [ɛ̃peratif, iv] *adj* **-1.** [ton, air] imperious. **-2.** [besoin] imperative, essential. ◆ **impératif** *nm* GRAM imperative.

impératrice [ɛ̃peratris] *nf* empress.

imperceptible [ɛ̃pɛrsɛptibl] *adj* imperceptible.

imperfection [ɛ̃pɛrfɛksjɔ̃] *nf* imperfection.

impérialisme [ɛ̃perjalism] *nm* POLIT imperialism; *fig* dominance.

impérieux, -ieuse [ɛ̃perjø, jøz] *adj* **-1.** [ton, air] imperious. **-2.** [nécessité] urgent.

impérissable [ɛ̃perisabl] *adj* undying.

imperméabiliser [ɛ̃pɛrmeabilize] *vt* to waterproof.

imperméable [ɛ̃pɛrmeabl] ◇ *adj* waterproof; ~ à [étanche] impermeable to; *fig* impervious OU immune to. ◇ *nm* raincoat.

impersonnel, -elle [ɛ̃pɛrsɔnɛl] *adj* impersonal.

impertinence [ɛ̃pɛrtinɑ̃s] *nf* impertinence (U).

impertinent, -e [ɛ̃pɛrtinɑ̃, ɑ̃t] ◇ *adj* impertinent. ◇ *nm, f* impertinent person.

imperturbable [ɛ̃pɛrtyrbabl] *adj* imperturbable.

impétueux, -euse [ɛ̃petɥø, øz] *adj* [personne, caractère] impetuous.

impie [ɛ̃pi] *adj littéraire* & *vieilli* impious.

impitoyable [ɛ̃pitwajabl] *adj* merciless, pitiless.

implacable [ɛ̃plakabl] *adj* implacable.

implanter [ɛ̃plɑ̃te] *vt* **-1.** [entreprise, système] to establish. **-2.** *fig* [préjugé] to implant. ◆ **s'implanter** *vp* [entreprise] to set up.

implication [ɛ̃plikasjɔ̃] *nf* **-1.** [participation]: ~ (**dans**) involvement (in). **-2.** (*gén pl*) [conséquence] implication.

implicite [ɛ̃plisit] *adj* implicit.

impliquer [ɛ̃plike] *vt* **-1.** [compromettre]: ~ **qqn dans** to implicate sb in. **-2.** [requérir, entraîner] to imply. ◆ **s'im-**

pliquer *vp*: s'~ **dans** *fam* to become involved in.

implorer [ɛ̃plɔre] *vt* to beseech.

implosion [ɛ̃plozjɔ̃] *nf* implosion.

impoli, -e [ɛ̃pɔli] *adj* rude, impolite.

impopulaire [ɛ̃pɔpylɛr] *adj* unpopular.

importance [ɛ̃pɔrtɑ̃s] *nf* **-1.** [gén] importance; [de problème, montant] magnitude. **-2.** [de dommages] extent. **-3.** [de ville] size.

important, -e [ɛ̃pɔrtɑ̃, ɑ̃t] *adj* **-1.** [gén] important. **-2.** [considérable] considerable, sizeable; [- dommages] extensive.

importation [ɛ̃pɔrtasjɔ̃] *nf* COMM & *fig* import.

importer [ɛ̃pɔrte] ◇ *vt* to import. ◇ *vi* ~ (à) to matter (to); ◇ *v impers* **il importe de/que** it is important to/that; **qu'importe!, peu importe!** it doesn't matter!; **n'importe qui** anyone (at all); **n'importe quoi** anything (at all); **n'importe où** anywhere (at all); **n'importe quand** at any time (at all).

import-export [ɛ̃pɔrɛkspɔr] *nm* import-export.

importuner [ɛ̃pɔrtyne] *vt* to irk.

imposable [ɛ̃pozabl] *adj* taxable.

imposant, -e [ɛ̃pozɑ̃, ɑ̃t] *adj* imposing.

imposé, -e [ɛ̃poze] *adj* **-1.** [contribuable] taxed. **-2.** SPORT [figure] compulsory.

imposer [ɛ̃poze] *vt* **-1.** [gén]: ~ **qqch/ qqn à qqn** to impose sthg/sb on sb. **-2.** [impressionner]: **en ~ à qqn** to impress sb. **-3.** [taxer] to tax. ◆ **s'imposer** *vp* **-1.** [être nécessaire] to be essential OU imperative. **-2.** [forcer le respect] to stand out. **-3.** [avoir pour règle]: **s'~ de faire qqch** to make it a rule to do sthg.

impossibilité [ɛ̃pɔsibilite] *nf* impossibility; **être dans l'~ de faire qqch** to find it impossible to OU to be unable to do sthg.

impossible [ɛ̃pɔsibl] ◇ *adj* impossible. ◇ *nm*: **tenter l'~** to attempt the impossible.

imposteur [ɛ̃pɔstœr] *nm* impostor.

impôt [ɛ̃po] *nm* tax; ~s **locaux** rates *Br*, local tax *Am*; ~ **sur le revenu** income tax.

impotent, -e [ɛ̃pɔtɑ̃, ɑ̃t] *adj* disabled.

impraticable [ɛ̃pratikabl] *adj* **-1.** [inapplicable] impracticable. **-2.** [inaccessible] impassable.

imprécation [ɛ̃prekasjɔ̃] *nf littéraire* imprecation.

imprécis, -e [ɛ̃presi, iz] *adj* imprecise.

imprégner [ɛ̃preɲe] *vt* [imbiber]: ~ **qqch de qqch** to soak sthg in sthg; ~ **qqn**

de qqch, *fig* to fill sb with sthg.
◆ **s'imprégner** *vp*: **s'~ de qqch**
[s'imbiber] to soak sthg up; *fig* to soak
sthg up, to steep o.s. in sthg.

imprenable [ɛ̃prənabl] *adj* **-1.** [forteresse]
impregnable. **-2.** [vue] unimpeded.

imprésario, impresario [ɛ̃presarjo] *nm*
impresario.

impression [ɛ̃presjɔ̃] *nf* **-1.** [gén] impression; **avoir l'~ que** to have the impression OU feeling that. **-2.** [de livre, tissu]
printing. **-3.** PHOT print.

impressionner [ɛ̃presjone] *vt* **-1.** [frap-
per] to impress. **-2.** [choquer] to shock,
to upset. **-3.** [intimider] to frighten. **-4.**
PHOT to expose.

impressionniste [ɛ̃presjɔnist] *nmf & adj*
impressionist.

imprévisible [ɛ̃previzibl] *adj* unforesee-
able.

imprévu, -e [ɛ̃prevy] *adj* unforeseen.
◆ **imprévu** *nm* unforeseen situation.

imprimante [ɛ̃primɑ̃t] *nf* printer.

imprimé, -e [ɛ̃prime] *adj* printed.
◆ **imprimé** *nm* **-1.** POSTES printed matter (*U*). **-2.** [formulaire] printed form.
-3. [tissu] print.

imprimer [ɛ̃prime] *vt* **-1.** [texte, tissu] to
print. **-2.** [mouvement] to impart. **-3.**
[marque, empreinte] to leave.

imprimerie [ɛ̃primri] *nf* **-1.** [technique]
printing. **-2.** [usine] printing works
(*sg*).

improbable [ɛ̃prɔbabl] *adj* improbable.

improductif, -ive [ɛ̃prɔdyktif, iv] *adj* un-
productive.

impromptu, -e [ɛ̃prɔ̃pty] *adj* impromptu.

impropre [ɛ̃prɔpr] *adj* **-1.** GRAM incorrect. **-2.** [inadapté]: **~ à** unfit for.

improviser [ɛ̃prɔvize] *vt* to improvise.
◆ **s'improviser** *vp* **-1.** [s'organiser] to be
improvised. **-2.** [devenir]: **s'~ metteur
en scène** to act as director.

improviste [ɛ̃prɔvist] ◆ **à l'improviste**
loc adv unexpectedly, without warning.

imprudence [ɛ̃prydɑ̃s] *nf* **-1.** [de personne, d'acte] rashness. **-2.** [acte] rash
act.

imprudent, -e [ɛ̃prydɑ̃, ɑ̃t] ◇ *adj* rash.
◇ *nm, f* rash person.

impubère [ɛ̃pybɛr] *adj* [avant la puberté]
pre-pubescent.

impudent, -e [ɛ̃pydɑ̃, ɑ̃t] ◇ *adj* impudent. ◇ *nm, f* impudent person.

impudique [ɛ̃pydik] *adj* shameless.

impuissant, -e [ɛ̃pɥisɑ̃, ɑ̃t] *adj* **-1.** [inca-
pable]: **~ (à faire qqch)** powerless to
do sthg. **-2.** [homme, fureur] impotent.
◆ **impuissant** *nm* impotent man.

impulsif, -ive [ɛ̃pylsif, iv] ◇ *adj* impulsive. ◇ *nm, f* impulsive person.

impulsion [ɛ̃pylsjɔ̃] *nf* **-1.** [poussée, es-
sor] impetus. **-2.** [instinct] impulse, instinct. **-3.** *fig*: **sous l'~ de qqn**
[influence] at the prompting OU instigation of sb; **sous l'~ de qqch** [effet]
impelled by sthg.

impunément [ɛ̃pynemɑ̃] *adv* with impunity.

impunité [ɛ̃pynite] *nf* impunity; **en
toute ~** with impunity.

impur, -e [ɛ̃pyr] *adj* impure.

impureté [ɛ̃pyrte] *nf* impurity.

imputer [ɛ̃pyte] *vt*: **~ qqch à qqn/à
qqch** to attribute sthg to sb/to sthg; **~
qqch à qqch** FIN to charge sthg to sthg.

imputrescible [ɛ̃pytresibl] *adj* [bois] rot-
proof; [déchets] non-degradable.

inabordable [inabɔrdabl] *adj* **-1.** [prix]
prohibitive. **-2.** GÉOGR inaccessible (*by
boat*). **-3.** [personne] unapproachable.

inacceptable [inaksɛptabl] *adj* unacceptable.

inaccessible [inaksesibl] *adj* [destination,
domaine, personne] inaccessible; [objectif,
poste] unattainable; **~ à** [sentiment] impervious to.

inaccoutumé, -e [inakutyme] *adj* unaccustomed.

inachevé, -e [inaʃve] *adj* unfinished,
uncompleted.

inactif, -ive [inaktif, iv] *adj* **-1.** [sans occupation, non utilisé] idle. **-2.** [sans effet]
ineffective. **-3.** [sans emploi] non-
working.

inaction [inaksjɔ̃] *nf* inaction.

inadapté, -e [inadapte] *adj* **-1.** [non
adapté]: **~ (à)** unsuitable (for), unsuited
(to). **-2.** [asocial] maladjusted.

inadmissible [inadmisibl] *adj* [conduite]
unacceptable.

inadvertance [inadvɛrtɑ̃s] *nf littéraire*
oversight; **par ~** inadvertently.

inaliénable [inaljenabl] *adj* inalienable.

inaltérable [inalterabl] *adj* **-1.** [matériau]
stable. **-2.** [sentiment] unfailing.

inamovible [inamɔvibl] *adj* fixed.

inanimé, -e [inanime] *adj* **-1.** [sans vie]
inanimate. **-2.** [inerte, évanoui] senseless.

inanition [inanisjɔ̃] *nf*: **tomber/mourir
d'~** to faint with/die of hunger.

inaperçu, -e [inapɛrsy] *adj* unnoticed.

inappréciable [inapresjabl] *adj* [précieux] invaluable.

inapprochable [inapɔʃabl] *adj*: **il est vraiment ~ en ce moment** you can't say anything to him at the moment.

inapte [inapt] *adj* **-1.** [incapable]: **~ à qqch/à faire qqch** incapable of sthg/of doing sthg. **-2.** MIL unfit.

inattaquable [inatakabl] *adj* **-1.** [imprenable] impregnable. **-2.** [irréprochable] irreprochable, beyond reproach. **-3.** [irréfutable] irrefutable.

inattendu, -e [inatɑ̃dy] *adj* unexpected.

inattention [inatɑ̃sjɔ̃] *nf* inattention; **faute d'~** careless mistake.

inaudible [inodibl] *adj* [impossible à entendre] inaudible.

inauguration [inogyrasjɔ̃] *nf* [cérémonie] inauguration, opening (ceremony).

inaugurer [inogyre] *vt* **-1.** [monument] to unveil; [installation, route] to open; [procédé, édifice] to inaugurate. **-2.** [époque] to usher in.

inavouable [inavwabl] *adj* unmentionable.

incalculable [ɛ̃kalkylabl] *adj* incalculable.

incandescence [ɛ̃kɑ̃desɑ̃s] *nf* incandescence.

incantation [ɛ̃kɑ̃tasjɔ̃] *nf* incantation.

incapable [ɛ̃kapabl] ◇ *nmf* [raté] incompetent. ◇ *adj*: **~ de faire qqch** [inapte à] incapable of doing sthg; [dans l'impossibilité de] unable to do sthg.

incapacité [ɛ̃kapasite] *nf* **-1.** [impossibilité]: **~ à** OU **de faire qqch** inability to do sthg. **-2.** [invalidité] disability.

incarcération [ɛ̃karserasjɔ̃] *nf* incarceration.

incarner [ɛ̃karne] *vt* **-1.** [personnifier] to be the incarnation of. **-2.** CIN & THÉÂTRE to play.

incartade [ɛ̃kartad] *nf* misdemeanour.

incassable [ɛ̃kasabl] *adj* unbreakable.

incendie [ɛ̃sɑ̃di] *nm* fire; *fig* flames (*pl*).

incendier [ɛ̃sɑ̃dje] *vt* [mettre le feu à] to set alight, to set fire to.

incertain, -e [ɛ̃sɛrtɛ̃, ɛn] *adj* **-1.** [gén] uncertain; [temps] unsettled. **-2.** [vague - lumière] dim; [- contour] blurred.

incertitude [ɛ̃sɛrtityd] *nf* uncertainty.

incessamment [ɛ̃sesamɑ̃] *adv* at any moment, any moment now.

incessant, -e [ɛ̃sesɑ̃, ɑ̃t] *adj* incessant.

inceste [ɛ̃sɛst] *nm* incest.

inchangé, -e [ɛ̃ʃɑ̃ʒe] *adj* unchanged.

incidence [ɛ̃sidɑ̃s] *nf* [conséquence] effect, impact (*U*).

incident, -e [ɛ̃sidɑ̃, ɑ̃t] *adj* [accessoire] incidental. ◆ **incident** *nm* [gén] incident; [ennui] hitch.

incinérer [ɛ̃sinere] *vt* **-1.** [corps] to cremate. **-2.** [ordures] to incinerate.

inciser [ɛ̃size] *vt* to incise, to make an incision in.

incisif, -ive [ɛ̃sizif, iv] *adj* incisive. ◆ **incisive** *nf* incisor.

inciter [ɛ̃site] *vt* **-1.** [provoquer]: **~ qqn à qqch/à faire qqch** to incite sb to sthg/to do sthg. **-2.** [encourager]: **~ qqn à faire qqch** to encourage sb to do sthg.

inclassable [ɛ̃klasabl] *adj* unclassifiable.

inclinable [ɛ̃klinabl] *adj* reclinable, reclining.

inclinaison [ɛ̃klinɛzɔ̃] *nf* **-1.** [pente] incline. **-2.** [de tête, chapeau] angle, tilt.

incliner [ɛ̃kline] *vt* [pencher] to tilt, to lean. ◆ **s'incliner** *vp* **-1.** [se pencher] to tilt, to lean. **-2.** [céder]: **s'~ (devant)** to give in (to), to yield (to). **-3.** [respecter]: **s'~ devant** to bow down before.

inclure [ɛ̃klyr] *vt* [mettre dedans]: **~ qqch dans qqch** to include sthg in sthg; [joindre] to enclose sthg with sthg.

inclus, -e [ɛ̃kly, yz] ◇ *pp* → **inclure**. ◇ *adj* **-1.** [compris - taxe, frais] included; [joint - lettre] enclosed; [y compris]: **jusqu'à la page 10 ~** up to and including page 10. **-2.** MATHS: **être ~ dans** to be a subset of.

incoercible [ɛ̃kɔersibl] *adj* *sout* uncontrollable.

incognito [ɛ̃kɔɲito] *adv* incognito.

incohérent, -e [ɛ̃kɔerɑ̃, ɑ̃t] *adj* [paroles] incoherent; [actes] inconsistent.

incollable [ɛ̃kɔlabl] *adj* **-1.** [riz] nonstick. **-2.** *fam* [imbattable] unbeatable.

incolore [ɛ̃kɔlɔr] *adj* colourless.

incomber [ɛ̃kɔ̃be] *vi*: **~ à qqn** to be sb's responsibility; **il incombe à qqn de faire qqch** (*emploi impersonnel*) it falls to sb OU it is incumbent on sb to do sthg.

incommensurable [ɛ̃kɔmɑ̃syrabl] *adj* [immense] immeasurable.

incommoder [ɛ̃kɔmɔde] *vt* *sout* to trouble.

incomparable [ɛ̃kɔ̃parabl] *adj* **-1.** [différent] not comparable. **-2.** [sans pareil] incomparable.

incompatible [ɛ̃kɔ̃patibl] *adj* incompatible.

incompétent, -e [ɛ̃kɔ̃petɑ̃, ɑ̃t] *adj* [incapable] incompetent.

incomplet, -ète [ɛ̃kɔ̃plɛ, ɛt] *adj* incomplete.

incompréhensible [ɛ̃kɔ̃preɑ̃sibl] *adj* incomprehensible.

incompris, -e [ɛ̃kɔ̃pri, iz] ◇ *adj* misunderstood, not appreciated. ◇ *nm, f* misunderstood person.

inconcevable [ɛ̃kɔ̃svabl] *adj* unimaginable.

inconciliable [ɛ̃kɔ̃siljabl] *adj* irreconcilable.

inconditionnel, -elle [ɛ̃kɔ̃disjɔnɛl] ◇ *adj* **-1.** [total] unconditional. **-2.** [fervent] ardent. ◇ *nm, f* ardent supporter OU admirer.

inconfortable [ɛ̃kɔ̃fɔrtabl] *adj* uncomfortable.

incongru, -e [ɛ̃kɔ̃gry] *adj* **-1.** [malséant] unseemly, inappropriate. **-2.** [bizarre] incongruous.

inconnu, -e [ɛ̃kɔny] ◇ *adj* unknown. ◇ *nm, f* stranger. ✦ **inconnue** *nf* **-1.** MATHS unknown. **-2.** [variable] unknown (factor).

inconsciemment [ɛ̃kɔ̃sjamɑ̃] *adv* **-1.** [sans en avoir conscience] unconsciously, unwittingly. **-2.** [à la légère] thoughtlessly.

inconscient, -e [ɛ̃kɔ̃sjɑ̃, ɑ̃t] *adj* **-1.** [évanoui, machinal] unconscious. **-2.** [irresponsable] thoughtless. ✦ **inconscient** *nm*: l'~ the unconscious.

inconsidéré, -e [ɛ̃kɔ̃sidere] *adj* illconsidered, thoughtless.

inconsistant, -e [ɛ̃kɔ̃sistɑ̃, ɑ̃t] *adj* **-1.** [aliment] thin, watery. **-2.** [caractère] frivolous.

inconsolable [ɛ̃kɔ̃sɔlabl] *adj* inconsolable.

incontestable [ɛ̃kɔ̃tɛstabl] *adj* unquestionable, indisputable.

incontinent, -e [ɛ̃kɔ̃tinɑ̃, ɑ̃t] *adj* MÉD incontinent.

incontournable [ɛ̃kɔ̃turnabl] *adj* unavoidable.

inconvenant, -e [ɛ̃kɔ̃vnɑ̃, ɑ̃t] *adj* improper, unseemly.

inconvénient [ɛ̃kɔ̃venjɑ̃] *nm* **-1.** [obstacle] problem. **-2.** [désavantage] disadvantage, drawback. **-3.** [risque] risk.

incorporé, -e [ɛ̃kɔrpɔre] *adj* [intégré] built-in.

incorporer [ɛ̃kɔrpɔre] *vt* **-1.** [gén] to incorporate; ~ **qqch dans** to incorporate sthg into; ~ **qqch à** CULIN to mix OU blend sthg into. **-2.** MIL to enlist.

incorrect, -e [ɛ̃kɔrɛkt] *adj* **-1.** [faux] incorrect. **-2.** [inconvenant] inappropriate; [impoli] rude. **-3.** [déloyal] unfair; **être ~ avec qqn** to treat sb unfairly.

incorrection [ɛ̃kɔrɛksjɔ̃] *nf* **-1.** [impolitesse] impropriety. **-2.** [de langage] grammatical mistake. **-3.** [malhonnêteté] dishonesty.

incorrigible [ɛ̃kɔriʒibl] *adj* incorrigible.

incorruptible [ɛ̃kɔryptibl] *adj* incorruptible.

incrédule [ɛ̃kredyl] *adj* **-1.** [sceptique] incredulous, sceptical. **-2.** RELIG unbelieving.

increvable [ɛ̃krəvabl] *adj* **-1.** [ballon, pneu] puncture-proof. **-2.** *fam fig* [personne] tireless; [machine] that will withstand rough treatment.

incriminer [ɛ̃krimine] *vt* **-1.** [personne] to incriminate. **-2.** [conduite] to condemn.

incroyable [ɛ̃krwajabl] *adj* incredible, unbelievable.

incroyant, -e [ɛ̃krwajɑ̃, ɑ̃t] *nm, f* unbeliever.

incruster [ɛ̃kryste] *vt* **-1.** [insérer]: ~ **qqch dans qqch** to inlay sthg into sthg. **-2.** [décorer]: ~ **qqch de qqch** to inlay sthg with sthg. **-3.** [couvrir d'un dépôt] to fur up. ✦ **s'incruster** *vp* [s'insérer]: **s'~ dans qqch** to become embedded in sthg.

incubation [ɛ̃kybasjɔ̃] *nf* [d'œuf, de maladie] incubation; *fig* hatching.

inculpation [ɛ̃kylpasjɔ̃] *nf* charge.

inculper [ɛ̃kylpe] *vt* to charge; ~ **qqn de** to charge sb with.

inculquer [ɛ̃kylke] *vt*: ~ **qqch à qqn** to instil sthg in sb.

inculte [ɛ̃kylt] *adj* **-1.** [terre] uncultivated. **-2.** *péj* [personne] uneducated.

incurable [ɛ̃kyrabl] *adj* incurable.

incursion [ɛ̃kyrsjɔ̃] *nf* incursion, foray.

Inde [ɛ̃d] *nf*: l'~ India.

indéboulonnable [ɛ̃debylɔnabl] *adj*: **il est ~** *hum* they'll never be able to sack him.

indécent, -e [ɛ̃desɑ̃, ɑ̃t] *adj* **-1.** [impudique] indecent. **-2.** [immoral] scandalous.

indéchiffrable [ɛ̃deʃifrabl] *adj* **-1.** [texte, écriture] indecipherable. **-2.** *fig* [regard] inscrutable, impenetrable.

indécis, -e [ɛ̃desi, iz] ◇ *adj* **-1.** [personne - sur le moment] undecided; [- de nature] indecisive. **-2.** [sourire] vague. ◇ *nm, f* indecisive person.

indécision [ɛ̃desizjɔ̃] *nf* indecision; [perpétuelle] indecisiveness.

indécrottable [ɛ̃dekrɔtabl] *adj fam* **-1.** [borné] incredibly dumb. **-2.** [incorrigible] hopeless.

indéfendable [ɛ̃defɑ̃dabl] *adj* indefensible.

indéfini, -e [ɛ̃defini] *adj* [quantité, pronom] indefinite.

indéfinissable [ɛ̃definisabl] *adj* indefinable.

indéformable [ɛ̃defɔrmabl] *adj* that retains its shape.

indélébile [ɛ̃delebil] *adj* indelible.

indélicat, -e [ɛ̃delika, at] *adj* -1. [mufle] indelicate. -2. [malhonnête] dishonest.

indemne [ɛ̃dɛmn] *adj* unscathed, unharmed.

indemniser [ɛ̃dɛmnize] *vt*: ~ qqn de qqch [perte, préjudice] to compensate sb for sthg.

indemnité [ɛ̃dɛmnite] *nf* -1. [de perte, préjudice] compensation. -2. [de frais] allowance.

indémodable [ɛ̃demɔdabl] *adj*: ce style est ~ this style doesn't date.

indéniable [ɛ̃denjabl] *adj* undeniable.

indépendance [ɛ̃depɑ̃dɑ̃s] *nf* independence.

indépendant, -e [ɛ̃depɑ̃dɑ̃, ɑ̃t] *adj* -1. [gén] independent; [entrée] separate; ~ de ma volonté beyond my control. -2. [travailleur] self-employed.

indéracinable [ɛ̃derasinabl] *adj* [arbre] impossible to uproot; *fig* ineradicable.

indescriptible [ɛ̃dɛskriptibl] *adj* indescribable.

indestructible [ɛ̃dɛstryktibl] *adj* indestructible.

indéterminé, -e [ɛ̃detɛrmine] *adj* -1. [indéfini] indeterminate, indefinite. -2. [vague] vague. -3. [personne] undecided.

indétrônable [ɛ̃detronabl] *adj* inoustable.

index [ɛ̃dɛks] *nm* -1. [doigt] index finger. -2. [aiguille] pointer, needle. -3. [registre] index.

indexer [ɛ̃dɛkse] *vt* -1. ÉCON: ~ qqch sur qqch to index sthg to sthg. -2. [livre] to index.

indicateur, -trice [ɛ̃dikatœr, tris] *adj*: poteau ~ signpost; panneau ~ road sign. ◆ **indicateur** *nm* -1. [guide] directory, guide; ~ des chemins de fer railway timetable. -2. TECHNOL gauge. -3. ÉCON indicator. -4. [de police] informer.

indicatif, -ive [ɛ̃dikatif, iv] *adj* indicative. ◆ **indicatif** *nm* -1. RADIO & TÉLÉ signature tune. -2. [code]: ~ (téléphonique) dialling code *Br*, dial code *Am*. -3. GRAM: l'~ the indicative.

indication [ɛ̃dikasjɔ̃] *nf* -1. [mention] indication. -2. [renseignement] information (*U*). -3. [directive] instruction; THÉÂTRE direction; sauf ~ contraire unless otherwise instructed.

indice [ɛ̃dis] *nm* -1. [signe] sign. -2. [dans une enquête] clue. -3. [taux] rating; ~ du coût de la vie ÉCON cost-of-living index. -4. MATHS index.

indicible [ɛ̃disibl] *adj* inexpressible.

indien, -ienne [ɛ̃djɛ̃, jɛn] *adj* -1. [d'Inde] Indian. -2. [d'Amérique] American Indian, Native American. ◆ **Indien, -ienne** *nm, f* -1. [d'Inde] Indian. -2. [d'Amérique] American Indian, Native American.

indifféremment [ɛ̃diferamɑ̃] *adv* indifferently.

indifférent, -e [ɛ̃diferɑ̃, ɑ̃t] ◇ *adj* [gén] ~ à indifferent to. ◇ *nm, f* unconcerned person.

indigence [ɛ̃diʒɑ̃s] *nf* poverty.

indigène [ɛ̃diʒɛn] ◇ *nmf* native. ◇ *adj* [peuple] native; [faune, flore] indigenous.

indigent, -e [ɛ̃diʒɑ̃, ɑ̃t] ◇ *adj* [pauvre] destitute, poverty-stricken; *fig* [intellectuellement] impoverished. ◇ *nm, f* poor person; les ~s the poor, the destitute.

indigeste [ɛ̃diʒɛst] *adj* indigestible.

indigestion [ɛ̃diʒɛstjɔ̃] *nf* -1. [alimentaire] indigestion. -2. *fig* [saturation] surfeit.

indignation [ɛ̃diɲasjɔ̃] *nf* indignation.

indigné, -e [ɛ̃diɲe] *adj* indignant.

indigner [ɛ̃diɲe] *vt* to make indignant. ◆ **s'indigner** *vp*: s'~ de OU contre qqch to get indignant about sthg.

indigo [ɛ̃digo] ◇ *nm* indigo. ◇ *adj inv* indigo (blue).

indiquer [ɛ̃dike] *vt* -1. [désigner] to indicate, to point out. -2. [afficher, montrer - suj: carte, pendule, aiguille] to show, to indicate. -3. [recommander]: ~ qqn/qqch à qqn to tell sb of sb/sthg, to suggest sb/sthg to sb. -4. [dire, renseigner sur] to tell; pourriez-vous m'~ l'heure? could you tell me the time? -5. [fixer - heure, date, lieu] to name, to indicate.

indirect, -e [ɛ̃dirɛkt] *adj* [gén] indirect; [itinéraire] roundabout.

indiscipliné, -e [ɛ̃disipline] *adj* -1. [écolier, esprit] undisciplined, unruly. -2. *fig* [mèches de cheveux] unmanageable.

indiscret, -ète [ɛ̃diskrɛ, ɛt] ◇ *adj* indiscreet; [curieux] inquisitive. ◇ *nm, f* indiscreet person.

indiscrétion [ɛ̃diskresjɔ̃] *nf* indiscretion; [curiosité] curiosity.

indiscutable [ɛ̃diskytabl] *adj* unquestionable, indisputable.

indispensable [ɛ̃dispɑ̃sabl] *adj* indispensable, essential; ~ à indispensable to, essential to; **il est ~ de faire qqch** it is essential OU vital to do sthg.

indisponible [ɛ̃dispɔnibl] *adj* unavailable.

indisposer [ɛ̃dispoze] *vt sout* [rendre malade] to indispose.

indistinct, -e [ɛ̃distɛ̃(kt), ɛ̃kt] *adj* indistinct; [souvenir] hazy.

individu [ɛ̃dividy] *nm* individual.

individuel, -elle [ɛ̃dividyɛl] *adj* individual.

indivisible [ɛ̃divizibl] *adj* indivisible.

Indochine [ɛ̃dɔʃin] *nf:* l'~ Indochina.

indolent, -e [ɛ̃dɔlɑ̃, ɑ̃t] *adj* -1. [personne] indolent, lethargic. -2. [geste, regard] languid.

indolore [ɛ̃dɔlɔr] *adj* painless.

indomptable [ɛ̃dɔ̃tabl] *adj* -1. [animal] untamable. -2. [personne] indomitable.

Indonésie [ɛ̃dɔnezi] *nf:* l'~ Indonesia.

indu, -e [ɛ̃dy] *adj* [heure] ungodly, unearthly.

indubitable [ɛ̃dybitabl] *adj* indubitable, undoubted; **il est ~ que** it is indisputable OU beyond doubt that.

induire [ɛ̃dɥir] *vt* to induce; ~ **qqn à faire qqch** to induce sb to do sthg; ~ **qqn en erreur** to mislead sb; **en ~** to infer OU gather that.

indulgence [ɛ̃dylʒɑ̃s] *nf* [de juge] leniency; [de parent] indulgence.

indulgent, -e [ɛ̃dylʒɑ̃, ɑ̃t] *adj* [juge] lenient; [parent] indulgent.

indûment [ɛ̃dymɑ̃] *adv* unduly.

industrialiser [ɛ̃dystrijalize] *vt* to industrialize. ◆ **s'industrialiser** *vp* to become industrialized.

industrie [ɛ̃dystri] *nf* industry.

industriel, -ielle [ɛ̃dystrijɛl] *adj* industrial. ◆ **industriel** *nm* industrialist.

inébranlable [inebrɑ̃labl] *adj* -1. [roc] solid, immovable. -2. *fig* [conviction] unshakeable.

inédit, -e [inedi, it] *adj* -1. [texte] unpublished. -2. [trouvaille] novel, original.

ineffable [inefabl] *adj* ineffable.

ineffaçable [inefasabl] *adj* indelible.

inefficace [inefikas] *adj* -1. [personne, machine] inefficient. -2. [solution, remède, mesure] ineffective.

inefficacité [inefikasite] *nf* -1. [de personne, machine] inefficiency. -2. [de solution, remède, mesure] ineffectiveness.

inégal, -e, -aux [inegal, o] *adj* -1. [différent, disproportionné] unequal. -2. [irré-gulier] uneven. -3. [changeant] changeable; [artiste, travail] erratic.

inégalé, -e [inegale] *adj* unequalled.

inégalité [inegalite] *nf* -1. [injustice, disproportion] inequality. -2. [différence] difference, disparity. -3. [irrégularité] unevenness. -4. [d'humeur] changeability.

inélégant, -e [inelegɑ̃, ɑ̃t] *adj* -1. [dans l'habillement] inelegant. -2. *fig* [indélicat] discourteous.

inéligible [ineliʒibl] *adj* ineligible.

inéluctable [inelyktabl] *adj* inescapable.

inénarrable [inenarabl] *adj* very funny.

inepte [inɛpt] *adj* inept.

ineptie [inɛpsi] *nf* -1. [bêtise] ineptitude. -2. [chose idiote] nonsense (U).

inépuisable [inepɥizabl] *adj* inexhaustible.

inerte [inɛrt] *adj* -1. [corps, membre] lifeless. -2. [personne] passive, inert. -3. PHYS inert.

inertie [inɛrsi] *nf* -1. [manque de réaction] apathy, inertia. -2. PHYS inertia.

inespéré, -e [inɛspere] *adj* unexpected, unhoped-for.

inesthétique [inɛstetik] *adj* unaesthetic.

inestimable [inɛstimabl] *adj:* **d'une valeur ~** priceless; *fig* invaluable.

inévitable [inevitabl] *adj* [obstacle] unavoidable; [conséquence] inevitable.

inexact, -e [inɛgza(kt), akt] *adj* -1. [faux, incomplet] inaccurate, inexact. -2. [en retard] unpunctual.

inexactitude [inɛgzaktityd] *nf* [erreur, imprécision] inaccuracy.

inexcusable [inɛkskyzabl] *adj* unforgivable, inexcusable.

inexistant, -e [inɛgzistɑ̃, ɑ̃t] *adj* nonexistent.

inexorable [inɛgzɔrabl] *adj* inexorable.

inexpérience [inɛksperjɑ̃s] *nf* lack of experience, inexperience.

inexplicable [inɛksplikabl] *adj* inexplicable, unexplainable.

inexpliqué, -e [inɛksplike] *adj* unexplained.

inexpressif, -ive [inɛkspresif, iv] *adj* inexpressive.

inexprimable [inɛksprimabl] *adj* inexpressible.

inextensible [inɛkstɑ̃sibl] *adj* -1. [matériau] unstretchable. -2. [étoffe] non-stretch.

in extremis [inɛkstremis] *adv* at the last minute.

inextricable [inɛkstrikabl] *adj* -1. [fouillis] inextricable. **-2.** *fig* [affaire, mystère] that cannot be unravelled.

infaillible [ɛ̃fajibl] *adj* [personne, méthode] infallible; [instinct] unerring.

infâme [ɛ̃fam] *adj* **-1.** [ignoble] despicable. **-2.** *hum ou littéraire* [dégoûtant] vile.

infanterie [ɛ̃fɑ̃tri] *nf* infantry.

infanticide [ɛ̃fɑ̃tisid] ◇ *nmf* infanticide, child-killer. ◇ *adj* infanticidal.

infantile [ɛ̃fɑ̃til] *adj* **-1.** [maladie] childhood (*avant n*). **-2.** [médecine] for children. **-3.** [comportement] infantile.

infarctus [ɛ̃farktys] *nm* infarction, infarct; ~ **du myocarde** coronary thrombosis, myocardial infarction.

infatigable [ɛ̃fatigabl] *adj* **-1.** [personne] tireless. **-2.** [attitude] untiring.

infect, -e [ɛ̃fɛkt] *adj* [dégoûtant] vile.

infecter [ɛ̃fɛkte] *vt* **-1.** [eau] to contaminate. **-2.** [plaie] to infect. **-3.** [empoisonner] to poison. ◆ **s'infecter** *vp* to become infected, to turn septic.

infectieux, -ieuse [ɛ̃fɛksjø, jøz] *adj* infectious.

infection [ɛ̃fɛksjɔ̃] *nf* **-1.** MÉD infection. **-2.** *fig & péj* [puanteur] stench.

inférer [ɛ̃fere] *vt littéraire:* ~ **qqch de qqch** to infer sthg from sthg.

inférieur, -e [ɛ̃ferjœr] ◇ *adj* **-1.** [qui est en bas] lower. **-2.** [dans une hiérarchie] inferior; ~ **à** [qualité] inferior to; [quantité] less than. ◇ *nm, f* inferior.

infériorité [ɛ̃ferjɔrite] *nf* inferiority.

infernal, -e, -aux [ɛ̃fɛrnal, o] *adj* **-1.** [personne] fiendish. **-2.** *fig* [bruit, chaleur, rythme] infernal; [vision] diabolical.

infester [ɛ̃fɛste] *vt* to infest; **être infesté de** [rats, moustiques] to be infested with.

infidèle [ɛ̃fidɛl] *adj* **-1.** [mari, femme, ami]: ~ **(à)** unfaithful (to). **-2.** [traducteur, historien] inaccurate.

infidélité [ɛ̃fidelite] *nf* [trahison] infidelity.

infiltration [ɛ̃filtrasjɔ̃] *nf* infiltration.

infiltrer [ɛ̃filtre] *vt* to infiltrate. ◆ **s'infiltrer** *vp* **-1.** [pluie, lumière]: **s'~ par/dans** to filter through/into. **-2.** [hommes, idées]: ~ **dans** to infiltrate.

infime [ɛ̃fim] *adj* minute, infinitesimal.

infini, -e [ɛ̃fini] *adj* **-1.** [sans bornes] infinite, boundless. **-2.** MATHS, PHILO & RELIG infinite. **-3.** *fig* [interminable] endless, interminable. ◆ **infini** *nm* infinity. ◆ **à l'infini** *loc adv* **-1.** MATHS to infinity. **-2.** [discourir] ad infinitum, endlessly.

infiniment [ɛ̃finimɑ̃] *adv* extremely, immensely.

infinité [ɛ̃finite] *nf* infinity, infinite number.

infinitif, -ive [ɛ̃finitif, iv] *adj* infinitive. ◆ **infinitif** *nm* infinitive.

infirme [ɛ̃firm] ◇ *adj* [handicapé] disabled; [avec l'âge] infirm. ◇ *nmf* disabled person.

infirmer [ɛ̃firme] *vt* **-1.** [démentir] to invalidate. **-2.** JUR to annul.

infirmerie [ɛ̃firməri] *nf* infirmary.

infirmier, -ière [ɛ̃firmje, jɛr] *nm, f* nurse.

infirmité [ɛ̃firmite] *nf* [handicap] disability; [de vieillesse] infirmity.

inflammable [ɛ̃flamabl] *adj* inflammable, flammable.

inflammation [ɛ̃flamasjɔ̃] *nf* inflammation.

inflation [ɛ̃flasjɔ̃] *nf* ÉCON inflation; *fig* increase.

inflationniste [ɛ̃flasjɔnist] *adj & nmf* inflationist.

infléchir [ɛ̃fleʃir] *vt fig* [politique] to modify.

inflexible [ɛ̃flɛksibl] *adj* inflexible.

inflexion [ɛ̃flɛksjɔ̃] *nf* **-1.** [de tête] nod. **-2.** [de voix] inflection.

infliger [ɛ̃fliʒe] *vt:* ~ **qqch à qqn** to inflict sthg on sb; [amende] to impose sthg on sb.

influençable [ɛ̃flyɑ̃sabl] *adj* easily influenced.

influence [ɛ̃flyɑ̃s] *nf* influence; [de médicament] effect.

influencer [ɛ̃flyɑ̃se] *vt* to influence.

influer [ɛ̃flye] *vi:* ~ **sur qqch** to influence sthg, to have an effect on sthg.

infographie [ɛ̃fɔgrafi] *nf* computer graphics (*U*).

informaticien, -ienne [ɛ̃fɔrmatisjɛ̃, jɛn] *nm, f* computer scientist.

information [ɛ̃fɔrmasjɔ̃] *nf* **-1.** [renseignement] piece of information. **-2.** [renseignements & INFORM] information (*U*). **-3.** [nouvelle] piece of news. ◆ **informations** *nfpl* MÉDIA news (*sg*).

informatique [ɛ̃fɔrmatik] ◇ *nf* **-1.** [technique] computers (*pl*). **-2.** [science] computer science. ◇ *adj* data-processing (*avant n*), computer (*avant n*).

informatiser [ɛ̃fɔrmatize] *vt* to computerize.

informe [ɛ̃fɔrm] *adj* [masse, vêtement, silhouette] shapeless.

informel, -elle [ɛ̃fɔrmɛl] *adj* informal.

informer [ɛ̃fɔrme] *vt* to inform; ~ qqn sur OU de qqch to inform sb about sthg. ◆ **s'informer** *vp* to inform o.s.; s'~ de qqch to ask about sthg; s'~ sur qqch to find out about sthg.

infortune [ɛ̃fɔrtyn] *nf* misfortune.

infos [ɛ̃fo] (*abr de* **informations**) *nfpl fam*: les ~ the news (*sg*).

infraction [ɛ̃fraksjɔ̃] *nf*: être en ~ to be in breach of the law.

infranchissable [ɛ̃frɑ̃ʃisabl] *adj* insurmountable.

infrarouge [ɛ̃fraruʒ] *nm & adj* infrared.

infrastructure [ɛ̃frastryktyr] *nf* infrastructure.

infroissable [ɛ̃frwasabl] *adj* crease-resistant.

infructueux, -euse [ɛ̃fryktɥø, øz] *adj* fruitless.

infuser [ɛ̃fyze] *vi* (tisane) to infuse; (thé) to brew.

infusion [ɛ̃fyzjɔ̃] *nf* infusion.

ingénier [ɛ̃ʒenje] ◆ **s'ingénier** *vp*: s'~ à faire qqch to try hard to do sthg.

ingénieur [ɛ̃ʒenjœr] *nm* engineer.

ingénieux, -ieuse [ɛ̃ʒenjø, jøz] *adj* ingenious.

ingéniosité [ɛ̃ʒenjozite] *nf* ingenuity.

ingénu, -e [ɛ̃ʒeny] ◇ *adj littéraire* (candide) artless; *hum & péj* (trop candide) naïve. ◇ *nm, f littéraire* (candide) naïve person; THÉÂTRE ingénue.

ingérable [ɛ̃ʒerabl] *adj* unmanageable.

ingérer [ɛ̃ʒere] *vt* to ingest. ◆ **s'ingérer** *vp*: s'~ dans to interfere in.

ingrat, -e [ɛ̃gra, at] ◇ *adj* **-1.** (personne) ungrateful. **-2.** (métier) thankless, unrewarding. **-3.** (sol) barren. **-4.** (physique) unattractive. ◇ *nm, f* ungrateful wretch.

ingratitude [ɛ̃gratityd] *nf* ingratitude.

ingrédient [ɛ̃gredjɑ̃] *nm* ingredient.

inguérissable [ɛ̃gerisabl] *adj* incurable.

ingurgiter [ɛ̃gyrʒite] *vt* **-1.** (avaler) to swallow. **-2.** *fig* (connaissances) to absorb.

inhabitable [inabitabl] *adj* uninhabitable.

inhabité, -e [inabite] *adj* uninhabited.

inhabituel, -elle [inabitɥɛl] *adj* unusual.

inhalateur, -trice [inalatœr, tris] *adj*: appareil ~ inhaler. ◆ **inhalateur** *nm* inhaler.

inhalation [inalasjɔ̃] *nf* inhalation.

inhérent, -e [inerɑ̃, ɑ̃t] *adj*: ~ à inherent in.

inhibition [inibisjɔ̃] *nf* inhibition.

inhospitalier, -ière [inɔspitalje, jɛr] *adj* inhospitable.

inhumain, -e [inymɛ̃, ɛn] *adj* inhuman.

inhumation [inymasjɔ̃] *nf* burial.

inhumer [inyme] *vt* to bury.

inimaginable [inimaʒinabl] *adj* incredible, unimaginable.

inimitable [inimitabl] *adj* inimitable.

ininflammable [inɛ̃flamabl] *adj* nonflammable.

inintelligible [inɛ̃teliʒibl] *adj* unintelligible.

inintéressant, -e [inɛ̃teresɑ̃, ɑ̃t] *adj* uninteresting.

ininterrompu, -e [inɛ̃terɔ̃py] *adj* (file, vacarme) uninterrupted; (ligne, suite) unbroken; (travail, effort) continuous.

inique [inik] *adj* iniquitous.

initial, -e, -iaux [inisjal, jo] *adj* (lettre) initial. ◆ **initiale** *nf* initial.

initiateur, -trice [inisjatœr, tris] *nm, f* **-1.** (maître) initiator. **-2.** (précurseur) innovator.

initiation [inisjasjɔ̃] *nf*: ~ (à) (discipline) introduction (to); (rituel) initiation (into).

initiative [inisjativ] *nf* initiative; prendre l'~ de qqch/de faire qqch to take the initiative for sthg/in doing sthg.

initié, -e [inisje] ◇ *adj* initiated. ◇ *nm, f* initiate.

initier [inisje] *vt*: ~ qqn à to initiate sb into.

injecté, -e [ɛ̃ʒɛkte] *adj*: yeux ~s de sang bloodshot eyes.

injecter [ɛ̃ʒɛkte] *vt* to inject.

injection [ɛ̃ʒɛksjɔ̃] *nf* injection.

injoignable [ɛ̃jwaɲabl] *adj*: j'ai essayé de lui téléphoner mais il est ~ I tried to phone him but I couldn't get through to him OU reach him OU get hold of him.

injonction [ɛ̃ʒɔ̃ksjɔ̃] *nf* injunction.

injure [ɛ̃ʒyr] *nf* insult.

injurier [ɛ̃ʒyrje] *vt* to insult.

injurieux, -ieuse [ɛ̃ʒyrjø, jøz] *adj* abusive, insulting.

injuste [ɛ̃ʒyst] *adj* unjust, unfair.

injustice [ɛ̃ʒystis] *nf* injustice.

inlassable [ɛ̃lasabl] *adj* tireless.

inlassablement [ɛ̃lasabləmɑ̃] *adv* tirelessly.

inné, -e [ine] *adj* innate.

innocence [inɔsɑ̃s] *nf* innocence.

innocent, -e [inɔsɑ̃, ɑ̃t] ◇ *adj* innocent. ◇ *nm, f* **-1.** JUR innocent person. **-2.** [inoffensif, candide] innocent. **-3.** *vieilli* [idiot] simpleton.

innocenter [inɔsɑ̃te] *vt* **-1.** JUR to clear. **-2.** *fig* [excuser] to justify.

innombrable [inɔ̃brabl] *adj* innumerable; [foule] vast.

innover [inɔve] *vi* to innovate.

inobservation [inɔpsɛrvasjɔ̃] *nf* inobservance.

inoccupé, -e [inɔkype] *adj* [lieu] empty, unoccupied.

inoculer [inɔkyle] *vt* MÉD: ~ **qqch à qqn** [volontairement] to inoculate sb with sthg; [accidentellement] to infect sb with sthg.

inodore [inɔdɔr] *adj* odourless.

inoffensif, -ive [inɔfɑ̃sif, iv] *adj* harmless.

inondation [inɔ̃dasjɔ̃] *nf* **-1.** [action] flooding. **-2.** [résultat] flood.

inonder [inɔ̃de] *vt* to flood; ~ **de** *fig* to flood with.

inopérable [inɔperabl] *adj* inoperable.

inopérant, -e [inɔperɑ̃, ɑ̃t] *adj* ineffective.

inopiné, -e [inɔpine] *adj* unexpected.

inopportun, -e [inɔpɔrtœ̃, yn] *adj* inopportune.

inoubliable [inublijabl] *adj* unforgettable.

inouï, -e [inwi] *adj* incredible, extraordinary.

Inox ® [inɔks] *nm inv & adj inv* stainless steel.

inoxydable [inɔksidabl] *adj* stainless; [casserole] stainless steel (*avant n*).

inqualifiable [ɛ̃kalifjabl] *adj* unspeakable.

inquiet, -iète [ɛ̃kjɛ, jɛt] *adj* **-1.** [gén] anxious. **-2.** [tourmenté] feverish.

inquiéter [ɛ̃kjete] *vt* **-1.** [donner du souci à] to worry. **-2.** [déranger] to disturb. ◆ **s'inquiéter** *vp* **-1.** [s'alarmer] to be worried. **-2.** [se préoccuper]: **s'~ de** [s'enquérir de] to enquire about; [se soucier de] to worry about.

inquiétude [ɛ̃kjetyd] *nf* anxiety, worry.

inquisiteur, -trice [ɛ̃kizitœr, tris] *adj* prying.

insaisissable [ɛ̃sezizabl] *adj* **-1.** [personne] elusive. **-2.** *fig* [nuance] imperceptible.

insalubre [ɛ̃salybr] *adj* unhealthy.

insatiable [ɛ̃sasjabl] *adj* insatiable.

insatisfait, -e [ɛ̃satisfɛ, ɛt] ◇ *adj* [personne] dissatisfied. ◇ *nm, f* malcontent.

inscription [ɛ̃skripsjɔ̃] *nf* **-1.** [action,

écrit] inscription. **-2.** [enregistrement] enrolment, registration.

inscrire [ɛ̃skrir] *vt* **-1.** [écrire] to write down; [- sur la pierre, le métal] to inscribe. **-2.** [personne]: ~ **qqn à qqch** to enrol OU register sb for sthg; ~ **qqn sur qqch** to put sb's name down on sthg. **-3.** SPORT [but] to score. ◆ **s'inscrire** *vp* [personne]: **s'~ à qqch** to enrol OU register for sthg; **s'~ sur qqch** to put one's name down on sthg.

inscrit, -e [ɛ̃skri, it] ◇ *pp* → **inscrire**. ◇ *adj* [sur liste] registered; **être ~ sur une liste** to have one's name on a list. ◇ *nm, f* registered person.

insecte [ɛ̃sɛkt] *nm* insect.

insecticide [ɛ̃sɛktisid] *nm & adj* insecticide.

insécurité [ɛ̃sekyrite] *nf* insecurity.

insémination [ɛ̃seminasjɔ̃] *nf* insemination; ~ **artificielle** artificial insemination.

insensé, -e [ɛ̃sɑ̃se] *adj* **-1.** [déraisonnable] insane. **-2.** [incroyable, excentrique] extraordinary.

insensibiliser [ɛ̃sɑ̃sibilize] *vt* to anaesthetize; ~ **qqn (à)** *fig* to make sb insensitive (to).

insensible [ɛ̃sɑ̃sibl] *adj* **-1.** [gén]: ~ **(à)** insensitive (to). **-2.** [imperceptible] imperceptible.

insensiblement [ɛ̃sɑ̃sibləmɑ̃] *adv* imperceptibly.

inséparable [ɛ̃separabl] *adj*: ~ **(de)** inseparable (from).

insérer [ɛ̃sere] *vt* to insert; ~ **une annonce dans un journal** to put an advertisement in a newspaper. ◆ **s'insérer** *vp* [s'intégrer]: **s'~ dans** to fit into.

insidieux, -ieuse [ɛ̃sidjø, jøz] *adj* insidious.

insigne [ɛ̃siɲ] ◇ *nm* badge. ◇ *adj* **-1.** *littéraire* [honneur] distinguished. **-2.** *hum* [maladresse] remarkable.

insignifiant, -e [ɛ̃siɲifjɑ̃, ɑ̃t] *adj* insignificant.

insinuation [ɛ̃sinɥasjɔ̃] *nf* insinuation, innuendo.

insinuer [ɛ̃sinɥe] *vt* to insinuate, to imply. ◆ **s'insinuer** *vp*: **s'~ dans** [eau, humidité, odeur] to seep into; *fig* [personne] to insinuate o.s. into.

insipide [ɛ̃sipid] *adj* [aliment] insipid, tasteless; *fig* insipid.

insistance [ɛ̃sistɑ̃s] *nf* insistence.

insister [ɛ̃siste] *vi* to insist; ~ **sur** to insist on; ~ **pour faire qqch** to insist on doing sthg.

insolation [ɛ̃sɔlasjɔ̃] *nf* [malaise] sunstroke (*U*).

insolence [ɛ̃sɔlɑ̃s] *nf* insolence (*U*).

insolent, -e [ɛ̃sɔlɑ̃, ɑ̃t] ◇ *adj* **-1.** [personne, acte] insolent. **-2.** [joie, succès] unashamed, blatant. ◇ *nm, f* insolent person.

insolite [ɛ̃sɔlit] *adj* unusual.

insoluble [ɛ̃sɔlybl] *adj* insoluble.

insolvable [ɛ̃sɔlvabl] *adj* insolvent.

insomnie [ɛ̃sɔmni] *nf* insomnia (*U*).

insondable [ɛ̃sɔ̃dabl] *adj* [gouffre, mystère] unfathomable; [bêtise] abysmal.

insonoriser [ɛ̃sɔnɔrize] *vt* to soundproof.

insouciance [ɛ̃susjɑ̃s] *nf* [légèreté] carefree attitude.

insouciant, -e [ɛ̃susjɑ̃, ɑ̃t] *adj* [sanssouci] carefree.

insoumis, -e [ɛ̃sumi, iz] *adj* **-1.** [caractère] rebellious. **-2.** [peuple] unsubjugated. **-3.** [soldat] deserting.

insoumission [ɛ̃sumisjɔ̃] *nf* **-1.** [caractère rebelle] rebelliousness. **-2.** MIL desertion.

insoupçonné, -e [ɛ̃supsɔne] *adj* unsuspected.

insoutenable [ɛ̃sutnabl] *adj* **-1.** [rythme] unsustainable. **-2.** [scène, violence] unbearable. **-3.** [théorie] untenable.

inspecter [ɛ̃spɛkte] *vt* to inspect.

inspecteur, -trice [ɛ̃spɛktœr, tris] *nm, f* inspector.

inspection [ɛ̃spɛksjɔ̃] *nf* **-1.** [contrôle] inspection. **-2.** [fonction] inspectorate.

inspiration [ɛ̃spirasjɔ̃] *nf* **-1.** [gén] inspiration; [idée] bright idea, brainwave; **avoir de l'~** to be inspired. **-2.** [d'air] breathing in.

inspiré, -e [ɛ̃spire] *adj* inspired.

inspirer [ɛ̃spire] *vt* **-1.** [gén] to inspire; **~ qqch à qqn** to inspire sb with sthg. **-2.** [air] to breathe in, to inhale. ◆ **s'inspirer** *vp* [prendre modèle sur]: **s'~ de qqn/qqch** to be inspired by sb/sthg.

instable [ɛ̃stabl] *adj* **-1.** [gén] unstable. **-2.** [vie, temps] unsettled.

installation [ɛ̃stalasjɔ̃] *nf* **-1.** [de gaz, eau, électricité] installation. **-2.** [de personne - comme médecin, artisan] setting up; [- dans appartement] settling in. **-3.** (*gén pl*) [équipement] installations (*pl*), fittings (*pl*); [industrielle] plant (*U*); [de loisirs] facilities (*pl*); **~ électrique** wiring.

installer [ɛ̃stale] *vt* **-1.** [gaz, eau, électricité] to install, to put in. **-2.** [appartement] to fit out. **-3.** [rideaux, étagères] to put up; [meubles] to put in. **-4.** [personne]: **~ qqn** to get sb settled, to install sb. ◆ **s'installer** *vp* **-1.** [comme médecin, artisan etc] to set (o.s.) up. **-2.** [emménager] to settle in; **s'~ chez qqn** to move in with sb. **-3.** [dans fauteuil] to settle down. **-4.** *fig* [maladie, routine] to set in.

instamment [ɛ̃stamã] *adv* insistently.

instance [ɛ̃stɑ̃s] *nf* **-1.** [autorité] authority. **-2.** JUR proceedings (*pl*). **-3.** [insistance] entreaties (*pl*). ◆ **en instance** *loc adj* pending. ◆ **en instance de** *loc adv* on the point of.

instant [ɛ̃stɑ̃] *nm* instant; **à l'~** [il y a peu de temps] a moment ago; [immédiatement] this minute; **à tout ~** [en permanence] at all times; [d'un moment à l'autre] at any moment; **pour l'~** for the moment.

instantané, -e [ɛ̃stɑ̃tane] *adj* **-1.** [immédiat] instantaneous. **-2.** [soluble] instant. ◆ **instantané** *nm* snapshot.

instar [ɛ̃star] ◆ **à l'instar de** *loc prép* following the example of.

instaurer [ɛ̃stɔre] *vt* [instituer] to establish; *fig* [peur, confiance] to instil.

instigateur, -trice [ɛ̃stigatœr, tris] *nm, f* instigator.

instigation [ɛ̃stigasjɔ̃] *nf* instigation. ◆ **à l'instigation de, sur l'instigation de** *loc prép* at the instigation of.

instinct [ɛ̃stɛ̃] *nm* instinct.

instinctif, -ive [ɛ̃stɛ̃ktif, iv] ◇ *adj* instinctive. ◇ *nm, f* instinctive person.

instituer [ɛ̃stitɥe] *vt* **-1.** [pratique] to institute. **-2.** JUR [personne] to appoint.

institut [ɛ̃stity] *nm* **-1.** [gén] institute; **l'~ Pasteur** *important medical research centre*. **-2.** [de soins]: **~ de beauté** beauty salon.

instituteur, -trice [ɛ̃stitytœr, tris] *nm, f* primary *Br* OU grade *Am* school teacher.

institution [ɛ̃stitysjɔ̃] *nf* **-1.** [gén] institution. **-2.** [école privée] private school. ◆ **institutions** *nfpl* POLIT institutions.

instructif, -ive [ɛ̃stryktif, iv] *adj* instructive, educational.

instruction [ɛ̃stryksjɔ̃] *nf* **-1.** [enseignement, savoir] education. **-2.** [formation] training. **-3.** [directive] order. **-4.** JUR [pre-trial] investigation. ◆ **instructions** *nfpl* instructions.

instruit, -e [ɛ̃strɥi, ɥit] *adj* educated.

instrument [ɛ̃strymɑ̃] *nm* instrument; ~ de musique musical instrument.

insu [ɛ̃sy] ◆ à l'insu de *loc prép*: à l'~ de qqn without sb knowing; à mon/ton *etc* ~ without my/your *etc* realizing (it).

insubmersible [ɛ̃sybmɛrsibl] *adj* unsinkable.

insubordination [ɛ̃sybɔrdinasjɔ̃] *nf* insubordination.

insuccès [ɛ̃syksɛ] *nm* failure.

insuffisance [ɛ̃syfizɑ̃s] *nf* -1. [manque] insufficiency. -2. MÉD deficiency. ◆ insuffisances *nfpl* [faiblesses] shortcomings.

insuffisant, -e [ɛ̃syfizɑ̃, ɑ̃t] *adj* -1. [en quantité] insufficient. -2. [en qualité] inadequate, unsatisfactory.

insuffler [ɛ̃syfle] *vt* -1. [air] to blow. -2. *fig* [sentiment]: ~ qqch à qqn to inspire sb with sthg.

insulaire [ɛ̃sylɛr] ◇ *nmf* islander. ◇ *adj* GÉOGR island (*avant n*).

insuline [ɛ̃sylin] *nf* insulin.

insulte [ɛ̃sylt] *nf* insult.

insulter [ɛ̃sylte] *vt* to insult.

insupportable [ɛ̃sypɔrtabl] *adj* unbearable.

insurgé, -e [ɛ̃syrʒe] *adj & nm, f* insurgent, rebel.

insurger [ɛ̃syrʒe] ◆ s'insurger *vp* to rebel, to revolt; s'~ contre qqch to protest against sthg.

insurmontable [ɛ̃syrmɔ̃tabl] *adj* [difficulté] insurmountable; [dégoût] uncontrollable.

insurrection [ɛ̃syrɛksjɔ̃] *nf* insurrection.

intact, -e [ɛ̃takt] *adj* intact.

intangible [ɛ̃tɑ̃ʒibl] *adj* -1. *littéraire* [impalpable] intangible. -2. [sacré] inviolable.

intarissable [ɛ̃tarisabl] *adj* inexhaustible; il est ~ he could go on talking for ever.

intégral, -e, -aux [ɛ̃tegral, o] *adj* -1. [paiement] in full; [texte] unabridged, complete. -2. MATHS: calcul ~ integral calculus.

intégralement [ɛ̃tegralmɑ̃] *adv* fully, in full.

intégrant, -e [ɛ̃tegrɑ̃, ɑ̃t] → parti.

intègre [ɛ̃tɛgr] *adj* honest, of integrity.

intégré, -e [ɛ̃tegre] *adj* [élément] built-in.

intégrer [ɛ̃tegre] *vt* [assimiler]: ~ (à OU dans) to integrate (into). ◆ s'intégrer *vp* -1. [s'incorporer]: s'~ dans OU à to fit into. -2. [s'adapter] to integrate.

intégrisme [ɛ̃tegrism] *nm* fundamentalism.

intégrité [ɛ̃tegrite] *nf* -1. [totalité] entirety. -2. [honnêteté] integrity.

intellectuel, -elle [ɛ̃telɛktɥɛl] *adj & nm, f* intellectual.

intelligence [ɛ̃teliʒɑ̃s] *nf* -1. [facultés mentales] intelligence; ~ artificielle artificial intelligence. -2. [compréhension, complicité] understanding.

intelligent, -e [ɛ̃teliʒɑ̃, ɑ̃t] *adj* intelligent.

intelligible [ɛ̃teliʒibl] *adj* -1. [voix] clear. -2. [concept, texte] intelligible.

intello [ɛ̃telo] *adj inv & nmf péj* highbrow.

intempéries [ɛ̃tɑ̃peri] *nfpl* bad weather (*U*).

intempestif, -ive [ɛ̃tɑ̃pɛstif, iv] *adj* untimely.

intenable [ɛ̃tənabl] *adj* -1. [chaleur, personne] unbearable. -2. [position] untenable, indefensible.

intendance [ɛ̃tɑ̃dɑ̃s] *nf* -1. MIL commissariat; SCOL & UNIV bursar's office. -2. *fig* [questions matérielles] housekeeping.

intendant, -e [ɛ̃tɑ̃dɑ̃, ɑ̃t] *nm, f* -1. SCOL & UNIV bursar. -2. [de manoir] steward. ◆ intendant *nm* MIL quartermaster.

intense [ɛ̃tɑ̃s] *adj* [gén] intense.

intensif, -ive [ɛ̃tɑ̃sif, iv] *adj* intensive.

intensité [ɛ̃tɑ̃site] *nf* intensity.

intenter [ɛ̃tɑ̃te] *vt* JUR: ~ qqch contre OU à qqn to bring sthg against sb.

intention [ɛ̃tɑ̃sjɔ̃] *nf* intention; avoir l'~ de faire qqch to intend to do sthg. ◆ à l'intention de *loc prép* for.

intentionné, -e [ɛ̃tɑ̃sjɔne] *adj*: bien ~ well-meaning; mal ~ ill-disposed.

intentionnel, -elle [ɛ̃tɑ̃sjɔnɛl] *adj* intentional.

interactif, -ive [ɛ̃tɛraktif, iv] *adj* interactive.

intercalaire [ɛ̃tɛrkalɛr] ◇ *nm* insert. ◇ *adj*: feuillet ~ insert.

intercaler [ɛ̃tɛrkale] *vt*: ~ qqch dans qqch [feuillet, citation] to insert sthg in sthg; [dans le temps] to fit sthg into sthg.

intercéder [ɛ̃tɛrsede] *vi*: ~ pour OU en faveur de qqn auprès de qqn to intercede with sb on behalf of sb.

intercepter [ɛ̃tɛrsɛpte] *vt* -1. [lettre, ballon] to intercept. -2. [chaleur] to block.

interchangeable [ɛ̃tɛrʃɑ̃ʒabl] *adj* interchangeable.

interclasse [ɛ̃tɛrklas] *nm* break.

interdiction [ɛ̃tɛrdiksjɔ̃] nf -1. [défense]: "~ de stationner" "strictly no parking". -2. [prohibition, suspension]: ~ **(de)** ban (on), banning (of); ~ **de séjour** order banning released prisoner from living in certain areas.

interdire [ɛ̃tɛrdir] vt -1. [prohiber]: ~ **qqch à qqn** to forbid sb sthg; ~ **à qqn de faire qqch** to forbid sb to do sthg. -2. [empêcher] to prevent; ~ **à qqn de faire qqch** to prevent sb from doing sthg. -3. [bloquer] to block.

interdit, -e [ɛ̃tɛrdi, it] ◇ pp → interdire. ◇ adj -1. [défendu] forbidden; "**film ~ aux moins de 18 ans**" = (18); **il est ~ de fumer** you're not allowed to smoke. -2. [ébahi]: **rester ~** to be stunned. -3. [privé]: **être ~ de chéquier** to have had one's chequebook facilities withdrawn; ~ **de séjour** banned from entering the country.

intéressant, -e [ɛ̃teresɑ̃, ɑ̃t] adj -1. [captivant] interesting. -2. [avantageux] advantageous, good.

intéressé, -e [ɛ̃terese] adj [concerné] concerned, involved; péj [motivé] self-interested.

intéresser [ɛ̃terese] vt -1. [captiver] to interest; ~ **qqn à qqch** to interest sb in sthg. -2. COMM [faire participer]: ~ **les employés (aux bénéfices)** to give one's employees a share in the profits; ~ **qqn dans son commerce** to give sb a financial interest in one's business. -3. [concerner] to concern. ◆ **s'intéresser** vp: **s'~ à qqn/qqch** to take an interest in sb/sthg, to be interested in sb/sthg.

intérêt [ɛ̃terɛ] nm -1. [gén] interest; ~ **pour** interest in; **avoir ~ à faire qqch** to be well advised to do sthg. -2. [importance] significance. ◆ **intérêts** nmpl -1. FIN interest (sg). -2. COMM: **avoir des ~s dans** to have a stake in.

interface [ɛ̃tɛrfas] nf INFORM interface; ~ **graphique** graphic interface.

interférer [ɛ̃tɛrfere] vi -1. PHYS to interfere. -2. fig [s'immiscer]: ~ **dans qqch** to interfere in sthg.

intérieur, -e [ɛ̃terjœr] adj -1. [gén] inner. -2. [de pays] domestic. ◆ **intérieur** nm -1. [gén] inside; **de l'~** from the inside; **à l'~ (de qqch)** inside (sthg). -2. [de pays] interior.

intérim [ɛ̃terim] nm -1. [période] interim period; **par ~** acting. -2. [travail temporaire] temporary OU casual work; [dans bureau] temping.

intérimaire [ɛ̃terimɛr] ◇ adj -1. [mi-

nistre, directeur] acting (avant n). -2. [employé, fonctions] temporary. ◇ nmf [employé] temp.

intérioriser [ɛ̃terjɔrize] vt to internalize.

interjection [ɛ̃tɛrʒɛksjɔ̃] nf LING interjection.

interligne [ɛ̃tɛrliɲ] nm (line) spacing.

interlocuteur, -trice [ɛ̃tɛrlɔkytœr, tris] nm, f -1. [dans conversation] speaker; **mon ~** the person to whom I am/was speaking. -2. [dans négociation] negotiator.

interloquer [ɛ̃tɛrlɔke] vt to disconcert.

interlude [ɛ̃tɛrlyd] nm interlude.

intermède [ɛ̃tɛrmɛd] nm interlude.

intermédiaire [ɛ̃tɛrmedjɛr] ◇ nm intermediary, go-between; **par l'~ de qqn/qqch** through sb/sthg. ◇ adj intermediate.

interminable [ɛ̃tɛrminabl] adj never-ending, interminable.

intermittence [ɛ̃tɛrmitɑ̃s] nf [discontinuité]: **par ~** intermittently, off and on.

intermittent, -e [ɛ̃tɛrmitɑ̃, ɑ̃t] adj intermittent.

internat [ɛ̃tɛrna] nm [SCOL - établissement] boarding school; [- système] boarding.

international, -e, -aux [ɛ̃tɛrnasjɔnal, o] adj international.

internaute [ɛ̃tɛrnɔt] nmf INFORM Internet user.

interne [ɛ̃tɛrn] ◇ nmf -1. [élève] boarder. -2. MÉD & UNIV houseman Br, intern Am. ◇ adj -1. ANAT internal; [oreille] inner. -2. [du pays] domestic.

interner [ɛ̃tɛrne] vt -1. POLIT to intern. -2. MÉD to confine (to psychiatric hospital).

Internet [ɛ̃tɛrnɛt] nm: **l'~** the Internet.

interpeller [ɛ̃tɛrpəle] vt -1. [apostropher] to call OU shout out to. -2. [interroger] to take in for questioning.

Interphone® [ɛ̃tɛrfɔn] nm intercom; [d'un immeuble] entry phone.

interposer [ɛ̃tɛrpoze] vt to interpose. ◆ **s'interposer** vp: **s'~ entre qqn et qqn** to intervene OU come between sb and sb.

interprète [ɛ̃tɛrprɛt] nmf -1. [gén] interpreter. -2. CIN, MUS & THÉÂTRE performer.

interpréter [ɛ̃tɛrprete] vt to interpret.

interrogateur, -trice [ɛ̃terɔgatœr, tris] adj inquiring (avant n).

interrogatif, -ive [ɛ̃terɔgatif, iv] adj GRAM interrogative.

interrogation [ɛ̃terɔgasjɔ̃] nf -1. [de prisonnier] interrogation; [de témoin] questioning. -2. [question] question. -3. SCOL test.

interrogatoire [ɛ̃tɛrɔgatwar] *nm* **-1.** [de police, juge] questioning. **-2.** [procès-verbal] statement.

interrogeable [ɛ̃tɛrɔʒabl] *adj*: répondeur ~ à distance answerphone with remote playback facility.

interroger [ɛ̃tɛrɔʒe] *vt* **-1.** [questionner] to question; [accusé, base de données] to interrogate; ~ qqn (sur qqch) to question sb (about sthg). **-2.** [faits, conscience] to examine. ◆ **s'interroger** *vp*: s'~ sur to wonder about.

interrompre [ɛ̃tɛrɔ̃pr] *vt* to interrupt. ◆ **s'interrompre** *vp* to break off.

interrompu, -e [ɛ̃tɛrɔ̃py] *pp* → **interrompre**.

interrupteur [ɛ̃tɛryptœr] *nm* switch.

interruption [ɛ̃tɛrypsjɔ̃] *nf* **-1.** [arrêt] break. **-2.** [action] interruption.

intersection [ɛ̃tɛrseksjɔ̃] *nf* intersection.

interstice [ɛ̃tɛrstis] *nm* chink, crack.

interurbain, -e [ɛ̃tɛryrbɛ̃, ɛn] *adj* long-distance. ◆ **interurbain** *nm*: l'~ the long-distance telephone service.

intervalle [ɛ̃tɛrval] *nm* **-1.** [spatial] space, gap. **-2.** [temporel] interval, period (of time); à 6 jours d'~ after 6 days. **-3.** MUS interval.

intervenant, -e [ɛ̃tɛrvənɑ̃, ɑ̃t] *nm, f* [orateur] speaker.

intervenir [ɛ̃tɛrvənir] *vi* **-1.** [personne] to intervene; ~ auprès de qqn to intervene with sb; ~ dans qqch to intervene in sthg; faire ~ qqn to bring OU call in sb. **-2.** [événement] to take place.

intervention [ɛ̃tɛrvɑ̃sjɔ̃] *nf* **-1.** [gén] intervention. **-2.** MED operation; subir une ~ chirurgicale to have an operation, to have surgery. **-3.** [discours] speech.

intervenu, -e [ɛ̃tɛrvəny] *pp* → **intervenir**.

intervertir [ɛ̃tɛrvertir] *vt* to reverse, to invert.

interview [ɛ̃tɛrvju] *nf* interview.

interviewer [ɛ̃tɛrvjuve] *vt* to interview.

intestin [ɛ̃tɛstɛ̃] *nm* intestine.

intestinal, -e, -aux [ɛ̃tɛstinal, o] *adj* intestinal.

intime [ɛ̃tim] ◇ *nmf* close friend. ◇ *adj* [gén] intimate; [vie, journal] private.

intimider [ɛ̃timide] *vt* to intimidate.

intimité [ɛ̃timite] *nf* **-1.** [secret] depths (*pl*). **-2.** [familiarité, confort] intimacy. **-3.** [vie privée] privacy.

intitulé [ɛ̃tityle] *nm* [titre] title; [de paragraphe] heading.

intituler [ɛ̃tityle] *vt* to call, to entitle. ◆ **s'intituler** *vp* [ouvrage] to be called OU entitled.

intolérable [ɛ̃tɔlerabl] *adj* intolerable.

intolérance [ɛ̃tɔlerɑ̃s] *nf* [religieuse, politique] intolerance.

intolérant, -e [ɛ̃tɔlerɑ̃, ɑ̃t] *adj* intolerant.

intonation [ɛ̃tɔnasjɔ̃] *nf* intonation.

intouchable [ɛ̃tuʃabl] *nmf & adj* untouchable.

intoxication [ɛ̃tɔksikasjɔ̃] *nf* **-1.** [empoisonnement] poisoning. **-2.** *fig* [propagande] brainwashing.

intoxiquer [ɛ̃tɔksike] *vt*: ~ qqn par [empoisonner] to poison sb with; *fig* to indoctrinate sb with.

intraduisible [ɛ̃tradɥizibl] *adj* [texte] untranslatable.

intraitable [ɛ̃tretabl] *adj*: ~ (sur) inflexible (about).

intransigeant, -e [ɛ̃trɑ̃ziʒɑ̃, ɑ̃t] *adj* intransigent.

intransitif, -ive [ɛ̃trɑ̃zitif, iv] *adj* intransitive.

intransportable [ɛ̃trɑ̃spɔrtabl] *adj*: il est ~ he/it cannot be moved.

intraveineux, -euse [ɛ̃travɛnø, øz] *adj* intravenous.

intrépide [ɛ̃trepid] *adj* bold, intrepid.

intrigue [ɛ̃trig] *nf* **-1.** [manœuvre] intrigue. **-2.** CIN, LITTÉRATURE & THÉÂTRE plot.

intriguer [ɛ̃trige] ◇ *vt* to intrigue. ◇ *vi* to scheme, to intrigue.

introduction [ɛ̃trɔdyksjɔ̃] *nf* **-1.** [gén]: ~ (à) introduction (to). **-2.** [insertion] insertion.

introduire [ɛ̃trɔdɥir] *vt* **-1.** [gén] to introduce. **-2.** [faire entrer] to show in. **-3.** [insérer] to insert. ◆ **s'introduire** *vp* **-1.** [pénétrer] to enter; s'~ dans une maison [cambrioleur] to get into OU enter a house. **-2.** [s'implanter] to be introduced.

introduit, -e [ɛ̃trɔdɥi, it] *pp* → **introduire**.

introspection [ɛ̃trɔspɛksjɔ̃] *nf* introspection.

introuvable [ɛ̃truvabl] *adj* nowhere to be found.

introverti, -e [ɛ̃trɔverti] ◇ *adj* introverted. ◇ *nm, f* introvert.

intrus, -e [ɛ̃try, yz] *nm, f* intruder.

intrusion [ɛ̃tryzjɔ̃] *nf* **-1.** [gén & GÉOL] intrusion. **-2.** [ingérence] interference.

intuitif, -ive [ɛ̃tɥitif, iv] *adj* intuitive.

intuition [ɛ̃tɥisjɔ̃] *nf* intuition.

inusable [inyzabl] *adj* hardwearing.

inusité, -e [inyzite] *adj* unusual, uncommon.

inutile [inytil] *adj* [objet, personne] useless; [effort, démarche] pointless.

inutilisable [inytilizabl] *adj* unusable.

inutilité [inytilite] *nf* [de personne, d'objet] uselessness; [de démarche, d'effort] pointlessness.

invaincu, -e [ɛ̃vɛ̃ky] *adj* SPORT unbeaten.

invalide [ɛ̃valid] ◇ *nmf* disabled person; ~ **du travail** industrially disabled person. ◇ *adj* disabled.

invalidité [ɛ̃validite] *nf* -1. JUR invalidity. -2. MÉD disability.

invariable [ɛ̃varjabl] *adj* -1. [immuable] unchanging. -2. GRAM invariable.

invasion [ɛ̃vazjɔ̃] *nf* invasion.

invendable [ɛ̃vɑ̃dabl] *adj* unsaleable, unsellable.

invendu, -e [ɛ̃vɑ̃dy] *adj* unsold. ◆ **invendu** *nm* (*gén pl*) remainder.

inventaire [ɛ̃vɑ̃tɛr] *nm* -1. [gén] inventory. -2. [COMM - activité] stocktaking *Br*, inventory *Am*; [- liste] list.

inventer [ɛ̃vɑ̃te] *vt* to invent.

inventeur [ɛ̃vɑ̃tœr] *nm* [de machine] inventor.

invention [ɛ̃vɑ̃sjɔ̃] *nf* -1. [découverte, mensonge] invention. -2. [imagination] inventiveness.

inventorier [ɛ̃vɑ̃tɔrje] *vt* to make an inventory of.

inverse [ɛ̃vɛrs] ◇ *nm* opposite, reverse. ◇ *adj* -1. [sens] opposite; [ordre] reverse; **en sens** ~ **(de)** in the opposite direction (to). -2. [rapport] inverse.

inversement [ɛ̃vɛrsəmɑ̃] *adv* -1. MATHS inversely. -2. [au contraire] on the other hand. -3. [vice versa] vice versa.

inverser [ɛ̃vɛrse] *vt* to reverse.

invertébré, -e [ɛ̃vɛrtebre] *adj* invertebrate. ◆ **invertébré** *nm* invertebrate.

investigation [ɛ̃vɛstigasjɔ̃] *nf* investigation.

investir [ɛ̃vɛstir] *vt* to invest.

investissement [ɛ̃vɛstismɑ̃] *nm* investment.

investisseur, -euse [ɛ̃vɛstisœr, øz] *nm, f* investor.

investiture [ɛ̃vɛstityr] *nf* investiture.

invétéré, -e [ɛ̃vetere] *adj péj* inveterate.

invincible [ɛ̃vɛ̃sibl] *adj* [gén] invincible; [difficulté] insurmountable; [charme] irrésistible.

inviolable [ɛ̃vjɔlabl] *adj* -1. JUR inviolable. -2. [coffre] impregnable.

invisible [ɛ̃vizibl] *adj* invisible.

invitation [ɛ̃vitasjɔ̃] *nf*: ~ **(à)** invitation (to); **sur** ~ by invitation.

invité, -e [ɛ̃vite] ◇ *adj* [hôte] invited; [professeur, conférencier] guest (*avant n*). ◇ *nm, f* guest.

inviter [ɛ̃vite] *vt* to invite; ~ **qqn à faire qqch** to invite sb to do sthg; *fig* [suj: chose] to be an invitation to sb to do sthg.

in vitro [invitro] → **fécondation**.

invivable [ɛ̃vivabl] *adj* unbearable.

involontaire [ɛ̃vɔlɔ̃tɛr] *adj* [acte] involuntary.

invoquer [ɛ̃vɔke] *vt* -1. [alléguer] to put forward. -2. [citer, appeler à l'aide] to invoke; [paix] to call for.

invraisemblable [ɛ̃vrɛsɑ̃blabl] *adj* -1. [incroyable] unlikely, improbable. -2. [extravagant] incredible.

invulnérable [ɛ̃vylnerabl] *adj* invulnerable.

iode [jɔd] *nm* iodine.

ion [jɔ̃] *nm* ion.

IRA [ira] (*abr de* **Irish Republican Army**) *nf* IRA.

irai, iras *etc* → **aller**.

Irak, Iraq [irak] *nm*: **l'**~ Iraq.

irakien, -ienne, iraquien, -ienne [irakjɛ̃, jɛn] *adj* Iraqi. ◆ **Irakien, -ienne, Iraquien, -ienne** *nm, f* Iraqi.

Iran [irɑ̃] *nm*: **l'**~ Iran.

iranien, -ienne [iranjɛ̃, jɛn] *adj* Iranian. ◆ **iranien** *nm* [langue] Iranian. ◆ **Iranien, -ienne** *nm, f* Iranian.

Iraq = **Irak**.

iraquien = **irakien**.

irascible [irasibl] *adj* irascible.

iris [iris] *nm* ANAT & BOT iris.

irisé, -e [irize] *adj* iridescent.

irlandais, -e [irlɑ̃dɛ, ɛz] *adj* Irish. ◆ **irlandais** *nm* [langue] Irish. ◆ **Irlandais, -e** *nm, f* Irishman (*f* Irishwoman).

Irlande [irlɑ̃d] *nf*: **l'**~ Ireland; **l'**~ **du Nord/Sud** Northern/Southern Ireland.

ironie [irɔni] *nf* irony.

ironique [irɔnik] *adj* ironic.

ironiser [irɔnize] *vi* to speak ironically.

irradier [iradje] ◇ *vi* to radiate. ◇ *vt* to irradiate.

irraisonné, -e [irɛzɔne] *adj* irrational.

irrationnel, -elle [irasjɔnɛl] *adj* irrational.

irréalisable [irealizabl] *adj* unrealizable.

irrécupérable [irekyperabl] *adj* -1. [irrécouvrable] irretrievable. -2. [irréparable] beyond repair. **-3.** *fam* [personne] beyond hope.

irrécusable [irekyzabl] *adj* unimpeachable.

irréductible [iredyktibl] ◇ *nmf* diehard. ◇ *adj* **-1.** CHIM, MATHS & MÉD irreducible. **-2.** *fig* [volonté] indomitable; [personne] implacable; [communiste] diehard (*avant n*).

irréel, -elle [ireɛl] *adj* unreal.

irréfléchi, -e [irefleʃi] *adj* unthinking.

irréfutable [irefytabl] *adj* irrefutable.

irrégularité [iregylarite] *nf* **-1.** [gén] irregularity. **-2.** [de terrain, performance] unevenness.

irrégulier, -ière [iregylje, jɛr] *adj* **-1.** [gén] irregular. **-2.** [terrain, surface] uneven, irregular. **-3.** [employé, athlète] erratic.

irrémédiable [iremedjabl] *adj* [irréparable] irreparable.

irremplaçable [irɑ̃plasabl] *adj* irreplaceable.

irréparable [ireparabl] *adj* **-1.** [objet] beyond repair. **-2.** *fig* [perte, erreur] irreparable.

irrépressible [irepresibl] *adj* irrepressible.

irréprochable [ireproʃabl] *adj* irreproachable.

irrésistible [irezistibl] *adj* **-1.** [tentation, femme] irresistible. **-2.** [amusant] entertaining.

irrésolu, -e [irezɔly] *adj* **-1.** [indécis] irresolute. **-2.** [sans solution] unresolved.

irrespirable [irespirabl] *adj* **-1.** [air] unbreathable. **-2.** *fig* [oppressant] oppressive.

irresponsable [irespɔ̃sabl] ◇ *nmf* irresponsible person. ◇ *adj* irresponsible.

irréversible [ireversibl] *adj* irreversible.

irrévocable [irevɔkabl] *adj* irrevocable.

irrigation [irigasjɔ̃] *nf* irrigation.

irriguer [irige] *vt* to irrigate.

irritable [iritabl] *adj* irritable.

irritation [iritasjɔ̃] *nf* irritation.

irriter [irite] *vt* **-1.** [exaspérer] to irritate, to annoy. **-2.** MÉD to irritate. ◆ **s'irriter** *vp* to get irritated; s'~ **contre qqn/de qqch** to get irritated with sb/at sthg.

irruption [irypsjɔ̃] *nf* **-1.** [invasion] invasion. **-2.** [entrée brusque] irruption.

islam [islam] *nm* Islam.

islamique [islamik] *adj* Islamic.

islandais, -e [islɑ̃dɛ, ɛz] *adj* Icelandic. ◆ **islandais** *nm* [langue] Icelandic. ◆ **Islandais, -e** *nm, f* Icelander.

Islande [islɑ̃d] *nf*: l'~ Iceland.

isocèle [izɔsel] *adj* isoceles.

isolant, -e [izɔlɑ̃, ɑ̃t] *adj* insulating. ◆ **isolant** *nm* insulator, insulating material.

isolation [izɔlasjɔ̃] *nf* insulation.

isolé, -e [izɔle] *adj* isolated.

isoler [izɔle] *vt* **-1.** [séparer] to isolate. **-2.** CONSTR & ÉLECTR to insulate; ~ **qqch du froid** to insulate sthg (against the cold); ~ **qqch du bruit** to soundproof sthg. ◆ **s'isoler** *vp*: s'~ **(de)** to isolate o.s. (from).

isoloir [izɔlwar] *nm* polling booth.

isotherme [izɔterm] *adj* isothermal.

Israël [israel] *n* Israel.

israélien, -ienne [israeljɛ̃, jen] *adj* Israeli. ◆ **Israélien, -ienne** *nm, f* Israeli.

israélite [israelit] *adj* Jewish. ◆ **Israélite** *nmf* Jew.

issu, -e [isy] *adj*: être ~ **de** [résulter de] to emerge OU stem from; [personne] to come from. ◆ **issue** *nf* **-1.** [sortie] exit; ~**e de secours** emergency exit. **-2.** *fig* [solution] way out, solution. **-3.** [terme] outcome.

isthme [ism] *nm* isthmus.

Italie [itali] *nf*: l'~ Italy.

italien, -ienne [italjɛ̃, jen] *adj* Italian. ◆ **italien** *nm* [langue] Italian. ◆ **Italien, -ienne** *nm, f* Italian.

italique [italik] *nm* TYPO italics (*pl*); en ~ in italics.

itinéraire [itinerɛr] *nm* itinerary, route.

itinérant, -e [itinerɑ̃, ɑ̃t] *adj* [spectacle, troupe] itinerant.

IUT (*abr de* **institut universitaire de technologie**) *nm* ≃ technical college.

IVG (*abr de* **interruption volontaire de grossesse**) *nf* abortion.

ivoire [ivwar] *nm* ivory.

ivre [ivr] *adj* drunk.

ivresse [ivrɛs] *nf* drunkenness; [extase] rapture.

ivrogne [ivrɔɲ] *nmf* drunkard.

J

j, J [ʒi] *nm inv* j, J.

j' → je.

jabot [ʒabo] *nm* **-1.** [d'oiseau] crop. **-2.** [de chemise] frill.

jacasser [ʒakase] *vi péj* to chatter, to jabber.

jacinthe [ʒasɛ̃t] *nf* hyacinth.

Jacuzzi® [ʒakuzi] *nm* Jacuzzi®.

jade [ʒad] *nm* jade.

jadis [ʒadis] *adv* formerly, in former times.

jaguar [ʒagwar] *nm* jaguar.

jaillir [ʒajir] *vi* **-1.** [liquide] to gush; [flammes] to leap. **-2.** [cri] to ring out. **-3.** [personne] to spring out.

jais [ʒɛ] *nm* jet.

jalon [ʒalɔ̃] *nm* marker pole.

jalonner [ʒalɔne] *vt* to mark (out).

jalousie [ʒaluzi] *nf* **-1.** [envie] jealousy. **-2.** [store] blind.

jaloux, -ouse [ʒalu, uz] *adj*: ~ **(de)** jealous (of).

Jamaïque [ʒamaik] *nf*: **la** ~ Jamaica.

jamais [ʒamɛ] *adv* **-1.** [sens négatif] never; **ne** ... ~, ~ **ne** never; **je ne reviendrai** ~, ~ **je ne reviendrai** I'll never come back; **(ne)** ... ~ **plus, plus** ~ **(ne)** never again; **je ne viendrai** ~ **plus, plus** ~ **je ne viendrai** I'll never come here again. **-2.** [sens positif]: **plus que** ~ more than ever; **il est plus triste que** ~ he's sadder than ever; **si** ~ **tu le vois if** you should happen to see him, should you happen to see him. ◆ **à jamais** *loc adv* for ever.

jambage [ʒɑ̃baʒ] *nm* [de lettre] downstroke.

jambe [ʒɑ̃b] *nf* leg.

jambières [ʒɑ̃bjɛr] *nfpl* [de football] shin pads; [de cricket] pads.

jambon [ʒɑ̃bɔ̃] *nm* ham.

jante [ʒɑ̃t] *nf* (wheel) rim.

janvier [ʒɑ̃vje] *nm* January; *voir aussi* **septembre**.

Japon [ʒapɔ̃] *nm*: **le** ~ Japan.

japonais, -e [ʒapɔnɛ, ɛz] *adj* Japanese. ◆ **japonais** *nm* [langue] Japanese.

◆ **Japonais, -e** *nm, f* Japanese (person); **les Japonais** the Japanese.

japper [ʒape] *vi* to yap.

jaquette [ʒakɛt] *nf* **-1.** [vêtement] jacket. **-2.** [de livre] (dust) jacket.

jardin [ʒardɛ̃] *nm* garden; ~ **public** park.

jardinage [ʒardinaʒ] *nm* gardening.

jardinier, -ière [ʒardinje, jɛr] *nm, f* gardener. ◆ **jardinière** *nf* [bac à fleurs] window box.

jargon [ʒargɔ̃] *nm* **-1.** [langage spécialisé] jargon. **-2.** *fam* [charabia] gibberish.

jarret [ʒarɛ] *nm* **-1.** ANAT back of the knee. **-2.** CULIN knuckle of veal.

jarretelle [ʒartɛl] *nf* suspender *Br*, garter *Am*.

jarretière [ʒartjɛr] *nf* garter.

jars [ʒar] *nm* gander.

jaser [ʒaze] *vi* [bavarder] to gossip.

jasmin [ʒasmɛ̃] *nm* jasmine.

jatte [ʒat] *nf* bowl.

jauge [ʒoʒ] *nf* [instrument] gauge.

jauger [ʒoʒe] *vt* to gauge.

jaunâtre [ʒonatr] *adj* yellowish.

jaune [ʒon] ◇ *nm* [couleur] yellow. ◇ *adj* yellow. ◆ **jaune d'œuf** *nm* (egg) yolk.

jaunir [ʒonir] *vt & vi* to turn yellow.

jaunisse [ʒonis] *nf* MÉD jaundice.

java [ʒava] *nf* type of popular dance.

Javel [ʒavɛl] *nf*: **(eau de)** ~ bleach.

javelot [ʒavlo] *nm* javelin.

jazz [dʒaz] *nm* jazz.

J.-C. (*abr de* **Jésus-Christ**) J.C.

je [ʒə], **j'** (*devant voyelle et h muet*) *pron pers* I.

jean [dʒin], **jeans** [dʒins] *nm* jeans (*pl*), pair of jeans.

Jeep® [dʒip] *nf* Jeep®.

jérémiades [ʒeremjad] *nfpl* moaning (U), whining (U).

jerrycan, jerricane [ʒerikan] *nm* jerry can.

jersey [ʒɛrzɛ] *nm* jersey.

jésuite [ʒezɥit] *nm* Jesuit.

Jésus-Christ [ʒezykri] *nm* Jesus Christ.

jet¹ [ʒɛ] *nm* **-1.** [action de jeter] throw. **-2.** [de liquide] jet.

jet² [dʒɛt] *nm* [avion] jet.

jetable [ʒətabl] *adj* disposable.

jeté, -e [ʒəte] *pp* → jeter.

jetée [ʒəte] *nf* jetty.

jeter [ʒəte] *vt* to throw; [se débarrasser de] to throw away; ~ **qqch à qqn** [lancer] to throw sthg to sb, to throw sb sthg; [pour faire mal] to throw sthg at sb. ◆ **se jeter** *vp*: se ~ **sur** to pounce on; se ~ **dans** [suj: rivière] to flow into.

jeton [ʒətɔ̃] *nm* [de jeu] counter; [de téléphone] token.

jeu, -x [ʒø] *nm* **-1.** [divertissement] play (U), playing (U); ~ **de mots** play on words, pun. **-2.** [régi par des règles] game; **mettre un joueur hors** ~ to put a player offside; ~ **de société** parlour game. **-3.** [d'argent]: **le** ~ gambling. **-4.** [d'échecs, de clés] set; ~ **de cartes** pack of cards. **-5.** [manière de jouer - MUS] playing; [- THÉÂTRE] acting; [- SPORT] game. **-6.** [TECHNOL] play; **il y a du** ~ there's a bit of play, it's rather loose. **-7.** *loc*: **cacher son** ~ to play one's cards close to one's chest. ◆ **Jeux Olympiques** *nmpl*: **les Jeux Olympiques** the Olympic Games.

jeudi [ʒødi] *nm* Thursday; *voir aussi* **samedi**.

jeun [ʒœ̃] ◆ **à jeun** *loc adv* on an empty stomach.

jeune [ʒœn] ◇ *adj* young; [style, apparence] youthful; ~ **homme/femme** young man/woman. ◇ *nm* young person; **les** ~s young people.

jeûne [ʒøn] *nm* fast.

jeunesse [ʒœnɛs] *nf* **-1.** [âge] youth; [de style, apparence] youthfulness. **-2.** [jeunes gens] young people (*pl*).

jingle [dʒiŋɡəl] *nm* jingle.

JO *nmpl* (*abr de* **Jeux Olympiques**) *Olympic Games*.

joaillier, -ière [ʒɔaje, jɛr] *nm, f* jeweller.

job [dʒɔb] *nm fam* job.

jockey [ʒɔkɛ] *nm* jockey.

jogging [dʒɔɡin] *nm* **-1.** [activité] jogging. **-2.** [vêtement] tracksuit, jogging suit.

joie [ʒwa] *nf* joy.

joindre [jwɛ̃dr] *vt* **-1.** [rapprocher] to join; [mains] to put together. **-2.** [ajouter]: ~ **qqch (à)** to attach sthg (to); [adjoindre] to enclose sthg (with). **-3.** [par téléphone] to contact, to reach. ◆ **se joindre** *vp*: **se** ~ **à qqn** to join sb; **se** ~ **à qqch** to join in sthg.

joint, -e [ʒwɛ̃, ɛ̃t] *pp* → **joindre**. ◆ **joint** *nm* **-1.** [d'étanchéité] seal. **-2.** *fam* [drogue] joint.

joli, -e [ʒɔli] *adj* **-1.** [femme, chose] pretty, attractive. **-2.** [somme, situation] nice.

joliment [ʒɔlimɑ̃] *adv* **-1.** [bien] prettily, attractively; *iron* nicely. **-2.** *fam* [beaucoup] really.

jonc [ʒɔ̃] *nm* rush, bulrush.

joncher [ʒɔ̃ʃe] *vt* to strew; **être jonché de** to be strewn with.

jonction [ʒɔ̃ksjɔ̃] *nf* [de routes] junction.

jongler [ʒɔ̃ɡle] *vi* to juggle.

jongleur, -euse [ʒɔ̃ɡlœr, øz] *nm, f* juggler.

jonquille [ʒɔ̃kij] *nf* daffodil.

Jordanie [ʒɔrdani] *nf*: **la** ~ Jordan.

joue [ʒu] *nf* cheek; **tenir** OU **mettre qqn en** ~ *fig* to take aim at sb.

jouer [ʒwe] ◇ *vi* **-1.** [gén] to play; ~ **avec qqn/qqch** to play with sb/sthg; ~ **à qqch** [jeu, sport] to play sthg; ~ **de** MUS to play; **à toi de** ~! (it's) your turn!; *fig* your move! **-2.** CIN & THÉÂTRE to act. **-3.** [parier] to gamble. ◇ *vt* **-1.** [carte, partie] to play. **-2.** [somme d'argent] to bet, to wager; *fig* to gamble with. **-3.** [THÉÂTRE - personnage, rôle] to play; [- pièce] to put on, to perform. **-4.** CIN to show. **-5.** MUS to perform, to play.

jouet [ʒwɛ] *nm* toy; **être le** ~ **de** *fig* to be the victim of.

joueur, -euse [ʒwœr, øz] *nm, f* **-1.** SPORT player; ~ **de football** footballer, football player. **-2.** [du jeu] gambler.

joufflu, -e [ʒufly] *adj* [personne] chubby-cheeked.

joug [ʒu] *nm* yoke.

jouir [ʒwir] *vi* **-1.** [profiter]: ~ **de** to enjoy. **-2.** [sexuellement] to have an orgasm.

jouissance [ʒwisɑ̃s] *nf* **-1.** JUR [d'un bien] use. **-2.** [sexuelle] orgasm.

joujou, -x [ʒuʒu] *nm* toy.

jour [ʒur] *nm* **-1.** [unité de temps] day; **huit** ~s a week; **quinze** ~s a fortnight *Br*, two weeks; **de** ~ **en** ~ day by day; ~ **après** ~ day after day; **au** ~ **le** ~ from day to day; ~ **et nuit** night and day; **le** ~ **de l'an** New Year's Day; ~ **de congé** day off; ~ **férié** public holiday; ~ **ouvrable** working day. **-2.** [lumière] daylight; **de** ~ in the daytime, by day. **-3.** *loc*: **mettre qqch à** ~ to update sthg, to bring sthg up to date; **de nos** ~s these days, nowadays.

journal, -aux [ʒurnal, o] *nm* **-1.** [publication] newspaper, paper. **-2.** TÉLÉ: ~ **télévisé** television news. **-3.** [écrit]: ~ **(intime)** diary, journal.

journalier, -ière [ʒurnalje, jɛr] *adj* daily.

journalisme [ʒurnalism] *nm* journalism.

journaliste [ʒurnalist] *nmf* journalist, reporter.

journée [ʒurne] *nf* day.

joute [ʒut] *nf* joust; *fig* duel.

jovial, -e, -iaux [ʒɔvjal, jo] *adj* jovial, jolly.

joyau, -x [ʒwajo] *nm* jewel.

joyeux, -euse [ʒwajø, øz] *adj* joyful, happy; ~ Noël! Merry Christmas!

jubilé [ʒybile] *nm* jubilee.

jubiler [ʒybile] *vi fam* to be jubilant.

jucher [ʒyʃe] *vt*: ~ qqn sur qqch to perch sb on sthg.

judaïque [ʒydaik] *adj* [loi] Judaic; [tradition, religion] Jewish.

judaïsme [ʒydaism] *nm* Judaism.

judas [ʒyda] *nm* [ouverture] peephole.

judéo-chrétien, -ienne [ʒydeɔkretjɛ̃, jɛn] (*mpl* **judéo-chrétiens,** *fpl* **judéo-chrétiennes**) *adj* Judaeo-Christian.

judiciaire [ʒydisjɛr] *adj* judicial.

judicieux, -ieuse [ʒydisjø, jøz] *adj* judicious.

judo [ʒydo] *nm* judo.

juge [ʒyʒ] *nm* judge; ~ **d'instruction** examining magistrate.

jugé [ʒyʒe] ◆ **au jugé** *loc adv* by guesswork; **tirer au** ~ to fire blind.

jugement [ʒyʒmɑ̃] *nm* judgment; **prononcer un** ~ to pass sentence.

jugeote [ʒyʒɔt] *nf fam* common sense.

juger [ʒyʒe] ◇ *vt* to judge; [accusé] to try; ~ **que** to judge (that), to consider (that); ~ **qqn/qqch inutile** to consider sb/sthg useless. ◇ *vi* to judge; ~ **de qqch** to judge sthg; **si j'en juge d'après mon expérience** judging from my experience; **jugez de ma surprise!** imagine my surprise!

juif, -ive [ʒɥif, iv] *adj* Jewish. ◆ **Juif, -ive** *nm, f* Jew.

juillet [ʒɥijɛ] *nm* July; **la fête du 14 Juillet** *national holiday to mark the anniversary of the storming of the Bastille; voir aussi* **septembre.**

juin [ʒɥɛ̃] *nm* June; *voir aussi* **septembre.**

juke-box [dʒukbɔks] *nm inv* jukebox.

jumeau, -elle, -x [ʒymo, ɛl, o] ◇ *adj* twin (*avant n*). ◇ *nm, f* twin. ◆ **jumelles** *nfpl* OPTIQUE binoculars.

jumelé, -e [ʒymle] *adj* [villes] twinned; [maisons] semidetached.

jumeler [ʒymle] *vt* to twin.

jumelle → **jumeau.**

jument [ʒymɑ̃] *nf* mare.

jungle [ʒœ̃gl] *nf* jungle.

junior [ʒynjɔr] *adj & nmf* SPORT junior.

junte [ʒœ̃t] *nf* junta.

jupe [ʒyp] *nf* skirt.

jupe-culotte [ʒypkylɔt] *nf* culottes (*pl*).

jupon [ʒypɔ̃] *nm* petticoat, slip.

juré [ʒyre] *nm* JUR juror.

jurer [ʒyre] ◇ *vt*: ~ qqch à qqn to swear OU pledge sthg to sb; ~ (à qqn) que ... to swear (to sb) that ...; ~ **de faire qqch** to swear OU vow to do sthg; **je vous jure!** *fam* honestly! ◇ *vi* **-1.** [blasphémer] to swear, to curse. **-2.** [ne pas aller ensemble]: ~ (avec) to clash (with). ◆ **se jurer** *vp*: **se** ~ **de faire qqch** to swear OU vow to do sthg.

juridiction [ʒyridiksjɔ̃] *nf* jurisdiction.

juridique [ʒyridik] *adj* legal.

jurisprudence [ʒyrisprydɑ̃s] *nf* jurisprudence.

juriste [ʒyrist] *nmf* lawyer.

juron [ʒyrɔ̃] *nm* swearword, oath.

jury [ʒyri] *nm* **-1.** JUR jury. **-2.** [SCOL - d'examen] examining board; [- de concours] admissions board.

jus [ʒy] *nm* **-1.** [de fruits, légumes] juice. **-2.** [de viande] gravy.

jusque, jusqu' [ʒysk(ə)] ◆ **jusqu'à** *loc prép* **-1.** [sens temporel] until, till; jusqu'à nouvel ordre until further notice; **jusqu'à présent** up until now, so far. **-2.** [sens spatial] as far as; **jusqu'au bout** to the end. **-3.** [même] even. ◆ **jusqu'à ce que** *loc conj* until, till. ◆ **jusqu'en** *loc prép* up until. ◆ **jusqu'ici** *loc adv* [lieu] up to here; [temps] up until now, so far. ◆ **jusque-là** *loc adv* [lieu] up to there; [temps] up until then.

justaucorps [ʒystokɔr] *nm* [maillot] leotard.

juste [ʒyst] ◇ *adj* **-1.** [équitable] fair. **-2.** [exact] right, correct. **-3.** [trop petit] tight. ◇ *adv* **-1.** [bien] correctly, right. **-2.** [exactement, seulement] just.

justement [ʒystəmɑ̃] *adv* **-1.** [avec raison] rightly. **-2.** [précisément] exactly, precisely.

justesse [ʒystɛs] *nf* [de remarque] aptness; [de raisonnement] soundness. ◆ **de justesse** *loc adv* only just.

justice [ʒystis] *nf* **-1.** JUR justice; **passer en** ~ to stand trial. **-2.** [équité] fairness.

justicier, -ière [ʒystisje, jɛr] *nm, f* righter of wrongs.

justifiable [ʒystifjabl] *adj* justifiable.

justificatif, -ive [ʒystifikatif, iv] *adj* supporting. ◆ **justificatif** *nm* written proof (U).

justification [ʒystifikasjɔ̃] *nf* justification.

justifier [ʒystifje] *vt* [gén] to justify. ◆ **se justifier** *vp* to justify o.s.

jute [ʒyt] *nm* jute.

juteux, -euse [ʒytø, øz] *adj* juicy.
juvénile [ʒyvenil] *adj* youthful.
juxtaposer [ʒykstapoze] *vt* to juxtapose.

k, K [ka] *nm inv* k, K.
K7 [kaset] (*abr de* **cassette**) *nf* cassette.
kaki [kaki] ◇ *nm* **-1.** [couleur] khaki. **-2.** [fruit] persimmon. ◇ *adj inv* khaki.
kaléidoscope [kaleidɔskɔp] *nm* kaleidoscope.
kamikaze [kamikaz] *nm* kamikaze pilot.
kanak = **canaque**.
kangourou [kɑ̃guru] *nm* kangaroo.
karaoké [karaɔke] *nm* karaoke.
karaté [karate] *nm* karate.
karting [kartiŋ] *nm* go-karting.
kas(c)her, cascher [kaʃɛr] *adj inv* kosher.
kayak [kajak] *nm* kayak.
Kenya [kenja] *nm*: **le ~** Kenya.
képi [kepi] *nm* kepi.
kératine [keratin] *nf* keratin.
kermesse [kɛrmɛs] *nf* **-1.** [foire] fair. **-2.** [fête de bienfaisance] fête.
kérosène [kerɔzɛn] *nm* kerosene.
ketchup [kɛtʃœp] *nm* ketchup.
kg (*abr de* **kilogramme**) kg.
kibboutz [kibutz] *nm inv* kibbutz.
kidnapper [kidnape] *vt* to kidnap.
kidnappeur, -euse [kidnapœr, øz] *nm, f* kidnapper.
kilo [kilo] *nm* kilo.
kilogramme [kilɔgram] *nm* kilogram.
kilométrage [kilɔmetraʒ] *nm* **-1.** [de voiture] ≃ mileage. **-2.** [distance] distance.
kilomètre [kilɔmɛtr] *nm* kilometre.
kilo-octet [kiloɔktɛ] *nm* INFORM kilobyte.
kilowatt [kilɔwat] *nm* kilowatt.
kilt [kilt] *nm* kilt.
kimono [kimɔno] *nm* kimono.
kinésithérapeute [kineziterapøt] *nmf* physiotherapist.
kiosque [kjɔsk] *nm* **-1.** [de vente] kiosk. **-2.** [pavillon] pavilion.
kirsch [kirʃ] *nm* cherry brandy.
kitchenette [kitʃənɛt] *nf* kitchenette.
kitsch [kitʃ] *adj inv* kitsch.

kiwi [kiwi] *nm* **-1.** [oiseau] kiwi. **-2.** [fruit] kiwi, kiwi fruit (*U*).
Klaxon® [klaksɔ̃] *nm* horn.
klaxonner [klaksɔne] *vi* to hoot.
kleptomane, cleptomane [klɛptɔman] *nmf* kleptomaniac.
km (*abr de* **kilomètre**) km.
km/h (*abr de* **kilomètre par heure**) kph.
Ko (*abr de* **kilo-octet**) K.
K.-O. [kao] *nm*: **mettre qqn ~** to knock sb out.
Koweït [kɔwɛt] *nm*: **le ~** Kuwait.
krach [krak] *nm* crash; **~ boursier** stock market crash.
kung-fu [kuŋfu] *nm* kung fu.
kurde [kyrd] ◇ *adj* Kurdish. ◇ *nm* [langue] Kurdish. ◆ **Kurde** *nmf* Kurd.
kyrielle [kirjɛl] *nf fam* stream; [d'enfants] horde.
kyste [kist] *nm* cyst.

l, L [ɛl] ◇ *nm inv* l, L. ◇ (*abr de* **litre**) l.
la¹ [la] *art déf & pron déf* → **le**.
la² [la] *nm inv* MUS A; [chanté] la.
là [la] *adv* **-1.** [lieu] there; **à 3 kilomètres de ~** 3 kilometres from there; **passe par ~** go that way; **c'est ~ que je travaille** that's where I work; **je suis ~** I'm here. **-2.** [temps] then; **à quelques jours de ~** a few days later, a few days after that. **-3.** [avec une proposition relative]: **~ où** [lieu] where; [temps] when; *voir aussi* **ce, là-bas, là-dedans** *etc.*
là-bas [laba] *adv* (over) there.
label [labɛl] *nm* **-1.** [étiquette]: **~ de qualité** label guaranteeing quality. **-2.** [commerce] label, brand name.
labeur [labœr] *nm sout* labour.
labo [labo] (*abr de* **laboratoire**) *nm fam* lab.
laborantin, -e [labɔrɑ̃tɛ̃, in] *nm, f* laboratory assistant.
laboratoire [labɔratwar] *nm* laboratory.
laborieux, -ieuse [labɔrjø, jøz] *adj* [difficile] laborious.
labourer [labure] *vt* **-1.** AGRIC to plough. **-2.** *fig* [creuser] to make a gash in.
laboureur [laburœr] *nm* ploughman.

labyrinthe [labirɛ̃t] *nm* labyrinth.

lac [lak] *nm* lake; **les Grands Lacs** the Great Lakes; **le ~ Léman** Lake Geneva.

lacer [lase] *vt* to tie.

lacérer [lasere] *vt* **-1.** [déchirer] to shred. **-2.** [blesser, griffer] to slash.

lacet [lasɛ] *nm* **-1.** [cordon] lace. **-2.** [de route] bend. **-3.** [piège] snare.

lâche [laʃ] ◇ *nmf* coward. ◇ *adj* **-1.** [nœud] loose. **-2.** [personne, comportement] cowardly.

lâcher [laʃe] ◇ *vt* **-1.** [libérer - bras, objet] to let go of; [- animal] to let go, to release; *fig* [- mot] to let slip. **-2.** [laisser tomber]: **~ qqch** to drop sthg. ◇ *vi* to give way.

lâcheté [laʃte] *nf* **-1.** [couardise] cowardice. **-2.** [acte] cowardly act.

lacis [lasi] *nm* [labyrinthe] maze.

laconique [lakɔnik] *adj* laconic.

lacrymogène [lakrimɔʒɛn] *adj* tear (*avant n*).

lacté, -e [lakte] *adj* [régime] milk (*avant n*).

lacune [lakyn] *nf* [manque] gap.

lacustre [lakystr] *adj* [faune, plante] lake (*avant n*); [cité, village] on stilts.

lad [lad] *nm* stable lad.

là-dedans [ladədɑ̃] *adv* inside, in there; **il y a quelque chose qui m'intrigue ~** there's something in that which intrigues me.

là-dessous [ladsu] *adv* underneath, under there; *fig* behind that.

là-dessus [ladsy] *adv* on that; **~, il partit** at that point OU with that, he left; **je suis d'accord ~** I agree about that.

ladite → ledit.

lagon [lagɔ̃] *nm*, **lagune** [lagyn] *nf* lagoon.

là-haut [lao] *adv* up there.

laïc (*f* **laïque**), **laïque** [laik] ◇ *adj* lay (*avant n*); [juridiction] civil (*avant n*); [école] state (*avant n*). ◇ *nm, f* layman (*f* laywoman).

laid, -e [lɛ, lɛd] *adj* **-1.** [esthétiquement] ugly. **-2.** [moralement] wicked.

laideron [lɛdrɔ̃] *nm* ugly woman.

laideur [lɛdœr] *nf* **-1.** [physique] ugliness. **-2.** [morale] wickedness.

lainage [lenaʒ] *nm* [étoffe] woollen material; [vêtement] woolly OU woollen garment.

laine [len] *nf* wool.

laineux, -euse [lenø, øz] *adj* woolly.

laïque → laïc.

laisse [lɛs] *nf* [corde] lead, leash; **tenir en ~** [chien] to keep on a lead OU leash.

laisser [lese] ◇ *v aux* (+*infinitif*): **~ qqn faire qqch** to let sb do sthg; **laisse-le faire** leave him alone, don't interfere; **~ tomber qqch** *litt* & *fig* to drop sthg; **laisse tomber!** *fam* drop it! ◇ *vt* **-1.** [gén] to leave; **~ qqn/qqch à qqn** [confier] to leave sb/sthg with sb. **-2.** [céder]: **~ qqch à qqn** to let sb have sthg. ◆ **se laisser** *vp*: **se ~ faire** to let o.s. be persuaded; **se ~ aller** to relax; [dans son apparence] to let o.s. go; **se ~ aller à qqch** to indulge in sthg.

laisser-aller [leseale] *nm inv* carelessness.

laissez-passer [lesepase] *nm inv* pass.

lait [lɛ] *nm* **-1.** [gén] milk; **~ entier/ écrémé** whole/skimmed milk; **~ concentré** OU **condensé** [sucré] condensed milk; [non sucré] evaporated milk. **-2.** [cosmétique]: **~ démaquillant** cleansing milk OU lotion.

laitage [letaʒ] *nm* dairy product.

laiterie [letri] *nf* dairy.

laitier, -ière [letje, jer] ◇ *adj* dairy (*avant n*). ◇ *nm, f* milkman (*f* milkwoman).

laiton [lɛtɔ̃] *nm* brass.

laitue [lety] *nf* lettuce.

laïus [lajys] *nm* long speech.

lambeau, -x [lɑ̃bo] *nm* [morceau] shred.

lambris [lɑ̃bri] *nm* panelling.

lame [lam] *nf* **-1.** [fer] blade; **~ de rasoir** razor blade. **-2.** [lamelle] strip. **-3.** [vague] wave.

lamé, -e [lame] *adj* lamé. ◆ **lamé** *nm* lamé.

lamelle [lamɛl] *nf* **-1.** [de champignon] gill. **-2.** [tranche] thin slice. **-3.** [de verre] slide.

lamentable [lamɑ̃tabl] *adj* **-1.** [résultats, sort] appalling. **-2.** [ton] plaintive.

lamentation [lamɑ̃tasjɔ̃] *nf* **-1.** [plainte] lamentation. **-2.** (*gén pl*) [jérémiade] moaning (*U*).

lamenter [lamɑ̃te] ◆ **se lamenter** *vp* to complain.

laminer [lamine] *vt* IND to laminate; *fig* [personne, revenus] to eat away at.

lampadaire [lɑ̃padɛr] *nm* [dans maison] standard lamp *Br*, floor lamp *Am*; [de rue] street lamp OU light.

lampe [lɑ̃p] *nf* lamp, light; **~ de chevet** bedside lamp; **~ halogène** halogen light; **~ de poche** torch *Br*, flashlight *Am*.

lampion [lãpjɔ̃] *nm* Chinese lantern.
lance [lãs] *nf* **-1.** [arme] spear. **-2.** [de tuyau] nozzle; ~ **d'incendie** fire hose.
lance-flammes [lãsflam] *nm inv* flame-thrower.
lancement [lãsmã] *nm* [d'entreprise, produit, navire] launching.
lance-pierres [lãspjɛr] *nm inv* catapult.
lancer [lãse] ◇ *vt* **-1.** [pierre, javelot] to throw; ~ **qqch sur qqn** to throw sthg at sb. **-2.** [fusée, produit, style] to launch. **-3.** [émettre] to give off; [cri] to let out; [injures] to hurl; [ultimatum] to issue. **-4.** [moteur] to start up. **-5.** [INFORM - programme] to start; [- système] to boot (up). **-6.** *fig* [sur un sujet]: ~ **qqn sur qqch** to get sb started on sthg. ◇ *nm* **-1.** PÊCHE casting. **-2.** SPORT throwing; ~ **du poids** shotput. ◆ **se lancer** *vp* **-1.** [débuter] to make a name for o.s. **-2.** [s'engager]: **se ~ dans** [dépenses, explication, lecture] to embark on.
lancinant, -e [lãsinã, ãt] *adj* **-1.** [douleur] shooting. **-2.** *fig* [obsédant] haunting. **-3.** [monotone] insistent.
landau [lãdo] *nm* [d'enfant] pram.
lande [lãd] *nf* moor.
langage [lãgaʒ] *nm* language.
lange [lãʒ] *nm* nappy *Br*, diaper *Am*.
langer [lãʒe] *vt* to change.
langoureux, -euse [lãgurø, øz] *adj* languorous.
langouste [lãgust] *nf* crayfish.
langoustine [lãgustin] *nf* langoustine.
langue [lãg] *nf* **-1.** ANAT & *fig* tongue. **-2.** LING language; ~ **maternelle** mother tongue; ~ **morte/vivante** dead/modern language.
languette [lãgɛt] *nf* tongue.
langueur [lãgœr] *nf* **-1.** [dépérissement, mélancolie] languor. **-2.** [apathie] apathy.
languir [lãgir] *vi* **-1.** [dépérir]: ~ **(de)** to languish (with). **-2.** *sout* [attendre] to wait; **faire ~ qqn** to keep sb waiting.
lanière [lanjɛr] *nf* strip.
lanterne [lãtɛrn] *nf* **-1.** [éclairage] lantern. **-2.** [phare] light.
Laos [laos] *nm*: **le ~** Laos.
laper [lape] *vt & vi* to lap.
lapider [lapide] *vt* [tuer] to stone.
lapin, -e [lapɛ̃, in] *nm, f* **-1.** CULIN & ZOOL rabbit. **-2.** [fourrure] rabbit fur.
Laponie [laponi] *nf*: **la ~** Lapland.
laps [laps] *nm*: **(dans) un ~ de temps** (in) a while.
lapsus [lapsys] *nm* slip (of the tongue/pen).

laquais [lakɛ] *nm* lackey.
laque [lak] *nf* **-1.** [vernis, peinture] lacquer. **-2.** [pour cheveux] hair spray, lacquer.
laqué, -e [lake] *adj* lacquered.
laquelle → **lequel**.
larbin [larbɛ̃] *nm* **-1.** [domestique] servant. **-2.** [personne servile] yes-man.
larcin [larsɛ̃] *nm* **-1.** [vol] larceny, theft. **-2.** [butin] spoils (*pl*).
lard [lar] *nm* **-1.** [graisse de porc] lard. **-2.** [viande] bacon.
lardon [lardɔ̃] *nm* **-1.** CULIN cube or strip of bacon. **-2.** *fam* [enfant] kid.
large [larʒ] ◇ *adj* **-1.** [étendu, grand] wide; ~ **de 5 mètres** 5 metres wide. **-2.** [important, considérable] large, big. **-3.** [esprit, sourire] broad. **-4.** [généreux - personne] generous. ◇ *nm* **-1.** [largeur]: **5 mètres de ~** 5 metres wide. **-2.** [mer]: **le ~** the open sea; **au ~ de la côte française** off the French coast.
largement [larʒəmã] *adv* **-1.** [diffuser, répandre] widely; **la porte était ~ ouverte** the door was wide open. **-2.** [donner, payer] generously; [dépasser] considerably; [récompenser] amply; **avoir ~ le temps** to have plenty of time. **-3.** [au moins] easily.
largeur [larʒœr] *nf* **-1.** [d'avenue, de cercle] width. **-2.** *fig* [d'idées, d'esprit] breadth.
larguer [large] *vt* **-1.** [voile] to unfurl. **-2.** [bombe, parachutiste] to drop. **-3.** *fam fig* [abandonner] to chuck.
larme [larm] *nf* [pleur] tear; **être en ~s** to be in tears.
larmoyant, -e [larmwajã, ãt] *adj* **-1.** [yeux, personne] tearful. **-2.** *péj* [histoire] tearjerking.
larron [larɔ̃] *nm vieilli* [voleur] thief.
larve [larv] *nf* **-1.** ZOOL larva. **-2.** *péj* [personne] wimp.
laryngite [larɛ̃ʒit] *nf* laryngitis (*U*).
larynx [larɛ̃ks] *nm* larynx.
las, lasse [la, las] *adj littéraire* [fatigué] weary.
lascif, -ive [lasif, iv] *adj* lascivious.
laser [lazɛr] ◇ *nm* laser. ◇ *adj* laser (*avant n*).
lasser [lase] *vt sout* [personne] to weary; [patience] to try. ◆ **se lasser** *vp* to weary.
lassitude [lasityd] *nf* lassitude.
lasso [laso] *nm* lasso.
latent, -e [latã, ãt] *adj* latent.
latéral, -e, -aux [lateral, o] *adj* lateral.
latex [latɛks] *nm inv* latex.

latin, -e [latɛ̃, in] *adj* Latin. ◆ **latin** *nm* [langue] Latin.

latiniste [latinist] *nmf* [spécialiste] Latinist; [étudiant] Latin student.

latino-américain, -e [latinoamerikɛ̃, ɛn] (*mpl* **latino-américains**, *fpl* **latino-américaines**) *adj* Latin-American, Hispanic.

latitude [latityd] *nf litt* & *fig* latitude.

latrines [latrin] *nfpl* latrines.

latte [lat] *nf* lath, slat.

lauréat, -e [lɔrea, at] *nm, f* prizewinner, winner.

laurier [lɔrje] *nm* BOT laurel.

lavable [lavabl] *adj* washable.

lavabo [lavabo] *nm* **-1.** [cuvette] basin. **-2.** (*gén pl*) [local] toilet.

lavage [lavaʒ] *nm* washing.

lavande [lavɑ̃d] *nf* BOT lavender.

lave [lav] *nf* lava.

lave-glace [lavglas] (*pl* **lave-glaces**) *nm* windscreen washer *Br*, windshield washer *Am*.

lave-linge [lavlɛ̃ʒ] *nm inv* washing machine.

laver [lave] *vt* **-1.** [nettoyer] to wash. **-2.** *fig* [disculper]: ~ **qqn de qqch** to clear sb of sthg. ◆ **se laver** *vp* **-1.** [se nettoyer] to wash o.s., to have a wash; **se ~ les mains/les cheveux** to wash one's hands/hair.

laverie [lavri] *nf* [commerce] laundry; ~ **automatique** launderette.

lavette [lavɛt] *nf* **-1.** [brosse] washing-up brush; [en tissu] dishcloth. **-2.** *fam* [homme] drip.

laveur, -euse [lavœr, øz] *nm, f* washer; ~ **de carreaux** window cleaner (*person*).

lave-vaisselle [lavvɛsɛl] *nm inv* dish-washer.

lavoir [lavwar] *nm* [lieu] laundry.

laxatif, -ive [laksatif, iv] *adj* laxative. ◆ **laxatif** *nm* laxative.

laxisme [laksism] *nm* laxity.

laxiste [laksist] *adj* lax.

layette [lɛjɛt] *nf* layette.

le [lə], **l'** (*devant voyelle ou h muet*) (*f* **la** [la], *pl* **les** [le]) ◇ *art déf* **-1.** [gén] the; ~ **lac** the lake; **la fenêtre** the window; **l'homme** the man; **les enfants** the children. **-2.** [devant les noms abstraits]: **l'amour** love; **la liberté** freedom; **la vieillesse** old age. **-3.** [temps]: ~ **15 janvier 1993** 15th January 1993; **je suis arrivé** ~ **15 janvier 1993** I arrived on the 15th of January 1993; ~ **lundi** [habituellement] on Mondays; [jour précis]

on (the) Monday. **-4.** [possession]: **se laver les mains** to wash one's hands; **secouer la tête** to shake one's head; **avoir les cheveux blonds** to have fair hair. **-5.** [distributif] per, a; **10 francs** ~ **mètre** 10 francs per OU a metre. ◇ *pron pers* **-1.** [personne] him (*f* her), (*pl*) them; [chose] it, (*pl*) them; [animal] it, him (*f* her), (*pl*) them; **je** ~/**la**/**les connais bien** I know him/her/them well; **tu dois avoir la clé, donne-la moi** you must have the key, give it to me. **-2.** [représente une proposition]: **je** ~ **sais bien** I know, I'm well aware (of it); **je te l'avais bien dit!** I told you so!

LEA (*abr de* **langues étrangères appliquées**) *nfpl* applied modern languages.

leader [lidœr] *nm* [de parti, course] leader.

leadership [lidœrʃip] *nm* leadership.

lécher [leʃe] *vt* **-1.** [passer la langue sur, effleurer] to lick; [suj: vague] to wash against. **-2.** *fam* [fignoler] to polish (up).

lèche-vitrines [lɛʃvitrin] *nm inv* window-shopping; **faire du** ~ to go window-shopping.

leçon [ləsɔ̃] *nf* **-1.** [gén] lesson; ~**s de conduite** driving lessons; ~**s particulières** private lessons OU classes. **-2.** [conseil] advice (*U*); **faire la** ~ **à qqn** to lecture sb.

lecteur, -trice [lɛktœr, tris] *nm, f* **-1.** [de livres] reader. **-2.** UNIV foreign language assistant. ◆ **lecteur** *nm* **-1.** [gén] head; ~ **de cassettes/CD** cassette/CD player. **-2.** INFORM reader.

lecture [lɛktyr] *nf* reading.

ledit, ladite [lədi, ladit] (*mpl* **lesdits** [ledi], *fpl* **lesdites** [ledit]) *adj* the said, the aforementioned.

légal, -e, -aux [legal, o] *adj* legal.

légalement [legalmɑ̃] *adv* legally.

légaliser [legalize] *vt* [rendre légal] to legalize.

légalité [legalite] *nf* **-1.** [de contrat, d'acte] legality, lawfulness. **-2.** [loi] law.

légataire [legatɛr] *nmf* legatee.

légendaire [leʒɑ̃dɛr] *adj* legendary.

légende [leʒɑ̃d] *nf* **-1.** [fable] legend. **-2.** [explication] key.

léger, -ère [leʒe, ɛr] *adj* **-1.** [objet, étoffe, repas] light. **-2.** [bruit, différence, odeur] slight. **-3.** [alcool, tabac] low-strength. **-4.** [femme] flighty. **-5.** [insouciant - ton] light-hearted; [- conduite] thoughtless. ◆ **à la légère** *loc adv* lightly, thoughtlessly.

légèrement [leʒɛrmɑ̃] *adv* **-1.** [s'habiller, poser] lightly. **-2.** [agir] thoughtlessly. **-3.** [blesser, remuer] slightly.

légèreté [leʒɛrte] *nf* **-1.** [d'objet, de repas, de punition] lightness. **-2.** [de style] gracefulness. **-3.** [de conduite] thoughtlessness. **-4.** [de personne] flightiness.

légiférer [leʒifere] *vi* to legislate.

légion [leʒjɔ̃] *nf* MIL legion.

légionnaire [leʒjɔnɛr] *nm* legionary.

législatif, -ive [leʒislatif, iv] *adj* legislative. ◆ **législatives** *nfpl*: les législatives the legislative elections, ≈ the general election (*sg*) *Br*.

législation [leʒislasjɔ̃] *nf* legislation.

légiste [leʒist] *adj* **-1.** [juriste] jurist. **-2.** → médecin.

légitime [leʒitim] *adj* legitimate.

légitimer [leʒitime] *vt* **-1.** [reconnaître] to recognize; [enfant] to legitimize. **-2.** [justifier] to justify.

legs [lɛg] *nm* legacy.

léguer [lege] *vt*: ~ qqch à qqn JUR to bequeath sthg to sb; *fig* to pass sthg on to sb.

légume [legym] *nm* vegetable.

leitmotiv [lajtmɔtif, lɛtinɔtif] *nm* leitmotif.

Léman [lemɑ̃] → lac.

lendemain [lɑ̃dmɛ̃] *nm* [jour] day after; le ~ matin the next morning; au ~ de after, in the days following.

lénifiant, -e [lenifjɑ̃, ɑ̃t] *adj litt & fig* soothing.

lent, -e [lɑ̃, lɑ̃t] *adj* slow.

lente [lɑ̃t] *nf* nit.

lentement [lɑ̃tmɑ̃] *adv* slowly.

lenteur [lɑ̃tœr] *nf* slowness (*U*).

lentille [lɑ̃tij] *nf* **-1.** BOT & CULIN lentil. **-2.** [d'optique] lens; ~s de contact contact lenses.

léopard [leɔpar] *nm* leopard.

LEP, Lep *(abr de lycée d'enseignement professionnel) nm former secondary school for vocational training.*

lèpre [lɛpr] *nf* MÉD leprosy.

lequel [ləkɛl] *(f* laquelle [lakɛl], *mpl* lesquels [lekɛl], *fpl* lesquelles [lekɛl]) *(contraction de à + lequel = auquel, de + lequel = duquel, à + lesquels/lesquelles = auxquels/auxquelles, de + lesquels/lesquelles = desquels/desquelles)* ◇ *pron rel* **-1.** [complément - personne] whom; [- chose] which. **-2.** [sujet - personne] who; [- chose] which. ◇ *pron interr*: ~? which (one)?

les → le.

lesbienne [lɛsbjɛn] *nf* lesbian.

lesdits, lesdites → ledit.

léser [leze] *vt* [frustrer] to wrong.

lésiner [lezine] *vi* to skimp; ne pas ~ sur not to skimp on.

lésion [lezjɔ̃] *nf* lesion.

lesquels, lesquelles → lequel.

lessive [lesiv] *nf* **-1.** [nettoyage, linge] washing. **-2.** [produit] washing powder.

lest [lɛst] *nm* ballast.

leste [lɛst] *adj* **-1.** [agile] nimble, agile. **-2.** [licencieux] crude.

lester [lɛste] *vt* [garnir de lest] to ballast.

léthargie [letarʒi] *nf litt & fig* lethargy.

Lettonie [lɛtɔni] *nf*: la ~ Latvia.

lettre [lɛtr] *nf* **-1.** [gén] letter; en toutes ~s in words, in full. **-2.** [sens des mots]: à la ~ to the letter. ◆ **lettres** *nfpl* **-1.** [culture littéraire] letters. **-2.** UNIV arts; ~s classiques classics; ~s modernes French language and literature.

leucémie [løsemi] *nf* leukemia.

leucocyte [løkɔsit] *nm* leucocyte.

leur [lœr] *pron pers inv* (to) them; je voudrais ~ parler I'd like to speak to them; je ~ ai donné la lettre I gave them the letter, I gave the letter to them. ◆ **leur** (*pl* leurs) *adj poss* their; c'est ~ tour it's their turn; ~s enfants their children. ◆ **le leur** (*f* la leur, *pl* les leurs) *pron poss* theirs; il faudra qu'ils y mettent du ~ they've got to pull their weight.

leurrer [lœre] *vt* to deceive. ◆ **se leurrer** *vp* to deceive o.s.

levain [ləvɛ̃] *nm* CULIN: pain au ~/sans ~ leavened/unleavened bread.

levant [ləvɑ̃] ◇ *nm* east. ◇ *adj* → soleil.

lever [ləve] ◇ *vt* **-1.** [objet, blocus, interdiction] to lift. **-2.** [main, tête, armée] to raise. **-3.** [scellés, difficulté] to remove. **-4.** [séance] to close, to end. **-5.** [impôts, courrier] to collect. **-6.** [enfant, malade]: ~ qqn to get sb up. ◇ *vi* **-1.** [plante] to come up. **-2.** [pâte] to rise. ◇ *nm* **-1.** [d'astre] rising, rise; ~ du jour daybreak; ~ du soleil sunrise. **-2.** [de personne]: il est toujours de mauvaise humeur au ~ he's always in a bad mood when he gets up. ◆ **se lever** *vp* **-1.** [personne] to get up, to rise; [vent] to get up. **-2.** [soleil, lune] to rise; [jour] to break. **-3.** [temps] to clear.

lève-tard [lɛvtar] *nmf inv* late riser.

lève-tôt [lɛvto] *nmf inv* early riser.

levier [ləvje] *nm litt & fig* lever; ~ de vitesses gear lever *Br*, gear shift *Am*.

lévitation [levitasjɔ̃] *nf* levitation.

lèvre [lɛvr] *nf* ANAT lip; [de vulve] labium.

lévrier, levrette [ievrije, ləvrɛt] *nm, f* greyhound.

levure [ləvyr] *nf* yeast; ~ **chimique** baking powder.

lexicographie [lɛksikɔgrafi] *nf* lexicography.

lexique [lɛksik] *nm* **-1.** [dictionnaire] glossary. **-2.** [vocabulaire] vocabulary.

lézard [lezar] *nm* [animal] lizard.

lézarder [lezarde] ◇ *vt* to crack. ◇ *vi fam* [paresser] to bask. ◆ **se lézarder** *vp* to crack.

liaison [ljezɔ̃] *nf* **-1.** [jonction, enchaînement] connection. **-2.** CULIN & LING liaison. **-3.** [contact, relation] contact; **avoir une** ~ to have an affair. **-4.** TRANSPORT link.

liane [ljan] *nf* creeper.

liant, -e [ljɑ̃, ɑ̃t] *adj* sociable. ◆ **liant** *nm* [substance] binder.

liasse [ljas] *nf* bundle; [de billets de banque] wad.

Liban [libɑ̃] *nm*: **le** ~ Lebanon.

libanais, -e [libanɛ, ɛz] *adj* Lebanese. ◆ **Libanais, -e** *nm, f* Lebanese (person); **les Libanais** the Lebanese.

libeller [libele] *vt* **-1.** [chèque] to make out. **-2.** [lettre] to word.

libellule [libelyl] *nf* dragonfly.

libéral, -e, -aux [liberal, o] ◇ *adj* [attitude, idée, parti] liberal. ◇ *nm, f* POLIT liberal.

libéraliser [liberalize] *vt* to liberalize.

libéralisme [liberalism] *nm* liberalism.

libération [liberasjɔ̃] *nf* **-1.** [de prisonnier] release, freeing. **-2.** [de pays, de la femme] liberation. **-3.** [d'énergie] release.

libérer [libere] *vt* **-1.** [prisonnier, fonds] to release, to free. **-2.** [pays, la femme] to liberate; ~ **qqn de qqch** to free sb from sth. **-3.** [passage] to clear. **-4.** [énergie] to release. **-5.** [instincts, passions] to give free rein to. ◆ **se libérer** *vp* **-1.** [se rendre disponible] to get away. **-2.** [se dégager]: **se** ~ **de** [lien] to free o.s. from; [engagement] to get out of.

liberté [liberte] *nf* **-1.** [gén] freedom; **en** ~ free; **parler en toute** ~ to speak freely; **vivre en** ~ to live in freedom; ~ **d'expression** freedom of expression; ~ **d'opinion** freedom of thought. **-2.** JUR release. **-3.** [loisir] free time.

libertin, -e [libertɛ̃, in] *nm, f* libertine.

libidineux, -euse [libidinø, øz] *adj* lecherous.

libido [libido] *nf* libido.

libraire [librɛr] *nmf* bookseller.

librairie [libreri] *nf* [magasin] bookshop.

libre [libr] *adj* **-1.** [gén] free; ~ **de qqch** free from sth; **être** ~ **de faire qqch** to be free to do sth. **-2.** [école, secteur] private. **-3.** [passage] clear.

libre-échange [librefɑ̃ʒ] *nm* free trade (U).

librement [librəmɑ̃] *adv* freely.

libre-service [librəsɛrvis] *nm* [magasin] self-service store OU shop; [restaurant] self-service restaurant.

Libye [libi] *nf*: **la** ~ Libya.

libyen, -yenne [libjɛ̃, jɛn] *adj* Libyan. ◆ **Libyen, -yenne** *nm, f* Libyan.

licence [lisɑ̃s] *nf* **-1.** [permis] permit; COMM licence. **-2.** UNIV (first) degree; ~ **ès lettres/en droit** ≃ Bachelor of Arts/Law degree. **-3.** *littéraire* [liberté] licence.

licencié, -e [lisɑ̃sje] ◇ *adj* UNIV graduate (*avant n*). ◇ *nm, f* **-1.** UNIV graduate. **-2.** [titulaire d'un permis] permit-holder; COMM licence-holder.

licenciement [lisɑ̃simɑ̃] *nm* dismissal; [économique] redundancy *Br*.

licencier [lisɑ̃sje] *vt* to dismiss; [pour cause économique] to make redundant *Br*.

lichen [likɛn] *nm* lichen.

licite [lisit] *adj* lawful, legal.

licorne [likɔrn] *nf* unicorn.

lie [li] *nf* [dépôt] dregs (*pl*), sediment. ◆ **lie-de-vin** *adj inv* burgundy, wine-coloured.

lié, -e [lje] *adj* **-1.** [mains] bound. **-2.** [amis]: **être très** ~ **avec** to be great friends with.

Liechtenstein [liʃtɛnʃtajn] *nm*: **le** ~ Liechtenstein.

liège [ljɛʒ] *nm* cork.

lien [ljɛ̃] *nm* **-1.** [sangle] bond. **-2.** [relation, affinité] bond, tie; **avoir des** ~s **de parenté avec** to be related to. **-3.** *fig* [enchaînement] connection, link.

lier [lje] *vt* **-1.** [attacher] to tie (up); ~ **qqn/qqch à** to tie sb/sthg to. **-2.** [suj: contrat, promesse] to bind; ~ **qqn/qqch par** to bind sb/sthg by. **-3.** [relier par la logique] to link, to connect; ~ **qqch à** to link sthg to, to connect sthg with. **-4.** [commencer]: ~ **connaissance/conversation avec** to strike up an acquaintance/a conversation with. **-5.** [suj: sentiment, intérêt] to unite. **-6.** CULIN to thicken. ◆ **se lier** *vp* [s'attacher]: **se** ~ **(d'amitié) avec qqn** to make friends with sb.

lierre [ljɛr] *nm* ivy.

liesse [ljɛs] *nf* jubilation.

lieu, -x [ljø] *nm* **-1.** [endroit] place; **en ~ sûr** in a safe place; **~ de naissance** birthplace. **-2.** *loc*: **avoir ~** to take place. ◆ **lieux** *nmpl* **-1.** [scène] scene (*sg*), spot (*sg*); **sur les ~x (d'un crime/d'un accident)** at the scene (of a crime/an accident). **-2.** [domicile] premises. ◆ **lieu commun** *nm* commonplace. ◆ **au lieu de** *loc prép*: **au ~ de qqch/de faire qqch** instead of sthg/of doing sthg. ◆ **en dernier lieu** *loc adv* lastly. ◆ **en premier lieu** *loc adv* in the first place.

lieu-dit [ljødi] (*pl* **lieux-dits**) *nm* locality, place.

lieue [ljø] *nf* league.

lieutenant [ljøtnɑ̃] *nm* lieutenant.

lièvre [ljɛvr] *nm* hare.

lifter [lifte] *vt* TENNIS to spin, to put a spin on.

lifting [liftiŋ] *nm* face-lift.

ligament [ligamɑ̃] *nm* ligament.

ligaturer [ligatyre] *vt* MÉD to ligature, to ligate.

ligne [liɲ] *nf* **-1.** [gén] line; **à la ~** new line OU paragraph; **en ~** [personnes] in a line; INFORM on-line; **restez en ~!** TÉLÉCOM hold the line!; **~ de départ/d'arrivée** starting/finishing line; **~ aérienne** airline; **~ de commande** INFORM command line; **~ de conduite** line of conduct; **~ directrice** guideline; **~s de la main** lines of the hand. **-2.** [forme - de voiture, meuble] lines (*pl*). **-3.** [silhouette]: **garder la ~** to keep one's figure; **surveiller sa ~** to watch one's waistline. **-4.** [de pêche] fishing line; **pêcher à la ~** to go angling. **-5.** *loc*: **dans les grandes ~s** in outline; **entrer en ~ de compte** to be taken into account.

lignée [liɲe] *nf* [famille] descendants (*pl*); **dans la ~ de** *fig* [d'écrivains, d'artistes] in the tradition of.

ligoter [ligote] *vt* **-1.** [attacher] to tie up; **~ qqn à qqch** to tie sb to sthg. **-2.** *fig* [entraver] to bind.

ligue [lig] *nf* league.

liguer [lige] ◆ **se liguer** *vp* to form a league; **se ~ contre** to conspire against.

lilas [lila] *nm & adj inv* lilac.

limace [limas] *nf* ZOOL slug.

limaille [limaj] *nf* filings (*pl*).

limande [limɑ̃d] *nf* dab.

lime [lim] *nf* **-1.** [outil] file; **~ à ongles** nail file. **-2.** BOT lime.

limer [lime] *vt* [ongles] to file; [aspérités] to file down; [barreau] to file through.

limier [limje] *nm* **-1.** [chien] bloodhound. **-2.** [détective] sleuth.

liminaire [liminɛr] *adj* introductory.

limitation [limitasjɔ̃] *nf* limitation; [de naissances] control; **~ de vitesse** speed limit.

limite [limit] ◇ *nf* **-1.** [gén] limit; **à la ~** [au pire] at worst; **à la ~, j'accepterais de le voir** if pushed, I'd agree to see him. **-2.** [terme, échéance] deadline; **~ d'âge** age limit. ◇ *adj* [extrême] maximum (*avant n*); **cas ~** borderline case; **date ~** deadline; **date ~ de vente/consommation** sell-by/use-by date.

limiter [limite] *vt* **-1.** [borner] to border, to bound. **-2.** [restreindre] to limit. ◆ **se limiter** *vp* **-1.** [se restreindre]: **se ~ à qqch/à faire qqch** to limit o.s. to sthg/to doing sthg. **-2.** [se borner]: **se ~ à** to be limited to.

limitrophe [limitrɔf] *adj* **-1.** [frontalier] border (*avant n*); **être ~ de** to border on. **-2.** [voisin] adjacent.

limoger [limɔʒe] *vt* to dismiss.

limon [limɔ̃] *nm* GÉOL alluvium, silt.

limonade [limɔnad] *nf* lemonade.

limpide [lɛ̃pid] *adj* **-1.** [eau] limpid. **-2.** [ciel, regard] clear. **-3.** [explication, style] clear, lucid.

lin [lɛ̃] *nm* **-1.** BOT flax. **-2.** [tissu] linen.

linceul [lɛ̃sœl] *nm* shroud.

linéaire [lineɛr] *adj* [mesure, perspective] linear.

linge [lɛ̃ʒ] *nm* **-1.** [lessive] washing. **-2.** [de lit, de table] linen. **-3.** [sous-vêtements] underwear. **-4.** [morceau de tissu] cloth.

lingerie [lɛ̃ʒri] *nf* **-1.** [local] linen room. **-2.** [sous-vêtements] lingerie.

lingot [lɛ̃go] *nm* ingot.

linguistique [lɛ̃gɥistik] ◇ *nf* linguistics (*U*). ◇ *adj* linguistic.

linoléum [linɔleɔm] *nm* lino, linoleum.

lion, lionne [ljɔ̃, ljɔn] *nm, f* lion (*f* lioness). ◆ **Lion** *nm* ASTROL Leo.

lionceau, -x [ljɔ̃so] *nm* lion cub.

lipide [lipid] *nm* lipid.

liquéfier [likefje] *vt* to liquefy. ◆ **se liquéfier** *vp* **-1.** [matière] to liquefy. **-2.** *fig* [personne] to turn to jelly.

liqueur [likœr] *nf* liqueur.

liquidation [likidasjɔ̃] *nf* **-1.** [de compte & BOURSE] settlement. **-2.** [de société, stock] liquidation.

liquide [likid] ◇ *nm* **-1.** [substance] liquid. **-2.** [argent] cash; **en ~** in cash. ◇ *adj* [corps & LING] liquid.

liquider [likide] *vt* **-1.** [compte & BOURSE] to settle. **-2.** [société, stock] to liquidate. **-3.** *arg crime* [témoin] to liquidate, to eliminate; *fig* [problème] to eliminate, to get rid of.

liquidité [likidite] *nf* liquidity. ◆ **liquidités** *nfpl* liquid assets.

lire¹ [lir] *vt* to read; **lu et approuvé** read and approved.

lire² [lir] *nf* lira.

lis, lys [lis] *nm* lily.

Lisbonne [lizbɔn] *n* Lisbon.

liseré [lizre], **liséré** [lizere] *nm* **-1.** [ruban] binding. **-2.** [bande] border, edging.

liseron [lizrɔ̃] *nm* bindweed.

liseuse [lizøz] *nf* **-1.** [vêtement] bedjacket. **-2.** [lampe] reading light.

lisible [lizibl] *adj* [écriture] legible.

lisière [lizjɛr] *nf* [limite] edge.

lisse [lis] *adj* [surface, peau] smooth.

lisser [lise] *vt* **-1.** [papier, vêtements] to smooth (out). **-2.** [moustache, cheveux] to smooth (down). **-3.** [plumes] to preen.

liste [list] *nf* list; ~ **d'attente** waiting list; ~ **électorale** electoral roll; ~ **de mariage** wedding present list; **être sur la ~ rouge** to be ex-directory.

lister [liste] *vt* to list.

listing [listiŋ] *nm* listing.

lit [li] *nm* [gén] bed; **faire son ~** to make one's bed; **garder le ~** to stay in bed; **se mettre au ~** to go to bed; ~ **à baldaquin** four-poster bed; ~ **de camp** camp bed.

litanie [litani] *nf* litany.

literie [litri] *nf* bedding.

lithographie [litɔgrafi] *nf* **-1.** [procédé] lithography. **-2.** [image] lithograph.

litière [litjɛr] *nf* litter.

litige [litiʒ] *nm* **-1.** JUR lawsuit. **-2.** [désaccord] dispute.

litigieux, -ieuse [litiʒjø, jøz] *adj* **-1.** JUR litigious. **-2.** [douteux] disputed.

litre [litr] *nm* **-1.** [mesure, quantité] litre, = 1.76 pints. **-2.** [récipient] litre bottle.

littéraire [literɛr] *adj* literary.

littéral, -e, -aux [literal, o] *adj* **-1.** [gén] literal. **-2.** [écrit] written.

littérature [literatyr] *nf* [gén] literature.

littoral, -e, -aux [litɔral, o] *adj* coastal. ◆ **littoral** *nm* coast, coastline.

Lituanie [lityani] *nf*: **la ~** Lithuania.

liturgie [lityrʒi] *nf* liturgy.

livide [livid] *adj* [blême] pallid.

livraison [livrɛzɔ̃] *nf* [de marchandise] delivery; ~ **à domicile** home delivery.

livre [livr] ◇ *nm* [gén] book; ~ **de cuisine** cookery book; ~ **d'images** picture book; ~ **d'or** visitors' book; ~ **de poche** paperback. ◇ *nf* pound; ~ **sterling** pound sterling.

livrée [livre] *nf* [uniforme] livery.

livrer [livre] *vt* **-1.** COMM to deliver; ~ **qqch à qqn** [achat] to deliver sthg to sb; *fig* [secret] to reveal OU give away sthg to sb. **-2.** [coupable, complice]: ~ **qqn à qqn** to hand sb over to sb. **-3.** [abandonner]: ~ **qqch à qqch** to give sthg over to sthg; ~ **qqn à lui-même** to leave sb to his own devices. ◆ **se livrer** *vp* **-1.** [se rendre]: **se ~ à** [police, ennemi] to give o.s. up to. **-2.** [se confier]: **se ~ à** [ami] to open up to, to confide in. **-3.** [se consacrer]: **se ~ à** [occupation] to devote o.s. to; [excès] to indulge in.

livret [livrɛ] *nm* **-1.** [carnet] booklet; ~ **de caisse d'épargne** passbook, bankbook; ~ **de famille** *official family record book, given by registrar to newlyweds*; ~ **scolaire** ≃ school report. **-2.** [catalogue] catalogue. **-3.** MUS book, libretto.

livreur, -euse [livrœr, øz] *nm, f* delivery man (*f* woman).

lobby [lɔbi] (*pl* **lobbies**) *nm* lobby.

lobe [lɔb] *nm* ANAT & BOT lobe.

lober [lɔbe] *vt* to lob.

local, -e, -aux [lɔkal, o] *adj* local; [douleur] localized. ◆ **local** *nm* room, premises (*pl*). ◆ **locaux** *nmpl* premises, offices.

localiser [lɔkalize] *vt* **-1.** [avion, bruit] to locate. **-2.** [épidémie, conflit] to localize.

localité [lɔkalite] *nf* (small) town.

locataire [lɔkatɛr] *nmf* tenant.

location [lɔkasjɔ̃] *nf* **-1.** [de propriété - par propriétaire] letting *Br*, renting *Am*; [- par locataire] renting; [de machine] leasing; ~ **de voitures/vélos** car/bicycle hire *Br*, car/bicycle rent *Am*. **-2.** [bail] lease. **-3.** [maison, appartement] rented property.

location-vente [lɔkasjɔ̃vɑ̃t] *nf* ≃ hire purchase *Br*, ≃ installment plan *Am*.

locomotion [lɔkɔmosjɔ̃] *nf* locomotion.

locomotive [lɔkɔmɔtiv] *nf* **-1.** [machine] locomotive. **-2.** *fig* [leader] moving force.

locution [lɔkysjɔ̃] *nf* expression, phrase.

loft [lɔft] *nm* (converted) loft.

logarithme [lɔgaritm] *nm* logarithm.

loge [lɔʒ] *nf* **-1.** [de concierge, de francs-maçons] lodge. **-2.** [d'acteur] dressing room.

logement [lɔʒmã] *nm* **-1.** [hébergement] accommodation. **-2.** [appartement] flat *Br*, apartment *Am*; ~ **de fonction** company flat *Br* OU apartment *Am*.

loger [lɔʒe] *vi* [habiter] to live. ◇ *vt* **-1.** [amis, invités] to put up. **-2.** [suj: hôtel, maison] to accommodate, to take. ◆ **se loger** *vp* **-1.** [trouver un logement] to find accommodation. **-2.** [se placer - ballon, balle]: **se ~ dans** to lodge in, to stick in.

logiciel [lɔʒisjɛl] *nm* software (U); ~ **intégré** integrated software; ~ **du domaine public** freeware.

logique [lɔʒik] ◇ *nf* logic. ◇ *adj* logical.

logiquement [lɔʒikmã] *adv* logically.

logis [lɔʒi] *nm* abode.

logistique [lɔʒistik] *nf* logistics (*pl*).

logo [logo] *nm* logo.

loi [lwa] *nf* [gén] law.

loin [lwɛ̃] *adv* **-1.** [dans l'espace] far; **plus ~** further. **-2.** [dans le temps - passé] a long time ago; [- futur] a long way off. ◆ **au loin** *loc adv* in the distance, far off. ◆ **de loin** *loc adv* [depuis une grande distance] from a distance; **de plus ~** from further away. ◆ **loin de** *loc prép* **-1.** [gén] far from; ~ **de là!** *fig* far from it! **-2.** [dans le temps]: **il n'est pas ~ de 9 h** it's nearly 9 o'clock, it's not far off 9 o'clock.

lointain, -e [lwɛ̃tɛ̃, ɛn] *adj* [pays, avenir, parent] distant.

loir [lwar] *nm* dormouse.

loisir [lwazir] *nm* **-1.** [temps libre] leisure. **-2.** (*gén pl*) [distractions] leisure activities (*pl*).

londonien, -ienne [lɔ̃dɔnjɛ̃, jɛn] *adj* London (*avant n*). ◆ **Londonien, -ienne** *nm, f* Londoner.

Londres [lɔ̃dr] *n* London.

long, longue [lɔ̃, lɔ̃g] *adj* **-1.** [gén] long. **-2.** [lent] slow; **être ~ à faire qqch** to take a long time doing sthg. ◆ **long** ◇ *nm* [longueur]: **4 mètres de ~** 4 metres long OU in length; **de ~ en large** up and down, to and fro; **en ~ et en large** in great detail; **(tout) le ~ de** [espace] all along; **tout au ~ de** [année, carrière] throughout. ◇ *adv* [beaucoup]: **en savoir ~ sur qqch** to know a lot about sthg. ◆ **à la longue** *loc adv* in the end.

longe [lɔ̃ʒ] *nf* [courroie] halter.

longer [lɔ̃ʒe] *vt* **-1.** [border] to go along OU alongside. **-2.** [marcher le long de] to walk along; [raser] to stay close to, to hug.

longévité [lɔ̃ʒevite] *nf* longevity.

longiligne [lɔ̃ʒiliɲ] *adj* long-limbed.

longitude [lɔ̃ʒityd] *nf* longitude.

longtemps [lɔ̃tã] *adv* (for) a long time; **depuis ~** (for) a long time; **il y a ~ que ...** it's been a long time since ...; **il y a ~ qu'il est là** he's been here a long time; **mettre ~ à faire qqch** to take a long time to do sthg.

longue → **long**.

longuement [lɔ̃gmã] *adv* **-1.** [longtemps] for a long time. **-2.** [en détail] at length.

longueur [lɔ̃gœr] *nf* length; **faire 5 mètres de ~** to be 5 metres long; **disposer qqch en ~** to put sthg lengthways; **à ~ de journée/temps** the entire day/time; **à ~ d'année** all year long. ◆ **longueurs** *nfpl* [de film, de livre] boring parts.

longue-vue [lɔ̃gvy] *nf* telescope.

look [luk] *nm* look; **avoir un ~** to have a style.

looping [lupiŋ] *nm* loop the loop.

lopin [lɔpɛ̃] *nm*: ~ **(de terre)** patch OU plot of land.

loquace [lɔkas] *adj* loquacious.

loque [lɔk] *nf* **-1.** [lambeau] rag. **-2.** *fig* [personne] wreck.

loquet [lɔkɛ] *nm* latch.

lorgner [lɔrɲe] *vt fam* **-1.** [observer] to eye. **-2.** [guigner] to have one's eye on.

lors [lɔr] *adv*: **depuis ~** since that time; ~ **de** at the time of.

lorsque [lɔrsk(ə)] *conj* when.

losange [lɔzãʒ] *nm* lozenge.

lot [lo] *nm* **-1.** [part] share; [de terre] plot. **-2.** [stock] batch. **-3.** [prix] prize. **-4.** *fig* [destin] fate, lot.

loterie [lɔtri] *nf* lottery.

loti, -e [lɔti] *adj*: **être bien/mal ~** to be well/badly off.

lotion [lɔsjɔ̃] *nf* lotion.

lotir [lɔtir] *vt* to divide up.

lotissement [lɔtismã] *nm* [terrain] plot.

loto [lɔto] *nm* **-1.** [jeu de société] lotto. **-2.** [loterie] *popular national lottery*.

lotte [lɔt] *nf* monkfish.

lotus [lɔtys] *nm* lotus.

louange [lwãʒ] *nf* praise.

louche¹ [luʃ] *nf* ladle.

louche² [luʃ] *adj fam* [personne, histoire] suspicious.

loucher [luʃe] *vi* **-1.** [être atteint de strabisme] to squint. **-2.** *fam fig* [lorgner]: ~ **sur** to have one's eye on.

louer [lwe] *vt* **-1.** [glorifier] to praise. **-2.** [donner en location - voiture] to hire (out) *Br*, to rent (out); [- machine] to hire (out) *Br*; [- appartement] to rent out, to let *Br*; à ~ for hire *Br*, for rent *Am*. **-3.** [prendre en location - voiture] to rent, to hire *Br*; [- machine] to hire *Br*; [- appartement] to rent. **-4.** [réserver] to book. ◆ **se louer** *vp* **-1.** *sout* [se féliciter]: **se ~ de qqch/de faire qqch** to be very pleased about sthg/about doing sthg.

loufoque [lufɔk] *fam adj* nuts, crazy.

loup [lu] *nm* **-1.** [carnassier] wolf. **-2.** [poisson] bass. **-3.** [masque] mask.

loupe [lup] *nf* [optique] magnifying glass.

louper [lupe] *vt fam* [travail] to make a mess of; [train] to miss.

loup-garou [lugaru] (*pl* **loups-garous**) *nm* werewolf.

lourd, -e [lur, lurd] *adj* **-1.** [gén] heavy; ~ **de** *fig* full of. **-2.** [tâche] difficult; [faute] serious. **-3.** [maladroit] clumsy, heavy-handed. **-4.** MÉTÉOR close. ◆ **lourd** *adv*: **peser ~** to be heavy, to weigh a lot; **il n'en fait pas ~** *fam* he doesn't do much.

loutre [lutr] *nf* otter.

louve [luv] *nf* she-wolf.

louveteau, -x [luvto] *nm* **-1.** ZOOL wolf cub. **-2.** [scout] cub.

louvoyer [luvwaje] *vi* **-1.** NAVIG to tack. **-2.** *fig* [tergiverser] to beat about the bush.

Louvre [luvr] *n*: **le ~** the Louvre (museum).

lover [lɔve] ◆ **se lover** *vp* [serpent] to coil up.

loyal, -e, -aux [lwajal, o] *adj* **-1.** [fidèle] loyal. **-2.** [honnête] fair.

loyauté [lwajote] *nf* **-1.** [fidélité] loyalty. **-2.** [honnêteté] fairness.

loyer [lwaje] *nm* rent.

LP (*abr de* **lycée professionnel**) *nm* secondary school for vocational training.

LSD (*abr de* **lysergic acid diethylamide**) *nm* LSD.

lu, -e [ly] *pp* → **lire**.

lubie [lybi] *nf fam* whim.

lubrifier [lybrifje] *vt* to lubricate.

lubrique [lybrik] *adj* lewd.

lucarne [lykarn] *nf* **-1.** [fenêtre] skylight. **-2.** FOOTBALL top corner of the net.

lucide [lysid] *adj* lucid.

lucidité [lysidite] *nf* lucidity.

lucratif, -ive [lykratif, iv] *adj* lucrative.

ludique [lydik] *adj* play (*avant n*).

ludothèque [lydɔtɛk] *nf* toy library.

lueur [lɥœr] *nf* **-1.** [de bougie, d'étoile] light; **à la ~ de** by the light of. **-2.** *fig* [de colère] gleam; [de raison] spark; ~ **d'espoir** glimmer of hope.

luge [lyʒ] *nf* toboggan.

lugubre [lygybr] *adj* lugubrious.

lui¹ [lɥi] *pp inv* → **luire**.

lui² [lɥi] *pron pers* **-1.** [complément d'objet indirect - homme] (to) him; [- femme] (to) her; [- animal, chose] (to) it; **je ~ ai parlé** I've spoken to him/to her; **il ~ a serré la main** he shook his/her hand. **-2.** [sujet, en renforcement de «il»] he. **-3.** [objet, après préposition, comparatif - personne] him; [- animal, chose] it; **sans ~** without him; **je vais chez ~** I'm going to his place; **elle est plus jeune que ~** she's younger than him OU than he is. **-4.** [remplaçant «soi» en fonction de pronom réfléchi - personne] himself; [- animal, chose] itself; **il est content de ~** he's pleased with himself. ◆ **lui-même** *pron pers* [personne] himself; [animal, chose] itself.

luire [lɥir] *vi* [soleil, métal] to shine; *fig* [espoir] to glow, to glimmer.

luisant, -e [lɥizɑ̃, ɑ̃t] *adj* gleaming.

lumière [lymjɛr] *nf* [éclairage & *fig*] light.

lumineux, -euse [lyminø, øz] *adj* **-1.** [couleur, cadran] luminous. **-2.** *fig* [visage] radiant; [idée] brilliant. **-3.** [explication] clear.

luminosité [lyminozite] *nf* **-1.** [du regard, ciel] radiance. **-2.** PHYS & SCIENCE luminosity.

lump [lœp] *nm*: **œufs de ~** lumpfish roe.

lunaire [lynɛr] *adj* **-1.** ASTRON lunar. **-2.** *fig* [visage] moon (*avant n*); [paysage] lunar.

lunatique [lynatik] *adj* temperamental.

lunch [lœ̃ʃ] *nm* buffet lunch.

lundi [lœdi] *nm* Monday; *voir aussi* **samedi**.

lune [lyn] *nf* ASTRON moon; **pleine ~** full moon; ~ **de miel** *fig* honeymoon.

lunette [lynɛt] *nf* ASTRON telescope. ◆ **lunettes** *nfpl* glasses; ~**s de soleil** sunglasses.

lurette [lyrɛt] *nf*: **il y a belle ~ que ...** *fam* it's been ages since ....

luron, -onne [lyrɔ̃, ɔn] *nm, f fam*: **un joyeux ~** a bit of a lad.

lustre [lystr] *nm* **-1.** [luminaire] chandelier. **-2.** [éclat] sheen, shine; *fig* reputation.

lustrer [lystre] *vt* **-1.** [faire briller] to make shine. **-2.** [user] to wear.

luth [lyt] *nm* lute.

lutin, -e [lytɛ̃, in] *adj* mischievous.
◆ **lutin** *nm* imp.

lutte [lyt] *nf* -1. [combat] fight, struggle; **la ~ des classes** the class struggle. -2. SPORT **wrestling**.

lutter [lyte] *vi* to fight, to struggle; **~ contre** to fight (against).

lutteur, -euse [lytœr, øz] *nm, f* SPORT wrestler; *fig* fighter.

luxation [lyksasjɔ̃] *nf* dislocation.

luxe [lyks] *nm* luxury; **de ~** luxury.

Luxembourg [lyksɑ̃bur] *nm* [pays]: **le ~** Luxembourg.

luxueux, -euse [lyksɥø, øz] *adj* luxurious.

luxure [lyksyr] *nf* lust.

luzerne [lyzɛrn] *nf* lucerne, alfalfa.

lycée [lise] *nm* ≃ secondary school *Br*, ≃ high school *Am*; **~ technique/ professionnel** ≃ technical/training college.

lycéen, -enne [liseɛ̃, ɛn] *nm, f* secondary school pupil *Br*, high school pupil *Am*.

lymphatique [lɛ̃fatik] *adj* -1. MÉD lymphatic. -2. *fig* [apathique] sluggish.

lyncher [lɛ̃ʃe] *vt* to lynch.

lynx [lɛ̃ks] *nm* lynx.

Lyon [ljɔ̃] *n* Lyons.

lyre [lir] *nf* lyre.

lyrique [lirik] *adj* [poésie & *fig*] lyrical; [drame, chanteur, poète] lyric.

lys = **lis**.

M

m, M [ɛm] ◇ *nm inv* m, M. ◇ (*abr de* **mètre**) m. ◆ **M -1.** (*abr de* **Monsieur**) Mr. **-2.** (*abr de* **million**) M.

ma → **mon**.

macabre [makabr] *adj* macabre.

macadam [makadam] *nm* [revêtement] macadam; [route] road.

macaron [makarɔ̃] *nm* -1. [pâtisserie] macaroon. -2. [autocollant] sticker.

macaronis [makarɔni] *nmpl* CULIN macaroni (*U*).

macédoine [masedwan] *nf* CULIN: **~ de fruits** fruit salad.

macérer [masere] ◇ *vt* to steep. ◇ *vi* -1. [mariner] to steep; **faire ~** to steep. -2. *fig & péj* [personne] to wallow.

mâche [maʃ] *nf* lamb's lettuce.

mâcher [maʃe] *vt* [mastiquer] to chew.

machiavélique [makjavelik] *adj* Machiavellian.

machin [maʃɛ̃] *nm* [chose] thing, thingamajig.

Machin, -e [maʃɛ̃, in] *nm, f fam* what's his name (*f* what's her name).

machinal, -e, -aux [maʃinal, o] *adj* mechanical.

machination [maʃinasjɔ̃] *nf* machination.

machine [maʃin] *nf* -1. TECHNOL machine; **~ à coudre** sewing machine; **~ à écrire** typewriter; **~ à laver** washing machine. -2. [organisation] machinery (*U*). -3. NAVIG engine.

machine-outil [maʃinuti] *nf* machine tool.

machiniste [maʃinist] *nm* -1. CIN & THÉÂTRE scene shifter. -2. TRANSPORT driver.

macho [matʃo] *péj nm* macho man.

mâchoire [maʃwar] *nf* jaw.

mâchonner [maʃɔne] *vt* [mâcher, mordiller] to chew.

maçon [masɔ̃] *nm* mason.

maçonnerie [masɔnri] *nf* [travaux] building; [construction] masonry; [franc-maçonnerie] freemasonry.

macramé [makrame] *nm* macramé.

macrobiotique [makrɔbjɔtik] *nf* macrobiotics (*U*).

macroéconomie [makrɔekɔnɔmi] *nf* macro-economy.

maculer [makyle] *vt* to stain.

madame [madam] (*pl* **mesdames** [medam]) *nf* [titre]: **~ X** Mrs X; **bonjour ~!** good morning!; [dans hôtel, restaurant] good morning, madam!; **bonjour mesdames!** good morning (ladies)!; **Madame le Ministre n'est pas là** the Minister is out.

mademoiselle [madmwazɛl] (*pl* **mesdemoiselles** [medmwazɛl]) *nf* [titre]: **~ X** Miss X; **bonjour ~!** good morning!; [à l'école, dans hôtel] good morning, miss!; **bonjour mesdemoiselles!** good morning (ladies)!

madone [madɔn] *nf* ART & RELIG Madonna.

Madrid [madrid] *n* Madrid.

madrier [madrije] *nm* beam.

maf(f)ia [mafja] *nf* Mafia.

magasin [magazɛ̃] *nm* **-1.** [boutique] shop *Br*, store *Am*; **grand ~** department store; **faire les ~s** *fig* to go round the shops *Br* OU stores *Am*. **-2.** [d'arme, d'appareil photo] magazine.

magazine [magazin] *nm* magazine.

mage [maʒ] *nm*: **les Rois ~s** the Three Wise Men.

maghrébin, -e [magrebɛ̃, in] *adj* North African. ◆ **Maghrébin, -e** *nm, f* North African.

magicien, -ienne [maʒisjɛ̃, jɛn] *nm, f* magician.

magie [maʒi] *nf* magic.

magique [maʒik] *adj* **-1.** [occulte] magic. **-2.** [merveilleux] magical.

magistral, -e, -aux [maʒistral, o] *adj* **-1.** [œuvre, habileté] masterly. **-2.** [dispute, fessée] enormous. **-3.** [attitude, ton] authoritative.

magistrat [maʒistra] *nm* magistrate.

magistrature [maʒistratyr] *nf* magistracy, magistrature.

magma [magma] *nm* **-1.** GÉOL magma. **-2.** *fig* [mélange] muddle.

magnanime [maɲanim] *adj* magnanimous.

magnat [maɲa] *nm* magnate, tycoon.

magnésium [maɲezjɔm] *nm* magnesium.

magnétique [maɲetik] *adj* magnetic.

magnétisme [maɲetism] *nm* [PHYS & fascination] magnetism.

magnéto(phone) [maɲeto(fɔn)] *nm* tape recorder.

magnétoscope [maɲetɔskɔp] *nm* videorecorder.

magnificence [maɲifisɑ̃s] *nf* magnificence.

magnifique [maɲifik] *adj* magnificent.

magnum [magnɔm] *nm* magnum.

magot [mago] *nm fam* tidy sum, packet.

mai [mɛ] *nm* May; **le premier ~** May Day; *voir aussi* **Septembre**.

maigre [mɛgr] *adj* **-1.** [très mince] thin. **-2.** [aliment] low-fat; [viande] lean. **-3.** [peu important] meagre; [végétation] sparse.

maigreur [mɛgrœr] *nf* thinness.

maigrir [megrir] *vi* to lose weight.

mailing [meliŋ] *nm* mailing, mailshot.

maille [maj] *nf* **-1.** [de tricot] stitch. **-2.** [de filet] mesh.

maillet [majɛ] *nm* mallet.

maillon [majɔ̃] *nm* link.

maillot [majo] *nm* [de sport] shirt, jersey; **~ de bain** swimsuit; **~ de corps** vest *Br*, undershirt *Am*.

main [mɛ̃] *nf* hand; **à la ~** by hand; **attaque à ~ armée** armed attack; **donner la ~ à qqn** to take sb's hand; **haut les ~s!** hands up!

main-d'œuvre [mɛ̃dœvr] *nf* labour, workforce.

mainmise [mɛ̃miz] *nf* seizure.

maint, -e [mɛ̃, mɛ̃t] *adj littéraire* many a; **~s** many; **~es fois** time and time again.

maintenance [mɛ̃tnɑ̃s] *nf* maintenance.

maintenant [mɛ̃tnɑ̃] *adv* now. ◆ **maintenant que** *loc prép* now that.

maintenir [mɛ̃tnir] *vt* **-1.** [soutenir] to support; **~ qqn à distance** to keep sb away. **-2.** [garder, conserver] to maintain. **-3.** [affirmer]: **~ que** to maintain (that). ◆ **se maintenir** *vp* **-1.** [durer] to last. **-2.** [rester] to remain.

maintenu, -e [mɛ̃tny] *pp* → **maintenir**.

maintien [mɛ̃tjɛ̃] *nm* **-1.** [conservation] maintenance; [de tradition] upholding. **-2.** [tenue] posture.

maire [mɛr] *nm* mayor.

mairie [meri] *nf* **-1.** [bâtiment] town hall *Br*, city hall *Am*. **-2.** [administration] town council *Br*, city hall *Am*.

mais [mɛ] ◇ *conj* but; **~ non!** of course not!; **~ alors, tu l'as vu ou non?** so did you see him or not?; **il a pleuré, ~ pleuré!** he cried, and how!; **non ~ ça ne va pas!** that's just not on! ◇ *adv* but; **vous êtes prêts? - ~ bien sûr!** are you ready? - but of course! ◇ *nm*: **il y a un ~** there's a hitch OU a snag; **il n'y a pas de ~** (there are) no buts. ◆ **non seulement ... mais (encore)** *loc corrél* not only ... but (also).

maïs [mais] *nm* maize *Br*, corn *Am*.

maison [mɛzɔ̃] *nf* **-1.** [habitation, lignée & ASTROL] house; **~ individuelle** detached house. **-2.** [foyer] home; [famille] family; **à la ~** [au domicile] at home. **-3.** COMM company. **-4.** [institut]: **~ d'arrêt** prison; **~ de la culture** arts centre; **~ de retraite** old people's home. **-5.** (*en apposition*) [artisanal] homemade; [dans restaurant] house (*avant n*).

Maison-Blanche [mɛzɔ̃blɑ̃ʃ] *nf*: **la ~** the White House.

maisonnée [mɛzɔne] *nf* household.

maisonnette [mɛzɔnɛt] *nf* small house.

maître, -esse [mɛtr, mɛtrɛs] *nm, f* **-1.** [professeur] teacher; **~ chanteur** blackmailer; **~ de conférences** UNIV ≃ senior lecturer; **~ d'école** schoolteacher; **~ nageur** swimming instructor. **-2.** [modèle, artiste & *fig*] master. **-3.** [dirigeant] ruler; [d'animal] master (f mistress); ~ **d'hôtel** head waiter; **être ~ de soi** to be in control of oneself, to have self-control. **-4.** (*en apposition*) [principal] main, principal. ◆ **Maître** *nm* form of address for lawyers. ◆ **maîtresse** *nf* mistress.

maître-assistant, -e [mɛtrasistɑ̃, ɑ̃t] *nm, f* ≃ lecturer *Br*, ≃ assistant professor *Am*.

maîtresse → **maître**.

maîtrise [metriz] *nf* **-1.** [sang-froid, domination] control. **-2.** [connaissance] mastery, command; [habileté] skill. **-3.** UNIV ≃ master's degree.

maîtriser [metrize] *vt* **-1.** [animal, forcené] to subdue. **-2.** [émotion, réaction] to control, to master. **-3.** [incendie] to bring under control. ◆ **se maîtriser** *vp* to control o.s.

majesté [maʒɛste] *nf* majesty. ◆ **Majesté** *nf*: Sa Majesté His/Her Majesty.

majestueux, -euse [maʒɛstɥø, øz] *adj* majestic.

majeur, -e [maʒœr] *adj* **-1.** [gén] major. **-2.** [personne] of age. ◆ **majeur** *nm* middle finger.

major [maʒɔr] *nm* **-1.** MIL ≃ adjutant. **-2.** SCOL: ~ **(de promotion)** first in OU top of one's year group.

majordome [maʒɔrdɔm] *nm* majordomo.

majorer [maʒɔre] *vt* to increase.

majorette [maʒɔrɛt] *nf* majorette.

majoritaire [maʒɔritɛr] *adj* majority (*avant n*); **être ~** to be in the majority.

majorité [maʒɔrite] *nf* majority; **en (grande) ~** in the majority; ~ **absolue/relative** POLIT absolute/relative majority.

majuscule [maʒyskyl] ◇ *nf* capital (letter). ◇ *adj* capital (*avant n*).

mal, maux [mal, mo] *nm* **-1.** [ce qui est contraire à la morale] evil. **-2.** [souffrance physique] pain; **avoir ~ au bras** to have a sore arm; **avoir ~ au cœur** to feel sick; **avoir ~ au dos** to have backache; **avoir ~ à la gorge** to have a sore throat; **avoir le ~ de mer** to be seasick; **avoir ~ aux dents/à la tête** to have toothache/a headache; **avoir ~ au ventre** to have (a) stomachache; **faire ~ à qqn** to hurt sb; **ça fait ~** it hurts; **se faire ~** to hurt o.s. **-3.** [difficulté] difficulty. **-4.** [douleur morale] pain, suffering (*U*); **être en ~ de qqch** to long for sthg; **faire du ~ (à qqn)** to hurt (sb). ◆ **mal** *adv* **-1.** [malade] ill; **al-**

ler ~ not to be well; **se sentir ~** to feel ill; **être au plus ~** to be extremely ill. **-2.** [respirer] with difficulty. **-3.** [informé, se conduire] badly; ~ **prendre qqch** to take sthg badly; ~ **tourner** to go wrong. **-4.** *loc*: **pas ~** not bad (*adj*), not badly (*adv*); **pas ~ de** quite a lot of.

malade [malad] ◇ *nmf* invalid, sick person; ~ **mental** mentally ill person. ◇ *adj* **-1.** [souffrant - personne] ill, sick; [- organe] bad; **tomber ~** to fall ill OU sick. **-2.** *fam* [fou] crazy.

maladie [maladi] *nf* **-1.** MÉD illness. **-2.** [passion, manie] mania.

maladresse [maladrɛs] *nf* **-1.** [inhabileté] clumsiness. **-2.** [bévue] blunder.

maladroit, -e [maladrwa, at] *adj* clumsy.

malaise [malɛz] *nm* **-1.** [indisposition] discomfort. **-2.** [trouble] unease (*U*).

malaisé, -e [maleze] *adj* difficult.

Malaisie [malɛzi] *nf*: **la ~** Malaya.

malappris, -e [malapri, iz] *nm, f* lout.

malaria [malarja] *nf* malaria.

malaxer [malakse] *vt* to knead.

malchance [malʃɑ̃s] *nf* bad luck (*U*).

malchanceux, -euse [malʃɑ̃sø, øz] ◇ *adj* unlucky. ◇ *nm, f* unlucky person.

malcommode [malkɔmɔd] *adj* inconvenient; [meuble] impractical.

mâle [mal] ◇ *adj* **-1.** [enfant, animal, hormone] male. **-2.** [voix, assurance] manly. **-3.** ÉLECTR male. ◇ *nm* male.

malédiction [malediksjɔ̃] *nf* curse.

maléfique [malefik] *adj sout* evil.

malencontreux, -euse [malɑ̃kɔ̃trø, øz] *adj* [hasard, rencontre] unfortunate.

malentendant, -e [malɑ̃tɑ̃dɑ̃, ɑ̃t] *nm, f* person who is hard of hearing.

malentendu [malɑ̃tɑ̃dy] *nm* misunderstanding.

malfaçon [malfasɔ̃] *nf* defect.

malfaiteur [malfɛtœr] *nm* criminal.

malfamé, -e, mal famé, -e [malfame] *adj* notorious.

malformation [malfɔrmasjɔ̃] *nf* malformation.

malfrat [malfra] *nm fam* crook.

malgré [malgre] *prép* in spite of; ~ **tout** [quoi qu'il arrive] in spite of everything; [pourtant] even so, yet. ◆ **malgré que** *loc conj* (+ *subjonctif*) although, in spite of the fact that.

malhabile [malabil] *adj* clumsy.

malheur [malœr] *nm* misfortune; **par ~** unfortunately; **porter ~ à qqn** to bring sb bad luck.

malheureusement [malœrøzmᾶ] *adv* unfortunately.

malheureux, -euse [malœrø, øz] ◇ *adj* -1. [triste] unhappy. -2. [désastreux, regrettable] unfortunate. -3. [malchanceux] unlucky. -4. (*avant n*) [sans valeur] pathetic. ◇ *nm, f* -1. [infortuné] poor soul. -2. [indigent] poor person.

malhonnête [malɔnɛt] ◇ *nmf* dishonest person. ◇ *adj* -1. [personne, affaire] dishonest. -2. *hum* [proposition, propos] indecent.

malhonnêteté [malɔnɛtte] *nf* -1. [de personne] dishonesty. -2. [action] dishonest action.

Mali [mali] *nm*: le ~ Mali.

malice [malis] *nf* mischief.

malicieux, -ieuse [malisjø, jøz] *adj* mischievous.

malin, -igne [malᾶ, iɲ] ◇ *adj* -1. [rusé] crafty, cunning. -2. [méchant] malicious, spiteful. -3. MÉD malignant. ◇ *nm, f* cunning OU crafty person.

malingre [malᾶgr] *adj* sickly.

malle [mal] *nf* [coffre] trunk; [de voiture] boot *Br*, trunk *Am*.

malléable [maleabl] *adj* malleable.

mallette [malɛt] *nf* briefcase.

mal-logé, -e [malloʒe] (*mpl* **mal-logés**, *fpl* **mal-logées**) *nm, f person living in poor accommodation.*

malmener [malmǝne] *vt* [brutaliser] to handle roughly, to ill-treat.

malnutrition [malnytrisjɔ̃] *nf* malnutrition.

malodorant, -e [malɔdɔrᾶ, ᾶt] *adj* smelly.

malotru, -e [malɔtry] *nm, f* lout.

malpoli, -e [malpɔli] *nm, f* rude person.

malpropre [malprɔpr] *adj* [sale] dirty.

malsain, -e [malsᾶ, ɛn] *adj* unhealthy.

malt [malt] *nm* -1. [céréale] malt. -2. [whisky] malt (whisky).

Malte [malt] *n* Malta.

maltraiter [maltrete] *vt* to ill-treat; [en paroles] to attack, to run down.

malus [malys] *nm increase in car insurance charges, due to loss of no-claims bonus.*

malveillant, -e [malvejᾶ, ᾶt] *adj* spiteful.

malversation [malvɛrsasjɔ̃] *nf* embezzlement.

malvoyant, -e [malvwajᾶ, ᾶt] *nm, f person who is partially sighted.*

maman [mamᾶ] *nf* mummy.

mamelle [mamɛl] *nf* teat; [de vache] udder.

mamelon [mamlɔ̃] *nm* [du sein] nipple.

mamie, mamy [mami] *nf* granny, grandma.

mammifère [mamifer] *nm* mammal.

mammouth [mamut] *nm* mammoth.

mamy = mamie.

management [manadʒment] *nm* management.

manager [manadʒer] *nm* manager.

manche [mᾶʃ] ◇ *nf* -1. [de vêtement] sleeve; ~s courtes/longues short/long sleeves. -2. [de jeu] round, game; TENNIS set. ◇ *nm* -1. [d'outil] handle; ~ à balai broomstick. -2. MUS neck.

Manche [mᾶʃ] *nf* [mer] the English Channel.

manchette [mᾶʃɛt] *nf* -1. [de chemise] cuff. -2. [de journal] headline. -3. [coup] forearm blow.

manchon [mᾶʃɔ̃] *nm* -1. [en fourrure] muff. -2. TECHNOL casing, sleeve.

manchot, -ote [mᾶʃo, ɔt] ◇ *adj* onearmed. ◇ *nm, f* one-armed person.
◆ **manchot** *nm* penguin.

mandarine [mᾶdarin] *nf* mandarin (orange).

mandat [mᾶda] *nm* -1. [pouvoir, fonction] mandate. -2. JUR warrant; ~ de perquisition search warrant. -3. [titre postal] money order; ~ postal postal order *Br*.

mandataire [mᾶdatɛr] *nmf* proxy, representative.

mandibule [mᾶdibyl] *nf* mandible.

mandoline [mᾶdɔlin] *nf* mandolin.

manège [manɛʒ] *nm* -1. [attraction] roundabout *Br*, carousel *Am*. -2. [de chevaux - lieu] riding school. -3. [manœuvre] scheme, game.

manette [manɛt] *nf* lever.

manganèse [mᾶganɛz] *nm* manganese.

mangeable [mᾶʒabl] *adj* edible.

mangeoire [mᾶʒwar] *nf* manger.

manger [mᾶʒe] ◇ *vt* -1. [nourriture] to eat. -2. [fortune] to get through, to squander. ◇ *vi* to eat.

mangue [mᾶg] *nf* mango.

maniable [manjabl] *adj* [instrument] manageable.

maniaque [manjak] ◇ *nmf* -1. [méticuleux] fusspot. -2. [fou] maniac. ◇ *adj* -1. [méticuleux] fussy. -2. [fou] maniacal.

manie [mani] *nf* -1. [habitude] funny habit; avoir la ~ de qqch/de faire qqch to have a mania for sthg/for doing sthg. -2. [obsession] mania.

maniement [manimᾶ] *nm* handling.

manier [manje] *vt* [manipuler, utiliser] to handle; *fig* [ironie, mots] to handle skilfully.

manière [manjɛr] *nf* [méthode] manner, way; **de toute ~** at any rate; **d'une ~ générale** generally speaking. ◆ **manières** *nfpl* manners. ◆ **de manière à (ce que)** *loc conj* (+ *subjonctif*) so that. ◆ **de manière que** *loc conj* (+ *subjonctif*) in such a way that.

maniéré, -e [manjere] *adj* affected.

manif [manif] *nf fam* demo.

manifestant, -e [manifɛstɑ̃, ɑ̃t] *nm, f* demonstrator.

manifestation [manifɛstasjɔ̃] *nf* **-1.** [témoignage] expression. **-2.** [mouvement collectif] demonstration. **-3.** [apparition - de maladie] appearance.

manifester [manifɛste] ◇ *vt* to show, to express. ◇ *vi* to demonstrate. ◆ **se manifester** *vp* **-1.** [apparaître] to show OU manifest itself. **-2.** [se montrer] to turn up, to appear.

manigancer [manigɑ̃se] *vt fam* to plot.

manioc [manjɔk] *nm* manioc.

manipuler [manipyle] *vt* **-1.** [colis, appareil] to handle. **-2.** [statistiques, résultats] to falsify, to rig. **-3.** *péj* [personne] to manipulate.

manivelle [manivɛl] *nf* crank.

manne [man] *nf* RELIG manna; *fig* & *littéraire* godsend.

mannequin [mankɛ̃] *nm* **-1.** [forme humaine] model, dummy. **-2.** [personne] model, mannequin.

manœuvre [manœvr] ◇ *nf* **-1.** [d'appareil, de véhicule] driving, handling. **-2.** MIL manoeuvre, exercise. **-3.** [machination] ploy, scheme. ◇ *nm* labourer.

manœuvrer [manœvre] ◇ *vi* to manoeuvre. ◇ *vt* **-1.** [faire fonctionner] to operate, to work; [voiture] to manoeuvre. **-2.** [influencer] to manipulate.

manoir [manwar] *nm* manor, country house.

manquant, -e [mɑ̃kɑ̃, ɑ̃t] *adj* missing.

manque [mɑ̃k] *nf* **-1.** [pénurie] lack, shortage; **par ~ de** for want of. **-2.** [de toxicomane] withdrawal symptoms (*pl*). **-3.** [lacune] gap.

manqué, -e [mɑ̃ke] *adj* [raté] failed; [rendez-vous] missed.

manquer [mɑ̃ke] ◇ *vi* **-1.** [faire défaut] to be lacking, to be missing; **l'argent/le temps me manque** I don't have enough money/time; **tu me manques** I miss you. **-2.** [être absent]: **~ (à)** to be absent (from), to be missing (from).

-3. [échouer] to fail. **-4.** [ne pas avoir assez]: **~ de qqch** to lack sthg, to be short of sthg. **-5.** [faillir]: **il a manqué de se noyer** he nearly OU almost drowned; **ne manquez pas de lui dire** don't forget to tell him; **je n'y manquerai pas** I certainly will, I'll definitely do it. **-6.** [ne pas respecter]: **~ à** [devoir] to fail in; **~ à sa parole** to break one's word. ◇ *vt* **-1.** [gén] to miss. **-2.** [échouer à] to bungle, to botch. ◇ *v impers*: **il manque quelqu'un** somebody is missing; **il me manque 20 francs** I'm 20 francs short.

mansarde [mɑ̃sard] *nf* attic.

mansardé, -e [mɑ̃sarde] *adj* attic (*avant n*).

mansuétude [mɑ̃sɥetyd] *nf littéraire* indulgence.

mante [mɑ̃t] *nf* HIST mantle. ◆ **mante religieuse** *nf* praying mantis.

manteau, -x [mɑ̃to] *nm* [vêtement] coat.

manucure [manykyr] *nmf* manicurist.

manuel, -elle [manɥɛl] *adj* manual. ◆ **manuel** *nm* manual.

manufacture [manyfaktyr] *nf* [fabrique] factory.

manuscrit, -e [manyskri, it] *adj* handwritten. ◆ **manuscrit** *nm* manuscript.

manutention [manytɑ̃sjɔ̃] *nf* handling.

manutentionnaire [manytɑ̃sjɔnɛr] *nmf* packer.

mappemonde [mapmɔ̃d] *nf* **-1.** [carte] map of the world. **-2.** [sphère] globe.

maquereau, -elle, -x [makro, ɛl, o] *nm, f fam* pimp (*f* madam). ◆ **maquereau** *nm* mackerel.

maquette [makɛt] *nf* **-1.** [ébauche] paste-up. **-2.** [modèle réduit] model.

maquillage [makijaʒ] *nm* [action, produits] make-up.

maquiller [makije] *vt* **-1.** [farder] to make up. **-2.** [fausser] to disguise; [- passeport] to falsify; [- chiffres] to doctor. ◆ **se maquiller** *vp* to make up, to put on one's make-up.

maquis [maki] *nm* **-1.** [végétation] scrub, brush. **-2.** HIST Maquis.

marabout [marabu] *nm* **-1.** ZOOL marabou. **-2.** [guérisseur] marabout.

maraîcher, -ère [mareʃe, ɛr] ◇ *adj* market garden (*avant n*) *Br*, truck farming (*avant n*) *Am*. ◇ *nm, f* market gardener *Br*, truck farmer *Am*.

marais [marɛ] *nm* [marécage] marsh, swamp; **~ salant** saltpan.

marasme [marasm] *nm* [récession] stagnation.

marathon [maratɔ̃] *nm* marathon.

marâtre [maratr] *nf* **-1.** [mauvaise mère] bad mother. **-2.** [belle-mère] step-mother.

maraude [marod] *nf*, **maraudage** [marodaʒ] *nm* pilfering.

marbre [marbr] *nm* [roche, objet] marble.

marc [mar] *nm* **-1.** [eau-de-vie] *spirit distilled from grape residue*. **-2.** [de fruits] residue; [de thé] leaves; ~ **de café** grounds (*pl*).

marcassin [markasɛ̃] *nm* young wild boar.

marchand, -e [marʃɑ̃, ɑ̃d] ◇ *adj* [valeur] market (*avant n*); [prix] trade (*avant n*). ◇ *nm, f* [commerçant] merchant; [détaillant] shopkeeper *Br*, storekeeper *Am*; ~ **de journaux** newsagent.

marchander [marʃɑ̃de] ◇ *vt* **-1.** [prix] to haggle over. **-2.** [appui] to begrudge. ◇ *vi* to bargain, to haggle.

marchandise [marʃɑ̃diz] *nf* merchandise (*U*), goods (*pl*).

marche [marʃ] *nf* **-1.** [d'escalier] step. **-2.** [de personne] walking; [promenade] walk; ~ **à pied** walking; ~ **à suivre** *fig* correct procedure. **-3.** MUS march. **-4.** [déplacement - du temps, d'astre] course; **assis dans le sens de la** ~ [en train] sitting facing the engine; **en** ~ **arrière** in reverse; **faire** ~ **arrière** to reverse; *fig* to backpedal, to backtrack. **-5.** [fonctionnement] running, working; **en** ~ running; **se mettre en** ~ to start (up).

marché [marʃe] *nm* **-1.** [gén] market; **faire son** ~ to go shopping, to do one's shopping; **le** ~ **du travail** the labour market; ~ **noir** black market; ~ **aux puces** flea market. **-2.** [contrat] bargain, deal; (à) **bon** ~ cheap. ◆ **Marché commun** *nm*: **le Marché commun** the Common Market.

marchepied [marʃəpje] *nm* [de train] step; [escabeau] steps (*pl*) *Br*, stepladder; *fig* stepping-stone.

marcher [marʃe] *vi* **-1.** [aller à pied] to walk. **-2.** [poser le pied] to step. **-3.** [fonctionner, tourner] to work; **son affaire marche bien** his business is doing well. **-4.** *fam* [accepter] to agree. **-5.** *loc*: **faire** ~ **qqn** *fam* to take sb for a ride.

mardi [mardi] *nm* Tuesday; ~ **gras** Shrove Tuesday; *voir aussi* **samedi**.

mare [mar] *nf* pool.

marécage [marekaʒ] *nm* marsh, bog.

marécageux, -euse [marekaʒø, øz] *adj* [terrain] marshy, boggy.

maréchal, -aux [mareʃal, o] *nm* marshal.

marée [mare] *nf* **-1.** [de la mer] tide; **(à)** ~ **haute/basse** (at) high/low tide. **-2.** *fig* [de personnes] wave, surge. ◆ **marée noire** *nf* oil slick.

marelle [marɛl] *nf* hopscotch.

margarine [margarin] *nf* margarine.

marge [marʒ] *nf* **-1.** [espace] margin; **vivre en** ~ **de la société** *fig* to live on the fringes of society. **-2.** [latitude] leeway; ~ **d'erreur** margin of error. **-3.** COMM margin; ~ **commerciale** gross margin.

margelle [marʒɛl] *nf* coping.

marginal, -e, -aux [marʒinal, o] ◇ *adj* **-1.** [gén] marginal. **-2.** [groupe] dropout (*avant n*). ◇ *nm, f* dropout.

marguerite [margərit] *nf* **-1.** BOT daisy. **-2.** [d'imprimante] daisy wheel.

mari [mari] *nm* husband.

mariage [marjaʒ] *nm* **-1.** [union, institution] marriage; ~ **civil/religieux** civil/church wedding. **-2.** [cérémonie] wedding. **-3.** *fig* [de choses] blend.

Marianne [marjan] *n personification of the French Republic.*

marié, -e [marje] ◇ *adj* married. ◇ *nm, f* groom, bridegroom (*f* bride).

marier [marje] *vt* **-1.** [personne] to marry. **-2.** *fig* [couleurs] to blend. ◆ **se marier** *vp* **-1.** [personnes] to get married; **se** ~ **avec qqn** to marry sb. **-2.** *fig* [couleurs] to blend.

marihuana [marirwana], **marijuana** [mariʒyana] *nf* marijuana.

marin, -e [marɛ̃, in] *adj* **-1.** [de la mer] sea (*avant n*); [faune, biologie] marine. **-2.** NAVIG [carte, mille] nautical. ◆ **marin** *nm* **-1.** [navigateur] seafarer. **-2.** [matelot] sailor; ~ **pêcheur** deep-sea fisherman. ◆ **marine** ◇ *nf* **-1.** [navigation] seamanship, navigation. **-2.** [navires] navy; ~**e marchande** merchant navy; ~**e nationale** navy. ◇ *nm* **-1.** MIL marine. **-2.** [couleur] navy (blue). ◇ *adj inv* navy.

mariner [marine] *vi* **-1.** [aliment] to marinate; **faire** ~ **qqch** to marinate sthg. **-2.** *fam fig* [attendre] to hang around; **faire** ~ **qqn** to let sb stew.

marinier [marinje] *nm* bargee *Br*, bargeman *Am*.

marionnette [marjɔnɛt] *nf* puppet.

marital, -e, -aux [marital, o] *adj*: **autorisation** ~**e** husband's permission.

maritime [maritim] *adj* [navigation] maritime; [ville] coastal.

mark [mark] *nm* [monnaie] mark.

marketing [marketiŋ] *nm* marketing; ~ **téléphonique** telemarketing.

marmaille [marmaj] *nf fam* brood (of kids).

marmelade [marməlad] *nf* stewed fruit.

marmite [marmit] *nf* [casserole] pot.

marmonner [marmɔne] *vt & vi* to mutter, to mumble.

marmot [marmo] *nm fam* kid.

marmotte [marmɔt] *nf* marmot.

Maroc [marɔk] *nm*: **le ~** Morocco.

marocain, -e [marɔkɛ̃, ɛn] *adj* Moroccan. ◆ **Marocain, -e** *nm, f* Moroccan.

maroquinerie [marɔkinri] *nf* [magasin] leather-goods shop *Br* OU store *Am*.

marotte [marɔt] *nf* [dada] craze.

marquant, -e [markɑ̃, ɑ̃t] *adj* outstanding.

marque [mark] *nf* **-1.** [signe, trace] mark; *fig* stamp, mark. **-2.** [label, fabricant] make, brand; **de ~** designer (*avant n*); *fig* important; **~ déposée** registered trademark. **-3.** SPORT score; **à vos ~s, prêts, partez!** on your marks, get set, go! **-4.** [témoignage] sign, token.

marqué, -e [marke] *adj* **-1.** [net] marked, pronounced. **-2.** [personne, visage] marked.

marquer [marke] ◇ *vt* **-1.** [gén] to mark. **-2.** *fam* [écrire] to write down, to note down. **-3.** [indiquer, manifester] to show. **-4.** [SPORT - but, point] to score; [- joueur] to mark. ◇ *vi* **-1.** [événement, expérience] to leave its mark. **-2.** SPORT to score.

marqueur [markœr] *nm* [crayon] marker (pen).

marquis, -e [marki, iz] *nm, f* marquis (*f* marchioness).

marraine [marɛn] *nf* **-1.** [de filleul] godmother. **-2.** [de navire] christener.

marrant, -e [marɑ̃, ɑ̃t] *adj fam* funny.

marre [mar] *adv*: **en avoir ~ (de)** *fam* to be fed up (with).

marrer [mare] ◆ **se marrer** *vp fam* to split one's sides.

marron, -onne [marɔ̃, ɔn] *adj péj* [médecin] quack (*avant n*); [avocat] crooked. ◆ **marron** ◇ *nm* **-1.** [fruit] chestnut. **-2.** [couleur] brown. ◇ *adj inv* brown.

marronnier [marɔnje] *nm* chestnut tree.

mars [mars] *nm* March; *voir aussi* **septembre**.

Marseille [marsɛj] *n* Marseilles.

marsouin [marswɛ̃] *nm* porpoise.

marteau, -x [marto] *nm* **-1.** [gén] hammer; **~ piqueur, ~ pneumatique** pneumatic drill. **-2.** [heurtoir] knocker. ◆ **marteau** *adj fam* barmy.

marteler [martəle] *vt* **-1.** [pieu] to hammer; [table, porte] to hammer on, to pound. **-2.** [phrase] to rap out.

martial, -e, -iaux [marsjal, jo] *adj* martial.

martien, -ienne [marsjɛ̃, jɛn] *adj & nm, f* Martian.

martinet [martinɛ] *nm* **-1.** ZOOL swift. **-2.** [fouet] whip.

martingale [martɛ̃gal] *nf* **-1.** [de vêtement] half-belt. **-2.** JEU winning system.

martini [martini] *nm* martini.

martyr, -e [martir] ◇ *adj* martyred. ◇ *nm, f* martyr. ◆ **martyre** *nm* martyrdom.

martyriser [martirize] *vt* to torment.

marxisme [marksism] *nm* Marxism.

mascarade [maskarad] *nf* [mise en scène] masquerade.

mascotte [maskɔt] *nf* mascot.

masculin, -e [maskylɛ̃, in] *adj* [apparence & GRAM] masculine; [métier, population, sexe] male. ◆ **masculin** *nm* GRAM masculine.

maso [mazo] *fam* ◇ *nm* masochist. ◇ *adj* masochistic.

masochisme [mazɔʃism] *nm* masochism.

masque [mask] *nm* **-1.** [gén] mask; **~ à gaz** gas mask. **-2.** *fig* [façade] front, façade.

masquer [maske] *vt* **-1.** [vérité, crime, problème] to conceal. **-2.** [maison, visage] to conceal, to hide.

massacre [masakr] *nm litt & fig* massacre.

massacrer [masakre] *vt* to massacre; [voiture] to smash up.

massage [masaʒ] *nm* massage.

masse [mas] *nf* **-1.** [de pierre] block; [d'eau] volume. **-2.** [grande quantité]: **une ~ de masses** (*pl*) OU **loads** (*pl*) of. **-3.** PHYS mass. **-4.** ÉLECTR earth *Br*, ground *Am*. **-5.** [maillet] sledgehammer. ◆ **masse monétaire** *nf* FIN money supply. ◆ **masse salariale** *nf* payroll. ◆ **en masse** *loc adv* [venir] en masse, all together; *fam* [acheter] in bulk.

masser [mase] *vt* **-1.** [assembler] to assemble. **-2.** [frotter] to massage. ◆ **se masser** *vp* **-1.** [s'assembler] to assemble, to gather. **-2.** [se frotter]: **se ~ le bras** to massage one's arm.

masseur, -euse [masœr, øz] *nm, f* [personne] masseur (*f* masseuse).

massicot [masiko] *nm* guillotine.

massif, -ive [masif, iv] *adj* **-1.** [monument, personne, dose] massive. **-2.** [or, chêne] solid. ◆ **massif** *nm* **-1.** [de plantes] clump. **-2.** [de montagnes] massif.

massue [masy] *nf* club.

mastic [mastik] *nm* mastic, putty.

mastiquer [mastike] *vt* [mâcher] to chew.

masturber [mastyrbe] ◆ **se masturber** *vp* to masturbate.

masure [mazyr] *nf* hovel.

mat, -e [mat] *adj* **-1.** [peinture, surface] matt. **-2.** [peau, personne] dusky. **-3.** [bruit, son] dull. **-4.** [aux échecs] checkmated. ◆ **mat** *nm* checkmate.

mât [ma] *nm* **-1.** NAVIG mast. **-2.** [poteau] pole, post.

match [matʃ] (*pl* **matches** OU **matchs**) *nm* match; **(faire)** ~ **nul** (to) draw; ~ **aller/retour** first/second leg.

matelas [matla] *nm inv* [de lit] mattress; ~ **pneumatique** airbed.

matelot [matlo] *nm* sailor.

mater [mate] *vt* **-1.** [soumettre, neutraliser] to subdue. **-2.** *fam* [regarder] to eye up.

matérialiser [materjalize] ◆ **se matérialiser** *vp* **-1.** [esprit] to materialize. **-2.** [aspirations] to be realized.

matérialiste [materjalist] ◇ *nmf* materialist. ◇ *adj* materialistic.

matériau, -x [materjo] *nm* material. ◆ **matériaux** *nmpl* CONSTR material (U), materials.

matériel, -ielle [materjɛl] *adj* **-1.** [être, substance] material, physical; [confort, avantage, aide] material. **-2.** [considération] practical. ◆ **matériel** *nm* **-1.** [gén] equipment (U). **-2.** INFORM hardware (U).

maternel, -elle [matɛrnɛl] *adj* maternal; [langue] mother (*avant n*). ◆ **maternelle** *nf* nursery school.

maternité [matɛrnite] *nf* **-1.** [qualité] maternity, motherhood. **-2.** [hôpital] maternity hospital.

mathématicien, -ienne [matematisjɛ̃, jɛn] *nm, f* mathematician.

mathématique [matematik] *adj* mathematical. ◆ **mathématiques** *nfpl* mathematics (U).

maths [mat] *nfpl fam* maths *Br*, math *Am*.

matière [matjɛr] *nf* **-1.** [substance] matter; ~**s grasses** fats; ~ **grise** grey matter. **-2.** [matériau] material; ~**s premières** raw materials. **-3.** [discipline, sujet]

subject; **en** ~ **de sport/littérature** as far as sport/literature is concerned.

matin [matɛ̃] *nm* morning; **le** ~ in the morning; **ce** ~ this morning; **à trois heures du** ~ at 3 o'clock in the morning; **du** ~ **au soir** *fig* from dawn to dusk.

matinal, -e, -aux [matinal, o] *adj* **-1.** [gymnastique, émission] morning (*avant n*). **-2.** [personne]: **être** ~ to be an early riser.

matinée [matine] *nf* **-1.** [matin] morning; **faire la grasse** ~ *fig* to have a lie in. **-2.** [spectacle] matinée, afternoon performance.

matou [matu] *nm* tom, tomcat.

matraque [matrak] *nf* truncheon.

matraquer [matrake] *vt* **-1.** [frapper] to beat, to club. **-2.** *fig* [intoxiquer] to bombard.

matriarcat [matrijarka] *nm* matriarchy.

matrice [matris] *nf* **-1.** [moule] mould. **-2.** MATHS matrix. **-3.** ANAT womb.

matricule [matrikyl] *nm*: **(numéro)** ~ number.

matrimonial, -e, -iaux [matrimɔnjal, jo] *adj* matrimonial.

matrone [matrɔn] *nf péj* old bag.

mature [matyr] *adj* mature.

mâture [matyr] *nf* masts (*pl*).

maturité [matyrite] *nf* maturity; [de fruit] ripeness.

maudire [modir] *vt* to curse.

maudit, -e [modi, it] ◇ *pp* → **maudire**. ◇ *adj* **-1.** [réprouvé] accursed. **-2.** (*avant n*) [exécrable] damned.

maugréer [mogree] ◇ *vt* to mutter. ◇ *vi*: ~ **(contre)** to grumble (about).

mausolée [mozɔle] *nm* mausoleum.

maussade [mosad] *adj* **-1.** [personne, air] sullen. **-2.** [temps] gloomy.

mauvais, -e [movɛ, ɛz] *adj* **-1.** [gén] bad. **-2.** [moment, numéro, réponse] wrong. **-3.** [mer] rough. **-4.** [personne, regard] nasty. ◆ **mauvais** *adv*: **il fait** ~ the weather is bad; **sentir** ~ to smell bad.

mauve [mov] *nm & adj* mauve.

mauviette [movjɛt] *nf fam* **-1.** [physiquement] weakling. **-2.** [moralement] coward, wimp.

maux → **mal**.

max [maks] (*abr de* **maximum**) *nm fam*: **un** ~ **de fric** loads of money.

max. (*abr de* **maximum**) max.

maxillaire [maksilɛr] *nm* jawbone.

maxime [maksim] *nf* maxim.

maximum [maksimɔm] (*pl* **maxima** [maksima]) ◇ *nm* maximum; **le ~ de personnes** the greatest (possible) number of people; **au ~** at the most. ◇ *adj* maximum.

maya [maja] *adj* Mayan. ◆ **Maya** *nmf*: **les Mayas** the Maya.

mayonnaise [majɔnɛz] *nf* mayonnaise.

mazout [mazut] *nm* fuel oil.

me [mə], **m'** *(devant voyelle ou h muet) pron pers* **-1.** [complément d'objet direct] me. **-2.** [complément d'objet indirect] **(to)** me. **-3.** [réfléchi] myself. **-4.** [avec un présentatif]: **~ voici** here I am.

méandre [meɑ̃dr] *nm* [de rivière] meander, bend. ◆ **méandres** *nmpl* [détours sineux] meanderings (*pl*).

mec [mɛk] *nm fam* guy, bloke.

mécanicien, -ienne [mekanisjɛ̃, jɛn] *nm, f* **-1.** [de garage] mechanic. **-2.** [conducteur de train] train driver *Br*, engineer *Am*.

mécanique [mekanik] ◇ *nf* **-1.** TECHNOL mechanical engineering. **-2.** MATHS & PHYS mechanics (*U*). **-3.** [mécanisme] mechanism. ◇ *adj* mechanical.

mécanisme [mekanism] *nm* mechanism.

mécène [mesɛn] *nm* patron.

méchamment [meʃamɑ̃] *adv* [cruellement] nastily.

méchanceté [meʃɑ̃ste] *nf* **-1.** [attitude] nastiness. **-2.** *fam* [rosserie] nasty thing.

méchant, -e [meʃɑ̃, ɑ̃t] ◇ *adj* **-1.** [malveillant, cruel] nasty, wicked; [animal] vicious. **-2.** [désobéissant] naughty. ◇ *nm, f* [en langage enfantin] baddy.

mèche [mɛʃ] *nf* **-1.** [de bougie] wick. **-2.** [de cheveux] lock. **-3.** [de bombe] fuse.

méchoui [meʃwi] *nm whole roast sheep.*

méconnaissable [mekɔnɛsabl] *adj* unrecognizable.

méconnu, -e [mekɔny] *adj* unrecognized.

mécontent, -e [mekɔ̃tɑ̃, ɑ̃t] ◇ *adj* unhappy. ◇ *nm, f* malcontent.

mécontenter [mekɔ̃tɑ̃te] *vt* to displease.

Mecque [mɛk] *n*: **La ~** Mecca.

mécréant, -e [mekreɑ̃, ɑ̃t] *nm, f* nonbeliever.

médaille [medaj] *nf* **-1.** [pièce, décoration] medal. **-2.** [bijou] medallion. **-3.** [de chien] identification disc, tag.

médaillon [medajɔ̃] *nm* **-1.** [bijou] locket. **-2.** ART & CULIN medallion.

médecin [medsɛ̃] *nm* doctor; **~ de famille** family doctor, GP *Br*; **~ de garde** doctor on duty, duty doctor; **~ légiste**

forensic scientist *Br*, medical examiner *Am*; **~ traitant** consulting physician.

médecine [medsin] *nf* medicine.

média [medja] *nm*: **les ~s** the (mass) media.

médian, -e [medjɑ̃, an] *adj* median. ◆ **médiane** *nf* median.

médiateur, -trice [medjatœr, tris] ◇ *adj* mediating (*avant n*). ◇ *nm, f* mediator; [dans conflit de travail] arbitrator. ◆ **médiateur** *nm* ADMIN ombudsman. ◆ **médiatrice** *nf* median.

médiathèque [medjatɛk] *nf* media library.

médiatique [medjatik] *adj* media (*avant n*).

médiatiser [medjatize] *vt péj* to turn into a media event.

médical, -e, -aux [medikal, o] *adj* medical.

médicament [medikamɑ̃] *nm* medicine, drug.

médicinal, -e, -aux [medisinal, o] *adj* medicinal.

médico-légal, -e, -aux [medikɔlegal, o] *adj* forensic.

médiéval, -e, -aux [medjeval, o] *adj* medieval.

médiocre [medjɔkr] *adj* mediocre.

médiocrité [medjɔkrite] *nf* mediocrity.

médire [medir] *vi* to gossip; **~ de qqn** to speak ill of sb.

médisant, -e [medizɑ̃, ɑ̃t] *adj* slanderous.

méditation [meditasjɔ̃] *nf* meditation.

méditer [medite] ◇ *vt* [projeter] to plan; **~ de faire qqch** to plan to do sthg. ◇ *vi*: **~ (sur)** to meditate (on).

Méditerranée [mediterane] *nf*: **la ~** the Mediterranean (Sea).

méditerranéen, -enne [mediteraneɛ̃, ɛn] *adj* Mediterranean. ◆ **Méditerranéen, -enne** *nm, f* person from the Mediterranean.

médium [medjɔm] *nm* [personne] medium.

médius [medjys] *nm* middle finger.

méduse [medyz] *nf* jellyfish.

méduser [medyze] *vt* to dumbfound.

meeting [mitiŋ] *nm* meeting.

méfait [mefɛ] *nm* misdemeanour, misdeed. ◆ **méfaits** *nmpl* [du temps] ravages.

méfiance [mefjɑ̃s] *nf* suspicion, distrust.

méfiant, -e [mefjɑ̃, ɑ̃t] *adj* suspicious, distrustful.

méfier [mefje] ◆ **se méfier** *vp* to be

wary OU careful; **se ~ de qqn/qqch** to distrust sb/sthg.

mégalo [megalo] *nmf & adj fam* megalomaniac; **il est complètement ~** he thinks he's God.

mégalomane [megaloman] *nmf & adj* megalomaniac.

mégalomanie [megalomani] *nf* megalomania.

méga-octet [megaɔktɛ] *nm* megabyte.

mégapole [megapɔl] *nf* megalopolis, megacity.

mégarde [megard] ♦ **par mégarde** *loc adv* by mistake.

mégère [meʒɛr] *nf péj* shrew.

mégot [mego] *nm fam* fag-end *Br*, butt *Am*.

meilleur, -e [mɛjœr] ◇ *adj* (*compar*) better; (*superl*) best. ◇ *nm, f* best. ♦ **meilleur** ◇ *nm*: **le ~** the best. ◇ *adv* better.

mélancolie [melãkɔli] *nf* melancholy.

mélancolique [melãkɔlik] *adj* melancholy.

mélange [melãʒ] *nm* **-1.** [action] mixing. **-2.** [mixture] mixture.

mélanger [melãʒe] *vt* **-1.** [mettre ensemble] to mix. **-2.** [déranger] to mix up, to muddle up. ♦ **se mélanger** *vp* **-1.** [se mêler] to mix. **-2.** [se brouiller] to get mixed up.

mêlée [mele] *nf* **-1.** [combat] fray. **-2.** RUGBY scrum.

mêler [mele] *vt* **-1.** [mélanger] to mix. **-2.** [déranger] to muddle up, to mix up. **-3.** [impliquer]: **~ qqn à qqch** to involve sb in sthg. ♦ **se mêler** *vp* **-1.** [se joindre]: **se ~ à** [groupe] to join. **-2.** [s'ingérer]: **se ~ de qqch** to get mixed up in sthg; **mêlez-vous de ce qui vous regarde!** mind your own business!

mélèze [melɛz] *nm* larch.

mélo [melo] *nm fam* melodrama.

mélodie [melɔdi] *nf* melody.

mélodieux, -ieuse [melɔdjø, jøz] *adj* melodious, tuneful.

mélodrame [melɔdram] *nm* melodrama.

mélomane [melɔman] ◇ *nmf* music lover. ◇ *adj* music-loving.

melon [məlɔ̃] *nm* **-1.** [fruit] melon. **-2.** [chapeau] bowler (hat).

melting-pot [mɛltiŋpɔt] *nm* melting pot.

membrane [mãbran] *nf* membrane.

membre [mãbr] ◇ *nm* **-1.** [du corps] limb. **-2.** [personne, pays, partie] member. ◇ *adj* member (*avant n*).

mémé = **mémère**.

même [mɛm] ◇ *adj indéf* **-1.** [indique une identité ou une ressemblance] same; **il a le ~ âge que moi** he's the same age as me. **-2.** [sert à souligner]: **ce sont ses paroles ~s** those are his very words; **elle est la bonté ~** she's kindness itself. ◇ *pron indéf*: **le/la ~** the same one; **ce sont toujours les ~s qui gagnent** it's always the same people who win. ◇ *adv* even; **il n'est ~ pas diplômé** he isn't even qualified. ♦ **de même** *loc adv* similarly, likewise; **il en va de ~ pour lui** the same goes for him. ♦ **de même que** *loc conj* just as. ♦ **tout de même** *loc adv* all the same. ♦ **à même** *loc prép*: **s'asseoir à ~ le sol** to sit on the bare ground. ♦ **à même de** *loc prép*: **être à ~ de faire qqch** to be able to do sthg, to be in a position to do sthg. ♦ **même si** *loc conj* even if.

mémento [memɛ̃to] *nm* **-1.** [agenda] pocket diary. **-2.** [ouvrage] notes (*title of school textbook*).

mémère [memɛr], **mémé** [meme] *nf fam* **-1.** [grand-mère] granny. **-2.** *péj* [vieille femme] old biddy.

mémoire [memwar] ◇ *nf* [gén & INFORM] memory; **de ~** from memory; **avoir bonne/mauvaise ~** to have a good/bad memory; **mettre en ~** INFORM to store; **~ tampon** INFORM buffer; **~ vive** INFORM random access memory; **à la ~ de** in memory of. ◇ *nm* UNIV dissertation, paper. ♦ **mémoires** *nmpl* memoirs.

mémorable [memɔrabl] *adj* memorable.

mémorial, -iaux [memɔrjal, jo] *nm* [monument] memorial.

mémorisable [memɔrizabl] *adj* INFORM storable.

menaçant, -e [mənasã, ãt] *adj* threatening.

menace [mənas] *nf*: **~ (pour)** threat (to).

menacer [mənase] ◇ *vt* to threaten; **~ de faire qqch** to threaten to do sthg; **~ qqn de qqch** to threaten sb with sthg. ◇ *vi*: **la pluie menace** it looks like rain.

ménage [menaʒ] *nm* **-1.** [nettoyage] housework (*U*); **faire le ~** to do the housework. **-2.** [couple] couple. **-3.** ÉCON household.

ménagement [menaʒmã] *nm* [égards] consideration; **sans ~** brutally.

ménager¹, -ère [menaʒe, ɛr] *adj* household (*avant n*), domestic. ♦ **ménagère** *nf* **-1.** [femme] housewife. **-2.** [de couverts] canteen.

ménager² [menaʒe] *vt* **-1.** [bien traiter] to treat gently. **-2.** [économiser - sucre, réserves] to use sparingly; ~ **ses forces** to conserve one's strength; ~ **sa santé** to take care of one's health. **-3.** [pratiquer - espace] to make. ◆ **se ménager** *vp* to take care of o.s., to look after o.s.

ménagerie [menaʒri] *nf* menagerie.

mendiant, -e [mɑ̃djɑ̃, ɑ̃t] *nm, f* beggar.

mendier [mɑ̃dje] ◇ *vt* [argent] to beg for. ◇ *vi* to beg.

mener [məne] ◇ *vt* **-1.** [emmener] to take. **-2.** [diriger - débat, enquête] to conduct; [- affaires] to manage, to run; ~ **qqch à bonne fin** OU **à bien** to see sthg through, to bring sthg to a successful conclusion. **-3.** [être en tête de] to lead. ◇ *vi* to lead.

meneur, -euse [mənœr, øz] *nm, f* [chef] ringleader; ~ **d'hommes** born leader.

menhir [menir] *nm* standing stone.

méningite [menɛ̃ʒit] *nf* meningitis (*U*).

ménisque [menisk] *nm* meniscus.

ménopause [menɔpoz] *nf* menopause.

menotte [mənɔt] *nf* [main] little hand. ◆ **menottes** *nfpl* handcuffs; **passer les** ~**s à qqn** to handcuff sb.

mensonge [mɑ̃sɔ̃ʒ] *nm* [propos] lie.

mensonger, -ère [mɑ̃sɔ̃ʒe, ɛr] *adj* false.

menstruel, -elle [mɑ̃stryɛl] *adj* menstrual.

mensualiser [mɑ̃sɥalize] *vt* to pay monthly; **être mensualisé** (payer ses impôts) ≃ to be on PAYE *Br.*

mensualité [mɑ̃sɥalite] *nf* **-1.** [traite] monthly instalment. **-2.** [salaire] (monthly) salary.

mensuel, -elle [mɑ̃sɥɛl] *adj* monthly. ◆ **mensuel** *nm* monthly (magazine).

mensuration [mɑ̃syrasjɔ̃] *nf* measuring. ◆ **mensurations** *nfpl* measurements.

mental, -e, -aux [mɑ̃tal, o] *adj* mental.

mentalité [mɑ̃talite] *nf* mentality.

menteur, -euse [mɑ̃tœr, øz] *nm, f* liar.

menthe [mɑ̃t] *nf* mint.

menti [mɑ̃ti] *pp inv* → **mentir.**

mention [mɑ̃sjɔ̃] *nf* **-1.** [citation] mention. **-2.** [note] note; «**rayer la** ~ **inutile**» "delete as appropriate". **-3.** UNIV: **avec** ~ with distinction.

mentionner [mɑ̃sjɔne] *vt* to mention.

mentir [mɑ̃tir] *vi:* ~ **(à)** to lie (to).

menton [mɑ̃tɔ̃] *nm* chin.

menu, -e [məny] *adj* [très petit] tiny; [mince] thin. ◆ **menu** *nm* [gén & INFORM] menu; [repas à prix fixe] set menu; ~

gastronomique/touristique gourmet/tourist menu.

menuiserie [mənɥizri] *nf* **-1.** [métier] joinery, carpentry. **-2.** [atelier] joinery (workshop).

menuisier [mənɥizje] *nm* joiner, carpenter.

méprendre [meprɑ̃dr] ◆ **se méprendre** *vp littéraire:* **se** ~ **sur** to be mistaken about.

mépris, -e [mepri, iz] *pp* → **méprendre.** ◆ **mépris** *nm* **-1.** [dédain]: ~ **(pour)** contempt (for), scorn (for). **-2.** [indifférence]: ~ **de** disregard for. ◆ **au mépris de** *loc prép* regardless of.

méprisable [meprizabl] *adj* contemptible, despicable.

méprisant, -e [meprizɑ̃, ɑ̃t] *adj* contemptuous, scornful.

mépriser [meprize] *vt* to despise; [danger, offre] to scorn.

mer [mɛr] *nf* sea; **en** ~ at sea; **prendre la** ~ to put to sea; **haute** OU **pleine** ~ open sea; **la** ~ **d'Irlande** the Irish Sea; **la** ~ **Morte** the Dead Sea; **la** ~ **Noire** the Black Sea; **la** ~ **du Nord** the North Sea.

mercantile [mɛrkɑ̃til] *adj péj* mercenary.

mercenaire [mɛrsənɛr] *nm & adj* mercenary.

mercerie [mɛrsəri] *nf* **-1.** [articles] haberdashery *Br*, notions (*pl*) *Am*. **-2.** [boutique] haberdasher's shop *Br*, notions store *Am*.

merci [mɛrsi] ◇ *interj* thank you!, thanks!; ~ **beaucoup!** thank you very much! ◇ *nm:* ~ **(de** OU **pour)** thank you (for); **dire** ~ **à qqn** to thank sb, to say thank you to sb. ◇ *nf* mercy; **être à la** ~ **de** to be at the mercy of.

mercier, -ière [mɛrsje, jɛr] *nm, f* haberdasher *Br*, notions dealer *Am*.

mercredi [mɛrkrədi] *nm* Wednesday; *voir aussi* **samedi.**

mercure [mɛrkyr] *nm* mercury.

merde [mɛrd] *tfam interj* shit.

mère [mɛr] *nf* mother; ~ **de famille** mother.

merguez [mɛrgɛz] *nf inv* North African spiced sausage.

méridien, -ienne [meridjɛ̃, jɛn] *adj* [ligne] meridian. ◆ **méridien** *nm* meridian.

méridional, -e, -aux [meridjɔnal, o] *adj* southern; [du sud de la France] Southern (French).

meringue [mərɛ̃g] *nf* meringue.

métronome

merisier [mərizje] *nm* -**1.** [arbre] wild cherry (tree). -**2.** [bois] cherry.

mérite [merit] *nm* merit.

mériter [merite] *vt* -**1.** [être digne de, encourir] to deserve. -**2.** [valoir] to be worth, to merit.

merlan [mɛrlɑ̃] *nm* whiting.

merle [mɛrl] *nm* blackbird.

merveille [mɛrvɛj] *nf* marvel, wonder; **à ~** marvellously, wonderfully.

merveilleux, -euse [mɛrvɛjø, øz] *adj* -**1.** [remarquable, prodigieux] marvellous, wonderful. -**2.** [magique] magic, magical. ◆ **merveilleux** *nm*: **le ~** the supernatural.

mes → **mon.**

mésalliance [mezaljɑ̃s] *nf* unsuitable marriage, misalliance.

mésange [mezɑ̃ʒ] *nf* ZOOL tit.

mésaventure [mezavɑ̃tyr] *nf* misfortune.

mesdames → **madame.**

mesdemoiselles → **mademoiselle.**

mésentente [mezɑ̃tɑ̃t] *nf* disagreement.

mesquin, -e [mɛskɛ̃, in] *adj* mean, petty.

mesquinerie [mɛskinri] *nf* [étroitesse d'esprit] meanness, pettiness.

mess [mɛs] *nm* mess.

message [mesaʒ] *nm* message; **laisser un ~ à qqn** to leave a message for sb.

messager, -ère [mesaʒe, ɛr] *nm, f* messenger.

messagerie [mesaʒri] *nf* -**1.** (*gén pl*) [transport de marchandises] freight (U). -**2.** INFORM: **~ électronique** electronic mail. -**3.** TÉLÉCOM: **~ vocale** voice mail.

messe [mɛs] *nf* mass; **aller à la ~** to go to mass.

messie [mesi] *nm* Messiah; *fig* saviour.

messieurs → **monsieur.**

mesure [məzyr] *nf* -**1.** [disposition, acte] measure, step; **prendre des ~s** to take measures OU steps. -**2.** [évaluation, dimension] measurement; **prendre les ~s de qqn/qqch** to measure sb/sthg. -**3.** [étalon, récipient] measure. -**4.** MUS time, tempo. -**5.** [modération] moderation. -**6.** *loc*: **dans la ~ du possible** as far as possible; **être en ~ de** to be in a position to. ◆ **à la mesure de** *loc prép* worthy of. ◆ **à mesure que** *loc conj* as. ◆ **outre mesure** *loc adv* excessively. ◆ **sur mesure** *loc adj* custom-made; [costume] made-to-measure.

mesurer [məzyre] *vt* -**1.** [gén] to measure; **elle mesure 1,50 m** = she's 5 feet tall; **la table mesure 1,50 m** = the table

is 5 feet long. -**2.** [risques, portée, ampleur] to weigh up; **~ ses paroles** to weigh one's words. ◆ **se mesurer** *vp*: **se ~ avec** OU **à qqn** to pit o.s. against sb.

métabolisme [metabolism] *nm* metabolism.

métal, -aux [metal, o] *nm* metal.

métallique [metalik] *adj* -**1.** [en métal] metal (*avant n*). -**2.** [éclat, son] metallic.

métallurgie [metalyrʒi] *nf* -**1.** [industrie] metallurgical industry. -**2.** [technique] metallurgy.

métamorphose [metamorfoz] *nf* metamorphosis.

métaphore [metafor] *nf* metaphor.

métaphysique [metafizik] ◇ *nf* metaphysics (U). ◇ *adj* metaphysical.

métayer, -ère [meteje, metejɛr] *nm, f* tenant farmer.

météo [meteo] *nf* -**1.** [bulletin] weather forecast. -**2.** [service] = Met Office *Br*, = National Weather Service *Am*.

météore [meteor] *nm* meteor.

météorite [meteorit] *nm ou nf* meteorite.

météorologie [meteorolɔʒi] *nf* SCIENCE meteorology.

météorologique [meteorolɔʒik] *adj* meteorological, weather (*avant n*).

méthane [metan] *nm* methane.

méthode [metod] *nf* -**1.** [gén] method. -**2.** [ouvrage - gén] manual; [- de lecture, de langue] primer.

méthodologie [metodolɔʒi] *nf* methodology.

méticuleux, -euse [metikylø, øz] *adj* meticulous.

métier [metje] *nm* [profession - manuelle] occupation, trade; [- intellectuelle] occupation, profession; **il est du ~** he's in the same trade OU same line of work; **avoir du ~** to have experience.

métis, -isse [metis] *nm, f* half-caste, half-breed. ◆ **métis** *nm* [tissu] cotton-linen mix.

métrage [metraʒ] *nm* -**1.** [mesure] measurement, measuring. -**2.** [COUTURE - coupon] length. -**3.** CIN footage; **long ~** feature film; **court ~** short (film).

mètre [mɛtr] *nm* -**1.** LITTÉRATURE & MATHS metre; **~ carré/cube** square/cubic metre. -**2.** [instrument] rule.

métro [metro] *nm* underground *Br*, subway *Am*.

métronome [metronom] *nm* metronome.

métropole [metrɔpɔl] *nf* **-1.** [ville] metropolis. **-2.** [pays] home country.

métropolitain, -e [metrɔpɔlitɛ̃, ɛn] *adj* metropolitan.

mets [mɛ] *nm* CULIN dish.

metteur [metœr] *nm*: ~ **en scène** THÉÂTRE producer; CIN director.

mettre [mɛtr] *vt* **-1.** [placer] to put; ~ **de l'eau à bouillir** to put some water on to boil. **-2.** [revêtir] to put on; **mets ta robe noire** put your black dress on; **je ne mets plus ma robe noire** I don't wear my black dress any more. **-3.** [consacrer - temps] to take; [- argent] to spend; ~ **longtemps à faire qqch** to take a long time to do sthg. **-4.** [allumer - radio, chauffage] to put on, to switch on. **-5.** [installer] to put in; **faire** ~ **l'électricité** to have electricity put in; **faire** ~ **de la moquette** to have a carpet put down OU fitted. **-6.** [inscrire] to put (down). ◆ **se mettre** *vp* **-1.** [se placer]: **où est-ce que ça se met?** where does this go?; **se** ~ **au lit** to get into bed; **se** ~ **à côté de qqn** to sit OU stand near to sb. **-2.** [devenir]: **se** ~ **en colère** to get angry. **-3.** [commencer]: **se** ~ **à qqch/à faire qqch** to start sthg/doing sthg. **-4.** [revêtir] to put on; **je n'ai rien à me** ~ I haven't got a thing to wear.

meuble [mœbl] ◇ *nm* piece of furniture; ~**s** furniture (U). ◇ *adj* **-1.** [terre, sol] easily worked. **-2.** JUR movable.

meublé, -e [mœble] *adj* furnished. ◆ **meublé** *nm* furnished room/flat *Br*, furnished apartment *Am*.

meubler [mœble] *vt* **-1.** [pièce, maison] to furnish. **-2.** *fig* [occuper]: ~ **qqch (de)** to fill sthg (with). ◆ **se meubler** *vp* to furnish one's home.

meugler [mœgle] *vi* to moo.

meule [mœl] *nf* **-1.** [à moudre] millstone. **-2.** [à aiguiser] grindstone. **-3.** [de fromage] round. **-4.** AGRIC stack; ~ **de foin** haystack.

meunier, -ière [mønje, jɛr] *nm, f* miller (*f* miller's wife).

meurtre [mœrtr] *nm* murder.

meurtrier, -ière [mœrtrije, jɛr] ◇ *adj* [épidémie, arme] deadly; [fureur] murderous; [combat] bloody. ◇ *nm, f* murderer.

meurtrir [mœrtrir] *vt* **-1.** [contusionner] to bruise. **-2.** *fig* [blesser] to wound.

meurtrissure [mœrtrisyr] *nf* [marque] bruise.

meute [møt] *nf* pack.

mexicain, -e [mɛksikɛ̃, ɛn] *adj* Mexican. ◆ **Mexicain, -e** *nm, f* Mexican.

Mexique [mɛksik] *nm*: **le** ~ Mexico.

mezzanine [mɛdzanin] *nf* mezzanine.

mezzo-soprano [mɛdzosɔprano] (*pl* **mezzo-sopranos**) *nm* mezzo-soprano.

mi [mi] *nm inv* E; [chanté] mi.

mi- [mi] ◇ *adj inv* half; **à la** ~**juin** in mid-June. ◇ *adv* half-.

miasme [mjasm] *nm* (*gén pl*) putrid OU foul smell.

miaulement [mjolmɑ̃] *nm* miaowing.

miauler [mjole] *vi* to miaow.

mi-bas [miba] *nm inv* knee-sock.

mi-carême [mikarɛm] *nf* feast day on third Thursday in Lent.

mi-chemin [miʃmɛ̃] ◆ **à mi-chemin** *loc adv* halfway (there).

mi-clos, -e [miklo, oz] *adj* half-closed.

micro [mikro] ◇ *nm* **-1.** [microphone] mike. **-2.** [micro-ordinateur] micro. ◇ *nf* microcomputing.

microbe [mikrɔb] *nm* **-1.** MÉD microbe, germ. **-2.** *péj* [avorton] (little) runt.

microclimat [mikrɔklima] *nm* microclimate.

microcosme [mikrɔkɔsm] *nm* microcosm.

microfiche [mikrɔfiʃ] *nf* microfiche.

microfilm [mikrɔfilm] *nm* microfilm.

micro-ondes [mikrɔɔ̃d] *nfpl* microwaves; **four à** ~ microwave (oven).

micro-ordinateur [mikrɔɔrdinatœr] (*pl* **micro-ordinateurs**) *nm* micro, microcomputer.

microphone [mikrɔfɔn] *nm* microphone.

microprocesseur [mikrɔprɔsesœr] *nm* microprocessor.

microscope [mikrɔskɔp] *nm* microscope.

midi [midi] *nm* **-1.** [période du déjeuner] lunchtime. **-2.** [heure] midday, noon. **-3.** [sud] south. ◆ **Midi** *nm*: **le Midi** the South of France.

mie [mi] *nf* [de pain] soft part, inside.

miel [mjɛl] *nm* honey.

mielleux, -euse [mjɛlø, øz] *adj* [personne] unctuous; [paroles, air] honeyed.

mien [mjɛ̃] ◆ **le mien** (*f* **la mienne** [lamjɛn], *mpl* **les miens** [lemjɛ̃], *fpl* **les miennes** [lemjɛn]) *pron poss* mine.

miette [mjɛt] *nf* **-1.** [de pain] crumb, breadcrumb. **-2.** (*gén pl*) [débris] shreds (*pl*).

mieux [mjø] ◇ *adv* **-1.** [comparatif]: ~ **(que)** better (than); **il pourrait** ~ **faire** he could do better; **il va** ~ he's better;

faire ~ de faire qqch to do better to do sthg; **vous feriez ~ de vous taire** you would do better to keep quiet, you would be well-advised to keep quiet; **~ je le comprends, plus/moins j'ai envie de le lire** the better I understand it, the more/less I want to read it. **-2.** (superlatif) best; **il est le ~ payé du service** he's the best OU highest paid member of the department; **le ~ qu'il peut** as best he can. ◇ adj better. ◇ nm **-1.** (sans déterminant): **j'espérais ~** I was hoping for something better. **-2.** (avec déterminant) best; **il y a un OU du ~** there's been an improvement; **faire de son ~** to do one's best. ◆ **au mieux** loc adv at best. ◆ **pour le mieux** loc adv for the best. ◆ **de mieux en mieux** loc adv better and better.

mièvre [mjɛvr] adj insipid.

mignon, -onne [miɲɔ̃, ɔn] ◇ adj **-1.** [charmant] sweet, cute. **-2.** [gentil] nice. ◇ nm, f darling, sweetheart.

migraine [migrɛn] nf headache; MÉD migraine.

migrant, -e [migrɑ̃, ɑ̃t] nm, f migrant.

migrateur, -trice [migratœr, tris] adj migratory.

migration [migrasjɔ̃] nf migration.

mijoter [miʒɔte] ◇ vt fam [tramer] to cook up. ◇ vi CULIN to simmer.

mi-journée [miʒurne] nf: **les informations de la ~** the lunchtime news.

mil [mij] nm millet.

milan [milɑ̃] nm kite (bird).

milice [milis] nf militia.

milicien, -ienne [milisjɛ̃, jɛn] nm, f militiaman (f militiawoman).

milieu, -x [miljø] nm **-1.** [centre] middle; **au ~ de** [au centre de] in the middle of; [parmi] among, surrounded by. **-2.** [stade intermédiaire] middle course. **-3.** BIOL & SOCIOL environment; **~ familial** family background. **-4.** [pègre]: **le ~** the underworld. **-5.** FOOTBALL: **~ de terrain** midfielder, midfield player.

militaire [militɛr] ◇ nm soldier; **~ de carrière** professional soldier. ◇ adj military.

militant, -e [militɑ̃, ɑ̃t] adj & nm, f militant.

militer [milite] vi to be active; **~ pour/contre** to militate in favour of/against.

mille [mil] ◇ nm inv **-1.** [unité] a OU one thousand. **-2.** [de cible]: **dans le ~** on target. **-3.** NAVIG: **~ marin** nautical mile. **-4.** Can [distance] mile. ◇ adj inv thousand; **c'est ~ fois trop** it's far too much; **je lui ai dit ~ fois** I've told him/her a thousand times.

mille-feuille [milfœj] (pl **mille-feuilles**) nm ≃ vanilla slice Br, ≃ napoleon Am.

millénaire [milenɛr] ◇ nm millennium, thousand years (pl). ◇ adj thousand-year-old (avant n).

mille-pattes [milpat] nm inv centipede, millipede.

millésime [milezim] nm **-1.** [de pièce] date. **-2.** [de vin] vintage, year.

millésimé, -e [milezime] adj [vin] vintage (avant n).

millet [mije] nm millet.

milliard [miljar] nm thousand million Br, billion Am; **par ~s** fig in (their) millions.

milliardaire [miljarder] nmf multimillionaire Br, billionaire Am.

millier [milje] nm thousand; **un ~ de francs/personnes** about a thousand francs/people; **par ~s** in (their) thousands.

milligramme [miligram] nm milligram, milligramme.

millilitre [mililitr] nm millilitre.

millimètre [milimetr] nm millimetre.

million [miljɔ̃] nm million; **un ~ de francs** a million francs.

millionnaire [miljɔner] nmf millionaire.

mime [mim] nm mime.

mimer [mime] vt **-1.** [exprimer sans parler] to mime. **-2.** [imiter] to mimic.

mimétisme [mimetism] nm mimicry.

mimique [mimik] nf **-1.** [grimace] face. **-2.** [geste] sign language (U).

mimosa [mimɔza] nm mimosa.

min. (abr de **minimum**) min.

minable [minabl] adj fam **-1.** [misérable] seedy, shabby. **-2.** [médiocre] pathetic.

minaret [minarɛ] nm minaret.

minauder [minode] vi to simper.

mince [mɛ̃s] adj **-1.** [maigre - gén] thin; [- personne, taille] slender, slim. **-2.** fig [faible] small, meagre.

minceur [mɛ̃sœr] nf **-1.** [gén] thinness; [de personne] slenderness, slimness. **-2.** fig [insuffisance] meagreness.

mincir [mɛ̃sir] vi to get thinner OU slimmer.

mine [min] nf **-1.** [expression] look; **avoir bonne/mauvaise ~** to look well/ill. **-2.** [apparence] appearance. **-3.** [gisement & fig] mine; [exploitation] mining; **~ de charbon** coalmine. **-4.** [explosif] mine. **-5.** [de crayon] lead.

miner [mine] vt **-1.** MIL to mine. **-2.**

[ronger] to undermine, to wear away; *fig* to wear down.

minerai [minrɛ] *nm* ore.

minéral, -e, -aux [mineral, o] *adj* **-1.** CHIM inorganic. **-2.** [eau, source] mineral *(avant n)*. ◆ **minéral** *nm* mineral.

minéralogie [mineralɔʒi] *nf* mineralogy.

minéralogique [mineralɔʒik] *adj* **-1.** AUTOM: **plaque ~** numberplate *Br*, license plate *Am*. **-2.** GÉOL mineralogical.

minet, -ette [minɛ, ɛt] *nm, f fam* **-1.** [chat] pussycat, pussy. **-2.** [personne] trendy.

mineur, -e [minœr] ◇ *adj* minor. ◇ *nm, f* JUR minor. ◆ **mineur** *nm* [ouvrier] miner; **~ de fond** face worker.

miniature [minjatyr] ◇ *nf* miniature. ◇ *adj* miniature.

miniaturiser [minjatyrize] *vt* to miniaturize.

minibus [minibys] *nm* minibus.

minichaîne [miniʃɛn] *nf* portable hi-fi.

MiniDisc® [minidisk] *nm* MiniDisc®.

minier, -ère [minje, ɛr] *adj* mining *(avant n)*.

minijupe [miniʒyp] *nf* miniskirt.

minimal, -e, -aux [minimal, o] *adj* minimum.

minimalisme [minimalism] *nm* minimalism.

minime [minim] ◇ *nmf* SPORT = junior. ◇ *adj* minimal.

minimiser [minimize] *vt* to minimize.

minimum [minimɔm] *(pl* **minimums** OU **minima** [minima]) ◇ *nm* [gén & MATHS] minimum; **au ~** at least; **le strict ~** the bare minimum. ◇ *adj* minimum.

ministère [ministɛr] *nm* **-1.** [département] ministry *Br*, department. **-2.** [cabinet] government. **-3.** RELIG ministry.

ministériel, -ielle [ministerjɛl] *adj* [du ministère] departmental, ministerial *Br*.

ministre [ministr] *nm* secretary, minister *Br*; **~ d'État** secretary of state, cabinet minister *Br*; **premier ~** prime minister.

Minitel® [minitɛl] *nm teletext system run by the French national telephone company, providing an information and communication network.*

minitéliste [minitelist] *nmf* Minitel® user.

minois [minwa] *nm* sweet (little) face.

minoritaire [minɔritɛr] *adj* minority *(avant n)*; **être ~** to be in the minority.

minorité [minɔrite] *nf* minority; **en ~** in the minority.

minuit [minɥi] *nm* midnight.

minuscule [minyskyl] ◇ *nf* [lettre] small

letter. ◇ *adj* **-1.** [lettre] small. **-2.** [très petit] tiny, minuscule.

minute [minyt] ◇ *nf* minute; **dans une ~** in a minute; **d'une ~ à l'autre** in next to no time. ◇ *interj fam* hang on (a minute)!

minuter [minyte] *vt* [chronométrer] to time (precisely).

minuterie [minytri] *nf* [d'éclairage] time switch, timer.

minuteur [minytœr] *nm* timer.

minutie [minysi] *nf* [soin] meticulousness; [précision] attention to detail; **avec ~** [avec soin] meticulously; [dans le détail] in minute detail.

minutieux, -ieuse [minysjø, jøz] *adj* [méticuleux] meticulous; [détaillé] minutely detailed; **un travail ~** a job requiring great attention to detail.

mioche [mjɔʃ] *nmf fam* kiddy.

mirabelle [mirabɛl] *nf* **-1.** [fruit] mirabelle (plum). **-2.** [alcool] plum brandy.

miracle [mirakl] *nm* miracle; **par ~** by some OU a miracle, miraculously.

miraculeux, -euse [mirakylø, øz] *adj* miraculous.

mirador [miradɔr] *nm* MIL watchtower.

mirage [miraʒ] *nm* mirage.

mire [mir] *nf* **-1.** TÉLÉ test card. **-2.** [visée]: **ligne de ~** line of sight.

mirifique [mirifik] *adj* fabulous.

mirobolant, -e [mirɔbɔlɑ̃, ɑ̃t] *adj* fabulous, fantastic.

miroir [mirwar] *nm* mirror.

miroiter [mirwate] *vi* to sparkle, to gleam; **faire ~ qqch à qqn** to hold out the prospect of sthg to sb.

mis, mise [mi, miz] *pp* → **mettre**.

misanthrope [mizɑ̃trɔp] ◇ *nmf* misanthropist, misanthrope. ◇ *adj* misanthropic.

mise [miz] *nf* **-1.** [action] putting; **~ à jour** updating; **~ en page** making up, composing; **~ au point** PHOT focusing; TECHNOL adjustment; *fig* clarification; **~ en scène** production. **-2.** [d'argent] stake.

miser [mize] ◇ *vt* to bet. ◇ *vi*: **~ sur** to bet on; *fig* to count on.

misérable [mizerabl] *adj* **-1.** [pauvre] poor, wretched. **-2.** [sans valeur] paltry, miserable.

misère [mizer] *nf* **-1.** [indigence] poverty. **-2.** [infortune] misery. **-3.** *fig* [bagatelle] trifle.

miséricorde [mizerikɔrd] *nf* [clémence] mercy.

misogyne [mizɔʒin] *adj* misogynous.

misogynie [mizɔʒini] *nf* misogyny.

missel [misɛl] nm missal.

missile [misil] nm missile.

mission [misjɔ̃] nf mission; **en ~** on a mission.

missionnaire [misjɔnɛr] nmf missionary.

missive [misiv] nf letter.

mitaine [mitɛn] nf fingerless glove.

mite [mit] nf (clothes) moth.

mité, -e [mite] adj moth-eaten.

mi-temps [mitɑ̃] ◇ nf inv [SPORT - période] half; [- pause] half-time. ◇ nm part-time work. ◆ **à mi-temps** loc adj & loc adv part-time.

miteux, -euse [mitø, øz] fam adj seedy, dingy.

mitigé, -e [mitiʒe] adj -1. [tempéré] lukewarm. -2. fam [mélangé] mixed.

mitonner [mitɔne] ◇ vt -1. [faire cuire] to simmer. -2. [préparer avec soin] to prepare lovingly. ◇ vi CULIN to simmer.

mitoyen, -enne [mitwajɛ̃, ɛn] adj party (avant n), common.

mitrailler [mitraje] vt -1. MIL to machinegun. -2. fam [photographier] to click away at. -3. fig [assaillir]: **~ qqn (de)** to bombard sb (with).

mitraillette [mitrajɛt] nf submachine gun.

mitrailleuse [mitrajøz] nf machine-gun.

mitre [mitr] nf [d'évêque] mitre.

mi-voix [mivwa] ◆ **à mi-voix** loc adv in a low voice.

mixage [miksaʒ] nm CIN & RADIO (sound) mixing.

mixer¹, mixeur [miksœr] nm (food) mixer.

mixer² [mikse] vt to mix.

mixte [mikst] adj mixed.

mixture [mikstyr] nf -1. CHIM & CULIN mixture. -2. péj [mélange] concoction.

MJC (abr de **maison des jeunes et de la culture**) nf youth and cultural centre.

ml (abr de **millilitre**) ml.

Mlle (abr de **Mademoiselle**) Miss.

mm (abr de **millimètre**) mm.

MM (abr de **Messieurs**) Messrs.

Mme (abr de **Madame**) Mrs.

mnémotechnique [mnemɔtɛknik] adj mnemonic.

Mo (abr de **méga-octet**) MB.

mobile [mɔbil] ◇ nm -1. [objet] mobile. -2. [motivation] motive. ◇ adj -1. [gén] movable, mobile; [partie, pièce] moving. -2. [population, main-d'œuvre] mobile.

mobilier, -ière [mɔbilje, jɛr] adj JUR movable. ◆ **mobilier** nm furniture.

mobilisation [mɔbilizasjɔ̃] nf mobilization.

mobiliser [mɔbilize] vt -1. [gén] to mobilize. -2. [moralement] to rally. ◆ **se mobiliser** vp to mobilize, to rally.

mobilité [mɔbilite] nf mobility.

Mobylette® [mɔbilɛt] nf moped.

moccasin [mɔkasɛ̃] nm moccasin.

moche [mɔʃ] adj fam -1. [laid] ugly. -2. [triste, méprisable] lousy, rotten.

modalité [mɔdalite] nf [convention] form; **~s de paiement** methods of payment.

mode [mɔd] ◇ nf -1. [gén] fashion; **à la ~** in fashion, fashionable. -2. [coutume] custom, style; **à la ~ de** in the style of. ◇ nm -1. [manière] mode, form; **~ de vie** way of life. -2. [méthode] method; **~ d'emploi** instructions (for use). -3. GRAM mood. -4. MUS mode.

modèle [mɔdɛl] nm -1. [gén] model; **sur le ~ de** on the model of; **~ déposé** patented design. -2. (en apposition) [exemplaire] model (avant n).

modeler [mɔdle] vt to shape; **~ qqch sur qqch** fig to model sthg on sthg.

modélisme [mɔdelism] nm modelling (of scale models).

modem [mɔdɛm] nm modem; **~ fax** fax modem.

modération [mɔderasjɔ̃] nf moderation.

modéré, -e [mɔdere] adj & nm, f moderate.

modérer [mɔdere] vt to moderate. ◆ **se modérer** vp to restrain o.s., to control o.s.

moderne [mɔdɛrn] adj modern; [mathématiques] new.

moderniser [mɔdernize] vt to modernize. ◆ **se moderniser** vp to become (more) modern.

modeste [mɔdɛst] adj modest; [origine] humble.

modestie [mɔdɛsti] nf modesty; **fausse ~** false modesty.

modification [mɔdifikasjɔ̃] nf alteration, modification.

modifier [mɔdifje] vt to alter, to modify. ◆ **se modifier** vp to alter.

modique [mɔdik] adj modest.

modiste [mɔdist] nf milliner.

modulation [mɔdylasjɔ̃] nf modulation.

module [mɔdyl] nm module.

moduler [mɔdyle] vt -1. [air] to warble. -2. [structure] to adjust.

moelle [mwal] nf ANAT marrow. ◆ **moelle épinière** nf spinal cord.

moelleux, -euse [mwalø, øz] adj -1. [canapé, tapis] soft. -2. [fromage, vin] mellow.

moellon [mwalɔ̃] *nm* rubble stone.

mœurs [mœr(s)] *nfpl* **-1.** [morale] morals. **-2.** [coutumes] customs, habits. **-3.** ZOOL behaviour (*U*).

mohair [mɔɛr] *nm* mohair.

moi [mwa] *pron pers* **-1.** [objet, après préposition, comparatif] me; **aide-~** help me; **il me l'a dit, à ~** he told ME; **c'est pour ~** it's for me; **plus âgé que ~** older than me OU than I (am). **-2.** [sujet] I; **~ non plus, je n'en sais rien** I don't know anything about it either; **qui est là? - (c'est) ~** who's there? - it's me; **je l'ai vu hier – ~ aussi** I saw him yesterday – me too; **c'est ~ qui lui ai dit de venir** I was the one who told him to come. ◆ **moi-même** *pron pers* myself.

moignon [mwaɲɔ̃] *nm* stump.

moindre [mwɛ̃dr] ◇ *adj superl*: **le/la ~** the least; (*avec négation*) the least OU slightest; **les ~s détails** the smallest details; **sans ~ difficulté** without the slightest problem; **c'est la ~ des choses** it's the least I/you *etc* could do. ◇ *adj compar* less; [prix] lower; **à un ~ degré** to a lesser extent.

moine [mwan] *nm* monk.

moineau, -x [mwano] *nm* sparrow.

moins [mwɛ̃] ◇ *adv* **-1.** [quantité] less; **~ de** less (than); **~ de lait** less milk; **~ de gens** fewer people; **~ de dix** less than ten; **il est un peu ~ de 10 heures** it's nearly 10 o'clock. **-2.** [comparatif]: **~ (que)** less (than); **il est ~ vieux que ton frère** he's not as old as your brother, he's younger than your brother; **bien ~ grand que** much smaller than; **~ il mange, ~ il travaille** the less he eats, the less he works. **-3.** [superlatif]: **le ~** (the) least; **le ~ riche des hommes** the poorest man; **c'est lui qui travaille le ~** he works (the) least; **le ~ possible** as little as possible. ◇ *prép* **-1.** [gén] minus; **dix ~ huit font deux** ten minus eight is two, ten take away eight is two; **il fait ~ vingt** it's twenty below, it's minus twenty. **-2.** [servant à indiquer l'heure]: **il est 3 heures ~ le quart** it's quarter to 3; **il est ~ dix** it's ten to. ◇ *nm* **-1.** [signe] minus (sign). **-2.** *loc*: **le ~ qu'on puisse dire, c'est que ...** it's an understatement to say ... ◆ **à moins de** *loc prép*: **à ~ de battre le record** unless I/you *etc* beat the record. ◆ **à moins que** *loc conj* (+ *subjonctif*) unless. ◆ **au moins** *loc adv* at least. ◆ **de moins en moins** *loc adv* less and less. ◆ **du moins** *loc adv* at least. ◆ **en moins** *loc adv*: **il a une dent en ~**

he's missing OU minus a tooth; **c'était le paradis, les anges en ~** it was heaven, minus the angels. ◆ **pour le moins** *loc adv* at (the very) least. ◆ **tout au moins** *loc adv* at (the very) least.

moiré, -e [mware] *adj* **-1.** [tissu] watered. **-2.** *littéraire* [reflet] shimmering.

mois [mwa] *nm* [laps de temps] month.

moisi, -e [mwazi] *adj* mouldy. ◆ **moisi** *nm* mould.

moisir [mwazir] *vi* **-1.** [pourrir] to go mouldy. **-2.** *fig* [personne] to rot.

moisissure [mwazisyr] *nf* mould.

moisson [mwasɔ̃] *nf* **-1.** [récolte] harvest; **faire la ~** OU **les ~s** to harvest, to bring in the harvest. **-2.** *fig* [d'idées, de projets] wealth.

moissonner [mwasɔne] *vt* to harvest, to gather (in); *fig* to collect, to gather.

moissonneuse-batteuse [mwasɔnøzbatøz] *nf* combine (harvester).

moite [mwat] *adj* [peau, mains] moist, sweaty; [atmosphère] muggy.

moiteur [mwatœr] *nf* [de peau, mains] moistness; [d'atmosphère] mugginess.

moitié [mwatje] *nf* [gén] half; **à ~ vide** half-empty; **faire qqch à ~** to half-do sthg; **la ~ du temps** half the time; **à la ~ de qqch** halfway through sthg.

moka [mɔka] *nm* **-1.** [café] mocha (coffee). **-2.** [gâteau] coffee cake.

mol → **mou**.

molaire [mɔlɛr] *nf* molar.

molécule [mɔlekyl] *nf* molecule.

molester [mɔlɛste] *vt* to manhandle.

molle → **mou**.

mollement [mɔlmã] *adv* **-1.** [faiblement] weakly, feebly. **-2.** *littéraire* [paresseusement] sluggishly, lethargically.

mollesse [mɔlɛs] *nf* **-1.** [de chose] softness. **-2.** [de personne] lethargy.

mollet [mɔlɛ] ◇ *nm* calf. ◇ *adj* → **œuf**.

mollir [mɔlir] *vi* **-1.** [physiquement, moralement] to give way. **-2.** [vent] to drop, to die down.

mollusque [mɔlysk] *nm* ZOOL mollusc.

molosse [mɔlɔs] *nm* **-1.** [chien] *large ferocious dog*. **-2.** *fig & péj* [personne] hulking great brute OU fellow.

môme [mom] *fam nmf* [enfant] kid, youngster.

moment [mɔmã] *nm* **-1.** [gén] moment; **au ~ de l'accident** at the time of the accident, when the accident happened; **au ~ de partir** just as we/you *etc* were leaving; **au ~ où** just as; **dans**

un ~ in a moment; **d'un ~ à l'autre, à
tout ~** (at) any moment, any moment
now; **ne pas avoir un ~ à soi** not to
have a moment to oneself; **à un ~
donné** at a given moment; **par ~s** at
times, now and then; **en ce ~** at the
moment; **pour le ~** for the moment.
-2. [durée] (short) time; **passer un mauvais ~** to have a bad time. **-3.** [occa-
sion] time; **ce n'est pas le ~ (de faire
qqch)** this is not the time (to do sthg).
◆ **du moment que** *loc prép* since, as.

momentané, -e [mɔmɑ̃tane] *adj* temporary.

momie [mɔmi] *nf* mummy.

mon [mɔ̃] (*f* **ma** [ma], *pl* **mes** [me]) *adj
poss* my.

monacal, -e, -aux [mɔnakal, o] *adj*
monastic.

Monaco [mɔnako] *n*: **(la principauté de)
~** (the principality of) Monaco.

monarchie [mɔnarʃi] *nf* monarchy; **~
absolue/constitutionnelle** absolute/con-
stitutional monarchy.

monarque [mɔnark] *nm* monarch.

monastère [mɔnastɛr] *nm* monastery.

monceau, -x [mɔ̃so] *nm* [tas] heap.

mondain, -e [mɔ̃dɛ̃, ɛn] *adj* **-1.** [chro-
nique, journaliste] society (*avant n*). **-2.**
péj [futile] frivolous, superficial.

mondanités [mɔ̃danite] *nfpl* **-1.** [événe-
ments] society life (*U*). **-2.** [paroles]
small talk (*U*); [comportements] formal-
ities.

monde [mɔ̃d] *nm* **-1.** [gén] world; **le/la
plus ... au ~, le/la plus ... du ~** the
most ... in the world; **pour rien au ~**
not for the world, not for all the tea
in China; **mettre un enfant au ~** to
bring a child into the world; **venir au
~** to come into the world. **-2.** [gens]
people (*pl*); **beaucoup/peu de ~** a lot
of/not many people; **tout le ~** everyone, everybody. **-3.** *loc*: **c'est un ~!**
that's really the limit!; **se faire un ~ de
qqch** to make too much of sthg; **noir
de ~** packed with people.

mondial, -e, -iaux [mɔ̃djal, jo] *adj*
world (*avant n*).

mondialement [mɔ̃djalmɑ̃] *adv*
throughout OU all over the world.

monétaire [mɔnetɛr] *adj* monetary.

Mongolie [mɔ̃gɔli] *nf*: **la ~** Mongolia.

mongolien, -ienne [mɔ̃gɔljɛ̃, jɛn] *vieilli
nm, f* mongol.

moniteur, -trice [mɔnitœr, tris] *nm, f* **-1.**
[enseignant] instructor, coach; **~
d'auto-école** driving instructor. **-2.** [de

colonie de vacances] supervisor, leader.
◆ **moniteur** *nm* [appareil & INFORM]
monitor.

monnaie [mɔnɛ] *nf* **-1.** [moyen de paie-
ment] money. **-2.** [de pays] currency.
-3. [pièces] change; **avoir de la ~** to
have change; **avoir la ~** to have the
change; **faire (de) la ~** to get (some)
change.

monnayer [mɔnɛje] *vt* **-1.** [biens] to
convert into cash. **-2.** *fig* [silence] to
buy.

monochrome [mɔnɔkrom] *adj* monochrome, monochromatic.

monocle [mɔnɔkl] *nm* monocle.

monocoque [mɔnɔkɔk] *nm & adj* [ba-
teau] monohull.

monocorde [mɔnɔkɔrd] *adj* [monotone]
monotonous.

monogramme [mɔnɔgram] *nm* mono-
gram.

monolingue [mɔnɔlɛ̃g] *adj* monolin-
gual.

monologue [mɔnɔlɔg] *nm* **-1.** THÉÂTRE
soliloquy. **-2.** [discours individuel]
monologue.

monologuer [mɔnɔlɔge] *vi* **-1.** THÉÂTRE
to soliloquize. **-2.** *fig & péj* [parler] to
talk away.

monoparental, -e, -aux [mɔnɔparɑ̃tal,
o] *adj* single-parent (*avant n*).

monoplace [mɔnɔplas] *adj* single-seater
(*avant n*).

monopole [mɔnɔpɔl] *nm* monopoly;
avoir le ~ de qqch *litt & fig* to have a
monopoly of OU on sthg; **~ d'État**
state monopoly.

monopoliser [mɔnɔpɔlize] *vt* to monopolize.

monoski [mɔnɔski] *nm* **-1.** [objet] monoski. **-2.** SPORT monoskiing.

monosyllabe [mɔnɔsilab] ◇ *nm* mono-
syllable. ◇ *adj* monosyllabic.

monotone [mɔnɔtɔn] *adj* monotonous.

monotonie [mɔnɔtɔni] *nf* monotony.

monseigneur [mɔ̃sɛɲœr] (*pl* **messei-
gneurs** [mesɛɲœr]) *nm* [titre - d'évêque,
de duc] His Grace; [- de cardinal] His
Eminence; [- de prince] His (Royal)
Highness.

monsieur [məsjø] (*pl* **messieurs**
[mesjø]) *nm* **-1.** [titre]: **~ X** Mr X; **bonjour ~** good morning; [dans hôtel, res-
taurant] good morning, sir; **bonjour
messieurs** good morning (gentlemen);
Monsieur le Ministre n'est pas là the
Minister is out. **-2.** [homme quelconque]
gentleman.

monstre [mɔ̃str] *nm* **-1.** [gén] monster. **-2.** (*en apposition*) *fam* [énorme] colossal.

monstrueux, -euse [mɔ̃stryø, øz] *adj* **-1.** [gén] monstrous. **-2.** *fig* [erreur] terrible.

monstruosité [mɔ̃stryozite] *nf* monstrosity.

mont [mɔ̃] *nm* GÉOGR Mount; **le ~ Blanc** Mont Blanc; **le ~ Cervin** the Matterhorn.

montage [mɔ̃taʒ] *nm* **-1.** [assemblage] assembly; [de bijou] setting. **-2.** PHOT photomontage. **-3.** CIN editing.

montagnard, -e [mɔ̃taɲar, ard] *nm, f* mountain dweller.

montagne [mɔ̃taɲ] *nf* **-1.** [gén] mountain; **les ~s Rocheuses** the Rocky Mountains. **-2.** [région]: **la ~** the mountains (*pl*); **à la ~** in the mountains; **en haute ~** at high altitudes. ◆ **montagnes russes** *nfpl* big dipper (*sg*), roller coaster (*sg*).

montant, -e [mɔ̃tɑ̃, ɑ̃t] *adj* [mouvement] rising. ◆ **montant** *nm* **-1.** [pièce verticale] upright. **-2.** [somme] total (amount).

mont-de-piété [mɔ̃dpjete] (*pl* **monts-de-piété**) *nm* pawnshop.

monte-charge [mɔ̃tʃarʒ] *nm inv* goods lift *Br*, service elevator *Am*.

montée [mɔ̃te] *nf* **-1.** [de montagne] climb, ascent. **-2.** [de prix] rise. **-3.** [relief] slope, gradient.

monte-plats [mɔ̃tpla] *nm inv* dumbwaiter.

monter [mɔ̃te] ◇ *vi* (*aux: être*) **-1.** [personne] to come/go up; [température, niveau] to rise; [route, avion] to climb; ~ **sur qqch** to climb onto sthg. **-2.** [passager] to get on; ~ **dans un bus** to get on a bus; ~ **dans une voiture** to get into a car. **-3.** [cavalier] to ride; ~ **à cheval** to ride. **-4.** [marée] to go/come in. ◇ *vt* (*aux: avoir*) **-1.** [escalier, côte] to climb, to come/go up; ~ **la rue en courant** to run up the street. **-2.** [chauffage, son] to turn up. **-3.** [valise] to take/bring up. **-4.** [meuble] to assemble; COUTURE to assemble, to put OU sew together; [tente] to put up. **-5.** [cheval] to mount. **-6.** THÉÂTRE to put on. **-7.** [société, club] to set up. **-8.** CULIN to beat, to whisk (up). ◆ **se monter** *vp* **-1.** [s'assembler]: **se ~ facilement** to be easy to assemble. **-2.** [atteindre]: **se ~ à** to amount to, to add up to.

monteur, -euse [mɔ̃tœr, øz] *nm, f* **-1.** TECHNOL fitter. **-2.** CIN editor.

monticule [mɔ̃tikyl] *nm* mound.

montre [mɔ̃tr] *nf* watch; ~ **à quartz** quartz watch; ~ **en main** to the minute, exactly; **contre la ~** [sport] time-trialling; [épreuve] time trial; **une course contre la ~** *fig* a race against time.

montre-bracelet [mɔ̃trəbrasle] *nf* wristwatch.

montrer [mɔ̃tre] *vt* **-1.** [gén] to show; ~ **qqch à qqn** to show sb sthg, to show sthg to sb. **-2.** [désigner] to show, to point out; ~ **qqch du doigt** to point at OU to sthg. ◆ **se montrer** *vp* **-1.** [se faire voir] to appear. **-2.** *fig* [se présenter] to show o.s. **-3.** *fig* [se révéler] to prove (to be).

monture [mɔ̃tyr] *nf* **-1.** [animal] mount. **-2.** [de lunettes] frame.

monument [mɔnymɑ̃] *nm* [gén]: ~ **(à)** monument (to); ~ **aux morts** war memorial.

monumental, -e, -aux [mɔnymɑ̃tal, o] *adj* monumental.

moquer [mɔke] ◆ **se moquer** *vp*: **se ~ de** [plaisanter sur] to make fun of, to laugh at; [ne pas se soucier de] not to give a damn about.

moquerie [mɔkri] *nf* mockery (*U*), jibe.

moquette [mɔket] *nf* (fitted) carpet.

moqueur, -euse [mɔkœr, øz] *adj* mocking.

moral, -e, -aux [mɔral, o] *adj* moral. ◆ **moral** *nm* **-1.** [mental]: **au ~ comme au physique** mentally as well as physically. **-2.** [état d'esprit] morale, spirits (*pl*); **avoir/ne pas avoir le ~** to be in good/bad spirits; **remonter le ~ à qqn** to cheer sb up. ◆ **morale** *nf* **-1.** [science] moral philosophy, morals (*pl*). **-2.** [règle] morality. **-3.** [mœurs] morals (*pl*). **-4.** [leçon] moral; **faire la ~ à qqn** to preach at OU lecture sb.

moralisateur, -trice [mɔralizatœr, tris] ◇ *adj* moralizing. ◇ *nm, f* moralizer.

moraliste [mɔralist] *nmf* moralist.

moralité [mɔralite] *nf* **-1.** [gén] morality. **-2.** [enseignement] morals.

moratoire [mɔratwar] *nm* moratorium.

morbide [mɔrbid] *adj* morbid.

morceau, -x [mɔrso] *nm* **-1.** [gén] piece. **-2.** [de poème, de musique] passage.

morceler [mɔrsəle] *vt* to break up, to split up.

mordant, -e [mɔrdɑ̃, ɑ̃t] *adj* biting. ◆ **mordant** *nm* [vivacité] keenness, bite.

mordiller [mɔrdije] *vt* to nibble.

mordoré, -e [mɔrdɔre] *adj* bronze.

mordre [mɔrdr] ◇ *vt* [blesser] to bite. ◇ *vi* **-1.** [saisir avec les dents]: ~ **à** to bite. **-2.** [croquer]: ~ **dans qqch** to bite into sthg. **-3.** SPORT: ~ **sur la ligne** to step over the line.

mordu, -e [mɔrdy] ◇ *pp* → **mordre**. ◇ *adj* [amoureux] hooked. ◇ *nm, f*: ~ **de foot/ski** *etc* football/ski *etc* addict.

morfondre [mɔrfɔ̃dr] ◆ **se morfondre** *vp* to mope.

morgue [mɔrg] *nf* **-1.** [attitude] pride. **-2.** [lieu] morgue.

moribond, -e [mɔribɔ̃, ɔ̃d] ◇ *adj* dying. ◇ *nm, f* dying person.

morille [mɔrij] *nf* morel.

morne [mɔrn] *adj* [personne, visage] gloomy; [paysage, temps, ville] dismal, dreary.

morose [mɔroz] *adj* gloomy.

morphine [mɔrfin] *nf* morphine.

morphologie [mɔrfɔlɔʒi] *nf* morphology.

mors [mɔr] *nm* bit.

morse [mɔrs] *nm* **-1.** ZOOL walrus. **-2.** [code] Morse (code).

morsure [mɔrsyr] *nf* bite.

mort, -e [mɔr, mɔrt] ◇ *pp* → **mourir**. ◇ *adj* dead; ~ **de fatigue** *fig* dead tired; ~ **de peur** *fig* frightened to death. ◇ *nm, f* **-1.** [cadavre] corpse, dead body. **-2.** [défunt] dead person. ◆ **mort** ◇ *nm* **-1.** [victime] fatality. **-2.** CARTES dummy. ◇ *nf* littl & *fig* death; **de** ~ [silence] deathly; **condamner qqn à** → JUR to sentence sb to death; **se donner la** ~ **to** take one's own life, to commit suicide.

mortadelle [mɔrtadɛl] *nf* mortadella.

mortalité [mɔrtalite] *nf* mortality, death rate.

mort-aux-rats [mɔrora] *nf inv* rat poison.

Morte → **mer**.

mortel, -elle [mɔrtɛl] ◇ *adj* **-1.** [humain] mortal. **-2.** [accident, maladie] fatal. **-3.** *fig* [ennuyeux] deadly (dull). ◇ *nm, f* mortal.

morte-saison [mɔrtsɛzɔ̃] *nf* slack season, off-season.

mortier [mɔrtje] *nm* mortar.

mortification [mɔrtifikasjɔ̃] *nf* mortification.

mort-né, -e [mɔrne] (*mpl* **mort-nés**, *fpl* **mort-nées**) *adj* [enfant] still-born; *fig* [projet] abortive.

mortuaire [mɔrtɥɛr] *adj* funeral (*avant n*).

morue [mɔry] *nf* ZOOL cod.

mosaïque [mɔzaik] *nf* littl & *fig* mosaic.

Moscou [mɔsku] *n* Moscow.

mosquée [mɔske] *nf* mosque.

mot [mo] *nm* **-1.** [gén] word; **gros** ~ swearword; ~ **de passe** password; **~s croisés** crossword (puzzle) (*sg*). **-2.** [message] note, message.

motard [mɔtar] *nm* **-1.** [motocycliste] motorcyclist. **-2.** [policier] motorcycle policeman.

motel [mɔtɛl] *nm* motel.

moteur, -trice [mɔtœr, tris] *adj* [force, énergie] driving (*avant n*); **à quatre roues motrices** AUTOM with four-wheel drive. ◆ **moteur** *nm* TECHNOL motor, engine; *fig* driving force.

motif [mɔtif] *nm* **-1.** [raison] motive, grounds (*pl*). **-2.** [dessin, impression] motif.

motion [mɔsjɔ̃] *nf* POLIT motion; ~ **de censure** motion of censure.

motiver [mɔtive] *vt* **-1.** [stimuler] to motivate. **-2.** [justifier] to justify.

moto [mɔto] *nf* motorbike.

motocross [mɔtɔkrɔs] *nm* motocross.

motoculteur [mɔtɔkyltœr] *nm* ≃ Rotavator®.

motocyclette [mɔtɔsiklɛt] *nf* motorcycle, motorbike.

motocycliste [mɔtɔsiklist] *nmf* motorcyclist.

motorisé, -e [mɔtɔrize] *adj* motorized; **être** ~ *fam* to have a car, to have wheels.

motrice → **moteur**.

motricité [mɔtrisite] *nf* motor functions (*pl*).

motte [mɔt] *nf*: ~ **(de terre)** clod, lump of earth; ~ **de beurre** slab of butter.

mou, molle [mu, mɔl] *adj* (*mol devant voyelle ou h muet*) **-1.** [gén] soft. **-2.** [faible] weak. **-3.** [résistance, protestation] half-hearted. **-4.** *fam* [de caractère] wet, wimpy. ◆ **mou** *nm* **-1.** [de corde]: **avoir du** ~ to be slack. **-2.** [abats] lungs (*pl*), lights (*pl*).

mouchard, -e [muʃar, ard] *nm, f fam* [personne] sneak. ◆ **mouchard** *nm fam* [dans camion, train] spy in the cab.

mouche [muʃ] *nf* **-1.** ZOOL fly. **-2.** [accessoire féminin] beauty spot.

moucher [muʃe] *vt* **-1.** [nez] to wipe; ~ **un enfant** to wipe a child's nose. **-2.** [chandelle] to snuff out. **-3.** *fam fig* [personne]: ~ **qqn** to put sb in his/her place. ◆ **se moucher** *vp* to blow OU wipe one's nose.

moucheron [muʃʁɔ̃] *nm* [insecte] gnat.

moucheté, -e [muʃte] *adj* **-1.** [laine] flecked. **-2.** [animal] spotted, speckled.

mouchoir [muʃwaʁ] *nm* handkerchief.

moudre [mudʁ] *vt* to grind.

moue [mu] *nf* pout; **faire la ~** to pull a face.

mouette [mwɛt] *nf* seagull.

moufle [mufl] *nf* mitten.

mouflon [muflɔ̃] *nm* wild sheep.

mouillage [mujaʒ] *nm* [NAVIG - emplacement] anchorage, moorings (*pl*).

mouillé, -e [muje] *adj* wet.

mouiller [muje] *vt* **-1.** [personne, objet] to wet; **se faire ~** to get wet OU soaked. **-2.** NAVIG: **~ l'ancre** to drop anchor. **-3.** *fam fig* [compromettre] to involve. ◆ **se mouiller** *vp* **-1.** [se tremper] to get wet. **-2.** *fam fig* [prendre risques] to stick one's neck out.

moulage [mulaʒ] *nm* **-1.** [action] moulding, casting. **-2.** [objet] cast.

moule [mul] ◇ *nm* mould; **~ à gâteau** cake tin; **~ à tarte** flan dish. ◇ *nf* ZOOL mussel.

mouler [mule] *vt* **-1.** [objet] to mould. **-2.** [forme] to make a cast of.

moulin [mulɛ̃] *nm* mill; **~ à café** coffee mill; **~ à paroles** *fig* chatterbox.

moulinet [mulinɛ] *nm* **-1.** PÊCHE reel. **-2.** [mouvement]: **faire des ~s** to whirl one's arms around.

Moulinette® [mulinɛt] *nf* food mill.

moulu, -e [muly] *adj* [en poudre] ground.

moulure [mulyʁ] *nf* moulding.

mourant, -e [muʁɑ̃, ɑ̃t] *adj* **-1.** [moribond] dying. **-2.** *fig* [voix] faint. ◇ *nm, f* dying person.

mourir [muʁiʁ] *vi* **-1.** [personne] to die; **s'ennuyer à ~** to be bored to death. **-2.** [feu] to die down.

mousquetaire [muskətɛʁ] *nm* musketeer.

moussant, -e [musɑ̃, ɑ̃t] *adj* foaming.

mousse [mus] ◇ *nf* **-1.** BOT moss. **-2.** [substance] foam; **~ à raser** shaving foam. **-3.** CULIN mousse. **-4.** [matière plastique] foam rubber. ◇ *nm* NAVIG cabin boy.

mousseline [muslin] *nf* muslin.

mousser [muse] *vi* to foam, to lather.

mousseux, -euse [musø, øz] *adj* **-1.** [shampooing] foaming, frothy. **-2.** [vin, cidre] sparkling. ◆ **mousseux** *nm* sparkling wine.

mousson [musɔ̃] *nf* monsoon.

moussu, -e [musy] *adj* mossy, moss-covered.

moustache [mustaʃ] *nf* moustache. ◆ **moustaches** *nfpl* [d'animal] whiskers.

moustachu, -e [mustaʃy] *adj* with a moustache. ◆ **moustachu** *nm* man with a moustache.

moustiquaire [mustikɛʁ] *nf* mosquito net.

moustique [mustik] *nm* mosquito.

moutarde [mutaʁd] *nf* mustard.

mouton [mutɔ̃] *nm* **-1.** ZOOL & *fig* sheep. **-2.** [viande] mutton. **-3.** *fam* [poussière] piece of fluff, fluff (*U*).

mouture [mutyʁ] *nf* **-1.** [de céréales, de café] grinding. **-2.** [de thème, d'œuvre] rehash.

mouvance [muvɑ̃s] *nf* [domaine] sphere of influence.

mouvant, -e [muvɑ̃, ɑ̃t] *adj* **-1.** [terrain] unstable. **-2.** [situation] uncertain.

mouvement [muvmɑ̃] *nm* **-1.** [gén] movement; **en ~** on the move. **-2.** [de colère, d'indignation] burst, fit.

mouvementé, -e [muvmɑ̃te] *adj* **-1.** [terrain] rough. **-2.** [réunion, soirée] eventful.

mouvoir [muvwaʁ] *vt* to move. ◆ **se mouvoir** *vp* to move.

moyen, -enne [mwajɛ̃, ɛn] *adj* **-1.** [intermédiaire] medium. **-2.** [médiocre, courant] average. ◆ **moyen** *nm* means (*sg*), way; **~ de communication** means of communication; **~ de locomotion** OU **transport** means of transport. ◆ **moyenne** *nf* average; **en moyenne** on average; **la moyenne d'âge** the average age. ◆ **moyens** *nmpl* **-1.** [ressources] means; **avoir les ~s** to be comfortably off. **-2.** [capacités] powers, ability; **faire qqch par ses propres ~s** to do sthg on one's own. ◆ **au moyen de** *loc prép* by means of.

Moyen Âge [mwajɛnaʒ] *nm*: **le ~** the Middle Ages (*pl*).

Moyen-Orient [mwajɛnɔʁjɑ̃] *nm*: **le ~** the Middle East.

MST *nf* **-1.** (*abr de* **maladie sexuellement transmissible**) STD. **-2.** (*abr de* **maîtrise de sciences et techniques**) *masters degree in science and technology.*

mû, mue [my] *pp* → **mouvoir**.

mue [my] *nf* **-1.** [de pelage] moulting. **-2.** [de serpent] skin, slough. **-3.** [de voix] breaking.

muer [mɥe] *vi* **-1.** [mammifère] to moult. **-2.** [serpent] to slough its skin. **-3.**

[voix] to break; [jeune homme]: **il mue** his voice is breaking.

muet, muette [mɥɛ, ɛt] ◇ *adj* **-1.** MÉD dumb. **-2.** [silencieux] silent; ~ **d'admiration/d'étonnement** speechless with admiration/surprise. **-3.** LING silent, mute. ◇ *nm, f* mute, dumb person. ◆ **muet** *nm*: **le** ~ CIN silent films (*pl*).

muezzin [mɥedzin] *nm* muezzin.

mufle [myfl] *nm* **-1.** [d'animal] muzzle, snout. **-2.** *fig* [goujat] lout.

muflerie [myfləri] *nf* loutishness.

mugir [myʒir] *vi* **-1.** [vache] to moo. **-2.** [vent, sirène] to howl.

muguet [mygɛ] *nm* **-1.** [fleur] lily of the valley. **-2.** MÉD thrush.

mule [myl] *nf* mule.

mulet [mylɛ] *nm* **-1.** [âne] mule. **-2.** [poisson] mullet.

mulot [mylo] *nm* field mouse.

multicolore [myltikɔlɔr] *adj* multicoloured.

multifonction [myltifɔ̃ksjɔ̃] *adj inv* multifunction.

multilatéral, -e, -aux [myltilateral, o] *adj* multilateral.

multimédia [myltimedja] *adj & nm* multimedia.

multinational, -e, -aux [myltinasjɔnal, o] *adj* multinational. ◆ **multinationale** *nf* multinational (company).

multiple [myltipl] ◇ *nm* multiple. ◇ *adj* **-1.** [nombreux] multiple, numerous. **-2.** [divers] many, various.

multiplication [myltiplikasjɔ̃] *nf* multiplication.

multiplier [myltiplije] *vt* **-1.** [accroître] to increase. **-2.** MATHS to multiply; **X multiplié par Y égale Z** X multiplied by OU times Y equals Z. ◆ **se multiplier** *vp* to multiply.

multiracial, -e, -iaux [myltirasjal, jo] *adj* multiracial.

multirisque [myltirisk] *adj* comprehensive.

multitude [myltityd] *nf*: ~ **(de)** multitude (of).

municipal, -e, -aux [mynisipal, o] *adj* municipal. ◆ **municipales** *nfpl*: **les** ~**es** the local government elections.

municipalité [mynisipalite] *nf* **-1.** [commune] municipality. **-2.** [conseil] town council.

munir [mynir] *vt*: ~ **qqn/qqch de** to equip sb/sthg with. ◆ **se munir** *vp*: **se** ~ **de** to equip o.s. with.

munitions [mynisjɔ̃] *nfpl* ammunition (U), munitions.

muqueuse [mykøz] *nf* mucous membrane.

mur [myr] *nm* **-1.** [gén] wall. **-2.** *fig* [obstacle] barrier, brick wall; ~ **du son** AÉRON sound barrier.

mûr, mûre [myr] *adj* ripe; [personne] mature. ◆ **mûre** *nf* **-1.** [de mûrier] mulberry. **-2.** [de ronce] blackberry, bramble.

muraille [myraj] *nf* wall.

murène [myrɛn] *nf* moray eel.

murer [myre] *vt* **-1.** [boucher] to wall up, to block up. **-2.** [enfermer] to wall in. ◆ **se murer** *vp* to shut o.s. up OU away; **se** ~ **dans** *fig* to retreat into.

muret [myrɛ] *nm* low wall.

mûrier [myrje] *nm* **-1.** [arbre] mulberry tree. **-2.** [ronce] blackberry bush, bramble bush.

mûrir [myrir] *vi* **-1.** [fruits, légumes] to ripen. **-2.** *fig* [idée, projet] to develop. **-3.** [personne] to mature.

murmure [myrmyr] *nm* murmur.

murmurer [myrmyre] *vt & vi* to murmur.

musaraigne [myzarɛɲ] *nf* shrew.

musarder [myzarde] *vi fam* to dawdle.

muscade [myskad] *nf* nutmeg.

muscat [myska] *nm* **-1.** [raisin] muscat grape. **-2.** [vin] *sweet wine*.

muscle [myskl] *nm* muscle.

musclé, -e [myskle] *adj* **-1.** [personne] muscular. **-2.** *fig* [mesure, décision] forceful.

muscler [myskle] *vt*: ~ **son corps** to build up one's muscles. ◆ **se muscler** *vp* to build up one's muscles.

musculation [myskylasjɔ̃] *nf*: **faire de la** ~ to do muscle-building exercises.

muse [myz] *nf* muse.

museau [myzo] *nm* **-1.** [d'animal] muzzle, snout. **-2.** *fam* [de personne] face.

musée [myze] *nm* museum; [d'art] art gallery.

museler [myzle] *vt litt & fig* to muzzle.

muselière [myzəljɛr] *nf* muzzle.

musette [myzɛt] *nf* haversack; [d'écolier] satchel.

musical, -e, -aux [myzikal, o] *adj* **-1.** [son] musical. **-2.** [émission, critique] music (*avant n*).

music-hall [myzikol] (*pl* music-halls) *nm* music-hall.

musicien, -ienne [myzisjɛ̃, jɛn] ◇ *adj* musical. ◇ *nm, f* musician.

musique [myzik] *nf* music; ~ **de chambre** chamber music; ~ **de film** film *Br* OU movie *Am* score.

musulman, -e [myzylmã, an] *adj & nm, f* Muslim.

mutant, -e [mytã, ãt] *adj* mutant.
◆ **mutant** *nm* mutant.

mutation [mytasjɔ̃] *nf* **-1.** BIOL mutation. **-2.** *fig* [changement] transformation. **-3.** [de fonctionnaire] transfer.

muter [myte] *vt* to transfer.

mutilation [mytilasjɔ̃] *nf* mutilation.

mutilé, -e [mytile] *nm, f* disabled person.

mutiler [mytile] *vt* to mutilate; **il a été mutilé du bras droit** he lost his right arm.

mutin, -e [mytɛ̃, in] *adj littéraire* impish.
◆ **mutin** *nm* rebel; MIL & NAVIG mutineer.

mutinerie [mytinri] *nf* rebellion; MIL & NAVIG mutiny.

mutisme [mytism] *nm* silence.

mutualité [mytɥalite] *nf* [assurance] mutual insurance.

mutuel, -elle [mytɥɛl] *adj* mutual.
◆ **mutuelle** *nf* mutual insurance company.

mycose [mikoz] *nf* mycosis, fungal infection.

myocarde [mjɔkard] *nm* myocardium.

myopathie [mjɔpati] *nf* myopathy.

myope [mjɔp] ◇ *nmf* shortsighted person. ◇ *adj* shortsighted, myopic.

myopie [mjɔpi] *nf* shortsightedness, myopia.

myosotis [mjozɔtis] *nm* forget-me-not.

myrtille [mirtij] *nf* bilberry *Br*, blueberry *Am*.

mystère [mistɛr] *nm* [gén] mystery.

mystérieux, -ieuse [misterjø, jøz] *adj* mysterious.

mysticisme [mistisism] *nm* mysticism.

mystification [mistifikasjɔ̃] *nf* [tromperie] hoax, practical joke.

mystifier [mistifje] *vt* [duper] to take in.

mystique [mistik] ◇ *nmf* mystic. ◇ *adj* mystic, mystical.

mythe [mit] *nm* myth.

mythique [mitik] *adj* mythical.

mythologie [mitɔlɔʒi] *nf* mythology.

mythomane [mitɔman] *nmf* pathological liar.

N

n, N [ɛn] *nm inv* [lettre] n, N. ◆ **N** (*abr de* **nord**) N.

nacelle [nasɛl] *nf* [de montgolfière] basket.

nacre [nakr] *nf* mother-of-pearl.

nage [naʒ] *nf* **-1.** [natation] swimming; **traverser à la ~** to swim across. **-2.** *loc:* **en ~** bathed in sweat.

nageoire [naʒwar] *nf* fin.

nager [naʒe] *vi* **-1.** [se baigner] to swim. **-2.** [flotter] to float. **-3.** *fig* [dans vêtement]: **~ dans** to be lost in; **~ dans la joie** to be incredibly happy.

nageur, -euse [naʒœr, øz] *nm, f* swimmer.

naguère [nagɛr] *adv littéraire* a short time ago.

naïf, naïve [naif, iv] *adj* **-1.** [ingénu, art] naive. **-2.** *péj* [crédule] gullible.

nain, -e [nɛ̃, nɛn] ◇ *adj* dwarf (*avant n*). ◇ *nm, f* dwarf.

naissance [nesɑ̃s] *nf* **-1.** [de personne] birth; **donner ~ à** to give birth to; **le contrôle des ~s** birth control. **-2.** [endroit] source; [du cou] nape. **-3.** *fig* [de science, nation] birth; **donner ~ à** to give rise to.

naissant, -e [nesɑ̃, ɑ̃t] *adj* **-1.** [brise] rising; [jour] dawning. **-2.** [barbe] incipient.

naître [nɛtr] *vi* **-1.** [enfant] to be born; **elle est née en 1965** she was born in 1965. **-2.** [espoir] to spring up; **~ de** to arise from; **faire ~ qqch** to give rise to sthg.

naïveté [naivte] *nf* **-1.** [candeur] innocence. **-2.** *péj* [crédulité] gullibility.

nana [nana] *nf fam* [jeune fille] girl.

nanti, -e [nɑ̃ti] *nm, f* wealthy person.

nantir [nɑ̃tir] *vt littéraire:* **~ qqn de** to provide sb with.

nappe [nap] *nf* **-1.** [de table] tablecloth, cloth. **-2.** *fig* [étendue - gén] sheet; [- de brouillard] blanket. **-3.** [couche] layer.

napper [nape] *vt* CULIN to coat.

napperon [naprɔ̃] *nm* tablemat.

narcisse [narsis] *nm* BOT narcissus.

narcissisme [narsisism] *nm* narcissism.

narcotique [narkɔtik] *nm & adj* narcotic.

narguer [narge] *vt* [danger] to flout; [personne] to scorn, to scoff at.

narine [narin] *nf* nostril.

narquois, -e [narkwa, az] *adj* sardonic.

narrateur, -trice [naratœr, tris] *nm, f* narrator.

narrer [nare] *vt* littéraire to narrate.

nasal, -e, -aux [nazal, o] *adj* nasal.

naseau, -x [nazo] *nm* nostril.

nasillard, -e [nazijar, ard] *adj* nasal.

nasse [nas] *nf* keep net.

natal, -e, -als [natal] *adj* [d'origine] native.

natalité [natalite] *nf* birth rate.

natation [natasjɔ̃] *nf* swimming; faire de la ~ to swim.

natif, -ive [natif, iv] ◇ *adj* [originaire]: ~ de native of. ◇ *nm, f* native.

nation [nasjɔ̃] *nf* nation. ◆ **Nations unies** *nfpl*: les Nations unies the United Nations.

national, -e, -aux [nasjɔnal, o] *adj* national. ◆ **nationale** *nf*: (route) ~e ≃ A road *Br*, ≃ state highway *Am*.

nationaliser [nasjɔnalize] *vt* to nationalize.

nationalisme [nasjɔnalism] *nm* nationalism.

nationalité [nasjɔnalite] *nf* nationality; de ~ française of French nationality.

nativité [nativite] *nf* nativity.

natte [nat] *nf* -1. [tresse] plait. -2. [tapis] mat.

naturaliser [natyralize] *vt* -1. [personne, plante] to naturalize. -2. [empailler] to stuff.

naturaliste [natyralist] ◇ *nmf* -1. LITTÉRATURE & ZOOL naturalist. -2. [empailleur] taxidermist. ◇ *adj* naturalistic.

nature [natyr] ◇ *nf* nature. ◇ *adj inv* -1. [simple] plain. -2. *fam* [spontané] natural.

naturel, -elle [natyrɛl] *adj* natural. ◆ **naturel** *nm* -1. [tempérament] nature; être d'un ~ affable/sensible *etc* to be affable/sensitive *etc* by nature. -2. [aisance, spontanéité] naturalness.

naturellement [natyrɛlmã] *adv* -1. [gén] naturally. -2. [logiquement] rationally.

naturiste [natyrist] *nmf* naturist.

naufrage [nofraʒ] *nm* -1. [navire] shipwreck; faire ~ to be wrecked. -2. *fig* [effondrement] collapse.

naufragé, -e [nofraʒe] ◇ *adj* shipwrecked. ◇ *nm, f* shipwrecked person.

nauséabond, -e [nozeabɔ̃, ɔ̃d] *adj* nauseating.

nausée [noze] *nf* -1. MÉD nausea; avoir la ~ to feel nauseous OU sick. -2. [dégoût] disgust.

nautique [notik] *adj* nautical; [ski, sport] water (*avant n*).

naval, -e, -als [naval] *adj* naval.

navet [navɛ] *nm* -1. BOT turnip. -2. *fam péj* [œuvre] load of rubbish.

navette [navɛt] *nf* shuttle; ~ spatiale AÉRON space shuttle; faire la ~ to shuttle.

navigable [navigabl] *adj* navigable.

navigateur, -trice [navigatœr, tris] *nm, f* navigator. ◆ **navigateur** *nm* INFORM browser.

navigation [navigasjɔ̃] *nf* navigation; COMM shipping.

naviguer [navige] *vi* -1. [voguer] to sail. -2. [piloter] to navigate. -3. INFORM to browse.

navire [navir] *nm* ship.

navrant, -e [navrã, ãt] *adj* -1. [triste] upsetting, distressing. -2. [regrettable, mauvais] unfortunate.

navrer [navre] *vt* to upset; être navré de qqch/de faire qqch to be sorry about sthg/to do sthg.

nazi, -e [nazi] *nm, f* Nazi.

nazisme [nazism] *nm* Nazism.

NB (*abr de* **Nota Bene**) NB.

nbreuses *abr de* **nombreuses**.

nbrx *abr de* **nombreux**.

NDLR (*abr de* **note de la rédaction**) editor's note.

NDT (*abr de* **note du traducteur**) translator's note.

ne [nə], **n'** (*devant voyelle ou h muet*) *adv* -1. [négation] → **pas²**, **plus**, **rien** *etc*. -2. [négation implicite]: il se porte mieux que je ~ (le) croyais he's in better health than I thought (he would be). -3. [avec verbes ou expressions marquant le doute, la crainte *etc*]: je crains qu'il n'oublie I'm afraid he'll forget; j'ai peur qu'il n'en parle I'm frightened he'll talk about it.

né, -e [ne] *adj* born; ~ en 1965 born in 1965; ~ le 17 juin born on the 17th June; Mme X, ~e Y Mrs X née Y.

néanmoins [neãmwɛ̃] *adv* nevertheless.

néant [neã] *nm* -1. [absence de valeur] worthlessness. -2. [absence d'existence] nothingness; réduire à ~ to reduce to nothing.

nébuleux, -euse [nebylø, øz] *adj* -1. [ciel] cloudy. -2. [idée, projet] nebulous. ◆ **nébuleuse** *nf* ASTRON nebula.

nécessaire [neseser] ◇ *adj* necessary; ~ à necessary for; **il est ~ de faire qqch** it is necessary to do sthg; **il est ~ que** (+ *subjonctif*): **il est ~ qu'elle vienne** she must come. ◇ *nm* **-1.** [biens] necessities (*pl*); **le strict ~** the bare essentials (*pl*). **-2.** [mesures]: **faire le ~** to do the necessary. **-3.** [trousse] bag.

nécessité [nesesite] *nf* [obligation, situation] necessity; **être dans la ~ de faire qqch** to have no choice OU alternative but to do sthg.

nécessiter [nesesite] *vt* to necessitate.

nécrologique [nekrɔlɔʒik] *adj* obituary (*avant n*).

nectar [nektar] *nm* nectar.

nectarine [nektarin] *nf* nectarine.

néerlandais, -e [neerlɑ̃dɛ, ɛz] *adj* Dutch. ◆ **néerlandais** *nm* [langue] Dutch. ◆ **Néerlandais, -e** *nm, f* Dutchman (*f* Dutchwoman); **les Néerlandais** the Dutch.

nef [nɛf] *nf* **-1.** [d'église] nave. **-2.** *littéraire* [bateau] vessel.

néfaste [nefast] *adj* **-1.** [jour, événement] fateful. **-2.** [influence] harmful.

négatif, -ive [negatif, iv] *adj* negative. ◆ **négatif** *nm* PHOT negative. ◆ **négative** *nf*: **répondre par la négative** to reply in the negative.

négation [negasjɔ̃] *nf* **-1.** [rejet] denial. **-2.** GRAM negative.

négligé, -e [negliʒe] *adj* **-1.** [travail, tenue] untidy. **-2.** [ami, jardin] neglected.

négligeable [negliʒabl] *adj* negligible.

négligemment [negliʒamɑ̃] *adv* **-1.** [sans soin] carelessly. **-2.** [avec indifférence] casually.

négligence [negliʒɑ̃s] *nf* **-1.** [laisser-aller] carelessness. **-2.** [omission] negligence; **par ~** out of negligence.

négligent, -e [negliʒɑ̃, ɑ̃t] *adj* **-1.** [sans soin] careless. **-2.** [indifférent] casual.

négliger [negliʒe] *vt* **-1.** [ami, jardin] to neglect; **~ de faire qqch** to fail to do sthg. **-2.** [avertissement] to ignore. ◆ **se négliger** *vp* to neglect o.s.

négoce [negɔs] *nm* business.

négociant, -e [negɔsjɑ̃, ɑ̃t] *nm, f* dealer.

négociateur, -trice [negɔsjatœr, tris] *nm, f* negotiator.

négociation [negɔsjasjɔ̃] *nf* negotiation; **~s de paix** peace negotiations.

négocier [negɔsje] *vt* to negotiate.

nègre, négresse [nɛgr, negrɛs] *nm, f* negro (*f* negress) (*beware: the terms 'nègre' and 'négresse' are considered racist*). ◆ **nègre** ◇ *nm fam* ghost writer. ◇ *adj*

negro (*avant n*) (*beware: the term 'nègre' is considered racist*).

neige [nɛʒ] *nf* [flocons] snow.

neiger [neʒe] *v impers*: **il neige** it is snowing.

neigeux, -euse [neʒø, øz] *adj* snowy.

nénuphar [nenyfar] *nm* water-lily.

néologisme [neɔlɔʒism] *nm* neologism.

néon [neɔ̃] *nm* **-1.** [gaz] neon. **-2.** [enseigne] neon light.

néophyte [neɔfit] *nmf* novice.

néo-zélandais, -e [neɔzelɑ̃dɛ, ɛz] (*mpl inv*, *fpl* **néo-zélandaises**) *adj* New Zealand (*avant n*). ◆ **Néo-Zélandais, -e** *nm, f* New Zealander.

Népal [nepal] *nm*: **le ~** Nepal.

nerf [nɛr] *nm* **-1.** ANAT nerve. **-2.** *fig* [vigueur] spirit.

nerveux, -euse [nɛrvø, øz] *adj* **-1.** [gén] nervous. **-2.** [viande] stringy. **-3.** [style] vigorous; [voiture] nippy.

nervosité [nɛrvozite] *nf* nervousness.

nervure [nɛrvyr] *nf* [de feuille, d'aile] vein.

n'est-ce pas [nɛspa] *adv*: **vous me croyez, ~?** you believe me, don't you?; **c'est délicieux, ~?** it's delicious, isn't it?; **~ que vous vous êtes bien amusés?** you enjoyed yourselves, didn't you?

net, nette [nɛt] *adj* **-1.** [écriture, image, idée] clear. **-2.** [propre, rangé] clean, neat. **-3.** COMM & FIN net; **~ d'impôt** tax-free *Br*, tax-exempt *Am*. **-4.** [visible, manifeste] definite, distinct. ◆ **net** *adv* [sur le coup] on the spot; **s'arrêter ~** to stop dead; **se casser ~** to break clean off.

Net [nɛt] *nm inv*: **le ~** the Net; **surfer sur le ~** to surf the Net.

nettement [nɛtmɑ̃] *adv* **-1.** [clairement] clearly. **-2.** [incontestablement] definitely; **~ plus/moins** much more/less.

netteté [nɛtte] *nf* clearness.

nettoyage [netwajaʒ] *nm* [de vêtement] cleaning; **~ à sec** dry cleaning.

nettoyer [netwaje] *vt* **-1.** [gén] to clean. **-2.** [grenier] to clear out.

neuf¹, neuve [nœf, nœv] *adj* new. ◆ **neuf** *nm*: **vêtu de ~** wearing new clothes; **quoi de ~?** what's new?; **rien de ~** nothing new.

neuf² [nœf] *adj num & nm* nine; *voir aussi* **six**.

neurasthénique [nørastenik] *nmf & adj* depressive.

neurologie [nørɔlɔʒi] *nf* neurology.

neutraliser [nøtralize] *vt* to neutralize.

neutralité [nøtralite] *nf* neutrality.

neutre [nøtr] ◇ *nm* LING neuter. ◇ *adj* **-1.** [gén] neutral. **-2.** LING neuter.

neutron [nøtrɔ̃] *nm* neutron.

neuve → **neuf.**

neuvième [nœvjɛm] *adj num, nm & nm,* f ninth; *voir aussi* **sixième.**

névé [neve] *nm* snowbank.

neveu [nəvø] *nm* nephew.

névralgie [nevralʒi] *nf* MÉD neuralgia.

névrose [nevroz] *nf* neurosis.

névrosé, -e [nevroze] *adj & nm,* f neurotic.

nez [ne] *nm* nose; **saigner du ~** to have a nosebleed; **~ busqué** hooked nose; **~ à ~** face to face.

ni [ni] *conj:* **sans pull ~ écharpe** without a sweater or a scarf; **je ne peux ~ ne veux venir** I neither can nor want to come. ◆ **ni ... ni** *loc corrélative* neither ... nor; **~ lui ~ moi** neither of us; **~ l'un ~ l'autre n'a parlé** neither of them spoke; **je ne les aime ~ l'un ~ l'autre** I don't like either of them.

niais [njɛ, njɛz] ◇ *adj* silly, foolish. ◇ *nm,* f fool.

Nicaragua [nikaragwa] *nm:* **le ~** Nicaragua.

niche [niʃ] *nf* **-1.** [de chien] kennel. **-2.** [de statue] niche.

nicher [niʃe] *vi* [oiseaux] to nest.

nickel [nikɛl] ◇ *nm* nickel. ◇ *adj inv* *fam* spotless, spick and span.

nicotine [nikɔtin] *nf* nicotine.

nid [ni] *nm* nest.

nièce [njɛs] *nf* niece.

nier [nje] *vt* to deny.

nigaud, -e [nigo, od] *nm,* f simpleton.

Niger [niʒɛr] *nm* **-1.** [fleuve]: **le ~** River Niger. **-2.** [État]: **le ~** Niger.

Nigeria [niʒerja] *nm:* **le ~** Nigeria.

Nil [nil] *nm:* **le ~** the Nile.

n'importe → **importer.**

nippon, -one [nipɔ̃, ɔn] *adj* Japanese. ◆ **Nippon, -one** *nm,* f Japanese (person); **les Nippons** the Japanese.

nirvana [nirvana] *nm* nirvana.

nitrate [nitrat] *nm* nitrate.

nitroglycérine [nitrɔgliserin] *nf* nitroglycerine.

niveau, -x [nivo] *nm* [gén] level; **de même ~** *fig* of the same standard; **au-dessus du ~ de la mer** above sea level; **~ de vie** standard of living; **au ~ de** at the level of; *fig* [en ce qui concerne] as regards.

niveler [nivle] *vt* to level; *fig* to level down.

n° (*abr de* **numéro**) no.

noble [nɔbl] ◇ *nmf* nobleman (f noble-woman). ◇ *adj* noble.

noblesse [nɔblɛs] *nf* nobility.

noce [nɔs] *nf* **-1.** [mariage] wedding. **-2.** [invités] wedding party. ◆ **noces** *nfpl* wedding (*sg*); **~s d'or/d'argent** golden/silver wedding (anniversary).

nocif, -ive [nɔsif, iv] *adj* [produit, gaz] noxious.

noctambule [nɔktɑ̃byl] *nmf* night bird.

nocturne [nɔktyrn] ◇ *nm ou nf* [d'un magasin] late opening. ◇ *adj* **-1.** [émission, attaque] night (*avant n*). **-2.** [animal] nocturnal.

Noël [nɔɛl] *nm* Christmas; **joyeux ~!** happy OU merry Christmas!

nœud [nø] *nm* **-1.** [de fil, de bois] knot; **double ~** double knot. **-2.** NAVIG knot; **filer à X ~s** NAVIG to do X knots. **-3.** [de l'action, du problème] crux. **-4.** [ornement] bow; **~ de cravate** knot (*in one's tie*); **~ papillon** bow tie. **-5.** ANAT, ASTRON, ÉLECTR & RAIL node.

noir, -e [nwar] *adj* **-1.** [gén] black; **~ de** [poussière, suie] black with. **-2.** [pièce, couloir] dark. ◆ **Noir, -e** *nm,* f black. ◆ **noir** *nm* **-1.** [couleur] black; **~ sur blanc** *fig* in black and white. **-2.** [obscurité] dark. **-3.** *loc:* **acheter qqch au ~** to buy sthg on the black market; **travail au ~** moonlighting. ◆ **noire** *nf* crotchet *Br*, quarter note *Am*.

noirâtre [nwaratr] *adj* blackish.

noirceur [nwarsœr] *nf* *fig* [méchanceté] wickedness.

noircir [nwarsir] ◇ *vi* to darken. ◇ *vt* *litt & fig* to blacken.

Noire → **mer.**

noisetier [nwaztje] *nm* hazel tree.

noisette [nwazɛt] *nf* [fruit] hazelnut.

noix [nwa] *nf* **-1.** [fruit] walnut; **~ de cajou** cashew (nut); **~ de coco** coconut; **~ de muscade** nutmeg. **-2.** *loc:* **à la ~** *fam* dreadful.

nom [nɔ̃] *nm* **-1.** [gén] name; **au ~ de** in the name of; **~ déposé** trade name; **~ de famille** surname; **~ de jeune fille** maiden name. **-2.** [prénom] (first) name. **-3.** GRAM noun; **~ propre/commun** proper/common noun.

nomade [nɔmad] ◇ *nmf* nomad. ◇ *adj* nomadic.

nombre [nɔ̃br] *nm* number; **~ pair/impair** even/odd number.

nombreux, -euse [nɔ̃brø, øz] *adj* **-1.** [famille, foule] large. **-2.** [erreurs, occasions] numerous; **peu ~** few.

nombril [nɔ̃bril] *nm* navel; **il se prend pour le ~ du monde** he thinks the world revolves around him.

nominal, -e, -aux [nominal, o] *adj* **-1.** [liste] of names. **-2.** [valeur, autorité] nominal. **-3.** GRAM noun (*avant n*).

nomination [nominasjɔ̃] *nf* nomination, appointment.

nommé, -e [nome] *adj* **-1.** [désigné] named. **-2.** [choisi] appointed.

nommément [nomemã] *adv* [citer] by name.

nommer [nome] *vt* **-1.** [appeler] to name, to call. **-2.** [qualifier] to call. **-3.** [promouvoir] to appoint, to nominate. **-4.** [dénoncer, mentionner] to name. ◆ **se nommer** *vp* **-1.** [s'appeler] to be called. **-2.** [se désigner] to give one's name.

non [nɔ̃] ◇ *adv* **-1.** [réponse négative] no. **-2.** [se rapportant à une phrase précédente] not; **moi ~** not me; **moi ~ plus** (and) neither am/do *etc* I. **-3.** [sert à demander une confirmation]: **c'est une bonne idée, ~?** it's a good idea, isn't it? **-4.** [modifie un adjectif ou un adverbe] not; **~ loin d'ici** not far from here; **une difficulté ~ négligeable** a not inconsiderable problem. ◇ *nm inv* no. ◆ **non (pas) que ... mais** *loc corrélative* not that ... but. ◆ **non seulement ... mais (encore)** *loc corrélative* not only ... but also.

nonagénaire [nonaʒener] *nmf & adj* nonagenarian.

non-agression [nonagresjɔ̃] *nf* non-aggression.

nonante [nonãt] *adj num Belg & Helv* ninety.

nonchalance [nɔ̃ʃalãs] *nf* nonchalance, casualness.

non-fumeur, -euse [nɔ̃fymœr, øz] *nm, f* non-smoker.

non-lieu [nɔ̃ljø] (*pl* **non-lieux**) *nm* JUR dismissal through lack of evidence; **rendre un ~** to dismiss a case for lack of evidence.

nonne [non] *nf* nun.

non-sens [nɔ̃sãs] *nm inv* **-1.** [absurdité] nonsense. **-2.** [contresens] meaningless word.

non-violence [nɔ̃vjolãs] *nf* non-violence.

non-voyant, -e [nɔ̃vwajã, ãt] *nm, f* visually handicapped.

nord [nor] ◇ *nm* north; **un vent du ~** a northerly wind; **au ~** in the north; **au ~ (de)** to the north (of); **le grand Nord** the frozen North. ◇ *adj inv* north; [province, région] northern.

nord-africain, -e [norafrikɛ̃, ɛn] (*mpl* **nord-africains**, *fpl* **nord-africaines**) *adj* North African. ◆ **Nord-Africain, -e** *nm, f* North African.

nord-américain, -e [noramerikɛ̃, ɛn] (*mpl* **nord-américains**, *fpl* **nord-américaines**) *adj* North American. ◆ **Nord-Américain, -e** *nm, f* North American.

nord-est [norɛst] *nm & adj inv* north-east.

nordique [nordik] *adj* Nordic, Scandinavian. ◆ **Nordique** *nmf* **-1.** [Scandinave] Scandinavian. **-2.** *Can* North Canadian.

nord-ouest [norwɛst] *nm & adj inv* north-west.

normal, -e, -aux [normal, o] *adj* normal. ◆ **normale** *nf*: **la ~e** the norm.

normalement [normalmã] *adv* normally, usually; **~ il devrait déjà être arrivé** he should have arrived by now.

normalien, -ienne [normaljɛ̃, jɛn] *nm, f* student at teacher training college.

normaliser [normalize] *vt* **-1.** [situation] to normalize. **-2.** [produit] to standardize.

normand, -e [normã, ãd] *adj* Norman. ◆ **Normand, -e** *nm, f* Norman.

Normandie [normãdi] *nf*: **la ~** Normandy.

norme [norm] *nf* **-1.** [gén] standard, norm. **-2.** [critère] criterion.

Norvège [norvɛʒ] *nf*: **la ~** Norway.

norvégien, -ienne [norveʒjɛ̃, jɛn] *adj* Norwegian. ◆ **norvégien** *nm* [langue] Norwegian. ◆ **Norvégien, -ienne** *nm, f* Norwegian.

nos → **notre**.

nostalgie [nostalʒi] *nf* nostalgia.

nostalgique [nostalʒik] *adj* nostalgic.

notable [notabl] ◇ *adj* noteworthy, notable. ◇ *nm* notable.

notaire [noter] *nm* ≃ solicitor *Br*, lawyer.

notamment [notamã] *adv* in particular.

note [not] *nf* **-1.** [gén & MUS] note; **prendre des ~s** to take notes. **-2.** SCOL & UNIV mark, grade *Am*; **avoir une bonne/mauvaise ~** to have a good/bad mark. **-3.** [facture] bill.

noter [note] *vt* **-1.** [écrire] to note down. **-2.** [constater] to note, to notice. **-3.** SCOL & UNIV to mark, to grade *Am*.

notice [notis] *nf* instructions (*pl*).

nuisible

notifier [nɔtifje] *vt*: ~ **qqch à qqn** to notify sb of sthg.

notion [nɔsjɔ̃] *nf* **-1.** [conscience, concept] notion, concept. **-2.** (*gén pl*) [rudiment] smattering (*U*).

notoire [nɔtwar] *adj* [fait] well-known; [criminel] notorious.

notre [nɔtr] (*pl* **nos** [no]) *adj poss* our.

nôtre [nɔtr] ◆ **le nôtre** (*f* **la nôtre,** *pl* **les nôtres**) *pron poss* ours; **les ~s** our family (*sg*); **serez-vous des ~s demain?** will you be joining us tomorrow?

nouer [nwe] *vt* **-1.** [corde, lacet] to tie; [bouquet] to tie up. **-2.** *fig* [gorge, estomac] to knot. ◆ **se nouer** *vp* **-1.** [gorge] to tighten up. **-2.** [intrigue] to start.

noueux, -euse [nwø, øz] *adj* [bois] knotty; [mains] gnarled.

nougat [nuga] *nm* nougat.

nouille [nuj] *nf fam péj* idiot. ◆ **nouilles** *nfpl* [pâtes] pasta (*U*), noodles (*pl*).

nourrice [nuris] *nf* [garde d'enfants] nanny, child-minder; [qui allaite] wet nurse.

nourrir [nurir] *vt* **-1.** [gén] to feed. **-2.** [sentiment, projet] to nurture. ◆ **se nourrir** *vp* to eat; **se ~ de qqch** *litt & fig* to live on sth.

nourrissant, -e [nurisɑ̃, ɑ̃t] *adj* nutritious, nourishing.

nourrisson [nurisɔ̃] *nm* infant.

nourriture [nurityr] *nf* food.

nous [nu] *pron pers* **-1.** [sujet] we. **-2.** [objet] us. ◆ **nous-mêmes** *pron pers* ourselves.

nouveau, -elle, -x [nuvo, ɛl, o] (**nouvel** *devant voyelle et h muet*) ◇ *adj* new; ~**x mariés** newlyweds. ◇ *nm, f* new boy (*f* new girl). ◆ **nouveau** *nm*: **il y a du ~** there's something new. ◆ **nouvelle** *nf* **-1.** [information] (piece of) news (*U*). **-2.** [court récit] short story. ◆ **nouvelles** *nfpl* news; **les nouvelles** MÉDIA the news (*sg*); **il a donné de ses nouvelles** I/we *etc* have heard from him. ◆ **à nouveau** *loc adv* **-1.** [encore] again. **-2.** [de manière différente] afresh, anew. ◆ **de nouveau** *loc adv* again.

nouveau-né, -e [nuvone] (*mpl* **nouveau-nés,** *fpl* **nouveau-nées**) *nm, f* newborn baby.

nouveauté [nuvote] *nf* **-1.** [actualité] novelty. **-2.** [innovation] something new. **-3.** [ouvrage] new book/film *etc*.

nouvel, nouvelle → **nouveau.**

Nouvelle-Calédonie [nuvɛlkaledɔni] *nf*: **la ~** New Caledonia.

Nouvelle-Guinée [nuvɛlgine] *nf*: **la ~** New Guinea.

Nouvelle-Zélande [nuvɛlzelɑ̃d] *nf*: **la ~** New Zealand.

novateur, -trice [nɔvatœr, tris] ◇ *adj* innovative. ◇ *nm, f* innovator.

novembre [nɔvɑ̃br] *nm* November; *voir aussi* **septembre.**

novice [nɔvis] ◇ *nmf* novice. ◇ *adj* inexperienced.

noyade [nwajad] *nf* drowning.

noyau [nwajo] *nm* **-1.** [de fruit] stone, pit. **-2.** ASTRON, BIOL & PHYS nucleus. **-3.** *fig* [d'amis] group, circle; [d'opposants, de résistants] cell; ~ **dur** hard core. **-4.** *fig* [centre] core.

noyauter [nwajote] *vt* to infiltrate.

noyé, -e [nwaje] ◇ *adj* **-1.** [personne] drowned. **-2.** [inondé] flooded; **yeux ~s de larmes** eyes swimming with tears. ◇ *nm, f* drowned person.

noyer [nwaje] *vt* **-1.** [animal, personne] to drown. **-2.** [terre, moteur] to flood. **-3.** [estomper, diluer] to swamp; [contours] to blur. ◆ **se noyer** *vp* **-1.** [personne] to drown. **-2.** *fig* [se perdre]: **se ~ dans** to become bogged down in.

N/Réf (*abr de* **Notre référence**) O/Ref.

nu, -e [ny] *adj* **-1.** [personne] naked. **-2.** [paysage, fil électrique] bare. **-3.** [style, vérité] plain. ◆ **nu** *nm* nude; **à ~** stripped, bare; **mettre à ~** to strip bare.

nuage [nɥaʒ] *nm* **-1.** [gén] cloud. **-2.** [petite quantité]: **un ~ de lait** a drop of milk.

nuageux, -euse [nɥaʒø, øz] *adj* **-1.** [temps, ciel] cloudy. **-2.** *fig* [esprit] hazy.

nuance [nɥɑ̃s] *nf* [de couleur] shade; [de son, de sens] nuance.

nubile [nybil] *adj* nubile.

nucléaire [nykleɛr] ◇ *nm* nuclear energy. ◇ *adj* nuclear.

nudisme [nydism] *nm* nudism, naturism.

nudité [nydite] *nf* **-1.** [de personne] nudity, nakedness. **-2.** [de lieu, style] bareness.

nuée [nɥe] *nf* **-1.** [multitude]: **une ~ de** a horde of. **-2.** *littéraire* [nuage] cloud.

nues [ny] *nfpl*: **tomber des ~** to be completely taken aback.

nui [nɥi] *pp inv* → **nuire.**

nuire [nɥir] *vi*: ~ **à** to harm, to injure.

nuisance [nɥizɑ̃s] *nf* nuisance (*U*), harm (*U*).

nuisette [nɥizɛt] *nf* short nightgown, babydoll nightgown.

nuisible [nɥizibl] *adj* harmful.

nuit [nɥi] *nf* **-1.** [laps de temps] night; **cette ~** [la nuit dernière] last night; [la nuit prochaine] tonight; **de ~** at night; **bateau/vol de ~** night ferry/flight; **~ blanche** sleepless night. **-2.** [obscurité] darkness, night; **il fait ~** it's dark; **perdu dans la ~ des temps** lost in the mists of time.

nuitée [nɥite] *nf* overnight stay.

nul, nulle [nyl] ◇ *adj indéf (avant n)* littéraire no. ◇ *adj (après n)* **-1.** [égal à zéro] nil. **-2.** [sans valeur] useless, hopeless; **être ~ en maths** to be hopeless OU useless at maths. **-3.** [sans résultat]: **match ~** draw. ◇ *nm, f péj* nonentity. ◇ *pron indéf sout* no one, nobody. ◆ **nulle part** *adv* nowhere.

nullement [nylmɑ̃] *adv* by no means.

nullité [nylite] *nf* **-1.** [médiocrité] incompetence. **-2.** JUR invalidity, nullity.

numéraire [nymerɛr] *nm* cash.

numération [nymerasjɔ̃] *nf* MÉD: **~ globulaire** blood count.

numérique [nymerik] *adj* **-1.** [gén] numerical. **-2.** INFORM digital.

numéro [nymero] *nm* **-1.** [gén] number; **composer** OU **faire un ~** to dial a number; **faire un faux ~** to dial a wrong number; **~ minéralogique** OU **d'immatriculation** registration *Br* OU license *Am* number; **~ de téléphone** telephone number; **~ vert** ≃ freefone number. **-2.** [de spectacle] act, turn. **-3.** *fam* [personne]: **quel ~!** what a character!

numéroter [nymerɔte] *vt* to number.

nu-pieds [nypje] *nm inv* [sandale] sandal.

nuptial, -e, -iaux [nypsjal, jo] *adj* nuptial.

nuque [nyk] *nf* nape.

nurse [nœrs] *nf* children's nurse, nanny.

nutritif, -ive [nytritif, iv] *adj* nutritious.

nutritionniste [nytrisjɔnist] *nmf* nutritionist, dietician.

nylon [nilɔ̃] *nm* nylon.

nymphe [nɛ̃f] *nf* nymph.

nymphomane [nɛ̃fɔman] *nf & adj* nymphomaniac.

o, O [o] *nm inv* [lettre] o, O. ◆ **O** *(abr de* **Ouest)** W.

ô [o] *interj* oh!, O!

oasis [ɔazis] *nf* **-1.** [dans désert] oasis. **-2.** *fig* [de calme] haven, oasis.

obéir [ɔbeir] *vi* **-1.** [personne]: **~ à qqn/qqch** to obey sb/sthg. **-2.** [freins] to respond.

obéissant, -e [ɔbeisɑ̃, ɑ̃t] *adj* obedient.

obélisque [ɔbelisk] *nm* obelisk.

obèse [ɔbɛz] *adj* obese.

obésité [ɔbezite] *nf* obesity.

objecteur [ɔbʒɛktœr] *nm* objector; **~ de conscience** conscientious objector.

objectif, -ive [ɔbʒɛktif, iv] *adj* objective. ◆ **objectif** *nm* **-1.** PHOT lens. **-2.** [but, cible] objective, target.

objection [ɔbʒɛksjɔ̃] *nf* objection; **faire ~ à** to object to.

objectivité [ɔbʒɛktivite] *nf* objectivity.

objet [ɔbʒɛ] *nm* **-1.** [chose] object; **~ d'art** objet d'art; **~ de valeur** valuable; **~s trouvés** lost property office *Br*, lost and found (office) *Am*. **-2.** [sujet] subject.

obligation [ɔbligasjɔ̃] *nf* **-1.** [gén] obligation; **être dans l'~ de faire qqch** to be obliged to do sthg. **-2.** FIN bond, debenture. ◆ **obligations** *nfpl* obligations, duties.

obligatoire [ɔbligatwar] *adj* **-1.** [imposé] compulsory, obligatory. **-2.** *fam* [inéluctable] inevitable.

obligeance [ɔbliʒɑ̃s] *nf sout* obligingness; **avoir l'~ de faire qqch** to be good OU kind enough to do sthg.

obliger [ɔbliʒe] *vt* **-1.** [forcer]: **~ qqn à qqch** to impose sthg on sb; **~ qqn à faire qqch** to force sb to do sthg; **être obligé de faire qqch** to be obliged to do sthg. **-2.** [rendre service à] to oblige. ◆ **s'obliger** *vp*: **s'~ à qqch** to impose sthg on o.s.; **s'~ à faire qqch** to force o.s. to do sthg.

oblique [ɔblik] *adj* oblique.

obliquer [ɔblike] *vi* to turn off.

oblitérer [ɔblitere] *vt* **-1.** [tamponner] to

cancel. **-2.** MÉD to obstruct. **-3.** [effacer] to obliterate.

obnubiler [ɔbnybile] *vt* to obsess; **être obnubilé par** to be obsessed with OU by.

obole [ɔbɔl] *nf* small contribution.

obscène [ɔpsɛn] *adj* obscene.

obscénité [ɔpsenite] *nf* obscenity.

obscur, -e [ɔpskyr] *adj* **-1.** [sombre] dark. **-2.** [confus] vague. **-3.** [inconnu, douteux] obscure.

obscurantisme [ɔpskyrãtism] *nm* obscurantism.

obscurcir [ɔpskyrsir] *vt* **-1.** [assombrir] to darken. **-2.** [embrouiller] to confuse. ◆ **s'obscurcir** *vp* **-1.** [s'assombrir] to grow dark. **-2.** [s'embrouiller] to become confused.

obscurité [ɔpskyrite] *nf* [nuit] darkness.

obsédé, -e [ɔpsede] ◇ *adj* obsessed. ◇ *nm, f* obsessive.

obséder [ɔpsede] *vt* to obsess, to haunt.

obsèques [ɔpsɛk] *nfpl* funeral (*sg*).

obséquieux, -ieuse [ɔpsekjø, jøz] *adj* obsequious.

observateur, -trice [ɔpsɛrvatœr, tris] ◇ *adj* observant. ◇ *nm, f* observer.

observation [ɔpsɛrvasjɔ̃] *nf* **-1.** [gén] observation; **être en** ~ MÉD to be under observation. **-2.** [critique] remark.

observatoire [ɔpsɛrvatwar] *nm* **-1.** AS-TRON observatory. **-2.** [lieu de surveillance] observation post.

observer [ɔpsɛrve] *vt* **-1.** [regarder, remarquer, respecter] to observe. **-2.** [épier] to watch. **-3.** [constater] ~ **que** to note that; **faire** ~ **qqch à qqn** to point sthg out to sb.

obsession [ɔpsesjɔ̃] *nf* obsession.

obsolète [ɔpsɔlɛt] *adj* obsolete.

obstacle [ɔpstakl] *nm* **-1.** [entrave] obstacle. **-2.** *fig* [difficulté] hindrance; **faire** ~ **à qqch/qqn** to hinder sthg/sb; **rencontrer un** ~ to meet an obstacle.

obstétrique [ɔpstetrik] *nf* obstetrics (U).

obstination [ɔpstinasjɔ̃] *nf* stubbornness, obstinacy.

obstiné, -e [ɔpstine] *adj* **-1.** [entêté] stubborn, obstinate. **-2.** [acharné] dogged.

obstiner [ɔpstine] ◆ **s'obstiner** *vp* to insist; **s'~ à faire qqch** to persist stubbornly in doing sthg; **s'~ dans qqch** to cling stubbornly to sthg.

obstruction [ɔpstryksjɔ̃] *nf* **-1.** MÉD obstruction, blockage. **-2.** POLIT & SPORT obstruction.

obstruer [ɔpstrye] *vt* to block, to obstruct. ◆ **s'obstruer** *vp* to become blocked.

obtempérer [ɔptɑ̃pere] *vi*: ~ **à** to comply with.

obtenir [ɔptənir] *vt* to get, to obtain; ~ **qqch de qqn** to get sthg from sb; ~ **qqch à** OU **pour qqn** to obtain sthg for sb.

obtention [ɔptɑ̃sjɔ̃] *nf* obtaining.

obtenu, -e [ɔptəny] *pp* → **obtenir**.

obturer [ɔptyre] *vt* to close, to seal; [dent] to fill.

obtus, -e [ɔpty, yz] *adj* obtuse.

obus [ɔby] *nm* shell.

OC (*abr de* **ondes courtes**) SW.

occasion [ɔkazjɔ̃] *nf* **-1.** [possibilité, chance] opportunity, chance; **saisir l'~ (de faire qqch)** to seize OU grab the chance (to do sthg); **rater une ~ (de faire qqch)** to miss a chance (to do sthg); **à l'~** some time; [de temps en temps] sometimes; on occasion; **à la première ~** at the first opportunity. **-2.** [circonstance] occasion; **à l'~ de** on the occasion of. **-3.** [bonne affaire] bargain. ◆ **d'occasion** *loc adv & loc adj* second-hand.

occasionnel, -elle [ɔkazjɔnɛl] *adj* [irrégulier - visite, problème] occasional; [- travail] casual.

occasionner [ɔkazjɔne] *vt* to cause.

occident [ɔksidɑ̃] *nm* west. ◆ **Occident** *nm*: **l'Occident** the West.

occidental, -e, -aux [ɔksidɑ̃tal, o] *adj* western. ◆ **Occidental, -e, -aux** *nm, f* Westerner.

occlusion [ɔklyzjɔ̃] *nf* **-1.** MÉD blockage, obstruction. **-2.** LING & CHIM occlusion.

occulte [ɔkylt] *adj* occult.

occulter [ɔkylte] *vt* [sentiments] to conceal.

occupation [ɔkypasjɔ̃] *nf* **-1.** [activité] occupation, job. **-2.** MIL occupation.

occupé, -e [ɔkype] *adj* **-1.** [personne] busy; **être** ~ **à qqch** to be busy with sthg. **-2.** [appartement, zone] occupied. **-3.** [place] taken; [toilettes] engaged; **c'est** ~ [téléphone] it's engaged *Br* OU busy *Am*.

occuper [ɔkype] *vt* **-1.** [gén] to occupy. **-2.** [espace] to take up. **-3.** [fonction, poste] to hold. **-4.** [main-d'œuvre] to employ. ◆ **s'occuper** *vp* **-1.** [s'activer] to keep o.s. busy; **s'~ à qqch/à faire qqch** to be busy with sthg/doing sthg. **-2.** **s'~ de qqch** [se charger de] to take care of sthg, to deal with sthg;

[s'intéresser à] to take an interest in, to be interested in; **occupez-vous de vos affaires!** mind your own business! **-3.** [prendre soin]: **s'~ de qqn** to take care of sb, to look after sb.

occurrence [ɔkyrɑ̃s] *nf* **-1.** [circonstance]: **en l'~** in this case. **-2.** LING occurrence.

OCDE (*abr de* **Organisation de coopération et de développement économique**) *nf* OECD.

océan [ɔseɑ̃] *nm* ocean; **l'~ Antarctique** the Antarctic Ocean; **l'~ Arctique** the Arctic Ocean; **l'~ Atlantique** the Atlantic Ocean; **l'~ Indien** the Indian Ocean; **l'~ Pacifique** the Pacific Ocean.

Océanie [ɔseani] *nf*: **l'~** Oceania.

océanique [ɔseanik] *adj* ocean (*avant n*).

océanographie [ɔseanɔgrafi] *nf* oceanography.

ocre [ɔkr] *adj inv & nf* ochre.

octante [ɔktɑ̃t] *adj num* Belg & Helv eighty.

octave [ɔktav] *nf* octave.

octet [ɔktɛ] *nm* INFORM byte.

octobre [ɔktɔbr] *nm* October; *voir aussi* **septembre**.

octogénaire [ɔktɔʒenɛr] *nmf & adj* octogenarian.

octroyer [ɔktrwaje] *vt*: **~ qqch à qqn** to grant sb sthg, to grant sthg to sb. ◆ **s'octroyer** *vp* to treat o.s. to, to treat o.s. to.

oculaire [ɔkylɛr] ◇ *nm* eyepiece. ◇ *adj* ocular, eye (*avant n*); **témoin ~** eyewitness.

oculiste [ɔkylist] *nmf* ophthalmologist.

ode [ɔd] *nf* ode.

odeur [ɔdœr] *nf* smell.

odieux, -euse [ɔdjø, øz] *adj* **-1.** [crime] odious, abominable. **-2.** [personne, attitude] unbearable, obnoxious.

odorant, -e [ɔdɔrɑ̃, ɑ̃t] *adj* sweet-smelling, fragrant.

odorat [ɔdɔra] *nm* (sense of) smell.

œdème [edɛm] *nm* oedema.

œil [œj] (*pl* **yeux** [jø]) *nm* **-1.** [gén] eye; **yeux bridés/exorbités/globuleux** slanting/bulging/protruding eyes; **avoir les yeux cernés** to have bags under one's eyes; **baisser/lever les yeux** to look down/up, to lower/raise one's eyes; **à l'~ nu** to the naked eye; **à vue d'~** visibly. **-2.** *loc*: **avoir qqch/qqn à l'~** to have one's eye on sthg/sb; **n'avoir pas froid aux yeux** not to be afraid of anything, to have plenty of nerve; **mon ~!** *fam* like

hell!; **cela saute aux yeux** it's obvious.

œillade [œjad] *nf* wink; **lancer une ~ à qqn** to wink at sb.

œillère [œjɛr] *nf* eyebath. ◆ **œillères** *nfpl* blinkers *Br*, blinders *Am*.

œillet [œjɛ] *nm* **-1.** [fleur] carnation. **-2.** [de chaussure] eyelet.

œnologue [enɔlɔg] *nmf* wine expert.

œsophage [ezɔfaʒ] *nm* oesophagus.

œstrogène [ɛstrɔʒɛn] *nm* oestrogen.

œuf [œf] *nm* egg; **~ à la coque/au plat/poché** boiled/fried/poached egg; **~ mollet/dur** soft-boiled/hard-boiled egg; **~s brouillés** scrambled eggs.

œuvre [œvr] *nf* **-1.** [travail] work; **être à l'~** to be working OU at work; **se mettre à l'~** to get down to work; **mettre qqch en ~** to make use of sthg; [loi, accord, projet] to implement sthg. **-2.** [d'artiste] work; [- ensemble de sa production] works (*pl*); **~ d'art** work of art. **-3.** [organisation] charity; **~ de bienfaisance** charity, charitable organization.

off [ɔf] *adj inv* CIN [voix, son] off.

offense [ɔfɑ̃s] *nf* **-1.** [insulte] insult. **-2.** RELIG trespass.

offenser [ɔfɑ̃se] *vt* **-1.** [personne] to offend. **-2.** [bon goût] to offend against. ◆ **s'offenser** *vp*: **s'~ de** to take offence at, to be offended by.

offensif, -ive [ɔfɑ̃sif, iv] *adj* offensive. ◆ **offensive** *nf* **-1.** MIL offensive; **passer à l'offensive** to go on the offensive; **prendre l'offensive** to take the offensive. **-2.** *fig* [du froid] (sudden) onset.

offert, -e [ɔfer, ɛrt] *pp* → **offrir**.

office [ɔfis] *nm* **-1.** [bureau] office, agency; **~ du tourisme** tourist office. **-2.** [fonction]: **faire ~ de** to act as; **remplir son ~** to do its job, to fulfil its function. **-3.** RELIG service. ◆ **d'office** *loc adv* automatically, as a matter of course; **commis d'~** officially appointed.

officialiser [ɔfisjalize] *vt* to make official.

officiel, -ielle [ɔfisjɛl] *adj & nm, f* official.

officier[1] [ɔfisje] *vi* to officiate.

officier[2] [ɔfisje] *nm* officer.

officieux, -ieuse [ɔfisjø, jøz] *adj* unofficial.

offrande [ɔfrɑ̃d] *nf* **-1.** [don] offering. **-2.** RELIG offering.

offre [ɔfr] *nf* **-1.** [proposition] offer; [aux enchères] bid; [pour contrat] tender; "**~s d'emploi**" "situations vacant", "vacancies"; ~ **d'essai** trial offer; ~ **de lancement** introductory offer; ~ **publique d'achat** takeover bid. **-2.** ÉCON supply; **la loi de l'~** et de la demande the law of supply and demand.

offrir [ɔfrir] vt **-1.** [faire cadeau]: ~ **qqch à qqn** to give sb sthg; ~ **qqch à** sb. **-2.** [proposer]: ~ **(qqch à qqn)** to offer (sb sthg OU sthg to sb). **-3.** [présenter] to offer, to present; **son visage n'offrait rien d'accueillant** his/her face showed no sign of welcome. ◆ **s'offrir** vp **-1.** [croisière, livre] to treat o.s. to. **-2.** [se présenter] to present itself. **-3.** [se proposer] to offer one's services, to offer o.s.

offusquer [ɔfyske] vt to offend. ◆ **s'offusquer** vp: **s'~ (de)** to take offence (at).

ogive [ɔʒiv] nf **-1.** ARCHIT ogive. **-2.** MIL [d'obus] head; [de fusée] nosecone; ~ **nucléaire** nuclear warhead.

ogre, ogresse [ɔgr, ɔgrɛs] nm, f ogre (f ogress).

oh [o] interj oh!; ~ **la la!** dear oh dear!

ohé [ɔe] interj hey!

oie [wa] nf goose.

oignon [ɔɲɔ̃] nm **-1.** [plante] onion. **-2.** [bulbe] bulb. **-3.** MÉD bunion.

oiseau, -x [wazo] nm **-1.** ZOOL bird; ~ **de proie** bird of prey. **-2.** fam péj [individu] character.

oisif, -ive [wazif, iv] ◇ adj idle. ◇ nm, f man of leisure (f woman of leisure).

oisillon [wazijɔ̃] nm fledgling.

oisiveté [wazivte] nf idleness.

O.K. [ɔke] interj fam okay.

oléoduc [ɔleɔdyk] nm (oil) pipeline.

olfactif, -ive [ɔlfaktif, iv] adj olfactory.

olive [ɔliv] nf olive.

olivier [ɔlivje] nm [arbre] olive tree; [bois] olive wood.

OLP (abr de **Organisation de libération de la Palestine**) nf PLO.

olympique [ɔlɛ̃pik] adj Olympic (avant n).

ombilical, -e, -aux [ɔ̃bilikal, o] adj umbilical.

ombrage [ɔ̃braʒ] nm shade.

ombragé, -e [ɔ̃braʒe] adj shady.

ombrageux, -euse [ɔ̃braʒø, øz] adj **-1.** [personne] touchy, prickly. **-2.** [cheval] nervous, skittish.

ombre [ɔ̃br] nf **-1.** [zone sombre] shade; **à l'~ de** [arbre] in the shade of; **laisser qqch dans l'~** fig to deliberately ignore sthg; **vivre dans l'~** fig to live in obscurity. **-2.** [forme, fantôme] shadow. **-3.** [trace] hint.

ombrelle [ɔ̃brɛl] nf parasol.

omelette [ɔmlɛt] nf omelette.

omettre [ɔmɛtr] vt to omit; ~ **de faire qqch** to omit to do sthg.

omis, -e [ɔmi, iz] pp → **omettre**.

omission [ɔmisjɔ̃] nf omission; **par ~** by omission.

omnibus [ɔmnibys] nm stopping OU local train.

omniprésent, -e [ɔmniprezɑ̃, ɑ̃t] adj omnipresent.

omnivore [ɔmnivɔr] ◇ nm omnivore. ◇ adj omnivorous.

omoplate [ɔmɔplat] nf [os] shoulder blade; [épaule] shoulder.

OMS (abr de **Organisation mondiale de la santé**) nf WHO.

on [ɔ̃] pron pers indéf **-1.** [indéterminé] you, one; ~ **n'a pas le droit de fumer ici** you're not allowed OU one isn't allowed to smoke here, smoking isn't allowed here. **-2.** [les gens, l'espèce humaine] they, people; ~ **vit de plus en plus vieux en Europe** people in Europe are living longer and longer. **-3.** [quelqu'un] someone; ~ **vous a appelé au téléphone ce matin** there was a telephone call for you this morning. **-4.** fam [nous] we; ~ **s'en va** we're off, we're going.

oncle [ɔ̃kl] nm uncle.

onctueux, -euse [ɔ̃ktɥø, øz] adj smooth.

onde [ɔ̃d] nf PHYS wave. ◆ **ondes** nfpl [radio] air (sg).

ondée [ɔ̃de] nf shower (of rain).

ondoyer [ɔ̃dwaje] vi to ripple.

ondulation [ɔ̃dylasjɔ̃] nf **-1.** [mouvement] rippling; [de sol, terrain] undulation. **-2.** [de coiffure] wave.

onduler [ɔ̃dyle] vi [drapeau] to ripple, to wave; [cheveux] to be wavy; [route] to undulate.

onéreux, -euse [ɔnerø, øz] adj costly.

ongle [ɔ̃gl] nm **-1.** [de personne] fingernail, nail; **se ronger les ~s** to bite one's nails. **-2.** [d'animal] claw.

onglet [ɔ̃glɛ] nm **-1.** [de reliure] tab. **-2.** [de lame] thumbnail groove. **-3.** CULIN top skirt.

onguent [ɔ̃gɑ̃] nm ointment.

onomatopée [ɔnɔmatɔpe] nf onomatopoeia.

ont → **avoir**.

ONU, Onu [ɔny] (abr de **Organisation des Nations unies**) nf UN, UNO.

onyx [ɔniks] *nm* onyx.

onze [ɔ̃z] ◇ *adj num* eleven. ◇ *nm* [chiffre & SPORT] eleven; *voir aussi* **six**.

onzième [ɔ̃zjɛm] *adj num*, *nm* & *nmf* eleventh; *voir aussi* **sixième**.

OPA (*abr de* **offre publique d'achat**) *nf* take-over bid.

opacité [ɔpasite] *nf* opacity.

opale [ɔpal] *nf* & *adj inv* opal.

opaline [ɔpalin] *nf* opaline.

opaque [ɔpak] *adj*: ~ **(à)** opaque (to).

OPEP, Opep (*abr de* **Organisation des pays exportateurs de pétrole**) *nf* OPEC.

opéra [ɔpera] *nm* **-1.** MUS opera. **-2.** [théâtre] opera house.

opéra-comique [ɔperakɔmik] *nm* light opera.

opérateur, -trice [ɔperatœr, tris] *nm, f* operator.

opération [ɔperasjɔ̃] *nf* **-1.** [gén] operation. **-2.** COMM deal, transaction.

opérationnel, -elle [ɔperasjɔnɛl] *adj* operational.

opérer [ɔpere] ◇ *vt* **-1.** MÉD to operate on. **-2.** [exécuter] to carry out, to implement; [choix, tri] to make. ◇ *vi* [agir] to take effect; [personne] to operate, to proceed. ◆ **s'opérer** *vp* to come about, to take place.

opérette [ɔperɛt] *nf* operetta.

ophtalmologiste [ɔftalmɔlɔʒist] *nmf* ophthalmologist.

Opinel® [ɔpinɛl] *nm* *folding knife used especially for outdoor activities, scouting etc.*

opiniâtre [ɔpinjatr] *adj* **-1.** [caractère, personne] stubborn, obstinate. **-2.** [effort] dogged; [travail] unrelenting; [fièvre, toux] persistent.

opinion [ɔpinjɔ̃] *nf* opinion; **avoir (une) bonne/mauvaise** ~ **de** to have a good/bad opinion of; **l'**~ **publique** public opinion.

opium [ɔpjɔm] *nm* opium.

opportun, -e [ɔpɔrtœ̃, yn] *adj* opportune, timely.

opportuniste [ɔpɔrtynist] ◇ *nmf* opportunist. ◇ *adj* opportunistic.

opportunité [ɔpɔrtynite] *nf* **-1.** [à-propos] opportuneness, timeliness. **-2.** [occasion] opportunity.

opposant, -e [ɔpozɑ̃, ɑ̃t] ◇ *adj* opposing. ◇ *nm, f*: ~ **(à)** opponent (of).

opposé, -e [ɔpoze] *adj* **-1.** [direction, côté, angle] opposite. **-2.** [intérêts, opinions] conflicting; [forces] opposing. **-3.** [hostile]: ~ **à** opposed to. ◆ **opposé** *nm*: **l'**~ the opposite; **à l'**~ **de** in the opposite direction from; *fig* unlike, contrary to.

opposer [ɔpoze] *vt* **-1.** [mettre en opposition - choses, notions]: ~ **qqch (à)** to contrast sthg (with). **-2.** [mettre en présence - personnes, armées] to oppose; ~ **deux équipes** to bring two teams together; ~ **qqn à qqn** to pit OU set sb against sb. **-3.** [refus, protestation, objection] to put forward; ~ **une objection à qqn** to raise an objection with sb, to put forward an objection to sb. **-4.** [diviser] to divide. ◆ **s'opposer** *vp* **-1.** [contraster] to contrast. **-2.** [entrer en conflit] to clash. **-3.** **s'**~ **à** [se dresser contre] to oppose, to be opposed to; **s'**~ **à ce que qqn fasse qqch** to be opposed to sb's doing sthg.

opposition [ɔpozisjɔ̃] *nf* **-1.** [gén] opposition; **faire** ~ **à** [décision, mariage] to oppose; [chèque] to stop; **entrer en** ~ **avec** to come into conflict with. **-2.** JUR: ~ **(à)** objection (to). **-3.** [contraste] contrast; **par** ~ **à** in contrast with, as opposed to.

oppresser [ɔprese] *vt* **-1.** [étouffer] to suffocate, to stifle. **-2.** *fig* [tourmenter] to oppress.

oppresseur [ɔprɛsœr] *nm* oppressor.

oppressif, -ive [ɔpresif, iv] *adj* oppressive.

oppression [ɔpresjɔ̃] *nf* **-1.** [asservissement] oppression. **-2.** [malaise] tightness of the chest.

opprimé, -e [ɔprime] ◇ *adj* oppressed. ◇ *nm, f* oppressed person.

opprimer [ɔprime] *vt* **-1.** [asservir] to oppress. **-2.** [étouffer] to stifle.

opter [ɔpte] *vi*: ~ **pour** to opt for.

opticien, -ienne [ɔptisjɛ̃, jɛn] *nm, f* optician.

optimal, -e, -aux [ɔptimal, o] *adj* optimal.

optimiste [ɔptimist] ◇ *nmf* optimist. ◇ *adj* optimistic.

option [ɔpsjɔ̃] *nf* **-1.** [gén] option; **prendre une** ~ **sur** FIN to take (out) an option on. **-2.** [accessoire] option, optional extra.

optionnel, -elle [ɔpsjɔnɛl] *adj* optional.

optique [ɔptik] ◇ *nf* **-1.** [science, technique] optics (*U*). **-2.** [perspective] viewpoint. ◇ *adj* [nerf] optic; [verre] optical.

opulence [ɔpylɑ̃s] *nf* **-1.** [richesse] opulence. **-2.** [ampleur] fullness, ampleness.

opulent, -e [ɔpylɑ̃, ɑ̃t] *adj* **-1.** [riche] rich. **-2.** [gros] ample.

or¹ [ɔr] *nm* **-1.** [métal, couleur] gold; **en ~** [objet] gold (*avant n*); **une occasion en ~** a golden opportunity; **une affaire en ~** [achat] an excellent bargain; [commerce] a lucrative line of business; **j'ai une femme en ~** I've a wonderful wife; **~ massif** solid gold. **-2.** [dorure] gilding.

or² [ɔr] *conj* [au début d'une phrase] now; [pour introduire un contraste] well, but.

oracle [ɔrakl] *nm* oracle.

orage [ɔraʒ] *nm* [tempête] storm.

orageux, -euse [ɔraʒø, øz] *adj* stormy.

oraison [ɔrɛzɔ̃] *nf* prayer; **~ funèbre** funeral oration.

oral, -e, -aux [ɔral, o] *adj* oral. ◆ **oral** *nm* oral (examination); **~ de rattrapage** *oral examination taken after failing written exams.*

oralement [ɔralmɑ̃] *adv* orally.

orange [ɔrɑ̃ʒ] ◇ *nf* orange. ◇ *nm & adj inv* [couleur] orange.

orangé, -e [ɔrɑ̃ʒe] *adj* orangey.

orangeade [ɔrɑ̃ʒad] *nf* orange squash.

oranger [ɔrɑ̃ʒe] *nm* orange tree.

orang-outan, orang-outang [ɔrɑ̃utɑ̃] *nm* orangutang.

orateur, -trice [ɔratœr, tris] *nm, f* **-1.** [conférencier] speaker. **-2.** [personne éloquente] orator.

orbital, -e, -aux [ɔrbital, o] *adj* [mouvement] orbital; [station] orbiting.

orbite [ɔrbit] *nf* **-1.** ANAT (eye) socket. **-2.** ASTRON & *fig* orbit; **mettre sur ~** AÉRON to put into orbit; *fig* to launch.

orchestre [ɔrkɛstr] *nm* **-1.** MUS orchestra. **-2.** CIN & THÉÂTRE stalls (*pl*) *Br*, orchestra *Am*; **fauteuil d'~** seat in the stalls *Br*, orchestra seat *Am*.

orchestrer [ɔrkɛstre] *vt litt & fig* to orchestrate.

orchidée [ɔrkide] *nf* orchid.

ordinaire [ɔrdinɛr] ◇ *adj* **-1.** [usuel, standard] ordinary, normal. **-2.** *péj* [commun] ordinary, common. ◇ *nm* **-1.** [moyenne]: **l'~** the ordinary. **-2.** [alimentation] usual diet. ◆ **d'ordinaire** *loc adv* normally, usually.

ordinal, -e, -aux [ɔrdinal, o] *adj* ordinal. ◆ **ordinal, -aux** *nm* ordinal (number).

ordinateur [ɔrdinatœr] *nm* computer; **~ individuel** personal computer, PC; **~ de poche** palmtop, *small hand-held computer*; **~ portable** laptop.

ordonnance [ɔrdɔnɑ̃s] ◇ *nf* **-1.** MÉD prescription. **-2.** [de gouvernement, juge] order. ◇ *nm ou nf* MIL orderly.

ordonné, -e [ɔrdɔne] *adj* [maison, élève] tidy.

ordonner [ɔrdɔne] *vt* **-1.** [ranger] to organize, to put in order. **-2.** [enjoindre] to order, to tell; **~ à qqn de faire qqch** to order sb to do sthg. **-3.** RELIG to ordain. **-4.** MATHS to arrange in order. ◆ **s'ordonner** *vp* to be arranged OU put in order.

ordre [ɔrdr] *nm* **-1.** [gén, MIL & RELIG] order; **par ~ alphabétique/chronologique/décroissant** in alphabetical/chronological/descending order; **donner un ~ à qqn** to give sb an order; **être aux ~s de qqn** to be at sb's disposal; **jusqu'à nouvel ~** until further notice; **l'~ public** law and order. **-2.** [bonne organisation] tidiness, orderliness; **en ~** orderly, tidy; **mettre en ~** to put in order, to tidy (up). **-3.** [catégorie]: **de premier ~** first-rate; **de second ~** second-rate; **d'~ privé/pratique** of a private/practical nature; **pouvez-vous me donner un ~ de grandeur?** can you give me some idea of the size/amount *etc*? **-4.** [corporation] professional association; **l'Ordre des médecins** = the British Medical Association *Br*, = the American Medical Association *Am*. **-5.** FIN: **à l'~ de** payable to. ◆ **ordre du jour** *nm* **-1.** [de réunion] agenda; **à l'~ du jour** [de réunion] on the agenda; *fig* topical. **-2.** MIL order of the day.

ordure [ɔrdyr] *nf* **-1.** *fig* [grossièreté] filth (*U*). **-2.** *péj* [personne] scum (*U*), bastard. ◆ **ordures** *nfpl* [déchets] rubbish (*U*) *Br*, garbage (*U*) *Am*.

ordurier, -ière [ɔrdyrje, jɛr] *adj* filthy, obscene.

orée [ɔre] *nf* edge.

oreille [ɔrɛj] *nf* **-1.** ANAT ear. **-2.** [ouïe] hearing. **-3.** [de fauteuil, écrou] wing; [de marmite, tasse] handle.

oreiller [ɔreje] *nm* pillow.

oreillette [ɔrejɛt] *nf* **-1.** [du cœur] auricle. **-2.** [de casquette] earflap.

oreillons [ɔrejɔ̃] *nmpl* mumps (*sg*).

ores [ɔr] ◆ **d'ores et déjà** *loc adv* from now on.

orfèvre [ɔrfɛvr] *nm* goldsmith; [d'argent] silversmith.

orfèvrerie [ɔrfɛvrəri] *nf* **-1.** [art] goldsmith's art; [d'argent] silversmith's art. **-2.** [commerce] goldsmith's trade; [d'argent] silversmith's trade.

organe [ɔrgan] *nm* **-1.** ANAT organ. **-2.** [institution] organ, body. **-3.** *fig* [porte-parole] representative.

organigramme [ɔrganigram] *nm* **-1.** [hiérarchique] organization chart. **-2.** IN-FORM flow chart.

organique [ɔʀganik] *adj* organic.

organisateur, -trice [ɔʀganizatœr, tris] ◇ *adj* organizing (*avant n*). ◇ *nm, f* organizer.

organisation [ɔʀganizasjɔ̃] *nf* organization.

organisé, -e [ɔʀganize] *adj* organized.

organiser [ɔʀganize] *vt* to organize. ◆ **s'organiser** *vp* **-1.** [personne] to be OU get organized. **-2.** [prendre forme] to take shape.

organisme [ɔʀganism] *nm* **-1.** BIOL & ZOOL organism. **-2.** [institution] body, organization.

organiste [ɔʀganist] *nmf* organist.

orgasme [ɔʀgasm] *nm* orgasm.

orge [ɔʀʒ] *nf* barley.

orgie [ɔʀʒi] *nf* orgy.

orgue [ɔʀg] *nm* organ.

orgueil [ɔʀgœj] *nm* pride.

orgueilleux, -euse [ɔʀgœjø, øz] ◇ *adj* proud. ◇ *nm, f* proud person.

orient [ɔʀjɑ̃] *nm* east. ◆ **Orient** *nm*: l'Orient the Orient, the East.

oriental, -e, -aux [ɔʀjɑ̃tal, o] *adj* [région, frontière] eastern; [d'Extrême-Orient] oriental.

orientation [ɔʀjɑ̃tasjɔ̃] *nf* **-1.** [direction] orientation; avoir le sens de l'~ to have a good sense of direction. **-2.** SCOL career. **-3.** [de maison] aspect. **-4.** *fig* [de politique, recherche] direction, trend.

orienté, -e [ɔʀjɑ̃te] *adj* [tendancieux] biased.

orienter [ɔʀjɑ̃te] *vt* **-1.** [disposer] to position. **-2.** [voyageur, élève, recherches] to guide, to direct. ◆ **s'orienter** *vp* **-1.** [se repérer] to find OU get one's bearings. **-2.** *fig* [se diriger]: s'~ vers to move towards.

orifice [ɔʀifis] *nm* orifice.

originaire [ɔʀiʒinɛʀ] *adj* **-1.** [natif: être ~ de to originate from; [personne] to be a native of. **-2.** [premier] original.

original, -e, -aux [ɔʀiʒinal, o] ◇ *adj* **-1.** [premier, inédit] original. **-2.** [singulier] eccentric. ◇ *nm, f* [personne] (outlandish) character. ◆ **original, -aux** *nm* [œuvre, document] original.

originalité [ɔʀiʒinalite] *nf* **-1.** [nouveauté] originality; [caractéristique] original feature. **-2.** [excentricité] eccentricity.

origine [ɔʀiʒin] *nf* **-1.** [gén] origin; d'~ [originel] original; [de départ] of origin; pays d'~ country of origin; d'~ an-glaise of English origin; à l'~ originally. **-2.** [souche] origins (*pl*). **-3.** [provenance] source.

ORL *nmf* (*abr de* **oto-rhino-laryngologiste**) ENT specialist.

orme [ɔʀm] *nm* elm.

ornement [ɔʀnəmɑ̃] *nm* **-1.** [gén & MUS] ornament; d'~ [plante, arbre] ornamental. **-2.** ARCHIT embellishment.

orner [ɔʀne] *vt* **-1.** [décorer]: ~ (de) to decorate (with). **-2.** [agrémenter] to adorn.

ornière [ɔʀnjɛʀ] *nf* rut.

ornithologie [ɔʀnitɔlɔʒi] *nf* ornithology.

orphelin, -e [ɔʀfəlɛ̃, in] ◇ *adj* orphan (*avant n*), orphaned. ◇ *nm, f* orphan.

orphelinat [ɔʀfəlina] *nm* orphanage.

orteil [ɔʀtɛj] *nm* toe.

orthodontiste [ɔʀtɔdɔ̃tist] *nmf* orthodontist.

orthodoxe [ɔʀtɔdɔks] ◇ *adj* **-1.** RELIG Orthodox. **-2.** [conformiste] orthodox. ◇ *nmf* RELIG Orthodox Christian.

orthographe [ɔʀtɔgʀaf] *nf* spelling.

orthopédiste [ɔʀtɔpedist] *nmf* orthopaedist.

orthophoniste [ɔʀtɔfɔnist] *nmf* speech therapist.

ortie [ɔʀti] *nf* nettle.

os [ɔs, *pl* o] *nm* **-1.** [gén] bone; ~ à moelle marrowbone. **-2.** *fam fig* [difficulté] snag, hitch.

oscillation [ɔsilasjɔ̃] *nf* oscillation; [de navire] rocking.

osciller [ɔsile] *vi* **-1.** [se balancer] to swing; [navire] to rock. **-2.** [vaciller, hésiter] to waver.

osé, -e [oze] *adj* daring, audacious.

oseille [ozɛj] *nf* BOT sorrel.

oser [oze] *vt* to dare; ~ faire qqch to dare (to) do sthg.

osier [ozje] *nm* **-1.** BOT osier. **-2.** [fibre] wicker.

Oslo [ɔslo] *n* Oslo.

ossature [ɔsatyʀ] *nf* **-1.** ANAT skeleton. **-2.** *fig* [structure] framework.

ossements [ɔsmɑ̃] *nmpl* bones.

osseux, -euse [ɔsø, øz] *adj* **-1.** ANAT & MÉD bone (*avant n*). **-2.** [maigre] bony.

ossuaire [ɔsɥɛʀ] *nm* ossuary.

ostensible [ɔstɑ̃sibl] *adj* conspicuous.

ostentation [ɔstɑ̃tasjɔ̃] *nf* ostentation.

ostéopathe [ɔsteɔpat] *nmf* osteopath.

otage [ɔtaʒ] *nm* hostage; prendre qqn en ~ to take sb hostage.

OTAN, Otan [ɔtɑ̃] (*abr de* **Organisation**

du traité de l'Atlantique Nord) nf NATO.

otarie [ɔtari] nf sea lion.

ôter [ote] vt -1. [enlever] to take off. -2. [soustraire] to take away. -3. [retirer, prendre]: ~ qqch à qqn to take sthg away from sb.

otite [ɔtit] nf ear infection.

oto-rhino-laryngologie [ɔtɔrinɔlarɛ̃gɔlɔʒi] nf ear, nose and throat medicine, ENT.

ou [u] conj -1. [indique une alternative, une approximation] or. -2. [sinon]: ~ **(bien)** or (else). ◆ **ou (bien)** ... **ou (bien)** loc corrélative either ... or; ~ **c'est elle, ~ c'est moi!** it's either her or me!

où [u] ◇ pron rel -1. [spatial] where; **le village ~ j'habite** the village where I live, the village I live in; **pose-le là ~ tu l'as trouvé** put it back where you found it; **partout ~ vous irez** wherever you go. -2. [temporel] that; **le jour ~ je suis venu** the day (that) I came. ◇ adv where; **je vais ~ je veux** I go where I please; ~ **que vous alliez** wherever you go. ◇ adv interr where?; ~ **vas-tu?** where are you going?; **dites-moi ~ il est allé** tell me where he's gone. ◆ **d'où** loc adv [conséquence] hence.

ouaté, -e [wate] adj -1. [garni d'ouate] cotton wool (avant n) Br, cotton (avant n) Am; [vêtement] quilted. -2. fig [feutré] muffled.

oubli [ubli] nm -1. [acte d'oublier] forgetting. -2. [négligence] omission; [étourderie] oversight. -3. [général] oblivion; **tomber dans l'~** to sink into oblivion.

oublier [ublije] vt to forget; ~ **de faire qqch** to forget to do sthg.

oubliettes [ublijɛt] nfpl dungeon (sg).

ouest [wɛst] ◇ nm west; **un vent d'~** a westerly wind; **à l'~** in the west; **à l'~ (de)** to the west (of). ◇ adj inv [gén] west; [province, région] western.

ouest-allemand, -e [wɛstalmɑ̃, ɑ̃d] adj West German.

ouf [uf] interj phew!

Ouganda [ugɑ̃da] nm: **l'~** Uganda.

oui [wi] ◇ adv yes; **tu viens? - ~** are you coming? - yes (I am); **tu viens, ~ ou non?** are you coming or not?, are you coming or aren't you?; **je crois que ~** I think so; **faire signe que ~** to nod; **mais ~, bien sûr que ~** yes, of course. ◇ nm inv yes; **pour un ~ pour un non** for no apparent reason.

ouï-dire [widir] nm inv: **par ~** by OU from hearsay.

ouïe [wi] nf hearing; **avoir l'~ fine** to have excellent hearing. ◆ **ouïes** nfpl [de poisson] gills.

ouragan [uragɑ̃] nm MÉTÉOR hurricane.

ourlet [urlɛ] nm COUTURE hem.

ours [urs] nm bear; ~ **(en peluche)** teddy (bear); ~ **polaire** polar bear.

ourse [urs] nf she-bear.

oursin [ursɛ̃] nm sea urchin.

ourson [ursɔ̃] nm bear cub.

outil [uti] nm tool.

outillage [utijaʒ] nm [équipement] tools (pl), equipment.

outrage [utraʒ] nm -1. sout [insulte] insult. -2. JUR: ~ **à la pudeur** indecent behaviour (U).

outrager [utraʒe] vt [offenser] to insult.

outrance [utrɑ̃s] nf excess; **à ~** excessively.

outrancier, -ière [utrɑ̃sje, jɛr] adj extravagant.

outre¹ [utr] nf wineskin.

outre² [utr] ◇ prép besides, as well as. ◇ adv: **passer ~** to go on, to proceed further. ◆ **en outre** loc adv moreover, besides.

outre-Atlantique [utratlɑ̃tik] loc adv across the Atlantic.

outre-Manche [utrəmɑ̃ʃ] loc adv across the Channel.

outremer [utrəmɛr] ◇ nm [pierre] lapis lazuli; [couleur] ultramarine. ◇ adj inv ultramarine.

outre-mer [utrəmɛr] loc adv overseas.

outrepasser [utrəpase] vt to exceed.

outrer [utre] vt [personne] to outrage.

outre-Rhin [utrərɛ̃] loc adv across the Rhine.

outsider [awtsajdœr] nm outsider.

ouvert, -e [uver, ɛrt] ◇ pp → **ouvrir**. ◇ adj -1. [gén] open; **grand ~** wide open. -2. [robinet] on, running.

ouvertement [uvɛrtəmɑ̃] adv openly.

ouverture [uvɛrtyr] nf -1. [gén] opening; [d'hostilités] outbreak; ~ **d'esprit** open-mindedness. -2. MUS overture. -3. PHOT aperture. ◆ **ouvertures** nfpl [propositions] overtures.

ouvrable [uvrabl] adj working; **heures ~s** hours of business.

ouvrage [uvraʒ] nm -1. [travail] work (U), task; **se mettre à l'~** to start work. -2. [objet produit] (piece of) work; COUTURE work (U). -3. [livre, écrit] work; ~ **de référence** reference book.

ouvré, -e [uvre] adj: **jour ~** working day.

ouvre-boîtes [uvrəbwat] *nm inv* tin opener *Br*, can opener.

ouvre-bouteilles [uvrəbutɛj] *nm inv* bottle opener.

ouvreuse [uvrøz] *nf* usherette.

ouvrier, -ière [uvrije, jɛr] ◇ *adj* [quartier, enfance] working-class; [conflit] industrial; [questions, statut] labour (*avant n*); **classe ouvrière** working class. ◇ *nm, f* worker; **~ agricole** farm worker; **~ qualifié** skilled worker; **~ spécialisé** semi-skilled worker.

ouvrir [uvrir] ◇ *vt* **-1.** [gén] to open. **-2.** [chemin, voie] to open up. **-3.** [gaz] to turn on. ◇ *vi* to open; **~ sur qqch** to open onto sthg. ◆ **s'ouvrir** *vp* **-1.** [porte, fleur] to open. **-2.** [route, perspectives] to open up. **-3.** [personne]: **s'~ (à qqn)** to confide (in sb), to open up (to sb). **-4.** [se blesser]: **s'~ le genou** to cut one's knee open; **s'~ les veines** to slash OU cut one's wrists.

ovaire [ɔvɛr] *nm* ovary.

ovale [ɔval] *adj & nm* oval.

ovation [ɔvasjɔ̃] *nf* ovation; **faire une ~ à qqn** to give sb an ovation.

overdose [ɔvœrdoz] *nf* overdose.

ovin, -e [ɔvɛ̃, in] *adj* ovine. ◆ **ovin** *nm* sheep.

OVNI, Ovni [ɔvni] (*abr de* **objet volant non identifié**) *nm* UFO.

oxydation [ɔksidasjɔ̃] *nf* oxidation, oxidization.

oxyde [ɔksid] *nm* oxide.

oxyder [ɔkside] *vt* to oxidize.

oxygène [ɔksiʒɛn] *nm* oxygen.

oxygéné, -e [ɔksiʒene] *adj* CHIM oxygenated; → **eau**.

ozone [ozon] *nm* ozone.

P

p¹, P [pe] *nm inv* p, P.

p² **-1.** (*abr de* **page**) p. **-2.** *abr de* **pièce**.

pacemaker [pɛsmekœr] *nm* pacemaker.

pacha [paʃa] *nm* pasha; **mener une vie de ~** *fam fig* to live a life of ease.

pachyderme [paʃidɛrm] *nm* elephant; **les ~s** (the) pachyderms.

pacifier [pasifje] *vt* to pacify.

pacifique [pasifik] *adj* peaceful.

Pacifique [pasifik] *nm*: **le ~** the Pacific (Ocean).

pacifiste [pasifist] *nmf & adj* pacifist.

pack [pak] *nm* pack.

pacotille [pakɔtij] *nf* shoddy goods (*pl*), rubbish; **de ~** cheap.

pacte [pakt] *nm* pact.

pactiser [paktize] *vi*: **~ avec** [faire un pacte avec] to make a pact with; [transiger avec] to come to terms with.

pactole [paktɔl] *nm* gold mine *fig*.

pagaie [pagɛ] *nf* paddle.

pagaille, pagaye, pagaïe [pagaj] *nf fam* mess.

pagayer [pageje] *vi* to paddle.

page [paʒ] ◇ *nf* **-1.** [feuillet] page; **~ d'accueil** (*d'un site Web*) home page; **~ blanche** blank page; **mettre en ~s** TYPO to make up (into pages). **-2.** *loc*: **être à la ~** to be up-to-date. ◇ *nm* page (boy).

pagne [paɲ] *nm* loincloth.

pagode [pagɔd] *nf* pagoda.

paie, paye [pɛ] *nf* pay (*U*), wages (*pl*).

paiement, payement [pɛmɑ̃] *nm* payment.

païen, -ienne [pajɛ̃, jɛn] *adj & nm, f* pagan, heathen.

paillard, -e [pajar, ard] *adj* bawdy.

paillasse [pajas] *nf* **-1.** [matelas] straw mattress. **-2.** [d'évier] draining board.

paillasson [pajasɔ̃] *nm* [tapis] doormat.

paille [paj] *nf* **-1.** BOT straw. **-2.** [pour boire] straw. ◆ **paille de fer** *nf* steel wool.

pailleté, -e [pajte] *adj* sequined.

paillette [pajɛt] *nf* (*gén pl*) **-1.** [sur vêtements] sequin, spangle. **-2.** [d'or] grain of gold dust. **-3.** [de lessive, savon] flake; **savon en ~s** soap flakes (*pl*).

pain [pɛ̃] *nm* **-1.** [aliment] bread; **un ~** a loaf; **petit ~** (bread) roll; **~ complet** wholemeal bread; **~ d'épice** ≃ gingerbread; **~ de mie** sandwich loaf. **-2.** [de savon, cire] bar.

pair, -e [pɛr] *adj* even. ◆ **pair** *nm* peer. ◆ **paire** *nf* pair; **une ~e de** [lunettes, chaussures] a pair of. ◆ **au pair** *loc adv* for board and lodging, for one's keep; **jeune fille au ~** au pair (girl). ◆ **de pair** *loc adv*: **aller de ~ avec** to go hand in hand with.

paisible [pɛzibl] *adj* peaceful.

paître [pɛtr] *vi* to graze.

paix [pɛ] *nf* peace; **en ~** [en harmonie] at peace; [tranquillement] in peace; **avoir la ~** to have peace and quiet; **faire la ~ avec qqn** to make peace with sb.

Pakistan [pakistɑ̃] *nm*: **le ~** Pakistan.

palace [palas] *nm* luxury hotel.

palais [palɛ] *nm* -1. [château] palace. -2. [grand édifice] centre; ~ **de justice** JUR law courts (*pl*). -3. ANAT palate.

palan [palɑ̃] *nm* block and tackle, hoist.

pale [pal] *nf* [de rame, d'hélice] blade.

pâle [pal] *adj* pale.

paléontologie [paleɔ̃tɔlɔʒi] *nf* paleontology.

Palestine [palɛstin] *nf*: **la** ~ Palestine.

palet [palɛ] *nm* HOCKEY puck.

palette [palɛt] *nf* [de peintre] palette.

pâleur [palœr] *nf* [de visage] pallor.

palier [palje] *nm* -1. [d'escalier] landing. -2. [étape] level. -3. TECHNOL bearing.

pâlir [palir] *vi* [couleur, lumière] to fade; [personne] to turn OU go pale.

palissade [palisad] *nf* [clôture] fence; [de verdure] hedge.

palliatif, -ive [paljatif, iv] *adj* palliative.
◆ **palliatif** *nm* -1. MÉD palliative. -2. *fig* stopgap measure.

pallier [palje] *vt* to make up for.

palmarès [palmarɛs] *nm* -1. [de lauréats] list of (medal) winners; SCOL list of prizewinners. -2. [de succès] record (of achievements).

palme [palm] *nf* -1. [de palmier] palmleaf. -2. [de nageur] flipper. -3. [décoration, distinction]: **avec** ~ MIL ≃ with bar.

palmé, -e [palme] *adj* -1. BOT palmate. -2. ZOOL web-footed; [patte] webbed.

palmeraie [palmərɛ] *nf* palm grove.

palmier [palmje] *nm* BOT palm tree.

palmipède [palmipɛd] *nm* web-footed bird.

palombe [palɔ̃b] *nf* woodpigeon.

pâlot, -otte [palo, ɔt] *adj* pale, sickly-looking.

palourde [palurd] *nf* clam.

palper [palpe] *vt* [toucher] to feel, to finger; MÉD to palpate.

palpitant, -e [palpitɑ̃, ɑ̃t] *adj* exciting, thrilling.

palpitation [palpitasjɔ̃] *nf* palpitation.

palpiter [palpite] *vi* [paupières] to flutter; [cœur] to pound.

paludisme [palydism] *nm* malaria.

pâmer [pame] ◆ **se pâmer** *vp littéraire* [s'évanouir] to swoon (away).

pamphlet [pɑ̃flɛ] *nm* satirical tract.

pamplemousse [pɑ̃pləmus] *nm* grapefruit.

pan [pɑ̃] ◇ *nm* -1. [de vêtement] tail. -2. [d'affiche] piece, bit; ~ **de mur** section of wall. ◇ *interj* bang!

panache [panaʃ] *nm* -1. [de plumes, fumée] plume. -2. [éclat] panache.

panaché, -e [panaʃe] *adj* -1. [de plusieurs couleurs] multicoloured. -2. [mélangé] mixed. ◆ **panaché** *nm* shandy.

Panama [panama] *nm* [pays]: **le** ~ Panama.

panaris [panari] *nm* whitlow.

pancarte [pɑ̃kart] *nf* -1. [de manifestant] placard. -2. [de signalisation] sign.

pancréas [pɑ̃kreas] *nm* pancreas.

pané, -e [pane] *adj* breaded, in breadcrumbs.

panier [panje] *nm* basket; ~ **à provisions** shopping basket; **mettre au** ~ *fig* to throw out.

panique [panik] ◇ *nf* panic. ◇ *adj* panicky; **être pris d'une peur** ~ to be panic-stricken.

paniquer [panike] *vt & vi* to panic.

panne [pan] *nf* [arrêt] breakdown; **tomber en** ~ to break down; ~ **de courant** OU **d'électricité** power failure.

panneau, -x [pano] *nm* -1. [pancarte] sign; ~ **indicateur** signpost; ~ **publicitaire** (advertising) hoarding *Br*, billboard *Am*; ~ **de signalisation** road sign. -2. [élément] panel.

panoplie [panɔpli] *nf* -1. [jouet] outfit. -2. *fig* [de mesures] package.

panorama [panɔrama] *nm* [vue] view, panorama; *fig* overview.

panse [pɑ̃s] *nf* -1. [d'estomac] first stomach, rumen. -2. *fam* [gros ventre] belly, paunch. -3. [partie arrondie] bulge.

pansement [pɑ̃smɑ̃] *nm* dressing, bandage; ~ **(adhésif)** (sticking) plaster *Br*, Bandaid® *Am*.

panser [pɑ̃se] *vt* -1. [plaie] to dress, to bandage; [jambe] to put a dressing on, to bandage; [avec pansement adhésif] to put a plaster *Br* OU Bandaid® *Am* on. -2. [cheval] to groom.

pantalon [pɑ̃talɔ̃] *nm* trousers (*pl*) *Br*, pants (*pl*) *Am*, pair of trousers *Br* OU pants *Am*.

pantelant, -e [pɑ̃tlɑ̃, ɑ̃t] *adj* panting, gasping.

panthère [pɑ̃tɛr] *nf* panther.

pantin [pɑ̃tɛ̃] *nm* -1. [jouet] jumping jack. -2. *péj* [personne] puppet.

pantomime [pɑ̃tɔmim] *nf* [art, pièce] mime.

pantouflard, -e [pɑ̃tuflar, ard] *fam adj & nm, f* stay-at-home.

pantoufle [pɑ̃tufl] *nf* slipper.

PAO (*abr de* **publication assistée par ordinateur**) *nf* DTP.

paon [pɑ̃] *nm* peacock.

papa [papa] *nm* dad, daddy.

papauté [papote] *nf* papacy.

pape [pap] *nm* RELIG pope.

paperasse [papras] *nf péj* **-1.** [papier sans importance] bumf (*U*) *Br*, papers (*pl*). **-2.** [papiers administratifs] paperwork (*U*).

papeterie [papetri] *nf* [magasin] stationer's; [fabrique] paper mill.

papetier, -ière [paptje, jɛr] *nm, f* [commerçant] stationer; [fabricant] paper manufacturer.

papier [papje] *nm* [matière, écrit] paper; ~ **alu** OU **aluminium** aluminium *Br* OU aluminum *Am* foil, tinfoil; ~ **carbone** carbon paper; ~ **crépon** crêpe paper; ~ **d'emballage** wrapping paper; ~ **à en-tête** headed notepaper; ~ **hygiénique** toilet paper; ~ **à lettres** writing paper, notepaper; ~ **peint** wallpaper; ~ **de verre** glasspaper, sandpaper. ◆ **papiers** *nmpl*: ~s (**d'identité**) (identity) papers.

papier-calque [papjekalk] (*pl* **papiers-calque**) *nm* tracing paper.

papille [papij] *nf*: ~s **gustatives** taste buds.

papillon [papijɔ̃] *nm* **-1.** ZOOL butterfly. **-2.** [écrou] wing nut. **-3.** [nage] butterfly (stroke).

papillonner [papijɔne] *vi* to flit about OU around.

papillote [papijɔt] *nf* **-1.** [de bonbon] sweet paper OU wrapper *Br*, candy paper *Am*. **-2.** [de cheveux] curl paper.

papilloter [papijɔte] *vi* [lumière] to twinkle; [yeux] to blink.

papoter [papɔte] *vi fam* to chatter.

paprika [paprika] *nm* paprika.

paquebot [pakbo] *nm* liner.

pâquerette [pakrɛt] *nf* daisy.

Pâques [pak] *nfpl* Easter (*sg*); **joyeuses ~** Happy Easter.

paquet [pakɛ] *nm* **-1.** [colis] parcel. **-2.** [emballage] packet; ~**-cadeau** gift-wrapped parcel.

paquetage [pakta3] *nm* MIL kit.

par [par] *prép* **-1.** [spatial] through, by (way of); **passer ~ la Suède et le Danemark** to go via Sweden and Denmark; **regarder ~ la fenêtre** to look out of the window; ~ **endroits** in places; ~ **ici/là** this/that way; **mon cousin habite ~ ici** my cousin lives round here. **-2.** [temporel] on; ~ **un**

beau jour d'été on a lovely summer's day; ~ **le passé** in the past. **-3.** [moyen, manière, cause] by; ~ **bateau/train/avion** by boat/train/plane; ~ **pitié** out of OU from pity; ~ **accident** by accident, by chance. **-4.** [introduit le complément d'agent] by; **faire faire qqch ~ qqn** to have sthg done by sb. **-5.** [sens distributif] per, a; **une heure ~ jour** one hour a OU per day; **deux ~ deux** two at a time; **marcher deux ~ deux** to walk in twos. ◆ **par-ci par-là** *loc adv* here and there.

para [para] (*abr de* **parachutiste**) *nm* para.

parabole [parabɔl] *nf* **-1.** [récit] parable. **-2.** MATHS parabola.

parabolique [parabɔlik] *adj* parabolic; **antenne ~** dish OU parabolic aerial.

parachever [paraʃve] *vt* to put the finishing touches to.

parachute [paraʃyt] *nm* parachute; ~ **ascensionnel** parachute (*for parascending*).

parachutiste [paraʃytist] *nmf* parachutist; MIL paratrooper.

parade [parad] *nf* **-1.** [spectacle] parade. **-2.** [défense] parry; *fig* riposte.

paradis [paradi] *nm* paradise.

paradoxal, -e, -aux [paradɔksal, o] *adj* paradoxical.

paradoxe [paradɔks] *nm* paradox.

parafe, paraphe [paraf] *nm* initials (*pl*).

parafer, parapher [parafe] *vt* to initial.

paraffine [parafin] *nf* paraffin *Br*, kerosene *Am*; [solide] paraffin wax.

parages [para3] *nmpl*: **être** OU **se trouver dans les ~** *fig* to be in the area OU vicinity.

paragraphe [paragraf] *nm* paragraph.

Paraguay [paragwɛ] *nm*: **le ~** Paraguay.

paraître [parɛtr] ◇ *v attr* to look, to seem, to appear. ◇ *vi* **-1.** [se montrer] to appear. **-2.** [être publié] to come out, to be published. ◇ *v impers*: **il paraît/paraîtrait que** it appears/would appear that.

parallèle [paralɛl] ◇ *nm* parallel; **établir un ~ entre** *fig* to draw a parallel between. ◇ *nf* parallel (line). ◇ *adj* **-1.** [action, en maths] parallel. **-2.** [marché] unofficial; [médecine, énergie] alternative.

parallélisme [paralelism] *nm* parallelism; [de roues] alignment.

paralyser [paralize] *vt* to paralyse.

paralysie [paralizi] *nf* paralysis.

paramédical, -e, -aux [paramedikal, o] *adj* paramedical.

paramètre [parametr] *nm* parameter.

parano [parano] *adj fam* paranoid.

paranoïa [paranɔja] *nf* paranoia.

paranoïaque [paranɔjak] ◇ *adj* paranoid. ◇ *nmf* paranoiac.

parapente [parapɑ̃t] *nm* paragliding.

parapet [parapɛ] *nm* parapet.

paraphe = **parafe**.

parapher = **parafer**.

paraphrase [parafraz] *nf* paraphrase.

paraplégique [parapleʒik] *nmf & adj* paraplegic.

parapluie [paraplɥi] *nm* umbrella.

parasite [parazit] ◇ *nm* parasite. ◇ *adj* parasitic. ◆ **parasites** *nmpl* RADIO & TÉLÉ interference (*U*).

parasol [parasɔl] *nm* parasol, sunshade.

paratonnerre [paratɔnɛr] *nm* lightning conductor.

paravent [paravɑ̃] *nm* screen.

parc [park] *nm* **-1.** [jardin] park; [de château] grounds (*pl*); ~ **d'attractions** amusement park; ~ **national** national park. **-2.** [pour l'élevage] pen. **-3.** [de bébé] playpen. **-4.** [de voitures] fleet; **le** ~ **automobile** the number of cars on the roads.

parcelle [parsɛl] *nf* **-1.** [petite partie] fragment, particle. **-2.** [terrain] parcel of land.

parce que [parsk(ə)] *loc conj* because.

parchemin [parʃəmɛ̃] *nm* parchment.

parcimonie [parsimɔni] *nf* parsimoniousness; **avec** ~ sparingly, parsimoniously.

parcimonieux, -ieuse [parsimɔnjø, jøz] *adj* parsimonious.

parcmètre [parkmɛtr] *nm* parking meter.

parcourir [parkurir] *vt* **-1.** [région, route] to cover. **-2.** [journal, dossier] to skim OU glance through, to scan.

parcours [parkur] *nm* **-1.** [trajet, voyage] journey; [itinéraire] route. **-2.** GOLF [terrain] course; [trajet] round.

parcouru, -e [parkury] *pp* → **parcourir**.

par-delà [pardəla] *prép* beyond.

par-derrière [pardɛrjɛr] *adv* **-1.** [par le côté arrière] round the back. **-2.** [en cachette] behind one's back.

par-dessous [pardəsu] *prép & adv* under, underneath.

pardessus [pardəsy] *nm inv* overcoat.

par-dessus [pardəsy] ◇ *prép* over, over the top of; ~ **tout** above all. ◇ *adv* over, over the top.

par-devant [pardəvɑ̃] ◇ *prép* in front of. ◇ *adv* in front.

pardi [pardi] *interj fam* of course!

pardon [pardɔ̃] ◇ *nm* forgiveness; demander ~ to say (one is) sorry. ◇ *interj* [excuses] (I'm) sorry!; [pour attirer l'attention] excuse me!; ~? (I beg your) pardon? *Br*, pardon me? *Am*.

pardonner [pardɔne] ◇ *vt* to forgive; ~ qqch à qqn to forgive sb for sthg; ~ à qqn d'avoir fait qqch to forgive sb for doing sthg. ◇ *vi*: **ce genre d'erreur ne pardonne pas** this kind of mistake is fatal.

paré, -e [pare] *adj* [prêt] ready.

pare-balles [parbal] *adj inv* bullet-proof.

pare-brise [parbriz] *nm inv* windscreen *Br*, windshield *Am*.

pare-chocs [parʃɔk] *nm inv* bumper.

pareil, -eille [parej] *adj* **-1.** [semblable]: ~ (à) similar (to). **-2.** [tel] such; **un** ~ **film** such a film, a film like this; **de** ~**s films** such films, films like these. ◆ **pareil** *adv fam* the same (way).

parent, -e [parɑ̃, ɑ̃t] ◇ *adj*: ~ (de) related (to). ◇ *nm, f* relative, relation. ◆ **parents** *nmpl* [père et mère] parents, mother and father.

parenté [parɑ̃te] *nf* [lien, affinité] relationship.

parenthèse [parɑ̃tɛz] *nf* **-1.** [digression] digression, parenthesis. **-2.** TYPO bracket, parenthesis; **entre** ~**s** in brackets; *fig* incidentally, by the way; **ouvrir/fermer la** ~ to open/close brackets.

parer [pare] ◇ *vt* **-1.** *sout* [orner] to adorn. **-2.** [vêtir]: ~ qqn de qqch to dress sb up in sthg, to deck sb out in sthg; *fig* to attribute sthg to sb. **-3.** [contrer] to ward off, to parry. ◇ *vi*: ~ à [faire face à] to deal with; [pourvoir à] to prepare for; ~ **au plus pressé** to see to what is most urgent. ◆ **se parer** *vp* to dress up, to put on all one's finery.

pare-soleil [parsɔlej] *nm inv* sun visor.

paresse [parɛs] *nf* **-1.** [fainéantise] laziness, idleness. **-2.** MÉD sluggishness.

paresser [parɛse] *vi* to laze about OU around.

paresseux, -euse [parɛsø, øz] ◇ *adj* **-1.** [fainéant] lazy. **-2.** MÉD sluggish. ◇ *nm, f* [personne] lazy OU idle person. ◆ **paresseux** *nm* [animal] sloth.

parfaire [parfɛr] *vt* to complete, to perfect.

parfait, -e [parfɛ, ɛt] *adj* perfect. ◆ **parfait** *nm* GRAM perfect (tense).

parfaitement [parfɛtmã] *adv* **-1.** [admirablement, très] perfectly. **-2.** [marque l'assentiment] absolutely.

parfois [parfwa] *adv* sometimes.

parfum [parfœ̃] *nm* **-1.** [de fleur] scent, fragrance. **-2.** [à base d'essences] perfume, scent. **-3.** [de glace] flavour.

parfumé, -e [parfyme] *adj* **-1.** [fleur] fragrant. **-2.** [mouchoir] perfumed. **-3.** [femme] : **elle est trop ~e** she's wearing too much perfume.

parfumer [parfyme] *vt* **-1.** [suj: fleurs] to perfume. **-2.** [mouchoir] to perfume, to scent. **-3.** CULIN to flavour. ◆ **se parfumer** *vp* to put perfume on.

parfumerie [parfymri] *nf* perfumery.

pari [pari] *nm* **-1.** [entre personnes] bet. **-2.** [jeu] betting (*U*).

paria [parja] *nm* pariah.

parier [parje] *vt* : **~ (sur)** to bet (on).

parieur [parjœr] *nm* punter.

Paris [pari] *n* Paris.

parisien, -ienne [parizjɛ̃, jɛn] *adj* [vie, société] Parisian; [métro, banlieue, région] Paris (*avant n*). ◆ **Parisien, -ienne** *nm, f* Parisian.

paritaire [paritɛr] *adj* : **commission ~** joint commission (*with both sides equally represented*).

parité [parite] *nf* parity.

parjure [parʒyr] ◇ *nmf* [personne] perjurer. ◇ *nm* [faux serment] perjury.

parjurer [parʒyre] ◆ **se parjurer** *vp* to perjure o.s.

parka [parka] *nm ou nf* parka.

parking [parkiŋ] *nm* [parc] car park *Br*, parking lot *Am*.

parlant, -e [parlã, ãt] *adj* **-1.** [qui parle] : **le cinéma ~** talking pictures; **l'horloge ~e** TÉLÉCOM the speaking clock. **-2.** *fig* [chiffres, données] eloquent; [portrait] vivid.

parlement [parləmã] *nm* parliament; **le Parlement européen** the European Parliament.

parlementaire [parləmãtɛr] ◇ *nmf* [député] member of parliament; [négociateur] negotiator. ◇ *adj* parliamentary.

parlementer [parləmãte] *vi* **-1.** [négocier] to negotiate, to parley. **-2.** [parler longtemps] to talk at length.

parler [parle] ◇ *vi* **-1.** [gén] to talk, to speak; **~ à/avec qqn** to speak to/with sb, to talk to/with sb; **~ de qqch à qqn** to speak to sb about sthg; **~ de qqn/qqch** to talk about sb/sthg; **~ de faire qqch** to talk about doing sthg; **~ en français** to speak in French;

sans ~ de apart from, not to mention; **à proprement ~** strictly speaking; **tu parles!** *fam* you can say that again!; **n'en parlons plus** we'll say no more about it. **-2.** [avouer] to talk. ◇ *vt* [langue] to speak; **~ (le) français** to speak French; **~ politique/affaires** to talk politics/business.

parloir [parlwar] *nm* parlour.

parmi [parmi] *prép* among.

parodie [parɔdi] *nf* parody.

parodier [parɔdje] *vt* to parody.

paroi [parwa] *nf* **-1.** [mur] wall; [cloison] partition; **~ rocheuse** rock face. **-2.** [de récipient] inner side.

paroisse [parwas] *nf* parish.

paroissial, -e, -iaux [parwasjal, jo] *adj* parish (*avant n*).

paroissien, -ienne [parwasjɛ̃, jɛn] *nm, f* parishioner.

parole [parɔl] *nf* **-1.** [faculté de parler] : **la ~** speech. **-2.** [propos, discours] : **adresser la ~ à qqn** to speak to sb; **couper la ~ à qqn** to cut sb off; **prendre la ~** to speak. **-3.** [promesse, mot] word; **tenir ~** to keep one's word; **donner sa ~ (d'honneur)** to give one's word (of honour). ◆ **paroles** *nfpl* MUS words, lyrics.

paroxysme [parɔksism] *nm* height.

parquer [parke] *vt* **-1.** [animaux] to pen in OU up. **-2.** [prisonniers] to shut up OU in. **-3.** [voiture] to park.

parquet [parkɛ] *nm* **-1.** [plancher] parquet floor. **-2.** JUR ≃ Crown Prosecution Service *Br*.

parqueter [parkəte] *vt* to lay a parquet floor in.

parrain [parɛ̃] *nm* **-1.** [d'enfant] godfather. **-2.** [de festival, sportif] sponsor.

parrainer [parɛne] *vt* to sponsor, to back.

parricide [parisid] *nm* [crime] parricide.

parsemer [parsəme] *vt* : **~ (de)** to strew (with).

part [par] *nf* **-1.** [de gâteau] portion; [de bonheur, héritage] share; [partie] part. **-2.** [participation] : **prendre ~ à qqch** to take part in sthg. **-3.** *loc* : **c'est de la ~ de qui?** [au téléphone] who's speaking OU calling?; **dites-lui de ma ~ que ...** tell him from me that ...; **ce serait bien aimable de votre ~** it would be very kind of you; **pour ma ~** as far as I'm concerned; **faire ~ à qqn de qqch** to inform sb of sthg. ◆ **à part** ◇ *loc adv* aside, separately. ◇ *loc adj* exceptional. ◇ *loc prép* apart from. ◆ **autre part** *loc* *adv* somewhere else. ◆ **d'autre part** *loc adv* besides, moreover. ◆ **de part et d'autre** *loc adv* on both sides. ◆ **d'une part ..., d'autre part** *loc corrélative* on the one hand ..., on the other hand. ◆ **nulle part** *loc adv* nowhere. ◆ **quelque part** *loc adv* somewhere.

part. *abr de* particulier.

partage [paʁtaʒ] *nm* [action] sharing (out).

partager [paʁtaʒe] *vt* **-1.** [morceler] to divide (up); **être partagé** *fig* to be divided. **-2.** [mettre en commun]: ~ **qqch avec qqn** to share sthg with sb. ◆ **se partager** *vp* **-1.** [se diviser] to be divided. **-2.** [partager son temps] to divide one's time. **-3.** [se répartir]: **se ~ qqch** to share sthg between themselves/ourselves *etc.*

partance [paʁtɑ̃s] *nf:* **en ~** outward bound; **en ~ pour** bound for.

partant, -e [paʁtɑ̃, ɑ̃t] *adj:* **être ~ pour** to be ready for. ◆ **partant** *nm* starter.

partenaire [paʁtənɛʁ] *nmf* partner.

partenariat [paʁtənaʁja] *nm* partnership.

parterre [paʁtɛʁ] *nm* **-1.** [de fleurs] (flower) bed. **-2.** THÉÂTRE stalls (*pl*) *Br*, orchestra *Am.*

parti, -e [paʁti] ◇ *pp* → partir. ◇ *adj fam* [ivre] tipsy. ◆ **parti** *nm* **-1.** POLIT party. **-2.** [choix, décision] course of action; **prendre ~** to make up one's mind; **prendre le ~ de faire qqch** to make up one's mind to do sthg; **en prendre son ~** to be resigned; **être de ~ pris** to be prejudiced OU biased; **tirer ~ de** to make (good) use of. **-3.** [personne à marier] match. ◆ **partie** *nf* **-1.** [élément, portion] part; **en grande ~e** largely; **en majeure ~e** for the most part; **faire ~e (intégrante) de qqch** to be (an integral) part of sthg. **-2.** [domaine d'activité] field, subject. **-3.** SPORT game. **-4.** JUR party; **la ~e adverse** the opposing party. **-5.** *loc:* **prendre qqn à ~e** to attack sb. ◆ **en partie** *loc adv* partly, in part.

partial, -e, -iaux [paʁsjal, jo] *adj* biased.

partialité [paʁsjalite] *nf* partiality, bias.

participant, -e [paʁtisipɑ̃, ɑ̃t] ◇ *adj* participating. ◇ *nm, f* **-1.** [à réunion] participant. **-2.** SPORT competitor. **-3.** [à concours] entrant.

participation [paʁtisipasjɔ̃] *nf* **-1.** [collaboration] participation. **-2.** ÉCON interest; ~ **aux bénéfices** profit-sharing.

participe [paʁtisip] *nm* participle; ~ **passé/présent** past/present participle.

participer [paʁtisipe] *vi:* ~ **à** [réunion, concours] to take part in; [frais] to contribute to; [bénéfices] to share in.

particularité [paʁtikylaʁite] *nf* distinctive feature.

particule [paʁtikyl] *nf* **-1.** [gén & LING] particle. **-2.** [nobiliaire] nobiliary particle.

particulier, -ière [paʁtikylje, jɛʁ] *adj* **-1.** [personnel, privé] private. **-2.** [spécial] particular, special; [propre] peculiar, characteristic; ~ **à** peculiar to, characteristic of. **-3.** [remarquable] unusual, exceptional; **cas ~** special case. **-4.** [assez bizarre] peculiar.

particulièrement [paʁtikyljɛʁmɑ̃] *adv* particularly; **tout ~** especially.

partie → parti.

partiel, -ielle [paʁsjɛl] *adj* partial. ◆ **partiel** *nm* UNIV ≃ end-of-term exam.

partir [paʁtiʁ] *vi* **-1.** [personne] to go, to leave; ~ **à** to go to; ~ **pour** to leave for; ~ **de** [bureau] to leave; [aéroport, gare] to leave from; [hypothèse, route] to start from; [date] to run from. **-2.** [voiture] to start. **-3.** [coup de feu] to go off; [bouchon] to pop. **-4.** [tache] to come out, to go. ◆ **à partir de** *loc prép* from.

partisan, -e [paʁtizɑ̃, an] *adj* [partial] partisan; **être ~ de** to be in favour of. ◆ **partisan** *nm* [adepte] supporter, advocate.

partition [paʁtisjɔ̃] *nf* **-1.** [séparation] partition. **-2.** MUS score.

partout [paʁtu] *adv* everywhere.

paru, -e [paʁy] *pp* → paraître.

parure [paʁyʁ] *nf* (matching) set.

parution [paʁysjɔ̃] *nf* publication.

parvenir [paʁvəniʁ] *vi:* ~ **à faire qqch** to manage to do sthg; **faire ~ qqch à qqn** to send sthg to sb.

parvenu, -e [paʁvəny] ◇ *pp* → parvenir. ◇ *nm, f péj* parvenu, upstart.

pas¹ [pa] *nm* **-1.** [gén] step; **allonger le ~** to quicken one's pace; **revenir sur ses ~** to retrace one's steps; **~ à ~** step by step; **à ~ de loup** *fig* stealthily; **à ~ feutrés** *fig* with muffled footsteps. **-2.** TECHNOL thread. **-3.** *loc:* **c'est à deux ~ (d'ici)** it's very near (here); **emboîter le ~ à qqn** to fall into step with sb; **faire les cent ~** to pace up and down; **faire un faux ~** to slip; *fig* to make a faux pas; **faire le premier ~** to make the first move; **franchir** OU **sauter le ~** to take the plunge; **(rouler) au ~** (to move) at a snail's pace; **sur le ~ de la**

porte on the doorstep; **tirer qqn d'un mauvais ~** to get sb out of a tight spot.

pas² [pɑ] *adv* **-1.** [avec ne] not; **elle ne vient ~** she's not OU she isn't coming; **elle n'a ~ mangé** she hasn't eaten; **je ne le connais ~** I don't know him; **il n'y a ~ de vin** there's no wine, there isn't any wine; **je préférerais ne ~ le rencontrer** I would prefer not to meet him, I would rather not meet him. **-2.** [sans ne] not; **l'as-tu vu ou ~?** have you seen him or not?; **il est très satisfait, moi ~** he's very pleased, but I'm not; **une histoire ~ drôle** a story which isn't funny; **~ encore** not yet; **~ du tout** not at all. **-3.** [avec pron indéf]: **~ un** [aucun] none, not one; **~ un d'eux n'est venu** none of them OU not one of them came.

pascal, -e [paskal] (*pl* **pascals** OU **pascaux** [pasko]) *adj* Easter (*avant n*).
◆ **pascal** *nm* **-1.** INFORM Pascal. **-2.** PHYS pascal.

passable [pasabl] *adj* passable, fair.

passage [pasaʒ] *nm* **-1.** [action - de passer] going past; [- de traverser] crossing; **être de ~** to be passing through. **-2.** [endroit] passage, way; **«~ interdit»** "no entry"; **~ clouté** OU **pour piétons** pedestrian crossing; **~ à niveau** level crossing *Br*, grade crossing *Am*; **~ protégé** *priority given to traffic on the main road*; **~ souterrain** underpass *Br*, subway *Am*. **-3.** [extrait] passage.

passager, -ère [pasaʒe, ɛr] ◇ *adj* [bonheur] fleeting, short-lived. ◇ *nm, f* passenger.

passant, -e [pasɑ̃, ɑ̃t] ◇ *adj* busy. ◇ *nm, f* passer-by. ◆ **passant** *nm* [de ceinture] (belt) loop.

passe [pas] ◇ *nm* passkey. ◇ *nf* **-1.** [au sport] pass. **-2.** NAVIG channel.

passé, -e [pase] *adj* **-1.** [qui n'est plus] past; [précédent]: **la semaine ~e** last week; **au cours de la semaine ~e** in the last week; **il est trois heures ~es** it's gone three *Br*, it's after three. **-2.** [fané] faded. ◆ **passé** ◇ *nm* past; **~ composé** perfect tense; **~ simple** past historic. ◇ *prép* after.

passe-droit [pasdrwa] (*pl* **passe-droits**) *nm* privilege.

passe-montagne [pasmɔ̃taɲ] (*pl* **passe-montagnes**) *nm* Balaclava (helmet).

passe-partout [paspartu] *nm inv* **-1.** [clé] passkey. **-2.** (*en apposition*) [tenue] all-purpose; [phrase] stock (*avant n*).

passeport [paspɔr] *nm* passport.

passer [pase] ◇ *vi* **-1.** [se frayer un chemin] to pass, to get past. **-2.** [défiler] to go by OU past. **-3.** [aller] to go; **~ à** OU **au travers** OU **par** to come OU pass through; **~ chez qqn** to call on sb, to drop in on sb; **~ devant** [bâtiment] to pass; [juge] to come before; **en passant** in passing. **-4.** [venir - facteur] to come, to call. **-5.** SCOL to pass, to be admitted; **~ dans la classe supérieure** to move up, to be moved up (a class). **-6.** [être accepté] to be accepted. **-7.** [fermer les yeux]: **~ sur qqch** to pass over sthg. **-8.** [temps] to pass, to go by. **-9.** [disparaître - souvenir, couleur] to fade; [- douleur] to pass, to go away. **-10.** CIN, TÉLÉ & THÉÂTRE to be on; **~ à la radio/télévision** to be on the radio/television. **-11.** CARTES to pass. **-12.** [devenir]: **~ président/directeur** to become president/director, to be appointed president/director. **-13.** *loc*: **~ inaperçu** to pass OU go unnoticed; **passons ...** let's move on ...; **~ pour** to be regarded as; **se faire ~ pour qqn** to pass o.s. off as sb; **il y est passé** *fam* he kicked the bucket. ◇ *vt* **-1.** [franchir - frontière, rivière] to cross; [- douane] to go through. **-2.** [soirée, vacances] to spend. **-3.** [sauter - ligne, tour] to miss. **-4.** [défauts]: **~ qqch à qqn** to overlook sthg in sb. **-5.** [faire aller - bras] to pass, to put. **-6.** [filtrer - huile] to strain; [- café] to filter. **-7.** [film, disque] to put on. **-8.** [vêtement] to slip on. **-9.** [vitesses] to change; **~ la** OU **en troisième** to change into third (gear). **-10.** [donner]: **~ qqch à qqn** to pass sb sthg; MÉD to give sb sthg. **-11.** [accord]: **~ un contrat avec qqn** to have an agreement with sb. **-12.** SCOL & UNIV [examen] to sit, to take. **-13.** [au téléphone]: **je vous passe Mme Ledoux** [transmettre] I'll put you through to Mme Ledoux; [donner l'écouteur à] I'll hand you Mme Ledoux. ◆ **se passer** *vp* **-1.** [événement] to happen, to take place; **comment ça s'est passé?** how did it go?; **ça ne se passera pas comme ça!** I'm not putting up with that! **-2.** [s'enduire - crème] to put on. **-3.** [s'abstenir]: **se ~ de qqch/de faire qqch** to do without sthg/doing sthg.

passerelle [pasrɛl] *nf* **-1.** [pont] footbridge. **-2.** [passage mobile] gangway.

passe-temps [pastɑ̃] *nm inv* pastime.

passif, -ive [pasif, iv] *adj* passive. ◆ **passif** *nm* -1. GRAM passive. -2. FIN liabilities (*pl*).

passion [pasjɔ̃] *nf* passion; **avoir la ~ de qqch** to have a passion for sthg.

passionnant, -e [pasjɔnɑ̃, ɑ̃t] *adj* exciting, fascinating.

passionné, -e [pasjɔne] ◇ *adj* -1. [personne] passionate. -2. [récit, débat] impassioned. ◇ *nm, f* passionate person; **~ de ski/d'échecs** *etc* skiing/chess *etc* fanatic.

passionnel, -elle [pasjɔnɛl] *adj* [crime] of passion.

passionner [pasjɔne] *vt* [personne] to grip, to fascinate. ◆ **se passionner** *vp*: **se ~ pour** to have a passion for.

passivité [pasivite] *nf* passivity.

passoire [paswar] *nf* [à liquide] sieve; [à légumes] colander.

pastel [pastɛl] ◇ *nm* pastel. ◇ *adj inv* [couleur] pastel (*avant n*).

pastèque [pastɛk] *nf* watermelon.

pasteur [pastœr] *nm* -1. *littéraire* [berger] shepherd. -2. RELIG pastor, minister.

pasteuriser [pastœrize] *vt* to pasteurize.

pastille [pastij] *nf* [bonbon] pastille, lozenge.

pastis [pastis] *nm aniseed-flavoured aperitif.*

patate [patat] *nf* -1. *fam* [pomme de terre] spud. -2. *fam* [imbécile] fathead.

patauger [patoʒe] *vi* [barboter] to splash about.

pâte [pat] *nf* -1. [à tarte] pastry; [à pain] dough; **~ brisée** shortcrust pastry; **~ feuilletée** puff OU flaky pastry; **~ à frire** batter; **~ à pain** bread dough. -2. [mélange] paste; **~ d'amandes** almond paste; **~ de fruits** *jelly made from fruit paste*; **~ à modeler** modelling clay. ◆ **pâtes** *nfpl* pasta (*sg*).

pâté [pate] *nm* -1. CULIN pâté; **~ de campagne** farmhouse pâté; **~ en croûte** *pâté baked in a pastry case*; **~ de foie** liver pâté. -2. [tache] ink blot. -3. [bloc]: **~ de maisons** block (of houses).

patelin [patlɛ̃] *nm fam* village, place.

patente [patɑ̃t] *nf* licence fee (*for traders and professionals*).

patère [patɛr] *nf* [portemanteau] coat hook.

paternalisme [patɛrnalism] *nm* paternalism.

paternel, -elle [patɛrnɛl] *adj* [devoir, autorité] paternal; [amour, ton] fatherly.

paternité [patɛrnite] *nf* paternity, fatherhood; *fig* authorship, paternity.

pâteux, -euse [patø, øz] *adj* [aliment] doughy; [encre] thick.

pathétique [patetik] *adj* moving, pathetic.

pathologie [patɔlɔʒi] *nf* pathology.

patibulaire [patibylɛr] *adj péj* sinister.

patience [pasjɑ̃s] *nf* -1. [gén] patience. -2. [jeu de cartes] patience *Br*, solitaire *Am*.

patient, -e [pasjɑ̃, ɑ̃t] ◇ *adj* patient. ◇ *nm, f* MÉD patient.

patienter [pasjɑ̃te] *vi* to wait.

patin [patɛ̃] *nm* SPORT skate; **~ à glace/à roulettes** ice/roller skate; **faire du ~ à glace/à roulettes** to go ice-/roller-skating.

patinage [patinaʒ] *nm* SPORT skating; **~ artistique/de vitesse** figure/speed skating.

patiner [patine] ◇ *vi* -1. SPORT to skate. -2. [véhicule] to skid. ◇ *vt* [objet] to give a patina to; [avec vernis] to varnish. ◆ **se patiner** *vp* to take on a patina.

patineur, -euse [patinœr, øz] *nm, f* skater.

patinoire [patinwar] *nf* ice OU skating rink.

pâtisserie [patisri] *nf* -1. [gâteau] pastry. -2. [art, métier] pastry-making. -3. [commerce] ≃ cake shop.

pâtissier, -ière [patisje, jɛr] ◇ *adj*: **crème pâtissière** confectioner's custard. ◇ *nm, f* pastrycook.

patois [patwa] *nm* patois.

patriarche [patrijarʃ] *nm* patriarch.

patrie [patri] *nf* country, homeland.

patrimoine [patrimwan] *nm* [familial] inheritance; [collectif] heritage.

patriote [patrijɔt] *nmf* patriot.

patriotique [patrijɔtik] *adj* patriotic.

patron, -onne [patrɔ̃, ɔn] *nm, f* -1. [d'entreprise] head. -2. [chef] boss. -3. RELIG patron saint. ◆ **patron** *nm* [modèle] pattern.

patronage [patrɔnaʒ] *nm* -1. [protection] patronage; [de saint] protection. -2. [organisation] youth club.

patronal, -e, -aux [patrɔnal, o] *adj* [organisation, intérêts] employers' (*avant n*).

patronat [patrɔna] *nm* employers.

patronyme [patrɔnim] *nm* patronymic.

patrouille [patruj] *nf* patrol.

patte [pat] *nf* -1. [d'animal] paw; [d'oiseau] foot. -2. *fam* [jambe] leg; [pied] foot; [main] hand, paw. -3. [favori] sideburn. -4. [de poche] flap.

pâturage [patyraʒ] *nm* [lieu] pasture land.

pâture [patyr] *nf* [nourriture] food, fodder; *fig* intellectual nourishment.

paume [pom] *nf* -1. [de main] palm. -2. SPORT real tennis.

paumé, -e [pome] *fam* ◇ *adj* lost. ◇ *nm, f* down and out.

paumer [pome] *fam vt* to lose. ◆ **se paumer** *vp* to get lost.

paupière [popjɛr] *nf* eyelid.

pause [poz] *nf* -1. [arrêt] break; ~-**café** coffee-break. -2. MUS pause.

pauvre [povr] ◇ *nmf* poor person. ◇ *adj* poor; ~ **en** low in.

pauvreté [povrəte] *nf* poverty.

pavaner [pavane] ◆ **se pavaner** *vp* to strut.

pavé, -e [pave] *adj* cobbled. ◆ **pavé** *nm* -1. [chaussée]: **être sur le ~** *fig* to be out on the streets; **battre le ~** *fig* to walk the streets. -2. [de pierre] cobblestone, paving stone. -3. *fam* [livre] tome. -4. INFORM: ~ **numérique** keypad.

pavillon [pavijɔ̃] *nm* -1. [bâtiment] detached house. -2. [de trompette] bell. -3. [d'oreille] pinna, auricle. -4. [drapeau] flag.

pavot [pavo] *nm* poppy.

payant, -e [pɛjɑ̃, ɑ̃t] *adj* -1. [hôte] paying (*avant n*). -2. [spectacle] with an admission charge. -3. *fam* [affaire] profitable.

paye = **paie**.

payement = **paiement**.

payer [peje] ◇ *vt* -1. [gén] to pay; [achat] to pay for; ~ **qqch à qqn** to buy sthg for sb, to buy sb sthg, to treat sb to sthg. -2. [expier - crime, faute] to pay for. ◇ *vi*: ~ **(pour)** to pay (for).

pays [pei] *nm* -1. [gén] country. -2. [région, province] region. ◆ **pays de Galles** *nm*: **le ~ de Galles** Wales.

paysage [peizaʒ] *nm* -1. [site, vue] landscape, scenery. -2. [tableau] landscape.

paysagiste [peizaʒist] *nmf* -1. [peintre] landscape artist. -2. [concepteur de parcs] landscape gardener.

paysan, -anne [peizɑ̃, an] ◇ *adj* [vie, coutume] country (*avant n*), rural; [organisation, revendication] farmers' (*avant n*); *péj* peasant (*avant n*). ◇ *nm, f* -1. [agriculteur] (small) farmer. -2. *péj* [rustre] peasant.

Pays-Bas [peiba] *nmpl*: **les ~** the Netherlands.

PC *nm* -1. (*abr de* **Parti communiste**) Communist Party. -2. (*abr de* **personal computer**) PC. -3. (*abr de* **Petite Ceinture**) *bus following the inner ring road in Paris*.

PCV (*abr de* **à percevoir**) *nm* reverse charge call.

P-DG (*abr de* **président-directeur général**) *nm* Chairman and Managing Director *Br*, Chairman and President *Am*.

péage [peaʒ] *nm* toll.

peau [po] *nf* -1. [gén] skin; ~ **d'orange** orange peel; MÉD ≃ cellulite. -2. [cuir] hide, leather (U).

péché [peʃe] *nm* sin.

pêche [pɛʃ] *nf* -1. [fruit] peach. -2. [activité] fishing; [poissons] catch; **aller à la ~** to go fishing.

pécher [peʃe] *vi* to sin.

pêcher[1] [peʃe] *vt* -1. [poisson] to catch. -2. *fam* [trouver] to dig up.

pêcher[2] [peʃe] *nm* peach tree.

pécheur, -eresse [peʃœr, peʃrɛs] ◇ *adj* sinful. ◇ *nm, f* sinner.

pêcheur, -euse [peʃœr, øz] *nm, f* fisherman (*f* fisherwoman).

pectoral, -e, -aux [pɛktɔral, o] *adj* [sirop] cough (*avant n*). ◆ **pectoraux** *nmpl* pectorals.

pécuniaire [pekynjɛr] *adj* financial.

pédagogie [pedagɔʒi] *nf* -1. [science] education, pedagogy. -2. [qualité] teaching ability.

pédagogue [pedagɔg] ◇ *nmf* teacher. ◇ *adj*: **être ~** to be a good teacher.

pédale [pedal] *nf* [gén] pedal.

pédaler [pedale] *vi* [à bicyclette] to pedal.

pédalo [pedalo] *nm* pedal boat.

pédant, -e [pedɑ̃, ɑ̃t] *adj* pedantic.

pédéraste [pederast] *nm* homosexual, pederast.

pédiatre [pedjatr] *nmf* pediatrician.

pédiatrie [pedjatri] *nf* pediatrics (U).

pédicure [pedikyr] *nmf* chiropodist.

peigne [pɛɲ] *nm* -1. [démêloir, barrette] comb. -2. [de tissage] card.

peigner [peɲe] *vt* -1. [cheveux] to comb. -2. [fibres] to card. ◆ **se peigner** *vp* to comb one's hair.

peignoir [peɲwar] *nm* dressing gown *Br*, robe *Am*, bathrobe *Am*.

peindre [pɛ̃dr] *vt* to paint; *fig* [décrire] to depict.

peine [pɛn] *nf* -1. [châtiment] punishment, penalty; JUR sentence; **sous ~ de qqch** on pain of sthg; ~ **capitale** OU **de mort** capital punishment, death sentence. **-2.** [chagrin] sorrow, sadness (U); **faire de la ~ à qqn** to upset sb, to distress sb. **-3.** [effort] trouble; **ça ne vaut pas** OU **ce n'est pas la ~** it's not worth it. **-4.** [difficulté] difficulty; **avoir de la ~ à faire qqch** to have difficulty OU trouble doing sthg; **à grand-~** with great difficulty; **sans ~** without difficulty, easily. ◆ **à peine** *loc adv* scarcely, hardly; **à ~ ... que** hardly ... than; **c'est à ~ si on se parle** we hardly speak (to each other).

peint, -e [pɛ̃, pɛ̃t] *pp* → **peindre**.

peintre [pɛ̃tr] *nm* painter.

peinture [pɛ̃tyr] *nf* **-1.** [gén] painting. **-2.** [produit] paint; «**~ fraîche**» "wet paint".

péjoratif, -ive [peʒɔratif, iv] *adj* pejorative.

Pékin [pekɛ̃] *n* Peking, Beijing.

pékinois, -e [pekinwa, az] *adj* of/from Peking. ◆ **pékinois** *nm* **-1.** [langue] Mandarin. **-2.** [chien] pekinese. ◆ **Pékinois, -e** *nm, f* native OU inhabitant of Peking.

pelage [pəlaʒ] *nm* coat, fur.

pêle-mêle [pɛlmɛl] *adv* pell-mell.

peler [pəle] *vt & vi* to peel.

pèlerin [pɛlrɛ̃] *nm* pilgrim.

pèlerinage [pɛlrinaʒ] *nm* **-1.** [voyage] pilgrimage. **-2.** [lieu] place of pilgrimage.

pélican [pelikã] *nm* pelican.

pelle [pɛl] *nf* **-1.** [instrument] shovel. **-2.** [machine] digger.

pelleter [pɛlte] *vt* to shovel.

pellicule [pelikyl] *nf* film. ◆ **pellicules** *nfpl* dandruff (U).

pelote [pəlɔt] *nf* [de laine, ficelle] ball.

peloter [pəlɔte] *vt fam* to paw.

peloton [pəlɔtɔ̃] *nm* **-1.** [de soldats] squad; **~ d'exécution** firing squad. **-2.** [de concurrents] pack.

pelotonner [pəlɔtɔne] ◆ **se pelotonner** *vp* to curl up.

pelouse [pəluz] *nf* **-1.** [de jardin] lawn. **-2.** [de champ de courses] public enclosure. **-3.** FOOTBALL & RUGBY field.

peluche [pəlyʃ] *nf* **-1.** [jouet] soft toy. **-2.** [d'étoffe] piece of fluff.

pelure [pəlyr] *nf* [fruit] peel.

pénal, -e, -aux [penal, o] *adj* penal.

pénaliser [penalize] *vt* to penalize.

penalty [penalti] (*pl* **penaltys** OU **penalties**) *nm* penalty.

penaud, -e [pəno, od] *adj* sheepish.

penchant [pɑ̃ʃɑ̃] *nm* **-1.** [inclination] tendency. **-2.** [sympathie] **~ pour** liking OU fondness for.

pencher [pɑ̃ʃe] ◇ *vi* to lean; **~ vers/ pour** *fig* to incline towards/in favour of. ◇ *vt* to bend. ◆ **se pencher** *vp* [s'incliner] to lean over; [se baisser] to bend down; **se ~ sur qqn/qqch** to lean over sb/sthg.

pendaison [pɑ̃dɛzɔ̃] *nf* hanging.

pendant¹, -e [pɑ̃dɑ̃, ɑ̃t] *adj* [bras] hanging, dangling. ◆ **pendant** *nm* **-1.** [bijou]: **~ d'oreilles** (drop) earring. **-2.** [de paire] counterpart.

pendant² [pɑ̃dɑ̃] *prép* during. ◆ **pendant que** *loc conj* while, whilst; **~ que j'y suis, ...** while I'm at it, ...

pendentif [pɑ̃dɑ̃tif] *nm* pendant.

penderie [pɑ̃dri] *nf* wardrobe.

pendre [pɑ̃dr] ◇ *vi* **-1.** [être fixé en haut]: **~ (à)** to hang (from). **-2.** [descendre trop bas] to hang down. ◇ *vt* **-1.** [rideaux, tableau] to hang (up), to put up. **-2.** [personne] to hang. ◆ **se pendre** *vp* [se suicider] to hang o.s.

pendule [pɑ̃dyl] ◇ *nm* pendulum. ◇ *nf* clock.

pénétrer [penetre] ◇ *vi* to enter. ◇ *vt* **-1.** [mur, vêtement] to penetrate. **-2.** *fig* [mystère, secret] to fathom out.

pénible [penibl] *adj* **-1.** [travail] laborious. **-2.** [nouvelle, maladie] painful. **-3.** *fam* [personne] tiresome.

péniche [peniʃ] *nf* barge.

pénicilline [penisilin] *nf* penicillin.

péninsule [penɛ̃syl] *nf* peninsula.

pénis [penis] *nm* penis.

pénitence [penitɑ̃s] *nf* **-1.** [repentir] penitence. **-2.** [peine, punition] penance.

pénitencier [penitɑ̃sje] *nm* prison, penitentiary *Am*.

pénombre [penɔ̃br] *nf* half-light.

pense-bête [pɑ̃sbɛt] (*pl* **pense-bêtes**) *nm* reminder.

pensée [pɑ̃se] *nf* **-1.** [idée, faculté] thought. **-2.** [esprit] mind, thoughts (*pl*). **-3.** [doctrine] thought, thinking. **-4.** BOT pansy.

penser [pɑ̃se] ◇ *vi* to think; **~ à qqn/ qqch** [avoir à l'esprit] to think of sb/ sthg, to think about sb/sthg; [se rappeler] to remember sb/sthg; **~ à faire qqch** [avoir à l'esprit] to think of doing sthg; [se rappeler] to remember to do sthg; **qu'est-ce que tu en penses?** what do you think (of it)?; **faire ~ à qqn/ qqch** to make one think of sb/sthg; **faire ~ à qqn à faire qqch** to remind sb to do sthg. ◇ *vt* to think; **je pense que oui** I think so; **je pense que non** I don't think so; ~ **faire qqch** to be planning to do sthg.

pensif, -ive [pãsif, iv] *adj* pensive, thoughtful.

pension [pãsjɔ̃] *nf* **-1.** [allocation] pension; ~ **alimentaire** [dans un divorce] alimony. **-2.** [hébergement] board and lodgings; ~ **complète** full board; **demi-**~ half board. **-3.** [hôtel] guesthouse; ~ **de famille** guesthouse, boarding house. **-4.** [prix de l'hébergement] ≃ rent, keep. **-5.** [internat] boarding school; **être en** ~ to be a boarder OU at boarding school.

pensionnaire [pãsjɔnɛr] *nmf* **-1.** [élève] boarder. **-2.** [hôte payant] lodger.

pensionnat [pãsjɔna] *nm* [internat] boarding school.

pentagone [pɛ̃tagon] *nm* pentagon.

pente [pãt] *nf* slope; **en** ~ sloping, inclined.

pentecôte [pãtkot] *nf* [juive] Pentecost; [chrétienne] Whitsun.

pénurie [penyri] *nf* shortage.

pépier [pepje] *vi* to chirp.

pépin [pepɛ̃] *nm* **-1.** [graine] pip. **-2.** *fam* [ennui] hitch. **-3.** *fam* [parapluie] brolly *Br.*

pépinière [pepinjɛr] *nf* tree nursery; *fig* [école, établissement] nursery.

pépite [pepit] *nf* nugget.

perçant, -e [pɛrsã, ãt] *adj* **-1.** [regard, son] piercing. **-2.** [froid] bitter, biting.

percepteur [pɛrsɛptœr] *nm* tax collector.

perception [pɛrsɛpsjɔ̃] *nf* **-1.** [d'impôts] collection. **-2.** [bureau] tax office. **-3.** [sensation] perception.

percer [pɛrse] ◇ *vt* **-1.** [mur, roche] to make a hole in; [coffre-fort] to crack. **-2.** [trou] to make; [avec perceuse] to drill. **-3.** [silence, oreille] to pierce. **-4.** [foule] to make one's way through. **-5.** *fig* [mystère] to penetrate. ◇ *vi* **-1.** [soleil] to break through. **-2.** [abcès] to burst; **avoir une dent qui perce** to be cutting a tooth. **-3.** [réussir] to make a name for o.s., to break through.

perceuse [pɛrsøz] *nf* drill.

percevoir [pɛrsəvwar] *vt* **-1.** [intention, nuance] to perceive. **-2.** [retraite, indemnité] to receive. **-3.** [impôts] to collect.

perche [pɛrʃ] *nf* **-1.** [poisson] perch. **-2.** [de bois, métal] pole.

percher [pɛrʃe] ◇ *vi* [oiseau] to perch. ◇ *vt* to perch. ◆ **se percher** *vp* to perch.

perchoir [pɛrʃwar] *nm* perch.

percolateur [pɛrkɔlatœr] *nm* percolator.

perçu, -e [pɛrsy] *pp* → **percevoir**.

percussion [pɛrkysjɔ̃] *nf* percussion.

percutant, -e [pɛrkytã, ãt] *adj* **-1.** [obus] explosive. **-2.** *fig* [argument] forceful.

percuter [pɛrkyte] ◇ *vt* to strike, to smash into. ◇ *vi* to explode.

perdant, -e [pɛrdã, ãt] ◇ *adj* losing. ◇ *nm, f* loser.

perdre [pɛrdr] ◇ *vt* **-1.** [gén] to lose. **-2.** [temps] to waste; [occasion] to miss, to waste. **-3.** [suj: bonté, propos] to be the ruin of. ◇ *vi* to lose. ◆ **se perdre** *vp* **-1.** [coutume] to die out, to become lost. **-2.** [personne] to get lost, to lose one's way.

perdrix [pɛrdri] *nf* partridge.

perdu, -e [pɛrdy] ◇ *pp* → **perdre**. ◇ *adj* **-1.** [égaré] lost. **-2.** [endroit] out-of-the-way. **-3.** [balle] stray. **-4.** [emballage] non-returnable. **-5.** [temps, occasion] wasted. **-6.** [malade] dying. **-7.** [récolte, robe] spoilt, ruined.

père [pɛr] *nm* [gén] father; ~ **de famille** father. ◆ **père Noël** *nm*: **le** ~ **Noël** Father Christmas, Santa Claus.

péremptoire [perãptwar] *adj* peremptory.

perfection [pɛrfɛksjɔ̃] *nf* [qualité] perfection.

perfectionner [pɛrfɛksjɔne] *vt* to perfect. ◆ **se perfectionner** *vp* to improve.

perfide [pɛrfid] *adj* perfidious.

perforer [pɛrfɔre] *vt* to perforate.

performance [pɛrfɔrmãs] *nf* performance.

performant, -e [pɛrfɔrmã, ãt] *adj* **-1.** [personne] efficient. **-2.** [machine] high-performance (*avant n*).

perfusion [pɛrfyzjɔ̃] *nf* perfusion.

péridurale [peridyral] *nf* epidural.

péril [peril] *nm* peril.

périlleux, -euse [perijø, øz] *adj* perilous, dangerous.

périmé, -e [perime] *adj* out-of-date; *fig* [idées] outdated.

périmètre [perimɛtr] *nm* **-1.** [contour] perimeter. **-2.** [contenu] area.

période [perjɔd] *nf* period.

périodique [perjɔdik] ◇ *nm* periodical. ◇ *adj* periodic.

péripétie [peripesi] *nf* event.

périphérie [periferi] *nf* **-1.** [de ville] outskirts (*pl*). **-2.** [bord] periphery; [de cercle] circumference.

périphérique [periferik] ◇ *nm* **-1.** [route] ring road *Br*, beltway *Am*. **-2.** INFORM peripheral device. ◇ *adj* peripheral.

périphrase [perifraz] *nf* periphrasis.

périple [peripl] *nm* -1. NAVIG voyage. -2. [voyage] trip.

périr [perir] *vi* to perish.

périssable [perisabl] *adj* -1. [denrée] perishable. -2. [sentiment] transient.

perle [pɛrl] *nf* -1. [de nacre] pearl. -2. [de bois, verre] bead. -3. [personne] gem.

permanence [pɛrmanɑ̃s] *nf* -1. [continuité] permanence; **en ~** constantly. -2. [service]: **être de ~** to be on duty. -3. SCOL: **(salle de) ~** study room.

permanent, -e [pɛrmanɑ̃, ɑ̃t] *adj* permanent; [cinéma] with continuous showings; [comité] standing (*avant n*). ◆ **permanente** *nf* perm.

permettre [pɛrmɛtr] *vt* to permit, to allow; **~ à qqn de faire qqch** to permit OU allow sb to do sth. ◆ **se permettre** *vp*: **se ~ qqch** to allow o.s sthg; [avoir les moyens de] to be able to afford sthg; **se ~ de faire qqch** to take the liberty of doing sthg.

permis, -e [pɛrmi, iz] *pp* → permettre. ◆ **permis** *nm* licence, permit; **~ de conduire** driving licence *Br*, driver's license *Am*; **~ de construire** planning permission *Br*, building permit *Am*; **~ de travail** work permit.

permission [pɛrmisjɔ̃] *nf* -1. [autorisation] permission. -2. MIL leave.

permuter [pɛrmyte] ◇ *vt* to change round; [mots, figures] to transpose. ◇ *vi* to change, to switch.

pérorer [perɔre] *vi péj* to hold forth.

Pérou [peru] *nm*: **le ~** Peru.

perpendiculaire [pɛrpɑ̃dikylɛr] ◇ *nf* perpendicular. ◇ *adj*: **~ (à)** perpendicular (to).

perpétrer [pɛrpetre] *vt* to perpetrate.

perpétuel, -elle [pɛrpetɥɛl] *adj* -1. [fréquent, continu] perpetual. -2. [rente] life (*avant n*); [secrétaire] permanent.

perpétuer [pɛrpetɥe] *vt* to perpetuate. ◆ **se perpétuer** *vp* to continue; [espèce] to perpetuate itself.

perpétuité [pɛrpetɥite] *nf* perpetuity; **à ~** for life; **être condamné à ~** to be sentenced to life imprisonment.

perplexe [pɛrplɛks] *adj* perplexed.

perquisition [pɛrkizisjɔ̃] *nf* search.

perron [pɛrɔ̃] *nm* steps (*pl*) (*at entrance to building*).

perroquet [pɛrɔkɛ] *nm* [animal] parrot.

perruche [peryʃ] *nf* budgerigar.

perruque [peryk] *nf* wig.

persan, -e [pɛrsɑ̃, an] *adj* Persian. ◆ **persan** *nm* [chat] Persian (cat).

persécuter [pɛrsekyte] *vt* -1. [martyriser] to persecute. -2. [harceler] to harass.

persécution [pɛrsekysjɔ̃] *nf* persecution.

persévérant, -e [pɛrseverɑ̃, ɑ̃t] *adj* persevering.

persévérer [pɛrsevere] *vi*: **~ (dans)** to persevere (in).

persienne [pɛrsjɛn] *nf* shutter.

persifler [pɛrsifle] *vt littéraire* to mock.

persil [pɛrsi] *nm* parsley.

Persique [pɛrsik] → **golfe**.

persistant, -e [pɛrsistɑ̃, ɑ̃t] *adj* persistent; **arbre à feuillage ~** evergreen (tree).

persister [pɛrsiste] *vi* to persist; **~ à faire qqch** to persist in doing sthg.

personnage [pɛrsɔnaʒ] *nm* -1. THÉÂTRE character; ART figure. -2. [personnalité] image.

personnalité [pɛrsɔnalite] *nf* -1. [gén] personality. -2. JUR status.

personne [pɛrsɔn] ◇ *nf* person; **~s** people; **en ~** in person, personally; **~ âgée** elderly person. ◇ *pron indéf* -1. [quelqu'un] anybody, anyone. -2. [aucune personne] nobody, no one; **~ ne viendra** nobody will come; **il n'y a jamais ~** there's never anybody there, nobody is ever there.

personnel, -elle [pɛrsɔnɛl] *adj* -1. [gén] personal. -2. [égoïste] self-centred. ◆ **personnel** *nm* staff, personnel.

personnellement [pɛrsɔnɛlmɑ̃] *adv* personally.

personnifier [pɛrsɔnifje] *vt* to personify.

perspective [pɛrspɛktiv] *nf* -1. [ART & point de vue] perspective. -2. [panorama] view. -3. [éventualité] prospect.

perspicace [pɛrspikas] *adj* perspicacious.

persuader [pɛrsɥade] *vt*: **~ qqn de qqch/de faire qqch** to persuade sb of sthg/to do sthg, to convince sb of sthg/to do sthg.

persuasif, -ive [pɛrsɥazif, iv] *adj* persuasive.

persuasion [pɛrsɥazjɔ̃] *nf* persuasion.

perte [pɛrt] *nf* -1. [gén] loss. -2. [gaspillage - de temps] waste. -3. [ruine, déchéance] ruin. ◆ **pertes** *nfpl* [morts] losses. ◆ **à perte de vue** *loc adv* as far as the eye can see.

pertinent, -e [pɛrtinɑ̃, ɑ̃t] *adj* pertinent, relevant.

perturber [pɛrtyrbe] *vt* -1. [gén] to disrupt; ~ **l'ordre public** to disturb the peace. -2. PSYCHOL to disturb.

pervenche [pɛrvɑ̃ʃ] nf -1. BOT periwinkle. -2. fam [contractuelle] traffic warden Br, meter maid Am.

pervers, -e [pɛrver, ɛrs] ◇ adj -1. [vicieux] perverted. -2. [effet] unwanted. ◇ nm, f pervert.

perversion [pɛrvɛrsjɔ̃] nf perversion.

perversité [pɛrvɛrsite] nf perversity.

pervertir [pɛrvɛrtir] vt to pervert.

pesamment [pəzamɑ̃] adv heavily.

pesant, -e [pəzɑ̃, ɑ̃t] adj -1. [lourd] heavy. -2. [style, architecture] ponderous.

pesanteur [pəzɑ̃tœr] nf -1. PHYS gravity. -2. [lourdeur] heaviness.

pesée [pəze] nf [opération] weighing.

pèse-personne [pɛzpɛrsɔn] (pl inv OU **pèse-personnes**) nm scales (pl).

peser [pəze] ◇ vt to weigh. ◇ vi -1. [avoir un certain poids] to weigh. -2. [être lourd] to be heavy. -3. [appuyer]: ~ **sur qqch** to press (down) on sthg.

peseta [pɛzeta] nf peseta.

pessimisme [pesimism] nm pessimism.

pessimiste [pesimist] ◇ nmf pessimist. ◇ adj pessimistic.

peste [pɛst] nf -1. MÉD plague. -2. [personne] pest.

pestiféré, -e [pɛstifere] ◇ adj plague-stricken. ◇ nm, f plague victim.

pestilentiel, -ielle [pɛstilɑ̃sjɛl] adj pestilential.

pet [pɛ] nm fam fart.

pétale [petal] nm petal.

pétanque [petɑ̃k] nf ≈ bowls (U).

pétarader [petarade] vi to backfire.

pétard [petar] nm -1. [petit explosif] banger Br, firecracker. -2. fam [revolver] gun. -3. [joint] joint.

péter [pete] ◇ vi -1. tfam [personne] to fart. -2. fam [câble, élastique] to snap. ◇ vt fam to bust.

pétiller [petije] vi -1. [vin, eau] to sparkle, to bubble. -2. [feu] to crackle. -3. fig [yeux] to sparkle.

petit, -e [pəti, it] ◇ adj -1. [de taille, jeune] small, little; ~ **frère** little OU younger brother; **~e sœur** little OU younger sister. -2. [voyage, visite] short, little. -3. [faible, infime - somme d'argent] small; [- bruit] faint, slight; **c'est une ~e nature** he/she is slightly built. -4. [de peu d'importance, de peu de valeur] minor. -5. [médiocre, mesquin] petty. -6. [de rang modeste - commerçant, propriétaire, pays] small; [- fonctionnaire] minor.

◇ nm, f [enfant] little one, child; **bonjour, mon ~/ma ~e** good morning, my dear; **pauvre ~!** poor little thing!; **la classe des ~s** SCOL the infant class. ◇ nm [jeune animal] young (U); **faire des ~s** to have puppies/kittens etc. ◆ **petit à petit** loc adv little by little, gradually.

petit déjeuner [p(ə)tidezœne] nm breakfast.

petite-fille [p(ə)titfij] nf granddaughter.

petitement [p(ə)titmɑ̃] adv -1. [chichement - vivre] poorly. -2. [mesquinement] pettily.

petitesse [p(ə)tites] nf -1. [de personne, de revenu] smallness. -2. [d'esprit] pettiness.

petit-fils [p(ə)tifis] nm grandson.

petit-four [p(ə)tifur] nm petit-four.

pétition [petisjɔ̃] nf petition.

petit-lait [p(ə)tile] nm whey.

petit-nègre [p(ə)tinɛgr] nm inv fam pidgin French.

petits-enfants [p(ə)tizɑ̃fɑ̃] nmpl grandchildren.

petit-suisse [p(ə)tisɥis] nm fresh soft cheese, eaten with sugar.

pétrifier [petrifje] vt litt & fig to petrify.

pétrin [petrɛ̃] nm -1. [de boulanger] kneading machine. -2. fam [embarras] pickle; **se fourrer/être dans le ~** to get into/to be in a pickle.

pétrir [petrir] vt [pâte, muscle] to knead.

pétrole [petrɔl] nm oil, petroleum.

pétrolier, -ière [petrɔlje, jɛr] adj oil (avant n), petroleum (avant n). ◆ **pétrolier** nm [navire] oil tanker.

pétrolifère [petrɔlifɛr] adj oil-bearing.

pétulant, -e [petylɑ̃, ɑ̃t] adj exuberant.

peu [pø] ◇ adv -1. (avec verbe, adjectif, adverbe): **il a ~ dormi** he didn't sleep much, he slept little; **~ souvent** not very often, rarely; **très ~** very little. -2. **~ de** (+ nom sg) little, not much; (+ nom pl) few, not many; **il a ~ de travail** he hasn't got much work, he has little work; **il reste ~ de jours** there aren't many days left; **~ de gens le connaissent** few OU not many know him. ◇ nm -1. [petite quantité]: **le ~ de** (+ nom sg) the little; (+ nom pl) the few. -2. **un ~** a little, a bit; **je le connais un ~** I know him slightly OU a little; **un (tout) petit ~** a little bit; **elle est un ~ sotte** she's a bit stupid; **un ~ de** a little; **un ~ de vin/patience** a little wine/patience. ◆ **avant peu** loc adv soon, before long. ◆ **depuis peu** loc adv recently. ◆ **peu à peu** loc adv gradually, little by little. ◆ **pour peu que** loc conj (+ subjonctif) if ever, if only. ◆ **pour un peu** loc adv nearly, almost. ◆ **si peu que** loc conj (+ subjonctif) however little. ◆ **sous peu** loc adv soon, shortly.

peuplade [pœplad] nf tribe.

peuple [pœpl] nm -1. [gén] people; le ~ the (common) people. -2. fam [multitude]: **quel ~!** what a crowd!

peuplement [pœpləmɑ̃] nm -1. [action] populating. -2. [population] population.

peupler [pœple] vt -1. [pourvoir d'habitants - région] to populate; [- bois, étang] to stock. -2. [habiter, occuper] to inhabit. -3. fig [remplir] to fill. ◆ **se peupler** vp -1. [région] to become populated. -2. [rue, salle] to be filled.

peuplier [pøplije] nm poplar.

peur [pœr] nf fear; **avoir ~ de qqn/qqch** to be afraid of sb/sthg; **avoir ~ de faire qqch** to be afraid of doing sthg; **avoir ~ que** (+ subjonctif) to be afraid that; **j'ai ~ qu'il ne vienne pas** I'm afraid he won't come; **faire ~ à qqn** to frighten sb; **par** OU **de ~ de qqch** for fear of sthg; **par** OU **de ~ de faire qqch** for fear of doing sthg.

peureux, -euse [pœrø, øz] ◇ adj fearful, timid. ◇ nm, f fearful OU timid person.

peut → **pouvoir**.

peut-être [pøtɛtr] adv perhaps, maybe; **~ qu'ils ne viendront pas, ils ne viendront ~ pas** perhaps OU maybe they won't come.

peux → **pouvoir**.

phalange [falɑ̃ʒ] nf ANAT phalanx.

phallocrate [falɔkrat] nm male chauvinist.

phallus [falys] nm phallus.

pharaon [faraɔ̃] nm pharaoh.

phare [far] ◇ nm -1. [tour] lighthouse. -2. AUTOM headlight; **~ antibrouillard** fog lamp. ◇ adj landmark (avant n); **une industrie ~** flagship OU pioneering industry.

pharmaceutique [farmasøtik] adj pharmaceutical.

pharmacie [farmasi] nf -1. [science] pharmacology. -2. [magasin] chemist's Br, drugstore Am. -3. [meuble]: **(armoire à) ~** medicine cupboard.

pharmacien, -ienne [farmasjɛ̃, jɛn] nm, f chemist Br, druggist Am.

pharynx [farɛ̃ks] nm pharynx.

phase [faz] nf phase; **être en ~ avec**

qqn to be on the same wavelength as sb.

phénoménal, -e, -aux [fenɔmenal, o] adj phenomenal.

phénomène [fenɔmɛn] nm -1. [fait] phenomenon. -2. [être anormal] freak. -3. fam [excentrique] character.

philanthropie [filɑ̃trɔpi] nf philanthropy.

philatélie [filateli] nf philately, stamp-collecting.

philharmonique [filarmɔnik] adj philharmonic.

Philippines [filipin] nfpl: **les ~** the Philippines.

philologie [filɔlɔʒi] nf philology.

philosophe [filɔzɔf] ◇ nmf philosopher. ◇ adj philosophical.

philosophie [filɔzɔfi] nf philosophy.

phobie [fɔbi] nf phobia.

phonétique [fɔnetik] ◇ nf phonetics (U). ◇ adj phonetic.

phonographe [fɔnɔgraf] nm vieilli gramophone Br, phonograph Am.

phoque [fɔk] nm seal.

phosphate [fɔsfat] nm phosphate.

phosphore [fɔsfɔr] nm phosphorus.

phosphorescent, -e [fɔsfɔresɑ̃, ɑ̃t] adj phosphorescent.

photo [fɔto] ◇ nf -1. [technique] photography. -2. [image] photo, picture; **prendre qqn en ~** to take a photo of sb; **~ d'identité** passport photo. ◇ adj inv: **appareil ~** camera.

photocomposition [fɔtokɔ̃pozisjɔ̃] nf filmsetting Br, photocomposition Am.

photocopie [fɔtokɔpi] nf -1. [procédé] photocopying. -2. [document] photocopy.

photocopier [fɔtokɔpje] vt to photocopy.

photocopieur [fɔtokɔpjœr] nm, **photocopieuse** [fɔtokɔpjøz] nf photocopier.

photoélectrique [fɔtoelɛktrik] adj photoelectric.

photogénique [fɔtoʒenik] adj photogenic.

photographe [fɔtograf] nmf -1. [artiste, technicien] photographer. -2. [commerçant] camera dealer.

photographie [fɔtografi] nf -1. [technique] photography. -2. [cliché] photograph.

photographier [fɔtografje] vt to photograph.

Photomaton® [fɔtomatɔ̃] nm photo booth.

photoreportage [fɔtɔrəpɔrtaʒ] *nm* PRESSE report (*consisting mainly of photographs*).

phrase [fraz] *nf* **-1.** LING sentence; ~ **toute faite** stock phrase. **-2.** MUS phrase.

physicien, -ienne [fizisjɛ̃, jɛn] *nm, f* physicist.

physiologie [fizjɔlɔʒi] *nf* physiology.

physiologique [fizjɔlɔʒik] *adj* physiological.

physionomie [fizjɔnɔmi] *nf* **-1.** [faciès] face. **-2.** [apparence] physiognomy.

physionomiste [fizjɔnɔmist] *adj*: **être ~** to have a good memory for faces.

physique [fizik] ◇ *adj* physical. ◇ *nf* SCIENCE physics (*U*). ◇ *nm* **-1.** [constitution] physical well-being. **-2.** [apparence] physique.

physiquement [fizikmɑ̃] *adv* physically.

piaffer [pjafe] *vi* **-1.** [cheval] to paw the ground. **-2.** [personne] to fidget.

piailler [pjaje] *vi* **-1.** [oiseaux] to cheep. **-2.** [enfant] to squawk.

pianiste [pjanist] *nmf* pianist.

piano [pjano] ◇ *nm* piano. ◇ *adv* **-1.** MUS piano. **-2.** [doucement] gently.

pianoter [pjanɔte] *vi* **-1.** [jouer du piano] to plunk away (on the piano). **-2.** [sur table] to drum one's fingers.

piaule [pjol] *nf fam* [hébergement] place; [chambre] room.

PIB (*abr de* **produit intérieur brut**) *nm* GDP.

pic [pik] *nm* **-1.** [outil] pick, pickaxe. **-2.** [montagne] peak. **-3.** [oiseau] woodpecker. ◆ **à pic** *loc adv* **-1.** [verticalement] vertically; **couler à ~** to sink like a stone. **-2.** *fam fig* [à point nommé] just at the right moment.

pichenette [piʃnɛt] *nf* flick (of the finger).

pichet [piʃɛ] *nm* jug.

pickpocket [pikpɔkɛt] *nm* pickpocket.

picorer [pikɔre] *vi & vt* to peck.

picotement [pikɔtmɑ̃] *nm* prickling (*U*), prickle.

pie [pi] ◇ *nf* **-1.** [oiseau] magpie. **-2.** *fig & péj* [bavard] chatterbox. ◇ *adj inv* [cheval] piebald.

pièce [pjɛs] *nf* **-1.** [élément] piece; [de moteur] part; ~ **de collection** collector's item; ~ **détachée** spare part. **-2.** [unité]: **quinze francs ~** fifteen francs each OU apiece; **acheter/vendre qqch à la ~** to buy/sell sthg singly, to buy/sell sthg separately; **travailler à la ~** to do piece work. **-3.** [document] document, paper; ~ **d'identité** identification papers (*pl*);

~ **justificative** written proof (*U*), supporting document. **-4.** [œuvre littéraire ou musicale] piece; ~ **(de théâtre)** play. **-5.** [argent]: ~ **(de monnaie)** coin. **-6.** [de maison] room. **-7.** COUTURE patch.

pied [pje] *nm* **-1.** [gén] foot; **à ~** on foot; **avoir ~** to be able to touch the bottom; **perdre ~** *litt & fig* to be out of one's depth; **être/marcher ~s nus** OU **nu-~s** to be/to go barefoot; ~ **bot** [handicap] clubfoot. **-2.** [base - de montagne, table] foot; [- de verre] stem; [- de lampe] base. **-3.** [plant - de tomate] stalk; [- de vigne] stock. **-4.** *loc*: **être sur ~** to be (back) on one's feet, to be up and about; **faire du ~ à** to play footsie with; **mettre qqch sur ~** to get sthg on its feet, to get sthg off the ground; **je n'ai jamais mis les ~s chez lui** I've never set foot in his house; **au ~ de la lettre** literally, to the letter. ◆ **en pied** *loc adj* [portrait] full-length.

pied-de-biche [pjedbiʃ] (*pl* **pieds-de-biche**) *nm* [outil] nail claw.

piédestal, -aux [pjedɛstal, o] *nm* pedestal.

pied-noir [pjenwar] *nmf* French settler in Algeria.

piège [pjɛʒ] *nm litt & fig* trap.

piéger [pjeʒe] *vt* **-1.** [animal, personne] to trap. **-2.** [colis, véhicule] to boobytrap.

pierraille [pjeraj] *nf* loose stones (*pl*).

pierre [pjɛr] *nf* stone; ~ **d'achoppement** *fig* stumbling block; ~ **précieuse** precious stone.

pierreries [pjɛrri] *nfpl* precious stones, jewels.

piété [pjete] *nf* piety.

piétiner [pjetine] ◇ *vi* **-1.** [trépigner] to stamp (one's feet). **-2.** *fig* [ne pas avancer] to make no progress, to be at a standstill. ◇ *vt* [personne, parterre] to trample.

piéton, -onne [pjetɔ̃, ɔn] ◇ *nm, f* pedestrian. ◇ *adj* pedestrian (*avant n*).

piétonnier, -ière [pjetɔnje, jɛr] *adj* pedestrian (*avant n*).

piètre [pjɛtr] *adj* poor.

pieu, -x [pjø] *nm* **-1.** [poteau] post, stake. **-2.** *fam* [lit] pit Br, sack Am.

pieuvre [pjœvr] *nf* octopus; *fig & péj* leech.

pieux, pieuse [pjø, pjøz] *adj* [personne, livre] pious.

pif [pif] *nm fam* conk, hooter Br; **au ~** *fig* by guesswork.

pigeon [piʒɔ̃] *nm* **-1.** [oiseau] pigeon. **-2.** *fam péj* [personne] sucker.

pigeonnier [piʒɔnje] *nm* [pour pigeons] pigeon loft, dovecote.

pigment [pigmɑ̃] *nm* pigment.

pignon [piɲɔ̃] *nm* **-1.** [de mur] gable. **-2.** [d'engrenage] gearwheel. **-3.** [de pomme de pin] pine kernel.

pile [pil] *nf* **-1.** [de livres, journaux] pile. **-2.** ÉLECTR battery. **-3.** [de pièce]: ~ **ou face** heads or tails. ◇ *adv fam* on the dot; **tomber/arriver** ~ to come/to arrive at just the right time.

piler [pile] ◇ *vt* [amandes] to crush, to grind. ◇ *vi fam* AUTOM to jam on the brakes.

pileux, -euse [pilø, øz] *adj* hairy (*avant n*); **système** ~ hair.

pilier [pilje] *nm* **-1.** [de construction] pillar. **-2.** *fig* [soutien] mainstay, pillar. **-3.** RUGBY prop (forward).

pillard, -e [pijar, ard] *nm, f* looter.

piller [pije] *vt* **-1.** [ville, biens] to loot. **-2.** *fig* [ouvrage, auteur] to plagiarize.

pilon [pilɔ̃] *nm* **-1.** [instrument] pestle. **-2.** [de poulet] drumstick. **-3.** [jambe de bois] wooden leg.

pilonner [pilɔne] *vt* to pound.

pilori [pilɔri] *nm* pillory; **mettre** OU **clouer qqn au** ~ *fig* to pillory sb.

pilotage [pilɔtaʒ] *nm* piloting; ~ **automatique** automatic piloting.

pilote [pilɔt] ◇ *nm* [d'avion] pilot; [de voiture] driver; ~ **automatique** autopilot; ~ **de chasse** fighter pilot; ~ **de course** racing driver; ~ **d'essai** test pilot; ~ **de ligne** airline pilot. ◇ *adj* pilot (*avant n*), experimental.

piloter [pilɔte] *vt* **-1.** [avion] to pilot; [voiture] to drive. **-2.** [personne] to show around.

pilotis [pilɔti] *nm* pile.

pilule [pilyl] *nf* pill; **prendre la** ~ to be on the pill.

piment [pimɑ̃] *nm* **-1.** [plante] pepper, capsicum; ~ **rouge** chilli pepper, hot red pepper. **-2.** *fig* [piquant] spice.

pimpant, -e [pɛ̃pɑ̃, ɑ̃t] *adj* smart.

pin [pɛ̃] *nm* pine; ~ **parasol** umbrella pine; ~ **sylvestre** Scots pine.

pince [pɛ̃s] *nf* **-1.** [grande] pliers (*pl*). **-2.** [petite]: ~ **(à épiler)** tweezers (*pl*); ~ **à linge** clothes peg. **-3.** [de crabe] pincer. **-4.** COUTURE dart.

pinceau [pɛ̃so] *nm* [pour peindre] brush.

pincée [pɛ̃se] *nf* pinch.

pincer [pɛ̃se] ◇ *vt* **-1.** [serrer] to pinch; MUS to pluck; [lèvres] to purse. **-2.** *fam fig* [arrêter] to nick *Br*, to catch. **-3.** [suj:

froid] to nip. ◇ *vi fam* [faire froid]: **ça pince!** it's a bit nippy!

pincettes [pɛ̃set] *nfpl* [ustensile] tongs.

pingouin [pɛ̃gwɛ̃] *nm* penguin.

ping-pong [piŋpɔ̃g] *nm* ping pong, table tennis.

pinson [pɛ̃sɔ̃] *nm* chaffinch.

pintade [pɛ̃tad] *nf* guinea fowl.

pin-up [pinœp] *nf inv* pinup (girl).

pioche [pjɔʃ] *nf* **-1.** [outil] pick. **-2.** JEU pile.

piocher [pjɔʃe] ◇ *vt* **-1.** [terre] to dig. **-2.** JEU to take. **-3.** *fig* [choisir] to pick at random. ◇ *vi* **-1.** [creuser] to dig. **-2.** JEU to pick up; ~ **dans** [tas] to delve into; [économies] to dip into.

pion, pionne [pjɔ̃, pjɔn] *nm, f fam* SCOL supervisor (*often a student who does this as a part-time job*). ◆ **pion** *nm* [aux échecs] pawn; [aux dames] piece; **n'être qu'un** ~ *fig* to be just a pawn in the game.

pionnier, -ière [pjɔnje, jɛr] *nm, f* pioneer.

pipe [pip] *nf* pipe.

pipeline, pipe-line [pajplajn, piplin] (*pl* **pipe-lines**) *nm* pipeline.

pipi [pipi] *nm fam* wee; **faire** ~ to have a wee.

piquant, -e [pikɑ̃, ɑ̃t] *adj* **-1.** [barbe, feuille] prickly. **-2.** [sauce] spicy, hot. ◆ **piquant** *nm* **-1.** [d'animal] spine; [de végétal] thorn, prickle. **-2.** *fig* [d'histoire] spice.

pique [pik] ◇ *nf* **-1.** [arme] pike. **-2.** *fig* [mot blessant] barbed comment. ◇ *nm* [aux cartes] spade.

pique-assiette [pikasjɛt] (*pl inv* OU **pique-assiettes**) *nmf péj* sponger.

pique-nique [piknik] (*pl* **pique-niques**) *nm* picnic.

piquer [pike] ◇ *vt* **-1.** [suj: guêpe, méduse] to sting; [suj: serpent, moustique] to bite. **-2.** [avec pointe] to prick. **-3.** MÉD to give an injection to. **-4.** [animal] to put down. **-5.** [fleur]: ~ **qqch dans** to stick sthg into. **-6.** [suj: tissu, barbe] to prickle. **-7.** [suj: fumée, froid] to sting. **-8.** COUTURE to sew, to machine. **-9.** *fam* [voler] to pinch. **-10.** *fig* [curiosité] to excite, to arouse. **-11.** *fam* [voleur, escroc] to nick *Br*, to catch. ◇ *vi* **-1.** [ronce] to prick; [ortie] to sting. **-2.** [guêpe, méduse] to sting; [serpent, moustique] to bite. **-3.** [épice] to burn. **-4.** *fam* [voler]: ~ **(dans)** to pinch (from). **-5.** [avion] to dive.

piquet [pike] *nm* [pieu] peg, stake. ◆ **piquet de grève** *nm* picket.

piqûre [pikyr] *nf* **-1.** [de guêpe, méduse] sting; [de serpent, moustique] bite. **-2.** [d'ortie] sting. **-3.** [injection] jab *Br*, shot.

piratage [pirataʒ] *nm* piracy; INFORM hacking.

pirate [pirat] ◇ *nm* [corsaire] pirate; ~ de l'air hijacker, skyjacker. ◇ *adj* pirate (*avant n*).

pire [pir] ◇ *adj* **-1.** [comparatif relatif] worse. **-2.** [superlatif]: **le/la** ~ the worst. ◇ *nm*: **le** ~ **(de)** the worst (of).

pirogue [pirɔg] *nf* dugout canoe.

pirouette [pirwɛt] *nf* **-1.** [saut] pirouette. **-2.** *fig* [faux-fuyant] prevarication, evasive answer.

pis [pi] ◇ *adj littéraire* [pire] worse. ◇ *adv* worse; **de mal en** ~ from bad to worse. ◇ *nm* udder.

pis-aller [pizale] *nm inv* last resort.

pisciculture [pisikyltyr] *nf* fish farming.

piscine [pisin] *nf* swimming pool; ~ couverte/découverte indoor/open-air swimming pool.

pissenlit [pisɑ̃li] *nm* dandelion.

pisser [pise] *fam* ◇ *vt* **-1.** [suj: personne]: ~ **du sang** to pass blood. **-2.** [suj: plaie]: **son genou pissait le sang** blood was gushing from his knee. ◇ *vi* to pee, to piss.

pissotière [pisɔtjɛr] *nf fam* public urinal.

pistache [pistaʃ] *nf* [fruit] pistachio (nut).

piste [pist] *nf* **-1.** [trace] trail. **-2.** [zone aménagée]: ~ **d'atterrissage** runway; ~ **cyclable** cycle track; ~ **de danse** dance floor; ~ **de ski** ski run. **-3.** [chemin] path, track. **-4.** [d'enregistrement] track.

pistil [pistil] *nm* pistil.

pistolet [pistɔlɛ] *nm* **-1.** [arme] pistol, gun. **-2.** [à peinture] spray gun.

piston [pistɔ̃] *nm* **-1.** [de moteur] piston. **-2.** MUS [d'instrument] valve. **-3.** *fig* [appui] string-pulling.

pistonner [pistɔne] *vt* to pull strings for; **se faire** ~ to have strings pulled for one.

pitance [pitɑ̃s] *nf péj* & *vieilli* sustenance.

piteux, -euse [pitø, øz] *adj* piteous.

pitié [pitje] *nf* pity; **avoir** ~ **de qqn** to have pity on sb, to pity sb.

piton [pitɔ̃] *nm* **-1.** [clou] piton. **-2.** [pic] peak.

pitoyable [pitwajabl] *adj* pitiful.

pitre [pitr] *nm* clown.

pitrerie [pitrəri] *nf* tomfoolery.

pittoresque [pitɔrɛsk] *adj* **-1.** [région] picturesque. **-2.** [détail] colourful, vivid.

pivot [pivo] *nm* **-1.** [de machine, au basket] pivot. **-2.** [de dent] post. **-3.** [centre] *fig* mainspring.

pivoter [pivɔte] *vi* to pivot; [porte] to revolve.

pizza [pidza] *nf* pizza.

Pl., pl. *abr de* place.

placage [plakaʒ] *nm* [de bois] veneer.

placard [plakar] *nm* **-1.** [armoire] cupboard. **-2.** [affiche] poster, notice.

placarder [plakarde] *vt* [affiche] to put up, to stick up; [mur] to placard, to stick a notice on.

place [plas] *nf* **-1.** [espace] space, room; **prendre de la** ~ to take up (a lot of) space; **faire** ~ **à** [amour, haine] to give way to. **-2.** [emplacement, position] position; **changer qqch de** ~ to put sthg in a different place, to move sthg; **prendre la** ~ **de qqn** to take sb's place; **à la** ~ **de qqn** instead of sb, in sb's place; **à ta** ~ if I were you, in your place. **-3.** [siège] seat; ~ **assise** seat. **-4.** [rang] place. **-5.** [de ville] square. **-6.** [emploi] position, job. **-7.** MIL [de garnison] garrison (town); ~ **forte** fortified town.

placement [plasmɑ̃] *nm* **-1.** [d'argent] investment. **-2.** [d'employé] placing.

placenta [plasɛ̃ta] *nm* ANAT placenta.

placer [plase] *vt* **-1.** [gén] to put, to place; [invités, spectateurs] to seat. **-2.** [mot, anecdote] to put in, to get in. **-3.** [argent] to invest. ◆ **se placer** *vp* **-1.** [prendre place - debout] to stand; [- assis] to sit (down). **-2.** *fig* [dans situation] to put o.s. **-3.** [se classer] to come, to be.

placide [plasid] *adj* placid.

plafond [plafɔ̃] *nm litt* & *fig* ceiling; **faux** ~ false ceiling.

plafonner [plafɔne] *vi* [prix, élève] to peak; [avion] to reach its ceiling.

plage [plaʒ] *nf* **-1.** [de sable] beach. **-2.** [d'ombre, de prix] band; *fig* [de temps] slot. **-3.** [de disque] track. **-4.** [dans voiture]: ~ **arrière** back shelf.

plagiat [plaʒja] *nm* plagiarism.

plagier [plaʒje] *vt* to plagiarize.

plaider [plede] JUR ◇ *vt* to plead. ◇ *vi* to plead; ~ **contre qqn** to plead against sb; ~ **pour qqn** JUR to plead for sb; [justifier] to plead sb's cause.

plaidoirie [pledwari] *nf*, **plaidoyer** [pledwaje] *nm* JUR speech for the defence; *fig* plea.

plaie [plɛ] *nf* **-1.** *litt* & *fig* wound. **-2.** *fam* [personne] pest.

plaindre [plɛ̃dr] *vt* to pity. ◆ **se plaindre** *vp* to complain.

plaine [plɛn] *nf* plain.

plain-pied [plɛ̃pje] ◆ **de plain-pied** *loc adv* -1. [pièce] on one floor; **de ~ avec** *litt* & *fig* on a level with. -2. *fig* [directement] straight.

plaint, -e [plɛ̃, plɛ̃t] *pp* → **plaindre**.

plainte [plɛ̃t] *nf* -1. [gémissement] moan, groan; *fig* & *litt* [du vent] moan. -2. [doléance & JUR] complaint; **porter ~** to lodge a complaint; **~ contre X** ≃ complaint against person or persons unknown.

plaintif, -ive [plɛ̃tif, iv] *adj* plaintive.

plaire [plɛr] *vi* to be liked; **il me plaît** I like him; **ça te plairait d'aller au cinéma?** would you like to go to the cinema?; **s'il vous/te plaît** please.

plaisance [plɛzɑ̃s] ◆ **de plaisance** *loc adj* sailing (*avant n*); **navigation de ~** sailing; **port de ~** marina.

plaisancier, -ière [plɛzɑ̃sje, jɛr] *nm, f* (amateur) sailor.

plaisant, -e [plɛzɑ̃, ɑ̃t] *adj* pleasant.

plaisanter [plɛzɑ̃te] *vi* to joke; **tu plaisantes?** you must be joking!

plaisanterie [plɛzɑ̃tri] *nf* joke; **c'est une ~?** *iron* you must be joking!

plaisantin [plɛzɑ̃tɛ̃] *nm* joker.

plaisir [plezir] *nm* pleasure; **les ~s de la vie** life's pleasures; **avoir du/prendre ~ à faire qqch** to have/to take pleasure in doing sthg; **faire ~ à qqn** to please sb; **avec ~** with pleasure; **j'ai le ~ de vous annoncer que ...** I have the (great) pleasure of announcing that ....

plan¹, -e [plɑ̃, plan] *adj* level, flat.

plan² [plɑ̃] *nm* -1. [dessin - de ville] map; [- de maison] plan. -2. [projet] plan; **faire des ~s** to make plans; **avoir son ~** to have something in mind. -3. [domaine]: **sur tous les ~s** in all respects; **sur le ~ affectif** emotionally; **sur le ~ familial** as far as the family is concerned. -4. [surface]: **~ d'eau** lake; **~ de travail** work surface, worktop. -5. GÉOM plane. -6. CINÉMA take; **gros ~** close-up. ◆ **à l'arrière-plan** *loc adv* in the background. ◆ **au premier plan** *loc adv* [dans l'espace] in the foreground. ◆ **en plan** *loc adv*: **laisser qqn en ~** to leave sb stranded, to abandon sb; **il a tout laissé en ~** he dropped everything. ◆ **sur le même plan** *loc adj* on the same level.

planche [plɑ̃ʃ] *nf* -1. [en bois] plank; **~ à dessin** drawing board; **~ à repasser** ironing board; **~ à voile** [planche] sailboard; [sport] windsurfing; **faire la ~** *fig* to float. -2. [d'illustration] plate.

plancher [plɑ̃ʃe] *nm* -1. [de maison, de voiture] floor. -2. *fig* [limite] floor, lower limit.

plancton [plɑ̃ktɔ̃] *nm* plankton.

planer [plane] *vi* -1. [avion, oiseau] to glide. -2. [nuage, fumée, brouillard] to float. -3. *fig* [danger]: **~ sur qqn** to hang over sb. -4. *fam fig* [personne] to be out of touch with reality, to have one's head in the clouds.

planétaire [planeter] *adj* -1. ASTRON planetary. -2. [mondial] world (*avant n*).

planétarium [planetarjɔm] *nm* planetarium.

planète [planet] *nf* planet.

planeur [planœr] *nm* glider.

planification [planifikasjɔ̃] *nf* ÉCON planning.

planisphère [planisfɛr] *nm* map of the world, planisphere.

planning [planiŋ] *nm* -1. [de fabrication] workflow schedule. -2. [agenda personnel] schedule; **~ familial** [contrôle] family planning; [organisme] family planning centre.

planque [plɑ̃k] *nf fam* -1. [cachette] hideout. -2. *fig* [situation, travail] cushy number.

plant [plɑ̃] *nm* [plante] seedling.

plantaire [plɑ̃ter] *adj* plantar.

plantation [plɑ̃tasjɔ̃] *nf* -1. [exploitation - d'arbres, de coton, de café] plantation; [- de légumes] patch. -2. [action] planting.

plante [plɑ̃t] *nf* -1. BOT plant; **~ verte** OU **d'appartement** OU **d'intérieur** house OU pot plant. -2. ANAT sole.

planter [plɑ̃te] *vt* -1. [arbre, terrain] to plant. -2. [clou] to hammer in, to drive in; [pieu] to drive in; [couteau, griffes] to stick in. -3. [tente] to pitch. -4. *fam fig* [laisser tomber] to dump. ◆ *fig* [chapeau] to stick; [baiser] to plant; **~ son regard dans celui de qqn** to look sb right in the eyes.

plantureux, -euse [plɑ̃tyrø, øz] *adj* -1. [repas] lavish. -2. [femme] buxom.

plaque [plak] *nf* -1. [de métal, de verre, de verglas] sheet; [de marbre] slab; **~ chauffante** OU **de cuisson** hotplate; **~ de chocolat** bar of chocolate. -2. [gravée] plaque; **~ d'immatriculation** OU **minéralogique** number plate *Br*, license plate *Am.* **-3.** [insigne] badge. **-4.** [sur la peau] patch. **-5.** [dentaire] plaque.

plaqué, -e [plake] *adj* [métal] plated; ~ **or/argent** gold-/silver-plated. ◆ **plaqué** *nm* [métal]: **du** ~ **or/argent** gold/silver plate.

plaquer [plake] *vt* **-1.** [métal] to plate. **-2.** [bois] to veneer. **-3.** [aplatir] to flatten; ~ **qqn contre qqch** to pin sb against sthg; ~ **qqch contre qqch** to stick sthg onto sthg. **-4.** RUGBY to tackle. **-5.** MUS [accord] to play. **-6.** *fam* [travail, personne] to chuck.

plaquette [plakɛt] *nf* **-1.** [de métal] plaque; [de marbre] tablet. **-2.** [de chocolat] bar; [de beurre] pat. **-3.** [de comprimés] packet, strip. **-4.** (*gén pl*) BIOL platelet. **-5.** AUTOM: ~ **de frein** brake pad.

plasma [plasma] *nm* plasma.

plastique [plastik] *adj & nm* plastic.

plastiquer [plastike] *vt* to blow up (*with plastic explosives*).

plat, -e [pla, plat] *adj* **-1.** [gén] flat. **-2.** [eau] still. ◆ **plat** *nm* **-1.** [partie plate] flat. **-2.** [récipient] dish. **-3.** [mets] course; ~ **cuisiné** ready-cooked meal OU dish; ~ **du jour** today's special; ~ **de résistance** main course. **-4.** [plongeon] belly-flop. ◆ **à plat** *loc adv* **-1.** [horizontalement, dégonflé] flat. **-2.** *fam* [épuisé] exhausted.

platane [platan] *nm* plane tree.

plateau [plato] *nm* **-1.** [de cuisine] tray; ~ **de/à fromages** cheese board. **-2.** [de balance] pan. **-3.** GÉOGR & *fig* plateau. **-4.** THÉÂTRE stage; CIN & TÉLÉ set. **-5.** [de vélo] chain wheel.

plateau-repas [platoʀəpa] *nm* tray (of food).

plate-bande [platbɑ̃d] *nf* flower bed.

plate-forme [platfɔʀm] *nf* [gén] platform; ~ **de forage** drilling platform.

platine [platin] ◇ *adj inv* platinum. ◇ *nm* [métal] platinum. ◇ *nf* [de tourne-disque] deck; ~ **laser** compact disc player.

platonique [platɔnik] *adj* [amour, amitié] platonic.

plâtras [platʀa] *nm* [gravats] rubble.

plâtre [platʀ] *nm* **-1.** CONSTR & MÉD plaster. **-2.** [sculpture] plaster cast. **-3.** *péj* [fromage]: **c'est du vrai** ~ it's like sawdust.

plâtrer [platʀe] *vt* **-1.** [mur] to plaster. **-2.** MÉD to put in plaster.

plausible [plozibl] *adj* plausible.

play-back [plɛbak] *nm inv* miming; **chanter en** ~ to mime.

play-boy [plɛbɔj] (*pl* **play-boys**) *nm* playboy.

plébiscite [plebisit] *nm* plebiscite.

plein, -e [plɛ̃, plɛn] *adj* **-1.** [rempli, complet] full; **c'est la** ~**e forme** I am/they are *etc* in top form; **en** ~**e nuit** in the middle of the night; **en** ~ **air** in the open air. **-2.** [non creux] solid. **-3.** [femelle] pregnant. ◆ **plein** ◇ *adv fam*: **il a de l'encre** ~ **les doigts** he has ink all over his fingers; **en** ~ **dans/sur qqch** right in/on sthg. ◇ *nm* [de réservoir] full tank; **le** ~, **s'il vous plaît** fill her up please; **faire le** ~ to fill up.

plein-temps [plɛ̃tɑ̃] *nm* full-time work (U). ◆ **à plein temps** *loc adj & loc adv* full-time.

plénitude [plenityd] *nf* fullness.

pléonasme [pleɔnasm] *nm* pleonasm.

pleurer [plœʀe] ◇ *vi* **-1.** [larmoyer] to cry; ~ **de joie** to weep for joy, to cry with joy. **-2.** *péj* [se plaindre] to whinge. **-3.** [se lamenter]: ~ **sur** to lament. ◇ *vt* to mourn.

pleurnicher [plœʀniʃe] *vi* to whine, to whinge.

pleurs [plœʀ] *nmpl*: **être en** ~ to be in tears.

pleuvoir [pløvwaʀ] *v impers litt & fig* to rain; **il pleut** it is raining.

Plexiglas® [plɛksiglas] *nm* Plexiglass®.

plexus [plɛksys] *nm* plexus; ~ **solaire** solar plexus.

pli [pli] *nm* **-1.** [de tissu] pleat; [de pantalon] crease; **faux** ~ crease. **-2.** [du front] line; [du cou] fold. **-3.** [lettre] letter; [enveloppe] envelope; **sous** ~ **séparé** under separate cover. **-4.** CARTES trick. **-5.** GÉOL fold.

pliant, -e [plijɑ̃, ɑ̃t] *adj* folding (*avant n*).

plier [plije] ◇ *vt* **-1.** [papier, tissu] to fold. **-2.** [vêtement, vélo] to fold (up). **-3.** [branche, bras] to bend. ◇ *vi* **-1.** [se courber] to bend. **-2.** *fig* [céder] to bow. ◆ **se plier** *vp* **-1.** [être pliable] to fold (up). **-2.** *fig* [se soumettre]: **se** ~ **à qqch** to bow to sthg.

plinthe [plɛ̃t] *nf* plinth.

plissé, -e [plise] *adj* **-1.** [jupe] pleated. **-2.** [peau] wrinkled.

plissement [plismɑ̃] *nm* **-1.** [de front] creasing; [d'yeux] screwing up. **-2.** GÉOL fold.

plisser [plise] ◇ *vt* **-1.** COUTURE to pleat. **-2.** [front] to crease; [lèvres] to pucker;

[yeux] to screw up. ◇ *vi* [étoffe] to crease.

plomb [plɔ̃] *nm* **-1.** [métal, de vitrail] lead. **-2.** [de chasse] shot. **-3.** ÉLECTR fuse; **les ~s ont sauté** a fuse has blown OU gone. **-4.** [de pêche] sinker.

plombage [plɔ̃baʒ] *nm* [de dent] filling.

plomber [plɔ̃be] *vt* **-1.** [ligne] to weight (with lead). **-2.** [dent] to fill.

plombier [plɔ̃bje] *nm* plumber.

plonge [plɔ̃ʒ] *nf* dishwashing; **faire la ~** to wash dishes.

plongeant, -e [plɔ̃ʒɑ̃, ɑ̃t] *adj* **-1.** [vue] from above. **-2.** [décolleté] plunging.

plongeoir [plɔ̃ʒwar] *nm* diving board.

plongeon [plɔ̃ʒɔ̃] *nm* [dans l'eau, au football] dive.

plonger [plɔ̃ʒe] ◇ *vt* **-1.** [immerger, enfoncer] to plunge; **~ la tête sous l'eau** to put one's head under the water. **-2.** *fig* [précipiter]: **~ qqn dans qqch** to throw sb into sthg; **~ une pièce dans l'obscurité** to plunge a room into darkness. ◇ *vi* [dans l'eau, gardien de but] to dive. ◆ **se plonger** *vp* **-1.** [s'immerger] to submerge. **-2.** *fig* [s'absorber]: **se ~ dans qqch** to immerse o.s. in sthg.

plongeur, -euse [plɔ̃ʒœr, øz] *nm, f* **-1.** [dans l'eau] diver. **-2.** [dans restaurant] dishwasher.

ployer [plwaje] *vt & vi litt & fig* to bend.

plu [ply] ◇ *pp inv* → **plaire**. ◇ *pp inv* → **pleuvoir**.

pluie [plɥi] *nf* **-1.** [averse] rain (U); **sous la ~** in the rain; **une ~ battante** driving rain. **-2.** *fig* [grande quantité]: **une ~ de** a shower of.

plume [plym] *nf* **-1.** [d'oiseau] feather. **-2.** [pour écrire - d'oiseau] quill pen; [- de stylo] nib.

plumeau [plymo] *nm* feather duster.

plumer [plyme] *vt* **-1.** [volaille] to pluck. **-2.** *fam fig & péj* [personne] to fleece.

plumier [plymje] *nm* pencil box.

plupart [plypar] *nf*: **la ~ de** most of, the majority of; **la ~ du temps** most of the time, mostly; **pour la ~** mostly, for the most part.

pluriel, -ielle [plyrjɛl] *adj* **-1.** GRAM plural. **-2.** [société] pluralist. ◆ **pluriel** *nm* plural; **au ~** in the plural.

plus [ply(s)] ◇ *adv* **-1.** [quantité] more; **je ne peux vous en dire ~** I can't tell you anything more; **beaucoup ~ de** (+ *n sg*) a lot more, much more; (+ *n pl*) a lot more, many more; **un peu ~ de** (+ *n sg*) a little more; (+ *n pl*) a few more; **il y a (un peu) ~ de 15 ans** (a little) more than 15 years ago; **~ j'y pense, ~ je me dis que ...** the more I think about it, the more I'm sure .... **-2.** [comparaison] more; **c'est ~ court par là** it's shorter that way; **viens ~ souvent** come more often; **c'est un peu ~ loin** it's a (little) bit further; **~ jeune (que)** younger (than); **c'est ~ simple qu'on ne le croit** it's simpler than you think. **-3.** [superlatif]: **le ~** the most; **c'est lui qui travaille le ~** he's the hardest worker, he's the one who works (the) hardest; **un de ses tableaux les ~ connus** one of his best-known paintings; **le ~ souvent** the most often; **le ~ loin** the furthest; **le ~ vite possible** as quickly as possible. **-4.** [négation] no more; **~ un mot!** not another word!; **ne ... ~** no longer, no more; **il ne vient ~ me voir** he doesn't come to see me any more, he no longer comes to see me. ◇ *nm* **-1.** [signe] plus (sign). **-2.** *fig* [atout] plus. ◇ *prép* plus; **trois ~ trois font six** three plus three is six, three and three are six. ◆ **au plus** *loc adv* at the most; **tout au ~** at the very most. ◆ **de plus** *loc adv* **-1.** [en supplément, en trop] more; **elle a cinq ans de ~ que moi** she's five years older than me. **-2.** [en outre] furthermore, what's more. ◆ **de plus en plus** *loc adv* more and more. ◆ **de plus en plus de** *loc prép* more and more. ◆ **en plus** *loc adv* **-1.** [en supplément] extra. **-2.** [d'ailleurs] moreover, what's more. ◆ **en plus de** *loc prép* in addition to. ◆ **ni plus ni moins** *loc adv* no more no less. ◆ **plus ou moins** *loc adv* more or less. ◆ **sans plus** *loc adv*: **elle est gentille, sans ~** she's nice, but no more than that.

plusieurs [plyzjœr] *adj indéf pl & pron indéf mfpl* several.

plus-que-parfait [plyskəparfɛ] *nm* GRAM pluperfect.

plus-value [plyvaly] *nf* **-1.** [d'investissement] appreciation. **-2.** [excédent] surplus. **-3.** [bénéfice] profit.

plutôt [plyto] *adv* rather; **~ que de faire qqch** instead of doing sthg, rather than doing sthg.

pluvieux, -ieuse [plyvjø, jøz] *adj* rainy.

PME (*abr de* **petite et moyenne entreprise**) *nf* SME.

PMI *nf* (*abr de* **petite et moyenne industrie**) small industrial firm.

PMU (*abr de* **Pari mutuel urbain**) *nm* system for betting on horses.

PNB (*abr de* **produit national brut**) *nm* GNP.

pneu [pnø] *nm* [de véhicule] tyre.

pneumatique [pnømatik] ◇ *nf* PHYS pneumatics (U). ◇ *adj* **-1.** [fonctionnant à l'air] pneumatic. **-2.** [gonflé à l'air] inflatable.

pneumonie [pnømɔni] *nf* pneumonia.

PO (*abr de* **petites ondes**) MW.

poche [pɔʃ] *nf* **-1.** [de vêtement, de sac, d'air] pocket; **de ~** pocket (*avant n*). **-2.** [sac, sous les yeux] bag; **faire des ~s** [vêtement] to bag.

pocher [pɔʃe] *vt* **-1.** CULIN to poach. **-2.** [blesser]: **~ l'œil à qqn** to give sb a black eye.

pochette [pɔʃɛt] *nf* **-1.** [enveloppe] envelope; [d'allumettes] book; [de photos] packet. **-2.** [de disque] sleeve. **-3.** [mouchoir] (pocket) handkerchief.

pochoir [pɔʃwar] *nm* stencil.

podium [pɔdjɔm] *nm* podium.

poêle [pwal] ◇ *nf* pan; **~ à frire** frying pan. ◇ *nm* stove.

poème [pɔɛm] *nm* poem.

poésie [pɔezi] *nf* **-1.** [genre littéraire] poetry. **-2.** [pièce écrite] poem. **-3.** [caractère poétique] poeticism.

poète [pɔɛt] *nm* **-1.** [écrivain] poet. **-2.** *fig & hum* [rêveur] dreamer.

pogrom(e) [pɔgrɔm] *nm* pogrom.

poids [pwa] *nm* **-1.** [gén] weight; **quel ~ fait-il?** how heavy is it/he?; **perdre/prendre du ~** to lose/gain weight; **vendre au ~** to sell by weight; **~ lourd** BOXE heavyweight; [camion] heavy goods vehicle; **de ~** [argument] weighty. **-2.** SPORT [lancer] shot.

poignant, -e [pwaɲɑ̃, ɑ̃t] *adj* poignant.

poignard [pwaɲar] *nm* dagger.

poignée [pwaɲe] *nf* **-1.** [quantité, petit nombre] handful. **-2.** [manche] handle. ◆ **poignée de main** *nf* handshake.

poignet [pwaɲɛ] *nm* **-1.** ANAT wrist. **-2.** [de vêtement] cuff.

poil [pwal] *nm* **-1.** [du corps] hair. **-2.** [d'animal] hair, coat. **-3.** [de pinceau] bristle; [de tapis] strand. **-4.** *fam* [peu]: **il s'en est fallu d'un ~ que je réussisse** I came within a hair's breadth of succeeding.

poilu, -e [pwaly] *adj* hairy.

poinçon [pwɛ̃sɔ̃] *nm* **-1.** [outil] awl. **-2.** [marque] hallmark.

poinçonner [pwɛ̃sɔne] *vt* **-1.** [bijou] to hallmark. **-2.** [billet, tôle] to punch.

poing [pwɛ̃] *nm* fist.

point [pwɛ̃] ◇ *nm* **-1.** COUTURE & TRICOT stitch; **~s de suture** MÉD stitches. **-2.** [de ponctuation]: **~ (final)** full stop *Br*, period *Am*; **~ d'interrogation/d'exclamation** question/exclamation mark; **~s de suspension** suspension points. **-3.** [petite tache] dot; **~ noir** [sur la peau] blackhead; *fig* [problème] problem. **-4.** [endroit] spot, point; *fig* point; **~ d'appui** [support] something to lean on; **~ culminant** [en montagne] summit; *fig* climax; **~ de repère** [temporel] reference point; [spatial] landmark; **~ de vente** point of sale, sale outlet; **~ de vue** [panorama] viewpoint; *fig* [opinion, aspect] point of view; **avoir un ~ commun avec qqn** to have something in common with sb. **-5.** [degré] point; **au ~ que, à tel ~ que** to such an extent that; **je ne pensais pas que cela le vexerait à ce ~** I didn't think it would make him so cross; **être ... au ~ de faire qqch** to be so ... as to do sthg. **-6.** *fig* [position] position. **-7.** [réglage]: **mettre au ~** [machine] to adjust; [idée, projet] to finalize; **à ~** [cuisson] just right; **à ~ (nommé)** just in time. **-8.** [question, détail] point, detail; **~ faible** weak point. **-9.** [score] point. **-10.** [douleur] pain; **~ de côté** stitch. **-11.** [début]: **être sur le ~ de faire qqch** to be on the point of doing sthg, to be about to do sthg. **-12.** AUTOM: **au ~ mort** in neutral. **-13.** GÉOGR: **~s cardinaux** points of the compass. ◇ *adv vieilli*: **ne ~** not (at all).

pointe [pwɛ̃t] *nf* **-1.** [extrémité] point; [de nez] tip; **se hausser sur la ~ des pieds** to stand on tiptoe; **en ~** pointed; **tailler en ~** to taper; **se terminer en ~** to taper; **~ d'asperge** asparagus tip. **-2.** [clou] tack. **-3.** [sommet] peak, summit; **à la ~ de** *fig* at the peak of; **à la ~ de la technique** at the forefront OU leading edge of technology. **-4.** *fig* [trait d'esprit] witticism. **-5.** *fig* [petite quantité]: **une ~ de** a touch of. ◆ **pointes** *nfpl* DANSE points; **faire des** OU **les ~s** to dance on one's points. ◆ **de pointe** *loc adj* **-1.** [vitesse] maximum, top. **-2.** [industrie, secteur] leading; [technique] latest.

pointer [pwɛ̃te] ◇ *vt* **-1.** [cocher] to tick (off). **-2.** [employé - à l'entrée] to check in; [- à la sortie] to check out. **-3.** [diriger]: **~ qqch vers/sur** to point sthg towards/at. ◇ *vi* **-1.** [à l'usine - à l'entrée) to clock in; [- à la sortie) to clock out. **-2.** [à la pétanque] to get as close to the jack as possible. **-3.** [jour] to break.

pointillé [pwɛ̃tije] nm **-1.** [ligne] dotted line; **en ~** [ligne] dotted. **-2.** [perforations] perforations (pl).

pointilleux, -euse [pwɛ̃tijø, øz] adj: **~ (sur)** particular (about).

pointu, -e [pwɛ̃ty] adj **-1.** [objet] pointed. **-2.** [voix, ton] sharp. **-3.** [étude, formation] specialized.

pointure [pwɛ̃tyr] nf size.

point-virgule [pwɛ̃virgyl] nm semi-colon.

poire [pwar] nf **-1.** [fruit] pear. **-2.** MÉD: **~ à injections** syringe. **-3.** fam [visage] face. **-4.** fam [naïf] dope.

poireau, -x [pwaro] nm leek.

poirier [pwarje] nm pear tree.

pois [pwa] nm **-1.** BOT pea; **~ chiche** chickpea; **petits ~** garden peas, petits pois; **~ de senteur** sweet pea. **-2.** fig [motif] dot, spot; **à ~** spotted, polka-dot.

poison [pwazɔ̃] ◇ nm [substance] poison. ◇ nmf fam fig [personne] drag, pain; [enfant] brat.

poisse [pwas] nf fam bad luck; **porter la ~** to be bad luck.

poisseux, -euse [pwasø, øz] adj sticky.

poisson [pwasɔ̃] nm fish; **~ d'avril** [farce] April fool; [en papier] paper fish pinned to someone's back as a prank on April Fools' Day; **~ rouge** goldfish. ◆ **Poissons** nmpl ASTROL Pisces (sg).

poissonnerie [pwasɔnri] nf [boutique] fish shop, fishmonger's (shop).

poissonnier, -ière [pwasɔnje, jɛr] nm, f fishmonger.

poitrine [pwatrin] nf [thorax] chest; [de femme] chest, bust.

poivre [pwavr] nm pepper; **~ blanc** white pepper; **~ gris, ~ noir** black pepper.

poivrier [pwavrije] nm, **poivrière** [pwavrijer] nf pepper pot.

poivron [pwavrɔ̃] nm pepper, capsicum; **~ rouge/vert** red/green pepper.

poker [pɔkɛr] nm poker.

polaire [pɔlɛr] adj polar.

polar [pɔlar] nm fam thriller, whodunnit.

Polaroïd® [pɔlarɔid] nm Polaroid®.

polder [pɔldɛr] nm polder.

pôle [pol] nm pole; **~ Nord/Sud** North/South Pole.

polémique [pɔlemik] ◇ nf controversy. ◇ adj [style, ton] polemical.

poli, -e [pɔli] adj **-1.** [personne] polite. **-2.** [surface] polished.

police [pɔlis] nf **-1.** [force de l'ordre] police; **être de** OU **dans la ~** to be in the police; **~ secours** emergency service provided by the police. **-2.** [contrat] policy; **~ d'assurance** insurance policy.

polichinelle [pɔliʃinɛl] nm [personnage] Punch; **secret de ~** fig open secret.

policier, -ière [pɔlisje, jɛr] adj **-1.** [de la police] police (avant n). **-2.** [film, roman] detective (avant n). ◆ **policier** nm police officer.

poliomyélite [pɔljɔmjelit] nf poliomyelitis.

polir [pɔlir] vt to polish.

polisson, -onne [pɔlisɔ̃, ɔn] ◇ adj **-1.** [chanson, propos] lewd, suggestive. **-2.** [enfant] naughty. ◇ nm, f [enfant] naughty child.

politesse [pɔlitɛs] nf **-1.** [courtoisie] politeness. **-2.** [action] polite action.

politicien, -ienne [pɔlitisjɛ̃, jɛn] ◇ adj péj politicking, politically unscrupulous. ◇ nm, f politician, politico.

politique [pɔlitik] ◇ nf **-1.** [de gouvernement, de personne] policy. **-2.** [affaires publiques] politics (U). ◇ adj **-1.** [pouvoir, théorie] political; **homme ~** politician. **-2.** littéraire [choix, réponse] politic.

politiser [pɔlitize] vt to politicize.

pollen [pɔlɛn] nm pollen.

polluer [pɔlɥe] vt to pollute.

pollution [pɔlysjɔ̃] nf pollution.

polo [pɔlo] nm **-1.** [sport] polo. **-2.** [chemise] polo shirt.

Pologne [pɔlɔɲ] nf: **la ~** Poland.

polonais, -e [pɔlɔnɛ, ɛz] adj Polish. ◆ **polonais** nm [langue] Polish. ◆ **Polonais, -e** nm, f Pole.

poltron, -onne [pɔltrɔ̃, ɔn] ◇ nm, f coward. ◇ adj cowardly.

polychrome [pɔlikrom] adj polychrome, polychromatic.

polyclinique [pɔliklinik] nf general hospital.

polycopié, -e [pɔlikɔpje] adj duplicate (avant n). ◆ **polycopié** nm duplicated lecture notes.

polyester [pɔliɛstɛr] nm polyester.

polygame [pɔligam] adj polygamous.

polyglotte [pɔliglɔt] nmf & adj polyglot.

polygone [pɔligɔn] nm MATHS polygon.

polymère [pɔlimɛr] nm polymer.

Polynésie [pɔlinezi] nf: **la ~** Polynesia.

polystyrène [polistiʀɛn] *nm* polystyrène.

polytechnicien, -ienne [politɛknisjɛ̃, jɛn] *nm, f* student or ex-student of the École Polytechnique.

Polytechnique [politɛknik] *n*: **l'École ~** prestigious engineering college.

polyvalent, -e [polivalɑ̃, ɑ̃t] *adj* **-1.** [salle] multi-purpose. **-2.** [personne] versatile.

pommade [pomad] *nf* [médicament] ointment.

pomme [pom] *nf* **-1.** [fruit] apple; **~ de pin** pine OU fir cone. **-2.** [pomme de terre]: **~s allumettes** very thin chips; **~s frites** chips *Br*, (French) fries *Am*; **~s vapeur** steamed potatoes. **◆ pomme d'Adam** *nf* Adam's apple.

pomme de terre [pomdətɛʀ] *nf* potato.

pommette [pomɛt] *nf* cheekbone.

pommier [pomje] *nm* apple tree.

pompe [pɔ̃p] *nf* **-1.** [appareil] pump; **~ à essence** petrol pump *Br*, gas pump *Am*. **-2.** [magnificence] pomp, ceremony. **-3.** *fam* [chaussure] shoe. **◆ pompes funèbres** *nfpl* undertaker's *(sg)*, funeral director's *(sg) Br*, mortician's *(sg) Am*.

pomper [pɔ̃pe] *vt* [eau, air] to pump.

pompeux, -euse [pɔ̃pø, øz] *adj* pompous.

pompier [pɔ̃pje] *nm* fireman *Br*, fire fighter *Am*.

pompiste [pɔ̃pist] *nmf* petrol *Br* OU gas *Am* pump attendant.

pompon [pɔ̃pɔ̃] *nm* pompom.

pomponner [pɔ̃pɔne] **◆ se pomponner** *vp* to get dressed up.

ponce [pɔ̃s] *adj*: **pierre ~** pumice (stone).

poncer [pɔ̃se] *vt* [bois] to sand (down).

ponceuse [pɔ̃søz] *nf* sander, sanding machine.

ponction [pɔ̃ksjɔ̃] *nf* **-1.** [MÉD - lombaire] puncture; [- pleurale] tapping. **-2.** *fig* [prélèvement] withdrawal.

ponctualité [pɔ̃ktɥalite] *nf* punctuality.

ponctuation [pɔ̃ktɥasjɔ̃] *nf* punctuation.

ponctuel, -elle [pɔ̃ktɥɛl] *adj* **-1.** [action] specific, selective. **-2.** [personne] punctual.

ponctuer [pɔ̃ktɥe] *vt* to punctuate; **~ qqch de qqch** *fig* to punctuate sthg with sthg.

pondéré, -e [pɔ̃dere] *adj* **-1.** [personne] level-headed. **-2.** ÉCON weighted.

pondre [pɔ̃dʀ] *vt* **-1.** [œufs] to lay. **-2.** *fam fig* [projet, texte] to produce.

pondu, -e [pɔ̃dy] *pp* → **pondre**.

poney [pɔnɛ] *nm* pony.

pont [pɔ̃] *nm* **-1.** CONSTR bridge; **~s et chaussées** ADMIN ≃ highways department. **-2.** [lien] link, connection; **~ aérien** airlift. **-3.** [congé] *day off granted by an employer to fill the gap between a national holiday and a weekend*. **-4.** [de navire] deck.

ponte [pɔ̃t] ◇ *nf* [action] laying; [œufs] clutch. ◇ *nm fam* [autorité] big shot.

pont-levis [pɔ̃ləvi] *nm* drawbridge.

ponton [pɔ̃tɔ̃] *nm* [plate-forme] pontoon.

pop [pɔp] ◇ *nm* pop. ◇ *adj* pop (*avant n*).

pop-corn [pɔpkɔʀn] *nm inv* popcorn (*U*).

populace [pɔpylas] *nf péj* mob.

populaire [pɔpylɛʀ] *adj* **-1.** [du peuple - volonté] popular, of the people; [- quartier] working-class; [- art, chanson] folk. **-2.** [personne] popular.

populariser [pɔpylarize] *vt* to popularize.

popularité [pɔpylarite] *nf* popularity.

population [pɔpylasjɔ̃] *nf* population; **~ active** working population.

porc [pɔʀ] *nm* **-1.** [animal] pig, hog *Am*. **-2.** *fig & péj* [personne] pig, swine. **-3.** [viande] pork. **-4.** [peau] pigskin.

porcelaine [pɔʀsəlɛn] *nf* **-1.** [matière] china, porcelain. **-2.** [objet] piece of china OU porcelain.

porc-épic [pɔʀkepik] *nm* porcupine.

porche [pɔʀʃ] *nm* porch.

porcherie [pɔʀʃəʀi] *nf litt & fig* pigsty.

porcin, -e [pɔʀsɛ̃, in] *adj* **-1.** [élevage] pig (*avant n*). **-2.** *fig & péj* [yeux] piggy.

pore [pɔʀ] *nm* pore.

poreux, -euse [pɔʀø, øz] *adj* porous.

pornographie [pɔʀnɔgʀafi] *nf* pornography.

port [pɔʀ] *nm* **-1.** [lieu] port; **~ de commerce/pêche** commercial/fishing port. **-2.** [fait de porter sur soi - d'objet] carrying; [- de vêtement, décoration] wearing; **~ d'armes** carrying of weapons. **-3.** [transport] carriage; **franco de ~** carriage paid. **-4.** [allure] bearing.

portable [pɔʀtabl] ◇ *nm* [TV] portable; INFORM laptop, portable; TÉLÉCOM mobile (phone). ◇ *adj* **-1.** [vêtement] wearable. **-2.** [ordinateur, machine à écrire] portable, laptop.

portail [pɔʀtaj] *nm* portal.

portant, -e [pɔʀtɑ̃, ɑ̃t] *adj*: **être bien/mal ~** to be in good/poor health.

portatif, -ive [pɔʀtatif, iv] *adj* portable.

porte [pɔʀt] *nf* **-1.** [de maison, voiture] door; **mettre qqn à la ~** to throw sb out; ~ **d'entrée** front door. **-2.** [AÉRON, SKI & de ville] gate. **-3.** *fig* [de région] gateway.

porte-à-faux [pɔʀtafo] *nm inv* [roche] overhang; CONSTR cantilever; **en ~** overhanging; CONSTR cantilevered; *fig* in a delicate situation.

porte-à-porte [pɔʀtapɔʀt] *nm inv*: **faire du ~** to sell from door to door.

porte-avions [pɔʀtavjɔ̃] *nm inv* aircraft carrier.

porte-bagages [pɔʀtbagaʒ] *nm inv* luggage rack; [de voiture] roof rack.

porte-bonheur [pɔʀtbɔnœʀ] *nm inv* lucky charm.

porte-clefs, porte-clés [pɔʀtəkle] *nm inv* keyring.

porte-documents [pɔʀtdɔkymɑ̃] *nm inv* attaché OU document case.

portée [pɔʀte] *nf* **-1.** [de missile] range; **à ~ de** within range of; **à ~ de main** within reach; **à ~ de voix** within earshot; **à ~ de vue** in sight; **à la ~ de qqn** *fig* within sb's reach. **-2.** [d'événement] impact, significance. **-3.** MUS stave, staff. **-4.** [de femelle] litter.

porte-fenêtre [pɔʀtfənɛtʀ] *nf* French window OU door *Am*.

portefeuille [pɔʀtəfœj] *nm* **-1.** [pour billets] wallet. **-2.** FIN & POLIT portfolio.

porte-jarretelles [pɔʀtʒaʀtɛl] *nm inv* suspender belt *Br*, garter belt *Am*.

portemanteau, -x [pɔʀtmɑ̃to] *nm* [au mur] coat-rack; [sur pied] coat stand.

porte-monnaie [pɔʀtmɔnɛ] *nm inv* purse.

porte-parole [pɔʀtpaʀɔl] *nm inv* spokesman (*f* spokeswoman).

porter [pɔʀte] ◇ *vt* **-1.** [gén] to carry. **-2.** [vêtement, lunettes, montre] to wear; [barbe] to have. **-3.** [nom, date, inscription] to bear. **-4.** [inscrire] to put down, to write down; **porté disparu** reported missing. ◇ *vi* **-1.** [remarque] to strike home. **-2.** [voix, tir] to carry. ◆ **se porter** ◇ *vp* [se sentir]: **se ~ bien/mal** to be well/unwell. ◇ *v attr*: **se ~ garant de qqch** to guarantee sthg, to vouch for sthg; **se ~ candidat à** to stand for election to *Br*, to run for *Am*.

porte-savon [pɔʀtsavɔ̃] (*pl inv* OU **porte-savons**) *nm* soap dish.

porte-serviettes [pɔʀtsɛʀvjɛt] *nm inv* towel rail.

porteur, -euse [pɔʀtœʀ, øz] ◇ *adj*: **marché ~** COMM growth market; **mère porteuse** surrogate mother; **mur ~** load-bearing wall. ◇ *nm, f* **-1.** [de message,

nouvelle] bringer, bearer. **-2.** [de bagages] porter. **-3.** [détenteur - de papiers, d'actions] holder; [- de chèque] bearer. **-4.** [de maladie] carrier.

portier [pɔʀtje] *nm* commissionaire.

portière [pɔʀtjɛʀ] *nf* [de voiture, train] door.

portillon [pɔʀtijɔ̃] *nm* barrier, gate.

portion [pɔʀsjɔ̃] *nf* [de gâteau] portion, helping.

portique [pɔʀtik] *nm* **-1.** ARCHIT portico. **-2.** SPORT crossbeam (*for hanging apparatus*).

porto [pɔʀto] *nm* port.

Porto Rico [pɔʀtoriko], **Puerto Rico** [pwɛʀtoriko] *n* Puerto Rico.

portrait [pɔʀtʀɛ] *nm* portrait; PHOT photograph; **faire le ~ de qqn** *fig* to describe sb.

portraitiste [pɔʀtʀetist] *nmf* portrait painter.

portrait-robot [pɔʀtʀeʀɔbo] *nm* Photofit® picture, Identikit® picture.

portuaire [pɔʀtɥɛʀ] *adj* port (*avant n*), harbour (*avant n*).

portugais, -e [pɔʀtygɛ, ɛz] *adj* Portuguese. ◆ **portugais** *nm* [langue] Portuguese. ◆ **Portugais, -e** *nm, f* Portuguese (person); **les Portugais** the Portuguese.

Portugal [pɔʀtygal] *nm*: **le ~** Portugal.

pose [poz] *nf* **-1.** [de pierre, moquette] laying; [de papier peint, rideaux] hanging. **-2.** [position] pose. **-3.** PHOT exposure.

posé, -e [poze] *adj* sober, steady.

poser [poze] ◇ *vt* **-1.** [mettre] to put down; **~ qqch sur qqch** to put sthg on sthg. **-2.** [installer - rideaux, papier peint] to hang; [- étagère] to put up; [- moquette, carrelage] to lay. **-3.** [donner à résoudre - problème, difficulté] to pose; **~ une question** to ask a question; **~ sa candidature** to apply; POLIT to stand for election. ◇ *vi* to pose. ◆ **se poser** *vp* **-1.** [oiseau, avion] to land; *fig* [choix, regard]: **se ~ sur** to fall on. **-2.** [question, problème] to arise, to come up.

poseur, -euse [pozœʀ, øz] *nm, f vieilli* show-off, poser.

positif, -ive [pozitif, iv] *adj* positive.

position [pozisjɔ̃] *nf* position; **prendre ~** *fig* to take up a position, to take a stand.

posologie [pozɔlɔʒi] *nf* dosage.

posséder [pɔsede] *vt* **-1.** [détenir - voiture, maison] to possess, to own; [- diplôme] to have; [- capacités, connaissances] to possess, to have. **-2.** [langue, art] to have mastered. **-3.** *fam* [personne] to have.

possesseur [pɔsesœr] *nm* **-1.** [de bien] possessor, owner. **-2.** [de secret, diplôme] holder.

possessif, -ive [pɔsesif, iv] *adj* possessive. ◆ **possessif** *nm* GRAM possessive.

possession [pɔsesjɔ̃] *nf* [gén] possession; **être en ma/ta** *etc* ~ to be in my/your *etc* possession.

possibilité [pɔsibilite] *nf* **-1.** [gén] possibility. **-2.** [moyen] chance, opportunity.

possible [pɔsibl] ◇ *adj* possible; **c'est/ce n'est pas** ~ that's possible/impossible; **dès que** OU **aussitôt que** ~ as soon as possible. ◇ *nm*: **faire tout son** ~ to do one's utmost, to do everything possible; **dans la mesure du** ~ as far as possible.

postal, -e, -aux [pɔstal, o] *adj* postal.

poste [pɔst] ◇ *nf* **-1.** [service] post *Br*, mail *Am*; **envoyer/recevoir qqch par la** ~ to send/receive sthg by post. **-2.** [bureau] post office; ~ **restante** poste restante *Br*, general delivery *Am*. ◇ *nm* **-1.** [emplacement] post; ~ **de police** police station. **-2.** [emploi] position, post. **-3.** [appareil]: ~ **de radio** radio; ~ **de télévision** television (set). **-4.** TÉLÉCOM extension.

poster¹ [pɔstɛr] *nm* poster.

poster² [pɔste] *vt* **-1.** [lettre] to post *Br*, to mail *Am*. **-2.** [sentinelle] to post. ◆ **se poster** *vp* to position o.s., to station o.s.

postérieur, -e [pɔsterjœr] *adj* **-1.** [date] later, subsequent. **-2.** [membre] hind (*avant n*), back (*avant n*). ◆ **postérieur** *nm hum* posterior.

posteriori [pɔsterjɔri] ◆ **a posteriori** *loc adv* a posteriori.

postérité [pɔsterite] *nf* [générations à venir] posterity.

posthume [pɔstym] *adj* posthumous.

postiche [pɔstiʃ] *adj* false.

postier, -ière [pɔstje, jɛr] *nm, f* post-office worker.

postillonner [pɔstijɔne] *vi* to splutter.

post-scriptum [pɔstskriptɔm] *nm inv* postscript.

postulant, -e [pɔstylɑ̃, ɑ̃t] *nm, f* [pour emploi] applicant.

postuler [pɔstyle] *vt* **-1.** [emploi] to apply for. **-2.** PHILO to postulate.

posture [pɔstyr] *nf* posture; **être** OU **se trouver en mauvaise** ~ *fig* to be in a difficult position.

pot [po] *nm* **-1.** [récipient] pot, jar; [à eau, à lait] jug; ~ **de chambre** chamber pot; ~ **de fleurs** flowerpot. **-2.** AUTOM: ~ **catalytique** catalytic convertor; ~ **d'échappement** exhaust (pipe); [silencieux] silencer *Br*, muffler *Am*. **-3.** *fam* [boisson] drink.

potable [pɔtabl] *adj* **-1.** [liquide] drinkable; **eau** ~ drinking water. **-2.** *fam* [travail] acceptable.

potage [pɔtaʒ] *nm* soup.

potager, -ère [pɔtaʒe, ɛr] *adj*: **jardin** ~ vegetable garden; **plante potagère** vegetable. ◆ **potager** *nm* kitchen OU vegetable garden.

potasser [pɔtase] *vt fam* [cours] to swot up *Br*; [examen] to swot up for *Br*.

potassium [pɔtasjɔm] *nm* potassium.

pot-au-feu [pɔtofø] *nm inv* **-1.** [plat] *boiled beef with vegetables.* **-2.** [viande] ≃ piece of stewing steak.

pot-de-vin [podvɛ̃] (*pl* **pots-de-vin**) *nm* bribe.

pote [pɔt] *nm fam* mate *Br*, buddy *Am*.

poteau, -x [pɔto] *nm* post; ~ **de but** goalpost; ~ **indicateur** signpost; ~ **télégraphique** telegraph pole.

potelé, -e [pɔtle] *adj* plump, chubby.

potence [pɔtɑ̃s] *nf* **-1.** CONSTR bracket. **-2.** [de pendaison] gallows (*sg*).

potentiel, -ielle [pɔtɑ̃sjɛl] *adj* potential. ◆ **potentiel** *nm* potential.

poterie [pɔtri] *nf* **-1.** [art] pottery. **-2.** [objet] piece of pottery.

potiche [pɔtiʃ] *nf* [vase] vase.

potier, -ière [pɔtje, jɛr] *nm, f* potter.

potin [pɔtɛ̃] *nm fam* [bruit] din. ◆ **potins** *nmpl fam* [ragots] gossip (*U*).

potion [pɔsjɔ̃] *nf* potion.

potiron [pɔtirɔ̃] *nm* pumpkin.

pot-pourri [popuri] *nm* potpourri.

pou, -x [pu] *nm* louse.

poubelle [pubɛl] *nf* dustbin *Br*, trash-can *Am*.

pouce [pus] *nm* **-1.** [de main] thumb; [de pied] big toe. **-2.** [mesure] inch.

poudre [pudr] *nf* powder; **prendre la** ~ **d'escampette** to make off.

poudreux, -euse [pudrø, øz] *adj* powdery. ◆ **poudreuse** *nf* powder (snow).

poudrier [pudrije] *nm* [boîte] powder compact.

poudrière [pudrijɛr] *nf* powder magazine; *fig* powder keg.

pouf [puf] ◇ *nm* pouffe. ◇ *interj* thud!

pouffer [pufe] *vi*: ~ **(de rire)** to snigger.

pouilleux, -euse [pujø, øz] *adj* **-1.** [personne, animal] flea-ridden. **-2.** [endroit] squalid.

poulailler [pulaje] *nm* **-1.** [de ferme] hen-house. **-2.** *fam* THÉÂTRE gods (*sg*).

poulain [pulɛ̃] *nm* foal; *fig* protégé.

poule [pul] *nf* **-1.** ZOOL hen. **-2.** *fam péj* [femme] **bird** *Br*, **broad** *Am*. **-3.** SPORT [compétition] **round robin**; RUGBY [groupe] **pool**.

poulet [pulɛ] *nm* **-1.** ZOOL chicken. **-2.** *fam* [policier] cop.

pouliche [puliʃ] *nf* filly.

poulie [puli] *nf* pulley.

poulpe [pulp] *nm* octopus.

pouls [pu] *nm* pulse.

poumon [pumɔ̃] *nm* lung.

poupe [pup] *nf* stern.

poupée [pupe] *nf* [jouet] doll.

poupon [pupɔ̃] *nm* **-1.** [bébé] little baby. **-2.** [jouet] baby doll.

pouponnière [pupɔnjɛr] *nf* nursery.

pour [pur] ◇ *prép* **-1.** [gén] for. **-2.** (+ *infinitif*): ~ faire in order to do, (so as) to do; **je suis venu** ~ **vous voir** I've come to see you; ~ **m'avoir aidé** for having helped me, for helping me. **-3.** [indique un rapport] for; **avancé** ~ **son âge** advanced for his/her age; ~ **moi** for my part, as far as I'm concerned; ~ **ce qui est de** as regards, with regard to. ◇ *adv*: **je suis** ~ I'm (all) for it. ◇ *nm*: **le** ~ **et le contre** the pros and cons (*pl*). ◆ **pour que** *loc conj* (+ *subjonctif*) so that, in order that.

pourboire [purbwar] *nm* tip.

pourcentage [pursɑ̃taʒ] *nm* percentage.

pourparlers [purparle] *nmpl* talks.

pourpre [purpr] *nm & adj* crimson.

pourquoi [purkwa] ◇ *adv* why; ~ **pas?** why not?; **c'est** ~ ... that's why .... ◇ *nm inv*: **le** ~ **(de)** the reason (for); **le** ~ **et le comment** the whys and wherefores.

pourri, -e [puri] *adj* **-1.** [fruit] rotten. **-2.** [personne, milieu] corrupt. **-3.** [enfant] spoiled rotten, ruined.

pourrir [purir] ◇ *vt* **-1.** [matière, aliment] to rot, to spoil. **-2.** [enfant] to ruin, to spoil rotten. ◇ *vi* [matière] to rot; [fruit, aliment] to go rotten OU bad.

pourriture [purityr] *nf* **-1.** [d'aliment] rot. **-2.** *fig* [de personne, de milieu] corruption. **-3.** *injurieux* [personne] bastard.

poursuite [pursɥit] *nf* **-1.** [de personne] chase. **-2.** [d'argent, de vérité] pursuit. **-3.** [de négociations] continuation. ◆ **poursuites** *nfpl* JUR (legal) proceedings.

poursuivi, -e [pursɥivi] *pp* → **poursuivre**.

poursuivre [pursɥivr] ◇ *vt* **-1.** [voleur] to pursue, to chase; [gibier] to hunt. **-2.** [rêve, vengeance] to pursue. **-3.** [enquête, travail] to carry on with, to continue. **-4.** JUR [criminel] to prosecute; [voisin] to sue. ◇ *vi* to go on, to carry on.

pourtant [purtɑ̃] *adv* nevertheless, even so.

pourtour [purtur] *nm* perimeter.

pourvoi [purvwa] *nm* JUR appeal.

pourvoir [purvwar] ◇ *vt*: ~ **qqn de** to provide sb with; ~ **qqch de** to equip OU fit sthg with. ◇ *vi*: ~ **à** to provide for.

pourvu, -e [purvy] *pp* → **pourvoir**. ◆ **pourvu que** *loc conj* (+ *subjonctif*) **-1.** [condition] providing, provided (that). **-2.** [souhait] let's hope (that).

pousse [pus] *nf* **-1.** [croissance] growth. **-2.** [bourgeon] shoot.

poussé, -e [puse] *adj* **-1.** [travail] meticulous. **-2.** [moteur] souped-up.

pousse-café [puskafe] *nm inv fam* liqueur.

poussée [puse] *nf* **-1.** [pression] pressure. **-2.** [coup] push. **-3.** [de fièvre, inflation] rise.

pousse-pousse [puspus] *nm inv* **-1.** [voiture] rickshaw. **-2.** *Helv* [poussette] pushchair.

pousser [puse] ◇ *vt* **-1.** [personne, objet] to push. **-2.** [moteur, voiture] to drive hard. **-3.** [recherches, études] to carry on, to continue. **-4.** [cri, soupir] to give. **-5.** [inciter]: ~ **qqn à faire qqch** to urge sb to do sthg. **-6.** [au crime, au suicide]: ~ **qqn à** to drive sb to. ◇ *vi* **-1.** [exercer une pression] to push. **-2.** [croître] to grow. **-3.** *fam* [exagérer] to overdo it. ◆ **se pousser** *vp* to move up.

poussette [pusɛt] *nf* pushchair.

poussière [pusjɛr] *nf* [gén] dust.

poussiéreux, -euse [pusjerø, øz] *adj* **-1.** [meuble] dusty. **-2.** *fig* [organisation] old-fashioned.

poussif, -ive [pusif, iv] *adj fam* wheezy.

poussin [pusɛ̃] *nm* **-1.** ZOOL chick. **-2.** SPORT under-11.

poutre [putr] *nf* beam.

poutrelle [putrɛl] *nf* girder.

pouvoir [puvwar] ◇ *nm* **-1.** [gén] power; ~ **d'achat** purchasing power; **les** ~**s publics** the authorities. **-2.** JUR proxy, power of attorney. ◇ *vt* **-1.** [avoir la possibilité de, parvenir à]: ~ **faire qqch** to be able to do sthg; **je ne peux**

pas venir ce soir I can't come tonight; **pouvez-vous ...?** can you ...?, could you ...?; **je n'en peux plus** [exaspéré] I'm at the end of my tether; [fatigué] I'm exhausted; **je/tu n'y peux rien** there's nothing I/you can do about it; **tu aurais pu me le dire!** you might have OU could have told me! **-2.** [avoir la permission de]: **je peux prendre la voiture?** can I borrow the car?; **aucun élève ne peut partir** no pupil may leave. **-3.** [indiquant l'éventualité]: **il peut pleuvoir** it may rain; **vous pourriez rater votre train** you could OU might miss your train. ◆ **se pouvoir** v impers: **il se peut que je me trompe** I may be mistaken; **cela se peut/pourrait bien** that's quite possible.

pragmatique [pragmatik] adj pragmatic.

Prague [prag] n Prague.

prairie [preri] nf meadow; [aux États-Unis] prairie.

praline [pralin] nf **-1.** [amande] sugared almond. **-2.** Belg [chocolat] chocolate.

praticable [pratikabl] adj **-1.** [route] passable. **-2.** [plan] feasible, practicable.

praticien, -ienne [pratisjɛ̃, jɛn] nm, f practitioner; MÉD medical practitioner.

pratiquant, -e [pratikɑ̃, ɑ̃t] adj practising.

pratique [pratik] ◇ nf **-1.** [expérience] practical experience. **-2.** [usage] practice; **mettre qqch en ~** to put sthg into practice. ◇ adj practical; [gadget, outil] handy.

pratiquement [pratikmɑ̃] adv **-1.** [en fait] in practice. **-2.** [quasiment] practically.

pratiquer [pratike] ◇ vt **-1.** [métier] to practise Br, to practice Am; [méthode] to apply. **-2.** [ouverture] to make. ◇ vi RELIG to be a practising Christian/Jew/Muslim etc.

pré [pre] nm meadow.

préalable [prealabl] ◇ adj prior, previous. ◇ nm precondition. ◆ **au préalable** loc adv first, beforehand.

préambule [preãbyl] nm **-1.** [introduction, propos] preamble; **sans ~** immediately. **-2.** [prélude]: **~ de** prelude to.

préau, -x [preo] nm [d'école] (covered) play area.

préavis [preavi] nm inv advance notice OU warning.

précaire [prekɛr] adj [incertain] precarious.

précaution [prekosjɔ̃] nf **-1.** [prévoyance] precaution; **par ~** as a precaution; **prendre des ~s** to take precautions. **-2.** [prudence] caution.

précédent, -e [presedã, ɑ̃t] adj previous. ◆ **précédent** nm precedent; **sans ~** unprecedented.

précéder [presede] vt **-1.** [dans le temps - gén] to precede; [- suj: personne] to arrive before. **-2.** [marcher devant] to go in front of. **-3.** fig [devancer] to get ahead of.

précepte [presɛpt] nm precept.

précepteur, -trice [preseptœr, tris] nm, f (private) tutor.

prêcher [preʃe] vt & vi to preach.

précieux, -ieuse [presjø, jøz] adj **-1.** [pierre, métal] precious; [objet] valuable; [collaborateur] invaluable, valued. **-2.** péj [style] precious, affected.

précipice [presipis] nm precipice.

précipitation [presipitasjɔ̃] nf **-1.** [hâte] haste. **-2.** CHIM precipitation. ◆ **précipitations** nfpl MÉTÉOR precipitation (U).

précipiter [presipite] vt **-1.** [objet, personne] to throw, to hurl; **~ qqn/qqch du haut de** to throw sb/sthg off, to hurl sb/sthg off. **-2.** [départ] to hasten. ◆ **se précipiter** vp **-1.** [se jeter] to throw o.s., to hurl o.s. **-2.** [s'élancer]: **se ~ (vers qqn)** to rush OU hurry (towards sb). **-3.** [s'accélérer - gén] to speed up; [- choses, événements] to move faster.

précis, -e [presi, iz] adj **-1.** [exact] precise, accurate. **-2.** [fixé] definite, precise. ◆ **précis** nm handbook.

précisément [presizemã] adv precisely, exactly.

préciser [presize] vt **-1.** [heure, lieu] to specify. **-2.** [pensée] to clarify. ◆ **se préciser** vp to become clear.

précision [presizjɔ̃] nf **-1.** [de style, d'explication] precision. **-2.** [détail] detail.

précoce [prekɔs] adj **-1.** [plante, fruit] early. **-2.** [enfant] precocious.

préconçu, -e [prekɔ̃sy] adj preconceived.

préconiser [prekɔnize] vt to recommend; **~ de faire qqch** to recommend doing sthg.

précurseur [prekyrsœr] ◇ nm precursor, forerunner. ◇ adj precursory.

prédateur, -trice [predatœr, tris] adj predatory. ◆ **prédateur** nm predator.

prédécesseur [predesesœr] *nm* predecessor.

prédestiner [predestine] *vt* to predestine; **être prédestiné à qqch/à faire qqch** to be predestined for sthg/to do sthg.

prédicateur, -trice [predikatœr, tris] *nm, f* preacher.

prédiction [prediksjɔ̃] *nf* prediction.

prédilection [predilɛksjɔ̃] *nf* partiality, liking; **avoir une ~ pour** to have a partiality OU liking for.

prédire [predir] *vt* to predict.

prédit, -e [predi, it] *pp* → **prédire**.

prédominer [predɔmine] *vt* to predominate.

préfabriqué, -e [prefabrike] *adj* **-1.** [maison] prefabricated. **-2.** [accusation, sourire] false. ◆ **préfabriqué** *nm* prefabricated material.

préface [prefas] *nf* preface.

préfecture [prefɛktyr] *nf* prefecture.

préférable [preferabl] *adj* preferable.

préféré, -e [prefere] *adj & nm, f* favourite.

préférence [preferɑ̃s] *nf* preference; **de ~** preferably.

préférentiel, -ielle [preferɑ̃sjɛl] *adj* preferential.

préférer [prefere] *vt*: **~ qqn/qqch (à)** to prefer sb/sthg (to); **je préfère rentrer** I would rather go home, I would prefer to go home; **je préfère ça!** I like that better!, I prefer that!

préfet [prefɛ] *nm* prefect.

préfixe [prefiks] *nm* prefix.

préhistoire [preistwar] *nf* prehistory.

préinscription [preɛ̃skripsjɔ̃] *nf* preregistration.

préjudice [preʒydis] *nm* harm (U), detriment (U); **porter ~ à qqn** to harm sb.

préjugé [preʒyʒe] *nm*: **~ (contre)** prejudice (against).

prélasser [prelase] ◆ **se prélasser** *vp* to lounge.

prélat [prela] *nm* prelate.

prélavage [prelavaʒ] *nm* pre-wash.

prélèvement [prelɛvmɑ̃] *nm* **-1.** MÉD removal; [de sang] sample. **-2.** FIN deduction; **~ automatique** direct debit; **~ mensuel** monthly standing order; **~s obligatoires** tax and social security contributions.

prélever [prelave] *vt* **-1.** FIN: **~ de l'argent (sur)** to deduct money (from). **-2.** MÉD to remove; **~ du sang** to take a blood sample.

préliminaire [preliminɛr] *adj* preliminary. ◆ **préliminaires** *nmpl* **-1.** [de paix] preliminary talks. **-2.** [de discours] preliminaries.

prématuré, -e [prematyre] ◇ *adj* premature. ◇ *nm, f* premature baby.

préméditation [premeditasjɔ̃] *nf* premeditation; **avec ~** [meurtre] premeditated; [agir] with premeditation.

premier, -ière [prəmje, jɛr] ◇ *adj* **-1.** [gén] first; [étage] first *Br*, second *Am*. **-2.** [qualité] top. **-3.** [état] original. ◇ *nm, f* first; **jeune ~** CIN leading man. ◆ **première** *nf* **-1.** CIN première; THÉÂTRE première, first night. **-2.** [exploit] first. **-3.** [première classe] first class. **-4.** SCOL ≃ lower sixth *Br*. **-5.** AUTOM first (gear). ◆ **premier de l'an** *nm*: **le ~ de l'an** New Year's Day. ◆ **en premier** *loc adv* first, firstly.

premièrement [prəmjɛrmɑ̃] *adv* first, firstly.

prémonition [premɔnisjɔ̃] *nf* premonition.

prémunir [premynir] *vt*: **~ qqn (contre)** to protect sb (against). ◆ **se prémunir** *vp* to protect o.s.; **se ~ contre qqch** to guard against sthg.

prénatal, -e [prenatal] (*pl* **prénatals** OU **prénataux** [prenato]) *adj* antenatal; [allocation] maternity (*avant n*).

prendre [prɑ̃dr] ◇ *vt* **-1.** [gén] to take. **-2.** [enlever] to take (away); **~ qqch à qqn** to take sthg from sb. **-3.** [aller chercher - objet] to get, to fetch; [- personne] to pick up. **-4.** [repas, boisson] to have; **vous prendrez quelque chose?** would you like something to eat/ drink? **-5.** [voleur] to catch; **se faire ~** to get caught. **-6.** [responsabilité] to take (on). **-7.** [aborder - personne] to handle; [- problème] to tackle. **-8.** [réserver] to book; [louer] to rent, to take; [acheter] to buy. **-9.** [poids] to gain, to put on. ◇ *vi* **-1.** [ciment, sauce] to set. **-2.** [plante, greffe] to take; [mode] to catch on. **-3.** [feu] to catch. **-4.** [se diriger]: **~ à droite** to turn right. ◆ **se prendre** *vp* **-1.** [se considérer]: **pour qui se prend-il?** who does he think he is? **-2.** *loc*: **s'en ~ à qqn** [physiquement] to set about sb; [verbalement] to take it out on sb; **je sais comment m'y ~** I know how to do it OU go about it.

prénom [prenɔ̃] *nm* first name.

prénommer [prenɔme] *vt* to name, to call. ◆ **se prénommer** *vp* to be called.

prénuptial, -e, -iaux [prenypsjal, jo] *adj* premarital.

préoccupation [preɔkypasjɔ̃] *nf* preoccupation.

préoccuper [preɔkype] *vt* to preoccupy.
◆ **se préoccuper** *vp*: se ~ de qqch to be worried about sth.

préparatifs [preparatif] *nmpl* preparations.

préparation [preparasjɔ̃] *nf* preparation.

préparer [prepare] *vt* **-1.** [gén] to prepare; [plat, repas] to cook, to prepare; ~ qqn à qqch to prepare sb for sth. **-2.** [réserver]: ~ qqch à qqn to have sth in store for sb. **-3.** [congrès] to organize.
◆ **se préparer** *vp* **-1.** [personne]: se ~ à qqch/à faire qqch to prepare for sth/ to do sth. **-2.** [tempête] to be brewing.

prépondérant, -e [prepɔ̃derɑ̃, ɑ̃t] *adj* dominating.

préposé, -e [prepoze] *nm, f* (minor) official; [de vestiaire] attendant; [facteur] postman (*f* postwoman) *Br*, mailman (*f* mailwoman) *Am*; ~ à qqch person in charge of sth.

préposition [prepozisjɔ̃] *nf* preposition.

préréglé, -e [preregle] *adj* preset, preprogrammed.

préretraite [prerətrɛt] *nf* early retirement; [allocation] early retirement pension.

prérogative [prerɔgativ] *nf* prerogative.

près [prɛ] *adv* near, close. ◆ **de près** *adv* closely; **regarder qqch de ~** to watch sth closely. ◆ **près de** *loc prép* **-1.** [dans l'espace] near, close to. **-2.** [dans le temps] close to. **-3.** [presque] nearly, almost. ◆ **à peu près** *loc adv* more or less, just about; **il est à peu ~ cinq heures** it's about five o'clock. ◆ **à ceci près que, à cela près que** *loc conj* except that, apart from the fact that. ◆ **à ... près** *loc adv*: à dix centimètres ~ to within ten centimetres; il n'en est pas à un ou deux jours ~ a day or two more or less won't make any difference.

présage [prezaʒ] *nm* omen.

présager [prezaʒe] *vt* **-1.** [annoncer] to portend. **-2.** [prévoir] to predict.

presbytère [prɛsbitɛr] *nm* presbytery.

presbytie [prɛsbisi] *nf* longsightedness *Br*, farsightedness *Am*.

prescription [prɛskripsjɔ̃] *nf* **-1.** MÉD prescription. **-2.** JUR limitation.

prescrire [prɛskrir] *vt* **-1.** [mesures, conditions] to lay down, to stipulate. **-2.** MÉD to prescribe.

prescrit, e [prɛskri, it] *pp* → **prescrire**.

préséance [preseɑ̃s] *nf* precedence.

présélection [preselɛksjɔ̃] *nf* preselection; [de candidats] short-listing *Br*.

présence [prezɑ̃s] *nf* **-1.** [gén] presence; **en ~ face** to face; **en ~ de** in the presence of. **-2.** [compagnie] company (*U*). **-3.** [assiduité] attendance; **feuille de ~** attendance sheet. ◆ **présence d'esprit** *nf* presence of mind.

présent, -e [prezɑ̃, ɑ̃t] *adj* [gén] present; **le ~ ouvrage** this work; **la ~ loi** this law; **avoir qqch ~ à l'esprit** to remember sth. ◆ **présent** *nm* **-1.** [gén] present; **à ~** at present; **à ~ que** now that; **jusqu'à ~** up to now, so far; **dès à ~** right away. **-2.** GRAM: **le ~** the present tense.

présentable [prezɑ̃tabl] *adj* [d'aspect] presentable.

présentateur, -trice [prezɑ̃tatœr, tris] *nm, f* presenter.

présentation [prezɑ̃tasjɔ̃] *nf* **-1.** [de personne]: faire les ~s to make the introductions. **-2.** [aspect extérieur] appearance. **-3.** [de papiers, de produit, de film] presentation. **-4.** [de magazine] layout.

présenter [prezɑ̃te] *vt* **-1.** [gén] to present; [projet] to present, to submit. **-2.** [invité] to introduce. **-3.** [condoléances, félicitations, avantages] to offer; [hommages] to pay; ~ qqch à qqn to offer sb sth. ◆ **se présenter** *vp* **-1.** [se faire connaître]: se ~ (à) to introduce o.s. (to). **-2.** [être candidat]: se ~ à [élection] to stand in *Br*, to run in *Am*; [examen] to sit *Br*, to take. **-3.** [paraître] to appear. **-4.** [occasion, situation] to arise, to present itself. **-5.** [affaire, contrat]: se ~ bien/mal to look good/bad.

présentoir [prezɑ̃twar] *nm* display stand.

préservatif [prezɛrvatif] *nm* condom.

préserver [prezɛrve] *vt* to preserve. ◆ **se préserver** *vp*: se ~ de to protect o.s. from.

présidence [prezidɑ̃s] *nf* **-1.** [de groupe] chairmanship. **-2.** [d'État] presidency.

président, -e [prezidɑ̃, ɑ̃t] *nm, f* **-1.** [d'assemblée] chairman (*f* chairwoman). **-2.** [d'État] president; ~ de la République President (of the Republic) of France. **-3.** JUR [de tribunal] presiding judge; [de jury] foreman (*f* forewoman).

présider [prezide] ◇ *vt* **-1.** [réunion] to chair. **-2.** [banquet, dîner] to preside over. ◇ *vi*: ~ à to be in charge of; *fig* to govern, to preside at.

présomption [prezɔpsjɔ̃] *nf* **-1.** [hypothèse] presumption. **-2.** JUR presumption.

présomptueux, -euse [prezɔ̃ptɥø, øz] *adj* presumptuous.

presque [prɛsk] *adv* almost, nearly; ~ **rien** next to nothing, scarcely anything; ~ **jamais** hardly ever.

presqu'île [prɛskil] *nf* peninsula.

pressant, -e [prɛsɑ̃, ɑ̃t] *adj* pressing.

presse [prɛs] *nf* press.

pressé, -e [prese] *adj* **-1.** [travail] urgent. **-2.** [personne]: **être** ~ to be in a hurry. **-3.** [citron, orange] freshly squeezed.

pressentiment [presɑ̃timɑ̃] *nm* premonition.

pressentir [presɑ̃tir] *vt* [événement] to have a premonition of.

presse-papiers [prɛspapje] *nm inv* paperweight.

presser [prese] *vt* **-1.** [écraser - olives] to press; [- citron, orange] to squeeze. **-2.** [bouton] to press, to push. **-3.** *sout* [harceler]: ~ **qqn de faire qqch** to press sb to do sthg. **-4.** [accélérer] to speed up; ~ **le pas** to speed up, to walk faster. ◆ **se presser** *vp* **-1.** [se dépêcher] to hurry (up). **-2.** [s'agglutiner]: **se** ~ **(autour de)** to crowd (around). **-3.** [se serrer] to huddle.

pressing [presiŋ] *nm* [établissement] dry cleaner's.

pression [prɛsjɔ̃] *nf* **-1.** [gén] pressure; **exercer une** ~ **sur qqch** to exert pressure on sthg; **sous** ~ [liquide & *fig*] under pressure. **-2.** [sur vêtement] press stud *Br*, popper *Br*, snap fastener *Am*. **-3.** [bière] draught beer.

pressoir [preswar] *nm* **-1.** [machine] press. **-2.** [lieu] press house.

pressurer [presyre] *vt* **-1.** [objet] to press, to squeeze. **-2.** *fig* [contribuable] to squeeze.

prestance [prɛstɑ̃s] *nf* bearing; **avoir de la** ~ to have presence.

prestataire [prɛstatɛr] *nmf* **-1.** [bénéficiaire] person in receipt of benefit, claimant. **-2.** [fournisseur] provider; ~ **de service** service provider.

prestation [prɛstasjɔ̃] *nf* **-1.** [allocation] benefit; ~ **en nature** payment in kind. **-2.** [de comédien] performance.

preste [prɛst] *adj littéraire* nimble.

prestidigitateur, -trice [prɛstidiʒitatœr, tris] *nm, f* conjurer.

prestige [prɛstiʒ] *nm* prestige.

prestigieux, -ieuse [prɛstiʒjø, jøz] *adj* [réputé] prestigious.

présumer [prezyme] ◇ *vt* to presume, to assume; **être présumé coupable/ innocent** to be presumed guilty/ innocent. ◇ *vi*: ~ **de qqch** to overestimate sthg.

prêt, -e [prɛ, prɛt] *adj* ready; ~ **à qqch/ à faire qqch** ready for sthg/to do sthg; ~**s? partez!** SPORT get set, go! ◆ **prêt** *nm* [action] lending (*U*); [somme] loan.

prêt-à-porter [prɛtaporte] (*pl* **prêts-à-porter**) *nm* ready-to-wear clothing (*U*).

prétendant [pretɑ̃dɑ̃] *nm* **-1.** [au trône] pretender. **-2.** [amoureux] suitor.

prétendre [pretɑ̃dr] *vt* **-1.** [affecter]: ~ **faire qqch** to claim to do sthg. **-2.** [affirmer]: ~ **que** to claim (that), to maintain (that).

prétendu, -e [pretɑ̃dy] ◇ *pp* → **prétendre**. ◇ *adj* (*avant n*) so-called.

prête-nom [prɛtnɔ̃] (*pl* **prête-noms**) *nm* front man.

prétentieux, -ieuse [pretɑ̃sjø, jøz] *adj* pretentious.

prétention [pretɑ̃sjɔ̃] *nf* **-1.** [suffisance] pretentiousness. **-2.** [ambition] pretension, ambition; **avoir la** ~ **de faire qqch** to claim OU pretend to do sthg.

prêter [prete] *vt* **-1.** [fournir]: ~ **qqch (à qqn)** [objet, argent] to lend (sb) sthg; *fig* [concours, appui] to lend (sb) sthg, to give (sb) sthg. **-2.** [attribuer]: ~ **qqch à qqn** to attribute sthg to sb. ◆ **se prêter** *vp*: **se** ~ **à** [participer à] to join in; [convenir à] to fit, to suit.

prétérit [preterit] *nm* preterite.

prêteur, -euse [prɛtœr, øz] *nm, f*: ~ **sur gages** pawnbroker.

prétexte [pretɛkst] *nm* pretext, excuse; **sous** ~ **de faire qqch/que** on the pretext of doing sthg/that, under the pretext of doing sthg/that; **sous aucun** ~ on no account.

prétexter [pretɛkste] *vt* to give as an excuse.

prêtre [pretr] *nm* priest.

preuve [prœv] *nf* **-1.** [gén] proof. **-2.** JUR evidence. **-3.** [témoignage] sign, token; **faire** ~ **de qqch** to show sthg; **faire ses** ~**s** to prove o.s./itself.

prévaloir [prevalwar] *vi* [dominer]: ~ **(sur)** to prevail (over). ◆ **se prévaloir** *vp*: **se** ~ **de** to boast about.

prévalu [prevaly] *pp inv* → **prévaloir**.

prévenance [prevnɑ̃s] *nf* [attitude] thoughtfulness, consideration.

prévenant, -e [prevnɑ̃, ɑ̃t] *adj* considerate, attentive.

prévenir [prevnir] *vt* **-1.** [employé, élève]: ~ qqn (de) to warn sb (about). **-2.** [police] to inform. **-3.** [désirs] to anticipate. **-4.** [maladie] to prevent.

préventif, -ive [prevãtif, iv] *adj* **-1.** [mesure, médecine] preventive. **-2.** JUR: **être en détention préventive** to be on remand.

prévention [prevãsjõ] *nf* **-1.** [protection]: ~ (**contre**) prevention (of); ~ **routière** road safety (measures). **-2.** JUR remand.

prévenu, -e [prevny] ◇ *pp* → **prévenir.** ◇ *nm, f* accused, defendant.

prévision [previzjõ] *nf* forecast (U), prediction; [de coûts] estimate; ÉCON forecast; **les ~s météorologiques** the weather forecast. ◆ **en prévision de** *loc prép* in anticipation of.

prévoir [prevwar] *vt* **-1.** [s'attendre à] to expect. **-2.** [prédire] to predict. **-3.** [anticiper] to foresee, to anticipate. **-4.** [programmer] to plan; **comme prévu** as planned, according to plan.

prévoyant, -e [prevwajã, ãt] *adj* provident.

prévu, e [prevy] *pp* → **prévoir.**

prier [prije] ◇ *vt* **-1.** RELIG to pray to. **-2.** [implorer] to beg; (**ne pas**) **se faire** ~ (**pour faire qqch**) (not) to need to be persuaded (to do sthg); **je vous en prie** [de grâce] please, I beg you; [de rien] don't mention it, not at all. **-3.** *sout* [demander]: ~ **qqn de faire qqch** to request sb to do sthg. ◇ *vi* RELIG to pray.

prière [prijer] *nf* **-1.** [RELIG - recueillement] prayer (U), praying (U); [- formule] prayer. **-2.** *littéraire* [demande] entreaty; ~ **de frapper avant d'entrer** please knock before entering.

primaire [primer] *adj* **-1.** [premier]: **études ~s** primary education (U). **-2.** *péj* [primitif] limited.

prime [prim] ◇ *nf* **-1.** [d'employé] bonus; ~ **d'intéressement** profit-related bonus. **-2.** [allocation - de déménagement, de transport] allowance; [- à l'exportation] incentive. **-3.** [d'assurance] premium. ◇ *adj* **-1.** [premier]: **de ~ abord** at first glance; **de ~ jeunesse** in the first flush of youth. **-2.** MATHS prime.

primer [prime] ◇ *vi* to take precedence, to come first. ◇ *vt* **-1.** [être supérieur à] to take precedence over. **-2.** [récompenser] to award a prize to; **le film a été primé au festival** the film won an award at the festival.

primeur [primœr] *nf* immediacy; **avoir la ~ de qqch** to be the first to hear

sthg. ◆ **primeurs** *nfpl* early produce (U).

primevère [primver] *nf* primrose.

primitif, -ive [primitif, iv] ◇ *adj* **-1.** [gén] primitive. **-2.** [aspect] original. ◇ *nm, f* primitive.

primordial, -e, -iaux [primordjal, jo] *adj* essential.

prince [prẽs] *nm* prince.

princesse [prẽses] *nf* princess.

princier, -ière [prẽsje, jer] *adj* princely.

principal, -e, -aux [prẽsipal, o] ◇ *adj* [gén] main, principal. ◇ *nm, f* **-1.** [important]: **le ~** the main thing. **-2.** SCOL headmaster (*f* headmistress) *Br*, principal *Am*.

principalement [prẽsipalmã] *adv* mainly, principally.

principauté [prẽsipote] *nf* principality.

principe [prẽsip] *nm* principle; **par ~** on principle. ◆ **en principe** *loc adv* theoretically, in principle.

printanier, -ière [prẽtanje, jer] *adj* [temps] spring-like.

printemps [prẽtã] *nm* **-1.** [saison] spring. **-2.** *fam* [année]: **avoir 20 ~** to be 20.

priori [prijori] ◆ **a priori** ◇ *loc adv* in principle. ◇ *nm inv* initial reaction.

prioritaire [prijoriter] *adj* **-1.** [industrie, mesure] priority (*avant n*). **-2.** AUTOM with right of way.

priorité [prijorite] *nf* **-1.** [importance primordiale] priority; **en ~** first. **-2.** AUTOM right of way; ~ **à droite** give way to the right.

pris, -e [pri, priz] ◇ *pp* → **prendre.** ◇ *adj* **-1.** [place] taken; [personne] busy; [mains] full. **-2.** [nez] blocked; [gorge] sore. ◆ **prise** *nf* **-1.** [sur barre, sur branche] grip, hold; **lâcher ~e** to let go; *fig* to give up. **-2.** [action de prendre - de ville] seizure, capture; ~ **en charge** [par Sécurité sociale] (guaranteed) reimbursement; ~ **e d'otages** hostage taking; ~ **e de sang** blood test; ~ **e de vue** shot; ~ **e de vue** OU **vues** [action] filming, shooting. **-3.** [à la pêche] haul. **-4.** ÉLECTR: ~ **e (de courant)** [mâle] plug; [femelle] socket. **-5.** [de judo] hold.

prisme [prism] *nm* prism.

prison [prizõ] *nf* **-1.** [établissement] prison. **-2.** [réclusion] imprisonment.

prisonnier, -ière [prizonje, jer] ◇ *nm, f* prisoner; **faire qqn ~** to take sb prisoner, to capture sb. ◇ *adj* imprisoned; *fig* trapped.

privation [privasjɔ̃] *nf* deprivation. ◆ **privations** *nfpl* privations, hardships.

privatisation [privatizasjɔ̃] *nf* privatization.

privatiser [privatize] *vt* to privatize.

privé, -e [prive] *adj* private. ◆ **privé** *nm* **-1.** ÉCON private sector. **-2.** [détective] private eye. **-3.** [intimité]: **en ~** in private; **dans le ~** in private life.

priver [prive] *vt*: **~ qqn (de)** to deprive sb (of).

privilège [privilɛʒ] *nm* privilege.

privilégié, -e [privileʒje] ◇ *adj* **-1.** [personne] privileged. **-2.** [climat, site] favoured. ◇ *nm, f* privileged person.

prix [pri] *nm* **-1.** [coût] price; **à** OU **au ~ coûtant** at cost (price); **à ~ d'achat** purchase price; **à aucun ~** on no account; **à ~ fixe** set-price (*avant n*); **hors de ~** too expensive; **à moitié ~** at half price; **à tout ~** at all costs; **~ net** net (price); **~ de revient** cost price; **y mettre le ~** to pay a lot. **-2.** [importance] value. **-3.** [récompense] prize.

probabilité [prɔbabilite] *nf* **-1.** [chance] probability. **-2.** [vraisemblance] probability, likelihood; **selon toute ~** in all probability.

probable [prɔbabl] *adj* probable, likely.

probant, -e [prɔbɑ̃, ɑ̃t] *adj* convincing, conclusive.

probité [prɔbite] *nf* integrity.

problème [prɔblɛm] *nm* problem; **(il n'y a) pas de ~!** *fam* no problem!; **ça ne lui pose aucun ~** *hum* that doesn't worry him/her.

procédé [prɔsede] *nm* **-1.** [méthode] process. **-2.** [conduite] behaviour (*U*).

procéder [prɔsede] *vi* **-1.** [agir] to proceed. **-2.** [exécuter]: **~ à qqch** to set about sthg.

procédure [prɔsedyr] *nf* procedure; [démarche] proceedings (*pl*).

procès [prɔsɛ] *nm* JUR trial; **intenter un ~ à qqn** to sue sb.

processeur [prɔsesœr] *nm* processor.

procession [prɔsesjɔ̃] *nf* procession.

processus [prɔsesys] *nm* process.

procès-verbal [prɔsɛverbal] *nm* **-1.** [contravention - gén] ticket; [- pour stationnement interdit] parking ticket. **-2.** [compte-rendu] minutes.

prochain, -e [prɔʃɛ̃, ɛn] *adj* **-1.** [suivant] next; **à la ~e!** *fam* see you! **-2.** [imminent] impending. ◆ **prochain** *nm* littéraire [semblable] fellow man.

prochainement [prɔʃɛnmɑ̃] *adv* soon, shortly.

proche [prɔʃ] *adj* **-1.** [dans l'espace] near; **~ de** near, close to; [semblable à] very similar to, closely related to. **-2.** [dans le temps] imminent, near; **dans un ~ avenir** in the immediate future. **-3.** [ami, parent] close. ◆ **proches** *nmpl*: **les ~s** the close family (*sg*). ◆ **de proche en proche** *loc adv* sout gradually.

Proche-Orient [prɔʃɔrjɑ̃] *nm*: **le ~** the Near East.

proclamation [prɔklamasjɔ̃] *nf* proclamation.

proclamer [prɔklame] *vt* to proclaim, to declare.

procréer [prɔkree] *vt* littéraire to procreate.

procuration [prɔkyrasjɔ̃] *nf* proxy; **par ~** by proxy.

procurer [prɔkyre] *vt*: **~ qqch à qqn** [suj: personne] to obtain sthg for sb; [suj: chose] to give OU bring sb sthg. ◆ **se procurer** *vp*: **se ~ qqch** to obtain sthg.

procureur [prɔkyrœr] *nm*: **Procureur de la République** ≃ Attorney General.

prodige [prɔdiʒ] *nm* **-1.** [miracle] miracle. **-2.** [tour de force] marvel, wonder. **-3.** [génie] prodigy.

prodigieux, -ieuse [prɔdiʒjø, jøz] *adj* fantastic, incredible.

prodigue [prɔdig] *adj* [dépensier] extravagant.

prodiguer [prɔdige] *vt* littéraire [soins, amitié]: **~ qqch (à)** to lavish sthg (on).

producteur, -trice [prɔdyktœr, tris] ◇ *nm, f* **-1.** [gén] producer. **-2.** AGRIC producer, grower. ◇ *adj*: **~ de pétrole** oil-producing (*avant n*).

productif, -ive [prɔdyktif, iv] *adj* productive.

production [prɔdyksjɔ̃] *nf* **-1.** [gén] production; **la ~ littéraire d'un pays** the literature of a country. **-2.** [producteurs] producers (*pl*).

productivité [prɔdyktivite] *nf* productivity.

produire [prɔdɥir] *vt* **-1.** [gén] to produce. **-2.** [provoquer] to cause. ◆ **se produire** *vp* **-1.** [arriver] to occur, to take place. **-2.** [acteur, chanteur] to appear.

produit, -e [prɔdɥi, ɥit] *pp* → **produire**. ◆ **produit** *nm* [gén] product; **~ de beauté** cosmetic, beauty product; **~s chimiques** chemicals; **~s d'entretien** cleaning products; **~ de grande consommation** mass consumption product.

proéminent, -e [prɔeminɑ̃, ɑ̃t] *adj* prominent.

profane [prɔfan] ◇ *nmf* **-1.** [non religieux] non-believer. **-2.** [novice] layman. ◇ *adj* **-1.** [laïc] secular. **-2.** [ignorant] ignorant.

profaner [prɔfane] *vt* **-1.** [église] to desecrate. **-2.** *fig* [mémoire] to defile.

proférer [prɔfere] *vt* to utter.

professeur [prɔfɛsœr] *nm* **-1.** [enseignant] teacher. **-2.** [titre] professor.

profession [prɔfɛsjɔ̃] *nf* **-1.** [métier] occupation; **sans ~** unemployed; **-2.** **libérale** profession. **-2.** [corps de métier - libéral] profession; [- manuel] trade.

professionnel, -elle [prɔfɛsjɔnɛl] ◇ *adj* **-1.** [gén] professional. **-2.** [école] technical. ◇ *nm, f* professional.

professorat [prɔfesɔra] *nm* teaching.

profil [prɔfil] *nm* **-1.** [de personne, d'emploi] profile; [de bâtiment] outline; **de ~** [visage, corps] in profile; [objet] from the side. **-2.** [coupe] section.

profiler [prɔfile] *vt* to shape. ◆ **se profiler** *vp* **-1.** [bâtiment, arbre] to stand out. **-2.** [solution] to emerge.

profit [prɔfi] *nm* **-1.** [avantage] benefit; **au ~ de** in aid of; **tirer ~ de** to profit from, to benefit from. **-2.** [gain] profit.

profitable [prɔfitabl] *adj* profitable; **être ~ à qqn** to benefit sb, to be beneficial to sb.

profiter [prɔfite] *vi* [tirer avantage]: **~ de** [vacances] to benefit from; [personne] to take advantage of; **~ de qqch pour faire qqch** to take advantage of sthg to do sthg; **en ~** to make the most of it.

profond, -e [prɔfɔ̃, ɔ̃d] *adj* **-1.** [gén] deep. **-2.** [pensée] deep, profound.

profondément [prɔfɔ̃demɑ̃] *adv* **-1.** [enfoui] deep. **-2.** [intensément - aimer, intéresser] deeply; [- dormir] soundly; **être ~ endormi** to be fast asleep. **-3.** [extrêmement - convaincu, ému] deeply, profoundly; [- différent] profoundly.

profondeur [prɔfɔ̃dœr] *nf* depth; **en ~** in depth.

profusion [prɔfyzjɔ̃] *nf*: **une ~ de** a profusion of; **à ~** in abundance, in profusion.

progéniture [prɔʒenityr] *nf* offspring.

programmable [prɔgramabl] *adj* programmable.

programmateur, -trice [prɔgramatœr, tris] *nm, f* programme planner. ◆ **programmateur** *nm* automatic control unit.

programmation [prɔgramasjɔ̃] *nf* **-1.** INFORM programming. **-2.** RADIO & TÉLÉ programme planning.

programme [prɔgram] *nm* **-1.** [gén] programme *Br*, program *Am*. **-2.** INFORM program. **-3.** [planning] schedule. **-4.** SCOL syllabus.

programmer [prɔgrame] *vt* **-1.** [organiser] to plan. **-2.** RADIO & TÉLÉ to schedule. **-3.** INFORM to program.

programmeur, -euse [prɔgramœr, øz] *nm, f* INFORM (computer) programmer.

progrès [prɔgrɛ] *nm* progress (U); **faire des ~** to make progress.

progresser [prɔgrese] *vi* **-1.** [avancer] to progress, to advance. **-2.** [maladie] to spread. **-3.** [élève] to make progress.

progressif, -ive [prɔgresif, iv] *adj* progressive; [difficulté] increasing.

progression [prɔgresjɔ̃] *nf* **-1.** [avancée] advance. **-2.** [de maladie, du nationalisme] spread.

prohiber [prɔibe] *vt* to ban, to prohibit.

proie [prwa] *nf* prey; **être la ~ de qqch** *fig* to be the victim of sthg; **être en ~ à** [sentiment] to be prey to.

projecteur [prɔʒɛktœr] *nm* **-1.** [de lumière] floodlight; THÉÂTRE spotlight. **-2.** [d'images] projector.

projectile [prɔʒɛktil] *nm* missile.

projection [prɔʒɛksjɔ̃] *nf* **-1.** [gén] projection. **-2.** [jet] throwing.

projectionniste [prɔʒɛksjɔnist] *nmf* projectionist.

projet [prɔʒɛ] *nm* **-1.** [perspective] plan. **-2.** [étude, ébauche] draft; **~ de loi** bill.

projeter [prɔʃte] *vt* **-1.** [envisager] to plan; **~ de faire qqch** to plan to do sthg. **-2.** [missile, pierre] to throw. **-3.** [film, diapositives] to show. **-4.** GÉOM & PSYCHOL to project.

prolétaire [prɔletɛr] *nmf & adj* proletarian.

prolétariat [prɔletarja] *nm* proletariat.

proliférer [prɔlifere] *vi* to proliferate.

prolifique [prɔlifik] *adj* prolific.

prologue [prɔlɔg] *nm* prologue.

prolongation [prɔlɔ̃gasjɔ̃] *nf* [extension] extension, prolongation. ◆ **prolongations** *nfpl* SPORT extra time (U).

prolongement [prɔlɔ̃ʒmɑ̃] *nm* [de mur, quai] extension; **être dans le ~ de** to be a continuation of. ◆ **prolongements** *nmpl* [conséquences] repercussions.

prolonger [prɔlɔ̃ʒe] *vt* **-1.** [dans le temps]: **~ qqch (de)** to prolong sthg (by). **-2.** [dans l'espace]: **~ qqch (de)** to extend sthg (by).

promenade [prɔmnad] *nf* **-1.** [balade] walk, stroll; *fig* trip, excursion; ~ **en voiture** drive; ~ **à vélo** (bike) ride; **faire une** ~ to go for a walk. **-2.** [lieu] promenade.

promener [prɔmne] *vt* **-1.** [personne] to take out (for a walk); [en voiture] to take for a drive. **-2.** *fig* [regard, doigts]: ~ **qqch sur** to run sthg over. ◆ **se promener** *vp* to go for a walk.

promesse [prɔmɛs] *nf* **-1.** [serment] promise; **tenir sa** ~ to keep one's promise. **-2.** [engagement] undertaking; ~ **d'achat/de vente** JUR agreement to purchase/to sell. **-3.** *fig* [espérance]: **être plein de** ~s to be very promising.

prometteur, -euse [prɔmetœr, øz] *adj* promising.

promettre [prɔmetr] ◇ *vt* to promise; ~ **qqch à qqn** to promise sb sthg; ~ **de faire qqch** to promise to do sthg; ~ **à qqn que** to promise sb that. ◇ *vi* to be promising; **ça promet!** *iron* that bodes well!

promis, -e [prɔmi, iz] ◇ *pp* → **promettre**. ◇ *adj* promised. ◇ *nm, f hum* intended.

promiscuité [prɔmiskɥite] *nf* overcrowding; ~ **sexuelle** (sexual) promiscuity.

promontoire [prɔmɔ̃twar] *nm* promontory.

promoteur, -trice [prɔmɔtœr, tris] *nm, f* **-1.** [novateur] instigator. **-2.** [constructeur] property developer.

promotion [prɔmɔsjɔ̃] *nf* **-1.** [gén] promotion; **en** ~ [produit] on special offer. **-2.** MIL & SCOL year.

promouvoir [prɔmuvwar] *vt* to promote.

prompt, -e [prɔ̃, prɔ̃t] *adj sout*: ~ (**à faire qqch**) swift (to do sthg).

promu, -e [prɔmy] *pp* → **promouvoir**.

promulguer [prɔmylge] *vt* to promulgate.

prôner [prone] *vt sout* to advocate.

pronom [prɔnɔ̃] *nm* pronoun.

pronominal, -e, -aux [prɔnɔminal, o] *adj* pronominal.

prononcé, -e [prɔnɔ̃se] *adj* marked.

prononcer [prɔnɔ̃se] *vt* **-1.** JUR & LING to pronounce. **-2.** [dire] to utter. ◆ **se prononcer** *vp* **-1.** [se dire] to be pronounced. **-2.** [trancher - assemblée] to decide, to reach a decision; [- magistrat] to deliver a verdict; **se** ~ **sur** to give one's opinion of.

prononciation [prɔnɔ̃sjasjɔ̃] *nf* **-1.** LING pronunciation. **-2.** JUR pronouncement.

pronostic [prɔnɔstik] *nm* **-1.** (*gén pl*) [prévision] forecast. **-2.** MÉD prognosis.

propagande [prɔpagɑ̃d] *nf* **-1.** [endoctrinement] propaganda. **-2.** *fig & hum* [publicité]: **faire de la** ~ **pour qqch** to plug sthg.

propager [prɔpaʒe] *vt* to spread. ◆ **se propager** *vp* to spread; BIOL to be propagated; PHYS to propagate.

propane [prɔpan] *nm* propane.

prophète [prɔfɛt], **prophétesse** [prɔfetɛs] *nm, f* prophet (*f* prophetess).

prophétie [prɔfesi] *nf* prophecy.

prophétiser [prɔfetize] *vt* to prophesy.

propice [prɔpis] *adj* favourable.

proportion [prɔpɔrsjɔ̃] *nf* proportion; **toutes** ~**s gardées** relatively speaking.

proportionné, -e [prɔpɔrsjɔne] *adj*: **bien/mal** ~ well-/badly-proportioned.

proportionnel, -elle [prɔpɔrsjɔnɛl] *adj*: ~ (**à**) proportional (to). ◆ **proportionnelle** *nf*: **la** ~**le** proportional representation.

propos [prɔpo] ◇ *nm* **-1.** [discours] talk. **-2.** [but] intention; **c'est à quel** ~? what is it about?; **hors de** ~ at the wrong time. ◇ *nmpl* [paroles] talk (*U*), words. ◆ **à propos** *loc adv* **-1.** [opportunément] at (just) the right time. **-2.** [au fait] by the way. ◆ **à propos de** *loc prép* about.

proposer [prɔpoze] *vt* **-1.** [offrir] to offer, to propose; ~ **qqch à qqn** to offer sb sthg, to offer sthg to sb; ~ **à qqn de faire qqch** to offer to do sthg for sb. **-2.** [suggérer] to suggest, to propose; ~ **de faire qqch** to suggest OU propose doing sthg. **-3.** [loi, candidat] to propose.

proposition [prɔpozisjɔ̃] *nf* **-1.** [offre] offer, proposal. **-2.** [suggestion] suggestion, proposal. **-3.** GRAM clause.

propre [prɔpr] ◇ *adj* **-1.** [nettoyé] clean. **-2.** [soigné] neat, tidy. **-3.** [éduqué - enfant] toilet-trained; [- animal] housetrained *Br*, housebroken *Am*. **-4.** [personnel] own. **-5.** [particulier]: ~ **à** peculiar to. **-6.** [de nature]: ~ **à faire qqch** capable of doing sthg. ◇ *nm* [propreté] cleanness, cleanliness; **recopier qqch au** ~ to make a fair copy of sthg, to copy sthg up. ◆ **au propre** *loc adv* LING literally.

proprement [prɔprəmɑ̃] *adv* **-1.** [convenablement - habillé] neatly, tidily; [- se tenir] correctly. **-2.** [véritablement] completely; **à ~ parler** strictly OU properly speaking; **l'événement ~ dit** the event itself, the actual event.

propreté [propʀəte] *nf* cleanness, cleanliness.

propriétaire [pʀopʀijetɛʀ] *nmf* **-1.** [possesseur] owner; **~ terrien** landowner. **-2.** [dans l'immobilier] landlord.

propriété [pʀopʀijete] *nf* **-1.** [gén] property; **~ privée** private property. **-2.** [droit] ownership. **-3.** [terres] property (U). **-4.** [convenance] suitability.

propulser [pʀopylse] *vt litt & fig* to propel; *fig* to fling. ◆ **se propulser** *vp* to move forward, to propel o.s. forward OU along; *fig* to shoot.

prorata [pʀoʀata] ◆ **au prorata de** *loc prép* in proportion to.

prosaïque [pʀozaik] *adj* prosaic, mundane.

proscrit, -e [pʀoskʀi, it] *adj* [interdit] banned, prohibited.

prose [pʀoz] *nf* prose; **en ~** in prose.

prospecter [pʀospɛkte] *vt* **-1.** [pays, région] to prospect. **-2.** COMM to canvass.

prospection [pʀospɛksjɔ̃] *nf* **-1.** [de ressources] prospecting. **-2.** COMM canvassing.

prospectus [pʀospɛktys] *nm* (advertising) leaflet.

prospérer [pʀospeʀe] *vi* to prosper, to thrive; [plante, insecte] to thrive.

prospérité [pʀospeʀite] *nf* **-1.** [richesse] prosperity. **-2.** [bien-être] well-being.

prostate [pʀostat] *nf* prostate (gland).

prosterner [pʀostɛʀne] ◆ **se prosterner** *vp* to bow down; **se ~ devant** to bow down before; *fig* to kowtow to.

prostituée [pʀostitɥe] *nf* prostitute.

prostituer [pʀostitɥe] ◆ **se prostituer** *vp* to prostitute o.s.

prostitution [pʀostitysjɔ̃] *nf* prostitution.

prostré, -e [pʀostʀe] *adj* prostrate.

protagoniste [pʀotagonist] *nmf* protagonist, hero (*f* heroine).

protecteur, -trice [pʀotɛktœʀ, tʀis] ◇ *adj* protective. ◇ *nm, f* **-1.** [défenseur] protector. **-2.** [des arts] patron. **-3.** [souteneur] pimp.

protection [pʀotɛksjɔ̃] *nf* **-1.** [défense] protection; **prendre qqn sous sa ~** to take sb under one's wing. **-2.** [des arts] patronage.

protectionnisme [pʀotɛksjonism] *nm* protectionism.

protégé, -e [pʀoteʒe] ◇ *adj* protected. ◇ *nm, f* protégé.

protège-cahier [pʀotɛʒkaje] (*pl* **protège-cahiers**) *nm* exercise book cover.

protéger [pʀoteʒe] *vt* [gén] to protect.

protéine [pʀotein] *nf* protein.

protestant, -e [pʀotɛstɑ̃, ɑ̃t] *adj & nm, f* Protestant.

protestation [pʀotɛstasjɔ̃] *nf* [contestation] protest.

protester [pʀotɛste] *vi* to protest; **~ contre qqch** to protest against sthg, to protest sthg *Am*.

prothèse [pʀotɛz] *nf* prosthesis; **~ dentaire** dentures (*pl*), false teeth (*pl*).

protide [pʀotid] *nm* protein.

protocolaire [pʀotokolɛʀ] *adj* [question] of protocol.

protocole [pʀotokol] *nm* protocol.

proton [pʀotɔ̃] *nm* proton.

prototype [pʀototip] *nm* prototype.

protubérance [pʀotybeʀɑ̃s] *nf* bulge, protuberance.

proue [pʀu] *nf* bows (*pl*), prow.

prouesse [pʀuɛs] *nf* feat.

prouver [pʀuve] *vt* **-1.** [établir] to prove. **-2.** [montrer] to demonstrate, to show.

provenance [pʀovnɑ̃s] *nf* origin; **en ~ de** from.

provenir [pʀovniʀ] *vi*: **~ de** to come from; *fig* to be due to, to be caused by.

proverbe [pʀovɛʀb] *nm* proverb.

proverbial, -e, -iaux [pʀovɛʀbjal, jo] *adj* proverbial.

providence [pʀovidɑ̃s] *nf* providence; *fig* guardian angel.

providentiel, -ielle [pʀovidɑ̃sjɛl] *adj* providential.

province [pʀovɛ̃s] *nf* **-1.** [gén] province. **-2.** [campagne] provinces (*pl*).

provincial, -e, -iaux [pʀovɛ̃sjal, jo] *adj & nm, f* provincial.

proviseur [pʀovizœʀ] *nm* ≃ head *Br*, headteacher *Br*, ≃ headmaster (*f* headmistress) *Br*, ≃ principal *Am*.

provision [pʀovizjɔ̃] *nf* **-1.** [réserve] stock, supply. **-2.** FIN retainer; → **chèque.** ◆ **provisions** *nfpl* provisions.

provisoire [pʀovizwaʀ] ◇ *adj* temporary; JUR provisional. ◇ *nm*: **ce n'est que du ~** it's only a temporary arrangement.

provocant, -e [pʀovokɑ̃, ɑ̃t] *adj* provocative.

provocation [pʀovokasjɔ̃] *nf* provocation.

provoquer [pʀovoke] *vt* **-1.** [entraîner] to cause. **-2.** [personne] to provoke.

proxénète [pʀoksenɛt] *nm* pimp.

proximité [prɔksimite] *nf* [de lieu] proximity, nearness; à ~ de near.

prude [pryd] *adj* prudish.

prudence [prydɑ̃s] *nf* care, caution.

prudent, -e [prydɑ̃, ɑ̃t] *adj* careful, cautious.

prune [pryn] *nf* plum.

pruneau, -x [pryno] *nm* [fruit] prune.

prunelle [prynɛl] *nf* ANAT pupil.

prunier [prynje] *nm* plum tree.

PS¹ (*abr de* **Parti socialiste**) *nm* French socialist party.

PS², P-S (*abr de* **post-scriptum**) *nm* PS.

psalmodier [psalmɔdje] ◇ *vt* to chant; *fig & péj* to drone. ◇ *vi* to drone.

psaume [psom] *nm* psalm.

pseudonyme [psødɔnim] *nm* pseudonym.

psy [psi] *fam nmf* (*abr de* **psychiatre**) psychiatrist, shrink *fam*.

psychanalyse [psikanaliz] *nf* psychoanalysis.

psychanalyste [psikanalist] *nmf* psychoanalyst, analyst.

psychédélique [psikedelik] *adj* psychedelic.

psychiatre [psikjatr] *nmf* psychiatrist.

psychiatrie [psikjatri] *nf* psychiatry.

psychique [psiʃik] *adj* psychic; [maladie] psychosomatic.

psychologie [psikɔlɔʒi] *nf* psychology.

psychologique [psikɔlɔʒik] *adj* psychological.

psychologue [psikɔlɔg] ◇ *nmf* psychologist. ◇ *adj* psychological.

psychose [psikoz] *nf* **-1.** MÉD psychosis. **-2.** [crainte] obsessive fear.

psychosomatique [psikɔsɔmatik] *adj* psychosomatic.

psychothérapie [psikɔterapi] *nf* psychotherapy.

Pte -1. *abr de* **porte. -2.** *abr de* **pointe.**

PTT (*abr de* **Postes, télécommunications et télédiffusion**) *nfpl former French post office and telecommunications network.*

pu [py] *pp* → **pouvoir.**

puant, -e [pɥɑ̃, ɑ̃t] *adj* **-1.** [fétide] smelly, stinking. **-2.** *fam fig* [personne] bumptious, full of oneself.

puanteur [pɥɑ̃tœr] *nf* stink, stench.

pub¹ [pyb] *nf fam* ad, advert *Br*; [métier] advertising.

pub² [pœb] *nm* pub.

pubère [pybɛr] *adj* pubescent.

puberté [pyberte] *nf* puberty.

pubis [pybis] *nm* [zone] pubis.

public, -ique [pyblik] *adj* public.
◆ **public** *nm* **-1.** [auditoire] audience; en ~ in public. **-2.** [population] public.

publication [pyblikasjɔ̃] *nf* publication.

publicitaire [pyblisitɛr] *adj* [campagne] advertising (*avant n*); [vente, film] promotional.

publicité [pyblisite] *nf* **-1.** [domaine] advertising; ~ **comparative** comparative advertising; ~ **mensongère** misleading advertising, deceptive advertising. **-2.** [réclame] advertisement, advert. **-3.** [autour d'une affaire] publicity (*U*).

publier [pyblije] *vt* [livre] to publish; [communiqué] to issue, to release.

publireportage [pyblirǝpɔrtaʒ] *nm* free write-up *Br*, reading notice *Am*.

puce [pys] *nf* **-1.** [insecte] flea. **-2.** INFORM (silicon) chip. **-3.** *fig* [terme affectueux] pet, love.

puceau, -elle, -x [pyso, ɛl, o] *nm, f & adj fam* virgin.

pudeur [pydœr] *nf* **-1.** [physique] modesty, decency. **-2.** [morale] restraint.

pudibond, -e [pydibɔ̃, ɔ̃d] *adj* prudish, prim and proper.

pudique [pydik] *adj* **-1.** [physiquement] modest, decent. **-2.** [moralement] restrained.

puer [pɥe] ◇ *vi* to stink; ça pue ici! it stinks in here! ◇ *vt* to reek of, to stink of.

puéricultrice [pɥerikyltris] *nf* nursery nurse.

puériculture [pɥerikyltyr] *nf* childcare.

puéril, -e [pɥeril] *adj* childish.

Puerto Rico = Porto Rico.

pugilat [pyʒila] *nm* fight.

puis [pɥi] *adv* then; et ~ [d'ailleurs] and moreover OU besides.

puiser [pɥize] *vt* [liquide] to draw; ~ qqch dans qqch *fig* to draw OU take sthg from sthg.

puisque [pɥiskǝ] *conj* [gén] since.

puissance [pɥisɑ̃s] *nf* power. ◆ en **puissance** *loc adj* potential.

puissant, -e [pɥisɑ̃, ɑ̃t] *adj* powerful.
◆ **puissant** *nm*: les ~s the powerful.

puisse, puisses *etc* → **pouvoir.**

puits [pɥi] *nm* **-1.** [d'eau] well. **-2.** [de gisement] shaft; ~ de pétrole oil well.

pull [pyl], **pull-over** [pylɔver] (*pl* **pull-overs**) *nm* jumper *Br*, sweater.

pulluler [pylyle] *vi* to swarm.

pulmonaire [pylmɔnɛr] *adj* lung (*avant n*), pulmonary.

pulpe [pylp] *nf* pulp.

pulsation [pylsasjɔ̃] *nf* beat, beating (*U*).

pulsion [pylsjɔ̃] *nf* impulse.

pulvérisation [pylverizasjɔ̃] *nf* **-1.** [d'insecticide] spraying. **-2.** MÉD spray; [traitement] spraying.

pulvériser [pylverize] *vt* **-1.** [projeter] to spray. **-2.** [détruire] to pulverize; *fig* to smash.

puma [pyma] *nm* puma.

punaise [pynɛz] *nf* **-1.** [insecte] bug. **-2.** [clou] drawing pin *Br*, thumbtack *Am*.

punch [pɔ̃ʃ] *nm* punch.

puni, -e [pyni] *adj* punished.

punir [pynir] *vt*: ~ **qqn (de)** to punish sb (with).

punition [pynisjɔ̃] *nf* punishment.

pupille [pypij] ◇ *nf* ANAT pupil. ◇ *nmf* [orphelin] ward; ~ **de l'État** ≃ child in care; ~ **de la Nation** war orphan (*in care*).

pupitre [pypitr] *nm* **-1.** [d'orateur] lectern; MUS stand. **-2.** TECHNOL console. **-3.** [d'écolier] desk.

pur, -e [pyr] *adj* **-1.** [gén] pure. **-2.** *fig* [absolu] pure, sheer; ~ **et simple** pure and simple. **-3.** *fig & littéraire* [intention] honourable. **-4.** [lignes] pure, clean.

purée [pyre] *nf* purée; ~ **de pommes de terre** mashed potatoes.

purement [pyrmã] *adv* purely; ~ **et simplement** purely and simply.

pureté [pyrte] *nf* **-1.** [gén] purity. **-2.** [de sculpture, de diamant] perfection. **-3.** [d'intention] honourableness.

purgatoire [pyrgatwar] *nm* purgatory.

purge [pyrʒ] *nf* **-1.** MÉD & POLIT purge. **-2.** [de radiateur] bleeding.

purger [pyrʒe] *vt* **-1.** MÉD & POLIT to purge. **-2.** [radiateur] to bleed. **-3.** [peine] to serve.

purifier [pyrifie] *vt* to purify.

purin [pyrɛ̃] *nm* slurry.

puritain, -e [pyritɛ̃, ɛn] ◇ *adj* [pudibond] puritanical. ◇ *nm, f* **-1.** [prude] puritan. **-2.** RELIG Puritan.

puritanisme [pyritanism] *nm* puritanism; RELIG Puritanism.

pur-sang [pyrsã] *nm inv* thoroughbred.

purulent, -e [pyrylã, ãt] *adj* purulent.

pus [py] *nm* pus.

pusillanime [pyzilanim] *adj* pusillanimous.

putain [pytɛ̃] *nf vulg* **-1.** *péj* [prostituée] whore. **-2.** *fig* [pour exprimer le mécontentement]: **(ce)** ~ **de ...** this/that sodding ... *Br*, this/that goddam ... *Am*.

putréfier [pytrefje] ◆ **se putréfier** *vp* to putrefy, to rot.

putsch [putʃ] *nm* uprising, coup.

puzzle [pœzl] *nm* jigsaw (puzzle).

P-V *nm abr de* **procès-verbal**.

pyjama [piʒama] *nm* pyjamas (*pl*).

pylône [pilon] *nm* pylon.

pyramide [piramid] *nf* pyramid.

Pyrénées [pirene] *nfpl*: **les** ~ the Pyrenees.

Pyrex® [pirɛks] *nm* Pyrex®.

pyromane [piroman] *nmf* arsonist; MÉD pyromaniac.

python [pitɔ̃] *nm* python.

Q

q, Q [ky] *nm inv* [lettre] q, Q.

QCM (*abr de* **questionnaire à choix multiple**) *nm* multiple choice questionnaire.

QG (*abr de* **quartier général**) *nm* HQ.

QI (*abr de* **quotient intellectuel**) *nm* IQ.

qqch (*abr de* **quelque chose**) sthg.

qqn (*abr de* **quelqu'un**) s.o., sb.

quadragénaire [kwadraʒenɛr] *nmf* forty year old.

quadrichromie [kwadrikrɔmi] *nf* four-colour printing.

quadrilatère [kwadrilatɛr] *nm* quadrilateral.

quadrillage [kadrijaʒ] *nm* **-1.** [de papier, de tissu] criss-cross pattern. **-2.** [policier] combing.

quadriller [kadrije] *vt* **-1.** [papier] to mark with squares. **-2.** [ville - suj: rues] to criss-cross; [- suj: police] to comb.

quadrimoteur [kwadrimɔtœr] *nm* four-engined plane.

quadrupède [k(w)adrypɛd] *nm & adj* quadruped.

quadruplés, -ées [k(w)adryple] *nm, f pl* quadruplets, quads.

quai [kɛ] *nm* **-1.** [de gare] platform. **-2.** [de port] quay, wharf. **-3.** [de rivière] embankment.

qualificatif, -ive [kalifikatif, iv] *adj* qualifying. ◆ **qualificatif** *nm* term.

qualification [kalifikasjɔ̃] *nf* [gén] qualification.

qualifier [kalifje] *vt* **-1.** [gén] to qualify; être qualifié pour qqch/pour faire qqch to be qualified for sthg/to do sthg. **-2.** [caractériser]: ~ qqn/qqch de qqch to describe sb/sthg as sthg, to call sb/ sthg sthg. ◆ **se qualifier** *vp* to qualify.

qualitatif, -ive [kalitatif, iv] *adj* qualitative.

qualité [kalite] *nf* **-1.** [gén] quality; de bonne/mauvaise ~ of good/poor quality. **-2.** [condition] position, capacity.

quand [kɑ̃] ◇ *conj* [lorsque, alors que] when; ~ tu le verras, demande-lui de me téléphoner when you see him, ask him to phone me; pourquoi rester ici ~ on pourrait partir en week-end? why stay here when we could go away for the weekend? ◇ *adv interr* when; ~ arriveras-tu? when will you arrive?; jusqu'à ~ restez-vous? how long are you staying for? ◆ **quand même** ◇ *loc adv* all the same; je pense qu'il ne viendra pas, mais je l'inviterai ~ même I don't think he'll come but I'll invite him all the same; tu pourrais faire attention ~ même! you might at least be careful! ◇ *interj*: ~ même, à son âge! really, at his/her age! ◆ **quand bien même** *loc conj sout* even though, even if.

quant [kɑ̃] ◆ **quant à** *loc prép* as for.

quantifier [kɑ̃tifje] *vt* to quantify.

quantitatif, -ive [kɑ̃titatif, iv] *adj* quantitative.

quantité [kɑ̃tite] *nf* **-1.** [mesure] quantity, amount. **-2.** [abondance]: (une) ~ de a great many, a lot of; en ~ in large numbers; des exemplaires en ~ a large number of copies.

quarantaine [karɑ̃tɛn] *nf* **-1.** [nombre]: une ~ de about forty. **-2.** [âge]: avoir la ~ to be in one's forties. **-3.** [isolement] quarantine.

quarante [karɑ̃t] *adj num & nm* forty; *voir aussi* six.

quarantième [karɑ̃tjɛm] *adj num, nm & nmf* fortieth; *voir aussi* sixième.

quart [kar] *nm* **-1.** [fraction] quarter; deux heures moins le ~ (a) quarter to two, (a) quarter of two *Am*; deux heures et ~ (a) quarter past two, (a) quarter after two *Am*; il est moins le ~ it's (a) quarter to; un ~ de quarter of; un ~ d'heure a quarter of an hour. **-2.** NAVIG watch. **-3.** ~ de finale quarter final.

quartier [kartje] *nm* **-1.** [de ville] area, district. **-2.** [de fruit] piece; [de viande]

quarter. **-3.** [héraldique, de lune] quarter. **-4.** (*gén pl*) MIL quarters (*pl*); ~ général headquarters (*pl*).

quartz [kwarts] *nm* quartz; montre à ~ quartz watch.

quasi [kazi] *adv* almost, nearly.

quasi- [kazi] *préfixe* near; ~collision near collision.

quasiment [kazimɑ̃] *adv fam* almost, nearly.

quatorze [katɔrz] *adj num & nm* fourteen; *voir aussi* six.

quatorzième [katɔrzjɛm] *adj num, nm & nmf* fourteenth; *voir aussi* sixième.

quatrain [katrɛ̃] *nm* quatrain.

quatre [katr] ◇ *adj num* four; monter l'escalier ~ à ~ to take the stairs four at a time; se mettre en ~ pour qqn to bend over backwards for sb. ◇ *nm* four; *voir aussi* six.

quatre-vingt = quatre-vingts.

quatre-vingt-dix [katrəvɛ̃dis] *adj num & nm* ninety; *voir aussi* six.

quatre-vingt-dixième [katrəvɛ̃dizjɛm] *adj num, nm & nmf* ninetieth; *voir aussi* sixième.

quatre-vingtième [katrəvɛ̃tjɛm] *adj num, nm & nmf* eightieth; *voir aussi* sixième.

quatre-vingts, quatre-vingt [katrəvɛ̃] *adj num & nm* eighty; *voir aussi* six.

quatrième [katrijɛm] ◇ *adj num, nm & nmf* fourth; *voir aussi* sixième. ◇ *nf* SCOL ≃ third year *Br*.

quatuor [kwatɥɔr] *nm* quartet.

que [k(ə)] ◇ *conj* **-1.** [introduit une subordonnée] that; il a dit qu'il viendrait he said (that) he'd come; il veut ~ tu viennes he wants you to come. **-2.** [introduit une hypothèse] whether; ~ vous le vouliez ou non whether you like it or not. **-3.** [reprend une autre conjonction]: s'il fait beau et que nous avons le temps ... if the weather is good and we have time .... **-4.** [indique un ordre, un souhait]: qu'il entre! let him come in!; ~ tout le monde sorte! everybody out! **-5.** [après un présentatif]: voilà/voici ~ ça recommence! here we go again! **-6.** [comparatif - après moins, plus] than; [- après autant, aussi, même] as; plus jeune ~ moi younger than I (am) OU than me; elle a la même robe ~ moi she has the same dress as I do OU as me. **-7.** [seulement]: ne ... ~ only; je n'ai qu'une sœur I've only got one sister. ◇ *pron rel* [chose, animal] which, that; [personne] whom, that; la femme ~ j'aime the woman (whom OU that) I

Québec 276

love; **le livre qu'il m'a prêté** the book (which OU that) he lent me. ◇ *pron interr* what; **~ savez-vous au juste?** what exactly do you know?; **~ faire?** what can I/we/one do?; **je me demande ~ faire** I wonder what I should do. ◇ *adv excl*: **qu'elle est belle!** how beautiful she is!; **~ de monde!** what a lot of people! ◆**c'est que** *loc conj* it's because; **si je vais me coucher, c'est ~ j'ai sommeil** if I'm going to bed, it's because I'm tired. ◆**qu'est-ce que** *pron interr* what; **qu'est-ce ~ tu veux encore?** what else do you want? ◆**qu'est-ce qui** *pron interr* what; **qu'est-ce qui se passe?** what's going on?

Québec [kebɛk] *nm* [province]: **le ~** Quebec.

québécois, -e [kebekwa, az] *adj* Quebec (*avant n*). ◆**québécois** *nm* [langue] Quebec French. ◆**Québécois, -e** *nm, f* Quebecker, Québécois.

quel [kɛl] (*f* **quelle**, *mpl* **quels**, *fpl* **quelles**) ◇ *adj interr* [personne] which; [chose] what, which; **~ homme?** which man?; **~ livre voulez-vous?** which book do you want?; **de ~ côté es-tu?** what OU which side are you on?; **je ne sais ~s sont ses projets** I don't know what his plans are; **quelle heure est-il?** what time is it?, what's the time? ◇ *adj excl*: **~ idiot!** what an idiot!; **quelle honte!** the shame of it! ◇ *adj indéf*: **~ que** (+ *subjonctif*) [chose, animal] whatever; [personne] whoever; **il se baigne, ~ que soit le temps** he goes swimming whatever the weather; **il refuse de voir les nouveaux arrivants, ~s qu'ils soient** he refuses to see new arrivals, whoever they may be. ◇ *pron interr* which (one); **de vous trois, ~ est le plus jeune?** which (one) of you three is the youngest?

quelconque [kɛlkɔ̃k] *adj* **-1.** [n'importe lequel] any; **donner un prétexte ~** to give any old excuse; **si pour une raison ~ ...** if for any reason ...; **une ~ observation** some remark or other. **-2.** (*après n*) *péj* [banal] ordinary, mediocre.

quelque [kɛlk(ə)] ◇ *adj indéf* some; **à ~ distance de là** some way away (from there); **j'ai ~s lettres à écrire** I have some OU a few letters to write; **vous n'avez pas ~s livres à me montrer?** don't you have any books to show me?; **les ~s fois où j'étais absent** the few times I wasn't there; **les ~s 200 francs qu'il m'a prêtés** the 200 francs or so (that) he lent me; **~ route que je prenne** whatever route I take; **~ peu** somewhat, rather. ◇ *adv* [environ] about; **200 francs et ~** some OU about 200 francs; **il est midi et ~** *fam* it's just after midday.

quelque chose [kɛlkəʃoz] *pron indéf* something; **~ de différent** something different; **~ d'autre** something else; **tu veux boire ~?** do you want something OU anything to drink?; **apporter un petit ~ à qqn** to give sb a little something; **c'est ~!** [ton admiratif] it's really something!; **cela m'a fait ~** I really felt it.

quelquefois [kɛlkəfwa] *adv* sometimes, occasionally.

quelque part [kɛlkəpar] *adv* somewhere; **l'as-tu vu ~?** did you see him anywhere?, have you seen him anywhere?

quelques-uns, quelques-unes [kɛlkəzœ̃, yn] *pron indéf* some, a few.

quelqu'un [kɛlkœ̃] *pron indéf m* someone, somebody; **c'est ~ d'ouvert/d'intelligent** he's/she's a frank/an intelligent person.

quémander [kemɑ̃de] *vt* to beg for; **~ qqch à qqn** to beg sb for sthg.

qu'en-dira-t-on [kɑ̃diratɔ̃] *nm inv fam* tittle-tattle.

quenelle [kənɛl] *nf* very finely chopped mixture of fish or chicken cooked in stock.

querelle [kərɛl] *nf* quarrel.

quereller [kərele] ◆**se quereller** *vp*: **se ~ (avec)** to quarrel (with).

querelleur, -euse [kərelœr, øz] *adj* quarrelsome.

qu'est-ce que [kɛskə] → **que**.

qu'est-ce qui [kɛski] → **que**.

question [kɛstjɔ̃] *nf* question; **poser une ~ à qqn** to ask sb a question; **il est ~ de faire qqch** it's a question OU matter of doing sthg; **il n'en est pas ~** there is no question of it; **remettre qqn/qqch en ~** to challenge sb/sthg, to challenge sb/sthg; **~ subsidiaire** tiebreaker.

questionnaire [kɛstjɔnɛr] *nm* questionnaire.

questionner [kɛstjɔne] *vt* to question.

quête [kɛt] *nf* **-1.** *sout* [d'objet, de personne] quest; **se mettre en ~ de** to go in search of. **-2.** [d'aumône]: **faire la ~** to take a collection.

quêter [kete] ◇ *vi* to collect. ◇ *vt fig* to seek, to look for.

queue [kø] *nf* **-1.** [d'animal] tail; **faire une ~ de poisson à qqn** *fig & AUTOM* to cut sb up. **-2.** [de fruit] stalk. **-3.** [de poêle] handle. **-4.** [de liste, de classe] bottom; [de file, peloton] rear. **-5.** [file] queue *Br*, line *Am*; **faire la ~** to queue *Br*, to stand in line *Am*; **à la ~ leu leu** in single file.

queue-de-cheval [kødʃəval]   (*pl* **queues-de-cheval**) *nf* ponytail.

queue-de-pie [kødpi] (*pl* **queues-de-pie**) *nf fam* tails (*pl*).

qui [ki] ◇ *pron rel* **-1.** (*sujet*) [personne] who; [chose] which, that; **l'homme ~ parle** the man who's talking; **je l'ai vu ~ passait** I saw him pass; **le chien ~ aboie** the barking dog, the dog which OU that is barking; **~ plus est** (and) what's more; **~ mieux est** even better, better still. **-2.** (*complément d'objet direct*) who; **tu vois ~ je veux dire** you see who I mean; **invite ~ tu veux** invite whoever OU anyone you like. **-3.** (*après une préposition*) who, whom; **la personne à ~ je parle** the person I'm talking to, the person to whom I'm talking. **-4.** (*indéfini*): **~ que tu sois** whoever you are; **~ que ce soit** whoever it may be. ◇ *pron interr* **-1.** (*sujet*) who; **~ es-tu?** who are you?; **je voudrais savoir ~ est là** I would like to know who's there. **-2.** (*complément d'objet, après une préposition*) who, whom; **~ demandez-vous?** who do you want to see?; **dites-moi ~ vous demandez** tell me who you want to see; **à ~ vas-tu le donner?** who are you going to give it to?, to whom are you going to give it? ◆ **qui est-ce qui** *pron interr* who. ◆ **qui est-ce que** *pron interr* who, whom.

quiche [kiʃ] *nf* quiche.

quiconque [kikɔ̃k] ◇ *pron indéf* anyone, anybody. ◇ *pron rel indéf sout* anyone who, whoever.

quidam [kidam] *nm fam* chap *Br*, guy *Am*.

quiétude [kjetyd] *nf* tranquillity.

quignon [kiɲɔ̃] *nm fam* hunk.

quille [kij] *nf* [de bateau] keel. ◆ **quilles** *nfpl* [jeu]: **(jeu de) ~s** skittles (U).

quincaillerie [kɛ̃kajri] *nf* **-1.** [magasin] ironmonger's (shop) *Br*, hardware shop. **-2.** *fam fig* [bijoux] jewellery.

quinconce [kɛ̃kɔ̃s] *nm*: **en ~** in a staggered arrangement.

quinine [kinin] *nf* quinine.

quinquagénaire [kɛ̃kaʒenɛr] *nmf* fifty year old.

quinquennal, -e, -aux [kɛ̃kenal, o] *adj* [plan] five-year (*avant n*); [élection] five-yearly.

quintal, -aux [kɛ̃tal, o] *nm* quintal.

quinte [kɛ̃t] *nf MUS* fifth. ◆ **quinte de toux** *nf* coughing fit.

quintuple [kɛ̃typl] *nm & adj* quintuple.

quinzaine [kɛ̃zɛn] *nf* **-1.** [nombre] fifteen (or so); **une ~ de** about fifteen. **-2.** [deux semaines] fortnight *Br*, two weeks (*pl*).

quinze [kɛ̃z] ◇ *adj num* fifteen; **dans ~ jours** in a fortnight *Br*, in two weeks. ◇ *nm* [chiffre] fifteen; *voir aussi* **six**.

quinzième [kɛ̃zjɛm] *adj num, nm & nmf* fifteenth; *voir aussi* **sixième**.

quiproquo [kiprɔko] *nm* misunderstanding.

quittance [kitɑ̃s] *nf* receipt.

quitte [kit] *adj* quits; **en être ~ pour qqch/pour faire qqch** to get off with sthg/doing sthg; **~ à faire qqch** even if it means doing sthg.

quitter [kite] *vt* **-1.** [gén] to leave; **ne quittez pas!** [au téléphone] hold the line, please! **-2.** [fonctions] to give up. ◆ **se quitter** *vp* to part.

qui-vive [kiviv] *nm inv*: **être sur le ~** to be on the alert.

quoi [kwa] ◇ *pron rel* (*après prép*): **ce à ~ je me suis intéressé** what I was interested in; **c'est en ~ vous avez tort** that's where you're wrong; **après ~** after which; **avoir de ~ vivre** to have enough to live on; **avez-vous de ~ écrire?** have you got something to write with?; **merci — il n'y a pas de ~** thank you — don't mention it. ◇ *pron interr* what; **à ~ penses-tu?** what are you thinking about?; **je ne sais pas ~ dire** I don't know what to say; **à ~ bon?** what's the point OU use?; **~ de neuf?** what's new?; **décide-toi, ~!** *fam* make your mind up, will you?; **tu viens ou ~?** *fam* are you coming or what? ◆ **quoi que** *loc conj* (+ *subjonctif*) whatever; **~ qu'il arrive** whatever happens; **~ qu'il dise** whatever he says; **~ qu'il en soit** be that as it may.

quoique [kwakə] *conj* although, though.

quolibet [kɔlibɛ] *nm sout* jeer, taunt.

quota [k(w)ɔta] *nm* quota.

quotidien, -ienne [kɔtidjɛ̃, jɛn] *adj* daily. ◆ **quotidien** *nm* **-1.** [routine]

daily life; **au ~** on a day-to-day basis.
-2. [journal] daily (newspaper).
quotient [kɔsjã] *nm* quotient; **~ intellectuel** intelligence quotient.

R

r¹, R [ɛr] *nm inv* [lettre] r, R.
r² *abr de* **rue.**
rabâcher [rabaʃe] ◇ *vi fam* to harp on.
◇ *vt* to go over (and over).
rabais [rabɛ] *nm* reduction, discount;
au ~ *péj* [artiste] third-rate; [travailler]
for a pittance.
rabaisser [rabese] *vt* **-1.** [réduire] to reduce; [orgueil] to humble. **-2.** [personne]
to belittle. ◆ **se rabaisser** *vp* **-1.** [se dé-
précier] to belittle o.s. **-2.** [s'humilier]: **se
~ à faire qqch** to demean o.s. by
doing sthg.
rabat [raba] *nm* [partie rabattue] flap.
rabat-joie [rabaʒwa] ◇ *nm inv* killjoy.
◇ *adj inv*: **être ~** to be a killjoy.
rabattre [rabatr] *vt* **-1.** [col] to turn
down. **-2.** [siège] to tilt back; [couvercle]
to shut. **-3.** [gibier] to drive. ◆ **se rabattre** *vp* **-1.** [siège] to tilt back; [couver-
cle] to shut. **-2.** [voiture, coureur] to cut
in. **-3.** [se contenter]: **se ~ sur** to fall
back on.
rabattu, -e [rabaty] *pp* → **rabattre.**
rabbin [rabɛ̃] *nm* rabbi.
râble [rabl] *nm* [de lapin] back; CULIN
saddle.
râblé, -e [rable] *adj* stocky.
rabot [rabo] *nm* plane.
raboter [rabote] *vt* to plane.
rabougri, -e [rabugri] *adj* **-1.** [plante]
stunted. **-2.** [personne] shrivelled,
wizened.
rabrouer [rabrue] *vt* to snub.
raccommodage [rakɔmɔdaʒ] *nm* mending.
raccommoder [rakɔmɔde] *vt* **-1.** [vête-
ment] to mend. **-2.** *fam fig* [personnes]
to reconcile, to get back together.
raccompagner [rakɔ̃paɲe] *vt* to see
home, to take home.
raccord [rakɔr] *nm* **-1.** [liaison] join. **-2.**
[pièce] connector, coupling. **-3.** CIN link.

raccordement [rakɔrdəmã] *nm* connection, linking.
raccorder [rakɔrde] *vt*: **~ qqch (à)** to
connect sthg (to), to join sthg (to).
◆ **se raccorder** *vp*: **se ~ à** to be connected to; *fig* [faits] to tie in with.
raccourci [rakursi] *nm* shortcut.
raccourcir [rakursir] ◇ *vt* to shorten. ◇
vi to grow shorter.
raccrocher [rakrɔʃe] ◇ *vt* to hang back
up. ◇ *vi* [au téléphone]: **~ (au nez de
qqn)** to hang up (on sb), to put the
phone down (on sb). ◆ **se raccrocher**
vp: **se ~ à** to cling to, to hang on to.
race [ras] *nf* [humaine] race; [animale]
breed; **de ~** pedigree; [cheval]
thoroughbred.
racé, -e [rase] *adj* **-1.** [animal] purebred.
-2. [voiture] of distinction.
rachat [raʃa] *nm* **-1.** [transaction] re-
purchase. **-2.** *fig* [de péchés] atonement.
racheter [raʃte] *vt* **-1.** [acheter en plus -
gén] to buy another; [- pain, lait] to buy
some more. **-2.** [acheter d'occasion] to
buy. **-3.** [acheter après avoir vendu] to
buy back. **-4.** *fig* [péché, faute] to atone
for; [défaut, lapsus] to make up for. **-5.**
[prisonnier] to ransom. **-6.** [honneur]
to redeem. **-7.** COMM [société] to buy
out. ◆ **se racheter** *vp fig* to redeem
o.s.
rachitique [raʃitik] *adj* suffering from
rickets.
racial, -e, -iaux [rasjal, jo] *adj* racial.
racine [rasin] *nf* root; [de nez] base;
~ carrée/cubique MATHS square/cube
root.
racisme [rasism] *nm* racism.
raciste [rasist] *nmf & adj* racist.
racketter [rakete] *vt*: **~ qqn** to subject
sb to a protection racket.
raclée [rakle] *nf* hiding, thrashing.
racler [rakle] *vt* to scrape. ◆ **se racler**
vp: **se ~ la gorge** to clear one's throat.
racoler [rakɔle] *vt fam péj* [suj: commer-
çant] to tout for; [suj: prostituée] to solicit.
racoleur, -euse [rakɔlœr, øz] *adj fam péj*
[air, sourire] come-hither; [publicité] strident.
racontar [rakɔ̃tar] *nm fam péj* piece of
gossip. ◆ **racontars** *nmpl fam péj*
tittle-tattle.
raconter [rakɔ̃te] *vt* **-1.** [histoire] to tell,
to relate; [événement] to relate, to tell
about; **~ qqch à qqn** to tell sb sthg, to
relate sthg to sb. **-2.** [ragot, mensonge]

to tell; **qu'est-ce que tu racontes?** what are you on about?

radar [radar] *nm* radar.

rade [rad] *nf* (natural) harbour.

radeau, -x [rado] *nm* [embarcation] raft.

radiateur [radjatœr] *nm* radiator.

radiation [radjasjɔ̃] *nf* -1. PHYS radiation. -2. [de liste, du barreau] striking off.

radical, -e, -aux [radikal, o] *adj* radical. ◆ **radical** *nm* -1. [gén] radical. -2. LING stem.

radier [radje] *vt* to strike off.

radieux, -ieuse [radjø, jøz] *adj* radiant; [soleil] dazzling.

radin, -e [radɛ̃, in] *fam péj* ◇ *adj* stingy. ◇ *nm, f* skinflint.

radio [radjo] ◇ *nf* -1. [station, poste] radio; **à la ~** on the radio. -2. MÉD: **passer une ~** to have an X-ray, to be X-rayed. ◇ *nm* radio operator.

radioactif, -ive [radjoaktif, iv] *adj* radioactive.

radioactivité [radjoaktivite] *nf* radioactivity.

radiodiffuser [radjodifyze] *vt* to broadcast.

radiographie [radjografi] *nf* -1. [technique] radiography. -2. [image] X-ray.

radiologue [radjolog], **radiologiste** [radjolɔʒist] *nmf* radiologist.

radioréveil, radio-réveil [radjorevej] *nm* radio alarm, clock radio.

radiotélévisé, -e [radjotelevize] *adj* broadcast on both radio and television.

radis [radi] *nm* radish.

radium [radjɔm] *nm* radium.

radoter [radote] *vi* to ramble.

radoucir [radusir] *vt* to soften. ◆ **se radoucir** *vp* [temps] to become milder; [personne] to calm down.

radoucissement [radusismɑ̃] *nm* -1. [d'attitude] softening. -2. [de température] rise; **un ~ du temps** a spell of milder weather.

rafale [rafal] *nf* -1. [de vent] gust; **en ~s** in gusts OU bursts. -2. [de coups de feu, d'applaudissements] burst.

raffermir [rafɛrmir] *vt* -1. [muscle] to firm up. -2. *fig* [pouvoir] to strengthen.

raffinage [rafinaʒ] *nm* refining.

raffiné, -e [rafine] *adj* refined.

raffinement [rafinmɑ̃] *nm* refinement.

raffiner [rafine] *vt* to refine.

raffinerie [rafinri] *nf* refinery.

raffoler [rafole] *vi*: **~ de qqn/qqch** to adore sb/sthg.

raffut [rafy] *nm fam* row, racket.

rafistoler [rafistole] *vt fam* to patch up.

rafle [rafl] *nf* raid.

rafler [rafle] *vt* to swipe.

rafraîchir [rafreʃir] *vt* -1. [nourriture, vin] to chill, to cool; [air] to cool. -2. [vêtement, appartement] to smarten up; *fig* [mémoire, idées] to refresh; [connaissances] to brush up. ◆ **se rafraîchir** *vp* -1. [se refroidir] to cool (down). -2. *fam* [personne] to have a drink.

rafraîchissant, -e [rafreʃisɑ̃, ɑ̃t] *adj* refreshing.

rafraîchissement [rafreʃismɑ̃] *nm* -1. [de climat] cooling. -2. [boisson] cold drink.

raft(ing) [raft(iŋ)] *nm* whitewater rafting.

ragaillardir [ragajardir] *vt fam* to buck up, to perk up.

rage [raʒ] *nf* -1. [fureur] rage; **faire ~** [tempête] to rage. -2. [maladie] rabies (U). ◆ **rage de dents** *nf* (raging) toothache.

rager [raʒe] *vi fam* to fume.

rageur, -euse [raʒœr, øz] *adj* bad-tempered.

raglan [raglɑ̃] *adj inv* raglan (*avant n*).

ragot [rago] *nm* (*gén pl*) *fam* (malicious) rumour, tittle-tattle (U).

ragoût [ragu] *nm* stew.

rai [re] *nm littéraire* [de soleil] ray.

raid [rɛd] *nm* AÉRON, BOURSE & MIL raid; **~ aérien** air raid.

raide [rɛd] ◇ *adj* -1. [cheveux] straight. -2. [tendu - corde] taut; [- membre] stiff. -3. [pente] steep. -4. [personne - attitude physique] stiff, starchy; [- caractère] inflexible. -5. *fam* [histoire] hard to swallow, far-fetched. -6. *fam* [chanson] rude, blue. -7. *fam* [sans le sou] broke. ◇ *adv* -1. [abruptement] steeply. -2. *loc*: **tomber ~ mort** to fall down dead.

raideur [rɛdœr] *nf* -1. [de membre] stiffness. -2. [de personne - attitude physique] stiffness, starchiness; [- caractère] inflexibility.

raidir [rɛdir] *vt* [muscle] to tense; [corde] to tighten, to tauten. ◆ **se raidir** *vp* -1. [se contracter] to grow stiff, to stiffen. -2. *fig* [résister]: **se ~ contre** to steel o.s. against.

raie [re] *nf* -1. [rayure] stripe. -2. [dans les cheveux] parting *Br*, part *Am*. -3. [des fesses] crack. -4. [poisson] skate.

rail [raj] *nm* rail.

raillerie [rajri] *nf sout* mockery (U).

railleur, -euse [rajœr, øz] *sout* ◇ *adj* mocking. ◇ *nm, f* scoffer.

rainure [rɛnyr] nf [longue] groove, channel; [courte] slot.

raisin [rɛzɛ̃] nm [fruit] grapes (pl).

raison [rɛzɔ̃] nf -1. [gén] reason; à plus forte ~ all the more (so); se faire une ~ to resign o.s.; ~ de plus pour faire qqch all the more reason to do sth. -2. [justesse, équité]: avoir ~ to be right; avoir ~ de faire qqch to be right to do sth; donner ~ à qqn to prove sb right. ◆ à raison de loc prép at (the rate of). ◆ en raison de loc prép owing to, because of.

raisonnable [rɛzɔnabl] adj reasonable.

raisonnement [rɛzɔnmɑ̃] nm -1. [faculté] reason, power of reasoning. -2. [argumentation] reasoning, argument.

raisonner [rɛzɔne] ◇ vt [personne] to reason with. ◇ vi -1. [penser] to reason. -2. [discuter]: ~ avec to reason with.

rajeunir [raʒœnir] ◇ vt -1. [suj: couleur, vêtement]: ~ qqn to make sb look younger. -2. [suj: personne]: ~ qqn de trois ans to take three years off sb's age. -3. [vêtement, canapé] to renovate, to do up; [meubles] to modernize. -4. fig [parti] to rejuvenate. ◇ vi [personne] to look younger; [se sentir plus jeune] to feel younger OU rejuvenated.

rajouter [raʒute] vt to add; en ~ fam to exaggerate.

rajuster [raʒyste], **réajuster** [reaʒyste] vt to adjust; [cravate] to straighten. ◆ se rajuster vp to straighten one's clothes.

râle [ral] nm moan; [de mort] death rattle.

ralenti, -e [ralɑ̃ti] adj slow. ◆ ralenti nm -1. AUTOM idling speed; tourner au ~ AUTOM & fig to tick over Br. -2. CIN slow motion.

ralentir [ralɑ̃tir] ◇ vt -1. [allure, expansion] to slow (down). -2. [rythme] to slacken. ◇ vi to slow down OU up.

ralentissement [ralɑ̃tismɑ̃] nm -1. [d'allure, d'expansion] slowing (down). -2. [de rythme] slackening. -3. [embouteillage] hold-up. -4. PHYS deceleration.

râler [rale] vi -1. [malade] to breathe with difficulty. -2. fam [grogner] to moan.

ralliement [ralimɑ̃] nm rallying.

rallier [ralje] vt -1. [poste, parti] to join. -2. [suffrages] to win. -3. [troupes] to rally. ◆ se rallier vp to rally; se ~ à [parti] to join; [cause] to rally to; [avis] to come round to.

rallonge [ralɔ̃ʒ] nf -1. [de table] leaf, extension. -2. [électrique] extension (lead).

rallonger [ralɔ̃ʒe] ◇ vt to lengthen. ◇ vi to lengthen, to get longer.

rallumer [ralyme] vt -1. [feu, cigarette] to relight; fig [querelle] to revive. -2. [appareil, lumière électrique] to switch (back) on again.

rallye [rali] nm rally.

ramadan [ramadɑ̃] nm Ramadan.

ramassage [ramasaʒ] nm collection; ~ scolaire [action] pick-up (of school children); [service] school bus.

ramasser [ramase] vt -1. [récolter, réunir] to gather, to collect; fig [forces] to gather. -2. [prendre] to pick up. -3. fam [claque, rhume] to get. ◆ se ramasser vp -1. [se replier] to crouch. -2. fam [tomber, échouer] to come a cropper.

rambarde [rɑ̃bard] nf (guard) rail.

rame [ram] nf -1. [aviron] oar. -2. RAIL train. -3. [de papier] ream.

rameau, -x [ramo] nm branch.

ramener [ramne] vt -1. [remmener] to take back. -2. [rapporter, restaurer] to bring back. -3. [réduire]: ~ qqch à qqch to reduce sth to sth, to bring sth down to sth.

ramer [rame] vi -1. [rameur] to row. -2. fam fig [peiner] to slog.

rameur, -euse [ramœr, øz] nm, f rower.

ramification [ramifikasjɔ̃] nf [division] branch.

ramolli, -e [ramɔli] adj soft; fig soft (in the head).

ramollir [ramɔlir] vt -1. [beurre] to soften. -2. fam fig [ardeurs] to cool. ◆ se ramollir vp -1. [beurre] to go soft, to soften. -2. fam fig [courage] to weaken.

ramoner [ramɔne] vt to sweep.

ramoneur [ramɔnœr] nm (chimney) sweep.

rampant, -e [rɑ̃pɑ̃, ɑ̃t] adj -1. [animal] crawling. -2. [plante] creeping.

rampe [rɑ̃p] nf -1. [d'escalier] banister, handrail. -2. [d'accès] ramp; ~ de lancement launch pad. -3. THÉÂTRE: la ~ the footlights (pl).

ramper [rɑ̃pe] vi -1. [animal, soldat, enfant] to crawl. -2. [plante] to creep.

rance [rɑ̃s] adj [beurre] rancid.

rancir [rɑ̃sir] vi to go rancid.

rancœur [rɑ̃kœr] nf rancour, resentment.

rançon [rɑ̃sɔ̃] nf ransom; fig price.

rancune [rɑ̃kyn] nf rancour, spite; garder OU tenir ~ à qqn de qqch to hold a grudge against sb for sthg; **sans ~!** no hard feelings!

rancunier, -ière [rɑ̃kynje, jɛr] *adj* vindictive, spiteful.

randonnée [rɑ̃dɔne] *nf* **-1.** [à pied] walk. **-2.** [à bicyclette] ride; [en voiture] drive.

randonneur, -euse [rɑ̃dɔnœr, øz] *nm, f* walker, rambler.

rang [rɑ̃] *nm* **-1.** [d'objets, de personnes] row; **se mettre en ~ par deux** to line up in twos. **-2.** MIL. rank. **-3.** [position sociale] station. **-4.** *Can* [peuplement rural] rural district. **-5.** *Can* [chemin] country road.

rangé, -e [rɑ̃ʒe] *adj* [sérieux] well-ordered, well-behaved.

rangée [rɑ̃ʒe] *nf* row.

rangement [rɑ̃ʒmɑ̃] *nm* tidying up.

ranger [rɑ̃ʒe] *vt* **-1.** [chambre] to tidy. **-2.** [objets] to arrange. **-3.** [voiture] to park. **-4.** *fig* [livre, auteur]: **~ parmi** to rank among. ◆ **se ranger** *vp* **-1.** [élèves, soldats] to line up. **-2.** [voiture] to pull in. **-3.** [piéton] to step aside. **-4.** [s'assagir] to settle down. **-5.** *fig* [se rallier]: **se ~ à** to go along with.

ranimer [ranime] *vt* **-1.** [personne] to revive, to bring round. **-2.** [feu] to rekindle. **-3.** *fig* [sentiment] to rekindle, to reawaken.

rapace [rapas] ◇ *nm* bird of prey. ◇ *adj* [cupide] rapacious, grasping.

rapatrier [rapatrije] *vt* to repatriate.

râpe [rɑp] *nf* **-1.** [de cuisine] grater. **-2.** *Helv fam* [avare] miser, skinflint.

râpé, -e [rɑpe] *adj* **-1.** CULIN grated. **-2.** [manteau] threadbare. **-3.** *fam* [raté]: **c'est ~!** we've had it!

râper [rɑpe] *vt* CULIN to grate.

râpeux, -euse [rɑpø, øz] *adj* **-1.** [tissu] rough. **-2.** [vin] harsh.

rapide [rapid] ◇ *adj* **-1.** [gén] rapid. **-2.** [train, coureur] fast. **-3.** [musique, intelligence] lively, quick. ◇ *nm* **-1.** [train] express (train). **-2.** [de fleuve] rapid.

rapidement [rapidmɑ̃] *adv* rapidly.

rapidité [rapidite] *nf* rapidity.

rapiécer [rapjese] *vt* to patch.

rappel [rapɛl] *nm* **-1.** [de réservistes, d'ambassadeur] recall. **-2.** [souvenir] reminder; **~ à l'ordre** call to order. **-3.** [de paiement] back pay. **-4.** [de vaccination] booster. **-5.** [au spectacle] curtain call, encore. **-6.** SPORT abseiling; **descendre en ~** to abseil (down).

rappeler [raple] *vt* **-1.** [gén] to call back; **~ qqn à qqch** *fig* to bring sb back to sthg. **-2.** [faire penser à]: **~ qqch à qqn**

to remind sb of sthg; **ça rappelle les vacances** it reminds me of my holidays. ◆ **se rappeler** *vp* to remember.

rapport [rapɔr] *nm* **-1.** [corrélation] link, connection. **-2.** [compte-rendu] report. **-3.** [profit] return, yield. **-4.** MATHS ratio. ◆ **rapports** *nmpl* **-1.** [relations] relations. **-2.** [sexuels]: **~s (sexuels)** intercourse (*sg*). ◆ **par rapport à** *loc prép* in comparison to, compared with.

rapporter [rapɔrte] *vt* to bring back. ◆ **se rapporter** *vp*: **se ~ à** to refer OU relate to.

rapporteur, -euse [rapɔrtœr, øz] ◇ *adj* sneaky, telltale. ◇ *nm, f* sneak, telltale. ◆ **rapporteur** *nm* **-1.** [de commission] rapporteur. **-2.** GÉOM protractor.

rapprochement [raprɔʃmɑ̃] *nm* **-1.** [d'objets, de personnes] bringing together. **-2.** *fig* [entre événements] link, connection. **-3.** *fig* [de pays, de parti] rapprochement, coming together.

rapprocher [raprɔʃe] *vt* **-1.** [mettre plus près]: **~ qqn/qqch de qqch** to bring sb/sthg nearer to sthg, to bring sb/sthg closer to sthg. **-2.** *fig* [personnes] to bring together. **-3.** *fig* [idée, texte]: **~ qqch (de)** to compare sthg (with). ◆ **se rapprocher** *vp* **-1.** [approcher]: **se ~ (de qqn/qqch)** to approach (sb/sthg). **-2.** [se ressembler]: **se ~ de qqch** to be similar to sthg. **-3.** [se réconcilier]: **se ~ de qqn** to become closer to sb.

rapt [rapt] *nm* abduction.

raquette [rakɛt] *nf* **-1.** [de tennis, de squash] racket; [de ping-pong] bat. **-2.** [à neige] snowshoe.

rare [rar] *adj* **-1.** [peu commun, peu fréquent] rare; **ses ~s amis** his few friends. **-2.** [peu dense] sparse. **-3.** [surprenant] unusual, surprising.

raréfier [rarefje] *vt* to rarefy. ◆ **se raréfier** *vp* to become rarefied.

rarement [rarmɑ̃] *adv* rarely.

rareté [rarte] *nf* **-1.** [de denrées, de nouvelles] scarcity. **-2.** [de visites, de lettres] infrequency. **-3.** [objet précieux] rarity.

ras, -e [rɑ, rɑz] *adj* **-1.** [herbe, poil] short. **-2.** [mesure] full. ◆ **ras** *adv* short; **à ~ de** level with; **en avoir ~ le bol** *fam* to be fed up.

rasade [rɑzad] *nf* glassful.

rasage [rɑzaʒ] *nm* shaving.

rasant, -e [rɑzɑ̃, ɑ̃t] *adj* **-1.** [lumière] low-angled. **-2.** *fam* [film, discours] boring.

raser [raze] *vt* **-1.** [barbe, cheveux] to shave off. **-2.** [mur, sol] to hug. **-3.** [village] to raze. **-4.** *fam* [personne] to bore. ◆ **se raser** *vp* [avec rasoir] to shave.

ras-le-bol [ralbɔl] *nm inv fam* discontent.

rasoir [razwar] ◇ *nm* razor; ~ **électrique** electric shaver; ~ **mécanique** safety razor. ◇ *adj inv fam* boring.

rassasier [rasazje] *vt* to satisfy.

rassemblement [rasɑ̃bləmɑ̃] *nm* **-1.** [d'objets] collecting, gathering. **-2.** [foule] crowd, gathering. **-3.** [union, parti] union. **-4.** MIL parade; ~! fall in!

rassembler [rasɑ̃ble] *vt* **-1.** [personnes, documents] to collect, to gather. **-2.** [courage] to summon up; [idées] to collect. ◆ **se rassembler** *vp* **-1.** [manifestants] to assemble. **-2.** [famille] to get together.

rasseoir [raswar] ◆ **se rasseoir** *vp* to sit down again.

rasséréner [raserene] *vt sout* to calm down.

rassis, -e [rasi, iz] *adj* [pain] stale.

rassurant, -e [rasyrɑ̃, ɑ̃t] *adj* reassuring.

rassuré, -e [rasyre] *adj* confident, at ease.

rassurer [rasyre] *vt* to reassure.

rat [ra] ◇ *nm* rat; **petit ~** *fig* young ballet pupil. ◇ *adj fam* [avare] mean, stingy.

ratatiné, -e [ratatine] *adj* [fruit, personne] shrivelled.

rate [rat] *nf* **-1.** [animal] female rat. **-2.** [organe] spleen.

raté, -e [rate] *nm, f* [personne] failure. ◆ **raté** *nm* **-1.** (*gén pl*) AUTOM misfiring (*U*); **faire des ~s** to misfire. **-2.** *fig* [difficulté] problem.

râteau, -x [rato] *nm* rake.

rater [rate] ◇ *vt* **-1.** [train, occasion] to miss. **-2.** [plat, affaire] to make a mess of; [examen] to fail. ◇ *vi* to go wrong.

ratification [ratifikasjɔ̃] *nf* ratification.

ratifier [ratifje] *vt* to ratify.

ration [rasjɔ̃] *nf fig* share; ~ **alimentaire** food intake.

rationaliser [rasjɔnalize] *vt* to rationalize.

rationnel, -elle [rasjɔnɛl] *adj* rational.

rationnement [rasjɔnmɑ̃] *nm* rationing.

rationner [rasjɔne] *vt* to ration.

ratissage [ratisaʒ] *nm* **-1.** [de jardin] raking. **-2.** [de quartier] search.

ratisser [ratise] *vt* **-1.** [jardin] to rake. **-2.** [quartier] to search, to comb.

raton [ratɔ̃] *nm* ZOOL young rat. ◆ **raton laveur** *nm* racoon.

RATP (*abr de* **Régie autonome des transports parisiens**) *nf* Paris transport authority.

rattacher [rataʃe] *vt* **-1.** [attacher de nouveau] to do up, to fasten again. **-2.** [relier]: ~ **qqch à** to join sth to; *fig* to link sth with. **-3.** [unir]: ~ **qqn à** to bind sb to. ◆ **se rattacher** *vp*: **se ~ à** to be linked to.

rattrapage [ratrapaʒ] *nm* **-1.** SCOL: **cours de ~** remedial class. **-2.** [de salaires, prix] adjustment.

rattraper [ratrape] *vt* **-1.** [animal, prisonnier] to recapture. **-2.** [temps]: ~ **le temps perdu** to make up for lost time. **-3.** [rejoindre] to catch up with. **-4.** [erreur] to correct. **-5.** [personne qui tombe] to catch. ◆ **se rattraper** *vp* **-1.** [se retenir]: **se ~ à qqn/qqch** to catch hold of sb/sth. **-2.** [se faire pardonner] to make amends.

rature [ratyr] *nf* alteration.

rauque [rok] *adj* hoarse, husky.

ravager [ravaʒe] *vt* **-1.** [gén] to devastate, to ravage. **-2.** *fam* [fou]: **être ravagé** to be off one's head.

ravages [ravaʒ] *nmpl* [de troupes] ravages, devastation (*sg*); [d'inondation] devastation (*sg*); [du temps] ravages.

ravaler [ravale] *vt* **-1.** [façade] to clean, to restore. **-2.** [personne]: ~ **qqn au rang de** to lower sb to the level of. **-3.** *fig* [larmes, colère] to stifle, to hold back.

ravauder [ravode] *vt* to mend, to repair.

ravi, -e [ravi] *adj*: ~ **(de)** delighted (with); **je suis ~ de l'avoir trouvé** I'm delighted that I found it, I'm delighted to have found it; ~ **de vous connaître** pleased to meet you.

ravin [ravɛ̃] *nm* ravine, gully.

raviolis [ravjɔli] *nmpl* ravioli (*U*).

ravir [ravir] *vt* **-1.** [charmer] to delight; **à ~** beautifully. **-2.** *littéraire* [arracher]: ~ **qqch à qqn** to rob sb of sth.

raviser [ravize] ◆ **se raviser** *vp* to change one's mind.

ravissant, -e [ravisɑ̃, ɑ̃t] *adj* delightful, beautiful.

ravisseur, -euse [ravisœr, øz] *nm, f* abductor.

ravitaillement [ravitajmɑ̃] *nm* [en denrées] resupplying; [en carburant] refuelling.

ravitailler [ravitaje] *vt* [en denrées] to re-supply; [en carburant] to **refuel**.

raviver [ravive] *vt* **-1.** [feu] to rekindle. **-2.** [couleurs] to brighten up. **-3.** *fig* [douleur] to revive. **-4.** [plaie] to reopen.

rayer [rɛje] *vt* **-1.** [disque, vitre] to scratch. **-2.** [nom, mot] to cross out.

rayon [rɛjɔ̃] *nm* **-1.** [de lumière] beam, ray; *fig* [d'espoir] ray. **-2.** (*gén pl*) [radiation] radiation (*U*); ~ **laser** laser beam; ~**s X** X-rays. **-3.** [de roue] spoke. **-4.** GÉOM radius; **dans un** ~ **de** *fig* within a radius of. **-5.** [étagère] shelf. **-6.** [dans un magasin] department.

rayonnant, -e [rɛjɔnɑ̃, ɑ̃t] *adj litt* & *fig* radiant.

rayonnement [rɛjɔnmɑ̃] *nm* **-1.** [gén] radiance; [des arts] influence. **-2.** PHYS radiation.

rayonner [rɛjɔne] *vi* **-1.** [soleil] to shine; ~ **de joie** *fig* to radiate happiness. **-2.** [culture] to be influential. **-3.** [avenues, lignes, chaleur] to radiate. **-4.** [touriste] to tour around (*from a base*).

rayure [rɛjyr] *nf* **-1.** [sur étoffe] stripe. **-2.** [sur disque, sur meuble] scratch.

raz [ra] ◆ **raz de marée** *nm* tidal wave; POLIT & *fig* landslide.

razzia [razja] *nf fam* raid.

RDA (*abr de* **République démocratique allemande**) *nf* GDR.

RdC *abr de* **rez-de-chaussée.**

ré [re] *nm inv* MUS D; [chanté] re.

réacteur [reaktœr] *nm* [d'avion] jet engine; ~ **nucléaire** nuclear reactor.

réaction [reaksjɔ̃] *nf:* ~ (**à/contre**) reaction (to/against).

réactionnaire [reaksjɔnɛr] *nmf* & *adj péj* reactionary.

réactiver [reaktive] *vt* to reactivate.

réactualiser [reaktɥalize] *vt* [moderniser] to update, to bring up to date.

réadapter [readapte] *vt* to readapt; [accidenté] to rehabilitate.

réagir [reaʒir] *vi:* ~ (**à/contre**) to react (to/against); ~ **sur** to affect.

réajuster = **rajuster.**

réalisable [realizabl] *adj* **-1.** [projet] feasible. **-2.** FIN realizable.

réalisateur, -trice [realizatœr, tris] *nm, f* CIN & TÉLÉ director.

réaliser [realize] *vt* **-1.** [projet] to carry out; [ambitions, rêves] to achieve, to realize. **-2.** CIN & TÉLÉ to produce. **-3.** [s'apercevoir de] to realize. ◆ **se réaliser** *vp* **-1.** [ambition] to be realized; [rêve] to come true. **-2.** [personne] to fulfil o.s.

réaliste [realist] ◇ *nmf* realist. ◇ *adj* **-1.** [personne, objectif] realistic. **-2.** ART & LITTÉRATURE realist.

réalité [realite] *nf* reality; **en** ~ in reality.

réaménagement [reamenaʒmɑ̃] *nm* **-1.** [de propriété] restructuring. **-2.** [de taux d'intérêt] readjustment.

réamorcer [reamɔrse] *vt* to start up again.

réanimation [reanimasjɔ̃] *nf* resuscitation; **en** ~ in intensive care.

réanimer [reanime] *vt* to resuscitate.

réapparaître [reaparɛtr] *vi* to reappear.

rébarbatif, -ive [rebarbatif, iv] *adj* **-1.** [personne, visage] forbidding. **-2.** [travail] daunting.

rebâtir [rəbatir] *vt* to rebuild.

rebattu, -e [rəbaty] *adj* overworked, hackneyed.

rebelle [rəbɛl] *adj* **-1.** [personne] rebellious; [troupes] rebel (*avant n*). **-2.** [mèche, boucle] unruly.

rebeller [rəbele] ◆ **se rebeller** *vp:* se ~ (**contre**) to rebel (against).

rébellion [rebeljɔ̃] *nf* rebellion.

rebiffer [rəbife] ◆ **se rebiffer** *vp fam:* se ~ (**contre**) to rebel (against).

reboiser [rəbwaze] *vt* to reafforest.

rebond [rəbɔ̃] *nm* bounce.

rebondir [rəbɔ̃dir] *vi* **-1.** [objet] to bounce; [contre mur] to rebound. **-2.** *fig* [affaire] to come to life (again).

rebondissement [rəbɔ̃dismɑ̃] *nm* [d'affaire] new development.

rebord [rəbɔr] *nm* [de table] edge; [de fenêtre] sill, ledge.

reboucher [rəbuʃe] *vt* [bouteille] to put the cork back in, to recork; [trou] to fill in.

rebours [rəbur] ◆ **à rebours** *loc adv* the wrong way; *fig* the wrong way round, back to front.

reboutonner [rəbutɔne] *vt* to rebutton.

rebrousse-poil [rəbruspwal] ◆ **à rebrousse-poil** *loc adv* the wrong way; **prendre qqn à** ~ *fig* to rub sb up the wrong way.

rebrousser [rəbruse] *vt* to brush back; ~ **chemin** *fig* to retrace one's steps.

rébus [rebys] *nm* rebus.

rebut [rəby] *nm* scrap; **mettre qqch au** ~ to get rid of sthg, to scrap sthg.

rebuter [rəbyte] *vt* [suj: travail] to dishearten.

récalcitrant, -e [rekalsitrɑ̃, ɑ̃t] *adj* recalcitrant, stubborn.

recaler [rəkale] *vt fam* to fail.

récapitulatif, -ive [rekapitylatif, iv] *adj* summary (*avant n*). ◆ **récapitulatif** *nm* summary.

récapituler [rekapityle] *vt* to recapitulate, to recap.

recel [rəsɛl] *nm* [action] receiving OU handling stolen goods; [délit] possession of stolen goods.

receleur, -euse [rəsəlœr, øz] *nm, f* receiver [of stolen goods].

récemment [resamɑ̃] *adv* recently.

recensement [rəsɑ̃smɑ̃] *nm* **-1.** [de population] census. **-2.** [d'objets] inventory.

recenser [rəsɑ̃se] *vt* **-1.** [population] to take a census of. **-2.** [objets] to take an inventory of.

récent, -e [resɑ̃, ɑ̃t] *adj* recent.

recentrer [rəsɑ̃tre] *vt* to refocus.

récépissé [resepise] *nm* receipt.

récepteur, -trice [reseptœr, tris] *adj* receiving. ◆ **récepteur** *nm* receiver; ~ de poche pager.

réception [resɛpsjɔ̃] *nf* **-1.** [gén] reception; donner une ~ to hold a reception. **-2.** [de marchandises] receipt. **-3.** [bureau] reception (desk). **-4.** SPORT [de sauteur, skieur] landing; [du ballon - avec la main] catch; [- avec le pied]: **bonne ~ de X qui ... X** traps the ball and ...

réceptionner [resɛpsjɔne] *vt* **-1.** [marchandises] to take delivery of. **-2.** [SPORT - avec la main] to catch; [- avec le pied] to control.

réceptionniste [resɛpsjɔnist] *nmf* receptionist.

récession [resesjɔ̃] *nf* recession.

recette [rəsɛt] *nf* **-1.** COMM takings (*pl*). **-2.** CULIN recipe; *fig* [méthode] recipe, formula.

recevable [rəsəvabl] *adj* **-1.** [excuse, offre] acceptable. **-2.** JUR admissible.

receveur, -euse [rəsəvœr, øz] *nm, f* **-1.** ADMIN: ~ des impôts tax collector; ~ des postes postmaster (*f* postmistress). **-2.** [de greffe] recipient.

recevoir [rəsəvwar] *vt* **-1.** [gén] to receive. **-2.** [coup] to get, to receive. **-3.** [invités] to entertain; [client] to see. **-4.** SCOL & UNIV: **être reçu à un examen** to pass an exam. ◆ **se recevoir** *vp* SPORT to land.

rechange [rəʃɑ̃ʒ] ◆ **de rechange** *loc adj* spare; *fig* alternative.

réchapper [reʃape] *vi*: ~ de to survive.

recharge [rəʃarʒ] *nf* [cartouche] refill.

rechargeable [rəʃarʒabl] *adj* [batterie] rechargeable; [briquet] refillable.

réchaud [reʃo] *nm* (portable) stove.

réchauffé, -e [reʃofe] *adj* [plat] reheated; *fig* rehashed.

réchauffement [reʃofmɑ̃] *nm* warming (up).

réchauffer [reʃofe] *vt* **-1.** [nourriture] to reheat. **-2.** [personne] to warm up. ◆ **se réchauffer** *vp* to warm up.

rêche [rɛʃ] *adj* rough.

recherche [rəʃɛrʃ] *nf* **-1.** [quête & INFORM] search; **être à la ~ de** to be in search of; **faire** OU **effectuer des ~s** to make inquiries. **-2.** SCIENCE research; **faire de la ~** to do research. **-3.** [raffinement] elegance.

recherché, -e [rəʃɛrʃe] *adj* **-1.** [ouvrage] sought-after. **-2.** [raffiné - vocabulaire] refined; [- mets] exquisite.

rechercher [rəʃɛrʃe] *vt* **-1.** [objet, personne] to search for, to hunt for. **-2.** [compagnie] to seek out.

rechigner [rəʃiɲe] *vi*: ~ à to balk at.

rechute [rəʃyt] *nf* relapse.

récidive [residiv] *nf* **-1.** JUR repeat offence. **-2.** MÉD recurrence.

récidiver [residive] *vi* **-1.** JUR to commit another offence. **-2.** MÉD to recur.

récidiviste [residivist] *nmf* repeat OU persistent offender.

récif [resif] *nm* reef.

récipient [resipjɑ̃] *nm* container.

réciproque [resiprɔk] ◇ *adj* reciprocal. ◇ *nf*: la ~ the reverse.

réciproquement [resiprɔkmɑ̃] *adv* mutually; et ~ and vice versa.

récit [resi] *nm* story.

récital, -als [resital] *nm* recital.

récitation [resitasjɔ̃] *nf* recitation.

réciter [resite] *vt* to recite.

réclamation [reklamasjɔ̃] *nf* complaint; **faire/déposer une ~** to make/lodge a complaint.

réclame [reklam] *nf* **-1.** [annonce] advert, advertisement. **-2.** [publicité]: la ~ advertising. **-3.** [promotion]: en ~ on special offer.

réclamer [reklame] *vt* **-1.** [demander] to ask for, to request; [avec insistance] to demand. **-2.** [nécessiter] to require, to demand.

reclasser [rəklase] *vt* **-1.** [dossiers] to refile. **-2.** [chômeur] to find a new job for. **-3.** ADMIN to regrade.

réclusion [reklyzjɔ̃] *nf* imprisonment; ~ à perpétuité life imprisonment.

recoiffer [rəkwafe] *vt*: ~ **qqn** to do sb's hair again. ◆ **se recoiffer** *vp* to do one's hair again.

recoin [rəkwɛ̃] *nm* nook.

recoller [rəkɔle] *vt* [objet brisé] to stick back together.

récolte [rekɔlt] *nf* -1. [AGRIC - action] harvesting (U), gathering (U); [- produit] harvest, crop. -2. *fig* collection.

récolter [rekɔlte] *vt* to harvest; *fig* to collect.

recommandable [rəkɔmɑ̃dabl] *adj* commendable; **peu ~** undesirable.

recommandation [rəkɔmɑ̃dasjɔ̃] *nf* recommendation.

recommandé, -e [rəkɔmɑ̃de] *adj* -1. [envoi] registered; **envoyer qqch en ~** to send sthg by registered post *Br* OU mail *Am*. -2. [conseillé] advisable.

recommander [rəkɔmɑ̃de] *vt* to recommend; **~ à qqn de faire qqch** to advise sb to do sthg; **~ qqn à qqn** to recommend sb to sb.

recommencer [rəkɔmɑ̃se] ◇ *vt* [travail] to start OU begin again; [erreur] to make again; **~ à faire qqch** to start OU begin doing sthg again. ◇ *vi* to start OU begin again; **ne recommence pas!** don't do that again!

récompense [rekɔ̃pɑ̃s] *nf* reward.

récompenser [rekɔ̃pɑ̃se] *vt* to reward.

recompter [rəkɔ̃te] *vt* to recount.

réconciliation [rekɔ̃siljasjɔ̃] *nf* reconciliation.

réconcilier [rekɔ̃silje] *vt* to reconcile.

reconduire [rəkɔ̃dɥir] *vt* -1. [personne] to accompany, to take. -2. [politique, bail] to renew.

reconduit, -e [rəkɔ̃dɥi, ɥit] *pp* → **reconduire**.

réconfort [rekɔ̃fɔr] *nm* comfort.

réconfortant, -e [rekɔ̃fɔrtɑ̃, ɑ̃t] *adj* comforting.

réconforter [rekɔ̃fɔrte] *vt* to comfort.

reconnaissable [rəkɔnɛsabl] *adj* recognizable.

reconnaissance [rəkɔnɛsɑ̃s] *nf* -1. [gén] recognition. -2. MIL reconnaissance; **aller/partir en ~** to go out on reconnaissance. -3. [gratitude] gratitude; **exprimer sa ~ à qqn** to show OU express one's gratitude to sb.

reconnaissant, -e [rəkɔnɛsɑ̃, ɑ̃t] *adj* grateful; **je vous serais ~ de m'aider** I would be grateful if you would help me.

reconnaître [rəkɔnɛtr] *vt* -1. [gén] to recognize. -2. [erreur] to admit, to acknowledge. -3. MIL to reconnoitre.

reconnu, -e [rəkɔny] ◇ *pp* → **reconnaître**. ◇ *adj* well-known.

reconquérir [rəkɔ̃kerir] *vt* to reconquer.

reconquis, -e [rəkɔ̃ki, iz] *pp* → **reconquérir**.

reconsidérer [rəkɔ̃sidere] *vt* to reconsider.

reconstituant, -e [rəkɔ̃stitɥɑ̃, ɑ̃t] *adj* invigorating. ◆ **reconstituant** *nm* tonic.

reconstituer [rəkɔ̃stitɥe] *vt* -1. [puzzle] to put together. -2. [crime, délit] to reconstruct.

reconstitution [rəkɔ̃stitysjɔ̃] *nf* -1. [de puzzle] putting together. -2. [de crime, délit] reconstruction.

reconstruction [rəkɔ̃stryksjɔ̃] *nf* reconstruction, rebuilding.

reconstruire [rəkɔ̃strɥir] *vt* to reconstruct, to rebuild.

reconstruit, -e [rəkɔ̃strɥi, ɥit] *pp* → **reconstruire**.

reconversion [rəkɔ̃vɛrsjɔ̃] *nf* -1. [d'employé] redeployment. -2. [d'usine, de société] conversion; **~ économique/technique** economic/technical restructuring.

reconvertir [rəkɔ̃vɛrtir] *vt* -1. [employé] to redeploy. -2. [économie] to restructure. ◆ **se reconvertir** *vp*: **se ~ dans** to move into.

recopier [rəkɔpje] *vt* to copy out.

record [rəkɔr] ◇ *nm* record; **détenir/améliorer/battre un ~** to hold/improve/beat a record. ◇ *adj inv* record (*avant n*).

recoucher [rəkuʃe] *vt* to put back to bed. ◆ **se recoucher** *vp* to go back to bed.

recoudre [rəkudr] *vt* to sew (up) again.

recoupement [rəkupmɑ̃] *nm* cross-check; **par ~** by cross-checking.

recouper [rəkupe] *vt* -1. [pain] to cut again. -2. COUTURE to recut. -3. *fig* [témoignages] to compare, to cross-check. ◆ **se recouper** *vp* -1. [lignes] to intersect. -2. [témoignages] to match up.

recourir [rəkurir] *vi*: **~ à** [médecin, agence] to turn to; [force, mensonge] to resort to.

recours [rəkur] *nm* -1. [emploi]: **avoir ~ à** [médecin, agence] to turn to; [force, mensonge] to resort to, to have recourse to. -2. [solution] solution, way out; **en dernier ~** as a last resort. -3. JUR action; **~ en cassation** appeal.

recouvert, -e [rəkuvɛr, ɛrt] *pp* → **recouvrir**.

recouvrir [rəkuvrir] *vt* -1. [gén] to cover; [fauteuil] to re-cover. -2. [personne] to cover (up). ◆ **se recouvrir** *vp* -1.

[tuiles] to overlap. **-2.** [surface]: **se ~ (de)** to be covered (with).

recracher [rəkraʃe] *vt* to spit out.

récréatif, -ive [rekreatif, iv] *adj* entertaining.

récréation [rekreasjɔ̃] *nf* **-1.** [détente] relaxation, recreation. **-2.** SCOL break.

recréer [rəkree] *vt* to recreate.

récrimination [rekriminasjɔ̃] *nf* complaint.

récrire [rekrir], **réécrire** [reekrir] *vt* to rewrite.

recroqueviller [rəkrɔkvije] ◆ **se recroqueviller** *vp* to curl up.

recru, -e [rəkry] *adj*: **~ de fatigue** *littéraire* exhausted. ◆ **recrue** *nf* recruit.

recrudescence [rəkrydɛsɑ̃s] *nf* renewed outbreak.

recrutement [rəkrytmɑ̃] *nm* recruitment.

recruter [rəkryte] *vt* to recruit.

rectal, -e, -aux [rɛktal, o] *adj* rectal.

rectangle [rɛktɑ̃gl] *nm* rectangle.

rectangulaire [rɛktɑ̃gylɛr] *adj* rectangular.

recteur [rɛktœr] *nm* SCOL ≃ (Chief) Education Officer *Br*.

rectificatif, -ive [rɛktifikatif, iv] *adj* correcting. ◆ **rectificatif** *nm* correction.

rectification [rɛktifikasjɔ̃] *nf* **-1.** [correction] correction. **-2.** [de tir] adjustment.

rectifier [rɛktifje] *vt* **-1.** [tir] to adjust. **-2.** [erreur] to rectify, to correct; [calcul] to correct.

rectiligne [rɛktilin] *adj* rectilinear.

recto [rɛkto] *nm* right side; **~ verso** on both sides.

rectorat [rɛktɔra] *nm* SCOL ≃ Education Offices *Br*.

reçu, -e [rəsy] *pp* → **recevoir**. ◆ **reçu** *nm* receipt.

recueil [rəkœj] *nm* collection.

recueillement [rəkœjmɑ̃] *nm* meditation.

recueillir [rəkœjir] *vt* **-1.** [fonds] to collect. **-2.** [suffrages] to win. **-3.** [enfant] to take in. ◆ **se recueillir** *vp* to meditate.

recul [rəkyl] *nm* **-1.** [mouvement arrière] step backwards; MIL retreat. **-2.** [d'arme à feu] recoil. **-3.** [de civilisation] decline; [d'inflation, de chômage]: **~ (de)** downturn (in). **-4.** *fig* [retrait]: **avec du ~** with hindsight.

reculé, -e [rəkyle] *adj* distant.

reculer [rəkyle] ◇ *vt* **-1.** [voiture] to back up. **-2.** [date] to put back, to postpone. ◇ *vi* **-1.** [aller en arrière] to move

backwards; [voiture] to reverse; **ne ~ devant rien** *fig* to stop at nothing. **-2.** [maladie, pauvreté] to be brought under control.

reculons [rəkylɔ̃] ◆ **à reculons** *adv* backwards.

récupération [rekyperasjɔ̃] *nf* salvage.

récupérer [rekypere] ◇ *vt* **-1.** [objet] to get back. **-2.** [déchets] to salvage. **-3.** [idée] to pick up. **-4.** [journée] to make up. ◇ *vi* to recover, to recuperate.

récurer [rekyre] *vt* to scour.

récuser [rekyze] *vt* **-1.** JUR to challenge. **-2.** *sout* [refuser] to reject.

recyclage [rəsiklaʒ] *nm* **-1.** [d'employé] retraining. **-2.** [de déchets] recycling.

recycler [rəsikle] *vt* **-1.** [employé] to retrain. **-2.** [déchets] to recycle. ◆ **se recycler** *vp* [employé] to retrain.

rédacteur, -trice [redaktœr, tris] *nm, f* [de journal] subeditor; [d'ouvrage de référence] editor; **~ en chef** editor-in-chief.

rédaction [redaksjɔ̃] *nf* **-1.** [de texte] editing. **-2.** SCOL essay. **-3.** [personnel] editorial staff.

redécouvrir [rədekuvrir] *vt* to rediscover.

redéfinir [rədefinir] *vt* to redefine.

redéfinition [rədefinisjɔ̃] *nf* redefinition.

redemander [rədəmɑ̃de] *vt* to ask again for.

rédemption [redɑ̃psjɔ̃] *nf* redemption.

redescendre [rədesɑ̃dr] ◇ *vt* **-1.** [escalier] to go/come down again. **-2.** [objet - d'une étagère] to take down again. ◇ *vi* to go/come down again.

redevable [rədəvabl] *adj*: **être ~ de 10 francs à qqn** to owe sb 10 francs; **être ~ à qqn de qqch** [service] to be indebted to sb for sthg.

redevance [rədəvɑ̃s] *nf* [de radio, télévision] licence fee; [téléphonique] rental (fee).

rédhibitoire [redibitwar] *adj* [défaut] crippling; [prix] prohibitive.

rediffusion [rədifyzjɔ̃] *nf* repeat.

rédiger [rediʒe] *vt* to write.

redire [rədir] *vt* to repeat; **avoir** OU **trouver à ~ à qqch** *fig* to find fault with sthg.

redistribuer [rədistribɥe] *vt* to redistribute.

redit, -e [rədi, it] *pp* → **redire**.

redite [rədit] *nf* repetition.

redondance [rədɔ̃dɑ̃s] *nf* redundancy.

redonner [rədɔne] *vt* to give back; [confiance, forces] to restore.

redoublant, -e [rədublɑ̃, ɑ̃t] *nm, f* pupil who is repeating a year.

redoubler [rəduble] ◇ *vt* **-1.** [syllabe] to reduplicate. **-2.** [efforts] to intensify. **-3.** SCOL to repeat. ◇ *vi* to intensify.

redoutable [rədutabl] *adj* formidable.

redouter [rədute] *vt* to fear.

redoux [rədu] *nm* thaw.

redressement [rədrɛsmɑ̃] *nm* **-1.** [de pays, d'économie] recovery. **-2.** JUR: ~ **fiscal** payment of back taxes.

redresser [rədrɛse] ◇ *vt* **-1.** [poteau, arbre] to put OU set upright; ~ **la tête** to raise one's head; *fig* to hold up one's head. **-2.** [situation] to set right. ◇ *vi* AUTOM to straighten up. ◆ **se redresser** *vp* **-1.** [personne] to stand OU sit straight. **-2.** [pays] to recover.

réducteur, -trice [redyktœr, tris] *adj* [limitatif] simplistic.

réduction [redyksjɔ̃] *nf* **-1.** [gén] reduction. **-2.** MÉD setting.

réduire [redɥir] ◇ *vt* **-1.** [gén] to reduce; ~ **en** to reduce to. **-2.** MÉD to set. **-3.** *Helv* [ranger] to put away. ◇ *vi* CULIN to reduce.

réduit, -e [redɥi, ɥit] ◇ *pp* → **réduire**. ◇ *adj* reduced. ◆ **réduit** *nm* [local] small room.

rééchelonner [reeʃlɔne] *vt* to reschedule.

réécrire = **récrire**.

réédition [reedisjɔ̃] *nf* new edition.

rééducation [reedykasjɔ̃] *nf* **-1.** [de membre] re-education. **-2.** [de délinquant, malade] rehabilitation.

réel, -elle [reɛl] *adj* real.

réélection [reelɛksjɔ̃] *nf* re-election.

réellement [reɛlmɑ̃] *adv* really.

rééquilibrer [reekilibre] *vt* to balance (again).

réessayer [reeseje] *vt* to try again.

réévaluer [reevalɥe] *vt* to revalue.

réexaminer [reɛgzamine] *vt* to re-examine.

réexpédier [reɛkspedje] *vt* to send back.

réf. (*abr de* **référence**) ref.

refaire [rəfɛr] *vt* **-1.** [faire de nouveau - travail, devoir] to do again; [- voyage] to make again. **-2.** [mur, toit] to repair.

refait, -e [rəfɛ, ɛt] *pp* → **refaire**.

réfection [refɛksjɔ̃] *nf* repair.

réfectoire [refɛktwar] *nm* refectory.

référence [referɑ̃s] *nf* reference; **faire ~ à** to refer to.

référendum [referɛ̃dɔm] *nm* referendum.

référer [refere] *vi*: **en ~ à qqn** to refer the matter to sb.

refermer [rəfɛrme] *vt* to close OU shut again.

réfléchi, -e [refleʃi] *adj* **-1.** [action] considered; **c'est tout ~** I've made up my mind, I've decided. **-2.** [personne] thoughtful. **-3.** GRAM reflexive.

réfléchir [refleʃir] ◇ *vt* **-1.** [refléter] to reflect. **-2.** [penser]: ~ **que** to think OU reflect that. ◇ *vi* to think, to reflect; ~ **à** OU **sur qqch** to think about sthg.

reflet [rəflɛ] *nm* **-1.** [image] reflection. **-2.** [de lumière] glint.

refléter [rəflete] *vt* to reflect. ◆ **se refléter** *vp* **-1.** [se réfléchir] to be reflected. **-2.** [transparaître] to be mirrored.

refleurir [rəflœrir] *vi* [fleurir à nouveau] to flower again.

réflexe [reflɛks] ◇ *nm* reflex. ◇ *adj* reflex (*avant n*).

réflexion [reflɛksjɔ̃] *nf* **-1.** [de lumière, d'ondes] reflection. **-2.** [pensée] reflection, thought. **-3.** [remarque] remark.

refluer [rəflɥe] *vi* **-1.** [liquide] to flow back. **-2.** [foule] to flow back; [avec violence] to surge back.

reflux [rəfly] *nm* **-1.** [d'eau] ebb. **-2.** [de personnes] backward surge.

refonte [rəfɔ̃t] *nf* **-1.** [de métal] remelting. **-2.** [d'ouvrage] recasting. **-3.** [d'institution, de système] overhaul, reshaping.

reforestation [rəfɔrɛstasjɔ̃] *nf* reforestation.

réformateur, -trice [refɔrmatœr, tris] ◇ *adj* reforming. ◇ *nm, f* **-1.** [personne] reformer. **-2.** RELIG Reformer.

réforme [refɔrm] *nf* reform.

réformé, -e [refɔrme] *adj & nm, f* Protestant. ◆ **réformé** *nm* MIL *soldier who has been invalided out.*

reformer [rəfɔrme] *vt* to re-form.

réformer [refɔrme] *vt* **-1.** [améliorer] to reform, to improve. **-2.** MIL to invalid out. **-3.** [matériel] to scrap.

réformiste [refɔrmist] *adj & nmf* reformist.

refoulé, -e [rəfule] ◇ *adj* repressed, frustrated. ◇ *nm, f* repressed person.

refouler [rəfule] *vt* **-1.** [personnes] to repel, to repulse. **-2.** PSYCHOL to repress.

réfractaire [refraktɛr] ◇ *adj* **-1.** [rebelle] insubordinate; ~ **à** resistant to. **-2.** [matière] refractory. ◇ *nmf* insubordinate.

refrain [rəfrɛ̃] *nm* MUS refrain, chorus;

c'est toujours le même ~ *fam fig* it's always the same old story.

refréner [rǝfrene] *vt* to check, to hold back.

réfrigérant, -e [refriʒerã, ãt] *adj* **-1.** [liquide] refrigerating, refrigerant. **-2.** *fam* [accueil] icy.

réfrigérateur [refriʒeratœr] *nm* refrigerator.

refroidir [rǝfrwadir] ◇ *vt* **-1.** [plat] to cool. **-2.** [décourager] to discourage. **-3.** *fam* [tuer] to rub out, to do in. ◇ *vi* to cool.

refroidissement [rǝfrwadismã] *nm* **-1.** [de température] drop, cooling. **-2.** [grippe] chill.

refuge [rǝfyʒ] *nm* **-1.** [abri] refuge. **-2.** [de montagne] hut.

réfugié, -e [refyʒje] *nm, f* refugee.

réfugier [refyʒje] ◆ **se réfugier** *vp* to take refuge.

refus [rǝfy] *nm inv* refusal; **ce n'est pas de ~** *fam* I wouldn't say no.

refuser [rǝfyze] *vt* **-1.** [repousser] to refuse; **~ de faire qqch** to refuse to do sthg. **-2.** [contester]: **~ qqch à qqn** to deny sb sthg. **-3.** [clients, spectateurs] to turn away. **-4.** [candidat]: **être refusé** to fail. ◆ **se refuser** *vp*: **se ~ à faire qqch** to refuse to do sthg.

réfuter [refyte] *vt* to refute.

regagner [rǝgaɲe] *vt* **-1.** [reprendre] to regain, to win back. **-2.** [revenir à] to get back to.

regain [rǝgɛ̃] *nm* [retour]: **un ~ de** a revival of, a renewal of; **un ~ de vie** a new lease of life.

régal, -als [regal] *nm* treat, delight.

régaler [regale] *vt* to treat; **c'est moi qui régale!** it's my treat! ◆ **se régaler** *vp*: **je me régale** [nourriture] I'm thoroughly enjoying it; [activité] I'm having the time of my life.

regard [rǝgar] *nm* look.

regardant, -e [rǝgardã, ãt] *adj* **-1.** *fam* [économe] mean. **-2.** [minutieux]: **être très/peu ~ sur qqch** to be very/not very particular about sthg.

regarder [rǝgarde] ◇ *vt* **-1.** [observer, examiner, consulter] to look at; [télévision, spectacle] to watch; **~ qqn faire qqch** to watch sb doing sthg; **~ les trains passer** to watch the trains go by. **-2.** [considérer] to consider, to regard; **~ qqn/qqch comme** to regard sb/sthg as, to consider sb/sthg as. **-3.** [concerner] to concern; **cela ne te regarde pas** it's none of your business.

◇ *vi* **-1.** [observer, examiner] to look. **-2.** [faire attention]: **sans ~ à la dépense** regardless of the expense; **y ~ à deux fois** to think twice about it.

régate [regat] *nf* (*gén pl*) regatta.

régénérer [reʒenere] *vt* to regenerate. ◆ **se régénérer** *vp* to regenerate.

régent, -e [reʒã, ãt] *nm, f* regent.

régenter [reʒãte] *vt*: **vouloir tout ~** *péj* to want to be the boss.

reggae [rege] *nm & adj inv* reggae.

régie [reʒi] *nf* **-1.** [entreprise] state-controlled company. **-2.** RADIO & TÉLÉ [pièce] control room; CIN, THÉÂTRE & TÉLÉ [équipe] production team.

regimber [rǝʒɛ̃be] *vi* to balk.

régime [reʒim] *nm* **-1.** [politique] regime. **-2.** [administratif] system; **~ carcéral** prison regime. **-3.** [alimentaire] diet; **se mettre au/suivre un ~** to go on/to be on a diet. **-4.** [de moteur] speed. **-5.** [de fleuve, des pluies] cycle. **-6.** [de bananes, dattes] bunch.

régiment [reʒimã] *nm* **-1.** MIL regiment. **-2.** *fam* [grande quantité]: **un ~ de** masses of, loads of.

région [reʒjɔ̃] *nf* region.

régional, -e, -aux [reʒjɔnal, o] *adj* regional.

régir [reʒir] *vt* to govern.

régisseur [reʒisœr] *nm* **-1.** [intendant] steward. **-2.** [de théâtre] stage manager.

registre [rǝʒistr] *nm* [gén] register; **~ de comptabilité** ledger.

réglable [reglabl] *adj* **-1.** [adaptable] adjustable. **-2.** [payable] payable.

réglage [reglaʒ] *nm* adjustment, setting.

règle [rɛgl] *nf* **-1.** [instrument] ruler. **-2.** [principe, loi] rule; **je suis en ~** my papers are in order. ◆ **en règle générale** *loc adv* as a general rule. ◆ **règles** *nfpl* [menstruation] period (*sg*).

réglé, -e [regle] *adj* [organisé] regular, well-ordered.

règlement [rɛglǝmã] *nm* **-1.** [résolution] settling; **~ de comptes** *fig* settling of scores. **-2.** [règle] regulation. **-3.** [paiement] settlement.

réglementaire [rɛglǝmãtɛr] *adj* **-1.** [régulier] statutory. **-2.** [imposé] regulation (*avant n*).

réglementation [rɛglǝmãtasjɔ̃] *nf* **-1.** [action] regulation. **-2.** [ensemble de règles] regulations (*pl*), rules (*pl*).

régler [regle] *vt* **-1.** [affaire, conflit] to settle, to sort out. **-2.** [appareil] to adjust. **-3.** [payer - note] to settle, to pay; [- commerçant] to pay.

réglisse [reglis] *nf* liquorice.

règne [rɛɲ] *nm* **-1.** [de souverain] reign; **sous le ~ de** in the reign of. **-2.** [pouvoir] rule. **-3.** BIOL kingdom.

régner [reɲe] *vi* **-1.** [souverain] to rule, to reign. **-2.** [silence] to reign.

regonfler [rəgɔ̃fle] *vt* **-1.** [pneu, ballon] to blow up again, to reinflate. **-2.** *fam* [personne] to cheer up.

regorger [rəgɔrʒe] *vi*: **~ de** to be abundant in.

régresser [regrese] *vi* **-1.** [sentiment, douleur] to diminish. **-2.** [personne] to regress.

régression [regresjɔ̃] *nf* **-1.** [recul] decline. **-2.** PSYCHOL regression.

regret [rəgrɛ] *nm*: **~ (de)** regret (for); **à ~** with regret; **sans ~** with no regrets.

regrettable [rəgrɛtabl] *adj* regrettable.

regretter [rəgrɛte] ◇ *vt* **-1.** [époque] to miss, to regret; [personne] to miss. **-2.** [faute] to regret; **~ d'avoir fait qqch** to regret having done sthg. **-3.** [déplorer]: **~ que** (+ *subjonctif*) to be sorry OU to regret that. ◇ *vi* to be sorry.

regrouper [rəgrupe] *vt* **-1.** [grouper à nouveau] to regroup, to reassemble. **-2.** [réunir] to group together. ◆ **se regrouper** *vp* to gather, to assemble.

régulariser [regylarize] *vt* **-1.** [documents] to sort out, to put in order; [situation] to straighten out. **-2.** [circulation, fonctionnement] to regulate.

régularité [regylarite] *nf* **-1.** [gén] regularity. **-2.** [de travail, résultats] consistency.

régulateur, -trice [regylatœr, tris] *adj* regulating.

régulation [regylasjɔ̃] *nf* [contrôle] control, regulation.

régulier, -ière [regylje, jɛr] *adj* **-1.** [gén] regular. **-2.** [uniforme, constant] steady, regular. **-3.** [travail, résultats] consistent. **-4.** [légal] legal; **être en situation régulière** to have all the legally required documents.

régulièrement [regyljɛrmɑ̃] *adv* **-1.** [gén] regularly. **-2.** [uniformément] steadily, regularly; [étalé, façonné] evenly.

réhabilitation [reabilitasjɔ̃] *nf* rehabilitation.

réhabiliter [reabilite] *vt* **-1.** [accusé] to rehabilitate, to clear; *fig* [racheter] to restore to favour. **-2.** [rénover] to restore.

rehausser [rəose] *vt* **-1.** [surélever] to heighten. **-2.** *fig* [mettre en valeur] to enhance.

rein [rɛ̃] *nm* kidney. ◆ **reins** *nmpl* small of the back (*sg*); **avoir mal aux ~s** to have backache.

réincarnation [reɛ̃karnasjɔ̃] *nf* reincarnation.

reine [rɛn] *nf* queen.

réinsertion [reɛ̃sɛrsjɔ̃] *nf* [de délinquant] rehabilitation; [dans vie professionnelle] reintegration.

réintégrer [reɛ̃tegre] *vt* **-1.** [rejoindre] to return to. **-2.** JUR to reinstate.

rejaillir [rəʒajir] *vi* to splash up; **~ sur qqn** *fig* to rebound on sb.

rejet [rəʒɛ] *nm* **-1.** [gén] rejection. **-2.** [pousse] shoot.

rejeter [rəʒte] *vt* **-1.** [relancer] to throw back. **-2.** [offre, personne] to reject. **-3.** [partie du corps]: **~ la tête/les bras en arrière** to throw back one's head/one's arms. **-4.** [imputer]: **~ la responsabilité de qqch sur qqn** to lay the responsibility for sthg at sb's door.

rejeton [rəʒtɔ̃] *nm* offspring (*U*).

rejoindre [rəʒwɛdr] *vt* **-1.** [retrouver] to join. **-2.** [regagner] to return to. **-3.** [concorder avec] to agree with. **-4.** [rattraper] to catch up with. ◆ **se rejoindre** *vp* **-1.** [personnes, routes] to meet. **-2.** [opinions] to agree.

rejoint, -e [rəʒwɛ̃, ɛ̃t] *pp* → **rejoindre**.

réjoui, -e [reʒwi] *adj* joyful.

réjouir [reʒwir] *vt* to delight. ◆ **se réjouir** *vp* to be delighted; **se ~ de qqch** to be delighted at OU about sthg.

réjouissance [reʒwisɑ̃s] *nf* rejoicing. ◆ **réjouissances** *nfpl* festivities.

relâche [rəlɑʃ] *nf* **-1.** [pause]: **sans ~** without respite OU a break. **-2.** THÉÂTRE: **demain c'est le jour de ~** we're closed tomorrow; **faire ~** to be closed.

relâchement [rəlɑʃmɑ̃] *nm* relaxation.

relâcher [rəlɑʃe] *vt* **-1.** [étreinte, cordes] to loosen. **-2.** [discipline, effort] to relax, to slacken. **-3.** [prisonnier] to release. ◆ **se relâcher** *vp* **-1.** [se desserrer] to loosen. **-2.** [faiblir - discipline] to become lax; [- attention] to flag. **-3.** [se laisser aller] to slacken off.

relais [rəlɛ] *nm* **-1.** [auberge] post house. **-2.** SPORT & TÉLÉ: **prendre/passer le ~** to take/hand over.

relance [rəlɑ̃s] *nf* [économique] revival, boost; [de projet] relaunch.

relancer [rəlɑ̃se] *vt* **-1.** [renvoyer] to throw back. **-2.** [faire reprendre - économie] to boost; [- projet] to relaunch; [- moteur, machine] to restart.

relater [rəlate] *vt littéraire* to relate.

relatif, -ive [rəlatif, iv] *adj* relative; ~ à relating to; **tout est** ~ it's all relative.
◆ **relative** *nf* GRAM relative clause.

relation [rəlasjɔ̃] *nf* relationship; **mettre qqn en** ~ **avec qqn** to put sb in touch with sb. ◆ **relations** *nfpl* **-1.** [rapport] relationship (*sg*); ~**s sexuelles** sexual relations, intercourse (*U*). **-2.** [connaissance] acquaintance; **avoir des** ~**s** to have connections.

relationnel, -elle [rəlasjɔnɛl] *adj* [problèmes] relationship (*avant n*).

relative → **relatif**.

relativement [rəlativmɑ̃] *adv* relatively.

relativiser [rəlativize] *vt* to relativize.

relativité [rəlativite] *nf* relativity.

relax, relaxe [rəlaks] *adj fam* relaxed.

relaxation [rəlaksasjɔ̃] *nf* relaxation.

relaxe = **relax**.

relaxer [rəlakse] *vt* **-1.** [reposer] to relax. **-2.** JUR to discharge. ◆ **se relaxer** *vp* to relax.

relayer [rəleje] *vt* to relieve. ◆ **se relayer** *vp* to take over from one another.

relecture [rəlɛktyr] *nf* second reading, rereading.

reléguer [rəlege] *vt* to relegate.

relent [rəlɑ̃] *nm* **-1.** [odeur] stink, stench. **-2.** *fig* [trace] whiff.

relevé, -e [rəlve] *adj* CULIN spicy. ◆ **relevé** *nm* reading; **faire le** ~ **de qqch** to read sthg; ~ **de compte** bank statement; ~ **d'identité bancaire** bank account number.

relève [rəlɛv] *nf* relief; **prendre la** ~ to take over.

relever [rəlve] ◇ *vt* **-1.** [redresser - personne] to help up; [- pays, économie] to rebuild; [- moral, niveau] to raise. **-2.** [ramasser] to collect. **-3.** [tête, col, store] to raise; [manches] to push up. **-4.** [CULIN - mettre en valeur] to bring out; [- pimenter] to season; *fig* [récit] to liven up, to spice up. **-5.** [noter] to note down; [compteur] to read. **-6.** [relayer] to take over from, to relieve. **-7.** [erreur] to note. ◇ *vi* **-1.** [se rétablir]: ~ **de** to recover from. **-2.** [être du domaine]: ~ **de** to come under. ◆ **se relever** *vp* [se mettre debout] to stand up; [sortir du lit] to get up.

relief [rəljɛf] *nm* relief; **en** ~ in relief, raised; **une carte en** ~ relief map; **mettre en** ~ *fig* to enhance, to bring out.

relier [rəlje] *vt* **-1.** [livre] to bind. **-2.** [joindre] to connect. **-3.** *fig* [associer] to link up.

religieux, -ieuse [rəliʒjø, jøz] *adj* **-1.** [vie, chant] religious; [mariage] religious, church (*avant n*). **-2.** [respectueux] reverent. ◆ **religieux** *nm* monk. ◆ **religieuse** *nf* RELIG nun.

religion [rəliʒjɔ̃] *nf* **-1.** [culte] religion. **-2.** [croyance] religion, faith.

relique [rəlik] *nf* relic.

relire [rəlir] *vt* **-1.** [lire] to reread. **-2.** [vérifier] to read over. ◆ **se relire** *vp* to read what one has written.

reliure [rəljyr] *nf* binding.

reloger [rələʒe] *vt* to rehouse.

relu, -e [rəly] *pp* → **relire**.

reluire [rəlɥir] *vi* to shine, to gleam.

reluisant, -e [rəlɥizɑ̃, ɑ̃t] *adj* shining, gleaming; **peu** OU **pas très** ~ *fig* [avenir, situation] not all that marvellous; [personne] shady.

remaniement [rəmanimɑ̃] *nm* restructuring; ~ **ministériel** cabinet reshuffle.

remarier [rəmarje] ◆ **se remarier** *vp* to remarry.

remarquable [rəmarkabl] *adj* remarkable.

remarque [rəmark] *nf* **-1.** [observation] remark; [critique] critical remark. **-2.** [annotation] note.

remarquer [rəmarke] ◇ *vt* **-1.** [apercevoir] to notice; **faire** ~ **qqch (à qqn)** to point sthg out (to sb); **se faire** ~ *péj* to draw attention to o.s. **-2.** [noter] to remark, to comment. ◇ *vi*: **ce n'est pas l'idéal, remarque!** it's not ideal, mind you! ◆ **se remarquer** *vp* to be noticeable.

rembarrer [rɑ̃bare] *vt fam* to snub.

remblai [rɑ̃blɛ] *nm* embankment.

rembobiner [rɑ̃bɔbine] *vt* to rewind.

rembourrer [rɑ̃bure] *vt* to stuff, to pad.

remboursement [rɑ̃bursəmɑ̃] *nm* refund, repayment.

rembourser [rɑ̃burse] *vt* **-1.** [dette] to pay back, to repay. **-2.** [personne] to pay back; ~ **qqn de qqch** to reimburse sb for sthg.

rembrunir [rɑ̃brynir] ◆ **se rembrunir** *vp* to cloud over, to become gloomy.

remède [rəmɛd] *nm litt & fig* remedy, cure.

remédier [rəmedje] *vi*: ~ **à qqch** to put sthg right, to remedy sthg.

remembrement [rəmɑ̃brəmɑ̃] *nm* land regrouping.

remerciement [rəmɛrsimɑ̃] *nm* thanks (*pl*); **une lettre de** ~ a thank-you letter.

remercier [rəmɛrsje] vt **-1.** [dire merci à] to thank; ~ **qqn de** OU **pour qqch** to thank sb for sthg; **non, je vous remercie** no, thank you. **-2.** [congédier] to dismiss.

remettre [rəmɛtr] vt **-1.** [replacer] to put back; ~ **en question** to call into question; ~ **qqn à sa place** to put sb in his place. **-2.** [enfiler de nouveau] to put back on. **-3.** [rétablir - lumière, son] to put back on; ~ **qqch en marche** to restart sthg; ~ **de l'ordre dans qqch** to tidy sthg up; ~ **une montre à l'heure** to put a watch right; ~ **qqch en état de marche** to put sthg back in working order. **-4.** [donner]: ~ **qqch à qqn** to hand sthg over to sb; [médaille, prix] to present sthg to sb. **-5.** [ajourner]: ~ **qqch (à)** to put sthg off (until). ◆ **se remettre** vp **-1.** [recommencer]: **se ~ à qqch** to take up sthg again; **se ~ à fumer** to start smoking again. **-2.** [se rétablir] to get better; **se ~ de qqch** to get over sthg; **le temps s'est remis au beau** the weather has cleared up. **-3.** [redevenir]: **se ~ debout** to stand up again.

réminiscence [reminisɑ̃s] nf reminiscence.

remis, -e [rəmi, iz] pp → **remettre**.

remise [rəmiz] nf **-1.** [action]: ~ **en jeu** throw-in; ~ **en marche** restarting; ~ **en question** OU **cause** calling into question. **-2.** [de message, colis] handing over; [de médaille, prix] presentation. **-3.** [réduction] discount; ~ **de peine** JUR remission. **-4.** [hangar] shed.

rémission [remisjɔ̃] nf remission; **sans ~** [punir, juger] without mercy.

remodeler [rəmɔdle] vt **-1.** [forme] to remodel. **-2.** [remanier] to restructure.

remontant, -e [rəmɔ̃tɑ̃, ɑ̃t] adj [tonique] invigorating. ◆ **remontant** nm tonic.

remonte-pente [rəmɔ̃tpɑ̃t] (pl **remonte-pentes**) nm ski-tow.

remonter [rəmɔ̃te] ◇ vt (aux: avoir) **-1.** [escalier, pente] to go/come back up. **-2.** [assembler] to put together again. **-3.** [manches] to turn up. **-4.** [horloge, montre] to wind up. **-5.** [ragaillardir] to put new life into, to cheer up. ◇ vi (aux: être) **-1.** [monter à nouveau - personne] to go/come back up; [- baromètre] to rise again; [- prix, température] to go up again, to rise; [- sur vélo] to get back on; ~ **dans une voiture** to get back into a car. **-2.** [dater]: ~ **à** to date OU go back to.

remontoir [rəmɔ̃twar] nm winder.

remontrer [rəmɔ̃tre] vt to show again; **vouloir en ~ à qqn** to try to show sb up.

remords [rəmɔr] nm remorse.

remorque [rəmɔrk] nf trailer; **être en ~** to be on tow.

remorquer [rəmɔrke] vt [voiture, bateau] to tow.

remorqueur [rəmɔrkœr] nm tug, tugboat.

remous [rəmu] ◇ nm [de bateau] wash, backwash; [de rivière] eddy. ◇ nmpl fig stir, upheaval.

rempailler [rɑ̃paje] vt to re-cane.

rempart [rɑ̃par] nm (gén pl) rampart.

rempiler [rɑ̃pile] ◇ vt to pile up again. ◇ vi fam MIL to sign on again.

remplaçable [rɑ̃plasabl] adj replaceable.

remplaçant, -e [rɑ̃plasɑ̃, ɑ̃t] nm, f [suppléant] stand-in; SPORT substitute.

remplacement [rɑ̃plasmɑ̃] nm **-1.** [changement] replacing, replacement. **-2.** [intérim] substitution; **faire des ~s** to stand in; [docteur] to act as a locum.

remplacer [rɑ̃plase] vt **-1.** [gén] to replace. **-2.** [prendre la place de] to stand in for; SPORT to substitute.

remplir [rɑ̃plir] vt **-1.** [gén] to fill; ~ **de** to fill with; ~ **qqn de joie/d'orgueil** to fill sb with happiness/pride. **-2.** [questionnaire] to fill in OU out. **-3.** [mission, fonction] to complete, to fulfil.

remplissage [rɑ̃plisaʒ] nm **-1.** [de récipient] filling up. **-2.** fig & péj [de texte] padding out.

remporter [rɑ̃pɔrte] vt **-1.** [repartir avec] to take away again. **-2.** [gagner] to win.

remuant, -e [rəmɥɑ̃, ɑ̃t] adj restless, overactive.

remue-ménage [rəmymenaʒ] nm inv commotion, confusion.

remuer [rəmɥe] ◇ vt **-1.** [bouger, émouvoir] to move. **-2.** [café, thé] to stir; [salade] to toss. ◇ vi to move, to stir; **arrête de ~ comme ça** stop being so restless. ◆ **se remuer** vp **-1.** [se mouvoir] to move. **-2.** fig [réagir] to make an effort.

rémunération [remynerasjɔ̃] nf remuneration.

rémunérer [remynere] vt **-1.** [personne] to remunerate, to pay. **-2.** [activité] to pay for.

renâcler [rənakle] vi fam to make a fuss; ~ **devant** OU **à qqch** to balk at sthg.

renaissance [rənɛsɑ̃s] nf rebirth.

renaître [rənɛtr] vi **-1.** [ressusciter] to come back to life, to come to life again; **faire ~** [passé, tradition] to revive. **-2.** [revenir - sentiment, printemps] to return; [- économie] to revive, to recover.

renard [rənar] nm fox.

renchérir [rɑ̃ʃerir] vi **-1.** [augmenter] to become more expensive; [prix] to go up. **-2.** [surenchérir] **~ sur** to add to.

rencontre [rɑ̃kɔ̃tr] nf [gén] meeting; **faire une bonne ~** to meet somebody interesting; **faire une mauvaise ~** to meet an unpleasant person; **aller/venir à la ~ de qqn** to go/come to meet sb.

rencontrer [rɑ̃kɔ̃tre] vt **-1.** [gén] to meet. **-2.** [heurter] to strike. ◆ **se rencontrer** vp **-1.** [gén] to meet. **-2.** [opinions] to agree.

rendement [rɑ̃dmɑ̃] nm [de machine, travailleur] output; [de terre, placement] yield.

rendez-vous [rɑ̃devu] nm inv **-1.** [rencontre] appointment; [amoureux] date; **on a tous ~ au café** we're all meeting at the café; **lors de notre dernier ~** at our last meeting; **prendre ~ avec qqn** to make an appointment with sb; **donner ~ à qqn** to arrange to meet sb. **-2.** [lieu] meeting place.

rendormir [rɑ̃dɔrmir] ◆ **se rendormir** vp to go back to sleep.

rendre [rɑ̃dr] ◇ vt **-1.** [restituer]: **~ qqch à qqn** to give sthg back to sb, to return sthg to sb. **-2.** [donner en retour - invitation, coup] to return. **-3.** [JUR - jugement] to pronounce. **-4.** [produire - effet] to produce. **-5.** [vomir] to vomit, to cough up. **-6.** MIL [céder] to surrender; **~ les armes** to lay down one's arms. **-7.** (+ adj) [faire devenir] to make; **~ qqn fou** to drive sb mad. **-8.** [exprimer] to render. ◇ vi **-1.** [produire - champ] to yield. **-2.** [vomir] to vomit, to be sick. ◆ **se rendre** vp **-1.** [céder, capituler] to give in; **j'ai dû me ~ à l'évidence** I had to face facts. **-2.** [aller]: **se ~ à qqn** to go to. **-3.** (+ adj) [se faire tel]: **se ~ utile/malade** to make o.s. useful/ill.

rêne [rɛn] nf rein.

renégat, -e [rənega, at] nm, f sout renegade.

renégocier [rənegɔsje] vt to renegotiate.

renfermé, -e [rɑ̃fɛrme] adj introverted, withdrawn. ◆ **renfermé** nm: **ça sent le ~** it smells stuffy in here.

renfermer [rɑ̃fɛrme] vt [contenir] to contain. ◆ **se renfermer** vp to withdraw.

renflé, -e [rɑ̃fle] adj bulging.

renflouer [rɑ̃flue] vt **-1.** [bateau] to refloat. **-2.** fig [entreprise, personne] to bail out.

renfoncement [rɑ̃fɔ̃smɑ̃] nm recess.

renforcer [rɑ̃fɔrse] vt to reinforce, to strengthen; **cela me renforce dans mon opinion** that confirms my opinion.

renfort [rɑ̃fɔr] nm reinforcement; **venir en ~** to come as reinforcements.

renfrogné, -e [rɑ̃frɔɲe] adj scowling.

renfrogner [rɑ̃frɔɲe] ◆ **se renfrogner** vp to scowl, to pull a face.

rengaine [rɑ̃gɛn] nf **-1.** [formule répétée] (old) story. **-2.** [chanson] (old) song.

rengorger [rɑ̃gɔrʒe] ◆ **se rengorger** vp fig to puff o.s. up.

renier [rənje] vt **-1.** [famille, ami] to disown. **-2.** [foi, opinion] to renounce, to repudiate.

renifler [rənifle] ◇ vi to sniff. ◇ vt to sniff; **~ quelque chose de louche** to smell a rat.

renne [rɛn] nm reindeer (inv).

renom [rənɔ̃] nm renown, fame.

renommé, -e [rənɔme] adj renowned, famous. ◆ **renommée** nf renown, fame; **de ~ internationale** world-famous, internationally renowned.

renoncement [rənɔ̃smɑ̃] nm: **~ (à)** renunciation (of).

renoncer [rənɔ̃se] vi: **~ à** to give up; **à comprendre qqch** to give up trying to understand sthg.

renouer [rənwe] ◇ vt **-1.** [lacet, corde] to re-tie, to tie up again. **-2.** [contact, conversation] to resume. ◇ vi: **~ avec qqn** to take up with sb again; **~ avec sa famille** to make it up with one's family again.

renouveau, -x [rənuvo] nm [transformation] revival.

renouvelable [rənuvlabl] adj renewable; [expérience] repeatable.

renouveler [rənuvle] vt [gén] to renew. ◆ **se renouveler** vp **-1.** [être remplacé] to be renewed. **-2.** [changer, innover] to have new ideas. **-3.** [se répéter] to be repeated, to recur.

renouvellement [rənuvɛlmɑ̃] nm renewal.

rénovation [renɔvasjɔ̃] nf renovation, restoration.

rénover [renɔve] vt **-1.** [immeuble] to renovate, to restore. **-2.** [système, méthodes] to reform.

renseignement [rɑ̃sɛɲəmɑ̃] nm information (U); **un ~** a piece of information; **prendre des ~s (sur)** to make enquiries (about). ◆ **renseignements** *nmpl* [service d'information] enquiries, information.

renseigner [rɑ̃seɲe] *vt*: ~ qqn (sur) to give sb information (about), to inform sb (about). ◆ **se renseigner** *vp* **-1.** [s'enquérir] to make enquiries, to ask for information. **-2.** [s'informer] to find out.

rentabiliser [rɑ̃tabilize] *vt* to make profitable.

rentabilité [rɑ̃tabilite] *nf* profitability.

rentable [rɑ̃tabl] *adj* **-1.** COMM profitable. **-2.** *fam* [qui en vaut la peine] worthwhile.

rente [rɑ̃t] *nf* **-1.** [d'un capital] revenue, income. **-2.** [pension] pension, annuity.

rentier, -ière [rɑ̃tje, jɛr] *nm, f* person of independent means.

rentrée [rɑ̃tre] *nf* **-1.** [fait de rentrer] return. **-2.** [reprise des activités]: **la ~ parlementaire** the reopening of parliament; **la ~ des classes** the start of the new school year. **-3.** CIN & THÉÂTRE comeback. **-4.** [recette] income; **avoir une ~ d'argent** to come into some money.

rentrer [rɑ̃tre] ◇ *vi (aux: être)* **-1.** [entrer de nouveau] to go/come back in; **tout a fini par ~ dans l'ordre** everything returned to normal. **-2.** [entrer] to go/come in. **-3.** [revenir chez soi] to go/come back to, to go/come home. **-4.** [recouvrer, récupérer]: ~ **dans** to recover, to get back; ~ **dans ses frais** to cover one's costs, to break even. **-5.** [se jeter avec violence]: ~ **dans** to crash into. **-6.** [s'emboîter] to go in, to fit; ~ **les uns dans les autres** to fit together. **-7.** [être perçu - fonds] to come in. ◇ *vt (aux: avoir)* **-1.** [mettre ou remettre à l'intérieur] to bring in. **-2.** [ventre] to pull in; [griffes] to retract, to draw in; [chemise] to tuck in. **-3.** *fig* [rage, larmes] to hold back.

renversant, -e [rɑ̃vɛrsɑ̃, ɑ̃t] *adj* staggering, astounding.

renverse [rɑ̃vɛrs] *nf*: **tomber à la ~** to fall over backwards.

renversement [rɑ̃vɛrsəmɑ̃] *nm* **-1.** [inversion] turning upside down. **-2.** [de situation] reversal.

renverser [rɑ̃vɛrse] *vt* **-1.** [mettre à l'envers] to turn upside down. **-2.** [faire tomber] to knock over; [- piéton] to run over; [- liquide] to spill. **-3.** *fig* [obstacle] to overcome; [régime] to overthrow; [ministre] to throw out of office. **-4.**

[tête, buste] to tilt back. ◆ **se renverser** *vp* **-1.** [incliner le corps en arrière] to lean back. **-2.** [tomber] to overturn.

renvoi [rɑ̃vwa] *nm* **-1.** [licenciement] dismissal. **-2.** [de colis, lettre] return, sending back. **-3.** [ajournement] postponement. **-4.** [référence] cross-reference. **-5.** JUR referral. **-6.** [éructation] belch.

renvoyer [rɑ̃vwaje] *vt* **-1.** [faire retourner] to send back. **-2.** [congédier] to dismiss. **-3.** [colis, lettre] to send back, to return. **-4.** [balle] to throw back. **-5.** [réfléchir - lumière] to reflect; [- son] to echo. **-6.** [référer]: ~ **qqn à** to refer sb to. **-7.** [différer] to postpone, to put off.

réorganisation [reɔrganizasjɔ̃] *nf* reorganization.

réorganiser [reɔrganize] *vt* to reorganize.

réorienter [reɔrjɑ̃te] *vt* to reorient, to reorientate.

réouverture [reuvɛrtyr] *nf* reopening.

repaire [rəpɛr] *nm* den.

répandre [repɑ̃dr] *vt* **-1.** [verser, renverser] to spill; [larmes] to shed. **-2.** [diffuser, dégager] to give off. **-3.** *fig* [bienfaits] to pour out; [effroi, terreur, nouvelle] to spread.

répandu, -e [repɑ̃dy] ◇ *pp* → **répandre.** ◇ *adj* [opinion, maladie] widespread.

réparable [reparabl] *adj* **-1.** [objet] repairable. **-2.** [erreur] that can be put right.

réparateur, -trice [reparatœr, tris] ◇ *adj* [sommeil] refreshing. ◇ *nm, f* repairer.

réparation [reparasjɔ̃] *nf* **-1.** [d'objet - action] repairing; [- résultat] repair; **en ~** under repair. **-2.** [de faute]: ~ **(de)** atonement (for). **-3.** [indemnité] reparation, compensation.

réparer [repare] *vt* **-1.** [objet] to repair. **-2.** [faute, oubli] to make up for; ~ **ses torts** to make amends.

reparler [rəparle] *vi*: ~ **de qqn/qqch** to talk about sb/sthg again.

repartie [rəparti] *nf* retort; **avoir de la ~** to be good at repartee.

repartir [rəpartir] ◇ *vt littéraire* to reply. ◇ *vi* **-1.** [retourner] to go back, to return. **-2.** [partir de nouveau] to set off again. **-3.** [recommencer] to start again.

répartir [repartir] *vt* **-1.** [partager] to share out, to divide up. **-2.** [dans l'espace] to spread out, to distribute. **-3.** [classer] to divide OU split up. ◆ **se répartir** *vp* to divide up.

répartition [repartisjɔ̃] *nf* **-1.** [partage] sharing out; [de tâches] allocation. **-2.** [dans l'espace] distribution.

repas [rəpa] *nm* meal; **prendre son ~** to eat.

repassage [rəpasaʒ] *nm* ironing.

repasser [rəpase] ◇ *vi* [passer à nouveau] to go/come back; [film] to be on again. ◇ *vt* **-1.** [frontière, montagne] to cross again, to recross. **-2.** [examen] to resit. **-3.** [film] to show again. **-4.** [linge] to iron.

repêchage [rəpeʃaʒ] *nm* [de noyé, voiture] recovery.

repêcher [rəpeʃe] *vt* **-1.** [noyé, voiture] to fish out. **-2.** *fam* [candidat] to let through.

repeindre [rəpɛ̃dr] *vt* to repaint.

repeint, -e [rəpɛ̃, ɛ̃t] *pp* → **repeindre**.

repenser [rəpɑ̃se] *vt* to rethink.

repentir [rəpɑ̃tir] *nm* repentance. ◆ **se repentir** *vp* to repent; **se ~ de qqch/ d'avoir fait qqch** to be sorry for sthg/ for having done sthg.

répercussion [reperkysjɔ̃] *nf* repercussion.

répercuter [reperkyte] *vt* **-1.** [lumière] to reflect; [son] to throw back. **-2.** [ordre, augmentation] to pass on. ◆ **se répercuter** *vp* **-1.** [lumière] to be reflected; [son] to echo. **-2.** [influer]: **se ~ sur** to have repercussions on.

repère [rəper] *nm* [marque] mark; [objet concret] landmark; **point de ~** point of reference.

repérer [rəpere] *vt* **-1.** [situer] to locate, to pinpoint. **-2.** *fam* [remarquer] to spot; **se faire ~** to be spotted.

répertoire [repertwar] *nm* **-1.** [agenda] thumb-indexed notebook. **-2.** [de théâtre, d'artiste] repertoire. **-3.** INFORM directory.

répertorier [repertɔrje] *vt* to make a list of.

répéter [repete] ◇ *vt* **-1.** [gén] to repeat. **-2.** [leçon] to go over, to learn; [rôle] to rehearse. ◇ *vi* to rehearse. ◆ **se répéter** *vp* **-1.** [radoter] to repeat o.s. **-2.** [se reproduire] to be repeated; **que cela ne se répète pas!** don't let it happen again!

répétitif, -ive [repetitif, iv] *adj* repetitive.

répétition [repetisjɔ̃] *nf* **-1.** [réitération] repetition. **-2.** MUS & THÉÂTRE rehearsal.

repeupler [rəpœple] *vt* **-1.** [région, ville] to repopulate. **-2.** [forêt] to replant; [étang] to restock.

repiquer [rəpike] *vt* **-1.** [replanter] to plant out. **-2.** [disque, cassette] to re-record.

répit [repi] *nm* respite; **sans ~** without respite.

replacer [rəplase] *vt* **-1.** [remettre] to re-place, to put back. **-2.** [situer] to place, to put. ◆ **se replacer** *vp* to find new employment.

replanter [rəplɑ̃te] *vt* to replant.

replet, -ète [rəplɛ, ɛt] *adj* chubby.

repli [rəpli] *nm* **-1.** [de tissu] fold; [de rivière] bend. **-2.** [de troupes] withdrawal.

replier [rəplije] *vt* **-1.** [plier de nouveau] to fold up again. **-2.** [ramener en pliant] to fold back. **-3.** [armée] to withdraw. ◆ **se replier** *vp* **-1.** [armée] to with-draw. **-2.** [personne]: **se ~ sur soi-même** to withdraw into o.s. **-3.** [journal, carte] to fold.

réplique [replik] *nf* **-1.** [riposte] reply; **sans ~** [argument] irrefutable. **-2.** [d'acteur] line; **donner la ~ à qqn** to play opposite sb. **-3.** [copie] replica; [sosie] double.

répliquer [replike] ◇ *vt*: **~ à qqn que** to reply to sb that. ◇ *vi* **-1.** [répondre] to reply; [avec impertinence] to answer back. **-2.** *fig* [riposter] to retaliate.

replonger [rəplɔ̃ʒe] ◇ *vt* to plunge back. ◇ *vi* to dive back. ◆ **se replonger** *vp*: **se ~ dans qqch** to immerse o.s. in sthg again.

répondeur [repɔ̃dœr] *nm*: **~ (télé-phonique** OU **automatique** OU **-enregistreur)** answering machine.

répondre [repɔ̃dr] ◇ *vi*: **~ à qqn** [faire connaître sa pensée] to answer sb, to re-ply to sb; [riposter] to answer sb back; **~ à qqch** [faire une réponse] to reply to sthg, to answer sthg; [en se défendant] to respond to sthg; **~ au téléphone** to answer the telephone. ◇ *vt* to answer, to reply. ◆ **répondre à** *vt* **-1.** [corres-pondre à - besoin] to answer; [- condi-tions] to meet. **-2.** [ressembler à - descrip-tion] to match. ◆ **répondre de** *vt* to answer for.

répondu, -e [repɔ̃dy] *pp* → **répondre**.

réponse [repɔ̃s] *nf* **-1.** [action de répon-dre] answer, reply; **en ~ à votre lettre ... in reply** OU **in answer** OU **in re-sponse to your letter ....** **-2.** [solution] answer. **-3.** [réaction] response.

report [rəpɔr] *nm* **-1.** [de réunion, rendez-vous] postponement. **-2.** COMM [d'écritures] carrying forward.

reportage [rəpɔrtaʒ] *nm* [article, enquête] report.

reporter[1] [rəpɔrtɛr] *nm* reporter.

reporter[2] [rəpɔrte] *vt* -**1.** [rapporter] to take back. -**2.** [différer]: ~ **qqch à** to postpone sthg till, to put sthg off till. -**3.** [somme]: ~ **(sur)** to carry forward (to). -**4.** [transférer]: ~ **sur** to transfer to. ◆ **se reporter** *vp*: **se** ~ **à** [se référer à] to refer to.

repos [rəpo] *nm* -**1.** [gén] rest; **prendre un jour de** ~ to take a day off. -**2.** [tranquillité] peace and quiet.

reposé, -e [rəpoze] *adj* rested; **à tête** ~**e** with a clear head.

reposer [rəpoze] ◇ *vt* -**1.** [poser à nouveau] to put down again, to put back down. -**2.** [remettre] to put back. -**3.** [poser de nouveau - question] to ask again. -**4.** [appuyer] to rest. -**5.** [délasser] to rest, to relax. ◇ *vi* -**1.** [pâte] to sit, to stand; [vin] to stand. -**2.** [théorie]: ~ **sur** to rest on. ◆ **se reposer** *vp* -**1.** [se délasser] to rest. -**2.** [faire confiance]: **se** ~ **sur qqn** to rely on sb.

repoussant, -e [rəpusɑ̃, ɑ̃t] *adj* repulsive.

repousser [rəpuse] ◇ *vi* to grow again, to grow back. ◇ *vt* -**1.** [écarter] to push away, to push back; [l'ennemi] to repel, to drive back. -**2.** [éconduire] to reject. -**3.** [proposition] to reject, to turn down. -**4.** [différer] to put back, to postpone.

répréhensible [repreɑ̃sibl] *adj* reprehensible.

reprendre [rəprɑ̃dr] ◇ *vt* -**1.** [prendre de nouveau] to take again; **je passe te dans une heure** I'll come by and pick you up again in an hour; ~ **la route** to take to the road again; ~ **haleine** to get one's breath back. -**2.** [récupérer - objet prêté] to take back; [- prisonnier, ville] to recapture. -**3.** COMM [entreprise, affaire] to take over. -**4.** [se resservir]: ~ **un gâteau/de la viande** to take another cake/some more meat. -**5.** [recommencer] to resume; **«et ainsi» reprit-il ...** "and so", he continued ... -**6.** [retoucher] to repair; [jupe] to alter. -**7.** [corriger] to correct. ◇ *vi* -**1.** [affaires, plante] to pick up. -**2.** [recommencer] to start again.

représailles [rəprezaj] *nfpl* reprisals.

représentant, -e [rəprezɑ̃tɑ̃, ɑ̃t] *nm, f* representative.

représentatif, -ive [rəprezɑ̃tatif, iv] *adj* representative.

représentation [rəprezɑ̃tasjɔ̃] *nf* -**1.** [gén] representation. -**2.** [spectacle] performance.

représentativité [rəprezɑ̃tativite] *nf* representativeness.

représenter [rəprezɑ̃te] *vt* to represent. ◆ **se représenter** *vp* -**1.** [s'imaginer]: **se** ~ **qqch** to visualize sthg. -**2.** [se présenter à nouveau]: **se** ~ **à** [aux élections] to stand again at; [à un examen] to resit, to represent.

répression [represjɔ̃] *nf* -**1.** [de révolte] repression. -**2.** [de criminalité, d'injustices] suppression.

réprimande [reprimɑ̃d] *nf* reprimand.

réprimander [reprimɑ̃de] *vt* to reprimand.

réprimer [reprime] *vt* -**1.** [émotion, rire] to repress, to check. -**2.** [révolte, crimes] to put down, to suppress.

repris, -e [rəpri, iz] *pp* → **reprendre**.
◆ **repris** *nm*: ~ **de justice** habitual criminal.

reprise [rəpriz] *nf* -**1.** [recommencement - des hostilités] resumption, renewal; [- des affaires] revival, recovery; [- de pièce] revival; **à plusieurs** ~**s** on several occasions, several times. -**2.** BOXE round. -**3.** [raccommodage] mending.

repriser [rəprize] *vt* to mend.

réprobateur, -trice [reprobatœr, tris] *adj* reproachful.

réprobation [reprobasjɔ̃] *nf* disapproval.

reproche [rəprɔʃ] *nm* reproach; **faire des** ~**s à qqn** to reproach sb; **avec** ~ reproachfully; **sans** ~ blameless.

reprocher [rəprɔʃe] *vt*: ~ **qqch à qqn** to reproach sb for sthg. ◆ **se reprocher** *vp*: **se** ~ **(qqch)** to blame o.s. (for sthg).

reproducteur, -trice [rəprodyktœr, tris] *adj* reproductive.

reproduction [rəprodyksjɔ̃] *nf* reproduction; ~ **interdite** all rights (of reproduction) reserved.

reproduire [rəprodɥir] *vt* to reproduce. ◆ **se reproduire** *vp* -**1.** BIOL to reproduce, to breed. -**2.** [se répéter] to recur.

reproduit, -e [rəprodɥi, ɥit] *pp* → **reproduire**.

réprouver [repruve] *vt* [blâmer] to reprove.

reptile [rɛptil] *nm* reptile.

repu, -e [rəpy] *adj* full, sated.

républicain, -e [repyblikɛ̃, ɛn] *adj & nm, f* republican.

république [repyblik] *nf* republic; **la Ré-**

publique populaire de Chine the People's Republic of China.

répudier [repydje] *vt* [femme] to repudiate.

répugnance [repyɲɑ̃s] *nf* -1. [horreur] repugnance. -2. [réticence] reluctance; **avoir** OU **éprouver de la ~ à faire qqch** to be reluctant to do sthg.

répugnant, -e [repyɲɑ̃, ɑ̃t] *adj* repugnant.

répugner [repyɲe] *vi*: **~ à qqn** to disgust sb, to fill sb with repugnance; **~ à faire qqch** to be reluctant to do sthg, to be loath to do sthg.

répulsion [repylsjɔ̃] *nf* repulsion.

réputation [repytasjɔ̃] *nf* reputation; **avoir une ~ de** to have a reputation for; **avoir bonne/mauvaise ~** to have a good/bad reputation.

réputé, -e [repyte] *adj* famous, well-known.

requérir [rokerir] *vt* -1. [nécessiter] to require, to call for. -2. [solliciter] to solicit. -3. JUR [réclamer au nom de la loi] to demand.

requête [rɔkɛt] *nf* -1. [prière] petition. -2. JUR appeal.

requiem [rekɥijɛm] *nm inv* requiem.

requin [rɔkɛ̃] *nm* shark.

requis, -e [rɔki, iz] ◇ *pp* → **requérir**. ◇ *adj* required, requisite.

réquisition [rekizisjɔ̃] *nf* -1. MIL requisition. -2. JUR closing speech for the prosecution.

réquisitionner [rekizisjɔne] *vt* to requisition.

réquisitoire [rekizitwar] *nm* JUR closing speech for the prosecution; **~ (contre)** *fig* indictment (of).

RER (*abr de* **réseau express régional**) *nm* train service linking central Paris with its suburbs and airports.

rescapé, -e [rɛskape] *nm, f* survivor.

rescousse [rɛskus] ◆ **à la rescousse** *loc adv*: **venir à la ~ de qqn** to come to sb's rescue; **appeler qqn à la ~** to call on sb for help.

réseau [rezo] *nm* network; **~ ferroviaire/routier** rail/road network.

réservation [rezɛrvasjɔ̃] *nf* reservation.

réserve [rezɛrv] *nf* -1. [gén] reserve; **en ~ in** reserve; **officier de ~** MIL reserve officer. -2. [restriction] reservation; **faire des ~s (sur)** to have reservations (about); **sous ~ de** subject to; **sans ~** unreservedly. -3. [territoire] reserve; [- d'Indiens] reservation; **~ naturelle** nature reserve. -4. [local] storeroom.

réservé, -e [rezɛrve] *adj* reserved.

réserver [rezɛrve] *vt* -1. [destiner]: **~ qqch (à qqn)** [chambre, place] to reserve OU book sthg (for sb); *fig* [surprise, désagrément] to have sthg in store (for sb). -2. [mettre de côté, garder]: **~ qqch (pour)** to put sthg on one side (for), to keep sthg (for). ◆ **se réserver** *vp* -1. [s'accorder]: **se ~ qqch** to keep sthg for o.s.; **se ~ le droit de faire qqch** to reserve the right to do sthg. -2. [se ménager] to save o.s.

réservoir [rezɛrvwar] *nm* -1. [cuve] tank. -2. [bassin] reservoir.

résidence [rezidɑ̃s] *nf* -1. [habitation] residence; **~ principale** main residence OU home; **~ secondaire** second home; **~ universitaire** hall of residence. -2. [immeuble] block of luxury flats *Br*, luxury apartment block *Am*. ◆ **résidence surveillée** *nf*: **en ~ surveillée** under house arrest.

résident, -e [rezidɑ̃, ɑ̃t] *nm, f* -1. [de pays]: **les ~s français en Écosse** French nationals resident in Scotland. -2. [habitant d'une résidence] resident.

résidentiel, -ielle [rezidɑ̃sjɛl] *adj* residential.

résider [rezide] *vi* -1. [habiter]: **~ à/dans/en** to reside in. -2. [consister]: **~ dans** to lie in.

résidu [rezidy] *nm* [reste] residue; [déchet] waste.

résignation [reziɲasjɔ̃] *nf* resignation.

résigné, -e [reziɲe] *adj* resigned.

résigner [reziɲe] ◆ **se résigner** *vp*: **se ~ (à)** to resign o.s. (to).

résilier [rezilje] *vt* to cancel, to terminate.

résille [rezij] *nf* -1. [pour cheveux] hairnet. -2. **bas ~** fishnet stockings.

résine [rezin] *nf* resin.

résineux, -euse [rezinø, øz] *adj* resinous. ◆ **résineux** *nm* conifer.

résistance [rezistɑ̃s] *nf* -1. [gén, ÉLECTR & PHYS] resistance; **manquer de ~** to lack stamina; **opposer une ~** to put up resistance. -2. [de radiateur, chaudière] element. ◆ **Résistance** *nf*: **la Résistance** HIST the Resistance.

résistant, -e [rezistɑ̃, ɑ̃t] ◇ *adj* [personne] tough; [tissu] hard-wearing, tough; **être ~ au froid/aux infections** to be resistant to the cold/to infection. ◇ *nm, f* [gén] resistance fighter; [de la Résistance] member of the Resistance.

résister [reziste] *vi* to resist; **~ à** [attaque, désir] to resist; [tempête, fatigue] to withstand; [personne] to stand up to, to oppose.

résolu, -e [rezɔly] ◇ *pp* → **résoudre**. ◇ *adj* resolute; **être bien ~ à faire qqch** to be determined to do sthg.

résolument [rezɔlymɑ̃] *adv* resolutely.

résolution [rezɔlysjɔ̃] *nf* **-1.** [décision] resolution; **prendre la ~ de faire qqch** to make a resolution to do sthg. **-2.** [détermination] resolve, determination. **-3.** [solution] solving.

résonance [rezɔnɑ̃s] *nf* **-1.** ÉLECTR & PHYS resonance. **-2.** *fig* [écho] echo.

résonner [rezɔne] *vi* [retentir] to resound; [renvoyer le son] to echo.

résorber [rezɔrbe] *vt* **-1.** [déficit] to absorb. **-2.** MÉD to resorb. ◆ **se résorber** *vp* **-1.** [déficit] to be absorbed. **-2.** MÉD to be resorbed.

résoudre [rezudr] *vt* [problème] to solve, to resolve. ◆ **se résoudre** *vp*: **se ~ à faire qqch** to make up one's mind to do sthg, to decide OU resolve to do sthg.

respect [rɛspɛ] *nm* respect.

respectable [rɛspɛktabl] *adj* respectable.

respecter [rɛspɛkte] *vt* to respect; **faire ~ la loi** to enforce the law.

respectif, -ive [rɛspɛktif, iv] *adj* respective.

respectivement [rɛspɛktivmɑ̃] *adv* respectively.

respectueux, -euse [rɛspɛktɥø, øz] *adj* respectful; **être ~ de** to have respect for.

respiration [rɛspirasjɔ̃] *nf* breathing (*U*); **retenir sa ~** to hold one's breath.

respiratoire [rɛspiratwar] *adj* respiratory.

respirer [rɛspire] ◇ *vi* **-1.** [inspirer-expirer] to breathe. **-2.** *fig* [se reposer] to get one's breath; [être soulagé] to be able to breathe again. ◇ *vt* **-1.** [aspirer] to breathe in. **-2.** *fig* [exprimer] to exude.

resplendissant, -e [rɛsplɑ̃disɑ̃, ɑ̃t] *adj* radiant.

responsabiliser [rɛspɔ̃sabilize] *vt*: **~ qqn** to make sb aware of his/her responsibilities.

responsabilité [rɛspɔ̃sabilite] *nf* **-1.** [morale] responsibility; **avoir la ~ de** to be responsible for, to have the responsibility of. **-2.** JUR liability.

responsable [rɛspɔ̃sabl] ◇ *adj* **-1.** [gén]: **~ (de)** responsible (for); [légalement] liable (for); [chargé de] in charge (of), responsible (for). **-2.** [sérieux] respon-

sible. ◇ *nmf* **-1.** [auteur, coupable] person responsible. **-2.** [dirigeant] official. **-3.** [personne compétente] person in charge.

resquiller [rɛskije] *vi* **-1.** [au théâtre etc] to sneak in without paying. **-2.** [dans autobus etc] to dodge paying the fare.

resquilleur, -euse [rɛskijœr, øz] *nm, f* **-1.** [au théâtre etc] person who sneaks in without paying. **-2.** [dans autobus etc] fare-dodger.

ressac [rəsak] *nm* undertow.

ressaisir [rəsezir] ◆ **se ressaisir** *vp* to pull o.s. together.

ressasser [rəsase] *vt* **-1.** [répéter] to keep churning out. **-2.** *fig* [mécontentement] to dwell on.

ressemblance [rəsɑ̃blɑ̃s] *nf* [gén] resemblance, likeness; [trait] resemblance.

ressemblant, -e [rəsɑ̃blɑ̃, ɑ̃t] *adj* lifelike.

ressembler [rəsɑ̃ble] *vi*: **~ à** [physiquement] to resemble, to look like; [moralement] to be like, to resemble; **cela ne lui ressemble pas** that's not like him. ◆ **se ressembler** *vp* to look alike, to resemble each other.

ressemeler [rəsəmle] *vt* to resole.

ressentiment [rəsɑ̃timɑ̃] *nm* resentment.

ressentir [rəsɑ̃tir] *vt* to feel.

resserrer [rəsere] *vt* **-1.** [ceinture, boulon] to tighten. **-2.** *fig* [lien] to strengthen. ◆ **se resserrer** *vp* **-1.** [route] to (become) narrow. **-2.** [nœud, étreinte] to tighten. **-3.** *fig* [relations] to grow stronger, to strengthen.

resservir [rəsɛrvir] ◇ *vt* **-1.** [plat] to serve again; *fig* [histoire] to trot out. **-2.** [personne] to give another helping to. ◇ *vi* to be used again. ◆ **se resservir** *vp*: **se ~ de qqch** [ustensile] to use sthg again; [plat] to take another helping of sthg.

ressort [rəsɔr] *nm* **-1.** [mécanisme] spring. **-2.** *fig* [énergie] spirit. **-3.** *fig* [compétence]: **être du ~ de qqn** to be sb's area of responsibility, to come under sb's jurisdiction. ◆ **en dernier ressort** *loc adv* in the last resort, as a last resort.

ressortir [rəsɔrtir] ◇ *vi* **-1.** [personne] to go out again. **-2.** *fig* [couleur]: **~ (sur)** to stand out (against); **faire ~** to highlight. **-3.** *fig* [résulter de]: **~ de** to emerge from. ◇ *vt* to take OU get OU bring out again.

ressortissant, -e [rəsɔrtisɑ̃, ɑ̃t] *nm, f* national.

ressource [rəsurs] *nf* resort; **votre seule ~ est de ...** the only course open to you is to .... ◆ **ressources** *nfpl* **-1.** [financières] means. **-2.** [énergétiques, de langue] resources; **~s naturelles** natural resources. **-3.** [de personne] resourcefulness (U).

ressurgir [rəsyrʒir] *vi* to reappear.

ressusciter [resysite] *vi* to rise (from the dead); *fig* to revive.

restant, -e [rɛstɑ̃, ɑ̃t] *adj* remaining, left. ◆ **restant** *nm* rest, remainder.

restaurant [rɛstɔrɑ̃] *nm* restaurant; **manger au ~** to eat out; **~ d'entreprise** staff canteen.

restaurateur, -trice [rɛstɔratœr, tris] *nm, f* **-1.** CULIN restaurant owner. **-2.** ART restorer.

restauration [rɛstɔrasjɔ̃] *nf* **-1.** CULIN restaurant business; **~ rapide** fast food. **-2.** ART & POLIT restoration.

restaurer [rɛstɔre] *vt* to restore. ◆ **se restaurer** *vp* to have something to eat.

reste [rɛst] *nm* **-1.** [de lait, temps]: **le ~ (de)** the rest (of). **-2.** MATHS remainder. ◆ **restes** *nmpl* **-1.** [de repas] leftovers. **-2.** [de mort] remains. ◆ **au reste, du reste** *loc adv* besides.

rester [rɛste] ◇ *vi* **-1.** [dans lieu, état] to stay, to remain; **restez calme!** stay OU keep calm! **-2.** [subsister] to remain, to be left; **le seul bien qui me reste** the only thing I have left. **-3.** [s'arrêter]: **en ~ à qqch** to stop at sthg; **en ~ là** to finish there. **-4.** *loc*: **y ~** *fam* [mourir] to pop one's clogs. ◇ *v impers*: **il en reste un peu there's** still a little left; **il te reste de l'argent?** do you still have some money left?; **il reste beaucoup à faire** there is still a lot to be done.

restituer [rɛstitɥe] *vt* **-1.** [argent, objet volé] to return, to restore. **-2.** [énergie] to release. **-3.** [son] to reproduce.

resto [rɛsto] *nm fam* restaurant; **les ~s du cœur** *charity food distribution centres*; **~-U** UNIV refectory.

Restoroute® [rɛstorut] *nm* motorway cafe *Br*, highway restaurant *Am*.

restreindre [rɛstrɛ̃dr] *vt* to restrict. ◆ **se restreindre** *vp* **-1.** [domaine, champ] to narrow. **-2.** [personne] to cut back; **se ~ dans qqch** to restrict sthg.

restreint, -e [rɛstrɛ̃, ɛ̃t] *pp* → **restreindre**.

restrictif, -ive [rɛstriktif, iv] *adj* restrictive.

restriction [rɛstriksjɔ̃] *nf* **-1.** [condition] condition; **sans ~** unconditionally. **-2.** [limitation] restriction. ◆ **restrictions** *nfpl* rationing (U).

restructurer [rəstryktyre] *vt* to restructure.

résultat [rezylta] *nm* result; [d'action] outcome.

résulter [rezylte] ◇ *vi*: **~ de** to be the result of, to result from. ◇ *v impers*: **il en résulte que ...** as a result, ...

résumé [rezyme] *nm* summary, résumé; **en ~** [pour conclure] to sum up; [en bref] in brief, summarized.

résumer [rezyme] *vt* to summarize. ◆ **se résumer** *vp* [se réduire]: **se ~ à qqch/à faire qqch** to come down to sthg/to doing sthg.

résurgence [rezyrʒɑ̃s] *nf* resurgence.

résurrection [rezyrɛksjɔ̃] *nf* resurrection.

rétablir [retablir] *vt* **-1.** [gén] to restore; [malade] to restore (to health). **-2.** [communications, contact] to re-establish. ◆ **se rétablir** *vp* **-1.** [silence] to return, to be restored. **-2.** [malade] to recover. **-3.** GYM to pull o.s. up.

rétablissement [retablismɑ̃] *nm* **-1.** [d'ordre] restoration. **-2.** [de communications] re-establishment. **-3.** [de malade] recovery. **-4.** GYM pull-up.

retard [rətar] *nm* **-1.** [délai] delay; **être en ~** [sur heure] to be late; [sur échéance] to be behind; **avoir du ~** to be late OU delayed. **-2.** [de pays, peuple, personne] backwardness.

retardataire [rətardatɛr] *nmf* [en retard] latecomer.

retardement [rətardəmɑ̃] *nm*: **à ~** belatedly; *voir aussi* **bombe**.

retarder [rətarde] ◇ *vt* **-1.** [personne, train] to delay; [sur échéance] to put back. **-2.** [ajourner - rendez-vous] to put back OU off; [- départ] to put back OU off, to delay. **-3.** [montre] to put back. ◇ *vi* **-1.** [horloge] to be slow. **-2.** *fam* [ne pas être au courant] to be behind the times. **-3.** [être en décalage]: **~ sur** to be out of step OU tune with.

retenir [rətənir] *vt* **-1.** [physiquement - objet, personne, cri] to hold back; [- souffle] to hold; **~ qqn de faire qqch** to stop OU restrain sb from doing sthg. **-2.** [retarder] to keep, to detain. **-3.** [montant, impôt] to keep back, to withhold. **-4.** [chambre] to reserve. **-5.** [leçon, cours] to remember. **-6.** [projet] to accept, to adopt. **-7.** [eau, chaleur] to

retain. -8. MATHS to carry. -9. [intérêt, attention] to hold. ◆ **se retenir** *vp* -1. [s'accrocher]: **se ~ à** to hold onto. -2. [se contenir] to hold on; **se ~ de faire qqch** to refrain from doing sthg.

rétention [retɑ̃sjɔ̃] *nf* MÉD retention.

retentir [rətɑ̃tir] *vi* -1. [son] to ring (out). -2. [pièce, rue]: **~ de** to resound with. -3. *fig* [fatigue, blessure]: **~ sur** to have an effect on.

retentissant, -e [rətɑ̃tisɑ̃, ɑ̃t] *adj* resounding.

retentissement [rətɑ̃tismɑ̃] *nm* [de mesure] repercussions (*pl*).

retenu, -e [rətny] *pp* → **retenir**.

retenue [rətəny] *nf* -1. [prélèvement] deduction. -2. MATHS amount carried. -3. SCOL detention. -4. *fig* [de personne - dans relations] reticence; [- dans comportement] restraint; **sans ~** without restraint.

réticence [retisɑ̃s] *nf* [hésitation] hesitation, reluctance; **avec ~** hesitantly.

réticent, -e [retisɑ̃, ɑ̃t] *adj* hesitant, reluctant.

rétine [retin] *nf* retina.

retiré, -e [rətire] *adj* [lieu] remote, isolated; [vie] quiet.

retirer [rətire] *vt* -1. [vêtement, emballage] to take off, to remove; [permis, jouet] to take away; **~ qqch à qqn** to take sthg away from sb. -2. [plainte] to withdraw, to take back. -3. [avantages, bénéfices]: **~ qqch de qqch** to get OU derive sthg from sthg. -4. [bagages, billet] to collect; [argent] to withdraw. ◆ **se retirer** *vp* -1. [s'isoler] to withdraw, to retreat. -2. [des affaires]: **se ~ (de)** to retire (from). -3. [refluer] to recede.

retombées [rətɔ̃be] *nfpl* repercussions, fallout (*sg*).

retomber [rətɔ̃be] *vi* -1. [gymnaste, chat] to land. -2. [redevenir]: **~ malade** to relapse. -3. *fig* [colère] to die away. -4. [cheveux] to hang down. -5. *fig* [responsabilité]: **~ sur** to fall on.

rétorquer [retɔrke] *vt* to retort; **~ à qqn que ...** to retort to sb that ....

retors, -e [rətɔr, ɔrs] *adj* wily.

rétorsion [retɔrsjɔ̃] *nf* retaliation; **mesures de ~** reprisals.

retouche [rətuʃ] *nf* -1. [de texte, vêtement] alteration. -2. ART & PHOT touching up.

retoucher [rətuʃe] *vt* -1. [texte, vêtement] to alter. -2. ART & PHOT to touch up.

retour [rətur] *nm* -1. [gén] return; **à mon/ton ~** when I/you get back, on my/your return; **être de ~ (de)** to be back (from); **~ en arrière** flashback; **en ~** in return. -2. [trajet] journey back, return journey.

retourner [rəturne] ◇ *vt* -1. [carte, matelas] to turn over; [terre] to turn over. -2. [compliment, objet prêté]: **~ qqch (à qqn)** to return sthg (to sb). -3. [lettre, colis] to send back, to return. -4. *fam fig* [personne] to shake up. ◇ *vi* to come/go back; **~ en arrière OU sur ses pas** to retrace one's steps. ◆ **se retourner** *vp* -1. [basculer] to turn over. -2. [pivoter] to turn round. -3. *fam fig* [s'adapter] to sort o.s. out. -4. [rentrer]: **s'en ~** to go back (home). -5. *fig* [s'opposer]: **se ~ contre** to turn against.

retracer [rətrase] *vt* -1. [ligne] to redraw. -2. [événement] to relate.

rétracter [retrakte] *vt* to retract. ◆ **se rétracter** *vp* -1. [se contracter] to retract. -2. [se dédire] to back down.

retrait [rətrɛ] *nm* -1. [gén] withdrawal; **~ du permis** disqualification from driving. -2. [de bagages] collection. -3. [des eaux] ebbing. ◆ **en retrait** *loc adj & loc adv* -1. [maison] set back from the road; **rester en ~** *fig* to hang back. -2. [texte] indented.

retraite [rətrɛt] *nf* -1. [gén] retreat. -2. [cessation d'activité] retirement; **être à la ~** to be retired. -3. [revenu] (retirement) pension.

retraité, -e [rətrɛte] ◇ *adj* -1. [personne] retired. -2. TECHNOL reprocessed. ◇ *nm, f* retired person, pensioner.

retrancher [rətrɑ̃ʃe] *vt* -1. [passage]: **~ qqch (de)** to cut sthg out (from), to remove sthg (from). -2. [montant]: **~ qqch (de)** to take sthg away (from), to deduct sthg (from). ◆ **se retrancher** *vp* to entrench o.s.; **se ~ derrière/dans** *fig* to take refuge behind/in.

retransmettre [rətrɑ̃smɛtr] *vt* to broadcast.

retransmis, -e [rətrɑ̃smi, iz] *pp* → **retransmettre**.

retransmission [rətrɑ̃smisjɔ̃] *nf* broadcast.

retravailler [rətravaje] ◇ *vt*: **~ qqch** to work on sthg again. ◇ *vi* to start work again.

rétrécir [retresir] *vi* [tissu] to shrink.

rétrécissement [retresismɑ̃] *nm* -1. [de vêtement] shrinkage. -2. MÉD stricture.

rétribution [retribysjɔ̃] *nf* remuneration.

rétro [retro] ◇ *nm* **-1.** [style] old style OU fashion. **-2.** *fam* [rétroviseur] rear-view mirror. ◇ *adj inv* old-style.

rétroactif, -ive [retrɔaktif, iv] *adj* retrospective.

rétrograde [retrɔgrad] *adj péj* reactionary.

rétrograder [retrɔgrade] ◇ *vt* to demote. ◇ *vi* AUTOM to change down.

rétroprojecteur [retrɔprɔʒɛktœr] *nm* overhead projector.

rétrospectif, -ive [retrɔspɛktif, iv] *adj* retrospective. ◆ **rétrospective** *nf* retrospective.

rétrospectivement [retrɔspɛktivmã] *adv* retrospectively.

retrousser [rɔtruse] *vt* **-1.** [manches, pantalon] to roll up. **-2.** [lèvres] to curl.

retrouvailles [rɔtruvaj] *nfpl* reunion (*sg*).

retrouver [rɔtruve] *vt* **-1.** [gén] to find; [appétit] to recover, to regain. **-2.** [reconnaître] to recognize. **-3.** [ami] to meet, to see. ◆ **se retrouver** *vp* **-1.** [entre amis] to meet (up) again; **on se retrouve au café?** shall we meet up OU see each other at the cafe? **-2.** [être de nouveau] to find o.s. again. **-3.** [s'orienter] to find one's way; **ne pas s'y ~** [dans papiers] to be completely lost. **-4.** [erreur, style] to be found, to crop up. **-5.** [financièrement]: **s'y ~** *fam* to break even.

rétroviseur [retrɔvizœr] *nm* rear-view mirror.

réunification [reynifikasjɔ̃] *nf* reunification.

réunifier [reynifje] *vt* to reunify.

réunion [reynjɔ̃] *nf* **-1.** [séance] meeting. **-2.** [jonction] union, merging. **-3.** [d'amis, de famille] reunion.

réunir [reynir] *vt* **-1.** [fonds] to collect. **-2.** [extrémités] to put together, to bring together. **-3.** [qualités] to combine. **-4.** [personnes] to bring together; [- après séparation] to reunite. ◆ **se réunir** *vp* **-1.** [personnes] to meet. **-2.** [entreprises] to combine; [états] to unite. **-3.** [fleuves, rues] to converge.

réussi, -e [reysi] *adj* successful; **c'est ~!** *fig* & *iron* congratulations!, well done!

réussir [reysir] ◇ *vi* **-1.** [personne, affaire] to succeed, to be a success; **~ à faire qqch** to succeed in doing sthg. **-2.** [climat]: **~ à** to agree with. ◇ *vt* **-1.** [portrait, plat] to make a success of. **-2.** [examen] to pass.

réussite [reysit] *nf* **-1.** [succès] success. **-2.** [jeu de cartes] patience *Br*, solitaire *Am*.

réutiliser [reytilize] *vt* to reuse.

revaloriser [rɔvalɔrize] *vt* [monnaie] to revalue; [salaires] to raise; *fig* [idée, doctrine] to rehabilitate.

revanche [rɔvɑ̃ʃ] *nf* **-1.** [vengeance] revenge; **prendre sa ~** to take one's revenge. **-2.** SPORT return (match). ◆ **en revanche** *loc adv* [par contre] on the other hand.

rêvasser [rɛvase] *vi* to daydream.

rêve [rɛv] *nm* dream.

rêvé, -e [rɛve] *adj* ideal.

revêche [rɔvɛʃ] *adj* surly.

réveil [revɛj] *nm* **-1.** [de personne] waking (up); *fig* awakening. **-2.** [pendule] alarm clock.

réveiller [reveje] *vt* **-1.** [personne] to wake up. **-2.** [courage] to revive. ◆ **se réveiller** *vp* **-1.** [personne] to wake (up). **-2.** [ambitions] to reawaken.

réveillon [revɛjɔ̃] *nm* [jour - de Noël] Christmas Eve; [- de nouvel an] New Year's Eve.

réveillonner [revɛjɔne] *vi* to have a Christmas Eve/New Year's Eve meal.

révélateur, -trice [revelatœr, tris] *adj* revealing. ◆ **révélateur** *nm* PHOT developer; *fig* [ce qui révèle] indication.

révélation [revelasjɔ̃] *nf* **-1.** [gén] revelation. **-2.** [artiste] discovery.

révéler [revele] *vt* **-1.** [gén] to reveal. **-2.** [artiste] to discover. ◆ **se révéler** *vp* **-1.** [apparaître] to be revealed. **-2.** [s'avérer] to prove to be.

revenant [rɔvnɑ̃] *nm* **-1.** [fantôme] spirit, ghost. **-2.** *fam* [personne] stranger.

revendeur, -euse [rɔvɑ̃dœr, øz] *nm, f* retailer.

revendication [rɔvɑ̃dikasjɔ̃] *nf* claim, demand.

revendiquer [rɔvɑ̃dike] *vt* [dû, responsabilité] to claim; [avec force] to demand.

revendre [rɔvɑ̃dr] *vt* **-1.** [après utilisation] to resell. **-2.** [vendre plus de] to sell more of.

revendu, -e [rɔvɑ̃dy] *pp* → **revendre**.

revenir [rɔvnir] *vi* **-1.** [gén] to come back, to return; **~ de** to come back from, to return from; **~ à** to come back to, to return to; **~ sur** [sujet] to go over again; [décision] to go back on; **~ à soi** to come to. **-2.** [mot, sujet] to crop up. **-3.** [à l'esprit]: **~ à** to come back to. **-4.** [impliquer]: **cela revient au même/à dire que ...** it amounts to the same thing/to saying (that) .... **-5.** [coûter]: ~ **à** to come to, to amount to; ~ **cher** to be expensive. **-6.** [honneur, tâche]: ~ **à** to fall to; **c'est à lui qu'il revient de ...** it is up to him to .... **-7.** CULIN: **faire** ~ to brown. **-8.** loc: **sa tête ne me revient pas** I don't like the look of him/her; **il n'en revenait pas** he couldn't get over it.

revente [rəvɑ̃t] nf resale.

revenu, -e [rəvny] pp → **revenir**. ◆ **revenu** nm [de pays] revenue; [de personne] income.

rêver [reve] ◇ vi to dream; [rêvasser] to daydream; ~ **de/à** to dream of/about. ◇ vt to dream; ~ **que** to dream (that).

réverbération [reverberasjɔ̃] nf reverberation.

réverbère [reverber] nm street lamp OU light.

révérence [reverɑ̃s] nf **-1.** [salut] bow. **-2.** littéraire [déférence] reverence.

révérend, -e [reverɑ̃, ɑ̃d] adj reverend. ◆ **révérend** nm reverend.

révérer [revere] vt to revere.

rêverie [rɛvri] nf reverie.

revers [rəver] nm **-1.** [de main] back; [de pièce] reverse. **-2.** [de veste] lapel; [de pantalon] turn-up Br, cuff Am. **-3.** TENNIS backhand. **-4.** fig [de fortune] reversal.

reverser [rəverse] vt **-1.** [liquide] to pour out more of. **-2.** FIN: ~ **qqch sur** to pay sthg into.

réversible [reversibl] adj reversible.

revêtement [rəvetmɑ̃] nm surface.

revêtir [rəvetir] vt **-1.** [mur, surface]: ~ **(de)** to cover (with). **-2.** [aspect] to take on, to assume. **-3.** [vêtement] to put on; [personne] to dress.

revêtu, -e [rəvety] pp → **revêtir**.

rêveur, -euse [revœr, øz] ◇ adj dreamy. ◇ nm, f dreamer.

revient [rəvjɛ̃] → **prix**.

revigorer [rəvigɔre] vt to invigorate.

revirement [rəvirmɑ̃] nm change.

réviser [revize] vt **-1.** [réexaminer, modifier] to revise, to review. **-2.** SCOL to revise. **-3.** [machine] to check.

révision [revizjɔ̃] nf **-1.** [réexamen, modification] revision, review. **-2.** SCOL revision. **-3.** [de machine] checkup.

revisser [rəvise] vt to screw back again.

revivre [rəvivr] ◇ vi [personne] to come back to life, to revive; fig [espoir] to be revived, to revive; **faire** ~ to revive. ◇ vt to relive; **faire** ~ **qqch à qqn** to bring sthg back to sb.

revoici [rəvwasi] prép: **me** ~! it's me again!, I'm back!

revoir [rəvwar] vt **-1.** [renouer avec] to see again. **-2.** [corriger, étudier] to revise Br, to review Am. ◆ **se revoir** vp [amis] to see each other again; [professionnellement] to meet again. ◆ **au revoir** interj & nm goodbye.

révoltant, -e [revɔltɑ̃, ɑ̃t] adj revolting.

révolte [revɔlt] nf revolt.

révolter [revɔlte] vt to disgust. ◆ **se révolter** vp: **se** ~ **(contre)** to revolt (against).

révolu, -e [revɔly] adj past; **avoir 15 ans** ~**s** ADMIN to be over 15.

révolution [revɔlysjɔ̃] nf **-1.** [gén] revolution. **-2.** fam [effervescence] uproar.

révolutionnaire [revɔlysjɔner] nmf & adj revolutionary.

révolutionner [revɔlysjɔne] vt **-1.** [transformer] to revolutionize. **-2.** [mettre en émoi] to stir up.

revolver [revɔlver] nm revolver.

révoquer [revɔke] vt **-1.** [fonctionnaire] to dismiss. **-2.** [loi] to revoke.

revue [rəvy] nf **-1.** [gén] review; ~ **de presse** press review; **passer en** ~ fig to review. **-2.** [défilé] march-past. **-3.** [magazine] magazine. **-4.** [spectacle] revue.

rez-de-chaussée [redʃose] nm inv ground floor Br, first floor Am.

RFA (abr de **République fédérale d'Allemagne**) nf FRG.

rhabiller [rabije] vt to dress again. ◆ **se rhabiller** vp to get dressed again.

rhésus [rezys] nm rhesus (factor); ~ **positif/négatif** rhesus positive/negative.

rhétorique [retɔrik] nf rhetoric.

Rhin [rɛ̃] nm: **le** ~ the Rhine.

rhinocéros [rinɔserɔs] nm rhinoceros.

rhino-pharyngite [rinɔfarɛ̃ʒit] (pl **rhino-pharyngites**) nf throat infection.

rhododendron [rɔdɔdɛ̃drɔ̃] nm rhododendron.

Rhône [ron] nm: **le** ~ the (River) Rhone.

rhubarbe [rybarb] nf rhubarb.

rhum [rɔm] nm rum.

rhumatisme [rymatism] nm rheumatism.

rhume [rym] nm cold; **attraper un** ~ to catch a cold; ~ **des foins** hay fever.

ri [ri] pp inv → **rire**.

riant, -e [rijɑ̃, ɑ̃t] adj smiling; fig cheerful.

RIB, Rib [rib] (abr de **relevé d'identité**

bancaire) *nm bank account identification slip.*

ribambelle [ribɑ̃bɛl] *nf*: ~ **de** string of.

ricaner [rikane] *vi* to snigger.

riche [riʃ] ◇ *adj* **-1.** [gén] rich; [personne, pays] rich, wealthy; ~ **en** OU **de** rich in. **-2.** [idée] great. ◇ *nmf* rich person; **les** ~**s** the rich.

richesse [riʃɛs] *nf* **-1.** [de personne, pays] wealth (*U*). **-2.** [de faune, flore] abundance. ◆ **richesses** *nfpl* [gén] wealth (*U*).

ricochet [rikɔʃɛ] *nm litt* & *fig* rebound; [de balle d'arme] ricochet; **par** ~ in an indirect way.

rictus [riktys] *nm* rictus.

ride [rid] *nf* wrinkle; [de surface d'eau] ripple.

rideau, -x [rido] *nm* curtain; ~ **de fer** [frontière] Iron Curtain.

rider [ride] *vt* **-1.** [peau] to wrinkle. **-2.** [surface] to ruffle. ◆ **se rider** *vp* to become wrinkled.

ridicule [ridikyl] ◇ *adj* ridiculous. ◇ *nm*: **se couvrir de** ~ to make o.s. look ridiculous; **tourner qqn/qqch en** ~ to ridicule sb/sthg.

ridiculiser [ridikylize] *vt* to ridicule. ◆ **se ridiculiser** *vp* to make o.s. look ridiculous.

rien [rjɛ̃] ◇ *pron indéf* **-1.** [en contexte négatif]: **ne ... rien** nothing, not ... anything; **je n'ai** ~ **fait** I've done nothing, I haven't done anything; **je n'en sais** ~ I don't know (anything about it), I know nothing about it; ~ **ne m'intéresse** nothing interests me; **il n'y a plus** ~ **dans le réfrigérateur** there's nothing left in the fridge. **-2.** [aucune chose] nothing; **que fais-tu?** — ~ what are you doing? — nothing; ~ **de nouveau** nothing new; ~ **d'autre** nothing else; ~ **du tout** nothing at all; ~ **à faire** it's no good; **de** ~**!** don't mention it!, not at all!; **pour** ~ for nothing. **-3.** [quelque chose] anything; **sans** ~ **dire** without saying anything. ◇ *nm*: **pour un** ~ [se fâcher, pleurer] for nothing, at the slightest thing; **perdre son temps à des** ~**s** to waste one's time with trivia; **en un** ~ **de temps** in no time at all. ◆ **rien que** *loc adv* only, just; **la vérité,** ~ **que la vérité** the truth and nothing but the truth; ~ **que l'idée des vacances la comblait** just thinking about the holiday filled her with joy.

rieur, rieuse [rijœr, rijøz] *adj* cheerful.

rigide [riʒid] *adj* rigid; [muscle] tense.

rigidité [riʒidite] *nf* rigidity; [de muscle] tenseness; [de principes, mœurs] strictness.

rigole [rigɔl] *nf* channel.

rigoler [rigɔle] *vi fam* **-1.** [rire] to laugh. **-2.** [plaisanter]: ~ **(de)** to joke (about).

rigolo, -ote [rigɔlo, ɔt] *fam* ◇ *adj* funny. ◇ *nm, f péj* phoney.

rigoureux, -euse [rigurø, øz] *adj* **-1.** [discipline, hiver] harsh. **-2.** [analyse] rigorous.

rigueur [rigœr] *nf* **-1.** [de punition] severity, harshness. **-2.** [de climat] harshness. **-3.** [d'analyse] rigour, exactness. ◆ **à la rigueur** *loc adv* if necessary, if need be.

rime [rim] *nf* rhyme.

rimer [rime] *vi*: ~ **(avec)** to rhyme (with).

rinçage [rɛ̃saʒ] *nm* rinsing.

rincer [rɛ̃se] *vt* [bouteille] to rinse out; [cheveux, linge] to rinse.

ring [riŋ] *nm* **-1.** BOXE ring. **-2.** *Belg* [route] bypass.

riposte [ripɔst] *nf* **-1.** [réponse] retort, riposte. **-2.** [contre-attaque] counterattack.

riposter [ripɔste] ◇ *vt*: ~ **que** to retort OU riposte that. ◇ *vi* **-1.** [répondre] to riposte. **-2.** [contre-attaquer] to counter, to retaliate.

rire [rir] ◇ *nm* laugh; **éclater de** ~ to burst out laughing. ◇ *vi* **-1.** [gén] to laugh. **-2.** [plaisanter]: **pour** ~ *fam* as a joke, for a laugh.

risée [rize] *nf* ridicule; **être la** ~ **de** to be the laughing stock of.

risible [rizibl] *adj* [ridicule] ridiculous.

risque [risk] *nm* risk; **prendre des** ~**s** to take risks; **à tes/vos** ~**s et périls** at your own risk.

risqué, -e [riske] *adj* **-1.** [entreprise] risky, dangerous. **-2.** [plaisanterie] risqué, daring.

risquer [riske] *vt* **-1.** [vie, prison] to risk; ~ **de faire qqch** to be likely to do sthg; **je risque de perdre tout ce que j'ai** I'm running the risk of losing everything I have; **cela ne risque rien** it will be all right. **-2.** [tenter] to venture. ◆ **se risquer** *vp* to venture; **se** ~ **à faire qqch** to dare to do sthg.

rissoler [risɔle] *vi* to brown.

rite [rit] *nm* **-1.** RELIG rite. **-2.** [cérémonial & *fig*] ritual.

rituel, -elle [rityɛl] *adj* ritual. ◆ **rituel** *nm* ritual.

rivage [rivaʒ] *nm* shore.

rival, -e, -aux [rival, o] ◇ *adj* rival (*avant n*). ◇ *nm, f* rival.

rivaliser [rivalize] *vi* : ~ **avec** to compete with.

rivalité [rivalite] *nf* rivalry.

rive [riv] *nf* [de rivière] bank.

river [rive] *vt* **-1.** [fixer] : ~ **qqch à qqch** to rivet sthg to sthg. **-2.** [clou] to clinch ; **être rivé à** *fig* to be riveted OU glued to.

riverain, -e [rivrɛ̃, ɛn] *nm, f* resident.

rivet [rivɛ] *nm* rivet.

rivière [rivjɛr] *nf* river.

rixe [riks] *nf* fight, brawl.

riz [ri] *nm* rice.

rizière [rizjɛr] *nf* paddy (field).

RMI (*abr de* **revenu minimum d'insertion**) *nm* minimum guaranteed income (for people with no other source of income).

RMIste, RMIste [ɛrɛmist] *nmf* person receiving the 'RMI'.

RNIS (*abr de* **réseau numérique à intégration de services**) *nm* ISDN.

robe [rɔb] *nf* **-1.** [de femme] dress ; ~ **de mariée** wedding dress. **-2.** [peignoir] : ~ **de chambre** dressing gown. **-3.** [de cheval] coat. **-4.** [de vin] colour.

robinet [rɔbinɛ] *nm* tap.

robinetterie [rɔbinɛtri] *nf* [installations] taps (*pl*).

robot [rɔbo] *nm* **-1.** [gén] robot. **-2.** [ménager] food processor.

robotique [rɔbɔtik] *nf* robotics (*U*).

robotisation [rɔbɔtizasjɔ̃] *nf* automation.

robuste [rɔbyst] *adj* **-1.** [personne, santé] robust. **-2.** [plante] hardy. **-3.** [voiture] sturdy.

roc [rɔk] *nm* rock.

rocade [rɔkad] *nf* bypass.

rocaille [rɔkaj] *nf* **-1.** [caillou] loose stones (*pl*). **-2.** [dans jardin] rock garden, rockery.

rocailleux, -euse [rɔkajø, øz] *adj* **-1.** [terrain] rocky. **-2.** *fig* [voix] harsh.

rocambolesque [rɔkɑ̃bɔlɛsk] *adj* fantastic.

roche [rɔʃ] *nf* rock.

rocher [rɔʃe] *nm* rock.

rocheux, -euse [rɔʃø, øz] *adj* rocky. ◆ **Rocheuses** *nfpl* : **les Rocheuses** the Rockies.

rock [rɔk] *nm* rock ('n' roll).

rodage [rɔdaʒ] *nm* **-1.** [de véhicule] running-in ; "**en ~**" "running in". **-2.** *fig* [de méthode] running-in OU debugging period.

rodéo [rɔdeo] *nm* rodeo ; *fig & iron* free-for-all.

roder [rɔde] *vt* **-1.** [véhicule] to run in. **-2.** *fam* [méthode] to run in, to debug ; [personne] to break in.

rôdeur, -euse [rodœr, øz] *nm, f* prowler.

rogne [rɔɲ] *nf fam* bad temper ; **être/se mettre en** ~ to be in/to get into a bad mood, to be in/to get into a temper.

rogner [rɔɲe] ◇ *vt* **-1.** [ongles] to trim. **-2.** [revenus] to eat into. ◇ *vi* : ~ **sur qqch** to cut down on sthg.

roi [rwa] *nm* king ; **tirer les ~s** to celebrate Epiphany.

rôle [rol] *nm* role, part.

romain, -e [rɔmɛ̃, ɛn] *adj* Roman. ◆ **Romain, -e** *nm, f* Roman.

roman, -e [rɔmɑ̃, an] *adj* **-1.** [langue] Romance. **-2.** ARCHIT Romanesque. ◆ **roman** *nm* **-1.** LITTÉRATURE novel. **-2.** *fig & iron* [exagération] story ; [aventure] saga.

romance [rɔmɑ̃s] *nf* [chanson] love song.

romancier, -ière [rɔmɑ̃sje, jɛr] *nm, f* novelist.

romanesque [rɔmanɛsk] *adj* **-1.** LITTÉRATURE novelistic. **-2.** [aventure] fabulous, storybook (*avant n*).

roman-feuilleton [rɔmɑ̃fœjtɔ̃] *nm* serial ; *fig* soap opera.

roman-photo [rɔmɑ̃fɔto] *nm* story told in photographs.

romantique [rɔmɑ̃tik] *nmf & adj* romantic.

romantisme [rɔmɑ̃tism] *nm* **-1.** ART Romantic movement. **-2.** [sensibilité] romanticism.

romarin [rɔmarɛ̃] *nm* rosemary.

rompre [rɔ̃pr] ◇ *vt* **-1.** *sout* [objet] to break. **-2.** [charme, marché] to break ; [fiançailles, relations] to break off. ◇ *vi* to break ; ~ **avec qqn** *fig* to break up with sb. ◆ **se rompre** *vp* to break ; **se** ~ **le cou/les reins** to break one's neck/back.

ronce [rɔ̃s] *nf* [arbuste] bramble.

ronchonner [rɔ̃ʃɔne] *vi fam* : ~ (**après**) to grumble (at).

rond, -e [rɔ̃, rɔ̃d] *adj* **-1.** [forme, chiffre] round. **-2.** [joue, ventre] chubby, plump. **-3.** *fam* [ivre] tight. ◆ **rond** *nm* **-1.** [cercle] circle ; **en** ~ in a circle OU ring ; **tourner en** ~ *fig* to go round in circles. **-2.** [anneau] ring. **-3.** *fam* [argent] : **je n'ai pas un** ~ I haven't got a penny OU bean.

ronde [rɔ̃d] *nf* **-1.** [de surveillance] rounds (*pl*) ; [de policier] beat. **-2.** [danse] round. **-3.** MUS semibreve *Br*, whole note *Am*. ◆ **à la ronde** *loc adv* : **à des kilomètres à la** ~ for miles around.

rondelle [rɔ̃dɛl] nf **-1.** [de saucisson] slice. **-2.** [de métal] washer.

rondement [rɔ̃dmɑ̃] adv [efficacement] efficiently, briskly.

rondeur [rɔ̃dœr] nf **-1.** [forme] roundness. **-2.** [partie charnue] curve.

rond-point [rɔ̃pwɛ̃] nm roundabout Br, traffic circle Am.

ronflant, -e [rɔ̃flɑ̃, ɑ̃t] adj péj grandiose.

ronflement [rɔ̃fləmɑ̃] nm **-1.** [de dormeur] snore. **-2.** [de poêle, moteur] hum, purr.

ronfler [rɔ̃fle] vi **-1.** [dormeur] to snore. **-2.** [poêle, moteur] to hum, to purr.

ronger [rɔ̃ʒe] vt [bois, os] to gnaw; [métal, falaise] to eat away at; fig to gnaw at, to eat away at. ◆ **se ronger** vp **-1.** [grignoter]: se ~ les ongles to bite one's nails. **-2.** fig [se tourmenter] to worry, to torture o.s.

rongeur, -euse [rɔ̃ʒœr, øz] adj gnawing, rodent (avant n). ◆ **rongeur** nm rodent.

ronronner [rɔ̃rɔne] vi [chat] to purr; [moteur] to purr, to hum.

rosace [rozas] nf **-1.** [ornement] rose. **-2.** [vitrail] rose window. **-3.** [figure géométrique] rosette.

rosbif [rɔzbif] nm [viande] roast beef.

rose [roz] ◇ nf rose. ◇ nm pink. ◇ adj pink.

rosé, -e [roze] adj [teinte] rosy. ◆ **rosé** nm rosé. ◆ **rosée** nf dew.

roseau, -x [rozo] nm reed.

rosier [rozje] nm rose bush.

rosir [rozir] vt & vi to turn pink.

rosser [rɔse] vt to thrash.

rossignol [rɔsiɲɔl] nm [oiseau] nightingale.

rot [ro] nm burp.

rotatif, -ive [rɔtatif, iv] adj rotary.

rotation [rɔtasjɔ̃] nf rotation.

roter [rɔte] vi fam to burp.

rôti, -e [roti] adj roast. ◆ **rôti** nm roast, joint.

rotin [rɔtɛ̃] nm rattan.

rôtir [rotir] ◇ vt to roast. ◇ vi CULIN to roast.

rôtisserie [rotisri] nf **-1.** [restaurant] ≃ steakhouse. **-2.** [magasin] shop selling roast meat.

rotonde [rɔtɔ̃d] nf [bâtiment] rotunda.

rotule [rɔtyl] nf kneecap.

rouage [rwaʒ] nm cog, gearwheel; les ~s de l'État fig the wheels of State.

rouble [rubl] nm rouble.

roucouler [rukule] ◇ vt to warble; fig to coo. ◇ vi to coo; fig to bill and coo.

roue [ru] nf **-1.** [gén] wheel; ~ de secours spare wheel; un deux ~s a two-wheeled vehicle. **-2.** [de paon]: faire la ~ to display. **-3.** GYM cartwheel.

rouer [rwe] vt: ~ qqn de coups to thrash sb, to beat sb.

rouge [ruʒ] ◇ nm **-1.** [couleur] red. **-2.** fam [vin] red (wine). **-3.** [fard] rouge, blusher; ~ à lèvres lipstick. **-4.** AUTOM: passer au ~ to turn red; [conducteur] to go through a red light. ◇ nmf POLIT & péj Red. ◇ adj **-1.** [gén] red. **-2.** [fer, tison] red-hot. **-3.** POLIT & péj Red.

rouge-gorge [ruʒgɔrʒ] nm robin.

rougeole [ruʒɔl] nf measles (sg).

rougeoyer [ruʒwaje] vi to turn red.

rougeur [ruʒœr] nf **-1.** [de visage, de chaleur, d'effort] flush; [- de gêne] blush. **-2.** [sur peau] red spot OU blotch.

rougir [ruʒir] ◇ vt **-1.** [colorer] to turn red. **-2.** [chauffer] to make red-hot. ◇ vi **-1.** [devenir rouge] to turn red. **-2.** [d'émotion]: ~ (de) [de plaisir, colère] to flush (with); [de gêne] to blush (with). **-3.** fig [avoir honte]: ~ de qqch to be ashamed of sthg.

rougissant, -e [ruʒisɑ̃, ɑ̃t] adj [ciel] reddening; [jeune fille] blushing.

rouille [ruj] ◇ nf **-1.** [oxyde] rust. **-2.** CULIN spicy garlic sauce for fish soup. ◇ adj inv rust.

rouiller [ruje] ◇ vt to rust, to make rusty. ◇ vi to rust.

roulade [rulad] nf [galipette] roll.

rouleau, -x [rulo] nm **-1.** [gén & TECHNOL] roller; ~ compresseur steamroller. **-2.** [de papier] roll. **-3.** [à pâtisserie] rolling pin.

roulement [rulmɑ̃] nm **-1.** [gén] rolling. **-2.** [de personnel] rotation; travailler par ~ to work to a rota. **-3.** [de tambour, tonnerre] roll. **-4.** TECHNOL rolling bearing. **-5.** FIN circulation.

rouler [rule] ◇ vt **-1.** [déplacer] to wheel. **-2.** [enrouler - tapis] to roll up; [- cigarette] to roll. **-3.** fam [balancer] to sway. **-4.** LING to roll. **-5.** fam fig [duper] to swindle, to do. ◇ vi **-1.** [ballon, bateau] to roll. **-2.** [véhicule] to go, to run; [suj: personne] to drive. ◆ **se rouler** vp to roll about; se ~ par terre to roll on the ground; se ~ en boule to roll o.s. into a ball.

roulette [rulɛt] nf **-1.** [petite roue] castor. **-2.** [de dentiste] drill. **-3.** JEU roulette.

roulis [ruli] nm roll.

roulotte [rulɔt] *nf* [de gitan] caravan; [de tourisme] caravan *Br*, trailer *Am*.

roumain, -e [rumɛ̃, ɛn] *adj* Romanian. ◆ **roumain** *nm* [langue] Romanian. ◆ **Roumain, -e** *nm, f* Romanian.

Roumanie [rumani] *nf*: **la ~** Romania.

rouquin, -e [rukɛ̃, in] *fam* ◇ *adj* red-headed. ◇ *nm, f* redhead.

rouspéter [ruspete] *vi fam* to grumble, to moan.

rousse → **roux**.

rousseur [rusœr] *nf* redness. ◆ **taches de rousseur** *nfpl* freckles.

roussir [rusir] ◇ *vt* **-1.** [rendre roux] to turn brown; CULIN to brown. **-2.** [brûler légèrement] to singe. ◇ *vi* to turn brown; CULIN to brown.

route [rut] *nf* **-1.** [gén] road; **en ~** on the way; **en ~!** let's go!; **mettre en ~** [démarrer] to start up; *fig* to get under way. **-2.** [itinéraire] route.

routier, -ière [rutje, jɛr] *adj* road (*avant n*). ◆ **routier** *nm* **-1.** [chauffeur] long-distance lorry driver *Br* OU trucker *Am*. **-2.** [restaurant] ≃ transport café *Br*, ≃ truck stop *Am*.

routine [rutin] *nf* routine.

routinier, -ière [rutinje, jɛr] *adj* routine.

rouvert, -e [ruvɛr, ɛrt] *pp* → **rouvrir**.

rouvrir [ruvrir] *vt* to reopen, to open again. ◆ **se rouvrir** *vp* to reopen, to open again.

roux, rousse [ru, rus] ◇ *adj* **-1.** [cheveux] red. **-2.** [sucre] brown. ◇ *nm, f* [personne] redhead. ◆ **roux** *nm* [couleur] red, russet.

royal, -e, -aux [rwajal, o] *adj* **-1.** [de roi] royal. **-2.** [magnifique] princely.

royaliste [rwajalist] *nmf & adj* royalist.

royaume [rwajom] *nm* kingdom.

Royaume-Uni [rwajomyni] *nm*: **le ~** the United Kingdom.

royauté [rwajote] *nf* **-1.** [fonction] king-ship. **-2.** [régime] monarchy.

RPR (*abr de* **Rassemblement pour la République**) *nm French political party to the right of the political spectrum.*

rte *abr de* **route**.

ruade [ryad] *nf* kick.

ruban [rybã] *nm* ribbon; **~ adhésif** ad-hesive tape.

rubéole [rybeɔl] *nf* German measles (*sg*), rubella.

rubis [rybi] *nm* [pierre précieuse] ruby.

rubrique [rybrik] *nf* **-1.** [chronique] col-umn. **-2.** [dans classement] heading.

ruche [ryʃ] *nf* [abri] hive, beehive; *fig* hive of activity.

rude [ryd] *adj* **-1.** [surface] rough. **-2.** [voix] harsh. **-3.** [personne, manières] rough, uncouth. **-4.** [hiver, épreuve] harsh, severe; [tâche, adversaire] tough.

rudement [rydmã] *adv* **-1.** [brutalement - tomber] hard; [- répondre] harshly. **-2.** *fam* [très] damn.

rudesse [rydɛs] *nf* harshness, severity.

rudimentaire [rydimɑ̃tɛr] *adj* rudimen-tary.

rudoyer [rydwaje] *vt* to treat harshly.

rue [ry] *nf* street.

ruée [rɥe] *nf* rush.

ruelle [rɥɛl] *nf* [rue] alley, lane.

ruer [rɥe] *vi* to kick. ◆ **se ruer** *vp*: **se ~ sur** to pounce on.

rugby [rygbi] *nm* rugby.

rugir [ryʒir] *vi* to roar; [vent] to howl.

rugissement [ryʒismɑ̃] *nm* roar, roaring (*U*); [de vent] howling.

rugosité [rygozite] *nf* **-1.** [de surface] roughness. **-2.** [aspérité] rough patch.

rugueux, -euse [rygø, øz] *adj* rough.

ruine [rɥin] *nf* **-1.** [gén] ruin. **-2.** [effon-drement] ruin, downfall. **-3.** [humaine] wreck.

ruiner [rɥine] *vt* to ruin. ◆ **se ruiner** *vp* to ruin o.s., to bankrupt o.s.

ruineux, -euse [rɥinø, øz] *adj* ruinous.

ruisseau, -x [rɥiso] *nm* **-1.** [cours d'eau] stream. **-2.** *fig & péj* [caniveau] gutter.

ruisseler [rɥisle] *vi*: **~ (de)** to stream (with).

rumeur [rymœr] *nf* **-1.** [bruit] murmur. **-2.** [nouvelle] rumour.

ruminant [rymnɑ̃] *nm* ruminant.

ruminer [rymine] *vt* to ruminate; *fig* to mull over.

rupture [ryptyr] *nf* **-1.** [cassure] break-ing. **-2.** *fig* [changement] abrupt change. **-3.** [de négociations, fiançailles] breaking off; [de contrat] breach. **-4.** [amoureuse] breakup, split.

rural, -e, -aux [ryral, o] *adj* country (*avant n*), rural.

ruse [ryz] *nf* **-1.** [habileté] cunning, craftiness. **-2.** [subterfuge] ruse.

rusé, -e [ryze] *adj* cunning, crafty.

russe [rys] ◇ *adj* Russian. ◇ *nm* [langue] Russian. ◆ **Russe** *nmf* Russian.

Russie [rysi] *nf*: **la ~** Russia.

rustine [rystin] *nf* small rubber patch for repairing bicycle tyres.

rustique [rystik] *adj* rustic.

rustre [rystr] *péj* ◇ *nmf* lout. ◇ *adj* loutish.

rutilant, **-e** [rytilɑ̃, ɑ̃t] *adj* [brillant] gleaming.

rythme [ritm] *nm* **-1.** MUS rhythm; **en ~** in rhythm. **-2.** [de travail, production] pace, rate.

rythmique [ritmik] *adj* rhythmical.

S

s, **S** [ɛs] *nm inv* **-1.** [lettre] s, S. **-2.** [forme] zigzag. ◆ **S** (*abr de* **Sud**) S.

s' → **se**.

s/ *abr de* **sur**.

sa → **son**.

SA (*abr de* **société anonyme**) *nf* ≃ Ltd *Br*, ≃ Inc. *Am*.

sabbatique [sabatik] *adj* **-1.** RELIG Sabbath (*avant n*). **-2.** [congé] sabbatical.

sable [sabl] *nm* sand; **~s mouvants** quicksand (*sg*), quicksands.

sablé, **-e** [sable] *adj* [route] sandy. ◆ **sablé** *nm* ≃ shortbread (*U*).

sabler [sable] *vt* **-1.** [route] to sand. **-2.** [boire]: **~ le champagne** to crack a bottle of champagne.

sablier [sablije] *nm* hourglass.

sablonneux, **-euse** [sablɔnø, øz] *adj* sandy.

saborder [sabɔrde] *vt* [navire] to scuttle; *fig* [entreprise] to wind up; *fig* [projet] to scupper.

sabot [sabo] *nm* **-1.** [chaussure] clog. **-2.** [de cheval] hoof. **-3.** AUTOM: **~ de Denver** wheel clamp, Denver boot.

sabotage [sabɔtaʒ] *nm* **-1.** [volontaire] sabotage. **-2.** [bâclage] bungling.

saboter [sabɔte] *vt* **-1.** [volontairement] to sabotage. **-2.** [bâcler] to bungle.

saboteur, **-euse** [sabɔtœr, øz] *nm, f* MIL & POLIT saboteur.

sabre [sabr] *nm* sabre.

sac [sak] *nm* **-1.** [gén] bag; [pour grains] sack; [contenu] bag, bagful, sack, sackful; **~ de couchage** sleeping bag; **~ à dos** rucksack; **~ à main** handbag. **-2.** *fam* [10 francs] 10 francs. **-3.** *littéraire* [pillage] sack.

saccade [sakad] *nf* jerk.

saccadé, **-e** [sakade] *adj* jerky.

saccage [sakaʒ] *nm* havoc.

saccager [sakaʒe] *vt* **-1.** [piller] to sack. **-2.** [dévaster] to destroy.

sacerdoce [sasɛrdɔs] *nm* priesthood; *fig* vocation.

sachant *ppr* → **savoir**.

sache, **saches** *etc* → **savoir**.

sachet [saʃɛ] *nm* [de bonbons] bag; [de shampooing] sachet; **~ de thé** teabag.

sacoche [sakɔʃ] *nf* **-1.** [de médecin, d'écolier] bag. **-2.** [de cycliste] pannier.

sac-poubelle [sakpubɛl] (*pl* **sacs-poubelle**) *nm* [petit] dustbin liner; [grand] rubbish bag *Br*, garbage bag *Am*.

sacre [sakr] *nm* [de roi] coronation; [d'évêque] consecration.

sacré, **-e** [sakre] *adj* **-1.** [gén] sacred. **-2.** RELIG [ordres, écritures] holy. **-3.** (*avant n*) *fam* [maudit] bloody (*avant n*) *Br*, goddam (*avant n*) *Am*.

sacrement [sakrǝmɑ̃] *nm* sacrament.

sacrément [sakremɑ̃] *adv fam vieilli* dashed.

sacrer [sakre] *vt* **-1.** [roi] to crown; [évêque] to consecrate. **-2.** *fig* [déclarer] to hail.

sacrifice [sakrifis] *nm* sacrifice.

sacrifié, **-e** [sakrifje] *adj* **-1.** [personne] sacrificed. **-2.** [prix] giveaway (*avant n*).

sacrifier [sakrifje] *vt* [gén] to sacrifice; **~ qqn/qqch à** to sacrifice sb/sthg to. ◆ **se sacrifier** *vp*: **se ~ à/pour** to sacrifice o.s. to/for.

sacrilège [sakrilɛʒ] ◇ *nm* sacrilege. ◇ *adj* sacrilegious.

sacristain [sakristɛ̃] *nm* sacristan.

sacristie [sakristi] *nf* sacristy.

sadique [sadik] ◇ *nmf* sadist. ◇ *adj* sadistic.

sadisme [sadism] *nm* sadism.

safari [safari] *nm* safari.

safran [safrɑ̃] *nm* [épice] saffron.

saga [saga] *nf* saga.

sage [saʒ] ◇ *adj* **-1.** [personne, conseil] wise, sensible. **-2.** [enfant, chien] good. **-3.** [goûts] modest; [propos, vêtement] sober. ◇ *nm* wise man, sage.

sage-femme [saʒfam] *nf* midwife.

sagement [saʒmɑ̃] *adv* **-1.** [avec bon sens] wisely, sensibly. **-2.** [docilement] like a good girl/boy.

sagesse [saʒɛs] *nf* **-1.** [bon sens] wisdom, good sense. **-2.** [docilité] good behaviour.

Sagittaire [saʒitɛr] *nm* ASTROL Sagittarius.

Sahara [saara] *nm*: **le ~** the Sahara.

saignant, -e [sɛɲã, ãt] *adj* **-1.** [blessure] bleeding. **-2.** [viande] rare, underdone.

saignement [sɛɲmã] *nm* bleeding.

saigner [seɲe] ◇ *vt* **-1.** [malade, animal] to bleed. **-2.** [financièrement]: ~ **qqn (à blanc)** to bleed sb (white). ◇ *vi* to bleed; **je saigne du nez** my nose is bleeding, I've got a nosebleed.

saillant, -e [sajã, ãt] *adj* [proéminent] projecting, protruding; [muscles] bulging; [pommettes] prominent.

saillie [saji] *nf* [avancée] projection; **en ~** projecting.

saillir [sajir] *vi* [balcon] to project, to protrude; [muscles] to bulge.

sain, -e [sɛ̃, sɛn] *adj* **-1.** [gén] healthy; ~ **et sauf** safe and sound. **-2.** [lecture] wholesome. **-3.** [fruit] fit to eat; [mur, gestion] sound.

saint, -e [sɛ̃, sɛ̃t] ◇ *adj* **-1.** [sacré] holy. **-2.** [pieux] saintly. **-3.** [extrême]: **avoir une ~e horreur de qqch** to detest sthg. ◇ *nm, f* saint.

saint-bernard [sɛ̃bɛrnar] *nm inv* **-1.** [chien] St Bernard. **-2.** *fig* [personne] good Samaritan.

saintement [sɛ̃tmã] *adv*: **vivre ~** to lead a saintly life.

sainte-nitouche [sɛ̃tnituʃ] *nf péj*: **c'est une ~** butter wouldn't melt in her mouth.

sainteté [sɛ̃tte] *nf* holiness.

saint-glinglin [sɛ̃glɛ̃glɛ̃] *loc adv* ◆ **à la saint-glinglin** *fam* till Doomsday.

Saint-Père [sɛ̃pɛr] *nm* Holy Father.

sais, sait *etc* → **savoir**.

saisie [sezi] *nf* **-1.** FISC & JUR distraint, seizure. **-2.** INFORM input; ~ **de données** data capture.

saisir [sezir] *vt* **-1.** [empoigner] to take hold of; [avec force] to seize. **-2.** FIN & JUR to seize, to distrain. **-3.** INFORM to capture. **-4.** [comprendre] to grasp. **-5.** [suj: sensation, émotion] to grip, to seize. **-6.** [surprendre]: **être saisi par** to be struck by. **-7.** CULIN to seal. ◆ **se saisir** *vp*: **se ~ de qqn/qqch** to seize sb/sthg, to grab sb/sthg.

saisissant, -e [sezisã, ãt] *adj* **-1.** [spectacle] gripping; [ressemblance] striking. **-2.** [froid] biting.

saison [sɛzɔ̃] *nf* season; **en/hors ~** in/out of season; **la haute/basse/morte ~** the high/low/off season.

saisonnier, -ière [sɛzɔnje, jɛr] ◇ *adj* seasonal. ◇ *nm, f* seasonal worker.

salace [salas] *adj* salacious.

salade [salad] *nf* **-1.** [plante] lettuce. **-2.** [plat] (green) salad.

saladier [saladje] *nm* salad bowl.

salaire [salɛr] *nm* **-1.** [rémunération] salary, wage; ~ **brut/net/de base** gross/net/basic salary, gross/net/basic wage. **-2.** *fig* [récompense] reward.

salant [salã] → **marais**.

salarial, -e, -iaux [salarjal, jo] *adj* wage (*avant n*).

salarié, -e [salarje] ◇ *adj* **-1.** [personne] wage-earning. **-2.** [travail] paid. ◇ *nm, f* salaried employee.

salaud [salo] *vulg* ◇ *nm* bastard. ◇ *adj m* shitty.

sale [sal] *adj* **-1.** [linge, mains] dirty; [couleur] dirty, dingy. **-2.** (*avant n*) [type, gueule, coup] nasty; [tour, histoire] dirty; [bête, temps] filthy.

salé, -e [sale] *adj* **-1.** [eau, saveur] salty; [beurre] salted; [viande, poisson] salt (*avant n*), salted. **-2.** *fig* [histoire] spicy. **-3.** *fam fig* [addition, facture] steep.

saler [sale] *vt* **-1.** [gén] to salt. **-2.** *fam fig* [note] to bump up.

saleté [salte] *nf* **-1.** [malpropreté] dirtiness, filthiness. **-2.** [crasse] dirt (*U*), filth (*U*); **faire des ~s** to make a mess. **-3.** *fam* [maladie] bug. **-4.** [obscénité] dirty thing, obscenity; **il m'a dit des ~s** he used obscenities to me. **-5.** [action] disgusting thing; **faire une ~ à qqn** to play a dirty trick on sb. **-6.** *fam péj* [personne] nasty piece of work.

salière [saljɛr] *nf* saltcellar.

salir [salir] *vt* **-1.** [linge, mains] to (make) dirty, to soil. **-2.** *fig* [réputation, personne] to sully.

salissant, -e [salisã, ãt] *adj* **-1.** [tissu] easily soiled. **-2.** [travail] dirty, messy.

salive [saliv] *nf* saliva.

saliver [salive] *vi* to salivate.

salle [sal] *nf* **-1.** [pièce] room; ~ **d'attente** waiting room; ~ **de bains** bathroom; ~ **de cinéma** cinema; ~ **de classe** classroom; ~ **d'embarquement** departure lounge; ~ **à manger** dining room; ~ **d'opération** operating theatre; ~ **de séjour** living room; ~ **de spectacle** theatre; ~ **des ventes** saleroom. **-2.** [de spectacle] auditorium. **-3.** [public] audience, house; **faire ~ comble** to have a full house.

salon [salɔ̃] *nm* **-1.** [de maison] lounge *Br*, living room. **-2.** [commerce]: ~ **de coiffure** hairdressing salon, hairdresser's; ~ **de thé** tearoom. **-3.** [foire-exposition] show.

salope [salɔp] *nf vulg* bitch.
saloperie [salɔpri] *nf fam* **-1.** [pacotille] rubbish (*U*). **-2.** [maladie] bug. **-3.** [saleté] junk (*U*), rubbish (*U*); **faire des ~s** to make a mess. **-4.** [action] dirty trick; **faire des ~s à qqn** to play dirty tricks on sb. **-5.** [propos] dirty comment.
salopette [salɔpɛt] *nf* [d'ouvrier] overalls (*pl*); [à bretelles] dungarees (*pl*).
saltimbanque [saltɛ̃bãk] *nmf* acrobat.
salubrité [salybrite] *nf* healthiness.
saluer [salɥe] *vt* **-1.** [accueillir] to greet. **-2.** [dire au revoir à] to take one's leave of. **-3.** MIL & *fig* to salute. ◆ **se saluer** *vp* to say hello/goodbye (to one another).
salut [saly] ◇ *nm* **-1.** [de la main] wave; [de la tête] nod; [propos] greeting. **-2.** MIL salute. **-3.** [sauvegarde] safety. **-4.** RELIG salvation. ◇ *interj fam* [bonjour] hi!; [au revoir] bye!, see you!
salutaire [salytɛr] *adj* **-1.** [conseil, expérience] salutary. **-2.** [remède, repos] beneficial.
salutation [salytasjɔ̃] *nf littéraire* salutation, greeting. ◆ **salutations** *nfpl*: **veuillez agréer, Monsieur, mes ~s distinguées** OU **mes sincères ~s** *sout* yours faithfully, yours sincerely.
salve [salv] *nf* salvo.
samedi [samdi] *nm* Saturday; **nous sommes partis ~** we left on Saturday; **~ 13 septembre** Saturday 13th September; **~ dernier/prochain** last/next Saturday; **le ~** on Saturdays.
SAMU, Samu [samy] (*abr de* **Service d'aide médicale d'urgence**) *nm French ambulance and emergency service,* = Ambulance Brigade *Br,* = Paramedics *Am.*
sanatorium [sanatɔrjɔm] *nm* sanatorium.
sanctifier [sãktifje] *vt* **-1.** [rendre saint] to sanctify. **-2.** [révérer] to hallow.
sanction [sãksjɔ̃] *nf* sanction; *fig* [conséquence] penalty, price; **prendre des ~s contre** to impose sanctions on.
sanctionner [sãksjɔne] *vt* to sanction.
sanctuaire [sãktɥɛr] *nm* **-1.** [d'église] sanctuary. **-2.** [lieu saint] shrine.
sandale [sãdal] *nf* sandal.
sandalette [sãdalɛt] *nf* sandal.
sandwich [sãdwitʃ] (*pl* **sandwiches** OU **sandwichs**) *nm* sandwich.
sang [sã] *nm* blood.
sang-froid [sãfrwa] *nm inv* calm; **de ~** in cold blood; **perdre/garder son ~** to lose/to keep one's head.
sanglant, -e [sãglã, ãt] *adj* bloody; *fig* cruel.

sangle [sãgl] *nf* strap; [de selle] girth.
sangler [sãgle] *vt* [attacher] to strap; [cheval] to girth.
sanglier [sãglije] *nm* boar.
sanglot [sãglo] *nm* sob; **éclater en ~s** to burst into sobs.
sangloter [sãglɔte] *vi* to sob.
sangsue [sãsy] *nf* leech; *fig* [personne] bloodsucker.
sanguin, -e [sãgɛ̃, in] *adj* **-1.** ANAT blood (*avant n*). **-2.** [rouge - visage] ruddy; [- orange] blood (*avant n*). **-3.** [emporté] quick-tempered.
sanguinaire [sãginɛr] *adj* **-1.** [tyran] bloodthirsty. **-2.** [lutte] bloody.
Sanisette® [sanizɛt] *nf automatic public toilet.*
sanitaire [sanitɛr] *adj* **-1.** [service, mesure] health (*avant n*). **-2.** [installation, appareil] bathroom (*avant n*). ◆ **sanitaires** *nmpl* toilets and showers.
sans [sã] ◇ *prép* without; **~ argent** without any money; **~ faire un effort** without making an effort. ◇ *adv*: **passe-moi mon manteau, je ne veux pas sortir ~** pass me my coat, I don't want to go out without it. ◆ **sans que** *loc conj*: **~ que vous le sachiez** without your knowing.
sans-abri [sãzabri] *nmf inv* homeless person.
sans-emploi [sãzãplwa] *nmf inv* unemployed person.
sans-gêne [sãʒɛn] ◇ *nm inv* [qualité] rudeness, lack of consideration. ◇ *nmf inv* [personne] rude OU inconsiderate person. ◇ *adj inv* rude, inconsiderate.
sans-papiers [sãpapje] *nmf inv* illegal immigrant.
santé [sãte] *nf* health; **à ta/votre ~!** cheers!, good health!
santon [sãtɔ̃] *nm figure placed in Christmas crib.*
saoul = **soûl.**
saouler = **soûler.**
sapeur-pompier [sapœrpɔ̃pje] *nm* fireman, fire fighter.
saphir [safir] *nm* sapphire.
sapin [sapɛ̃] *nm* **-1.** [arbre] fir, firtree; **~ de Noël** Christmas tree. **-2.** [bois] fir, deal *Br.*
sarabande [sarabãd] *nf* [danse] saraband.
sarcasme [sarkasm] *nm* sarcasm.
sarcastique [sarkastik] *adj* sarcastic.
sarcler [sarkle] *vt* to weed.
sarcophage [sarkɔfaʒ] *nm* sarcophagus.
Sardaigne [sardɛɲ] *nf*: **la ~** Sardinia.
sardine [sardin] *nf* sardine.

SARL, Sarl (*abr de* **société à responsabilité limitée**) *nf* limited liability company; **Leduc, ~ ≃ Leduc Ltd.**

sarment [sarmã] *nm* [de vigne] shoot.

sas [sas] *nm* **-1.** AÉRON & NAVIG airlock. **-2.** [d'écluse] lock. **-3.** [tamis] sieve.

satanique [satanik] *adj* satanic.

satelliser [satelize] *vt* **-1.** [fusée] to put into orbit. **-2.** [pays] to make a satellite.

satellite [satelit] *nm* satellite.

satiété [sasjete] *nf:* **à ~** [boire, manger] one's fill; [répéter] ad nauseam.

satin [satɛ̃] *nm* satin.

satiné, -e [satine] *adj* satin (*avant n*); [peau] satiny-smooth. ◆ **satiné** *nm* satin-like quality.

satire [satir] *nf* satire.

satirique [satirik] *adj* satirical.

satisfaction [satisfaksjɔ̃] *nf* satisfaction.

satisfaire [satisfɛr] *vt* to satisfy. ◆ **se satisfaire** *vp:* **se ~ de** to be satisfied with.

satisfaisant, -e [satisfəzɑ̃, ɑ̃t] *adj* **-1.** [travail] satisfactory. **-2.** [expérience] satisfying.

satisfait, -e [satisfɛ, ɛt] ◇ *pp →* **satisfaire.** ◇ *adj* satisfied; **être ~ de** to be satisfied with.

saturation [satyrasjɔ̃] *nf* saturation.

saturé, -e [satyre] *adj:* **~ (de)** saturated (with).

saturne [satyrn] *nm vieilli* lead. ◆ **Saturne** *n* ASTRON Saturn.

satyre [satir] *nm* satyr; *fig* sex maniac.

sauce [sos] *nf* CULIN sauce.

saucière [sosjɛr] *nf* sauceboat.

saucisse [sosis] *nf* CULIN sausage.

saucisson [sosisɔ̃] *nm* slicing sausage.

sauf[1], **sauve** [sof, sov] *adj* [personne] safe, unharmed; *fig* [honneur] saved, intact.

sauf[2] [sof] *prép* **-1.** [à l'exclusion de] except, apart from. **-2.** [sous réserve de] barring; **~ que** except (that).

sauf-conduit [sofkɔ̃dɥi] (*pl* **sauf-conduits**) *nm* safe-conduct.

sauge [soʒ] *nf* CULIN sage.

saugrenu, -e [sogrəny] *adj* ridiculous, nonsensical.

saule [sol] *nm* willow; **~ pleureur** weeping willow.

saumon [somɔ̃] *nm* salmon.

saumoné, -e [somɔne] *adj* salmon (*avant n*).

saumure [somyr] *nf* brine.

sauna [sona] *nm* sauna.

saupoudrer [sopudre] *vt:* **~ qqch de** to sprinkle sthg with.

saurai, sauras *etc →* **savoir.**

saut [so] *nm* [bond] leap, jump; **~ en hauteur** SPORT high jump; **~ en longueur** SPORT long jump, broad jump *Am;* **~ de page** INFORM page break; **faire un ~ chez qqn** *fig* to pop in and see sb.

sauté, -e [sote] *adj* sautéed.

saute-mouton [sotmutɔ̃] *nm inv:* **jouer à ~** to play leapfrog.

sauter [sote] ◇ *vi* **-1.** [bondir] to jump, to leap; **~ à la corde** to skip; **~ d'un sujet à l'autre** *fig* to jump from one subject to another; **~ de joie** *fig* to jump for joy; **~ au cou de qqn** *fig* to throw one's arms around sb. **-2.** [exploser] to blow up; [fusible] to blow. **-3.** [partir - bouchon] to fly out; [- serrure] to burst off; [- bouton] to fly off; [- chaîne de vélo] to come off. **-4.** *fam* [employé] to get the sack. ◇ *vt* **-1.** [fossé, obstacle] to jump OU leap over. **-2.** *fig* [page, repas] to skip.

sauterelle [sotrɛl] *nf* ZOOL grasshopper.

sauteur, -euse [sotœr, øz] ◇ *adj* [insecte] jumping (*avant n*). ◇ *nm, f* [athlète] jumper.

sautiller [sotije] *vi* to hop.

sautoir [sotwar] *nm* [bijou] chain.

sauvage [sovaʒ] ◇ *adj* **-1.** [plante, animal] wild. **-2.** [farouche - animal familier] shy, timid; [- personne] unsociable. **-3.** [conduite, haine] savage. ◇ *nmf* **-1.** [solitaire] recluse. **-2.** *péj* [brute, indigène] savage.

sauvagerie [sovaʒri] *nf* **-1.** [férocité] brutality, savagery. **-2.** [insociabilité] unsociableness.

sauve → sauf.

sauvegarde [sovgard] *nf* **-1.** [protection] safeguard. **-2.** INFORM saving; [copie] backup.

sauvegarder [sovgarde] *vt* **-1.** [protéger] to safeguard. **-2.** INFORM to save; [copier] to back up.

sauve-qui-peut [sovkipø] ◇ *nm inv* [débandade] stampede. ◇ *interj* every man for himself!

sauver [sove] *vt* **-1.** [gén] to save; **~ qqn/qqch de** to save sb/sthg from, to rescue sb/sthg from. **-2.** [navire, biens] to salvage. ◆ **se sauver** *vp:* **se ~ (de)** to run away (from); [prisonnier] to escape (from).

sauvetage [sovtaʒ] *nm* **-1.** [de personne] rescue. **-2.** [de navire, biens] salvage.

sauveteur [sovtœr] *nm* rescuer.

sauvette [sovɛt] ◆ **à la sauvette** *loc adv* hurriedly, at great speed.

savamment [savamɑ̃] *adv* **-1.** [avec érudition] learnedly. **-2.** [avec habileté] skilfully, cleverly.

savane [savan] *nf* savanna.

savant, -e [savɑ̃, ɑ̃t] *adj* **-1.** [érudit] scholarly. **-2.** [habile] skilful, clever. **-3.** [animal] performing (*avant n*). ◆ **savant** *nm* scientist.

saveur [savœr] *nf* flavour; *fig* savour.

savoir [savwar] ◇ *vt* **-1.** [gén] to know; **faire ~ qqch à qqn** to tell sb sthg, to inform sb of sthg; **si j'avais su ...** had I but known ..., if I had only known ...; **sans le ~** unconsciously, without being aware of it; **tu (ne) peux pas ~** *fam* you have no idea; **pas que je sache** not as far as I know. **-2.** [être capable de] to know how to; **sais-tu conduire?** can you drive? ◇ *nm* learning. ◆ **à savoir** *loc conj* namely, that is.

savoir-faire [savwarfɛr] *nm inv* know-how, expertise.

savoir-vivre [savwarvivr] *nm inv* good manners (*pl*).

savon [savɔ̃] *nm* **-1.** [matière] soap; [pain] cake OU bar of soap. **-2.** *fam* [réprimande] telling-off.

savonner [savɔne] *vt* [linge] to soap. ◆ **se savonner** *vp* to soap o.s.

savonnette [savɔnɛt] *nf* guest soap.

savourer [savure] *vt* to savour.

savoureux, -euse [savurø, øz] *adj* **-1.** [mets] tasty. **-2.** *fig* [anecdote] juicy.

saxophone [saksɔfɔn] *nm* saxophone.

s/c (*abr de* **sous couvert de**) c/o.

scabreux, -euse [skabrø, øz] *adj* **-1.** [propos] shocking, indecent. **-2.** [entreprise] risky.

scalpel [skalpɛl] *nm* scalpel.

scalper [skalpe] *vt* to scalp.

scandale [skɑ̃dal] *nm* **-1.** [fait choquant] scandal. **-2.** [indignation] disgust, indignation. **-3.** [tapage] scene; **faire du** OU **un ~** to make a scene.

scandaleux, -euse [skɑ̃dalø, øz] *adj* scandalous, outrageous.

scandaliser [skɑ̃dalize] *vt* to shock, to scandalize.

scander [skɑ̃de] *vt* **-1.** [vers] to scan. **-2.** [slogan] to chant.

scandinave [skɑ̃dinav] *adj* Scandinavian. ◆ **Scandinave** *nmf* Scandinavian.

Scandinavie [skɑ̃dinavi] *nf*: **la ~** Scandinavia.

scanner¹ [skane] *vt* to scan.

scanner² [skanɛr] *nm* scanner.

scaphandre [skafɑ̃dr] *nm* **-1.** [de plongeur] diving suit. **-2.** [d'astronaute] spacesuit.

scarabée [skarabe] *nm* beetle, scarab.

scatologique [skatɔlɔʒik] *adj* scatological.

sceau, -x [so] *nm* seal; *fig* stamp, hallmark.

scélérat, -e [selera, at] ◇ *adj* wicked. ◇ *nm, f* villain; *péj* rogue, rascal.

sceller [sele] *vt* **-1.** [gén] to seal. **-2.** CONSTR [fixer] to embed.

scénario [senarjo] *nm* **-1.** CIN, LITTÉRATURE & THÉÂTRE [canevas] scenario. **-2.** CIN & TÉLÉ [découpage, synopsis] screenplay, script. **-3.** *fig* [rituel] pattern.

scénariste [senarist] *nmf* scriptwriter.

scène [sɛn] *nf* **-1.** [gén] scene. **-2.** [estrade] stage; **entrée en ~** THÉÂTRE entrance; *fig* appearance; **mettre en ~** THÉÂTRE to stage; CIN to direct.

scepticisme [sɛptisism] *nm* scepticism.

sceptique [sɛptik] ◇ *nmf* sceptic. ◇ *adj* **-1.** [incrédule] sceptical. **-2.** PHILO sceptic.

sceptre [sɛptr] *nm* sceptre.

schéma [ʃema] *nm* [diagramme] diagram.

schématique [ʃematik] *adj* **-1.** [dessin] diagrammatic. **-2.** [interprétation, exposé] simplified.

schématiser [ʃematize] *vt péj* [généraliser] to oversimplify.

schisme [ʃism] *nm* **-1.** RELIG schism. **-2.** [d'opinion] split.

schizophrène [skizɔfrɛn] *nmf & adj* schizophrenic.

schizophrénie [skizɔfreni] *nf* schizophrenia.

sciatique [sjatik] ◇ *nf* sciatica. ◇ *adj* sciatic.

scie [si] *nf* [outil] saw.

sciemment [sjamɑ̃] *adv* knowingly.

science [sjɑ̃s] *nf* **-1.** [connaissances scientifiques] science; **~s humaines** OU **sociales** UNIV social sciences. **-2.** [érudition] knowledge. **-3.** [art] art.

science-fiction [sjɑ̃sfiksjɔ̃] *nf* science fiction.

sciences-po [sjɑ̃spo] *nfpl* UNIV political science (*sg*). ◆ **Sciences-Po** *n* grande école for political science.

scientifique [sjɑ̃tifik] ◇ *nmf* scientist. ◇ *adj* scientific.

scier [sje] *vt* [branche] to saw.

scierie [siri] *nf* sawmill.

scinder [sɛ̃de] *vt*: **~ (en)** to split (into),

to divide (into). ◆ **se scinder** *vp*: se ~ **(en)** to split (into), to divide (into).

scintiller [sɛ̃tije] *vi* to sparkle.

scission [sisjɔ̃] *nf* split.

sciure [sjyr] *nf* sawdust.

sclérose [skleroz] *nf* sclerosis; *fig* ossification; ~ **en plaques** multiple sclerosis.

sclérosé, -e [skleroze] *adj* sclerotic; *fig* ossified.

scolaire [skɔlɛr] *adj* school (*avant n*); *péj* bookish.

scolarisable [skɔlarizabl] *adj* of school age.

scolarité [skɔlarite] *nf* schooling; **frais de ~** SCOL school fees; UNIV tuition fees.

scooter [skutœr] *nm* scooter; ~ **de mer** jet ski.

scorbut [skɔrbyt] *nm* scurvy.

score [skɔr] *nm* SPORT score.

scorpion [skɔrpjɔ̃] *nm* scorpion. ◆ **Scorpion** *nm* ASTROL Scorpio.

scotch [skɔtʃ] *nm* [alcool] whisky, Scotch.

Scotch® [skɔtʃ] *nm* [adhésif] = Sellotape® *Br*, = Scotch tape® *Am*.

scotcher [skɔtʃe] *vt* to sellotape *Br*, to scotch-tape *Am*.

scout, -e [skut] *adj* scout (*avant n*). ◆ **scout** *nm* scout.

scribe [skrib] *nm* HIST scribe.

script [skript] *nm* CIN & TÉLÉ script.

scripte [skript] *nmf* CIN & TÉLÉ continuity person.

scrupule [skrypyl] *nm* scruple; **avec ~** scrupulously; **sans ~s** [être] unscrupulous; [agir] unscrupulously.

scrupuleux, -euse [skrypylø, øz] *adj* scrupulous.

scrutateur, -trice [skrytatœr, tris] *adj* searching.

scruter [skryte] *vt* to scrutinize.

scrutin [skrytɛ̃] *nm* **-1.** [vote] ballot. **-2.** [système] voting system; ~ **majoritaire** first-past-the-post system; ~ **proportionnel** proportional representation system.

sculpter [skylte] *vt* to sculpt.

sculpteur [skyltœr] *nm* sculptor.

sculpture [skyltyr] *nf* sculpture.

SDF (*abr de* **sans domicile fixe**) *nmf*: **les ~** the homeless.

se [sə], **s'** (*devant voyelle ou h muet*) *pron pers* **-1.** (*réfléchi*) [personne] oneself, himself (*f* herself), (*pl*) themselves; [chose, animal] itself, (*pl*) themselves; **elle ~ regarde dans le miroir** she looks at herself in the mirror. **-2.** (*réciproque*) each

other, one another; **elles ~ sont parlé** they spoke to each other OU to one another; **ils ~ sont rencontrés hier** they met yesterday. **-3.** (*passif*): **ce produit ~ vend bien/partout** this product is selling well/is sold everywhere. **-4.** [remplace l'adjectif possessif]: ~ **laver les mains** to wash one's hands; ~ **couper le doigt** to cut one's finger.

séance [seɑ̃s] *nf* **-1.** [réunion] meeting, sitting, session. **-2.** [période] session; [de pose] sitting. **-3.** CIN & THÉÂTRE performance. **-4.** *loc*: ~ **tenante** right away, forthwith.

seau, -x [so] *nm* **-1.** [récipient] bucket. **-2.** [contenu] bucketful.

sec, sèche [sɛk, sɛʃ] *adj* **-1.** [gén] dry. **-2.** [fruits] dried. **-3.** [personne - maigre] lean; [- austère] austere. **-4.** *fig* [cœur] hard; [voix, ton] sharp. ◆ **sec** ◇ *adv* **-1.** [beaucoup]: **boire ~** to drink heavily. **-2.** [démarrer] sharply. ◇ *nm*: **tenir au ~** to keep in a dry place.

sécable [sekabl] *adj* divisible.

sécateur [sekatœr] *nm* secateurs (*pl*).

sécession [sesɛsjɔ̃] *nf* secession; **faire ~ (de)** to secede (from).

sèche-cheveux [sɛʃʃəvø] *nm inv* hairdryer.

sécher [seʃe] ◇ *vt* **-1.** [linge] to dry. **-2.** *arg scol* [cours] to skip, to skive off *Br*. ◇ *vi* **-1.** [linge] to dry. **-2.** [peau] to dry out; [rivière] to dry up. **-3.** *arg scol* [ne pas savoir répondre] to dry up.

sécheresse [sɛʃrɛs] *nf* **-1.** [de terre, climat, style] dryness. **-2.** [absence de pluie] drought. **-3.** [de réponse] curtness.

séchoir [seʃwar] *nm* **-1.** [tringle] airer, clotheshorse. **-2.** [électrique] dryer; ~ **à cheveux** hairdryer.

second, -e [səgɔ̃, ɔ̃d] ◇ *adj num* second; **dans un état ~** dazed. ◇ *nm, f* second; *voir aussi* **sixième.** ◆ **seconde** *nf* **-1.** [unité de temps & MUS] second. **-2.** SCOL = fifth year OU form *Br*, = tenth grade *Am*. **-3.** TRANSPORT second class.

secondaire [səgɔ̃dɛr] ◇ *nm*: **le ~** GÉOL the Mesozoic; SCOL secondary education; ÉCON the secondary sector. ◇ *adj* **-1.** [gén & SCOL] secondary; **effets ~s** MÉD side effects. **-2.** GÉOL Mesozoic.

seconder [səgɔ̃de] *vt* to assist.

secouer [səkwe] *vt* [gén] to shake. ◆ **se secouer** *vp fam* to snap out of it.

secourable [səkurabl] *adj* helpful; **main ~** helping hand.

secourir [səkurir] *vt* [blessé, miséreux] to help; [personne en danger] to rescue.

secouriste [səkurist] *nmf* first-aid worker.

secours [səkur] *nm* **-1.** [aide] help; **appeler au ~** to call for help; **au ~!** help! **-2.** [dons] aid, relief. **-3.** [renfort] relief, reinforcements (*pl*). **-4.** [soins] aid; **les premiers ~** first aid (*U*). ◆ **de secours** *loc adj* **-1.** [trousse, poste] first-aid (*avant n*). **-2.** [éclairage, issue] emergency (*avant n*). **-3.** [roue] spare.

secouru, -e [səkury] *pp* → **secourir.**

secousse [səkus] *nf* **-1.** [mouvement] jerk, jolt. **-2.** *fig* [bouleversement] upheaval; [psychologique] shock. **-3.** [tremblement de terre] tremor.

secret, -ète [səkrɛ, ɛt] *adj* **-1.** [gén] secret. **-2.** [personne] reticent. ◆ **secret** *nm* **-1.** [gén] secret. **-2.** [discrétion] secrecy; **dans le plus grand ~** in the utmost secrecy.

secrétaire [səkrɛtɛr] ◇ *nmf* [personne] secretary; **~ de direction** executive secretary. ◇ *nm* [meuble] writing desk, secretaire.

secrétariat [səkretarja] *nm* **-1.** [bureau] secretary's office; [d'organisation internationale] secretariat. **-2.** [personnel] secretarial staff. **-3.** [métier] secretarial work.

sécréter [sekrete] *vt* to secrete; *fig* to exude.

sécrétion [sekresjɔ̃] *nf* secretion.

sectaire [sɛktɛr] *nmf & adj* sectarian.

secte [sɛkt] *nf* sect.

secteur [sɛktœr] *nm* **-1.** [zone] area; **se trouver dans le ~** *fam* to be somewhere about. **-2.** ADMIN district. **-3.** ÉCON, GÉOM & MIL sector; **~ privé/public** private/public sector; **~ primaire/secondaire/tertiaire** primary/secondary/tertiary sector. **-4.** ÉLECTR mains; **sur ~** off OU from the mains.

section [sɛksjɔ̃] *nf* **-1.** [gén] section; [de parti] branch. **-2.** MIL platoon.

sectionner [sɛksjɔne] *vt* **-1.** *fig* [diviser] to divide into sections. **-2.** [trancher] to sever.

Sécu [seky] *fam abr de* **Sécurité sociale.**

séculaire [sekylɛr] *adj* [ancien] age-old.

sécurisant, -e [sekyrizɑ̃, ɑ̃t] *adj* [milieu] secure; [attitude] reassuring.

sécurité [sekyrite] *nf* **-1.** [d'esprit] security. **-2.** [absence de danger] safety; **la ~ routière** road safety; **en toute ~** safe and sound. **-3.** [dispositif] safety catch. **-4.** [organisme]: **la Sécurité sociale** ≃ the DSS *Br*, ≃ the Social Security *Am*.

sédatif, -ive [sedatif, iv] *adj* sedative. ◆ **sédatif** *nm* sedative.

sédentaire [sedɑ̃tɛr] *adj* [personne, métier] sedentary; [casanier] stay-at-home.

sédentariser [sedɑ̃tarize] ◆ **se sédentariser** *vp* [tribu] to settle, to become settled.

sédiment [sedimɑ̃] *nm* sediment.

sédition [sedisjɔ̃] *nf* sedition.

séducteur, -trice [sedyktœr, tris] ◇ *adj* seductive. ◇ *nm, f* seducer (*f* seductress).

séduire [sedɥir] *vt* **-1.** [plaire à] to attract, to appeal to. **-2.** [abuser de] to seduce.

séduisant, -e [sedɥizɑ̃, ɑ̃t] *adj* attractive.

séduit, -e [sedɥi, ɥit] *pp* → **séduire.**

segment [sɛgmɑ̃] *nm* GÉOM segment.

segmenter [sɛgmɑ̃te] *vt* to segment.

ségrégation [segregasjɔ̃] *nf* segregation.

seigle [sɛgl] *nm* rye.

seigneur [sɛɲœr] *nm* lord. ◆ **Seigneur** *nm*: **le Seigneur** the Lord.

sein [sɛ̃] *nm* breast; *fig* bosom; **donner le ~ (à un bébé)** to breast-feed (a baby). ◆ **au sein de** *loc prép* within.

Seine [sɛn] *nf*: **la ~** the (River) Seine.

séisme [seism] *nm* earthquake.

seize [sɛz] *adj num & nm* sixteen; *voir aussi* **six.**

seizième [sɛzjɛm] *adj num, nm & nmf* sixteenth; *voir aussi* **sixième.**

séjour [seʒur] *nm* **-1.** [durée] stay; **interdit de ~** ≃ banned; **~ linguistique** stay abroad (*to develop language skills*). **-2.** [pièce] living room.

séjourner [seʒurne] *vi* to stay.

sel [sɛl] *nm* salt; *fig* piquancy.

sélection [selɛksjɔ̃] *nf* selection.

sélectionner [selɛksjɔne] *vt* to select, to pick.

self-service [sɛlfsɛrvis] (*pl* **self-services**) *nm* self-service cafeteria.

selle [sɛl] *nf* [gén] saddle.

seller [sele] *vt* to saddle.

selon [səlɔ̃] *prép* **-1.** [conformément à] in accordance with. **-2.** [d'après] according to. ◆ **selon que** *loc conj* depending on whether.

semaine [səmɛn] *nf* [période] week; **à la ~** [être payé] by the week.

sémantique [semɑ̃tik] *adj* semantic.

semblable [sɑ̃blabl] ◇ *nm* [prochain] fellow man; **il n'a pas son ~** there's nobody like him. ◇ *adj* **-1.** [analogue] similar; **~ à** like, similar to. **-2.** (*avant n*) [tel] such.

semblant [sɑ̃blɑ̃] *nm*: **un ~ de a** semblance of; **faire ~ (de faire qqch)** to pretend (to do sthg).

sembler [sɑ̃ble] ◇ *vi* to seem. ◇ *v impers*: **il (me/te) semble que** it seems (to me/you) that.

semelle [səmɛl] *nf* [de chaussure - dessous] sole; [- à l'intérieur] insole.

semence [səmɑ̃s] *nf* -**1.** [graine] seed. -**2.** [sperme] semen (*U*).

semer [səme] *vt* -**1.** [planter & *fig*] to sow. -**2.** [répandre] to scatter; **~ qqch de** to scatter sthg with, to strew sthg with. -**3.** *fam* [se débarrasser de] to shake off. -**4.** *fam* [perdre] to lose.

semestre [səmɛstr] *nm* half year, six-month period; *Am* SCOL semester.

semestriel, -ielle [səmɛstrijɛl] *adj* -**1.** [qui a lieu tous les six mois] half-yearly, six-monthly. -**2.** [qui dure six mois] six months', six-month.

séminaire [seminɛr] *nm* -**1.** RELIG seminary. -**2.** [UNIV & colloque] seminar.

séminariste [seminarist] *nm* seminarist.

semi-remorque [səmirəmɔrk] (*pl* **semi-remorques**) *nm* articulated lorry *Br*, semitrailer *Am*.

semis [səmi] *nm* -**1.** [méthode] sowing broadcast. -**2.** [plant] seedling.

semoule [səmul] *nf* semolina.

sempiternel, -elle [sɑ̃pitɛrnɛl] *adj* eternal.

sénat [sena] *nm* senate; **le Sénat** *upper house of the French parliament.*

sénateur [senatœr] *nm* senator.

Sénégal [senegal] *nm*: **le ~** Senegal.

sénile [senil] *adj* senile.

sénilité [senilite] *nf* senility.

sens [sɑ̃s] *nm* -**1.** [fonction, instinct, raison] sense; **avoir le ~ de l'humour** to have a sense of humour; **bon ~** good sense. -**2.** [direction] direction; **dans le ~ de la longueur** lengthways; **dans le ~ des aiguilles d'une montre** clockwise; **dans le ~ contraire des aiguilles d'une montre** anticlockwise; **~ dessus dessous** upside down; **~ interdit** OU **unique** one-way street. -**3.** [signification] meaning; **cela n'a pas de ~!** it's nonsensical!; **dans** OU **en un ~** in one sense; **~ propre/figuré** literal/figurative sense.

sensation [sɑ̃sasjɔ̃] *nf* -**1.** [perception] sensation, feeling. -**2.** [impression] feeling.

sensationnel, -elle [sɑ̃sasjɔnɛl] *adj* sensational.

sensé, -e [sɑ̃se] *adj* sensible.

sensibiliser [sɑ̃sibilize] *vt* -**1.** MÉD & PHOT to sensitize. -**2.** *fig* [public]: **~ (à)** to make aware (of).

sensibilité [sɑ̃sibilite] *nf*: **~ (à)** sensitivity (to).

sensible [sɑ̃sibl] *adj* -**1.** [gén]: **~ (à)** sensitive (to). -**2.** [notable] considerable, appreciable.

sensiblement [sɑ̃sibləmɑ̃] *adv* -**1.** [à peu près] more or less. -**2.** [notablement] appreciably, considerably.

sensoriel, -ielle [sɑ̃sɔrjɛl] *adj* sensory.

sensualité [sɑ̃sɥalite] *nf* [lascivité] sensuousness; [charnelle] sensuality.

sensuel, -elle [sɑ̃sɥɛl] *adj* -**1.** [charnel] sensual. -**2.** [lascif] sensuous.

sentence [sɑ̃tɑ̃s] *nf* -**1.** [jugement] sentence. -**2.** [maxime] adage.

sentencieux, -ieuse [sɑ̃tɑ̃sjø, jøz] *adj péj* sententious.

senteur [sɑ̃tœr] *nf littéraire* perfume.

senti, -e [sɑ̃ti] ◇ *pp* → **sentir**. ◇ *adj*: **bien ~** [mots] well-chosen.

sentier [sɑ̃tje] *nm* path.

sentiment [sɑ̃timɑ̃] *nm* feeling; **veuillez agréer, Monsieur, l'expression de mes ~s distingués/cordiaux/les meilleurs** yours faithfully/sincerely/truly.

sentimental, -e, -aux [sɑ̃timɑ̃tal, o] ◇ *adj* -**1.** [amoureux] love (*avant n*). -**2.** [sensible, romanesque] sentimental. ◇ *nm, f* sentimentalist.

sentinelle [sɑ̃tinɛl] *nf* sentry.

sentir [sɑ̃tir] ◇ *vt* -**1.** [percevoir - par l'odorat] to smell; [- par le goût] to taste; [- par le toucher] to feel. -**2.** [exhaler - odeur] to smell of. -**3.** [colère, tendresse] to feel. -**4.** [affectation, plagiat] to smack of. -**5.** [danger] to sense, to be aware of; **~ que** to feel (that). -**6.** [beauté] to feel, to appreciate. ◇ *vi*: **~ bon/mauvais** to smell good/bad. ◆ **se sentir** ◇ *v attr*: **se ~ bien/fatigué** to feel well/tired. ◇ *vp* [être perceptible]: **ça se sent!** you can really tell!

séparation [separasjɔ̃] *nf* separation.

séparatiste [separatist] *nmf* separatist.

séparé, -e [separe] *adj* -**1.** [intérêts] separate. -**2.** [couple] separated.

séparer [separe] *vt* -**1.** [gén]: **~ (de)** to separate (from). -**2.** [suj: divergence] to divide. ◆ **se séparer** *vp* -**1.** [se défaire]: **se ~ de** to part with. -**2.** [conjoints] to separate, to split up; **se ~ de** to separate from, to split up with. -**3.** [participants] to disperse. -**4.** [route]: **se ~ (en)** to split (into), to divide (into).

sept [sɛt] *adj num & nm* seven; *voir aussi* **six**.

septembre [sɛptɑ̃br] *nm* September; **en ~**, **au mois de ~** in September; **début ~**, **au début du mois de ~** at the beginning of September; **fin ~**, **à la fin du mois de ~** at the end of September; **d'ici ~** by September; **(à la) mi~** (in) mid-September; **le premier/deux/dix ~** the first/second/tenth of September.

septennat [sɛptena] *nm* seven-year term (of office).

septicémie [sɛptisemi] *nf* septicaemia, blood poisoning.

septième [sɛtjɛm] *adj num, nm & nmf* seventh; *voir aussi* **sixième**.

sépulcre [sepylkr] *nm* sepulchre.

sépulture [sepyltyr] *nf* **-1.** [lieu] burial place. **-2.** [inhumation] burial.

séquelle [sekɛl] *nf* (*gén pl*) aftermath; MÉD aftereffect.

séquence [sekɑ̃s] *nf* sequence; CARTES run, sequence.

séquestrer [sekɛstre] *vt* **-1.** [personne] to confine. **-2.** [biens] to impound.

serai, seras *etc* → **être**.

serbe [sɛrb] *adj* Serbian. ◆ **Serbe** *nmf* Serb.

Serbie [sɛrbi] *nf*: **la ~** Serbia.

serein, -e [sərɛ̃, ɛn] *adj* **-1.** [calme] serene. **-2.** [impartial] calm, dispassionate.

sérénade [serenad] *nf* MUS serenade.

sérénité [serenite] *nf* serenity.

serf, serve [sɛrf, sɛrv] *nm, f* serf.

sergent [sɛrʒɑ̃] *nm* sergeant.

série [seri] *nf* **-1.** [gén] series (*sg*). **-2.** SPORT rank; [au tennis] seeding. **-3.** COMM & IND: **produire qqch en ~** to mass-produce sthg; **hors ~** custommade; *fig* outstanding, extraordinary.

sérieusement [serjøzmɑ̃] *adv* seriously.

sérieux, -ieuse [serjø, jøz] *adj* **-1.** [grave] serious. **-2.** [digne de confiance] reliable; [client, offre] genuine. **-3.** [consciencieux] responsible; **ce n'est pas ~** it's irresponsible. **-4.** [considérable] considerable. ◆ **sérieux** *nm* **-1.** [application] sense of responsibility. **-2.** [gravité] seriousness; **garder son ~** to keep a straight face; **prendre qqn/qqch au ~** to take sb/sthg seriously.

serin, -e [sərɛ̃, in] *nm, f* [oiseau] canary.

seringue [sərɛ̃g] *nf* syringe.

serment [sɛrmɑ̃] *nm* **-1.** [affirmation solennelle] oath; **sous ~** on OU under oath. **-2.** [promesse] vow, pledge.

sermon [sɛrmɔ̃] *nm* *litt & fig* sermon.

séronégatif, -ive [serɔnegatif, iv] *adj* HIV-negative.

séropositif, -ive [serɔpozitif, iv] *adj* HIV-positive.

séropositivité [serɔpozitivite] *nf* HIV infection.

serpe [sɛrp] *nf* billhook.

serpent [sɛrpɑ̃] *nm* ZOOL snake.

serpenter [sɛrpɑ̃te] *vi* to wind.

serpillière [sɛrpijɛr] *nf* floor cloth.

serre [sɛr] *nf* [bâtiment] greenhouse, glasshouse. ◆ **serres** *nfpl* ZOOL talons, claws.

serré, -e [sere] *adj* **-1.** [écriture] cramped; [tissu] closely-woven; [rangs] serried. **-2.** [vêtement, chaussure] tight. **-3.** [discussion] closely argued; [match] close-fought. **-4.** [poing, dents] clenched; **la gorge ~e** with a lump in one's throat; **j'en avais le cœur ~** *fig* it was heartbreaking. **-5.** [café] strong.

serrer [sere] ◇ *vt* **-1.** [saisir] to grip, to hold tight; **~ la main à qqn** to shake sb's hand; **~ qqn dans ses bras** to hug sb. **-2.** *fig* [rapprocher] to bring together; **~ les rangs** to close ranks. **-3.** [poing, dents] to clench; [lèvres] to purse; *fig* [cœur] to wring. **-4.** [suj: vêtement, chaussure] to be too tight for. **-5.** [vis, ceinture] to tighten. **-6.** [trottoir, bordure] to hug. ◇ *vi* AUTOM: **~ à droite/gauche** to keep right/left. ◆ **se serrer** *vp* **-1.** [se blottir]: **se ~ contre** to huddle up to OU against. **-2.** [se rapprocher] to squeeze up.

serre-tête [sɛrtɛt] *nm inv* headband.

serrure [seryr] *nf* lock.

serrurier [seryrje] *nm* locksmith.

sertir [sɛrtir] *vt* **-1.** [pierre précieuse] to set. **-2.** TECHNOL [assujettir] to crimp.

sérum [serɔm] *nm* serum.

servage [sɛrvaʒ] *nm* serfdom; *fig* bondage.

servante [sɛrvɑ̃t] *nf* [domestique] maidservant.

serveur, -euse [sɛrvœr, øz] *nm, f* [de restaurant] waiter (*f* waitress); [de bar] barman (*f* barmaid). ◆ **serveur** *nm* INFORM server.

servi, -e [sɛrvi] *pp* → **servir**.

serviable [sɛrvjabl] *adj* helpful, obliging.

service [sɛrvis] *nm* **-1.** [gén] service; **être en ~** to be in use, to be set up; **hors ~** out of order. **-2.** [travail] duty; **pendant le ~** while on duty. **-3.** [département] department; **~ d'ordre** police and stewards (*at a demonstration*). **-4.** MIL: **~**

(militaire) military OU national service. **-5.** [aide, assistance] favour; **rendre un ~ à qqn** to do sb a favour; **rendre ~ to be helpful**; **~ après-vente** after-sales service. **-6.** [à table]: **premier/deuxième ~ first/second sitting**. **-7.** [pourboire] service (charge); **~ compris/non compris** service included/not included. **-8.** [assortiment - de porcelaine] service, set; [- de linge] set.

serviette [sɛʀvjɛt] *nf* **-1.** [de table] serviette, napkin. **-2.** [de toilette] towel. **-3.** [porte-documents] briefcase. ◆ **serviette hygiénique** *nf* sanitary towel *Br*, sanitary napkin *Am*.

serviette-éponge [sɛʀvjɛtepɔ̃ʒ] *nf* terry towel.

servile [sɛʀvil] *adj* **-1.** [gén] servile. **-2.** [traduction, imitation] slavish.

servir [sɛʀviʀ] ◇ *vt* **-1.** [gén] to serve; **~ qqch à qqn** to serve sb sthg, to help sb to sthg. **-2.** [avantager] to serve (well), to help. ◇ *vi* **-1.** [avoir un usage] to be useful OU of use; **ça peut toujours/encore ~** it may/may still come in useful. **-2.** [être utile]: **~ à qqch/à faire qqch** to be used for sthg/for doing sthg; **ça ne sert à rien** it's pointless. **-3.** [tenir lieu]: **~ de** [personne] to act as; [chose] to serve as. **-4.** [domestique] to be in service. **-5.** MIL & SPORT to serve. **-6.** CARTES to deal. ◆ **se servir** *vp* **-1.** [prendre]: **se ~ (de)** to help o.s. (to); **servez-vous!** help yourself! **-2.** [utiliser]: **se ~ de qqn/qqch** to use sb/sthg.

serviteur [sɛʀvitœʀ] *nm* servant.

servitude [sɛʀvityd] *nf* **-1.** [esclavage] servitude. **-2.** (*gén pl*) [contrainte] constraint.

ses → **son**.

session [sesjɔ̃] *nf* **-1.** [d'assemblée] session, sitting. **-2.** UNIV exam session. **-3.** INFORM: **ouvrir une ~** to log in OU on; **fermer** OU **clore une ~** to log out OU off.

set [sɛt] *nm* **-1.** TENNIS set. **-2.** [napperon]: **~ (de table)** set of table OU place mats.

seuil [sœj] *nm litt & fig* threshold.

seul, -e [sœl] ◇ *adj* **-1.** [isolé] alone; **à ~** alone (together), privately. **-2.** [unique]: **le ~ ...** the only ...; **un ~ ...** a single ...; **pas un ~** not one, not a single. **-3.** [esseulé] lonely. ◇ *nm, f*: **le ~** the only one; **un ~** a single one, only one. ◆ **seul** *adv* **-1.** [sans compagnie] alone, by o.s.; **parler tout ~** to talk to

o.s. **-2.** [sans aide] on one's own, by o.s.

seulement [sœlmɑ̃] *adv* **-1.** [gén] only; [exclusivement] only, solely. **-2.** [même] even.

sève [sɛv] *nf* BOT sap.

sévère [sevɛʀ] *adj* severe.

sévérité [severite] *nf* severity.

sévices [sevis] *nmpl sout* ill treatment (*U*).

sévir [seviʀ] *vi* **-1.** [épidémie, guerre] to rage. **-2.** [punir] to give out a punishment.

sevrer [səvʀe] *vt* to wean.

sexe [sɛks] *nm* **-1.** [gén] sex. **-2.** [organe] genitals (*pl*).

sexiste [sɛksist] *nmf & adj* sexist.

sexologue [sɛksɔlɔg] *nmf* sexologist.

sex-shop [sɛksʃɔp] (*pl* **sex-shops**) *nm* sex shop.

sextant [sɛkstɑ̃] *nm* sextant.

sexualité [sɛksɥalite] *nf* sexuality.

sexuel, -elle [sɛksɥɛl] *adj* sexual.

sexy [sɛksi] *adj inv fam* sexy.

seyant, -e [sejɑ̃, ɑ̃t] *adj* becoming.

shampooing [ʃɑ̃pwɛ̃] *nm* shampoo.

shérif [ʃeʀif] *nm* sheriff.

shopping [ʃɔpiŋ] *nm* shopping; **faire du ~** to go (out) shopping.

short [ʃɔʀt] *nm* shorts (*pl*), pair of shorts.

show-business [ʃobiznɛs] *nm inv* show business.

si[1] [si] *nm inv* MUS B; [chanté] ti.

si[2] [si] ◇ *adv* **-1.** [tellement] so; **elle est ~ belle** she is so beautiful; **il roulait ~ vite qu'il a eu un accident** he was driving so fast (that) he had an accident; **ce n'est pas ~ facile que ça** it's not as easy as that; **~ vieux qu'il soit** however old he may be, old as he is. **-2.** [oui] yes; **tu n'aimes pas le café? — ~** don't you like coffee? — yes, I do. ◇ *conj* **-1.** [gén] if; **tu veux, on y va** we'll go if you want; **~ tu faisais cela, je te détesterais** I would hate you if you did that; **~ seulement** if only. **-2.** [dans une question indirecte] if, whether; **dites-moi ~ vous venez** tell me if OU whether you're coming. ◆ **si bien que** *loc conj* so that, with the result that.

SI *nm* (*abr de* **syndicat d'initiative**) tourist office.

siamois, -e [sjamwa, az] *adj*: **frères ~, sœurs ~es** MÉD Siamese twins.

Sibérie [siberi] *nf*: **la ~** Siberia.

sibyllin, -e [sibilɛ̃, in] *adj* enigmatic.

SICAV, Sicav [sikav] (*abr de* **société d'investissement à capital variable**) *nf*

-1. [société] unit trust, mutual fund. **-2.** [action] share in a unit trust.

Sicile [sisil] *nf:* **la ~** Sicily.

SIDA, Sida [sida] (*abr de* **syndrome immuno-déficitaire acquis**) *nm* AIDS.

side-car [sidkar] (*pl* **side-cars**) *nm* side-car.

sidéen, -enne [sideē, ɛn] *nm, f* person with AIDS.

sidérer [sidere] *vt fam* to stagger.

sidérurgie [sideryrʒi] *nf* [industrie] iron and steel industry.

siècle [sjɛkl] *nm* **-1.** [cent ans] century. **-2.** [époque, âge] age. **-3.** (*gén pl*) *fam* [longue durée] ages (*pl*).

siège [sjɛʒ] *nm* **-1.** [meuble & POLIT] seat. **-2.** MIL siege. **-3.** [d'organisme] headquarters, head office; **~ social** registered office. **-4.** MÉD: **se présenter par le ~** to be in the breech position.

siéger [sjeʒe] *vi* **-1.** [juge, assemblée] to sit. **-2.** *littéraire* [mal] to have its seat; [maladie] to be located.

sien [sjē] ◆ **le sien** (*f* **la sienne** [lasjɛn], *mpl* **les siens** [lesjē], *fpl* **les siennes** [lesjɛn]) *pron poss* [d'homme] his; [de femme] hers; [de chose, d'animal] its; **les ~s** his/her family; **faire des siennes** to be up to one's usual tricks.

sieste [sjɛst] *nf* siesta.

sifflement [sifləmã] *nm* [son] whistling; [de serpent] hissing.

siffler [sifle] ◇ *vi* to whistle; [serpent] to hiss. ◇ *vt* **-1.** [air de musique] to whistle. **-2.** [femme] to whistle at. **-3.** [chien] to whistle (for). **-4.** [acteur] to boo, to hiss. **-5.** *fam* [verre] to knock back.

sifflet [sifle] *nm* whistle. ◆ **sifflets** *nmpl* hissing (*U*), boos.

siffloter [siflote] *vi & vt* to whistle.

sigle [sigl] *nm* acronym, (set of) initials.

signal, -aux [sinal, o] *nm* **-1.** [geste, son] signal; **~ d'alarme** alarm (signal); **donner le ~ (de)** to give the signal (for). **-2.** [panneau] sign.

signalement [sinalmã] *nm* description.

signaler [sinale] *vt* **-1.** [fait] to point out; **rien à ~** nothing to report. **-2.** [à la police] to denounce.

signalétique [sinaletik] *adj* identifying.

signalisation [sinalizasjõ] *nf* [signaux] signs (*pl*); NAVIG signals (*pl*).

signataire [sinatɛr] *nmf* signatory.

signature [sinatyr] *nf* **-1.** [nom, marque] signature. **-2.** [acte] signing.

signe [sin] *nm* **-1.** [gén] sign; **être ~ de** to be a sign of; **être né sous le ~ de** AS-TROL to be born under the sign of; **~**

avant-coureur advance indication. **-2.** [trait] mark; **~ particulier** distinguishing mark.

signer [sine] *vt* to sign. ◆ **se signer** *vp* to cross o.s.

signet [sine] *nm* bookmark (*attached to spine of book*).

significatif, -ive [sinifikatif, iv] *adj* significant.

signification [sinifikasjõ] *nf* [sens] meaning.

signifier [sinifje] *vt* **-1.** [vouloir dire] to mean. **-2.** [faire connaître] to make known. **-3.** JUR to serve notice of.

silence [silãs] *nm* **-1.** [gén] silence; **garder le ~ (sur)** to remain silent (about). **-2.** MUS rest.

silencieux, -ieuse [silãsjø, jøz] *adj* [lieu, appareil] quiet; [personne - taciturne] quiet; [- muet] silent. ◆ **silencieux** *nm* silencer.

silex [silɛks] *nm* flint.

silhouette [silwɛt] *nf* **-1.** [de personne] silhouette; [de femme] figure; [d'objet] outline. **-2.** ART silhouette.

silicium [silisjɔm] *nm* silicon.

silicone [silikon] *nf* silicone.

sillage [sijaʒ] *nm* wake.

sillon [sijõ] *nm* **-1.** [tranchée, ride] furrow. **-2.** [de disque] groove.

sillonner [sijone] *vt* **-1.** [champ] to furrow. **-2.** [ciel] to crisscross.

silo [silo] *nm* silo.

simagrées [simagre] *nfpl péj:* **faire des ~** to make a fuss.

similaire [similɛr] *adj* similar.

similicuir [similikɥir] *nm* imitation leather.

similitude [similityd] *nf* similarity.

simple [sɛpl] ◇ *adj* **-1.** [gén] simple. **-2.** [ordinaire] ordinary. **-3.** [billet]: **un aller ~** a single ticket. ◇ *nm* TENNIS singles (*sg*).

simplicité [sɛplisite] *nf* simplicity.

simplifier [sɛplifje] *vt* to simplify.

simpliste [sɛplist] *adj péj* simplistic.

simulacre [simylakr] *nm* **-1.** [semblant]: **un ~ de** a pretence of, a sham. **-2.** [action simulée] enactment.

simulateur, -trice [simylatœr, tris] *nm, f* pretender; [de maladie] malingerer. ◆ **simulateur** *nm* TECHNOL simulator.

simulation [simylasjõ] *nf* **-1.** [gén] simulation. **-2.** [comédie] shamming, feigning; [de maladie] malingering.

simuler [simyle] *vt* **-1.** [gén] to simulate. **-2.** [feindre] to feign, to sham.

simultané, -e [simyltane] *adj* simultaneous.

sincère [sɛ̃sɛr] *adj* sincere.

sincèrement [sɛ̃sɛrmɑ̃] *adv* **-1.** [franchement] honestly, sincerely. **-2.** [vraiment] really, truly.

sincérité [sɛ̃serite] *nf* sincerity.

sine qua non [sinekwanɔn] *adj:* **condition ~** prerequisite.

Singapour [sɛ̃gapur] *n* Singapore.

singe [sɛ̃ʒ] *nm* ZOOL monkey; [de grande taille] ape.

singer [sɛ̃ʒe] *vt* **-1.** [personne] to mimic, to ape. **-2.** [sentiment] to feign.

singerie [sɛ̃ʒri] *nf* **-1.** [grimace] face. **-2.** [manières] fuss (U).

singulariser [sɛ̃gylarize] *vt* to draw OU call attention to. ◆ **se singulariser** *vp* to draw OU call attention to o.s.

singularité [sɛ̃gylarite] *nf* **-1.** *littéraire* [bizarrerie] strangeness. **-2.** [particularité] peculiarity.

singulier, -ière [sɛ̃gylje, jɛr] *adj* **-1.** *sout* [bizarre] strange; [spécial] uncommon. **-2.** GRAM singular. **-3.** [d'homme à homme]: **combat ~** single combat. ◆ **singulier** *nm* GRAM singular.

singulièrement [sɛ̃gyljɛrmɑ̃] *adv* **-1.** *littéraire* [bizarrement] strangely. **-2.** [beaucoup, très] particularly.

sinistre [sinistr] ◇ *nm* **-1.** [catastrophe] disaster. **-2.** JUR damage (U). ◇ *adj* **-1.** [personne, regard] sinister; [maison, ambiance] gloomy. **-2.** (*avant n*) *péj* [crétin, imbécile] dreadful, terrible.

sinistré, -e [sinistre] ◇ *adj* [région] disaster (*avant n*), disaster-stricken; [famille] disaster-stricken. ◇ *nm, f* disaster victim.

sinon [sinɔ̃] *conj* **-1.** [autrement] or else, otherwise. **-2.** [sauf] except, apart from. **-3.** [si ce n'est] if not.

sinueux, -euse [sinɥø, øz] *adj* winding; *fig* tortuous.

sinuosité [sinɥozite] *nf* bend, twist.

sinus [sinys] *nm* **-1.** ANAT sinus. **-2.** MATHS sine.

sinusite [sinyzit] *nf* sinusitis (U).

sionisme [sjɔnism] *nm* Zionism.

siphon [sifɔ̃] *nm* **-1.** [tube] siphon. **-2.** [bouteille] soda siphon.

siphonner [sifɔne] *vt* to siphon.

sirène [sirɛn] *nf* siren.

sirop [siro] *nm* syrup; **~ d'érable** maple syrup; **~ de grenadine** (syrup of) grenadine; **~ de menthe** mint cordial.

siroter [sirɔte] *vt fam* to sip.

sis, -e [si, siz] *adj* JUR located.

sismique [sismik] *adj* seismic.

site [sit] *nm* **-1.** [emplacement] site; **~ archéologique/historique** archaeological/historic site. **-2.** [paysage] beauty spot. **-3.** INFORM: **~ Web** website.

sitôt [sito] *adv:* **~ après** immediately after; **pas de ~** not for some time, not for a while; **~ arrivé, ...** as soon as I/he *etc* arrived, ...; **~ dit, ~ fait** no sooner said than done. ◆ **sitôt que** *loc conj* as soon as.

situation [sitɥasjɔ̃] *nf* **-1.** [position, emplacement] position, location. **-2.** [contexte, circonstance] situation; **~ de famille** marital status. **-3.** [emploi] job, position. **-4.** FIN financial statement.

situer [sitɥe] *vt* **-1.** [maison] to site, to situate; **bien/mal situé** well/badly situated. **-2.** [sur carte] to locate. ◆ **se situer** *vp* [scène] to be set; [dans classement] to be.

six [sis *en fin de phrase*, si *devant consonne ou h aspiré*, siz *devant voyelle ou h muet*] ◇ *adj num* six; **il a ~ ans** he is six (years old); **il est ~ heures** it's six (o'clock); **le ~ janvier** (on) the sixth of January; **daté du ~ septembre** dated the sixth of September; **Charles Six** Charles the Sixth; **page ~** page six. ◇ *nm inv* **-1.** [gén] six; **~ de pique** six of spades. **-2.** [adresse] (number) six. ◇ *pron* six; **ils étaient ~** there were six of them; **~ par ~** six at a time.

sixième [sizjɛm] ◇ *adj num* sixth. ◇ *nmf* sixth; **arriver/se classer ~** to come (in)/ to be placed sixth. ◇ *nf* SCOL = first year OU form *Br*, = sixth grade *Am*; **être en ~** to be in the first year OU form *Br*, to be in sixth grade *Am*; **entrer en ~** to go to secondary school. ◇ *nm* **-1.** [part]: **le/un ~ de** one/a sixth of; **cinq ~s** five sixths. **-2.** [arrondissement] sixth arrondissement. **-3.** [étage] sixth floor *Br*, seventh floor *Am*.

skateboard [skɛtbɔrd] *nm* skateboard.

sketch [skɛtʃ] (*pl* **sketches**) *nm* sketch (*in a revue etc*).

ski [ski] *nm* **-1.** [objet] ski. **-2.** [sport] skiing; **faire du ~** to ski; **~ acrobatique/ alpin/de fond** freestyle/alpine/cross-country skiing; **~ nautique** water-skiing.

skier [skje] *vi* to ski.

skieur, -ieuse [skjœr, jøz] *nm, f* skier.

skipper [skipœr] *nm* **-1.** [capitaine] skipper. **-2.** [barreur] helmsman.

slalom [slalɔm] *nm* **-1.** SKI slalom. **-2.** [zigzags]: **faire du ~** to zigzag.

slave [slav] *adj* Slavonic. ◆ **Slave** *nmf* Slav.

slip [slip] *nm* briefs (*pl*); ~ **de bain** [d'homme] swimming trunks (*pl*); [de femme] bikini bottoms (*pl*).

slogan [slɔgɑ̃] *nm* slogan.

Slovaquie [slɔvaki] *nf*: **la** ~ Slovakia.

Slovénie [slɔveni] *nf*: **la** ~ Slovenia.

slow [slo] *nm* slow dance.

smala(h) [smala] *nf* **-1.** [de chef arabe] retinue. **-2.** *fam* [famille] brood.

smasher [smaʃe] *vi* TENNIS to smash (the ball).

SME (*abr de* **Système monétaire européen**) *nm* EMS.

SMIC, Smic [smik] (*abr de* **salaire minimum interprofessionnel de croissance**) *nm* index-linked guaranteed minimum wage.

smoking [smɔkiŋ] *nm* dinner jacket, tuxedo *Am*.

SNCF (*abr de* **Société nationale des chemins de fer français**) *nf* French railways board, ≃ BR *Br*.

snob [snɔb] ◇ *nmf* snob. ◇ *adj* snobbish.

snober [snɔbe] *vt* to snub, to cold-shoulder.

snobisme [snɔbism] *nm* snobbery, snobbishness.

sobre [sɔbr] *adj* **-1.** [personne] temperate. **-2.** [style] sober; [décor, repas] simple.

sobriété [sɔbrijete] *nf* sobriety.

sobriquet [sɔbrikɛ] *nm* nickname.

soc [sɔk] *nm* ploughshare.

sociable [sɔsjabl] *adj* sociable.

social, -e, -iaux [sɔsjal, jo] *adj* **-1.** [rapports, classe, service] social. **-2.** COMM: **capital** ~ share capital; **raison** ~**e** company name. ◆ **social** *nm*: **le** ~ social affairs (*pl*).

socialisme [sɔsjalism] *nm* socialism.

socialiste [sɔsjalist] *nmf & adj* socialist.

sociétaire [sɔsjetɛr] *nmf* member.

société [sɔsjete] *nf* **-1.** [communauté, classe sociale, groupe] society; **en** ~ in society. **-2.** [présence] company, society. **-3.** COMM company, firm.

sociologie [sɔsjɔlɔʒi] *nf* sociology.

sociologue [sɔsjɔlɔg] *nmf* sociologist.

socioprofessionnel, -elle [sɔsjɔprɔfɛsjɔnɛl] *adj* socioprofessional.

socle [sɔkl] *nm* **-1.** [de statue] plinth, pedestal. **-2.** [de lampe] base.

socquette [sɔkɛt] *nf* ankle OU short sock.

soda [sɔda] *nm* fizzy drink.

sodium [sɔdjɔm] *nm* sodium.

sodomiser [sɔdɔmize] *vt* to sodomize.

sœur [sœr] *nf* **-1.** [gén] sister; **grande/petite** ~ big/little sister. **-2.** RELIG nun, sister.

sofa [sɔfa] *nm* sofa.

Sofia [sɔfja] *n* Sofia.

software [sɔftwɛr] *nm* software.

soi [swa] *pron pers* oneself; **chacun pour** ~ every man for himself; **cela va de** ~ that goes without saying. ◆ **soi-même** *pron pers* oneself.

soi-disant [swadizɑ̃] ◇ *adj inv* (*avant n*) so-called. ◇ *adv fam* supposedly.

soie [swa] *nf* **-1.** [textile] silk. **-2.** [poil] bristle.

soierie [swari] *nf* (*gén pl*) [textile] silk.

soif [swaf] *nf* thirst; ~ (**de**) *fig* thirst (for), craving (for); **avoir** ~ to be thirsty.

soigné, -e [swaɲe] *adj* **-1.** [travail] meticulous. **-2.** [personne] well-groomed; [jardin, mains] well-cared-for.

soigner [swaɲe] *vt* **-1.** [suj: médecin] to treat; [suj: infirmière, parent] to nurse. **-2.** [invités, jardin, mains] to look after. **-3.** [travail, présentation] to take care over. ◆ **se soigner** *vp* to take care of o.s., to look after o.s.

soigneusement [swaɲøzmɑ̃] *adv* carefully.

soigneux, -euse [swaɲø, øz] *adj* **-1.** [personne] tidy, neat. **-2.** [travail] careful.

soin [swɛ̃] *nm* **-1.** [attention] care; **avoir** OU **prendre** ~ **de faire qqch** to be sure to do sthg; **avec** ~ carefully; **sans** ~ [procéder] carelessly; [travail] careless; **être aux petits** ~**s pour qqn** *fig* to wait on sb hand and foot. **-2.** [souci] concern. ◆ **soins** *nmpl* care (*U*); **les premiers** ~**s** first aid (*sg*).

soir [swar] *nm* evening; **demain** ~ tomorrow evening OU night; **le** ~ in the evening; **à ce** ~! see you tonight!

soirée [sware] *nf* **-1.** [soir] evening. **-2.** [réception] party.

sois → **être**.

soit[1] [swat] *adv* so be it.

soit[2] [swa] ◇ *vb* → **être**. ◇ *conj* **-1.** [c'est-à-dire] in other words, that is to say. **-2.** MATHS [étant donné]: ~ **une droite AB** given a straight line AB. ◆ **soit ... soit** *loc corrélative* either ... or. ◆ **soit que ... soit que** *loc corrélative* (+ *subjonctif*) whether ... or (whether).

soixante [swasɑ̃t] ◇ *adj num* sixty; **les années** ~ the Sixties. ◇ *nm* sixty; *voir aussi* **six**.

sommes

soixante-dix [swasɑ̃tdis] ◇ *adj num* seventy; **les années ~** the Seventies. ◇ *nm* seventy; *voir aussi* **six.**

soixante-dixième [swasɑ̃tdizjɛm] *adj num, nm & nmf* seventieth; *voir aussi* **sixième.**

soixantième [swasɑ̃tjɛm] *adj num, nm & nmf* sixtieth; *voir aussi* **sixième.**

soja [sɔʒa] *nm* soya.

sol [sɔl] *nm* **-1.** [terre] ground. **-2.** [de maison] floor. **-3.** [territoire] soil. **-4.** MUS G; [chanté] so.

solaire [sɔlɛr] *adj* **-1.** [énergie, four] solar. **-2.** [crème] sun (*avant n*).

solarium [sɔlarjɔm] *nm* solarium.

soldat [sɔlda] *nm* **-1.** MIL soldier; [grade] private; **le ~ inconnu** the Unknown Soldier. **-2.** [jouet] (toy) soldier.

solde [sɔld] ◇ *nm* **-1.** [de compte, facture] balance; **~ créditeur/débiteur** credit/debit balance. **-2.** [rabais]: **en ~** [acheter] in a sale. ◇ *nf* MIL pay.
◆ **soldes** *nmpl* sales.

solder [sɔlde] *vt* **-1.** [compte] to close. **-2.** [marchandises] to sell off. ◆ **se solder** *vp*: **se ~ par** FIN to show; *fig* [aboutir] to end in.

sole [sɔl] *nf* sole.

soleil [sɔlɛj] *nm* **-1.** [astre, motif] sun; **~ couchant/levant** setting/rising sun. **-2.** [lumière, chaleur] sun, sunlight; **au ~** in the sun; **en plein ~** right in the sun.

solennel, -elle [sɔlanɛl] *adj* **-1.** [cérémonieux] ceremonial. **-2.** [grave] solemn. **-3.** *péj* [pompeux] pompous.

solennité [sɔlanite] *nf* **-1.** [gravité] solemnity. **-2.** [raideur] stiffness, formality. **-3.** [fête] special occasion.

solfège [sɔlfɛʒ] *nm*: **apprendre le ~** to learn the rudiments of music.

solidaire [sɔlidɛr] *adj* **-1.** [lié]: **être ~ de qqn** to be behind sb, to show solidarity with sb. **-2.** [relié] interdependent, integral.

solidarité [sɔlidarite] *nf* [entraide] solidarity; **par ~** [se mettre en grève] in sympathy.

solide [sɔlid] ◇ *adj* **-1.** [état, corps] solid. **-2.** [construction] solid, sturdy. **-3.** [personne] sturdy, robust. **-4.** [argument] solid, sound. **-5.** [relation] stable, strong. ◇ *nm* solid; **il nous faut du ~** *fig* we need something solid OU concrete.

solidifier [sɔlidifje] *vt* **-1.** [ciment, eau] to solidify. **-2.** [structure] to reinforce.
◆ **se solidifier** *vp* to solidify.

solidité [sɔlidite] *nf* **-1.** [de matière, construction] solidity. **-2.** [de mariage] stability, strength. **-3.** [de raisonnement, d'argument] soundness.

soliloque [sɔlilɔk] *nm sout* soliloquy.

soliste [sɔlist] *nmf* soloist.

solitaire [sɔlitɛr] ◇ *adj* **-1.** [de caractère] solitary. **-2.** [esseulé, retiré] lonely. ◇ *nmf* [personne] loner, recluse. ◇ *nm* [jeu, diamant] solitaire.

solitude [sɔlityd] *nf* **-1.** [isolement] loneliness. **-2.** [retraite] solitude.

sollicitation [sɔlisitasjɔ̃] *nf* (*gén pl*) entreaty.

solliciter [sɔlisite] *vt* **-1.** [demander - entretien, audience] to request; [- attention, intérêt] to seek. **-2.** [s'intéresser à]: **être sollicité** to be in demand. **-3.** [faire appel à]: **~ qqn pour faire qqch** to appeal to sb to do sthg.

sollicitude [sɔlisityd] *nf* solicitude, concern.

solo [sɔlo] *nm* solo; **en ~** solo.

solstice [sɔlstis] *nm*: **~ d'été/d'hiver** summer/winter solstice.

soluble [sɔlybl] *adj* **-1.** [matière] soluble; [café] instant. **-2.** *fig* [problème] solvable.

solution [sɔlysjɔ̃] *nf* **-1.** [résolution] solution, answer. **-2.** [liquide] solution.

solvable [sɔlvabl] *adj* solvent, creditworthy.

solvant [sɔlvɑ̃] *nm* solvent.

Somalie [sɔmali] *nf*: **la ~** Somalia.

sombre [sɔ̃br] *adj* **-1.** [couleur, costume, pièce] dark. **-2.** *fig* [pensées, avenir] dark, gloomy. **-3.** (*avant n*) *fam* [profond]: **c'est un ~ crétin** he's a prize idiot.

sombrer [sɔ̃bre] *vi* to sink; **~ dans** *fig* to sink into.

sommaire [sɔmɛr] ◇ *adj* **-1.** [explication] brief. **-2.** [exécution] summary. **-3.** [installation] basic. ◇ *nm* summary.

sommation [sɔmasjɔ̃] *nf* **-1.** [assignation] summons (*sg*). **-2.** [ordre - de payer] demand; [- de se rendre] warning.

somme [sɔm] ◇ *nf* **-1.** [addition] total, sum. **-2.** [d'argent] sum, amount. **-3.** [ouvrage] overview. ◇ *nm* nap. ◆ **en somme** *loc adv* in short. ◆ **somme toute** *loc adv* when all's said and done.

sommeil [sɔmɛj] *nm* sleep; **avoir ~** to be sleepy.

sommeiller [sɔmeje] *vi* **-1.** [personne] to doze. **-2.** *fig* [qualité] to be dormant.

sommelier, -ière [sɔməlje, jɛr] *nm, f* wine waiter (*f* wine waitress).

sommes → **être.**

sommet [sɔmɛ] *nm* **-1.** [de montagne] summit, top. **-2.** *fig* [de hiérarchie] top; [de perfection] height. **-3.** GÉOM apex.

sommier [sɔmje] *nm* base, bed base.

sommité [sɔmite] *nf* [personne] leading light.

somnambule [sɔmnɑ̃byl] ◇ *nmf* sleepwalker. ◇ *adj* : être ~ to be a sleepwalker.

somnifère [sɔmnifɛr] *nm* sleeping pill.

somnolent, -e [sɔmnɔlɑ̃, ɑ̃t] *adj* [personne] sleepy, drowsy; *fig* [vie] dull; *fig* [économie] sluggish.

somnoler [sɔmnɔle] *vi* to doze.

somptueux, -euse [sɔ̃ptɥø, øz] *adj* sumptuous, lavish.

somptuosité [sɔ̃ptɥozite] *nf* lavishness (U).

son¹ [sɔ̃] *nm* **-1.** [bruit] sound; **au ~ de** to the sound of; **~ et lumière** son et lumière. **-2.** [céréale] bran.

son² [sɔ̃] (*f* **sa** [sa], *pl* **ses** [se]) *adj poss* **-1.** [possesseur défini - chose] his; [- femme] her; [- chose, animal] its; **il aime ~ père** he loves his father; **elle aime ses parents** she loves her parents; **la ville a perdu ~ charme** the town has lost its charm. **-2.** [possesseur indéfini] one's; [- après «chacun», «tout le monde» etc] his/her, their.

sonate [sɔnat] *nf* sonata.

sondage [sɔ̃daʒ] *nm* **-1.** [enquête] poll, survey; **~ d'opinion** opinion poll. **-2.** TECHNOL drilling. **-3.** MÉD probing.

sonde [sɔ̃d] *nf* **-1.** MÉTÉOR sonde; [spatiale] probe. **-2.** MÉD probe. **-3.** NAVIG sounding line. **-4.** TECHNOL drill.

sondé, -e [sɔ̃de] *nm, f* poll respondent.

sonder [sɔ̃de] *vt* **-1.** MÉD & NAVIG to sound. **-2.** [terrain] to drill. **-3.** *fig* [opinion, personne] to sound out.

songe [sɔ̃ʒ] *nm littéraire* dream.

songer [sɔ̃ʒe] ◇ *vt* : **~ que** to consider that. ◇ *vi* : **~ à** to think about.

songeur, -euse [sɔ̃ʒœr, øz] *adj* pensive, thoughtful.

sonnant, -e [sɔnɑ̃, ɑ̃t] *adj* : **à six heures ~es** at six o'clock sharp.

sonné, -e [sɔne] *adj* **-1.** [passé] : **il est trois heures ~es** it's gone three o'clock; **il a quarante ans bien ~s** *fam fig* he's the wrong side of forty. **-2.** *fig* [étourdi] groggy.

sonner [sɔne] ◇ *vt* **-1.** [cloche] to ring. **-2.** [retraite, alarme] to sound. **-3.** [domestique] to ring for. **-4.** *fam fig* [siffler] : **je ne t'ai pas sonné!** who asked you!

◇ *vi* [gén] to ring; **~ chez qqn** to ring sb's bell.

sonnerie [sɔnri] *nf* **-1.** [bruit] ringing. **-2.** [mécanisme] striking mechanism. **-3.** [signal] call.

sonnet [sɔnɛ] *nm* sonnet.

sonnette [sɔnɛt] *nf* bell.

sono [sɔno] *nf fam* [de salle] P.A. (system); [de discothèque] sound system.

sonore [sɔnɔr] *adj* **-1.** CIN & PHYS sound (*avant n*). **-2.** [voix, rire] ringing, resonant. **-3.** [salle] resonant.

sonorisation [sɔnɔrizasjɔ̃] *nf* **-1.** [action - de film] addition of the soundtrack; [- de salle] wiring for sound. **-2.** [matériel - de salle] public address system, P.A. (system); [- de discothèque] sound system.

sonoriser [sɔnɔrize] *vt* **-1.** [film] to add the soundtrack to. **-2.** [salle] to wire for sound.

sonorité [sɔnɔrite] *nf* **-1.** [de piano, voix] tone. **-2.** [de salle] acoustics (*pl*).

sont → **être**.

sophistiqué, -e [sɔfistike] *adj* sophisticated.

soporifique [sɔpɔrifik] ◇ *adj* soporific. ◇ *nm* sleeping drug, soporific.

soprano [sɔprano] (*pl* **sopranos** OU **soprani** [sɔprani]) *nm & nmf* soprano.

sorbet [sɔrbɛ] *nm* sorbet.

Sorbonne [sɔrbɔn] *nf* : **la ~** the Sorbonne (*highly-respected Paris university*).

sorcellerie [sɔrsɛlri] *nf* witchcraft, sorcery.

sorcier, -ière [sɔrsje, jɛr] *nm, f* sorcerer (f witch).

sordide [sɔrdid] *adj* squalid; *fig* sordid.

sornettes [sɔrnɛt] *nfpl* nonsense (U).

sort [sɔr] *nm* **-1.** [maléfice] spell; **jeter un ~ (à qqn)** to cast a spell (on sb). **-2.** [destinée] fate. **-3.** [condition] lot. **-4.** [hasard] : **le ~** fate; **tirer au ~** to draw lots.

sortant, -e [sɔrtɑ̃, ɑ̃t] *adj* **-1.** [numéro] winning. **-2.** [président, directeur] outgoing (*avant n*).

sorte [sɔrt] *nf* sort, kind; **une ~ de** a sort of, a kind of; **toutes ~s de** all kinds of, all sorts of.

sortie [sɔrti] *nf* **-1.** [issue] exit, way out; [d'eau, d'air] outlet; **~ de secours** emergency exit. **-2.** [départ] : **c'est la ~ de l'école** it's home-time; **à la ~ du travail** when work finishes, after work. **-3.** [de produit] launch, launching; [de disque] release; [de livre] publication. **-4.** (*gén pl*) [dépense] outgoings (*pl*), expenditure (U). **-5.** [excursion] outing. **-6.** MIL sortie. **-7.** INFORM: ~ **imprimante** printout.

sortilège [sɔrtilɛʒ] *nm* spell.

sortir [sɔrtir] ◇ *vi* **-1.** [de la maison, du bureau etc] to leave, to go/come out; ~ **de** to go/come out of, to leave. **-2.** [pour se distraire] to go out. **-3.** *fig* [quitter]: ~ **de** [réserve, préjugés] to shed. **-4.** *fig* [de maladie]: ~ **de** to get over, to recover from; [coma] to come out of. **-5.** [film, livre, produit] to be released. **-6.** [au jeu - carte, numéro] to come up. **-7.** [s'écarter de]: ~ **de** [sujet] to get away from; [légalité, compétence] to be outside. **-8.** *loc*: ~ **de l'ordinaire** to be out of the ordinary; **d'où il sort, celui-là?** where did HE spring from? ◇ *vt* **-1.** [gén]: ~ **qqch (de)** to take sthg out (of). **-2.** [de situation difficile] to get out, to extract. **-3.** [produit] to launch; [disque] to bring out, to release; [livre] to bring out, to publish. ◆ **se sortir** *vp fig* [de pétrin] to get out; **s'en** ~ [en réchapper] to come out of it; [y arriver] to get through it.

SOS *nm* SOS; **lancer un** ~ to send out an SOS.

sosie [sɔzi] *nm* double.

sot, sotte [so, sɔt] ◇ *adj* silly, foolish. ◇ *nm, f* fool.

sottise [sɔtiz] *nf* stupidity (U), foolishness (U); **dire/faire une** ~ to say/do something stupid.

sou [su] *nm*: **être sans le** ~ to be penniless. ◆ **sous** *nmpl fam* money (U).

soubassement [subasmã] *nm* base.

soubresaut [subrəso] *nm* **-1.** [de voiture] jolt. **-2.** [de personne] start.

souche [suʃ] *nf* **-1.** [d'arbre] stump. **-2.** [de carnet] counterfoil, stub.

souci [susi] *nm* **-1.** [tracas] worry; **se faire du** ~ to worry. **-2.** [préoccupation] concern. **-3.** [fleur] marigold.

soucier [susje] ◆ **se soucier** *vp*: **se** ~ **de** to care about.

soucieux, -ieuse [susjø, jøz] *adj* **-1.** [préoccupé] worried, concerned. **-2.** [concerné]: **être** ~ **de qqch/de faire qqch** to be concerned about sthg/about doing sthg.

soucoupe [sukup] *nf* **-1.** [assiette] saucer. **-2.** [vaisseau]: ~ **volante** flying saucer.

soudain, -e [sudɛ̃, ɛn] *adj* sudden. ◆ **soudain** *adv* suddenly, all of a sudden.

Soudan [sudɑ̃] *nm*: **le** ~ the Sudan.

soude [sud] *nf* soda.

souder [sude] *vt* **-1.** TECHNOL to weld, to solder. **-2.** MÉD to knit. **-3.** *fig* [unir] to bind together.

soudoyer [sudwaje] *vt* to bribe.

soudure [sudyr] *nf* TECHNOL welding; [résultat] weld.

souffert, -e [sufɛr, ɛrt] *pp* → **souffrir**.

souffle [sufl] *nm* **-1.** [respiration] breathing; [expiration] puff, breath; **un** ~ **d'air** *fig* a breath of air, a puff of wind. **-2.** *fig* [inspiration] inspiration. **-3.** [d'explosion] blast. **-4.** MÉD: ~ **au cœur** heart murmur. **-5.** *loc*: **avoir le** ~ **coupé** to have one's breath taken away.

souffler [sufle] ◇ *vt* **-1.** [bougie] to blow out. **-2.** [vitre] to blow out, to shatter. **-3.** [chuchoter]: ~ **qqch à qqn** to whisper sthg to sb. **-4.** *fam* [prendre]: ~ **qqch à qqn** to pinch sthg from sb. ◇ *vi* **-1.** [gén] to blow. **-2.** [respirer] to puff, to pant.

soufflet [suflɛ] *nm* **-1.** [instrument] bellows (sg). **-2.** [de train] connecting corridor, concertina vestibule. **-3.** COUTURE gusset.

souffleur, -euse [suflœr, øz] *nm, f* THÉÂTRE prompt. ◆ **souffleur** *nm* [de verre] blower.

souffrance [sufrɑ̃s] *nf* suffering.

souffrant, -e [sufrɑ̃, ɑ̃t] *adj* poorly.

souffre-douleur [sufrədulœr] *nm inv* whipping boy.

souffrir [sufrir] ◇ *vi* to suffer; ~ **de** to suffer from; ~ **du dos/cœur** to have back/heart problems. ◇ *vt* **-1.** [ressentir] to suffer. **-2.** *littéraire* [supporter] to stand, to bear.

soufre [sufr] *nm* sulphur.

souhait [swɛ] *nm* wish; **à tes/vos** ~**s!** bless you!

souhaiter [swete] *vt*: ~ **qqch** to wish for sthg; ~ **faire qqch** to hope to do sthg; ~ **qqch à qqn** to wish sb sthg; ~ **à qqn de faire qqch** to hope that sb does sthg; **souhaiter que ...** (+ *subjonctif*) to hope that ....

souiller [suje] *vt littéraire* [salir] to soil; *fig & sout* to sully.

souillon [sujɔ̃] *nf péj* slut.

soûl, -e, saoul, -e [su, sul] *adj* drunk.

soulagement [sulaʒmã] *nm* relief.

soulager [sulaʒe] *vt* [gén] to relieve.

soûler, saouler [sule] *vt* **-1.** *fam* [enivrer]: ~ **qqn** to get sb drunk; *fig* to intoxicate sb. **-2.** *fig & péj* [de plaintes]: ~ **qqn** to bore sb silly. ◆ **se soûler** *vp fam* to get drunk.

soulèvement [sulɛvmɑ̃] *nm* uprising.

soulever [sulve] *vt* **-1.** [fardeau, poids] to lift; [rideau] to raise. **-2.** *fig* [question] to raise, to bring up. **-3.** *fig* [enthousiasme] to generate, to arouse; [tollé] to stir up; ~ **qqn contre** to stir sb up against. ◆ **se soulever** *vp* **-1.** [s'élever] to raise o.s., to lift o.s. **-2.** [se révolter] to rise up.

soulier [sulje] *nm* shoe.

souligner [suliɲe] *vt* **-1.** [par un trait] to underline. **-2.** *fig* [insister sur] to underline, to emphasize. **-3.** [mettre en valeur] to emphasize.

soumettre [sumɛtr] *vt* **-1.** [astreindre]: ~ **qqn à** to subject sb to. **-2.** [ennemi, peuple] to subjugate. **-3.** [projet, problème]: ~ **qqch (à)** to submit sthg (to). ◆ **se soumettre** *vp*: **se ~ (à)** to submit (to).

soumis, -e [sumi, iz] ◇ *pp* → **soumettre.** ◇ *adj* submissive.

soumission [sumisjɔ̃] *nf* submission.

soupape [supap] *nf* valve.

soupçon [supsɔ̃] *nm* [suspicion, intuition] suspicion.

soupçonner [supsɔne] *vt* [suspecter] to suspect; ~ **qqn de qqch/de faire qqch** to suspect sb of sthg/of doing sthg.

soupçonneux, -euse [supsɔnø, øz] *adj* suspicious.

soupe [sup] *nf* CULIN soup; ~ **populaire** soup kitchen; **cracher dans la ~** *fig* to bite the hand that feeds.

souper [supe] ◇ *nm* supper. ◇ *vi* to have supper.

soupeser [supəze] *vt* **-1.** [poids] to feel the weight of. **-2.** *fig* [évaluer] to weigh up.

soupière [supjɛr] *nf* tureen.

soupir [supir] *nm* **-1.** [souffle] sigh; **pousser un ~** to let out OU give a sigh. **-2.** MUS crotchet rest *Br*, quarter-note rest *Am*.

soupirail, -aux [supiraj, o] *nm* barred basement window (*for ventilation purposes*).

soupirant [supirɑ̃] *nm* suitor.

soupirer [supire] *vi* [souffler] to sigh.

souple [supl] *adj* **-1.** [gymnaste] supple. **-2.** [pas] lithe. **-3.** [paquet, col] soft. **-4.** [tissu, cheveux] flowing. **-5.** [tuyau, horaire, caractère] flexible.

souplesse [suplɛs] *nf* **-1.** [de gymnaste] suppleness. **-2.** [flexibilité - de tuyau] pliability, flexibility; [- de matière] suppleness. **-3.** [de personne] flexibility.

source [surs] *nf* **-1.** [gén] source. **-2.**

[d'eau] spring; **prendre sa ~ à** to rise in.

sourcil [sursi] *nm* eyebrow; **froncer les ~s** to frown.

sourcilière [sursiljɛr] → **arcade.**

sourciller [sursije] *vi*: **sans ~** without batting an eyelid.

sourcilleux, -euse [sursijø, øz] *adj* fussy, finicky.

sourd, -e [sur, surd] ◇ *adj* **-1.** [personne] deaf. **-2.** [bruit, voix] muffled. **-3.** [douleur] dull. **-4.** [lutte, hostilité] silent. ◇ *nm, f* deaf person.

sourdement [surdəmɑ̃] *adv* **-1.** [avec un bruit sourd] dully. **-2.** *fig* [secrètement] silently.

sourdine [surdin] *nf* mute; **en ~** [sans bruit] softly; [secrètement] in secret.

sourd-muet, sourde-muette [surmɥe, surdmɥet] *nm, f* deaf-mute, deaf and dumb person.

sourdre [surdr] *vi* to well up.

souriant, -e [surjɑ̃, ɑ̃t] *adj* smiling, cheerful.

souricière [surisjɛr] *nf* mousetrap; *fig* trap.

sourire [surir] ◇ *vi* to smile; ~ **à qqn** to smile at sb; *fig* [destin, chance] to smile on sb. ◇ *nm* smile.

souris [suri] *nf* INFORM & ZOOL mouse.

sournois, -e [surnwa, az] ◇ *adj* **-1.** [personne] underhand. **-2.** *fig* [maladie, phénomène] unpredictable.

sous [su] *prép* **-1.** [gén] under; **nager ~ l'eau** to swim underwater; ~ **la pluie** in the rain; ~ **cet aspect** OU **angle** from that point of view. **-2.** [dans un délai de] within; ~ **huit jours** within a week.

sous-alimenté, -e [suzalimɑ̃te] *adj* malnourished, underfed.

sous-bois [subwa] *nm inv* undergrowth.

souscription [suskripsjɔ̃] *nf* subscription.

souscrire [suskrir] *vi*: ~ **à** to subscribe to.

sous-développé, -e [sudevlɔpe] *adj* ÉCON underdeveloped; *fig & péj* backward.

sous-directeur, -trice [sudirektœr, tris] *nm, f* assistant manager (*f* assistant manageress).

sous-ensemble [suzɑ̃sɑ̃bl] *nm* subset.

sous-entendu [suzɑ̃tɑ̃dy] *nm* insinuation.

sous-estimer [suzɛstime] *vt* to underestimate, to underrate.

sous-évaluer [suzevalɥe] *vt* to under-estimate.

sous-jacent, -e [suʒasɑ̃, ɑ̃t] *adj* underlying.

sous-louer [sulwe] *vt* to sublet.

sous-marin, -e [sumarɛ̃, in] *adj* under-water (*avant n*). ◆ **sous-marin** *nm* submarine.

sous-officier [suzɔfisje] *nm* non-commissioned officer.

sous-préfecture [suprefɛktyr] *nf* sub-prefecture.

sous-préfet [suprefɛ] *nm* sub-prefect.

sous-produit [suprɔdɥi] *nm* **-1.** [objet] by-product. **-2.** *fig* [imitation] pale imitation.

soussigné, -e [susiɲe] ◇ *adj*: **je** ~ **I** the undersigned. ◇ *nm, f* undersigned.

sous-sol [susɔl] *nm* **-1.** [de bâtiment] basement. **-2.** [naturel] subsoil.

sous-tasse [sutas] *nf* saucer.

sous-titre [sutitr] *nm* subtitle.

soustraction [sustraksjɔ̃] *nf* MATHS sub-traction.

soustraire [sustrɛr] *vt* **-1.** [retrancher]: ~ **qqch de** to subtract sthg from. **-2.** *sout* [voler]: ~ **qqch à qqn** to take sthg away from sb. ◆ **se soustraire** *vp*: **se** ~ **à** to escape from.

sous-traitance [sutrɛtɑ̃s] *nf* subcontracting; **donner qqch en** ~ to subcontract sthg.

sous-traitant, -e [sutrɛtɑ̃, ɑ̃t] *adj* subcontracting. ◆ **sous-traitant** *nm* subcontractor.

sous-verre [suvɛr] *nm inv* picture or document framed between a sheet of glass and a rigid backing.

sous-vêtement [suvɛtmɑ̃] *nm* undergarment; ~**s** underwear (*U*), underclothes.

soutane [sutan] *nf* cassock.

soute [sut] *nf* hold.

soutenance [sutnɑ̃s] *nf* viva.

souteneur [sutnœr] *nm* procurer.

soutenir [sutnir] *vt* **-1.** [immeuble, personne] to support, to hold up. **-2.** [effort, intérêt] to sustain. **-3.** [encourager] to support, POLIT to back, to support. **-4.** [affirmer]: ~ **que** to maintain (that). **-5.** [résister à] to withstand; [regard, comparaison] to bear.

soutenu, -e [sutny] *adj* **-1.** [style, langage] elevated. **-2.** [attention, rythme] sustained. **-3.** [couleur] vivid.

souterrain, -e [sutɛrɛ̃, ɛn] *adj* underground. ◆ **souterrain** *nm* underground passage.

soutien [sutjɛ̃] *nm* support; **apporter son** ~ **à** to give one's support to.

soutien-gorge [sutjɛ̃gɔrʒ] (*pl* **soutiens-gorge**) *nm* bra.

soutirer [sutire] *vt* *fig* [tirer]: ~ **qqch à qqn** to extract sthg from sb.

souvenir [suvnir] *nm* **-1.** [réminiscence, mémoire] memory. **-2.** [objet] souvenir. ◆ **se souvenir** *vp* [ne pas oublier]: **se** ~ **de qqch/de qqn** to remember sthg/sb; **se** ~ **que** to remember (that).

souvent [suvɑ̃] *adv* often.

souvenu, -e [suvny] *pp* → **souvenir**.

souverain, -e [suvrɛ̃, ɛn] ◇ *adj* **-1.** [remède, état] sovereign. **-2.** [indifférence] supreme. ◇ *nm, f* [monarque] sovereign, monarch.

souveraineté [suvrɛnte] *nf* sovereignty.

soviétique [sɔvjetik] *adj* Soviet. ◆ **Soviétique** *nmf* Soviet (citizen).

soyeux, -euse [swajø, øz] *adj* silky.

soyez → **être**.

SPA (*abr de* **Société protectrice des animaux**) *nf* French equivalent of the protection of animals, ≃ RSPCA *Br*, ≃ SPCA *Am*.

spacieux, -ieuse [spasjø, jøz] *adj* spacious.

spaghettis [spageti] *nmpl* spaghetti (*U*).

sparadrap [sparadra] *nm* sticking plaster.

spartiate [sparsjat] *adj* [austère] Spartan.

spasme [spasm] *nm* spasm.

spasmodique [spasmɔdik] *adj* spasmodic.

spatial, -e, -iaux [spasjal, jo] *adj* space (*avant n*).

spatule [spatyl] *nf* **-1.** [ustensile] spatula. **-2.** [de ski] tip.

speaker, speakerine [spikœr, spikrin] *nm, f* announcer.

spécial, -e, -iaux [spesjal, jo] *adj* **-1.** [particulier] special. **-2.** *fam* [bizarre] peculiar.

spécialiser [spesjalize] *vt* to specialize. ◆ **se spécialiser** *vp*: **se** ~ **(dans)** to specialize (in).

spécialiste [spesjalist] *nmf* specialist.

spécialité [spesjalite] *nf* speciality.

spécifier [spesifje] *vt* to specify.

spécifique [spesifik] *adj* specific.

spécimen [spesimɛn] *nm* **-1.** [représentant] specimen. **-2.** [exemplaire] sample.

spectacle [spɛktakl] *nm* **-1.** [représentation] show. **-2.** [domaine] show business, entertainment. **-3.** [tableau] spectacle, sight.

spectaculaire [spɛktakylɛr] *adj* spectacular.

spectateur, -trice [spɛktatœr, tris] *nm, f* **-1.** [témoin] witness. **-2.** [de spectacle] spectator.

spectre [spɛktr] *nm* **-1.** [fantôme] spectre. **-2.** PHYS spectrum.

spéculateur, -trice [spekylatœr, tris] *nm, f* speculator.

spéculation [spekylasjɔ̃] *nf* speculation.

spéculer [spekyle] *vi:* ~ **sur** FIN to speculate in; *fig* [miser] to count on.

speech [spitʃ] (*pl* **speeches**) *nm* speech.

spéléologie [speleɔlɔʒi] *nf* [exploration] potholing; [science] speleology.

spermatozoïde [spɛrmatɔzɔid] *nm* sperm, spermatozoon.

sperme [spɛrm] *nm* sperm, semen.

sphère [sfɛr] *nf* sphere.

sphérique [sferik] *adj* spherical.

spirale [spiral] *nf* spiral.

spirituel, -elle [spirityɛl] *adj* **-1.** [de l'âme, moral] spiritual. **-2.** [vivant, drôle] witty.

splendeur [splɑ̃dœr] *nf* **-1.** [beauté, prospérité] splendour. **-2.** [merveille]: **c'est une ~!** it's magnificent!

splendide [splɑ̃did] *adj* magnificent, splendid.

spongieux, -ieuse [spɔ̃ʒjø, jøz] *adj* spongy.

sponsor [spɔ̃sɔr] *nm* sponsor.

sponsoriser [spɔ̃sɔrize] *vt* to sponsor.

spontané, -e [spɔ̃tane] *adj* spontaneous.

spontanéité [spɔ̃taneite] *nf* spontaneity.

sporadique [spɔradik] *adj* sporadic.

sport [spɔr] ◇ *nm* sport; ~s d'hiver winter sports. ◇ *adj inv* **-1.** [vêtement] sports (*avant n*). **-2.** [fair play] sporting.

sportif, -ive [spɔrtif, iv] ◇ *adj* **-1.** [association, résultats] sports (*avant n*). **-2.** [personne, physique] sporty, athletic. **-3.** [fair play] sportsmanlike, sporting. ◇ *nm, f* sportsman (*f* sportswoman).

spot [spɔt] *nm* **-1.** [lampe] spot, spotlight. **-2.** [publicité]: ~ (**publicitaire**) commercial, advert.

sprint [sprint] *nm* [SPORT - accélération] spurt; [- course] sprint.

square [skwar] *nm* small public garden.

squash [skwaʃ] *nm* squash.

squelette [skəlɛt] *nm* skeleton.

squelettique [skəletik] *adj* [corps] emaciated.

St (*abr de* **saint**) St.

stabiliser [stabilize] *vt* **-1.** [gén] to stabilize; [meuble] to steady. **-2.** [terrain] to make firm. ◆ **se stabiliser** *vp* **-1.** [véhicule, prix, situation] to stabilize. **-2.** [personne] to settle down.

stabilité [stabilite] *nf* stability.

stable [stabl] *adj* **-1.** [gén] stable. **-2.** [meuble] steady, stable.

stade [stad] *nm* **-1.** [terrain] stadium. **-2.** [étape & MÉD] stage; **en être au ~ de/où** to reach the stage of/at which.

stage [staʒ] *nm* COMM work placement; [sur le temps de travail] in-service training; **faire un ~** [cours] to go on a training course; [expérience professionnelle] to go on a work placement.

stagiaire [staʒjɛr] ◇ *nmf* trainee. ◇ *adj* trainee (*avant n*).

stagnant, -e [stagnɑ̃, ɑ̃t] *adj* stagnant.

stagner [stagne] *vi* to stagnate.

stalactite [stalaktit] *nf* stalactite.

stalagmite [stalagmit] *nf* stalagmite.

stand [stɑ̃d] *nm* **-1.** [d'exposition] stand. **-2.** [de fête] stall.

standard [stɑ̃dar] ◇ *adj inv* standard. ◇ *nm* **-1.** [norme] standard. **-2.** [téléphonique] switchboard.

standardiste [stɑ̃dardist] *nmf* switchboard operator.

standing [stɑ̃diŋ] *nm* standing; **quartier de grand ~** select district.

star [star] *nf* CIN star.

starter [startɛr] *nm* AUTOM choke; **mettre le ~** to pull the choke out.

starting-block [startiŋblɔk] (*pl* **starting-blocks**) *nm* starting-block.

station [stasjɔ̃] *nf* **-1.** [arrêt - de bus] stop; [- de métro] station; **à quelle ~ dois-je descendre?** which stop do I get off at?; ~ **de taxis** taxi rank. **-2.** [installations] station; ~ **d'épuration** sewage treatment plant. **-3.** [ville] resort; ~ **balnéaire** seaside resort; ~ **de ski/de sports d'hiver** ski/winter sports resort; ~ **thermale** spa (town). **-4.** [position] position. **-5.** INFORM: ~ **de travail** work station.

stationnaire [stasjɔnɛr] *adj* stationary.

stationnement [stasjɔnmɑ̃] *nm* parking; «~ **interdit**» "no parking".

stationner [stasjɔne] *vi* to park.

station-service [stasjɔ̃sɛrvis] (*pl* **stations-service**) *nf* service station, petrol station *Br*, gas station *Am*.

statique [statik] *adj* static.

statisticien, -ienne [statistisjɛ̃, jɛn] *nm, f* statistician.

statistique [statistik] ◇ *adj* statistical. ◇ *nf* [donnée] statistic.

statue [staty] *nf* statue.

statuer [statɥe] *vi* : ~ **sur** to give a decision on.

statuette [statɥet] *nf* statuette.

statu quo [statykwo] *nm inv* status quo.

stature [statyr] *nf* stature.

statut [staty] *nm* status. ◆ **statuts** *nmpl* statutes.

statutaire [statyter] *adj* statutory.

Ste (*abr de* **sainte**) St.

Sté (*abr de* **société**) Co.

steak [stɛk] *nm* steak; ~ **haché** mince.

stèle [stɛl] *nf* stele.

sténo [steno] ◇ *nmf* stenographer. ◇ *nf* shorthand.

sténodactylo [stenɔdaktilo] *nmf* shorthand typist.

sténodactylographie [stenɔdaktilɔgrafi] *nf* shorthand typing.

sténotypiste [stenɔtipist] *nmf* stenotypist.

stentor [stɑ̃tɔr] → **voix**.

step [stɛp] *nm* step aerobics (*U*).

steppe [stɛp] *nf* steppe.

stéréo [stereo] ◇ *adj inv* stereo. ◇ *nf* stereo; **en** ~ in stereo.

stéréotype [stereɔtip] *nm* stereotype.

stérile [steril] *adj* **-1.** [personne] sterile, infertile; [terre] barren. **-2.** *fig* [inutile - discussion] sterile; [- efforts] futile. **-3.** MÉD sterile.

stérilet [sterilɛ] *nm* IUD, intra-uterine device.

stériliser [sterilize] *vt* to sterilize.

stérilité [sterilite] *nf litt & fig* sterility; [d'efforts] futility.

sternum [stɛrnɔm] *nm* breastbone, sternum.

stéthoscope [stetɔskɔp] *nm* stethoscope.

steward [stiwart] *nm* steward.

stigmate [stigmat] *nm* (*gén pl*) mark, scar.

stimulant, -e [stimylɑ̃, ɑ̃t] *adj* stimulating. ◆ **stimulant** *nm* **-1.** [remontant] stimulant. **-2.** [motivation] incentive, stimulus.

stimulation [stimylasjɔ̃] *nf* stimulation.

stimuler [stimyle] *vt* to stimulate.

stipuler [stipyle] *vt* : ~ **que** to stipulate (that).

stock [stɔk] *nm* stock; **en** ~ in stock.

stocker [stɔke] *vt* **-1.** [marchandises] to stock. **-2.** INFORM to store.

Stockholm [stɔkɔlm] *n* Stockholm.

stoïque [stɔik] *adj* stoical.

stop [stɔp] ◇ *interj* stop! ◇ *nm* **-1.** [panneau] stop sign. **-2.** [auto-stop] hitch-hiking, hitching.

stopper [stɔpe] ◇ *vt* [arrêter] to stop, to halt. ◇ *vi* to stop.

store [stɔr] *nm* **-1.** [de fenêtre] blind. **-2.** [de magasin] awning.

strabisme [strabism] *nm* squint.

strangulation [strɑ̃gylasjɔ̃] *nf* strangulation.

strapontin [strapɔ̃tɛ̃] *nm* [siège] pull-down seat.

strass [stras] *nm* paste.

stratagème [strataʒɛm] *nm* stratagem.

stratégie [strateʒi] *nf* strategy.

stratégique [strateʒik] *adj* strategic.

stress [strɛs] *nm* stress.

stressant, -e [stresɑ̃, ɑ̃t] *adj* stressful.

strict, -e [strikt] *adj* **-1.** [personne, règlement] strict. **-2.** [sobre] plain. **-3.** [absolu - minimum] bare, absolute; [- vérité] absolute; **dans la plus** ~**e intimité** strictly in private; **au sens** ~ **du terme** in the strict sense of the word.

strident, -e [stridɑ̃, ɑ̃t] *adj* strident, shrill.

strié, -e [strije] *adj* [rayé] striped.

strier [strije] *vt* to streak.

strip-tease [striptiz] (*pl* **strip-teases**) *nm* striptease.

strophe [strɔf] *nf* verse.

structure [stryktyr] *nf* structure.

structurer [stryktyre] *vt* to structure.

studieux, -ieuse [stydjø, jøz] *adj* **-1.** [personne] studious. **-2.** [vacances] study (*avant n*).

studio [stydjo] *nm* **-1.** CIN, PHOT & TÉLÉ studio. **-2.** [appartement] studio flat *Br*, studio apartment *Am*.

stupéfaction [stypefaksjɔ̃] *nf* astonishment, stupefaction.

stupéfait, -e [stypefɛ, ɛt] *adj* astounded, stupefied.

stupéfiant, -e [stypefjɑ̃, ɑ̃t] *adj* astounding, stunning. ◆ **stupéfiant** *nm* narcotic, drug.

stupeur [stypœr] *nf* **-1.** [stupéfaction] astonishment. **-2.** MÉD stupor.

stupide [stypid] *adj* **-1.** *péj* [abruti] stupid. **-2.** [insensé - mort] senseless; [- accident] stupid.

stupidité [stypidite] *nf* stupidity.

style [stil] *nm* **-1.** [gén] style. **-2.** GRAM: ~ **direct/indirect** direct/indirect speech.

styliste [stilist] *nmf* COUTURE designer.

stylo [stilo] *nm* pen; ~ **plume** fountain pen.

stylo-feutre [stiloføtr] *nm* felt-tip pen.

su, -e [sy] *pp* → **savoir**.

suave [sɥav] *adj* [voix] smooth; [parfum] sweet.

subalterne [sybaltɛrn] ◇ *nmf* subordinate, junior. ◇ *adj* [rôle] subordinate; [employé] junior.

subconscient, -e [sybkɔ̃sjɑ̃, ɑ̃t] *adj* subconscious. ◆ **subconscient** *nm* subconscious.

subdiviser [sybdivize] *vt* to subdivide.

subir [sybir] *vt* **-1.** [conséquences, colère] to suffer; [personne] to put up with. **-2.** [opération, épreuve, examen] to undergo. **-3.** [dommages, pertes] to sustain, to suffer; ~ **une hausse** to be increased.

subit, -e [sybi, it] *adj* sudden.

subitement [sybitmɑ̃] *adv* suddenly.

subjectif, -ive [sybʒɛktif, iv] *adj* [personnel, partial] subjective.

subjonctif [sybʒɔ̃ktif] *nm* subjunctive.

subjuguer [sybʒyge] *vt* to captivate.

sublime [syblim] *adj* sublime.

submerger [sybmɛrʒe] *vt* **-1.** [inonder] to flood. **-2.** [envahir] to overcome, to overwhelm. **-3.** [déborder] to overwhelm; être **submergé de travail** to be swamped with work.

subordination [sybɔrdinasjɔ̃] *nf* subordination.

subordonné, -e [sybɔrdɔne] ◇ *adj* GRAM subordinate, dependent. ◇ *nm, f* subordinate.

subornation [sybɔrnasjɔ̃] *nf* bribing, subornation.

subrepticement [sybrɛptismɑ̃] *adv* surreptitiously.

subsidiaire [sybzidjɛr] *adj* subsidiary.

subsistance [sybzistɑ̃s] *nf* subsistence.

subsister [sybziste] *vi* **-1.** [chose] to remain. **-2.** [personne] to live, to subsist.

substance [sypstɑ̃s] *nf* **-1.** [matière] substance. **-2.** [essence] gist.

substantiel, -ielle [sypstɑ̃sjɛl] *adj* substantial.

substantif [sypstɑ̃tif] *nm* noun.

substituer [sypstitɥe] *vt*: ~ **qqch à qqch** to substitute sthg for sthg. ◆ **se substituer** *vp*: **se** ~ **à** [personne] to stand in for, to substitute for; [chose] to take the place of.

substitut [sypstity] *nm* **-1.** [remplacement] substitute. **-2.** JUR deputy public prosecutor.

substitution [sypstitysjɔ̃] *nf* substitution.

subterfuge [sybtɛrfyʒ] *nm* subterfuge.

subtil, -e [syptil] *adj* subtle.

subtiliser [syptilize] *vt* to steal.

subtilité [syptilite] *nf* subtlety.

subvenir [sybvənir] *vi*: ~ **à** to meet, to cover.

subvention [sybvɑ̃sjɔ̃] *nf* grant, subsidy.

subventionner [sybvɑ̃sjɔne] *vt* to give a grant to, to subsidize.

subversif, -ive [sybvɛrsif, iv] *adj* subversive.

succédané [syksedane] *nm* substitute.

succéder [syksede] *vt*: ~ **à** [suivre] to follow; [remplacer] to succeed, to take over from. ◆ **se succéder** *vp* to follow one another.

succès [syksɛ] *nm* **-1.** [gén] success; **avoir du** ~ to be very successful; **sans** ~ [essai] unsuccessful; [essayer] unsuccessfully. **-2.** [chanson, pièce] hit.

successeur [syksesœr] *nm* **-1.** [gén] successor. **-2.** JUR successor, heir.

successif, -ive [syksesif, iv] *adj* successive.

succession [syksesjɔ̃] *nf* **-1.** [gén] succession; **une** ~ **de** a succession of; **prendre la** ~ **de qqn** to take over from sb, to succeed sb. **-2.** JUR succession, inheritance; **droits de** ~ death duties.

succinct, -e [syksɛ̃, ɛ̃t] *adj* **-1.** [résumé] succinct. **-2.** [repas] frugal.

succion [syksjɔ̃, sysjɔ̃] *nf* suction, sucking.

succomber [sykɔ̃be] *vi*: ~ **(à)** to succumb (to).

succulent, -e [sykylɑ̃, ɑ̃t] *adj* delicious.

succursale [sykyrsal] *nf* branch.

sucer [syse] *vt* to suck.

sucette [sysɛt] *nf* [friandise] lolly *Br*, lollipop.

sucre [sykr] *nm* sugar; ~ **en morceaux** lump sugar; ~ **en poudre**, ~ **semoule** caster sugar.

sucré, -e [sykre] *adj* [goût] sweet.

sucrer [sykre] *vt* **-1.** [café, thé] to sweeten, to sugar. **-2.** *fam* [permission] to withdraw; [passage, réplique] to cut; ~ **qqch à qqn** to take away sthg from sb.

sucrerie [sykrəri] *nf* **-1.** [usine] sugar refinery. **-2.** [friandise] sweet *Br*, candy *Am*.

sucrette [sykrɛt] *nf* sweetener.

sucrier [sykrije] *nm* sugar bowl.

sud [syd] ◇ *nm* south; **un vent du** ~ a southerly wind; **au** ~ in the south; **au** ~ **(de)** to the south (of). ◇ *adj inv* [gén] south; [province, région] southern.

sud-africain, -e [sydafrikɛ̃, ɛn] (*mpl* **sud-africains**, *fpl* **sud-africaines**) *adj* South African. ◆ **Sud-Africain, -e** *nm, f* South African.

sud-américain, -e [sydamerikɛ̃, ɛn] (*mpl* **sud-américains,** *fpl* **sud-américaines**) *adj* South American. ◆ **Sud-Américain, -e** *nm, f* South American.

sudation [sydasjɔ̃] *nf* sweating.

sud-est [sydɛst] *nm & adj inv* south-east.

sud-ouest [sydwɛst] *nm & adj inv* southwest.

Suède [sɥɛd] *nf*: **la ~** Sweden.

suédois, -e [sɥedwa, az] *adj* Swedish. ◆ **suédois** *nm* [langue] Swedish. ◆ **Suédois, -e** *nm, f* Swede.

suer [sɥe] ◇ *vi* [personne] to sweat. ◇ *vt* to exude.

sueur [sɥœr] *nf* sweat; **avoir des ~s froides** *fig* to be in a cold sweat.

Suez [sɥɛz] *n*: **le canal de ~** the Suez Canal.

suffi [syfi] *pp inv* → **suffire**.

suffire [syfir] ◇ *vi* **-1.** [être assez]: **~ pour qqch/pour faire qqch** to be enough for sthg/to do sthg, to be sufficient for sthg/to do sthg; **ça suffit!** that's enough! **-2.** [satisfaire]: **~ à** to be enough for. ◇ *v impers*: **il suffit de ...** all that is necessary is ..., all that you have to do is ...; **il suffit d'un moment d'inattention pour que ...** it only takes a moment of carelessness for ...; **il suffit que** (+ *subjonctif*): **il suffit que vous lui écriviez** all (that) you need do is write to him. ◆ **se suffire** *vp*: **se ~ à soi-même** to be self-sufficient.

suffisamment [syfizamɑ̃] *adv* sufficiently.

suffisant, -e [syfizɑ̃, ɑ̃t] *adj* **-1.** [satisfaisant] sufficient. **-2.** [vaniteux] self-important.

suffixe [syfiks] *nm* suffix.

suffocation [syfɔkasjɔ̃] *nf* suffocation.

suffoquer [syfɔke] ◇ *vt* **-1.** [suj: chaleur, fumée] to suffocate. **-2.** *fig* [suj: colère] to choke; [suj: nouvelle, révélation] to astonish, to stun. ◇ *vi* to choke.

suffrage [syfraʒ] *nm* vote.

suggérer [sygʒere] *vt* **-1.** [proposer] to suggest; **~ qqch à qqn** to suggest sthg to sb; **~ à qqn de faire qqch** to suggest that sb (should) do sthg. **-2.** [faire penser à] to evoke.

suggestif, -ive [sygʒɛstif, iv] *adj* **-1.** [musique] evocative. **-2.** [pose, photo] suggestive.

suggestion [sygʒɛstjɔ̃] *nf* suggestion.

suicidaire [sɥisidɛr] *adj* suicidal.

suicide [sɥisid] *nm* suicide.

suicider [sɥiside] ◆ **se suicider** *vp* to commit suicide, to kill o.s.

suie [sɥi] *nf* soot.

suinter [sɥɛ̃te] *vi* **-1.** [eau, sang] to ooze, to seep. **-2.** [surface, mur] to sweat; [plaie] to weep.

suis → **être**.

suisse [sɥis] ◇ *adj* Swiss. ◇ *nm* RELIG verger. ◆ **Suisse** ◇ *nf* [pays]: **la ~** Switzerland; **la ~ allemande/italienne/romande** German-/Italian-/French-speaking Switzerland. ◇ *nmf* [personne] Swiss (person); **les Suisses** the Swiss.

suite [sɥit] *nf* **-1.** [de liste, feuilleton] continuation. **-2.** [série - de maisons, de succès] series; [- d'événements] sequence. **-3.** [succession]: **prendre la ~ de** [personne] to succeed, to take over from; [affaire] to take over; **à la ~** one after the other; **à la ~ de** *fig* following. **-4.** [escorte] retinue. **-5.** MUS suite. **-6.** [appartement] suite. ◆ **suites** *nfpl* consequences. ◆ **par suite de** *loc prép* owing to, because of.

suivant, -e [sɥivɑ̃, ɑ̃t] ◇ *adj* next, following. ◇ *nm, f* next OU following one; **au ~!** next!

suivi, -e [sɥivi] ◇ *pp* → **suivre**. ◇ *adj* [visites] regular; [travail] sustained; [qualité] consistent. ◆ **suivi** *nm* follow-up.

suivre [sɥivr] ◇ *vt* **-1.** [gén] to follow; **«faire ~»** "please forward"; **à ~** to be continued. **-2.** [suj: médecin] to treat. ◇ *vi* **-1.** SCOL to keep up. **-2.** [venir après] to follow. ◆ **se suivre** *vp* to follow one another.

sujet, -ette [syʒɛ, ɛt] ◇ *adj*: **être ~ à qqch** to be subject OU prone to sthg. ◇ *nm, f* [de souverain] subject. ◆ **sujet** *nm* [gén] subject; **c'est à quel ~?** what is it about?; **~ de conversation** topic of conversation; **au ~ de** about, concerning.

sulfate [sylfat] *nm* sulphate.

sulfurique [sylfyrik] *adj* sulphuric.

super [syper] *fam* ◇ *adj inv* super, great. ◇ *nm* four star (petrol) *Br*.

superbe [syperb] *adj* superb; [enfant, femme] beautiful.

supercherie [syperʃəri] *nf* deception, trickery.

superficie [syperfisi] *nf* **-1.** [surface] area. **-2.** *fig* [aspect superficiel] surface.

superficiel, -ielle [syperfisjɛl] *adj* superficial.

superflu, -e [syperfly] *adj* superfluous. ◆ **superflu** *nm* superfluity.

supérieur, -e [syperjœr] ◇ *adj* **-1.** [étage] upper. **-2.** [intelligence, qualité] superior; ~ à superior to; [température] higher than, above. **-3.** [dominant - équipe] superior; [- cadre] senior. **-4.** [SCOL - classe] upper, senior; [- enseignement] higher. **-5.** *péj* [air] superior. ◇ *nm, f* superior.

supériorité [syperjɔrite] *nf* superiority.

superlatif [syperlatif] *nm* superlative.

supermarché [sypermarʃe] *nm* supermarket.

superposer [syperpoze] *vt* to stack. ◆ **se superposer** *vp* to be stacked; GÉOL to be superposed.

superproduction [syperprɔdyksjɔ̃] *nf* spectacular.

superpuissance [syperpɥisɑ̃s] *nf* superpower.

supersonique [sypersɔnik] *adj* supersonic.

superstitieux, -ieuse [syperstisjø, jøz] *adj* superstitious.

superstition [syperstisjɔ̃] *nf* [croyance] superstition.

superviser [sypervize] *vt* to supervise.

supplanter [syplɑ̃te] *vt* to supplant.

suppléant, -e [sypleɑ̃, ɑ̃t] ◇ *adj* acting (*avant n*), temporary. ◇ *nm, f* substitute, deputy.

suppléer [syplee] *vt* **-1.** *littéraire* [carence] to compensate for. **-2.** [personne] to stand in for.

supplément [syplemɑ̃] *nm* **-1.** [surplus]: **un ~ de détails** additional details, extra details. **-2.** PRESSE supplement. **-3.** [de billet] extra charge.

supplémentaire [syplemɑ̃ter] *adj* extra, additional.

supplication [syplikasjɔ̃] *nf* plea.

supplice [syplis] *nm* torture; *fig* [souffrance] torture, agony.

supplier [syplije] *vt*: ~ **qqn de faire qqch** to beg OU implore sb to do sthg; **je t'en** OU **vous en supplie** I beg OU implore you.

support [sypɔr] *nm* **-1.** [socle] support, base. **-2.** *fig* [de communication] medium; ~ **publicitaire** advertising medium.

supportable [sypɔrtabl] *adj* **-1.** [douleur] bearable. **-2.** [conduite] tolerable, acceptable.

supporter[1] [sypɔrte] *vt* **-1.** [soutenir, encourager] to support. **-2.** [endurer] to bear, to stand; ~ **que** (+ *subjonctif*): **il ne supporte pas qu'on le contredise** he cannot bear being contradicted. **-3.**

[résister à] to withstand. ◆ **se supporter** *vp* [se tolérer] to bear OU stand each other.

supporter[2] [sypɔrter] *nm* supporter.

supposer [sypoze] *vt* **-1.** [imaginer] to suppose, to assure; **en supposant que** (+ *subjonctif*), **à ~ que** (+ *subjonctif*) supposing (that). **-2.** [impliquer] to imply, to presuppose.

supposition [sypozisjɔ̃] *nf* supposition, assumption.

suppositoire [sypozitwar] *nm* suppository.

suppression [sypresjɔ̃] *nf* **-1.** [de permis de conduire] withdrawal; [de document] suppression. **-2.** [de mot, passage] deletion. **-3.** [de loi, poste] abolition.

supprimer [syprime] *vt* **-1.** [document] to suppress; [obstacle, difficulté] to remove; [taudis] to do away with. **-2.** [mot, passage] to delete. **-3.** [loi, poste] to abolish. **-4.** [témoin] to do away with, to eliminate. **-5.** [permis de conduire, revenus]: ~ **qqch à qqn** to take sthg away from sb. **-6.** [douleur] to take away, to suppress.

suprématie [sypremasi] *nf* supremacy.

suprême [syprem] *adj* [gén] supreme.

sur [syr] *prép* **-1.** [position - dessus] on; [- au-dessus de] above, over; ~ **la table** on the table. **-2.** [direction] towards; ~ **la droite/gauche** on the right/left, to the right/left. **-3.** [distance]: **travaux ~ 10 kilomètres** roadworks for 10 kilometres. **-4.** [d'après] by; **juger qqn ~ sa mine** to judge sb by his/her appearance. **-5.** [grâce à] on; **il vit ~ les revenus de ses parents** he lives on OU off his parents' income. **-6.** [au sujet de] on, about. **-7.** [proportion] out of; [mesure] by; **9 ~ 10** 9 out of 10; **un mètre ~ deux** one metre by two; **un jour ~ deux** every other day; **une fois ~ deux** every other time. ◆ **sur ce** *loc adv* whereupon.

sûr, -e [syr] *adj* **-1.** [sans danger] safe. **-2.** [digne de confiance - personne] reliable, trustworthy; [- goût] reliable, sound; [- investissement] sound. **-3.** [certain] sure, certain; ~ **de** sure of; ~ **et certain** absolutely certain; ~ **de soi** self-confident.

surabondance [syrabɔ̃dɑ̃s] *nf* overabundance.

suraigu, -ë [syregy] *adj* high-pitched, shrill.

suranné, -e [syrane] *adj* *littéraire* old-fashioned, outdated.

surcharge [syrʃarʒ] nf **-1.** [excès de poids] excess load; [- de bagages] excess weight. **-2.** fig [surcroît]: une ~ de travail extra work. **-3.** [surabondance] surfeit. **-4.** [de document] alteration.

surcharger [syrʃarʒe] vt **-1.** [véhicule, personne]: ~ (de) to overload (with). **-2.** [texte] to alter extensively.

surcroît [syrkrwa] nm: un ~ de travail/d'inquiétude additional work/anxiety.

surdité [syrdite] nf deafness.

surdoué, -e [syrdwe] adj exceptionally OU highly gifted.

sureffectif [syrefɛktif] nm overmanning, overstaffing.

surélever [syrelve] vt to raise, to heighten.

sûrement [syrmɑ̃] adv **-1.** [certainement] certainly; ~ pas! fam no way!, definitely not! **-2.** [sans doute] certainly, surely. **-3.** [sans risque] surely, safely.

surenchère [syrɑ̃ʃɛr] nf higher bid; fig overstatement, exaggeration.

surenchérir [syrɑ̃ʃerir] vi to bid higher; fig to try to go one better.

surendetté, -e [syrɑ̃dete] adj overindebted.

surendettement [syrɑ̃dɛtmɑ̃] nm overindebtedness.

surestimer [syrɛstime] vt **-1.** [exagérer] to overestimate. **-2.** [survaluer] to overvalue. ◆ **se surestimer** vp to overestimate o.s.

sûreté [syrte] nf **-1.** [sécurité] safety; en ~ safe; de ~ safety (avant n). **-2.** [fiabilité] reliability. **-3.** JUR surety.

surexposer [syrɛkspoze] vt to overexpose.

surf [sœrf] nm surfing.

surface [syrfas] nf **-1.** [extérieur, apparence] surface. **-2.** [superficie] surface area. ◆ **grande surface** nf hypermarket.

surfait, -e [syrfɛ, ɛt] adj overrated.

surfer [sœrfe] vi **-1.** SPORT to go surfing. **-2.** INFORM: ~ sur to surf.

surgelé, -e [syrʒəle] adj frozen. ◆ **surgelé** nm frozen food.

surgir [syrʒir] vi to appear suddenly; fig [difficulté] to arise, to come up.

surhumain, -e [syrymɛ̃, ɛn] adj superhuman.

surimpression [syrɛ̃presjɔ̃] nf double exposure.

sur-le-champ [syrləʃɑ̃] loc adv immediately, straightaway.

surlendemain [syrlɑ̃dmɛ̃] nm: le ~ two days later; le ~ de mon départ two days after I left.

surligner [syrliɲe] vt to highlight.

surligneur [syrliɲœr] nm highlighter (pen).

surmenage [syrmənaʒ] nm overwork.

surmener [syrməne] vt to overwork. ◆ **se surmener** vp to overwork.

surmonter [syrmɔ̃te] vt **-1.** [obstacle, peur] to overcome, to surmount. **-2.** [suj: statue, croix] to surmount, to top.

surnager [syrnaʒe] vi **-1.** [flotter] to float (on the surface). **-2.** fig [subsister] to remain, to survive.

surnaturel, -elle [syrnatyrɛl] adj supernatural. ◆ **surnaturel** nm: le ~ the supernatural.

surnom [syrnɔ̃] nm nickname.

surnombre [syrnɔ̃br] ◆ **en surnombre** loc adv too many.

surpasser [syrpase] vt to surpass, to outdo. ◆ **se surpasser** vp to surpass OU excel o.s.

surpeuplé, -e [syrpœple] adj overpopulated.

surplomb [syrplɔ̃] ◆ **en surplomb** loc adj overhanging.

surplomber [syrplɔ̃be] ◇ vt to overhang. ◇ vi to be out of plumb.

surplus [syrply] nm [excédent] surplus.

surprenant, -e [syrprənɑ̃, ɑ̃t] adj surprising, amazing.

surprendre [syrprɑ̃dr] vt **-1.** [voleur] to catch (in the act). **-2.** [secret] to overhear. **-3.** [prendre à l'improviste] to surprise, to catch unawares. **-4.** [étonner] to surprise, to amaze.

surpris, -e [syrpri, iz] pp → **surprendre**.

surprise [syrpriz] ◇ nf surprise; par ~ by surprise; faire une ~ à qqn to give sb a surprise. ◇ adj [inattendu] surprise (avant n); grève ~ lightning strike.

surproduction [syrprɔdyksjɔ̃] nf overproduction.

surréalisme [syrrealism] nm surrealism.

sursaut [syrso] nm **-1.** [de personne] jump, start; en ~ with a start. **-2.** [d'énergie] burst, surge.

sursauter [syrsote] vi to start, to give a start.

sursis [syrsi] nm JUR & fig reprieve; six mois avec ~ six months' suspended sentence.

sursitaire [syrsitɛr] nmf MIL person whose call-up has been deferred.

surtaxe [syrtaks] nf surcharge.

surtout [syrtu] adv **-1.** [avant tout] above all. **-2.** [spécialement] especially, particularly; ~ pas certainly not.

◆ **surtout que** *loc conj fam* especially as.

survécu [syrveky] *pp* → **survivre**.

surveillance [syrvejɑ̃s] *nf* supervision; [de la police, de militaire] surveillance.

surveillant, -e [syrvejɑ̃, ɑ̃t] *nm, f* supervisor; [de prison] warder *Br*, guard.

surveiller [syrveje] *vt* **-1.** [enfant] to watch, to keep an eye on; [suspect] to keep a watch on. **-2.** [travaux] to supervise; [examen] to invigilate. **-3.** [ligne, langage] to watch. ◆ **se surveiller** *vp* to watch o.s.

survenir [syrvənir] *vi* [incident] to occur.

survenu, -e [syrvəny] *pp* → **survenir**.

survêtement [syrvɛtmɑ̃] *nm* tracksuit.

survie [syrvi] *nf* [de personne] survival.

survivant, -e [syrvivɑ̃, ɑ̃t] ◇ *nm, f* survivor. ◇ *adj* surviving.

survivre [syrvivr] *vi* to survive; ~ à [personne] to outlive, to survive; [accident, malheur] to survive.

survoler [syrvɔle] *vt* **-1.** [territoire] to fly over. **-2.** [texte] to skim (through).

sus [sy(s)] *interj*: ~ à l'ennemi! at the enemy! ◆ **en sus** *loc adv* moreover, in addition; **en ~ de** over and above, in addition to.

susceptibilité [syseptibilite] *nf* touchiness, sensitivity.

susceptible [syseptibl] *adj* **-1.** [ombrageux] touchy, sensitive. **-2.** [en mesure de]: ~ **de faire qqch** liable OU likely to do sthg; ~ **d'amélioration**, ~ **d'être amélioré** open to improvement.

susciter [sysite] *vt* **-1.** [admiration, curiosité] to arouse. **-2.** [ennuis, problèmes] to create.

suspect, -e [syspɛ, ɛkt] ◇ *adj* **-1.** [personne] suspicious. **-2.** [douteux] suspect. ◇ *nm, f* suspect.

suspecter [syspɛkte] *vt* to suspect, to have one's suspicions about; ~ **qqn de qqch/de faire qqch** to suspect sb of sthg/of doing sthg.

suspendre [syspɑ̃dr] *vt* **-1.** [lustre, tableau] to hang (up). **-2.** [pourparlers] to suspend; [séance] to adjourn; [journal] to suspend publication of. **-3.** [fonctionnaire, constitution] to suspend. **-4.** [jugement] to postpone, to defer.

suspendu, -e [syspɑ̃dy] ◇ *pp* → **suspendre**. ◇ *adj* **-1.** [fonctionnaire] suspended. **-2.** [séance] adjourned. **-3.** [lustre, tableau]: ~ **au plafond/au mur** hanging from the ceiling/on the wall.

suspens [syspɑ̃] ◆ **en suspens** *loc adv* in abeyance.

suspense [syspɛns] *nm* suspense.

suspension [syspɑ̃sjɔ̃] *nf* **-1.** [gén] suspension; **en ~** in suspension, suspended. **-2.** [de combat] halt; [d'audience] adjournment. **-3.** [lustre] light fitting.

suspicion [syspisjɔ̃] *nf* suspicion.

susurrer [sysyre] *vt & vi* to murmur.

suture [sytyr] *nf* suture.

svelte [zvɛlt] *adj* slender.

SVP *abr de* **s'il vous plaît**.

sweat-shirt [switʃœrt] (*pl* **sweat-shirts**) *nm* sweatshirt.

syllabe [silab] *nf* syllable.

symbole [sɛ̃bɔl] *nm* symbol.

symbolique [sɛ̃bɔlik] *adj* **-1.** [figure] symbolic. **-2.** [geste, contribution] token (*avant n*). **-3.** [rémunération] nominal.

symboliser [sɛ̃bɔlize] *vt* to symbolize.

symétrie [simetri] *nf* symmetry.

symétrique [simetrik] *adj* symmetrical.

sympa [sɛ̃pa] *adj fam* [personne] likeable, nice; [soirée, maison] pleasant, nice; [ambiance] friendly.

sympathie [sɛ̃pati] *nf* **-1.** [pour personne, projet] liking; **accueillir un projet avec ~** to look sympathetically OU favourably on a project. **-2.** [condoléances] sympathy.

sympathique [sɛ̃patik] *adj* **-1.** [personne] likeable, nice; [soirée, maison] pleasant, nice; [ambiance] friendly. **-2.** ANAT & MÉD sympathetic.

sympathiser [sɛ̃patize] *vi* to get on well; ~ **avec qqn** to get on well with sb.

symphonie [sɛ̃fɔni] *nf* symphony.

symphonique [sɛ̃fɔnik] *adj* [musique] symphonic; [concert, orchestre] symphony (*avant n*).

symptomatique [sɛ̃ptɔmatik] *adj* symptomatic.

symptôme [sɛ̃ptom] *nm* symptom.

synagogue [sinagɔg] *nf* synagogue.

synchroniser [sɛ̃krɔnize] *vt* to synchronize.

syncope [sɛ̃kɔp] *nf* **-1.** [évanouissement] blackout. **-2.** MUS syncopation.

syndic [sɛ̃dik] *nm* [de copropriété] representative.

syndicaliste [sɛ̃dikalist] ◇ *nmf* trade unionist. ◇ *adj* (trade) union (*avant n*).

syndicat [sɛ̃dika] *nm* [d'employés, d'agriculteurs] (trade) union; [d'employeurs, de propriétaires] association. ◆ **syndicat d'initiative** *nm* tourist office.

syndiqué, -e [sɛ̃dike] *adj* unionized.

syndrome [sɛ̃drom] *nm* syndrome.

synergie [sinɛrʒi] *nf* synergy, synergism.

synonyme [sinɔnim] ◇ *nm* synonym. ◇ *adj* synonymous.

syntaxe [sɛ̃taks] *nf* syntax.

synthé [sɛ̃te] *nm fam* synth.

synthèse [sɛ̃tɛz] *nf* -1. [opération & CHIM] synthesis. -2. [exposé] overview.

synthétique [sɛ̃tetik] *adj* -1. [vue] overall. -2. [produit] synthetic.

synthétiseur [sɛ̃tetizœr] *nm* synthesizer.

syphilis [sifilis] *nf* syphilis.

Syrie [siri] *nf*: **la ~** Syria.

syrien, -ienne [sirjɛ̃, jɛn] *adj* Syrian. ◆ **Syrien, -ienne** *nm, f* Syrian.

systématique [sistematik] *adj* systematic.

systématiser [sistematize] *vt* to systematize.

système [sistɛm] *nm* system; **~ expert** INFORM expert system; **~ d'exploitation** INFORM operating system; **~ nerveux** nervous system; **~ solaire** solar system.

t, T [te] *nm inv* t, T.

ta → **ton**.

tabac [taba] *nm* -1. [plante, produit] tobacco; **~ blond** mild OU Virginia tobacco; **~ brun** dark tobacco; **~ à priser** snuff -2. [magasin] tobacconist's.

tabagisme [tabaʒism] *nm* -1. [intoxication] nicotine addiction. -2. [habitude] smoking.

tabernacle [tabɛrnakl] *nm* tabernacle.

table [tabl] *nf* [meuble] table; **à ~!** lunch/dinner *etc* is ready!; **être à ~** to be at table, to be having a meal; **se mettre à ~** to sit down to eat; *fig* to come clean; **dresser** OU **mettre la ~** to lay the table; **~ de chevet** OU **de nuit** bedside table. ◆ **table des matières** *nf* contents (*pl*), table of contents. ◆ **table de multiplication** *nf* (multiplication) table.

tableau [tablo] *nm* -1. [peinture] painting, picture; *fig* [description] picture. -2. THÉÂTRE scene. -3. [panneau] board; **~ d'affichage** notice board *Br*, bulletin board *Am*; **~ de bord** AÉRON instrument panel; AUTOM dashboard; **~ noir** blackboard. -4. [de données] table.

tabler [table] *vi*: **~ sur** to count OU bank on.

tablette [tablɛt] *nf* -1. [planchette] shelf. -2. [de chewing-gum] stick; [de chocolat] bar.

tableur [tablœr] *nm* INFORM spreadsheet.

tablier [tablije] *nm* -1. [de cuisinière] apron; [d'écolier] smock. -2. [de pont] roadway, deck.

tabloïd(e) [tablɔid] *nm* tabloid.

tabou, -e [tabu] *adj* taboo. ◆ **tabou** *nm* taboo.

tabouret [taburɛ] *nm* stool.

tabulateur [tabylatœr] *nm* tabulator, tab.

tac [tak] *nm*: **du ~ au ~** tit for tat.

tache [taʃ] *nf* -1. [de pelage] marking; [de peau] mark; **~ de rousseur** OU **de son** freckle. -2. [de couleur, lumière] spot, patch. -3. [sur nappe, vêtement] stain. **-4.** *littéraire* [morale] blemish.

tâche [taʃ] *nf* task.

tacher [taʃe] *vt* -1. [nappe, vêtement] to stain, to mark. -2. *fig* [réputation] to tarnish.

tâcher [taʃe] *vi*: **~ de faire qqch** to try to do sthg.

tacheter [taʃte] *vt* to spot, to speckle.

tacite [tasit] *adj* tacit.

taciturne [tasityrn] *adj* taciturn.

tact [takt] *nm* [délicatesse] tact; **avoir du ~** to be tactful; **manquer de ~** to be tactless.

tactique [taktik] ◇ *adj* tactical. ◇ *nf* tactics (*pl*).

tag [tag] *nm identifying name written with a spray can on walls, the sides of trains etc.*

tagueur, -euse [tagœr, øz] *nm, f person who sprays their "tag" on walls, the sides of trains etc.*

taie [tɛ] *nf* [enveloppe]: **~ (d'oreiller)** pillowcase, pillow slip.

taille [taj] *nf* -1. [action - de pierre, diamant] cutting; [- d'arbre, haie] pruning. -2. [stature] height. -3. [mesure, dimensions] size; **vous faites quelle ~?** what size are you?, what size do you take?; **ce n'est pas à ma ~** it doesn't fit me; **de ~** sizeable, considerable. -4. [milieu du corps] waist.

taille-crayon [tajkrɛjɔ̃] (*pl* **taille-crayons**) *nm* pencil sharpener.

tailler [taje] *vt* -1. [couper - chair, pierre, diamant] to cut; [- arbre, haie] to prune; [- crayon] to sharpen; [- bois] to carve. -2. [vêtement] to cut out.

tailleur [tajœr] *nm* -1. [couturier] tailor. -2. [vêtement] (lady's) suit. -3. [de diamants, pierre] cutter.

taillis [taji] *nm* coppice, copse.

tain [tɛ̃] *nm* silvering; **miroir sans ~** two-way mirror.

taire [tɛr] *vt* to conceal. **◆ se taire** *vp* -1. [rester silencieux] to be silent OU quiet. -2. [cesser de s'exprimer] to fall silent; **tais-toi!** shut up!

Taiwan [tajwan] *n* Taiwan.

talc [talk] *nm* talcum powder.

talent [talɑ̃] *nm* talent; **avoir du ~** to be talented, to have talent; **les jeunes ~s** young talent (*U*).

talentueux, -euse [talɑ̃tɥø, øz] *adj* talented.

talisman [talismɑ̃] *nm* talisman.

talkie-walkie [tɔkiwɔki] *nm* walkie-talkie.

talon [talɔ̃] *nm* -1. [gén] heel; **~s aiguilles/hauts** stiletto/high heels; **~s plats** low OU flat heels. -2. [de chèque] counterfoil, stub. -3. CARTES stock.

talonner [talɔne] *vt* -1. [suj: poursuivant] to be hard on the heels of. -2. [suj: créancier] to harry, to hound.

talonnette [talɔnɛt] *nf* [de chaussure] heel cushion, heel-pad.

talquer [talke] *vt* to put talcum powder on.

talus [taly] *nm* embankment.

tambour [tɑ̃bur] *nm* -1. [instrument, cylindre] drum. -2. [musicien] drummer. -3. [porte à tourniquet] revolving door.

tambourin [tɑ̃burɛ̃] *nm* -1. [à grelots] tambourine. -2. [tambour] tambourin.

tambouriner [tɑ̃burine] *vi*: **~ sur** OU **à** to drum on; **~ contre** to drum against.

tamis [tami] *nm* [crible] sieve.

Tamise [tamiz] *nf*: **la ~** the Thames.

tamisé, -e [tamize] *adj* [éclairage] subdued.

tamiser [tamize] *vt* -1. [farine] to sieve. -2. [lumière] to filter.

tampon [tɑ̃pɔ̃] *nm* -1. [bouchon] stopper, plug. -2. [éponge] pad; **~ à récurer** scourer. -3. [de coton, d'ouate] pad; **~ hygiénique** OU **périodique** tampon. -4. [cachet] stamp. -5. *litt* & *fig* [amortisseur] buffer.

tamponner [tɑ̃pɔne] *vt* -1. [document] to stamp. -2. [plaie] to dab.

tam-tam [tamtam] (*pl* **tam-tams**) *nm* tom-tom.

tandem [tɑ̃dɛm] *nm* -1. [vélo] tandem. -2. [duo] pair; **en ~** together, in tandem.

tandis [tɑ̃di] **◆ tandis que** *loc conj* -1. [pendant que] while. -2. [alors que] while, whereas.

tangage [tɑ̃gaʒ] *nm* pitching, pitch.

tangent, -e [tɑ̃ʒɑ̃, ɑ̃t] *adj*: **~ à** MATHS tangent to, tangential to; **c'était ~** *fig* it was close, it was touch and go. **◆ tangente** *nf* tangent.

tangible [tɑ̃ʒibl] *adj* tangible.

tango [tɑ̃go] *nm* tango.

tanguer [tɑ̃ge] *vi* to pitch.

tanière [tanjɛr] *nf* den, lair.

tank [tɑ̃k] *nm* tank.

tanner [tane] *vt* -1. [peau] to tan. -2. *fam* [personne] to pester, to annoy.

tant [tɑ̃] *adv* -1. [quantité]: **~ de** so much; **~ de travail** so much work. -2. [nombre]: **~ de** so many; **~ de livres/d'élèves** so many books/pupils. -3. [tellement] such a lot, so much; **il l'aime ~** he loves her so much. -4. [quantité indéfinie] so much; **ça coûte ~** it costs so much. -5. [un jour indéfini]: **votre lettre du ~** your letter of such-and-such a date. -6. [comparatif]: **~ que** as much as. -7. [valeur temporelle]: **~ que** [aussi longtemps que] as long as; [pendant que] while. **◆ en tant que** *loc conj* as. **◆ tant bien que mal** *loc adv* after a fashion, somehow or other. **◆ tant mieux** *loc adv* so much the better; **~ mieux pour lui** good for him. **◆ tant pis** *loc adv* too bad; **~ pis pour lui** too bad for him.

tante [tɑ̃t] *nf* [parente] aunt.

tantinet [tɑ̃tine] *nm*: **un ~ exagéré/trop long** a bit exaggerated/too long.

tantôt [tɑ̃to] *adv* -1. [parfois] sometimes. -2. *vieilli* [après-midi] this afternoon.

tapage [tapaʒ] *nm* -1. [bruit] row. -2. *fig* [battage] fuss (*U*).

tapageur, -euse [tapaʒœr, øz] *adj* -1. [hôte, enfant] rowdy. -2. [style] flashy. -3. [liaison, publicité] blatant.

tape [tap] *nf* slap.

tape-à-l'œil [tapalœj] *adj inv* flashy.

taper [tape] ◇ *vt* -1. [personne, cuisse] to slap; **~ (un coup) à la porte** to knock at the door. -2. [à la machine] to type. ◇ *vi* -1. [frapper] to hit; **~ du poing sur** to bang one's fist on; **~ dans ses mains** to clap. -2. [à la machine] to

type. -3. *fam* [soleil] to beat down. **-4.**
fig [critiquer]: ~ **sur qqn** to knock sb.

tapis [tapi] *nm* carpet; [de gymnase] mat;
~ **roulant** [pour bagages] conveyor belt;
[pour personnes] travolator.

tapisser [tapise] *vt*: ~ **(de)** to cover
(with).

tapisserie [tapisri] *nf* tapestry.

tapissier, -ière [tapisje, jɛr] *nm, f* **-1.** [ar-
tisan] tapestry maker. **-2.** [décorateur]
(interior) decorator. **-3.** [commerçant]
upholsterer.

tapoter [tapɔte] ◇ *vt* to tap; [joue] to
pat. ◇ *vi*: ~ **sur** to tap on.

taquin, -e [takɛ̃, in] *adj* teasing.

taquiner [takine] *vt* **-1.** [suj: personne] to
tease. **-2.** [suj: douleur] to worry.

tarabuster [tarabyste] *vt* **-1.** [suj: per-
sonne] to badger. **-2.** [suj: idée] to niggle
at.

tard [tar] *adv* late; **plus** ~ later; **au plus**
~ at the latest.

tarder [tarde] ◇ *vi*: **à faire qqch** [at-
tendre pour] to delay OU put off doing
sthg; [être lent à] to take a long time to
do sthg; **le feu ne va pas** ~ **à s'éteindre**
it won't be long before the fire goes
out; **elle ne devrait plus** ~ **maintenant**
she should be here any time now. ◇ *v
impers*: **il me tarde de te revoir/qu'il
vienne** I am longing to see you again/
for him to come.

tardif, -ive [tardif, iv] *adj* [heure] late.

tare [tar] *nf* **-1.** [défaut] defect. **-2.** [de
balance] tare.

tarif [tarif] *nm* **-1.** [prix - de restaurant,
café] price; [- de service] rate, price;
[douanier] tariff; **demi-**~ half rate OU
price; ~ **réduit** reduced price; [au cinéma, théâtre] concession. **-2.** [tableau]
price list.

tarir [tarir] *vi* to dry up; **elle ne tarit
pas d'éloges sur son professeur** she
never stops praising her teacher. ◆ **se
tarir** *vp* to dry up.

tarot [taro] *nm* tarot. ◆ **tarots** *nmpl* tarot cards.

tartare [tartar] *adj* Tartar; **(steak)** ~
steak tartare.

tarte [tart] ◇ *nf* **-1.** [gâteau] tart. **-2.** *fam
fig* [gifle] slap. ◇ *adj* (*avec ou sans accord*) *fam* [idiot] stupid.

tartine [tartin] *nf* [de pain] piece of
bread and butter.

tartiner [tartine] *vt* **-1.** [pain] to spread;
chocolat/fromage à ~ chocolate/cheese
spread. **-2.** *fam fig* [pages] to cover.

tartre [tartr] *nm* **-1.** [de dents, vin] tartar.
-2. [de chaudière] fur, scale.

tas [ta] *nm* heap; **un** ~ **de** a lot of.

tasse [tas] *nf* cup; ~ **à café/à thé**
coffee/tea cup; ~ **de café/de thé** cup of
coffee/tea.

tasser [tase] *vt* **-1.** [neige] to compress,
to pack down. **-2.** [vêtements, person-
nes]: ~ **qqn/qqch dans** to stuff sb/sthg
into. ◆ **se tasser** *vp* **-1.** [fondations] to
settle. **-2.** *fig* [vieillard] to shrink. **-3.**
[personnes] to squeeze up. **-4.** *fam fig*
[situation] to settle down.

tâter [tate] *vt* to feel; *fig* to sound out.
◆ **se tâter** *vp fam fig* [hésiter] to be in
two minds.

tatillon, -onne [tatijɔ̃, ɔn] *adj* finicky.

tâtonnement [tatɔnmɑ̃] *nm* (*gén pl*)
[tentative] trial and error (*U*).

tâtonner [tatɔne] *vi* to grope around.

tâtons [tatɔ̃] ◆ **à tâtons** *loc adv*:
marcher/procéder à ~ to feel one's
way.

tatouage [tatwaʒ] *nm* [dessin] tattoo.

tatouer [tatwe] *vt* to tattoo.

taudis [todi] *nm* slum.

taupe [top] *nf litt & fig* mole.

taureau, -x [tɔro] *nm* [animal] bull.
◆ **Taureau** *nm* ASTROL Taurus.

tauromachie [tɔrɔmaʃi] *nf* bullfighting.

taux [to] *nm* rate; [de cholestérol,
d'alcool] level; ~ **de change** exchange
rate; ~ **d'intérêt** interest rate; ~ **de natalité** birth rate.

taverne [tavɛrn] *nf* tavern.

taxe [taks] *nf* tax; **hors** ~ COMM exclusive of tax, before tax; **toutes** ~**s
comprises** inclusive of tax; ~ **sur la valeur ajoutée** value added tax.

taxer [takse] *vt* [imposer] to tax.

taxi [taksi] *nm* **-1.** [voiture] taxi. **-2.**
[chauffeur] taxi driver.

TB, tb (*abr de* très bien) VG.

Tchad [tʃad] *nm*: **le** ~ Chad.

tchécoslovaque [tʃekɔslɔvak] *adj*
Czechoslovakian. ◆ **Tchécoslovaque**
nmf Czechoslovak.

Tchécoslovaquie [tʃekɔslɔvaki] *nf*: **la** ~
Czechoslovakia.

tchèque [tʃɛk] ◇ *adj* Czech. ◇ *nm* [lan-
gue] Czech. ◆ **Tchèque** *nmf* Czech.

TD (*abr de* travaux dirigés) *nmpl* super-
vised practical work.

te [tə], **t'** *pron pers* **-1.** [complément
d'objet direct] you. **-2.** [complément
d'objet indirect] (to) you. **-3.** [réfléchi]
yourself. **-4.** [avec un présentatif]: ~ **voici!** here you are!

technicien, -ienne [tɛknisjɛ̃, jɛn] *nm, f*
-1. [professionnel] technician. **-2.** [spécialiste]: ~ **(de)** expert (in).
technico-commercial, -e [tɛkniko-kɔmɛrsjal] (*mpl* **technico-commerciaux**, *fpl* **technico-commerciales**) *nm, f* sales engineer.
technique [tɛknik] ◇ *adj* technical. ◇ *nf* technique.
technocrate [tɛknɔkrat] *nmf* technocrat.
technologie [tɛknɔlɔʒi] *nf* technology.
technologique [tɛknɔlɔʒik] *adj* technological.
teckel [tɛkɛl] *nm* dachshund.
tee-shirt (*pl* **tee-shirts**), **T-shirt** (*pl* **T-shirts**) [tiʃœrt] *nm* T-shirt.
teigne [tɛɲ] *nf* **-1.** [mite] moth. **-2.** MÉD ringworm. **-3.** *fam fig & péj* [femme] cow; [homme] bastard.
teindre [tɛ̃dr] *vt* to dye.
teint, -e [tɛ̃, tɛ̃t] ◇ *pp* → **teindre**. ◇ *adj* dyed. ◆ **teint** *nm* [carnation] complexion. ◆ **teinte** *nf* colour.
teinté, -e [tɛ̃te] *adj* tinted; ~ **de** *fig* tinged with.
teinter [tɛ̃te] *vt* to stain.
teinture [tɛ̃tyr] *nf* **-1.** [action] dyeing. **-2.** [produit] dye. ◆ **teinture d'iode** *nf* tincture of iodine.
teinturerie [tɛ̃tyrri] *nf* **-1.** [pressing] dry cleaner's. **-2.** [métier] dyeing.
teinturier, -ière [tɛ̃tyrje, jɛr] *nm, f* [de pressing] dry cleaner.
tel [tɛl] (*f* **telle**, *mpl* **tels**, *fpl* **telles**) *adj*
-1. [valeur indéterminée] such-and-such a; ~ **et** ~ such-and-such a. **-2.** [semblable] such; **un** ~ **homme** such a man; **de telles gens** such people; **je n'ai rien dit de** ~ I never said anything of the sort.
-3. [valeur emphatique ou intensive] such; **un** ~ **génie** such a genius; **un** ~ **bonheur** such happiness. **-4.** [introduit un exemple ou une énumération] : ~ **(que)** such as, like. **-5.** [introduit une comparaison] like; **il est** ~ **que je l'avais toujours rêvé** he's just like I always dreamt he would be; ~ **quel** as it is/was *etc.* ◆ **à tel point que** *loc conj* to such an extent that. ◆ **de telle manière que** *loc conj* in such a way that. ◆ **de telle sorte que** *loc conj* with the result that, so that.
tél. (*abr de* **téléphone**) tel.
télé [tele] *nf fam* TV, telly *Br*.
téléachat [teleaʃa] *nm* teleshopping.
téléacteur, -trice [teleaktœr, -tris] *nm, f* telesalesperson.
Télécarte® [telekart] *nf* phonecard.
télécharger [teleʃarʒe] *vt* INFORM to download.

télécommande [telekɔmãd] *nf* remote control.
télécommunication [telekɔmynikasjɔ̃] *nf* telecommunications (*pl*).
télécopie [telekɔpi] *nf* fax.
télécopieur [telekɔpjœr] *nm* fax (machine).
téléfilm [telefilm] *nm* film made for television.
télégramme [telegram] *nm* telegram.
télégraphe [telegraf] *nm* telegraph.
télégraphier [telegrafje] *vt* to telegraph.
téléguider [telegide] *vt* to operate by remote control; *fig* to mastermind.
télématique [telematik] *nf* telematics (U).
téléobjectif [teleɔbʒɛktif] *nm* telephoto lens (*sg*).
télépathie [telepati] *nf* telepathy.
téléphérique [teleferik] *nm* cableway.
téléphone [telefɔn] *nm* telephone; ~ **sans fil** cordless telephone; ~ **portable** mobile phone.
téléphoner [telefɔne] *vi* to telephone, to phone; ~ **à qqn** to telephone sb, to phone sb (up).
téléphonique [telefɔnik] *adj* telephone (*avant n*), phone (*avant n*).
téléprospection [teleprɔspɛksjɔ̃] *nf* telemarketing.
télescope [teleskɔp] *nm* telescope.
télescoper [teleskɔpe] *vt* [véhicule] to crash into. ◆ **se télescoper** *vp* [véhicules] to concertina.
télescopique [teleskɔpik] *adj* [antenne] telescopic.
téléscripteur [teleskriptœr] *nm* teleprinter *Br*, teletypewriter *Am*.
télésiège [telesjɛʒ] *nm* chairlift.
téléski [teleski] *nm* ski tow.
téléspectateur, -trice [telespɛktatœr, tris] *nm, f* (television) viewer.
télétravail, -aux [teletravaj, o] *nm* teleworking (U).
téléviseur [televizœr] *nm* television (set).
télévision [televizjɔ̃] *nf* television; **à la** ~ on television; ~ **numérique** digital television.
télex [telɛks] *nm inv* telex.
tellement [tɛlmã] *adv* **-1.** [si, à ce point] so; (+ *comparatif*) so much; ~ **plus jeune que** so much younger than; **pas** ~ not especially, not particularly; **ce n'est plus** ~ **frais/populaire** it's no longer all that fresh/popular. **-2.** [autant]: ~ **de** [personnes, objets] so many; [gentillesse, travail] so much. **-3.** [tant] so much; **elle a** ~ **changé** she's changed so much; **je ne comprends rien** ~ **il parle vite** he talks so quickly that I can't understand a word.
téméraire [temerɛr] ◇ *adj* **-1.** [auda-

cieux] bold. **-2.** [imprudent] rash. ◇ *nmf* hothead.

témérité [temerite] *nf* **-1.** [audace] boldness. **-2.** [imprudence] rashness.

témoignage [temwaɲaʒ] *nm* **-1.** JUR testimony, evidence (*U*); **faux ~** perjury. **-2.** [gage] token, expression; **en ~ de** as a token of. **-3.** [récit] account.

témoigner [temwaɲe] ◇ *vt* **-1.** [manifester] to show, to display. **-2.** JUR: **~ que** to testify that. ◇ *vi* JUR to testify; **~ contre** to testify against.

témoin [temwɛ̃] ◇ *nm* **-1.** [gén] witness; **être ~ de qqch** to be a witness to sthg, to witness sthg; **~ oculaire** eyewitness. **-2.** *littéraire* [marque]: **~ de** evidence (*U*) of. **-3.** SPORT baton. ◇ *adj* [appartement] show (*avant n*).

tempe [tɑ̃p] *nf* temple.

tempérament [tɑ̃peramɑ̃] *nm* temperament; **avoir du ~** to be hot-blooded.

température [tɑ̃peratyr] *nf* temperature; **avoir de la ~** to have a temperature.

tempéré, -e [tɑ̃pere] *adj* [climat] temperate.

tempérer [tɑ̃pere] *vt* [adoucir] to temper; *fig* [enthousiasme, ardeur] to moderate.

tempête [tɑ̃pɛt] *nf* storm.

tempêter [tɑ̃pete] *vi* to rage.

temple [tɑ̃pl] *nm* **-1.** HIST temple. **-2.** [protestant] church.

tempo [tɛmpo] *nm* tempo.

temporaire [tɑ̃pɔrɛr] *adj* temporary.

temporairement [tɑ̃pɔrɛrmɑ̃] *adv* temporarily.

temporel, -elle [tɑ̃pɔrɛl] *adj* **-1.** [défini dans le temps] time (*avant n*). **-2.** [terrestre] temporal.

temps [tɑ̃] *nm* **-1.** [gén] time; **à plein ~** full-time; **à mi-~** half-time; **à ~ partiel** part-time; **en un ~ record** in record time; **au** OU **du ~ où** (in the days) when; **de mon ~** in my day; **ça prend un certain ~** it takes some time; **ces ~-ci, ces derniers ~** these days; **pendant ce ~** meanwhile; **en ~ utile** in due course; **en ~ de guerre/paix** in wartime/peacetime; **il était ~!** *iron* and about time too!; **avoir le ~ de faire qqch** to have time to do sthg; **~ libre** free time; **à ~** in time; **de ~ à autre** now and then OU again; **de ~ en ~** from time to time; **en même ~** at the same time; **tout le ~** all the time, the whole time; **avoir tout son ~** to have all the time in the world. **-2.** MUS beat. **-3.** GRAM tense. **-4.** MÉTÉOR weather.

tenable [tənabl] *adj* bearable.

tenace [tənas] *adj* **-1.** [gén] stubborn. **-2.** *fig* [odeur, rhume] lingering.

ténacité [tenasite] *nf* **-1.** [d'odeur] lingering nature. **-2.** [de préjugé, personne] stubbornness.

tenailler [tənaje] *vt* to torment.

tenailles [tənaj] *nfpl* pincers.

tenancier, -ière [tənɑ̃sje, jɛr] *nm, f* manager (*f* manageress).

tendance [tɑ̃dɑ̃s] *nf* **-1.** [disposition] tendency; **avoir ~ à qqch/à faire qqch** to have a tendency to sthg/to do sthg, to be inclined to sthg/to do sthg. **-2.** [économique, de mode] trend.

tendancieux, -ieuse [tɑ̃dɑ̃sjø, jøz] *adj* tendentious.

tendeur [tɑ̃dœr] *nm* [sangle] elastic strap (*for fastening luggage etc*).

tendinite [tɑ̃dinit] *nf* tendinitis.

tendon [tɑ̃dɔ̃] *nm* tendon.

tendre¹ [tɑ̃dr] *adj* **-1.** [gén] tender. **-2.** [matériau] soft. **-3.** [couleur] delicate. ◇ *nmf* tender-hearted person.

tendre² [tɑ̃dr] *vt* **-1.** [corde] to tighten. **-2.** [muscle] to tense. **-3.** [objet, main]: **~ qqch à qqn** to hold out sthg to sb. **-4.** [bâche] to hang. **-5.** [piège] to set (up). ◆ **se tendre** *vp* to tighten; *fig* [relations] to become strained.

tendresse [tɑ̃drɛs] *nf* **-1.** [affection] tenderness. **-2.** [indulgence] sympathy.

tendu, -e [tɑ̃dy] ◇ *pp* → **tendre**. ◇ *adj* **-1.** [fil, corde] taut. **-2.** [personne] tense. **-3.** [atmosphère, rapports] strained. **-4.** [main] outstretched.

ténèbres [tenɛbr] *nfpl* darkness (*sg*), shadows; *fig* depths.

ténébreux, -euse [tenebrø, øz] *adj* **-1.** *fig* [dessein, affaire] mysterious. **-2.** [personne] serious, solemn.

teneur [tənœr] *nf* content; [de traité] terms (*pl*); **~ en alcool/cuivre** alcohol/copper content.

tenir [tənir] ◇ *vt* **-1.** [objet, personne, solution] to hold. **-2.** [garder, conserver, respecter] to keep. **-3.** [gérer - boutique] to keep, to run. **-4.** [apprendre]: **~ qqch de qqn** to have sthg from sb. **-5.** [considérer]: **~ qqn pour** to regard sb as. ◇ *vi* **-1.** [être solide] to stay up, to hold together. **-2.** [durer] to last. **-3.** [pouvoir être contenu] to fit. **-4.** [être attaché]: **~ à** [personne] to care about; [privilèges] to value. **-5.** [vouloir absolument]: **~ à faire qqch** to insist on doing sthg. **-6.** [ressembler]: **~ de** to take after. **-7.** [relever de]: **~ de** to have something of. **-8.**

[dépendre de]: **il ne tient qu'à toi de ...** it's entirely up to you to .... **-9.** *loc:* ~ **bon te tiens! tiens!** [en donnant] here!; [surprise] well, well!; [pour attirer attention] look! ◆ **se tenir** *vp* **-1.** [réunion] to be held. **-2.** [personnes] to hold one another; **se** ~ **par la main** to hold hands. **-3.** [être présent] to be. **-4.** [être cohérent] to make sense. **-5.** [se conduire] to behave (o.s.). **-6.** [se retenir]: **se** ~ **(à)** to hold on (to). **-7.** [se borner]: **s'en** ~ **à** to stick to.

tennis [tenis] ◇ *nm* [sport] tennis. ◇ *nmpl* tennis shoes.

ténor [tenɔr] *nm* **-1.** [chanteur] tenor. **-2.** *fig* [vedette]: **un** ~ **de la politique** a political star performer.

tension [tɑ̃sjɔ̃] *nf* **-1.** [contraction, désaccord] tension. **-2.** MÉD pressure; **avoir de la** ~ to have high blood pressure. **-3.** ÉLECTR voltage; **haute/basse** ~ high/low voltage.

tentaculaire [tɑ̃takylɛr] *adj fig* sprawling.

tentant, -e [tɑ̃tɑ̃, ɑ̃t] *adj* tempting.

tentation [tɑ̃tasjɔ̃] *nf* temptation.

tentative [tɑ̃tativ] *nf* attempt; ~ **de suicide** suicide attempt.

tente [tɑ̃t] *nf* tent.

tenter [tɑ̃te] *vt* **-1.** [entreprendre]: ~ **qqch/de faire qqch** to attempt sthg/to do sthg. **-2.** [plaire] to tempt; **être tenté par qqch/de faire qqch** to be tempted by sthg/to do sthg.

tenture [tɑ̃tyr] *nf* hanging.

tenu, -e [təny] ◇ *pp* → **tenir.** ◇ *adj* **-1.** [obligé]: **être** ~ **de faire qqch** to be required OU obliged to do sthg. **-2.** [en ordre]: **bien/mal** ~ [maison] well/badly kept.

ténu, -e [teny] *adj* **-1.** [fil] fine; *fig* [distinction] tenuous. **-2.** [voix] thin.

tenue [təny] *nf* **-1.** [entretien] running. **-2.** [manières] good manners (*pl*). **-3.** [maintien du corps] posture. **-4.** [costume] dress; **être en petite** ~ to be scantily dressed. ◆ **tenue de route** *nf* roadholding.

ter [tɛr] ◇ *adv* MUS three times. ◇ *adj:* **12** ~ **12B.**

Tergal® [tɛrgal] *nm* ≃ Terylene®.

tergiverser [tɛrʒivɛrse] *vi* to shillyshally.

terme [tɛrm] *nm* **-1.** [fin] end; **mettre un** ~ **à** to put an end OU a stop to. **-2.** [de grossesse] term; **avant** ~ prematurely. **-3.** [échéance] time limit; [de loyer] rent day; **à court/moyen/long** ~ [calculer] in

the short/medium/long term; [projet] short-/medium-/long-term. **-4.** [mot, élément] term. ◆ **termes** *nmpl* **-1.** [expressions] words. **-2.** [de contrat] terms.

terminaison [tɛrminɛzɔ̃] *nf* GRAM ending.

terminal, -e, -aux [tɛrminal, o] *adj* **-1.** [au bout] final. **-2.** MÉD [phase] terminal. ◆ **terminal, -aux** *nm* terminal. ◆ **terminale** *nf* SCOL ≃ upper sixth *Br.*

terminer [tɛrmine] *vt* to end, to finish; [travail, repas] to finish. ◆ **se terminer** *vp* to end, to finish.

terminologie [tɛrminɔlɔʒi] *nf* terminology.

terminus [tɛrminys] *nm* terminus.

termite [tɛrmit] *nm* termite.

terne [tɛrn] *adj* dull.

ternir [tɛrnir] *vt* to dirty; [métal, réputation] to tarnish.

terrain [tɛrɛ̃] *nm* **-1.** [sol] soil; **vélo tout** ~ mountain bike. **-2.** [surface] piece of land. **-3.** [emplacement - de football, rugby] pitch; [- de golf] course; ~ **d'aviation** airfield; ~ **de camping** campsite. **-4.** *fig* [domaine] ground.

terrasse [tɛras] *nf* terrace.

terrassement [tɛrasmɑ̃] *nm* [action] excavation.

terrasser [tɛrase] *vt* [suj: personne] to bring down; [suj: émotion] to overwhelm; [suj: maladie] to conquer.

terre [tɛr] *nf* **-1.** [monde] world. **-2.** [sol] ground; **par** ~ on the ground; ~ **à** ~ *fig* down-to-earth. **-3.** [matière] earth, soil. **-4.** [propriété] land (*U*). **-5.** [territoire, continent] land. **-6.** ÉLECTR earth *Br*, ground *Am.* ◆ **Terre** *nf:* **la Terre** Earth.

terreau [tɛro] *nm* compost.

terre-plein [tɛrplɛ̃] (*pl* **terre-pleins**) *nm* platform.

terrer [tɛre] ◆ **se terrer** *vp* to go to earth.

terrestre [tɛrɛstr] *adj* **-1.** [croûte, atmosphère] of the earth. **-2.** [animal, transport] land (*avant n*). **-3.** [plaisir, paradis] earthly. **-4.** [considérations] worldly.

terreur [tɛrœr] *nf* terror.

terrible [tɛribl] *adj* **-1.** [gén] terrible. **-2.** [appétit, soif] terrific, enormous. **-3.** *fam* [excellent] brilliant.

terriblement [tɛribləmɑ̃] *adv* terribly.

terrien, -ienne [tɛrjɛ̃, jɛn] ◇ *adj* [foncier]: **propriétaire** ~ landowner. ◇ *nm, f* [habitant de la Terre] earthling.

terrier [tɛrje] *nm* **-1.** [tanière] burrow. **-2.** [chien] terrier.

terrifier [tɛrifje] *vt* to terrify.

terrine [tɛrin] *nf* terrine.

territoire [tɛritwar] *nm* **-1.** [pays, zone] territory. **-2.** ADMIN area. ◆ **territoire d'outre-mer** *nm* (French) overseas territory.

territorial, -e, -iaux [tɛritɔrjal, jo] *adj* territorial.

terroir [tɛrwar] *nm* **-1.** [sol] soil. **-2.** [région rurale] country.

terroriser [tɛrɔrize] *vt* to terrorize.

terrorisme [tɛrɔrism] *nm* terrorism.

terroriste [tɛrɔrist] *nmf* terrorist.

tertiaire [tɛrsjɛr] ◇ *nm* tertiary sector. ◇ *adj* tertiary.

tes → **ton**.

tesson [tɛsɔ̃] *nm* piece of broken glass.

test [tɛst] *nm* test; ~ **de grossesse** pregnancy test.

testament [tɛstamɑ̃] *nm* will; *fig* legacy.

tester [tɛste] *vt* to test.

testicule [tɛstikyl] *nm* testicle.

tétaniser [tetanize] *vt* to cause to go into spasm; *fig* to paralyse.

tétanos [tetanos] *nm* tetanus.

têtard [tɛtar] *nm* tadpole.

tête [tɛt] *nf* **-1.** [gén] head; **de la ~ aux pieds** from head to foot OU toe; **la ~ en bas** head down; **la ~ la première** head first; **calculer qqch de ~** to calculate sthg in one's head; ~ **chercheuse** homing head; ~ **de lecture** INFORM read head; ~ **de liste** POLIT main candidate; **être ~ en l'air** to have one's head in the clouds; **faire la ~** to sulk; **tenir ~ à qqn** to stand up to sb. **-2.** [visage] face. **-3.** [devant - de cortège, peloton] head; front; **en ~** SPORT in the lead.

tête-à-queue [tɛtakø] *nm inv* spin.

tête-à-tête [tɛtatɛt] *nm inv* tête-à-tête.

tête-bêche [tɛtbɛʃ] *loc adv* head to tail.

tétée [tete] *nf* feed.

tétine [tetin] *nf* **-1.** [de biberon, mamelle] teat. **-2.** [sucette] dummy *Br*, pacifier *Am*.

têtu, -e [tety] *adj* stubborn.

texte [tɛkst] *nm* **-1.** [écrit] wording. **-2.** [imprimé] text. **-3.** [extrait] passage.

textile [tɛkstil] ◇ *adj* textile (*avant n*). ◇ *nm* **-1.** [matière] textile. **-2.** [industrie]: **le ~** textiles (*pl*), the textile industry.

textuel, -elle [tɛkstɥɛl] *adj* **-1.** [analyse] textual; [citation] exact; **il a dit ça, ~** those were his very OU exact words. **-2.** [traduction] literal.

texture [tɛkstyr] *nf* texture.

TF1 (*abr de* **Télévision Française 1**) *nf* French independent television company.

TGV (*abr de* **train à grande vitesse**) *nm* French high-speed train linking major cities.

thaïlandais, -e [tajlɑ̃dɛ, ɛz] *adj* Thai. ◆ **Thaïlandais, -e** *nm, f* Thai.

Thaïlande [tajlɑ̃d] *nf*: **la ~** Thailand.

thalasso(thérapie) [talasɔ(terapi)] *nf* seawater therapy.

thé [te] *nm* tea.

théâtral, -e, -aux [teatral, o] *adj* [ton] theatrical.

théâtre [teatr] *nm* **-1.** [bâtiment, représentation] theatre. **-2.** [art]: **faire du ~** to be on the stage; **adapté pour le ~** adapted for the stage. **-3.** [œuvre] plays (*pl*). **-4.** [lieu] scene; ~ **d'opérations** MIL theatre of operations.

théière [tejɛr] *nf* teapot.

thématique [tematik] ◇ *adj* thematic. ◇ *nf* themes (*pl*).

thème [tɛm] *nm* **-1.** [sujet & MUS] theme. **-2.** SCOL prose.

théologie [teɔlɔʒi] *nf* theology.

théorème [teɔrɛm] *nm* theorem.

théoricien, -ienne [teɔrisjɛ̃, jɛn] *nm, f* theoretician.

théorie [teɔri] *nf* theory; **en ~** in theory.

théorique [teɔrik] *adj* theoretical.

thérapeute [terapøt] *nmf* therapist.

thérapie [terapi] *nf* therapy.

thermal, -e, -aux [tɛrmal, o] *adj* thermal.

thermes [tɛrm] *nmpl* thermal baths.

thermique [tɛrmik] *adj* thermal.

thermomètre [tɛrmɔmɛtr] *nm* [instrument] thermometer.

Thermos® [tɛrmos] *nm ou nf* Thermos® (flask).

thermostat [tɛrmɔsta] *nm* thermostat.

thèse [tɛz] *nf* **-1.** [opinion] argument. **-2.** PHILO & UNIV thesis; ~ **de doctorat** doctorate. **-3.** [théorie] theory.

thon [tɔ̃] *nm* tuna.

thorax [tɔraks] *nm* thorax.

thym [tɛ̃] *nm* thyme.

thyroïde [tirɔid] *nf* thyroid (gland).

Tibet [tibɛ] *nm*: **le ~** Tibet.

tibia [tibja] *nm* tibia.

tic [tik] *nm* tic.

ticket [tikɛ] *nm* ticket; ~ **de caisse** (till) receipt; ~**-repas** ≃ luncheon voucher.

tic-tac [tiktak] *nm inv* tick-tock.

tiède [tjɛd] *adj* **-1.** [boisson, eau] tepid, lukewarm. **-2.** [vent] mild. **-3.** *fig* [accueil] lukewarm.

tiédir [tjedir] ◇ *vt* to warm. ◇ *vi* to become warm; faire ~ **qqch** to warm sthg.

tien [tjɛ̃] ◆ **le tien** (*f* **la tienne** [latjɛn], *mpl* **les tiens** [letjɛ̃], *fpl* **les tiennes** [letjɛn]) *pron poss* yours; **à la tienne!** cheers!

tierce [tjɛrs] ◇ *nf* **-1.** MUS third. **-2.** CARTES & ESCRIME tierce. ◇ *adj* → **tiers**.

tiercé [tjɛrse] *nm* system of betting involving the first three horses in a race.

tiers, tierce [tjɛr, tjɛrs] *adj*: **une tierce personne** a third party. ◆ **tiers** *nm* **-1.** [étranger] outsider, stranger. **-2.** [tierce personne] third party. **-3.** [de fraction]: **le ~ de** one-third of.

tiers-monde [tjɛrmɔ̃d] *nm*: **le ~ the** Third World.

tiers-mondisation [tjɛrmɔ̃dizasjɔ̃] *nf*: **la ~ de ce pays** this country's economic degeneration to Third World levels.

tige [tiʒ] *nf* **-1.** [de plante] stem, stalk. **-2.** [de bois, métal] rod.

tignasse [tiɲas] *nf fam* mop (of hair).

tigre [tigr] *nm* tiger.

tigresse [tigrɛs] *nf* tigress.

tilleul [tijœl] *nm* lime (tree).

timbale [tɛ̃bal] *nf* **-1.** [gobelet] (metal) cup. **-2.** MUS kettledrum.

timbre [tɛ̃br] *nm* **-1.** [gén] stamp. **-2.** [de voix] timbre. **-3.** [de bicyclette] bell.

timbrer [tɛ̃bre] *vt* to stamp.

timide [timid] ◇ *adj* **-1.** [personne] shy. **-2.** [protestation, essai] timid. **-3.** [soleil] uncertain. ◇ *nmf* shy person.

timing [tajmiŋ] *nm* **-1.** [emploi du temps] schedule. **-2.** [organisation] timing.

timoré, -e [timɔre] *adj* fearful, timorous.

tintamarre [tɛ̃tamar] *nm fam* racket.

tintement [tɛ̃tmɑ̃] *nm* [de cloche, d'horloge] chiming; [de pièces] jingling.

tinter [tɛ̃te] *vi* **-1.** [cloche, horloge] to chime. **-2.** [pièces] to jingle.

tir [tir] *nm* **-1.** [SPORT - activité] shooting; [- lieu]: **(centre de) ~** shooting range. **-2.** [trajectoire] shot. **-3.** [salve] fire (*U*). **-4.** [manière, action de tirer] firing.

tirage [tiraʒ] *nm* **-1.** [de journal] circulation; [de livre] print run; **à grand ~** mass circulation. **-2.** [du loto] draw; **au sort** drawing lots. **-3.** [de cheminée] draught.

tiraillement [tirajmɑ̃] *nm* (*gén pl*) **-1.** [crampe] cramp. **-2.** *fig* [conflit] conflict.

tirailler [tiraje] ◇ *vt* **-1.** [tirer sur] to tug (at). **-2.** *fig* [écarteler]: **être tiraillé par/ entre qqch** to be torn by/between sthg. ◇ *vi* to fire wildly.

tiré, -e [tire] *adj* [fatigué]: **avoir les traits ~s** OU **le visage ~** to look drawn.

tire-bouchon [tirbuʃɔ̃] (*pl* **tire-bouchons**) *nm* corkscrew. ◆ **en tire-bouchon** *loc adv* corkscrew (*avant n*).

tirelire [tirlir] *nf* moneybox.

tirer [tire] ◇ *vt* **-1.** [gén] to pull; [rideaux] to draw; [tiroir] to pull open. **-2.** [tracer - trait] to draw. **-3.** [revue, livre] to print. **-4.** [avec arme] to fire. **-5.** [faire sortir - vin] to draw off; **~ qqn de** *litt* & *fig* to help OU get sb out of; **~ un revolver/un mouchoir de sa poche** to pull a gun/a handkerchief out of one's pocket; **~ la langue** to stick out one's tongue. **-6.** [aux cartes, au loto] to draw. **-7.** [plaisir, profit] to derive. **-8.** [déduire - conclusion] to draw; [- leçon] to learn. ◇ *vi* **-1.** [tendre]: **~ sur** to pull on OU at. **-2.** [aspirer]: **~ sur** [pipe] to draw OU pull on. **-3.** [couleur]: **bleu tirant sur le vert** greenish blue. **-4.** [avec arme] to fire, to shoot. **-5.** [avec arme] to fire, to shoot. **-6.** SPORT to shoot. ◆ **se tirer** *vp* **-1.** *fam* [s'en aller] to push off. **-2.** [se sortir]: **se ~ de** to get o.s. out of; **s'en ~ fam** to escape.

tiret [tirɛ] *nm* dash.

tireur, -euse [tirœr, øz] *nm, f* [avec arme] gunman; **~ d'élite** marksman (*f* markswoman).

tiroir [tirwar] *nm* drawer.

tiroir-caisse [tirwarkɛs] *nm* till.

tisane [tizan] *nf* herb tea.

tisonnier [tizɔnje] *nm* poker.

tissage [tisaʒ] *nm* weaving.

tisser [tise] *vt litt* & *fig* to weave; [suj: araignée] to spin.

tissu [tisy] *nm* **-1.** [étoffe] cloth, material. **-2.** BIOL tissue.

titiller [titije] *vt* to titillate.

titre [titr] *nm* **-1.** [gén] title. **-2.** [de presse] headline; **gros ~** headline. **-3.** [universitaire] diploma, qualification. **-4.** JUR title; **~ de propriété** title deed. **-5.** FIN security. ◆ **titre de transport** *nm* ticket. ◆ **à titre de** *loc prép*: **à ~ d'exemple** by way of example; **à ~ d'information** for information.

tituber [titybe] *vi* to totter.

titulaire [titylɛr] ◇ *adj* [employé] permanent; UNIV with tenure. ◇ *nmf* [de passeport, permis] holder; [de poste, chaire] occupant.

titulariser [titylarize] *vt* to give tenure to.

toast [tost] *nm* **-1.** [pain grillé] toast (*U*).

-2. [discours] toast; **porter un ~ à** to drink a toast to.

toboggan [tɔbɔgã] *nm* **-1.** [traîneau] toboggan. **-2.** [de terrain de jeu] slide; [de piscine] chute.

toc [tɔk] ◇ *interj*: **et ~!** so there! ◇ *nm fam*: **c'est du ~** it's fake; **en ~** fake (*avant n*).

Togo [tɔgo] *nm*: **le ~** Togo.

toi [twa] *pron pers* you. ◆ **toi-même** *pron pers* yourself.

toile [twal] *nf* **-1.** [étoffe] cloth; [de lin] linen; **~ cirée** oilcloth. **-2.** [tableau] canvas, picture. ◆ **toile d'araignée** *nf* spider's web.

toilette [twalɛt] *nf* **-1.** [de personne, d'animal] washing; **faire sa ~** to (have a) wash. **-2.** [parure, vêtements] outfit, clothes (*pl*). ◆ **toilettes** *nfpl* toilet (*sg*), toilets.

toise [twaz] *nf* height gauge.

toison [twazõ] *nf* **-1.** [pelage] fleece. **-2.** [chevelure] mop (of hair).

toit [twa] *nm* roof; **~ ouvrant** sunroof.

toiture [twatyr] *nf* roof, roofing.

tôle [tol] *nf* [de métal] sheet metal; **~ ondulée** corrugated iron.

tolérance [tɔlerãs] *nf* **-1.** [gén] tolerance. **-2.** [liberté] concession.

tolérant, -e [tɔlerã, ãt] *adj* **-1.** [large d'esprit] tolerant. **-2.** [indulgent] liberal.

tolérer [tɔlere] *vt* to tolerate. ◆ **se tolérer** *vp* to put up with OU tolerate each other.

tollé [tɔle] *nm* protest.

tomate [tɔmat] *nf* tomato.

tombal, -e, -aux [tõbal, o] *adj*: **pierre ~e** gravestone.

tombant, -e [tõbã, ãt] *adj* [moustaches] drooping; [épaules] sloping.

tombe [tõb] *nf* [fosse] grave, tomb.

tombeau, -x [tõbo] *nm* tomb.

tombée [tõbe] *nf* fall; **à la ~ du jour** OU **de la nuit** at nightfall.

tomber [tõbe] *vi* **-1.** [gén] to fall; **faire ~ qqn** to knock sb over OU down; **~ raide mort** to drop down dead; **~ bien** [robe] to hang well; *fig* [visite, personne] to come at a good time. **-2.** [cheveux] to fall out. **-3.** [nouvelle] to break. **-4.** [diminuer - prix] to drop, to fall; [- fièvre, vent] to drop; [- jour] to come to an end; [- colère] to die down. **-5.** [devenir brusquement]: **~ malade** to fall ill; **~ amoureux** to fall in love; **être bien/mal tombé** to be lucky/unlucky. **-6.** [trouver]: **~ sur** to come across. **-7.** [atta-

quer]: **~ sur** to set about. **-8.** [date, événement] to fall on.

tombola [tõbɔla] *nf* raffle.

tome [tom] *nm* volume.

ton¹ [tõ] *nm* **-1.** [de voix] tone; **hausser/baisser le ~** to raise/lower one's voice. **-2.** MUS key; **donner le ~** to give the chord; *fig* to set the tone.

ton² [tõ] (*f* **ta** [ta], *pl* **tes** [te]) *adj poss* your.

tonalité [tɔnalite] *nf* **-1.** MUS tonality. **-2.** [au téléphone] dialling tone.

tondeuse [tõdøz] *nf* [à cheveux] clippers (*pl*); **~ (à gazon)** mower, lawnmower.

tondre [tõdr] *vt* [gazon] to mow; [mouton] to shear; [caniche, cheveux] to clip.

tondu, -e [tõdy] *adj* [caniche, cheveux] clipped; [pelouse] mown.

tonicité [tɔnisite] *nf* [des muscles] tone.

tonifier [tɔnifje] *vt* [peau] to tone; [esprit] to stimulate.

tonique [tɔnik] *adj* **-1.** [boisson] tonic (*avant n*); [froid] bracing; [lotion] toning. **-2.** LING & MUS tonic.

tonitruant, -e [tɔnitryã, ãt] *adj* booming.

tonnage [tɔnaʒ] *nm* tonnage.

tonnant, -e [tɔnã, ãt] *adj* thundering, thunderous.

tonne [tɔn] *nf* [1000 kg] tonne.

tonneau, -x [tɔno] *nm* **-1.** [baril] barrel, cask. **-2.** [de voiture] roll. **-3.** NAVIG ton.

tonnelle [tɔnɛl] *nf* bower, arbour.

tonner [tɔne] *vi* to thunder.

tonnerre [tɔnɛr] *nm* thunder; **coup de ~** thunderclap; *fig* bombshell.

tonte [tõt] *nf* [de mouton] shearing; [de gazon] mowing; [de caniche, cheveux] clipping.

tonus [tɔnys] *nm* **-1.** [dynamisme] energy. **-2.** [de muscle] tone.

top [tɔp] *nm* [signal] beep.

toper [tɔpe] *vi*: **tope-là!** right, you're on!

topographie [tɔpɔgrafi] *nf* topography.

toque [tɔk] *nf* [de juge, de jockey] cap; [de cuisinier] hat.

torche [tɔrʃ] *nf* torch.

torcher [tɔrʃe] *vt fam* **-1.** [assiette, fesses] to wipe. **-2.** [travail] to dash off.

torchon [tɔrʃõ] *nm* **-1.** [serviette] cloth. **-2.** *fam* [travail] mess.

tordre [tɔrdr] *vt* [gén] to twist. ◆ **se tordre** *vp*: **se ~ la cheville** to twist one's ankle; **se ~ de rire** *fam fig* to double up with laughter.

tordu, -e [tɔrdy] ◇ *pp* → **tordre**. ◇ *adj fam* [bizarre, fou] crazy; [esprit] warped.

tornade [tɔrnad] *nf* tornado.
torpeur [tɔrpœr] *nf* torpor.
torpille [tɔrpij] *nf* MIL torpedo.
torpiller [tɔrpije] *vt* to torpedo.
torréfaction [tɔrefaksjɔ̃] *nf* roasting.
torrent [tɔrɑ̃] *nm* torrent; **un ~ de** *fig* [injures] a stream of; [lumière, larmes] a flood of.
torrentiel, -ielle [tɔrɑ̃sjɛl] *adj* torrential.
torride [tɔrid] *adj* torrid.
torse [tɔrs] *nm* chest.
torsade [tɔrsad] *nf* **-1.** [de cheveux] twist, coil. **-2.** [de pull] cable.
torsader [tɔrsade] *vt* to twist.
torsion [tɔrsjɔ̃] *nf* twisting; PHYS torsion.
tort [tɔr] *nm* **-1.** [erreur] fault; **avoir ~** to be wrong; **être dans son** OU **en ~** to be in the wrong; **à ~** wrongly. **-2.** [préjudice] wrong.
torticolis [tɔrtikɔli] *nm* stiff neck.
tortiller [tɔrtije] *vt* [enrouler] to twist; [moustache] to twirl. ◆ **se tortiller** *vp* to writhe, to wriggle.
tortionnaire [tɔrsjɔnɛr] *nmf* torturer.
tortue [tɔrty] *nf* tortoise; *fig* slowcoach *Br*, slowpoke *Am*.
tortueux, -euse [tɔrtɥø, øz] *adj* winding, twisting; *fig* tortuous.
torture [tɔrtyr] *nf* torture.
torturer [tɔrtyre] *vt* to torture.
tôt [to] *adv* **-1.** [de bonne heure] early. **-2.** [vite] soon, early. ◆ **au plus tôt** *loc adv* at the earliest.
total, -e, -aux [tɔtal, o] *adj* total. ◆ **total** *nm* total.
totalement [tɔtalmɑ̃] *adv* totally.
totaliser [tɔtalize] *vt* **-1.** [additionner] to add up, to total. **-2.** [réunir] to have a total of.
totalitaire [tɔtalitɛr] *adj* totalitarian.
totalitarisme [tɔtalitarism] *nm* totalitarianism.
totalité [tɔtalite] *nf* whole; **en ~** entirely.
totem [tɔtɛm] *nm* totem.
toubib [tubib] *nmf fam* doc.
touchant, -e [tuʃɑ̃, ɑ̃t] *adj* touching.
touche [tuʃ] *nf* **-1.** [de clavier] key; **~ de fonction** function key. **-2.** [de peinture] stroke. **-3.** *fig* [note]: **une ~ de** a touch of. **-4.** PÊCHE bite. **-5.** [FOOTBALL - ligne] touch line; [- remise en jeu] throw-in; [RUGBY - ligne] touch (line); [- remise en jeu] line-out. **-6.** ESCRIME hit.
toucher [tuʃe] ◇ *nm*: **le ~** the (sense of) touch; **au ~** to the touch. ◇ *vt* **-1.** [palper, émouvoir] to touch. **-2.** [rivage, correspondant] to reach; [cible] to hit. **-3.** [salaire] to get, to be paid; [chèque] to cash; [gros lot] to win. **-4.** [concerner] to affect, to concern. ◇ *vi*: **~ à** to touch; [problème] to touch on; [maison] to adjoin; **~ à sa fin** to draw to a close. ◆ **se toucher** *vp* [maisons] to be adjacent (to each other), to adjoin (each other).
touffe [tuf] *nf* tuft.
touffu, -e [tufy] *adj* [forêt] dense; [barbe] bushy.
toujours [tuʒur] *adv* **-1.** [continuité, répétition] always; **ils s'aimeront ~** they will always love one another, they will love one another forever; **~ plus** more and more; **~ moins** less and less. **-2.** [encore] still. **-3.** [de toute façon] anyway, anyhow. ◆ **de toujours** *loc adj*: **ce sont des amis de ~** they are lifelong friends. ◆ **pour toujours** *loc adv* forever, for good. ◆ **toujours est-il que** *loc conj* the fact remains that.
toupet [tupɛ] *nm* **-1.** [de cheveux] quiff *Br*, tuft of hair. **-2.** *fam fig* [aplomb] cheek; **avoir du ~, ne pas manquer de ~** *fam* to have a cheek.
toupie [tupi] *nf* (spinning) top.
tour [tur] ◇ *nm* **-1.** [périmètre] circumference; **faire le ~ de** to go round; **faire un ~** to go for a walk/drive *etc*; **~ d'horizon** survey; **~ de piste** SPORT lap; **~ de taille** waist measurement. **-2.** [rotation] turn; **fermer à double ~** to double-lock. **-3.** [plaisanterie] trick. **-4.** [succession] turn; **à ~ de rôle** in turn; **~ à ~** alternately, in turn. **-5.** [d'événements] turn. **-6.** [de potier] wheel. ◇ *nf* **-1.** [monument, de château] tower; [immeuble] tower-block *Br*, high-rise *Am*. **-2.** ÉCHECS rook, castle. ◆ **tour de contrôle** *nf* control tower.
tourbe [turb] *nf* peat.
tourbillon [turbijɔ̃] *nm* **-1.** [de vent] whirlwind. **-2.** [de poussière, fumée] swirl. **-3.** [d'eau] whirlpool. **-4.** *fig* [agitation] hurly-burly.
tourbillonner [turbijɔne] *vi* to whirl, to swirl; *fig* to whirl (round).
tourelle [turɛl] *nf* turret.
tourisme [turism] *nm* tourism.
touriste [turist] *nmf* tourist.
touristique [turistik] *adj* tourist (*avant n*).
tourment [turmɑ̃] *nm sout* torment.
tourmente [turmɑ̃t] *nf* **-1.** *littéraire* [tempête] storm, tempest. **-2.** *fig* turmoil.

tourmenter [turmɑ̃te] *vt* to torment.
◆ **se tourmenter** *vp* to worry o.s., to fret.

tournage [turnaʒ] *nm* CIN shooting.

tournant, **-e** [turnɑ̃, ɑ̃t] *adj* [porte] revolving; [fauteuil] swivel (*avant n*); [pont] swing (*avant n*). ◆ **tournant** *nm* bend; *fig* turning point.

tourné, **-e** [turne] *adj* [lait] sour, off.

tourne-disque [turnədisk] (*pl* **tourne-disques**) *nm* record player.

tournée [turne] *nf* **-1.** [voyage] tour. **-2.** *fam* [consommations] round.

tourner [turne] ◇ *vt* **-1.** [gén] to turn. **-2.** [pas, pensées] to turn, to direct. **-3.** [obstacle, loi] to get round. **-4.** CIN to shoot. ◇ *vi* **-1.** [gén] to turn; [moteur] to turn over; [planète] to revolve; ~ **autour de qqn** *fig* to hang around sb; ~ **autour du pot** OU **du sujet** *fig* to beat about the bush. **-2.** *fam* [entreprise] to tick over. **-3.** [lait] to go off. ◆ **se tourner** *vp* to turn (right) round; se ~ **vers** to turn towards.

tournesol [turnəsɔl] *nm* [plante] sunflower.

tournevis [turnəvis] *nm* screwdriver.

tourniquet [turnikɛ] *nm* **-1.** [entrée] turnstile. **-2.** MÉD tourniquet.

tournis [turni] *nm* *fam*: **avoir le** ~ to feel dizzy OU giddy.

tournoi [turnwa] *nm* tournament.

tournoyer [turnwaje] *vi* to wheel, to whirl.

tournure [turnyr] *nf* **-1.** [apparence] turn. **-2.** [formulation] form; ~ **de phrase** turn of phrase.

tourteau, **-x** [turto] *nm* [crabe] crab.

tourterelle [turtərɛl] *nf* turtledove.

tous → **tout**.

Toussaint [tusɛ̃] *nf*: **la** ~ All Saints' Day.

tousser [tuse] *vi* to cough.

toussotement [tusɔtmɑ̃] *nm* coughing.

toussoter [tusɔte] *vi* to cough.

tout [tu] (*f* **toute** [tut], *mpl* **tous** [tus], *fpl* **toutes** [tut]) ◇ *adj qualificatif* **-1.** (*avec substantif singulier déterminé*) all; ~ **le vin** all the wine; ~ **un gâteau** a whole cake; **toute la journée/la nuit** all day/night, the whole day/night; **toute sa famille** all his family, his whole family. **-2.** (*avec pronom démonstratif*): ~ **ceci/cela** all this/that; ~ **ce que je sais** all I know. ◇ *adj indéf* **-1.** [exprime la totalité] all; **tous les gâteaux** all the cakes; **tous les deux** both of us/them *etc*; **tous les trois** all three of us/them

etc. **-2.** [chaque] every; **tous les jours** every day; **tous les deux ans** every two years. **-3.** [n'importe quel] any; **à toute heure** at any time. ◇ *pron indéf* everything, all; **je t'ai** ~ **dit** I've told you everything; **ils voulaient tous la voir** they all wanted to see her; **c'est** ~ **que c'est** that's all. ◆ **tout** ◇ *adv* **-1.** [entièrement, tout à fait] very, quite; ~ **jeune/près** very young/near; **ils étaient** ~ **seuls** they were all alone; ~ **en haut** right at the top. **-2.** [avec un gérondif]: ~ **en marchant** while walking. ◇ *nm*: **un** ~ a whole; **le** ~ **est de ...** the main thing is to .... ◆ **du tout au tout** *loc adv* completely, entirely. ◆ **pas du tout** *loc adv* not at all. ◆ **tout à fait** *loc adv* **-1.** [complètement] quite, entirely. **-2.** [exactement] exactly. ◆ **tout à l'heure** *loc adv* **-1.** [futur] in a little while, shortly; **à** ~ **à l'heure!** see you later! **-2.** [passé] a little while ago. ◆ **tout de suite** *loc adv* immediately, at once.

tout-à-l'égout [tutalegu] *nm inv* mains drainage.

toutefois [tutfwa] *adv* however.

tout-petit [tup(ə)ti] (*pl* **tout-petits**) *nm* toddler, tot.

tout-puissant, **toute-puissante** [tupɥisɑ̃, tutpɥisɑ̃t] (*mpl* **tout-puissants**, *fpl* **toutes-puissantes**) *adj* omnipotent, all-powerful.

toux [tu] *nf* cough.

toxicité [tɔksisite] *nf* toxicity.

toxicomane [tɔksikɔman] *nmf* drug addict.

toxine [tɔksin] *nf* toxin.

toxique [tɔksik] *adj* toxic.

tps *abr de* **temps**.

trac [trak] *nm* nerves (*pl*); THÉÂTRE stage fright; **avoir le** ~ to get nervous; THÉÂTRE to get stage fright.

tracas [traka] *nm* worry.

tracasser [trakase] *vt* to worry, to bother. ◆ **se tracasser** *vp* to worry.

tracasserie [trakasri] *nf* annoyance.

trace [tras] *nf* **-1.** [d'animal] track. **-2.** [de brûlure, fatigue] mark. **-3.** (*gén pl*) [vestige] trace. **-4.** [très petite quantité]: **une** ~ **de** a trace of.

tracé [trase] *nm* [lignes] plan, drawing; [de parcours] line.

tracer [trase] *vt* **-1.** [dessiner, dépeindre] to draw. **-2.** [route, piste] to mark out.

trachéite [trakeit] *nf* throat infection.

tract [trakt] *nm* leaflet.

tractations [traktasjɔ̃] *nfpl* negotiations, dealings.

tracter [trakte] *vt* to tow.

tracteur [traktœr] *nm* tractor.

traction [traksjɔ̃] *nf* **-1.** [action de tirer] towing, pulling; ~ **avant/arrière** front-/rear-wheel drive. **-2.** TECHNOL tensile stress. **-3.** [SPORT - au sol] press-up *Br*, push-up *Am*; [- à la barre] pull-up.

tradition [tradisjɔ̃] *nf* tradition.

traditionnel, -elle [tradisjɔnɛl] *adj* **-1.** [de tradition] traditional. **-2.** [habituel] usual.

traducteur, -trice [tradyktœr, tris] *nm, f* translator.

traduction [tradyksjɔ̃] *nf* [gén] translation.

traduire [tradɥir] *vt* **-1.** [texte] to translate; ~ **qqch en français/anglais** to translate sthg into French/English. **-2.** [révéler - crise] to reveal, to betray; [- sentiments, pensée] to render, to express. **-3.** JUR: ~ **qqn en justice** to bring sb before the courts.

trafic [trafik] *nm* **-1.** [de marchandises] traffic, trafficking. **-2.** [circulation] traffic.

trafiquant, -e [trafikɑ̃, ɑ̃t] *nm, f* trafficker, dealer.

trafiquer [trafike] ◇ *vt* **-1.** [falsifier] to tamper with. **-2.** *fam* [manigancer]: **qu'est-ce que tu trafiques?** what are you up to? ◇ *vi* to be involved in trafficking.

tragédie [traʒedi] *nf* tragedy.

tragi-comédie [traʒikɔmedi] (*pl* **tragi-comédies**) *nf* tragicomedy.

tragique [traʒik] *adj* tragic.

tragiquement [traʒikmɑ̃] *adv* tragically.

trahir [trair] *vt* **-1.** [gén] to betray. **-2.** [suj: moteur] to let down; [suj: forces] to fail. ◆ **se trahir** *vp* to give o.s. away.

trahison [traizɔ̃] *nf* **-1.** [gén] betrayal. **-2.** JUR treason.

train [trɛ̃] *nm* **-1.** TRANSPORT train. **-2.** [allure] pace. **-3.** *loc*: **être en ~** *fig* to be on form. ◆ **train de vie** *nm* lifestyle. ◆ **en train de** *loc prép*: **être en ~ de lire/travailler** to be reading/working.

traînant, -e [trɛnɑ̃, ɑ̃t] *adj* [voix] drawling; [démarche] dragging.

traîne [trɛn] *nf* **-1.** [de robe] train. **-2.** *loc*: **être à la ~** to lag behind.

traîneau, -x [trɛno] *nm* sleigh, sledge.

traînée [trɛne] *nf* **-1.** [trace] trail. **-2.** *tfam péj* [prostituée] tart, whore.

traîner [trene] ◇ *vt* **-1.** [tirer, emmener] to drag. **-2.** [trimbaler] to lug around, to cart around. **-3.** [maladie] to be unable to shake off. ◇ *vi* **-1.** [personne] to dawdle. **-2.** [maladie, affaire] to drag on; ~ **en longueur** to drag. **-3.** [vêtements, livres] to lie around OU about. ◆ **se traîner** *vp* **-1.** [personne] to drag o.s. along. **-2.** [jour, semaine] to drag.

train-train [trɛ̃trɛ̃] *nm fam* routine, daily grind.

traire [trɛr] *vt* [vache] to milk.

trait [trɛ] *nm* **-1.** [ligne] line, stroke; ~ **d'union** hyphen. **-2.** (*gén pl*) [de visage] feature. **-3.** [caractéristique] trait, feature. **-4.** *loc*: **avoir ~ à** to be to do with, to concern. ◆ **d'un trait** *loc adv* [boire, lire] in one go.

traitant, -e [trɛtɑ̃, ɑ̃t] *adj* [shampooing, crème] medicated; → **médecin**.

traite [trɛt] *nf* **-1.** [de vache] milking. **-2.** COMM bill, draft. **-3.** [d'esclaves]: **la ~ des noirs** the slave trade; **la ~ des blanches** the white slave trade. ◆ **d'une seule traite** *loc adv* without stopping, in one go.

traité [trete] *nm* **-1.** [ouvrage] treatise. **-2.** POLIT treaty.

traitement [trɛtmɑ̃] *nm* **-1.** [gén & MÉD] treatment; **mauvais ~** ill-treatment. **-2.** [rémunération] wage. **-3.** IND & INFORM processing; ~ **de texte** word processing. **-4.** [de problème] handling.

traiter [trete] ◇ *vt* **-1.** [gén & MÉD] to treat; **bien/mal ~ qqn** to treat sb well/badly. **-2.** [qualifier]: ~ **qqn d'imbécile/de lâche** *etc* to call sb an imbecile/a coward *etc*. **-3.** [question, thème] to deal with. **-4.** IND & INFORM to process. ◇ *vi* **-1.** [négocier] to negotiate. **-2.** [livre]: ~ **de** to deal with.

traiteur [trɛtœr] *nm* caterer.

traître, -esse [trɛtr, ɛs] ◇ *adj* treacherous. ◇ *nm, f* traitor.

traîtrise [trɛtriz] *nf* **-1.** [déloyauté] treachery. **-2.** [acte] act of treachery.

trajectoire [traʒɛktwar] *nf* trajectory, path; *fig* path.

trajet [traʒɛ] *nm* **-1.** [distance] distance. **-2.** [itinéraire] route. **-3.** [voyage] journey.

trame [tram] *nf* weft; *fig* framework.

tramer [trame] *vt sout* to plot. ◆ **se tramer** ◇ *vp* to be plotted. ◇ *v impers*: **il se trame quelque chose** there's something afoot.

trampoline [trɑ̃pɔlin] *nm* trampoline.

tram(way) [tram(wɛ)] *nm* tram *Br*, streetcar *Am*.

tranchant, -e [trɑ̃ʃɑ̃, ɑ̃t] *adj* **-1.** [instrument] sharp. **-2.** [personne] assertive. **-3.** [ton] curt. ◆ **tranchant** *nm* edge.

tranche [trɑ̃ʃ] *nf* **-1.** [de gâteau, jambon] slice; ~ **d'âge** *fig* age bracket. **-2.** [de livre, pièce] edge. **-3.** [période] part, section. **-4.** [de revenus] portion; [de paiement] instalment; [fiscale] bracket.

trancher [trɑ̃ʃe] ◇ *vt* [couper] to cut; [pain, jambon] to slice; ~ **la question** *fig* to settle the question. ◇ *vi* **-1.** *fig* [décider] to decide. **-2.** [contraster]: ~ **avec** OU **sur** to contrast with.

tranquille [trɑ̃kil] *adj* **-1.** [endroit, vie] quiet; **laisser qqn/qqch** ~ to leave sb/sthg alone; **se tenir/rester** ~ to keep/remain quiet. **-2.** [rassuré] at ease, easy; **soyez** ~ don't worry.

tranquillement [trɑ̃kilmɑ̃] *adv* **-1.** [sans s'agiter] quietly. **-2.** [sans s'inquiéter] calmly.

tranquillisant, -e [trɑ̃kilizɑ̃, ɑ̃t] *adj* **-1.** [nouvelle] reassuring. **-2.** [médicament] tranquillizing. ◆ **tranquillisant** *nm* tranquillizer.

tranquilliser [trɑ̃kilize] *vt* to reassure. ◆ **se tranquilliser** *vp* to set one's mind at rest.

tranquillité [trɑ̃kilite] *nf* **-1.** [calme] peacefulness, quietness. **-2.** [sérénité] peace, tranquillity.

transaction [trɑ̃zaksjɔ̃] *nf* transaction.

transat [trɑ̃zat] ◇ *nm* deckchair. ◇ *nf* transatlantic race.

transatlantique [trɑ̃zatlɑ̃tik] ◇ *adj* transatlantic. ◇ *nm* transatlantic liner. ◇ *nf* transatlantic race.

transcription [trɑ̃skripsjɔ̃] *nf* [de document & MUS] transcription; [dans un autre alphabet] transliteration; ~ **phonétique** phonetic transcription.

transcrire [trɑ̃skrir] *vt* [document & MUS] to transcribe; [dans un autre alphabet] to transliterate.

transcrit, -e [trɑ̃skri, it] *pp* → **transcrire**.

transe [trɑ̃s] *nf*: **être en** ~ *fig* to be beside o.s.

transférer [trɑ̃sfere] *vt* to transfer.

transfert [trɑ̃sfɛr] *nm* transfer.

transfigurer [trɑ̃sfigyre] *vt* to transfigure.

transformateur, -trice [trɑ̃sfɔrmatœr, tris] *adj* IND processing (*avant n*). ◆ **transformateur** *nm* transformer.

transformation [trɑ̃sfɔrmasjɔ̃] *nf* **-1.** [de pays, personne] transformation. **-2.** IND processing. **-3.** RUGBY conversion.

transformer [trɑ̃sfɔrme] *vt* **-1.** [gén] to transform; [magasin] to convert; ~ **qqch en** to turn sthg into. **-2.** IND & RUGBY to convert. ◆ **se transformer** *vp*: **se** ~ **en monstre/papillon** to turn into a monster/butterfly.

transfuge [trɑ̃sfyʒ] *nmf* renegade.

transfuser [trɑ̃sfyze] *vt* [sang] to transfuse.

transfusion [trɑ̃sfyzjɔ̃] *nf*: ~ **(sanguine)** (blood) transfusion.

transgresser [trɑ̃sgrese] *vt* [loi] to infringe; [ordre] to disobey.

transhumance [trɑ̃zymɑ̃s] *nf* transhumance.

transi, -e [trɑ̃zi] *adj*: **être** ~ **de** to be paralysed OU transfixed with; **être** ~ **de froid** to be chilled to the bone.

transiger [trɑ̃ziʒe] *vi*: ~ **(sur)** to compromise (on).

transistor [trɑ̃zistɔr] *nm* transistor.

transit [trɑ̃zit] *nm* transit.

transiter [trɑ̃zite] *vi* to pass in transit.

transitif, -ive [trɑ̃zitif, iv] *adj* transitive.

transition [trɑ̃zisjɔ̃] *nf* transition; **sans** ~ with no transition, abruptly.

transitivité [trɑ̃zitivite] *nf* transitivity.

transitoire [trɑ̃zitwar] *adj* [passager] transitory.

translucide [trɑ̃slysid] *adj* translucent.

transmettre [trɑ̃smɛtr] *vt* **-1.** [message, salutations]: ~ **qqch (à)** to pass sthg on (to). **-2.** [tradition, propriété]: ~ **qqch (à)** to hand sthg down (to). **-3.** [fonction, pouvoir]: ~ **qqch (à)** to hand sthg over (to). **-4.** [maladie]: ~ **qqch (à)** to transmit sthg (to), to pass sthg on (to). **-5.** [concert, émission] to broadcast. ◆ **se transmettre** *vp* **-1.** [maladie] to be passed on, to be transmitted. **-2.** [nouvelle] to be passed on. **-3.** [courant, onde] to be transmitted. **-4.** [tradition] to be handed down.

transmis, -e [trɑ̃smi, iz] *pp* → **transmettre**.

transmissible [trɑ̃smisibl] *adj* **-1.** [patrimoine] transferable. **-2.** [maladie] transmissible.

transmission [trɑ̃smisjɔ̃] *nf* **-1.** [de biens] transfer. **-2.** [de maladie] transmission. **-3.** [de message] passing on. **-4.** [de tradition] handing down.

transparaître [trɑ̃sparɛtr] *vi* to show.

transparence [trɑ̃sparɑ̃s] *nf* transparency.

transparent, -e [trãsparã, ãt] *adj* transparent. ◆**transparent** *nm* transparency.

transpercer [trãsperse] *vt* to pierce; *fig* [suj: froid, pluie] to go right through.

transpiration [trãspirasjɔ̃] *nf* [sueur] perspiration.

transpirer [trãspire] *vi* [suer] to perspire.

transplanter [trãsplãte] *vt* to transplant.

transport [trãspɔr] *nm* transport (*U*); ~s en commun public transport (*sg*).

transportable [trãspɔrtabl] *adj* [marchandise] transportable; [blessé] fit to be moved.

transporter [trãspɔrte] *vt* [marchandises, personnes] to transport.

transporteur [trãspɔrtœr] *nm* [personne] carrier; ~ routier road haulier.

transposer [trãspoze] *vt* -1. [déplacer] to transpose. -2. [adapter]: ~ qqch (à) to adapt sthg (for).

transposition [trãspozisjɔ̃] *nf* -1. [déplacement] transposition. -2. [adaptation]: ~ (à) adaptation (for).

transsexuel, -elle [trãsseksɥel] *adj & nm, f* transsexual.

transvaser [trãsvaze] *vt* to decant.

transversal, -e, -aux [trãsversal, o] *adj* -1. [coupe] cross (*avant n*). -2. [chemin] running at right angles, cross (*avant n*) *Am*. -3. [vallée] transverse.

trapèze [trapez] *nm* -1. GÉOM trapezium. -2. GYM trapeze.

trapéziste [trapezist] *nmf* trapeze artist.

trappe [trap] *nf* -1. [ouverture] trapdoor. -2. [piège] trap.

trapu, -e [trapy] *adj* -1. [personne] stocky, solidly built. -2. [édifice] squat.

traquenard [traknar] *nm* trap; *fig* trap, pitfall.

traquer [trake] *vt* [animal] to track; [personne, faute] to track OU hunt down.

traumatiser [tromatize] *vt* to traumatize.

traumatisme [tromatism] *nm* traumatism.

travail [travaj] *nm* -1. [gén] work (*U*); se mettre au ~ to get down to work; demander du ~ [projet] to require some work. -2. [tâche, emploi] job; ~ intérimaire temporary work. -3. [du métal, du bois] working. -4. [phénomène - du bois] warping; [- du temps, fermentation] action. -5. MÉD: être/entrer en ~ to be in/go into labour. ◆**travaux** *nmpl* -1. [d'aménagement] work (*U*); [routiers] roadworks; travaux publics civil engineering (*sg*). -2. SCOL: travaux

dirigés class work; travaux manuels arts and crafts; travaux pratiques practical work (*U*).

travaillé, -e [travaje] *adj* -1. [matériau] wrought, worked. -2. [style] laboured. -3. [tourmenté]: être ~ par to be tormented by.

travailler [travaje] ◇ *vi* -1. [gén] to work; ~ chez/dans to work at/in; ~ à qqch to work on sthg. -2. [métal, bois] to warp. ◇ *vt* -1. [étudier] to work at OU on; [piano] to practise. -2. [essayer de convaincre] to work on. -3. [suj: idée, remords] to torment. -4. [matière] to work, to fashion.

travailleur, -euse [travajœr, øz] ◇ *adj* hard-working. ◇ *nm, f* worker.

travelling [travliŋ] *nm* [mouvement] travelling shot.

travers [traver] *nm* failing, fault. ◆à **travers** *loc adv & loc prép* through. ◆au travers *loc adv* through. ◆au travers de *loc prép* through. ◆de travers *loc adv* -1. [irrégulièrement - écrire] unevenly; marcher de ~ to stagger. -2. [nez, escalier] crooked. -3. [obliquement] sideways. -4. [mal] wrong; aller de ~ to go wrong; comprendre qqch de ~ to misunderstand sthg. ◆en travers *loc adv* crosswise. ◆en travers de *loc prép* across.

traverse [travers] *nf* -1. [de chemin de fer] sleeper, tie *Am*. -2. [chemin] short cut.

traversée [traverse] *nf* crossing.

traverser [traverse] *vt* -1. [rue, mer, montagne] to cross; [ville] to go through. -2. [peau, mur] to go through, to pierce. -3. [crise, période] to go through.

traversin [traversɛ̃] *nm* bolster.

travestir [travestir] *vt* -1. [déguiser] to dress up. -2. *fig* [vérité, idée] to distort. ◆se travestir *vp* -1. [pour bal] to wear fancy dress. -2. [en femme] to put on drag.

trébucher [trebyʃe] *vi*: ~ (sur/contre) to stumble (over/against).

trèfle [trefl] *nm* -1. [plante] clover. -2. [carte] club; [famille] clubs (*pl*).

treille [trej] *nf* -1. [vigne] climbing vine. -2. [tonnelle] trellised vines (*pl*), vine arbour.

treillis [treji] *nm* -1. [clôture] trellis (fencing). -2. [toile] canvas. -3. MIL combat uniform.

treize [trez] *adj num & nm* thirteen; *voir aussi* six.

treizième [trɛzjɛm] adj num, nm & nmf thirteenth; ~ **mois** bonus corresponding to an extra month's salary which is paid annually; voir aussi **sixième**.

trekking [trɛkiŋ] nm trek.

tréma [trema] nm diaeresis.

tremblant, -e [trɑ̃blɑ̃, ɑ̃t] adj **-1.** [personne - de froid] shivering; [- d'émotion] trembling, shaking. **-2.** [voix] quavering. **-3.** [lumière] flickering.

tremblement [trɑ̃bləmɑ̃] nm **-1.** [de corps] trembling. **-2.** [de voix] quavering. **-3.** [de feuilles] fluttering. ◆ **tremblement de terre** nm earthquake.

trembler [trɑ̃ble] vi **-1.** [personne - de froid] to shiver; [- d'émotion] to tremble, to shake. **-2.** [voix] to quaver. **-3.** [lumière] to flicker. **-4.** [terre] to shake.

trembloter [trɑ̃blɔte] vi **-1.** [personne] to tremble. **-2.** [voix] to quaver. **-3.** [lumière] to flicker.

trémousser [tremuse] ◆ **se trémousser** vp to jig up and down.

trempe [trɑ̃p] nf **-1.** [envergure] calibre; **de sa** ~ of his/her calibre. **-2.** fam [coups] thrashing.

tremper [trɑ̃pe] ◇ vt **-1.** [mouiller] to soak. **-2.** [plonger]: ~ **qqch dans** to dip sthg into. **-3.** [métal] to harden, to quench. ◇ vi [linge] to soak.

tremplin [trɑ̃plɛ̃] nm litt & fig springboard; SKI ski jump.

trentaine [trɑ̃tɛn] nf **-1.** [nombre]: **une** ~ **de** about thirty. **-2.** [âge]: **avoir la** ~ to be in one's thirties.

trente [trɑ̃t] ◇ adj num thirty. ◇ nm thirty; voir aussi **six**.

trentième [trɑ̃tjɛm] adj num, nm & nmf thirtieth; voir aussi **sixième**.

trépasser [trepase] vi littéraire to pass away.

trépidant, -e [trepidɑ̃, ɑ̃t] adj [vie] hectic.

trépied [trepje] nm [support] tripod.

trépigner [trepiɲe] vi to stamp one's feet.

très [trɛ] adv very; ~ **bien** very well; **être** ~ **aimé** to be much OU greatly liked; **j'ai** ~ **envie de ...** I'd very much like to ....

trésor [trezɔr] nm treasure. ◆ **Trésor** nm: **le Trésor public** the public revenue department.

trésorerie [trezɔrri] nf **-1.** [service] accounts department. **-2.** [gestion] accounts (pl). **-3.** [fonds] finances (pl), funds (pl).

trésorier, -ière [trezɔrje, jɛr] nm, f treasurer.

tressaillement [tresajmɑ̃] nm [de joie] thrill; [de douleur] wince.

tressaillir [tresajir] vi **-1.** [de joie] to thrill; [de douleur] to wince. **-2.** [sursauter] to start, to jump.

tressauter [tresote] vi [sursauter] to jump, to start; [dans véhicule] to be tossed about.

tresse [trɛs] nf **-1.** [de cheveux] plait. **-2.** [de rubans] braid.

tresser [trese] vt **-1.** [cheveux] to plait. **-2.** [osier] to braid. **-3.** [panier, guirlande] to weave.

tréteau [treto] nm trestle.

treuil [trœj] nm winch, windlass.

trêve [trɛv] nf **-1.** [cessez-le-feu] truce. **-2.** fig [répit] rest, respite; ~ **de plaisanteries/de sottises** that's enough joking/nonsense. ◆ **sans trêve** loc adv relentlessly, unceasingly.

tri [tri] nm [de lettres] sorting; [de candidats] selection; **faire le** ~ **dans qqch** fig to sort sthg out.

triage [trijaʒ] nm [de lettres] sorting; [de candidats] selection.

triangle [trijɑ̃gl] nm triangle.

triangulaire [trijɑ̃gylɛr] adj triangular.

triathlon [trijatlɔ̃] nm triathlon.

tribal, -e, -aux [tribal, o] adj tribal.

tribord [tribɔr] nm starboard; **à** ~ on the starboard side, to starboard.

tribu [triby] nf tribe.

tribulations [tribylasjɔ̃] nfpl tribulations, trials.

tribunal, -aux [tribynal, o] nm JUR court; ~ **correctionnel** ≃ Magistrates' Court; ~ **de grande instance** ≃ Crown Court.

tribune [tribyn] nf **-1.** [d'orateur] platform. **-2.** (gén pl) [de stade] stand.

tribut [triby] nm littéraire tribute.

tributaire [tribytɛr] adj: **être** ~ **de** to depend OU be dependent on.

tricher [triʃe] vi **-1.** [au jeu, à examen] to cheat. **-2.** [mentir]: ~ **sur** to lie about.

tricherie [triʃri] nf cheating.

tricheur, -euse [triʃœr, øz] nm, f cheat.

tricolore [trikɔlɔr] adj **-1.** [à trois couleurs] three-coloured. **-2.** [français] French.

tricot [triko] nm **-1.** [vêtement] jumper Br, sweater. **-2.** [ouvrage] knitting; **faire du** ~ to knit. **-3.** [étoffe] knitted fabric, jersey.

tricoter [trikɔte] vi & vt to knit.

tricycle [trisikl] nm tricycle.

trier [trije] *vt* **-1.** [classer] to sort out. **-2.** [sélectionner] to select.

trilingue [trilɛ̃g] *adj* trilingual.

trimestre [trimɛstr] *nm* [période] term.

trimestriel, -ielle [trimɛstrijɛl] *adj* [loyer, magazine] quarterly; SCOL end-of-term (*avant n*).

tringle [trɛ̃gl] *nf* rod; ~ à rideaux curtain rod.

trinité [trinite] *nf littéraire* trinity. ◆ **Trinité** *nf*: la Trinité the Trinity.

trinquer [trɛ̃ke] *vi* [boire] to toast, to clink glasses; ~ à to drink to.

trio [trijo] *nm* trio.

triomphal, -e, -aux [trijɔ̃fal, o] *adj* [succès] triumphal; [accueil] triumphant.

triomphant, -e [trijɔ̃fɑ̃, ɑ̃t] *adj* [équipe] winning; [air] triumphant.

triomphe [trijɔ̃f] *nm* triumph.

triompher [trijɔ̃fe] *vi* [gén] to triumph; ~ de to triumph over.

tripes [trip] *nfpl* **-1.** [d'animal, de personne] guts. **-2.** CULIN tripe (*sg*).

triple [tripl] ◇ *adj* triple. ◇ *nm*: le ~ (de) three times as much (as).

triplé [triple] *nm* **-1.** [au turf] *bet on three horses winning in three different races.* **-2.** SPORT [trois victoires] hat-trick of victories. ◆ **triplés, -ées** *nm, f pl* triplets.

triste [trist] *adj* **-1.** [personne, nouvelle] sad; être ~ de qqch/de faire qqch to be sad about sthg/about doing sthg. **-2.** [paysage, temps] gloomy; [couleur] dull. **-3.** (*avant n*) [lamentable] sorry.

tristesse [tristɛs] *nf* **-1.** [de personne, nouvelle] sadness. **-2.** [de paysage, temps] gloominess.

triturer [trityre] *vt fam* [mouchoir] to knead. ◆ **se triturer** *vp fam*: se ~ l'esprit OU les méninges to rack one's brains.

trivial, -e, -iaux [trivjal, jo] *adj* **-1.** [banal] trivial. **-2.** *péj* [vulgaire] crude, coarse.

troc [trɔk] *nm* **-1.** [échange] exchange. **-2.** [système économique] barter.

trois [trwa] ◇ *nm* three. ◇ *adj num* three; *voir aussi* **six**.

troisième [trwazjɛm] ◇ *adj num & nmf* third. ◇ *nm* third; [étage] third floor *Br*, fourth floor *Am*. ◇ *nf* **-1.** SCOL fourth year. **-2.** [vitesse] third (gear); *voir aussi* **sixième**.

trombe [trɔ̃b] *nf* water spout.

trombone [trɔ̃bɔn] *nm* **-1.** [agrafe] paper clip. **-2.** [instrument] trombone.

trompe [trɔ̃p] *nf* **-1.** [instrument] trum-

pet. **-2.** [d'éléphant] trunk. **-3.** [d'insecte] proboscis. **-4.** ANAT tube.

trompe-l'œil [trɔ̃plœj] *nm inv* **-1.** [peinture] trompe-l'oeil; en ~ done in trompe-l'oeil. **-2.** [apparence] deception.

tromper [trɔ̃pe] *vt* **-1.** [personne] to deceive; [époux] to be unfaithful to, to deceive. **-2.** [vigilance] to elude. ◆ **se tromper** *vp* to make a mistake, to be mistaken; se ~ de jour/maison to get the wrong day/house.

tromperie [trɔ̃pri] *nf* deception.

trompette [trɔ̃pɛt] *nf* trumpet.

trompettiste [trɔ̃petist] *nmf* trumpeter.

trompeur, -euse [trɔ̃pœr, øz] *adj* **-1.** [personne] deceitful. **-2.** [calme, apparence] deceptive.

tronc [trɔ̃] *nm* **-1.** [d'arbre, de personne] trunk. **-2.** [d'église] collection box. ◆ **tronc commun** *nm* [de programmes] common element OU feature; SCOL core syllabus.

tronçon [trɔ̃sɔ̃] *nm* **-1.** [morceau] piece, length. **-2.** [de route, de chemin de fer] section.

tronçonneuse [trɔ̃sɔnøz] *nf* chain saw.

trône [tron] *nm* throne.

trôner [trone] *vi* **-1.** [personne] to sit enthroned; [objet] to have pride of place. **-2.** *hum* [faire l'important] to lord it.

trop [tro] *adv* **-1.** (*devant adj, adv*) too; ~ vieux/loin too old/far; nous étions ~ nombreux there were too many of us; avoir ~ chaud/froid/peur to be too hot/cold/frightened. **-2.** (*avec verbe*) too much; nous étions ~ there were too many of us; je n'aime pas ~ le chocolat I don't like chocolate very much; sans ~ savoir pourquoi without really knowing why. **-3.** (*avec complément*): ~ de [quantité] too much; [nombre] too many. ◆ **en trop, de trop** *loc adv* too much/many; 10 francs de OU en ~ 10 francs too much; une personne de OU en ~ one person too many; être de ~ [personne] to be in the way, to be unwelcome.

trophée [trɔfe] *nm* trophy.

tropical, -e, -aux [trɔpikal, o] *adj* tropical.

tropique [trɔpik] *nm* tropic. ◆ **tropiques** *nmpl* tropics.

trop-plein [trɔplɛ̃] (*pl* **trop-pleins**) *nm* [excès] excess; *fig* excess, surplus.

troquer [trɔke] *vt*: ~ qqch (contre) to barter sthg (for); *fig* to swap sthg (for).

trot [tro] *nm* trot; au ~ at a trot.

trotter [trɔte] *vi* **-1.** [cheval] to trot. **-2.** [personne] to run around.

trotteur, -euse [trɔtœr, øz] *nm, f* trotter. ◆ **trotteuse** *nf* second hand.

trottiner [trɔtine] *vi* to trot.

trottoir [trɔtwar] *nm* pavement *Br*, sidewalk *Am*.

trou [tru] *nm* **-1.** [gén] hole; ~ **d'air** air pocket. **-2.** [manque, espace vide] gap; ~ **de mémoire** memory lapse.

troublant, -e [trublɑ̃, ɑ̃t] *adj* disturbing.

trouble [trubl] ◇ *adj* **-1.** [eau] cloudy. **-2.** [image, vue] blurred. **-3.** [affaire] shady. ◇ *nm* **-1.** [désordre] trouble, discord. **-2.** [gêne] confusion; [émoi] agitation. **-3.** (*gén pl*) [dérèglement] disorder. ◆ **troubles** *nmpl* unrest (*U*).

trouble-fête [trubləfɛt] *nmf inv* spoilsport.

troubler [truble] *vt* **-1.** [eau] to cloud, to make cloudy. **-2.** [image, vue] to blur. **-3.** [sommeil, événement] to disrupt, to disturb. **-4.** [esprit, raison] to cloud. **-5.** [inquiéter, émouvoir] to disturb. **-6.** [rendre perplexe] to trouble. ◆ **se troubler** *vp* **-1.** [eau] to become cloudy. **-2.** [personne] to become flustered.

trouée [true] *nf* gap; MIL breach.

trouer [true] *vt* **-1.** [chaussette] to make a hole in. **-2.** *fig* [silence] to disturb.

trouille [truj] *nf fam* fear, terror.

troupe [trup] *nf* **-1.** MIL troop. **-2.** [d'amis] group, band. **-3.** THÉÂTRE theatre group.

troupeau, -x [trupo] *nm* [de vaches, d'éléphants] herd; [de moutons, d'oies] flock; *péj* [de personnes] herd.

trousse [trus] *nf* case, bag; ~ **de secours** first-aid kit; ~ **de toilette** toilet bag.

trousseau, -x [truso] *nm* **-1.** [de mariée] trousseau. **-2.** [de clefs] bunch.

trouvaille [truvaj] *nf* **-1.** [découverte] find, discovery. **-2.** [invention] new idea.

trouver [truve] ◇ *vt* to find; ~ **que** to feel (that); ~ **bon/mauvais que ...** to think (that) it is right/wrong that ...; ~ **qqch à faire/à dire** *etc* to find sthg to do/say *etc*. ◇ *v impers*: **il se trouve que ...** the fact is that .... ◆ **se trouver** *vp* **-1.** [dans un endroit] to be. **-2.** [dans un état] to find o.s. **-3.** [se sentir] to feel; **se ~ mal** [s'évanouir] to faint.

truand [tryɑ̃] *nm* crook.

truc [tryk] *nm* **-1.** [combine] trick. **-2.** *fam* [chose] thing, thingamajig; **ce n'est pas son ~** it's not his thing.

trucage = **truquage**.

truculent, -e [trykylɑ̃, ɑ̃t] *adj* colourful.

truelle [tryɛl] *nf* trowel.

truffe [tryf] *nf* **-1.** [champignon] truffle. **-2.** [museau] muzzle.

truffer [tryfe] *vt* **-1.** [volaille] to garnish with truffles. **-2.** *fig* [discours]: ~ **de** to stuff with.

truie [trɥi] *nf* sow.

truite [trɥit] *nf* trout.

truquage, trucage [tryka3] *nm* CIN (special) effect.

truquer [tryke] *vt* **-1.** [élections] to rig. **-2.** CIN to use special effects in.

trust [trœst] *nm* **-1.** [groupement] trust. **-2.** [entreprise] corporation.

ts *abr de* **tous**.

tsar, tzar [tzar] *nm* tsar.

tsigane = **tzigane**.

TSVP (*abr de* **tournez s'il vous plaît**) PTO.

tt *abr de* **tout**.

tt conf. *abr de* **tout confort**.

ttes *abr de* **toutes**.

TTX (*abr de* **traitement de texte**) WP.

tu¹, -e [ty] *pp* → **taire**.

tu² [ty] *pron pers* you.

tuba [tyba] *nm* **-1.** MUS tuba. **-2.** [de plongée] snorkel.

tube [tyb] *nm* **-1.** [gén] tube; ~ **cathodique** cathode ray tube. **-2.** *fam* [chanson] hit. ◆ **tube digestif** *nm* digestive tract.

tubercule [tyberkyl] *nm* BOT tuber.

tuberculose [tyberkyloz] *nf* tuberculosis.

tuer [tɥe] *vt* to kill. ◆ **se tuer** *vp* **-1.** [se suicider] to kill o.s. **-2.** [par accident] to die.

tuerie [tyri] *nf* slaughter.

tue-tête [tytɛt] ◆ **à tue-tête** *loc adv* at the top of one's voice.

tueur, -euse [tɥœr, øz] *nm, f* [meurtrier] killer.

tuile [tɥil] *nf* **-1.** [de toit] tile. **-2.** *fam* [désagrément] blow.

tulipe [tylip] *nf* tulip.

tulle [tyl] *nm* tulle.

tuméfié, -e [tymefje] *adj* swollen.

tumeur [tymœr] *nf* tumour.

tumulte [tymylt] *nm* **-1.** [désordre] hubbub. **-2.** *littéraire* [trouble] tumult.

tunique [tynik] *nf* tunic.

Tunisie [tynizi] *nf*: **la ~** Tunisia.

tunisien, -ienne [tynizjɛ̃, jɛn] *adj* Tunisien. ◆ **Tunisien, -ienne** *nm, f* Tunisien.

tunnel [tynɛl] *nm* tunnel.

turban [tyrbã] *nm* turban.

turbine [tyrbin] *nf* turbine.

turbo [tyrbo] *nm ou nf* turbo.

turbulence [tyrbylãs] *nf* MÉTÉOR turbulence.

turbulent, -e [tyrbylã, ãt] *adj* boisterous.

turc, turque [tyrk] *adj* Turkish. ◆ **turc** *nm* [langue] Turkish. ◆ **Turc, Turque** *nm, f* Turk.

turf [tœrf] *nm* [activité]: **le ~** racing.

turnover [tœrnɔvœr] *nm* turnover.

turque → **turc**.

Turquie [tyrki] *nf*: **la ~** Turkey.

turquoise [tyrkwaz] *nf & adj inv* turquoise.

tutelle [tytɛl] *nf* **-1.** JUR guardianship. **-2.** [dépendance] supervision; **sous la ~ des Nations unies** under United Nations supervision.

tuteur, -trice [tytœr, tris] *nm, f* guardian. ◆ **tuteur** *nm* [pour plante] stake.

tutoyer [tytwaje] *vt*: **~ qqn** to use the "tu" form to sb.

tuyau, -x [tɥijo] *nm* **-1.** [conduit] pipe; **~ d'arrosage** hosepipe. **-2.** *fam* [renseignement] tip.

tuyauterie [tɥijotri] *nf* piping (*U*), pipes (*pl*).

TV (*abr de* **télévision**) *nf* TV.

TVA (*abr de* **taxe à la valeur ajoutée**) *nf* = VAT.

tweed [twid] *nm* tweed.

tympan [tɛ̃pã] *nm* ANAT eardrum.

type [tip] ◇ *nm* **-1.** [exemple caractéristique] perfect example. **-2.** [genre] type. **-3.** *fam* [individu] guy, bloke. ◇ *adj inv* [caractéristique] typical.

typhoïde [tifɔid] *nf* typhoid.

typhon [tifɔ̃] *nm* typhoon.

typhus [tifys] *nm* typhus.

typique [tipik] *adj* typical.

typographie [tipɔgrafi] *nf* typography.

tyran [tirã] *nm* tyrant.

tyrannique [tiranik] *adj* tyrannical.

tyranniser [tiranize] *vt* to tyrannize.

tzar = **tsar**.

tzigane [dzigan], **tsigane** [tsigan] *nmf* gipsy.

U

u, U [y] *nm inv* u, U.

UDF (*abr de* **Union pour la démocratie française**) *nf* French political party to the right of the political spectrum.

UE (*abr de* **Union européenne**) *nf* EU.

UFR (*abr de* **unité de formation et de recherche**) *nf* university department.

Ukraine [ykrɛn] *nf*: **l'~** the Ukraine.

ulcère [ylsɛr] *nm* ulcer.

ulcérer [ylsere] *vt* **-1.** MÉD to ulcerate. **-2.** *sout* [mettre en colère] to enrage.

ULM (*abr de* **ultra léger motorisé**) *nm* microlight.

ultérieur, -e [ylterjœr] *adj* later, subsequent.

ultimatum [yltimatɔm] *nm* ultimatum.

ultime [yltim] *adj* ultimate, final.

ultramoderne [yltramɔdɛrn] *adj* ultramodern.

ultrasensible [yltrasãsibl] *adj* [personne] ultra-sensitive; [pellicule] high-speed.

ultrason [yltrasɔ̃] *nm* ultrasound (*U*).

ultraviolet, -ette [yltravjɔlɛ, ɛt] *adj* ultraviolet. ◆ **ultraviolet** *nm* ultraviolet.

un [œ̃] (*f* **une** [yn]) ◇ *art indéf* a, an (*devant voyelle*); **~ homme** a man; **~ livre** a book; **une femme** a woman; **une pomme** an apple. ◇ *pron indéf* one; **l'~ de mes amis** one of my friends; **l'~ l'autre** each other; **les ~s les autres** one another; **l'~ ..., l'autre** one ..., the other; **les ~s ..., les autres** some ..., others; **l'~ et l'autre** both (of them); **l'~ ou l'autre** either (of them); **ni l'~ ni l'autre** neither one nor the other, neither (of them). ◇ *adj num* one; **une personne à la fois** one person at a time. ◇ *nm* one; *voir aussi* **six**. ◆ **une** *nf*: **faire la/être à la une** PRESSE to make the/to be on the front page.

unanime [ynanim] *adj* unanimous.

unanimité [ynanimite] *nf* unanimity; **faire l'~** to be unanimously approved; **à l'~** unanimously.

UNESCO, Unesco [ynɛsko] (*abr de* **United Nations Educational, Scientific and Cultural Organization**) *nf* UNESCO.

uni, -e [yni] *adj* **-1.** [joint, réuni] united. **-2.** [famille, couple] close. **-3.** [surface, mer] smooth; [route] even. **-4.** [étoffe, robe] self-coloured.

UNICEF, Unicef [ynisɛf] (*abr de* **United Nations International Children's Emergency Fund**) *nm* UNICEF.

unifier [ynifje] *vt* **-1.** [régions, parti] to unify. **-2.** [programmes] to standardize.

uniforme [yniform] ◇ *adj* uniform; [régulier] regular. ◇ *nm* uniform.

uniformiser [yniformize] *vt* **-1.** [couleur] to make uniform. **-2.** [programmes, lois] to standardize.

unijambiste [yniʒɑ̃bist] ◇ *adj* one-legged. ◇ *nmf* one-legged person.

unilatéral, -e, -aux [ynilateral, o] *adj* unilateral; **stationnement ~** parking on only one side of the street.

union [ynjɔ̃] *nf* **-1.** [de couleurs] blending. **-2.** [mariage] union; **~ libre** cohabitation. **-3.** [de pays] union; [de syndicats] confederation. **-4.** [entente] unity. ◆ **Union européenne** *nf* European Union. ◆ **Union soviétique** *nf*: **l'(ex-)Union soviétique** the (former) Soviet Union.

unique [ynik] *adj* **-1.** [seul - enfant, veston] only; [- préoccupation] sole. **-2.** [principe, prix] single. **-3.** [exceptionnel] unique.

uniquement [ynikmɑ̃] *adv* **-1.** [exclusivement] only, solely. **-2.** [seulement] only, just.

unir [ynir] *vt* **-1.** [assembler - mots, qualités] to put together, to combine; [- pays] to unite; **~ qqch à** [pays] to unite sthg with; [mot, qualité] to combine sthg with. **-2.** [réunir - partis, familles] to unite. **-3.** [marier] to unite, to join in marriage. ◆ **s'unir** *vp* **-1.** [s'associer] to unite, to join together. **-2.** [se marier] to be joined in marriage.

unitaire [ynitɛr] *adj* [à l'unité]: **prix ~** unit price.

unité [ynite] *nf* **-1.** [cohésion] unity. **-2.** COMM, MATHS & MIL unit. ◆ **unité centrale** *nf* INFORM central processing unit.

univers [yniver] *nm* universe; *fig* world.

universel, -elle [yniversɛl] *adj* universal.

universitaire [yniversiter] ◇ *adj* university (*avant n*). ◇ *nmf* academic.

université [yniversite] *nf* university.

uranium [yranjɔm] *nm* uranium.

urbain, -e [yrbɛ̃, ɛn] *adj* **-1.** [de la ville] urban. **-2.** *littéraire* [affable] urbane.

urbaniser [yrbanize] *vt* to urbanize.

urbanisme [yrbanism] *nm* town planning.

urgence [yrʒɑ̃s] *nf* **-1.** [de mission] urgency. **-2.** MÉD emergency; **les ~s** the casualty department (*sg*). ◆ **d'urgence** *loc adv* immediately.

urgent, -e [yrʒɑ̃, ɑ̃t] *adj* urgent.

urine [yrin] *nf* urine.

uriner [yrine] *vi* to urinate.

urinoir [yrinwar] *nm* urinal.

urne [yrn] *nf* **-1.** [vase] urn. **-2.** [de vote] ballot box.

URSS (*abr de* **Union des républiques socialistes soviétiques**) *nf*: **l'(ex-)~** the (former) USSR.

urticaire [yrtiker] *nf* urticaria, hives (*pl*).

Uruguay [yrygwe] *nm*: **l'~** Uruguay.

USA (*abr de* **United States of America**) *nmpl* USA.

usage [yzaʒ] *nm* **-1.** [gén] use; **à ~ externe/interne** for external/internal use; **hors d'~** out of action. **-2.** [coutume] custom. **-3.** LING usage.

usagé, -e [yzaʒe] *adj* worn, old.

usager [yzaʒe] *nm* user.

usé, -e [yze] *adj* **-1.** [détérioré] worn; **eaux ~es** waste water (*sg*). **-2.** [personne] worn-out. **-3.** [plaisanterie] hackneyed, well-worn.

user [yze] ◇ *vt* **-1.** [consommer] to use. **-2.** [vêtement] to wear out. **-3.** [forces] to use up; [santé] to ruin; [personne] to wear out. ◇ *vi* [se servir]: **~ de** [charme] to use; [droit, privilège] to exercise. ◆ **s'user** *vp* **-1.** [chaussure] to wear out. **-2.** [amour] to burn itself out.

usine [yzin] *nf* factory.

usiner [yzine] *vt* **-1.** [façonner] to machine. **-2.** [fabriquer] to manufacture.

usité, -e [yzite] *adj* in common use; **très/peu ~** commonly/rarely used.

ustensile [ystɑ̃sil] *nm* implement, tool.

usuel, -elle [yzɥɛl] *adj* common, usual.

usufruit [yzyfrɥi] *nm* usufruct.

usure [yzyr] *nf* **-1.** [de vêtement, meuble] wear; [de forces] wearing down; **avoir qqn à l'~** *fam* to wear sb down. **-2.** [intérêt] usury.

usurier, -ière [yzyrje, jɛr] *nm, f* usurer.

usurpateur, -trice [yzyrpatœr, tris] *nm, f* usurper.

usurper [yzyrpe] *vt* to usurp.

ut [yt] *nm inv* C.

utérus [yterys] *nm* uterus, womb.

utile [ytil] *adj* useful; **être ~ à qqn** to be useful ou of help to sb, to help sb.

utilisateur, -trice [ytilizatœr, tris] *nm, f* user.

utiliser [ytilize] *vt* to use.

utilitaire [ytiliter] ◇ *adj* [pratique] utilitarian; [véhicule] commercial. ◇ *nm* INFORM utility (program).

utilité [ytilite] *nf* -1. [usage] usefulness. -2. JUR: **entreprise d'~ publique** public utility; **organisme d'~ publique** registered charity.

utopie [ytɔpi] *nf* -1. [idéal] utopia. -2. [projet irréalisable] unrealistic idea.

utopiste [ytɔpist] *nmf* utopian.

UV ◇ *nf* (*abr de* **unité de valeur**) university course unit, = credit *Am*. ◇ (*abr de* **ultraviolet**) UV.

v, V [ve] *nm inv* v, V.

v. -1. (*abr de* **vers**) LITTÉRATURE v. -2. (*abr de* **verset**) v. -3. (*abr de* **vers**) [environ] approx.

va [va] *interj*: **courage, ~!** come on, cheer up!; **~ donc!** come on!; **~ pour 50 francs/demain** OK, let's say 50 francs/tomorrow.

vacance [vakɑ̃s] *nf* vacancy. ◆ **vacances** *nfpl* holiday (*sg*) *Br*, vacation (*sg*) *Am*; **être/partir en ~s** to be/go on holiday; **les grandes ~s** the summer holidays.

vacancier, -ière [vakɑ̃sje, jɛr] *nm, f* holiday-maker *Br*, vacationer *Am*.

vacant, -e [vakɑ̃, ɑ̃t] *adj* [poste] vacant; [logement] vacant, unoccupied.

vacarme [vakarm] *nm* racket, din.

vacataire [vakatɛr] ◇ *adj* [employé] temporary. ◇ *nmf* temporary worker.

vacation [vakasjɔ̃] *nf* [d'expert] session.

vaccin [vaksɛ̃] *nm* vaccine.

vaccination [vaksinasjɔ̃] *nf* vaccination.

vacciner [vaksine] *vt*: **~ qqn (contre)** MÉD to vaccinate sb (against); *fam fig* to make sb immune (to).

vache [vaʃ] ◇ *nf* -1. ZOOL cow; **maladie de la ~ folle** mad cow disease. -2. [cuir] cowhide. -3. *fam péj* [femme] cow; [homme] pig. ◇ *adj fam* rotten.

vachement [vaʃmɑ̃] *adv fam* bloody *Br*, dead *Br*, real *Am*.

vaciller [vasije] *vi* -1. [jambes, fondations] to shake; [lumière] to flicker; **~ sur ses jambes** to be unsteady on one's legs. -2. [mémoire, santé] to fail.

va-et-vient [vaevjɛ̃] *nm inv* -1. [de personnes] comings and goings (*pl*), toing and froing. -2. [de balancier] to-and-fro movement. -3. ÉLECTR two-way switch.

vagabond, -e [vagabɔ̃, ɔ̃d] ◇ *adj* -1. [chien] stray; [vie] vagabond (*avant n*). -2. [humeur] restless. ◇ *nm, f* [rôdeur] vagrant, tramp; *littéraire* [voyageur] wanderer.

vagabondage [vagabɔ̃daʒ] *nm* [délit] vagrancy; [errance] wandering, roaming.

vagin [vaʒɛ̃] *nm* vagina.

vagissement [vaʒismɑ̃] *nm* cry, wail.

vague [vag] ◇ *adj* -1. [idée, promesse] vague. -2. [vêtement] loose-fitting. -3. (*avant n*) [quelconque]: **il a un ~ travail dans un bureau** he has some job or other in an office. -4. (*avant n*) [cousin] distant. ◇ *nf* wave; **une ~ de froid** a cold spell; **~ de chaleur** heatwave.

vaillant, -e [vajɑ̃, ɑ̃t] *adj* -1. [enfant, vieillard] hale and hearty. -2. *littéraire* [héros] valiant.

vain, -e [vɛ̃, vɛn] *adj* -1. [inutile] vain, useless; **en ~** in vain, to no avail. -2. *littéraire* [vaniteux] vain.

vaincre [vɛ̃kr] *vt* -1. [ennemi] to defeat. -2. [obstacle, peur] to overcome.

vaincu, -e [vɛ̃ky] ◇ *pp* → **vaincre**. ◇ *adj* defeated. ◇ *nm, f* defeated person.

vainement [vɛnmɑ̃] *adv* vainly.

vainqueur [vɛ̃kœr] ◇ *nm* -1. [de combat] conqueror, victor. -2. SPORT winner. ◇ *adj m* victorious, conquering.

vais → **aller**.

vaisseau, -x [veso] *nm* -1. NAVIG vessel, ship; **~ spatial** AÉRON spaceship. -2. ANAT vessel. -3. ARCHIT nave.

vaisselle [vesɛl] *nf* crockery; **faire** OU **laver la ~** to do the dishes, to wash up.

valable [valabl] *adj* -1. [passeport] valid. -2. [raison, excuse] valid, legitimate. -3. [œuvre] good, worthwhile.

valet [valɛ] *nm* -1. [serviteur] servant. -2. CARTES jack, knave.

valeur [valœr] *nf* -1. *gén & MUS* value; **avoir de la ~** to be valuable; **mettre en ~** [talents] to bring out; **~ ajoutée** ÉCON added value; **de (grande) ~** [chose] (very) valuable. -2. (*gén pl*) BOURSE stocks and shares (*pl*), securities (*pl*). -3. [mérite] worth, merit. -4. *fig* [importance] value, importance. -5. [équivalent]: **la ~ de** the equivalent of.

valide [valid] *adj* **-1.** [personne] spry. **-2.** [contrat] valid.

valider [valide] *vt* to validate, to authenticate.

validité [validite] *nf* validity.

valise [valiz] *nf* case, suitcase; **faire sa ~/ses ~s** to pack one's case/cases; *fam fig* [partir] to pack one's bags.

vallée [vale] *nf* valley.

vallon [valɔ̃] *nm* small valley.

vallonné, -e [valɔne] *adj* undulating.

valoir [valwar] ◇ *vi* **-1.** [gén] to be worth; **ça vaut combien?** how much is it?; **que vaut ce film?** is this film any good?; **ne rien ~** not to be any good, to be worthless; **ça vaut mieux** *fam* that's best; **ça ne vaut pas la peine** it's not worth it; **faire ~** [vues] to assert; [talent] to show. **-2.** [règle]: **~ pour** to apply to, to hold good for. ◇ *vt* [médaille, gloire] to bring, to earn. ◇ *v impers*: **il vaudrait mieux que nous partions** it would be better if we left, we'd better leave. ◆ **se valoir** *vp* to be equally good/bad.

valoriser [valɔrize] *vt* [immeuble, région] to develop; [individu, société] to improve the image of.

valse [vals] *nf* waltz; *fam fig* [de personnel] reshuffle.

valser [valse] *vi* to waltz; **envoyer ~ qqch** *fam fig* to send sthg flying.

valu [valy] *pp inv* → **valoir**.

valve [valv] *nf* valve.

vampire [vɑ̃pir] *nm* **-1.** [fantôme] vampire. **-2.** ZOOL vampire bat.

vandalisme [vɑ̃dalism] *nm* vandalism.

vanille [vanij] *nf* vanilla.

vanité [vanite] *nf* vanity.

vaniteux, -euse [vanitø, øz] *adj* vain, conceited.

vanne [van] *nf* **-1.** [d'écluse] lockgate. **-2.** *fam* [remarque] gibe.

vannerie [vanri] *nf* basketwork, wickerwork.

vantard, -e [vɑ̃tar, ard] ◇ *adj* bragging, boastful. ◇ *nm, f* boaster.

vanter [vɑ̃te] *vt* to vaunt. ◆ **se vanter** *vp* to boast, to brag; **se ~ de faire qqch** to boast OU brag about doing sthg.

va-nu-pieds [vanypje] *nmf inv* *fam* beggar.

vapeur [vapœr] *nf* **-1.** [d'eau] steam; **à la ~** steamed. **-2.** [émanation] vapour. ◆ **vapeurs** *nfpl* **-1.** [malaise]: **avoir ses ~s** to have the vapours. **-2.** [émanations] fumes.

vapocuiseur [vapokчizœr] *nm* pressure cooker.

vaporisateur [vapɔrizatœr] *nm* **-1.** [atomiseur] spray, atomizer. **-2.** IND vaporizer.

vaporiser [vapɔrize] *vt* **-1.** [parfum, déodorant] to spray. **-2.** PHYS to vaporize.

vaquer [vake] *vi*: **~ à** to see to, to attend to.

varappe [varap] *nf* rock climbing.

variable [varjabl] ◇ *adj* **-1.** [temps] changeable. **-2.** [distance, résultats] varied, varying. **-3.** [température] variable. ◇ *nf* variable.

variante [varjɑ̃t] *nf* variant.

variateur [varjatœr] *nm* ÉLECTR dimmer switch.

variation [varjasjɔ̃] *nf* variation.

varice [varis] *nf* varicose vein.

varicelle [varisɛl] *nf* chickenpox.

varié, -e [varje] *adj* **-1.** [divers] various. **-2.** [non monotone] varied, varying.

varier [varje] *vt & vi* to vary.

variété [varjete] *nf* variety. ◆ **variétés** *nfpl* variety show (*sg*).

variole [varjɔl] *nf* smallpox.

Varsovie [varsɔvi] *n* Warsaw; **le pacte de ~** the Warsaw Pact.

vase [vaz] ◇ *nm* vase. ◇ *nf* mud, silt.

vaseline [vazlin] *nf* Vaseline®, petroleum jelly.

vaste [vast] *adj* vast, immense.

Vatican [vatikɑ̃] *nm*: **le ~** the Vatican.

vaudrait → **valoir**.

vaut → **valoir**.

vautour [votur] *nm* vulture.

vd *abr de* **vend**.

veau [vo] *nm* **-1.** [animal] calf. **-2.** [viande] veal. **-3.** [peau] calfskin.

vecteur [vɛktœr] *nm* **-1.** GÉOM vector. **-2.** [intermédiaire] vehicle; MÉD carrier.

vécu, -e [veky] ◇ *pp* → **vivre**. ◇ *adj* real.

vedette [vədɛt] *nf* **-1.** NAVIG patrol boat. **-2.** [star] star.

végétal, -e, -aux [veʒetal, o] *adj* [huile] vegetable (*avant n*); [cellule, fibre] plant (*avant n*).

végétalien, -ienne [veʒetaljɛ̃, jɛn] *adj & nm, f* vegan.

végétarien, -ienne [veʒetarjɛ̃, jɛn] *adj & nm, f* vegetarian.

végétation [veʒetasjɔ̃] *nf* vegetation. ◆ **végétations** *nfpl* adenoids.

végéter [veʒete] *vi* to vegetate.

véhémence [veemɑ̃s] *nf* vehemence.

véhicule [veikyl] *nm* vehicle.

veille [vɛj] nf -1. [jour précédent] day before, eve; **la ~ de mon anniversaire** the day before my birthday; **la ~ de Noël** Christmas Eve. -2. [éveil] wakefulness; [privation de sommeil] sleeplessness.

veillée [veje] nf -1. [soirée] evening. -2. [de mort] watch.

veiller [veje] ◇ vi -1. [rester éveillé] to stay up. -2. [rester vigilant]: **~ à qqch** to look after sthg; **~ à faire qqch** to see that sthg is done; **~ sur** to watch over. ◇ vt to sit up with.

veilleur [vejœr] nm: **~ de nuit** night watchman.

veilleuse [vejøz] nf -1. [lampe] nightlight. -2. AUTOM sidelight. -3. [de chauffe-eau] pilot light.

veinard, -e [vɛnar, ard] fam ◇ adj lucky. ◇ nm, f lucky devil.

veine [vɛn] nf -1. [gén] vein. -2. [de marbre] vein; [de bois] grain. -3. [filon] seam, vein. -4. fam [chance] luck.

veineux, -euse [venø, øz] adj -1. ANAT venous. -2. [marbre] veined; [bois] grainy.

véliplanchiste [veliplɑ̃ʃist] nmf windsurfer.

velléité [veleite] nf whim.

vélo [velo] nm fam bike; **faire du ~** to go cycling.

vélocité [velɔsite] nf swiftness, speed.

vélodrome [velɔdrom] nm velodrome.

vélomoteur [velɔmɔtœr] nm light motorcycle.

velours [vəlur] nm velvet.

velouté, -e [vəlute] adj velvety. ◆ **velouté** nm -1. [de peau] velvetiness. -2. [potage] cream soup.

velu, -e [vəly] adj hairy.

vénal, -e, -aux [venal, o] adj venal.

vendange [vɑ̃dɑ̃ʒ] nf -1. [récolte] grape harvest, wine harvest. -2. [période]: **les ~s** (grape) harvest time (sg).

vendanger [vɑ̃dɑ̃ʒe] vi to harvest the grapes.

vendeur, -euse [vɑ̃dœr, øz] nm, f salesman (f saleswoman).

vendre [vɑ̃dr] vt to sell.

vendredi [vɑ̃drədi] nm Friday; **Vendredi Saint** Good Friday; voir aussi **samedi**.

vendu, -e [vɑ̃dy] ◇ pp → **vendre**. ◇ adj -1. [cédé] sold. -2. [corrompu] corrupt. ◇ nm, f traitor.

vénéneux, -euse [venenø, øz] adj poisonous.

vénérable [venerabl] adj venerable.

vénération [venerasjɔ̃] nf veneration, reverence.

vénérer [venere] vt to venerate, to revere.

vénérien, -ienne [venerjɛ̃, jɛn] adj venereal.

Venezuela [venezɥela] nm: **le ~** Venezuela.

vengeance [vɑ̃ʒɑ̃s] nf vengeance.

venger [vɑ̃ʒe] vt to avenge. ◆ **se venger** vp to get one's revenge; **se ~ de qqn** to take revenge on sb; **se ~ de qqch** to take revenge for sthg; **se ~ sur** to take it out on.

vengeur, vengeresse [vɑ̃ʒœr, vɑ̃ʒrɛs] ◇ adj vengeful. ◇ nm, f avenger.

venimeux, -euse [vənimø, øz] adj venomous.

venin [vənɛ̃] nm venom.

venir [vənir] vi to come; [plante, arbre] to come on; **~ de** [personne, mot] to come from; [échec] to be due to; **~ de faire qqch** to have just done sthg; **je viens de la voir** I've just seen her; **s'il venait à mourir ...** if he was to die ...; **où veux-tu en ~?** what are you getting at?

vent [vɑ̃] nm wind.

vente [vɑ̃t] nf -1. [cession, transaction] sale; **en ~** on sale; **en ~ libre** available over the counter; **~ par correspondance** mail order. -2. [technique] selling.

venteux, -euse [vɑ̃tø, øz] adj windy.

ventilateur [vɑ̃tilatœr] nm fan.

ventilation [vɑ̃tilasjɔ̃] nf -1. [de pièce] ventilation. -2. FIN breakdown.

ventouse [vɑ̃tuz] nf -1. [de caoutchouc] suction pad; [d'animal] sucker. -2. MÉD. cupping glass. -3. TECHNOL air vent.

ventre [vɑ̃tr] nm [de personne] stomach; **avoir/prendre du ~** to have/be getting (a bit of) a paunch; **à plat ~** flat on one's stomach.

ventriloque [vɑ̃trilɔk] nmf ventriloquist.

venu, -e [vəny] ◇ pp → **venir**. ◇ adj: **bien ~** welcome; **mal ~** unwelcome; **il serait mal ~ de faire cela** it would be improper to do that. ◇ nm, f: **nouveau ~** newcomer. ◆ **venue** nf coming, arrival.

vêpres [vɛpr] nfpl vespers.

ver [vɛr] nm worm.

véracité [verasite] nf truthfulness.

véranda [verɑ̃da] nf veranda.

verbal, -e, -aux [vɛrbal, o] adj -1. [promesse, violence] verbal. -2. GRAM verb (avant n).

verbaliser [vɛrbalize] ◇ *vt* to verbalize. ◇ *vi* to make out a report.

verbe [vɛrb] *nm* GRAM verb.

verdeur [vɛrdœr] *nf* **-1.** [de personne] vigour, vitality. **-2.** [de langage] crudeness.

verdict [vɛrdikt] *nm* verdict.

verdir [vɛrdir] *vt & vi* to turn green.

verdoyant, -e [vɛrdwajɑ̃, ɑ̃t] *adj* green.

verdure [vɛrdyr] *nf* [végétation] greenery.

véreux, -euse [verø, øz] *adj* wormeaten, maggoty; *fig* shady.

verge [vɛrʒ] *nf* **-1.** ANAT penis. **-2.** *littéraire* [baguette] rod, stick.

verger [vɛrʒe] *nm* orchard.

vergeture [vɛrʒətyr] *nf* stretchmark.

verglas [vɛrgla] *nm* (black) ice.

véridique [veridik] *adj* truthful.

vérification [verifikasjɔ̃] *nf* [contrôle] check, checking.

vérifier [verifje] *vt* **-1.** [contrôler] to check. **-2.** [confirmer] to prove, to confirm.

véritable [veritabl] *adj* real; [ami] true.

vérité [verite] *nf* **-1.** [chose vraie, réalité, principe] truth (*U*). **-2.** [sincérité] sincerity. ◆ **en vérité** *loc adv* actually, really.

vermeil, -eille [vɛrmɛj] *adj* scarlet. ◆ **vermeil** *nm* silver-gilt.

vermicelle [vɛrmisɛl] *nm* vermicelli (*U*).

vermine [vɛrmin] *nf* [parasites] vermin.

vermoulu, -e [vɛrmuly] *adj* riddled with woodworm; *fig* moth-eaten.

verni, -e [vɛrni] *adj* **-1.** [bois] varnished. **-2.** [souliers]: **chaussures ~es** patent-leather shoes. **-3.** *fam* [chanceux] lucky.

vernir [vɛrnir] *vt* to varnish.

vernis [vɛrni] *nm* varnish; *fig* veneer; **~ à ongles** nail polish OU varnish.

vernissage [vɛrnisaʒ] *nm* **-1.** [de meuble] varnishing. **-2.** [d'exposition] private viewing.

verre [vɛr] *nm* **-1.** [matière, récipient] glass; [quantité] glassful, glass; **~ dépoli** frosted glass. **-2.** [optique] lens; **~s de contact** contact lenses. **-3.** [boisson] drink; **boire un ~** to have a drink.

verrière [vɛrjɛr] *nf* [toit] glass roof.

verrou [vɛru] *nm* bolt.

verrouillage [vɛrujaʒ] *nm* AUTOM: **~ central** central locking.

verrouiller [vɛruje] *vt* **-1.** [porte] to bolt. **-2.** [personne] to lock up.

verrue [vɛry] *nf* wart; **~ plantaire** verruca.

vers¹ [vɛr] ◇ *nm* line. ◇ *nmpl*: **en ~** in verse; **faire des ~** to write poetry.

vers² [vɛr] *prép* **-1.** [dans la direction de] towards. **-2.** [aux environs de - temporel] around, about; [- spatial] near; **~ la fin du mois** towards the end of the month.

versant [vɛrsɑ̃] *nm* side.

versatile [vɛrsatil] *adj* changeable, fickle.

verse [vɛrs] ◆ **à verse** *loc adv*: **pleuvoir à ~** to pour down.

Verseau [vɛrso] *nm* ASTROL Aquarius.

versement [vɛrsəmɑ̃] *nm* payment.

verser [vɛrse] ◇ *vt* **-1.** [eau] to pour; [larmes, sang] to shed. **-2.** [argent] to pay. ◇ *vi* to overturn, to tip over.

verset [vɛrsɛ] *nm* verse.

version [vɛrsjɔ̃] *nf* **-1.** [gén] version; **~ française/originale** French/original version. **-2.** [traduction] translation (*into mother tongue*).

verso [vɛrso] *nm* back.

vert, -e [vɛr, vɛrt] *adj* **-1.** [couleur, fruit, légume, bois] green. **-2.** *fig* [vieillard] spry, sprightly. **-3.** [réprimande] sharp. ◆ **vert** *nm* **-1.** [couleur] green. ◆ **Verts** *nmpl*: **les Verts** POLIT the Greens.

vertébral, -e, -aux [vɛrtebral, o] *adj* vertebral.

vertèbre [vɛrtɛbr] *nf* vertebra.

vertébré, -e [vɛrtebre] *adj* vertebrate. ◆ **vertébré** *nm* vertebrate.

vertement [vɛrtəmɑ̃] *adv* sharply.

vertical, -e, -aux [vɛrtikal, o] *adj* vertical. ◆ **verticale** *nf* vertical; **à la ~e** [descente] vertical; [descendre] vertically.

vertige [vɛrtiʒ] *nm* **-1.** [peur du vide] vertigo. **-2.** [étourdissement] dizziness; *fig* intoxication; **avoir des ~s** to suffer from OU have dizzy spells.

vertigineux, -euse [vɛrtiʒinø, øz] *adj* **-1.** *fig* [vue, vitesse] breathtaking. **-2.** [hauteur] dizzy.

vertu [vɛrty] *nf* **-1.** [morale, chasteté] virtue. **-2.** [pouvoir] properties (*pl*), power.

vertueux, -euse [vɛrtyø, øz] *adj* virtuous.

verve [vɛrv] *nf* eloquence.

vésicule [vezikyl] *nf* vesicle.

vessie [vesi] *nf* bladder.

veste [vɛst] *nf* [vêtement] jacket; **~ croisée/droite** double-/single-breasted jacket.

vestiaire [vɛstjɛr] *nm* **-1.** [au théâtre] cloakroom. **-2.** (*gén pl*) SPORT changing-room, locker-room.

vestibule [vɛstibyl] *nm* [pièce] hall, vestibule.

vestige [vɛstiʒ] *nm* (*gén pl*) [de ville] remains (*pl*); *fig* [de civilisation, grandeur] vestiges (*pl*), relic.

vestimentaire [vɛstimɑ̃tɛr] *adj* [industrie] clothing (*avant n*); [dépense] on clothes; **détail** ~ accessory.

veston [vɛstɔ̃] *nm* jacket.

vêtement [vɛtmɑ̃] *nm* garment, article of clothing; ~s clothing (*U*), clothes.

vétéran [veterɑ̃] *nm* veteran.

vétérinaire [veteriner] *nmf* vet, veterinary surgeon.

vêtir [vetir] *vt* to dress. ◆ **se vêtir** *vp* to dress, to get dressed.

veto [veto] *nm inv* veto; **mettre son** ~ à **qqch** to veto sthg.

vêtu, -e [vety] ◇ *pp* → **vêtir**. ◇ *adj*: ~ (de) dressed (in).

vétuste [vetyst] *adj* dilapidated.

veuf, -veuve [vœf, vœv] *nm, f* widower (*f* widow).

veuille *etc* → **vouloir**.

veuvage [vœvaʒ] *nm* [de femme] widowhood; [d'homme] widowerhood.

veuve → **veuf**.

vexation [vɛksasjɔ̃] *nf* [humiliation] insult.

vexer [vɛkse] *vt* to offend. ◆ **se vexer** *vp* to take offence.

VF (*abr de* **version française**) *nf indicates that a film has been dubbed into French.*

via [vja] *prép* via.

viabiliser [vjabilize] *vt* to service.

viable [vjabl] *adj* viable.

viaduc [vjadyk] *nm* viaduct.

viager, -ère [vjaʒe, ɛr] *adj* life (*avant n*). ◆ **viager** *nm* life annuity.

viande [vjɑ̃d] *nf* meat.

vibration [vibrasjɔ̃] *nf* vibration.

vibrer [vibre] *vi* -1. [trembler] to vibrate. -2. *fig* [être ému]: ~ (de) to be stirred (with).

vice [vis] *nm* -1. [de personne] vice. -2. [d'objet] fault, defect.

vice-président, -e [visprezidɑ̃, ɑ̃t] (*mpl* **vice-présidents**, *fpl* **vice-présidentes**) *nm, f* POLIT vice-president; [de société] vice-chairman (*f* vice-chairwoman).

vice versa [visvɛrsa] *loc adv* vice versa.

vicié, -e [visje] *adj* [air] polluted, tainted.

vicieux, -ieuse [visjø, jøz] *adj* -1. [personne, conduite] perverted, depraved. -2. [animal] restive. -3. [attaque] underhand.

victime [viktim] *nf* victim; [blessé] casualty.

victoire [viktwar] *nf* MIL. victory; POLIT & SPORT win, victory.

victorieux, -ieuse [viktɔrjø, jøz] *adj* -1. MIL. victorious; POLIT & SPORT winning (*avant n*), victorious. -2. [air] triumphant.

victuailles [viktɥaj] *nfpl* provisions.

vidange [vidɑ̃ʒ] *nf* -1. [action] emptying, draining. -2. AUTOM oil change. -3. [mécanisme] waste outlet. ◆ **vidanges** *nfpl* sewage (*U*).

vidanger [vidɑ̃ʒe] *vt* to empty, to drain.

vide [vid] ◇ *nm* -1. [espace] void; *fig* [néant, manque] emptiness. -2. [absence d'air] vacuum; **conditionné sous** ~ vacuum-packed. -3. [ouverture] gap, space. ◇ *adj* empty.

vidéo [video] ◇ *nf* video. ◇ *adj inv* video (*avant n*).

vidéocassette [videokasɛt] *nf* video cassette.

vidéoconférence [videokɔ̃ferɑ̃s] *nf* = **visioconférence**.

vidéodisque [videodisk] *nm* videodisc.

vide-ordures [vidɔrdyr] *nm inv* rubbish chute.

vidéothèque [videotɛk] *nf* video library.

vidéotransmission [videotrɑ̃smisjɔ̃] *nf* video transmission.

vide-poches [vidpɔʃ] *nm inv* [de voiture] glove compartment.

vider [vide] *vt* -1. [rendre vide] to empty. -2. [évacuer]: ~ **les lieux** to vacate the premises. -3. [poulet] to clean. -4. *fam* [personne - épuiser] to drain; [- expulser] to chuck out. ◆ **se vider** *vp* -1. [eaux]: se ~ **dans** to empty into, to drain into. -2. [baignoire, salle] to empty.

videur [vidœr] *nm* bouncer.

vie [vi] *nf* -1. [gén] life; **sauver la** ~ à **qqn** to save sb's life; **être en** ~ to be alive; à ~ **for** life. -2. [subsistance] cost of living; **gagner sa** ~ to earn one's living.

vieil → **vieux**.

vieillard [vjɛjar] *nm* old man.

vieille → **vieux**.

vieillerie [vjɛjri] *nf* [objet] old thing.

vieillesse [vjɛjɛs] *nf* [fin de la vie] old age.

vieillir [vjejir] ◇ *vi* -1. [personne] to grow old, to age. -2. CULIN to mature, to age. -3. [tradition, idée] to become dated OU outdated. ◇ *vt* -1. [suj: coiffure, vêtement]: ~ **qqn** to make sb look older. -2. [suj: personne]: **ils m'ont vieilli**

de cinq ans they said I was five years older than I actually am.

vieillissement [vjejismɑ̃] *nm* [de personne] ageing.

Vienne [vjɛn] *n* [en Autriche] Vienna.

vierge [vjɛrʒ] ◇ *nf* virgin; **la (Sainte) Vierge** the Virgin (Mary). ◇ *adj* **-1.** [personne] virgin. **-2.** [terre] virgin; [page] blank; [casier judiciaire] clean. ◆ **Vierge** *nf* ASTROL Virgo.

Viêt-nam [vjɛtnam] *nm*: **le ~** Vietnam.

vieux, vieille [vjø, vjɛj] ◇ *adj* (**vieil** *devant voyelle ou* h *muet*) old; **~ jeu** old-fashioned. ◇ *nm, f* **-1.** [personne âgée] old man (*f* woman); **les ~** the old. **-2.** *fam* [ami]: **mon ~** old chap OU boy *Br*, old buddy *Am*; **ma vieille** old girl.

vif, vive [vif, viv] *adj* **-1.** [preste - enfant] lively; [- imagination] vivid. **-2.** [couleur, œil] bright; **rouge/jaune ~** bright red/yellow. **-3.** [reproche] sharp; [discussion] bitter. **-4.** *sout* [vivant] alive. **-5.** [douleur, déception] acute; [intérêt] keen; [amour, haine] intense, deep. ◆ **à vif** *loc adj* [plaie] open; **j'ai les nerfs à ~** *fig* my nerves are frayed.

vigie [viʒi] *nf* [NAVIG - personne] lookout; [- poste] crow's nest.

vigilant, -e [viʒilɑ̃, ɑ̃t] *adj* vigilant, watchful.

vigile [viʒil] *nm* watchman.

vigne [viɲ] *nf* **-1.** [plante] vine, grapevine. **-2.** [plantation] vineyard. ◆ **vigne vierge** *nf* Virginia creeper.

vigneron, -onne [viɲrɔ̃, ɔn] *nm, f* wine grower.

vignette [viɲɛt] *nf* **-1.** [timbre] label; [de médicament] price sticker (*for reimbursement by the social security services*); AUTOM tax disc. **-2.** [motif] vignette.

vignoble [viɲɔbl] *nm* **-1.** [plantation] vineyard. **-2.** [vignes] vineyards (*pl*).

vigoureux, -euse [vigurø, øz] *adj* [corps, personne] vigorous; [bras, sentiment] strong.

vigueur [vigœr] *nf* vigour. ◆ **en vigueur** *loc adj* in force.

vilain, -e [vilɛ̃, ɛn] *adj* **-1.** [gén] nasty. **-2.** [laid] ugly.

vilebrequin [vilbrəkɛ̃] *nm* **-1.** [outil] brace and bit. **-2.** AUTOM crankshaft.

villa [vila] *nf* villa.

village [vilaʒ] *nm* village.

villageois, -e [vilaʒwa, az] *nm, f* villager.

ville [vil] *nf* [petite, moyenne] town; [importante] city.

villégiature [vileʒjatyr] *nf* holiday.

vin [vɛ̃] *nm* wine; **~ blanc/rosé/rouge** white/rosé/red wine. ◆ **vin d'honneur** *nm* reception.

vinaigre [vinɛgr] *nm* vinegar.

vinaigrette [vinɛgrɛt] *nf* oil and vinegar dressing.

vindicatif, -ive [vɛ̃dikatif, iv] *adj* vindictive.

vingt [vɛ̃] *adj num* & *nm* twenty; *voir aussi* **six.**

vingtaine [vɛ̃tɛn] *nf*: **une ~ de** about twenty.

vingtième [vɛ̃tjɛm] *adj num, nm* & *nmf* twentieth; *voir aussi* **sixième.**

vinicole [vinikɔl] *adj* wine-growing, wine-producing.

viol [vjɔl] *nm* **-1.** [de femme] rape. **-2.** [de sépulture] desecration; [de sanctuaire] violation.

violation [vjɔlasjɔ̃] *nf* violation, breach.

violence [vjɔlɑ̃s] *nf* violence; **se faire ~** to force o.s.

violent, -e [vjɔlɑ̃, ɑ̃t] *adj* **-1.** [personne, tempête] violent. **-2.** *fig* [douleur, angoisse, chagrin] acute; [haine, passion] violent.

violer [vjɔle] *vt* **-1.** [femme] to rape. **-2.** [loi, traité] to break. **-3.** [sépulture] to desecrate; [sanctuaire] to violate.

violet, -ette [vjɔlɛ, ɛt] *adj* purple; [pâle] violet. ◆ **violet** *nm* purple; [pâle] violet.

violette [vjɔlɛt] *nf* violet.

violeur [vjɔlœr] *nm* rapist.

violon [vjɔlɔ̃] *nm* [instrument] violin.

violoncelle [vjɔlɔ̃sɛl] *nm* [instrument] cello.

violoniste [vjɔlɔnist] *nmf* violinist.

vipère [vipɛr] *nf* viper.

virage [viraʒ] *nm* **-1.** [sur route] bend. **-2.** [changement] turn.

viral, -e, -aux [viral, o] *adj* viral.

virement [virmɑ̃] *nm* FIN transfer; **~ bancaire/postal** bank/giro transfer.

virer [vire] ◇ *vi* **-1.** [tourner]: **~ à droite/à gauche** to turn right/left. **-2.** [étoffe] to change colour; **~ au blanc/jaune** to go white/yellow. **-3.** MÉD to react positively. ◇ *vt* **-1.** FIN to transfer. **-2.** *fam* [renvoyer] to kick out.

virevolter [virvɔlte] *vi* [tourner] to twirl OU spin round.

virginité [virʒinite] *nf* **-1.** [de personne] virginity. **-2.** [de sentiment] purity.

virgule [virgyl] *nf* [entre mots] comma; [entre chiffres] (decimal) point.

viril, -e [viril] *adj* virile.

virilité [virilite] *nf* virility.

virtuel, -elle [virtɥɛl] *adj* potential.

virtuose [virtɥoz] *nmf* virtuoso.

virulence [virylɑ̃s] *nf* virulence.

virulent, -e [virylɑ̃, ɑ̃t] *adj* virulent.

virus [virys] *nm* INFORM & MÉD virus; *fig* bug.

vis [vis] *nf* screw.

visa [viza] *nm* visa.

visage [vizaʒ] *nm* face.

vis-à-vis [vizavi] *nm* **-1.** [personne] person sitting opposite. **-2.** [immeuble]: **avoir un ~** to have a building opposite. ◆ **vis-à-vis de** *loc prép* **-1.** [en face de] opposite. **-2.** [en comparaison de] beside, compared with. **-3.** [à l'égard de] towards.

viscéral, -e, -aux [viseral, o] *adj* **-1.** ANAT visceral. **-2.** *fam* [réaction] gut (*avant n*); [haine, peur] deep-seated.

viscère [visɛr] *nm* (*gén pl*) innards (*pl*).

viscose [viskoz] *nf* viscose.

visé, -e [vize] *adj* **-1.** [concerné] concerned. **-2.** [vérifié] stamped.

visée [vize] *nf* **-1.** [avec arme] aiming. **-2.** (*gén pl*) *fig* [intention, dessein] aim.

viser [vize] ◇ *vt* **-1.** [cible] to aim at. **-2.** *fig* [poste] to aspire to, to aim for; [personne] to be directed OU aimed at. **-3.** [document] to check, to stamp. ◇ *vi* to aim, to take aim; **~ à** to aim at; **~ à faire qqch** to aim to do sthg, to be intended to do sthg; **~ haut** *fig* to aim high.

viseur [vizœr] *nm* **-1.** [d'arme] sights (*pl*). **-2.** PHOT viewfinder.

visibilité [vizibilite] *nf* visibility.

visible [vizibl] *adj* **-1.** [gén] visible. **-2.** [personne]: **il n'est pas ~** he's not seeing visitors.

visiblement [vizibləmɑ̃] *adv* visibly.

visière [vizjɛr] *nf* **-1.** [de casque] visor. **-2.** [de casquette] peak. **-3.** [de protection] eyeshade.

visioconférence [vizjokɔ̃ferɑ̃s] *nf* videoconference.

vision [vizjɔ̃] *nf* **-1.** [faculté] eyesight, vision. **-2.** [représentation] view, vision. **-3.** [mirage] vision.

visionnaire [vizjɔnɛr] *nmf & adj* visionary.

visionner [vizjɔne] *vt* to view.

visite [vizit] *nf* **-1.** [chez ami, officielle] visit; **rendre ~ à qqn** to pay sb a visit. **-2.** [MÉD - à l'extérieur] call, visit; [- dans hôpital] rounds (*pl*); **passer une ~ médicale** to have a medical. **-3.** [de monument] tour. **-4.** [d'expert] inspection.

visiter [vizite] *vt* **-1.** [en touriste] to tour. **-2.** [malade, prisonnier] to visit.

visiteur, -euse [vizitœr, øz] *nm, f* visitor.

vison [vizɔ̃] *nm* mink.

visqueux, -euse [viskø, øz] *adj* **-1.** [liquide] viscous. **-2.** [surface] sticky.

visser [vise] *vt* **-1.** [planches] to screw together. **-2.** [couvercle] to screw down. **-3.** [bouchon] to screw in; [écrou] to screw on.

visualiser [vizɥalize] *vt* **-1.** [gén] to visualize. **-2.** INFORM to display; TECHNOL to make visible.

visuel, -elle [vizɥɛl] *adj* visual.

vital, -e, -aux [vital, o] *adj* vital.

vitalité [vitalite] *nf* vitality.

vitamine [vitamin] *nf* vitamin.

vitaminé, -e [vitamine] *adj* with added vitamins, vitamin-enriched.

vite [vit] *adv* **-1.** [rapidement] quickly, fast; **fais ~!** hurry up! **-2.** [tôt] soon.

vitesse [vitɛs] *nf* **-1.** [gén] speed; **à toute ~** at top speed. **-2.** AUTOM gear.

viticole [vitikɔl] *adj* wine-growing.

viticulteur, -trice [vitikyltœr, tris] *nm, f* wine-grower.

vitrail, -aux [vitraj, o] *nm* stained-glass window.

vitre [vitr] *nf* **-1.** [de fenêtre] pane of glass, window pane. **-2.** [de voiture, train] window.

vitré, -e [vitre] *adj* glass (*avant n*).

vitreux, -euse [vitrø, øz] *adj* **-1.** [roche] vitreous. **-2.** [œil, regard] glassy, glazed.

vitrifier [vitrifje] *vt* **-1.** [parquet] to seal and varnish. **-2.** [émail] to vitrify.

vitrine [vitrin] *nf* **-1.** [de boutique] (shop) window; *fig* showcase. **-2.** [meuble] display cabinet.

vivable [vivabl] *adj* [appartement] livable-in; [situation] bearable, tolerable; [personne]: **il n'est pas ~** he's impossible to live with.

vivace [vivas] *adj* **-1.** [plante] perennial; [arbre] hardy. **-2.** *fig* [haine, ressentiment] deep-rooted, entrenched; [souvenir] enduring.

vivacité [vivasite] *nf* **-1.** [promptitude - de personne] liveliness, vivacity; **~ d'esprit** quick-wittedness. **-2.** [de coloris, teint] intensity, brightness. **-3.** [de propos] sharpness.

vivant, -e [vivɑ̃, ɑ̃t] *adj* **-1.** [en vie] alive, living. **-2.** [enfant, quartier] lively. **-3.** [souvenir] still fresh. ◆ **vivant** *nm* [personne]: **les ~s** the living.

vive¹ [viv] *nf* [poisson] weever.

vive² [viv] *interj* three cheers for; **~ le roi!** long live the King!

vivement [vivmɑ̃] ◇ *adv* **-1.** [agir] quickly. **-2.** [répondre] sharply. **-3.** [affecter] deeply. ◇ *interj*: ~ **les vacances!** roll on the holidays!; ~ **que l'été arrive** I'll be glad when summer comes, summer can't come quick enough.

vivifiant, -e [vivifjɑ̃, ɑ̃t] *adj* invigorating, bracing.

vivisection [viviseksjɔ̃] *nf* vivisection.

vivre [vivr] ◇ *vi* to live; [être en vie] to be alive; ~ **de** to live on; **faire ~ sa famille** to support one's family; **être difficile/facile à ~** to be hard/easy to get on with; **avoir vécu** to have seen life. ◇ *vt* **-1.** [passer] to spend. **-2.** [éprouver] to experience. ◆ **vivres** *nmpl* provisions.

vizir [vizir] *nm* vizier.

VO (*abr de* **version originale**) *nf* *indicates that a film has not been dubbed.*

vocable [vɔkabl] *nm* term.

vocabulaire [vɔkabylɛr] *nm* **-1.** [gén] vocabulary. **-2.** [livre] lexicon, glossary.

vocal, -e, -aux [vɔkal, o] *adj*: **ensemble** ~ **choir;** → **corde.**

vocation [vɔkasjɔ̃] *nf* **-1.** [gén] vocation. **-2.** [d'organisation] mission.

vocifération [vɔsiferasjɔ̃] *nf* shout, scream.

vociférer [vɔsifere] *vt* to shout, to scream.

vodka [vɔdka] *nf* vodka.

vœu, -x [vø] *nm* **-1.** [RELIG & résolution] vow; **faire ~ de silence** to take a vow of silence. **-2.** [souhait, requête] wish. ◆ **vœux** *nmpl* greetings.

vogue [vɔg] *nf* vogue, fashion; **en ~** fashionable, in vogue.

voguer [vɔge] *vi littéraire* to sail.

voici [vwasi] *prép* **-1.** [pour désigner, introduire] here is/are; **le ~** here he/it is; **les ~** here they are; **vous cherchiez des allumettes? — en ~** were you looking for matches? — there are some here; ~ **ce qui s'est passé** this is what happened. **-2.** [il y a]: ~ **trois mois** three months ago; ~ **quelques années que je ne l'ai pas vu** I haven't seen him for some years (now), it's been some years since I last saw him.

voie [vwa] *nf* **-1.** [route] road; **route à deux ~s** two-lane road; **la ~ publique** the public highway. **-2.** RAIL track, line; ~ **ferrée** railway line *Br*, railroad line *Am*; ~ **de garage** siding; *fig* dead-end job. **-3.** [mode de transport] route. **-4.** ANAT passage, tract; **par ~ buccale** OU **orale** orally, by mouth; **par ~ rectale** by rectum; ~ **respiratoire** respiratory tract. **-5.** *fig* [chemin] way. **-6.** [filière,

moyen] means (*pl*). ◆ **Voie lactée** *nf*: **la Voie lactée** the Milky Way. ◆ **en voie de** *loc prép* on the way to; **en ~ de développement** developing.

voilà [vwala] *prép* **-1.** [pour désigner] there is/are; **le ~** there he/it is; **les ~** there they are; **me ~** that's me, there I am; **vous cherchiez de l'encre — en ~** you were looking for ink — there is some (over) there; **nous ~ arrivés** we've arrived. **-2.** [reprend ce dont on a parlé] that is; [introduit ce dont on va parler] this is; ~ **ce que j'en pense** this is/ that is what I think; ~ **tout** that's all; **et ~!** there we are! **-3.** [il y a]: ~ **dix jours** ten days ago; ~ **dix ans que je le connais** I've known him for ten years (now).

voile [vwal] ◇ *nf* **-1.** [de bateau] sail. **-2.** [activité] sailing. ◇ *nm* **-1.** [textile] voile. **-2.** [coiffure] veil. **-3.** [de brume] mist.

voilé, -e [vwale] *adj* **-1.** [visage, allusion] veiled. **-2.** [ciel, regard] dull. **-3.** [roue] buckled. **-4.** [son, voix] muffled.

voiler [vwale] *vt* **-1.** [visage] to veil. **-2.** [vérité, sentiment] to hide. **-3.** [suj: brouillard, nuages] to cover. ◆ **se voiler** *vp* **-1.** [femme] to wear a veil. **-2.** [ciel] to cloud over; [yeux] to mist over. **-3.** [roue] to buckle.

voilier [vwalje] *nm* [bateau] sailing boat, sailboat *Am*.

voilure [vwalyr] *nf* [de bateau] sails (*pl*).

voir [vwar] ◇ *vt* [gén] to see; **je l'ai vu tomber** I saw him fall; **faire ~ qqch à qqn** to show sb sthg; **ne rien avoir à ~ avec** *fig* to have nothing to do with; **voyons, ...** [en réfléchissant] let's see, ... ◇ *vi* to see. ◆ **se voir** *vp* **-1.** [se regarder] to see o.s., to watch o.s. **-2.** [se rencontrer] to see one another OU each other. **-3.** [se remarquer] to be obvious, to show; **ça se voit!** you can tell!

voire [vwar] *adv* even.

voirie [vwari] *nf* ADMIN ≃ Department of Transport.

voisin, -e [vwazɛ̃, in] ◇ *adj* **-1.** [pays, ville] neighbouring; [maison] next-door. **-2.** [idée] similar. ◇ *nm, f* neighbour; ~ **de palier** next-door neighbour (*in a flat*).

voisinage [vwazinaʒ] *nm* **-1.** [quartier] neighbourhood. **-2.** [relations] neighbourliness. **-3.** [environs] vicinity.

voiture [vwatyr] *nf* **-1.** [automobile] car; ~ **de fonction** company car; ~ **de location** hire car; ~ **d'occasion/de sport**

second-hand/sports car. **-2.** [de train] carriage.

voix [vwa] *nf* **-1.** [gén] voice; ~ **de stentor** stentorian voice; **à mi-~** in an undertone; **à ~ basse** in a low voice, quietly; **à ~ haute** [parler] in a loud voice; [lire] aloud; **de vive ~** in person. **-2.** [suffrage] vote.

vol [vɔl] *nm* **-1.** [d'oiseau, avion] flight; **à ~ d'oiseau** as the crow flies; **en plein ~** in flight. **-2.** [groupe d'oiseaux] flight, flock. **-3.** [délit] theft.

vol. (*abr de* **volume**) vol.

volage [vɔlaʒ] *adj littéraire* fickle.

volaille [vɔlaj] *nf*: **la ~** poultry, (domestic) fowl.

volant, -e [vɔlɑ̃, ɑ̃t] *adj* **-1.** [qui vole] flying. **-2.** [mobile]: **feuille ~e** loose sheet. ◆ **volant** *nm* **-1.** [de voiture] steering wheel. **-2.** [de robe] flounce. **-3.** [de badminton] shuttlecock.

volatiliser [vɔlatilize] ◆ **se volatiliser** *vp* to volatilize; *fig* to vanish into thin air.

volcan [vɔlkɑ̃] *nm* volcano; *fig* spitfire.

volcanique [vɔlkanik] *adj* volcanic; *fig* [tempérament] fiery.

volée [vɔle] *nf* **-1.** [de flèches] volley; **une ~ de coups** a hail of blows. **-2.** FOOTBALL & TENNIS volley.

voler [vɔle] ◇ *vi* to fly. ◇ *vt* [personne] to rob; [chose] to steal.

volet [vɔlɛ] *nm* **-1.** [de maison] shutter. **-2.** [de dépliant] leaf; [d'émission] part.

voleur, -euse [vɔlœr, øz] *nm, f* thief.

volière [vɔljɛr] *nf* aviary.

volley-ball [vɔlɛbol] (*pl* **volley-balls**) *nm* volleyball.

volontaire [vɔlɔ̃tɛr] ◇ *nmf* volunteer. ◇ *adj* **-1.** [omission] deliberate; [activité] voluntary. **-2.** [enfant] strong-willed.

volonté [vɔlɔ̃te] *nf* **-1.** [vouloir] will; **à ~** unlimited, as much as you like. **-2.** [disposition]: **bonne ~** willingness, good will; **mauvaise ~** unwillingness. **-3.** [détermination] willpower.

volontiers [vɔlɔ̃tje] *adv* **-1.** [avec plaisir] with pleasure, gladly, willingly. **-2.** [affable, bavard] naturally.

volt [vɔlt] *nm* volt.

voltage [vɔltaʒ] *nm* voltage.

volte-face [vɔltəfas] *nf inv* about-turn *Br*, about-face *Am*; *fig* U-turn, about-turn *Br*, about-face *Am*.

voltige [vɔltiʒ] *nf* **-1.** [au trapèze] trapeze work; **haute ~** flying trapeze act; *fam fig* mental gymnastics (U). **-2.** [à cheval] circus riding. **-3.** [en avion] aerobatics (U).

voltiger [vɔltiʒe] *vi* **-1.** [insecte, oiseau] to flit OU flutter about. **-2.** [feuilles] to flutter about.

volubile [vɔlybil] *adj* voluble.

volume [vɔlym] *nm* volume.

volumineux, -euse [vɔlyminø, øz] *adj* voluminous, bulky.

volupté [vɔlypte] *nf* [sensuelle] sensual OU voluptuous pleasure; [morale, esthétique] delight.

voluptueux, -euse [vɔlyptɥø, øz] *adj* voluptuous.

volute [vɔlyt] *nf* **-1.** [de fumée] wreath. **-2.** ARCHIT volute, helix.

vomi [vɔmi] *nm fam* vomit.

vomir [vɔmir] *vt* **-1.** [aliments] to bring up. **-2.** [fumées] to belch, to spew (out); [injures] to spit out.

vorace [vɔras] *adj* voracious.

voracité [vɔrasite] *nf* voracity.

vos → **votre**.

vote [vɔt] *nm* vote.

voter [vɔte] ◇ *vi* to vote. ◇ *vt* POLIT to vote for; [crédits] to vote; [loi] to pass.

votre [vɔtr] (*pl* **vos** [vo]) *adj poss* your.

vôtre [votr] ◆ **le vôtre** (*f* **la vôtre**, *pl* **les vôtres**) *pron poss* yours; **les ~s** your family; **vous et les ~s** people like you; **à la ~!** your good health!

vouer [vwe] *vt* **-1.** [promettre, jurer]: **~ qqch à qqn** to swear OU vow sthg to sb. **-2.** [consacrer] to devote. **-3.** [condamner]: **être voué à** to be doomed to.

vouloir [vulwar] ◇ *vt* **-1.** [gén] to want; **voulez-vous boire quelque chose?** would you like something to drink?; **veux-tu te taire!** will you be quiet!; **je voudrais savoir** I would like to know; **~ que** (+ *subjonctif*): **je veux qu'il parte** I want him to leave; **~ qqch de qqn/qqch** to want sthg from sb/sthg; **combien voulez-vous de votre maison?** how much do you want for your house?; **ne pas ~ de qqn/qqch** not to want sb/sthg; **je veux bien** I don't mind; **si tu veux** if you like, if you want; **veuillez vous asseoir** please take a seat; **sans le ~** without meaning OU wishing to, unintentionally. **-2.** [suj: coutume] to demand. **-3.** [s'attendre à] to expect; **que voulez-vous que j'y fasse?** what do you want me to do about it? **-4.** *loc*: **~ dire** to mean; **veux-tu** more or less, if you like; **en ~ à qqn** to have a grudge against sb. ◇ *nm*: **le bon ~ de qqn** sb's good will. ◆ **se vouloir** *vp*: **elle se veut différente** she thinks she's different; **s'en ~ de faire qqch** to be cross with o.s. for doing sthg.

voulu, -e [vuly] ◇ *pp* → **vouloir.** ◇ *adj* **-1.** [requis] requisite. **-2.** [délibéré] intentional.

vous [vu] *pron pers* **-1.** [sujet, objet direct] you. **-2.** [objet indirect] (to) you. **-3.** [après préposition, comparatif] you. **-4.** [réfléchi] yourself, (*pl*) yourselves. ◆ **vous-même** *pron pers* yourself. ◆ **vous-mêmes** *pron pers* yourselves.

voûte [vut] *nf* **-1.** ARCHIT vault; *fig* arch. **-2.** ANAT: **~ du palais** roof of the mouth; **~ plantaire** arch (of the foot).

voûter [vute] *vt* to arch over, to vault. ◆ **se voûter** *vp* to arch over, to vault.

vouvoyer [vuvwaje] *vt*: **~ qqn** to use the "vous" form to sb.

voyage [vwaja3] *nm* journey, trip; **les ~s** travel (*sg*), travelling (*U*); **partir en ~** to go away, to go on a trip; **~ d'affaires** business trip; **~ organisé** package tour; **~ de noces** honeymoon.

voyager [vwaja3e] *vi* to travel.

voyageur, -euse [vwaja3œr, øz] *nm, f* traveller.

voyance [vwajãs] *nf* clairvoyance.

voyant, -e [vwajã, ãt] ◇ *adj* loud, gaudy. ◇ *nm, f* [devin] seer. ◆ **voyant** *nm* [lampe] light; AUTOM indicator (light); **~ d'essence/d'huile** petrol/oil warning light.

voyelle [vwajɛl] *nf* vowel.

voyeur, -euse [vwajœr, øz] *nm, f* voyeur, Peeping Tom.

voyou [vwaju] *nm* **-1.** [garnement] urchin. **-2.** [loubard] lout.

vrac [vrak] ◆ **en vrac** *loc adv* **-1.** [sans emballage] loose. **-2.** [en désordre] higgledy-piggledy. **-3.** [au poids] in bulk.

vrai, -e [vrɛ] *adj* **-1.** [histoire] true; **c'est** OU **il est ~ que ...** it's true that ... **-2.** [or, perle, nom] real. **-3.** [personne] natural. **-4.** [ami, raison] real, true. ◆ **vrai** *nm*: **à ~ dire, à dire ~** to tell the truth.

vraiment [vrɛmã] *adv* really.

vraisemblable [vrɛsɑ̃blabl] *adj* likely, probable; [excuse] plausible.

vraisemblance [vrɛsɑ̃blɑ̃s] *nf* likelihood, probability; [d'excuse] plausibility.

V/Réf (*abr de* **Votre référence**) your ref.

vrille [vrij] *nf* **-1.** BOT tendril. **-2.** [outil] gimlet. **-3.** [spirale] spiral.

vrombir [vrɔ̃bir] *vi* to hum.

vrombissement [vrɔ̃bismɑ̃] *nm* humming (*U*).

VTT (*abr de* **vélo tout terrain**) *nm* mountain bike.

vu, -e [vy] ◇ *pp* → **voir.** ◇ *adj* **-1.** [perçu]: **être bien/mal ~** to be acceptable/unacceptable. **-2.** [compris] clear. ◆ **vu** *prép* given, in view of. ◆ **vue** *nf* **-1.** sens, vision] sight, eyesight. **-2.** [regard] gaze; **à première ~e** at first sight; **de ~e** by sight; **en ~e** [vedette] in the public eye; **perdre qqn de ~e** to lose touch with sb. **-3.** [panorama, idée] view. **-4.** CIN → **prise.** ◆ **en vue de** *loc prép* with a view to. ◆ **vu que** *loc conj* given that, seeing that.

vulgaire [vylgɛr] *adj* **-1.** [grossier] vulgar, coarse. **-2.** (*avant n*) *péj* [quelconque] common.

vulgarisation [vylgarizasjɔ̃] *nf* popularization.

vulgariser [vylgarize] *vt* to popularize.

vulgarité [vylgarite] *nf* vulgarity, coarseness.

vulnérable [vylnerabl] *adj* vulnerable.

vulve [vylv] *nf* vulva.

w, W [dubləve] *nm inv* w, W.

wagon [vagɔ̃] *nm* carriage; **~ de première/seconde classe** first-class/second-class carriage.

wagon-lit [vagɔ̃li] *nm* sleeping car, sleeper.

wagon-restaurant [vagɔ̃rɛstɔrɑ̃] *nm* restaurant OU dining car.

Walkman® [wɔkman] *nm* personal stereo, Walkman®.

wallon, -onne [walɔ̃, ɔn] *adj* Walloon. ◆ **wallon** *nm* [langue] Walloon. ◆ **Wallon, -onne** *nm, f* Walloon.

Washington [waʃiŋtɔn] *n* **-1.** [ville] Washington D.C. **-2.** [État] Washington State.

water-polo [waterpolo] *nm* water polo.

watt [wat] *nm* watt.

W.-C. [vese] (*abr de* **water closet**) *nmpl* WC (*sg*), toilets.

Web [wɛb] *nm inv*: **le ~** the Web.

week-end [wikɛnd] (*pl* **week-ends**) *nm* weekend.

western [wɛstɛrn] *nm* western.
whisky [wiski] (*pl* **whiskies**) *nm* whisky.
white-spirit [wajtspirit] (*pl* **white-spirits**) *nm* white spirit.
World Wide Web [wœrldwajdwɛb] *nm inv*: **le** ~ the World Wide Web.
WWW (*abr de* **World Wide Web**) *nm inv* WWW.

XYZ

x, X [iks] *nm inv* x, X; **l'X** *prestigious engineering college in Paris.*
xénophobie [gzenɔfɔbi] *nf* xenophobia.
xérès [gzeres, kseres] *nm* sherry.
xylophone [ksilɔfɔn] *nm* xylophone.

y¹, Y [igrɛk] *nm inv* y, Y.
y² [i] ◇ *adv* [lieu] there; **j'y vais demain** I'm going there tomorrow; **mets-y du sel** put some salt in it; **va voir sur la table si les clefs y sont** go and see if the keys are on the table; **ils ont ramené des vases anciens et y ont fait pousser des fleurs exotiques** they brought back some antique vases and grew exotic flowers in them. ◇ *pron* (*la traduction varie selon la préposition utilisée avec le verbe*): **pensez-y** think about it; **n'y comptez pas** don't count on it; **j'y suis!** I've got it!; *voir aussi* **aller**, **avoir** *etc.*
yacht [jɔt] *nm* yacht.
yaourt [jaurt], **yogourt**, **yoghourt** [jɔgurt] *nm* yoghurt.
Yémen [jemen] *nm*: **le** ~ Yemen.
yen [jɛn] *nm* yen.
yeux → **œil**.
yiddish [jidiʃ] *nm inv & adj inv* Yiddish.
yoga [jɔga] *nm* yoga.
yoghourt = **yaourt**.
yogourt = **yaourt**.
yougoslave [jugɔslav] *adj* Yugoslav, Yugoslavian. ◆ **Yougoslave** *nmf* Yugoslav, Yugoslavian.
Yougoslavie [jugɔslavi] *nf*: **la** ~ Yugoslavia.

z, Z [zɛd] *nm inv* z, Z.
Zaïre [zair] *nm*: **le** ~ Zaïre.
zapper [zape] *vi* to zap, to channel-hop.
zapping [zapiŋ] *nm* zapping, channel-hopping.
zèbre [zɛbr] *nm* zebra; **un drôle de** ~ *fam fig* an oddball.
zébrure [zebryr] *nf* **-1.** [de pelage] stripe. **-2.** [marque] weal.
zébu [zeby] *nm* zebu.
zèle [zɛl] *nm* zeal; **faire du** ~ *péj* to be over-zealous.
zélé, -e [zele] *adj* zealous.
zénith [zenit] *nm* zenith.
zéro [zero] ◇ *nm* **-1.** [chiffre] zero, nought; [dans numéro de téléphone] O *Br*, zero *Am*. **-2.** [nombre] nought, nothing. **-3.** [de graduation] freezing point, zero; **au-dessus/au-dessous de** ~ above/below (zero); **avoir le moral à** ~ *fig* to be OU feel down. ◇ *adj*: ~ **faute** no mistakes.
zeste [zɛst] *nm* peel, zest.
zézayer [zezeje] *vi* to lisp.
zigzag [zigzag] *nm* zigzag; **en** ~ winding.
zigzaguer [zigzage] *vi* to zigzag (along).
zinc [zɛ̃g] *nm* **-1.** [matière] zinc. **-2.** *fam* [comptoir] bar. **-3.** *fam* [avion] crate.
zizi [zizi] *nm fam* willy *Br*, peter *Am*.
zodiaque [zɔdjak] *nm* zodiac.
zone [zon] *nf* **-1.** [région] zone, area; ~ **bleue** restricted parking zone; ~ **industrielle** industrial estate; ~ **piétonne** OU **piétonnière** pedestrian precinct *Br* OU zone *Am*. **-2.** *fam* [faubourg]: **la** ~ the slum belt.
zoner [zone] *vi* to hang about, to hang around.
zoo [zo(o)] *nm* zoo.
zoologie [zɔɔlɔʒi] *nf* zoology.
zoom [zum] *nm* **-1.** [objectif] zoom (lens). **-2.** [gros plan] zoom.
zut [zyt] *interj fam* damn!

A

a¹ (*pl* **as** OR **a's**), **A** (*pl* **As** OR **A's**) [eɪ] *n* [letter] a *m inv*, A *m inv*; **to get from A to B** aller d'un point à un autre. ◆ **A** *n* **-1.** MUS la *m inv*. **-2.** SCH [mark] A *m inv*.

a² [stressed eɪ, unstressed ə] (before vowel or silent 'h') **an** [stressed æn, unstressed ən]) *indef art* **-1.** [gen] un (une); **a boy** un garçon; **a table** une table; **an orange** une orange. **-2.** [referring to occupation]: **to be a doctor/lawyer/plumber** être médecin/avocat/plombier. **-3.** [instead of the number one] un (une); **a hundred/thousand pounds** cent/mille livres. **-4.** [to express prices, ratios etc]: **20p a kilo** 20p le kilo; **£10 a person** 10 livres par personne; **twice a week/month** deux fois par semaine/mois; **50 km an hour** 50 km à l'heure.

AA *n* **-1.** (abbr of **Automobile Association**) automobile club britannique, ≈ ACF *m*, ≈ TCF *m*. **-2.** (abbr of **Alcoholics Anonymous**) Alcooliques Anonymes *mpl*.

AAA *n* (abbr of **American Automobile Association**) automobile club américain, ≈ ACF *m*, ≈ TCF *m*.

AB *n* Am abbr of **Bachelor of Arts**.

aback [ə'bæk] adv: **to be taken ~** être décontenancé(e).

abandon [ə'bændən] ◇ *vt* abandonner. ◇ *n*: **with ~** avec abandon.

abashed [ə'bæʃt] adj confus(e).

abate [ə'beɪt] vi [storm, fear] se calmer; [noise] faiblir.

abattoir ['æbətwɑːʳ] *n* abattoir *m*.

abbey ['æbɪ] *n* abbaye *f*.

abbot ['æbət] *n* abbé *m*.

abbreviate [ə'briːvɪeɪt] vt abréger.

abbreviation [ə,briːvɪ'eɪʃn] *n* abréviation *f*.

ABC *n* **-1.** [alphabet] alphabet *m*. **-2.** fig [basics] B.A.-Ba *m*, abc *m*.

abdicate ['æbdɪkeɪt] vt & vi abdiquer.

abdomen ['æbdəmen] *n* abdomen *m*.

abduct [əb'dʌkt] vt enlever.

aberration [,æbə'reɪʃn] *n* aberration *f*.

abet [ə'bet] vt → aid.

abeyance [ə'beɪəns] *n*: **in ~** en attente.

abhor [əb'hɔːʳ] vt exécrer, abhorrer.

abide [ə'baɪd] vt supporter, souffrir. ◆ **abide by** vt fus respecter, se soumettre à.

ability [ə'bɪlətɪ] *n* **-1.** [capacity, capability] aptitude *f*. **-2.** [skill] talent *m*.

abject ['æbdʒekt] adj **-1.** [poverty, misery] misérable, lamentable. **-2.** [person] pitoyable; [apology] servile.

ablaze [ə'bleɪz] adj [on fire] en feu.

able ['eɪbl] adj **-1.** [capable]: **to be ~ to do sthg** pouvoir faire qqch. **-2.** [accomplished] compétent(e).

ably ['eɪblɪ] adv avec compétence, habilement.

abnormal [æb'nɔːml] adj anormal(e).

aboard [ə'bɔːd] ◇ adv à bord. ◇ prep [ship, plane] à bord; [bus, train] dans.

abode [ə'bəud] *n* fml: **of no fixed ~** sans domicile fixe.

abolish [ə'bɒlɪʃ] vt abolir.

abolition [,æbə'lɪʃn] *n* abolition *f*.

abominable [ə'bɒmɪnəbl] adj abominable.

aborigine [,æbə'rɪdʒənɪ] *n* aborigène *mf* d'Australie.

abort [ə'bɔːt] vt **-1.** [pregnancy] interrompre. **-2.** fig [plan, project] abandonner, faire avorter. **-3.** COMPUT abandonner.

abortion [ə'bɔːʃn] *n* avortement *m*, in-

terruption f (volontaire) de grossesse;
to have an ~ se faire avorter.

abortive [ə'bɔːtɪv] *adj* manqué(e).

abound [ə'baʊnd] *vi* **-1.** [be plentiful]
abonder. **-2.** [be full]: **to ~ with** OR **in**
abonder en.

about [ə'baʊt] ◇ *adv* **-1.** [approximately]
environ, à peu près; **~ fifty/a
hundred/a thousand** environ cin-
quante/cent/mille; **at ~ five o'clock**
vers cinq heures; **I'm just ~ ready** je
suis presque prêt. **-2.** [referring to place]:
to run ~ courir çà et là; **to leave things
lying ~** laisser traîner des affaires; **to
walk ~** aller et venir, se promener. **-3.**
[on the point of]: **to be ~ to do sthg** être
sur le point de faire qqch. ◇ *prep* **-1.**
[relating to, concerning] au sujet de; **a
film ~ Paris** un film sur Paris; **what is
it ~?** de quoi s'agit-il?; **to talk ~ sthg**
parler de qqch. **-2.** [referring to place]:
**his belongings were scattered ~ the
room** ses affaires étaient éparpillées
dans toute la pièce; **to wander ~ the
streets** errer de par les rues.

about-turn, about-face *n* MIL demi-
tour *m*; *fig* volte-face *f inv*.

above [ə'bʌv] ◇ *adv* **-1.** [on top, higher
up] au-dessus. **-2.** [in text] ci-dessus,
plus haut. **-3.** [more, over] plus; **children aged 5 and ~** les enfants âgés de
5 ans et plus OR **de plus de 5 ans.** ◇
prep **-1.** [on top of, higher up than]
au-dessus de. **-2.** [more than] plus de.
◆ **above all** *adv* avant tout.

aboveboard [ə‚bʌv'bɔːd] *adj* honnête.

abrasive [ə'breɪsɪv] *adj* [substance] abra-
sif(ive); *fig* caustique, acerbe.

abreast [ə'brest] *adv* de front.
◆ **abreast of** *prep*: **to keep ~ of** se tenir au courant de.

abridged [ə'brɪdʒd] *adj* abrégé(e).

abroad [ə'brɔːd] *adv* à l'étranger.

abrupt [ə'brʌpt] *adj* **-1.** [sudden] sou-
dain(e), brusque. **-2.** [brusque]
abrupt(e).

abscess ['æbsɪs] *n* abcès *m*.

abscond [əb'skɒnd] *vi* s'enfuir.

abseil ['æbseɪl] *vi* descendre en rappel.

absence ['æbsəns] *n* absence *f*.

absent ['æbsənt] *adj*: **~ (from)** absent(e)
(de).

absentee [‚æbsən'tiː] *n* absent *m*, -e *f*.

absent-minded [-'maɪndɪd] *adj* dis-
trait(e).

absolute ['æbsəluːt] *adj* **-1.** [complete -
fool, disgrace] complet(ète). **-2.** [totalitar-
ian - ruler, power] absolu(e).

absolutely ['æbsəluːtlɪ] *adv* absolument.

absolve [əb'zɒlv] *vt*: **to ~ sb (from)** ab-
soudre qqn (de).

absorb [əb'sɔːb] *vt* absorber; [informa-
tion] retenir, assimiler; **to be ~ed in
sthg** être absorbé dans qqch.

absorbent [əb'sɔːbənt] *adj* absorbant(e).

absorption [əb'sɔːpʃn] *n* absorption *f*.

abstain [əb'steɪn] *vi*: **to ~ (from)**
s'abstenir (de).

abstemious [æb'stiːmjəs] *adj fml* fru-
gal(e), sobre.

abstention [əb'stenʃn] *n* abstention *f*.

abstract ['æbstrækt] ◇ *adj* abstrait(e).
◇ *n* [summary] résumé *m*, abrégé *m*.

absurd [əb'sɜːd] *adj* absurde.

ABTA ['æbtə] (*abbr of* **Association of
British Travel Agents**) *n* association des
agences de voyage britanniques.

abundant [ə'bʌndənt] *adj* abondant(e).

abundantly [ə'bʌndəntlɪ] *adv* **-1.** [clear,
obvious] extrêmement. **-2.** [exist, grow]
abondamment.

abuse [*n* ə'bjuːs, *vb* ə'bjuːz] ◇ *n* (U) **-1.**
[offensive remarks] insultes *fpl*, injures
fpl. **-2.** [maltreatment] mauvais traitement *m*; **child ~** mauvais traitements
infligés aux enfants. **-3.** [of power,
drugs etc] abus *m*. ◇ *vt* **-1.** [insult] insulter, injurier. **-2.** [maltreat] maltraiter. **-3.**
[power, drugs etc] abuser de.

abusive [ə'bjuːsɪv] *adj* grossier(ière), in-
jurieux(ieuse).

abysmal [ə'bɪzml] *adj* épouvantable,
abominable.

abyss [ə'bɪs] *n* abîme *m*, gouffre *m*.

a/c (*abbr of* **account (current)**) cc.

AC *n* (*abbr of* **alternating current**) courant *m* alternatif.

academic [‚ækə'demɪk] ◇ *adj* **-1.** [of college, university] universitaire. **-2.** [person]
intellectuel(elle). **-3.** [question, discus-
sion] théorique. ◇ *n* universitaire *mf*.

academy [ə'kædəmɪ] *n* **-1.** [school, col-
lege] école *f*; **~ of music** conservatoire
m. **-2.** [institution, society] académie *f*.

ACAS ['eɪkæs] (*abbr of* **Advisory Conciliation and Arbitration Service**) *n organisme britannique de conciliation des conflits du travail*.

accede [æk'siːd] *vi* **-1.** [agree]: **to ~ to**
agréer, donner suite à. **-2.** [monarch]:
to ~ to the throne monter sur le
trône.

accelerate [ək'seləreɪt] *vi* **-1.** [car, driver]
accélérer. **-2.** [inflation, growth] s'accélérer.

acceleration [ək,selə'reɪʃn] *n* accélération *f*.

accelerator [ək'seləreɪtə'] *n* accélérateur *m*.

accent ['æksent] *n* accent *m*.

accept [ək'sept] *vt* **-1.** [gen] accepter; [for job, as member of club] recevoir, admettre. **-2.** [agree]: **to ~ that ...** admettre que ....

acceptable [ək'septəbl] *adj* acceptable.

acceptance [ək'septəns] *n* **-1.** [gen] acceptation *f*. **-2.** [for job, as member of club] admission *f*.

access ['ækses] *n* **-1.** [entry, way in] accès *m*. **-2.** [opportunity to use, see]: **to have ~ to sthg** avoir qqch à sa disposition, disposer de qqch.

accessible [ək'sesəbl] *adj* **-1.** [reachable - place] accessible. **-2.** [available] disponible.

accessory [ək'sesərı] *n* **-1.** [of car, vacuum cleaner] accessoire *m*. **-2.** JUR complice *mf*.

accident ['æksɪdənt] *n* accident *m*; **by ~** par hasard, par accident.

accidental [,æksɪ'dentl] *adj* accidentel(elle).

accidentally [,æksɪ'dentəlɪ] *adv* **-1.** [drop, break] par mégarde. **-2.** [meet] par hasard.

accident-prone *adj* prédisposé(e) aux accidents.

acclaim [ə'kleɪm] ◇ *n* (U) éloges *mpl*. ◇ *vt* louer.

acclimatize, -ise [ə'klaɪmətaɪz], **acclimate** *Am* ['ækləmeɪt] *vi*: **to ~ (to)** s'acclimater (à).

accommodate [ə'kɒmədeɪt] *vt* **-1.** [provide room for] loger. **-2.** [oblige - person, wishes] satisfaire.

accommodating [ə'kɒmədeɪtɪŋ] *adj* obligeant(e).

accommodation *Br* [ə,kɒmə'deɪʃn] *n*, **accommodations** *Am* [ə,kɒmə'deɪʃnz] *npl* logement *m*.

accompany [ə'kʌmpənɪ] *vt* [gen] accompagner.

accomplice [ə'kʌmplɪs] *n* complice *mf*.

accomplish [ə'kʌmplɪʃ] *vt* accomplir, achever.

accomplishment [ə'kʌmplɪʃmənt] *n* **-1.** [action] accomplissement *m*. **-2.** [achievement] réussite *f*. ◆ **accomplishments** *npl* talents *mpl*.

accord [ə'kɔːd] *n*: **to do sthg of one's own ~** faire qqch de son propre chef OR de soi-même.

accordance [ə'kɔːdəns] *n*: **in ~ with** conformément à.

according [ə'kɔːdɪŋ] ◆ **according to** *prep* **-1.** [as stated or shown by] d'après; **to go ~ to plan** se passer comme prévu. **-2.** [with regard to] suivant, en fonction de.

accordingly [ə'kɔːdɪŋlɪ] *adv* **-1.** [appropriately] en conséquence. **-2.** [consequently] par conséquent.

accordion [ə'kɔːdjən] *n* accordéon *m*.

accost [ə'kɒst] *vt* accoster.

account [ə'kaʊnt] *n* **-1.** [with bank, shop, company] compte *m*. **-2.** [report] compte-rendu *m*. **-3.** *phr*: **to take ~ of sthg, to take sthg into ~** prendre qqch en compte; **to be of no ~** n'avoir aucune importance; **on no ~** sous aucun prétexte, en aucun cas. ◆ **accounts** *npl* [of business] comptabilité *f*, comptes *mpl*. ◆ **by all accounts** *adv* d'après ce que l'on dit, au dire de tous. ◆ **on account of** *prep* à cause de. ◆ **account for** *vt fus* **-1.** [explain] justifier, expliquer. **-2.** [represent] représenter.

accountable [ə'kaʊntəbl] *adj* [responsible]: **~ (for)** responsable (de).

accountancy [ə'kaʊntənsɪ] *n* comptabilité *f*.

accountant [ə'kaʊntənt] *n* comptable *mf*.

accrue [ə'kruː] *vi* [money] fructifier; [interest] courir.

accumulate [ə'kjuːmjʊleɪt] ◇ *vt* accumuler, amasser. ◇ *vi* s'accumuler.

accuracy ['ækjʊrəsɪ] *n* **-1.** [of description, report] exactitude *f*. **-2.** [of weapon, typist, figures] précision *f*.

accurate ['ækjʊrət] *adj* **-1.** [description, report] exact(e). **-2.** [weapon, typist, figures] précis(e).

accurately ['ækjʊrətlɪ] *adv* **-1.** [truthfully - describe, report] fidèlement. **-2.** [precisely - aim] avec précision; [- type] sans faute.

accusation [,ækjuː'zeɪʃn] *n* accusation *f*.

accuse [ə'kjuːz] *vt*: **to ~ sb of sthg/of doing sthg** accuser qqn de qqch/de faire qqch.

accused [ə'kjuːzd] (*pl inv*) *n* JUR: **the ~** l'accusé *m*, -e *f*.

accustomed [ə'kʌstəmd] *adj*: **to be ~ to sthg/to doing sthg** avoir l'habitude de qqch/de faire qqch.

ace [eɪs] *n* as *m*.

ache [eɪk] ◇ *n* douleur *f*. ◇ *vi* **-1.** [back, limb] faire mal; **my head ~s** j'ai mal à la tête. **-2.** *fig* [want]: **to be aching for sthg/to do sthg** mourir d'envie de qqch/de faire qqch.

achieve [ə'tʃiːv] *vt* [success, victory] obtenir, remporter; [goal] atteindre; [ambition] réaliser; [fame] parvenir à.

achievement [ə'tʃiːvmənt] *n* [success] réussite *f*.

Achilles' tendon [ə'kɪliːz-] *n* tendon *m* d'Achille.

acid ['æsɪd] ◇ *adj lit & fig* acide. ◇ *n* acide *m*.

acid rain *n* (U) pluies *fpl* acides.

acknowledge [ək'nɒlɪdʒ] *vt* **-1.** [fact, situation, person] reconnaître. **-2.** [letter]: **to ~ (receipt of)** accuser réception de. **-3.** [greet] saluer.

acknowledg(e)ment [ək'nɒlɪdʒmənt] *n* **-1.** [gen] reconnaissance *f*. **-2.** [letter] accusé *m* de réception. ◆ **acknowledg(e)ments** *npl* [in book] remerciements *mpl*.

acne ['ækni] *n* acné *f*.

acorn ['eɪkɔːn] *n* gland *m*.

acoustic [ə'kuːstɪk] *adj* acoustique. ◆ **acoustics** *npl* [of room] acoustique *f*.

acquaint [ə'kweɪnt] *vt*: **to ~ sb with sthg** mettre qqn au courant de qqch; **to be ~ed with sb** connaître qqn.

acquaintance [ə'kweɪntəns] *n* [person] connaissance *f*.

acquire [ə'kwaɪər] *vt* acquérir.

acquisitive [ə'kwɪzɪtɪv] *adj* avide de possessions.

acquit [ə'kwɪt] *vt* **-1.** JUR acquitter. **-2.** [perform]: **to ~ o.s. well/badly** bien/mal se comporter.

acquittal [ə'kwɪtl] *n* acquittement *m*.

acre ['eɪkər] *n* = 4046,9 *m²*, ≃ demi-hectare *m*.

acrid ['ækrɪd] *adj* [taste, smell] âcre; *fig* acerbe.

acrimonious [,ækrɪ'məʊnjəs] *adj* acrimonieux(ieuse).

acrobat ['ækrəbæt] *n* acrobate *mf*.

across [ə'krɒs] ◇ *adv* **-1.** [from one side to the other] en travers. **-2.** [in measurements]: **the river is 2 km ~** la rivière mesure 2 km de large. **-3.** [in crossword]: **21 ~** 21 horizontalement. ◇ *prep* **-1.** [from one side to the other] d'un côté à l'autre de, en travers de; **to walk ~ the road** traverser la route; **to run ~ the road** traverser la route en courant. **-2.** [on the other side of] de l'autre côté de; **the house ~ the road** la maison d'en face. ◆ **across from** *prep* en face de.

acrylic [ə'krɪlɪk] ◇ *adj* acrylique. ◇ *n* acrylique *m*.

act [ækt] ◇ *n* **-1.** [action, deed] acte *m*; **to catch sb in the ~ of doing sthg** surprendre qqn en train de faire qqch. **-2.** JUR loi *f*. **-3.** [of play, opera] acte *m*; [in cabaret etc] numéro *m*; *fig* [pretence]: **to put on an ~** jouer la comédie. **-4.** *phr*: **to get one's ~ together** se reprendre en main. ◇ *vi* **-1.** [gen] agir. **-2.** [behave] se comporter; **to ~ as if** se conduire comme si, se comporter comme si; **to ~ like** se conduire comme, se comporter comme. **-3.** [in play, film] jouer; *fig* [pretend] jouer la comédie. **-4.** [function]: **to ~ as** [person] être; [object] servir de. ◇ *vt* [part] jouer.

ACT (*abbr of* **American College Test**) *n* examen américain de fin d'études secondaires.

acting ['æktɪŋ] ◇ *adj* par intérim, provisoire. ◇ *n* [in play, film] interprétation *f*.

action ['ækʃn] *n* **-1.** [gen] action *f*; **to take ~** agir, prendre des mesures; **to put sthg into ~** mettre qqch à exécution; **in ~** [person] en action; [machine] en marche; **out of ~** [person] hors de combat; [machine] hors service, hors d'usage. **-2.** JUR procès *m*, action *f*.

action replay *n* répétition *f* immédiate (au ralenti).

activate ['æktɪveɪt] *vt* mettre en marche.

active ['æktɪv] *adj* **-1.** [gen] actif(ive); [encouragement] vif (vive). **-2.** [volcano] en activité.

actively ['æktɪvli] *adv* activement.

activity [æk'tɪvəti] *n* activité *f*.

actor ['æktər] *n* acteur *m*.

actress ['æktrɪs] *n* actrice *f*.

actual ['æktʃʊəl] *adj* réel(elle).

actually ['æktʃʊəli] *adv* **-1.** [really, in truth] vraiment. **-2.** [by the way] au fait.

acumen ['ækjʊmen] *n* flair *m*.

acupuncture ['ækjʊpʌŋktʃər] *n* acuponcture *f*.

acute [ə'kjuːt] *adj* **-1.** [severe - pain, illness] aigu(ë); [- danger] sérieux(ieuse), grave. **-2.** [perceptive - person, mind] perspicace. **-3.** [keen - eyesight] perçant(e); [- hearing] fin(e); [- sense of smell] développé(e). **-4.** MATH: **~ angle** angle *m* aigu. **-5.** LING: **e ~** e accent aigu.

ad [æd] (*abbr of* **advertisement**) *n inf* [in newspaper] annonce *f*; [on TV] pub *f*.

AD (*abbr of* **Anno Domini**) ap. J.-C.

adamant ['ædəmənt] *adj*: **to be ~** être inflexible.

Adam's apple ['ædəmz-] *n* pomme *f* d'Adam.

adapt [ə'dæpt] *vt* adapter. ◇ *vi*: **to ~ (to)** s'adapter (à).

adaptable [ə'dæptəbl] *adj* [person] souple.

adapter, adaptor [ə'dæptər] *n* [ELEC - for several devices] prise *f* multiple; [- for foreign plug] adaptateur *m*.

add [æd] *vt* **-1.** [gen]: **to ~ sthg (to)** ajouter qqch (à). **-2.** [numbers] additionner. ◆ **add on** *vt sep*: **to ~ sthg on (to)** ajouter qqch (à); [charge, tax] rajouter qqch (à). ◆ **add to** *vt fus* ajouter à, augmenter. ◆ **add up** *vt sep* additionner. ◆ **add up to** *vt fus* se monter à.

adder ['ædər] *n* vipère *f*.

addict ['ædɪkt] *n* lit & fig drogué *m*, -e *f*; **drug ~** drogué.

addicted [ə'dɪktɪd] *adj*: **~ (to)** drogué(e) (à); fig passionné(e) (de).

addiction [ə'dɪkʃn] *n*: **~ (to)** dépendance *f* (à); fig penchant *m* (pour).

addictive [ə'dɪktɪv] *adj* qui rend dépendant(e).

addition [ə'dɪʃn] *n* addition *f*; **in ~ (to)** en plus (de).

additional [ə'dɪʃənl] *adj* supplémentaire.

additive ['ædɪtɪv] *n* additif *m*.

address [ə'dres] ◇ *n* **-1.** [place] adresse *f*. **-2.** [speech] discours *m*. ◇ *vt* **-1.** [gen] adresser. **-2.** [meeting, conference] prendre la parole à. **-3.** [problem, issue] aborder, examiner.

address book *n* carnet *m* d'adresses.

adenoids ['ædɪnɔɪdz] *npl* végétations *fpl*.

adept ['ædept] *adj*: **~ (at)** doué(e) (pour).

adequate ['ædɪkwət] *adj* adéquat(e).

adhere [əd'hɪər] *vi* **-1.** [stick]: **to ~ (to)** adhérer (à). **-2.** [observe]: **to ~ to** obéir à. **-3.** [keep]: **to ~ to** adhérer à.

adhesive [əd'hi:sɪv] ◇ *adj* adhésif(ive). ◇ *n* adhésif *m*.

adhesive tape *n* ruban *m* adhésif.

adjacent [ə'dʒeɪsənt] *adj*: **~ (to)** adjacent(e) (à), contigu(ë) (à).

adjective ['ædʒɪktɪv] *n* adjectif *m*.

adjoining [ə'dʒɔɪnɪŋ] ◇ *adj* voisin(e). ◇ *prep* attenant à.

adjourn [ə'dʒɜ:n] ◇ *vt* ajourner. ◇ *vi* suspendre la séance.

adjudicate [ə'dʒu:dɪkeɪt] *vi*: **to ~ (on** OR **upon)** se prononcer (sur).

adjust [ə'dʒʌst] ◇ *vt* ajuster, régler. ◇ *vi*: **to ~ (to)** s'adapter (à).

adjustable [ə'dʒʌstəbl] *adj* réglable.

adjustment [ə'dʒʌstmənt] *n* **-1.** [modification] ajustement *m*; TECH réglage *m*. **-2.** [change in attitude]: **~ (to)** adaptation *f* (à).

ad lib [,æd'lɪb] ◇ *adj* improvisé(e). ◇ *adv* à volonté. ◇ *n* improvisation *f*. ◆ **ad-lib** *vi* improviser.

administer [əd'mɪnɪstər] *vt* **-1.** [company, business] administrer, gérer. **-2.** [justice, punishment] dispenser. **-3.** [drug, medication] administrer.

administration [əd,mɪnɪ'streɪʃn] *n* administration *f*.

administrative [əd'mɪnɪstrətɪv] *adj* administratif(ive).

admirable ['ædmərəbl] *adj* admirable.

admiral ['ædmərəl] *n* amiral *m*.

admiration [,ædmə'reɪʃn] *n* admiration *f*.

admire [əd'maɪər] *vt* admirer.

admirer [əd'maɪrər] *n* admirateur *m*, -trice *f*.

admission [əd'mɪʃn] *n* **-1.** [permission to enter] admission *f*. **-2.** [to museum etc] entrée *f*. **-3.** [confession] confession *f*, aveu *m*.

admit [əd'mɪt] ◇ *vt* **-1.** [confess] reconnaître; **to ~ (that)** ... reconnaître que ...; **to ~ doing sthg** reconnaître avoir fait qqch; **to ~ defeat** fig s'avouer vaincu(e). **-2.** [allow to enter, join] admettre; **to be admitted to hospital** *Br* OR **to the hospital** *Am* être admis(e) à l'hôpital. ◇ *vi*: **to ~ to** admettre, reconnaître.

admittance [əd'mɪtəns] *n* admission *f*; **"no ~"** «entrée interdite».

admittedly [əd'mɪtɪdlɪ] *adv* de l'aveu général.

admonish [əd'mɒnɪʃ] *vt* réprimander.

ad nauseam [,æd'nɔ:zɪæm] *adv* [talk] à n'en plus finir.

ado [ə'du:] *n*: **without further** OR **more ~** sans plus de cérémonie.

adolescence [,ædə'lesns] *n* adolescence *f*.

adolescent [,ædə'lesnt] ◇ *adj* adolescent(e); pej puéril(e). ◇ *n* adolescent *m*, -e *f*.

adopt [ə'dɒpt] *vt* adopter.

adoption [ə'dɒpʃn] *n* adoption *f*.

adore [ə'dɔ:r] *vt* adorer.

adorn [ə'dɔ:n] *vt* orner.

adrenalin [ə'drenəlın] *n* adrénaline *f*.
Adriatic [,eɪdrɪ'ætɪk] *n*: **the ~ (Sea)** l'Adriatique *f*, la mer Adriatique.
adrift [ə'drɪft] ◇ *adj* à la dérive. ◇ *adv*: **to go ~** *fig* aller à la dérive.
adult ['ædʌlt] ◇ *adj* -1. [gen] adulte. -2. [films, literature] pour adultes. ◇ *n* adulte *mf*.
adultery [ə'dʌltərɪ] *n* adultère *m*.
advance [əd'vɑːns] ◇ *n* -1. [gen] avance *f*. -2. [progress] progrès *m*. ◇ *comp* à l'avance. ◇ *vt* -1. [gen] avancer. -2. [improve] faire progresser OR avancer. ◇ *vi* -1. [gen] avancer. -2. [improve] progresser. ♦ **advances** *npl*: **to make ~s to sb** [sexual] faire des avances à qqn; [business] faire des propositions à qqn. ♦ **in advance** *adv* à l'avance.
advanced [əd'vɑːnst] *adj* avancé(e).
advantage [əd'vɑːntɪdʒ] *n*: **~ (over)** avantage *m* (sur); **to be to one's ~** être à son avantage; **to take ~ of sthg** profiter de qqch; **to take ~ of sb** exploiter qqn.
advent ['ædvənt] *n* avènement *m*. ♦ **Advent** *n* RELIG Avent *m*.
adventure [əd'ventʃəʳ] *n* aventure *f*.
adventure playground *n* terrain *m* d'aventures.
adventurous [əd'ventʃərəs] *adj* aventureux(euse).
adverb ['ædvɜːb] *n* adverbe *m*.
adverse ['ædvɜːs] *adj* défavorable.
advert ['ædvɜːt] *Br* = **advertisement**.
advertise ['ædvətaɪz] ◇ *vt* COMM faire de la publicité pour; [event] annoncer. ◇ *vi* faire de la publicité; **to ~ for sb/sthg** chercher qqn/qqch par voie d'annonce.
advertisement [əd'vɜːtɪsmənt] *n* [in newspaper] annonce *f*; COMM & *fig* publicité *f*.
advertiser ['ædvətaɪzəʳ] *n* annonceur *m*.
advertising ['ædvətaɪzɪŋ] *n* (U) publicité *f*.
advice [əd'vaɪs] *n* (U) conseils *mpl*; **a piece of ~** un conseil; **to give sb ~** donner des conseils à qqn; **to take sb's ~** suivre les conseils de qqn.
advisable [əd'vaɪzəbl] *adj* conseillé(e), recommandé(e).
advise [əd'vaɪz] ◇ *vt* -1. [give advice to]: **to ~ sb to do sthg** conseiller à qqn de faire qqch; **to ~ sb against sthg** déconseiller qqch à qqn; **to ~ sb against doing sthg** déconseiller à qqn de faire qqch. -2. [professionally]: **to ~ sb on sthg** conseiller qqn sur sthg. -3. [in-

form]: **to ~ sb (of sthg)** aviser qqn (de qqch). ◇ *vi* -1. [give advice]: **to ~ against sthg/against doing sthg** déconseiller qqch/de faire qqch. -2. [professionally]: **to ~ on sthg** conseiller sur qqch.
advisedly [əd'vaɪzɪdlɪ] *adv* en connaissance de cause, délibérément.
adviser *Br*, **advisor** *Am* [əd'vaɪzəʳ] *n* conseiller *m*, -ère *f*.
advisory [əd'vaɪzərɪ] *adj* consultatif(ive).
advocate [*n* 'ædvəkət, *vb* 'ædvəkeɪt] ◇ *n* -1. JUR avocat *m*, -e *f*. -2. [supporter] partisan *m*. ◇ *vt* préconiser, recommander.
Aegean [iː'dʒiːən] *n*: **the ~ (Sea)** la mer Égée.
aerial ['eərɪəl] ◇ *adj* aérien(ienne). ◇ *n* *Br* antenne *f*.
aerobics [eə'rəubɪks] *n* (U) aérobic *m*.
aerodynamic [,eərəudaɪ'næmɪk] *adj* aérodynamique. ♦ **aerodynamics** ◇ *n* (U) aérodynamique *f*. ◇ *npl* [aerodynamic qualities] aérodynamisme *m*.
aeroplane ['eərəpleɪn] *n* *Br* avion *m*.
aerosol ['eərəsɒl] *n* aérosol *m*.
aesthetic, **esthetic** *Am* [iːs'θetɪk] *adj* esthétique.
afar [ə'fɑːʳ] *adv*: **from ~** de loin.
affable ['æfəbl] *adj* affable.
affair [ə'feəʳ] *n* -1. [gen] affaire *f*. -2. [extra-marital relationship] liaison *f*.
affect [ə'fekt] *vt* -1. [influence] avoir un effet OR des conséquences sur. -2. [emotionally] affecter, émouvoir. -3. [put on] affecter.
affection [ə'fekʃn] *n* affection *f*.
affectionate [ə'fekʃnət] *adj* affectueux(euse).
affirm [ə'fɜːm] *vt* -1. [declare] affirmer. -2. [confirm] confirmer.
affix [ə'fɪks] *vt* [stamp] coller.
afflict [ə'flɪkt] *vt* affliger; **to be ~ed with** souffrir de.
affluence ['æfluəns] *n* prospérité *f*.
affluent ['æfluənt] *adj* riche.
afford [ə'fɔːd] *vt* -1. [buy, pay for]: **to be able to ~ sthg** avoir les moyens d'acheter qqch. -2. [spare]: **to be able to ~ the time (to do sthg)** avoir le temps (de faire qqch). -3. [harmful, embarrassing thing]: **to be able to ~ sthg** pouvoir se permettre qqch. -4. [provide, give] procurer.
affront [ə'frʌnt] ◇ *n* affront *m*, insulte *f*. ◇ *vt* insulter, faire un affront à.

Afghanistan [æf'gænɪstæn] *n* Afghanistan *m*.

afield [ə'fiːld] *adv*: **far ~** loin.

afloat [ə'fləʊt] *adj lit & fig* à flot.

afoot [ə'fʊt] *adj* en préparation.

afraid [ə'freɪd] *adj* **-1.** [frightened]: **to be ~ (of)** avoir peur (de); **to be ~ of doing** OR **to do sthg** avoir peur de faire qqch. **-2.** [reluctant, apprehensive]: **to be ~ of** craindre. **-3.** [in apologies]: **to be ~ (that)** ... regretter que ...; **I'm ~ so/not** j'ai bien peur que oui/non.

afresh [ə'freʃ] *adv* de nouveau.

Africa ['æfrɪkə] *n* Afrique *f*.

African ['æfrɪkən] ◇ *adj* africain(e). ◇ *n* Africain *m*, -e *f*.

aft [ɑːft] *adv* sur OR à l'arrière.

after ['ɑːftə] ◇ *prep* **-1.** [gen] après; **~ you!** après vous!; **to be ~ sb/sthg** *inf* [in search of] chercher qqn/qqch; **to name sb ~ sb** *Br* donner à qqn le nom de qqn. **-2.** *Am* [telling the time]: **it's twenty ~ three** il est trois heures vingt. ◇ *adv* après. ◇ *conj* après que. ◆ **afters** *npl Br inf* dessert *m*. ◆ **after all** *adv* après tout.

aftereffects ['ɑːftərɪˌfekts] *npl* suites *fpl*, répercussions *fpl*.

afterlife ['ɑːftəlaɪf] (*pl* **-lives** [-laɪvz]) *n* vie *f* future.

aftermath ['ɑːftəmæθ] *n* conséquences *fpl*, suites *fpl*.

afternoon [ˌɑːftə'nuːn] *n* après-midi *m inv*; **in the ~** l'après-midi; **good ~** bonjour.

aftershave ['ɑːftəʃeɪv] *n* après-rasage *m*.

aftertaste ['ɑːftəteɪst] *n lit & fig* arrière-goût *m*.

afterthought ['ɑːftəθɔːt] *n* pensée *f* OR réflexion *f* après coup.

afterward(s) ['ɑːftəwəd(z)] *adv* après.

again [ə'gen] *adv* encore une fois, de nouveau; **to do ~** refaire; **to say ~** répéter; **to start ~** recommencer; **~ and ~** à plusieurs reprises; **all over ~** une fois de plus; **time and ~** maintes et maintes fois; **half as much ~** à moitié autant; **(twice) as much ~** deux fois autant; **come ~?** *inf* comment?, pardon?; **then** OR **there ~** d'autre part.

against [ə'genst] *prep & adv* contre; **(as) ~** contre.

age [eɪdʒ] (*cont* **ageing** OR **aging**) ◇ *n* **-1.** [gen] âge *m*; **she's 20 years of ~** elle a 20 ans; **what ~ are you?** quel âge avez-vous?; **to be under ~** être mineur; **to come of ~** atteindre sa majorité. **-2.** [old age] vieillesse *f*. **-3.** [in history] époque *f*. ◇ *vt & vi* vieillir. ◆ **ages** *npl*: **~s ago** il y a une éternité; **I haven't seen him for ~s** je ne l'ai pas vu depuis une éternité.

aged [*adj sense 1* eɪdʒd, *adj sense 2 & npl* 'eɪdʒɪd] ◇ *adj* **-1.** [of stated age]: **~ 15** âgé(e) de 15 ans. **-2.** [very old] âgé(e), vieux (vieille). ◇ *npl*: **the ~** les personnes *fpl* âgées.

age group *n* tranche *f* d'âge.

agency ['eɪdʒənsɪ] *n* **-1.** [business] agence *f*. **-2.** [organization] organisme *m*.

agenda [ə'dʒendə] (*pl* **-s**) *n* ordre *m* du jour.

agent ['eɪdʒənt] *n* agent *m*.

aggravate ['ægrəveɪt] *vt* **-1.** [make worse] aggraver. **-2.** [annoy] agacer.

aggregate ['ægrɪgət] ◇ *adj* total(e). ◇ *n* [total] total *m*.

aggressive [ə'gresɪv] *adj* agressif(ive).

aggrieved [ə'griːvd] *adj* blessé(e), froissé(e).

aghast [ə'gɑːst] *adj*: **~ (at sthg)** atterré(e) (par qqch).

agile [*Br* 'ædʒaɪl, *Am* 'ædʒəl] *adj* agile.

agitate ['ædʒɪteɪt] ◇ *vt* **-1.** [disturb] inquiéter. **-2.** [shake] agiter. ◇ *vi*: **to ~ for/against** faire campagne pour/contre.

AGM (*abbr of* **annual general meeting**) *n Br* AGA *f*.

agnostic [æg'nɒstɪk] ◇ *adj* agnostique. ◇ *n* agnostique *mf*.

ago [ə'gəʊ] *adv*: **a long time ~** il y a longtemps; **three days ~** il y a trois jours.

agog [ə'gɒg] *adj*: **to be ~ (with)** être en ébullition (à propos de).

agonizing ['ægənaɪzɪŋ] *adj* déchirant(e).

agony ['ægənɪ] *n* **-1.** [physical pain] douleur *f* atroce; **to be in ~** souffrir le martyre. **-2.** [mental pain] angoisse *f*; **to be in ~** être angoissé(e).

agony aunt *n Br inf personne qui tient la rubrique du courrier du cœur.*

agree [ə'griː] ◇ *vi* **-1.** [concur]: **to ~ (with/about)** être d'accord (avec/au sujet de); **to ~ on** [price, terms] convenir de. **-2.** [consent]: **to ~ (to sthg)** donner son consentement (à qqch). **-3.** [be consistent] concorder. **-4.** [food]: **to ~ with** être bon (bonne) pour, réussir à. **-5.** GRAMM: **to ~ (with)** s'accorder (avec). ◇ *vt* **-1.** [price, conditions] accepter, convenir de. **-2.** [concur, concede]: **to ~ (that)** ... admettre que .... **-3.** [arrange]: **to ~ to do sthg** se mettre d'accord pour faire qqch.

agreeable [ə'gri:əbl] *adj* **-1.** [pleasant] agréable. **-2.** [willing]: **to be ~ to** consentir à.

agreed [ə'gri:d] *adj*: **to be ~ (on sthg)** être d'accord (à propos de qqch).

agreement [ə'gri:mənt] *n* **-1.** [gen] accord *m*; **to be in ~ (with)** être d'accord (avec). **-2.** [consistency] concordance *f*.

agricultural [,ægrɪ'kʌltʃərəl] *adj* agricole.

agriculture ['ægrɪkʌltʃər] *n* agriculture *f*.

aground [ə'graʊnd] *adv*: **to run ~** s'échouer.

ahead [ə'hed] *adv* **-1.** [in front] devant, en avant; **right ~, straight ~** droit devant. **-2.** [in better position] en avance; **Scotland are ~ by two goals to one** l'Écosse mène par deux à un; **to get ~** [be successful] réussir. **-3.** [in time] à l'avance; **the months ~** les mois à venir. ◆ **ahead of** *prep* **-1.** [in front of] devant. **-2.** [in time] avant; **~ of schedule** [work] en avance sur le planning.

aid [eɪd] ◇ *n* aide *f*; **with the ~ of** [person] avec l'aide de; [thing] à l'aide de; **in ~ of** au profit de. ◇ *vt* **-1.** [help] aider. **-2.** JUR: **to ~ and abet** être complice de.

AIDS, Aids [eɪdz] (*abbr of* **acquired immune deficiency syndrome**) ◇ *n* SIDA *m*, Sida *m*. ◇ *comp*: **~ patient** sidéen *m*, -enne *f*.

ailing ['eɪlɪŋ] *adj* **-1.** [ill] souffrant(e). **-2.** *fig* [economy, industry] dans une mauvaise passe.

ailment ['eɪlmənt] *n* maladie *f*.

aim [eɪm] ◇ *n* **-1.** [objective] but *m*, objectif *m*. **-2.** [in firing gun, arrow]: **to take ~ at** viser. ◇ *vt* **-1.** [gun, camera]: **to ~ sthg at** braquer qqch sur. **-2.** *fig*: **to be ~ed at** [plan, campaign etc] être destiné(e) à, viser; [criticism] être dirigé(e) contre. ◇ *vi*: **to ~ (at)** viser; **to ~ at** OR **for** *fig* viser; **to ~ to do sthg** viser à faire qqch.

aimless ['eɪmlɪs] *adj* [person] désœuvré(e); [life] sans but.

ain't [eɪnt] *inf* = **am not, are not, is not, have not, has not.**

air [eər] ◇ *n* **-1.** [gen] air *m*; **to throw sthg into the ~** jeter qqch en l'air; **by ~** [travel] par avion; **to be (up) in the ~** *fig* [plans] être vague. **-2.** RADIO & TV: **on the ~** à l'antenne. ◇ *comp* [transport] aérien(ienne). ◇ *vt* **-1.** [gen] aérer. **-2.**

[make publicly known] faire connaître OR communiquer. **-3.** [broadcast] diffuser. ◇ *vi* sécher.

airbag ['eəbæg] *n* AUT coussin *m* pneumatique (de sécurité).

airbase ['eəbeɪs] *n* base *f* aérienne.

airbed ['eəbed] *n* Br matelas *m* pneumatique.

airborne ['eəbɔːn] *adj* **-1.** [troops etc] aéroporté(e); [seeds] emporté(e) par le vent. **-2.** [plane] qui a décollé.

air-conditioned [-kən'dɪʃnd] *adj* climatisé(e), à air conditionné.

air-conditioning [-kən'dɪʃnɪŋ] *n* climatisation *f*.

aircraft ['eəkrɑːft] (*pl inv*) *n* avion *m*.

aircraft carrier *n* porte-avions *m inv*.

airfield ['eəfiːld] *n* terrain *m* d'aviation.

airforce ['eəfɔːs] *n*: **the ~** l'armée *f* de l'air.

airgun ['eəgʌn] *n* carabine *f* OR fusil *m* à air comprimé.

airhostess ['eə,həʊstɪs] *n* hôtesse *f* de l'air.

airlift ['eəlɪft] ◇ *n* pont *m* aérien. ◇ *vt* transporter par pont aérien.

airline ['eəlaɪn] *n* compagnie *f* aérienne.

airliner ['eəlaɪnər] *n* [short-distance] (avion *m*) moyen-courrier *m*; [long-distance] (avion *m*) long-courrier *m*.

airlock ['eəlɒk] *n* **-1.** [in tube, pipe] poche *f* d'air. **-2.** [airtight chamber] sas *m*.

airmail ['eəmeɪl] *n* poste *f* aérienne; **by ~** par avion.

airplane ['eəpleɪn] *n* Am avion *m*.

airport ['eəpɔːt] *n* aéroport *m*.

air raid *n* attaque *f* aérienne.

air rifle *n* carabine *f* à air comprimé.

airsick ['eəsɪk] *adj*: **to be ~** avoir le mal de l'air.

airspace ['eəspeɪs] *n* espace *m* aérien.

air steward *n* steward *m*.

airstrip ['eəstrɪp] *n* piste *f*.

air terminal *n* aérogare *f*.

airtight ['eətaɪt] *adj* hermétique.

air-traffic controller *n* aiguilleur *m* (du ciel).

airy ['eərɪ] *adj* **-1.** [room] aéré(e). **-2.** [notions, promises] chimérique, vain(e). **-3.** [nonchalant] nonchalant(e).

aisle [aɪl] *n* **-1.** [in plane] couloir *m*.

ajar [ə'dʒɑːr] *adj* entrouvert(e).

aka (*abbr of* **also known as**) alias.

akin [ə'kɪn] *adj*: **to be ~ to** être semblable à.

alacrity [əˈlækrətɪ] n empressement m.

alarm [əˈlɑːm] ◇ n -1. [fear] alarme f, inquiétude f. -2. [device] alarme f; **to raise** OR **sound the ~** donner OR sonner l'alarme. ◇ vt alarmer, alerter.

alarm clock n réveil m, réveille-matin m inv.

alarming [əˈlɑːmɪŋ] adj alarmant(e), inquiétant(e).

alas [əˈlæs] excl hélas!

Albania [ælˈbeɪnjə] n Albanie f.

Albanian [ælˈbeɪnjən] ◇ adj albanais(e). ◇ n -1. [person] Albanais m, -e f. -2. [language] albanais m.

albeit [ɔːlˈbiːɪt] conj bien que (+ subjunctive).

Albert Hall [ˈælbət-] n: **the ~** l'Albert Hall m.

albino [ælˈbiːnəʊ] (pl -s) n albinos mf.

album [ˈælbəm] n album m.

alcohol [ˈælkəhɒl] n alcool m.

alcoholic [ˌælkəˈhɒlɪk] ◇ adj [person] alcoolique; [drink] alcoolisé(e). ◇ n alcoolique mf.

alcopop [ˈælkəʊpɒp] n boisson gazeuse faiblement alcoolisée.

alcove [ˈælkəʊv] n alcôve f.

alderman [ˈɔːldəmən] (pl -men [-mən]) n conseiller m municipal.

ale [eɪl] n bière f.

alert [əˈlɜːt] ◇ adj -1. [vigilant] vigilant(e). -2. [perceptive] vif (vive), éveillé(e). -3. [aware]: **to be ~ to** être conscient(e) de. ◇ n [warning] alerte f; **on the ~** [watchful] sur le qui-vive; MIL en état d'alerte. ◇ vt alerter; **to ~ sb to sthg** avertir qqn de qqch.

A-level (abbr of **Advanced level**) n = baccalauréat m.

alfresco [ælˈfreskəʊ] adj & adv en plein air.

algae [ˈældʒiː] npl algues fpl.

algebra [ˈældʒɪbrə] n algèbre f.

Algeria [ælˈdʒɪərɪə] n Algérie f.

alias [ˈeɪlɪəs] (pl -es) ◇ adv alias. ◇ n faux nom m, nom d'emprunt.

alibi [ˈælɪbaɪ] n alibi m.

alien [ˈeɪljən] ◇ adj -1. [gen] étranger (ère). -2. [from outer space] extraterrestre. ◇ n -1. [from outer space] extraterrestre mf. -2. JUR [foreigner] étranger m, -ère f.

alienate [ˈeɪljəneɪt] vt aliéner.

alight [əˈlaɪt] ◇ adj allumé(e), en feu. ◇ vi -1. [bird etc] se poser. -2. [from bus, train]: **to ~ from** descendre de.

align [əˈlaɪn] vt [line up] aligner.

alike [əˈlaɪk] ◇ adj semblable. ◇ adv de la même façon; **to look ~** se ressembler.

alimony [ˈælɪmənɪ] n pension f alimentaire.

alive [əˈlaɪv] adj -1. [living] vivant(e), en vie. -2. [practice, tradition] vivace; **to keep ~** préserver. -3. [lively] plein(e) de vitalité; **to come ~** [story, description] prendre vie; [person, place] s'animer.

alkali [ˈælkəlaɪ] (pl -s OR -es) n alcali m.

all [ɔːl] ◇ adj -1. (with sg noun) tout (toute); **~ day/night/evening** toute la journée/la nuit/la soirée; **~ the drink** toute la boisson; **~ the time** tout le temps. -2. (with pl noun) tous (toutes); **~ the boxes** toutes les boîtes; **~ men** tous les hommes; **~ three died** ils sont morts tous les trois, tous les trois sont morts. ◇ pron -1. (sg) [the whole amount] tout m; **she drank it ~, she drank ~ of it** elle a tout bu. -2. (pl) [everybody, everything] tous (toutes); **~ of them came, they ~ came** ils sont tous venus. -3. (with superl): **... of ~** ... de tous (toutes); **I like this one best of ~** je préfère celui-ci entre tous. -4. **above ~** → **above**; **after ~** → **after**; **at ~** → **at**. ◇ adv -1. [entirely] complètement; **I'd forgotten ~ about that** j'avais complètement oublié cela; **~ alone** tout seul (toute seule). -2. [in sport, competitions]: **the score is five ~** le score est cinq partout. -3. (with compar): **to run ~ the faster** courir d'autant plus vite; **~ the better** d'autant mieux. ◆ **all but** adv presque, pratiquement. ◆ **all in all** adv dans l'ensemble. ◆ **in all** adv en tout.

Allah [ˈælə] n Allah m.

all-around Am = **all-round**.

allay [əˈleɪ] vt [fears, anger] apaiser, calmer; [doubts] dissiper.

all clear n signal m de fin d'alerte; fig feu m vert.

allegation [ˌælɪˈgeɪʃn] n allégation f.

allege [əˈledʒ] vt prétendre, alléguer; **she is ~d to have done it** on prétend qu'elle l'a fait.

allegedly [əˈledʒɪdlɪ] adv prétendument.

allegiance [əˈliːdʒəns] n allégeance f.

allergic [əˈlɜːdʒɪk] adj: **~ (to)** allergique (à).

allergy [ˈælədʒɪ] n allergie f; **to have an ~ to sthg** être allergique à qqch.

alleviate [əˈliːvɪeɪt] vt apaiser, soulager.

alley(way) [ˈælɪ(weɪ)] n [street] ruelle f; [in garden] allée f.

alliance [əˈlaɪəns] n alliance f.

allied [ˈælaɪd] adj -1. MIL allié(e). -2. [related] connexe.

alligator ['ælɪgeɪtər] (*pl inv* OR **-s**) *n* alligator *m*.

all-important *adj* capital(e), crucial(e).

all-in *adj* Br [price] global(e). ◆ **all in** ◇ *adv* [inclusive] tout compris. ◇ *adj inf* [tired] crevé(e).

all-night *adj* [party etc] qui dure toute la nuit; [bar etc] ouvert(e) toute la nuit.

allocate ['æləkeɪt] *vt* [money, resources]: **to ~ sthg (to sb)** attribuer qqch (à qqn).

allot [ə'lɒt] *vt* [job] assigner; [money, resources] attribuer; [time] allouer.

allotment [ə'lɒtmənt] *n* **-1.** Br [garden] jardin *m* ouvrier (*loué par la commune*). **-2.** [sharing out] attribution *f*. **-3.** [share] part *f*.

all-out *adj* [effort] maximum (*inv*); [war] total(e).

allow [ə'laʊ] *vt* **-1.** [permit - activity, behaviour] autoriser, permettre; **to ~ sb to do sthg** permettre à qqn de faire qqch, autoriser qqn à faire qqch. **-2.** [set aside - money, time] prévoir. **-3.** [officially accept] accepter. **-4.** [concede]: **to ~ that ...** admettre que .... ◆ **allow for** *vt fus* tenir compte de.

allowance [ə'laʊəns] *n* **-1.** [money received] indemnité *f*. **-2.** Am [pocket money] argent *m* de poche. **-3.** [excuse]: **to make ~s for sb** faire preuve d'indulgence envers qqn; **to make ~s for sthg** prendre qqch en considération.

alloy ['ælɔɪ] *n* alliage *m*.

all right ◇ *adv* bien; [in answer - yes] d'accord. ◇ *adj* **-1.** [healthy] en bonne santé; [unharmed] sain et sauf (saine et sauve). **-2.** *inf* [acceptable, satisfactory]: **it was ~** c'était pas mal; **that's ~** [never mind] ce n'est pas grave.

all-round Br, **all-around** Am *adj* [multi-skilled] doué(e) dans tous les domaines.

all-time *adj* [record] sans précédent.

allude [ə'luːd] *vi*: **to ~ to** faire allusion à.

alluring [ə'ljʊərɪŋ] *adj* séduisant(e).

allusion [ə'luːʒn] *n* allusion *f*.

ally [*n* 'ælaɪ, *vb* ə'laɪ] ◇ *n* allié *m*, -e *f*. ◇ *vt*: **to ~ o.s. with** s'allier à.

almighty [ɔːl'maɪtɪ] *adj inf* [noise] terrible.

almond ['ɑːmənd] *n* [nut] amande *f*.

almost ['ɔːlməʊst] *adv* presque; **I ~ missed the bus** j'ai failli rater le bus.

alms [ɑːmz] *npl dated* aumône *f*.

aloft [ə'lɒft] *adv* [in the air] en l'air.

alone [ə'ləʊn] ◇ *adj* seul(e). ◇ *adv* seul; **to leave sthg ~** ne pas toucher à qqch; **leave me ~!** laisse-moi tranquille! ◆ **let alone** *conj* encore moins.

along [ə'lɒŋ] ◇ *adv*: **to walk ~** se promener; **to move ~** avancer; **can I come ~ (with you)?** est-ce que je peux venir (avec vous)? ◇ *prep* le long de; **to run/walk ~** the street courir/marcher le long de la rue. ◆ **all along** *adv* depuis le début. ◆ **along with** *prep* ainsi que.

alongside [ə,lɒŋ'saɪd] ◇ *prep* le long de, à côté de; [person] à côté de. ◇ *adv* bord à bord.

aloof [ə'luːf] ◇ *adj* distant(e). ◇ *adv*: **to remain ~ (from)** garder ses distances (vis-à-vis de).

aloud [ə'laʊd] *adv* à voix haute, tout haut.

alphabet ['ælfəbet] *n* alphabet *m*.

alphabetical [,ælfə'betɪkl] *adj* alphabétique.

Alps [ælps] *npl*: **the ~** les Alpes *fpl*.

already [ɔːl'redɪ] *adv* déjà.

alright [,ɔːl'raɪt] = **all right**.

Alsatian [æl'seɪʃn] *n* [dog] berger *m* allemand.

also ['ɔːlsəʊ] *adv* aussi.

altar ['ɔːltər] *n* autel *m*.

alter ['ɔːltər] ◇ *vt* changer, modifier. ◇ *vi* changer.

alteration [,ɔːltə'reɪʃn] *n* modification *f*, changement *m*.

alternate [*adj* Br ɔːl'tɜːnət, Am 'ɔːltərnət, *vb* ɔːl'tɜːneɪt] ◇ *adj* alterné(e), alternatif(ive); **~ days** tous les deux jours, un jour sur deux. ◇ *vt* faire alterner. ◇ *vi*: **to ~ (with)** alterner (avec); **to ~ between sthg and sthg** passer de qqch à qqch.

alternately [ɔːl'tɜːnətlɪ] *adv* alternativement.

alternating current ['ɔːltəneɪtɪŋ-] *n* courant *m* alternatif.

alternative [ɔːl'tɜːnətɪv] ◇ *adj* **-1.** [different] autre. **-2.** [non-traditional - society] parallèle; [- art, energy] alternatif(ive). ◇ *n* **-1.** [between two solutions] alternative *f*. **-2.** [other possibility]: **~ (to)** solution *f* de remplacement (à); **to have no ~ but to do sthg** ne pas avoir d'autre choix que de faire qqch.

alternatively [ɔːl'tɜːnətɪvlɪ] *adv* ou bien.

alternative medicine *n* médecine *f* parallèle OR douce.

alternator ['ɔːltəneɪtər] *n* ELEC alternateur *m*.

although [ɔːl'ðəʊ] *conj* bien que (+ *subjunctive*).

altitude ['æltɪtjuːd] *n* altitude *f*.

alto ['æltəʊ] (*pl* **-s**) *n* **-1.** [male voice] haute-contre *f*. **-2.** [female voice] contralto *m*.

altogether [ˌɔːltə'geðəʳ] *adv* **-1.** [completely] entièrement, tout à fait. **-2.** [considering all things] tout compte fait. **-3.** [in all] en tout.

aluminium *Br* [ˌæljʊ'mɪnɪəm], **aluminum** *Am* [ə'luːmɪnəm] ◇ *n* aluminium *m*. ◇ *comp* en aluminium.

always ['ɔːlweɪz] *adv* toujours.

am [æm] → **be**.

a.m. (*abbr of* ante meridiem): **at 3 ~** à 3h (du matin).

AM (*abbr of* **amplitude modulation**) *n* AM *f*.

amalgamate [ə'mælgəmeɪt] *vt & vi* [unite] fusionner.

amass [ə'mæs] *vt* amasser.

amateur ['æmətəʳ] ◇ *adj* amateur (*inv*); *pej* d'amateur. ◇ *n* amateur *m*.

amateurish [ˌæmə'tɜːrɪʃ] *adj* d'amateur.

amaze [ə'meɪz] *vt* étonner, stupéfier.

amazed [ə'meɪzd] *adj* stupéfait(e).

amazement [ə'meɪzmənt] *n* stupéfaction *f*.

amazing [ə'meɪzɪŋ] *adj* **-1.** [surprising] étonnant(e), ahurissant(e). **-2.** [wonderful] excellent(e).

Amazon ['æməzn] *n* **-1.** [river]: **the ~** l'Amazone *f*. **-2.** [region]: **the ~ (Basin)** l'Amazonie *f*; **the ~ rainforest** la forêt amazonienne.

ambassador [æm'bæsədəʳ] *n* ambassadeur *m*, -drice *f*.

amber ['æmbəʳ] ◇ *adj* **-1.** [amber-coloured] ambré(e). **-2.** *Br* [traffic light] orange (*inv*). ◇ *n* [substance] ambre *m*.

ambiguous [æm'bɪgjʊəs] *adj* ambigu(ë).

ambition [æm'bɪʃn] *n* ambition *f*.

ambitious [æm'bɪʃəs] *adj* ambitieux(ieuse).

amble ['æmbl] *vi* déambuler.

ambulance ['æmbjʊləns] *n* ambulance *f*.

ambush ['æmbʊʃ] ◇ *n* embuscade *f*. ◇ *vt* tendre une embuscade à.

amenable [ə'miːnəbl] *adj*: **~ (to)** ouvert(e) (à).

amend [ə'mend] *vt* modifier; [law] amender. ◆ **amends** *npl*: **to make ~s (for)** se racheter (pour).

amendment [ə'mendmənt] *n* modification *f*; [to law] amendement *m*.

amenities [ə'miːnətɪz] *npl* aménagements *mpl*, équipements *mpl*.

America [ə'merɪkə] *n* Amérique *f*; **in ~** en Amérique.

American [ə'merɪkn] ◇ *adj* américain(e). ◇ *n* Américain *m*, -e *f*.

American Indian *n* Indien *m*, -ienne *f* d'Amérique, Amérindien *m*, -ienne *f*.

amiable ['eɪmjəbl] *adj* aimable.

amicable ['æmɪkəbl] *adj* amical(e).

amid(st) [ə'mɪd(st)] *prep* au milieu de, parmi.

amiss [ə'mɪs] ◇ *adj*: **is there anything ~?** y a-t-il quelque chose qui ne va pas? ◇ *adv*: **to take sthg ~** prendre qqch de travers.

ammonia [ə'məʊnjə] *n* [liquid] ammoniaque *f*.

ammunition [ˌæmjʊ'nɪʃn] *n* (U) **-1.** MIL munitions *fpl*. **-2.** *fig* [argument] argument *m*.

amnesia [æm'niːzjə] *n* amnésie *f*.

amnesty ['æmnəstɪ] *n* amnistie *f*.

amok [ə'mɒk] *adv*: **to run ~** être pris(e) d'une crise de folie furieuse.

among(st) [ə'mʌŋ(st)] *prep* parmi, entre; **~ other things** entre autres (choses).

amoral [ˌeɪ'mɒrəl] *adj* amoral(e).

amorous ['æmərəs] *adj* amoureux(euse).

amount [ə'maʊnt] *n* **-1.** [quantity] quantité *f*; **a great ~ of** beaucoup de. **-2.** [sum of money] somme *f*, montant *m*. ◆ **amount to** *vt fus* **-1.** [total] se monter à, s'élever à. **-2.** [be equivalent to] revenir à, équivaloir à.

amp [æmp] *n abbr of* **ampere**.

ampere ['æmpeəʳ] *n* ampère *m*.

amphibious [æm'fɪbɪəs] *adj* amphibie.

ample ['æmpl] *adj* **-1.** [enough] suffisamment de, assez de. **-2.** [large] ample.

amplifier ['æmplɪfaɪəʳ] *n* amplificateur *m*.

amputate ['æmpjʊteɪt] *vt & vi* amputer.

Amsterdam [ˌæmstə'dæm] *n* Amsterdam.

Amtrak ['æmtræk] *n* société nationale de chemins de fer aux États-Unis.

amuck [ə'mʌk] = **amok**.

amuse [ə'mjuːz] *vt* **-1.** [make laugh] amuser, faire rire. **-2.** [entertain] divertir, distraire; **to ~ o.s. (by doing sthg)** s'occuper (à faire qqch).

amused [ə'mjuːzd] *adj* **-1.** [laughing] amusé(e); **to be ~ at** OR **by sthg** trouver qqch amusant. **-2.** [entertained]: **to keep o.s. ~** s'occuper.

amusement [ə'mju:zmənt] *n* **-1.** [laughter] amusement *m*. **-2.** [diversion, game] distraction *f*.

amusement arcade *n* galerie *f* de jeux.

amusement park *n* parc *m* d'attractions.

amusing [ə'mju:zɪŋ] *adj* amusant(e).

an [*stressed* æn, *unstressed* ən] → **a**.

anabolic steroid [,ænə'bɒlɪk-] *n* (stéroïde *m*) anabolisant *m*.

anaemic *Br*, **anemic** *Am* [ə'ni:mɪk] *adj* anémique; *fig* & *pej* fade, plat(e).

anaesthetic *Br*, **anesthetic** *Am* [,ænɪs'θetɪk] *n* anesthésique *m*; **under** ~ sous anesthésie; **local/general** ~ anesthésie *f* locale/générale.

analogue *Br*, **analog** *Am* ['ænəlɒg] *adj* [watch, clock] analogique.

analogy [ə'nælədʒɪ] *n* analogie *f*; **by** ~ par analogie.

analyse *Br*, **analyze** *Am* ['ænəlaɪz] *vt* analyser.

analysis [ə'næləsɪs] (*pl* **analyses** [ə'næləsi:z]) *n* analyse *f*.

analyst ['ænəlɪst] *n* analyste *mf*.

analytic(al) [,ænə'lɪtɪk(l)] *adj* analytique.

analyze *Am* = **analyse**.

anarchist ['ænəkɪst] *n* anarchiste *mf*.

anarchy ['ænəkɪ] *n* anarchie *f*.

anathema [ə'næθəmə] *n* anathème *m*.

anatomy [ə'nætəmɪ] *n* anatomie *f*.

ANC (*abbr of* **African National Congress**) *n* ANC *m*.

ancestor ['ænsestə'] *n lit* & *fig* ancêtre *m*.

anchor ['æŋkə'] ◇ *n* ancre *f*; **to drop/weigh** ~ jeter/lever l'ancre. ◇ *vt* **-1.** [secure] ancrer. **-2.** TV présenter. ◇ *vi* NAUT jeter l'ancre.

anchovy ['æntʃəvɪ] (*pl inv* OR **-ies**) *n* anchois *m*.

ancient ['eɪnʃənt] *adj* **-1.** [monument etc] historique; [custom] ancien(ienne). **-2.** *hum* [car etc] antique; [person] vieux (vieille).

ancillary [æn'sɪlərɪ] *adj* auxiliaire.

and [*strong form* ænd, *weak form* ənd, ən] *conj* **-1.** [as well as, plus] et. **-2.** [in numbers]: **one hundred** ~ **eighty** cent quatre-vingts; **six** ~ **a half** six et demi. **-3.** [to]: **come** ~ **see!** venez voir!; **try** ~ **come** essayez de venir; **wait** ~ **see** vous verrez bien. ◆ **and so on, and so forth** *adv* et ainsi de suite.

Andes ['ændi:z] *npl*: **the** ~ **les** Andes *fpl*.

Andorra [æn'dɔːrə] *n* Andorre *f*.

anecdote ['ænɪkdəʊt] *n* anecdote *f*.

anemic *Am* = **anaemic**.

anesthetic *etc Am* = **anaesthetic** *etc*.

anew [ə'nju:] *adv*: **to start** ~ recommencer (à zéro).

angel ['eɪndʒəl] *n* ange *m*.

anger ['æŋgə'] ◇ *n* colère *f*. ◇ *vt* fâcher, irriter.

angina [æn'dʒaɪnə] *n* angine *f* de poitrine.

angle ['æŋgl] *n* **-1.** [gen] angle *m*; **at an** ~ de travers, en biais. **-2.** [point of view] point *m* de vue, angle *m*.

angler ['æŋglə'] *n* pêcheur *m* (à la ligne).

Anglican ['æŋglɪkən] ◇ *adj* anglican(e). ◇ *n* anglican *m*, -e *f*.

angling ['æŋglɪŋ] *n* pêche *f* à la ligne.

angry ['æŋgrɪ] *adj* [person] en colère, fâché(e); [words, quarrel] violent(e); **to be** ~ **with** OR **at sb** être en colère OR fâché contre qqn; **to get** ~ se mettre en colère, se fâcher.

anguish ['æŋgwɪʃ] *n* angoisse *f*.

angular ['æŋgjʊlə'] *adj* anguleux(euse).

animal ['ænɪml] ◇ *n* animal *m*; *pej* brute *f*. ◇ *adj* animal(e).

animate ['ænɪmət] *adj* animé(e), vivant(e).

animated ['ænɪmeɪtɪd] *adj* animé(e).

aniseed ['ænɪsi:d] *n* anis *m*.

ankle ['æŋkl] ◇ *n* cheville *f*. ◇ *comp*: ~ **socks** socquettes *fpl*; ~ **boots** bottines *fpl*.

annex(e) ['æneks] ◇ *n* [building] annexe *f*. ◇ *vt* annexer.

annihilate [ə'naɪəleɪt] *vt* anéantir, annihiler.

anniversary [,ænɪ'vɜːsərɪ] *n* anniversaire *m*.

announce [ə'naʊns] *vt* annoncer.

announcement [ə'naʊnsmənt] *n* **-1.** [statement] déclaration *f*; [in newspaper] avis *m*. **-2.** (*U*) [act of stating] annonce *f*.

announcer [ə'naʊnsə'] *n* RADIO & TV speaker *m*, speakerine *f*.

annoy [ə'nɔɪ] *vt* agacer, contrarier.

annoyance [ə'nɔɪəns] *n* contrariété *f*.

annoyed [ə'nɔɪd] *adj* mécontent(e), agacé(e); **to get** ~ se fâcher; **to be** ~ **at sthg** être contrarié par qqch; **to be** ~ **with sb** être fâché contre qqn.

annoying [ə'nɔɪɪŋ] *adj* agaçant(e).

annual ['ænjʊəl] ◇ *adj* annuel(elle). ◇ *n* **-1.** [plant] plante *f* annuelle. **-2.** [book - gen] publication *f* annuelle; [- for children] album *m*.

annual general meeting *n* assemblée *f* générale annuelle.

annul [ə'nʌl] *vt* annuler; [law] abroger.

annum ['ænəm] *n*: per ~ par an.

anomaly [ə'nɒməlɪ] *n* anomalie *f*.

anonymous [ə'nɒnɪməs] *adj* anonyme.

anorak ['ænəræk] *n* anorak *m*.

anorexia (nervosa) [,ænə'reksɪə (nɜː'vəʊsə)] *n* anorexie *f* mentale.

anorexic [,ænə'reksɪk] ◇ *adj* anorexique. ◇ *n* anorexique *mf*.

another [ə'nʌðə^r] ◇ *adj* -**1.** [additional]: ~ **apple** encore une pomme, une pomme de plus, une autre pomme; **in ~ few minutes** dans quelques minutes; **(would you like) ~ drink?** encore un verre? -**2.** [different]: ~ **job** un autre travail. ◇ *pron* -**1.** [additional one] un autre (une autre), encore un (encore une); **one after** ~ l'un après l'autre (l'une après l'autre). -**2.** [different one] un autre (une autre); **one** ~ l'un l'autre (l'une l'autre).

answer ['ɑːnsə^r] ◇ *n* -**1.** [gen] réponse *f*; **in ~ to** en réponse à. -**2.** [to problem] solution *f*. ◇ *vt* répondre à; **to ~ the door** aller ouvrir la porte; **to ~ the phone** répondre au téléphone. ◇ *vi* [reply] répondre. ◆ **answer back** ◇ *vt sep* répondre à. ◇ *vi* répondre. ◆ **answer for** *vt fus* être responsable de, répondre de.

answerable ['ɑːnsərəbl] *adj*: ~ **to sb/for sthg** responsable devant qqn/de qqch.

answering machine ['ɑːnsərɪŋ-] *n* répondeur *m*.

ant [ænt] *n* fourmi *f*.

antagonism [æn'tægənɪzm] *n* antagonisme *m*, hostilité *f*.

antagonize, -ise [æn'tægənaɪz] *vt* éveiller l'hostilité de.

Antarctic [æn'tɑːktɪk] ◇ *n*: **the ~** l'Antarctique *m*. ◇ *adj* antarctique.

antelope ['æntɪləʊp] (*pl inv* OR **-s**) *n* antilope *f*.

antenatal [,æntɪ'neɪtl] *adj* prénatal(e).

antenatal clinic *n* service *m* de consultation prénatale.

antenna [æn'tenə] (*pl sense 1* **-nae** [-niː], *pl sense 2* **-s**) *n* -**1.** [of insect] antenne *f*. -**2.** *Am* [for TV, radio] antenne *f*.

anthem ['ænθəm] *n* hymne *m*.

anthology [æn'θɒlədʒɪ] *n* anthologie *f*.

antibiotic [,æntɪbaɪ'ɒtɪk] *n* antibiotique *m*.

antibody ['æntɪ,bɒdɪ] *n* anticorps *m*.

anticipate [æn'tɪsɪpeɪt] *vt* -**1.** [expect] s'attendre à, prévoir. -**2.** [request, movement] anticiper; [competitor] prendre de l'avance sur. -**3.** [look forward to] savourer à l'avance.

anticipation [æn,tɪsɪ'peɪʃn] *n* [expectation] attente *f*; [eagerness] impatience *f*; **in ~ of** en prévision de.

anticlimax [,æntɪ'klaɪmæks] *n* déception *f*.

anticlockwise [,æntɪ'klɒkwaɪz] *adj & adv Br* dans le sens inverse des aiguilles d'une montre.

antics ['æntɪks] *npl* -**1.** [of children, animals] gambades *fpl*. -**2.** *pej* [of politicians etc] bouffonneries *fpl*.

anticyclone [,æntɪ'saɪkləʊn] *n* anticyclone *m*.

antidepressant [,æntɪdɪ'presnt] *n* antidépresseur *m*.

antidote ['æntɪdəʊt] *n lit & fig*: ~ **(to)** antidote *m* (contre).

antifreeze ['æntɪfriːz] *n* antigel *m*.

antihistamine [,æntɪ'hɪstəmɪn] *n* antihistaminique *m*.

antiperspirant [,æntɪ'pɜːspərənt] *n* déodorant *m*.

antiquated ['æntɪkweɪtɪd] *adj* dépassé(e).

antique [æn'tiːk] ◇ *adj* ancien(ienne). ◇ *n* [object] objet *m* ancien; [piece of furniture] meuble *m* ancien.

antique shop *n* magasin *m* d'antiquités.

anti-Semitism [,æntɪ'semɪtɪzm] *n* antisémitisme *m*.

antiseptic [,æntɪ'septɪk] ◇ *adj* antiseptique. ◇ *n* désinfectant *m*.

antisocial [,æntɪ'səʊʃl] *adj* -**1.** [against society] antisocial(e). -**2.** [unsociable] peu sociable, sauvage.

antlers [,æntləz] *npl* bois *mpl*.

anus ['eɪnəs] *n* anus *m*.

anvil ['ænvɪl] *n* enclume *f*.

anxiety [æŋ'zaɪətɪ] *n* -**1.** [worry] anxiété *f*. -**2.** [cause of worry] souci *m*. -**3.** [keenness] désir *m* farouche.

anxious ['æŋkʃəs] *adj* -**1.** [worried] anxieux(ieuse), très inquiet(iète); **to be ~ about** se faire du souci au sujet de. -**2.** [keen]: **to be ~ to do sthg** tenir à faire qqch; **to be ~ that** tenir à ce que (+ *subjunctive*).

any ['enɪ] ◇ *adj* -**1.** (*with negative*) de, d'; **I haven't got ~ money/tickets** je n'ai pas d'argent/de billets; **he never does ~ work** il ne travaille jamais. -**2.** [some - with sg noun] du, de l', de la; [- with pl noun] des; **have you got ~ money/milk/cousins?** est-ce que vous avez de l'argent/du lait/des cousins? -**3.** [no matter which] n'importe quel (n'importe quelle); ~ **box will do**

n'importe quelle boîte fera l'affaire; *see also* **case, day, moment, rate.** ◇ *pron* **-1.** (*with negative*) en; **I didn't buy ~ (of them)** je n'en ai pas acheté; **I didn't know ~ of the guests** je ne connaissais aucun des invités. **-2.** [some] en; **do you have ~?** est-ce que vous en avez? **-3.** [no matter which one or ones] n'importe lequel (n'importe laquelle); **take ~ you like** prenez n'importe lequel/laquelle, prenez celui/celle que vous voulez. ◇ *adv* **-1.** (*with negative*): **I can't see it ~ more** je ne le vois plus; **I can't stand it ~ longer** je ne peux plus le supporter. **-2.** [some, a little] un peu; **do you want ~ more potatoes?** voulez-vous encore des pommes de terre?; **is that ~ better/different?** est-ce que c'est mieux/différent comme ça?

anybody ['enɪˌbɒdɪ] = **anyone**.

anyhow ['enɪhaʊ] *adv* **-1.** [in spite of that] quand même, néanmoins. **-2.** [carelessly] n'importe comment. **-3.** [in any case] de toute façon.

anyone ['enɪwʌn] *pron* **-1.** (*in negative sentences*): **I didn't see ~** je n'ai vu personne. **-2.** (*in questions*) quelqu'un. **-3.** [any person] n'importe qui.

anyplace *Am* = **anywhere.**

anything ['enɪθɪŋ] *pron* **-1.** (*in negative sentences*): **I didn't see ~** je n'ai rien vu. **-2.** (*in questions*) quelque chose. **-3.** [any object, event] n'importe quoi; **if ~ happens ...** s'il arrive quoi que ce soit ....

anyway ['enɪweɪ] *adv* [in any case] de toute façon.

anywhere ['enɪweəʳ], **anyplace** *Am* ['enɪpleɪs] *adv* **-1.** (*in negative sentences*): **I haven't seen him ~** je ne l'ai vu nulle part. **-2.** (*in questions*) quelque part. **-3.** [any place] n'importe où.

apart [ə'pɑːt] *adv* **-1.** [separated] séparé(e), éloigné(e). **we're living ~** nous sommes séparés. **-2.** [to one side] à l'écart. **-3.** [aside]: **joking ~** sans plaisanter, plaisanterie à part. ◆ **apart from** *prep* **-1.** [except for] à part, sauf. **-2.** [as well as] en plus de, outre.

apartheid [ə'pɑːtheɪt] *n* apartheid *m*.

apartment [ə'pɑːtmənt] *n* appartement *m*.

apartment building *n Am* immeuble *m* (*d'appartements*).

apathy ['æpəθɪ] *n* apathie *f*.

ape [eɪp] ◇ *n* singe *m*. ◇ *vt* singer.

aperitif [əperə'tiːf] *n* apéritif *m*.

aperture ['æpəˌtjʊəʳ] *n* **-1.** [hole, opening] orifice *m*, ouverture *f*. **-2.** PHOT ouverture *f*.

apex ['eɪpeks] (*pl* **-es** OR **apices**) *n* sommet *m*.

APEX ['eɪpeks] (*abbr of* **advance purchase excursion**) *n Br*: **~ ticket** billet *m* APEX.

apices ['eɪpɪsiːz] *pl* → **apex.**

apiece [ə'piːs] *adv* [for each person] chacun(e), par personne; [for each thing] chacun(e), pièce (*inv*).

apocalypse [ə'pɒkəlɪps] *n* apocalypse *f*.

apologetic [əˌpɒlə'dʒetɪk] *adj* [letter etc] d'excuse; **to be ~ about sthg** s'excuser de qqch.

apologize, -ise [ə'pɒlədʒaɪz] *vi* s'excuser; **to ~ to sb (for sthg)** faire des excuses à qqn (pour qqch).

apology [ə'pɒlədʒɪ] *n* excuses *fpl*.

apostle [ə'pɒsl] *n* RELIG apôtre *m*.

apostrophe [ə'pɒstrəfɪ] *n* apostrophe *f*.

appal *Br*, **appall** *Am* [ə'pɔːl] *vt* horrifier.

appalling [ə'pɔːlɪŋ] *adj* épouvantable.

apparatus [ˌæpə'reɪtəs] (*pl inv* OR **-es**) *n* **-1.** [device] appareil *m*, dispositif *m*. **-2.** (*U*) [in gym] agrès *mpl*. **-3.** [system, organization] appareil *m*.

apparel [ə'pærəl] *n Am* habillement *m*.

apparent [ə'pærənt] *adj* **-1.** [evident] évident(e). **-2.** [seeming] apparent(e).

apparently [ə'pærəntlɪ] *adv* **-1.** [it seems] à ce qu'il paraît. **-2.** [seemingly] apparemment, en apparence.

appeal [ə'piːl] ◇ *vi* **-1.** [request]: **to ~ (to sb for sthg)** lancer un appel (à qqn pour obtenir qqch). **-2.** [make a plea]: **to ~ to** faire appel à. **-3.** JUR: **to ~ (against)** faire appel (de). **-4.** [attract, interest]: **to ~ to** sb plaire à qqn; **it ~s to me** ça me plaît. ◇ *n* **-1.** [request] appel *m*. **-2.** JUR appel *m*. **-3.** [charm, interest] intérêt *m*, attrait *m*.

appealing [ə'piːlɪŋ] *adj* [attractive] attirant(e), sympathique.

appear [ə'pɪəʳ] *vi* **-1.** [gen] apparaître; [book] sortir, paraître. **-2.** [seem] sembler, paraître; **to ~ to be/do** sembler être/faire; **it would ~ (that) ...** il semblerait que .... **-3.** [in play, film etc] jouer. **-4.** JUR comparaître.

appearance [ə'pɪərəns] *n* **-1.** [gen] apparition *f*; **to make an ~** se montrer. **-2.** [look] apparence *f*, aspect *m*.

appease [ə'piːz] *vt* apaiser.

append [ə'pend] *vt* ajouter; [signature] apposer.

appendices [ə'pendɪsiːz] *pl* → **appen-dix**.

appendicitis [ə,pendɪ'saɪtɪs] *n* (U) appendicite *f*.

appendix [ə'pendɪks] (*pl* **-dixes** OR **-dices**) *n* appendice *m*; **to have one's ~ out** OR **removed** se faire opérer de l'appendicite.

appetite ['æpɪtaɪt] *n* **-1.** [for food]: **~ (for)** appétit *m* (pour). **-2.** *fig* [enthusiasm]: **~ (for)** goût *m* (de OR pour).

appetizer, -iser ['æpɪtaɪzə'] *n* [food] amuse-gueule *m inv*; [drink] apéritif *m*.

appetizing, -ising ['æpɪtaɪzɪŋ] *adj* [food] appétissant(e).

applaud [ə'plɔːd] ◇ *vt* **-1.** [clap] applaudir. **-2.** [approve] approuver, applaudir à. ◇ *vi* applaudir.

applause [ə'plɔːz] *n* (U) applaudissements *mpl*.

apple ['æpl] *n* pomme *f*.

apple tree *n* pommier *m*.

appliance [ə'plaɪəns] *n* [device] appareil *m*.

applicable [ə'plɪkəbl] *adj*: **~ (to)** applicable (à).

applicant ['æplɪkənt] *n*: **~ (for)** [job] candidat *m*, -e *f* (à); [state benefit] demandeur *m*, -euse *f* (de).

application [,æplɪ'keɪʃn] *n* **-1.** [gen] application *f*. **-2.** [for job etc]: **~ (for)** demande *f* (de). **-3.** COMPUT: **~ (program)** programme *m* d'application.

application form *n* formulaire *m* de demande.

applied [ə'plaɪd] *adj* [science] appliqué(e).

apply [ə'plaɪ] ◇ *vt* appliquer; **to ~ the brakes** freiner. ◇ *vi* **-1.** [for work, grant]: **to ~ (for)** faire une demande (de); **to ~ for a job** faire une demande d'emploi; **to ~ to sb (for sthg)** s'adresser à qqn (pour obtenir qqch). **-2.** [be relevant]: **to ~ (to)** s'appliquer (à), concerner.

appoint [ə'pɔɪnt] *vt* **-1.** [to job, position]: **to ~ sb (as sthg)** nommer qqn (qqch); **to ~ sb to sthg** nommer qqn à qqch. **-2.** [time, place] fixer.

appointment [ə'pɔɪntmənt] *n* **-1.** [to job, position] nomination *f*, désignation *f*. **-2.** [job, position] poste *m*, emploi *m*. **-3.** [arrangement to meet] rendez-vous *m*; **to make an ~** prendre un rendez-vous.

apportion [ə'pɔːʃn] *vt* répartir.

appraisal [ə'preɪzl] *n* évaluation *f*.

appreciable [ə'priːʃəbl] *adj* [difference] sensible; [amount] appréciable.

appreciate [ə'priːʃɪeɪt] ◇ *vt* **-1.** [value, like] apprécier, aimer. **-2.** [recognize, understand] comprendre, se rendre compte de. **-3.** [be grateful for] être reconnaissant(e) de. ◇ *vi* FIN prendre de la valeur.

appreciation [ə,priːʃɪ'eɪʃn] *n* **-1.** [liking] contentement *m*. **-2.** [understanding] compréhension *f*. **-3.** [gratitude] reconnaissance *f*.

appreciative [ə'priːʃətɪv] *adj* [person] reconnaissant(e); [remark] élogieux(ieuse).

apprehensive [,æprɪ'hensɪv] *adj* inquiet(iète); **to be ~ about sthg** appréhender OR craindre qqch.

apprentice [ə'prentɪs] *n* apprenti *m*, -e *f*.

apprenticeship [ə'prentɪsʃɪp] *n* apprentissage *m*.

approach [ə'prəʊtʃ] ◇ *n* **-1.** [gen] approche *f*. **-2.** [method] démarche *f*, approche *f*. **-3.** [to person]: **to make an ~ to sb** faire une proposition à qqn. ◇ *vt* **-1.** [come near to - place, person, thing] s'approcher de. **-2.** [ask]: **to ~ sb about sthg** aborder qqch avec qqn; COMM entrer en contact avec qqn au sujet de qqch. **-3.** [tackle - problem] aborder. ◇ *vi* s'approcher.

approachable [ə'prəʊtʃəbl] *adj* accessible.

appropriate [*adj* ə'prəʊprɪət, *vb* ə'prəʊprɪeɪt] ◇ *adj* [clothing] convenable; [action] approprié(e); [moment] opportun(e). ◇ *vt* **-1.** JUR s'approprier. **-2.** [allocate] affecter.

approval [ə'pruːvl] *n* approbation *f*; **on ~** COMM à condition, à l'essai.

approve [ə'pruːv] ◇ *vi*: **to ~ (of sthg)** approuver (qqch). ◇ *vt* [ratify] approuver, ratifier.

approx. [ə'prɒks] (*abbr of* **approximately**) approx., env.

approximate [ə'prɒksɪmət] *adj* approximatif(ive).

approximately [ə'prɒksɪmətlɪ] *adv* à peu près, environ.

apricot ['eɪprɪkɒt] *n* abricot *m*.

April ['eɪprəl] *n* avril *m*; *see also* **September**.

April Fools' Day *n* le premier avril.

apron ['eɪprən] *n* [clothing] tablier *m*.

apt [æpt] *adj* **-1.** [pertinent] pertinent(e), approprié(e). **-2.** [likely]: **to be ~ to do sthg** avoir tendance à faire qqch.

aptitude ['æptɪtjuːd] *n* aptitude *f*, disposition *f*; **to have an ~ for** avoir des dispositions pour.

aptly ['æptlɪ] *adv* avec justesse, à propos.

aqualung ['ækwəlʌŋ] *n* scaphandre *m* autonome.

aquarium [ə'kweərɪəm] (*pl* -**riums** OR -**ria** [-rɪə]) *n* aquarium *m*.

Aquarius [ə'kweərɪəs] *n* Verseau *m*.

aquatic [ə'kwætɪk] *adj* -**1.** [animal, plant] aquatique. -**2.** [sport] nautique.

aqueduct ['ækwɪdʌkt] *n* aqueduc *m*.

Arab ['ærəb] ◇ *adj* arabe. ◇ *n* [person] Arabe *mf*.

Arabian [ə'reɪbjən] *adj* d'Arabie, arabe.

Arabic ['ærəbɪk] ◇ *adj* arabe. ◇ *n* arabe *m*.

Arabic numeral *n* chiffre *m* arabe.

arable ['ærəbl] *adj* arable.

arbitrary ['ɑːbɪtrərɪ] *adj* arbitraire.

arbitration [,ɑːbɪ'treɪʃn] *n* arbitrage *m*; **to go to ~** recourir à l'arbitrage.

arcade [ɑː'keɪd] *n* -**1.** [for shopping] galerie *f* marchande. -**2.** [covered passage] arcades *fpl*.

arch [ɑːtʃ] ◇ *adj* malicieux(ieuse), espiègle. ◇ *n* -**1.** ARCHIT arc *m*, voûte *f*. -**2.** [of foot] voûte *f* plantaire, cambrure *f*. ◇ *vt* cambrer, arquer. ◇ *vi* former une voûte.

archaeologist [,ɑːkɪ'ɒlədʒɪst] *n* archéologue *mf*.

archaeology [,ɑːkɪ'ɒlədʒɪ] *n* archéologie *f*.

archaic [ɑː'keɪɪk] *adj* archaïque.

archbishop [,ɑːtʃ'bɪʃəp] *n* archevêque *m*.

archenemy [,ɑːtʃ'enɪmɪ] *n* ennemi *m* numéro un.

archeology *etc* [,ɑːkɪ'ɒlədʒɪ] = **archaeology** *etc*.

archer ['ɑːtʃər] *n* archer *m*.

archery ['ɑːtʃərɪ] *n* tir *m* à l'arc.

archetypal [,ɑːkɪ'taɪpl] *adj* typique.

architect ['ɑːkɪtekt] *n* lit & fig architecte *m*.

architecture ['ɑːkɪtektʃər] *n* [gen & COMPUT] architecture *f*.

archives ['ɑːkaɪvz] *npl* archives *fpl*.

archway ['ɑːtʃweɪ] *n* passage *m* voûté.

Arctic ['ɑːktɪk] ◇ *adj* -**1.** GEOGR arctique. -**2.** *inf* [very cold] glacial(e). ◇ *n*: **the ~** l'Arctique *m*.

ardent ['ɑːdənt] *adj* fervent(e), passionné(e).

arduous ['ɑːdjuəs] *adj* ardu(e).

are [*weak form* ər, *strong form* ɑːr] → **be**.

area ['eərɪə] *n* -**1.** [region] région *f*; **parking ~** aire de stationnement; **in the ~ of** [approximately] environ, à peu près. -**2.** [surface size] aire *f*, superficie *f*. -**3.** [of knowledge, interest etc] domaine *m*.

area code *n* indicatif *m* de zone.

arena [ə'riːnə] *n* lit & fig arène *f*.

aren't [ɑːnt] = **are not**.

Argentina [,ɑːdʒən'tiːnə] *n* Argentine *f*.

Argentine ['ɑːdʒəntaɪn], **Argentinian** [,ɑːdʒən'tɪnɪən] ◇ *adj* argentin(ine). ◇ *n* Argentin *m*, -ine *f*.

arguably ['ɑːgjuəblɪ] *adv*: **she's ~ the best** on peut soutenir qu'elle est la meilleure.

argue ['ɑːgjuː] ◇ *vi* -**1.** [quarrel]: **to ~ (with sb about sthg)** se disputer (avec qqn à propos de qqch). -**2.** [reason]: **to ~ (for/against)** argumenter (pour/contre). ◇ *vt* débattre de, discuter de; **to ~ that** soutenir OR maintenir que.

argument ['ɑːgjumənt] *n* -**1.** [quarrel] dispute *f*; **to have an ~ (with sb)** se disputer (avec qqn). -**2.** [reason] argument *m*. -**3.** (*U*) [reasoning] discussion *f*, débat *m*.

argumentative [,ɑːgjuː'mentətɪv] *adj* querelleur(euse), batailleur(euse).

arid ['ærɪd] *adj* lit & fig aride.

Aries ['eəriːz] *n* Bélier *m*.

arise [ə'raɪz] (*pt* arose, *pp* arisen [ə'rɪzn]) *vi* [appear] surgir, survenir; **to ~ from** résulter de, provenir de; **if the need ~s** si le besoin se fait sentir.

aristocrat [Br 'ærɪstəkræt, Am ə'rɪstəkræt] *n* aristocrate *mf*.

arithmetic [ə'rɪθmətɪk] *n* arithmétique *f*.

ark [ɑːk] *n* arche *f*.

arm [ɑːm] ◇ *n* -**1.** [of person, chair] bras *m*; **~ in ~** bras dessus bras dessous; **to keep sb at ~'s length** fig tenir qqn à distance; **to twist sb's ~** fig forcer la main à qqn. -**2.** [of garment] manche *f*. ◇ *vt* armer. ◆ **arms** *npl* armes *fpl*; **to take up ~s** prendre les armes; **to be up in ~s about sthg** s'élever contre qqch.

armaments ['ɑːməmənts] *npl* [weapons] matériel *m* de guerre, armements *mpl*.

armchair ['ɑːmtʃeər] *n* fauteuil *m*.

armed [ɑːmd] *adj* lit & fig: **~ (with)** armé(e) (de).

armed forces *npl* forces *fpl* armées.

armhole ['ɑːmhəʊl] *n* emmanchure *f*.

armour Br, **armor** Am ['ɑːmər] *n* -**1.** [for

person] armure f. **-2.** [for military vehicle] blindage m.

armoured car [,ɑ:məd-] n voiture f blindée.

armoury Br, **armory** Am ['ɑ:mərı] n arsenal m.

armpit ['ɑ:mpɪt] n aisselle f.

armrest ['ɑ:mrest] n accoudoir m.

arms control ['ɑ:mz-] n contrôle m des armements.

army ['ɑ:mı] n lit & fig armée f.

A road n Br route f nationale.

aroma [ə'rəumə] n arôme m.

arose [ə'rəuz] pt → arise.

around [ə'raund] ◇ adv **-1.** [about, round]: **to walk ~** marcher par-ci par-là, errer; **to lie ~** [clothes etc] traîner. **-2.** [on all sides] (tout) autour. **-3.** [near] dans les parages. **-4.** [in circular movement]: **to turn ~** se retourner. **-5.** phr: **he has been ~** inf il n'est pas né d'hier, il a de l'expérience. ◇ prep **-1.** [gen] autour de; **to walk ~ a garden/ town** faire le tour d'un jardin/d'une ville; **all ~ the country** dans tout le pays. **-2.** [near]: **~ here** par ici. **-3.** [approximately] environ, à peu près.

arouse [ə'rauz] vt **-1.** [excite - feeling] éveiller, susciter; [- person] exciter. **-2.** [wake] réveiller.

arrange [ə'reɪndʒ] vt **-1.** [flowers, books, furniture] arranger, disposer. **-2.** [event, meeting etc] organiser, fixer; **to ~ to do sthg** convenir de faire qqch. **-3.** MUS arranger.

arrangement [ə'reɪndʒmənt] n **-1.** [agreement] accord m, arrangement m; **to come to an ~** s'entendre, s'arranger. **-2.** [of furniture, books] arrangement m. **-3.** MUS arrangement m. ◆ **arrangements** npl dispositions fpl, préparatifs mpl.

array [ə'reɪ] ◇ n [of objects] étalage m. ◇ vt [ornaments etc] disposer.

arrears [ə'rɪəz] npl [money owed] arriéré m; **to be in ~** [late] être en retard; [owing money] avoir des arriérés.

arrest [ə'rest] ◇ n [by police] arrestation f; **under ~** en état d'arrestation. ◇ vt **-1.** [gen] arrêter. **-2.** fml [sb's attention] attirer, retenir.

arrival [ə'raɪvl] n **-1.** [gen] arrivée f; **late ~** [of train etc] retard m. **-2.** [person - at airport, hotel] arrivant m, -e f; **new ~** [person] nouveau venu m, nouvelle venue f; [baby] nouveau-né m, nouveau-née f.

arrive [ə'raɪv] vi arriver; [baby] être né(e); **to ~ at** [conclusion, decision] arriver à.

arrogant ['ærəgənt] adj arrogant(e).

arrow ['ærəu] n flèche f.

arse Br [ɑ:s], **ass** Am [æs] n v inf cul m.

arsenic ['ɑ:snɪk] n arsenic m.

arson ['ɑ:sn] n incendie m criminel OR volontaire.

art [ɑ:t] ◇ n art m. ◇ comp [exhibition] d'art; [college] des beaux-arts; **~ student** étudiant m, -e f d'une école des beaux-arts. ◆ **arts** npl **-1.** SCH & UNIV lettres fpl. **-2.** [fine arts]: **the ~s** les arts mpl.

artefact ['ɑ:tɪfækt] = artifact.

artery ['ɑ:tərı] n artère f.

art gallery n [public] musée m d'art; [for selling paintings] galerie f d'art.

arthritis [ɑ:'θraɪtɪs] n arthrite f.

artichoke ['ɑ:tɪtʃəuk] n artichaut m.

article ['ɑ:tɪkl] n article m; **~ of clothing** vêtement m.

articulate [adj ɑ:'tɪkjulət, vb ɑ:'tɪkjuleɪt] ◇ adj [person] qui sait s'exprimer; [speech] net (nette), distinct(e). ◇ vt [thought, wish] formuler.

articulated lorry [ɑ:'tɪkjuleɪtɪd-] n Br semi-remorque m.

artifact ['ɑ:tɪfækt] n objet m fabriqué.

artificial [,ɑ:tɪ'fɪʃl] adj **-1.** [not natural] artificiel(ielle). **-2.** [insincere] affecté(e).

artillery [ɑ:'tɪlərı] n artillerie f.

artist ['ɑ:tɪst] n artiste mf.

artiste [ɑ:'ti:st] n artiste mf.

artistic [ɑ:'tɪstɪk] adj [person] artiste; [style etc] artistique.

artistry ['ɑ:tɪstrı] n art m, talent m artistique.

artless ['ɑ:tlɪs] adj naturel(elle), ingénu(e).

as [unstressed əz, stressed æz] ◇ conj **-1.** [referring to time] comme, alors que; **she rang (just) ~ I was leaving** elle m'a téléphoné au moment même où OR juste comme je partais; **~ time goes by** à mesure que le temps passe, avec le temps. **-2.** [referring to manner, way] comme; **do ~ I say** fais ce que je (te) dis. **-3.** [introducing a statement] comme; **~ you know, ...** comme tu le sais, ... **-4.** [because] comme. ◇ prep **-1.** [referring to function, characteristic] en, comme, en tant que; **I'm speaking ~ your friend** je te parle en ami; **she works ~ a nurse** elle est infirmière. **-2.** [referring to attitude, reaction]: **it came ~ a shock** cela nous a fait un choc. ◇

adv (*in comparisons*): ~ **rich** ~ aussi riche que; ~ **red** ~ **a tomato** rouge comme une tomate; **he's** ~ **tall** ~ **I am** il est aussi grand que moi; **twice** ~ **big** ~ deux fois plus gros que; ~ **much/ many** ~ autant que; ~ **much wine/ many chocolates** ~ autant de vin/de chocolats que. ◆ **as for, as to** *prep* quant à. ◆ **as from, as of** *prep* dès, à partir de. ◆ **as if, as though** *conj* comme si; **it looks** ~ **if** OR ~ **though it will rain** on dirait qu'il va pleuvoir. ◆ **as to** *prep* Br en ce qui concerne, au sujet de.

a.s.a.p. (*abbr of* **as soon as possible**) d'urgence, dans les meilleurs délais.

asbestos [æs'bestəs] *n* asbeste *m*, amiante *m*.

ascend [ə'send] *vt & vi* monter.

ascendant [ə'sendənt] *n*: **to be in the** ~ avoir le dessus.

ascent [ə'sent] *n* lit & fig ascension *f*.

ascertain [,æsə'teɪn] *vt* établir.

ascribe [ə'skraɪb] *vt*: **to** ~ **sthg to** attribuer qqch à; [blame] imputer qqch à.

ash [æʃ] *n* **-1.** [from cigarette, fire] cendre *f*. **-2.** [tree] frêne *m*.

ashamed [ə'ʃeɪmd] *adj* honteux(euse), confus(e); **to be** ~ **of** avoir honte de; **to be** ~ **to do sthg** avoir honte de faire qqch.

ashen-faced ['æʃn,feɪst] *adj* blême.

ashore [ə'ʃɔːʳ] *adv* à terre.

ashtray ['æʃtreɪ] *n* cendrier *m*.

Ash Wednesday *n* le mercredi des Cendres.

Asia [Br 'eɪʃə, Am 'eɪʒə] *n* Asie *f*.

Asian [Br 'eɪʃn, Am 'eɪʒn] ◇ *adj* asiatique. ◇ *n* [person] Asiatique *mf*.

aside [ə'saɪd] ◇ *adv* **-1.** [to one side] de côté; **to move** ~ s'écarter; **to take sb** ~ prendre qqn à part. **-2.** [apart] à part; ~ **from** à l'exception de. ◇ *n* **-1.** [in play] aparté *m*. **-2.** [remark] réflexion *f*, commentaire *m*.

ask [ɑːsk] ◇ *vt* **-1.** [gen] demander; **to** ~ **sb sthg** demander qqch à qqn; **he** ~**ed me my name** il m'a demandé mon nom; **to** ~ **sb for sthg** demander qqch à qqn; **to** ~ **sb to do sthg** demander à qqn de faire qqch. **-2.** [put question] poser. **-3.** [invite] inviter. ◇ *vi* demander. ◆ **ask after** *vt fus* demander des nouvelles de. ◆ **ask for** *vt fus* **-1.** [person] demander à voir. **-2.** [thing] demander.

askance [ə'skæns] *adv*: **to look** ~ **at sb** regarder qqn d'un air désapprobateur.

askew [ə'skjuː] *adj* [not straight] de travers.

asking price ['ɑːskɪŋ-] *n* prix *m* demandé.

asleep [ə'sliːp] *adj* endormi(e); **to fall** ~ s'endormir.

asparagus [ə'spærəgəs] *n* (*U*) asperges *fpl*.

aspect ['æspekt] *n* **-1.** [gen] aspect *m*. **-2.** [of building] orientation *f*.

aspersions [ə'spɜːʃnz] *npl*: **to cast** ~ **on** jeter le discrédit sur.

asphalt ['æsfælt] *n* asphalte *m*.

asphyxiate [əs'fɪksɪeɪt] *vt* asphyxier.

aspiration [,æspə'reɪʃn] *n* aspiration *f*.

aspire [ə'spaɪəʳ] *vi*: **to** ~ **to sthg/to do sthg** aspirer à qqch/à faire qqch.

aspirin ['æsprɪn] *n* aspirine *f*.

ass [æs] *n* **-1.** [donkey] âne *m*. **-2.** Br inf [idiot] imbécile *mf*, idiot *m*, -e *f*. **-3.** Am *v inf* = **arse**.

assailant [ə'seɪlənt] *n* assaillant *m*, -e *f*.

assassin [ə'sæsɪn] *n* assassin *m*.

assassinate [ə'sæsɪneɪt] *vt* assassiner.

assassination [ə,sæsɪ'neɪʃn] *n* assassinat *m*.

assault [ə'sɔːlt] ◇ *n* **-1.** MIL: ~ **(on)** assaut *m* (de), attaque *f* (de). **-2.** [physical attack]: ~ **(on sb)** agression *f* (contre qqn). ◇ *vt* [attack - physically] agresser; [- sexually] violenter.

assemble [ə'sembl] ◇ *vt* **-1.** [gather] réunir. **-2.** [fit together] assembler, monter. ◇ *vi* se réunir, s'assembler.

assembly [ə'semblɪ] *n* **-1.** [gen] assemblée *f*. **-2.** [fitting together] assemblage *m*.

assembly line *n* chaîne *f* de montage.

assent [ə'sent] ◇ *n* consentement *m*, assentiment *m*. ◇ *vi*: **to** ~ **(to)** donner son consentement OR assentiment (à).

assert [ə'sɜːt] *vt* **-1.** [fact, belief] affirmer, soutenir. **-2.** [authority] imposer.

assertive [ə'sɜːtɪv] *adj* assuré(e).

assess [ə'ses] *vt* évaluer, estimer.

assessment [ə'sesmənt] *n* **-1.** [opinion] opinion *f*. **-2.** [calculation] évaluation *f*, estimation *f*.

assessor [ə'sesəʳ] *n* [of tax] contrôleur *m* (des impôts).

asset ['æset] *n* avantage *m*, atout *m*. ◆ **assets** *npl* COMM actif *m*.

assign [ə'saɪn] *vt* **-1.** [allot]: **to** ~ **sthg (to)** assigner qqch (à). **-2.** [give task to]: **to** ~ **sb (to sthg/to do sthg)** nommer qqn (à qqch/pour faire qqch).

assignment [ə'saɪnmənt] *n* **-1.** [task]

mission *f*; SCH devoir *m*. **-2.** [act of assigning] attribution *f*.

assimilate [ə'sɪmɪleɪt] *vt* assimiler.

assist [ə'sɪst] *vt*: **to ~ sb (with sthg/in doing sthg)** aider qqn (dans qqch/à faire qqch); [professionally] assister qqn (dans qqch/pour faire qqch).

assistance [ə'sɪstəns] *n* aide *f*; **to be of ~ (to)** être utile (à).

assistant [ə'sɪstənt] ◇ *n* assistant *m*, -e *f*; **(shop) ~** vendeur *m*, -euse *f*. ◇ *comp*: **~ editor** rédacteur en chef adjoint *m*, rédactrice en chef adjointe *f*; **~ manager** sous-directeur *m*, -trice *f*.

associate [adj & n ə'səʊʃɪət, vb ə'səʊʃɪeɪt] ◇ *adj* associé(e). ◇ *n* associé *m*, -e *f*. ◇ *vt*: **to ~ sb/sthg (with)** associer qqn/qqch (à); **to be ~d with** être associé(e) à. ◇ *vi*: **to ~ with sb** fréquenter qqn.

association [ə,səʊsɪ'eɪʃn] *n* association *f*; **in ~ with** avec la collaboration de.

assorted [ə'sɔːtɪd] *adj* varié(e).

assortment [ə'sɔːtmənt] *n* mélange *m*.

assume [ə'sjuːm] *vt* **-1.** [suppose] supposer, présumer. **-2.** [power, responsibility] assumer. **-3.** [appearance, attitude] adopter.

assumed name [ə'sjuːmd-] *n* nom *m* d'emprunt.

assuming [ə'sjuːmɪŋ] *conj* en supposant que.

assumption [ə'sʌmpʃn] *n* [supposition] supposition *f*.

assurance [ə'ʃʊərəns] *n* **-1.** [gen] assurance *f*. **-2.** [promise] garantie *f*, promesse *f*.

assure [ə'ʃʊə] *vt*: **to ~ sb (of)** assurer qqn (de).

assured [ə'ʃʊəd] *adj* assuré(e).

asterisk ['æstərɪsk] *n* astérisque *m*.

astern [ə'stɜːn] *adv* NAUT en poupe.

asthma ['æsmə] *n* asthme *m*.

astonish [ə'stɒnɪʃ] *vt* étonner.

astonishment [ə'stɒnɪʃmənt] *n* étonnement *m*.

astound [ə'staʊnd] *vt* stupéfier.

astray [ə'streɪ] *adv*: **to go ~** [become lost] s'égarer; **to lead sb ~** détourner qqn du droit chemin.

astride [ə'straɪd] ◇ *adv* à cheval, à califourchon. ◇ *prep* à cheval OR califourchon sur.

astrology [ə'strɒlədʒɪ] *n* astrologie *f*.

astronaut ['æstrənɔːt] *n* astronaute *mf*.

astronomical [,æstrə'nɒmɪkl] *adj* astronomique.

astronomy [ə'strɒnəmɪ] *n* astronomie *f*.

astute [ə'stjuːt] *adj* malin(igne).

asylum [ə'saɪləm] *n* asile *m*.

at [unstressed ət, stressed æt] *prep* **-1.** [indicating place, position] à; **~ my father's** chez mon père; **~ home** à la maison, chez soi; **~ school** à l'école; **~ work** au travail. **-2.** [indicating direction] vers; **to look ~ sb** regarder qqn; **to smile ~ sb** sourire à qqn; **to shoot ~ sb** tirer sur qqn. **-3.** [indicating a particular time] à; **~ midnight/noon/eleven o'clock** à minuit/midi/onze heures; **~ night** la nuit; **~ Christmas/Easter** à Noël/Pâques. **-4.** [indicating age, speed, rate] à; **~ 52 (years of age)** à 52 ans; **~ 100 mph** à 160 km/h. **-5.** [indicating price]: **~ £50 a pair** 50 livres la paire. **-6.** [indicating particular state, condition] en; **~ peace/war** en paix/guerre; **to be ~ lunch/dinner** être en train de déjeuner/dîner. **-7.** (*after adjectives*): **amused/appalled/puzzled ~ sthg** diverti/effaré/intrigué par qqch; **delighted ~ sthg** ravi de qqch; **to be bad/good ~ sthg** être mauvais/bon en qqch. ◆ **at all** *adv* **-1.** (*with negative*): **not ~ all** [when thanked] je vous en prie; [when answering a question] pas du tout; **she's not ~ all happy** elle n'est pas du tout contente. **-2.** [in the slightest]: **anything ~ all will do** n'importe quoi fera l'affaire; **do you know her ~ all?** est-ce que vous la connaissez?

ate [Br et, Am eɪt] *pt* → **eat**.

atheist ['eɪθɪɪst] *n* athée *mf*.

Athens ['æθɪnz] *n* Athènes *f*.

athlete ['æθliːt] *n* athlète *mf*.

athletic [æθ'letɪk] *adj* athlétique. ◆ **athletics** *npl* athlétisme *m*.

Atlantic [ət'læntɪk] ◇ *adj* atlantique. ◇ *n*: **the ~ (Ocean)** l'océan *m* Atlantique, l'Atlantique *m*.

atlas ['ætləs] *n* atlas *m*.

atmosphere ['ætmə,sfɪə] *n* atmosphère *f*.

atmospheric [,ætməs'ferɪk] *adj* **-1.** [pressure, pollution etc] atmosphérique. **-2.** [film, music etc] d'ambiance.

atom ['ætəm] *n* **-1.** TECH atome *m*. **-2.** *fig* [tiny amount] grain *m*, parcelle *f*.

atom bomb *n* bombe *f* atomique.

atomic [ə'tɒmɪk] *adj* atomique.

atomic bomb = **atom bomb**.

atomizer, -iser ['ætəmaɪzə] *n* atomiseur *m*, vaporisateur *m*.

atone [ə'təʊn] *vi*: **to ~ for** racheter.

A to Z *n* plan *m* de ville.

atrocious [ə'trəʊʃəs] *adj* [very bad] atroce, affreux(euse).

atrocity [ə'trɒsəti] *n* [terrible act] atrocité *f*.

attach [ə'tætʃ] *vt* -1. [gen]: to ~ sthg **(to)** attacher qqch (à). -2. [letter etc] joindre.

attaché case [ə'tæʃeɪ-] *n* attaché-case *m*.

attached [ə'tætʃt] *adj* [fond]: ~ to attaché(e) à.

attachment [ə'tætʃmənt] *n* -1. [device] accessoire *m*. -2. [fondness]: ~ **(to)** attachement *m* (à).

attack [ə'tæk] ◇ *n* -1. [physical, verbal]: ~ **(on)** attaque *f* (contre). -2. [of illness] crise *f*. ◇ *vt* -1. [gen] attaquer. -2. [job, problem] s'attaquer à. ◇ *vi* attaquer.

attacker [ə'tækər] *n* -1. [assailant] agresseur *m*. -2. SPORT attaquant *m*, -e *f*.

attain [ə'teɪn] *vt* atteindre, parvenir à.

attainment [ə'teɪnmənt] *n* -1. [of success, aims etc] réalisation *f*. -2. [skill] talent *m*.

attempt [ə'tempt] ◇ *n*: ~ **(at)** tentative *f* (de); ~ **on sb's life** tentative d'assassinat. ◇ *vt* tenter, essayer; to ~ to do sthg essayer OR tenter de faire qqch.

attend [ə'tend] ◇ *vt* -1. [meeting, party] assister à. -2. [school, church] aller à. ◇ *vi* -1. [be present] être présent(e). -2. [pay attention]: to ~ **(to)** prêter attention (à). ◆ **attend to** *vt fus* -1. [deal with] s'occuper de, régler. -2. [look after - customer] s'occuper de; [- patient] soigner.

attendance [ə'tendəns] *n* -1. [number present] assistance *f*, public *m*. -2. [presence] présence *f*.

attendant [ə'tendənt] ◇ *adj* [problems] qui en découle. ◇ *n* [at museum, car park] gardien *m*, -ienne *f*; [at petrol station] pompiste *mf*.

attention [ə'tenʃn] ◇ *n* (U) -1. [gen] attention *f*; to bring sthg to sb's ~, to draw sb's ~ to sthg attirer l'attention de qqn sur qqch; to attract OR catch sb's ~ attirer l'attention de qqn; to pay ~ to prêter attention à; for the ~ of COMM à l'attention de. -2. [care] soins *mpl*, attentions *fpl*. ◇ *excl* MIL garde-à-vous!

attentive [ə'tentɪv] *adj* attentif(ive).

attic ['ætɪk] *n* grenier *m*.

attitude ['ætɪtjuːd] *n* -1. [gen]: ~ **(to** OR **towards)** attitude *f* (envers). -2. [posture] pose *f*.

attn. (*abbr of* for the attention of) à l'attention de.

attorney [ə'tɜːnɪ] *n Am* avocat *m*, -e *f*.

attorney general (*pl* attorneys general) *n* ministre *m* de la Justice.

attract [ə'trækt] *vt* attirer.

attraction [ə'trækʃn] *n* -1. [gen] attraction *f*; ~ **to sb** attirance *f* envers qqn. -2. [of thing] attrait *m*.

attractive [ə'træktɪv] *adj* [person] attirant(e), séduisant(e); [thing, idea] attrayant, séduisant; [investment] intéressant(e).

attribute [*vb* ə'trɪbjuːt, *n* 'ætrɪbjuːt] ◇ *vt*: to ~ sthg to attribuer qqch à. ◇ *n* attribut *m*.

attrition [ə'trɪʃn] *n* usure *f*.

aubergine ['əʊbəʒiːn] *n Br* aubergine *f*.

auburn ['ɔːbən] *adj* auburn (*inv*).

auction ['ɔːkʃn] ◇ *n* vente *f* aux enchères; at OR by ~ aux enchères; to put sthg up for ~ mettre qqch (dans une vente) aux enchères. ◇ *vt* vendre aux enchères. ◆ **auction off** *vt sep* vendre aux enchères.

auctioneer [,ɔːkʃə'nɪər] *n* commissaire-priseur *m*.

audacious [ɔː'deɪʃəs] *adj* audacieux(ieuse).

audible ['ɔːdəbl] *adj* audible.

audience ['ɔːdjəns] *n* -1. [of play, film] public *m*, spectateurs *mpl*; [of TV programme] téléspectateurs *mpl*. -2. [formal meeting] audience *f*.

audio-visual [,ɔːdɪəʊ-] *adj* audiovisuel(elle).

audit ['ɔːdɪt] ◇ *n* audit *m*, vérification *f* des comptes. ◇ *vt* vérifier, apurer.

audition [ɔː'dɪʃn] *n* THEATRE audition *f*; CINEMA bout *m* d'essai.

auditor ['ɔːdɪtər] *n* auditeur *m*, -trice *f*.

auditorium [,ɔːdɪ'tɔːrɪəm] (*pl* -riums OR -ria [-rɪə]) *n* salle *f*.

augur ['ɔːgər] *vi*: to ~ well/badly être de bon/mauvais augure.

August ['ɔːgəst] *n* août *m*; *see also* September.

Auld Lang Syne [,ɔːldlæŋ'saɪn] *n chant traditionnel britannique correspondant à «ce n'est qu'un au revoir, mes frères».*

aunt [ɑːnt] *n* tante *f*.

auntie, aunty ['ɑːntɪ] *n inf* tata *f*, tantine *f*.

au pair [,əʊ'peər] *n* jeune fille *f* au pair.

aura ['ɔːrə] *n* atmosphère *f*.

aural ['ɔːrəl] *adj* auditif(ive).

auspices ['ɔːspɪsɪz] *npl*: under the ~ of sous les auspices de.

auspicious [ɔːˈspɪʃəs] *adj* prometteur(euse).

Aussie [ˈɒzɪ] *inf* ◇ *adj* australien(ienne). ◇ *n* Australien *m*, -ienne *f*.

austere [ɒˈstɪəʳ] *adj* austère.

austerity [ɒˈsterətɪ] *n* austérité *f*.

Australia [ɒˈstreɪljə] *n* Australie *f*.

Australian [ɒˈstreɪljən] ◇ *adj* australien(ienne). ◇ *n* Australien *m*, -ienne *f*.

Austria [ˈɒstrɪə] *n* Autriche *f*.

Austrian [ˈɒstrɪən] ◇ *adj* autrichien(ienne). ◇ *n* Autrichien *m*, -ienne *f*.

authentic [ɔːˈθentɪk] *adj* authentique.

author [ˈɔːθəʳ] *n* auteur *m*.

authoritarian [ɔːˌθɒrɪˈteərɪən] *adj* autoritaire.

authoritative [ɔːˈθɒrɪtətɪv] *adj* **-1.** [person, voice] autoritaire. **-2.** [study] qui fait autorité.

authority [ɔːˈθɒrətɪ] *n* **-1.** [organization, power] autorité *f*; **to be in ~** être le/la responsable. **-2.** [permission] autorisation *f*. **-3.** [expert]: **~ (on sthg)** expert *m*, -e *f* (en qqch). ◆ **authorities** *npl*: **the authorities** les autorités *fpl*.

authorize, -ise [ˈɔːθəraɪz] *vt*: **to ~ sb (to do sthg)** autoriser qqn (à faire qqch).

autistic [ɔːˈtɪstɪk] *adj* [child] autiste; [behaviour] autistique.

auto [ˈɔːtəʊ] (*pl* **-s**) *n Am* auto *f*, voiture *f*.

autobiography [ˌɔːtəbaɪˈɒɡrəfɪ] *n* autobiographie *f*.

autocratic [ˌɔːtəˈkrætɪk] *adj* autocratique.

autograph [ˈɔːtəɡrɑːf] ◇ *n* autographe *m*. ◇ *vt* signer.

automate [ˈɔːtəmeɪt] *vt* automatiser.

automatic [ˌɔːtəˈmætɪk] ◇ *adj* [gen] automatique. ◇ *n* **-1.** *Br* [car] voiture *f* à transmission automatique. **-2.** [gun] automatique *m*. **-3.** [washing machine] lave-linge *m* automatique.

automatically [ˌɔːtəˈmætɪklɪ] *adv* [gen] automatiquement.

automation [ˌɔːtəˈmeɪʃn] *n* automatisation *f*, automation *f*.

automobile [ˈɔːtəməbiːl] *n Am* automobile *f*.

autonomy [ɔːˈtɒnəmɪ] *n* autonomie *f*.

autopsy [ˈɔːtɒpsɪ] *n* autopsie *f*.

autumn [ˈɔːtəm] *n* automne *m*.

auxiliary [ɔːɡˈzɪljərɪ] ◇ *adj* auxiliaire. ◇ *n* auxiliaire *mf*.

Av. (*abbr of* **avenue**) av.

avail [əˈveɪl] ◇ *n*: **to no ~** en vain, sans résultat. ◇ *vt*: **to ~ o.s. of** profiter de.

available [əˈveɪləbl] *adj* disponible.

avalanche [ˈævəlɑːnʃ] *n lit & fig* avalanche *f*.

avarice [ˈævərɪs] *n* avarice *f*.

Ave. (*abbr of* **avenue**) av.

avenge [əˈvendʒ] *vt* venger.

avenue [ˈævənjuː] *n* avenue *f*.

average [ˈævərɪdʒ] ◇ *adj* moyen(enne). ◇ *n* moyenne *f*; **on ~** en moyenne. ◇ *vt*: **the cars were averaging 90 mph** les voitures roulaient en moyenne à 150 km/h. ◆ **average out** *vi*: **to ~ out at** donner la moyenne de.

aversion [əˈvɜːʃn] *n*: **~ (to)** aversion *f* (pour).

avert [əˈvɜːt] *vt* **-1.** [avoid] écarter; [accident] empêcher. **-2.** [eyes, glance] détourner.

aviary [ˈeɪvjərɪ] *n* volière *f*.

avid [ˈævɪd] *adj*: **~ (for)** avide (de).

avocado [ˌævəˈkɑːdəʊ] (*pl* **-s** OR **-es**) *n*: **~ (pear)** avocat *m*.

avoid [əˈvɔɪd] *vt* éviter; **to ~ doing sthg** éviter de faire qqch.

avoidance [əˈvɔɪdəns] *n* → **tax avoidance**.

await [əˈweɪt] *vt* attendre.

awake [əˈweɪk] (*pt* **awoke** OR **awaked**, *pp* **awoken**) ◇ *adj* [not sleeping] réveillé(e); **are you ~?** tu dors? ◇ *vt* **-1.** [wake up] réveiller. **-2.** *fig* [feeling] éveiller. ◇ *vi* **-1.** [wake up] se réveiller. **-2.** *fig* [feeling] s'éveiller.

awakening [əˈweɪknɪŋ] *n* **-1.** [from sleep] réveil *m*. **-2.** *fig* [of feeling] éveil *m*.

award [əˈwɔːd] ◇ *n* [prize] prix *m*. ◇ *vt*: **to ~ sb sthg, to ~ sthg to sb** [prize] décerner qqch à qqn; [compensation, free kick] accorder qqch à qqn.

aware [əˈweəʳ] *adj*: **to be ~ of sthg** se rendre compte de qqch, être conscient(e) de qqch; **to be ~ that** se rendre compte que, être conscient que.

awareness [əˈweənɪs] *n* (*U*) conscience *f*.

awash [əˈwɒʃ] *adj lit & fig*: **~ (with)** inondé(e) (de).

away [əˈweɪ] ◇ *adv* **-1.** [in opposite direction]: **to move** OR **walk ~ (from)** s'éloigner (de); **to look ~** détourner le regard; **to turn ~** se détourner. **-2.** [in distance]: **we live 4 miles ~ (from here)** nous habitons à 6 kilomètres (d'ici). **-3.** [in time]: **the elections are a month ~** les élections se dérouleront dans un mois. **-4.** [absent] absent(e); **she's ~ on**

holiday elle est partie en vacances. **-5.**
[in safe place]: **to put** sthg ~ ranger
qqch. **-6.** [so as to be gone or used up]:
to fade ~ disparaître; **to give** sthg ~
donner qqch, faire don de qqch; **to
take** sthg ~ emporter qqch. **-7.** [con-
tinuously]: **to be working** ~ travailler
sans arrêt. ◇ *adj* SPORT [team, fans] de
l'équipe des visiteurs; ~ **game** match
m à l'extérieur.

awe [ɔː] *n* respect *m* mêlé de crainte;
to be in ~ **of** sb être impressionné par
qqn.

awesome ['ɔːsəm] *adj* impression-
nant(e).

awful ['ɔːfʊl] *adj* **-1.** [terrible] af-
freux(euse). **-2.** *inf* [very great]: **an** ~ **lot
(of)** énormément (de).

awfully ['ɔːflɪ] *adv inf* [bad, difficult] affreusement; [nice, good] extrêmement.

awhile [ə'waɪl] *adv* un moment.

awkward ['ɔːkwəd] *adj* **-1.** [clumsy]
gauche, maladroit(e). **-2.** [embarrassed]
mal à l'aise, gêné(e). **-3.** [difficult - person, problem, task] difficile. **-4.** [incon-
venient] incommode. **-5.** [embarrassing]
embarrassant(e), gênant(e).

awning ['ɔːnɪŋ] *n* **-1.** [of tent] auvent *m*.
-2. [of shop] banne *f*.

awoke [ə'wəʊk] *pt* → **awake**.

awoken [ə'wəʊkn] *pp* → **awake**.

awry [ə'raɪ] ◇ *adj* de travers. ◇ *adv*: **to
go** ~ aller de travers, mal tourner.

axe *Br*, **ax** *Am* [æks] ◇ *n* hache *f*. ◇ *vt*
[project] abandonner; [jobs] supprimer.

axes ['æksiːz] *pl* → **axis**.

axis ['æksɪs] (*pl* **axes**) *n* axe *m*.

axle ['æksl] *n* essieu *m*.

aye [aɪ] ◇ *adv* oui. ◇ *n* voix *f* pour.

azalea [ə'zeɪljə] *n* azalée *f*.

Azores [ə'zɔːz] *npl*: **the** ~ les Açores
fpl.

B

b (*pl* **b's** OR **bs**), **B** (*pl* **B's** OR **Bs**) [biː] *n*
[letter] b *m inv*, B *m inv*. ◆ **B** *n* **-1.** MUS si
m. **-2.** SCH [mark] B *m inv*.

BA *n abbr of* **Bachelor of Arts**.

babble ['bæbl] ◇ *n* [of voices] murmure
m, rumeur *f*. ◇ *vi* [person] babiller.

baboon [bə'buːn] *n* babouin *m*.

baby ['beɪbɪ] *n* **-1.** [child] bébé *m*. **-2.** *inf*
[darling] chéri *m*, -e *f*.

baby buggy *n* **-1.** *Br* [foldable pushchair]
poussette *f*. **-2.** *Am* = **baby carriage**.

baby carriage *n Am* landau *m*.

baby-sit *vi* faire du baby-sitting.

baby-sitter [-,sɪtər] *n* baby-sitter *mf*.

bachelor ['bætʃələr] *n* célibataire *m*.

Bachelor of Arts *n* licencié *m*, -e *f* en
OR ès Lettres.

Bachelor of Science *n* licencié *m*, -e *f*
en OR ès Sciences.

back [bæk] ◇ *adv* **-1.** [backwards] en arrière; **to step/move** ~ reculer; **to push**
~ repousser. **-2.** [to former position or
state]: **I'll be** ~ **at five** je rentrerai OR
serai de retour à dix-sept heures; **I'd
like my money** ~ [in shop] je voudrais
me faire rembourser; **to go** ~ retourner; **to come** ~ revenir, rentrer; **to
drive** ~ rentrer en voiture; **to go** ~ **to
sleep** se rendormir; **to go** ~ **and forth**
[person] faire des allées et venues; **to
be** ~ **(in fashion)** revenir à la mode.
-3. [in time]: **to think** ~ **(to)** se souvenir
(de). **-4.** [in return]: **to phone** OR **call** ~
rappeler. ◇ *n* **-1.** [of person, animal] dos
m; **behind** sb's ~ *fig* derrière le dos de
qqn. **-2.** [of door, book, hand] dos *m*; [of
head] derrière *m*; [of envelope, cheque]
revers *m*; [of page] verso *m*; [of chair]
dossier *m*. **-3.** [of room, fridge] fond *m*;
[of car] arrière *m*. **-4.** SPORT arrière *m*. ◇
adj (*in compounds*) **-1.** [at the back] de
derrière; [seat, wheel] arrière (*inv*);
[page] dernier(ière). **-2.** [overdue]: ~
rent arriéré *m* de loyer. ◇ *vt* **-1.** [re-
verse] reculer. **-2.** [support] appuyer,
soutenir. **-3.** [bet on] parier sur, miser
sur. ◇ *vi* reculer. ◆ **back to back** *adv*
-1. [stand] dos à dos. **-2.** [happen] l'un
après l'autre. ◆ **back to front** *adv* à
l'envers. ◆ **back down** *vi* céder.
◆ **back out** *vi* [of promise etc] se dédire.
◆ **back up** ◇ *vt sep* **-1.** [support - claim]
appuyer, soutenir; [- person] épauler,
soutenir. **-2.** [reverse] reculer. **-3.** COM-
PUT sauvegarder, faire une copie de
sauvegarde de. ◇ *vi* [reverse] reculer.

backache ['bækeɪk] *n*: **to have** ~ avoir
mal aux reins OR au dos.

backbencher [,bæk'bentʃər] *n Br* POL député qui n'a aucune position officielle au
gouvernement ni dans aucun parti.

backbone ['bækbəʊn] *n* épine *f* dorsale,
colonne *f* vertébrale; *fig* [main support]
pivot *m*.

backcloth ['bæklɒθ] *Br* = **backdrop**.

backdate [,bæk'deɪt] *vt* antidater.

back door *n* porte *f* de derrière.

backdrop ['bækdrɒp] *n lit & fig* toile *f* de fond.

backfire [,bæk'faɪəʳ] *vi* -1. AUT pétarader. -2. [plan]: to ~ (on sb) se retourner (contre qqn).

backgammon ['bæk,gæmən] *n* backgammon *m*, ≃ jacquet *m*.

background ['bækgraund] *n* -1. [in picture, view] arrière-plan *m*; in the ~ dans le fond, à l'arrière-plan; *fig* au second plan. -2. [of event, situation] contexte *m*. -3. [upbringing] milieu *m*.

backhand ['bækhænd] *n* revers *m*.

backhanded ['bækhændɪd] *adj fig* ambigu(ë), équivoque.

backhander ['bækhændəʳ] *n Br inf* pot-de-vin *m*.

backing ['bækɪŋ] *n* -1. [support] soutien *m*. -2. [lining] doublage *m*.

backlash ['bæklæʃ] *n* contrecoup *m*, choc *m* en retour.

backlog ['bæklɒg] *n*: ~ (of work) arriéré *m* de travail, travail *m* en retard.

back number *n* vieux numéro *m*.

backpack ['bækpæk] *n* sac *m* à dos.

back pay *n* rappel *m* de salaire.

back seat *n* [in car] siège *m* OR banquette *f* arrière; to take a ~ *fig* jouer un rôle secondaire.

backside [,bæk'saɪd] *n inf* postérieur *m*, derrière *m*.

backstage [,bæk'steɪdʒ] *adv* dans les coulisses.

back street *n Br* petite rue *f*.

backstroke ['bækstrəuk] *n* dos *m* crawlé.

backup ['bækʌp] ◇ *adj* [plan, team] de secours, de remplacement. ◇ *n* -1. [gen] aide *f*, soutien *m*. -2. COMPUT (copie *f* de) sauvegarde *f*.

backward ['bækwəd] ◇ *adj* -1. [movement, look] en arrière. -2. [country] arriéré(e); [person] arriéré, attardé(e). ◇ *adv Am* = **backwards**.

backwards ['bækwədz], **backward** *Am adv* [move, go] en arrière, à reculons; [read list] à rebours, à l'envers; ~ **and forwards** [movement] de va-et-vient, d'avant en arrière et d'arrière en avant; to walk ~ **and forwards** aller et venir.

backwater ['bæk,wɔːtəʳ] *n fig* désert *m*.

backyard [,bæk'jɑːd] *n* -1. *Br* [yard] arrière-cour *f*. -2. *Am* [garden] jardin *m* de derrière.

bacon ['beɪkən] *n* bacon *m*.

bacteria [bæk'tɪərɪə] *npl* bactéries *fpl*.

bad [bæd] (*compar* **worse**, *superl* **worst**) ◇ *adj* -1. [not good] mauvais(e); to be ~ **at sthg** être mauvais en qqch; too ~! dommage!; not ~ pas mal. -2. [unhealthy] malade; smoking is ~ **for you** fumer est mauvais pour la santé; I'm feeling ~ je ne suis pas dans mon assiette. -3. [serious]: a ~ **cold** un gros rhume. -4. [rotten] pourri(e), gâté(e); to go ~ se gâter, s'avarier. -5. [guilty]: to feel ~ **about sthg** se sentir coupable de qqch. -6. [naughty] méchant(e). ◇ *adv Am* = **badly**.

badge [bædʒ] *n* -1. [metal, plastic] badge *m*. -2. [sewn-on] écusson *m*.

badger ['bædʒəʳ] ◇ *n* blaireau *m*. ◇ *vt*: to ~ **sb (to do sthg)** harceler qqn (pour qu'il fasse qqch).

badly ['bædlɪ] (*compar* **worse**, *superl* **worst**) *adv* -1. [not well] mal. -2. [seriously - wounded] grièvement; [- affected] gravement, sérieusement; to be ~ **in need of sthg** avoir vraiment OR absolument besoin de qqch.

badly-off *adj* [poor] pauvre, dans le besoin.

bad-mannered [-'mænəd] *adj* [child] mal élevé(e); [shop assistant] impoli(e).

badminton ['bædmɪntən] *n* badminton *m*.

bad-tempered [-'tempəd] *adj* -1. [by nature] qui a mauvais caractère. -2. [in a bad mood] de mauvaise humeur.

baffle ['bæfl] *vt* déconcerter, confondre.

bag [bæg] ◇ *n* -1. [gen] sac *m*; to pack one's ~s *fig* plier bagage. -2. [handbag] sac *m* à main. ◇ *vt Br inf* [reserve] garder. ◆ **bags** *npl* -1. [under eyes] poches *fpl*. -2. *inf* [lots]: ~s of plein OR beaucoup de.

bagel ['beɪgəl] *n petit pain en couronne.*

baggage ['bægɪdʒ] *n* (U) bagages *mpl*.

baggage reclaim *n* retrait *m* des bagages.

baggy ['bægɪ] *adj* ample.

bagpipes ['bægpaɪps] *npl* cornemuse *f*.

Bahamas [bə'hɑːməz] *npl*: the ~ les Bahamas *fpl*.

bail [beɪl] *n* (U) caution *f*; on ~ sous caution. ◆ **bail out** ◇ *vt sep* -1. [pay bail for] se porter garant de. -2. *fig* [rescue] tirer d'affaire. ◇ *vi* [from plane] sauter (en parachute).

bailiff ['beɪlɪf] *n* huissier *m*.

bait [beɪt] ◇ *n* appât *m*. ◇ *vt* -1. [put bait on] appâter. -2. [tease] tourmenter.

bake [beɪk] ◇ *vt* **-1.** CULIN faire cuire au four. **-2.** [clay, bricks] cuire. ◇ *vi* [food] cuire au four.

baked beans [beɪkt-] *npl* haricots *mpl* blancs à la tomate.

baked potato [beɪkt-] *n* pomme *f* de terre en robe de chambre.

baker ['beɪkəʳ] *n* boulanger *m*, -ère *f*; ~'s **(shop)** boulangerie *f*.

bakery ['beɪkərɪ] *n* boulangerie *f*.

baking ['beɪkɪŋ] *n* cuisson *f*.

balaclava (helmet) [bælə'klɑːvə-] *n Br* passe-montagne *m*.

balance ['bæləns] ◇ *n* **-1.** [equilibrium] équilibre *m*; **to keep/lose one's** ~ garder/perdre l'équilibre; **off** ~ déséquilibré(e). **-2.** *fig* [counterweight] contrepoids *m*; [of evidence] poids *m*, force *f*. **-3.** [scales] balance *f*. **-4.** FIN solde *m*. ◇ *vt* **-1.** [keep in balance] maintenir en équilibre. **-2.** [compare]: **to** ~ **sthg against sthg** mettre qqch et qqch en balance. **-3.** [in accounting]: **to** ~ **a budget** équilibrer un budget; **to** ~ **the books** clôturer les comptes, dresser le bilan. ◇ *vi* **-1.** [maintain equilibrium] se tenir en équilibre. **-2.** [budget, accounts] s'équilibrer. ◆ **on balance** *adv* tout bien considéré.

balanced diet [,bælənst-] *n* alimentation *f* équilibrée.

balance of payments *n* balance *f* des paiements.

balance of trade *n* balance *f* commerciale.

balance sheet *n* bilan *m*.

balcony ['bælkənɪ] *n* balcon *m*.

bald [bɔːld] *adj* **-1.** [head, man] chauve. **-2.** [tyre] lisse. **-3.** *fig* [blunt] direct(e).

bale [beɪl] *n* balle *f*. ◆ **bale out** *Br* ◇ *vt sep* [boat] écoper, vider. ◇ *vi* [from plane] sauter en parachute.

Balearic Islands [,bælɪ'ærɪk-], **Balearics** [,bælɪ'ærɪks] *npl*: **the** ~ les Baléares *fpl*.

baleful ['beɪlful] *adj* sinistre.

balk [bɔːk] *vi*: **to** ~ **(at)** hésiter OR reculer (devant).

Balkans ['bɔːlkənz], **Balkan States** ['bɔːlkən-] *npl*: **the** ~ les Balkans *mpl*, les États *mpl* balkaniques.

ball [bɔːl] *n* **-1.** [round shape] boule *f*; [in game] balle *f*; [football] ballon *m*; **to be on the** ~ *fig* connaître son affaire, s'y connaître. **-2.** [of foot] plante *f*. **-3.** [dance] bal *m*. ◆ **balls** *v inf* ◇ *npl* [testicles] couilles *fpl*. ◇ *n* (*U*) [nonsense] conneries *fpl*.

ballad ['bæləd] *n* ballade *f*.

ballast ['bæləst] *n* lest *m*.

ball bearing *n* roulement *m* à billes.

ball boy *n* ramasseur *m* de balles.

ballerina [,bælə'riːnə] *n* ballerine *f*.

ballet ['bæleɪ] *n* **-1.** (*U*) [art of dance] danse *f*. **-2.** [work] ballet *m*.

ballet dancer *n* danseur *m*, -euse *f* de ballet.

ball game *n* **-1.** *Am* [baseball match] match *m* de base-ball. **-2.** *inf* [situation]: **it's a whole new** ~ c'est une autre paire de manches.

balloon [bə'luːn] *n* **-1.** [gen] ballon *m*. **-2.** [in cartoon] bulle *f*.

ballot ['bælət] ◇ *n* **-1.** [voting paper] bulletin *m* de vote. **-2.** [voting process] scrutin *m*. ◇ *vt* appeler à voter.

ballot box *n* **-1.** [container] urne *f*. **-2.** [voting process] scrutin *m*.

ballot paper *n* bulletin *m* de vote.

ball park *n Am* terrain *m* de base-ball.

ballpoint (pen) ['bɔːlpɔɪnt-] *n* stylo *m* à bille.

ballroom ['bɔːlrum] *n* salle *f* de bal.

ballroom dancing *n* (*U*) danse *f* de salon.

balm [bɑːm] *n* baume *m*.

balmy ['bɑːmɪ] *adj* doux (douce).

balsa(wood) ['bɒlsə(wud)] *n* balsa *m*.

balti ['bɔːltɪ] *n* [pan] *récipient métallique utilisé dans la cuisine indienne*; [food] *plat épicé préparé dans un 'balti'*.

Baltic ['bɔːltɪk] ◇ *adj* [port, coast] de la Baltique. ◇ *n*: **the** ~ **(Sea)** la Baltique.

Baltic Republic *n*: **the** ~s les républiques *fpl* baltes.

bamboo [bæm'buː] *n* bambou *m*.

bamboozle [bæm'buːzl] *vt inf* embobiner.

ban [bæn] ◇ *n* interdiction *f*; **there is a** ~ **on smoking** il est interdit de fumer. ◇ *vt* interdire; **to** ~ **sb from doing sthg** interdire à qqn de faire qqch.

banal [bə'nɑːl] *adj pej* banal(e), ordinaire.

banana [bə'nɑːnə] *n* banane *f*.

band [bænd] *n* **-1.** [MUS - rock] groupe *m*; [- military] fanfare *f*; [- jazz] orchestre *m*. **-2.** [group, strip] bande *f*. **-3.** [stripe] rayure *f*. **-4.** [range] tranche *f*. ◆ **band together** *vi* s'unir.

bandage ['bændɪdʒ] ◇ *n* bandage *m*, bande *f*. ◇ *vt* mettre un pansement OR un bandage sur.

Band-Aid® *n* pansement *m* adhésif.

b and b, B and B *n abbr of* **bed and breakfast**.

bandit ['bændɪt] *n* bandit *m*.

bandstand ['bændstænd] *n* kiosque *m* à musique.

bandwagon ['bændwægən] *n*: **to jump on the ~** suivre le mouvement.

bandy ['bændɪ] *adj* qui a les jambes arquées. ◆ **bandy about, bandy around** *vt sep* répandre, faire circuler.

bandy-legged [-,legd] *adj* = **bandy**.

bang [bæŋ] ◇ *adv* [exactly]: **~ in the middle** en plein milieu; **to be ~ on time** être pile à l'heure. ◇ *n* -1. [blow] coup *m* violent. -2. [of gun etc] détonation *f*; [of door] claquement *m*. ◇ *vt* frapper violemment; [door] claquer; **to ~ one's head/knee** se cogner la tête/le genou. ◇ *vi* -1. [knock]: **to ~ on** frapper à. -2. [make a loud noise - gun etc] détoner; [- door] claquer. -3. [crash]: **to ~ into** se cogner contre. ◇ *excl* boum! ◆ **bangs** *npl Am* frange *f*.

banger ['bæŋə^r] *n Br* -1. *inf* [sausage] saucisse *f*. -2. *inf* [old car] vieille guimbarde *f*. -3. [firework] pétard *m*.

bangle ['bæŋgl] *n* bracelet *m*.

banish ['bænɪʃ] *vt* bannir.

banister ['bænɪstə^r] *n*, **banisters** ['bænɪstəz] *npl* rampe *f*.

bank [bæŋk] ◇ *n* -1. FIN & *fig* banque *f*. -2. [of river, lake] rive *f*, bord *m*. -3. [of earth] talus *m*. -4. [of clouds] masse *f*; [of fog] nappe *f*. ◇ *vt* FIN mettre OR déposer à la banque. ◇ *vi* -1. FIN: **to ~ with** avoir un compte à. -2. [plane] tourner. ◆ **bank on** *vt fus* compter sur.

bank account *n* compte *m* en banque.

bank balance *n* solde *m* bancaire.

bank card = **banker's card**.

bank charges *npl* frais *mpl* bancaires.

bank draft *n* traite *f* bancaire.

banker ['bæŋkə^r] *n* banquier *m*.

banker's card *n Br* carte *f* d'identité bancaire.

bank holiday *n Br* jour *m* férié.

banking ['bæŋkɪŋ] *n*: **to go into ~** travailler dans la banque.

bank manager *n* directeur *m* de banque.

bank note *n* billet *m* de banque.

bank rate *n* taux *m* d'escompte.

bankrupt ['bæŋkrʌpt] ◇ *adj* failli(e); **to go ~** faire faillite.

bankruptcy ['bæŋkrəptsɪ] *n* [gen] faillite *f*.

bank statement *n* relevé *m* de compte.

banner ['bænə^r] *n* banderole *f*.

bannister(s) ['bænɪstə(z)] = **banister(s)**.

banquet ['bæŋkwɪt] *n* banquet *m*.

banter ['bæntə^r] *n* (U) plaisanterie *f*, badinage *m*.

bap [bæp] *n Br* petit pain *m*.

baptism ['bæptɪzm] *n* baptême *m*.

Baptist ['bæptɪst] *n* baptiste *mf*.

baptize, -ise [*Br* bæp'taɪz, *Am* 'bæptaɪz] *vt* baptiser.

bar [bɑː^r] ◇ *n* -1. [piece - of gold] lingot *m*; [- of chocolate] tablette *f*; **a ~ of soap** une savonnette. -2. [length of wood, metal] barre *f*; **to be behind ~s** être derrière les barreaux OR sous les verrous. -3. *fig* [obstacle] obstacle *m*. -4. [pub] bar *m*. -5. [counter of pub] comptoir *m*, zinc *m*. -6. MUS mesure *f*. ◇ *vt* -1. [door, road] barrer; [window] mettre les barreaux à; **to ~ sb's way** barrer la route OR le passage à qqn. -2. [ban] interdire, défendre; **to ~ sb (from)** interdire à qqn (de). ◇ *prep* sauf, excepté; **~ none** sans exception. ◆ **Bar** *n* JUR: **the Bar** *Br* le barreau; *Am* les avocats *mpl*.

barbaric [bɑː'bærɪk] *adj* barbare.

barbecue ['bɑːbɪkjuː] *n* barbecue *m*.

barbed wire [bɑːbd-] *n* (U) fil *m* de fer barbelé.

barber ['bɑːbə^r] *n* coiffeur *m* (pour hommes); **~'s (shop)** salon *m* de coiffure (pour hommes); **to go to the ~'s** aller chez le coiffeur.

barbiturate [bɑː'bɪtjʊrət] *n* barbiturique *m*.

bar code *n* code *m* (à) barres.

bare [beə^r] ◇ *adj* -1. [feet, arms etc] nu(e); [trees, hills etc] dénudé(e). -2. [absolute, minimum]: **the ~ facts** les simples faits; **the ~ minimum** le strict minimum. -3. [empty] vide. ◇ *vt* découvrir; **to ~ one's teeth** montrer les dents.

bareback ['beəbæk] *adv* à cru, à nu.

barefaced ['beəfeɪst] *adj* éhonté(e).

barefoot(ed) [,beə'fʊt(ɪd)] ◇ *adj* aux pieds nus. ◇ *adv* nu-pieds, pieds nus.

barely ['beəlɪ] *adv* [scarcely] à peine, tout juste.

bargain ['bɑːgɪn] ◇ *n* -1. [agreement] marché *m*; **into the ~** en plus, pardessus le marché. -2. [good buy] affaire *f*, occasion *f*. ◇ *vi* négocier; **to ~ with sb for sthg** négocier qqch avec qqn. ◆ **bargain for, bargain on** *vt fus* compter sur, prévoir.

barge [bɑːdʒ] ◇ *n* péniche *f*. ◇ *vi inf*: **to ~ past sb** bousculer qqn. ◆ **barge in** *vi inf*: **to ~ in (on)** interrompre.

baritone ['bærɪtəʊn] *n* baryton *m*.

bark [bɑːk] ◇ *n* -1. [of dog] aboiement *m*. -2. [on tree] écorce *f*. ◇ *vi* [dog]: **to ~ (at)** aboyer (après).

barley ['bɑːlɪ] n orge f.

barley sugar n Br sucre m d'orge.

barley water n Br orgeat m.

barmaid ['bɑːmeɪd] n barmaid f, serveuse f de bar.

barman ['bɑːmən] (pl -men [-mən]) n barman m, serveur m de bar.

barn [bɑːn] n grange f.

barometer [bə'rɒmɪtə'] n lit & fig baromètre m.

baron ['bærən] n baron m.

baroness ['bærənɪs] n baronne f.

barrack ['bærək] vt Br huer, conspuer. ◆ **barracks** npl caserne f.

barrage ['bærɑːʒ] n -1. [of firing] barrage m. -2. [of questions etc] avalanche f, déluge m. -3. Br [dam] barrage m.

barrel ['bærəl] n -1. [for beer, wine] tonneau m, fût m. -2. [for oil] baril m. -3. [of gun] canon m.

barren ['bærən] adj stérile.

barricade [,bærɪ'keɪd] n barricade f.

barrier ['bærɪə'] n lit & fig barrière f.

barring ['bɑːrɪŋ] prep sauf.

barrister ['bærɪstə'] n Br avocat m, -e f.

barrow ['bærəʊ] n brouette f.

bartender ['bɑːtendə'] n Am barman m.

barter ['bɑːtə'] ◇ n troc m. ◇ vt: to ~ sthg (for) troquer OR échanger qqch (contre). ◇ vi faire du troc.

base [beɪs] ◇ n base f. ◇ vt baser; to ~ sthg on OR upon baser OR fonder qqch sur. ◇ adj indigne, ignoble.

baseball ['beɪsbɔːl] n base-ball m.

baseball cap n casquette f de baseball.

basement ['beɪsmənt] n sous-sol m.

base rate n taux m de base.

bases ['beɪsiːz] pl → **basis**.

bash [bæʃ] inf ◇ n -1. [painful blow] coup m. -2. [attempt]: to have a ~ tenter le coup. ◇ vt [hit - gen] frapper, cogner; [- car] percuter.

bashful ['bæʃfʊl] adj timide.

basic ['beɪsɪk] adj fondamental(e); [vocabulary, salary] de base. ◆ **basics** npl [rudiments] éléments mpl, bases fpl.

BASIC ['beɪsɪk] (abbr of Beginner's All-purpose Symbolic Instruction Code) n basic m.

basically ['beɪsɪklɪ] adv -1. [essentially] au fond, fondamentalement. -2. [really] en fait.

basil ['bæzl] n basilic m.

basin ['beɪsn] n -1. Br [bowl - for cooking] terrine f; [- for washing] cuvette f.

-2. [in bathroom] lavabo m. -3. GEOGR bassin m.

basis ['beɪsɪs] (pl -ses) n base f; on the ~ of sur la base de; on a regular ~ de façon régulière; to be paid on a weekly/monthly ~ toucher un salaire hebdomadaire/mensuel.

bask [bɑːsk] vi: to ~ in the sun se chauffer au soleil.

basket ['bɑːskɪt] n corbeille f; [with handle] panier m.

basketball ['bɑːskɪtbɔːl] n basket-ball m, basket m.

bass [beɪs] ◇ adj bas (basse). ◇ n -1. [singer] basse f. -2. [double bass] contrebasse f. -3. = **bass guitar**.

bass drum [beɪs-] n grosse caisse f.

bass guitar [beɪs-] n basse f.

bassoon [bə'suːn] n basson m.

bastard ['bɑːstəd] n -1. [illegitimate child] bâtard m, -e f, enfant naturel m, enfant naturelle f. -2. v inf [unpleasant person] salaud m, saligaud m.

bastion ['bæstɪən] n bastion m.

bat [bæt] n -1. [animal] chauve-souris f. -2. [for cricket, baseball] batte f; [for table-tennis] raquette f. -3. phr: to do sthg off one's own ~ faire qqch de son propre chef.

batch [bætʃ] n -1. [of papers] tas m, liasse f; [of letters, applicants] série f. -2. [of products] lot m.

bated ['beɪtɪd] adj: with ~ breath en retenant son souffle.

bath [bɑːθ] ◇ n -1. [bathtub] baignoire f. -2. [act of washing] bain m; to have OR take a bath prendre un bain. ◇ vt baigner, donner un bain à. ◆ **baths** npl Br piscine f.

bathe [beɪð] ◇ vt -1. [wound] laver. -2. [subj: light, sunshine]: to be ~d in OR with être baigné(e) de. ◇ vi -1. [swim] se baigner. -2. Am [take a bath] prendre un bain.

bathing ['beɪðɪŋ] n (U) baignade f.

bathing cap n bonnet m de bain.

bathing costume, bathing suit n maillot m de bain.

bathrobe ['bɑːθrəʊb] n [made of towelling] sortie f de bain; [dressing gown] peignoir m.

bathroom ['bɑːθrʊm] n -1. Br [room with bath] salle f de bains. -2. Am [toilet] toilettes fpl.

bath towel n serviette f de bain.

bathtub ['bɑːθtʌb] n baignoire f.

baton ['bætən] n -1. [of conductor] ba-

guette f. **-2.** [in relay race] témoin m. **-3.** Br [of policeman] bâton m, matraque f.

batsman ['bætsmən] (pl **-men** [-mən]) n batteur m.

battalion [bə'tæljən] n bataillon m.

batten ['bætn] n planche f, latte f.

batter ['bætə'] ◇ n (U) pâte f. ◇ vt battre.

battered ['bætəd] adj **-1.** [child, woman] battu(e). **-2.** [car, hat] cabossé(e).

battery ['bætərɪ] n batterie f; [of calculator, toy] pile f.

battle ['bætl] ◇ n **-1.** [in war] bataille f. **-2.** [struggle]: ~ **(for/against/with)** lutte f (pour/contre/avec), combat m (pour/contre/avec). ◇ vi: **to** ~ **(for/against/with)** se battre (pour/contre/avec), lutter (pour/contre/avec).

battlefield ['bætlfi:ld], **battleground** ['bætlgraʊnd] n MIL champ m de bataille.

battlements ['bætlmənts] npl remparts mpl.

battleship ['bætlʃɪp] n cuirassé m.

bauble ['bɔ:bl] n babiole f, colifichet m.

baulk [bɔ:k] = **balk**.

bawdy ['bɔ:dɪ] adj grivois(e), salé(e).

bawl [bɔ:l] vt & vi brailler.

bay [beɪ] n **-1.** GEOGR baie f. **-2.** [for loading] aire f (de chargement). **-3.** [for parking] place f (de stationnement). **-4.** phr: **to keep sb/sthg at** ~ tenir qqn/qqch à distance, tenir qqn/qqch en échec.

bay leaf n feuille f de laurier.

bay window n fenêtre f en saillie.

bazaar [bə'zɑ:'] n **-1.** [market] bazar m. **-2.** Br [charity sale] vente f de charité.

B & B n abbr of **bed and breakfast**.

BBC (abbr of **British Broadcasting Corporation**) n office national britannique de radiodiffusion.

BC (abbr of **before Christ**) av. J.-C.

be [bi:] (pt **was** OR **were**, pp **been**) ◇ aux vb **-1.** (in combination with pp: to form cont tense): **what is he doing?** qu'est-ce qu'il fait?; **it's snowing** il neige; **they've been promising reform for years** ça fait des années qu'ils nous promettent des réformes. **-2.** (in combination with pp: to form passive) être; **to** ~ **loved** être aimé(e); **there was no one to** ~ **seen** il n'y avait personne. **-3.** (in question tags): **she's pretty, isn't she?** elle est jolie, n'est-ce pas?; **the meal was delicious, wasn't it?** le repas était délicieux, non? OR vous n'avez pas trouvé? **-4.** (followed by "to" + infin): **the firm is to** ~ **sold** on va vendre la

société; **I'm to** ~ **promoted** je vais avoir de l'avancement; **you're not to tell anyone** ne le dis à personne. ◇ copulative vb **-1.** (with adj, n) être; **to** ~ **a doctor/lawyer/plumber** être médecin/avocat/plombier; **she's intelligent/ attractive** elle est intelligente/jolie; **I'm hot/cold** j'ai chaud/froid; **1 and 1 are 2** 1 et 1 font 2. **-2.** [referring to health] aller, se porter; **to** ~ **seriously ill** être gravement malade; **she's better now** elle va mieux maintenant; **how are you?** comment allez-vous? **-3.** [referring to age]: **how old are you?** quel âge avez-vous?; **I'm 20 (years old)** j'ai 20 ans. **-4.** [cost] coûter, faire; **how much was it?** combien cela a-t-il coûté?, combien ça faisait?; **that will** ~ **£10, please** cela fait 10 livres, s'il vous plaît. ◇ vi **-1.** [exist] être, exister; ~ **that as it may** quoi qu'il en soit. **-2.** [referring to place] être; **Toulouse is in France** Toulouse se trouve OR est en France; **he will** ~ **here tomorrow** il sera là demain. **-3.** [referring to movement] aller, être; **I've been to the cinema** j'ai été OR je suis allé au cinéma. ◇ v impers **-1.** [referring to time, dates, distance] être; **it's two o'clock** il est deux heures; **it's 3 km to the next town** la ville voisine est à 3 km. **-2.** [referring to the weather] faire; **it's hot/cold** il fait chaud/froid; **it's windy** il fait du vent, il y a du vent. **-3.** [for emphasis]: **it's me/Paul/the milkman** c'est moi/Paul/le laitier.

beach [bi:tʃ] ◇ n plage f. ◇ vt échouer.

beacon ['bi:kən] n **-1.** [warning fire] feu m, fanal m. **-2.** [lighthouse] phare m. **-3.** [radio beacon] radiophare m.

bead [bi:d] n **-1.** [of wood, glass] perle f. **-2.** [of sweat] goutte f.

beagle ['bi:gl] n beagle m.

beak [bi:k] n bec m.

beaker ['bi:kə'] n gobelet m.

beam [bi:m] ◇ n **-1.** [of wood, concrete] poutre f. **-2.** [of light] rayon m. ◇ vt [signal, news] transmettre. ◇ vi [smile] faire un sourire radieux.

bean [bi:n] n [gen] haricot m; [of coffee] grain m; **to be full of** ~**s** inf péter le feu; **to spill the** ~**s** inf manger le morceau.

beanbag ['bi:nbæg] n [chair] sacco m.

beanshoot ['bi:nʃu:t], **beansprout** ['bi:nspraʊt] n germe m OR pousse f de soja.

bear [beə^r] (*pt* bore, *pp* borne) ◇ *n* [animal] ours *m*. ◇ *vt* **-1.** [carry] porter. **-2.** [support, tolerate] supporter; **to ~ responsibility (for)** assumer OR prendre la responsabilité (de). **-3.** [feeling]: **to ~ sb a grudge** garder rancune à qqn. ◇ *vi*: **to ~ left/right** se diriger vers la gauche/la droite; **to bring pressure/influence to ~ on sb** exercer une pression/une influence sur qqn. ◆ **bear down** *vi*: **to ~ down on sb/sthg** s'approcher de qqn/qqch de façon menaçante. ◆ **bear out** *vt sep* confirmer, corroborer. ◆ **bear up** *vi* tenir le coup. ◆ **bear with** *vt fus* être patient(e) avec.

beard [bɪəd] *n* barbe *f*.

bearer ['beərə^r] *n* **-1.** [gen] porteur *m*, -euse *f*. **-2.** [of passport] titulaire *mf*.

bearing ['beərɪŋ] *n* **-1.** [connection]: ~ **(on)** rapport *m* (avec). **-2.** [deportment] allure *f*, maintien *m*. **-3.** TECH [for shaft] palier *m*. **-4.** [on compass] orientation *f*; **to get one's ~s** s'orienter, se repérer.

beast [bi:st] *n* **-1.** [animal] bête *f*. **-2.** *inf pej* [person] brute *f*.

beastly ['bi:stlɪ] *adj dated* [person] malveillant(e), cruel(elle); [headache, weather] épouvantable.

beat [bi:t] (*pt* beat, *pp* beaten) ◇ *n* **-1.** [of heart, drum, wings] battement *m*. **-2.** MUS [rhythm] mesure *f*, temps *m*. **-3.** [of policeman] ronde *f*. ◇ *vt* **-1.** [gen] battre; **it ~s me** *inf* ça me dépasse. **-2.** [be better than] être bien mieux que, valoir mieux que. **-3.** *phr*: ~ **it!** *inf* décampe!, fiche le camp! ◇ *vi* battre. ◆ **beat off** *vt sep* [resist] repousser. ◆ **beat up** *vt sep inf* tabasser.

beating ['bi:tɪŋ] *n* **-1.** [blows] raclée *f*, rossée *f*. **-2.** [defeat] défaite *f*.

beautiful ['bju:tɪfʊl] *adj* **-1.** [gen] beau (belle). **-2.** *inf* [very good] joli(e).

beautifully ['bju:təflɪ] *adv* **-1.** [attractively - dressed] élégamment; [- decorated] avec goût. **-2.** *inf* [very well] parfaitement, à la perfection.

beauty ['bju:tɪ] *n* [gen] beauté *f*.

beauty parlour *n* institut *m* de beauté.

beauty salon = **beauty parlour**.

beauty spot *n* **-1.** [picturesque place] site *m* pittoresque. **-2.** [on skin] grain *m* de beauté.

beaver ['bi:və^r] *n* castor *m*.

became [bɪ'keɪm] *pt* → **become**.

because [bɪ'kɒz] *conj* parce que. ◆ **because of** *prep* à cause de.

beck [bek] *n*: **to be at sb's ~ and call**

être aux ordres OR à la disposition de qqn.

beckon ['bekən] ◇ *vt* [signal to] faire signe à. ◇ *vi* [signal]: **to ~ to sb** faire signe à qqn.

become [bɪ'kʌm] (*pt* became, *pp* become) *vi* devenir; **to ~ quieter** se calmer; **to ~ irritated** s'énerver.

becoming [bɪ'kʌmɪŋ] *adj* **-1.** [attractive] seyant(e), qui va bien. **-2.** [appropriate] convenable.

bed [bed] *n* **-1.** [to sleep on] lit *m*; **to go to ~** se coucher; **to go to ~ with sb** *euphemism* coucher avec qqn. **-2.** [flowerbed] parterre *m*. **-3.** [of sea, river] lit *m*, fond *m*.

bed and breakfast *n* ≃ chambre *f* d'hôte.

bedclothes ['bedkləʊðz] *npl* draps *mpl* et couvertures *fpl*.

bedlam ['bedləm] *n* pagaille *f*.

bed linen *n* (U) draps *mpl* et taies *fpl*.

bedraggled [bɪ'drægld] *adj* [person] débraillé(e); [hair] embroussaillé(e).

bedridden ['bed,rɪdn] *adj* grabataire.

bedroom ['bedrʊm] *n* chambre *f* (à coucher).

bedside ['bedsaɪd] *n* chevet *m*.

bed-sit(ter) *n Br* chambre *f* meublée.

bedsore ['bedsɔ:^r] *n* escarre *f*.

bedspread ['bedspred] *n* couvre-lit *m*, dessus-de-lit *m inv*.

bedtime ['bedtaɪm] *n* heure *f* du coucher.

bee [bi:] *n* abeille *f*.

beech [bi:tʃ] *n* hêtre *m*.

beef [bi:f] *n* bœuf *m*.

beefburger ['bi:f,bɜ:gə^r] *n* hamburger *m*.

Beefeater ['bi:f,i:tə^r] *n* hallebardier *m* (de la Tour de Londres).

beefsteak ['bi:f,steɪk] *n* bifteck *m*.

beehive ['bi:haɪv] *n* [for bees] ruche *f*.

beeline ['bi:laɪn] *n*: **to make a ~ for** *inf* aller tout droit OR directement vers.

been [bi:n] *pp* → **be**.

beer [bɪə^r] *n* bière *f*.

beet [bi:t] *n* betterave *f*.

beetle ['bi:tl] *n* scarabée *m*.

beetroot ['bi:tru:t] *n* betterave *f*.

before [bɪ'fɔ:^r] ◇ *adv* auparavant, avant; **I've never been there ~** je n'y suis jamais allé; **I've seen it ~** je l'ai déjà vu; **the year ~** l'année d'avant OR précédente. ◇ *prep* **-1.** [in time] avant. **-2.** [in space] devant. ◇ *conj* avant de (+ *infin*), avant que (+ *subjunctive*); ~

leaving avant de partir; ~ **you leave** avant que vous ne partiez.

beforehand [bɪ'fɔːhænd] *adv* à l'avance.

befriend [bɪ'frend] *vt* prendre en amitié.

beg [beg] ◇ *vt* **-1.** [money, food] mendier. **-2.** [favour] solliciter, quémander; [forgiveness] demander; **to ~ sb to do sthg** prier OR supplier qqn de faire qqch. ◇ *vi* **-1.** [for money, food]: **to ~ (for sthg)** mendier (qqch). **-2.** [plead] supplier; **to ~ for** [forgiveness etc] demander.

began [bɪ'gæn] *pt* → **begin**.

beggar ['begə'] *n* mendiant *m*, -e *f*.

begin [bɪ'gɪn] (*pt* **began**, *pp* **begun**) ◇ *vt* commencer; **to ~ doing** OR **to do sthg** commencer OR se mettre à faire qqch. ◇ *vi* commencer; **to ~ with** pour commencer, premièrement.

beginner [bɪ'gɪnə'] *n* débutant *m*, -e *f*.

beginning [bɪ'gɪnɪŋ] *n* début *m*, commencement *m*.

begrudge [bɪ'grʌdʒ] *vt* **-1.** [envy]: **to ~ sb sthg** envier qqch à qqn. **-2.** [do unwillingly]: **to ~ doing sthg** rechigner à faire qqch.

begun [bɪ'gʌn] *pp* → **begin**.

behalf [bɪ'hɑːf] *n*: **on ~ of** *Br*, **in ~ of** *Am* de la part de, au nom de.

behave [bɪ'heɪv] ◇ *vt*: **to ~ o.s.** se conduire OR se comporter bien. ◇ *vi* **-1.** [in a particular way] se conduire, se comporter. **-2.** [acceptably] se tenir bien.

behaviour *Br*, **behavior** *Am* [bɪ'heɪvjə'] *n* conduite *f*, comportement *m*.

behead [bɪ'hed] *vt* décapiter.

beheld [bɪ'held] *pt & pp* → **behold**.

behind [bɪ'haɪnd] ◇ *prep* **-1.** [gen] derrière. **-2.** [in time] en retard sur. ◇ *adv* **-1.** [gen] derrière. **-2.** [in time] en retard; **to leave sthg ~** oublier qqch; **to stay ~** rester; **to be ~ with sthg** être en retard dans qqch. ◇ *n inf* derrière *m*, postérieur *m*.

behold [bɪ'həʊld] (*pt & pp* **beheld**) *vt literary* voir, regarder.

beige [beɪʒ] ◇ *adj* beige. ◇ *n* beige *m*.

being ['biːɪŋ] *n* **-1.** [creature] être *m*. **-2.** [existence]: **in ~** existant(e); **to come into ~** voir le jour, prendre naissance.

Beirut [,beɪ'ruːt] *n* Beyrouth.

belated [bɪ'leɪtɪd] *adj* tardif(ive).

belch [beltʃ] ◇ *n* renvoi *m*, rot *m*. ◇ *vt* [smoke, fire] vomir, cracher. ◇ *vi* [person] éructer, roter.

beleaguered [bɪ'liːgəd] *adj* assiégé(e); *fig* harcelé(e), tracassé(e).

Belgian ['beldʒən] ◇ *adj* belge. ◇ *n* Belge *mf*.

Belgium ['beldʒəm] *n* Belgique *f*; **in ~** en Belgique.

Belgrade [,bel'greɪd] *n* Belgrade.

belie [bɪ'laɪ] (*cont* **belying**) *vt* **-1.** [disprove] démentir. **-2.** [give false idea of] donner une fausse idée de.

belief [bɪ'liːf] *n* **-1.** [faith, certainty]: ~ **(in)** croyance *f* (en). **-2.** [principle, opinion] opinion *f*, conviction *f*.

believe [bɪ'liːv] ◇ *vt* croire; ~ **it or not** tu ne me croiras pas peut-être pas. ◇ *vi* croire; **to ~ in sb** croire en qqn; **to ~ in sthg** croire à qqch.

believer [bɪ'liːvə'] *n* **-1.** RELIG croyant *m*, -e *f*. **-2.** [in idea, action]: ~ **in** partisan *m*, -e *f* de.

belittle [bɪ'lɪtl] *vt* dénigrer, rabaisser.

bell [bel] *n* [of church] cloche *f*; [handbell] clochette *f*; [on door] sonnette *f*; [on bike] timbre *m*.

belligerent [bɪ'lɪdʒərənt] *adj* **-1.** [at war] belligérant(e). **-2.** [aggressive] belliqueux(euse).

bellow ['beləʊ] *vi* **-1.** [person] brailler, beugler. **-2.** [bull] beugler.

bellows ['beləʊz] *npl* soufflet *m*.

belly ['belɪ] *n* [of person] ventre *m*; [of animal] panse *f*.

bellyache ['belɪeɪk] *n* mal *m* de ventre.

belly button *n inf* nombril *m*.

belong [bɪ'lɒŋ] *vi* **-1.** [be property]: **to ~ to sb** appartenir OR être à qqn. **-2.** [be member]: **to ~ to sthg** être membre de qqch. **-3.** [be in right place] être à sa place; **that chair ~s here** ce fauteuil va ici.

belongings [bɪ'lɒŋɪŋz] *npl* affaires *fpl*.

beloved [bɪ'lʌvd] *adj* bien-aimé(e).

below [bɪ'ləʊ] ◇ *adv* **-1.** [lower] en dessous, en bas. **-2.** [in text] ci-dessous. **-3.** NAUT en bas. ◇ *prep* sous, au-dessous de.

belt [belt] ◇ *n* **-1.** [for clothing] ceinture *f*. **-2.** TECH courroie *f*. ◇ *vt inf* flanquer une raclée à.

beltway ['belt,weɪ] *n Am* route *f* périphérique.

bemused [bɪ'mjuːzd] *adj* perplexe.

bench [bentʃ] *n* **-1.** [gen & POL] banc *m*. **-2.** [in lab, workshop] établi *m*.

bend [bend] (*pt & pp* **bent**) ◇ *n* **-1.** [in road] courbe *f*, virage *m*. **-2.** [in pipe, river] coude *m*. **-3.** *phr*: **round the ~** *inf* dingue, fou (folle). ◇ *vt* **-1.** [arm, leg] plier. **-2.** [wire, fork etc] tordre, courber. ◇ vi [person] se baisser, se courber; [tree, rod] plier; **to ~ over backwards for sb** se mettre en quatre pour qqn.

beneath [bɪˈniːθ] ◇ adv dessous, en bas. ◇ prep **-1.** [under] sous. **-2.** [unworthy of] indigne de.

benefactor [ˈbenɪfæktəʳ] n bienfaiteur m.

beneficial [ˌbenɪˈfɪʃl] adj: ~ **(to sb)** salutaire (à qqn); ~ **(to sthg)** utile (à qqch).

beneficiary [ˌbenɪˈfɪʃərɪ] n bénéficiaire mf.

benefit [ˈbenɪfɪt] ◇ n **-1.** [advantage] avantage m; **for the ~ of** dans l'intérêt de; **to be to sb's ~, to be of ~ to sb** être dans l'intérêt de qqn. **-2.** ADMIN [allowance of money] allocation f, prestation f. ◇ vt profiter de. ◇ vi: **to ~ from** tirer avantage de, profiter de.

Benelux [ˈbenɪlʌks] n Bénélux m.

benevolent [bɪˈnevələnt] adj bienveillant(e).

benign [bɪˈnaɪn] adj **-1.** [person] gentil(ille), bienveillant(e). **-2.** MED bénin(igne).

bent [bent] ◇ pt & pp → **bend**. ◇ adj **-1.** [wire, bar] tordu(e). **-2.** [person, body] courbé(e), voûté(e). **-3.** Br inf [dishonest] véreux(euse). **-4.** [determined]: **to be ~ on doing sthg** vouloir absolument faire qqch, être décidé(e) à faire qqch. ◇ n: ~ **(for)** penchant m (pour).

bequeath [bɪˈkwiːð] vt lit & fig léguer.

bequest [bɪˈkwest] n legs m.

berate [bɪˈreɪt] vt réprimander.

bereaved [bɪˈriːvd] (pl inv) ◇ adj endeuillé(e), affligé(e). ◇ n: **the ~** la famille du défunt.

beret [ˈbereɪ] n béret m.

berk [bɜːk] n Br inf idiot m, -e f, andouille f.

Berlin [bɜːˈlɪn] n Berlin.

berm [bɜːm] n Am bas-côté m.

Bermuda [bəˈmjuːdə] n Bermudes fpl.

Bern [bɜːn] n Berne.

berry [ˈberɪ] n baie f.

berserk [bəˈzɜːk] adj: **to go ~** devenir fou furieux (folle furieuse).

berth [bɜːθ] ◇ n **-1.** [in harbour] poste m d'amarrage, mouillage m. **-2.** [in ship, train] couchette f. ◇ vi [ship] accoster, se ranger à quai.

beseech [bɪˈsiːtʃ] (pt & pp besought OR beseeched) vt literary: **to ~ sb (to do sthg)** implorer OR supplier qqn (de faire qqch).

beset [bɪˈset] (pt & pp beset) ◇ adj: ~ **with** OR **by** [doubts etc] assailli(e) de. ◇ vt assaillir.

beside [bɪˈsaɪd] prep **-1.** [next to] à côté de, auprès de. **-2.** [compared with] comparé(e) à, à côté de. **-3.** phr: **to be ~ o.s. with anger** être hors de soi; **to be ~ o.s. with joy** être fou (folle) de joie.

besides [bɪˈsaɪdz] ◇ adv en outre, en plus. ◇ prep en plus de.

besiege [bɪˈsiːdʒ] vt **-1.** [town, fortress] assiéger. **-2.** fig [trouble, annoy] assaillir, harceler.

besotted [bɪˈsɒtɪd] adj: ~ **(with sb)** entiché(e) (de qqn).

besought [bɪˈsɔːt] pt & pp → **beseech**.

best [best] ◇ adj le meilleur (la meilleure). ◇ adv le mieux. ◇ n le mieux; **to do one's ~** faire de son mieux; **all the ~!** meilleurs souhaits!; **to be for the ~** être pour le mieux; **to make the ~ of sthg** s'accommoder de qqch, prendre son parti de qqch. ◆ **at best** adv au mieux.

best man n garçon m d'honneur.

bestow [bɪˈstəu] vt fml: **to ~ sthg on sb** conférer qqch à qqn.

best-seller n [book] best-seller m.

bet [bet] (pt & pp bet OR -ted) ◇ n pari m. ◇ vt parier. ◇ vi parier; **I wouldn't ~ on it** fig je n'en suis pas si sûr.

betray [bɪˈtreɪ] vt trahir.

betrayal [bɪˈtreɪəl] n [of person] trahison f.

better [ˈbetəʳ] ◇ adj (compar of good) meilleur(e); **to get ~** s'améliorer; [after illness] se remettre, se rétablir. ◇ adv (compar of well) mieux; **I'd ~ leave** il faut que je parte, je dois partir. ◇ n meilleur m, -e f; **to get the ~ of sb** avoir raison de qqn. ◇ vt améliorer; **to ~ o.s.** s'élever.

better off adj **-1.** [financially] plus à son aise. **-2.** [in better situation] mieux.

betting [ˈbetɪŋ] n (U) paris mpl.

betting shop n Br ≃ bureau m de P.M.U.

between [bɪˈtwiːn] ◇ prep entre. ◇ adv: **(in)** [in space] au milieu; [in time] dans l'intervalle.

beverage [ˈbevərɪdʒ] n fml boisson f.

beware [bɪˈweəʳ] vi: **to ~ (of)** prendre garde (à), se méfier (de); ~ **of ...** attention à ....

bewildered [bɪˈwɪldəd] adj déconcerté(e), perplexe.

bewitching [bɪ'wɪtʃɪŋ] *adj* charmeur(euse), ensorcelant(e).

beyond [bɪ'jɒnd] ◇ *prep* -1. [in space] au-delà de. -2. [in time] après, plus tard que. -3. [exceeding] au-dessus de; **it's ~ my control** je n'y peux rien; **it's ~ my responsibility** cela n'entre pas dans le cadre de mes responsabilités. ◇ *adv* au-delà.

bias ['baɪəs] *n* -1. [prejudice] préjugé *m*, parti *m* pris. -2. [tendency] tendance *f*.

biased ['baɪəst] *adj* partial(e); **to be ~ towards sb/sthg** favoriser qqn/qqch; **to be ~ against sb/sthg** défavoriser qqn/qqch.

bib [bɪb] *n* [for baby] bavoir *m*, bavette *f*.

Bible ['baɪbl] *n*: **the ~** la Bible.

bicarbonate of soda [baɪ'kɑːbənət-] *n* bicarbonate *m* de soude.

biceps ['baɪseps] (*pl inv*) *n* biceps *m*.

bicker ['bɪkər] *vi* se chamailler.

bicycle ['baɪsɪkl] ◇ *n* bicyclette *f*, vélo *m*. ◇ *vi* aller en bicyclette OR vélo.

bicycle path *n* piste *f* cyclable.

bicycle pump *n* pompe *f* à vélo.

bid [bɪd] (*pt & pp* **bid**) ◇ *n* -1. [attempt] tentative *f*. -2. [at auction] enchère *f*. -3. COMM offre *f*. ◇ *vt* [at auction] faire une enchère de. ◇ *vi* -1. [at auction]: **to ~ (for)** faire une enchère (pour). -2. [attempt]: **to ~ for sthg** briguer qqch.

bidder ['bɪdər] *n* enchérisseur *m*, -euse *f*.

bidding ['bɪdɪŋ] *n* (*U*) enchères *fpl*.

bide [baɪd] *vt*: **to ~ one's time** attendre son heure OR le bon moment.

bifocals [,baɪ'fəʊklz] *npl* lunettes *fpl* bifocales.

big [bɪg] *adj* -1. [gen] grand(e). -2. [in amount, bulk - box, problem, book] gros (grosse).

bigamy ['bɪgəmɪ] *n* bigamie *f*.

big deal *inf* ◇ *n*: **it's no ~** ce n'est pas dramatique; **what's the ~?** où est le problème? ◇ *excl* tu parles!, et alors?

Big Dipper [-'dɪpər] *n* -1. Br [rollercoaster] montagnes *fpl* russes. -2. Am ASTRON: **the ~** la Grande Ourse.

bigheaded [,bɪg'hedɪd] *adj inf* crâneur (euse).

bigot ['bɪgət] *n* sectaire *mf*.

bigoted ['bɪgətɪd] *adj* sectaire.

bigotry ['bɪgətrɪ] *n* sectarisme *m*.

big time *n inf*: **to make the ~** réussir, arriver en haut de l'échelle.

big toe *n* gros orteil *m*.

big top *n* chapiteau *m*.

big wheel *n* Br [at fairground] grande roue *f*.

bike [baɪk] *n inf* -1. [bicycle] vélo *m*. -2. [motorcycle] bécane *f*, moto *f*.

bikeway ['baɪkweɪ] *n* Am piste *f* cyclable.

bikini [bɪ'kiːnɪ] *n* Bikini® *m*.

bile [baɪl] *n* -1. [fluid] bile *f*. -2. [anger] mauvaise humeur *f*.

bilingual [baɪ'lɪŋgwəl] *adj* bilingue.

bill [bɪl] ◇ *n* -1. [statement of cost]: **~ (for)** note *f* OR facture *f* (de); [in restaurant] addition *f* (de). -2. [in parliament] projet *m* de loi. -3. [of show, concert] programme *m*. -4. Am [banknote] billet *m* de banque. -5. [poster]: **"post** OR **stick no ~s"** «défense d'afficher». -6. [beak] bec *m*. ◇ *vt* [invoice]: **to ~ sb (for)** envoyer une facture à qqn (pour).

billboard ['bɪlbɔːd] *n* panneau *m* d'affichage.

billet ['bɪlɪt] *n* logement *m* (chez l'habitant).

billfold ['bɪlfəʊld] *n* Am portefeuille *m*.

billiards ['bɪljədz] *n* billard *m*.

billion ['bɪljən] *num* -1. Am [thousand million] milliard *m*. -2. Br [million million] billion *m*.

Bill of Rights *n*: **the ~** les dix premiers amendements à la Constitution américaine.

bimbo ['bɪmbəʊ] (*pl* -s OR -es) *n inf pej*: **she's a bit of a ~** c'est le genre 'pin-up'.

bin [bɪn] *n* -1. Br [for rubbish] poubelle *f*. -2. [for grain, coal] coffre *m*.

bind [baɪnd] (*pt & pp* **bound**) *vt* -1. [tie up] attacher, lier. -2. [unite - people] lier. -3. [bandage] panser. -4. [book] relier. -5. [constrain] contraindre, forcer.

binder ['baɪndər] *n* [cover] classeur *m*.

binding ['baɪndɪŋ] ◇ *adj* qui lie OR engage; [agreement] irrévocable. ◇ *n* [on book] reliure *f*.

binge [bɪndʒ] *inf* ◇ *n*: **to go on a ~** prendre une cuite. ◇ *vi*: **to ~ on sthg** se gaver OR se bourrer de qqch.

bingo ['bɪŋgəʊ] *n* bingo *m*, ≃ loto *m*.

binoculars [bɪ'nɒkjʊləz] *npl* jumelles *fpl*.

biochemistry [,baɪəʊ'kemɪstrɪ] *n* biochimie *f*.

biodegradable [,baɪəʊdɪ'greɪdəbl] *adj* biodégradable.

biography [baɪ'ɒgrəfɪ] *n* biographie *f*.

biological [,baɪə'lɒdʒɪkl] *adj* biologique; [washing powder] aux enzymes.

biology [baɪ'ɒlədʒɪ] *n* biologie *f*.

birch [bɜːtʃ] *n* [tree] bouleau *m*.

bird [bɜːd] n -1. [creature] oiseau m. -2. inf [woman] gonzesse f.

birdie ['bɜːdɪ] n -1. [bird] petit oiseau m. -2. GOLF birdie m.

bird's-eye view n vue f aérienne.

bird-watcher [-ˌwɒtʃər] n observateur m, -trice f d'oiseaux.

Biro® ['baɪərəʊ] n stylo m à bille.

birth [bɜːθ] n lit & fig naissance f; to give ~ (to) donner naissance (à).

birth certificate n acte m OR extrait m de naissance.

birth control n (U) régulation f OR contrôle m des naissances.

birthday ['bɜːθdeɪ] n anniversaire m.

birthmark ['bɜːθmɑːk] n tache f de vin.

birthrate ['bɜːθreɪt] n (taux m de) natalité f.

Biscay ['bɪskeɪ] n: the Bay of ~ le golfe de Gascogne.

biscuit ['bɪskɪt] n Br gâteau m sec, biscuit m; Am scone m.

bisect [baɪ'sekt] vt couper OR diviser en deux.

bishop ['bɪʃəp] n -1. RELIG évêque m. -2. [in chess] fou m.

bison ['baɪsn] (pl inv OR -s) n bison m.

bit [bɪt] ◇ pt → bite. ◇ n -1. [small piece - of paper, cheese etc] morceau m, bout m; [- of book, film] passage m; ~s and pieces Br petites affaires fpl OR choses fpl; to take sthg to ~s démonter qqch. -2. [amount]: a ~ of un peu de; a ~ of shopping quelques courses; it's a ~ of a nuisance c'est un peu embêtant; a ~ of trouble un petit problème; quite a ~ of pas mal de, beaucoup de. -3. [short time]: for a ~ pendant quelque temps. -4. [of drill] mèche f. -5. [of bridle] mors m. -6. COMPUT bit m. ◆ a bit adv un peu; I'm a ~ tired je suis un peu fatigué. ◆ bit by bit adv petit à petit.

bitch [bɪtʃ] n -1. [female dog] chienne f. -2. v inf pej [woman] salope f, garce f.

bitchy [bɪtʃɪ] adj inf vache, rosse.

bite [baɪt] (pt bit, pp bitten) ◇ n -1. [act of biting] morsure f, coup m de dent. -2. inf [food]: to have a ~ (to eat) manger un morceau. -3. [wound] piqûre f. ◇ vt -1. [subj: person, animal] mordre. -2. [subj: insect, snake] piquer, mordre. ◇ vi -1. [animal, person]: to ~ (into) mordre (dans); to ~ off sthg arracher qqch d'un coup de dents. -2. [insect, snake] mordre, piquer. -3. [grip] adhérer, mordre. -4. fig [take effect] se faire sentir.

biting ['baɪtɪŋ] adj -1. [very cold] cinglant(e), piquant(e). -2. [humour, comment] mordant(e), caustique.

bitten ['bɪtn] pp → bite.

bitter ['bɪtər] ◇ adj -1. [gen] amer(ère). -2. [icy] glacial(e). -3. [argument] violent(e). ◇ n Br bière relativement amère, à forte teneur en houblon.

bitter lemon n Schweppes® m au citron.

bitterness ['bɪtənɪs] n -1. [gen] amertume f. -2. [of wind, weather] âpreté f.

bizarre [bɪ'zɑːr] adj bizarre.

blab [blæb] vi inf lâcher le morceau.

black [blæk] ◇ adj noir(e). ◇ n -1. [colour] noir m. -2. [person] noir m, -e f. -3. phr: in ~ and white [in writing] noir sur blanc, par écrit; in the ~ [financially solvent] solvable, sans dettes. ◇ vt Br [boycott] boycotter. ◆ black out vi [faint] s'évanouir.

blackberry ['blækbərɪ] n mûre f.

blackbird ['blækbɜːd] n merle m.

blackboard ['blækbɔːd] n tableau m (noir).

blackcurrant [ˌblæk'kʌrənt] n cassis m.

blacken ['blækn] ◇ vt [make dark] noircir. ◇ vi s'assombrir.

black eye n œil m poché OR au beurre noir.

blackhead ['blækhed] n point m noir.

black ice n verglas m.

blackleg ['blækleg] n pej jaune m.

blacklist ['blæklɪst] ◇ n liste f noire. ◇ vt mettre sur la liste noire.

blackmail ['blækmeɪl] ◇ n lit & fig chantage m. ◇ vt -1. [for money] faire chanter. -2. fig [emotionally] faire du chantage à.

black market n marché m noir.

blackout ['blækaʊt] n -1. MIL & PRESS black-out m. -2. [power cut] panne f d'électricité. -3. [fainting fit] évanouissement m.

black pudding n Br boudin m.

Black Sea n: the ~ la mer Noire.

black sheep n brebis f galeuse.

blacksmith ['blæksmɪθ] n forgeron m; [for horses] maréchal-ferrant m.

black spot n AUT point m noir.

bladder ['blædər] n vessie f.

blade [bleɪd] n -1. [of knife, saw] lame f. -2. [of propeller] pale f. -3. [of grass] brin m.

blame [bleɪm] ◇ n responsabilité f, faute f; to take the ~ for sthg endosser la responsabilité de qqch. ◇ vt blâmer, condamner; to ~ sthg on rejeter la responsabilité de qqch sur, imputer qqch à; **to** ~ **sb/sthg for sthg** reprocher qqch à qqn/qqch; **to be to** ~ **for sthg** être responsable de qqch.

bland [blænd] *adj* **-1.** [person] terne. **-2.** [food] fade, insipide. **-3.** [music, style] insipide.

blank [blæŋk] ◇ *adj* **-1.** [sheet of paper] blanc (blanche); [wall] nu(e). **-2.** *fig* [look] vide, sans expression. ◇ *n* **-1.** [empty space] blanc *m*. **-2.** [cartridge] cartouche *f* à blanc.

blank cheque *n* chèque *m* en blanc; *fig* carte *f* blanche.

blanket ['blæŋkɪt] *n* **-1.** [for bed] couverture *f*. **-2.** [of snow] couche *f*, manteau *m*; [of fog] nappe *f*.

blare [bleə*r*] *vi* hurler; [radio] beugler.

blasphemy ['blæsfəmɪ] *n* blasphème *m*.

blast [blɑːst] ◇ *n* **-1.** [explosion] explosion *f*. **-2.** [of air, from bomb] souffle *m*. ◇ *vt* [hole, tunnel] creuser à la dynamite. ◇ *excl Br inf* zut!, mince! ◆ **(at) full blast** *adv* [play music etc] à pleins gaz OR tubes; [work] d'arrache-pied.

blasted ['blɑːstɪd] *adj inf* fichu(e), maudit(e).

blast-off *n* SPACE lancement *m*.

blatant ['bleɪtənt] *adj* criant(e), flagrant(e).

blaze [bleɪz] ◇ *n* **-1.** [fire] incendie *m*. **-2.** *fig* [of colour, light] éclat *m*, flamboiement *m*. ◇ *vi* **-1.** [fire] flamber. **-2.** *fig* [with colour] flamboyer.

blazer ['bleɪzə*r*] *n* blazer *m*.

bleach [bliːtʃ] ◇ *n* eau *f* de Javel. ◇ *vt* [hair] décolorer; [clothes] blanchir.

bleached [bliːtʃt] *adj* décoloré(e).

bleachers ['bliːtʃəz] *npl Am* SPORT gradins *mpl*.

bleak [bliːk] *adj* **-1.** [future] sombre. **-2.** [place, weather, face] lugubre, triste.

bleary-eyed [,blɪərɪ'aɪd] *adj* aux yeux troubles OR voilés.

bleat [bliːt] ◇ *n* bêlement *m*. ◇ *vi* bêler; *fig* [person] se plaindre, geindre.

bleed [bliːd] (*pt* & *pp* **bled** [bled]) ◇ *vt* [radiator etc] purger. ◇ *vi* saigner.

bleeper ['bliːpə*r*] *n* bip *m*, bip-bip *m*.

blemish ['blemɪʃ] *n lit* & *fig* défaut *m*.

blend [blend] ◇ *n* mélange *m*. ◇ *vt*: **to** ~ **sthg (with)** mélanger qqch (avec OR à). ◇ *vi*: **to** ~ **(with)** se mêler (à OR avec).

blender ['blendə*r*] *n* mixer *m*.

bless [bles] (*pt* & *pp* **-ed** OR **blest**) *vt* bénir; ~ **you!** [after sneezing] à vos souhaits!; [thank you] merci mille fois!

blessing ['blesɪŋ] *n lit* & *fig* bénédiction *f*.

blest [blest] *pt* & *pp* → **bless**.

blew [bluː] *pt* → **blow**.

blight [blaɪt] *vt* gâcher, briser.

blimey ['blaɪmɪ] *excl Br inf* zut alors!, mince alors!

blind [blaɪnd] ◇ *adj lit* & *fig* aveugle; **to be** ~ **to sthg** ne pas voir qqch. ◇ *n* [for window] store *m*. ◇ *npl*: **the** ~ les aveugles *mpl*. ◇ *vt* aveugler; **to** ~ **sb to sthg** *fig* cacher qqch à qqn.

blind alley *n lit* & *fig* impasse *f*.

blind corner *n* virage *m* sans visibilité.

blind date *n* rendez-vous avec quelqu'un qu'on ne connaît pas.

blinders ['blaɪndəz] *npl Am* œillères *fpl*.

blindfold ['blaɪndfəʊld] ◇ *adv* les yeux bandés. ◇ *n* bandeau *m*. ◇ *vt* bander les yeux à.

blindly ['blaɪndlɪ] *adv lit* & *fig* à l'aveuglette, aveuglément.

blindness ['blaɪndnɪs] *n* cécité *f*; ~ **(to)** *fig* aveuglement *m* (devant).

blind spot *n* **-1.** AUT angle *m* mort. **-2.** *fig* [inability to understand] blocage *m*.

blink [blɪŋk] ◇ *n phr*: **on the** ~ [machine] détraqué(e). ◇ *vt* [eyes] cligner. ◇ *vi* **-1.** [person] cligner des yeux. **-2.** [light] clignoter.

blinkered ['blɪŋkəd] *adj*: **to be** ~ *lit* & *fig* avoir des œillères.

blinkers ['blɪŋkəz] *npl Br* œillères *fpl*.

bliss [blɪs] *n* bonheur *m* suprême, félicité *f*.

blissful ['blɪsfʊl] *adj* [day, silence] merveilleux(euse); [ignorance] total(e).

blister ['blɪstə*r*] ◇ *n* [on skin] ampoule *f*, cloque *f*. ◇ *vi* **-1.** [skin] se couvrir d'ampoules. **-2.** [paint] cloquer, se boursoufler.

blithely ['blaɪðlɪ] *adv* gaiement, joyeusement.

blitz [blɪts] *n* MIL bombardement *m* aérien.

blizzard ['blɪzəd] *n* tempête *f* de neige.

bloated ['bləʊtɪd] *adj* **-1.** [face] bouffi(e). **-2.** [with food] ballonné(e).

blob [blɒb] *n* **-1.** [drop] goutte *f*. **-2.** [indistinct shape] forme *f*; **a** ~ **of colour** une tache de couleur.

block [blɒk] ◇ *n* **-1.** [building]: **office** ~ immeuble *m* de bureaux; ~ **of flats** *Br* immeuble *m*. **-2.** *Am* [of buildings] pâté *m* de maisons. **-3.** [of stone, ice] bloc *m*. **-4.** [obstruction] blocage *m*. ◇ *vt* **-1.** [road, pipe, view] boucher. **-2.** [prevent] bloquer, empêcher.

blockade [blɒ'keɪd] ◇ n blocus m. ◇ vt faire le blocus de.

blockage ['blɒkɪdʒ] n obstruction f.

blockbuster ['blɒkbʌstər] n inf [book] best-seller m; [film] film m à succès.

block capitals npl majuscules fpl d'imprimerie.

block letters npl majuscules fpl d'imprimerie.

bloke [bləuk] n Br inf type m.

blond [blɒnd] adj blond(e).

blonde [blɒnd] ◇ adj blond(e). ◇ n [woman] blonde f.

blood [blʌd] n sang m; **in cold** ~ de sang-froid.

bloodbath ['blʌdbɑːθ, pl -bɑːðz] n bain m de sang, massacre m.

blood cell n globule m.

blood donor n donneur m, -euse f de sang.

blood group n groupe m sanguin.

bloodhound ['blʌdhaʊnd] n limier m.

blood poisoning n septicémie f.

blood pressure n tension f artérielle; **to have high** ~ faire de l'hypertension.

bloodshed ['blʌdʃed] n carnage m.

bloodshot ['blʌdʃɒt] adj [eyes] injecté(e) de sang.

bloodstream ['blʌdstriːm] n sang m.

blood test n prise f de sang.

bloodthirsty ['blʌdˌθɜːstɪ] adj sanguinaire.

blood transfusion n transfusion f sanguine.

bloody ['blʌdɪ] ◇ adj -1. [gen] sanglant(e). -2. Br v inf foutu(e); **you** ~ **idiot!** espèce de con! ◇ adv Br v inf vachement.

bloody-minded [-'maɪndɪd] adj Br inf contrariant(e).

bloom [bluːm] ◇ n fleur f. ◇ vi fleurir.

blooming ['bluːmɪŋ] ◇ adj Br inf [to show annoyance] sacré(e), fichu(e). ◇ adv Br inf sacrément.

blossom ['blɒsəm] ◇ n [of tree] fleurs fpl; **in** ~ en fleur OR fleurs. ◇ vi -1. [tree] fleurir. -2. fig [person] s'épanouir.

blot [blɒt] ◇ n lit & fig tache f. ◇ vt -1. [paper] faire des pâtés sur. -2. [ink] sécher. ◆ **blot out** vt sep voiler, cacher; [memories] effacer.

blotchy ['blɒtʃɪ] adj couvert(e) de marbrures OR taches.

blotting paper ['blɒtɪŋ-] n (U) (papier m) buvard m.

blouse [blaʊz] n chemisier m.

blow [bləu] (pt blew, pp blown) ◇ vi -1. [gen] souffler. -2. [in wind]: **to** ~ **off** s'envoler. -3. [fuse] sauter. ◇ vt -1. [subj: wind] faire voler, chasser. -2. [clear]: **to** ~ **one's nose** se moucher. -3. [trumpet] jouer de, souffler dans; **to** ~ **a whistle** donner un coup de sifflet, siffler. ◇ n [hit] coup m. ◆ **blow out** vt sep souffler. ◇ vi -1. [candle] s'éteindre. -2. [tyre] éclater. ◆ **blow over** vi se calmer. ◆ **blow up** ◇ vt sep -1. [inflate] gonfler. -2. [with bomb] faire sauter. -3. [photograph] agrandir. ◇ vi exploser.

blow-dry ◇ n brushing m. ◇ vt faire un brushing à.

blowlamp Br ['bləʊlæmp], **blowtorch** ['bləʊtɔːtʃ] n chalumeau m, lampe f à souder.

blown [bləʊn] pp → **blow**.

blowout ['bləʊaʊt] n [of tyre] éclatement m.

blowtorch = **blowlamp**.

blubber ['blʌbər] ◇ n graisse f de baleine. ◇ vi pej chialer.

bludgeon ['blʌdʒən] vt matraquer.

blue [bluː] ◇ adj -1. [colour] bleu(e). -2. inf [sad] triste, cafardeux(euse). -3. [pornographic] porno (inv). ◇ n bleu m; **out of the** ~ [happen] subitement; [arrive] à l'improviste. ◆ **blues** npl: **the** ~**s** MUS le blues; inf [sad feeling] le blues, le cafard.

bluebell ['bluːbel] n jacinthe f des bois.

blueberry ['bluːbərɪ] n myrtille f.

bluebottle ['bluːˌbɒtl] n mouche f bleue, mouche de la viande.

blue cheese n (fromage m) bleu m.

blue-collar adj manuel(elle).

blue jeans npl Am blue-jean m, jean m.

blueprint ['bluːprɪnt] n photocalque m; fig plan m, projet m.

bluff [blʌf] ◇ adj franc (franche). ◇ n -1. [deception] bluff m; **to call sb's** ~ prendre qqn au mot. -2. [cliff] falaise f à pic. ◇ vt bluffer, donner le change à. ◇ vi faire du bluff, bluffer.

blunder ['blʌndər] ◇ n gaffe f, bévue f. ◇ vi [make mistake] faire une gaffe, commettre une bévue.

blunt [blʌnt] ◇ adj -1. [knife] émoussé(e); [pencil] épointé(e); [object, instrument] contondant(e). -2. [person, manner] direct(e), carré(e). ◇ vt lit & fig émousser.

blur [blɜːr] ◇ n forme f confuse, tache f floue. ◇ vt [vision] troubler, brouiller.

blurb [blɜːb] n texte m publicitaire.

blurt [blɜːt] ◆ **blurt out** *vt sep* laisser échapper.

blush [blʌʃ] ◇ *n* rougeur *f*. ◇ *vi* rougir.

blusher ['blʌʃəʳ] *n* fard *m* à joues, blush *m*.

blustery ['blʌstərɪ] *adj* venteux(euse).

BMX (*abbr of* **bicycle motorcross**) *n* bicross *m*.

BO *abbr of* **body odour**.

boar [bɔːʳ] *n* **-1.** [male pig] verrat *m*. **-2.** [wild pig] sanglier *m*.

board [bɔːd] ◇ *n* **-1.** [plank] planche *f*. **-2.** [for notices] panneau *m* d'affichage. **-3.** [for games - gen] tableau *m*; [- for chess] échiquier *m*. **-4.** [blackboard] tableau *m* (noir). **-5.** [of company]: ~ **(of directors)** conseil *m* d'administration. **-6.** [committee] comité *m*, conseil *m*. **-7.** *Br* [at hotel, guesthouse] pension *f*; ~ **and lodging** pension *f*; **full** ~ pension complète; **half** ~ demi-pension *f*. **-8. on** ~ [on ship, plane, bus, train] à bord. **-9.** *phr*: **to take sthg on** ~ [knowledge] assimiler qqch; [advice] accepter qqch; **above** ~ régulier(ière), dans les règles. ◇ *vt* [ship, aeroplane] monter à bord de; [train, bus] monter dans.

boarder ['bɔːdəʳ] *n* **-1.** [lodger] pensionnaire *mf*. **-2.** [at school] interne *mf*, pensionnaire *mf*.

boarding card ['bɔːdɪŋ-] *n* carte *f* d'embarquement.

boardinghouse ['bɔːdɪŋhaʊs, *pl* -haʊzɪz] *n* pension *f* de famille.

boarding school ['bɔːdɪŋ-] *n* pensionnat *m*, internat *m*.

Board of Trade *n* *Br*: **the** ~ = le ministère *m* du Commerce.

boardroom ['bɔːdrʊm] *n* salle *f* du conseil (d'administration).

boast [bəʊst] ◇ *n* vantardise *f*, fanfaronnade *f*. ◇ *vi*: **to** ~ **(about)** se vanter (de).

boastful ['bəʊstfʊl] *adj* vantard(e), fanfaron(onne).

boat [bəʊt] *n* [large] bateau *m*; [small] canot *m*, embarcation *f*; **by** ~ en bateau.

boater ['bəʊtəʳ] *n* [hat] canotier *m*.

boatswain ['bəʊsn] *n* maître *m* d'équipage.

bob [bɒb] ◇ *n* **-1.** [hairstyle] coupe *f* au carré. **-2.** *Br inf dated* [shilling] shilling *m*. **-3.** = **bobsleigh**. ◇ *vi* [boat, ship] tanguer.

bobbin ['bɒbɪn] *n* bobine *f*.

bobby ['bɒbɪ] *n* *Br inf* agent *m* de police.

bobsleigh ['bɒbsleɪ] *n* bobsleigh *m*.

bode [bəʊd] *vi* *literary*: **to** ~ **ill/well (for)** être de mauvais/bon augure (pour).

bodily ['bɒdɪlɪ] ◇ *adj* [needs] matériel(ielle); [pain] physique. ◇ *adv* [lift, move] à bras-le-corps.

body ['bɒdɪ] *n* **-1.** [of person] corps *m*. **-2.** [corpse] corps *m*, cadavre *m*. **-3.** [organization] organisme *m*, organisation *f*. **-4.** [of car] carrosserie *f*; [of plane] fuselage *m*. **-5.** (U) [of wine] corps *m*. **-6.** [of hair] volume *m*. **-7.** [garment] body *m*.

body building *n* culturisme *m*.

bodyguard ['bɒdɪgɑːd] *n* garde *m* du corps.

body odour *n* odeur *f* corporelle.

bodywork ['bɒdɪwɜːk] *n* carrosserie *f*.

bog [bɒg] *n* **-1.** [marsh] marécage *m*. **-2.** *Br v inf* [toilet] chiottes *fpl*.

bogged down [,bɒgd-] *adj* **-1.** *fig* [in work]: ~ **(in)** submergé(e) (de). **-2.** [car etc]: ~ **(in)** enlisé(e) (dans).

boggle ['bɒgl] *vi*: **the mind** ~**s!** ce n'est pas croyable!, on croit rêver!

bogus ['bəʊgəs] *adj* faux (fausse), bidon (*inv*).

boil [bɔɪl] ◇ *n* **-1.** MED furoncle *m*. **-2.** [boiling point]: **to bring sthg to the** ~ porter qqch à ébullition; **to come to the** ~ venir à ébullition. ◇ *vt* **-1.** [water, food] faire bouillir. **-2.** [kettle] mettre sur le feu. ◇ *vi* [water] bouillir. ◆ **boil down to** *vt fus fig* revenir à, se résumer à. ◆ **boil over** *vi* **-1.** [liquid] déborder. **-2.** *fig* [feelings] exploser.

boiled ['bɔɪld] *adj*: ~ **egg** œuf *m* à la coque; ~ **sweet** *Br* bonbon *m* (dur).

boiler ['bɔɪləʳ] *n* chaudière *f*.

boiler suit *n* *Br* bleu *m* de travail.

boiling ['bɔɪlɪŋ] *adj* **-1.** [liquid] bouillant(e). **-2.** *inf* [weather] très chaud(e), torride; [person]: **I'm** ~ **(hot)!** je crève de chaleur!

boiling point *n* point *m* d'ébullition.

boisterous ['bɔɪstərəs] *adj* turbulent(e), remuant(e).

bold [bəʊld] *adj* **-1.** [confident] hardi(e), audacieux(ieuse). **-2.** [lines, design] hardi(e); [colour] vif (vive), éclatant(e). **-3.** TYPO: ~ **type** OR **print** caractères *mpl* gras.

bollard ['bɒlɑːd] *n* [on road] borne *f*.

bollocks ['bɒləks] *Br v inf* ◇ *npl* couilles *fpl*. ◇ *excl* quelles conneries!

bolster ['bəʊlstəʳ] ◇ *n* [pillow] traversin *m*. ◇ *vt* renforcer, affirmer. ◆ **bolster up** *vt sep* soutenir, appuyer.

bolt [bəʊlt] ◇ *n* **-1.** [on door, window] verrou *m.* **-2.** [type of screw] boulon *m.* ◇ *adv* : ~ upright droit(e) comme un piquet. ◇ *vt* **-1.** [fasten together] boulonner. **-2.** [close - door, window] verrouiller. **-3.** [food] engouffrer, engloutir. ◇ *vi* [run] détaler.

bomb [bɒm] ◇ *n* bombe *f.* ◇ *vt* bombarder.

bombard [bɒm'bɑːd] *vt* MIL & *fig* : to ~ (with) bombarder (de).

bombastic [bɒm'bæstɪk] *adj* pompeux(euse).

bomb disposal squad *n* équipe *f* de déminage.

bomber ['bɒmə'] *n* **-1.** [plane] bombardier *m.* **-2.** [person] plastiqueur *m.*

bombing ['bɒmɪŋ] *n* bombardement *m.*

bombshell ['bɒmʃel] *n* *fig* bombe *f.*

bona fide [,bəʊnə'faɪdɪ] *adj* véritable, authentique; [offer] sérieux(ieuse).

bond [bɒnd] ◇ *n* **-1.** [between people] lien *m.* **-2.** [promise] engagement *m.* **-3.** FIN bon *m*, titre *m.* ◇ *vt* **-1.** [glue] : to ~ sthg to sthg coller qqch sur qqch. **-2.** *fig* [people] unir.

bondage ['bɒndɪdʒ] *n* servitude *f*, esclavage *m.*

bone [bəʊn] ◇ *n* os *m*; [of fish] arête *f.* ◇ *vt* [meat] désosser; [fish] enlever les arêtes de.

bone-dry *adj* tout à fait sec (sèche).

bone-idle *adj* paresseux(euse) comme une couleuvre OR un lézard.

bonfire ['bɒn,faɪə'] *n* [for fun] feu *m* de joie; [to burn rubbish] feu.

bonfire night *n* Br le 5 novembre *(commémoration de la tentative de Guy Fawkes de faire sauter le Parlement en 1605).*

Bonn [bɒn] *n* Bonn.

bonnet ['bɒnɪt] *n* **-1.** Br [of car] capot *m.* **-2.** [hat] bonnet *m.*

bonny ['bɒnɪ] *adj* Scot beau (belle), joli(e).

bonus ['bəʊnəs] (*pl* **-es**) *n* **-1.** [extra money] prime *f*, gratification *f.* **-2.** *fig* [added advantage] plus *m.*

bony ['bəʊnɪ] *adj* **-1.** [person, hand, face] maigre, osseux(euse). **-2.** [meat] plein(e) d'os; [fish] plein d'arêtes.

boo [buː] (*pl* **-s**) ◇ *excl* hou! ◇ *n* huée *f.* ◇ *vt & vi* huer.

boob [buːb] *n* *inf* [mistake] gaffe *f*, bourde *f.* ◆ **boobs** *npl* Br *v inf* nichons *mpl.*

booby trap ['buːbɪ-] *n* **-1.** [bomb] objet *m* piégé. **-2.** [practical joke] farce *f.*

book [bʊk] ◇ *n* **-1.** [for reading] livre *m.* **-2.** [of stamps, tickets, cheques] carnet *m*; [of matches] pochette *f.* ◇ *vt* **-1.** [reserve - gen] réserver; [- performer] engager; to be fully ~ed être complet. **-2.** *inf* [subj: police] coller un PV à. **-3.** Br FTBL prendre le nom de. ◇ *vi* réserver. ◆ **books** *npl* COMM livres *mpl* de comptes. ◆ **book up** *vt sep* réserver, retenir.

bookcase ['bʊkkeɪs] *n* bibliothèque *f.*

bookie ['bʊkɪ] *n* *inf* bookmaker *m.*

booking ['bʊkɪŋ] *n* **-1.** [reservation] réservation *f.* **-2.** Br FTBL : to get a ~ recevoir un carton jaune.

booking office *n* bureau *m* de réservation OR location.

bookkeeping ['bʊk,kiːpɪŋ] *n* comptabilité *f.*

booklet ['bʊklɪt] *n* brochure *f.*

bookmaker ['bʊk,meɪkə'] *n* bookmaker *m.*

bookmark ['bʊkmɑːk] *n* signet *m.*

bookseller ['bʊk,selə'] *n* libraire *mf.*

bookshelf ['bʊkʃelf] (*pl* **-shelves** [-ʃelvz]) *n* rayon *m* OR étagère *f* à livres.

bookshop Br ['bʊkʃɒp], **bookstore** Am ['bʊkstɔː'] *n* librairie *f.*

book token *n* chèque-livre *m.*

boom [buːm] ◇ *n* **-1.** [loud noise] grondement *m.* **-2.** [in business, trade] boom *m.* **-3.** NAUT bôme *f.* **-4.** [for TV camera, microphone] girafe *f*, perche *f.* ◇ *vi* **-1.** [make noise] gronder. **-2.** [business, trade] être en plein essor OR en hausse.

boon [buːn] *n* avantage *m*, bénédiction *f.*

boost [buːst] ◇ *n* [to production, sales] augmentation *f*; [to economy] croissance *f.* ◇ *vt* **-1.** [production, sales] stimuler. **-2.** [popularity] accroître, renforcer.

booster ['buːstə'] *n* MED rappel *m.*

boot [buːt] ◇ *n* **-1.** [for walking, sport] chaussure *f.* **-2.** [fashion item] botte *f.* **-3.** Br [of car] coffre *m.* ◇ *vt* *inf* flanquer des coups de pied à. ◆ **to boot** *adv* par-dessus le marché, en plus.

booth [buːð] *n* **-1.** [at fair] baraque *f* foraine. **-2.** [telephone booth] cabine *f.* **-3.** [voting booth] isoloir *m.*

booty ['buːtɪ] *n* butin *m.*

booze [buːz] *inf* ◇ *n* (U) alcool *m*, boisson *f* alcoolisée. ◇ *vi* picoler.

bop [bɒp] *inf* ◇ *n* **-1.** [hit] coup *m.* **-2.** [disco, dance] boum *f.* ◇ *vi* [dance] danser.

border ['bɔːdə'] ◇ *n* **-1.** [between countries] frontière *f.* **-2.** [edge] bord *m.* **-3.**

[in garden] bordure f. ◇ vt **-1.** [country] être limitrophe de. **-2.** [edge] border. ◆**border on** vt fus friser, être voisin(e) de.

borderline ['bɔːdəlaɪn] ◇ adj: ~ **case** cas m limite. ◇ n fig limite f, ligne f de démarcation.

bore [bɔːʳ] ◇ pt → bear. ◇ n **-1.** [person] raseur m, -euse f; [situation, event] corvée f. **-2.** [of gun] calibre m. ◇ vt **-1.** [not interest] ennuyer, raser; **to** ~ **sb stiff** OR **to tears** OR **to death** ennuyer qqn à mourir. **-2.** [drill] forer, percer.

bored [bɔːd] adj [person] qui s'ennuie; [look] d'ennui; **to be** ~ **with** en avoir assez de.

boredom ['bɔːdəm] n (U) ennui m.

boring ['bɔːrɪŋ] adj ennuyeux(euse).

born [bɔːn] adj né(e); **to be** ~ naître; **I was** ~ **in 1965** je suis né en 1965; **when were you** ~? quelle est ta date de naissance?

borne [bɔːn] pp → bear.

borough ['bʌrə] n municipalité f.

borrow ['bɒrəʊ] vt emprunter; **to** ~ **sthg (from sb)** emprunter qqch (à qqn).

Bosnia ['bɒznɪə] n Bosnie f.

Bosnia-Herzegovina [-ˌhɜːtsəgəˈviːnə] n Bosnie-Herzégovine f.

Bosnian ['bɒznɪən] ◇ adj bosniaque. ◇ n Bosniaque mf.

bosom ['bʊzəm] n poitrine f, seins mpl; fig sein m; ~ **friend** ami m intime.

boss [bɒs] ◇ n patron m, -onne f, chef m. ◇ vt pej donner des ordres à, régenter. ◆**boss about, boss around** vt sep pej donner des ordres à, régenter.

bossy ['bɒsɪ] adj autoritaire.

bosun ['bəʊsn] = boatswain.

botany ['bɒtənɪ] n botanique f.

botch [bɒtʃ] ◆**botch up** vt sep inf bousiller, saboter.

both [bəʊθ] ◇ adj les deux. ◇ pron: ~ **(of them)** (tous) les deux ((toutes) les deux); ~ **of us are coming** on vient tous les deux. ◇ adv: **she is** ~ **intelligent and amusing** elle est à la fois intelligente et drôle.

bother ['bɒðəʳ] ◇ vt **-1.** [worry] ennuyer, inquiéter; **to** ~ **o.s. (about)** se tracasser (au sujet de); **I can't be** ~ed **to do it** je n'ai vraiment pas envie de le faire. **-2.** [pester, annoy] embêter; **I'm sorry to** ~ **you** excusez-moi de vous déranger. ◇ vi: **to** ~ **about sthg** s'inquiéter de qqch; **don't** ~ **(to do it)** ce n'est pas la peine (de le faire). ◇ n

(U) embêtement m; **it's no** ~ **at all** cela ne me dérange OR m'ennuie pas du tout.

bothered ['bɒðəd] adj inquiet(iète).

bottle ['bɒtl] ◇ n **-1.** [gen] bouteille f; [for medicine, perfume] flacon m; [for baby] biberon m. **-2.** (U) Br inf [courage] cran m, culot m. ◇ vt [wine etc] mettre en bouteilles; [fruit] mettre en bocal. ◆**bottle up** vt sep [feelings] refouler, contenir.

bottle bank n container m pour verre usagé.

bottleneck ['bɒtlnek] n **-1.** [in traffic] bouchon m, embouteillage m. **-2.** [in production] goulet m d'étranglement.

bottle-opener n ouvre-bouteilles m inv, décapsuleur m.

bottom ['bɒtəm] ◇ adj **-1.** [lowest] du bas. **-2.** [in class] dernier(ière). ◇ n **-1.** [of bottle, lake, garden] fond m; [of page, ladder, street] bas m; [of hill] pied m. **-2.** [of scale] bas m; [of class] dernier m, -ière f. **-3.** [buttocks] derrière m. **-4.** [cause]: **to get to the** ~ **of sthg** aller au fond de qqch, découvrir la cause de qqch. ◆**bottom out** vi atteindre son niveau le plus bas.

bottom line n fig: **the** ~ l'essentiel m.

bough [baʊ] n branche f.

bought [bɔːt] pt & pp → buy.

boulder ['bəʊldəʳ] n rocher m.

bounce [baʊns] ◇ vi **-1.** [ball] rebondir; [person] sauter. **-2.** inf [cheque] être sans provision. ◇ vt [ball] faire rebondir. ◇ n rebond m.

bouncer ['baʊnsəʳ] n inf videur m.

bound [baʊnd] ◇ pt & pp → bind. ◇ adj **-1.** [certain]: **he's** ~ **to win** il va sûrement gagner; **she's** ~ **to see it** elle ne peut pas manquer de le voir. **-2.** [obliged]: **to be** ~ **to do sthg** être obligé(e) OR tenu(e) de faire qqch; **I'm** ~ **to say/admit** je dois dire/reconnaître. **-3.** [for place]: **to be** ~ **for** [subj: person] être en route pour; [subj: plane, train] être à destination de. ◇ n [leap] bond m, saut m. ◇ vt: **to be** ~ed **by** [subj: field] être limité(e) OR délimité(e) par; [subj: country] être limitrophe de. ◆**bounds** npl limites fpl; **out of** ~s interdit, défendu.

boundary ['baʊndərɪ] n [gen] frontière f; [of property] limite f, borne f.

bourbon ['bɜːbən] n bourbon m.

bout [baʊt] n **-1.** [of illness] accès m; **a** ~ **of flu** une grippe. **-2.** [session] période f. **-3.** [boxing match] combat m.

bow¹ [bəʊ] ◇ n **-1.** [in greeting] révérence f. **-2.** [of ship] proue f, avant m. ◇ vt [head] baisser, incliner. ◇ vi **-1.** [make a bow] saluer. **-2.** [defer]: **to ~ to** s'incliner devant.

bow² [bəʊ] ◇ n **-1.** [weapon] arc m. **-2.** MUS archet m. **-3.** [knot] nœud m.

bowels ['baʊəlz] npl intestins mpl; fig entrailles fpl.

bowl [bəʊl] ◇ n **-1.** [container - gen] jatte f, saladier m; [- small] bol m; [- for washing up] cuvette f. **-2.** [of toilet, sink] cuvette f; [of pipe] fourneau m. ◇ vi CRICKET lancer la balle. ◆ **bowls** n (U) boules fpl (sur herbe). ◆ **bowl over** vt sep lit & fig renverser.

bow-legged [ˌbəʊ'legɪd] adj aux jambes arquées.

bowler ['bəʊləʳ] n **-1.** CRICKET lanceur m. **-2.** ~ (hat) chapeau m melon.

bowling ['bəʊlɪŋ] n (U) bowling m.

bowling alley n [building] bowling m; [alley] piste f de bowling.

bowling green n terrain m de boules (sur herbe).

bow tie [bəʊ-] n nœud m papillon.

box [bɒks] ◇ n **-1.** [gen] boîte f. **-2.** THEATRE loge f. **-3.** Br inf [television]: **the ~ la télé.** ◇ vi boxer, faire de la boxe.

boxer ['bɒksəʳ] n **-1.** [fighter] boxeur m. **-2.** [dog] boxer m.

boxer shorts npl caleçon m.

boxing ['bɒksɪŋ] n boxe f.

Boxing Day n jour des étrennes en Grande-Bretagne (le 26 décembre).

boxing glove n gant m de boxe.

box office n bureau m de location.

boxroom ['bɒksrʊm] n Br débarras m.

boy [bɔɪ] ◇ n [male child] garçon m. ◇ excl inf: **(oh) ~!** ben, mon vieux!, ben, dis-donc!

boycott ['bɔɪkɒt] ◇ n boycott m, boycottage m. ◇ vt boycotter.

boyfriend ['bɔɪfrend] n copain m, petit ami m.

boyish ['bɔɪɪʃ] adj [appearance - of man] gamin(e); [- of woman] de garçon; [behaviour] garçonnier(ière).

BR (abbr of British Rail) n ≃ SNCF f.

bra [brɑː] n soutien-gorge m.

brace [breɪs] ◇ n **-1.** [on teeth] appareil m (dentaire). **-2.** [on leg] appareil m orthopédique. ◇ vt **-1.** [steady] soutenir, consolider; **to ~ o.s.** s'accrocher, se cramponner. **-2.** fig [prepare]: **to ~ o.s. (for sthg)** se préparer (à qqch). ◆ **braces** npl Br bretelles fpl.

bracelet ['breɪslɪt] n bracelet m.

bracing ['breɪsɪŋ] adj vivifiant(e).

bracken ['brækn] n fougère f.

bracket ['brækɪt] ◇ n **-1.** [support] support m. **-2.** [parenthesis - round] parenthèse f; [- square] crochet m; **in ~s** entre parenthèses/crochets. **-3.** [group]: **age/income ~** tranche f d'âge/de revenus. ◇ vt [enclose in brackets] mettre entre parenthèses/crochets.

brag [bræg] vi se vanter.

braid [breɪd] ◇ n **-1.** [on uniform] galon m. **-2.** [of hair] tresse f, natte f. ◇ vt [hair] tresser, natter.

brain [breɪn] n cerveau m. ◆ **brains** npl [intelligence] intelligence f.

brainchild ['breɪntʃaɪld] n inf idée f personnelle, invention f personnelle.

brainwash ['breɪnwɒʃ] vt faire un lavage de cerveau à.

brainwave ['breɪnweɪv] n idée f géniale OR de génie.

brainy ['breɪnɪ] adj inf intelligent(e).

brake [breɪk] ◇ n lit & fig frein m. ◇ vi freiner.

brake light n stop m, feu m arrière.

bramble ['bræmbl] n [bush] ronce f; [fruit] mûre f.

bran [bræn] n son m.

branch [brɑːntʃ] ◇ n **-1.** [of tree, subject] branche f. **-2.** [of railway] bifurcation f, embranchement m. **-3.** [of company] filiale f, succursale f; [of bank] agence f. ◇ vi bifurquer. ◆ **branch out** vi [person, company] étendre ses activités, se diversifier.

brand [brænd] ◇ n **-1.** COMM marque f. **-2.** fig [type, style] type m, genre m. ◇ vt **-1.** [cattle] marquer au fer rouge. **-2.** fig [classify]: **to ~ sb (as) sthg** étiqueter qqn comme qqch, coller à qqn l'étiquette de qqch.

brandish ['brændɪʃ] vt brandir.

brand name n marque f.

brand-new adj flambant neuf (flambant neuve), tout neuf (toute neuve).

brandy ['brændɪ] n cognac m.

brash [bræʃ] adj effronté(e).

brass [brɑːs] n **-1.** [metal] laiton m, cuivre m jaune. **-2.** MUS: **the ~** les cuivres mpl.

brass band n fanfare f.

brassiere [Br 'bræsɪəʳ, Am brə'zɪr] n soutien-gorge m.

brat [bræt] n inf pej sale gosse m.

bravado [brə'vɑːdəʊ] n bravade f.

brave [breɪv] ◇ adj courageux(euse), brave. ◇ n guerrier m indien, brave m. ◇ vt braver, affronter.

bravery ['breɪvərɪ] n courage m, bravoure f.

brawl [brɔːl] n bagarre f, rixe f.

brawn [brɔːn] n (U) **-1.** [muscle] muscle m. **-2.** Br [meat] fromage m de tête.

bray [breɪ] vi [donkey] braire.

brazen ['breɪzn] adj [person] effronté(e), impudent(e); [lie] éhonté(e). ◆ **brazen out** vt sep: to ~ it out crâner.

brazier ['breɪzjər] n brasero m.

Brazil [brə'zɪl] n Brésil m.

Brazilian [brə'zɪljən] ◇ adj brésilien(ienne). ◇ n Brésilien m, -ienne f.

brazil nut n noix f du Brésil.

breach [briːtʃ] ◇ n **-1.** [of law, agreement] infraction f, violation f; [of promise] rupture f; to be in ~ of sthg enfreindre OR violer qqch; ~ of contract rupture f de contrat. **-2.** [opening, gap] trou m, brèche f. ◇ vt **-1.** [agreement, contract] rompre. **-2.** [make hole in] faire une brèche dans.

breach of the peace n atteinte f à l'ordre public.

bread [bred] n pain m; ~ and butter tartine f beurrée, pain beurré; fig gagne-pain m.

bread bin Br, **bread box** Am n boîte f à pain.

breadcrumbs ['bredkrʌmz] npl chapelure f.

breadline ['bredlaɪn] n: to be on the ~ être aux ressources OR sans le sou.

breadth [bretθ] n **-1.** [width] largeur f. **-2.** fig [scope] ampleur f, étendue f.

breadwinner ['bred,wɪnər] n soutien m de famille.

break [breɪk] (pt **broke**, pp **broken**) ◇ n **-1.** [gap]: ~ (**in**) trouée f (dans). **-2.** [fracture] fracture f. **-3.** [pause - gen] pause f; [- at school] récréation f; to take a ~ [short] faire une pause; [longer] prendre des jours de congé; without a ~ sans interruption; to have a ~ from doing sthg arrêter de faire qqch. **-4.** inf [luck]: (**lucky**) ~ chance f, veine f. ◇ vt **-1.** [gen] casser, briser; to ~ one's arm/leg se casser le bras/la jambe; to ~ a record battre un record. **-2.** [interrupt - journey] interrompre; [- contact, silence] rompre. **-3.** [not keep - law, rule] enfreindre, violer; [- promise] manquer à. **-4.** [tell]: to ~ the news (of sthg to sb) annoncer la nouvelle (de qqch à qqn). ◇ vi **-1.** [gen] se casser, se briser; to ~ **loose** OR **free** se dégager, s'échapper. **-2.** [pause] s'arrêter, faire une pause. **-3.** [weather] se gâter. **-4.**

[voice - with emotion] se briser; [- at puberty] muer. **-5.** [news] se répandre, éclater. **-6.** phr: to ~ even rentrer dans ses frais. ◆ **break away** vi [escape] s'échapper. ◆ **break down** ◇ vt sep **-1.** [destroy - barrier] démolir; [- door] enfoncer. **-2.** [analyse] analyser. ◇ vi **-1.** [car, machine] tomber en panne; [resistance] céder; [negotiations] échouer. **-2.** [emotionally] fondre en larmes, éclater en sanglots. ◆ **break in** ◇ vi **-1.** [burglar] entrer par effraction. **-2.** [interrupt]: to ~ **in** (**on sb/sthg**) interrompre (qqn/qqch). ◇ vt sep [horse] dresser; [person] rompre, accoutumer. ◆ **break into** vt fus **-1.** [subj: burglar] entrer par effraction dans. **-2.** [begin]: to ~ **into** song/applause se mettre à chanter/applaudir. ◆ **break off** ◇ vt sep **-1.** [detach] détacher. **-2.** [talks, relationship] rompre; [holiday] interrompre. ◇ vi **-1.** [become detached] se casser, se détacher. **-2.** [stop talking] s'interrompre, se taire. ◆ **break out** vi **-1.** [begin - fire] se déclarer; [- fighting] éclater. **-2.** [escape]: to ~ **out** (**of**) s'échapper (de), s'évader (de). ◆ **break up** ◇ vt sep **-1.** [into smaller pieces] mettre en morceaux. **-2.** [end - marriage, relationship] détruire; [- fight, party] mettre fin à. ◇ vi **-1.** [into smaller pieces - gen] se casser en morceaux; [- ship] se briser. **-2.** [end - marriage, relationship] se briser; [- talks, party] prendre fin; [- school] finir, fermer; to ~ **up** (**with sb**) rompre (avec qqn). **-3.** [crowd] se disperser.

breakage ['breɪkɪdʒ] n bris m.

breakdown ['breɪkdaʊn] n **-1.** [of vehicle, machine] panne f; [of negotiations] échec m; [in communications] rupture f. **-2.** [analysis] analyse f.

breakfast ['brekfəst] n petit déjeuner m.

breakfast television n Br télévision f du matin.

break-in n cambriolage m.

breaking ['breɪkɪŋ] n: ~ **and entering** JUR entrée f par effraction.

breakneck ['breɪknek] adj: at ~ **speed** à fond de train.

breakthrough ['breɪkθruː] n percée f.

breakup ['breɪkʌp] n [of marriage, relationship] rupture f.

breast [brest] n **-1.** [of woman] sein m; [of man] poitrine f. **-2.** [meat of bird] blanc m.

breast-feed vt & vi allaiter.

breaststroke ['breststrəʊk] n brasse f.

breath [breθ] *n* souffle *m*, haleine *f*; **to take a deep ~** inspirer profondément; **out of ~** hors d'haleine, à bout de souffle; **to get one's ~ back** reprendre haleine OR son souffle.

breathalyse *Br*, **-yze** *Am* ['breθəlaɪz] *vt* ≃ faire subir l'Alcootest® à.

breathe [briːð] ◇ *vi* respirer. ◇ *vt* **-1.** [inhale] respirer. **-2.** [exhale - smell] souffler des relents de. **◆ breathe in** ◇ *vi* inspirer. ◇ *vt sep* aspirer. **◆ breathe out** *vi* expirer.

breather ['briːðər] *n inf* moment *m* de repos OR répit.

breathing ['briːðɪŋ] *n* respiration *f*.

breathless ['breθlɪs] *adj* **-1.** [out of breath] hors d'haleine, essoufflé(e). **-2.** [with excitement] fébrile, fiévreux(euse).

breathtaking ['breθ,teɪkɪŋ] *adj* à vous couper le souffle.

breed [briːd] (*pt* & *pp* **bred** [bred]) ◇ *n lit* & *fig* race *f*, espèce *f*. ◇ *vt* **-1.** [animals, plants] élever. **-2.** *fig* [suspicion, contempt] faire naître, engendrer. ◇ *vi* se reproduire.

breeding ['briːdɪŋ] *n* (*U*) **-1.** [of animals, plants] élevage *m*. **-2.** [manners] bonnes manières *fpl*, savoir-vivre *m*.

breeze [briːz] *n* brise *f*.

breezy ['briːzɪ] *adj* **-1.** [windy] venteux(euse). **-2.** [cheerful] jovial(e), enjoué(e).

brevity ['brevɪtɪ] *n* brièveté *f*.

brew [bruː] ◇ *vt* [beer] brasser; [tea] faire infuser; [coffee] préparer, faire. ◇ *vi* **-1.** [tea] infuser; [coffee] se faire. **-2.** *fig* [trouble, storm] se préparer, couver.

brewer ['bruːər] *n* brasseur *m*.

brewery ['bruːərɪ] *n* brasserie *f*.

bribe [braɪb] ◇ *n* pot-de-vin *m*. ◇ *vt*: **to ~ sb (to do sthg)** soudoyer qqn (pour qu'il fasse qqch).

bribery ['braɪbərɪ] *n* corruption *f*.

brick [brɪk] *n* brique *f*.

bricklayer ['brɪk,leɪər] *n* maçon *m*.

bridal ['braɪdl] *adj* [dress] de mariée; [suite etc] nuptial(e).

bride [braɪd] *n* mariée *f*.

bridegroom ['braɪdgrum] *n* marié *m*.

bridesmaid ['braɪdzmeɪd] *n* demoiselle *f* d'honneur.

bridge [brɪdʒ] ◇ *n* **-1.** [gen] pont *m*. **-2.** [on ship] passerelle *f*. **-3.** [of nose] arête *f*. **-4.** [card game, for teeth] bridge *m*. ◇ *vt fig* [gap] réduire.

bridle ['braɪdl] *n* bride *f*.

bridle path *n* piste *f* cavalière.

brief [briːf] ◇ *adj* **-1.** [short] bref (brève), court(e); **in ~** en bref, en deux mots. **-2.** [revealing] très court(e). ◇ *n* **-1.** JUR affaire *f*, dossier *m*. **-2.** *Br* [instructions] instructions *fpl*. ◇ *vt*: **to ~ sb (on)** [bring up to date] mettre qqn au courant (de); [instruct] briefer qqn (sur). **◆ briefs** *npl* slip *m*.

briefcase ['briːfkeɪs] *n* serviette *f*.

briefing ['briːfɪŋ] *n* instructions *fpl*, briefing *m*.

briefly ['briːflɪ] *adv* **-1.** [for a short time] un instant. **-2.** [concisely] brièvement.

brigade [brɪ'geɪd] *n* brigade *f*.

brigadier [,brɪgə'dɪər] *n* général *m* de brigade.

bright [braɪt] *adj* **-1.** [room] clair(e); [light, colour] vif (vive); [sunlight] éclatant(e); [eyes, future] brillant(e). **-2.** [intelligent] intelligent(e).

brighten ['braɪtn] *vi* **-1.** [become lighter] s'éclaircir. **-2.** [face, mood] s'éclairer. **◆ brighten up** ◇ *vt sep* égayer. ◇ *vi* **-1.** [person] s'égayer, s'animer. **-2.** [weather] se dégager, s'éclaircir.

brilliance ['brɪljəns] *n* **-1.** [cleverness] intelligence *f*. **-2.** [of colour, light] éclat *m*.

brilliant ['brɪljənt] *adj* **-1.** [gen] brillant(e). **-2.** [colour] éclatant(e). **-3.** *inf* [wonderful] super (*inv*), génial(e).

Brillo pad® ['brɪləʊ-] *n* ≃ tampon *m* Jex®.

brim [brɪm] ◇ *n* bord *m*. ◇ *vi*: **to ~ with** *lit* & *fig* être plein(e) de.

brine [braɪn] *n* saumure *f*.

bring [brɪŋ] (*pt* & *pp* **brought**) *vt* **-1.** [person] amener; [object] apporter. **-2.** [cause - happiness, shame] entraîner, causer; **to ~ sthg to an end** mettre fin à qqch. **◆ bring about** *vt sep* causer, provoquer. **◆ bring around** *vt sep* [make conscious] ranimer. **◆ bring back** *vt sep* **-1.** [object] rapporter; [person] ramener. **-2.** [memories] rappeler. **-3.** [reinstate] rétablir. **◆ bring down** *vt sep* **-1.** [plane] abattre; [government] renverser. **-2.** [prices] faire baisser. **◆ bring forward** *vt sep* **-1.** [gen] avancer. **-2.** [in bookkeeping] reporter. **◆ bring in** *vt sep* **-1.** [law] introduire. **-2.** [money - subj: person] gagner; [- subj: deal] rapporter. **◆ bring off** *vt sep* [plan] réaliser, réussir; [deal] conclure, mener à bien. **◆ bring out** *vt sep* **-1.** [product] lancer; [book] publier, faire paraître. **-2.** [cause to appear] faire ressortir. **◆ bring round, bring to = bring around. ◆ bring up** *vt sep* **-1.** [raise - children]

élever. -2. [mention] mentionner. **-3.** [vomit] rendre, vomir.

brink [brɪŋk] *n*: **on the ~ of** au bord de, à la veille de.

brisk [brɪsk] *adj* **-1.** [quick] vif (vive), rapide. **-2.** [manner, tone] déterminé(e).

bristle ['brɪsl] ◇ *n* poil *m*. ◇ *vi lit* & *fig* se hérisser.

Britain ['brɪtn] *n* Grande-Bretagne *f*; **in ~** en Grande-Bretagne.

British ['brɪtɪʃ] ◇ *adj* britannique. ◇ *npl*: **the ~** les Britanniques *mpl*.

British Isles *npl*: **the ~** les îles *fpl* Britanniques.

British Rail *n société des chemins de fer britanniques*, ≃ SNCF *f*.

British Telecom [-'telɪkɒm] *n société britannique de télécommunications*.

Briton ['brɪtn] *n* Britannique *mf*.

Brittany ['brɪtənɪ] *n* Bretagne *f*.

brittle ['brɪtl] *adj* fragile.

broach [brəʊtʃ] *vt* [subject] aborder.

broad [brɔːd] *adj* **-1.** [wide] large; [- range, interests] divers(e), varié(e). **-2.** [description] général(e). **-3.** [hint] transparent(e); [accent] prononcé(e). ◆ **in broad daylight** *adv* en plein jour.

B road *n Br* route *f* départementale.

broad bean *n* fève *f*.

broadcast ['brɔːdkɑːst] (*pt* & *pp* **broadcast**) ◇ *n* RADIO & TV émission *f*. ◇ *vt* RADIO radiodiffuser; TV téléviser.

broaden ['brɔːdn] ◇ *vt* élargir. ◇ *vi* s'élargir.

broadly ['brɔːdlɪ] *adv* [generally] généralement.

broadminded [,brɔːd'maɪndɪd] *adj* large d'esprit.

broccoli ['brɒkəlɪ] *n* brocoli *m*.

brochure ['brəʊʃər] *n* brochure *f*, prospectus *m*.

broil [brɔɪl] *vt Am* griller.

broke [brəʊk] ◇ *pt* → **break**. ◇ *adj inf* fauché(e).

broken ['brəʊkn] ◇ *pp* → **break**. ◇ *adj* **-1.** [gen] cassé(e); **to have a ~ leg** avoir la jambe cassée. **-2.** [interrupted - journey, sleep] interrompu(e); [- line] brisé (e). **-3.** [marriage] brisé(e), détruit(e); [home] désuni(e). **-4.** [hesitant]: **to speak in ~ English** parler un anglais hésitant.

broker ['brəʊkər] *n* courtier *m*; (insurance) **~** assureur *m*, courtier *m* d'assurances.

brolly ['brɒlɪ] *n Br inf* pépin *m*.

bronchitis [brɒŋ'kaɪtɪs] *n* (U) bronchite *f*.

bronze [brɒnz] ◇ *adj* [colour] (couleur)

bronze (*inv*). ◇ *n* [gen] bronze *m*.

brooch [brəʊtʃ] *n* broche *f*.

brood [bruːd] ◇ *n* [of animals] couvée *f*. ◇ *vi*: **to ~ (over OR about sthg)** ressasser (qqch), remâcher (qqch).

brook [brʊk] *n* ruisseau *m*.

broom [bruːm] *n* balai *m*.

broomstick ['bruːmstɪk] *n* manche *m* à balai.

Bros, bros (*abbr of* **brothers**) Frères.

broth [brɒθ] *n* bouillon *m*.

brothel ['brɒθl] *n* bordel *m*.

brother ['brʌðər] *n* frère *m*.

brother-in-law (*pl* **brothers-in-law**) *n* beau-frère *m*.

brought [brɔːt] *pt* & *pp* → **bring**.

brow [braʊ] *n* **-1.** [forehead] front *m*. **-2.** [eyebrow] sourcil *m*. **-3.** [of hill] sommet *m*.

brown [braʊn] ◇ *adj* **-1.** [colour] brun(e), marron (*inv*); **~ bread** pain *m* bis. **-2.** [tanned] bronzé(e), hâlé(e). ◇ *n* [colour] marron *m*, brun *m*. ◇ *vt* [food] faire dorer.

Brownie (Guide) ['braʊnɪ-] *n* ≃ jeannette *f*.

Brownie point ['braʊnɪ-] *n* bon point *m*.

brown paper *n* papier *m* d'emballage, papier kraft.

brown rice *n* riz *m* complet.

brown sugar *n* sucre *m* roux.

browse [braʊz] *vi* **-1.** [look]: **I'm just browsing** [in shop] je ne fais que regarder; **to ~ through** [magazines etc] feuilleter. **-2.** [animal] brouter.

browser ['braʊzər] *n* COMPUT navigateur *m*.

bruise [bruːz] ◇ *n* bleu *m*. ◇ *vt* **-1.** [skin, arm] se faire un bleu à; [fruit] taler. **-2.** *fig* [pride] meurtrir, blesser.

brunch [brʌntʃ] *n* brunch *m*.

brunette [bruː'net] *n* brunette *f*.

brunt [brʌnt] *n*: **to bear OR take the ~ of** subir le plus gros de.

brush [brʌʃ] ◇ *n* **-1.** [gen] brosse *f*; [of painter] pinceau *m*. **-2.** [encounter]: **to have a ~ with the police** avoir des ennuis avec la police. ◇ *vt* **-1.** [clean with brush] brosser. **-2.** [touch lightly] effleurer. ◆ **brush aside** *vt sep fig* écarter, repousser. ◆ **brush off** *vt sep* [dismiss] envoyer promener. ◆ **brush up** ◇ *vt sep* [revise] réviser. ◇ *vi*: **to ~ up on sthg** réviser qqch.

brush-off *n inf*: **to give sb the ~** envoyer promener qqn.

brushwood ['brʌʃwʊd] *n* (U) brindilles *fpl*.

brusque [bruːsk] *adj* brusque.

Brussels ['brʌslz] *n* Bruxelles.

brussels sprout *n* chou *m* de Bruxelles.
brutal ['bruːtl] *adj* brutal(e).
brute [bruːt] ◇ *adj* [force] brutal(e). ◇ *n* brute *f*.
BSc (*abbr of* **Bachelor of Science**) *n* (*titulaire d'une*) *licence de sciences*.
BSE (*abbr of* **bovine spongiform encephalopathy**) *n* encéphalopathie *f* spongiforme bovine.
BT (*abbr of* **British Telecom**) *n* société britannique de télécommunications.
bubble ['bʌbl] ◇ *n* bulle *f*. ◇ *vi* **-1.** [liquid] faire des bulles, bouillonner. **-2.** *fig* [person]: **to ~ with** déborder de.
bubble bath *n* bain *m* moussant.
bubble gum *n* bubble-gum *m*.
bubblejet printer ['bʌbldʒet-] *n* imprimante *f* à bulle d'encre.
Bucharest [ˌbjuːkəˈrest] *n* Bucarest.
buck [bʌk] ◇ *n* **-1.** [male animal] mâle *m*. **-2.** *inf* [dollar] dollar *m*. **-3.** *inf* [responsibility]: **to pass the ~** refiler la responsabilité. ◇ *vi* [horse] ruer. ◆ **buck up** *inf vi* **-1.** [hurry up] se remuer, se dépêcher. **-2.** [cheer up] ne pas se laisser abattre.
bucket ['bʌkɪt] *n* [gen] seau *m*.
Buckingham Palace ['bʌkɪŋəm-] *n* le palais de Buckingham (*résidence officielle du souverain britannique*).
buckle ['bʌkl] ◇ *n* boucle *f*. ◇ *vt* **-1.** [fasten] boucler. **-2.** [bend] voiler. ◇ *vi* [wheel] se voiler; [knees, legs] se plier.
bud [bʌd] ◇ *n* bourgeon *m*. ◇ *vi* bourgeonner.
Budapest [ˌbjuːdəˈpest] *n* Budapest.
Buddha ['bʊdə] *n* Bouddha *m*.
Buddhism ['bʊdɪzm] *n* bouddhisme *m*.
budding ['bʌdɪŋ] *adj* [writer, artist] en herbe.
buddy ['bʌdɪ] *n inf* pote *m*.
budge [bʌdʒ] ◇ *vt* faire bouger. ◇ *vi* bouger.
budgerigar ['bʌdʒərɪgɑːr] *n* perruche *f*.
budget ['bʌdʒɪt] ◇ *adj* [holiday, price] pour petits budgets. ◇ *n* budget *m*. ◆ **budget for** *vt fus* prévoir.
budgie ['bʌdʒɪ] *n inf* perruche *f*.
buff [bʌf] ◇ *adj* [brown] chamois (*inv*). ◇ *n inf* [expert] mordu *m*, -e *f*.
buffalo ['bʌfələʊ] (*pl inv* OR **-es** OR **-s**) *n* buffle *m*.
buffer ['bʌfər] *n* **-1.** [gen] tampon *m*. **-2.** COMPUT mémoire *f* tampon.
buffet¹ [*Br* 'bʊfeɪ, *Am* bəˈfeɪ] *n* [food, cafeteria] buffet *m*.
buffet² ['bʌfɪt] *vt* [physically] frapper.

buffet car ['bʊfeɪ-] *n* wagon-restaurant *m*.
bug [bʌg] ◇ *n* **-1.** [insect] punaise *f*. **-2.** *inf* [germ] microbe *m*. **-3.** *inf* [listening device] micro *m*. **-4.** COMPUT défaut *m*, bug *m*. ◇ *vt* **-1.** *inf* [telephone] mettre sur table d'écoute; [room] cacher des micros dans. **-2.** *inf* [annoy] embêter.
bugger ['bʌgər] *Br v inf* ◇ *n* [person] con *m*, conne *f*. ◇ *excl* merde! ◆ **bugger off** *vi*: **~ off!** fous le camp!
buggy ['bʌgɪ] *n* **-1.** [carriage] boghei *m*. **-2.** [pushchair] poussette *f*; *Am* [pram] landau *m*.
bugle ['bjuːgl] *n* clairon *m*.
build [bɪld] (*pt & pp* **built**) ◇ *vt lit & fig* construire, bâtir. ◇ *n* carrure *f*. ◆ **build on, build upon** ◇ *vt fus* [success] tirer avantage de. ◇ *vt sep* [base on] baser sur. ◆ **build up** ◇ *vt sep* [business] développer; [reputation] bâtir. ◇ *vi* [clouds] s'amonceler; [traffic] augmenter.
builder ['bɪldər] *n* entrepreneur *m*.
building ['bɪldɪŋ] *n* bâtiment *m*.
building and loan association *n Am* société d'épargne et de financement immobilier.
building site *n* chantier *m*.
building society *n Br* = société *f* d'épargne et de financement immobilier.
buildup ['bɪldʌp] *n* [increase] accroissement *m*.
built [bɪlt] *pt & pp* → **build**.
built-in *adj* **-1.** CONSTR encastré(e). **-2.** [inherent] inné(e).
built-up *adj*: **~ area** agglomération *f*.
bulb [bʌlb] *n* **-1.** ELEC ampoule *f*. **-2.** BOT oignon *m*.
Bulgaria [bʌlˈgeərɪə] *n* Bulgarie *f*.
Bulgarian [bʌlˈgeərɪən] ◇ *adj* bulgare. ◇ *n* **-1.** [person] Bulgare *mf*. **-2.** [language] bulgare *m*.
bulge [bʌldʒ] ◇ *n* [lump] bosse *f*. ◇ *vi*: **to ~ (with)** être gonflé (de).
bulk [bʌlk] ◇ *n* **-1.** [mass] volume *m*. **-2.** [of person] corpulence *f*. **-3.** COMM: **in ~** en gros. **-4.** [majority]: **the ~ of** le plus gros de. ◇ *adj* en gros.
bulky ['bʌlkɪ] *adj* volumineux(euse).
bull [bʊl] *n* [male cow] taureau *m*; [male elephant, seal] mâle *m*.
bulldog ['bʊldɒg] *n* bouledogue *m*.
bulldozer ['bʊldəʊzər] *n* bulldozer *m*.
bullet ['bʊlɪt] *n* [for gun] balle *f*.
bulletin ['bʊlətɪn] *n* bulletin *m*.
bullet-proof *adj* pare-balles (*inv*).
bullfight ['bʊlfaɪt] *n* corrida *f*.
bullfighter ['bʊlˌfaɪtər] *n* toréador *m*.

bullfighting ['bʊl,faɪtɪŋ] n (U) courses fpl de taureaux; [art] tauromachie f.

bullion ['bʊljən] n (U): gold ~ or m en barres.

bullock ['bʊlək] n bœuf m.

bullring ['bʊlrɪŋ] n arène f.

bull's-eye n centre m.

bully ['bʊlɪ] ◇ n tyran m. ◇ vt tyranniser, brutaliser.

bum [bʌm] n **-1.** v inf [bottom] derrière m. **-2.** inf pej [tramp] clochard m.

bumblebee ['bʌmblbiː] n bourdon m.

bump [bʌmp] ◇ n **-1.** [lump] bosse f. **-2.** [knock, blow] choc m. **-3.** [noise] bruit m sourd. ◇ vt [head etc] cogner; [car] heurter. ◆ **bump into** vt fus [meet by chance] rencontrer par hasard.

bumper ['bʌmpəʳ] ◇ adj [harvest, edition] exceptionnel(elle). ◇ n **-1.** AUT pare-chocs m inv. **-2.** Am RAIL tampon m.

bumptious ['bʌmpʃəs] adj suffisant(e).

bumpy ['bʌmpɪ] adj **-1.** [surface] défoncé(e). **-2.** [ride] cahoteux(euse); [sea crossing] agité(e).

bun [bʌn] n **-1.** [cake] petit pain m aux raisins; [bread roll] petit pain au lait. **-2.** [hairstyle] chignon m.

bunch [bʌntʃ] ◇ n [of people] groupe m; [of flowers] bouquet m; [of grapes] grappe f; [of bananas] régime m; [of keys] trousseau m. ◇ vi se grouper. ◆ **bunches** npl [hairstyle] couettes fpl.

bundle ['bʌndl] ◇ n [of clothes] paquet m; [of notes, newspapers] liasse f; [of wood] fagot m. ◇ vt [put roughly - person] entasser; [- clothes] fourrer, entasser.

bung [bʌŋ] ◇ n bonde f. ◇ vt Br inf envoyer.

bungalow ['bʌŋgələʊ] n bungalow m.

bungle ['bʌŋgl] vt gâcher, bâcler.

bunion ['bʌnjən] n oignon m.

bunk [bʌŋk] n [bed] couchette f.

bunk bed n lit m superposé.

bunker ['bʌŋkəʳ] n **-1.** GOLF & MIL bunker m. **-2.** [for coal] coffre m.

bunny ['bʌnɪ] n: ~ (**rabbit**) lapin m.

bunting ['bʌntɪŋ] n (U) guirlandes fpl (de drapeaux).

buoy [Br bɔɪ, Am 'buːɪ] n bouée f. ◆ **buoy up** vt sep [encourage] soutenir.

buoyant ['bɔɪənt] adj **-1.** [able to float] qui flotte. **-2.** fig [person] enjoué(e); [economy] florissant(e); [market] ferme.

burden ['bɜːdn] ◇ n lit & fig: ~ (**on**) charge f (pour), fardeau m (pour). ◇ vt: to ~ sb with [responsibilities, worries] accabler qqn de.

bureau ['bjʊərəʊ] (pl -x) n **-1.** Br [desk] bureau m; Am [chest of drawers] commode f. **-2.** [office] bureau m.

bureaucracy [bjʊə'rɒkrəsɪ] n bureaucratie f.

bureaux ['bjʊərəʊz] pl → **bureau**.

burger ['bɜːgəʳ] n hamburger m.

burglar ['bɜːgləʳ] n cambrioleur m, -euse f.

burglar alarm n système m d'alarme.

burglarize Am = **burgle**.

burglary ['bɜːglərɪ] n cambriolage m.

burgle ['bɜːgl], **burglarize** Am ['bɜːgləraɪz] vt cambrioler.

Burgundy ['bɜːgəndɪ] n Bourgogne f.

burial ['berɪəl] n enterrement m.

burly ['bɜːlɪ] adj bien charpenté(e).

Burma ['bɜːmə] n Birmanie f.

burn [bɜːn] (pt & pp **burnt** OR **-ed**) ◇ vt brûler; **I've ~ed my hand** je me suis brûlé la main. ◇ vi brûler. ◇ n brûlure f. ◆ **burn down** vt sep [building, town] incendier. ◇ vi [building] brûler complètement.

burner ['bɜːnəʳ] n brûleur m.

Burns' Night n fête célébrée en l'honneur du poète écossais Robert Burns, le 25 janvier.

burnt [bɜːnt] pt & pp → **burn**.

burp [bɜːp] inf ◇ n rot m. ◇ vi roter.

burrow ['bʌrəʊ] ◇ n terrier m. ◇ vi **-1.** [dig] creuser un terrier. **-2.** fig [search] fouiller.

bursar ['bɜːsəʳ] n intendant m, -e f.

bursary ['bɜːsərɪ] n Br [scholarship, grant] bourse f.

burst [bɜːst] (pt & pp **burst**) ◇ vi [gen] éclater. ◇ vt faire éclater. ◇ n [of gunfire] rafale f; [of enthusiasm] élan m; **a ~ of applause** un tonnerre d'applaudissements. ◆ **burst into** vt fus **-1.** [room] faire irruption dans. **-2.** [begin suddenly]: **to ~ into tears** fondre en larmes; **to ~ into flames** prendre feu. ◆ **burst out** vt fus [say suddenly] s'exclamer; **to ~ out laughing** éclater de rire.

bursting ['bɜːstɪŋ] adj **-1.** [full] plein(e), bourré(e). **-2.** [with emotion]: ~ **with** débordé(e) de. **-3.** [eager]: **to be ~ to do sthg** mourir d'envie de faire qqch.

bury ['berɪ] vt **-1.** [in ground] enterrer. **-2.** [hide] cacher, enfouir.

bus [bʌs] n autobus m, bus m; [long-distance] car m; **by ~** en autobus/car.

bush [bʊʃ] n **-1.** [plant] buisson m. **-2.** [open country]: **the ~** la brousse. **-3.** phr: **she doesn't beat about the ~** elle n'y va pas par quatre chemins.

bushy ['buʃɪ] *adj* touffu(e).

business ['bɪznɪs] *n* **-1.** (U) [commerce] affaires *fpl*; **we do a lot of ~ with them** nous travaillons beaucoup avec eux; **on ~** pour affaires; **to mean ~** *inf* ne pas plaisanter; **to go out of ~** fermer, faire faillite. **-2.** [company, duty] affaire *f*; **mind your own ~!** *inf* occupe-toi de tes oignons! **-3.** [affair, matter] histoire *f*, affaire *f*.

business class *n* classe *f* affaires.

businesslike ['bɪznɪslaɪk] *adj* efficace.

businessman ['bɪznɪsmæn] (*pl* **-men** [-men]) *n* homme *m* d'affaires.

business trip *n* voyage *m* d'affaires.

businesswoman ['bɪznɪs,wʊmən] (*pl* **-women** [-,wɪmɪn]) *n* femme *f* d'affaires.

busker ['bʌskər] *n* *Br* chanteur *m*, -euse *f* des rues.

bus shelter *n* abri-bus *m*.

bus station *n* gare *f* routière.

bus stop *n* arrêt *m* de bus.

bust [bʌst] (*pt* & *pp* **bust** OR **-ed**) ◇ *adj* *inf* **-1.** [broken] foutu(e). **-2.** [bankrupt]: **to go ~** faire faillite. ◇ *n* **-1.** [bosom] poitrine *f*. **-2.** [statue] buste *m*. ◇ *vt inf* [break] péter.

bustle ['bʌsl] ◇ *n* (U) [activity] remue-ménage *m*. ◇ *vi* s'affairer.

busy ['bɪzɪ] ◇ *adj* **-1.** [gen] occupé(e); **to be ~ doing sthg** être occupé à faire qqch. **-2.** [life, week] chargé(e); [town, office] animé(e). ◇ *vt*: **to ~ o.s. (doing sthg)** s'occuper (à faire qqch).

busybody ['bɪzɪ,bɒdɪ] *n* *pej* mouche *f* du coche.

busy signal *n* *Am* TELEC tonalité *f* «occupé».

but [bʌt] ◇ *conj* mais; **I'm sorry, ~ I don't agree** je suis désolé, mais je ne suis pas d'accord. ◇ *prep* sauf, excepté; **everyone was at the party ~ Jane** tout le monde était à la soirée sauf Jane; **he has no one ~ himself to blame** il ne peut s'en prendre qu'à lui-même. ◇ *adv* *fml* seulement, ne ... que; **had I ~ known!** si j'avais su!; **we can ~ try** on peut toujours essayer.
◆ **but for** *prep* sans.

butcher ['bʊtʃər] ◇ *n* boucher *m*; **~'s (shop)** boucherie *f*. ◇ *vt* **-1.** [animal] abattre. **-2.** *fig* [massacre] massacrer.

butler ['bʌtlər] *n* maître *m* d'hôtel (*chez un particulier*).

butt [bʌt] ◇ *n* **-1.** [of cigarette, cigar] mégot *m*. **-2.** [of rifle] crosse *f*. **-3.** [for water] tonneau *m*. **-4.** [of joke, criticism]

cible *f*. ◇ *vt* donner un coup de tête à.
◆ **butt in** *vi* [interrupt]: **to ~ in on sb** interrompre qqn; **to ~ in on sthg** s'immiscer OR s'imposer dans qqch.

butter ['bʌtər] ◇ *n* beurre *m*. ◇ *vt* beurrer.

buttercup ['bʌtəkʌp] *n* bouton *m* d'or.

butter dish *n* beurrier *m*.

butterfly ['bʌtəflaɪ] *n* SWIMMING & ZOOL papillon *m*.

buttocks ['bʌtəks] *npl* fesses *fpl*.

button ['bʌtn] ◇ *n* **-1.** [gen] bouton *m*. **-2.** *Am* [badge] badge *m*. ◇ *vt* = **button up**.
◆ **button up** *vt sep* boutonner.

button mushroom *n* champignon *m* de Paris.

buttress ['bʌtrɪs] *n* contrefort *m*.

buxom ['bʌksəm] *adj* bien en chair.

buy [baɪ] (*pt* & *pp* **bought**) ◇ *vt* acheter; **to ~ sthg from sb** acheter qqch à qqn. ◇ *n*: **a good ~** une bonne affaire.
◆ **buy up** *vt sep* acheter en masse.

buyer ['baɪər] *n* acheteur *m*, -euse *f*.

buyout ['baɪaʊt] *n* rachat *m*.

buzz [bʌz] ◇ *n* **-1.** [of insect] bourdonnement *m*. **-2.** *inf* [telephone call]: **to give sb a ~** passer un coup de fil à qqn. ◇ *vi*: **to ~ (with)** bourdonner (de). ◇ *vt* [on intercom] appeler.

buzzer ['bʌzər] *n* sonnerie *f*.

buzzword ['bʌzwɜːd] *n* *inf* mot *m* à la mode.

by [baɪ] ◇ *prep* **-1.** [indicating cause, agent] par; **caused/written/killed ~** causé/écrit/tué par. **-2.** [indicating means, method, manner]: **to pay ~ cheque** payer par chèque; **to travel ~ bus/train/plane/ship** voyager en bus/par le train/en avion/en bateau; **he's a lawyer ~ profession** il est avocat de son métier; **~ doing sthg** en faisant qqch; **~ nature** de nature, de tempérament. **-3.** [beside, close to] près de; **the sea** au bord de la mer; **I sat ~ her bed** j'étais assis à son chevet. **-4.** [past]: **to pass ~ sb/sthg** passer qqn/qqch; **to drive ~ sb/sthg** passer en voiture devant qqn/qqch. **-5.** [via, through] par; **come in ~ the back door** entrez par la porte de derrière. **-6.** [at or before a particular time] avant, pas plus tard que; **I'll be there ~ eight** j'y serai avant huit heures; **~ now** déjà. **-7.** [during]: **~ day** le OR de jour; **~ night** la OR de nuit. **-8.** [according to] selon, suivant; **~ law** conformément à la loi. **-9.** [in arithmetic] par; **divide/**

multiply 20 ~ 2 divisez/multipliez 20 par 2. **-10.** [in measurements]: **2 metres ~ 4 2** mètres sur 4. **-11.** [in quantities, amounts] à; **~ the yard** au mètre; **~ the thousands** par milliers; **paid ~ the day/week/month** payé à la journée/à la semaine/au mois; **to cut prices ~ 50%** réduire les prix de 50%. **-12.** [indicating gradual change]: **day ~ day** jour après jour, de jour en jour; **one ~ one** un à un, un par un. **-13.** *phr*: **(all) ~ oneself** (tout) seul ((toute) seule); **I'm all ~ myself today** je suis tout seul aujourd'hui. ◇ *adv* → **go, pass** *etc*.

bye(-bye) [baɪ(baɪ)] *excl inf* au revoir!, salut!

bye-election = **by-election.**

byelaw ['baɪlɔː] = **bylaw.**

by-election *n* élection *f* partielle.

bygone ['baɪgɒn] *adj* d'autrefois. ◆ **bygones** *npl*: **to let ~s be ~s** oublier le passé.

bylaw ['baɪlɔː] *n* arrêté *m*.

bypass ['baɪpɑːs] ◇ *n* **-1.** [road] route *f* de contournement. **-2.** MED: **~ (operation)** pontage *m*. ◇ *vt* [town, difficulty] contourner; [subject] éviter.

by-product *n* **-1.** [product] dérivé *m*. **-2.** *fig* [consequence] conséquence *f*.

bystander ['baɪˌstændər] *n* spectateur *m*, -trice *f*.

byte [baɪt] *n* COMPUT octet *m*.

byword ['baɪwɜːd] *n* [symbol]: **to be a ~ for** être synonyme de.

c (*pl* **c's** OR **cs**), **C** (*pl* **C's** OR **Cs**) [siː] *n* [letter] **c** *m inv*, **C** *m inv*. ◆ **C** *n* **-1.** MUS do *m*. **-2.** SCH [mark] **C** *m inv*. **-3.** (*abbr of* **celsius, centigrade**) C.

c., ca. *abbr of* **circa**.

cab [kæb] *n* **-1.** [taxi] taxi *m*. **-2.** [of lorry] cabine *f*.

cabaret ['kæbəreɪ] *n* cabaret *m*.

cabbage ['kæbɪdʒ] *n* [vegetable] chou *m*.

cabin ['kæbɪn] *n* **-1.** [on ship, plane] cabine *f*. **-2.** [house] cabane *f*.

cabin class *n* seconde classe *f*.

cabinet ['kæbɪnɪt] *n* **-1.** [cupboard] meuble *m*. **-2.** POL cabinet *m*.

cable ['keɪbl] ◇ *n* câble *m*. ◇ *vt* [news] câbler; [person] câbler à.

cable car *n* téléphérique *m*.

cable television, cable TV *n* télévision *f* par câble.

cache [kæʃ] *n* **-1.** [store] cache *f*. **-2.** COMPUT mémoire-cache *f*, antémémoire *f*.

cackle ['kækl] *vi* **-1.** [hen] caqueter. **-2.** [person] jacasser.

cactus ['kæktəs] (*pl* **-tuses** OR **-ti** [-taɪ]) *n* cactus *m*.

cadet [kə'det] *n* élève *m* officier.

cadge [kædʒ] *Br inf* ◇ *vt*: **to ~ sthg off** OR **from sb** taper qqn de qqch. ◇ *vi*: **to ~ off** OR **from sb** taper qqn.

caesarean (section) *Br*, **cesarean (section)** *Am* [sɪˈzeərɪən-] *n* césarienne *f*.

cafe, café ['kæfeɪ] *n* café *m*.

cafeteria [ˌkæfɪˈtɪərɪə] *n* cafétéria *f*.

caffeine ['kæfiːn] *n* caféine *f*.

cage [keɪdʒ] *n* [for animal] cage *f*.

cagey ['keɪdʒɪ] (*compar* **-ier**, *superl* **-iest**) *adj inf* discret(ète).

cagoule [kəˈguːl] *n Br* K-way® *m inv*.

cajole [kəˈdʒəʊl] *vt*: **to ~ sb (into doing sthg)** enjôler qqn (pour qu'il fasse qqch).

cake [keɪk] *n* **-1.** CULIN gâteau *m*; [of fish, potato] croquette *f*; **it's a piece of ~** *inf fig* c'est du gâteau. **-2.** [of soap] pain *m*.

caked [keɪkt] *adj*: **~ with mud** recouvert(e) de boue séchée.

calcium ['kælsɪəm] *n* calcium *m*.

calculate ['kælkjʊleɪt] *vt* **-1.** [result, number] calculer; [consequences] évaluer. **-2.** [plan]: **to be ~d to do sthg** être calculé(e) pour faire qqch.

calculating ['kælkjʊleɪtɪŋ] *adj pej* calculateur(trice).

calculation [ˌkælkjʊˈleɪʃn] *n* calcul *m*.

calculator ['kælkjʊleɪtər] *n* calculatrice *f*.

calendar ['kælɪndər] *n* calendrier *m*.

calendar year *n* année *f* civile.

calf [kɑːf] (*pl* **calves**) *n* **-1.** [of cow, leather] veau *m*; [of elephant] éléphanteau *m*; [of seal] bébé *m* phoque. **-2.** ANAT mollet *m*.

calibre, caliber *Am* ['kælɪbər] *n* calibre *m*.

California [ˌkælɪˈfɔːnjə] *n* Californie *f*.

calipers *Am* = **callipers.**

call [kɔːl] ◇ *n* **-1.** [cry] appel *m*, cri *m*. **-2.** TELEC appel *m* (téléphonique). **-3.** [summons, invitation] appel *m*; **to be on ~** [doctor etc] être de garde. **-4.** [visit] visite *f*; **to pay a ~ on sb** rendre visite à qqn. **-5.** [demand]: **~ (for)** demande *f* (de). ◇ vt **-1.** [name, summon, phone] appeler; **what's this thing ~ed?** comment ça s'appelle ce truc?; **she's ~ed Joan** elle s'appelle Joan; **let's ~ it £10** disons 10 livres. **-2.** [label]: **he ~ed me a liar** il m'a traité de menteur. **-3.** [shout] appeler, crier. **-4.** [announce - meeting] convoquer; [- strike] lancer; [- flight] appeler; [- election] annoncer. ◇ vi **-1.** [shout - person] crier; [- animal, bird] pousser un cri/des cris. **-2.** TELEC appeler; **who's ~ing?** qui est à l'appareil? **-3.** [visit] passer. ◆ **call back** ◇ vt sep rappeler. ◇ vi **-1.** TELEC rappeler. **-2.** [visit again] repasser. ◆ **call for** vt fus **-1.** [collect - person] passer prendre; [- package, goods] passer chercher. **-2.** [demand] demander. ◆ **call in** ◇ vt sep **-1.** [expert, police etc] faire venir. **-2.** COMM [goods] rappeler; FIN [loan] exiger le remboursement de. ◇ vi passer. ◆ **call off** vt sep **-1.** [cancel] annuler. **-2.** [dog] rappeler. ◆ **call on** vt fus **-1.** [visit] passer voir. **-2.** [ask]: **to ~ on sb to do sthg** demander à qqn de faire qqch. ◆ **call out** ◇ vt sep **-1.** [police, doctor] appeler. **-2.** [cry out] crier. ◇ vi [cry out] crier. ◆ **call round** vi passer. ◆ **call up** vt sep **-1.** MIL & TELEC appeler. **-2.** COMPUT rappeler.

call box n Br cabine f (téléphonique).

caller ['kɔːlər] n **-1.** [visitor] visiteur m, -euse f. **-2.** TELEC demandeur m.

call-in n Am RADIO & TV programme m à ligne ouverte.

calling ['kɔːlɪŋ] n **-1.** [profession] métier m. **-2.** [vocation] vocation f.

calling card n Am carte f de visite.

callipers Br, **calipers** Am ['kælɪpəz] npl **-1.** MATH compas m. **-2.** MED appareil m orthopédique.

callous ['kæləs] adj dur(e).

callus ['kæləs] (pl -es) n cal m, durillon m.

calm [kɑːm] ◇ adj calme. ◇ n calme m. ◇ vt calmer. ◆ **calm down** ◇ vt sep calmer. ◇ vi se calmer.

Calor gas® ['kælə-] n Br butane m.

calorie ['kælərɪ] n calorie f.

calves [kɑːvz] pl → **calf**.

camber ['kæmbər] n [of road] bombement m.

Cambodia [kæm'bəʊdjə] n Cambodge m.

camcorder ['kæm,kɔːdər] n Camés- cope® m.

came [keɪm] pt → **come**.

camel ['kæml] n chameau m.

cameo ['kæmɪəʊ] (pl -s) n **-1.** [jewellery] camée m. **-2.** CINEMA & THEATRE courte apparition f (d'une grande vedette).

camera ['kæmərə] n PHOT appareil- photo m; CINEMA & TV caméra f. ◆ **in camera** adv à huis clos.

cameraman ['kæmərəmæn] (pl -men [-men]) n cameraman m.

Cameroon [,kæmə'ruːn] n Cameroun m.

camouflage ['kæməflɑːʒ] ◇ n camouflage m. ◇ vt camoufler.

camp [kæmp] ◇ n camp m. ◇ vi camper. ◆ **camp out** vi camper.

campaign [kæm'peɪn] ◇ n campagne f. ◇ vi: **to ~ (for/against)** mener une campagne (pour/contre).

camp bed n lit m de camp.

camper ['kæmpər] n **-1.** [person] campeur m, -euse f. **-2.** [vehicle]: **~ (van)** camping-car m.

campground ['kæmpgraʊnd] n Am terrain m de camping.

camping ['kæmpɪŋ] n camping m; **to go ~** faire du camping.

camping site, **campsite** ['kæmpsaɪt] n (terrain m de) camping m.

campus ['kæmpəs] (pl -es) n campus m.

can¹ [kæn] (pt & pp -ned, cont -ning) ◇ n [of drink, food] boîte f; [of oil] bidon m; [of paint] pot m. ◇ vt mettre en boîte.

can² [weak form kən, strong form kæn] (pt & conditional **could**, negative **cannot** OR **can't**) modal vb **-1.** [be able to] pouvoir; **~ you come to lunch?** tu peux venir déjeuner?; **~ you see/hear/smell something?** tu vois/entends/sens quelque chose? **-2.** [know how to] savoir; **~ you drive/cook?** tu sais conduire/cuisiner?; **I ~ speak French** je parle le français. **-3.** [indicating permission, in polite requests] pouvoir; **you ~ use my car if you like** tu peux prendre ma voiture si tu veux; **~ I speak to John, please?** est-ce que je pourrais parler à John, s'il vous plaît? **-4.** [indicating disbelief, puzzlement] pouvoir; **what ~ she have done with it?** qu'est-ce qu'elle a bien pu en faire?; **you ~'t be serious!** tu ne parles pas sérieusement! **-5.** [indicating possibility]: **I could see you tomorrow** je pourrais vous voir demain; **the train could have been cancelled** peut-être que le train a été annulé.

Canada ['kænədə] n Canada m; **in ~** au Canada.

Canadian [kə'neɪdjən] ◇ *adj* canadien(ienne). ◇ *n* Canadien *m*, -ienne *f*.

canal [kə'næl] *n* canal *m*.

Canaries [kə'neərɪz] *npl*: **the** ~ les Canaries *fpl*.

canary [kə'neərɪ] *n* canari *m*.

cancel ['kænsl] *vt* **-1.** [gen] annuler; [appointment, delivery] décommander. **-2.** [stamp] oblitérer; [cheque] faire opposition à. ◆ **cancel out** *vt sep* annuler; **to** ~ **each other out** s'annuler.

cancellation [,kænsə'leɪʃn] *n* annulation *f*.

cancer ['kænsər] *n* cancer *m*. ◆ **Cancer** *n* Cancer *m*.

candelabra [,kændɪ'lɑːbrə] *n* candélabre *m*.

candid ['kændɪd] *adj* franc (franche).

candidate ['kændɪdət] *n*: ~ **(for)** candidat *m*, -e *f* (pour).

candle ['kændl] *n* bougie *f*, chandelle *f*.

candlelight ['kændllaɪt] *n* lueur *f* d'une bougie OR d'une chandelle.

candlelit ['kændllɪt] *adj* aux chandelles.

candlestick ['kændlstɪk] *n* bougeoir *m*.

candour *Br*, **candor** *Am* ['kændər] *n* franchise *f*.

candy ['kændɪ] *n* **-1.** (*U*) [confectionery] confiserie *f*. **-2.** [sweet] bonbon *m*.

candyfloss ['kændɪflɒs] *n Br* barbe *f* à papa.

cane [keɪn] ◇ *n* **-1.** (*U*) [for furniture] rotin *m*. **-2.** [walking stick] canne *f*. **-3.** [for punishment]: **the** ~ la verge. **-4.** [for supporting plant] tuteur *m*. ◇ *vt* fouetter.

canine ['keɪnaɪn] ◇ *adj* canin(e). ◇ *n*: ~ **(tooth)** canine *f*.

canister ['kænɪstər] *n* [for film, tea] boîte *f*; [for gas, smoke] bombe *f*.

cannabis ['kænəbɪs] *n* cannabis *m*.

canned [kænd] *adj* [food, drink] en boîte.

cannibal ['kænɪbl] *n* cannibale *mf*.

cannon ['kænən] (*pl inv* OR **-s**) *n* canon *m*.

cannonball ['kænənbɔːl] *n* boulet *m* de canon.

cannot ['kænɒt] *fml* → **can²**.

canny ['kænɪ] *adj* [shrewd] adroit(e).

canoe [kə'nuː] *n* canoë *m*, kayak *m*.

canoeing [kə'nuːɪŋ] *n* (*U*) canoë-kayak *m*.

canon ['kænən] *n* canon *m*.

can opener *n* ouvre-boîtes *m inv*.

canopy ['kænəpɪ] *n* **-1.** [over bed] baldaquin *m*; [over seat] dais *m*. **-2.** [of trees, branches] voûte *f*.

can't [kɑːnt] = **cannot**.

cantankerous [kæn'tæŋkərəs] *adj* hargneux(euse).

canteen [kæn'tiːn] *n* **-1.** [restaurant] cantine *f*. **-2.** [box of cutlery] ménagère *f*.

canter ['kæntər] ◇ *n* petit galop *m*. ◇ *vi* aller au petit galop.

cantilever ['kæntɪliːvər] *n* cantilever *m*.

canvas ['kænvəs] *n* toile *f*.

canvass ['kænvəs] *vt* **-1.** POL [person] solliciter la voix de. **-2.** [opinion] sonder.

canyon ['kænjən] *n* cañon *m*.

cap [kæp] ◇ *n* **-1.** [hat - gen] casquette *f*. **-2.** [of pen] capuchon *m*; [of bottle] capsule *f*; [of lipstick] bouchon *m*. ◇ *vt* **-1.** [top]: **to be capped with** être coiffé(e) de. **-2.** [outdo]: **to** ~ **it all** pour couronner le tout.

capability [,keɪpə'bɪlətɪ] *n* capacité *f*.

capable ['keɪpəbl] *adj*: ~ **(of)** capable (de).

capacity [kə'pæsɪtɪ] *n* **-1.** (*U*) [limit] capacité *f*, contenance *f*. **-2.** [ability]: ~ **(for)** aptitude *f* (à). **-3.** [role] qualité *f*; **in an advisory** ~ en tant que conseiller.

cape [keɪp] *n* **-1.** GEOGR cap *m*. **-2.** [cloak] cape *f*.

caper ['keɪpər] *n* **-1.** CULIN câpre *f*. **-2.** *inf* [dishonest activity] coup *m*, combine *f*.

capita → **per capita**.

capital ['kæpɪtl] ◇ *adj* **-1.** [letter] majuscule. **-2.** [offence] capital(e). ◇ *n* **-1.** [of country]: ~ **(city)** capitale *f*. **-2.** TYPO: ~ **(letter)** majuscule *f*. **-3.** (*U*) [money] capital *m*; **to make** ~ **(out) of** *fig* tirer profit de.

capital expenditure *n* (*U*) dépenses *fpl* d'investissement.

capital gains tax *n* impôt *m* sur les plus-values.

capital goods *npl* biens *mpl* d'équipement.

capitalism ['kæpɪtəlɪzm] *n* capitalisme *m*.

capitalist ['kæpɪtəlɪst] ◇ *adj* capitaliste. ◇ *n* capitaliste *mf*.

capitalize, -ise ['kæpɪtəlaɪz] *vi*: **to** ~ **on** tirer parti de.

capital punishment *n* peine *f* capitale OR de mort.

Capitol Hill ['kæpɪtl-] *n* siège *du Congrès à Washington*.

capitulate [kə'pɪtjʊleɪt] *vi* capituler.

Capricorn ['kæprɪkɔːn] *n* Capricorne *m*.

capsize [kæp'saɪz] ◇ *vt* faire chavirer. ◇ *vi* chavirer.

capsule ['kæpsjuːl] *n* **-1.** [gen] capsule *f.* **-2.** MED gélule *f.*

captain ['kæptɪn] *n* capitaine *m.*

caption ['kæpʃn] *n* légende *f.*

captivate ['kæptɪveɪt] *vt* captiver.

captive ['kæptɪv] ◇ *adj* captif(ive). ◇ *n* captif *m*, -ive *f.*

captor ['kæptəʳ] *n* ravisseur *m*, -euse *f.*

capture ['kæptʃəʳ] ◇ *vt* **-1.** [person, animal] capturer; [city] prendre; [market] conquérir. **-2.** [attention, imagination] captiver. **-3.** COMPUT saisir. ◇ *n* [of person, animal] capture *f*; [of city] prise *f.*

car [kɑːʳ] ◇ *n* **-1.** AUT voiture *f.* **-2.** RAIL wagon *m*, voiture *f.* ◇ *comp* [door, accident] de voiture; [industry] automobile.

carafe [kə'ræf] *n* carafe *f.*

caramel ['kærəmel] *n* caramel *m.*

carat ['kærət] *n Br* carat *m*; **24-~ gold** or à 24 carats.

caravan ['kærəvæn] *n* [gen] caravane *f*; [towed by horse] roulotte *f.*

caravan site *n Br* camping *m* pour caravanes.

carbohydrate [,kɑːbəʊ'haɪdreɪt] *n* CHEM hydrate *m* de carbone. ◆ **carbohydrates** *npl* [in food] glucides *mpl.*

carbon ['kɑːbən] *n* [element] carbone *m.*

carbonated ['kɑːbəneɪtɪd] *adj* [mineral water] gazeux(euse).

carbon copy *n* **-1.** [document] carbone *m.* **-2.** *fig* [exact copy] réplique *f.*

carbon dioxide [-daɪ'ɒksaɪd] *n* gaz *m* carbonique.

carbon monoxide [-mɒ'nɒksaɪd] *n* oxyde *m* de carbone.

carbon paper *n* (U) (papier *m*) carbone *m.*

car-boot sale *n Br* brocante *en plein air où les coffres des voitures servent d'étal.*

carburettor *Br*, **carburetor** *Am* [,kɑːbə'retəʳ] *n* carburateur *m.*

carcass ['kɑːkəs] *n* [of animal] carcasse *f.*

card [kɑːd] *n* **-1.** [gen] carte *f.* **-2.** (U) [cardboard] carton *m.* ◆ **cards** *npl*: **to play ~s** jouer aux cartes. ◆ **on the cards** *Br*, **in the cards** *Am adv inf*: **it's on the ~s that ...** il y a de grandes chances pour que ....

cardboard ['kɑːdbɔːd] ◇ *n* (U) carton *m.* ◇ *comp* en carton.

cardboard box *n* boîte *f* en carton.

cardiac ['kɑːdɪæk] *adj* cardiaque.

cardigan ['kɑːdɪgən] *n* cardigan *m.*

cardinal ['kɑːdɪnl] ◇ *adj* cardinal(e). ◇ *n* RELIG cardinal *m.*

card index *n Br* fichier *m.*

card table *n* table *f* de jeu.

care [keəʳ] ◇ *n* **-1.** (U) [protection, attention] soin *m*, attention *f*; **to be in ~ Br** être à l'Assistance publique; **to take ~ of** [look after] s'occuper de; **to take ~ (to do sthg)** prendre soin de (faire qqch); **take ~!** faites bien attention à vous! **-2.** [cause of worry] souci *m.* ◇ *vi* **-1.** [be concerned]: **to ~ about** se soucier de. **-2.** [mind]: **I don't ~** ça m'est égal; **who ~s?** qu'est-ce que ça peut faire? ◆ **care of** *prep* chez. ◆ **care for** *vt fus dated* [like] aimer.

career [kə'rɪəʳ] ◇ *n* carrière *f.* ◇ *vi* aller à toute vitesse.

careers adviser [kə'rɪəz-] *n* conseiller *m*, -ère *f* d'orientation.

carefree ['keəfriː] *adj* insouciant(e).

careful ['keəfʊl] *adj* **-1.** [cautious] prudent(e); **to be ~ to do sthg** prendre soin de faire qqch, faire attention à faire qqch; **be ~!** fais attention!; **to be ~ with one's money** regarder à la dépense. **-2.** [work] soigné(e); [worker] consciencieux(ieuse).

carefully ['keəflɪ] *adv* **-1.** [cautiously] prudemment. **-2.** [thoroughly] soigneusement.

careless ['keəlɪs] *adj* **-1.** [work] peu soigné(e); [driver] négligent(e). **-2.** [unconcerned] insouciant(e).

caress [kə'res] ◇ *n* caresse *f.* ◇ *vt* caresser.

caretaker ['keə,teɪkəʳ] *n Br* gardien *m*, -ienne *f.*

car ferry *n* ferry *m.*

cargo ['kɑːgəʊ] (*pl* **-es** OR **-s**) *n* cargaison *f.*

car hire *n Br* location *f* de voitures.

Caribbean [*Br* kærɪ'bɪən, *Am* kə'rɪbɪən] *n*: **the ~ (Sea)** la mer des Caraïbes OR des Antilles.

caring ['keərɪŋ] *adj* bienveillant(e).

carnage ['kɑːnɪdʒ] *n* carnage *m.*

carnal ['kɑːnl] *adj literary* charnel(elle).

carnation [kɑː'neɪʃn] *n* œillet *m.*

carnival ['kɑːnɪvl] *n* carnaval *m.*

carnivorous [kɑː'nɪvərəs] *adj* carnivore.

carol ['kærəl] *n*: **(Christmas) ~** chant *m* de Noël.

carousel [,kærə'sel] *n* **-1.** [at fair] manège *m.* **-2.** [at airport] carrousel *m.*

carp [kɑːp] (*pl inv* OR **-s**) ◇ *n* carpe *f.* ◇ *vi*: **to ~ (about sthg)** critiquer (qqch).

car park *n Br* parking *m.*

carpenter ['kɑːpəntəʳ] *n* [on building site, in shipyard] charpentier *m*; [furniture-maker] menuisier *m.*

carpentry ['kɑ:pəntrɪ] n [on building site, in shipyard] charpenterie f; [furniture-making] menuiserie f.

carpet ['kɑ:pɪt] ◇ n lit & fig tapis m; (fitted) ~ moquette f. ◇ vt [floor] recouvrir d'un tapis; [with fitted carpet] recouvrir de moquette; [with fitted carpet] moquetter.

carpet slipper n pantoufle f.

carpet sweeper [-,swi:pər] n balai m mécanique.

car phone n téléphone m pour automobile.

car rental n Am location f de voitures.

carriage ['kærɪdʒ] n -1. [of train, horse-drawn] voiture f. -2. (U) [transport of goods] transport m; ~ paid OR free Br franco de port.

carriage return n retour m chariot.

carriageway ['kærɪdʒweɪ] n Br chaussée f.

carrier ['kærɪər] n -1. COMM transporteur m. -2. [of disease] porteur m, -euse f. -3. = carrier bag.

carrier bag n sac m (en plastique).

carrot ['kærət] n carotte f.

carry ['kærɪ] ◇ vt -1. [subj: person, wind, water] porter; [- subj: vehicle] transporter. -2. [disease] transmettre. -3. [responsibility] impliquer; [consequences] entraîner. -4. [motion, proposal] voter. -5. [baby] attendre. -6. MATH retenir. ◇ vi [sound] porter. ◆ **carry away** vt fus: to get carried away s'enthousiasmer. ◆ **carry forward** vt sep FIN reporter. ◆ **carry off** vt sep -1. [plan] mener à bien. -2. [prize] remporter. ◆ **carry on** ◇ vt fus continuer; to ~ on doing sthg continuer à OR de faire qqch. ◇ vi -1. [continue] continuer; to ~ on with sthg continuer qqch. -2. inf [make a fuss] faire des histoires. ◆ **carry out** vt fus [task] remplir; [plan, order] exécuter; [experiment] effectuer; [investigation] mener. ◆ **carry through** vt sep [accomplish] réaliser.

carryall ['kærɪɔ:l] n Am fourre-tout m inv.

carrycot ['kærɪkɒt] n couffin m.

carry-out n plat m à emporter.

carsick ['kɑ:,sɪk] adj: to be ~ être malade en voiture.

cart [kɑ:t] ◇ n charrette f. ◇ vt inf traîner.

carton ['kɑ:tn] n -1. [box] boîte f en carton. -2. [of cream, yoghurt] pot m; [of milk] carton m.

cartoon [kɑ:'tu:n] n -1. [satirical drawing] dessin m humoristique. -2. [comic strip] bande f dessinée. -3. [film] dessin m animé.

cartridge ['kɑ:trɪdʒ] n -1. [for gun, pen] cartouche f. -2. [for camera] chargeur m.

cartwheel ['kɑ:twi:l] n [movement] roue f.

carve [kɑ:v] ◇ vt -1. [wood, stone] sculpter; [design, name] graver. -2. [slice - meat] découper. ◇ vi découper. ◆ **carve out** vt sep fig se tailler. ◆ **carve up** vt sep fig diviser.

carving ['kɑ:vɪŋ] n [of wood] sculpture f; [of stone] ciselure f.

carving knife n couteau m à découper.

car wash n [process] lavage m de voitures; [place] station f de lavage de voitures.

case [keɪs] n -1. [gen] cas m; to be the ~ être le cas; in ~ of en cas de; in that ~ dans ce cas; in which ~ auquel cas; as OR whatever the ~ may be selon le cas. -2. [argument]: ~ (for/against) arguments mpl (pour/contre). -3. JUR affaire f, procès m. -4. [container - gen] caisse f; [- for glasses etc] étui m. -5. Br [suitcase] valise f. ◆ **in any case** adv quoi qu'il en soit, de toute façon. ◆ **in case** conj au cas où. ◇ adv: (just) in ~ à tout hasard.

cash [kæʃ] ◇ n (U) -1. [notes and coins] liquide m; to pay (in) ~ payer comptant OR en espèces. -2. inf [money] sous mpl, fric m. -3. [payment]: ~ in advance paiement m à l'avance; ~ on delivery paiement à la livraison. ◇ vt encaisser.

cash and carry n libre-service m de gros, cash-and-carry m.

cashback ['kæʃbæk] n Br possibilité de retirer de l'argent dans certains supermarchés lorsque l'on règle par carte bancaire.

cashbook ['kæʃbʊk] n livre m de caisse.

cash box n caisse f.

cash card n carte f de retrait.

cash desk n Br caisse f.

cash dispenser [-dɪ,spensər] n distributeur m automatique de billets.

cashew (nut) ['kæʃu:-] n noix f de cajou.

cashier [kæ'ʃɪər] n caissier m, -ière f.

cash machine n distributeur m de billets.

cashmere [kæʃ'mɪər] n cachemire m.

cash register n caisse f enregistreuse.

casing ['keɪsɪŋ] n revêtement m; TECH boîtier m.

casino [kə'si:nəʊ] (pl -s) n casino m.

cask [kɑ:sk] n tonneau m.

casket ['kɑ:skɪt] n -1. [for jewels] coffret m. -2. Am [coffin] cercueil m.

casserole ['kæsərəʊl] *n* **-1.** [stew] ragoût *m*. **-2.** [pan] cocotte *f*.

cassette [kæ'set] *n* [of magnetic tape] cassette *f*; PHOT recharge *f*.

cassette player *n* lecteur *m* de cassettes.

cassette recorder *n* magnétophone *m* à cassettes.

cast [kɑːst] (*pt & pp* **cast**) ◇ *n* [CINEMA & THEATRE - actors] acteurs *mpl*; [- list of actors] distribution *f*. ◇ *vt* **-1.** [throw] jeter; **to ~ doubt on sthg** jeter le doute sur qqch. **-2.** CINEMA & THEATRE donner un rôle à. **-3.** [vote]: **to ~ one's vote** voter. **-4.** [metal] couler; [statue] mouler. ◆ **cast aside** *vt sep fig* écarter, rejeter. ◆ **cast off** *vi* NAUT larguer les amarres.

castaway ['kɑːstəweɪ] *n* naufragé *m*, -e *f*.

caster ['kɑːstər] *n* [wheel] roulette *f*.

caster sugar *n* Br sucre *m* en poudre.

casting vote ['kɑːstɪŋ-] *n* voix *f* prépondérante.

cast iron *n* fonte *f*.

castle ['kɑːsl] *n* **-1.** [building] château *m*. **-2.** CHESS tour *f*.

castor ['kɑːstər] = **caster**.

castor oil *n* huile *f* de ricin.

castor sugar = **caster sugar**.

castrate [kæ'streɪt] *vt* châtrer.

casual ['kæʒʊəl] *adj* **-1.** [relaxed, indifferent] désinvolte. **-2.** [offhand] sans-gêne. **-3.** [chance] fortuit(e). **-4.** [clothes] décontracté(e), sport (*inv*). **-5.** [work, worker] temporaire.

casually ['kæʒʊəlɪ] *adv* [in a relaxed manner] avec désinvolture; **~ dressed** habillé simplement.

casualty ['kæʒʊəltɪ] *n* **-1.** [dead person] mort *m*, -e *f*, victime *f*; [injured person] blessé *m*, -e *f*; [of road accident] accidenté *m*, -e *f*. **-2.** = **casualty department**.

casualty department *n* service *m* des urgences.

cat [kæt] *n* **-1.** [domestic] chat *m*. **-2.** [wild] fauve *m*.

catalogue Br, **catalog** Am ['kætəlɒg] ◇ *n* [gen] catalogue *m*; [in library] fichier *m*. ◇ *vt* cataloguer.

catalyst ['kætəlɪst] *n lit & fig* catalyseur *m*.

catalytic convertor [,kætə'lɪtɪkkən'vɜːtər] *n* pot *m* catalytique.

catapult ['kætəpʌlt] Br ◇ *n* [hand-held] lance-pierres *m inv*. ◇ *vt lit & fig* catapulter.

cataract ['kætərækt] *n* cataracte *f*.

catarrh [kə'tɑːr] *n* catarrhe *m*.

catastrophe [kə'tæstrəfɪ] *n* catastrophe *f*.

catch [kætʃ] (*pt & pp* **caught**) ◇ *vt* **-1.** [gen] attraper; **to ~ sight** OR **a glimpse of** apercevoir; **to ~ sb's attention** attirer l'attention de qqn; **to ~ sb's imagination** séduire qqn; **to ~ the post** Br arriver à temps pour la levée. **-2.** [discover, surprise] prendre, surprendre; **to ~ sb doing sthg** surprendre qqn à faire qqch. **-3.** [hear clearly] saisir, comprendre. **-4.** [trap]: **I caught my finger in the door** je me suis pris le doigt dans la porte. **-5.** [strike] frapper. ◇ *vi* **-1.** [become hooked, get stuck] se prendre. **-2.** [fire] prendre, partir. ◇ *n* **-1.** [of ball, thing caught] prise *f*. **-2.** [fastener - of box] fermoir *m*; [- of window] loqueteau *m*; [- of door] loquet *m*. **-3.** [snag] hic *m*, entourloupette *f*. ◆ **catch on** *vi* **-1.** [become popular] prendre. **-2.** *inf* [understand]: **to ~ on (to sthg)** piger (qqch). ◆ **catch out** *vt sep* [trick] prendre en défaut, coincer. ◆ **catch up** ◇ *vt sep* rattraper. ◇ *vi*: **to ~ up on sthg** rattraper qqch. ◆ **catch up with** *vt fus* rattraper.

catching ['kætʃɪŋ] *adj* contagieux (ieuse).

catchment area ['kætʃmənt-] *n* Br [of school] secteur *m* de recrutement scolaire; [of hospital] circonscription *f* hospitalière.

catchphrase ['kætʃfreɪz] *n* rengaine *f*, scie *f*.

catchy ['kætʃɪ] *adj* facile à retenir, entraînant(e).

categorically [,kætɪ'gɒrɪklɪ] *adv* catégoriquement.

category ['kætəgərɪ] *n* catégorie *f*.

cater ['keɪtər] *vi* [provide food] s'occuper de la nourriture, prévoir les repas. ◆ **cater for** *vt fus* Br **-1.** [tastes, needs] pourvoir à, satisfaire; [customers] s'adresser à. **-2.** [anticipate] prévoir. ◆ **cater to** *vt fus* satisfaire.

caterer ['keɪtərər] *n* traiteur *m*.

catering ['keɪtərɪŋ] *n* [trade] restauration *f*.

caterpillar ['kætəpɪlər] *n* chenille *f*.

caterpillar tracks *npl* chenille *f*.

cathedral [kə'θiːdrəl] *n* cathédrale *f*.

Catholic ['kæθlɪk] ◇ *adj* catholique. ◇ *n* catholique *mf*. ◆ **catholic** *adj* [tastes] éclectique.

Catseyes® ['kætsaɪz] *npl* Br catadioptres *mpl*.

cattle ['kætl] *npl* bétail *m*.

catty ['kætɪ] *adj inf pej* [spiteful] rosse, vache.

catwalk ['kætwɔːk] *n* passerelle *f*.

caucus ['kɔːkəs] *n* **-1.** *Am* POL comité *m* électoral (*d'un parti*). **-2.** *Br* POL comité *m* (*d'un parti*).

caught [kɔːt] *pt & pp* → **catch**.

cauliflower ['kɒlɪˌflauə'] *n* chou-fleur *m*.

cause [kɔːz] ◇ *n* cause *f*; **I have no ~ for complaint** je n'ai pas à me plaindre, je n'ai pas lieu de me plaindre; **to have ~ to do sthg** avoir lieu OR des raisons de faire qqch. ◇ *vt* causer; **~ sb to do sthg** faire faire qqch à qqn; **to ~ sthg to be done** faire faire qqch.

caustic ['kɔːstɪk] *adj* caustique.

caution ['kɔːʃn] ◇ *n* **-1.** (*U*) [care] précaution *f*, prudence *f*. **-2.** [warning] avertissement *m*. **-3.** *Br* JUR réprimande *f*. ◇ *vt* **-1.** [warn] **to ~ sb against doing sthg** déconseiller à qqn de faire qqch. **-2.** *Br* [subj: policeman]: **to ~ sb for sthg** réprimander qqn pour qqch.

cautious ['kɔːʃəs] *adj* prudent(e).

cavalry ['kævlrɪ] *n* cavalerie *f*.

cave [keɪv] *n* caverne *f*, grotte *f*. ◆ **cave in** *vi* [roof, ceiling] s'affaisser.

caveman ['keɪvmæn] (*pl* **-men** [-men]) *n* homme *m* des cavernes.

cavernous ['kævənəs] *adj* [room, building] immense.

caviar(e) ['kævɪɑː'] *n* caviar *m*.

cavity ['kævətɪ] *n* cavité *f*.

cavort [kə'vɔːt] *vi* gambader.

CB *n* (*abbr of* **citizens' band**) CB *f*.

CBI *n abbr of* **Confederation of British Industry**.

cc ◇ *n* (*abbr of* **cubic centimetre**) cm³. ◇ (*abbr of* **carbon copy**) pcc.

CD *n* (*abbr of* **compact disc**) CD *m*.

CD player *n* lecteur *m* de CD.

CD-ROM [ˌsiːdiːˈrɒm] (*abbr of* **compact disc read only memory**) *n* CD-ROM *m*, CD-Rom *m*.

cease [siːs] *fml* ◇ *vt* cesser; **to ~ doing** OR **to do sthg** cesser de faire qqch. ◇ *vi* cesser.

cease-fire *n* cessez-le-feu *m inv*.

ceaseless ['siːslɪs] *adj fml* incessant(e), continuel(elle).

cedar (tree) ['siːdə'-] *n* cèdre *m*.

cedilla [sɪ'dɪlə] *n* cédille *f*.

ceiling ['siːlɪŋ] *n lit & fig* plafond *m*.

celebrate ['selɪbreɪt] ◇ *vt* [gen] célébrer, fêter. ◇ *vi* faire la fête.

celebrated ['selɪbreɪtɪd] *adj* célèbre.

celebration [ˌselɪ'breɪʃn] *n* **-1.** (*U*) [activity, feeling] fête *f*, festivités *fpl*. **-2.** [event] festivités *fpl*.

celebrity [sɪ'lebrətɪ] *n* célébrité *f*.

celery ['selərɪ] *n* céleri *m* (en branches).

celibate ['selɪbət] *adj* célibataire.

cell [sel] *n* [gen & COMPUT] cellule *f*.

cellar ['selə'] *n* cave *f*.

cello ['tʃeləʊ] (*pl* **-s**) *n* violoncelle *m*.

Cellophane® ['seləfeɪn] *n* Cellophane® *f*.

Celsius ['selsɪəs] *adj* Celsius (*inv*).

Celt [kelt] *n* Celte *mf*.

Celtic ['keltɪk] ◇ *adj* celte. ◇ *n* [language] celte *m*.

cement [sɪ'ment] ◇ *n* ciment *m*. ◇ *vt lit & fig* cimenter.

cement mixer *n* bétonnière *f*.

cemetery ['semɪtrɪ] *n* cimetière *m*.

censor ['sensə'] ◇ *n* censeur *m*. ◇ *vt* censurer.

censorship ['sensəʃɪp] *n* censure *f*.

censure ['senʃə'] ◇ *n* blâme *m*, critique *f*. ◇ *vt* blâmer, critiquer.

census ['sensəs] (*pl* **censuses**) *n* recensement *m*.

cent [sent] *n* cent *m*.

centenary *Br* [sen'tiːnərɪ], **centennial** *Am* [sen'tenjəl] *n* centenaire *m*.

center *Am* = **centre**.

centigrade ['sentɪgreɪd] *adj* centigrade.

centilitre *Br*, **centiliter** *Am* ['sentɪˌliːtə'] *n* centilitre *m*.

centimetre *Br*, **centimeter** *Am* ['sentɪˌmiːtə'] *n* centimètre *m*.

centipede ['sentɪpiːd] *n* mille-pattes *m inv*.

central ['sentrəl] *adj* central(e).

Central America *n* Amérique *f* centrale.

central heating *n* chauffage *m* central.

centralize, **-ise** ['sentrəlaɪz] *vt* centraliser.

central locking [-'lɒkɪŋ] *n* AUT verrouillage *m* centralisé.

central reservation *n Br* AUT terreplein *m* central.

centre *Br*, **center** *Am* ['sentə'] ◇ *n* centre *m*; **~ of attention** centre d'attraction, point *m* de mire; **~ of gravity** centre de gravité. ◇ *adj* **-1.** [middle] central(e); **a ~ parting** une raie au milieu. **-2.** POL du centre, centriste. ◇ *vt* centrer.

centre back *n* FTBL arrière *m* central.

centre forward *n* FTBL avant-centre *m inv*.

centre half *n* FTBL arrière *m* central.

century ['sentʃʊrɪ] *n* siècle *m*.

ceramic [sɪ'ræmɪk] *adj* en céramique.

◆ **ceramics** *npl* [objects] objets *mpl* en céramique.

cereal ['sɪərɪəl] *n* céréale *f*.

ceremonial [ˌserɪ'məʊnjəl] ◇ *adj* [dress] de cérémonie; [duties] honorifique. ◇ *n* cérémonial *m*.

ceremony ['serɪmənɪ] *n* -1. [event] cérémonie *f*. -2. (U) [pomp, formality] cérémonies *fpl*; **to stand on** ~ faire des cérémonies.

certain ['sɜːtn] *adj* [gen] certain(e); **he is** ~ **to be late** il est certain qu'il sera en retard, il sera certainement en retard; **to be** ~ **of sthg/of doing sthg** être assuré de qqch/de faire qqch, être sûr de qqch/de faire qqch; **to make** ~ vérifier; **to make** ~ **of s'assurer de; I know for** ~ **that ...** je suis sûr OR certain que ...; **to a** ~ **extent** jusqu'à un certain point, dans une certaine mesure.

certainly ['sɜːtnlɪ] *adv* certainement.

certainty ['sɜːtntɪ] *n* certitude *f*.

certificate [sə'tɪfɪkət] *n* certificat *m*.

certified ['sɜːtɪfaɪd] *adj* [teacher] diplômé(e); [document] certifié(e).

certified mail *n Am* envoi *m* recommandé.

certified public accountant *n Am* expert-comptable *m*.

certify ['sɜːtɪfaɪ] *vt* -1. [declare true]: **to** ~ **(that)** certifier OR attester que. -2. [declare insane] déclarer mentalement aliéné(e).

cervical [sə'vaɪkl] *adj* [cancer] du col de l'utérus.

cervical smear *n* frottis *m* vaginal.

cervix ['sɜːvɪks] (*pl* -ices [-ɪsiːz]) *n* col *m* de l'utérus.

cesarean (section) = **caesarean (section)**.

cesspit ['sespɪt], **cesspool** ['sespuːl] *n* fosse *f* d'aisance.

cf. (*abbr of* **confer**) cf.

CFC (*abbr of* **chlorofluorocarbon**) *n* CFC *m*.

ch. (*abbr of* **chapter**) chap.

chafe [tʃeɪf] *vt* [rub] irriter.

chaffinch ['tʃæfɪntʃ] *n* pinson *m*.

chain [tʃeɪn] ◇ *n* chaîne *f*; ~ **of events** suite *f* OR série *f* d'événements. ◇ *vt* [person, animal] enchaîner; [object] attacher avec une chaîne.

chain reaction *n* réaction *f* en chaîne.

chain saw *n* tronçonneuse *f*.

chain-smoke *vi* fumer cigarette sur cigarette.

chain store *n* grand magasin *m* (*à succursales multiples*).

chair [tʃeər] ◇ *n* -1. [gen] chaise *f*; [armchair] fauteuil *m*. -2. [university post] chaire *f*. -3. [of meeting] présidence *f*. ◇ *vt* [meeting] présider; [discussion] diriger.

chair lift *n* télésiège *m*.

chairman ['tʃeəmən] (*pl* -**men** [-mən]) *n* président *m*.

chairperson ['tʃeəˌpɜːsn] (*pl* -**s**) *n* président *m*, -e *f*.

chalet ['ʃæleɪ] *n* chalet *m*.

chalk [tʃɔːk] *n* craie *f*.

chalkboard ['tʃɔːkbɔːd] *n Am* tableau *m* (noir).

challenge ['tʃælɪndʒ] ◇ *n* défi *m*. ◇ *vt* -1. [to fight, competition]: **she** ~**d me to a race/a game of chess** elle m'a défié à la course/aux échecs; **to** ~ **sb to do sthg** défier qqn de faire qqch. -2. [question] mettre en question OR en doute.

challenging ['tʃælɪndʒɪŋ] *adj* -1. [task, job] stimulant(e). -2. [look, tone of voice] provocateur(trice).

chamber ['tʃeɪmbər] *n* [gen] chambre *f*.

chambermaid ['tʃeɪmbəmeɪd] *n* femme *f* de chambre.

chamber music *n* musique *f* de chambre.

chamber of commerce *n* chambre *f* de commerce.

chameleon [kə'miːljən] *n* caméléon *m*.

champagne [ˌʃæm'peɪn] *n* champagne *m*.

champion ['tʃæmpjən] *n* champion *m*, -ionne *f*.

championship ['tʃæmpjənʃɪp] *n* championnat *m*.

chance [tʃɑːns] ◇ *n* -1. (U) [luck] hasard *m*; **by** ~ par hasard; **if by any** ~ si par hasard. -2. [likelihood] chance *f*; **she didn't stand a** ~ **(of doing sthg)** elle n'avait aucune chance de faire qqch; **on the off** ~ à tout hasard. -3. [opportunity] occasion *f*. -4. [risk] risque *m*; **to take a** ~ risquer le coup; **to take a** ~ **on doing sthg** se risquer à faire qqch. ◇ *adj* fortuit(e), accidentel(elle). ◇ *vt* [risk] risquer; **to** ~ **it** tenter sa chance.

chancellor ['tʃɑːnsələr] *n* -1. [chief minister] chancelier *m*. -2. UNIV président *m*, -e *f* honoraire.

Chancellor of the Exchequer *n Br* Chancelier *m* de l'Échiquier, ≃ ministre *m* des Finances.

chandelier [,ʃændə'lɪəʳ] n lustre m.

change [tʃeɪndʒ] ◇ n **-1.** [gen]: ~ **(in sb/in sthg)** changement m (en qqn/de qqch); ~ **of clothes** vêtements mpl de rechange; **for a** ~ pour changer (un peu). **-2.** [money] monnaie f. ◇ vt **-1.** [gen] changer; **to** ~ **sthg into sthg** changer OR transformer qqch en qqch; **to** ~ **one's mind** changer d'avis. **-2.** [jobs, trains, sides] changer de. **-3.** [money - into smaller units] faire la monnaie de; [- into different currency] changer. ◇ vi **-1.** [gen] changer. **-2.** [change clothes] se changer. **-3.** [be transformed]: **to** ~ **into** se changer en. ◆ **change over** vi [convert]: **to** ~ **over (from/to)** passer de/à.

changeable ['tʃeɪndʒəbl] adj [mood] changeable; [weather] variable.

change machine n distributeur m de monnaie.

changeover ['tʃeɪndʒ,əʊvəʳ] n: ~ **(to)** passage m (à), changement m (pour).

changing ['tʃeɪndʒɪŋ] adj changeant(e).

changing room n SPORT vestiaire m; [in shop] cabine f d'essayage.

channel ['tʃænl] ◇ n **-1.** TV chaîne f; RADIO station f. **-2.** [for irrigation] canal m; [duct] conduit m. **-3.** [on river, sea] chenal m. ◇ vt lit & fig canaliser. ◆ **Channel** n: **the (English) Channel** la Manche. ◆ **channels** npl: **to go through the proper ~s** suivre OR passer la filière.

Channel Islands npl: **the** ~ les îles fpl Anglo-Normandes.

Channel tunnel n: **the** ~ le tunnel sous la Manche.

chant [tʃɑːnt] ◇ n chant m. ◇ vt **-1.** RELIG chanter. **-2.** [words, slogan] scander.

chaos ['keɪɒs] n chaos m.

chaotic [keɪ'ɒtɪk] adj chaotique.

chap [tʃæp] n Br inf [man] type m.

chapel ['tʃæpl] n chapelle f.

chaplain ['tʃæplɪn] n aumônier m.

chapped [tʃæpt] adj [skin, lips] gercé(e).

chapter ['tʃæptəʳ] n chapitre m.

char [tʃɑːʳ] vt [burn] calciner.

character ['kærəktəʳ] n **-1.** [gen] caractère m. **-2.** [in film, book, play] personnage m. **-3.** inf [eccentric] phénomène m, original m.

characteristic [,kærəktə'rɪstɪk] ◇ adj caractéristique. ◇ n caractéristique f.

characterize, -ise ['kærəktəraɪz] vt caractériser.

charade [ʃə'rɑːd] n farce f. ◆ **charades** n charades fpl.

charcoal ['tʃɑːkəʊl] n [for drawing] charbon m; [for burning] charbon de bois.

charge [tʃɑːdʒ] ◇ n **-1.** [cost] prix m; **free of** ~ gratuit. **-2.** JUR accusation f, inculpation f. **-3.** [responsibility]: **to take** ~ **of** se charger de; **to be in** ~ **of, to have** ~ **of** être responsable de, s'occuper de; **in** ~ responsable. **-4.** ELEC & MIL charge f. ◇ vt **-1.** [customer, sum] faire payer; **how much do you** ~? vous prenez combien?; **to** ~ **sthg to sb** mettre qqch sur le compte de qqn. **-2.** [suspect, criminal]: **to** ~ **sb (with)** accuser qqn (de). **-3.** ELEC & MIL charger. ◇ vi [rush] se précipiter, foncer.

charge card n carte f de compte crédit (auprès d'un magasin).

charger ['tʃɑːdʒəʳ] n [for batteries] chargeur m.

chariot ['tʃærɪət] n char m.

charisma [kə'rɪzmə] n charisme m.

charity ['tʃærətɪ] n charité f.

charm [tʃɑːm] ◇ n charme m. ◇ vt charmer.

charming ['tʃɑːmɪŋ] adj charmant(e).

chart [tʃɑːt] ◇ n **-1.** [diagram] graphique m, diagramme m. **-2.** [map] carte f. ◇ vt **-1.** [plot, map] porter sur une carte. **-2.** fig [record] retracer. ◆ **charts** npl: **the ~s** le hit-parade.

charter ['tʃɑːtəʳ] ◇ n [document] charte f. ◇ vt [plane, boat] affréter.

chartered accountant [,tʃɑːtəd-] n Br expert-comptable m.

charter flight n vol m charter.

chase [tʃeɪs] ◇ n [pursuit] poursuite f, chasse f. ◇ vt **-1.** [pursue] poursuivre. **-2.** [drive away] chasser. ◇ vi: **to** ~ **after sb/sthg** courir après qqn/qqch.

chasm ['kæzm] n lit & fig abîme m.

chassis ['ʃæsɪ] (pl inv) n châssis m.

chat [tʃæt] ◇ n causerie f, bavardage m; **to have a** ~ causer, bavarder. ◇ vi causer, bavarder. ◆ **chat up** vt sep Br inf baratiner.

chat show n Br talk-show m.

chatter ['tʃætəʳ] ◇ n **-1.** [of person] bavardage m. **-2.** [of animal, bird] caquetage m. ◇ vi **-1.** [person] bavarder. **-2.** [animal, bird] jacasser, caqueter. **-3.** [teeth]: **his teeth were ~ing** il claquait des dents.

chatterbox ['tʃætəbɒks] n inf moulin m à paroles.

chatty ['tʃætɪ] adj [person] bavard(e); [letter] plein(e) de bavardages.

chauffeur ['ʃəʊfəʳ] n chauffeur m.

chauvinist ['ʃəʊvɪnɪst] *n* **-1.** [sexist] macho *m*. **-2.** [nationalist] chauvin *m*, -e *f*.

cheap [tʃiːp] ◇ *adj* **-1.** [inexpensive] pas cher (chère), bon marché (*inv*). **-2.** [at a reduced price - fare, rate] réduit(e); [- ticket] à prix réduit. **-3.** [low-quality] de mauvaise qualité. **-4.** [joke, comment] facile. ◇ *adv* (à) bon marché.

cheapen ['tʃiːpn] *vt* [degrade] rabaisser.

cheaply ['tʃiːplɪ] *adv* à bon marché, pour pas cher.

cheat [tʃiːt] ◇ *n* tricheur *m*, -euse *f*. ◇ *vt* tromper; **to ~ sb out of sthg** escroquer qqch à qqn. ◇ *vi* **-1.** [in game, exam] tricher. **-2.** *inf* [be unfaithful]: **to ~ on sb** tromper qqn.

check [tʃek] ◇ *n* **-1.** [inspection, test]: **~ (on)** contrôle *m* (de). **-2.** [restraint]: **~ (on)** frein *m* (à), restriction *f* (sur). **-3.** *Am* [bill] note *f*. **-4.** [pattern] carreaux *mpl*. **-5.** *Am* = **cheque**. ◇ *vt* **-1.** [test, verify] vérifier; [passport, ticket] contrôler. **-2.** [restrain, stop] enrayer, arrêter. ◇ *vi*: **to ~ (for sthg)** vérifier (qqch); **to ~ on sthg** vérifier OR contrôler qqch. ◆ **check in** ◇ *vt sep* [luggage, coat] enregistrer. ◇ *vi* **-1.** [at hotel] signer le registre. **-2.** [at airport] se présenter à l'enregistrement. ◆ **check out** ◇ *vt sep* **-1.** [luggage, coat] retirer. **-2.** [investigate] vérifier. ◇ *vi* [from hotel] régler sa note. ◆ **check up** *vi*: **to ~ up on sb** prendre des renseignements sur qqn; **to ~ up (on sthg)** vérifier (qqch).

checkbook *Am* = **chequebook**.

checked [tʃekt] *adj* à carreaux.

checkered *Am* = **chequered**.

checkers ['tʃekəz] *n* (*U*) *Am* jeu *m* de dames.

check-in *n* enregistrement *m*.

checking account ['tʃekɪŋ-] *n* *Am* compte *m* courant.

checkmate ['tʃekmeɪt] *n* échec et mat *m*.

checkout ['tʃekaʊt] *n* [in supermarket] caisse *f*.

checkpoint ['tʃekpɔɪnt] *n* [place] (poste *m* de) contrôle *m*.

checkup ['tʃekʌp] *n* MED bilan *m* de santé, check-up *m*.

Cheddar (cheese) ['tʃedər-] *n* (fromage *m* de) cheddar *m*.

cheek [tʃiːk] *n* **-1.** [of face] joue *f*. **-2.** *inf* [impudence] culot *m*.

cheekbone ['tʃiːkbəʊn] *n* pommette *f*.

cheeky ['tʃiːkɪ] *adj* insolent(e), effronté(e).

cheer [tʃɪər] ◇ *n* [shout] acclamation *f*. ◇ *vt* **-1.** [shout for] acclamer. **-2.** [gladden] réjouir. ◇ *vi* applaudir. ◆ **cheers** *excl* **-1.** [said before drinking] santé! **-2.** *inf* [goodbye] salut!, ciao!, tchao! **-3.** *inf* [thank you] merci. ◆ **cheer up** ◇ *vt sep* remonter le moral à. ◇ *vi* s'égayer.

cheerful ['tʃɪəfʊl] *adj* joyeux(euse), gai(e).

cheerio [,tʃɪərɪ'əʊ] *excl* *inf* au revoir!, salut!

cheese [tʃiːz] *n* fromage *m*.

cheeseboard ['tʃiːzbɔːd] *n* plateau *m* à fromage.

cheeseburger ['tʃiːz,bɜːgər] *n* cheeseburger *m*, hamburger *m* au fromage.

cheesecake ['tʃiːzkeɪk] *n* CULIN gâteau *m* au fromage blanc, cheesecake *m*.

cheetah ['tʃiːtə] *n* guépard *m*.

chef [ʃef] *n* chef *m*.

chemical ['kemɪkl] ◇ *adj* chimique. ◇ *n* produit *m* chimique.

chemist ['kemɪst] *n* **-1.** *Br* [pharmacist] pharmacien *m*, -ienne *f*; **~'s (shop)** pharmacie *f*. **-2.** [scientist] chimiste *mf*.

chemistry ['kemɪstrɪ] *n* chimie *f*.

cheque *Br*, **check** *Am* [tʃek] *n* chèque *m*.

chequebook *Br*, **checkbook** *Am* ['tʃekbʊk] *n* chéquier *m*, carnet *m* de chèques.

cheque card *n* *Br* carte *f* bancaire.

chequered *Br* ['tʃekəd], **checkered** *Am* ['tʃekerd] *adj* *fig* [career, life] mouvementé(e).

cherish ['tʃerɪʃ] *vt* chérir; [hope] nourrir, caresser.

cherry ['tʃerɪ] *n* [fruit] cerise *f*; **~ (tree)** cerisier *m*.

chess [tʃes] *n* échecs *mpl*.

chessboard ['tʃesbɔːd] *n* échiquier *m*.

chessman ['tʃesmæn] (*pl* **-men** [-men]) *n* pièce *f*.

chest [tʃest] *n* **-1.** ANAT poitrine *f*. **-2.** [box] coffre *m*.

chestnut ['tʃesnʌt] ◇ *adj* [colour] châtain (*inv*). ◇ *n* [nut] châtaigne *f*; **~ (tree)** châtaignier *m*.

chest of drawers (*pl* **chests of drawers**) *n* commode *f*.

chew [tʃuː] ◇ *n* [sweet] bonbon *m* (à mâcher). ◇ *vt* mâcher. ◆ **chew up** *vt sep* mâchouiller.

chewing gum ['tʃuːɪŋ-] *n* chewing-gum *m*.

chic [ʃiːk] *adj* chic (*inv*).

chick [tʃɪk] *n* [baby bird] oisillon *m*.

chicken ['tʃɪkɪn] n -1. [bird, food] poulet m. -2. inf [coward] froussard m, -e f.
◆ **chicken out** vi inf se dégonfler.

chickenpox ['tʃɪkɪnpɒks] n (U) varicelle f.

chickpea ['tʃɪkpiː] n pois m chiche.

chicory ['tʃɪkərɪ] n [vegetable] endive f.

chief [tʃiːf] ◇ adj -1. [main - aim, problem] principal(e). -2. [head] en chef. ◇ n chef m.

chief executive n directeur général m, directrice générale f.

chiefly ['tʃiːflɪ] adv -1. [mainly] principalement. -2. [above all] surtout.

chiffon ['ʃɪfɒn] n mousseline f.

chilblain ['tʃɪlbleɪn] n engelure f.

child [tʃaɪld] (pl children) n enfant mf.

child benefit n (U) Br ≃ allocations fpl familiales.

childbirth ['tʃaɪldbɜːθ] n (U) accouchement m.

childhood ['tʃaɪldhʊd] n enfance f.

childish ['tʃaɪldɪʃ] adj pej puéril(e), enfantin(e).

childlike ['tʃaɪldlaɪk] adj enfantin(e), d'enfant.

childminder ['tʃaɪld,maɪndər] n Br gardienne f d'enfants, nourrice f.

childproof ['tʃaɪldpruːf] adj [container] qui ne peut pas être ouvert par les enfants; ~ **lock** verrouillage m de sécurité pour enfants.

children ['tʃɪldrən] pl → child.

children's home n maison f d'enfants.

Chile ['tʃɪlɪ] n Chili m.

Chilean ['tʃɪlɪən] ◇ adj chilien(ienne). ◇ n Chilien m, -ienne f.

chili ['tʃɪlɪ] = chilli.

chill [tʃɪl] ◇ adj frais (fraîche). ◇ n -1. [illness] coup m de froid. -2. [in temperature]: there's a ~ in the air le fond de l'air est frais. -3. [feeling of fear] frisson m. ◇ vt -1. [drink, food] mettre au frais. -2. [person] faire frissonner. ◇ vi [drink, food] rafraîchir.

chilli ['tʃɪlɪ] (pl -ies) n [vegetable] piment m.

chilling ['tʃɪlɪŋ] adj -1. [very cold] glacial(e). -2. [frightening] qui glace le sang.

chilly ['tʃɪlɪ] adj froid(e); to feel ~ avoir froid; it's ~ il fait froid.

chime [tʃaɪm] ◇ n [of bell, clock] carillon m. ◇ vt [time] sonner. ◇ vi [bell, clock] carillonner.

chimney ['tʃɪmnɪ] n cheminée f.

chimneypot ['tʃɪmnɪpɒt] n mitre f de cheminée.

chimneysweep ['tʃɪmnɪswiːp] n ramoneur m.

chimp(anzee) [tʃɪmp(ən'ziː)] n chimpanzé m.

chin [tʃɪn] n menton m.

china ['tʃaɪnə] n porcelaine f.

China ['tʃaɪnə] n Chine f.

Chinese [,tʃaɪ'niːz] ◇ adj chinois(e). ◇ n [language] chinois m. ◇ npl: the ~ les Chinois mpl.

Chinese cabbage n chou m chinois.

Chinese leaves npl Br = Chinese cabbage.

chink [tʃɪŋk] n -1. [narrow opening] fente f. -2. [sound] tintement m.

chip [tʃɪp] ◇ n -1. Br [fried potato] frite f; Am [potato crisp] chip m. -2. [of glass, metal] éclat m; [of wood] copeau m. -3. [flaw] ébréchure f. -4. [microchip] puce f. -5. [for gambling] jeton m. ◇ vt [cup, glass] ébrécher. ◆ **chip in** inf vi -1. [contribute] contribuer. -2. [interrupt] mettre son grain de sel. ◆ **chip off** vt sep enlever petit morceau par petit morceau.

chipboard ['tʃɪpbɔːd] n aggloméré m.

chip shop n Br friterie f.

chiropodist [kɪ'rɒpədɪst] n pédicure mf.

chirp [tʃɜːp] vi [bird] pépier; [cricket] chanter.

chirpy ['tʃɜːpɪ] adj gai(e).

chisel ['tʃɪzl] ◇ n [for wood] ciseau m; [for metal, rock] burin m. ◇ vt ciseler.

chit [tʃɪt] n [note] note f, reçu m.

chitchat ['tʃɪttʃæt] n (U) inf bavardage m.

chivalry ['ʃɪvlrɪ] n (U) -1. literary [of knights] chevalerie f. -2. [good manners] galanterie f.

chives [tʃaɪvz] npl ciboulette f.

chlorine ['klɔːriːn] n chlore m.

choc-ice ['tʃɒkaɪs] n Br Esquimau® m.

chock [tʃɒk] n cale f.

chock-a-block, chock-full adj inf: ~ (with) plein(e) à craquer (de).

chocolate ['tʃɒkələt] ◇ n chocolat m. ◇ comp au chocolat.

choice [tʃɔɪs] ◇ n choix m. ◇ adj de choix.

choir ['kwaɪər] n chœur m.

choirboy ['kwaɪəbɔɪ] n jeune choriste m.

choke [tʃəʊk] ◇ n AUT starter m. ◇ vt -1. [strangle] étrangler, étouffer. -2. [block] obstruer, boucher. ◇ vi s'étrangler.

cholera ['kɒlərə] n choléra m.

choose [tʃuːz] (pt chose, pp chosen) ◇ vt -1. [select] choisir. -2. [decide]: to ~

to do sthg décider OR choisir de faire qqch. ◇ *vi* [select]: **to ~ (from)** choisir (parmi OR entre).

choos(e)y ['tʃuːzɪ] (*compar* **-ier**, *superl* **-iest**) *adj* difficile.

chop [tʃɒp] ◇ *n* CULIN côtelette *f.* ◇ *vt* **-1.** [wood] couper; [vegetables] hacher. **-2.** *inf fig* [funding, budget] réduire. **-3.** *phr*: **to ~ and change** changer sans cesse d'avis. ◆ **chops** *npl inf* babines *fpl.* ◆ **chop down** *vt sep* [tree] abattre. ◆ **chop up** *vt sep* couper en morceaux.

chopper ['tʃɒpər] *n* **-1.** [axe] couperet *m.* **-2.** *inf* [helicopter] hélico *m.*

choppy ['tʃɒpɪ] *adj* [sea] agité(e).

chopsticks ['tʃɒpstɪks] *npl* baguettes *fpl.*

chord [kɔːd] *n* MUS accord *m.*

chore [tʃɔːr] *n* corvée *f*; **household ~s** travaux *mpl* ménagers.

chortle ['tʃɔːtl] *vi* glousser.

chorus ['kɔːrəs] *n* **-1.** [part of song] refrain *m.* **-2.** [singers] chœur *m.* **-3.** *fig* [of praise, complaints] concert *m.*

chose [tʃəʊz] *pt* → **choose**.

chosen ['tʃəʊzn] *pp* → **choose**.

Christ [kraɪst] ◇ *n* Christ *m.* ◇ *excl* Seigneur!, bon Dieu!

christen ['krɪsn] *vt* **-1.** [baby] baptiser. **-2.** [name] nommer.

christening ['krɪsnɪŋ] *n* baptême *m.*

Christian ['krɪstʃən] ◇ *adj* RELIG chrétien(ienne). ◇ *n* chrétien, -ienne *f.*

Christianity [,krɪstɪ'ænətɪ] *n* christianisme *m.*

Christian name *n* prénom *m.*

Christmas ['krɪsməs] *n* Noël *m*; **happy** OR **merry ~!** joyeux Noël!

Christmas card *n* carte *f* de Noël.

Christmas Day *n* jour *m* de Noël.

Christmas Eve *n* veille *f* de Noël.

Christmas pudding *n* Br pudding *m* (de Noël).

Christmas tree *n* arbre *m* de Noël.

chrome [krəʊm], **chromium** ['krəʊmɪəm] ◇ *n* chrome *m.* ◇ *comp* chromé(e).

chronic ['krɒnɪk] *adj* [illness, unemployment] chronique; [liar, alcoholic] invétéré(e).

chronicle ['krɒnɪkl] *n* chronique *f.*

chronological [,krɒnə'lɒdʒɪkl] *adj* chronologique.

chrysanthemum [krɪ'sænθəməm] (*pl* **-s**) *n* chrysanthème *m.*

chubby ['tʃʌbɪ] *adj* [cheeks, face] joufflu(e); [person, hands] potelé(e).

chuck [tʃʌk] *vt inf* **-1.** [throw] lancer, envoyer. **-2.** [job, boyfriend] laisser tomber. ◆ **chuck away**, **chuck out** *vt sep inf* jeter, balancer.

chuckle ['tʃʌkl] *vi* glousser.

chug [tʃʌg] *vi* [train] faire teuf-teuf.

chum [tʃʌm] *n inf* copain *m*, copine *f.*

chunk [tʃʌŋk] *n* gros morceau *m.*

church [tʃɜːtʃ] *n* [building] église *f*; **to go to ~** aller à l'église; [Catholics] aller à la messe.

Church of England *n*: **the ~** l'Église d'Angleterre.

churchyard ['tʃɜːtʃjɑːd] *n* cimetière *m.*

churlish ['tʃɜːlɪʃ] *adj* grossier(ière).

churn [tʃɜːn] ◇ *n* **-1.** [for making butter] baratte *f.* **-2.** [for milk] bidon *m.* ◇ *vt* [stir up] battre. ◆ **churn out** *vt sep inf* produire en série.

chute [ʃuːt] *n* glissière *f*; **rubbish ~** vide-ordures *m inv.*

chutney ['tʃʌtnɪ] *n* chutney *m.*

CIA (*abbr of* **Central Intelligence Agency**) *n* CIA *f.*

CID (*abbr of* **Criminal Investigation Department**) *n* la police judiciaire britannique.

cider ['saɪdər] *n* cidre *m.*

cigar [sɪ'gɑːr] *n* cigare *m.*

cigarette [,sɪgə'ret] *n* cigarette *f.*

cinder ['sɪndər] *n* cendre *f.*

Cinderella [,sɪndə'relə] *n* Cendrillon *f.*

cine-camera ['sɪnɪ-] *n* caméra *f.*

cine-film ['sɪnɪ-] *n* film *m.*

cinema ['sɪnəmə] *n* cinéma *m.*

cinnamon ['sɪnəmən] *n* cannelle *f.*

cipher ['saɪfər] *n* [secret writing] code *m.*

circa ['sɜːkə] *prep* environ.

circle ['sɜːkl] ◇ *n* **-1.** [gen] cercle *m*; **to go round in ~s** *fig* tourner en rond. **-2.** [in theatre, cinema] balcon *m.* ◇ *vt* **-1.** [draw a circle round] entourer (d'un cercle). **-2.** [move round] faire le tour de. ◇ *vi* [plane] tourner en rond.

circuit ['sɜːkɪt] *n* **-1.** [gen & ELEC] circuit *m.* **-2.** [lap] tour *m*; [movement round] révolution *f.*

circuitous [sə'kjuːɪtəs] *adj* indirect(e).

circular ['sɜːkjʊlər] ◇ *adj* [gen] circulaire. ◇ *n* [letter] circulaire *f*; [advertisement] prospectus *m.*

circulate ['sɜːkjʊleɪt] ◇ *vi* **-1.** [gen] circuler. **-2.** [socialize] se mêler aux invités. ◇ *vt* [rumour] propager; [document] faire circuler.

circulation [,sɜːkjʊ'leɪʃn] *n* **-1.** [gen] circulation *f.* **-2.** PRESS tirage *m.*

circumcision [,sɜːkəm'sɪʒn] *n* circoncision *f.*

clasp

circumference [sə'kʌmfərəns] *n* circonférence *f*.

circumflex ['sɜːkəmfleks] *n*: ~ **(accent)** accent *m* circonflexe.

circumspect ['sɜːkəmspekt] *adj* circonspect(e).

circumstances ['sɜːkəmstənsɪz] *npl* circonstances *fpl*; **under** OR **in no** ~ en aucun cas; **under** OR **in the** ~ en de telles circonstances.

circumvent [,sɜːkəm'vent] *vt fml* [law, rule] tourner.

circus ['sɜːkəs] *n* cirque *m*.

CIS (*abbr of* **Commonwealth of Independent States**) *n* CEI *f*.

cistern ['sɪstən] *n* **-1.** *Br* [inside roof] réservoir *m* d'eau. **-2.** [in toilet] réservoir *m* de chasse d'eau.

cite [saɪt] *vt* citer.

citizen ['sɪtɪzn] *n* **-1.** [of country] citoyen *m*, -enne *f*. **-2.** [of town] habitant *m*, -e *f*.

Citizens' Advice Bureau *n* service britannique d'information et d'aide au consommateur.

Citizens' Band *n* fréquence radio réservée au public, citizen band *f*.

citizenship ['sɪtɪznʃɪp] *n* citoyenneté *f*.

citrus fruit ['sɪtrəs-] *n* agrume *m*.

city ['sɪtɪ] *n* ville *f*, cité *f*. ◆ **City** *n Br*: **the City** la City (*quartier financier de Londres*).

city centre *n* centre-ville *m*.

city hall *n Am* ≃ mairie *f*, ≃ hôtel *m* de ville.

city technology college *n Br* établissement d'enseignement technique du secondaire subventionné par les entreprises.

civic ['sɪvɪk] *adj* [leader, event] municipal(e); [duty, pride] civique.

civic centre *n Br* centre *m* administratif municipal.

civil ['sɪvl] *adj* **-1.** [public] civil(e). **-2.** [polite] courtois(e), poli(e).

civil engineering *n* génie *m* civil.

civilian [sɪ'vɪljən] ◇ *n* civil *m*, -e *f*. ◇ *comp* civil(e).

civilization [,sɪvɪlaɪ'zeɪʃn] *n* civilisation *f*.

civilized ['sɪvɪlaɪzd] *adj* civilisé(e).

civil law *n* droit *m* civil.

civil liberties *npl* libertés *fpl* civiques.

civil rights *npl* droits *mpl* civils.

civil servant *n* fonctionnaire *mf*.

civil service *n* fonction *f* publique.

civil war *n* guerre *f* civile.

CJD (*abbr of* **Creutzfeldt-Jakob disease**) *n* maladie *f* de Creutzfeldt-Jakob.

cl (*abbr of* **centilitre**) cl.

clad [klæd] *adj literary* [dressed]: ~ **in** vêtu(e) de.

claim [kleɪm] ◇ *n* **-1.** [for pay etc] revendication *f*; [for expenses, insurance] demande *f*. **-2.** [right] droit *m*; **to lay** ~ **to** sthg revendiquer qqch. **-3.** [assertion] affirmation *f*. ◇ *vt* **-1.** [ask for] réclamer. **-2.** [responsibility, credit] revendiquer. **-3.** [maintain] prétendre. ◇ *vi*: **to** ~ **for** sthg faire une demande d'indemnité pour qqch; **to** ~ **(on one's insurance)** faire une déclaration de sinistre.

claimant ['kleɪmənt] *n* [to throne] prétendant *m*, -e *f*; [of state benefit] demandeur *m*, -eresse *f*, requérant *m*, -e *f*.

clairvoyant [kleə'vɔɪənt] *n* voyant *m*, -e *f*.

clam [klæm] *n* palourde *f*.

clamber ['klæmbər] *vi* grimper.

clammy ['klæmɪ] *adj* [skin] moite; [weather] lourd et humide.

clamour *Br*, **clamor** *Am* ['klæmər] ◇ *n* (U) [noise] cris *mpl*. ◇ *vi*: **to** ~ **for** sthg demander qqch à cor et à cri.

clamp [klæmp] ◇ *n* [gen] pince *f*, agrafe *f*; [for carpentry] serre-joint *m*; MED clamp *m*. ◇ *vt* **-1.** [gen] serrer. **-2.** AUT poser un sabot de Denver à. ◆ **clamp down** *vi*: **to** ~ **down (on)** sévir (contre).

clan [klæn] *n* clan *m*.

clandestine [klæn'destɪn] *adj* clandestin(e).

clang [klæŋ] *n* bruit *m* métallique.

clap [klæp] ◇ *vt* [hands]: **to** ~ **one's hands** applaudir, taper des mains. ◇ *vi* applaudir, taper des mains.

clapping ['klæpɪŋ] *n* (U) applaudissements *mpl*.

claret ['klærət] *n* **-1.** [wine] bordeaux *m* rouge. **-2.** [colour] bordeaux *m inv*.

clarify ['klærɪfaɪ] *vt* [explain] éclaircir, clarifier.

clarinet [,klærə'net] *n* clarinette *f*.

clarity ['klærətɪ] *n* clarté *f*.

clash [klæʃ] ◇ *n* **-1.** [of interests, personalities] conflit *m*. **-2.** [fight, disagreement] heurt *m*, affrontement *m*. **-3.** [noise] fracas *m*. ◇ *vi* **-1.** [fight, disagree] se heurter. **-2.** [differ, conflict] entrer en conflit. **-3.** [coincide]: **to** ~ **(with sthg)** tomber en même temps (que qqch). **-4.** [colours] jurer.

clasp [klɑːsp] ◇ *n* [on necklace etc] fermoir *m*; [on belt] boucle *f*. ◇ *vt* [hold tight] serrer.

class [klɑːs] ◇ *n* **-1.** [gen] classe *f*. **-2.** [lesson] cours *m*, classe *f*. **-3.** [category] catégorie *f*. ◇ *vt* classer.

classic ['klæsɪk] ◇ *adj* classique. ◇ *n* classique *m*.

classical ['klæsɪkl] *adj* classique.

classified ['klæsɪfaɪd] *adj* [information, document] classé secret (classée secrète).

classified ad *n* petite annonce *f*.

classify ['klæsɪfaɪ] *vt* classifier, classer.

classmate ['klɑːsmeɪt] *n* camarade *mf* de classe.

classroom ['klɑːsrʊm] *n* (salle *f* de) classe *f*.

classy ['klɑːsɪ] *adj inf* chic (*inv*).

clatter ['klætər] *n* cliquetis *m*; [louder] fracas *m*.

clause [klɔːz] *n* **-1.** [in document] clause *f*. **-2.** GRAMM proposition *f*.

claw [klɔː] ◇ *n* **-1.** [of cat, bird] griffe *f*. **-2.** [of crab, lobster] pince *f*. ◇ *vt* griffer. ◇ *vi* [person]: **to ~ at** s'agripper à.

clay [kleɪ] *n* argile *f*.

clean [kliːn] ◇ *adj* **-1.** [not dirty] propre. **-2.** [sheet of paper, driving licence] vierge; [reputation] sans tache. **-3.** [joke] de bon goût. **-4.** [smooth] net (nette). ◇ *vt* nettoyer; **to ~ one's teeth** se brosser OR laver les dents. ◇ *vi* faire le ménage. ♦ **clean out** *vt sep* [room, drawer] nettoyer à fond. ♦ **clean up** *vt sep* [clear up] nettoyer.

cleaner ['kliːnər] *n* **-1.** [person] personne *f* qui fait le ménage. **-2.** [substance] produit *m* d'entretien.

cleaning ['kliːnɪŋ] *n* nettoyage *m*.

cleanliness ['klenlɪnɪs] *n* propreté *f*.

cleanse [klenz] *vt* **-1.** [skin, wound] nettoyer. **-2.** *fig* [make pure] purifier.

cleanser ['klenzər] *n* [detergent] détergent *m*; [for skin] démaquillant *m*.

clean-shaven [-'ʃeɪvn] *adj* rasé(e) de près.

clear [klɪər] ◇ *adj* **-1.** [gen] clair(e); [glass, plastic] transparent(e); [difference] net (nette); **to make sthg ~ (to sb)** expliquer qqch clairement (à qqn); **to make it ~ that** préciser que; **to make o.s. ~** bien se faire comprendre. **-2.** [voice, sound] qui s'entend nettement. **-3.** [road, space] libre, dégagé(e). ◇ *adv*: **to stand ~** s'écarter; **to stay ~ of sb/sthg, to steer ~ of sb/sthg** éviter qqn/qqch. ◇ *vt* **-1.** [road, path] dégager; [table] débarrasser. **-2.** [obstacle, fallen tree] enlever. **-3.** [jump] sauter, franchir. **-4.** [debt] s'acquitter de. **-5.** [authorize] don-

ner le feu vert à. **-6.** JUR innocenter. ◇ *vi* [fog, smoke] se dissiper; [weather, sky] s'éclaircir. ♦ **clear away** *vt sep* [plates] débarrasser; [books] enlever. ♦ **clear off** *vi Br inf* dégager. ♦ **clear out** *vt sep* [cupboard] vider; [room] ranger. ◇ *vi inf* [leave] dégager. ♦ **clear up** ◇ *vt sep* **-1.** [tidy] ranger. **-2.** [mystery, misunderstanding] éclaircir. ◇ *vi* **-1.** [weather] s'éclaircir. **-2.** [tidy up] tout ranger.

clearance ['klɪərəns] *n* **-1.** [of rubbish] enlèvement *m*; [of land] déblaiement *m*. **-2.** [permission] autorisation *f*.

clear-cut *adj* net (nette).

clearing ['klɪərɪŋ] *n* [in wood] clairière *f*.

clearing bank *n Br* banque *f* de clearing.

clearly ['klɪəlɪ] *adv* **-1.** [distinctly, lucidly] clairement. **-2.** [obviously] manifestement.

clearway ['klɪəweɪ] *n Br* route où le stationnement n'est autorisé qu'en cas d'urgence.

cleavage ['kliːvɪdʒ] *n* [between breasts] décolleté *m*.

cleaver ['kliːvər] *n* couperet *m*.

clef [klef] *n* clef *f*.

cleft [kleft] *n* fente *f*.

clench [klentʃ] *vt* serrer.

clergy ['klɜːdʒɪ] *npl*: **the ~** le clergé.

clergyman ['klɜːdʒɪmən] (*pl* **-men** [-mən]) *n* membre *m* du clergé.

clerical ['klerɪkl] *adj* **-1.** ADMIN de bureau. **-2.** RELIG clérical(e).

clerk [*Br* klɑːk, *Am* klɜːrk] *n* **-1.** [in office] employé *m*, -e *f* de bureau. **-2.** JUR clerc *m*. **-3.** *Am* [shop assistant] vendeur *m*, -euse *f*.

clever ['klevər] *adj* **-1.** [intelligent - person] intelligent(e); [- idea] ingénieux(ieuse). **-2.** [skilful] habile, adroit(e).

click [klɪk] ◇ *n* [of lock] déclic *m*; [of tongue, heels] claquement *m*. ◇ *vt* faire claquer. ◇ *vi* [heels] claquer; [camera] faire un déclic.

client ['klaɪənt] *n* client *m*, -e *f*.

cliff [klɪf] *n* falaise *f*.

climate ['klaɪmɪt] *n* climat *m*.

climax ['klaɪmæks] *n* [culmination] apogée *m*.

climb [klaɪm] ◇ *n* ascension *f*, montée *f*. ◇ *vt* [tree, rope] monter à; [stairs] monter; [wall, hill] escalader. ◇ *vi* **-1.** [person] monter, grimper. **-2.** [plant] grimper; [road] monter; [plane] prendre de l'altitude. **-3.** [increase] augmenter.

climb-down *n* reculade *f*.

climber ['klaɪmə'] n [person] alpiniste mf, grimpeur m, -euse f.

climbing ['klaɪmɪŋ] n [rock climbing] varappe f; [mountain climbing] alpinisme m.

clinch [klɪntʃ] vt [deal] conclure.

cling [klɪŋ] (pt & pp clung) vi -1. [hold tightly]: to ~ (to) s'accrocher (à), se cramponner (à). -2. [clothes]: to ~ (to) coller (à).

clingfilm ['klɪŋfɪlm] n Br film m alimentaire transparent.

clinic ['klɪnɪk] n [building] centre m médical, clinique f.

clinical ['klɪnɪkl] adj -1. MED clinique. -2. fig [attitude] froid(e).

clink [klɪŋk] vi tinter.

clip [klɪp] ◇ n -1. [for paper] trombone m; [for hair] pince f; [of earring] clip m; TECH collier m. -2. [excerpt] extrait m. ◇ vt -1. [fasten] attacher. -2. [nails] couper; [hedge] tailler; [newspaper cutting] découper.

clipboard ['klɪpbɔːd] n écritoire f à pince, clipboard m.

clippers ['klɪpəz] npl [for hair] tondeuse f; [for nails] pince f à ongles; [for hedge] cisaille f à haie; [for pruning] sécateur m.

clipping ['klɪpɪŋ] n [from newspaper] coupure f.

cloak [kləʊk] n [garment] cape f.

cloakroom ['kləʊkrʊm] n -1. [for clothes] vestiaire m. -2. Br [toilets] toilettes fpl.

clock [klɒk] n -1. [large] horloge f; [small] pendule f; **round the ~** [work, be open] 24 heures sur 24. -2. AUT [mileometer] compteur m. ◆ **clock in, clock on** vi Br [at work] pointer (à l'arrivée). ◆ **clock off, clock out** vi Br [at work] pointer (à la sortie).

clockwise ['klɒkwaɪz] adj & adv dans le sens des aiguilles d'une montre.

clockwork ['klɒkwɜːk] ◇ n: **to go like ~** fig aller OR marcher comme sur des roulettes. ◇ comp [toy] mécanique.

clog [klɒg] vt boucher. ◆ **clogs** npl sabots mpl. ◆ **clog up** ◇ vt sep boucher. ◇ vi se boucher.

close¹ [kləʊs] ◇ adj -1. [near]: ~ (to) proche (de), près (de); **a ~ friend** un ami intime (une amie intime); ~ **up**, ~ **to** de près; ~ **by**, ~ **at hand** tout près; **that was a ~ shave** OR **thing** OR **call** on l'a échappé belle. -2. [link, resemblance] fort(e); [cooperation, connection] étroit(e). -3. [questioning] serré(e); [examination] minutieux(ieuse); **to keep a** ~ **watch on sb/sthg** surveiller qqn/qqch de près; **to pay** ~ **attention** faire très attention. -4. [weather] lourd(e); [air in room] renfermé(e). -5. [result, contest, race] serré(e). ◇ adv: ~ **(to)** près (de); **to come ~r (together)** se rapprocher. ◆ **close on, close to** prep [almost] près de.

close² [kləʊz] ◇ vt -1. [gen] fermer. -2. [end] clore. ◇ vi -1. [shop, bank] fermer; [door, lid] (se) fermer. -2. [end] se terminer, finir. ◇ n fin f. ◆ **close down** vt sep & vi fermer.

closed [kləʊzd] adj fermé(e).

close-knit [,kləʊs-] adj (très) uni(e).

closely ['kləʊslɪ] adv [listen, examine, watch] de près; [resemble] beaucoup; **to be ~ related to** OR **with** être proche parent de.

closet ['klɒzɪt] ◇ n Am [cupboard] placard m. ◇ adj inf non avoué(e).

close-up ['kləʊs-] n gros plan m.

closing time ['kləʊzɪŋ-] n heure f de fermeture.

closure ['kləʊʒə'] n fermeture f.

clot [klɒt] ◇ n -1. [of blood, milk] caillot m. -2. Br inf [fool] empoté m, -e f. ◇ vi [blood] coaguler.

cloth [klɒθ] n -1. (U) [fabric] tissu m. -2. [duster] chiffon m; [for drying] torchon m.

clothe [kləʊð] vt fml [dress] habiller.

clothes [kləʊðz] npl vêtements mpl, habits mpl; **to put one's ~ on** s'habiller; **to take one's ~ off** se déshabiller.

clothes brush n brosse f à habits.

clothesline ['kləʊðzlaɪn] n corde f à linge.

clothes peg Br, **clothespin** Am ['kləʊðzpɪn] n pince f à linge.

clothing ['kləʊðɪŋ] n (U) vêtements mpl, habits mpl.

cloud [klaʊd] n nuage m. ◆ **cloud over** vi [sky] se couvrir.

cloudy ['klaʊdɪ] adj -1. [sky, day] nuageux(euse). -2. [liquid] trouble.

clout [klaʊt] inf ◇ n (U) [influence] poids m, influence f. ◇ vt donner un coup à.

clove [kləʊv] n: **a ~ of garlic** une gousse d'ail. ◆ **cloves** npl [spice] clous mpl de girofle.

clover ['kləʊvə'] n trèfle m.

clown [klaʊn] ◇ n -1. [performer] clown m. -2. [fool] pitre m. ◇ vi faire le pitre.

cloying ['klɔɪɪŋ] adj -1. [smell] écœurant(e). -2. [sentimentality] à l'eau de rose.

club [klʌb] ◇ *n* **-1.** [organization, place] club *m*. **-2.** [weapon] massue *f*. **-3.** (golf) ~ club *m*. ◇ *vt* matraquer. ◆ **clubs** *npl* CARDS trèfle *m*. ◆ **club together** *vi* se cotiser.

club car *n Am* RAIL wagon-restaurant *m*.

clubhouse ['klʌbhaus, *pl* -hauzɪz] *n* club *m*, pavillon *m*.

cluck [klʌk] *vi* glousser.

clue [klu:] *n* **-1.** [in crime] indice *m*; I haven't (got) a ~ (about) je n'ai aucune idée (sur). **-2.** [in crossword] définition *f*.

clued-up [klu:d-] *adj Br inf* calé(e).

clump [klʌmp] *n* [of trees, bushes] massif *m*, bouquet *m*.

clumsy ['klʌmzɪ] *adj* **-1.** [ungraceful] gauche, maladroit(e). **-2.** [tactless] sans tact.

clung [klʌŋ] *pt & pp* → **cling**.

cluster ['klʌstər] ◇ *n* [group] groupe *m*. ◇ *vi* [people] se rassembler; [buildings etc] être regroupé(e).

clutch [klʌtʃ] ◇ *n* AUT embrayage *m*. ◇ *vt* agripper. ◇ *vi*: to ~ at s'agripper à.

clutter ['klʌtər] ◇ *n* désordre *m*. ◇ *vt* mettre en désordre.

cm (*abbr of* **centimetre**) *n* cm.

CND (*abbr of* **Campaign for Nuclear Disarmament**) *n mouvement pour le désarmement nucléaire*.

c/o (*abbr of* **care of**) a/s.

Co. -1. (*abbr of* **Company**) Cie. **-2.** *abbr of* **County**.

coach [kəutʃ] ◇ *n* **-1.** [bus] car *m*, autocar *m*. **-2.** RAIL voiture *f*. **-3.** [horsedrawn] carrosse *m*. **-4.** SPORT entraîneur *m*. **-5.** [tutor] répétiteur *m*, -trice *f*. ◇ *vt* **-1.** SPORT entraîner. **-2.** [tutor] donner des leçons (particulières) à.

coal [kəul] *n* charbon *m*.

coalfield ['kəulfi:ld] *n* bassin *m* houiller.

coalition [,kəuə'lɪʃn] *n* coalition *f*.

coalman ['kəulmæn] (*pl* -**men** [-men]) *n Br* charbonnier *m*.

coalmine ['kəulmaɪn] *n* mine *f* de charbon.

coarse [kɔːs] *adj* **-1.** [rough - cloth] grossier(ière); [- hair] épais(aisse); [- skin] granuleux(euse). **-2.** [vulgar] grossier(ière).

coast [kəust] ◇ *n* côte *f*. ◇ *vi* [in car, on bike] avancer en roue libre.

coastal ['kəustl] *adj* côtier(ière).

coaster ['kəustər] *n* [small mat] dessous *m* de verre.

coastguard ['kəustgɑːd] *n* **-1.** [person] garde-côte *m*. **-2.** [organization]: **the** ~ la gendarmerie maritime.

coastline ['kəustlaɪn] *n* côte *f*.

coat [kəut] ◇ *n* **-1.** [garment] manteau *m*. **-2.** [of animal] pelage *m*. **-3.** [layer] couche *f*. ◇ *vt*: to ~ sthg (with) recouvrir qqch (de); [with paint etc] enduire qqch (de).

coat hanger *n* cintre *m*.

coating ['kəutɪŋ] *n* couche *f*; CULIN glaçage *m*.

coat of arms (*pl* **coats of arms**) *n* blason *m*.

coax [kəuks] *vt*: to ~ sb (to do OR into doing sthg) persuader qqn (de faire qqch) à force de cajoleries.

cob [kɒb] *n* → **corn**.

cobbled ['kɒbld] *adj* pavé(e).

cobbler ['kɒblər] *n* cordonnier *m*.

cobbles ['kɒblz], **cobblestones** ['kɒblstəunz] *npl* pavés *mpl*.

cobweb ['kɒbweb] *n* toile *f* d'araignée.

Coca-Cola® [,kəukə'kəulə] *n* Coca-Cola® *m*.

cocaine [kəu'keɪn] *n* cocaïne *f*.

cock [kɒk] ◇ *n* **-1.** [male chicken] coq *m*. **-2.** [male bird] mâle *m*. ◇ *vt* **-1.** [gun] armer. **-2.** [head] incliner. ◆ **cock up** *vt sep Br v inf* faire merder.

cockerel ['kɒkrəl] *n* jeune coq *m*.

cockeyed ['kɒkaɪd] *adj inf* **-1.** [lopsided] de travers. **-2.** [foolish] complètement fou (folle).

cockle ['kɒkl] *n* [shellfish] coque *f*.

Cockney ['kɒknɪ] (*pl* **Cockneys**) *n* [person] Cockney *mf* (*personne issue des quartiers populaires de l'est de Londres*).

cockpit ['kɒkpɪt] *n* [in plane] cockpit *m*.

cockroach ['kɒkrəutʃ] *n* cafard *m*.

cocksure [,kɒk'ʃɔːr] *adj* trop sûr(e) de soi.

cocktail ['kɒkteɪl] *n* cocktail *m*.

cock-up *n v inf*: to make a ~ se planter.

cocky ['kɒkɪ] *adj inf* suffisant(e).

cocoa ['kəukəu] *n* cacao *m*.

coconut ['kəukənʌt] *n* noix *f* de coco.

cod [kɒd] (*pl inv*) *n* morue *f*.

COD *abbr of* **cash on delivery**.

code [kəud] ◇ *n* code *m*. ◇ *vt* coder.

cod-liver oil *n* huile *f* de foie de morue.

coerce [kəu'ɜːs] *vt*: to ~ sb (into doing sthg) contraindre qqn (à faire qqch).

C of E *abbr of* **Church of England**.

coffee ['kɒfɪ] *n* café *m*.

coffee bar *n* Br café *m*.

coffee break *n* pause-café *f*.

coffee morning *n* Br *réunion matinale pour prendre le café*.

coffeepot ['kɒfɪpɒt] *n* cafetière *f*.

coffee shop *n* -1. Br [shop] café *m*. -2. Am [restaurant] ≈ café-restaurant *m*.

coffee table *n* table *f* basse.

coffin ['kɒfɪn] *n* cercueil *m*.

cog [kɒg] *n* [tooth on wheel] dent *f*; [wheel] roue *f* dentée.

coherent [kəʊ'hɪərənt] *adj* cohérent(e).

cohesive [kəʊ'hiːsɪv] *adj* cohésif(ive).

coil [kɔɪl] ◇ *n* -1. [of rope etc] rouleau *m*; [one loop] boucle *f*. -2. ELEC bobine *f*. -3. Br [contraceptive device] stérilet *m*. ◇ *vt* enrouler. ◇ *vi* s'enrouler. ♦ **coil up** *vt sep* enrouler.

coin [kɔɪn] ◇ *n* pièce *f* (de monnaie). ◇ *vt* [word] inventer.

coinage ['kɔɪnɪdʒ] *n* (U) [currency] monnaie *f*.

coin-box *n* Br cabine *f* (publique) à pièces.

coincide [,kəʊɪn'saɪd] *vi* coïncider.

coincidence [kəʊ'ɪnsɪdəns] *n* coïncidence *f*.

coincidental [kəʊ,ɪnsɪ'dentl] *adj* de coïncidence.

coke [kəʊk] *n* -1. [fuel] coke *m*. -2. *drugs sl* coco *f*.

Coke® [kəʊk] *n* Coca® *m*.

cola ['kəʊlə] *n* cola *m*.

colander ['kʌləndə'] *n* passoire *f*.

cold [kəʊld] ◇ *adj* froid(e); **it's** ~ il fait froid; **to be** ~ avoir froid; **to get** ~ [person] avoir froid; [hot food] refroidir. ◇ *n* -1. [illness] rhume *m*; **to catch (a)** ~ attraper un rhume, s'enrhumer. -2. [low temperature] froid *m*.

cold-blooded [-'blʌdɪd] *adj fig* [killer] sans pitié; [murder] de sang-froid.

cold sore *n* bouton *m* de fièvre.

cold war *n*: **the** ~ la guerre froide.

coleslaw ['kəʊlslɔː] *n* chou *m* cru mayonnaise.

colic ['kɒlɪk] *n* colique *f*.

collaborate [kə'læbəreɪt] *vi* collaborer.

collapse [kə'læps] ◇ *n* [gen] écroulement *m*, effondrement *m*; [of marriage] échec *m*. ◇ *vi* -1. [building, person] s'effondrer, s'écrouler; [marriage] échouer. -2. [fold up] être pliant(e).

collapsible [kə'læpsəbl] *adj* pliant(e).

collar ['kɒlə'] ◇ *n* -1. [on clothes] col *m*. -2. [for dog] collier *m*. -3. TECH collier *m*, bague *f*. ◇ *vt inf* [detain] coincer.

collarbone ['kɒləbəʊn] *n* clavicule *f*.

collate [kə'leɪt] *vt* collationner.

collateral [kɒ'lætərəl] *n* (U) nantissement *m*.

colleague ['kɒliːg] *n* collègue *mf*.

collect [kə'lekt] ◇ *vt* -1. [gather together - gen] rassembler, recueillir; [- wood etc] ramasser; **to** ~ **o.s.** se reprendre. -2. [as a hobby] collectionner. -3. [go to get] aller chercher, passer prendre. -4. [money] recueillir; [taxes] percevoir. ◇ *vi* -1. [crowd, people] se rassembler. -2. [dust, leaves, dirt] s'amasser, s'accumuler. -3. [for charity, gift] faire la quête. ◇ *adv* Am TELEC: **to call (sb)** ~ téléphoner (à qqn) en PCV.

collection [kə'lekʃn] *n* -1. [of objects] collection *f*. -2. LITERATURE recueil *m*. -3. [of money] quête *f*. -4. [of mail] levée *f*.

collective [kə'lektɪv] ◇ *adj* collectif(ive). ◇ *n* coopérative *f*.

collector [kə'lektə'] *n* -1. [as a hobby] collectionneur *m*, -euse *f*. -2. [of debts, rent] encaisseur *m*; ~ **of taxes** percepteur *m*.

college ['kɒlɪdʒ] *n* -1. [gen] ≈ école *f* d'enseignement (technique) supérieur. -2. [of university] maison communautaire *d'étudiants sur un campus universitaire*.

college of education *n* ≈ institut *m* de formation de maîtres.

collide [kə'laɪd] *vi*: **to** ~ **(with)** entrer en collision (avec).

collie ['kɒlɪ] *n* colley *m*.

colliery ['kɒljərɪ] *n* mine *f*.

collision [kə'lɪʒn] *n* [crash]: ~ **(with/ between)** collision *f* (avec/entre); **to be on a** ~ **course (with)** *fig* aller au-devant de l'affrontement (avec).

colloquial [kə'ləʊkwɪəl] *adj* familier(ière).

collude [kə'luːd] *vi*: **to** ~ **with sb** comploter avec qqn.

Colombia [kə'lɒmbɪə] *n* Colombie *f*.

colon ['kəʊlən] *n* -1. ANAT côlon *m*. -2. [punctuation mark] deux-points *m inv*.

colonel ['kɜːnl] *n* colonel *m*.

colonial [kə'ləʊnjəl] *adj* colonial(e).

colonize, -ise ['kɒlənaɪz] *vt* coloniser.

colony ['kɒlənɪ] *n* colonie *f*.

color *etc* Am = **colour** *etc*.

colossal [kə'lɒsl] *adj* colossal(e).

colour Br, **color** Am ['kʌlə'] ◇ *n* couleur *f*; **in** ~ en couleur. ◇ *adj* en couleur. ◇ *vt* -1. [food, liquid etc] colorer; [with pen, crayon] colorier. -2. [dye] teindre. -3. *fig* [judgment] fausser. ◇ *vi* rougir.

colour bar *n* discrimination *f* raciale.

colour-blind *adj* daltonien(ienne).

coloured *Br*, **colored** *Am* ['kʌləd] *adj* de couleur; **brightly** ~ de couleur vive.

colourful *Br*, **colorful** *Am* ['kʌləful] *adj* -1. [gen] coloré(e). -2. [person, area] haut(e) en couleur.

colouring *Br*, **coloring** *Am* ['kʌlərɪŋ] *n* -1. [dye] colorant *m*. -2. (*U*) [complexion] teint *m*.

colour scheme *n* combinaison *f* de couleurs.

colt [kəʊlt] *n* [young horse] poulain *m*.

column ['kɒləm] *n* -1. [gen] colonne *f*. -2. PRESS [article] rubrique *f*.

columnist ['kɒləmnɪst] *n* chroniqueur *m*.

coma ['kəʊmə] *n* coma *m*.

comb [kəʊm] ◇ *n* [for hair] peigne *m*. ◇ *vt* -1. [hair] peigner. -2. [search] ratisser.

combat ['kɒmbæt] ◇ *n* combat *m*. ◇ *vt* combattre.

combination [,kɒmbɪ'neɪʃn] *n* combinaison *f*.

combine [*vb* kəm'baɪn, *n* 'kɒmbaɪn] ◇ *vt* [gen] rassembler; [pieces] combiner; **to** ~ **sthg with sthg** [two substances] mélanger qqch avec OR à qqch; *fig* allier qqch à qqch. ◇ *vi* COMM & POL: **to** ~ **(with)** fusionner (avec). ◇ *n* -1. [group] cartel *m*. -2. = **combine harvester**.

combine harvester [-'hɑːvɪstə'] *n* moissonneuse-batteuse *f*.

come [kʌm] (*pt* **came**, *pp* **come**) *vi* -1. [move] venir; [arrive] arriver, venir; **the news came as a shock** la nouvelle m'a/lui a *etc* fait un choc; **coming!** j'arrive! -2. [reach]: **to** ~ **up to** arriver à, monter jusqu'à; **to** ~ **down to** descendre OR tomber jusqu'à. -3. [happen] arriver, se produire; ~ **what may** quoi qu'il arrive. -4. [become]: **to** ~ **true** se réaliser; **to** ~ **undone** se défaire; **to** ~ **unstuck** se décoller. -5. [begin gradually]: **to** ~ **to do sthg** en arriver à OR en venir à faire qqch. -6. [be placed in order] venir, être placé(e); **P** ~**s before Q** P vient avant Q, P précède Q; **she came second in the exam** elle était deuxième à l'examen. -7. *phr*: **to think of it** maintenant que j'y pense, réflexion faite. ◆ **to come** *adv* à venir; **in (the) days/years to** ~ dans les jours/années à venir. ◆ **come about** *vi* [happen] arriver, se produire. ◆ **come across** *vt fus* tomber sur, trouver par hasard. ◆ **come along** *vi* -1. [arrive by

chance] arriver. -2. [improve - work] avancer; [- student] faire des progrès. ◆ **come apart** *vi* -1. [fall to pieces] tomber en morceaux. -2. [come off] se détacher. ◆ **come at** *vt fus* [attack] attaquer. ◆ **come back** *vi* -1. [in talk, writing]: **to** ~ **back to sthg** revenir à qqch. -2. [memory]: **to** ~ **back (to sb)** revenir (à qqn). ◆ **come by** *vt fus* [get, obtain] trouver, dénicher. ◆ **come down** *vi* -1. [decrease] baisser. -2. [descend] descendre. ◆ **come down to** *vt fus* se résumer à, se réduire à. ◆ **come down with** *vt fus* [cold, flu] attraper. ◆ **come forward** *vi* se présenter. ◆ **come from** *vt fus* venir de. ◆ **come in** *vi* [enter] entrer. ◆ **come in for** *vt fus* [criticism] être l'objet de. ◆ **come into** *vt fus* -1. [inherit] hériter de. -2. [begin to be]: **to** ~ **into being** prendre naissance, voir le jour. ◆ **come off** *vi* -1. [button, label] se détacher; [stain] s'enlever. -2. [joke, attempt] réussir. -3. *phr*: ~ **off it!** *inf* et puis quoi encore!, non mais sans blague! ◆ **come on** *vi* -1. [start] commencer, apparaître. -2. [start working - car, engine] s'allumer. -3. [progress, improve] avancer, faire des progrès. -4. *phr*: ~ **on!** [expressing encouragement] allez!; [hurry up] allez, dépêche-toi!; [expressing disbelief] allons donc! ◆ **come out** *vi* -1. [become known] être découvert(e). -2. [appear - product, book, film] sortir, paraître; [- sun, moon, stars] paraître. -3. [go on strike] faire grève. -4. [declare publicly]: **to** ~ **out for/against sthg** se déclarer pour/contre qqch. ◆ **come round** *vi* [regain consciousness] reprendre connaissance, revenir à soi. ◆ **come through** *vt fus* survivre à. ◆ **come to** ◇ *vt fus* -1. [reach]: **to** ~ **to an end** se terminer, prendre fin; **to** ~ **to a decision** arriver à OR prendre une décision. -2. [amount to] s'élever à. ◇ *vi* [regain consciousness] revenir à soi, reprendre connaissance. ◆ **come under** *vt fus* -1. [be governed by] être soumis(e) à. -2. [suffer]: **to** ~ **under attack (from)** être en butte aux attaques (de). ◆ **come up** *vi* -1. [be mentioned] survenir. -2. [be imminent] approcher. -3. [happen unexpectedly] se présenter. -4. [sun, moon] se lever. ◆ **come up against** *vt fus* se heurter à. ◆ **come up to** *vt fus* [approach - in space] s'approcher de. ◆ **come up with** *vt fus* [answer, idea] proposer.

comeback ['kʌmbæk] *n* come-back *m*;

to make a ~ [fashion] revenir à la mode; [actor etc] revenir à la scène.

comedian [kə'miːdjən] *n* [comic] comique *m*; THEATRE comédien *m*.

comedown ['kʌmdaʊn] *n* inf: **it was a ~ for her** elle est tombée bien bas pour faire ça.

comedy ['kɒmədɪ] *n* comédie *f*.

comet ['kɒmɪt] *n* comète *f*.

come-uppance [ˌkʌm'ʌpəns] *n*: **to get one's ~** inf recevoir ce qu'on mérite.

comfort ['kʌmfət] ◇ *n* **-1.** (U) [ease] confort *m*. **-2.** [luxury] commodité *f*. **-3.** [solace] réconfort *m*, consolation *f*. ◇ *vt* réconforter, consoler.

comfortable ['kʌmftəbl] *adj* **-1.** [gen] confortable. **-2.** *fig* [person - at ease, financially] à l'aise. **-3.** [after operation, accident]: **he's ~** son état est stationnaire.

comfortably ['kʌmftəblɪ] *adv* **-1.** [sit, sleep] confortablement. **-2.** [without financial difficulty] à l'aise. **-3.** [win] aisément.

comfort station *n* Am toilettes *fpl* publiques.

comic ['kɒmɪk] ◇ *adj* comique, amusant(e). ◇ *n* **-1.** [comedian] comique *m*, actrice *f* comique. **-2.** [magazine] bande *f* dessinée.

comical ['kɒmɪkl] *adj* comique, drôle.

comic strip *n* bande *f* dessinée.

coming ['kʌmɪŋ] ◇ *adj* [future] à venir, futur(e). ◇ *n*: **~s and goings** allées et venues *fpl*.

comma ['kɒmə] *n* virgule *f*.

command [kə'mɑːnd] ◇ *n* **-1.** [order] ordre *m*. **-2.** (U) [control] commandement *m*. **-3.** [of language, subject] maîtrise *f*; **to have at one's ~** [language] maîtriser; [resources] avoir à sa disposition. **-4.** COMPUT commande *f*. ◇ *vt* **-1.** [order]: **to ~ sb to do sthg** ordonner OR commander à qqn de faire qqch. **-2.** MIL [control] commander. **-3.** [deserve - respect] inspirer; [- attention, high price] mériter.

commandeer [ˌkɒmən'dɪəʳ] *vt* réquisitionner.

commander [kə'mɑːndəʳ] *n* **-1.** [in army] commandant *m*. **-2.** [in navy] capitaine *m* de frégate.

commando [kə'mɑːndəʊ] (*pl* **-s** OR **-es**) *n* commando *m*.

commemorate [kə'meməreɪt] *vt* commémorer.

commemoration [kə,memə'reɪʃn] *n* commémoration *f*.

commence [kə'mens] *fml* ◇ *vt* commencer, entamer; **to ~ doing sthg** commencer à faire qqch. ◇ *vi* commencer.

commend [kə'mend] *vt* **-1.** [praise]: **to ~ sb** (**on** OR **for**) féliciter qqn (de). **-2.** [recommend]: **to ~ sthg** (**to sb**) recommander qqch (à qqn).

commensurate [kə'menʃərət] *adj* *fml*: **~ with** correspondant(e) à.

comment ['kɒment] ◇ *n* commentaire *m*, remarque *f*; **no ~!** sans commentaire! ◇ *vt*: **to ~ that** remarquer que. ◇ *vi*: **to ~ (on)** faire des commentaires OR remarques (sur).

commentary ['kɒməntrɪ] *n* commentaire *m*.

commentator ['kɒmənteɪtəʳ] *n* commentateur *m*, -trice *f*.

commerce ['kɒmɜːs] *n* (U) commerce *m*, affaires *fpl*.

commercial [kə'mɜːʃl] ◇ *adj* commercial(e). ◇ *n* publicité *f*, spot *m* publicitaire.

commercial break *n* publicités *fpl*.

commiserate [kə'mɪzəreɪt] *vi*: **to ~ with sb** témoigner de la compassion pour qqn.

commission [kə'mɪʃn] ◇ *n* **-1.** [money, investigative body] commission *f*. **-2.** [order for work] commande *f*. ◇ *vt* [work] commander; **to ~ sb to do sthg** charger qqn de faire qqch.

commissionaire [kə,mɪʃə'neəʳ] *n* Br chasseur *m*.

commissioner [kə'mɪʃnəʳ] *n* [in police] commissaire *m*.

commit [kə'mɪt] *vt* **-1.** [crime, sin etc] commettre; **to ~ suicide** se suicider. **-2.** [promise - money, resources] allouer; **to ~ o.s.** (**to sthg/to doing sthg**) s'engager (à qqch/à faire qqch). **-3.** [consign]: **to ~ sb to prison** faire incarcérer qqn; **to ~ sthg to memory** apprendre qqch par cœur.

commitment [kə'mɪtmənt] *n* **-1.** (U) [dedication] engagement *m*. **-2.** [responsibility] obligation *f*.

committee [kə'mɪtɪ] *n* commission *f*, comité *m*.

commodity [kə'mɒdətɪ] *n* marchandise *f*.

common ['kɒmən] ◇ *adj* **-1.** [frequent] courant(e). **-2.** [shared]: **~** (**to**) commun(e) (à). **-3.** [ordinary] banal(e). **-4.** Br *pej* [vulgar] vulgaire. ◇ *n* [land] terrain *m* communal. **◆ in common** *adv* en commun.

common law n: droit m coutumier.
◆ **common-law** adj: **common-law wife** concubine f.
commonly ['kɒmənlɪ] adv [generally] d'une manière générale, généralement.
Common Market n: the ~ le Marché commun.
commonplace ['kɒmənpleɪs] adj banal(e), ordinaire.
common room n [staffroom] salle f des professeurs; [for students] salle commune.
Commons ['kɒmənz] npl Br: the ~ les Communes fpl, la Chambre des Communes.
common sense n (U) bon sens m.
Commonwealth ['kɒmənwelθ] n: the ~ le Commonwealth.
Commonwealth of Independent States n: the ~ la Communauté des États Indépendants.
commotion [kə'məʊʃn] n remue-ménage m.
communal ['kɒmjʊnl] adj [kitchen, garden] commun(e); [life etc] communautaire, collectif(ive).
commune [n 'kɒmjuːn, vb kə'mjuːn] ◇ n communauté f. ◇ vi: to ~ with communier avec.
communicate [kə'mjuːnɪkeɪt] vt & vi communiquer.
communication [kə,mjuːnɪ'keɪʃn] n contact m; TELEC communication f.
communication cord n Br sonnette f d'alarme.
communion [kə'mjuːnjən] n communion f. ◆ **Communion** n (U) RELIG communion f.
Communism ['kɒmjʊnɪzm] n communisme m.
Communist ['kɒmjʊnɪst] ◇ adj communiste. ◇ n communiste mf.
community [kə'mjuːnətɪ] n communauté f.
community centre n foyer m municipal.
community charge n Br ≃ impôts mpl locaux.
commutation ticket [,kɒmjʊ'teɪʃn] n Am carte f de transport.
commute [kə'mjuːt] ◇ vt JUR commuer. ◇ vi [to work] faire la navette pour se rendre à son travail.
commuter [kə'mjuːtər] n personne qui fait tous les jours la navette de banlieue en ville pour se rendre à son travail.
compact [adj kəm'pækt, n 'kɒmpækt]

◇ adj compact(e). ◇ n -1. [for face powder] poudrier m. -2. Am AUT: ~ **(car)** petite voiture f.
compact disc n compact m (disc m), disque m compact.
compact disc player n lecteur m de disques compacts.
companion [kəm'pænjən] n [person] camarade mf.
companionship [kəm'pænjənʃɪp] n compagnie f.
company ['kʌmpənɪ] n -1. [COMM - gen] société f; [- insurance, airline, shipping company] compagnie f. -2. [companionship] compagnie f; **to keep sb** ~ tenir compagnie à qqn. -3. [of actors] troupe f.
company secretary n secrétaire général m, secrétaire générale f.
comparable ['kɒmprəbl] adj: ~ **(to** OR **with)** comparable (à).
comparative [kəm'pærətɪv] adj -1. [relative] relatif(ive). -2. [study, in grammar] comparatif(ive).
comparatively [kəm'pærətɪvlɪ] adv [relatively] relativement.
compare [kəm'peər] ◇ vt: to ~ sb/sthg **(with), to** ~ **sb/sthg (to)** comparer qqn/qqch (avec), comparer qqn/qqch (à); ~d **with** OR **to** par rapport à. ◇ vi: to ~ **(with)** être comparable (à).
comparison [kəm'pærɪsn] n comparaison f; **in** ~ **with** OR **to** en comparaison de, par rapport à.
compartment [kəm'pɑːtmənt] n compartiment m.
compass ['kʌmpəs] n [magnetic] boussole f. ◆ **compasses** npl: **(a pair of)** ~es un compas.
compassion [kəm'pæʃn] n compassion f.
compassionate [kəm'pæʃənət] adj compatissant(e).
compatible [kəm'pætəbl] adj [gen & COMPUT]: ~ **(with)** compatible (avec).
compel [kəm'pel] vt [force]: **to** ~ **sb (to do sthg)** contraindre OR obliger qqn (à faire qqch).
compelling [kəm'pelɪŋ] adj [forceful] irrésistible.
compensate ['kɒmpenseɪt] ◇ vt: **to** ~ **sb for sthg** [financially] dédommager OR indemniser qqn de qqch. ◇ vi: **to** ~ **for sthg** compenser qqch.
compensation [,kɒmpen'seɪʃn] n -1. [money]: ~ **(for)** dédommagement m (pour). -2. [way of compensating]: ~ **(for)** compensation f (pour).

compete [kəm'piːt] *vi* **-1.** [vie - people]: to ~ **with sb for sthg** disputer qqch à qqn; **to ~ for sthg** se disputer qqch. **-2.** COMM: **to ~ (with)** être en concurrence (avec); **to ~ for sthg** se faire concurrence pour qqch. **-3.** [take part] être en compétition.

competence ['kɒmpɪtəns] *n* (U) [proficiency] compétence *f*, capacité *f*.

competent ['kɒmpɪtənt] *adj* compétent(e).

competition [,kɒmpɪ'tɪʃn] *n* **-1.** (U) [rivalry] rivalité *f*, concurrence *f*. **-2.** (U) COMM concurrence *f*. **-3.** [race, contest] concours *m*, compétition *f*.

competitive [kəm'petətɪv] *adj* **-1.** [person] qui a l'esprit de compétition; [match, sport] de compétition. **-2.** [COMM - goods] compétitif(ive); [- manufacturer] concurrentiel(ielle).

competitor [kəm'petɪtə*r*] *n* concurrent *m*, -e *f*.

compile [kəm'paɪl] *vt* rédiger.

complacency [kəm'pleɪsnsɪ] *n* autosatisfaction *f*.

complain [kəm'pleɪn] *vi* **-1.** [moan]: **to ~ (about)** se plaindre (de). **-2.** MED: **to ~ of** se plaindre de.

complaint [kəm'pleɪnt] *n* **-1.** [gen] plainte *f*; [in shop] réclamation *f*. **-2.** MED affection *f*, maladie *f*.

complement [*n* 'kɒmplɪmənt, *vb* 'kɒmplɪ,ment] ◇ *n* **-1.** [accompaniment] accompagnement *m*. **-2.** [number] effectif *m*. **-3.** GRAMM complément *m*. ◇ *vt* aller bien avec.

complementary [,kɒmplɪ'mentərɪ] *adj* complémentaire.

complete [kəm'pliːt] ◇ *adj* **-1.** [gen] complet(ète); ~ **with** doté(e) de, muni(e) de. **-2.** [finished] achevé(e). ◇ *vt* **-1.** [make whole] compléter. **-2.** [finish] achever, terminer. **-3.** [questionnaire, form] remplir.

completely [kəm'pliːtlɪ] *adv* complètement.

completion [kəm'pliːʃn] *n* achèvement *m*.

complex ['kɒmpleks] ◇ *adj* complexe. ◇ *n* [mental, of buildings] complexe *m*.

complexion [kəm'plekʃn] *n* teint *m*.

compliance [kəm'plaɪəns] *n*: ~ **(with)** conformité *f* (à).

complicate ['kɒmplɪkeɪt] *vt* compliquer.

complicated ['kɒmplɪkeɪtɪd] *adj* compliqué(e).

complication [,kɒmplɪ'keɪʃn] *n* complication *f*.

compliment [*n* 'kɒmplɪmənt, *vb* 'kɒmplɪment] ◇ *n* compliment *m*. ◇ *vt*: **to ~ sb (on)** féliciter qqn (de).
◆**compliments** *npl fml* compliments *mpl*.

complimentary [,kɒmplɪ'mentərɪ] *adj* **-1.** [admiring] flatteur(euse). **-2.** [free] gratuit(e).

complimentary ticket *n* billet *m* de faveur.

comply [kəm'plaɪ] *vi*: **to ~ with** se conformer à.

component [kəm'pəʊnənt] *n* composant *m*.

compose [kəm'pəʊz] *vt* **-1.** [gen] composer; **to be ~d of** se composer de, être composé de. **-2.** [calm]: **to ~ o.s.** se calmer.

composed [kəm'pəʊzd] *adj* [calm] calme.

composer [kəm'pəʊzə*r*] *n* compositeur *m*, -trice *f*.

composition [,kɒmpə'zɪʃn] *n* composition *f*.

compost [*Br* 'kɒmpɒst, *Am* 'kɒmpəʊst] *n* compost *m*.

composure [kəm'pəʊʒə*r*] *n* sang-froid *m*, calme *m*.

compound ['kɒmpaʊnd] *n* **-1.** CHEM & LING composé *m*. **-2.** [enclosed area] enceinte *f*.

compound fracture *n* fracture *f* multiple.

comprehend [,kɒmprɪ'hend] *vt* [understand] comprendre.

comprehension [,kɒmprɪ'henʃn] *n* compréhension *f*.

comprehensive [,kɒmprɪ'hensɪv] ◇ *adj* **-1.** [account, report] exhaustif(ive), détaillé(e). **-2.** [insurance] tous-risques (*inv*). ◇ *n* = **comprehensive school**.

comprehensive school *n* établissement secondaire britannique d'enseignement général.

compress [kəm'pres] *vt* **-1.** [squeeze, press] comprimer. **-2.** [shorten - text] condenser.

comprise [kəm'praɪz] *vt* comprendre; **to be ~d of** consister en, comprendre.

compromise ['kɒmprəmaɪz] ◇ *n* compromis *m*. ◇ *vt* compromettre. ◇ *vi* transiger.

compulsion [kəm'pʌlʃn] *n* **-1.** [strong desire]: **to have a ~ to do sthg** ne pas pouvoir s'empêcher de faire qqch. **-2.** (U) [obligation] obligation *f*.

compulsive [kəm'pʌlsɪv] *adj* **-1.** [smoker,

liar etc] **invétéré(e). -2.** [book, TV programme] **captivant(e).**

compulsory [kəm'pʌlsərɪ] *adj* obligatoire.

computer [kəm'pju:tə^r] ◇ *n* ordinateur *m*. ◇ *comp*: ~ **graphics** Infographie® *f*; ~ **program** programme *m* informatique.

computer game *n* jeu *m* électronique.

computerized [kəm'pju:təraɪzd] *adj* informatisé(e).

computing [kəm'pju:tɪŋ], **computer science** *n* informatique *f*.

comrade ['kɒmreɪd] *n* camarade *mf*.

con [kɒn] *inf* ◇ *n* [trick] escroquerie *f*. ◇ *vt* [trick]: **to ~ sb (out of)** escroquer qqn (de); **to ~ sb into doing sthg** persuader qqn de faire qqch (en lui mentant).

concave [ˌkɒn'keɪv] *adj* concave.

conceal [kən'si:l] *vt* cacher, dissimuler; **to ~ sthg from sb** cacher qqch à qqn.

concede [kən'si:d] ◇ *vt* concéder. ◇ *vi* céder.

conceit [kən'si:t] *n* [arrogance] vanité *f*.

conceited [kən'si:tɪd] *adj* vaniteux(euse).

conceive [kən'si:v] ◇ *vt* concevoir. ◇ *vi* **-1.** MED concevoir. **-2.** [imagine]: **to ~ of** concevoir.

concentrate ['kɒnsəntreɪt] ◇ *vt* concentrer. ◇ *vi*: **to ~ (on)** se concentrer (sur).

concentration [ˌkɒnsən'treɪʃn] *n* concentration *f*.

concentration camp *n* camp *m* de concentration.

concept ['kɒnsept] *n* concept *m*.

concern [kən'sɜ:n] ◇ *n* **-1.** [worry, anxiety] souci *m*, inquiétude *f*. **-2.** COMM [company] affaire *f*. ◇ *vt* **-1.** [worry] inquiéter; **to be ~ed (about)** s'inquiéter (de). **-2.** [involve] concerner, intéresser; **as far as I'm ~ed** en ce qui me concerne; **to be ~ed with** [subj: person] s'intéresser à; **to ~ o.s. with** s'intéresser à, s'occuper de. **-3.** [subj: book, film] traiter de.

concerning [kən'sɜ:nɪŋ] *prep* en ce qui concerne.

concert ['kɒnsət] *n* concert *m*.

concerted [kən'sɜ:tɪd] *adj* [effort] concerté(e).

concert hall *n* salle *f* de concert.

concertina [ˌkɒnsə'ti:nə] *n* concertina *m*.

concerto [kən'tʃɜ:təʊ] (*pl* **-s**) *n* concerto *m*.

concession [kən'seʃn] *n* **-1.** [gen]

concession *f*. **-2.** [special price] réduction *f*.

conciliatory [kən'sɪlɪətrɪ] *adj* conciliant(e).

concise [kən'saɪs] *adj* concis(e).

conclude [kən'klu:d] ◇ *vt* conclure. ◇ *vi* [meeting] prendre fin; [speaker] conclure.

conclusion [kən'klu:ʒn] *n* conclusion *f*.

conclusive [kən'klu:sɪv] *adj* concluant(e).

concoct [kən'kɒkt] *vt* préparer; *fig* concocter.

concoction [kən'kɒkʃn] *n* préparation *f*.

concourse ['kɒnkɔ:s] *n* [hall] hall *m*.

concrete ['kɒnkri:t] ◇ *adj* [definite] concret(ète). ◇ *n* (*U*) béton *m*. ◇ *comp* [made of concrete] en béton.

concubine ['kɒnkjʊbaɪn] *n* maîtresse *f*.

concur [kən'kɜ:^r] *vi* [agree]: **to ~ (with)** être d'accord (avec).

concurrently [kən'kʌrəntlɪ] *adv* simultanément.

concussion [kən'kʌʃn] *n* commotion *f*.

condemn [kən'dem] *vt* condamner.

condensation [ˌkɒnden'seɪʃn] *n* condensation *f*.

condense [kən'dens] ◇ *vt* condenser. ◇ *vi* se condenser.

condensed milk [kən'denst-] *n* lait *m* condensé.

condescending [ˌkɒndɪ'sendɪŋ] *adj* condescendant(e).

condition [kən'dɪʃn] ◇ *n* **-1.** [gen] condition *f*; **in (a) good/bad ~** en bon/mauvais état; **out of ~** pas en forme. **-2.** MED maladie *f*. ◇ *vt* [gen] conditionner.

conditional [kən'dɪʃənl] *adj* conditionnel(elle).

conditioner [kən'dɪʃnə^r] *n* **-1.** [for hair] après-shampooing *m*. **-2.** [for clothes] assouplissant *m*.

condolences [kən'dəʊlənsɪz] *npl* condoléances *fpl*.

condom ['kɒndəm] *n* préservatif *m*.

condominium [ˌkɒndə'mɪnɪəm] *n* Am **-1.** [apartment] appartement *m* dans un immeuble en copropriété. **-2.** [apartment block] immeuble *m* en copropriété.

condone [kən'dəʊn] *vt* excuser.

conducive [kən'dju:sɪv] *adj*: **to be ~ to sthg/to doing sthg** inciter à qqch/à faire qqch.

conduct [*n* 'kɒndʌkt, *vb* kən'dʌkt] ◇ *n* conduite *f*. ◇ *vt* **-1.** [carry out, transmit] conduire. **-2.** [behave]: **to ~ o.s. well/ badly** se conduire bien/mal. **-3.** MUS diriger.

conducted tour [kən'dʌktɪd-] *n* visite *f* guidée.

conductor [kən'dʌktəʳ] *n* **-1.** MUS chef *m* d'orchestre. **-2.** [on bus] receveur *m*. **-3.** *Am* [on train] chef *m* de train.

conductress [kən'dʌktrɪs] *n* [on bus] receveuse *f*.

cone [kəʊn] *n* **-1.** [shape] cône *m*. **-2.** [for ice cream] cornet *m*. **-3.** [from tree] pomme *f* de pin.

confectioner [kən'fekʃnəʳ] *n* confiseur *m*; **~'s (shop)** confiserie *f*.

confectionery [kən'fekʃnərɪ] *n* confiserie *f*.

confederation [kən,fedə'reɪʃn] *n* confédération *f*.

Confederation of British Industry *n*: **the ~** ≃ le conseil du patronat.

confer [kən'fɜːʳ] ◇ *vt*: **to ~ sthg (on sb)** conférer qqch (à qqn). ◇ *vi*: **to ~ (with sb on** OR **about sthg)** s'entretenir (avec qqn de qqch).

conference ['kɒnfərəns] *n* conférence *f*.

confess [kən'fes] ◇ *vt* **-1.** [admit] avouer, confesser. **-2.** RELIG confesser. ◇ *vi*: **to ~ (to sthg)** avouer (qqch).

confession [kən'feʃn] *n* confession *f*.

confetti [kən'fetɪ] *n* (*U*) confettis *mpl*.

confide [kən'faɪd] *vi*: **to ~ in sb** se confier à qqn.

confidence ['kɒnfɪdəns] *n* **-1.** [self-assurance] confiance *f* en soi, assurance *f*. **-2.** [trust] confiance *f*; **to have ~ in** avoir confiance en. **-3.** [secrecy]: **in ~** en confidence. **-4.** [secret] confidence *f*.

confidence trick *n* abus *m* de confiance.

confident ['kɒnfɪdənt] *adj* **-1.** [self-assured]: **to be ~** avoir confiance en soi. **-2.** [sure] sûr(e).

confidential [,kɒnfɪ'denʃl] *adj* confidentiel(ielle).

confine [kən'faɪn] *vt* **-1.** [limit] limiter; **to ~ o.s. to** se limiter à. **-2.** [shut up] enfermer, confiner.

confined [kən'faɪnd] *adj* [space, area] restreint(e).

confinement [kən'faɪnmənt] *n* [imprisonment] emprisonnement *m*.

confines ['kɒnfaɪnz] *npl* confins *mpl*.

confirm [kən'fɜːm] *vt* confirmer.

confirmation [,kɒnfə'meɪʃn] *n* confirmation *f*.

confirmed [kən'fɜːmd] *adj* [habitual] invétéré(e); [bachelor, spinster] endurci(e).

confiscate ['kɒnfɪskeɪt] *vt* confisquer.

conflict [*n* 'kɒnflɪkt, *vb* kən'flɪkt] ◇ *n* conflit *m*. ◇ *vi*: **to ~ (with)** s'opposer (à), être en conflit (avec).

conflicting [kən'flɪktɪŋ] *adj* contradictoire.

conform [kən'fɔːm] *vi*: **to ~ (to** OR **with)** se conformer (à).

confound [kən'faʊnd] *vt* [confuse, defeat] déconcerter.

confront [kən'frʌnt] *vt* **-1.** [problem, enemy] affronter. **-2.** [challenge]: **to ~ sb (with)** confronter qqn (avec).

confrontation [,kɒnfrʌn'teɪʃn] *n* affrontement *m*.

confuse [kən'fjuːz] *vt* **-1.** [disconcert] troubler; **to ~ the issue** brouiller les cartes. **-2.** [mix up] confondre.

confused [kən'fjuːzd] *adj* **-1.** [not clear] compliqué(e). **-2.** [disconcerted] troublé(e), désorienté(e); **I'm ~** je n'y comprends rien.

confusing [kən'fjuːzɪŋ] *adj* pas clair(e).

confusion [kən'fjuːʒn] *n* confusion *f*.

congeal [kən'dʒiːl] *vi* [blood] se coaguler.

congenial [kən'dʒiːnjəl] *adj* sympathique, agréable.

congested [kən'dʒestɪd] *adj* **-1.** [street, area] encombré(e). **-2.** MED congestionné(e).

congestion [kən'dʒestʃn] *n* **-1.** [of traffic] encombrement *m*. **-2.** MED congestion *f*.

conglomerate [,kən'glɒmərət] *n* COMM conglomérat *m*.

congratulate [kən'grætʃʊleɪt] *vt*: **to ~ sb (on sthg/on doing sthg)** féliciter qqn (de qqch/d'avoir fait qqch).

congratulations [kən,grætʃʊ'leɪʃənz] *npl* félicitations *fpl*.

congregate ['kɒŋgrɪgeɪt] *vi* se rassembler.

congregation [,kɒŋgrɪ'geɪʃn] *n* assemblée *f* des fidèles.

congress ['kɒŋgres] *n* [meeting] congrès *m*. ◆ **Congress** *n Am* POL le Congrès.

congressman ['kɒŋgresmən] (*pl* **-men** [-mən]) *n Am* POL membre *m* du Congrès.

conifer ['kɒnɪfəʳ] *n* conifère *m*.

conjugate ['kɒndʒʊgeɪt] *vt* GRAMM conjuguer.

conjugation [,kɒndʒʊ'geɪʃn] *n* GRAMM conjugaison *f*.

conjunction [kən'dʒʌŋkʃn] *n* GRAMM conjonction *f*.

conjunctivitis [kən,dʒʌŋktɪ'vaɪtɪs] *n* conjonctivite *f*.

conjure ['kʌndʒər] vi [by magic] faire des tours de prestidigitation. ◆ **conjure up** vt sep évoquer.

conjurer ['kʌndʒərər] n prestidigitateur m, -trice f.

conjuror ['kʌndʒərər] = conjurer.

conk [kɒŋk] n inf pif m. ◆ **conk out** vi inf tomber en panne.

conker ['kɒŋkər] n Br marron m.

conman ['kɒnmæn] (pl -men [-men]) n escroc m.

connect [kə'nekt] ◇ vt -1. [join]: to ~ sthg (to) relier qqch (à). -2. [on telephone] mettre en communication. -3. [associate] associer; to ~ sb/sthg to, to ~ sb/sthg with associer qqn/qqch à. -4. ELEC [to power supply]: to ~ sthg to brancher qqch à. ◇ vi [train, plane, bus]: to ~ (with) assurer la correspondance (avec).

connected [kə'nektɪd] adj [related]: to be ~ with avoir un rapport avec.

connection [kə'nekʃn] n -1. [relationship]: ~ (between/with) rapport m (entre/avec); in ~ with à propos de. -2. ELEC branchement m, connexion f. -3. [on telephone] communication f. -4. [plane, train, bus] correspondance f. -5. [professional acquaintance] relation f.

connive [kə'naɪv] vi -1. [plot] comploter. -2. [allow to happen]: to ~ at sthg fermer les yeux sur qqch.

connoisseur [,kɒnə'sɜːr] n connaisseur m, -euse f.

conquer ['kɒŋkər] vt -1. [country, people etc] conquérir. -2. [fears, inflation etc] vaincre.

conqueror ['kɒŋkərər] n conquérant m, -e f.

conquest ['kɒŋkwest] n conquête f.

cons [kɒnz] npl -1. Br inf: all mod ~ tout confort. -2. → pro.

conscience ['kɒnʃəns] n conscience f.

conscientious [,kɒnʃɪ'enʃəs] adj consciencieux(ieuse).

conscious ['kɒnʃəs] adj -1. [not unconscious] conscient(e). -2. [aware]: ~ of sthg conscient(e) de qqch. -3. [intentional - insult] délibéré(e), intentionnel(elle); [- effort] conscient(e).

consciousness ['kɒnʃəsnɪs] n conscience f.

conscript ['kɒnskrɪpt] MIL n conscrit m.

conscription [kən'skrɪpʃn] n conscription f.

consecutive [kən'sekjʊtɪv] adj consécutif(ive).

consent [kən'sent] ◇ n (U) -1. [permission] consentement m. -2. [agreement] accord m. ◇ vi: to ~ (to) consentir (à).

consequence ['kɒnsɪkwəns] n -1. [result] conséquence f; in ~ par conséquent. -2. [importance] importance f.

consequently ['kɒnsɪkwəntlɪ] adv par conséquent.

conservation [,kɒnsə'veɪʃn] n [of nature] protection f; [of buildings] conservation f; [of energy, water] économie f.

conservative [kən'sɜːvətɪv] ◇ adj -1. [not modern] traditionnel(elle). -2. [cautious] prudent(e). ◇ n traditionaliste mf. ◆ **Conservative** POL ◇ adj conservateur(trice). ◇ n conservateur m, -trice f.

Conservative Party n: the ~ le parti conservateur.

conservatory [kən'sɜːvətrɪ] n [of house] véranda f.

conserve [vb kən'sɜːv, n 'kɒnsɜːv] ◇ n confiture f. ◇ vt [energy, supplies] économiser; [nature, wildlife] protéger.

consider [kən'sɪdər] vt -1. [think about] examiner. -2. [take into account] prendre en compte; all things ~ed tout compte fait. -3. [judge] considérer.

considerable [kən'sɪdrəbl] adj considérable.

considerably [kən'sɪdrəblɪ] adv considérablement.

considerate [kən'sɪdərət] adj prévenant(e).

consideration [kən,sɪdə'reɪʃn] n -1. (U) [careful thought] réflexion f; to take into ~ tenir compte de qqch, prendre qqch en considération; under ~ à l'étude. -2. (U) [care] attention f. -3. [factor] facteur m.

considering [kən'sɪdərɪŋ] ◇ prep étant donné. ◇ conj étant donné que.

consign [kən'saɪn] vt: to ~ sb/sthg to reléguer qqn/qqch à.

consignment [,kən'saɪnmənt] n [load] expédition f.

consist [kən'sɪst] ◆ **consist in** vt fus: to ~ in sthg consister dans qqch; to ~ in doing sthg consister à faire qqch. ◆ **consist of** vt fus consister en.

consistency [kən'sɪstənsɪ] n -1. [coherence] cohérence f. -2. [texture] consistance f.

consistent [kən'sɪstənt] adj -1. [regular - behaviour] conséquent(e); [- improvement] régulier(ière); [- supporter] constant(e). -2. [coherent] cohérent(e); to be ~ with [with one's position] être compa-

tible avec; [with the facts] **correspondre avec.**

consolation [ˌkɒnsəˈleɪʃn] *n* réconfort *m.*

console [*n* ˈkɒnsəʊl, *vt* kənˈsəʊl] ◇ *n* tableau *m* de commande; MUS console *f.* ◇ *vt* consoler.

consonant [ˈkɒnsənənt] *n* consonne *f.*

consortium [kənˈsɔːtjəm] (*pl* **-tiums** OR **-tia** [-tjə]) *n* consortium *m.*

conspicuous [kənˈspɪkjʊəs] *adj* voyant(e), qui se remarque.

conspiracy [kənˈspɪrəsɪ] *n* conspiration *f*, complot *m.*

conspire [kənˈspaɪəʳ] *vt*: **to ~ to do sthg** comploter de faire qqch; [subj: events] contribuer à faire qqch.

constable [ˈkʌnstəbl] *n Br* [policeman] agent *m* de police.

constabulary [kənˈstæbjʊlərɪ] *n* police *f.*

constant [ˈkɒnstənt] *adj* **-1.** [unvarying] constant(e). **-2.** [recurring] continuel(elle).

constantly [ˈkɒnstəntlɪ] *adv* constamment.

consternation [ˌkɒnstəˈneɪʃn] *n* consternation *f.*

constipated [ˈkɒnstɪpeɪtɪd] *adj* constipé(e).

constipation [ˌkɒnstɪˈpeɪʃn] *n* constipation *f.*

constituency [kənˈstɪtjʊənsɪ] *n* [area] circonscription *f* électorale.

constituent [kənˈstɪtjʊənt] *n* **-1.** [voter] électeur *m*, -trice *f.* **-2.** [element] composant *m.*

constitute [ˈkɒnstɪtjuːt] *vt* **-1.** [form, represent] représenter, constituer. **-2.** [establish, set up] constituer.

constitution [ˌkɒnstɪˈtjuːʃn] *n* constitution *f.*

constraint [kənˈstreɪnt] *n* **-1.** [restriction]: **~ (on)** limitation *f* (à). **-2.** (*U*) [self-control] retenue *f*, réserve *f.* **-3.** [coercion] contrainte *f.*

construct [kənˈstrʌkt] *vt* construire.

construction [kənˈstrʌkʃn] *n* construction *f.*

constructive [kənˈstrʌktɪv] *adj* constructif(ive).

construe [kənˈstruː] *vt fml* [interpret]: **to ~ sthg as** interpréter qqch comme.

consul [ˈkɒnsəl] *n* consul *m.*

consulate [ˈkɒnsjʊlət] *n* consulat *m.*

consult [kənˈsʌlt] ◇ *vt* consulter. ◇ *vi*: **to ~ with sb** s'entretenir avec qqn.

consultant [kənˈsʌltənt] *n* **-1.** [expert]

expert-conseil *m.* **-2.** *Br* [hospital doctor] spécialiste *mf.*

consultation [ˌkɒnsəlˈteɪʃn] *n* [meeting, discussion] entretien *m.*

consulting room [kənˈsʌltɪŋ-] *n* cabinet *m* de consultation.

consume [kənˈsjuːm] *vt* [food, fuel etc] consommer.

consumer [kənˈsjuːməʳ] *n* consommateur *m*, -trice *f.*

consumer goods *npl* biens *mpl* de consommation.

consumer society *n* société *f* de consommation.

consummate [ˈkɒnsəmeɪt] *vt* consommer.

consumption [kənˈsʌmpʃn] *n* [use] consommation *f.*

cont. *abbr of* continued.

contact [ˈkɒntækt] ◇ *n* **-1.** (*U*) [touch, communication] contact *m*; **in ~ (with sb)** en rapport OR contact (avec qqn); **to lose ~ with sb** perdre le contact avec qqn; **to make ~ with sb** prendre contact OR entrer en contact avec qqn. **-2.** [person] relation *f*, contact *m.* ◇ *vt* contacter, prendre contact avec; [by phone] joindre, contacter.

contact lens *n* verre *m* de contact, lentille *f* (cornéenne).

contagious [kənˈteɪdʒəs] *adj* contagieux(ieuse).

contain [kənˈteɪn] *vt* **-1.** [hold, include] contenir, renfermer. **-2.** *fml* [control] contenir; [epidemic] circonscrire.

container [kənˈteɪnəʳ] *n* **-1.** [box, bottle etc] récipient *m.* **-2.** [for transporting goods] conteneur *m*, container *m.*

contaminate [kənˈtæmɪneɪt] *vt* contaminer.

cont'd *abbr of* continued.

contemplate [ˈkɒntəmpleɪt] ◇ *vt* **-1.** [consider] envisager. **-2.** *fml* [look at] contempler. ◇ *vi* [consider] méditer.

contemporary [kənˈtempərərɪ] ◇ *adj* contemporain(e). ◇ *n* contemporain *m*, -e *f.*

contempt [kənˈtempt] *n* **-1.** [scorn]: **~ (for)** mépris *m* (pour). **-2.** JUR: **~ (of court)** outrage *m* à la cour.

contemptuous [kənˈtemptʃʊəs] *adj* méprisant(e); **~ of sthg** dédaigneux(euse) de qqch.

contend [kənˈtend] ◇ *vi* **-1.** [deal]: **to ~ with sthg** faire face à qqch. **-2.** [compete]: **to ~ for** [subj: several people] se disputer; [subj: one person] se battre pour; **to ~ against** lutter contre. ◇ *vt* *fml* [claim]: **to ~ that ...** soutenir OR prétendre que ....

contender [kən'tendər] *n* [in election] candidat *m*, -e *f*; [in competition] concurrent *m*, -e *f*; [in boxing etc] prétendant *m*, -e *f*.

content [*n* 'kɒntent, *adj & vb* kən'tent] ◇ *adj*: **~ (with)** satisfait(e) (de), content(e) (de); **to be ~ to do sthg** ne pas demander mieux que de faire qqch. ◇ *n* **-1.** [amount] teneur *f*. **-2.** [subject matter] contenu *m*. ◇ *vt*: **to ~ o.s. with sthg/with doing sthg** se contenter de qqch/de faire qqch. ◆ **contents** *npl* **-1.** [of container, document] contenu *m*. **-2.** [at front of book] table *f* des matières.

contented [kən'tentɪd] *adj* satisfait(e).

contention [kən'tenʃn] *n fml* **-1.** [argument, assertion] assertion *f*, affirmation *f*. **-2.** (*U*) [disagreement] dispute *f*, contestation *f*.

contest [*n* 'kɒntest, *vb* kən'test] ◇ *n* **-1.** [competition] concours *m*. **-2.** [for power, control] combat *m*, lutte *f*. ◇ *vt* **-1.** [compete for] disputer. **-2.** [dispute] contester.

contestant [kən'testənt] *n* concurrent *m*, -e *f*.

context ['kɒntekst] *n* contexte *m*.

continent ['kɒntɪnənt] *n* continent *m*. ◆ **Continent** *n Br*: **the Continent** l'Europe *f* continentale.

continental [,kɒntɪ'nentl] *adj* GEOGR continental(e).

continental breakfast *n* petit déjeuner *m* (*par opposition à 'English breakfast'*).

continental quilt *n Br* couette *f*.

contingency [kən'tɪndʒənsɪ] *n* éventualité *f*.

contingency plan *n* plan *m* d'urgence.

continual [kən'tɪnjʊəl] *adj* continuel(elle).

continually [kən'tɪnjʊəlɪ] *adv* continuellement.

continuation [kən,tɪnjʊ'eɪʃn] *n* **-1.** (*U*) [act] continuation *f*. **-2.** [sequel] suite *f*.

continue [kən'tɪnjuː] ◇ *vt* **-1.** [carry on] continuer, poursuivre; **to ~ doing** OR **to do sthg** continuer à OR de faire qqch. **-2.** [after an interruption] reprendre. ◇ *vi* **-1.** [carry on] continuer; **to ~ with sthg** poursuivre qqch, continuer qqch. **-2.** [after an interruption] reprendre, se poursuivre.

continuous [kən'tɪnjʊəs] *adj* continu(e).

continuously [kən'tɪnjʊəslɪ] *adv* sans arrêt, continuellement.

contort [kən'tɔːt] *vt* tordre.

contortion [kən'tɔːʃn] *n* **-1.** (*U*) [twisting] torsion *f*. **-2.** [position] contorsion *f*.

contour ['kɒn,tʊər] *n* **-1.** [outline] contour *m*. **-2.** [on map] courbe *f* de niveau.

contraband ['kɒntrəbænd] ◇ *adj* de contrebande. ◇ *n* contrebande *f*.

contraception [,kɒntrə'sepʃn] *n* contraception *f*.

contraceptive [,kɒntrə'septɪv] ◇ *adj* [method, device] anticonceptionnel(elle), contraceptif(ive); [advice] sur la contraception. ◇ *n* contraceptif *m*.

contract [*n* 'kɒntrækt, *vb* kən'trækt] ◇ *n* contrat *m*. ◇ *vt* **-1.** [gen] contracter. **-2.** COMM: **to ~ sb (to do sthg)** passer un contrat avec qqn (pour faire qqch); **to ~ to do sthg** s'engager par contrat à faire qqch. ◇ *vi* [decrease in size, length] se contracter.

contraction [kən'trækʃn] *n* contraction *f*.

contractor [kən'træktər] *n* entrepreneur *m*.

contradict [,kɒntrə'dɪkt] *vt* contredire.

contradiction [,kɒntrə'dɪkʃn] *n* contradiction *f*.

contraflow ['kɒntrəfləʊ] *n* circulation *f* à contre-sens.

contraption [kən'træpʃn] *n* machin *m*, truc *m*.

contrary ['kɒntrərɪ, *adj sense 2* kən'treərɪ] ◇ *adj* **-1.** [opposite]: **~ (to)** contraire (à), opposé(e) (à). **-2.** [awkward] contrariant(e). ◇ *n* contraire *m*; **on the ~** au contraire. ◆ **contrary to** *prep* contrairement à.

contrast [*n* 'kɒntrɑːst, *vb* kən'trɑːst] ◇ *n* contraste *m*; **by** OR **in ~** par contraste; **in ~ with** OR **to sthg** par contraste avec qqch. ◇ *vt* contraster. ◇ *vi*: **to ~ (with)** faire contraste (avec).

contravene [,kɒntrə'viːn] *vt* enfreindre, transgresser.

contribute [kən'trɪbjuːt] ◇ *vt* [money] apporter; [help, advice, ideas] donner, apporter. ◇ *vi* **-1.** [gen]: **to ~ (to)** contribuer à (à). **-2.** [write material]: **to ~ to** collaborer à.

contribution [,kɒntrɪ'bjuːʃn] *n* **-1.** [of money]: **~ (to)** cotisation *f* (à), contribution *f* (à). **-2.** [article] article *m*.

contributor [kən'trɪbjʊtər] *n* **-1.** [of money] donateur *m*, -trice *f*. **-2.** [to magazine, newspaper] collaborateur *m*, -trice *f*.

contrive [kən'traɪv] *vt fml* **-1.** [engineer] combiner. **-2.** [manage]: **to ~ to do sthg** se débrouiller pour faire qqch, trouver moyen de faire qqch.

contrived [kən'traɪvd] *adj* tiré(e) par les cheveux.

control [kən'trəʊl] ◇ *n* [gen] contrôle *m*; [of traffic] régulation *f*; **to get sb/sthg under ~** maîtriser qqn/qqch; **to be in ~ of sthg** [subj: boss, government] diriger qqch; [subj: army] avoir le contrôle de qqch; [of emotions, situation] maîtriser qqch; **to lose ~** [of emotions] perdre le contrôle. ◇ *vt* **-1.** [company, country] être à la tête de, diriger. **-2.** [operate] commander, faire fonctionner. **-3.** [restrict, restrain - disease] enrayer, juguler; [- inflation] mettre un frein à, contenir; [- children] **tenir**; [- crowd] contenir; [- emotions] maîtriser, contenir; **to o.s.** se maîtriser, se contrôler. ◆ **controls** *npl* [of machine, vehicle] commandes *fpl*.

controller [kən'trəʊlər] *n* [person] contrôleur *m*.

control panel *n* tableau *m* de bord.

control tower *n* tour *f* de contrôle.

controversial [ˌkɒntrə'vɜːʃl] *adj* [writer, theory etc] controversé(e); **to be ~** donner matière à controverse.

controversy ['kɒntrəvɜːsɪ, *Br* kən'trɒvəsɪ] *n* controverse *f*, polémique *f*.

convalesce [ˌkɒnvə'les] *vi* se remettre d'une maladie, relever de maladie.

convene [kən'viːn] ◇ *vt* convoquer, réunir. ◇ *vi* se réunir, s'assembler.

convenience [kən'viːnjəns] *n* **-1.** [usefulness] commodité *f*. **-2.** [personal comfort, advantage] agrément *m*, confort *m*; **at your earliest ~** *fml* dès que possible.

convenience store *n Am* petit supermarché de quartier.

convenient [kən'viːnjənt] *adj* **-1.** [suitable] qui convient. **-2.** [handy] pratique, commode.

convent ['kɒnvənt] *n* couvent *m*.

convention [kən'venʃn] *n* **-1.** [agreement, assembly] convention *f*. **-2.** [practice] usage *m*, convention *f*.

conventional [kən'venʃənl] *adj* conventionnel(elle).

converge [kən'vɜːdʒ] *vi*: **to ~ (on)** converger (sur).

conversant [kən'vɜːsənt] *adj fml*: **~ with sthg** familiarisé(e) avec qqch, qui connaît bien qqch.

conversation [ˌkɒnvə'seɪʃn] *n* conversation *f*.

converse [*n & adj* 'kɒnvɜːs, *vb* kən'vɜːs] ◇ *n* [opposite]: **the ~** le contraire, l'inverse *m*. ◇ *vi fml* converser.

conversely [kən'vɜːslɪ] *adv fml* inversement.

conversion [kən'vɜːʃn] *n* **-1.** [changing, in religious beliefs] conversion *f*. **-2.** [in building] aménagement *m*, transformation *f*. **-3.** RUGBY transformation *f*.

convert [*vb* kən'vɜːt, *n* 'kɒnvɜːt] ◇ *vt* **-1.** [change]: **to ~ sthg to** OR **into** convertir qqch en; **to ~ sb (to)** RELIG convertir qqn (à). **-2.** [building, ship]: **to ~ sthg to** OR **into** transformer qqch en, aménager qqch en. ◇ *vi*: **to ~ from sthg to sthg** passer de qqch à qqch. ◇ *n* converti *m*, -e *f*.

convertible [kən'vɜːtəbl] *n* (voiture) décapotable *f*.

convex [kɒn'veks] *adj* convexe.

convey [kən'veɪ] *vt* **-1.** *fml* [transport] transporter. **-2.** [express]: **to ~ sthg (to sb)** communiquer qqch (à qqn).

conveyer belt [kən'veɪər-] *n* convoyeur *m*, tapis *m* roulant.

convict [*n* 'kɒnvɪkt, *vb* kən'vɪkt] ◇ *n* détenu *m*. ◇ *vt*: **to ~ sb of sthg** reconnaître qqn coupable de qqch.

conviction [kən'vɪkʃn] *n* **-1.** [belief, fervour] conviction *f*. **-2.** JUR [of criminal] condamnation *f*.

convince [kən'vɪns] *vt* convaincre, persuader; **to ~ sb of sthg/to do sthg** convaincre qqn de qqch/de faire qqch, persuader qqn de qqch/de faire qqch.

convincing [kən'vɪnsɪŋ] *adj* **-1.** [persuasive] convaincant(e). **-2.** [resounding - victory] retentissant(e), éclatant(e).

convoluted ['kɒnvəluːtɪd] *adj* [tortuous] compliqué(e).

convoy ['kɒnvɔɪ] *n* convoi *m*.

convulse [kən'vʌls] *vt* [person]: **to be ~d with** se tordre de.

convulsion [kən'vʌlʃn] *n* MED convulsion *f*.

coo [kuː] *vi* roucouler.

cook [kʊk] ◇ *n* cuisinier *m*, -ière *f*. ◇ *vt* [food] faire cuire; [meal] préparer. ◇ *vi* [person] cuisiner, faire la cuisine; [food] cuire.

cookbook ['kʊk,bʊk] = **cookery book**.

cooker ['kʊkər] *n* [stove] cuisinière *f*.

cookery ['kʊkərɪ] *n* cuisine *f*.

cookery book *n* livre *m* de cuisine.

cookie ['kʊkɪ] *n Am* [biscuit] biscuit *m*, gâteau *m* sec.

cooking ['kʊkɪŋ] *n* cuisine *f*.

cool [ku:l] ◇ *adj* **-1.** [not warm] frais (fraîche); [dress] léger(ère). **-2.** [calm] calme. **-3.** [unfriendly] froid(e). **-4.** *inf* [excellent] génial(e); [trendy] branché(e). ◇ *vt* faire refroidir. ◇ *vi* [become less warm] refroidir. ◇ *n* [calm]: **to keep/lose one's** ~ garder/perdre son sang-froid, garder/perdre son calme. ◆ **cool down** *vi* [become less warm - food, engine] refroidir; [- person] se rafraîchir.

cool box *n* glacière *f*.

coop [ku:p] *n* poulailler *m*. ◆ **coop up** *vt sep inf* confiner.

Co-op ['kəʊɒp] (*abbr of* **co-operative society**) *n* Coop *f*.

cooperate [kəʊ'ɒpəreɪt] *vi*: **to** ~ **(with sb/sthg)** coopérer (avec qqn/à qqch), collaborer (avec qqn/à qqch).

cooperation [kəʊˌɒpə'reɪʃn] *n* (*U*) **-1.** [collaboration] coopération *f*, collaboration *f*. **-2.** [assistance] aide *f*, concours *m*.

cooperative [kəʊ'ɒpərətɪv] ◇ *adj* coopératif(ive). ◇ *n* coopérative *f*.

coordinate [*n* kəʊ'ɔːdɪnət, *vt* kəʊ'ɔːdɪneɪt] ◇ *n* [on map, graph] coordonnée *f*. ◇ *vt* coordonner. ◆ **coordinates** *npl* [clothes] coordonnés *mpl*.

coordination [kəʊˌɔːdɪ'neɪʃn] *n* coordination *f*.

cop [kɒp] *n inf* flic *m*.

cope [kəʊp] *vi* se débrouiller; **to** ~ **with** faire face à.

Copenhagen [ˌkəʊpən'heɪgən] *n* Copenhague.

copier ['kɒpɪər] *n* copieur *m*, photocopieur *m*.

cop-out *n inf* dérobade *f*, échappatoire *f*.

copper ['kɒpər] *n* **-1.** [metal] cuivre *m*. **-2.** *Br inf* [policeman] flic *m*.

coppice ['kɒpɪs], **copse** [kɒps] *n* taillis *m*.

copy ['kɒpɪ] ◇ *n* **-1.** [imitation] copie *f*, reproduction *f*. **-2.** [duplicate] copie *f*. **-3.** [of book] exemplaire *m*; [of magazine] numéro *m*. ◇ *vt* **-1.** [imitate] copier, imiter. **-2.** [photocopy] photocopier.

copyright ['kɒpɪraɪt] *n* copyright *m*, droit *m* d'auteur.

coral ['kɒrəl] *n* corail *m*.

cord [kɔːd] *n* **-1.** [string] ficelle *f*; [rope] corde *f*. **-2.** [electric] fil *m*, cordon *m*. **-3.** [fabric] velours *m* côtelé. ◆ **cords** *npl* pantalon *m* en velours côtelé.

cordial ['kɔːdjəl] ◇ *adj* cordial(e), chaleureux(euse). ◇ *n* cordial *m*.

cordon ['kɔːdn] *n* cordon *m*. ◆ **cordon off** *vt sep* barrer (par un cordon de police).

corduroy ['kɔːdərɔɪ] *n* velours *m* côtelé.

core [kɔːr] ◇ *n* **-1.** [of apple etc] trognon *m*, cœur *m*. **-2.** [of cable, Earth] noyau *m*; [of nuclear reactor] cœur *m*. **-3.** *fig* [of people] noyau *m*; [of problem, policy] essentiel *m*. ◇ *vt* enlever le cœur de.

Corfu [kɔː'fuː] *n* Corfou.

corgi ['kɔːgɪ] (*pl* -**s**) *n* corgi *m*.

coriander [ˌkɒrɪ'ændər] *n* coriandre *f*.

cork [kɔːk] *n* **-1.** [material] liège *m*. **-2.** [stopper] bouchon *m*.

corkscrew ['kɔːkskruː] *n* tire-bouchon *m*.

corn [kɔːn] *n* **-1.** *Br* [wheat] grain *m*; *Am* [maize] maïs *m*; ~ **on the cob** épi *m* de maïs cuit. **-2.** [on foot] cor *m*.

cornea ['kɔːnɪə] (*pl* -**s**) *n* cornée *f*.

corned beef [kɔːnd-] *n* corned-beef *m inv*.

corner ['kɔːnər] ◇ *n* **-1.** [angle] coin *m*, angle *m*; **to cut** ~**s** *fig* brûler les étapes. **-2.** [bend in road] virage *m*, tournant *m*. **-3.** FTBL corner *m*. ◇ *vt* **-1.** [person, animal] acculer. **-2.** [market] accaparer.

corner shop *n* magasin *m* du coin OR du quartier.

cornerstone ['kɔːnəstəʊn] *n* *fig* pierre *f* angulaire.

cornet ['kɔːnɪt] *n* **-1.** [instrument] cornet *m* à pistons. **-2.** *Br* [ice-cream cone] cornet *m* de glace.

cornflakes ['kɔːnfleɪks] *npl* corn-flakes *mpl*.

cornflour *Br* ['kɔːnflaʊər], **cornstarch** *Am* ['kɔːnstɑːtʃ] *n* ≃ Maïzena® *f*, fécule *f* de maïs.

Cornwall ['kɔːnwɔːl] *n* Cornouailles *f*.

corny ['kɔːnɪ] *adj inf* [joke] peu original(e); [story, film] à l'eau de rose.

coronary ['kɒrənrɪ], **coronary thrombosis** [-θrɒm'bəʊsɪs] (*pl* **coronary thromboses** [-θrɒm'bəʊsiːz]) *n* infarctus *m* du myocarde.

coronation [ˌkɒrə'neɪʃn] *n* couronnement *m*.

coroner ['kɒrənər] *n* coroner *m*.

corporal ['kɔːpərəl] *n* [gen] caporal *m*; [in artillery] brigadier *m*.

corporal punishment *n* châtiment *m* corporel.

corporate ['kɔːpərət] *adj* **-1.** [business] corporatif(ive), de société. **-2.** [collective] collectif(ive).

corporation [ˌkɔːpə'reɪʃn] *n* **-1.** [town council] conseil *m* municipal. **-2.** [large company] compagnie f, société f enregistrée.

corps [kɔːʳ] (pl inv) n corps m.

corpse [kɔːps] n cadavre m.

correct [kəˈrekt] ◇ adj **-1.** [accurate] correct(e), exact(e); **you're quite ~** tu as parfaitement raison. **-2.** [proper, socially acceptable] correct(e), convenable. ◇ vt corriger.

correction [kəˈrekʃn] n correction f.

correlation [ˌkɒrəˈleɪʃn] n corrélation f.

correspond [ˌkɒrɪˈspɒnd] vi **-1.** [gen]: **to ~ (with** OR **to)** correspondre (à). **-2.** [write letters]: **to ~ (with sb)** correspondre (avec qqn).

correspondence [ˌkɒrɪˈspɒndəns] n: **~ (with)** correspondance f (avec).

correspondence course n cours m par correspondance.

correspondent [ˌkɒrɪˈspɒndənt] n correspondant m, -e f.

corridor [ˈkɒrɪdɔːʳ] n [in building] couloir m, corridor m.

corroborate [kəˈrɒbəreɪt] vt corroborer.

corrode [kəˈrəʊd] ◇ vt corroder, attaquer. ◇ vi se corroder.

corrosion [kəˈrəʊʒn] n corrosion f.

corrugated [ˈkɒrəgeɪtɪd] adj ondulé(e).

corrugated iron n tôle f ondulée.

corrupt [kəˈrʌpt] ◇ adj [gen & COMPUT] corrompu(e). ◇ vt corrompre, dépraver.

corruption [kəˈrʌpʃn] n corruption f.

corset [ˈkɔːsɪt] n corset m.

Corsica [ˈkɔːsɪkə] n Corse f.

cosh [kɒʃ] ◇ n matraque f, gourdin m. ◇ vt frapper, matraquer.

cosmetic [kɒzˈmetɪk] ◇ n cosmétique m, produit m de beauté. ◇ adj fig superficiel(ielle).

cosmopolitan [ˌkɒzməˈpɒlɪtn] adj cosmopolite.

cosset [ˈkɒsɪt] vt dorloter, choyer.

cost [kɒst] (pt & pp cost OR **-ed**) ◇ n lit & fig coût m; **at all ~s** à tout prix, coûte que coûte. ◇ vt **-1.** lit & fig coûter; **it ~ me £10** ça m'a coûté 10 livres. **-2.** COMM [estimate] évaluer le coût de. ◇ vi coûter; **how much does it ~?** combien ça coûte?, combien cela coûte-t-il? ◆ **costs** npl JUR dépens mpl.

co-star [ˈkəʊ-] n partenaire mf.

Costa Rica [ˌkɒstəˈriːkə] n Costa Rica m.

cost-effective adj rentable.

costing [ˈkɒstɪŋ] n évaluation f du coût.

costly [ˈkɒstlɪ] adj lit & fig coûteux(euse).

cost of living n: **the ~** le coût de la vie.

cost price n prix m coûtant.

costume [ˈkɒstjuːm] n **-1.** [gen] costume m. **-2.** [swimming costume] maillot m (de bain).

costume jewellery n (U) bijoux mpl fantaisie.

cosy Br, **cozy** Am [ˈkəʊzɪ] adj [house, room] douillet(ette); [atmosphere] chaleureux(euse); **to feel ~** se sentir bien au chaud.

cot [kɒt] n **-1.** Br [for child] lit m d'enfant, petit lit. **-2.** Am [folding bed] lit m de camp.

cottage [ˈkɒtɪdʒ] n cottage m, petite maison f (de campagne).

cottage cheese n fromage m blanc.

cottage pie n Br ≃ hachis m parmentier.

cotton [ˈkɒtn] ◇ n [gen] coton m. ◇ comp de coton. ◆ **cotton on** vi inf: **to ~ on (to sthg)** piger (qqch), comprendre (qqch).

cotton candy n Am barbe f à papa.

cotton wool n ouate f, coton m hydrophile.

couch [kaʊtʃ] n **-1.** [sofa] canapé m. **-2.** [in doctor's surgery] lit m.

cough [kɒf] ◇ n toux f. ◇ vi tousser.

cough mixture n Br sirop m pour la toux.

cough sweet n Br pastille f pour la toux.

cough syrup = cough mixture.

could [kʊd] pt → can².

couldn't [ˈkʊdnt] = could not.

could've [ˈkʊdəv] = could have.

council [ˈkaʊnsl] n conseil m municipal.

council estate n quartier m de logements sociaux.

council house n Br maison f qui appartient à la municipalité, ≃ H.L.M. m or f.

councillor [ˈkaʊnsələʳ] n conseiller municipal m, conseillère municipale f.

council tax n Br ≃ impôts mpl locaux.

counsel [ˈkaʊnsəl] n **-1.** (U) fml [advice] conseil m. **-2.** [lawyer] avocat m, -e f.

counsellor Br, **counselor** Am [ˈkaʊnsələʳ] n **-1.** [gen] conseiller m, -ère f. **-2.** Am [lawyer] avocat m.

count [kaʊnt] ◇ n **-1.** [total] total m; **to keep ~ of** tenir le compte de; **to lose ~ of sthg** ne plus savoir qqch, ne pas se rappeler qqch. **-2.** [aristocrat] comte m. ◇ vt **-1.** [gen] compter. **-2.** [consider]: **to ~ sb as sthg** considérer qqn comme qqch. ◇ *vi* [gen] compter; **to ~ (up) to** compter jusqu'à. ◆ **count against** *vt fus* jouer contre. ◆ **count (up)on** *vt fus* **-1.** [rely on] compter sur. **-2.** [expect] s'attendre à, prévoir. ◆ **count up** *vt fus* compter.

countdown ['kaʊntdaʊn] *n* compte *m* à rebours.

counter ['kaʊntər] ◇ *n* **-1.** [in shop, bank] comptoir *m*. **-2.** [in board game] pion *m*. ◇ *vt*: **to ~ sthg (with)** [criticism etc] riposter à qqch (par). ◇ *vi*: **to ~ with sthg/by doing sthg** riposter par qqch/en faisant qqch. ◆ **counter to** *adv* contrairement à; **to run ~ to** aller à l'encontre de.

counteract [,kaʊntə'rækt] *vt* contrebalancer, compenser.

counterattack [,kaʊntərə'tæk] *vt & vi* contre-attaquer.

counterclockwise [,kaʊntə'klɒkwaɪz] *adj & adv Am* dans le sens inverse des aiguilles d'une montre.

counterfeit ['kaʊntəfɪt] ◇ *adj* faux (fausse). ◇ *vt* contrefaire.

counterfoil ['kaʊntəfɔɪl] *n* talon *m*, souche *f*.

countermand [,kaʊntə'mɑːnd] *vt* annuler.

counterpart ['kaʊntəpɑːt] *n* [person] homologue *mf*; [thing] équivalent *m*, -e *f*.

counterproductive [,kaʊntəprə'dʌktɪv] *adj* qui a l'effet inverse.

countess ['kaʊntɪs] *n* comtesse *f*.

countless ['kaʊntlɪs] *adj* innombrable.

country ['kʌntrɪ] *n* **-1.** [nation] pays *m*. **-2.** [countryside]: **the ~ la** campagne; **in the ~** à la campagne. **-3.** [region] région *f*; [terrain] terrain *m*.

country dancing *n* (U) danse *f* folklorique.

country house *n* manoir *m*.

countryman ['kʌntrɪmən] (*pl* **-men** [-mən]) *n* [from same country] compatriote *m*.

country park *n Br* parc *m* naturel.

countryside ['kʌntrɪsaɪd] *n* campagne *f*.

county ['kaʊntɪ] *n* comté *m*.

county council *n Br* conseil *m* général.

coup [kuː] *n* **-1.** [rebellion]: **~ (d'état)** coup *m* d'État. **-2.** [success] coup *m* (de maître), beau coup *m*.

couple ['kʌpl] ◇ *n* **-1.** [in relationship] couple *m*. **-2.** [small number]: **a ~ (of)** [two] deux; [a few] quelques, deux ou trois. ◇ *vt* [join]: **to ~ sthg (to)** atteler qqch (à).

coupon ['kuːpɒn] *n* **-1.** [voucher] bon *m*. **-2.** [form] coupon *m*.

courage ['kʌrɪdʒ] *n* courage *m*; **to take ~ (from sthg)** être encouragé (par qqch).

courgette [kɔː'ʒet] *n Br* courgette *f*.

courier ['kʊrɪər] *n* **-1.** [on holiday] guide *m*, accompagnateur *m*, -trice *f*. **-2.** [to deliver letters, packages] courrier *m*, messager *m*.

course [kɔːs] *n* **-1.** [gen & SCH] cours *m*; **~ of action** ligne *f* de conduite; **in the ~ of** au cours de. **-2.** MED [of injections] série *f*; **~ of treatment** traitement *m*. **-3.** [of ship, plane] route *f*; **to be on ~** suivre le cap fixé; *fig* [on target] être dans la bonne voie; **to be off ~** faire fausse route. **-4.** [of meal] plat *m*. **-5.** SPORT terrain *m*. ◆ **of course** *adv* **-1.** [inevitably, not surprisingly] évidemment, naturellement; [certainly] bien sûr; **of ~ not** bien sûr que non.

coursebook ['kɔːsbʊk] *n* livre *m* de cours.

coursework ['kɔːswɜːk] *n* (U) travail *m* personnel.

court [kɔːt] ◇ *n* **-1.** [JUR - building, room] cour *f*, tribunal *m*; [- judge, jury etc]: **the ~** la justice; **to take sb to ~** faire un procès à qqn. **-2.** [SPORT - gen] court *m*; [- for basketball, volleyball] terrain *m*. **-3.** [courtyard, of monarch] cour *f*. ◇ *vi dated* sortir ensemble, se fréquenter.

courteous ['kɜːtjəs] *adj* courtois(e), poli(e).

courtesy ['kɜːtɪsɪ] *n* courtoisie *f*, politesse *f*. ◆ **(by) courtesy of** *prep* avec la permission de.

courthouse ['kɔːthaʊs, *pl* -haʊzɪz] *n Am* palais *m* de justice, tribunal *m*.

courtier ['kɔːtjər] *n* courtisan *m*.

court-martial (*pl* **court-martials** OR **courts-martial**) *n* cour *f* martiale.

courtroom ['kɔːtrʊm] *n* salle *f* de tribunal.

courtyard ['kɔːtjɑːd] *n* cour *f*.

cousin ['kʌzn] *n* cousin *m*, -e *f*.

cove [kəʊv] *n* [bay] crique *f*.

covenant ['kʌvənənt] *n* [of money] engagement *m* contractuel.

Covent Garden [,kɒvənt-] *n* ancien marché de Londres, aujourd'hui importante galerie marchande.

cover ['kʌvər] ◇ *n* **-1.** [covering - of furniture] housse *f*; [- of pan] couvercle *m*; [- of book, magazine] couverture *f*. **-2.** [blanket] couverture *f*. **-3.** [protection, shelter] abri *m*; **to take ~** s'abriter, se mettre à l'abri; **under** ~ à l'abri, à couvert; **under** ~ **of** darkness à la faveur de la nuit. **-4.** [concealment] couverture f. **-5.** [insurance] couverture f, garantie f. ◇ vt **-1.** [gen]: **to** ~ **sthg (with)** couvrir qqch (de). **-2.** [insure]: **to** ~ **sb against** couvrir qqn en cas de. **-3.** [include] englober, comprendre. ◆ **cover up** vt sep fig [scandal etc] dissimuler, cacher.

coverage ['kʌvərɪdʒ] n [of news] reportage m.

cover charge n couvert m.

covering ['kʌvərɪŋ] n [of floor etc] revêtement m; [of snow, dust] couche f.

covering letter Br, **cover letter** Am n lettre f explicative OR d'accompagnement.

cover note n Br lettre f de couverture, attestation f provisoire d'assurance.

covert ['kʌvət] adj [activity] clandestin(e); [look, glance] furtif(ive).

cover-up n étouffement m.

covet ['kʌvɪt] vt convoiter.

cow [kaʊ] ◇ n **-1.** [female type of cattle] vache f. **-2.** [female elephant etc] femelle f. ◇ vt intimider, effrayer.

coward ['kaʊəd] n lâche mf.

cowardly ['kaʊədlɪ] adj lâche.

cowboy ['kaʊbɔɪ] n [cattlehand] cow-boy m.

cower ['kaʊə] vi se recroqueviller.

cox [kɒks], **coxswain** ['kɒksən] n barreur m.

coy [kɔɪ] adj qui fait le/la timide.

cozy Am = cosy.

CPA n abbr of **certified public accountant**.

CPS (abbr of **Crown Prosecution Service**) n ≃ ministère m public.

crab [kræb] n crabe m.

crab apple n pomme f sauvage.

crack [kræk] ◇ n **-1.** [in glass, pottery] fêlure f; [in wall, wood, ground] fissure f; [in skin] gerçure f. **-2.** [gap - in door] entrebâillement m; [- in curtains] interstice m. **-3.** [noise - of whip] claquement m; [- of twigs] craquement m. **-4.** inf [attempt]: **to have a** ~ **at sthg** tenter qqch, essayer de faire qqch. **-5.** drugs sl crack m. ◇ adj [troops etc] de première classe. ◇ vt **-1.** [glass, plate] fêler; [wood, wall] fissurer. **-2.** [egg, nut] casser. **-3.** [whip] faire claquer. **-4.** [bang, hit sharply]: **to** ~ **one's head** se cogner la tête. **-5.** [solve - problem] résoudre; [- code] déchiffrer. **-6.** inf [make - joke] faire. ◇ vi **-1.** [glass, pottery] se fêler;

[ground, wood, wall] se fissurer; [skin] se crevasser, se gercer. **-2.** [break down - person] craquer, s'effondrer; [- resistance] se briser. ◆ **crack down** vi: **to** ~ **down (on)** sévir (contre). ◆ **crack up** vi craquer.

cracker ['krækə] n **-1.** [biscuit] cracker m, craquelin m. **-2.** Br [for Christmas] diablotin m.

crackers ['krækəz] adj Br inf dingue, cinglé(e).

crackle ['krækl] vi [frying food] grésiller; [fire] crépiter; [radio etc] crachoter.

cradle ['kreɪdl] ◇ n berceau m; TECH nacelle f. ◇ vt [baby] bercer; [object] tenir délicatement.

craft [krɑːft] (pl sense 2 inv) n **-1.** [trade, skill] métier m. **-2.** [boat] embarcation f.

craftsman ['krɑːftsmən] (pl **-men** [-mən]) n artisan m, homme m de métier.

craftsmanship ['krɑːftsmənʃɪp] n (U) **-1.** [skill] dextérité f, art m. **-2.** [skilled work] travail m, exécution f.

craftsmen pl → **craftsman**.

crafty ['krɑːftɪ] adj rusé(e).

crag [kræg] n rocher m escarpé.

cram [kræm] ◇ vt **-1.** [stuff] fourrer. **-2.** [overfill]: **to** ~ **sthg with** bourrer qqch de. ◇ vi bachoter.

cramp [kræmp] ◇ n crampe f. ◇ vt gêner, entraver.

cranberry ['krænbərɪ] n canneberge f.

crane [kreɪn] n grue f.

crank [kræŋk] ◇ n **-1.** TECH manivelle f. **-2.** inf [person] excentrique mf. ◇ vt [wind - handle] tourner; [- mechanism] remonter (à la manivelle).

crankshaft ['kræŋkʃɑːft] n vilebrequin m.

cranny ['krænɪ] n → **nook** f.

crap [kræp] n (U) v inf merde f; **it's a load of** ~ tout ça, c'est des conneries.

crash [kræʃ] ◇ n **-1.** [accident] accident m. **-2.** [noise] fracas m. ◇ vt: **I** ~**ed the car** j'ai eu un accident avec la voiture. ◇ vi **-1.** [cars, trains] se percuter, se rentrer dedans; [car, train] avoir un accident; [plane] s'écraser; **to** ~ **into** [wall] rentrer dans, emboutir. **-2.** [FIN - business, company] faire faillite; [- stock market] s'effondrer.

crash course n cours m intensif.

crash helmet n casque m de protection.

crash-land vi atterrir en catastrophe.

crass [kræs] adj grossier(ère).

crate [kreɪt] n cageot m, caisse f.

crater ['kreɪtər] n cratère m.

cravat [krə'væt] n cravate f.

crave [kreɪv] ◇ vt [affection, luxury] avoir soif de; [cigarette, chocolate] avoir un besoin fou OR maladif de. ◇ vi: to ~ for [affection, luxury] avoir soif de; [cigarette, chocolate] avoir un besoin fou OR maladif de.

crawl [krɔːl] vi -1. [baby] marcher à quatre pattes; [person] se traîner. -2. [insect] ramper. -3. [vehicle, traffic] avancer au pas. -4. inf [place, floor]: to be ~ing with grouiller de. ◇ n [swimming stroke]: the ~ le crawl.

crayfish ['kreɪfɪʃ] (pl inv OR -es) n écrevisse f.

crayon ['kreɪɒn] n crayon m de couleur.

craze [kreɪz] n engouement m.

crazy ['kreɪzɪ] adj inf -1. [mad] fou (folle). -2. [enthusiastic]: to be ~ about sb/sthg être fou (folle) de qqn/qqch.

creak [kriːk] vi [door, handle] craquer; [floorboard, bed] grincer.

cream [kriːm] ◇ adj [in colour] crème (inv). ◇ n [gen] crème f.

cream cake n Br gâteau m à la crème.

cream cheese n fromage m frais.

cream cracker n Br biscuit m salé (souvent mangé avec du fromage).

cream tea n Br goûter se composant de thé et de scones servis avec de la crème et de la confiture.

crease [kriːs] ◇ n [in fabric - deliberate] pli m; [- accidental] (faux) pli. ◇ vt froisser. ◇ vi [fabric] se froisser.

create [kriː'eɪt] vt créer.

creation [kriː'eɪʃn] n création f.

creative [kriː'eɪtɪv] adj créatif(ive).

creature ['kriːtʃər] n créature f.

crèche [kreʃ] n Br crèche f.

credence ['kriːdns] n: to give OR lend ~ to sthg ajouter foi à qqch.

credentials [krɪ'denʃlz] npl -1. [papers] pièce f d'identité; fig [qualifications] capacités fpl. -2. [references] références fpl.

credibility [,kredə'bɪlətɪ] n crédibilité f.

credit ['kredɪt] ◇ n -1. FIN crédit m; to be in ~ [person] avoir un compte approvisionné; [account] être approvisionné; on ~ à crédit. -2. (U) [praise] honneur m, mérite m; to give sb ~ for sthg reconnaître que qqn a fait qqch. -3. SCH & UNIV unité f de valeur. ◇ vt -1. FIN: to ~ £10 to an account, to ~ an account with £10 créditer un compte de 10 livres. -2. inf [believe] croire. -3. [give the credit to]: to ~ sb with sthg accorder OR attribuer qqch à qqn. ◆ credits npl CINEMA générique m.

credit card n carte f de crédit.

credit note n avoir m; FIN note f de crédit.

creditor ['kredɪtər] n créancier m, -ière f.

creed [kriːd] n -1. [belief] principes mpl. -2. RELIG croyance f.

creek [kriːk] n -1. [inlet] crique f. -2. Am [stream] ruisseau m.

creep [kriːp] (pt & pp crept) ◇ vi -1. [insect] ramper; [traffic] avancer au pas. -2. [move stealthily] se glisser. ◇ n inf [nasty person] sale type m. ◆ creeps npl: to give sb the ~s inf donner la chair de poule à qqn.

creeper ['kriːpər] n [plant] plante f grimpante.

creepy ['kriːpɪ] adj inf qui donne la chair de poule.

creepy-crawly [-'krɔːlɪ] (pl creepy-crawlies) n inf bestiole f qui rampe.

cremate [krɪ'meɪt] vt incinérer.

cremation [krɪ'meɪʃn] n incinération f.

crematorium Br [,kremə'tɔːrɪəm] (pl -riums OR -ria [-rɪə]), **crematory** Am ['kremətrɪ] n crématorium m.

crepe [kreɪp] n -1. [cloth, rubber] crêpe m. -2. [pancake] crêpe f.

crepe bandage n Br bande f, Velpeau®.

crepe paper n (U) papier m crépon.

crept [krept] pt & pp → creep.

crescent ['kresnt] n -1. [shape] croissant. -2. [street] rue f en demi-cercle.

cress [kres] n cresson m.

crest [krest] n -1. [of bird, hill] crête f. -2. [on coat of arms] timbre m.

crestfallen ['krest,fɔːln] adj découragé(e).

Crete [kriːt] n Crète f.

cretin ['kretɪn] n inf [idiot] crétin m, -e f.

crevice ['krevɪs] n fissure f.

crew [kruː] n -1. [of ship, plane] équipage m. -2. [team] équipe f.

crew cut n coupe f en brosse.

crew-neck(ed) [-nek(t)] adj ras du cou.

crib [krɪb] ◇ n [cot] lit m d'enfant. ◇ vt inf [copy]: to ~ sthg off OR from sb copier qqch sur qqn.

crick [krɪk] n [in neck] torticolis m.

cricket ['krɪkɪt] n -1. [game] cricket m. -2. [insect] grillon m.

crime [kraɪm] n crime m.

criminal ['krɪmɪnl] ◇ adj criminel(elle). ◇ n criminel m, -elle f.

crimson ['krɪmzn] ◇ adj [in colour] rouge foncé (inv); [with embarrassment] cramoisi(e). ◇ n cramoisi m.

cringe [krɪndʒ] vi -1. [in fear] avoir un mouvement de recul (par peur). -2. inf [with embarrassment]: **to ~ (at sthg)** ne plus savoir où se mettre (devant qqch).

crinkle ['krɪŋkl] vt [clothes] froisser.

cripple ['krɪpl] ◇ n dated & offensive infirme mf. ◇ vt -1. MED [disable] estropier. -2. [country] paralyser; [ship, plane] endommager.

crisis ['kraɪsɪs] (pl **crises** ['kraɪsiːz]) n crise f.

crisp [krɪsp] adj -1. [pastry] croustillant(e); [apple, vegetables] croquant(e); [snow] craquant(e). -2. [weather, manner] vif (vive). ◆ **crisps** npl Br chips fpl.

crisscross ['krɪskrɒs] ◇ adj entrecroisé(e). ◇ vt entrecroiser.

criterion [kraɪ'tɪərɪən] (pl **-rions** OR **-ria** [-rɪə]) n critère m.

critic ['krɪtɪk] n -1. [reviewer] critique m. -2. [detractor] détracteur m, -trice f.

critical ['krɪtɪkl] adj critique; **to be ~ of sb/sthg** critiquer qqn/qqch.

critically ['krɪtɪklɪ] adv -1. [ill] gravement; **~ important** d'une importance capitale. -2. [analytically] de façon critique.

criticism ['krɪtɪsɪzm] n critique f.

criticize, -ise ['krɪtɪsaɪz] vt & vi critiquer.

croak [krəʊk] vi -1. [frog] coasser; [raven] croasser. -2. [person] parler d'une voix rauque.

Croat ['krəʊæt], **Croatian** [krəʊ'eɪʃn] ◇ adj croate. ◇ n -1. [person] Croate mf. -2. [language] croate m.

Croatia [krəʊ'eɪʃə] n Croatie f.

Croatian = **Croat.**

crochet ['krəʊʃeɪ] n crochet m.

crockery ['krɒkərɪ] n vaisselle f.

crocodile ['krɒkədaɪl] (pl inv OR **-s**) n crocodile m.

crocus ['krəʊkəs] (pl **-cuses**) n crocus m.

croft [krɒft] n Br petite ferme f (particulièrement en Écosse).

crony ['krəʊnɪ] n inf copain m, copine f.

crook [krʊk] n -1. [criminal] escroc m. -2. [of arm, elbow] pliure f. -3. [shepherd's staff] houlette f.

crooked ['krʊkɪd] adj -1. [bent] courbé(e). -2. [teeth, tie] de travers. -3. inf [dishonest] malhonnête.

crop [krɒp] n -1. [kind of plant] culture f. -2. [harvested produce] récolte f. -3. [whip] cravache f. ◆ **crop up** vi survenir.

croquette [krɒ'ket] n croquette f.

cross [krɒs] ◇ adj [person] fâché(e); [look] méchant(e); **to get ~ (with sb)** se fâcher (contre qqn). ◇ n -1. [gen] croix f. -2. [hybrid] croisement m. ◇ vt -1. [gen] traverser. -2. [arms, legs] croiser. -3. Br [cheque] barrer. ◇ vi [intersect] se croiser. ◆ **cross off, cross out** vt sep rayer.

crossbar ['krɒsbɑːr] n -1. SPORT barre f transversale. -2. [on bicycle] barre f.

cross-Channel adj transManche.

cross-country ◇ adj: **~ running** cross m; **~ skiing** ski m de fond. ◇ n crosscountry m, cross m.

cross-examine vt JUR faire subir un contre-interrogatoire à; fig questionner de près.

cross-eyed [-aɪd] adj qui louche.

crossfire ['krɒs,faɪər] n (U) feu m croisé.

crossing ['krɒsɪŋ] n -1. [on road] passage m clouté; [on railway line] passage à niveau. -2. [sea journey] traversée f.

cross-legged [-legd] adv en tailleur.

cross-purposes npl: **to talk at ~** ne pas parler de la même chose; **to be at ~** ne pas être sur la même longueur d'ondes.

cross-reference n renvoi m.

crossroads ['krɒsrəʊdz] (pl inv) n croisement m.

cross-section n -1. [drawing] coupe f transversale. -2. [sample] échantillon m.

crosswalk ['krɒswɔːk] n Am passage m clouté, passage pour piétons.

crossways ['krɒsweɪz] = **crosswise.**

crosswind ['krɒswɪnd] n vent m de travers.

crosswise ['krɒswaɪz] adv en travers.

crossword (puzzle) ['krɒswɜːd-] n mots croisés mpl.

crotch [krɒtʃ] n entrejambe m.

crotchety ['krɒtʃɪtɪ] adj Br inf grognon(onne).

crouch [kraʊtʃ] vi s'accroupir.

crow [krəʊ] ◇ n corbeau m; **as the ~ flies** à vol d'oiseau. ◇ vi -1. [cock] chanter. -2. inf [person] frimer.

crowbar ['krəʊbɑːr] n pied-de-biche m.

crowd [kraʊd] ◇ n [mass of people] foule f. ◇ vi s'amasser. ◇ vt -1. [streets, town] remplir. -2. [force into small space] entasser.

crowded ['kraʊdɪd] *adj*: ~ **(with)** bondé(e) (de), plein(e) (de).
crown [kraʊn] ◇ *n* **-1.** [of king, on tooth] couronne *f.* **-2.** [of head, hill] sommet *m*; [of hat] fond *m.* ◇ *vt* couronner.
◆ **Crown** *n*: **the Crown** [monarchy] la Couronne.
crown jewels *npl* joyaux *mpl* de la Couronne.
crown prince *n* prince *m* héritier.
crow's feet *npl* pattes *fpl* d'oie.
crucial ['kru:ʃl] *adj* crucial(e).
crucifix ['kru:sɪfɪks] *n* crucifix *m.*
Crucifixion [,kru:sɪ'fɪkʃn] *n*: **the ~** la Crucifixion.
crude [kru:d] *adj* **-1.** [material] brut(e). **-2.** [joke, drawing] grossier(ière).
crude oil *n* (*U*) brut *m.*
cruel [krʊəl] *adj* cruel(elle).
cruelty ['krʊəltɪ] *n* (*U*) cruauté *f.*
cruet ['kru:ɪt] *n* service *m* à condiments.
cruise [kru:z] ◇ *n* croisière *f.* ◇ *vi* **-1.** [sail] croiser. **-2.** [car] rouler; [plane] voler.
cruiser ['kru:zəʳ] *n* **-1.** [warship] croiseur *m.* **-2.** [cabin cruiser] yacht *m* de croisière.
crumb [krʌm] *n* [of food] miette *f.*
crumble ['krʌmbl] ◇ *n* crumble *m* (aux fruits). ◇ *vt* émietter. ◇ *vi* **-1.** [bread, cheese] s'émietter; [building, wall] s'écrouler; [cliff] s'ébouler; [plaster] s'effriter. **-2.** *fig* [society, relationship] s'effondrer.
crumbly ['krʌmblɪ] *adj* friable.
crumpet ['krʌmpɪt] *n* CULIN petite crêpe *f* épaisse.
crumple ['krʌmpl] *vt* [crease] froisser.
crunch [krʌntʃ] ◇ *n* crissement *m*; **when it comes to the ~** *inf* au moment crucial OR décisif; **if it comes to the ~** *inf* s'il le faut. ◇ *vt* **-1.** [with teeth] croquer. **-2.** [underfoot] crisser.
crunchy ['krʌntʃɪ] *adj* [food] croquant(e).
crusade [kru:'seɪd] *n lit* & *fig* croisade *f.*
crush [krʌʃ] ◇ *n* **-1.** [crowd] foule *f.* **-2.** *inf* [infatuation]: **to have a ~ on sb** avoir le béguin pour qqn. ◇ *vt* **-1.** [gen] écraser; [seeds, grain] broyer; [ice] piler. **-2.** *fig* [hopes] anéantir.
crust [krʌst] *n* croûte *f.*
crutch [krʌtʃ] *n* [stick] béquille *f*; *fig* soutien *m.*
crux [krʌks] *n* nœud *m.*
cry [kraɪ] ◇ *n* [of person, bird] cri *m.* ◇ *vi* **-1.** [weep] pleurer. **-2.** [shout] crier.

◆ **cry off** *vi* se dédire. ◆ **cry out** ◇ *vt* crier. ◇ *vi* crier; [in pain, dismay] pousser un cri.
cryptic ['krɪptɪk] *adj* mystérieux(ieuse), énigmatique.
crystal ['krɪstl] *n* cristal *m.*
crystal clear *adj* [obvious] clair(e) comme de l'eau de roche.
CSE (*abbr of* **Certificate of Secondary Education**) *n* ancien brevet de l'enseignement secondaire en Grande-Bretagne.
CTC *abbr of* **city technology college**.
cub [kʌb] *n* **-1.** [young animal] petit *m.* **-2.** [boy scout] louveteau *m.*
Cuba ['kju:bə] *n* Cuba.
Cuban ['kju:bən] ◇ *adj* cubain(e). ◇ *n* Cubain *m*, -e *f.*
cubbyhole ['kʌbɪhəʊl] *n* cagibi *m.*
cube [kju:b] ◇ *n* cube *m.* ◇ *vt* MATH élever au cube.
cubic ['kju:bɪk] *adj* cubique.
cubicle ['kju:bɪkl] *n* cabine *f.*
Cub Scout *n* louveteau *m.*
cuckoo ['kʊku:] *n* coucou *m.*
cuckoo clock *n* coucou *m.*
cucumber ['kju:kʌmbəʳ] *n* concombre *m.*
cuddle ['kʌdl] ◇ *n* caresse *f*, câlin *m.* ◇ *vt* caresser, câliner. ◇ *vi* s'enlacer.
cuddly toy ['kʌdlɪ-] *n* jouet *m* en peluche.
cue [kju:] *n* **-1.** RADIO, THEATRE & TV signal *m*; **on ~** au bon moment. **-2.** [in snooker, pool] queue *f* (de billard).
cuff [kʌf] *n* **-1.** [of sleeve] poignet *m*; **off the ~** au pied levé. **-2.** *Am* [of trouser] revers *m inv.* **-3.** [blow] gifle *f.*
cuff link *n* bouton *m* de manchette.
cul-de-sac ['kʌldəsæk] *n* cul-de-sac *m.*
cull [kʌl] ◇ *n* massacre *m.* ◇ *vt* **-1.** [kill] massacrer. **-2.** [gather] recueillir.
culminate ['kʌlmɪneɪt] *vi*: **to ~ in sthg** se terminer par qqch, aboutir à qqch.
culmination [,kʌlmɪ'neɪʃn] *n* apogée *m.*
culottes [kju:'lɒts] *npl* jupe-culotte *f.*
culpable ['kʌlpəbl] *adj* coupable.
culprit ['kʌlprɪt] *n* coupable *mf.*
cult [kʌlt] ◇ *n* culte *m.* ◇ *comp* culte.
cultivate ['kʌltɪveɪt] *vt* cultiver.
cultivation [,kʌltɪ'veɪʃn] *n* (*U*) [farming] culture *f.*
cultural ['kʌltʃərəl] *adj* culturel(elle).
culture ['kʌltʃəʳ] *n* culture *f.*
cultured ['kʌltʃəd] *adj* [educated] cultivé(e).

cumbersome ['kʌmbəsəm] *adj* [object] encombrant(e).

cunning ['kʌnɪŋ] ◇ *adj* [person] rusé(e); [plan, method, device] astucieux(ieuse). ◇ *n* (U) [of person] ruse *f*; [of plan, method, device] **astuce** *f*.

cup [kʌp] *n* -**1.** [container, unit of measurement] **tasse** *f*. -**2.** [prize, competition] coupe *f*. -**3.** [of bra] bonnet *m*.

cupboard ['kʌbəd] *n* placard *m*.

Cup Final *n*: the ∼ la finale de la coupe.

cup tie *n Br* match *m* de coupe.

curate ['kjuərət] *n* vicaire *m*.

curator [,kjuə'reitər] *n* conservateur *m*.

curb [kɜːb] ◇ *n* -**1.** [control]: ∼ **(on)** frein *m* (à). -**2.** *Am* [of road] bord *m* du trottoir. ◇ *vt* mettre un frein à.

curdle ['kɜːdl] *vi* cailler.

cure [kjuər] ◇ *n*: ∼ **(for)** MED remède *m* (contre); *fig* remède *m* (à). ◇ *vt* -**1.** MED guérir. -**2.** [solve - problem] éliminer. -**3.** [rid]: **to** ∼ **sb of sthg** guérir qqn de qqch, faire perdre l'habitude de qqch à qqn. -**4.** [preserve - by smoking] fumer; [- by salting] saler; [- tobacco, hide] sécher.

cure-all *n* panacée *f*.

curfew ['kɜːfjuː] *n* couvre-feu *m*.

curio ['kjuəriəu] (*pl* -**s**) *n* bibelot *m*.

curiosity [,kjuəri'osəti] *n* curiosité *f*.

curious ['kjuəriəs] *adj*: ∼ **(about)** curieux(ieuse) (à propos de).

curl [kɜːl] ◇ *n* [of hair] boucle *f*. ◇ *vt* -**1.** [hair] boucler. -**2.** [roll up] enrouler. ◇ *vi* -**1.** [hair] boucler. -**2.** [roll up] s'enrouler. ◆ **curl up** *vi* [person, animal] se mettre en boule, se pelotonner.

curler ['kɜːlər] *n* bigoudi *m*.

curling tongs ['kɜːlɪŋ-] *npl* fer *m* à friser.

curly ['kɜːli] *adj* [hair] bouclé(e).

currant ['kʌrənt] *n* [dried grape] raisin *m* de Corinthe, raisin sec.

currency ['kʌrənsi] *n* -**1.** [type of money] monnaie *f*. -**2.** (U) *fml* [acceptability]: **to gain** ∼ s'accréditer.

current ['kʌrənt] ◇ *adj* [price, method] actuel(elle); [year, week] en cours; [boyfriend, girlfriend] du moment; ∼ **issue** dernier numéro. ◇ *n* [of water, air, electricity] courant *m*.

current account *n Br* compte *m* courant.

current affairs *npl* actualité *f*, questions *fpl* d'actualité.

currently ['kʌrəntli] *adv* actuellement.

curriculum [kə'rɪkjələm] (*pl* -**lums** OR **-la** [-lə]) *n* programme *m* d'études.

curriculum vitae [-'viːtaɪ] (*pl* **curricula vitae**) *n* curriculum vitae *m*.

curry ['kʌri] *n* curry *m*.

curse [kɜːs] ◇ *n* -**1.** [evil spell] malédiction *f*; *fig* fléau *m*. -**2.** [swearword] juron *m*. ◇ *vt* maudire. ◇ *vi* jurer.

cursor ['kɜːsər] *n* COMPUT curseur *m*.

cursory ['kɜːsəri] *adj* superficiel(ielle).

curt [kɜːt] *adj* brusque.

curtail [kɜː'teɪl] *vt* [visit] écourter.

curtain ['kɜːtn] *n* rideau *m*.

curts(e)y ['kɜːtsi] (*pt* & *pp* **curtsied**) ◇ *n* révérence *f*. ◇ *vi* faire une révérence.

curve [kɜːv] ◇ *n* courbe *f*. ◇ *vi* faire une courbe.

cushion ['kuʃn] ◇ *n* coussin *m*. ◇ *vt* [fall, blow, effects] amortir.

cushy ['kuʃi] *adj inf* pépère, peinard(e).

custard ['kʌstəd] *n* crème *f* anglaise.

custodian [kʌ'stəudjən] *n* [of building] gardien *m*, -ienne *f*; [of museum] conservateur *m*.

custody ['kʌstədi] *n* -**1.** [of child] garde *f*. -**2.** JUR: **in** ∼ en garde à vue.

custom ['kʌstəm] *n* -**1.** [tradition, habit] coutume *f*. -**2.** COMM clientèle *f*. ◆ **customs** *n* [place] douane *f*.

customary ['kʌstəmri] *adj* [behaviour] coutumier(ière); [way, time] habituel(elle).

customer ['kʌstəmər] *n* -**1.** [client] client *m*, -e *f*. -**2.** *inf* [person] type *m*.

customize, -ise ['kʌstəmaɪz] *vt* [make] fabriquer OR assembler sur commande; [modify] modifier sur commande.

Customs and Excise *n Br* ≃ service *m* des contributions indirectes.

customs duty *n* droit *m* de douane.

customs officer *n* douanier *m*, -ière *f*.

cut [kʌt] (*pt* & *pp* **cut**) ◇ *n* -**1.** [in wood etc] entaille *f*; [in skin] coupure *f*. -**2.** [of meat] morceau *m*. -**3.** [reduction]: ∼ **(in)** [taxes, salary, personnel] réduction *f* (de); [film, article] coupure *f* (dans). -**4.** [of suit, hair] coupe *f*. ◇ *vt* -**1.** [gen] couper; [taxes, costs, workforce] réduire; **to** ∼ **one's finger** se couper le doigt. -**2.** *inf* [lecture, class] sécher. ◇ *vi* -**1.** [gen] couper. -**2.** [intersect] se couper. ◆ **cut back** ◇ *vt sep* -**1.** [prune] réduire. ◇ *vi*: **to** ∼ **back on** réduire, diminuer. ◆ **cut down** ◇ *vt sep* -**1.** [chop down] couper. -**2.** [reduce] réduire, diminuer. ◇ *vi*: **to** ∼ **down on smoking/eating/spending** fumer/man-

ger/dépenser moins. ◆ **cut in** vi
-1. [interrupt]: **to ~ in (on sb)** interrompre (qqn). **-2.** AUT & SPORT se rabattre. ◆ **cut off** vt sep **-1.** [piece, crust]
couper; [finger, leg - subj: surgeon]
amputer. **-2.** [power, telephone, funding]
couper. **-3.** [separate]: **to be ~ off (from)**
[person] être coupé(e) (de); [village] être
isolé(e) (de). ◆ **cut out** vt sep **-1.** [photo,
article] découper; [sewing pattern]
couper; [dress] tailler. **-2.** [stop]: **to ~ out
smoking/chocolates** arrêter de fumer/de
manger des chocolats; **~ it out!** inf ça
suffit! **-3.** [exclude] exclure. ◆ **cut up** vt
sep [chop up] couper, hacher.

cutback ['kʌtbæk] n: **~ (in)** réduction f
(de).

cute [kjuːt] adj [appealing] mignon(onne).

cuticle ['kjuːtɪkl] n envie f.

cutlery ['kʌtlərɪ] n (U) couverts mpl.

cutlet ['kʌtlɪt] n côtelette f.

cutout ['kʌtaʊt] n **-1.** [on machine] disjoncteur m. **-2.** [shape] découpage m.

cut-price, cut-rate Am adj à prix réduit.

cutthroat ['kʌtθrəʊt] adj [ruthless]
acharné(e).

cutting ['kʌtɪŋ] ◇ adj [sarcastic - remark]
cinglant(e); [- wit] acerbe. ◇ n **-1.** [of
plant] bouture f. **-2.** [from newspaper]
coupure f. **-3.** Br [for road, railway]
tranchée f.

CV (abbr of curriculum vitae) n CV m.

cwt. abbr of hundredweight.

cyanide ['saɪənaɪd] n cyanure m.

cybercafe ['saɪbə̩kæfeɪ] n cybercafé m.

cyberspace ['saɪbəspeɪs] n cyberespace m.

cycle ['saɪkl] ◇ n **-1.** [of events, songs]
cycle m. **-2.** [bicycle] bicyclette f. ◇ comp
[path, track] cyclable; [race] cycliste; [shop]
de cycles. ◇ vi faire de la bicyclette.

cycling ['saɪklɪŋ] n cyclisme m.

cyclist ['saɪklɪst] n cycliste mf.

cygnet ['sɪgnɪt] n jeune cygne m.

cylinder ['sɪlɪndə̩'] n cylindre m.

cymbals ['sɪmblz] npl cymbales fpl.

cynic ['sɪnɪk] n cynique mf.

cynical ['sɪnɪkl] adj cynique.

cynicism ['sɪnɪsɪzm] n cynisme m.

cypress ['saɪprəs] n cyprès m.

Cypriot ['sɪprɪət] ◇ adj chypriote. ◇ n
Chypriote mf.

Cyprus ['saɪprəs] n Chypre f.

cyst [sɪst] n kyste m.

cystitis [sɪs'taɪtɪs] n cystite f.

czar [zɑː̩'] n tsar m.

Czech [tʃek] ◇ adj tchèque. ◇ n **-1.**
[person] Tchèque mf. **-2.** [language]
tchèque m.

Czechoslovak [ˌtʃekə'sləʊvæk] =
Czechoslovakian.

Czechoslovakia [ˌtʃekəslə'vækɪə] n
Tchécoslovaquie f.

Czechoslovakian [ˌtʃekəslə'vækɪən] ◇
adj tchécoslovaque. ◇ n Tchécoslovaque mf.

d (pl **d's** OR **ds**), **D** (pl **D's** OR **Ds**) [diː] n
[letter] d m inv, D m inv. ◆ **D** n **-1.** MUS ré
m. **-2.** SCH [mark] D m inv.

DA abbr of **district attorney**.

dab [dæb] ◇ n [of cream, powder, ointment] petit peu m; [of paint] touche f.
◇ vt **-1.** [skin,. wound] tamponner.
-2. [apply - cream, ointment]: **to ~ sthg
on** OR **onto** appliquer qqch sur.

dabble ['dæbl] vi: **to ~ in** toucher un peu à.

dachshund ['dækshʊnd] n teckel m.

dad [dæd], **daddy** ['dædɪ] n inf papa m.

daddy longlegs [-'lɒŋlegz] (pl inv) n
faucheur m.

daffodil ['dæfədɪl] n jonquille f.

daft [dɑːft] adj inf stupide, idiot(e).

dagger ['dægə̩'] n poignard m.

daily ['deɪlɪ] ◇ adj **-1.** [newspaper, occurrence] quotidien(ienne). **-2.** [rate, output]
journalier(ière). ◇ adv [happen, write]
quotidiennement; **twice ~** deux fois par
jour. ◇ n [newspaper] quotidien m.

dainty ['deɪntɪ] adj délicat(e).

dairy ['deərɪ] n **-1.** [on farm] laiterie f.
-2. [shop] crémerie f.

dairy products npl produits mpl
laitiers.

dais ['deɪɪs] n estrade f.

daisy ['deɪzɪ] n [weed] pâquerette f; [cultivated] marguerite f.

daisy-wheel printer n imprimante f à
marguerite.

dale [deɪl] n vallée f.

dam [dæm] ◇ n [across river] barrage m.
◇ vt construire un barrage sur.

damage ['dæmɪdʒ] ◇ n **-1.** [physical
harm] dommage m, dégât m. **-2.** [harmful effect] tort m. ◇ vt **-1.** [harm physi-

cally] endommager, abîmer. **-2.** [have harmful effect on] nuire à. ◆ **damages** npl JUR dommages et intérêts mpl.

damn [dæm] ◇ adj inf fichu(e), sacré(e). ◇ adv inf sacrément. ◇ n inf: **not to give** OR **care a ~ (about sthg)** se ficher pas mal (de qqch). ◇ vt RELIG [condemn] damner. ◇ excl inf zut!

damned [dæmd] inf ◇ adj fichu(e), sacré(e); **well I'll be** OR **I'm ~ !** c'est trop fort!, elle est bien bonne celle-là! ◇ adv sacrément.

damning ['dæmɪŋ] adj accablant(e).

damp [dæmp] ◇ adj humide. ◇ n humidité f. ◇ vt [make wet] humecter.

dampen ['dæmpən] vt **-1.** [make wet] humecter. **-2.** fig [emotion] abattre.

damson ['dæmzn] n prune f de Damas.

dance [dɑːns] ◇ n **-1.** [gen] danse f. **-2.** [social event] bal m. ◇ vi & vt danser.

dancer ['dɑːnsər] n danseur m, -euse f.

dancing ['dɑːnsɪŋ] n (U) danse f.

dandelion ['dændɪlaɪən] n pissenlit m.

dandruff ['dændrʌf] n (U) pellicules fpl.

Dane [deɪn] n Danois m, -e f.

danger ['deɪndʒər] n **-1.** (U) [possibility of harm] danger m; **in ~** en danger; **out of ~** hors de danger. **-2.** [hazard, risk]: **~ (to)** risque m (pour); **to be in ~ of doing sthg** risquer de faire qqch.

dangerous ['deɪndʒərəs] adj dangereux(euse).

dangle ['dæŋgl] ◇ vt laisser pendre. ◇ vi pendre.

Danish ['deɪnɪʃ] ◇ adj danois(e). ◇ n **-1.** [language] danois m. **-2.** Am = **Danish pastry.** ◇ npl: **the ~** les Danois mpl.

Danish pastry n gâteau feuilleté fourré aux fruits.

dank [dæŋk] adj humide et froid(e).

dapper ['dæpər] adj pimpant(e).

dappled ['dæpld] adj **-1.** [light] tacheté(e). **-2.** [horse] pommelé(e).

dare [deər] ◇ vt **-1.** [be brave enough]: **to ~ to do sthg** oser faire qqch. **-2.** [challenge]: **to ~ sb to do sthg** défier qqn de faire qqch. **-3.** phr: **I ~ say** je suppose, sans doute. ◇ vi oser; **how ~ you!** comment osez-vous! ◇ n défi m.

daredevil ['deə,devl] n casse-cou m inv.

daring ['deərɪŋ] ◇ adj audacieux(ieuse). ◇ n audace f.

dark [dɑːk] ◇ adj **-1.** [room, night] sombre; **it's getting ~** il commence à faire nuit. **-2.** [in colour] foncé(e). **-3.** [dark-haired] brun(e); [dark-skinned] basané(e). ◇ n **-1.** [darkness]: **the ~** l'obscurité f;

to be in the ~ about sthg ignorer tout de qqch. **-2.** [night]: **before/after ~** avant/après la tombée de la nuit.

darken ['dɑːkn] ◇ vt assombrir. ◇ vi s'assombrir.

dark glasses npl lunettes fpl noires.

darkness ['dɑːknɪs] n obscurité f.

darkroom ['dɑːkrʊm] n chambre f noire.

darling ['dɑːlɪŋ] ◇ adj [dear] chéri(e). ◇ n **-1.** [loved person, term of address] chéri m, -e f. **-2.** [idol] chouchou m, idole f.

darn [dɑːn] ◇ vt repriser. ◇ adj inf sacré(e), satané(e). ◇ adv inf sacrément.

dart [dɑːt] ◇ n [arrow] fléchette f. ◇ vi se précipiter. ◆ **darts** n [game] jeu m de fléchettes.

dartboard ['dɑːtbɔːd] n cible f de jeu de fléchettes.

dash [dæʃ] ◇ n **-1.** [of milk, wine] goutte f; [of cream] soupçon m; [of salt] pincée f; [of colour, paint] touche f. **-2.** [in punctuation] tiret m. **-3.** [rush]: **to make a ~ for** se ruer vers. ◇ vt **-1.** [throw] jeter avec violence. **-2.** [hopes] anéantir. ◇ vi se précipiter.

dashboard ['dæʃbɔːd] n tableau m de bord.

dashing ['dæʃɪŋ] adj fringant(e).

data ['deɪtə] n (U) données fpl.

database ['deɪtəbeɪs] n base f de données.

data processing n traitement m de données.

date [deɪt] ◇ n **-1.** [in time] date f; **to ~** à ce jour. **-2.** [appointment] rendez-vous m. **-3.** [person] petit ami m, petite amie f. **-4.** [fruit] datte f. ◇ vt **-1.** [gen] dater. **-2.** [go out with] sortir avec. ◇ vi [go out of fashion] dater.

dated ['deɪtɪd] adj qui date.

date of birth n date f de naissance.

daub [dɔːb] vt: **to ~ sthg with sthg** barbouiller qqch de qqch.

daughter ['dɔːtər] n fille f.

daughter-in-law (pl **daughters-in-law**) n belle-fille f.

daunting ['dɔːntɪŋ] adj intimidant(e).

dawdle ['dɔːdl] vi flâner.

dawn [dɔːn] ◇ n lit & fig aube f. ◇ vi **-1.** [day] poindre. **-2.** [era, period] naître. ◆ **dawn (up)on** vt fus venir à l'esprit de.

day [deɪ] n jour m; [duration] journée f; **the ~ before** la veille; **the ~ after** le lendemain; **the ~ before yesterday** avant-hier; **the ~ after tomorrow** après-demain; **any ~ now** d'un jour à l'autre; **one ~, some ~, one of these ~s** un jour (ou l'autre), un de ces jours; **in my ~** de mon temps; **to make sb's ~** réchauffer le cœur de qqn. ◆ **days** *adv* le jour.

daybreak ['deɪbreɪk] *n* aube *f*; **at ~** à l'aube.

daycentre ['deɪsentər] *n Br* [for children] garderie *f*; [for elderly people] *centre de jour pour les personnes du troisième âge*.

daydream ['deɪdriːm] *vi* rêvasser.

daylight ['deɪlaɪt] *n* **-1.** [light] lumière *f* du jour. **-2.** [dawn] aube *f*.

day off (*pl* **days off**) *n* jour *m* de congé.

day return *n Br* billet aller et retour valable pour une journée.

daytime ['deɪtaɪm] ◇ *n* jour *m*, journée *f*. ◇ *comp* [television] pendant la journée; [job, flight] de jour.

day-to-day *adj* [routine, life] journalier(ière); **on a ~ basis** au jour le jour.

day trip *n* excursion *f* d'une journée.

daze [deɪz] ◇ *n*: **in a ~** hébété(e), ahuri(e). ◇ *vt* **-1.** [subj: blow] étourdir. **-2.** *fig* [subj: shock, event] abasourdir, sidérer.

dazzle ['dæzl] *vt* éblouir.

DC *n* (*abbr of* **direct current**) courant *m* continu.

D-day ['diːdeɪ] *n* le jour J.

DEA (*abbr of* **Drug Enforcement Administration**) *n* agence américaine de lutte contre la drogue.

deacon ['diːkn] *n* diacre *m*.

deactivate [,diː'æktɪveɪt] *vt* désamorcer.

dead [ded] ◇ *adj* **-1.** [not alive, not lively] mort(e); **to shoot sb ~** abattre qqn. **-2.** [numb] engourdi(e). **-3.** [not operating - battery] à plat. **-4.** [complete - silence] de mort. ◇ *adv* **-1.** [directly, precisely]: **~ ahead** droit devant soi; **~ on time** pile à l'heure. **-2.** *inf* [completely] tout à fait. **-3.** [suddenly]: **to stop ~** s'arrêter net. ◇ *npl*: **the ~** les morts *mpl*.

deaden ['dedn] *vt* [sound] assourdir; [pain] calmer.

dead end *n* impasse *f*.

dead heat *n* arrivée *f* ex-aequo.

deadline ['dedlaɪn] *n* dernière limite *f*.

deadlock ['dedlɒk] *n* impasse *f*.

dead loss *n inf*: **to be a ~** [person] être bon (bonne) à rien; [object] ne rien valoir.

deadly ['dedlɪ] ◇ *adj* **-1.** [poison, enemy] mortel(elle). **-2.** [accuracy] imparable. ◇ *adv* [boring, serious] tout à fait.

deadpan ['dedpæn] ◇ *adj* pince-sans-rire (*inv*). ◇ *adv* impassiblement.

deaf [def] ◇ *adj* sourd(e); **to be ~ to sthg** être sourd à qqch. ◇ *npl*: **the ~** les sourds *mpl*.

deaf-aid *n Br* appareil *m* acoustique.

deaf-and-dumb *adj* sourd-muet (sourde-muette).

deafen ['defn] *vt* assourdir.

deaf-mute ◇ *adj* sourd-muet (sourde-muette). ◇ *n* sourd-muet *m*, sourde-muette *f*.

deafness ['defnɪs] *n* surdité *f*.

deal [diːl] (*pt & pp* **dealt**) ◇ *n* **-1.** [quantity]: **a good** OR **great ~** beaucoup; **a good** OR **great ~ of** beaucoup de, bien de/des. **-2.** [business agreement] marché *m*, affaire *f*; **to do** OR **strike a ~ with sb** conclure un marché avec qqn. **-3.** *inf* [treatment]: **to get a bad ~** ne pas faire une affaire. ◇ *vt* **-1.** [strike]: **to ~ sb/sthg a blow, to ~ a blow to sb/sthg** porter un coup à qqn/qqch. **-2.** [cards] donner, distribuer. ◇ *vi* **-1.** [at cards] donner, distribuer. **-2.** [in drugs] faire le trafic (de drogues). ◆ **deal in** *vt fus* COMM faire le commerce de. ◆ **deal out** *vt sep* distribuer. ◆ **deal with** *vt fus* **-1.** [handle] s'occuper de. **-2.** [be about] traiter de. **-3.** [be faced with] avoir affaire à.

dealer ['diːlər] *n* **-1.** [trader] négociant *m*; [in drugs] trafiquant *m*. **-2.** [cards] donneur *m*.

dealing ['diːlɪŋ] *n*. commerce *m*. ◆ **dealings** *npl* relations *fpl*, rapports *mpl*.

dealt [delt] *pt & pp* → **deal**.

dean [diːn] *n* doyen *m*.

dear [dɪər] ◇ *adj*: **~ (to)** cher (chère) (à); **Dear Sir** [in letter] Cher Monsieur; **Dear Madam** Chère Madame. ◇ *n* chéri *m*, -e *f*. ◇ *excl*: **oh ~!** mon Dieu!

dearly ['dɪəlɪ] *adv* [love, wish] de tout son cœur.

death [deθ] *n* mort *f*; **to frighten sb to ~** faire une peur bleue à qqn; **to be sick to ~ of sthg/of doing sthg** en avoir marre de qqch/de faire qqch.

death certificate *n* acte *m* de décès.

death duty *Br*, **death tax** *Am n* droits *mpl* de succession.

deathly ['deθlɪ] *adj* de mort.

death penalty *n* peine *f* de mort.

death rate *n* taux *m* de mortalité.

death tax *Am* = **death duty**.

death trap *n inf* véhicule *m*/bâtiment *m* dangereux.

debar [di:'bɑ:ʳ] *vt*: **to ~ sb (from)** [place] exclure qqn (de); **to ~ sb from doing sthg** interdire à qqn de faire qqch.

debase [di'beis] *vt* dégrader; **to ~ o.s.** s'avilir.

debate [di'beit] ◇ *n* débat *m*; **open to ~** discutable. ◇ *vt* débattre, discuter; **to ~ whether** s'interroger pour savoir si. ◇ *vi* débattre.

debating society [di'beitiŋ-] *n* club *m* de débats.

debauchery [di'bɔ:tʃəri] *n* débauche *f*.

debit ['debit] ◇ *n* débit *m*. ◇ *vt* débiter.

debit card *n* carte *f* bancaire (*à débit immédiat*).

debit note *n* note *f* de débit.

debris ['deibri:] *n* (*U*) débris *mpl*.

debt [det] *n* dette *f*; **to be in ~** avoir des dettes, être endetté(e); **to be in sb's ~** être redevable à qqn.

debt collector *n* agent *m* de recouvrements.

debtor ['detəʳ] *n* débiteur *m*, -trice *f*.

debug [,di:'bʌg] *vt* COMPUT [program] mettre au point, déboguer.

debunk [,di:'bʌŋk] *vt* démentir.

debut ['deibju:] *n* débuts *mpl*.

decade ['dekeid] *n* décennie *f*.

decadence ['dekədəns] *n* décadence *f*.

decadent ['dekədənt] *adj* décadent(e).

decaff ['di:kæf] *n inf* déca *m*.

decaffeinated [di'kæfineitid] *adj* décaféiné(e).

decanter [di'kæntəʳ] *n* carafe *f*.

decathlon [di'kæθlɒn] *n* décathlon *m*.

decay [di'kei] ◇ *n* **-1.** [of body, plant] pourriture *f*, putréfaction *f*; [of tooth] carie *f*. **-2.** *fig* [of building] délabrement *m*; [of society] décadence *f*. ◇ *vi* **-1.** [rot] pourrir; [tooth] se carier. **-2.** *fig* [building] se délabrer, tomber en ruines; [society] tomber en décadence.

deceased [di'si:st] (*pl inv*) ◇ *adj* décédé(e). ◇ *n*: **the ~** le défunt, la défunte.

deceit [di'si:t] *n* tromperie *f*, supercherie *f*.

deceitful [di'si:tful] *adj* trompeur(euse).

deceive [di'si:v] *vt* [person] tromper, duper; [subj: memory, eyes] jouer des tours à; **to ~ o.s.** se leurrer, s'abuser.

December [di'sembəʳ] *n* décembre *m*, *see also* **September**.

decency ['di:snsi] *n* décence *f*, bienséance *f*; **to have the ~ to do sthg** avoir la décence de faire qqch.

decent ['di:snt] *adj* **-1.** [behaviour, dress] décent(e). **-2.** [wage, meal] correct(e), décent(e). **-3.** [person] gentil(ille), brave.

deception [di'sepʃn] *n* **-1.** [lie, pretence] tromperie *f*, duperie *f*. **-2.** (*U*) [act of lying] supercherie *f*.

deceptive [di'septiv] *adj* trompeur(euse).

decide [di'said] ◇ *vt* décider; **to ~ to do sthg** décider de faire qqch. ◇ *vi* se décider. ◆ **decide (up)on** *vt fus* se décider pour, choisir.

decided [di'saidid] *adj* **-1.** [definite] certain(e), incontestable. **-2.** [resolute] décidé(e), résolu(e).

decidedly [di'saididli] *adv* **-1.** [clearly] manifestement, incontestablement. **-2.** [resolutely] résolument.

deciduous [di'sidjuəs] *adj* à feuilles caduques.

decimal ['desiml] ◇ *adj* décimal(e). ◇ *n* décimale *f*.

decimal point *n* virgule *f*.

decimate ['desimeit] *vt* décimer.

decipher [di'saifəʳ] *vt* déchiffrer.

decision [di'siʒn] *n* décision *f*.

decisive [di'saisiv] *adj* **-1.** [person] déterminé(e), résolu(e). **-2.** [factor, event] décisif(ive).

deck [dek] *n* **-1.** [of ship] pont *m*. **-2.** [of bus] impériale *f*. **-3.** [of cards] jeu *m*. **-4.** *Am* [of house] véranda *f*.

deckchair ['dektʃeəʳ] *n* chaise longue *f*, transat *m*.

declaration [,deklə'reiʃn] *n* déclaration *f*.

Declaration of Independence *n*: **the ~** la *Déclaration d'Indépendance des États-Unis d'Amérique (1776)*.

declare [di'kleəʳ] *vt* déclarer.

decline [di'klain] ◇ *n* déclin *m*; **to be in ~** être en déclin; **on the ~** en baisse. ◇ *vt* décliner; **to ~ to do sthg** refuser de faire qqch. ◇ *vi* **-1.** [deteriorate] décliner. **-2.** [refuse] refuser.

decode [,di:'kəud] *vt* décoder.

decompose [,di:kəm'pəuz] *vi* se décomposer.

decongestant [,di:kən'dʒestənt] *n* décongestionnant *m*.

decorate ['dekəreit] *vt* décorer.

decoration [,dekə'reiʃn] *n* décoration *f*.

decorator ['dekəreitəʳ] *n* décorateur *m*, -trice *f*.

decoy [*n* 'di:kɔi, *vt* di'kɔi] ◇ *n* [for hunting] appât *m*, leurre *m*; [person] compère *m*. ◇ *vt* attirer dans un piège.

decrease [*n* 'di:kri:s, *vb* di'kri:s] ◇ *n*: **~ (in)** diminution *f* (de), baisse *f* (de). ◇ *vt* diminuer, réduire. ◇ *vi* diminuer, décroître.

decree [dɪ'kriː] ◇ n -1. [order, decision] décret m. -2. Am JUR arrêt m, jugement m. ◇ vt décréter, ordonner.

decree nisi [-'naɪsaɪ] (pl **decrees nisi**) n Br jugement m provisoire.

decrepit [dɪ'krepɪt] adj [person] décrépit(e); [house] délabré(e).

dedicate ['dedɪkeɪt] vt -1. [book etc] dédier. -2. [life, career] consacrer.

dedication [,dedɪ'keɪʃn] n -1. [commitment] dévouement m. -2. [in book] dédicace f.

deduce [dɪ'djuːs] vt déduire, conclure.

deduct [dɪ'dʌkt] vt déduire, retrancher.

deduction [dɪ'dʌkʃn] n déduction f.

deed [diːd] n -1. [action] action f, acte m. -2. JUR acte m notarié.

deem [diːm] vt juger, considérer; **to ~ it wise to do sthg** juger prudent de faire qqch.

deep [diːp] ◇ adj profond(e). ◇ adv profondément; **~ down** [fundamentally] au fond.

deepen ['diːpn] vi -1. [river, sea] devenir profond(e). -2. [crisis, recession, feeling] s'aggraver.

deep freeze n congélateur m.

deep fry vt faire frire.

deeply ['diːplɪ] adv profondément.

deep-sea adj: **~ diving** plongée f sous-marine; **~ fishing** pêche f hauturière.

deer [dɪəʳ] (pl inv) n cerf m.

deface [dɪ'feɪs] vt barbouiller.

defamatory [dɪ'fæmətrɪ] adj diffamatoire, diffamant(e).

default [dɪ'fɔːlt] ◇ n -1. [failure] défaillance f; **by ~** par défaut. -2. COMPUT valeur f par défaut. ◇ vi manquer à ses engagements.

defeat [dɪ'fiːt] ◇ n défaite f; **to admit ~** s'avouer battu(e) OR vaincu(e). ◇ vt -1. [team, opponent] vaincre, battre. -2. [motion, proposal] rejeter.

defeatist [dɪ'fiːtɪst] ◇ adj défaitiste. ◇ n défaitiste mf.

defect [n 'diːfekt, vi dɪ'fekt] ◇ n défaut m. ◇ vi: **to ~** to passer à.

defective [dɪ'fektɪv] adj défectueux(euse).

defence Br, **defense** Am [dɪ'fens] n -1. [gen] défense f. -2. [protective device, system] protection f. -3. JUR: **the ~** la défense.

defenceless Br, **defenseless** Am [dɪ'fenslɪs] adj sans défense.

defend [dɪ'fend] vt défendre.

defendant [dɪ'fendənt] n défendeur m, -eresse f.

defender [dɪ'fendəʳ] n défenseur m.

defense Am = defence.

defenseless Am = defenceless.

defensive [dɪ'fensɪv] ◇ adj défensif(ive). ◇ n: **on the ~** sur la défensive.

defer [dɪ'fɜːʳ] ◇ vt différer. ◇ vi: **to ~ to sb** s'en remettre à (l'opinion de) qqn.

deferential [,defə'renʃl] adj respectueux(euse).

defiance [dɪ'faɪəns] n défi m; **in ~ of** au mépris de.

defiant [dɪ'faɪənt] adj [person] intraitable, intransigeant(e); [action] de défi.

deficiency [dɪ'fɪʃnsɪ] n -1. [lack] manque m; [of vitamins etc] carence f. -2. [inadequacy] imperfection f.

deficient [dɪ'fɪʃnt] adj -1. [lacking]: **to be ~ in** manquer de. -2. [inadequate] insuffisant(e), médiocre.

deficit ['defɪsɪt] n déficit m.

defile [dɪ'faɪl] vt souiller, salir.

define [dɪ'faɪn] vt définir.

definite ['defɪnɪt] adj -1. [plan] bien déterminé(e); [date] certain(e). -2. [improvement, difference] net (nette), marqué(e). -3. [answer] précis(e), catégorique. -4. [confident - person] assuré(e).

definitely ['defɪnɪtlɪ] adv -1. [without doubt] sans aucun doute, certainement. -2. [for emphasis] catégoriquement.

definition [defɪ'nɪʃn] n -1. [gen] définition f. -2. [clarity] clarté f, précision f.

deflate [dɪ'fleɪt] ◇ vt [balloon, tyre] dégonfler. ◇ vi [balloon, tyre] se dégonfler.

deflation [dɪ'fleɪʃn] n ECON déflation f.

deflect [dɪ'flekt] vt [ball, bullet] dévier; [stream] détourner, dériver; [criticism] détourner.

defogger [,diː'fɒgər] n Am AUT dispositif m antibuée (inv).

deformed [dɪ'fɔːmd] adj difforme.

defraud [dɪ'frɔːd] vt [person] escroquer; [Inland Revenue etc] frauder.

defrost [,diː'frɒst] ◇ vt -1. [fridge] dégivrer; [frozen food] décongeler. -2. Am [AUT - de-ice] dégivrer; [- demist] désembuer. ◇ vi [fridge] dégivrer; [frozen food] se décongeler.

deft [deft] adj adroit(e).

defunct [dɪ'fʌŋkt] adj qui n'existe plus; [person] défunt(e).

defuse [,diː'fjuːz] vt Br désamorcer.

defy [dɪ'faɪ] *vt* **-1.** [gen] défier; **to ~ sb to do sthg** mettre qqn au défi de faire qqch. **-2.** [efforts] résister à, faire échouer.

degenerate [*adj & n* dɪ'dʒenərət, *vb* dɪ'dʒenəreɪt] ◇ *adj* dégénéré(e). ◇ *vi*: **to ~ (into)** dégénérer (en).

degrading [dɪ'greɪdɪŋ] *adj* dégradant(e), avilissant(e).

degree [dɪ'griː] *n* **-1.** [measurement] degré *m*. **-2.** UNIV diplôme *m* universitaire; **to have/take a ~ (in)** avoir/faire une licence ‹de›. **-3.** [amount]: **to a certain ~** jusqu'à un certain point, dans une certaine mesure; **a ~ of risk** un certain risque; **a ~ of truth** une certaine part de vérité; **by ~s** progressivement, petit à petit.

dehydrated [ˌdiːhaɪ'dreɪtɪd] *adj* déshydraté(e).

de-ice [diː'aɪs] *vt* dégivrer.

deign [deɪn] *vt*: **to ~ to do sthg** daigner faire qqch.

deity ['diːɪtɪ] *n* dieu *m*, déesse *f*, divinité *f*.

dejected [dɪ'dʒektɪd] *adj* abattu(e), découragé(e).

delay [dɪ'leɪ] ◇ *n* retard *m*, délai *m*. ◇ *vt* **-1.** [cause to be late] retarder. **-2.** [defer] différer; **to ~ doing sthg** tarder à faire qqch. ◇ *vi*: **to ~ (in doing sthg)** tarder à faire qqch.

delayed [dɪ'leɪd] *adj*: **to be ~** [person, train] être retardé(e).

delectable [dɪ'lektəbl] *adj* délicieux(ieuse).

delegate [*n* 'delɪgət, *vb* 'delɪgeɪt] ◇ *n* délégué *m*, -e *f*. ◇ *vt* déléguer; **to ~ sb to do sthg** déléguer qqn pour faire qqch; **to ~ sthg to sb** déléguer qqch à qqn.

delegation [ˌdelɪ'geɪʃn] *n* délégation *f*.

delete [dɪ'liːt] *vt* supprimer, effacer.

deli ['delɪ] *n inf abbr of* **delicatessen**.

deliberate [*adj* dɪ'lɪbərət, *vb* dɪ'lɪbəreɪt] ◇ *adj* **-1.** [intentional] voulu(e), délibéré(e). **-2.** [slow] lent(e), sans hâte. ◇ *vi* délibérer.

deliberately [dɪ'lɪbərətlɪ] *adv* [on purpose] exprès, à dessein.

delicacy ['delɪkəsɪ] *n* **-1.** [gen] délicatesse *f*. **-2.** [food] mets *m* délicat.

delicate ['delɪkət] *adj* délicat(e); [movement] gracieux(ieuse).

delicatessen [ˌdelɪkə'tesn] *n* épicerie *f* fine.

delicious [dɪ'lɪʃəs] *adj* délicieux(ieuse).

delight [dɪ'laɪt] ◇ *n* [great pleasure] délice *m*; **to take ~ in doing sthg** prendre grand plaisir à faire qqch. ◇ *vt* enchanter, charmer. ◇ *vi*: **to ~ in sthg/in doing sthg** prendre grand plaisir à qqch/à faire qqch.

delighted [dɪ'laɪtɪd] *adj*: **~ (by OR with)** enchanté(e) ‹de›, ravi(e) ‹de›; **to be ~ to do sthg** être enchanté OR ravi de faire qqch.

delightful [dɪ'laɪtful] *adj* ravissant(e), charmant(e); [meal] délicieux(ieuse).

delinquent [dɪ'lɪŋkwənt] ◇ *adj* délinquant(e). ◇ *n* délinquant *m*, -e *f*.

delirious [dɪ'lɪrɪəs] *adj lit & fig* délirant(e).

deliver [dɪ'lɪvəʳ] *vt* **-1.** [distribute]: **to ~ sthg (to sb)** [mail, newspaper] distribuer qqch ‹à qqn›; COMM livrer qqch ‹à qqn›. **-2.** [speech] faire; [warning] donner; [message] remettre; [blow, kick] donner, porter. **-3.** [baby] mettre au monde. **-4.** [free] délivrer. **-5.** *Am* POL [votes] obtenir.

delivery [dɪ'lɪvərɪ] *n* **-1.** COMM livraison *f*. **-2.** [way of speaking] élocution *f*. **-3.** [birth] accouchement *m*.

delude [dɪ'luːd] *vt* tromper, induire en erreur; **to ~ o.s.** se faire des illusions.

delusion [dɪ'luːʒn] *n* illusion *f*.

delve [delv] *vi*: **to ~ into** [past] fouiller; [bag etc] fouiller dans.

demand [dɪ'mɑːnd] ◇ *n* **-1.** [claim, firm request] revendication *f*, exigence *f*; **on ~** sur demande. **-2.** [need]: **~ (for)** demande *f* ‹de›; **in ~** demandé(e), recherché(e). ◇ *vt* **-1.** [ask for - justice, money] réclamer; [- explanation, apology] exiger; **to ~ to do sthg** exiger de faire qqch. **-2.** [require] demander, exiger.

demanding [dɪ'mɑːndɪŋ] *adj* **-1.** [exhausting] astreignant(e). **-2.** [not easily satisfied] exigeant(e).

demean [dɪ'miːn] *vt*: **to ~ o.s.** s'abaisser.

demeaning [dɪ'miːnɪŋ] *adj* avilissant(e), dégradant(e).

demeanour *Br*, **demeanor** *Am* [dɪ'miːnəʳ] *n* (U) *fml* comportement *m*.

demented [dɪ'mentɪd] *adj* fou (folle), dément(e).

demise [dɪ'maɪz] *n* (U) décès *m*; *fig* mort *f*, fin *f*.

demister [ˌdiː'mɪstəʳ] *n Br* dispositif *m* antibuée (*inv*).

demo ['deməʊ] (*abbr of* **demonstration**) *n inf* manif *f*.

democracy [dɪ'mɒkrəsɪ] *n* démocratie *f*.

democrat ['deməkræt] *n* démocrate *mf*.
◆ **Democrat** *n Am* démocrate *mf*.

democratic [demə'krætık] *adj* démocratique. ◆**Democratic** *adj Am* démocrate.

Democratic Party *n Am*: **the** ~ le Parti démocrate.

demolish [dı'mɒlıʃ] *vt* [destroy] démolir.

demonstrate ['demənstreıt] ◇ *vt* **-1.** [prove] démontrer, prouver. **-2.** [machine, computer] faire une démonstration de. ◇ *vi*: **to** ~ **(for/against)** manifester (pour/contre).

demonstration [demən'streıʃn] *n* **-1.** [of machine, emotions] démonstration *f*. **-2.** [public meeting] manifestation *f*.

demonstrator ['demənstreıtə'] *n* **-1.** [in march] manifestant *m*, -e *f*. **-2.** [of machine, product] démonstrateur *m*, -trice *f*.

demoralized [dı'mɒrəlaızd] *adj* démoralisé(e).

demote [,di:'məʊt] *vt* rétrograder.

demure [dı'mjʊə'] *adj* modeste, réservé(e).

den [den] *n* [of animal] antre *m*, tanière *f*.

denial [dı'naıəl] *n* [of rights, facts, truth] dénégation *f*; [of accusation] démenti *m*.

denier ['denıə] *n* denier *m*.

denigrate ['denıgreıt] *vt* dénigrer.

denim ['denım] *n* jean *m*. ◆**denims** *npl*: **a pair of** ~**s** un jean.

denim jacket *n* veste *f* en jean.

Denmark ['denmɑ:k] *n* Danemark *m*.

denomination [dı,nɒmı'neıʃn] *n* **-1.** RELIG confession *f*. **-2.** [money] valeur *f*.

denounce [dı'naʊns] *vt* dénoncer.

dense [dens] *adj* **-1.** [crowd, forest] dense; [fog] dense, épais(aisse). **-2.** *inf* [stupid] bouché(e).

density ['densətı] *n* densité *f*.

dent [dent] ◇ *n* bosse *f*. ◇ *vt* cabosser.

dental ['dentl] *adj* dentaire; ~ **appointment** rendez-vous *m* chez le dentiste.

dental floss *n* fil *m* dentaire.

dental surgeon *n* chirurgien-dentiste *m*.

dentist ['dentıst] *n* dentiste *mf*.

dentures ['dentʃəz] *npl* dentier *m*.

deny [dı'naı] *vt* **-1.** [refute] nier. **-2.** *fml* [refuse] nier, refuser; **to** ~ **sb sthg** refuser qqch à qqn.

deodorant [di:'əʊdərənt] *n* déodorant *m*.

depart [dı'pɑ:t] *vi fml* **-1.** [leave]: **to** ~ **(from)** partir de. **-2.** [differ]: **to** ~ **from sthg** s'écarter de qqch.

department [dı'pɑ:tmənt] *n* **-1.** [in organization] service *m*. **-2.** [in shop] rayon

m. **-3.** SCH & UNIV département *m*. **-4.** [in government] département *m*, ministère *m*.

department store *n* grand magasin *m*.

departure [dı'pɑ:tʃə'] *n* **-1.** [leaving] départ *m*. **-2.** [change] nouveau départ *m*; **a** ~ **from tradition** un écart par rapport à la tradition.

departure lounge *n* salle *f* d'embarquement.

depend [dı'pend] *vi*: **to** ~ **on** [be dependent on] dépendre de; [rely on] compter sur; [emotionally] se reposer sur; **it** ~**s** cela dépend; ~**ing on** selon.

dependable [dı'pendəbl] *adj* [person] sur qui on peut compter; [source of income] sûr(e); [car] fiable.

dependant [dı'pendənt] *n* personne *f* à charge.

dependent [dı'pendənt] *adj* **-1.** [reliant]: ~ **(on)** dépendant(e) (de); **to be** ~ **on sb/sthg** dépendre de qqn/qqch. **-2.** [addicted] dépendant(e), accro. **-3.** [contingent]: **to be** ~ **on** dépendre de.

depict [dı'pıkt] *vt* **-1.** [show in picture] représenter. **-2.** [describe]: **to** ~ **sb/sthg as** dépeindre qqn/qqch comme.

deplete [dı'pli:t] *vt* épuiser.

deplorable [dı'plɔ:rəbl] *adj* déplorable.

deplore [dı'plɔ:'] *vt* déplorer.

deploy [dı'plɔı] *vt* déployer.

depopulation [di:,pɒpjʊ'leıʃn] *n* dépeuplement *m*.

deport [dı'pɔ:t] *vt* expulser.

depose [dı'pəʊz] *vt* déposer.

deposit [dı'pɒzıt] ◇ *n* **-1.** [gen] dépôt *m*; **to make a** ~ [into bank account] déposer de l'argent. **-2.** [payment - as guarantee] caution *f*; [- as instalment] acompte *m*; [- on bottle] consigne *f*. ◇ *vt* déposer.

deposit account *n Br* compte *m* sur livret.

depot ['depəʊ] *n* **-1.** [gen] dépôt *m*. **-2.** *Am* [station] gare.

depreciate [dı'pri:ʃıeıt] *vi* se déprécier.

depress [dı'pres] *vt* **-1.** [sadden, discourage] déprimer. **-2.** [weaken - economy] affaiblir; [- prices] faire baisser.

depressed [dı'prest] *adj* **-1.** [sad] déprimé(e). **-2.** [run-down - area] en déclin.

depressing [dı'presıŋ] *adj* déprimant(e).

depression [dı'preʃn] *n* **-1.** [gen] dépression *f*. **-2.** [sadness] tristesse *f*.

deprivation [,deprı'veıʃn] *n* privation *f*.

deprive [dı'praıv] *vt*: **to** ~ **sb of sthg** priver qqn de qqch.

depth [depθ] *n* profondeur *f*; **in ~** [study, analyse] en profondeur; **to be out of one's ~** [in water] ne pas avoir pied; *fig* avoir perdu pied, être dépassé. ◆ **depths** *npl*: **the ~s** [of seas] les profondeurs *fpl*; [of memory, archives] le fin fond; **in the ~s of winter** au cœur de l'hiver; **to be in the ~s of despair** toucher le fond du désespoir.

deputation [,depjʊ'teɪʃn] *n* délégation *f*.

deputize, -ise ['depjʊtaɪz] *vi*: **to ~ for sb** assurer les fonctions de qqn, remplacer qqn.

deputy ['depjʊtɪ] ◇ *adj* adjoint(e); **~ chairman** vice-président *m*; **~ head** SCH directeur *m* adjoint; **~ leader** POL vice-président *m*. ◇ *n* **-1.** [second-in-command] adjoint *m*, -e *f*. **-2.** *Am* [deputy sheriff] shérif *m* adjoint.

derail [dɪ'reɪl] *vt* [train] faire dérailler.

deranged [dɪ'reɪndʒd] *adj* dérangé(e).

derby [*Br* 'dɑːbɪ, *Am* 'dɜːbɪ] *n* **-1.** SPORT derby *m*. **-2.** *Am* [hat] chapeau *m* melon.

derelict ['derəlɪkt] *adj* en ruines.

deride [dɪ'raɪd] *vt* railler.

derisory [də'raɪzərɪ] *adj* **-1.** [puny, trivial] dérisoire. **-2.** [derisive] moqueur(euse).

derivative [dɪ'rɪvətɪv] ◇ *adj pej* pas original(e). ◇ *n* dérivé *m*.

derive [dɪ'raɪv] ◇ *vt* **-1.** [draw, gain]: **to ~ sthg from sthg** tirer qqch de qqch. **-2.** [originate]: **to be ~d from** venir de. ◇ *vi*: **to ~ from** venir de.

derogatory [dɪ'rɒgətrɪ] *adj* désobligeant(e).

derv [dɜːv] *n Br* gas-oil *m*.

descend [dɪ'send] ◇ *vt fml* [go down] descendre. ◇ *vi* **-1.** *fml* [go down] descendre. **-2.** [fall]: **to ~ (on)** [enemy] s'abattre (sur); [subj: silence, gloom] tomber (sur). **-3.** [stoop]: **to ~ to sthg/to doing sthg** s'abaisser à qqch/à faire qqch.

descendant [dɪ'sendənt] *n* descendant *m*, -e *f*.

descended [dɪ'sendɪd] *adj*: **to be ~ from sb** descendre de qqn.

descent [dɪ'sent] *n* **-1.** [downwards movement] descente *f*. **-2.** (*U*) [origin] origine *f*.

describe [dɪ'skraɪb] *vt* décrire.

description [dɪ'skrɪpʃn] *n* **-1.** [account] description *f*. **-2.** [type] sorte *f*, genre *m*.

desecrate ['desɪkreɪt] *vt* profaner.

desert [*n* 'dezət, *vb & npl* dɪ'zɜːt] ◇ *n* désert *m*. ◇ *vt* **-1.** [place] déserter. **-2.**

[person, group] déserter, abandonner. ◇ *vi* MIL déserter. ◆ **deserts** *npl*: **to get one's just ~s** recevoir ce que l'on mérite.

deserted [dɪ'zɜːtɪd] *adj* désert(e).

deserter [dɪ'zɜːtər] *n* déserteur *m*.

desert island ['dezət-] *n* île *f* déserte.

deserve [dɪ'zɜːv] *vt* mériter; **to ~ to do sthg** mériter de faire qqch.

deserving [dɪ'zɜːvɪŋ] *adj* [person] méritant(e); [cause, charity] méritoire.

design [dɪ'zaɪn] ◇ *n* **-1.** [plan, drawing] plan *m*, étude *f*. **-2.** (*U*) [art] design *m*. **-3.** [pattern] motif *m*, dessin *m*. **-4.** [shape] ligne *f*; [of dress] style *m*. **-5.** *fml* [intention] dessein *m*; **by ~** à dessein; **to have ~s on sb/sthg** avoir des desseins sur qqn/qqch. ◇ *vt* **-1.** [draw plans for - building, car] faire les plans de, dessiner; [- dress] créer. **-2.** [plan] concevoir, mettre au point; **to be ~ed for sthg/to do sthg** être conçu pour qqch/pour faire qqch.

designate [*adj* 'dezɪgnət, *vb* 'dezɪgneɪt] ◇ *adj* désigné(e). ◇ *vt* désigner.

designer [dɪ'zaɪnər] ◇ *adj* de marque. ◇ *n* INDUSTRY concepteur *m*, -trice *f*; ARCHIT dessinateur *m*, -trice *f*; [of dresses etc] styliste *mf*; THEATRE décorateur *m*, -trice *f*.

desirable [dɪ'zaɪərəbl] *adj* **-1.** [enviable, attractive] désirable. **-2.** *fml* [appropriate] désirable, souhaitable.

desire [dɪ'zaɪər] ◇ *n* désir *m*; **~ for sthg/to do sthg** désir de qqch/de faire qqch. ◇ *vt* désirer.

desist [dɪ'zɪst] *vi fml*: **to ~ (from doing sthg)** cesser (de faire qqch).

desk [desk] *n* bureau *m*; **reception ~** réception *f*; **information ~** bureau *m* de renseignements.

desktop publishing ['desk,tɒp-] *n* publication *f* assistée par ordinateur, PAO *f*.

desolate ['desələt] *adj* **-1.** [place] abandonné(e). **-2.** [person] désespéré(e), désolé(e).

despair [dɪ'speər] ◇ *n* (*U*) désespoir *m*. ◇ *vi* désespérer; **to ~ of** désespérer de; **to ~ of doing sthg** désespérer de faire qqch.

despairing [dɪ'speərɪŋ] *adj* de désespoir.

despatch [dɪ'spætʃ] = **dispatch**.

desperate ['despərət] *adj* désespéré(e); **to be ~ for sthg** avoir absolument besoin de qqch.

desperately ['desprətlɪ] *adv* désespérément; **~ ill** gravement malade.

desperation [ˌdespəˈreɪʃn] n désespoir m; **in ~ de** désespoir.

despicable [dɪˈspɪkəbl] adj ignoble.

despise [dɪˈspaɪz] vt [person] mépriser; [racism] exécrer.

despite [dɪˈspaɪt] prep malgré.

despondent [dɪˈspɒndənt] adj découragé(e).

dessert [dɪˈzɜːt] n dessert m.

dessertspoon [dɪˈzɜːtspuːn] n [spoon] cuillère f à dessert.

destination [ˌdestɪˈneɪʃn] n destination f.

destined [ˈdestɪnd] adj -1. [intended]: ~ **for** destiné(e) à; ~ **to do sthg** destiné à faire qqch. -2. [bound]: ~ **for** à destination de.

destiny [ˈdestɪnɪ] n destinée f.

destitute [ˈdestɪtjuːt] adj indigent(e).

destroy [dɪˈstrɔɪ] vt [ruin] détruire.

destruction [dɪˈstrʌkʃn] n destruction f.

detach [dɪˈtætʃ] vt -1. [pull off] détacher; **to ~ sthg from sthg** détacher qqch de qqch. -2. [dissociate]: **to ~ o.s. from sthg** [from reality] se détacher de qqch; [from proceedings, discussions] s'écarter de qqch.

detached [dɪˈtætʃt] adj [unemotional] détaché(e).

detached house n maison f individuelle.

detachment [dɪˈtætʃmənt] n détachement m. ◇ vt [list] détailler. ◆ **details** npl [personal information] coordonnées fpl.

detail [ˈdiːteɪl] ◇ n -1. [small point] détail m; **to go into** ~ entrer dans les détails; **in** ~ en détail. -2. MIL détachement m.

detailed [ˈdiːteɪld] adj détaillé(e).

detain [dɪˈteɪn] vt -1. [in police station] détenir; [in hospital] garder. -2. [delay] retenir.

detect [dɪˈtekt] vt -1. [subj: person] déceler. -2. [subj: machine] détecter.

detection [dɪˈtekʃn] n (U) -1. [of crime] dépistage m. -2. [of aircraft, submarine] détection f.

detective [dɪˈtektɪv] n détective m.

detective novel n roman m policier.

detention [dɪˈtenʃn] n -1. [of suspect, criminal] détention f. -2. SCH retenue f.

deter [dɪˈtɜːr] vt dissuader; **to ~ sb from doing sthg** dissuader qqn de faire qqch.

detergent [dɪˈtɜːdʒənt] n détergent m.

deteriorate [dɪˈtɪərɪəreɪt] vi se détériorer.

determination [dɪˌtɜːmɪˈneɪʃn] n détermination f.

determine [dɪˈtɜːmɪn] vt -1. [establish, control] déterminer. -2. fml [decide]: **to ~ to do sthg** décider de faire qqch.

determined [dɪˈtɜːmɪnd] adj -1. [person] déterminé(e); ~ **to do sthg** déterminé à faire qqch. -2. [effort] obstiné(e).

deterrent [dɪˈterənt] n moyen m de dissuasion.

detest [dɪˈtest] vt détester.

detonate [ˈdetəneɪt] ◇ vt faire détoner. ◇ vi détoner.

detour [ˈdiːˌtʊər] n détour m.

detract [dɪˈtrækt] vi: **to ~ from** diminuer.

detriment [ˈdetrɪmənt] n: **to the ~ of** au détriment de.

detrimental [ˌdetrɪˈmentl] adj préjudiciable.

deuce [djuːs] n TENNIS égalité f.

devaluation [ˌdiːvæljʊˈeɪʃn] n dévaluation f.

devastated [ˈdevəsteɪtɪd] adj -1. [area, city] dévasté(e). -2. fig [person] accablé(e).

devastating [ˈdevəsteɪtɪŋ] adj -1. [hurricane, remark] dévastateur(trice). -2. [upsetting] accablant(e). -3. [attractive] irrésistible.

develop [dɪˈveləp] ◇ vt -1. [gen] développer. -2. [land, area] aménager, développer. -3. [illness, fault, habit] contracter. -4. [resources] développer, exploiter. ◇ vi -1. [grow, advance] se développer. -2. [appear - problem, trouble] se déclarer.

developing country [dɪˈveləpɪŋ-] n pays m en voie de développement.

development [dɪˈveləpmənt] n -1. [gen] développement m. -2. (U) [of land, area] exploitation f. -3. [land being developed] zone f d'aménagement; [developed area] zone aménagée. -4. (U) [of illness, fault] évolution f.

deviate [ˈdiːvɪeɪt] vi: **to ~ (from)** dévier (de), s'écarter (de).

device [dɪˈvaɪs] n -1. [apparatus] appareil m, dispositif m. -2. [plan, method] moyen m.

devil [ˈdevl] n -1. [evil spirit] diable m. -2. inf [person] type m; **poor ~!** pauvre diable! -3. [for emphasis]: **who/where/why the ~ ...?** qui/où/pourquoi diable ...? ◆ **Devil** n [Satan]: **the Devil** le Diable.

devious [ˈdiːvjəs] adj -1. [dishonest - person] retors(e), à l'esprit tortueux;

[- scheme, means] détourné(e). **-2.** [tortuous] tortueux(euse).

devise [dɪ'vaɪz] *vt* concevoir.

devoid [dɪ'vɔɪd] *adj fml*: ~ **of** dépourvu(e) de, dénué(e) de.

devolution [,di:və'lu:ʃn] *n* POL décentralisation *f*.

devote [dɪ'vəʊt] *vt*: **to** ~ **sthg to sthg** consacrer qqch à qqch.

devoted [dɪ'vəʊtɪd] *adj* dévoué(e); **a** ~ **mother** une mère dévouée à ses enfants.

devotee [,devə'ti:] *n* [fan] passionné *m*, -e *f*.

devotion [dɪ'vəʊʃn] *n* **-1.** [commitment]: ~ **(to)** dévouement *m* (à). **-2.** RELIG dévotion *f*.

devour [dɪ'vaʊər] *vt lit & fig* dévorer.

devout [dɪ'vaʊt] *adj* dévot(e).

dew [dju:] *n* rosée *f*.

diabetes [,daɪə'bi:ti:z] *n* diabète *m*.

diabetic [,daɪə'betɪk] ◇ *adj* [person] diabétique. ◇ *n* diabétique *mf*.

diabolic(al) [,daɪə'bɒlɪk(l)] *adj* **-1.** [evil] diabolique. **-2.** *inf* [very bad] atroce.

diagnose ['daɪəgnəʊz] *vt* diagnostiquer.

diagnosis [,daɪəg'nəʊsɪs] (*pl* **-oses** [-əʊsi:z]) *n* diagnostic *m*.

diagonal [daɪ'ægənl] ◇ *adj* [line] diagonal(e). ◇ *n* diagonale *f*.

diagram ['daɪəgræm] *n* diagramme *m*.

dial ['daɪəl] ◇ *n* cadran *m*; [of radio] cadran de fréquences. ◇ *vt* [number] composer.

dialect ['daɪəlekt] *n* dialecte *m*.

dialling code ['daɪəlɪŋ-] *n Br* indicatif *m*.

dialling tone *Br* ['daɪəlɪŋ-], **dial tone** *Am n* tonalité *f*.

dialogue *Br*, **dialog** *Am* ['daɪəlɒg] *n* dialogue *m*.

dial tone *Am* = **dialling tone.**

dialysis [daɪ'ælɪsɪs] *n* dialyse *f*.

diameter [daɪ'æmɪtər] *n* diamètre *m*.

diamond ['daɪəmənd] *n* **-1.** [gem] diamant *m*. **-2.** [shape] losange *m*. ◆ **diamonds** *npl* carreau *m*.

diaper ['daɪpər] *n Am* couche *f*.

diaphragm ['daɪəfræm] *n* diaphragme *m*.

diarrh(o)ea [,daɪə'rɪə] *n* diarrhée *f*.

diary ['daɪərɪ] *n* **-1.** [appointment book] agenda *m*. **-2.** [journal] journal *m*.

dice [daɪs] (*pl inv*) ◇ *n* [for games] dé *m*. ◇ *vt* couper en dés.

dictate [*vb* dɪk'teɪt, *n* 'dɪkteɪt] ◇ *vt* dicter. ◇ *n* ordre *m*.

dictation [dɪk'teɪʃn] *n* dictée *f*.

dictator [dɪk'teɪtər] *n* dictateur *m*.

dictatorship [dɪk'teɪtəʃɪp] *n* dictature *f*.

dictionary ['dɪkʃənrɪ] *n* dictionnaire *m*.

did [dɪd] *pt* → **do.**

diddle ['dɪdl] *vt inf* escroquer, rouler.

didn't ['dɪdnt] = **did not.**

die [daɪ] (*pl* **dice**, *pt & pp* **died**, *cont* **dying**) ◇ *vi* mourir; **to be dying** se mourir; **to be dying to do sthg** mourir d'envie de faire qqch; **to be dying for a drink/cigarette** mourir d'envie de boire un verre/de fumer une cigarette. ◇ *n* [dice] dé *m*. ◆ **die away** *vi* [sound] s'éteindre; [wind] tomber. ◆ **die down** *vi* [sound] s'affaiblir; [wind] tomber; [fire] baisser. ◆ **die out** *vi* s'éteindre, disparaître.

diehard ['daɪhɑ:d] *n*: **to be a** ~ être coriace; [reactionary] être réactionnaire.

diesel ['di:zl] *n* diesel *m*.

diesel engine *n* AUT moteur *m* diesel; RAIL locomotive *f* diesel.

diesel fuel, diesel oil *n* diesel *m*.

diet ['daɪət] ◇ *n* **-1.** [eating pattern] alimentation *f*. **-2.** [to lose weight] régime *m*; **to be on a** ~ être au régime, faire un régime. ◇ *comp* [low-calorie] de régime. ◇ *vi* suivre un régime.

differ ['dɪfər] *vi* **-1.** [be different] être différent(e), différer; [people] être différent; **to** ~ **from** être différent de. **-2.** [disagree]: **to** ~ **with sb (about sthg)** ne pas être d'accord avec qqn (à propos de qqch).

difference ['dɪfrəns] *n* différence *f*; **it doesn't make any** ~ cela ne change rien.

different ['dɪfrənt] *adj*: ~ **(from)** différent(e) (de).

differentiate [,dɪfə'renʃɪeɪt] ◇ *vt*: **to** ~ **sthg from sthg** différencier qqch de qqch, faire la différence entre qqch et qqch. ◇ *vi*: **to** ~ **(between)** faire la différence (entre).

difficult ['dɪfɪkəlt] *adj* difficile.

difficulty ['dɪfɪkəltɪ] *n* difficulté *f*; **to have** ~ **in doing sthg** avoir de la difficulté OR du mal à faire qqch.

diffident ['dɪfɪdənt] *adj* [person] qui manque d'assurance; [manner, voice, approach] hésitant(e).

diffuse [dɪ'fju:z] *vt* diffuser, répandre.

dig [dɪg] (*pt & pp* **dug**) ◇ *vi* **-1.** [in ground] creuser. **-2.** [subj: belt, strap]: **to** ~ **into sb** couper qqn. ◇ *n* **-1.** *fig* [unkind remark] pique *f*. **-2.** ARCHEOL fouilles *fpl*. ◇ *vt* **-1.** [hole] creuser. **-2.** [garden]

bêcher. ◆ **dig out** *vt sep inf* [find] dénicher. ◆ **dig up** *vt sep* **-1.** [from ground] déterrer; [potatoes] arracher. **-2.** *inf* [information] dénicher.

digest [*n* 'daɪdʒest, *vb* dɪ'dʒest] ◇ *n* résumé *m*, digest *m*. ◇ *vt lit & fig* digérer.

digestion [dɪ'dʒestʃn] *n* digestion *f*.

digestive biscuit [daɪ'dʒestɪv-] *n Br* = sablé *m* (à la farine complète).

digit ['dɪdʒɪt] *n* **-1.** [figure] chiffre *m*. **-2.** [finger] doigt *m*; [toe] orteil *m*.

digital ['dɪdʒɪtl] *adj* numérique, digital(e).

digital camera *n* appareil photo *m* numérique.

digital television *n* télévision *f* numérique.

dignified ['dɪgnɪfaɪd] *adj* digne, plein(e) de dignité.

dignity ['dɪgnətɪ] *n* dignité *f*.

digress [daɪ'gres] *vi*: **to ~ (from)** s'écarter (de).

digs [dɪgz] *npl Br inf* piaule *f*.

dike [daɪk] *n* **-1.** [wall, bank] digue *f*. **-2.** *inf pej* [lesbian] gouine *f*.

dilapidated [dɪ'læpɪdeɪtɪd] *adj* délabré(e).

dilate [daɪ'leɪt] ◇ *vt* dilater. ◇ *vi* se dilater.

dilemma [dɪ'lemə] *n* dilemme *m*.

diligent ['dɪlɪdʒənt] *adj* appliqué(e).

dilute [daɪ'luːt] ◇ *adj* dilué(e). ◇ *vt*: **to ~ sthg (with)** diluer qqch (avec).

dim [dɪm] ◇ *adj* **-1.** [dark - light] faible; [- room] sombre. **-2.** [indistinct - memory, outline] vague. **-3.** [weak - eyesight] faible. **-4.** *inf* [stupid] borné(e). ◇ *vt & vi* baisser.

dime [daɪm] *n Am* (pièce *f* de) dix cents *mpl*.

dimension [dɪ'menʃn] *n* dimension *f*.

diminish [dɪ'mɪnɪʃ] *vt & vi* diminuer.

diminutive [dɪ'mɪnjutɪv] *fml* ◇ *adj* minuscule. ◇ *n* GRAMM diminutif *m*.

dimmers ['dɪməz] *npl Am* [dipped headlights] phares *mpl* code (*inv*); [parking lights] feux *mpl* de position.

dimmer (switch) ['dɪmər-] *n* variateur *m* de lumière.

dimple ['dɪmpl] *n* fossette *f*.

din [dɪn] *n inf* barouf *m*.

dine [daɪn] *vi fml* dîner. ◆ **dine out** *vi* dîner dehors.

diner ['daɪnər] *n* **-1.** [person] dîneur *m*, -euse *f*. **-2.** *Am* [café] ≃ resto *m* routier.

dinghy ['dɪŋgɪ] *n* [for sailing] dériveur *m*; [for rowing] (petit) canot *m*.

dingy ['dɪndʒɪ] *adj* miteux(euse), crasseux(euse).

dining car ['daɪnɪŋ-] *n* wagon-restaurant *m*.

dining room ['daɪnɪŋ-] *n* **-1.** [in house] salle *f* à manger. **-2.** [in hotel] restaurant *m*.

dinner ['dɪnər] *n* dîner *m*.

dinner jacket *n* smoking *m*.

dinner party *n* dîner *m*.

dinnertime ['dɪnətaɪm] *n* heure *f* du dîner.

dinosaur ['daɪnəsɔːr] *n* dinosaure *m*.

dint [dɪnt] *n fml*: **by ~ of** à force de.

dip [dɪp] ◇ *n* **-1.** [in road, ground] déclivité *f*. **-2.** [sauce] sauce *f*, dip *m*. **-3.** [swim] baignade *f* (rapide); **to go for a ~** aller se baigner en vitesse, aller faire trempette. ◇ *vt* **-1.** [into liquid]: **to ~ sthg in** OR **into** tremper OR plonger qqch dans. **-2.** *Br* AUT: **to ~ one's headlights** se mettre en code. ◇ *vi* **-1.** [sun] baisser, descendre à l'horizon; [wing] plonger. **-2.** [road, ground] descendre.

diploma [dɪ'pləumə] (*pl* -s) *n* diplôme *m*.

diplomacy [dɪ'pləuməsɪ] *n* diplomatie *f*.

diplomat ['dɪpləmæt] *n* diplomate *m*.

diplomatic [ˌdɪplə'mætɪk] *adj* **-1.** [service, corps] diplomatique. **-2.** [tactful] diplomate.

dipstick ['dɪpstɪk] *n* AUT jauge *f* (*de niveau d'huile*).

dire ['daɪər] *adj* [need, consequences] extrême; [warning] funeste.

direct [dɪ'rekt] ◇ *adj* direct(e); [challenge] manifeste. ◇ *vt* **-1.** [gen] diriger. **-2.** [aim]: **to ~ sthg at sb** [question, remark] adresser qqch à qqn; **the campaign is ~ed at teenagers** cette campagne vise les adolescents. **-3.** [order]: **to ~ sb to do sthg** ordonner à qqn de faire qqch. ◇ *adv* directement.

direct current *n* courant *m* continu.

direct debit *n Br* prélèvement *m* automatique.

direction [dɪ'rekʃn] *n* direction *f*. ◆ **directions** *npl* **-1.** [to find a place] indications *fpl*. **-2.** [for use] instructions *fpl*.

directly [dɪ'rektlɪ] *adv* **-1.** [in straight line] directement. **-2.** [honestly, clearly] sans détours. **-3.** [exactly - behind, above] exactement. **-4.** [immediately] immédiatement. **-5.** [very soon] tout de suite.

director [dɪ'rektər] *n* **-1.** [of company] directeur *m*, -trice *f*. **-2.** THEATRE metteur *m* en scène; CINEMA & TV réalisateur *m*, -trice *f*.

directory [dɪ'rektərɪ] *n* **-1.** [annual publication] annuaire *m*. **-2.** COMPUT répertoire *m*.

directory enquiries *n Br* renseignements *mpl* (téléphoniques).

dire straits *npl*: **in ~** dans une situation désespérée.

dirt [dɜːt] *n* (*U*) **-1.** [mud, dust] saleté *f*. **-2.** [earth] terre *f*.

dirt cheap *inf* ◇ *adj* très bon marché, donné(e). ◇ *adv* pour trois fois rien.

dirty ['dɜːtɪ] ◇ *adj* **-1.** [not clean, not fair] sale. **-2.** [smutty - language, person] grossier(ière); [- book, joke] cochon(onne). ◇ *vt* salir.

disability [,dɪsə'bɪlətɪ] *n* infirmité *f*.

disabled [dɪs'eɪbld] ◇ *adj* [person] handicapé(e), infirme. ◇ *npl*: **the ~** les handicapés, les infirmes.

disadvantage [,dɪsəd'vɑːntɪdʒ] *n* désavantage *m*, inconvénient *m*; **to be at a ~** être désavantagé.

disagree [,dɪsə'griː] *vi* **-1.** [have different opinions]: **to ~ (with)** ne pas être d'accord (avec). **-2.** [differ] ne pas concorder. **-3.** [subj: food, drink]: **to ~ with sb** ne pas réussir à qqn.

disagreeable [,dɪsə'griːəbl] *adj* désagréable.

disagreement [,dɪsə'griːmənt] *n* **-1.** [in opinion] désaccord *m*. **-2.** [argument] différend *m*.

disallow [,dɪsə'laʊ] *vt* **-1.** *fml* [appeal, claim] rejeter. **-2.** [goal] refuser.

disappear [,dɪsə'pɪər] *vi* disparaître.

disappearance [,dɪsə'pɪərəns] *n* disparition *f*.

disappoint [,dɪsə'pɔɪnt] *vt* décevoir.

disappointed [,dɪsə'pɔɪntɪd] *adj*: **~ (in OR with)** déçu(e) (par).

disappointing [,dɪsə'pɔɪntɪŋ] *adj* décevant(e).

disappointment [,dɪsə'pɔɪntmənt] *n* déception *f*.

disapproval [,dɪsə'pruːvl] *n* désapprobation *f*.

disapprove [,dɪsə'pruːv] *vi*: **to ~ of sb/ sthg** désapprouver qqn/qqch; **do you ~?** est-ce que tu as quelque chose contre?

disarm [dɪs'ɑːm] *vt & vi lit & fig* désarmer.

disarmament [dɪs'ɑːməmənt] *n* désarmement *m*.

disarray [,dɪsə'reɪ] *n*: **in ~** en désordre; [government] en pleine confusion.

disaster [dɪ'zɑːstər] *n* **-1.** [damaging event] catastrophe *f*. **-2.** (*U*) [misfortune]

échec *m*, désastre *m*. **-3.** *inf* [failure] désastre *m*.

disastrous [dɪ'zɑːstrəs] *adj* désastreux(euse).

disband [dɪs'bænd] ◇ *vt* dissoudre. ◇ *vi* se dissoudre.

disbelief [,dɪsbɪ'liːf] *n*: **in OR with ~** avec incrédulité.

disc *Br*, **disk** *Am* [dɪsk] *n* disque *m*.

discard [dɪ'skɑːd] *vt* mettre au rebut.

discern [dɪ'sɜːn] *vt* discerner, distinguer.

discerning [dɪ'sɜːnɪŋ] *adj* judicieux(ieuse).

discharge [*n* 'dɪstʃɑːdʒ, *vt* dɪs'tʃɑːdʒ] ◇ *n* **-1.** [of patient] autorisation *f* de sortie, décharge *f*; JUR relaxe *f*; **to get one's ~** MIL être rendu à la vie civile. **-2.** [emission - of smoke] émission *f*; [- of sewage] déversement *m*; MED écoulement *m*. ◇ *vt* **-1.** [allow to leave - patient] signer la décharge de; [- prisoner, defendant] relaxer; [- soldier] rendre à la vie civile. **-2.** *fml* [fulfil] assumer. **-3.** [emit - smoke] émettre; [- sewage, chemicals] déverser.

disciple [dɪ'saɪpl] *n* disciple *m*.

discipline ['dɪsɪplɪn] ◇ *n* discipline *f*. ◇ *vt* **-1.** [control] discipliner. **-2.** [punish] punir.

disc jockey *n* disc-jockey *m*.

disclaim [dɪs'kleɪm] *vt fml* nier.

disclose [dɪs'kləʊz] *vt* révéler, divulguer.

disclosure [dɪs'kləʊʒər] *n* révélation *f*, divulgation *f*.

disco ['dɪskəʊ] (*pl* **-s**) (*abbr of* discotheque) *n* discothèque *f*.

discomfort [dɪs'kʌmfət] *n* **-1.** (*U*) [physical pain] douleur *f*. **-2.** (*U*) [anxiety, embarrassment] malaise *m*.

disconcert [,dɪskən'sɜːt] *vt* déconcerter.

disconnect [,dɪskə'nekt] *vt* **-1.** [detach] détacher. **-2.** [from gas, electricity - appliance] débrancher; [- house] couper. **-3.** TELEC couper.

disconsolate [dɪs'kɒnsələt] *adj* inconsolable.

discontent [,dɪskən'tent] *n*: **~ (with)** mécontentement *m* (à propos de).

discontented [,dɪskən'tentɪd] *adj* mécontent(e).

discontinue [,dɪskən'tɪnjuː] *vt* cesser, interrompre.

discord ['dɪskɔːd] *n* **-1.** (*U*) [disagreement] discorde *f*, désaccord *m*. **-2.** MUS dissonance *f*.

discotheque ['dɪskəʊtek] *n* discothèque *f*.

discount [*n* 'dɪskaʊnt, *vb* Br dɪs'kaʊnt, Am 'dɪskaʊnt] ◇ *n* remise *f*. ◇ *vt* [report, claim] ne pas tenir compte de.

discourage [dɪ'skʌrɪdʒ] *vt* décourager; **to ~ sb from doing sthg** dissuader qqn de faire qqch.

discover [dɪ'skʌvər] *vt* découvrir.

discovery [dɪ'skʌvərɪ] *n* découverte *f*.

discredit [dɪs'kredɪt] ◇ *n* discrédit *m*. ◇ *vt* discréditer.

discreet [dɪ'skriːt] *adj* discret(ète).

discrepancy [dɪ'skrepənsɪ] *n*: ~ **(in/between)** divergence *f* (entre).

discretion [dɪ'skreʃn] *n* (*U*) **-1.** [tact] discrétion *f*. **-2.** [judgment] jugement *m*, discernement *m*; **at the ~ of** avec l'autorisation de.

discriminate [dɪ'skrɪmɪneɪt] *vi* **-1.** [distinguish] différencier, distinguer; **to ~ between** faire la distinction entre. **-2.** [be prejudiced]: **to ~ against sb** faire de la discrimination envers qqn.

discriminating [dɪ'skrɪmɪneɪtɪŋ] *adj* avisé(e).

discrimination [dɪˌskrɪmɪ'neɪʃn] *n* **-1.** [prejudice] discrimination *f*. **-2.** [judgment] discernement *m*, jugement *m*.

discus ['dɪskəs] (*pl* **-es**) *n* disque *m*.

discuss [dɪ'skʌs] *vt* discuter (de); **to ~ sthg with sb** discuter de qqch avec qqn.

discussion [dɪ'skʌʃn] *n* discussion *f*; **under ~** en discussion.

disdain [dɪs'deɪn] *n*: ~ **(for)** dédain *m* (pour).

disease [dɪ'ziːz] *n* [illness] maladie *f*.

disembark [ˌdɪsɪm'bɑːk] *vi* débarquer.

disenchanted [ˌdɪsɪn'tʃɑːntɪd] *adj*: ~ **(with)** désenchanté(e) (de).

disengage [ˌdɪsɪn'geɪdʒ] *vt* **-1.** [release]: **to ~ sthg (from)** libérer OR dégager qqch (de). **-2.** TECH déclencher; **to ~ the gears** débrayer.

disfavour *Br*, **disfavor** *Am* [dɪs'feɪvər] *n* [dislike, disapproval] désapprobation *f*.

disfigure [dɪs'fɪgər] *vt* défigurer.

disgrace [dɪs'greɪs] ◇ *n* **-1.** [shame] honte *f*; **to bring ~ on sb** jeter la honte sur qqn; **in ~** en défaveur. **-2.** [cause of shame - thing] honte *f*, scandale *m*; [- person] honte *f*. ◇ *vt* faire honte à; **to ~ o.s.** se couvrir de honte.

disgraceful [dɪs'greɪsfʊl] *adj* honteux(euse), scandaleux(euse).

disgruntled [dɪs'grʌntld] *adj* mécontent(e).

disguise [dɪs'gaɪz] ◇ *n* déguisement *m*; **in ~** déguisé(e). ◇ *vt* **-1.** [person, voice] déguiser. **-2.** [hide - fact, feelings] dissimuler.

disgust [dɪs'gʌst] ◇ *n*: ~ **(at)** [behaviour, violence etc] dégoût *m* (pour); [decision] dégoût (devant). ◇ *vt* dégoûter, écœurer.

disgusting [dɪs'gʌstɪŋ] *adj* dégoûtant(e).

dish [dɪʃ] *n* plat *m*; *Am* [plate] assiette *f*. ◆ **dishes** *npl* vaisselle *f*; **to do OR wash the ~es** faire la vaisselle. ◆ **dish out** *vt sep inf* distribuer. ◆ **dish up** *vt sep inf* servir.

dish aerial *Br*, **dish antenna** *Am* *n* antenne *f* parabolique.

dishcloth ['dɪʃklɒθ] *n* lavette *f*.

disheartened [dɪs'hɑːtnd] *adj* découragé(e).

dishevelled *Br*, **disheveled** *Am* [dɪ'ʃevəld] *adj* [person] échevelé(e); [hair] en désordre.

dishonest [dɪs'ɒnɪst] *adj* malhonnête.

dishonor *etc Am* = **dishonour** *etc*.

dishonour *Br*, **dishonor** *Am* [dɪs'ɒnər] ◇ *n* déshonneur *m*. ◇ *vt* déshonorer.

dishonourable *Br*, **dishonorable** *Am* [dɪs'ɒnərəbl] *adj* [person] peu honorable; [behaviour] déshonorant(e).

dish soap *n Am* liquide *m* pour la vaisselle.

dish towel *n Am* torchon *m*.

dishwasher ['dɪʃˌwɒʃər] *n* [machine] lave-vaisselle *m inv*.

disillusioned [ˌdɪsɪ'luːʒnd] *adj* désillusionné(e), désenchanté(e); **to be ~ with** ne plus avoir d'illusions sur.

disincentive [ˌdɪsɪn'sentɪv] *n*: **to be a ~** avoir un effet dissuasif; [in work context] être démotivant(e).

disinclined [ˌdɪsɪn'klaɪnd] *adj*: **to be ~ to do sthg** être peu disposé(e) à faire qqch.

disinfect [ˌdɪsɪn'fekt] *vt* désinfecter.

disinfectant [ˌdɪsɪn'fektənt] *n* désinfectant *m*.

disintegrate [dɪs'ɪntɪgreɪt] *vi* [object] se désintégrer, se désagréger.

disinterested [ˌdɪs'ɪntrəstɪd] *adj* **-1.** [objective] désintéressé(e). **-2.** *inf* [uninterested]: ~ **(in)** indifférent(e) (à).

disjointed [dɪs'dʒɔɪntɪd] *adj* décousu(e).

disk [dɪsk] *n* **-1.** COMPUT disque *m*, disquette *f*. **-2.** *Am* = **disc**.

disk drive *Br*, **diskette drive** *Am* *n* COMPUT lecteur *m* de disques OR de disquettes.

diskette [dɪsk'et] *n* COMPUT disquette *f*.

diskette drive n Am = disk drive.

dislike [dɪs'laɪk] ◇ n: ~ **(of)** aversion f (pour); **to take a ~ to** sb/sthg prendre qqn/qqch en grippe. ◇ vt ne pas aimer.

dislocate ['dɪsləkeɪt] vt **-1.** MED se démettre. **-2.** [disrupt] désorganiser.

dislodge [dɪs'lɒdʒ] vt: **to ~ sthg (from)** déplacer qqch (de); [free] décoincer qqch (de).

disloyal [ˌdɪs'lɔɪəl] adj: ~ **(to)** déloyal(e) (envers).

dismal ['dɪzml] adj **-1.** [gloomy, depressing] lugubre. **-2.** [unsuccessful - attempt] infructueux(euse); [- failure] lamentable.

dismantle [dɪs'mæntl] vt démanteler.

dismay [dɪs'meɪ] ◇ n consternation f. ◇ vt consterner.

dismiss [dɪs'mɪs] vt **-1.** [from job]: **to ~ sb (from)** congédier qqn (de). **-2.** [refuse to take seriously - idea, person] écarter; [- plan, challenge] rejeter. **-3.** [allow to leave - class] laisser sortir; [- troops] faire rompre les rangs à.

dismissal [dɪs'mɪsl] n **-1.** [from job] licenciement m, renvoi m. **-2.** [refusal to take seriously] rejet m.

dismount [ˌdɪs'maʊnt] vi: **to ~ (from)** descendre (de).

disobedience [ˌdɪsə'biːdjəns] n désobéissance f.

disobedient [ˌdɪsə'biːdjənt] adj désobéissant(e).

disobey [ˌdɪsə'beɪ] vt désobéir à.

disorder [dɪs'ɔːdər] n **-1.** [disarray]: **in ~** en désordre. **-2.** (U) [rioting] troubles mpl. **-3.** MED trouble m.

disorderly [dɪs'ɔːdəlɪ] adj **-1.** [untidy - room] en désordre; [- appearance] désordonné(e). **-2.** [unruly] indiscipliné(e).

disorganized, -ised [dɪs'ɔːgənaɪzd] adj [person] désordonné(e), brouillon(onne); [system] mal conçu(e).

disorientated Br [dɪs'ɔːrɪənteɪtɪd], **disoriented** Am [dɪs'ɔːrɪəntɪd] adj désorienté(e).

disown [dɪs'əʊn] vt désavouer.

disparaging [dɪ'spærɪdʒɪŋ] adj désobligeant(e).

dispassionate [dɪ'spæʃnət] adj impartial(e).

dispatch [dɪ'spætʃ] ◇ n [message] dépêche f. ◇ vt [send] envoyer, expédier.

dispel [dɪ'spel] vt [feeling] dissiper, chasser.

dispensary [dɪ'spensərɪ] n officine f.

dispense [dɪ'spens] vt [justice, medicine] administrer. ◆ **dispense with** vt fus **-1.** [do without] se passer de. **-2.** [make unnecessary] rendre superflu(e); **to ~ with the need for** sthg rendre qqch superflu.

dispensing chemist Br, **dispensing pharmacist** Am [dɪ'spensɪŋ-] n pharmacien m, -ienne f.

disperse [dɪ'spɜːs] ◇ vt **-1.** [crowd] disperser. **-2.** [knowledge, news] répandre, propager. ◇ vi se disperser.

dispirited [dɪ'spɪrɪtɪd] adj découragé(e), abattu(e).

displace [dɪs'pleɪs] vt **-1.** [cause to move] déplacer. **-2.** [supplant] supplanter.

display [dɪ'spleɪ] ◇ n **-1.** [arrangement] exposition f. **-2.** [demonstration] manifestation f. **-3.** [public event] spectacle m. **-4.** [COMPUT - device] écran m; [- information displayed] affichage m, visualisation f. ◇ vt **-1.** [arrange] exposer. **-2.** [show] faire preuve de, montrer.

displease [dɪs'pliːz] vt déplaire à, mécontenter; **to be ~d with** être mécontent(e) de.

displeasure [dɪs'pleʒər] n mécontentement m.

disposable [dɪ'spəʊzəbl] adj **-1.** [throw away] jetable. **-2.** [income] disponible.

disposal [dɪ'spəʊzl] n **-1.** [removal] enlèvement m. **-2.** [availability]: **at** sb's ~ à la disposition de qqn.

dispose [dɪ'spəʊz] ◆ **dispose of** vt fus [get rid of] se débarrasser de; [problem] résoudre.

disposed [dɪ'spəʊzd] adj **-1.** [willing]: **to be ~ to do** sthg être disposé(e) à faire qqch. **-2.** [friendly]: **to be well ~ to** OR **towards** sb être bien disposé(e) envers qqn.

disposition [ˌdɪspə'zɪʃn] n **-1.** [temperament] caractère m, tempérament m. **-2.** [tendency]: ~ **to do** sthg tendance f à faire qqch.

disprove [ˌdɪs'pruːv] vt réfuter.

dispute [dɪ'spjuːt] ◇ n **-1.** [quarrel] dispute f. **-2.** (U) [disagreement] désaccord m. **-3.** INDUSTRY conflit m. ◇ vt contester.

disqualify [ˌdɪs'kwɒlɪfaɪ] vt **-1.** [subj: authority]: **to ~ sb (from doing sthg)** interdire à qqn (de faire qqch); **to ~ sb from driving** Br retirer le permis de conduire à qqn. **-2.** SPORT disqualifier.

disquiet [dɪs'kwaɪət] n inquiétude f.

disregard [ˌdɪsrɪ'gɑːd] ◇ n (U): ~ **(for)** [money, danger] mépris m (pour); [feelings] indifférence f (à). ◇ vt [fact] ignorer; [danger] mépriser; [warning] ne pas tenir compte de.

disrepair [,dɪsrɪ'peəʳ] n délabrement m; **to fall into ~** tomber en ruines.

disreputable [dɪs'repjutəbl] adj peu respectable.

disrepute [,dɪsrɪ'pju:t] n: **to bring sthg into ~** discréditer qqch; **to fall into ~** acquérir une mauvaise réputation.

disrupt [dɪs'rʌpt] vt perturber.

dissatisfaction ['dɪs,sætɪs'fækʃn] n mécontentement m.

dissatisfied [,dɪs'sætɪsfaɪd] adj: **~ (with)** mécontent(e) (de), pas satisfait(e) (de).

dissect [dɪ'sekt] vt lit & fig disséquer.

dissent [dɪ'sent] ◇ n dissentiment m. ◇ vi: **to ~ (from)** être en désaccord (avec).

dissertation [,dɪsə'teɪʃn] n dissertation f.

disservice [,dɪs'sɜ:vɪs] n: **to do sb a ~** rendre un mauvais service à qqn.

dissimilar [,dɪ'sɪmɪləʳ] adj: **~ (to)** différent(e) (de).

dissipate ['dɪsɪpeɪt] vt **-1.** [heat] dissiper. **-2.** [efforts, money] gaspiller.

dissociate [dɪ'səʊʃɪeɪt] vt dissocier; **to ~ o.s. from** se désolidariser de.

dissolute ['dɪsəlu:t] adj dissolu(e).

dissolve [dɪ'zɒlv] ◇ vt dissoudre. ◇ vi **-1.** [substance] se dissoudre. **-2.** fig [disappear] disparaître.

dissuade [dɪ'sweɪd] vt: **to ~ sb (from)** dissuader qqn (de).

distance ['dɪstəns] n distance f; **at a ~** assez loin; **from a ~** de loin; **in the ~** au loin.

distant ['dɪstənt] adj **-1.** [gen]: **~ (from)** éloigné(e) (de). **-2.** [reserved - person, manner] distant(e).

distaste [dɪs'teɪst] n: **~ (for)** dégoût m (pour).

distasteful [dɪs'teɪstfʊl] adj répugnant(e), déplaisant(e).

distended [dɪ'stendɪd] adj [stomach] distendu(e).

distil Br, **distill** Am [dɪ'stɪl] vt **-1.** [liquid] distiller. **-2.** fig [information] tirer.

distillery [dɪ'stɪlərɪ] n distillerie f.

distinct [dɪ'stɪŋkt] adj **-1.** [different]: **~ (from)** distinct(e) (de), différent(e) (de); **as ~ from** par opposition à. **-2.** [definite - improvement] net (nette).

distinction [dɪ'stɪŋkʃn] n **-1.** [difference] distinction f, différence f; **to draw** OR **make a ~ between** faire une distinction entre. **-2.** (U) [excellence] distinc-

tion f. **-3.** [exam result] mention f très bien.

distinctive [dɪ'stɪŋktɪv] adj caractéristique.

distinguish [dɪ'stɪŋgwɪʃ] vt **-1.** [tell apart]: **to ~ sthg from sthg** distinguer qqch de qqch, faire la différence entre qqch et qqch. **-2.** [perceive] distinguer. **-3.** [characterize] caractériser.

distinguished [dɪ'stɪŋgwɪʃt] adj distingué(e).

distinguishing [dɪ'stɪŋgwɪʃɪŋ] adj [feature, mark] caractéristique.

distort [dɪ'stɔ:t] vt déformer.

distract [dɪ'strækt] vt: **to ~ sb (from)** distraire qqn (de).

distracted [dɪ'stræktɪd] adj [preoccupied] soucieux(ieuse).

distraction [dɪ'strækʃn] n [interruption, diversion] distraction f.

distraught [dɪ'strɔ:t] adj éperdu(e).

distress [dɪ'stres] ◇ n [anxiety] détresse f; [pain] douleur f, souffrance f. ◇ vt affliger.

distressing [dɪ'stresɪŋ] adj [news, image] pénible.

distribute [dɪ'strɪbju:t] vt **-1.** [gen] distribuer. **-2.** [spread out] répartir.

distribution [,dɪstrɪ'bju:ʃn] n **-1.** [gen] distribution f. **-2.** [spreading out] répartition f.

distributor [dɪ'strɪbjʊtəʳ] n AUT & COMM distributeur m.

district ['dɪstrɪkt] n **-1.** [area - of country] région f; [- of town] quartier m. **-2.** ADMIN district m.

district attorney n Am ≃ procureur m de la République.

district council n Br ≃ conseil m général.

district nurse n Br infirmière f visiteuse OR à domicile.

distrust [dɪs'trʌst] ◇ n méfiance f. ◇ vt se méfier de.

disturb [dɪ'stɜ:b] vt **-1.** [interrupt] déranger. **-2.** [upset, worry] inquiéter. **-3.** [sleep, surface] troubler.

disturbance [dɪ'stɜ:bəns] n **-1.** POL troubles mpl; [fight] tapage m. **-2.** [interruption] dérangement m. **-3.** [of mind, emotions] trouble m.

disturbed [dɪ'stɜ:bd] adj **-1.** [emotionally, mentally] perturbé(e). **-2.** [worried] inquiet(iète).

disturbing [dɪ'stɜ:bɪŋ] adj [image] bouleversant(e); [news] inquiétant(e).

disuse [,dɪs'ju:s] n: **to fall into ~** [factory] être à l'abandon; [regulation] tomber en désuétude.

disused [ˌdɪs'juːzd] *adj* désaffecté(e).

ditch [dɪtʃ] ◇ *n* fossé *m*. ◇ *vt inf* [boyfriend, girlfriend] plaquer; [old car, clothes] se débarrasser de; [plan] abandonner.

dither ['dɪðər] *vi* hésiter.

ditto ['dɪtəʊ] *adv* idem.

dive [daɪv] (*Br pt & pp* -d, *Am pt & pp* -d OR **dove**) ◇ *vi* plonger; [bird, plane] piquer. ◇ *n* -1. [gen] plongeon *m*. -2. [of plane] piqué *m*. -3. *inf pej* [bar, restaurant] bouge *m*.

diver ['daɪvər] *n* plongeur *m*, -euse *f*.

diverge [daɪ'vɜːdʒ] *vi*: **to ~ (from)** diverger (de).

diversify [daɪ'vɜːsɪfaɪ] ◇ *vt* diversifier. ◇ *vi* se diversifier.

diversion [daɪ'vɜːʃn] *n* -1. [amusement] distraction *f*; [tactical] diversion *f*. -2. [of traffic] déviation *f*. -3. [of river, funds] détournement *m*.

diversity [daɪ'vɜːsətɪ] *n* diversité *f*.

divert [daɪ'vɜːt] *vt* -1. [traffic] dévier. -2. [river, funds] détourner. -3. [person - amuse] distraire; [- tactically] détourner.

divide [dɪ'vaɪd] ◇ *vt* -1. [separate] séparer. -2. [share out] diviser, partager. -3. [split up]: **to ~ sthg (into)** diviser qqch (en). -4. MATH: **89 ~d by 3** 89 divisé par 3. -5. [people - in disagreement] diviser. ◇ *vi* se diviser.

dividend ['dɪvɪdend] *n* dividende *m*.

divine [dɪ'vaɪn] *adj* divin(e).

diving ['daɪvɪŋ] *n* (*U*) plongeon *m*; [with breathing apparatus] plongée *f* (sousmarine).

divingboard ['daɪvɪŋbɔːd] *n* plongeoir *m*.

divinity [dɪ'vɪnətɪ] *n* -1. [godliness, god] divinité *f*. -2. [study] théologie *f*.

division [dɪ'vɪʒn] *n* -1. [gen] division *f*. -2. [separation] séparation *f*.

divorce [dɪ'vɔːs] ◇ *n* divorce *m*. ◇ *vt* [husband, wife] divorcer.

divorced [dɪ'vɔːst] *adj* divorcé(e).

divorcee [dɪvɔː'siː] *n* divorcé *m*, -e *f*.

divulge [daɪ'vʌldʒ] *vt* divulguer.

DIY (*abbr of* **do-it-yourself**) *n Br* bricolage *m*.

dizzy ['dɪzɪ] *adj* [giddy]: **to feel ~** avoir la tête qui tourne.

DJ *n* (*abbr of* **disc jockey**) disc-jockey *m*.

DNA (*abbr of* **deoxyribonucleic acid**) *n* ADN *m*.

do [duː] (*pt* **did**, *pp* **done**, *pl* **dos** OR **do's**) ◇ *aux vb* -1. (*in negatives*): **don't leave it there** ne le laisse pas là. -2. (*in questions*): **what did he want?** qu'est-ce qu'il voulait?; **~ you think she'll come?** tu crois qu'elle viendra? -3. (*referring back to previous verb*): **she reads more than I ~** elle lit plus que moi; **I like reading — so I ~** j'aime lire — moi aussi. -4. (*in question tags*): **so you think you can dance, ~ you?** alors tu t'imagines que tu sais danser, c'est ça? -5. [for emphasis]: **I did tell you but you've forgotten** je te l'avais bien dit, mais tu l'as oublié; **~ come in** entrez donc. ◇ *vt* -1. [perform an activity, a service] faire; **to ~ aerobics/gymnastics** faire de l'aérobic/de la gymnastique; **to ~ the cooking/housework** faire la cuisine/le ménage; **to ~ one's hair** se coiffer; **to ~ one's teeth** se laver OR se brosser les dents. -2. [take action] faire; **to ~ something about sthg** trouver une solution pour qqch. -3. [referring to job]: **what do you ~?** qu'est-ce que vous faites dans la vie? -4. [study] faire; **I did physics at school** j'ai fait de la physique à l'école. -5. [travel at a particular speed] faire, rouler; **the car can ~ 110 mph** ≃ la voiture peut faire du 180 à l'heure. ◇ *vi* -1. [act] faire; **as I tell you** fais comme je te dis. -2. [perform in a particular way]: **they're ~ing really well** leurs affaires marchent bien; **he could ~ better** il pourrait mieux faire; **how did you ~ in the exam?** comment ça a marché à l'examen? -3. [be good enough, be sufficient] suffire, aller; **will £6 ~?** est-ce que 6 livres suffiront?, 6 livres, ça ira?; **that will ~** ça suffit. ◇ *n* [party] fête *f*, soirée *f*. ◆ **dos** *npl*: **~s and don'ts** ce qu'il faut faire et ne pas faire. ◆ **do away with** *vt fus* supprimer. ◆ **do out of** *vt sep inf*: **to ~ sb out of sthg** escroquer OR carotter qqch à qqn. ◆ **do up** *vt sep* -1. [fasten - shoelaces, shoes] attacher; [- buttons, coat] boutonner. -2. [decorate - room, house] refaire. -3. [wrap up] emballer. ◆ **do with** *vt fus* -1. [need] avoir besoin de. -2. [have connection with]: **that has nothing to ~ with it** ça n'a rien à voir, ça n'a aucun rapport; **I had nothing to ~ with it** je n'y étais pour rien. ◆ **do without** ◇ *vt fus* se passer de. ◇ *vi* s'en passer.

Doberman ['dəʊbəmən] (*pl* **-s**) *n*: **~ (pinscher)** doberman *m*.

docile [*Br* 'dəʊsaɪl, *Am* 'dɒsəl] *adj* docile.

dock [dɒk] ◇ *n* **-1.** [in harbour] docks *mpl.* **-2.** JUR banc *m* des accusés. ◇ *vi* [ship] arriver à quai.

docker ['dɒkər] *n* docker *m.*

docklands ['dɒkləndz] *npl Br* docks *mpl.*

dockworker ['dɒkwɜːkər] = **docker.**

dockyard ['dɒkjɑːd] *n* chantier *m* naval.

doctor ['dɒktər] ◇ *n* **-1.** MED docteur *m*, médecin *m*; **to go to the ~'s** aller chez le docteur. **-2.** UNIV docteur *m.* ◇ *vt* [results, report] falsifier; [text, food] altérer.

doctorate ['dɒktərət], **doctor's degree** *n* doctorat *m.*

doctrine ['dɒktrɪn] *n* doctrine *f.*

document ['dɒkjʊmənt] *n* document *m.*

documentary [,dɒkjʊ'mentərɪ] ◇ *adj* documentaire. ◇ *n* documentaire *m.*

dodge [dɒdʒ] ◇ *n inf* combine *f.* ◇ *vt* éviter, esquiver. ◇ *vi* s'esquiver.

dodgy ['dɒdʒɪ] *adj Br inf* [plan, deal] douteux(euse).

doe [dəʊ] *n* **-1.** [deer] biche *f.* **-2.** [rabbit] lapine *f.*

does [*weak form* dəz, *strong form* dʌz] → **do.**

doesn't ['dʌznt] = **does not.**

dog [dɒg] ◇ *n* [animal] chien *m*, chienne *f.* ◇ *vt* **-1.** [subj: person - follow] suivre de près. **-2.** [subj: problems, bad luck] poursuivre.

dog collar *n* **-1.** [of dog] collier *m* de chien. **-2.** [of priest] col *m* d'ecclésiastique.

dog-eared [-ɪəd] *adj* écorné(e).

dog food *n* nourriture *f* pour chiens.

dogged ['dɒgɪd] *adj* opiniâtre.

dogsbody ['dɒgz,bɒdɪ] *n Br inf* [woman] bonne *f* à tout faire; [man] factotum *m.*

doing ['duːɪŋ] *n*: **is this your ~?** c'est toi qui est cause de tout cela? ◆ **doings** *npl* actions *fpl.*

do-it-yourself *n* (*U*) bricolage *m.*

doldrums ['dɒldrəmz] *npl*: **to be in the ~** *fig* être dans le marasme.

dole [dəʊl] *n Br* [unemployment benefit] allocation *f* de chômage; **to be on the ~** être au chômage. ◆ **dole out** *vt sep* [food, money] distribuer au compte-gouttes.

doleful ['dəʊlfʊl] *adj* morne.

doll [dɒl] *n* poupée *f.*

dollar ['dɒlər] *n* dollar *m.*

dollop ['dɒləp] *n inf* bonne cuillerée *f.*

dolphin ['dɒlfɪn] *n* dauphin *m.*

domain [də'meɪn] *n lit* & *fig* domaine *m.*

dome [dəʊm] *n* dôme *m.*

domestic [də'mestɪk] ◇ *adj* **-1.** [policy, politics, flight] intérieur(e). **-2.** [chores, animal] domestique. **-3.** [home-loving] casanier(ière). ◇ *n* domestique *mf.*

domestic appliance *n* appareil *m* ménager.

dominant ['dɒmɪnənt] *adj* dominant(e); [personality, group] dominateur(trice).

dominate ['dɒmɪneɪt] *vt* dominer.

domineering [,dɒmɪ'nɪərɪŋ] *adj* autoritaire.

dominion [də'mɪnjən] *n* **-1.** (*U*) [power] domination *f.* **-2.** [land] territoire *m.*

domino ['dɒmɪnəʊ] (*pl* **-es**) *n* domino *m.* ◆ **dominoes** *npl* dominos *mpl.*

don [dɒn] *n Br* UNIV professeur *m* d'université.

donate [də'neɪt] *vt* faire don de.

done [dʌn] ◇ *pp* → **do.** ◇ *adj* **-1.** [job, work] achevé(e); **I'm nearly ~** j'ai presque fini. **-2.** [cooked] cuit(e). ◇ *excl* [to conclude deal] topé!

donkey ['dɒŋkɪ] (*pl* **donkeys**) *n* âne *m*, ânesse *f.*

donor ['dəʊnər] *n* **-1.** MED donneur *m*, -euse *f.* **-2.** [to charity] donateur *m*, -trice *f.*

donor card *n* carte *f* de donneur.

don't [dəʊnt] = **do not.**

doodle ['duːdl] ◇ *n* griffonnage *m.* ◇ *vi* griffonner.

doom [duːm] *n* [fate] destin *m.*

doomed [duːmd] *adj* condamné(e); **the plan was ~ to failure** le plan était voué à l'échec.

door [dɔːr] *n* porte *f*; [of vehicle] portière *f.*

doorbell ['dɔːbel] *n* sonnette *f.*

doorknob ['dɔːnɒb] *n* bouton *m* de porte.

doorman ['dɔːmən] (*pl* **-men** [-mən]) *n* portier *m.*

doormat ['dɔːmæt] *n lit* & *fig* paillasson *m.*

doorstep ['dɔːstep] *n* pas *m* de la porte.

doorway ['dɔːweɪ] *n* embrasure *f* de la porte.

dope [dəʊp] ◇ *n inf* **-1.** drugs *sl* dope *f.* **-2.** [for athlete, horse] dopant *m.* **-3.** *inf* [fool] imbécile *mf.* ◇ *vt* [horse] doper.

dopey ['dəʊpɪ] (*compar* **-ier**, *superl* **-iest**) *adj inf* abruti(e).

dormant ['dɔːmənt] *adj* **-1.** [volcano] endormi(e). **-2.** [law] inappliqué(e).

dormitory ['dɔːmətrɪ] *n* **-1.** [gen] dortoir *m.* **-2.** *Am* [in university] ≃ cité *f* universitaire.

Dormobile® ['dɔːmə,biːl] n Br camping-car m.

DOS [dɒs] (abbr of **disk operating system**) n DOS m.

dose [dəʊs] n -1. MED dose f. -2. fig [amount]: **a ~ of the measles** la rougeole.

dosser ['dɒsər] n Br inf clochard m, -e f.

dosshouse ['dɒshaʊs, pl -haʊzɪz] n Br inf asile m de nuit.

dot [dɒt] ◇ n point m; **on the ~** à l'heure pile. ◇ vt: **dotted with** parsemé(e) de.

dote [dəʊt] ◆ **dote (up)on** vt fus adorer.

dot-matrix printer n imprimante f matricielle.

dotted line ['dɒtɪd-] n ligne f pointillée.

double ['dʌbl] ◇ adj double; **~ doors** porte f à deux battants. ◇ adv -1. [twice]: **~ the amount** deux fois plus; **to see ~** voir double. -2. [in two] en deux; **to bend ~** se plier en deux. ◇ n -1. [twice as much]: **I earn ~ what I used to** je gagne le double de ce que je gagnais auparavant. -2. [drink, look-alike] double m. -3. CINEMA doublure f. ◇ vt doubler. ◇ vi [increase twofold] doubler. ◆ **doubles** npl TENNIS double m.

double-barrelled Br, **double-barreled** Am [-'bærəld] adj -1. [shotgun] à deux coups. -2. [name] à rallonge.

double bass [-beɪs] n contrebasse f.

double bed n lit m pour deux personnes, grand lit.

double-breasted [-'brestɪd] adj [jacket] croisé(e).

double-check vt & vi revérifier.

double chin n double menton m.

double cream n Br crème f fraîche épaisse.

double-cross vt trahir.

double-decker [-'dekər] n [bus] autobus m à impériale.

double-dutch n Br charabia m.

double-glazing [-'gleɪzɪŋ] n double vitrage m.

double room n chambre f pour deux personnes.

double vision n vue f double.

doubly ['dʌblɪ] adv doublement.

doubt [daʊt] ◇ n doute m; **there is no ~ that** il n'y a aucun doute que; **without (a) ~** sans aucun doute; **to be in ~** [person] ne pas être sûr(e); [outcome] être incertain(e); **to cast ~ on sthg** mettre qqch en doute; **no ~** sans aucun doute. ◇ vt douter; **to ~ whether** OR **if** douter que.

doubtful ['daʊtfʊl] adj -1. [decision, future] incertain(e). -2. [person, value] douteux(euse).

doubtless ['daʊtlɪs] adv sans aucun doute.

dough [dəʊ] n (U) -1. CULIN pâte f. -2. v inf [money] fric m.

doughnut ['dəʊnʌt] n beignet m.

douse [daʊs] vt -1. [fire, flames] éteindre. -2. [drench] tremper.

dove[1] [dʌv] n [bird] colombe f.

dove[2] [dəʊv] Am pt → **dive**.

Dover ['dəʊvər] n Douvres.

dovetail ['dʌvteɪl] fig vi coïncider.

dowdy ['daʊdɪ] adj sans chic.

down [daʊn] ◇ adv -1. [downwards] en bas, vers le bas; **to bend ~** se pencher; **to climb ~** descendre; **to fall ~** tomber (par terre); **to pull ~** tirer vers le bas. -2. [along]: **we went ~ to have a look** on est allé jeter un coup d'œil; **I'm going ~ to the shop** je vais au magasin. -3. [southwards]: **we travelled ~ to London** on est descendu à Londres. -4. [lower in amount]: **prices are coming ~** les prix baissent; **~ to the last detail** jusqu'au moindre détail. ◇ prep -1. [downwards]: **they ran ~ the hill/stairs** ils ont descendu la colline/l'escalier en courant. -2. [along]: **to walk ~ the street** descendre la rue. ◇ adj -1. inf [depressed]: **to feel ~** avoir le cafard. -2. [computer, telephones] en panne. ◇ n (U) duvet m. ◇ vt -1. [knock over] abattre. -2. [drink] avaler d'un trait. ◆ **downs** npl Br collines fpl.

down-and-out ◇ adj indigent(e). ◇ n personne dans le besoin.

down-at-heel adj déguenillé(e).

downbeat ['daʊnbiːt] adj inf pessimiste.

downcast ['daʊnkɑːst] adj [sad] démoralisé(e).

downfall ['daʊnfɔːl] n (U) ruine f.

downhearted [,daʊn'hɑːtɪd] adj découragé(e).

downhill [,daʊn'hɪl] ◇ adj [downward] en pente. ◇ n SKIING [race] descente f. ◇ adv: **to walk ~** descendre la côte; **her career is going ~** fig sa carrière est sur le déclin.

Downing Street ['daʊnɪŋ-] n rue du centre de Londres où réside le premier ministre.

download [,daʊn'ləʊd] vt COMPUT télécharger.

down payment n acompte m.

downpour ['daʊnpɔːr] n pluie f torrentielle.

downright ['daʊnraɪt] ◇ adj franc (franche); [lie] effronté(e). ◇ adv franchement.

downstairs [,daʊn'steəz] ◇ adj du bas; [on floor below] à l'étage en-dessous. ◇ adv en bas; [on floor below] à l'étage en-dessous; **to come** OR **go ~** descendre.

downstream [,daʊn'striːm] adv en aval.

down-to-earth adj pragmatique, terre-à-terre (inv).

downtown [,daʊn'taʊn] ◇ adj: **~ New York** le centre de New York. ◇ adv en ville.

downturn ['daʊntɜːn] n: **~ (in)** baisse f (de).

down under adv en Australie/Nouvelle-Zélande.

downward ['daʊnwəd] ◇ adj **-1.** [towards ground] vers le bas. **-2.** [trend] à la baisse. ◇ adv **Am = downwards**.

downwards ['daʊnwədz] adv [look, move] vers le bas.

dowry ['daʊərɪ] n dot f.

doz. (abbr of **dozen**) douz.

doze [dəʊz] ◇ n somme m. ◇ vi sommeiller. ◆ **doze off** vi s'assoupir.

dozen ['dʌzn] ◇ num adj: **a ~ eggs** une douzaine d'œufs. ◇ n douzaine f; **50p a ~** 50p la douzaine; **~s of** inf des centaines de.

dozy ['dəʊzɪ] adj **-1.** [sleepy] somnolent(e). **-2.** Br inf [stupid] lent(e).

Dr. -1. (abbr of **Drive**) av. **-2.** (abbr of **Doctor**) Dr.

drab [dræb] adj terne.

draft [drɑːft] ◇ n **-1.** [early version] premier jet m, ébauche f; [of letter] brouillon m. **-2.** [money order] traite f. **-3.** Am MIL: **the ~** la conscription f. **-4.** Am **= draught**. ◇ vt **-1.** [speech] ébaucher, faire le plan de; [letter] faire le brouillon de. **-2.** Am MIL appeler. **-3.** [staff] muter.

draftsman Am **= draughtsman**.

drafty Am **= draughty**.

drag [dræg] ◇ vt **-1.** [gen] traîner. **-2.** [lake, river] draguer. ◇ vi **-1.** [dress, coat] traîner. **-2.** fig [time, action] traîner en longueur. ◇ n **-1.** inf [bore] plaie f. **-2.** inf [on cigarette] bouffée f. **-3.** [cross-dressing]: **in ~** en travesti. ◆ **drag on** vi [meeting, time] s'éterniser, traîner en longueur.

dragon ['drægən] n lit & fig dragon m.

dragonfly ['drægnflaɪ] n libellule f.

drain [dreɪn] ◇ n **-1.** [pipe] égout m. **-2.** [depletion - of resources, funds]: **~ on**

épuisement m de. ◇ vt **-1.** [vegetables] égoutter; [land] assécher, drainer. **-2.** [strength, resources] épuiser. **-3.** [drink, glass] boire. ◇ vi [dishes] égoutter.

drainage ['dreɪnɪdʒ] n **-1.** [pipes, ditches] (système m du) tout-à-l'égout m. **-2.** [draining - of land] drainage m.

draining board Br ['dreɪnɪŋ-], **drainboard** Am ['dreɪnbɔːrd] n égouttoir m.

drainpipe ['dreɪnpaɪp] n tuyau m d'écoulement.

dram [dræm] n goutte f (de whisky).

drama ['drɑːmə] n **-1.** [play, excitement] drame m. **-2.** (U) [art] théâtre m.

dramatic [drə'mætɪk] adj **-1.** [gen] dramatique. **-2.** [sudden, noticeable] spectaculaire.

dramatist ['dræmətɪst] n dramaturge mf.

dramatize, -ise ['dræmətaɪz] vt **-1.** [rewrite as play, film] adapter pour la télévision/la scène/l'écran. **-2.** pej [make exciting] dramatiser.

drank [dræŋk] pt → **drink**.

drape [dreɪp] vt draper; **to be ~d with** OR **in** être drapé(e) de. ◆ **drapes** npl Am rideaux mpl.

drastic ['dræstɪk] adj **-1.** [measures] drastique, radical(e). **-2.** [improvement, decline] spectaculaire.

draught Br, **draft** Am [drɑːft] n **-1.** [air current] courant m d'air. **-2.** [from barrel]: **on ~** [beer] à la pression. ◆ **draughts** n Br jeu m de dames.

draught beer n Br bière f à la pression.

draughtboard ['drɑːftbɔːd] n Br damier m.

draughtsman Br (pl **-men** [-mən]), **draftsman** Am (pl **-men** [-mən]) ['drɑːftsmən] n dessinateur m, -trice f.

draughty Br, **drafty** Am ['drɑːftɪ] adj plein(e) de courants d'air.

draw [drɔː] (pt **drew**, pp **drawn**) ◇ vt **-1.** [gen] tirer. **-2.** [sketch] dessiner. **-3.** [comparison, distinction] établir, faire. **-4.** [attract] attirer, entraîner; **to ~ sb's attention to** attirer l'attention de qqn sur. ◇ vi **-1.** [sketch] dessiner. **-2.** [move]: **to ~ near** [person] s'approcher; [time] approcher; **to ~ away** reculer. **-3.** SPORT faire match nul; **to be ~ing** être à égalité. ◇ n **-1.** SPORT [result] match m nul. **-2.** [lottery] tirage m. **-3.** [attraction] attraction f. ◆ **draw out** vt sep **-1.** [encourage - person] faire sortir de sa coquille. **-2.** [prolong] prolonger. **-3.** [money] faire un retrait de, retirer.

◆ **draw up** ◇ *vt sep* [contract, plan] établir, dresser. ◇ *vi* [vehicle] s'arrêter.

drawback ['drɔːbæk] *n* inconvénient *m*, désavantage *m*.

drawbridge ['drɔːbrɪdʒ] *n* pont-levis *m*.

drawer [drɔːʳ] *n* [in desk, chest] tiroir *m*.

drawing ['drɔːɪŋ] *n* dessin *m*.

drawing board *n* planche *f* à dessin.

drawing pin *n* Br punaise *f*.

drawing room *n* salon *m*.

drawl [drɔːl] *n* voix *f* traînante.

drawn [drɔːn] *pp* → **draw**.

dread [dred] ◇ *n* (U) épouvante *f*. ◇ *vt* appréhender; **to** ~ **doing sthg** appréhender de faire qqch.

dreadful ['dredful] *adj* affreux(euse), épouvantable.

dreadfully ['dredfulɪ] *adv* **-1.** [badly] terriblement. **-2.** [extremely] extrêmement; **I'm** ~ **sorry** je regrette infiniment.

dream [driːm] (*pt* & *pp* **-ed** OR **dreamt**) ◇ *n* rêve *m*. ◇ *adj* de rêve. ◇ *vt*: **to** ~ **(that)** ... rêver que .... ◇ *vi*: **to** ~ **(of** OR **about)** rêver (de); **I wouldn't** ~ **of it** cela ne me viendrait même pas à l'idée. ◆ **dream up** *vt sep* inventer.

dreamt [dremt] *pp* → **dream**.

dreamy ['driːmɪ] *adj* **-1.** [distracted] rêveur(euse). **-2.** [dreamlike] de rêve.

dreary ['drɪərɪ] *adj* **-1.** [weather] morne. **-2.** [dull, boring] ennuyeux(euse).

dredge [dredʒ] *vt* draguer. ◆ **dredge up** *vt sep* **-1.** [with dredger] draguer. **-2.** *fig* [from past] déterrer.

dregs [dregz] *npl lit* & *fig* lie *f*.

drench [drentʃ] *vt* tremper; **to be** ~**ed in** OR **with** être inondé(e) de.

dress [dres] ◇ *n* **-1.** [woman's garment] robe *f*. **-2.** (U) [clothing] costume *m*, tenue *f*. ◇ *vt* **-1.** [clothe] habiller; **to be** ~**ed** être habillé(e); **to be** ~**ed in** être vêtu(e) de; **to get** ~**ed** s'habiller. **-2.** [bandage] panser. **-3.** CULIN [salad] assaisonner. ◇ *vi* s'habiller. ◆ **dress up** *vi* **-1.** [in costume] se déguiser. **-2.** [in best clothes] s'habiller (élégamment).

dress circle *n* premier balcon *m*.

dresser ['dresəʳ] *n* **-1.** [for dishes] vaisselier *m*. **-2.** Am [chest of drawers] commode *f*.

dressing ['dresɪŋ] *n* **-1.** [bandage] pansement *m*. **-2.** [for salad] assaisonnement *m*. **-3.** Am [for turkey etc] farce *f*.

dressing gown *n* robe *f* de chambre.

dressing room *n* **-1.** THEATRE loge *f*. **-2.** SPORT vestiaire *m*.

dressing table *n* coiffeuse *f*.

dressmaker ['dres,meɪkəʳ] *n* couturier *m*, -ière *f*.

dressmaking ['dres,meɪkɪŋ] *n* couture *f*.

dress rehearsal *n* générale *f*.

dressy ['dresɪ] *adj* habillé(e).

drew [druː] *pt* → **draw**.

dribble ['drɪbl] ◇ *n* **-1.** [saliva] bave *f*. **-2.** [trickle] traînée *f*. ◇ *vt* SPORT dribbler. ◇ *vi* **-1.** [drool] baver. **-2.** [liquid] tomber goutte à goutte, couler.

dried [draɪd] *adj* [milk, eggs] en poudre; [fruit] sec (sèche); [flowers] séché(e).

drier ['draɪəʳ] = **dryer**.

drift [drɪft] ◇ *n* **-1.** [movement] mouvement *m*; [direction] direction *f*, sens *m*. **-2.** [meaning] sens *m* général. **-3.** [of snow] congère *f*; [of sand, leaves] amoncellement *m*, entassement *m*. ◇ *vi* **-1.** [boat] dériver. **-2.** [snow, sand, leaves] s'amasser, s'amonceler.

driftwood ['drɪftwud] *n* bois *m* flottant.

drill [drɪl] ◇ *n* **-1.** [tool] perceuse *f*; [dentist's] fraise *f*; [in mine etc] perforatrice *f*. **-2.** [exercise, training] exercice *m*. ◇ *vt* **-1.** [wood, hole] percer; [tooth] fraiser; [well] forer. **-2.** [soldiers] entraîner. ◇ *vi* [excavate]: **to** ~ **for oil** forer à la recherche de pétrole.

drink [drɪŋk] (*pt* **drank**, *pp* **drunk**) ◇ *n* **-1.** [gen] boisson *f*; **to have a** ~ boire un verre. **-2.** (U) [alcohol] alcool *m*. ◇ *vt* boire. ◇ *vi* boire.

drink-driving Br, **drunk-driving** Am *n* conduite *f* en état d'ivresse.

drinker ['drɪŋkəʳ] *n* buveur *m*, -euse *f*.

drinking water ['drɪŋkɪŋ-] *n* eau *f* potable.

drip [drɪp] ◇ *n* **-1.** [drop] goutte *f*. **-2.** MED goutte-à-goutte *m inv*. ◇ *vi* [gen] goutter, tomber goutte à goutte.

drip-dry *adj* qui ne se repasse pas.

drive [draɪv] (*pt* **drove**, *pp* **driven**) ◇ *n* **-1.** [in car] trajet *m* (en voiture); **to go for a** ~ faire une promenade (en voiture). **-2.** [urge] désir *m*, besoin *m*. **-3.** [campaign] campagne *f*. **-4.** (U) [energy] dynamisme *m*, énergie *f*. **-5.** [road to house] allée *f*. **-6.** SPORT drive *m*. ◇ *vt* **-1.** [vehicle, passenger] conduire. **-2.** TECH entraîner, actionner. **-3.** [animals, people] pousser. **-4.** [motivate] pousser. **-5.** [force]: **to** ~ **sb to sthg/to do sthg** pousser qqn à qqch/à faire qqch, conduire qqn à qqch/à faire qqch; **to** ~ **sb mad** OR **crazy** rendre qqn fou. **-6.** [nail, stake] enfoncer. ◇ *vi* [driver] conduire; [travel by car] aller en voiture.

drivel ['drɪvl] *n* (U) *inf* foutaises *fpl*, idioties *fpl*.

driven ['drɪvn] *pp* → **drive**.

driver ['draɪvər] *n* [of vehicle - gen] conducteur *m*, -trice *f*; [- of taxi] chauffeur *m*.

driver's license *Am* = **driving licence**.

drive shaft *n* arbre *m* de transmission.

driveway ['draɪvweɪ] *n* allée *f*.

driving ['draɪvɪŋ] ◇ *adj* [rain] battant(e); [wind] cinglant(e). ◇ *n* (U) conduite *f*.

driving instructor *n* moniteur *m*, -trice *f* d'auto-école.

driving lesson *n* leçon *f* de conduite.

driving licence *Br*, **driver's license** *Am* *n* permis *m* de conduire.

driving mirror *n* rétroviseur *m*.

driving school *n* auto-école *f*.

driving test *n* (examen *m* du) permis *m* de conduire.

drizzle ['drɪzl] ◇ *n* bruine *f*. ◇ *v impers* bruiner.

droll [drəʊl] *adj* drôle.

drone [drəʊn] *n* **-1.** [of traffic, voices] ronronnement *m*; [of insect] bourdonnement *m*. **-2.** [male bee] abeille *f* mâle, faux-bourdon *m*.

drool [druːl] *vi* baver; **to ~ over** *fig* baver (d'admiration) devant.

droop [druːp] *vi* [head] pencher; [shoulders, eyelids] tomber.

drop [drɒp] ◇ *n* **-1.** [of liquid] goutte *f*. **-2.** [sweet] pastille *f*. **-3.** [decrease]: **~ (in)** baisse *f* (de). **-4.** [distance down] dénivellation *f*; **sheer ~** à-pic *m inv*. ◇ *vt* **-1.** [let fall] laisser tomber. **-2.** [voice, speed, price] baisser. **-3.** [abandon] abandonner; [player] exclure. **-4.** [let out of car] déposer. **-5.** [utter]: **to ~ a hint that** laisser entendre que. **-6.** [write]: **to ~ sb a note** OR **line** écrire un petit mot à qqn. ◇ *vi* **-1.** [fall] tomber. **-2.** [temperature, demand] baisser; [voice, wind] tomber. ◆ **drops** *npl* MED gouttes *fpl*. ◆ **drop in** *vi inf*: **to ~ in (on sb)** passer (chez qqn). ◆ **drop off** ◇ *vt sep* déposer. ◇ *vi* **-1.** [fall asleep] s'endormir. **-2.** [interest, sales] baisser. ◆ **drop out** *vi*: **to ~ out (of** OR **from sthg)** abandonner (qqch); **to ~ out of society** vivre en marge de la société.

dropout ['drɒpaʊt] *n* [from society] marginal *m*, -e *f*; [from college] étudiant *m*, -e *f* qui abandonne ses études.

droppings ['drɒpɪŋz] *npl* [of bird] fiente *f*; [of animal] crottes *fpl*.

drought [draʊt] *n* sécheresse *f*.

drove [drəʊv] *pt* → **drive**.

drown [draʊn] ◇ *vt* [in water] noyer. ◇ *vi* se noyer.

drowsy ['draʊzɪ] *adj* assoupi(e), somnolent(e).

drudgery ['drʌdʒərɪ] *n* (U) corvée *f*.

drug [drʌg] ◇ *n* **-1.** [medicine] médicament *m*. **-2.** [narcotic] drogue *f*. ◇ *vt* droguer.

drug abuse *n* usage *m* de stupéfiants.

drug addict *n* drogué *m*, -e *f*.

druggist ['drʌgɪst] *n* *Am* pharmacien *m*, -ienne *f*.

drugstore ['drʌgstɔːr] *n* *Am* drugstore *m*.

drum [drʌm] ◇ *n* **-1.** MUS tambour *m*. **-2.** [container] bidon *m*. ◇ *vt* & *vi* tambouriner. ◆ **drums** *npl* batterie *f*. ◆ **drum up** *vt sep* [support, business] rechercher, solliciter.

drummer ['drʌmər] *n* [gen] (joueur *m*, -euse *f* de) tambour *m*; [in pop group] batteur *m*, -euse *f*.

drumstick ['drʌmstɪk] *n* **-1.** [for drum] baguette *f* de tambour. **-2.** [of chicken] pilon *m*.

drunk [drʌŋk] ◇ *pp* → **drink**. ◇ *adj* [on alcohol] ivre, soûl(e); **to get ~** se soûler, s'enivrer. ◇ *n* soûlard *m*, -e *f*.

drunkard ['drʌŋkəd] *n* alcoolique *mf*.

drunk-driving *Am* = **drink-driving**.

drunken ['drʌŋkn] *adj* [person] ivre; [quarrel] d'ivrognes.

drunken driving = **drink-driving**.

dry [draɪ] ◇ *adj* **-1.** [gen] sec (sèche); [day] sans pluie. **-2.** [river, earth] asséché(e). **-3.** [wry] pince-sans-rire (*inv*). ◇ *vt* [gen] sécher; [with cloth] essuyer. ◇ *vi* sécher. ◆ **dry up** ◇ *vt sep* [dishes] essuyer. ◇ *vi* **-1.** [river, lake] s'assécher. **-2.** [supply] se tarir. **-3.** [actor, speaker] avoir un trou, sécher. **-4.** [dry dishes] essuyer.

dry cleaner *n*: **~'s** pressing *m*.

dryer ['draɪər] *n* [for clothes] séchoir *m*.

dry land *n* terre *f* ferme.

dry rot *n* pourriture *f* sèche.

dry ski slope *n* piste *f* de ski artificielle.

DSS (*abbr of* **Department of Social Security**) *n* *ministère britannique de la sécurité sociale*.

DTI (*abbr of* **Department of Trade and Industry**) *n* *ministère britannique du commerce et de l'industrie*.

DTP (*abbr of* **desktop publishing**) *n* PAO *f*.

dual ['djuːəl] *adj* double.

dual carriageway n Br route f à quatre voies.

dubbed [dʌbd] adj **-1.** CINEMA doublé(e). **-2.** [nicknamed] surnommé(e).

dubious ['djuːbjəs] adj **-1.** [suspect] douteux(euse). **-2.** [uncertain] hésitant(e), incertain(e); **to be ~ about doing sthg** hésiter à faire qqch.

Dublin ['dʌblɪn] n Dublin.

duchess ['dʌtʃɪs] n duchesse f.

duck [dʌk] ◇ n canard m. ◇ vt **-1.** [head] baisser. **-2.** [responsibility] esquiver, se dérober à. ◇ vi [lower head] se baisser.

duckling ['dʌklɪŋ] n caneton m.

duct [dʌkt] n **-1.** [pipe] canalisation f. **-2.** ANAT canal m.

dud [dʌd] ◇ adj [bomb] non éclaté(e); [cheque] sans provision, en bois. ◇ n obus m non éclaté.

dude [djuːd] n Am inf [man] gars m, type m.

due [djuː] ◇ adj **-1.** [expected]: **the book is ~ out in May** le livre doit sortir en mai; **she's ~ back shortly** elle devrait rentrer sous peu; **when is the train ~?** à quelle heure le train doit-il arriver? **-2.** [appropriate] dû (due), qui convient; **in ~ course** [at the appropriate time] en temps voulu; [eventually] à la longue. **-3.** [owed, owing] dû (due). ◇ adv: **~ west** droit vers l'ouest. ◇ n dû m. ◆ **dues** npl cotisation f. ◆ **due to** prep [owing to] dû à; [because of] provoqué par, à cause de.

duel ['djuːəl] ◇ n duel m. ◇ vi se battre en duel.

duet [djuːˈet] n duo m.

duffel bag ['dʌfl-] n sac m marin.

duffel coat ['dʌfl-] n duffel-coat m.

duffle bag ['dʌfl-] = **duffel bag**.

duffle coat ['dʌfl-] = **duffel coat**.

dug [dʌg] pt & pp → **dig**.

duke [djuːk] n duc m.

dull [dʌl] ◇ adj **-1.** [boring - book, conversation] ennuyeux(euse); [- person] terne. **-2.** [colour, light] terne. **-3.** [weather] maussade. **-4.** [sound, ache] sourd(e). ◇ vt **-1.** [pain] atténuer; [senses] émousser. **-2.** [make less bright] ternir.

duly ['djuːlɪ] adv **-1.** [properly] dûment. **-2.** [as expected] comme prévu.

dumb [dʌm] adj **-1.** [unable to speak] muet(ette). **-2.** inf [stupid] idiot(e).

dumbfound [dʌmˈfaʊnd] vt stupéfier, abasourdir; **to be ~ed** ne pas en revenir.

dummy ['dʌmɪ] ◇ adj faux (fausse). ◇ n **-1.** [of tailor] mannequin m. **-2.** [copy] maquette f. **-3.** Br [for baby] sucette f, tétine f. **-4.** SPORT feinte f.

dump [dʌmp] ◇ n **-1.** [for rubbish] décharge f. **-2.** MIL dépôt m. ◇ vt **-1.** [put down] déposer. **-2.** [dispose of] jeter. **-3.** inf [boyfriend, girlfriend] laisser tomber, plaquer.

dumper (truck) Br ['dʌmpə'-], **dump truck** Am n tombereau m, dumper m.

dumping ['dʌmpɪŋ] n décharge f; "**no ~**" «décharge interdite».

dumpling ['dʌmplɪŋ] n boulette f de pâte.

dump truck Am = **dumper (truck)**.

dumpy ['dʌmpɪ] adj inf boulot(otte).

dunce [dʌns] n cancre m.

dune [djuːn] n dune f.

dung [dʌŋ] n fumier m.

dungarees [ˌdʌŋgəˈriːz] npl Br [for work] bleu m de travail; [fashion garment] salopette f.

dungeon ['dʌndʒən] n cachot m.

Dunkirk [dʌnˈkɜːk] n Dunkerque.

duo ['djuːəʊ] n duo m.

duplex ['djuːpleks] n Am **-1.** [apartment] duplex m. **-2.** [house] maison f jumelée.

duplicate [adj & n 'djuːplɪkət, vb 'djuːplɪkeɪt] ◇ adj [key, document] en double. ◇ n double m; **in ~** en double. ◇ vt [copy - gen] faire un double de; [- on photocopier] photocopier.

durable ['djʊərəbl] adj solide, résistant(e).

duration [djʊˈreɪʃn] n durée f; **for the ~ of** jusqu'à la fin de.

duress [djʊˈres] n: **under ~** sous la contrainte.

Durex® ['djʊəreks] n préservatif m.

during ['djʊərɪŋ] prep pendant, au cours de.

dusk [dʌsk] n crépuscule m.

dust [dʌst] ◇ n (U) poussière f. ◇ vt **-1.** [clean] épousseter. **-2.** [cover with powder]: **to ~ sthg (with)** saupoudrer qqch (de).

dustbin ['dʌstbɪn] n Br poubelle f.

dustcart ['dʌstkɑːt] n Br camion m des boueux.

duster ['dʌstə'] n [cloth] chiffon m (à poussière).

dust jacket n [on book] jaquette f.

dustman ['dʌstmən] (pl -men [-mən]) n Br éboueur m.

dustpan ['dʌstpæn] n pelle f à poussière.

dusty ['dʌstɪ] adj poussiéreux(euse).

Dutch [dʌtʃ] ◇ *adj* néerlandais(e), hollandais(e). ◇ *n* [language] néerlandais *m*, hollandais *m*. ◇ *npl*: **the ~** les Néerlandais, les Hollandais. ◇ *adv*: **to go ~** partager les frais.

Dutch elm disease *n* maladie *f* des ormes.

dutiful ['djuːtɪfʊl] *adj* obéissant(e).

duty ['djuːtɪ] *n* **-1.** (*U*) [responsibility] devoir *m*; **to do one's ~** faire son devoir. **-2.** [work]: **to be on/off ~** être/ne pas être de service. **-3.** [tax] droit *m*. ◆ **duties** *npl* fonctions *fpl*.

duty-free *adj* hors taxe.

duvet ['duːveɪ] *n Br* couette *f*.

duvet cover *n Br* housse *f* de couette.

DVD (*abbr of* **digital video disc**) *n* DVD *m*.

dwarf [dwɔːf] (*pl* **-s** OR **dwarves** [dwɔːvz]) ◇ *n* nain *m*, -e *f*. ◇ *vt* [tower over] écraser.

dwell [dwel] (*pt* & *pp* **dwelt** OR **-ed**) *vi literary* habiter. ◆ **dwell on** *vt fus* s'étendre sur.

dwelling ['dwelɪŋ] *n literary* habitation *f*.

dwelt [dwelt] *pt* & *pp* → **dwell**.

dwindle ['dwɪndl] *vi* diminuer.

dye [daɪ] ◇ *n* teinture *f*. ◇ *vt* teindre.

dying ['daɪɪŋ] ◇ *cont* → **die**. ◇ *adj* [person] mourant(e), moribond(e); [plant, language, industry] moribond.

dyke [daɪk] = **dike**.

dynamic [daɪˈnæmɪk] *adj* dynamique.

dynamite ['daɪnəmaɪt] *n* (*U*) *lit* & *fig* dynamite *f*.

dynamo ['daɪnəməʊ] (*pl* **-s**) *n* dynamo *f*.

dynasty [*Br* 'dɪnəstɪ, *Am* 'daɪnəstɪ] *n* dynastie *f*.

dyslexia [dɪsˈleksɪə] *n* dyslexie *f*.

dyslexic [dɪsˈleksɪk] *adj* dyslexique.

E

e (*pl* **e's** OR **es**), **E** (*pl* **E's** OR **Es**) [iː] *n* [letter] e *m inv*, E *m inv*. ◆ **E** *n* **-1.** MUS mi *m*. **-2.** (*abbr of* **east**) E.

each [iːtʃ] ◇ *adj* chaque. ◇ *pron* chacun(e); **the books cost £10.99 ~** les livres coûtent 10,99 livres (la) pièce; **~ other** l'un l'autre (l'une l'autre), les uns les autres (les unes les autres); **they love ~ other** ils s'aiment; **we've known ~**

other for years nous nous connaissons depuis des années.

eager ['iːgəʳ] *adj* passionné(e), avide; **to be ~ for** être avide de; **to be ~ to do sthg** être impatient de faire qqch.

eagle ['iːgl] *n* [bird] aigle *m*.

ear [ɪəʳ] *n* **-1.** [gen] oreille *f*. **-2.** [of corn] épi *m*.

earache ['ɪəreɪk] *n*: **to have ~** avoir mal à l'oreille.

eardrum ['ɪədrʌm] *n* tympan *m*.

earl [ɜːl] *n* comte *m*.

earlier ['ɜːlɪəʳ] ◇ *adj* [previous] précédent(e); [more early] plus tôt. ◇ *adv* plus tôt; **~ on** plus tôt.

earliest ['ɜːlɪəst] ◇ *adj* [first] premier(ière); [most early] le plus tôt. ◇ *n*: **at the ~** au plus tôt.

earlobe ['ɪələʊb] *n* lobe *m* de l'oreille.

early ['ɜːlɪ] ◇ *adj* **-1.** [before expected time] en avance. **-2.** [in day] de bonne heure; **the ~ train** le premier train; **to make an ~ start** partir de bonne heure. **-3.** [at beginning]: **in the ~ sixties** au début des années soixante. ◇ *adv* **-1.** [before expected time] en avance; **I was ten minutes ~** j'étais en avance de dix minutes. **-2.** [in day] tôt, de bonne heure; **as ~ as** dès; **~ on** tôt. **-3.** [at beginning]: **~ in her life** dans sa jeunesse.

early retirement *n* retraite *f* anticipée.

earmark ['ɪəmɑːk] *vt*: **to be ~ed for** être réservé(e) à.

earn [ɜːn] *vt* **-1.** [as salary] gagner. **-2.** COMM rapporter. **-3.** *fig* [respect, praise] gagner, mériter.

earnest ['ɜːnɪst] *adj* sérieux(ieuse). ◆ **in earnest** ◇ *adj* sérieux(ieuse). ◇ *adv* pour de bon, sérieusement.

earnings ['ɜːnɪŋz] *npl* [of person] salaire *m*, gains *mpl*; [of company] bénéfices *mpl*.

earphones ['ɪəfəʊnz] *npl* casque *m*.

earplugs ['ɪəplʌgz] *npl* boules *fpl* Quiès®.

earring ['ɪərɪŋ] *n* boucle *f* d'oreille.

earshot ['ɪəʃɒt] *n*: **within ~** à portée de voix; **out of ~** hors de portée de voix.

earth [ɜːθ] ◇ *n* [gen & ELEC] terre *f*; **how/what/where/why on ~ ...?** mais comment/que/où/pourquoi donc ...?; **to cost the ~** *Br* coûter les yeux de la tête. ◇ *vt Br*: **to be ~ed** être à la masse.

earthenware ['ɜːθnweəʳ] *n* (*U*) poteries *fpl*.

earthquake ['ɜːθkweɪk] *n* tremblement *m* de terre.

earthworm ['ɜːθwɜːm] *n* ver *m* de terre.

earthy ['ɜ:θɪ] *adj* **-1.** *fig* [humour, person] truculent(e). **-2.** [taste, smell] de terre, terreux(euse).

earwig ['ɪəwɪg] *n* perce-oreille *m*.

ease [i:z] ◇ *n* (U) **-1.** [lack of difficulty] facilité *f*; **to do sthg with ~** faire qqch sans difficulté OR facilement. **-2.** [comfort]: **at ~** à l'aise; **ill at ~** mal à l'aise. ◇ *vt* **-1.** [pain] calmer; [restrictions] modérer. **-2.** [move carefully]: **to ~ sthg in/ out** faire entrer/sortir qqch délicatement. ◇ *vi* [problem] s'arranger; [pain] s'atténuer; [rain] diminuer. ◆ **ease off** *vi* [pain] s'atténuer; [rain] diminuer. ◆ **ease up** *vi* **-1.** [rain] diminuer. **-2.** [relax] se détendre.

easel ['i:zl] *n* chevalet *m*.

easily ['i:zɪlɪ] *adv* **-1.** [without difficulty] facilement. **-2.** [without doubt] de loin. **-3.** [in a relaxed manner] tranquillement.

east [i:st] ◇ *n* **-1.** [direction] est *m*. **-2.** [region]: **the ~** l'est *m*. ◇ *adj* est (*inv*); [wind] d'est. ◇ *adv* à l'est, vers l'est; **~ of** à l'est de. ◆ **East** *n*: **the East** [gen & POL] l'Est *m*; [Asia] l'Orient *m*.

East End *n*: **the ~** les quartiers est de Londres.

Easter ['i:stə'] *n* Pâques *m*.

Easter egg *n* œuf *m* de Pâques.

easterly ['i:stəlɪ] *adj* à l'est, de l'est; [wind] de l'est.

eastern ['i:stən] *adj* de l'est. ◆ **Eastern** *adj* [gen & POL] de l'Est; [from Asia] oriental(e).

East German ◇ *adj* d'Allemagne de l'Est. ◇ *n* Allemand *m*, -e *f* de l'Est.

East Germany *n*: (former) **~** (l'ex-) Allemagne *f* de l'Est.

eastward ['i:stwəd] ◇ *adj* à l'est, vers l'est. ◇ *adv* = **eastwards**.

eastwards ['i:stwədz] *adv* vers l'est.

easy ['i:zɪ] ◇ *adj* **-1.** [not difficult, comfortable] facile. **-2.** [relaxed - manner] naturel(elle). ◇ *adv*: **to take it** OR **things ~** *inf* ne pas se fatiguer.

easy chair *n* fauteuil *m*.

easygoing [,i:zɪ'gəʊɪŋ] *adj* [person] facile à vivre; [manner] complaisant(e).

eat [i:t] (*pt* **ate**, *pp* **eaten**) *vt & vi* manger. ◆ **eat away, eat into** *vt fus* **-1.** [subj: acid, rust] ronger. **-2.** [deplete] grignoter.

eaten ['i:tn] *pp* → **eat**.

eaves ['i:vz] *npl* avant-toit *m*.

eavesdrop ['i:vzdrɒp] *vi*: **to ~ (on sb)** écouter (qqn) de façon indiscrète.

ebb [eb] ◇ *n* reflux *m*. ◇ *vi* [tide, sea]

se retirer, refluer.

ebony ['ebənɪ] ◇ *adj* [colour] noir(e) d'ébène. ◇ *n* ébène *f*.

EC (*abbr of* **European Community**) *n* CE *f*.

eccentric [ɪk'sentrɪk] ◇ *adj* [odd] excentrique, bizarre. ◇ *n* [person] excentrique *mf*.

echo ['ekəʊ] (*pl* **-es**) ◇ *n* *lit* & *fig* écho *m*. ◇ *vt* [words] répéter; [opinion] faire écho à. ◇ *vi* retentir, résonner.

eclipse [ɪ'klɪps] ◇ *n* *lit* & *fig* éclipse *f*. ◇ *vt* *fig* éclipser.

ecological [,i:kə'lɒdʒɪkl] *adj* écologique.

ecology [ɪ'kɒlədʒɪ] *n* écologie *f*.

economic [,i:kə'nɒmɪk] *adj* **-1.** ECON économique. **-2.** [profitable] rentable.

economical [,i:kə'nɒmɪkl] *adj* **-1.** [cheap] économique. **-2.** [person] économe.

economics [,i:kə'nɒmɪks] ◇ *n* (U) économie *f* (politique), sciences *fpl* économiques. ◇ *npl* [of plan, business] aspect *m* financier.

economize, -ise [ɪ'kɒnəmaɪz] *vi* économiser.

economy [ɪ'kɒnəmɪ] *n* économie *f*; **economies of scale** économies d'échelle.

economy class *n* classe *f* touriste.

ecotourism [,i:kəʊ'tʊərɪzm] *n* écotourisme *m*.

ecowarrior [,i:kəʊ'wɒrɪə'] *n* éco-guerrier *m*.

ecstasy ['ekstəsɪ] *n* **-1.** [pleasure] extase *f*, ravissement *m*. **-2.** [drug] ecstasy *m ou* f.

ecstatic [ek'stætɪk] *adj* [person] en extase; [feeling] extatique.

ECU, Ecu ['ekju:] (*abbr of* **European Currency Unit**) *n* ECU *m*, écu *m*.

eczema ['eksɪmə] *n* eczéma *m*.

Eden ['i:dn] *n*: **(the Garden of) ~** le jardin d'Éden, l'Éden *m*.

edge [edʒ] ◇ *n* **-1.** [gen] bord *m*; [of coin, book] tranche *f*; [of knife] tranchant *m*; **to be on the ~ of** *fig* être à deux doigts de. **-2.** [advantage]: **to have an ~ over** OR **the ~ on** avoir un léger avantage sur. ◇ *vi*: **to ~ forward** avancer tout doucement. ◆ **on edge** *adj* contracté(e), tendu(e).

edgeways ['edʒweɪz], **edgewise** ['edʒwaɪz] *adv* latéralement, de côté.

edgy ['edʒɪ] *adj* contracté(e), tendu(e).

edible ['edɪbl] *adj* [safe to eat] comestible.

edict ['i:dɪkt] *n* décret *m*.

Edinburgh ['edɪnbrə] *n* Édimbourg.

edit ['edɪt] *vt* **-1.** [correct - text] corriger. **-2.** CINEMA monter; RADIO & TV réaliser.

-3. [magazine] diriger; [newspaper] être le rédacteur en chef de.

edition [ɪ'dɪʃn] *n* édition *f*.

editor ['edɪtər] *n* **-1.** [of magazine] directeur *m*, -trice *f*; [of newspaper] rédacteur *m*, -trice *f* en chef. **-2.** [of text] correcteur *m*, -trice *f*. **-3.** CINEMA monteur *m*, -euse *f*; RADIO & TV réalisateur *m*, -trice *f*.

editorial [,edɪ'tɔːrɪəl] ◇ *adj* [department, staff] de la rédaction; [style, policy] éditorial(e). ◇ *n* éditorial *m*.

educate ['edʒʊkeɪt] *vt* **-1.** SCH & UNIV instruire. **-2.** [inform] informer, éduquer.

education [,edʒʊ'keɪʃn] *n* **-1.** [gen] éducation *f*. **-2.** [teaching] enseignement *m*, instruction *f*.

educational [,edʒʊ'keɪʃənl] *adj* **-1.** [establishment, policy] pédagogique. **-2.** [toy, experience] éducatif(ive).

EEC (*abbr of* **European Economic Community**) *n ancien nom de la Communauté Européenne.*

eel [iːl] *n* anguille *f*.

eerie ['ɪərɪ] *adj* inquiétant(e), sinistre.

efface [ɪ'feɪs] *vt* effacer.

effect [ɪ'fekt] ◇ *n* [gen] effet *m*; **to have an ~ on** avoir OR produire un effet sur; **for ~** pour attirer l'attention, pour se faire remarquer; **to take ~** [law] prendre effet, entrer en vigueur; **to put sthg into ~** [policy, law] mettre qqch en application. ◇ *vt* [repairs, change] effectuer; [reconciliation] amener. ◆ **effects** *npl*: (**special**) **~s** effets *mpl* spéciaux.

effective [ɪ'fektɪv] *adj* **-1.** [successful] efficace. **-2.** [actual, real] effectif(ive).

effectively [ɪ'fektɪvlɪ] *adv* **-1.** [successfully] efficacement. **-2.** [in fact] effectivement.

effectiveness [ɪ'fektɪvnɪs] *n* efficacité *f*.

effeminate [ɪ'femɪnət] *adj* efféminé(e).

effervescent [,efə'vesnt] *adj* [liquid] effervescent(e); [drink] gazeux(euse).

efficiency [ɪ'fɪʃənsɪ] *n* [of person, method] efficacité *f*; [of factory, system] rendement *m*.

efficient [ɪ'fɪʃənt] *adj* efficace.

effluent ['eflʊənt] *n* effluent *m*.

effort ['efət] *n* effort *m*; **to be worth the ~** valoir la peine; **with ~** avec peine; **to make the ~ to do sthg** s'efforcer de faire qqch; **to make an/no ~ to do sthg** faire un effort/ne faire aucun effort pour faire qqch.

effortless ['efətlɪs] *adj* [easy] facile; [natural] aisé(e).

effusive [ɪ'fjuːsɪv] *adj* [person] démonstratif(ive); [welcome] plein(e) d'effusions.

e.g. (*abbr of* **exempli gratia**) *adv* par exemple.

egg [eg] *n* œuf *m*. ◆ **egg on** *vt sep* pousser, inciter.

eggcup ['egkʌp] *n* coquetier *m*.

eggplant ['egplɑːnt] *n Am* aubergine *f*.

eggshell ['egʃel] *n* coquille *f* d'œuf.

egg white *n* blanc *m* d'œuf.

egg yolk [-jəʊk] *n* jaune *m* d'œuf.

ego ['iːgəʊ] (*pl* -s) *n* moi *m*.

egoism ['iːgəʊɪzm] *n* égoisme *m*.

egoistic [,iːgəʊ'ɪstɪk] *adj* égoïste.

egotistic(al) [,iːgə'tɪstɪk(l)] *adj* égotiste.

Egypt ['iːdʒɪpt] *n* Égypte *f*.

Egyptian [ɪ'dʒɪpʃn] ◇ *adj* égyptien(ienne). ◇ *n* Égyptien *m*, -ienne *f*.

eiderdown ['aɪdədaʊn] *n* [bed cover] édredon *m*.

eight [eɪt] *num* huit; *see also* **six**.

eighteen [,eɪ'tiːn] *num* dix-huit; *see also* **six**.

eighth [eɪtθ] *num* huitième; *see also* **sixth**.

eighty ['eɪtɪ] *num* quatre-vingts; *see also* **sixty**.

Eire ['eərə] *n* République *f* d'Irlande.

either ['aɪðər, 'iːðər] ◇ *adj* **-1.** [one or the other] l'un ou l'autre (l'une ou l'autre) (des deux); **she couldn't find ~ jumper** elle ne trouva ni l'un ni l'autre des pulls; **~ way** de toute façon. **-2.** [each] chaque; **on ~ side** de chaque côté. ◇ *pron*: **~ (of them)** l'un ou l'autre *m*, l'une ou l'autre *f*; **I don't like ~ (of them)** je n'aime aucun des deux, je n'aime ni l'un ni l'autre. ◇ *adv* (*in negatives*) non plus; **I don't ~** non non plus. ◇ *conj*: **~ ... or** soit ... soit, ou ... ou; **I'm not fond of ~ him or his wife** je ne les aime ni lui ni sa femme.

eject [ɪ'dʒekt] *vt* **-1.** [object] éjecter, émettre. **-2.** [person] éjecter, expulser.

eke [iːk] ◆ **eke out** *vt sep* [money, food] économiser, faire durer.

elaborate [*adj* ɪ'læbrət, *vb* ɪ'læbəreɪt] ◇ *adj* [ceremony, procedure] complexe; [explanation, plan] détaillé(e), minutieux(ieuse). ◇ *vi*: **to ~ (on)** donner des précisions (sur).

elapse [ɪ'læps] *vi* s'écouler.

elastic [ɪ'læstɪk] ◇ *adj lit* & *fig* élastique. ◇ *n* (U) élastique *m*.

elasticated [ɪ'læstɪkeɪtɪd] *adj* élastique.

elastic band *n Br* élastique *m*, caoutchouc *m*.

elated [ɪ'leɪtɪd] *adj* transporté(e) (de joie).

elbow ['elbəʊ] *n* coude *m*.

elder ['eldə^r] ◇ *adj* aîné(e). ◇ *n* -1. [older person] aîné *m*, -e *f*. -2. [of tribe, church] ancien *m*. -3. ~ (tree) sureau *m*.

elderly ['eldəlɪ] ◇ *adj* âgé(e). ◇ *npl*: the ~ les personnes *fpl* âgées.

eldest ['eldɪst] *adj* aîné(e).

elect [ɪ'lekt] ◇ *adj* élu(e). ◇ *vt* -1. [by voting] élire. -2. *fml* [choose]: **to ~ to do sthg** choisir de faire qqch.

election [ɪ'lekʃn] *n* élection *f*; **to have OR hold an ~** procéder à une élection.

electioneering [ɪ,lekʃə'nɪərɪŋ] *n* (U) *usu pej* propagande *f* électorale.

elector [ɪ'lektə^r] *n* électeur *m*, -trice *f*.

electorate [ɪ'lektərət] *n*: the ~ l'électorat *m*.

electric [ɪ'lektrɪk] *adj lit* & *fig* électrique. ◆ **electrics** *npl* Br *inf* [in car, machine] installation *f* électrique.

electrical [ɪ'lektrɪkl] *adj* électrique.

electrical shock *Am* = electric shock.

electric blanket *n* couverture *f* chauffante.

electric cooker *n* cuisinière *f* électrique.

electric fire *n* radiateur *m* électrique.

electrician [ˌɪlek'trɪʃn] *n* électricien *m*, -ienne *f*.

electricity [ˌɪlek'trɪsətɪ] *n* électricité *f*.

electric shock *Br*, **electrical shock** *Am* *n* décharge *f* électrique.

electrify [ɪ'lektrɪfaɪ] *vt* -1. TECH électrifier. -2. *fig* [excite] galvaniser, électriser.

electrocute [ɪ'lektrəkjuːt] *vt* électrocuter.

electrolysis [ˌɪlek'trɒləsɪs] *n* électrolyse *f*.

electron [ɪ'lektrɒn] *n* électron *m*.

electronic [ˌɪlek'trɒnɪk] *adj* électronique. ◆ **electronics** ◇ *n* (U) [technology, science] électronique *f*. ◇ *npl* [equipment] (équipement *m*) électronique *f*.

electronic data processing *n* traitement *m* électronique de données.

electronic mail *n* courrier *m* électronique.

elegant ['elɪgənt] *adj* élégant(e).

element ['elɪmənt] *n* -1. [gen] élément *m*; **an ~ of truth** une part de vérité. -2. [in heater, kettle] résistance *f*. ◆ **elements** *npl* -1. [basics] rudiments *mpl*. -2. [weather]: **the ~s** les éléments *mpl*.

elementary [ˌelɪ'mentərɪ] *adj* élémentaire.

elementary school *n* Am école *f* primaire.

elephant ['elɪfənt] (*pl inv* OR **-s**) *n* éléphant *m*.

elevate ['elɪveɪt] *vt* -1. [give importance to]: **to ~ sb/sthg (to)** élever qqn/qqch (à). -2. [raise] soulever.

elevator ['elɪveɪtə^r] *n* Am ascenseur *m*.

eleven [ɪ'levn] *num* onze; *see also* **six**.

elevenses [ɪ'levnzɪz] *n* (U) Br ≃ pause-café *f*.

eleventh [ɪ'levnθ] *num* onzième; *see also* **sixth**.

elicit [ɪ'lɪsɪt] *vt fml*: **to ~ sthg (from sb)** arracher qqch (à qqn).

eligible ['elɪdʒəbl] *adj* [suitable, qualified] admissible; **to be ~ for sthg** avoir droit à qqch; **to be ~ to do sthg** avoir le droit de faire qqch.

eliminate [ɪ'lɪmɪneɪt] *vt*: **to ~ sb/sthg (from)** éliminer qqn/qqch (de).

elite [ɪ'liːt] ◇ *adj* d'élite. ◇ *n* élite *f*.

elitist [ɪ'liːtɪst] ◇ *adj* élitiste. ◇ *n* élitiste *mf*.

elk [elk] (*pl inv* OR **-s**) *n* élan *m*.

elm [elm] *n*: ~ (tree) orme *m*.

elocution [ˌelə'kjuːʃn] *n* élocution *f*, diction *f*.

elongated ['iːlɒŋgeɪtɪd] *adj* allongé(e); [fingers] long (longue).

elope [ɪ'ləʊp] *vi*: **to ~ (with)** s'enfuir (avec).

eloquent ['eləkwənt] *adj* éloquent(e).

El Salvador [ˌel'sælvədɔː^r] *n* Salvador *m*.

else [els] *adv*: **anything ~** n'importe quoi d'autre; **anything ~?** [in shop] et avec ça?, ce sera tout?; **he doesn't need anything ~** il n'a besoin de rien d'autre; **everyone ~** tous les autres; **nothing ~** rien d'autre; **someone ~** quelqu'un d'autre; **something ~** quelque chose d'autre; **somewhere ~** autre part; **who/what ~?** qui/quoi d'autre?; **where ~?** (à) quel autre endroit? ◆ **or else** *conj* [or if not] sinon, sans quoi.

elsewhere [els'weə^r] *adv* ailleurs, autre part.

elude [ɪ'luːd] *vt* échapper à.

elusive [ɪ'luːsɪv] *adj* insaisissable; [success] qui échappe.

emaciated [ɪ'meɪʃɪeɪtɪd] *adj* [face] émacié(e); [person, limb] décharné(e).

e-mail (*abbr of* **electronic mail**) *n* courrier *m* électronique.

e-mail address *n* adresse *f* électronique.

emanate ['eməneɪt] *fml vi*: **to ~ from** émaner de.

emancipate [ɪ'mænsɪpeɪt] *vt*: **to ~ sb (from)** affranchir OR émanciper qqn (de).

embankment [ɪm'bæŋkmənt] *n* [of river] berge *f*; [of railway] remblai *m*; [of road] banquette *f*.

embark [ɪm'bɑːk] *vi* **-1.** [board ship]: **to ~ (on)** embarquer (sur). **-2.** [start]: **to ~ on** OR **upon sthg** s'embarquer dans qqch.

embarkation [,embɑː'keɪʃn] *n* embarquement *m*.

embarrass [ɪm'bærəs] *vt* embarrasser.

embarrassed [ɪm'bærəst] *adj* embarrassé(e).

embarrassing [ɪm'bærəsɪŋ] *adj* embarrassant(e).

embarrassment [ɪm'bærəsmənt] *n* embarras *m*; **to be an ~** [person] causer de l'embarras; [thing] être embarrassant.

embassy ['embəsɪ] *n* ambassade *f*.

embedded [ɪm'bedɪd] *adj* **-1.** [buried]: **~ in** [in rock, wood] incrusté(e) dans; [in mud] noyé(e) dans. **-2.** [ingrained] enraciné(e).

embellish [ɪm'belɪʃ] *vt* **-1.** [decorate]: **to ~ sthg (with)** [room, house] décorer qqch (de); [dress] orner qqch (de). **-2.** [story] enjoliver.

embers ['embəz] *npl* braises *fpl*.

embezzle [ɪm'bezl] *vt* détourner.

embittered [ɪm'bɪtəd] *adj* aigri(e).

emblem ['embləm] *n* emblème *m*.

embody [ɪm'bɒdɪ] *vt* incarner; **to be embodied in sthg** être exprimé dans qqch.

embossed [ɪm'bɒst] *adj* **-1.** [heading, design]: **~ (on)** inscrit(e) (sur), gravé(e) en relief (sur). **-2.** [wallpaper] gaufré(e); [leather] frappé(e).

embrace [ɪm'breɪs] ◇ *n* étreinte *f*. ◇ *vt* embrasser. ◇ *vi* s'embrasser, s'étreindre.

embroider [ɪm'brɔɪdər] ◇ *vt* **-1.** SEWING broder. **-2.** *pej* [embellish] enjoliver. ◇ *vi* SEWING broder.

embroidery [ɪm'brɔɪdərɪ] *n* (*U*) broderie *f*.

embroil [ɪm'brɔɪl] *vt*: **to be ~ed (in)** être mêlé(e) (à).

embryo ['embrɪəʊ] (*pl* **-s**) *n* embryon *m*.

emerald ['emərəld] ◇ *adj* [colour] émeraude (*inv*). ◇ *n* [stone] émeraude *f*.

emerge [ɪ'mɜːdʒ] ◇ *vi* **-1.** [come out]: **to ~ (from)** émerger (de). **-2.** [from experience, situation]: **to ~ from** sortir de. **-3.** [become known] apparaître. **-4.** [come into existence - poet, artist] percer; [- movement, organization] émerger. ◇ *vt*: **it ~s that ...** il ressort OR il apparaît que ....

emergence [ɪ'mɜːdʒəns] *n* émergence *f*.

emergency [ɪ'mɜːdʒənsɪ] ◇ *adj* d'urgence. ◇ *n* urgence *f*; **in an ~, in emergencies** en cas d'urgence.

emergency exit *n* sortie *f* de secours.

emergency landing *n* atterrissage *m* forcé.

emergency services *npl* ≃ policesecours *f*.

emery board ['emərɪ-] *n* lime *f* à ongles.

emigrant ['emɪgrənt] *n* émigré *m*, -e *f*.

emigrate ['emɪgreɪt] *vi*: **to ~ (to)** émigrer (en/à).

eminent ['emɪnənt] *adj* éminent(e).

emission [ɪ'mɪʃn] *n* émission *f*.

emit [ɪ'mɪt] *vt* émettre.

emotion [ɪ'məʊʃn] *n* **-1.** (*U*) [strength of feeling] émotion *f*. **-2.** [particular feeling] sentiment *m*.

emotional [ɪ'məʊʃənl] *adj* **-1.** [sensitive, demonstrative] émotif(ive). **-2.** [moving] émouvant(e). **-3.** [psychological] émotionnel(elle).

emperor ['empərər] *n* empereur *m*.

emphasis ['emfəsɪs] (*pl* **-ases** [-əsiːz]) *n*: **~ (on)** accent *m* (sur); **to lay** OR **place ~ on sthg** insister sur OR souligner qqch.

emphasize, -ise ['emfəsaɪz] *vt* insister sur.

emphatic [ɪm'fætɪk] *adj* [forceful] catégorique.

emphatically [ɪm'fætɪklɪ] *adv* **-1.** [with emphasis] catégoriquement. **-2.** [certainly] absolument.

empire ['empaɪər] *n* empire *m*.

employ [ɪm'plɔɪ] *vt* employer; **to be ~ed as** être employé comme; **to ~ sthg as sthg/to do sthg** employer qqch comme qqch/pour faire qqch.

employee [ɪm'plɔɪiː] *n* employé *m*, -e *f*.

employer [ɪm'plɔɪər] *n* employeur *m*, -euse *f*.

employment [ɪm'plɔɪmənt] *n* emploi *m*, travail *m*.

employment agency *n* bureau *m* OR agence *f* de placement.

empower [ɪm'paʊər] *vt fml*: **to be ~ed to do sthg** être habilité(e) à faire qqch.

empress ['emprɪs] *n* impératrice *f*.

empty ['emptɪ] ◇ *adj* **-1.** [containing nothing] vide. **-2.** *pej* [meaningless] vain(e). ◇ *vt* vider; **to ~ sthg into/out**

of vider qqch dans/de. ◇ *vi* se vider. ◇ *n inf* bouteille *f* vide.

empty-handed [-'hændıd] *adv* les mains vides.

EMS (*abbr of* **European Monetary System**) *n* SME *m*.

emulate ['emjoleıt] *vt* imiter.

emulsion [ı'mʌlʃn] *n* ~ **(paint)** peinture *f* mate OR à émulsion.

enable [ı'neıbl] *vt*: **to** ~ **sb to do sthg** permettre à qqn de faire qqch.

enact [ı'nækt] *vt* -1. JUR promulguer. -2. THEATRE jouer.

enamel [ı'næml] *n* -1. [material] émail *m*. -2. [paint] peinture *f* laquée.

encampment [ın'kæmpmənt] *n* campement *m*.

encapsulate [ın'kæpsjoleıt] *vt*: **to** ~ **sthg (in)** résumer qqch (en).

encase [ın'keıs] *vt*: **to be** ~**d in** [armour] être enfermé(e) dans; [leather] être bardé(e) de.

enchanted [ın'tʃɑːntıd] *adj*: ~ **(by/with)** enchanté(e) (par/de).

enchanting [ın'tʃɑːntıŋ] *adj* enchanteur(eresse).

encircle [ın'sɜːkl] *vt* entourer; [subj: troops] encercler.

enclose [ın'kləoz] *vt* -1. [surround, contain] entourer. -2. [put in envelope] joindre; **please find** ~**d** ... veuillez trouver ci-joint ....

enclosure [ın'kləozəʳ] *n* -1. [place] enceinte *f*. -2. [in letter] pièce *f* jointe.

encompass [ın'kʌmpəs] *vt fml* -1. [include] contenir. -2. [surround] entourer; [subj: troops] encercler.

encore ['ɒŋkɔːʳ] ◇ *n* rappel *m*. ◇ *excl* bis!

encounter [ın'kaontəʳ] ◇ *n* rencontre *f*. ◇ *vt fml* rencontrer.

encourage [ın'kʌrıdʒ] *vt* -1. [give confidence to]: **to** ~ **sb (to do sthg)** encourager qqn (à faire qqch). -2. [promote] encourager, favoriser.

encouragement [ın'kʌrıdʒmənt] *n* encouragement *m*.

encroach [ın'krəotʃ] *vi*: **to** ~ **on** OR **upon** empiéter sur.

encyclop(a)edia [ın,saıklə'piːdjə] *n* encyclopédie *f*.

end [end] ◇ *n* -1. [gen] fin *f*; **at an** ~ terminé, fini; **to come to an** ~ se terminer, s'arrêter; **to put an** ~ **to sthg** mettre fin à qqch; **at the** ~ **of the day** *fig* en fin de compte; **in the** ~ [finally] finalement. -2. [of rope, path, garden, table etc] bout *m*, extrémité *f*; [of box]

côté *m*. -3. [leftover part - of cigarette] mégot *m*; [- of pencil] bout *m*. ◇ *vi* mettre fin à; [day] finir; **to** ~ **sthg with** terminer OR finir qqch par. ◇ *vi* se terminer; **to** ~ **in** se terminer par; **to** ~ **with** se terminer par OR avec. ◆ **on end** -1. [upright] debout. -2. [continuously] d'affilée. ◆ **end up** *vi* finir; **to** ~ **up doing sthg** finir par faire qqch.

endanger [ın'deındʒəʳ] *vt* mettre en danger.

endearing [ın'dıərıŋ] *adj* engageant(e).

endeavour *Br*, **endeavor** *Am* [ın'devəʳ] *fml* ◇ *n* effort *m*, tentative *f*. ◇ *vt*: **to** ~ **to do sthg** s'efforcer OR tenter de faire qqch.

ending ['endıŋ] *n* fin *f*, dénouement *m*.

endive ['endaıv] *n* -1. [salad vegetable] endive *f*. -2. [chicory] chicorée *f*.

endless ['endlıs] *adj* -1. [unending] interminable; [patience, possibilities] infini(e); [resources] inépuisable. -2. [vast] infini(e).

endorse [ın'dɔːs] *vt* -1. [approve] approuver. -2. [cheque] endosser.

endorsement [ın'dɔːsmənt] *n* -1. [approval] approbation *f*. -2. *Br* [on driving licence] *contravention portée au permis de conduire*.

endow [ın'dao] *vt* -1. [equip]: **to be** ~**ed with sthg** être doté(e) de qqch. -2. [donate money to] faire des dons à.

endurance [ın'djoərəns] *n* endurance *f*.

endure [ın'djoəʳ] ◇ *vt* supporter, endurer. ◇ *vi* perdurer.

endways *Br* ['endweız], **endwise** *Am* ['endwaız] *adv* -1. [not sideways] en long. -2. [with ends touching] bout à bout.

enemy ['enımı] ◇ *n* ennemi *m*, -e *f*. ◇ *comp* ennemi(e).

energetic [,enə'dʒetık] *adj* énergique; [person] plein(e) d'entrain.

energy ['enədʒı] *n* énergie *f*.

enforce [ın'fɔːs] *vt* appliquer, faire respecter.

enforced [ın'fɔːst] *adj* forcé(e).

engage [ın'geıdʒ] ◇ *vt* -1. [attention, interest] susciter, éveiller. -2. TECH engager. -3. *fml* [employ] engager; **to be** ~**d in** OR **on sthg** prendre part à qqch. ◇ *vi* [be involved]: **to** ~ **in** s'occuper de.

engaged [ın'geıdʒd] *adj* -1. [to be married]: ~ **(to sb)** fiancé(e) (à qqn); **to get** ~ se fiancer. -2. [busy] occupé(e); ~ **in sthg** engagé dans qqch. -3. [telephone, toilet] occupé(e).

engaged tone *n Br* tonalité *f* «occupé».

engagement [ɪn'geɪdʒmənt] n -1. [to be married] fiançailles fpl. -2. [appointment] rendez-vous m inv.

engagement ring n bague f de fiançailles.

engaging [ɪn'geɪdʒɪŋ] adj engageant(e); [personality] attirant(e).

engender [ɪn'dʒendər] vt fml engendrer, susciter.

engine ['endʒɪn] n -1. [of vehicle] moteur m. -2. RAIL locomotive f.

engine driver n Br mécanicien m.

engineer [,endʒɪ'nɪər] n -1. [of roads] ingénieur m; [of machinery, on ship] mécanicien m; [of electrical equipment] technicien m. -2. Am [engine driver] mécanicien m.

engineering [,endʒɪ'nɪərɪŋ] n ingénierie f.

England ['ɪŋglənd] n Angleterre f; **in ~** en Angleterre.

English ['ɪŋglɪʃ] ◇ adj anglais(e). ◇ n [language] anglais m. ◇ npl: **the ~** les Anglais.

English breakfast n petit déjeuner traditionnel anglais.

English Channel n: **the ~** la Manche.

Englishman ['ɪŋglɪʃmən] (pl **-men** [-mən]) n Anglais m.

Englishwoman ['ɪŋglɪʃ,wʊmən] (pl **-women** [-wɪmɪn]) n Anglaise f.

engrave [ɪn'greɪv] vt: **to ~ sthg (on stone/in one's memory)** graver qqch (sur la pierre/dans sa mémoire).

engraving [ɪn'greɪvɪŋ] n gravure f.

engrossed [ɪn'grəʊst] adj: **to be ~ (in sthg)** être absorbé(e) (par qqch).

engulf [ɪn'gʌlf] vt engloutir.

enhance [ɪn'hɑːns] vt accroître.

enjoy [ɪn'dʒɔɪ] vt -1. [like] aimer; **to ~ doing sthg** avoir plaisir à OR aimer faire qqch; **to ~ o.s.** s'amuser. -2. fml [possess] jouir de.

enjoyable [ɪn'dʒɔɪəbl] adj agréable.

enjoyment [ɪn'dʒɔɪmənt] n [gen] plaisir m.

enlarge [ɪn'lɑːdʒ] vt agrandir. ◆ **enlarge (up)on** vt fus développer.

enlargement [ɪn'lɑːdʒmənt] n -1. [expansion] extension f. -2. PHOT agrandissement m.

enlighten [ɪn'laɪtn] vt éclairer.

enlightened [ɪn'laɪtnd] adj éclairé(e).

enlightenment [ɪn'laɪtnmənt] n (U) éclaircissement m. ◆ **Enlightenment** n: **the Enlightenment** le siècle des Lumières.

enlist [ɪn'lɪst] ◇ vt -1. MIL enrôler. -2. [recruit] recruter. -3. [obtain] s'assurer. ◇ vi MIL: **to ~ (in)** s'enrôler (dans).

enmity ['enmətɪ] n hostilité f.

enormity [ɪ'nɔːmətɪ] n [extent] étendue f.

enormous [ɪ'nɔːməs] adj énorme; [patience, success] immense.

enough [ɪ'nʌf] ◇ adj assez de; **~ money/time** assez d'argent/de temps. ◇ pron assez; **more than ~** largement, bien assez; **to have had ~ (of sthg)** en avoir assez (de qqch). ◇ adv -1. [sufficiently] assez; **to be good ~ to do sthg** fml être assez gentil pour OR de faire qqch, être assez aimable pour OR de faire qqch. -2. [rather] plutôt; **strangely ~** bizarrement, c'est bizarre.

enquire [ɪn'kwaɪər] ◇ vt: **to ~ when/ whether/how ...** demander quand/si/ comment .... ◇ vi: **to ~ (about)** se renseigner (sur).

enquiry [ɪn'kwaɪərɪ] n -1. [question] demande f de renseignements; **"Enquiries"** «renseignements». -2. [investigation] enquête f.

enraged [ɪn'reɪdʒd] adj déchaîné(e); [animal] enragé(e).

enrol, enroll Am [ɪn'rəʊl] ◇ vt inscrire. ◇ vi: **to ~ (in)** s'inscrire (à).

ensign ['ensaɪn] n [flag] pavillon m.

ensue [ɪn'sjuː] vi s'ensuivre.

ensure [ɪn'ʃʊər] vt assurer; **to ~ (that) ...** s'assurer que ....

ENT (abbr of **Ear, Nose & Throat**) n ORL f.

entail [ɪn'teɪl] vt entraîner; **what does the work ~?** en quoi consiste le travail?

enter ['entər] ◇ vt -1. [room, vehicle] entrer dans. -2. [university, army] entrer à; [school] s'inscrire à, s'inscrire dans. -3. [competition, race] s'inscrire à; [politics] se lancer dans. -4. [register]: **to ~ sb/ sthg for sthg** inscrire qqn/qqch à qqch. -5. [write down] inscrire. -6. COMPUT entrer. ◇ vi -1. [come or go in] entrer. -2. [register]: **to ~ (for)** s'inscrire (à). ◆ **enter into** vt fus [negotiations, correspondence] entamer.

enter key n COMPUT (touche f) entrée f.

enterprise ['entəpraɪz] n entreprise f.

enterprise zone n Br zone dans une région défavorisée qui bénéficie de subsides de l'État.

enterprising ['entəpraɪzɪŋ] adj qui fait preuve d'initiative.

entertain [,entə'teɪn] *vt* **-1.** [amuse] divertir. **-2.** [invite - guests] recevoir. **-3.** *fml* [thought, proposal] considérer.

entertainer [,entə'teɪnər] *n* fantaisiste *mf*.

entertaining [,entə'teɪnɪŋ] *adj* divertissant(e).

entertainment [,entə'teɪnmənt] *n* **-1.** (U) [amusement] divertissement *m*. **-2.** [show] spectacle *m*.

enthral, enthrall *Am* [ɪn'θrɔːl] *vt* captiver.

enthrone [ɪn'θrəʊn] *vt* introniser.

enthusiasm [ɪn'θjuːzɪæzm] *n* **-1.** [passion, eagerness]: ~ **(for)** enthousiasme *m* (pour). **-2.** [interest] passion *f*.

enthusiast [ɪn'θjuːzɪæst] *n* amateur *m*, -trice *f*.

enthusiastic [ɪn,θjuːzɪ'æstɪk] *adj* enthousiaste.

entice [ɪn'taɪs] *vt* entraîner.

entire [ɪn'taɪər] *adj* entier(ière).

entirely [ɪn'taɪəlɪ] *adv* totalement.

entirety [ɪn'taɪrətɪ] *n*: **in its** ~ en entier.

entitle [ɪn'taɪtl] *vt* [allow]: **to** ~ **sb to sthg** donner droit à qqch à qqn; **to** ~ **sb to do sthg** autoriser qqn à faire qqch.

entitled [ɪn'taɪtld] *adj* **-1.** [allowed] autorisé(e); **to be** ~ **to sthg** avoir droit à qqch; **to be** ~ **to do sthg** avoir le droit de faire qqch. **-2.** [called] intitulé(e).

entitlement [ɪn'taɪtlmənt] *n* droit *m*.

entrance [*n* 'entrəns, *vt* ɪn'trɑːns] ◇ *n* **-1.** [way in]: ~ **(to)** entrée *f* (de). **-2.** [arrival] entrée *f*. **-3.** [entry]: **to gain** ~ **to** [building] obtenir l'accès à; [society, university] être admis(e) dans. ◇ *vt* ravir, enivrer.

entrance examination *n* examen *m* d'entrée.

entrance fee *n* **-1.** [to cinema, museum] droit *m* d'entrée. **-2.** [for club] droit *m* d'inscription.

entrant ['entrənt] *n* [in race, competition] concurrent *m*, -e *f*.

entreat [ɪn'triːt] *vt*: **to** ~ **sb (to do sthg)** supplier qqn (de faire qqch).

entrenched [ɪn'trentʃt] *adj* ancré(e).

entrepreneur [,ɒntrəprə'nɜːr] *n* entrepreneur *m*.

entrust [ɪn'trʌst] *vt*: **to** ~ **sthg to sb, to** ~ **sb with sthg** confier qqch à qqn.

entry ['entrɪ] *n* **-1.** [gen] entrée *f*; **to gain** ~ **to** avoir accès à; **"no** ~**"** «défense d'entrer»; *AUT* «sens interdit». **-2.** [in competition] inscription *f*. **-3.** [in dictionary] **entrée** *f*; [in diary, ledger] inscription *f*.

entry form *n* formulaire *m* OR feuille *f* d'inscription.

entry phone *n* portier *m* électronique.

envelop [ɪn'veləp] *vt* envelopper.

envelope ['envələʊp] *n* enveloppe *f*.

envious ['envɪəs] *adj* envieux(ieuse).

environment [ɪn'vaɪərənmənt] *n* **-1.** [surroundings] milieu *m*, cadre *m*. **-2.** [natural world]: **the** ~ l'environnement *m*.

environmental [ɪn,vaɪərən'mentl] *adj* [pollution, awareness] de l'environnement; [impact] sur l'environnement.

environmentally [ɪn,vaɪərən'mentəlɪ] *adv* [damaging] pour l'environnement; **to be** ~ **aware** être sensible aux problèmes de l'environnement; ~ **friendly** qui préserve l'environnement.

envisage [ɪn'vɪzɪdʒ], **envision** *Am* [ɪn'vɪʒn] *vt* envisager.

envoy ['envɔɪ] *n* émissaire *m*.

envy ['envɪ] ◇ *n* envie *f*, jalousie *f*. ◇ *vt* envier; **to** ~ **sb sthg** envier qqch à qqn.

epic ['epɪk] ◇ *adj* épique. ◇ *n* épopée *f*.

epidemic [,epɪ'demɪk] *n* épidémie *f*.

epileptic [,epɪ'leptɪk] ◇ *adj* épileptique. ◇ *n* épileptique *mf*.

episode ['epɪsəʊd] *n* épisode *m*.

epistle [ɪ'pɪsl] *n* épître *f*.

epitaph ['epɪtɑːf] *n* épitaphe *f*.

epitome [ɪ'pɪtəmɪ] *n*: **the** ~ **of** le modèle de.

epitomize, -ise [ɪ'pɪtəmaɪz] *vt* incarner.

epoch ['iːpɒk] *n* époque *f*.

equable ['ekwəbl] *adj* égal(e), constant(e).

equal ['iːkwəl] ◇ *adj* **-1.** [gen]: ~ **(to)** égal(e) (à); **on** ~ **terms** d'égal à égal. **-2.** [capable]: ~ **to sthg** à la hauteur de qqch. ◇ *n* égal *m*, -e *f*. ◇ *vt* égaler.

equality [iː'kwɒlətɪ] *n* égalité *f*.

equalize, -ise ['iːkwəlaɪz] ◇ *vt* niveler. ◇ *vi* SPORT égaliser.

equalizer ['iːkwəlaɪzər] *n* SPORT but *m* égalisateur.

equally ['iːkwəlɪ] *adv* **-1.** [important, stupid etc] tout aussi. **-2.** [in amount] en parts égales. **-3.** [also] en même temps.

equal opportunities *npl* égalité *f* des chances.

equanimity [,ekwə'nɪmətɪ] *n* sérénité *f*, égalité *f* d'âme.

equate [ɪ'kweɪt] *vt*: **to** ~ **sthg with** assimiler qqch à.

equation [ɪ'kweɪʒn] *n* équation *f*.

equator [ɪ'kweɪtər] *n*: **the ~** l'équateur *m*.

equilibrium [ˌiːkwɪ'lɪbrɪəm] *n* équilibre *m*.

equip [ɪ'kwɪp] *vt* équiper; **to ~ sb/sthg with** équiper qqn/qqch de, munir qqn/qqch de; **he's well equipped for the job** il est bien préparé pour ce travail.

equipment [ɪ'kwɪpmənt] *n* (*U*) équipement *m*, matériel *m*.

equities ['ekwətɪz] *npl* ST EX actions *fpl* ordinaires.

equivalent [ɪ'kwɪvələnt] ◇ *adj* équivalent(e); **to be ~ to** être équivalent à, équivaloir à. ◇ *n* équivalent *m*.

equivocal [ɪ'kwɪvəkl] *adj* équivoque.

er [ɜːr] *excl* euh!

era ['ɪərə] (*pl* **-s**) *n* ère *f*, période *f*.

eradicate [ɪ'rædɪkeɪt] *vt* éradiquer.

erase [ɪ'reɪz] *vt* **-1.** [rub out] gommer. **-2.** *fig* [memory] effacer; [hunger, poverty] éliminer.

eraser [ɪ'reɪzər] *n* gomme *f*.

erect [ɪ'rekt] ◇ *adj* **-1.** [person, posture] droit(e). **-2.** [penis] en érection. ◇ *vt* **-1.** [statue] ériger; [building] construire. **-2.** [tent] dresser.

erection [ɪ'rekʃn] *n* **-1.** (*U*) [of statue] érection *f*; [of building] construction *f*. **-2.** [erect penis] érection *f*.

ERM (*abbr of* **Exchange Rate Mechanism**) *n* mécanisme *m* des changes (du SME).

ermine ['ɜːmɪn] *n* [fur] hermine *f*.

erode [ɪ'rəʊd] ◇ *vt* **-1.** [rock, soil] éroder. **-2.** *fig* [confidence, rights] réduire. ◇ *vi* **-1.** [rock, soil] s'éroder. **-2.** *fig* [confidence] diminuer; [rights] se réduire.

erosion [ɪ'rəʊʒn] *n* **-1.** [of rock, soil] érosion *f*. **-2.** *fig* [of confidence] baisse *f*; [of rights] diminution *f*.

erotic [ɪ'rɒtɪk] *adj* érotique.

err [ɜːr] *vi* se tromper.

errand ['erənd] *n* course *f*, commission *f*; **to go on** OR **run an ~** faire une course.

erratic [ɪ'rætɪk] *adj* irrégulier(ière).

error ['erər] *n* erreur *f*; **a spelling/typing ~** une faute d'orthographe/de frappe; **an ~ of judgment** une erreur de jugement; **in ~** par erreur.

erupt [ɪ'rʌpt] *vi* **-1.** [volcano] entrer en éruption. **-2.** *fig* [violence, war] éclater.

eruption [ɪ'rʌpʃn] *n* **-1.** [of volcano] éruption *f*. **-2.** [of violence] explosion *f*; [of war] déclenchement *m*.

escalate ['eskəleɪt] *vi* **-1.** [conflict] s'intensifier. **-2.** [costs] monter en flèche.

escalator ['eskəleɪtər] *n* escalier *m* roulant.

escapade [ˌeskə'peɪd] *n* aventure *f*, exploit *m*.

escape [ɪ'skeɪp] ◇ *n* **-1.** [gen] fuite *f*, évasion *f*; **to make one's ~** s'échapper; **to have a lucky ~** l'échapper belle. **-2.** [leakage - of gas, water] fuite *f*. ◇ *vt* échapper à. ◇ *vi* **-1.** [gen] s'échapper, fuir; [from prison] s'évader; **to ~ from** [place] s'échapper de; [danger, person] échapper à. **-2.** [survive] s'en tirer.

escapism [ɪ'skeɪpɪzm] *n* (*U*) évasion *f* (de la réalité).

escort [*n* 'eskɔːt, *vb* ɪ'skɔːt] ◇ *n* **-1.** [guard] escorte *f*; **under ~** sous escorte. **-2.** [companion - male] cavalier *m*; [- female] hôtesse *f*. ◇ *vt* escorter, accompagner.

Eskimo ['eskɪməʊ] (*pl* **-s**) *n* [person] Esquimau *m*, -aude *f*.

espadrille [ˌespə'drɪl] *n* espadrille *f*.

especially [ɪ'speʃəlɪ] *adv* **-1.** [in particular] surtout. **-2.** [more than usually] particulièrement. **-3.** [specifically] spécialement.

espionage ['espɪəˌnɑːʒ] *n* espionnage *m*.

esplanade [ˌesplə'neɪd] *n* esplanade *f*.

Esquire [ɪ'skwaɪər] *n*: **G. Curry ~** Monsieur G. Curry.

essay ['eseɪ] *n* **-1.** SCH & UNIV dissertation *f*. LITERATURE essai *m*.

essence ['esns] *n* **-1.** [nature] essence *f*, nature *f*; **in ~** par essence. **-2.** CULIN extrait *m*.

essential [ɪ'senʃl] *adj* **-1.** [absolutely necessary]: **~ (to** OR **for)** indispensable (à). **-2.** [basic] essentiel(ielle), de base. ◆ **essentials** *npl* **-1.** [basic commodities] produits *mpl* de première nécessité. **-2.** [most important elements] essentiel *m*.

essentially [ɪ'senʃəlɪ] *adv* fondamentalement, avant tout.

establish [ɪ'stæblɪʃ] *vt* **-1.** [gen] établir; **to ~ contact with** établir le contact avec. **-2.** [organization, business] fonder, créer.

establishment [ɪ'stæblɪʃmənt] *n* **-1.** [gen] établissement *m*. **-2.** [of organization, business] fondation *f*, création *f*. ◆ **Establishment** *n* [status quo]: **the Establishment** l'ordre *m* établi, l'Establishment *m*.

estate [ɪ'steɪt] *n* **-1.** [land, property] propriété *f*, domaine *m*. **-2. (housing) ~**

lotissement *m*. **-3. (industrial)** ~ zone *f* industrielle. **-4.** JUR [inheritance] biens *mpl*.

estate agency *n* Br agence *f* immobilière.

estate agent *n* Br agent *m* immobilier.

estate car *n* Br break *m*.

esteem [ɪ'stiːm] ◇ *n* estime *f*. ◇ *vt* estimer.

esthetic *etc Am* = **aesthetic** *etc*.

estimate [*n* 'estɪmət, *vb* 'estɪmeɪt] ◇ *n* **-1.** [calculation, judgment] estimation *f*, évaluation *f*. **-2.** COMM devis *m*. ◇ *vt* estimer, évaluer.

estimation [ˌestɪ'meɪʃn] *n* **-1.** [opinion] opinion *f*. **-2.** [calculation] estimation *f*, évaluation *f*.

Estonia [e'stəʊnɪə] *n* Estonie *f*.

estranged [ɪ'streɪndʒd] *adj* [couple] séparé(e); [husband, wife] dont on s'est séparé.

estuary ['estjʊərɪ] *n* estuaire *m*.

etc. (*abbr of* et cetera) etc.

etching ['etʃɪŋ] *n* gravure *f* à l'eau forte.

eternal [ɪ'tɜːnl] *adj* **-1.** [life] éternel(elle). **-2.** *fig* [complaints, whining] sempiternel(elle). **-3.** [truth, value] immuable.

eternity [ɪ'tɜːnətɪ] *n* éternité *f*.

ethic ['eθɪk] *n* éthique *f*, morale *f*. ◆ **ethics** ◇ *n* (*U*) [study] éthique *f*, morale *f*. ◇ *npl* [morals] morale *f*.

ethical ['eθɪkl] *adj* moral(e).

Ethiopia [ˌiːθɪ'əʊpɪə] *n* Éthiopie *f*.

ethnic ['eθnɪk] *adj* **-1.** [traditions, groups] ethnique. **-2.** [clothes] folklorique.

ethos ['iːθɒs] *n* génie *m* (d'un peuple/d'une civilisation).

etiquette ['etɪket] *n* convenances *fpl*, étiquette *f*.

EU (*abbr of* **European Union**) *n* UE *f*.

eulogy ['juːlədʒɪ] *n* panégyrique *m*.

euphemism ['juːfəmɪzm] *n* euphémisme *m*.

euphoria [juː'fɔːrɪə] *n* euphorie *f*.

euro ['jʊərəʊ] (*pl* **-s**) *n* [unit of currency] euro *m*.

Eurocheque ['jʊərəʊˌtʃek] *n* eurochèque *m*.

Euro MP *n* député *m* européen.

Europe ['jʊərəp] *n* Europe *f*.

European [ˌjʊərə'piːən] ◇ *adj* européen(enne). ◇ *n* Européen *m*, -enne *f*.

European Community *n*: the ~ la Communauté européenne.

European Monetary System *n*: the ~ le Système monétaire européen.

European Parliament *n*: the ~ le Parlement européen.

euthanasia [ˌjuːθə'neɪzjə] *n* euthanasie *f*.

evacuate [ɪ'vækjʊeɪt] *vt* évacuer.

evade [ɪ'veɪd] *vt* **-1.** [gen] échapper à. **-2.** [issue, question] esquiver, éluder.

evaluate [ɪ'væljʊeɪt] *vt* évaluer.

evaporate [ɪ'væpəreɪt] *vi* **-1.** [liquid] s'évaporer. **-2.** *fig* [hopes, fears] s'envoler; [confidence] disparaître.

evaporated milk [ɪ'væpəreɪtɪd-] *n* lait *m* condensé (non sucré).

evasion [ɪ'veɪʒn] *n* **-1.** [of responsibility] dérobade *f*. **-2.** [lie] faux-fuyant *m*.

evasive [ɪ'veɪsɪv] *adj* évasif(ive); **to take** ~ **action** faire une manœuvre d'évitement.

eve [iːv] *n* veille *f*.

even ['iːvn] ◇ *adj* **-1.** [speed, rate] régulier (ière); [temperature, temperament] égal(e). **-2.** [flat, level] plat(e), régulier(ière). **-3.** [equal - contest] équilibré(e); [- teams, players] de la même force; [- scores] à égalité; **to get** ~ **with sb** se venger de qqn. **-4.** [not odd - number] pair(e). ◇ *adv* **-1.** [gen] même; ~ **now** encore maintenant; ~ **then** même alors. **-2.** [in comparisons]: ~ **bigger/better/more stupid** encore plus grand/mieux/plus bête. ◆ **even if** *conj* même si. ◆ **even so** *adv* quand même. ◆ **even though** *conj* bien que (+ *subjunctive*). ◆ **even out** *vt sep* égaliser. ◇ *vi* s'égaliser.

evening ['iːvnɪŋ] *n* soir *m*; [duration, entertainment] soirée *f*; **in the** ~ le soir. ◆ **evenings** *adv* Am le soir.

evening class *n* cours *m* du soir.

evening dress *n* [worn by man] habit *m* de soirée; [worn by woman] robe *f* du soir.

event [ɪ'vent] *n* **-1.** [happening] événement *m*. **-2.** SPORT épreuve *f*. **-3.** [case]: **in the** ~ **of** en cas de; **in the** ~ **that** au cas où. ◆ **in any event** *adv* en tout cas, de toute façon. ◆ **in the event** *adv* Br l'occurrence, en réalité.

eventful [ɪ'ventfʊl] *adj* mouvementé(e).

eventual [ɪ'ventʃʊəl] *adj* final(e).

eventuality [ɪˌventʃʊ'ælətɪ] *n* éventualité *f*.

eventually [ɪ'ventʃʊəlɪ] *adv* finalement, en fin de compte.

ever ['evəʳ] *adv* **-1.** [at any time] jamais; **have you** ~ **been to Paris?** êtes-vous déjà allé à Paris?; **I hardly** ~ **see him** je ne le vois presque jamais. **-2.** [all the time] toujours; **as** ~ comme toujours; **for** ~ pour toujours. **-3.** [for emphasis]:

~ so tellement; ~ **such** vraiment; **why/how** ~? pourquoi/comment donc? ◆ **ever since** ◇ adv depuis (ce moment-là). ◇ conj depuis que. ◇ prep depuis.

evergreen ['evəgri:n] ◇ adj à feuilles persistantes. ◇ n arbre m à feuilles persistantes.

everlasting [,evə'lɑ:stɪŋ] adj éternel(elle).

every ['evrɪ] adj chaque; ~ **morning** chaque matin, tous les matins. ◆ **every now and then, every so often** adv de temps en temps, de temps à autre. ◆ **every other** adj: ~ **other day** tous les deux jours, un jour sur deux; ~ **other street** une rue sur deux. ◆ **every which way** adv Am partout, de tous côtés.

everybody ['evrɪ,bɒdɪ] = everyone.

everyday ['evrɪdeɪ] adj quotidien(ienne).

everyone ['evrɪwʌn] pron chacun, tout le monde.

everyplace Am = everywhere.

everything ['evrɪθɪŋ] pron tout.

everywhere ['evrɪweə'], **everyplace** Am ['evrɪ,pleɪs] adv partout.

evict [ɪ'vɪkt] vt expulser.

evidence ['evɪdəns] n (U) **-1.** [proof] preuve f. **-2.** JUR [of witness] témoignage m; **to give** ~ témoigner.

evident ['evɪdənt] adj évident(e), manifeste.

evidently ['evɪdəntlɪ] adv **-1.** [seemingly] apparemment. **-2.** [obviously] de toute évidence, manifestement.

evil ['i:vl] ◇ adj [person] mauvais(e), malveillant(e). ◇ n mal m.

evoke [ɪ'vəuk] vt [memory] évoquer; [emotion, response] susciter.

evolution [,i:və'lu:ʃn] n évolution f.

evolve [ɪ'vɒlv] ◇ vt développer. ◇ vi: to ~ **(into/from)** se développer (en/à partir de).

ewe [ju:] n brebis f.

ex- [eks] prefix ex-.

exacerbate [ɪg'zæsəbeɪt] vt [feeling] exacerber; [problems] aggraver.

exact [ɪg'zækt] ◇ adj exact(e), précis(e); **to be** ~ pour être exact OR précis, exactement. ◇ vt: **to** ~ **sthg (from)** exiger qqch (de).

exacting [ɪg'zæktɪŋ] adj [job, standards] astreignant(e); [person] exigeant(e).

exactly [ɪg'zæktlɪ] ◇ adv exactement. ◇ excl exactement!, parfaitement!

exaggerate [ɪg'zædʒəreɪt] vt & vi exagérer.

exaggeration [ɪg,zædʒə'reɪʃn] n exagération f.

exalted [ɪg'zɔ:ltɪd] adj haut placé(e).

exam [ɪg'zæm] n examen m; **to take** OR **sit an** ~ passer un examen.

examination [ɪg,zæmɪ'neɪʃn] n examen m.

examine [ɪg'zæmɪn] vt **-1.** [gen] examiner; [passport] contrôler. **-2.** JUR, SCH & UNIV interroger.

examiner [ɪg'zæmɪnə'] n examinateur m, -trice f.

example [ɪg'zɑ:mpl] n exemple m; **for** ~ par exemple.

exasperate [ɪg'zæspəreɪt] vt exaspérer.

exasperation [ɪg,zæspə'reɪʃn] n exaspération f.

excavate ['ekskəveɪt] vt **-1.** [land] creuser. **-2.** [object] déterrer.

exceed [ɪk'si:d] vt **-1.** [amount, number] excéder. **-2.** [limit, expectations] dépasser.

exceedingly [ɪk'si:dɪŋlɪ] adv extrêmement.

excel [ɪk'sel] vi: **to** ~ **(in** OR **at)** exceller (dans); **to** ~ **o.s.** Br se surpasser.

excellence ['eksələns] n excellence f, supériorité f.

excellent ['eksələnt] adj excellent(e).

except [ɪk'sept] ◇ prep & conj: ~ **(for)** à part, sauf. ◇ vt: **to** ~ **sb (from)** exclure qqn (de).

excepting [ɪk'septɪŋ] prep & conj = except.

exception [ɪk'sepʃn] n **-1.** [exclusion]: ~ **(to)** exception f (à); **with the** ~ **of** à l'exception de. **-2.** [offence]: **to take** ~ **to** s'offenser de, se froisser de.

exceptional [ɪk'sepʃənl] adj exceptionnel(elle).

excerpt ['eksɜ:pt] n: ~ **(from)** extrait m (de), passage m (de).

excess [ɪk'ses, before nouns 'ekses] ◇ adj excédentaire. ◇ n excès m.

excess baggage n excédent m de bagages.

excess fare n Br supplément m.

excessive [ɪk'sesɪv] adj excessif(ive).

exchange [ɪks'tʃeɪndʒ] ◇ n **-1.** [gen] échange m; **in** ~ **(for)** en échange (de). **-2.** TELEC (telephone) ~ central m (téléphonique). ◇ vt [swap] échanger; **to** ~ **sthg for sthg** échanger qqch contre qqch; **to** ~ **sthg with sb** échanger qqch avec qqn.

exchange rate n FIN taux m de change.

Exchequer [ɪks'tʃekəʳ] n Br: **the ~ ≃** le ministère des Finances.

excise ['eksaɪz] n (U) contributions fpl indirectes.

excite [ɪk'saɪt] vt exciter.

excited [ɪk'saɪtɪd] adj excité(e).

excitement [ɪk'saɪtmənt] n [state] excitation f.

exciting [ɪk'saɪtɪŋ] adj passionnant(e); [prospect] excitant(e).

exclaim [ɪk'skleɪm] ◇ vt s'écrier. ◇ vi s'exclamer.

exclamation [ˌeksklə'meɪʃn] n exclamation f.

exclamation mark Br, **exclamation point** Am n point m d'exclamation.

exclude [ɪk'skluːd] vt: **to ~ sb/sthg (from)** exclure qqn/qqch (de).

excluding [ɪk'skluːdɪŋ] prep sans compter, à l'exclusion de.

exclusive [ɪk'skluːsɪv] ◇ adj **-1.** [high-class] fermé(e). **-2.** [unique - use, news story] exclusif(ive). ◇ n PRESS exclusivité f. ◆ **exclusive of** prep: **~ of interest** intérêts non compris.

excrement ['ekskrɪmənt] n excrément m.

excruciating [ɪk'skruːʃɪeɪtɪŋ] adj atroce.

excursion [ɪk'skɜːʃn] n [trip] excursion f.

excuse [n ɪk'skjuːs, vb ɪk'skjuːz] ◇ n excuse f. ◇ vt **-1.** [gen] excuser; **to ~ sb for sthg/for doing sthg** excuser qqn de qqch/de faire qqch; **~ me** [to attract attention] excusez-moi; [forgive me] pardon, excusez-moi; Am [sorry] pardon. **-2.** [let off]: **to ~ sb (from)** dispenser qqn (de).

ex-directory adj Br qui est sur la liste rouge.

execute ['eksɪkjuːt] vt exécuter.

execution [ˌeksɪ'kjuːʃn] n exécution f.

executioner [ˌeksɪ'kjuːʃnəʳ] n bourreau m.

executive [ɪg'zekjutɪv] ◇ adj [power, board] exécutif(ive). ◇ n **-1.** COMM cadre m. **-2.** [of government] exécutif m; [of political party] comité m central, bureau m.

executive director n cadre m supérieur.

executor [ɪg'zekjutəʳ] n exécuteur m testamentaire.

exemplify [ɪg'zemplɪfaɪ] vt **-1.** [typify] exemplifier. **-2.** [give example of] exemplifier, illustrer.

exempt [ɪg'zempt] ◇ adj: **~ (from)**

exempt(e) (de). ◇ vt: **to ~ sb (from)** exempter qqn (de).

exercise ['eksəsaɪz] ◇ n exercice m. ◇ vt [gen] exercer. ◇ vi prendre de l'exercice.

exercise book n [notebook] cahier m d'exercices; [published book] livre m d'exercices.

exert [ɪg'zɜːt] vt exercer; [strength] employer; **to ~ o.s.** se donner du mal.

exertion [ɪg'zɜːʃn] n effort m.

exhale [eks'heɪl] ◇ vt exhaler. ◇ vi expirer.

exhaust [ɪg'zɔːst] ◇ n **-1.** (U) [fumes] gaz mpl d'échappement. **-2.** **~ (pipe)** pot m d'échappement. ◇ vt épuiser.

exhausted [ɪg'zɔːstɪd] adj épuisé(e).

exhausting [ɪg'zɔːstɪŋ] adj épuisant(e).

exhaustion [ɪg'zɔːstʃn] n épuisement m.

exhaustive [ɪg'zɔːstɪv] adj complet(ète), exhaustif(ive).

exhibit [ɪg'zɪbɪt] ◇ n **-1.** ART objet m exposé. **-2.** JUR pièce f à conviction. ◇ vt **-1.** [demonstrate - feeling] montrer; [- skill] faire preuve de. **-2.** ART exposer.

exhibition [ˌeksɪ'bɪʃn] n **-1.** ART exposition f. **-2.** [of feeling] démonstration f. **-3.** phr: **to make an ~ of o.s.** Br se donner en spectacle.

exhilarating [ɪg'zɪləreɪtɪŋ] adj [experience] grisant(e); [walk] vivifiant(e).

exile ['eksaɪl] ◇ n **-1.** [condition] exil m; **in ~** en exil. **-2.** [person] exilé m, -e f. ◇ vt: **to ~ sb (from/to)** exiler qqn (de/vers).

exist [ɪg'zɪst] vi exister.

existence [ɪg'zɪstəns] n existence f; **in ~** qui existe, existant(e); **to come into ~** naître.

existing [ɪg'zɪstɪŋ] adj existant(e).

exit ['eksɪt] ◇ n sortie f. ◇ vi sortir.

exodus ['eksədəs] n exode m.

exonerate [ɪg'zɒnəreɪt] vt: **to ~ sb (from)** disculper qqn (de).

exorbitant [ɪg'zɔːbɪtənt] adj exorbitant(e).

exotic [ɪg'zɒtɪk] adj exotique.

expand [ɪk'spænd] ◇ vt [production, influence] accroître; [business, department, area] développer. ◇ vi [population, influence] s'accroître; [business, department, market] se développer; [metal] se dilater. ◆ **expand (up)on** vt fus développer.

expanse [ɪk'spæns] n étendue f.

expansion [ɪk'spænʃn] n [of production, population] accroissement m; [of business, department, area] développement m; [of metal] dilatation f.

expect [ɪk'spekt] ◇ vt **-1.** [anticipate] s'attendre à; [event, letter, baby] attendre; **when do you ~ it to be ready?** quand pensez-vous que cela sera prêt?; **to ~ sb to do sthg** s'attendre à ce que qqn fasse qqch. **-2.** [count on] compter sur. **-3.** [demand] exiger, demander; **to ~ sb to do sthg** attendre de qqn qu'il fasse qqch; **to ~ sthg from sb** exiger qqch de qqn. **-4.** [suppose] supposer; **I ~ so** je crois que oui. ◇ vi **-1.** [anticipate] **to ~ to do sthg** compter faire qqch. **-2.** [be pregnant]: **to be ~ing** être enceinte, attendre un bébé.

expectancy → **life expectancy.**

expectant [ɪk'spektənt] adj qui est dans l'expectative.

expectant mother n femme f enceinte.

expectation [,ekspek'teɪʃn] n **-1.** [hope] espoir m, attente f. **-2.** [belief]: **it's my ~ that ...** à mon avis, ...; **against all ~** OR **~s, contrary to all ~** OR **~s** contre toute attente.

expedient [ɪk'spiːdjənt] fml ◇ adj indiqué(e). ◇ n expédient m.

expedition [,ekspɪ'dɪʃn] n expédition f.

expel [ɪk'spel] vt **-1.** [gen] expulser. **-2.** SCH renvoyer.

expend [ɪk'spend] vt: **to ~ time/money (on)** consacrer du temps/de l'argent (à).

expendable [ɪk'spendəbl] adj dont on peut se passer, qui n'est pas indispensable.

expenditure [ɪk'spendɪtʃər] n (U) dépense f.

expense [ɪk'spens] n **-1.** [amount spent] dépense f. **-2.** (U) [cost] frais mpl; **at the ~ of** au prix de; **at sb's ~** [financial] aux frais de qqn; fig aux dépens de qqn. ◆ **expenses** npl COMM frais mpl.

expense account n frais mpl de représentation.

expensive [ɪk'spensɪv] adj **-1.** [financially - gen] cher (chère), coûteux(euse); [- tastes] dispendieux(ieuse). **-2.** [mistake] qui coûte cher.

experience [ɪk'spɪərɪəns] ◇ n expérience f. ◇ vt [difficulty] connaître; [disappointment] éprouver, ressentir; [loss, change] subir.

experienced [ɪk'spɪərɪənst] adj expérimenté(e); **to be ~ at** OR **in sthg** avoir de l'expérience en OR en matière de qqch.

experiment [ɪk'sperɪmənt] ◇ n expérience f; **to carry out an ~** faire une

expérience. ◇ vi: **to ~ (with sthg)** expérimenter (qqch).

expert ['ekspɜːt] ◇ adj expert(e); [advice] d'expert. ◇ n expert m, -e f.

expertise [,ekspɜː'tiːz] n (U) compétence f.

expire [ɪk'spaɪər] vi expirer.

expiry [ɪk'spaɪərɪ] n expiration f.

explain [ɪk'spleɪn] ◇ vt expliquer; **to ~ sthg to sb** expliquer qqch à qqn. ◇ vi s'expliquer; **to ~ to sb (about sthg)** expliquer (qqch) à qqn.

explanation [,eksplə'neɪʃn] n: **~ (for)** explication f (de).

explicit [ɪk'splɪsɪt] adj explicite.

explode [ɪk'spləʊd] ◇ vt [bomb] faire exploser. ◇ vi lit & fig exploser.

exploit [n 'eksplɔɪt, vb ɪk'splɔɪt] ◇ n exploit m. ◇ vt exploiter.

exploitation [,eksplɔɪ'teɪʃn] n (U) exploitation f.

exploration [,eksplə'reɪʃn] n exploration f.

explore [ɪk'splɔːr] vt & vi explorer.

explorer [ɪk'splɔːrər] n explorateur m, -trice f.

explosion [ɪk'spləʊʒn] n explosion f; [of interest] débordement m.

explosive [ɪk'spləʊsɪv] ◇ adj lit & fig explosif(ive). ◇ n explosif m.

exponent [ɪk'spəʊnənt] n [of theory] défenseur m.

export [n & comp 'ekspɔːt, vb ɪk'spɔːt] ◇ n exportation f. ◇ comp d'exportation. ◇ vt exporter.

exporter [ek'spɔːtər] n exportateur m, -trice f.

expose [ɪk'spəʊz] vt **-1.** [uncover] exposer, découvrir; **to be ~d to sthg** être exposé à qqch. **-2.** [unmask - corruption] révéler; [- person] démasquer.

exposed [ɪk'spəʊzd] adj [land, house, position] exposé(e).

exposure [ɪk'spəʊʒər] n **-1.** [to light, radiation] exposition f. **-2.** MED: **to die of ~** mourir de froid. **-3.** [PHOT - time] temps m de pose; [- photograph] pose f. **-4.** (U) [publicity] publicité f; [coverage] couverture f.

exposure meter n posemètre m.

expound [ɪk'spaʊnd] fml ◇ vt exposer. ◇ vi: **to ~ on** faire un exposé sur.

express [ɪk'spres] ◇ adj **-1.** Br [letter, delivery] exprès (inv). **-2.** [train, coach] express (inv). **-3.** fml [specific] exprès(esse). ◇ adv exprès. ◇ n [train] rapide m, express m. ◇ vt exprimer.

expression [ɪk'spreʃn] n expression f.

expressive [ɪk'spresɪv] *adj* expressif(ive).

expressly [ɪk'spreslɪ] *adv* expressément.

expressway [ɪk'spreswei] *n Am* voie *f* express.

exquisite [ɪk'skwɪzɪt] *adj* exquis(e).

ext., extn. *(abbr of* extension): ~ 4174 p. 4174.

extend [ɪk'stend] ◇ *vt* -1. [enlarge - building] agrandir. -2. [make longer - gen] prolonger; [- visa] proroger; [- deadline] repousser. -3. [expand - rules, law] étendre (la portée de); [- power] accroître. -4. [stretch out - arm, hand] étendre. -5. [offer - help] apporter, offrir; [- credit] accorder. ◇ *vi* [stretch - in space] s'étendre; [- in time] continuer.

extension [ɪk'stenʃn] *n* -1. [to building] agrandissement *m*. -2. [lengthening - gen] prolongement *m*; [- of visit] prolongation *f*; [- of visa] prorogation *f*; [- of deadline] report *m*. -3. [of power] accroissement *m*; [of law] élargissement *m*. -4. TELEC poste *m*. -5. ELEC prolongateur *m*.

extension cable *n* rallonge *f*.

extensive [ɪk'stensɪv] *adj* -1. [in amount] considérable. -2. [in area] vaste. -3. [in range - discussions] approfondi(e); [- changes, use] considérable.

extensively [ɪk'stensɪvlɪ] *adv* -1. [in amount] considérablement. -2. [in range] abondamment, largement.

extent [ɪk'stent] *n* -1. [of land, area] étendue *f*, superficie *f*; [of problem, damage] étendue. -2. [degree]: to what ~ ...? dans quelle mesure ...?; to the ~ that [in so far as] dans la mesure où; [to the point where] au point que; to a certain ~ jusqu'à un certain point; to a large OR great ~ en grande partie; to some ~ en partie.

extenuating circumstances [ɪk'stenjʊeɪtɪŋ-] *npl* circonstances *fpl* atténuantes.

exterior [ɪk'stɪərɪər] ◇ *adj* extérieur(e). ◇ *n* -1. [of house, car] extérieur *m*. -2. [of person] dehors *m*, extérieur *m*.

exterminate [ɪk'stɜːmɪneɪt] *vt* exterminer.

external [ɪk'stɜːnl] *adj* externe.

extinct [ɪk'stɪŋkt] *adj* -1. [species] disparu(e). -2. [volcano] éteint(e).

extinguish [ɪk'stɪŋgwɪʃ] *vt* [fire, cigarette] éteindre.

extinguisher [ɪk'stɪŋgwɪʃər] *n* extincteur *m*.

extn. = **ext**.

extol, extoll *Am* [ɪk'stəʊl] *vt* louer.

extort [ɪk'stɔːt] *vt*: to ~ sthg from sb extorquer qqch à qqn.

extortionate [ɪk'stɔːʃnət] *adj* exorbitant(e).

extra ['ekstrə] ◇ *adj* supplémentaire. ◇ *n* -1. [addition] supplément *m*; optional ~ option *f*. -2. CINEMA & THEATRE figurant *m*, -e *f*. ◇ *adv* [hard, big etc] extra; [pay, charge etc] en plus.

extra- ['ekstrə] *prefix* extra-.

extract [*n* 'ekstrækt, *vb* ɪk'strækt] ◇ *n* extrait *m*. ◇ *vt* -1. [take out - tooth] arracher; to ~ sthg from tirer qqch de. -2. [confession, information]: to ~ sthg (from sb) arracher qqch (à qqn), tirer qqch (de qqn). -3. [coal, oil] extraire.

extradite ['ekstrədaɪt] *vt*: to ~ sb (from/to) extrader qqn (de/vers).

extramarital [,ekstrə'mærɪtl] *adj* extra-conjugal(e).

extramural [,ekstrə'mjʊərəl] *adj* UNIV hors faculté.

extraordinary [ɪk'strɔːdnrɪ] *adj* extraordinaire.

extraordinary general meeting *n* assemblée *f* générale extraordinaire.

extravagance [ɪk'strævəgəns] *n* -1. (*U*) [excessive spending] gaspillage *m*, prodigalités *fpl*. -2. [luxury] extravagance *f*, folie *f*.

extravagant [ɪk'strævəgənt] *adj* -1. [wasteful - person] dépensier(ière); [- use, tastes] dispendieux(ieuse). -2. [elaborate, exaggerated] extravagant(e).

extreme [ɪk'striːm] ◇ *adj* extrême. ◇ *n* extrême *m*.

extremely [ɪk'striːmlɪ] *adv* extrêmement.

extremist [ɪk'striːmɪst] ◇ *adj* extrémiste. ◇ *n* extrémiste *mf*.

extricate ['ekstrɪkeɪt] *vt*: to ~ sthg (from) dégager qqch (de); to ~ o.s. (from) [from seat belt etc] s'extirper (de); [from difficult situation] se tirer (de).

extrovert ['ekstrəvɜːt] ◇ *adj* extraverti(e). ◇ *n* extraverti *m*, -e *f*.

exuberance [ɪg'zjuːbərəns] *n* exubérance *f*.

exultant [ɪg'zʌltənt] *adj* triomphant(e).

eye [aɪ] (*cont* eyeing OR eying) ◇ *n* -1. [gen] œil *m*; to cast OR run one's ~ over sthg jeter un coup d'œil sur qqch; to catch sb's ~ attirer l'attention de qqn; to have one's ~ on sb avoir qqn à l'œil; to have one's ~ on sthg avoir repéré qqch; to keep one's ~s open for sthg [try to find] essayer de repérer qqch; **to keep an ~ on sthg** surveiller qqch, garder l'œil sur qqch. **-2.** [of needle] chas m. ◇ vt regarder, reluquer.

eyeball ['aɪbɔːl] n globe m oculaire.

eyebath ['aɪbɑːθ] n œillère f (pour bains d'œil).

eyebrow ['aɪbraʊ] n sourcil m.

eyebrow pencil n crayon m à sourcils.

eyedrops ['aɪdrɒps] npl gouttes fpl pour les yeux.

eyelash ['aɪlæʃ] n cil m.

eyelid ['aɪlɪd] n paupière f.

eyeliner ['aɪˌlaɪnər] n eye-liner m.

eye-opener n inf révélation f.

eye shadow n fard m à paupières.

eyesight ['aɪsaɪt] n vue f.

eyesore ['aɪsɔːr] n horreur f.

eyestrain ['aɪstreɪn] n fatigue f des yeux.

eyewitness [ˌaɪ'wɪtnɪs] n témoin m oculaire.

F

f (pl **f's** OR **fs**), **F** (pl **F's** OR **Fs**) [ef] n [letter] f m inv, F m inv. ◆ **F** n **-1.** MUS fa m. **-2.** (abbr of **Fahrenheit**) F.

fable ['feɪbl] n fable f.

fabric ['fæbrɪk] n **-1.** [cloth] tissu m. **-2.** [of building, society] structure f.

fabrication [ˌfæbrɪ'keɪʃn] n **-1.** [lie, lying] fabrication f, invention f. **-2.** [manufacture] fabrication f.

fabulous ['fæbjʊləs] adj **-1.** [gen] fabuleux(euse). **-2.** inf [excellent] sensationnel(elle), fabuleux(euse).

façade [fə'sɑːd] n façade f.

face [feɪs] ◇ n **-1.** [of person] visage m, figure f; ~ **to** ~ face à face; **to say sthg to sb's** ~ dire qqch à qqn en face. **-2.** [expression] visage m, mine f; **to make** OR **pull a** ~ faire la grimace. **-3.** [of cliff, mountain] face f, paroi f; [of building] façade f; [of clock, watch] cadran m; [of coin, shape] face f. **-4.** [surface - of planet] surface f; **on the** ~ **of it** à première vue. **-5.** [respect]: **to save/lose** ~ sauver/perdre la face. ◇ vt **-1.** [look towards - subj: person] faire face à; **the house ~s the sea/south** la maison

donne sur la mer/est orientée vers le sud. **-2.** [decision, crisis] être confronté(e) à; [problem, danger] faire face à. **-3.** [facts, truth] faire face à, admettre. **-4.** inf [cope with] affronter. ◆ **face down** adv [person] face contre terre; [object] à l'envers; [card] face en dessous. ◆ **face up** adv [person] sur le dos; [object] à l'endroit; [card] face en dessus. ◆ **in the face of** prep devant. ◆ **face up to** vt fus faire face à.

facecloth ['feɪsklɒθ] n Br gant m de toilette.

face cream n crème f pour le visage.

face-lift n lifting m; fig restauration f, rénovation f.

face powder n poudre f de riz, poudre pour le visage.

face-saving [-ˌseɪvɪŋ] adj qui sauve la face.

facet ['fæsɪt] n facette f.

facetious [fə'siːʃəs] adj facétieux(ieuse).

face value n [of coin, stamp] valeur f nominale; **to take sthg at** ~ prendre qqch au pied de la lettre.

facility [fə'sɪlətɪ] n [feature] fonction f. ◆ **facilities** npl [amenities] équipement m, aménagement m.

facing ['feɪsɪŋ] adj d'en face; [sides] opposé(e).

facsimile [fæk'sɪmɪlɪ] n **-1.** [fax] télécopie f, fax m. **-2.** [copy] fac-similé m.

fact [fækt] n **-1.** [true piece of information] fait m; **to know sthg for a** ~ savoir pertinemment qqch. **-2.** (U) [truth] faits mpl, réalité f. ◆ **in fact** adv de fait, effectivement. ◇ conj en fait.

fact of life n fait m, réalité f; **the facts of life** euphemism les choses fpl de la vie.

factor ['fæktər] n facteur m.

factory ['fæktərɪ] n fabrique f, usine f.

fact sheet n Br résumé m, brochure f.

factual ['fæktʃʊəl] adj factuel(elle), basé(e) sur les faits.

faculty ['fækltɪ] n **-1.** [gen] faculté f. **-2.** Am [in college]: **the** ~ le corps enseignant.

FA Cup n en Angleterre, championnat de football dont la finale se joue à Wembley.

fad [fæd] n engouement m, mode f; [personal] marotte f.

fade [feɪd] ◇ vt [jeans, curtains, paint] décolorer. ◇ vi **-1.** [jeans, curtains, paint] se décolorer; [colour] passer; [flower] se flétrir. **-2.** [light] baisser, diminuer. **-3.** [sound] diminuer, s'affaiblir. **-4.** [memory] s'effacer; [feeling, interest] diminuer.

faeces Br, **feces** Am ['fiːsiːz] npl fèces fpl.

fag [fæg] n inf -1. Br [cigarette] clope m. -2. Am pej [homosexual] pédé m.

Fahrenheit ['færənhaɪt] adj Fahrenheit (inv).

fail [feɪl] ◇ vt -1. [exam, test] rater, échouer à. -2. [not succeed]: **to ~ to do sthg** ne pas arriver à faire qqch. -3. [neglect]: **to ~ to do sthg** manquer OR omettre de faire qqch. -4. [candidate] refuser. ◇ vi -1. [not succeed] ne pas réussir OR y arriver. -2. [not pass exam] échouer. -3. [stop functioning] lâcher. -4. [weaken - health, daylight] décliner; [- eyesight] baisser.

failing ['feɪlɪŋ] ◇ n [weakness] défaut m, point m faible. ◇ prep à moins de; **~ that** à défaut.

failure ['feɪljər] n -1. [lack of success, unsuccessful thing] échec m. -2. [person] raté m, -e f. -3. [of engine, brake etc] défaillance f; [of crop] perte f.

faint [feɪnt] ◇ adj -1. [smell] léger(ère); [memory] vague; [sound, hope] faible. -2. [slight - chance] petit(e), faible. -3. [dizzy]: **I'm feeling a bit ~** je ne me sens pas bien. ◇ vi s'évanouir.

fair [feər] ◇ adj -1. [just] juste, équitable; **it's not ~** ce n'est pas juste! -2. [quite large] grand(e), important(e). -3. [quite good] assez bon (assez bonne). -4. [hair] blond(e). -5. [skin, complexion] clair(e). -6. [weather] beau (belle). ◇ n -1. Br [funfair] fête f foraine. -2. [trade fair] foire f. ◇ adv [fairly] loyalement. ◆ **fair enough** adv Br inf OK, d'accord.

fair-haired [-'heəd] adj [person] blond(e).

fairly ['feəlɪ] adv -1. [rather] assez; **~ certain** presque sûr. -2. [justly] équitablement; [describe] avec impartialité; [fight, play] loyalement.

fairness ['feənɪs] n [justness] équité f.

fair trade n commerce m équitable.

fairy ['feərɪ] n [imaginary creature] fée f.

fairy tale n conte m de fées.

faith [feɪθ] n -1. [belief] foi f, confiance f. -2. RELIG foi f.

faithful ['feɪθful] adj fidèle.

faithfully ['feɪθfulɪ] adv [loyally] fidèlement; **Yours ~** Br [in letter] je vous prie d'agréer mes salutations distinguées.

fake [feɪk] ◇ adj faux (fausse). ◇ n -1. [object, painting] faux m. -2. [person] imposteur m. ◇ vt -1. [results] falsifier; [signature] imiter. -2. [illness, emotions] simuler. ◇ vi [pretend] simuler, faire semblant.

falcon ['fɔːlkən] n faucon m.

Falkland Islands ['fɔːlklənd-], **Falklands** ['fɔːlkləndz] npl: **the ~** les îles fpl Falkland, les Malouines fpl.

fall [fɔːl] (pt **fell**, pp **fallen**) ◇ vi -1. [gen] tomber; **to ~ flat** [joke] tomber à plat. -2. [decrease] baisser. -3. [become]: **to ~ asleep** s'endormir; **to ~ ill** tomber malade; **to ~ in love** tomber amoureux(euse). ◇ n -1. [gen]: **~ (in)** chute (de). -2. Am [autumn] automne m. ◆ **falls** npl chutes fpl. ◆ **fall apart** vi -1. [disintegrate - book, chair] tomber en morceaux. -2. fig [country] tomber en ruine; [person] s'effondrer. ◆ **fall back** vi [person, crowd] reculer. ◆ **fall back on** vt fus [resort to] se rabattre sur. ◆ **fall behind** vi -1. [in race] se faire distancer. -2. [with rent] être en retard; **to ~ behind with one's work** avoir du retard dans son travail. ◆ **fall for** vt fus -1. inf [fall in love with] tomber amoureux(euse) de. -2. [trick, lie] se laisser prendre à. ◆ **fall in** vi -1. [roof, ceiling] s'écrouler, s'affaisser. -2. MIL former les rangs. ◆ **fall off** vi -1. [branch, handle] se détacher, tomber. -2. [demand, numbers] baisser, diminuer. ◆ **fall out** vi -1. [hair, tooth] tomber. -2. [friends] se brouiller. -3. MIL rompre les rangs. ◆ **fall over** ◇ vt fus: **to ~ over sthg** trébucher sur qqch et tomber. ◇ vi [person, chair etc] tomber. ◆ **fall through** vi [plan, deal] échouer.

fallacy ['fæləsɪ] n erreur f, idée f fausse.

fallen ['fɔːln] pp → **fall**.

fallible ['fæləbl] adj faillible.

fallout ['fɔːlaut] n (U) [radiation] retombées fpl.

fallout shelter n abri m antiatomique.

fallow ['fæləu] adj: **to lie ~** être en jachère.

false [fɔːls] adj faux (fausse).

false alarm n fausse alerte f.

falsely ['fɔːlslɪ] adv à tort; [smile, laugh] faussement.

false teeth npl dentier m.

falsify ['fɔːlsɪfaɪ] vt falsifier.

falter ['fɔːltər] vi -1. [move unsteadily] chanceler. -2. [steps, voice] devenir hésitant(e). -3. [hesitate, lose confidence] hésiter.

fame [feɪm] n gloire f, renommée f.

familiar [fə'mɪljər] adj familier(ière); **~ with sthg** familiarisé(e) avec qqch.

familiarity [fə,mɪlɪ'ærətɪ] n (U) [knowledge]: **~ with sthg** connaissance f de qqch, familiarité f avec qqch.

familiarize, -ise [fə'mɪljəraɪz] vt: to ~ o.s. with sthg se familiariser avec qqch; to ~ sb with sthg familiariser qqn avec qqch.

family ['fæmlɪ] n famille f.

family credit n (U) Br ≃ complément m familial.

family doctor n médecin m de famille.

family planning n planning m familial; ~ clinic centre m de planning familial.

famine ['fæmɪn] n famine f.

famished ['fæmɪʃt] adj inf [very hungry] affamé(e); **I'm ~!** je meurs de faim!

famous ['feɪməs] adj: ~ (for) célèbre (pour).

famously ['feɪməslɪ] adv dated: to get on OR along ~ s'entendre comme larrons en foire.

fan [fæn] ◇ n -1. [of paper, silk] éventail m. -2. [electric or mechanical] ventilateur m. -3. [enthusiast] fan mf. ◇ vt -1. [face] éventer. -2. [fire, feelings] attiser. ◆ **fan out** vi se déployer.

fanatic [fə'nætɪk] n fanatique mf.

fan belt n courroie f de ventilateur.

fanciful ['fænsɪful] adj -1. [odd] bizarre, fantasque. -2. [elaborate] extravagant(e).

fancy ['fænsɪ] ◇ adj -1. [elaborate - hat, clothes] extravagant(e); [- food, cakes] raffiné(e). -2. [expensive - restaurant, hotel] de luxe; [- prices] fantaisiste. ◇ n [desire, liking] envie f, lubie f; **to take a ~ to sb** se prendre d'affection pour qqn; **to take a ~ to sthg** se mettre à aimer qqch; **to take sb's ~** faire envie à qqn, plaire à qqn. ◇ vt -1. inf [want] avoir envie de; **to ~ doing sthg** avoir envie de faire qqch. -2. inf [like]: **I ~ her** elle me plaît. -3. [imagine]: ~ **that!** ça alors!

fancy dress n (U) déguisement m.

fancy-dress party n bal m costumé.

fanfare ['fænfɑːʳ] n fanfare f.

fang [fæŋ] n [of wolf] croc m; [of snake] crochet m.

fan heater n radiateur m soufflant.

fanny ['fænɪ] n Am inf [buttocks] fesses fpl.

fantasize, -ise ['fæntəsaɪz] vi: to ~ (about sthg/about doing sthg) fantasmer (sur qqch/sur le fait de faire qqch).

fantastic [fæn'tæstɪk] adj -1. inf [wonderful] fantastique, formidable. -2. [incredible] extraordinaire, incroyable.

fantasy ['fæntəsɪ] n -1. [dream, imaginary event] rêve m, fantasme m. -2. (U)

[fiction] fiction f. -3. [imagination] fantaisie f.

fao (abbr of for the attention of) à l'attention de.

far [fɑːʳ] (compar farther OR further, superl farthest OR furthest) ◇ adv -1. [in distance] loin; **how ~ is it?** c'est à quelle distance?, (est-ce que) c'est loin?; **have you come ~?** vous venez de loin?; ~ **away** OR **off** loin; ~ **and wide** partout; **as ~ as** jusqu'à. -2. [in time]: ~ **away** OR **off** loin; **so ~** jusqu'à maintenant, jusqu'ici. -3. [in degree or extent] bien; **as ~ as** autant que; **as ~ as I'm concerned** en ce qui me concerne; **as ~ as possible** autant que possible, dans la mesure du possible; ~ **and away, by** ~ de loin; ~ **from it** loin de là, au contraire. ◇ adj [extreme]: **the ~ end of the street** l'autre bout de la rue; **the ~ right of the party** l'extrême droite du parti; **the door on the ~ left** la porte la plus à gauche.

faraway ['fɑːrəweɪ] adj lointain(e).

farce [fɑːs] n -1. THEATRE farce f. -2. fig [disaster] pagaille f, vaste rigolade f.

farcical ['fɑːsɪkl] adj grotesque.

fare [feəʳ] n -1. [payment] prix m, tarif m. -2. dated [food] nourriture f.

Far East n: **the ~** l'Extrême-Orient m.

farewell [,feə'wel] ◇ n adieu m. ◇ excl literary adieu!

farm [fɑːm] ◇ n ferme f. ◇ vt cultiver.

farmer ['fɑːməʳ] n fermier m.

farmhand ['fɑːmhænd] n ouvrier m, -ière f agricole.

farmhouse ['fɑːmhaʊs, pl -haʊzɪz] n ferme f.

farming ['fɑːmɪŋ] n (U) agriculture f; [of animals] élevage m.

farm labourer = farmhand.

farmland ['fɑːmlænd] n (U) terres fpl cultivées OR arables.

farmstead ['fɑːmsted] n Am ferme f.

farm worker = farmhand.

farmyard ['fɑːmjɑːd] n cour f de ferme.

far-reaching [-'riːtʃɪŋ] adj d'une grande portée.

farsighted [,fɑː'saɪtɪd] adj -1. [person] prévoyant(e); [plan] élaboré(e) avec clairvoyance. -2. Am [longsighted] hypermétrope.

fart [fɑːt] v inf ◇ n [air] pet m. ◇ vi péter.

farther ['fɑːðəʳ] compar → **far**.

farthest ['fɑːðəst] superl → **far**.

fascinate ['fæsɪneɪt] vt fasciner.

fascinating ['fæsɪneɪtɪŋ] adj [person, country] fascinant(e); [job] passionnant(e); [idea, thought] très intéressant(e).

fascination [ˌfæsɪ'neɪʃn] n fascination f.

fascism ['fæʃɪzm] n fascisme m.

fashion ['fæʃn] ◇ n -1. [clothing, style] mode f; to be in/out of ~ être/ne plus être à la mode. -2. [manner] manière f. ◇ vt fml façonner, fabriquer.

fashionable ['fæʃnəbl] adj à la mode.

fashion show n défilé m de mode.

fast [fɑːst] ◇ adj -1. [rapid] rapide. -2. [clock, watch] qui avance. ◇ adv -1. [rapidly] vite. -2. [firmly] solidement; to hold ~ to sthg fig & fig s'accrocher à qqch; ~ asleep profondément endormi. ◇ n jeûne m. ◇ vi jeûner.

fasten ['fɑːsn] ◇ vt [jacket, bag] fermer; [seat belt] attacher; to ~ sthg to sthg attacher qqch à qqch. ◇ vi: to ~ on to sb/sthg se cramponner à qqn/qqch.

fastener ['fɑːsnə'] n [of bag, necklace] fermoir m; [of dress] fermeture f.

fastening ['fɑːsnɪŋ] n fermeture f.

fast food n fast food m.

fastidious [fə'stɪdɪəs] adj [fussy] méticuleux(euse).

fat [fæt] ◇ adj -1. [overweight] gros (grosse), gras (grasse); to get ~ grossir. -2. [not lean - meat] gras (grasse). -3. [thick - file, wallet] gros (grosse), épais(aisse). ◇ n -1. [flesh, on meat, in food] graisse f. -2. (U) [for cooking] matière f grasse.

fatal ['feɪtl] adj -1. [serious - mistake] fatal(e); [- decision, words] fatidique. -2. [accident, illness] mortel(elle).

fatality [fə'tælətɪ] n [accident victim] mort m.

fate [feɪt] n -1. [destiny] destin m; to tempt ~ tenter le diable. -2. [result, end] sort m.

fateful ['feɪtfʊl] adj fatidique.

father ['fɑːðə'] n père m.

Father Christmas n Br le Père Noël.

father-in-law (pl father-in-laws OR fathers-in-law) n beau-père m.

fatherly ['fɑːðəlɪ] adj paternel(elle).

fathom ['fæðəm] ◇ n brasse f. ◇ vt: to ~ sb/sthg (out) comprendre qqn/qqch.

fatigue [fə'tiːg] n -1. [exhaustion] épuisement m. -2. [in metal] fatigue f.

fatten ['fætn] vt engraisser.

fattening ['fætnɪŋ] adj qui fait grossir.

fatty ['fætɪ] ◇ adj gras (grasse). ◇ n inf pej gros m, grosse f.

fatuous ['fætjʊəs] adj stupide, niais(e).

faucet ['fɔːsɪt] n Am robinet m.

fault [fɔːlt] ◇ n -1. [responsibility, in tennis] faute f; it's my ~ c'est de ma faute. -2. [mistake, imperfection] défaut m; to find ~ with sb/sthg critiquer qqn/qqch; at ~ fautif(ive). -3. GEOL faille f. ◇ vt: to ~ sb (on sthg) prendre qqn en défaut (sur qqch).

faultless ['fɔːltlɪs] adj impeccable.

faulty ['fɔːltɪ] adj défectueux(euse).

fauna ['fɔːnə] n faune f.

favour Br, **favor** Am ['feɪvə'] ◇ n -1. [approval] faveur f, approbation f; in sb's ~ en faveur de qqn; to be in/out of ~ with sb avoir/ne pas avoir les faveurs de qqn, avoir/ne pas avoir la cote avec qqn; to curry ~ with sb chercher à gagner la faveur de qqn. -2. [kind act] service m; to do sb a ~ rendre (un) service à qqn. -3. [favouritism] favoritisme m. ◇ vt -1. [prefer] préférer, privilégier. -2. [treat better, help] favoriser. ◆ **in favour** adv [in agreement] pour, d'accord. ◆ **in favour of** prep -1. [in preference to] au profit de. -2. [in agreement with]: to be in ~ of sthg/of doing sthg être partisan(e) de qqch/de faire qqch.

favourable Br, **favorable** Am ['feɪvrəbl] adj [positive] favorable.

favourite Br, **favorite** Am ['feɪvrɪt] ◇ adj favori(ite). ◇ n favori m, -ite f.

favouritism Br, **favoritism** Am ['feɪvrɪtɪzm] n favoritisme m.

fawn [fɔːn] ◇ adj fauve (inv). ◇ n [animal] faon m. ◇ vi: to ~ on sb flatter qqn servilement.

fax [fæks] ◇ n fax m, télécopie f. ◇ vt -1. [person] envoyer un fax à. -2. [document] envoyer en fax.

fax machine n fax m, télécopieur m.

fax modem n modem m fax.

FBI (abbr of Federal Bureau of Investigation) n FBI m.

fear [fɪə'] ◇ n -1. (U) [feeling] peur f. -2. [object of fear] crainte f. -3. [risk] risque m; for ~ of de peur de (+ infin), de peur que (+ subjunctive). ◇ vt -1. [be afraid of] craindre, avoir peur de. -2. [anticipate] craindre; to ~ (that) ... craindre que ..., avoir peur que ....

fearful ['fɪəfʊl] adj -1. fml [frightened] peureux(euse); to be ~ of sthg avoir peur de qqch. -2. [frightening] effrayant(e).

fearless ['fɪəlɪs] adj intrépide.

feasible ['fiːzəbl] adj faisable, possible.

feast [fiːst] ◇ n [meal] festin m, banquet

m. ◇ *vi*: **to ~ on** OR **off sthg** se régaler de qqch.

feat [fi:t] *n* exploit *m*, prouesse *f*.

feather ['feðər] *n* plume *f*.

feature ['fi:tʃər] ◇ *n* **-1.** [characteristic] caractéristique *f*. **-2.** GEOGR particularité *f*. **-3.** [article] article *m* de fond. **-4.** RADIO & TV émission *f* spéciale, spécial *m*. **-5.** CINEMA long métrage *m*. ◇ *vt* **-1.** [subj: film, exhibition] mettre en vedette. **-2.** [comprise] présenter, comporter. ◇ *vi*: **to ~ (in)** figurer en vedette (dans). ◆ **features** *npl* [of face] traits *mpl*.

feature film *n* long métrage *m*.

February ['februərı] *n* février *m*; *see also* **September**.

feces *Am* = **faeces**.

fed [fed] *pt* & *pp* → **feed**.

federal ['fedrəl] *adj* fédéral(e).

federation [,fedə'reıʃn] *n* fédération *f*.

fed up *adj*: **to be ~ (with)** en avoir marre de.

fee [fi:] *n* [of school] frais *mpl*; [of doctor] honoraires *mpl*; [for membership] cotisation *f*; [for entrance] tarif *m*, prix *m*.

feeble ['fi:bəl] *adj* faible.

feed [fi:d] (*pt* & *pp* **fed**) ◇ *vt* **-1.** [give food to] nourrir. **-2.** [fire, fears etc] alimenter. **-3.** [put, insert]: **to ~ sthg into sthg** mettre OR insérer qqch dans qqch. ◇ *vi* [take food]: **to ~ (on** OR **off)** se nourrir (de). ◇ *n* **-1.** [for baby] repas *m*. **-2.** [animal food] nourriture *f*.

feedback ['fi:dbæk] *n* (*U*) **-1.** [reaction] réactions *fpl*. **-2.** ELEC réaction *f*, rétro-action *f*.

feeding bottle ['fi:dıŋ-] *n Br* biberon *m*.

feel [fi:l] (*pt* & *pp* **felt**) ◇ *vt* **-1.** [touch] toucher. **-2.** [sense, experience, notice] sentir; [emotion] ressentir; **to ~ o.s. doing sthg** se sentir faire qqch. **-3.** [believe]: **to ~ (that)** ... croire que ..., penser que .... **-4.** *phr*: **I'm not ~ing myself today** je ne suis pas dans mon assiette aujourd'hui. ◇ *vi* **-1.** [have sensation]: **to ~ cold/hot/sleepy** avoir froid/chaud/sommeil; **to ~ like sthg/like doing sthg** [be in mood for] avoir envie de qqch/de faire qqch. **-2.** [have emotion] se sentir; **to ~ angry** être en colère. **-3.** [seem] sembler; **it ~s strange** ça fait drôle. **-4.** [by touch]: **to ~ for sthg** chercher qqch. ◇ *n* **-1.** [sensation, touch] toucher *m*, sensation *f*. **-2.** [atmosphere] atmosphère *f*.

feeler ['fi:lər] *n* antenne *f*.

feeling ['fi:lıŋ] *n* **-1.** [emotion] sentiment *m*. **-2.** [physical sensation] sensation *f*.

-3. [intuition, sense] sentiment *m*, impression *f*. **-4.** [understanding] sensibilité *f*. ◆ **feelings** *npl* sentiments *mpl*; **to hurt sb's ~s** blesser (la sensibilité) de qqn.

feet [fi:t] *pl* → **foot**.

feign [feın] *vt fml* feindre.

fell [fel] ◇ *pt* → **fall**. ◇ *vt* [tree, person] abattre. ◆ **fells** *npl* GEOGR lande *f*.

fellow ['feləʊ] ◇ *n* **-1.** *dated* [man] homme *m*. **-2.** [comrade, peer] camarade *m*, compagnon *m*. **-3.** [of society, college] membre *m*, associé *m*. ◇ *adj*: **one's ~ men** ses semblables; **~ passenger** compagnon *m*, compagne *f* (de voyage); **~ student** camarade *mf* (d'études).

fellowship ['feləʊʃıp] *n* **-1.** [comradeship] amitié *f*, camaraderie *f*. **-2.** [society] association *f*, corporation *f*. **-3.** [of society, college] titre *m* de membre OR d'associé.

felony ['felənı] *n* JUR crime *m*, forfait *m*.

felt [felt] ◇ *pt* & *pp* → **feel**. ◇ *n* (*U*) feutre *m*.

felt-tip pen *n* stylo-feutre *m*.

female ['fi:meıl] ◇ *adj* [person] de sexe féminin; [animal, plant] femelle; [sex, figure] féminin(e); **~ student** étudiante *f*. ◇ *n* femelle *f*.

feminine ['femının] ◇ *adj* féminin(e). ◇ *n* GRAMM féminin *m*.

feminist ['femınıst] *n* féministe *mf*.

fence [fens] ◇ *n* [barrier] clôture *f*; **to sit on the ~** *fig* ménager la chèvre et le chou. ◇ *vt* clôturer, entourer d'une clôture.

fencing ['fensıŋ] *n* SPORT escrime *f*.

fend [fend] *vi*: **to ~ for o.s.** se débrouiller tout seul. ◆ **fend off** *vt sep* [blows] parer; [questions, reporters] écarter.

fender ['fendər] *n* **-1.** [round fireplace] pare-feu *m inv*. **-2.** [on boat] défense *f*. **-3.** *Am* [on car] aile *f*.

ferment [*n* 'fɜ:ment, *vb* fə'ment] ◇ *n* (*U*) [unrest] agitation *f*, effervescence *f*. ◇ *vi* [wine, beer] fermenter.

fern [fɜ:n] *n* fougère *f*.

ferocious [fə'rəʊʃəs] *adj* féroce.

ferret ['ferıt] *n* furet *m*. ◆ **ferret about**, ◆ **ferret around** *vi inf* fureter un peu partout.

ferris wheel ['ferıs-] *n* grande roue *f*.

ferry ['ferı] ◇ *n* ferry *m*, ferry-boat *m*; [smaller] bac *m*. ◇ *vt* transporter.

ferryboat ['ferıbəʊt] *n* = **ferry**.

fertile ['fɜ:taıl] *adj* **-1.** [land, imagination] fertile, fécond(e). **-2.** [woman] féconde.

fertilizer ['fɜːtɪlaɪzə'] n engrais m.

fervent ['fɜːvənt] adj fervent(e).

fester ['festə'] vi [wound, sore] suppurer.

festival ['festəvl] n **-1.** [event, celebration] festival m. **-2.** [holiday] fête f.

festive ['festɪv] adj de fête.

festive season n: **the ~** la période des fêtes.

festivities [fes'tɪvətɪz] npl réjouissances fpl.

festoon [fe'stuːn] vt décorer de guirlandes; **to be ~ed with** être décoré de.

fetch [fetʃ] vt **-1.** [go and get] aller chercher. **-2.** [raise - money] rapporter.

fetching ['fetʃɪŋ] adj séduisant(e).

fete, fête [feɪt] n fête f, kermesse f.

fetish ['fetɪʃ] n **-1.** [sexual obsession] objet m de fétichisme. **-2.** [mania] manie f, obsession f.

fetus ['fiːtəs] = **foetus**.

feud [fjuːd] ◇ n querelle f. ◇ vi se quereller.

feudal ['fjuːdl] adj féodal(e).

fever ['fiːvə'] n fièvre f.

feverish ['fiːvərɪʃ] adj fiévreux(euse).

few [fjuː] ◇ adj peu de; **the first ~ pages** les toutes premières pages; **quite a ~, a good ~** pas mal de, un bon nombre de; **~ and far between** rares. ◇ pron peu; **a ~** quelques-uns mpl, quelques-unes fpl.

fewer ['fjuːə'] ◇ adj moins (de). ◇ pron moins.

fewest ['fjuːəst] adj le moins (de).

fiancé [fɪ'ɒnseɪ] n fiancé m.

fiancée [fɪ'ɒnseɪ] n fiancée f.

fiasco [fɪ'æskəʊ] (Br pl **-s**, Am pl **-es**) n fiasco m.

fib [fɪb] inf ◇ n bobard m, blague f. ◇ vi raconter des bobards OR des blagues.

fibre Br, **fiber** Am ['faɪbə'] n fibre f.

fibreglass Br, **fiberglass** Am ['faɪbəglɑːs] n (U) fibre f de verre.

fickle ['fɪkl] adj versatile.

fiction ['fɪkʃn] n fiction f.

fictional ['fɪkʃənl] adj fictif(ive).

fictitious [fɪk'tɪʃəs] adj [false] fictif(ive).

fiddle ['fɪdl] ◇ vi [play around]: **to ~ with sthg** tripoter qqch. ◇ vt Br inf truquer. ◇ n **-1.** [violin] violon m. **-2.** Br inf [fraud] combine f, escroquerie f.

fiddly ['fɪdlɪ] adj Br inf délicat(e).

fidget ['fɪdʒɪt] vi remuer.

field [fiːld] n **-1.** [gen & COMPUT] champ m. **-2.** [for sports] terrain m. **-3.** [of knowledge] domaine m.

field day n: **to have a ~** s'en donner à cœur joie.

field glasses npl jumelles fpl.

field marshal n ≃ maréchal m (de France).

field trip n voyage m d'étude.

fieldwork ['fiːldwɜːk] n (U) recherches fpl sur le terrain.

fiend [fiːnd] n **-1.** [cruel person] monstre m. **-2.** inf [fanatic] fou m, folle f, mordu m, -e f.

fiendish ['fiːndɪʃ] adj **-1.** [evil] abominable. **-2.** inf [very difficult, complex] compliqué(e), complexe.

fierce [fɪəs] adj féroce; [heat] torride; [storm, temper] violent(e).

fiery ['faɪərɪ] adj **-1.** [burning] ardent(e). **-2.** [volatile - speech] enflammé(e); [- temper, person] fougueux(euse).

fifteen [fɪf'tiːn] num quinze; see also **six**.

fifth [fɪfθ] num cinquième; see also **sixth**.

fifty ['fɪftɪ] num cinquante; see also **sixty**.

fifty-fifty ◇ adj moitié-moitié, fifty-fifty; **to have a ~ chance** avoir cinquante pour cent de chances. ◇ adv moitié-moitié, fifty-fifty.

fig [fɪg] n figue f.

fight [faɪt] (pt & pp **fought**) ◇ n **-1.** [physical] bagarre f; **to have a ~ (with sb)** se battre (avec qqn); **to put up a ~** se défendre. **-2.** fig [battle, struggle] lutte f, combat m. **-3.** [argument] dispute f; **to have a ~ (with sb)** se disputer (avec qqn). ◇ vt **-1.** [physically] se battre contre or avec. **-2.** [conduct - war] mener. **-3.** [enemy, racism] combattre. ◇ vi **-1.** [in war, punch-up] se battre. **-2.** fig [struggle]: **to ~ for/against sthg** lutter pour/contre qqch. **-3.** [argue]: **to ~ (about** OR **over)** se battre OR se disputer (à propos de). ◆ **fight back** ◇ vt fus refouler. ◇ vi riposter.

fighter ['faɪtə'] n **-1.** [plane] avion m de chasse, chasseur m. **-2.** [soldier] combattant m. **-3.** [combative person] battant m, -e f.

fighting ['faɪtɪŋ] n (U) [punch-up] bagarres fpl; [in war] conflits mpl.

figment ['fɪgmənt] n: **a ~ of sb's imagination** le fruit de l'imagination de qqn.

figurative ['fɪgərətɪv] adj [meaning] figuré(e).

figure [Br 'fɪgə', Am 'fɪgjər] ◇ n **-1.** [statistic, number] chiffre m. **-2.** [human shape, outline] silhouette f, forme f. **-3.**

[personality, diagram] figure *f.* **-4.** [shape of body] ligne *f.* ◇ *vt* [suppose] penser, supposer. ◇ *vi* [feature] figurer, apparaître. ◆**figure out** *vt sep* [understand] comprendre; [find] trouver.

figurehead ['fɪɡəhed] *n* **-1.** [on ship] figure *f* de proue. **-2.** *fig* & *pej* [leader] homme *m* de paille.

figure of speech *n* figure *f* de rhétorique.

Fiji ['fiːdʒiː] *n* Fidji *fpl.*

file [faɪl] ◇ *n* **-1.** [folder, report] dossier *m*; on ~, on the ~s répertorié dans les dossiers. **-2.** COMPUT fichier *m.* **-3.** [tool] lime *f.* **-4.** [line]: in single ~ en file indienne. ◇ *vt* **-1.** [document] classer. **-2.** [JUR - accusation, complaint] porter, déposer; [- lawsuit] intenter. **-3.** [fingernails, wood] limer. ◇ *vi* **-1.** [walk in single file] marcher en file indienne. **-2.** JUR: to ~ for divorce demander le divorce.

filet *Am* = fillet.

filing cabinet ['faɪlɪŋ-] *n* classeur *m*, fichier *m.*

Filipino [,fɪlɪ'piːnəʊ] (*pl* **-s**) ◇ *adj* philippin(e). ◇ *n* Philippin *m*, -e *f.*

fill [fɪl] ◇ *vt* **-1.** [gen] remplir; to ~ sthg with sthg remplir qqch de qqch. **-2.** [gap, hole] boucher. **-3.** [vacancy - subj: employer] pourvoir à; [- subj: employee] prendre. ◇ *n*: to eat one's ~ manger à sa faim. ◆**fill in** ◇ *vt sep* **-1.** [form] remplir. **-2.** [inform]: to ~ sb in (on) mettre qqn au courant (de). ◇ *vi* [substitute]: to ~ in for sb remplacer qqn. ◆**fill out** ◇ *vt sep* [form] remplir. ◇ *vi* [get fatter] prendre de l'embonpoint. ◆**fill up** ◇ *vt sep* remplir. ◇ *vi* se remplir.

fillet *Br*, **filet** *Am* ['fɪlɪt] *n* filet *m.*

fillet steak *n* filet *m* de bœuf.

filling ['fɪlɪŋ] ◇ *adj* qui rassasie, très nourrissant(e). ◇ *n* **-1.** [in tooth] plombage *m.* **-2.** [in cake, sandwich] garniture *f.*

filling station *n* station-service *f.*

film [fɪlm] ◇ *n* **-1.** [movie] film *m.* **-2.** [layer, for camera] pellicule *f.* **-3.** [footage] images *fpl.* ◇ *vt* & *vi* filmer.

film star *n* vedette *f* de cinéma.

Filofax® ['faɪləʊfæks] *n* Filofax® *m.*

filter ['fɪltə'] ◇ *n* filtre *m.* ◇ *vt* [coffee] passer; [water, oil, air] filtrer.

filter coffee *n* café *m* filtre.

filter lane *n Br* ≃ voie *f* de droite.

filter-tipped [-'tɪpt] *adj* à bout filtre.

filth [fɪlθ] *n* (*U*) **-1.** [dirt] saleté *f*, crasse *f.* **-2.** [obscenity] obscénités *fpl.*

filthy ['fɪlθɪ] *adj* **-1.** [very dirty] dégoûtant(e), répugnant(e). **-2.** [obscene] obscène.

fin [fɪn] *n* [of fish] nageoire *f.*

final ['faɪnl] ◇ *adj* **-1.** [last] dernier(ière). **-2.** [at end] final(e). **-3.** [definitive] définitif(ive). ◇ *n* finale *f.* ◆**finals** *npl* UNIV examens *mpl* de dernière année.

finale [fɪ'nɑːlɪ] *n* finale *m.*

finalize, -ise ['faɪnəlaɪz] *vt* mettre au point.

finally ['faɪnəlɪ] *adv* enfin.

finance [*n* 'faɪnæns, *vb* faɪ'næns] ◇ *n* (*U*) finance *f.* ◇ *vt* financer. ◆**finances** *npl* finances *fpl.*

financial [fɪ'nænʃl] *adj* financier(ière).

find [faɪnd] (*pt* & *pp* found) ◇ *vt* **-1.** [gen] trouver. **-2.** [realize]: to ~ (that) ... s'apercevoir que .... **-3.** JUR: to be found guilty/not guilty (of) être déclaré(e) coupable/non coupable (de). ◇ *n* trouvaille *f.* ◆**find out** ◇ *vi* se renseigner. ◇ *vt fus* **-1.** [information] se renseigner sur. **-2.** [truth] découvrir, apprendre. ◇ *vt sep* démasquer.

findings ['faɪndɪŋz] *npl* conclusions *fpl.*

fine [faɪn] ◇ *adj* **-1.** [good - work] excellent(e); [- building, weather] beau (belle). **-2.** [perfectly satisfactory] très bien; I'm ~ ça va bien. **-3.** [thin, smooth] fin(e). **-4.** [minute - detail, distinction] subtil(e); [- adjustment, tuning] délicat(e). ◇ *adv* [very well] très bien. ◇ *n* amende *f.* ◇ *vt* condamner à une amende.

fine arts *npl* beaux-arts *mpl.*

finery ['faɪnərɪ] *n* (*U*) parure *f.*

fine-tune *vt* [mechanism] régler au quart de tour; *fig* régler minutieusement.

finger ['fɪŋɡə'] ◇ *n* doigt *m.* ◇ *vt* [feel] palper.

fingernail ['fɪŋɡəneɪl] *n* ongle *m* (*de la main*).

fingerprint ['fɪŋɡəprɪnt] *n* empreinte *f* (digitale).

fingertip ['fɪŋɡətɪp] *n* bout *m* du doigt; at one's ~s sur le bout des doigts.

finicky ['fɪnɪkɪ] *adj pej* [eater, task] difficile; [person] tatillon(onne).

finish ['fɪnɪʃ] ◇ *n* **-1.** [end] fin *f*; [of race] arrivée *f.* **-2.** [texture] finition *f.* ◇ *vt* finir, terminer; to ~ doing sthg finir OR terminer de faire qqch. ◇ *vi* finir, terminer; [school, film] se terminer.

◆ **finish off** vt sep finir, terminer.
◆ **finish up** vi finir.

finishing line ['fɪnɪʃɪŋ-] n ligne f d'arrivée.

finishing school ['fɪnɪʃɪŋ-] n école privée pour jeunes filles surtout axée sur l'enseignement de bonnes manières.

finite ['faɪnaɪt] adj fini(e).

Finland ['fɪnlənd] n Finlande f.

Finn [fɪn] n Finlandais m, -e f.

Finnish ['fɪnɪʃ] ◇ adj finlandais(e), finnois(e). ◇ n [language] finnois m.

fir [fɜːʳ] n sapin m.

fire ['faɪəʳ] ◇ n -1. [gen] feu m; on ~ en feu; to catch ~ prendre feu; to set ~ to sthg mettre le feu à qqch. -2. [out of control] incendie m. -3. Br [heater] appareil m de chauffage. -4. (U) [shooting] coups mpl de feu; to open ~ (on) ouvrir le feu (sur). ◇ vt -1. [shoot] tirer. -2. [dismiss] renvoyer. ◇ vi: to ~ (on OR at) faire feu (sur), tirer (sur).

fire alarm n avertisseur m d'incendie.

firearm ['faɪərɑːm] n arme f à feu.

firebomb ['faɪəbɒm] ◇ n bombe f incendiaire. ◇ vt lancer des bombes incendiaires à.

fire brigade Br, **fire department** Am n sapeurs-pompiers mpl.

fire door n porte f coupe-feu.

fire engine n voiture f de pompiers.

fire escape n escalier m de secours.

fire extinguisher n extincteur m d'incendie.

fireguard ['faɪəgɑːd] n garde-feu m inv.

firelighter ['faɪəlaɪtəʳ] n allume-feu m inv.

fireman ['faɪəmən] (pl -men [-mən]) n pompier m.

fireplace ['faɪəpleɪs] n cheminée f.

fireproof ['faɪəpruːf] adj ignifugé(e).

fireside ['faɪəsaɪd] n: by the ~ au coin du feu.

fire station n caserne f des pompiers.

firewood ['faɪəwʊd] n bois m de chauffage.

firework ['faɪəwɜːk] n fusée f de feu d'artifice. ◆ **fireworks** npl [outburst of anger] étincelles fpl.

firing ['faɪərɪŋ] n (U) MIL tir m, fusillade f.

firing squad n peloton m d'exécution.

firm [fɜːm] ◇ adj -1. [gen] ferme; to stand ~ tenir bon. -2. [support, structure] solide. -3. [evidence, news] certain(e). ◇ n firme f, société f.

first [fɜːst] ◇ adj premier(ière); for the ~ time pour la première fois; ~ thing

in the morning tôt le matin. ◇ adv -1. [before anyone else] en premier. -2. [before anything else] d'abord; ~ of all tout d'abord. -3. [for the first time] (pour) la première fois. ◇ n -1. [person] premier m, -ière f. -2. [unprecedented event] première f. -3. Br UNIV diplôme universitaire avec mention très bien. ◆ **at first** adv d'abord. ◆ **at first hand** adv de première main.

first aid n (U) premiers secours mpl.

first-aid kit n trousse f de premiers secours.

first-class adj -1. [excellent] excellent(e). -2. [ticket, compartment] de première classe; [stamp, letter] tarif normal.

first floor n Br premier étage m; Am rez-de-chaussée m inv.

firsthand [fɜːst'hænd] adj & adv de première main.

first lady n première dame f du pays.

firstly ['fɜːstlɪ] adv premièrement.

first name n prénom m.

first-rate adj excellent(e).

firtree ['fɜːtriː] n = fir.

fish [fɪʃ] (pl inv) ◇ n poisson m. ◇ vt [river, sea] pêcher dans. ◇ vi [fisherman]: to ~ (for sthg) pêcher (qqch).

fish and chips npl Br poisson m frit avec frites.

fish and chip shop n Br endroit où l'on vend du poisson frit et des frites.

fishbowl ['fɪʃbəʊl] n bocal m (à poissons).

fishcake ['fɪʃkeɪk] n croquette f de poisson.

fisherman ['fɪʃəmən] (pl -men [-mən]) n pêcheur m.

fish farm n centre m de pisciculture.

fish fingers Br, **fish sticks** Am npl bâtonnets mpl de poisson panés.

fishing ['fɪʃɪŋ] n pêche f; to go ~ aller à la pêche.

fishing boat n bateau m de pêche.

fishing line n ligne f.

fishing rod n canne f à pêche.

fishmonger ['fɪʃ,mʌŋgəʳ] n poissonnier m, -ière f; ~'s (shop) poissonnerie f.

fish sticks Am = fish fingers.

fishy ['fɪʃɪ] adj -1. [smell, taste] de poisson. -2. [suspicious] louche.

fist [fɪst] n poing m.

fit [fɪt] ◇ adj -1. [suitable] convenable; to be ~ for sthg être bon (bonne) à qqch; to be ~ to do sthg être apte à faire qqch. -2. [healthy] en forme; to keep ~ se maintenir en forme. ◇ n -1. [of clothes, shoes etc] ajustement m; it's a tight ~ c'est un peu juste; it's a good ~ c'est la bonne taille. **-2.** [epileptic seizure] crise *f*; **to have a** ~ avoir une crise; *fig* piquer une crise. **-3.** [bout - of crying] crise *f*; [- of rage] accès *m*; [- of sneezing] suite *f*; **in** ~**s and starts** par à-coups. ◇ *vt* **-1.** [be correct size for] aller à. **-2.** [place]: **to** ~ **sthg into sthg** insérer qqch dans qqch. **-3.** [provide]: **to** ~ **sthg with sthg** équiper OR munir qqch de qqch. **-4.** [be suitable for] correspondre à. ◇ *vi* [be correct size, go] aller; [into container] entrer. ◆ **fit in** ◇ *vt sep* [accommodate] prendre. ◇ *vi* s'intégrer; **to** ~ **in with sthg** correspondre à qqch; **to** ~ **in with sb** s'accorder à qqn.

fitful ['fɪtfʊl] *adj* [sleep] agité(e); [wind, showers] intermittent(e).

fitment ['fɪtmənt] *n* meuble *m* encastré.

fitness ['fɪtnɪs] *n* (*U*) **-1.** [health] forme *f*. **-2.** [suitability]: ~ **(for)** aptitude *f* (pour).

fitted carpet [,fɪtəd-] *n* moquette *f*.

fitted kitchen [,fɪtəd-] *n Br* cuisine *f* intégrée.

fitter ['fɪtə'] *n* [mechanic] monteur *m*.

fitting ['fɪtɪŋ] ◇ *adj fml* approprié(e). ◇ *n* **-1.** [part] appareil *m*. **-2.** [for clothing] essayage *m*. ◆ **fittings** *npl* installations *fpl*.

fitting room *n* cabine *f* d'essayage.

five [faɪv] *num* cinq; *see also* **six**.

fiver ['faɪvə'] *n inf* **-1.** *Br* [amount] cinq livres *fpl*; [note] billet *m* de cinq livres. **-2.** *Am* [amount] cinq dollars *mpl*; [note] billet *m* de cinq dollars.

fix [fɪks] ◇ *vt* **-1.** [gen] fixer; **to** ~ **sthg to sthg** fixer qqch à qqch. **-2.** [in memory] graver. **-3.** [repair] réparer. **-4.** *inf* [rig] truquer. **-5.** [food, drink] préparer. ◇ *n* **-1.** *inf* [difficult situation]: **to be in a** ~ être dans le pétrin. **-2.** *drugs sl* piqûre *f*. ◆ **fix up** *vt sep* **-1.** [provide]: **to** ~ **sb up with sthg** obtenir qqch pour qqn. **-2.** [arrange] arranger.

fixation [fɪk'seɪʃn] *n*: ~ **(on** OR **about)** obsession *f* (de).

fixed [fɪkst] *adj* **-1.** [attached] fixé(e). **-2.** [set, unchanging] fixe; [smile] figé(e).

fixture ['fɪkstʃə'] *n* **-1.** [furniture] installation *f*. **-2.** [permanent feature] tradition *f* bien établie. **-3.** SPORT rencontre *f* (sportive).

fizz [fɪz] *vi* [lemonade, champagne] pétiller; [fireworks] crépiter.

fizzle ['fɪzl] ◆ **fizzle out** *vi* [fire] s'é-

teindre; [firework] se terminer; [interest, enthusiasm] se dissiper.

fizzy ['fɪzɪ] *adj* pétillant(e).

flabbergasted ['flæbəgɑːstɪd] *adj* sidéré(e).

flabby ['flæbɪ] *adj* mou (molle).

flag [flæg] ◇ *n* drapeau *m*. ◇ *vi* [person, enthusiasm, energy] faiblir; [conversation] traîner. ◆ **flag down** *vt sep* [taxi] héler; **to** ~ **sb down** faire signe à qqn de s'arrêter.

flagpole ['flægpəʊl] *n* mât *m*.

flagrant ['fleɪgrənt] *adj* flagrant(e).

flagstone ['flægstəʊn] *n* dalle *f*.

flair [fleə'] *n* **-1.** [talent] don *m*. **-2.** (*U*) [stylishness] style *m*.

flak [flæk] *n* (*U*) **-1.** [gunfire] tir *m* antiaérien. **-2.** *inf* [criticism] critiques *fpl* sévères.

flake [fleɪk] ◇ *n* [of paint, plaster] écaille *f*; [of snow] flocon *m*; [of skin] petit lambeau *m*. ◇ *vi* [paint, plaster] s'écailler; [skin] peler.

flamboyant [flæm'bɔɪənt] *adj* **-1.** [showy, confident] extravagant(e). **-2.** [brightly coloured] flamboyant(e).

flame [fleɪm] *n* flamme *f*; **in** ~**s** en flammes; **to burst into** ~**s** s'enflammer.

flamingo [flə'mɪŋgəʊ] (*pl* **-s** OR **-es**) *n* flamant *m* rose.

flammable ['flæməbl] *adj* inflammable.

flan [flæn] *n* tarte *f*.

flank [flæŋk] ◇ *n* flanc *m*. ◇ *vt*: **to be** ~**ed by** être flanqué(e) de.

flannel ['flænl] *n* **-1.** [fabric] flanelle *f*. **-2.** *Br* [facecloth] gant *m* de toilette.

flap [flæp] ◇ *n* **-1.** [of envelope, pocket] rabat *m*; [of skin] lambeau *m*. **-2.** *inf* [panic]: **in a** ~ paniqué(e). ◇ *vt & vi* battre.

flapjack ['flæpdʒæk] *n* **-1.** *Br* [biscuit] biscuit *m* à l'avoine. **-2.** *Am* [pancake] crêpe *f* épaisse.

flare [fleə'] ◇ *n* [distress signal] fusée *f* éclairante. ◇ *vi* **-1.** [burn brightly]: **to** ~ **(up)** s'embraser. **-2.** [intensify]: **to** ~ **(up)** [war, revolution] s'intensifier soudainement; [person] s'emporter. **-3.** [widen - trousers, skirt] s'évaser; [- nostrils] se dilater. ◆ **flares** *npl Br* pantalon *m* à pattes d'éléphant.

flash [flæʃ] ◇ *n* **-1.** [of light, colour] éclat *m*; ~ **of lightning** éclair *m*. **-2.** PHOT flash *m*. **-3.** [sudden moment] éclair *m*; **in a** ~ en un rien de temps. ◇ *vt* **-1.** [shine] projeter; **to** ~ **one's headlights** faire un appel de phares. **-2.** [send out -

signal, smile] envoyer; [- look] jeter. **-3.** [show] montrer. ◇ *vi* **-1.** [torch] briller. **-2.** [light - on and off] clignoter; [eyes] jeter des éclairs. **-3.** [rush]: **to ~ by** OR **past passer comme un éclair.**

flashback ['flæʃbæk] *n* flashback *m*, retour *m* en arrière.

flashbulb ['flæʃbʌlb] *n* ampoule *f* de flash.

flashgun ['flæʃgʌn] *n* flash *m*.

flashlight ['flæʃlaɪt] *n* [torch] lampe *f* électrique.

flashy ['flæʃɪ] *adj inf* tape-à-l'œil (*inv*).

flask [flɑːsk] *n* **-1.** [thermos flask] thermos® *m or f*. **-2.** CHEM ballon *m*. **-3.** [hip flask] flasque *f*.

flat [flæt] ◇ *adj* **-1.** [gen] plat(e). **-2.** [tyre] crevé(e). **-3.** [refusal, denial] catégorique. **-4.** [business, trade] calme. **-5.** [dull - voice, tone] monotone; [- performance, writing] terne. **-6.** [MUS - person] qui chante trop grave; [- note] bémol. **-7.** [fare, price] fixe. **-8.** [beer, lemonade] éventé(e). **-9.** [battery] à plat. ◇ *adv* **-1.** [level] à plat. **-2.** [exactly]: **two hours ~** deux heures pile. ◇ *n* **-1.** *Br* [apartment] appartement *m*. **-2.** MUS bémol *m*. ◆ **flat out** *adv* [work] d'arrache-pied; [travel - subj: vehicle] le plus vite possible.

flatly ['flætlɪ] *adv* **-1.** [absolutely] catégoriquement. **-2.** [dully - say] avec monotonie; [- perform] de façon terne.

flatmate ['flætmeɪt] *n Br* personne avec laquelle on partage le même appartement.

flat rate *n* tarif *m* forfaitaire.

flatten ['flætn] *vt* **-1.** [make flat - steel, paper] aplatir; [- wrinkles, bumps] aplanir. **-2.** [destroy] raser. ◆ **flatten out** ◇ *vi* s'aplanir. ◇ *vt sep* aplanir.

flatter ['flætər] *vt* flatter.

flattering ['flætərɪŋ] *adj* **-1.** [complimentary] flatteur(euse). **-2.** [clothes] seyant(e).

flattery ['flætərɪ] *n* flatterie *f*.

flaunt [flɔːnt] *vt* faire étalage de.

flavour *Br*, **flavor** *Am* ['fleɪvər] ◇ *n* **-1.** [of food] goût *m*; [of ice cream, yoghurt] parfum *m*. **-2.** *fig* [atmosphere] atmosphère *f*. ◇ *vt* parfumer.

flavouring *Br*, **flavoring** *Am* ['fleɪvərɪŋ] *n* (*U*) parfum *m*.

flaw [flɔː] *n* [in material, character] défaut *m*; [in plan, argument] faille *f*.

flawless ['flɔːlɪs] *adj* parfait(e).

flax [flæks] *n* lin *m*.

flea [fliː] *n* puce *f*.

flea market *n* marché *m* aux puces.

fleck [flek] ◇ *n* moucheture *f*, petite tache *f*. ◇ *vt*: **~ed with** moucheté(e) de.

fled [fled] *pt & pp* → **flee.**

flee [fliː] (*pt & pp* **fled**) *vt & vi* fuir.

fleece [fliːs] ◇ *n* toison *f*. ◇ *vt inf* escroquer.

fleet [fliːt] *n* **-1.** [of ships] flotte *f*. **-2.** [of cars, buses] parc *m*.

fleeting ['fliːtɪŋ] *adj* [moment] bref (brève); [look] fugitif(ive); [visit] éclair (*inv*).

Fleet Street *n* rue de Londres dont le nom est utilisé pour désigner la presse britannique.

Flemish ['flemɪʃ] ◇ *adj* flamand(e). ◇ *n* [language] flamand *m*. ◇ *npl*: **the ~** les Flamands *mpl*.

flesh [fleʃ] *n* chair *f*; **his/her ~ and blood** [family] les siens.

flesh wound *n* blessure *f* superficielle.

flew [fluː] *pt* → **fly.**

flex [fleks] ◇ *n* ELEC fil *m*. ◇ *vt* [bend] fléchir.

flexible ['fleksəbl] *adj* flexible.

flexitime ['fleksɪtaɪm] *n* (*U*) horaire *m* à la carte OR flexible.

flick [flɪk] ◇ *n* **-1.** [of whip, towel] petit coup *m*. **-2.** [with finger] chiquenaude *f*. ◇ *vt* [switch] appuyer sur. ◆ **flick through** *vt fus* feuilleter.

flicker ['flɪkər] *vi* **-1.** [candle, light] vaciller. **-2.** [shadow] trembler; [eyelids] ciller.

flick knife *n Br* couteau *m* à cran d'arrêt.

flight [flaɪt] *n* **-1.** [gen] vol *m*. **-2.** [of steps, stairs] volée *f*. **-3.** [escape] fuite *f*.

flight attendant *n* steward *m*, hôtesse *f* de l'air.

flight crew *n* équipage *m*.

flight deck *n* **-1.** [of aircraft carrier] pont *m* d'envol. **-2.** [of plane] cabine *f* de pilotage.

flight recorder *n* enregistreur *m* de vol.

flimsy ['flɪmzɪ] *adj* [dress, material] léger(ère); [building, bookcase] peu solide; [excuse] piètre.

flinch [flɪntʃ] *vi* tressaillir; **to ~ from sthg/from doing sthg** reculer devant qqch/à l'idée de faire qqch.

fling [flɪŋ] (*pt & pp* **flung**) ◇ *n* [affair] aventure *f*, affaire *f*. ◇ *vt* lancer.

flint [flɪnt] *n* **-1.** [rock] silex *m*. **-2.** [in lighter] pierre *f*.

flip [flɪp] ◇ *vt* **-1.** [turn - pancake] faire sauter; [- record] tourner. **-2.** [switch] appuyer sur. ◇ *vi inf* [become angry] pi-

quer une colère. ◇ n **-1.** [flick] chiquenaude f. **-2.** [somersault] saut m périlleux. ◆ **flip through** vt fus feuilleter.

flip-flop n [shoe] tong f.

flippant ['flɪpənt] adj désinvolte.

flipper ['flɪpəʳ] n **-1.** [of animal] nageoire
f. **-2.** [for swimmer, diver] palme f.

flirt [flɜːt] ◇ n flirt m. ◇ vi [with person]:
to ~ (with sb) flirter (avec qqn).

flirtatious [flɜːˈteɪʃəs] adj flirteur(euse).

flit [flɪt] vi [bird] voleter.

float [fləʊt] ◇ n **-1.** [for buoyancy] flotteur m. **-2.** [in procession] char m. **-3.**
[money] petite caisse f. ◇ vt [on water]
faire flotter. ◇ vi [on water] flotter;
[through air] glisser.

flock [flɒk] n **-1.** [of birds] vol m; [of
sheep] troupeau m. **-2.** fig [of people]
foule f.

flog [flɒg] vt **-1.** [whip] flageller. **-2.** Br
inf [sell] refiler.

flood [flʌd] ◇ n **-1.** [of water] inondation f. **-2.** [great amount] déluge m, avalanche f. ◇ vt **-1.** [with water, light]
inonder. **-2.** [overwhelm]: **to ~ sthg
(with)** inonder qqch (de).

flooding ['flʌdɪŋ] n (U) inondations fpl.

floodlight ['flʌdlaɪt] n projecteur m.

floor [flɔːʳ] ◇ n **-1.** [of room] sol m; [of
club, disco] piste f. **-2.** [of valley, sea, for-
est] fond m. **-3.** [storey] étage m. **-4.** [at
meeting, debate] auditoire m. ◇ vt **-1.**
[knock down] terrasser. **-2.** [baffle] dérouter.

floorboard ['flɔːbɔːd] n plancher m.

floor show n spectacle m de cabaret.

flop [flɒp] inf n [failure] fiasco m.

floppy ['flɒpɪ] adj [flower] flasque; [col-
lar] lâche.

floppy (disk) n disquette f, disque m
souple.

flora ['flɔːrə] n flore f.

florid ['flɒrɪd] adj **-1.** [red] rougeaud(e).
-2. [extravagant] fleuri(e).

florist ['flɒrɪst] n fleuriste mf; **~'s (shop)**
magasin m de fleuriste.

flotsam ['flɒtsəm] n (U): **~ and jetsam**
débris mpl; fig épaves fpl.

flounder ['flaʊndəʳ] vi **-1.** [in water, mud,
snow] patauger. **-2.** [in conversation] bredouiller.

flour ['flaʊəʳ] n farine f.

flourish ['flʌrɪʃ] ◇ vi [plant, flower] bien
pousser; [children] être en pleine santé;
[company, business] prospérer; [arts]
s'épanouir. ◇ vt brandir. ◇ n grand
geste m.

flout [flaʊt] vt bafouer.

flow [fləʊ] ◇ n **-1.** [movement - of water,
information] circulation f; [- of funds]
mouvement m; [- of words] flot m. **-2.**
[of tide] flux m. ◇ vi **-1.** [gen] couler. **-2.**
[traffic, days, weeks] s'écouler. **-3.** [hair,
clothes] flotter.

flow chart, flow diagram n organigramme m.

flower ['flaʊəʳ] ◇ n fleur f. ◇ vi [bloom]
fleurir.

flowerbed ['flaʊəbed] n parterre m.

flowerpot ['flaʊəpɒt] n pot m de fleurs.

flowery ['flaʊərɪ] adj **-1.** [dress, material]
à fleurs. **-2.** pej [style] fleuri(e).

flown [fləʊn] pp → **fly**.

flu [fluː] n (U) grippe f.

fluctuate ['flʌktʃʊeɪt] vi fluctuer.

fluency ['fluːənsɪ] n aisance f.

fluent ['fluːənt] adj **-1.** [in foreign lan-
guage]: **to speak ~ French** parler couramment le français. **-2.** [writing, style]
coulant(e), aisé(e).

fluff [flʌf] n (U) **-1.** [down] duvet m. **-2.**
[dust] moutons mpl.

fluffy ['flʌfɪ] adj duveteux(euse); [toy]
en peluche.

fluid ['fluːɪd] ◇ n fluide m; [in diet, for
cleaning] liquide m. ◇ adj **-1.** [flowing]
fluide. **-2.** [unfixed] changeant(e).

fluid ounce n = 0,03 litre.

fluke [fluːk] n inf [chance] coup m de
bol.

flummox ['flʌməks] vt inf désarçonner.

flung [flʌŋ] pt & pp → **fling**.

flunk [flʌŋk] inf vt **-1.** [exam, test] rater.
-2. [student] recaler.

fluorescent [flʊəˈresənt] adj fluores-
cent(e).

fluoride ['flʊəraɪd] n fluorure m.

flurry ['flʌrɪ] n **-1.** [of rain, snow] rafale
f. **-2.** fig [of objections] concert m; [of activity, excitement] débordement m.

flush [flʌʃ] ◇ adj [level]: **~ with** de niveau avec. ◇ n **-1.** [in lavatory] chasse f
d'eau. **-2.** [blush] rougeur f. **-3.** [sudden
feeling] accès m. ◇ vt [toilet]: **to ~ the
toilet** tirer la chasse d'eau. ◇ vi [blush]
rougir.

flushed [flʌʃt] adj **-1.** [red-faced] rouge.
-2. [excited]: **~ with** exalté(e) par.

flustered ['flʌstəd] adj troublé(e).

flute [fluːt] n MUS flûte f.

flutter ['flʌtəʳ] ◇ n **-1.** [of wings] battement m. **-2.** inf [of excitement] émoi m.
◇ vi **-1.** [bird, insect] voleter; [wings]
battre. **-2.** [flag, dress] flotter.

flux [flʌks] n [change]: **to be in a state of**

~ être en proie à des changements permanents.

fly [flaɪ] (*pt* flew, *pp* flown) ◇ *n* **-1.** [insect] mouche *f*. **-2.** [of trousers] braguette *f*. ◇ *vt* **-1.** [kite, plane] faire voler. **-2.** [passengers, supplies] transporter par avion. **-3.** [flag] faire flotter. ◇ *vi* **-1.** [bird, insect, plane] voler. **-2.** [pilot] faire voler un avion. **-3.** [passenger] voyager en avion. **-4.** [move fast, pass quickly] filer. **-5.** [flag] flotter. ◆ **fly away** *vi* s'envoler.

fly-fishing *n* pêche *f* à la mouche.

flying ['flaɪɪŋ] ◇ *adj* volant(e). ◇ *n* aviation *f*; to like ~ aimer prendre l'avion.

flying colours *npl*: to pass (sthg) with ~ réussir (qqch) haut la main.

flying picket *n* piquet *m* de grève volant.

flying saucer *n* soucoupe *f* volante.

flying squad *n Br* force d'intervention rapide de la police.

flying start *n*: to get off to a ~ prendre un départ sur les chapeaux de roue.

flying visit *n* visite *f* éclair.

flyover ['flaɪ,əʊvər] *n Br* autopont *m*.

flysheet ['flaɪʃiːt] *n* auvent *m*.

fly spray *n* insecticide *m*.

FM (*abbr of* **frequency modulation**) *n* FM *f*.

foal [fəʊl] *n* poulain *m*.

foam [fəʊm] ◇ *n* (U) **-1.** [bubbles] mousse *f*. **-2.** ~ **(rubber)** caoutchouc *m* mousse. ◇ *vi* [water, champagne] mousser.

fob [fɒb] ◆ **fob off** *vt sep* repousser; to ~ sthg off on sb refiler qqch à qqn; to ~ sb off with sthg se débarrasser de qqn à l'aide de qqch.

focal point ['fəʊkl-] *n* foyer *m*; *fig* point *m* central.

focus ['fəʊkəs] (*pl* **-cuses** OR **-ci** [-kaɪ]) ◇ *n* **-1.** PHOT mise *f* au point; in ~ net; out of ~ flou. **-2.** [centre - of rays] foyer *m*; [- of earthquake] centre *m*. ◇ *vt* [lens, camera] mettre au point. ◇ *vi* **-1.** [with camera, lens] se fixer; [eyes] accommoder; to ~ on sthg [with camera, lens] se fixer sur qqch; [with eyes] fixer qqch. **-2.** [attention]: to ~ on sthg se concentrer sur qqch.

fodder ['fɒdər] *n* (U) fourrage *m*.

foe [fəʊ] *n literary* ennemi *m*.

foetus ['fiːtəs] *n* fœtus *m*.

fog [fɒg] *n* (U) brouillard *m*.

foggy ['fɒgɪ] *adj* [misty] brumeux(euse).

foghorn ['fɒghɔːn] *n* sirène *f* de brume.

fog lamp *n* feu *m* de brouillard.

foible ['fɔɪbl] *n* marotte *f*.

foil [fɔɪl] ◇ *n* (U) [metal sheet - of tin, silver] feuille *f*; [- CULIN] papier *m* d'aluminium. ◇ *vt* déjouer.

fold [fəʊld] ◇ *vt* **-1.** [bend, close up] plier; to ~ one's arms croiser les bras. **-2.** [wrap] envelopper. ◇ *vi* **-1.** [close up - table, chair] se plier; [- petals, leaves] se refermer. **-2.** *inf* [company, project] échouer; THEATRE quitter l'affiche. ◇ *n* **-1.** [in material, paper] pli *m*. **-2.** [for animals] parc *m*. **-3.** *fig* [spiritual home]: the ~ le bercail. ◆ **fold up** *vt sep* plier. ◇ *vi* **-1.** [close up - table, map] se plier; [- petals, leaves] se refermer. **-2.** [company, project] échouer.

folder ['fəʊldər] *n* [for papers - wallet] chemise *f*; [- binder] classeur *m*.

folding ['fəʊldɪŋ] *adj* [table, umbrella] pliant(e); [doors] en accordéon.

foliage ['fəʊlɪɪdʒ] *n* feuillage *m*.

folk [fəʊk] ◇ *adj* [art, dancing] folklorique; [medicine] populaire. ◇ *npl* [people] gens *mpl*. ◆ **folks** *npl inf* [relatives] famille *f*.

folklore ['fəʊklɔːr] *n* folklore *m*.

folk music *n* musique *f* folk.

folk song *n* chanson *f* folk.

follow ['fɒləʊ] ◇ *vt* suivre. ◇ *vi* **-1.** [gen] suivre. **-2.** [be logical] tenir debout; it ~s that ... il s'ensuit que .... ◆ **follow up** *vt sep* **-1.** [pursue - idea, suggestion] prendre en considération; [- advertisement] donner suite à. **-2.** [complete]: to ~ sthg up with faire suivre qqch de.

follower ['fɒləʊər] *n* [believer] disciple *mf*.

following ['fɒləʊɪŋ] ◇ *adj* suivant(e). ◇ *n* groupe *m* d'admirateurs. ◇ *prep* après.

folly ['fɒlɪ] *n* (U) [foolishness] folie *f*.

fond [fɒnd] *adj* [affectionate] affectueux(euse); to be ~ of aimer beaucoup.

fondle ['fɒndl] *vt* caresser.

font [fɒnt] *n* **-1.** [in church] fonts *mpl* baptismaux. **-2.** COMPUT & TYPO police *f* (de caractères).

food [fuːd] *n* nourriture *f*.

food mixer *n* mixer *m*.

food poisoning [-,pɔɪznɪŋ] *n* intoxication *f* alimentaire.

food processor [-,prəʊsesər] *n* robot *m* ménager.

foodstuffs ['fuːdstʌfs] *npl* denrées *fpl* alimentaires.

fool [fu:l] ◇ *n* **-1.** [idiot] idiot *m*, -e *f*. **-2.** *Br* [dessert] ≃ mousse *f*. ◇ *vt* duper; **to ~ sb into doing sthg** amener qqn à faire qqch en le dupant. ◇ *vi* faire l'imbécile. ◆ **fool about, fool around** *vi* **-1.** [behave foolishly] faire l'imbécile. **-2.** [be unfaithful] être infidèle.

foolhardy ['fu:l,hɑ:dɪ] *adj* téméraire.

foolish ['fu:lɪʃ] *adj* idiot(e), stupide.

foolproof ['fu:lpru:f] *adj* infaillible.

foot [fʊt] (*pl sense 1* **feet**, *pl sense 2 inv* OR **feet**) ◇ *n* **-1.** [gen] pied *m*; [of animal] patte *f*; [of page, stairs] bas *m*; **to be on one's feet** être debout; **to get to one's feet** se mettre debout, se lever; **on ~ à** pied; **to put one's ~ in it** mettre les pieds dans le plat; **to put one's feet up** se reposer. **-2.** [unit of measurement] = 30,48 *cm*, ≃ pied *m*. ◇ *vt inf*: **to ~ the bill** payer la note.

footage ['fʊtɪdʒ] *n* (*U*) séquences *fpl*.

football ['fʊtbɔːl] *n* **-1.** [game - soccer] football *m*, foot *m*; [- American football] football américain. **-2.** [ball] ballon *m* de football OR foot.

footballer ['fʊtbɔːlər] *n Br* joueur *m*, -euse *f* de football, footballeur *m*, -euse *f*.

football ground *n Br* terrain *m* de football.

football player = footballer.

footbrake ['fʊtbreɪk] *n* frein *m* (à pied).

footbridge ['fʊtbrɪdʒ] *n* passerelle *f*.

foothills ['fʊthɪlz] *npl* contreforts *mpl*.

foothold ['fʊthəʊld] *n* prise *f* (de pied).

footing ['fʊtɪŋ] *n* **-1.** [foothold] prise *f*; **to lose one's ~** trébucher. **-2.** *fig* [basis] position *f*.

footlights ['fʊtlaɪts] *npl* rampe *f*.

footnote ['fʊtnəʊt] *n* note *f* en bas de page.

footpath ['fʊtpɑːθ, *pl* -pɑːðz] *n* sentier *m*.

footprint ['fʊtprɪnt] *n* empreinte *f* (de pied), trace *f* (de pas).

footstep ['fʊtstep] *n* **-1.** [sound] bruit *m* de pas. **-2.** [footprint] empreinte *f* (de pied).

footwear ['fʊtweər] *n* (*U*) chaussures *fpl*.

for [fɔːr] ◇ *prep* **-1.** [referring to intention, destination, purpose] pour; **this is ~ you** c'est pour vous; **the plane ~ Paris** l'avion à destination de Paris; **let's meet ~ a drink** retrouvons-nous pour prendre un verre; **we did it ~ a laugh** OR **~ fun** on l'a fait pour rire; **what's it ~?** ça sert à quoi? **-2.** [representing,

on behalf of] pour; **the MP ~ Barnsley** le député de Barnsley; **let me do that ~ you** laissez-moi faire, je vais vous le faire. **-3.** [because of] pour, en raison de; **~ various reasons** pour plusieurs raisons; **a prize ~ swimming** un prix de natation; **~ fear of being ridiculed** de OR par peur d'être ridiculisé. **-4.** [with regard to] pour; **to be ready ~ sthg** être prêt à OR pour qqch; **it's not ~ me to say** ce n'est pas à moi à le dire; **to be young ~ one's age** être jeune pour son âge; **to feel sorry ~ sb** plaindre qqn. **-5.** [indicating amount of time, space]: **there's no time ~ that** now on n'a pas le temps de faire cela OR de s'occuper de cela maintenant; **there's room ~ another person** il y a de la place pour encore une personne. **-6.** [indicating period of time]: **she'll be away ~ a month** elle sera absente (pendant) un mois; **we talked ~ hours** on a parlé pendant des heures; **I've lived here ~ 3 years** j'habite ici depuis 3 ans, cela fait 3 ans que j'habite ici; **I can do it for you ~ tomorrow** je peux vous le faire pour demain. **-7.** [indicating distance] pendant, sur; **~ 50 kilometres** pendant OR sur 50 kilomètres; **I walked ~ miles** j'ai marché (pendant) des kilomètres. **-8.** [indicating particular occasion] pour; **~ Christmas** pour Noël. **-9.** [indicating amount of money, price]: **they're 50p ~ ten** cela coûte 50p les dix; **I bought/sold it ~ £10** je l'ai acheté/vendu 10 livres. **-10.** [in favour of, in support of] pour; **to vote ~ sthg** voter pour qqch; **to be all ~ sthg** être tout à fait pour OR en faveur de qqch. **-11.** [in ratios] pour. **-12.** [indicating meaning]: **P ~ Peter** P comme Peter; **what's the Greek ~ "mother"?** comment dit-on «mère» en grec? ◇ *conj fml* [as, since] car. ◆ **for all** ◇ *prep* malgré. ◇ *conj* bien que (+ *subjunctive*); **~ all I know** pour ce que j'en sais; **~ all I care** pour ce que cela me fait.

forage ['fɒrɪdʒ] *vi*: **to ~ (for)** fouiller (pour trouver).

foray ['fɒreɪ] *n*: **~ (into)** *lit* & *fig* incursion *f* (dans).

forbad [fə'bæd], **forbade** [fə'beɪd] *pt* → forbid.

forbid [fə'bɪd] (*pt* -**bade** OR -**bad**, *pp* forbid OR -**bidden**) *vt* interdire, défendre; **to ~ sb to do sthg** interdire OR défendre à qqn de faire qqch.

forbidden [fə'bɪdn] ◇ *pp* → **forbid**. ◇ *adj* interdit(e), défendu(e).

forbidding [fə'bɪdɪŋ] *adj* [severe, unfriendly] austère; [threatening] sinistre.

force [fɔːs] ◇ *n* **-1.** [gen] force *f*; **by ~** de force. **-2.** [effect]: **to be in/to come into ~** être/entrer en vigueur. ◇ *vt* **-1.** [gen] forcer; **to ~ sb to do sthg** forcer qqn à faire qqch. **-2.** [press]: **to ~ sthg on sb** imposer qqch à qqn. ◆ **forces** *npl*: **the ~s** les forces *fpl* armées; **to join ~s** joindre ses efforts.

force-feed *vt* nourrir de force.

forceful ['fɔːsfʊl] *adj* [person] énergique; [speech] vigoureux(euse).

forceps ['fɔːseps] *npl* forceps *m*.

forcibly ['fɔːsəblɪ] *adv* **-1.** [using physical force] de force. **-2.** [powerfully] avec vigueur.

ford [fɔːd] *n* gué *m*.

fore [fɔːr] ◇ *adj* NAUT à l'avant. ◇ *n*: **to come to the ~** s'imposer.

forearm ['fɔːrɑːm] *n* avant-bras *m inv*.

foreboding [fɔː'bəʊdɪŋ] *n* pressentiment *m*.

forecast ['fɔːkɑːst] (*pt & pp* **forecast** OR **-ed**) ◇ *n* prévision *f*; (weather) ~ prévisions météorologiques. ◇ *vt* prévoir.

foreclose [fɔː'kləʊz] ◇ *vt* saisir. ◇ *vi*: **to ~ on sb** saisir qqn.

forecourt ['fɔːkɔːt] *n* [of petrol station] devant *m*; [of building] avant-cour *f*.

forefinger ['fɔː,fɪŋgər] *n* index *m*.

forefront ['fɔːfrʌnt] *n*: **in** OR **at the ~ of** au premier plan de.

forego [fɔː'gəʊ] = **forgo**.

foregone conclusion ['fɔːgɒn-] *n*: **it's a ~** c'est couru.

foreground ['fɔːgraʊnd] *n* premier plan *m*.

forehand ['fɔːhænd] *n* TENNIS coup *m* droit.

forehead ['fɔːhed] *n* front *m*.

foreign ['fɒrən] *adj* **-1.** [gen] étranger(ère); [correspondent] à l'étranger. **-2.** [policy, trade] extérieur(e).

foreign affairs *npl* affaires *fpl* étrangères.

foreign currency *n* (U) devises *fpl* étrangères.

foreigner ['fɒrənər] *n* étranger *m*, -ère *f*.

foreign minister *n* ministre *m* des Affaires étrangères.

Foreign Office *n* Br: **the ~** ≃ le ministère des Affaires étrangères.

Foreign Secretary *n* Br ≃ ministre *m* des Affaires étrangères.

foreleg ['fɔːleg] *n* [of horse] membre *m* antérieur; [of other animals] patte *f* de devant.

foreman ['fɔːmən] (*pl* **-men** [-mən]) *n* **-1.** [of workers] contremaître *m*. **-2.** JUR président *m* du jury.

foremost ['fɔːməʊst] ◇ *adj* principal(e). ◇ *adv*: **first and ~** tout d'abord.

forensic [fə'rensɪk] *adj* [department, investigation] médico-légal(e).

forensic medicine, **forensic science** *n* médecine *f* légale.

forerunner ['fɔː,rʌnər] *n* précurseur *m*.

foresee [fɔː'siː] (*pt* **-saw** [-'sɔː], *pp* **-seen**) *vt* prévoir.

foreseeable [fɔː'siːəbl] *adj* prévisible; **for the ~ future** pour tous les jours/mois *etc* à venir.

foreseen [fɔː'siːn] *pp* → **foresee**.

foreshadow [fɔː'ʃædəʊ] *vt* présager.

foresight ['fɔːsaɪt] *n* (U) prévoyance *f*.

forest ['fɒrɪst] *n* forêt *f*.

forestall [fɔː'stɔːl] *vt* [attempt, discussion] prévenir; [person] devancer.

forestry ['fɒrɪstrɪ] *n* sylviculture *f*.

foretaste ['fɔːteɪst] *n* avant-goût *m*.

foretell [fɔː'tel] (*pt & pp* **-told**) *vt* prédire.

foretold [fɔː'təʊld] *pt & pp* → **foretell**.

forever [fə'revər] *adv* [eternally] (pour) toujours.

forewarn [fɔː'wɔːn] *vt* avertir.

foreword ['fɔːwɜːd] *n* avant-propos *m inv*.

forfeit ['fɔːfɪt] ◇ *n* amende *f*; [in game] gage *m*. ◇ *vt* perdre.

forgave [fə'geɪv] *pt* → **forgive**.

forge [fɔːdʒ] ◇ *n* forge *f*. ◇ *vt* **-1.** INDUSTRY & *fig* forger. **-2.** [signature, money] contrefaire; [passport] falsifier. ◆ **forge ahead** *vi* prendre de l'avance.

forger ['fɔːdʒər] *n* faussaire *mf*.

forgery ['fɔːdʒərɪ] *n* **-1.** (U) [crime] contrefaçon *f*. **-2.** [forged article] faux *m*.

forget [fə'get] (*pt* **-got**, *pp* **-gotten**) ◇ *vt* oublier; **to ~ to do sthg** oublier de faire qqch; **~ it!** laisse tomber! ◇ *vi*: **to ~ (about sthg)** oublier (qqch).

forgetful [fə'getfʊl] *adj* distrait(e), étourdi(e).

forget-me-not *n* myosotis *m*.

forgive [fə'gɪv] (*pt* **-gave**, *pp* **-given** [-'gɪvn]) *vt* pardonner; **to ~ sb for sthg/for doing sthg** pardonner qqch à qqn/à qqn d'avoir fait qqch.

forgiveness [fə'gɪvnɪs] *n* (U) pardon *m*.

forgo [fɔː'gəʊ] (*pt* **-went**, *pp* **-gone** [-'gɒn]) *vt* renoncer à.

forgot [fə'gɒt] *pt* → **forget**.

forgotten [fə'gɒtn] *pp* → **forget**.

fork [fɔːk] ◇ *n* -1. [for eating] fourchette *f*. -2. [for gardening] fourche *f*. -3. [in road] bifurcation *f*; [of river] embranchement *m*. ◇ *vi* bifurquer. ◆ **fork out** *inf* ◇ *vt fus* allonger, débourser. ◇ *vi*: **to ~ out (for)** casquer (pour).

forklift truck ['fɔːklɪft-] *n* chariot *m* élévateur.

forlorn [fə'lɔːn] *adj* -1. [person, face] malheureux(euse), triste. -2. [place, landscape] désolé(e). -3. [hope, attempt] désespéré(e).

form [fɔːm] ◇ *n* -1. [shape, fitness, type] forme *f*; **on ~** *Br*, **in ~** *Am* en forme; **off ~** pas en forme; **in the ~ of** sous forme de. -2. [questionnaire] formulaire *m*. -3. *Br* SCH classe *f*. ◇ *vt* former. ◇ *vi* se former.

formal ['fɔːml] *adj* -1. [person] formaliste; [language] soutenu(e). -2. [dinner party, announcement] officiel(ielle); [dress] de cérémonie.

formality [fɔː'mælətɪ] *n* formalité *f*.

format ['fɔːmæt] ◇ *n* [gen & COMPUT] format *m*. ◇ *vt* COMPUT formater.

formation [fɔː'meɪʃn] *n* -1. [gen] formation *f*. -2. [of idea, plan] élaboration *f*.

formative ['fɔːmətɪv] *adj* formateur(trice).

former ['fɔːmə] ◇ *adj* -1. [previous] ancien(ienne); **~ husband** ex-mari *m*; **~ pupil** ancien élève *m*, ancienne élève *f*. -2. [first of two] premier(ière). ◇ *n*: **the ~** le premier (la première), celui-là (celle-là).

formerly ['fɔːməlɪ] *adv* autrefois.

formidable ['fɔːmɪdəbl] *adj* impressionnant(e).

formula ['fɔːmjʊlə] (*pl* **-as** OR **-ae** [-iː]) *n* formule *f*.

formulate ['fɔːmjʊleɪt] *vt* formuler.

forsake [fə'seɪk] (*pt* **forsook**, *pp* **forsaken**) *vt literary* [person] abandonner; [habit] renoncer à.

forsaken [fə'seɪkn] *adj* abandonné(e).

forsook [fə'sʊk] *pt* → **forsake**.

fort [fɔːt] *n* fort *m*.

forte ['fɔːtɪ] *n* point *m* fort.

forth [fɔːθ] *adv literary* en avant.

forthcoming [fɔːθ'kʌmɪŋ] *adj* -1. [imminent] à venir. -2. [helpful] communicatif(ive).

forthright ['fɔːθraɪt] *adj* franc (franche), direct(e).

forthwith [,fɔːθ'wɪθ] *adv fml* aussitôt.

fortified wine ['fɔːtɪfaɪd-] *n* vin *m* de liqueur.

fortify ['fɔːtɪfaɪ] *vt* -1. MIL fortifier. -2. *fig* [resolve etc] renforcer.

fortnight ['fɔːtnaɪt] *n* quinze jours *mpl*, quinzaine *f*.

fortnightly ['fɔːt,naɪtlɪ] ◇ *adj* bimensuel(elle). ◇ *adv* tous les quinze jours.

fortress ['fɔːtrɪs] *n* forteresse *f*.

fortunate ['fɔːtʃnət] *adj* heureux(euse); **to be ~** avoir de la chance.

fortunately ['fɔːtʃnətlɪ] *adv* heureusement.

fortune ['fɔːtʃuːn] *n* -1. [wealth] fortune *f*. -2. [luck] fortune *f*, chance *f*. -3. [future]: **to tell sb's ~** dire la bonne aventure à qqn.

fortune-teller [-,telə] *n* diseuse *f* de bonne aventure.

forty ['fɔːtɪ] *num* quarante; *see also* **sixty**.

forward ['fɔːwəd] ◇ *adj* -1. [movement] en avant. -2. [planning] à long terme. -3. [impudent] effronté(e). ◇ *adv* -1. [ahead] en avant; **to go** OR **move ~** avancer. -2. [in time]: **to bring a meeting ~** avancer la date d'une réunion. ◇ *n* SPORT avant *m*. ◇ *vt* [letter] faire suivre; [goods] expédier.

forwarding address ['fɔːwədɪŋ-] *n* adresse *f* où faire suivre le courrier.

forwards ['fɔːwədz] *adv* = **forward**.

forwent [fɔː'went] *pt* → **forgo**.

fossil ['fɒsl] *n* fossile *m*.

foster ['fɒstə] ◇ *adj* [family] d'accueil. ◇ *vt* -1. [child] accueillir. -2. *fig* [nurture] nourrir, entretenir.

foster child *n* enfant *m* placé en famille d'accueil.

foster parent *n* parent *m* nourricier.

fought [fɔːt] *pt* & *pp* → **fight**.

foul [faʊl] ◇ *adj* -1. [gen] infect(e); [water] croupi(e). -2. [language] ordurier(ière). ◇ *n* SPORT faute *f*. ◇ *vt* -1. [make dirty] souiller, salir. -2. SPORT commettre une faute contre.

found [faʊnd] ◇ *pt* & *pp* → **find**. ◇ *vt* -1. [hospital, town] fonder. -2. [base]: **to ~ sthg on** fonder OR baser qqch sur.

foundation [faʊn'deɪʃn] *n* -1. [creation, organization] fondation *f*. -2. [basis] fondement *m*, base *f*. -3. **~ (cream)** fond *m* de teint. ◆ **foundations** *npl* CONSTR fondations *fpl*.

founder ['faʊndə] ◇ *n* fondateur *m*, -trice *f*. ◇ *vi* [ship] sombrer.

foundry ['faʊndrɪ] *n* fonderie *f*.

fountain ['faʊntɪn] *n* fontaine *f*.

fountain pen n stylo m à encre.

four [fɔːʳ] num quatre; **on all ~s** à quatre pattes; see also **six**.

four-letter word n mot m grossier.

four-poster (bed) n lit m à baldaquin.

foursome ['fɔːsəm] n groupe m de quatre. **-2.** Am [of house] hall m d'entrée.

fourteen [ˌfɔː'tiːn] num quatorze; see also **six**.

fourth [fɔːθ] num quatrième; see also **sixth**.

Fourth of July n: **the ~** Fête de l'Indépendance américaine.

four-wheel drive n: **with ~** à quatre roues motrices.

fowl [faʊl] (pl inv OR **-s**) n volaille f.

fox [fɒks] ◇ n renard m. ◇ vt laisser perplexe.

foxglove ['fɒksglʌv] n digitale f.

foyer ['fɔɪeɪ] n **-1.** [of hotel, theatre] foyer m. **-2.** Am [of house] hall m d'entrée.

fracas ['frækɑː, Am 'freɪkəs] (Br pl inv, Am pl **-cases**) n bagarre f.

fraction ['frækʃn] n fraction f; **a ~ too big** légèrement OR un petit peu trop grand.

fractionally ['frækʃnəlɪ] adv un tout petit peu.

fracture ['fræktʃəʳ] ◇ n fracture f. ◇ vt fracturer.

fragile ['frædʒaɪl] adj fragile.

fragment ['frægmənt] n fragment m.

fragrance ['freɪgrəns] n parfum m.

fragrant ['freɪgrənt] adj parfumé(e).

frail [freɪl] adj fragile.

frame [freɪm] ◇ n **-1.** [gen] cadre m; [of glasses] monture f; [of door, window] encadrement m; [of boat] carcasse f. **-2.** [physique] charpente f. ◇ vt **-1.** [gen] encadrer. **-2.** [express] formuler. **-3.** inf [set up] monter un coup contre.

frame of mind n état m d'esprit.

framework ['freɪmwɜːk] n **-1.** [structure] armature f, carcasse f. **-2.** fig [basis] structure f, cadre m.

France [frɑːns] n France f; **in ~** en France.

franchise ['fræntʃaɪz] n **-1.** POL droit m de vote. **-2.** COMM franchise f.

frank [fræŋk] ◇ adj franc (franche). ◇ vt affranchir.

frankly ['fræŋklɪ] adv franchement.

frantic ['fræntɪk] adj frénétique.

fraternity [frə'tɜːnətɪ] n **-1.** [community] confrérie f. **-2.** (U) [friendship] fraternité f. **-3.** Am [of students] club m d'étudiants.

fraternize, -ise ['frætənaɪz] vi fraterniser.

fraud [frɔːd] n **-1.** (U) [crime] fraude f. **-2.** pej [impostor] imposteur m.

fraught [frɔːt] adj **-1.** [full]: **~ with** plein(e) de. **-2.** Br [person] tendu(e); [time, situation] difficile.

fray [freɪ] ◇ vt fig: **my nerves were ~ed** j'étais extrêmement tendu(e), j'étais à bout de nerfs. ◇ vi [material, sleeves] s'user; **tempers ~ed** fig l'atmosphère était tendue OR électrique. ◇ n literary bagarre f.

frayed [freɪd] adj [jeans, collar] élimé(e).

freak [friːk] ◇ adj bizarre, insolite. ◇ n **-1.** [strange creature] monstre m, phénomène m. **-2.** [unusual event] accident m bizarre. **-3.** inf [fanatic] fana mf. ◆ **freak out** inf vi [get angry] exploser (de colère); [panic] paniquer.

freckle ['frekl] n tache f de rousseur.

free [friː] (compar freer, superl freest, pt & pp freed) ◇ adj **-1.** [gen] libre; **to be ~ to do sthg** être libre de faire qqch; **feel ~!** je t'en prie!; **to set ~** libérer. **-2.** [not paid for] gratuit(e); **~ of charge** gratuitement. ◇ adv **-1.** [without payment] gratuitement; **for ~** gratuitement. **-2.** [run, live] librement. ◇ vt **-1.** [gen] libérer. **-2.** [trapped person, object] dégager.

freedom ['friːdəm] n **-1.** [gen] liberté f; **~ of speech** liberté d'expression. **-2.** [exception]: **~ (from)** exemption f (de).

Freefone® ['friːfəʊn] n Br (U) ≃ numéro m vert.

free-for-all n mêlée f générale.

free gift n prime f.

freehand ['friːhænd] adj & adv à main levée.

freehold ['friːhəʊld] n propriété f foncière inaliénable.

free house n pub m en gérance libre.

free kick n coup m franc.

freelance ['friːlɑːns] ◇ adj indépendant(e), free-lance (inv). ◇ n indépendant m, -e f, free-lance mf.

freely ['friːlɪ] adv **-1.** [gen] librement. **-2.** [generously] sans compter.

Freemason ['friːmeɪsn] n franc-maçon m.

Freephone® ['friːfəʊn] = **Freefone®**.

Freepost® ['friːpəʊst] n port m payé.

free-range adj de ferme.

freestyle ['friːstaɪl] n SWIMMING nage f libre.

free trade n (U) libre-échange m.

freeware ['friːweəʳ] n (U) logiciel m du domaine public.

freeway ['friːweɪ] n Am autoroute f.

freewheel [,fri:'wi:l] *vi* [on bicycle] rouler en roue libre; [in car] rouler au point mort.

free will *n* (U) libre arbitre *m*; **to do sthg of one's own ~** faire qqch de son propre gré.

freeze [fri:z] (*pt* **froze**, *pp* **frozen**) ◇ *vt* **-1.** [gen] geler; [food] congeler. **-2.** [wages, prices] bloquer. ◇ *vi* **-1.** geler. **-2.** [stop moving] s'arrêter. ◇ *n* **-1.** [cold weather] gel *m*. **-2.** [of wages, prices] blocage *m*.

freeze-dried [-'draɪd] *adj* lyophilisé(e).

freezer ['fri:zər] *n* congélateur *m*.

freezing ['fri:zɪŋ] ◇ *adj* glacé(e); **I'm ~** je gèle. ◇ *n* = **freezing point.**

freezing point *n* point *m* de congélation.

freight [freɪt] *n* [goods] fret *m*.

freight train *n* train *m* de marchandises.

French [frentʃ] ◇ *adj* français(e). ◇ *n* [language] français *m*. ◇ *npl*: **the ~** les Français *mpl*.

French bean *n* haricot *m* vert.

French bread *n* (U) baguette *f*.

French Canadian ◇ *adj* canadien français (canadienne française). ◇ *n* Canadien français *m*, Canadienne française *f*.

French doors = **French windows.**

French dressing *n* [in UK] vinaigrette *f*; [in US] *sauce-salade à base de mayonnaise et de ketchup*.

French fries *npl* frites *fpl*.

Frenchman ['frentʃmən] (*pl* **-men** [-mən]) *n* Français *m*.

French stick *n* Br baguette *f*.

French windows *npl* porte-fenêtre *f*.

Frenchwoman ['frentʃ,wumən] (*pl* **-women** [-,wɪmɪn]) *n* Française *f*.

frenetic [frə'netɪk] *adj* frénétique.

frenzy ['frenzɪ] *n* frénésie *f*.

frequency ['fri:kwənsɪ] *n* fréquence *f*.

frequent [*adj* 'fri:kwənt, *vb* frɪ'kwent] ◇ *adj* fréquent(e). ◇ *vt* fréquenter.

frequently ['fri:kwəntlɪ] *adv* fréquemment.

fresh [freʃ] *adj* **-1.** [gen] frais (fraîche). **-2.** [not salty] doux (douce). **-3.** [new - drink, piece of paper] autre; [- look, approach] nouveau(elle). **-4.** *inf dated* [cheeky] familier(ière).

freshen ['freʃn] ◇ *vt* rafraîchir. ◇ *vi* [wind] devenir plus fort. ✦ **freshen up** ◇ *vi* faire un brin de toilette.

fresher ['freʃər] *n* Br inf bleu *m*, -e *f*.

freshly ['freʃlɪ] *adv* [squeezed, ironed] fraîchement.

freshman ['freʃmən] (*pl* **-men** [-mən]) *n* étudiant *m*, -e *f* de première année.

freshness ['freʃnɪs] *n* (U) **-1.** [gen] fraîcheur *f*. **-2.** [originality] nouveauté *f*.

freshwater ['freʃ,wɔ:tər] *adj* d'eau douce.

fret [fret] *vi* [worry] s'inquiéter.

friar ['fraɪər] *n* frère *m*.

friction ['frɪkʃn] *n* (U) friction *f*.

Friday ['fraɪdɪ] *n* vendredi *m*; *see also* **Saturday.**

fridge [frɪdʒ] *n* frigo *m*.

fridge-freezer *n* Br réfrigérateur-congélateur *m*.

fried [fraɪd] *adj* frit(e); **~ egg** œuf *m* au plat.

friend [frend] *n* ami *m*, -e *f*; **to be ~s with sb** être ami avec qqn; **to make ~s (with sb)** se lier d'amitié (avec qqn).

friendly ['frendlɪ] *adj* [person, manner, match] amical(e); [nation] ami(e); [argument] sans conséquence; **to be ~ with sb** être ami avec qqn.

friendship ['frendʃɪp] *n* amitié *f*.

fries [fraɪz] = **French fries.**

frieze [fri:z] *n* frise *f*.

fright [fraɪt] *n* peur *f*; **to give sb a ~** faire peur à qqn; **to take ~** prendre peur.

frighten ['fraɪtn] *vt* faire peur à, effrayer.

frightened ['fraɪtnd] *adj* apeuré(e); **to be ~ of sthg/of doing sthg** avoir peur de qqch/de faire qqch.

frightening ['fraɪtnɪŋ] *adj* effrayant(e).

frightful ['fraɪtful] *adj* dated effroyable.

frigid ['frɪdʒɪd] *adj* [sexually] frigide.

frill [frɪl] *n* **-1.** [decoration] volant *m*. **-2.** *inf* [extra] supplément *m*.

fringe [frɪndʒ] *n* **-1.** [gen] frange *f*. **-2.** [edge - of village] bordure *f*; [- of wood, forest] lisière *f*.

fringe benefit *n* avantage *m* extrasalarial.

frisk [frɪsk] *vt* fouiller.

frisky ['frɪskɪ] *adj* inf vif (vive).

fritter ['frɪtər] *n* beignet *m*. ✦ **fritter away** *vt sep* gaspiller.

frivolous ['frɪvələs] *adj* frivole.

frizzy ['frɪzɪ] *adj* crépu(e).

fro [frəu] → **to.**

frock [frɒk] *n* dated robe *f*.

frog [frɒg] *n* [animal] grenouille *f*; **to have a ~ in one's throat** avoir un chat dans la gorge.

frogman ['frɒgmən] (*pl* **-men**) *n* homme-grenouille *m*.

frogmen ['frɒgmən] *pl* → **frogman**.

frolic ['frɒlɪk] (*pt* & *pp* **-ked**, *cont* **-king**) *vi* folâtrer.

from [*weak form* frəm, *strong form* frɒm] *prep* **-1.** [indicating source, origin, removal] de; **where are you ~?** d'où venez-vous?, d'où êtes-vous?; **I got a letter ~ her today** j'ai reçu une lettre d'elle aujourd'hui; **a flight ~ Paris** un vol en provenance de Paris; **to translate ~ Spanish into English** traduire d'espagnol en anglais; **to drink ~ a glass** boire dans un verre; **to take sthg (away) ~ sb** prendre qqch à qqn. **-2.** [indicating a deduction] de; **to deduct sthg ~ sthg** retrancher qqch de qqch. **-3.** [indicating escape, separation] de; **he ran away ~ home** il a fait une fugue, il s'est sauvé de chez lui. **-4.** [indicating position] de; **seen ~ above/below** vu d'en haut/d'en bas. **-5.** [indicating distance] de; **it's 60 km ~ here** c'est à 60 km d'ici. **-6.** [indicating material object is made out of] en; **it's made ~ wood/plastic** c'est en bois/plastique. **-7.** [starting at a particular time] de; **~ 2 pm to** OR **till 6 pm** de 14 h à 18 h; **~ the moment I saw him** dès que OR dès l'instant où je l'ai vu. **-8.** [indicating difference] de; **to be different ~ sb/sthg** être différent de qqn/qqch. **-9.** [indicating change] **~ ... to** de ... à; **the price went up ~ £100 to £150** le prix est passé OR monté de 100 livres à 150 livres. **-10.** [because of, as a result of] de; **to suffer ~ cold/hunger** souffrir du froid/de la faim. **-11.** [on the evidence of] d'après, à. **-12.** [indicating lowest amount] depuis, à partir de; **prices start ~ £50** le premier prix est de 50 livres.

front [frʌnt] ◇ *n* **-1.** [most forward part - gen] avant *m*; [- of dress, envelope, house] devant *m*; [- of class] premier rang *m*. **-2.** METEOR & MIL front *m*. **-3.** (sea) **~** front *m* de mer. **-4.** [outward appearance - of person] contenance *f*; *pej* [- of business] façade *f*. ◇ *adj* [tooth, garden] de devant; [row, page] premier(ière). ◆ **in front** *adv* **-1.** [further forward - walk, push] devant; [- people] à l'avant. **-2.** [winning]: **to be in ~** mener. ◆ **in front of** *prep* devant.

frontbench [ˌfrʌnt'bentʃ] *n* à la chambre des Communes, bancs occupés respective-ment par les ministres du gouvernement en exercice et ceux du gouvernement fantôme.

front door *n* porte *f* d'entrée.

frontier ['frʌnˌtɪər, *Am* frʌn'tɪər] *n* [border] frontière *f*; *fig* limite *f*.

front man *n* **-1.** [of company, organization] porte-parole *m*. **-2.** TV présentateur *m*.

front room *n* salon *m*.

front-runner *n* favori *m*, -ite *f*.

front-wheel drive *n* traction *f* avant.

frost [frɒst] *n* gel *m*.

frostbite ['frɒstbaɪt] *n* (*U*) gelure *f*.

frosted ['frɒstɪd] *adj* **-1.** [glass] dépoli(e). **-2.** *Am* CULIN glacé(e).

frosty ['frɒstɪ] *adj* **-1.** [weather, welcome] glacial(e). **-2.** [field, window] gelé(e).

froth [frɒθ] *n* [on beer] mousse *f*; [on sea] écume *f*.

frown [fraʊn] *vi* froncer les sourcils. ◆ **frown (up)on** *vt fus* désapprouver.

froze [frəʊz] *pt* → **freeze**.

frozen ['frəʊzn] ◇ *pp* → **freeze**. ◇ *adj* gelé(e); [food] congelé(e).

frugal ['fruːgl] *adj* **-1.** [meal] frugal(e). **-2.** [person, life] économe.

fruit [fruːt] (*pl inv* OR **fruits**) *n* fruit *m*.

fruitcake ['fruːtkeɪk] *n* cake *m*.

fruiterer ['fruːtərər] *n Br* fruitier *m*.

fruitful ['fruːtfʊl] *adj* [successful] fructueux(euse).

fruition [fruː'ɪʃn] *n*: **to come to ~** se réaliser.

fruit juice *n* jus *m* de fruits.

fruitless ['fruːtlɪs] *adj* vain(e).

fruit machine *n Br* machine *f* à sous.

fruit salad *n* salade *f* de fruits.

frumpy ['frʌmpɪ] *adj* mal attifé(e), mal fagoté(e).

frustrate [frʌ'streɪt] *vt* **-1.** [annoy, disappoint] frustrer. **-2.** [prevent] faire échouer.

frustrated [frʌ'streɪtɪd] *adj* **-1.** [person, artist] frustré(e). **-2.** [effort, love] vain(e).

frustration [frʌ'streɪʃn] *n* frustration *f*.

fry [fraɪ] (*pt* & *pp* **-ied**) *vt* & *vi* frire.

frying pan ['fraɪɪŋ-] *n* poêle *f* à frire.

ft. *abbr of* **foot, feet.**

fuck [fʌk] *vulg vt* & *vi* baiser. ◆ **fuck off** *vi vulg*: **~ off!** fous le camp!

fudge [fʌdʒ] *n* (*U*) [sweet] caramel *m* (mou).

fuel ['fjʊəl] ◇ *n* combustible *m*; [for engine] carburant *m*. ◇ *vt* **-1.** [supply with fuel] alimenter (en combustible/carburant). **-2.** *fig* [speculation] nourrir.

fuel pump *n* pompe *f* d'alimentation.

fuel tank *n* réservoir *m* à carburant.

fugitive ['fjuːdʒətɪv] *n* fugitif *m*, -ive *f*.

fulfil, fulfill *Am* [ful'fɪl] *vt* **-1.** [duty, role] remplir; [hope] répondre à; [ambition, prophecy] réaliser. **-2.** [satisfy - need] satisfaire.

fulfilment, fulfillment *Am* [ful'fɪlmənt] *n* (U) **-1.** [satisfaction] grande satisfaction *f*. **-2.** [of ambition, dream] réalisation *f*; [of role, promise] exécution *f*; [of need] satisfaction *f*.

full [ful] ◇ *adj* **-1.** [gen] plein(e); [bus, car park] complet(ète); [with food] gavé(e), repu(e). **-2.** [complete - recovery, control] total(e); [- explanation, day] entier(ère); [- volume] maximum. **-3.** [busy - life] rempli(e); [- timetable, day] chargé(e). **-4.** [flavour] riche. **-5.** [plump - figure] rondelet(ette); [- mouth] charnu(e). **-6.** [skirt, sleeve] ample. ◇ *adv* [very]: **you know ~ well that ...** tu sais très bien que .... ◇ *n*: **in ~** complètement, entièrement.

full-blown [-'bləʊn] *adj* général(e); **to have ~ AIDS** avoir le Sida avéré.

full board *n* pension *f* complète.

full-fledged *Am* = **fully-fledged**.

full moon *n* pleine lune *f*.

full-scale *adj* **-1.** [life-size] grandeur nature (*inv*). **-2.** [complete] de grande envergure.

full stop *n* point *m*.

full time *n Br* SPORT fin *f* de match. ◆ **full-time** *adj & adv* [work, worker] à temps plein.

full up *adj* [bus, train] complet (complète); [with food] gavé(e), repu(e).

fully ['fulɪ] *adv* [understand, satisfy] tout à fait; [trained, developed] entièrement.

fully-fledged *Br*, **full-fledged** *Am* [-'fledʒd] *adj* diplômé(e).

fulsome ['fulsəm] *adj* excessif(ive).

fumble ['fʌmbl] *vi* fouiller, tâtonner; **to ~ for** fouiller pour trouver.

fume [fju:m] *vi* [with anger] rager. ◆ **fumes** *npl* [from paint] émanations *fpl*; [from smoke] fumées *fpl*; [from car] gaz *mpl* d'échappement.

fumigate ['fju:mɪgeɪt] *vt* fumiger.

fun [fʌn] *n* (U) **-1.** [pleasure, amusement]: **to have ~** s'amuser; **for ~, for the ~ of it** pour s'amuser. **-2.** [playfulness]: **to be full of ~** être plein(e) d'entrain. **-3.** [ridicule]: **to make ~ of** OR **poke ~ at sb** se moquer de qqn.

function ['fʌŋkʃn] ◇ *n* **-1.** [gen] fonction *f*. **-2.** [formal social event] réception *f* officielle. ◇ *vi* fonctionner; **to ~ as** servir de.

functional ['fʌŋkʃnəl] *adj* **-1.** [practical] fonctionnel(elle). **-2.** [operational] en état de marche.

fund [fʌnd] ◇ *n* fonds *m*; *fig* [of knowledge] puits *m*. ◇ *vt* financer. ◆ **funds** *npl* fonds *mpl*.

fundamental [,fʌndə'mentl] *adj*: **~ (to)** fondamental(e) (à).

funding ['fʌndɪŋ] *n* (U) financement *m*.

funeral ['fju:nərəl] *n* obsèques *fpl*.

funeral parlour *n* entreprise *f* de pompes funèbres.

funfair ['fʌnfeəʳ] *n* fête *f* foraine.

fungus ['fʌŋgəs] (*pl* **-gi** [-gaɪ] OR **-guses**) *n* champignon *m*.

funnel ['fʌnl] *n* **-1.** [tube] entonnoir *m*. **-2.** [of ship] cheminée *f*.

funny ['fʌnɪ] *adj* **-1.** [amusing, odd] drôle. **-2.** [ill] tout drôle (toute drôle).

fur [fɜ:ʳ] *n* fourrure *f*.

fur coat *n* [manteau *m* de) fourrure *f*.

furious ['fjʊərɪəs] *adj* **-1.** [very angry] furieux(ieuse). **-2.** [wild - effort, battle] acharné(e); [- temper] déchaîné(e).

furlong ['fɜ:lɒŋ] *n* = 201,17 mètres.

furnace ['fɜ:nɪs] *n* [fire] fournaise *f*.

furnish ['fɜ:nɪʃ] *vt* **-1.** [fit out] meubler. **-2.** *fml* [provide] fournir; **to ~ sb with sthg** fournir qqch à qqn.

furnished ['fɜ:nɪʃt] *adj* meublé(e).

furnishings ['fɜ:nɪʃɪŋz] *npl* mobilier *m*.

furniture ['fɜ:nɪtʃəʳ] *n* (U) meubles *mpl*; **a piece of ~** un meuble.

furrow ['fʌrəʊ] *n* **-1.** [in field] sillon *m*. **-2.** [on forehead] ride *f*.

furry ['fɜ:rɪ] *adj* **-1.** [animal] à fourrure. **-2.** [material] recouvert(e) de fourrure.

further ['fɜ:ðəʳ] ◇ *compar* → **far**. ◇ *adv* **-1.** [gen] plus loin; **how much ~ that?** combien de kilomètres y a-t-il?; **~ on** plus loin. **-2.** [more - complicate, develop] davantage; [- enquire] plus avant. **-3.** [in addition] de plus. ◇ *adj* nouveau(elle), supplémentaire; **until ~ notice** jusqu'à nouvel ordre. ◇ *vt* [career, aims] faire avancer; [cause] encourager.

further education *n Br* éducation *f* post-scolaire.

furthermore [,fɜ:ðə'mɔ:ʳ] *adv* de plus.

furthest ['fɜ:ðɪst] ◇ *superl* → **far**. ◇ *adj* le plus éloigné (la plus éloignée). ◇ *adv* le plus loin.

furtive ['fɜ:tɪv] *adj* [person] sournois(e); [glance] furtif(ive).

fury ['fjʊərɪ] *n* fureur *f*.

fuse *esp Br*, **fuze** *Am* [fju:z] ◇ *n* **-1.** ELEC fusible *m*, plomb *m*. **-2.** [of bomb] détonateur *m*; [of firework] amorce *f*. ◇ *vt*

-1. [join by heat] réunir par la fusion. **-2.** [combine] fusionner. ◇ *vi* **-1.** ELEC: **the lights have ~d** les plombs ont sauté. **-2.** [join by heat] fondre. **-3.** [combine] fusionner.

fuse-box *n* boîte *f* à fusibles.

fused ['fju:zd] *adj* [plug] avec fusible incorporé.

fuselage ['fju:zəlɑ:ʒ] *n* fuselage *m*.

fuss [fʌs] ◇ *n* **-1.** [excitement, anxiety] agitation *f*; **to make a ~** faire des histoires. **-2.** (U) [complaints] protestations *fpl*. ◇ *vi* faire des histoires.

fussy ['fʌsɪ] *adj* **-1.** [fastidious - person] tatillon(onne); [- eater] difficile. **-2.** [over-decorated] tarabiscoté(e).

futile ['fju:taɪl] *adj* vain(e).

futon ['fu:tɒn] *n* futon *m*.

future ['fju:tʃə'] ◇ *n* **-1.** [gen] avenir *m*; **in ~** à l'avenir; **in the ~** dans le futur, à l'avenir. **-2.** GRAMM: **~ (tense)** futur *m*. ◇ *adj* futur(e).

fuze *Am* = **fuse**.

fuzzy ['fʌzɪ] *adj* **-1.** [hair] crépu(e). **-2.** [photo, image] flou(e). **-3.** [thoughts, mind] confus(e).

G

g¹ (*pl* **g's** OR **gs**), **G** (*pl* **G's** OR **Gs**) [dʒi:] *n* [letter] g *m inv*, G *m inv*. ◆**G** ◇ *n* MUS sol *m*. ◇ (*abbr of* **good**) B.

g² (*abbr of* **gram**) g.

gab [gæb] → **gift**.

gabble ['gæbl] ◇ *vt & vi* baragouiner. ◇ *n* charabia *m*.

gable ['geɪbl] *n* pignon *m*.

gadget ['gædʒɪt] *n* gadget *m*.

Gaelic ['geɪlɪk] ◇ *adj* gaélique. ◇ *n* gaélique *m*.

gag [gæg] ◇ *n* **-1.** [for mouth] bâillon *m*. **-2.** *inf* [joke] blague *f*, gag *m*. ◇ *vt* [put gag on] bâillonner.

gage *Am* = **gauge**.

gaiety ['geɪətɪ] *n* gaieté *f*.

gaily ['geɪlɪ] *adv* **-1.** [cheerfully] gaiement. **-2.** [thoughtlessly] allègrement.

gain [geɪn] ◇ *n* **-1.** [gen] profit *m*. **-2.** [improvement] augmentation *f*. ◇ *vt* **-1.** [acquire] gagner. **-2.** [increase in - speed, weight] prendre; [- confidence] gagner

en. ◇ *vi* **-1.** [advance]: **to ~ in sthg** gagner en qqch. **-2.** [benefit]: **to ~ from** OR **by sthg** tirer un avantage de qqch. **-3.** [watch, clock] avancer. ◆**gain on** *vt fus* rattraper.

gait [geɪt] *n* démarche *f*.

gal. *abbr of* **gallon**.

gala ['gɑ:lə] *n* [celebration] gala *m*.

galaxy ['gæləksɪ] *n* galaxie *f*.

gale [geɪl] *n* [wind] grand vent *m*.

gall [gɔ:l] *n* [nerve]: **to have the ~ to do sthg** avoir le toupet de faire qqch.

gallant [*sense 1* 'gælənt, *sense 2* gə'lænt, 'gælənt] *adj* **-1.** [courageous] courageux(euse). **-2.** [polite to women] galant.

gall bladder *n* vésicule *f* biliaire.

gallery ['gælərɪ] *n* **-1.** [gen] galerie *f*. **-2.** [for displaying art] musée *m*. **-3.** [in theatre] paradis *m*.

galley ['gælɪ] (*pl* **galleys**) *n* **-1.** [ship] galère *f*. **-2.** [kitchen] coquerie *f*.

Gallic ['gælɪk] *adj* français(e).

galling ['gɔ:lɪŋ] *adj* humiliant(e).

gallivant [,gælɪ'vænt] *vi inf* mener une vie de patachon.

gallon ['gælən] *n* = 4,546 *litres*, gallon *m*.

gallop ['gæləp] ◇ *n* galop *m*. ◇ *vi* galoper.

gallows ['gæləʊz] (*pl inv*) *n* gibet *m*.

gallstone ['gɔ:lstəʊn] *n* calcul *m* biliaire.

galore [gə'lɔ:'] *adj* en abondance.

galvanize, -ise ['gælvənaɪz] *vt* **-1.** TECH galvaniser. **-2.** [impel]: **to ~ sb into action** pousser qqn à agir.

gambit ['gæmbɪt] *n* entrée *f* en matière.

gamble ['gæmbl] ◇ *n* [calculated risk] risque *m*. ◇ *vi* **-1.** [bet] jouer; **to ~ on** jouer de l'argent sur. **-2.** [take risk]: **to ~ on** miser sur.

gambler ['gæmblə'] *n* joueur *m*, -euse *f*.

gambling ['gæmblɪŋ] *n* (U) jeu *m*.

game [geɪm] ◇ *n* **-1.** [gen] jeu *m*. **-2.** [match] match *m*. **-3.** (U) [hunted animals] gibier *m*. ◇ *adj* **-1.** [brave] courageux(euse). **-2.** [willing]: **~ (for sthg/to do sthg)** partant(e) (pour qqch/pour faire qqch). ◆**games** ◇ *n* SCH éducation *f* physique. ◇ *npl* [sporting contest] jeux *mpl*.

gamekeeper ['geɪm,ki:pə'] *n* garde-chasse *m*.

game reserve *n* réserve *f* (de chasse).

gammon ['gæmən] *n* jambon *m* fumé.

gamut ['gæmət] *n* gamme *f*.

gang [gæŋ] *n* **-1.** [of criminals] gang *m*. **-2.** [of young people] bande *f*. ◆**gang**

up *vi inf*: **to ~ up (on)** se liguer (contre).

gangland ['gæŋlænd] *n (U)* milieu *m*.

gangrene ['gæŋgriːn] *n* gangrène *f*.

gangster ['gæŋstər] *n* gangster *m*.

gangway ['gæŋweɪ] *n* **-1.** *Br* [aisle] allée *f*. **-2.** [gangplank] passerelle *f*.

gantry ['gæntrɪ] *n* portique *m*.

gaol [dʒeɪl] *Br* = **jail**.

gap [gæp] *n* **-1.** [empty space] trou *m*; [in text] blanc *m*; *fig* [in knowledge, report] lacune *f*. **-2.** [interval of time] période *f*. **-3.** *fig* [great difference] fossé *m*.

gape [geɪp] *vi* **-1.** [person] rester bouche bée. **-2.** [hole, shirt] bâiller.

gaping ['geɪpɪŋ] *adj* **-1.** [open-mouthed] bouche bée (*inv*). **-2.** [wide-open] béant(e); [shirt] grand ouvert (grande ouverte).

garage [*Br* 'gærɑːʒ, 'gærɪdʒ, *Am* gə'rɑːʒ] *n* **-1.** [gen] garage *m*. **-2.** *Br* [for fuel] station-service *f*.

garbage ['gɑːbɪdʒ] *n (U)* **-1.** [refuse] détritus *mpl*. **-2.** *inf* [nonsense] idioties *fpl*.

garbage can *n Am* poubelle *f*.

garbage truck *n Am* camion-poubelle *m*.

garbled ['gɑːbld] *adj* confus(e).

garden ['gɑːdn] ◇ *n* jardin *m*. ◇ *vi* jardiner.

garden centre *n* jardinerie *f*, garden centre *m*.

gardener ['gɑːdnər] *n* [professional] jardinier *m*, -ière *f*; [amateur] personne *f* qui aime jardiner, amateur *m* de jardinage.

gardening ['gɑːdnɪŋ] *n* jardinage *m*.

gargle ['gɑːgl] *vi* se gargariser.

gargoyle ['gɑːgɔɪl] *n* gargouille *f*.

garish ['geərɪʃ] *adj* criard(e).

garland ['gɑːlənd] *n* guirlande *f* de fleurs.

garlic ['gɑːlɪk] *n* ail *m*.

garlic bread *n* pain *m* à l'ail.

garment ['gɑːmənt] *n* vêtement *m*.

garnish ['gɑːnɪʃ] ◇ *n* garniture *f*. ◇ *vt* garnir.

garrison ['gærɪsn] *n* [soldiers] garnison *f*.

garrulous ['gærələs] *adj* volubile.

garter ['gɑːtər] *n* **-1.** [for socks] support-chaussette *m*; [for stockings] jarretière *f*. **-2.** *Am* [suspender] jarretelle *f*.

gas [gæs] (*pl* **-es** OR **-ses**) ◇ *n* **-1.** [gen] gaz *m inv*. **-2.** *Am* [for vehicle] essence *f*. ◇ *vt* gazer.

gas cooker *n Br* cuisinière *f* à gaz.

gas cylinder *n* bouteille *f* de gaz.

gas fire *n Br* appareil *m* de chauffage à gaz.

gas gauge *n Am* jauge *f* d'essence.

gash [gæʃ] ◇ *n* entaille *f*. ◇ *vt* entailler.

gasket ['gæskɪt] *n* joint *m* d'étanchéité.

gasman ['gæsmæn] (*pl* **-men** [-men]) *n* [who reads meter] employé *m* du gaz; [for repairs] installateur *m* de gaz.

gas mask *n* masque *m* à gaz.

gas meter *n* compteur *m* à gaz.

gasoline ['gæsəliːn] *n Am* essence *f*.

gasp [gɑːsp] ◇ *n* halètement *m*. ◇ *vi* **-1.** [breathe quickly] haleter. **-2.** [in shock, surprise] avoir le souffle coupé.

gas pedal *n Am* accélérateur *m*.

gas station *n Am* station-service *f*.

gas stove = **gas cooker**.

gas tank *n Am* réservoir *m*.

gas tap *n* [for mains supply] robinet *m* de gaz; [on gas fire] prise *f* de gaz.

gastroenteritis ['gæstrəʊˌentə'raɪtɪs] *n* gastro-entérite *f*.

gastronomy [gæs'trɒnəmɪ] *n* gastronomie *f*.

gasworks ['gæswɜːks] (*pl inv*) *n* usine *f* à gaz.

gate [geɪt] *n* [of garden, farm] barrière *f*; [of town, at airport] porte *f*; [of park] grille *f*.

gatecrash ['geɪtkræʃ] *inf vt & vi* prendre part à une réunion, une réception sans y avoir été convié.

gateway ['geɪtweɪ] *n* **-1.** [entrance] entrée *f*. **-2.** [means of access]: **~ to** porte *f* de; *fig* clé *f* de.

gather ['gæðər] ◇ *vt* **-1.** [collect] ramasser; [flowers] cueillir; [information] recueillir; [courage, strength] rassembler; **to ~ together** rassembler. **-2.** [increase - speed, force] prendre. **-3.** [understand]: **to ~ (that)** ... croire comprendre que .... **-4.** [cloth - into folds] plisser. ◇ *vi* [come together] se rassembler; [clouds] s'amonceler.

gathering ['gæðərɪŋ] *n* [meeting] rassemblement *m*.

gaudy ['gɔːdɪ] *adj* voyant(e).

gauge, gage *Am* [geɪdʒ] ◇ *n* **-1.** [for rain] pluviomètre *m*; [for fuel] jauge *f* (d'essence); [for tyre pressure] manomètre *m*. **-2.** [of gun, wire] calibre *m*. **-3.** RAIL écartement *m*. ◇ *vt* **-1.** [measure] mesurer. **-2.** [evaluate] jauger.

Gaul [gɔːl] *n* **-1.** [country] Gaule *f*. **-2.** [person] Gaulois *m*, -e *f*.

gaunt [gɔːnt] *adj* **-1.** [thin] hâve. **-2.** [bare, grim] désolé(e).

gauntlet ['gɔːntlɪt] *n* gant *m* (de protection); **to run the ~ of sthg** endurer qqch; **to throw down the ~ (to sb)** jeter le gant (à qqn).

gauze [gɔːz] *n* gaze *f*.

gave [geɪv] *pt* → **give**.

gawky ['gɔːkɪ] *adj* [person] dégingandé(e); [movement] désordonné(e).

gawp [gɔːp] *vi*: **to ~ (at)** rester bouche bée (devant).

gay [geɪ] ◇ *adj* **-1.** [gen] gai(e). **-2.** [homosexual] homo (*inv*), gay (*inv*). ◇ *n* homo *mf*, gay *mf*.

gaze [geɪz] ◇ *n* regard *m* (fixe). ◇ *vi*: **to ~ at sb/sthg** regarder qqn/qqch (fixement).

gazelle [gə'zel] (*pl inv* OR **-s**) *n* gazelle *f*.

gazetteer [ˌgæzɪ'tɪəʳ] *n* index *m* géographique.

gazump [gə'zʌmp] *vt Br inf*: **to be ~ed** être victime d'une suroffre.

GB (*abbr of* **Great Britain**) *n* G-B *f*.

GCE (*abbr of* **General Certificate of Education**) *n* certificat de fin d'études secondaires en Grande-Bretagne.

GCSE (*abbr of* **General Certificate of Secondary Education**) *n* examen de fin d'études secondaires en Grande-Bretagne.

GDP (*abbr of* **gross domestic product**) *n* PIB *m*.

gear [gɪəʳ] ◇ *n* **-1.** TECH [mechanism] embrayage *m*. **-2.** [speed - of car, bicycle] vitesse *f*; **to be in/out of ~** être en prise/au point mort. **-3.** (*U*) [equipment, clothes] équipement *m*. ◇ *vt*: **to ~ sthg to sb/sthg** destiner qqch à qqn/ qqch. ◆ **gear up** *vi*: **to ~ up for sthg/to do sthg** se préparer pour qqch/à faire qqch.

gearbox ['gɪəbɒks] *n* boîte *f* de vitesses.

gear lever, **gear stick** *Br*, **gear shift** *Am n* levier *m* de changement de vitesse.

gear wheel *n* pignon *m*, roue *f* d'engrenage.

geese [giːs] *pl* → **goose**.

gel [dʒel] ◇ *n* [for hair] gel *m*. ◇ *vi* **-1.** [thicken] prendre. **-2.** *fig* [take shape] prendre tournure.

gelatin ['dʒelətɪn], **gelatine** [ˌdʒelə'tiːn] *n* gélatine *f*.

gelignite ['dʒelɪgnaɪt] *n* gélignite *f*.

gem [dʒem] *n* **-1.** [jewel] pierre *f* précieuse, gemme *f*. **-2.** *fig* [person, thing] perle *f*.

Gemini ['dʒemɪnaɪ] *n* Gémeaux *mpl*.

gender ['dʒendəʳ] *n* **-1.** [sex] sexe *m*. **-2.** GRAMM genre *m*.

gene [dʒiːn] *n* gène *m*.

general ['dʒenərəl] ◇ *adj* général(e). ◇ *n* général *m*. ◆ **in general** *adv* en général.

general anaesthetic *n* anesthésie *f* générale.

general delivery *n Am* poste *f* restante.

general election *n* élection *f* générale.

generalization [ˌdʒenərəlaɪ'zeɪʃn] *n* généralisation *f*.

general knowledge *n* culture *f* générale.

generally ['dʒenərəlɪ] *adv* **-1.** [usually, in most cases] généralement. **-2.** [unspecifically] en général; [describe] en gros.

general practitioner *n* (médecin *m*) généraliste *m*.

general public *n*: **the ~** le grand public.

general strike *n* grève *f* générale.

generate ['dʒenəreɪt] *vt* [energy, jobs] générer; [electricity, heat] produire; [interest, excitement] susciter.

generation [ˌdʒenə'reɪʃn] *n* **-1.** [gen] génération *f*. **-2.** [creation - of jobs] création *f*; [- of interest, excitement] induction *f*; [- of electricity] production *f*.

generator ['dʒenəreɪtəʳ] *n* générateur *m*; ELEC génératrice *f*, générateur.

generosity [ˌdʒenə'rɒsətɪ] *n* générosité *f*.

generous ['dʒenərəs] *adj* généreux(euse).

genetic [dʒɪ'netɪk] *adj* génétique. ◆ **genetics** *n* (*U*) génétique *f*.

Geneva [dʒɪ'niːvə] *n* Genève.

genial ['dʒiːnjəl] *adj* affable.

genitals ['dʒenɪtlz] *npl* organes *mpl* génitaux.

genius ['dʒiːnjəs] (*pl* **-es**) *n* génie *m*.

gent [dʒent] *n Br inf* gentleman *m*. ◆ **gents** *n Br* [toilets] toilettes *fpl* pour hommes; [sign on door] messieurs.

genteel [dʒen'tiːl] *adj* raffiné(e).

gentle ['dʒentl] *adj* doux (douce); [hint] discret(ète); [telling-off] léger(ère).

gentleman ['dʒentlmən] (*pl* **-men** [-mən]) *n* **-1.** [well-behaved man] gentleman *m*. **-2.** [man] monsieur *m*.

gently ['dʒentlɪ] *adv* [gen] doucement; [speak, smile] avec douceur.

gentry ['dʒentrɪ] *n* petite noblesse *f*.

genuine ['dʒenjuɪn] *adj* authentique; [interest, customer] sérieux(ieuse); [person, concern] sincère.

geography [dʒɪ'ɒɡrəfɪ] *n* géographie *f*.
geology [dʒɪ'ɒlədʒɪ] *n* géologie *f*.
geometric(al) [,dʒɪə'metrɪk(l)] *adj* géométrique.
geometry [dʒɪ'ɒmətrɪ] *n* géométrie *f*.
geranium [dʒɪ'reɪnjəm] (*pl* -s) *n* géranium *m*.
gerbil ['dʒɜːbɪl] *n* gerbille *f*.
geriatric [,dʒerɪ'ætrɪk] *adj* -1. MED gériatrique. -2. *pej* [person] décrépit(e); [object] vétuste.
germ [dʒɜːm] *n* -1. [bacterium] germe *m*. -2. *fig* [of idea, plan] embryon *m*.
German ['dʒɜːmən] ◇ *adj* allemand(e). ◇ *n* -1. [person] Allemand *m*, -e *f*. -2. [language] allemand *m*.
German measles *n* (*U*) rubéole *f*.
Germany ['dʒɜːmənɪ] *n* Allemagne *f*.
germinate ['dʒɜːmɪneɪt] *vi lit & fig* germer.
gerund ['dʒerənd] *n* gérondif *m*.
gesticulate [dʒes'tɪkjuleɪt] *vi* gesticuler.
gesture ['dʒestʃər] *n* geste *m*. ◇ *vi*: to ~ to OR towards sb faire signe à qqn.
get [get] (*Br pt & pp* got, *Am pt* got, *pp* gotten) ◇ *vt* -1. [cause to do]: to ~ sb to do sthg faire faire qqch à qqn; I'll ~ my sister to help je vais demander à ma sœur de nous aider. -2. [cause to be done]: to ~ sthg done faire faire qqch; I got the car fixed j'ai fait réparer la voiture. -3. [cause to become]: to ~ sb pregnant rendre qqn enceinte; I can't ~ the car started je n'arrive pas à mettre la voiture en marche. -4. [cause to move]: to ~ sb/sthg through sthg faire passer qqn/qqch par qqch; to ~ sb/sthg out of sthg faire sortir qqn/qqch de qqch. -5. [bring, fetch] aller chercher; can I ~ you something to eat/drink? est-ce que je peux vous offrir quelque chose à manger/boire? -6. [obtain - gen] obtenir; [- job, house] trouver. -7. [receive] recevoir, avoir; what did you ~ for your birthday? qu'est-ce que tu as eu pour ton anniversaire?; she ~s a good salary elle touche un bon traitement. -8. [experience a sensation] avoir; do you ~ the feeling he doesn't like us? tu n'as pas l'impression qu'il ne nous aime pas? -9. [be infected with, suffer from] avoir, attraper; to ~ a cold attraper un rhume. -10. [understand] comprendre, saisir; I don't ~ it *inf* je ne comprends pas, je ne saisis pas. -11. [catch - bus, train, plane] prendre. -12. [capture] prendre, attraper. -13. [find]: you ~ a lot of

artists here on trouve OR il y a beaucoup d'artistes ici; *see also* have. ◇ *vi* -1. [become] devenir; to ~ suspicious devenir méfiant; I'm getting cold/bored je commence à avoir froid/à m'ennuyer; it's getting late il se fait tard. -2. [arrive] arriver; I only got back yesterday je suis rentré hier seulement. -3. [eventually succeed in]: to ~ to do sthg parvenir à OR finir par faire qqch; did you ~ to see him? est-ce que tu as réussi à le voir? -4. [progress]: how far have you got? où en es-tu?; now we're getting somewhere enfin on avance; we're getting nowhere on n'arrive à rien. ◇ *aux vb*: to ~ excited s'exciter; to ~ hurt se faire mal; to ~ beaten up se faire tabasser; let's ~ going OR moving allons-y; *see also* have. ◆**get about, get around** *vi* -1. [move from place to place] se déplacer. -2. [circulate - news, rumour] circuler; *see also* get around. ◆**get along** *vi* -1. [manage] se débrouiller. -2. [progress] avancer, faire des progrès. -3. [have a good relationship] s'entendre. ◆**get around, get round** ◇ *vt fus* [overcome] venir à bout de, surmonter. ◇ *vi* -1. [circulate] circuler, se répandre. -2. [eventually do]: to ~ around to (doing) sthg trouver le temps de faire qqch; *see also* get about. ◆**get at** *vt fus* -1. [reach] parvenir à. -2. [imply] vouloir dire; what are you getting at? où veux-tu en venir? -3. *inf* [criticize] critiquer, dénigrer. ◆**get away** *vi* -1. [leave] partir, s'en aller. -2. [go on holiday] partir en vacances. -3. [escape] s'échapper, s'évader. ◆**get away with** *vt fus*: to let sb ~ away with sthg passer qqch à qqn. ◆**get back** ◇ *vt sep* [recover, regain] retrouver, récupérer. ◇ *vi* [move away] s'écarter. ◆**get back to** *vt fus* -1. [return to previous state, activity] revenir à; to ~ back to sleep se rendormir; to ~ back to work [after pause] se remettre au travail; [after illness] reprendre son travail. -2. *inf* [phone back] rappeler; I'll ~ back to you on that je te reparlerai de ça plus tard. ◆**get by** *vi* se débrouiller, s'en sortir. ◆**get down** *vt sep* -1. [depress] déprimer. -2. [fetch from higher level] descendre. ◆**get down to** *vt fus*: to ~ down to doing sthg se mettre à faire qqch. ◆**get in** *vi* -1. [enter - gen] entrer; [- referring to vehicle] monter. -2. [arrive] arriver; [arrive home] rentrer. ◆**get into** *vt fus* -1. [car] monter dans. -2. [become involved in] se

giraffe

lancer dans; **to ~ into an argument with sb** se disputer avec qqn. **-3.** [enter into a particular situation, state]: **to ~ into a panic** s'affoler; **to ~ into trouble** s'attirer des ennuis; **to ~ into the habit of doing sthg** prendre l'habitude de faire qqch. ◆ **get off** ◇ *vt sep* [remove] enlever. ◇ *vi fus* **-1.** [go away from] partir de. **-2.** [train, bus etc] descendre de. ◇ *vi* **-1.** [leave bus, train] descendre. **-2.** [escape punishment] s'en tirer. **-3.** [depart] partir. ◆ **get on** ◇ *vt fus* **-1.** [bus, train, plane] monter dans. **-2.** [horse] monter sur. ◇ *vi* **-1.** [enter bus, train] monter. **-2.** [have good relationship] s'entendre, s'accorder. **-3.** [progress] avancer, progresser; **how are you getting on?** comment ça va? **-4.** [proceed]: **to ~ on (with sthg)** continuer (qqch), poursuivre (qqch). **-5.** [be successful professionally] réussir. ◆ **get out** ◇ *vt sep* **-1.** [take out] sortir. **-2.** [remove] enlever. ◇ *vi* **-1.** [from car, bus, train] descendre. **-2.** [news] s'ébruiter. ◆ **get out of** *vt fus* **-1.** [car etc] descendre de. **-2.** [escape from] s'évader de, s'échapper de. **-3.** [avoid] éviter, se dérober à; **to ~ out of doing sthg** se dispenser de faire qqch. ◆ **get over** *vt fus* **-1.** [recover from] se remettre de. **-2.** [overcome] surmonter, venir à bout de. **-3.** [communicate] communiquer. ◆ **get round** = **get around.** ◆ **get through** ◇ *vt fus* **-1.** [job, task] arriver au bout de. **-2.** [exam] réussir à. **-3.** [food, drink] consommer. **-4.** [unpleasant situation] endurer, supporter. ◇ *vi* **-1.** [make o.s. understood]: **to ~ through (to sb)** se faire comprendre (de qqn). **-2.** TELEC obtenir la communication. ◆ **get to** *vt fus inf* [annoy] taper sur les nerfs à. ◆ **get together** ◇ *vt sep* [organize - team, belongings] rassembler; [- project, report] préparer. ◇ *vi* se réunir. ◆ **get up** ◇ *vi* se lever. ◇ *vt fus* [petition, demonstration] organiser. ◆ **get up to** *vt fus inf* faire.

getaway ['getəweɪ] *n* fuite *f*.

get-together *n inf* réunion *f*.

geyser ['giːzəʳ] *n* **-1.** [hot spring] geyser *m*. **-2.** *Br* [water heater] chauffe-eau *m inv*.

Ghana ['gɑːnə] *n* Ghana *m*.

ghastly ['gɑːstlɪ] *adj* **-1.** *inf* [very bad, unpleasant] épouvantable. **-2.** [horrifying, macabre] effroyable.

gherkin ['gɜːkɪn] *n* cornichon *m*.

ghetto ['getəʊ] (*pl* **-s** OR **-es**) *n* ghetto *m*.

ghetto blaster [-,blɑːstəʳ] *n inf* grand radiocassette *m* portatif.

ghost [gəʊst] *n* [spirit] spectre *m*.

giant ['dʒaɪənt] ◇ *adj* géant(e). ◇ *n* géant *m*.

gibberish ['dʒɪbərɪʃ] *n* (*U*) charabia *m*, inepties *fpl*.

gibe [dʒaɪb] *n* insulte *f*.

giblets ['dʒɪblɪts] *npl* abats *mpl*.

Gibraltar [dʒɪˈbrɔːltəʳ] *n* Gibraltar *m*.

giddy ['gɪdɪ] *adj* [dizzy]: **to feel ~** avoir la tête qui tourne.

gift [gɪft] *n* **-1.** [present] cadeau *m*. **-2.** [talent] don *m*; **to have a ~ for sthg/for doing sthg** avoir un don pour qqch/pour faire qqch; **the ~ of the gab** le bagou.

gift certificate *Am* = **gift token.**

gifted ['gɪftɪd] *adj* doué(e).

gift token, gift voucher *n Br* chèque-cadeau *m*.

gig [gɪg] *n inf* [concert] concert *m*.

gigabyte ['gaɪgəbaɪt] *n* COMPUT giga-octet *m*.

gigantic [dʒaɪˈgæntɪk] *adj* énorme, gigantesque.

giggle ['gɪgl] ◇ *n* **-1.** [laugh] gloussement *m*. **-2.** *Br inf* [fun]: **to be a ~** être marrant(e) OR tordant(e); **to have a ~** bien s'amuser. ◇ *vi* [laugh] glousser.

gilded ['gɪldɪd] *adj* = **gilt.**

gill [dʒɪl] *n* [unit of measurement] = *0,142 litre*, quart *m* de pinte.

gills [gɪlz] *npl* [of fish] branchies *fpl*.

gilt [gɪlt] ◇ *adj* [covered in gold] doré(e). ◇ *n* (*U*) [gold layer] dorure *f*.

gimmick ['gɪmɪk] *n pej* artifice *m*.

gin [dʒɪn] *n* gin *m*; **~ and tonic** gin tonic.

ginger ['dʒɪndʒəʳ] ◇ *n* **-1.** [root] gingembre *m*. **-2.** [powder] gingembre en poudre. ◇ *adj Br* [colour] roux (rousse).

ginger ale *n* boisson gazeuse au gingembre.

ginger beer *n* boisson non-alcoolisée au gingembre.

gingerbread ['dʒɪndʒəbred] *n* pain *m* d'épice.

ginger-haired [-ˈheəd] *adj* roux (rousse).

gingerly ['dʒɪndʒəlɪ] *adv* avec précaution.

gipsy ['dʒɪpsɪ] ◇ *adj* gitan(e). ◇ *n* gitan *m*, -e *f*; *Br pej* bohémien *m*, -ienne *f*.

giraffe [dʒɪˈrɑːf] (*pl inv* OR **-s**) *n* girafe *f*.

girder ['gɜːdəʳ] n poutrelle f.

girdle ['gɜːdl] n [corset] gaine f.

girl [gɜːl] n **-1.** [gen] fille f. **-2.** [girlfriend] petite amie f.

girlfriend ['gɜːlfrend] n **-1.** [female lover] petite amie f. **-2.** [female friend] amie f.

girl guide Br, **girl scout** Am n éclaireuse f, guide f.

giro ['dʒaɪrəʊ] (pl **-s**) n Br **-1.** (U) [system] virement m postal. **-2.** ~ (**cheque**) chèque m d'indemnisation f (chômage OR maladie).

girth [gɜːθ] n **-1.** [circumference - of tree] circonférence f; [- of person] tour m de taille. **-2.** [of horse] sangle f.

gist [dʒɪst] n substance f; to get the ~ of sthg comprendre OR saisir l'essentiel de qqch.

give [gɪv] (pt **gave**, pp **given**) ◇ vt **-1.** [gen] donner; [message] transmettre; [attention, time] consacrer; **to** ~ **sb/sthg** donner qqch à qqn/qqch; **to** ~ **sb pleasure/a fright/a smile** faire plaisir/peur/un sourire à qqn; **to** ~ **a sigh** pousser un soupir; **to** ~ **a speech** faire un discours. **-2.** [as present]: **to** ~ **sb sthg, to** ~ **sthg to sb** donner qqch à qqn, offrir qqch à qqn. ◇ vi [collapse, break] céder, s'affaisser. ◇ n [elasticity] élasticité f, souplesse f. ◆ **give or take** prep: ~ **or take a day/£10** à un jour/10 livres près. ◆ **give away** vt sep **-1.** [get rid of] donner. **-2.** [reveal] révéler. ◆ **give back** vt sep [return] rendre. ◆ **give in** vi **-1.** [admit defeat] abandonner, se rendre. **-2.** [agree unwillingly]: **to** ~ **in to sthg** céder à qqch. ◆ **give off** vt fus [smell] exhaler; [smoke] faire; [heat] produire. ◆ **give out** ◇ vt sep [distribute] distribuer. ◇ vi [supplies] s'épuiser; [car] lâcher. ◆ **give up** ◇ vt sep **-1.** [stop] renoncer à; **to** ~ **up drinking/smoking** arrêter de boire/de fumer. **-2.** [surrender]: **to** ~ **o.s. up (to sb)** se rendre (à qqn). ◇ vi abandonner, se rendre.

given ['gɪvn] ◇ adj **-1.** [set, fixed] convenu(e), fixé(e). **-2.** [prone]: **to be** ~ **to sthg/to doing sthg** être enclin(e) à qqch/à faire qqch. ◇ prep étant donné; ~ **that** étant donné que.

given name n Am prénom m.

glacier ['glæsjəʳ] n glacier m.

glad [glæd] adj **-1.** [happy, pleased] content(e); **to be** ~ **about sthg** être content de qqch. **-2.** [willing]: **to be** ~ **to do sthg** faire qqch volontiers OR

avec plaisir. **-3.** [grateful]: **to be** ~ **of sthg** être content(e) de qqch.

gladly ['glædlɪ] adv **-1.** [happily, eagerly] avec joie. **-2.** [willingly] avec plaisir.

glamor Am = **glamour.**

glamorous ['glæmərəs] adj [person] séduisant(e); [appearance] élégant(e); [job, place] prestigieux(ieuse).

glamour Br, **glamor** Am ['glæməʳ] n [of person] charme m; [of appearance] élégance f, chic m; [of job, place] prestige m.

glance [glɑːns] ◇ n [quick look] regard m, coup d'œil m; **at a** ~ d'un coup d'œil; **at first** ~ au premier coup d'œil. ◇ vi [look quickly]: **to** ~ **at sb/sthg** jeter un coup d'œil à qqn/qqch. ◆ **glance off** vt fus [subj: ball, bullet] ricocher sur.

glancing ['glɑːnsɪŋ] adj de côté, oblique.

gland [glænd] n glande f.

glandular fever [ˌglændjʊləʳ-] n mononucléose f infectieuse.

glare [gleəʳ] ◇ n **-1.** [scowl] regard m mauvais. **-2.** (U) [of headlights, publicity] lumière f aveuglante. ◇ vi **-1.** [scowl]: **to** ~ **at sb/sthg** regarder qqn/qqch d'un œil mauvais. **-2.** [sun, lamp] briller d'une lumière éblouissante.

glaring ['gleərɪŋ] adj **-1.** [very obvious] flagrant(e). **-2.** [blazing, dazzling] aveuglant(e).

glasnost ['glæznɒst] n glasnost f, transparence f.

glass [glɑːs] ◇ n **-1.** [gen] verre m. **-2.** (U) [glassware] verrerie f. ◇ comp [bottle, jar] en OR de verre; [door, partition] vitré(e). ◆ **glasses** npl [spectacles] lunettes fpl.

glassware ['glɑːsweəʳ] n (U) verrerie f.

glassy ['glɑːsɪ] adj **-1.** [smooth, shiny] lisse comme un miroir. **-2.** [blank, lifeless] vitreux(euse).

glaze [gleɪz] ◇ n [on pottery] vernis m; [on pastry, flan] glaçage m. ◇ vt [pottery, tiles, bricks] vernisser; [pastry, flan] glacer.

glazier ['gleɪzjəʳ] n vitrier m.

gleam [gliːm] ◇ n [of gold] reflet m; [of fire, sunset, disapproval] lueur f. ◇ vi **-1.** [surface, object] luire. **-2.** [light, eyes] briller.

gleaming ['gliːmɪŋ] adj brillant(e).

glean [gliːn] vt [gather] glaner.

glee [gliː] n (U) [joy] joie f, jubilation f.

glen [glen] n Scot vallée f.

glib [glɪb] adj pej [salesman, politician]

qui a du bagout; [promise, excuse] facile.

glide [glaɪd] *vi* **-1.** [move smoothly - dancer, boat] glisser sans effort; [- person] se mouvoir sans effort. **-2.** [fly] planer.

glider ['glaɪdər] *n* [plane] planeur *m*.

gliding ['glaɪdɪŋ] *n* [sport] vol *m* à voile.

glimmer ['glɪmər] *n* [faint light] faible lueur *f*; *fig* signe *m*, lueur.

glimpse [glɪmps] ◇ *n* **-1.** [look, sight] aperçu *m*. **-2.** [idea, perception] idée *f*. ◇ *vt* **-1.** [catch sight of] apercevoir, entrevoir. **-2.** [perceive] pressentir.

glint [glɪnt] ◇ *n* **-1.** [flash] reflet *m*. **-2.** [in eyes] éclair *m*. ◇ *vi* étinceler.

glisten ['glɪsn] *vi* briller.

glitter ['glɪtər] ◇ *n* (*U*) scintillement *m*. ◇ *vi* **-1.** [object, light] scintiller. **-2.** [eyes] briller.

gloat [gləʊt] *vi*: to ~ (over sthg) se réjouir (de qqch).

global ['gləʊbl] *adj* [worldwide] mondial(e).

global warming [-'wɔːmɪŋ] *n* réchauffement *m* de la planète.

globe [gləʊb] *n* **-1.** [Earth]: the ~ la terre. **-2.** [spherical map] globe *m* terrestre. **-3.** [spherical object] globe *m*.

gloom [gluːm] *n* (*U*) **-1.** [darkness] obscurité *f*. **-2.** [unhappiness] tristesse *f*.

gloomy ['gluːmɪ] *adj* **-1.** [room, sky, prospects] sombre. **-2.** [person, atmosphere, mood] triste, lugubre.

glorious ['glɔːrɪəs] *adj* **-1.** [beautiful, splendid] splendide. **-2.** [very enjoyable] formidable. **-3.** [successful, impressive] magnifique.

glory ['glɔːrɪ] *n* **-1.** (*U*) [fame, admiration] gloire *f*. **-2.** (*U*) [beauty] splendeur *f*. ◆ **glory in** *vt fus* [relish] savourer.

gloss [glɒs] *n* **-1.** (*U*) [shine] brillant *m*, lustre *m*. **-2.** ~ (paint) peinture *f* brillante. ◆ **gloss over** *vt fus* passer sur.

glossary ['glɒsərɪ] *n* glossaire *m*.

glossy ['glɒsɪ] *adj* **-1.** [hair, surface] brillant(e). **-2.** [book, photo] sur papier glacé.

glove [glʌv] *n* gant *m*.

glove compartment *n* boîte *f* à gants.

glow [gləʊ] ◇ *n* (*U*) [of fire, light, sunset] lueur *f*. ◇ *vi* **-1.** [shine out - fire] rougeoyer; [light, stars, eyes] flamboyer. **-2.** [shine in light] briller.

glower ['glaʊər] *vi*: to ~ (at) lancer des regards noirs (à).

glucose ['gluːkəʊs] *n* glucose *m*.

glue [gluː] (*cont* **glueing** OR **gluing**) ◇ *n* (*U*) colle *f*. ◇ *vt* [stick with glue] coller;

to ~ sthg to sthg coller qqch à OR avec qqch.

glum [glʌm] *adj* [unhappy] morne.

glut [glʌt] *n* surplus *m*.

glutton ['glʌtn] *n* [greedy person] glouton *m*, -onne *f*; to be a ~ for punishment être maso, être masochiste.

gnarled [nɑːld] *adj* [tree, hands] noueux(euse).

gnash [næʃ] *vt*: to ~ one's teeth grincer des dents.

gnat [næt] *n* moucheron *m*.

gnaw [nɔː] ◇ *vt* [chew] ronger. ◇ *vi* [worry]: to ~ (away) at sb ronger qqn.

gnome [nəʊm] *n* gnome *m*, lutin *m*.

GNP (*abbr of* **gross national product**) *n* PNB *m*.

go [gəʊ] (*pt* **went**, *pp* **gone**, *pl* **goes**) ◇ *vi* **-1.** [move, travel] aller; where are you ~ing? où vas-tu?; he's gone to Portugal il est allé au Portugal; we went by bus/train nous sommes allés en bus/par le train; where does this path ~? où mène ce chemin?; to ~ and do sthg aller faire qqch; to ~ swimming/shopping/jogging aller nager/faire les courses/faire du jogging; to ~ for a walk aller se promener, faire une promenade; to ~ to work aller travailler OR à son travail. **-2.** [depart] partir, s'en aller; I must ~, I have to ~ il faut que je m'en aille; what time does the bus ~? à quelle heure part le bus?; let's ~! allons-y! **-3.** [become] devenir; to ~ grey grisonner, devenir gris; to ~ mad devenir fou. **-4.** [pass - time] passer. **-5.** [progress] marcher, se dérouler; the conference went very smoothly la conférence s'est déroulée sans problème OR s'est très bien passée; to ~ well/badly aller bien/mal; how's it ~ing? *inf* comment ça va? **-6.** [function, work] marcher; the car won't ~ la voiture ne veut pas démarrer. **-7.** [indicating intention, expectation]: to be ~ing to do sthg aller faire qqch; he said he was ~ing to be late il a prévenu qu'il allait arriver en retard; we're ~ing (to ~) to America in June on va (aller) en Amérique en juin; she's ~ing to have a baby elle attend un bébé. **-8.** [bell, alarm] sonner. **-9.** [stop working, break - light bulb, fuse] sauter. **-10.** [deteriorate - hearing, sight etc] baisser. **-11.** [match, be compatible]: to ~ (with) aller (avec); those colours don't really ~ ces couleurs ne vont pas bien ensemble. **-12.**

[fit] aller. **-13.** [belong] aller, se mettre; **the plates ~ in the cupboard** les assiettes vont OR se mettent dans le placard. **-14.** [in division]: **three into two won't ~** deux divisé par trois n'y va pas. **-15.** *inf* [expressing irritation, surprise]: **now what's he gone and done?** qu'est-ce qu'il a fait encore? ◇ *n* **-1.** [turn] tour *m*; **it's my ~** c'est à moi (de jouer). **-2.** *inf* [attempt]: **to have a ~ (at sthg)** essayer (de faire qqch). **-3.** *phr*: **to have a ~ at sb** *inf* s'en prendre à qqn, engueuler qqn; **to be on the ~** *inf* être sur la brèche. ◆ **to go** *adv* [remaining]: **there are only three days to ~** il ne reste que trois jours. ◆ **go about** ◇ *vt fus* [perform]: **to ~ about one's business** vaquer à ses occupations. ◇ *vi* = **go around.** ◆ **go ahead** *vi* **-1.** [proceed]: **to ~ ahead with sthg** mettre qqch à exécution; **~ ahead!** allez-y! **-2.** [take place] avoir lieu. ◆ **go along** *vi* [proceed] avancer; **as you ~ along** au fur et à mesure. ◆ **go along with** *vt fus* [suggestion, idea] appuyer, soutenir; [person] suivre. ◆ **go around** *vi* **-1.** [frequent]: **to ~ around with sb** fréquenter qqn. **-2.** [spread] circuler, courir. ◆ **go back on** *vt fus* [one's word, promise] revenir sur. ◆ **go back to** *vt fus* **-1.** [return to activity] reprendre, se remettre à; **to ~ back to sleep** se rendormir. **-2.** [date from] remonter à, dater de. ◆ **go by** ◇ *vi* [time] s'écouler, passer. ◇ *vt fus* **-1.** [be guided by] suivre. **-2.** [judge from] juger d'après. ◆ **go down** ◇ *vi* **-1.** [get lower - prices etc] baisser. **-2.** [be accepted]: **to ~ down well/badly** être bien/mal accueilli. **-3.** [sun] se coucher. **-4.** [tyre, balloon] se dégonfler. ◇ *vt fus* descendre. ◆ **go for** *vt fus* **-1.** [choose] choisir. **-2.** [be attracted to] être attiré(e) par. **-3.** [attack] tomber sur, attaquer. **-4.** [try to obtain - job, record] essayer d'obtenir. ◆ **go in** *vi* entrer. ◆ **go in for** *vt fus* **-1.** [competition] prendre part à; [exam] se présenter à. **-2.** [activity - enjoy] aimer; [- participate in] faire, s'adonner à. ◆ **go into** *vt fus* **-1.** [investigate] étudier, examiner. **-2.** [take up as a profession] entrer dans. ◆ **go off** ◇ *vi* **-1.** [explode] exploser. **-2.** [alarm] sonner. **-3.** [go bad - food] se gâter. **-4.** [lights, heating] s'éteindre. ◇ *vt fus* [lose interest in] ne plus aimer. ◆ **go on** ◇ *vi* **-1.** [take place, happen] se passer. **-2.** [heating etc] se mettre en marche. **-3.** [continue]: **to ~ on (doing)** continuer (à faire). **-4.** [proceed to

further activity]: **to ~ on to sthg** passer à qqch; **to ~ on to do sthg** faire qqch après. **-5.** [talk for too long] parler à n'en plus finir; **to ~ on about sthg** ne pas arrêter de parler de qqch. ◇ *vt fus* [be guided by] se fonder sur. ◆ **go on at** *vt fus* [nag] harceler. ◆ **go out** *vi* **-1.** [leave] sortir. **-2.** [for amusement]: **to ~ out (with sb)** sortir (avec qqn). **-3.** [light, fire, cigarette] s'éteindre. ◆ **go over** *vt fus* **-1.** [examine] examiner, vérifier. **-2.** [repeat, review] repasser. ◆ **go round** *vi* [revolve] tourner; *see also* **go around.** ◆ **go through** *vt fus* **-1.** [experience] subir, souffrir. **-2.** [study, search through] examiner; **she went through his pockets** elle lui a fait les poches, elle a fouillé dans ses poches. ◆ **go through with** *vt fus* [action, threat] aller jusqu'au bout de. ◆ **go towards** *vt fus* contribuer à. ◆ **go under** *vi lit & fig* couler. ◆ **go up** ◇ *vi* **-1.** [gen] monter. **-2.** [prices] augmenter. ◇ *vt fus* monter. ◆ **go without** ◇ *vt fus* se passer de. ◇ *vi* s'en passer.

goad [gəʊd] *vt* [provoke] talonner.

go-ahead ◇ *adj* [dynamic] dynamique. ◇ *n* (U) [permission] feu *m* vert.

goal [gəʊl] *n* but *m*.

goalkeeper ['gəʊl,ki:pəʳ] *n* gardien *m* de but.

goalmouth ['gəʊlmaʊθ, *pl* -maʊðz] *n* but *m*.

goalpost ['gəʊlpəʊst] *n* poteau *m* de but.

goat [gəʊt] *n* chèvre *f*.

gob [gɒb] *v inf* ◇ *n Br* [mouth] gueule *f*. ◇ *vi* [spit] mollarder.

gobble ['gɒbl] *vt* engloutir. ◆ **gobble down, gobble up** *vt sep* engloutir.

go-between *n* intermédiaire *mf*.

gobsmacked ['gɒbsmækt] *adj Br inf* bouche bée (*inv*).

go-cart = **go-kart.**

god [gɒd] *n* dieu *m*, divinité *f*. ◆ **God** ◇ *n* Dieu *m*; **God knows** Dieu seul le sait; **for God's sake** pour l'amour de Dieu; **thank God** Dieu merci. ◇ *excl*: **(my) God!** mon Dieu!

godchild ['gɒdtʃaɪld] (*pl* -**children** [-,tʃɪldrən]) *n* filleul *m*, -e *f*.

goddaughter ['gɒd,dɔ:təʳ] *n* filleule *f*.

goddess ['gɒdɪs] *n* déesse *f*.

godfather ['gɒd,fu:ðəʳ] *n* parrain *m*.

godforsaken ['gɒdfə,seɪkn] *adj* morne, désolé(e).

godmother ['gɒd,mʌðəʳ] *n* marraine *f*.

godsend ['gɒdsend] *n* aubaine *f*.

godson ['gɒdsʌn] n filleul m.

goes [gəʊz] → go.

goggles ['gɒglz] npl lunettes fpl.

going ['gəʊɪŋ] ◇ n (U) -1. [rate of advance] allure f. -2. [travel conditions] conditions fpl. ◇ adj -1. Br [available] disponible. -2. [rate, salary] en vigueur.

go-kart [-kɑːt] n kart m.

gold [gəʊld] ◇ n (U) [metal, jewellery] or m. ◇ comp [made of gold] en or. ◇ adj [gold-coloured] doré(e).

golden ['gəʊldən] adj -1. [made of gold] en or. -2. [gold-coloured] doré(e).

goldfish ['gəʊldfɪʃ] (pl inv) n poisson m rouge.

gold leaf n (U) feuille f d'or.

gold medal n médaille f d'or.

goldmine ['gəʊldmaɪn] n lit & fig mine f d'or.

gold-plated [-'pleɪtɪd] adj plaqué(e) or.

goldsmith ['gəʊldsmɪθ] n orfèvre m.

golf [gɒlf] n golf m.

golf ball n -1. [for golf] balle f de golf. -2. [for typewriter] boule f.

golf club n [stick, place] club m de golf.

golf course n terrain m de golf.

golfer ['gɒlfə'] n golfeur m, -euse f.

gone [gɒn] ◇ pp → go. ◇ adj [no longer here] parti(e). ◇ prep: it's ~ ten (o'clock) il est dix heures passées.

gong [gɒŋ] n gong m.

good [gʊd] (compar **better**, superl **best**) ◇ adj -1. [gen] bon (bonne); it's ~ to see you again ça fait plaisir de te revoir; to be ~ at sthg être bon en qqch; to be ~ with [animals, children] savoir y faire avec; [one's hands] être habile de; it's ~ for you c'est bon pour toi OR pour la santé; to feel ~ [person] se sentir bien; it's ~ that ... c'est bien que ...; ~! très bien! -2. [kind - person] gentil(ille); to be ~ to sb être très attentionné envers qqn; to be ~ enough to do sthg avoir l'amabilité de faire qqch. -3. [well-behaved - child] sage; [- behaviour] correct(e); be ~! sois sage, tiens-toi tranquille. ◇ n -1. (U) [benefit] bien m; it will do him ~ ça lui fera du bien. -2. [use] utilité f; what's the ~ of doing that? à quoi bon faire ça?; it's no ~ ça ne sert à rien; it's no ~ crying/worrying ça ne sert à rien de pleurer/de s'en faire. -3. (U) [morally correct behaviour] bien m; to be up to no ~ préparer un sale coup. ◆ **goods** npl [merchandise] marchandises fpl, articles mpl. ◆ **as good as** adv pratiquement, pour ainsi dire. ◆ **for good** adv [forever]

pour de bon, définitivement. ◆ **good afternoon** excl bonjour! ◆ **good evening** excl bonsoir! ◆ **good morning** excl bonjour! ◆ **good night** excl bonsoir!; [at bedtime] bonne nuit!

goodbye [,gʊd'baɪ] ◇ excl au revoir! ◇ n au revoir m.

Good Friday n Vendredi m saint.

good-humoured [-'hjuːməd] adj [person] de bonne humeur; [smile, remark, rivalry] bon enfant.

good-looking [-'lʊkɪŋ] adj [person] beau (belle).

good-natured [-'neɪtʃəd] adj [person] d'un naturel aimable; [rivalry, argument] bon enfant.

goodness ['gʊdnɪs] ◇ n (U) -1. [kindness] bonté f. -2. [nutritive quality] valeur f nutritive. ◇ excl: (my) ~! mon Dieu!, Seigneur!; for ~' sake! par pitié!, pour l'amour de Dieu!; thank ~! grâce à Dieu!

goods train n Br train m de marchandises.

goodwill [,gʊd'wɪl] n (U) bienveillance f.

goody ['gʊdɪ] inf ◇ n [person] bon m. ◇ excl chouette! ◆ **goodies** npl inf -1. [delicious food] friandises fpl. -2. [desirable objects] merveilles fpl, trésors mpl.

goose [guːs] (pl **geese**) n [bird] oie f.

gooseberry ['gʊzbərɪ] n -1. [fruit] groseille f à maquereau. -2. Br inf [third person]: to play ~ tenir la chandelle.

gooseflesh ['guːsfleʃ] n, **goose pimples** Br, **goosebumps** Am ['guːsbʌmps] npl chair f de poule.

gore [gɔː'] ◇ n (U) literary [blood] sang m. ◇ vt encorner.

gorge [gɔːdʒ] ◇ n gorge f, défilé m. ◇ vt: to ~ o.s. on OR with sthg se bourrer OR se goinfrer de qqch.

gorgeous ['gɔːdʒəs] adj divin(e); inf [good-looking] magnifique, splendide.

gorilla [gə'rɪlə] n gorille m.

gormless ['gɔːmlɪs] adj Br inf bêta (bêtasse).

gorse [gɔːs] n (U) ajonc m.

gory ['gɔːrɪ] adj sanglant(e).

gosh [gɒʃ] excl inf ça alors!

go-slow n Br grève f du zèle.

gospel ['gɒspl] n [doctrine] évangile m. ◆ **Gospel** n Evangile m.

gossip ['gɒsɪp] ◇ n -1. [conversation] bavardage m; pej commérage m. -2. [person] commère f. ◇ vi [talk] bavarder, papoter; pej cancaner.

gossip column n échos mpl.

got [gɒt] pt & pp → get.

gotten ['gɒtn] *Am pp* → get.

goulash ['guːlæʃ] *n* goulache *m*.

gourmet ['guəmeɪ] ◇ *n* gourmet *m*. ◇ *comp* [food, restaurant] gastronomique; [cook] gastronome.

gout [gaut] *n* (U) goutte *f*.

govern ['gʌvən] ◇ *vt* -1. [gen] gouverner. -2. [control] régir. ◇ *vi* POL gouverner.

governess ['gʌvənɪs] *n* gouvernante *f*.

government ['gʌvnmənt] *n* gouvernement *m*.

governor ['gʌvənər] *n* -1. POL gouverneur *m*. -2. [of school] ≃ membre *m* du conseil d'établissement; [of bank] gouverneur *m*. -3. [of prison] directeur *m*.

gown [gaun] *n* -1. [for woman] robe *f*. -2. [for surgeon] blouse *f*; [for judge, academic] robe *f*, toge *f*.

GP *n abbr of* general practitioner.

grab [græb] ◇ *vt* -1. [seize] saisir. -2. *inf* [sandwich] avaler en vitesse; **to ~ a few hours' sleep** dormir quelques heures. -3. *inf* [appeal to] emballer. ◇ *vi*: **to ~ at sthg** faire un geste pour attraper qqch.

grace [greɪs] ◇ *n* -1. [elegance] grâce *f*. -2. (U) [extra time] répit *m*. -3. [prayer] grâces *fpl*. ◇ *vt fml* -1. [honour] honorer de sa présence. -2. [decorate] orner, décorer.

graceful ['greɪsful] *adj* gracieux(ieuse), élégant(e).

gracious ['greɪʃəs] ◇ *adj* [polite] courtois(e). ◇ *excl*: **(good) ~!** juste ciel!

grade [greɪd] ◇ *n* -1. [quality - of worker] catégorie *f*; [- of wool, paper] qualité *f*; [- of petrol] type *m*; [- of eggs] calibre *m*. -2. *Am* [class] classe *f*. -3. [mark] note *f*. ◇ *vt* -1. [classify] classer. -2. [mark, assess] noter.

grade crossing *n Am* passage *m* à niveau.

grade school *n Am* école *f* primaire.

gradient ['greɪdjənt] *n* pente *f*, inclinaison *f*.

gradual ['grædʒuəl] *adj* graduel(elle), progressif(ive).

gradually ['grædʒuəlɪ] *adv* graduellement, petit à petit.

graduate [*n* 'grædʒuət, *vb* 'grædʒueɪt] ◇ *n* -1. [from university] diplômé *m*, -e *f*. -2. *Am* [of high school] ≃ titulaire *mf* du baccalauréat. ◇ *vi* -1. [from university]: **to ~ (from)** ≃ obtenir son diplôme (à). -2. *Am* [from high school]: **to ~ (from)** ≃ obtenir son baccalauréat (à).

graduation [ˌgrædʒu'eɪʃn] *n* (U) [ceremony] remise *f* des diplômes.

graffiti [grə'fiːtɪ] *n* (U) graffiti *mpl*.

graft [grɑːft] ◇ *n* -1. [from plant] greffe *f*, greffon *m*. -2. MED greffe *f*. -3. *Br* [hard work] boulot *m*. -4. *Am inf* [corruption] graissage *m* de patte. ◇ *vt* [plant, skin] greffer.

grain [greɪn] *n* -1. [gen] grain *m*. -2. (U) [crops] céréales *fpl*. -3. (U) [pattern - in wood] fil *m*; [- in material] grain *m*; [- in stone, marble] veines *fpl*.

gram [græm] *n* gramme *m*.

grammar ['græmər] *n* grammaire *f*.

grammar school *n* [in UK] ≃ lycée *m*; [in US] école *f* primaire.

grammatical [grə'mætɪkl] *adj* grammatical(e).

gramme [græm] *Br* = gram.

gramophone ['græməfəun] *n dated* gramophone *m*, phonographe *m*.

gran [græn] *n Br inf* mamie *f*, mémé *f*.

grand [grænd] ◇ *adj* -1. [impressive] grandiose, imposant(e). -2. [ambitious] grand(e). -3. [important] important(e); [socially] distingué(e). -4. *inf dated* [excellent] sensationnel(elle), formidable. ◇ *n inf* [thousand pounds] mille livres *fpl*; [thousand dollars] mille dollars *mpl*.

grand(d)ad ['grændæd] *n inf* papi *m*, pépé *m*.

grandchild ['græntʃaɪld] (*pl* **-children** [-ˌtʃɪldrən]) *n* [boy] petit-fils *m*; [girl] petite-fille *f*. ◆ **grandchildren** *npl* petits-enfants *mpl*.

granddaughter ['grænˌdɔːtər] *n* petite-fille *f*.

grandeur ['grændʒər] *n* [splendour] splendeur *f*, magnificence *f*.

grandfather ['grændˌfɑːðər] *n* grand-père *m*.

grandma ['grænmɑː] *n inf* mamie *f*, mémé *f*.

grandmother ['grænˌmʌðər] *n* grand-mère *f*.

grandpa ['grænpɑː] *n inf* papi *m*, pépé *m*.

grandparents ['grænˌpeərənts] *npl* grands-parents *mpl*.

grand piano *n* piano *m* à queue.

grand slam *n* SPORT grand chelem *m*.

grandson ['grænsʌn] *n* petit-fils *m*.

grandstand ['grændstænd] *n* tribune *f*.

grand total *n* somme *f* globale, total *m* général.

granite ['grænɪt] *n* granit *m*.

granny ['grænɪ] *n inf* mamie *f*, mémé *f*.

grant [grɑːnt] ◇ n subvention f; [for study] bourse f. ◇ vt **-1.** [wish, appeal] accorder; [request] accéder à. **-2.** [admit] admettre, reconnaître. **-3.** [give] accorder; **to take sb for ~ed** [not appreciate sb's help] penser que tout ce que qqn fait va de soi; [not value sb's presence] penser que qqn fait partie des meubles; **to take sthg for ~ed** [result, sb's agreement] considérer qqch comme acquis.

granulated sugar ['grænjʊleɪtɪd-] n sucre m cristallisé.

granule ['grænjuːl] n granule m; [of sugar] grain m.

grape [greɪp] n (grain m de) raisin m; **a bunch of ~s** une grappe de raisin.

grapefruit ['greɪpfruːt] (pl inv OR **-s**) n pamplemousse m.

grapevine ['greɪpvaɪn] n vigne f; **on the ~** fig par le téléphone arabe.

graph [grɑːf] n graphique m.

graphic ['græfɪk] adj **-1.** [vivid] vivant(e). **-2.** ART graphique. ◆ **graphics** npl graphique f.

graphite ['græfaɪt] n (U) graphite m, mine f de plomb.

graph paper n (U) papier m millimétré.

grapple ['græpl] ◆ **grapple with** vt fus **-1.** [person, animal] lutter avec. **-2.** [problem] se débattre avec, se colleter avec.

grasp [grɑːsp] ◇ n **-1.** [grip] prise f. **-2.** [understanding] compréhension f; **to have a good ~ of sthg** avoir une bonne connaissance de qqch. ◇ vt **-1.** [grip, seize] saisir, empoigner. **-2.** [understand] saisir, comprendre. **-3.** [opportunity] saisir.

grasping ['grɑːspɪŋ] adj pej avide, cupide.

grass [grɑːs] ◇ n BOT & drugs sl herbe f. ◇ vi Br crime sl moucharder; **to ~ on sb** dénoncer qqn.

grasshopper ['grɑːs,hɒpəʳ] n sauterelle f.

grass roots ◇ npl fig base f. ◇ comp du peuple.

grass snake n couleuvre f.

grate [greɪt] ◇ n grille f de foyer. ◇ vt râper. ◇ vi grincer, crisser.

grateful ['greɪtfʊl] adj: **to be ~ to sb (for sthg)** être reconnaissant(e) à qqn (de qqch).

grater ['greɪtəʳ] n râpe f.

gratify ['grætɪfaɪ] vt **-1.** [please - person]: **to be gratified** être content(e), être sa-

tisfait(e). **-2.** [satisfy - wish] satisfaire, assouvir.

grating ['greɪtɪŋ] ◇ adj grinçant(e); [voix] de crécelle. ◇ n [grille] grille f.

gratitude ['grætɪtjuːd] n (U): **~ (to sb for sthg)** gratitude f OR reconnaissance f (envers qqn de qqch).

gratuitous [grəˈtjuːɪtəs] adj fml gratuit(e).

grave¹ [greɪv] ◇ adj grave; [concern] sérieux(ieuse). ◇ n tombe f.

grave² [grɑːv] adj LING: **e ~ e** m accent grave.

gravel ['grævl] n (U) gravier m.

gravestone ['greɪvstəʊn] n pierre f tombale.

graveyard ['greɪvjɑːd] n cimetière m.

gravity ['grævətɪ] n **-1.** [force] gravité f, pesanteur f. **-2.** [seriousness] gravité f.

gravy ['greɪvɪ] n (U) [meat juice] jus m de viande.

gray Am = **grey**.

graze [greɪz] ◇ vt **-1.** [subj: cows, sheep] brouter, paître. **-2.** [subj: farmer] faire paître. **-3.** [skin] écorcher, égratigner. **-4.** [touch lightly] frôler, effleurer. ◇ vi brouter, paître. ◇ n écorchure f, égratignure f.

grease [griːs] ◇ n graisse f. ◇ vt graisser.

greaseproof paper [,griːspruːf-] n (U) Br papier m sulfurisé.

greasy ['griːzɪ] adj **-1.** [covered in grease] graisseux(euse); [clothes] taché(e) de graisse. **-2.** [food, skin, hair] gras (grasse).

great [greɪt] adj **-1.** [gen] grand(e); **~ big** énorme. **-2.** inf [splendid] génial(e), formidable; **to feel ~** se sentir en pleine forme; **~!** super!, génial!

Great Britain n Grande-Bretagne f; **in ~** en Grande-Bretagne.

greatcoat ['greɪtkəʊt] n pardessus m.

Great Dane n danois m.

great-grandchild n [boy] arrière-petit-fils m; [girl] arrière-petite-fille f. ◆ **great-grandchildren** npl arrière-petits-enfants mpl.

great-grandfather n arrière-grand-père m.

great-grandmother n arrière-grand-mère f.

greatly ['greɪtlɪ] adv beaucoup; [different] très.

greatness ['greɪtnɪs] n grandeur f.

Greece [griːs] n Grèce f.

greed [griːd] n (U) **-1.** [for food] gloutonnerre f. **-2.** fig [for money, power]: ~ **(for)** avidité f (de).

greedy ['gri:dɪ] adj **-1.** [for food] glouton(onne). **-2.** [for money, power]: ~ **for sthg** avide de qqch.

Greek [gri:k] ◇ adj grec (grecque). ◇ n **-1.** [person] Grec m, Grecque f. **-2.** [language] grec m.

green [gri:n] ◇ adj **-1.** [in colour, unripe] vert(e). **-2.** [ecological - issue, politics] écologique; [- person] vert(e). **-3.** inf [inexperienced] inexpérimenté(e), jeune. ◇ n **-1.** [colour] vert m. **-2.** GOLF green m. **-3.** village ~ pelouse f communale. ◆ **Green** n POL vert m, -e f, écologiste mf; **the Greens** les Verts, les Écologistes. ◆ **greens** npl [vegetables] légumes mpl verts.

greenback ['gri:nbæk] n Am inf billet m vert.

green belt n Br ceinture f verte.

green card n **-1.** Br [for vehicle] carte f verte. **-2.** Am [residence permit] carte f de séjour.

greenery ['gri:nərɪ] n verdure f.

greenfly ['gri:nflaɪ] (pl inv OR **-ies**) n puceron m.

greengage ['gri:ngeɪdʒ] n reine-claude f.

greengrocer ['gri:n,grəʊsə'] n marchand m, -e f de légumes; ~**'s (shop)** magasin m de fruits et légumes.

greenhouse ['gri:nhaʊs, pl -haʊzɪz] n serre f.

greenhouse effect n: **the** ~ l'effet m de serre.

Greenland ['gri:nlənd] n Groenland m.

green salad n salade f verte.

greet [gri:t] vt **-1.** [say hello to] saluer. **-2.** [receive] accueillir.

greeting ['gri:tɪŋ] n salutation f, salut m. ◆ **greetings** npl: **Christmas/birthday** ~**s** vœux mpl de Noël/d'anniversaire.

greetings card Br, **greeting card** Am n carte f de vœux.

grenade [grə'neɪd] n: **(hand)** ~ grenade f (à main).

grew [gru:] pt → **grow**.

grey Br, **gray** Am [greɪ] ◇ adj **-1.** [in colour] gris(e). **-2.** [grey-haired]: **to go** ~ grisonner. **-3.** [dull, gloomy] morne, triste. ◇ n gris m.

grey-haired [-'heəd] adj aux cheveux gris.

greyhound ['greɪhaʊnd] n lévrier m.

grid [grɪd] n **-1.** [grating] grille f. **-2.** [system of squares] quadrillage m.

griddle ['grɪdl] n plaque f à cuire.

gridlock ['grɪdlɒk] n Am embouteillage m.

grief [gri:f] n (U) **-1.** [sorrow] chagrin m, peine f. **-2.** inf [trouble] ennuis mpl. **-3.** phr: **to come to** ~ [person] avoir de gros problèmes; [project] échouer, tomber à l'eau; **good** ~! Dieu du ciel!, mon Dieu!

grievance ['gri:vns] n grief m, doléance f.

grieve [gri:v] vi [at death] être en deuil; **to** ~ **for sb/sthg** pleurer qqn/qqch.

grievous ['gri:vəs] adj fml grave; [shock] cruel(elle).

grievous bodily harm n (U) coups mpl et blessures fpl.

grill [grɪl] ◇ n [on cooker, fire] gril m. ◇ vt **-1.** [cook on grill] griller, faire griller. **-2.** inf [interrogate] cuisiner.

grille [grɪl] n grille f.

grim [grɪm] adj **-1.** [stern - face, expression] sévère; [- determination] inflexible. **-2.** [cheerless - truth, news] sinistre; [- room, walls] lugubre; [- day] morne, triste.

grimace [grɪ'meɪs] ◇ n grimace f. ◇ vi grimacer, faire la grimace.

grime [graɪm] n (U) crasse f, saleté f.

grimy ['graɪmɪ] adj sale, encrassé(e).

grin [grɪn] ◇ n (large) sourire m. ◇ vi: **to** ~ **(at sb/sthg)** adresser un large sourire (à qqn/qqch).

grind [graɪnd] (pt & pp **ground**) ◇ vt [crush] moudre. ◇ vi [scrape] grincer. ◇ n [hard, boring work] corvée f. ◆ **grind down** vt sep [oppress] opprimer. ◆ **grind up** vt sep pulvériser.

grinder ['graɪndə'] n moulin m.

grip [grɪp] ◇ n **-1.** [grasp, hold] prise f. **-2.** [control] contrôle m; **he's got a good** ~ **on the situation** il a la situation bien en main; **to get to** ~**s with sthg** s'attaquer à qqch; **to get a** ~ **on o.s.** se ressaisir. **-3.** [adhesion] adhérence f. **-4.** [handle] poignée f. **-5.** [bag] sac m (de voyage). ◇ vt **-1.** [grasp] saisir; [subj: tyres] adhérer à. **-2.** fig [imagination, country] captiver.

gripe [graɪp] inf ◇ n [complaint] plainte f. ◇ vi: **to** ~ **(about sthg)** râler OR rouspéter (contre qqch).

gripping ['grɪpɪŋ] adj passionnant(e).

grisly ['grɪzlɪ] adj [horrible, macabre] macabre.

gristle ['grɪsl] n (U) nerfs mpl.

grit [grɪt] ◇ n (U) **-1.** [stones] gravillon m; [in eye] poussière f. **-2.** inf [courage] cran m. ◇ vt sabler.

gritty ['grɪtɪ] *adj* **-1.** [stony] couvert(e) de gravillon. **-2.** *inf* [brave - person] qui a du cran; [- performance, determination] courageux(euse).

groan [grəʊn] ◇ *n* gémissement *m*. ◇ *vi* **-1.** [moan] gémir. **-2.** [creak] grincer, gémir.

grocer ['grəʊsə'] *n* épicier *m*, -ière *f*; ~'s **(shop)** épicerie *f*.

groceries ['grəʊsərɪz] *npl* [foods] provisions *fpl*.

grocery ['grəʊsərɪ] *n* [shop] épicerie *f*.

groggy ['grɒgɪ] *adj* groggy (*inv*).

groin [grɔɪn] *n* aine *f*.

groom [gru:m] ◇ *n* **-1.** [of horses] palefrenier *m*, garçon *m* d'écurie. **-2.** [bridegroom] marié *m*. ◇ *vt* **-1.** [brush] panser. **-2.** *fig* [prepare]: **to ~ sb (for sthg)** préparer OR former qqn (pour qqch).

groove [gru:v] *n* [in metal, wood] rainure *f*; [in record] sillon *m*.

grope [grəʊp] *vi*: **to ~ (about) for sthg** chercher qqch à tâtons.

gross [grəʊs] (*pl inv* OR **-es**) ◇ *adj* **-1.** [total] brut(e). **-2.** *fml* [serious - negligence] coupable; [- misconduct] choquant(e); [- inequality] flagrant(e). **-3.** [coarse, vulgar] grossier(ière). **-4.** *inf* [obese] obèse, énorme. ◇ *n* grosse *f*, douze douzaines *fpl*.

grossly ['grəʊslɪ] *adv* [seriously] extrêmement, énormément.

grotesque [grəʊ'tesk] *adj* grotesque.

grotto ['grɒtəʊ] (*pl* **-es** OR **-s**) *n* grotte *f*.

grotty ['grɒtɪ] *adj Br inf* minable.

ground [graʊnd] ◇ *pt & pp* → **grind**. ◇ *n* **-1.** (*U*) [surface of earth] sol *m*, terre *f*; **above ~** en surface; **below ~** sous terre; **on the ~** par terre, au sol. **-2.** (*U*) [area of land] terrain *m*. **-3.** [for sport etc] terrain *m*. **-4.** [advantage]: **to gain/lose ~** gagner/perdre du terrain. ◇ *vt* **-1.** [base]: **to be ~ed on** OR **in sthg** être fondé(e) sur qqch. **-2.** [aircraft, pilot] interdire de vol. **-3.** *inf* [child] priver de sortie. **-4.** *Am* ELEC: **to be ~ed** être à la masse. ◆ **grounds** *npl* **-1.** [reason] motif *m*, raison *f*; ~**s for sthg** motifs de qqch; ~**s for doing sthg** raisons de faire qqch. **-2.** [land round building] parc *m*. **-3.** [of coffee] marc *m*.

ground crew *n* personnel *m* au sol.

ground floor *n* rez-de-chaussée *m*.

grounding ['graʊndɪŋ] *n*: ~ **(in)** connaissances *fpl* de base (en).

groundless ['graʊndlɪs] *adj* sans fondement.

groundsheet ['graʊndʃi:t] *n* tapis *m* de sol.

ground staff *n* **-1.** [at sports ground] personnel *m* d'entretien (*d'un terrain de sport*). **-2.** *Br* = **ground crew**.

groundswell ['graʊndswel] *n* vague *f* de fond.

groundwork ['graʊndwɜ:k] *n* (*U*) travail *m* préparatoire.

group [gru:p] ◇ *n* groupe *m*. ◇ *vt* grouper, réunir. ◇ *vi*: **to ~ (together)** se grouper.

groupie ['gru:pɪ] *n inf* groupie *f*.

grouse [graʊs] (*pl inv* OR **-s**) ◇ *n* [bird] grouse *f*, coq *m* de bruyère. ◇ *vi inf* râler, rouspéter.

grove [grəʊv] *n* [group of trees] bosquet *m*.

grovel ['grɒvl] *vi*: **to ~ (to sb)** ramper (devant qqn).

grow [grəʊ] (*pt* grew, *pp* grown) ◇ *vi* **-1.** [gen] pousser; [person, animal] grandir; [company, city] s'agrandir; [fears, influence, traffic] augmenter, s'accroître; [problem, idea, plan] prendre de l'ampleur; [economy] se développer. **-2.** [become] devenir; **to ~ old** vieillir; **to ~ tired of sthg** se fatiguer de qqch. ◇ *vt* **-1.** [plants] faire pousser. **-2.** [hair, beard] laisser pousser. ◆ **grow on** *vt fus inf* plaire de plus en plus à; **it'll ~ on you** cela finira par te plaire. ◆ **grow out of** *vt fus* **-1.** [clothes, shoes] devenir trop grand pour. **-2.** [habit] perdre. ◆ **grow up** *vi* **-1.** [become adult] grandir, devenir adulte; ~ **up!** ne fais pas l'enfant! **-2.** [develop] se développer.

grower ['grəʊə'] *n* cultivateur *m*, -trice *f*.

growl [graʊl] *vi* [animal] grogner, gronder; [engine] vrombir, gronder; [person] grogner.

grown [grəʊn] ◇ *pp* → **grow**. ◇ *adj* adulte.

grown-up ◇ *adj* **-1.** [fully grown] adulte, grand(e). **-2.** [mature] mûr(e). ◇ *n* adulte *mf*, grande personne *f*.

growth [grəʊθ] *n* **-1.** [increase - gen] croissance *f*; [- of opposition, company] développement *m*; [- of population] augmentation *f*, accroissement *m*. **-2.** MED [lump] tumeur *f*, excroissance *f*.

grub [grʌb] *n* **-1.** [insect] larve *f*. **-2.** *inf* [food] bouffe *f*.

grubby ['grʌbɪ] *adj* sale, malpropre.

grudge [grʌdʒ] ◇ *n* rancune *f*; **to bear sb a ~, to bear a ~ against sb** garder rancune à qqn. ◇ *vt*: **to ~ sb sthg**

donner qqch à qqn à contrecœur; [success] en vouloir à qqn à cause de qqch.

gruelling Br, **grueling** Am ['gruəliŋ] adj épuisant(e), exténuant(e).

gruesome ['gru:səm] adj horrible.

gruff [grʌf] adj **-1.** [hoarse] gros (grosse). **-2.** [rough, unfriendly] brusque, bourru(e).

grumble ['grʌmbl] vi **-1.** [complain]: to ~ about sthg rouspéter OR grommeler contre qqch. **-2.** [rumble - thunder, train] gronder; [- stomach] gargouiller.

grumpy ['grʌmpɪ] adj inf renfrogné(e).

grunt [grʌnt] ◇ n grognement m. ◇ vi grogner.

G-string n cache-sexe m inv.

guarantee [,gærən'ti:] ◇ n garantie f. ◇ vt garantir.

guard [gɑ:d] ◇ n **-1.** [person] garde m; [in prison] gardien m. **-2.** [group of guards] garde f. **-3.** [defensive operation] garde f; to be on ~ être de garde OR de faction; to catch sb off ~ prendre qqn au dépourvu. **-4.** Br RAIL chef m de train. **-5.** [protective device - for body] protection f; [- for fire] garde-feu m inv. ◇ vt **-1.** [protect - building] protéger, garder; [- person] protéger. **-2.** [prisoner] garder, surveiller. **-3.** [hide - secret] garder.

guard dog n chien m de garde.

guarded ['gɑ:dɪd] adj prudent(e).

guardian ['gɑ:djən] n **-1.** [of child] tuteur m, -trice f. **-2.** [protector] gardien m, -ienne f, protecteur m, -trice f.

guardrail ['gɑ:dreɪl] n Am [on road] barrière f de sécurité.

guard's van n Br wagon m du chef de train.

guerilla [gə'rɪlə] = guerrilla.

Guernsey ['gɜ:nzɪ] n [place] Guernesey f.

guerrilla [gə'rɪlə] n guérillero m; urban ~ guérillero m des villes.

guerrilla warfare n (U) guérilla f.

guess [ges] ◇ n conjecture f. ◇ vt deviner; ~ what? tu sais quoi? ◇ vi **-1.** [conjecture] deviner; to ~ at sthg deviner qqch. **-2.** [suppose]: I ~ (so) je suppose (que oui).

guesswork ['gesw3:k] n (U) conjectures fpl, hypothèses fpl.

guest [gest] n **-1.** [gen] invité m, -e f. **-2.** [at hotel] client m, -e f.

guesthouse ['gesthaus, pl -hauzɪz] n pension f de famille.

guestroom ['gestrum] n chambre f d'amis.

guffaw [gʌ'fɔ:] ◇ n gros rire m. ◇ vi rire bruyamment.

guidance ['gaɪdəns] n (U) **-1.** [help] conseils mpl. **-2.** [leadership] direction f.

guide [gaɪd] ◇ n **-1.** [person, book] guide m. **-2.** [indication] indication f. ◇ vt **-1.** [show by leading] guider. **-2.** [control] diriger. **-3.** [influence]: to be ~d by sb/sthg se laisser guider par qqn/qqch. ◆ **Guide** n = Girl Guide.

guide book n guide m.

guide dog n chien m d'aveugle.

guidelines ['gaɪdlaɪnz] npl directives fpl, lignes fpl directrices.

guild [gɪld] n **-1.** HISTORY corporation f, guilde f. **-2.** [association] association f.

guile [gaɪl] n (U) literary ruse f, astuce f.

guillotine ['gɪlə,ti:n] ◇ n **-1.** [for executions] guillotine f. **-2.** [for paper] massicot m. ◇ vt [execute] guillotiner.

guilt [gɪlt] n culpabilité f.

guilty ['gɪltɪ] adj coupable; to be ~ of sthg être coupable de qqch; to be found ~/not ~ JUR être reconnu coupable/non coupable.

guinea pig ['gɪnɪ-] n cobaye m.

guise [gaɪz] n fml apparence f.

guitar [gɪ'tɑ:] n guitare f.

guitarist [gɪ'tɑ:rɪst] n guitariste mf.

gulf [gʌlf] n **-1.** [sea] golfe m. **-2.** [breach, chasm]: ~ (between) abîme m (entre). ◆ **Gulf** n: the Gulf le Golfe.

gull [gʌl] n mouette f.

gullet ['gʌlɪt] n œsophage m; [of bird] gosier m.

gullible ['gʌləbl] adj crédule.

gully ['gʌlɪ] n **-1.** [valley] ravine f. **-2.** [ditch] rigole f.

gulp [gʌlp] ◇ n [of drink] grande gorgée f; [of food] grosse bouchée f. ◇ vt avaler. ◇ vi avoir la gorge nouée. ◆ **gulp down** vt sep avaler.

gum [gʌm] n **-1.** [chewing gum] chewing-gum m. **-2.** [adhesive] colle f, gomme f. **-3.** ANAT gencive f. ◇ vt coller.

gumboots ['gʌmbu:ts] npl Br bottes fpl de caoutchouc.

gun [gʌn] n **-1.** [weapon - small] revolver m; [- rifle] fusil m; [- large] canon m. **-2.** [starting pistol] pistolet m. **-3.** [tool] pistolet m; [for staples] agrafeuse f. ◆ **gun down** vt sep abattre.

gunboat ['gʌnbəut] n canonnière f.

gunfire ['gʌnfaɪə] n (U) coups mpl de feu.

gunman ['gʌnmən] (*pl* **-men** [-mən]) *n* personne *f* armée.

gunpoint ['gʌnpɔɪnt] *n*: **at ~** sous la menace d'un fusil OR pistolet.

gunpowder ['gʌn,paʊdəʳ] *n* poudre *f* à canon.

gunshot ['gʌnʃɒt] *n* [firing of gun] coup *m* de feu.

gunsmith ['gʌnsmɪθ] *n* armurier *m*.

gurgle ['gɜːgl] *vi* **-1.** [water] glouglouter. **-2.** [baby] gazouiller.

guru ['gʊruː] *n* gourou *m*, guru *m*.

gush [gʌʃ] ◇ *n* jaillissement *m*. ◇ *vi* **-1.** [flow out] jaillir. **-2.** *pej* [enthuse] s'exprimer de façon exubérante.

gusset ['gʌsɪt] *n* gousset *m*.

gust [gʌst] *n* rafale *f*, coup *m* de vent.

gusto ['gʌstəʊ] *n*: **with ~** avec enthousiasme.

gut [gʌt] ◇ *n* MED intestin *m*. ◇ *vt* **-1.** [remove organs from] vider. **-2.** [destroy] réduire à rien. ◆ **guts** *npl inf* **-1.** [intestines] intestins *mpl*; **to hate sb's ~s** ne pas pouvoir piffer qqn, ne pas pouvoir voir qqn en peinture. **-2.** [courage] cran *m*.

gutter ['gʌtəʳ] *n* **-1.** [ditch] rigole *f*. **-2.** [on roof] gouttière *f*.

gutter press *n* presse *f* à sensation.

guy [gaɪ] *n* **-1.** *inf* [man] type *m*. **-2.** [person] copain *m*, copine *f*. **-3.** *Br* [dummy] *effigie de Guy Fawkes*.

Guy Fawkes' Night [-ˈfɔːks-] *n* fête célébrée le 5 novembre pendant laquelle sont tirés des feux d'artifice et allumés des feux de joie.

guy rope *n* corde *f* de tente.

guzzle ['gʌzl] ◇ *vt* bâfrer; [drink] lamper. ◇ *vi* s'empiffrer.

gym [dʒɪm] *n inf* **-1.** [gymnasium] gymnase *m*. **-2.** [exercises] gym *f*.

gymnasium [dʒɪm'neɪzjəm] (*pl* **-iums** OR **-ia** [-jə]) *n* gymnase *m*.

gymnast ['dʒɪmnæst] *n* gymnaste *mf*.

gymnastics [dʒɪm'næstɪks] *n* (*U*) gymnastique *f*.

gym shoes *npl* (chaussures *fpl* de) tennis *mpl*.

gymslip ['dʒɪm,slɪp] *n Br* tunique *f*.

gynaecologist *Br*, **gynecologist** *Am* [,gaɪnə'kɒlədʒɪst] *n* gynécologue *mf*.

gynaecology *Br*, **gynecology** *Am* [,gaɪnə'kɒlədʒɪ] *n* gynécologie *f*.

gypsy ['dʒɪpsɪ] = **gipsy**.

gyrate [dʒaɪ'reɪt] *vi* tournoyer.

h (*pl* **h's** OR **hs**), **H** (*pl* **H's** OR **Hs**) [eɪtʃ] *n* [letter] h *m inv*, H *m inv*.

haberdashery ['hæbədæʃərɪ] *n* mercerie *f*.

habit ['hæbɪt] *n* **-1.** [customary practice] habitude *f*; **out of ~** par habitude; **to make a ~ of doing sthg** avoir l'habitude de faire qqch. **-2.** [garment] habit *m*.

habitat ['hæbɪtæt] *n* habitat *m*.

habitual [hə'bɪtʃʊəl] *adj* **-1.** [usual, characteristic] habituel(elle). **-2.** [regular] invétéré(e).

hack [hæk] ◇ *n* [writer] écrivailleur *m*, -euse *f*. ◇ *vt* [cut] tailler. ◆ **hack into** *vt fus* COMPUT pirater.

hacker ['hækəʳ] *n*: **(computer) ~** pirate *m* informatique.

hackneyed ['hæknɪd] *adj* rebattu(e).

hacksaw ['hæksɔː] *n* scie *f* à métaux.

had [*weak form* həd, *strong form* hæd] *pt* & *pp* → **have**.

haddock ['hædək] (*pl inv*) *n* églefin *m*, aiglefin *m*.

hadn't ['hædnt] = **had not**.

haemophiliac [,hiːmə'fɪlɪˌæk] = **hemophiliac**.

haemorrhage ['hemərɪdʒ] = **hemorrhage**.

haemorrhoids ['hemərɔɪdz] = **hemorrhoids**.

haggard ['hægəd] *adj* [face] défait(e); [person] abattu(e).

haggis ['hægɪs] *n plat typique écossais fait d'une panse de brebis farcie, le plus souvent servie avec des navets et des pommes de terre.*

haggle ['hægl] *vi* marchander; **to ~ over** OR **about sthg** marchander qqch.

Hague [heɪg] *n*: **The ~** La Haye.

hail [heɪl] ◇ *n* grêle *f*; *fig* pluie *f*. ◇ *vt* **-1.** [call] héler. **-2.** [acclaim]: **to ~ sb/ sthg as sthg** acclamer qqn/qqch comme qqch. ◇ *v impers* grêler.

hailstone ['heɪlstəʊn] *n* grêlon *m*.

hair [heəʳ] *n* **-1.** (*U*) [on human head] cheveux *mpl*; **to do one's ~** se coiffer. **-2.** (*U*) [on animal, human skin] poils *mpl.* **-3.** [individual hair - on head] cheveu *m*; [- on skin] poil *m*.

hairbrush ['heəbrʌʃ] *n* brosse *f* à cheveux.

haircut ['heəkʌt] *n* coupe *f* de cheveux.

hairdo ['heədu:] (*pl* **-s**) *n inf* coiffure *f*.

hairdresser ['heə,dresər] *n* coiffeur *m*, -euse *f*; ~'s (salon) salon *m* de coiffure.

hairdryer ['heə,draɪər] *n* [handheld] sèche-cheveux *m inv*; [with hood] casque *m*.

hair gel *n* gel *m* coiffant.

hairgrip ['heəgrɪp] *n Br* pince *f* à cheveux.

hairpin ['heəpɪn] *n* épingle *f* à cheveux.

hairpin bend *n* virage *m* en épingle à cheveux.

hair-raising [-,reɪzɪŋ] *adj* à faire dresser les cheveux sur la tête; [journey] effrayant(e).

hair remover [-rɪ,mu:vər] *n* (crème *f*) dépilatoire *m*.

hair slide *n Br* barrette *f*.

hairspray ['heəspreɪ] *n* laque *f*.

hairstyle ['heəstaɪl] *n* coiffure *f*.

hairy ['heərɪ] *adj* **-1.** [covered in hair] velu(e), poilu(e). **-2.** *inf* [dangerous] à faire dresser les cheveux sur la tête.

Haiti ['heɪtɪ] *n* Haïti *m*.

hake [heɪk] (*pl inv* OR **-s**) *n* colin *m*, merluche *f*.

half [*Br* hɑ:f, *Am* hæf] (*pl senses 1 and 2* **halves**, *pl senses 3, 4 and 5* **halves** OR **halfs**) ◇ *adj* demi(e); a dozen une demi-douzaine; ~ **an hour** une demi-heure; ~ **a pound** une demi-livre; ~ **English** à moitié anglais. ◇ *adv* **-1.** [gen] à moitié; ~-**and**-~ moitié-moitié. **-2.** [by half] de moitié. **-3.** [in telling the time]: ~ **past ten** *Br*, ~ **after ten** *Am* dix heures et demie; **it's** ~ **past** il est la demie. ◇ *n* **-1.** [gen] moitié *f*; **in** ~ en deux; **to go halves (with sb)** partager (avec qqn). **-2.** SPORT [of match] mi-temps *f*. **-3.** SPORT [halfback] demi *m*. **-4.** [of beer] demi *m*. **-5.** [child's ticket] demi-tarif *m*, tarif *m* enfant. ◇ *pron* la moitié; ~ **of them** la moitié d'entre eux.

halfback ['hɑ:fbæk] *n* demi *m*.

half board *n* demi-pension *f*.

half-breed ◇ *adj* métis(isse). ◇ *n* métis *m*, -isse *f* (*attention: le terme 'half-breed' est considéré raciste*).

half-caste [-kɑ:st] ◇ *adj* métis(isse). ◇ *n* métis *m*, -isse *f* (*attention: le terme 'half-caste' est considéré raciste*).

half-hearted [-'hɑ:tɪd] *adj* sans enthousiasme.

half hour *n* demi-heure *f*.

half-mast *n*: at ~ [flag] en berne.

half moon *n* demi-lune *f*.

half note *n Am* MUS blanche *f*.

halfpenny ['heɪpnɪ] (*pl* **-pennies** OR **-pence**) *n* demi-penny *m*.

half-price *adj* à moitié prix.

half term *n Br* congé *m* de mi-trimestre.

half time *n* (U) mi-temps *f*.

halfway [hɑ:f'weɪ] ◇ *adj* à mi-chemin. ◇ *adv* **-1.** [in space] à mi-chemin. **-2.** [in time] à la moitié.

halibut ['hælɪbət] (*pl inv* OR **-s**) *n* flétan *m*.

hall [hɔ:l] *n* **-1.** [in house] vestibule *m*, entrée *f*. **-2.** [meeting room, building] salle *f*. **-3.** [country house] manoir *m*.

hallmark ['hɔ:lmɑ:k] *n* **-1.** [typical feature] marque *f*. **-2.** [on metal] poinçon *m*.

hallo [hə'ləʊ] = **hello**.

hall of residence (*pl* **halls of residence**) *n Br* UNIV résidence *f* universitaire.

Hallowe'en [,hæləʊ'i:n] *n* Halloween *f* (*fête des sorcières et des fantômes*).

hallucinate [hə'lu:sɪneɪt] *vi* avoir des hallucinations.

hallway ['hɔ:lweɪ] *n* vestibule *m*.

halo ['heɪləʊ] (*pl* **-es** OR **-s**) *n* nimbe *m*; ASTRON halo *m*.

halt [hɔ:lt] ◇ *n* [stop]: **to come to a** ~ [vehicle] s'arrêter, s'immobiliser; [activity] s'interrompre; **to call a** ~ **to sthg** mettre fin à qqch. ◇ *vt* arrêter. ◇ *vi* s'arrêter.

halterneck ['hɔ:ltənek] *adj* dos nu (*inv*).

halve [*Br* hɑ:v, *Am* hæv] *vt* **-1.** [reduce by half] réduire de moitié. **-2.** [divide] couper en deux.

halves [*Br* hɑ:vz, *Am* hævz] *pl* → **half**.

ham [hæm] ◇ *n* [meat] jambon *m*. ◇ *comp* au jambon.

hamburger ['hæmbɜ:gər] *n* **-1.** [burger] hamburger *m*. **-2.** (U) *Am* [mince] viande *f* hachée.

hamlet ['hæmlɪt] *n* hameau *m*.

hammer ['hæmər] ◇ *n* marteau *m*. ◇ *vt* **-1.** [with tool] marteler; [nail] enfoncer à coups de marteau. **-2.** [with fist] marteler du poing. **-3.** *fig*: **to** ~ **sthg into sb** faire entrer qqch dans la tête de qqn. **-4.** *inf* [defeat] battre à plates coutures. ◇ *vi* [with fist]: **to** ~ **(on)** cogner du poing (à). ◆ **hammer out** *vt fus* [agreement, solution] parvenir finalement à.

hammock ['hæmək] *n* hamac *m*.

hamper ['hæmpər] ◇ *n* **-1.** [for food] panier *m* d'osier. **-2.** *Am* [for laundry] coffre *m* à linge. ◇ *vt* gêner.

hamster ['hæmstər] *n* hamster *m*.

hamstring ['hæmstrɪŋ] *n* tendon *m* du jarret.

hand [hænd] ◇ *n* **-1.** [part of body] main *f*; **to hold ~s** se tenir la main; **by ~** à la main; **to get** OR **lay one's ~s on** mettre la main sur; **to get out of ~** échapper à tout contrôle; **to have a situation in ~** avoir une situation en main; **to have one's ~s full** avoir du pain sur la planche; **to try one's ~ at sthg** s'essayer à qqch. **-2.** [help] coup *m* de main; **to give** OR **lend sb a ~ (with sthg)** donner un coup de main à qqn (pour faire qqch). **-3.** [worker] ouvrier *m*, -ière *f*. **-4.** [of clock, watch] aiguille *f*. **-5.** [handwriting] écriture *f*. **-6.** [of cards] jeu *m*, main *f*. ◇ *vt*: **to ~ sthg to sb, to ~ sb sthg** passer qqch à qqn. ◆ **(close) at hand** *adv* proche. ◆ **on hand** *adv* disponible. ◆ **on the other hand** *conj* d'autre part. ◆ **out of hand** *adv* [completely] d'emblée. ◆ **to hand** *adv* à portée de la main, sous la main. ◆ **hand down** *vt sep* transmettre. ◆ **hand in** *vt sep* remettre. ◆ **hand out** *vt sep* distribuer. ◆ **hand over** ◇ *vt sep* **-1.** [baton, money] remettre. **-2.** [responsibility, power] transmettre. ◇ *vi*: **to ~ over (to)** passer le relais (à).

handbag ['hændbæg] *n* sac *m* à main.

handball ['hændbɔːl] *n* [game] handball *m*.

handbook ['hændbʊk] *n* manuel *m*; [for tourist] guide *m*.

handbrake ['hændbreɪk] *n* frein *m* à main.

handcuffs ['hændkʌfs] *npl* menottes *fpl*.

handful ['hændfʊl] *n* [of sand, grass, people] poignée *f*.

handgun ['hændgʌn] *n* revolver *m*, pistolet *m*.

handicap ['hændɪkæp] ◇ *n* handicap *m*. ◇ *vt* handicaper; [progress, work] entraver.

handicapped ['hændɪkæpt] ◇ *adj* handicapé(e). ◇ *npl*: **the ~** les handicapés *mpl*.

handicraft ['hændɪkrɑːft] *n* activité *f* artisanale.

handiwork ['hændɪwɜːk] *n* (U) ouvrage *m*.

handkerchief ['hæŋkətʃɪf] (*pl* **-chiefs** OR **-chieves** [-tʃiːvz]) *n* mouchoir *m*.

handle ['hændl] ◇ *n* poignée *f*; [of jug, cup] anse *f*; [of knife, pan] manche *m*. ◇ *vt* **-1.** [with hands] manipuler; [without permission] toucher à. **-2.** [deal with, responsible for] s'occuper de; [difficult situation] faire face à. **-3.** [treat] traiter, s'y prendre avec.

handlebars ['hændlbɑːz] *npl* guidon *m*.

handler ['hændlər] *n* **-1.** [of dog] maître-chien *m*. **-2.** [at airport]: **(baggage) ~** bagagiste *m*.

hand luggage *n* (U) *Br* bagages *mpl* à main.

handmade [,hænd'meɪd] *adj* fait(e) (à la) main.

handout ['hændaʊt] *n* **-1.** [gift] don *m*. **-2.** [leaflet] prospectus *m*.

handrail ['hændreɪl] *n* rampe *f*.

handset ['hændset] *n* combiné *m*.

handshake ['hændʃeɪk] *n* serrement *m* OR poignée *f* de main.

handsome ['hænsəm] *adj* **-1.** [good-looking] beau (belle). **-2.** [reward, profit] beau (belle); [gift] généreux(euse).

handstand ['hændstænd] *n* équilibre *m* (*sur les mains*).

handwriting ['hænd,raɪtɪŋ] *n* écriture *f*.

handy ['hændɪ] *adj inf* **-1.** [useful] pratique; **to come in ~** être utile. **-2.** [skilful] adroit(e). **-3.** [near] tout près, à deux pas.

handyman ['hændɪmæn] (*pl* **-men** [-men]) *n* bricoleur *m*.

hang [hæŋ] (*pt* & *pp sense 1* **hung**, *pt* & *pp sense 2* **hung** OR **hanged**) ◇ *vt* **-1.** [fasten] suspendre. **-2.** [execute] pendre. ◇ *vi* **-1.** [be fastened] pendre, être accroché(e). **-2.** [be executed] être pendu(e). ◇ *n*: **to get the ~ of sthg** *inf* saisir le truc OR attraper le coup pour faire qqch. ◆ **hang about, hang around** *vi* traîner. ◆ **hang on** *vi* **-1.** [keep hold] **to ~ on (to)** s'accrocher OR se cramponner (à). **-2.** *inf* [continue waiting] attendre. **-3.** [persevere] tenir bon. ◆ **hang out** *vi inf* [spend time] traîner. ◆ **hang round** = **hang about**. ◆ **hang up** ◇ *vt sep* pendre. ◇ *vi* [on telephone] raccrocher. ◆ **hang up on** *vt fus* TELEC raccrocher au nez de.

hangar ['hæŋər] *n* hangar *m*.

hanger ['hæŋər] *n* cintre *m*.

hanger-on (*pl* **hangers-on**) *n* parasite *m*.

hang gliding *n* deltaplane *m*, vol *m* libre.

hangover ['hæŋ,əʊvə'] *n* [from drinking] gueule *f* de bois.

hang-up *n inf* complexe *m*.

hanker ['hæŋkə'] ◆ **hanker after**, **hanker for** *vt fus* convoiter.

hankie, **hanky** ['hæŋkɪ] (*abbr of* **handkerchief**) *n inf* mouchoir *m*.

haphazard [,hæp'hæzəd] *adj* fait(e) au hasard.

hapless ['hæplɪs] *adj literary* infortuné(e).

happen ['hæpən] *vi* **-1.** [occur] arriver, se passer; **to ~ to sb** arriver à qqn. **-2.** [chance]: **I just ~ed to meet him** je l'ai rencontré par hasard; **as it ~s** un coup.

happening ['hæpənɪŋ] *n* événement *m*.

happily ['hæpɪlɪ] *adv* **-1.** [with pleasure] de bon cœur. **-2.** [contentedly]: **to be ~ doing sthg** être bien tranquillement en train de faire qqch. **-3.** [fortunately] heureusement.

happiness ['hæpɪnɪs] *n* bonheur *m*.

happy ['hæpɪ] *adj* **-1.** [gen] heureux(euse); **to be ~ to do sthg** être heureux de faire qqch; **~ Christmas/birthday! ~ New Year!** bonne année! **-2.** [satisfied] heureux(euse), content(e); **to be ~ with** OR **about sthg** être heureux de qqch.

happy-go-lucky *adj* décontracté(e).

happy medium *n* juste milieu *m*.

harangue [hə'ræŋ] ◇ *n* harangue *f*. ◇ *vt* haranguer.

harass ['hærəs] *vt* harceler.

harbour *Br*, **harbor** *Am* ['hɑːbə'] ◇ *n* port *m*. ◇ *vt* **-1.** [feeling] entretenir; [doubt, grudge] garder. **-2.** [person] héberger.

hard [hɑːd] ◇ *adj* **-1.** [gen] dur(e); **to be ~ on sb/sthg** être dur avec qqn/pour qqch. **-2.** [winter, frost] rude. **-3.** [water] calcaire. **-4.** [fact] concret(ète); [news] sûr(e), vérifié(e). **-5.** *Br* POL: **~ left/right** extrême gauche/droite. ◇ *adv* **-1.** [strenuously - work] dur; [- listen, concentrate] avec effort; **to try ~ (to do sthg)** faire de son mieux (pour faire qqch). **-2.** [forcefully] fort. **-3.** [heavily - rain] à verse; [- snow] dru. **-4.** *phr*: **to be ~ pushed** OR **put** OR **pressed to do sthg** avoir bien de la peine à faire qqch; **to feel ~ done by** avoir l'impression d'avoir été traité injustement.

hardback ['hɑːdbæk] ◇ *adj* relié(e). ◇ *n* livre *m* relié.

hardboard ['hɑːdbɔːd] *n* panneau *m* de fibres.

hard-boiled *adj* CULIN: **~ egg** œuf *m* dur.

hard cash *n* (*U*) espèces *fpl*.

hard copy *n* COMPUT sortie *f* papier.

hard disk *n* COMPUT disque *m* dur.

harden ['hɑːdn] ◇ *vt* durcir; [steel] tremper. ◇ *vi* **-1.** [glue, concrete] durcir. **-2.** [attitude, opposition] se durcir.

hard-headed [-'hedɪd] *adj* [decision] pragmatique; **to be ~** [person] avoir la tête froide.

hard-hearted [-'hɑːtɪd] *adj* insensible, impitoyable.

hard labour *n* (*U*) travaux *mpl* forcés.

hard-liner *n* partisan *m* de la manière forte.

hardly ['hɑːdlɪ] *adv* **-1.** [scarcely] à peine, ne ... guère; **~ ever/anything** presque jamais/rien; **I can ~ move/wait** je peux à peine bouger/attendre. **-2.** [only just] à peine.

hardness ['hɑːdnɪs] *n* **-1.** [firmness] dureté *f*. **-2.** [difficulty] difficulté *f*.

hardship ['hɑːdʃɪp] *n* **-1.** (*U*) [difficult conditions] épreuves *fpl*. **-2.** [difficult circumstance] épreuve *f*.

hard shoulder *n Br* AUT bande *f* d'arrêt d'urgence.

hard up *adj inf* fauché(e); **~ for sthg** à court de qqch.

hardware ['hɑːdweə'] *n* (*U*) **-1.** [tools, equipment] quincaillerie *f*. **-2.** COMPUT hardware *m*, matériel *m*.

hardware shop *n* quincaillerie *f*.

hardwearing [,hɑːd'weərɪŋ] *adj Br* résistant(e).

hardworking [,hɑːd'wɜːkɪŋ] *adj* travailleur(euse).

hardy ['hɑːdɪ] *adj* **-1.** [person, animal] vigoureux(euse), robuste. **-2.** [plant] résistant(e), vivace.

hare [heə'] *n* lièvre *m*.

harebrained ['heə,breɪnd] *adj inf* [person] écervelé(e); [scheme, idea] insensé(e).

harelip [,heə'lɪp] *n* bec-de-lièvre *m*.

haricot (bean) ['hærɪkəʊ-] *n* haricot *m* blanc.

harm [hɑːm] ◇ *n* **-1.** [injury] mal *m*. **-2.** [damage - to clothes, plant] dommage *m*; [- to reputation] tort *m*; **to do ~ to sb**, **to do sb ~** faire du tort à qqn; **to do ~ to sthg**, **to do sthg ~** endommager qqch; **to be out of ~'s way** [person] être en sûreté OR lieu sûr; [thing] être en lieu sûr. ◇ *vt* **-1.** [injure] faire du mal à. **-2.** [damage - clothes, plant] endommager; [- reputation] faire du tort à.

harmful ['hɑːmful] *adj* nuisible, nocif(ive).

harmless ['hɑːmlɪs] *adj* **-1.** [not dangerous] inoffensif(ive). **-2.** [inoffensive] innocent(e).

harmonica [hɑːˈmɒnɪkə] *n* harmonica *m*.

harmonize, -ise ['hɑːmənaɪz] ◇ *vt* harmoniser. ◇ *vi* s'harmoniser.

harmony ['hɑːmənɪ] *n* harmonie *f*.

harness ['hɑːnɪs] ◇ *n* [for horse, child] harnais *m*. ◇ *vt* **-1.** [horse] harnacher. **-2.** [energy, resources] exploiter.

harp [hɑːp] *n* harpe *f*. ◆ **harp on** *vi*: to ~ on (about sthg) rabâcher (qqch).

harpoon [hɑːˈpuːn] ◇ *n* harpon *m*. ◇ *vt* harponner.

harpsichord ['hɑːpsɪkɔːd] *n* clavecin *m*.

harrowing ['hærəʊɪŋ] *adj* [experience] éprouvant(e); [report, film] déchirant(e).

harsh [hɑːʃ] *adj* **-1.** [life, conditions] rude; [criticism, treatment] sévère. **-2.** [to senses - sound] discordant(e); [- light, voice] criard(e); [- surface] rugueux(euse), rêche; [- taste] âpre.

harvest ['hɑːvɪst] ◇ *n* [of cereal crops] moisson *f*; [of fruit] récolte *f*; [of grapes] vendange *f*, vendanges *fpl*. ◇ *vt* [cereals] moissonner; [fruit] récolter; [grapes] vendanger.

has [*weak form* həz, *strong form* hæz] → **have**.

has-been *n inf pej* ringard *m*, -e *f*.

hash [hæʃ] *n* **-1.** [meat] hachis *m*. **-2.** *inf* [mess]: to make a ~ of sthg faire un beau gâchis de qqch.

hashish ['hæʃiːʃ] *n* haschich *m*.

hasn't ['hæznt] = has not.

hassle ['hæsl] *inf* ◇ *n* [annoyance] tracas *m*, embêtement *m*. ◇ *vt* tracasser.

haste [heɪst] *n* hâte *f*; to do sthg in ~ faire qqch à la hâte; to make ~ *dated* se hâter.

hasten ['heɪsn] *fml* ◇ *vt* hâter, accélérer. ◇ *vi* se hâter, se dépêcher; to ~ to do sthg s'empresser de faire qqch.

hastily ['heɪstɪlɪ] *adv* **-1.** [quickly] à la hâte. **-2.** [rashly] sans réfléchir.

hasty ['heɪstɪ] *adj* **-1.** [quick] hâtif(ive). **-2.** [rash] irréfléchi(e).

hat [hæt] *n* chapeau *m*.

hatch [hætʃ] ◇ *vt* **-1.** [chick] faire éclore; [egg] couver. **-2.** *fig* [scheme, plot] tramer. ◇ *vi* [chick, egg] éclore. ◇ *n* [for serving food] passe-plats *m inv*.

hatchback ['hætʃ,bæk] *n* voiture *f* avec hayon.

hatchet ['hætʃɪt] *n* hachette *f*.

hatchway ['hætʃ,weɪ] *n* passe-plats *m inv*, guichet *m*.

hate [heɪt] ◇ *n* (U) haine *f*. ◇ *vt* **-1.** [detest] haïr. **-2.** [dislike] détester; to ~ doing sthg avoir horreur de faire qqch.

hateful ['heɪtful] *adj* odieux(euse).

hatred ['heɪtrɪd] *n* (U) haine *f*.

hat trick *n* SPORT: to score a ~ marquer trois buts.

haughty ['hɔːtɪ] *adj* hautain(e).

haul [hɔːl] ◇ *n* **-1.** [of drugs, stolen goods] prise *f*, butin *m*. **-2.** [distance]: long ~ long voyage *m* OR trajet *m*. ◇ *vt* [pull] traîner, tirer.

haulage ['hɔːlɪdʒ] *n* transport *m* routier, camionnage *m*.

haulier Br ['hɔːlɪər], **hauler** Am ['hɔːlər] *n* entrepreneur *m* de transports routiers.

haunch [hɔːntʃ] *n* [of person] hanche *f*; [of animal] derrière *m*, arrière-train *m*.

haunt [hɔːnt] ◇ *n* repaire *m*. ◇ *vt* hanter.

have [hæv] (*pt & pp* had) ◇ *aux vb* (*to form perfect tenses - gen*) avoir; (*- with many intransitive verbs*) être; to ~ eaten avoir mangé; to ~ left être parti(e); she hasn't gone yet, has she? elle n'est pas encore partie, si?; I was out of breath, having run all the way j'étais essoufflé d'avoir couru tout le long du chemin. ◇ *vt* **-1.** [possess, receive]: to ~ (got) avoir; I ~ no money, I haven't got any money je n'ai pas d'argent; I've got things to do j'ai (des choses) à faire. **-2.** [experience illness] avoir; to ~ flu avoir la grippe. **-3.** (*referring to an action, instead of another verb*): to ~ a read lire; to ~ a swim nager; to ~ a bath/shower prendre un bain/une douche; to ~ a cigarette fumer une cigarette; to ~ a meeting tenir une réunion. **-4.** [give birth to]: to ~ a baby avoir un bébé. **-5.** [cause to be done]: to ~ sb do sthg faire faire qqch à qqn; to ~ sthg done faire faire qqch; to ~ one's hair cut se faire couper les cheveux. **-6.** [be treated in a certain way]: I had my car stolen je me suis fait voler ma voiture, on m'a volé ma voiture. **-7.** *inf* [cheat]: to be had se faire avoir. **-8.** *phr*: to ~ it in for sb en avoir après qqn, en vouloir à qqn; to ~ had it [car, machine, clothes] avoir fait son temps. ◇ *modal vb* [be obliged]: to ~ (got) to do sthg devoir faire qqch, être obligé(e) de faire qqch; do you ~ to go?, ~ you got to go? est-ce que tu dois partir?, est-ce que tu es obligé de partir?; **I've got to go to work** il faut que j'aille travailler. ◆ **have on** vt sep -1. [be wearing] porter. -2. [tease] faire marcher. ◆ **have out** vt sep -1. [have removed]: **to ~ one's appendix/tonsils out** se faire opérer de l'appendicite/des amygdales. -2. [discuss frankly]: **to ~ it out with sb** s'expliquer avec qqn.

haven ['heivn] n havre m.

haven't ['hævnt] = have not.

haversack ['hævəsæk] n sac m à dos.

havoc ['hævək] n (U) dégâts mpl; **to play ~ with** [gen] abîmer; [with health] détraquer; [with plans] ruiner.

Hawaii [hə'waiiː] n Hawaii m.

hawk [hɔːk] n faucon m.

hawker ['hɔːkər] n colporteur m.

hay [hei] n foin m.

hay fever n (U) rhume m des foins.

haystack ['hei,stæk] n meule f de foin.

haywire ['hei,waiər] adj inf: **to go ~** [person] perdre la tête; [machine] se détraquer.

hazard ['hæzəd] ◇ n hasard m. ◇ vt hasarder.

hazardous ['hæzədəs] adj hasardeux(euse).

hazard warning lights npl Br AUT feux mpl de détresse.

haze [heiz] n brume f.

hazel ['heizl] adj noisette (inv).

hazelnut ['heizl,nʌt] n noisette f.

hazy ['heizi] adj -1. [misty] brumeux(euse). -2. [memory, ideas] flou(e), vague.

he [hiː] pers pron -1. (unstressed) il; ~'s **tall** il est grand; **there ~ is** le voilà. -2. (stressed) lui; **HE can't do it** lui ne peut pas le faire.

head [hed] ◇ n -1. [of person, animal] tête f; **a** OR **per ~** par tête, par personne; **to laugh one's ~ off** rire à gorge déployée; **to be off one's ~** Br, **to be out of one's ~** Am être dingue; **to be soft in the ~** être débile; **to go to one's ~** [alcohol, praise] monter à la tête; **to keep one's ~** garder son sang-froid; **to lose one's ~** perdre la tête. -2. [of table, bed, hammer] tête f; [of stairs, page] haut m. -3. [of flower] tête f; [of cabbage] pomme f. -4. [leader] chef m. -5. [head teacher] directeur m, -trice f. ◇ vt -1. [procession, list] être en tête de. -2. [be in charge of] être à la tête de. -3. FTBL: **to ~ the ball** faire une tête. ◇ vi: **where are you ~ing?** où allez-vous? ◆ **heads** npl [on coin] face f; **~s or tails?**

pile ou face? ◆ **head for** vt fus -1. [place] se diriger vers. -2. fig [trouble, disaster] aller au devant de.

headache ['hedeik] n mal m de tête; **to have a ~** avoir mal à la tête.

headband ['hedbænd] n bandeau m.

head boy n Br élève chargé de la discipline et qui siège aux conseils de son école.

headdress ['hed,dres] n coiffe f.

header ['hedər] n FTBL tête f.

headfirst [,hed'fɜːst] adv (la) tête la première.

head girl n Br élève chargée de la discipline et qui siège aux conseils de son école.

heading ['hediŋ] n titre m, intitulé m.

headlamp ['hedlæmp] n Br phare m.

headland ['hedlənd] n cap m.

headlight ['hedlait] n phare m.

headline ['hedlain] n [in newspaper] gros titre m; TV & RADIO grand titre m.

headlong ['hedloŋ] adv -1. [quickly] à toute allure. -2. [unthinkingly] tête baissée. -3. [headfirst] (la) tête la première.

headmaster [,hed'mɑːstər] n directeur m (d'une école).

headmistress [,hed'mistris] n directrice f (d'une école).

head office n siège m social.

head-on ◇ adj [collision] de plein fouet; [confrontation] de front. ◇ adv de plein fouet.

headphones ['hedfəunz] npl casque m.

headquarters [,hed'kwɔːtəz] npl [of business, organization] siège m; [of armed forces] quartier m général.

headrest ['hedrest] n appui-tête m.

headroom ['hedrum] n (U) hauteur f.

headscarf ['hedskɑːf] (pl -scarves [-skɑːvz] OR -scarfs) n foulard m.

headset ['hedset] n casque m.

head start n avantage m au départ; ~ **on** OR **over** avantage sur.

headstrong ['hedstroŋ] adj volontaire, têtu(e).

head waiter n maître m d'hôtel.

headway ['hedwei] n: **to make ~** faire des progrès.

headwind ['hedwind] n vent m contraire.

heady ['hedi] adj -1. [exciting] grisant(e). -2. [causing giddiness] capiteux(euse).

heal [hiːl] ◇ vt -1. [cure] guérir. -2. fig [troubles, discord] apaiser. ◇ vi se guérir.

healing ['hiːliŋ] ◇ adj curatif(ive). ◇ n (U) guérison f.

health [helθ] *n* santé *f*.

health centre *n* ≃ centre *m* médico-social.

health food *n* produits *mpl* diététiques.

health food shop *n* magasin *m* de produits diététiques.

health service *n* ≃ sécurité *f* sociale.

healthy ['helθɪ] *adj* **-1.** [gen] sain(e). **-2.** [well] en bonne santé, bien portant(e). **-3.** *fig* [economy, company] qui se porte bien. **-4.** [profit] bon (bonne).

heap [hi:p] ◇ *n* tas *m*. ◇ *vt* [pile up] entasser. ◆ **heaps** *npl inf*: ~**s of** [people, objects] des tas de; [time, money] énormément de.

hear [hɪər] (*pt & pp* **heard** [hɜːd]) ◇ *vt* **-1.** [gen & JUR] entendre. **-2.** [learn of] apprendre; **to** ~ **(that)** ... apprendre que .... ◇ *vi* **-1.** [perceive sound] entendre. **-2.** [know]: **to** ~ **about** entendre parler de. **-3.** [receive news]: **to** ~ **about** avoir des nouvelles de; **to** ~ **from sb** recevoir des nouvelles de qqn. **-4.** *phr*: **to have heard of** avoir entendu parler de; **I won't** ~ **of it!** je ne veux pas en entendre parler!

hearing ['hɪərɪŋ] *n* **-1.** [sense] ouïe *f*; **hard of** ~ dur(e) d'oreille. **-2.** [trial] audience *f*.

hearing aid *n* audiophone *m*.

hearsay ['hɪəseɪ] *n* ouï-dire *m*.

hearse [hɜːs] *n* corbillard *m*.

heart [hɑːt] *n lit & fig* cœur *m*; **from the** ~ du fond du cœur; **to lose** ~ perdre courage; **to break sb's** ~ briser le cœur à qqn. ◆ **hearts** *npl* cœur *m*. ◆ **at heart** *adv* au fond (de soi). ◆ **by heart** *adv* par cœur.

heartache ['hɑːteɪk] *n* peine *f* de cœur.

heart attack *n* crise *f* cardiaque.

heartbeat ['hɑːtbiːt] *n* battement *m* de cœur.

heartbroken ['hɑːtˌbrəʊkn] *adj* qui a le cœur brisé.

heartburn ['hɑːtbɜːn] *n* (*U*) brûlures *fpl* d'estomac.

heart failure *n* arrêt *m* cardiaque.

heartfelt ['hɑːtfelt] *adj* sincère.

hearth [hɑːθ] *n* foyer *m*.

heartless ['hɑːtlɪs] *adj* sans cœur.

heartwarming ['hɑːtˌwɔːmɪŋ] *adj* réconfortant(e).

hearty ['hɑːtɪ] *adj* **-1.** [greeting, person] cordial(e). **-2.** [substantial - meal] copieux(ieuse); [- appetite] gros (grosse).

heat [hiːt] ◇ *n* **-1.** (*U*) [warmth] chaleur *f*. **-2.** (*U*) *fig* [pressure] pression *f*. **-3.** [eliminating round] éliminatoire *f*. **-4.**

ZOOL: **on** *Br* OR **in** ~ en chaleur. ◇ *vt* chauffer. ◆ **heat up** ◇ *vt sep* réchauffer. ◇ *vi* chauffer.

heated ['hiːtɪd] *adj* [argument, discussion, person] animé(e); [issue] chaud(e).

heater ['hiːtər] *n* appareil *m* de chauffage.

heath [hiːθ] *n* lande *f*.

heathen ['hiːðn] ◇ *adj* païen(enne). ◇ *n* païen *m*, -enne *f*.

heather ['heðər] *n* bruyère *f*.

heating ['hiːtɪŋ] *n* chauffage *m*.

heatstroke ['hiːtstrəʊk] *n* (*U*) coup *m* de chaleur.

heat wave *n* canicule *f*, vague *f* de chaleur.

heave [hiːv] ◇ *vt* **-1.** [pull] tirer (avec effort); [push] pousser (avec effort). **-2.** *inf* [throw] lancer. ◇ *vi* **-1.** [pull] tirer. **-2.** [rise and fall] se soulever. **-3.** [retch] avoir des haut-le-cœur.

heaven ['hevn] *n* paradis *m*. ◆ **heavens** ◇ *npl*: **the** ~**s** *literary* les cieux *mpl*. ◇ *excl*: **(good)** ~**s!** juste ciel!

heavenly ['hevnlɪ] *adj inf* [delightful] délicieux(ieuse), merveilleux(euse).

heavily ['hevɪlɪ] *adv* **-1.** [booked, in debt] lourdement; [rain, smoke, drink] énormément. **-2.** [solidly - built] solidement. **-3.** [breathe, sigh] péniblement, bruyamment. **-4.** [fall, sit down] lourdement.

heavy ['hevɪ] *adj* **-1.** [gen] lourd(e); **how** ~ **is it?** ça pèse combien? **-2.** [traffic] dense; [rain] battant(e); [fighting] acharné(e); [casualties, corrections] nombreux(euses); [smoker, drinker] gros (grosse). **-3.** [noisy - breathing] bruyant(e). **-4.** [schedule] chargé(e). **-5.** [physically exacting - work, job] pénible.

heavy cream *n Am* crème *f* fraîche épaisse.

heavy goods vehicle *n Br* poids lourd *m*.

heavyweight ['hevɪweɪt] SPORT ◇ *adj* poids lourd. ◇ *n* poids lourd *m*.

Hebrew ['hiːbruː] ◇ *adj* hébreu, hébraïque. ◇ *n* **-1.** [person] Hébreu *m*, Israélite *mf*. **-2.** [language] hébreu *m*.

Hebrides ['hebrɪdiːz] *npl*: **the** ~ les (îles *fpl*) Hébrides.

heck [hek] *excl inf*: **what/where/why the** ~ ...? que/où/pourquoi diable ...?; **a** ~ **of a nice guy** un type vachement sympa; **a** ~ **of a lot of people** un tas de gens.

heckle ['hekl] ◇ *vt* interpeller. ◇ *vi* interrompre bruyamment.

hectic ['hektɪk] *adj* [meeting, day] agité(e), mouvementé(e).

he'd [hiːd] = **he had, he would**.

hedge [hedʒ] ◇ *n* haie *f*. ◇ *vi* [prevaricate] répondre de façon détournée.

hedgehog ['hedʒhɒg] *n* hérisson *m*.

heed [hiːd] ◇ *n*: **to take ~ of sthg** tenir compte de qqch. ◇ *vt* *fml* tenir compte de.

heedless ['hiːdlɪs] *adj*: **~ of sthg** qui ne tient pas compte de qqch.

heel [hiːl] *n* talon *m*.

hefty ['heftɪ] *adj* **-1.** [well-built] costaud(e). **-2.** [large] gros (grosse).

heifer ['hefər] *n* génisse *f*.

height [haɪt] *n* **-1.** [of building, mountain] hauteur *f*; [of person] taille *f*; **5 metres in ~** 5 mètres de haut; **what ~ is it?** ça fait quelle hauteur?; **what ~ are you?** combien mesurez-vous? **-2.** [above ground - of aircraft] altitude *f*. **-3.** [zenith]: **at the ~ of the summer/season** au cœur de l'été/de la saison; **at the ~ of his fame** au sommet de sa gloire.

heighten ['haɪtn] *vt & vi* augmenter.

heir [eər] *n* héritier *m*.

heiress ['eərɪs] *n* héritière *f*.

heirloom ['eəluːm] *n* meuble *m*/bijou *m* de famille.

heist [haɪst] *n* *inf* casse *m*.

held [held] *pt & pp* → **hold**.

helicopter ['helɪkɒptər] *n* hélicoptère *m*.

helium ['hiːlɪəm] *n* hélium *m*.

hell [hel] ◇ *n* **-1.** *lit & fig* enfer *m*. **-2.** *inf* [for emphasis]: **he's a ~ of a nice guy** c'est un type vachement sympa; **what/where/why the ~ ...?** que/où/pourquoi ..., bon sang? **-3.** *phr*: **to do sthg for the ~ of it** *inf* faire qqch pour le plaisir, faire qqch juste comme ça; **to give sb ~** *inf* [verbally] engueuler qqn; **go to ~!** *v inf* va te faire foutre! ◇ *excl inf* merde!, zut!

he'll [hiːl] = **he will**.

hellish ['helɪʃ] *adj* *inf* infernal(e).

hello [hə'ləʊ] *excl* **-1.** [as greeting] bonjour!; [on phone] allô! **-2.** [to attract attention] hé!

helm [helm] *n* *lit & fig* barre *f*.

helmet ['helmɪt] *n* casque *m*.

help [help] ◇ *n* **-1.** (U) [assistance] aide *f*; **he gave me a lot of ~** il m'a beaucoup aidé; **with the ~ of sthg** à l'aide de qqch; **with sb's ~** avec l'aide de qqn; **to be of ~** rendre service. **-2.** (U) [emergency aid] secours *m*. **-3.** [useful person or object]: **to be a ~** aider, rendre service. ◇ *vi* aider. ◇ *vt* **-1.** [assist]

aider; **to ~ sb (to) do sthg** aider qqn à faire qqch; **to ~ sb with sthg** aider qqn à faire qqch. **-2.** [avoid]: **I can't ~ it** je n'y peux rien; **I couldn't ~ laughing** je ne pouvais pas m'empêcher de rire. **-3.** *phr*: **to ~ o.s. (to sthg)** se servir (de qqch). ◇ *excl* au secours!, à l'aide!
◆ **help out** *vt sep & vi* aider.

helper ['helpər] *n* **-1.** [gen] aide *mf*. **-2.** *Am* [to do housework] femme *f* de ménage.

helpful ['helpful] *adj* **-1.** [person] serviable. **-2.** [advice, suggestion] utile.

helping ['helpɪŋ] *n* portion *f*; [of cake, tart] part *f*.

helpless ['helplɪs] *adj* impuissant(e); [look, gesture] d'impuissance.

helpline ['helplaɪn] *n* ligne *f* d'assistance téléphonique.

Helsinki ['helsɪŋkɪ] *n* Helsinki.

hem [hem] ◇ *n* ourlet *m*. ◇ *vt* ourler.
◆ **hem in** *vt sep* encercler.

hemisphere ['hemɪ,sfɪər] *n* hémisphère *m*.

hemline ['hemlaɪn] *n* ourlet *m*.

hemophiliac [,hiːmə'fɪlɪæk] *n* hémophile *mf*.

hemorrhage ['hemərɪdʒ] *n* hémorragie *f*.

hemorrhoids ['hemərɔɪdz] *npl* hémorroïdes *fpl*.

hen [hen] *n* **-1.** [female chicken] poule *f*. **-2.** [female bird] femelle *f*.

hence [hens] *adv* *fml* **-1.** [therefore] d'où. **-2.** [from now] d'ici.

henceforth [,hens'fɔːθ] *adv* *fml* dorénavant.

henchman ['hentʃmən] (*pl* **-men** [-mən]) *n* *pej* acolyte *m*.

henna ['henə] ◇ *n* henné *m*. ◇ *vt* [hair] appliquer du henné sur.

henpecked ['henpekt] *adj* *pej* dominé par sa femme.

her [hɜːr] ◇ *pers pron* **-1.** (*direct - unstressed*) la, l' (+ *vowel or silent 'h'*); (- *stressed*) elle; **I know/like ~** je la connais/l'aime; **it's ~** c'est elle. **-2.** (*referring to animal, car, ship etc*) follow the gender of your translation. **-3.** (*indirect*) lui; **we spoke to ~** nous lui avons parlé; **he sent ~ a letter** il lui a envoyé une lettre. **-4.** (*after prep, in comparisons etc*) elle; **I'm shorter than ~** je suis plus petit qu'elle. ◇ *poss adj* son (sa), ses (*pl*); **~ coat** son manteau; **~ bedroom** sa chambre; **~ children** ses enfants; **it was HER fault** c'était de sa faute à elle.

herald ['herəld] ◇ *vt fml* annoncer. ◇ *n* [messenger] héraut *m*.

herb [hɜ:b] *n* herbe *f*.

herd [hɜ:d] ◇ *n* troupeau *m*. ◇ *vt* **-1.** [cattle, sheep] mener. **-2.** *fig* [people] conduire, mener; [into confined space] parquer.

here [hɪəʳ] *adv* **-1.** [in this place] ici; ~ **he is/they are** le/les voici; ~ **it is** le/la voici; ~ **is/are** voici; ~ **and there** çà et là. **-2.** [present] là.

hereabouts *Br* [ˌhɪərə'bauts], **hereabout** *Am* [ˌhɪərə'baut] *adv* par ici.

hereafter [ˌhɪər'ɑ:ftəʳ] ◇ *adv fml* ci-après. ◇ *n:* **the ~** l'au-delà *m*.

hereby [ˌhɪə'baɪ] *adv fml* par la présente.

hereditary [hɪ'redɪtrɪ] *adj* héréditaire.

heresy ['herəsɪ] *n* hérésie *f*.

herewith [ˌhɪə'wɪð] *adv fml* [with letter] ci-joint, ci-inclus.

heritage ['herɪtɪdʒ] *n* héritage *m*, patrimoine *m*.

hermetically [hɜ:'metɪklɪ] *adv:* ~ **sealed** fermé(e) hermétiquement.

hermit ['hɜ:mɪt] *n* ermite *m*.

hernia ['hɜ:njə] *n* hernie *f*.

hero ['hɪərəʊ] (*pl* **-es**) *n* héros *m*.

heroic [hɪ'rəʊɪk] *adj* héroïque.

heroin ['herəʊɪn] *n* héroïne *f*.

heroine ['herəʊɪn] *n* héroïne *f*.

heron ['herən] (*pl inv* OR **-s**) *n* héron *m*.

herring ['herɪŋ] (*pl inv* OR **-s**) *n* hareng *m*.

hers [hɜ:z] *poss pron* le sien (la sienne), les siens (les siennes) (*pl*); **that money is** ~ cet argent est à elle OR est le sien; **a friend of** ~ un ami à elle, un de ses amis.

herself [hɜ:'self] *pron* **-1.** (*reflexive*) se; (*after prep*) elle. **-2.** (*for emphasis*) elle-même.

he's [hi:z] = **he is**, **he has**.

hesitant ['hezɪtənt] *adj* hésitant(e).

hesitate ['hezɪteɪt] *vi* hésiter; **to ~ to do sthg** hésiter à faire qqch.

hesitation [ˌhezɪ'teɪʃn] *n* hésitation *f*.

heterogeneous [ˌhetərə'dʒi:njəs] *adj fml* hétérogène.

heterosexual [ˌhetərəʊ'sekʃʊəl] ◇ *adj* hétérosexuel(elle). ◇ *n* hétérosexuel *m*, -elle *f*.

het up [het-] *adj inf* excité(e), énervé(e).

hexagon ['heksəgən] *n* hexagone *m*.

hey [heɪ] *excl* hé!

heyday ['heɪdeɪ] *n* âge *m* d'or.

HGV (*abbr of* **heavy goods vehicle**) *n* PL *m*.

hi [haɪ] *excl inf* salut!

hiatus [haɪ'eɪtəs] (*pl* **-es**) *n fml* pause *f*.

hibernate ['haɪbəneɪt] *vi* hiberner.

hiccough, hiccup ['hɪkʌp] ◇ *n* hoquet *m*; *fig* [difficulty] accroc *m*; **to have ~s** avoir le hoquet. ◇ *vi* hoqueter.

hid [hɪd] *pt* → **hide**.

hidden ['hɪdn] ◇ *pp* → **hide**. ◇ *adj* caché(e).

hide [haɪd] (*pt* **hid**, *pp* **hidden**) ◇ *vt:* **to ~ sthg (from sb)** cacher qqch (à qqn); [information] taire qqch (à qqn). ◇ *vi* se cacher. ◇ *n* **-1.** [animal skin] peau *f*. **-2.** [for watching birds, animals] cachette *f*.

hide-and-seek *n* cache-cache *m*.

hideaway ['haɪdəweɪ] *n* cachette *f*.

hideous ['hɪdɪəs] *adj* hideux(euse); [error, conditions] abominable.

hiding ['haɪdɪŋ] *n* **-1.** [concealment]: **to be in ~** se tenir caché(e). **-2.** *inf* [beating]: **to give sb a (good)** ~ donner une (bonne) raclée OR correction à qqn.

hiding place *n* cachette *f*.

hierarchy ['haɪərɑ:kɪ] *n* hiérarchie *f*.

hi-fi ['haɪfaɪ] *n* hi-fi *f inv*.

high [haɪ] ◇ *adj* **-1.** [gen] haut(e); **it's 3 feet/6 metres** ~ cela fait 3 pieds/6 mètres de haut; **how ~ is it?** cela fait combien de haut? **-2.** [speed, figure, altitude, office] élevé(e). **-3.** [high-pitched] aigu(uë). **-4.** *drugs sl* qui plane, défoncé(e). **-5.** *inf* [drunk] bourré(e). ◇ *adv* haut. ◇ *n* [highest point] maximum *m*.

highbrow ['haɪbraʊ] *adj* intellectuel(elle).

high chair *n* chaise *f* haute (*d'enfant*).

high-class *adj* de premier ordre; [hotel, restaurant] de grande classe.

High Court *n Br* JUR Cour *f* suprême.

higher ['haɪəʳ] *adj* [exam, qualification] supérieur(e). ◆ **Higher** *n:* **Higher (Grade)** SCH *examen de fin d'études secondaires en Écosse*.

higher education *n* (*U*) études *fpl* supérieures.

high-handed [-'hændɪd] *adj* despotique.

high jump *n* saut *m* en hauteur.

Highland Games ['haɪlənd-] *npl* jeux *mpl* écossais.

Highlands ['haɪləndz] *npl:* **the ~** les Highlands *fpl* (*région montagneuse du nord de l'Écosse*).

highlight ['haɪlaɪt] ◇ *n* [of event, occasion] moment *m* OR point *m* fort. ◇ *vt*

souligner; [with highlighter] surligner.
◆ **highlights** *npl* [in hair] reflets *mpl*, mèches *fpl*.

highlighter (pen) ['haɪlaɪtə⁻] *n* surligneur *m*.

highly ['haɪlɪ] *adv* **-1.** [very] extrêmement, très. **-2.** [in important position]: ~ **placed** haut placé(e). **-3.** [favourably]: to **think** ~ **of** sb/sthg penser du bien de qqn/qqch.

highly-strung *adj* nerveux(euse).

Highness ['haɪnɪs] *n*: **His/Her/Your (Royal)** ~ Son/Votre Altesse (Royale); **their (Royal)** ~**es** leurs Altesses (Royales).

high-pitched [-'pɪtʃt] *adj* aigu(uë).

high point *n* [of occasion] point *m* fort.

high-powered [-'pauəd] *adj* **-1.** [powerful] de forte puissance. **-2.** [prestigious - activity, place] de haut niveau; [- job, person] important(e).

high-ranking [-'ræŋkɪŋ] *adj* de haut rang.

high-rise *adj*: ~ **block of flats** tour *f*.

high school *n* Br lycée *m*; Am établissement *m* d'enseignement supérieur.

high season *n* haute saison *f*.

high spot *n* point *m* fort.

high street *n* Br rue *f* principale.

high-tech [-'tek] *adj* [method, industry] de pointe.

high tide *n* marée *f* haute.

highway ['haɪweɪ] *n* **-1.** Am [motorway] autoroute *f*. **-2.** [main road] grande route *f*.

Highway Code *n* Br: **the** ~ le code de la route.

hijack ['haɪdʒæk] ◇ *n* détournement *m*. ◇ *vt* détourner.

hijacker ['haɪdʒækə⁻] *n* [of aircraft] pirate *m* de l'air; [of vehicle] pirate *m* de la route.

hike [haɪk] ◇ *n* [long walk] randonnée *f*. ◇ *vi* faire une randonnée.

hiker ['haɪkə⁻] *n* randonneur *m*, -euse *f*.

hiking ['haɪkɪŋ] *n* marche *f*.

hilarious [hɪ'leərɪəs] *adj* hilarant(e).

hill [hɪl] *n* **-1.** [mound] colline *f*. **-2.** [slope] côte *f*.

hillside ['hɪlsaɪd] *n* coteau *m*.

hilly ['hɪlɪ] *adj* vallonné(e).

hilt [hɪlt] *n* garde *f*; to **support/defend sb to the** ~ soutenir/défendre qqn à fond.

him [hɪm] *pers pron* **-1.** (direct - unstressed) le, l' (+ vowel or silent 'h'); (- stressed) lui; **I know/like** ~ je le connais/l'aime; **it's** ~ c'est lui. **-2.** (indi-

rect) lui; **we spoke to** ~ nous lui avons parlé; **she sent** ~ **a letter** elle lui a envoyé une lettre. **-3.** (after prep, in comparisons etc) lui; **I'm shorter than** ~ je suis plus petit que lui.

Himalayas [,hɪmə'leɪəz] *npl*: **the** ~ l'Himalaya *m*.

himself [hɪm'self] *pron* **-1.** (reflexive) se; (after prep) lui. **-2.** (for emphasis) lui-même.

hind [haɪnd] (*pl inv* OR **-s**) ◇ *adj* de derrière. ◇ *n* biche *f*.

hinder ['hɪndə⁻] *vt* gêner, entraver.

Hindi ['hɪndɪ] *n* hindi *m*.

hindrance ['hɪndrəns] *n* obstacle *m*.

hindsight ['haɪndsaɪt] *n*: **with the benefit of** ~ avec du recul.

Hindu ['hɪnduː] (*pl* **-s**) ◇ *adj* hindou(e). ◇ *n* Hindou *m*, -e *f*.

hinge [hɪndʒ] *n* [whole fitting] charnière *f*; [pin] gond *m*. ◆ **hinge (up)on** *vt fus* [depend on] dépendre de.

hint [hɪnt] ◇ *n* **-1.** [indication] allusion *f*; to **drop a** ~ faire une allusion. **-2.** [piece of advice] conseil *m*, indication *f*. **-3.** [small amount] soupçon *m*. ◇ *vi*: to ~ **at sthg** faire allusion à qqch. ◇ *vt*: to ~ **that** ... insinuer que ....

hip [hɪp] *n* hanche *f*.

hippie ['hɪpɪ] = **hippy**.

hippo ['hɪpəʊ] (*pl* **-s**) *n* hippopotame *m*.

hippopotamus [,hɪpə'pɒtəməs] (*pl* **-muses** OR **-mi** [-maɪ]) *n* hippopotame *m*.

hippy ['hɪpɪ] *n* hippie *mf*.

hire ['haɪə⁻] ◇ *n* (*U*) [of car, equipment] location *f*; **for** ~ [bicycles etc] à louer; [taxi] libre. ◇ *vt* **-1.** [rent] louer. **-2.** [employ] employer les services de. ◆ **hire out** *vt sep* louer.

hire car *n* Br voiture *f* de location.

hire purchase *n* (*U*) Br achat *m* à crédit OR à tempérament.

his [hɪz] ◇ *poss adj* son (sa), ses (*pl*); ~ **house** sa maison; ~ **money** son argent; ~ **children** ses enfants; ~ **name is Joe** il s'appelle Joe. ◇ *poss pron* le sien (la sienne), les siens (*pl*); **that money is** ~ cet argent est à lui OR est le sien; **it wasn't her fault, it was** HIS ce n'était pas de sa faute à elle, c'était de sa faute à lui; **a friend of** ~ un ami à lui, un de ses amis.

hiss [hɪs] ◇ *n* [of animal, gas etc] sifflement *m*; [of crowd] sifflet *m*. ◇ *vi* [animal, gas etc] siffler.

historic [hɪ'stɒrɪk] *adj* historique.

historical [hɪ'stɒrɪkəl] *adj* historique.

history ['hɪstəri] *n* **-1.** [gen] histoire *f.* **-2.** [past record] antécédents *mpl*; **medical ~ passé** *m* **médical.**

hit [hɪt] ◇ *n* **-1.** [blow] coup *m.* **-2.** [successful strike] coup *m* OR tir *m* réussi; [in fencing] touche *f.* **-3.** [success] succès *m*; **to be a ~ with plaire à.** ◇ *comp* à succès. ◇ *vt* **-1.** [strike] frapper; [nail] taper sur. **-2.** [crash into] heurter, percuter. **-3.** [reach] atteindre. **-4.** [affect badly] toucher, affecter. **-5.** *phr*: **to ~ it off (with sb)** bien s'entendre (avec qqn).

hit-and-miss = hit-or-miss.

hit-and-run *adj* [accident] avec délit de fuite; **~ driver chauffard** *m* (*qui a commis un délit de fuite*).

hitch [hɪtʃ] ◇ *n* [problem, snag] ennui *m.* ◇ *vt* **-1.** [catch]: **to ~ a lift faire du stop. -2.** [fasten]: **to ~ sthg on** OR **onto accrocher** OR **attacher qqch à.** ◇ *vi* [hitchhike] faire du stop. ◆ **hitch up** *vt sep* [pull up] remonter.

hitchhike ['hɪtʃhaɪk] *vi* faire de l'autostop.

hitchhiker ['hɪtʃhaɪkər] *n* auto-stoppeur *m,* - euse *f.*

hi-tech [,haɪ'tek] **= high-tech.**

hitherto [,hɪðə'tuː] *adv fml* jusqu'ici.

hit-or-miss *adj* aléatoire.

HIV (*abbr of* **human immunodeficiency virus**) *n* VIH *m,* HIV *m*; **to be ~- positive être séropositif.**

hive [haɪv] *n* ruche *f*; **a ~ of activity une véritable ruche.** ◆ **hive off** *vt sep* [assets] séparer.

HNC (*abbr of* **Higher National Certificate**) *n* *brevet de technicien en Grande-Bretagne.*

HND (*abbr of* **Higher National Diploma**) *n* *brevet de technicien supérieur en Grande-Bretagne.*

hoard [hɔːd] ◇ *n* [store] réserves *fpl*; [of useless items] tas *m.* ◇ *vt* amasser; [food, petrol] faire des provisions de.

hoarding ['hɔːdɪŋ] *n Br* [for advertisements] panneau *m* d'affichage publicitaire.

hoarfrost ['hɔːfrɒst] *n* gelée *f* blanche.

hoarse [hɔːs] *adj* [person, voice] enroué(e); [shout, whisper] rauque.

hoax [həʊks] *n* canular *m.*

hob [hɒb] *n Br* [on cooker] rond *m,* plaque *f.*

hobble ['hɒbl] *vi* [limp] boitiller.

hobby ['hɒbɪ] *n* passe-temps *m inv,* hobby *m.*

hobbyhorse ['hɒbɪhɔːs] *n* **-1.** [toy] cheval *m* à bascule. **-2.** *fig* [favourite topic] dada *m.*

hobo ['həʊbəʊ] (*pl* **-es** OR **-s**) *n Am* clochard *m,* -e *f.*

hockey ['hɒkɪ] *n* **-1.** [on grass] hockey *m.* **-2.** *Am* [ice hockey] hockey *m* sur glace.

hoe [həʊ] ◇ *n* houe *f.* ◇ *vt* biner.

hog [hɒg] ◇ *n* **-1.** *Am* [pig] cochon *m.* **-2.** *inf* [greedy person] goinfre *m.* **-3.** *phr*: **to go the whole ~ aller jusqu'au bout.** ◇ *vt inf* [monopolize] accaparer, monopoliser.

Hogmanay ['hɒgməneɪ] *n la Saint-Sylvestre en Écosse.*

hoist [hɔɪst] ◇ *n* [device] treuil *m.* ◇ *vt* hisser.

hold [həʊld] (*pt & pp* **held**) ◇ *vt* **-1.** [gen] tenir. **-2.** [keep in position] maintenir. **-3.** [as prisoner] détenir; **to ~ sb prisoner/hostage détenir qqn prisonnier/comme otage. -4.** [have, possess] avoir. **-5.** *fml* [consider] considérer, estimer; **to ~ sb responsible for sthg tenir qqn pour responsable de qqch. -6.** [on telephone]: **please ~ the line ne quittez pas, je vous prie. -7.** [keep, maintain] retenir. **-8.** [sustain, support] supporter. **-9.** [contain] contenir. **-10.** *phr*: **~ it!, ~ everything!** attendez!, arrêtez!; **to ~ one's own se défendre.** ◇ *vi* **-1.** [remain unchanged - gen] tenir; [- luck] persister; [- weather] se maintenir; **to ~ still** OR **steady ne pas bouger, rester tranquille. -2.** [on phone] attendre. ◇ *n* **-1.** [grasp, grip] prise *f,* étreinte *f*; **to take** OR **lay ~ of sthg saisir qqch; to get ~ of sthg** [obtain] **se procurer qqch; to get ~ of sb** [find] **joindre. -2.** [of ship, aircraft] cale *f.* **-3.** [control, influence] prise *f.* ◆ **hold back** *vt sep* **-1.** [restrain, prevent] retenir; [anger] réprimer. **-2.** [keep secret] cacher. ◆ **hold down** *vt sep* [job] garder. ◆ **hold off** *vt sep* [fend off] tenir à distance. ◆ **hold on** *vi* **-1.** [wait] attendre; [on phone] ne pas quitter. **-2.** [grip]: **to ~ on (to sthg) se tenir (à qqch).** ◆ **hold out** ◇ *vt sep* [hand, arms] tendre. ◇ *vi* **-1.** [last] durer. **-2.** [resist]: **to ~ out (against sb/sthg) résister (à qqn/qqch).** ◆ **hold up** *vt sep* **-1.** [raise] lever. **-2.** [delay] retarder.

holdall ['həʊldɔːl] *n Br* fourre-tout *m inv.*

holder ['həʊldər] *n* **-1.** [for cigarette] porte-cigarettes *m inv.* **-2.** [owner] détenteur *m*, -trice *f*; [of position, title] titulaire *mf*.

holding ['həuldɪŋ] *n* -1. [investment] effets *mpl* en portefeuille. -2. [farm] ferme *f*.

holdup ['həuldʌp] *n* -1. [robbery] holdup *m*. -2. [delay] retard *m*.

hole [həul] *n* -1. [gen] trou *m*. -2. *inf* [predicament] pétrin *m*.

holiday ['hɒlɪdeɪ] *n* -1. [vacation] vacances *fpl*; to be/go on ~ être/partir en vacances. -2. [public holiday] jour *m* férié.

holiday camp *n Br* camp *m* de vacances.

holidaymaker ['hɒlɪdɪˌmeɪkər] *n Br* vacancier *m*, -ière *f*.

holiday pay *n Br* salaire payé pendant les vacances.

holiday resort *n Br* lieu *m* de vacances.

holistic [həʊ'lɪstɪk] *adj* holistique.

Holland ['hɒlənd] *n* Hollande *f*.

holler ['hɒlər] *vi & vt inf* gueuler, brailler.

hollow ['hɒləʊ] ◇ *adj* creux (creuse); [eyes] cave; [promise, victory] faux (fausse); [laugh] qui sonne faux. ◇ *n* creux *m*. ♦ **hollow out** *vt sep* creuser, évider.

holly ['hɒlɪ] *n* houx *m*.

Hollywood ['hɒlɪwʊd] *n* Hollywood *m*.

holocaust ['hɒləkɔːst] *n* [destruction] destruction *f*, holocauste *m*. ♦ **Holocaust** *n*: the Holocaust l'Holocauste *m*.

holster ['həʊlstər] *n* étui *m*.

holy ['həʊlɪ] *adj* saint(e); [ground] sacré(e).

Holy Ghost *n*: the ~ le Saint-Esprit.

Holy Land *n*: the ~ la Terre sainte.

Holy Spirit *n*: the ~ le Saint-Esprit.

home [həʊm] ◇ *n* -1. [house, institution] maison *f*; to make one's ~ s'établir, s'installer. -2. [own country] patrie *f*; [city] ville *f* natale. -3. [one's family] foyer *m*; to leave ~ quitter la maison. -4. *fig* [place of origin] berceau *m*. ◇ *adj* -1. [not foreign] intérieur(e); [- product] national(e). -2. [in one's own home - cooking] familial(e); [- life] de famille; [- improvements] domestique. -3. [SPORT - game] sur son propre terrain; [- team] qui reçoit. ◇ *adv* [to or at one's house] chez soi, à la maison. ♦ **at home** *adv* -1. [in one's house, flat] chez soi, à la maison. -2. [comfortable] à l'aise; at ~ with sthg à l'aise dans qqch; to make o.s. at ~ faire comme chez soi. -3. [in one's own country] chez nous.

home address *n* adresse *f* du domicile.

home brew *n* (U) [beer] bière *f* faite à la maison.

home computer *n* ordinateur *m* domestique.

Home Counties *npl*: the ~ les comtés entourant Londres.

home economics *n* (U) économie *f* domestique.

home help *n Br* aide *f* ménagère.

homeland ['həʊmlænd] *n* -1. [country of birth] patrie *f*. -2. [in South Africa] homeland *m*, bantoustan *m*.

homeless ['həʊmlɪs] ◇ *adj* sans abri. ◇ *npl*: the ~ les sans-abri *mpl*.

homely ['həʊmlɪ] *adj* -1. [simple] simple. -2. [unattractive] ordinaire.

homemade [ˌhəʊm'meɪd] *adj* fait(e) (à la) maison.

Home Office *n Br*: the ~ ≃ le ministère de l'Intérieur.

homeopathy [ˌhəʊmɪ'ɒpəθɪ] *n* homéopathie *f*.

home page *n* [on Internet] page *f* d'accueil.

Home Secretary *n Br* ≃ ministre *m* de l'Intérieur.

homesick ['həʊmsɪk] *adj* qui a le mal du pays.

hometown ['həʊmtaʊn] *n* ville *f* natale.

homeward ['həʊmwəd] ◇ *adj* de retour. ◇ *adv* = **homewards**.

homewards ['həʊmwədz] *adv* vers la maison.

homework ['həʊmwɜːk] *n* (U) -1. SCH devoirs *mpl*. -2. *inf* [preparation] boulot *m*.

homey, homy ['həʊmɪ] *adj Am* confortable, agréable.

homicide ['hɒmɪsaɪd] *n* homicide *m*.

homoeopathy *etc* [ˌhəʊmɪ'ɒpəθɪ] = **homeopathy** *etc*.

homogeneous [ˌhɒmə'dʒiːnjəs] *adj* homogène.

homosexual [ˌhɒmə'sekʃʊəl] ◇ *adj* homosexuel(elle). ◇ *n* homosexuel *m*, -elle *f*.

homy = **homey**.

hone [həʊn] *vt* aiguiser.

honest ['ɒnɪst] ◇ *adj* -1. [trustworthy] honnête, probe. -2. [frank] franc (franche), sincère; to be ~ ... pour dire la vérité, à dire vrai. -3. [legal] légitime. ◇ *adv inf* je vous assure.

honestly ['ɒnɪstlɪ] ◇ *adv* -1. [truthfully] honnêtement. -2. [expressing sincerity] je vous assure. ◇ *excl* [expressing impatience, disapproval] franchement!

honesty ['ɒnɪstɪ] *n* honnêteté *f*, probité *f*.

honey ['hʌnɪ] n **-1.** [food] miel m. **-2.** [dear] chéri m, -e f.

honeycomb ['hʌnɪkəʊm] n gâteau m de miel.

honeymoon ['hʌnɪmuːn] ◇ n lit & fig lune f de miel. ◇ vi aller en voyage de noces, passer sa lune de miel.

honeysuckle ['hʌnɪ,sʌkl] n chèvrefeuille m.

Hong Kong [,hɒŋ'kɒŋ] n Hong Kong, Hongkong.

honk [hɒŋk] ◇ vi **-1.** [motorist] klaxonner. **-2.** [goose] cacarder. ◇ vt: to ~ the horn klaxonner.

honor etc Am = honour etc.

honorary [Br 'ɒnərərɪ, Am ɒnə'reərɪ] adj honoraire.

honour Br, **honor** Am ['ɒnər] ◇ n honneur m; in ~ of sb/sthg en l'honneur de qqn/qqch. ◇ vt honorer. ◆ **honours** npl **-1.** [tokens of respect] honneurs mpl. **-2.** [of university degree] ≃ licence f.

honourable Br, **honorable** Am ['ɒnrəbl] adj honorable.

hood [hʊd] n **-1.** [on cloak, jacket] capuchon m. **-2.** [of cooker] hotte f. **-3.** [of pram, convertible car] capote f. **-4.** Am [car bonnet] capot m.

hoodlum ['huːdləm] n Am inf gangster m, truand m.

hoof [huːf, hʊf] (pl -s OR **hooves**) n sabot m.

hook [hʊk] ◇ n **-1.** [for hanging things on] crochet m. **-2.** [for catching fish] hameçon m. **-3.** [fastener] agrafe f. **-4.** [of telephone]: off the ~ décroché. ◇ vt **-1.** [attach with hook] accrocher. **-2.** [catch with hook] prendre. ◆ **hook up** vt sep: to ~ sthg up to sthg connecter qqch à qqch.

hooked [hʊkt] adj **-1.** [shaped like a hook] crochu(e). **-2.** inf [addicted]: to be ~ (on) être accro (à); [music, art] être mordu(e) (de).

hook(e)y ['hʊkɪ] n Am inf: to play ~ faire l'école buissonnière.

hooligan ['huːlɪgən] n hooligan m, vandale m.

hoop [huːp] n **-1.** [circular band] cercle m. **-2.** [toy] cerceau m.

hooray [hʊ'reɪ] = hurray.

hoot [huːt] ◇ n **-1.** [of owl] hululement m. **-2.** [of horn] coup m de klaxon. **-3.** Br inf [something amusing]: to be a ~ être tordant(e). ◇ vi **-1.** [owl] hululer. **-2.** [horn] klaxonner. ◇ vt: to ~ the horn klaxonner.

hooter ['huːtər] n [horn] klaxon m.

Hoover® Br ['huːvər] n aspirateur m. ◆ **hoover** vt [room] passer l'aspirateur dans; [carpet] passer à l'aspirateur.

hooves [huːvz] pl → hoof.

hop [hɒp] ◇ n saut m; [on one leg] saut à cloche-pied. ◇ vi sauter; [on one leg] sauter à cloche-pied; [bird] sautiller. ◆ **hops** npl houblon m.

hope [həʊp] ◇ vi espérer; to ~ for sthg espérer qqch; I ~ so j'espère bien; I ~ not j'espère bien que non. ◇ vt: to ~ (that) espérer que; to ~ to do sthg espérer faire qqch. ◇ n espoir m; in the ~ of dans l'espoir de.

hopeful ['həʊpfʊl] adj **-1.** [optimistic] plein(e) d'espoir; to be ~ of doing sthg avoir l'espoir de faire qqch; to be ~ of sthg espérer qqch. **-2.** [promising] encourageant(e), qui promet.

hopefully ['həʊpfəlɪ] adv **-1.** [in a hopeful way] avec bon espoir, avec optimisme. **-2.** [with luck]: ~, ... espérons que ...

hopeless ['həʊplɪs] adj **-1.** [gen] désespéré(e); [tears] de désespoir. **-2.** inf [useless] nul (nulle).

hopelessly ['həʊplɪslɪ] adv **-1.** [despairingly] avec désespoir. **-2.** [completely] complètement.

horizon [hə'raɪzn] n horizon m; on the ~ lit & fig à l'horizon.

horizontal [,hɒrɪ'zɒntl] ◇ adj horizontal(e). ◇ n: the ~ l'horizontale f.

hormone ['hɔːməʊn] n hormone f.

horn [hɔːn] n **-1.** [of animal] corne f. **-2.** MUS [instrument] cor m. **-3.** [on car] klaxon m; [on ship] sirène f.

hornet ['hɔːnɪt] n frelon m.

horny ['hɔːnɪ] adj **-1.** [hard] corné(e); [hand] calleux(euse). **-2.** v inf [sexually excited] excité(e) (sexuellement).

horoscope ['hɒrəskəʊp] n horoscope m.

horrendous [hɒ'rendəs] adj horrible.

horrible ['hɒrəbl] adj horrible.

horrid ['hɒrɪd] adj [unpleasant] horrible.

horrific [hɒ'rɪfɪk] adj horrible.

horrify ['hɒrɪfaɪ] vt horrifier.

horror ['hɒrər] n horreur f.

horror film n film m d'épouvante.

horse [hɔːs] n [animal] cheval m.

horseback ['hɔːsbæk] ◇ adj à cheval; ~ riding Am équitation f. ◇ n: on ~ à cheval.

horse chestnut n [nut] marron m d'Inde; ~ (tree) marronnier m d'Inde.

horseman ['hɔːsmən] (pl -men [-mən]) n cavalier m.

horsepower ['hɔːs,pauəʳ] *n* puissance *f* en chevaux.

horse racing *n* (U) courses *fpl* de chevaux.

horseradish ['hɔːs,rædɪʃ] *n* [plant] raifort *m*.

horse riding *n* équitation *f*.

horseshoe ['hɔːsʃuː] *n* fer *m* à cheval.

horsewoman ['hɔːs,wumən] (*pl* -women [-,wɪmɪn]) *n* cavalière *f*.

horticulture ['hɔːtɪkʌltʃəʳ] *n* horticulture *f*.

hose [həʊz] ◇ *n* [hosepipe] tuyau *m*. ◇ *vt* arroser au jet.

hosepipe ['həʊzpaɪp] *n* = hose.

hosiery ['həʊzɪərɪ] *n* bonneterie *f*.

hospitable [hɒ'spɪtəbl] *adj* hospitalier(ière), accueillant(e).

hospital ['hɒspɪtl] *n* hôpital *m*.

hospitality [,hɒspɪ'tælətɪ] *n* hospitalité *f*.

host [həʊst] ◇ *n* -1. [gen] hôte *m*. -2. [compere] animateur *m*, -trice *f*. -3. [large number]: **a ~ of** une foule de. ◇ *vt* présenter, animer.

hostage ['hɒstɪdʒ] *n* otage *m*.

hostel ['hɒstl] *n* -1. [basic accommodation] foyer *m*. -2. [youth hostel] auberge *f* de jeunesse.

hostess ['həʊstes] *n* hôtesse *f*.

hostile [*Br* 'hɒstaɪl, *Am* 'hɒstl] *adj*: ~ **(to)** hostile (à).

hostility [hɒ'stɪlətɪ] *n* [antagonism, unfriendliness] hostilité *f*. ◆ **hostilities** *npl* hostilités *fpl*.

hot [hɒt] *adj* -1. [gen] chaud(e); **I'm ~** j'ai chaud; **it's ~** il fait chaud. -2. [spicy] épicé(e). -3. *inf* [expert] fort(e), calé(e); **to be ~ on** OR **at sthg** être fort OR calé en qqch. -4. [recent] de dernière heure OR minute. -5. [temper] colérique.

hot-air balloon *n* montgolfière *f*.

hotbed ['hɒtbed] *n* foyer *m*.

hot-cross bun *n* petit pain sucré que l'on mange le vendredi saint.

hot dog *n* hot dog *m*.

hotel [həʊ'tel] *n* hôtel *m*.

hot flush *Br*, **hot flash** *Am* *n* bouffée *f* de chaleur.

hotfoot ['hɒt,fut] *adv* à toute vitesse.

hotheaded [,hɒt'hedɪd] *adj* impulsif(ive).

hothouse ['hɒthaʊs, *pl* -haʊzɪz] *n* [greenhouse] serre *f*.

hot line *n* -1. [between government heads] téléphone *m* rouge. -2. [special line] ligne ouverte 24 heures sur 24.

hotly ['hɒtlɪ] *adv* -1. [passionately] avec véhémence. -2. [closely] de près.

hotplate ['hɒtpleɪt] *n* plaque *f* chauffante.

hot-tempered [-'tempəd] *adj* colérique.

hot-water bottle *n* bouillotte *f*.

hound [haʊnd] ◇ *n* [dog] chien *m*. ◇ *vt* -1. [persecute] poursuivre, pourchasser. -2. [drive]: **to ~ sb out (of)** chasser qqn (de).

hour ['aʊəʳ] *n* heure *f*; **half an ~** une demi-heure; **70 miles per** OR **an ~** 110 km à l'heure; **on the ~** à l'heure juste. ◆ **hours** *npl* [of business] heures *fpl* d'ouverture.

hourly ['aʊəlɪ] ◇ *adj* -1. [happening every hour] toutes les heures. -2. [per hour] à l'heure. ◇ *adv* -1. [every hour] toutes les heures. -2. [per hour] à l'heure.

house [*n* & *adj* haʊs, *pl* 'haʊzɪz, *vb* haʊz] ◇ *n* -1. [gen] maison *f*; **on the ~** aux frais de la maison. -2. POL chambre *f*. -3. [in debates] assistance *f*. -4. THEATRE [audience] auditoire *m*, salle *f*; **to bring the ~ down** *inf* faire crouler la salle sous les applaudissements. ◇ *vt* [accommodate] loger, héberger; [department, store] abriter. ◇ *adj* -1. [within business] d'entreprise; [style] de la maison. -2. [wine] maison (*inv*).

house arrest *n*: **under ~** en résidence surveillée.

houseboat ['haʊsbəʊt] *n* péniche *f* aménagée.

housebreaking ['haʊs,breɪkɪŋ] *n* (U) cambriolage *m*.

housecoat ['haʊskəʊt] *n* peignoir *m*.

household ['haʊshəʊld] ◇ *adj* -1. [domestic] ménager(ère). -2. [word, name] connu(e) de tous. ◇ *n* maison *f*, ménage *m*.

housekeeper ['haʊs,kiːpəʳ] *n* gouvernante *f*.

housekeeping ['haʊs,kiːpɪŋ] *n* (U) -1. [work] ménage *m*. -2. ~ **(money)** argent *m* du ménage.

house music *n* house music *f*.

House of Commons *n Br*: **the ~** la Chambre des communes.

House of Lords *n Br*: **the ~** la Chambre des lords.

House of Representatives *n Am*: **the ~** la Chambre des représentants.

houseplant ['haʊsplɑːnt] *n* plante *f* d'appartement.

Houses of Parliament *npl*: **the ~** le Parlement britannique (*où se réunissent* la Chambre des communes et la Chambre des lords).

housewarming (party) ['haʊs,wɔːmɪŋ-] n pendaison f de crémaillère.

housewife ['haʊswaɪf] (pl **-wives** [-waɪvz]) n femme f au foyer.

housework ['haʊswɜːk] n (U) ménage m.

housing ['haʊzɪŋ] n (U) [accommodation] logement m.

housing association n Br association f d'aide au logement.

housing benefit n Br (U) allocation f logement.

housing estate Br, **housing project** Am n cité f.

hovel ['hɒvl] n masure f, taudis m.

hover ['hɒvər] vi [fly] planer.

hovercraft ['hɒvəkrɑːft] (pl inv OR **-s**) n aéroglisseur m, hovercraft m.

how [haʊ] adv **-1.** [gen] comment; ~ **do you do it?** comment fait-on?; ~ **are you?** comment allez-vous?; ~ **do you do?** enchanté(e) (de faire votre connaissance). **-2.** [referring to degree, amount]: ~ **high is it?** combien cela fait-il de haut?, quelle en est la hauteur?; ~ **long have you been waiting?** cela fait combien de temps que vous attendez?; ~ **many people came?** combien de personnes sont venues?; ~ **old are you?** quel âge as-tu? **-3.** [in exclamations]: ~ **nice!** que c'est bien!; ~ **awful!** quelle horreur! ◆ **how about** adv: ~ **about a drink?** si on prenait un verre?; ~ **about you?** et toi? ◆ **how much** ◇ pron combien; ~ **much does it cost?** combien ça coûte? ◇ adj combien de; ~ **much bread?** combien de pain?

however [haʊ'evər] ◇ adv **-1.** [nevertheless] cependant, toutefois. **-2.** [no matter how] quelque ... que (+ subjunctive), si ... que (+ subjunctive); ~ **many/much** peu importe la quantité de. **-3.** [how] comment. ◇ conj [in whatever way] de quelque manière que (+ subjunctive).

howl [haʊl] ◇ n hurlement m; [of laughter] éclat m. ◇ vi hurler; [with laughter] rire aux éclats.

hp (abbr of **horsepower**) n CV m.

HP n **-1.** Br (abbr of **hire purchase**): **to buy sthg on** ~ acheter qqch à crédit. **-2.** = hp.

HQ (abbr of **headquarters**) n QG m.

hr (abbr of **hour**) h.

hub [hʌb] n **-1.** [of wheel] moyeu m. **-2.** [of activity] centre m.

hubbub ['hʌbʌb] n vacarme m, brouhaha m.

hubcap ['hʌbkæp] n enjoliveur m.

huddle ['hʌdl] ◇ vi se blottir. ◇ n petit groupe m.

hue [hjuː] n [colour] teinte f, nuance f.

huff [hʌf] n: **in a** ~ froissé(e).

hug [hʌg] ◇ n étreinte f; **to give sb a** ~ serrer qqn dans ses bras. ◇ vt **-1.** [embrace] étreindre, serrer dans ses bras. **-2.** [hold] tenir. **-3.** [stay close to] serrer.

huge [hjuːdʒ] adj énorme; [subject] vaste; [success] fou (folle).

hulk [hʌlk] n **-1.** [of ship] carcasse f. **-2.** [person] malabar m, mastodonte m.

hull [hʌl] n coque f.

hullo [hə'ləʊ] excl = hello.

hum [hʌm] ◇ vi **-1.** [buzz] bourdonner; [machine] vrombir, ronfler. **-2.** [sing] fredonner, chantonner. **-3.** [be busy] être en pleine activité. ◇ vt fredonner, chantonner.

human ['hjuːmən] ◇ adj humain(e). ◇ n: ~ **(being)** être m humain.

humane [hjuː'meɪn] adj humain(e).

humanitarian [hjuː,mænɪ'teərɪən] adj humanitaire.

humanity [hjuː'mænətɪ] n humanité f. ◆ **humanities** npl: **the humanities** les humanités fpl, les sciences fpl humaines.

human race n: **the** ~ la race humaine.

human rights npl droits mpl de l'homme.

humble ['hʌmbl] ◇ adj humble; [origins, employee] modeste. ◇ vt humilier.

humbug ['hʌmbʌg] n **-1.** dated [hypocrisy] hypocrisie f. **-2.** Br [sweet] type de bonbon dur.

humdrum ['hʌmdrʌm] adj monotone.

humid ['hjuːmɪd] adj humide.

humidity [hjuː'mɪdətɪ] n humidité f.

humiliate [hjuː'mɪlɪeɪt] vt humilier.

humiliation [hjuː,mɪlɪ'eɪʃn] n humiliation f.

humility [hjuː'mɪlətɪ] n humilité f.

humor Am = humour.

humorous ['hjuːmərəs] adj humoristique; [person] plein(e) d'humour.

humour Br, **humor** Am ['hjuːmər] ◇ n **-1.** [sense of fun] humour m. **-2.** [of situation, remark] côté m comique. **-3.** dated [mood] humeur f. ◇ vt se montrer conciliant(e) envers.

hump [hʌmp] n bosse f.

humpbacked bridge ['hʌmpbækt-] n pont m en dos d'âne.

hunch [hʌntʃ] *n inf* pressentiment *m*, intuition *f*.

hunchback ['hʌntʃbæk] *n* bossu *m*, -e *f*.

hunched [hʌntʃt] *adj* voûté(e).

hundred ['hʌndrəd] *num* cent; **a** OR **one ~** cent; *see also* **six**. ◆ **hundreds** *npl* des centaines.

hundredth ['hʌndrətθ] *num* centième; *see also* **sixth**.

hundredweight ['hʌndrədweɪt] *n* [in UK] poids *m* de 112 livres, = *50,8 kg*; [in US] poids *m* de 100 livres, = *45,3 kg*.

hung [hʌŋ] *pt & pp* → **hang**.

Hungarian [hʌŋ'geərɪən] ◇ *adj* hongrois(e). ◇ *n* **-1.** [person] Hongrois *m*, -e *f*. **-2.** [language] hongrois *m*.

Hungary ['hʌŋgərɪ] *n* Hongrie *f*.

hunger ['hʌŋgə'] *n* **-1.** [gen] faim *f*. **-2.** [strong desire] soif *f*. ◆ **hunger after, hunger for** *vt fus* avoir faim de, avoir soif de.

hunger strike *n* grève *f* de la faim.

hung over *adj inf*: **to be ~** avoir la gueule de bois.

hungry ['hʌŋgrɪ] *adj* **-1.** [for food]: **to be ~** avoir faim; [starving] être affamé(e). **-2.** [eager]: **to be ~ for** être avide de.

hung up *adj inf*: **to be ~ (on** OR **about)** être obsédé(e) (par).

hunk [hʌŋk] *n* **-1.** [large piece] gros morceau *m*. **-2.** *inf* [man] beau mec *m*.

hunt [hʌnt] ◇ *n* chasse *f*; [for missing person] recherches *fpl*. ◇ *vi* **-1.** [chase animals, birds] chasser. **-2.** *Br* [chase foxes] chasser le renard. **-3.** [search]: **to ~ (for sthg)** chercher partout (qqch). ◇ *vt* **-1.** [animals, birds] chasser. **-2.** [person] poursuivre, pourchasser.

hunter ['hʌntə'] *n* [of animals, birds] chasseur *m*.

hunting ['hʌntɪŋ] *n* **-1.** [of animals] chasse *f*. **-2.** *Br* [of foxes] chasse *f* au renard.

hurdle ['hɜːdl] ◇ *n* **-1.** [in race] haie *f*. **-2.** [obstacle] obstacle *m*. ◇ *vt* [jump over] sauter.

hurl [hɜːl] *vt* **-1.** [throw] lancer avec violence. **-2.** [shout] lancer.

hurray [hʊ'reɪ] *excl* hourra!

hurricane ['hʌrɪkən] *n* ouragan *m*.

hurried ['hʌrɪd] *adj* [hasty] précipité(e).

hurriedly ['hʌrɪdlɪ] *adv* précipitamment; [eat, write] vite, en toute hâte.

hurry ['hʌrɪ] ◇ *vt* [person] faire se dépêcher; [process] hâter; **to ~ to do sthg** se dépêcher OR se presser de faire qqch. ◇ *vi* se dépêcher, se presser. ◇ *n* hâte *f*, précipitation *f*; **to be in a ~** être

pressé; **to do sthg in a ~** faire qqch à la hâte. ◆ **hurry up** *vi* se dépêcher.

hurt [hɜːt] (*pt & pp* **hurt**) ◇ *vt* **-1.** [physically, emotionally] blesser; [one's leg, arm] se faire mal à; **to ~ o.s.** se faire mal. **-2.** *fig* [harm] faire du mal à. ◇ *vi* **-1.** [gen] faire mal; **my leg ~s** ma jambe me fait mal. **-2.** *fig* [do harm] faire du mal. ◇ *adj* blessé(e); [voice] offensé(e).

hurtful ['hɜːtfʊl] *adj* blessant(e).

hurtle ['hɜːtl] *vi* aller à toute allure.

husband ['hʌzbənd] *n* mari *m*.

hush [hʌʃ] ◇ *n* silence *m*. ◇ *excl* silence!, chut!

husk [hʌsk] *n* [of seed, grain] enveloppe *f*.

husky ['hʌskɪ] ◇ *adj* [hoarse] rauque. ◇ *n* chien *m* esquimau.

hustle ['hʌsl] ◇ *vt* [hurry] pousser, bousculer. ◇ *n* agitation *f*.

hut [hʌt] *n* **-1.** [rough house] hutte *f*. **-2.** [shed] cabane *f*.

hutch [hʌtʃ] *n* clapier *m*.

hyacinth ['haɪəsɪnθ] *n* jacinthe *f*.

hydrant ['haɪdrənt] *n* bouche *f* d'incendie.

hydraulic [haɪ'drɔːlɪk] *adj* hydraulique.

hydroelectric [,haɪdrəʊɪ'lektrɪk] *adj* hydro-électrique.

hydrofoil ['haɪdrəfɔɪl] *n* hydrofoil *m*.

hydrogen ['haɪdrədʒən] *n* hydrogène *m*.

hyena [haɪ'iːnə] *n* hyène *f*.

hygiene ['haɪdʒiːn] *n* hygiène *f*.

hygienic [haɪ'dʒiːnɪk] *adj* hygiénique.

hymn [hɪm] *n* hymne *m*, cantique *m*.

hype [haɪp] *inf* ◇ *n* (*U*) battage *m* publicitaire. ◇ *vt* faire un battage publicitaire autour de.

hyperactive [,haɪpər'æktɪv] *adj* hyperactif(ive).

hypermarket ['haɪpə,mɑːkɪt] *n* hypermarché *m*.

hyphen ['haɪfn] *n* trait *m* d'union.

hypnosis [hɪp'nəʊsɪs] *n* hypnose *f*.

hypnotic [hɪp'nɒtɪk] *adj* hypnotique.

hypnotize, -ise ['hɪpnətaɪz] *vt* hypnotiser.

hypocrisy [hɪ'pɒkrəsɪ] *n* hypocrisie *f*.

hypocrite ['hɪpəkrɪt] *n* hypocrite *mf*.

hypocritical [,hɪpə'krɪtɪkl] *adj* hypocrite.

hypothesis [haɪ'pɒθɪsɪs] (*pl* **-theses** [-θɪsiːz]) *n* hypothèse *f*.

hypothetical [,haɪpə'θetɪkl] *adj* hypothétique.

hysteria [hɪs'tɪərɪə] *n* hystérie *f*.

hysterical [hɪs'terɪkl] *adj* -1. [gen] hystérique. -2. *inf* [very funny] désopilant(e).

hysterics [hɪs'terɪks] *npl* -1. [panic, excitement] crise *f* de nerfs. -2. *inf* [laughter] fou rire *m*.

I

i (*pl* **i's** OR **is**), **I** (*pl* **I's** OR **Is**) [aɪ] *n* [letter] i *m inv*, I *m inv*.

I [aɪ] *pers pron* -1. (*unstressed*) je, j' (*before vowel or silent* 'h'); **he and I are leaving for Paris** lui et moi (nous) partons pour Paris. -2. (*stressed*) moi; **I can't do it** moi je ne peux pas le faire.

ice [aɪs] ◇ *n* -1. [frozen water, ice cream] glace *f*. -2. [on road] verglas *m*. -3. (*U*) [ice cubes] glaçons *mpl*. ◇ *vt Br* glacer.
◆ **ice over, ice up** *vi* [lake, pond] geler; [window, windscreen] givrer; [road] se couvrir de verglas.

iceberg ['aɪsbɜːg] *n* iceberg *m*.

iceberg lettuce *n* laitue *f* iceberg.

icebox ['aɪsbɒks] *n* -1. *Br* [in refrigerator] freezer *m*. -2. *Am* [refrigerator] réfrigérateur *m*.

ice cream *n* glace *f*.

ice cube *n* glaçon *m*.

ice hockey *n* hockey *m* sur glace.

Iceland ['aɪslənd] *n* Islande *f*.

Icelandic [aɪs'lændɪk] ◇ *adj* islandais(e).
◇ *n* [language] islandais *m*.

ice lolly *n Br* sucette *f* glacée.

ice pick *n* pic *m* à glace.

ice rink *n* patinoire *f*.

ice skate *n* patin *m* à glace. ◆ **ice-skate** *vi* faire du patin (à glace).

ice-skating *n* patinage *m* (sur glace).

icicle ['aɪsɪkl] *n* glaçon *m* (naturel).

icing ['aɪsɪŋ] *n* (*U*) glaçage *m*, glace *f*.

icing sugar *n Br* sucre *m* glace.

icon ['aɪkɒn] *n* [gen & COMPUT] icône *f*.

icy ['aɪsɪ] *adj* -1. [weather, manner] glacial(e). -2. [covered in ice] verglacé(e).

I'd [aɪd] = **I would**, **I had**.

ID *n* (*abbr of* **identification**) (*U*) papiers *mpl*.

idea [aɪ'dɪə] *n* idée *f*; [intention] intention *f*; **to have an ~ (that)** ... avoir idée que ...; **to have no ~** n'avoir aucune idée; **to get the ~** *inf* piger.

ideal [aɪ'dɪəl] ◇ *adj* idéal(e). ◇ *n* idéal *m*.

ideally [aɪ'dɪəlɪ] *adv* idéalement; [suited] parfaitement.

identical [aɪ'dentɪkl] *adj* identique.

identification [aɪ,dentɪfɪ'keɪʃn] *n* (*U*) -1. [gen]: ~ **(with)** identification *f* (à). -2. [documentation] pièce *f* d'identité.

identify [aɪ'dentɪfaɪ] ◇ *vt* -1. [recognize] identifier. -2. [subj: document, card] permettre de reconnaître. -3. [associate]: **to ~ sb with sthg** associer qqn à qqch. ◇ *vi* [empathize]: **to ~ with** s'identifier à.

Identikit picture® [aɪ'dentɪkɪt-] *n* portrait-robot *m*.

identity [aɪ'dentətɪ] *n* identité *f*.

identity card *n* carte *f* d'identité.

identity parade *n* séance d'identification d'un suspect dans un échantillon de plusieurs personnes.

ideology [,aɪdɪ'ɒlədʒɪ] *n* idéologie *f*.

idiom ['ɪdɪəm] *n* -1. [phrase] expression *f* idiomatique. -2. *fml* [style] langue *f*.

idiomatic [,ɪdɪə'mætɪk] *adj* idiomatique.

idiosyncrasy [,ɪdɪə'sɪŋkrəsɪ] *n* particularité *f*, caractéristique *f*.

idiot ['ɪdɪət] *n* idiot *m*, -e *f*, imbécile *mf*.

idiotic [,ɪdɪ'ɒtɪk] *adj* idiot(e).

idle ['aɪdl] ◇ *adj* -1. [lazy] oisif(ive), désœuvré(e). -2. [not working - machine, factory] arrêté(e); [- worker] qui chôme, en chômage. -3. [threat] vain(e). -4. [curiosity] simple, pur(e). ◇ *vi* tourner au ralenti. ◆ **idle away** *vt sep* [time] perdre à ne rien faire.

idol ['aɪdl] *n* idole *f*.

idolize, -ise ['aɪdəlaɪz] *vt* idolâtrer, adorer.

idyllic [ɪ'dɪlɪk] *adj* idyllique.

i.e. (*abbr of* **id est**) c-à-d.

if [ɪf] *conj* -1. [gen] si; ~ **I were you** à ta place, si j'étais toi. -2. [though] bien que. -3. [that] que. ◆ **if not** *conj* sinon.
◆ **if only** ◇ *conj* -1. [naming a reason] ne serait-ce que. -2. [expressing regret] si seulement. ◇ *excl* si seulement!

igloo ['ɪɡluː] (*pl* -s) *n* igloo *m*, iglou *m*.

ignite [ɪɡ'naɪt] ◇ *vt* mettre le feu à, enflammer; [firework] tirer. ◇ *vi* prendre feu, s'enflammer.

ignition [ɪɡ'nɪʃn] *n* -1. [act of igniting] ignition *f*. -2. AUT allumage *m*; **to switch on the ~** mettre le contact.

ignition key *n* clef *f* de contact.

ignorance ['ɪɡnərəns] *n* ignorance *f*.

ignorant ['ɪɡnərənt] *adj* -1. [uneducated, unaware] ignorant(e); **to be ~ of sthg**

être ignorant de qqch. **-2.** [rude] mal élevé(e).

ignore [ɪgˈnɔːʳ] vt [advice, facts] ne pas tenir compte de; [person] faire semblant de ne pas voir.

ilk [ɪlk] n: **of that ~** [of that sort] de cet acabit, de ce genre.

ill [ɪl] ◇ adj **-1.** [unwell] malade; **to feel ~** se sentir malade OR souffrant; **to be taken ~, to fall ~** tomber malade. **-2.** [bad] mauvais(e); **~ luck** malchance f. ◇ adv mal; **to speak/think ~ of sb** dire/penser du mal de qqn.

I'll [aɪl] = I will, I shall.

ill-advised [-ədˈvaɪzd] adj [remark, action] peu judicieux(ieuse); [person] malavisé(e).

ill at ease adj mal à l'aise.

illegal [ɪˈliːgl] adj illégal(e); [immigrant] en situation irrégulière.

illegible [ɪˈledʒəbl] adj illisible.

illegitimate [ˌɪlɪˈdʒɪtɪmət] adj illégitime.

ill-equipped [-ɪˈkwɪpt] adj: **to be ~ to do sthg** être mal placé(e) pour faire qqch.

ill-fated [-ˈfeɪtɪd] adj fatal(e), funeste.

ill feeling n animosité f.

ill health n mauvaise santé f.

illicit [ɪˈlɪsɪt] adj illicite.

illiteracy [ɪˈlɪtərəsɪ] n analphabétisme m, illettrisme m.

illiterate [ɪˈlɪtərət] ◇ adj analphabète, illettré(e). ◇ n analphabète mf, illettré m, -e f.

illness [ˈɪlnɪs] n maladie f.

illogical [ɪˈlɒdʒɪkl] adj illogique.

ill-suited [-ˈsuːtɪd] adj mal assorti(e); **to be ~ for sthg** être inapte à qqch.

ill-timed [-ˈtaɪmd] adj déplacé(e), mal à propos.

ill-treat vt maltraiter.

illuminate [ɪˈluːmɪneɪt] vt éclairer.

illumination [ɪˌluːmɪˈneɪʃn] n [lighting] éclairage m. ◆ **illuminations** npl Br illuminations fpl.

illusion [ɪˈluːʒn] n illusion f; **to have no ~s about** ne se faire OR n'avoir aucune illusion sur; **to be under the ~ that** croire OR s'imaginer que, avoir l'illusion que.

illustrate [ˈɪləstreɪt] vt illustrer.

illustration [ˌɪləˈstreɪʃn] n illustration f.

illustrious [ɪˈlʌstrɪəs] adj illustre, célèbre.

ill will n animosité f.

I'm [aɪm] = I am.

image [ˈɪmɪdʒ] n **-1.** [gen] image f. **-2.** [of company, politician] image f de marque.

imagery [ˈɪmɪdʒrɪ] n (U) images fpl.

imaginary [ɪˈmædʒɪnrɪ] adj imaginaire.

imagination [ɪˌmædʒɪˈneɪʃn] n **-1.** [ability] imagination f. **-2.** [fantasy] invention f.

imaginative [ɪˈmædʒɪnətɪv] adj imaginatif(ive); [solution] plein(e) d'imagination.

imagine [ɪˈmædʒɪn] vt imaginer; **to ~ doing sthg** s'imaginer OR se voir faisant qqch; **~ (that)!** tu t'imagines!

imbalance [ˌɪmˈbæləns] n déséquilibre m.

imbecile [ˈɪmbɪsiːl] n imbécile mf, idiot m, -e f.

IMF (abbr of **International Monetary Fund**) n FMI m.

imitate [ˈɪmɪteɪt] vt imiter.

imitation [ˌɪmɪˈteɪʃn] ◇ n imitation f. ◇ adj [leather] imitation (before n); [jewellery] en toc.

immaculate [ɪˈmækjʊlət] adj impeccable.

immaterial [ˌɪməˈtɪərɪəl] adj [unimportant] sans importance.

immature [ˌɪməˈtjʊəʳ] adj **-1.** [lacking judgment] qui manque de maturité. **-2.** [not fully grown] jeune, immature.

immediate [ɪˈmiːdjət] adj **-1.** [urgent] immédiat(e); [problem, meeting] urgent(e). **-2.** [very near] immédiat(e); [family] le plus proche.

immediately [ɪˈmiːdjətlɪ] ◇ adv **-1.** [at once] immédiatement. **-2.** [directly] directement. ◇ conj dès que.

immense [ɪˈmens] adj immense; [improvement, change] énorme.

immerse [ɪˈmɜːs] vt: **to ~ sthg in sthg** immerger OR plonger qqch dans qqch; **to ~ o.s. in sthg** fig se plonger dans qqch.

immersion heater [ɪˈmɜːʃn-] n chauffe-eau m électrique.

immigrant [ˈɪmɪgrənt] n immigré m, -e f.

immigration [ˌɪmɪˈgreɪʃn] n immigration f.

imminent [ˈɪmɪnənt] adj imminent(e).

immobilize, -ise [ɪˈməʊbɪlaɪz] vt immobiliser.

immobilizer, -iser [ɪˈməʊbɪlaɪzəʳ] n AUT système m antidémarrage.

immoral [ɪˈmɒrəl] adj immoral(e).

immortal [ɪˈmɔːtl] ◇ adj immortel(elle). ◇ n immortel m, -elle f.

immortalize, -ise [ɪˈmɔːtəlaɪz] vt immortaliser.

immovable [ɪˈmuːvəbl] *adj* **-1.** [fixed] fixe. **-2.** [determined] inébranlable.

immune [ɪˈmjuːn] *adj* **-1.** MED: ~ **(to)** immunisé(e) (contre). **-2.** *fig* [protected]: **to be** ~ **to** OR **from** être à l'abri de.

immunity [ɪˈmjuːnətɪ] *n* **-1.** MED: ~ **(to)** immunité *f* (contre). **-2.** *fig* [protection]: ~ **to** OR **from** immunité *f* contre.

immunize, -ise [ˈɪmjuːnaɪz] *vt*: **to** ~ **sb (against)** immuniser qqn (contre).

imp [ɪmp] *n* **-1.** [creature] lutin *m*. **-2.** [naughty child] petit diable *m*, coquin *m*, -e *f*.

impact [*n* ˈɪmpækt, *vb* ɪmˈpækt] ◇ *n* impact *m*; **to make an** ~ **on** OR **upon sb** faire une forte impression sur qqn; **to make an** ~ **on** OR **upon sthg** avoir un impact sur qqch. ◇ *vt* **-1.** [collide with] entrer en collision avec. **-2.** [influence] avoir un impact sur.

impair [ɪmˈpeər] *vt* affaiblir, abîmer; [efficiency] réduire.

impart [ɪmˈpɑːt] *vt fml* **-1.** [information]: **to** ~ **sthg (to sb)** communiquer OR transmettre qqch (à qqn). **-2.** [feeling, quality]: **to** ~ **sthg (to)** donner qqch (à).

impartial [ɪmˈpɑːʃl] *adj* impartial(e).

impassable [ɪmˈpɑːsəbl] *adj* impraticable.

impassive [ɪmˈpæsɪv] *adj* impassible.

impatience [ɪmˈpeɪʃns] *n* **-1.** [gen] impatience *f*. **-2.** [irritability] irritation *f*.

impatient [ɪmˈpeɪʃnt] *adj* **-1.** [gen] impatient(e); **to be** ~ **to do sthg** être impatient de faire qqch; **to be** ~ **for sthg** attendre qqch avec impatience. **-2.** [irritable]: **to become** OR **get** ~ s'impatienter.

impeccable [ɪmˈpekəbl] *adj* impeccable.

impede [ɪmˈpiːd] *vt* entraver, empêcher; [person] gêner.

impediment [ɪmˈpedɪmənt] *n* **-1.** [obstacle] obstacle *m*. **-2.** [disability] défaut *m*.

impel [ɪmˈpel] *vt*: **to** ~ **sb to do sthg** inciter qqn à faire qqch.

impending [ɪmˈpendɪŋ] *adj* imminent(e).

imperative [ɪmˈperətɪv] ◇ *adj* [essential] impératif(ive), essentiel(ielle). ◇ *n* impératif *m*.

imperfect [ɪmˈpɜːfɪkt] ◇ *adj* imparfait(e). ◇ *n* GRAMM: ~ **(tense)** imparfait *m*.

imperial [ɪmˈpɪərɪəl] *adj* **-1.** [of empire] impérial(e). **-2.** [system of measurement] *qui a cours légal dans le Royaume-Uni*.

imperil [ɪmˈperɪl] *vt* mettre en péril OR en danger; [project] compromettre.

impersonal [ɪmˈpɜːsnl] *adj* impersonnel(elle).

impersonate [ɪmˈpɜːsəneɪt] *vt* se faire passer pour.

impersonation [ɪm‚pɜːsəˈneɪʃn] *n* usurpation *f* d'identité; [by mimic] imitation *f*.

impertinent [ɪmˈpɜːtɪnənt] *adj* impertinent(e).

impervious [ɪmˈpɜːvjəs] *adj* [not influenced]: ~ **to** indifférent(e) à.

impetuous [ɪmˈpetʃʊəs] *adj* impétueux(euse).

impetus [ˈɪmpɪtəs] *n* (U) **-1.** [momentum] élan *m*. **-2.** [stimulus] impulsion *f*.

impinge [ɪmˈpɪndʒ] *vi*: **to** ~ **on sb/sthg** affecter qqn/qqch.

implant [*n* ˈɪmplɑːnt, *vb* ɪmˈplɑːnt] ◇ *n* implant *m*. ◇ *vt*: **to** ~ **sthg in** OR **into sb** implanter qqch dans qqn.

implausible [ɪmˈplɔːzəbl] *adj* peu plausible.

implement [*n* ˈɪmplɪmənt, *vb* ˈɪmplɪment] ◇ *n* outil *m*, instrument *m*. ◇ *vt* exécuter, appliquer.

implication [‚ɪmplɪˈkeɪʃn] *n* implication *f*; **by** ~ par voie de conséquence.

implicit [ɪmˈplɪsɪt] *adj* **-1.** [inferred] implicite. **-2.** [belief, faith] absolu(e).

implore [ɪmˈplɔːr] *vt*: **to** ~ **sb (to do sthg)** implorer qqn (de faire qqch).

imply [ɪmˈplaɪ] *vt* **-1.** [suggest] sous-entendre, laisser supposer OR entendre. **-2.** [involve] impliquer.

impolite [‚ɪmpəˈlaɪt] *adj* impoli(e).

import [*n* ˈɪmpɔːt, *vb* ɪmˈpɔːt] ◇ *n* [product, action] importation *f*. ◇ *vt* [gen & COMPUT] importer.

importance [ɪmˈpɔːtns] *n* importance *f*.

important [ɪmˈpɔːtnt] *adj* important(e); **to be** ~ **to sb** importer à qqn.

importer [ɪmˈpɔːtər] *n* importateur *m*, -trice *f*.

impose [ɪmˈpəʊz] ◇ *vt* [force]: **to** ~ **sthg (on)** imposer qqch (à). ◇ *vi* [cause trouble]: **to** ~ **(on sb)** abuser (de la gentillesse de qqn).

imposing [ɪmˈpəʊzɪŋ] *adj* imposant(e).

imposition [‚ɪmpəˈzɪʃn] *n* **-1.** [of tax, limitations etc] imposition *f*. **-2.** [cause of trouble]: **it's an** ~ c'est abuser de ma/ notre gentillesse.

impossible [ɪmˈpɒsəbl] *adj* impossible.

impostor, imposter *Am* [ɪmˈpɒstər] *n* imposteur *m*.

impotent [ˈɪmpətənt] *adj* impuissant(e).

impound [ɪmˈpaʊnd] *vt* confisquer.

impoverished [ɪmˈpɒvərɪʃt] *adj* appauvri(e).

impractical [ɪmˈpræktɪkl] *adj* pas pratique.

impregnable [ɪmˈpregnəbl] *adj* -1. [fortress, defences] imprenable. -2. *fig* [person] inattaquable.

impregnate [ˈɪmpregneɪt] *vt* -1. [introduce substance into]: **to ~ sthg with** imprégner qqch de. -2. *fml* [fertilize] féconder.

impress [ɪmˈpres] *vt* -1. [person] impressionner. -2. [stress]: **to ~ sthg on sb** faire bien comprendre qqch à qqn.

impression [ɪmˈpreʃn] *n* -1. [gen] impression *f*; **to be under the ~ (that)** ... avoir l'impression que ...; **to make an ~** faire impression. -2. [by mimic] imitation *f*. -3. [of stamp, book] impression *f*, empreinte *f*.

impressive [ɪmˈpresɪv] *adj* impressionnant(e).

imprint [ˈɪmprɪnt] *n* -1. [mark] empreinte *f*. -2. [publisher's name] nom *m* de l'éditeur.

imprison [ɪmˈprɪzn] *vt* emprisonner.

improbable [ɪmˈprɒbəbl] *adj* [story, excuse] improbable.

impromptu [ɪmˈprɒmptjuː] *adj* impromptu(e).

improper [ɪmˈprɒpər] *adj* -1. [unsuitable] impropre. -2. [incorrect, illegal] incorrect(e). -3. [rude] indécent(e).

improve [ɪmˈpruːv] ◇ *vi* s'améliorer; [patient] aller mieux; **to ~ on** OR **upon sthg** améliorer qqch. ◇ *vt* améliorer.

improvement [ɪmˈpruːvmənt] *n*: **~ (in/on)** amélioration *f* (de/par rapport à).

improvise [ˈɪmprəvaɪz] *vt & vi* improviser.

impudent [ˈɪmpjʊdənt] *adj* impudent(e).

impulse [ˈɪmpʌls] *n* impulsion *f*; **on ~** par impulsion.

impulsive [ɪmˈpʌlsɪv] *adj* impulsif(ive).

impunity [ɪmˈpjuːnətɪ] *n*: **with ~** avec impunité.

impurity [ɪmˈpjʊərətɪ] *n* impureté *f*.

in [ɪn] ◇ *prep* -1. [indicating place, position] dans; **~ a box/bag/drawer** dans une boîte/un sac/un tiroir; **~ Paris** à Paris; **~ Belgium** en Belgique; **~ Canada** au Canada; **~ the United States** aux États-Unis; **~ the country** à la campagne; **to be ~ hospital/prison** être à l'hôpital/en prison; **~ here** ici; **~ there** là. -2. [wearing] en; **dressed ~ a suit** vêtu d'un costume. -3. [at a particular time, season]: **~ 1994** en 1994; **~ April** en avril; **~ (the) spring** au printemps; **~ (the) winter** en hiver; **at two o'clock ~ the afternoon** à deux heures de l'après-midi. -4. [period of time - within] en; [- after] dans; **he learned to type ~ two weeks** il a appris à taper à la machine en deux semaines; **I'll be ready ~ five minutes** je serai prêt dans 5 minutes. -5. [during]: **it's my first decent meal ~ weeks** c'est mon premier repas correct depuis des semaines. -6. [indicating situation, circumstances]: **~ the sun** au soleil; **~ the rain** sous la pluie; **to live/die ~ poverty** vivre/mourir dans la misère; **~ danger/difficulty** en danger/difficulté. -7. [indicating manner, condition]: **~ a loud/soft voice** d'une voix forte/douce; **to write ~ pencil/ink** écrire au crayon/à l'encre; **to speak ~ English/French** parler (en) anglais/français. -8. [indicating emotional state]: **~ anger** sous le coup de la colère; **~ joy/delight** avec joie/plaisir. -9. [specifying area of activity] dans; **he's ~ computers** il est dans l'informatique. -10. [referring to quantity, numbers, age]: **large/small quantities** en grande/petite quantité; **~ (their) thousands** par milliers; **she's ~ her sixties** elle a la soixantaine. -11. [describing arrangement]: **~ twos** par deux; **~ a line/row/circle** en ligne/rang/cercle. -12. [as regards]: **to be three metres ~ length/width** faire trois mètres de long/large; **a change ~ direction** un changement de direction. -13. [in ratios]: **5 pence ~ the pound** 5 pence par livre sterling; **one ~ ten** un sur dix. -14. (*after superl*) de; **the longest river ~ the world** le fleuve le plus long du monde. -15. (+ *present participle*): **~ doing sthg** en faisant qqch. ◇ *adv* -1. [inside] dedans, à l'intérieur. -2. [at home, work] là; **I'm staying ~ tonight** je reste à la maison OR chez moi ce soir; **is Judith ~?** est-ce que Judith est là? -3. [of train, boat, plane]: **to be ~** être arrivé(e). -4. [of tide]: **the tide's ~** c'est la marée haute. -5. *phr*: **we're ~ for some bad weather** nous allons avoir du mauvais temps; **you're ~ for a shock** tu vas avoir un choc. ◇ *adj inf* à la mode. ◆ **ins** *npl*: **the ~s and outs** les tenants et les aboutissants *mpl*.

in. *abbr of* **inch**.

inability [ˌɪnəˈbɪlətɪ] *n*: **~ (to do sthg)** incapacité *f* (à faire qqch).

inaccessible [ˌɪnək'sesəbl] *adj* inaccessible.

inaccurate [ɪn'ækjʊrət] *adj* inexact(e).

inadequate [ɪn'ædɪkwət] *adj* insuffisant(e).

inadvertently [ˌɪnəd'vɜːtəntlɪ] *adv* par inadvertance.

inadvisable [ˌɪnəd'vaɪzəbl] *adj* déconseillé(e).

inane [ɪ'neɪn] *adj* inepte; [person] stupide.

inanimate [ɪn'ænɪmət] *adj* inanimé(e).

inappropriate [ɪnə'prəʊprɪət] *adj* inopportun(e); [expression, word] impropre; [clothing] peu approprié(e).

inarticulate [ˌɪnɑː'tɪkjʊlət] *adj* inarticulé(e), indistinct(e); [person] qui s'exprime avec difficulté; [explanation] mal exprimé(e).

inasmuch [ˌɪnəz'mʌtʃ] ♦ **inasmuch as** *conj fml* attendu que.

inaudible [ɪ'nɔːdɪbl] *adj* inaudible.

inaugural [ɪ'nɔːgjʊrəl] *adj* inaugural(e).

inauguration [ɪˌnɔːgjʊ'reɪʃn] *n* [of leader, president] investiture *f*; [of building, system] inauguration *f*.

in-between *adj* intermédiaire.

inborn [ˌɪn'bɔːn] *adj* inné(e).

inbound ['ɪnbaʊnd] *adj Am* qui arrive.

inbred [ˌɪn'bred] *adj* **-1.** [closely related] consanguin(e); [animal] croisé(e). **-2.** [inborn] inné(e).

inbuilt [ˌɪn'bɪlt] *adj* [inborn] inné(e).

inc. (*abbr of* **inclusive**): **12-15 April** ~ du 12 au 15 avril inclus.

Inc. [ɪŋk] (*abbr of* **incorporated**) ≈ SARL.

incapable [ɪn'keɪpəbl] *adj* incapable; **to be** ~ **of sthg/of doing sthg** être incapable de qqch/de faire qqch.

incapacitated [ˌɪnkə'pæsɪteɪtɪd] *adj* inapte physiquement; ~ **for work** mis(e) dans l'incapacité de travailler.

incarcerate [ɪn'kɑːsəreɪt] *vt* incarcérer.

incendiary device [ɪn'sendjərɪ-] *n* dispositif *m* incendiaire.

incense [*n* 'ɪnsens, *vb* ɪn'sens] ◇ *n* encens *m*. ◇ *vt* [anger] mettre en colère.

incentive [ɪn'sentɪv] *n* **-1.** [encouragement] motivation *f*. **-2.** COMM récompense *f*, prime *f*.

incentive scheme *n* programme *m* d'encouragement.

inception [ɪn'sepʃn] *n fml* commencement *m*.

incessant [ɪn'sesnt] *adj* incessant(e).

incessantly [ɪn'sesntlɪ] *adv* sans cesse.

incest ['ɪnsest] *n* inceste *m*.

inch [ɪntʃ] ◇ *n* = 2,5 cm, ≈ pouce *m*. ◇ *vi*: **to** ~ **forward** avancer petit à petit.

incidence ['ɪnsɪdəns] *n* [of disease, theft] fréquence *f*.

incident ['ɪnsɪdənt] *n* incident *m*.

incidental [ˌɪnsɪ'dentl] *adj* accessoire.

incidentally [ˌɪnsɪ'dentəlɪ] *adv* à propos.

incinerate [ɪn'sɪnəreɪt] *vt* incinérer.

incipient [ɪn'sɪpɪənt] *adj fml* naissant(e).

incisive [ɪn'saɪsɪv] *adj* incisif(ive).

incite [ɪn'saɪt] *vt* inciter; **to** ~ **sb to do sthg** inciter qqn à faire qqch.

inclination [ˌɪnklɪ'neɪʃn] *n* **-1.** (U) [liking, preference] inclination *f*, goût *m*. **-2.** [tendency]: ~ **to do sthg** inclination *f* à faire qqch.

incline [*n* 'ɪnklaɪn, *vb* ɪn'klaɪn] ◇ *n* inclinaison *f*. ◇ *vt* [head] incliner.

inclined [ɪn'klaɪnd] *adj* **-1.** [tending]: **to be** ~ **to sthg/to do sthg** avoir tendance à qqch/à faire qqch. **-2.** [wanting]: **to be** ~ **to do sthg** être enclin(e) à faire qqch. **-3.** [sloping] incliné(e).

include [ɪn'kluːd] *vt* inclure.

included [ɪn'kluːdɪd] *adj* inclus(e).

including [ɪn'kluːdɪŋ] *prep* y compris.

inclusive [ɪn'kluːsɪv] *adj* inclus(e); [including all costs] tout compris; ~ **of VAT** TVA incluse OR comprise.

incoherent [ˌɪnkəʊ'hɪərənt] *adj* incohérent(e).

income ['ɪŋkʌm] *n* revenu *m*.

income support *n Br* allocations supplémentaires accordées aux personnes ayant un faible revenu.

income tax *n* impôt *m* sur le revenu.

incompatible [ˌɪnkəm'pætɪbl] *adj*: ~ **(with)** incompatible (avec).

incompetent [ɪn'kɒmpɪtənt] *adj* incompétent(e).

incomplete [ˌɪnkəm'pliːt] *adj* incomplet(ète).

incomprehensible [ɪnˌkɒmprɪ'hensəbl] *adj* incompréhensible.

inconceivable [ˌɪnkən'siːvəbl] *adj* inconcevable.

inconclusive [ˌɪnkən'kluːsɪv] *adj* peu concluant(e).

incongruous [ɪn'kɒŋgrʊəs] *adj* incongru(e).

inconsequential [ˌɪnkɒnsɪ'kwenʃl] *adj* sans importance.

inconsiderable [ˌɪnkən'sɪdərəbl] *adj*: **not** ~ non négligeable.

inconsiderate [ˌɪnkən'sɪdərət] *adj* inconsidéré(e); [person] qui manque de considération.

inconsistency [ˌɪnkən'sɪstənsɪ] *n* inconsistance *f*.

inconsistent [ˌɪnkən'sɪstənt] *adj* **-1.** [not agreeing, contradictory] contradictoire; [person] inconséquent(e); ~ **with sthg** en contradiction avec qqch. **-2.** [erratic] inconsistant(e).

inconspicuous [ˌɪnkən'spɪkjʊəs] *adj* qui passe inaperçu(e).

inconvenience [ˌɪnkən'viːnjəns] ◇ *n* désagrément *m*. ◇ *vt* déranger.

inconvenient [ˌɪnkən'viːnjənt] *adj* inopportun(e).

incorporate [ɪn'kɔːpəreɪt] *vt* **-1.** [integrate]: **to ~ sb/sthg (into)** incorporer qqn/qqch (dans). **-2.** [comprise] contenir, comprendre.

incorporated [ɪn'kɔːpəreɪtɪd] *adj* COMM constitué(e) en société commerciale.

incorrect [ˌɪnkə'rekt] *adj* incorrect(e).

incorrigible [ɪn'kɒrɪdʒəbl] *adj* incorrigible.

increase [*n* 'ɪnkriːs, *vb* ɪn'kriːs] ◇ *n*: ~ **(in)** augmentation *f* (de); **to be on the ~** aller en augmentant. ◇ *vt & vi* augmenter.

increasing [ɪn'kriːsɪŋ] *adj* croissant(e).

increasingly [ɪn'kriːsɪŋlɪ] *adv* de plus en plus.

incredible [ɪn'kredəbl] *adj* incroyable.

incredulous [ɪn'kredjʊləs] *adj* incrédule.

increment ['ɪnkrɪmənt] *n* augmentation *f*.

incriminating [ɪn'krɪmɪneɪtɪŋ] *adj* compromettant(e).

incubator ['ɪnkjʊbeɪtə'] *n* [for baby] incubateur *m*, couveuse *f*.

incumbent [ɪn'kʌmbənt] *fml* ◇ *adj*: **to be ~ on** OR **upon sb to do sthg** incomber à qqn de faire qqch. ◇ *n* [of post] titulaire *m*.

incur [ɪn'kɜː'] *vt* encourir.

indebted [ɪn'detɪd] *adj* [grateful]: ~ **to sb** redevable à qqn.

indecent [ɪn'diːsnt] *adj* **-1.** [improper] indécent(e). **-2.** [unreasonable] malséant(e).

indecent assault *n* attentat *m* à la pudeur.

indecent exposure *n* outrage *m* public à la pudeur.

indecisive [ˌɪndɪ'saɪsɪv] *adj* indécis(e).

indeed [ɪn'diːd] *adv* **-1.** [certainly, to express surprise] vraiment; ~ **I am, yes ~** certainement. **-2.** [in fact] en effet. **-3.** [for emphasis]: **very big/bad ~** extrêmement grand/mauvais, vraiment grand/mauvais.

indefinite [ɪn'defɪnɪt] *adj* **-1.** [not fixed] indéfini(e). **-2.** [imprecise] vague.

indefinitely [ɪn'defɪnətlɪ] *adv* **-1.** [for unfixed period] indéfiniment. **-2.** [imprecisely] vaguement.

indemnity [ɪn'demnətɪ] *n* indemnité *f*.

indent [ɪn'dent] *vt* **-1.** [dent] entailler. **-2.** [text] mettre en retrait.

independence [ˌɪndɪ'pendəns] *n* indépendance *f*.

Independence Day *n* fête de l'indépendance américaine, le 4 juillet.

independent [ˌɪndɪ'pendənt] *adj*: ~ **(of)** indépendant(e) (de).

independent school *n* Br école *f* privée.

in-depth *adj* approfondi(e).

indescribable [ˌɪndɪ'skraɪbəbl] *adj* indescriptible.

indestructible [ˌɪndɪ'strʌktəbl] *adj* indestructible.

index ['ɪndeks] (*pl* senses *1 and 2* **-es**, sense 3 **-es** OR **indices**) *n* **-1.** [of book] index *m*. **-2.** [in library] répertoire *m*, fichier *m*. **-3.** ECON indice *m*.

index card *n* fiche *f*.

index finger *n* index *m*.

index-linked [-ˌlɪŋkt] *adj* indexé(e).

India ['ɪndjə] *n* Inde *f*.

Indian ['ɪndjən] ◇ *adj* indien(ienne). ◇ *n* Indien *m*, -ienne *f*.

Indian Ocean *n*: **the ~** l'océan *m* Indien.

indicate ['ɪndɪkeɪt] ◇ *vt* indiquer. ◇ *vi* AUT mettre son clignotant.

indication [ˌɪndɪ'keɪʃn] *n* **-1.** [suggestion] indication *f*. **-2.** [sign] signe *m*.

indicative [ɪn'dɪkətɪv] ◇ *adj*: ~ **of** indicatif(ive) de. ◇ *n* GRAMM indicatif *m*.

indicator ['ɪndɪkeɪtə'] *n* **-1.** [sign] indicateur *m*. **-2.** AUT clignotant *m*.

indices ['ɪndɪsiːz] *pl* → **index**.

indict [ɪn'daɪt] *vt*: **to ~ sb (for)** accuser qqn (de).

indictment [ɪn'daɪtmənt] *n* **-1.** JUR acte *m* d'accusation. **-2.** [criticism] mise *f* en accusation.

indifference [ɪn'dɪfrəns] *n* indifférence *f*.

indifferent [ɪn'dɪfrənt] *adj* **-1.** [uninterested]: ~ **(to)** indifférent(e) (à). **-2.** [mediocre] médiocre.

indigenous [ɪn'dɪdʒɪnəs] *adj* indigène.

indigestion [ˌɪndɪ'dʒestʃn] *n* (*U*) indigestion *f*.

indignant [ɪn'dɪgnənt] *adj*: ~ **(at)** indigné(e) (de).

indignity [ɪn'dɪgnətɪ] *n* indignité *f*.

indigo ['ɪndɪgəʊ] ◇ *adj* indigo (*inv*). ◇ *n* indigo *m*.

indirect [,ɪndɪ'rekt] *adj* indirect(e).

indiscreet [,ɪndɪ'skriːt] *adj* indiscret(ète).

indiscriminate [,ɪndɪ'skrɪmɪnət] *adj* [person] qui manque de discernement; [treatment] sans distinction; [killing] commis au hasard.

indispensable [,ɪndɪ'spensəbl] *adj* indispensable.

indisputable [,ɪndɪ'spjuːtəbl] *adj* indiscutable.

indistinguishable [,ɪndɪ'stɪŋgwɪʃəbl] *adj*: ~ (from) que l'on ne peut distinguer (de).

individual [,ɪndɪ'vɪdʒʊəl] ◇ *adj* **-1.** [separate, for one person] individuel(elle). **-2.** [distinctive] personnel(elle). ◇ *n* individu *m*.

individually [,ɪndɪ'vɪdʒʊəlɪ] *adv* individuellement.

indoctrination [ɪn,dɒktrɪ'neɪʃn] *n* endoctrinement *m*.

Indonesia [,ɪndə'niːzjə] *n* Indonésie *f*.

indoor ['ɪndɔːr] *adj* d'intérieur; [swimming pool] couvert(e); [sports] en salle.

indoors [ɪn'dɔːz] *adv* à l'intérieur.

induce [ɪn'djuːs] *vt* **-1.** [persuade]: to ~ sb to do sthg inciter OR pousser qqn à faire qqch. **-2.** [bring about] provoquer.

inducement [ɪn'djuːsmənt] *n* [incentive] incitation *f*, encouragement *m*.

induction [ɪn'dʌkʃn] *n* **-1.** [into official position]: ~ (into) installation *f* (à). **-2.** [introduction to job] introduction *f*. **-3.** ELEC induction *f*.

induction course *n* stage *m* d'initiation.

indulge [ɪn'dʌldʒ] ◇ *vt* **-1.** [whim, passion] céder à. **-2.** [child, person] gâter. ◇ *vi*: to ~ in sthg se permettre qqch.

indulgence [ɪn'dʌldʒəns] *n* **-1.** [act of indulging] indulgence *f*. **-2.** [special treat] gâterie *f*.

indulgent [ɪn'dʌldʒənt] *adj* indulgent(e).

industrial [ɪn'dʌstrɪəl] *adj* industriel(ielle).

industrial action *n*: to take ~ se mettre en grève.

industrial estate *Br*, **industrial park** *Am n* zone *f* industrielle.

industrialist [ɪn'dʌstrɪəlɪst] *n* industriel *m*.

industrial park *Am* = **industrial estate**.

industrial relations *npl* relations *fpl* patronat-syndicats.

industrial revolution *n* révolution *f* industrielle.

industrious [ɪn'dʌstrɪəs] *adj* industrieux(ieuse).

industry ['ɪndəstrɪ] *n* **-1.** [gen] industrie *f*. **-2.** (*U*) [hard work] assiduité *f*, application *f*.

inebriated [ɪ'niːbrɪeɪtɪd] *adj fml* ivre.

inedible [ɪn'edɪbl] *adj* **-1.** [meal, food] immangeable. **-2.** [plant, mushroom] non comestible.

ineffective [ɪnɪ'fektɪv] *adj* inefficace.

ineffectual [ɪnɪ'fektʃʊəl] *adj* inefficace; [person] incapable, incompétent(e).

inefficiency [ɪnɪ'fɪʃnsɪ] *n* inefficacité *f*; [of person] incapacité *f*, incompétence *f*.

inefficient [ɪnɪ'fɪʃnt] *adj* inefficace; [person] incapable, incompétent(e).

ineligible [ɪn'elɪdʒəbl] *adj* inéligible; to be ~ for sthg ne pas avoir droit à qqch.

inept [ɪ'nept] *adj* inepte; [person] stupide.

inequality [,ɪnɪ'kwɒlətɪ] *n* inégalité *f*.

inert [ɪ'nɜːt] *adj* inerte.

inertia [ɪ'nɜːʃə] *n* inertie *f*.

inescapable [,ɪnɪ'skeɪpəbl] *adj* inéluctable.

inevitable [ɪn'evɪtəbl] ◇ *adj* inévitable. ◇ *n*: the ~ l'inévitable *m*.

inevitably [ɪn'evɪtəblɪ] *adv* inévitablement.

inexcusable [,ɪnɪk'skjuːzəbl] *adj* inexcusable, impardonnable.

inexhaustible [,ɪnɪg'zɔːstəbl] *adj* inépuisable.

inexpensive [,ɪnɪk'spensɪv] *adj* bon marché (*inv*), pas cher (chère).

inexperienced [,ɪnɪk'spɪərɪənst] *adj* inexpérimenté(e), qui manque d'expérience.

inexplicable [,ɪnɪk'splɪkəbl] *adj* inexplicable.

infallible [ɪn'fæləbl] *adj* infaillible.

infamous ['ɪnfəməs] *adj* infâme.

infancy ['ɪnfənsɪ] *n* petite enfance *f*; in its ~ *fig* à ses débuts.

infant ['ɪnfənt] *n* **-1.** [baby] nouveau-né *m*, nouveau-née *f*, nourrisson *m*. **-2.** [young child] enfant *mf* en bas âge.

infantry ['ɪnfəntrɪ] *n* infanterie *f*.

infant school *n Br* école *f* maternelle (*de 5 à 7 ans*).

infatuated [ɪn'fætjʊeɪtɪd] *adj*: ~ (with) entiché(e) (de).

infatuation [ɪn,fætjʊ'eɪʃn] *n*: ~ (with) béguin *m* (pour).

infect [ɪn'fekt] vt **-1.** MED infecter. **-2.** fig [subj: enthusiasm etc] se propager à.
infection [ɪn'fekʃn] n infection f.
infectious [ɪn'fekʃəs] adj **-1.** [disease] infectieux(ieuse). **-2.** fig [feeling, laugh] contagieux(ieuse).
infer [ɪn'fɜːr] vt [deduce]: **to ~ sthg (from)** déduire qqch (de).
inferior [ɪn'fɪəriər] ◇ adj **-1.** [in status] inférieur(e). **-2.** [product] de qualité inférieure; [work] médiocre. ◇ n [in status] subalterne mf.
inferiority [ɪn,fɪərɪ'ɒrətɪ] n infériorité f.
inferiority complex n complexe m d'infériorité.
inferno [ɪn'fɜːnəʊ] (pl -s) n brasier m.
infertile [ɪn'fɜːtaɪl] adj **-1.** [woman] stérile. **-2.** [soil] infertile.
infested [ɪn'festɪd] adj: **~ with** infesté(e) de.
infighting ['ɪn,faɪtɪŋ] n (U) querelles fpl intestines.
infiltrate ['ɪnfɪltreɪt] vt infiltrer.
infinite ['ɪnfɪnət] adj infini(e).
infinitive [ɪn'fɪnɪtɪv] n infinitif m.
infinity [ɪn'fɪnətɪ] n infini m.
infirm [ɪn'fɜːm] ◇ adj infirme. ◇ npl: **the ~ les** infirmes mpl.
infirmary [ɪn'fɜːmərɪ] n [hospital] hôpital m.
infirmity [ɪn'fɜːmətɪ] n infirmité f.
inflamed [ɪn'fleɪmd] adj MED enflammé(e).
inflammable [ɪn'flæməbl] adj inflammable.
inflammation [,ɪnflə'meɪʃn] n MED inflammation f.
inflatable [ɪn'fleɪtəbl] adj gonflable.
inflate [ɪn'fleɪt] vt **-1.** [tyre, life jacket etc] gonfler. **-2.** ECON [prices, salaries] hausser, gonfler.
inflation [ɪn'fleɪʃn] n ECON inflation f.
inflationary [ɪn'fleɪʃnrɪ] adj ECON inflationniste.
inflict [ɪn'flɪkt] vt: **to ~ sthg on sb** infliger qqch à qqn.
influence ['ɪnfluəns] ◇ n influence f; **under the ~ of** [person, group] sous l'influence de; [alcohol, drugs] sous l'effet OR l'empire de. ◇ vt influencer.
influential [,ɪnflu'enʃl] adj influent(e).
influenza [,ɪnflu'enzə] n (U) grippe f.
influx ['ɪnflʌks] n afflux m.
inform [ɪn'fɔːm] vt: **to ~ sb (of)** informer qqn (de); **to ~ sb about** renseigner qqn sur. ◆ **inform on** vt fus dénoncer.

informal [ɪn'fɔːml] adj **-1.** [party, person] simple; [clothes] de tous les jours. **-2.** [negotiations, visit] officieux(ieuse); [meeting] informel(elle).
informant [ɪn'fɔːmənt] n informateur m, -trice f.
information [,ɪnfə'meɪʃn] n (U): **~ (on OR about)** renseignements mpl OR informations fpl (sur); **a piece of ~** un renseignement; **for your ~** fml à titre d'information.
information desk n bureau m de renseignements.
information technology n informatique f.
informative [ɪn'fɔːmətɪv] adj informatif(ive).
informer [ɪn'fɔːmər] n indicateur m, -trice f.
infrared [,ɪnfrə'red] adj infrarouge.
infrastructure ['ɪnfrə,strʌktʃər] n infrastructure f.
infringe [ɪn'frɪndʒ] ◇ vt **-1.** [right] empiéter sur. **-2.** [law, agreement] enfreindre. ◇ vi **-1.** [on right]: **to ~ on** empiéter sur. **-2.** [on law, agreement]: **to ~ on** enfreindre.
infringement [ɪn'frɪndʒmənt] n **-1.** [of right]: **~ (of)** atteinte f (à). **-2.** [of law, agreement] transgression f.
infuriating [ɪn'fjʊərieitɪŋ] adj exaspérant(e).
ingenious [ɪn'dʒiːnjəs] adj ingénieux(ieuse).
ingenuity [,ɪndʒɪ'njuːətɪ] n ingéniosité f.
ingenuous [ɪn'dʒenjuəs] adj ingénu(e), naïf (naïve).
ingot ['ɪŋgət] n lingot m.
ingrained [,ɪn'greɪnd] adj **-1.** [dirt] incrusté(e). **-2.** fig [belief, hatred] enraciné(e).
ingratiating [ɪn'greɪʃɪeitɪŋ] adj doucereux(euse), mielleux(euse).
ingredient [ɪn'griːdjənt] n ingrédient m; fig élément m.
inhabit [ɪn'hæbɪt] vt habiter.
inhabitant [ɪn'hæbɪtənt] n habitant m, -e f.
inhale [ɪn'heɪl] ◇ vt inhaler, respirer. ◇ vi [breathe in] respirer.
inhaler [ɪn'heɪlər] n MED inhalateur m.
inherent [ɪn'hɪərənt, ɪn'herənt] adj: **~ (in)** inhérent(e) (à).
inherently [ɪn'hɪərəntlɪ, ɪn'herəntlɪ] adv fondamentalement, en soi.
inherit [ɪn'herɪt] ◇ vt: **to ~ sthg (from sb)** hériter qqch (de qqn). ◇ vi hériter.
inheritance [ɪn'herɪtəns] n héritage m.

inhibit [ɪn'hɪbɪt] *vt* **-1.** [prevent] empêcher. **-2.** PSYCH inhiber.

inhibition [,ɪnhɪ'bɪʃn] *n* inhibition *f*.

inhospitable [,ɪnhɒ'spɪtəbl] *adj* inhospitalier(ière).

in-house ◇ *adj* interne; [staff] de la maison. ◇ *adv* [produce, work] sur place.

inhuman [ɪn'hju:mən] *adj* inhumain(e).

initial [ɪ'nɪʃl] ◇ *adj* initial(e), premier(ière); ~ **letter** initiale *f*. ◇ *vt* parapher. ◆ **initials** *npl* initiales *fpl*.

initially [ɪ'nɪʃəlɪ] *adv* initialement, au début.

initiate [ɪ'nɪʃɪeɪt] *vt* **-1.** [talks] engager; [scheme] ébaucher, inaugurer. **-2.** [teach]: **to ~ sb into sthg** initier qqn à qqch.

initiative [ɪ'nɪʃətɪv] *n* **-1.** [gen] initiative *f*. **-2.** [advantage]: **to have the ~** avoir l'avantage *m*.

inject [ɪn'dʒekt] *vt* **-1.** MED: **to ~ sb with sthg, to ~ sthg into sb** injecter qqch à qqn. **-2.** *fig* [excitement] insuffler; [money] injecter.

injection [ɪn'dʒekʃn] *n lit & fig* injection *f*.

injure [ɪndʒəʳ] *vt* **-1.** [limb, person] blesser; **to ~ one's arm** se blesser au bras. **-2.** *fig* [reputation, chances] compromettre.

injured [ɪn'dʒəd] ◇ *adj* [limb, person] blessé(e). ◇ *npl*: **the ~** les blessés *mpl*.

injury [ɪndʒərɪ] *n* **-1.** [to limb, person] blessure *f*; **to do o.s. an ~** se blesser. **-2.** *fig* [to reputation] coup *m*, atteinte *f*.

injury time *n* (*U*) arrêts *mpl* de jeu.

injustice [ɪn'dʒʌstɪs] *n* injustice *f*; **to do sb an ~** se montrer injuste envers qqn.

ink [ɪŋk] *n* encre *f*.

ink-jet printer *n* COMPUT imprimante *f* à jet d'encre.

inkling [ɪŋklɪŋ] *n*: **to have an ~ of** avoir une petite idée de.

inlaid [,ɪn'leɪd] *adj*: ~ **(with)** incrusté(e) (de).

inland [*adj* 'ɪnlənd, *adv* ɪn'lænd] ◇ *adj* intérieur(e). ◇ *adv* à l'intérieur.

Inland Revenue *n Br*: **the ~** ≃ le fisc.

in-laws *npl inf* [parents-in-law] beaux-parents *mpl*; [others] belle-famille *f*.

inlet ['ɪnlet] *n* **-1.** [of lake, sea] avancée *f*. **-2.** TECH arrivée *f*.

inmate ['ɪnmeɪt] *n* [of prison] détenu *m*, -e *f*; [of mental hospital] interné *m*, -e *f*.

inn [ɪn] *n* auberge *f*.

innate [,ɪ'neɪt] *adj* inné(e).

inner ['ɪnəʳ] *adj* **-1.** [on inside] interne, intérieur(e). **-2.** [feelings] intime.

inner city *n*: **the ~** les quartiers *mpl* pauvres.

inner tube *n* chambre *f* à air.

innings ['ɪnɪŋz] (*pl inv*) *n Br* CRICKET tour *m* de batte.

innocence ['ɪnəsəns] *n* innocence *f*.

innocent ['ɪnəsənt] ◇ *adj* innocent(e); ~ **of** [crime] non coupable de. ◇ *n* innocent *m*, -e *f*.

innocuous [ɪ'nɒkjuəs] *adj* inoffensif(ive).

innovation [,ɪnə'veɪʃn] *n* innovation *f*.

innovative ['ɪnəvətɪv] *adj* **-1.** [idea, design] innovateur(trice). **-2.** [person, company] novateur(trice).

innuendo [,ɪnju:'endəʊ] (*pl* **-es** OR **-s**) *n* insinuation *f*.

innumerable [ɪ'nju:mərəbl] *adj* innombrable.

inoculate [ɪ'nɒkjʊleɪt] *vt*: **to ~ sb (with sthg)** inoculer (qqch à) qqn.

inordinately [ɪ'nɔ:dɪnətlɪ] *adv* excessivement.

in-patient *n* malade hospitalisé *m*, malade hospitalisée *f*.

input ['ɪnpʊt] (*pt & pp* **input** OR **-ted**) ◇ *n* **-1.** [contribution] contribution *f*, concours *m*. **-2.** COMPUT & ELEC entrée *f*. ◇ *vt* COMPUT entrer.

inquest ['ɪnkwest] *n* enquête *f*.

inquire [ɪn'kwaɪəʳ] ◇ *vt*: **to ~ when/whether/how ...** demander quand/si/comment .... ◇ *vi*: **to ~ (about)** se renseigner (sur). ◆ **inquire after** *vt fus* s'enquérir de. ◆ **inquire into** *vt fus* enquêter sur.

inquiry [ɪn'kwaɪərɪ] *n* **-1.** [question] demande *f* de renseignements; "**Inquiries**" «renseignements». **-2.** [investigation] enquête *f*.

inquiry desk *n* bureau *m* de renseignements.

inquisitive [ɪn'kwɪzətɪv] *adj* inquisiteur(trice).

inroads ['ɪnrəʊdz] *npl*: **to make ~ into** [savings] entamer.

insane [ɪn'seɪn] *adj* fou (folle).

insanity [ɪn'sænətɪ] *n* folie *f*.

insatiable [ɪn'seɪʃəbl] *adj* insatiable.

inscription [ɪn'skrɪpʃn] *n* **-1.** [engraved] inscription *f*. **-2.** [written] dédicace *f*.

inscrutable [ɪn'skru:təbl] *adj* impénétrable.

insect ['ɪnsekt] *n* insecte *m*.

insecticide [ɪn'sektɪsaɪd] *n* insecticide *m*.

insect repellent n crème f anti-insectes.

insecure [ˌɪnsɪ'kjʊəʳ] adj **-1.** [person] anxieux(ieuse). **-2.** [job, investment] incertain(e).

insensible [ɪn'sensəbl] adj **-1.** [unconscious] inconscient(e). **-2.** [unaware, not feeling]: ~ **of/to** insensible à.

insensitive [ɪn'sensətɪv] adj: ~ **(to)** insensible (à).

inseparable [ɪn'seprəbl] adj inséparable.

insert [vb ɪn'sɜːt, n 'ɪnsɜːt] ◇ vt: **to** ~ **sthg (in** OR **into)** insérer qqch (dans). ◇ n [in newspaper] encart m.

insertion [ɪn'sɜːʃn] n insertion f.

in-service training n Br formation f en cours d'emploi.

inshore [adj 'ɪnʃɔːʳ, adv ɪn'ʃɔːʳ] ◇ adj côtier(ière). ◇ adv [be situated] près de la côte; [move] vers la côte.

inside [ɪn'saɪd] ◇ prep **-1.** [building, object] à l'intérieur de, dans; [group, organization] au sein de. **-2.** [time]: ~ **three weeks** en moins de trois semaines. ◇ adv **-1.** [gen] dedans, à l'intérieur; **to go** ~ entrer; **come** ~! entrez! **-2.** prison sl en taule. ◇ adj intérieur(e). ◇ n **-1.** [interior]: **the** ~ l'intérieur m; ~ **out** [clothes] à l'envers; **to know sthg** ~ **out** connaître qqch à fond. **-2.** AUT: **the** ~ [in UK] la gauche; [in Europe, US etc] la droite. ◆ **insides** npl inf tripes fpl. ◆ **inside of** prep Am [building, object] à l'intérieur de, dans.

inside lane n AUT [in UK] voie f de gauche; [in Europe, US etc] voie de droite.

insight ['ɪnsaɪt] n **-1.** [wisdom] sagacité f, perspicacité f. **-2.** [glimpse]: ~ **(into)** aperçu m (de).

insignificant [ˌɪnsɪg'nɪfɪkənt] adj insignifiant(e).

insincere [ˌɪnsɪn'sɪəʳ] adj pas sincère.

insinuate [ɪn'sɪnjʊeɪt] vt insinuer, laisser entendre.

insipid [ɪn'sɪpɪd] adj insipide.

insist [ɪn'sɪst] ◇ vt **-1.** [claim]: **to** ~ **(that)** ... insister sur le fait que .... **-2.** [demand]: **to** ~ **(that)** ... insister pour que (+ subjunctive) .... ◇ vi: **to** ~ **(on sthg)** exiger (qqch); **to** ~ **on doing sthg** tenir à faire qqch, vouloir absolument faire qqch.

insistent [ɪn'sɪstənt] adj **-1.** [determined] insistant(e); **to be** ~ **on** insister sur. **-2.** [continual] incessant(e).

insofar [ˌɪnsəʊ'fɑːʳ] ◆ **insofar as** conj dans la mesure où.

insole ['ɪnsəʊl] n semelle f intérieure.

insolent ['ɪnsələnt] adj insolent(e).

insolvent [ɪn'sɒlvənt] adj insolvable.

insomnia [ɪn'sɒmnɪə] n insomnie f.

inspect [ɪn'spekt] vt **-1.** [letter, person] examiner. **-2.** [factory, troops etc] inspecter.

inspection [ɪn'spekʃn] n **-1.** [investigation] examen m. **-2.** [official check] inspection f.

inspector [ɪn'spektəʳ] n inspecteur m, -trice f.

inspiration [ˌɪnspə'reɪʃn] n inspiration f.

inspire [ɪn'spaɪəʳ] vt: **to** ~ **sb to do sthg** pousser OR encourager qqn à faire qqch; **to** ~ **sb with sthg**, **to** ~ **sthg in sb** inspirer qqch à qqn.

install Br, **instal** Am [ɪn'stɔːl] vt [fit] installer.

installation [ˌɪnstə'leɪʃn] n installation f.

instalment Br, **installment** Am [ɪn'stɔːlmənt] n **-1.** [payment] acompte m; **in** ~s par acomptes. **-2.** [episode] épisode m.

instance ['ɪnstəns] n exemple m; **for** ~ par exemple.

instant ['ɪnstənt] ◇ adj **-1.** [immediate] instantané(e), immédiat(e). **-2.** [coffee] soluble; [food] à préparation rapide. ◇ n instant m; **the** ~ **(that)** ... dès OR aussitôt que ...; **this** ~ tout de suite, immédiatement.

instantly ['ɪnstəntlɪ] adv immédiatement.

instead [ɪn'sted] adv au lieu de cela. ◆ **instead of** prep au lieu de; ~ **of him** à sa place.

instep ['ɪnstep] n cou-de-pied m.

instigate ['ɪnstɪgeɪt] vt être à l'origine de, entreprendre.

instil Br, **instill** Am [ɪn'stɪl] vt: **to** ~ **sthg in** OR **into sb** instiller qqch à qqn.

instinct ['ɪnstɪŋkt] n **-1.** [intuition] instinct m. **-2.** [impulse] réaction f, mouvement m.

instinctive [ɪn'stɪŋktɪv] adj instinctif(ive).

institute ['ɪnstɪtjuːt] ◇ n institut m. ◇ vt instituer.

institution [ˌɪnstɪ'tjuːʃn] n institution f.

instruct [ɪn'strʌkt] vt **-1.** [tell, order]: **to** ~ **sb to do sthg** charger qqn de faire qqch. **-2.** [teach] instruire; **to** ~ **sb in sthg** enseigner qqch à qqn.

instruction [ɪn'strʌkʃn] n instruction f. ◆ **instructions** npl mode m d'emploi, instructions fpl.

instructor [ɪn'strʌktəʳ] n **-1.** [gen] instructeur *m*, -trice *f*, moniteur *m*, -trice *f*. **-2.** *Am* SCH enseignant *m*, -e *f*.

instrument ['ɪnstrʊmənt] *n* *lit* & *fig* instrument *m*.

instrumental [ˌɪnstrʊ'mentl] *adj* [important, helpful]: **to be ~ in** contribuer à.

instrument panel *n* tableau *m* de bord.

insubordinate [ˌɪnsə'bɔːdɪnət] *adj* insubordonné(e).

insubstantial [ˌɪnsəb'stænʃl] *adj* [structure] peu solide; [meal] peu substantiel(ielle).

insufficient [ˌɪnsə'fɪʃnt] *adj* *fml* insuffisant(e).

insular ['ɪnsjʊlə] *adj* [outlook] borné(e); [person] à l'esprit étroit.

insulate ['ɪnsjʊleɪt] *vt* **-1.** [loft, cable] isoler; [hot water tank] calorifuger. **-2.** [protect]: **to ~ sb against** OR **from sthg** protéger qqn de qqch.

insulating tape ['ɪnsjʊleɪtɪŋ-] *n* *Br* chatterton *m*.

insulation [ˌɪnsjʊ'leɪʃn] *n* isolation *f*.

insulin ['ɪnsjʊlɪn] *n* insuline *f*.

insult [*vt* ɪn'sʌlt, *n* 'ɪnsʌlt] ◇ *vt* insulter, injurier. ◇ *n* insulte *f*, injure *f*.

insuperable [ɪn'suːprəbl] *adj* *fml* insurmontable.

insurance [ɪn'ʃʊərəns] *n* **-1.** [against fire, accident, theft] assurance *f*. **-2.** *fig* [safeguard, protection] protection *f*, garantie *f*.

insurance policy *n* police *f* d'assurance.

insure [ɪn'ʃʊə] ◇ *vt* **-1.** [against fire, accident, theft]: **to ~ sb/sthg against sthg** assurer qqn/qqch contre qqch. **-2.** *Am* [make certain] s'assurer. ◇ *vi* [prevent]: **to ~ against** se protéger de.

insurer [ɪn'ʃʊərə] *n* assureur *m*.

insurmountable [ˌɪnsə'maʊntəbl] *adj* *fml* insurmontable.

intact [ɪn'tækt] *adj* intact(e).

intake ['ɪnteɪk] *n* **-1.** [amount consumed] consommation *f*. **-2.** [people recruited] admission *f*. **-3.** [inlet] prise *f*, arrivée *f*.

integral ['ɪntɪgrəl] *adj* intégral(e); **to be ~ to sthg** faire partie intégrante de qqch.

integrate ['ɪntɪgreɪt] ◇ *vi* s'intégrer. ◇ *vt* intégrer.

integrity [ɪn'tegrətɪ] *n* **-1.** [honour] intégrité *f*, honnêteté *f*. **-2.** *fml* [wholeness] intégrité *f*, totalité *f*.

intellect ['ɪntəlekt] *n* **-1.** [ability to think] intellect *m*. **-2.** [cleverness] intelligence *f*.

intellectual [ˌɪntə'lektjʊəl] ◇ *adj* intellectuel(elle). ◇ *n* intellectuel *m*, - elle *f*.

intelligence [ɪn'telɪdʒəns] *n* (*U*) **-1.** [ability to think] intelligence *f*. **-2.** [information service] service *m* de renseignements. **-3.** [information] informations *fpl*, renseignements *mpl*.

intelligent [ɪn'telɪdʒənt] *adj* intelligent(e).

intelligent card *n* carte *f* à puce OR à mémoire.

intend [ɪn'tend] *vt* [mean] avoir l'intention de; **to be ~ed for** être destiné à; **to be ~ed to do sthg** être destiné à faire qqch, viser à faire qqch; **to ~ doing** OR **to do sthg** avoir l'intention de faire qqch.

intended [ɪn'tendɪd] *adj* [result] voulu(e); [victim] visé(e).

intense [ɪn'tens] *adj* **-1.** [gen] intense. **-2.** [serious - person] sérieux(ieuse).

intensely [ɪn'tenslɪ] *adv* **-1.** [irritating, boring] extrêmement; [suffer] énormément. **-2.** [look] intensément.

intensify [ɪn'tensɪfaɪ] ◇ *vt* intensifier, augmenter. ◇ *vi* s'intensifier.

intensity [ɪn'tensətɪ] *n* intensité *f*.

intensive [ɪn'tensɪv] *adj* intensif(ive).

intensive care *n* réanimation *f*.

intent [ɪn'tent] ◇ *adj* **-1.** [absorbed] absorbé(e). **-2.** [determined]: **to be ~ on** OR **upon doing sthg** être résolu(e) OR décidé(e) à faire qqch. ◇ *n* *fml* intention *f*, dessein *m*; **to all ~s and purposes** pratiquement, virtuellement.

intention [ɪn'tenʃn] *n* intention *f*.

intentional [ɪn'tenʃənl] *adj* intentionnel(elle), voulu(e).

intently [ɪn'tentlɪ] *adv* avec attention, attentivement.

interact [ˌɪntər'ækt] *vi* **-1.** [communicate, work together]: **to ~ (with sb)** communiquer (avec qqn). **-2.** [react]: **to ~ (with sthg)** interagir (avec qqch).

intercede [ˌɪntə'siːd] *vi* *fml*: **to ~ (with sb)** intercéder (auprès de qqn).

intercept [ˌɪntə'sept] *vt* intercepter.

interchange [*n* 'ɪntətʃeɪndʒ, *vb* ˌɪntə'tʃeɪndʒ] ◇ *n* **-1.** [exchange] échange *m*. **-2.** [road junction] échangeur *m*. ◇ *vt* échanger.

interchangeable [ˌɪntə'tʃeɪndʒəbl] *adj*: **~ (with)** interchangeable (avec).

intercity [ˌɪntə'sɪtɪ] *n* *système de trains rapides reliant les grandes villes en Grande-Bretagne*; **Intercity 125®** *train rapide pouvant rouler à 125 miles (200 km) à l'heure.*

intercom ['ɪntəkɒm] *n* Interphone® *m*.

intercourse ['ɪntəkɔːs] *n* (U) [sexual] rapports *mpl* (sexuels).

interest ['ɪntrəst] ◇ *n* -1. [gen] intérêt *m*; **to lose ~** se désintéresser. -2. [hobby] centre *m* d'intérêt. -3. (U) FIN intérêt *m*, intérêts *mpl*. ◇ *vt* intéresser.

interested ['ɪntrəstɪd] *adj* intéressé(e); **to be ~ in** s'intéresser à; **I'm not ~ in that** cela ne m'intéresse pas; **to be ~ in doing sthg** avoir envie de faire qqch.

interesting ['ɪntrəstɪŋ] *adj* intéressant(e).

interest rate *n* taux *m* d'intérêt.

interface ['ɪntəfeɪs] *n* -1. COMPUT interface *f*. -2. *fig* [junction] rapports *mpl*, relations *fpl*.

interfere [,ɪntə'fɪər] *vi* -1. [meddle]: **to ~ in sthg** s'immiscer dans qqch, se mêler de qqch. -2. [damage]: **to ~ with sthg** gêner OR contrarier qqch; [routine] déranger qqch.

interference [,ɪntə'fɪərəns] *n* (U) -1. [meddling]: **~ (with OR in)** ingérence *f* (dans), intrusion *f* (dans). -2. TELEC parasites *mpl*.

interim ['ɪntərɪm] ◇ *adj* provisoire. ◇ *n*: **in the ~** dans l'intérim, entre-temps.

interior [ɪn'tɪərɪər] ◇ *adj* -1. [inner] intérieur(e). -2. POL de l'Intérieur. ◇ *n* intérieur *m*.

interlock [,ɪntə'lɒk] *vi* [gears] s'enclencher, s'engrener; [fingers] s'entrelacer.

interloper ['ɪntələupər] *n* intrus *m*, -e *f*.

interlude ['ɪntəluːd] *n* -1. [pause] intervalle *m*. -2. [interval] interlude *m*.

intermediary [,ɪntə'miːdjərɪ] *n* intermédiaire *mf*.

intermediate [,ɪntə'miːdjət] *adj* -1. [transitional] intermédiaire. -2. [post-beginner - level] moyen(enne); [- student, group] de niveau moyen.

interminable [ɪn'tɜːmɪnəbl] *adj* interminable, sans fin.

intermission [,ɪntə'mɪʃn] *n* entracte *m*.

intermittent [,ɪntə'mɪtənt] *adj* intermittent(e).

intern [*vb* ɪn'tɜːn, *n* 'ɪntɜːn] ◇ *vt* interner. ◇ *n Am* [gen] stagiaire *mf*; MED interne *mf*.

internal [ɪn'tɜːnl] *adj* -1. [gen] interne. -2. [within country] intérieur(e).

internally [ɪn'tɜːnəlɪ] *adv* -1. [within the body]: **to bleed ~** faire une hémorragie interne. -2. [within country] à l'intérieur. -3. [within organization] intérieurement.

Internal Revenue *n Am*: **the ~** ≃ le fisc.

international [,ɪntə'næʃənl] ◇ *adj* international(e). ◇ *n Br* SPORT -1. [match] match *m* international. -2. [player] international, -e *f*.

Internet ['ɪntənet] *n*: **the ~** l'Internet *m*.

interpret [ɪn'tɜːprɪt] ◇ *vt*: **to ~ sthg (as)** interpréter qqch (comme). ◇ *vi* [translate] faire l'interprète.

interpreter [ɪn'tɜːprɪtər] *n* interprète *mf*.

interracial [,ɪntə'reɪʃl] *adj* entre des races différentes, racial(e).

interrelate [,ɪntərɪ'leɪt] ◇ *vt* mettre en corrélation. ◇ *vi*: **to ~ (with)** être lié(e) (à), être en corrélation (avec).

interrogate [ɪn'terəgeɪt] *vt* interroger.

interrogation [ɪn,terə'geɪʃn] *n* interrogatoire *m*.

interrogation mark *n Am* point *m* d'interrogation.

interrogative [,ɪntə'rɒgətɪv] GRAMM ◇ *adj* interrogatif(ive). ◇ *n* interrogatif *m*.

interrupt [,ɪntə'rʌpt] ◇ *vt* interrompre; [calm] rompre. ◇ *vi* interrompre.

interruption [,ɪntə'rʌpʃn] *n* interruption *f*.

intersect [,ɪntə'sekt] ◇ *vi* s'entrecroiser, s'entrecouper. ◇ *vt* croiser, couper.

intersection [,ɪntə'sekʃn] *n* [in road] croisement *m*, carrefour *m*.

intersperse [,ɪntə'spɜːs] *vt*: **to be ~d with** être émaillé(e) de, être entremêlé(e) de.

interstate (highway) ['ɪntəsteɪt-] *n Am* autoroute *f*.

interval ['ɪntəvl] *n* -1. [gen] intervalle *m*; **at ~s** par intervalles; **at monthly/yearly ~s** tous les mois/ans. -2. *Br* [at play, concert] entracte *m*.

intervene [,ɪntə'viːn] *vi* -1. [person, police]: **to ~ (in)** intervenir (dans), s'interposer (dans). -2. [event, war, strike] survenir. -3. [time] s'écouler.

intervention [,ɪntə'venʃn] *n* intervention *f*.

interview ['ɪntəvjuː] ◇ *n* -1. [for job] entrevue *f*, entretien *m*. -2. PRESS interview *f*. ◇ *vt* -1. [for job] faire passer une entrevue OR un entretien à. -2. PRESS interviewer.

interviewer ['ɪntəvjuːər] *n* -1. [for job] personne *f* qui fait passer une entrevue. -2. PRESS interviewer *m*.

intestine [ɪn'testɪn] *n* intestin *m*.

intimacy ['ɪntɪməsɪ] *n* -1. [closeness]: **~**

(between/with) intimité *f* (entre/avec). **-2.** [intimate remark] familiarité *f*.

intimate [*adj* & *n* 'ɪntɪmət, *vb* 'ɪntɪmeɪt] ◇ *adj* **-1.** [gen] intime. **-2.** [detailed - knowledge] approfondi(e). ◇ *vt fml* faire savoir, faire connaître.

intimately ['ɪntɪmətlɪ] *adv* **-1.** [very closely] étroitement. **-2.** [as close friends] intimement. **-3.** [in detail] à fond.

intimidate [ɪn'tɪmɪdeɪt] *vt* intimider.

into ['ɪntʊ] *prep* **-1.** [inside] dans. **-2.** [against]: **to bump ~ sthg** se cogner contre qqch; **to crash ~** rentrer dans. **-3.** [referring to change in state] en; **to translate sthg ~ Spanish** traduire qqch en espagnol. **-4.** [concerning: research/ investigation ~** recherche/enquête sur. **-5.** MATH: **3 ~ 2 2** divisé par 3. **-6.** *inf* [interested in]: **to be ~ sthg** être passionné(e) par qqch.

intolerable [ɪn'tɒlrəbl] *adj* intolérable, insupportable.

intolerance [ɪn'tɒlərəns] *n* intolérance *f*.

intolerant [ɪn'tɒlərənt] *adj* intolérant(e).

intoxicated [ɪn'tɒksɪkeɪtɪd] *adj* **-1.** [drunk] ivre. **-2.** *fig* [excited]: **to be ~ by** OR **with sthg** être grisé(e) OR enivré(e) par qqch.

intractable [ɪn'træktəbl] *adj* **-1.** [stubborn] intraitable. **-2.** [insoluble] insoluble.

intransitive [ɪn'trænzətɪv] *adj* intransitif(ive).

intravenous [ˌɪntrə'viːnəs] *adj* intraveineux(euse).

in-tray *n* casier *m* des affaires à traiter.

intricate ['ɪntrɪkət] *adj* compliqué(e).

intrigue [ɪn'triːg] ◇ *n* intrigue *f*. ◇ *vt* intriguer, exciter la curiosité de.

intriguing [ɪn'triːgɪŋ] *adj* fascinant(e).

intrinsic [ɪn'trɪnsɪk] *adj* intrinsèque.

introduce [ˌɪntrə'djuːs] *vt* **-1.** [present] présenter; **to ~ sb to sb** présenter qqn à qqn. **-2.** [bring in]: **to ~ sthg (to** OR **into)** introduire qqch (dans). **-3.** [allow to experience]: **to ~ sb to sthg** initier qqn à qqch, faire découvrir qqch à qqn. **-4.** [signal beginning of] annoncer.

introduction [ˌɪntrə'dʌkʃn] *n* **-1.** [in book, of new method etc] introduction *f*. **-2.** [of people]: **~ (to sb)** présentation *f* (à qqn).

introductory [ˌɪntrə'dʌktrɪ] *adj* d'introduction, préliminaire.

introvert ['ɪntrəvɜːt] *n* introverti *m*, -e *f*.

introverted ['ɪntrəvɜːtɪd] *adj* introverti(e).

intrude [ɪn'truːd] *vi* faire intrusion; **to ~ on sb** déranger qqn.

intruder [ɪn'truːdər] *n* intrus *m*, -e *f*.

intrusive [ɪn'truːsɪv] *adj* gênant(e), importun(e).

intuition [ˌɪntjuː'ɪʃn] *n* intuition *f*.

inundate ['ɪnʌndeɪt] *vt* **-1.** *fml* [flood] inonder. **-2.** [overwhelm]: **to be ~d with** être submergé(e) de.

invade [ɪn'veɪd] *vt* **-1.** MIL & *fig* envahir. **-2.** [disturb - privacy etc] violer.

invalid [*adj* ɪn'vælɪd, *n* & *vb* 'ɪnvəlɪd] ◇ *adj* **-1.** [illegal, unacceptable] non valide, non valable. **-2.** [not reasonable] non valable. ◇ *n* invalide *mf*.

invaluable [ɪn'væljʊəbl] *adj*: **~ (to)** [help, advice, person] précieux(ieuse) (pour); [experience, information] inestimable (pour).

invariably [ɪn'veərɪəblɪ] *adv* invariablement, toujours.

invasion [ɪn'veɪʒn] *n lit* & *fig* invasion *f*.

invent [ɪn'vent] *vt* inventer.

invention [ɪn'venʃn] *n* invention *f*.

inventive [ɪn'ventɪv] *adj* inventif(ive).

inventor [ɪn'ventər] *n* inventeur *m*, -trice *f*.

inventory ['ɪnventrɪ] *n* **-1.** [list] inventaire *m*. **-2.** *Am* [goods] stock *m*.

invert [ɪn'vɜːt] *vt* retourner.

inverted commas [ɪnˌvɜːtɪd-] *npl Br* guillemets *mpl*.

invest [ɪn'vest] ◇ *vt* **-1.** [money]: **to ~ sthg (in)** investir qqch (dans). **-2.** [time, energy]: **to ~ sthg in sthg/in doing sthg** consacrer qqch à qqch/à faire qqch, employer qqch à qqch/à faire qqch. ◇ *vi* **-1.** FIN: **to ~ (in sthg)** investir (dans qqch). **-2.** *fig* [buy]: **to ~ in sthg** se payer qqch, s'acheter qqch.

investigate [ɪn'vestɪgeɪt] *vt* enquêter sur, faire une enquête sur; [subj: scientist] faire des recherches sur.

investigation [ɪnˌvestɪ'geɪʃn] *n* **-1.** [enquiry]: **~ (into)** enquête *f* (sur); [scientific] recherches *fpl* (sur). **-2.** (*U*) [investigating] investigation *f*.

investment [ɪn'vestmənt] *n* **-1.** FIN investissement *m*, placement *m*. **-2.** [of energy] dépense *f*.

investor [ɪn'vestər] *n* investisseur *m*.

inveterate [ɪn'vetərət] *adj* invétéré(e).

invidious [ɪn'vɪdɪəs] *adj* [task] ingrat(e); [comparison] injuste.

invigilate [ɪn'vɪdʒɪleɪt] *Br* ◇ *vi* surveiller les candidats (à un examen). ◇ *vt* surveiller.

invigorating [ɪn'vɪgəreɪtɪŋ] *adj* toni-
fiant(e), vivifiant(e).

invincible [ɪn'vɪnsɪbl] *adj* [army, cham-
pion] invincible; [record] imbattable.

invisible [ɪn'vɪzɪbl] *adj* invisible.

invitation [ˌɪnvɪ'teɪʃn] *n* [request] invitation *f*.

invite [ɪn'vaɪt] *vt* **-1.** [ask to come]: **to ~
sb (to)** inviter qqn (à). **-2.** [ask politely]:
to ~ sb to do sthg inviter qqn à faire
qqch. **-3.** [encourage]: **to ~ trouble** aller au devant des ennuis; **to ~ gossip**
faire causer.

inviting [ɪn'vaɪtɪŋ] *adj* attrayant(e),
agréable; [food] appétissant(e).

invoice ['ɪnvɔɪs] ◇ *n* facture *f*. ◇ *vt* **-1.**
[client] envoyer la facture à. **-2.** [goods]
facturer.

invoke [ɪn'vəʊk] *vt* **-1.** *fml* [law, act] invoquer. **-2.** [feelings] susciter, faire naître; [help] demander, implorer.

involuntary [ɪn'vɒləntrɪ] *adj* involontaire.

involve [ɪn'vɒlv] *vt* **-1.** [entail] nécessiter; **what's ~d?** de quoi s'agit-il?; **to
~ doing sthg** nécessiter de faire qqch.
-2. [concern, affect] toucher. **-3.** [person]:
to ~ sb in sthg impliquer qqn dans
qqch.

involved [ɪn'vɒlvd] *adj* **-1.** [complex]
complexe, compliqué(e). **-2.** [partici-
pating]: **to be ~ in sthg** participer OR
prendre part à qqch. **-3.** [in relation-
ship]: **to be ~ with sb** avoir des relations intimes avec qqn.

involvement [ɪn'vɒlvmənt] *n* **-1.** [partici-
pation]: **~ (in)** participation *f* (à). **-2.**
[concern, enthusiasm]: **~ (in)** engagement *m* (dans).

inward ['ɪnwəd] ◇ *adj* **-1.** [inner] inté-
rieur(e). **-2.** [towards the inside] vers
l'intérieur. ◇ *adv Am* = **inwards**.

inwards ['ɪnwədz] *adv* vers l'intérieur.

iodine [*Br* 'aɪədiːn, *Am* 'aɪədaɪn] *n* iode
m.

iota [aɪ'əʊtə] *n* brin *m*, grain *m*.

IOU (*abbr of* **I owe you**) *n* reconnaissance *f* de dette.

IQ (*abbr of* **intelligence quotient**) *n* QI
m.

IRA *n* (*abbr of* **Irish Republican Army**)
IRA *f*.

Iran [ɪ'rɑːn] *n* Iran *m*.

Iranian [ɪ'reɪnjən] ◇ *adj* iranien(ienne).
◇ *n* Iranien *m*, -ienne *f*.

Iraq [ɪ'rɑːk] *n* Iraq *m*, Irak *m*.

Iraqi [ɪ'rɑːkɪ] ◇ *adj* iraquien(ienne), ira-

kien(ienne). ◇ *n* Iraquien *m*, -ienne *f*,
Irakien *m*, -ienne *f*.

irate [aɪ'reɪt] *adj* furieux(ieuse).

Ireland ['aɪələnd] *n* Irlande *f*.

iris ['aɪərɪs] (*pl* **-es**) *n* iris *m*.

Irish ['aɪrɪʃ] ◇ *adj* irlandais(e). ◇ *n* [lan-
guage] irlandais *m*. ◇ *npl*: **the ~** les Irlandais.

Irishman ['aɪrɪʃmən] (*pl* **-men** [-mən]) *n*
Irlandais *m*.

Irish Sea *n*: **the ~** la mer d'Irlande.

Irishwoman ['aɪrɪʃˌwʊmən] (*pl* **-women**
[-ˌwɪmɪn]) *n* Irlandaise *f*.

irksome ['ɜːksəm] *adj* ennuyeux(euse),
assommant(e).

iron ['aɪən] ◇ *adj* **-1.** [made of iron] de
OR en fer. **-2.** *fig* [very strict] de fer. ◇ *n*
-1. [metal, golf club] fer *m*. **-2.** [for
clothes] fer *m* à repasser. ◇ *vt* repasser.
◆ **iron out** *vt sep fig* [difficulties] aplanir;
[problems] résoudre.

Iron Curtain *n*: **the ~** le rideau de fer.

ironic(al) [aɪ'rɒnɪk(l)] *adj* ironique.

ironing ['aɪənɪŋ] *n* repassage *m*.

ironing board *n* planche *f* OR table *f* à
repasser.

ironmonger ['aɪənˌmʌŋgər] *n Br* quin-
caillier *m*; **~'s (shop)** quincaillerie *f*.

irony ['aɪrənɪ] *n* ironie *f*.

irrational [ɪ'ræʃənl] *adj* irrationnel(elle),
déraisonnable; [person] non ration-
nel(elle).

irreconcilable [ɪˌrekən'saɪləbl] *adj* inconciliable.

irregular [ɪ'regjələr] *adj* irrégulier(ière).

irrelevant [ɪ'reləvənt] *adj* sans rapport.

irreparable [ɪ'repərəbl] *adj* irréparable.

irreplaceable [ˌɪrɪ'pleɪsəbl] *adj* irremplaçable.

irrepressible [ˌɪrɪ'presəbl] *adj* [enthu-
siasm] que rien ne peut entamer; **he's
~** il est d'une bonne humeur à toute
épreuve.

irresistible [ˌɪrɪ'zɪstəbl] *adj* irrésistible.

irrespective [ˌɪrɪ'spektɪv] ◆ **irrespective
of** *prep* sans tenir compte de.

irresponsible [ˌɪrɪ'spɒnsəbl] *adj* irresponsable.

irrigate ['ɪrɪgeɪt] *vt* irriguer.

irrigation [ˌɪrɪ'geɪʃn] ◇ *n* irrigation *f*. ◇
comp d'irrigation.

irritable ['ɪrɪtəbl] *adj* irritable.

irritate ['ɪrɪteɪt] *vt* irriter.

irritating ['ɪrɪteɪtɪŋ] *adj* irritant(e).

irritation [ˌɪrɪ'teɪʃn] *n* **-1.** [anger, soreness]
irritation *f*. **-2.** [cause of anger] source *f*
d'irritation.

IRS (*abbr of* **Internal Revenue Service**) *n*
Am: **the** ~ ≃ le fisc.

is [ɪz] → **be**.

ISDN (*abbr of* **Integrated Services Digital
Network**) *n* RNIS *m*.

Islam [ˈɪzlɑːm] *n* islam *m*.

island [ˈaɪlənd] *n* **-1.** [isle] île *f*. **-2.** AUT
refuge *m* pour piétons.

islander [ˈaɪləndəʳ] *n* habitant *m*, -e *f*
d'une île.

isle [aɪl] *n* île *f*.

Isle of Man *n*: **the** ~ l'île *f* de Man.

Isle of Wight [-waɪt] *n*: **the** ~ l'île *f* de
Wight.

isn't [ˈɪznt] = **is not**.

isobar [ˈaɪsəbɑːʳ] *n* isobare *f*.

isolate [ˈaɪsəleɪt] *vt*: **to** ~ **sb/sthg (from)**
isoler qqn/qqch (de).

isolated [ˈaɪsəleɪtɪd] *adj* isolé(e).

Israel [ˈɪzreɪəl] *n* Israël *m*.

Israeli [ɪzˈreɪlɪ] ◇ *adj* israélien(ienne).
◇ *n* Israélien *m*, -ienne *f*.

issue [ˈɪʃuː] ◇ *n* **-1.** [important subject]
question *f*, problème *m*; **to make an** ~ **of
sthg** faire toute une affaire de qqch; **at** ~
en question, en cause. **-2.** [edition] numéro
m. **-3.** [bringing out - of banknotes, shares]
émission *f*. ◇ *vt* **-1.** [make public - decree,
statement] faire; [- warning] lancer. **-2.**
[bring out - banknotes, shares] émettre; [- book] publier. **-3.** [passport etc] délivrer.

isthmus [ˈɪsməs] *n* isthme *m*.

it [ɪt] *pron* **-1.** [referring to specific person or
thing - subj] il (elle); [- direct object] le (la),
l' (+ *vowel or silent 'h'*); [- indirect object] lui;
did you find ~? tu l'as trouvé(e)?; **give** ~
to me at once donne-moi ça tout de suite.
-2. [with prepositions]: **in/to/at** ~ y; **put
the vegetables in** ~ mettez-y les légumes;
on ~ dessus; **about** ~ en; **under** ~
dessous; **beside** ~ à côté; **from/of** ~ en;
he's very proud of ~ il en est très fier. **-3.**
[impersonal use] il, ce; ~ **is cold today** il
fait froid aujourd'hui; ~**'s two o'clock** il
est deux heures; **who is** ~? - ~**'s Mary/
me** qui est-ce? - c'est Mary/moi.

IT *n abbr of* **information technology**.

Italian [ɪˈtæljən] ◇ *adj* italien(ienne).
◇ *n* **-1.** [person] Italien *m*, -ienne *f*.
-2. [language] italien *m*.

italic [ɪˈtælɪk] *adj* italique. ◆ **italics** *npl*
italiques *fpl*.

Italy [ˈɪtəlɪ] *n* Italie *f*.

itch [ɪtʃ] ◇ *n* démangeaison *f*. ◇ *vi* **-1.** [be
itchy]: **my arm** ~**es** mon bras me
démange. **-2.** *fig* [be impatient]: **to be** ~**ing**

to do sthg mourir d'envie de faire qqch.

itchy [ˈɪtʃɪ] *adj* qui démange.

it'd [ˈɪtəd] = **it would**, **it had**.

item [ˈaɪtəm] *n* **-1.** [gen] chose *f*, article
m; [on agenda] question *f*, point *m*.
-2. PRESS article *m*.

itemize, **-ise** [ˈaɪtəmaɪz] *vt* détailler.

itinerary [aɪˈtɪnərərɪ] *n* itinéraire *m*.

it'll [ɪtl] = **it will**.

its [ɪts] *poss adj* son (sa), ses (*pl*).

it's [ɪts] = **it is**, **it has**.

itself [ɪtˈself] *pron* **-1.** (*reflexive*) se; (*after
prep*) soi. **-2.** (*for emphasis*) lui-même
(elle-même); **in** ~ en soi.

ITV (*abbr of* **Independent Television**) *n*
sigle désignant les programmes diffusés par
les chaînes relevant de l'IBA.

I've [aɪv] = **I have**.

ivory [ˈaɪvərɪ] *n* ivoire *m*.

ivy [ˈaɪvɪ] *n* lierre *m*.

Ivy League *n Am* les huit grandes universités de l'est des États-Unis.

j (*pl* **j's** OR **js**), **J** (*pl* **J's** OR **Js**) [dʒeɪ] *n* [let-
ter] j *m inv*, J *m inv*.

jab [dʒæb] ◇ *n* **-1.** *Br inf* [injection]
piqûre *f*. **-2.** BOXING direct *m*. ◇ *vt*: **to** ~
sthg into planter OR enfoncer qqch
dans.

jabber [ˈdʒæbəʳ] *vt & vi* baragouiner.

jack [dʒæk] *n* **-1.** [device] cric *m*. **-2.**
[playing card] valet *m*. ◆ **jack up** *vt sep*
-1. [car] soulever avec un cric. **-2.** *fig*
[prices] faire grimper.

jackal [ˈdʒækəl] *n* chacal *m*.

jackdaw [ˈdʒækdɔː] *n* choucas *m*.

jacket [ˈdʒækɪt] *n* **-1.** [garment] veste *f*.
-2. [of potato] peau *f*, pelure *f*. **-3.** [of
book] jaquette *f*. **-4.** *Am* [of record]
pochette *f*.

jacket potato *n* pomme de terre *f* en
robe de chambre.

jackhammer [ˈdʒækˌhæməʳ] *n Am*
marteau-piqueur *m*.

jack knife *n* canif *m*. ◆ **jack-knife** *vi*
[lorry] se mettre en travers de la route.

jack plug n jack m.

jackpot ['dʒækpɒt] n gros lot m.

jaded ['dʒeɪdɪd] adj blasé(e).

jagged ['dʒægɪd] adj déchiqueté(e), dentelé(e).

jail [dʒeɪl] ◇ n prison f. ◇ vt emprisonner, mettre en prison.

jailer ['dʒeɪlər] n geôlier m, -ière f.

jam [dʒæm] ◇ n -1. [preserve] confiture f. -2. [of traffic] embouteillage m, bouchon m. -3. inf [difficult situation]: **to get into/ be in a ~** se mettre/être dans le pétrin. ◇ vt -1. [mechanism, door] bloquer, coincer. -2. [push tightly]: **to ~ sthg into** entasser OR tasser qqch dans; **to ~ sthg onto** enfoncer qqch sur. -3. [block - streets] embouteiller; [- switchboard] surcharger. -4. RADIO brouiller. ◇ vi [lever, door] se coincer; [brakes] se bloquer.

Jamaica [dʒə'meɪkə] n la Jamaïque.

jam-packed [-'pækt] adj inf plein(e) à craquer.

jangle ['dʒæŋgl] ◇ vt [keys] faire cliqueter; [bells] faire retentir. ◇ vi [keys] cliqueter; [bells] retentir.

janitor ['dʒænɪtər] n Am & Scot concierge mf.

January ['dʒænjʊərɪ] n janvier m; see also **September**.

Japan [dʒə'pæn] n Japon m.

Japanese [,dʒæpə'niːz] (pl inv) ◇ adj japonais(e). ◇ n [language] japonais m. ◇ npl [people]: **the ~** les Japonais mpl.

jar [dʒɑːr] ◇ n pot m. ◇ vt [shake] secouer. ◇ vi -1. [noise, voice]: **to ~ (on sb)** irriter (qqn), agacer (qqn). -2. [colours] jurer.

jargon ['dʒɑːgən] n jargon m.

jaundice ['dʒɔːndɪs] n jaunisse f.

jaundiced ['dʒɔːndɪst] adj fig [attitude, view] aigri(e).

jaunt [dʒɔːnt] n balade f.

jaunty ['dʒɔːntɪ] adj désinvolte, insouciant(e).

javelin ['dʒævlɪn] n javelot m.

jaw [dʒɔː] n mâchoire f.

jawbone ['dʒɔːbəʊn] n (os m) maxillaire m.

jay [dʒeɪ] n geai m.

jaywalker ['dʒeɪwɔːkər] n piéton m qui traverse en dehors des clous.

jazz [dʒæz] n MUS jazz m. ♦ **jazz up** vt sep inf égayer.

jazzy ['dʒæzɪ] adj [bright] voyant(e).

jealous ['dʒeləs] adj jaloux(ouse).

jealousy ['dʒeləsɪ] n jalousie f.

jeans [dʒiːnz] npl jean m, blue-jean m.

Jeep® [dʒiːp] n Jeep® f.

jeer [dʒɪər] ◇ vt huer, conspuer. ◇ vi: **to ~ (at sb)** huer (qqn), conspuer (qqn).

Jehovah's Witness [dʒɪ,həʊvəz-] n témoin m de Jéhovah.

Jello® ['dʒeləʊ] n Am gelée f.

jelly ['dʒelɪ] n gelée f.

jellyfish ['dʒelɪfɪʃ] (pl inv OR -es) n méduse f.

jeopardize, -ise ['dʒepədaɪz] vt compromettre, mettre en danger.

jerk [dʒɜːk] ◇ n -1. [movement] secousse f, saccade f. -2. v inf [fool] abruti m, -e f. ◇ vi [person] sursauter; [vehicle] cahoter.

jersey ['dʒɜːzɪ] (pl jerseys) n -1. [sweater] pull m. -2. [cloth] jersey m.

Jersey ['dʒɜːzɪ] n Jersey f.

jest [dʒest] n plaisanterie f; **in ~** pour rire.

Jesus (Christ) ['dʒiːzəs-] n Jésus m, Jésus-Christ m.

jet [dʒet] n -1. [plane] jet m, avion m à réaction. -2. [of fluid] jet m. -3. [nozzle, outlet] ajutage m.

jet-black adj noir(e) comme (du) jais.

jet engine n moteur m à réaction.

jetfoil ['dʒetfɔɪl] n hydroglisseur m.

jet lag n fatigue f due au décalage horaire.

jetsam ['dʒetsəm] → **flotsam**.

jet ski n scooter m de mer.

jettison ['dʒetɪsən] vt -1. [cargo] jeter, larguer. -2. fig [ideas] abandonner, renoncer à.

jetty ['dʒetɪ] n jetée f.

Jew [dʒuː] n Juif m, -ive f.

jewel ['dʒuːəl] n bijou m; [in watch] rubis m.

jeweller Br, **jeweler** Am ['dʒuːələr] n bijoutier m; **~'s (shop)** bijouterie f.

jewellery Br, **jewelry** Am ['dʒuːəlrɪ] n (U) bijoux mpl.

Jewess ['dʒuːɪs] n juive f.

Jewish ['dʒuːɪʃ] adj juif(ive).

jib [dʒɪb] n -1. [of crane] flèche f. -2. [sail] foc m.

jibe [dʒaɪb] n sarcasme m, moquerie f.

jiffy ['dʒɪfɪ] n inf: **in a ~** en un clin d'œil.

Jiffy bag® n enveloppe f matelassée.

jig [dʒɪg] n gigue f.

jigsaw (puzzle) ['dʒɪgsɔː-] n puzzle m.

jilt [dʒɪlt] vt laisser tomber.

jingle ['dʒɪŋgl] ◇ n -1. [sound] cliquetis m. -2. [song] jingle m, indicatif m. ◇ vi [bell] tinter; [coins, bracelets] cliqueter.

jinx [dʒɪŋks] n poisse f.

jitters ['dʒɪtəz] *npl inf*: **the ~** le trac.

job [dʒɒb] *n* **-1.** [employment] emploi *m*, boulot *m inf*. **-2.** [task] travail *m*, tâche *f*. **-3.** [difficult task]: **to have a ~ doing sthg** avoir du mal à faire qqch. **-4.** *phr*: **that's just the ~** *Br inf* c'est exactement OR tout à fait ce qu'il faut.

job centre *n Br* agence *f* pour l'emploi.

jobless ['dʒɒblɪs] *adj* au chômage.

jobsharing ['dʒɒbʃeərɪŋ] *n* partage *m* de l'emploi.

jockey ['dʒɒkɪ] (*pl* **jockeys**) ◇ *n* jockey *m*. ◇ *vi*: **to ~ for position** manœuvrer pour devancer ses concurrents.

jocular ['dʒɒkjʊləʳ] *adj* **-1.** [cheerful] enjoué(e), jovial(e). **-2.** [funny] amusant(e).

jodhpurs ['dʒɒdpəz] *npl* jodhpurs *mpl*, culotte *f* de cheval.

jog [dʒɒg] ◇ *n*: **to go for a ~** faire du jogging. ◇ *vt* pousser; **to ~ sb's memory** rafraîchir la mémoire de qqn. ◇ *vi* faire du jogging, jogger.

jogging ['dʒɒgɪŋ] *n* jogging *m*.

john [dʒɒn] *n Am inf* petit coin *m*, cabinets *mpl*.

join [dʒɔɪn] ◇ *n* raccord *m*, joint *m*. ◇ *vt* **-1.** [connect - gen] unir, joindre; [- towns etc] relier. **-2.** [get together with] rejoindre, retrouver. **-3.** [political party] devenir membre de; [club] s'inscrire à; [army] s'engager dans; **to ~ a queue** *Br*, **to ~ a line** *Am* prendre la queue. ◇ *vi* **-1.** [connect] se joindre. **-2.** [become a member - gen] devenir membre; [- of club] s'inscrire. ◆ **join in** ◇ *vt fus* prendre part à, participer à. ◇ *vi* participer. ◆ **join up** *vi* MIL s'engager dans l'armée.

joiner ['dʒɔɪnəʳ] *n* menuisier *m*.

joinery ['dʒɔɪnərɪ] *n* menuiserie *f*.

joint [dʒɔɪnt] ◇ *adj* [effort] conjugué(e); [responsibility] collectif(ive). ◇ *n* **-1.** [gen & TECH] joint *m*. **-2.** ANAT articulation *f*. **-3.** *Br* [of meat] rôti *m*. **-4.** *inf* [place] bouge *m*. **-5.** *drugs sl* joint *m*.

joint account *n* compte *m* joint.

jointly ['dʒɔɪntlɪ] *adv* conjointement.

joke [dʒəʊk] ◇ *n* blague *f*, plaisanterie *f*; **to play a ~ on sb** faire une blague à qqn, jouer un tour à qqn; **it's no ~** *inf* [not easy] ce n'est pas de la tarte. ◇ *vi* plaisanter, blaguer; **to ~ about sthg** plaisanter sur qqch, se moquer de qqch.

joker ['dʒəʊkəʳ] *n* **-1.** [person] blagueur *m*, -euse *f*. **-2.** [playing card] joker *m*.

jolly ['dʒɒlɪ] ◇ *adj* [person] jovial(e), enjoué(e); [time, party] agréable. ◇ *adv Br inf* drôlement, rudement.

jolt [dʒəʊlt] ◇ *n* **-1.** [jerk] secousse *f*, soubresaut *m*. **-2.** [shock] choc *m*. ◇ *vt* secouer.

Jordan ['dʒɔ:dn] *n* Jordanie *f*.

jostle ['dʒɒsl] ◇ *vt* bousculer. ◇ *vi* se bousculer.

jot [dʒɒt] *n* [of truth] grain *m*, brin *m*. ◆ **jot down** *vt sep* noter, prendre note de.

jotter ['dʒɒtəʳ] *n* [notepad] bloc-notes *m*.

journal ['dʒɜ:nl] *n* **-1.** [magazine] revue *f*. **-2.** [diary] journal *m*.

journalism ['dʒɜ:nəlɪzm] *n* journalisme *m*.

journalist ['dʒɜ:nəlɪst] *n* journaliste *mf*.

journey ['dʒɜ:nɪ] (*pl* **journeys**) *n* voyage *m*.

jovial ['dʒəʊvjəl] *adj* jovial(e).

jowls [dʒaʊlz] *npl* bajoues *fpl*.

joy [dʒɔɪ] *n* joie *f*.

joyful ['dʒɔɪful] *adj* joyeux(euse).

joyride ['dʒɔɪraɪd] (*pt* **-rode**, *pp* **-ridden**) *vi* faire une virée dans une voiture volée.

joystick ['dʒɔɪstɪk] *n* AERON manche *m* (à balai); COMPUT manette *f*.

JP *n abbr of* **Justice of the Peace**.

Jr. (*abbr of* **Junior**) Jr.

jubilant ['dʒu:bɪlənt] *adj* [person] débordant(e) de joie, qui jubile; [shout] de joie.

jubilee ['dʒu:bɪli:] *n* jubilé *m*.

judge [dʒʌdʒ] ◇ *n* juge *m*. ◇ *vt* **-1.** [gen] juger. **-2.** [estimate] évaluer, juger. ◇ *vi* juger; **to ~ from** OR **by, judging from** OR **by** à en juger par.

judg(e)ment ['dʒʌdʒmənt] *n* jugement *m*.

judicial [dʒu:'dɪʃl] *adj* judiciaire.

judiciary [dʒu:'dɪʃərɪ] *n*: **the ~** la magistrature.

judicious [dʒu:'dɪʃəs] *adj* judicieux(ieuse).

judo ['dʒu:dəʊ] *n* judo *m*.

jug [dʒʌg] *n* pot *m*, pichet *m*.

juggernaut ['dʒʌgənɔ:t] *n* poids *m* lourd.

juggle ['dʒʌgl] ◇ *vt lit & fig* jongler avec. ◇ *vi* jongler.

juggler ['dʒʌgləʳ] *n* jongleur *m*, -euse *f*.

jugular (vein) ['dʒʌgjʊləʳ-] *n* (veine *f*) jugulaire *f*.

juice [dʒu:s] *n* jus *m*.

juicy ['dʒu:sɪ] *adj* [fruit] juteux(euse).

jukebox ['dʒu:kbɒks] *n* juke-box *m*.

July [dʒuːˈlaɪ] n juillet m; see also **September**.

jumble [ˈdʒʌmbl] ◇ n [mixture] mélange m, fatras m. ◇ vt: **to ~ (up)** mélanger, embrouiller.

jumble sale n Br vente f de charité (où sont vendus des articles d'occasion).

jumbo jet [ˈdʒʌmbəʊ-] n jumbo-jet m.

jumbo-sized [-saɪzd] adj géant(e).

jump [dʒʌmp] ◇ n **-1.** [leap] saut m, bond m. **-2.** [rapid increase] flambée f, hausse f brutale. ◇ vt **-1.** [fence, stream etc] sauter, franchir d'un bond. **-2.** inf [attack] sauter sur, tomber sur. ◇ vi **-1.** [gen] sauter, bondir; [in surprise] sursauter. **-2.** [increase rapidly] grimper en flèche, faire un bond. ◆ **jump at** vt fus fig sauter sur.

jumper [ˈdʒʌmpər] n **-1.** Br [pullover] pull m. **-2.** Am [dress] robe f chasuble.

jump leads npl câbles mpl de démarrage.

jump-start vt: **to ~ a car** faire démarrer une voiture en la poussant.

jumpsuit [ˈdʒʌmpsuːt] n combinaison-pantalon f.

jumpy [ˈdʒʌmpɪ] adj nerveux(euse).

Jun. = **Junr**.

junction [ˈdʒʌŋkʃn] n [of roads] carrefour m; RAIL embranchement m.

June [dʒuːn] n juin m; see also **September**.

jungle [ˈdʒʌŋgl] n lit & fig jungle f.

junior [ˈdʒuːnjər] ◇ adj **-1.** [gen] jeune. **-2.** Am [after name] junior. ◇ n **-1.** [in rank] subalterne mf. **-2.** [in age] cadet m, -ette f. **-3.** Am SCH ≈ élève mf de première; UNIV ≈ étudiant m, -e f de deuxième année.

junior high school n Am ≈ collège m d'enseignement secondaire.

junior school n Br école f primaire.

junk [dʒʌŋk] n [unwanted objects] bric-à-brac m.

junk food n (U) pej cochonneries fpl.

junkie [ˈdʒʌŋkɪ] n drugs sl drogué m, -e f.

junk mail n (U) pej prospectus mpl publicitaires envoyés par la poste.

junk shop n boutique f de brocanteur.

Junr (abbr of **Junior**) Jr.

Jupiter [ˈdʒuːpɪtər] n [planet] Jupiter f.

jurisdiction [ˌdʒʊərɪsˈdɪkʃn] n juridiction f.

juror [ˈdʒʊərər] n juré m, -e f.

jury [ˈdʒʊərɪ] n jury m.

just [dʒʌst] ◇ adv **-1.** [recently]: **he's ~ left** il vient de partir. **-2.** [at that moment]: **I was ~ about to go** j'allais juste

partir, j'étais sur le point de partir; **I'm ~ going to do it now** je vais le faire tout de suite OR à l'instant; **she arrived ~ as I was leaving** elle est arrivée au moment même où je partais OR juste comme je partais. **-3.** [only, simply]: **it's ~ a rumour** ce n'est qu'une rumeur; **~ add water** vous n'avez plus qu'à ajouter de l'eau; **~ a minute** OR **moment** OR **second!** un (petit) instant! **-4.** [almost not] tout juste, à peine; **I only ~ missed the train** j'ai manqué le train de peu; **we have ~ enough time** on a juste assez de temps. **-5.** [for emphasis]: **~ look at this mess!** non, mais regarde un peu ce désordre! **-6.** [exactly, precisely] tout à fait, exactement; **it's ~ what I need** c'est tout à fait ce qu'il me faut. **-7.** [in requests]: **could you ~ move over please?** pourriez-vous vous pousser un peu s'il vous plaît? ◇ adj juste, équitable. ◆ **just about** adv à peu près, plus ou moins. ◆ **just as** adv [equally] tout aussi; **you're ~ as clever as he is** tu es tout aussi intelligent que lui. ◆ **just now** adv **-1.** [a short time ago] tout à l'heure. **-2.** [at this moment] en ce moment.

justice [ˈdʒʌstɪs] n **-1.** [gen] justice f. **-2.** [of claim, cause] bien-fondé m.

Justice of the Peace (pl **Justices of the Peace**) n juge m de paix.

justify [ˈdʒʌstɪfaɪ] vt [give reasons for] justifier.

jut [dʒʌt] vi: **to ~ (out)** faire saillie, avancer.

juvenile [ˈdʒuːvənaɪl] ◇ adj **-1.** JUR mineur(e), juvénile. **-2.** [childish] puéril(e). ◇ n JUR mineur m, -e f.

juxtapose [ˌdʒʌkstəˈpəʊz] vt juxtaposer.

K

k (pl **k's** OR **ks**), **K** (pl **K's** OR **Ks**) [keɪ] n [letter] k m inv, K m inv. ◆ **K -1.** (abbr of **kilobyte**) Ko. **-2.** (abbr of **thousand**) K.

kaleidoscope [kəˈlaɪdəskəʊp] n kaléidoscope m.

kangaroo [ˌkæŋgəˈruː] n kangourou m.

kaput [kə'put] *adj inf* fichu(e), foutu(e).

karaoke [ˌkærɪ'əʊkɪ] *n* karaoké *m*.

karat ['kærət] *n Am* carat *m*.

karate [kə'rɑːtɪ] *n* karaté *m*.

kayak ['kaɪæk] *n* kayak *m*.

KB (*abbr of* **kilobyte(s)**) *n* COMPUT Ko *m*.

kcal (*abbr of* **kilocalorie**) Kcal.

kebab [kɪ'bæb] *n* brochette *f*.

keel [kiːl] *n* quille *f*; **on an even ~** stable. ◆ **keel over** *vi* [ship] chavirer; [person] tomber dans les pommes.

keen [kiːn] *adj* **-1.** [enthusiastic] enthousiaste, passionné(e); **to be ~ on sthg** avoir la passion de qqch; **he's ~ on her** elle lui plaît; **to be ~ to do** OR **on doing sthg** tenir à faire qqch. **-2.** [interest, desire, mind] vif (vive); [competition] âpre, acharné(e). **-3.** [sense of smell] fin(e); [eyesight] perçant(e).

keep [kiːp] (*pt & pp* **kept**) ◇ *vt* **-1.** [retain, store] garder; **~ the change!** gardez la monnaie!; **to ~ sthg warm** garder OR tenir qqch au chaud. **-2.** [prevent]: **to keep sb/sthg from doing sthg** empêcher qqn/qqch de faire qqch. **-3.** [detain] retenir; [prisoner] détenir; **to ~ sb waiting** faire attendre qqn. **-4.** [promise] tenir; [appointment] aller à; [vow] être fidèle à. **-5.** [not disclose]: **to ~ sthg from sb** cacher qqch à qqn; **to ~ sthg to o.s.** garder qqch pour soi. **-6.** [diary, record, notes] tenir. **-7.** [own - sheep, pigs etc] élever; [- shop] tenir; [- car] avoir, posséder. **-8.** *phr*: **they ~ themselves to themselves** ils restent entre eux, ils se tiennent à l'écart. ◇ *vi* **-1.** [remain]: **to ~ warm** se tenir au chaud; **to ~ quiet** garder le silence; **~ quiet!** taisez-vous! **-2.** [continue]: **he ~s interrupting me** il n'arrête pas de m'interrompre; **to ~ talking/walking** continuer à parler/à marcher. **-3.** [continue moving]: **to ~ left/right** garder sa gauche/sa droite; **to ~ north/south** continuer vers le nord/le sud. **-4.** [food] se conserver. **-5.** *Br* [in health]: **how are you ~ing?** comment allez-vous? ◇ *n*: **to earn one's ~** gagner sa vie. ◆ **keeps** *n*: **for ~s** pour toujours. ◆ **keep back** *vt sep* [information] cacher, ne pas divulguer; [money] retenir. ◆ **keep off** *vt fus*: "**~ off the grass**" «(il est) interdit de marcher sur la pelouse». ◆ **keep on** *vi* **-1.** [continue]: **to ~ on (doing sthg)** [without stopping] continuer (de OR à faire qqch); [repeatedly] ne pas arrêter (de faire qqch). **-2.** [talk incessantly]: **to ~ on (about sthg)** ne pas

arrêter de parler (de qqch). ◆ **keep out** ◇ *vt sep* empêcher d'entrer. ◇ *vi*: "**~ out**" «défense d'entrer». ◆ **keep to** *vt fus* [rules, deadline] respecter, observer. ◆ **keep up** ◇ *vt sep* [continue to do] continuer; [maintain] maintenir. ◇ *vi* [maintain pace, level etc]: **to ~ up (with sb)** aller aussi vite (que qqn).

keeper ['kiːpə'] *n* gardien *m*, -ienne *f*.

keep-fit *n* (*U*) *Br* gymnastique *f*.

keeping ['kiːpɪŋ] *n* **-1.** [care] garde *f*. **-2.** [conformity, harmony]: **to be in/out of ~ with** [rules etc] être/ne pas être conforme à; [subj: clothes, furniture] aller/ne pas aller avec.

keepsake ['kiːpseɪk] *n* souvenir *m*.

keg [keg] *n* tonnelet *m*, baril *m*.

kennel ['kenl] *n* **-1.** [shelter for dog] niche *f*. **-2.** *Am* = **kennels**. ◆ **kennels** *npl Br* chenil *m*.

Kenya ['kenjə] *n* Kenya *m*.

Kenyan ['kenjən] ◇ *adj* kenyan(e). ◇ *n* Kenyan *m*, -e *f*.

kept [kept] *pt & pp* → **keep**.

kerb [kɜːb] *n Br* bordure *f* du trottoir.

kernel ['kɜːnl] *n* amande *f*.

kerosene ['kerəsiːn] *n* kérosène *m*.

ketchup ['ketʃəp] *n* ketchup *m*.

kettle ['ketl] *n* bouilloire *f*.

key [kiː] ◇ *n* **-1.** [gen & MUS] clef *f*, clé *f*; **the ~ (to sthg)** *fig* la clé (de qqch). **-2.** [of typewriter, computer, piano] touche *f*. **-3.** [of map] légende *f*. ◇ *adj* clé (*after n*).

keyboard ['kiːbɔːd] *n* [gen & COMPUT] clavier *m*.

keyed up [ˌkiːd-] *adj* tendu(e), énervé(e).

keyhole ['kiːhəʊl] *n* trou *m* de serrure.

keynote ['kiːnəʊt] ◇ *n* note *f* dominante. ◇ *comp*: **~ speech** discours-programme *m*.

keypad ['kiːpæd] *n* COMPUT pavé *m* numérique.

key ring *n* porte-clés *m inv*.

kg (*abbr of* **kilogram**) kg.

khaki ['kɑːkɪ] ◇ *adj* kaki (*inv*). ◇ *n* [colour] kaki *m*.

kick [kɪk] ◇ *n* **-1.** [with foot] coup *m* de pied. **-2.** *inf* [excitement]: **to get a ~ from sthg** trouver qqch excitant; **to do sthg for ~s** faire qqch pour le plaisir. ◇ *vt* **-1.** [with foot] donner un coup de pied à; **to ~ o.s.** *fig* se donner des gifles OR des claques. **-2.** *inf* [give up]: **to ~ the habit** arrêter. ◇ *vi* [person - repeatedly] donner des coups de pied; [- once] donner un coup de pied; [baby]

gigoter; [animal] ruer. ◆**kick about**, **kick around** *vi Br inf* traîner. ◆**kick off** *vi* **-1.** FTBL donner le coup d'envoi. **-2.** *inf fig* [start] démarrer. ◆**kick out** *vt sep inf* vider, jeter dehors.

kid [kɪd] ◇ *n* **-1.** *inf* [child] gosse *mf*, gamin *m*, -e *f*. **-2.** *inf* [young person] petit jeune *m*, petite jeune *f*. **-3.** (goat, leather) chevreau *m*. ◇ *comp inf* [brother, sister] petit(e). ◇ *vt inf* **-1.** [tease] faire marcher. **-2.** [delude]: **to ~ o.s.** se faire des illusions. ◇ *vi inf*: **to be kidding** plaisanter.

kidnap ['kɪdnæp] *vt* kidnapper, enlever.

kidnapper *Br*, **kidnaper** *Am* ['kɪdnæpər] *n* kidnappeur *m*, -euse *f*, ravisseur *m*, -euse *f*.

kidnapping *Br*, **kidnaping** *Am* ['kɪdnæpɪŋ] *n* enlèvement *m*.

kidney ['kɪdnɪ] (*pl* **kidneys**) *n* **-1.** ANAT rein *m*. **-2.** CULIN rognon *m*.

kidney bean *n* haricot *m* rouge.

kill [kɪl] ◇ *vt* **-1.** [cause death of] tuer. **-2.** *fig* [hope, chances] mettre fin à; [pain] supprimer. ◇ *vi* tuer. ◇ *n* mise *f* à mort.

killer ['kɪlər] *n* [person] meurtrier *m*, -ière *f*; [animal] tueur *m*, -euse *f*.

killing ['kɪlɪŋ] *n* meurtre *m*; **to make a ~** *inf* faire une bonne affaire, réussir un beau coup.

killjoy ['kɪldʒɔɪ] *n* rabat-joie *m inv*.

kiln [kɪln] *n* four *m*.

kilo ['ki:ləʊ] (*pl* **-s**) (*abbr of* **kilogram**) *n* kilo *m*.

kilobyte ['kɪləbaɪt] *n* COMPUT kilo-octet *m*.

kilogram(me) ['kɪləgræm] *n* kilogramme *m*.

kilohertz ['kɪləhɜ:tz] (*pl inv*) *n* kilohertz *m*.

kilometre *Br* ['kɪlə‚mi:tər], **kilometer** *Am* [kɪ'lɒmɪtər] *n* kilomètre *m*.

kilowatt ['kɪləwɒt] *n* kilowatt *m*.

kilt [kɪlt] *n* kilt *m*.

kin [kɪn] *n* → **kith**.

kind [kaɪnd] ◇ *adj* gentil(ille), aimable. ◇ *n* genre *m*, sorte *f*; **they're two of a ~** ils se ressemblent; **in ~** [payment] en nature; **a ~ of** une espèce de, une sorte de; **~ of** *Am inf* un peu.

kindergarten ['kɪndə‚gɑːtn] *n* jardin *m* d'enfants.

kind-hearted [-'hɑːtɪd] *adj* qui a bon cœur, bon (bonne).

kindle ['kɪndl] *vt* **-1.** [fire] allumer. **-2.** *fig* [feeling] susciter.

kindly ['kaɪndlɪ] ◇ *adj* **-1.** [person] plein(e) de bonté, bienveillant(e). **-2.** [gesture] plein(e) de gentillesse. ◇ *adv* **-1.** [speak, smile etc] avec gentillesse. **-2.** [please]: **~ leave the room!** veuillez sortir, s'il vous plaît!; **will you ~ ...?** veuillez ..., je vous prie de ....

kindness ['kaɪndnɪs] *n* gentillesse *f*.

kindred ['kɪndrɪd] *adj* [similar] semblable, similaire; **~ spirit** âme *f* sœur.

king [kɪŋ] *n* roi *m*.

kingdom ['kɪŋdəm] *n* **-1.** [country] royaume *m*. **-2.** [of animals, plants] règne *m*.

kingfisher ['kɪŋ‚fɪʃər] *n* martin-pêcheur *m*.

king-size(d) [-saɪz(d)] *adj* [cigarette] long (longue); [pack] géant(e); **a ~ bed** un grand lit (*de 195 cm*).

kinky ['kɪŋkɪ] *adj inf* vicieux(ieuse).

kiosk ['ki:ɒsk] *n* **-1.** [small shop] kiosque *m*. **-2.** *Br* [telephone box] cabine *f* (téléphonique).

kip [kɪp] *Br inf* ◇ *n* somme *m*, roupillon *m*. ◇ *vi* faire OR piquer un petit somme.

kipper ['kɪpər] *n* hareng *m* fumé OR saur.

kiss [kɪs] ◇ *n* baiser *m*; **to give sb a ~** embrasser qqn, donner un baiser à qqn. ◇ *vt* embrasser. ◇ *vi* s'embrasser.

kiss of life *n*: **the ~** le bouche-à-bouche.

kit [kɪt] *n* **-1.** [set] trousse *f*. **-2.** *Br* (U) SPORT affaires *fpl*, équipement *m*. **-3.** [to be assembled] kit *m*.

kit bag *n* sac *m* de marin.

kitchen ['kɪtʃɪn] *n* cuisine *f*.

kitchen sink *n* évier *m*.

kitchen unit *n* élément *m* de cuisine.

kite [kaɪt] *n* [toy] cerf-volant *m*.

kith [kɪθ] *n*: **~ and kin** parents et amis *mpl*.

kitten ['kɪtn] *n* chaton *m*.

kitty ['kɪtɪ] *n* [shared fund] cagnotte *f*.

kiwi ['ki:wi:] *n* **-1.** [bird] kiwi *m*, aptéryx *m*. **-2.** *inf* [New Zealander] Néo-Zélandais *m*, -e *f*.

kiwi fruit *n* kiwi *m*.

km (*abbr of* **kilometre**) km.

km/h (*abbr of* **kilometres per hour**) km/h.

knack [næk] *n*: **to have a** OR **the ~ (for doing sthg)** avoir le coup (pour faire qqch).

knackered ['nækəd] *adj Br v inf* crevé(e), claqué(e).

knapsack ['næpsæk] *n* sac *m* à dos.

knead [ni:d] *vt* pétrir.

knee [ni:] *n* genou *m*.

kneecap ['ni:kæp] *n* rotule *f*.

kneel [ni:l] (*Br pt* & *pp* **knelt**, *Am pt* & *pp* **knelt** OR **-ed**) *vi* se mettre à genoux, s'agenouiller. ◆ **kneel down** *vi* se mettre à genoux, s'agenouiller.

knelt [nelt] *pt* & *pp* → **kneel**.

knew [nju:] *pt* → **know**.

knickers ['nɪkəz] *npl* **-1.** *Br* [underwear] culotte *f*. **-2.** *Am* [knickerbockers] pantalon *m* de golf.

knick-knack ['nɪknæk] *n* babiole *f*, bibelot *m*.

knife [naɪf] (*pl* **knives**) ◇ *n* couteau *m*. ◇ *vt* donner un coup de couteau à, poignarder.

knight [naɪt] ◇ *n* **-1.** [in history, member of nobility] chevalier *m*. **-2.** [in chess] cavalier *m*. ◇ *vt* faire chevalier.

knighthood ['naɪthʊd] *n* titre *m* de chevalier.

knit [nɪt] (*pt* & *pp* **knit** OR **-ted**) ◇ *adj*: **closely** OR **tightly ~** *fig* très uni(e). ◇ *vt* tricoter. ◇ *vi* **-1.** [with wool] tricoter. **-2.** [broken bones] se souder.

knitting ['nɪtɪŋ] *n* (*U*) tricot *m*.

knitting needle *n* aiguille *f* à tricoter.

knitwear ['nɪtweəʳ] *n* (*U*) tricots *mpl*.

knives [naɪvz] *pl* → **knife**.

knob [nɒb] *n* **-1.** [on door] poignée *f*, bouton *m*; [on drawer] poignée; [on bedstead] pomme *f*. **-2.** [on TV, radio etc] bouton *m*.

knock [nɒk] ◇ *n* **-1.** [hit] coup *m*. **-2.** *inf* [piece of bad luck] coup *m* dur. ◇ *vt* **-1.** [hit] frapper, cogner; **to ~ sb/sthg over** renverser qqn/qqch. **-2.** *inf* [criticize] critiquer, dire du mal de. ◇ *vi* **-1.** [on door]: **to ~ (at** OR **on)** frapper (à). **-2.** [car engine] cogner, avoir des ratés. ◆ **knock down** *vt sep* **-1.** [subj: car, driver] renverser. **-2.** [building] démolir. ◆ **knock off** *vi inf* [stop working] finir son travail OR sa journée. ◆ **knock out** *vt sep* **-1.** [make unconscious] assommer. **-2.** [from competition] éliminer.

knocker ['nɒkəʳ] *n* [on door] heurtoir *m*.

knock-kneed [-'ni:d] *adj* cagneux(euse), qui a les genoux cagneux.

knock-on effect *n Br* réaction *f* en chaîne.

knockout ['nɒkaʊt] *n* knock-out *m*, K.-O. *m*.

knot [nɒt] ◇ *n* **-1.** [gen] nœud *m*; **to tie/untie a ~** faire/défaire un nœud.

-2. [of people] petit attroupement *m*. ◇ *vt* nouer, faire un nœud à.

knotty ['nɒtɪ] *adj fig* épineux(euse).

know [nəʊ] (*pt* **knew**, *pp* **known**) ◇ *vt* **-1.** [gen] savoir; [language] savoir parler; **to ~ (that) ...** savoir que ...; **to let sb ~ (about sthg)** faire savoir (qqch) à qqn, informer qqn (de qqch); **to ~ how to do sthg** savoir faire qqch; **to get to ~ sthg** apprendre qqch. **-2.** [person, place] connaître; **to get to ~ sb** apprendre à mieux connaître qqn. ◇ *vi* savoir; **to ~ of sthg** connaître qqch; **to ~ about** [be aware of] être au courant de; [be expert in] s'y connaître en. ◇ *n*: **to be in the ~** être au courant.

know-all *n Br* (monsieur) je-sais-tout *m*, (madame) je-sais-tout *f*.

know-how *n* savoir-faire *m*, technique *f*.

knowing ['nəʊɪŋ] *adj* [smile, look] entendu(e).

knowingly ['nəʊɪŋlɪ] *adv* **-1.** [smile, look] d'un air entendu. **-2.** [intentionally] sciemment.

know-it-all = **know-all**.

knowledge ['nɒlɪdʒ] *n* (*U*) **~** *m* **-1.** [gen] connaissance *f*; **without my ~** à mon insu; **to the best of my ~** à ma connaissance, autant que je sache. **-2.** [learning, understanding] savoir *m*, connaissances *fpl*.

knowledgeable ['nɒlɪdʒəbl] *adj* bien informé(e).

known [nəʊn] *pp* → **know**.

knuckle ['nʌkl] *n* **-1.** ANAT articulation *f* OR jointure *f* du doigt. **-2.** [of meat] jarret *m*.

knuckle-duster *n* coup-de-poing *m* américain.

koala (bear) [kəʊ'ɑ:lə-] *n* koala *m*.

Koran [kɒ'rɑ:n] *n*: **the ~** le Coran.

Korea [kə'rɪə] *n* Corée *f*.

Korean [kə'rɪən] ◇ *adj* coréen(enne). ◇ *n* **-1.** [person] Coréen *m*, -enne *f*. **-2.** [language] coréen *m*.

kosher ['kəʊʃəʳ] *adj* **-1.** [meat] kasher (*inv*). **-2.** *inf* [reputable] O.K. (*inv*), réglo (*inv*).

Koweit = **Kuwait**.

kung fu [,kʌŋ'fu:] *n* kung-fu *m*.

Kurd [kɜ:d] *n* Kurde *mf*.

Kuwait [kʊ'weɪt], **Koweit** [kəʊ'weɪt] *n* **-1.** [country] Koweït *m*. **-2.** [city] Koweït City.

l¹ (*pl* **l's** OR **ls**), **L** (*pl* **L's** OR **Ls**) [el] *n* [letter] l *m inv*, L *m inv*.

l² (*abbr of* **litre**) l.

lab [læb] *n inf* labo *m*.

label ['leɪbl] ◇ *n* **-1.** [identification] étiquette *f*. **-2.** [of record] label *m*, maison *f* de disques. ◇ *vt* **-1.** [fix label to] étiqueter. **-2.** [describe]: **to ~ sb (as)** cataloguer OR étiqueter qqn (comme).

labor *etc Am* = **labour** *etc*.

laboratory [*Br* lə'bɒrətrɪ, *Am* 'læbrə,tɔːrɪ] *n* laboratoire *m*.

laborious [lə'bɔːrɪəs] *adj* laborieux(ieuse).

labor union *n Am* syndicat *m*.

labour *Br*, **labor** *Am* ['leɪbər] ◇ *n* **-1.** [gen & MED] travail *m*. **-2.** [workers, work carried out] main d'œuvre *f*. ◇ *vi* travailler dur; **to ~ at** OR **over** peiner sur. ◆ **Labour** POL. ◇ *adj* travailliste. ◇ *n* (*U*) *Br* les travaillistes *mpl*.

laboured *Br*, **labored** *Am* ['leɪbəd] *adj* [breathing] pénible; [style] lourd(e), laborieux(ieuse).

labourer *Br*, **laborer** *Am* ['leɪbərər] *n* travailleur manuel *m*, travailleuse manuelle *f*; [agricultural] ouvrier agricole *m*, ouvrière agricole *f*.

Labour Party *n Br*: **the ~** le parti travailliste.

Labrador ['læbrədɔːr] *n* [dog] labrador *m*.

labyrinth ['læbərɪnθ] *n* labyrinthe *m*.

lace [leɪs] ◇ *n* **-1.** [fabric] dentelle *f*. **-2.** [of shoe etc] lacet *m*. ◇ *vt* **-1.** [shoe etc] lacer. **-2.** [drink] verser de l'alcool dans. ◆ **lace up** *vt sep* lacer.

lace-up *n Br* chaussure *f* à lacets.

lack [læk] ◇ *n* manque *m*; **for** OR **through ~ of** par manque de; **no ~ of** bien assez de. ◇ *vt* manquer de. ◇ *vi*: **to be ~ing in sthg** manquer de qqch; **to be ~ing** manquer, faire défaut.

lackadaisical [,lækə'deɪzɪkl] *adj pej* nonchalant(e).

lacklustre *Br*, **lackluster** *Am* ['læk,lʌstər] *adj* terne.

laconic [lə'kɒnɪk] *adj* laconique.

lacquer ['lækər] ◇ *n* [for wood] vernis *m*, laque *f*; [for hair] laque *f*. ◇ *vt* laquer.

lacrosse [lə'krɒs] *n* crosse *f*.

lad [læd] *n inf* [boy] garçon *m*, gars *m*.

ladder ['lædər] ◇ *n* **-1.** [for climbing] échelle *f*. **-2.** *Br* [in tights] maille *f* filée, estafilade *f*. ◇ *vt* & *vi Br* [tights] filer.

laden ['leɪdn] *adj*: **~ (with)** chargé(e) (de).

ladies *Br* ['leɪdɪz], **ladies' room** *Am* *n* toilettes *fpl* (pour dames).

ladle ['leɪdl] ◇ *n* louche *f*. ◇ *vt* servir (à la louche).

lady ['leɪdɪ] ◇ *n* [gen] dame *f*. ◇ *comp*: **a ~ doctor** une femme docteur. ◆ **Lady** *n* Lady *f*.

ladybird *Br* ['leɪdɪbɜːd], **ladybug** *Am* ['leɪdɪbʌg] *n* coccinelle *f*.

lady-in-waiting [-'weɪtɪŋ] (*pl* **ladies-in-waiting**) *n* dame *f* d'honneur.

ladylike ['leɪdɪlaɪk] *adj* distingué(e).

Ladyship ['leɪdɪʃɪp] *n*: **her/your ~** Madame la baronne/la duchesse *etc*.

lag [læg] ◇ *vi*: **to ~ (behind)** [person, runner] traîner; [economy, development] être en retard, avoir du retard. ◇ *vt* [roof, pipe] calorifuger. ◇ *n* [timelag] décalage *m*.

lager ['lɑːgər] *n* (bière *f*) blonde *f*.

lagoon [lə'guːn] *n* lagune *f*.

laid [leɪd] *pt* & *pp* → **lay**.

laid-back *adj inf* relaxe, décontracté(e).

lain [leɪn] *pp* → **lie**.

lair [leər] *n* repaire *m*, antre *m*.

laity ['leɪətɪ] *n* RELIG: **the ~** les laïcs *mpl*.

lake [leɪk] *n* lac *m*.

Lake District *n*: **the ~** la région des lacs (*au nord-ouest de l'Angleterre*).

Lake Geneva *n* le lac Léman OR de Genève.

lamb [læm] *n* agneau *m*.

lambswool ['læmzwʊl] ◇ *n* lambswool *m*. ◇ *comp* en lambswool, en laine d'agneau.

lame [leɪm] *adj lit* & *fig* boiteux(euse).

lament [lə'ment] ◇ *n* lamentation *f*. ◇ *vt* se lamenter sur.

lamentable ['læməntəbl] *adj* lamentable.

laminated ['læmɪneɪtɪd] *adj* [wood] stratifié(e); [glass] feuilleté(e); [steel] laminé(e).

lamp [læmp] *n* lampe *f*.

lampoon [læm'puːn] ◇ *n* satire *f*. ◇ *vt* faire la satire de.

lamppost ['læmppəʊst] *n* réverbère *m*.

lampshade ['læmpʃeɪd] n abat-jour m.
lance [lɑːns] ◇ n lance f. ◇ vt [boil] percer.

lance corporal n caporal m.

land [lænd] ◇ n **-1.** [solid ground] terre f (ferme); [farming ground] terre, terrain m. **-2.** [property] terres fpl, propriété f. **-3.** [nation] pays m. ◇ vt **-1.** [from ship, plane] débarquer. **-2.** [catch - fish] prendre. **-3.** [plane] atterrir. **-4.** inf [obtain] décrocher. **-5.** inf [place]: **to ~ sb in trouble** attirer des ennuis à qqn; **to be ~ed with sthg** se coltiner qqch. ◇ vi **-1.** [plane] atterrir. **-2.** [fall] tomber. ◆ **land up** vi atterrir.

landing ['lændɪŋ] n **-1.** [of stairs] palier m. **-2.** AERON atterrissage m. **-3.** [of goods from ship] débarquement m.

landing card n carte f de débarquement.

landing gear n (U) train m d'atterrissage.

landing stage n débarcadère m.

landing strip n piste f d'atterrissage.

landlady ['lænd,leɪdɪ] n [living in] logeuse f; [owner] propriétaire f.

landlord ['lændlɔːd] n **-1.** [of rented property] propriétaire m. **-2.** [of pub] patron m.

landmark ['lændmɑːk] n point m de repère; fig événement m marquant.

landowner ['lænd,əʊnər] n propriétaire foncier m, propriétaire foncière f.

landscape ['lændskeɪp] n paysage m.

landslide ['lændslaɪd] n **-1.** [of earth] glissement m de terrain; [of rocks] éboulement m. **-2.** fig [election victory] victoire f écrasante.

lane [leɪn] n **-1.** [in country] petite route f, chemin m. **-2.** [in town] ruelle f. **-3.** [for traffic] voie f; "keep in ~" «ne changez pas de file». **-4.** AERON & SPORT couloir m.

language ['læŋgwɪdʒ] n **-1.** [of people, country] langue f. **-2.** [terminology, ability to speak] langage m.

language laboratory n laboratoire m de langues.

languid ['læŋgwɪd] adj indolent(e).

languish ['læŋgwɪʃ] vi languir.

lank [læŋk] adj terne.

lanky ['læŋkɪ] adj dégingandé(e).

lantern ['læntən] n lanterne f.

lap [læp] ◇ n **-1.** [of person]: **on sb's ~** sur les genoux de qqn. **-2.** [of race] tour m de piste. ◇ vt **-1.** [subj: animal] laper. **-2.** [in race] prendre un tour

d'avance sur. ◇ vi [water, waves] clapoter.

lapel [lə'pel] n revers m.

Lapland ['læplænd] n Laponie f.

lapse [læps] ◇ n **-1.** [failing] défaillance f. **-2.** [in behaviour] écart m de conduite. **-3.** [of time] intervalle m, laps m de temps. ◇ vi **-1.** [passport] être périmé(e); [membership] prendre fin; [tradition] se perdre. **-2.** [person]: **to ~ into bad habits** prendre de mauvaises habitudes.

lap-top (computer) n (ordinateur m) portable m.

larceny ['lɑːsənɪ] n (U) vol m (simple).

lard [lɑːd] n saindoux m.

larder ['lɑːdər] n garde-manger m.

large [lɑːdʒ] adj grand(e); [person, animal, book] gros (grosse). ◆ **at large** adv **-1.** [as a whole] dans son ensemble. **-2.** [prisoner, animal] en liberté. ◆ **by and large** adv dans l'ensemble.

largely ['lɑːdʒlɪ] adv en grande partie.

lark [lɑːk] n **-1.** [bird] alouette f. **-2.** inf [joke] blague f. ◆ **lark about** vi s'amuser.

laryngitis [,lærɪn'dʒaɪtɪs] n (U) laryngite f.

larynx ['lærɪŋks] n larynx m.

lasagna, lasagne [lə'zænjə] n (U) lasagnes fpl.

laser ['leɪzər] n laser m.

laser printer n imprimante f (à) laser.

lash [læʃ] ◇ n **-1.** [eyelash] cil m. **-2.** [with whip] coup m de fouet. ◇ vt **-1.** [gen] fouetter. **-2.** [tie] attacher. ◆ **lash out** vi **-1.** [physically]: **to ~ out (at OR against)** envoyer un coup (à). **-2.** Br [spend money]: **to ~ out (on sthg)** faire une folie (en s'achetant qqch).

lass [læs] n jeune fille f.

lasso [læ'suː] (pl **-s**) ◇ n lasso m. ◇ vt attraper au lasso.

last [lɑːst] ◇ adj dernier(ière); **~ week/year** la semaine/l'année dernière, la semaine/l'année passée; **~ night** hier soir; **~ but one** avant-dernier (avant-dernière); **down to the ~ detail/penny** jusqu'au moindre détail/dernier sou. ◇ adv **-1.** [most recently] la dernière fois. **-2.** [finally] en dernier, le dernier (la dernière). ◇ pron: **the Saturday before ~** pas samedi dernier, mais le samedi d'avant; **the year before ~** il y a deux ans; **the ~ but one** l'avant-dernier m, l'avant-dernière f; **to leave sthg till the ~** faire qqch en dernier. ◇ n: **the ~ I saw of**

him la dernière fois que je l'ai vu. ◇ *vi* durer; [food] se garder, se conserver; [feeling] persister. ◆ **at (long) last** *adv* enfin.

last-ditch *adj* ultime, désespéré(e).

lasting ['lɑːstɪŋ] *adj* durable.

lastly ['lɑːstlɪ] *adv* pour terminer, finalement.

last-minute *adj* de dernière minute.

last name *n* nom *m* de famille.

latch [lætʃ] *n* loquet *m*. ◆ **latch onto** *vt fus inf* s'accrocher à.

late [leɪt] ◇ *adj* **-1.** [not on time]: to be ~ (for sthg) être en retard (pour qqch). **-2.** [near end of]: **in ~ December** vers la fin décembre. **-3.** [later than normal] tardif(ive). **-4.** [former] ancien(ienne). **-5.** [dead] feu(e). ◇ *adv* **-1.** [not on time] en retard; **to arrive 20 minutes ~** arriver avec 20 minutes de retard. **-2.** [later than normal] tard; **to work/go to bed ~** travailler/se coucher tard. ◆ **of late** *adv* récemment, dernièrement.

latecomer ['leɪt,kʌmə'] *n* retardataire *mf*.

lately ['leɪtlɪ] *adv* ces derniers temps, dernièrement.

latent ['leɪtənt] *adj* latent(e).

later ['leɪtə'] ◇ *adj* [date] ultérieur(e); [edition] postérieur(e). ◇ *adv*: ~ **(on)** plus tard.

lateral ['lætərəl] *adj* latéral(e).

latest ['leɪtɪst] ◇ *adj* dernier(ière). ◇ *n*: **at the ~** au plus tard.

lathe [leɪð] *n* tour *m*.

lather ['lɑːðə'] ◇ *n* mousse *f* (de savon). ◇ *vt* savonner.

Latin ['lætɪn] ◇ *adj* latin(e). ◇ *n* [language] latin *m*.

Latin America *n* Amérique *f* latine.

Latin American ◇ *adj* latino-américain(e). ◇ *n* [person] Latino-Américain *m*, -e *f*.

latitude ['lætɪtjuːd] *n* latitude *f*.

latter ['lætə'] ◇ *adj* **-1.** [later] dernier(ière). **-2.** [second] deuxième. ◇ *n*: **the ~** celui-ci (celle-ci), ce dernier (cette dernière).

latterly ['lætəlɪ] *adv* récemment.

lattice ['lætɪs] *n* treillis *m*, treillage *m*.

Latvia ['lætvɪə] *n* Lettonie *f*.

laudable ['lɔːdəbl] *adj* louable.

laugh [lɑːf] ◇ *n* rire *m*; **we had a good ~** *inf* on a bien rigolé, on s'est bien amusé; **to do sthg for ~s** OR **a ~** *inf* faire qqch pour rire OR rigoler. ◇ *vi* rire. ◆ **laugh at** *vt fus* [mock] se moquer

de, rire de. ◆ **laugh off** *vt sep* tourner en plaisanterie.

laughable ['lɑːfəbl] *adj* ridicule, risible.

laughingstock ['lɑːfɪŋstɒk] *n* risée *f*.

laughter ['lɑːftə'] *n* (*U*) rire *m*, rires *mpl*.

launch [lɔːntʃ] ◇ *n* **-1.** [gen] lancement *m*. **-2.** [boat] chaloupe *f*. ◇ *vt* lancer.

launch(ing) pad ['lɔːntʃ(ɪŋ)-] *n* pas *m* de tir.

launder ['lɔːndə'] *vt lit* & *fig* blanchir.

laund(e)rette [lɔːn'dret], **Laundromat®** *Am* ['lɔːndrəmæt] *n* laverie *f* automatique.

laundry ['lɔːndrɪ] *n* **-1.** (*U*) [clothes] lessive *f*. **-2.** [business] blanchisserie *f*.

laurel ['lɒrəl] *n* laurier *m*.

lava ['lɑːvə] *n* lave *f*.

lavatory ['lævətrɪ] *n* toilettes *fpl*.

lavender ['lævəndə'] *n* [plant] lavande *f*.

lavish ['lævɪʃ] ◇ *adj* **-1.** [generous] généreux(euse); **to be ~ with** être prodigue de. **-2.** [sumptuous] somptueux(euse). ◇ *vt*: **to ~ sthg on sb** prodiguer qqch à qqn.

law [lɔː] *n* **-1.** [gen] loi *f*; **against the ~** contraire à la loi, illégal(e); **to break the ~** enfreindre OR transgresser la loi; **~ and order** ordre *m* public. **-2.** JUR droit *m*.

law-abiding [-ə,baɪdɪŋ] *adj* respectueux(euse) des lois.

law court *n* tribunal *m*, cour *f* de justice.

lawful ['lɔːful] *adj* légal(e), licite.

lawn [lɔːn] *n* pelouse *f*, gazon *m*.

lawnmower ['lɔːn,məʊə'] *n* tondeuse *f* à gazon.

lawn tennis *n* tennis *m*.

law school *n* faculté *f* de droit.

lawsuit ['lɔːsuːt] *n* procès *m*.

lawyer ['lɔːjə'] *n* [in court] avocat *m*; [of company] conseiller *m* juridique; [for wills, sales] notaire *m*.

lax [læks] *adj* relâché(e).

laxative ['læksətɪv] *n* laxatif *m*.

lay [leɪ] (*pt* & *pp* **laid**) ◇ *pt* → **lie**. ◇ *vt* **-1.** [gen] poser, mettre; *fig*: **to ~ the blame for sthg on sb** rejeter la responsabilité de qqch sur qqn. **-2.** [trap, snare] tendre, dresser; [plans] faire; **to ~ the table** mettre la table OR le couvert. **-3.** [egg] pondre. ◇ *adj* **-1.** RELIG laïque. **-2.** [untrained] profane. ◆ **lay aside** *vt sep* mettre de côté. ◆ **lay down** *vt sep* **-1.** [guidelines, rules] imposer, stipuler. **-2.** [put down] déposer. ◆ **lay off** ◇ *vt sep* [make redundant] licencier. ◇ *vt fus* **-1.** [leave alone] ficher la paix à. **-2.**

lease

[give up] **arrêter.** ◆ **lay on** vt sep Br [provide, supply] **organiser.** ◆ **lay out** vt sep **-1.** [arrange] **arranger, disposer. -2.** [design] **concevoir.**

layabout ['leɪəbaʊt] n Br inf **fainéant** m, **-e** f.

lay-by (pl **lay-bys**) n Br **aire** f **de stationnement.**

layer ['leɪə^r] n **couche** f; fig [level] **niveau** m.

layman ['leɪmən] (pl **-men** [-mən]) n **-1.** [untrained person] **profane** m. **-2.** RELIG **laïc** m.

layout ['leɪaʊt] n [of office, building] **agencement** m; [of garden] **plan** m; [of page] **mise** f **en page.**

laze [leɪz] vi: **to ~ (about** OR **around) paresser.**

lazy ['leɪzɪ] adj [person] **paresseux(euse), fainéant(e);** [action] **nonchalant(e).**

lazybones ['leɪzɪbəʊnz] (pl inv) n **paresseux** m, **-euse** f, **fainéant** m, **-e** f.

lb (abbr of **pound**) **livre** (unité de poids).

LCD (abbr of **liquid crystal display**) n **affichage à cristaux liquides.**

lead[1] [li:d] (pt & pp **led**) ◇ n **-1.** [winning position]: **to be in** OR **have the ~ mener, être en tête. -2.** [amount ahead]: **to have a ~ of ... devancer de .... -3.** [initiative, example] **initiative** f, **exemple** m; **to take the ~ montrer l'exemple. -4.** THEATRE: **the ~ le rôle principal. -5.** [clue] **indice** m. **-6.** [for dog] **laisse** f. **-7.** [wire, cable] **câble** m, **fil** m. ◇ adj [role etc] **principal(e).** ◇ vt **-1.** [be at front of] **mener, être à la tête de. -2.** [guide] **guider, conduire. -3.** [be in charge of] **être à la tête de, diriger. -4.** [organize - protest etc] **mener, organiser. -5.** [life] **mener. -6.** [cause]: **to ~ sb to do sthg inciter** OR **pousser qqn à faire qqch.** ◇ vi **-1.** [path, cable etc] **mener, conduire. -2.** [give access]: **to ~ to/into donner sur, donner accès à. -3.** [in race, match] **mener. -4.** [result in]: **to ~ to sthg aboutir à qqch, causer qqch.** ◆ **lead up to** vt fus **-1.** [precede] **conduire à, aboutir à. -2.** [build up to] **amener.**

lead[2] [led] ◇ n **plomb** m; [in pencil] **mine** f. ◇ comp **en** OR **de plomb.**

leaded ['ledɪd] adj [petrol] **au plomb;** [window] **à petits carreaux.**

leader ['li:də^r] n **-1.** [head, chief] **chef** m; POL **leader** m. **-2.** [in race, competition] **premier** m, **-ière** f. **-3.** Br PRESS **éditorial** m.

leadership ['li:dəʃɪp] n **-1.** [people in charge]: **the ~ les dirigeants** mpl. **-2.** [position of leader] **direction** f. **-3.** [qualities of leader] **qualités** fpl **de chef.**

lead-free [led-] adj **sans plomb.**

leading ['li:dɪŋ] adj **-1.** [most important] **principal(e). -2.** [at front] **de tête.**

leading light n **personnage** m **très important** OR **influent.**

leaf [li:f] (pl **leaves**) n **-1.** [of tree, plant] **feuille** f. **-2.** [of table - hinged] **abattant** m; [- pull-out] **rallonge** f. **-3.** [of book] **feuille** f, **page** f. ◆ **leaf through** vt fus [magazine etc] **parcourir, feuilleter.**

leaflet ['li:flɪt] n **prospectus** m.

league [li:g] n **ligue** f; SPORT **championnat** m; **to be in ~ with être de connivence avec.**

leak [li:k] ◇ n lit & fig **fuite** f. ◇ vt fig [secret, information] **divulguer.** ◇ vi **fuir.** ◆ **leak out** vi **-1.** [liquid] **fuir. -2.** fig [secret, information] **transpirer, être divulgué(e).**

leakage ['li:kɪdʒ] n **fuite** f.

lean [li:n] (pt & pp **leant** OR **-ed**) ◇ adj **-1.** [slim] **mince. -2.** [meat] **maigre. -3.** fig [month, time] **mauvais(e).** ◇ vt [rest]: **to ~ sthg against appuyer qqch contre, adosser qqch à.** ◇ vi **-1.** [bend, slope] **se pencher. -2.** [rest]: **to ~ on/against s'appuyer sur/contre.**

leaning ['li:nɪŋ] n: **~ (towards) penchant** m **(pour).**

leant [lent] pt & pp → **lean.**

lean-to (pl **lean-tos**) n **appentis** m.

leap [li:p] (pt & pp **leapt** OR **-ed**) ◇ n lit & fig **bond** m. ◇ vi **-1.** [gen] **bondir. -2.** fig [increase] **faire un bond.**

leapfrog ['li:pfrɒg] ◇ n **saute-mouton** m. ◇ vt **dépasser (d'un bond).** ◇ vi: **to ~ over sauter par-dessus.**

leapt [lept] pt & pp → **leap.**

leap year n **année** f **bissextile.**

learn [lɜ:n] (pt & pp **-ed** OR **learnt**) ◇ vt: **to ~ (that) ... apprendre que ...; to ~ (how) to do sthg apprendre à faire qqch.** ◇ vi: **to ~ (of** OR **about sthg) apprendre (qqch).**

learned ['lɜ:nɪd] adj **savant(e).**

learner ['lɜ:nə^r] n **débutant** m, **-e** f.

learner (driver) n **conducteur débutant** m, **conductrice débutante** f (qui n'a pas encore son permis).

learning ['lɜ:nɪŋ] n **savoir** m, **érudition** f.

learnt [lɜ:nt] pt & pp → **learn.**

lease [li:s] ◇ n **bail** m. ◇ vt **louer; to ~ sthg from sb louer qqch à qqn; to ~ sthg to sb louer qqch à qqn.**

leasehold ['li:shəʊld] ◇ *adj* loué(e) à bail, tenu(e) à bail. ◇ *adv* à bail.

leash [li:ʃ] *n* laisse *f*.

least [li:st] *(superl de little)* ◇ *adj*: **the ~** le moindre (la moindre), le plus petit (la plus petite). ◇ *pron* [smallest amount]: **the ~ le moins; it's the ~ (that) he can do** c'est la moindre des choses qu'il puisse faire; **not in the ~** pas du tout, pas le moins du monde; **to say the ~** c'est le moins qu'on puisse dire. ◇ *adv*: **(the) ~ le moins (la moins).** ◆ **at least** *adv* au moins; [to correct] du moins. ◆ **least of all** *adv* surtout pas, encore moins. ◆ **not least** *adv fml* notamment.

leather ['leðər] ◇ *n* cuir *m*. ◇ *comp* en cuir.

leave [li:v] *(pt & pp* **left)** ◇ *vt* **-1.** [gen] laisser. **-2.** [go away from] quitter; **to ~ sb alone** laisser qqn tranquille. **-3.** [bequeath]: **to ~ sb sthg, to ~ sthg to sb** léguer OR laisser qqch à qqn; *see also* **left.** ◇ *vi* partir. ◇ *n* congé *m*; **to be on ~** [from work] être en congé; [from army] être en permission. ◆ **leave behind** *vt sep* **-1.** [abandon] abandonner, laisser. **-2.** [forget] oublier, laisser. ◆ **leave out** *vt sep* omettre, exclure.

leave of absence *n* congé *m*.

leaves [li:vz] *pl* → **leaf.**

Lebanon ['lebənən] *n* Liban *m*.

lecherous ['letʃərəs] *adj* lubrique, libidineux(euse).

lecture ['lektʃər] ◇ *n* **-1.** [talk - gen] conférence *f*; [- UNIV] cours *m* magistral. **-2.** [scolding]: **to give sb a ~** réprimander qqn, sermonner qqn. ◇ *vt* [scold] réprimander, sermonner. ◇ *vi*: **to ~ on sthg** faire un cours sur qqch; **to ~ in sthg** être professeur de qqch.

lecturer ['lektʃərər] *n* [speaker] conférencier *m*, -ière *f*; UNIV maître assistant *m*.

led [led] *pt & pp* → **lead¹.**

ledge [ledʒ] *n* **-1.** [of window] rebord *m*. **-2.** [of mountain] corniche *f*.

ledger ['ledʒər] *n* grand livre *m*.

leech [li:tʃ] *n lit & fig* sangsue *f*.

leek [li:k] *n* poireau *m*.

leer [lɪər] ◇ *n* regard *m* libidineux. ◇ *vi*: **to ~ at** reluquer.

leeway ['li:weɪ] *n* [room to manoeuvre] marge *f* de manœuvre.

left [left] ◇ *pt & pp* → **leave.** ◇ *adj* **-1.** [remaining]: **to be ~** rester; **have you any money ~?** il te reste de l'argent? **-2.** [not right] gauche. ◇ *adv* à gauche.

◇ *n*: **on** OR **to the ~** à gauche. ◆ **Left** *n* POL: **the Left** la Gauche.

left-hand *adj* de gauche; **~ side** gauche *f*, côté *m* gauche.

left-hand drive *adj* [car] avec la conduite à gauche.

left-handed [-'hændɪd] *adj* **-1.** [person] gaucher(ère). **-2.** [implement] pour gaucher.

left luggage (office) *n Br* consigne *f*.

leftover ['leftəʊvər] *adj* qui reste, en surplus. ◆ **leftovers** *npl* restes *mpl*.

left wing POL *n* gauche *f*. ◆ **left-wing** *adj* de gauche.

leg [leg] *n* **-1.** [of person, trousers] jambe *f*; [of animal] patte *f*; **to pull sb's ~** faire marcher qqn. **-2.** CULIN [of lamb] gigot *m*; [of pork, chicken] cuisse *f*. **-3.** [of furniture] pied *m*. **-4.** [of journey, match] étape *f*.

legacy ['legəsɪ] *n lit & fig* legs *m*, héritage *m*.

legal ['li:gl] *adj* **-1.** [concerning the law] juridique. **-2.** [lawful] légal(e).

legalize, -ise ['li:gəlaɪz] *vt* légaliser, rendre légal.

legal tender *n* monnaie *f* légale.

legend ['ledʒənd] *n lit & fig* légende *f*.

leggings ['legɪŋz] *npl* jambières *fpl*, leggings *mpl* or *fpl*.

legible ['ledʒəbl] *adj* lisible.

legislation [,ledʒɪs'leɪʃn] *n* législation *f*.

legislature ['ledʒɪsleɪtʃər] *n* corps *m* législatif.

legitimate [lɪ'dʒɪtɪmət] *adj* légitime.

legless ['leglɪs] *adj Br inf* [drunk] bourré(e), rond(e).

legroom ['legrʊm] *n* (U) place *f* pour les jambes.

leg-warmers [-,wɔːməz] *npl* jambières *fpl*.

leisure [Br 'leʒər, Am 'li:ʒər] *n* loisir *m*, temps *m* libre; **at (one's) ~** à loisir, tout à loisir.

leisure centre *n* centre *m* de loisirs.

leisurely [Br 'leʒəlɪ, Am 'li:ʒərlɪ] ◇ *adj* [pace] lent(e), tranquille. ◇ *adv* [walk] sans se presser.

leisure time *n* (U) temps *m* libre, loisirs *mpl*.

lemon ['lemən] *n* [fruit] citron *m*.

lemonade [,lemə'neɪd] *n* **-1.** *Br* [fizzy] limonade *f*. **-2.** [still] citronnade *f*.

lemon juice *n* jus *m* de citron.

lemon sole *n* limande-sole *f*.

lemon squash *n Br* citronnade *f*.

lemon squeezer [-'skwi:zər] *n* presse-citron *m inv*.

lemon tea *n* thé *m* (au) citron.

lend [lend] (*pt & pp* **lent**) *vt* **-1.** [loan] prêter; **to ~ sb sthg, to ~ sthg to sb** prêter qqch à qqn. **-2.** [offer]: **to ~ support (to sb)** offrir son soutien (à qqn); **to ~ assistance (to sb)** prêter assistance (à qqn). **-3.** [add]: **to ~ sthg to sthg** [quality etc] ajouter qqch à qqch.

lending rate ['lendɪŋ-] *n* taux *m* de crédit.

length [leŋθ] *n* **-1.** [gen] longueur *f*; **what ~ is it?** ça fait quelle longueur?; **it's five metres in ~** cela fait cinq mètres de long. **-2.** [piece - of string, wood] morceau *m*, bout *m*; [- of cloth] coupon *m*. **-3.** [duration] durée *f*. **-4.** *phr*: **to go to great ~s to do sthg** tout faire pour faire qqch. ◆ **at length** *adv* **-1.** [eventually] enfin. **-2.** [in detail] à fond.

lengthen ['leŋθən] ◇ *vt* [dress etc] rallonger; [life] prolonger. ◇ *vi* allonger.

lengthways ['leŋθweɪz] *adv* dans le sens de la longueur.

lengthy ['leŋθɪ] *adj* très long (longue).

lenient ['liːnjənt] *adj* [person] indulgent(e); [laws] clément(e).

lens [lenz] *n* **-1.** [of camera] objectif *m*; [of glasses] verre *m*. **-2.** [contact lens] verre *m* de contact, lentille *f* (cornéenne).

lent [lent] *pt & pp* → **lend**.

Lent [lent] *n* Carême *m*.

lentil ['lentɪl] *n* lentille *f*.

Leo ['liːəʊ] *n* le Lion.

leopard ['lepəd] *n* léopard *m*.

leotard ['liːətɑːd] *n* collant *m*.

leper ['lepər] *n* lépreux *m*, -euse *f*.

leprosy ['leprəsɪ] *n* lèpre *f*.

lesbian ['lezbɪən] *n* lesbienne *f*.

less [les] (*compar of* **little**) ◇ *adj* moins de; **~ money/time than me** moins d'argent/de temps que moi. ◇ *pron* moins; **it costs ~ than you think** ça coûte moins cher que tu ne le crois; **no ~ than £50** pas moins de 50 livres; **the ~ ... the ~ ...** moins ... moins .... ◇ *adv* moins; **~ than five** moins de cinq; **~ and ~** de moins en moins. ◇ *prep* [minus] moins.

lessen ['lesn] ◇ *vt* [risk, chance] diminuer, réduire; [pain] atténuer. ◇ *vi* [gen] diminuer; [pain] s'atténuer.

lesser ['lesər] *adj* moindre; **to a ~ extent** OR **degree** à un degré moindre.

lesson ['lesn] *n* leçon *f*, cours *m*; **to teach sb a ~** *fig* donner une (bonne) leçon à qqn.

let [let] (*pt & pp* **let**) *vt* **-1.** [allow]: **to ~ sb do sthg** laisser qqn faire qqch; **to ~ sb know sthg** dire qqch à qqn; **to ~ go of sb/sthg** lâcher qqn/qqch; **to ~ sb go** [gen] laisser (partir) qqn; [prisoner] libérer qqn. **-2.** [in verb forms]: **~ them wait** qu'ils attendent; **~'s go!** allons-y!; **~'s see** voyons. **-3.** [rent out] louer; **"to ~"** «à louer». ◆ **let alone** *adv* encore moins, sans parler de. ◆ **let down** *vt sep* **-1.** [deflate] dégonfler. **-2.** [disappoint] décevoir. ◆ **let in** *vt sep* [admit] laisser OR faire entrer. ◆ **let off** *vt sep* **-1.** [excuse]: **to ~ sb off sthg** dispenser qqn de qqch. **-2.** [not punish] ne pas punir. **-3.** [bomb] faire éclater; [gun, firework] faire partir. ◆ **let on** *vi*: **don't ~ on!** ne dis rien (à personne)! ◆ **let out** *vt sep* **-1.** [allow to go out] laisser sortir; **to ~ air out of sthg** dégonfler qqch. **-2.** [laugh, scream] laisser échapper. ◆ **let up** *vi* **-1.** [rain] diminuer. **-2.** [person] s'arrêter.

letdown ['letdaʊn] *n inf* déception *f*.

lethal ['liːθl] *adj* mortel(elle), fatal(e).

lethargic [ləˈθɑːdʒɪk] *adj* léthargique.

let's [lets] = **let us**.

letter ['letər] *n* lettre *f*.

letter bomb *n* lettre *f* piégée.

letterbox ['letəbɒks] *n Br* boîte *f* aux OR à lettres.

letter of credit *n* lettre *f* de crédit.

lettuce ['letɪs] *n* laitue *f*, salade *f*.

letup ['letʌp] *n* [in fighting] répit *m*; [in work] relâchement *m*.

leuk(a)emia [luːˈkiːmɪə] *n* leucémie *f*.

level ['levl] ◇ *adj* **-1.** [equal in height] à la même hauteur; [horizontal] horizontal(e); **to be ~ with** être au niveau de. **-2.** [equal in standard] à égalité. **-3.** [flat] plat(e), plan(e). ◇ *n* **-1.** [gen] niveau *m*; **to be on the ~** *inf* être réglo. **-2.** *Am* [spirit level] niveau *m* à bulle. ◇ *vt* **-1.** [make flat] niveler, aplanir. **-2.** [demolish] raser. ◆ **level off, level out** *vi* **-1.** [inflation etc] se stabiliser. **-2.** [aeroplane] se mettre en palier. ◆ **level with** *vt fus inf* être franc (franche) OR honnête avec.

level crossing *n Br* passage *m* à niveau.

level-headed [-ˈhedɪd] *adj* raisonnable.

lever [*Br* 'liːvər, *Am* 'levər] *n* levier *m*.

leverage [*Br* 'liːvərɪdʒ, *Am* 'levərɪdʒ] *n* (*U*) **-1.** [force]: **to get ~ on sthg** avoir une prise sur qqch. **-2.** *fig* [influence] influence *f*.

levy ['levɪ] ◇ *n* prélèvement *m*, impôt *m*. ◇ *vt* prélever, percevoir.

lewd [ljuːd] *adj* obscène.

liability [ˌlaɪə'bɪlətɪ] *n* responsabilité *f*; *fig* [person] danger *m* public. ◆ **liabilities** *npl* FIN dettes *fpl*, passif *m*.

liable ['laɪəbl] *adj* **-1.** [likely]: to be ~ to do sthg risquer de faire qqch, être susceptible de faire qqch. **-2.** [prone]: to be ~ to sthg être sujet(ette) à qqch. **-3.** JUR: to be ~ (for) être responsable (de); to be ~ to être passible de.

liaise [lɪ'eɪz] *vi*: to ~ with assurer la liaison avec.

liar ['laɪə^r] *n* menteur *m*, -euse *f*.

libel ['laɪbl] ◇ *n* diffamation *f*. ◇ *vt* diffamer.

liberal ['lɪbərəl] ◇ *adj* **-1.** [tolerant] libéral(e). **-2.** [generous] généreux(euse). ◇ *n* libéral *m*, -e *f*. ◆ **Liberal** POL ◇ *adj* libéral(e). ◇ *n* libéral *m*, -e *f*.

Liberal Democrat *n* adhérent du principal parti centriste britannique.

liberate ['lɪbəreɪt] *vt* libérer.

liberation [ˌlɪbə'reɪʃn] *n* libération *f*.

liberty ['lɪbətɪ] *n* liberté *f*; at ~ en liberté; to be at ~ to do sthg être libre de faire qqch; to take liberties (with sb) prendre des libertés (avec qqn).

Libra ['liːbrə] *n* Balance *f*.

librarian [laɪ'breərɪən] *n* bibliothécaire *mf*.

library ['laɪbrərɪ] *n* bibliothèque *f*.

library book *n* livre *m* de bibliothèque.

libretto [lɪ'bretəʊ] (*pl* **-s**) *n* livret *m*.

Libya ['lɪbɪə] *n* Libye *f*.

lice [laɪs] *pl* → **louse**.

licence ['laɪsəns] ◇ *n* **-1.** [gen] permis *m*, autorisation *f*; driving ~ permis *m* de conduire; TV ~ redevance *f* télé. **-2.** COMM licence *f*. ◇ *vt Am* = **license**.

license ['laɪsəns] ◇ *vt* autoriser. ◇ *n Am* = **licence**.

licensed ['laɪsənst] *adj* **-1.** [person]: to be ~ to do sthg avoir un permis pour OR l'autorisation de faire qqch. **-2.** *Br* [premises] qui détient une licence de débit de boissons.

license plate *n Am* plaque *f* d'immatriculation.

lick [lɪk] *vt* **-1.** [gen] lécher. **-2.** *inf* [defeat] écraser.

licorice ['lɪkərɪs] = **liquorice**.

lid [lɪd] *n* **-1.** [cover] couvercle *m*. **-2.** [eyelid] paupière *f*.

lie [laɪ] (*pt sense 1* **lied**, *pt senses 2-6* **lay**, *pp sense 1* **lied**, *pp senses 2-6* **lain**, *cont all senses* **lying**) ◇ *n* mensonge *m*; to tell ~s mentir, dire des mensonges. ◇ *vi* **-1.** [tell lie]: to ~ (to sb) mentir (à qqn). **-2.** [be horizontal] être allongé(e), être couché(e). **-3.** [lie down] s'allonger, se coucher. **-4.** [be situated] se trouver, être. **-5.** [difficulty, solution etc] résider. **-6.** *phr*: to ~ low se planquer, se tapir. ◆ **lie about, lie around** *vi* traîner. ◆ **lie down** *vi* s'allonger, se coucher. ◆ **lie in** *vi Br* rester au lit, faire la grasse matinée.

Liechtenstein ['lɪktənstaɪn] *n* Liechtenstein *m*.

lie-down *n Br*: to have a ~ faire une sieste OR un (petit) somme.

lie-in *n Br*: to have a ~ faire la grasse matinée.

lieutenant [*Br* lef'tenənt, *Am* luː'tenənt] *n* lieutenant *m*.

life [laɪf] (*pl* **lives**) *n* **-1.** [gen] vie *f*; that's ~! c'est la vie!; for ~ à vie; to come to ~ s'éveiller, s'animer; to scare the ~ out of sb faire une peur bleue à qqn. **-2.** (*U*) *inf* [life imprisonment] emprisonnement *m* perpétuel.

life assurance = **life insurance**.

life belt *n* bouée *f* de sauvetage.

lifeboat ['laɪfbəʊt] *n* canot *m* de sauvetage.

life buoy *n* bouée *f* de sauvetage.

life expectancy [-ɪk'spektənsɪ] *n* espérance *f* de vie.

lifeguard ['laɪfgɑːd] *n* [at swimming pool] maitre-nageur sauveteur *m*; [at beach] gardien *m* de plage.

life imprisonment [-ɪm'prɪznmənt] *n* emprisonnement *m* à perpétuité.

life insurance *n* assurance-vie *f*.

life jacket *n* gilet *m* de sauvetage.

lifeless ['laɪflɪs] *adj* **-1.** [dead] sans vie, inanimé(e). **-2.** [listless - performance] qui manque de vie; [- voice] monotone.

lifelike ['laɪflaɪk] *adj* **-1.** [statue, doll] qui semble vivant(e). **-2.** [portrait] ressemblant(e).

lifeline ['laɪflaɪn] *n* corde *f* (de sauvetage); *fig* lien *m* vital (avec l'extérieur).

lifelong ['laɪflɒŋ] *adj* de toujours.

life preserver [-prɪ'zɜːvə^r] *n Am* [life belt] bouée *f* de sauvetage; [life jacket] gilet *m* de sauvetage.

life raft *n* canot *m* pneumatique (de sauvetage).

lifesaver ['laɪfˌseɪvə^r] *n* [person] maitre-nageur sauveteur *m*.

life sentence n condamnation f à perpétuité.

life-size(d) [-saɪz(d)] adj grandeur nature (inv).

lifespan ['laɪfspæn] n -1. [of person, animal] espérance f de vie. -2. [of product, machine] durée f de vie.

lifestyle ['laɪfstaɪl] n style m de vie.

life-support system n respirateur m artificiel.

lifetime ['laɪftaɪm] n vie f; **in my ~** de mon vivant.

lift [lɪft] ◇ n -1. [in car]: **to give sb a ~** emmener OR prendre qqn en voiture. -2. Br [elevator] ascenseur m. ◇ vt -1. [gen] lever; [weight] soulever. -2. [plagiarize] plagier. -3. inf [steal] voler. ◇ vi -1. [lid etc] s'ouvrir. -2. [fog etc] se lever.

lift-off n décollage m.

light [laɪt] (pt & pp **lit** OR **-ed**) ◇ adj -1. [not dark] clair(e). -2. [not heavy] léger(ère). -3. [traffic] fluide; [corrections] peu nombreux(euses). -4. [work] facile. ◇ n -1. (U) [brightness] lumière f. -2. [device] lampe f; [AUT - gen] feu m; [- headlamp] phare m. -3. [for cigarette etc] feu m; **have you got a ~?** vous avez du feu?; **to set ~ to sthg** mettre le feu à qqch. -4. [perspective]: **in the ~ of** Br, **in ~ of** Am à la lumière de. -5. phr: **to come to ~** être découvert(e) OR dévoilé(e). ◇ vt -1. [fire, cigarette] allumer. -2. [room, stage] éclairer. ◇ adv: **to travel ~** voyager léger. ◆ **light up** ◇ vt sep -1. [illuminate] éclairer. -2. [cigarette etc] allumer. ◇ vi -1. [face] s'éclairer. -2. inf [start smoking] allumer une cigarette.

light bulb n ampoule f.

lighten ['laɪtn] ◇ vt -1. [give light to] éclairer; [in colour] éclaircir. -2. [make less heavy] alléger. ◇ vi [brighten] s'éclaircir.

lighter ['laɪtər] n [cigarette lighter] briquet m.

light-headed [-'hedɪd] adj: **to feel ~** avoir la tête qui tourne.

light-hearted [-'hɑːtɪd] adj -1. [cheerful] joyeux(euse), gai(e). -2. [amusing] amusant(e).

lighthouse ['laɪthaʊs, pl -haʊzɪz] n phare m.

lighting ['laɪtɪŋ] n éclairage m.

light meter n posemètre m, cellule f photoélectrique.

lightning ['laɪtnɪŋ] n (U) éclair m, foudre f.

lightweight ['laɪtweɪt] ◇ adj [object] léger(ère). ◇ n [boxer] poids m léger.

likable ['laɪkəbl] adj sympathique.

like [laɪk] ◇ prep -1. [gen] comme; **to look ~ sb/sthg** ressembler à qqn/qqch; **to taste ~ sthg** avoir un goût de qqch; **~ this/that** comme ci/ça. -2. [such as] tel que, comme. ◇ vt -1. [gen] aimer; **I ~ her** elle me plaît; **to ~ doing** OR **to do sthg** aimer faire qqch. -2. [expressing a wish]: **would you ~ some more cake?** vous prendrez encore du gâteau?; **I'd ~ to go** je voudrais bien OR j'aimerais y aller; **I'd ~ you to come** je voudrais bien OR j'aimerais que vous veniez; **if you ~** si vous voulez. ◇ n: **the ~** une chose pareille. ◆ **likes** npl: **~s and dislikes** goûts mpl.

likeable ['laɪkəbl] = **likable**.

likelihood ['laɪklɪhʊd] n (U) chances fpl, probabilité f.

likely ['laɪklɪ] adj -1. [probable] probable; **he's ~ to get angry** il risque de se fâcher; **a ~ story!** iro à d'autres! -2. [candidate] prometteur(euse).

liken ['laɪkn] vt: **to ~ sb/sthg to** assimiler qqn/qqch à.

likeness ['laɪknɪs] n -1. [resemblance]: **~ (to)** ressemblance f (avec). -2. [portrait] portrait m.

likewise ['laɪkwaɪz] adv [similarly] de même; **to do ~** faire pareil OR de même.

liking ['laɪkɪŋ] n [for person] affection f, sympathie f; [for food, music] goût m, penchant m; **to have a ~ for sthg** avoir le goût de qqch; **to be to sb's ~** être du goût de qqn, plaire à qqn.

lilac ['laɪlək] ◇ adj [colour] lilas (inv). ◇ n lilas m.

Lilo® ['laɪləʊ] (pl **-s**) n Br matelas m pneumatique.

lily ['lɪlɪ] n lis m.

lily of the valley (pl **lilies of the valley**) n muguet m.

limb [lɪm] n -1. [of body] membre m. -2. [of tree] branche f.

limber ['lɪmbər] ◆ **limber up** vi s'échauffer.

limbo ['lɪmbəʊ] (pl **-s**) n (U) [uncertain state]: **to be in ~** être dans les limbes.

lime [laɪm] n -1. [fruit] citron m vert. -2. [drink]: **~ (juice)** jus m de citron vert. -3. [linden tree] tilleul m. -4. [substance] chaux f.

limelight ['laɪmlaɪt] n: **to be in the ~** être au premier plan.

limerick ['lɪmərɪk] *n poème humoristique en cinq vers.*

limestone ['laɪmstəʊn] *n* (*U*) pierre *f* à chaux, calcaire *m.*

limey ['laɪmɪ] (*pl* **limeys**) *n Am inf terme péjoratif désignant un Anglais.*

limit ['lɪmɪt] ◇ *n* limite *f;* **off ~s** d'accès interdit; **within ~s** [to an extent] dans une certaine mesure. ◇ *vt* limiter, restreindre.

limitation [,lɪmɪ'teɪʃn] *n* limitation *f,* restriction *f.*

limited ['lɪmɪtɪd] *adj* limité(e), restreint(e).

limited (liability) company *n* société *f* anonyme.

limousine ['lɪməzi:n] *n* limousine *f.*

limp [lɪmp] ◇ *adj* mou (molle). ◇ *n:* **to have a ~** boiter. ◇ *vi* boiter.

limpet ['lɪmpɪt] *n* patelle *f,* bernique *f.*

line [laɪn] ◇ *n* **-1.** [gen] ligne *f.* **-2.** [row] rangée *f.* **-3.** [queue] file *f,* queue *f;* **to stand** OR **wait in ~** faire la queue. **-4.** [RAIL - track] voie *f;* [- route] ligne *f.* **-5.** [of poem, song] vers *m.* **-6.** [wrinkle] ride *f.* **-7.** [string, wire etc] corde *f;* **a fishing ~** une ligne. **-8.** TELEC ligne *f;* **hold the ~!** ne quittez pas! **-9.** *inf* [short letter]: **to drop sb a ~** écrire un (petit) mot à qqn. **-10.** *inf* [work]: **~ of business** branche *f.* **-11.** [borderline] frontière *f.* **-12.** COMM gamme *f.* **-13.** *phr:* **to draw the ~ at sthg** refuser de faire OR d'aller jusqu'à faire qqch; **to step out of ~** faire cavalier seul. ◇ *vt* [drawer, box] tapisser; [clothes] doubler. ◆ **out of line** *adj* [remark, behaviour] déplacé(e). ◆ **line up** *vt sep* **-1.** [in rows] aligner. **-2.** [organize] prévoir. ◇ *vi* [in row] s'aligner; [in queue] faire la queue.

lined [laɪnd] *adj* **-1.** [paper] réglé(e). **-2.** [wrinkled] ridé(e).

linen ['lɪnɪn] *n* (*U*) **-1.** [cloth] lin *m.* **-2.** [tablecloths, sheets] linge *m* (de maison).

liner ['laɪnə*r*] *n* [ship] paquebot *m.*

linesman ['laɪnzmən] (*pl* **-men** [-mən]) *n* TENNIS juge *m* de ligne; FTBL juge de touche.

lineup ['laɪnʌp] *n* **-1.** SPORT équipe *f.* **-2.** *Am* [identification parade] rangée *f* de suspects (*pour identification par un témoin*).

linger ['lɪŋgə*r*] *vi* **-1.** [person] s'attarder. **-2.** [doubt, pain] persister.

lingo ['lɪŋgəʊ] (*pl* **-es**) *n inf* jargon *m.*

linguist ['lɪŋgwɪst] *n* linguiste *mf.*

linguistics [lɪŋ'gwɪstɪks] *n* (*U*) linguistique *f.*

lining ['laɪnɪŋ] *n* **-1.** [of coat, curtains, box] doublure *f.* **-2.** [of stomach] muqueuse *f.* **-3.** AUT [of brakes] garniture *f.*

link [lɪŋk] ◇ *n* **-1.** [of chain] maillon *m.* **-2.** [connection]: **~ (between/with)** lien *m* (entre/avec). ◇ *vt* [cities, parts] relier; [events etc] lier; **to ~ arms** se donner le bras. ◆ **link up** *vt sep* relier; **to ~ sthg up with sthg** relier qqch avec OR à qqch.

links [lɪŋks] (*pl inv*) *n* terrain *m* de golf (*au bord de la mer*).

lino ['laɪnəʊ], **linoleum** [lɪ'nəʊlɪəm] *n* lino *m,* linoléum *m.*

lintel ['lɪntl] *n* linteau *m.*

lion ['laɪən] *n* lion *m.*

lioness ['laɪənes] *n* lionne *f.*

lip [lɪp] *n* **-1.** [of mouth] lèvre *f.* **-2.** [of container] bord *m.*

lip-read *vi* lire sur les lèvres.

lip salve [-sælv] *n Br* pommade *f* pour les lèvres.

lip service *n:* **to pay ~ to sthg** approuver qqch pour la forme.

lipstick ['lɪpstɪk] *n* rouge *m* à lèvres.

liqueur [lɪ'kjʊə*r*] *n* liqueur *f.*

liquid ['lɪkwɪd] ◇ *adj* liquide. ◇ *n* liquide *m.*

liquidation [,lɪkwɪ'deɪʃn] *n* liquidation *f.*

liquidize, -ise ['lɪkwɪdaɪz] *vt Br* CULIN passer au mixer.

liquidizer ['lɪkwɪdaɪzə*r*] *n Br* mixer *m.*

liquor ['lɪkə*r*] *n* (*U*) alcool *m,* spiritueux *mpl.*

liquorice ['lɪkərɪʃ, 'lɪkərɪs] *n* réglisse *f.*

liquor store *n Am* magasin *m* de vins et d'alcools.

Lisbon ['lɪzbən] *n* Lisbonne.

lisp [lɪsp] ◇ *n* zézaiement *m.* ◇ *vi* zézayer.

list [lɪst] ◇ *n* liste *f.* ◇ *vt* [in writing] faire la liste de; [in speech] énumérer.

listed building [,lɪstɪd-] *n Br* monument *m* classé.

listen ['lɪsn] *vi:* **to ~ to (sb/sthg)** écouter (qqn/qqch); **to ~ for sthg** guetter qqch.

listener ['lɪsnə*r*] *n* auditeur *m,* -trice *f.*

listless ['lɪstlɪs] *adj* apathique, mou (molle).

lit [lɪt] *pt & pp* → **light.**

liter *Am* = **litre.**

literacy ['lɪtərəsɪ] *n* fait *m* de savoir lire et écrire.

literal ['lɪtərəl] *adj* littéral(e).

literally ['lɪtərəli] *adv* littéralement; **to take sthg ~** prendre qqch au pied de la lettre.

literary ['lɪtərəri] *adj* littéraire.

literate ['lɪtərət] *adj* **-1.** [able to read and write] qui sait lire et écrire. **-2.** [well-read] cultivé(e).

literature ['lɪtrətʃəʳ] *n* littérature *f*; [printed information] documentation *f*.

lithe [laɪð] *adj* souple, agile.

Lithuania [,lɪθjʊ'eɪnɪə] *n* Lituanie *f*.

litigation [,lɪtɪ'geɪʃn] *n* litige *m*; **to go to ~** aller en justice.

litre *Br*, **liter** *Am* ['liːtəʳ] *n* litre *m*.

litter ['lɪtəʳ] ◇ *n* **-1.** (*U*) [rubbish] ordures *fpl*, détritus *mpl*. **-2.** [of animals] portée *f*. ◇ *vt*: **to be ~ed with** être couvert(e) de.

litterbin ['lɪtə,bɪn] *n Br* boîte *f* à ordures.

little ['lɪtl] (*compar sense 2* **less**, *superl sense 2* **least**) ◇ *adj* **-1.** [not big] petit(e); **a ~ while** un petit moment. **-2.** [not much] peu de; **~ money** peu d'argent; **a ~ money** un peu d'argent. ◇ *pron*: **~ of the money was left** il ne restait pas beaucoup d'argent, il restait peu d'argent; **a ~** un peu. ◇ *adv* peu, pas beaucoup; **~ by ~** peu à peu.

little finger *n* petit doigt *m*, auriculaire *m*.

live¹ [lɪv] ◇ *vi* **-1.** [gen] vivre. **-2.** [have one's home] habiter, vivre; **to ~ in Paris** habiter (à) Paris. ◇ *vt*: **to ~ a quiet life** mener une vie tranquille; **to ~ it up** *inf* faire la noce. ◆ **live down** *vt sep* faire oublier. ◆ **live off** *vt fus* [savings, the land] vivre de; [family] vivre aux dépens de. ◆ **live on** ◇ *vt fus* vivre de. ◇ *vi* [memory, feeling] rester, survivre. ◆ **live together** *vi* vivre ensemble. ◆ **live up to** *vt fus*: **to ~ up to sb's expectations** répondre à l'attente de qqn; **to ~ up to one's reputation** faire honneur à sa réputation. ◆ **live with** *vt fus* **-1.** [cohabit with] vivre avec. **-2.** *inf* [accept] se faire à, accepter.

live² [laɪv] *adj* **-1.** [living] vivant(e). **-2.** [coal] ardent(e). **-3.** [bullet, bomb] non explosé(e). **-4.** ELEC sous tension. **-5.** RADIO & TV en direct; [performance] en public.

livelihood ['laɪvlɪhʊd] *n* gagne-pain *m*.

lively ['laɪvlɪ] *adj* **-1.** [person] plein(e) d'entrain. **-2.** [debate, meeting] animé(e). **-3.** [mind] vif (vive).

liven ['laɪvn] ◆ **liven up** ◇ *vt sep* [person] égayer; [place] animer. ◇ *vi* s'animer.

liver ['lɪvəʳ] *n* foie *m*.

livery ['lɪvərɪ] *n* livrée *f*.

lives [laɪvz] *pl* → **life**.

livestock ['laɪvstɒk] *n* (*U*) bétail *m*.

livid ['lɪvɪd] *adj* **-1.** [angry] furieux (ieuse). **-2.** [bruise] violacé(e).

living ['lɪvɪŋ] ◇ *adj* vivant(e), en vie. ◇ *n*: **to earn** OR **make a ~** gagner sa vie; **what do you do for a ~?** qu'est-ce que vous faites dans la vie?

living conditions *npl* conditions *fpl* de vie.

living room *n* salle *f* de séjour, living *m*.

living standards *npl* niveau *m* de vie.

living wage *n* minimum *m* vital.

lizard ['lɪzəd] *n* lézard *m*.

llama ['lɑːmə] (*pl inv* OR **-s**) *n* lama *m*.

load [ləʊd] ◇ *n* **-1.** [something carried] chargement *m*, charge *f*. **-2.** [large amount]: **~s of**, **a ~ of** *inf* des tas de, plein de; **a ~ of rubbish** *inf* de la foutaise. ◇ *vt* [gen & COMPUT] charger; [video recorder] mettre une vidéocassette dans; **to ~ sb/sthg with** charger qqn/qqch de; **to ~ a gun/camera (with)** charger un fusil/un appareil (avec). ◆ **load up** *vt sep* & *vi* charger.

loaded ['ləʊdɪd] *adj* **-1.** [question] insidieux(ieuse). **-2.** *inf* [rich] plein(e) aux as.

loading bay ['ləʊdɪŋ-] *n* aire *f* de chargement.

loaf [ləʊf] (*pl* **loaves**) *n*: **a ~ (of bread)** un pain.

loafer ['ləʊfəʳ] *n* [shoe] mocassin *m*.

loan [ləʊn] ◇ *n* prêt *m*; **on ~** prêté(e). ◇ *vt* prêter; **to ~ sthg to sb**, **to ~ sb sthg** prêter qqch à qqn.

loath [ləʊθ] *adj*: **to be ~ to do sthg** ne pas vouloir faire qqch, hésiter à faire qqch.

loathe [ləʊð] *vt* détester; **to ~ doing sthg** avoir horreur de OR détester faire qqch.

loathsome ['ləʊðsəm] *adj* dégoûtant(e), répugnant(e).

loaves [ləʊvz] *pl* → **loaf**.

lob [lɒb] ◇ *n* TENNIS lob *m*. ◇ *vt* **-1.** [throw] lancer. **-2.** TENNIS: **to ~ a ball** lober, faire un lob.

lobby ['lɒbɪ] ◇ *n* **-1.** [of hotel] hall *m*. **-2.** [pressure group] lobby *m*, groupe *m* de pression. ◇ *vt* faire pression sur.

lobe [ləʊb] *n* lobe *m*.

lobster ['lɒbstəʳ] *n* homard *m*.

local ['ləʊkl] ◇ *adj* local(e). ◇ *n inf* **-1.** [person]: **the ~s** les gens *mpl* du coin OR du pays. **-2.** *Br* [pub] café *m* OR bistro *m* du coin.

local authority *n Br* autorités *fpl* locales.

local call *n* communication *f* urbaine.

local government *n* administration *f* municipale.

locality [ləʊ'kælətɪ] *n* endroit *m*.

localized, -ised ['ləʊkəlaɪzd] *adj* localisé(e).

locally ['ləʊkəlɪ] *adv* **-1.** [on local basis] localement. **-2.** [nearby] dans les environs, à proximité.

locate [*Br* ləʊ'keɪt, *Am* 'ləʊkeɪt] *vt* **-1.** [find - position] trouver, repérer; [- source, problem] localiser. **-2.** [situate - business, factory] implanter, établir; **to be ~d** être situé.

location [ləʊ'keɪʃn] *n* **-1.** [place] emplacement *m*. **-2.** CINEMA: **on ~** en extérieur.

loch [lɒk, lɒx] *n Scot* loch *m*, lac *m*.

lock [lɒk] ◇ *n* **-1.** [of door etc] serrure *f*. **-2.** [on canal] écluse *f*. **-3.** AUT [steering lock] angle *m* de braquage. **-4.** [of hair] mèche *f*. ◇ *vt* **-1.** [door, car, drawer] fermer à clef; [bicycle] cadenasser. **-2.** [immobilize] bloquer. ◇ *vi* **-1.** [door, suitcase] fermer à clef. **-2.** [become immobilized] se bloquer. ◆ **lock in** *vt sep* enfermer (à clef). ◆ **lock out** *vt sep* **-1.** [accidentally] enfermer dehors, laisser dehors; **to ~ o.s. out** s'enfermer dehors. **-2.** [deliberately] empêcher d'entrer, mettre à la porte. ◆ **lock up** *vt sep* [person - in prison] mettre en prison OR sous les verrous; [- in asylum] enfermer; [house] fermer à clef; [valuables] enfermer, mettre sous clef.

locker ['lɒkər] *n* casier *m*.

locker room *n Am* vestiaire *m*.

locket ['lɒkɪt] *n* médaillon *m*.

locksmith ['lɒksmɪθ] *n* serrurier *m*.

locomotive ['ləʊkə,məʊtɪv] *n* locomotive *f*.

locum ['ləʊkəm] (*pl* **-s**) *n* remplaçant *m*, -e *f*.

locust ['ləʊkəst] *n* sauterelle *f*, locuste *f*.

lodge [lɒdʒ] ◇ *n* **-1.** [of caretaker, freemasons] loge *f*. **-2.** [of manor house] pavillon *m* (de gardien). **-3.** [for hunting] pavillon *m* de chasse. ◇ *vi* **-1.** [stay]: **to ~ with sb** loger chez qqn. **-2.** [become stuck] se loger, se coincer. **-3.** *fig* [in mind] s'enraciner, s'ancrer. ◇ *vt* [com-

plaint] déposer; **to ~ an appeal** interjeter OR faire appel.

lodger ['lɒdʒər] *n* locataire *mf*.

lodging ['lɒdʒɪŋ] *n* → **board.** ◆ **lodgings** *npl* chambre *f* meublée.

loft [lɒft] *n* grenier *m*.

lofty ['lɒftɪ] *adj* **-1.** [noble] noble. **-2.** *pej* [haughty] hautain(e), arrogant(e). **-3.** *literary* [high] haut(e), élevé(e).

log [lɒg] ◇ *n* **-1.** [of wood] bûche *f*. **-2.** [of ship] journal *m* de bord; [of plane] carnet *m* de vol. ◇ *vt* consigner, enregistrer. ◆ **log in** *vi* COMPUT ouvrir une session. ◆ **log out** *vi* COMPUT fermer une session.

logbook ['lɒgbʊk] *n* **-1.** [of ship] journal *m* de bord; [of plane] carnet *m* de vol. **-2.** [of car] ≃ carte *f* grise.

loggerheads ['lɒgəhedz] *n*: **at ~** en désaccord.

logic ['lɒdʒɪk] *n* logique *f*.

logical ['lɒdʒɪkl] *adj* logique.

logistics [lə'dʒɪstɪks] ◇ *n* (*U*) MIL logistique *f*. ◇ *npl fig* organisation *f*.

logo ['ləʊgəʊ] (*pl* **-s**) *n* logo *m*.

loin [lɔɪn] *n* filet *m*.

loiter ['lɔɪtər] *vi* traîner.

loll [lɒl] *vi* **-1.** [sit, lie about] se prélasser. **-2.** [hang down - head, tongue] pendre.

lollipop ['lɒlɪpɒp] *n* sucette *f*.

lollipop lady *n Br* dame qui fait traverser la rue aux enfants à la sortie des écoles.

lollipop man *n Br* monsieur qui fait traverser la rue aux enfants à la sortie des écoles.

lolly ['lɒlɪ] *n inf* **-1.** [lollipop] sucette *f*. **-2.** *Br* [ice lolly] sucette *f* glacée.

London ['lʌndən] *n* Londres.

Londoner ['lʌndənər] *n* Londonien *m*, -ienne *f*.

lone [ləʊn] *adj* solitaire.

loneliness ['ləʊnlɪnɪs] *n* [of person] solitude *f*; [of place] isolement *m*.

lonely ['ləʊnlɪ] *adj* **-1.** [person] solitaire, seul(e). **-2.** [childhood] solitaire. **-3.** [place] isolé(e).

loner ['ləʊnər] *n* solitaire *mf*.

lonesome ['ləʊnsəm] *adj Am inf* **-1.** [person] solitaire, seul(e). **-2.** [place] isolé(e).

long [lɒŋ] ◇ *adj* long (longue); **two days/years ~** de deux jours/ans, qui dure deux jours/ans; **10 metres/miles ~** long de 10 mètres/miles, de 10 mètres/miles (de long). ◇ *adv* longtemps; **how ~ will it take?** combien de temps cela va-t-il prendre?; **how ~ will you be?** tu en as pour combien de temps?; **how ~ is the book?** le livre fait combien de pages?; **I no ~er like him** je ne l'aime plus; **I can't wait any ~er** je ne peux pas attendre plus longtemps; **so ~!** *inf* au revoir!, salut!; **before ~** sous peu. ◇ *vt*: **to ~ to do sthg** avoir très envie de faire qqch. ◆ **as long as, so long as** *conj* tant que. ◆ **long for** *vt fus* [peace and quiet] désirer ardemment; [holidays] attendre avec impatience.

long-distance *adj* [runner, race] de fond; **~ lorry driver** routier *m*.

long-distance call *n* communication *f* interurbaine.

longhand ['lɒŋhænd] *n* écriture *f* normale.

long-haul *adj* long-courrier.

longing ['lɒŋɪŋ] ◇ *adj* plein(e) de convoitise. ◇ *n* **-1.** [desire] envie *f*, convoitise *f*; **a ~ for** un grand désir OR une grande envie de. **-2.** [nostalgia] nostalgie *f*, regret *m*.

longitude ['lɒndʒɪtjuːd] *n* longitude *f*.

long jump *n* saut *m* en longueur.

long-life *adj* [milk] longue conservation (*inv*); [battery] longue durée (*inv*).

long-playing record [-'pleɪɪŋ-] *n* 33 tours *m*.

long-range *adj* **-1.** [missile, bomber] à longue portée. **-2.** [plan, forecast] à long terme.

long shot *n* [guess] coup *m* à tenter (*sans grand espoir de succès*).

longsighted [,lɒŋ'saɪtɪd] *adj* presbyte.

long-standing *adj* de longue date.

longsuffering [,lɒŋ'sʌfərɪŋ] *adj* [person] à la patience infinie.

long term *n*: **in the ~** à long terme.

long wave *n* (U) grandes ondes *fpl*.

longwinded [,lɒŋ'wɪndɪd] *adj* [person] prolixe, verbeux(euse); [speech] interminable, qui n'en finit pas.

loo [luː] (*pl* **-s**) *n Br inf* cabinets *mpl*, petit coin *m*.

look [lʊk] ◇ *n* **-1.** [with eyes] regard *m*; **to take** OR **have a ~ (at sthg)** regarder (qqch), jeter un coup d'œil (à qqch); **to give sb a ~** jeter un regard à qqn, regarder qqn de travers. **-2.** [search]: **to have a ~ (for sthg)** chercher (qqch). **-3.** [appearance] aspect *m*, air *m*; **by the ~** OR **~s of it, by the ~** OR **~s of things** vraisemblablement, selon toute probabilité. ◇ *vi* **-1.** [with eyes] regarder. **-2.** [search] chercher. **-3.** [building, window]: **to ~ (out) onto** donner sur. **-4.** [seem] avoir l'air, sembler; **it ~s like rain** OR

as if it will rain on dirait qu'il va pleuvoir; **she ~s like her mother** elle ressemble à sa mère. ◆ **looks** *npl* [attractiveness] beauté *f*. ◆ **look after** *vt fus* s'occuper de. ◆ **look at** *vt fus* **-1.** [see, glance at] regarder; [examine] examiner. **-2.** [judge] considérer. ◆ **look down on** *vt fus* [condescend to] mépriser. ◆ **look for** *vt fus* chercher. ◆ **look forward to** *vt fus* attendre avec impatience. ◆ **look into** *vt fus* examiner, étudier. ◆ **look on** *vi* regarder. ◆ **look out** *vi* prendre garde, faire attention; **~ out!** attention! ◆ **look out for** *vt fus* [person] guetter; [new book] être à l'affût de, essayer de repérer. ◆ **look round** ◇ *vt fus* [house, shop, town] faire le tour de. ◇ *vi* **-1.** [turn] se retourner. **-2.** [browse] regarder. ◆ **look to** *vt fus* **-1.** [depend on] compter sur. **-2.** [future] songer à. ◆ **look up** ◇ *vt sep* **-1.** [in book] chercher. **-2.** [visit - person] aller OR passer voir. ◇ *vi* [improve - business] reprendre; **things are ~ing up** ça va mieux, la situation s'améliore. ◆ **look up to** *vt fus* admirer.

lookout ['lʊkaʊt] *n* **-1.** [place] poste *m* de guet. **-2.** [person] guetteur *m*. **-3.** [search]: **to be on the ~ for** être à la recherche de.

loom [luːm] ◇ *n* métier *m* à tisser. ◇ *vi* [building, person] se dresser; *fig* [date, threat] être imminent(e). ◆ **loom up** *vi* surgir.

loony ['luːnɪ] *inf* ◇ *adj* cinglé(e), timbré(e). ◇ *n* cinglé *m*, -e *f*, fou *m*, folle *f*.

loop [luːp] *n* **-1.** [gen & COMPUT] boucle *f*. **-2.** [contraceptive] stérilet *m*.

loophole ['luːphəʊl] *n* faille *f*, échappatoire *f*.

loose [luːs] *adj* **-1.** [not firm - joint] desserré(e); [- handle, post] branlant(e); [- tooth] qui bouge OR branle; [- knot] défait(e). **-2.** [unpackaged - sweets, nails] en vrac, au poids. **-3.** [clothes] ample, large. **-4.** [not restrained - hair] dénoué(e); [- animal] en liberté, détaché(e). **-5.** *pej & dated* [woman] facile; [living] dissolu(e). **-6.** [inexact - translation] approximatif(ive).

loose change *n* petite OR menue monnaie *f*.

loose end *n*: **to be at a ~** *Br*, **to be at ~s** *Am* être désœuvré, n'avoir rien à faire.

loosely ['luːslɪ] *adv* **-1.** [not firmly] sans serrer. **-2.** [inexactly] approximativement.

loosen ['lu:sn] vt desserrer, défaire.
◆ **loosen up** vi -1. [before game, race]
s'échauffer. -2. inf [relax] se détendre.

loot [lu:t] ◇ n butin m. ◇ vt piller.

looting ['lu:tɪŋ] n pillage m.

lop [lɒp] vt élaguer, émonder. ◆ **lop off**
vt sep couper.

lop-sided [-'saɪdɪd] adj [table] bancal(e),
boiteux(euse); [picture] de travers.

lord [lɔːd] n Br seigneur m. ◆ **Lord** n
-1. RELIG: **the Lord** [God] le Seigneur;
good Lord! Br Seigneur!, mon Dieu!
-2. [in titles] Lord m; [as form of address]:
my Lord Monsieur le duc/comte etc.
◆ **Lords** npl Br POL: **the (House of)**
Lords la Chambre des lords.

Lordship ['lɔːdʃɪp] n: **your/his** ~ Monsieur le duc/comte etc.

lore [lɔːr] n (U) traditions fpl.

lorry ['lɒrɪ] n Br camion m.

lorry driver n Br camionneur m,
conducteur m de poids lourd.

lose [lu:z] (pt & pp lost) ◇ vt -1. [gen]
perdre; **to** ~ **sight of** lit & fig perdre de
vue; **to** ~ **one's way** se perdre, perdre
son chemin; fig être un peu perdu. -2.
[subj: clock, watch] retarder de; **to** ~
time retarder. -3. [pursuers] semer. ◇ vi
perdre. ◆ **lose out** vi être perdant(e).

loser ['lu:zər] n -1. [gen] perdant m, -e f.
-2. inf pej [unsuccessful person] raté m,
-e f.

loss [lɒs] n -1. [gen] perte f. -2. phr: **to
be at a** ~ être perplexe, être embarras-
sé(e).

lost [lɒst] ◇ pt & pp → **lose**. ◇ adj
[gen] perdu(e); **to get** ~ se perdre; **get**
~! inf fous/foutez le camp!

lost-and-found office n Am bureau m
des objets trouvés.

lost property office n Br bureau m des
objets trouvés.

lot [lɒt] n -1. [large amount]: **a** ~ **(of)**,
~**s (of)** beaucoup (de); [entire amount]:
the ~ le tout. -2. [at auction] lot m. -3.
[destiny] sort m. -4. Am [of land] terrain
m; [car park] parking m. -5. phr: **to draw**
~**s** tirer au sort. ◆ **a lot** adv beaucoup.

lotion ['ləʊʃn] n lotion f.

lottery ['lɒtərɪ] n lit & fig loterie f.

loud [laʊd] ◇ adj -1. [not quiet, noisy -
gen] fort(e). [- person] bruyant(e). -2.
[colour, clothes] voyant(e). ◇ adv fort;
out ~ tout haut.

loudhailer [,laʊd'heɪlər] n Br mégaphone m, porte-voix m.

loudly ['laʊdlɪ] adv -1. [noisily] fort. -2.
[gaudily] de façon voyante.

loudspeaker [,laʊd'spi:kər] n haut-
parleur m.

lounge [laʊndʒ] ◇ n -1. [in house] salon
m. -2. [in airport] hall m, salle f. -3. Br
= lounge bar. ◇ vi se prélasser.

lounge bar n Br l'une des deux salles
d'un bar, la plus confortable.

louse [laʊs] (pl sense 1 **lice**, pl sense 2
-**s**) n -1. [insect] pou m. -2. inf pej [per-
son] salaud m.

lousy ['laʊzɪ] adj inf minable, nul(le);
[weather] pourri(e).

lout [laʊt] n rustre m.

louvre Br, **louver** Am ['lu:vər] n persienne f.

lovable ['lʌvəbl] adj adorable.

love [lʌv] ◇ n -1. [gen] amour m; **to be
in** ~ être amoureux(euse); **to fall in** ~
tomber amoureux(euse); **to make** ~
faire l'amour; **give her my** ~
embrasse-la pour moi; ~ **from** [at end
of letter] affectueusement, grosses bises. -2. inf [form of address] mon chéri
(ma chérie). -3. TENNIS zéro m. ◇ vt
aimer; **to** ~ **to do sthg** OR **doing sthg**
aimer OR adorer faire qqch.

love affair n liaison f.

love life n vie f amoureuse.

lovely ['lʌvlɪ] adj -1. [beautiful] très
joli(e). -2. [pleasant] très agréable, ex-
cellent(e).

lover ['lʌvər] n -1. [sexual partner] amant
m, -e f. -2. [enthusiast] passionné m, -e
f, amoureux m, -euse f.

loving ['lʌvɪŋ] adj [person, relationship]
affectueux(euse); [care] tendre.

low [ləʊ] ◇ adj -1. [not high - gen] bas
(basse), [- wall, building] peu élevé(e);
[- standard, quality] mauvais(e); [- intel-
ligence] faible; [- neckline] décolleté(e).
-2. [little remaining] presque épuisé(e).
-3. [not loud - voice] bas (basse); [- whisper, moan] faible. -4. [depressed] dépri-
mé(e). -5. [not respectable] bas (basse).
◇ adv -1. [not high] bas. -2. [not loudly -
speak] à voix basse; [- whisper] faiblement. ◇ n -1. [low point] niveau m OR
point m bas. -2. METEOR dépression f.

low-calorie adj à basses calories.

low-cut adj décolleté(e).

lower ['ləʊər] ◇ adj inférieur(e). ◇ vt
-1. [gen] baisser; [flag] abaisser. -2. [re-
duce - price, level] baisser; [- age of con-
sent] abaisser; [- resistance] diminuer.

low-fat adj [yoghurt, crisps] allégé(e);
[milk] demi-écrémé(e).

low-key adj discret(ète).

lowly ['ləʊlɪ] adj modeste, humble.

low-lying adj bas (basse).

loyal ['lɔɪəl] adj loyal(e).

loyalty ['lɔɪəltɪ] n loyauté f.

lozenge ['lɒzɪndʒ] n -1. [tablet] pastille f. -2. [shape] losange m.

LP (abbr of **long-playing record**) n 33 tours m.

L-plate n Br plaque signalant que le conducteur du véhicule est en conduite accompagnée.

Ltd, ltd (abbr of **limited**) ≃ SARL; **Smith and Sons, ~** ≃ Smith & Fils, SARL.

lubricant ['lu:brɪkənt] n lubrifiant m.

lubricate ['lu:brɪkeɪt] vt lubrifier.

lucid ['lu:sɪd] adj lucide.

luck [lʌk] n chance f; **good ~** chance; **good ~!** bonne chance!; **bad ~** malchance f; **bad** OR **hard ~!** pas de chance!; **to be in ~** avoir de la chance; **with (any) ~** avec un peu de chance.

luckily ['lʌkɪlɪ] adv heureusement.

lucky ['lʌkɪ] adj -1. [fortunate - person] qui a de la chance; [- event] heureux(euse). -2. [bringing good luck] porte-bonheur (inv).

lucrative ['lu:krətɪv] adj lucratif(ive).

ludicrous ['lu:dɪkrəs] adj ridicule.

lug [lʌg] vt inf traîner.

luggage ['lʌgɪdʒ] n (U) Br bagages mpl.

luggage rack n Br porte-bagages m inv.

lukewarm ['lu:kwɔ:m] adj lit & fig tiède.

lull [lʌl] ◇ n: **~ (in)** [storm] accalmie f (de); [fighting, conversation] arrêt m (de). ◇ vt: **to ~ sb to sleep** endormir qqn en le berçant; **to ~ sb into a false sense of security** endormir les soupçons de qqn.

lullaby ['lʌləbaɪ] n berceuse f.

lumber ['lʌmbər] n (U) -1. Am [timber] bois m de charpente. -2. Br [bric-a-brac] bric-à-brac m inv. ◆ **lumber with** vt sep Br inf: **to ~ sb with sthg** coller qqch à qqn.

lumberjack ['lʌmbədʒæk] n bûcheron m, -onne f.

luminous ['lu:mɪnəs] adj [dial] lumineux(euse); [paint, armband] phosphorescent(e).

lump [lʌmp] ◇ n -1. [gen] morceau m; [of earth, clay] motte f; [in sauce] grumeau m. -2. [on body] grosseur f. ◇ vt: **to ~ sthg together** réunir qqch; **to ~ it** inf faire avec, s'en accommoder.

lump sum n somme f globale.

lunacy ['lu:nəsɪ] n folie f.

lunar ['lu:nər] adj lunaire.

lunatic ['lu:nətɪk] ◇ adj pej dément(e), démentiel(ielle). ◇ n -1. pej [fool] fou m, folle f. -2. [insane person] fou m, folle f, aliéné m, -e f.

lunch [lʌntʃ] ◇ n déjeuner m. ◇ vi déjeuner.

luncheon ['lʌntʃən] n fml déjeuner m.

luncheon meat n sorte de saucisson.

luncheon voucher n Br ticket-restaurant m.

lunch hour n pause f de midi.

lunchtime ['lʌntʃtaɪm] n heure f du déjeuner.

lung [lʌŋ] n poumon m.

lunge [lʌndʒ] vi faire un brusque mouvement (du bras) en avant; **to ~ at sb** s'élancer sur qqn.

lurch [lɜ:tʃ] ◇ n [of person] écart m brusque; [of car] embardée f. ◇ **to leave sb in the ~** laisser qqn dans le pétrin. ◇ vi [person] tituber; [car] faire une embardée.

lure [ljuər] ◇ n charme m trompeur. ◇ vt attirer OR persuader par la ruse.

lurid ['ljuərɪd] adj -1. [outfit] aux couleurs criardes. -2. [story, details] affreux(euse).

lurk [lɜ:k] vi -1. [person] se cacher, se dissimuler. -2. [memory, danger, fear] subsister.

luscious ['lʌʃəs] adj -1. [delicious] succulent(e). -2. fig [woman] appétissant(e).

lush [lʌʃ] adj -1. [luxuriant] luxuriant(e). -2. [rich] luxueux(euse).

lust [lʌst] n -1. [sexual desire] désir m. -2. fig: **~ for sthg** soif de qqch. ◆ **lust after, lust for** vt fus -1. [wealth, power etc] être assoiffé(e) de. -2. [person] désirer.

lusty ['lʌstɪ] adj vigoureux(euse).

Luxembourg ['lʌksəmbɜ:g] n -1. [country] Luxembourg m. -2. [city] Luxembourg.

luxurious [lʌg'ʒuərɪəs] adj -1. [expensive] luxueux(euse). -2. [pleasurable] voluptueux(euse).

luxury ['lʌkʃərɪ] ◇ n luxe m. ◇ comp de luxe.

LW (abbr of **long wave**) GO.

Lycra® ['laɪkrə] ◇ n Lycra® m. ◇ comp en Lycra®.

lying ['laɪɪŋ] ◇ adj [person] menteur(euse). ◇ n (U) mensonges mpl.

lynch [lɪntʃ] vt lyncher.

lyric ['lɪrɪk] adj lyrique.

lyrical ['lɪrɪkl] adj lyrique.

lyrics ['lɪrɪks] npl paroles fpl.

m¹ (*pl* **m's** OR **ms**), **M** (*pl* **M's** OR **Ms**) [em] *n* [letter] m *m inv*, M *m inv*. ◆ **M** *Br abbr of* **motorway**.

m² **-1.** (*abbr of* **metre**) m. **-2.** (*abbr of* **million**) M. **-3.** *abbr of* **mile**.

MA *n abbr of* **Master of Arts**.

mac [mæk] (*abbr of* **mackintosh**) *n Br inf* [coat] imper *m*.

macaroni [,mækə'rəʊnɪ] *n* (U) macaronis *mpl*.

mace [meɪs] *n* **-1.** [ornamental rod] masse *f*. **-2.** [spice] macis *m*.

machine [mə'ʃiːn] ◇ *n lit & fig* machine *f*. ◇ *vt* **-1.** SEWING coudre à la machine. **-2.** TECH usiner.

machinegun [mə'ʃiːngʌn] *n* mitrailleuse *f*.

machine language *n* COMPUT langage *m* machine.

machinery [mə'ʃiːnərɪ] *n* (U) machines *fpl*; *fig* mécanisme *m*.

macho ['mætʃəʊ] *adj* macho (*inv*).

mackerel ['mækrəl] (*pl inv* OR **-s**) *n* maquereau *m*.

mackintosh ['mækɪntɒʃ] *n Br* imperméable *m*.

mad [mæd] *adj* **-1.** [insane] fou (folle); **to go ~** devenir fou. **-2.** [foolish] insensé(e). **-3.** [furious] furieux(ieuse). **-4.** [hectic - rush, pace] fou (folle). **-5.** [very enthusiastic]: **to be ~ about sb/sthg** être fou (folle) de qqn/qqch.

Madagascar [,mædə'gæskər] *n* Madagascar *m*.

madam ['mædəm] *n* madame *f*.

madcap ['mædkæp] *adj* risqué(e), insensé(e).

madden ['mædn] *vt* exaspérer.

made [meɪd] *pt & pp* → **make**.

Madeira [mə'dɪərə] *n* **-1.** [wine] madère *m*. **-2.** GEOGR Madère *f*.

made-to-measure *adj* fait(e) sur mesure.

made-up *adj* **-1.** [with make-up] maquillé(e). **-2.** [invented] fabriqué(e).

madly ['mædlɪ] *adv* [frantically] comme un fou; **~ in love** follement amoureux.

madman ['mædmən] (*pl* **-men** [-mən]) *n* fou *m*.

madness ['mædnɪs] *n lit & fig* folie *f*, démence *f*.

Madrid [mə'drɪd] *n* Madrid.

Mafia ['mæfɪə] *n*: **the ~** la Mafia.

magazine [,mægə'ziːn] *n* **-1.** PRESS revue *f*, magazine *m*; RADIO & TV magazine. **-2.** [of gun] magasin *m*.

maggot ['mægət] *n* ver *m*, asticot *m*.

magic ['mædʒɪk] ◇ *adj* magique. ◇ *n* magie *f*.

magical ['mædʒɪkl] *adj* magique.

magician [mə'dʒɪʃn] *n* magicien *m*.

magistrate ['mædʒɪstreɪt] *n* magistrat *m*, juge *m*.

magistrates' court *n Br* ≃ tribunal *m* d'instance.

magnanimous [mæg'nænɪməs] *adj* magnanime.

magnate ['mægneɪt] *n* magnat *m*.

magnesium [mæg'niːzɪəm] *n* magnésium *m*.

magnet ['mægnɪt] *n* aimant *m*.

magnetic [mæg'netɪk] *adj lit & fig* magnétique.

magnetic tape *n* bande *f* magnétique.

magnificent [mæg'nɪfɪsənt] *adj* magnifique, superbe.

magnify ['mægnɪfaɪ] *vt* [in vision] grossir; [sound] amplifier; *fig* exagérer.

magnifying glass ['mægnɪfaɪɪŋ-] *n* loupe *f*.

magnitude ['mægnɪtjuːd] *n* envergure *f*, ampleur *f*.

magpie ['mægpaɪ] *n* pie *f*.

mahogany [mə'hɒgənɪ] *n* acajou *m*.

maid [meɪd] *n* [servant] domestique *f*.

maiden ['meɪdn] ◇ *adj* [flight, voyage] premier(ière). ◇ *n literary* jeune fille *f*.

maiden aunt *n* tante *f* célibataire.

maiden name *n* nom *m* de jeune fille.

mail [meɪl] ◇ *n* **-1.** [letters, parcels] courrier *m*. **-2.** [system] poste *f*. ◇ *vt* poster.

mailbox ['meɪlbɒks] *n Am* boîte *f* à OR aux lettres.

mailing list ['meɪlɪŋ-] *n* liste *f* d'adresses.

mailman ['meɪlmən] (*pl* **-men** [-mən]) *n Am* facteur *m*.

mail order *n* vente *f* par correspondance.

mailshot ['meɪlʃɒt] *n* publipostage *m*.

maim [meɪm] *vt* estropier.

main [meɪn] ◇ *adj* principal(e). ◇ *n* [pipe] conduite *f*. ◆ **mains** *npl*: **the ~s**

le secteur. ◆**in the main** adv dans l'ensemble.

main course n plat m principal.

mainframe (computer) ['meɪnfreɪm-] n ordinateur m central.

mainland ['meɪnlənd] ◇ adj continental(e). ◇ n: **the ~** le continent.

mainly ['meɪnlɪ] adv principalement.

main road n route f à grande circulation.

mainstay ['meɪnsteɪ] n pilier m, élément m principal.

mainstream ['meɪnstriːm] ◇ adj dominant(e). ◇ n: **the ~** la tendance générale.

maintain [meɪn'teɪn] vt -1. [preserve, keep constant] maintenir. -2. [provide for, look after] entretenir. -3. [assert]: **to ~ (that)** ... maintenir que ..., soutenir que ....

maintenance ['meɪntənəns] n -1. [of public order] maintien m. -2. [care] entretien m, maintenance f. -3. JUR pension f alimentaire.

maize [meɪz] n maïs m.

majestic [mə'dʒestɪk] adj majestueux(euse).

majesty ['mædʒəstɪ] n [grandeur] majesté f. ◆**Majesty** n: **His/Her Majesty** Sa Majesté le roi/la reine.

major ['meɪdʒər] ◇ adj -1. [important] majeur(e). -2. [main] principal(e). -3. MUS majeur(e). ◇ n -1. [in army] ≈ chef m de bataillon; [in air force] commandant m. -2. UNIV [subject] matière f.

Majorca [mə'dʒɔːkə, mə'jɔːkə] n Majorque f.

majority [mə'dʒɒrətɪ] n majorité f; **in a** OR **the ~** dans la majorité.

make [meɪk] (pt & pp made) ◇ vt -1. [gen - produce] faire; [- manufacture] faire, fabriquer; **to ~ a meal** préparer un repas; **to ~ a film** tourner OR réaliser un film. -2. [perform an action] faire; **to ~ a decision** prendre une décision; **to ~ a mistake** faire une erreur, se tromper. -3. [cause to be] rendre; **to ~ sb happy/sad** rendre qqn heureux/triste. -4. [force, cause to do]: **to ~ sb do sthg** faire faire qqch à qqn, obliger qqn à faire qqch; **to ~ sb laugh** faire rire qqn. -5. [be constructed]: **to be made of** être en; **what's it made of?** c'est en quoi? -6. [add up to] faire; **2 and 2 ~ 4** 2 et 2 font 4. -7. [calculate]: **I ~ it 50** d'après moi il y en a 50, j'en ai compté 50; **what time do you ~ it?** quelle heure as-tu?; **I ~ it 6 o'clock** il

est 6 heures (à ma montre). -8. [earn] gagner, se faire; **to ~ a profit** faire des bénéfices; **to ~ a loss** essuyer des pertes. -9. [reach] arriver à. -10. [gain - friend, enemy] se faire; **to ~ friends (with sb)** se lier d'amitié (avec qqn). -11. phr: **to ~ it** [reach in time] arriver à temps; [be a success] réussir, arriver; [be able to attend] se libérer, pouvoir venir; **to ~ do with** se contenter de. ◇ n [brand] marque f. ◆**make for** vt fus -1. [move towards] se diriger vers. -2. [contribute to, be conducive to] rendre probable, favoriser. ◆**make of** vt sep -1. [understand] comprendre. -2. [have opinion of] penser de. ◆**make off** vi filer. ◆**make out** ◇ vt sep -1. [see, hear] discerner; [understand] comprendre. -2. [fill out - cheque] libeller; [- bill, receipt] faire; [- form] remplir. ◇ vt fus [pretend, claim]: **to ~ out (that)** ... prétendre que .... ◆**make up** vt sep -1. [compose, constitute] composer, constituer. -2. [story, excuse] inventer. -3. [apply cosmetics to] maquiller. -4. [prepare - gen] faire; [- prescription] préparer, exécuter. -5. [make complete] compléter. ◇ vi [become friends again] se réconcilier. ◆**make up for** vt fus compenser. ◆**make up to** vt sep: **to ~ it up to sb (for sthg)** se racheter auprès de qqn (pour qqch).

make-believe n: **it's all ~** c'est (de la) pure fantaisie.

maker ['meɪkər] n [of product] fabricant m, -e f; [of film] réalisateur m, -trice f.

makeshift ['meɪkʃɪft] adj de fortune.

make-up n -1. [cosmetics] maquillage m; **~ remover** démaquillant m. -2. [person's character] caractère m. -3. [of team, group, object] constitution f.

making ['meɪkɪŋ] n fabrication f; **his problems are of his own ~** ses problèmes sont de sa faute; **in the ~** en formation; **to have the ~s of** avoir l'étoffe de.

malaise [mæ'leɪz] n fml malaise m.

malaria [mə'leərɪə] n malaria f.

Malaya [mə'leɪə] n Malaisie f, Malaysia f Occidentale.

Malaysia [mə'leɪzɪə] n Malaysia f.

male [meɪl] ◇ adj [gen] mâle; [sex] masculin(e). ◇ n mâle m.

male nurse n infirmier m.

malevolent [mə'levələnt] adj malveillant(e).

malfunction [mæl'fʌŋkʃn] ◇ n mauvais fonctionnement m. ◇ vi mal fonctionner.

malice ['mælɪs] n méchanceté f.

malicious [mə'lɪʃəs] adj malveillant(e).

malign [mə'laɪn] ◇ adj pernicieux(ieuse). ◇ vt calomnier.

malignant [mə'lɪgnənt] adj MED malin(igne).

mall [mɔːl] n: (shopping) ~ centre m commercial.

mallet ['mælɪt] n maillet m.

malnutrition [,mælnjuː'trɪʃn] n malnutrition f.

malpractice [,mæl'præktɪs] n (U) JUR faute f professionnelle.

malt [mɔːlt] n malt m.

Malta ['mɔːltə] n Malte f.

mammal ['mæml] n mammifère m.

mammoth ['mæməθ] ◇ adj gigantesque. ◇ n mammouth m.

man [mæn] (pl men [men]) ◇ n -1. homme m; the ~ in the street l'homme de la rue. -2. [as form of address] mon vieux. ◇ vt [ship, spaceship] fournir du personnel pour; [telephone] répondre au; [switchboard] assurer le service de.

manage ['mænɪdʒ] ◇ vi -1. [cope] se débrouiller, y arriver. -2. [survive, get by] s'en sortir. ◇ vt -1. [succeed]: to ~ to do sthg arriver à faire qqch. -2. [be responsible for, control] gérer.

manageable ['mænɪdʒəbl] adj maniable.

management ['mænɪdʒmənt] n -1. [control, running] gestion f. -2. [people in control] direction f.

manager ['mænɪdʒə'] n [of organization] directeur m, -trice f; [of shop, restaurant, hotel] gérant m, -e f; [of football team, pop star] manager m.

manageress [,mænɪdʒə'res] n Br [of organization] directrice f; [of shop, restaurant, hotel] gérante f.

managerial [,mænɪ'dʒɪərɪəl] adj directorial(e).

managing director ['mænɪdʒɪŋ-] n directeur général m, directrice générale f.

mandarin ['mændərɪn] n [fruit] mandarine f.

mandate ['mændeɪt] n mandat m.

mandatory ['mændətrɪ] adj obligatoire.

mane [meɪn] n crinière f.

maneuver Am = manoeuvre.

manfully ['mænfulɪ] adv courageusement, vaillamment.

mangle ['mæŋgl] vt mutiler, déchirer.

mango ['mæŋgəʊ] (pl -es OR -s) n mangue f.

mangy ['meɪndʒɪ] adj galeux(euse).

manhandle ['mæn,hændl] vt malmener.

manhole ['mænhəʊl] n regard m, trou m d'homme.

manhood ['mænhʊd] n: to reach ~ devenir un homme.

manhour ['mæn,aʊə'] n heure-homme f.

mania ['meɪnjə] n: ~ (for) manie f (de).

maniac ['meɪnɪæk] n fou m, folle f; a sex ~ un obsédé sexuel (une obsédée sexuelle).

manic ['mænɪk] adj fig [person] surexcité(e); [behaviour] de fou.

manicure ['mænɪ,kjʊə'] n manucure f.

manifest ['mænɪfest] fml ◇ adj manifeste, évident(e). ◇ vt manifester.

manifesto [,mænɪ'festəʊ] (pl -s OR -es) n manifeste m.

manipulate [mə'nɪpjʊleɪt] vt lit & fig manipuler.

manipulative [mə'nɪpjʊlətɪv] adj [person] rusé(e); [behaviour] habile, subtil(e).

mankind [mæn'kaɪnd] n humanité f, genre m humain.

manly ['mænlɪ] adj viril(e).

man-made adj [fabric, fibre] synthétique; [environment] artificiel(ielle); [problem] causé (causée) par l'homme.

manner ['mænə'] n -1. [method] manière f, façon f. -2. [attitude] attitude f, comportement m. ◆ **manners** npl manières fpl.

mannerism ['mænərɪzm] n tic m, manie f.

mannish ['mænɪʃ] adj masculin(e).

manoeuvre Br, **maneuver** Am [mə'nuːvə'] ◇ n manœuvre f. ◇ vt & vi manœuvrer.

manor ['mænə'] n manoir m.

manpower ['mæn,paʊə'] n main-d'œuvre f.

mansion ['mænʃn] n château m.

manslaughter ['mæn,slɔːtə'] n homicide m involontaire.

mantelpiece ['mæntlpiːs] n (dessus m de) cheminée f.

manual ['mænjʊəl] ◇ adj manuel(elle). ◇ n manuel m.

manual worker n travailleur manuel m, travailleuse manuelle f.

manufacture [,mænjʊ'fæktʃə'] ◇ n fabrication f; [of cars] construction f. ◇ vt fabriquer; [cars] construire.

manufacturer [,mænjʊ'fæktʃərə'] n fabricant m; [of cars] constructeur m.

manure [mə'njʊə'] n fumier m.

manuscript ['mænjʊskrɪpt] n manuscrit m.

many ['menɪ] (*compar* **more**, *superl* **most**) ◇ *adj* beaucoup de; **how ~ ...?** combien de ...?; **too ~** trop de; **as ~ ... as** autant de ... que; **so ~** autant de; **a good** OR **great ~** un grand nombre de. ◇ *pron* [a lot, plenty] beaucoup.

map [mæp] *n* carte *f*. ◆ **map out** *vt sep* [plan] élaborer; [timetable] établir; [task] définir.

maple ['meɪpl] *n* érable *m*.

mar [mɑːʳ] *vt* gâter, gâcher.

marathon ['mærəθn] ◇ *adj* marathon (*inv*). ◇ *n* marathon *m*.

marauder [mə'rɔːdəʳ] *n* maraudeur *m*, -euse *f*.

marble ['mɑːbl] *n* **-1.** [stone] marbre *m*. **-2.** [for game] bille *f*.

march [mɑːtʃ] ◇ *n* marche *f*. ◇ *vi* **-1.** [soldiers etc] marcher au pas. **-2.** [demonstrators] manifester, faire une marche de protestation. **-3.** [quickly]: **to ~ up to sb** s'approcher de qqn d'un pas décidé.

March [mɑːtʃ] *n* mars *m*; *see also* **September**.

marcher ['mɑːtʃəʳ] *n* [protester] marcheur *m*, -euse *f*.

mare [meəʳ] *n* jument *f*.

margarine [ˌmɑːdʒə'riːn, ˌmɑːgə'riːn] *n* margarine *f*.

marge [mɑːdʒ] *n* *inf* margarine *f*.

margin ['mɑːdʒɪn] *n* **-1.** [gen] marge *f*; **to win by a narrow ~** gagner de peu OR de justesse. **-2.** [edge - of an area] bord *m*.

marginal ['mɑːdʒɪnl] *adj* **-1.** [unimportant] marginal(e), secondaire. **-2.** *Br* POL: **~ seat** circonscription électorale où la majorité passe facilement d'un parti à un autre.

marginally ['mɑːdʒɪnəlɪ] *adv* très peu.

marigold ['mærɪgəʊld] *n* souci *m*.

marihuana, marijuana [ˌmærɪ'wɑːnə] *n* marihuana *f*.

marine [mə'riːn] ◇ *adj* marin(e). ◇ *n* marine *m*.

marital ['mærɪtl] *adj* [sex, happiness] conjugal(e); [problems] matrimonial(e).

marital status *n* situation *f* de famille.

maritime ['mærɪtaɪm] *adj* maritime.

mark [mɑːk] ◇ *n* **-1.** [stain] tache *f*, marque *f*. **-2.** [sign, written symbol] marque *f*. **-3.** [in exam] note *f*, point *m*. **-4.** [stage, level] barre *f*. **-5.** [currency] mark *m*. ◇ *vt* **-1.** [gen] marquer. **-2.** [stain] marquer, tacher. **-3.** [exam, essay] noter, corriger. ◆ **mark off** *vt sep* [cross off] cocher.

marked [mɑːkt] *adj* [change, difference] marqué(e); [improvement, deterioration] sensible.

marker ['mɑːkəʳ] *n* [sign] repère *m*.

marker pen *n* marqueur *m*.

market ['mɑːkɪt] ◇ *n* marché *m*. ◇ *vt* commercialiser.

market garden *n* jardin *m* maraîcher.

marketing ['mɑːkɪtɪŋ] *n* marketing *m*.

marketplace ['mɑːkɪtpleɪs] *n* **-1.** [in a town] place *f* du marché. **-2.** COMM marché *m*.

market research *n* étude *f* de marché.

market value *n* valeur *f* marchande.

marking ['mɑːkɪŋ] *n* SCH correction *f*. ◆ **markings** *npl* [on animal, flower] taches *fpl*, marques *fpl*; [on road] signalisation *f* horizontale.

marksman ['mɑːksmən] (*pl* **-men** [-mən]) *n* tireur *m* d'élite.

marmalade ['mɑːməleɪd] *n* confiture *f* d'oranges amères.

maroon [mə'ruːn] *adj* bordeaux (*inv*).

marooned [mə'ruːnd] *adj* abandonné(e).

marquee [mɑː'kiː] *n* grande tente *f*.

marriage ['mærɪdʒ] *n* mariage *m*.

marriage bureau *n* *Br* agence *f* matrimoniale.

marriage certificate *n* acte *m* de mariage.

marriage guidance *n* conseil *m* conjugal.

married ['mærɪd] *adj* **-1.** [person] marié(e); **to get ~** se marier. **-2.** [life] conjugal(e).

marrow ['mærəʊ] *n* **-1.** *Br* [vegetable] courge *f*. **-2.** [in bones] moelle *f*.

marry ['mærɪ] ◇ *vt* **-1.** [become spouse of] épouser, se marier avec. **-2.** [subj: priest, registrar] marier. ◇ *vi* se marier.

Mars [mɑːz] *n* [planet] Mars *f*.

marsh [mɑːʃ] *n* marais *m*, marécage *m*.

marshal ['mɑːʃl] ◇ *n* **-1.** MIL maréchal *m*. **-2.** [steward] membre *m* du service d'ordre. **-3.** *Am* [law officer] officier *m* de police fédérale. ◇ *vt* *lit* & *fig* rassembler.

martial arts [ˌmɑːʃl-] *npl* arts *mpl* martiaux.

martial law [ˌmɑːʃl-] *n* loi *f* martiale.

martyr ['mɑːtəʳ] *n* martyr *m*, -e *f*.

martyrdom ['mɑːtədəm] *n* martyre *m*.

marvel ['mɑːvl] ◇ *n* merveille *f*. ◇ *vi*: **to ~ (at)** s'émerveiller (de), s'étonner (de).

marvellous *Br*, **marvelous** *Am* ['mɑːvələs] *adj* merveilleux(euse).

Marxism ['mɑːksɪzm] *n* marxisme *m*.
Marxist ['mɑːksɪst] ◇ *adj* marxiste. ◇ *n* marxiste *mf*.
marzipan ['mɑːzɪpæn] *n* (*U*) pâte *f* d'amandes.
mascara [mæs'kɑːrə] *n* mascara *m*.
masculine ['mæskjʊlɪn] *adj* masculin(e).
mash [mæʃ] *vt* faire une purée de.
mashed potatoes [mæʃt-] *npl* purée *f* de pommes de terre.
mask [mɑːsk] *lit & fig* ◇ *n* masque *m*. ◇ *vt* masquer.
masochist ['mæsəkɪst] *n* masochiste *mf*.
mason ['meɪsn] *n* -1. [stonemason] maçon *m*. -2. [freemason] franc-maçon *m*.
masonry ['meɪsnrɪ] *n* [stones] maçonnerie *f*.
masquerade [,mæskə'reɪd] *vi*: to ~ as se faire passer pour.
mass [mæs] ◇ *n* [gen & PHYSICS] masse *f*. ◇ *adj* [protest, meeting] en masse, en nombre; [unemployment, support] massif(ive). ◆ *vi* se masser. ◆ **Mass** *n* RELIG messe *f*. ◆ **masses** *npl* -1. *inf* [lots]: ~es (of) des masses (de); [food] des tonnes (de). -2. [workers]: **the ~es** les masses *fpl*.
massacre ['mæsəkər] ◇ *n* massacre *m*. ◇ *vt* massacrer.
massage [*Br* 'mæsɑːʒ, *Am* mə'sɑːʒ] ◇ *n* massage *m*. ◇ *vt* masser.
massive ['mæsɪv] *adj* massif(ive), énorme.
mass media *n or npl*: **the ~** les (mass) media *mpl*.
mass production *n* fabrication *f* OR production *f* en série.
mast [mɑːst] *n* -1. [on boat] mât *m*. -2. RADIO & TV pylône *m*.
master ['mɑːstər] ◇ *n* -1. [gen] maître *m*. -2. *Br* [SCH - in primary school] instituteur *m*, maître *m*; [- in secondary school] professeur *m*. ◇ *adj* maître. ◇ *vt* maîtriser; [difficulty] surmonter, vaincre; [situation] se rendre maître de.
master key *n* passe *m*, passe-partout *m*.
masterly ['mɑːstəlɪ] *adj* magistral(e).
mastermind ['mɑːstəmaɪnd] ◇ *n* cerveau *m*. ◇ *vt* organiser, diriger.
Master of Arts (*pl* **Masters of Arts**) *n* -1. [degree] maîtrise *f* ès lettres. -2. [person] titulaire *mf* d'une maîtrise ès lettres.
Master of Science (*pl* **Masters of Science**) *n* -1. [degree] maîtrise *f* ès sciences. -2. [person] titulaire *mf* d'une maîtrise ès sciences.

masterpiece ['mɑːstəpiːs] *n* chef-d'œuvre *m*.
master's degree *n* ≃ maîtrise *f*.
mastery ['mɑːstərɪ] *n* maîtrise *f*.
mat [mæt] *n* -1. [on floor] petit tapis *m*; [at door] paillasson *m*. -2. [on table] set *m* de table; [coaster] dessous *m* de verre.
match [mætʃ] ◇ *n* -1. [game] match *m*. -2. [for lighting] allumette *f*. -3. [equal]: **to be no ~ for sb** ne pas être de taille à lutter contre qqn. ◇ *vt* -1. [be the same as] correspondre à, s'accorder avec. -2. [pair off] faire correspondre. -3. [be equal with] égaler, rivaliser avec. ◇ *vi* -1. [be the same] correspondre. -2. [go together well] être assorti(e).
matchbox ['mætʃbɒks] *n* boîte *f* à allumettes.
matching ['mætʃɪŋ] *adj* assorti(e).
mate [meɪt] ◇ *n* -1. *inf* [friend] copain *m*, copine *f*, pote *m*. -2. *Br inf* [term of address] mon vieux. -3. [of female animal] mâle *m*; [of male animal] femelle *f*. -4. NAUT: (**first**) ~ second *m*. ◇ *vi* s'accoupler.
material [mə'tɪərɪəl] ◇ *adj* -1. [goods, benefits, world] matériel(ielle). -2. [important] important(e), essentiel(ielle). ◇ *n* -1. [substance] matière *f*, substance *f*; [type of substance] matériau *m*, matière. -2. [fabric] tissu *m*, étoffe *f*; [type of fabric] tissu. -3. (*U*) [information - for book, article etc] matériaux *mpl*. ◆ **materials** *npl* matériaux *mpl*.
materialistic [mə,tɪərɪə'lɪstɪk] *adj* matérialiste.
materialize, -ise [mə'tɪərɪəlaɪz] *vi* -1. [offer, threat] se concrétiser, se réaliser. -2. [person, object] apparaître.
maternal [mə'tɜːnl] *adj* maternel(elle).
maternity [mə'tɜːnətɪ] *n* maternité *f*.
maternity dress *n* robe *f* de grossesse.
maternity hospital *n* maternité *f*.
math *Am* = **maths**.
mathematical [,mæθə'mætɪkl] *adj* mathématique.
mathematics [,mæθə'mætɪks] *n* (*U*) mathématiques *fpl*.
maths *Br* [mæθs], **math** *Am* [mæθ] (*abbr of* **mathematics**) *inf n* (*U*) maths *fpl*.
matinée ['mætɪneɪ] *n* matinée *f*.
mating season ['meɪtɪŋ-] *n* saison *f* des amours.
matrices ['meɪtrɪsiːz] *pl* → **matrix**.
matriculation [mə,trɪkjʊ'leɪʃn] *n* inscription *f*.

matrimonial [,mætrɪ'məʊnjəl] *adj* matrimonial(e), conjugal(e).

matrimony ['mætrɪmənɪ] *n* (U) mariage *m*.

matrix ['meɪtrɪks] (*pl* **matrices** OR **-es**) *n* **-1.** [context, framework] contexte *m*, structure *f*. **-2.** MATH & TECH matrice *f*.

matron ['meɪtrən] *n* **-1.** Br [in hospital] infirmière *f* en chef. **-2.** [in school] infirmière *f*.

matronly ['meɪtrənlɪ] *adj euphemism* [woman] qui a l'allure d'une matrone; [figure] de matrone.

matt Br, **matte** Am [mæt] *adj* mat(e).

matted ['mætɪd] *adj* emmêlé(e).

matter ['mætər] ◇ *n* **-1.** [question, situation] question *f*, affaire *f*; **that's another** OR **a different ~** c'est tout autre chose, c'est une autre histoire; **as a ~ of course** automatiquement; **to make ~s worse** aggraver la situation; **and to make ~s worse ...** pour tout arranger ...; **that's a ~ of opinion** c'est (une) affaire OR question d'opinion. **-2.** [trouble, cause of pain]: **there's something the ~ with my radio** il y a quelque chose qui cloche OR ne va pas dans ma radio; **what's the ~?** qu'est-ce qu'il y a?; **what's the ~ with him?** qu'est-ce qu'il a? **-3.** PHYSICS matière *f*. **-4.** (U) [material] matière *f*; **reading ~** choses *fpl* à lire. ◇ *vi* [be important] importer, avoir de l'importance; **it doesn't ~** cela n'a pas d'importance. ◆ **as a matter of fact** *adv* en fait, à vrai dire. ◆ **for that matter** *adv* d'ailleurs. ◆ **no matter** *adv*: **no ~ what** coûte que coûte, à tout prix; **no ~ how hard I try to explain ...** j'ai beau essayer de lui expliquer ...

Matterhorn ['mætəhɔːn] *n*: **the ~** le mont Cervin.

matter-of-fact *adj* terre-à-terre, neutre.

mattress ['mætrɪs] *n* matelas *m*.

mature [mə'tjʊər] ◇ *adj* **-1.** [person, attitude] mûr(e). **-2.** [cheese] fait(e); [wine] arrivé(e) à maturité. ◇ *vi* **-1.** [person] mûrir. **-2.** [cheese, wine] se faire.

mature student *n* Br UNIV étudiant qui a commencé ses études sur le tard.

maul [mɔːl] *vt* mutiler.

mauve [məʊv] ◇ *adj* mauve. ◇ *n* mauve *m*.

max. [mæks] (*abbr of* **maximum**) max.

maxim ['mæksɪm] (*pl* **-s**) *n* maxime *f*.

maxima ['mæksɪmə] *pl* → **maximum**.

maximum ['mæksɪməm] (*pl* **maxima** OR

-s) ◇ *adj* maximum (*inv*). ◇ *n* maximum *m*.

may [meɪ] *modal vb* **-1.** [expressing possibility]: **it ~ rain** il se peut qu'il pleuve, il va peut-être pleuvoir; **be that as it ~** quoi qu'il en soit. **-2.** [can] pouvoir; **on a clear day the coast ~ be seen** on peut voir la côte par temps clair. **-3.** [asking permission]: **~ I come in?** puis-je entrer? **-4.** [as contrast]: **it ~ be expensive but ...** c'est peut-être cher, mais .... **-5.** *fml* [expressing wish, hope]: **~ they be happy!** qu'ils soient heureux!; *see also* **might**.

May [meɪ] *n* mai *m*; *see also* **September**.

maybe ['meɪbiː] *adv* peut-être; **~ I'll come** je viendrai peut-être.

May Day *n* le Premier mai.

mayhem ['meɪhem] *n* pagaille *f*.

mayonnaise [,meɪə'neɪz] *n* mayonnaise *f*.

mayor [meər] *n* maire *m*.

mayoress ['meərɪs] *n* **-1.** [female mayor] femme *f* maire. **-2.** [mayor's wife] femme *f* du maire.

maze [meɪz] *n lit & fig* labyrinthe *m*, dédale *m*.

MB (*abbr of* **megabyte**) Mo.

MD *n abbr of* **managing director**.

me [miː] *pers pron* **-1.** [direct, indirect] me, m' (+ *vowel or silent* "h"); **can you see/hear ~?** tu me vois/m'entends?; **it's ~** c'est moi; **they spoke to ~** ils m'ont parlé; **she gave it to ~** elle me l'a donné. **-2.** [stressed, after prep, in comparisons etc] moi; **you can't expect ME to do it** tu ne peux pas exiger que ce soit moi qui le fasse; **she's shorter than ~** elle est plus petite que moi.

meadow ['medəʊ] *n* prairie *f*, pré *m*.

meagre Br, **meager** Am ['miːgər] *adj* maigre.

meal [miːl] *n* repas *m*.

mealtime ['miːltaɪm] *n* heure *f* du repas.

mean [miːn] (*pt & pp* **meant**) ◇ *vt* **-1.** [signify] signifier, vouloir dire; **money ~s nothing to him** l'argent ne compte pas pour lui. **-2.** [intend]: **to ~ to do sthg** vouloir faire qqch, avoir l'intention de faire qqch; **I didn't ~ to drop it** je n'ai pas fait exprès de le laisser tomber; **to be meant for sb/sthg** être destiné(e) à qqn/qqch; **to be meant to do sthg** être censé(e) faire qqch; **to ~ well** agir dans une bonne intention. **-3.** [be serious about]: **I ~ it** je suis sérieux(ieuse). **-4.** [entail] occasionner, entraîner. **-5.** *phr:* **I ~** [as explanation] c'est vrai; [as correction] je veux dire. ◇ *adj* **-1.** [miserly] radin(e), chiche; **to be ~ with sthg** être avare de qqch. **-2.** [unkind] mesquin(e), méchant(e); **to be ~ to sb** être mesquin envers qqn. **-3.** [average] moyen(enne). ◇ *n* [average] moyenne *f*; *see also* **means**.

meander ['mɪ'ændər] *vi* [river, road] serpenter; [person] errer.

meaning ['miːnɪŋ] *n* sens *m*, signification *f*.

meaningful ['miːnɪŋfʊl] *adj* [look] significatif(ive); [relationship, discussion] important(e).

meaningless ['miːnɪŋlɪs] *adj* [gesture, word] dénué(e) OR vide de sens; [proposal, discussion] sans importance.

means [miːnz] ◇ *n* [method, way] moyen *m*; **by ~ of** au moyen de. ◇ *npl* [money] moyens *mpl*, ressources *fpl*. ◆ **by all means** *adv* mais certainement, bien sûr. ◆ **by no means** *adv fml* nullement, en aucune façon.

meant [ment] *pt & pp* → **mean**.

meantime ['miːn‚taɪm] *n*: **in the ~** en attendant.

meanwhile ['miːn‚waɪl] *adv* **-1.** [at the same time] pendant ce temps. **-2.** [between two events] en attendant.

measles ['miːzlz] *n*: **(the) ~** la rougeole.

measly ['miːzlɪ] *adj inf* misérable, minable.

measure ['meʒər] ◇ *n* **-1.** [gen] mesure *f*. **-2.** [indication]: **it is a ~ of her success that ...** la preuve de son succès, c'est que .... ◇ *vt & vi* mesurer.

measurement ['meʒəmənt] *n* mesure *f*.

meat [miːt] *n* viande *f*.

meatball ['miːtbɔːl] *n* boulette *f* de viande.

meat pie *n Br* tourte *f* à la viande.

meaty ['miːtɪ] *adj fig* important(e).

Mecca ['mekə] *n* La Mecque.

mechanic [mɪ'kænɪk] *n* mécanicien *m*, -ienne *f*. ◆ **mechanics** ◇ *n* (U) [study] mécanique *f*. ◇ *npl fig* mécanisme *m*.

mechanical [mɪ'kænɪkl] *adj* **-1.** [device] mécanique. **-2.** [person, mind] fort(e) en mécanique. **-3.** [routine, automatic] machinal(e).

mechanism ['mekənɪzm] *n lit & fig* mécanisme *m*.

medal ['medl] *n* médaille *f*.

medallion [mɪ'dæljən] *n* médaillon *m*.

meddle ['medl] *vi*: **to ~ in** se mêler de.

media ['miːdjə] ◇ *pl* → **medium**. ◇ *n or npl*: **the ~** les médias *mpl*.

mediaeval [‚medɪ'iːvl] = **medieval**.

median ['miːdjən] *n Am* [of road] bande *f* médiane (*qui sépare les deux côtés d'une grande route*).

mediate ['miːdɪeɪt] ◇ *vt* négocier. ◇ *vi*: **to ~ (for/between)** servir de médiateur (pour/entre).

mediator ['miːdɪeɪtər] *n* médiateur *m*, -trice *f*.

Medicaid ['medɪkeɪd] *n Am* assistance médicale aux personnes sans ressources.

medical ['medɪkl] ◇ *adj* médical(e). ◇ *n* examen *m* médical.

Medicare ['medɪkeər] *n Am* programme fédéral d'assistance médicale pour personnes âgées.

medicated ['medɪkeɪtɪd] *adj* traitant(e).

medicine ['medsɪn] *n* **-1.** [subject, treatment] médecine *f*; **Doctor of Medicine** UNIV docteur *m* en médecine. **-2.** [substance] médicament *m*.

medieval [‚medɪ'iːvl] *adj* médiéval(e).

mediocre [‚miːdɪ'əʊkər] *adj* médiocre.

meditate ['medɪteɪt] *vi*: **to ~ (on** OR **upon)** méditer (sur).

Mediterranean [‚medɪtə'reɪnjən] ◇ *n* [sea]: **the ~ (Sea)** la (mer) Méditerranée. ◇ *adj* méditerranéen(enne).

medium ['miːdjəm] (*pl sense 1* **media**, *pl sense 2* **mediums**) ◇ *adj* moyen(enne). ◇ *n* **-1.** [way of communicating] moyen *m*. **-2.** [spiritualist] médium *m*.

medium-size(d) [-saɪz(d)] *adj* de taille moyenne.

medium wave *n* onde *f* moyenne.

medley ['medlɪ] (*pl* **medleys**) *n* **-1.** [mixture] mélange *m*. **-2.** MUS pot-pourri *m*.

meek [miːk] *adj* docile.

meet [miːt] (*pt & pp* **met**) ◇ *vt* **-1.** [gen] rencontrer; [by arrangement] retrouver. **-2.** [go to meet - person] aller/venir attendre, aller/venir chercher; [- train, plane] aller attendre. **-3.** [need, requirement] satisfaire, répondre à. **-4.** [problem] résoudre; [challenge] répondre à. **-5.** [costs] payer. **-6.** [join] rejoindre. ◇ *vi* **-1.** [gen] se rencontrer; [by arrangement] se retrouver; [for a purpose] se réunir. **-2.** [join] se joindre. ◇ *n Am* [meeting] meeting *m*. ◆ **meet up** *vi* se retrouver; **to ~ up with sb** rencontrer qqn, retrouver qqn. ◆ **meet with** *vt fus* **-1.** [encounter - disapproval] être accueilli(e) par; [- success] remporter;

[- failure] essuyer. **-2.** *Am* [by arrangement] retrouver.

meeting ['miːtɪŋ] *n* **-1.** [for discussions, business] réunion *f*. **-2.** [by chance] rencontre *f*; [by arrangement] entrevue *f*.

megabyte ['megəbaɪt] *n* COMPUT mégaoctet *m*.

megaphone ['megəfəʊn] *n* mégaphone *m*, porte-voix *m*.

melancholy ['melənkəlɪ] ◇ *adj* [person] mélancolique; [news, facts] triste. ◇ *n* mélancolie *f*.

mellow ['meləʊ] ◇ *adj* [light, voice] doux (douce); [taste, wine] moelleux(euse). ◇ *vi* s'adoucir.

melody ['melədɪ] *n* mélodie *f*.

melon ['melən] *n* melon *m*.

melt [melt] ◇ *vt* faire fondre. ◇ *vi* **-1.** [become liquid] fondre. **-2.** *fig*: his heart ~ed at the sight il fut tout attendri devant ce spectacle. **-3.** [disappear]: to ~ (away) fondre. ◆ **melt down** *vt sep* fondre.

meltdown ['meltdaʊn] *n* fusion *f* du cœur (du réacteur).

melting pot ['meltɪŋ-] *n fig* creuset *m*.

member ['membə'] *n* membre *m*; [of club] adhérent *m*, -e *f*.

Member of Congress (*pl* **Members of Congress**) *n Am* membre *m* du Congrès.

Member of Parliament (*pl* **Members of Parliament**) *n Br* ≃ député *m*.

membership ['membəʃɪp] *n* **-1.** [of organization] adhésion *f*. **-2.** [number of members] nombre *m* d'adhérents. **-3.** [members]: the ~ les membres *mpl*.

membership card *n* carte *f* d'adhésion.

memento [mɪ'mentəʊ] (*pl* **-s**) *n* souvenir *m*.

memo ['meməʊ] (*pl* **-s**) *n* note *f* de service.

memoirs ['memwɑːz] *npl* mémoires *mpl*.

memorandum [,memə'rændəm] (*pl* **-da** [-də] OR **-dums**) *n* note *f* de service.

memorial [mɪ'mɔːrɪəl] ◇ *adj* commémoratif(ive). ◇ *n* monument *m*.

memorize, -ise ['meməraɪz] *vt* [phone number, list] retenir; [poem] apprendre par cœur.

memory ['memərɪ] *n* **-1.** [gen & COMPUT] mémoire *f*; **from ~** de mémoire. **-2.** [event, experience] souvenir *m*.

men [men] *pl* → **man**.

menace ['menəs] ◇ *n* **-1.** [gen] menace *f*. **-2.** *inf* [nuisance] plaie *f*. ◇ *vt* menacer.

menacing ['menəsɪŋ] *adj* menaçant(e).

mend [mend] ◇ *n inf*: **to be on the ~** aller mieux. ◇ *vt* réparer; [clothes] raccommoder; [sock, pullover] repriser.

menial ['miːnjəl] *adj* avilissant(e).

meningitis [,menɪn'dʒaɪtɪs] *n* (U) méningite *f*.

menopause ['menəpɔːz] *n*: **the ~** la ménopause.

men's room *n Am*: **the ~** les toilettes *fpl* pour hommes.

menstruation [,menstrʊ'eɪʃn] *n* menstruation *f*.

menswear ['menzweə'] *n* (U) vêtements *mpl* pour hommes.

mental ['mentl] *adj* mental(e); [image, picture] dans la tête.

mental hospital *n* hôpital *m* psychiatrique.

mentality [men'tælətɪ] *n* mentalité *f*.

mentally handicapped ['mentəlɪ-] *npl*: **the ~** les handicapés *mpl* mentaux.

mention ['menʃn] ◇ *vt* mentionner, signaler; **not to ~** sans parler de; **don't ~ it!** je vous en prie. ◇ *n* mention *f*.

menu ['menjuː] *n* [gen & COMPUT] menu *m*.

meow *Am* = **miaow**.

MEP (*abbr of* **Member of the European Parliament**) *n* parlementaire *m* européen.

mercenary ['mɜːsɪnrɪ] ◇ *adj* mercenaire. ◇ *n* mercenaire *m*.

merchandise ['mɜːtʃəndaɪz] *n* (U) marchandises *fpl*.

merchant ['mɜːtʃənt] *n* marchand *m*, -e *f*, commerçant *m*, -e *f*.

merchant bank *n Br* banque *f* d'affaires.

merchant navy *Br*, **merchant marine** *Am n* marine *f* marchande.

merciful ['mɜːsɪfʊl] *adj* **-1.** [person] clément(e). **-2.** [death, release] qui est une délivrance.

merciless ['mɜːsɪlɪs] *adj* impitoyable.

mercury ['mɜːkjʊrɪ] *n* mercure *m*.

Mercury ['mɜːkjʊrɪ] *n* [planet] Mercure *f*.

mercy ['mɜːsɪ] *n* **-1.** [kindness, pity] pitié *f*; **at the ~ of** *fig* à la merci de. **-2.** [blessing]: **what a ~ (that ...)** quelle chance que ....

mere [mɪə'] *adj* seul(e); **she's a ~ child** ce n'est qu'une enfant; **it cost a ~ £10** cela n'a coûté que 10 livres.

merely ['mɪəlɪ] *adv* seulement, simplement.

merge [mɜːdʒ] ◇ vt COMM & COMPUT fusionner. ◇ vi **-1.** COMM: to ~ (with) fusionner (avec). **-2.** [roads, lines]: to ~ (with) se joindre (à). **-3.** [colours] se fondre. ◇ n COMPUT fusion f.

merger ['mɜːdʒəʳ] n fusion f.

meringue [mə'ræŋ] n meringue f.

merit ['merɪt] ◇ n [value] mérite m, valeur f. ◇ vt mériter. ◆ **merits** npl [advantages] qualités fpl.

mermaid ['mɜːmeɪd] n sirène f.

merry ['merɪ] adj **-1.** literary [happy] joyeux(euse); **Merry Christmas!** joyeux Noël! **-2.** inf [tipsy] gai(e), éméché(e).

merry-go-round n manège m.

mesh [meʃ] ◇ n maille f (du filet); wire ~ grillage m. ◇ vi [gears] s'engrener.

mesmerize, -ise ['mezməraɪz] vt: to be ~d by être fasciné(e) par.

mess [mes] n **-1.** [untidy state] désordre m; fig gâchis m. **-2.** MIL mess m. ◆ **mess about, mess around** inf ◇ vt sep: to ~ sb about traiter qqn par-dessus OR par-dessous la jambe. ◇ vi **-1.** [fool around] perdre OR gaspiller son temps. **-2.** [interfere]: to ~ about with sthg s'immiscer dans qqch. ◆ **mess up** vt sep inf **-1.** [room] mettre en désordre; [clothes] salir. **-2.** fig [spoil] gâcher.

message ['mesɪdʒ] n message m.

messenger ['mesɪndʒəʳ] n messager m, -ère f.

Messrs, Messrs. ['mesəz] (abbr of **messieurs**) MM.

messy ['mesɪ] adj **-1.** [dirty] sale; [untidy] désordonné(e); a ~ job un travail salissant. **-2.** inf [divorce] difficile; [situation] embrouillé(e).

met [met] pt & pp → meet.

metal ['metl] ◇ n métal m. ◇ comp en OR de métal.

metallic [mɪ'tælɪk] adj **-1.** [sound, ore] métallique. **-2.** [paint, finish] métallisé(e).

metalwork ['metəlwɜːk] n [craft] ferronnerie f.

metaphor ['metəfəʳ] n métaphore f.

mete [miːt] ◆ **mete out** vt sep [punishment] infliger.

meteor ['miːtɪəʳ] n météore m.

meteorology [miːtjə'rɒlədʒɪ] n météorologie f.

meter ['miːtəʳ] ◇ n **-1.** [device] compteur m. **-2.** Am = metre. ◇ vt [gas, electricity] établir la consommation de.

method ['meθəd] n méthode f.

methodical [mɪ'θɒdɪkl] adj méthodique.

Methodist ['meθədɪst] ◇ adj méthodiste. ◇ n méthodiste mf.

meths [meθs] n Br inf alcool m à brûler.

methylated spirits ['meθɪleɪtɪd-] n alcool m à brûler.

meticulous [mɪ'tɪkjʊləs] adj méticuleux(euse).

metre Br, **meter** Am ['miːtəʳ] n mètre m.

metric ['metrɪk] adj métrique.

metronome ['metrənəʊm] n métronome m.

metropolitan [,metrə'pɒlɪtn] adj métropolitain(e).

Metropolitan Police npl: **the** ~ la police de Londres.

mettle ['metl] n: to be on one's ~ être d'attaque; to show OR prove one's ~ montrer ce dont on est capable.

mew [mjuː] = miaow.

mews [mjuːz] (pl inv) n Br ruelle f.

Mexican ['meksɪkn] ◇ adj mexicain(e). ◇ n Mexicain m, -e f.

Mexico ['meksɪkəʊ] n Mexique m.

MI5 (abbr of **Military Intelligence 5**) n service de contre-espionnage britannique.

MI6 (abbr of **Military Intelligence 6**) n service de renseignements britannique.

miaow Br [miː'aʊ], **meow** Am [mɪ'aʊ] ◇ n miaulement m, miaou m. ◇ vi miauler.

mice [maɪs] pl → mouse.

mickey ['mɪkɪ] n: to take the ~ out of sb Br inf se payer la tête de qqn, faire marcher qqn.

microchip ['maɪkrəʊtʃɪp] n COMPUT puce f.

microcomputer [,maɪkrəʊkəm'pjuːtəʳ] n micro-ordinateur m.

microfilm ['maɪkrəʊfɪlm] n microfilm m.

microphone ['maɪkrəfəʊn] n microphone m, micro m.

microscope ['maɪkrəskəʊp] n microscope m.

microscopic [,maɪkrə'skɒpɪk] adj microscopique.

microwave (oven) ['maɪkrəweɪv-] n (four m à) micro-ondes m.

mid- [mɪd] prefix: ~**height** mi-hauteur; ~**morning** milieu de la matinée; ~**winter** plein hiver.

midair [mɪd'eəʳ] ◇ adj en plein ciel. ◇ n: **in** ~ en plein ciel.

midday ['mɪddeɪ] n midi m.

middle ['mɪdl] ◇ adj [centre] du milieu, du centre. ◇ n **-1.** [centre] milieu m, centre m; **in the** ~ **(of)** au milieu (de). **-2.** [in time] milieu m; **to be in the** ~ **of**

doing sthg être en train de faire qqch; **to be in the ~ of a meeting** être en pleine réunion; **in the ~ of the night** au milieu de la nuit, en pleine nuit. **-3.** [waist] taille f.

middle-aged adj d'une cinquantaine d'années.

Middle Ages npl: **the ~** le Moyen Âge.

middle-class adj bourgeois(e).

middle classes npl: **the ~** la bourgeoisie.

Middle East n: **the ~** le Moyen-Orient.

middleman ['mɪdlmæn] (pl **-men** [-men]) n intermédiaire mf.

middle name n second prénom m.

middleweight ['mɪdlweɪt] n poids m moyen.

middling ['mɪdlɪŋ] adj moyen(enne).

Mideast [,mɪd'iːst] n Am: **the ~** le Moyen-Orient.

midfield [,mɪd'fiːld] n FTBL milieu m de terrain.

midge [mɪdʒ] n moucheron m.

midget ['mɪdʒɪt] n nain m, -e f.

midi system ['mɪdɪ-] n chaîne f midi.

Midlands ['mɪdləndz] npl: **the ~** les comtés du centre de l'Angleterre.

midnight ['mɪdnaɪt] n minuit m.

midriff ['mɪdrɪf] n diaphragme m.

midst [mɪdst] n **-1.** [in space]: **in the ~ of** au milieu de. **-2.** [in time]: **to be in the ~ of doing sthg** être en train de faire qqch.

midsummer ['mɪd,sʌmər] n cœur m de l'été.

Midsummer Day n la Saint-Jean.

midway [,mɪd'weɪ] adv **-1.** [in space]: **~ (between)** à mi-chemin (entre). **-2.** [in time]: **~ through the meeting** en pleine réunion.

midweek [adj 'mɪdwiːk, adv mɪd'wiːk] ◇ adj du milieu de la semaine. ◇ adv en milieu de semaine.

midwife ['mɪdwaɪf] (pl **-wives** [-waɪvz]) n sage-femme f.

midwifery ['mɪd,wɪfərɪ] n obstétrique f.

might [maɪt] ◇ modal vb **-1.** [expressing possibility]: **the criminal ~ be armed** il est possible que le criminel soit armé. **-2.** [expressing suggestion]: **it ~ be better to wait** il vaut peut-être mieux attendre. **-3.** fml [asking permission]: **he asked if he ~ leave the room** il demanda s'il pouvait sortir de la pièce. **-4.** [expressing concession]: **you ~ well be right** vous avez peut-être raison. **-5.** phr: **I ~ have known** OR **guessed** j'aurais dû m'en

douter. ◇ n (U) force f.

mighty ['maɪtɪ] ◇ adj [powerful] puissant(e). ◇ adv Am inf drôlement, vachement.

migraine ['miːgreɪn, 'maɪgreɪn] n migraine f.

migrant ['maɪgrənt] ◇ adj **-1.** [bird, animal] migrateur(trice). **-2.** [workers] émigré(e). ◇ n **-1.** [bird, animal] migrateur m. **-2.** [person] émigré m, -e f.

migrate [Br maɪ'greɪt, Am 'maɪgreɪt] vi **-1.** [bird, animal] migrer. **-2.** [person] émigrer.

mike [maɪk] (abbr of **microphone**) n inf micro m.

mild [maɪld] adj **-1.** [disinfectant, reproach] léger(ère). **-2.** [tone, weather] doux (douce). **-3.** [illness] bénin(igne).

mildew ['mɪldjuː] n (U) moisissure f.

mildly ['maɪldlɪ] adv **-1.** [gently] doucement; **to put it ~, ...,** c'est le moins qu'on puisse dire. **-2.** [not strongly] légèrement. **-3.** [slightly] un peu.

mile [maɪl] n mile m; NAUT mille m; **to be ~s away** fig être très loin.

mileage ['maɪlɪdʒ] n distance f en miles, ≈ kilométrage m.

mileometer [maɪ'lɒmɪtər] n compteur m de miles, ≈ compteur kilométrique.

milestone ['maɪlstəʊn] n [marker stone] borne f; fig événement m marquant OR important.

militant ['mɪlɪtənt] ◇ adj militant(e). ◇ n militant m, -e f.

military ['mɪlɪtrɪ] ◇ adj militaire. ◇ n: **the ~** les militaires mpl, l'armée f.

militia [mɪ'lɪʃə] n milice f.

milk [mɪlk] ◇ n lait m. ◇ vt **-1.** [cow] traire. **-2.** fig [use to own ends] exploiter.

milk chocolate n chocolat m au lait.

milkman ['mɪlkmən] (pl **-men** [-mən]) n laitier m.

milk shake n milk-shake m.

milky ['mɪlkɪ] adj **-1.** Br [coffee] avec beaucoup de lait. **-2.** [pale white] laiteux(euse).

Milky Way n: **the ~** la Voie lactée.

mill [mɪl] ◇ n **-1.** [flour-mill, grinder] moulin m. **-2.** [factory] usine f. ◇ vt moudre. ◆ **mill about, mill around** vi grouiller.

millennium [mɪ'lenɪəm] (pl **-nnia** [-nɪə]) n millénaire m.

millennium bug n bug m de l'an 2000.

miller ['mɪlər] n meunier m.

millet ['mɪlɪt] n millet m.

milligram(me) ['mɪlɪgræm] *n* milligramme *m*.

millimetre *Br*, **millimeter** *Am* ['mɪlɪ‚miːtə^r] *n* millimètre *m*.

millinery ['mɪlɪnrɪ] *n* chapellerie *f* féminine.

million ['mɪljən] *n* million *m*; a ~, ~s of *fig* des milliers de, un million de.

millionaire [‚mɪljə'neə^r] *n* millionnaire *mf*.

millstone ['mɪlstəʊn] *n* meule *f*.

milometer [maɪ'lɒmɪtə^r] = **mileometer**.

mime [maɪm] ◇ *n* mime *m*. ◇ *vt & vi* mimer.

mimic ['mɪmɪk] (*pt & pp* -ked, *cont* -king) ◇ *n* imitateur *m*, -trice *f*. ◇ *vt* imiter.

mimicry ['mɪmɪkrɪ] *n* imitation *f*.

min. [mɪn] **-1.** (*abbr of* minute) mn, min. **-2.** (*abbr of* minimum) min.

mince [mɪns] ◇ *n Br* viande *f* hachée. ◇ *vt* [meat] hacher. ◇ *vi* marcher à petits pas maniérés.

mincemeat ['mɪnsmiːt] *n* **-1.** [fruit] *mélange de pommes, raisins secs et épices utilisé en pâtisserie.* **-2.** *Am* [meat] viande *f* hachée.

mince pie *n* tartelette *f* de Noël.

mincer ['mɪnsə^r] *n* hachoir *m*.

mind [maɪnd] ◇ *n* **-1.** [gen] esprit *m*; state of ~ état d'esprit; to bear sthg in ~ ne pas oublier qqch; to come into/cross sb's ~ venir à/traverser l'esprit de qqn; to have sthg on one's ~ avoir l'esprit préoccupé, être préoccupé par qqch; to keep an open ~ réserver son jugement; to have a ~ to do sthg avoir bien envie de faire qqch; to have sthg in ~ avoir qqch dans l'idée; to make one's ~ up se décider. **-2.** [attention]: to put one's ~ to sthg s'appliquer à qqch; to keep one's ~ on sthg se concentrer sur qqch. **-3.** [opinion]: to change one's ~ changer d'avis; to my ~ à mon avis; to speak one's ~ parler franchement; to be in two ~s (about sthg) se tâter OR être indécis (à propos de qqch). **-4.** [person] cerveau *m*. ◇ *vi* [be bothered]: I don't ~ ça m'est égal; I hope you don't ~ j'espère que vous n'y voyez pas d'inconvénient; never ~ [don't worry] ne t'en fais pas; [it's not important] ça ne fait rien. ◇ *vt* **-1.** [be bothered about, dislike]: I don't ~ waiting ça ne me gêne OR dérange pas d'attendre; do you ~ if ...? cela ne vous ennuie pas si ...?; I wouldn't ~ a beer je prendrais bien une bière. **-2.** [pay attention to] faire attention à, prendre garde

à. **-3.** [take care of - luggage] garder, surveiller; [- shop] tenir. ◆ **mind you** *adv* remarquez.

minder ['maɪndə^r] *n Br inf* [bodyguard] ange *m* gardien.

mindful ['maɪndfʊl] *adj*: ~ of [risks] attentif(ive) à; [responsibility] soucieux (ieuse) de.

mindless ['maɪndlɪs] *adj* stupide, idiot(e).

mine¹ [maɪn] *poss pron* le mien (la mienne), les miens (les miennes) (*pl*); that money is ~ cet argent est à moi; it wasn't your fault, it was MINE ce n'était pas de votre faute, c'était de la mienne OR de ma faute à moi; a friend of ~ un ami à moi, un de mes amis.

mine² [maɪn] ◇ *n* mine *f*. ◇ *vt* **-1.** [coal, gold] extraire. **-2.** [road, beach, sea] miner.

minefield ['maɪnfiːld] *n* champ *m* de mines; *fig* situation *f* explosive.

miner ['maɪnə^r] *n* mineur *m*.

mineral ['mɪnərəl] ◇ *adj* minéral(e). ◇ *n* minéral *m*.

mineral water *n* eau *f* minérale.

minesweeper ['maɪn‚swiːpə^r] *n* dragueur *m* de mines.

mingle ['mɪŋgl] *vi*: to ~ (with) [sounds, fragrances] se mélanger (à); [people] se mêler (à).

miniature ['mɪnətʃə^r] ◇ *adj* miniature. ◇ *n* **-1.** [painting] miniature *f*. **-2.** [of alcohol] bouteille *f* miniature. **-3.** [small scale]: in ~ en miniature.

minibus ['mɪnɪbʌs] (*pl* -es) *n* minibus *m*.

minicab ['mɪnɪkæb] *n Br* radiotaxi *m*.

MiniDisc® ['mɪnɪdɪsk] *n* MiniDisc®.

minima ['mɪnɪmə] *pl* → **minimum**.

minimal ['mɪnɪml] *adj* [cost] insignifiant(e); [damage] minime.

minimum ['mɪnɪməm] (*pl* -mums OR -ma) ◇ *adj* minimum (*inv*). ◇ *n* minimum *m*.

mining ['maɪnɪŋ] ◇ *n* exploitation *f* minière. ◇ *adj* minier(ière).

miniskirt ['mɪnɪskɜːt] *n* minijupe *f*.

minister ['mɪnɪstə^r] *n* **-1.** POL ministre *m*. **-2.** RELIG pasteur *m*. ◆ **minister to** *vt fus* [person] donner OR prodiguer ses soins à; [needs] pourvoir à.

ministerial [‚mɪnɪ'stɪərɪəl] *adj* ministériel(ielle).

minister of state *n* secrétaire *mf* d'État.

ministry ['mɪnɪstrɪ] *n* **-1.** POL ministère *m*. **-2.** RELIG: the ~ le saint ministère.

mink [mɪŋk] (*pl inv*) *n* vison *m*.

minnow ['mɪnəʊ] *n* vairon *m*.

minor ['maɪnər] ◇ *adj* [gen & MUS] mineur(e); [detail] petit(e); [role] secondaire. ◇ *n* mineur *m*, -e *f*.

minority [maɪ'nɒrətɪ] *n* minorité *f*.

mint [mɪnt] ◇ *n* **-1.** [herb] menthe *f*. **-2.** [sweet] bonbon *m* à la menthe. **-3.** [for coins]: **the Mint** l'hôtel de la Monnaie; **in ~ condition** en parfait état. ◇ *vt* [coins] battre.

minus ['maɪnəs] (*pl* **-es**) ◇ *prep* moins. ◇ *adj* [answer, quantity] négatif(ive). ◇ *n* **-1.** MATH signe *m* moins. **-2.** [disadvantage] handicap *m*.

minus sign *n* signe *m* moins.

minute[1] ['mɪnɪt] *n* minute *f*; **at any ~** à tout moment, d'une minute à l'autre; **stop that this ~!** arrête tout de suite OR immédiatement! ◆ **minutes** *npl* procès-verbal *m*, compte *m* rendu.

minute[2] [maɪ'njuːt] *adj* minuscule.

miracle ['mɪrəkl] *n* miracle *m*.

miraculous [mɪ'rækjʊləs] *adj* miraculeux(euse).

mirage [mɪ'rɑːʒ] *n lit* & *fig* mirage *m*.

mire [maɪər] *n* fange *f*, boue *f*.

mirror ['mɪrər] ◇ *n* miroir *m*, glace *f*. ◇ *vt* refléter.

mirth [mɜːθ] *n* hilarité *f*, gaieté *f*.

misadventure [ˌmɪsəd'ventʃər] *n*: **death by ~** JUR mort *f* accidentelle.

misapprehension ['mɪsˌæprɪ'henʃn] *n* idée *f* fausse.

misappropriation ['mɪsəˌprəʊprɪ'eɪʃn] *n* détournement *m*.

misbehave [ˌmɪsbɪ'heɪv] *vi* se conduire mal.

miscalculate [ˌmɪs'kælkjʊleɪt] ◇ *vt* mal calculer. ◇ *vi* se tromper.

miscarriage [ˌmɪs'kærɪdʒ] *n* MED fausse couche *f*; **to have a ~** faire une fausse couche.

miscarriage of justice *n* erreur *f* judiciaire.

miscellaneous [ˌmɪsə'leɪnjəs] *adj* varié(e), divers(e).

mischief ['mɪstʃɪf] *n* (*U*) **-1.** [playfulness] malice *f*, espièglerie *f*. **-2.** [naughty behaviour] sottises *fpl*, bêtises *fpl*. **-3.** [harm] dégât *m*.

mischievous ['mɪstʃɪvəs] *adj* **-1.** [playful] malicieux(ieuse). **-2.** [naughty] espiègle, coquin(e).

misconception [ˌmɪskən'sepʃn] *n* idée *f* fausse.

misconduct [ˌmɪs'kɒndʌkt] *n* inconduite *f*.

misconstrue [ˌmɪskən'struː] *vt fml* mal interpréter.

miscount [ˌmɪs'kaʊnt] *vt* & *vi* mal compter.

misdeed [ˌmɪs'diːd] *n* méfait *m*.

misdemeanour *Br*, **misdemeanor** *Am* [ˌmɪsdɪ'miːnər] *n* JUR délit *m*.

miser ['maɪzər] *n* avare *mf*.

miserable ['mɪzrəbl] *adj* **-1.** [person] malheureux(euse), triste. **-2.** [conditions, life] misérable; [pay] dérisoire; [weather] maussade. **-3.** [failure] pitoyable, lamentable.

miserly ['maɪzəlɪ] *adj* avare.

misery ['mɪzərɪ] *n* **-1.** [of person] tristesse *f*. **-2.** [of conditions, life] misère *f*.

misfire [ˌmɪs'faɪər] *vi* **-1.** [gun, plan] rater. **-2.** [car engine] avoir des ratés.

misfit ['mɪsfɪt] *n* inadapté *m*, -e *f*.

misfortune [mɪs'fɔːtʃuːn] *n* **-1.** [bad luck] malchance *f*. **-2.** [piece of bad luck] malheur *m*.

misgivings [mɪs'gɪvɪŋz] *npl* craintes *fpl*, doutes *mpl*.

misguided [ˌmɪs'gaɪdɪd] *adj* [person] malavisé(e); [attempt] malencontreux(euse); [opinion] peu judicieux(ieuse).

mishandle [ˌmɪs'hændl] *vt* **-1.** [person, animal] manier sans précaution. **-2.** [negotiations] mal mener; [business] mal gérer.

mishap ['mɪshæp] *n* mésaventure *f*.

misinterpret [ˌmɪsɪn'tɜːprɪt] *vt* mal interpréter.

misjudge [ˌmɪs'dʒʌdʒ] *vt* **-1.** [distance, time] mal évaluer. **-2.** [person, mood] méjuger, se méprendre sur.

mislay [ˌmɪs'leɪ] (*pt* & *pp* **-laid** [-'leɪd]) *vt* égarer.

mislead [ˌmɪs'liːd] (*pt* & *pp* **-led**) *vt* induire en erreur.

misleading [ˌmɪs'liːdɪŋ] *adj* trompeur(euse).

misled [ˌmɪs'led] *pt* & *pp* → **mislead**.

misnomer [ˌmɪs'nəʊmər] *n* nom *m* mal approprié.

misplace [ˌmɪs'pleɪs] *vt* égarer.

misprint ['mɪsprɪnt] *n* faute *f* d'impression.

miss [mɪs] ◇ *vt* **-1.** [gen] rater, manquer. **-2.** [home, person]: **I ~ my family/her** ma famille/elle me manque. **-3.** [avoid, escape] échapper à; **I just ~ed being run over** j'ai failli me faire écraser. ◇ *vi* rater. ◇ *n*: **to give sthg a ~** *inf* ne pas aller à qqch. ◆ **miss out** ◇ *vt sep* [omit - by accident] oublier; [- deliberately] omettre. ◇ *vi*: **to ~ out**

on sthg ne pas pouvoir profiter de qqch.

Miss [mɪs] n Mademoiselle f.

misshapen [ˌmɪsˈʃeɪpn] adj difforme.

missile [Br 'mɪsaɪl, Am 'mɪsəl] n -1. [weapon] missile m. -2. [thrown object] projectile m.

missing ['mɪsɪŋ] adj -1. [lost] perdu(e), égaré(e). -2. [not present] manquant(e), qui manque.

mission ['mɪʃn] n mission f.

missionary ['mɪʃənrɪ] n missionnaire mf.

misspend [ˌmɪs'spend] (pt & pp **-spent** [-'spent]) vt gaspiller.

mist [mɪst] n brume f. ◆ **mist over**, **mist up** vi s'embuer.

mistake [mɪ'steɪk] (pt **-took**, pp **-taken**) ◇ n erreur f; **by** ~ par erreur; **to make a** ~ faire une erreur, se tromper. ◇ vt -1. [misunderstand - meaning] mal comprendre; [- intention] se méprendre sur. -2. [fail to recognize]: **to** ~ **sb/sthg for** prendre qqn/ qqch pour, confondre qqn/qqch avec.

mistaken [mɪ'steɪkn] ◇ pp → **mistake**. ◇ adj -1. [person]: **to be** ~ (**about**) se tromper (en ce qui concerne OR sur). -2. [belief, idea] erroné(e), faux (fausse).

mister ['mɪstər] n inf monsieur m. ◆ **Mister** n Monsieur m.

mistletoe ['mɪsltəʊ] n gui m.

mistook [mɪ'stʊk] pt → **mistake**.

mistreat [ˌmɪs'triːt] vt maltraiter.

mistress ['mɪstrɪs] n maîtresse f.

mistrust [ˌmɪs'trʌst] ◇ n méfiance f. ◇ vt se méfier de.

misty ['mɪstɪ] adj brumeux(euse).

misunderstand [ˌmɪsʌndə'stænd] (pt & pp **-stood**) vt & vi mal comprendre.

misunderstanding [ˌmɪsʌndə'stændɪŋ] n malentendu m.

misunderstood [ˌmɪsʌndə'stʊd] pt & pp → **misunderstand**.

misuse [n ˌmɪs'juːs, vb ˌmɪs'juːz] ◇ n -1. [of one's time, resources] mauvais emploi m. -2. [of power] abus m; [of funds] détournement m. ◇ vt -1. [one's time, resources] mal employer. -2. [power] abuser de; [funds] détourner.

miter Am = **mitre**.

mitigate ['mɪtɪɡeɪt] vt atténuer, mitiger.

mitre Br, **miter** Am ['maɪtər] n -1. [hat] mitre f. -2. [joint] onglet m.

mitt [mɪt] n -1. = **mitten**. -2. [in baseball] gant m.

mitten ['mɪtn] n moufle f.

mix [mɪks] ◇ vt -1. [gen] mélanger. -2. [activities]: **to** ~ **sthg with sthg** com-

biner OR associer qqch et qqch. -3. [drink] préparer; [cement] malaxer. ◇ vi -1. [gen] se mélanger. -2. [socially]: **to** ~ **with** fréquenter. ◇ n -1. [gen] mélange m. -2. MUS mixage m. ◆ **mix up** vt sep -1. [confuse] confondre. -2. [disorganize] mélanger.

mixed [mɪkst] adj -1. [assorted] assortis(ies). -2. [education] mixte.

mixed-ability adj Br [class] tous niveaux confondus.

mixed grill n assortiment m de grillades.

mixed up adj -1. [confused - person] qui ne sait plus où il en est, paumé(e); [- mind] embrouillé(e). -2. [involved]: **to be** ~ **in sthg** être mêlé(e) à qqch.

mixer ['mɪksər] n [for food] mixer m.

mixture ['mɪkstʃər] n -1. [gen] mélange m. -2. MED préparation f.

mix-up n inf confusion f.

mm (abbr of **millimetre**) mm.

moan [məʊn] ◇ n [of pain, sadness] gémissement m. ◇ vi -1. [in pain, sadness] gémir. -2. inf [complain]: **to** ~ (**about**) rouspéter OR râler (à propos de).

moat [məʊt] n douves fpl.

mob [mɒb] ◇ n foule f. ◇ vt assaillir.

mobile ['məʊbaɪl] ◇ adj -1. [gen] mobile. -2. [able to travel] motorisé(e). ◇ n -1. [ornament] mobile m. -2. inf [mobile phone] portable m.

mobile home n auto-caravane f.

mobile phone n téléphone m portatif.

mobilize, -ise ['məʊbɪlaɪz] vt & vi mobiliser.

mock [mɒk] ◇ adj faux (fausse); ~ **exam** examen blanc. ◇ vt se moquer de. ◇ vi se moquer.

mockery ['mɒkərɪ] n moquerie f.

mod cons [ˌmɒd-] (abbr of **modern conveniences**) npl Br inf: **all** ~ tout confort, tt. conf.

mode [məʊd] n mode m.

model ['mɒdl] ◇ n -1. [gen] modèle m. -2. [fashion model] mannequin m. ◇ adj -1. [perfect] modèle. -2. [reduced-scale] (en) modèle réduit. ◇ vt -1. [clay] modeler. -2. [clothes]: **to** ~ **a dress** présenter un modèle de robe. -3. [copy]: **to** ~ **o.s. on sb** prendre modèle OR exemple sur qqn, se modeler sur qqn. ◇ vi être mannequin.

modem ['məʊdem] n COMPUT modem m.

moderate [adj & n 'mɒdərət, vb 'mɒdəreɪt] ◇ adj modéré(e). ◇ n POL

modéré *m*, **-e** *f.* ◇ *vt* modérer. ◇ *vi* se modérer.

moderation [ˌmɒdəˈreɪʃn] *n* modération *f*; **in ~** avec modération.

modern ['mɒdən] *adj* moderne.

modernize, -ise ['mɒdənaɪz] ◇ *vt* moderniser. ◇ *vi* se moderniser.

modern languages *npl* langues *fpl* vivantes.

modest ['mɒdɪst] *adj* modeste.

modesty ['mɒdɪstɪ] *n* modestie *f.*

modicum ['mɒdɪkəm] *n* minimum *m.*

modify ['mɒdɪfaɪ] *vt* modifier.

module ['mɒdjuːl] *n* module *m.*

mogul ['məʊgl] *n fig* magnat *m.*

mohair ['məʊheə‘] *n* mohair *m.*

moist [mɔɪst] *adj* [soil, climate] humide; [cake] moelleux(euse).

moisten ['mɔɪsn] *vt* humecter.

moisture ['mɔɪstʃə‘] *n* humidité *f.*

moisturizer ['mɔɪstʃəraɪzə‘] *n* crème *f* hydratante, lait *m* hydratant.

molar ['məʊlə‘] *n* molaire *f.*

molasses [məˈlæsɪz] *n* (U) mélasse *f.*

mold *etc Am* = **mould**.

mole [məʊl] *n* **-1.** [animal, spy] taupe *f*. **-2.** [on skin] grain *m* de beauté.

molecule ['mɒlɪkjuːl] *n* molécule *f.*

molest [məˈlest] *vt* **-1.** [attack sexually] attenter à la pudeur de. **-2.** [attack] molester.

mollusc, mollusk *Am* ['mɒləsk] *n* mollusque *m.*

mollycoddle ['mɒlɪˌkɒdl] *vt inf* chouchouter.

molt *Am* = **moult**.

molten ['məʊltən] *adj* en fusion.

mom [mɒm] *n Am inf* maman *f.*

moment ['məʊmənt] *n* moment *m*, instant *m*; **at any ~** d'un moment à l'autre; **at the ~** en ce moment; **for the ~** pour le moment.

momentarily ['məʊməntərɪlɪ] *adv* **-1.** [for a short time] momentanément. **-2.** *Am* [soon] très bientôt.

momentary ['məʊməntrɪ] *adj* momentané(e), passager(ère).

momentous [məˈmentəs] *adj* capital(e), très important(e).

momentum [məˈmentəm] *n* (U) **-1.** PHYSICS moment *m*. **-2.** *fig* [speed, force] vitesse *f*; **to gather ~** prendre de la vitesse.

momma ['mɒmə], **mommy** ['mɒmɪ] *n Am* maman *f.*

Monaco ['mɒnəkəʊ] *n* Monaco.

monarch ['mɒnək] *n* monarque *m.*

monarchy ['mɒnəkɪ] *n* monarchie *f.*

monastery ['mɒnəstrɪ] *n* monastère *m.*

Monday ['mʌndɪ] *n* lundi *m*; *see also* **Saturday**.

monetary ['mʌnɪtrɪ] *adj* monétaire.

money ['mʌnɪ] *n* argent *m*; **to make ~** gagner de l'argent; **to get one's ~'s worth** en avoir pour son argent.

moneybox ['mʌnɪbɒks] *n* tirelire *f.*

moneylender ['mʌnɪˌlendə‘] *n* prêteur *m*, **-euse** *f* sur gages.

money order *n* mandat *m* postal.

money-spinner [-ˌspɪnə‘] *n inf* mine *f* d'or.

mongol ['mɒngəl] *dated* & *offensive n* mongolien *m*, **-ienne** *f.*

Mongolia [mɒŋˈgəʊlɪə] *n* Mongolie *f.*

mongrel ['mʌngrəl] *n* [dog] bâtard *m.*

monitor ['mɒnɪtə‘] ◇ *n* COMPUT, MED & TV moniteur *m*. ◇ *vt* **-1.** [check] contrôler, suivre de près. **-2.** [broadcasts, messages] être à l'écoute de.

monk [mʌŋk] *n* moine *m.*

monkey ['mʌŋkɪ] (*pl* **monkeys**) *n* singe *m.*

monkey nut *n* cacahuète *f.*

monkey wrench *n* clef *f* à molette.

mono ['mɒnəʊ] ◇ *adj* mono (*inv*). ◇ *n* [sound] monophonie *f.*

monochrome ['mɒnəkrəʊm] *adj* monochrome.

monocle ['mɒnəkl] *n* monocle *m.*

monologue, monolog *Am* ['mɒnəlɒg] *n* monologue *m.*

monopolize, -ise [məˈnɒpəlaɪz] *vt* monopoliser.

monopoly [məˈnɒpəlɪ] *n*: **~ (on OR of)** monopole *m* (de).

monotone ['mɒnətəʊn] *n* ton *m* monocorde.

monotonous [məˈnɒtənəs] *adj* monotone.

monotony [məˈnɒtənɪ] *n* monotonie *f.*

monsoon [mɒnˈsuːn] *n* mousson *f.*

monster ['mɒnstə‘] *n* **-1.** [creature, cruel person] monstre *m*. **-2.** [huge thing, person] colosse *m.*

monstrosity [mɒnˈstrɒsɪtɪ] *n* monstruosité *f.*

monstrous ['mɒnstrəs] *adj* monstrueux(euse).

Mont Blanc [ˌmɔ̃ˈblɑ̃] *n* le mont Blanc.

month [mʌnθ] *n* mois *m.*

monthly ['mʌnθlɪ] ◇ *adj* mensuel(elle). ◇ *adv* mensuellement. ◇ *n* [publication] mensuel *m.*

Montreal [ˌmɒntrɪˈɔːl] *n* Montréal.

monument ['mɒnjʊmənt] n monument m.

monumental [ˌmɒnjʊ'mentl] adj monumental(e).

moo [muː] (pl -s) ◇ n meuglement m, beuglement m. ◇ vi meugler, beugler.

mood [muːd] n humeur f; **in a (bad)** ~ de mauvaise humeur; **in a good** ~ de bonne humeur.

moody ['muːdɪ] adj pej **-1.** [changeable] lunatique. **-2.** [bad-tempered] de mauvaise humeur, mal luné(e).

moon [muːn] n lune f.

moonlight ['muːnlaɪt] (pt & pp **-ed**) ◇ n clair m de lune. ◇ vi travailler au noir.

moonlighting ['muːnlaɪtɪŋ] n (U) travail m (au) noir.

moonlit ['muːnlɪt] adj [countryside] éclairé(e) par la lune; [night] de lune.

moor [mɔːr] ◇ n lande f. ◇ vt amarrer. ◇ vi mouiller.

moorland ['mɔːlənd] n lande f.

moose [muːs] (pl inv) n [North American] original m.

mop [mɒp] ◇ n **-1.** [for cleaning] balai m à laver. **-2.** inf [hair] tignasse f. ◇ vt **-1.** [floor] laver. **-2.** [sweat] essuyer; **to** ~ **one's face** s'essuyer le visage. ◆ **mop up** vt sep [clean up] éponger.

mope [məʊp] vi broyer du noir.

moped ['məʊped] n vélomoteur m.

moral ['mɒrəl] ◇ adj moral(e). ◇ n [lesson] morale f. ◆ **morals** npl moralité f.

morale [mə'rɑːl] n (U) moral m.

morality [mə'rælətɪ] n moralité f.

morass [mə'ræs] n fig [of detail, paperwork] fatras m.

morbid ['mɔːbɪd] adj morbide.

more [mɔːr] ◇ adv **-1.** (with adjectives and adverbs) plus; ~ **important (than)** plus important (que); ~ **often/quickly (than)** plus souvent/rapidement (que). **-2.** [to a greater degree] plus, davantage. **-3.** [another time]: **once/twice** ~ une fois/deux fois de plus, encore une fois/deux fois. ◇ adj **-1.** [larger number, amount of] plus de, davantage de; **there are** ~ **trains in the morning** il y a plus de trains le matin; ~ **than 70 people died** plus de 70 personnes ont péri. **-2.** [an extra amount of] encore (de); **have some** ~ **tea** prends encore du thé; **I finished two** ~ **chapters today** j'ai fini deux autres OR encore deux chapitres aujourd'hui; **we need** ~ **money/time** il nous faut plus d'argent/de temps, il nous faut davantage d'argent/de temps. ◇ pron plus, davantage; ~ **than five** plus de cinq; **he's got** ~ **than I have** il en a plus que moi; **there's no** ~ **(left)** il n'y en a plus, il n'en reste plus; **(and) what's** ~ de plus, qui plus est. ◆ **any more** adv: **not ... any** ~ ne ... plus. ◆ **more and more** ◇ adv & pron de plus en plus; ~ **and** ~ **depressed** de plus en plus déprimé. ◇ adj de plus en plus; **there are** ~ **and** ~ **cars on the roads** il y a de plus en plus de voitures sur les routes. ◆ **more or less** adv **-1.** [almost] plus ou moins. **-2.** [approximately] environ, à peu près.

moreover [mɔːr'əʊvər] adv de plus.

morgue [mɔːg] n morgue f.

Mormon ['mɔːmən] n mormon m, -e f.

morning ['mɔːnɪŋ] n [matin] matin m; [duration] matinée f; **I work in the** ~ je travaille le matin; **I'll do it tomorrow** ~ OR **in the** ~ je le ferai demain. ◆ **mornings** adv Am le matin.

Moroccan [mə'rɒkən] ◇ adj marocain(e). ◇ n Marocain m, -e f.

Morocco [mə'rɒkəʊ] n Maroc m.

moron ['mɔːrɒn] n inf idiot m, -e f, crétin m, -e f.

morose [mə'rəʊs] adj morose.

morphine ['mɔːfiːn] n morphine f.

Morse (code) [mɔːs-] n morse m.

morsel ['mɔːsl] n bout m, morceau m.

mortal ['mɔːtl] ◇ adj mortel(elle). ◇ n mortel m, -elle f.

mortality [mɔː'tælətɪ] n mortalité f.

mortar ['mɔːtər] n mortier m.

mortgage ['mɔːgɪdʒ] ◇ n empruntlogement m. ◇ vt hypothéquer.

mortified ['mɔːtɪfaɪd] adj mortifié(e).

mortuary ['mɔːtʃʊərɪ] n morgue f.

mosaic [mə'zeɪɪk] n mosaïque f.

Moscow ['mɒskəʊ] n Moscou.

Moslem ['mɒzləm] = **Muslim**.

mosque [mɒsk] n mosquée f.

mosquito [mə'skiːtəʊ] (pl **-es** OR **-s**) n moustique m.

moss [mɒs] n mousse f.

most [məʊst] (superl of **many**) ◇ adj **-1.** [the majority of] la plupart de; ~ **tourists here are German** la plupart des touristes ici sont allemands. **-2.** [largest amount of]: **(the)** ~ le plus de; **she's got (the)** ~ **money/sweets** c'est elle qui a le plus d'argent/de bonbons. ◇ pron **-1.** [the majority] la plupart; ~ **of the tourists here are German** la plupart des touristes ici sont allemands; ~ **of them** la plupart d'entre eux. **-2.** [largest

amount]: **(the)** ~ le plus; **at** ~ au maximum, tout au plus. **-3.** *phr*: **to make
the** ~ **of sthg** profiter `de qqch au
maximum. ◇ *adv* **-1.** [to greatest extent]:
(the) ~ le plus. **-2.** *fml* [very] très, fort.
-3. *Am* [almost] presque.

mostly ['məʊstlɪ] *adv* principalement,
surtout.

MOT *n* (*abbr of* **Ministry of Transport
(test)**) *contrôle technique annuel obligatoire
pour les véhicules de plus de trois ans.*

motel [məʊ'tel] *n* motel *m*.

moth [mɒθ] *n* papillon *m* de nuit; [in
clothes] mite *f*.

mothball ['mɒθbɔːl] *n* boule *f* de naph-
taline.

mother ['mʌðəʳ] ◇ *n* mère *f*. ◇ *vt* [child]
materner, dorloter.

motherhood ['mʌðəhʊd] *n* maternité *f*.

mother-in-law (*pl* **mothers-in-law** OR
mother-in-laws) *n* belle-mère *f*.

motherly ['mʌðəlɪ] *adj* maternel(elle).

mother-of-pearl *n* nacre *f*.

mother-to-be (*pl* **mothers-to-be**) *n* future maman *f*.

mother tongue *n* langue *f* maternelle.

motif [məʊ'tiːf] *n* motif *m*.

motion ['məʊʃn] ◇ *n* **-1.** [gen] mouvement *m*; **to set sthg in** ~ mettre qqch
en branle. **-2.** [in debate] motion *f*. ◇
vt: **to** ~ **sb to do sthg** faire signe à qqn
de faire qqch. ◇ *vi*: **to** ~ **to sb** faire signe à qqn.

motionless ['məʊʃənlɪs] *adj* immobile.

motion picture *n Am* film *m*.

motivated ['məʊtɪveɪtɪd] *adj* motivé(e).

motivation [ˌməʊtɪ'veɪʃn] *n* motivation
f.

motive ['məʊtɪv] *n* motif *m*.

motley ['mɒtlɪ] *adj pej* hétéroclite.

motor ['məʊtəʳ] ◇ *adj Br* automobile.
◇ *n* [engine] moteur *m*.

motorbike ['məʊtəbaɪk] *n inf* moto *f*.

motorboat ['məʊtəbəʊt] *n* canot *m*
automobile.

motorcar ['məʊtəkɑːʳ] *n Br* automobile
f, voiture *f*.

motorcycle ['məʊtəˌsaɪkl] *n* moto *f*.

motorcyclist ['məʊtəˌsaɪklɪst] *n* motocycliste *mf*.

motoring ['məʊtərɪŋ] ◇ *adj Br* [maga-
zine, correspondent] automobile. ◇ *n*
tourisme *m* automobile.

motorist ['məʊtərɪst] *n* automobiliste
mf.

motor racing *n* (*U*) course *f* automobile.

motor scooter *n* scooter *m*.

motor vehicle *n* véhicule *m* automobile.

motorway ['məʊtəweɪ] *Br n* autoroute
f.

mottled ['mɒtld] *adj* [leaf] tacheté(e);
[skin] marbré(e).

motto ['mɒtəʊ] (*pl* **-s** OR **-es**) *n* devise
f.

mould, mold *Am* [məʊld] ◇ *n* **-1.**
[growth] moisissure *f*. **-2.** [shape] moule
m. ◇ *vt* **-1.** [shape] mouler, modeler.
-2. *fig* [influence] former, façonner.

moulding, molding *Am* ['məʊldɪŋ] *n*
[decoration] moulure *f*.

mouldy, moldy *Am* ['məʊldɪ] *adj* moi-
si(e).

moult, molt *Am* [məʊlt] *vi* muer.

mound [maʊnd] *n* **-1.** [small hill] tertre
m, butte *f*. **-2.** [pile] tas *m*, monceau *m*.

mount [maʊnt] ◇ *n* **-1.** [support - for
jewel] monture *f*; [- for photograph] carton *m* de montage; [- for machine] support *m*. **-2.** [horse] monture *f*. **-3.**
[mountain] mont *m*. ◇ *vt* monter; **to** ~
a horse monter sur un cheval; **to** ~ **a
bike** monter sur OR enfourcher un vélo. ◇ *vi* **-1.** [increase] monter, augmenter. **-2.** [climb on horse] se mettre en
selle.

mountain ['maʊntɪn] *n lit & fig* montagne *f*.

mountain bike *n* VTT *m*.

mountaineer [ˌmaʊntɪ'nɪəʳ] *n* alpiniste
mf.

mountaineering [ˌmaʊntɪ'nɪərɪŋ] *n* alpinisme *m*.

mountainous ['maʊntɪnəs] *adj* [region]
montagneux(euse).

mourn [mɔːn] ◇ *vt* pleurer. ◇ *vi*: **to** ~
(for sb) pleurer (qqn).

mourner ['mɔːnəʳ] *n* [related] parent *m*
du défunt; [unrelated] ami *m*, -e *f* du défunt.

mournful ['mɔːnfʊl] *adj* [face] triste;
[sound] lugubre.

mourning ['mɔːnɪŋ] *n* deuil *m*; **in** ~ en
deuil.

mouse [maʊs] (*pl* **mice**) *n* COMPUT &
ZOOL souris *f*.

mousetrap ['maʊstræp] *n* souricière *f*.

mousse [muːs] *n* mousse *f*.

moustache *Br* [mə'stɑːʃ], **mustache** *Am*
['mʌstæʃ] *n* moustache *f*.

mouth [maʊθ] *n* **-1.** [of person, animal]
bouche *f*; [of dog, cat, lion] gueule *f*. **-2.**
[of cave] entrée *f*; [of river] embouchure
f.

mouthful ['maʊθfʊl] *n* [of food] bouchée *f*; [of drink] gorgée *f*.

mouthorgan ['maʊθ,ɔːgən] *n* harmonica *m*.

mouthpiece ['maʊθpiːs] *n* **-1.** [of telephone] microphone *m*; [of musical instrument] bec *m*. **-2.** [spokesperson] porte-parole *m inv*.

mouthwash ['maʊθwɒʃ] *n* eau *f* dentifrice.

mouth-watering [-,wɔːtərɪŋ] *adj* alléchant(e).

movable ['muːvəbl] *adj* mobile.

move [muːv] ◇ *n* **-1.** [movement] mouvement *m*; **to get a ~ on** *inf* se remuer, se grouiller. **-2.** [change - of house] déménagement *m*; [- of job] changement *m* d'emploi. **-3.** [in game - action] coup *m*; [- turn to play] tour *m*; *fig* démarche *f*. ◇ *vt* **-1.** [shift] déplacer, bouger. **-2.** [change - job, office] changer de; **to ~ house** déménager. **-3.** [cause]: **to ~ sb to do sthg** inciter qqn à faire qqch. **-4.** [emotionally] émouvoir. **-5.** [propose]: **to ~ sthg/that ...** proposer qqch/que .... ◇ *vi* **-1.** [shift] bouger. **-2.** [act] agir. **-3.** [to new house] déménager; [to new job] changer d'emploi. ◆ **move about** *vi* **-1.** [fidget] remuer. **-2.** [travel] voyager. ◆ **move along** ◇ *vt sep* faire avancer. ◇ *vi* se déplacer; **the police asked him to ~ along** la police lui a demandé de circuler. ◆ **move around** = **move about**. ◆ **move away** *vi* [leave] partir. ◆ **move in** *vi* [to house] emménager. ◆ **move on** *vi* **-1.** [after stopping] se remettre en route. **-2.** [in discussion] changer de sujet. ◆ **move out** *vi* [from house] déménager. ◆ **move over** *vi* s'écarter, se pousser. ◆ **move up** *vi* [on bench etc] se déplacer.

moveable ['muːvəbl] = **movable**.

movement ['muːvmənt] *n* mouvement *m*.

movie ['muːvɪ] *n* film *m*.

movie camera *n* caméra *f*.

moving ['muːvɪŋ] *adj* **-1.** [emotionally] émouvant(e), touchant(e). **-2.** [not fixed] mobile.

mow [məʊ] (*pt* -ed, *pp* -ed OR mown) *vt* faucher; [lawn] tondre. ◆ **mow down** *vt sep* faucher.

mower ['məʊər] *n* tondeuse *f* à gazon.

mown [məʊn] *pp* → **mow**.

MP *n* **-1.** (*abbr of* **Military Police**) PM. **-2.** *Br* (*abbr of* **Member of Parliament**) ≈ député *m*.

mpg (*abbr of* **miles per gallon**) *n* miles au gallon.

mph (*abbr of* **miles per hour**) *n* miles à l'heure.

Mr ['mɪstər] *n* Monsieur *m*; [on letter] M.

Mrs ['mɪsɪz] *n* Madame *f*; [on letter] Mme.

Ms [mɪz] *n* titre que les femmes peuvent utiliser au lieu de madame ou mademoiselle pour éviter la distinction entre les femmes mariées et les célibataires.

MS *n* (*abbr of* **multiple sclerosis**) SEP *f*.

MSc (*abbr of* **Master of Science**) *n* (titulaire d'une) maîtrise de sciences.

much [mʌtʃ] (*compar* **more**, *superl* **most**) ◇ *adj* beaucoup de; **there isn't ~ rice left** il ne reste pas beaucoup de riz; **as ~ money as ...** autant d'argent que ...; **too ~** trop de; **how ~ ...?** combien de ...?; **how ~ money do you earn?** tu gagnes combien? ◇ *pron* beaucoup; **I don't think ~ of his new house** sa nouvelle maison ne me plaît pas trop; **as ~ as** autant que; **too ~** trop; **how ~?** combien?; **I'm not ~ of a cook** je suis un piètre cuisinier; **so ~ for all my hard work** tout ce travail pour rien; **I thought as ~** c'est bien ce que je pensais. ◇ *adv* beaucoup; **I don't go out ~** je ne sors pas beaucoup OR souvent; **as ~ as** autant que; **thank you very ~** merci beaucoup; **without so ~ as ...** sans même .... ◆ **much as** *conj* bien que (+ *subjunctive*).

muck [mʌk] *n* (*U*) *inf* **-1.** [dirt] saletés *fpl*. **-2.** [manure] fumier *m*. ◆ **muck about, muck around** *Br inf* ◇ *vt*: **to ~ sb about** traiter qqn par-dessus OR par-dessous la jambe. ◇ *vi* traîner. ◆ **muck up** *vt sep Br inf* gâcher.

mucky ['mʌkɪ] *adj* sale.

mucus ['mjuːkəs] *n* mucus *m*.

mud [mʌd] *n* boue *f*.

muddle ['mʌdl] ◇ *n* désordre *m*, fouillis *m*. ◇ *vt* **-1.** [papers] mélanger. **-2.** [person] embrouiller. ◆ **muddle along** *vi* se débrouiller tant bien que mal. ◆ **muddle through** *vi* se tirer d'affaire, s'en sortir tant bien que mal. ◆ **muddle up** *vt sep* mélanger.

muddy ['mʌdɪ] ◇ *adj* boueux(euse). ◇ *vt fig* embrouiller.

mudguard ['mʌdgɑːd] *n* garde-boue *m inv*.

mudslinging ['mʌd,slɪŋɪŋ] *n* (*U*) *fig* attaques *fpl*.

muesli ['mju:zlɪ] *n Br* muesli *m*.

muff [mʌf] ◇ *n* manchon *m*. ◇ *vt inf* louper.

muffin ['mʌfɪn] *n* muffin *m*.

muffle ['mʌfl] *vt* étouffer.

muffler ['mʌflər] *n Am* [for car] silencieux *m*.

mug [mʌg] ◇ *n* -1. [cup] (grande) tasse *f*. -2. *inf* [fool] andouille *f*. ◇ *vt* [attack] agresser.

mugging ['mʌgɪŋ] *n* agression *f*.

muggy ['mʌgɪ] *adj* lourd(e), moite.

mule [mju:l] *n* mule *f*.

mull [mʌl] ◆ **mull over** *vt sep* ruminer, réfléchir à.

mulled [mʌld] *adj*: ~ wine vin *m* chaud.

multicoloured *Br*, **multicolored** *Am* ['mʌltɪ,kʌləd] *adj* multicolore.

multigym ['mʌltɪdʒɪm] *n* appareil *m* de musculation.

multilateral [,mʌltɪ'lætərəl] *adj* multilatéral(e).

multimedia [,mʌltɪ'mi:djə] COMPUT ◇ *adj* multimédia. ◇ *n* multimédia *m*.

multinational [,mʌltɪ'næʃənl] *n* multinationale *f*.

multiple ['mʌltɪpl] ◇ *adj* multiple. ◇ *n* multiple *m*.

multiple sclerosis [-sklɪ'rəʊsɪs] *n* sclérose *f* en plaques.

multiplex cinema ['mʌltɪpleks-] *n* grand cinéma *m* à plusieurs salles.

multiplication [,mʌltɪplɪ'keɪʃn] *n* multiplication *f*.

multiply ['mʌltɪplaɪ] ◇ *vt* multiplier. ◇ *vi* se multiplier.

multistorey *Br*, **multistory** *Am* [,mʌltɪ-'stɔ:rɪ] ◇ *adj* à étages. ◇ *n* [car park] parking *m* à étages.

multitude ['mʌltɪtju:d] *n* multitude *f*.

mum [mʌm] *Br inf* ◇ *n* maman *f*. ◇ *adj*: to keep ~ ne pas piper mot.

mumble ['mʌmbl] *vt & vi* marmotter.

mummy ['mʌmɪ] *n* -1. *Br inf* [mother] maman *f*. -2. [preserved body] momie *f*.

mumps [mʌmps] *n* (U) oreillons *mpl*.

munch [mʌntʃ] *vt & vi* croquer.

mundane [mʌn'deɪn] *adj* banal(e), ordinaire.

municipal [mju:'nɪsɪpl] *adj* municipal(e).

municipality [mju:,nɪsɪ'pælətɪ] *n* municipalité *f*.

mural ['mjuːərəl] *n* peinture *f* murale.

murder ['mɜːdər] ◇ *n* meurtre *m*. ◇ *vt* assassiner.

murderer ['mɜːdərər] *n* meurtrier *m*, assassin *m*.

murderous ['mɜːdərəs] *adj* meurtrier(ière).

murky ['mɜːkɪ] *adj* -1. [place] sombre. -2. [water, past] trouble.

murmur ['mɜːmər] ◇ *n* murmure *m*; MED souffle *m* au cœur. ◇ *vt & vi* murmurer.

muscle ['mʌsl] *n* muscle *m*; *fig* [power] poids *m*, impact *m*. ◆ **muscle in** *vi* intervenir, s'immiscer.

muscular ['mʌskjʊlər] *adj* -1. [spasm, pain] musculaire. -2. [person] musclé(e).

muse [mju:z] ◇ *n* muse *f*. ◇ *vi* méditer, réfléchir.

museum [mju:'zi:əm] *n* musée *m*.

mushroom ['mʌʃrʊm] ◇ *n* champignon *m*. ◇ *vi* [organization, party] se développer, grandir; [houses] proliférer.

music ['mju:zɪk] *n* musique *f*.

musical ['mju:zɪkl] ◇ *adj* -1. [event, voice] musical(e). -2. [child] doué(e) pour la musique, musicien(ienne). ◇ *n* comédie *f* musicale.

musical instrument *n* instrument *m* de musique.

music centre *n* chaîne *f* compacte.

music hall *n Br* music-hall *m*.

musician [mju:'zɪʃn] *n* musicien *m*, -ienne *f*.

Muslim ['mʊzlɪm] ◇ *adj* musulman(e). ◇ *n* Musulman *m*, -e *f*.

muslin ['mʌzlɪn] *n* mousseline *f*.

mussel ['mʌsl] *n* moule *f*.

must [mʌst] ◇ *modal vb* -1. [expressing obligation] devoir; I ~ go il faut que je m'en aille, je dois partir; you ~ come and visit il faut absolument que tu viennes nous voir. -2. [expressing likelihood]: they ~ have known ils devaient le savoir. ◇ *n inf*: a ~ un must, un impératif.

mustache *Am* = moustache.

mustard ['mʌstəd] *n* moutarde *f*.

muster ['mʌstər] ◇ *vt* rassembler. ◇ *vi* se réunir, se rassembler.

mustn't [mʌsnt] = must not.

must've ['mʌstəv] = must have.

musty ['mʌstɪ] *adj* [smell] de moisi; [room] qui sent le renfermé OR le moisi.

mute [mju:t] ◇ *adj* muet(ette). ◇ *n* muet *m*, -ette *f*.

muted ['mju:tɪd] *adj* -1. [colour] sourd(e). -2. [reaction] peu marqué(e); [protest] voilé(e).

mutilate ['mju:tɪleɪt] *vt* mutiler.

mutiny ['mju:tɪnɪ] ◇ *n* mutinerie *f*. ◇ *vi* se mutiner.

mutter ['mʌtər] ◇ *vt* [threat, curse] marmonner. ◇ *vi* marmotter, marmonner.

mutton ['mʌtn] *n* mouton *m*.

mutual ['mju:tʃʊəl] *adj* -1. [feeling, help] réciproque, mutuel(elle). -2. [friend, interest] commun(e).

mutually ['mju:tʃʊəlɪ] *adv* mutuellement, réciproquement.

muzzle ['mʌzl] ◇ *n* -1. [of dog - mouth] museau *m*; [- guard] muselière *f*. -2. [of gun] gueule *f*. ◇ *vt lit & fig* museler.

MW (*abbr of* **medium wave**) PO.

my [maɪ] *poss adj* -1. [referring to oneself] mon (ma), mes (*pl*); ~ **dog** mon chien; ~ **house** ma maison; ~ **children** mes enfants; ~ **name is Joe/Sarah** je m'appelle Joe/Sarah; **it wasn't MY fault** ce n'était pas de ma faute à moi. -2. [in titles]: **yes,** ~ **Lord** oui, monsieur le comte/duc *etc*.

myriad ['mɪrɪəd] *literary* ◇ *adj* innombrable. ◇ *n* myriade *f*.

myself [maɪ'self] *pron* -1. (*reflexive*) me; (*after prep*) moi. -2. (*for emphasis*) moi-même; **I did it** ~ je l'ai fait tout seul.

mysterious [mɪ'stɪərɪəs] *adj* mystérieux(ieuse).

mystery ['mɪstərɪ] *n* mystère *m*.

mystical ['mɪstɪkl] *adj* mystique.

mystified ['mɪstɪfaɪd] *adj* perplexe.

mystifying ['mɪstɪfaɪɪŋ] *adj* inexplicable, déconcertant(e).

mystique [mɪ'sti:k] *n* mystique *f*.

myth [mɪθ] *n* mythe *m*.

mythical ['mɪθɪkl] *adj* mythique.

mythology [mɪ'θɒlədʒɪ] *n* mythologie *f*.

n (*pl* **n's** OR **ns**), **N** (*pl* **N's** OR **Ns**) [en] *n* [letter] n *m inv*, N *m inv*. ◆**N** (*abbr of* **north**), N.

n/a, N/A (*abbr of* **not applicable**) s.o.

nab [næb] *vt inf* -1. [arrest] pincer. -2. [get quickly] attraper, accaparer.

nag [næg] ◇ *vt* harceler. ◇ *n inf* [horse] canasson *m*.

nagging ['nægɪŋ] *adj* -1. [doubt] persistant(e), tenace. -2. [husband, wife] enquiquineur(euse).

nail [neɪl] ◇ *n* -1. [for fastening] clou *m*. -2. [of finger, toe] ongle *m*. ◇ *vt* clouer.

◆**nail down** *vt sep* -1. [lid] clouer. -2. *fig* [person]: **to** ~ **sb down to sthg** faire préciser qqch à qqn.

nailbrush ['neɪlbrʌʃ] *n* brosse *f* à ongles.

nail file *n* lime *f* à ongles.

nail polish *n* vernis *m* à ongles.

nail scissors *npl* ciseaux *mpl* à ongles.

nail varnish *n* vernis *m* à ongles.

nail varnish remover [-rɪ'mu:vər] *n* dissolvant *m*.

naive, naïve [naɪ'i:v] *adj* naïf(ïve).

naked ['neɪkɪd] *adj* -1. [body, flame] nu(e); **with the** ~ **eye** à l'œil nu. -2. [emotions] manifeste, évident(e); [aggression] non déguisé(e).

name [neɪm] ◇ *n* -1. [identification] nom *m*; **what's your** ~? comment vous appelez-vous?; **to know sb by** ~ connaître qqn de nom; **in my/his** ~ à mon/son nom; **in the** ~ **of peace** au nom de la paix; **to call sb** ~**s** traiter qqn de tous les noms, injurier qqn. -2. [reputation] réputation *f*. -3. [famous person] grand nom *m*, célébrité *f*. ◇ *vt* -1. [gen] nommer; **to** ~ **sb/sthg after** *Br*, **to** ~ **sb/sthg for** *Am* donner à qqn/à qqch le nom de. -2. [date, price] fixer.

nameless ['neɪmlɪs] *adj* inconnu(e), sans nom; [author] anonyme.

namely ['neɪmlɪ] *adv* à savoir, c'est-à-dire.

namesake ['neɪmseɪk] *n* homonyme *m*.

nanny ['nænɪ] *n* nurse *f*, bonne *f* d'enfants.

nap [næp] ◇ *n*: **to have** OR **take a** ~ faire un petit somme. ◇ *vi* faire un petit somme; **to be caught napping** *inf fig* être pris au dépourvu.

nape [neɪp] *n* nuque *f*.

napkin ['næpkɪn] *n* serviette *f*.

nappy ['næpɪ] *n Br* couche *f*.

nappy liner *n* change *m* (jetable).

narcissi [nɑː'sɪsaɪ] *pl* → **narcissus**.

narcissus [nɑː'sɪsəs] (*pl* -**cissuses** OR -**cissi**) *n* narcisse *m*.

narcotic [nɑː'kɒtɪk] *n* stupéfiant *m*.

narrative ['nærətɪv] ◇ *adj* narratif(ive). ◇ *n* -1. [story] récit *m*, narration *f*. -2. [skill] art *m* de la narration.

narrator [*Br* nə'reɪtər, *Am* 'næreɪtər] *n* narrateur *m*, -trice *f*.

narrow ['nærəʊ] ◇ *adj* -1. [gen] étroit(e); **to have a** ~ **escape** l'échapper belle. -2. [victory, majority] de justesse. ◇ *vt* -1. [reduce] réduire, limiter. -2. [eyes] fermer à demi, plisser. ◇ *vi lit &*

fig se rétrécir. ◆ **narrow down** *vt sep* réduire, limiter.

narrowly ['nærəʊlɪ] *adv* -**1.** [win, lose] de justesse. -**2.** [miss] de peu.

narrow-minded [-'maɪndɪd] *adj* [person] à l'esprit étroit, borné(e); [attitude] étroit(e), borné(e).

nasal ['neɪzl] *adj* nasal(e).

nasty ['nɑːstɪ] *adj* -**1.** [unpleasant - smell, feeling] mauvais(e); [- weather] vilain(e), mauvais(e). -**2.** [unkind] méchant(e). -**3.** [problem] difficile, délicat(e). -**4.** [injury] vilain(e); [accident] grave; [fall] mauvais(e).

nation ['neɪʃn] *n* nation *f*.

national ['næʃənl] ◇ *adj* national(e); [campaign, strike] à l'échelon national; [custom] du pays, de la nation. ◇ *n* ressortissant *m*, -e *f*.

national anthem *n* hymne *m* national.

national dress *n* costume *m* national.

National Health Service *n*: the ~ *le service national de santé britannique.*

National Insurance *n* (U) *Br* -**1.** [system] *système de sécurité sociale (maladie, retraite) et d'assurance chômage.* -**2.** [payment] = contributions *fpl* à la Sécurité sociale.

nationalism ['næʃnəlɪzm] *n* nationalisme *m*.

nationalist ['næʃnəlɪst] ◇ *adj* nationaliste. ◇ *n* nationaliste *mf*.

nationality [,næʃə'nælətɪ] *n* nationalité *f*.

nationalize, -ise ['næʃnəlaɪz] *vt* nationaliser.

National Lottery *n* = loto *m* national.

national park *n* parc *m* national.

national service *n* *Br* MIL service *m* national OR militaire.

National Trust *n* *Br*: the ~ *organisme non gouvernemental assurant la conservation de certains sites et monuments historiques.*

nationwide ['neɪʃənwaɪd] ◇ *adj* dans tout le pays; [campaign, strike] à l'échelon national. ◇ *adv* à travers tout le pays.

native ['neɪtɪv] ◇ *adj* -**1.** [country, area] natal(e). -**2.** [language] maternel(elle); **an English ~ speaker** une personne de langue maternelle anglaise. -**3.** [plant, animal] indigène; **~ to** originaire de. ◇ *n* autochtone *mf*; [of colony] indigène *mf*.

Native American *n* Indien *m*, -ienne *f* d'Amérique, Amérindien *m*, -ienne *f*.

Nativity [nə'tɪvətɪ] *n*: the ~ la Nativité.

NATO ['neɪtəʊ] (*abbr of* **North Atlantic Treaty Organization**) *n* OTAN *f*.

natural ['nætʃrəl] *adj* -**1.** [gen] naturel(elle). -**2.** [instinct, talent] inné(e). -**3.** [footballer, musician] né(e).

natural gas *n* gaz *m* naturel.

naturalize, -ise ['nætʃrəlaɪz] *vt* naturaliser; **to be ~d** se faire naturaliser.

naturally ['nætʃrəlɪ] *adv* -**1.** [gen] naturellement. -**2.** [unaffectedly] sans affectation, avec naturel.

natural wastage *n* (U) départs *mpl* volontaires.

nature ['neɪtʃər] *n* nature *f*; **by ~** [basically] par essence; [by disposition] de nature, naturellement.

nature reserve *n* réserve *f* naturelle.

naughty ['nɔːtɪ] *adj* -**1.** [badly behaved] vilain(e), méchant(e). -**2.** [rude] grivois(e).

nausea ['nɔːsjə] *n* nausée *f*.

nauseam ['nɔːzɪæm] → **ad nauseam**.

nauseating ['nɔːsɪeɪtɪŋ] *adj* lit & fig écœurant(e).

nautical ['nɔːtɪkl] *adj* nautique.

naval ['neɪvl] *adj* naval(e).

nave [neɪv] *n* nef *f*.

navel ['neɪvl] *n* nombril *m*.

navigate ['nævɪgeɪt] ◇ *vt* -**1.** [plane] piloter; [ship] gouverner. -**2.** [seas, river] naviguer sur. ◇ *vi* AERON & NAUT naviguer; AUT lire la carte.

navigation [,nævɪ'geɪʃn] *n* navigation *f*.

navigator ['nævɪgeɪtər] *n* navigateur *m*.

navvy ['nævɪ] *n* *Br inf* terrassier *m*.

navy ['neɪvɪ] ◇ *n* marine *f*. ◇ *adj* [in colour] bleu marine (*inv*).

navy blue ◇ *adj* bleu marine (*inv*). ◇ *n* bleu *m* marine.

Nazareth ['næzərɪθ] *n* Nazareth.

Nazi ['nɑːtsɪ] (*pl* -**s**) ◇ *adj* nazi(e). ◇ *n* Nazi *m*, -e *f*.

NB (*abbr of* **nota bene**) NB.

near [nɪər] ◇ *adj* proche; **a ~ disaster** une catastrophe évitée de justesse OR de peu; **in the ~ future** dans un proche avenir, dans un avenir prochain; **it was a ~ thing** il était moins cinq. ◇ *adv* -**1.** [close] près. -**2.** [almost]: **~ impossible** presque impossible; **nowhere ~ ready/ enough** loin d'être prêt/assez. ◇ *prep*: -**~ (to)** [in space] près de; [in time] près de, vers; **~ to tears** au bord des larmes; **~ (to) death** sur le point de mourir; **~ (to) the truth** proche de la vérité. ◇ *vt* approcher de. ◇ *vi* approcher.

nearby [nɪə'baɪ] ◇ *adj* proche. ◇ *adv* tout près, à proximité.

nearly ['nɪəlɪ] *adv* presque; **I ~ fell** j'ai failli tomber; **not ~ enough/as good** loin d'être suffisant/aussi bon.

near miss *n* **-1.** SPORT coup *m* qui a raté de peu. **-2.** [between planes, vehicles] quasi-collision *f*.

nearside ['nɪəsaɪd] *n* [right-hand drive] côté *m* gauche; [left-hand drive] côté droit.

nearsighted [,nɪə'saɪtɪd] *adj Am* myope.

neat [niːt] *adj* **-1.** [room, house] bien tenu(e), en ordre; [work] soigné(e); [handwriting] net (nette); [appearance] soigné(e), net (nette). **-2.** [solution, manoeuvre] habile, ingénieux(ieuse). **-3.** [alcohol] pur(e), sans eau. **-4.** *Am inf* [very good] chouette, super (*inv*).

neatly ['niːtlɪ] *adv* **-1.** [arrange] avec ordre; [write] soigneusement; [dress] avec soin. **-2.** [skilfully] habilement, adroitement.

nebulous ['nebjʊləs] *adj* nébuleux(euse).

necessarily [*Br* 'nesəsrəlɪ, ,nesə'serɪlɪ] *adv* forcément, nécessairement.

necessary ['nesəsrɪ] *adj* **-1.** [required] nécessaire, indispensable; **to make the ~ arrangements** faire le nécessaire. **-2.** [inevitable] inévitable, inéluctable.

necessity [nɪ'sesətɪ] *n* nécessité *f*; **of ~** inévitablement, fatalement.

neck [nek] ◇ *n* **-1.** ANAT cou *m*. **-2.** [of shirt, dress] encolure *f*. **-3.** [of bottle] col *m*, goulot *m*. ◇ *vi inf* se bécoter.

necklace ['neklɪs] *n* collier *m*.

neckline ['neklaɪn] *n* encolure *f*.

necktie ['nektaɪ] *n Am* cravate *f*.

nectarine ['nektərɪn] *n* brugnon *m*, nectarine *f*.

need [niːd] ◇ *n* besoin *m*; **there's no ~ to get up** ce n'est pas la peine de te lever; **there's no ~ for such language** tu n'as pas besoin d'être grossier; **~ for sthg/to do sthg** besoin de qqch/de faire qqch; **to be in** OR **have ~ of sthg** avoir besoin de qqch; **if ~ be** si besoin est, si nécessaire; **in ~** dans le besoin. ◇ *vt* **-1.** [require]: **to ~ sthg/to do sthg** avoir besoin de qqch/de faire qqch; **I ~ to go to the doctor** il faut que j'aille chez le médecin. **-2.** [be obliged]: **to ~ to do sthg** être obligé(e) de faire qqch. ◇ *modal vb*: **~ we go?** faut-il qu'on y aille?; **it ~ not happen** cela ne doit pas forcément se produire.

needle ['niːdl] ◇ *n* **-1.** [gen] aiguille *f*. **-2.** [stylus] saphir *m*. ◇ *vt inf* [annoy] asticoter, lancer des piques à.

needless ['niːdlɪs] *adj* [risk, waste] inutile; [remark] déplacé(e); **~ to say ...** bien entendu ....

needlework ['niːdlwɜːk] *n* **-1.** [embroidery] travail *m* d'aiguille. **-2.** (*U*) [activity] couture *f*.

needn't ['niːdnt] = **need not**.

needy ['niːdɪ] *adj* nécessiteux(euse), indigent(e).

negative ['negətɪv] ◇ *adj* négatif(ive). ◇ *n* **-1.** PHOT négatif *m*. **-2.** LING négation *f*; **to answer in the ~** répondre négativement OR par la négative.

neglect [nɪ'glekt] ◇ *n* [of garden] mauvais entretien *m*; [of children] manque *m* de soins; [of duty] manquement *m*. ◇ *vt* négliger; [garden] laisser à l'abandon; **to ~ to do sthg** négliger OR omettre de faire qqch.

neglectful [nɪ'glektfʊl] *adj* négligent(e).

negligee ['neglɪʒeɪ] *n* déshabillé *m*, négligé *m*.

negligence ['neglɪdʒəns] *n* négligence *f*.

negligible ['neglɪdʒəbl] *adj* négligeable.

negotiate [nɪ'gəʊʃɪeɪt] ◇ *vt* **-1.** COMM & POL négocier. **-2.** [obstacle] franchir; [bend] prendre, négocier. ◇ *vi* négocier; **to ~ with sb (for sthg)** engager des négociations avec qqn (pour obtenir qqch).

negotiation [nɪ,gəʊʃɪ'eɪʃn] *n* négociation *f*.

Negress ['niːgrɪs] *n* négresse *f*.

Negro ['niːgrəʊ] (*pl* **-es**) ◇ *adj* noir(e). ◇ *n* Noir *m*.

neigh [neɪ] *vi* [horse] hennir.

neighbour *Br*, **neighbor** *Am* ['neɪbəʳ] *n* voisin *m*, -e *f*.

neighbourhood *Br*, **neighborhood** *Am* ['neɪbəhʊd] *n* **-1.** [of town] voisinage *m*, quartier *m*. **-2.** [approximate figure]: **in the ~ of £300** environ 300 livres, dans les 300 livres.

neighbouring *Br*, **neighboring** *Am* ['neɪbərɪŋ] *adj* avoisinant(e).

neighbourly *Br*, **neighborly** *Am* ['neɪbəlɪ] *adj* bon voisin (bonne voisine).

neither ['naɪðəʳ, 'niːðəʳ] ◇ *adv*: **~ good nor bad** ni bon ni mauvais; **that's ~ here nor there** cela n'a rien à voir. ◇ *pron & adj* ni l'un ni l'autre (ni l'une ni l'autre). ◇ *conj*: **~ do I** moi non plus.

neon ['niːɒn] *n* néon *m*.

neon light n néon m, lumière f au néon.

nephew ['nefju:] n neveu m.

Neptune ['neptju:n] n [planet] Neptune f.

nerve [nɜːv] n -1. ANAT nerf m. -2. [courage] courage m, sang-froid m; **to lose one's** ~ se dégonfler, flancher. -3. [cheek] culot m, toupet m. ◆ **nerves** npl nerfs mpl; **to get on sb's** ~**s** taper sur les nerfs OR le système de qqn.

nerve-racking [-ˌrækɪŋ] adj angoissant(e), éprouvant(e).

nervous ['nɜːvəs] adj -1. [gen] nerveux(euse). -2. [apprehensive - smile, person etc] inquiet(iète); [- performer] qui a le trac; **to be** ~ **about sthg** appréhender qqch.

nervous breakdown n dépression f nerveuse.

nest [nest] ◇ n nid m; ~ **of tables** table f gigogne. ◇ vi [bird] faire son nid, nicher.

nest egg n pécule m, bas m de laine.

nestle ['nesl] vi se blottir.

net [net] ◇ adj net (nette); ~ **result** résultat final. ◇ n -1. [gen] filet m. -2. [fabric] voile m, tulle m. ◇ vt -1. [fish] prendre au filet. -2. [money - subj: person] toucher net, gagner net; [- subj: deal] rapporter net.

Net [net] n: **the** ~ le Net; **to surf the** ~ surfer sur le Net.

netball ['netbɔːl] n netball m.

net curtains npl voilage m.

Netherlands ['neðələndz] npl: **the** ~ les Pays-Bas mpl.

net profit n bénéfice m net.

net revenue n Am chiffre m d'affaires.

nett [net] adj = net.

netting ['netɪŋ] n -1. [metal, plastic] grillage m. -2. [fabric] voile m, tulle m.

nettle ['netl] n ortie f.

network ['netwɜːk] ◇ n réseau m. ◇ vt RADIO & TV diffuser.

neurosis [ˌnjʊə'rəʊsɪs] (pl -**ses**) n névrose f.

neurotic [ˌnjʊə'rɒtɪk] ◇ adj névrosé(e). ◇ n névrosé m, -e f.

neuter ['njuːtər] ◇ adj neutre. ◇ vt [cat] châtrer.

neutral ['njuːtrəl] ◇ adj [gen] neutre. ◇ n AUT point m mort.

neutrality [njuː'trælətɪ] n neutralité f.

neutralize, -ise ['njuːtrəlaɪz] vt neutraliser.

never ['nevər] adv jamais ... ne, ne ... jamais; ~ **ever** jamais, au grand jamais; **well I** ~! ça par exemple!

never-ending adj interminable.

nevertheless [ˌnevəðə'les] adv néanmoins, pourtant.

new [adj njuː, n njuːz] adj -1. [gen] nouveau(elle). -2. [not used] neuf (neuve); **as good as** ~ comme neuf. ◆ **news** n (U) -1. [information] nouvelle f; **a piece of** ~**s** une nouvelle; **that's** ~ **to me** première nouvelle. -2. RADIO informations fpl. -3. TV journal m télévisé, actualités fpl.

newborn ['njuːbɔːn] adj nouveau-né(e).

newcomer ['njuːˌkʌmər] n: ~ **(to sthg)** nouveau-venu m, nouvelle-venue f (dans qqch).

newfangled [ˌnjuː'fæŋgld] adj inf pej ultramoderne, trop moderne.

new-found adj récent(e), de fraîche date.

newly ['njuːlɪ] adv récemment, fraîchement.

newlyweds ['njuːlɪwedz] npl nouveaux OR jeunes mariés mpl.

new moon n nouvelle lune f.

news agency n agence f de presse.

newsagent Br ['njuːzeɪdʒənt], **newsdealer** Am ['njuːzdiːlər] n marchand de journaux.

newscaster ['njuːzkɑːstər] n présentateur m, -trice f.

newsdealer Am = newsagent.

newsflash ['njuːzflæʃ] n flash m d'information.

newsletter ['njuːzˌletər] n bulletin m.

newspaper ['njuːzˌpeɪpər] n journal m.

newsprint ['njuːzprɪnt] n papier m journal.

newsreader ['njuːzˌriːdər] n présentateur m, -trice f.

newsreel ['njuːzriːl] n actualités fpl filmées.

newsstand ['njuːzstænd] n kiosque m à journaux.

newt [njuːt] n triton m.

new town n Br ville f nouvelle.

New Year n nouvel an m, nouvelle année f; **Happy** ~! bonne année!

New Year's Day n jour m de l'an, premier m de l'an.

New Year's Eve n la Saint-Sylvestre.

New York [-'jɔːk] n -1. [city] ~ **(City)** New York. -2. [state]: ~ **(State)** l'État m de New York.

New Zealand [-'ziːlənd] n Nouvelle-Zélande f.

New Zealander [-'ziːləndər] n Néo-Zélandais m, -e f.

next [nekst] ◇ adj prochain(e); [room] d'à côté; [page] suivant(e); ~ **Tuesday**

mardi prochain; ~ **time** la prochaine fois; ~ **week** la semaine prochaine; **the** ~ **week** la semaine suivante OR d'après; ~ **year** l'année prochaine; ~, **please!** au suivant!; **the day after** ~ le surlendemain; **the week after** ~ dans deux semaines. ◇ *adv* **-1.** [afterwards] ensuite, après. **-2.** [again] la prochaine fois. **-3.** (*with superlatives*): ~ **best** le meilleur à part ..., le mieux après ...; ~ **biggest** le plus grand ... après. ◇ *prep Am* à côté de. ◇ **next to** *prep* à côté de; **it cost** ~ **to nothing** cela a coûté une bagatelle OR trois fois rien; **I know** ~ **to nothing** je ne sais presque OR pratiquement rien.

next door *adv* à côté. ◆ **next-door** *adj*: **next-door neighbour** voisin *m*, -e *f* d'à côté.

next of kin *n* plus proche parent *m*.

NF *n* (*abbr of* **National Front**) ≃ FN *m*.

NHS (*abbr of* **National Health Service**) *n* service national de santé en Grande-Bretagne, ≃ sécurité sociale *f*.

NI *n* abbr of **National Insurance**.

nib [nɪb] *n* plume *f*.

nibble ['nɪbl] *vt* grignoter, mordiller.

Nicaragua [ˌnɪkə'ræɡjʊə] *n* Nicaragua *m*.

nice [naɪs] *adj* **-1.** [holiday, food] bon (bonne); [day, picture] beau (belle); [dress] joli(e). **-2.** [person] gentil(ille), sympathique; **to be** ~ **to sb** être gentil OR aimable avec qqn.

nice-looking [-'lʊkɪŋ] *adj* joli(e), beau (belle).

nicely ['naɪslɪ] *adv* **-1.** [made, manage etc] bien; [dressed] joliment; **that will do** ~ cela fera très bien l'affaire. **-2.** [politely - ask] poliment, gentiment; [- behave] bien.

niche [niːʃ] *n* [in wall] niche *f*; *fig* bonne situation *f*, voie *f*.

nick [nɪk] ◇ *n* **-1.** [cut] entaille *f*, coupure *f*. **-2.** *Br inf* [condition]: **in good/bad** ~ en bon/mauvais état. **-3.** *phr*: **in the** ~ **of time** juste à temps. ◇ *vt* **-1.** [cut] couper, entailler. **-2.** *Br inf* [steal] piquer, faucher. **-3.** *Br inf* [arrest] pincer, choper.

nickel ['nɪkl] *n* **-1.** [metal] nickel *m*. **-2.** *Am* [coin] pièce *f* de cinq cents.

nickname ['nɪkneɪm] ◇ *n* sobriquet *m*, surnom *m*. ◇ *vt* surnommer.

nicotine ['nɪkətiːn] *n* nicotine *f*.

niece [niːs] *n* nièce *f*.

Nigeria [naɪ'dʒɪərɪə] *n* Nigeria *m*.

Nigerian [naɪ'dʒɪərɪən] ◇ *adj* nigérian(e). ◇ *n* Nigérian *m*, -e *f*.

niggle ['nɪgl] *vt Br* **-1.** [worry] tracasser. **-2.** [criticize] faire des réflexions à, critiquer.

night [naɪt] *n* **-1.** [not day] nuit *f*; **at** ~ la nuit. **-2.** [evening] soir *m*; **at** ~ le soir. **-3.** *phr*: **to have an early** ~ se coucher de bonne heure; **to have a late** ~ veiller, se coucher tard. ◆ **nights** *adv* **-1.** *Am* [at night] la nuit. **-2.** *Br* [nightshift]: **to work** ~**s** travailler OR être de nuit.

nightcap ['naɪtkæp] *n* [drink] boisson alcoolisée prise avant de se coucher.

nightclub ['naɪtklʌb] *n* boîte *f* de nuit, night-club *m*.

nightdress ['naɪtdres] *n* chemise *f* de nuit.

nightfall ['naɪtfɔːl] *n* tombée *f* de la nuit OR du jour.

nightgown ['naɪtɡaʊn] *n* chemise *f* de nuit.

nightie ['naɪtɪ] *n inf* chemise *f* de nuit.

nightingale ['naɪtɪŋɡeɪl] *n* rossignol *m*.

nightlife ['naɪtlaɪf] *n* vie *f* nocturne, activités *fpl* nocturnes.

nightly ['naɪtlɪ] ◇ *adj* (de) toutes les nuits OR tous les soirs. ◇ *adv* toutes les nuits, tous les soirs.

nightmare ['naɪtmeəʳ] *n lit* & *fig* cauchemar *m*.

night porter *n* veilleur *m* de nuit.

night school *n* (U) cours *mpl* du soir.

night shift *n* [period] poste *m* de nuit.

nightshirt ['naɪtʃɜːt] *n* chemise *f* de nuit d'homme.

nighttime ['naɪttaɪm] *n* nuit *f*.

nil [nɪl] *n* néant *m*; *Br* SPORT zéro *m*.

Nile [naɪl] *n*: **the** ~ le Nil.

nimble ['nɪmbl] *adj* agile, leste; *fig* [mind] vif (vive).

nine [naɪn] *num* neuf; *see also* **six**.

nineteen [ˌnaɪn'tiːn] *num* dix-neuf; *see also* **six**.

ninety ['naɪntɪ] *num* quatre-vingt-dix; *see also* **sixty**.

ninth [naɪnθ] *num* neuvième; *see also* **sixth**.

nip [nɪp] ◇ *n* **-1.** [pinch] pinçon *m*; [bite] morsure *f*. **-2.** [of drink] goutte *f*, doigt *m*. ◇ *vt* [pinch] pincer; [bite] mordre.

nipple ['nɪpl] *n* **-1.** ANAT bout *m* de sein, mamelon *m*. **-2.** [of bottle] tétine *f*.

nit [nɪt] *n* **-1.** [in hair] lente *f*. **-2.** *Br inf* [idiot] idiot *m*, -e *f*, crétin *m*, -e *f*.

nitpicking ['nɪtpɪkɪŋ] *n inf* ergotage *m*, pinaillage *m*.

nitrogen ['naɪtrədʒən] *n* azote *m*.

nitty-gritty [ˌnɪtɪ'grɪtɪ] n inf: **to get down to the ~** en venir à l'essentiel OR aux choses sérieuses.

no [nəʊ] (pl **-es**) ◇ adv **-1.** [gen] non; [expressing disagreement] mais non. **-2.** [not any]: **~ bigger/smaller** pas plus grand/petit; **~ better** pas mieux. ◇ adj aucun(e), pas de; **there's ~ telling what will happen** impossible de dire ce qui va se passer; **he's ~ friend of mine** je ne le compte pas parmi mes amis. ◇ n non m; **she won't take ~ for an answer** elle n'accepte pas de refus OR qu'on lui dise non.

No., no. (abbr of **number**) No, no.

nobility [nə'bɪlətɪ] n noblesse f.

noble ['nəʊbl] ◇ adj noble. ◇ n noble m.

nobody ['nəʊbədɪ] ◇ pron personne, aucun(e). ◇ n pej rien-du-tout mf, moins que rien mf.

nocturnal [nɒk'tɜːnl] adj nocturne.

nod [nɒd] ◇ vt: **to ~ one's head** incliner la tête, faire un signe de tête. ◇ vi **-1.** [in agreement] faire un signe de tête affirmatif, faire signe que oui. **-2.** [to indicate sthg] faire un signe de tête. **-3.** [as greeting]: **to ~ to sb** saluer qqn d'un signe de tête. ◆ **nod off** vi somnoler, s'assoupir.

noise [nɔɪz] n bruit m.

noisy ['nɔɪzɪ] adj bruyant(e).

no-man's-land n no man's land m.

nominal ['nɒmɪnl] adj **-1.** [in name only] de nom seulement, nominal(e). **-2.** [very small] minime, insignifiant(e).

nominate ['nɒmɪneɪt] vt **-1.** [propose]: **to ~ sb (for/as sthg)** proposer qqn (pour/comme qqch). **-2.** [appoint]: **to ~ sb (as sthg)** nommer qqn (qqch); **to ~ sb (to sthg)** nominer qqn (à qqch).

nominee [ˌnɒmɪ'niː] n personne f nommée OR désignée.

non- [nɒn] prefix non-.

nonalcoholic [ˌnɒnælkə'hɒlɪk] adj nonalcoolisé(e).

nonaligned [ˌnɒnə'laɪnd] adj nonaligné(e).

nonchalant [Br 'nɒnʃələnt, Am ˌnɒnʃə'lɑːnt] adj nonchalant(e).

noncommittal [ˌnɒnkə'mɪtl] adj évasif(ive).

nonconformist [ˌnɒnkən'fɔːmɪst] ◇ adj non-conformiste. ◇ n non-conformiste mf.

nondescript [Br 'nɒndɪskrɪpt, Am ˌnɒndɪ'skrɪpt] adj quelconque, terne.

none [nʌn] ◇ pron **-1.** [gen] aucun(e); **there was ~ left** il n'y en avait plus, il n'en restait plus; **I'll have ~ of your nonsense** je ne tolérerai pas de bêtises de ta part. **-2.** [nobody] personne, nul (nulle). ◇ adv: **~ the worse/wiser** pas plus mal/avancé; **~ the better** pas mieux. ◆ **none too** adv pas tellement OR trop.

nonentity [nɒ'nentətɪ] n nullité f, zéro m.

nonetheless [ˌnʌnðə'les] adv néanmoins, pourtant.

non-event n événement m raté OR décevant.

nonexistent [ˌnɒnɪg'zɪstənt] adj inexistant(e).

nonfiction [ˌnɒn'fɪkʃn] n (U) ouvrages mpl généraux.

no-nonsense adj direct(e), sérieux(ieuse).

nonpayment [ˌnɒn'peɪmənt] n nonpaiement m.

nonplussed, nonplused Am [ˌnɒn'plʌst] adj déconcerté(e), perplexe.

nonreturnable [ˌnɒnrɪ'tɜːnəbl] adj [bottle] non consigné(e).

nonsense ['nɒnsəns] ◇ n (U) **-1.** [meaningless words] charabia m. **-2.** [foolish idea]: **it was ~ to suggest ...** il était absurde de suggérer .... **-3.** [foolish behaviour] bêtises fpl, idioties fpl; **to make (a) ~ of sthg** gâcher OR saboter qqch. ◇ excl quelles bêtises OR foutaises!

nonsensical [nɒn'sensɪkl] adj absurde, qui n'a pas de sens.

nonsmoker [ˌnɒn'sməʊkər] n nonfumeur m, -euse f, personne f qui ne fume pas.

nonstick [ˌnɒn'stɪk] adj qui n'attache pas, téflonisé(e).

nonstop [ˌnɒn'stɒp] ◇ adj [flight] direct(e), sans escale; [activity] continu(e); [rain] continuel(elle). ◇ adv [talk, work] sans arrêt; [rain] sans discontinuer.

noodles ['nuːdlz] npl nouilles fpl.

nook [nʊk] n [of room] coin m, recoin m; **every ~ and cranny** tous les coins, les coins et les recoins.

noon [nuːn] n midi m.

no one pron = **nobody**.

noose [nuːs] n nœud m coulant.

no-place Am = **nowhere**.

nor [nɔːr] conj: **~ do I** moi non plus; → **neither**.

norm [nɔːm] n norme f.

normal ['nɔːml] adj normal(e).

normality [nɔːˈmælɪtɪ], **normalcy** *Am* [ˈnɔːmlsɪ] *n* normalité *f*.

normally [ˈnɔːməlɪ] *adv* normalement.

Normandy [ˈnɔːməndɪ] *n* Normandie *f*.

north [nɔːθ] ◇ *n* **-1.** [direction] nord *m*. **-2.** [region]: **the** ~ le nord. ◇ *adj* nord (*inv*); [wind] du nord. ◇ *adv* au nord, vers le nord; ~ **of** au nord de.

North Africa *n* Afrique *f* du Nord.

North America *n* Amérique *f* du Nord.

North American ◇ *adj* nord-américain(aine). ◇ *n* Nord-Américain *m*, -aine *f*.

northeast [ˌnɔːθˈiːst] ◇ *n* **-1.** [direction] nord-est *m*. **-2.** [region]: **the** ~ le nord-est. ◇ *adj* nord-est (*inv*); [wind] du nord-est. ◇ *adv* au nord-est, vers le nord-est; ~ **of** au nord-est de.

northerly [ˈnɔːðəlɪ] *adj* du nord; **in a** ~ **direction** vers le nord, en direction du nord.

northern [ˈnɔːðən] *adj* du nord, nord (*inv*).

Northern Ireland *n* Irlande *f* du Nord.

northernmost [ˈnɔːðənməʊst] *adj* le plus au nord (la plus au nord), à l'extrême nord.

North Korea *n* Corée *f* du Nord.

North Pole *n*: **the** ~ le pôle Nord.

North Sea *n*: **the** ~ la mer du Nord.

northward [ˈnɔːθwəd] ◇ *adj* au nord. ◇ *adv* = **northwards**.

northwards [ˈnɔːθwədz] *adv* au nord, vers le nord.

northwest [ˌnɔːθˈwest] ◇ *n* **-1.** [direction] nord-ouest *m*. **-2.** [region]: **the** ~ le nord-ouest. ◇ *adj* nord-ouest (*inv*); [wind] du nord-ouest. ◇ *adv* au nord-ouest, vers le nord-ouest; ~ **of** au nord-ouest de.

Norway [ˈnɔːweɪ] *n* Norvège *f*.

Norwegian [nɔːˈwiːdʒən] ◇ *adj* norvégien(ienne). ◇ *n* **-1.** [person] Norvégien *m*, -ienne *f*. **-2.** [language] norvégien *m*.

nose [nəʊz] *n* nez *m*; **keep your** ~ **out of my business** occupe-toi OR mêle-toi de tes affaires, occupe-toi OR mêle-toi de tes oignons; **to look down one's** ~ **at sb** *fig* traiter qqn de haut (en bas); **to look down one's** ~ **at sthg** *fig* considérer qqch avec mépris; **to poke** OR **stick one's** ~ **into sthg** mettre OR fourrer son nez dans qqch; **to turn up one's** ~ **at sthg** dédaigner qqch. ◆ **nose about**, **nose around** *vi* fouiner, fureter.

nosebleed [ˈnəʊzbliːd] *n*: **to have a** ~ saigner du nez.

nosedive [ˈnəʊzdaɪv] ◇ *n* [of plane] piqué *m*. ◇ *vi* **-1.** [plane] descendre en piqué, piquer du nez. **-2.** *fig* [prices] dégringoler; [hopes] s'écrouler.

nosey [ˈnəʊzɪ] = **nosy**.

nostalgia [nɒˈstældʒə] *n*: ~ **(for sthg)** nostalgie *f* (de qqch).

nostril [ˈnɒstrəl] *n* narine *f*.

nosy [ˈnəʊzɪ] *adj* curieux(ieuse), fouinard(e).

not [nɒt] *adv* ne pas, pas; **I think** ~ je ne crois pas; **I'm afraid** ~ je crains que non; ~ **always** pas toujours; ~ **that ...** ce n'est pas que ..., non pas que ...; ~ **at all** [no] pas du tout; [to acknowledge thanks] de rien, je vous en prie.

notable [ˈnəʊtəbl] *adj* notable, remarquable; **to be** ~ **for sthg** être célèbre pour qqch.

notably [ˈnəʊtəblɪ] *adv* **-1.** [in particular] notamment, particulièrement. **-2.** [noticeably] sensiblement, nettement.

notary [ˈnəʊtərɪ] *n*: ~ **(public)** notaire *m*.

notch [nɒtʃ] *n* **-1.** [cut] entaille *f*, encoche *f*. **-2.** *fig* [on scale] cran *m*.

note [nəʊt] ◇ *n* **-1.** [gen & MUS] note *f*; [short letter] mot *m*; **to take** ~ **of sthg** prendre note de qqch. **-2.** [money] billet *m* (de banque). ◇ *vt* **-1.** [notice] remarquer, constater. **-2.** [mention] mentionner, signaler. ◆ **notes** *npl* [in book] notes *fpl*. ◆ **note down** *vt sep* noter, inscrire.

notebook [ˈnəʊtbʊk] *n* **-1.** [for notes] carnet *m*, calepin *m*. **-2.** COMPUT ordinateur *m* portable compact.

noted [ˈnəʊtɪd] *adj* célèbre, éminent(e).

notepad [ˈnəʊtpæd] *n* bloc-notes *m*.

notepaper [ˈnəʊtpeɪpər] *n* papier *m* à lettres.

noteworthy [ˈnəʊtˌwɜːðɪ] *adj* remarquable, notable.

nothing [ˈnʌθɪŋ] ◇ *pron* rien; **I've got** ~ **to do** je n'ai rien à faire; **for** ~ pour rien; ~ **if not** avant tout, surtout; ~ **but** ne ... que, rien que; **there's** ~ **for it (but to do sthg)** *Br* il n'y a rien d'autre à faire (que de faire qqch). ◇ *adv*: **you're** ~ **like your brother** tu ne ressembles pas du tout OR en rien à ton frère; **I'm** ~ **like finished** je suis loin d'avoir fini.

notice [ˈnəʊtɪs] ◇ *n* **-1.** [written announcement] affiche *f*, placard *m*. **-2.** [attention]: **to take** ~ **(of sb/sthg)** faire OR prêter attention (à qqn/qqch); **to take no** ~ **(of sb/sthg)** ne pas faire attention (à qqn/qqch). **-3.** [warning] avis *m*, avertissement *m*; **at short ~** dans un bref délai; **until further ~** jusqu'à nouvel ordre. **-4.** [at work]: **to be given one's ~** recevoir son congé, être renvoyé(e); **to hand in one's ~** donner sa démission, demander son congé. ◇ *vt* remarquer, s'apercevoir de.

noticeable ['nəutɪsəbl] *adj* sensible, perceptible.

notice board *n* panneau *m* d'affichage.

notify ['nəutɪfaɪ] *vt*: **to ~ sb (of sthg)** avertir OR aviser qqn (de qqch).

notion ['nəuʃn] *n* idée *f*, notion *f*.
◆ **notions** *npl Am* mercerie *f*.

notorious [nəu'tɔːrɪəs] *adj* [criminal] notoire; [place] mal famé(e).

notwithstanding [ˌnɒtwɪθ'stændɪŋ] *fml* ◇ *prep* malgré, en dépit de. ◇ *adv* néanmoins, malgré tout.

nought [nɔːt] *num* zéro *m*; **~s and crosses** morpion *m*.

noun [naun] *n* nom *m*.

nourish ['nʌrɪʃ] *vt* nourrir.

nourishing ['nʌrɪʃɪŋ] *adj* nourrissant(e).

nourishment ['nʌrɪʃmənt] *n* (U) nourriture *f*, aliments *mpl*.

novel ['nɒvl] ◇ *adj* nouveau (nouvelle), original(e). ◇ *n* roman *m*.

novelist ['nɒvəlɪst] *n* romancier *m*, -ière *f*.

novelty ['nɒvltɪ] *n* **-1.** [gen] nouveauté *f*. **-2.** [cheap object] gadget *m*.

November [nə'vembər] *n* novembre *m*; *see also* **September**.

novice ['nɒvɪs] *n* novice *mf*.

now [nau] ◇ *adv* **-1.** [at this time, at once] maintenant; **any day/time ~** d'un jour/moment à l'autre; **~ and then** OR **again** de temps en temps, de temps à autre. **-2.** [in past] à ce moment-là, alors. **-3.** [to introduce statement]: **~ let's just calm down** bon, on se calme maintenant. ◇ *conj*: **~ (that)** maintenant que. ◇ *n*: **for ~** pour le présent; **from ~ on** à partir de maintenant, désormais; **up until ~** jusqu'à présent; **by ~** déjà.

nowadays ['nauədeɪz] *adv* actuellement, aujourd'hui.

nowhere *Br* ['nəuweər], **no-place** *Am* *adv* nulle part; **~ near** loin de; **we're getting ~** on n'avance pas, on n'arrive à rien.

nozzle ['nɒzl] *n* ajutage *m*, buse *f*.

nuance [nju:'ɑːns] *n* nuance *f*.

nuclear ['nju:klɪər] *adj* nucléaire.

nuclear bomb *n* bombe *f* nucléaire.

nuclear disarmament *n* désarmement *m* nucléaire.

nuclear energy *n* énergie *f* nucléaire.

nuclear power *n* énergie *f* nucléaire.

nuclear reactor *n* réacteur *m* nucléaire.

nucleus ['nju:klɪəs] (*pl* **-lei** [-lɪaɪ]) *n* lit & *fig* noyau *m*.

nude [nju:d] ◇ *adj* nu(e). ◇ *n* nu *m*; **in the ~** nu(e).

nudge [nʌdʒ] *vt* pousser du coude; *fig* encourager, pousser.

nudist ['nju:dɪst] ◇ *adj* nudiste. ◇ *n* nudiste *mf*.

nugget ['nʌgɪt] *n* pépite *f*.

nuisance ['nju:sns] *n* ennui *m*, embêtement *m*; **to make a ~ of o.s.** embêter le monde; **what a ~!** quelle plaie!

nuke [nju:k] *inf* ◇ *n* bombe *f* nucléaire. ◇ *vt* atomiser.

null [nʌl] *adj*: **~ and void** nul et non avenu.

numb [nʌm] ◇ *adj* engourdi(e); **to be ~ with** [fear] être paralysé par; [cold] être transi de. ◇ *vt* engourdir.

number ['nʌmbər] ◇ *n* **-1.** [numeral] chiffre *m*. **-2.** [of telephone, house, car] numéro *m*. **-3.** [quantity] nombre *m*; **a ~ of** un certain nombre de, plusieurs; **any ~ of** un grand nombre de, bon nombre de. **-4.** [song] chanson *f*. ◇ *vt* **-1.** [amount to, include] compter; **to ~ among** compter parmi. **-2.** [give number to] numéroter.

number one ◇ *adj* premier(ière), principal(e). ◇ *n* *inf* [oneself] soi, sa pomme.

numberplate ['nʌmbəpleɪt] *n* plaque *f* d'immatriculation.

Number Ten *n* *la résidence officielle du premier ministre britannique.*

numeral ['nju:mərəl] *n* chiffre *m*.

numerate ['nju:mərət] *adj* *Br* [person] qui sait compter.

numerical [nju:'merɪkl] *adj* numérique.

numerous ['nju:mərəs] *adj* nombreux(euse).

nun [nʌn] *n* religieuse *f*, sœur *f*.

nurse [nɜːs] ◇ *n* infirmière *f*; **(male) ~** infirmier *m*. ◇ *vt* **-1.** [patient, cold] soigner. **-2.** *fig* [desires, hopes] nourrir. **-3.** [subj: mother] allaiter.

nursery ['nɜːsərɪ] *n* **-1.** [for children] garderie *f*. **-2.** [for plants] pépinière *f*.

nursery rhyme *n* comptine *f*.

nursery school *n* (école *f*) maternelle *f*.

nursery slopes *npl* pistes *fpl* pour débutants.

nursing ['nɜːsɪŋ] *n* métier *m* d'infirmière.

nursing home *n* [for old people] maison *f* de retraite privée; [for childbirth] maternité *f* privée.

nurture ['nɜːtʃər] *vt* -1. [children] élever; [plants] soigner. -2. *fig* [hopes etc] nourrir.

nut [nʌt] *n* -1. [to eat] terme générique désignant les fruits tels que les noix, noisettes etc. -2. [of metal] écrou *m*. -3. *inf* [mad person] cinglé *m*, -e *f*. ◆ **nuts** ◇ *adj inf*: **to be ~s** être dingue. ◇ *excl Am inf* zut!

nutcrackers ['nʌt,krækəz] *npl* casse-noix *m inv*, casse-noisettes *m inv*.

nutmeg ['nʌtmeg] *n* noix *f* (de) muscade.

nutritious [njuː'trɪʃəs] *adj* nourrissant(e).

nutshell ['nʌtʃel] *n*: **in a ~** en un mot.

nuzzle ['nʌzl] ◇ *vt* frotter son nez contre. ◇ *vi*: **to ~ (up) against** se frotter contre, frotter son nez contre.

nylon ['naɪlɒn] ◇ *n* nylon *m*. ◇ *comp* en nylon.

o (*pl* **o's** OR **os**), **O** (*pl* **O's** OR **Os**) [əʊ] *n* -1. [letter] o *m inv*, O *m inv*. -2. [zero] zéro *m*.

oak [əʊk] ◇ *n* chêne *m*. ◇ *comp* de OR en chêne.

OAP (*abbr of* **old age pensioner**) *n* retraité *m*, -e *f*.

oar [ɔːr] *n* rame *f*, aviron *m*.

oasis [əʊ'eɪsɪs] (*pl* **oases** [əʊ'eɪsiːz]) *n* oasis *f*.

oatcake ['əʊtkeɪk] *n* galette *f* d'avoine.

oath [əʊθ] *n* -1. [promise] serment *m*; **on** OR **under ~** sous serment. -2. [swearword] juron *m*.

oatmeal ['əʊtmiːl] *n* (*U*) flocons *mpl* d'avoine.

oats [əʊts] *npl* [grain] avoine *f*.

obedience [ə'biːdjəns] *n* obéissance *f*.

obedient [ə'biːdjənt] *adj* obéissant(e), docile.

obese [əʊ'biːs] *adj fml* obèse.

obey [ə'beɪ] ◇ *vt* obéir à. ◇ *vi* obéir.

obituary [ə'bɪtʃʊərɪ] *n* nécrologie *f*.

object [*n* 'ɒbdʒɪkt, *vb* ɒb'dʒekt] ◇ *n* -1. [gen] objet *m*. -2. [aim] objectif *m*, but *m*. -3. GRAMM complément *m* d'objet. ◇ *vt* objecter. ◇ *vi* protester; **to ~ to sthg** faire objection à qqch, s'opposer à qqch; **to ~ to doing sthg** se refuser à faire qqch.

objection [əb'dʒekʃn] *n* objection *f*; **to have no ~ to sthg/to doing sthg** ne voir aucune objection à qqch/à faire qqch.

objectionable [əb'dʒekʃənəbl] *adj* [person, behaviour] désagréable; [language] choquant(e).

objective [əb'dʒektɪv] ◇ *adj* objectif(ive). ◇ *n* objectif *m*.

obligation [,ɒblɪ'geɪʃn] *n* obligation *f*.

obligatory [ə'blɪgətrɪ] *adj* obligatoire.

oblige [ə'blaɪdʒ] *vt* -1. [force]: **to ~ sb to do sthg** forcer OR obliger qqn à faire qqch. -2. *fml* [do a favour to] obliger.

obliging [ə'blaɪdʒɪŋ] *adj* obligeant(e).

oblique [ə'bliːk] ◇ *adj* oblique; [reference, hint] indirect(e). ◇ *n* TYPO barre *f* oblique.

obliterate [ə'blɪtəreɪt] *vt* [destroy] détruire, raser.

oblivion [ə'blɪvɪən] *n* oubli *m*.

oblivious [ə'blɪvɪəs] *adj*: **to be ~ to** OR **of** être inconscient(e) de.

oblong ['ɒblɒŋ] ◇ *adj* rectangulaire. ◇ *n* rectangle *m*.

obnoxious [əb'nɒkʃəs] *adj* [person] odieux(ieuse); [smell] infect(e), fétide; [comment] désobligeant(e).

oboe ['əʊbəʊ] *n* hautbois *m*.

obscene [əb'siːn] *adj* obscène.

obscure [əb'skjʊər] ◇ *adj* obscur(e). ◇ *vt* -1. [gen] obscurcir. -2. [view] masquer.

observance [əb'zɜːvəns] *n* observation *f*.

observant [əb'zɜːvnt] *adj* observateur(trice).

observation [,ɒbzə'veɪʃn] *n* observation *f*.

observatory [əb'zɜːvətrɪ] *n* observatoire *m*.

observe [əb'zɜːv] *vt* -1. [gen] observer. -2. [remark] remarquer, faire observer.

observer [əb'zɜːvər] *n* observateur *m*, -trice *f*.

obsess [əb'ses] *vt* obséder; **to be ~ed by** OR **with sb/sthg** être obsédé par qqn/qqch.

obsessive [əb'sesɪv] *adj* [person] obsessionnel(elle); [need etc] qui est une obsession.

obsolescent [ˌɒbsə'lesnt] *adj* [system] qui tombe en désuétude; [machine] obsolescent(e).

obsolete ['ɒbsəliːt] *adj* obsolète.

obstacle ['ɒbstəkl] *n* obstacle *m*.

obstetrics [ɒb'stetrɪks] *n* obstétrique *f*.

obstinate ['ɒbstənət] *adj* **-1.** [stubborn] obstiné(e). **-2.** [cough] persistant(e); [stain, resistance] tenace.

obstruct [əb'strʌkt] *vt* **-1.** [block] obstruer. **-2.** [hinder] entraver, gêner.

obstruction [əb'strʌkʃn] *n* **-1.** [in road] encombrement *m*; [in pipe] engorgement *m*. **-2.** SPORT obstruction *f*.

obtain [əb'teɪn] *vt* obtenir.

obtainable [əb'teɪnəbl] *adj* que l'on peut obtenir.

obtrusive [əb'truːsɪv] *adj* [behaviour] qui attire l'attention; [smell] fort(e).

obtuse [əb'tjuːs] *adj* obtus(e).

obvious ['ɒbvɪəs] *adj* évident(e).

obviously ['ɒbvɪəslɪ] *adv* **-1.** [of course] bien sûr. **-2.** [clearly] manifestement.

occasion [ə'keɪʒn] ◇ *n* **-1.** [gen] occasion *f*. **-2.** [important event] événement *m*; **to rise to the ~** se montrer à la hauteur de la situation. ◇ *vt* [cause] provoquer, occasionner.

occasional [ə'keɪʒənl] *adj* [showers] passager(ère); [visit] occasionnel(elle); **I have the ~ drink/cigarette** je bois un verre/je fume une cigarette de temps à autre.

occasionally [ə'keɪʒnəlɪ] *adv* de temps en temps, quelquefois.

occult [ɒ'kʌlt] *adj* occulte.

occupant ['ɒkjʊpənt] *n* occupant *m*, -e *f*; [of vehicle] passager *m*.

occupation [ˌɒkjʊ'peɪʃn] *n* **-1.** [job] profession *f*. **-2.** [pastime, by army] occupation *f*.

occupational hazard [ɒkjʊˌpeɪʃənl-] *n* risque *m* du métier.

occupational therapy [ɒkjʊˌpeɪʃənl-] *n* thérapeutique *f* occupationnelle, ergothérapie *f*.

occupier ['ɒkjʊpaɪə^r] *n* occupant *m*, -e *f*.

occupy ['ɒkjʊpaɪ] *vt* occuper; **to ~ o.s.** s'occuper.

occur [ə'kɜː^r] *vi* **-1.** [happen - gen] avoir lieu, se produire; [- difficulty] se présenter. **-2.** [be present] se trouver, être présent(e). **-3.** [thought, idea]: **to ~ to sb** venir à l'esprit de qqn.

occurrence [ə'kʌrəns] *n* [event] événement *m*, circonstance *f*.

ocean ['əʊʃn] *n* océan *m*; *Am* [sea] mer *f*.

oceangoing ['əʊʃnˌgəʊɪŋ] *adj* au long cours.

ochre *Br*, **ocher** *Am* ['əʊkə^r] *adj* ocre (*inv*).

o'clock [ə'klɒk] *adv*: **two ~** deux heures.

octave ['ɒktɪv] *n* octave *f*.

October [ɒk'təʊbə^r] *n* octobre *m*; *see also* **September**.

octopus ['ɒktəpəs] (*pl* **-puses** OR **-pi** [-paɪ]) *n* pieuvre *f*.

OD -1. *abbr of* **overdose**. **-2.** *abbr of* **overdrawn**.

odd [ɒd] *adj* **-1.** [strange] bizarre, étrange. **-2.** [leftover] qui reste. **-3.** [occasional]: **I play the ~ game of tennis** je joue au tennis de temps en temps. **-4.** [not part of pair] dépareillé(e). **-5.** [number] impair(e). **-6.** *phr*: **twenty ~ years** une vingtaine d'années. ◆ **odds** *npl*: **the ~s** les chances *fpl*; **the ~s are that ...** il y a des chances pour que ... (+ *subjunctive*), il est probable que ...; **against the ~s** envers et contre tout; **~s and ends** petites choses *fpl*, petits bouts *mpl*; **to be at ~s with sb** être en désaccord avec qqn.

oddity ['ɒdɪtɪ] (*pl* **-ies**) *n* **-1.** [person] personne *f* bizarre; [thing] chose *f* bizarre. **-2.** [strangeness] étrangeté *f*.

odd jobs *npl* petits travaux *mpl*.

oddly ['ɒdlɪ] *adv* curieusement; **~ enough** chose curieuse.

oddments ['ɒdmənts] *npl* fins *fpl* de série.

odds-on ['ɒdz-] *adj inf*: **~ favourite** grand favori.

odometer [əʊ'dɒmɪtə^r] *n* odomètre *m*.

odour *Br*, **odor** *Am* ['əʊdə^r] *n* odeur *f*.

of [unstressed əv, stressed ɒv] *prep* **-1.** [gen] de; **the cover ~ a book** la couverture d'un livre; **to die ~ cancer** mourir d'un cancer. **-2.** [expressing quantity, amount, age etc] de; **thousands ~ people** des milliers de gens; **a piece ~ cake** un morceau de gâteau; **a pound ~ tomatoes** une livre de tomates; **a child ~ five** un enfant de cinq ans; **a cup ~ coffee** une tasse de café. **-3.** [made from] en. **-4.** [with dates, periods of time]: **the 12th ~ February** le 12 février.

off [ɒf] ◇ *adv* **-1.** [at a distance, away]: **10 miles ~** à 16 kilomètres; **two days ~** dans deux jours; **far ~** au loin; **to be ~** partir, s'en aller. **-2.** [so as to remove]: **to take ~** enlever; **to cut sthg ~**

couper qqch. **-3.** [so as to complete]: **to finish** ~ terminer; **to kill** ~ achever. **-4.** [not at work etc]: **a day/week** ~ un jour/une semaine de congé. **-5.** [discounted]: **£10** ~ **10 livres de remise** OR réduction. ◇ *prep* **-1.** [at a distance from, away from] de; **to get** ~ **a bus** descendre d'un bus; **to take a book** ~ **a shelf** prendre un livre sur une étagère; ~ **the coast** près de la côte. **-2.** [not attending]: **to be** ~ **work** ne pas travailler; ~ **school** absent de l'école. **-3.** [no longer liking]: **she's** ~ **her food** elle n'a pas d'appétit. **-4.** [deducted from] sur. **-5.** *inf* [from]: **to buy sthg** ~ **sb** acheter qqch à qqn. ◇ *adj* **-1.** [food] avarié(e), gâté(e); [milk] tourné(e). **-2.** [TV, light] éteint(e); [engine] coupé(e). **-3.** [cancelled] annulé(e). **-4.** [not at work etc] absent(e). **-5.** *inf* [offhand]: **he was a bit** ~ **with me** il n'a pas été sympa avec moi.

offal ['ɒfl] *n* (*U*) abats *mpl*.

off-chance *n*: **on the** ~ **that** ... au cas où ....

off colour *adj* [ill] patraque.

off duty *adj* qui n'est pas de service; [doctor, nurse] qui n'est pas de garde.

offence *Br*, **offense** *Am* [ə'fens] *n* **-1.** [crime] délit *m*. **-2.** [upset]: **to cause sb** ~ **vexer qqn; to take** ~ se vexer.

offend [ə'fend] *vt* offenser.

offender [ə'fendər] *n* **-1.** [criminal] criminel *m*, -elle *f*. **-2.** [culprit] coupable *mf*.

offense [sense 2 'ɒfens] *n Am* **-1.** = **offence. -2.** SPORT attaque *f*.

offensive [ə'fensɪv] ◇ *adj* **-1.** [behaviour, comment] blessant(e). **-2.** [weapon, action] offensif(ive). ◇ *n* offensive *f*.

offer ['ɒfər] ◇ *n* **-1.** [gen] offre *f*, proposition *f*. **-2.** [price, bid] offre *f*. **-3.** [in shop] promotion *f*; **on** ~ [available] en vente; [at a special price] en réclame, en promotion. ◇ *vt* **-1.** [gen] offrir; **to** ~ **sthg to sb, to** ~ **sb sthg** offrir qqch à qqn; **to** ~ **to do sthg** proposer OR offrir de faire qqch. **-2.** [provide - services etc] proposer; [- hope] donner. ◇ *vi* s'offrir.

offering ['ɒfərɪŋ] *n* RELIG offrande *f*.

off-guard *adv* au dépourvu.

offhand [,ɒf'hænd] ◇ *adj* cavalier(ière). ◇ *adv* tout de suite.

office ['ɒfɪs] *n* **-1.** [place, staff] bureau *m*. **-2.** [department] département *m*, service *m*. **-3.** [position] fonction *f*, poste *m*; **in** ~ en fonction; **to take** ~ entrer en fonction.

office automation *n* bureautique *f*.

office block *n* immeuble *m* de bureaux.

office hours *npl* heures *fpl* de bureau.

officer ['ɒfɪsər] *n* **-1.** [in armed forces] officier *m*. **-2.** [in organization] agent *m*, fonctionnaire *mf*. **-3.** [in police force] officier *m* (de police).

office worker *n* employé *m*, -e *f* de bureau.

official [ə'fɪʃl] ◇ *adj* officiel(ielle). ◇ *n* fonctionnaire *mf*.

officialdom [ə'fɪʃəldəm] *n* bureaucratie *f*.

offing ['ɒfɪŋ] *n*: **in the** ~ en vue, en perspective.

off-licence *n Br* magasin autorisé à vendre des boissons alcoolisées à emporter.

off-line *adj* COMPUT non connecté(e).

off-peak *adj* [electricity] utilisé(e) aux heures creuses; [fare] réduit(e) aux heures creuses.

off-putting [-,pʊtɪŋ] *adj* désagréable, rébarbatif(ive).

off season *n*: **the** ~ la morte-saison.

offset ['ɒfset] (*pt & pp* offset) *vt* [losses] compenser.

offshoot ['ɒfʃuːt] *n*: **to be an** ~ **of sthg** être né(e) OR provenir de qqch.

offshore ['ɒfʃɔːr] ◇ *adj* [oil rig] offshore (*inv*); [island] proche de la côte; [fishing] côtier(ière). ◇ *adv* au large.

offside [*adj & adv* ,ɒf'saɪd, *n* 'ɒfsaɪd] ◇ *adj* **-1.** [right-hand drive] de droite; [left-hand drive] de gauche. **-2.** SPORT hors-jeu (*inv*). ◇ *adv* SPORT hors-jeu. ◇ *n* [right-hand drive] côté *m* droit; [left-hand drive] côté gauche.

offspring ['ɒfsprɪŋ] (*pl inv*) *n* rejeton *m*.

offstage [,ɒf'steɪdʒ] *adj & adv* dans les coulisses.

off-the-cuff ◇ *adj* impromptu(e). ◇ *adv* impromptu.

off-the-peg *adj Br* de prêt-à-porter.

off-the-record ◇ *adj* officieux(ieuse). ◇ *adv* confidentiellement.

off-white *adj* blanc cassé (*inv*).

often ['ɒfn, 'ɒftn] *adv* souvent, fréquemment; **how** ~ **do you visit her?** vous la voyez tous les combien?; **as** ~ **as not** assez souvent; **every so** ~ de temps en temps; **more** ~ **than not** le plus souvent, la plupart du temps.

ogle ['əʊgl] *vt* reluquer.

oh [əʊ] *excl* oh!; [expressing hesitation] euh!

oil [ɔɪl] ◇ *n* **-1.** [gen] huile *f*. **-2.** [for heating] mazout *m*. **-3.** [petroleum] pétrole *m*. ◇ *vt* graisser, lubrifier.

oilcan ['ɔɪlkæn] *n* burette *f* d'huile.

oilfield ['ɔɪlfiːld] *n* gisement *m* pétrolifère.

oil filter *n* filtre *m* à huile.

oil-fired [-ˌfaɪəd] *adj* au mazout.

oil painting *n* peinture *f* à l'huile.

oilrig ['ɔɪlrɪg] *n* [at sea] plate-forme *f* de forage OR pétrolière; [on land] derrick *m*.

oilskins ['ɔɪlskɪnz] *npl* ciré *m*.

oil slick *n* marée *f* noire.

oil tanker *n* -1. [ship] pétrolier *m*, tanker *m*. -2. [lorry] camion-citerne *m*.

oil well *n* puits *m* de pétrole.

oily ['ɔɪlɪ] *adj* [rag etc] graisseux(euse); [food] gras (grasse).

ointment ['ɔɪntmənt] *n* pommade *f*.

OK (*pt* & *pp* **OKed**, *cont* **OKing**), **okay** [ˌəʊ'keɪ] *inf* ◇ *adj*: **is it ~ with** OR **by you?** ça vous va?, vous êtes d'accord?; **are you ~?** ça va? ◇ *excl* -1. [expressing agreement] d'accord, O.K. -2. [to introduce new topic]: **~, can we start now?** bon, on commence? ◇ *vt* approuver, donner le feu vert à.

old [əʊld] ◇ *adj* -1. [gen] vieux (vieille), âgé(e); **I'm 20 years ~** j'ai 20 ans; **how ~ are you?** quel âge as-tu? -2. [former] ancien(ienne). -3. *inf* [as intensifier]: **any ~** n'importe quel (n'importe quelle). ◇ *npl*: **the ~** les personnes *fpl* âgées.

old age *n* vieillesse *f*.

old age pensioner *n* Br retraité *m*, -e *f*.

Old Bailey [-'beɪlɪ] *n*: **the ~** la Cour d'assises de Londres.

old-fashioned [-'fæʃnd] *adj* -1. [outmoded] démodé(e), passé(e) de mode. -2. [traditional] vieux jeu (*inv*).

old people's home *n* hospice *m* de vieillards.

O level *n* Br *examen qui jusqu'en 1988 sanctionnait la fin d'études au niveau de la seconde.*

olive ['ɒlɪv] ◇ *adj* olive (*inv*). ◇ *n* olive *f*.

olive green *adj* vert olive (*inv*).

olive oil *n* huile *f* d'olive.

Olympic [ə'lɪmpɪk] *adj* olympique. ◆ **Olympics** *npl*: **the ~s** les Jeux *mpl* Olympiques.

Olympic Games *npl*: **the ~** les Jeux *mpl* Olympiques.

ombudsman ['ɒmbʊdzmən] (*pl* **-men** [-mən]) *n* ombudsman *m*.

omelet(te) ['ɒmlɪt] *n* omelette *f*; **mushroom ~** omelette aux champignons.

omen ['əʊmen] *n* augure *m*, présage *m*.

ominous ['ɒmɪnəs] *adj* [event, situation] de mauvais augure; [sign] inquiétant(e); [look, silence] menaçant(e).

omission [ə'mɪʃn] *n* omission *f*.

omit [ə'mɪt] *vt* omettre; **to ~ to do sthg** oublier de faire qqch.

omnibus ['ɒmnɪbəs] *n* -1. [book] recueil *m*. -2. Br RADIO & TV *diffusion groupée des épisodes de la semaine.*

on [ɒn] ◇ *prep* -1. [indicating position, location] sur; **~ a chair/the wall** sur une chaise/le mur; **~ the ceiling** au plafond; **the information is ~ disk** l'information est sur disquette; **~ the left/right** à gauche/droite. -2. [indicating means]: **the car runs ~ petrol** la voiture marche à l'essence; **to be shown ~ TV** passer à la télé; **~ the radio** à la radio; **the telephone** au téléphone; **to live ~ fruit** vivre OR se nourrir de fruits; **to hurt o.s. ~ sthg** se faire mal avec qqch. -3. [indicating mode of transport]: **to travel ~ a bus/train/ship** voyager en bus/par le train/en bateau; **I was ~ the bus** j'étais dans le bus; **~ foot** à pied. -4. [concerning] sur; **a book ~ astronomy** un livre sur l'astronomie. -5. [indicating time, activity]: **~ Thursday** jeudi; **~ the 10th of February** le 10 février; **~ my birthday** le jour de mon anniversaire; **~ my return**, **~ returning** à mon retour; **~ holiday** en vacances. -6. [indicating influence] sur; **the impact ~ the environment** l'impact sur l'environnement. -7. [using, supported by]: **to be ~ social security** recevoir l'aide sociale; **he's ~ tranquillizers** il prend des tranquillisants; **to be ~ drugs** se droguer. -8. [earning]: **to be ~ £25,000 a year** gagner 25 000 livres par an; **to be ~ a low income** avoir un faible revenu. -9. [referring to musical instrument]: **to play sthg ~ the violin/flute/guitar** jouer qqch au violon/à la flûte/à la guitare. -10. *inf* [paid by]: **the drinks are ~ me** c'est moi qui régale, c'est ma tournée. ◇ *adv* -1. [indicating covering, clothing]: **put the lid ~** mettez le couvercle; **to put a sweater ~** mettre un pull; **what did she have ~?** qu'est-ce qu'elle portait?; **he had nothing ~** il était tout nu. -2. [being shown]: **what's ~ at the Ritz?** qu'est-ce qu'on joue OR donne au Ritz? -3. [working - radio, TV, light] allumé(e); [- machine] en marche; [- tap] ouvert(e); **turn ~ the power** mets le courant. -4. [indicating continuing action]:

to work ~ continuer à travailler; he kept ~ walking il continua à marcher. **-5.** [forward]: **send my mail ~ (to me)** faites suivre mon courrier; **later ~** plus tard; **earlier ~** plus tôt. **-6.** inf [referring to behaviour]: **it's just not ~!** cela ne se fait pas! ◆ **from ... on** adv: **from now ~** dorénavant, désormais; **from then ~** à partir de ce moment-là. ◆ **on and off** adv de temps en temps. ◆ **on to, onto** prep (only written as **onto** for senses 4 and 5) **-1.** [to a position on top of] sur; **she jumped ~ to the chair** elle a sauté sur la chaise. **-2.** [to a position on a vehicle] dans; **she got ~ to the bus** elle est montée dans le bus; **he jumped ~ to his bicycle** il a sauté sur sa bicyclette. **-3.** [to a position attached to]: **stick the photo ~ to the page with glue** colle la photo sur la page. **-4.** [aware of wrongdoing]: **to be onto sb** être sur la piste de qqn. **-5.** [into contact with]: **get onto the factory** contactez l'usine.

once [wʌns] ◇ adv **-1.** [on one occasion] une fois; **~ a day** une fois par jour; **~ again** OR **more** encore une fois; **~ and for all** une fois pour toutes; **~ in a while** de temps en temps; **~ or twice** une ou deux fois; **for ~** pour une fois. **-2.** [previously] autrefois, jadis; **~ upon a time** il était une fois. ◇ conj dès que. ◆ **at once** adv **-1.** [immediately] immédiatement. **-2.** [at the same time] en même temps; **all at ~** tout d'un coup.

oncoming [ˈɒnˌkʌmɪŋ] adj [traffic] venant en sens inverse; [danger] imminent(e).

one [wʌn] ◇ num [the number 1] un (une). **page ~** page un; **~ of my friends** l'un de mes amis, un ami à moi; **~ fifth** un cinquième. ◇ adj **-1.** [only] seul(e), unique; **it's her ~ ambition/love** c'est son unique ambition/amour. **-2.** [indefinite]: **~ of these days** un de ces jours. ◇ pron **-1.** [referring to a particular thing or person]: **which ~ do you want?** lequel voulez-vous?; **this ~** celui-ci; **that ~** celui-là; **she's the ~ I told you about** c'est celle dont je vous ai parlé. **-2.** fml [you, anyone] on; **to do ~'s duty** faire son devoir. ◆ **for one** adv: **I for ~ remain unconvinced** pour ma part je ne suis pas convaincu.

one-armed bandit n machine f à sous.

one-man adj [business] dirigé(e) par un seul homme.

one-man band n [musician] homme-orchestre m.

one-off inf ◇ adj [offer, event, product] unique. ◇ n: **a ~** [product] un exemplaire unique; [event] un événement unique.

one-on-one Am = **one-to-one**.

one-parent family n famille f monoparentale.

oneself [wʌnˈself] pron **-1.** (reflexive) se; (after prep) soi. **-2.** (emphatic) soi-même.

one-sided [-ˈsaɪdɪd] adj **-1.** [unequal] inégal(e). **-2.** [biased] partial(e).

one-to-one Br, **one-on-one** Am adj [discussion] en tête-à-tête; **~ tuition** cours mpl particuliers.

one-upmanship [ˌwʌnˈʌpmənʃɪp] n art m de faire toujours mieux que les autres.

one-way adj **-1.** [street] à sens unique. **-2.** [ticket] simple.

ongoing [ˈɒnˌgəʊɪŋ] adj en cours, continu(e).

onion [ˈʌnjən] n oignon m.

online [ˈɒnlaɪn] adj & adv COMPUT en ligne, connecté(e).

onlooker [ˈɒnˌlʊkəʳ] n spectateur m, -trice f.

only [ˈəʊnlɪ] ◇ adj seul(e), unique; **an ~ child** un enfant unique. ◇ adv **-1.** [gen] ne ... que, seulement; **he ~ reads science fiction** il ne lit que de la science fiction; **it's ~ a scratch** c'est juste une égratignure; **he left ~ a few minutes ago** il est parti il n'y a pas deux minutes. **-2.** [for emphasis]: **I ~ wish I could** je voudrais bien; **it's ~ natural (that) ...** c'est tout à fait normal que ...; **I was ~ too willing to help** je ne demandais qu'à aider; **not ~ ... but also** non seulement ... mais encore; **I ~ just caught the train** j'ai eu le train de justesse. ◇ conj seulement, mais.

onset [ˈɒnset] n début m, commencement m.

onshore [ˈɒnʃɔːʳ] adj & adv [from sea] du large; [on land] à terre.

onslaught [ˈɒnslɔːt] n attaque f.

onto [unstressed before consonant ˈɒntə, unstressed before vowel ˈɒntʊ, stressed ˈɒntuː] = **on to**.

onus [ˈəʊnəs] n responsabilité f, charge f.

onward [ˈɒnwəd] adj & adv en avant.

onwards [ˈɒnwədz] adv en avant; from

now ~ dorénavant, désormais; **from then** ~ à partir de ce moment-là.

ooze [uːz] ◇ *vt fig* [charm, confidence] respirer. ◇ *vi*: **to** ~ **from** OR **out of sthg** suinter de qqch.

opaque [əʊ'peɪk] *adj* opaque; *fig* obscur(e).

OPEC ['əʊpek] (*abbr of* **Organization of Petroleum Exporting Countries**) *n* OPEP *f*.

open ['əʊpn] ◇ *adj* -1. [gen] ouvert(e). -2. [receptive]: **to be** ~ **(to)** être réceptif(ive) (à). -3. [view, road, space] dégagé(e). -4. [uncovered - car] découvert(e). -5. [meeting] public(ique); [competition] ouvert(e) à tous. -6. [disbelief, honesty] manifeste, évident(e). -7. [unresolved] non résolu(e). ◇ *n*: **in the** ~ [sleep] à la belle étoile; [eat] au grand air; **to bring sthg out into the** ~ divulguer qqch, exposer qqch au grand jour. ◇ *vt* -1. [gen] ouvrir. -2. [inaugurate] inaugurer. ◇ *vi* -1. [door, flower] s'ouvrir. -2. [shop, library etc] ouvrir. -3. [meeting, play etc] commencer. ◆ **open on to** *vt fus* [subj: room, door] donner sur. ◆ **open up** ◇ *vt sep* [develop] exploiter, développer. ◇ *vi* -1. [possibilities etc] s'offrir, se présenter. -2. [unlock door] ouvrir.

opener ['əʊpnər] *n* [for cans] ouvre-boîtes *m inv*; [for bottles] ouvre-bouteilles *m inv*, décapsuleur *m*.

opening ['əʊpnɪŋ] ◇ *adj* [first] premier(ière); [remarks] préliminaire. ◇ *n* -1. [beginning] commencement *m*, début *m*. -2. [in fence] trou *m*, percée *f*; [in clouds] trouée *f*, déchirure *f*. -3. [opportunity - gen] occasion *f*; [- COMM] débouché *m*. -4. [job vacancy] poste *m*.

opening hours *npl* heures *fpl* d'ouverture.

openly ['əʊpənlɪ] *adv* ouvertement, franchement.

open-minded [-'maɪndɪd] *adj* [person] qui a l'esprit large; [attitude] large.

open-plan *adj* non cloisonné(e).

Open University *n Br*: **the** ~ ≃ centre *m* national d'enseignement à distance.

opera ['ɒpərə] *n* opéra *m*.

opera house *n* opéra *m*.

operate ['ɒpəreɪt] ◇ *vt* -1. [machine] faire marcher, faire fonctionner. -2. COMM diriger. ◇ *vi* -1. [rule, law, system] jouer, être appliqué(e); [machine] fonctionner, marcher. -2. COMM opérer, travailler. -3. MED opérer; **to** ~ **on sb/sthg** opérer qqn/de qqch.

operating theatre *Br*, **operating room** *Am* ['ɒpəreɪtɪŋ-] *n* salle *f* d'opération.

operation [,ɒpə'reɪʃn] *n* -1. [gen & MED] opération *f*; **to have an** ~ **(for)** se faire opérer (de). -2. [of machine] marche *f*, fonctionnement *m*; **to be in** ~ [machine] être en marche OR en service; [law, system] être en vigueur. -3. [COMM - company] exploitation *f*; [- management] administration *f*, gestion *f*.

operational [,ɒpə'reɪʃənl] *adj* [machine] en état de marche.

operative ['ɒprətɪv] ◇ *adj* en vigueur. ◇ *n* ouvrier *m*, -ière *f*.

operator ['ɒpəreɪtər] *n* -1. TELEC standardiste *mf*. -2. [of machine] opérateur *m*, -trice *f*. -3. COMM directeur *m*, -trice *f*.

opinion [ə'pɪnjən] *n* opinion *f*, avis *m*; **to be of the** ~ **that** être d'avis que, estimer que; **in my** ~ à mon avis.

opinionated [ə'pɪnjəneɪtɪd] *adj pej* dogmatique.

opinion poll *n* sondage *m* d'opinion.

opponent [ə'pəʊnənt] *n* adversaire *mf*.

opportune ['ɒpətjuːn] *adj* opportun(e).

opportunist [,ɒpə'tjuːnɪst] *n* opportuniste *mf*.

opportunity [,ɒpə'tjuːnətɪ] *n* occasion *f*; **to take the** ~ **to do** OR **of doing sthg** profiter de l'occasion pour faire qqch.

oppose [ə'pəʊz] *vt* s'opposer à.

opposed [ə'pəʊzd] *adj* opposé(e); **to be** ~ **to** être contre, être opposé à; **as** ~ **to** par opposition à.

opposing [ə'pəʊzɪŋ] *adj* opposé(e).

opposite ['ɒpəzɪt] ◇ *adj* opposé(e); [house] d'en face. ◇ *adv* en face. ◇ *prep* en face de. ◇ *n* contraire *m*.

opposite number *n* homologue *mf*.

opposition [,ɒpə'zɪʃn] *n* -1. [gen] opposition *f*. -2. [opposing team] adversaire *mf*. ◆ **Opposition** *n Br* POL: **the Opposition** l'opposition.

oppress [ə'pres] *vt* -1. [persecute] opprimer. -2. [depress] oppresser.

oppressive [ə'presɪv] *adj* -1. [unjust] oppressif(ive). -2. [weather, heat] étouffant(e), lourd(e). -3. [silence] oppressant(e).

opt [ɒpt] ◇ *vt*: **to** ~ **to do sthg** choisir de faire qqch. ◇ *vi*: **to** ~ **for** opter pour. ◆ **opt in** *vi*: **to** ~ **in (to)** choisir de participer (à). ◆ **opt out** *vi*: **to** ~ **out (of)** [gen] choisir de ne pas participer (à); [of responsibility] se dérober (à); [of NHS] ne plus faire partie (de).

optical ['ɒptɪkl] *adj* optique.

optician [ɒpˈtɪʃn] n -1. [who sells glasses] opticien m, -ienne f. -2. [ophthalmologist] ophtalmologiste mf.

optimist [ˈɒptɪmɪst] n optimiste mf.

optimistic [ˌɒptɪˈmɪstɪk] adj optimiste.

optimum [ˈɒptɪməm] adj optimum.

option [ˈɒpʃn] n option f, choix m; to have the ~ to do OR of doing sthg pouvoir faire qqch, avoir la possibilité de faire qqch.

optional [ˈɒpʃənl] adj facultatif(ive); an ~ extra un accessoire.

or [ɔːʳ] conj -1. [gen] ou. -2. [after negative]: **he can't read ~ write** il ne sait ni lire ni écrire. -3. [otherwise] sinon. -4. [as correction] ou plutôt.

oral [ˈɔːrəl] ◇ adj -1. [spoken] oral(e). -2. MED - medicine] par voie orale, par la bouche; [- hygiene] buccal(e). ◇ n oral m, épreuve f orale.

orally [ˈɔːrəlɪ] adv -1. [in spoken form] oralement. -2. MED par voie orale.

orange [ˈɒrɪndʒ] ◇ adj orange (inv). ◇ n -1. [fruit] orange f. -2. [colour] orange m.

orator [ˈɒrətəʳ] n orateur m, -trice f.

orbit [ˈɔːbɪt] ◇ n orbite f. ◇ vt décrire une orbite autour de.

orchard [ˈɔːtʃəd] n verger m; **apple ~** champ m de pommiers, pommeraie f.

orchestra [ˈɔːkɪstrə] n orchestre m.

orchestral [ɔːˈkestrəl] adj orchestral(e).

orchid [ˈɔːkɪd] n orchidée f.

ordain [ɔːˈdeɪn] vt -1. [decree] ordonner, décréter. -2. RELIG: **to be ~ed** être ordonné prêtre.

ordeal [ɔːˈdiːl] n épreuve f.

order [ˈɔːdəʳ] ◇ n -1. [gen] ordre m; **to be under ~s to do** sthg avoir (reçu) l'ordre de faire qqch. -2. COMM commande f; **to place an ~ with sb for** sthg passer une commande de qqch à qqn; **to ~** sur commande. -3. [sequence] ordre m; **in ~** dans l'ordre; **in ~ of importance** par ordre d'importance. -4. [fitness for use]: **in working ~** en état de marche; **out of ~** [machine] en panne; [behaviour] déplacé(e); **in ~** [correct] en ordre. -5. (U) [discipline - gen] ordre m; [- in classroom] discipline f. -6. Am [portion] part f. ◇ vt -1. [command] ordonner; **to ~ sb to do** sthg ordonner à qqn de faire qqch; **to ~ that** ordonner que. -2. COMM commander. ◆ **in the order of** Br, **on the order of** Am prep environ, de l'ordre de. ◆ **in order that** conj pour que, afin que. ◆ **in order to** conj pour,

afin de. ◆ **order about**, **order around** vt sep commander.

order form n bulletin m de commande.

orderly [ˈɔːdəlɪ] ◇ adj [person] ordonné(e); [crowd] discipliné(e); [office, room] en ordre. ◇ n [in hospital] garçon m de salle.

ordinarily [ˈɔːdənrəlɪ] adv d'habitude, d'ordinaire.

ordinary [ˈɔːdənrɪ] ◇ adj -1. [normal] ordinaire. -2. pej [unexceptional] ordinaire, quelconque. ◇ n: **out of the ~** qui sort de l'ordinaire, exceptionnel(elle).

ordnance [ˈɔːdnəns] n (U) -1. [supplies] matériel m militaire. -2. [artillery] artillerie f.

ore [ɔːʳ] n minerai m.

oregano [ˌɒrɪˈgɑːnəʊ] n origan m.

organ [ˈɔːgən] n -1. [gen] organe m. -2. MUS orgue m.

organic [ɔːˈgænɪk] adj -1. [of animals, plants] organique. -2. [farming, food] biologique.

organization [ˌɔːgənaɪˈzeɪʃn] n organisation f.

organize, **-ise** [ˈɔːgənaɪz] vt organiser.

organizer [ˈɔːgənaɪzəʳ] n organisateur m, -trice f.

orgasm [ˈɔːgæzm] n orgasme m.

orgy [ˈɔːdʒɪ] n lit & fig orgie f.

Orient [ˈɔːrɪənt] n: **the ~** l'Orient m.

oriental [ˌɔːrɪˈentl] adj oriental(e).

orienteering [ˌɔːrɪənˈtɪərɪŋ] n (U) course f d'orientation.

origami [ˌɒrɪˈgɑːmɪ] n origami m.

origin [ˈɒrɪdʒɪn] n -1. [of river] source f; [of word, conflict] origine f. -2. [birth]: **country of ~** pays m d'origine. ◆ **origins** npl origines fpl.

original [əˈrɪdʒənl] ◇ adj original(e); [owner] premier(ière). ◇ n original m.

originally [əˈrɪdʒənəlɪ] adv à l'origine, au départ.

originate [əˈrɪdʒəneɪt] ◇ vt être l'auteur de, être à l'origine de. ◇ vi [belief, custom]: **to ~ (in)** prendre naissance (dans); **to ~ from** provenir de.

Orkney Islands [ˈɔːknɪ-], **Orkneys** [ˈɔːknɪz] npl: **the ~** les Orcades fpl.

ornament [ˈɔːnəmənt] n -1. [object] bibelot m. -2. (U) [decoration] ornement m.

ornamental [ˌɔːnəˈmentl] adj [garden, pond] d'agrément; [design] décoratif(ive).

ornate [ɔːˈneɪt] adj orné(e).

ornithology [,ɔːnɪ'θɒlədʒɪ] n ornithologie f.

orphan ['ɔːfn] ◇ n orphelin m, -e f. ◇ vt: **to be ~ed** devenir orphelin(e).

orphanage ['ɔːfənɪdʒ] n orphelinat m.

orthodox ['ɔːθədɒks] adj **-1.** [conventional] orthodoxe. **-2.** RELIG [traditional] traditionaliste.

orthopaedic [,ɔːθə'piːdɪk] adj orthopédique.

orthopedic etc [,ɔːθə'piːdɪk] = **orthopaedic** etc.

oscillate ['ɒsɪleɪt] vi lit & fig osciller.

Oslo ['ɒzləʊ] n Oslo.

ostensible [ɒ'stensəbl] adj prétendu(e).

ostentatious [,ɒsten'teɪʃəs] adj ostentatoire.

osteopath ['ɒstɪəpæθ] n ostéopathe mf.

ostracize, -ise ['ɒstrəsaɪz] vt frapper d'ostracisme, mettre au ban.

ostrich ['ɒstrɪtʃ] n autruche f.

other ['ʌðə] ◇ adj autre; **the ~ one** l'autre; **the ~ day/week** l'autre jour/semaine. ◇ adv: **there was nothing to do ~ than confess** il ne pouvait faire autrement que d'avouer; **~ than John** John à part. ◇ pron: **~s** d'autres; **the ~** l'autre; **the ~s** les autres; **one after the ~** l'un après l'autre (l'une après l'autre); **one or ~ of you** l'un (l'une) de vous deux; **none ~ than** nul (nulle) autre que. ◆ **something or other** pron quelque chose, je ne sais quoi. ◆ **somehow or other** adv d'une manière ou d'une autre.

otherwise ['ʌðəwaɪz] ◇ adv autrement; **or ~** [or not] ou non. ◇ conj sinon.

otter ['ɒtə] n loutre f.

ouch [aʊtʃ] excl aïe!, ouïe!

ought [ɔːt] aux vb **-1.** [sensibly]: **I really ~ to go** il faut absolument que je m'en aille; **you ~ to see a doctor** tu devrais aller chez le docteur. **-2.** [morally]: **you ~ not to have done that** tu n'aurais pas dû faire cela; **you ~ to look after your children better** tu devrais t'occuper un peu mieux de tes enfants. **-3.** [expressing probability]: **she ~ to pass her exam** elle devrait réussir à son examen.

ounce [aʊns] n = 28,35 g, once f.

our ['aʊə] poss adj notre, nos (pl); **~ money/house** notre argent/maison; **~ children** nos enfants; **it wasn't OUR fault** ce n'était pas de notre faute à nous.

ours ['aʊəz] poss pron le nôtre (la nôtre), les nôtres (pl); **that money is ~** cet argent est à nous OR est le nôtre; **it wasn't their fault, it was OURS** ce n'était pas de leur faute, c'était de notre faute à nous OR de la nôtre; **a friend of ~** un ami à nous, un de nos amis.

ourselves [aʊə'selvz] pron pl **-1.** (reflexive) nous. **-2.** (for emphasis) nous-mêmes; **we did it by ~** nous l'avons fait tout seuls.

oust [aʊst] vt: **to ~ sb (from)** évincer qqn (de).

out [aʊt] adv **-1.** [not inside, out of doors] dehors; **I'm going ~ for a walk** je sors me promener; **to run ~** sortir en courant; **~ here** ici; **~ there** là-bas. **-2.** [away from home, office, published] sorti(e); **John's ~ at the moment** John est sorti, John n'est pas là en ce moment; **an afternoon ~** une sortie l'après-midi. **-3.** [extinguished] éteint(e); **the lights went ~** les lumières se sont éteintes. **-4.** [of tides]: **the tide is ~** la marée est basse. **-5.** [out of fashion] démodé(e), passé(e) de mode. **-6.** [in flower] en fleur. **-7.** inf [on strike] en grève. **-8.** [determined]: **to be ~ to do sthg** être résolu(e) OR décidé(e) à faire qqch. ◆ **out of** prep **-1.** [outside] en dehors de; **to go ~ of the room** sortir de la pièce; **to be ~ of the country** être à l'étranger. **-2.** [indicating cause] par; **~ of spite/love/boredom** par dépit/amour/ennui. **-3.** [indicating origin, source] de, dans; **a page ~ of a book** une page d'un livre; **it's made ~ of plastic** c'est en plastique. **-4.** [without] sans; **~ of petrol/money** à court d'essence/d'argent. **-5.** [sheltered from] à l'abri de; **we're ~ of the wind here** nous sommes à l'abri du vent ici. **-6.** [to indicate proportion] sur; **one ~ of ten people** une personne sur dix; **ten ~ of ten** dix sur dix.

out-and-out adj [liar] fieffé(e); [disgrace] complet(ète).

outback ['aʊtbæk] n: **the ~** l'intérieur m du pays (en Australie).

outboard (motor) ['aʊtbɔːd-] n (moteur m) hors-bord m.

outbreak ['aʊtbreɪk] n [of war, crime] début m, déclenchement m; [of spots etc] éruption f.

outburst ['aʊtbɜːst] n explosion f.

outcast ['aʊtkɑːst] n paria m.

outcome ['aʊtkʌm] n issue f, résultat m.

outcrop ['aʊtkrɒp] n affleurement m.

outcry ['aʊtkraɪ] n tollé m.

outdated [,aʊt'deɪtɪd] *adj* démodé(e), vieilli(e).

outdid [,aʊt'dɪd] *pt* → outdo.

outdo [,aʊt'duː] (*pt* -did, *pp* -done [-'dʌn]) *vt* surpasser.

outdoor ['aʊtdɔːr] *adj* [life, swimming pool] en plein air; [activities] de plein air.

outdoors [aʊt'dɔːz] *adv* dehors.

outer ['aʊtər] *adj* extérieur(e).

outer space *n* cosmos *m*.

outfit ['aʊtfɪt] *n* -1. [clothes] tenue *f*. -2. *inf* [organization] équipe *f*.

outfitters ['aʊt,fɪtəz] *n Br dated* [for clothes] magasin *m* spécialisé de confection pour hommes.

outgoing ['aʊt,gəʊɪŋ] *adj* -1. [chairman etc] sortant(e); [mail] à expédier; [train] en partance. -2. [friendly, sociable] ouvert(e). ◆ **outgoings** *npl Br* dépenses *fpl*.

outgrow [,aʊt'grəʊ] (*pt* -grew, *pp* -grown) *vt* -1. [clothes] devenir trop grand(e) pour. -2. [habit] se défaire de.

outhouse ['aʊthaʊs, *pl* -haʊzɪz] *n* appentis *m*.

outing ['aʊtɪŋ] *n* [trip] sortie *f*.

outlandish [aʊt'lændɪʃ] *adj* bizarre.

outlaw ['aʊtlɔː] ◇ *n* hors-la-loi *m inv*. ◇ *vt* [practice] proscrire.

outlay ['aʊtleɪ] *n* dépenses *fpl*.

outlet ['aʊtlet] *n* -1. [for emotion] exutoire *m*. -2. [hole, pipe] sortie *f*. -3. [shop]: **retail ~** point *m* de vente. -4. *Am* ELEC prise *f* (de courant).

outline ['aʊtlaɪn] ◇ *n* -1. [brief description] grandes lignes *fpl*; **in ~** en gros. -2. [silhouette] silhouette *f*. ◇ *vt* [describe briefly] exposer les grandes lignes de.

outlive [,aʊt'lɪv] *vt* [subj: person] survivre à.

outlook ['aʊtlʊk] *n* -1. [disposition] attitude *f*, conception *f*. -2. [prospect] perspective *f*.

outlying ['aʊt,laɪɪŋ] *adj* [village] reculé(e); [suburbs] écarté(e).

outmoded [,aʊt'məʊdɪd] *adj* démodé(e).

outnumber [,aʊt'nʌmbər] *vt* surpasser en nombre.

out-of-date *adj* [passport] périmé(e); [clothes] démodé(e); [belief] dépassé(e).

out of doors *adv* dehors.

out-of-the-way *adj* [village] perdu(e); [pub] peu fréquenté(e).

outpatient ['aʊt,peɪʃnt] *n* malade *mf* en consultation externe.

outpost ['aʊtpəʊst] *n* avant-poste *m*.

output ['aʊtpʊt] *n* -1. [production] production *f*. -2. COMPUT sortie *f*.

outrage ['aʊtreɪdʒ] ◇ *n* -1. [emotion] indignation *f*. -2. [act] atrocité *f*. ◇ *vt* outrager.

outrageous [aʊt'reɪdʒəs] *adj* -1. [offensive, shocking] scandaleux(euse), monstrueux(euse). -2. [very unusual] choquant(e).

outright [*adj* 'aʊtraɪt, *adv* ,aʊt'raɪt] ◇ *adj* absolu(e), total(e). ◇ *adv* -1. [deny] carrément, franchement. -2. [win, fail] complètement, totalement.

outset ['aʊtset] *n*: **at the ~** au commencement, au début; **from the ~** depuis le commencement OR début.

outside [*adv* ,aʊt'saɪd, *adj*, *prep* & *n* 'aʊtsaɪd] ◇ *adj* -1. [gen] extérieur(e); **an ~ opinion** une opinion indépendante. -2. [unlikely - chance, possibility] faible. ◇ *adv* à l'extérieur; **to go/run/look ~** aller/courir/regarder dehors. ◇ *prep* -1. [not inside] à l'extérieur de, en dehors de. -2. [beyond]: **~ office hours** en dehors des heures de bureau. ◇ *n* extérieur *m*. ◆ **outside of** *prep Am* [apart from] à part.

outside lane *n* AUT [in UK] voie *f* de droite; [in Europe, US] voie *f* de gauche.

outside line *n* TELEC ligne *f* extérieure.

outsider [,aʊt'saɪdər] *n* -1. [in race] outsider *m*. -2. [from society] étranger *m*, -ère *f*.

outsize ['aʊtsaɪz] *adj* -1. [bigger than usual] énorme, colossal(e). -2. [clothes] grande taille (*inv*).

outskirts ['aʊtskɜːts] *npl*: **the ~** la banlieue.

outspoken [,aʊt'spəʊkn] *adj* franc (franche).

outstanding [,aʊt'stændɪŋ] *adj* -1. [excellent] exceptionnel(elle), remarquable. -2. [example] marquant(e). -3. [not paid] impayé(e). -4. [unfinished - work, problem] en suspens.

outstay [,aʊt'steɪ] *vt*: **I don't want to ~ my welcome** je ne veux pas abuser de votre hospitalité.

outstretched [,aʊt'stretʃt] *adj* [arms, hands] tendu(e); [wings] déployé(e).

outstrip [,aʊt'strɪp] *vt* devancer.

out-tray *n* corbeille *f* pour le courrier à expédier.

outward ['aʊtwəd] ◇ *adj* -1. [going away]: **~ journey** aller *m*. -2. [apparent, visible] extérieur(e). ◇ *adv Am* = **outwards**.

outwardly ['autwədlɪ] *adv* [apparently] en apparence.

outwards *Br* ['autwədz], **outward** *Am* *adv* vers l'extérieur.

outweigh [,aut'weɪ] *vt fig* primer sur.

outwit [,aut'wɪt] *vt* se montrer plus malin(igne) que.

oval ['əʊvl] ◇ *adj* ovale. ◇ *n* ovale *m*.

Oval Office *n*: the ~ bureau du président des États-Unis à la Maison-Blanche.

ovary ['əʊvərɪ] *n* ovaire *m*.

ovation [əʊ'veɪʃn] *n* ovation *f*; the audience gave her a standing ~ le public l'a ovationnée.

oven ['ʌvn] *n* [for cooking] four *m*.

ovenproof ['ʌvnpruːf] *adj* qui va au four.

over ['əʊvər] ◇ *prep* -1. [above] au-dessus de. -2. [on top of] sur. -3. [on other side of] de l'autre côté de; they live ~ the road ils habitent en face. -4. [to other side of] par-dessus; to go ~ the border franchir la frontière. -5. [more than] plus de; ~ and above en plus de. -6. [concerning] à propos de, au sujet de. -7. [during] pendant. ◇ *adv* -1. [distance away]: ~ here ici; ~ there là-bas. -2. [across]: they flew ~ to America ils se sont envolés pour les États-Unis; we invited them ~ nous les avons invités chez nous. -3. [more] plus. -4. [remaining]: there's nothing (left) ~ il ne reste rien. -5. RADIO: and out! à vous! -6. [involving repetitions]: (all) ~ again (tout) au début; ~ and ~ again à maintes reprises, maintes fois. ◇ *adj* [finished] fini(e), terminé(e). ♦ **all over** ◇ *prep* [throughout] partout, dans tout; all ~ the world dans le monde entier. ◇ *adv* [everywhere] partout. ◇ *adj* [finished] fini(e).

overall [*adj & n* 'əʊvərɔːl, *adv* ,əʊvər'ɔːl] ◇ *adj* [general] d'ensemble. ◇ *adv* en général. ◇ *n* -1. [gen] tablier *m*. -2. *Am* [for work] bleu *m* de travail. ♦ **overalls** *npl* -1. [for work] bleu *m* de travail. -2. *Am* [dungarees] salopette *f*.

overawe [,əʊvər'ɔː] *vt* impressionner.

overbalance [,əʊvə'bæləns] *vi* basculer.

overbearing [,əʊvə'beərɪŋ] *adj* autoritaire.

overboard ['əʊvəbɔːd] *adv*: to fall ~ tomber par-dessus bord.

overbook [,əʊvə'bʊk] *vi* surréserver.

overcame [,əʊvə'keɪm] *pt* → **overcome**.

overcast [,əʊvə'kɑːst] *adj* couvert(e).

overcharge [,əʊvə'tʃɑːdʒ] *vt*: to ~ sb

(for sthg) faire payer (qqch) trop cher à qqn.

overcoat ['əʊvəkəʊt] *n* pardessus *m*.

overcome [,əʊvə'kʌm] (*pt* **-came**, *pp* **-come**) *vt* -1. [fears, difficulties] surmonter. -2. [overwhelm]: to be ~ (by OR with) [emotion] être submergé(e) (de); [grief] être accablé(e) (de).

overcrowded [,əʊvə'kraʊdɪd] *adj* bondé(e).

overcrowding [,əʊvə'kraʊdɪŋ] *n* surpeuplement *m*.

overdo [,əʊvə'duː] (*pt* **-did** ['dɪd], *pp* **-done**) *vt* -1. [exaggerate] exagérer. -2. [do too much] trop faire; to ~ it se surmener. -3. [overcook] trop cuire.

overdone [,əʊvə'dʌn] ◇ *pp* → **overdo**. ◇ *adj* [food] trop cuit(e).

overdose ['əʊvədəʊs] *n* overdose *f*.

overdraft ['əʊvədrɑːft] *n* découvert *m*.

overdrawn [,əʊvə'drɔːn] *adj* à découvert.

overdue [,əʊvə'djuː] *adj* -1. [late]: ~ (for) en retard (pour). -2. [change, reform]: (long) ~ attendu(e) (depuis longtemps). -3. [unpaid] arriéré(e), impayé(e).

overestimate [,əʊvər'estɪmeɪt] *vt* surestimer.

overflow [*vb* ,əʊvə'fləʊ, *n* 'əʊvəfləʊ] ◇ *vi* -1. [gen] déborder. -2. [streets, box]: to be ~ing (with) regorger (de). ◇ *n* [pipe, hole] trop-plein *m*.

overgrown [,əʊvə'grəʊn] *adj* [garden] envahi(e) par les mauvaises herbes.

overhaul [*n* 'əʊvəhɔːl, *vb* ,əʊvə'hɔːl] ◇ *n* -1. [of car, machine] révision *f*. -2. *fig* [of system] refonte *f*, remaniement *m*. ◇ *vt* -1. [car, machine] réviser. -2. *fig* [system] refondre, remanier.

overhead [*adv* ,əʊvə'hed, *adj & n* 'əʊvəhed] ◇ *adj* aérien(ienne). ◇ *adv* au-dessus. ◇ *n Am* (U) frais *mpl* généraux. ♦ **overheads** *npl Br* frais *mpl* généraux.

overhead projector *n* rétroprojecteur *m*.

overhear [,əʊvə'hɪər] (*pt & pp* **-heard** ['hɜːd]) *vt* entendre par hasard.

overheat [,əʊvə'hiːt] ◇ *vt* surchauffer. ◇ *vi* [engine] chauffer.

overjoyed [,əʊvə'dʒɔɪd] *adj*: ~ (at) transporté(e) de joie (à).

overkill ['əʊvəkɪl] *n* [excess]: that would be ~ ce serait de trop.

overladen [,əʊvə'leɪdn] ◇ *pp* → **overload**. ◇ *adj* surchargé(e).

overland ['ǝʊvǝlænd] *adj & adv* par voie de terre.

overlap [,ǝʊvǝ'læp] *vi lit & fig* se chevaucher.

overleaf [,ǝʊvǝ'li:f] *adv* au verso, au dos.

overload [,ǝʊvǝ'lǝʊd] (*pp* **-loaded** OR **-laden**) *vt* surcharger.

overlook [,ǝʊvǝ'lʊk] *vt* **-1.** [subj: building, room] donner sur. **-2.** [disregard, miss] oublier, négliger. **-3.** [excuse] passer sur, fermer les yeux sur.

overnight [*adj* 'ǝʊvǝnaɪt, *adv* ,ǝʊvǝ'naɪt] ◇ *adj* **-1.** [journey, parking] de nuit; [stay] d'une nuit. **-2.** *fig* [sudden]: ~ **success** succès *m* immédiat. ◇ *adv* **-1.** [stay, leave] la nuit. **-2.** [suddenly] du jour au lendemain.

overpass ['ǝʊvǝpɑːs] *n Am* ≃ Toboggan® *m*.

overpower [,ǝʊvǝ'paʊǝr] *vt* **-1.** [in fight] vaincre. **-2.** *fig* [overwhelm] accabler, terrasser.

overpowering [,ǝʊvǝ'paʊǝrɪŋ] *adj* [desire] irrésistible; [smell] entêtant(e).

overran [,ǝʊvǝ'ræn] *pt* → **overrun**.

overrated [,ǝʊvǝ'reɪtɪd] *adj* surfait(e).

override [,ǝʊvǝ'raɪd] (*pt* **-rode**, *pp* **-ridden**) *vt* **-1.** [be more important than] l'emporter sur, prévaloir sur. **-2.** [overrule - decision] annuler.

overriding [,ǝʊvǝ'raɪdɪŋ] *adj* [need, importance] primordial(e).

overrode [,ǝʊvǝ'rǝʊd] *pt* → **override**.

overrule [,ǝʊvǝ'ruːl] *vt* [person] prévaloir contre; [decision] annuler; [objection] rejeter.

overrun [,ǝʊvǝ'rʌn] (*pt* **-ran**, *pp* **-run**) ◇ *vt* **-1.** MIL [occupy] occuper. **-2.** *fig* [cover, fill]: **to be ~ with** [weeds] être envahi(e) de; [rats] être infesté(e) de. ◇ *vi* dépasser (le temps alloué).

oversaw [,ǝʊvǝ'sɔː] *pt* → **oversee**.

overseas [*adj* 'ǝʊvǝsiːz, *adv* ,ǝʊvǝ'siːz] ◇ *adj* [sales, company] à l'étranger; [market] extérieur(e); [visitor, student] étranger(ère); ~ **aid** aide *f* aux pays étrangers. ◇ *adv* à l'étranger.

oversee [,ǝʊvǝ'siː] (*pt* **-saw**, *pp* **-seen** [-'siːn]) *vt* surveiller.

overseer ['ǝʊvǝ,siːǝr] *n* contremaître *m*.

overshadow [,ǝʊvǝ'ʃædǝʊ] *vt* [subj: building, tree] dominer; *fig* éclipser.

overshoot [,ǝʊvǝ'ʃuːt] (*pt & pp* **-shot**) *vt* dépasser, rater.

oversight ['ǝʊvǝsaɪt] *n* oubli *m*; **through ~** par mégarde.

oversleep [,ǝʊvǝ'sliːp] (*pt & pp* **-slept** [-'slept]) *vi* ne pas se réveiller à temps.

overspill ['ǝʊvǝspɪl] *n* [of population] excédent *m*.

overstep [,ǝʊvǝ'step] *vt* dépasser; **to ~ the mark** dépasser la mesure.

overt ['ǝʊvɜːt] *adj* déclaré(e), non déguisé(e).

overtake [,ǝʊvǝ'teɪk] (*pt* **-took**, *pp* **-taken** [-'teɪkn]) ◇ *vt* **-1.** AUT doubler, dépasser. **-2.** [subj: misfortune, emotion] frapper. ◇ *vi* AUT doubler.

overthrow [*n* 'ǝʊvǝθrǝʊ, *vb* ,ǝʊvǝ'θrǝʊ] (*pt* **-threw** [-'θruː], *pp* **-thrown** [-'θrǝʊn]) ◇ *n* [of government] coup *m* d'État. ◇ *vt* [government] renverser.

overtime ['ǝʊvǝtaɪm] ◇ *n* (U) **-1.** [extra work] heures *fpl* supplémentaires. **-2.** *Am* SPORT prolongations *fpl*. ◇ *adv*: **to work ~** faire des heures supplémentaires.

overtones ['ǝʊvǝtǝʊnz] *npl* notes *fpl*, accents *mpl*.

overtook [,ǝʊvǝ'tʊk] *pt* → **overtake**.

overture ['ǝʊvǝ,tjʊǝr] *n* MUS ouverture *f*.

overturn [,ǝʊvǝ'tɜːn] ◇ *vt* **-1.** [gen] renverser. **-2.** [decision] annuler. ◇ *vi* [vehicle] se renverser; [boat] chavirer.

overweight [,ǝʊvǝ'weɪt] *adj* trop gros (grosse).

overwhelm [,ǝʊvǝ'welm] *vt* **-1.** [subj: grief, despair] accabler; **to be ~ed with joy** être au comble de la joie. **-2.** MIL [gain control of] écraser.

overwhelming [,ǝʊvǝ'welmɪŋ] *adj* **-1.** [overpowering] irrésistible, irrépressible. **-2.** [defeat, majority] écrasant(e).

overwork [,ǝʊvǝ'wɜːk] ◇ *n* surmenage *m*. ◇ *vt* [person, staff] surmener.

overwrought [,ǝʊvǝ'rɔːt] *adj* excédé(e), à bout.

owe [ǝʊ] *vt*: **to ~ sthg to sb, to ~ sb sthg** devoir qqch à qqn.

owing ['ǝʊɪŋ] *adj* dû (due). ◆ **owing to** *prep* à cause de, en raison de.

owl [aʊl] *n* hibou *m*.

own [ǝʊn] ◇ *adj* propre; **my ~ car** ma propre voiture; **she has her ~ style** elle a son style à elle. ◇ *pron*: **I've got my ~** j'ai le mien; **he has a house of his ~** il a une maison à lui, il a sa propre maison; **on one's ~** tout seul (toute seule); **to get one's ~ back** *inf* prendre sa revanche; ~ *vt* posséder. ◆ **own up** *vi*: **to ~ up (to sthg)** avouer OR confesser (qqch).

owner ['ǝʊnǝr] *n* propriétaire *mf*.

ownership ['ǝʊnǝʃɪp] *n* propriété *f*.

ox [ɒks] (*pl* **oxen**) *n* bœuf *m*.
Oxbridge ['ɒksbrɪdʒ] *n* désignation collective des universités d'Oxford et de Cambridge.
oxen ['ɒksn] *pl* → **ox**.
oxtail soup ['ɒksteɪl-] *n* soupe *f* à la queue de bœuf.
oxygen ['ɒksɪdʒən] *n* oxygène *m*.
oxygen mask *n* masque *m* à oxygène.
oxygen tent *n* tente *f* à oxygène.
oyster ['ɔɪstər] *n* huître *f*.
oz. *abbr of* **ounce**.
ozone ['əʊzəʊn] *n* ozone *m*.
ozone-friendly *adj* qui préserve la couche d'ozone.
ozone layer *n* couche *f* d'ozone.

P

p¹ (*pl* **p's** OR **ps**), **P** (*pl* **P's** OR **Ps**) [piː] *n* [letter] p *m inv*, P *m inv*.
p² -1. (*abbr of* **page**) p. -2. *abbr of* **penny**, **pence**.
pa [pɑː] *n inf* papa *m*.
p.a. (*abbr of* **per annum**) p.a.
PA *n* -1. *Br abbr of* **personal assistant**. -2. (*abbr of* **public address system**) sono *f*.
pace [peɪs] ◇ *n* -1. [speed, rate] vitesse *f*, allure *f*; **to keep ~ (with sb)** marcher à la même allure (que qqn); **to keep ~ (with sthg)** se maintenir au même niveau (que qqch). -2. [step] pas *m*. ◇ *vi*: **to ~ (up and down)** faire les cent pas.
pacemaker ['peɪs,meɪkər] *n* -1. MED stimulateur *m* cardiaque, pacemaker *m*. -2. SPORT meneur *m*, -euse *f*.
Pacific [pə'sɪfɪk] ◇ *adj* du Pacifique. ◇ *n*: **the ~ (Ocean)** l'océan *m* Pacifique, le Pacifique.
pacifier ['pæsɪfaɪər] *n* Am [for child] tétine *f*, sucette *f*.
pacifist ['pæsɪfɪst] *n* pacifiste *mf*.
pacify ['pæsɪfaɪ] *vt* -1. [person, baby] apaiser. -2. [country] pacifier.
pack [pæk] ◇ *n* -1. [bag] sac *m*. -2. [packet] paquet *m*. -3. [of cards] jeu *m*. -4. [of dogs] meute *f*; [of wolves, thieves] bande *f*. ◇ *vt* -1. [clothes, belongings] emballer; **to ~ one's bags** faire ses bagages. -2. [fill] remplir; **to be ~ed into**

être entassé dans. ◇ *vi* [for journey] faire ses bagages OR sa valise. ◆ **pack in** ◇ *vt sep Br inf* [stop] plaquer; **~ it in!** [stop annoying me] arrête!, ça suffit maintenant!; [shut up] la ferme! ◇ *vi* tomber en panne. ◆ **pack off** *vt sep inf* [send away] expédier.
package ['pækɪdʒ] ◇ *n* -1. [of books, goods] paquet *m*. -2. *fig* [of proposals etc] ensemble *m*, série *f*. -3. COMPUT progiciel *m*. ◇ *vt* [wrap up] conditionner.
package deal *n* contrat *m* global.
package tour *n* vacances *fpl* organisées.
packaging ['pækɪdʒɪŋ] *n* conditionnement *m*.
packed [pækt] *adj*: **~ (with)** bourré(e) (de).
packed lunch *n* Br panier-repas *m*.
packet ['pækɪt] *n* [gen] paquet *m*.
packing ['pækɪŋ] *n* [material] emballage *m*.
packing case *n* caisse *f* d'emballage.
pact [pækt] *n* pacte *m*.
pad [pæd] ◇ *n* -1. [of cotton wool etc] morceau *m*. -2. [of paper] bloc *m*. -3. SPACE: **(launch) ~** pas *m* de tir. -4. [of cat, dog] coussinet *m*. -5. *inf* [home] pénates *mpl*. ◇ *vt* [furniture, jacket] rembourrer; [wound] tamponner. ◇ *vi* [walk softly] marcher à pas feutrés.
padding ['pædɪŋ] *n* -1. [material] rembourrage *m*. -2. *fig* [in speech, letter] délayage *m*.
paddle ['pædl] ◇ *n* -1. [for canoe etc] pagaie *f*. -2. [in sea]: **to have a ~** faire trempette. ◇ *vi* -1. [in canoe etc] avancer en pagayant. -2. [in sea] faire trempette.
paddle boat, **paddle steamer** *n* bateau *m* à aubes.
paddling pool ['pædlɪŋ-] *n* Br -1. [in park etc] pataugeoire *f*. -2. [inflatable] piscine *f* gonflable.
paddock ['pædək] *n* -1. [small field] enclos *m*. -2. [at racecourse] paddock *m*.
paddy field ['pædɪ-] *n* rizière *f*.
padlock ['pædlɒk] ◇ *n* cadenas *m*. ◇ *vt* cadenasser.
paediatrics [,piːdɪ'ætrɪks] = **pediatrics**.
pagan ['peɪgən] ◇ *adj* païen(ienne). ◇ *n* païen *m*, -ienne *f*.
page [peɪdʒ] ◇ *n* -1. [of book] page *f*. -2. [sheet of paper] feuille *f*. ◇ *vt* [in airport] appeler au micro.
pageant ['pædʒənt] *n* [show] spectacle *m* historique.

pageantry ['pædʒəntrɪ] n apparat m.

pager ['peɪdʒəʳ] n récepteur m de poche.

paid [peɪd] ◇ pt & pp → **pay**. ◇ adj [work, holiday, staff] rémunéré(e), payé(e).

pail [peɪl] n seau m.

pain [peɪn] n -1. [hurt] douleur f; to be in ~ souffrir. -2. inf [annoyance]: it's/he is such a ~ c'est/il est vraiment assommant. ◆ **pains** npl [effort, care]: to be at ~s to do sthg vouloir absolument faire qqch; to take ~s to do sthg se donner beaucoup de mal OR peine pour faire qqch.

pained [peɪnd] adj peiné(e).

painful ['peɪnfʊl] adj -1. [physically] douloureux(euse). -2. [emotionally] pénible.

painfully ['peɪnfʊlɪ] adv -1. [fall, hit] douloureusement. -2. [remember, feel] péniblement.

painkiller ['peɪn,kɪləʳ] n calmant m, analgésique m.

painless ['peɪnlɪs] adj -1. [without hurt] indolore, sans douleur. -2. fig [change-over] sans heurt.

painstaking ['peɪnz,teɪkɪŋ] adj [worker] assidu(e); [detail, work] soigné(e).

paint [peɪnt] ◇ n peinture f. ◇ vt [gen] peindre.

paintbrush ['peɪntbrʌʃ] n pinceau m.

painter ['peɪntəʳ] n peintre m.

painting ['peɪntɪŋ] n -1. (U) [gen] peinture f. -2. [picture] toile f, tableau m.

paint stripper n décapant m.

paintwork ['peɪntwɜːk] n (U) surfaces fpl peintes.

pair [peəʳ] n -1. [of shoes, wings etc] paire f; a ~ of trousers un pantalon. -2. [couple] couple m.

pajamas [pəˈdʒɑːməz] = **pyjamas**.

Pakistan [Br ,pɑːkɪˈstɑːn, Am ,pækɪˈstæn] n Pakistan m.

Pakistani [Br ,pɑːkɪˈstɑːnɪ, Am ,pækɪˈstænɪ] ◇ adj pakistanais(e). ◇ n Pakistanais m, -e f.

pal [pæl] n inf -1. [friend] copain m, copine f. -2. [as term of address] mon vieux m.

palace ['pælɪs] n palais m.

palatable ['pælətəbl] adj -1. [food] agréable au goût. -2. fig [idea] acceptable, agréable.

palate ['pælət] n palais m.

palaver [pəˈlɑːvəʳ] n (U) inf -1. [talk] palabres fpl. -2. [fuss] histoire f, affaire f.

pale [peɪl] adj pâle.

Palestine ['pæləstaɪn] n Palestine f.

Palestinian [,pæləˈstɪnɪən] ◇ adj palestinien(ienne). ◇ n Palestinien m, -ienne f.

palette ['pælət] n palette f.

palings ['peɪlɪŋz] npl palissade f.

pall [pɔːl] ◇ n -1. [of smoke] voile m. -2. Am [coffin] cercueil m. ◇ vi perdre de son charme.

pallet ['pælɪt] n palette f.

pallor ['pæləʳ] n literary pâleur f.

palm [pɑːm] n -1. [tree] palmier m. -2. [of hand] paume f. ◆ **palm off** vt sep inf: to ~ sthg off on sb refiler qqch à qqn; to ~ sb off with sthg se débarrasser de qqn avec qqch.

Palm Sunday n dimanche m des Rameaux.

palmtop ['pɑːmtɒp] n ordinateur m de poche.

palm tree n palmier m.

palpable ['pælpəbl] adj évident(e), manifeste.

paltry ['pɔːltrɪ] adj dérisoire.

pamper ['pæmpəʳ] vt choyer, dorloter.

pamphlet ['pæmflɪt] n brochure f.

pan [pæn] ◇ n -1. [gen] casserole f. -2. Am [for bread, cakes etc] moule m. ◇ vt inf [criticize] démolir. ◇ vi CINEMA faire un panoramique.

panacea [,pænəˈsɪə] n panacée f.

panama [,pænəˈmɑː] n: ~ **(hat)** panama m.

Panama [,pænəˈmɑː] n Panama m.

Panama Canal n: the ~ le canal de Panama.

pancake ['pænkeɪk] n crêpe f.

Pancake Day n Br mardi gras m.

Pancake Tuesday n mardi gras m.

panda ['pændə] (pl inv OR -s) n panda m.

Panda car n Br voiture f de patrouille.

pandemonium [,pændɪˈməʊnjəm] n tohu-bohu m inv.

pander ['pændəʳ] vi: to ~ to sb se prêter aux exigences de qqn; to ~ to sthg se plier à qqch.

pane [peɪn] n vitre f, carreau m.

panel ['pænl] n -1. TV & RADIO invités mpl; [of experts] comité m. -2. [of wood] panneau m. -3. [of machine] tableau m de bord.

panelling Br, **paneling** Am ['pænəlɪŋ] n (U) lambris m.

pang [pæŋ] n tiraillement m.

panic ['pænɪk] (pt & pp -**ked**, cont -**king**) ◇ n panique f. ◇ vi paniquer.

panicky ['pænɪkɪ] adj [person] paniqué(e); [feeling] de panique.

panic-stricken *adj* affolé(e), pris(e) de panique.

panorama [,pænə'rɑːmə] *n* panorama *m*.

pansy ['pænzı] *n* **-1.** [flower] pensée *f*. **-2.** *inf pej* [man] tante *f*, tapette *f*.

pant [pænt] *vi* haleter.

panther ['pænθəʳ] (*pl inv* OR **-s**) *n* panthère *f*.

panties ['pæntız] *npl inf* culotte *f*.

pantihose ['pæntıhəʊz] = **panty hose**.

pantomime ['pæntəmaım] *n Br spectacle de Noël pour enfants, généralement inspiré de contes de fée.*

pantry ['pæntrı] *n* garde-manger *m inv*.

pants [pænts] *npl* **-1.** *Br* [underpants - for men] slip *m*, caleçon *m*; [- for women] culotte *f*, slip. **-2.** *Am* [trousers] pantalon *m*.

panty hose ['pæntıhəʊz] *npl Am* collant *m*.

papa [*Br* pə'pɑː, *Am* 'pæpə] *n* papa *m*.

paper ['peıpəʳ] ◇ *n* **-1.** (*U*) [for writing on] papier *m*; **a piece of ~** [sheet] une feuille de papier; [scrap] un bout de papier; **on ~** [written down] par écrit; [in theory] sur le papier. **-2.** [newspaper] journal *m*. **-3.** [in exam - test] épreuve *f*; [- answers] copie *f*. **-4.** [essay]: **~ (on)** essai *m* (sur). ◇ *adj* [hat, bag etc] en papier; *fig* [profits] théorique. ◇ *vt* tapisser. ◆ **papers** *npl* [official documents] papiers *mpl*.

paperback ['peıpəbæk] *n*: **~ (book)** livre *m* de poche.

paper clip *n* trombone *m*.

paper handkerchief *n* mouchoir *m* en papier.

paper knife *n* coupe-papier *m inv*.

paper shop *n Br* marchand *m* de journaux.

paperweight ['peıpəweıt] *n* presse-papiers *m inv*.

paperwork ['peıpəwɜːk] *n* paperasserie *f*.

paprika ['pæprıkə] *n* paprika *m*.

par [pɑːʳ] *n* **-1.** [parity]: **on a ~ with** à égalité avec. **-2.** GOLF par *m*. **-3.** [good health]: **below** OR **under ~** pas en forme.

parable ['pærəbl] *n* parabole *f*.

parachute ['pærəʃuːt] ◇ *n* parachute *m*. ◇ *vi* sauter en parachute.

parade [pə'reıd] ◇ *n* **-1.** [celebratory] parade *f*, revue *f*. **-2.** MIL défilé *m*. ◇ *vt* **-1.** [people] faire défiler. **-2.** [object] montrer. **-3.** *fig* [flaunt] afficher. ◇ *vi* défiler.

paradise ['pærədaıs] *n* paradis *m*.

paradox ['pærədɒks] *n* paradoxe *m*.

paradoxically [,pærə'dɒksıklı] *adv* paradoxalement.

paraffin ['pærəfın] *n* paraffine *f*.

paragon ['pærəgən] *n* modèle *m*, parangon *m*.

paragraph ['pærəgrɑːf] *n* paragraphe *m*.

Paraguay ['pærəgwaı] *n* Paraguay *m*.

parallel ['pærəlel] ◇ *adj lit & fig*: **~ (to** OR **with)** parallèle (à). ◇ *n* **-1.** GEOM parallèle *f*. **-2.** [similarity & GEOGR] parallèle *m*. **-3.** *fig* [similar person, object] équivalent *m*.

paralyse *Br*, **-yze** *Am* ['pærəlaız] *vt lit & fig* paralyser.

paralysis [pə'rælısıs] (*pl* **-lyses** [-lısiːz]) *n* paralysie *f*.

paramedic [,pærə'medık] *n* auxiliaire médical *m*, auxiliaire médicale *f*.

parameter [pə'ræmıtəʳ] *n* paramètre *m*.

paramount ['pærəmaʊnt] *adj* primordial(e); **of ~ importance** d'une importance suprême.

paranoid ['pærənɔıd] *adj* paranoïaque.

paraphernalia [,pærəfə'neıljə] *n* (*U*) attirail *m*, bazar *m*.

parasite ['pærəsaıt] *n lit & fig* parasite *m*.

parasol ['pærəsɒl] *n* [above table] parasol *m*; [hand-held] ombrelle *f*.

paratrooper ['pærətruːpəʳ] *n* parachutiste *mf*.

parcel ['pɑːsl] *n* paquet *m*. ◆ **parcel up** *vt sep* empaqueter.

parched [pɑːtʃt] *adj* **-1.** [gen] desséché(e). **-2.** *inf* [very thirsty] assoiffé(e), mort(e) de soif.

parchment ['pɑːtʃmənt] *n* parchemin *m*.

pardon ['pɑːdn] ◇ *n* **-1.** JUR grâce *f*. **-2.** (*U*) [forgiveness] pardon *m*; **I beg your ~?** [showing surprise, asking for repetition] comment?, pardon?; **I beg your ~!** [to apologize] je vous demande pardon. ◇ *vt* **-1.** [forgive] pardonner; **to ~ sb for sthg** pardonner qqch à qqn; **~ me!** pardon!, excusez-moi! **-2.** JUR gracier. ◇ *excl* comment?

parent ['peərənt] *n* père *m*, mère *f*. ◆ **parents** *npl* parents *mpl*.

parental [pə'rentl] *adj* parental(e).

parenthesis [pə'renθısıs] (*pl* **-theses** [-θısiːz]) *n* parenthèse *f*.

Paris ['pærıs] *n* Paris.

parish ['pærıʃ] *n* **-1.** RELIG paroisse *f*. **-2.** *Br* [area of local government] commune *f*.

Parisian [pə'rızjən] ◇ *adj* parisien(ienne). ◇ *n* Parisien *m*, -ienne *f*.

parity ['pærıtı] *n* égalité *f*.

park [pɑːk] ◇ *n* parc *m*, jardin *m* public. ◇ *vt* garer. ◇ *vi* se garer, stationner.

parking ['pɑːkɪŋ] *n* stationnement *m*; "no ~" «défense de stationner», «stationnement interdit».

parking lot *n Am* parking *m*.

parking meter *n* parcmètre *m*.

parking ticket *n* contravention *f*, PV *m*.

parlance ['pɑːləns] *n*: **in common/legal** *etc* ~ en langage courant/juridique *etc*.

parliament ['pɑːləmənt] *n* parlement *m*.

parliamentary [,pɑːlə'mentərɪ] *adj* parlementaire.

parlour *Br*, **parlor** *Am* ['pɑːlər] *n dated* salon *m*.

parochial [pə'rəʊkjəl] *adj pej* de clocher.

parody ['pærədɪ] ◇ *n* parodie *f*. ◇ *vt* parodier.

parole [pə'rəʊl] *n* (*U*) parole *f*; **on ~** en liberté conditionnelle.

parrot ['pærət] *n* perroquet *m*.

parry ['pærɪ] *vt* **-1.** [blow] parer. **-2.** [question] éluder.

parsley ['pɑːslɪ] *n* persil *m*.

parsnip ['pɑːsnɪp] *n* panais *m*.

parson ['pɑːsn] *n* pasteur *m*.

part [pɑːt] ◇ *n* **-1.** [gen] partie *f*; **for the most** ~ dans l'ensemble. **-2.** [of TV serial etc] épisode *m*. **-3.** [component] pièce *f*. **-4.** [in proportions] mesure *f*. **-5.** THEATRE rôle *m*. **-6.** [involvement]: ~ **in** participation *f* à; **to play an important** ~ **in** jouer un rôle important dans; **to take** ~ **in** participer à; **for my** ~ en ce qui me concerne. **-7.** *Am* [hair parting] raie *f*. ◇ *adv* en partie. ◇ *vt*: **to** ~ **one's hair** se faire une raie. ◇ *vi* **-1.** [couple] se séparer. **-2.** [curtains] s'écarter, s'ouvrir. ◆ **parts** *npl*: **in these** ~**s** dans cette région. ◆ **part with** *vt fus* [money] débourser; [possession] se défaire de.

part exchange *n* reprise *f*; **to take sthg in** ~ reprendre qqch.

partial ['pɑːʃl] *adj* **-1.** [incomplete] partiel(ielle). **-2.** [biased] partial(e). **-3.** [fond]: **to be** ~ **to** avoir un penchant pour.

participant [pɑː'tɪsɪpənt] *n* participant *m*, -e *f*.

participate [pɑː'tɪsɪpeɪt] *vi*: **to** ~ **(in)** participer (à).

participation [pɑː,tɪsɪ'peɪʃn] *n* participation *f*.

participle ['pɑːtɪsɪpl] *n* participe *m*.

particle ['pɑːtɪkl] *n* particule *f*.

parti-coloured ['pɑːtɪ-] *adj* bariolé(e).

particular [pə'tɪkjʊlər] *adj* **-1.** [gen] particulier(ière). **-2.** [fussy] pointilleux(euse); ~ **about** exigeant(e) à propos de. ◆ **particulars** *npl* renseignements *mpl*. ◆ **in particular** *adv* en particulier.

particularly [pə'tɪkjʊləlɪ] *adv* particulièrement.

parting ['pɑːtɪŋ] *n* **-1.** [separation] séparation *f*. **-2.** *Br* [in hair] raie *f*.

partisan [,pɑːtɪ'zæn] ◇ *adj* partisan(e). ◇ *n* partisan *m*, -e *f*.

partition [pɑː'tɪʃn] ◇ *n* [wall, screen] cloison *f*. ◇ *vt* **-1.** [room] cloisonner. **-2.** [country] partager.

partly ['pɑːtlɪ] *adv* partiellement, en partie.

partner ['pɑːtnər] ◇ *n* **-1.** [gen] partenaire *mf*. **-2.** [in a business, crime] associé *m*, -e *f*. ◇ *vt* être le partenaire de.

partnership ['pɑːtnəʃɪp] *n* association *f*.

partridge ['pɑːtrɪdʒ] *n* perdrix *f*.

part-time *adj & adv* à temps partiel.

party ['pɑːtɪ] ◇ *n* **-1.** POL parti *m*. **-2.** [social gathering] fête *f*, réception *f*; **to have** OR **throw a** ~ donner une fête. **-3.** [group] groupe *m*. **-4.** JUR partie *f*. ◇ *vi inf* faire la fête.

party line *n* **-1.** POL ligne *f* du parti. **-2.** TELEC ligne *f* commune à deux abonnés.

pass [pɑːs] ◇ *n* **-1.** SPORT passe *f*. **-2.** [document - for security] laissez-passer *m inv*; [- for travel] carte *f* d'abonnement. **-3.** *Br* [in exam] mention *f* passable. **-4.** [between mountains] col *m*. **-5.** *phr*: **to make a** ~ **at sb** faire du plat à qqn. ◇ *vt* **-1.** [object, time] passer; **to** ~ **sthg to sb, to** ~ **sb sthg** passer qqch à qqn. **-2.** [person in street etc] croiser. **-3.** [place] passer devant. **-4.** AUT dépasser, doubler. **-5.** [exceed] dépasser. **-6.** [exam] réussir (à); [driving test] passer. **-7.** [candidate] recevoir, admettre. **-8.** [law, motion] voter. **-9.** [opinion] émettre; [judgment] rendre, prononcer. ◇ *vi* **-1.** [gen] passer. **-2.** AUT doubler, dépasser. **-3.** SPORT faire une passe. **-4.** [in exam] réussir, être reçu(e). ◆ **pass as** *vt fus* passer pour. ◆ **pass away** *vi* s'éteindre. ◆ **pass by** ◇ *vt sep*: **the news** ~**ed him by** la nouvelle ne l'a pas affecté. ◇ *vi* passer à côté. ◆ **pass for** = **pass as**. ◆ **pass on** ◇ *vt*: **to** ~ **sthg on (to)** [object] faire passer qqch (à); [tradition, information] transmettre qqch (à). ◇ *vi* **-1.** [move on] continuer son chemin.

-2. = **pass away.** ◆ **pass out** *vi* **-1.** [faint] s'évanouir. **-2.** *Br* MIL finir OR terminer les classes. ◆ **pass over** *vt fus* [problem, topic] passer sous silence. ◆ **pass up** *vt sep* [opportunity, invitation] laisser passer.

passable ['pɑːsəbl] *adj* **-1.** [satisfactory] passable. **-2.** [road] praticable; [river] franchissable.

passage ['pæsɪdʒ] *n* **-1.** [gen] passage *m*. **-2.** [between rooms] couloir *m*. **-3.** [sea journey] traversée *f*.

passageway ['pæsɪdʒweɪ] *n* [between houses] passage *m*; [between rooms] couloir *m*.

passbook ['pɑːsbʊk] *n* livret *m* d'épargne.

passenger ['pæsɪndʒər] *n* passager *m*, -ère *f*.

passerby [,pɑːsə'baɪ] (*pl* **passersby** [,pɑːsəz'baɪ]) *n* passant *m*, -e *f*.

passing ['pɑːsɪŋ] *adj* [remark] en passant; [trend] passager(ère). ◆ **in passing** *adv* en passant.

passion ['pæʃn] *n* passion *f*; **to have a ~ for** avoir la passion de.

passionate ['pæʃənət] *adj* passionné(e).

passive ['pæsɪv] *adj* passif(ive).

Passover ['pɑːs,əʊvər] *n*: **(the)** ~ **la** Pâque juive.

passport ['pɑːspɔːt] *n* [document] passeport *m*.

passport control *n* contrôle *m* des passeports.

password ['pɑːswɜːd] *n* mot *m* de passe.

past [pɑːst] ◇ *adj* **-1.** [former] passé(e); **for the ~ five years** ces cinq dernières années; **the ~ week** la semaine passée OR dernière. **-2.** [finished] fini(e). ◇ *adv* **-1.** [in times]: **it's ten ~** il est dix. **-2.** [in front]: **to drive ~** passer (devant) en voiture; **to run ~** passer (devant) en courant. ◇ *n* passé *m*; **in the ~** dans le temps. ◇ *prep* **-1.** [in times]: **it's half ~ eight** il est huit heures et demie; **it's five ~ nine** il est neuf heures cinq. **-2.** [in front of] devant; **we drove ~ them** nous les avons dépassés en voiture. **-3.** [beyond] après, au-delà de.

pasta ['pæstə] *n* (*U*) pâtes *fpl*.

paste [peɪst] ◇ *n* **-1.** [gen] pâte *f*. **-2.** CULIN pâté *m*. **-3.** (*U*) [glue] colle *f*. ◇ *vt* coller.

pastel ['pæstl] ◇ *adj* pastel (*inv*). ◇ *n* pastel *m*.

pasteurize, -ise ['pɑːstʃəraɪz] *vt* pasteuriser.

pastille ['pæstɪl] *n* pastille *f*.

pastime ['pɑːstaɪm] *n* passe-temps *m* *inv*.

pastor ['pɑːstər] *n* pasteur *m*.

past participle *n* participe *m* passé.

pastry ['peɪstrɪ] *n* **-1.** [mixture] pâte *f*. **-2.** [cake] pâtisserie *f*.

past tense *n* passé *m*.

pasture ['pɑːstʃər] *n* pâturage *m*, pré *m*.

pasty¹ ['peɪstɪ] *adj* blafard(e), terreux(euse).

pasty² ['pæstɪ] *n* *Br* petit pâté *m*, friand *m*.

pat [pæt] ◇ *n* **-1.** [light stroke] petite tape *f*; [to animal] caresse *f*. **-2.** [of butter] noix *f*, noisette *f*. ◇ *vt* [person] tapoter, donner une tape à; [animal] caresser.

patch [pætʃ] ◇ *n* **-1.** [piece of material] pièce *f*; [to cover eye] bandeau *m*. **-2.** [small area of snow, ice] plaque *f*. **-3.** [of land] parcelle *f*, lopin *m*; **vegetable ~** carré *m* de légumes. **-4.** [period of time]: **a difficult ~** une mauvaise passe. ◇ *vt* rapiécer. ◆ **patch up** *vt sep* **-1.** [mend] rafistoler, bricoler. **-2.** *fig* [quarrel] régler, arranger; **to ~ up a relationship** se raccommoder.

patchwork ['pætʃwɜːk] *n* patchwork *m*.

patchy ['pætʃɪ] *adj* [gen] inégal(e); [knowledge] insuffisant(e), imparfait(e).

pâté ['pæteɪ] *n* pâté *m*.

patent [*Br* 'peɪtənt, *Am* 'pætənt] ◇ *adj* [obvious] évident(e), manifeste. ◇ *n* brevet *m* (d'invention). ◇ *vt* faire breveter.

patent leather *n* cuir *m* verni.

paternal [pə'tɜːnl] *adj* paternel(elle).

path [pɑːθ, *pl* pɑːðz] *n* **-1.** [track] chemin *m*, sentier *m*. **-2.** [way ahead, course of action] voie *f*, chemin *m*. **-3.** [trajectory] trajectoire *f*.

pathetic [pə'θetɪk] *adj* **-1.** [causing pity] pitoyable, attendrissant(e). **-2.** [useless - efforts, person] pitoyable, minable.

pathological [,pæθə'lɒdʒɪkl] *adj* pathologique.

pathology [pə'θɒlədʒɪ] *n* pathologie *f*.

pathos ['peɪθɒs] *n* pathétique *m*.

pathway ['pɑːθweɪ] *n* chemin *m*, sentier *m*.

patience ['peɪʃns] *n* **-1.** [of person] patience *f*. **-2.** [card game] réussite *f*.

patient ['peɪʃnt] ◇ *adj* patient(e). ◇ *n* [in hospital] patient *m*, -e *f*, malade *mf*; [of doctor] patient.

patio ['pætɪəʊ] (*pl* **-s**) *n* patio *m*.

patriotic [*Br* ˌpætrɪˈɒtɪk, *Am* ˌpeɪtrɪˈɒtɪk] *adj* [gen] patriotique; [person] patriote.

patrol [pəˈtrəʊl] ◇ *n* patrouille *f*. ◇ *vt* patrouiller dans, faire une patrouille dans.

patrol car *n* voiture *f* de police.

patrolman [pəˈtrəʊlmən] (*pl* **-men** [-mən]) *n Am* agent *m* de police.

patron [ˈpeɪtrən] *n* **-1.** [of arts] mécène *m*, protecteur *m*, -trice *f*. **-2.** *Br* [of charity] patron *m*, -onne *f*. **-3.** *fml* [customer] client *m*, -e *f*.

patronize, -ise [ˈpætrənaɪz] *vt* **-1.** [talk down to] traiter avec condescendance. **-2.** *fml* [back financially] patronner, protéger.

patronizing [ˈpætrənaɪzɪŋ] *adj* condescendant(e).

patter [ˈpætər] ◇ *n* **-1.** [sound - of rain] crépitement *m*. **-2.** [talk] baratin *m*, bavardage *m*. ◇ *vi* [feet, paws] trottiner; [rain] frapper, fouetter.

pattern [ˈpætən] *n* **-1.** [design] motif *m*, dessin *m*. **-2.** [of distribution, population] schéma *m*; [of life, behaviour] mode *m*. **-3.** [diagram]: **(sewing)** ~ patron *m*. **-4.** [model] modèle *m*.

paunch [pɔːntʃ] *n* bedaine *f*.

pauper [ˈpɔːpər] *n* indigent *m*, -e *f*, nécessiteux *m*, -euse *f*.

pause [pɔːz] ◇ *n* **-1.** [short silence] pause *f*, silence *m*. **-2.** [break] pause *f*, arrêt *m*. ◇ *vi* **-1.** [stop speaking] marquer un temps. **-2.** [stop moving, doing] faire une pause, s'arrêter.

pave [peɪv] *vt* paver; **to** ~ **the way for sb/sthg** ouvrir la voie à qqn/qqch.

pavement [ˈpeɪvmənt] *n* **-1.** *Br* [at side of road] trottoir *m*. **-2.** *Am* [roadway] chaussée *f*.

pavilion [pəˈvɪljən] *n* pavillon *m*.

paving [ˈpeɪvɪŋ] *n* (*U*) pavé *m*.

paving stone *n* pavé *m*.

paw [pɔː] *n* patte *f*.

pawn [pɔːn] ◇ *n lit* & *fig* pion *m*. ◇ *vt* mettre en gage.

pawnbroker [ˈpɔːnˌbrəʊkər] *n* prêteur *m*, -euse *f* sur gages.

pawnshop [ˈpɔːnʃɒp] *n* mont-de-piété *m*.

pay [peɪ] (*pt* & *pp* **paid**) ◇ *vt* **-1.** [gen] payer; **to** ~ **sb for sthg** payer qqn pour qqch, payer qqch à qqn; **I paid £20 for that shirt** j'ai payé cette chemise 20 livres; **to** ~ **money into an account** *Br* verser de l'argent sur un compte; **to** ~ **a cheque into an account** déposer un chèque sur un compte. **-2.** [be profitable

to] rapporter à. **-3.** [give, make]: **to** ~ **attention (to sb/sthg)** prêter attention (à qqn/qqch); **to** ~ **sb a compliment** faire un compliment à qqn; **to** ~ **sb a visit** rendre visite à qqn. ◇ *vi* payer; **to** ~ **dearly for sthg** *fig* payer qqch cher. ◇ *n* salaire *m*, traitement *m*. ◆ **pay back** *vt sep* **-1.** [return loan of money] rembourser. **-2.** [revenge oneself on] revaloir; **I'll** ~ **you back for that** tu me le paieras, je te le revaudrai. ◆ **pay off** *vt sep* **-1.** [repay - debt] s'acquitter de, régler; [- loan] rembourser. **-2.** [dismiss] licencier, congédier. **-3.** [bribe] soudoyer, acheter. ◇ *vi* [course of action] être payant(e). ◆ **pay up** *vi* payer.

payable [ˈpeɪəbl] *adj* **-1.** [gen] payable. **-2.** [on cheque]: ~ **to** à l'ordre de.

paycheck [ˈpeɪtʃek] *n Am* paie *f*.

payday [ˈpeɪdeɪ] *n* jour *m* de paie.

payee [peɪˈiː] *n* bénéficiaire *mf*.

pay envelope *n Am* salaire *m*.

payment [ˈpeɪmənt] *n* paiement *m*.

pay packet *n Br* **-1.** [envelope] enveloppe *f* de paie. **-2.** [wages] paie *f*.

pay phone, pay station *Am n* téléphone *m* public, cabine *f* téléphonique.

payroll [ˈpeɪrəʊl] *n* registre *m* du personnel.

payslip [ˈpeɪslɪp] *n Br* feuille *f* OR bulletin *m* de paie.

pay station *Am* = **pay phone**.

pc (*abbr of* **per cent**) p. cent.

PC *n* **-1.** (*abbr of* **personal computer**) PC *m*, micro *m*. **-2.** *abbr of* **police constable.**

PE (*abbr of* **physical education**) *n* EPS *f*.

pea [piː] *n* pois *m*.

peace [piːs] *n* (*U*) paix *f*; [quiet, calm] calme *m*, tranquillité *f*; **to make (one's)** ~ **with sb** faire la paix avec qqn.

peaceable [ˈpiːsəbl] *adj* paisible, pacifique.

peaceful [ˈpiːsfʊl] *adj* **-1.** [quiet, calm] paisible, calme. **-2.** [not aggressive - person] pacifique; [- demonstration] non-violent(e).

peacetime [ˈpiːstaɪm] *n* temps *m* de paix.

peach [piːtʃ] ◇ *adj* couleur pêche (*inv*). ◇ *n* pêche *f*.

peacock [ˈpiːkɒk] *n* paon *m*.

peak [piːk] ◇ *n* **-1.** [mountain top] sommet *m*, cime *f*. **-2.** *fig* [of career, success] apogée *m*, sommet *m*. **-3.** [of cap] visière *f*. ◇ *adj* [condition] optimum. ◇ *vi* atteindre un niveau maximum.

peaked [piːkt] *adj* [cap] à visière.

peak hours *npl* heures *fpl* d'affluence OR de pointe.

peak period *n* période *f* de pointe.

peak rate *n* tarif *m* normal.

peal [pi:l] ◇ *n* [of bells] carillonnement *m*; [of laughter] éclat *m*; [of thunder] coup *m*. ◇ *vi* [bells] carillonner.

peanut ['pi:nʌt] *n* cacahuète *f*.

peanut butter *n* beurre *m* de cacahuètes.

pear [peəʳ] *n* poire *f*.

pearl [pɜ:l] *n* perle *f*.

peasant ['peznt] *n* [in countryside] paysan *m*, -anne *f*.

peat [pi:t] *n* tourbe *f*.

pebble ['pebl] *n* galet *m*, caillou *m*.

peck [pek] ◇ *n* -1. [with beak] coup *m* de bec. -2. [kiss] bise *f*. ◇ *vt* -1. [with beak] picoter, becqueter. -2. [kiss]: to ~ sb on the cheek faire une bise à qqn.

pecking order ['pekɪŋ-] *n* hiérarchie *f*.

peckish ['pekɪʃ] *adj Br inf*: to feel ~ avoir un petit creux.

peculiar [pɪ'kju:ljəʳ] *adj* -1. [odd] bizarre, curieux(ieuse). -2. [slightly ill]: to feel ~ se sentir tout drôle (toute drôle) OR tout chose (toute chose). -3. [characteristic]: ~ to propre à, particulier(ière) à.

peculiarity [pɪ,kju:lɪ'ærətɪ] *n* -1. [oddness] bizarrerie *f*, singularité *f*. -2. [characteristic] particularité *f*, caractéristique *f*.

pedal ['pedl] ◇ *n* pédale *f*. ◇ *vi* pédaler.

pedal bin *n* poubelle *f* à pédale.

pedantic [pɪ'dæntɪk] *adj pej* pédant(e).

peddle ['pedl] *vt* -1. [drugs] faire le trafic de. -2. [gossip, rumour] colporter, répandre.

pedestal ['pedɪstl] *n* piédestal *m*.

pedestrian [pɪ'destrɪən] ◇ *adj pej* médiocre, dépourvu(e) d'intérêt. ◇ *n* piéton *m*.

pedestrian crossing *n Br* passage *m* pour piétons, passage clouté.

pedestrian precinct *Br*, **pedestrian zone** *Am n* zone *f* piétonne.

pediatrics [,pi:dɪ'ætrɪks] *n* pédiatrie *f*.

pedigree ['pedɪgri:] ◇ *adj* [animal] de race. ◇ *n* -1. [of animal] pedigree *m*. -2. [of person] ascendance *f*, généalogie *f*.

pedlar *Br*, **peddler** *Am* ['pedləʳ] *n* colporteur *m*.

pee [pi:] *inf* ◇ *n* pipi *m*, pisse *f*. ◇ *vi* faire pipi, pisser.

peek [pi:k] *inf* ◇ *n* coup *m* d'œil furtif. ◇ *vi* jeter un coup d'œil furtif.

peel [pi:l] ◇ *n* [of apple, potato] peau *f*; [of orange, lemon] écorce *f*. ◇ *vt* éplucher, peler. ◇ *vi* -1. [paint] s'écailler. -2. [paper] se décoller. -3. [skin] peler.

peelings ['pi:lɪŋz] *npl* épluchures *fpl*.

peep [pi:p] ◇ *n* -1. [look] coup *m* d'œil OR regard *m* furtif. -2. *inf* [sound] bruit *m*. ◇ *vi* jeter un coup d'œil furtif. ◆ **peep out** *vi* apparaître, se montrer.

peephole ['pi:phəʊl] *n* judas *m*.

peer [pɪəʳ] ◇ *n* pair *m*. ◇ *vi* scruter, regarder attentivement.

peerage ['pɪərɪdʒ] *n* [rank] pairie *f*; the ~ les pairs *mpl*.

peer group *n* pairs *mpl*.

peeved [pi:vd] *adj inf* fâché(e), irrité(e).

peevish ['pi:vɪʃ] *adj* grincheux(euse).

peg [peg] ◇ *n* -1. [hook] cheville *f*. -2. [for clothes] pince *f* à linge. -3. [for tent] piquet *m*. ◇ *vt fig* [prices] bloquer.

pejorative [pɪ'dʒɒrətɪv] *adj* péjoratif(ive).

pekinese [,pi:kə'ni:z], **pekingese** [,pi:kɪŋ'i:z] (*pl inv* OR **-s**) *n* [dog] pékinois *m*.

Peking [pi:'kɪŋ] *n* Pékin *m*.

pekingese = **pekinese**.

pelican ['pelɪkən] (*pl inv* OR **-s**) *n* pélican *m*.

pelican crossing *n Br* passage pour piétons avec feux de circulation.

pellet ['pelɪt] *n* -1. [small ball] boulette *f*. -2. [for gun] plomb *m*.

pelmet ['pelmɪt] *n Br* lambrequin *m*.

pelt [pelt] ◇ *n* [animal skin] peau *f*, fourrure *f*. ◇ *vt*: ~ sb (with sthg) bombarder qqn (de qqch). ◇ *vi* [run fast]: to ~ along courir ventre à terre; to ~ down the stairs dévaler l'escalier. ◆ **pelt down** *v impers* [rain]: it's ~ing down il pleut à verse.

pelvis ['pelvɪs] (*pl* **-vises** OR **-ves** [-vi:z]) *n* pelvis *m*, bassin *m*.

pen [pen] ◇ *n* -1. [for writing] stylo *m*. -2. [enclosure] parc *m*, enclos *m*. ◇ *vt* [enclose] parquer.

penal ['pi:nl] *adj* pénal(e).

penalize, -ise ['pi:nəlaɪz] *vt* -1. [gen] pénaliser. -2. [put at a disadvantage] désavantager.

penalty ['penltɪ] *n* -1. [punishment] pénalité *f*; to pay the ~ (for sthg) *fig* supporter OR subir les conséquences (de qqch). -2. [fine] amende *f*. -3. HOCKEY pénalité *f*; ~ (kick) FTBL penalty *m*; RUGBY (coup *m* de pied de) pénalité *f*.

penance ['penəns] *n* -1. RELIG pénitence

f. **-2.** *fig* [punishment] corvée *f*, pensum *m*.

pence [pens] *Br pl* → **penny**.

penchant [*Br* pãʃã, *Am* 'pentʃənt] *n*: **to have a ~ for sthg** avoir un faible pour qqch; **to have a ~ for doing sthg** avoir tendance à OR bien aimer faire qqch.

pencil ['pensl] ◇ *n* crayon *m*; **in ~** au crayon. ◇ *vt* griffonner au crayon, crayonner.

pencil case *n* trousse *f* (*d'écolier*).

pencil sharpener *n* taille-crayon *m*.

pendant ['pendənt] *n* [jewel on chain] pendentif *m*.

pending ['pendɪŋ] *fml* ◇ *adj* **-1.** [imminent] imminent(e). **-2.** [court case] en instance. ◇ *prep* en attendant.

pendulum ['pendjʊləm] (*pl* **-s**) *n* balancier *m*.

penetrate ['penɪtreɪt] *vt* **-1.** [gen] pénétrer dans; [subj: light] percer; [subj: rain] s'infiltrer dans. **-2.** [subj: spy] infiltrer.

pen friend *n* correspondant *m*, -e *f*.

penguin ['peŋgwɪn] *n* manchot *m*.

penicillin [,penɪ'sɪlɪn] *n* pénicilline *f*.

peninsula [pə'nɪnsjʊlə] (*pl* **-s**) *n* péninsule *f*.

penis ['piːnɪs] (*pl* **penises** ['piːnɪsɪz]) *n* pénis *m*.

penitentiary [,penɪ'tenʃərɪ] *n Am* prison *f*.

penknife ['pennaɪf] (*pl* **-knives** [-naɪvz]) *n* canif *m*.

pen name *n* pseudonyme *m*.

pennant ['penənt] *n* fanion *m*, flamme *f*.

penniless ['penɪlɪs] *adj* sans le sou.

penny ['penɪ] (*pl sense 1* **-ies**, *pl sense 2* **pence**) *n* **-1.** [coin] *Br* penny *m*; *Am* cent *m*. **-2.** *Br* [value] pence *m*.

pen pal *n inf* correspondant *m*, -e *f*.

pension ['penʃn] *n* **-1.** *Br* [on retirement] retraite *f*. **-2.** [from disability] pension *f*.

pensioner ['penʃənə'] *n Br*: **(old-age) ~** retraité *m*, -e *f*.

pensive ['pensɪv] *adj* songeur(euse).

pentagon ['pentəgən] *n* pentagone *m*. ◆ **Pentagon** *n Am*: **the Pentagon** le Pentagone (*siège du ministère américain de la Défense*).

Pentecost ['pentɪkɒst] *n* Pentecôte *f*.

penthouse ['penthaʊs, *pl* -haʊzɪz] *n* appartement *m* de luxe (*au dernier étage*).

pent up ['pent-] *adj* [emotions] refoulé(e); [energy] contenu(e).

penultimate [pe'nʌltɪmət] *adj* avant-dernier(ière).

people ['piːpl] ◇ *n* [nation, race] nation *f*, peuple *m*. ◇ *npl* **-1.** [persons] personnes *fpl*; **few/a lot of ~** peu/beaucoup de monde, peu/beaucoup de gens; **there were a lot of ~ present** il y avait beaucoup de monde. **-2.** [in general] gens *mpl*; **~ say that ...** on dit que .... **-3.** [inhabitants] habitants *mpl*. **-4.** POL: **the ~** le peuple. ◇ *vt*: **to be ~d by** OR **with** être peuplé(e) de.

pep [pep] *n inf* (*U*) entrain *m*, pep *m*. ◆ **pep up** *vt sep inf* **-1.** [person] remonter, requinquer. **-2.** [party, event] animer.

pepper ['pepə'] *n* **-1.** [spice] poivre *m*. **-2.** [vegetable] poivron *m*.

pepperbox *n Am* = **pepper pot**.

peppermint ['pepəmɪnt] *n* **-1.** [sweet] bonbon *m* à la menthe. **-2.** [herb] menthe *f* poivrée.

pepper pot *Br*, **pepperbox** *Am* ['pepəbɒks] *n* poivrier *m*.

pep talk *n inf* paroles *fpl* OR discours *m* d'encouragement.

per [pɜː'] *prep*: **~ person** par personne; **to be paid £10 ~ hour** être payé 10 livres de l'heure; **~ kilo** le kilo; **as ~ instructions** conformément aux instructions.

per annum *adv* par an.

per capita [pə'kæpɪtə] *adj & adv* par habitant OR tête.

perceive [pə'siːv] *vt* **-1.** [notice] percevoir. **-2.** [understand, realize] remarquer, s'apercevoir de. **-3.** [consider]: **to ~ sb/sthg as** considérer qqn/qqch comme.

per cent *adv* pour cent.

percentage [pə'sentɪdʒ] *n* pourcentage *m*.

perception [pə'sepʃn] *n* **-1.** [aural, visual] perception *f*. **-2.** [insight] perspicacité *f*, intuition *f*.

perceptive [pə'septɪv] *adj* perspicace.

perch [pɜːtʃ] (*pl sense 2 only inv* OR **-es**) ◇ *n* **-1.** *lit & fig* [position] perchoir *m*. **-2.** [fish] perche *f*. ◇ *vi* se percher.

percolator ['pɜːkəleɪtə'] *n* cafetière *f* à pression.

percussion [pə'kʌʃn] *n* MUS percussion *f*.

perennial [pə'renjəl] ◇ *adj* permanent(e), perpétuel(elle); BOT vivace. ◇ *n* BOT plante *f* vivace.

perfect [*adj & n* 'pɜːfɪkt, *vb* pə'fekt] ◇ *adj* parfait(e); **he's a ~ nuisance** il est absolument insupportable. ◇ *n* GRAMM: **~ (tense)** parfait *m*. ◇ *vt* parfaire, mettre au point.

perfection [pə'fekʃn] *n* perfection *f*; **to ~** parfaitement (bien).

perfectionist [pə'fekʃənɪst] *n* perfectionniste *mf*.

perfectly ['pɜːfɪktlɪ] *adv* parfaitement; **you know ~ well** tu sais très bien.

perforate ['pɜːfəreɪt] *vt* perforer.

perforations [ˌpɜːfə'reɪʃnz] *npl* [in paper] pointillés *mpl*.

perform [pə'fɔːm] ◇ *vt* **-1.** [carry out] exécuter; [- function] remplir. **-2.** [play, concert] jouer. ◇ *vi* **-1.** [machine] marcher, fonctionner; [team, person]: **to ~ well/badly** avoir de bons/mauvais résultats. **-2.** [actor] jouer; [singer] chanter.

performance [pə'fɔːməns] *n* **-1.** [carrying out] exécution *f*. **-2.** [show] représentation *f*. **-3.** [by actor, singer etc] interprétation *f*. **-4.** [of car, engine] performance *f*.

performer [pə'fɔːmər] *n* artiste *mf*, interprète *mf*.

perfume ['pɜːfjuːm] *n* parfum *m*.

perfunctory [pə'fʌŋktərɪ] *adj* rapide, superficiel(ielle).

perhaps [pə'hæps] *adv* peut-être; **~ so/not** peut-être que oui/non.

peril ['perɪl] *n* danger *m*, péril *m*.

perimeter [pə'rɪmɪtər] *n* périmètre *m*; **~ fence** clôture *f*; **~ wall** mur *m* d'enceinte.

period ['pɪərɪəd] ◇ *n* **-1.** [gen] période *f*. **-2.** SCH ≃ heure *f*. **-3.** [menstruation] règles *fpl*. **-4.** *Am* [full stop] point *m*. ◇ *comp* [dress, house] d'époque.

periodic [ˌpɪərɪ'ɒdɪk] *adj* périodique.

periodical [ˌpɪərɪ'ɒdɪkl] ◇ *adj* = **periodic**. ◇ *n* [magazine] périodique *m*.

peripheral [pə'rɪfərəl] ◇ *adj* **-1.** [unimportant] secondaire. **-2.** [at edge] périphérique. ◇ *n* COMPUT périphérique *m*.

perish ['perɪʃ] *vi* **-1.** [die] périr, mourir. **-2.** [food] pourrir, se gâter; [rubber] se détériorer.

perishable ['perɪʃəbl] *adj* périssable. ◆ **perishables** *npl* denrées *fpl* périssables.

perjury ['pɜːdʒərɪ] *n* (*U*) JUR parjure *m*, faux serment *m*.

perk [pɜːk] *n* *inf* à-côté *m*, avantage *m*. ◆ **perk up** *vi* se ragaillardir.

perky ['pɜːkɪ] *adj* *inf* [cheerful] guilleret(ette); [lively] plein(e) d'entrain.

perm [pɜːm] *n* permanente *f*.

permanent ['pɜːmənənt] ◇ *adj* permanent(e). ◇ *n* *Am* [perm] permanente *f*.

permeate ['pɜːmɪeɪt] *vt* **-1.** [subj: liquid, smell] s'infiltrer dans, pénétrer. **-2.** [subj: feeling, idea] se répandre dans.

permissible [pə'mɪsəbl] *adj* acceptable, admissible.

permission [pə'mɪʃn] *n* permission *f*, autorisation *f*.

permissive [pə'mɪsɪv] *adj* permissif(ive).

permit [*vb* pə'mɪt, *n* 'pɜːmɪt] ◇ *vt* permettre; **to ~ sb to do sthg** permettre à qqn de faire qqch, autoriser qqn à faire qqch; **to ~ sb sthg** permettre qqch à qqn. ◇ *n* permis *m*.

pernicious [pə'nɪʃəs] *adj* *fml* [harmful] pernicieux(ieuse).

pernickety [pə'nɪkətɪ] *adj* *inf* [fussy] tatillon(onne), pointilleux(euse).

perpendicular [ˌpɜːpən'dɪkjʊlər] ◇ *adj* perpendiculaire. ◇ *n* perpendiculaire *f*.

perpetrate ['pɜːpɪtreɪt] *vt* perpétrer, commettre.

perpetual [pə'petʃʊəl] *adj* **-1.** *pej* [continuous] continuel(elle), incessant(e). **-2.** [long-lasting] perpétuel(elle).

perplex [pə'pleks] *vt* rendre perplexe.

perplexing [pə'pleksɪŋ] *adj* déroutant(e), déconcertant(e).

persecute ['pɜːsɪkjuːt] *vt* persécuter, tourmenter.

perseverance [ˌpɜːsɪ'vɪərəns] *n* persévérance *f*, ténacité *f*.

persevere [ˌpɜːsɪ'vɪər] *vi* **-1.** [with difficulty] persévérer, persister; **to ~ with** persévérer OR persister dans. **-2.** [with determination]: **to ~ in doing sthg** persister à faire qqch.

Persian ['pɜːʃn] *adj* persan(e); HISTORY perse.

persist [pə'sɪst] *vi*: **to ~ (in doing sthg)** persister OR s'obstiner (à faire qqch).

persistence [pə'sɪstəns] *n* persistance *f*.

persistent [pə'sɪstənt] *adj* **-1.** [noise, rain] continuel(elle); [problem] constant(e). **-2.** [determined] tenace, obstiné(e).

person ['pɜːsn] (*pl* **people** OR **persons** *fml*) *n* **-1.** [man or woman] personne *f*; **in ~** en personne. **-2.** *fml* [body]: **about one's ~** sur soi.

personable ['pɜːsnəbl] *adj* sympathique, agréable.

personal ['pɜːsənl] *adj* **-1.** [gen] personnel(elle). **-2.** *pej* [rude] désobligeant(e).

personal assistant *n* secrétaire *mf* de direction.

personal column *n* petites annonces *fpl*.

personal computer *n* ordinateur *m* personnel OR individuel.

personality [ˌpɜːsə'næləti] *n* personnalité *f*.

personally ['pɜːsnəli] *adv* personnellement; **to take sthg ~** se sentir visé par qqch.

personal organizer *n* agenda *m* modulaire multifonction.

personal property *n* (U) JUR biens *mpl* personnels.

personal stereo *n* baladeur *m*, Walkman® *m*.

personify [pə'sɒnɪfaɪ] *vt* personnifier.

personnel [ˌpɜːsə'nel] ◇ *n* (U) [department] service *m* du personnel. ◇ *npl* [staff] personnel *m*.

perspective [pə'spektɪv] *n* -1. ART perspective *f*. -2. [view, judgment] point *m* de vue, optique *f*.

Perspex® ['pɜːspeks] *n Br* ≃ Plexiglas® *m*.

perspiration [ˌpɜːspə'reɪʃn] *n* -1. [sweat] sueur *f*. -2. [act of perspiring] transpiration *f*.

persuade [pə'sweɪd] *vt*: **to ~ sb to do sthg** persuader OR convaincre qqn de faire qqch; **to ~ sb that** convaincre qqn que; **to ~ sb of** convaincre qqn de.

persuasion [pə'sweɪʒn] *n* -1. [act of persuading] persuasion *f*. -2. [belief - religious] confession *f*; [- political] opinion *f*, conviction *f*.

persuasive [pə'sweɪsɪv] *adj* [person] persuasif(ive); [argument] convaincant(e).

pert [pɜːt] *adj* mutin(e), coquin(e).

pertain [pə'teɪn] *vi fml*: **~ing to** concernant, relatif(ive) à.

pertinent ['pɜːtɪnənt] *adj* pertinent(e), approprié(e).

perturb [pə'tɜːb] *vt* inquiéter, troubler.

Peru [pə'ruː] *n* Pérou *m*.

peruse [pə'ruːz] *vt* lire attentivement.

pervade [pə'veɪd] *vt* [subj: smell] se répandre dans; [subj: feeling, influence] envahir.

perverse [pə'vɜːs] *adj* [contrary - person] contrariant(e); [- enjoyment] malin (igne).

perversion [*Br* pə'vɜːʃn, *Am* pə'vɜːrʒn] *n* -1. [sexual] perversion *f*. -2. [of truth] travestissement *m*.

pervert [*n* 'pɜːvɜːt, *vb* pə'vɜːt] ◇ *n* pervers *m*, -e *f*. ◇ *vt* -1. [truth, meaning] travestir, déformer; [course of justice] entraver. -2. [sexually] pervertir.

pessimist ['pesɪmɪst] *n* pessimiste *mf*.

pessimistic [ˌpesɪ'mɪstɪk] *adj* pessimiste.

pest [pest] *n* -1. [insect] insecte *m* nuisible; [animal] animal *m* nuisible. -2. inf [nuisance] casse-pieds *mf inv*.

pester ['pestər] *vt* harceler, importuner.

pet [pet] ◇ *adj* [favourite]: **~ subject** dada *m*; **~ hate** bête *f* noire. ◇ *n* -1. [animal] animal *m* (familier). -2. [favourite person] chouchou *m*, -oute *f*. ◇ *vt* caresser, câliner. ◇ *vi* se peloter, se caresser.

petal ['petl] *n* pétale *m*.

peter ['piːtər] ◆ **peter out** *vi* [path] s'arrêter, se perdre; [interest] diminuer, décliner.

petite [pə'tiːt] *adj* menu(e).

petition [pɪ'tɪʃn] ◇ *n* pétition *f*. ◇ *vt* adresser une pétition à.

petrified ['petrɪfaɪd] *adj* [terrified] paralysé(e) OR pétrifié(e) de peur.

petrol ['petrəl] *n Br* essence *f*.

petrol bomb *n Br* cocktail *m* Molotov.

petrol can *n Br* bidon *m* à essence.

petroleum [pɪ'trəʊljəm] *n* pétrole *m*.

petrol pump *n Br* pompe *f* à essence.

petrol station *n Br* station-service *f*.

petrol tank *n Br* réservoir *m* d'essence.

petticoat ['petɪkəʊt] *n* jupon *m*.

petty ['peti] *adj* -1. [small-minded] mesquin(e). -2. [trivial] insignifiant(e), sans importance.

petty cash *n* (U) caisse *f* des dépenses courantes.

petty officer *n* second maître *m*.

petulant ['petjʊlənt] *adj* irritable.

pew [pjuː] *n* banc *m* d'église.

pewter ['pjuːtər] *n* étain *m*.

phantom ['fæntəm] ◇ *adj* fantomatique, spectral(e). ◇ *n* [ghost] fantôme *m*.

pharmaceutical [ˌfɑːmə'sjuːtɪkl] *adj* pharmaceutique.

pharmacist ['fɑːməsɪst] *n* pharmacien *m*, -ienne *f*.

pharmacy ['fɑːməsɪ] *n* pharmacie *f*.

phase [feɪz] *n* phase *f*. ◆ **phase in** *vt sep* introduire progressivement. ◆ **phase out** *vt sep* supprimer progressivement.

PhD (*abbr of* **Doctor of Philosophy**) *n* (*titulaire d'un*) doctorat de 3ᵉ cycle.

pheasant ['feznt] (*pl inv* OR **-s**) *n* faisan *m*.

phenomena [fɪ'nɒmɪnə] *pl* → **phenomenon**.

phenomenal [fɪ'nɒmɪnl] *adj* phénoménal(e), extraordinaire.

phenomenon [fɪ'nɒmɪnən] (*pl* **-mena**) *n* phénomène *m*.

phial ['faɪəl] *n* fiole *f*.

philanthropist [fɪ'lænθrəpɪst] *n* philanthrope *mf*.

philately [fɪ'lætəlɪ] *n* philatélie *f*.

Philippine ['fɪlɪpiːn] *adj* philippin(e).
◆ **Philippines** *npl*: the ~s les Philippines *fpl*.

philosopher [fɪ'lɒsəfə'] *n* philosophe *mf*.

philosophical [ˌfɪlə'sɒfɪkl] *adj* **-1.** philosophique. **-2.** [stoical] philosophe.

philosophy [fɪ'lɒsəfɪ] *n* philosophie *f*.

phlegm [flem] *n* flegme *m*.

phlegmatic [fleg'mætɪk] *adj* flegmatique.

phobia ['fəʊbjə] *n* phobie *f*.

phone [fəʊn] ◇ *n* téléphone *m*; **to be on the ~** [speaking] être au téléphone; *Br* [connected to network] avoir le téléphone. ◇ *comp* téléphonique. ◇ *vt* téléphoner à, appeler. ◇ *vi* téléphoner.
◆ **phone up** *vt sep & vi* téléphoner.

phone book *n* annuaire *m* (du téléphone).

phone booth *n* cabine *f* téléphonique.

phone box *n Br* cabine *f* téléphonique.

phone call *n* coup *m* de téléphone OR fil; **to make a ~** passer OR donner un coup de fil.

phonecard ['fəʊnkɑːd] *n* ≃ Télécarte®*f*.

phone-in *n* RADIO & TV programme *m* à ligne ouverte.

phone number *n* numéro *m* de téléphone.

phonetics [fə'netɪks] *n* (*U*) phonétique *f*.

phoney *Br*, **phony** *Am* ['fəʊnɪ] *inf* ◇ *adj* **-1.** [passport, address] bidon (*inv*). **-2.** [person] hypocrite, pas franc (pas franche). ◇ *n* poseur *m*, -euse *f*.

phosphorus ['fɒsfərəs] *n* phosphore *m*.

photo ['fəʊtəʊ] *n* photo *f*; **to take a ~ of sb/sthg** photographier qqn/qqch, prendre qqn/qqch en photo.

photocopier [ˌfəʊtəʊ'kɒpɪə'] *n* photocopieur *m*, copieur *m*.

photocopy ['fəʊtəʊ,kɒpɪ] ◇ *n* photocopie *f*. ◇ *vt* photocopier.

photograph ['fəʊtəgrɑːf] ◇ *n* photographie *f*; **to take a ~ (of sb/sthg)** prendre (qqn/qqch) en photo, photographier (qqn/qqch). ◇ *vt* photographier, prendre en photo.

photographer [fə'tɒɡrəfə'] *n* photographe *mf*.

photography [fə'tɒɡrəfɪ] *n* photographie *f*.

phrasal verb ['freɪzl-] *n* verbe *m* à postposition.

phrase [freɪz] ◇ *n* expression *f*. ◇ *vt* exprimer, tourner.

phrasebook ['freɪzbʊk] *n* guide *m* de conversation (*pour touristes*).

physical ['fɪzɪkl] ◇ *adj* **-1.** [gen] physique. **-2.** [world, objects] matériel(ielle). ◇ *n* [examination] visite *f* médicale.

physical education *n* éducation *f* physique.

physically ['fɪzɪklɪ] *adv* physiquement.

physically handicapped ◇ *adj*: **to be ~** être handicapé(e) physique. ◇ *npl*: **the ~** les handicapés *mpl* physiques.

physician [fɪ'zɪʃn] *n* médecin *m*.

physicist ['fɪzɪsɪst] *n* physicien *m*, -ienne *f*.

physics ['fɪzɪks] *n* (*U*) physique *f*.

physiotherapy [ˌfɪzɪəʊ'θerəpɪ] *n* kinésithérapie *f*.

physique [fɪ'ziːk] *n* physique *m*.

pianist ['pɪənɪst] *n* pianiste *mf*.

piano [pɪ'ænəʊ] (*pl* **-s**) *n* piano *m*.

pick [pɪk] ◇ *n* **-1.** [tool] pioche *f*, pic *m*. **-2.** [selection]: **to take one's ~** choisir, faire son choix. **-3.** [best]: **the ~ of** le meilleur (la meilleure) de. ◇ *vt* **-1.** [select, choose] choisir, sélectionner. **-2.** [gather] cueillir. **-3.** [remove] enlever. **-4.** [nose]: **to ~ one's nose** se décrotter le nez; **to ~ one's teeth** se curer les dents. **-5.** [fight, quarrel] chercher; **to ~ a fight (with sb)** chercher la bagarre (à qqn). **-6.** [lock] crocheter. ◆ **pick on** *vt fus* s'en prendre à, être sur le dos de.
◆ **pick out** *vt sep* **-1.** [recognize] repérer, reconnaître. **-2.** [select, choose] choisir, désigner. ◆ **pick up** ◇ *vt sep* **-1.** [lift up] ramasser. **-2.** [collect] aller chercher, passer prendre. **-3.** [collect in car] prendre, chercher. **-4.** [skill, language] apprendre; [habit] prendre; [bargain] découvrir; **to ~ up speed** prendre de la vitesse. **-5.** *inf* [sexually - woman, man] draguer. **-6.** RADIO & TELEC [detect, receive] capter, recevoir. **-7.** [conversation, work] reprendre, continuer. ◇ *vi* [improve, start again] reprendre.

pickaxe *Br*, **pickax** *Am* ['pɪkæks] *n* pioche *f*, pic *m*.

picket ['pɪkɪt] ◇ *n* piquet *m* de grève. ◇ *vt* mettre un piquet de grève devant.

picket line *n* piquet *m* de grève.

pickle ['pɪkl] ◇ n pickles mpl; **to be in a ~** être dans le pétrin. ◇ vt conserver dans du vinaigre/de la saumure etc.

pickpocket ['pɪk,pɒkɪt] n pickpocket m, voleur m à la tire.

pick-up n **-1.** [of record player] pick-up m. **-2.** [truck] camionnette f.

picnic ['pɪknɪk] (pt & pp **-ked**, cont **-king**) ◇ n pique-nique m. ◇ vi pique-niquer.

pictorial [pɪk'tɔːrɪəl] adj illustré(e).

picture ['pɪktʃər] ◇ n **-1.** [painting] tableau m, peinture f; [drawing] dessin m. **-2.** [photograph] photo f, photographie f. **-3.** TV image f. **-4.** CINEMA film m. **-5.** [in mind] tableau m, image f. **-6.** fig [situation] tableau m. **-7.** phr: **to get the ~** inf piger; **to put sb in the ~** mettre qqn au courant. ◇ vt **-1.** [in mind] imaginer, s'imaginer, se représenter. **-2.** [in photo] photographier. **-3.** [in painting] représenter, peindre. ◆ **pictures** npl Br: **the ~s** le cinéma.

picture book n livre m d'images.

picturesque [,pɪktʃə'resk] adj pittoresque.

pie [paɪ] n tourte f.

piece [piːs] n **-1.** [gen] morceau m; [of string] bout m; **a ~ of furniture** un meuble; **a ~ of clothing** un vêtement; **a ~ of advice** un conseil; **a ~ of information** un renseignement; **to fall to ~s** tomber en morceaux; **to take sthg to ~s** démonter qqch; **in ~s** en morceaux; **in one** ~ [intact] intact(e); [unharmed] sain et sauf (saine et sauve). **-2.** [coin, item, in chess] pièce f; [in draughts] pion m. **-3.** PRESS article m. ◆ **piece together** vt sep [facts] coordonner.

piecemeal ['piːsmiːl] ◇ adj fait(e) petit à petit. ◇ adv petit à petit, peu à peu.

piecework ['piːswɜːk] n (U) travail m à la pièce OR aux pièces.

pie chart n camembert m, graphique m rond.

pier [pɪər] n [at seaside] jetée f.

pierce [pɪəs] vt percer, transpercer; **to have one's ears ~d** se faire percer les oreilles.

piercing ['pɪəsɪŋ] adj **-1.** [sound, look] perçant(e). **-2.** [wind] pénétrant(e).

pig [pɪg] n **-1.** [animal] porc m, cochon m. **-2.** inf pej [greedy eater] goinfre m, glouton m. **-3.** inf pej [unkind person] sale type m.

pigeon ['pɪdʒɪn] (pl inv OR **-s**) n pigeon m.

pigeonhole ['pɪdʒɪnhəʊl] ◇ n [compartment] casier m. ◇ vt [classify] étiqueter, cataloguer.

piggybank ['pɪgɪbæŋk] n tirelire f.

pigheaded [,pɪg'hedɪd] adj têtu(e).

pigment ['pɪgmənt] n pigment m.

pigpen Am = **pigsty**.

pigskin ['pɪgskɪn] n (peau f de) porc m.

pigsty ['pɪgstaɪ], **pigpen** Am ['pɪgpen] n lit & fig porcherie f.

pigtail ['pɪgteɪl] n natte f.

pike [paɪk] (pl sense 1 only inv OR **-s**) n **-1.** [fish] brochet m. **-2.** [spear] pique f.

pilchard ['pɪltʃəd] n pilchard m.

pile [paɪl] ◇ n **-1.** [heap] tas m; **a ~ of**, **~s of** un tas OR des tas de. **-2.** [neat stack] pile f. **-3.** [of carpet] poil m. ◇ vt empiler. ◆ **piles** npl MED hémorroïdes fpl. ◆ **pile into** vt fus inf s'entasser dans, s'empiler dans. ◆ **pile up** vt sep empiler, entasser. ◇ vi **-1.** [form a heap] s'entasser. **-2.** fig [work, debts] s'accumuler.

pileup ['paɪlʌp] n AUT carambolage m.

pilfer ['pɪlfər] ◇ vt chaparder. ◇ vi: **to ~ (from)** faire du chapardage (dans).

pilgrim ['pɪlgrɪm] n pèlerin m.

pilgrimage ['pɪlgrɪmɪdʒ] n pèlerinage m.

pill [pɪl] n **-1.** [gen] pilule f. **-2.** [contraceptive]: **the ~** la pilule; **to be on the ~** prendre la pilule.

pillage ['pɪlɪdʒ] vt piller.

pillar ['pɪlər] n lit & fig pilier m.

pillar box n Br boîte f aux lettres.

pillion ['pɪljən] n siège m arrière; **to ride ~** monter derrière.

pillow ['pɪləʊ] n **-1.** [for bed] oreiller m. **-2.** Am [on sofa, chair] coussin m.

pillowcase ['pɪləʊkeɪs], **pillowslip** ['pɪləʊslɪp] n taie f d'oreiller.

pilot ['paɪlət] ◇ n **-1.** AERON & NAUT pilote m. **-2.** TV émission f pilote. ◇ comp pilote. ◇ vt piloter.

pilot burner, **pilot light** n veilleuse f.

pilot study n étude f pilote OR expérimentale.

pimp [pɪmp] n inf maquereau m, souteneur m.

pimple ['pɪmpl] n bouton m.

pin [pɪn] ◇ n **-1.** [for sewing] épingle f; **to have ~s and needles** avoir des fourmis. **-2.** [drawing pin] punaise f. **-3.** [safety pin] épingle f de nourrice OR de sûreté. **-4.** [of plug] fiche f. **-5.** TECH goupille f, cheville f. ◇ vt: **to ~ sthg to/on sthg** épingler qqch à/sur qqch; **to ~ sb against** OR **to** clouer qqn contre; **to ~ sthg on sb** [blame] mettre

OR coller qqch sur le dos de qqn; to ~ one's hopes on sb/sthg mettre tous ses espoirs en qqn/dans qqch. ◆ **pin down** vt sep **-1.** [identify] définir, identifier. **-2.** [force to make a decision]: to ~ sb down obliger qqn à prendre une décision.

pinafore ['pɪnəfɔːr] n **-1.** [apron] tablier m. **-2.** Br [dress] chasuble f.

pinball ['pɪnbɔːl] n flipper m.

pincers ['pɪnsəz] npl **-1.** [tool] tenailles fpl. **-2.** [of crab] pinces fpl.

pinch [pɪntʃ] ◇ n **-1.** [nip] pincement m. **-2.** [of salt] pincée f. ◇ vt **-1.** [nip] pincer. **-2.** [subj: shoes] serrer. **-3.** inf [steal] piquer, faucher. ◆ **at a pinch** Br, **in a pinch** Am adv à la rigueur.

pincushion ['pɪn,kuʃn] n pelote f à épingles.

pine [paɪn] ◇ n pin m. ◇ vi: to ~ for désirer ardemment. ◆ **pine away** vi languir.

pineapple ['paɪnæpl] n ananas m.

pinetree ['paɪntriː] n pin m.

ping [pɪŋ] n [of bell] tintement m; [of metal] bruit m métallique.

Ping-Pong® [-pɒŋ] n ping-pong m.

pink [pɪŋk] ◇ adj rose; to go OR turn ~ rosir, rougir. ◇ n [colour] rose m.

pinnacle ['pɪnəkl] n **-1.** [mountain peak, spire] pic m, cime f. **-2.** fig [high point] apogée m.

pinpoint ['pɪnpɔɪnt] vt **-1.** [cause, problem] définir, mettre le doigt sur. **-2.** [position] localiser.

pin-striped [-,straɪpt] adj à très fines rayures.

pint [paɪnt] n **-1.** Br [unit of measurement] = 0,568 litre, ≈ demi-litre m. **2.** Am [unit of measurement] = 0,473 litre, ≈ demi-litre m. **-3.** Br [beer] ≈ demi m.

pioneer [,paɪə'nɪər] ◇ n lit & fig pionnier m. ◇ vt: to ~ sthg être un des premiers (une des premières) à faire qqch.

pious ['paɪəs] adj **-1.** RELIG pieux (pieuse). **-2.** pej [sanctimonious] moralisateur(trice).

pip [pɪp] n **-1.** [seed] pépin m. **-2.** Br RADIO top m.

pipe [paɪp] ◇ n **-1.** [for gas, water] tuyau m. **-2.** [for smoking] pipe f. ◇ vt acheminer par tuyau. ◆ **pipes** npl MUS cornemuse f. ◆ **pipe down** vi inf se taire, la fermer. ◆ **pipe up** vi inf se faire entendre.

pipe cleaner n cure-pipe m.

pipe dream n projet m chimérique.

pipeline ['paɪplaɪn] n [for gas] gazoduc m; [for oil] oléoduc m, pipeline m.

piper ['paɪpər] n joueur m, -euse f de cornemuse.

piping hot ['paɪpɪŋ-] adj bouillant(e).

pique [piːk] n dépit m.

pirate ['paɪrət] ◇ adj [video, program] pirate. ◇ n pirate m. ◇ vt [video, program] pirater.

pirate radio n Br radio f pirate.

pirouette [,pɪru'et] ◇ n pirouette f. ◇ vi pirouetter.

Pisces ['paɪsiːz] n Poissons mpl.

piss [pɪs] vulg ◇ n [urine] pisse f. ◇ vi pisser.

pissed [pɪst] adj vulg **-1.** Br [drunk] bourré(e). **-2.** Am [annoyed] en boule.

pissed off adj vulg qui en a plein le cul.

pistol ['pɪstl] n pistolet m.

piston ['pɪstən] n piston m.

pit [pɪt] ◇ n **-1.** [hole] trou m; [in road] petit trou; [on face] marque f. **-2.** [for orchestra] fosse f. **-3.** [mine] mine f. **-4.** Am [of fruit] noyau m. ◇ vt: to ~ sb against sb opposer qqn à qqn. ◆ **pits** npl [in motor racing]: the ~s les stands mpl.

pitch [pɪtʃ] ◇ n **-1.** SPORT terrain m. **-2.** MUS ton m. **-3.** [level, degree] degré m. **-4.** [selling place] place f. **-5.** inf [sales talk] baratin m. ◇ vt **-1.** [throw] lancer. **-2.** [set - price] fixer; [- speech] adapter. **-3.** [tent] dresser; [camp] établir. ◇ vi **-1.** [ball] rebondir. **-2.** [fall]: to ~ forward être projeté(e) en avant. **-3.** AERON & NAUT tanguer.

pitch-black adj noir(e) comme dans un four.

pitched battle [,pɪtʃt-] n bataille f rangée.

pitcher ['pɪtʃər] n Am **-1.** [jug] cruche f. **-2.** [in baseball] lanceur m.

pitchfork ['pɪtʃfɔːk] n fourche f.

piteous ['pɪtɪəs] adj pitoyable.

pitfall ['pɪtfɔːl] n piège m.

pith [pɪθ] n **-1.** [in plant] moelle f. **-2.** [of fruit] peau f blanche.

pithy ['pɪθɪ] adj [brief] concis(e); [terse] piquant(e).

pitiful ['pɪtɪfʊl] adj [condition] pitoyable; [excuse, effort] lamentable.

pitiless ['pɪtɪlɪs] adj sans pitié, impitoyable.

pit stop n [in motor racing] arrêt m aux stands.

pittance ['pɪtəns] n [wage] salaire m de misère.

pity ['pɪtɪ] ◇ n pitié f; **what a ~!** quel dommage!; **it's a ~** c'est dommage; **to take** OR **have ~ on sb** prendre qqn en pitié, avoir pitié de qqn. ◇ vt plaindre.

pivot ['pɪvət] n lit & fig pivot m.

pizza ['piːtsə] n pizza f.

placard ['plækɑːd] n placard m, affiche f.

placate [plə'keɪt] vt calmer, apaiser.

place [pleɪs] ◇ n **-1.** [location] endroit m, lieu m; **~ of birth** lieu de naissance. **-2.** [proper position, seat, vacancy, rank] place f. **-3.** [home]: **at/to my ~** chez moi. **-4.** [in book]: **to lose one's ~** perdre sa page. **-5.** MATH: **decimal ~** décimale f. **-6.** [instance]: **in the first ~** tout de suite; **in the first ~ ... and in the second ~ ...** premièrement ... et deuxièmement .... **-7.** phr: **to take ~** avoir lieu; **to take the ~ of** prendre la place de, remplacer. ◇ vt **-1.** [position, put] placer, mettre. **-2.** [apportion]: **to ~ the responsibility for sthg on sb** tenir qqn pour responsable de qqch. **-3.** [identify] remettre. **-4.** [an order] passer; **to ~ a bet** parier. **-5.** [in race]: **to be placed** être placé(e). ◆ **all over the place** adv [everywhere] partout. ◆ **in place** adv **-1.** [in proper position] à sa place. **-2.** [established] mis en place. ◆ **in place of** prep à la place de. ◆ **out of place** adv pas à sa place; fig déplacé(e).

place mat n set m (de table).

placement ['pleɪsmənt] n placement m.

placid ['plæsɪd] adj **-1.** [person] placide. **-2.** [sea, place] calme.

plagiarize, -ise ['pleɪdʒəraɪz] vt plagier.

plague [pleɪg] ◇ n **-1.** MED peste f. **-2.** fig [nuisance] fléau m. ◇ vt: **to be ~d by** [bad luck] être poursuivi(e) par; [doubt] être rongé(e) par; **to ~ sb with questions** harceler qqn de questions.

plaice [pleɪs] (pl inv) n carrelet m.

plaid [plæd] n plaid m.

Plaid Cymru [,plaɪd'kʌmrɪ] n parti nationaliste gallois.

plain [pleɪn] ◇ adj **-1.** [not patterned] uni(e). **-2.** [simple] simple. **-3.** [clear] clair(e), évident(e). **-4.** [blunt] carré(e), franc (franche). **-5.** [absolute] pur(e) (et simple). **-6.** [not pretty] quelconque, ordinaire. ◇ adv inf complètement. ◇ n GEOGR plaine f.

plain chocolate n Br chocolat m à croquer.

plain-clothes adj en civil.

plain flour n Br farine f (sans levure).

plainly ['pleɪnlɪ] adv **-1.** [obviously] manifestement. **-2.** [distinctly] clairement. **-3.** [frankly] carrément, sans détours. **-4.** [simply] simplement.

plaintiff ['pleɪntɪf] n demandeur m, -eresse f.

plait [plæt] ◇ n natte f. ◇ vt natter, tresser.

plan [plæn] ◇ n plan m, projet m; **to go according to ~** se passer OR aller comme prévu. ◇ vt **-1.** [organize] préparer. **-2.** [propose]: **to ~ to do sthg** projeter de faire qqch, avoir l'intention de faire qqch. **-3.** [design] concevoir. ◇ vi: **to ~ (for sthg)** faire des projets (pour qqch). ◆ **plans** npl plans mpl, projets mpl; **have you any ~s for tonight?** avez-vous prévu quelque chose pour ce soir? ◆ **plan on** vt fus: **to ~ on doing sthg** prévoir de faire qqch.

plane [pleɪn] ◇ adj plan(e). ◇ n **-1.** [aircraft] avion m. **-2.** GEOM plan m. **-3.** fig [level] niveau m. **-4.** [tool] rabot m. **-5.** [tree] platane m.

planet ['plænɪt] n planète f.

plank [plæŋk] n **-1.** [of wood] planche f. **-2.** POL [policy] point m.

planning ['plænɪŋ] n **-1.** [designing] planification f. **-2.** [preparation] préparation f, organisation f.

planning permission n permis m de construire.

plant [plɑːnt] ◇ n **-1.** BOT plante f. **-2.** [factory] usine f. **-3.** (U) [heavy machinery] matériel m. ◇ vt **-1.** [gen] planter. **-2.** [bomb] poser.

plantation [plæn'teɪʃn] n plantation f.

plaque [plɑːk] n **-1.** [commemorative sign] plaque f. **-2.** (U) [on teeth] plaque f dentaire.

plaster ['plɑːstər] ◇ n **-1.** [material] plâtre m. **-2.** Br [bandage] pansement m adhésif. ◇ vt **-1.** [wall, ceiling] plâtrer. **-2.** [cover]: **to ~ sthg (with)** couvrir qqch (de).

plaster cast n **-1.** [for broken bones] plâtre m. **-2.** [model, statue] moule m.

plastered ['plɑːstəd] adj inf [drunk] bourré(e).

plasterer ['plɑːstərər] n plâtrier m.

plaster of Paris n plâtre m de moulage.

plastic ['plæstɪk] ◇ adj plastique. ◇ n plastique m.

Plasticine® Br ['plæstɪsiːn], **play dough** Am n pâte f à modeler.

plastic surgery *n* chirurgie *f* esthétique OR plastique.

plate [pleɪt] ◇ *n* **-1.** [dish] assiette *f*. **-2.** [sheet of metal, plaque] tôle *f*. **-3.** (U) [metal covering]: **gold/silver** ~ plaqué *m* or/argent. **-4.** [in book] planche *f*. **-5.** [in dentistry] dentier *m*. ◇ *vt*: **to be ~d (with)** être plaqué(e) (de).

plateau ['plætəʊ] (*pl* **-s** OR **-x** [-z]) *n* plateau *m*; *fig* phase *f* OR période *f* de stabilité.

plate-glass *adj* vitré(e).

platform ['plætfɔːm] *n* **-1.** [stage] estrade *f*; [for speaker] tribune *f*. **-2.** [raised structure, of bus, of political party] plateforme *f*. **-3.** RAIL quai *m*.

platform ticket *n Br* ticket *m* de quai.

platinum ['plætɪnəm] *n* platine *m*.

platoon [plə'tuːn] *n* section *f*.

platter ['plætə'] *n* [dish] plat *m*.

plausible ['plɔːzəbl] *adj* plausible.

play [pleɪ] ◇ *n* **-1.** (U) [amusement] jeu *m*, amusement *m*. **-2.** THEATRE pièce *f* (de théâtre); **a radio** ~ une pièce radiophonique. **-3.** [game]: ~ **on words** jeu *m* de mots. **-4.** TECH jeu *m*. ◇ *vt* **-1.** [gen] jouer; **to** ~ **a part** OR **role in** *fig* jouer un rôle dans. **-2.** [game, sport] jouer à. **-3.** [team, opponent] jouer contre. **-4.** MUS [instrument] jouer de. **-5.** *phr*: **to** ~ **it safe** ne pas prendre de risques. ◇ *vi* jouer. ◆ **play along** *vi*: **to** ~ **along (with sb)** entrer dans le jeu (de qqn). ◆ **play down** *vt sep* minimiser. ◆ **play up** ◇ *vt sep* [emphasize] insister sur. ◇ *vi* **-1.** [machine] faire des siennes. **-2.** [child] ne pas être sage.

play-act *vi* jouer la comédie.

playboy ['pleɪbɔɪ] *n* playboy *m*.

play dough *Am* = **Plasticine**®.

player ['pleɪə'] *n* **-1.** [gen] joueur *m*, -euse *f*. **-2.** THEATRE acteur *m*, -trice *f*.

playful ['pleɪfʊl] *adj* **-1.** [person, mood] taquin(e). **-2.** [kitten, puppy] joueur (euse).

playground ['pleɪgraʊnd] *n* cour *f* de récréation.

playgroup ['pleɪgruːp] *n* jardin *m* d'enfants.

playing card ['pleɪɪŋ-] *n* carte *f* à jouer.

playing field ['pleɪɪŋ-] *n* terrain *m* de sport.

playmate ['pleɪmeɪt] *n* camarade *mf*.

play-off *n* SPORT belle *f*.

playpen ['pleɪpen] *n* parc *m*.

playschool ['pleɪskuːl] *n* jardin *m* d'enfants.

plaything ['pleɪθɪŋ] *n* lit & fig jouet *m*.

playtime ['pleɪtaɪm] *n* récréation *f*.

playwright ['pleɪraɪt] *n* dramaturge *m*.

plc *abbr of* **public limited company**.

plea [pliː] *n* **-1.** [for forgiveness, mercy] supplication *f*; [for help, quiet] appel *m*. **-2.** JUR: **to enter a** ~ **of not guilty** plaider non coupable.

plead [pliːd] (*pt* & *pp* **-ed** OR **pled**) ◇ *vt* **-1.** JUR plaider. **-2.** [give as excuse] invoquer. ◇ *vi* **-1.** [beg]: **to** ~ **with sb (to do sthg)** supplier qqn (de faire qqch); **to** ~ **for sthg** implorer qqch. **-2.** JUR plaider.

pleasant ['pleznt] *adj* agréable.

pleasantry ['plezntrɪ] *n*: **to exchange pleasantries** échanger des propos aimables.

please [pliːz] ◇ *vt* plaire à, faire plaisir à; **to** ~ **o.s.** faire comme on veut; ~ **yourself!** comme vous voulez! ◇ *vi* plaire, faire plaisir; **to do as one** ~**s** faire comme on veut. ◇ *adv* s'il vous plaît.

pleased [pliːzd] *adj* **-1.** [satisfied]: **to be** ~ **(with)** être content(e) (de). **-2.** [happy]: **to be** ~ **(about)** être heureux(euse) (de); ~ **to meet you!** enchanté(e)!

pleasing ['pliːzɪŋ] *adj* plaisant(e).

pleasure ['pleʒə'] *n* plaisir *m*; **with** ~ avec plaisir, volontiers; **it's a** ~, **my** ~ je vous en prie.

pleat [pliːt] ◇ *n* pli *m*. ◇ *vt* plisser.

pled [pled] *pt* & *pp* → **plead**.

pledge [pledʒ] ◇ *n* **-1.** [promise] promesse *f*. **-2.** [token] gage *m*. ◇ *vt* **-1.** [promise] promettre. **-2.** [make promise]: **to** ~ **o.s. to** s'engager à; **to** ~ **sb to secrecy** faire promettre le secret à qqn. **-3.** [pawn] mettre en gage.

plentiful ['plentɪfʊl] *adj* abondant(e).

plenty ['plentɪ] ◇ *n* (U) abondance *f*. ◇ *pron*: ~ **of** beaucoup de; **we've got** ~ **of time** nous avons largement le temps. ◇ *adv Am* [very] très.

pliable ['plaɪəbl], **pliant** ['plaɪənt] *adj* **-1.** [material] pliable, souple. **-2.** *fig* [person] docile.

pliers ['plaɪəz] *npl* tenailles *fpl*, pinces *fpl*.

plight [plaɪt] *n* condition *f* critique.

plimsoll ['plɪmsəl] *n Br* tennis *m*.

plinth [plɪnθ] *n* socle *m*.

PLO (*abbr of* **Palestine Liberation Organization**) *n* OLP *f*.

plod [plɒd] *vi* **-1.** [walk slowly] marcher lentement OR péniblement. **-2.** [work slowly] peiner.

plodder ['plɒdə^r] n pej bûcheur m, -euse f.

plonk [plɒŋk] n (U) Br inf [wine] pinard m, vin m ordinaire. ◆ **plonk down** vt sep inf poser brutalement.

plot [plɒt] ◇ n -1. [plan] complot m, conspiration f. -2. [story] intrigue f. -3. [of land] (parcelle f de) terrain m, lopin m. ◇ vt -1. [plan] comploter; to ~ to do sthg comploter de faire qqch. -2. [chart] déterminer, marquer. -3. MATH tracer, marquer. ◇ vi comploter.

plotter ['plɒtə^r] n [schemer] conspirateur m, -trice f.

plough Br, **plow** Am [plaʊ] ◇ n charrue f. ◇ vt [field] labourer. ◆ **plough into** ◇ vt sep [money] investir. ◇ vt fus [subj: car] rentrer dans.

ploughman's ['plaʊmənz] (pl inv) n Br: ~ (**lunch**) repas de pain, fromage et pickles.

plow etc Am = **plough** etc.

ploy [plɔɪ] n stratagème m, ruse f.

pluck [plʌk] ◇ vt -1. [flower, fruit] cueillir. -2. [pull sharply] arracher. -3. [chicken, turkey] plumer. -4. [eyebrows] épiler. -5. MUS pincer. ◇ n (U) dated courage m, cran m. ◆ **pluck up** vt fus: to ~ up the courage to do sthg rassembler son courage pour faire qqch.

plucky ['plʌkɪ] adj dated qui a du cran, courageux(euse).

plug [plʌg] ◇ n -1. ELEC prise f de courant. -2. [for bath, sink] bonde f. ◇ vt -1. [hole] boucher, obturer. -2. inf [new book, film etc] faire de la publicité pour. ◆ **plug in** vt sep brancher.

plughole ['plʌghəʊl] n bonde f, trou m d'écoulement.

plum [plʌm] ◇ adj -1. [colour] prune (inv). -2. [very good]: a ~ job un boulot en or. ◇ n [fruit] prune f.

plumb [plʌm] ◇ adv -1. Br [exactly] exactement, en plein. -2. Am [completely] complètement. ◇ vt: to ~ the depths of toucher le fond de.

plumber ['plʌmə^r] n plombier m.

plumbing ['plʌmɪŋ] n (U) -1. [fittings] plomberie f, tuyauterie f. -2. [work] plomberie f.

plume [pluːm] n -1. [feather] plume f. -2. [on hat] panache m. -3. [column]: a ~ of smoke un panache de fumée.

plummet ['plʌmɪt] vi -1. [bird, plane] plonger. -2. fig [decrease] dégringoler.

plump [plʌmp] adj bien en chair, grassouillet(ette). ◆ **plump for** vt fus opter pour, choisir. ◆ **plump up** vt sep [cushion] secouer.

plum pudding n pudding m de Noël.

plunder ['plʌndə^r] ◇ n (U) -1. [stealing, raiding] pillage m. -2. [stolen goods] butin m. ◇ vt piller.

plunge [plʌndʒ] ◇ n -1. [dive] plongeon m; to take the ~ se jeter à l'eau. -2. fig [decrease] dégringolade f, chute f. ◇ vt: to ~ sthg into plonger qqch dans. ◇ vi -1. [dive] plonger, tomber. -2. fig [decrease] dégringoler.

plunger ['plʌndʒə^r] n débouchoir m à ventouse.

pluperfect [ˌpluːˈpɜːfɪkt] n: ~ (**tense**) plus-que-parfait m.

plural ['plʊərəl] ◇ adj -1. GRAMM pluriel(ielle). -2. [not individual] collectif(ive). -3. [multicultural] multiculturel(elle). ◇ n pluriel m.

plus [plʌs] (pl -es OR -ses) ◇ adj: 30 ~ 30 ou plus. ◇ n -1. MATH signe m plus. -2. inf [bonus] plus m, atout m. ◇ prep et. ◇ conj [moreover] de plus.

plush [plʌʃ] adj luxueux(euse), somptueux(euse).

plus sign n signe m plus.

Pluto ['pluːtəʊ] n [planet] Pluton f.

plutonium [pluːˈtəʊnɪəm] n plutonium m.

ply [plaɪ] ◇ n [of wool] fil m; [of wood] pli m. ◇ vt -1. [trade] exercer. -2. [supply]: to ~ sb with drink ne pas arrêter de remplir le verre de qqn. ◇ vi [ship etc] faire la navette.

plywood ['plaɪwʊd] n contreplaqué m.

p.m., pm (abbr of post meridiem) at 3 ~ à 15 h.

PM abbr of prime minister.

PMT abbr of premenstrual tension.

pneumatic [njuːˈmætɪk] adj pneumatique.

pneumatic drill n marteau piqueur m.

pneumonia [njuːˈməʊnjə] n (U) pneumonie f.

poach [pəʊtʃ] ◇ vt -1. [fish] pêcher sans permis; [deer etc] chasser sans permis. -2. fig [idea] voler. -3. CULIN pocher. ◇ vi braconner.

poacher ['pəʊtʃə^r] n braconnier m.

poaching ['pəʊtʃɪŋ] n braconnage m.

PO Box (abbr of **Post Office Box**) n BP f.

pocket ['pɒkɪt] ◇ n lit & fig poche f; to be out of ~ en être de sa poche; to pick sb's ~ faire les poches à qqn. ◇ adj de poche. ◇ vt empocher.

pocketbook ['pɒkɪtbʊk] *n* **-1.** [notebook] carnet *m.* **-2.** *Am* [handbag] sac *m* à main.

pocketknife ['pɒkɪtnaɪf] (*pl* **-knives** [-naɪvz]) *n* canif *m.*

pocket money *n* argent *m* de poche.

pockmark ['pɒkmɑːk] *n* marque *f* de la petite vérole.

pod [pɒd] *n* **-1.** [of plants] cosse *f.* **-2.** [of spacecraft] nacelle *f.*

podgy ['pɒdʒɪ] *adj inf* boulot(otte), rondelet(ette).

podiatrist [pə'daɪətrɪst] *n Am* pédicure *mf.*

podium ['pəʊdɪəm] (*pl* **-diums** OR **-dia** [-dɪə]) *n* podium *m.*

poem ['pəʊɪm] *n* poème *m.*

poet ['pəʊɪt] *n* poète *m.*

poetic [pəʊ'etɪk] *adj* poétique.

poetry ['pəʊɪtrɪ] *n* poésie *f.*

poignant ['pɔɪnjənt] *adj* poignant(e).

point [pɔɪnt] ◇ *n* **-1.** [tip] pointe *f.* **-2.** [place] endroit *m*, point *m.* **-3.** [time] stade *m*, moment *m.* **-4.** [detail, argument] question *f*, détail *m*; **you have a ~** il y a du vrai dans ce que vous dites; **to make a ~** faire une remarque; **to make one's ~** dire ce qu'on a à dire, dire son mot. **-5.** [main idea] point *m* essentiel; **to get** OR **come to the ~** en venir au fait; **to miss the ~** ne pas comprendre; **beside the ~** à côté de la question. **-6.** [feature]: **good ~** qualité *f*; **bad ~** défaut *m.* **-7.** [purpose]: **what's the ~ in buying a new car?** à quoi bon acheter une nouvelle voiture?; **there's no ~ in having a meeting** cela ne sert à rien d'avoir une réunion. **-8.** [on scale, in scores] point *m.* **-9.** MATH: **two ~ six** deux virgule six. **-10.** [of compass] aire *f* du vent. **-11.** *Br* ELEC prise *f* (de courant). **-12.** *Am* [full stop] point *m* (final). **-13.** *phr*: **to make a ~ of doing sthg** ne pas manquer de faire qqch. ◇ *vt*: **to ~ sthg (at)** [gun, camera] braquer qqch (sur); [finger, hose] pointer qqch (sur). ◇ *vi* **-1.** [indicate with finger]: **to ~ (at sb/sthg)**, **to ~ (to sb/sthg)** montrer (qqn/qqch) du doigt, indiquer (qqn/qqch) du doigt. **-2.** *fig* [suggest]: **to ~ to sthg** suggérer qqch, laisser supposer qqch. ◆ **points** *npl Br* RAIL aiguillage *m.* ◆ **up to a point** *adv* jusqu'à un certain point, dans une certaine mesure. ◆ **on the point of** *prep* sur le point de. ◆ **point out** *vt sep* [person, place] montrer, indiquer; [fact, mistake] signaler.

point-blank *adv* **-1.** [refuse] catégoriquement; [ask] de but en blanc. **-2.** [shoot] à bout portant.

pointed ['pɔɪntɪd] *adj* **-1.** [sharp] pointu(e). **-2.** *fig* [remark] mordant(e), incisif(ive).

pointer ['pɔɪntər] *n* **-1.** [piece of advice] tuyau *m*, conseil *m.* **-2.** [needle] aiguille *f.* **-3.** [stick] baguette *f.* **-4.** COMPUT pointeur *m.*

pointless ['pɔɪntlɪs] *adj* inutile, vain(e).

point of view (*pl* **points of view**) *n* point *m* de vue.

poise [pɔɪz] *n fig* calme *m*, sang-froid *m.*

poised [pɔɪzd] *adj* **-1.** [ready]: **~ (for)** prêt(e) (pour); **to be ~ to do sthg** se tenir prêt à faire qqch. **-2.** *fig* [calm] calme, posé(e).

poison ['pɔɪzn] ◇ *n* poison *m.* ◇ *vt* **-1.** [gen] empoisonner. **-2.** [pollute] polluer.

poisoning ['pɔɪznɪŋ] *n* empoisonnement *m*; **food ~** intoxication *f* alimentaire.

poisonous ['pɔɪznəs] *adj* **-1.** [fumes] toxique; [plant] vénéneux(euse). **-2.** [snake] venimeux(euse).

poke [pəʊk] ◇ *vt* **-1.** [prod] pousser, donner un coup de coude à. **-2.** [put] fourrer. **-3.** [fire] attiser, tisonner. ◇ *vi* [protrude] sortir, dépasser. ◆ **poke about**, **poke around** *vi inf* fouiller, fourrager.

poker ['pəʊkər] *n* **-1.** [game] poker *m.* **-2.** [for fire] tisonnier *m.*

poker-faced [-,feɪst] *adj* au visage impassible.

poky ['pəʊkɪ] *adj pej* [room] exigu(ë), minuscule.

Poland ['pəʊlənd] *n* Pologne *f.*

polar ['pəʊlər] *adj* polaire.

Polaroid® ['pəʊlərɔɪd] *n* **-1.** [camera] Polaroid® *m.* **-2.** [photograph] photo *f* polaroïd.

pole [pəʊl] *n* **-1.** [rod, post] perche *f*, mât *m.* **-2.** ELEC & GEOGR pôle *m.*

Pole [pəʊl] *n* Polonais *m*, -e *f.*

pole vault *n*: **the ~** le saut à la perche.

police [pə'liːs] ◇ *npl* **-1.** [police force]: **the ~** la police. **-2.** [policemen] agents *mpl* de police. ◇ *vt* maintenir l'ordre dans.

police car *n* voiture *f* de police.

police constable *n Br* agent *m* de police.

police force *n* police *f.*

policeman [pə'liːsmən] (*pl* **-men** [-mən]) *n* agent *m* de police.

police officer n policier m.

police record n casier m judiciaire.

police station n commissariat m (de police).

policewoman [pə'li:s,wumən] (pl -women [-,wimin]) n femme f agent de police.

policy ['pɒləsi] n -1. [plan] politique f. -2. [document] police f.

polio ['pəuliəu] n polio f.

polish ['pɒliʃ] ◇ n -1. [for shoes] cirage m; [for floor] cire f, encaustique f. -2. [shine] brillant m, lustre m. -3. fig [refinement] raffinement m. ◇ vt [shoes, floor] cirer; [car] astiquer; [cutlery, glasses] faire briller. ◆ **polish off** vt sep inf expédier.

Polish ['pəuliʃ] ◇ adj polonais(e). ◇ n [language] polonais m. ◇ npl: **the ~** les Polonais mpl.

polished ['pɒliʃt] adj -1. [refined] raffiné(e). -2. [accomplished] accompli(e), parfait(e).

polite [pə'lait] adj [courteous] poli(e).

politic ['pɒlətik] adj politique.

political [pə'litikl] adj politique.

politically correct [pə,litikli-] adj conforme au mouvement qui préconise le remplacement de termes jugés discriminants par d'autres "politiquement corrects".

politician [,pɒli'tiʃn] n homme m politique, femme f politique.

politics ['pɒlətiks] ◇ n (U) politique f. ◇ npl -1. [personal beliefs]: **what are his ~?** de quel bord est-il? -2. [of group, area] politique f.

polka ['pɒlkə] n polka f.

polka dot n pois m.

poll [pəul] ◇ n vote m, scrutin m. ◇ vt -1. [people] interroger, sonder. -2. [votes] obtenir. ◆ **polls** npl: **to go to the ~s** aller aux urnes.

pollen ['pɒlən] n pollen m.

polling booth ['pəuliŋ-] n isoloir m.

polling day ['pəuliŋ-] n Br jour m du scrutin OR des élections.

polling station ['pəuliŋ-] n bureau m de vote.

pollute [pə'lu:t] vt polluer.

pollution [pə'lu:ʃn] n pollution f.

polo ['pəuləu] n polo m.

polo neck n Br -1. [neck] col m roulé. -2. [jumper] pull m à col roulé.

polyethylene Am = polythene.

Polynesia [,pɒli'ni:zjə] n Polynésie f.

polystyrene [,pɒli'stairi:n] n polystyrène m.

polytechnic [,pɒli'teknik] n Br établissement d'enseignement supérieur; en 1993, les "polytechnics" ont été transformés en universités.

polythene Br ['pɒliθi:n], **polyethylene** Am [,pɒli'eθili:n] n polyéthylène m.

polythene bag n Br sac m en plastique.

pomegranate ['pɒmi,grænit] n grenade f.

pomp [pɒmp] n pompe f, faste m.

pompom ['pɒmpɒm] n pompon m.

pompous ['pɒmpəs] adj -1. [person] fat, suffisant(e). -2. [style, speech] pompeux(euse).

pond [pɒnd] n étang m, mare f.

ponder ['pɒndər] vt considérer, peser.

ponderous ['pɒndərəs] adj -1. [dull] lourd(e). -2. [large, heavy] pesant(e).

pong [pɒŋ] Br inf n puanteur f.

pontoon [pɒn'tu:n] n -1. [bridge] ponton m. -2. Br [game] vingt-et-un m.

pony ['pəuni] n poney m.

ponytail ['pəuniteil] n queue-de-cheval f.

pony-trekking [-,trekiŋ] n randonnée f à cheval OR en poney.

poodle ['pu:dl] n caniche m.

pool [pu:l] ◇ n -1. [pond, of blood] mare f; [of rain, light] flaque f. -2. [swimming pool] piscine f. -3. SPORT billard m américain. ◇ vt [resources etc] mettre en commun. ◆ **pools** npl Br: **the ~s** ≃ le loto sportif.

poor [pɔ:r] ◇ adj -1. [gen] pauvre. -2. [not very good] médiocre, mauvais(e). ◇ npl: **the ~** les pauvres mpl.

poorly ['pɔ:li] ◇ adj Br souffrant(e). ◇ adv mal, médiocrement.

pop [pɒp] ◇ n -1. (U) [music] pop m. -2. (U) inf [fizzy drink] boisson f gazeuse. -3. inf [father] papa m. -4. [sound] pan m. ◇ vt -1. [burst] faire éclater, crever. -2. [put quickly] mettre, fourrer. ◇ vi -1. [balloon] éclater, crever; [cork, button] sauter. -2. [eyes]: **his eyes popped** il a écarquillé les yeux. ◆ **pop in** vi faire une petite visite. ◆ **pop up** vi surgir.

pop concert n concert m pop.

popcorn ['pɒpkɔ:n] n pop-corn m.

pope [pəup] n pape m.

pop group n groupe m pop.

poplar ['pɒplər] n peuplier m.

poppy ['pɒpi] n coquelicot m, pavot m.

Popsicle® ['pɒpsikl] n Am sucette f glacée.

populace ['pɒpjuləs] n: **the ~** le peuple.

popular ['pɒpjʊlər] *adj* -1. [gen] populaire. -2. [name, holiday resort] à la mode.

popularize, **-ise** ['pɒpjʊləraɪz] *vt* -1. [make popular] populariser. -2. [simplify] vulgariser.

population [,pɒpjʊ'leɪʃn] *n* population *f*.

porcelain ['pɔːsəlɪn] *n* porcelaine *f*.

porch [pɔːtʃ] *n* -1. [entrance] porche *m*. -2. *Am* [verandah] véranda *f*.

porcupine ['pɔːkjʊpaɪn] *n* porc-épic *m*.

pore [pɔːr] *n* pore *m*. ◆ **pore over** *vt fus* examiner de près.

pork [pɔːk] *n* porc *m*.

pork pie *n* pâté *m* de porc en croûte.

pornography [pɔː'nɒgrəfɪ] *n* pornographie *f*.

porous ['pɔːrəs] *adj* poreux(euse).

porridge ['pɒrɪdʒ] *n* porridge *m*.

port [pɔːt] *n* -1. [town, harbour] port *m*. -2. NAUT [left-hand side] bâbord *m*. -3. [drink] porto *m*. -4. COMPUT port *m*.

portable ['pɔːtəbl] *adj* portatif(ive).

portent ['pɔːtənt] *n* présage *m*.

porter ['pɔːtər] *n* -1. *Br* [doorman] concierge *m*, portier *m*. -2. [for luggage] porteur *m*. -3. *Am* [on train] employé *m*, -e *f* des wagons-lits.

portfolio [,pɔːt'fəʊljəʊ] (*pl* -s) *n* -1. [case] serviette *f*. -2. [sample of work] portfolio *m*. -3. FIN portefeuille *m*.

porthole ['pɔːthəʊl] *n* hublot *m*.

portion ['pɔːʃn] *n* -1. [section] portion *f*, part *f*. -2. [of food] portion *f*.

portly ['pɔːtlɪ] *adj* corpulent(e).

portrait ['pɔːtreɪt] *n* portrait *m*.

portray [pɔː'treɪ] *vt* -1. CINEMA & THEATRE jouer, interpréter. -2. [describe] dépeindre. -3. [paint] faire le portrait de.

Portugal ['pɔːtʃʊgl] *n* Portugal *m*.

Portuguese [,pɔːtʃʊ'giːz] ◇ *adj* portugais(e). ◇ *n* [language] portugais *m*. ◇ *npl*: **the** ~ les Portugais *mpl*.

pose [pəʊz] ◇ *n* -1. [stance] pose *f*. -2. *pej* [affectation] pose *f*, affectation *f*. ◇ *vt* -1. [danger] présenter. -2. [problem, question] poser. ◇ *vi* -1. ART & *pej* poser. -2. [pretend to be]: **to ~ as** se faire passer pour.

posh [pɒʃ] *adj inf* -1. [hotel, clothes etc] chic (*inv*). -2. *Br* [accent, person] de la haute.

position [pə'zɪʃn] ◇ *n* -1. [gen] position *f*. -2. [job] poste *m*, emploi *m*. -3. [state] situation *f*. ◇ *vt* placer, mettre en position.

positive ['pɒzətɪv] *adj* -1. [gen] positif(ive). -2. [sure] sûr(e), certain(e); **to**

be ~ about sthg être sûr de qqch. -3. [optimistic] positif(ive), optimiste; **to be ~ about sthg** avoir une attitude positive au sujet de qqch. -4. [definite] formel(elle), précis(e). -5. [evidence] irréfutable, indéniable. -6. [downright] véritable.

posse ['pɒsɪ] *n Am* détachement *m*, troupe *f*.

possess [pə'zes] *vt* posséder.

possession [pə'zeʃn] *n* possession *f*. ◆ **possessions** *npl* possessions *fpl*, biens *mpl*.

possessive [pə'zesɪv] ◇ *adj* possessif(ive). ◇ *n* GRAMM possessif *m*.

possibility [,pɒsə'bɪlətɪ] *n* -1. [chance, likelihood] possibilité *f*, chances *fpl*; **there is a ~ that ...** il se peut que ... (+ *subjunctive*). -2. [option] possibilité *f*, option *f*.

possible ['pɒsəbl] ◇ *adj* possible; **as much as ~** autant que possible; **as soon as ~** dès que possible. ◇ *n* possible *m*.

possibly ['pɒsəblɪ] *adv* -1. [perhaps] peut-être. -2. [expressing surprise]: **how could he ~ have known?** mais comment a-t-il pu le savoir? -3. [for emphasis]: **I can't ~ accept your money** je ne peux vraiment pas accepter cet argent.

post [pəʊst] ◇ *n* -1. [service]: **the ~** la poste; **by ~** par la poste. -2. [letters, delivery] courrier *m*. -3. *Br* [collection] levée *f*. -4. [pole] poteau *m*. -5. [position, job] poste *m*, emploi *m*. -6. MIL poste *m*. ◇ *vt* -1. [by mail] poster, mettre à la poste. -2. [employee] muter.

postage ['pəʊstɪdʒ] *n* affranchissement *m*; **~ and packing** frais *mpl* de port et d'emballage.

postal ['pəʊstl] *adj* postal(e).

postal order *n* mandat *m* postal.

postbox ['pəʊstbɒks] *n Br* boîte *f* aux lettres.

postcard ['pəʊstkɑːd] *n* carte *f* postale.

postcode ['pəʊstkəʊd] *n Br* code *m* postal.

postdate [,pəʊst'deɪt] *vt* postdater.

poster ['pəʊstər] *n* [for advertising] affiche *f*; [for decoration] poster *m*.

poste restante [,pəʊst'restɑːnt] *n* poste *f* restante.

posterior [pɒ'stɪərɪər] ◇ *adj* postérieur(e). ◇ *n hum* postérieur *m*, derrière *m*.

postgraduate [,pəʊst'grædʒʊət] ◇ *adj*

de troisième cycle. ◇ *n* étudiant *m*, -e *f* de troisième cycle.

posthumous ['pɒstjʊməs] *adj* posthume.

postman ['pəʊstmən] (*pl* **-men** [-mən]) *n* facteur *m*.

postmark ['pəʊstmɑːk] ◇ *n* cachet *m* de la poste. ◇ *vt* timbrer, tamponner.

postmaster ['pəʊst,mɑːstəʳ] *n* receveur *m* des postes.

postmortem [,pəʊst'mɔːtəm] *n* *lit* & *fig* autopsie *f*.

post office *n* **-1.** [organization]: **the Post Office** les Postes et Télécommunications *fpl*. **-2.** [building] (bureau *m* de) poste *f*.

post office box *n* boîte *f* postale.

postpone [,pəʊst'pəʊn] *vt* reporter, remettre.

postscript ['pəʊstskrɪpt] *n* postscriptum *m inv*; *fig* supplément *m*, addenda *m inv*.

posture ['pɒstʃəʳ] *n* **-1.** (*U*) [pose] position *f*, posture *f*. **-2.** *fig* [attitude] attitude *f*.

postwar [,pəʊst'wɔːʳ] *adj* d'après-guerre.

posy ['pəʊzɪ] *n* petit bouquet *m* de fleurs.

pot [pɒt] ◇ *n* **-1.** [for cooking] marmite *f*, casserole *f*. **-2.** [for tea] théière *f*; [for coffee] cafetière *f*. **-3.** [for paint, jam, plant] pot *m*. **-4.** (*U*) *inf* [cannabis] herbe *f*. ◇ *vt* [plant] mettre en pot.

potassium [pə'tæsɪəm] *n* potassium *m*.

potato [pə'teɪtəʊ] (*pl* **-es**) *n* pomme *f* de terre.

potato peeler [-,piːləʳ] *n* (couteau *m*) éplucheur *m*.

potent ['pəʊtənt] *adj* **-1.** [powerful, influential] puissant(e). **-2.** [drink] fort(e). **-3.** [man] viril.

potential [pə'tenʃl] ◇ *adj* [energy, success] potentiel(ielle); [uses, danger] possible; [enemy] en puissance. ◇ *n* (*U*) [of person] capacités *fpl* latentes; **to have** ∼ [person] prometteur; [company] avoir de l'avenir; [scheme] offrir des possibilités.

potentially [pə'tenʃəlɪ] *adv* potentiellement.

pothole ['pɒthəʊl] *n* **-1.** [in road] nid-de-poule *m*. **-2.** [underground] caverne *f*, grotte *f*.

potholing ['pɒt,həʊlɪŋ] *n Br*: **to go** ∼ faire de la spéléologie.

potion ['pəʊʃn] *n* [magic] breuvage *m*; **love** ∼ philtre *m*.

potluck [,pɒt'lʌk] *n*: **to take** ∼ [gen] choisir au hasard; [at meal] manger à la fortune du pot.

potshot ['pɒt,ʃɒt] *n*: **to take a** ∼ (**at sthg**) tirer (sur qqch) sans viser.

potted ['pɒtɪd] *adj* **-1.** [plant]: ∼ **plant** plante *f* d'appartement. **-2.** [food] conservé(e) en pot.

potter ['pɒtəʳ] *n* potier *m*. ◆ **potter about, potter around** *vi Br* bricoler.

pottery ['pɒtərɪ] *n* poterie *f*; **a piece of** ∼ une poterie.

potty ['pɒtɪ] *Br inf* ◇ *adj*: ∼ (**about**) toqué(e) (de). ◇ *n* pot *m* (de chambre).

pouch [paʊtʃ] *n* **-1.** [small bag] petit sac *m*; **tobacco** ∼ blague *f* à tabac. **-2.** [of kangaroo] poche *f* ventrale.

poultry ['pəʊltrɪ] ◇ *n* (*U*) [meat] volaille *f*. ◇ *npl* [birds] volailles *fpl*.

pounce [paʊns] *vi*: **to** ∼ (**on**) [bird] fondre (sur); [person] se jeter (sur).

pound [paʊnd] ◇ *n* **-1.** *Br* [money] livre *f*. **-2.** [weight] = 453,6 grammes; ≃ livre *f*. **-3.** [for cars, dogs] fourrière *f*. ◇ *vt* **-1.** [strike loudly] marteler. **-2.** [crush] piler, broyer. ◇ *vi* **-1.** [strike loudly]: **to** ∼ **on** donner de grands coups à. **-2.** [heart] battre fort; **my head is** ∼**ing** j'ai des élancements dans la tête.

pound sterling *n* livre *f* sterling.

pour [pɔːʳ] ◇ *vt* verser; **shall I** ∼ **you a drink?** je te sers quelque chose à boire? ◇ *vi* **-1.** [liquid] couler à flots. **-2.** *fig* [rush]: **to** ∼ **in/out** entrer/sortir en foule. ◇ *v impers* [rain hard] pleuvoir à verse. ◆ **pour in** *vi* [letters, news] affluer. ◆ **pour out** *vt sep* **-1.** [empty] vider. **-2.** [serve - drink] verser, servir.

pouring ['pɔːrɪŋ] *adj* [rain] torrentiel(ielle).

pout [paʊt] *vi* faire la moue.

poverty ['pɒvətɪ] *n* pauvreté *f*; *fig* [of ideas] indigence *f*, manque *m*.

poverty-stricken *adj* [person] dans la misère; [area] misérable, très pauvre.

powder ['paʊdəʳ] ◇ *n* poudre *f*. ◇ *vt* [face, body] poudrer.

powder compact *n* poudrier *m*.

powdered ['paʊdəd] *adj* **-1.** [milk, eggs] en poudre. **-2.** [face] poudré(e).

powder puff *n* houppette *f*.

powder room *n* toilettes *fpl* pour dames.

power ['paʊəʳ] ◇ *n* **-1.** (*U*) [authority, ability] pouvoir *m*; **to take** ∼ prendre le pouvoir; **to come to** ∼ parvenir au pouvoir; **to be in** ∼ être au pouvoir; **to be in** OR **within one's** ∼ **to do sthg** être

en son pouvoir de faire qqch. **-2.**
[strength, powerful person] puissance *f*,
force *f*. **-3.** (*U*) [energy] énergie *f*. **-4.**
[electricity] courant *m*, électricité *f*. ◇ *vt*
faire marcher, actionner.

powerboat ['pauəbəut] *n* hors-bord *m*
inv.

power cut *n* coupure *f* de courant.

power failure *n* panne *f* de courant.

powerful ['pauəful] *adj* **-1.** [gen] puis-
sant(e). **-2.** [smell, voice] fort(e). **-3.**
[speech, novel] émouvant(e).

powerless ['pauəlɪs] *adj* impuissant(e);
to be ~ to do sthg être dans
l'impossibilité de faire qqch, ne pas
pouvoir faire qqch.

power point *n Br* prise *f* de courant.

power station *n* centrale *f* électrique.

power steering *n* direction *f* assistée.

pp (*abbr of* per procurationem) pp.

p & p *abbr of* **postage and packing**.

PR *n* **-1.** *abbr of* **proportional representation. -2.** *abbr of* **public relations**.

practicable ['præktɪkəbl] *adj* réalisable,
faisable.

practical ['præktɪkl] ◇ *adj* **-1.** [gen] pratique. **-2.** [plan, solution] réalisable. ◇ *n*
épreuve *f* pratique.

practicality [,præktɪ'kælətɪ] *n* (*U*) aspect
m pratique.

practical joke *n* farce *f*.

practically ['præktɪklɪ] *adv* **-1.** [in a practical way] d'une manière pratique. **-2.**
[almost] presque, pratiquement.

practice, practise *Am* ['præktɪs] *n* **-1.**
(*U*) [at sport] entraînement *m*; [at music
etc] répétition *f*; **to be out of ~** être
rouillé(e). **-2.** [training session - at sport]
séance *f* d'entraînement; [- at music etc]
répétition *f*. **-3.** [act of doing]: **to put
sthg into ~** mettre qqch en pratique;
in ~ [in fact] en réalité, en fait. **-4.** [hab-
it] pratique *f*, coutume *f*. **-5.** (*U*) [of
profession] exercice *m*. **-6.** [of doctor] cabinet *m*; [of lawyer] étude *f*.

practicing *Am* = **practising**.

practise, practice *Am* ['præktɪs] ◇ *vt*
-1. [sport] s'entraîner à; [piano etc]
s'exercer à. **-2.** [custom] suivre, pratiquer; [religion] pratiquer. **-3.** [profession]
exercer. ◇ *vi* **-1.** SPORT s'entraîner; MUS
s'exercer. **-2.** [doctor, lawyer] exercer.

practising, practicing *Am* ['præktɪsɪŋ]
adj [doctor, lawyer] en exercice; [Chris-
tian etc] pratiquant(e); [homosexual] dé-
claré(e).

practitioner [præk'tɪʃnəʳ] *n* praticien *m*,
-ienne *f*.

Prague [prɑːg] *n* Prague.

prairie ['preərɪ] *n* prairie *f*.

praise [preɪz] ◇ *n* (*U*) louange *f*,
louanges *fpl*, éloge *m*, éloges *mpl*. ◇ *vt*
louer, faire l'éloge de.

praiseworthy ['preɪz,wɜːðɪ] *adj* louable,
méritoire.

pram [præm] *n* landau *m*.

prance [prɑːns] *vi* **-1.** [person] se pavaner. **-2.** [horse] caracoler.

prank [præŋk] *n* tour *m*, niche *f*.

prawn [prɔːn] *n* crevette *f* rose.

pray [preɪ] *vi*: **to ~ (to sb)** prier (qqn).

prayer [preəʳ] *n* lit & fig prière *f*.

prayer book *n* livre *m* de messe.

preach [priːtʃ] ◇ *vt* [gen] prêcher; [ser-
mon] prononcer. ◇ *vi* **-1.** RELIG: **to ~ (to
sb)** prêcher (qqn). **-2.** *pej* [pontificate]:
to ~ (at sb) sermonner (qqn).

preacher ['priːtʃəʳ] *n* prédicateur *m*,
pasteur *m*.

precarious [prɪ'keərɪəs] *adj* précaire.

precaution [prɪ'kɔːʃn] *n* précaution *f*.

precede [prɪ'siːd] *vt* précéder.

precedence ['presɪdəns] *n*: **to take ~
over sthg** avoir la priorité sur qqch; **to
have OR take ~ over sb** avoir la préséance sur qqn.

precedent ['presɪdənt] *n* précédent *m*.

precinct ['priːsɪŋkt] *n* **-1.** *Br* [area]: **pedestrian ~** zone *f* piétonne; **shopping
~** centre *m* commercial. **-2.** *Am* [dis-
trict] circonscription *f* (administrative).
◆ **precincts** *npl* [of institution] enceinte
f.

precious ['preʃəs] *adj* **-1.** [gen] pré-
cieux(ieuse). **-2.** *inf iro* [damned] sa-
cré(e). **-3.** [affected] affecté(e).

precipice ['presɪpɪs] *n* précipice *m*, paroi *f* à pic.

precipitate [*adj* prɪ'sɪpɪtət, *vb* prɪ'sɪpɪteɪt]
fml ◇ *adj* hâtif(ive). ◇ *vt* [hasten] hâter,
précipiter.

precise [prɪ'saɪs] *adj* précis(e); [measure-
ment, date] exact(e).

precisely [prɪ'saɪslɪ] *adv* précisément,
exactement.

precision [prɪ'sɪʒn] *n* précision *f*, exactitude *f*.

preclude [prɪ'kluːd] *vt fml* empêcher;
[possibility] écarter; **to ~ sb from doing
sthg** empêcher qqn de faire qqch.

precocious [prɪ'kəuʃəs] *adj* précoce.

preconceived [,priːkən'siːvd] *adj* pré-
conçu(e).

precondition [,priːkən'dɪʃn] *n fml*
condition *f* sine qua non.

predator ['predətəʳ] n -1. [animal, bird] prédateur m, rapace m. -2. *fig* [person] corbeau m.

predecessor ['priːdɪsesəʳ] n -1. [person] prédécesseur m. -2. [thing] précédent m, -e f.

predicament [prɪ'dɪkəmənt] n situation f difficile; **to be in a ~** être dans de beaux draps.

predict [prɪ'dɪkt] vt prédire.

predictable [prɪ'dɪktəbl] adj prévisible.

prediction [prɪ'dɪkʃn] n prédiction f.

predispose [ˌpriːdɪs'pəʊz] vt: **to be ~d to sthg/to do sthg** être prédisposé(e) à qqch/à faire qqch.

predominant [prɪ'dɒmɪnənt] adj prédominant(e).

predominantly [prɪ'dɒmɪnəntlɪ] adv principalement, surtout.

preempt [ˌpriː'empt] vt [action, decision] devancer, prévenir.

preemptive [ˌpriː'emptɪv] adj préventif(ive).

preen [priːn] vt -1. [subj: bird] lisser, nettoyer. -2. *fig* [subj: person]: **to ~ o.s.** se faire beau (belle).

prefab ['priːfæb] n *inf* maison f préfabriquée.

preface ['prefɪs] n: ~ **(to)** préface f (de), préambule m (de).

prefect ['priːfekt] n *Br* [pupil] élève de terminale qui aide les professeurs à maintenir la discipline.

prefer [prɪ'fɜːʳ] vt préférer; **to ~ sthg to sthg** préférer qqch à qqch, aimer mieux qqch que qqch; **to ~ to do sthg** préférer faire qqch, aimer mieux faire qqch.

preferable ['prefrəbl] adj: ~ **(to)** préférable (à).

preferably ['prefrəblɪ] adv de préférence.

preference ['prefərəns] n préférence f.

preferential [ˌprefə'renʃl] adj préférentiel(ielle).

prefix ['priːfɪks] n préfixe m.

pregnancy ['pregnənsɪ] n grossesse f.

pregnant ['pregnənt] adj [woman] enceinte; [animal] pleine, gravide.

prehistoric [ˌpriːhɪ'stɒrɪk] adj préhistorique.

prejudice ['predʒʊdɪs] ◇ n -1. [biased view]: ~ **(in favour of/against)** préjugé m (en faveur de/contre), préjugés mpl (en faveur de/contre). -2. (U) [harm] préjudice m, tort m. ◇ vt -1. [bias]: **to ~ sb (in favour of/against)** prévenir qqn (en faveur de/contre), influencer

qqn (en faveur de/contre). -2. [harm] porter préjudice à.

prejudiced ['predʒʊdɪst] adj [person] qui a des préjugés; [opinion] préconçu(e); **to be ~ in favour of/against** avoir des préjugés en faveur de/contre.

prejudicial [ˌpredʒʊ'dɪʃl] adj: ~ **(to)** préjudiciable (à), nuisible (à).

preliminary [prɪ'lɪmɪnərɪ] adj préliminaire.

prelude ['prelɪuːd] n [event]: ~ **to sthg** prélude m de qqch.

premarital [ˌpriː'mærɪtl] adj avant le mariage.

premature ['premə,tjʊəʳ] adj prématuré(e).

premeditated [ˌpriː'medɪteɪtɪd] adj prémédité(e).

premenstrual syndrome, premenstrual tension [priː'menstruəl-] n syndrome m prémenstruel.

premier ['premjəʳ] ◇ adj primordial(e), premier(ière). ◇ n premier ministre m.

premiere ['premɪeəʳ] n première f.

premise ['premɪs] n prémisse f. ◆ **premises** npl local m, locaux mpl; **on the ~s** sur place, sur les lieux.

premium ['priːmjəm] n prime f; **at a ~** [above usual value] à prix d'or; [in great demand] très recherché OR demandé.

premium bond n *Br* ≃ billet m de loterie.

premonition [ˌpremə'nɪʃn] n prémonition f, pressentiment m.

preoccupied [prɪ'ɒkjʊpaɪd] adj: ~ **(with)** préoccupé(e) (de).

prep [prep] n (U) *Br inf* devoirs mpl.

prepaid ['priːpeɪd] adj payé(e) d'avance; [envelope] affranchi(e).

preparation [ˌprepə'reɪʃn] n préparation f. ◆ **preparations** npl préparatifs mpl; **to make ~s for** faire des préparatifs pour, prendre ses dispositions pour.

preparatory [prɪ'pærətrɪ] adj [work, classes] préparatoire; [actions, measures] préliminaire.

preparatory school n [in UK] école f primaire privée; [in US] école privée qui prépare à l'enseignement supérieur.

prepare [prɪ'peəʳ] ◇ vt préparer. ◇ vi: **to ~ for sthg/to do sthg** se préparer à qqch/à faire qqch.

prepared [prɪ'peəd] adj -1. [done beforehand] préparé(e) d'avance. -2. [willing]: **to be ~ to do sthg** être prêt(e) OR disposé(e) à faire qqch. -3. [ready]: **to be ~ for sthg** être prêt(e) pour qqch.

preposition [ˌprepə'zɪʃn] *n* préposition *f*.

preposterous [prɪ'pɒstərəs] *adj* ridicule, absurde.

prep school *abbr of* **preparatory school**.

prerequisite [ˌpriː'rekwɪzɪt] *n* condition *f* préalable.

prerogative [prɪ'rɒgətɪv] *n* prérogative *f*, privilège *m*.

Presbyterian [ˌprezbɪ'tɪərɪən] ◇ *adj* presbytérien(ienne). ◇ *n* presbytérien *m*, -ienne *f*.

preschool [ˌpriː'skuːl] ◇ *adj* préscolaire. ◇ *n Am* école *f* maternelle.

prescribe [prɪ'skraɪb] *vt* -1. MED prescrire. -2. [order] ordonner, imposer.

prescription [prɪ'skrɪpʃn] *n* [MED - written form] ordonnance *f*; [- medicine] médicament *m*.

prescriptive [prɪ'skrɪptɪv] *adj* normatif(ive).

presence ['prezns] *n* présence *f*; **to be in sb's ~** OR **in the ~ of sb** être en présence de qqn.

presence of mind *n* présence *f* d'esprit.

present [*adj & n* 'preznt, *vb* prɪ'zent] ◇ *adj* -1. [current] actuel(elle). -2. [in attendance] présent(e); **to be ~ at** assister à. ◇ *n* -1. [current time]: **the ~** le présent; **at ~** actuellement, en ce moment. -2. [gift] cadeau *m*. -3. GRAMM: **(tense)** présent *m*. ◇ *vt* -1. [gen] présenter; [opportunity] donner. -2. [give] donner, remettre; **to ~ sb with sthg, to ~ sthg to sb** donner OR remettre qqch à qqn. -3. [portray] représenter, décrire. -4. [arrive]: **to ~ o.s.** se présenter.

presentable [prɪ'zentəbl] *adj* présentable.

presentation [ˌprezn'teɪʃn] *n* -1. [gen] présentation *f*. -2. [ceremony] remise *f* (de récompense/prix). -3. [talk] exposé *m*. -4. [of play] représentation *f*.

present day *n*: **the ~** aujourd'hui. ◆ **present-day** *adj* d'aujourd'hui, contemporain(e).

presenter [prɪ'zentə'] *n Br* présentateur *m*, -trice *f*.

presently ['prezntlɪ] *adv* -1. [soon] bientôt, tout à l'heure. -2. [at present] actuellement, en ce moment.

preservation [ˌprezə'veɪʃn] *n* (*U*) -1. [maintenance] maintien *m*. -2. [protection] protection *f*, conservation *f*.

preservative [prɪ'zɜːvətɪv] *n* conservateur *m*.

preserve [prɪ'zɜːv] ◇ *vt* -1. [maintain] maintenir. -2. [protect] conserver. -3. [food] conserver, mettre en conserve. ◇ *n* [jam] confiture *f*. ◆ **preserves** *npl* [jam] confiture *f*; [vegetables] pickles *mpl*, condiments *mpl*.

preset [ˌpriː'set] (*pt & pp* **preset**) *vt* prérégler.

president ['prezɪdənt] *n* -1. [gen] président *m*. -2. *Am* [company chairman] P-DG *m*.

presidential [ˌprezɪ'denʃl] *adj* présidentiel(ielle).

press [pres] ◇ *n* -1. [push] pression *f*. -2. [journalism]: **the ~** [newspapers] la presse, les journaux *mpl*; [reporters] les journalistes *mpl*. -3. [printing machine] presse *f*; [for wine] pressoir *m*. ◇ *vt* -1. [push] appuyer sur; **to ~ sthg against sthg** appuyer qqch sur qqch. -2. [squeeze] serrer. -3. [iron] repasser, donner un coup de fer à. -4. [urge]: **to ~ sb (to do sthg OR into doing sthg)** presser qqn (de faire qqch). -5. [pursue - claim] insister sur. ◇ *vi* -1. [push]: **to ~ (on)** appuyer (sur). -2. [squeeze]: **to ~ (on sthg)** serrer (qqch). -3. [crowd] se presser. ◆ **press for** *vt fus* demander avec insistance. ◆ **press on** *vi* [continue]: **to ~ on (with sthg)** continuer (qqch), ne pas abandonner (qqch).

press agency *n* agence *f* de presse.

press conference *n* conférence *f* de presse.

pressed [prest] *adj*: **to be ~ for time/ money** être à court de temps/d'argent.

pressing ['presɪŋ] *adj* urgent(e).

press officer *n* attaché *m* de presse.

press release *n* communiqué *m* de presse.

press-stud *n Br* pression *f*.

press-up *n Br* pompe *f*, traction *f*.

pressure ['preʃə'] *n* (*U*) -1. [gen] pression *f*; **to put ~ on sb (to do sthg)** faire pression sur qqn (pour qu'il fasse qqch). -2. [stress] tension *f*.

pressure cooker *n* Cocotte-Minute® *f*, autocuiseur *m*.

pressure gauge *n* manomètre *m*.

pressure group *n* groupe *m* de pression.

pressurize, -ise ['preʃəraɪz] *vt* -1. TECH pressuriser. -2. *Br* [force]: **to ~ sb to do** OR **into doing sthg** forcer qqn à faire qqch.

prestige [pre'stiːʒ] *n* prestige *m*.

presumably [prɪ'zjuːməblɪ] *adv* vraisemblablement.

presume [prɪ'zjuːm] *vt* présumer; **to ~ (that)** ... supposer que ....

presumption [prɪ'zʌmpʃn] *n* **-1.** [assumption] supposition *f*, présomption *f*. **-2.** (*U*) [audacity] présomption *f*.

presumptuous [prɪ'zʌmptʃʊəs] *adj* présomptueux(euse).

pretence, pretense *Am* [prɪ'tens] *n* prétention *f*; **to make a ~ of doing sthg** faire semblant de faire qqch; **under false ~s** sous des prétextes fallacieux.

pretend [prɪ'tend] ◇ *vt*: **to ~ to do sthg** faire semblant de faire qqch. ◇ *vi* faire semblant.

pretense *Am* = **pretence**.

pretension [prɪ'tenʃn] *n* prétention *f*.

pretentious [prɪ'tenʃəs] *adj* prétentieux(ieuse).

pretext ['priːtekst] *n* prétexte *m*; **on** OR **under the ~ that** ... sous prétexte que ...; **on** OR **under the ~ of doing sthg** sous prétexte de faire qqch.

pretty ['prɪtɪ] ◇ *adj* joli(e). ◇ *adv* [quite] plutôt; **~ much** OR **well** pratiquement, presque.

prevail [prɪ'veɪl] *vi* **-1.** [be widespread] avoir cours, régner. **-2.** [triumph]: **to ~ (over)** prévaloir (sur), l'emporter (sur). **-3.** [persuade]: **to ~ on** OR **upon sb to do sthg** persuader qqn de faire qqch.

prevailing [prɪ'veɪlɪŋ] *adj* **-1.** [current] actuel(elle). **-2.** [wind] dominant(e).

prevalent ['prevələnt] *adj* courant(e), répandu(e).

prevent [prɪ'vent] *vt*: **to ~ sb/sthg (from doing sthg)** empêcher qqn/qqch (de faire qqch).

preventive [prɪ'ventɪv] *adj* préventif(ive).

preview ['priːvjuː] *n* avant-première *f*.

previous ['priːvjəs] *adj* **-1.** [earlier] antérieur(e). **-2.** [preceding] précédent(e).

previously ['priːvjəslɪ] *adv* avant, auparavant.

prewar [ˌpriː'wɔːr] *adj* d'avant-guerre.

prey [preɪ] *n* proie *f*. ◆ **prey on** *vt fus* **-1.** [live off] faire sa proie de. **-2.** [trouble]: **to ~ on sb's mind** ronger qqn, tracasser qqn.

price [praɪs] ◇ *n* [cost] prix *m*; **at any ~** à tout prix. ◇ *vt* fixer le prix de.

priceless ['praɪslɪs] *adj* sans prix, inestimable.

price list *n* tarif *m*.

price tag *n* [label] étiquette *f*.

pricey ['praɪsɪ] *adj inf* chérot.

prick [prɪk] ◇ *n* **-1.** [scratch, wound] piqûre *f*. **-2.** *vulg* [stupid person] con *m*,

conne *f*. ◇ *vt* piquer. ◆ **prick up** *vt fus*: **to ~ up one's ears** [animal] dresser les oreilles; [person] dresser OR tendre l'oreille.

prickle ['prɪkl] ◇ *n* **-1.** [thorn] épine *f*. **-2.** [sensation on skin] picotement *m*. ◇ *vi* picoter.

prickly ['prɪklɪ] *adj* **-1.** [plant, bush] épineux(euse). **-2.** *fig* [person] irritable.

prickly heat *n* (*U*) boutons *mpl* de chaleur.

pride [praɪd] ◇ *n* (*U*) **-1.** [satisfaction] fierté *f*; **to take ~ in sthg/in doing sthg** être fier de qqch/de faire qqch. **-2.** [self-esteem] orgueil *m*, amour-propre *m*. **-3.** *pej* [arrogance] orgueil *m*. ◇ *vt*: **to ~ o.s. on sthg** être fier (fière) de qqch.

priest [priːst] *n* prêtre *m*.

priestess ['priːstɪs] *n* prêtresse *f*.

priesthood ['priːsthʊd] *n* **-1.** [position, office]: **the ~** le sacerdoce. **-2.** [priests]: **the ~** le clergé.

prig [prɪg] *n* petit saint *m*, petite sainte *f*.

prim [prɪm] *adj* guindé(e).

primarily ['praɪmərɪlɪ] *adv* principalement.

primary ['praɪmərɪ] ◇ *adj* **-1.** [main] premier(ière), principal(e). **-2.** SCH primaire. ◇ *n* Am POL primaire *f*.

primary school *n* école *f* primaire.

primate ['praɪmeɪt] *n* **-1.** ZOOL primate *m*. **-2.** RELIG primat *m*.

prime [praɪm] ◇ *adj* **-1.** [main] principal(e), primordial(e). **-2.** [excellent] excellent(e); **~ quality** première qualité. ◇ *n*: **to be in one's ~** être dans la fleur de l'âge. ◇ *vt* **-1.** [gun, pump] amorcer. **-2.** [paint] apprêter. **-3.** [inform]: **to ~ sb about sthg** mettre qqn au courant de qqch.

prime minister *n* premier ministre *m*.

primer ['praɪmər] *n* **-1.** [paint] apprêt *m*. **-2.** [textbook] introduction *f*.

primeval [praɪ'miːvl] *adj* [ancient] primitif(ive).

primitive ['prɪmɪtɪv] *adj* primitif(ive).

primrose ['prɪmrəʊz] *n* primevère *f*.

Primus stove® ['praɪməs-] *n* réchaud *m* de camping.

prince [prɪns] *n* prince *m*.

princess [prɪn'ses] *n* princesse *f*.

principal ['prɪnsəpl] ◇ *adj* principal(e). ◇ *n* SCH directeur *m*, -trice *f*; UNIV doyen *m*, -enne *f*.

principle ['prɪnsəpl] *n* principe *m*; **on ~, as a matter of ~** par principe. ◆ **in principle** *adv* en principe.

print [prɪnt] ◇ n **-1.** (U) [type] caractères mpl; **to be in** ~ être disponible; **to be out of** ~ être épuisé. **-2.** ART gravure f. **-3.** [photograph] épreuve f. **-4.** [fabric] imprimé m. **-5.** [mark] empreinte f. ◇ vt **-1.** [produce by printing] imprimer. **-2.** [publish] publier. **-3.** [write in block letters] écrire en caractères d'imprimerie. ◇ vi [printer] imprimer. ◆ **print out** vt sep COMPUT imprimer.

printed matter ['prɪntɪd-] n (U) imprimés mpl.

printer ['prɪntər] n **-1.** [person, firm] imprimeur m. **-2.** COMPUT imprimante f.

printing ['prɪntɪŋ] n (U) **-1.** [act of printing] impression f. **-2.** [trade] imprimerie f.

printout ['prɪntaʊt] n COMPUT sortie f d'imprimante, listing m.

prior ['praɪər] ◇ adj antérieur(e), précédent(e). ◇ n [monk] prieur m. ◆ **prior to** prep avant; ~ **to doing sthg** avant de faire qqch.

priority [praɪ'ɒrətɪ] n priorité f; **to have** OR **take** ~ **(over)** avoir la priorité (sur).

prise [praɪz] vt: **to** ~ **sthg away from sb** arracher qqch à qqn; **to** ~ **sthg open** forcer qqch.

prison ['prɪzn] n prison f.

prisoner ['prɪznər] n prisonnier m, -ière f.

prisoner of war (pl **prisoners of war**) n prisonnier m, -ière f de guerre.

privacy [Br 'prɪvəsɪ, Am 'praɪvəsɪ] n intimité f.

private ['praɪvɪt] ◇ adj **-1.** [not public] privé(e). **-2.** [confidential] confidentiel(ielle). **-3.** [personal] personnel(elle). **-4.** [unsociable - person] secret(ète). ◇ n **-1.** [soldier] (simple) soldat m. **-2.** [secrecy]: **in** ~ en privé.

private enterprise n (U) entreprise f privée.

private eye n détective m privé.

privately ['praɪvɪtlɪ] adv **-1.** [not by the state]: ~ **owned** du secteur privé. **-2.** [confidentially] en privé. **-3.** [personally] intérieurement, dans son for intérieur.

private property n propriété f privée.

private school n école f privée.

privatize, -ise ['praɪvɪtaɪz] vt privatiser.

privet ['prɪvɪt] n troène m.

privilege ['prɪvɪlɪdʒ] n privilège m.

privy ['prɪvɪ] adj: **to be** ~ **to sthg** être dans le secret de qqch.

Privy Council n Br: **the** ~ le Conseil privé.

prize [praɪz] ◇ adj [possession] très précieux(ieuse); [animal] primé(e); [idiot, example] parfait(e). ◇ n prix m. ◇ vt priser.

prize-giving [-ˌgɪvɪŋ] n Br distribution f des prix.

prizewinner ['praɪz,wɪnər] n gagnant m, -e f.

pro [prəʊ] (pl **-s**) n **-1.** inf [professional] pro mf. **-2.** [advantage]: **the** ~**s and cons** le pour et le contre.

probability [ˌprɒbə'bɪlətɪ] n probabilité f.

probable ['prɒbəbl] adj probable.

probably ['prɒbəblɪ] adv probablement.

probation [prə'beɪʃn] n (U) **-1.** JUR mise f à l'épreuve; **to put sb on** ~ mettre qqn en sursis avec mise à l'épreuve. **-2.** [trial period] essai m; **to be on** ~ être à l'essai.

probe [prəʊb] ◇ n **-1.** [investigation]: ~ **(into)** enquête f (sur). **-2.** MED & TECH sonde f. ◇ vt sonder.

problem ['prɒbləm] ◇ n problème m; **no** ~! inf pas de problème! ◇ comp difficile.

procedure [prə'siːdʒər] n procédure f.

proceed [vb prə'siːd, npl 'prəʊsiːdz] ◇ vt [do subsequently]: **to** ~ **to do sthg** se mettre à faire qqch. ◇ vi **-1.** [continue]: **to** ~ **(with sthg)** continuer (qqch), poursuivre (qqch). **-2.** fml [advance] avancer. ◆ **proceeds** npl recette f.

proceedings [prə'siːdɪŋz] npl **-1.** [of meeting] débats mpl. **-2.** JUR poursuites fpl.

process ['prəʊses] ◇ n **-1.** [series of actions] processus m; **in the** ~ ce faisant; **to be in the** ~ **of doing sthg** être en train de faire qqch. **-2.** [method] procédé m. ◇ vt [raw materials, food, data] traiter, transformer; [application] s'occuper de.

processing ['prəʊsesɪŋ] n traitement m, transformation f.

procession [prə'seʃn] n cortège m, procession f.

proclaim [prə'kleɪm] vt [declare] proclamer.

procrastinate [prə'kræstɪneɪt] vi faire traîner les choses.

procure [prə'kjʊər] vt [for oneself] se procurer; [for someone else] procurer; [release] obtenir.

prod [prɒd] vt [push, poke] pousser doucement.

prodigal ['prɒdɪgl] adj prodigue.

prodigy ['prɒdɪdʒɪ] n prodige m.

produce [n 'prɒdjuːs, vb prə'djuːs] ◇ n (U) produits mpl. ◇ vt -1. [gen] produire. -2. [cause] provoquer, causer. -3. [show] présenter. -4. THEATRE mettre en scène.

producer [prə'djuːsər] n -1. [of film, manufacturer] producteur m, -trice f. -2. THEATRE metteur m en scène.

product ['prɒdʌkt] n produit m.

production [prə'dʌkʃn] n -1. (U) [manufacture, of film] production f. -2. (U) [output] rendement m. -3. (U) THEATRE [of play] mise f en scène. -4. [show - gen] production f; [- THEATRE] pièce f.

production line n chaîne f de fabrication.

productive [prə'dʌktɪv] adj -1. [land, business, workers] productif(ive). -2. [meeting, experience] fructueux(euse).

productivity [,prɒdʌk'tɪvətɪ] n productivité f.

profane [prə'feɪn] adj impie.

profession [prə'feʃn] n profession f; by ~ de son métier.

professional [prə'feʃənl] ◇ adj -1. [gen] professionnel(elle). -2. [of high standard] de (haute) qualité. ◇ n professionnel m, - elle f.

professor [prə'fesər] n -1. Br UNIV professeur m (de faculté). -2. Am & Can [teacher] professeur m.

proficiency [prə'fɪʃənsɪ] n: ~ (in) compétence f (en).

profile ['prəʊfaɪl] n profil m.

profit ['prɒfɪt] ◇ n -1. [financial] bénéfice m, profit m; to make a ~ faire un bénéfice. -2. [advantage] profit m. ◇ vi [financially] être le bénéficiaire; [gain advantage] tirer avantage OR profit.

profitability [,prɒfɪtə'bɪlətɪ] n rentabilité f.

profitable ['prɒfɪtəbl] adj -1. [financially] rentable, lucratif(ive). -2. [beneficial] fructueux(euse), profitable.

profiteering [,prɒfɪ'tɪərɪŋ] n affairisme m, mercantilisme m.

profound [prə'faʊnd] adj profond(e).

profusely [prə'fjuːslɪ] adv [sweat, bleed] abondamment; to apologize ~ se confondre en excuses.

profusion [prə'fjuːʒn] n profusion f.

progeny ['prɒdʒənɪ] n progéniture f.

prognosis [prɒg'nəʊsɪs] (pl -noses [-'nəʊsiːz]) n pronostic m.

program ['prəʊgræm] (pt & pp -med OR -ed, cont -ming OR -ing) ◇ n -1. COMPUT programme m. -2. Am = programme. ◇ vt -1. COMPUT programmer. -2. Am = programme.

programer Am = programmer.

programme Br, **program** Am ['prəʊgræm] ◇ n -1. [schedule, booklet] programme m. -2. RADIO & TV émission f. ◇ vt programmer; to ~ sth to do sth programmer qqch pour faire qqch.

programmer Br, **programer** Am ['prəʊgræmər] n COMPUT programmeur m, -euse f.

programming ['prəʊgræmɪŋ] n programmation f.

progress [n 'prəʊgres, vb prə'gres] ◇ n progrès m; to make ~ [improve] faire des progrès; to make ~ in sth avancer dans qqch; in ~ en cours. ◇ vi -1. [improve - gen] progresser, avancer; [- person] faire des progrès. -2. [continue] avancer.

progressive [prə'gresɪv] adj -1. [enlightened] progressiste. -2. [gradual] progressif(ive).

prohibit [prə'hɪbɪt] vt prohiber; to ~ sb from doing sth interdire OR défendre à qqn de faire qqch.

project [n 'prɒdʒekt, vb prə'dʒekt] ◇ n -1. [plan, idea] projet m, plan m. -2. SCH [study]: ~ (on) dossier m (sur), projet m (sur). ◇ vt -1. [gen] projeter. -2. [estimate] prévoir. ◇ vi [jut out] faire saillie.

projectile [prə'dʒektaɪl] n projectile m.

projection [prə'dʒekʃn] n -1. [estimate] prévision f. -2. [protrusion] saillie f. -3. (U) [display, showing] projection f.

projector [prə'dʒektər] n projecteur m.

proletariat [,prəʊlɪ'teərɪət] n prolétariat m.

prolific [prə'lɪfɪk] adj prolifique.

prologue, prolog Am ['prəʊlɒg] n lit & fig prologue m.

prolong [prə'lɒŋ] vt prolonger.

prom [prɒm] n -1. Br inf (abbr of promenade) promenade f, front m de mer. -2. Am [ball] bal m d'étudiants. -3. Br inf (abbr of promenade concert) concert m promenade.

promenade [,prɒmə'nɑːd] n Br [road by sea] promenade f, front m de mer.

promenade concert n Br concert m promenade.

prominent ['prɒmɪnənt] adj -1. [important] important(e). -2. [noticeable] proéminent(e).

promiscuous [prɒ'mɪskjʊəs] adj [person]

aux mœurs légères; [behaviour] immoral(e).

promise ['prɒmɪs] ◇ n promesse f. ◇ vt: **to ~ (sb) to do sthg** promettre (à qqn) de faire qqch; **to ~ sb sthg** promettre qqch à qqn. ◇ vi promettre.

promising ['prɒmɪsɪŋ] adj prometteur(euse).

promontory ['prɒmɒntrɪ] n promontoire m.

promote [prə'məut] vt -1. [foster] promouvoir. -2. [push, advertise] promouvoir, lancer. -3. [in job] promouvoir.

promoter [prə'məutər] n -1. [organizer] organisateur m, -trice f. -2. [supporter] promoteur m, -trice f.

promotion [prə'məuʃn] n promotion f, avancement m.

prompt [prɒmpt] ◇ adj rapide, prompt(e). ◇ adv: **at nine o'clock ~** à neuf heures précises OR tapantes. ◇ vt -1. [motivate, encourage]: **to ~ sb (to do sthg)** pousser OR inciter qqn (à faire qqch). -2. THEATRE souffler sa réplique à. ◇ n THEATRE réplique f.

promptly ['prɒmptlɪ] adv -1. [immediately] rapidement, promptement. -2. [punctually] ponctuellement.

prone [prəun] adj -1. [susceptible]: **to be ~ to sthg** être sujet(ette) à qqch; **to be ~ to do sthg** avoir tendance à faire qqch. -2. [lying flat] étendu(e) face contre terre.

prong [prɒŋ] n [of fork] dent f.

pronoun ['prəunaun] n pronom m.

pronounce [prə'nauns] ◇ vt prononcer. ◇ vi: **to ~ on** se prononcer sur.

pronounced [prə'naunst] adj prononcé(e).

pronouncement [prə'naunsmənt] n déclaration f.

pronunciation [prə,nʌnsɪ'eɪʃn] n prononciation f.

proof [pru:f] n -1. [evidence] preuve f. -2. [of book etc] épreuve f. -3. [of alcohol] teneur f en alcool.

prop [prɒp] n -1. [physical support] support m, étai m. -2. fig [supporting thing, person] soutien m. ◇ vt: **to ~ sthg against** appuyer qqch contre OR à. **♦ props** npl accessoires mpl. **♦ prop up** vt sep -1. [physically support] soutenir, étayer. -2. fig [sustain] soutenir.

propaganda [,prɒpə'gændə] n propagande f.

propel [prə'pel] vt propulser; fig pousser.

propeller [prə'pelər] n hélice f.

propelling pencil [prə'pelɪŋ-] n Br porte-mine m inv.

propensity [prə'pensətɪ] n: **~ (for OR to)** propension f (à).

proper ['prɒpər] adj -1. [real] vrai(e). -2. [correct] correct(e), bon (bonne). -3. [decent - behaviour etc] convenable.

properly ['prɒpəlɪ] adv -1. [satisfactorily, correctly] correctement, comme il faut. -2. [decently] convenablement, comme il faut.

proper noun n nom m propre.

property ['prɒpətɪ] n -1. (U) [possessions] biens mpl, propriété f. -2. [building] bien m immobilier; [land] terres fpl. -3. [quality] propriété f.

property owner n propriétaire m (foncier).

prophecy ['prɒfɪsɪ] n prophétie f.

prophesy ['prɒfɪsaɪ] vt prédire.

prophet ['prɒfɪt] n prophète m.

proportion [prə'pɔ:ʃn] n -1. [part] part f, partie f. -2. [ratio] rapport m, proportion f. -3. ART: **in ~** proportionné(e); **out of ~** mal proportionné; **a sense of ~** fig le sens de la mesure.

proportional [prə'pɔ:ʃənl] adj proportionnel(elle).

proportional representation n représentation f proportionnelle.

proportionate [prə'pɔ:ʃnət] adj proportionnel(elle).

proposal [prə'pəuzl] n -1. [suggestion] proposition f, offre f. -2. [offer of marriage] demande f en mariage.

propose [prə'pəuz] ◇ vt -1. [suggest] proposer. -2. [intend]: **to ~ to do** OR **doing sthg** avoir l'intention de faire qqch, se proposer de faire qqch. -3. [toast] porter. ◇ vi faire une demande en mariage; **to ~ to sb** demander qqn en mariage.

proposition [,prɒpə'zɪʃn] n proposition f.

proprietor [prə'praɪətər] n propriétaire mf.

propriety [prə'praɪətɪ] n (U) fml [moral correctness] bienséance f.

pro rata [-'rɑːtə] ◇ adj proportionnel(elle). ◇ adv au prorata.

prose [prəuz] n (U) prose f.

prosecute ['prɒsɪkjuːt] ◇ vt poursuivre (en justice). ◇ vi [police] engager des poursuites judiciaires; [lawyer] représenter la partie plaignante.

prosecution [,prɒsɪ'kjuːʃn] n poursuites fpl judiciaires, accusation f; **the ~** la partie plaignante; [in Crown case] ≃ le ministère public.

prosecutor ['prɒsɪkjuːtər] n plaignant m, -e f.

prospect [n 'prɒspekt, vb prə'spekt] ◇ n -1. [hope] possibilité f, chances fpl. -2. [probability] perspective f. ◇ vi: to ~ (for sthg) prospecter (pour chercher qqch). ◆ **prospects** npl: ~s (for) chances fpl (de), perspectives fpl (de).

prospecting [prə'spektɪŋ] n prospection f.

prospective [prə'spektɪv] adj éventuel(elle).

prospector [prə'spektər] n prospecteur m, -trice f.

prospectus [prə'spektəs] (pl -es) n prospectus m.

prosper ['prɒspər] vi prospérer.

prosperity [prɒ'sperətɪ] n prospérité f.

prosperous ['prɒspərəs] adj prospère.

prostitute ['prɒstɪtjuːt] n prostituée f.

prostrate ['prɒstreɪt] adj -1. [lying down] à plat ventre. -2. [with grief etc] prostré(e).

protagonist [prə'tægənɪst] n protagoniste mf.

protect [prə'tekt] vt: to ~ sb/sthg (against), to ~ sb/sthg (from) protéger qqn/qqch (contre), protéger qqn/qqch (de).

protection [prə'tekʃn] n: ~ (from OR against) protection f (contre), défense f (contre).

protective [prə'tektɪv] adj -1. [layer, clothing] de protection. -2. [person, feelings] protecteur(trice).

protein ['prəʊtiːn] n protéine f.

protest [n 'prəʊtest, vb prə'test] ◇ n: protestation f. ◇ vt -1. [state] protester de. -2. Am [protest against] protester contre. ◇ vi: to ~ (about/against) protester (à propos de/contre).

Protestant ['prɒtɪstənt] ◇ adj protestant(e). ◇ n protestant m, -e f.

protester [prə'testər] n [on march, at demonstration] manifestant m, -e f.

protest march n manifestation f, marche f de protestation.

protocol ['prəʊtəkɒl] n protocole m.

prototype ['prəʊtətaɪp] n prototype m.

protracted [prə'træktɪd] adj prolongé(e).

protrude [prə'truːd] vi avancer, dépasser.

protuberance [prə'tjuːbərəns] n protubérance f.

proud [praʊd] adj -1. [satisfied, dignified]

fier (fière). -2. pej [arrogant] orgueilleux(euse), fier (fière).

prove [pruːv] (pp -d OR proven) vt -1. [show to be true] prouver. -2. [turn out]: to ~ (to be) false/useful s'avérer faux/utile; to ~ o.s. to be sthg se révéler être qqch.

proven ['pruːvn, 'prəʊvn] ◇ pp → prove. ◇ adj [fact] avéré(e), établi(e); [liar] fieffé(e).

proverb ['prɒvɜːb] n proverbe m.

provide [prə'vaɪd] vt fournir; to ~ sb with sthg fournir qqch à qqn; to ~ sthg for sb fournir qqch à qqn. ◆ **provide for** vt fus -1. [support] subvenir aux besoins de. -2. fml [make arrangements for] prévoir.

provided [prə'vaɪdɪd] ◆ **provided (that)** conj à condition que (+ subjunctive), pourvu que (+ subjunctive).

providing [prə'vaɪdɪŋ] ◆ **providing (that)** conj à condition que (+ subjunctive), pourvu que (+ subjunctive).

province ['prɒvɪns] n -1. [part of country] province f. -2. [speciality] domaine m, compétence f.

provincial [prə'vɪnʃl] adj -1. [town, newspaper] de province. -2. pej [narrow-minded] provincial(e).

provision [prə'vɪʒn] n -1. (U) [act of supplying]: ~ (of) approvisionnement m (en), fourniture f (de). -2. [supply] provision f, réserve f. -3. (U) [arrangements]: to make ~ for [the future] prendre des mesures pour. -4. [in agreement, law] clause f, disposition f. ◆ **provisions** npl [supplies] provisions fpl.

provisional [prə'vɪʒənl] adj provisoire.

proviso [prə'vaɪzəʊ] (pl -s) n condition f, stipulation f; with the ~ that à (la) condition que (+ subjunctive).

provocative [prə'vɒkətɪv] adj provocant(e).

provoke [prə'vəʊk] vt -1. [annoy] agacer, contrarier. -2. [cause - fight, argument] provoquer; [- reaction] susciter.

prow [praʊ] n proue f.

prowess ['praʊɪs] n prouesse f.

prowl [praʊl] ◇ n: to be on the ~ rôder. ◇ vt [streets etc] rôder dans. ◇ vi rôder.

prowler ['praʊlər] n rôdeur m, -euse f.

proxy ['prɒksɪ] n: by ~ par procuration.

prudent ['pruːdnt] adj prudent(e).

prudish ['pruːdɪʃ] adj prude, pudibond(e).

prune [pruːn] ◇ n [fruit] pruneau m. ◇ vt [tree, bush] tailler.

pry [praɪ] *vi* se mêler de ce qui ne vous regarde pas; **to ~ into sthg** chercher à découvrir qqch.

PS (*abbr of* **postscript**) *n* PS *m*.

psalm [sɑːm] *n* psaume *m*.

pseudonym ['sjuːdənɪm] *n* pseudonyme *m*.

psyche ['saɪkɪ] *n* psyché *f*.

psychiatric [,saɪkɪ'ætrɪk] *adj* psychiatrique.

psychiatrist [saɪ'kaɪətrɪst] *n* psychiatre *mf*.

psychiatry [saɪ'kaɪətrɪ] *n* psychiatrie *f*.

psychic ['saɪkɪk] ◇ *adj* **-1.** [clairvoyant - person] doué(e) de seconde vue; [- powers] parapsychique. **-2.** MED psychique. ◇ *n* médium *m*.

psychoanalysis [,saɪkəʊə'næləsɪs] *n* psychanalyse *f*.

psychoanalyst [,saɪkəʊ'ænəlɪst] *n* psychanalyste *mf*.

psychological [,saɪkə'lɒdʒɪkl] *adj* psychologique.

psychologist [saɪ'kɒlədʒɪst] *n* psychologue *mf*.

psychology [saɪ'kɒlədʒɪ] *n* psychologie *f*.

psychopath ['saɪkəpæθ] *n* psychopathe *mf*.

psychotic [saɪ'kɒtɪk] ◇ *adj* psychotique. ◇ *n* psychotique *mf*.

pt -1. *abbr of* **pint**. **-2.** *abbr of* **point**.

PT (*abbr of* **physical training**) *n* EPS *f*.

PTO (*abbr of* **please turn over**) TSVP.

pub [pʌb] *n* pub *m*.

puberty ['pjuːbətɪ] *n* puberté *f*.

pubic ['pjuːbɪk] *adj* du pubis.

public ['pʌblɪk] ◇ *adj* public(ique); [library] municipal(e). ◇ *n*: **the ~** le public; **in ~** en public.

public-address system *n* système *m* de sonorisation.

publican ['pʌblɪkən] *n Br* gérant *m*, -e *f* d'un pub.

publication [,pʌblɪ'keɪʃn] *n* publication *f*.

public bar *n Br* bar *m*.

public company *n* société *f* anonyme (*cotée en Bourse*).

public convenience *n Br* toilettes *fpl* publiques.

public holiday *n* jour *m* férié.

public house *n Br* pub *m*.

publicity [pʌb'lɪsɪtɪ] *n* (U) publicité *f*.

publicize, -ise ['pʌblɪsaɪz] *vt* faire connaître au public.

public limited company *n* société *f* anonyme (*cotée en Bourse*).

public opinion *n* (U) opinion *f* publique.

public prosecutor *n* ≃ procureur *m* de la République.

public relations ◇ *n* (U) relations *fpl* publiques. ◇ *npl* relations *fpl* publiques.

public school *n* **-1.** *Br* [private school] école *f* privée. **-2.** *Am* [state school] école *f* publique.

public-spirited *adj* qui fait preuve de civisme.

public transport *n* (U) transports *mpl* en commun.

publish ['pʌblɪʃ] *vt* publier.

publisher ['pʌblɪʃər] *n* éditeur *m*, -trice *f*.

publishing ['pʌblɪʃɪŋ] *n* (U) [industry] édition *f*.

pub lunch *n* repas de midi servi dans un pub.

pucker ['pʌkər] *vt* plisser.

pudding ['pʊdɪŋ] *n* **-1.** [food - sweet] entremets *m*; [- savoury] pudding *m*. **-2.** (U) *Br* [course] dessert *m*.

puddle ['pʌdl] *n* flaque *f*.

puff [pʌf] ◇ *n* **-1.** [of cigarette, smoke] bouffée *f*. **-2.** [gasp] souffle *m*. ◇ *vt* [cigarette etc] tirer sur. ◇ *vi* **-1.** [smoke]: **to ~ at** OR **on sthg** fumer qqch. **-2.** [pant] haleter. ◆ **puff out** *vt sep* [cheeks, chest] gonfler.

puffed [pʌft] *adj* [swollen]: **~ (up)** gonflé(e).

puffin ['pʌfɪn] *n* macareux *m*.

puff pastry, puff paste *Am n* (U) pâte *f* feuilletée.

puffy ['pʌfɪ] *adj* gonflé(e), bouffi(e).

pugnacious [pʌg'neɪʃəs] *adj fml* querelleur(euse), batailleur(euse).

pull [pʊl] ◇ *vt* **-1.** [gen] tirer. **-2.** [strain - muscle, hamstring] se froisser. **-3.** [tooth] arracher. **-4.** [attract] attirer. **-5.** [gun] sortir. ◇ *vi* tirer. ◇ *n* **-1.** [tug with hand]: **to give sthg a ~** tirer sur qqch. **-2.** (U) [influence] influence *f*. ◆ **pull apart** *vt sep* [separate] séparer. ◆ **pull at** *vt fus* tirer sur. ◆ **pull away** *vi* **-1.** AUT démarrer. **-2.** [in race] prendre de l'avance. ◆ **pull down** *vt sep* [building] démolir. ◆ **pull in** *vi* AUT se ranger. ◆ **pull off** *vt sep* **-1.** [take off] enlever, ôter. **-2.** [succeed in] réussir. ◆ **pull out** ◇ *vt sep* [troops etc] retirer. ◇ *vi* **-1.** RAIL partir, démarrer. **-2.** AUT déboîter. **-3.** [withdraw] se retirer. ◆ **pull over** *vi* AUT se ranger. ◆ **pull through** *vi* s'en sortir, s'en tirer. ◆ **pull together** *vt sep*: to ~ o.s. together se ressaisir, se reprendre. ◆ **pull up** ◇ *vt sep* -1. [raise] remonter. -2. [chair] avancer. ◇ *vi* s'arrêter.

pulley ['pulɪ] (*pl* **pulleys**) *n* poulie *f*.

pullover ['pul,əʊvəʳ] *n* pull *m*.

pulp [pʌlp] ◇ *adj* [fiction, novel] de quatre sous. ◇ *n* -1. [for paper] pâte *f* à papier. -2. [of fruit] pulpe *f*.

pulpit ['pulpɪt] *n* chaire *f*.

pulsate [pʌl'seɪt] *vi* [heart] battre fort; [air, music] vibrer.

pulse [pʌls] ◇ *n* -1. MED pouls *m*. -2. TECH impulsion *f*. ◇ *vi* battre, palpiter. ◆ **pulses** *npl* [food] légumes *mpl* secs.

puma ['pju:mə] (*pl inv* OR -**s**) *n* puma *m*.

pumice (stone) ['pʌmɪs-] *n* pierre *f* ponce.

pummel ['pʌml] *vt* bourrer de coups.

pump [pʌmp] ◇ *n* pompe *f*. ◇ *vt* -1. [water, gas etc] pomper. -2. *inf* [interrogate] essayer de tirer les vers du nez à. ◇ *vi* [heart] battre fort. ◆ **pumps** *npl* [shoes] escarpins *mpl*.

pumpkin ['pʌmpkɪn] *n* potiron *m*.

pun [pʌn] *n* jeu *m* de mots, calembour *m*.

punch [pʌntʃ] ◇ *n* -1. [blow] coup *m* de poing. -2. [tool] poinçonneuse *f*. -3. [drink] punch *m*. ◇ *vt* -1. [hit - once] donner un coup de poing à; [- repeatedly] donner des coups de poing à. -2. [ticket] poinçonner; [paper] perforer.

Punch-and-Judy show [-'dʒu:dɪ-] *n* guignol *m*.

punch(ed) card [pʌntʃ(t)-] *n* carte *f* perforée.

punch line *n* trait *m* final (*d'une blague*).

punch-up *n Br inf* bagarre *f*.

punchy ['pʌntʃɪ] *adj inf* [style] incisif(ive).

punctual ['pʌŋktʃʊəl] *adj* ponctuel(elle).

punctuation [,pʌŋktʃʊ'eɪʃn] *n* ponctuation *f*.

punctuation mark *n* signe *m* de ponctuation.

puncture ['pʌŋktʃəʳ] ◇ *n* crevaison *f*. ◇ *vt* [tyre, ball] crever; [skin] piquer.

pundit ['pʌndɪt] *n* pontife *m*.

pungent ['pʌndʒənt] *adj* -1. [smell] âcre; [taste] piquant(e). -2. *fig* [criticism] caustique, acerbe.

punish ['pʌnɪʃ] *vt* punir; to ~ sb for sthg/for doing sthg punir qqn pour qqch/pour avoir fait qqch.

punishing ['pʌnɪʃɪŋ] *adj* [schedule, work] épuisant(e), éreintant(e); [defeat] cuisant(e).

punishment ['pʌnɪʃmənt] *n* punition *f*, châtiment *m*.

punk [pʌŋk] ◇ *adj* punk (*inv*). ◇ *n* -1. (U) [music]: ~ (rock) punk *m*. -2. ~ (rocker) punk *mf*. -3. *Am inf* [lout] loubard *m*.

punt [pʌnt] *n* [boat] bateau *m* à fond plat.

punter ['pʌntəʳ] *n Br* -1. [gambler] parieur *m*, -ieuse *f*. -2. *inf* [customer] client *m*, -e *f*.

puny ['pju:nɪ] *adj* chétif(ive).

pup [pʌp] *n* -1. [young dog] chiot *m*. -2. [young seal] bébé phoque *m*.

pupil ['pju:pl] *n* -1. [student] élève *mf*. -2. [of eye] pupille *f*.

puppet ['pʌpɪt] *n* -1. [toy] marionnette *f*. -2. *pej* [person, country] fantoche *m*, pantin *m*.

puppy ['pʌpɪ] *n* chiot *m*.

purchase ['pɜ:tʃəs] ◇ *n* achat *m*. ◇ *vt* acheter.

purchaser ['pɜ:tʃəsəʳ] *n* acheteur *m*, -euse *f*.

purchasing power ['pɜ:tʃəsɪŋ-] *n* pouvoir *m* d'achat.

pure [pjʊəʳ] *adj* pur(e).

puree ['pjʊəreɪ] *n* purée *f*.

purely ['pjʊəlɪ] *adv* purement.

purge [pɜ:dʒ] ◇ *n* POL purge *f*. ◇ *vt* -1. POL purger. -2. [rid] débarrasser, purger.

purify ['pjʊərɪfaɪ] *vt* purifier, épurer.

purist ['pjʊərɪst] *n* puriste *mf*.

puritan ['pjʊərɪtən] ◇ *adj* puritain(e). ◇ *n* puritain *m*, -e *f*.

purity ['pjʊərətɪ] *n* pureté *f*.

purl [pɜ:l] ◇ *n* (U) maille *f* à l'envers. ◇ *vt* tricoter à l'envers.

purple ['pɜ:pl] ◇ *adj* violet(ette). ◇ *n* violet *m*.

purport [pə'pɔ:t] *vi fml*: to ~ to do/be sthg prétendre faire/être qqch.

purpose ['pɜ:pəs] *n* -1. [reason] raison *f*, motif *m*. -2. [aim] but *m*, objet *m*; to no ~ en vain, pour rien. -3. [determination] détermination *f*. ◆ **on purpose** *adv* exprès.

purposeful ['pɜ:pəsfʊl] *adj* résolu(e), déterminé(e).

purr [pɜ:ʳ] *vi* ronronner.

purse [pɜ:s] ◇ *n* -1. [for money] portemonnaie *m inv*, bourse *f*. -2. *Am* [handbag] sac *m* à main. ◇ *vt* [lips] pincer.

purser ['pɜːsəʳ] *n* commissaire *m* de bord.

pursue [pə'sjuː] *vt* **-1.** [follow] poursuivre, pourchasser. **-2.** [policy, aim] poursuivre; [question] continuer à débattre; [matter] approfondir; [project] donner suite à; **to ~ an interest in sthg** se livrer à qqch.

pursuer [pə'sjuːəʳ] *n* poursuivant *m*, -e *f*.

pursuit [pə'sjuːt] *n* **-1.** (*U*) *fml* [attempt to obtain] recherche *f*, poursuite *f*. **-2.** [chase, in sport] poursuite *f*. **-3.** [occupation] occupation *f*, activité *f*.

pus [pʌs] *n* pus *m*.

push [pʊʃ] ◇ *vt* **-1.** [press, move - gen] pousser; [- button] appuyer sur. **-2.** [encourage]: **to ~ sb (to do sthg)** inciter OR pousser qqn (à faire qqch). **-3.** [force]: **to ~ sb (into doing sthg)** forcer OR obliger qqn (à faire qqch). **-4.** *inf* [promote] faire de la réclame pour. ◇ *vi* **-1.** [gen] pousser; [on button] appuyer. **-2.** [campaign]: **to ~ for sthg** faire pression pour obtenir qqch. ◇ *n* **-1.** [with hand] poussée *f*. **-2.** [forceful effort] effort *m*. ◆ **push around** *vt sep inf fig* marcher sur les pieds de. ◆ **push in** *vi* [in queue] resquiller. ◆ **push off** *vi inf* filer, se sauver. ◆ **push on** *vi* continuer. ◆ **push through** *vt sep* [law, reform] faire accepter.

pushchair ['pʊʃtʃeəʳ] *n Br* poussette *f*.

pushed [pʊʃt] *adj inf*: **to be ~ for sthg** être à court de qqch; **to be hard ~ to do sthg** avoir du mal OR de la peine à faire qqch.

pusher ['pʊʃəʳ] *n drugs sl* dealer *m*.

pushover ['pʊʃ,əʊvəʳ] *n inf*: **it's a ~** c'est un jeu d'enfant.

push-up *n* pompe *f*, traction *f*.

pushy ['pʊʃɪ] *adj pej* qui se met toujours en avant.

puss [pʊs], **pussy (cat)** ['pʊsɪ-] *n inf* minet *m*, minou *m*.

put [pʊt] (*pt* & *pp* **put**) *vt* **-1.** [gen] mettre. **-2.** [place] mettre, poser, placer; **to ~ the children to bed** coucher les enfants. **-3.** [express] dire, exprimer. **-4.** [question] poser. **-5.** [estimate] estimer, évaluer. **-6.** [invest]: **to ~ money into** investir de l'argent dans. ◆ **put across** *vt sep* [ideas] faire comprendre. ◆ **put away** *vt sep* **-1.** [tidy away] ranger. **-2.** *inf* [lock up] enfermer. ◆ **put back** *vt sep* **-1.** [replace] remettre (à sa place OR en place). **-2.** [postpone] remettre. **-3.** [clock, watch] retarder. ◆ **put by** *vt sep*

[money] mettre de côté. ◆ **put down** *vt sep* **-1.** [lay down] poser, déposer. **-2.** [quell - rebellion] réprimer. **-3.** [write down] inscrire, noter. **-4.** *Br* [kill]: **to have a dog/cat ~ down** faire piquer un chien/chat. ◆ **put down to** *vt sep* attribuer à. ◆ **put forward** *vt sep* **-1.** [propose] proposer, avancer. **-2.** [meeting, clock, watch] avancer. ◆ **put in** *vt sep* **-1.** [spend - time] passer. **-2.** [submit] présenter. ◆ **put off** *vt sep* **-1.** [postpone] remettre (à plus tard). **-2.** [cause to wait] décommander. **-3.** [discourage] dissuader. **-4.** [disturb] déconcerter, troubler. **-5.** [cause to dislike] dégoûter. **-6.** [switch off - radio, TV] éteindre. ◆ **put on** *vt sep* **-1.** [clothes] mettre, enfiler. **-2.** [arrange - exhibition etc] organiser; [- play] monter. **-3.** [gain]: **to ~ on weight** prendre du poids, grossir. **-4.** [switch on - radio, TV] allumer, mettre; **to ~ the light on** allumer (la lumière); **to ~ the brake on** freiner. **-5.** [record, CD, tape] passer, mettre. **-6.** [start cooking] mettre à cuire. **-7.** [pretend - gen] feindre; [- accent etc] prendre. **-8.** [bet] parier, miser. **-9.** [add] ajouter. ◆ **put out** *vt sep* **-1.** [place outside] mettre dehors. **-2.** [book, statement] publier; [record] sortir. **-3.** [fire, cigarette] éteindre; **to ~ the light out** éteindre (la lumière). **-4.** [extend - hand] tendre. **-5.** [annoy, upset]: **to be ~ out** être contrarié(e). **-6.** [inconvenience] déranger. ◆ **put through** *vt sep* TELEC passer. ◆ **put up** ◇ *vt sep* **-1.** [build - gen] ériger; [- tent] dresser. **-2.** [umbrella] ouvrir; [flag] hisser. **-3.** [fix to wall] accrocher. **-4.** [provide - money] fournir. **-5.** [propose - candidate] proposer. **-6.** [increase] augmenter. **-7.** [provide accommodation for] loger, héberger. ◇ *vt fus*: **to ~ up a fight** se défendre. ◆ **put up with** *vt fus* supporter.

putrid ['pjuːtrɪd] *adj* putride.

putt [pʌt] ◇ *n* putt *m*. ◇ *vt* & *vi* putter.

putting green ['pʌtɪŋ-] *n* green *m*.

putty ['pʌtɪ] *n* mastic *m*.

puzzle ['pʌzl] ◇ *n* **-1.** [toy] casse-tête *m inv*; [mental] devinette *f*. **-2.** [mystery] mystère *m*, énigme *f*. ◇ *vt* rendre perplexe. ◇ *vi*: **to ~ over sthg** essayer de comprendre qqch. ◆ **puzzle out** *vt sep* comprendre.

puzzling ['pʌzlɪŋ] *adj* curieux(ieuse).

pyjamas [pə'dʒɑːməz] *npl* pyjama *m*; **a pair of ~** un pyjama.

pylon ['paɪlən] *n* pylône *m*.

pyramid ['pırəmıd] n pyramide f.
Pyrenees [,pırə'niːz] npl: **the** ~ les Pyrénées fpl.
Pyrex® ['paıreks] n Pyrex® m.
python ['paıθn] (pl inv OR **-s**) n python m.

q (pl **q's** OR **qs**), **Q** (pl **Q's** OR **Qs**) [kjuː] n [letter] q m inv, Q m inv.
quack [kwæk] n **-1.** [noise] coin-coin m inv. **-2.** inf pej [doctor] charlatan m.
quad [kwɒd] abbr of **quadrangle**.
quadrangle ['kwɒdræŋgl] n **-1.** [figure] quadrilatère m. **-2.** [courtyard] cour f.
quadruple [kwɒ'druːpl] ◇ adj quadruple. ◇ vt & vi quadrupler.
quadruplets ['kwɒdruplıts] npl quadruplés mpl.
quads [kwɒdz] npl inf quadruplés mpl.
quagmire ['kwæɡmaıər] n bourbier m.
quail [kweıl] (pl inv OR **-s**) ◇ n caille f. ◇ vi literary reculer.
quaint [kweınt] adj pittoresque.
quake [kweık] ◇ n (abbr of **earthquake**) inf tremblement m de terre. ◇ vi trembler.
Quaker ['kweıkər] n quaker m, -eresse f.
qualification [,kwɒlıfı'keıʃn] n **-1.** [certificate] diplôme m. **-2.** [quality, skill] compétence f. **-3.** [qualifying statement] réserve f.
qualified ['kwɒlıfaıd] adj **-1.** [trained] diplômé(e). **-2.** [able]: **to be** ~ **to do sthg** avoir la compétence nécessaire pour faire qqch. **-3.** [limited] restreint(e), modéré(e).
qualify ['kwɒlıfaı] ◇ vt **-1.** [modify] apporter des réserves à. **-2.** [entitle]: **to** ~ **sb to do sthg** qualifier qqn pour faire qqch. ◇ vi **-1.** [pass exams] obtenir un diplôme. **-2.** [be entitled]: **to** ~ (**for sthg**) avoir droit (à qqch), remplir les conditions requises (pour qqch). **-3.** SPORT se qualifier.
quality ['kwɒlətı] ◇ n qualité f. ◇ comp de qualité.
qualms [kwɑːmz] npl doutes mpl.

quandary ['kwɒndərı] n embarras m; **to be in a** ~ **about** OR **over sthg** être bien embarrassé à propos de qqch.
quantify ['kwɒntıfaı] vt quantifier.
quantity ['kwɒntətı] n quantité f.
quantity surveyor n métreur m, -euse f.
quarantine ['kwɒrəntiːn] ◇ n quarantaine f. ◇ vt mettre en quarantaine.
quark [kwɑːk] n quark m.
quarrel ['kwɒrəl] ◇ n querelle f, dispute f. ◇ vi: **to** ~ (**with**) se quereller (avec), se disputer (avec).
quarrelsome ['kwɒrəlsəm] adj querelleur(euse).
quarry ['kwɒrı] n **-1.** [place] carrière f. **-2.** [prey] proie f.
quart [kwɔːt] n =1,136 litre Br, =0,946 litre Am, ≃ litre m.
quarter ['kwɔːtər] n **-1.** [fraction, weight] quart m; **a** ~ **past two** Br, **a** ~ **after two** Am deux heures et quart; **a** ~ **to two** Br, **a** ~ **of two** Am deux heures moins le quart. **-2.** [of year] trimestre m. **-3.** Am [coin] pièce f de 25 cents. **-4.** [area in town] quartier m. **-5.** [direction]: **from all** ~**s** de tous côtés. ◆ **quarters** npl [rooms] quartiers mpl. ◆ **at close quarters** adv de près.
quarterfinal [,kwɔːtə'faınl] n quart m de finale.
quarterly ['kwɔːtəlı] ◇ adj trimestriel(ielle). ◇ adv trimestriellement. ◇ n publication f trimestrielle.
quartermaster ['kwɔːtə,mɑːstər] n MIL intendant m.
quartet [kwɔː'tet] n quatuor m.
quartz [kwɔːts] n quartz m.
quartz watch n montre f à quartz.
quash [kwɒʃ] vt **-1.** [sentence] annuler, casser. **-2.** [rebellion] réprimer.
quasi- ['kweızaı] prefix quasi-.
quaver ['kweıvər] ◇ n **-1.** MUS croche f. **-2.** [in voice] tremblement m, chevrotement m. ◇ vi trembler, chevroter.
quay [kiː] n quai m.
quayside ['kiːsaıd] n bord m du quai.
queasy ['kwiːzı] adj: **to feel** ~ avoir mal au cœur.
Quebec [kwı'bek] n [province] Québec m.
queen [kwiːn] n **-1.** [gen] reine f. **-2.** [playing card] dame f.
Queen Mother n: **the** ~ la reine mère.
queer [kwıər] ◇ adj [odd] étrange, bizarre. ◇ n inf pej pédé m, homosexuel m.
quell [kwel] vt réprimer, étouffer.

quench [kwentʃ] *vt*: **to ~ one's thirst** se désaltérer.

querulous ['kwerʊləs] *adj* [child] ronchonneur(euse); [voice] plaintif(ive).

query ['kwɪərɪ] ◇ *n* question *f.* ◇ *vt* mettre en doute, douter de.

quest [kwest] *n literary*: **~ (for)** quête *f* (de).

question ['kwestʃn] ◇ *n* **-1.** [gen] question *f*; **to ask (sb) a ~** poser une question (à qqn). **-2.** [doubt] doute *m*; **to call** OR **bring sthg into ~** mettre qqch en doute; **without ~** incontestablement, sans aucun doute; **beyond ~** [know] sans aucun doute. **-3.** *phr*: **there's no ~ of ...** il n'est pas question de .... ◇ *vt* **-1.** [interrogate] questionner. **-2.** [express doubt about] mettre en question OR doute. ◆ **in question** *adv*: **the ... in ~** le/la/les ... en question. ◆ **out of the question** *adv* hors de question.

questionable ['kwestʃənəbl] *adj* **-1.** [uncertain] discutable. **-2.** [not right, not honest] douteux(euse).

question mark *n* point *m* d'interrogation.

questionnaire [ˌkwestʃə'neəʳ] *n* questionnaire *m*.

queue [kjuː] *Br* ◇ *n* queue *f*, file *f.* ◇ *vi* faire la queue.

quibble ['kwɪbl] *pej* ◇ *n* chicane *f.* ◇ *vi*: **to ~ (over** OR **about)** chicaner (à propos de).

quiche [kiːʃ] *n* quiche *f.*

quick [kwɪk] ◇ *adj* **-1.** [gen] rapide. **-2.** [response, decision] prompt(e), rapide. ◇ *adv* vite, rapidement.

quicken ['kwɪkn] ◇ *vt* accélérer, presser. ◇ *vi* s'accélérer.

quickly ['kwɪklɪ] *adv* **-1.** [rapidly] vite, rapidement. **-2.** [without delay] promptement, immédiatement.

quicksand ['kwɪksænd] *n* sables *mpl* mouvants.

quick-witted [-'wɪtɪd] *adj* [person] à l'esprit vif.

quid [kwɪd] (*pl inv*) *n Br inf* livre *f.*

quiet ['kwaɪət] ◇ *adj* **-1.** [not noisy] tranquille; [voice] bas (basse); [engine] silencieux(ieuse); **be ~!** taisez-vous! **-2.** [not busy] calme. **-3.** [silent] silencieux(ieuse); **to keep ~ about sthg** ne rien dire à propos de qqch, garder qqch secret. **-4.** [intimate] intime. **-5.** [colour] discret(ète), sobre. ◇ *n* tranquillité *f*; **on the ~** *inf* en douce. ◇ *vt*

Am calmer, apaiser. ◆ **quiet down** ◇ *vt sep* calmer, apaiser. ◇ *vi* se calmer.

quieten ['kwaɪətn] *vt* calmer, apaiser. ◆ **quieten down** ◇ *vt sep* calmer, apaiser. ◇ *vi* se calmer.

quietly ['kwaɪətlɪ] *adv* **-1.** [without noise] sans faire de bruit, silencieusement; [say] doucement. **-2.** [without excitement] tranquillement, calmement. **-3.** [without fuss - leave] discrètement.

quilt [kwɪlt] *n* [padded] édredon *m*; (continental) **~** couette *f.*

quinine [kwɪ'niːn] *n* quinine *f.*

quins *Br* [kwɪnz], **quints** *Am* [kwɪnts] *npl inf* quintuplés *mpl.*

quintet [kwɪn'tet] *n* quintette *m.*

quints *Am* = **quins**.

quintuplets [kwɪn'tjuːplɪts] *npl* quintuplés *mpl.*

quip [kwɪp] ◇ *n* raillerie *f.* ◇ *vi* railler.

quirk [kwɜːk] *n* bizarrerie *f.*

quit [kwɪt] (*Br pt & pp* quit OR -ted, *Am pt & pp* quit) ◇ *vt* **-1.** [resign from] quitter. **-2.** [stop]: **to ~ smoking** arrêter de fumer. ◇ *vi* **-1.** [resign] démissionner. **-2.** [give up] abandonner.

quite [kwaɪt] *adv* **-1.** [completely] tout à fait, complètement; **I ~ agree** je suis entièrement d'accord; **not ~** pas tout à fait; **I don't ~ understand** je ne comprends pas bien. **-2.** [fairly] assez, plutôt. **-3.** [for emphasis]: **she's ~ a singer** c'est une chanteuse formidable. **-4.** [to express agreement]: **~ (so)!** exactement!

quits [kwɪts] *adj inf*: **to be ~ (with sb)** être quitte (envers qqn); **to call it ~** en rester là.

quiver ['kwɪvəʳ] ◇ *n* **-1.** [shiver] frisson *m.* **-2.** [for arrows] carquois *m.* ◇ *vi* frissonner.

quiz [kwɪz] (*pl* -zes) ◇ *n* **-1.** [gen] quiz *m*, jeu-concours *m.* **-2.** *Am* SCH interrogation *f.* ◇ *vt*: **to ~ sb (about sthg)** interroger qqn (au sujet de qqch).

quizzical ['kwɪzɪkl] *adj* narquois(e), moqueur(euse).

quota ['kwəʊtə] *n* quota *m.*

quotation [kwəʊ'teɪʃn] *n* **-1.** [citation] citation *f.* **-2.** COMM devis *m.*

quotation marks *npl* guillemets *mpl*; **in ~** entre guillemets.

quote [kwəʊt] ◇ *n* **-1.** [citation] citation *f.* **-2.** COMM devis *m.* ◇ *vt* **-1.** [cite] citer. **-2.** COMM indiquer, spécifier. ◇ *vi* **-1.** [cite]: **to ~ (from sthg)** citer (qqch). **-2.** COMM: **to ~ for sthg** établir un devis pour qqch.

quotient ['kwəʊʃnt] n quotient m.

r (pl **r's** OR **rs**), **R** (pl **R's** OR **Rs**) [ɑːʳ] n [letter] r m inv, R m inv.

rabbi ['ræbaɪ] n rabbin m.

rabbit ['ræbɪt] n lapin m.

rabbit hutch n clapier m.

rabble ['ræbl] n cohue f.

rabies ['reɪbiːz] n rage f.

RAC (abbr of **Royal Automobile Club**) n club automobile britannique, ≃ TCF m, ≃ ACF m.

race [reɪs] ◇ n -1. [competition] course f. -2. [people, ethnic background] race f. ◇ vt -1. [compete against] faire la course avec. -2. [horse] faire courir. ◇ vi -1. [compete] courir; **to ~ against sb** faire la course avec qqn. -2. [rush]: **to ~ in/out** entrer/sortir à toute allure. -3. [pulse] être très rapide. -4. [engine] s'emballer.

race car Am = **racing car**.

racecourse ['reɪskɔːs] n champ m de courses.

race driver Am = **racing driver**.

racehorse ['reɪshɔːs] n cheval m de course.

racetrack ['reɪstræk] n piste f.

racial discrimination ['reɪʃl-] n discrimination f raciale.

racing ['reɪsɪŋ] n (U): **(horse)** ~ les courses fpl.

racing car Br, **race car** Am n voiture f de course.

racing driver Br, **race driver** Am n coureur m automobile, pilote m de course.

racism ['reɪsɪzm] n racisme m.

racist ['reɪsɪst] ◇ adj raciste. ◇ n raciste mf.

rack [ræk] n [for bottles] casier m; [for luggage] porte-bagages m inv; [for plates] égouttoir m; **toast** ~ porte-toasts m inv.

racket ['rækɪt] n -1. [noise] boucan m. -2. [illegal activity] racket m. -3. SPORT raquette f.

racquet ['rækɪt] n raquette f.

racy ['reɪsɪ] adj [novel, style] osé(e).

radar ['reɪdɑːʳ] n radar m.

radial (tyre) ['reɪdjəl-] n pneu m à carcasse radiale.

radiant ['reɪdjənt] adj -1. [happy] radieux(ieuse). -2. literary [brilliant] rayonnant(e).

radiate ['reɪdɪeɪt] ◇ vt -1. [heat, light] émettre, dégager. -2. fig [confidence, health] respirer. ◇ vi -1. [heat, light] irradier. -2. [roads, lines] rayonner.

radiation [ˌreɪdɪ'eɪʃn] n [radioactive] radiation f.

radiator ['reɪdɪeɪtəʳ] n radiateur m.

radical ['rædɪkl] ◇ adj radical(e). ◇ n POL radical m, -e f.

radically ['rædɪklɪ] adv radicalement.

radii ['reɪdɪaɪ] pl → **radius**.

radio ['reɪdɪəʊ] (pl -s) ◇ n radio f; **on the** ~ à la radio. ◇ comp de radio. ◇ vt [person] appeler par radio; [information] envoyer par radio.

radioactive [ˌreɪdɪəʊ'æktɪv] adj radioactif(ive).

radio alarm n radio-réveil m.

radio-controlled [-kən'trəʊld] adj téléguidé(e).

radiography [ˌreɪdɪ'ɒgrəfɪ] n radiographie f.

radiology [ˌreɪdɪ'ɒlədʒɪ] n radiologie f.

radiotherapy [ˌreɪdɪəʊ'θerəpɪ] n radiothérapie f.

radish ['rædɪʃ] n radis m.

radius ['reɪdɪəs] (pl **radii**) n -1. MATH rayon m. -2. ANAT radius m.

RAF [ɑːreɪ'ef, ræf] n abbr of **Royal Air Force**.

raffle ['ræfl] ◇ n tombola f. ◇ vt mettre en tombola.

raft [rɑːft] n [of wood] radeau m.

rafter ['rɑːftəʳ] n chevron m.

rag [ræg] n -1. [piece of cloth] chiffon m. -2. pej [newspaper] torchon m. ◆ **rags** npl [clothes] guenilles fpl.

rag-and-bone man n chiffonnier m.

rag doll n poupée f de chiffon.

rage [reɪdʒ] ◇ n -1. [fury] rage f, fureur f. -2. inf [fashion]: **to be (all) the** ~ faire fureur. ◇ vi -1. [person] être furieux(ieuse). -2. [storm, argument] faire rage.

ragged ['rægɪd] adj -1. [person] en haillons; [clothes] en lambeaux. -2. [line, edge, performance] inégal(e).

rag week n Br semaine de carnaval organisée par les étudiants afin de collecter des fonds pour des œuvres charitables.

raid [reɪd] ◇ n -1. MIL raid m. -2. [by criminals] hold-up m inv; [by police] descente f. ◇ vt -1. MIL faire un raid sur.

-2. [subj: criminals] **faire un hold-up dans**; [subj: police] **faire une descente dans.**

raider ['reɪdər] *n* **-1.** [attacker] **agresseur** *m*. **-2.** [thief] **braqueur** *m*.

rail [reɪl] ◇ *n* **-1.** [on ship] **bastingage** *m*; [on staircase] **rampe** *f*; [on walkway] **garde-fou** *m*. **-2.** [bar] **barre** *f*. **-3.** RAIL **rail** *m*; **by ~** **en train.** ◇ *comp* [transport, travel] **par le train**; [strike] **des cheminots.**

railcard ['reɪlkɑːd] *n Br* **carte de réduction sur les chemins de fer.**

railing ['reɪlɪŋ] *n* [fence] **grille** *f*; [on ship] **bastingage** *m*; [on staircase] **rampe** *f*; [on walkway] **garde-fou** *m*.

railway ['reɪlweɪ], **railroad** *Am* ['reɪlrəʊd] *n* [system, company] **chemin** *m* **de fer**; [track] **voie** *f* **ferrée.**

railway line *n* [route] **ligne** *f* **de chemin de fer**; [track] **voie** *f* **ferrée.**

railwayman ['reɪlweɪmən] (*pl* **-men** [-mən]) *n Br* **cheminot** *m*.

railway station *n* **gare** *f*.

railway track *n* **voie** *f* **ferrée.**

rain [reɪn] ◇ *n* **pluie** *f*. ◇ *v impers* METEOR **pleuvoir**; **it's ~ing** **il pleut.** ◇ *vi* [fall like rain] **pleuvoir.**

rainbow ['reɪnbəʊ] *n* **arc-en-ciel** *m*.

rain check *n Am*: **I'll take a ~ (on that)** **une autre fois peut-être.**

raincoat ['reɪnkəʊt] *n* **imperméable** *m*.

raindrop ['reɪndrɒp] *n* **goutte** *f* **de pluie.**

rainfall ['reɪnfɔːl] *n* [shower] **chute** *f* **de pluie**; [amount] **précipitations** *fpl*.

rain forest *n* **forêt** *f* **tropicale humide.**

rainy ['reɪnɪ] *adj* **pluvieux(ieuse).**

raise [reɪz] ◇ *vt* **-1.** [lift up] **lever**; **to ~ o.s.** **se lever. -2.** [increase - gen] **augmenter**; [- standards] **élever**; **to ~ one's voice** **élever la voix. -3.** [obtain]: **to ~ money** [from donations] **collecter des fonds**; [by selling, borrowing] **se procurer de l'argent. -4.** [subject, doubt] **soulever**; [memories] **évoquer. -5.** [children, cattle] **élever. -6.** [crops] **cultiver. -7.** [build] **ériger, élever.** ◇ *n Am* **augmentation** *f* **(de salaire).**

raisin ['reɪzn] *n* **raisin** *m* **sec.**

rake [reɪk] ◇ *n* **-1.** [implement] **râteau** *m*. **-2.** *dated* & *literary* [immoral man] **débauché** *m*. ◇ *vt* [path, lawn] **ratisser**; [leaves] **râteler.**

rally ['rælɪ] ◇ *n* **-1.** [meeting] **rassemblement** *m*. **-2.** [car race] **rallye** *m*. **-3.** SPORT [exchange of shots] **échange** *m*. ◇ *vt* **rallier.** ◇ *vi* **-1.** [supporters] **se rallier. -2.**

[patient] **aller mieux**; [prices] **remonter.**
◆ **rally round** ◇ *vt fus* **apporter son soutien à.** ◇ *vi inf* **venir en aide.**

ram [ræm] ◇ *n* **bélier** *m*. ◇ *vt* **-1.** [crash into] **percuter contre, emboutir. -2.** [force] **tasser.**

RAM [ræm] (*abbr of* **random access memory**) *n* RAM *f*.

ramble ['ræmbl] ◇ *n* **randonnée** *f*, **promenade** *f* **à pied.** ◇ *vi* **-1.** [walk] **faire une promenade à pied. -2.** *pej* [talk] **radoter.** ◆ **ramble on** *vi pej* **radoter.**

rambler ['ræmblər] *n* [walker] **randonneur** *m*, **-euse** *f*.

rambling ['ræmblɪŋ] *adj* **-1.** [house] **plein(e) de coins et recoins. -2.** [speech] **décousu(e).**

ramp [ræmp] *n* **-1.** [slope] **rampe** *f*. **-2.** AUT [to slow traffic down] **ralentisseur** *m*.

rampage [ræm'peɪdʒ] *n*: **to go on the ~** **tout saccager.**

rampant ['ræmpənt] *adj* **qui sévit.**

ramparts ['ræmpɑːts] *npl* **rempart** *m*.

ramshackle ['ræm,ʃækl] *adj* **branlant(e).**

ran [ræn] *pt* → **run.**

ranch [rɑːntʃ] *n* **ranch** *m*.

rancher ['rɑːntʃər] *n* **propriétaire** *mf* **de ranch.**

rancid ['rænsɪd] *adj* **rance.**

rancour *Br*, **rancor** *Am* ['ræŋkər] *n* **rancœur** *f*.

random ['rændəm] ◇ *adj* **fait(e) au hasard**; [number] **aléatoire.** ◇ *n*: **at ~** **au hasard.**

random access memory *n* COMPUT **mémoire** *f* **vive.**

R and R (*abbr of* **rest and recreation**) *n Am* **permission** *f*.

randy ['rændɪ] *adj inf* **excité(e).**

rang [ræŋ] *pt* → **ring.**

range [reɪndʒ] ◇ *n* **-1.** [of plane, telescope etc] **portée** *f*; **at close ~** **à bout portant. -2.** [of subjects, goods] **gamme** *f*; **price ~** **éventail** *m* **des prix. -3.** [of mountains] **chaîne** *f*. **-4.** [shooting area] **champ** *m* **de tir. -5.** MUS [of voice] **tessiture** *f*. ◇ *vt* [place in row] **mettre en rang.** ◇ *vi* **-1.** [vary]: **to ~ between ... and ...** **varier entre ... et ...**; **to ~ from ... to ...** **varier de ... à .... -2.** [include]: **to ~ over sthg** **couvrir qqch.**

ranger ['reɪndʒər] *n* **garde** *m* **forestier.**

rank [ræŋk] ◇ *adj* **-1.** [absolute - disgrace, stupidity] **complet(ète)**; [- injustice] **flagrant(e)**; **he's a ~ outsider** **il n'a aucune chance. -2.** [smell] **fétide.** ◇ *n* **-1.** [in army, police etc] **grade** *m*. **-2.** [social class] **rang** *m*. **-3.** [row] **rangée** *f*. **-4.**

phr: **the ~ and file** la masse; [of union] la base. ◇ *vt* [classify] classer. ◇ *vi:* **to ~ among** compter parmi; **to ~ as** être aux rangs de. ◆ **ranks** *npl* **-1.** MIL: **the ~s** le rang. **-2.** *fig* [members] rangs *mpl*.

rankle ['ræŋkl] *vi:* **it ~d with him** ça lui est resté sur l'estomac OR le cœur.

ransack ['rænsæk] *vt* [search through] mettre tout sens dessus dessous dans; [damage] saccager.

ransom ['rænsəm] *n* rançon *f*; **to hold sb to ~** *fig* exercer un chantage sur qqn.

rant [rænt] *vi* déblatérer.

rap [ræp] ◇ *n* **-1.** [knock] coup *m* sec. **-2.** MUS rap *m*. ◇ *vt* [table] frapper sur; [knuckles] taper sur.

rape [reɪp] ◇ *n* **-1.** [crime, attack] viol *m*. **-2.** *fig* [of countryside etc] destruction *f*. **-3.** [plant] colza *m*. ◇ *vt* violer.

rapeseed ['reɪpsiːd] *n* graine *f* de colza.

rapid ['ræpɪd] *adj* rapide. ◆ **rapids** *npl* rapides *mpl*.

rapidly ['ræpɪdlɪ] *adv* rapidement.

rapist ['reɪpɪst] *n* violeur *m*.

rapport [ræ'pɔːr] *n* rapport *m*.

rapture ['ræptʃər] *n* ravissement *m*.

rapturous ['ræptʃərəs] *adj* [applause, welcome] enthousiaste.

rare [reər] *adj* **-1.** [gen] rare. **-2.** [meat] saignant(e).

rarely ['reəlɪ] *adv* rarement.

raring ['reərɪŋ] *adj:* **to be ~ to go** être impatient(e) de commencer.

rarity ['reərətɪ] *n* rareté *f*.

rascal ['rɑːskl] *n* polisson *m*, -onne *f*.

rash [ræʃ] ◇ *adj* irréfléchi(e), imprudent(e). ◇ *n* **-1.** MED éruption *f*. **-2.** [spate] succession *f*, série *f*.

rasher ['ræʃər] *n* tranche *f*.

rasp [rɑːsp] *n* [harsh sound] grincement *m*.

raspberry ['rɑːzbərɪ] *n* **-1.** [fruit] framboise *f*. **-2.** [rude sound]: **to blow a ~** faire pfft.

rat [ræt] *n* **-1.** [animal] rat *m*. **-2.** *inf pej* [person] ordure *f*, salaud *m*.

rate [reɪt] ◇ *n* **-1.** [speed] vitesse *f*; [of pulse] fréquence *f*; **at this ~** à ce train-là. **-2.** [ratio, proportion] taux *m*. **-3.** [price] tarif *m*. ◇ *vt* **-1.** [consider]: **I ~ her very highly** je la tiens en haute estime; **to ~ sb/sthg as** considérer qqn/ qqch comme; **to ~ sb/sthg among** classer qqn/qqch parmi. **-2.** [deserve] mériter. ◆ **rates** *npl Br* impôts *mpl* locaux. ◆ **at any rate** *adv* en tout cas.

ratepayer ['reɪt,peɪər] *n Br* contribuable *mf*.

rather ['rɑːðər] *adv* **-1.** [somewhat, more exactly] plutôt. **-2.** [to small extent] un peu. **-3.** [preferably]: **I'd ~ wait** je préférerais attendre; **she'd ~ not go** elle préférerait ne pas y aller. **-4.** [on the contrary]: **(but) ~ ...** au contraire .... ◆ **rather than** *conj* plutôt que.

ratify ['rætɪfaɪ] *vt* ratifier, approuver.

rating ['reɪtɪŋ] *n* [of popularity etc] cote *f*.

ratio ['reɪʃɪəʊ] (*pl* -s) *n* rapport *m*.

ration ['ræʃn] ◇ *n* ration *f*. ◇ *vt* rationner. ◆ **rations** *npl* vivres *mpl*.

rational ['ræʃənl] *adj* rationnel(elle).

rationale [,ræʃə'nɑːl] *n* logique *f*.

rationalize, -ise ['ræʃənəlaɪz] *vt* rationaliser.

rat race *n* jungle *f*.

rattle ['rætl] ◇ *n* **-1.** [of bottles, typewriter keys] cliquetis *m*; [of engine] bruit *m* de ferraille. **-2.** [toy] hochet *m*. ◇ *vt* **-1.** [bottles] faire s'entrechoquer; [keys] faire cliqueter. **-2.** [unsettle] secouer. ◇ *vi* [bottles] s'entrechoquer; [keys, machine] cliqueter; [engine] faire un bruit de ferraille.

rattlesnake ['rætlsneɪk], **rattler** *Am* ['rætlər] *n* serpent *m* à sonnettes.

raucous ['rɔːkəs] *adj* [voice, laughter] rauque; [behaviour] bruyant(e).

ravage ['rævɪdʒ] *vt* ravager. ◆ **ravages** *npl* ravages *mpl*.

rave [reɪv] ◇ *adj* [review] élogieux(ieuse). ◇ *n Br inf* [party] rave *f*. ◇ *vi* **-1.** [talk angrily]: **to ~ at** OR **against** tempêter OR fulminer contre. **-2.** [talk enthusiastically]: **to ~ about** parler avec enthousiasme de.

raven ['reɪvn] *n* corbeau *m*.

ravenous ['rævənəs] *adj* [person] affamé(e); [animal, appetite] vorace.

ravine [rə'viːn] *n* ravin *m*.

raving ['reɪvɪŋ] *adj:* **~ lunatic** fou furieux (folle furieuse).

ravioli [,rævɪ'əʊlɪ] *n* (*U*) ravioli *mpl*.

ravishing ['rævɪʃɪŋ] *adj* ravissant(e), enchanteur(eresse).

raw [rɔː] *adj* **-1.** [uncooked] cru(e). **-2.** [untreated] brut(e). **-3.** [painful] à vif. **-4.** [inexperienced] novice; **~ recruit** bleu *m*. **-5.** [weather] froid(e); [wind] âpre.

raw deal *n:* **to get a ~** être défavorisé(e).

raw material *n* matière *f* première.

ray [reɪ] *n* [beam] rayon *m*; *fig* [of hope] lueur *f*.

rayon ['reɪɒn] *n* rayonne *f*.

raze [reɪz] *vt* raser.

razor ['reɪzəʳ] *n* rasoir *m*.

razor blade *n* lame *f* de rasoir.

RC *abbr of* **Roman Catholic**.

Rd *abbr of* **Road**.

R & D (*abbr of* **research and development**) *n* R-D *f*.

re [riː] *prep* concernant.

RE *n* (*abbr of* **religious education**) instruction *f* religieuse.

reach [riːtʃ] ◇ *vt* **-1.** [gen] atteindre; [place, destination] arriver à; [agreement, decision] parvenir à. **-2.** [contact] joindre, contacter. ◇ *vi* [land] s'étendre; **to ~ out** tendre le bras; **to ~ down to pick sthg up** se pencher pour ramasser qqch. ◇ *n* [of arm, boxer] allonge *f*; **within ~** [object] à portée; [place] à proximité; **out of OR beyond sb's ~** [object] hors de portée; [place] d'accès difficile, difficilement accessible.

react [rɪ'ækt] *vi* [gen] réagir.

reaction [rɪ'ækʃn] *n* réaction *f*.

reactionary [rɪ'ækʃənrɪ] ◇ *adj* réactionnaire. ◇ *n* réactionnaire *mf*.

reactor [rɪ'æktəʳ] *n* réacteur *m*.

read [riːd] (*pt & pp* **read** [red]) ◇ *vt* **-1.** [gen] lire. **-2.** [subj: sign, letter] dire. **-3.** [interpret, judge] interpréter. **-4.** [subj: meter, thermometer etc] indiquer. **-5.** *Br* UNIV étudier. ◇ *vi* lire; **the book ~s well** le livre se lit bien. ◆ **read out** *vt sep* lire à haute voix. ◆ **read up on** *vt fus* étudier.

readable ['riːdəbl] *adj* agréable à lire.

reader ['riːdəʳ] *n* [of book, newspaper] lecteur *m*, -trice *f*.

readership ['riːdəʃɪp] *n* [of newspaper] nombre *m* de lecteurs.

readily ['redɪlɪ] *adv* **-1.** [willingly] volontiers. **-2.** [easily] facilement.

reading ['riːdɪŋ] *n* **-1.** (*U*) [gen] lecture *f*. **-2.** [interpretation] interprétation *f*. **-3.** [on thermometer, meter etc] indications *fpl*.

readjust [ˌriːə'dʒʌst] ◇ *vt* [instrument] régler (de nouveau); [mirror] rajuster; [policy] rectifier. ◇ *vi* [person]: **to ~ (to)** se réadapter (à).

readout ['riːdaʊt] *n* COMPUT affichage *m*.

ready ['redɪ] ◇ *adj* **-1.** [prepared] prêt(e); **to be ~ to do sthg** être prêt à faire qqch; **to get ~** se préparer; **to get sthg ~** préparer qqch. **-2.** [willing]: **to be ~ to do sthg** être prêt(e) OR disposé(e) à faire qqch. ◇ *vt* préparer.

ready cash *n* liquide *m*.

ready-made *adj lit & fig* tout fait (toute faite).

ready money *n* liquide *m*.

ready-to-wear *adj* prêt-à-porter.

reafforestation [ˈriːəˌfɒrɪ'steɪʃn] *n* reboisement *m*.

real ['rɪəl] ◇ *adj* **-1.** [gen] vrai(e), véritable; **~ life** réalité *f*; **for ~** pour de vrai; **this is the ~ thing** [object] c'est de l'authentique; [situation] c'est pour de vrai OR de bon. **-2.** [actual] réel(elle); **in ~ terms** dans la pratique. ◇ *adv Am* très.

real estate *n* (*U*) biens *mpl* immobiliers.

realign [ˌriːə'laɪn] *vt* POL regrouper.

realism ['rɪəlɪzm] *n* réalisme *m*.

realistic [ˌrɪə'lɪstɪk] *adj* réaliste.

reality [rɪ'ælətɪ] *n* réalité *f*.

realization [ˌrɪəlaɪ'zeɪʃn] *n* réalisation *f*.

realize, -ise ['rɪəlaɪz] *vt* **-1.** [understand] se rendre compte de, réaliser. **-2.** [sum of money, idea, ambition] réaliser.

really ['rɪəlɪ] ◇ *adv* **-1.** [gen] vraiment. **-2.** [in fact] en réalité. ◇ *excl* **-1.** [expressing doubt] vraiment? **-2.** [expressing surprise] pas possible! **-3.** [expressing disapproval] franchement!, ça alors!

realm [relm] *n* **-1.** *fig* [subject area] domaine *m*. **-2.** [kingdom] royaume *m*.

realtor ['rɪəltər] *n Am* agent *m* immobilier.

reap [riːp] *vt* **-1.** [harvest] moissonner. **-2.** *fig* [obtain] récolter.

reappear [ˌriːə'pɪəʳ] *vi* réapparaître, reparaître.

rear [rɪəʳ] ◇ *adj* arrière (*inv*), de derrière. ◇ *n* **-1.** [back] arrière *m*; **to bring up the ~** fermer la marche. **-2.** *inf* [bottom] derrière *m*. ◇ *vt* [children, animals] élever. ◇ *vi* [horse]: **to ~ (up)** se cabrer.

rearm [riː'ɑːm] *vt & vi* réarmer.

rearmost ['rɪəməʊst] *adj* dernier(ière).

rearrange [ˌriːə'reɪndʒ] *vt* **-1.** [furniture, room] réarranger; [plans] changer. **-2.** [meeting - to new time] changer l'heure de; [- to new date] changer la date de.

rearview mirror ['rɪəvjuː-] *n* rétroviseur *m*.

reason ['riːzn] ◇ *n* **-1.** [cause]: **~ (for)** raison *f* (de); **for some ~** pour une raison ou pour une autre. **-2.** (*U*) [justification]: **to have ~ to do sthg** avoir de bonnes raisons de faire qqch. **-3.** [common sense] bon sens *m*; **he won't listen to ~** on ne peut pas lui faire entendre raison; **it stands to ~** c'est logique. ◇

vt déduire. ◇ *vi* raisonner. ◆**reason with** *vt fus* raisonner (avec).

reasonable ['riːznəbl] *adj* raisonnable.

reasonably ['riːznəblɪ] *adv* **-1.** [quite] assez. **-2.** [sensibly] raisonnablement.

reasoned ['riːznd] *adj* raisonné(e).

reasoning ['riːznɪŋ] *n* raisonnement *m*.

reassess [,riːə'ses] *vt* réexaminer.

reassurance [,riːə'ʃɔːrəns] *n* **-1.** [comfort] réconfort *m*. **-2.** [promise] assurance *f*.

reassure [,riːə'ʃɔːʳ] *vt* rassurer.

reassuring [,riːə'ʃɔːrɪŋ] *adj* rassurant(e).

rebate ['riːbeɪt] *n* [on product] rabais *m*; tax ~ ≃ dégrèvement *m* fiscal.

rebel [*n* 'rebl, *vb* rɪ'bel] ◇ *n* rebelle *mf*. ◇ *vi*: to ~ (against) se rebeller (contre).

rebellion [rɪ'beljən] *n* rébellion *f*.

rebellious [rɪ'beljəs] *adj* rebelle.

rebound [*n* 'riːbaʊnd, *vb* rɪ'baʊnd] ◇ *n* [of ball] rebond *m*. ◇ *vi* [ball] rebondir.

rebuff [rɪ'bʌf] *n* rebuffade *f*.

rebuild [,riː'bɪld] *vt* reconstruire.

rebuke [rɪ'bjuːk] ◇ *n* réprimande *f*. ◇ *vt* réprimander.

rebuttal [rɪ'bʌtl] *n* réfutation *f*.

recalcitrant [rɪ'kælsɪtrənt] *adj* récalcitrant(e).

recall [rɪ'kɔːl] ◇ *n* [memory] rappel *m*. ◇ *vt* **-1.** [remember] se rappeler, se souvenir de. **-2.** [summon back] rappeler.

recant [rɪ'kænt] *vi* se rétracter; RELIG abjurer.

recap ['riːkæp] ◇ *n* récapitulation *f*. ◇ *vt* [summarize] récapituler. ◇ *vi* récapituler.

recd, rec'd *abbr of* **received**.

recede [riː'siːd] *vi* [person, car etc] s'éloigner; [hopes] s'envoler.

receding [rɪ'siːdɪŋ] *adj* [hairline] dégarni(e); [chin, forehead] fuyant(e).

receipt [rɪ'siːt] *n* **-1.** [piece of paper] reçu *m*. **-2.** (U) [act of receiving] réception *f*. ◆**receipts** *npl* recettes *fpl*.

receive [rɪ'siːv] *vt* **-1.** [gen] recevoir; [news] apprendre. **-2.** [welcome] accueillir, recevoir; **to be well/badly ~d** [film, speech etc] être bien/mal accueilli.

receiver [rɪ'siːvəʳ] *n* **-1.** [of telephone] récepteur *m*, combiné *m*. **-2.** [radio, TV set] récepteur *m*. **-3.** [criminal] receleur *m*, -euse *f*. **-4.** FIN [official] administrateur *m*, -trice *f* judiciaire.

recent ['riːsnt] *adj* récent(e).

recently ['riːsntlɪ] *adv* récemment; **until** ~ jusqu'à ces derniers temps.

receptacle [rɪ'septəkl] *n* récipient *m*.

reception [rɪ'sepʃn] *n* **-1.** [gen] réception *f*. **-2.** [welcome] accueil *m*, réception *f*.

reception desk *n* réception *f*.

receptionist [rɪ'sepʃənɪst] *n* réceptionniste *mf*.

recess ['riːses, Br rɪ'ses] *n* **-1.** [alcove] niche *f*. **-2.** [secret place] recoin *m*. **-3.** POL: **to be in** ~ être en vacances. **-4.** Am SCH récréation *f*.

recession [rɪ'seʃn] *n* récession *f*.

recharge [,riː'tʃɑːdʒ] *vt* recharger.

recipe ['resɪpɪ] *n* lit & fig recette *f*.

recipient [rɪ'sɪpɪənt] *n* [of letter] destinataire *mf*; [of cheque] bénéficiaire *mf*; [of award] récipiendaire *mf*.

reciprocal [rɪ'sɪprəkl] *adj* réciproque.

recital [rɪ'saɪtl] *n* récital *m*.

recite [rɪ'saɪt] *vt* **-1.** [say aloud] réciter. **-2.** [list] énumérer.

reckless ['reklɪs] *adj* imprudent(e).

reckon ['rekn] *vt* **-1.** inf [think] penser. **-2.** [consider, judge] considérer. **-3.** [calculate] calculer. ◆**reckon on** *vt fus* compter sur. ◆**reckon with** *vt fus* [expect] s'attendre à.

reckoning ['rekənɪŋ] *n* [calculation] (U) calculs *mpl*.

reclaim [rɪ'kleɪm] *vt* **-1.** [claim back] réclamer. **-2.** [land] assécher.

recline [rɪ'klaɪn] *vi* [person] être allongé(e).

reclining [rɪ'klaɪnɪŋ] *adj* [chair] à dossier réglable.

recluse [rɪ'kluːs] *n* reclus *m*, -e *f*.

recognition [,rekəg'nɪʃn] *n* reconnaissance *f*; **in** ~ **of** en reconnaissance de; **the town has changed beyond** OR **out of all** ~ la ville est méconnaissable.

recognizable ['rekəgnaɪzəbl] *adj* reconnaissable.

recognize, -ise ['rekəgnaɪz] *vt* reconnaître.

recoil [*vb* rɪ'kɔɪl, *n* 'riːkɔɪl] ◇ *vi*: **to** ~ **(from)** reculer (devant). ◇ *n* [of gun] recul *m*.

recollect [,rekə'lekt] *vt* se rappeler.

recollection [,rekə'lekʃn] *n* souvenir *m*.

recommend [,rekə'mend] *vt* **-1.** [commend]: **to** ~ **sb/sthg (to sb)** recommander qqn/qqch (à qqn). **-2.** [advise] conseiller, recommander.

recompense ['rekəmpens] ◇ *n* dédommagement *m*. ◇ *vt* dédommager.

reconcile ['rekənsaɪl] *vt* **-1.** [beliefs, ideas] concilier. **-2.** [people] réconcilier. **-3.** [accept]: **to ~ o.s. to sthg** se faire à l'idée de qqch.

reconditioned [ˌriːkən'dɪʃnd] *adj* remis(e) en état.

reconnaissance [rɪ'kɒnɪsəns] *n* reconnaissance *f*.

reconnoitre *Br*, **reconnoiter** *Am* [ˌrekə'nɔɪtər] *vt* reconnaître. ◇ *vi* aller en reconnaissance.

reconsider [ˌriːkən'sɪdər] ◇ *vt* reconsidérer. ◇ *vi* reconsidérer la question.

reconstruct [ˌriːkən'strʌkt] *vt* **-1.** [gen] reconstruire. **-2.** [crime, event] reconstituer.

record [*n & adj* 'rekɔːd, *vb* rɪ'kɔːd] ◇ *n* **-1.** [written account] rapport *m*; [file] dossier *m*; **to keep sthg on ~** archiver qqch; **(police) ~** casier *m* judiciaire; **off the ~** non officiel. **-2.** [vinyl disc] disque *m*. **-3.** [best achievement] record *m*. ◇ *adj* record (*inv*). ◇ *vt* **-1.** [write down] noter. **-2.** [put on tape] enregistrer.

recorded delivery [rɪ'kɔːdɪd-] *n*: **to send sthg by ~** envoyer qqch en recommandé.

recorder [rɪ'kɔːdər] *n* [musical instrument] flûte *f* à bec.

record holder *n* détenteur *m*, -trice *f* du record.

recording [rɪ'kɔːdɪŋ] *n* enregistrement *m*.

record player *n* tourne-disque *m*.

recount [*n* 'riːkaʊnt, *vt sense 1* rɪ'kaʊnt, *sense 2* ˌriː'kaʊnt] ◇ *n* [of vote] deuxième dépouillement *m* du scrutin. ◇ *vt* **-1.** [narrate] raconter. **-2.** [count again] recompter.

recoup [rɪ'kuːp] *vt* récupérer.

recourse [rɪ'kɔːs] *n*: **to have ~ to** avoir recours à.

recover [rɪ'kʌvər] ◇ *vt* **-1.** [retrieve] récupérer; **to ~ sthg from sb** reprendre qqch à qqn. **-2.** [one's balance] retrouver; [consciousness] reprendre. ◇ *vi* **-1.** [from illness] se rétablir; [from shock, divorce] se remettre. **-2.** *fig* [economy] se redresser; [trade] reprendre.

recovery [rɪ'kʌvərɪ] *n* **-1.** [from illness] guérison *f*, rétablissement *m*. **-2.** *fig* [of economy] redressement *m*, reprise *f*. **-3.** [retrieval] récupération *f*.

recreation [ˌrekrɪ'eɪʃn] *n* (U) [leisure] récréation *f*, loisirs *mpl*.

recrimination [rɪˌkrɪmɪ'neɪʃn] *n* récrimination *f*.

recruit [rɪ'kruːt] ◇ *n* recrue *f*. ◇ *vt* recruter; **to ~ sb to do sthg** *fig* embaucher qqn pour faire qqch. ◇ *vi* recruter.

recruitment [rɪ'kruːtmənt] *n* recrutement *m*.

rectangle ['rek,tæŋgl] *n* rectangle *m*.

rectangular [rek'tæŋgjʊlər] *adj* rectangulaire.

rectify ['rektɪfaɪ] *vt* [mistake] rectifier.

rector ['rektər] *n* **-1.** [priest] pasteur *m*. **-2.** *Scot* [head - of school] directeur *m*; [- of college, university] *président élu par les étudiants*.

rectory ['rektərɪ] *n* presbytère *m*.

recuperate [rɪ'kuːpəreɪt] *vi* se rétablir.

recur [rɪ'kɜːr] *vi* [error, problem] se reproduire; [dream] revenir; [pain] réapparaître.

recurrence [rɪ'kʌrəns] *n* répétition *f*.

recurrent [rɪ'kʌrənt] *adj* [error, problem] qui se reproduit souvent; [dream] qui revient souvent.

recycle [ˌriː'saɪkl] *vt* recycler.

red [red] ◇ *adj* rouge; [hair] roux (rousse). ◇ *n* rouge *m*; **to be in the ~** *inf* être à découvert.

red card *n* FTBL: **to be shown the ~, to get a ~** recevoir un carton rouge.

red carpet *n*: **to roll out the ~ for sb** dérouler le tapis rouge pour qqn. ◆ **red-carpet** *adj*: **to give sb the red-carpet treatment** recevoir qqn en grande pompe.

Red Cross *n*: **the ~** la Croix-Rouge.

redcurrant ['redkʌrənt] *n* [fruit] groseille *f*; [bush] groseillier *m*.

redden ['redn] *vt & vi* rougir.

redecorate [ˌriː'dekəreɪt] ◇ *vt* repeindre et retapisser. ◇ *vi* refaire la peinture et les papiers peints.

redeem [rɪ'diːm] *vt* **-1.** [save, rescue] racheter. **-2.** [from pawnbroker] dégager.

redeeming [rɪ'diːmɪŋ] *adj* qui rachète (les défauts).

redeploy [ˌriːdɪ'plɔɪ] *vt* MIL redéployer; [staff] réorganiser, réaffecter.

red-faced [-'feɪst] *adj* rougeaud(e), rubicond(e); [with embarrassment] rouge de confusion.

red-haired [-'heəd] *adj* roux (rousse).

red-handed [-'hændɪd] *adj*: **to catch sb ~** prendre qqn en flagrant délit OR la main dans le sac.

redhead ['redhed] *n* roux *m*, rousse *f*.

red herring *n fig* fausse piste *f*.

red-hot *adj* **-1.** [extremely hot] brûlant(e); [metal] chauffé(e) au rouge. **-2.** [very enthusiastic] ardent(e).

redid [ˌriː'dɪd] *pt* → **redo**.

redirect [ˌriːdɪ'rekt] *vt* **-1.** [energy, money] réorienter. **-2.** [traffic] détourner. **-3.** [letters] faire suivre.

rediscover [ˌriːdɪ'skʌvəʳ] *vt* redécouvrir.

red light *n* [traffic signal] feu *m* rouge.

red-light district *n* quartier *m* chaud.

redo [ˌriː'duː] (*pt* **-did**, *pp* **-done**) *vt* refaire.

redolent ['redələnt] *adj literary* **-1.** [reminiscent]: ~ **of** qui rappelle, évocateur(trice) de. **-2.** [smelling]: ~ **of** qui sent.

redone [ˌriː'dʌn] *pp* → **redo**.

redouble [ˌriː'dʌbl] *vt*: **to ~ one's efforts (to do sthg)** redoubler d'efforts (pour faire qqch).

redraft [ˌriː'drɑːft] *vt* rédiger à nouveau.

redress [rɪ'dres] ◇ *n* (*U*) *fml* réparation *f*. ◇ *vt*: **to ~ the balance** rétablir l'équilibre.

Red Sea *n*: **the ~** la mer Rouge.

red tape *n fig* paperasserie *f* administrative.

reduce [rɪ'djuːs] ◇ *vt* réduire; **to be ~d to doing sthg** en être réduit à faire qqch; **to ~ sb to tears** faire pleurer qqn. ◇ *vi Am* [diet] suivre un régime amaigrissant.

reduction [rɪ'dʌkʃn] *n* **-1.** [decrease]: ~ **(in)** réduction *f* (de), baisse *f* (de). **-2.** [discount] rabais *m*, réduction *f*.

redundancy [rɪ'dʌndənsɪ] *n Br* [dismissal] licenciement *m*; [unemployment] chômage *m*.

redundant [rɪ'dʌndənt] *adj* **-1.** *Br* [jobless]: **to be made ~** être licencié(e). **-2.** [not required] superflu(e).

reed [riːd] *n* **-1.** [plant] roseau *m*. **-2.** MUS anche *f*.

reef [riːf] *n* récif *m*, écueil *m*.

reek [riːk] ◇ *n* relent *m*. ◇ *vi*: **to ~ (of sthg)** puer (qqch), empester (qqch).

reel [riːl] ◇ *n* **-1.** [roll] bobine *f*. **-2.** [on fishing rod] moulinet *m*. ◇ *vi* [stagger] chanceler. ◆ **reel in** *vt sep* remonter. ◆ **reel off** *vt sep* [list] débiter.

reenact [ˌriːɪ'nækt] *vt* [play] reproduire; [event] reconstituer.

ref [ref] *n* **-1.** *inf* (*abbr of* **referee**) arbitre *m*. **-2.** (*abbr of* **reference**) ADMIN réf. *f*.

refectory [rɪ'fektərɪ] *n* réfectoire *m*.

refer [rɪ'fɜːʳ] *vt* **-1.** [person]: **to ~ sb to** [hospital] envoyer qqn à; [specialist] adresser qqn à; ADMIN renvoyer qqn à.

-2. [report, case, decision]: **to ~ sthg to** soumettre qqch à. ◆ **refer to** *vt fus* **-1.** [speak about] parler de, faire allusion à OR mention de. **-2.** [apply to] s'appliquer à, concerner. **-3.** [consult] se référer à, se reporter à.

referee [ˌrefə'riː] ◇ *n* **-1.** SPORT arbitre *m*. **-2.** *Br* [for job application] répondant *m*, -e *f*. ◇ *vt* SPORT arbitrer. ◇ *vi* SPORT être arbitre.

reference ['refrəns] *n* **-1.** [mention]: ~ **(to)** allusion *f* (à), mention *f* (de); **with ~ to** comme suite à. **-2.** (*U*) [for advice, information]: ~ **(to)** consultation *f* (de), référence *f* (à). **-3.** COMM référence *f*. **-4.** [in book] renvoi *m*; **map** ~ coordonnées *fpl*. **-5.** [for job application - letter] référence *f*; [- person] répondant *m*, -e *f*.

reference book *n* ouvrage *m* de référence.

reference number *n* numéro *m* de référence.

referendum [ˌrefə'rendəm] (*pl* **-s** OR **-da** [-də]) *n* référendum *m*.

refill [*n* 'riːfɪl, *vb* ˌriː'fɪl] ◇ *n* **-1.** [for pen] recharge *f*. **-2.** *inf* [drink]: **would you like a ~?** vous voulez encore un verre? ◇ *vt* remplir à nouveau.

refine [rɪ'faɪn] *vt* raffiner; *fig* peaufiner.

refined [rɪ'faɪnd] *adj* raffiné(e); [system, theory] perfectionné(e).

refinement [rɪ'faɪnmənt] *n* **-1.** [improvement] perfectionnement *m*. **-2.** (*U*) [gentility] raffinement *m*.

reflect [rɪ'flekt] ◇ *vt* **-1.** [be a sign of] refléter. **-2.** [light, image] réfléchir, refléter; [heat] réverbérer. **-3.** [think]: **to ~ that ...** se dire que .... ◇ *vi* [think]: **to ~ (on** OR **upon)** réfléchir (sur), penser à.

reflection [rɪ'flekʃn] *n* **-1.** [sign] indication *f*, signe *m*. **-2.** [criticism]: ~ **on** critique *f* de. **-3.** [image] reflet *m*. **-4.** (*U*) [of light, heat] réflexion *f*. **-5.** [thought] réflexion *f*; **on ~** réflexion faite.

reflector [rɪ'flektəʳ] *n* réflecteur *m*.

reflex ['riːfleks] *n*: ~ **(action)** réflexe *m*.

reflexive [rɪ'fleksɪv] *adj* GRAMM [pronoun] réfléchi(e); ~ **verb** verbe *m* pronominal réfléchi.

reforestation [riːˌfɒrɪ'steɪʃn] = **reafforestation**.

reform [rɪ'fɔːm] ◇ *n* réforme *f*. ◇ *vt* [gen] réformer; [person] corriger. ◇ *vi* [behave better] se corriger, s'amender.

Reformation [ˌrefə'meɪʃn] *n*: **the ~** la Réforme.

reformatory [rɪ'fɔːmətrɪ] *n Am* centre *m* d'éducation surveillée (pour jeunes délinquants).

reformer [rɪ'fɔːmər] *n* réformateur *m*, -trice *f*.

refrain [rɪ'freɪn] ◇ *n* refrain *m*. ◇ *vi*: to ~ from doing sthg s'abstenir de faire qqch.

refresh [rɪ'freʃ] *vt* rafraîchir, revigorer.

refreshed [rɪ'freʃt] *adj* reposé(e).

refresher course [rɪ'freʃər-] *n* cours *m* de recyclage OR remise à niveau.

refreshing [rɪ'freʃɪŋ] *adj* **-1.** [pleasantly different] agréable, réconfortant(e). **-2.** [drink, swim] rafraîchissant(e).

refreshments [rɪ'freʃmənts] *npl* rafraîchissements *mpl*.

refrigerator [rɪ'frɪdʒəreɪtər] *n* réfrigérateur *m*, Frigidaire® *m*.

refuel [,riː'fjʊəl] ◇ *vt* ravitailler. ◇ *vi* se ravitailler en carburant.

refuge ['refjuːdʒ] *n lit & fig* refuge *m*, abri *m*; to take ~ in se réfugier dans.

refugee [,refjʊ'dʒiː] *n* réfugié *m*, -e *f*.

refund [*n* 'riːfʌnd, *vb* rɪ'fʌnd] ◇ *n* remboursement *m*. ◇ *vt*: to ~ sthg to sb, to ~ sb sthg rembourser qqch à qqn.

refurbish [,riː'fɜːbɪʃ] *vt* remettre à neuf, rénover.

refusal [rɪ'fjuːzl] *n*: ~ (to do sthg) refus *m* (de faire qqch).

refuse¹ [rɪ'fjuːz] ◇ *vt* refuser; to ~ to do sthg refuser de faire qqch. ◇ *vi* refuser.

refuse² ['refjuːs] *n* (U) [rubbish] ordures *fpl*, détritus *mpl*.

refuse collection ['refjuːs-] *n* enlèvement *m* des ordures ménagères.

refute [rɪ'fjuːt] *vt* réfuter.

regain [rɪ'geɪn] *vt* [composure, health] retrouver; [leadership] reprendre.

regal ['riːgl] *adj* majestueux(euse), royal(e).

regalia [rɪ'geɪljə] *n* (U) insignes *mpl*.

regard [rɪ'gɑːd] ◇ *n* **-1.** (U) [respect] estime *f*, respect *m*. **-2.** [aspect]: in this/that ~ à cet égard. ◇ *vt* considérer; to ~ o.s. as se considérer comme; to be highly ~ed être tenu(e) en haute estime. ◆ **regards** *npl*: (with best) ~s bien amicalement; give her my ~s faites-lui mes amitiés. ◆ **as regards** *prep* en ce qui concerne. ◆ **in regard to, with regard to** *prep* en ce qui concerne, relativement à.

regarding [rɪ'gɑːdɪŋ] *prep* concernant, en ce qui concerne.

regardless [rɪ'gɑːdlɪs] *adv* quand même. ◆ **regardless of** *prep* sans tenir compte de, sans se soucier de.

regime [reɪ'ʒiːm] *n* régime *m*.

regiment ['redʒɪmənt] *n* régiment *m*.

region ['riːdʒən] *n* région *f*; in the ~ of environ.

regional ['riːdʒənl] *adj* régional(e).

register ['redʒɪstər] ◇ *n* [record] registre *m*. ◇ *vt* **-1.** [record officially] déclarer. **-2.** [show, measure] indiquer, montrer. **-3.** [express] exprimer. ◇ *vi* **-1.** [on official list] s'inscrire, se faire inscrire. **-2.** [at hotel] signer le registre. **-3.** *inf* [advice, fact]: it didn't ~ je n'ai pas compris.

registered ['redʒɪstəd] *adj* **-1.** [person] inscrit(e); [car] immatriculé(e); [charity] agréé(e) par le gouvernement. **-2.** [letter, parcel] recommandé(e).

registered trademark *n* marque *f* déposée.

registrar [,redʒɪ'strɑː] *n* **-1.** [keeper of records] officier *m* de l'état civil. **-2.** UNIV secrétaire *m* général. **-3.** *Br* [doctor] chef *m* de clinique.

registration [,redʒɪ'streɪʃn] *n* **-1.** [gen] enregistrement *m*, inscription *f*. **-2.** AUT = registration number.

registration number *n* AUT numéro *m* d'immatriculation.

registry ['redʒɪstrɪ] *n* bureau *m* de l'enregistrement.

registry office *n* bureau *m* de l'état civil.

regret [rɪ'gret] ◇ *n* regret *m*. ◇ *vt* [be sorry about]: to ~ sthg/doing sthg regretter qqch/d'avoir fait qqch.

regretfully [rɪ'gretfʊlɪ] *adv* à regret.

regrettable [rɪ'gretəbl] *adj* regrettable, fâcheux(euse).

regroup [,riː'gruːp] *vi* se regrouper.

regular ['regjʊlər] ◇ *adj* **-1.** [gen] régulier(ière); [customer] fidèle. **-2.** [usual] habituel(elle). **-3.** *Am* [normal - size] standard (*inv*). **-4.** *Am* [pleasant] sympa (*inv*). ◇ *n* [at pub] habitué *m*, -e *f*; [at shop] client *m*, -e *f* fidèle.

regularly ['regjʊləlɪ] *adv* régulièrement.

regulate ['regjʊleɪt] *vt* régler.

regulation [,regjʊ'leɪʃn] ◇ *adj* [standard] réglementaire. ◇ *n* **-1.** [rule] règlement *m*. **-2.** (U) [control] réglementation *f*.

rehabilitate [,riːə'bɪlɪteɪt] *vt* [criminal] réinsérer, réhabiliter; [patient] rééduquer.

rehearsal [rɪ'hɜːsl] *n* répétition *f*.

rehearse [rɪ'hɜːs] *vt & vi* répéter.

reign [reɪn] ◇ *n* règne *m*. ◇ *vi*: to ~ (over) *lit* & *fig* régner (sur).

reimburse [,riːɪm'bɜːs] *vt*: to ~ sb (for) rembourser qqn (de).

rein [reɪn] *n fig*: to give (a) free ~ to sb, to give sb free ~ laisser la bride sur le cou à qqn. ◆ **reins** *npl* [for horse] rênes *fpl*.

reindeer ['reɪn,dɪəʳ] (*pl inv*) *n* renne *m*.

reinforce [,riːɪn'fɔːs] *vt* -1. [strengthen] renforcer. -2. [back up, confirm] appuyer, étayer.

reinforced concrete [,riːɪn'fɔːst-] *n* béton *m* armé.

reinforcement [,riːɪn'fɔːsmənt] *n* -1. (U) [strengthening] renforcement *m*. -2. [strengthener] renfort *m*. ◆ **reinforcements** *npl* renforts *mpl*.

reinstate [,riːɪn'steɪt] *vt* [employee] rétablir dans ses fonctions, réintégrer; [policy, method] rétablir.

reissue [riː'ɪʃuː] ◇ *n* [of book] réédition *f*. ◇ *vt* [book] rééditer; [film, record] ressortir.

reiterate [riː'ɪtəreɪt] *vt* réitérer, répéter.

reject [*n* 'riːdʒekt, *vb* rɪ'dʒekt] ◇ *n* [product] article *m* de rebut. ◇ *vt* -1. [not accept] rejeter. -2. [candidate, coin] refuser.

rejection [rɪ'dʒekʃn] *n* -1. [non-acceptance] rejet *m*. -2. [of candidate] refus *m*.

rejoice [rɪ'dʒɔɪs] *vi*: to ~ (at OR in) se réjouir (de).

rejuvenate [rɪ'dʒuːvəneɪt] *vt* rajeunir.

rekindle [,riː'kɪndl] *vt fig* ranimer, raviver.

relapse [rɪ'læps] ◇ *n* rechute *f*. ◇ *vi*: to ~ into retomber dans.

relate [rɪ'leɪt] ◇ *vt* -1. [connect]: to ~ sthg to sthg établir un lien OR rapport entre qqch et qqch. -2. [tell] raconter. ◇ *vi* -1. [be connected]: to ~ to avoir un rapport avec. -2. [concern]: to ~ to se rapporter à. -3. [empathize]: to ~ (to sb) s'entendre (avec qqn). ◆ **relating to** *prep* concernant.

related [rɪ'leɪtɪd] *adj* -1. [people] apparenté(e). -2. [issues, problems etc] lié(e).

relation [rɪ'leɪʃn] *n* -1. [connection]: ~ (to/between) rapport *m* (avec/entre). -2. [person] parent *m*, -e *f*. ◆ **relations** *npl* [relationship] relations *fpl*, rapports *mpl*.

relationship [rɪ'leɪʃnʃɪp] *n* -1. [between people, countries] relations *fpl*, rapports *mpl*; [romantic] liaison *f*. -2. [connection] rapport *m*, lien *m*.

relative ['relətɪv] ◇ *adj* relatif(ive). ◇ *n* parent *m*, -e *f*. ◆ **relative to** *prep* [compared with] relativement à; [connected with] se rapportant à, relatif(ive) à.

relatively ['relətɪvlɪ] *adv* relativement.

relax [rɪ'læks] ◇ *vt* -1. [person] détendre, relaxer. -2. [muscle, body] décontracter, relâcher; [one's grip] desserrer. -3. [rule] relâcher. ◇ *vi* -1. [person] se détendre, se décontracter. -2. [muscle, body] se relâcher, se décontracter. -3. [one's grip] se desserrer.

relaxation [,riːlæk'seɪʃn] *n* -1. [of person] relaxation *f*, détente *f*. -2. [of rule] relâchement *m*.

relaxed [rɪ'lækst] *adj* détendu(e), décontracté(e).

relaxing [rɪ'læksɪŋ] *adj* relaxant(e), qui détend.

relay ['riːleɪ] ◇ *n* -1. SPORT: ~ (race) course *f* de relais. -2. RADIO & TV [broadcast] retransmission *f*. ◇ *vt* -1. RADIO & TV [broadcast] relayer. -2. [message, information] transmettre, communiquer.

release [rɪ'liːs] ◇ *n* -1. [from prison, cage] libération *f*. -2. [from pain, misery] délivrance *f*. -3. [statement] communiqué *m*. -4. [of gas, heat] échappement *m*. -5. (U) [of film, record] sortie *f*. -6. [film] nouveau film *m*; [record] nouveau disque *m*. ◇ *vt* -1. [set free] libérer. -2. [lift restriction on]: to ~ sb from dégager qqn de. -3. [make available - supplies] libérer; [- funds] débloquer. -4. [let go of] lâcher. -5. TECH [brake, handle] desserrer; [mechanism] déclencher. -6. [gas, heat]: to be ~d (from/into) se dégager (de/dans), s'échapper (de/dans). -7. [film, record] sortir; [statement, report] publier.

relegate ['relɪgeɪt] *vt* reléguer; to be ~d *Br* SPORT être relégué à la division inférieure.

relent [rɪ'lent] *vi* [person] se laisser fléchir; [wind, storm] se calmer.

relentless [rɪ'lentlɪs] *adj* implacable.

relevant ['reləvənt] *adj* -1. [connected]: ~ (to) qui a un rapport (avec). -2. [significant]: ~ (to) important(e) (pour). -3. [appropriate - information] utile; [- document] justificatif(ive).

reliable [rɪ'laɪəbl] *adj* [person] sur qui on peut compter, fiable; [device] fiable; [company, information] sérieux(ieuse).

reliably [rɪ'laɪəblɪ] *adv* de façon fiable; to be ~ informed (that) ... savoir de source sûre que ....

reliant [rɪ'laɪənt] *adj*: **to be ~ on** être dépendant(e) de.

relic ['relɪk] *n* relique *f*; [of past] vestige *m*.

relief [rɪ'liːf] *n* -1. [comfort] soulagement *m*. -2. [for poor, refugees] aide *f*, assistance *f*. -3. *Am* [social security] aide *f* sociale.

relieve [rɪ'liːv] *vt* -1. [pain, anxiety] soulager; **to ~ sb of sthg** [take away from] délivrer qqn de qqch. -2. [take over from] relayer. -3. [give help to] secourir, venir en aide à.

religion [rɪ'lɪdʒn] *n* religion *f*.

religious [rɪ'lɪdʒəs] *adj* religieux(ieuse); [book] de piété.

relinquish [rɪ'lɪŋkwɪʃ] *vt* [power] abandonner; [claim, plan] renoncer à; [post] quitter.

relish ['relɪʃ] ◇ *n* -1. [enjoyment]: **with (great) ~** avec délectation. -2. [pickle] condiment *m*. ◇ *vt* [enjoy] prendre plaisir à; **I don't ~ the thought** OR **idea** OR **prospect of seeing him** la perspective de le voir ne m'enchante OR ne me sourit guère.

relocate [ˌriːləʊ'keɪt] ◇ *vt* installer ailleurs, transférer. ◇ *vi* s'installer ailleurs, déménager.

reluctance [rɪ'lʌktəns] *n* répugnance *f*.

reluctant [rɪ'lʌktənt] *adj* peu enthousiaste; **to be ~ to do sthg** rechigner à faire qqch, être peu disposé à faire qqch.

reluctantly [rɪ'lʌktəntlɪ] *adv* à contrecœur, avec répugnance.

rely [rɪ'laɪ] ◆ **rely on** *vt fus* -1. [count on] compter sur; **to ~ on sb to do sthg** compter sur qqn OR faire confiance à qqn pour faire qqch. -2. [be dependent on] dépendre de.

remain [rɪ'meɪn] ◇ *vt* rester; **to ~ to be done** rester à faire. ◇ *vi* rester. ◆ **remains** *npl* -1. [remnants] restes *mpl*. -2. [antiquities] ruines *fpl*, vestiges *mpl*.

remainder [rɪ'meɪndəʳ] *n* reste *m*.

remaining [rɪ'meɪnɪŋ] *adj* qui reste.

remand [rɪ'mɑːnd] JUR ◇ *n*: **on ~** en détention préventive. ◇ *vt*: **to ~ sb (in custody)** placer qqn en détention préventive.

remark [rɪ'mɑːk] ◇ *n* [comment] remarque *f*, observation *f*. ◇ *vt* [comment]: **to ~ that ...** faire remarquer que ....

remarkable [rɪ'mɑːkəbl] *adj* remarquable.

remarry [ˌriː'mærɪ] *vi* se remarier.

remedial [rɪ'miːdjəl] *adj* -1. [pupil, class] de rattrapage. -2. [exercise] correctif(ive); [action] de rectification.

remedy ['remɪdɪ] ◇ *n*: **~ (for)** MED remède *m* (pour OR contre); *fig* remède (à OR contre). ◇ *vt* remédier à.

remember [rɪ'membəʳ] ◇ *vt* [gen] se souvenir de, se rappeler; **to ~ to do sthg** ne pas oublier de faire qqch, penser à faire qqch; **to ~ doing sthg** se souvenir d'avoir fait qqch, se rappeler avoir fait qqch. ◇ *vi* se souvenir, se rappeler.

remembrance [rɪ'membrəns] *n*: **in ~ of** en souvenir OR mémoire de.

Remembrance Day *n* l'Armistice *m*.

remind [rɪ'maɪnd] *vt*: **to ~ sb of** OR **about sthg** rappeler qqch à qqn; **to ~ sb to do sthg** rappeler à qqn de faire qqch, faire penser à qqn à faire qqch.

reminder [rɪ'maɪndəʳ] *n* -1. [to jog memory]: **to give sb a ~ (to do sthg)** faire penser à qqn (à faire qqch). -2. [letter, note] rappel *m*.

reminisce [ˌremɪ'nɪs] *vi* évoquer des souvenirs; **to ~ about sthg** évoquer qqch.

reminiscent [ˌremɪ'nɪsnt] *adj*: **~ of** qui rappelle, qui fait penser à.

remiss [rɪ'mɪs] *adj* négligent(e).

remit¹ [rɪ'mɪt] *vt* [money] envoyer, verser.

remit² ['riːmɪt] *n Br* [responsibility] attributions *fpl*.

remittance [rɪ'mɪtns] *n* -1. [amount of money] versement *m*. -2. COMM règlement *m*, paiement *m*.

remnant ['remnənt] *n* -1. [remaining part] reste *m*, restant *m*. -2. [of cloth] coupon *m*.

remold *Am* = **remould**.

remorse [rɪ'mɔːs] *n* (U) remords *m*.

remorseful [rɪ'mɔːsful] *adj* plein(e) de remords.

remorseless [rɪ'mɔːslɪs] *adj* implacable.

remote [rɪ'məʊt] *adj* -1. [far-off - place] éloigné(e); [- time] lointain(e). -2. [person] distant(e). -3. [possibility, chance] vague.

remote control *n* télécommande *f*.

remotely [rɪ'məʊtlɪ] *adv* -1. [in the slightest]: **not ~** pas le moins du monde, absolument pas. -2. [far off] au loin.

remould *Br*, **remold** *Am* ['riːməʊld] *n* pneu *m* rechapé.

removable [rɪ'muːvəbl] *adj* [detachable] détachable, amovible.

removal [rɪ'muːvl] n -1. (U) [act of removing] enlèvement m. -2. Br [change of house] déménagement m.

removal van n Br camion m de déménagement.

remove [rɪ'muːv] vt -1. [take away - gen] enlever; [- stain] faire partir, enlever; [- problem] résoudre; [- suspicion] dissiper. -2. [clothes] ôter, enlever. -3. [employee] renvoyer.

remuneration [rɪ,mjuːnə'reɪʃn] n rémunération f.

Renaissance [rə'neɪsəns] n: **the ~** la Renaissance.

render ['rendər] vt rendre; [assistance] porter; FIN [account] présenter.

rendering ['rendərɪŋ] n [of play, music etc] interprétation f.

rendezvous ['rɒndɪvuː] (pl inv) n rendez-vous m inv.

renegade ['renɪgeɪd] n renégat m, -e f.

renew [rɪ'njuː] vt -1. [gen] renouveler; [negotiations, strength] reprendre; [interest] faire renaître; **to ~ acquaintance with sb** renouer connaissance avec qqn. -2. [replace] remplacer.

renewable [rɪ'njuːəbl] adj renouvelable.

renewal [rɪ'njuːəl] n -1. [of activity] reprise f. -2. [of contract, licence etc] renouvellement m.

renounce [rɪ'naʊns] vt [reject] renoncer à.

renovate ['renəveɪt] vt rénover.

renown [rɪ'naʊn] n renommée f, renom m.

renowned [rɪ'naʊnd] adj: **~ (for)** renommé(e) (pour).

rent [rent] ◇ n [for house] loyer m. ◇ vt louer.

rental ['rentl] ◇ adj de location. ◇ n [for car, television, video] prix m de location; [for house] loyer m.

renunciation [rɪ,nʌnsɪ'eɪʃn] n renonciation f.

reorganize, -ise [,riː'ɔːgənaɪz] vt réorganiser.

rep [rep] n -1. (abbr of **representative**) VRP m. -2. abbr of **repertory**.

repaid [riː'peɪd] pt & pp → repay.

repair [rɪ'peər] ◇ n réparation f; **in good/bad ~** en bon/mauvais état. ◇ vt réparer.

repair kit n trousse f à outils.

repartee [,repɑː'tiː] n repartie f.

repatriate [,riː'pætrɪeɪt] vt rapatrier.

repay [riː'peɪ] (pt & pp **repaid**) vt -1. [money]: **to ~ sb sthg, to ~ sthg to sb** rembourser qqch à qqn. -2. [favour] payer de retour, récompenser.

repayment [riː'peɪmənt] n remboursement m.

repeal [rɪ'piːl] ◇ n abrogation f. ◇ vt abroger.

repeat [rɪ'piːt] ◇ vt -1. [gen] répéter. -2. RADIO & TV rediffuser. ◇ n RADIO & TV reprise f, rediffusion f.

repeatedly [rɪ'piːtɪdlɪ] adv à maintes reprises, très souvent.

repel [rɪ'pel] vt repousser.

repellent [rɪ'pelənt] ◇ adj répugnant(e), repoussant(e). ◇ n: **insect ~** crème f anti-insecte.

repent [rɪ'pent] ◇ vt se repentir de. ◇ vi: **to ~ (of)** se repentir (de).

repentance [rɪ'pentəns] n (U) repentir m.

repercussions [,riːpə'kʌʃnz] npl répercussions fpl.

repertoire ['repətwɑːr] n répertoire m.

repertory ['repətrɪ] n répertoire m.

repetition [,repɪ'tɪʃn] n répétition f.

repetitious [,repɪ'tɪʃəs], **repetitive** [rɪ'petɪtɪv] adj [action, job] répétitif(ive); [article, speech] qui a des redites.

replace [rɪ'pleɪs] vt -1. [gen] remplacer. -2. [put back] remettre (à sa place).

replacement [rɪ'pleɪsmənt] n -1. [substituting] remplacement m; [putting back] replacement m. -2. [new person]: **~ (for sb)** remplaçant m, -e f (de qqn).

replay [n 'riːpleɪ, vb ,riː'pleɪ] ◇ n match m rejoué. ◇ vt -1. [match, game] rejouer. -2. [film, tape] repasser.

replenish [rɪ'plenɪʃ] vt: **to ~ one's supply of sthg** se réapprovisionner en qqch.

replica ['replɪkə] n copie f exacte, réplique f.

reply [rɪ'plaɪ] ◇ n: **~ (to)** réponse f (à). ◇ vt & vi répondre.

reply coupon n coupon-réponse m.

report [rɪ'pɔːt] ◇ n -1. [account] rapport m, compte rendu m; PRESS reportage m. -2. Br SCH bulletin m. ◇ vt -1. [news, crime] rapporter, signaler. -2. [make known]: **to ~ that ...** annoncer que .... -3. [complain about]: **to ~ sb (to)** dénoncer qqn (à). ◇ vi -1. [give account]: **to ~ (on)** faire un rapport (sur); PRESS faire un reportage (sur). -2. [present oneself]: **to ~ (to sb/for sthg)** se présenter (à qqn/pour qqch).

report card n bulletin m scolaire.

reportedly [rɪ'pɔːtɪdlɪ] adv à ce qu'il paraît.

reporter [rɪ'pɔːtər] n reporter m.

repose [rɪ'pəʊz] n literary repos m.

repossess [ˌriːpə'zes] vt saisir.

reprehensible [ˌreprɪ'hensəbl] adj répréhensible.

represent [ˌreprɪ'zent] vt [gen] représenter.

representation [ˌreprɪzen'teɪʃn] n [gen] représentation f. ◆ **representations** npl: **to make ~s to sb** faire une démarche auprès de qqn.

representative [ˌreprɪ'zentətɪv] ◇ adj représentatif(ive). ◇ n représentant m, -e f.

repress [rɪ'pres] vt réprimer.

repression [rɪ'preʃn] n répression f; [sexual] refoulement m.

reprieve [rɪ'priːv] ◇ n -1. fig [delay] sursis m, répit m. -2. JUR sursis m. ◇ vt accorder un sursis à.

reprimand ['reprɪmɑːnd] ◇ n réprimande f. ◇ vt réprimander.

reprisal [rɪ'praɪzl] n représailles fpl.

reproach [rɪ'prəʊtʃ] ◇ n reproche m. ◇ vt: **to ~ sb for** OR **with sthg** reprocher qqch à qqn.

reproachful [rɪ'prəʊtʃfʊl] adj [look, words] de reproche.

reproduce [ˌriːprə'djuːs] ◇ vt reproduire. ◇ vi se reproduire.

reproduction [ˌriːprə'dʌkʃn] n reproduction f.

reproof [rɪ'pruːf] n reproche m, blâme m.

reprove [rɪ'pruːv] vt: **to ~ sb (for)** blâmer qqn (pour OR de), réprimander qqn (pour).

reptile ['reptaɪl] n reptile m.

republic [rɪ'pʌblɪk] n république f.

republican [rɪ'pʌblɪkən] ◇ adj républicain(e). ◇ n républicain m, -e f. ◆ **Republican** ◇ adj républicain(e); **the Republican Party** Am le parti républicain. ◇ n républicain m, -e f.

repudiate [rɪ'pjuːdɪeɪt] vt fml [offer, suggestion] rejeter; [friend] renier.

repulse [rɪ'pʌls] vt repousser.

repulsive [rɪ'pʌlsɪv] adj repoussant(e).

reputable ['repjʊtəbl] adj de bonne réputation.

reputation [ˌrepjʊ'teɪʃn] n réputation f.

repute [rɪ'pjuːt] n: **of good ~** de bonne réputation.

reputed [rɪ'pjuːtɪd] adj réputé(e); **to be ~ to be sthg** être réputé pour être qqch, avoir la réputation d'être qqch.

reputedly [rɪ'pjuːtɪdlɪ] adv à OR d'après ce qu'on dit.

request [rɪ'kwest] ◇ n: ~ **(for)** demande f (de); **on ~** sur demande. ◇ vt demander; **to ~ sb to do sthg** demander à qqn de faire qqch.

request stop n Br arrêt m facultatif.

require [rɪ'kwaɪər] vt [subj: person] avoir besoin de; [subj: situation] nécessiter; **to ~ sb to do sthg** exiger de qqn qu'il fasse qqch.

requirement [rɪ'kwaɪəmənt] n besoin m.

requisition [ˌrekwɪ'zɪʃn] vt réquisitionner.

reran [ˌriː'ræn] pt → **rerun**.

rerun [n 'riːrʌn, vb ˌriː'rʌn] (pt **-ran**, pp **-run**) ◇ n [of TV programme] rediffusion f, reprise f; fig répétition f. ◇ vt **-1.** [race] réorganiser. **-2.** [TV programme] rediffuser; [tape] passer à nouveau, repasser.

resat [ˌriː'sæt] pt & pp → **resit**.

rescind [rɪ'sɪnd] vt [contract] annuler; [law] abroger.

rescue ['reskjuː] ◇ n **-1.** (U) [help] secours mpl. **-2.** [successful attempt] sauvetage m. ◇ vt sauver, secourir.

rescuer ['reskjʊər] n sauveteur m.

research [ˌrɪ'sɜːtʃ] ◇ n (U): ~ **(on** OR **into)** recherche f (sur), recherches fpl (sur); ~ **and development** recherche et développement. ◇ vt faire des recherches sur.

researcher [rɪ'sɜːtʃər] n chercheur m, -euse f.

resemblance [rɪ'zembləns] n: ~ **(to)** ressemblance f (avec).

resemble [rɪ'zembl] vt ressembler à.

resent [rɪ'zent] vt être indigné(e) par.

resentful [rɪ'zentfʊl] adj plein(e) de ressentiment.

resentment [rɪ'zentmənt] n ressentiment m.

reservation [ˌrezə'veɪʃn] n **-1.** [booking] réservation f. **-2.** [uncertainty]: **without ~** sans réserve. **-3.** Am [for Native Americans] réserve f indienne. ◆ **reservations** npl [doubts] réserves fpl.

reserve [rɪ'zɜːv] ◇ n **-1.** [gen] réserve f; **in ~** en réserve. **-2.** SPORT remplaçant m, -e f. ◇ vt **-1.** [save] garder, réserver. **-2.** [book] réserver. **-3.** [retain]: **to ~ the right to do sthg** se réserver le droit de faire qqch.

reserved [rɪ'zɜːvd] adj réservé(e).

reservoir ['rezəvwɑːr] n réservoir m.

reset [ˌriː'set] (pt & pp **reset**) vt **-1.** [clock, watch] remettre à l'heure; [meter, controls] remettre à zéro. **-2.** COMPUT ré-initialiser.

reshape [ˌriːˈʃeɪp] vt [policy, thinking] réorganiser.

reshuffle [ˌriːˈʃʌfl] ◇ n remaniement m; **cabinet ~** remaniement ministériel. ◇ vt remanier.

reside [rɪˈzaɪd] vi fml résider.

residence [ˈrezɪdəns] n résidence f.

residence permit n permis m de séjour.

resident [ˈrezɪdənt] ◇ adj résidant(e); [chaplain, doctor] à demeure. ◇ n résident m, -e f.

residential [ˌrezɪˈdenʃl] adj: **~ course** stage ou formation avec logement sur place; **~ institution** internat m.

residential area n quartier m résidentiel.

residue [ˈrezɪdjuː] n reste m; CHEM résidu m.

resign [rɪˈzaɪn] ◇ vt **-1.** [job] démissionner de. **-2.** [accept calmly]: **to ~ o.s. to** se résigner à. ◇ vi: **to ~ (from)** démissionner (de).

resignation [ˌrezɪgˈneɪʃn] n **-1.** [from job] démission f. **-2.** [calm acceptance] résignation f.

resigned [rɪˈzaɪnd] adj: **~ (to)** résigné(e) (à).

resilient [rɪˈzɪliənt] adj [material] élastique; [person] qui a du ressort.

resin [ˈrezɪn] n résine f.

resist [rɪˈzɪst] vt résister à.

resistance [rɪˈzɪstəns] n résistance f.

resit [n ˈriːsɪt, vb ˌriːˈsɪt] (pt & pp **-sat**) Br ◇ n deuxième session f. ◇ vt repasser, se représenter à.

resolute [ˈrezəluːt] adj résolu(e).

resolution [ˌrezəˈluːʃn] n résolution f.

resolve [rɪˈzɒlv] ◇ n (U) [determination] résolution f. ◇ vt **-1.** [decide]: **to ~ (that)** ... décider que ...; **to ~ to do sthg** résoudre OR décider de faire qqch. **-2.** [solve] résoudre.

resort [rɪˈzɔːt] n **-1.** [for holidays] lieu m de vacances. **-2.** [recourse] recours m; **as a last ~, in the last ~** en dernier ressort OR recours. ◆ **resort to** vt fus recourir à, avoir recours à.

resound [rɪˈzaʊnd] vi **-1.** [noise] résonner. **-2.** [place]: **to ~ with** retentir de.

resounding [rɪˈzaʊndɪŋ] adj retentissant(e).

resource [rɪˈsɔːs] n ressource f.

resourceful [rɪˈsɔːsful] adj plein(e) de ressources, débrouillard(e).

respect [rɪˈspekt] ◇ n **-1.** [gen]: **~ (for)** respect m (pour); **with ~** avec respect; **with ~, ...** sauf votre respect, ... **-2.** [aspect]: **in this** OR **that ~** à cet égard; **in some ~s** à certains égards. ◇ vt respecter; **to ~ sb for sthg** respecter qqn pour qqch. ◆ **respects** npl respects mpl, hommages mpl. ◆ **with respect to** prep en ce qui concerne, quant à.

respectable [rɪˈspektəbl] adj **-1.** [morally correct] respectable. **-2.** [adequate] raisonnable, honorable.

respectful [rɪˈspektful] adj respectueux(euse).

respective [rɪˈspektɪv] adj respectif(ive).

respectively [rɪˈspektɪvlɪ] adv respectivement.

respite [ˈrespaɪt] n répit m.

resplendent [rɪˈsplendənt] adj resplendissant(e).

respond [rɪˈspɒnd] vi: **to ~ (to)** répondre (à).

response [rɪˈspɒns] n réponse f.

responsibility [rɪˌspɒnsəˈbɪlətɪ] n: **~ (for)** responsabilité f.

responsible [rɪˈspɒnsəbl] adj **-1.** [gen]: **~ (for sthg)** responsable (de qqch); **to be ~ to sb** être responsable devant qqn. **-2.** [job, position] qui comporte des responsabilités.

responsibly [rɪˈspɒnsəblɪ] adv de façon responsable.

responsive [rɪˈspɒnsɪv] adj **-1.** [quick to react] qui réagit bien. **-2.** [aware]: **~ (to)** attentif(ive) (à).

rest [rest] ◇ n **-1.** [remainder]: **the ~ (of)** le reste (de); **the ~ (of them)** les autres mfpl. **-2.** [relaxation, break] repos m; **to have a ~** se reposer. **-3.** [support] support m, appui m. ◇ vt **-1.** [relax] faire OR laisser reposer. **-2.** [support]: **to ~ sthg on/against** appuyer qqch sur/contre. **-3.** phr: **~ assured** soyez certain(e). ◇ vi **-1.** [relax] se reposer. **-2.** [be supported]: **to ~ on/against** s'appuyer sur/contre. **-3.** fig [argument, result]: **to ~ on** reposer sur.

restaurant [ˈrestərɒnt] n restaurant m.

restaurant car n Br wagon-restaurant m.

restful [ˈrestful] adj reposant(e).

rest home n maison f de repos.

restive [ˈrestɪv] adj agité(e).

restless [ˈrestlɪs] adj agité(e).

restoration [ˌrestəˈreɪʃn] n **-1.** [of law and order, monarchy] rétablissement m. **-2.** [renovation] restauration f.

restore [rɪˈstɔːr] vt **-1.** [law and order, monarchy] rétablir; [confidence] redonner. **-2.** [renovate] restaurer. **-3.** [give back] rendre, restituer.

restrain [rɪ'streɪn] vt [person, crowd] contenir, retenir; [emotions] maîtriser, contenir; **to ~ o.s. from doing sthg** se retenir de faire qqch.

restrained [rɪ'streɪnd] adj [tone] mesuré(e); [person] qui se domine.

restraint [rɪ'streɪnt] n -1. [restriction] restriction f, entrave f. -2. (U) [self-control] mesure f, retenue f.

restrict [rɪ'strɪkt] vt restreindre, limiter.

restriction [rɪ'strɪkʃn] n restriction f, limitation f.

restrictive [rɪ'strɪktɪv] adj restrictif(ive).

rest room n Am toilettes fpl.

result [rɪ'zʌlt] ◇ n résultat m; **as a** ~ en conséquence; **as a** ~ **of** [as a consequence of] à la suite de; [because of] à cause de. ◇ vi -1. [cause]: **to ~ in** aboutir à. -2. [be caused]: **to ~ (from)** résulter (de).

resume [rɪ'zjuːm] vt & vi reprendre.

résumé ['rezjuːmeɪ] n -1. [summary] résumé m. -2. Am [curriculum vitae] curriculum vitae m inv, CV m.

resumption [rɪ'zʌmpʃn] n reprise f.

resurgence [rɪ'sɜːdʒəns] n réapparition f.

resurrection [,rezə'rekʃn] n fig résurrection f.

resuscitation [rɪ,sʌsɪ'teɪʃn] n réanimation f.

retail ['riːteɪl] ◇ n (U) détail m. ◇ adv au détail.

retailer ['riːteɪlə'] n détaillant m, -e f.

retail price n prix m de détail.

retain [rɪ'teɪn] vt conserver.

retainer [rɪ'teɪnə'] n [fee] provision f.

retaliate [rɪ'tælɪeɪt] vi rendre la pareille, se venger.

retaliation [rɪ,tælɪ'eɪʃn] n (U) vengeance f, représailles fpl.

retarded [rɪ'tɑːdɪd] adj retardé(e).

retch [retʃ] vi avoir des haut-le-cœur.

retentive [rɪ'tentɪv] adj [memory] fidèle.

reticent ['retɪsənt] adj peu communicatif(ive); **to be ~ about sthg** ne pas beaucoup parler de qqch.

retina ['retɪnə] (pl -nas OR -nae [-niː]) n rétine f.

retinue ['retɪnjuː] n suite f.

retire [rɪ'taɪə'] vi -1. [from work] prendre sa retraite. -2. [withdraw] se retirer. -3. [to bed] (aller) se coucher.

retired [rɪ'taɪəd] adj à la retraite, retraité(e).

retirement [rɪ'taɪəmənt] n retraite f.

retiring [rɪ'taɪərɪŋ] adj [shy] réservé(e).

retort [rɪ'tɔːt] ◇ n [sharp reply] riposte f. ◇ vt riposter.

retrace [rɪ'treɪs] vt: **to ~ one's steps** revenir sur ses pas.

retract [rɪ'trækt] ◇ vt -1. [statement] rétracter. -2. [undercarriage] rentrer, escamoter; [claws] rentrer. ◇ vi [undercarriage] rentrer, s'escamoter.

retrain [,riː'treɪn] vt recycler.

retraining [,riː'treɪnɪŋ] n recyclage m.

retread [rɪ'tred] n pneu m rechapé.

retreat [rɪ'triːt] ◇ n retraite f. ◇ vi [move away] se retirer; MIL battre en retraite.

retribution [,retrɪ'bjuːʃn] n châtiment m.

retrieval [rɪ'triːvl] n (U) COMPUT recherche f et extraction f.

retrieve [rɪ'triːv] vt -1. [get back] récupérer. -2. COMPUT rechercher et extraire. -3. [situation] sauver.

retriever [rɪ'triːvə'] n [dog] retriever m.

retrograde ['retrəgreɪd] adj rétrograde.

retrospect ['retrəspekt] n: **in ~** après coup.

retrospective [,retrə'spektɪv] adj -1. [mood, look] rétrospectif(ive). -2. JUR [law, pay rise] rétroactif(ive).

return [rɪ'tɜːn] ◇ n -1. (U) [arrival back, giving back] retour m. -2. TENNIS renvoi m. -3. Br [ticket] aller (et) retour m. -4. [profit] rapport m, rendement m. ◇ vt -1. [gen] rendre; [a loan] rembourser; [library book] rapporter. -2. [send back] renvoyer. -3. [replace] remettre. -4. POL élire. ◇ vi [come back] revenir; [go back] retourner. ◆ **returns** npl COMM recettes fpl; **many happy ~s (of the day)!** bon anniversaire! ◆ **in return** adv en retour, en échange. ◆ **in return for** prep en échange de.

return ticket n Br aller (et) retour m.

reunification [,riːjuːnɪfɪ'keɪʃn] n réunification f.

reunion [,riː'juːnjən] n réunion f.

reunite [,riːjuː'naɪt] vt: **to be ~d with sb** retrouver qqn.

rev [rev] inf ◇ n (abbr of **revolution**) tour m. ◇ vt: **to ~ the engine (up)** emballer le moteur. ◇ vi: **to ~ (up)** s'emballer.

revamp [,riː'væmp] vt inf [system, department] réorganiser; [house] retaper.

reveal [rɪ'viːl] vt révéler.

revealing [rɪ'viːlɪŋ] adj -1. [clothes - low-cut] décolleté(e); [- transparent] qui laisse deviner le corps. -2. [comment] révélateur(trice).

reveille [*Br* rɪ'vælɪ, *Am* 'revəlɪ] *n* réveil *m*.

revel ['revl] *vi*: **to ~ in sthg** se délecter de qqch.

revelation [,revə'leɪʃn] *n* révélation *f*.

revenge [rɪ'vendʒ] ◇ *n* vengeance *f*; **to take ~ (on sb)** se venger (de qqn). ◇ *vt* venger; **to ~ o.s. on sb** se venger de qqn.

revenue ['revənjuː] *n* revenu *m*.

reverberate [rɪ'vɜːbəreɪt] *vi* retentir, se répercuter; *fig* avoir des répercussions.

reverberations [rɪ,vɜːbə'reɪʃnz] *npl* réverbérations *fpl*; *fig* répercussions *fpl*.

revere [rɪ'vɪər] *vt* révérer, vénérer.

reverence ['revərəns] *n* révérence *f*, vénération *f*.

Reverend ['revərənd] *n* révérend *m*.

reverie ['revərɪ] *n* rêverie *f*.

reversal [rɪ'vɜːsl] *n* **-1.** [of policy, decision] revirement *m*. **-2.** [ill fortune] revers *m* de fortune.

reverse [rɪ'vɜːs] ◇ *adj* [order, process] inverse. ◇ *n* **-1.** AUT: **~ (gear)** marche *f* arrière. **-2.** [opposite]: **the ~** le contraire. **-3.** [back]: **the ~** [of paper] le verso, le dos; [of coin] le revers. ◇ *vt* **-1.** [order, positions] inverser; [decision, trend] renverser. **-2.** [turn over] retourner. **-3.** *Br* TELEC: **to ~ the charges** téléphoner en PCV. ◇ *vi* AUT faire marche arrière.

reverse-charge call *n Br* appel *m* en PCV.

reversing light [rɪ'vɜːsɪŋ-] *n Br* feu *m* de marche arrière.

revert [rɪ'vɜːt] *vi*: **to ~ to** retourner à.

review [rɪ'vjuː] ◇ *n* **-1.** [of salary, spending] révision *f*; [of situation] examen *m*. **-2.** [of book, play etc] critique *f*, compte rendu *m*. ◇ *vt* **-1.** [salary] réviser; [situation] examiner. **-2.** [book, play etc] faire la critique de. **-3.** [troops] passer en revue. **-4.** *Am* [study again] réviser.

reviewer [rɪ'vjuːər] *n* critique *mf*.

revile [rɪ'vaɪl] *vt* injurier.

revise [rɪ'vaɪz] ◇ *vt* **-1.** [reconsider] modifier. **-2.** [rewrite] corriger. **-3.** *Br* [study again] réviser. ◇ *vi Br*: **to ~ (for)** réviser (pour).

revision [rɪ'vɪʒn] *n* révision *f*.

revitalize, -ise [,riː'vaɪtəlaɪz] *vt* revitaliser.

revival [rɪ'vaɪvl] *n* [of economy, trade] reprise *f*; [of interest] regain *m*.

revive [rɪ'vaɪv] ◇ *vt* **-1.** [person] ranimer. **-2.** *fig* [economy] relancer; [interest] faire renaître; [tradition] rétablir; [musi-

cal, play] reprendre; [memories] ranimer, raviver. ◇ *vi* **-1.** [person] reprendre connaissance. **-2.** *fig* [economy] repartir, reprendre; [hopes] renaître.

revolt [rɪ'vəult] ◇ *n* révolte *f*. ◇ *vt* révolter, dégoûter. ◇ *vi* se révolter.

revolting [rɪ'vəultɪŋ] *adj* dégoûtant(e); [smell] infect(e).

revolution [,revə'luːʃn] *n* **-1.** [gen] révolution *f*. **-2.** TECH tour *m*, révolution *f*.

revolutionary [revə'luːʃnərɪ] ◇ *adj* révolutionnaire. ◇ *n* révolutionnaire *mf*.

revolve [rɪ'vɒlv] *vi*: **to ~ (around)** tourner (autour de).

revolver [rɪ'vɒlvər] *n* revolver *m*.

revolving [rɪ'vɒlvɪŋ] *adj* tournant(e); [chair] pivotant(e).

revolving door *n* tambour *m*.

revue [rɪ'vjuː] *n* revue *f*.

revulsion [rɪ'vʌlʃn] *n* répugnance *f*.

reward [rɪ'wɔːd] ◇ *n* récompense *f*. ◇ *vt*: **to ~ sb (for/with sthg)** récompenser qqn (de/par qqch).

rewarding [rɪ'wɔːdɪŋ] *adj* [job] qui donne de grandes satisfactions; [book] qui vaut la peine d'être lu(e).

rewind [,riː'waɪnd] (*pt & pp* **rewound**) *vt* [tape] rembobiner.

rewire [,riː'waɪər] *vt* [house] refaire l'installation électrique de.

reword [,riː'wɜːd] *vt* reformuler.

rewound [,riː'waund] *pt & pp* → **rewind**.

rewrite [,riː'raɪt] (*pt* **rewrote** [,riː'rəut], *pp* **rewritten** [,riː'rɪtn]) *vt* récrire.

Reykjavik ['rekjəvɪk] *n* Reykjavik *n*.

rhapsody ['ræpsədɪ] *n* rhapsodie *f*; **to go into rhapsodies about sthg** s'extasier sur qqch.

rhetoric ['retərɪk] *n* rhétorique *f*.

rhetorical question [rɪ'tɒrɪkl-] *n* question *f* pour la forme.

rheumatism ['ruːmətɪzm] *n* (*U*) rhumatisme *m*.

Rhine [raɪn] *n*: **the ~** le Rhin.

rhino ['raɪnəu] (*pl inv* OR **-s**), **rhinoceros** [raɪ'nɒsərəs] (*pl inv* OR **-es**) *n* rhinocéros *m*.

rhododendron [,rəudə'dendrən] *n* rhododendron *m*.

Rhône [rəun] *n*: **the (River) ~** le Rhône.

rhubarb ['ruːbɑːb] *n* rhubarbe *f*.

rhyme [raɪm] ◇ *n* **-1.** [word, technique] rime *f*. **-2.** [poem] poème *m*. ◇ *vi*: **to ~ (with)** rimer (avec).

rhythm ['rɪðm] *n* rythme *m*.

rib [rɪb] *n* **-1.** ANAT côte *f*. **-2.** [of umbrella] baleine *f*; [of structure] membrure *f*.

ribbed [rɪbd] *adj* [jumper, fabric] à côtes.

ribbon ['rɪbən] *n* ruban *m*.

rice [raɪs] *n* riz *m*.

rice pudding *n* riz *m* au lait.

rich [rɪtʃ] ◇ *adj* riche; [clothes, fabrics] somptueux(euse); **to be ~ in** être riche en. ◇ *npl*: **the ~** les riches *mpl*. ◆ **riches** *npl* richesses *fpl*, richesse *f*.

richly ['rɪtʃlɪ] *adv* **-1.** [rewarded] largement; [provided] très bien. **-2.** [sumptuously] richement.

richness ['rɪtʃnɪs] *n* (U) richesse *f*.

rickets ['rɪkɪts] *n* (U) rachitisme *m*.

rickety ['rɪkətɪ] *adj* branlant(e).

rickshaw ['rɪkʃɔː] *n* pousse-pousse *m inv*.

ricochet ['rɪkəʃeɪ] (*pt* & *pp* -ed OR -ted, *cont* -ing OR -ting) ◇ *n* ricochet *m*. ◇ *vi*: **to ~ (off)** ricocher (sur).

rid [rɪd] (*pt* rid OR -ded, *pp* rid) *vt*: **to ~ sb/sthg of** débarrasser qqn/qqch de; **to get ~ of** se débarrasser de.

ridden ['rɪdn] *pp* → **ride**.

riddle ['rɪdl] *n* énigme *f*.

riddled ['rɪdld] *adj*: **to be ~ with** être criblé(e) de.

ride [raɪd] (*pt* rode, *pp* ridden) ◇ *n* promenade *f*, tour *m*; **to go for a ~** [on horse] faire une promenade à cheval; [on bike] faire une promenade à vélo; [in car] faire un tour en voiture; **to take sb for a ~** *inf fig* faire marcher qqn. ◇ *vt* **-1.** [travel on]: **to ~ a horse/a bicycle** monter à cheval/à bicyclette. **-2.** *Am* [travel in - bus, train, elevator] prendre. **-3.** [distance] parcourir, faire. ◇ *vi* [on horseback] monter à cheval, faire du cheval; [on bicycle] faire de la bicyclette OR du vélo; **to ~ in a car/bus** aller en voiture/bus.

rider ['raɪdər] *n* [of horse] cavalier *m*, -ière *f*; [of bicycle] cycliste *mf*; [of motorbike] motocycliste *mf*.

ridge [rɪdʒ] *n* **-1.** [of mountain, roof] crête *f*, arête *f*. **-2.** [on surface] strie *f*.

ridicule ['rɪdɪkjuːl] ◇ *n* ridicule *m*. ◇ *vt* ridiculiser.

ridiculous [rɪ'dɪkjʊləs] *adj* ridicule.

riding ['raɪdɪŋ] *n* équitation *f*.

riding school *n* école *f* d'équitation.

rife [raɪf] *adj* répandu(e).

riffraff ['rɪfræf] *n* racaille *f*.

rifle ['raɪfl] ◇ *n* fusil *m*. ◇ *vt* [drawer, bag] vider.

rifle range *n* [indoor] stand *m* de tir; [outdoor] champ *m* de tir.

rift [rɪft] *n* **-1.** GEOL fissure *f*. **-2.** [quarrel] désaccord *m*.

rig [rɪg] ◇ *n*: **(oil) ~** [on land] derrick *m*; [at sea] plate-forme *f* de forage. ◇ *vt* [match, election] truquer. ◆ **rig up** *vt sep* installer avec les moyens du bord.

rigging ['rɪgɪŋ] *n* [of ship] gréement *m*.

right [raɪt] ◇ *adj* **-1.** [correct - answer, time] juste, exact(e); [- decision, direction, idea] bon (bonne); **to be ~ (about)** avoir raison (au sujet de). **-2.** [morally correct] bien (*inv*); **to be ~ to do sthg** avoir raison de faire qqch. **-3.** [appropriate] qui convient. **-4.** [not left] droit(e). **-5.** *Br inf* [complete] véritable. ◇ *n* **-1.** (U) [moral correctness] bien *m*; **to be in the ~** avoir raison. **-2.** [entitlement, claim] droit *m*; **by ~s** en toute justice. **-3.** [not left] droite *f*. ◇ *adv* **-1.** [correctly] correctement. **-2.** [not left] à droite. **-3.** [emphatic use]: **~ down/up** tout en bas/en haut; **~ here** ici (même); **~ in the middle** en plein milieu; **go ~ to the end of the street** allez tout au bout de la rue; **~ now** tout de suite; **~ away** immédiatement. ◇ *vt* **-1.** [injustice, wrong] réparer. **-2.** [ship] redresser. ◇ *excl* bon! ◆ **Right** *n* POL: **the Right** la droite.

right angle *n* angle *m* droit; **to be at ~s (to)** faire un angle droit (avec).

righteous ['raɪtʃəs] *adj* [person] droit(e); [indignation] justifié(e).

rightful ['raɪtfʊl] *adj* légitime.

right-hand *adj* de droite; **~ side** droite *f*, côté *m* droit.

right-hand drive *adj* avec conduite à droite.

right-handed [-'hændɪd] *adj* [person] droitier(ière).

right-hand man *n* bras *m* droit.

rightly ['raɪtlɪ] *adv* **-1.** [answer, believe] correctement. **-2.** [behave] bien. **-3.** [angry, worried etc] à juste titre.

right of way *n* **-1.** AUT priorité *f*. **-2.** [access] droit *m* de passage.

right-on *adj inf* branché(e).

right wing *n*: **the ~** la droite. ◆ **right-wing** *adj* de droite.

rigid ['rɪdʒɪd] *adj* **-1.** [gen] rigide. **-2.** [harsh] strict(e).

rigmarole ['rɪgmərəʊl] *n pej* **-1.** [process] comédie *f*. **-2.** [story] galimatias *m*.

rigor *Am* = **rigour**.

rigorous ['rɪgərəs] *adj* rigoureux(euse).

rigour *Br*, **rigor** *Am* ['rɪgər] *n* rigueur *f*.

rile [raɪl] *vt* agacer.

rim [rɪm] *n* [of container] bord *m*; [of wheel] jante *f*; [of spectacles] monture *f*.

rind [raɪnd] *n* [of fruit] peau *f*; [of cheese] croûte *f*; [of bacon] couenne *f*.

ring [rɪŋ] (*pt* **rang**, *pp* vt senses *1 & 2 & vi* **rung**, *pt & pp* vt sense *3 only* **ringed**) ◇ *n* **-1.** [telephone call]: **to give sb a ~** donner OR passer un coup de téléphone à qqn. **-2.** [sound of bell] sonnerie *f*. **-3.** [circular object] anneau *m*; [on finger] bague *f*; [for napkin] rond *m*. **-4.** [of people, trees etc] cercle *m*. **-5.** [for boxing] ring *m*. **-6.** [of criminals, spies] réseau *m*. ◇ *vt* **-1.** *Br* [make phone call to] téléphoner à, appeler. **-2.** [bell] (faire) sonner; **to ~ the doorbell** sonner à la porte. **-3.** [draw a circle round, surround] entourer. ◇ *vi* **-1.** *Br* [make phone call] téléphoner. **-2.** [bell, telephone, person] sonner; **to ~ for sb** sonner qqn. **-3.** [resound]: **to ~ with** résonner de. ◆ **ring back** vt sep & vi *Br* rappeler. ◆ **ring off** vi *Br* raccrocher. ◆ **ring up** vt sep *Br* téléphoner à, appeler.

ring binder *n* classeur *m* à anneaux.

ringing ['rɪŋɪŋ] *n* [of bell] sonnerie *f*; [in ears] tintement *m*.

ringing tone *n* sonnerie *f*.

ringleader ['rɪŋ,liːdər] *n* chef *m*.

ringlet ['rɪŋlɪt] *n* anglaise *f*.

ring road *n* *Br* (route *f*) périphérique *m*.

rink [rɪŋk] *n* [for ice skating] patinoire *f*; [for roller-skating] skating *m*.

rinse [rɪns] *vt* rincer; **to ~ one's mouth out** se rincer la bouche.

riot ['raɪət] ◇ *n* émeute *f*; **to run ~** se déchaîner. ◇ *vi* participer à une émeute.

rioter ['raɪətər] *n* émeutier *m*, -ière *f*.

riotous ['raɪətəs] *adj* [crowd] tapageur(euse); [behaviour] séditieux(ieuse); [party] bruyant(e).

riot police *npl* ≃ CRS *mpl*.

rip [rɪp] ◇ *n* déchirure *f*, accroc *m*. ◇ *vt* **-1.** [tear] déchirer. **-2.** [remove violently] arracher. ◇ *vi* se déchirer.

RIP (*abbr of* rest in peace) qu'il/elle repose en paix.

ripe [raɪp] *adj* mûr(e).

ripen ['raɪpn] *vt & vi* mûrir.

rip-off *n* inf: **that's a ~!** c'est de l'escroquerie OR de l'arnaque!

ripple ['rɪpl] ◇ *n* ondulation *f*, ride *f*; **a ~ of applause** des applaudissements discrets. ◇ *vt* rider.

rise [raɪz] (*pt* **rose**, *pp* **risen** ['rɪzn]) ◇ *n* **-1.** *Br* [increase] augmentation *f*, hausse *f*; [in temperature] élévation *f*, hausse. **-2.** *Br* [increase in salary] augmentation *f* (de salaire). **-3.** [to power, fame] ascension *f*. **-4.** [slope] côte *f*, pente *f*. **-5.** *phr*: **to give ~ to** donner lieu à. ◇ *vi* **-1.** [move upwards] s'élever, monter; **to ~ to power** arriver au pouvoir; **to ~ to fame** devenir célèbre; **to ~ to a challenge/to the occasion** se montrer à la hauteur d'un défi/de la situation. **-2.** [from chair, bed] se lever. **-3.** [prices, increase - gen] monter, augmenter; [- voice, level] s'élever. **-4.** [rebel] se soulever.

rising ['raɪzɪŋ] ◇ *adj* **-1.** [ground, tide] montant(e). **-2.** [prices, inflation, temperature] en hausse. **-3.** [star, politician etc] à l'avenir prometteur. ◇ *n* [revolt] soulèvement *m*.

risk [rɪsk] ◇ *n* risque *m*, danger *m*; **at one's own ~** à ses risques et périls; **to run the ~ of doing sthg** courir le risque de faire qqch; **to take a ~** prendre un risque; **at ~** en danger. ◇ *vt* [health, life etc] risquer; **to ~ doing sthg** courir le risque de faire qqch.

risky ['rɪskɪ] *adj* risqué(e).

risqué ['riːskeɪ] *adj* risqué(e), osé(e).

rissole ['rɪsəʊl] *n* *Br* rissole *f*.

rite [raɪt] *n* rite *m*.

ritual ['rɪtʃʊəl] ◇ *adj* rituel(elle). ◇ *n* rituel *m*.

rival ['raɪvl] ◇ *adj* rival(e), concurrent(e). ◇ *n* rival *m*, -e *f*. ◇ *vt* rivaliser avec.

rivalry ['raɪvlrɪ] *n* rivalité *f*.

river ['rɪvər] *n* rivière *f*, fleuve *m*.

river bank *n* berge *f*, rive *f*.

riverbed ['rɪvəbed] *n* lit *m* (de rivière OR de fleuve).

riverside ['rɪvəsaɪd] *n*: **the ~** le bord de la rivière OR du fleuve.

rivet ['rɪvɪt] ◇ *n* rivet *m*. ◇ *vt* **-1.** [fasten with rivets] river, riveter. **-2.** *fig* [fascinate]: **to be ~ed by** être fasciné(e) par.

Riviera [,rɪvɪ'eərə] *n*: **the French ~** la Côte d'Azur; **the Italian ~** la Riviera italienne.

road [rəʊd] *n* route *f*; [small] chemin *m*; [in town] rue *f*; **by ~** par la route; **on the ~** *to fig* sur le chemin de.

roadblock ['rəʊdblɒk] *n* barrage *m* routier.

road hog *n* inf pej chauffard *m*.

road map *n* carte *f* routière.

road rage *n* accès de colère de la part d'un automobiliste, se traduisant parfois par un acte de violence.

road safety *n* sécurité *f* routière.

roadside ['rəʊdsaɪd] *n*: **the ~** le bord de la route.

road sign n panneau m routier OR de signalisation.

road tax n = vignette f.

roadway ['rəudweɪ] n chaussée f.

road works [-wɜːks] npl travaux mpl (de réfection des routes).

roadworthy ['rəud,wɜːðɪ] adj en bon état de marche.

roam [rəum] ◇ vt errer dans. ◇ vi errer.

roar [rɔːʳ] ◇ vi [person, lion] rugir; [wind] hurler; [car] gronder; [plane] vrombir; **to ~ with laughter** se tordre de rire. ◇ vt hurler. ◇ n [of person, lion] rugissement m; [of traffic] grondement m; [of plane, engine] vrombissement m.

roaring ['rɔːrɪŋ] adj: **a ~ fire** une belle flambée; **~ drunk** complètement saoul(e); **to do a ~ trade** faire des affaires en or.

roast [rəust] ◇ adj rôti(e). ◇ n rôti m. ◇ vt -1. [meat, potatoes] rôtir. -2. [coffee, nuts etc] griller.

roast beef n rôti m de bœuf, rosbif m.

rob [rɒb] vt [person] voler; [bank] dévaliser; **to ~ sb of sthg** [money, goods] voler OR dérober qqch à qqn; [opportunity, glory] enlever qqch à qqn.

robber ['rɒbəʳ] n voleur m, -euse f.

robbery ['rɒbərɪ] n vol m.

robe [rəub] n -1. [gen] robe f. -2. Am [dressing gown] peignoir m.

robin ['rɒbɪn] n rouge-gorge m.

robot ['rəubɒt] n robot m.

robust [rəu'bʌst] adj robuste.

rock [rɒk] ◇ n -1. (U) [substance] roche f. -2. [boulder] rocher m. -3. Am [pebble] caillou m. -4. [music] rock m. -5. Br [sweet] sucre m d'orge. ◇ comp [music, band] de rock. ◇ vt -1. [baby] bercer; [cradle, boat] balancer. -2. [shock] secouer. ◇ vi (se) balancer. ◆ **on the rocks** adv -1. [drink] avec de la glace OR des glaçons. -2. [marriage, relationship] près de la rupture.

rock and roll n rock m, rock and roll m.

rock bottom n: **at ~** au plus bas; **to hit ~** toucher le fond. ◆ **rock-bottom** adj [price] sacrifié(e).

rockery ['rɒkərɪ] n rocaille f.

rocket ['rɒkɪt] ◇ n -1. [gen] fusée f. -2. MIL fusée f, roquette f. ◇ vi monter en flèche.

rocket launcher [-,lɔːntʃəʳ] n lance-fusées m inv, lance-roquettes m inv.

rocking chair ['rɒkɪŋ-] n fauteuil m à bascule, rocking-chair m.

rocking horse ['rɒkɪŋ-] n cheval m à bascule.

rock'n'roll [,rɒkən'rəul] = rock and roll.

rocky ['rɒkɪ] adj -1. [ground, road] rocailleux(euse), caillouteux(euse). -2. fig [economy, marriage] précaire.

Rocky Mountains npl: **the ~** les montagnes fpl Rocheuses.

rod [rɒd] n [metal] tige f; [wooden] baguette f; **(fishing) ~** canne f à pêche.

rode [rəud] pt → ride.

rodent ['rəudənt] n rongeur m.

roe [rəu] n (U) œufs mpl de poisson.

roe deer n chevreuil m.

rogue [rəug] n -1. [likeable rascal] coquin m. -2. dated [dishonest person] filou m, crapule f.

role [rəul] n rôle m.

roll [rəul] ◇ n -1. [of material, paper etc] rouleau m. -2. [of bread] petit pain m. -3. [list] liste f. -4. [of drums, thunder] roulement m. ◇ vt rouler; [log, ball etc] faire rouler. ◇ vi rouler. ◆ **roll about**, **roll around** vi [person] se rouler; [object] rouler çà et là. ◆ **roll over** vi se retourner. ◆ **roll up** ◇ vt sep -1. [carpet, paper etc] rouler. -2. [sleeves] retrousser. ◇ vi inf [arrive] s'amener, se pointer.

roll call n appel m.

roller ['rəuləʳ] n rouleau m.

Rollerblades® ['rəuləbleɪdz] npl rollers mpl, patins mpl en ligne.

roller coaster n montagnes fpl russes.

roller skate n patin m à roulettes.

rolling ['rəulɪŋ] adj -1. [hills] onduleux(euse). -2. phr: **to be ~ in it** inf rouler sur l'or.

rolling pin n rouleau m à pâtisserie.

rolling stock n matériel m roulant.

roll-on adj [deodorant] à bille.

ROM [rɒm] (abbr of read only memory) n ROM f.

Roman ['rəumən] ◇ adj romain(e). ◇ n Romain m, -e f.

Roman Catholic ◇ adj catholique. ◇ n catholique mf.

romance [rəu'mæns] n -1. (U) [romantic quality] charme m. -2. [love affair] idylle f. -3. [book] roman m (d'amour).

Romania [ruː'meɪnjə] n Roumanie f.

Romanian [ruː'meɪnjən] ◇ adj roumain(e). ◇ n -1. [person] Roumain m, -e f. -2. [language] roumain m.

Roman numerals npl chiffres mpl romains.

romantic [rəu'mæntɪk] adj romantique.

Rome [rəum] n Rome.

romp [rɒmp] ◇ *n* ébats *mpl*. ◇ *vi* s'ébattre.

rompers ['rɒmpəz] *npl*, **romper suit** ['rɒmpər-] *n* barboteuse *f*.

roof [ruːf] *n* toit *m*; [of cave, tunnel] plafond *m*; **the ~ of the mouth** la voûte du palais; **to go through** OR **hit the ~** *fig* exploser.

roofing ['ruːfɪŋ] *n* toiture *f*.

roof rack *n* galerie *f*.

rooftop ['ruːftɒp] *n* toit *m*.

rook [rʊk] *n* **-1.** [bird] freux *m*. **-2.** [chess piece] tour *f*.

rookie ['rʊkɪ] *n Am inf* bleu *m*.

room [ruːm, rʊm] *n* **-1.** [in building] pièce *f*. **-2.** [bedroom] chambre *f*. **-3.** (*U*) [space] place *f*.

rooming house ['ruːmɪŋ-] *n Am* maison *f* de rapport.

roommate ['ruːmmeɪt] *n* camarade *mf* de chambre.

room service *n* service *m* dans les chambres.

roomy ['ruːmɪ] *adj* spacieux(ieuse).

roost [ruːst] ◇ *n* perchoir *m*, juchoir *m*. ◇ *vi* se percher, se jucher.

rooster ['ruːstər] *n* coq *m*.

root [ruːt] ◇ *n* racine *f*; *fig* [of problem] origine *f*; **to take ~** *lit & fig* prendre racine. ◇ *vi*: **to ~ through** fouiller dans. ◆ **roots** *npl* racines *fpl*. ◆ **root for** *vt fus Am inf* encourager. ◆ **root out** *vt sep* [eradicate] extirper.

rope [rəʊp] ◇ *n* corde *f*; **to know the ~s** connaître son affaire, être au courant. ◇ *vt* corder; [climbers] encorder. ◆ **rope in** *vt sep inf fig* enrôler.

rosary ['rəʊzərɪ] *n* rosaire *m*.

rose [rəʊz] ◇ *pt* → **rise**. ◇ *adj* [pink] rose. ◇ *n* [flower] rose *f*.

rosé ['rəʊzeɪ] *n* rosé *m*.

rosebud ['rəʊzbʌd] *n* bouton *m* de rose.

rose bush *n* rosier *m*.

rosemary ['rəʊzmərɪ] *n* romarin *m*.

rosette [rəʊ'zet] *n* rosette *f*.

roster ['rɒstər] *n* liste *f*, tableau *m*.

rostrum ['rɒstrəm] (*pl* **-trums** OR **-tra** [-trə]) *n* tribune *f*.

rosy ['rəʊzɪ] *adj* rose.

rot [rɒt] ◇ *n* (*U*) **-1.** [decay] pourriture *f*. **-2.** *Br dated* [nonsense] bêtises *fpl*, balivernes *fpl*. ◇ *vt & vi* pourrir.

rota ['rəʊtə] *n* liste *f*, tableau *m*.

rotary ['rəʊtərɪ] ◇ *adj* rotatif(ive). ◇ *n Am* [roundabout] rond-point *m*.

rotate [rəʊ'teɪt] ◇ *vt* [turn] faire tourner. ◇ *vi* [turn] tourner.

rotation [rəʊ'teɪʃn] *n* [turning movement] rotation *f*.

rote [rəʊt] *n*: **by ~** de façon machinale, par cœur.

rotten ['rɒtn] *adj* **-1.** [decayed] pourri(e). **-2.** *inf* [bad] moche. **-3.** *inf* [unwell]: **to feel ~** se sentir mal fichu(e).

rouge [ruːʒ] *n* rouge *m* à joues.

rough [rʌf] ◇ *adj* **-1.** [not smooth - surface] rugueux(euse), rêche; [- road] accidenté(e); [- sea] agité(e), houleux(euse); [- crossing] mauvais(e). **-2.** [person, treatment] brutal(e); [manners, conditions] rude; [area] mal fréquenté(e). **-3.** [guess] approximatif(ive); ~ **copy**, ~ **draft** brouillon *m*; ~ **sketch** ébauche *f*. **-4.** [harsh - voice, wine] âpre; [- life] dur(e); **to have a ~ time** en baver. ◇ *adv*: **to sleep ~** coucher à la dure. ◇ *n* **-1.** GOLF rough *m*. **-2.** [undetailed form]: **in ~** au brouillon. ◇ *vt phr*: **to ~ it** vivre à la dure.

roughage ['rʌfɪdʒ] *n* (*U*) fibres *fpl* alimentaires.

rough and ready *adj* rudimentaire.

roughcast ['rʌfkɑːst] *n* crépi *m*.

roughen ['rʌfn] *vt* rendre rugueux(euse) OR rêche.

roughly ['rʌflɪ] *adv* **-1.** [approximately] approximativement. **-2.** [handle, treat] brutalement. **-3.** [built, made] grossièrement.

roulette [ruː'let] *n* roulette *f*.

round [raʊnd] ◇ *adj* rond(e). ◇ *prep* autour de; ~ **here** par ici; **all ~ the country** dans tout le pays; **just ~ the corner** au coin de la rue; *fig* tout près; **to go ~ sthg** [obstacle] contourner qqch; **to go ~ a museum** visiter un musée. ◇ *adv* **-1.** [surrounding]: **all ~** tout autour. **-2.** [near]: ~ **about** dans le coin. **-3.** [in measurements]: **10 metres ~** 10 mètres de diamètre. **-4.** [to other side]: **to go ~** faire le tour; **to turn ~** se retourner; **to look ~** se retourner (pour regarder). **-5.** [at or to nearby place]: **come ~ and see us** venez OR passez nous voir; **he's ~ at her house** il est chez elle. **-6.** [approximately]: ~ **(about)** vers, environ. ◇ *n* **-1.** [of talks etc] série *f*; **a ~ of applause** une salve d'applaudissements. **-2.** [of competition] manche *f*. **-3.** [of doctor] visites *fpl*; [of postman, milkman] tournée *f*. **-4.** [of ammunition] cartouche *f*. **-5.** [of drinks] tournée *f*. **-6.** BOXING reprise *f*, round *m*. **-7.** GOLF partie *f*. ◇ *vt* [corner] tourner; [bend] prendre. ◆ **rounds** *npl* [of doctor]

visites *fpl*; **to do** OR **go the ~s** [story, joke] circuler; [illness] faire des ravages.
◆ **round off** *vt sep* terminer, conclure.
◆ **round up** *vt sep* **-1.** [gather together] rassembler. **-2.** MATH arrondir.

roundabout ['raʊndəbaʊt] ◇ *adj* détourné(e). ◇ *n Br* **-1.** [on road] rond-point *m*. **-2.** [at fairground] manège *m*.

rounders ['raʊndəz] *n Br* sorte de baseball.

roundly ['raʊndlɪ] *adv* [beaten] complètement; [condemned etc] franchement, carrément.

round-shouldered [-'ʃəʊldəd] *adj* voûté(e).

round trip *n* aller et retour *m*.

roundup ['raʊndʌp] *n* [summary] résumé *m*.

rouse [raʊz] *vt* **-1.** [wake up] réveiller. **-2.** [impel]: **to ~ o.s. to do sthg** se forcer à faire qqch; **to ~ sb to action** pousser OR inciter qqn à agir. **-3.** [emotions] susciter, provoquer.

rousing ['raʊzɪŋ] *adj* [speech] vibrant(e), passionné(e); [welcome] enthousiaste.

rout [raʊt] ◇ *n* déroute *f*. ◇ *vt* mettre en déroute.

route [ruːt] ◇ *n* **-1.** [gen] itinéraire *m*. **-2.** *fig* [way] chemin *m*, voie *f*. ◇ *vt* [goods] acheminer.

route map *n* [for journey] croquis *m* d'itinéraire; [for buses, trains] carte *f* du réseau.

routine [ruː'tiːn] ◇ *adj* **-1.** [normal] habituel(elle), de routine. **-2.** *pej* [uninteresting] de routine. ◇ *n* routine *f*.

roving ['rəʊvɪŋ] *adj* itinérant(e).

row[1] [rəʊ] ◇ *n* **-1.** [line] rangée *f*; [of seats] rang *m*. **-2.** *fig* [of defeats, victories] série *f*; **in a ~** d'affilée, de suite. ◇ *vt* [boat] faire aller à la rame; [person] transporter en canot OR bateau. ◇ *vi* ramer.

row[2] [raʊ] ◇ *n* **-1.** [quarrel] dispute *f*, querelle *f*. **-2.** *inf* [noise] vacarme *m*, raffut *m*. ◇ *vi* [quarrel] se disputer, se quereller.

rowboat ['rəʊbəʊt] *n Am* canot *m*.

rowdy ['raʊdɪ] *adj* chahuteur(euse), tapageur(euse).

row house [rəʊ-] *n Am* maison attenante aux maisons voisines.

rowing ['rəʊɪŋ] *n* SPORT aviron *m*.

rowing boat *n Br* canot *m*.

royal ['rɔɪəl] ◇ *adj* royal(e). ◇ *n inf* membre *m* de la famille royale.

Royal Air Force *n*: **the ~** l'armée *f* de l'air britannique.

royal family *n* famille *f* royale.

Royal Mail *n Br*: **the ~** ≃ la Poste.

Royal Navy *n*: **the ~** la marine de guerre britannique.

royalty ['rɔɪəltɪ] *n* royauté *f*. ◆ **royalties** *npl* droits *mpl* d'auteur.

rpm *npl* (*abbr of* **revolutions per minute**) tours *mpl* par minute, tr/min.

RSPCA (*abbr of* **Royal Society for the Prevention of Cruelty to Animals**) *n* société britannique protectrice des animaux, ≃ SPA *f*.

RSVP (*abbr of* **répondez s'il vous plaît**) RSVP.

Rt Hon (*abbr of* **Right Honourable**) expression utilisée pour des titres nobiliaires.

rub [rʌb] ◇ *vt* frotter; **to ~ sthg in** [cream etc] faire pénétrer qqch (en frottant); **to ~ one's eyes/hands** se frotter les yeux/les mains; **to ~ sb up the wrong way** *Br*, **to ~ sb the wrong way** *Am fig* prendre qqn à rebrousse-poil. ◇ *vi* frotter. ◆ **rub off on** *vt fus* [subj: quality] déteindre sur. ◆ **rub out** *vt sep* [erase] effacer.

rubber ['rʌbər] ◇ *adj* en caoutchouc. ◇ *n* **-1.** [substance] caoutchouc *m*. **-2.** *Br* [eraser] gomme *f*. **-3.** *Am inf* [condom] préservatif *m*. **-4.** [in bridge] robre *m*, rob *m*.

rubber band *n* élastique *m*.

rubber plant *n* caoutchouc *m*.

rubber stamp *n* tampon *m*. ◆ **rubber-stamp** *vt fig* approuver sans discussion.

rubbish ['rʌbɪʃ] ◇ *n* (*U*) **-1.** [refuse] détritus *mpl*, ordures *fpl*. **-2.** *inf fig* [worthless objects] camelote *f*; **the play was ~** la pièce était nulle. **-3.** *inf* [nonsense] bêtises *fpl*, inepties *fpl*. ◇ *vt inf* débiner.

rubbish bin *n Br* poubelle *f*.

rubbish dump *n Br* dépotoir *m*.

rubble ['rʌbl] *n* (*U*) décombres *mpl*.

ruby ['ruːbɪ] *n* rubis *m*.

rucksack ['rʌksæk] *n* sac *m* à dos.

ructions ['rʌkʃnz] *npl inf* grabuge *m*.

rudder ['rʌdər] *n* gouvernail *m*.

ruddy ['rʌdɪ] *adj* **-1.** [complexion, face] coloré(e). **-2.** *Br inf dated* [damned] sacré(e).

rude [ruːd] *adj* **-1.** [impolite - gen] impoli(e); [- word] grossier(ière); [- noise] incongru(e). **-2.** [sudden]: **it was a ~ awakening** le réveil fut pénible.

rudimentary [,ruːdɪ'mentərɪ] *adj* rudimentaire.

rueful ['ruːfʊl] *adj* triste.

ruffian ['rʌfjən] n voyou m.

ruffle ['rʌfl] vt **-1.** [hair] ébouriffer; [water] troubler. **-2.** [person] froisser; [composure] faire perdre.

rug [rʌg] n **-1.** [carpet] tapis m. **-2.** [blanket] couverture f.

rugby ['rʌgbɪ] n rugby m.

rugged ['rʌgɪd] adj **-1.** [landscape] accidenté(e); [features] rude. **-2.** [vehicle etc] robuste.

rugger ['rʌgər] n Br inf rugby m.

ruin ['ruːɪn] ◇ n ruine f. ◇ vt ruiner; [clothes, shoes] abîmer. ◆ **in ruin(s)** adv lit & fig en ruine.

rule [ruːl] ◇ n **-1.** [gen] règle f; **as a ~** en règle générale. **-2.** [regulation] règlement m. **-3.** (U) [control] autorité f. ◇ vt **-1.** [control] dominer. **-2.** [govern] gouverner. **-3.** [decide]: **to ~ (that)** ... décider que .... ◇ vi **-1.** [give decision - gen] décider; [- JUR] statuer. **-2.** fml [be paramount] prévaloir. **-3.** [king, queen] régner; POL gouverner. ◆ **rule out** vt sep exclure, écarter.

ruled [ruːld] adj [paper] réglé(e).

ruler ['ruːlər] n **-1.** [for measurement] règle f. **-2.** [leader] chef m d'État.

ruling ['ruːlɪŋ] ◇ adj au pouvoir. ◇ n décision f.

rum [rʌm] n rhum m.

Rumania [ruːˈmeɪnjə] = **Romania**.

Rumanian [ruːˈmeɪnjən] = **Romanian**.

rumble ['rʌmbl] ◇ n [of thunder, traffic] grondement m; [in stomach] gargouillement m. ◇ vi [thunder, traffic] gronder; [stomach] gargouiller.

rummage ['rʌmɪdʒ] vi fouiller.

rumour Br, **rumor** Am ['ruːmər] n rumeur f.

rumoured Br, **rumored** Am ['ruːməd] adj: **he is ~ to be very wealthy** le bruit court OR on dit qu'il est très riche.

rump [rʌmp] n **-1.** [of animal] croupe f. **-2.** inf [of person] derrière m.

rump steak n romsteck m.

rumpus ['rʌmpəs] n inf chahut m.

run [rʌn] (pt **ran**, pp **run**) ◇ n **-1.** [on foot] course f; **to go for a ~** faire un petit peu de course à pied; **on the ~** en fuite, en cavale. **-2.** [in car - for pleasure] tour m; [- journey] trajet m. **-3.** [series] suite f, série f; **a ~ of bad luck** une période de déveine; **in the short/long ~** à court/long terme. **-4.** THEATRE: **to have a long ~** tenir longtemps l'affiche. **-5.** [great demand]: **~ on** ruée f sur. **-6.** [in tights] échelle f.

-7. [in cricket, baseball] point m. **-8.** [track - for skiing, bobsleigh] piste f. ◇ vt **-1.** [race, distance] courir. **-2.** [manage - business] diriger; [- shop, hotel] tenir; [- course] organiser. **-3.** [operate] faire marcher. **-4.** [car] avoir, entretenir. **-5.** [water, bath] faire couler. **-6.** [publish] publier. **-7.** inf [drive]: **can you ~ me to the station?** tu peux m'amener OR me conduire à la gare? **-8.** [move]: **to ~ sth along/over sth** passer qqch le long de/sur qqch. ◇ vi **-1.** [on foot] courir. **-2.** [pass - road, river, pipe] passer; **to ~ through sth** traverser qqch. **-3.** Am [in election]: **to ~ (for)** être candidat (à). **-4.** [operate - machine, factory] marcher; [- engine] tourner; **everything is running smoothly** tout va comme sur des roulettes, tout va bien; **to ~ on sth** marcher à qqch; **to ~ off sth** marcher sur qqch. **-5.** [bus, train] faire le service; **trains ~ every hour** il y a un train toutes les heures. **-6.** [flow] couler; **my nose is running** j'ai le nez qui coule. **-7.** [colour] déteindre; [ink] baver. **-8.** [continue - contract, insurance policy] être valide; [- THEATRE] se jouer. ◆ **run across** vt fus [meet] tomber sur. ◆ **run away** vi [flee]: **to ~ away (from)** s'enfuir (de); **to ~ away from home** faire une fugue. ◆ **run down** ◇ vt sep **-1.** [in vehicle] renverser. **-2.** [criticize] dénigrer. **-3.** [production] restreindre; [industry] réduire l'activité de. ◇ vi [clock] s'arrêter; [battery] se décharger. ◆ **run into** vt fus **-1.** [encounter - problem] se heurter à; [- person] tomber sur. **-2.** [in vehicle] rentrer dans. ◆ **run off** ◇ vt sep [a copy] tirer. ◇ vi: **to ~ off (with)** s'enfuir (avec). ◆ **run out** vi **-1.** [food, supplies] s'épuiser; **time is running out** il ne reste plus beaucoup de temps. **-2.** [licence, contract] expirer. ◆ **run out of** vt fus manquer de; **to ~ out of petrol** tomber en panne d'essence, tomber en panne sèche. ◆ **run over** vt sep renverser. ◆ **run through** vt fus **-1.** [practise] répéter. **-2.** [read through] parcourir. ◆ **run to** vt fus [amount to] monter à, s'élever à. ◆ **run up** vt fus [bill, debt] laisser accumuler. ◆ **run up against** vt fus se heurter à.

runaway ['rʌnəweɪ] ◇ adj [train, lorry] fou (folle); [horse] emballé(e); [victory] haut la main; [inflation] galopant(e). ◇ n fuyard m, fugitif m, -ive f.

rundown ['rʌndaʊn] n **-1.** [report] bref résumé m. **-2.** [of industry] réduction f délibérée. ◆ **run-down** *adj* **-1.** [building] délabré(e). **-2.** [person] épuisé(e).

rung [rʌŋ] ◇ *pp* → **ring**. ◇ *n* échelon *m*, barreau *m*.

runner ['rʌnəʳ] *n* **-1.** [athlete] coureur *m*, -euse *f*. **-2.** [of guns, drugs] contrebandier *m*. **-3.** [of sledge] patin *m*; [for car seat] glissière *f*; [for drawer] coulisseau *m*.

runner bean *n Br* haricot *m* à rames.

runner-up (*pl* **runners-up**) *n* second *m*, -e *f*.

running ['rʌnɪŋ] ◇ *adj* **-1.** [argument, battle] continu(e). **-2.** [consecutive]: **three weeks ~** trois semaines de suite. **-3.** [water] courant(e). ◇ *n* **-1.** (*U*) SPORT course *f*; **to go ~** faire de la course. **-2.** [management] direction *f*, administration *f*. **-3.** [of machine] marche *f*, fonctionnement *m*. **-4.** *phr*: **to be in the ~ (for)** avoir des chances de réussir (dans); **to be out of the ~ (for)** n'avoir aucune chance de réussir (dans).

runny ['rʌnɪ] *adj* **-1.** [food] liquide. **-2.** [nose] qui coule.

run-of-the-mill *adj* banal(e), ordinaire.

runt [rʌnt] *n* avorton *m*.

run-up *n* **-1.** [preceding time]: **in the ~ to sthg** dans la période qui précède qqch. **-2.** SPORT course *f* d'élan.

runway ['rʌnweɪ] *n* piste *f*.

rupture ['rʌptʃəʳ] *n* rupture *f*.

rural ['rʊərəl] *adj* rural(e).

ruse [ruːz] *n* ruse *f*.

rush [rʌʃ] ◇ *n* **-1.** [hurry] hâte *f*. **-2.** [surge] ruée *f*, bousculade *f*; **to make a ~ for sthg** se ruer OR se précipiter vers qqch; **a ~ of air** une bouffée d'air. **-3.** [demand]: **~ (on** OR **for)** ruée *f* (sur). ◇ *vt* **-1.** [hurry - work] faire à la hâte; [- person] bousculer; [- meal] expédier. **-2.** [send quickly] transporter OR envoyer d'urgence. **-3.** [attack suddenly] prendre d'assaut. ◇ *vi* **-1.** [hurry] se dépêcher; **to ~ into sthg** faire qqch sans réfléchir. **-2.** [move quickly, suddenly] se précipiter, se ruer; **the blood ~ed to her head** le sang lui monta à la tête. ◆ **rushes** *npl* BOT joncs *mpl*.

rush hour *n* heures *fpl* de pointe OR d'affluence.

rusk [rʌsk] *n* biscotte *f*.

Russia ['rʌʃə] *n* Russie *f*.

Russian ['rʌʃn] ◇ *adj* russe. ◇ *n* **-1.** [person] Russe *mf*. **-2.** [language] russe *m*.

rust [rʌst] ◇ *n* rouille *f*. ◇ *vi* se rouiller.

rustic ['rʌstɪk] *adj* rustique.

rustle ['rʌsl] ◇ *vt* **-1.** [paper] froisser. **-2.** *Am* [cattle] voler. ◇ *vi* [leaves] bruire; [papers] produire un froissement.

rusty ['rʌstɪ] *adj lit & fig* rouillé(e).

rut [rʌt] *n* ornière *f*; **to get into a ~** s'encroûter; **to be in a ~** être prisonnier de la routine.

ruthless ['ruːθlɪs] *adj* impitoyable.

RV *n Am* (*abbr of* **recreational vehicle**) camping-car *m*.

rye [raɪ] *n* [grain] seigle *m*.

rye bread *n* pain *m* de seigle.

s (*pl* **ss** OR **s's**), **S** (*pl* **Ss** OR **S's**) [es] *n* [letter] s *m inv*, S *m inv*. ◆ **S** (*abbr of* **south**) S.

Sabbath ['sæbəθ] *n*: **the ~** le sabbat.

sabbatical [sə'bætɪkl] *n* année *f* sabbatique; **to be on ~** faire une année sabbatique.

sabotage ['sæbətɑːʒ] ◇ *n* sabotage *m*. ◇ *vt* saboter.

saccharin(e) ['sækərɪn] *n* saccharine *f*.

sachet ['sæʃeɪ] *n* sachet *m*.

sack [sæk] ◇ *n* **-1.** [bag] sac *m*. **-2.** *Br inf* [dismissal]: **to get** OR **be given the ~** être renvoyé(e), se faire virer. ◇ *vt Br inf* [dismiss] renvoyer, virer.

sacking ['sækɪŋ] *n* [fabric] toile *f* à sac.

sacred ['seɪkrɪd] *adj* sacré(e).

sacrifice ['sækrɪfaɪs] *lit & fig* ◇ *n* sacrifice *m*. ◇ *vt* sacrifier.

sacrilege ['sækrɪlɪdʒ] *n lit & fig* sacrilège *m*.

sacrosanct ['sækrəʊsæŋkt] *adj* sacrosaint(e).

sad [sæd] *adj* triste.

sadden ['sædn] *vt* attrister, affliger.

saddle ['sædl] ◇ *n* selle *f*. ◇ *vt* **-1.** [horse] seller. **-2.** *fig* [burden]: **to ~ sb with sthg** coller qqch à qqn.

saddlebag ['sædlbæg] *n* sacoche *f*.

sadistic [sə'dɪstɪk] *adj* sadique.

sadly ['sædlɪ] *adv* **-1.** [unhappily] tristement. **-2.** [unfortunately] malheureusement.

sadness ['sædnɪs] *n* tristesse *f*.

s.a.e., sae *abbr of* **stamped addressed envelope.**

safari [sə'fɑːrɪ] *n* safari *m*.

safe [seɪf] ◇ *adj* **-1.** [not dangerous - gen] sans danger; [- driver, play, guess] prudent(e); **it's ~ to say (that)** ... on peut dire à coup sûr que .... **-2.** [not in danger] hors de danger, en sécurité; **~ and sound** sain et sauf (saine et sauve). **-3.** [not risky - bet, method] sans risque; [- investment] sûr(e); **to be on the ~ side** par précaution. ◇ *n* coffre-fort *m*.

safe-conduct *n* sauf-conduit *m*.

safe-deposit box *n* coffre-fort *m*.

safeguard ['seɪfgɑːd] ◇ *n*: **~ (against)** sauvegarde *f* (contre). ◇ *vt*: **to ~ sb/ sthg (against)** sauvegarder qqn/qqch (contre), protéger qqn/qqch (contre).

safekeeping [,seɪf'kiːpɪŋ] *n* bonne garde *f*.

safely ['seɪflɪ] *adv* **-1.** [not dangerously] sans danger. **-2.** [not in danger] en toute sécurité, à l'abri du danger. **-3.** [arrive - person] à bon port, sain et sauf (saine et sauve); [- parcel] à bon port. **-4.** [for certain]: **I can ~ say (that)** ... je peux dire à coup sûr que ....

safe sex *n* sexe *m* sans risques, S.S.R. *m*.

safety ['seɪftɪ] *n* sécurité *f*.

safety belt *n* ceinture *f* de sécurité.

safety pin *n* épingle *f* de sûreté OR de nourrice.

saffron ['sæfrən] *n* safran *m*.

sag [sæg] *vi* [sink downwards] s'affaisser, fléchir.

sage [seɪdʒ] ◇ *adj* sage. ◇ *n* **-1.** (*U*) [herb] sauge *f*. **-2.** [wise man] sage *m*.

Sagittarius [,sædʒɪ'teərɪəs] *n* Sagittaire *m*.

Sahara [sə'hɑːrə] *n*: **the ~ (Desert)** le (désert du) Sahara.

said [sed] *pt & pp* → **say.**

sail [seɪl] ◇ *n* **-1.** [of boat] voile *f*; **to set ~ prendre la mer. -2.** [journey] tour *m* en bateau. ◇ *vt* **-1.** [boat] piloter, manœuvrer. **-2.** [sea] parcourir. ◇ *vi* **-1.** [person - gen] aller en bateau; [- SPORT] faire de la voile. **-2.** [boat - move] naviguer; [- leave] partir, prendre la mer. **-3.** *fig* [through air] voler. ◆ **sail through** *vt fus fig* réussir les doigts dans le nez.

sailboat *Am* = **sailing boat.**

sailing ['seɪlɪŋ] *n* **-1.** (*U*) SPORT voile *f*; **to go ~** faire de la voile. **-2.** [departure] départ *m*.

sailing boat *Br*, **sailboat** *Am* ['seɪlbəʊt] *n* bateau *m* à voiles, voilier *m*.

sailing ship *n* voilier *m*.

sailor ['seɪlər] *n* marin *m*, matelot *m*.

saint [seɪnt] *n* saint *m*, -e *f*.

saintly ['seɪntlɪ] *adj* [person] saint(e); [life] de saint.

sake [seɪk] *n*: **for the ~ of sb** par égard pour qqn, pour (l'amour de) qqn; **for the children's ~** pour les enfants; **for the ~ of argument** à titre d'exemple; **for God's** OR **heaven's ~** pour l'amour de Dieu OR du ciel.

salad ['sæləd] *n* salade *f*.

salad bowl *n* saladier *m*.

salad cream *n Br* sorte de mayonnaise douce.

salad dressing *n* vinaigrette *f*.

salami [sə'lɑːmɪ] *n* salami *m*.

salary ['sælərɪ] *n* salaire *m*, traitement *m*.

sale [seɪl] *n* **-1.** [gen] vente *f*; **on ~** en vente; **(up) for ~** à vendre. **-2.** [at reduced prices] soldes *mpl*. ◆ **sales** *npl* **-1.** [quantity sold] ventes *fpl*. **-2.** [at reduced prices]: **the ~s** les soldes *mpl*.

saleroom *Br* ['seɪlrʊm], **salesroom** *Am* ['seɪlzrʊm] *n* salle *f* des ventes.

sales assistant ['seɪlz-], **salesclerk** ['seɪlzklɜːrk] *Am n* vendeur *m*, -euse *f*.

salesman ['seɪlzmən] (*pl* **-men** [-mən]) *n* [in shop] vendeur *m*; [travelling] représentant *m* de commerce.

sales rep *n inf* représentant *m* de commerce.

salesroom *Am* = **saleroom.**

saleswoman ['seɪlz,wʊmən] (*pl* **-women** [-,wɪmɪn]) *n* [in shop] vendeuse *f*; [travelling] représentante *f* de commerce.

salient ['seɪljənt] *adj fml* qui ressort.

saliva [sə'laɪvə] *n* salive *f*.

sallow ['sæləʊ] *adj* cireux(euse).

salmon ['sæmən] (*pl inv* OR **-s**) *n* saumon *m*.

salmonella [,sælmə'nelə] *n* salmonelle *f*.

salon ['sælɒn] *n* salon *m*.

saloon [sə'luːn] *n* **-1.** *Br* [car] berline *f*. **-2.** *Am* [bar] saloon *m*. **-3.** *Br* [in pub]: **~ (bar)** bar *m*. **-4.** [in ship] salon *m*.

salt [sɔːlt, sɒlt] ◇ *n* sel *m*. ◇ *vt* [food] saler; [roads] mettre du sel sur. ◆ **salt away** *vt sep* mettre de côté.

salt cellar *Br*, **salt shaker** *Am* [-,ʃeɪkər] *n* salière *f*.

saltwater ['sɔːlt,wɔːtər] ◇ *n* eau *f* de mer. ◇ *adj* de mer.

salty ['sɔːltɪ] *adj* [food] salé(e); [water] saumâtre.

salutary ['sæljʊtrɪ] *adj* salutaire.

salute [sə'luːt] ◇ *n* salut *m*. ◇ *vt* saluer. ◇ *vi* faire un salut.

salvage ['sælvɪdʒ] ◇ *n* (U) **-1.** [rescue of ship] sauvetage *m*. **-2.** [property rescued] biens *mpl* sauvés. ◇ *vt* sauver.

salvation [sæl'veɪʃn] *n* salut *m*.

Salvation Army *n*: the ~ l'Armée *f* du Salut.

same [seɪm] ◇ *adj* même; she was wearing the ~ jumper as I was elle portait le même pull que moi; at the ~ time en même temps; one and the ~ un seul et même (une seule et même). ◇ *pron*: the ~ le même (la même), les mêmes (*pl*); I'll have the ~ as you je prendrai la même chose que toi; she earns the ~ as I do elle gagne autant que moi; to do the ~ faire de même, en faire autant; all OR just the ~ [anyway] quand même, tout de même; it's all the ~ to me ça m'est égal; it's not the ~ ce n'est pas pareil. ◇ *adv*: the ~ [treat, spelled] de la même manière.

sample ['sɑːmpl] ◇ *n* échantillon *m*. ◇ *vt* [taste] goûter.

sanatorium (*pl* **-riums** OR **-ria** [-rɪə]), **sanitorium** *Am* (*pl* **-riums** OR **-ria** [-rɪə]) [,sænə'tɔːrɪəm] *n* sanatorium *m*.

sanctimonious [,sæŋktɪ'məʊnjəs] *adj* moralisateur(trice).

sanction ['sæŋkʃn] ◇ *n* sanction *f*. ◇ *vt* sanctionner.

sanctity ['sæŋktətɪ] *n* sainteté *f*.

sanctuary ['sæŋktʃʊərɪ] *n* **-1.** [for birds, wildlife] réserve *f*. **-2.** [refuge] asile *m*.

sand [sænd] ◇ *n* sable *m*. ◇ *vt* [wood] poncer.

sandal ['sændl] *n* sandale *f*.

sandalwood ['sændlwʊd] *n* (bois *m* de) santal *m*.

sandbox *Am* = **sandpit**.

sandcastle ['sænd,kɑːsl] *n* château *m* de sable.

sand dune *n* dune *f*.

sandpaper ['sænd,peɪpər] ◇ *n* (U) papier *m* de verre. ◇ *vt* poncer (au papier de verre).

sandpit *Br* ['sændpɪt], **sandbox** *Am* ['sændbɒks] *n* bac *m* à sable.

sandstone ['sændstəʊn] *n* grès *m*.

sandwich ['sænwɪdʒ] ◇ *n* sandwich *m*. ◇ *vt fig*: to be ~ed between être (pris(e)) en sandwich entre.

sandwich board *n* panneau *m* publicitaire (*d'homme sandwich ou posé comme un tréteau*).

sandwich course *n Br* stage *m* de formation professionnelle.

sandy ['sændɪ] *adj* **-1.** [beach] de sable; [earth] sableux(euse). **-2.** [sand-coloured] sable (*inv*).

sane [seɪn] *adj* **-1.** [not mad] sain(e) d'esprit. **-2.** [sensible] raisonnable, sensé(e).

sang [sæŋ] *pt* → **sing**.

sanitary ['sænɪtrɪ] *adj* **-1.** [method, system] sanitaire. **-2.** [clean] hygiénique, salubre.

sanitary towel, **sanitary napkin** *Am n* serviette *f* hygiénique.

sanitation [,sænɪ'teɪʃn] *n* (U) [in house] installations *fpl* sanitaires.

sanitorium *Am* = **sanatorium**.

sanity ['sænətɪ] *n* (U) **-1.** [saneness] santé *f* mentale, raison *f*. **-2.** [good sense] bon sens *m*.

sank [sæŋk] *pt* → **sink**.

Santa (Claus) ['sæntə(,klɔːz)] *n* le père Noël.

sap [sæp] ◇ *n* [of plant] sève *f*. ◇ *vt* [weaken] saper.

sapling ['sæplɪŋ] *n* jeune arbre *m*.

sapphire ['sæfaɪər] *n* saphir *m*.

sarcastic [sɑː'kæstɪk] *adj* sarcastique.

sardine [sɑː'diːn] *n* sardine *f*.

Sardinia [sɑː'dɪnjə] *n* Sardaigne *f*.

sardonic [sɑː'dɒnɪk] *adj* sardonique.

SAS (*abbr of* **Special Air Service**) *n* commando d'intervention spéciale de l'armée britannique.

SASE *abbr of* **self-addressed stamped envelope**.

sash [sæʃ] *n* [of cloth] écharpe *f*.

sat [sæt] *pt & pp* → **sit**.

SAT [sæt] *n* **-1.** (*abbr of* **Standard Assessment Test**) *examen national en Grande-Bretagne pour les élèves de 7 ans, 11 ans et 14 ans*. **-2.** (*abbr of* **Scholastic Aptitude Test**) *examen d'entrée à l'université aux États-Unis*.

Satan ['seɪtn] *n* Satan *m*.

satchel ['sætʃəl] *n* cartable *m*.

satellite ['sætəlaɪt] ◇ *n* satellite *m*. ◇ *comp* **-1.** [link] par satellite; ~ dish antenne *f* parabolique. **-2.** [country, company] satellite.

satellite TV *n* télévision *f* par satellite.

satin ['sætɪn] ◇ *n* satin *m*. ◇ *comp* [sheets, pyjamas] de OR en satin; [wallpaper, finish] satiné(e).

satire ['sætaɪər] *n* satire *f*.

satisfaction [,sætɪs'fækʃn] *n* satisfaction *f*.

satisfactory [,sætɪs'fæktərɪ] *adj* satisfaisant(e).

satisfied ['sætɪsfaɪd] *adj* [happy]: ~ (with) satisfait(e) (de).

satisfy ['sætɪsfaɪ] *vt* **-1.** [gen] satisfaire. **-2.** [convince] convaincre, persuader; **to ~ sb that** convaincre qqn que.

satisfying ['sætɪsfaɪɪŋ] *adj* satisfaisant(e).

satsuma [,sæt'suːmə] *n* satsuma *f*.

saturate ['sætʃəreɪt] *vt*: **to ~ sthg (with)** saturer qqch (de).

Saturday ['sætədɪ] ◇ *n* samedi *m*; **it's ~** on est samedi; **on ~** samedi; **on ~s** le samedi; **last ~** samedi dernier; **this ~** ce samedi; **next ~** samedi prochain; **every ~** tous les samedis; **every other ~** un samedi sur deux; **the ~ before** l'autre samedi; **the ~ before last** pas samedi dernier, mais le samedi d'avant; **the ~ after next**, **~ week, a week on ~** samedi en huit. ◇ *comp* [paper] du OR de samedi; **~ morning/afternoon/evening** samedi matin/après-midi/soir.

sauce [sɔːs] *n* CULIN sauce *f*.

saucepan ['sɔːspən] *n* casserole *f*.

saucer ['sɔːsər] *n* sous-tasse *f*, soucoupe *f*.

saucy ['sɔːsɪ] *adj inf* coquin(e).

Saudi Arabia [,saʊdɪə'reɪbjə] *n* Arabie Saoudite *f*.

Saudi (Arabian) ['saʊdɪ-] ◇ *adj* saoudien(ienne). ◇ *n* [person] Saoudien *m*, -ienne *f*.

sauna ['sɔːnə] *n* sauna *m*.

saunter ['sɔːntər] *vi* flâner.

sausage ['sɒsɪdʒ] *n* saucisse *f*.

sausage roll *n Br* feuilleté *m* à la saucisse.

sauté [*Br* 'səʊteɪ, *Am* səʊ'teɪ] (*pt & pp* **sautéed** OR **sautéd**) ◇ *adj* sauté(e). ◇ *vt* [potatoes] faire sauter; [onions] faire revenir.

savage ['sævɪdʒ] ◇ *adj* [fierce] féroce. ◇ *n* sauvage *mf*. ◇ *vt* attaquer avec férocité.

save [seɪv] ◇ *vt* **-1.** [rescue] sauver; **to ~ sb's life** sauver la vie à OR de qqn. **-2.** [time] gagner; [strength] économiser; [food] garder; [money - set aside] mettre de côté; [- spend less] économiser. **-3.** [avoid] éviter, épargner; **to ~ sb sthg** épargner qqch à qqn; **to ~ sb from doing sthg** éviter à qqn de faire qqch. **-4.** SPORT arrêter. **-5.** COMPUT sauvegar-

der. ◇ *vi* [save money] mettre de l'argent de côté. ◇ *n* SPORT arrêt *m*. ◇ *prep fml*: **~ (for)** sauf, à l'exception de.

◆ **save up** *vi* mettre de l'argent de côté.

saving grace ['seɪvɪŋ-] *n*: **its ~ was ...** ce qui le rachetait, c'était ....

savings ['seɪvɪŋz] *npl* économies *fpl*.

savings account *n Am* compte *m* d'épargne.

savings and loan association *n Am* société *f* de crédit immobilier.

savings bank *n* caisse *f* d'épargne.

saviour *Br*, **savior** *Am* ['seɪvjər] *n* sauveur *m*.

savour *Br*, **savor** *Am* ['seɪvər] *vt lit & fig* savourer.

savoury *Br*, **savory** *Am* ['seɪvərɪ] ◇ *adj* **-1.** [food] salé(e). **-2.** [respectable] recommandable. ◇ *n* petit plat *m* salé.

saw [sɔː] (*Br pt* **-ed**, *pp* **sawn**, *Am pt & pp* **-ed**) ◇ *pt* → **see**. ◇ *n* scie *f*. ◇ *vt* scier.

sawdust ['sɔːdʌst] *n* sciure *f* (de bois).

sawed-off shotgun *Am* = **sawn-off shotgun**.

sawmill ['sɔːmɪl] *n* scierie *f*.

sawn [sɔːn] *pp Br* → **saw**.

sawn-off shotgun *Br*, **sawed-off shotgun** ['sɔːd-] *Am n* carabine *f* à canon scié.

saxophone ['sæksəfəʊn] *n* saxophone *m*.

say [seɪ] (*pt & pp* **said**) ◇ *vt* **-1.** [gen] dire; **could you ~ that again?** vous pouvez répéter ce que vous venez de dire?; (let's) **~ you won a lottery ...** supposons que tu gagnes le gros lot ...; **it ~s a lot about him** cela en dit long sur lui; **she's said to be ...** on dit qu'elle est ...; **that goes without ~ing** cela va sans dire; **it has a lot to be said for it** cela a beaucoup d'avantages. **-2.** [subj: clock, watch] indiquer. ◇ *n*: **to have a/no ~** avoir/ne pas avoir voix au chapitre; **to have a ~ in sthg** avoir son mot à dire sur qqch; **to have one's ~** dire ce que l'on a à dire, dire son mot. ◆ **that is to say** *adv* c'est-à-dire.

saying ['seɪɪŋ] *n* dicton *m*.

scab [skæb] *n* **-1.** [of wound] croûte *f*. **-2.** *inf pej* [non-striker] jaune *m*.

scaffold ['skæfəʊld] *n* échafaud *m*.

scaffolding ['skæfəldɪŋ] *n* échafaudage *m*.

scald [skɔːld] ◇ *n* brûlure *f*. ◇ *vt* ébouillanter; **to ~ one's arm** s'ébouillanter le bras.

scale [skeɪl] ◇ *n* **-1.** [gen] échelle *f*; **to ~** [map, drawing] à l'échelle. **-2.** [of ruler, thermometer] graduation *f*. **-3.** MUS gamme *f*. **-4.** [of fish, snake] écaille *f*. **-5.** *Am* = **scales.** ◇ *vt* **-1.** [cliff, mountain, fence] escalader. **-2.** [fish] écailler. ◆ **scales** *npl* balance *f*. ◆ **scale down** *vt fus* réduire.

scale model *n* modèle *m* réduit.

scallop ['skɒləp] ◇ *n* [shellfish] coquille *f* Saint-Jacques. ◇ *vt* [edge, garment] festonner.

scalp [skælp] ◇ *n* **-1.** ANAT cuir *m* chevelu. **-2.** [trophy] scalp *m*. ◇ *vt* scalper.

scalpel ['skælpəl] *n* scalpel *m*.

scamper ['skæmpə'] *vi* trottiner.

scampi ['skæmpɪ] *n* (U) scampi *mpl*.

scan [skæn] ◇ *n* MED scanographie *f*; [during pregnancy] échographie *f*. ◇ *vt* **-1.** [examine carefully] scruter. **-2.** [glance at] parcourir. **-3.** TECH balayer. **-4.** COMPUT faire un scannage de.

scandal ['skændl] *n* **-1.** [gen] scandale *m*. **-2.** [gossip] médisance *f*.

scandalize, -ise ['skændəlaɪz] *vt* scandaliser.

Scandinavia [ˌskændɪ'neɪvjə] *n* Scandinavie *f*.

Scandinavian [ˌskændɪ'neɪvjən] ◇ *adj* scandinave. ◇ *n* [person] Scandinave *mf*.

scant [skænt] *adj* insuffisant(e).

scanty ['skæntɪ] *adj* [amount, resources] insuffisant(e); [income] maigre; [dress] minuscule.

scapegoat ['skeɪpgəʊt] *n* bouc *m* émissaire.

scar [skɑː'] *n* cicatrice *f*.

scarce ['skeəs] *adj* rare, peu abondant(e).

scarcely ['skeəslɪ] *adv* à peine; **~ anyone** presque personne; **I ~ ever go there now** je n'y vais presque OR pratiquement plus jamais.

scare [skeə'] ◇ *n* **-1.** [sudden fear]: **to give sb a ~** faire peur à qqn. **-2.** [public fear] panique *f*; **bomb ~** alerte *f* à la bombe. ◇ *vt* faire peur à, effrayer. ◆ **scare away, scare off** *vt sep* faire fuir.

scarecrow ['skeəkrəʊ] *n* épouvantail *m*.

scared ['skeəd] *adj* apeuré(e); **to be ~** avoir peur; **to be ~ stiff** OR **to death** être mort de peur.

scarf [skɑːf] (*pl* **-s** OR **scarves**) *n* [wool] écharpe *f*; [silk etc] foulard *m*.

scarlet ['skɑːlət] ◇ *adj* écarlate. ◇ *n* écarlate *f*.

scarlet fever *n* scarlatine *f*.

scarves [skɑːvz] *pl* → **scarf**.

scathing ['skeɪðɪŋ] *adj* [criticism] acerbe; [reply] cinglant(e).

scatter ['skætə'] ◇ *vt* [clothes, paper etc] éparpiller; [seeds] semer à la volée. ◇ *vi* se disperser.

scatterbrained ['skætəbreɪnd] *adj inf* écervelé(e).

scavenger ['skævɪndʒə'] *n* **-1.** [animal] animal *m* nécrophage. **-2.** [person] personne *f* qui fait les poubelles.

scenario [sɪ'nɑːrɪəʊ] (*pl* **-s**) *n* **-1.** [possible situation] hypothèse *f*, scénario *m*. **-2.** [of film, play] scénario *m*.

scene [siːn] *n* **-1.** [in play, film, book] scène *f*; **behind the ~s** dans les coulisses. **-2.** [sight] spectacle *m*, vue *f*; [picture] tableau *m*. **-3.** [location] lieu *m*, endroit *m*. **-4.** [area of activity]: **the political ~** la scène politique; **the music ~** le monde de la musique. **-5.** *phr*: **to set the ~ for sb** mettre qqn au courant de la situation; **to set the ~ for sthg** préparer la voie à qqch.

scenery ['siːnərɪ] *n* (U) **-1.** [of countryside] paysage *m*. **-2.** THEATRE décor *m*, décors *mpl*.

scenic ['siːnɪk] *adj* [tour] touristique; **a ~ view** un beau panorama.

scent [sent] *n* **-1.** [smell - of flowers] senteur *f*, parfum *m*; [- of animal] odeur *f*, fumet *m*. **-2.** (U) [perfume] parfum *m*.

scepter *Am* = **sceptre**.

sceptic *Br*, **skeptic** *Am* ['skeptɪk] *n* sceptique *mf*.

sceptical *Br*, **skeptical** *Am* ['skeptɪkl] *adj*: **~ (about)** sceptique (sur).

sceptre *Br*, **scepter** *Am* ['septə'] *n* sceptre *m*.

schedule [*Br* 'ʃedjuːl, *Am* 'skedʒʊl] ◇ *n* **-1.** [plan] programme *m*, plan *m*; **on ~** [at expected time] à l'heure (prévue); [on expected day] à la date prévue; **ahead of/behind ~** en avance/en retard (sur le programme). **-2.** [list - of times] horaire *m*; [- of prices] tarif *m*. ◇ *vt*: **to ~ sthg (for)** prévoir qqch (pour).

scheduled flight [*Br* 'ʃedjuːld-, *Am* 'skedʒʊld-] *n* vol *m* régulier.

scheme [skiːm] ◇ *n* **-1.** [plan] plan *m*, projet *m*. **-2.** *pej* [dishonest plan] combine *f*. **-3.** [arrangement] arrangement *m*; **colour ~** combinaison *f* de couleurs. ◇ *vi pej* conspirer.

scheming ['skiːmɪŋ] *adj* intrigant(e).

schism ['sɪzm, 'skɪzm] *n* schisme *m*.

schizophrenic [ˌskɪtsəˈfrenɪk] ◇ adj schizophrène. ◇ n schizophrène mf.

scholar ['skɒlər] n -1. [expert] érudit m, -e f, savant m, -e f. -2. dated [student] écolier m, -ière f, élève mf. -3. [holder of scholarship] boursier m, -ière f.

scholarship ['skɒləʃɪp] n -1. [grant] bourse f (d'études). -2. [learning] érudition f.

school [skuːl] n -1. [gen] école f; [secondary school] lycée m, collège m. -2. [university department] faculté f. -3. Am [university] université f.

school age n âge m scolaire.

schoolbook ['skuːlbʊk] n livre m scolaire OR de classe.

schoolboy ['skuːlbɔɪ] n écolier m, élève m.

schoolchild ['skuːltʃaɪld] (pl -children [-tʃɪldrən]) n écolier m, -ière f, élève mf.

schooldays ['skuːldeɪz] npl années fpl d'école.

schoolgirl ['skuːlgɜːl] n écolière f, élève f.

schooling ['skuːlɪŋ] n instruction f.

school-leaver [-ˌliːvər] n Br élève qui a fini ses études secondaires.

schoolmaster ['skuːlˌmɑːstər] n [primary] instituteur m, maître m d'école; [secondary] professeur m.

schoolmistress ['skuːlˌmɪstrɪs] n [primary] institutrice f, maîtresse f d'école; [secondary] professeur m.

school of thought n école f (de pensée).

schoolteacher ['skuːlˌtiːtʃər] n [primary] instituteur m, -trice f; [secondary] professeur m.

school year n année f scolaire.

schooner ['skuːnər] n -1. [ship] schooner m, goélette f. -2. Br [sherry glass] grand verre m à xérès.

sciatica [saɪˈætɪkə] n sciatique f.

science ['saɪəns] n science f.

science fiction n science-fiction f.

scientific [ˌsaɪənˈtɪfɪk] adj scientifique.

scientist ['saɪəntɪst] n scientifique mf.

scintillating ['sɪntɪleɪtɪŋ] adj brillant(e).

scissors ['sɪzəz] npl ciseaux mpl; **a pair of** ~ une paire de ciseaux.

sclerosis [sklɪˈrəʊsɪs] → **multiple sclerosis**.

scoff [skɒf] ◇ vt Br inf bouffer, boulotter. ◇ vi: **to** ~ **(at)** se moquer (de).

scold [skəʊld] vt gronder, réprimander.

scone [skɒn] n scone m.

scoop [skuːp] ◇ n -1. [for sugar] pelle f à main; [for ice cream] cuiller f à glace.

-2. [of ice cream] boule f. -3. [news report] exclusivité f, scoop m. ◇ vt [with hands] prendre avec les mains; [with scoop] prendre avec une pelle à main. ◆ **scoop out** vt sep évider.

scooter ['skuːtər] n -1. [toy] trottinette f. -2. [motorcycle] scooter m.

scope [skəʊp] n (U) -1. [opportunity] occasion f, possibilité f. -2. [of report, inquiry] étendue f, portée f.

scorch [skɔːtʃ] vt [clothes] brûler légèrement, roussir; [skin] brûler; [land, grass] dessécher.

scorching ['skɔːtʃɪŋ] adj inf [day] torride; [sun] brûlant(e).

score [skɔːr] ◇ n -1. SPORT score m. -2. [in test] note f. -3. dated [twenty] vingt. -4. MUS partition f. -5. [subject]: **on that** ~ à ce sujet, sur ce point. ◇ vt -1. [goal, point etc] marquer; **to** ~ **100%** avoir 100 sur 100. -2. [success, victory] remporter. -3. [cut] entailler. ◇ vi SPORT marquer (un but/un point etc). ◆ **score out** vt sep Br barrer, rayer.

scoreboard ['skɔːbɔːd] n tableau m.

scorer ['skɔːrər] n marqueur m.

scorn [skɔːn] ◇ n (U) mépris m, dédain m. ◇ vt -1. [person, attitude] mépriser. -2. [help, offer] rejeter, dédaigner.

scornful ['skɔːnfʊl] adj méprisant(e); **to be** ~ **of sthg** mépriser qqch, dédaigner qqch.

Scorpio ['skɔːpɪəʊ] (pl -s) n Scorpion m.

scorpion ['skɔːpjən] n scorpion m.

Scot [skɒt] n Écossais m, -e f.

scotch [skɒtʃ] vt [rumour] étouffer; [plan] faire échouer.

Scotch [skɒtʃ] ◇ adj écossais(e). ◇ n scotch m, whisky m.

Scotch (tape)® n Am Scotch® m.

scot-free adj inf: **to get off** ~ s'en tirer sans être puni(e).

Scotland ['skɒtlənd] n Écosse f.

Scots [skɒts] ◇ adj écossais(e). ◇ n [dialect] écossais m.

Scotsman ['skɒtsmən] (pl -men [-mən]) n Écossais m.

Scotswoman ['skɒtswʊmən] (pl -women [-ˌwɪmɪn]) n Écossaise f.

Scottish ['skɒtɪʃ] adj écossais(e).

scoundrel ['skaʊndrəl] n dated gredin m.

scour [skaʊər] vt -1. [clean] récurer. -2. [search - town etc] parcourir; [- countryside] battre.

scourge [skɜːdʒ] n fléau m.

scout [skaʊt] n MIL éclaireur m. ◆ **Scout** n [boy scout] Scout m. ◆ **scout around**

vi: **to ~ around (for)** aller à la recherche (de).

scowl [skaʊl] ◇ *n* regard *m* noir. ◇ *vi* se renfrogner, froncer les sourcils; **to ~ at sb** jeter des regards noirs à qqn.

scrabble ['skræbl] *vi* **-1.** [scrape]: **to ~ at sthg** gratter qqch. **-2.** [feel around]: **to ~ around for sthg** tâtonner pour trouver qqch.

scraggy ['skrægɪ] *adj* décharné(e), maigre.

scramble ['skræmbl] ◇ *n* [rush] bousculade *f*, ruée *f*. ◇ *vi* **-1.** [climb]: **to ~ up a hill** grimper une colline en s'aidant des mains OR à quatre pattes. **-2.** [compete]: **to ~ for sthg** se disputer qqch.

scrambled eggs ['skræmbld-] *npl* œufs *mpl* brouillés.

scrap [skræp] ◇ *n* **-1.** [of paper, material] bout *m*; [of information] fragment *m*; [of conversation] bribe *f*. **-2.** [metal] ferraille *f*. **-3.** *inf* [fight, quarrel] bagarre *f*. ◇ *vt* [car] mettre à la ferraille; [plan, system] abandonner, laisser tomber. ◆ **scraps** *npl* [food] restes *mpl*.

scrapbook ['skræpbʊk] *n* album *m* (*de coupures de journaux etc*).

scrap dealer *n* ferrailleur *m*, marchand *m* de ferraille.

scrape [skreɪp] ◇ *n* **-1.** [scraping noise] raclement *m*, grattement *m*. **-2.** *dated* [difficult situation]: **to get into a ~** se fourrer dans le pétrin. ◇ *vt* **-1.** [clean, rub] gratter, racler; **to ~ sthg off sthg** enlever qqch de qqch en grattant OR raclant. **-2.** [surface, car, skin] érafler. ◇ *vi* gratter. ◆ **scrape through** *vt fus* réussir de justesse.

scraper ['skreɪpər] *n* grattoir *m*, racloir *m*.

scrap merchant *n Br* ferrailleur *m*, marchand *m* de ferraille.

scrap paper *Br*, **scratch paper** *Am n* (papier *m*) brouillon *m*.

scrapyard ['skræpjɑːd] *n* parc *m* à ferraille.

scratch [skrætʃ] ◇ *n* **-1.** [wound] égratignure *f*, éraflure *f*. **-2.** [on glass, paint etc] éraflure *f*. **-3.** *phr*: **to be up to ~** être à la hauteur; **to do sthg from ~** faire qqch à partir de rien. ◇ *vt* **-1.** [wound] écorcher, égratigner. **-2.** [mark - paint, glass etc] rayer, érafler. **-3.** [rub] gratter. ◇ *vi* gratter; [person] se gratter.

scratch card *n* carte *f* à gratter.

scratch paper *Am* = **scrap paper**.

scrawl [skrɔːl] ◇ *n* griffonnage *m*, gri-

bouillage *m*. ◇ *vt* griffonner, gribouiller.

scrawny ['skrɔːnɪ] *adj* [person] efflanqué(e); [body, animal] décharné(e).

scream [skriːm] ◇ *n* [cry] cri *m* perçant, hurlement *m*; [of laughter] éclat *m*. ◇ *vt* hurler. ◇ *vi* [cry out] crier, hurler.

scree [skriː] *n* éboulis *m*.

screech [skriːtʃ] ◇ *n* **-1.** [cry] cri *m* perçant. **-2.** [of tyres] crissement *m*. ◇ *vt* hurler. ◇ *vi* **-1.** [cry out] pousser des cris perçants. **-2.** [tyres] crisser.

screen [skriːn] ◇ *n* **-1.** [gen] écran *m*. **-2.** [panel] paravent *m*. ◇ *vt* **-1.** CINEMA projeter, passer; TV téléviser, passer. **-2.** [hide] cacher, masquer. **-3.** [shield] protéger. **-4.** [candidate, employee] passer au crible, filtrer.

screening ['skriːnɪŋ] *n* **-1.** CINEMA projection *f*; TV passage *m* à la télévision. **-2.** [for security] sélection *f*, tri *m*. **-3.** MED dépistage *m*.

screenplay ['skriːnpleɪ] *n* scénario *m*.

screw [skruː] ◇ *n* [for fastening] vis *f*. ◇ *vt* **-1.** [fix with screws]: **to ~ sthg to sthg** visser qqch à OR sur qqch. **-2.** [twist] visser. **-3.** *vulg* [woman] baiser. ◇ *vi* [bolt, lid] se visser. ◆ **screw up** *vt sep* **-1.** [crumple up] froisser, chiffonner. **-2.** [eyes] plisser; [face] tordre. **-3.** *v inf* [ruin] gâcher, bousiller.

screwdriver ['skruːˌdraɪvər] *n* [tool] tournevis *m*.

scribble ['skrɪbl] ◇ *n* gribouillage *m*, griffonnage *m*. ◇ *vt & vi* gribouiller, griffonner.

script [skrɪpt] *n* **-1.** [of play, film etc] scénario *m*, script *m*. **-2.** [writing system] écriture *f*. **-3.** [handwriting] (écriture *f*) script *m*.

Scriptures ['skrɪptʃəz] *npl*: **the ~** les (Saintes) Écritures *fpl*.

scriptwriter ['skrɪptˌraɪtər] *n* scénariste *mf*.

scroll [skrəʊl] ◇ *n* rouleau *m*. ◇ *vt* COMPUT faire défiler.

scrounge [skraʊndʒ] *inf vt*: **to ~ money off sb** taper qqn; **can I ~ a cigarette off you?** je peux te piquer une cigarette?

scrounger ['skraʊndʒər] *n inf* parasite *m*.

scrub [skrʌb] ◇ *n* **-1.** [rub]: **to give sthg a ~** nettoyer qqch à la brosse. **-2.** (*U*) [undergrowth] broussailles *fpl*. ◇ *vt* [floor, clothes etc] laver OR nettoyer à la brosse; [hands, back] frotter; [saucepan] récurer.

scruff [skrʌf] *n*: **by the ~ of the neck** par la peau du cou.

scruffy ['skrʌfɪ] *adj* mal soigné(e), débraillé(e).

scrum(mage) ['skrʌm(ɪdʒ)] *n* RUGBY mêlée *f*.

scruples ['skruːplz] *npl* scrupules *mpl*.

scrutinize, -ise ['skruːtɪnaɪz] *vt* scruter, examiner attentivement.

scrutiny ['skruːtɪnɪ] *n* (U) examen *m* attentif.

scuff [skʌf] *vt* **-1.** [damage] érafler. **-2.** [drag]: **to ~ one's feet** traîner les pieds.

scuffle ['skʌfl] *n* bagarre *f*, échauffourée *f*.

scullery ['skʌlərɪ] *n* arrière-cuisine *f*.

sculptor ['skʌlptə'] *n* sculpteur *m*.

sculpture ['skʌlptʃə'] ◇ *n* sculpture *f*. ◇ *vt* sculpter.

scum [skʌm] *n* **-1.** (U) [froth] écume *f*, mousse *f*. **-2.** *v inf pej* [person] salaud *m*. **-3.** (U) *v inf pej* [people] déchets *mpl*.

scupper ['skʌpə'] *vt* **-1.** NAUT couler. **-2.** *Br fig* [plan] saboter, faire tomber à l'eau.

scurrilous ['skʌrələs] *adj* calomnieux(ieuse).

scurry ['skʌrɪ] *vi* se précipiter; **to ~ away** OR **off** se sauver, détaler.

scuttle ['skʌtl] ◇ *n* seau *m* à charbon. ◇ *vi* courir précipitamment OR à pas précipités.

scythe [saɪð] *n* faux *f*.

SDLP (*abbr of* **Social Democratic and Labour Party**) *n* parti travailliste d'Irlande du Nord.

sea [siː] ◇ *n* **-1.** [gen] mer *f*; **at ~** en mer; **by ~** par mer; **by the ~** au bord de la mer; **out to ~** au large. **-2.** *phr*: **to be all at ~** nager complètement. ◇ *comp* [voyage] en mer; [animal] marin(e), de mer.

seabed ['siːbed] *n*: **the ~** le fond de la mer.

seaboard ['siːbɔːd] *n* littoral *m*, côte *f*.

sea breeze *n* brise *f* de mer.

seafood ['siːfuːd] *n* (U) fruits *mpl* de mer.

seafront ['siːfrʌnt] *n* front *m* de mer.

seagull ['siːgʌl] *n* mouette *f*.

seal [siːl] (*pl inv* OR **-s**) ◇ *n* **-1.** [animal] phoque *m*. **-2.** [official mark] cachet *m*, sceau *m*. **-3.** [official fastening] cachet *m*. ◇ *vt* **-1.** [envelope] coller, fermer. **-2.** [document, letter] sceller, cacheter. **-3.** [block off] obturer, boucher. ◆ **seal off** *vt sep* [area, entrance] interdire l'accès de.

sea level *n* niveau *m* de la mer.

sea lion (*pl inv* OR **-s**) *n* otarie *f*.

seam [siːm] *n* **-1.** SEWING couture *f*. **-2.** [of coal] couche *f*, veine *f*.

seaman ['siːmən] (*pl* **-men** [-mən]) *n* marin *m*.

seamy ['siːmɪ] *adj* sordide.

séance ['seɪɒns] *n* séance *f* de spiritisme.

seaplane ['siːpleɪn] *n* hydravion *m*.

seaport ['siːpɔːt] *n* port *m* de mer.

search [sɜːtʃ] ◇ *n* [of person, luggage, house] fouille *f*; [for lost person, thing] recherche *f*, recherches *fpl*; **~ for** recherche de; **in ~ of** à la recherche de. ◇ *vt* [house, area, person] fouiller; [memory, mind, drawer] fouiller dans. ◇ *vi*: **to ~ (for sb/sthg)** chercher (qqn/qqch).

searching ['sɜːtʃɪŋ] *adj* [question] poussé(e), approfondi(e); [look] pénétrant(e); [review, examination] minutieux(ieuse).

searchlight ['sɜːtʃlaɪt] *n* projecteur *m*.

search party *n* équipe *f* de secours.

search warrant *n* mandat *m* de perquisition.

seashell ['siːʃel] *n* coquillage *m*.

seashore ['siːʃɔː'] *n*: **the ~** le rivage, la plage.

seasick ['siːsɪk] *adj*: **to be** OR **feel ~** avoir le mal de mer.

seaside ['siːsaɪd] *n*: **the ~** le bord de la mer.

seaside resort *n* station *f* balnéaire.

season ['siːzn] ◇ *n* **-1.** [gen] saison *f*; **in ~** [food] de saison; **out of ~** [holiday] hors saison; [food] hors de saison. **-2.** [of films] cycle *m*. ◇ *vt* assaisonner, relever.

seasonal ['siːzənl] *adj* saisonnier(ière).

seasoned ['siːznd] *adj* [traveller, campaigner] chevronné(e), expérimenté(e); [soldier] aguerri(e).

seasoning ['siːznɪŋ] *n* assaisonnement *m*.

season ticket *n* carte *f* d'abonnement.

seat [siːt] ◇ *n* **-1.** [gen] siège *m*; [in theatre] fauteuil *m*; **take a ~!** asseyez-vous! **-2.** [place to sit - in bus, train] place *f*. **-3.** [of trousers] fond *m*. ◇ *vt* [sit down] faire asseoir, placer; **please be ~ed** veuillez vous asseoir.

seat belt *n* ceinture *f* de sécurité.

seating ['siːtɪŋ] *n* (U) [capacity] sièges *mpl*, places *fpl* (assises).

seawater ['siː,wɔːtə'] *n* eau *f* de mer.

seaweed ['siːwiːd] *n* (U) algue *f*.

seaworthy ['siː,wɜːðɪ] *adj* en bon état de navigabilité.

sec. *abbr of* **second**.

secede [sɪ'siːd] *vi fml*: **to ~ (from)** se séparer (de), faire sécession (de).

secluded [sɪ'kluːdɪd] *adj* retiré(e), écarté(e).

seclusion [sɪ'kluːʒn] *n* solitude *f*, retraite *f*.

second ['sekənd] ◇ *n* **-1.** [gen] seconde *f*; **wait a ~!** une seconde!, (attendez) un instant!; **~ (gear)** seconde. **-2.** *Br* UNIV ≃ licence *f* avec mention assez bien. ◇ *num* deuxième, second(e); **his score was ~ only to hers** il n'y a qu'elle qui a fait mieux que lui OR qui l'a surpassé; *see also* **sixth**. ◇ *vt* [proposal, motion] appuyer. ◆ **seconds** *npl* **-1.** COMM articles *mpl* de second choix. **-2.** [of food] rabiot *m*.

secondary ['sekəndrɪ] *adj* secondaire; **to be ~ to** être moins important(e) que.

secondary school *n* école *f* secondaire, lycée *m*.

second-class ['sekənd-] *adj* **-1.** *pej* [citizen] de deuxième zone; [product] de second choix. **-2.** [ticket] de seconde OR deuxième classe. **-3.** [stamp] à tarif réduit. **-4.** *Br* UNIV [degree] ≃ avec mention assez bien.

second-hand ['sekənd-] ◇ *adj* **-1.** [goods, shop] d'occasion. **-2.** *fig* [information] de seconde main. ◇ *adv* [not new] d'occasion.

second hand ['sekənd-] *n* [of clock] trotteuse *f*.

secondly ['sekəndlɪ] *adv* deuxièmement, en second lieu.

secondment [sɪ'kɒndmənt] *n Br* affectation *f* temporaire.

second-rate ['sekənd-] *adj pej* de deuxième ordre, médiocre.

second thought ['sekənd-] *n*: **to have ~s about sthg** avoir des doutes sur qqch; **on ~s** *Br*, **on ~** *Am* réflexion faite, tout bien réfléchi.

secrecy ['siːkrəsɪ] *n* (*U*) secret *m*.

secret ['siːkrɪt] ◇ *adj* secret(ète). ◇ *n* secret *m*; **in ~** en secret.

secretarial [,sekrə'teərɪəl] *adj* [course, training] de secrétariat, de secrétaire; **~ staff** secrétaires *mpl*.

secretary [*Br* 'sekrətrɪ, *Am* 'sekrə,terɪ] *n* **-1.** [gen] secrétaire *mf*. **-2.** POL [minister] ministre *m*.

Secretary of State *n* **-1.** *Br*: **~ (for)** ministre *m* (de). **-2.** *Am* ≃ ministre *m* des Affaires étrangères.

secretive ['siːkrətɪv] *adj* secret(ète), dissimulé(e).

secretly ['siːkrɪtlɪ] *adv* secrètement.

sect [sekt] *n* secte *f*.

sectarian [sek'teərɪən] *adj* [killing, violence] d'ordre religieux.

section ['sekʃn] ◇ *n* **-1.** [portion - gen] section *f*, partie *f*; [- of road, pipe] tronçon *m*; [- of document, law] article *m*. **-2.** GEOM coupe *f*, section *f*. ◇ *vt* sectionner.

sector ['sektə'] *n* secteur *m*.

secular ['sekjulə'] *adj* [life] séculier(ière); [education] laïque; [music] profane.

secure [sɪ'kjuə'] ◇ *adj* **-1.** [fixed - gen] fixe; [- windows, building] bien fermé(e). **-2.** [safe - job, future] sûr(e); [- valuable object] en sécurité, en lieu sûr. **-3.** [free of anxiety - childhood] sécurisant(e); [- marriage] solide. ◇ *vt* **-1.** [obtain] obtenir. **-2.** [fasten - gen] attacher; [- door, window] bien fermer. **-3.** [make safe] assurer la sécurité de.

security [sɪ'kjuərətɪ] *n* sécurité *f*. ◆ **securities** *npl* FIN titres *mpl*, valeurs *fpl*.

security guard *n* garde *m* de sécurité.

sedan [sɪ'dæn] *n Am* berline *f*.

sedate [sɪ'deɪt] ◇ *adj* posé(e), calme. ◇ *vt* donner un sédatif à.

sedation [sɪ'deɪʃn] *n* (*U*) sédation *f*; **under ~** sous calmants.

sedative ['sedətɪv] *n* sédatif *m*, calmant *m*.

sediment ['sedɪmənt] *n* sédiment *m*, dépôt *m*.

seduce [sɪ'djuːs] *vt* séduire; **to ~ sb into doing sthg** amener OR entraîner qqn à faire qqch.

seductive [sɪ'dʌktɪv] *adj* séduisant(e).

see [siː] (*pt* **saw**, *pp* **seen**) ◇ *vt* **-1.** [gen] voir; **~ you!** au revoir!; **~ you soon/later/tomorrow** *etc*! à bientôt/tout à l'heure/demain *etc*! **-2.** [accompany]: **I saw her to the door** je l'ai accompagnée OR reconduite jusqu'à la porte; **I saw her onto the train** je l'ai accompagnée au train. **-3.** [make sure]: **to ~ (that)** ... s'assurer que ... ◇ *vi* voir; **you ~, ...** voyez-vous, ...; **I ~** je vois, je comprends; **let's ~, let me ~** voyons, voyons voir. ◆ **seeing as, seeing that** *conj inf* vu que, étant donné que. ◆ **see about** *vt fus* [arrange] s'occuper de. ◆ **see off** *vt sep* **-1.** [say goodbye to] accompagner (pour dire au revoir). **-2.** *Br* [chase away] faire partir OR fuir. ◆ **see through** ◇ *vt fus* [scheme] voir clair dans; **to ~ through sb** voir dans le jeu de qqn. ◇ *vt sep* [deal, project] mener à terme, mener à bien. ◆ **see to** vt fus s'occuper de, se charger de.

seed [siːd] n **-1.** [of plant] graine f. **-2.** SPORT: **fifth ~** joueur classé cinquième m, joueuse classée cinquième f. ◆ **seeds** npl fig germes mpl, semences fpl.

seedling ['siːdlɪŋ] n jeune plant m, semis m.

seedy ['siːdɪ] adj miteux(euse).

seek [siːk] (pt & pp **sought**) vt **-1.** [gen] chercher; [peace, happiness] rechercher; **to ~ to do sthg** chercher à faire qqch. **-2.** [advice, help] demander.

seem [siːm] ◇ vi sembler, paraître; **to ~ bored** avoir l'air de s'ennuyer; **to ~ sad/tired** avoir l'air triste/fatigué. ◇ v impers: **it ~s (that) ...** il semble OR paraît que ....

seemingly ['siːmɪŋlɪ] adv apparemment.

seen [siːn] pp → **see**.

seep [siːp] vi suinter.

seesaw ['siːsɔː] n bascule f.

seethe [siːð] vi **-1.** [person] bouillir, être furieux(ieuse). **-2.** [place]: **to be seething with** grouiller de.

see-through adj transparent(e).

segment ['segmənt] n **-1.** [section] partie f, section f. **-2.** [of fruit] quartier m.

segregate ['segrɪgeɪt] vt séparer.

Seine [seɪn] n: **the (River) ~** la Seine.

seize [siːz] vt **-1.** [grab] saisir, attraper. **-2.** [capture] s'emparer de, prendre. **-3.** [arrest] arrêter. **-4.** fig [opportunity, chance] saisir, sauter sur. ◆ **seize (up)on** vt fus saisir, sauter sur. ◆ **seize up** vi **-1.** [body] s'ankyloser. **-2.** [engine, part] se gripper.

seizure ['siːʒər] n **-1.** MED crise f, attaque f. **-2.** (U) [of town] capture f; [of power] prise f.

seldom ['seldəm] adv peu souvent, rarement.

select [sɪ'lekt] ◇ adj **-1.** [carefully chosen] choisi(e). **-2.** [exclusive] de premier ordre, d'élite. ◇ vt sélectionner, choisir.

selection [sɪ'lekʃn] n sélection f, choix m.

selective [sɪ'lektɪv] adj sélectif(ive); [person] difficile.

self [self] (pl **selves**) n moi m; **she's her old ~ again** elle est redevenue elle-même.

self-addressed stamped envelope [-ə,drest'stæmpt-] n Am enveloppe f affranchie pour la réponse.

self-assured adj sûr(e) de soi, plein(e) d'assurance.

self-catering adj [holiday - in house] en maison louée; [- in flat] en appartement loué.

self-centred [-'sentəd] adj égocentrique.

self-confessed [-kən'fest] adj de son propre aveu.

self-confident adj sûr(e) de soi, plein(e) d'assurance.

self-conscious adj timide.

self-contained [-kən'teɪnd] adj [flat] indépendant(e), avec entrée particulière; [person] qui se suffit à soi-même.

self-control n maîtrise f de soi.

self-defence n autodéfense f.

self-discipline n autodiscipline f.

self-employed [-ɪm'plɔɪd] adj qui travaille à son propre compte.

self-esteem n respect m de soi, estime f de soi.

self-evident adj qui va de soi, évident(e).

self-explanatory adj évident(e), qui ne nécessite pas d'explication.

self-government n autonomie f.

self-important adj suffisant(e).

self-indulgent adj pej [person] qui ne se refuse rien; [film, book, writer] nombriliste.

self-interest n (U) pej intérêt m personnel.

selfish ['selfɪʃ] adj égoïste.

selfishness ['selfɪʃnɪs] n égoïsme m.

selfless ['selflɪs] adj désintéressé(e).

self-made adj: **~ man** self-made-man m.

self-opinionated adj opiniâtre.

self-pity n apitoiement m sur soi-même.

self-portrait n autoportrait m.

self-possessed [-pə'zest] adj maître (maîtresse) de soi.

self-raising flour Br [-,reɪzɪŋ-], **self-rising flour** Am n farine f avec levure incorporée.

self-reliant adj indépendant(e), qui ne compte que sur soi.

self-respect n respect m de soi.

self-respecting [-rɪs'pektɪŋ] adj qui se respecte.

self-restraint n (U) retenue f, mesure f.

self-righteous adj satisfait(e) de soi.

self-rising flour Am = **self-raising flour**.

self-sacrifice n abnégation f.

self-satisfied *adj* suffisant(e), content(e) de soi.

self-service *n* libre-service *m*, self-service *m*.

self-sufficient *adj* autosuffisant(e); **to be ~ in** satisfaire à ses besoins en.

self-taught *adj* autodidacte.

sell [sel] (*pt & pp* **sold**) ◇ *vt* **-1.** [gen] vendre; **to ~ sthg for £100** vendre qqch 100 livres; **to ~ sthg to sb, to ~ sb sthg** vendre qqch à qqn. **-2.** *fig* [make acceptable]: **to ~ sthg to sb, to ~ sb sthg** faire accepter qqch à qqn. ◇ *vi* **-1.** [person] vendre. **-2.** [product] se vendre; **it ~s for** OR **at £10** il se vend 10 livres. ◆ **sell off** *vt sep* vendre, liquider. ◆ **sell out** ◇ *vt sep*: **the performance is sold out** il ne reste plus de places, tous les billets ont été vendus. ◇ *vi* **-1.** [shop]: **we have sold out** on n'en a plus. **-2.** [betray one's principles] être infidèle à ses principes.

sell-by date *n Br* date *f* limite de vente.

seller ['selə^r] *n* vendeur *m*, -euse *f*.

selling price ['selɪŋ-] *n* prix *m* de vente.

Sellotape® ['seləteɪp] *n Br* ≃ Scotch® *m*, ruban *m* adhésif.

sell-out *n*: **the match was a ~** on a joué à guichets fermés.

selves [selvz] *pl* → **self**.

semaphore ['seməfɔː^r] *n* (*U*) signaux *mpl* à bras.

semblance ['sembləns] *n* semblant *m*.

semen ['siːmen] *n* (*U*) sperme *m*, semence *f*.

semester [sɪ'mestə^r] *n* semestre *m*.

semicircle ['semɪ,sɜːkl] *n* demi-cercle *m*.

semicolon [,semɪ'kəʊlən] *n* point-virgule *m*.

semidetached [,semɪdɪ'tætʃt] ◇ *adj* jumelé(e). ◇ *n Br* maison *f* jumelée.

semifinal [,semɪ'faɪnl] *n* demi-finale *f*.

seminar ['semɪnɑː^r] *n* séminaire *m*.

seminary ['semɪnərɪ] *n* RELIG séminaire *m*.

semiskilled [,semɪ'skɪld] *adj* spécialisé(e).

semolina [,semə'liːnə] *n* semoule *f*.

Senate ['senɪt] *n* POL: **the ~** le sénat; **the United States ~** le Sénat américain.

senator ['senətə^r] *n* sénateur *m*.

send [send] (*pt & pp* **sent**) *vt* [gen] envoyer; [letter] expédier, envoyer; **to ~ sb sthg, to ~ sthg to sb** envoyer qqch à qqn; **~ her my love** embrasse-la pour moi; **to ~ sb for sthg** envoyer qqn chercher qqch. ◆ **send for** *vt fus* **-1.** [person] appeler, faire venir. **-2.** [by post] commander par correspondance. ◆ **send in** *vt sep* [report, application] envoyer, soumettre. ◆ **send off** *vt sep* **-1.** [by post] expédier. **-2.** SPORT expulser. ◆ **send off for** *vt fus* commander par correspondance. ◆ **send up** *vt sep Br inf* [imitate] parodier, ridiculiser.

sender ['sendə^r] *n* expéditeur *m*, -trice *f*.

send-off *n* fête *f* d'adieu.

senile ['siːnaɪl] *adj* sénile.

senior ['siːnjə^r] ◇ *adj* **-1.** [highest-ranking] plus haut placé(e). **-2.** [higher-ranking]: **~ to sb** d'un rang plus élevé que qqn. **-3.** SCH [pupils, classes] grand(e). ◇ *n* **-1.** [older person] aîné *m*, -e *f*. **-2.** SCH grand *m*, -e *f*.

senior citizen *n* personne *f* âgée OR du troisième âge.

sensation [sen'seɪʃn] *n* sensation *f*.

sensational [sen'seɪʃənl] *adj* [gen] sensationnel(elle).

sensationalist [sen'seɪʃnəlɪst] *adj pej* à sensation.

sense [sens] ◇ *n* **-1.** [ability, meaning] sens *m*; **to make ~** [have meaning] avoir un sens; **~ of humour** sens de l'humour; **~ of smell** odorat *m*. **-2.** [feeling] sentiment *m*. **-3.** [wisdom] bon sens *m*, intelligence *f*; **to make ~** [be sensible] être logique. **-4.** *phr*: **to come to one's ~s** [be sensible again] revenir à la raison; [regain consciousness] reprendre connaissance. ◇ *vt* [feel] sentir. ◆ **in a sense** *adv* dans un sens.

senseless ['senslɪs] *adj* **-1.** [stupid] stupide. **-2.** [unconscious] sans connaissance.

sensibilities [,sensɪ'bɪlətɪz] *npl* susceptibilité *f*.

sensible ['sensəbl] *adj* [reasonable] raisonnable, judicieux(ieuse).

sensitive ['sensɪtɪv] *adj* **-1.** [gen]: **~ (to)** sensible (à). **-2.** [subject] délicat(e). **-3.** [easily offended]: **~ (about)** susceptible (en ce qui concerne).

sensual ['sensjʊəl] *adj* sensuel(elle).

sensuous ['sensjʊəs] *adj* qui affecte les sens.

sent [sent] *pt & pp* → **send**.

sentence ['sentəns] ◇ *n* **-1.** GRAMM phrase *f*. **-2.** JUR condamnation *f*, sentence *f*. ◇ *vt*: **to ~ sb (to)** condamner qqn (à).

sentiment ['sentɪmənt] *n* **-1.** [feeling] sentiment *m*. **-2.** [opinion] opinion *f*, avis *m*.

sentimental [ˌsentɪˈmentl] *adj* sentimental(e).

sentry [ˈsentrɪ] *n* sentinelle *f*.

separate [*adj & n* ˈseprət, *vb* ˈsepəreɪt] ◇ *adj* **-1.** [not joined]: ~ **(from)** séparé(e) (de). **-2.** [individual, distinct] distinct(e). ◇ *vt* **-1.** [gen]: **to ~ sb/sthg (from)** séparer qqn/qqch (de); **to ~ sthg into** diviser OR séparer qqch en. **-2.** [distinguish]: **to ~ sb/sthg (from)** distinguer qqn/qqch (de). ◇ *vi* se séparer; **to ~ into** se diviser OR se séparer en. ◆ **separates** *npl Br* coordonnés *mpl*.

separately [ˈseprətlɪ] *adv* séparément.

separation [ˌsepəˈreɪʃn] *n* séparation *f*.

September [sepˈtembər] *n* septembre *m*; **in ~** en septembre; **last ~** en septembre dernier; **this ~** en septembre de cette année; **next ~** en septembre prochain; **by ~** en septembre, d'ici septembre; **every ~** tous les ans en septembre; **during ~** pendant le mois de septembre; **at the beginning of ~** au début du mois de septembre, début septembre; **at the end of ~** à la fin du mois de septembre, fin septembre; **in the middle of ~** au milieu du mois de septembre, à la mi-septembre.

septic [ˈseptɪk] *adj* infecté(e).

septic tank *n* fosse *f* septique.

sequel [ˈsiːkwəl] *n* **-1.** [book, film]: ~ **(to)** suite *f* (de). **-2.** [consequence]: ~ **(to)** conséquence *f* (de).

sequence [ˈsiːkwəns] *n* **-1.** [series] suite *f*, succession *f*. **-2.** [order] ordre *m*. **-3.** [of film] séquence *f*.

Serb = **Serbian**.

Serbia [ˈsɜːbjə] *n* Serbie *f*.

Serbian [ˈsɜːbjən], **Serb** [sɜːb] ◇ *adj* serbe. ◇ *n* **-1.** [person] Serbe *mf*. **-2.** [dialect] serbe *m*.

serene [sɪˈriːn] *adj* [calm] serein(e), tranquille.

sergeant [ˈsɑːdʒənt] *n* **-1.** MIL sergent *m*. **-2.** [in police] brigadier *m*.

sergeant major *n* sergent-major *m*.

serial [ˈsɪərɪəl] *n* feuilleton *m*.

serial number *n* numéro *m* de série.

series [ˈsɪəriːz] (*pl inv*) *n* série *f*.

serious [ˈsɪərɪəs] *adj* sérieux(ieuse); [illness, accident, trouble] grave; **to be ~ about doing sthg** songer sérieusement à faire qqch.

seriously [ˈsɪərɪəslɪ] *adv* sérieusement; [ill] gravement; [wounded] grièvement, gravement; **to take sb/sthg ~** prendre qqn/qqch au sérieux.

seriousness [ˈsɪərɪəsnɪs] *n* **-1.** [of mistake, illness] gravité *f*. **-2.** [of person, speech] sérieux *m*.

sermon [ˈsɜːmən] *n* sermon *m*.

serrated [sɪˈreɪtɪd] *adj* en dents de scie.

servant [ˈsɜːvənt] *n* domestique *mf*.

serve [sɜːv] ◇ *vt* **-1.** [work for] servir. **-2.** [have effect]: **to ~ to do sthg** servir à faire qqch; **to ~ a purpose** [subj: device etc] servir à un usage. **-3.** [provide for] desservir. **-4.** [meal, drink, customer] servir; **to ~ sthg to sb**, **to ~ sb sthg** servir qqch à qqn. **-5.** JUR: **to ~ sb with a summons/writ**, **to ~ a summons/writ on sb** signifier une assignation/une citation à qqn. **-6.** [prison sentence] purger, faire; [apprenticeship] faire. **-7.** SPORT servir. **-8.** *phr*: **it ~s him/you right** c'est bien fait pour lui/toi. ◇ *vi* servir; **to ~ as** servir de. ◇ *n* SPORT service *m*. ◆ **serve out**, **serve up** *vt sep* [food] servir.

service [ˈsɜːvɪs] ◇ *n* **-1.** [gen] service *m*; **in/out of ~** en/hors service; **to be of ~ (to sb)** être utile (à qqn), rendre service (à qqn). **-2.** [of car] révision *f*; [of machine] entretien *m*. ◇ *vt* [car] réviser; [machine] assurer l'entretien de. ◆ **services** *npl* **-1.** [on motorway] aire *f* de services. **-2.** [armed forces]: **the ~s** les forces *fpl* armées. **-3.** [help] service *m*.

serviceable [ˈsɜːvɪsəbl] *adj* pratique.

service area *n* aire *f* de services.

service charge *n* service *m*.

serviceman [ˈsɜːvɪsmən] (*pl* **-men** [-mən]) *n* soldat *m*, militaire *m*.

service station *n* station-service *f*.

serviette [ˌsɜːvɪˈet] *n* serviette *f* (de table).

sesame [ˈsesəmɪ] *n* sésame *m*.

session [ˈseʃn] *n* **-1.** [gen] séance *f*. **-2.** *Am* [school term] trimestre *m*.

set [set] (*pt & pp* **set**) ◇ *adj* **-1.** [fixed-gen] fixe; [- phrase] figé(e). **-2.** *Br* SCH [book] au programme. **-3.** [ready]: ~ **(for sthg/to do sthg)** prêt(e) (à qqch/à faire qqch). **-4.** [determined]: **to be ~ on sthg** vouloir absolument qqch; **to be ~ on doing sthg** être résolu(e) à faire qqch; **to be dead ~ against sthg** s'opposer formellement à qqch. ◇ *n* **-1.** [of keys, tools, golf clubs etc] jeu *m*; [of stamps, books] collection *f*; [of saucepans] série *f*; [of tyres] train *m*; **a ~ of teeth** [natural] une dentition, une denture; [false] un dentier. **-2.** [television, radio] poste *m*. **-3.** CINEMA plateau *m*;

THEATRE scène f. **-4.** TENNIS manche f, set m. ◇ vt **-1.** [place] placer, poser, mettre; [jewel] sertir, monter. **-2.** [cause to be]: **to ~ sb free** libérer qqn, mettre qqn en liberté; **to ~ sthg in motion** mettre qqch en branle OR en route; **to ~ sthg on fire** mettre le feu à qqch. **-3.** [prepare - trap] tendre; [- table] mettre. **-4.** [adjust] régler. **-5.** [fix - date, deadline, target] fixer. **-6.** [establish - example] donner; [- trend] lancer; [- record] établir. **-7.** [homework, task] donner; [problem] poser. **-8.** MED [bone, leg] remettre. **-9.** [story]: **to be ~** se passer, se dérouler. ◇ vi **-1.** [sun] se coucher. **-2.** [jelly] prendre; [glue, cement] durcir. ◆ **set about** vt fus [start] entreprendre, se mettre à; **to ~ about doing sthg** se mettre à faire qqch. ◆ **set aside** vt sep **-1.** [save] mettre de côté. **-2.** [not consider] rejeter, écarter. ◆ **set back** vt sep [delay] retarder. ◆ **set off** ◇ vt sep **-1.** [cause] déclencher, provoquer. **-2.** [bomb] faire exploser; [firework] faire partir. ◇ vi se mettre en route, partir. ◆ **set out** ◇ vt sep **-1.** [arrange] disposer. **-2.** [explain] présenter, exposer. ◇ vt fus [intend]: **to ~ out to do sthg** entreprendre OR tenter de faire qqch. ◇ vi [on journey] se mettre en route, partir. ◆ **set up** vt sep **-1.** [organization] créer, fonder; [committee, procedure] constituer, mettre en place; [meeting] arranger, organiser. **-2.** [statue, monument] dresser, ériger; [roadblock] placer, installer. **-3.** [equipment] préparer, installer. **-4.** inf [make appear guilty] monter un coup contre.

setback ['setbæk] n contretemps m, revers m.

set menu n menu m fixe.

settee [se'ti:] n canapé m.

setting ['setɪŋ] n **-1.** [surroundings] décor m, cadre m. **-2.** [of dial, machine] réglage m.

settle ['setl] ◇ vt **-1.** [argument] régler; **that's ~d then** (c'est) entendu. **-2.** [bill, account] régler, payer. **-3.** [calm - nerves] calmer; **to ~ one's stomach** calmer les douleurs d'estomac. **-4.** [make comfortable] installer. ◇ vi **-1.** [make one's home] s'installer, se fixer. **-2.** [make oneself comfortable] s'installer. **-3.** [dust] retomber; [sediment] se déposer; [bird, insect] se poser. ◆ **settle down** vi **-1.** [give one's attention]: **to ~ down to sthg/to doing sthg** se mettre à qqch/à faire qqch. **-2.** [make oneself comfort-

able] s'installer. **-3.** [become respectable] se ranger. **-4.** [become calm] se calmer. ◆ **settle for** vt fus accepter, se contenter de. ◆ **settle in** vi s'adapter. ◆ **settle on** vt fus [choose] fixer son choix sur, se décider pour. ◆ **settle up** vi: **to ~ up (with sb)** régler (qqn).

settlement ['setlmənt] n **-1.** [agreement] accord m. **-2.** [colony] colonie f. **-3.** [payment] règlement m.

settler ['setlər] n colon m.

set-up n inf **-1.** [system]: **what's the ~?** comment est-ce que c'est organisé? **-2.** [deception to incriminate] coup m monté.

seven ['sevn] num sept; see also **six**.

seventeen [,sevn'ti:n] num dix-sept; see also **six**.

seventh ['sevnθ] num septième; see also **sixth**.

seventy ['sevntɪ] num soixante-dix; see also **sixty**.

sever ['sevər] vt **-1.** [cut through] couper. **-2.** fig [relationship, ties] rompre.

several ['sevrəl] ◇ adj plusieurs. ◇ pron plusieurs mfpl.

severance ['sevrəns] n [of relations] rupture f.

severance pay n indemnité f de licenciement.

severe [sɪ'vɪər] adj **-1.** [weather] rude, rigoureux(euse); [shock] gros (grosse), dur(e); [pain] violent(e); [illness, injury] grave. **-2.** [person, criticism] sévère.

severity [sɪ'verətɪ] n **-1.** [of storm] violence f; [of problem, illness] gravité f. **-2.** [sternness] sévérité f.

sew [səʊ] (Br pp **sewn**, Am pp **sewed** OR **sewn**) vt & vi coudre. ◆ **sew up** vt sep [join] recoudre.

sewage ['su:ɪdʒ] n (U) eaux fpl d'égout, eaux usées.

sewer ['suːər] n égout m.

sewing ['səʊɪŋ] n (U) **-1.** [activity] couture f. **-2.** [work] ouvrage m.

sewing machine n machine f à coudre.

sewn [səʊn] pp → **sew**.

sex [seks] n **-1.** [gender] sexe m. **-2.** (U) [sexual intercourse] rapports mpl (sexuels); **to have ~ with** avoir des rapports (sexuels) avec.

sexist ['seksɪst] ◇ adj sexiste. ◇ n sexiste mf.

sexual ['sekʃʊəl] adj sexuel(elle).

sexual harassment n harcèlement m sexuel.

sexual intercourse n (U) rapports mpl (sexuels).

sexy ['seksɪ] *adj inf* sexy (*inv*).

shabby ['ʃæbɪ] *adj* **-1.** [clothes] élimé(e), râpé(e); [furniture] minable; [person, street] miteux(euse). **-2.** [behaviour] moche, méprisable.

shack [ʃæk] *n* cabane *f*, hutte *f*.

shackle ['ʃækl] *vt* enchaîner; *fig* entraver. ◆ **shackles** *npl* fers *mpl*; *fig* entraves *fpl*.

shade [ʃeɪd] ◇ *n* **-1.** (*U*) [shadow] ombre *f*. **-2.** [lampshade] abat-jour *m inv*. **-3.** [colour] nuance *f*, ton *m*. **-4.** [of meaning, opinion] nuance *f*. ◇ *vt* [from light] abriter. ◆ **shades** *npl inf* [sunglasses] lunettes *fpl* de soleil.

shadow ['ʃædəʊ] *n* ombre *f*; there's not a OR the ~ of a doubt il n'y a pas l'ombre d'un doute.

shadow cabinet *n* cabinet *m* fantôme.

shadowy ['ʃædəʊɪ] *adj* **-1.** [dark] ombreux(euse). **-2.** [sinister] mystérieux (ieuse).

shady ['ʃeɪdɪ] *adj* **-1.** [garden, street etc] ombragé(e); [tree] qui donne de l'ombre. **-2.** *inf* [dishonest] louche.

shaft [ʃɑːft] *n* **-1.** [vertical passage] puits *m*; [of lift] cage *f*. **-2.** TECH arbre *m*. **-3.** [of light] rayon *m*. **-4.** [of tool, golf club] manche *m*.

shaggy ['ʃægɪ] *adj* hirsute.

shake [ʃeɪk] (*pt* shook, *pp* shaken) ◇ *vt* **-1.** [move vigorously - gen] secouer; [- bottle] agiter; to ~ sb's hand serrer la main de OR à qqn; to ~ hands se serrer la main; to ~ one's head secouer la tête; [to say no] faire non de la tête. **-2.** [shock] ébranler, secouer. ◇ *vi* trembler. ◇ *n* [tremble] tremblement *m*; to give sthg a ~ secouer qqch. ◆ **shake off** *vt sep* [police, pursuers] semer; [illness] se débarrasser de.

shaken ['ʃeɪkn] *pp* → shake.

shaky ['ʃeɪkɪ] *adj* [building, table] branlant(e); [hand] tremblant(e); [person] faible; [argument, start] incertain(e).

shall [weak form ʃəl, strong form ʃæl] *aux vb* **-1.** (*1st person sg & 1st person pl*) (*to express future tense*): I ~ be ... je serai ... **-2.** (*esp 1st person sg & 1st person pl*) (*in questions*): ~ we have lunch now? tu veux qu'on déjeune maintenant?; where ~ I put this? où est-ce qu'il faut mettre ça? **-3.** (*in orders*): you ~ tell me! tu vas OR dois me le dire!

shallow ['ʃæləʊ] *adj* **-1.** [water, dish, hole] peu profond(e). **-2.** *pej* [superficial] superficiel(ielle).

sham [ʃæm] ◇ *adj* feint(e), simulé(e). ◇ *n* comédie *f*.

shambles ['ʃæmblz] *n* désordre *m*, pagaille *f*.

shame [ʃeɪm] ◇ *n* **-1.** (*U*) [remorse, humiliation] honte *f*; to bring ~ on OR upon sb faire la honte de qqn. **-2.** [pity]: it's a ~ (that ...) c'est dommage (que ... (+ *subjunctive*)); what a ~! quel dommage! ◇ *vt* faire honte à, mortifier; to ~ sb into doing sthg obliger qqn à faire qqch en lui faisant honte.

shamefaced [,ʃeɪm'feɪst] *adj* honteux(euse), penaud(e).

shameful ['ʃeɪmfʊl] *adj* honteux(euse), scandaleux(euse).

shameless ['ʃeɪmlɪs] *adj* effronté(e), éhonté(e).

shampoo [ʃæm'puː] (*pl* -s, *pt & pp* -ed, *cont* -ing) ◇ *n* shampooing *m*. ◇ *vt*: to ~ sb OR sb's hair faire un shampooing à qqn.

shamrock ['ʃæmrɒk] *n* trèfle *m*.

shandy ['ʃændɪ] *n* panaché *m*.

shan't [ʃɑːnt] = shall not.

shantytown ['ʃæntɪtaʊn] *n* bidonville *m*.

shape [ʃeɪp] ◇ *n* **-1.** [gen] forme *f*; to take ~ prendre forme OR tournure. **-2.** [health]: to be in good/bad ~ être en bonne/mauvaise forme. ◇ *vt* **-1.** [pastry, clay etc]: to ~ sthg (into) façonner OR modeler qqch (en). **-2.** [ideas, project, character] former. ◆ **shape up** *vi* [person, plans] se développer, progresser; [job, events] prendre forme OR tournure.

-shaped ['ʃeɪpt] *suffix*: egg~ en forme d'œuf; L~ en forme de L.

shapeless ['ʃeɪplɪs] *adj* informe.

shapely ['ʃeɪplɪ] *adj* bien fait(e).

share [ʃeəʳ] ◇ *n* [portion, contribution] part *f*. ◇ *vt* partager. ◇ *vi*: to ~ (in sthg) partager (qqch). ◆ **shares** *npl* actions *fpl*. ◆ **share out** *vt sep* partager, répartir.

shareholder ['ʃeə,həʊldəʳ] *n* actionnaire *mf*.

shareware ['ʃeəweəʳ] *n* (*U*) shareware *m*, logiciel *m* contributif.

shark [ʃɑːk] (*pl inv* OR -s) *n* [fish] requin *m*.

sharp [ʃɑːp] ◇ *adj* **-1.** [knife, razor] tranchant(e), affilé(e); [needle, pencil, teeth] pointu(e). **-2.** [image, outline, contrast] net (nette). **-3.** [person, mind] vif (vive); [eyesight] perçant(e). **-4.** [sudden - change, rise] brusque, soudain(e); [- hit, tap] sec (sèche). **-5.** [words, order, voice] cinglant(e). **-6.** [cry, sound] perçant(e); [pain, cold] vif (vive); [taste] piquant(e).

-7. MUS: **C/D** ~ do/ré dièse. ◇ *adv* **-1.** [punctually]: **at 8 o'clock** ~ à 8 heures pile OR tapantes. **-2.** [immediately]: ~ **left/right** tout à fait à gauche/droite. ◇ *n* MUS dièse *m*.

sharpen ['ʃɑːpn] *vt* [knife, tool] aiguiser; [pencil] tailler.

sharpener ['ʃɑːpnəʳ] *n* [for pencil] taille-crayon *m*; [for knife] aiguisoir *m* (pour couteaux).

sharp-eyed [-'aɪd] *adj*: **she's very** ~ elle remarque tout, rien ne lui échappe.

sharply ['ʃɑːplɪ] *adv* **-1.** [distinctly] nettement. **-2.** [suddenly] brusquement. **-3.** [harshly] sévèrement, durement.

shat [ʃæt] *pt & pp* → shit.

shatter ['ʃætəʳ] ◇ *vt* **-1.** [window, glass] briser, fracasser. **-2.** *fig* [hopes, dreams] détruire. ◇ *vi* se fracasser, voler en éclats.

shattered ['ʃætəd] *adj* **-1.** [upset] bouleversé(e). **-2.** *Br inf* [very tired] flapi(e).

shave [ʃeɪv] ◇ *n*: **to have a** ~ se raser. ◇ *vt* **-1.** [remove hair from] raser. **-2.** [wood] planer, raboter. ◇ *vi* se raser.

shaver ['ʃeɪvəʳ] *n* rasoir *m* électrique.

shaving brush ['ʃeɪvɪŋ-] *n* blaireau *m*.

shaving cream ['ʃeɪvɪŋ-] *n* crème *f* à raser.

shaving foam ['ʃeɪvɪŋ-] *n* mousse *f* à raser.

shavings ['ʃeɪvɪŋz] *npl* [of wood, metal] copeaux *mpl*.

shawl [ʃɔːl] *n* châle *m*.

she [ʃiː] ◇ *pers pron* **-1.** [referring to woman, girl, animal] elle; ~**'s tall** elle est grande; SHE **can't do it** elle, elle ne peut pas le faire; **there** ~ **is** la voilà; **if I were** OR **was** ~ *fml* si j'étais elle, à sa place. **-2.** [referring to boat, car, country] *follow the gender of your translation.* ◇ *comp*: ~**-elephant** éléphant *m* femelle; ~**-wolf** louve *f*.

sheaf [ʃiːf] (*pl* **sheaves**) *n* **-1.** [of papers, letters] liasse *f*. **-2.** [of corn, grain] gerbe *f*.

shear [ʃɪəʳ] (*pt* **-ed**, *pp* **-ed** OR **shorn**) *vt* [sheep] tondre. ◆ **shears** *npl* **-1.** [for garden] sécateur *m*, cisaille *f*. **-2.** [for dressmaking] ciseaux *mpl*. ◆ **shear off** ◇ *vt sep* [branch] couper; [piece of metal] cisailler. ◇ *vi* se détacher.

sheath [ʃiːθ] (*pl* **-s** [ʃiːðz]) *n* **-1.** [for knife, cable] gaine *f*. **-2.** *Br* [condom] préservatif *m*.

sheaves [ʃiːvz] *pl* → sheaf.

shed [ʃed] (*pt & pp* **shed**) ◇ *n* [small] remise *f*, cabane *f*; [larger] hangar *m*. ◇ *vt* **-1.** [hair, skin, leaves] perdre. **-2.** [tears] verser, répandre. **-3.** [employees] se défaire de, congédier.

she'd [weak form ʃɪd, strong form ʃiːd] = she had, she would.

sheen [ʃiːn] *n* lustre *m*, éclat *m*.

sheep [ʃiːp] (*pl inv*) *n* mouton *m*.

sheepdog ['ʃiːpdɒg] *n* chien *m* de berger.

sheepish ['ʃiːpɪʃ] *adj* penaud(e).

sheepskin ['ʃiːpskɪn] *n* peau *f* de mouton.

sheer [ʃɪəʳ] *adj* **-1.** [absolute] pur(e). **-2.** [very steep] à pic, abrupt(e). **-3.** [material] fin(e).

sheet [ʃiːt] *n* **-1.** [for bed] drap *m*. **-2.** [of paper, glass, wood] feuille *f*; [of metal] plaque *f*.

sheik(h) [ʃeɪk] *n* cheik *m*.

shelf [ʃelf] (*pl* **shelves**) *n* [for storage] rayon *m*, étagère *f*.

shell [ʃel] ◇ *n* **-1.** [of egg, nut, snail] coquille *f*. **-2.** [of tortoise, crab] carapace *f*. **-3.** [on beach] coquillage *m*. **-4.** [of building, car] carcasse *f*. **-5.** MIL obus *m*. ◇ *vt* **-1.** [peas] écosser; [nuts, prawns] décortiquer; [eggs] enlever la coquille de, écaler. **-2.** MIL bombarder.

she'll [ʃiːl] = she will, she shall.

shellfish ['ʃelfɪʃ] (*pl inv*) *n* **-1.** [creature] crustacé *m*, coquillage *m*. **-2.** (*U*) [food] fruits *mpl* de mer.

shell suit *n Br* survêtement *m* (*en Nylon® imperméabilisé*).

shelter ['ʃeltəʳ] ◇ *n* abri *m*. ◇ *vt* **-1.** [protect] abriter, protéger. **-2.** [refugee, homeless person] offrir un asile à; [criminal, fugitive] cacher. ◇ *vi* s'abriter, se mettre à l'abri.

sheltered ['ʃeltəd] *adj* **-1.** [from weather] abrité(e). **-2.** [life, childhood] protégé(e), sans soucis.

shelve [ʃelv] *vt fig* mettre au Frigidaire®, mettre en sommeil.

shelves [ʃelvz] *pl* → shelf.

shepherd ['ʃepəd] ◇ *n* berger *m*. ◇ *vt fig* conduire.

shepherd's pie ['ʃepədz-] *n* ≃ hachis *m* Parmentier.

sheriff ['ʃerɪf] *n Am* shérif *m*.

sherry ['ʃerɪ] *n* xérès *m*, sherry *m*.

she's [ʃiːz] = she is, she has.

Shetland ['ʃetlənd] *n*: **(the)** ~ **(Islands)** les (îles) Shetland *fpl*.

sh(h) [ʃ] *excl* chut!

shield [ʃiːld] ◇ *n* **-1.** [armour] bouclier *m*. **-2.** *Br* [sports trophy] plaque *f*. ◇ *vt*:

to ~ **sb (from)** protéger qqn (de OR contre).

shift [ʃɪft] ◇ n **-1.** [change] changement m, modification f. **-2.** [period of work] poste m; [workers] équipe f. ◇ vt **-1.** [move] déplacer, changer de place. **-2.** [change] changer, modifier. ◇ vi **-1.** [move - gen] changer de place; [- wind] tourner, changer. **-2.** [change] changer, se modifier. **-3.** Am AUT changer de vitesse.

shiftless ['ʃɪftlɪs] adj fainéant(e), paresseux(euse).

shifty ['ʃɪfti] adj inf sournois(e), louche.

shilling ['ʃɪlɪŋ] n shilling m.

shilly-shally ['ʃɪlɪˌʃælɪ] vi hésiter, être indécis(e).

shimmer ['ʃɪmər] ◇ n reflet m, miroitement m. ◇ vi miroiter.

shin [ʃɪn] n tibia m.

shinbone ['ʃɪnbəʊn] n tibia m.

shine [ʃaɪn] (pt & pp shone) ◇ n brillant m. ◇ vt **-1.** [direct: to ~ **a torch on sthg** éclairer qqch. **-2.** [polish] faire briller, astiquer. ◇ vi briller.

shingle ['ʃɪŋgl] n (U) [on beach] galets mpl. ◆ **shingles** n (U) zona m.

shiny ['ʃaɪnɪ] adj brillant(e).

ship [ʃɪp] ◇ n bateau m; [larger] navire m. ◇ vt [goods] expédier; [troops, passengers] transporter.

shipbuilding ['ʃɪpˌbɪldɪŋ] n construction f navale.

shipment ['ʃɪpmənt] n [cargo] cargaison f, chargement m.

shipper ['ʃɪpər] n affréteur m, chargeur m.

shipping ['ʃɪpɪŋ] n (U) **-1.** [transport] transport m maritime. **-2.** [ships] navires mpl.

shipshape ['ʃɪpʃeɪp] adj bien rangé(e), en ordre.

shipwreck ['ʃɪprek] ◇ n **-1.** [destruction of ship] naufrage m. **-2.** [wrecked ship] épave f. ◇ vt: to be ~ed faire naufrage.

shipyard ['ʃɪpjɑːd] n chantier m naval.

shire [ʃaɪər] n [county] comté m.

shirk [ʃɜːk] vt se dérober à.

shirt [ʃɜːt] n chemise f.

shirtsleeves ['ʃɜːtsliːvz] npl: to be in (one's) ~ être en manches OR en bras de chemise.

shit [ʃɪt] (pt & pp shit OR -ted OR shat) vulg ◇ n **-1.** [excrement] merde f. **-2.** (U) [nonsense] conneries fpl. ◇ vi chier. ◇ excl merde!

shiver ['ʃɪvər] ◇ n frisson m. ◇ vi: to ~ (with) trembler (de), frissonner (de).

shoal [ʃəʊl] n [of fish] banc m.

shock [ʃɒk] ◇ n **-1.** [surprise] choc m, coup m. **-2.** (U) MED: to be suffering from ~, to be in (a state of) ~ être en état de choc. **-3.** [impact] choc m, heurt m. **-4.** ELEC décharge f électrique. ◇ vt **-1.** [upset] bouleverser. **-2.** [offend] choquer, scandaliser.

shock absorber [-əbˌzɔːbər] n amortisseur m.

shocking ['ʃɒkɪŋ] adj **-1.** [very bad] épouvantable, terrible. **-2.** [outrageous] scandaleux(euse).

shod [ʃɒd] ◇ pt & pp → shoe. ◇ adj chaussé(e).

shoddy ['ʃɒdɪ] adj [goods, work] de mauvaise qualité; [treatment] indigne, méprisable.

shoe [ʃuː] (pt & pp -ed OR shod) ◇ n chaussure f, soulier m. ◇ vt [horse] ferrer.

shoebrush ['ʃuːbrʌʃ] n brosse f à chaussures.

shoehorn ['ʃuːhɔːn] n chausse-pied m.

shoelace ['ʃuːleɪs] n lacet m de soulier.

shoe polish n cirage m.

shoe shop n magasin m de chaussures.

shoestring ['ʃuːstrɪŋ] n fig: on a ~ à peu de frais.

shone [ʃɒn] pt & pp → shine.

shoo [ʃuː] ◇ vt chasser. ◇ excl ouste!

shook [ʃʊk] pt → shake.

shoot [ʃuːt] (pt & pp shot) ◇ vt **-1.** [kill with gun] tuer d'un coup de feu; [wound with gun] blesser d'un coup de feu; to ~ o.s. [kill o.s.] se tuer avec une arme à feu. **-2.** Br [hunt] chasser. **-3.** [arrow] décocher, tirer. **-4.** CINEMA tourner. ◇ vi **-1.** [fire gun]: to ~ (at) tirer (sur). **-2.** Br [hunt] chasser. **-3.** [move quickly]: to ~ in/out/past entrer/sortir/passer en trombe, entrer/sortir/passer comme un bolide. **-4.** CINEMA tourner. **-5.** SPORT tirer, shooter. ◇ n **-1.** Br [hunting expedition] partie f de chasse. **-2.** [of plant] pousse f. ◆ **shoot down** vt sep **-1.** [aeroplane] descendre, abattre. **-2.** [person] abattre. ◆ **shoot up** vi **-1.** [child, plant] pousser vite. **-2.** [price, inflation] monter en flèche.

shooting ['ʃuːtɪŋ] n **-1.** [killing] meurtre m. **-2.** (U) [hunting] chasse f.

shooting star n étoile f filante.

shop [ʃɒp] ◇ n **-1.** [store] magasin m, boutique f. **-2.** [workshop] atelier m. ◇ vi faire ses courses; to go shopping aller faire les courses OR commissions.

shop assistant n Br vendeur m, -euse f.

shop floor *n*: the ~ *fig* les ouvriers *mpl*.

shopkeeper ['ʃɒp,kiːpəʳ] *n* commerçant *m*, -e *f*.

shoplifting ['ʃɒp,lɪftɪŋ] *n* (U) vol *m* à l'étalage.

shopper ['ʃɒpəʳ] *n* personne *f* qui fait ses courses.

shopping ['ʃɒpɪŋ] *n* (U) [purchases] achats *mpl*.

shopping bag *n* sac *m* à provisions.

shopping centre *Br*, **shopping mall** *Am*, **shopping plaza** *Am* [-,plɑːzə] *n* centre *m* commercial.

shopsoiled *Br* ['ʃɒpsɔɪld], **shopworn** *Am* ['ʃɒpwɔːn] *adj* qui a fait l'étalage, abîmé(e) (en magasin).

shop steward *n* délégué syndical *m*, déléguée syndicale *f*.

shopwindow [,ʃɒp'wɪndəʊ] *n* vitrine *f*.

shopworn *Am* = shopsoiled.

shore [ʃɔːʳ] *n* rivage *m*, bord *m*; **on** ~ à terre. ◆ **shore up** *vt sep* étayer, étançonner; *fig* consolider.

shorn [ʃɔːn] ◇ *pp* → shear. ◇ *adj* tondu(e).

short [ʃɔːt] ◇ *adj* **-1.** [not long - in time] court(e), bref (brève); [- in space] court. **-2.** [not tall] petit(e). **-3.** [curt] brusque, sec (sèche). **-4.** [lacking]: **time/money is** ~ nous manquons de temps/d'argent; **to be** ~ of manquer de. **-5.** [abbreviated]: **to be** ~ **for** être le diminutif de. ◇ *adv*: **to be running** ~ **of** [running out of] commencer à manquer de, commencer à être à court de; **to cut sthg** ~ [visit, speech] écourter qqch; [discussion] couper court à qqch; **to stop** ~ s'arrêter net. ◇ *n* **-1.** *Br* [alcoholic drink] alcool *m* fort. **-2.** [film] court métrage *m*. ◆ **shorts** *npl* **-1.** [gen] short *m*. **-2.** *Am* [underwear] caleçon *m*. ◆ **for short** *adv*: **he's called Bob for** ~ Bob est son diminutif. ◆ **in short** *adv* (enfin) bref. ◆ **nothing short of** *prep* rien moins que, pratiquement. ◆ **short of** *prep* [unless, without]: ~ **of doing sthg** à moins de faire qqch, à part faire qqch.

shortage ['ʃɔːtɪdʒ] *n* manque *m*, insuffisance *f*.

shortbread ['ʃɔːtbred] *n* sablé *m*.

short-change *vt* **-1.** [subj: shopkeeper]: **to** ~ **sb** ne pas rendre assez à qqn. **-2.** *fig* [cheat] tromper, rouler.

short circuit *n* court-circuit *m*.

shortcomings ['ʃɔːt,kʌmɪŋz] *npl* défauts *mpl*.

shortcrust pastry ['ʃɔːtkrʌst-] *n* pâte *f* brisée.

short cut *n* **-1.** [quick route] raccourci *m*. **-2.** [quick method] solution *f* miracle.

shorten ['ʃɔːtn] ◇ *vt* **-1.** [holiday, time] écourter. **-2.** [skirt, rope etc] raccourcir. ◇ *vi* [days] raccourcir.

shortfall ['ʃɔːtfɔːl] *n* déficit *m*.

shorthand ['ʃɔːthænd] *n* (U) [writing system] sténographie *f*.

shorthand typist *n Br* sténodactylo *f*.

short list *n Br* liste *f* des candidats sélectionnés.

shortly ['ʃɔːtlɪ] *adv* [soon] bientôt.

shortsighted [,ʃɔːt'saɪtɪd] *adj* myope; *fig* imprévoyant(e).

short-staffed [-'stɑːft] *adj*: **to be** ~ manquer de personnel.

short story *n* nouvelle *f*.

short-tempered [-'tempəd] *adj* emporté(e), irascible.

short-term *adj* [effects, solution] à court terme; [problem] de courte durée.

short wave *n* (U) ondes *fpl* courtes.

shot [ʃɒt] ◇ *pt & pp* → shoot. ◇ *n* **-1.** [gunshot] coup *m* de feu; faire a ~ sans tarder, sans hésiter. **-2.** [marksman] tireur *m*. **-3.** SPORT coup *m*. **-4.** [photograph] photo *f*; CINEMA plan *m*. **-5.** *inf* [attempt]: **to have a** ~ **at sthg** essayer de faire qqch. **-6.** [injection] piqûre *f*.

shotgun ['ʃɒtgʌn] *n* fusil *m* de chasse.

should [ʃʊd] *aux vb* **-1.** [indicating duty]: **we** ~ **leave now** il faudrait partir maintenant. **-2.** [seeking advice, permission]: ~ **I go too?** est-ce que je devrais y aller aussi? **-3.** [as suggestion]: **I** ~ **deny everything** moi, je nierais tout. **-4.** [indicating probability]: **she** ~ **be home soon** elle devrait être de retour bientôt, elle va à bientôt rentrer. **-5.** [was or were expected]: **they** ~ **have won the match** ils auraient dû gagner le match. **-6.** [indicating intention, wish]: **I** ~ **like to come with you** j'aimerais bien venir avec vous. **-7.** (*as conditional*): **you** ~ **go if you're invited** tu devrais y aller si tu es invité. **-8.** (*in subordinate clauses*): **we decided that you** ~ **meet him** nous avons décidé que ce serait toi qui irais le chercher. **-9.** [expressing uncertain opinion]: **I** ~ **think he's about 50 (years old)** je pense qu'il doit avoir dans les 50 ans.

shoulder ['ʃəʊldəʳ] ◇ *n* épaule *f*. ◇ *vt* **-1.** [carry] porter. **-2.** [responsibility] endosser.

shoulder blade *n* omoplate *f*.

shoulder strap n -1. [on dress] bretelle f. -2. [on bag] bandoulière f.

shouldn't [ʃʊdnt] = should not.

should've [ʃʊdəv] = should have.

shout [ʃaʊt] ◇ n [cry] cri m. ◇ vt & vi crier. ◆ **shout down** vt sep huer, conspuer.

shouting [ʃaʊtɪŋ] n (U) cris mpl.

shove [ʃʌv] ◇ n: to give sb/sthg a ~ pousser qqn/qqch. ◇ vt pousser; to ~ clothes into a bag fourrer des vêtements dans un sac. ◆ **shove off** vi -1. [in boat] pousser au large. -2. inf [go away] ficher le camp, filer.

shovel [ʃʌvl] ◇ n [tool] pelle f. ◇ vt enlever à la pelle, pelleter.

show [ʃəʊ] (pt -ed, pp shown OR -ed) ◇ n -1. [display] démonstration f, manifestation f. -2. [at theatre] spectacle m; [on radio, TV] émission f. -3. CINEMA séance f. -4. [exhibition] exposition f. ◇ vt -1. [gen] montrer; [profit, loss] indiquer; [respect] témoigner; [courage, mercy] faire preuve de; to ~ sb sthg, to ~ sthg to sb montrer qqch à qqn. -2. [escort]: to ~ sb to his seat/table conduire qqn à sa place/sa table. -3. [film] projeter, passer; [TV programme] donner, passer. ◇ vi -1. [indicate] indiquer, montrer. -2. [be visible] se voir, être visible. -3. CINEMA: what's ~ing tonight? qu'est-ce qu'on joue comme film ce soir? ◆ **show off** ◇ vt sep exhiber. ◇ vi faire l'intéressant(e). ◆ **show up** ◇ vt sep [embarrass] embarrasser, faire honte à. ◇ vi -1. [stand out] se voir, ressortir. -2. [arrive] s'amener, rappliquer.

show business n (U) monde m du spectacle, show-business m.

showdown [ʃəʊdaʊn] n: to have a ~ with sb s'expliquer avec qqn, mettre les choses au point avec qqn.

shower [ʃaʊəʳ] ◇ n -1. [device, act] douche f; to have OR take a ~ prendre une douche, se doucher. -2. [of rain] averse f. -3. fig [of questions, confetti] avalanche f, déluge m. ◇ vt: to ~ sb with couvrir qqn de. ◇ vi [wash] prendre une douche, se doucher.

shower cap n bonnet m de douche.

showing [ʃəʊɪŋ] n CINEMA projection f.

show jumping [-dʒʌmpɪŋ] n jumping m.

shown [ʃəʊn] pp → show.

show-off n inf m'as-tu-vu m, -e f.

showpiece [ʃəʊpiːs] n [main attraction] joyau m, trésor m.

showroom [ʃəʊrʊm] n salle f OR magasin m d'exposition; [for cars] salle de démonstration.

shrank [ʃræŋk] pt → shrink.

shrapnel [ʃræpnl] n (U) éclats mpl d'obus.

shred [ʃred] ◇ n -1. [of material, paper] lambeau m, brin m. -2. fig [of evidence] parcelle f; [of truth] once f, grain m. ◇ vt [food] râper; [paper] déchirer en lambeaux.

shredder [ʃredəʳ] n [machine] destructeur m de documents.

shrewd [ʃruːd] adj fin(e), astucieux(ieuse).

shriek [ʃriːk] ◇ n cri m perçant, hurlement m; [of laughter] éclat m. ◇ vi pousser un cri perçant.

shrill [ʃrɪl] adj [sound, voice] aigu(ë); [whistle] strident(e).

shrimp [ʃrɪmp] n crevette f.

shrine [ʃraɪn] n [place of worship] lieu m saint.

shrink [ʃrɪŋk] (pt shrank, pp shrunk) ◇ vt rétrécir. ◇ vi -1. [cloth, garment] rétrécir; [person] rapetisser; fig [income, popularity etc] baisser, diminuer. -2. [recoil]: to ~ away from sthg reculer devant qqch; to ~ from doing sthg rechigner OR répugner à faire qqch.

shrinkage [ʃrɪŋkɪdʒ] n rétrécissement m; fig diminution f, baisse f.

shrink-wrap vt emballer sous film plastique.

shrivel [ʃrɪvl] ◇ vt: to ~ (up) rider, flétrir. ◇ vi: to ~ (up) se rider, se flétrir.

shroud [ʃraʊd] ◇ n [cloth] linceul m. ◇ vt: to be ~ed in [darkness, fog] être enseveli(e) sous; [mystery] être enveloppé(e) de.

Shrove Tuesday [ʃrəʊv-] n Mardi m gras.

shrub [ʃrʌb] n arbuste m.

shrubbery [ʃrʌbəri] n massif m d'arbustes.

shrug [ʃrʌg] ◇ vt: to ~ one's shoulders hausser les épaules. ◇ vi hausser les épaules. ◆ **shrug off** vt sep ignorer.

shrunk [ʃrʌŋk] pp → shrink.

shudder [ʃʌdəʳ] vi -1. [tremble]: to ~ (with) frémir (de), frissonner (de). -2. [shake] vibrer, trembler.

shuffle [ʃʌfl] vt -1. [drag]: to ~ one's feet traîner les pieds. -2. [cards] mélanger, battre.

shun [ʃʌn] vt fuir, éviter.

shunt [ʃʌnt] vt RAIL aiguiller.

shut [ʃʌt] (*pt* & *pp* **shut**) ◇ *adj* [closed] fermé(e). ◇ *vt* fermer. ◇ *vi* **-1.** [door, window] se fermer. **-2.** [shop] fermer. ◆ **shut away** *vt sep* [valuables, papers] mettre sous clef. ◆ **shut down** *vt sep* & *vi* fermer. ◆ **shut out** *vt sep* [noise] supprimer; [light] ne pas laisser entrer; **to ~ sb out** laisser qqn à la porte. ◆ **shut up** *inf* ◇ *vt sep* [silence] faire taire. ◇ *vi* se taire.

shutter [ʃʌtər] *n* **-1.** [on window] volet *m*. **-2.** [in camera] obturateur *m*.

shuttle [ʃʌtl] ◇ *adj:* **~ service** (service *m* de) navette *f*. ◇ *n* [train, bus, plane] navette *f*.

shuttlecock [ʃʌtlkɒk] *n* volant *m*.

shy [ʃaɪ] ◇ *adj* [timid] timide. ◇ *vi* [horse] s'effaroucher.

Siberia [saɪbɪərɪə] *n* Sibérie *f*.

sibling [sɪblɪŋ] *n* [brother] frère *m*; [sister] sœur *f*.

Sicily [sɪsɪlɪ] *n* Sicile *f*.

sick [sɪk] *adj* **-1.** [ill] malade. **-2.** [nauseous]: **to feel ~** avoir envie de vomir, avoir mal au cœur; **to be ~** *Br* [vomit] vomir. **-3.** [fed up]: **to be ~ of** en avoir assez OR marre de. **-4.** [joke, humour] macabre.

sickbay [sɪkbeɪ] *n* infirmerie *f*.

sicken [sɪkn] ◇ *vt* écœurer, dégoûter. ◇ *vi Br:* **to be ~ing for sthg** couver qqch.

sickening [sɪknɪŋ] *adj* [disgusting] écœurant(e), dégoûtant(e).

sickle [sɪkl] *n* faucille *f*.

sick leave *n* (*U*) congé *m* de maladie.

sickly [sɪklɪ] *adj* **-1.** [unhealthy] maladif(ive), souffreteux(euse). **-2.** [smell, taste] écœurant(e).

sickness [sɪknɪs] *n* **-1.** [illness] maladie *f*. **-2.** *Br* (*U*) [nausea] nausée *f*, nausées *fpl*; [vomiting] vomissement *m*, vomissements *mpl*.

sick pay *n* (*U*) indemnité *f* OR allocation *f* de maladie.

side [saɪd] ◇ *n* **-1.** [gen] côté *m*; **at** OR **by my/her** *etc* **~** à mes/ses *etc* côtés; **on every ~, on all ~s** de tous côtés; **from ~ to ~** d'un côté à l'autre; **~ by ~** côte à côte. **-2.** [of table, river] bord *m*. **-3.** [of hill, valley] versant *m*, flanc *m*. **-4.** [in war, debate] camp *m*, côté *m*; SPORT équipe *f*, camp; [of argument] point *m* de vue; **to take sb's ~** prendre le parti de qqn. **-5.** [aspect - gen] aspect *m*; [- of character] facette *f*; **to be on the safe ~** pour plus de sûreté, par précaution. ◇ *adj* [situated on side] latéral(e).

◆ **side with** *vt fus* prendre le parti de, se ranger du côté de.

sideboard [saɪdbɔːd] *n* [cupboard] buffet *m*.

sideboards *Br* [saɪdbɔːdz], **sideburns** *Am* [saɪdbɜːnz] *npl* favoris *mpl*, rouflaquettes *fpl*.

side effect *n* **-1.** MED effet *m* secondaire OR indésirable. **-2.** [unplanned result] effet *m* secondaire, répercussion *f*.

sidelight [saɪdlaɪt] *n* AUT feu *m* de position.

sideline [saɪdlaɪn] *n* **-1.** [extra business] activité *f* secondaire. **-2.** SPORT ligne *f* de touche.

sidelong [saɪdlɒŋ] *adj* & *adv* de côté.

sidesaddle [saɪdsædl] *adv:* **to ride ~** monter en amazone.

sideshow [saɪdʃəʊ] *n* spectacle *m* forain.

sidestep [saɪdstep] *vt* faire un pas de côté pour éviter OR esquiver; *fig* éviter.

side street *n* [not main street] petite rue *f*; [off main street] rue transversale.

sidetrack [saɪdtræk] *vt:* **to be ~ed** se laisser distraire.

sidewalk [saɪdwɔːk] *n Am* trottoir *m*.

sideways [saɪdweɪz] *adj* & *adv* de côté.

siding [saɪdɪŋ] *n* voie *f* de garage.

sidle [saɪdl] ◆ **sidle up** *vi:* **to ~ up to sb** se glisser vers qqn.

siege [siːdʒ] *n* siège *m*.

sieve [sɪv] ◇ *n* [for flour, sand etc] tamis *m*; [for liquids] passoire *f*. ◇ *vt* [flour etc] tamiser; [liquid] passer.

sift [sɪft] ◇ *vt* **-1.** [flour, sand] tamiser. **-2.** *fig* [evidence] passer au crible. ◇ *vi:* **to ~ through** examiner, éplucher.

sigh [saɪ] ◇ *n* soupir *m*. ◇ *vi* [person] soupirer, pousser un soupir.

sight [saɪt] ◇ *n* **-1.** [seeing] vue *f*; **in ~** en vue; **in/out of ~** en/hors de vue; **at first ~** à première vue, au premier abord. **-2.** [spectacle] spectacle *m*. **-3.** [on gun] mire *f*. ◇ *vt* apercevoir. ◆ **sights** *npl* [of city] attractions *fpl* touristiques.

sightseeing [saɪtsiːɪŋ] *n* tourisme *m*; **to go ~** faire du tourisme.

sightseer [saɪtsiːər] *n* touriste *mf*.

sign [saɪn] ◇ *n* **-1.** [gen] signe *m*; **no ~ of** aucune trace de. **-2.** [notice] enseigne *f*; AUT panneau *m*. ◇ *vt* signer. ◆ **sign on** *vi* **-1.** [enrol - MIL] s'engager; [- for course] s'inscrire. **-2.** [register as unemployed] s'inscrire au chômage. ◆ **sign up** ◇ *vt sep* [worker] embaucher;

[soldier] engager. ◇ *vi* MIL s'engager; [for course] s'inscrire.

signal ['sɪgnl] ◇ *n* signal *m*. ◇ *vt* **-1.** [indicate] indiquer. **-2.** [gesture to]: **to ~ sb (to do sthg)** faire signe à qqn (de faire qqch). ◇ *vi* **-1.** AUT clignoter, mettre son clignotant. **-2.** [gesture]: **to ~ to sb (to do sthg)** faire signe à qqn (de faire qqch).

signalman ['sɪgnlmən] (*pl* **-men** [-mən]) *n* RAIL aiguilleur *m*.

signature ['sɪgnətʃər] *n* [name] signature *f*.

signature tune *n* indicatif *m*.

signet ring ['sɪgnɪt-] *n* chevalière *f*.

significance [sɪg'nɪfɪkəns] *n* **-1.** [importance] importance *f*, portée *f*. **-2.** [meaning] signification *f*.

significant [sɪg'nɪfɪkənt] *adj* **-1.** [considerable] considérable. **-2.** [important] important(e). **-3.** [meaningful] significatif(ive).

signify ['sɪgnɪfaɪ] *vt* signifier, indiquer.

signpost ['saɪnpəʊst] *n* poteau *m* indicateur.

Sikh [siːk] ◇ *adj* sikh (*inv*). ◇ *n* [person] Sikh *mf*.

silence ['saɪləns] ◇ *n* silence *m*. ◇ *vt* réduire au silence, faire taire.

silencer ['saɪlənsər] *n* silencieux *m*.

silent ['saɪlənt] *adj* **-1.** [person, place] silencieux(ieuse). **-2.** CINEMA & LING muet(ette).

silhouette [,sɪluː'et] *n* silhouette *f*.

silicon chip [,sɪlɪkən-] *n* puce *f*, pastille *f* de silicium.

silk [sɪlk] ◇ *n* soie *f*. ◇ *comp* en OR de soie.

silky ['sɪlkɪ] *adj* soyeux(euse).

sill [sɪl] *n* [of window] rebord *m*.

silly ['sɪlɪ] *adj* stupide, bête.

silo ['saɪləʊ] (*pl* **-s**) *n* silo *m*.

silt [sɪlt] *n* vase *f*, limon *m*.

silver ['sɪlvər] ◇ *adj* [colour] argenté(e). ◇ *n* (*U*) **-1.** [metal] argent *m*. **-2.** [coins] pièces *fpl* d'argent. **-3.** [silverware] argenterie *f*. ◇ *comp* en argent, d'argent.

silver foil, silver paper *n* (*U*) papier *m* d'argent OR d'étain.

silver-plated [-'pleɪtɪd] *adj* plaqué(e) argent.

silversmith ['sɪlvəsmɪθ] *n* orfèvre *mf*.

silverware ['sɪlvəweər] *n* (*U*) **-1.** [dishes, spoons etc] argenterie *f*. **-2.** *Am* [cutlery] couverts *mpl*.

similar ['sɪmɪlər] *adj*: **~ (to)** semblable (à), similaire (à).

similarly ['sɪmɪləlɪ] *adv* de la même manière, pareillement.

simmer ['sɪmər] *vt* faire cuire à feu doux, mijoter.

simpering ['sɪmpərɪŋ] *adj* affecté(e).

simple ['sɪmpl] *adj* **-1.** [gen] simple. **-2.** *dated* [mentally retarded] simplet(ette), simple d'esprit.

simple-minded [-'maɪndɪd] *adj* simplet(ette), simple d'esprit.

simplicity [sɪm'plɪsətɪ] *n* simplicité *f*.

simplify ['sɪmplɪfaɪ] *vt* simplifier.

simply ['sɪmplɪ] *adv* **-1.** [gen] simplement. **-2.** [for emphasis] absolument.

simulate ['sɪmjʊleɪt] *vt* simuler.

simultaneous [*Br* ,sɪmʊl'teɪnjəs, *Am* ,saɪməl'teɪnjəs] *adj* simultané(e).

sin [sɪn] ◇ *n* péché *m*. ◇ *vi*: **to ~ (against)** pécher (contre).

since [sɪns] ◇ *adv* depuis. ◇ *prep* depuis. ◇ *conj* **-1.** [in time] depuis que. **-2.** [because] comme, puisque.

sincere [sɪn'sɪər] *adj* sincère.

sincerely [sɪn'sɪəlɪ] *adv* sincèrement; **Yours ~** [at end of letter] veuillez agréer, Monsieur/Madame, l'expression de mes sentiments les meilleurs.

sincerity [sɪn'serətɪ] *n* sincérité *f*.

sinew ['sɪnjuː] *n* tendon *m*.

sinful ['sɪnfʊl] *adj* [thought] mauvais(e); [desire, act] coupable; **~ person** pécheur *m*, -eresse *f*.

sing [sɪŋ] (*pt* **sang**, *pp* **sung**) *vt* & *vi* chanter.

Singapore [,sɪŋə'pɔːr] *n* Singapour *m*.

singe [sɪndʒ] *vt* brûler légèrement; [cloth] roussir.

singer ['sɪŋər] *n* chanteur *m*, -euse *f*.

singing ['sɪŋɪŋ] *n* (*U*) chant *m*.

single ['sɪŋgl] ◇ *adj* **-1.** [only one] seul(e), unique; **every ~** chaque. **-2.** [unmarried] célibataire. **-3.** *Br* [ticket] simple. ◇ *n* **-1.** *Br* [one-way ticket] billet *m* simple, aller *m* (simple). **-2.** MUS (disque *m*) 45 tours *m*. ◆ **singles** *npl* TENNIS simples *mpl*. ◆ **single out** *vt sep*: **to ~ sb out (for)** choisir qqn (pour).

single bed *n* lit *m* à une place.

single-breasted [-'brestɪd] *adj* [jacket] droit(e).

single cream *n* *Br* crème *f* liquide.

single file *n*: **in ~** en file indienne, à la file.

single-handed [-'hændɪd] *adv* tout seul (toute seule).

single-minded [-'maɪndɪd] *adj* résolu(e).

single-parent family *n* famille *f* monoparentale.

single room n chambre f pour une personne OR à un lit.

singlet ['sɪŋglɪt] n Br tricot m de peau; SPORT maillot m.

singular ['sɪŋgjʊlər] ◇ adj singulier(ière). ◇ n singulier m.

sinister ['sɪnɪstər] adj sinistre.

sink [sɪŋk] (pt **sank**, pp **sunk**) ◇ n [in kitchen] évier m; [in bathroom] lavabo m. ◇ vt -1. [ship] couler. -2. [teeth, claws]: **to ~ sthg into** enfoncer qqch dans. ◇ vi -1. [in water - ship] couler, sombrer; [- person, object] couler. -2. [ground] s'affaisser; [sun] baisser; **to ~ into poverty/despair** sombrer dans la misère/le désespoir. -3. [value, amount] baisser, diminuer; [voice] faiblir. ◆ **sink in** vi: **it hasn't sunk in yet** je n'ai pas encore réalisé.

sink unit n bloc-évier m.

sinner ['sɪnər] n pécheur m, -eresse f.

sinus ['saɪnəs] (pl -es) n sinus m inv.

sip [sɪp] ◇ n petite gorgée f. ◇ vt siroter, boire à petits coups.

siphon ['saɪfn] ◇ n siphon m. ◇ vt -1. [liquid] siphonner. -2. fig [money] canaliser. ◆ **siphon off** vt sep -1. [liquid] siphonner. -2. fig [money] canaliser.

sir [sɜːr] n -1. [form of address] monsieur m. -2. [in titles]: **Sir Phillip Holden** sir Phillip Holden.

siren ['saɪərən] n sirène f.

sirloin (steak) ['sɜːlɔɪn-] n bifteck m dans l'aloyau OR d'aloyau.

sissy ['sɪsɪ] n inf poule f mouillée, dégonflé m, -e f.

sister ['sɪstər] n -1. [sibling] sœur f. -2. [nun] sœur f, religieuse f. -3. Br [senior nurse] infirmière f chef.

sister-in-law (pl **sisters-in-law** OR **sister-in-laws**) n belle-sœur f.

sit [sɪt] (pt & pp **sat**) ◇ vt Br [exam] passer. ◇ vi -1. [person] s'asseoir; **to be sitting** être assis(e); **to ~ on a committee** faire partie OR être membre d'un comité. -2. [court, parliament] siéger, être en séance. ◆ **sit about, sit around** vi rester assis(e) à ne rien faire. ◆ **sit down** vi s'asseoir. ◆ **sit in on** vt fus assister à. ◆ **sit through** vt fus rester jusqu'à la fin de. ◆ **sit up** vi -1. [sit upright] se redresser, s'asseoir. -2. [stay up] veiller.

sitcom ['sɪtkɒm] n inf sitcom f.

site [saɪt] ◇ n [of town, building] emplacement m; [archaeological] site m; CONSTR chantier m. ◇ vt situer, placer.

sit-in n sit-in m, occupation f des locaux.

sitting ['sɪtɪŋ] n -1. [of meal] service m. -2. [of court, parliament] séance f.

sitting room n salon m.

situated ['sɪtjʊeɪtɪd] adj: **to be ~** être situé(e), se trouver.

situation [ˌsɪtjʊ'eɪʃn] n -1. [gen] situation f. -2. [job] situation f, emploi m; "**Situations Vacant**" Br «offres d'emploi».

six [sɪks] ◇ num adj six (inv); **she's ~ (years old)** elle a six ans. ◇ num pron six m/pl; **I want ~** j'en veux six; **there were ~ of us** nous étions six. ◇ num n -1. [gen] six m inv; **two hundred and ~** deux cent six. -2. [six o'clock]: **it's ~** il est six heures; **we arrived at ~** nous sommes arrivés à six heures.

sixteen [sɪks'tiːn] num seize; see also **six**.

sixth [sɪksθ] ◇ num adj sixième. ◇ num adv -1. [in race, competition] sixième, en sixième place. -2. [in list] sixièmement. ◇ num pron sixième mf. ◇ n -1. [fraction] sixième m. -2. [in dates]: **the ~ (of September)** le six (septembre).

sixth form n Br SCH ≃ (classe f) terminale f.

sixth form college n Br établissement préparant aux A-levels.

sixty ['sɪkstɪ] num soixante; see also **six**. ◆ **sixties** npl -1. [decade]: **the sixties** les années fpl soixante. -2. [in ages]: **to be in one's sixties** être sexagénaire.

size [saɪz] n [of person, clothes, company] taille f; [of building] grandeur f, dimensions fpl; [of problem] ampleur f, taille; [of shoes] pointure f. ◆ **size up** vt sep [person] jauger; [situation] apprécier, peser.

sizeable ['saɪzəbl] adj assez important(e).

sizzle ['sɪzl] vi grésiller.

skate [skeɪt] (pl sense 2 only inv OR -s) ◇ n -1. [ice skate, roller skate] patin m. -2. [fish] raie f. ◇ vi [on ice skates] faire du patin sur glace, patiner; [on roller skates] faire du patin à roulettes.

skateboard ['skeɪtbɔːd] n planche f à roulettes, skateboard m, skate m.

skater ['skeɪtər] n [on ice] patineur m, -euse f; [on roller skates] patineur à roulettes.

skating ['skeɪtɪŋ] n [on ice] patinage m; [on roller skates] patinage à roulettes.

skating rink n patinoire f.

skeleton ['skelɪtn] n squelette m.

skeleton key n passe m, passe-partout m inv.

skeleton staff n personnel m réduit.

skeptic etc Am = **sceptic** etc.

sketch [sketʃ] ◇ n -1. [drawing] croquis m, esquisse f. -2. [description] aperçu m, résumé m. -3. [by comedian] sketch m. ◇ vt -1. [draw] dessiner, faire un croquis de. -2. [describe] donner un aperçu de, décrire à grands traits.

sketchbook ['sketʃbʊk] n carnet m à dessins.

sketchpad ['sketʃpæd] n bloc m à dessins.

sketchy ['sketʃɪ] adj incomplet(ète).

skewer ['skjʊər] ◇ n brochette f, broche f. ◇ vt embrocher.

ski [skiː] (pt & pp **skied**, cont **skiing**) ◇ n ski m. ◇ vi skier, faire du ski.

ski boots npl chaussures fpl de ski.

skid [skɪd] ◇ n dérapage m; **to go into a ~** déraper. ◇ vi déraper.

skier ['skiːər] n skieur m, -ieuse f.

skies [skaɪz] pl → **sky**.

skiing ['skiːɪŋ] n (U) ski m; **to go ~** faire du ski.

ski jump n [slope] tremplin m; [event] saut m à OR en skis.

skilful, skillful Am ['skɪlfʊl] adj habile, adroit(e).

ski lift n remonte-pente m.

skill [skɪl] n -1. (U) [ability] habileté f, adresse f. -2. [technique] technique f, art m.

skilled [skɪld] adj -1. [skilful]: **~ (in** OR **at doing sthg)** habile OR adroit(e) (pour faire qqch). -2. [trained] qualifié(e).

skillful etc Am = **skilful** etc.

skim [skɪm] ◇ vt -1. [cream] écrémer; [soup] écumer. -2. [move above] effleurer, raser. ◇ vi: **to ~ through sthg** [newspaper, book] parcourir qqch.

skim(med) milk [skɪm(d)-] n lait m écrémé.

skimp [skɪmp] ◇ vt lésiner sur. ◇ vi: **to ~ on** lésiner sur.

skimpy ['skɪmpɪ] adj [meal] maigre; [clothes] étriqué(e); [facts] insuffisant(e).

skin [skɪn] ◇ n peau f. ◇ vt -1. [dead animal] écorcher, dépouiller; [fruit] éplucher, peler. -2. [graze]: **to ~ one's knee** s'érafler OR s'écorcher le genou.

skin-deep adj superficiel(ielle).

skin diving n plongée f sous-marine.

skinny ['skɪnɪ] adj maigre.

skin-tight adj moulant(e), collant(e).

skip [skɪp] ◇ n -1. [jump] petit saut m. -2. Br [container] benne f. ◇ vt [page,

class, meal] sauter. ◇ vi -1. [gen] sauter, sautiller. -2. Br [over rope] sauter à la corde.

ski pants npl fuseau m.

ski pole n bâton m de ski.

skipper ['skɪpər] n NAUT & SPORT capitaine m.

skipping rope ['skɪpɪŋ-] n Br corde f à sauter.

skirmish ['skɜːmɪʃ] n escarmouche f.

skirt [skɜːt] ◇ n [garment] jupe f. ◇ vt -1. [town, obstacle] contourner. -2. [problem] éviter. ◆ **skirt round** vt fus -1. [town, obstacle] contourner. -2. [problem] éviter.

skit [skɪt] n sketch m.

skittle ['skɪtl] n Br quille f. ◆ **skittles** n (U) [game] quilles fpl.

skive [skaɪv] vi Br inf: **to ~ (off)** s'esquiver, tirer au flanc.

skulk [skʌlk] vi [hide] se cacher; [prowl] rôder.

skull [skʌl] n crâne m.

skunk [skʌŋk] n [animal] mouffette f.

sky [skaɪ] n ciel m.

skylight ['skaɪlaɪt] n lucarne f.

skyscraper ['skaɪˌskreɪpər] n gratte-ciel m inv.

slab [slæb] n [of concrete] dalle f; [of stone] bloc m; [of cake] pavé m.

slack [slæk] ◇ adj -1. [not tight] lâche. -2. [not busy] calme. -3. [person] négligent(e), pas sérieux(ieuse). ◇ n [in rope] mou m.

slacken ['slækn] ◇ vt [speed, pace] ralentir; [rope] relâcher. ◇ vi [speed, pace] ralentir.

slag [slæg] n (U) [waste material] scories fpl.

slagheap ['slæghiːp] n terril m.

slain [sleɪn] pp → **slay**.

slam [slæm] ◇ vt -1. [shut] claquer. -2. [place with force]: **to ~ sthg on** OR **onto** jeter qqch brutalement sur, flanquer qqch sur. ◇ vi claquer.

slander ['slɑːndər] ◇ n calomnie f; JUR diffamation f. ◇ vt calomnier; JUR diffamer.

slang [slæŋ] n (U) argot m.

slant [slɑːnt] ◇ n -1. [angle] inclinaison f. -2. [perspective] point m de vue, perspective f. ◇ vt [bias] présenter d'une manière tendancieuse. ◇ vi [slope] être incliné(e), pencher.

slanting ['slɑːntɪŋ] adj [roof] en pente.

slap [slæp] ◇ n claque f, tape f; [on face] gifle f. ◇ vt -1. [person, face] gifler; [back] donner une claque OR une tape

à. -2. [place with force]: **to ~ sthg on** OR **onto** jeter qqch brutalement sur, flanquer qqch sur. ◇ *adv inf* [directly] en plein.

slapdash ['slæpdæ∫], **slaphappy** ['slæp-ˌhæpɪ] *adj inf* [work] bâclé(e); [person, attitude] insouciant(e).

slapstick ['slæpstɪk] *n* (*U*) grosse farce *f*.

slap-up *adj Br inf* [meal] fameux(euse).

slash [slæ∫] ◇ *n* **-1.** [long cut] entaille *f*. **-2.** [oblique stroke] barre *f* oblique. ◇ *vt* **-1.** [cut] entailler. **-2.** *inf* [prices] casser; [budget, unemployment] réduire considérablement.

slat [slæt] *n* lame *f*; [wooden] latte *f*.

slate [sleɪt] ◇ *n* ardoise *f*. ◇ *vt inf* [criticize] descendre en flammes.

slaughter ['slɔːtər] ◇ *n* **-1.** [of animals] abattage *m*. **-2.** [of people] massacre *m*, carnage *m*. ◇ *vt* **-1.** [animals] abattre. **-2.** [people] massacrer.

slaughterhouse ['slɔːtəhaʊs, *pl* -haʊzɪz] *n* abattoir *m*.

slave [sleɪv] ◇ *n* esclave *mf*. ◇ *vi* travailler comme un nègre; **to ~ over sthg** peiner sur qqch.

slavery ['sleɪvərɪ] *n* esclavage *m*.

slay [sleɪ] (*pt* **slew**, *pp* **slain**) *vt literary* tuer.

sleazy ['sliːzɪ] *adj* [disreputable] mal famé(e).

sledge [sledʒ], **sled** *Am* [sled] *n* luge *f*; [larger] traîneau *m*.

sledgehammer ['sledʒˌhæmər] *n* masse *f*.

sleek [sliːk] *adj* **-1.** [hair, fur] lisse, luisant(e). **-2.** [shape] aux lignes pures.

sleep [sliːp] (*pt & pp* **slept**) ◇ *n* sommeil *m*; **to go to ~** s'endormir. ◇ *vi* **-1.** [be asleep] dormir. **-2.** [spend night] coucher. ◆ **sleep in** *vi* faire la grasse matinée. ◆ **sleep with** *vt fus euphemism* coucher avec.

sleeper ['sliːpər] *n* **-1.** [person]: **to be a heavy/light ~** avoir le sommeil lourd/léger. **-2.** [RAIL - berth] couchette *f*; [- carriage] wagon-lit *m*; [- train] train-couchettes *m*. **-3.** *Br* [on railway track] traverse *f*.

sleeping bag ['sliːpɪŋ-] *n* sac *m* de couchage.

sleeping car ['sliːpɪŋ-] *n* wagon-lit *m*.

sleeping pill ['sliːpɪŋ-] *n* somnifère *m*.

sleepless ['sliːplɪs] *adj*: **to have a ~ night** passer une nuit blanche.

sleepwalk ['sliːpwɔːk] *vi* être somnambule.

sleepy ['sliːpɪ] *adj* [person] qui a envie de dormir.

sleet [sliːt] ◇ *n* neige *f* fondue. ◇ *v impers*: **it's ~ing** il tombe de la neige fondue.

sleeve [sliːv] *n* **-1.** [of garment] manche *f*. **-2.** [for record] pochette *f*.

sleigh [sleɪ] *n* traîneau *m*.

sleight of hand [ˌslaɪt-] *n* (*U*) **-1.** [skill] habileté *f*. **-2.** [trick] tour *m* de passe-passe.

slender ['slendər] *adj* **-1.** [thin] mince. **-2.** *fig* [resources, income] modeste, maigre; [hope, chance] faible.

slept [slept] *pt & pp* → **sleep**.

slew [sluː] ◇ *pt* → **slay**. ◇ *vi* [car] déraper.

slice [slaɪs] ◇ *n* **-1.** [thin piece] tranche *f*. **-2.** *fig* [of profits, glory] part *f*. **-3.** SPORT slice *m*. ◇ *vt* **-1.** [cut into slices] couper en tranches. **-2.** [cut cleanly] trancher. **-3.** SPORT slicer.

slick [slɪk] ◇ *adj* **-1.** [skilful] bien mené(e), habile. **-2.** *pej* [superficial - talk] facile; [- person] rusé(e). ◇ *n* nappe *f* de pétrole, marée *f* noire.

slide [slaɪd] (*pt & pp* **slid** [slɪd]) ◇ *n* **-1.** [in playground] toboggan *m*. **-2.** PHOT diapositive *f*, diapo *f*. **-3.** *Br* [for hair] barrette *f*. **-4.** [decline] déclin *m*; [in prices] baisse *f*. ◇ *vt* faire glisser. ◇ *vi* glisser.

sliding door [ˌslaɪdɪŋ-] *n* porte *f* coulissante.

sliding scale [ˌslaɪdɪŋ-] *n* échelle *f* mobile.

slight [slaɪt] ◇ *adj* **-1.** [minor] léger(ère); **the ~est** le moindre (la moindre); **not in the ~est** pas du tout. **-2.** [thin] mince. ◇ *n* affront *m*. ◇ *vt* offenser.

slightly ['slaɪtlɪ] *adv* [to small extent] légèrement.

slim [slɪm] ◇ *adj* **-1.** [person, object] mince. **-2.** [chance, possibility] faible. ◇ *vi* maigrir; [diet] suivre un régime amaigrissant.

slime [slaɪm] *n* (*U*) substance *f* visqueuse; [of snail] bave *f*.

slimming ['slɪmɪŋ] ◇ *n* amaigrissement *m*. ◇ *adj* [product] amaigrissant(e).

sling [slɪŋ] (*pt & pp* **slung**) ◇ *n* **-1.** [for arm] écharpe *f*. **-2.** NAUT [for loads] élingue *f*. ◇ *vt* **-1.** [hammock etc] suspendre. **-2.** *inf* [throw] lancer.

slip [slɪp] ◇ *n* **-1.** [mistake] erreur *f*; **a ~ of the pen** un lapsus; **a ~ of the tongue** un lapsus. **-2.** [of paper - gen] morceau *m*; [- strip] bande *f*. **-3.** [under-

wear] combinaison f. **-4.** *phr*: **to give sb the ~** *inf* fausser compagnie à qqn.
◇ *vt* glisser; **to ~ sthg on** enfiler qqch.
◇ *vi* **-1.** [slide] glisser; **to ~ into sthg** se glisser dans qqch. **-2.** [decline] décliner.
◆ **slip up** *vi fig* faire une erreur.

slipped disc [ˌslɪpt-] *n* hernie f discale.

slipper ['slɪpər] *n* pantoufle f, chausson m.

slippery ['slɪpərɪ] *adj* glissant(e).

slip road *n Br* bretelle f.

slipshod ['slɪpʃɒd] *adj* peu soigné(e).

slip-up *n inf* gaffe f.

slipway ['slɪpweɪ] *n* cale f de lancement.

slit [slɪt] (*pt & pp* **slit**) ◇ *n* [opening] fente f; [cut] incision f. ◇ *vt* [make opening in] faire une fente dans, fendre; [cut] inciser.

slither ['slɪðər] *vi* [person] glisser; [snake] onduler.

sliver ['slɪvər] *n* [of glass, wood] éclat m; [of meat, cheese] lamelle f.

slob [slɒb] *n inf* [in habits] saligaud m; [in appearance] gros lard m.

slog [slɒg] *inf* ◇ *n* [tiring work] corvée f. ◇ *vi* [work] travailler comme un bœuf OR un nègre.

slogan ['sləʊgən] *n* slogan m.

slop [slɒp] ◇ *vt* renverser. ◇ *vi* déborder.

slope [sləʊp] ◇ *n* pente f. ◇ *vi* [land] être en pente; [handwriting, table] pencher.

sloping ['sləʊpɪŋ] *adj* [land, shelf] en pente; [handwriting] penché(e).

sloppy ['slɒpɪ] *adj* [careless] peu soigné(e).

slot [slɒt] *n* **-1.** [opening] fente f. **-2.** [groove] rainure f. **-3.** [in schedule] créneau m.

slot machine *n* **-1.** [vending machine] distributeur m automatique. **-2.** [for gambling] machine f à sous.

slouch [slaʊtʃ] *vi* être avachi(e).

Slovakia [slə'vækɪə] *n* Slovaquie f.

slovenly ['slʌvnlɪ] *adj* négligé(e).

slow [sləʊ] ◇ *adj* **-1.** [gen] lent(e). **-2.** [clock, watch]: **to be ~** retarder. ◇ *adv* lentement; **to go ~** [driver] aller lentement; [workers] faire la grève perlée. ◇ *vt & vi* ralentir. ◆ **slow down, slow up** *vt sep & vi* ralentir.

slowdown ['sləʊdaʊn] *n* ralentissement m.

slowly ['sləʊlɪ] *adv* lentement.

slow motion *n*: **in ~** au ralenti m.

sludge [slʌdʒ] *n* boue f.

slug [slʌg] *n* **-1.** [animal] limace f. **-2.** *inf*

[of alcohol] rasade f. **-3.** *Am inf* [bullet] balle f.

sluggish ['slʌgɪʃ] *adj* [person] apathique; [movement, growth] lent(e); [business] calme, stagnant(e).

sluice [sluːs] *n* écluse f.

slum [slʌm] *n* [area] quartier m pauvre.

slumber ['slʌmbər] *literary* ◇ *n* sommeil m. ◇ *vi* dormir paisiblement.

slump [slʌmp] ◇ *n* **-1.** [decline]: **~ (in)** baisse f (de). **-2.** [period of poverty] crise f (économique). ◇ *vi lit & fig* s'effondrer.

slung [slʌŋ] *pt & pp* → **sling**.

slur [slɜːr] ◇ *n* **-1.** [slight]: **~ (on)** atteinte f (à). **-2.** [insult] affront m, insulte f. ◇ *vt* mal articuler.

slush [slʌʃ] *n* [snow] neige f fondue.

slush fund, slush money *Am n* fonds *mpl* secrets, caisse f noire.

slut [slʌt] *n* **-1.** *inf* [dirty, untidy] souillon f. **-2.** *v inf* [sexually immoral] salope f.

sly [slaɪ] (*compar* **slyer** OR **slier**, *superl* **slyest** OR **sliest**) *adj* **-1.** [look, smile] entendu(e). **-2.** [person] rusé(e), sournois(e).

smack [smæk] ◇ *n* **-1.** [slap] claque f; [on face] gifle f. **-2.** [impact] claquement m. ◇ *vt* **-1.** [slap] donner une claque à; [face] gifler. **-2.** [place violently] poser violemment.

small [smɔːl] *adj* **-1.** [gen] petit(e). **-2.** [trivial] petit, insignifiant(e).

small ads [-ædz] *npl Br* petites annonces *fpl*.

small change *n* petite monnaie f.

smallholder ['smɔːlˌhəʊldər] *n Br* petit cultivateur m.

small hours *npl*: **in the ~** au petit jour OR matin.

smallpox ['smɔːlpɒks] *n* variole f, petite vérole f.

small print *n*: **the ~** les clauses *fpl* écrites en petits caractères.

small talk *n* (*U*) papotage m, bavardage m.

smarmy ['smɑːmɪ] *adj* mielleux(euse).

smart [smɑːt] ◇ *adj* **-1.** [stylish - person, clothes, car] élégant(e). **-2.** [clever] intelligent(e). **-3.** [fashionable - club, society, hotel] à la mode, in (*inv*). **-4.** [quick - answer, tap] vif (vive), rapide. ◇ *vi* **-1.** [eyes, skin] brûler, piquer. **-2.** [person] être blessé(e).

smart card *n* carte f à puce.

smarten ['smɑːtn] ◆ **smarten up** *vt sep*

[room] arranger; **to ~ o.s. up** se faire beau (belle).

smash [smæʃ] ◇ n **-1.** [sound] fracas m. **-2.** inf [car crash] collision f, accident m. **-3.** SPORT smash m. ◇ vt **-1.** [glass, plate etc] casser, briser. **-2.** fig [defeat] détruire. ◇ vi **-1.** [glass, plate etc] se briser. **-2.** [crash]: **to ~ into sthg** s'écraser contre qqch.

smashing ['smæʃɪŋ] adj inf super (inv).

smattering ['smætərɪŋ] n: **to have a ~ of German** savoir quelques mots d'allemand.

smear [smɪər] ◇ n **-1.** [dirty mark] tache f. **-2.** MED frottis m. **-3.** [slander] diffamation f. ◇ vt **-1.** [smudge] barbouiller, maculer. **-2.** [spread]: **to ~ sthg onto sthg** étaler qqch sur qqch; **to ~ sthg with sthg** enduire qqch de qqch. **-3.** [slander] calomnier.

smell [smel] (pt & pp **-ed** OR **smelt**) ◇ n **-1.** [odour] odeur f. **-2.** [sense of smell] odorat m. ◇ vt sentir. ◇ vi **-1.** [flower, food] sentir; **to ~ of sthg** sentir qqch; **to ~ good/bad** sentir bon/mauvais. **-2.** [smell unpleasantly] sentir (mauvais), puer.

smelly ['smelɪ] adj qui sent mauvais, qui pue.

smelt [smelt] ◇ pt & pp → **smell**. ◇ vt [metal] extraire par fusion; [ore] fondre.

smile [smaɪl] ◇ n sourire m. ◇ vi sourire.

smirk [smɜːk] n sourire m narquois.

smock [smɒk] n blouse f.

smog [smɒg] n smog m.

smoke [sməʊk] ◇ n (U) [from fire] fumée f. ◇ vt & vi fumer.

smoked [sməʊkt] adj [food] fumé(e).

smoker ['sməʊkər] n **-1.** [person] fumeur m, -euse f. **-2.** RAIL compartiment m fumeurs.

smokescreen ['sməʊkskriːn] n fig couverture f.

smoke shop n Am bureau m de tabac.

smoking ['sməʊkɪŋ] n tabagisme m; **"no ~"** «défense de fumer».

smoky ['sməʊkɪ] adj **-1.** [room, air] enfumé(e). **-2.** [taste] fumé(e).

smolder Am = **smoulder**.

smooth [smuːð] ◇ adj **-1.** [surface] lisse. **-2.** [sauce] homogène, onctueux(euse). **-3.** [movement] régulier(ière). **-4.** [taste] moelleux(euse). **-5.** [flight, ride] confortable; [landing, take-off] en douceur. **-6.** pej [person, manner] doucereux (euse), mielleux(euse). **-7.** [operation, progress] sans problèmes. ◇ vt [hair] lisser; [clothes, tablecloth] défroisser. ◆ **smooth out** vt sep défroisser.

smother ['smʌðər] vt **-1.** [cover thickly]: **to ~ sb/sthg with** couvrir qqn/qqch de. **-2.** [person, fire] étouffer. **-3.** fig [emotions] cacher, étouffer.

smoulder Br, **smolder** Am ['sməʊldər] vi lit & fig couver.

smudge [smʌdʒ] ◇ n tache f; [of ink] bavure f. ◇ vt [drawing, painting] maculer; [paper] faire une marque OR trace sur; [face] salir.

smug [smʌg] adj suffisant(e).

smuggle ['smʌgl] vt [across frontiers] faire passer en contrebande.

smuggler ['smʌglər] n contrebandier m, -ière f.

smuggling ['smʌglɪŋ] n (U) contrebande f.

smutty ['smʌtɪ] adj pej [book, language] cochon(onne).

snack [snæk] n casse-croûte m inv.

snack bar n snack m, snack-bar m.

snag [snæg] ◇ n [problem] inconvénient m, écueil m. ◇ vi: **to ~ (on)** s'accrocher (à).

snail [sneɪl] n escargot m.

snake [sneɪk] n serpent m.

snap [snæp] ◇ adj [decision, election] subit(e); [judgment] irréfléchi(e). ◇ n **-1.** [of branch] craquement m; [of fingers] claquement m. **-2.** [photograph] photo f. **-3.** [card game] ≃ bataille f. ◇ vt **-1.** [break] casser net. **-2.** [speak sharply] dire d'un ton sec. ◇ vi **-1.** [break] se casser net. **-2.** [dog]: **to ~ at** essayer de mordre. **-3.** [speak sharply]: **to ~ (at sb)** parler (à qqn) d'un ton sec. ◆ **snap up** vt sep [bargain] sauter sur.

snap fastener n pression f.

snappy ['snæpɪ] adj inf **-1.** [stylish] chic. **-2.** [quick] prompt(e); **make it ~!** dépêche-toi!, et que ça saute!

snapshot ['snæpʃɒt] n photo f.

snare [sneər] ◇ n piège m, collet m. ◇ vt prendre au piège, attraper.

snarl [snɑːl] ◇ n grondement m. ◇ vi gronder.

snatch [snætʃ] ◇ n [of conversation] bribe f; [of song] extrait m. ◇ vt [grab] saisir.

sneak [sniːk] (Am pt **snuck**) ◇ n Br inf rapporteur m, -euse f. ◇ vt: **to ~ a look at sb/sthg** regarder qqn/qqch à la dérobée. ◇ vi [move quietly] se glisser.

sneakers ['sniːkəz] npl Am tennis mpl, baskets fpl.

sneaky ['sniːkɪ] adj inf sournois(e).

sneer [snɪəʳ] ◇ n [smile] sourire m dédaigneux; [laugh] ricanement m. ◇ vi [smile] sourire dédaigneusement.

sneeze [sniːz] ◇ n éternuement m. ◇ vi éternuer.

snide [snaɪd] adj sournois(e).

sniff [snɪf] ◇ vt [smell] renifler. ◇ vi [to clear nose] renifler.

snigger ['snɪgəʳ] ◇ n rire m en dessous. ◇ vi ricaner.

snip [snɪp] ◇ n inf [bargain] bonne affaire f. ◇ vt couper.

sniper ['snaɪpəʳ] n tireur m isolé.

snippet ['snɪpɪt] n fragment m.

snivel ['snɪvl] vi geindre.

snob [snɒb] n snob mf.

snobbish ['snɒbɪʃ], **snobby** ['snɒbɪ] adj snob (inv).

snooker ['snuːkəʳ] n [game] ≃ jeu m de billard.

snoop [snuːp] vi inf fureter.

snooty ['snuːtɪ] adj inf prétentieux (ieuse).

snooze [snuːz] ◇ n petit somme m. ◇ vi faire un petit somme.

snore [snɔːʳ] ◇ n ronflement m. ◇ vi ronfler.

snoring ['snɔːrɪŋ] n (U) ronflement m, ronflements mpl.

snorkel ['snɔːkl] n tuba m.

snort [snɔːt] ◇ n [of person] grognement m; [of horse, bull] ébrouement m. ◇ vi [person] grogner; [horse] s'ébrouer.

snout [snaʊt] n groin m.

snow [snəʊ] ◇ n neige f. ◇ v impers neiger.

snowball ['snəʊbɔːl] ◇ n boule f de neige. ◇ vi fig faire boule de neige.

snowbound ['snəʊbaʊnd] adj bloqué(e) par la neige.

snowdrift ['snəʊdrɪft] n congère f.

snowdrop ['snəʊdrɒp] n perce-neige m inv.

snowfall ['snəʊfɔːl] n chute f de neige.

snowflake ['snəʊfleɪk] n flocon m de neige.

snowman ['snəʊmæn] (pl -men [-men]) n bonhomme m de neige.

snowplough Br, **snowplow** Am ['snəʊplaʊ] n chasse-neige m inv.

snowshoe ['snəʊʃuː] n raquette f.

snowstorm ['snəʊstɔːm] n tempête f de neige.

SNP (abbr of **Scottish National Party**) n parti nationaliste écossais.

Snr, **snr** abbr of **senior**.

snub [snʌb] ◇ n rebuffade f. ◇ vt snober, ignorer.

snuck [snʌk] pt → **sneak**.

snuff [snʌf] n tabac m à priser.

snug [snʌg] adj **-1.** [person] à l'aise, confortable; [in bed] bien au chaud. **-2.** [place] douillet(ette). **-3.** [close-fitting] bien ajusté(e).

snuggle ['snʌgl] vi se blottir.

so [səʊ] ◇ adv **-1.** [to such a degree] si, tellement; ~ difficult (that) ... si OR tellement difficile que ...; don't be ~ stupid! ne sois pas si bête!; we had ~ much work! nous avions tant de travail!; I've never seen ~ much money/many cars je n'ai jamais vu autant d'argent/de voitures. **-2.** [in referring back to previous statement, event etc]: what's the point then? alors à quoi bon?; ~ you knew already? alors tu le savais déjà?; I don't think ~ je ne crois pas; I'm afraid ~ je crains bien que oui; if ~ si oui; is that ~? vraiment? **-3.** [also] aussi; ~ can/do/would etc I moi aussi; she speaks French and ~ does her husband elle parle français et son mari aussi. **-4.** [in this way]: (like) ~ comme cela OR ça, de cette façon. **-5.** [in expressing agreement]: ~ there is en effet, c'est vrai; ~ I see c'est ce que je vois. **-6.** [unspecified amount, limit]: they pay us ~ much a week il nous payent tant par semaine; or ~ environ, à peu près. ◇ conj alors; I'm away next week ~ I won't be there je suis en voyage la semaine prochaine donc OR par conséquent je ne serai pas là; ~ what have you been up to? alors, qu'est-ce que vous devenez?; ~ what? inf et alors?, et après?; ~ there! inf là!, et voilà! ◆ and so on, and so forth adv et ainsi de suite. ◆ so as conj afin de, pour; we didn't knock ~ as not to disturb them nous n'avons pas frappé pour ne pas les déranger. ◆ so that conj [for the purpose that] pour que (+ subjunctive).

soak [səʊk] ◇ vt laisser OR faire tremper. ◇ vi **-1.** [become thoroughly wet]: to leave sthg to ~, to let sthg ~ laisser OR faire tremper qqch. **-2.** [spread]: to ~ into sthg tremper dans qqch; to ~ through (sthg) traverser (qqch). ◆ soak up vt sep absorber.

soaking ['səʊkɪŋ] adj trempé(e).

so-and-so n inf **-1.** [to replace a name]: Mr ~ Monsieur un tel. **-2.** [annoying person] enquiquineur m, -euse f.

soap [səʊp] *n* **-1.** (*U*) [for washing] savon *m*. **-2.** TV soap opera *m*.

soap flakes *npl* savon *m* en paillettes.

soap opera *n* soap opera *m*.

soap powder *n* lessive *f*.

soapy ['səʊpɪ] *adj* [water] savonneux(euse); [taste] de savon.

soar [sɔːr] *vi* **-1.** [bird] planer. **-2.** [balloon, kite] monter. **-3.** [prices, temperature] monter en flèche.

sob [sɒb] ◇ *n* sanglot *m*. ◇ *vi* sangloter.

sober ['səʊbər] *adj* **-1.** [not drunk] qui n'est pas ivre. **-2.** [serious] sérieux (ieuse). **-3.** [plain - clothes, colours] sobre. ◆ **sober up** *vi* dessoûler.

sobering ['səʊbərɪŋ] *adj* qui donne à réfléchir.

so-called [-kɔːld] *adj* **-1.** [misleadingly named] soi-disant (*inv*). **-2.** [widely known as] ainsi appelé(e).

soccer ['sɒkər] *n* football *m*.

sociable ['səʊʃəbl] *adj* sociable.

social ['səʊʃl] *adj* social(e).

social club *n* club *m*.

socialism ['səʊʃəlɪzm] *n* socialisme *m*.

socialist ['səʊʃəlɪst] ◇ *adj* socialiste. ◇ *n* socialiste.

socialize, -ise ['səʊʃəlaɪz] *vi* fréquenter des gens; **to ~ with sb** fréquenter qqn, frayer avec qqn.

social security *n* aide *f* sociale.

social services *npl* services *mpl* sociaux.

social worker *n* assistant social *m*, assistante sociale *f*.

society [sə'saɪətɪ] *n* **-1.** [gen] société *f*. **-2.** [club] association *f*, club *m*.

sociology [,səʊsɪ'ɒlədʒɪ] *n* sociologie *f*.

sock [sɒk] *n* chaussette *f*.

socket ['sɒkɪt] *n* **-1.** [for light bulb] douille *f*; [for plug] prise *f* de courant. **-2.** [of eye] orbite *f*; [for bone] cavité *f* articulaire.

sod [sɒd] *n* **-1.** [of turf] motte *f* de gazon. **-2.** *v inf* [person] con *m*.

soda ['səʊdə] *n* **-1.** CHEM soude *f*. **-2.** [soda water] eau *f* de Seltz. **-3.** *Am* [fizzy drink] soda *m*.

soda water *n* eau *f* de Seltz.

sodden ['sɒdn] *adj* trempé(e), détrempé(e).

sodium ['səʊdɪəm] *n* sodium *m*.

sofa ['səʊfə] *n* canapé *m*.

Sofia ['səʊfjə] *n* Sofia.

soft [sɒft] *adj* **-1.** [not hard] doux (douce), mou (molle). **-2.** [smooth, not loud, not bright] doux (douce). **-3.** [without force] léger(ère). **-4.** [caring] tendre. **-5.** [lenient] faible, indulgent(e).

soft drink *n* boisson *f* non alcoolisée.

soften ['sɒfn] ◇ *vt* **-1.** [fabric] assouplir; [substance] ramollir; [skin] adoucir. **-2.** [shock, blow] atténuer, adoucir. **-3.** [attitude] modérer, adoucir. ◇ *vi* **-1.** [substance] se ramollir. **-2.** [attitude, person] s'adoucir, se radoucir.

softhearted [,sɒft'hɑːtɪd] *adj* au cœur tendre.

softly ['sɒftlɪ] *adv* **-1.** [gently, quietly] doucement. **-2.** [not brightly] faiblement. **-3.** [leniently] avec indulgence.

soft-spoken *adj* à la voix douce.

software ['sɒftweər] *n* (*U*) COMPUT logiciel *m*.

soggy ['sɒgɪ] *adj* trempé(e), détrempé(e).

soil [sɔɪl] ◇ *n* (*U*) **-1.** [earth] sol *m*, terre *f*. **-2.** *fig* [territory] sol *m*, territoire *m*. ◇ *vt* souiller, salir.

soiled [sɔɪld] *adj* sale.

solace ['sɒləs] *n literary* consolation *f*, réconfort *m*.

solar ['səʊlər] *adj* solaire.

sold [səʊld] *pt & pp* → **sell**.

solder ['səʊldər] ◇ *n* (*U*) soudure *f*. ◇ *vt* souder.

soldier ['səʊldʒər] *n* soldat *m*.

sold-out *adj* [tickets] qui ont tous été vendus; [play, concert] qui joue à guichets fermés.

sole [səʊl] (*pl sense 2 only inv* OR **-s**) ◇ *adj* **-1.** [only] seul(e), unique. **-2.** [exclusive] exclusif(ive). ◇ *n* **-1.** [of foot] semelle *f*. **-2.** [fish] sole *f*.

solemn ['sɒləm] *adj* solennel(elle); [person] sérieux(ieuse).

solicit [sə'lɪsɪt] ◇ *vt* [request] solliciter. ◇ *vi* [prostitute] racoler.

solicitor [sə'lɪsɪtər] *n Br* JUR notaire *m*.

solid ['sɒlɪd] ◇ *adj* **-1.** [not fluid, sturdy, reliable] solide. **-2.** [not hollow - tyres] plein(e); [- wood, rock, gold] massif(ive). **-3.** [without interruption]: **two hours ~** deux heures d'affilée. ◇ *n* solide *m*.

solidarity [,sɒlɪ'dærətɪ] *n* solidarité *f*.

solitaire [,sɒlɪ'teər] *n* **-1.** [jewel, board game] solitaire *m*. **-2.** *Am* [card game] réussite *f*, patience *f*.

solitary ['sɒlɪtrɪ] *adj* **-1.** [lonely, alone] solitaire. **-2.** [just one] seul(e).

solitary confinement *n* isolement *m* cellulaire.

solitude ['sɒlɪtjuːd] *n* solitude *f*.

solo ['səʊləʊ] (*pl* -s) ◇ *adj* solo (*inv*).
◇ *n* solo *m*. ◇ *adv* en solo.

soloist ['səʊləʊɪst] *n* soliste *mf*.

soluble ['sɒljʊbl] *adj* soluble.

solution [sə'lu:ʃn] *n* -1. [to problem]: ~
(to) solution *f* (de). -2. [liquid] solution
f.

solve [sɒlv] *vt* résoudre.

solvent ['sɒlvənt] ◇ *adj* FIN solvable. ◇
n dissolvant *m*, solvant *m*.

Somalia [sə'mɑːlɪə] *n* Somalie *f*.

sombre *Br*, **somber** *Am* ['sɒmbər] *adj*
sombre.

some [sʌm] ◇ *adj* -1. [a certain amount,
number of]: ~ **meat** de la viande; ~
money de l'argent; ~ **coffee** du café; ~
sweets des bonbons. -2. [fairly large
number or quantity of] quelque; **I had** ~
difficulty getting here j'ai eu quelque
mal à venir ici; **I've known him for** ~
years je le connais depuis plusieurs
années OR pas mal d'années. -3.
(*contrastive use*) [certain]: ~ **jobs are better paid than others** certains boulots
sont mieux rémunérés que d'autres; ~
people like his music il y a qui
aiment sa musique. -4. [in imprecise sta-
tements] quelque, quelconque; **she married** ~ **writer or other** elle a épousé un
écrivain quelconque OR quelque écrivain; **there must be** ~ **mistake** il doit y
avoir erreur. -5. *inf* [very good]: **that
was** ~ **party!** c'était une soirée formidable!, quelle soirée! ◇ *pron* -1. [a certain amount]: **can I have** ~? [money,
milk, coffee etc] est-ce que je peux en
prendre?; ~ **of it is mine** une partie est
à moi. -2. [a certain number] quelques-
uns (quelques-unes), certains (certaines); **can I have** ~? [books, pens, potatoes etc] est-ce que je peux en prendre
(quelques-uns)?; ~ **(of them) left early**
quelques-uns d'entre eux sont partis
tôt. ◇ *adv* quelque, environ; **there
were** ~ **7,000 people there** il y avait
quelque OR environ 7 000 personnes.

somebody ['sʌmbədɪ] *pron* quelqu'un.

someday ['sʌmdeɪ] *adv* un jour, un de
ces jours.

somehow ['sʌmhaʊ], **someway** *Am*
['sʌmweɪ] *adv* -1. [by some action] d'une
manière ou d'une autre. -2. [for some
reason] pour une raison ou pour une
autre.

someone ['sʌmwʌn] *pron* quelqu'un.

someplace *Am* = **somewhere**.

somersault ['sʌməsɔːlt] ◇ *n* cabriole *f*,

culbute *f*. ◇ *vi* faire une cabriole OR
culbute.

something ['sʌmθɪŋ] ◇ *pron* [unknown
thing] quelque chose; ~ **odd/interesting**
quelque chose de bizarre/d'intéressant; **or** ~ *inf* ou quelque chose
comme ça. ◇ *adv*: ~ **like**, ~ **in the region of** environ, à peu près.

sometime ['sʌmtaɪm] ◇ *adj* an-
cien(ienne). ◇ *adv* un de ces jours; ~
last week la semaine dernière.

sometimes ['sʌmtaɪmz] *adv* quelquefois, parfois.

someway *Am* = **somehow**.

somewhat ['sʌmwɒt] *adv* quelque peu.

somewhere *Br* ['sʌmweər], **someplace**
Am ['sʌmpleɪs] *adv* -1. [unknown place]
quelque part; ~ **else** ailleurs; ~ **near
here** près d'ici. -2. [used in approxima-
tions] environ, à peu près.

son [sʌn] *n* fils *m*.

song [sɒŋ] *n* chanson *f*; [of bird] chant
m, ramage *m*.

sonic ['sɒnɪk] *adj* sonique.

son-in-law (*pl* **sons-in-law** OR **son-in-
laws**) *n* gendre *m*, beau-fils *m*.

sonnet ['sɒnɪt] *n* sonnet *m*.

sonny ['sʌnɪ] *n inf* fiston *m*.

soon [suːn] *adv* -1. [before long] bientôt;
~ **after** peu après. -2. [early] tôt; **write
back** ~ réponds-moi vite; **how** ~ **will
it be ready?** ce sera prêt quand?, dans
combien de temps est-ce que ce sera
prêt?; **as** ~ **as** dès que, aussitôt que.

sooner ['suːnər] *adv* -1. [in time] plus
tôt; **no** ~ ... **than** ... à peine ... que ...;
~ **or later** tôt ou tard; **the** ~ **the better**
le plus tôt sera le mieux. -2. [expressing
preference]: **I would** ~ ..., j'aimerais mieux
..., j'aimerais mieux ....

soot [sʊt] *n* suie *f*.

soothe [suːð] *vt* calmer, apaiser.

sophisticated [sə'fɪstɪkeɪtɪd] *adj* -1.
[stylish] raffiné(e), sophistiqué(e). -2.
[intelligent] averti(e). -3. [complicated]
sophistiqué(e), très perfectionné(e).

sophomore ['sɒfəmɔːr] *n Am* étudiant
m, -e *f* de seconde année.

soporific [,sɒpə'rɪfɪk] *adj* soporifique.

sopping ['sɒpɪŋ] *adj*: ~ **(wet)** tout
trempé (toute trempée).

soppy ['sɒpɪ] *adj inf* -1. [sentimental -
book, film] à l'eau de rose; [- person]
sentimental(e). -2. [silly] bêta(asse),
bête.

soprano [sə'prɑːnəʊ] (*pl* -s) *n* [person]
soprano *mf*; [voice] soprano *m*.

sorbet ['sɔːbeɪ] *n* sorbet *m*.

sorcerer ['sɔːsərəʳ] *n* sorcier *m*.

sordid ['sɔːdɪd] *adj* sordide.

sore [sɔːʳ] ◇ *adj* **-1.** [painful] douloureux(euse); **to have a ~ throat** avoir mal à la gorge. **-2.** *Am* [upset] fâché(e), contrarié(e). ◇ *n* plaie *f*.

sorely ['sɔːlɪ] *adv literary* [needed] grandement.

sorrow ['sɒrəʊ] *n* peine *f*, chagrin *m*.

sorry ['sɒrɪ] ◇ *adj* **-1.** [expressing apology, disappointment, sympathy] désolé(e); **to be ~ about sthg** s'excuser pour qqch; **to be ~ for sthg** regretter qqch; **to be ~ to do sthg** être désolé OR regretter de faire qqch; **to be** OR **feel ~ for sb** plaindre qqn. **-2.** [poor]: **in a ~ state** en piteux état, dans un triste état. ◇ *excl* **-1.** [expressing apology] pardon!, excusez-moi!; **~, we're sold out** désolé, on n'en a plus. **-2.** [asking for repetition] pardon?, comment? **-3.** [to correct oneself] non, pardon OR je veux dire.

sort [sɔːt] ◇ *n* genre *m*, sorte *f*, espèce *f*; **~ of** [rather] plutôt, quelque peu; **a ~ of** une espèce OR sorte de. ◇ *vt* trier, classer. ◆ **sort out** *vt sep* **-1.** [classify] ranger, classer. **-2.** [solve] résoudre.

sorting office ['sɔːtɪŋ-] *n* centre *m* de tri.

SOS (*abbr of* save our souls) *n* SOS *m*.

so-so *inf* ◇ *adj* quelconque. ◇ *adv* comme ci comme ça.

sought [sɔːt] *pt & pp* → **seek**.

soul [səʊl] *n* **-1.** [gen] âme *f*. **-2.** [music] soul *m*.

soul-destroying [-dɪˌstrɔɪɪŋ] *adj* abrutissant(e).

soulful ['səʊlfʊl] *adj* [look] expressif(ive); [song etc] sentimental(e).

sound [saʊnd] ◇ *adj* **-1.** [healthy - body] sain(e), en bonne santé; [- mind] sain. **-2.** [sturdy] solide. **-3.** [reliable - advice] judicieux(ieuse), sage; [- investment] sûr(e). ◇ *adv*: **to be ~ asleep** dormir à poings fermés, dormir d'un sommeil profond. ◇ *n* son *m*; [particular sound] bruit *m*, son *m*; **by the ~ of it ...** d'après ce que j'ai compris .... ◇ *vt* [alarm, bell] sonner. ◇ *vi* **-1.** [make a noise] sonner, retentir; **to ~ like sthg** ressembler à qqch. **-2.** [seem] sembler, avoir l'air; **to ~ like sthg** avoir l'air de qqch, sembler être qqch. ◆ **sound out** *vt sep*: **to ~ sb out (on** OR **about)** sonder qqn (sur).

sound barrier *n* mur *m* du son.

sound effects *npl* bruitage *m*, effets *mpl* sonores.

sounding ['saʊndɪŋ] *n* NAUT & *fig* sondage *m*.

soundly ['saʊndlɪ] *adv* **-1.** [beaten] à plates coutures. **-2.** [sleep] profondément.

soundproof ['saʊndpruːf] *adj* insonorisé(e).

soundtrack ['saʊndtræk] *n* bande-son *f*.

soup [suːp] *n* soupe *f*, potage *m*.

soup plate *n* assiette *f* creuse OR à soupe.

soup spoon *n* cuiller *f* à soupe.

sour ['saʊəʳ] ◇ *adj* **-1.** [taste, fruit] acide, aigre. **-2.** [milk] aigre. **-3.** [ill-tempered] aigre, acerbe. ◇ *vt fig* faire tourner au vinaigre, faire mal tourner.

source [sɔːs] *n* **-1.** [gen] source *f*. **-2.** [cause] origine *f*, cause *f*.

sour grapes *n* (*U*) *inf*: **what he said was just ~** il a dit ça par dépit.

south [saʊθ] ◇ *n* **-1.** [direction] sud *m*. **-2.** [region]: **the ~** le sud; **the South of France** le Sud de la France, le Midi (de la France). ◇ *adj* sud (*inv*); [wind] du sud. ◇ *adv* au sud, vers le sud; **~ of** au sud de.

South Africa *n* Afrique *f* du Sud.

South African ◇ *adj* sud-africain(e). ◇ *n* [person] Sud-Africain *m*, -e *f*.

South America *n* Amérique *f* du Sud.

South American ◇ *adj* sud-américain(e). ◇ *n* [person] Sud-Américain *m*, -e *f*.

southeast [ˌsaʊθ'iːst] ◇ *n* **-1.** [direction] sud-est *m*. **-2.** [region]: **the ~** le sud-est. ◇ *adj* au sud-est; [wind] du sud-est. ◇ *adv* au sud-est, vers le sud-est; **~ of** au sud-est de.

southerly ['sʌðəlɪ] *adj* au sud, du sud; [wind] du sud.

southern ['sʌðən] *adj* du sud; [France] du Midi.

South Korea *n* Corée *f* du Sud.

South Pole *n*: **the ~** le pôle Sud.

southward ['saʊθwəd] ◇ *adj* au sud, du sud. ◇ *adv* = **southwards**.

southwards ['saʊθwədz] *adv* vers le sud.

southwest [ˌsaʊθ'west] ◇ *n* **-1.** [direction] sud-ouest *m*. **-2.** [region]: **the ~** le sud-ouest. ◇ *adj* au sud-ouest, du sud-ouest; [wind] du sud-ouest. ◇ *adv* au sud-ouest, vers le sud-ouest; **~ of** au sud-ouest de.

souvenir [ˌsuːvə'nɪəʳ] *n* souvenir *m*.

sovereign ['sɒvrɪn] ◇ *adj* souverain(e).

◇ *n* **-1.** [ruler] souverain *m*, -e *f*. **-2.** [coin] souverain *m*.

soviet ['səʊvɪət] *n* soviet *m*. ◆ **Soviet** ◇ *adj* soviétique. ◇ *n* [person] Soviétique *mf*.

Soviet Union *n*: the (former) ~ l'(ex-)Union *f* soviétique.

sow¹ [səʊ] (*pt* -ed, *pp* sown OR -ed) *vt lit* & *fig* semer.

sow² [saʊ] *n* truie *f*.

sown [səʊn] *pp* → **sow¹**.

soya ['sɔɪə] *n* soja *m*.

soy(a) bean ['sɔɪ(ə)-] *n* graine *f* de soja.

spa [spɑː] *n* station *f* thermale.

space [speɪs] ◇ *n* **-1.** [gap, roominess, outer space] espace *m*; [on form] blanc *m*, espace. **-2.** [room] place *f*. **-3.** [of time]: within OR in the ~ of ten minutes en l'espace de dix minutes. ◇ *comp* spatial(e). ◇ *vt* espacer. ◆ **space out** *vt sep* espacer.

spacecraft ['speɪskrɑːft] (*pl inv*) *n* vaisseau *m* spatial.

spaceman ['speɪsmæn] (*pl* -men [-men]) *n* astronaute *m*, cosmonaute *m*.

spaceship ['speɪsʃɪp] *n* vaisseau *m* spatial.

space shuttle *n* navette *f* spatiale.

spacesuit ['speɪssuːt] *n* combinaison *f* spatiale.

spacing ['speɪsɪŋ] *n* TYPO espacement *m*.

spacious ['speɪʃəs] *adj* spacieux(ieuse).

spade [speɪd] *n* **-1.** [tool] pelle *f*. **-2.** [playing card] pique *m*. ◆ **spades** *npl* pique *m*.

spaghetti [spə'getɪ] *n* (*U*) spaghettis *mpl*.

Spain [speɪn] *n* Espagne *f*.

spam [spæm] *n* (*U*) *pej* COMPUT messages publicitaires envoyés en masse sur l'Internet.

span [spæn] ◇ *pt* → **spin**. ◇ *n* **-1.** [in time] espace *m* de temps, durée *f*. **-2.** [range] éventail *m*, gamme *f*. **-3.** [of bird, plane] envergure *f*. **-4.** [of bridge] travée *f*; [of arch] ouverture *f*. ◇ *vt* **-1.** [in time] embrasser, couvrir. **-2.** [subj: bridge] franchir.

Spaniard ['spænjəd] *n* Espagnol *m*, -e *f*.

spaniel ['spænjəl] *n* épagneul *m*.

Spanish ['spænɪʃ] ◇ *adj* espagnol(e). ◇ *n* [language] espagnol *m*. ◇ *npl*: the ~ les Espagnols.

spank [spæŋk] *vt* donner une fessée à, fesser.

spanner ['spænər] *n* clé *f* à écrous.

spar [spɑːr] ◇ *n* espar *m*. ◇ *vi* BOXING s'entraîner à la boxe.

spare [speər] ◇ *adj* **-1.** [surplus] de trop; [component, clothing etc] de réserve, de rechange. **-2.** [available - seat, time, tickets] disponible. ◇ *n* [part] pièce *f* détachée OR de rechange. ◇ *vt* **-1.** [make available - staff, money] se passer de; [- time] disposer de; **to have an hour to** ~ avoir une heure de battement OR de libre; **with a minute to** ~ avec une minute d'avance. **-2.** [not harm] épargner. **-3.** [not use] épargner, ménager; **to** ~ **no expense** ne pas regarder à la dépense. **-4.** [save from]: **to** ~ **sb sthg** épargner qqch à qqn, éviter qqch à qqn.

spare part *n* pièce *f* détachée OR de rechange.

spare time *n* (*U*) temps *m* libre, loisirs *mpl*.

spare wheel *n* roue *f* de secours.

sparing ['speərɪŋ] *adj*: **to be** ~ **with** OR **of sthg** être économe de qqch, ménager qqch.

sparingly ['speərɪŋlɪ] *adv* [use] avec modération; [spend] avec parcimonie.

spark [spɑːk] *n lit* & *fig* étincelle *f*.

sparking plug *Br* ['spɑːkɪŋ-] = **spark plug**.

sparkle ['spɑːkl] ◇ *n* (*U*) [of eyes, jewel] éclat *m*; [of stars] scintillement *m*. ◇ *vi* étinceler, scintiller.

sparkling wine ['spɑːklɪŋ-] *n* vin *m* mousseux.

spark plug *n* bougie *f*.

sparrow ['spærəʊ] *n* moineau *m*.

sparse [spɑːs] *adj* clairsemé(e), épars(e).

spasm ['spæzm] *n* **-1.** MED spasme *m*; [of coughing] quinte *f*. **-2.** [of emotion] accès *m*.

spastic ['spæstɪk] MED *n* handicapé *m*, -e *f* moteur.

spat [spæt] *pt* & *pp* → **spit**.

spate [speɪt] *n* [of attacks etc] série *f*.

spatter ['spætər] *vt* éclabousser.

spawn [spɔːn] ◇ *n* (*U*) frai *m*, œufs *mpl*. ◇ *vt fig* donner naissance à, engendrer. ◇ *vi* [fish, frog] frayer.

speak [spiːk] (*pt* spoke, *pp* spoken) ◇ *vt* **-1.** [say] dire. **-2.** [language] parler. ◇ *vi* parler; **to** ~ **to** OR **with sb** parler à qqn; **to** ~ **to sb about sthg** parler de qqch à qqn; **to** ~ **about sb/sthg** parler de qqn/qqch. ◆ **so to speak** *adv* pour ainsi dire. ◆ **speak for** *vt fus* [represent] parler pour, parler au nom de. ◆ **speak up** *vi* **-1.** [support]: **to** ~ **up for sb/sthg** parler en faveur de qqn/qqch, soutenir qqn/qqch. **-2.** [speak louder] parler plus fort.

speaker ['spi:kə^r] n **-1.** [person talking] personne f qui parle. **-2.** [person making speech] orateur m. **-3.** [of language]: **a German ~** une personne qui parle allemand. **-4.** [loudspeaker] haut-parleur m.

speaking ['spi:kɪŋ] adv: **relatively/politically ~** relativement/politiquement parlant.

spear [spɪə^r] ◇ n lance f. ◇ vt transpercer d'un coup de lance.

spearhead ['spɪəhed] ◇ n fer m de lance. ◇ vt [campaign] mener; [attack] être le fer de lance de.

spec [spek] n Br inf: **on ~** à tout hasard.

special ['speʃl] adj **-1.** [gen] spécial(e). **-2.** [needs, effort, attention] particulier(ière).

special delivery n (U) [service] exprès m, envoi m par exprès; **by ~** en exprès.

specialist ['speʃəlɪst] ◇ adj spécialisé(e). ◇ n spécialiste mf.

speciality [,speʃɪ'ælətɪ], **specialty** Am ['speʃltɪ] n spécialité f.

specialize, -ise ['speʃəlaɪz] vi: **to ~ (in)** se spécialiser (dans).

specially ['speʃəlɪ] adv **-1.** [specifically] spécialement; [on purpose] exprès. **-2.** [particularly] particulièrement.

specialty n Am = speciality.

species ['spi:ʃi:z] (pl inv) n espèce f.

specific [spə'sɪfɪk] adj **-1.** [particular] particulier(ière), précis(e). **-2.** [precise] précis(e). **-3.** [unique]: **~ to** propre à.

specifically [spə'sɪfɪklɪ] adv **-1.** [particularly] particulièrement, spécialement. **-2.** [precisely] précisément.

specify ['spesɪfaɪ] vt préciser, spécifier.

specimen ['spesɪmən] n **-1.** [example] exemple m, spécimen m. **-2.** [of blood] prélèvement m; [of urine] échantillon m.

speck [spek] n **-1.** [small stain] toute petite tache f. **-2.** [of dust] grain m.

speckled ['spekld] adj: **~ (with)** tacheté(e) de.

specs [speks] npl inf [glasses] lunettes fpl.

spectacle ['spektəkl] n spectacle m. ◆ **spectacles** npl Br [glasses] lunettes fpl.

spectacular [spek'tækjolə^r] adj spectaculaire.

spectator [spek'teɪtə^r] n spectateur m, -trice f.

spectre Br, **specter** Am ['spektə^r] n spectre m.

spectrum ['spektrəm] (pl -tra [-trə]) n **-1.** PHYSICS spectre m. **-2.** fig [variety] gamme f.

speculation [,spekjʊ'leɪʃn] n **-1.** [gen] spéculation f. **-2.** [conjecture] conjectures fpl.

sped [sped] pt & pp → speed.

speech [spi:tʃ] n **-1.** (U) [ability] parole f. **-2.** [formal talk] discours m. **-3.** THEATRE texte m. **-4.** [manner of speaking] façon f de parler. **-5.** [dialect] parler m.

speechless ['spi:tʃlɪs] adj: **~ (with)** muet(ette) (de).

speed [spi:d] (pt & pp **-ed** OR **sped**) ◇ n vitesse f; [of reply, action] rapidité f. ◇ vi **-1.** [move fast]: **to ~ along** aller à toute allure OR vitesse; **to ~ away** démarrer à toute allure. **-2.** AUT [go too fast] rouler trop vite, faire un excès de vitesse. ◆ **speed up** ◇ vt sep [person] faire aller plus vite; [work, production] accélérer. ◇ vi aller plus vite; [car] accélérer.

speedboat ['spi:dbəʊt] n hors-bord m inv.

speed camera n = cinémomètre m.

speeding ['spi:dɪŋ] n (U) excès m de vitesse.

speed limit n limitation f de vitesse.

speedometer [spɪ'dɒmɪtə^r] n compteur m (de vitesse).

speedway ['spi:dweɪ] n **-1.** (U) SPORT course f de motos. **-2.** Am [road] voie f express.

speedy ['spi:dɪ] adj rapide.

spell [spel] (Br pt & pp **spelt** OR **-ed**, Am pt & pp **-ed**) ◇ n **-1.** [period of time] période f. **-2.** [enchantment] charme m; [words] formule f magique; **to cast** OR **put a ~ on sb** jeter un sort à qqn, envoûter qqn. ◇ vt **-1.** [word, name] écrire. **-2.** fig [signify] signifier. ◇ vi épeler. ◆ **spell out** vt sep **-1.** [read aloud] épeler. **-2.** [explain]: **to ~ sthg out (for** OR **to sb)** expliquer qqch clairement (à qqn).

spellbound ['spelbaʊnd] adj subjugué(e).

spelling ['spelɪŋ] n orthographe f.

spelt [spelt] Br pt & pp → spell.

spend [spend] (pt & pp **spent**) vt **-1.** [pay out]: **to ~ money (on)** dépenser de l'argent (pour). **-2.** [time, life] passer; [effort] consacrer.

spendthrift ['spendθrɪft] n dépensier m, -ière f.

spent [spent] ◇ pt & pp → spend. ◇ adj [fuel, match, ammunition] utilisé(e); [patience, energy] épuisé(e).

sperm [spɜ:m] (*pl inv* OR **-s**) *n* sperme *m*.

spew [spju:] *vt & vi* vomir.

sphere [sfɪəʳ] *n* sphère *f*.

spice [spaɪs] *n* **-1.** CULIN épice *f*. **-2.** (U) *fig* [excitement] piment *m*.

spick-and-span ['spɪkən,spæn] *adj* impeccable, nickel (*inv*).

spicy ['spaɪsɪ] *adj* **-1.** CULIN épicé(e). **-2.** *fig* [story] pimenté(e), piquant(e).

spider ['spaɪdəʳ] *n* araignée *f*.

spike [spaɪk] *n* [metal] pointe *f*, lance *f*; [of plant] piquant *m*; [of hair] épi *m*.

spill [spɪl] (*Br pp & pt* spilt OR **-ed,** *Am pt & pp* **-ed**) ◇ *vt* renverser. ◇ *vi* [liquid] se répandre.

spilt [spɪlt] *Br pt & pp* → **spill**.

spin [spɪn] (*pt* span OR spun, *pp* spun) ◇ *n* **-1.** [turn]: **to give sthg a ~** faire tourner qqch. **-2.** AERON vrille *f*. **-3.** *inf* [in car] tour *m*. **-4.** SPORT effet *m*. ◇ *vt* **-1.** [wheel] faire tourner; **to ~ a coin** jouer à pile ou face. **-2.** [washing] essorer. **-3.** [thread, wool, cloth] filer. **-4.** SPORT [ball] donner de l'effet à. ◇ *vi* tourner, tournoyer. ◆ **spin out** *vt sep* [money, story] faire durer.

spinach ['spɪnɪdʒ] *n* (U) épinards *mpl*.

spinal column ['spaɪnl-] *n* colonne *f* vertébrale.

spinal cord ['spaɪnl-] *n* moelle *f* épinière.

spindly ['spɪndlɪ] *adj* grêle, chétif(ive).

spin-dryer *n Br* essoreuse *f*.

spine [spaɪn] *n* **-1.** ANAT colonne *f* vertébrale. **-2.** [of book] dos *m*. **-3.** [of plant, hedgehog] piquant *m*.

spinning ['spɪnɪŋ] *n* [of thread] filage *m*.

spinning top *n* toupie *f*.

spin-off *n* [by-product] dérivé *m*.

spinster ['spɪnstəʳ] *n* célibataire *f*; *pej* vieille fille *f*.

spiral ['spaɪərəl] ◇ *adj* spiral(e). ◇ *n* spirale *f*. ◇ *vi* [staircase, smoke] monter en spirale.

spiral staircase *n* escalier *m* en colimaçon.

spire ['spaɪəʳ] *n* flèche *f*.

spirit ['spɪrɪt] *n* **-1.** [gen] esprit *m*. **-2.** (U) [determination] caractère *m*, courage *m*. ◆ **spirits** *npl* **-1.** [mood] humeur *f*; **to be in high ~s** être gai(e); **to be in low ~s** être déprimé(e). **-2.** [alcohol] spiritueux *mpl*.

spirited ['spɪrɪtɪd] *adj* fougueux(euse); [performance] interprété(e) avec brio.

spirit level *n* niveau *m* à bulle d'air.

spiritual ['spɪrɪtʃʊəl] *adj* spirituel(elle).

spit [spɪt] (*Br pt & pp* spat, *Am pt & pp* spit) ◇ *n* **-1.** (U) [spittle] crachat *m*; [saliva] salive *f*. **-2.** [skewer] broche *f*. ◇ *vi* cracher. ◇ *v impers Br*: **it's spitting** il tombe quelques gouttes.

spite [spaɪt] ◇ *n* rancune *f*. ◇ *vt* contrarier. ◆ **in spite of** *prep* en dépit de, malgré.

spiteful ['spaɪtfʊl] *adj* malveillant(e).

spittle ['spɪtl] *n* (U) crachat *m*.

splash [splæʃ] ◇ *n* **-1.** [sound] plouf *m*. **-2.** [of colour, light] tache *f*. ◇ *vt* éclabousser. ◇ *vi* **-1.** [person]: **to ~ about** OR **around** barboter. **-2.** [liquid] jaillir. ◆ **splash out** *inf vi*: **to ~ out (on)** dépenser une fortune (pour).

spleen [spli:n] *n* **-1.** ANAT rate *f*. **-2.** (U) *fig* [anger] mauvaise humeur *f*.

splendid ['splendɪd] *adj* splendide; [work, holiday, idea] excellent(e).

splint [splɪnt] *n* attelle *f*.

splinter ['splɪntəʳ] ◇ *n* éclat *m*. ◇ *vi* [wood] se fendre en éclats; [glass] se briser en éclats.

split [splɪt] (*pt & pp* split, *cont* **-ting**) ◇ *n* **-1.** [in wood] fente *f*; [in garment - tear] déchirure *f*; [- by design] échancrure *f*. **-2.** POL: **~ (in)** division *f* OR scission *f* (au sein de). **-3.** [difference]: **~ between** écart *m* entre. ◇ *vt* **-1.** [wood] fendre; [clothes] déchirer. **-2.** POL diviser. **-3.** [share] partager; **to ~ the difference** partager la différence. ◇ *vi* **-1.** [wood] se fendre; [clothes] se déchirer. **-2.** POL se diviser; [road, path] se séparer. ◆ **split up** *vi* [group, couple] se séparer.

split second *n* fraction *f* de seconde.

splutter ['splʌtəʳ] *vi* [person] bredouiller, bafouiller; [engine] tousser; [fire] crépiter.

spoil [spɔɪl] (*pt & pp* **-ed** OR spoilt) *vt* **-1.** [ruin - holiday] gâcher, gâter; [- view] gâter; [- food] gâter, abîmer. **-2.** [overindulge, treat well] gâter. ◆ **spoils** *npl* butin *m*.

spoiled [spɔɪld] *adj* = **spoilt**.

spoilsport ['spɔɪlspɔ:t] *n* trouble-fête *m f inv*.

spoilt [spɔɪlt] ◇ *pt & pp* → **spoil**. ◇ *adj* [child] gâté(e).

spoke [spəʊk] ◇ *pt* → **speak**. ◇ *n* rayon *m*.

spoken ['spəʊkn] *pp* → **speak**.

spokesman ['spəʊksmən] (*pl* **-men** [-mən]) *n* porte-parole *m inv*.

spokeswoman ['spəʊks,wʊmən] (*pl* **-women** [-,wɪmɪn]) *n* porte-parole *m inv*.

sponge [spʌndʒ] (*Br cont* **spongeing**, *Am cont* **sponging**) ◇ *n* **-1.** [for cleaning, washing] éponge *f*. **-2.** [cake] gâteau *m* OR biscuit *m* de Savoie. ◇ *vt* éponger. ◇ *vi inf*: **to ~ off sb** taper qqn.

sponge bag *n Br* trousse *f* de toilette.

sponge cake *n* gâteau *m* OR biscuit *m* de Savoie.

sponsor ['spɒnsər] ◇ *n* sponsor *m*. ◇ *vt* **-1.** [finance, for charity] sponsoriser, parrainer. **-2.** [support] soutenir.

sponsored walk [ˌspɒnsəd-] *n marche organisée pour recueillir des fonds*.

sponsorship ['spɒnsəʃɪp] *n* sponsoring *m*, parrainage *m*.

spontaneous [spɒn'teɪnjəs] *adj* spontané(e).

spooky ['spuːkɪ] *adj inf* qui donne la chair de poule.

spool [spuːl] *n* [gen & COMPUT] bobine *f*.

spoon [spuːn] *n* cuillère *f*, cuiller *f*.

spoon-feed *vt* nourrir à la cuillère; **to ~ sb** *fig* mâcher le travail à qqn.

spoonful ['spuːnful] (*pl* -**s** OR **spoonsful**) *n* cuillerée *f*.

sporadic [spə'rædɪk] *adj* sporadique.

sport [spɔːt] *n* **-1.** [game] sport *m*. **-2.** *dated* [cheerful person] chic type *m*/fille *f*.

sporting ['spɔːtɪŋ] *adj* **-1.** [relating to sport] sportif(ive). **-2.** [generous, fair] chic (*inv*); **to have a ~ chance of doing sthg** avoir des chances de faire qqch.

sports car ['spɔːts-] *n* voiture *f* de sport.

sports jacket ['spɔːts-] *n* veste *f* sport.

sportsman ['spɔːtsmən] (*pl* -**men** [-mən]) *n* sportif *m*.

sportsmanship ['spɔːtsmənʃɪp] *n* sportivité *f*, esprit *m* sportif.

sportswear ['spɔːtsweər] *n* (*U*) vêtements *mpl* de sport.

sportswoman ['spɔːtsˌwumən] (*pl* -**women** [-ˌwɪmɪn]) *n* sportive *f*.

sporty ['spɔːtɪ] *adj inf* [person] sportif(ive).

spot [spɒt] ◇ *n* **-1.** [mark, dot] tache *f*. **-2.** [pimple] bouton *m*. **-3.** [drop] goutte *f*. **-4.** *inf* [small amount]: **to have a ~ of** bother avoir quelques ennuis. **-5.** [place] endroit *m*; **on the ~** sur place; **to do sthg on the ~** faire qqch immédiatement OR sur-le-champ. **-6.** RADIO & TV numéro *m*. ◇ *vt* [notice] apercevoir.

spot check *n* contrôle *m* au hasard OR intermittent.

spotless ['spɒtlɪs] *adj* [clean] impeccable.

spotlight ['spɒtlaɪt] *n* [in theatre] projecteur *m*, spot *m*; [in home] spot *m*; **to be in the ~** *fig* être en vedette.

spotted ['spɒtɪd] *adj* [pattern, material] à pois.

spotty ['spɒtɪ] *adj Br* [skin] boutonneux(euse).

spouse [spaus] *n* époux *m*, épouse *f*.

spout [spaut] ◇ *n* bec *m*. ◇ *vi*: **to ~ from** OR **out of** jaillir de.

sprain [spreɪn] ◇ *n* entorse *f*. ◇ *vt*: **to ~ one's ankle/wrist** se faire une entorse à la cheville/au poignet, se fouler la cheville/le poignet.

sprang [spræŋ] *pt* → **spring**.

sprawl [sprɔːl] *vi* **-1.** [person] être affalé(e). **-2.** [city] s'étaler.

spray [spreɪ] ◇ *n* **-1.** (*U*) [of water] gouttelettes *fpl*; [from sea] embruns *mpl*. **-2.** [container] bombe *f*, pulvérisateur *m*. **-3.** [of flowers] gerbe *f*. ◇ *vt* pulvériser; [plants, crops] pulvériser de l'insecticide sur.

spread [spred] (*pt* & *pp* **spread**) ◇ *n* **-1.** (*U*) [food] pâte *f* à tartiner. **-2.** [of fire, disease] propagation *f*. **-3.** [of opinions] gamme *f*. ◇ *vt* **-1.** [map, rug] étaler, étendre; [fingers, arms, legs] écarter. **-2.** [butter, jam etc]: **to ~ sthg (over)** étaler qqch (sur). **-3.** [disease, rumour, germs] répandre, propager. **-4.** [wealth, work] distribuer, répartir. ◇ *vi* **-1.** [disease, rumour] se propager, se répandre. **-2.** [water, cloud] s'étaler. ◆ **spread out** *vi* se disperser.

spread-eagled [-ˌiːgld] *adj* affalé(e).

spreadsheet ['spredʃiːt] *n* COMPUT tableur *m*.

spree [spriː] *n*: **to go on a spending** OR **shopping ~** faire des folies.

sprightly ['spraɪtlɪ] *adj* alerte, fringant(e).

spring [sprɪŋ] (*pt* **sprang**, *pp* **sprung**) ◇ *n* **-1.** [season] printemps *m*; **in ~** au printemps. **-2.** [coil] ressort *m*. **-3.** [water source] source *f*. ◇ *vi* **-1.** [jump] sauter, bondir. **-2.** [originate]: **to ~ from** provenir de. ◆ **spring up** *vi* [problem] surgir, se présenter; [friendship] naître; [wind] se lever.

springboard ['sprɪŋbɔːd] *n* lit & fig tremplin *m*.

spring-clean *vt* nettoyer de fond en comble.

spring onion *n Br* ciboule *f*.

springtime ['sprɪŋtaɪm] *n*: **in (the) ~** au printemps.

springy ['sprɪŋɪ] *adj* [carpet] moelleux(euse); [mattress, rubber] élastique.

sprinkle ['sprɪŋkl] *vt*: to ~ water over OR on sthg, to ~ sthg with water asperger qqch d'eau; to ~ salt *etc* over OR on sthg, to ~ sthg with salt *etc* saupoudrer qqch de sel *etc*.

sprinkler ['sprɪŋklər] *n* [for water] arroseur *m*.

sprint [sprɪnt] ◇ *n* sprint *m*. ◇ *vi* sprinter.

sprout [spraʊt] ◇ *n* -1. [vegetable]: (Brussels) ~s choux *mpl* de Bruxelles. -2. [shoot] pousse *f*. ◇ *vt* [leaves] produire; to ~ shoots germer. ◇ *vi* [grow] pousser.

spruce [spruːs] ◇ *adj* net (nette), pimpant(e). ◇ *n* épicéa *m*. ◆ **spruce up** *sep vt* astiquer, briquer.

sprung [sprʌŋ] *pp* → spring.

spry [spraɪ] *adj* vif (vive).

spun [spʌn] *pt & pp* → spin.

spur [spɜːr] ◇ *n* -1. [incentive] incitation *f*. -2. [on rider's boot] éperon *m*. ◇ *vt* [encourage]: to ~ sb to do sthg encourager OR inciter qqn à faire qqch. ◆ **on the spur of the moment** *adv* sur un coup de tête, sous l'impulsion du moment. ◆ **spur on** *vt sep* encourager.

spurious ['spʊərɪəs] *adj* -1. [affection, interest] feint(e). -2. [argument, logic] faux (fausse).

spurn [spɜːn] *vt* repousser.

spurt [spɜːt] ◇ *n* -1. [gush] jaillissement *m*. -2. [of activity, energy] sursaut *m*. -3. [burst of speed] accélération *f*. ◇ *vi* [gush]: to ~ (out of OR from) jaillir (de).

spy [spaɪ] ◇ *n* espion *m*. ◇ *vt inf* apercevoir. ◇ *vi* espionner, faire de l'espionnage; to ~ on sb espionner qqn.

spying ['spaɪɪŋ] *n* (U) espionnage *m*.

Sq., sq. *abbr of* square.

squabble ['skwɒbl] ◇ *n* querelle *f*. ◇ *vi*: to ~ (about OR over) se quereller (à propos de).

squad [skwɒd] *n* -1. [of police] brigade *f*. -2. MIL peloton *m*. -3. SPORT [group of players] équipe *f* (*parmi laquelle la sélection sera faite*).

squadron ['skwɒdrən] *n* escadron *m*.

squalid ['skwɒlɪd] *adj* sordide, ignoble.

squall [skwɔːl] *n* [storm] bourrasque *f*.

squalor ['skwɒlər] *n* (U) conditions *fpl* sordides.

squander ['skwɒndər] *vt* gaspiller.

square [skweər] ◇ *adj* -1. [in shape] carré(e); one ~ metre *Br* un mètre carré; three metres ~ trois mètres sur trois.

-2. [not owing money]: to be ~ être quitte. ◇ *n* -1. [shape] carré *m*. -2. [in town] place *f*. -3. *inf* [unfashionable person]: he's a ~ il est vieux jeu. ◇ *vt* -1. MATH élever au carré. -2. [reconcile] accorder. ◆ **square up** *vi* [settle up]: to ~ up with sb régler ses comptes avec qqn.

squarely ['skweəlɪ] *adv* -1. [directly] carrément. -2. [honestly] honnêtement.

square meal *n* bon repas *m*.

squash [skwɒʃ] ◇ *n* -1. SPORT squash *m*. -2. *Br* [drink]: orange ~ orangeade *f*. -3. *Am* [vegetable] courge *f*. ◇ *vt* écraser.

squat [skwɒt] ◇ *adj* courtaud(e), ramassé(e). ◇ *vi* [crouch]: to ~ (down) s'accroupir.

squatter ['skwɒtər] *n Br* squatter *m*.

squawk [skwɔːk] *n* cri *m* strident OR perçant.

squeak [skwiːk] *n* -1. [of animal] petit cri *m* aigu. -2. [of door, hinge] grincement *m*.

squeal [skwiːl] *vi* [person, animal] pousser des cris aigus.

squeamish ['skwiːmɪʃ] *adj* facilement dégoûté(e).

squeeze [skwiːz] ◇ *n* [pressure] pression *f*. ◇ *vt* -1. [press firmly] presser. -2. [liquid, toothpaste] exprimer. -3. [cram]: to ~ sthg into sthg entasser qqch dans qqch.

squelch [skweltʃ] *vi*: to ~ through mud patauger dans la boue.

squid [skwɪd] (*pl inv* OR **-s**) *n* calmar *m*.

squiggle ['skwɪgl] *n* gribouillis *m*.

squint [skwɪnt] ◇ *n*: to have a ~ loucher, être atteint(e) de strabisme. ◇ *vi*: to ~ at sthg regarder qqch en plissant les yeux.

squire ['skwaɪər] *n* [landowner] propriétaire *m*.

squirm [skwɜːm] *vi* [wriggle] se tortiller.

squirrel [*Br* 'skwɪrəl, *Am* 'skwɜːrəl] *n* écureuil *m*.

squirt [skwɜːt] ◇ *vt* [water, oil] faire jaillir, faire gicler. ◇ *vi*: to ~ (out of) jaillir (de), gicler (de).

Sr *abbr of* senior.

Sri Lanka [ˌsriː'læŋkə] *n* Sri Lanka *m*.

St -1. (*abbr of* saint) St, Ste. -2. *abbr of* Street.

stab [stæb] ◇ *n* -1. [with knife] coup *m* de couteau. -2. *inf* [attempt]: to have a ~ (at sthg) essayer (qqch), tenter (qqch). -3. [twinge]: ~ of pain élance-

ment *m*; ~ **of guilt** remords *m*. ◇ *vt* **-1.**
[person] poignarder. **-2.** [food] piquer.
stable ['steɪbl] ◇ *adj* stable. ◇ *n* écurie
f.
stack [stæk] ◇ *n* [pile] pile *f*. ◇ *vt* [pile
up] empiler.
stadium ['steɪdjəm] (*pl* **-diums** OR **-dia**
[-djə]) *n* stade *m*.
staff [stɑːf] ◇ *n* [employees] personnel
m; [of school] personnel enseignant,
professeurs *mpl*. ◇ *vt* pourvoir en personnel.
stag [stæg] (*pl inv* OR **-s**) *n* cerf *m*.
stage [steɪdʒ] ◇ *n* **-1.** [phase] étape *f*,
phase *f*, stade *m*. **-2.** [platform] scène *f*.
-3. [acting profession]: **the** ~ le théâtre.
◇ *vt* **-1.** THEATRE monter, mettre en
scène. **-2.** [organize] organiser.
stagecoach ['steɪdʒkəʊtʃ] *n* diligence *f*.
stage fright *n* trac *m*.
stage-manage *vt* *lit* & *fig* mettre en
scène.
stagger ['stægər] ◇ *vt* **-1.** [astound] stupéfier. **-2.** [working hours] échelonner;
[holidays] étaler. ◇ *vi* tituber.
stagnant ['stægnənt] *adj* stagnant(e).
stagnate [stæg'neɪt] *vi* stagner.
stag party *n* soirée *f* entre hommes;
[before wedding] soirée où un futur marié
enterre sa vie de garçon avec ses amis.
staid [steɪd] *adj* guindé(e), collet
monté.
stain [steɪn] ◇ *n* [mark] tache *f*. ◇ *vt*
[discolour] tacher.
stained glass [,steɪnd-] *n* (*U*) [windows]
vitraux *mpl*.
stainless steel ['steɪnlɪs-] *n* acier *m* inoxydable, Inox® *m*.
stain remover [-rɪ,muːvər] *n* détachant
m.
stair [steər] *n* marche *f*. ◆ **stairs** *npl* escalier *m*.
staircase ['steəkeɪs] *n* escalier *m*.
stairway ['steəweɪ] *n* escalier *m*.
stairwell ['steəwel] *n* cage *f* d'escalier.
stake [steɪk] ◇ *n* **-1.** [share]: **to have a**
~ **in sthg** avoir des intérêts dans qqch.
-2. [wooden post] poteau *m*. **-3.** [in gam-
bling] enjeu *m*. ◇ *vt*: **to** ~ **money (on**
OR **upon)** jouer OR miser de l'argent
(sur); **to** ~ **one's reputation (on)** jouer
OR risquer sa réputation (sur). ◆ **at**
stake *adv* en jeu.
stale [steɪl] *adj* [food, water] pas frais
(fraîche); [bread] rassis(e); [air] qui sent
le renfermé.
stalemate ['steɪlmeɪt] *n* **-1.** [deadlock]
impasse *f*. **-2.** CHESS pat *m*.

stalk [stɔːk] ◇ *n* **-1.** [of flower, plant]
tige *f*. **-2.** [of leaf, fruit] queue *f*. ◇ *vt*
[hunt] traquer. ◇ *vi*: **to** ~ **in/out**
entrer/sortir d'un air hautain.
stall [stɔːl] ◇ *n* **-1.** [in street, market]
éventaire *m*, étal *m*; [at exhibition] stand
m. **-2.** [in stable] stalle *f*. ◇ *vt* AUT caler.
◇ *vi* **-1.** AUT caler. **-2.** [delay] essayer de
gagner du temps. ◆ **stalls** *npl* Br [in
cinema, theatre] orchestre *m*.
stallion ['stæljən] *n* étalon *m*.
stalwart ['stɔːlwət] *n* pilier *m*.
stamina ['stæmɪnə] *n* (*U*) résistance *f*.
stammer ['stæmər] ◇ *n* bégaiement *m*.
◇ *vi* bégayer.
stamp [stæmp] ◇ *n* **-1.** [for letter] timbre *m*. **-2.** [tool] tampon *m*. **-3.** *fig* [of
authority etc] marque *f*. ◇ *vt* **-1.** [mark
by stamping] tamponner. **-2.** [stomp]: **to**
~ **one's foot** taper du pied. ◇ *vi* **-1.**
[stomp] taper du pied. **-2.** [tread heavily]:
to ~ **on sthg** marcher sur qqch.
stamp album *n* album *m* de timbres.
stamp-collecting [-kə,lektɪŋ] *n* philatélie *f*.
stamped addressed envelope
['stæmptə,drest-] *n* Br enveloppe *f* affranchie pour la réponse.
stampede [stæm'piːd] *n* débandade *f*.
stance [stæns] *n* *lit* & *fig* position *f*.
stand [stænd] (*pt* & *pp* **stood**) ◇ *n* **-1.**
[stall] stand *m*; [selling newspapers]
kiosque *m*. **-2.** [supporting object]: **um-**
brella ~ porte-parapluies *m inv*; **hat** ~
porte-chapeaux *m inv*. **-3.** SPORT tribune
f. **-4.** MIL résistance *f*; **to make a** ~ résister. **-5.** [public position] position *f*. **-6.**
Am JUR barre *f*. ◇ *vt* **-1.** [place] mettre
(debout), poser (debout). **-2.** [withstand,
tolerate] supporter. ◇ *vi* **-1.** [be upright -
person] être OR se tenir debout; [- ob-
ject] se trouver; [- building] se dresser;
~ **still!** ne bouge pas!, reste tranquille!
-2. [stand up] se lever. **-3.** [liquid] reposer. **-4.** [offer] tenir toujours; [decision]
demeurer valable. **-5.** [be in the particular
state]: **as things** ~ ... vu l'état actuel
des choses .... **-6.** Br POL se présenter.
-7. *Am* [park car]: "**no** ~**ing**» «stationnement interdit». ◆ **stand back** *vi* reculer. ◆ **stand by** ◇ *vt fus* **-1.** [person]
soutenir. **-2.** [statement, decision] s'en
tenir à. ◇ *vi* **-1.** [in readiness]: **to** ~ **by**
(for sthg/to do sthg) être prêt(e) (pour
qqch/pour faire qqch). **-2.** [remain inac-
tive] rester là. ◆ **stand down** *vi* [resign]
démissionner. ◆ **stand for** *vt fus* **-1.**
[signify] représenter. **-2.** [tolerate] sup-

porter, tolérer. ◆ **stand in** vi: to ~ in for sb remplacer qqn. ◆ **stand out** vi ressortir. ◆ **stand up** ◇ vt sep inf [boyfriend, girlfriend] poser un lapin à. ◇ vi [rise from seat] se lever; ~ up! debout! ◆ **stand up for** vt fus défendre. ◆ **stand up to** vt fus **-1.** [weather, heat etc] résister à. **-2.** [person, boss] tenir tête à.

standard ['stændəd] ◇ adj **-1.** [normal - gen] normal(e); [- size] standard (inv). **-2.** [accepted] correct(e). ◇ n **-1.** [level] niveau m. **-2.** [point of reference] critère m; TECH norme f. **-3.** [flag] étendard m. ◆ **standards** npl [principles] valeurs fpl.

standard lamp n Br lampadaire m.

standard of living (pl **standards of living**) n niveau m de vie.

standby ['stændbaɪ] (pl **standbys**) ◇ n [person] remplaçant m, -e f; **on ~** prêt à intervenir. ◇ comp [ticket, flight] stand-by (inv).

stand-in n remplaçant m, -e f.

standing ['stændɪŋ] ◇ adj [invitation, army] permanent(e); [joke] continuel(elle). ◇ n **-1.** [reputation] importance f, réputation f. **-2.** [duration]: **of long ~** de longue date; **we're friends of 20 years' ~** nous sommes amis depuis 20 ans.

standing order n prélèvement m automatique.

standing room n (U) places fpl debout.

standoffish [,stænd'ɒfɪʃ] adj distant(e).

standpoint ['stændpɔɪnt] n point m de vue.

standstill ['stændstɪl] n: **at a ~** [traffic, train] à l'arrêt; [negotiations, work] paralysé(e); **to come to a ~** [traffic, train] s'immobiliser; [negotiations, work] cesser.

stank [stæŋk] pt → stink.

staple ['steɪpl] ◇ adj [principal] principal(e), de base. ◇ n **-1.** [for paper] agrafe f. **-2.** [principal commodity] produit m de base. ◇ vt agrafer.

stapler ['steɪplə^r] n agrafeuse f.

star [stɑː^r] ◇ n **-1.** [gen] étoile f. **-2.** [celebrity] vedette f, star f. ◇ comp [quality] de star; **~ performer** vedette f. ◇ vi: **to ~ (in)** être la vedette (de). ◆ **stars** npl horoscope m.

starboard ['stɑːbəd] ◇ adj de tribord. ◇ vt: **to ~** à tribord.

starch [stɑːtʃ] n amidon m.

stardom ['stɑːdəm] n (U) célébrité f.

stare [steə^r] ◇ n regard m fixe. ◇ vi: **to ~ at sb/sthg** fixer qqn/qqch du regard.

stark [stɑːk] ◇ adj **-1.** [room, decoration] austère; [landscape] désolé(e). **-2.** [reality, fact] à l'état brut; [contrast] dur(e). ◇ adv: **~ naked** tout nu (toute nue), à poil.

starling ['stɑːlɪŋ] n étourneau m.

starry ['stɑːrɪ] adj étoilé(e).

starry-eyed [-'aɪd] adj innocent(e).

Stars and Stripes n: **the ~** le drapeau des États-Unis, la bannière étoilée.

start [stɑːt] ◇ n **-1.** [beginning] début m. **-2.** [jump] sursaut m. **-3.** [starting place] départ m. **-4.** [time advantage] avance f. ◇ vt **-1.** [begin] commencer; **to ~ doing** OR **to do sthg** commencer à faire qqch. **-2.** [turn on - machine] mettre en marche; [- engine, vehicle] démarrer, mettre en marche. **-3.** [set up - business, band] créer. ◇ vi **-1.** [begin] commencer, débuter; **to ~ with** pour commencer, d'abord. **-2.** [function - machine] se mettre en marche; [- car] démarrer. **-3.** [begin journey] partir. **-4.** [jump] sursauter. ◆ **start off** ◇ vt sep [meeting] ouvrir, commencer; [rumour] faire naître; [discussion] entamer, commencer. ◇ vi **-1.** [begin] commencer; [begin job] débuter. **-2.** [leave on journey] partir. ◆ **start out** vi **-1.** [in job] débuter. **-2.** [leave on journey] partir. ◆ **start up** ◇ vt sep **-1.** [business] créer; [shop] ouvrir. **-2.** [car, engine] mettre en marche. ◇ vi **-1.** [begin] commencer. **-2.** [machine] se mettre en route; [car, engine] démarrer.

starter ['stɑːtə^r] n **-1.** Br [of meal] hors-d'œuvre m inv. **-2.** AUT démarreur m. **-3.** [to begin race] starter m.

starting point ['stɑːtɪŋ-] n point m de départ.

startle ['stɑːtl] vt faire sursauter.

startling ['stɑːtlɪŋ] adj surprenant(e).

starvation [stɑː'veɪʃn] n faim f.

starve [stɑːv] ◇ vt [deprive of food] affamer. ◇ vi **-1.** [have no food] être affamé(e); **to ~ to death** mourir de faim. **-2.** inf [be hungry] avoir très faim, crever OR mourir de faim.

state [steɪt] ◇ n état m; **to be in a ~** être dans tous ses états. ◇ comp d'État. ◇ vt **-1.** [express - reason] donner; [- name and address] décliner; **to ~ that ...** déclarer que .... **-2.** [specify] préciser. ◆ **State** n: **the State** l'État m. ◆ **States** npl: **the States** les États-Unis mpl.

State Department *n Am* ≃ ministère *m* des Affaires étrangères.

stately ['steɪtlɪ] *adj* majestueux(euse).

statement ['steɪtmənt] *n* -**1.** [declaration] déclaration *f*. -**2.** JUR déposition *f*. -**3.** [from bank] relevé *m* de compte.

state of mind (*pl* states of mind) *n* humeur *f*.

statesman ['steɪtsmən] (*pl* -**men** [-mən]) *n* homme *m* d'État.

static ['stætɪk] ◇ *adj* statique. ◇ *n* (*U*) parasites *mpl*.

static electricity *n* électricité *f* statique.

station ['steɪʃn] ◇ *n* -**1.** RAIL gare *f*; [for buses, coaches] gare routière. -**2.** RADIO station *f*. -**3.** [building] poste *m*. -**4.** *fml* [rank] rang *m*. ◇ *vt* -**1.** [position] placer, poster. -**2.** MIL poster.

stationary ['steɪʃnərɪ] *adj* immobile.

stationer ['steɪʃnər] *n* papetier *m*, -ière *f*; ~'s (shop) papeterie *f*.

stationery ['steɪʃnərɪ] *n* (*U*) [equipment] fournitures *fpl* de bureau; [paper] papier *m* à lettres.

stationmaster ['steɪʃn,mɑːstər] *n* chef *m* de gare.

station wagon *n Am* break *m*.

statistic [stə'tɪstɪk] *n* statistique *f*. ◆ **statistics** *n* (*U*) [science] statistique *f*.

statistical [stə'tɪstɪkl] *adj* statistique; [expert] en statistiques; [report] de statistiques.

statue ['stætʃuː] *n* statue *f*.

stature ['stætʃər] *n* -**1.** [height, size] stature *f*, taille *f*. -**2.** [importance] envergure *f*.

status ['steɪtəs] *n* (*U*) -**1.** [legal or social position] statut *m*. -**2.** [prestige] prestige *m*.

status symbol *n* signe *m* extérieur de richesse.

statute ['stætjuːt] *n* loi *f*.

statutory ['stætjʊtrɪ] *adj* statutaire.

staunch [stɔːntʃ] ◇ *adj* loyal(e). ◇ *vt* [flow] arrêter; [blood] étancher.

stave [steɪv] (*pt* & *pp* -**d** OR **stove**) *n* MUS portée *f*. ◆ **stave off** *vt sep* [disaster, defeat] éviter; [hunger] tromper.

stay [steɪ] ◇ *vi* -**1.** [not move away] rester. -**2.** [as visitor - with friends] passer quelques jours; [- in town, country] séjourner; **to ~ in a hotel** descendre à l'hôtel. -**3.** [continue, remain] rester, demeurer; **to ~ out of sthg** ne pas se mêler de qqch. ◇ *n* [visit] séjour *m*. ◆ **stay in** *vi* rester chez soi, ne pas sortir. ◆ **stay on** *vi* rester (plus longtemps).

◆ **stay out** *vi* [from home] ne pas rentrer. ◆ **stay up** *vi* ne pas se coucher, veiller; **to ~ up late** se coucher tard.

staying power ['steɪɪŋ-] *n* endurance *f*.

stead [sted] *n*: **to stand sb in good ~** être utile à qqn.

steadfast ['stedfɑːst] *adj* ferme, résolu(e); [supporter] loyal(e).

steadily ['stedɪlɪ] *adv* -**1.** [gradually] progressivement. -**2.** [regularly - breathe] régulièrement; [- move] sans arrêt. -**3.** [calmly] de manière imperturbable.

steady ['stedɪ] ◇ *adj* -**1.** [gradual] progressif(ive). -**2.** [regular] régulier(ère). -**3.** [not shaking] ferme. -**4.** [calm - voice] calme; [- stare] imperturbable. -**5.** [stable - job, relationship] stable. -**6.** [sensible] sérieux(ieuse). ◇ *vt* -**1.** [stop from shaking] empêcher de bouger; **to ~ o.s.** se remettre d'aplomb. -**2.** [control - nerves] calmer.

steak [steɪk] *n* steak *m*, bifteck *m*; [of fish] darne *f*.

steal [stiːl] (*pt* **stole**, *pp* **stolen**) ◇ *vt* voler, dérober. ◇ *vi* [move secretly] se glisser.

stealthy ['stelθɪ] *adj* furtif(ive).

steam [stiːm] ◇ *n* (*U*) vapeur *f*. ◇ *vt* CULIN cuire à la vapeur. ◇ *vi* [give off steam] fumer. ◆ **steam up** ◇ *vt sep* [mist up] embuer. ◇ *vi* se couvrir de buée.

steamboat ['stiːmbəʊt] *n* (bateau *m* à) vapeur *m*.

steam engine *n* locomotive *f* à vapeur.

steamer ['stiːmər] *n* [ship] (bateau *m* à) vapeur *m*.

steamroller ['stiːm,rəʊlər] *n* rouleau *m* compresseur.

steamy ['stiːmɪ] *adj* -**1.** [full of steam] embué(e). -**2.** *inf* [erotic] érotique.

steel [stiːl] ◇ *n* (*U*) acier *m*. ◇ *comp* en acier, d'acier.

steelworks ['stiːlwɜːks] (*pl inv*) *n* aciérie *f*.

steep [stiːp] *adj* -**1.** [hill, road] raide, abrupt(e). -**2.** [increase, decline] énorme. -**3.** *inf* [expensive] excessif(ive).

steeple ['stiːpl] *n* clocher *m*, flèche *f*.

steeplechase ['stiːpltʃeɪs] *n* -**1.** [horse race] steeple-chase *m*. -**2.** [athletics race] steeple *m*.

steer ['stɪər] ◇ *n* bœuf *m*. ◇ *vt* -**1.** [ship] gouverner; [car, aeroplane] conduire, diriger. -**2.** [person] diriger, guider. ◇ *vi*: **to ~ well** [ship] gouverner bien; [car] être facile à manœuvrer; **to ~ clear of sb/sthg** éviter qqn/qqch.

steering ['stɪərɪŋ] *n* (U) direction *f*.

steering wheel *n* volant *m*.

stem [stem] ◇ *n* -1. [of plant] tige *f*. -2. [of glass] pied *m*. -3. [of pipe] tuyau *m*. -4. GRAMM radical *m*. ◇ *vt* [stop] arrêter. ◆ **stem from** *vt fus* provenir de.

stench [stentʃ] *n* puanteur *f*.

stencil ['stensl] ◇ *n* pochoir *m*. ◇ *vt* faire au pochoir.

stenographer [stə'nɒgrəfər] *n* Am sténographe *mf*.

step [step] ◇ *n* -1. [pace] pas *m*; in/out of ~ with *fig* en accord/désaccord avec. -2. [action] mesure *f*. -3. [stage] étape *f*; ~ by ~ petit à petit, progressivement. -4. [stair] marche *f*. -5. [of ladder] barreau *m*, échelon *m*. ◇ *vi* -1. [move foot]: to ~ forward avancer; to ~ off OR down from sthg descendre de qqch; to ~ back reculer. -2. [tread]: to ~ on/in sthg marcher sur/dans qqch. ◆ **steps** *npl* -1. [stairs] marches *fpl*. -2. Br [stepladder] escabeau *m*. ◆ **step down** *vi* [leave job] démissionner. ◆ **step in** *vi* intervenir. ◆ **step up** *vt sep* intensifier.

step aerobics *n* (U) step *m*.

stepbrother ['step,brʌðər] *n* demi-frère *m*.

stepdaughter ['step,dɔːtər] *n* belle-fille *f*.

stepfather ['step,fɑːðər] *n* beau-père *m*.

stepladder ['step,lædər] *n* escabeau *m*.

stepmother ['step,mʌðər] *n* belle-mère *f*.

stepping-stone ['stepɪŋ-] *n* pierre *f* de gué; *fig* tremplin *m*.

stepsister ['step,sɪstər] *n* demi-sœur *f*.

stepson ['stepsʌn] *n* beau-fils *m*.

stereo ['steriəʊ] (*pl* -s) ◇ *adj* stéréo (*inv*). ◇ *n* -1. [appliance] chaîne *f* stéréo. -2. [sound]: in ~ en stéréo.

stereotype ['steriətaip] *n* stéréotype *m*.

sterile ['sterail] *adj* stérile.

sterilize, -ise ['sterəlaiz] *vt* stériliser.

sterling ['stɜːlɪŋ] ◇ *adj* -1. [of British money] sterling (*inv*). -2. [excellent] exceptionnel(elle). ◇ *n* (U) livre *f* sterling.

sterling silver *n* argent *m* fin.

stern [stɜːn] ◇ *adj* sévère. ◇ *n* NAUT arrière *m*.

steroid ['stɪərɔɪd] *n* stéroïde *m*.

stethoscope ['steθəskəʊp] *n* stéthoscope *m*.

stew [stjuː] ◇ *n* ragoût *m*. ◇ *vt* [meat] cuire en ragoût; [fruit] faire cuire.

steward ['stjuəd] *n* -1. [on plane, ship, train] steward *m*. -2. Br [at demonstration, meeting] membre *m* du service d'ordre.

stewardess ['stjuədɪs] *n* hôtesse *f*.

stick [stɪk] (*pt & pp* stuck) ◇ *n* -1. [of wood, dynamite, candy] bâton *m*. -2. [walking stick] canne *f*. -3. SPORT crosse *f*. ◇ *vt* -1. [push]: to ~ sthg in OR into planter qqch dans. -2. [with glue, Sellotape®]: to ~ sthg (on OR to) coller qqch (sur). -3. *inf* [put] mettre. -4. Br *inf* [tolerate] supporter. ◇ *vi* -1. [adhere]: to ~ (to) coller (à). -2. [jam] se coincer. ◆ **stick out** ◇ *vt sep* -1. [head] sortir; [hand] lever; [tongue] tirer. -2. *inf* [endure]: to ~ it out tenir le coup. ◇ *vi* -1. [protrude] dépasser. -2. [be noticeable] se remarquer. ◆ **stick to** *vt fus* -1. [follow closely] suivre. -2. [principles] rester fidèle à; [decision] s'en tenir à; [promise] tenir. ◆ **stick up** *vi* dépasser. ◆ **stick up for** *vt fus* défendre.

sticker ['stɪkər] *n* [label] autocollant *m*.

sticking plaster ['stɪkɪŋ-] *n* sparadrap *m*.

stickler ['stɪklər] *n*: to be a ~ for être à cheval sur.

stick shift *n* Am levier *m* de vitesses.

stick-up *n inf* vol *m* à main armée.

sticky ['stɪkɪ] *adj* -1. [hands, sweets] poisseux(euse); [label, tape] adhésif(ive). -2. *inf* [awkward] délicat(e).

stiff [stɪf] ◇ *adj* -1. [rod, paper, material] rigide; [shoes, brush] dur(e); [fabric] raide. -2. [door, drawer, window] dur(e) (à ouvrir/fermer); [joint] ankylosé(e); to have a ~ back avoir des courbatures dans le dos; to have a ~ neck avoir le torticolis. -3. [formal] guindé(e). -4. [severe - penalty] sévère; [- resistance] tenace; [- competition] serré(e). -5. [difficult - task] difficile. ◇ *adv inf*: to be bored ~ s'ennuyer à mourir; to be frozen/scared ~ mourir de froid/peur.

stiffen ['stɪfn] ◇ *vt* -1. [material] raidir; [with starch] empeser. -2. [resolve] renforcer. ◇ *vi* -1. [body] se raidir; [joints] s'ankyloser. -2. [competition, resistance] s'intensifier.

stifle ['staifl] *vt & vi* étouffer.

stifling ['staiflɪŋ] *adj* étouffant(e).

stigma ['stɪgmə] *n* -1. [disgrace] honte *f*, stigmate *m*. -2. BOT stigmate *m*.

stile [stail] *n* échalier *m*.

stiletto heel [stɪ'letəʊ-] *n* Br talon *m* aiguille.

still [stɪl] ◇ *adv* -1. [up to now, up to then] encore, toujours; I've ~ got £5 left il me reste encore 5 livres. -2.

[even now] encore. **-3.** [nevertheless] tout de même. **-4.** (*with comparatives*): ~ **bigger/more important** encore plus grand/plus important. ◇ *adj* **-1.** [not moving] immobile. **-2.** [calm] calme, tranquille. **-3.** [not windy] sans vent. **-4.** [not fizzy - gen] non gazeux(euse); [- mineral water] plat(e). ◇ *n* **-1.** PHOT photo *f*. **-2.** [for making alcohol] alambic *m*.

stillborn ['stɪlbɔːn] *adj* mort-né(e).

still life (*pl* -s) *n* nature *f* morte.

stilted ['stɪltɪd] *adj* emprunté(e), qui manque de naturel.

stilts ['stɪlts] *npl* **-1.** [for person] échasses *fpl*. **-2.** [for building] pilotis *mpl*.

stimulate ['stɪmjʊleɪt] *vt* stimuler.

stimulating ['stɪmjʊleɪtɪŋ] *adj* stimulant(e).

stimulus ['stɪmjʊləs] (*pl* -li [-laɪ]) *n* **-1.** [encouragement] stimulant *m*. **-2.** BIOL & PSYCH stimulus *m*.

sting [stɪŋ] (*pt & pp* stung) ◇ *n* **-1.** [by bee] piqûre *f*; [of bee] dard *m*. **-2.** [sharp pain] brûlure *f*. ◇ *vt* [gen] piquer. ◇ *vi* piquer.

stingy ['stɪndʒɪ] *adj inf* radin(e).

stink [stɪŋk] (*pt* stank OR stunk, *pp* stunk) ◇ *n* puanteur *f*. ◇ *vi* [smell] puer, empester.

stinking ['stɪŋkɪŋ] *inf adj* [cold] gros (grosse); [weather] pourri(e); [place] infect(e).

stint [stɪnt] ◇ *n* [period of work] part *f* de travail. ◇ *vi*: to ~ **on** lésiner sur.

stipulate ['stɪpjʊleɪt] *vt* stipuler.

stir [stɜːr] ◇ *n* [public excitement] sensation *f*. ◇ *vt* **-1.** [mix] remuer. **-2.** [move gently] agiter. **-3.** [move emotionally] émouvoir. ◇ *vi* bouger, remuer. ◆ **stir up** *vt sep* **-1.** [dust] soulever. **-2.** [trouble] provoquer; [resentment, dissatisfaction] susciter; [rumour] faire naître.

stirrup ['stɪrəp] *n* étrier *m*.

stitch [stɪtʃ] ◇ *n* **-1.** SEWING point *m*; [in knitting] maille *f*. **-2.** MED point *m* de suture. **-3.** [stomach pain]: to have a ~ avoir un point de côté. ◇ *vt* **-1.** SEWING coudre. **-2.** MED suturer.

stoat [stəʊt] *n* hermine *f*.

stock [stɒk] ◇ *n* **-1.** [supply] réserve *f*. **-2.** (*U*) COMM stock *m*, réserve *f*; in ~ en stock; out of ~ épuisé(e). **-3.** FIN valeurs *fpl*; ~s and shares titres *mpl*. **-4.** [ancestry] souche *f*. **-5.** CULIN bouillon *m*. **-6.** [livestock] cheptel *m*. **-7.** *phr*: to take ~ (of) faire le point (de). ◇ *adj* classique. ◇ *vt* **-1.** COMM vendre, avoir en

stock. **-2.** [fill - shelves] garnir. ◆ **stock up** *vi*: to ~ **up (with)** faire des provisions (de).

stockbroker ['stɒk,brəʊkər] *n* agent *m* de change.

stock cube *n Br* bouillon-cube *m*.

stock exchange *n* Bourse *f*.

stockholder ['stɒk,həʊldər] *n Am* actionnaire *mf*.

Stockholm ['stɒkhəʊm] *n* Stockholm.

stocking ['stɒkɪŋ] *n* [for woman] bas *m*.

stockist ['stɒkɪst] *n Br* dépositaire *m*, stockiste *m*.

stock market *n* Bourse *f*.

stock phrase *n* cliché *m*.

stockpile ['stɒkpaɪl] ◇ *n* stock *m*. ◇ *vt* [weapons] amasser; [food] stocker.

stocktaking ['stɒk,teɪkɪŋ] *n* (*U*) inventaire *m*.

stocky ['stɒkɪ] *adj* trapu(e).

stodgy ['stɒdʒɪ] *adj* [food] lourd(e) (à digérer).

stoical ['stəʊɪkl] *adj* stoïque.

stoke [stəʊk] *vt* [fire] entretenir.

stole [stəʊl] ◇ *pt* → **steal**. ◇ *n* étole *f*.

stolen ['stəʊln] *pp* → **steal**.

stolid ['stɒlɪd] *adj* impassible.

stomach ['stʌmək] ◇ *n* [organ] estomac *m*; [abdomen] ventre *m*. ◇ *vt* [tolerate] encaisser, supporter.

stomachache ['stʌməkeɪk] *n*: to have ~ avoir mal au ventre.

stomach upset *n* embarras *m* gastrique.

stone [stəʊn] (*pl sense 3 only inv* OR **-s**) ◇ *n* **-1.** [rock] pierre *f*; [smaller] caillou *m*. **-2.** [seed] noyau *m*. **-3.** *Br* [unit of measurement] = 6,348 kg. ◇ *comp* de OR en pierre. ◇ *vt* [person, car etc] jeter des pierres sur.

stone-cold *adj* complètement froid(e) OR glacé(e).

stonewashed ['stəʊnwɒʃt] *adj* délavé(e).

stonework ['stəʊnwɜːk] *n* maçonnerie *f*.

stood [stʊd] *pt & pp* → **stand**.

stool [stuːl] *n* [seat] tabouret *m*.

stoop [stuːp] ◇ *n* [bent back]: to **walk with a** ~ marcher le dos voûté. ◇ *vi* **-1.** [bend down] se pencher. **-2.** [hunch shoulders] être voûté(e).

stop [stɒp] ◇ *n* **-1.** [gen] arrêt *m*; to **put a** ~ **to** sthg mettre un terme à qqch. **-2.** [full stop] point *m*. ◇ *vt* **-1.** [gen] arrêter; [end] mettre fin à; to ~ **doing** sthg arrêter de faire qqch; to ~ **work** arrêter de travailler, cesser le travail.

-2. [prevent]: **to ~ sb/sthg (from doing sthg)** empêcher qqn/qqch (de faire qqch). **-3.** [block] boucher. ◇ *vi* s'arrêter, cesser. ◆ **stop off** *vi* s'arrêter, faire halte. ◆ **stop up** *vt sep* [block] boucher.

stopgap ['stɒpgæp] *n* bouche-trou *m*.

stopover ['stɒp,əʊvə'] *n* halte *f*.

stoppage ['stɒpɪdʒ] *n* **-1.** [strike] grève *f*. **-2.** *Br* [deduction] retenue *f*.

stopper ['stɒpə'] *n* bouchon *m*.

stop press *n* nouvelles *fpl* de dernière heure.

stopwatch ['stɒpwɒtʃ] *n* chronomètre *m*.

storage ['stɔːrɪdʒ] *n* **-1.** [of goods] entreposage *m*, emmagasinage *m*; [of household objects] rangement *m*. **-2.** COMPUT stockage *m*, mémorisation *f*.

storage heater *n Br* radiateur *m* à accumulation.

store [stɔː'] ◇ *n* **-1.** [shop] magasin *m*. **-2.** [supply] provision *f*. **-3.** [place of storage] réserve *f*. ◇ *vt* **-1.** [save] mettre en réserve; [goods] entreposer, emmagasiner. **-2.** COMPUT stocker, mémoriser. ◆ **store up** *vt sep* [provisions] mettre en réserve; [goods] emmagasiner; [information] mettre en mémoire, noter.

storekeeper ['stɔː,kiːpə'] *n Am* commerçant *m*, -e *f*.

storeroom ['stɔːrʊm] *n* magasin *m*.

storey *Br* (*pl* **storeys**), **story** *Am* (*pl* **-ies**) ['stɔːrɪ] *n* étage *m*.

stork [stɔːk] *n* cigogne *f*.

storm [stɔːm] ◇ *n* **-1.** [bad weather] orage *m*. **-2.** *fig* [of abuse] torrent *m*; [of applause] tempête *f*. ◇ *vt* MIL prendre d'assaut. ◇ *vi* **-1.** [go angrily]: **to ~ in/out** entrer/sortir comme un ouragan. **-2.** [speak angrily] fulminer.

stormy ['stɔːmɪ] *adj lit* & *fig* orageux(euse).

story ['stɔːrɪ] *n* **-1.** [gen] histoire *f*. **-2.** PRESS article *m*; RADIO & TV nouvelle *f*. **-3.** *Am* = **storey**.

storybook ['stɔːrɪbʊk] *adj* [romance etc] de conte de fées.

storyteller ['stɔːrɪ,telə'] *n* **-1.** [narrator] conteur *m*, -euse *f*. **-2.** *euphemism* [liar] menteur *m*, -euse *f*.

stout [staʊt] ◇ *adj* **-1.** [rather fat] corpulent(e). **-2.** [strong] solide. **-3.** [resolute] ferme, résolu(e). ◇ *n* (*U*) stout *m*, bière *f* brune.

stove [stəʊv] ◇ *pt* & *pp* → **stave**. ◇ *n* [for cooking] cuisinière *f*; [for heating] poêle *m*.

stow [stəʊ] *vt*: **to ~ sthg (away)** ranger qqch.

stowaway ['stəʊəweɪ] *n* passager *m* clandestin.

straddle ['strædl] *vt* enjamber; [chair] s'asseoir à califourchon sur.

straggle ['strægl] *vi* **-1.** [buildings] s'étendre, s'étaler; [hair] être en désordre. **-2.** [person] traîner, lambiner.

straggler ['stræglə'] *n* traînard *m*, -e *f*.

straight [streɪt] ◇ *adj* **-1.** [not bent] droit(e); [hair] raide. **-2.** [frank] franc (franche), honnête. **-3.** [tidy] en ordre. **-4.** [choice, exchange] simple. **-5.** [alcoholic drink] sec, sans eau. **-6.** *phr*: **let's get this ~** entendons-nous bien. ◇ *adv* **-1.** [in a straight line] droit. **-2.** [directly, immediately] droit, tout de suite. **-3.** [frankly] carrément, franchement. **-4.** [undiluted] sec, sans eau. ◆ **straight off** *adv* tout de suite, sur-le-champ. ◆ **straight out** *adv* sans mâcher ses mots.

straightaway [,streɪtə'weɪ] *adv* tout de suite, immédiatement.

straighten ['streɪtn] *vt* **-1.** [tidy - hair, dress] arranger; [- room] mettre de l'ordre dans. **-2.** [make straight - horizontally] rendre droit(e); [- vertically] redresser. ◆ **straighten out** *vt sep* [problem] résoudre.

straight face *n*: **to keep a ~** garder son sérieux.

straightforward [,streɪt'fɔːwəd] *adj* **-1.** [easy] simple. **-2.** [frank] honnête, franc (franche).

strain [streɪn] ◇ *n* **-1.** [mental] tension *f*, stress *m*. **-2.** MED foulure *f*. **-3.** TECH contrainte *f*, effort *m*. ◇ *vt* **-1.** [work hard - eyes] plisser fort; **to ~ one's ears** tendre l'oreille. **-2.** [MED - muscle] se froisser; [- eyes] se fatiguer; **to ~ one's back** se faire un tour de reins. **-3.** [patience] mettre à rude épreuve; [budget] grever. **-4.** [drain] passer. **-5.** TECH exercer une contrainte sur. ◇ *vi* [try very hard]: **to ~ to do sthg** faire un gros effort pour faire qqch, se donner du mal pour faire qqch. ◆ **strains** *npl* [of music] accords *mpl*, airs *mpl*.

strained [streɪnd] *adj* **-1.** [worried] contracté(e), tendu(e). **-2.** [relations, relationship] tendu(e). **-3.** [unnatural] forcé(e).

strainer ['streɪnə'] *n* passoire *f*.

strait [streɪt] *n* détroit *m*. ◆ **straits** *npl*: **in dire** OR **desperate ~s** dans une situation désespérée.

straitjacket ['streɪt,dʒækɪt] *n* camisole *f* de force.

straitlaced [,streɪt'leɪst] *adj* collet monté (*inv*).

strand [strænd] *n* **-1.** [of cotton, wool] brin *m*, fil *m*; [of hair] mèche *f*. **-2.** [theme] fil *m*.

stranded ['strændɪd] *adj* [boat] échoué(e); [people] abandonné(e), en rade.

strange [streɪndʒ] *adj* **-1.** [odd] étrange, bizarre. **-2.** [unfamiliar] inconnu(e).

stranger ['streɪndʒər] *n* **-1.** [unfamiliar person] inconnu *m*, -e *f*. **-2.** [from another place] étranger *m*, -ère *f*.

strangle ['stræŋgl] *vt* étrangler; *fig* étouffer.

stranglehold ['stræŋglhəʊld] *n* **-1.** [round neck] étranglement *m*. **-2.** *fig* [control]: ~ **(on)** domination *f* (de).

strap [stræp] ◇ *n* [for fastening] sangle *f*, courroie *f*; [of bag] bandoulière *f*; [of rifle, dress, bra] bretelle *f*; [of watch] bracelet *m*. ◇ *vt* [fasten] attacher.

strapping ['stræpɪŋ] *adj* bien bâti(e), robuste.

Strasbourg ['stræzbɔːg] *n* Strasbourg.

strategic [strə'tiːdʒɪk] *adj* stratégique.

strategy ['strætɪdʒɪ] *n* stratégie *f*.

straw [strɔː] *n* paille *f*; **that's the last ~!** ça c'est le comble!

strawberry ['strɔːbərɪ] ◇ *n* [fruit] fraise *f*. ◇ *comp* [tart, yoghurt] aux fraises; [jam] de fraises.

stray [streɪ] ◇ *adj* **-1.** [animal] errant(e), perdu(e). **-2.** [bullet] perdu(e); [example] isolé(e). ◇ *vi* **-1.** [person, animal] errer, s'égarer. **-2.** [thoughts] vagabonder, errer.

streak [striːk] ◇ *n* **-1.** [line] bande *f*, marque *f*; ~ **of lightning** éclair *m*. **-2.** [in character] côté *m*. ◇ *vi* [move quickly] se déplacer comme un éclair.

stream [striːm] ◇ *n* **-1.** [small river] ruisseau *m*. **-2.** [of liquid, light] flot *m*, jet *m*. **-3.** [of people, cars] flot *m*; [of complaints, abuse] torrent *m*. **-4.** *Br* SCH classe *f* de niveau. ◇ *vi* **-1.** [liquid] couler à flots, ruisseler; [light] entrer à flots. **-2.** [people, cars] affluer; **to ~ past** passer à flots. ◇ *vt Br* SCH répartir par niveau.

streamer ['striːmər] *n* [for party] serpentin *m*.

streamlined ['striːmlaɪnd] *adj* **-1.** [aerodynamic] au profil aérodynamique. **-2.** [efficient] rationalisé(e).

street [striːt] *n* rue *f*.

streetcar ['striːtkɑːr] *n Am* tramway *m*.

street lamp, **street light** *n* réverbère *m*.

street plan *n* plan *m*.

streetwise ['striːtwaɪz] *adj inf* averti(e), futé(e).

strength [streŋθ] *n* **-1.** [gen] force *f*. **-2.** [power, influence] puissance *f*. **-3.** [solidity, of currency] solidité *f*.

strengthen ['streŋθn] *vt* **-1.** [structure, team, argument] renforcer. **-2.** [economy, currency, friendship] consolider. **-3.** [resolve, dislike] fortifier, affermir. **-4.** [person] enhardir.

strenuous ['strenjʊəs] *adj* [exercise, activity] fatigant(e), dur(e); [effort] vigoureux(euse), acharné(e).

stress [stres] ◇ *n* **-1.** [emphasis]: ~ **(on)** accent *m* (sur). **-2.** [mental] stress *m*, tension *f*. **-3.** TECH: ~ **(on)** contrainte *f* (sur), effort *m* (sur). **-4.** LING accent *m*. ◇ *vt* **-1.** [emphasize] souligner, insister sur. **-2.** LING accentuer.

stressful ['stresfʊl] *adj* stressant(e).

stretch [stretʃ] ◇ *n* **-1.** [of land, water] étendue *f*; [of road, river] partie *f*, section *f*. **-2.** [of time] période *f*. ◇ *vt* **-1.** [arms] allonger; [legs] se dégourdir; [muscles] distendre. **-2.** [pull taut] tendre, étirer. **-3.** [overwork - person] surmener; [- resources, budget] grever. **-4.** [challenge]: **to ~ sb** pousser qqn à la limite de ses capacités. ◇ *vi* **-1.** [area]: **to ~ over** s'étendre sur; **to ~ from ... to** s'étendre de ... à. **-2.** [person, animal] s'étirer. **-3.** [material, elastic] se tendre, s'étirer. ◆ **stretch out** ◇ *vt sep* [arm, leg, hand] tendre. ◇ *vi* [lie down] s'étendre, s'allonger.

stretcher ['stretʃər] *n* brancard *m*, civière *f*.

strew [struː] (*pt* -ed, *pp* strewn [struːn] OR -ed) *vt*: **to be strewn with** être jonché(e) de.

stricken ['strɪkn] *adj*: **to be ~ by** OR **with panic** être pris(e) de panique; **to be ~ by an illness** souffrir OR être atteint(e) d'une maladie.

strict [strɪkt] *adj* [gen] strict(e).

strictly ['strɪktlɪ] *adv* **-1.** [gen] strictement; ~ **speaking** à proprement parler. **-2.** [severely] d'une manière stricte, sévèrement.

stride [straɪd] (*pt* strode [strəʊd], *pp* stridden ['strɪdn]) ◇ *n* [long step] grand pas *m*, enjambée *f*. ◇ *vi* marcher à grandes enjambées OR à grands pas.

strident ['straɪdnt] *adj* **-1.** [voice, sound]

strident(e). **-2.** [demand, attack] véhément(e), bruyant(e).

strife [straɪf] n (U) conflit m, lutte f.

strike [straɪk] (pt & pp **struck**) ◇ n **-1.** [by workers] grève f; **to be (out) on ~** être en grève; **to go on ~** faire grève, se mettre en grève. **-2.** MIL raid m. **-3.** [of oil, gold] découverte f. ◇ vt **-1.** [hit - deliberately] **frapper**; [- accidentally] heurter. **-2.** [subj: thought] venir à l'esprit de. **-3.** [conclude - deal, bargain] conclure. **-4.** [light - match] frotter. ◇ vi **-1.** [workers] faire grève. **-2.** [hit] frapper. **-3.** [attack] attaquer. **-4.** [chime] sonner. ◆ **strike down** vt sep terrasser. ◆ **strike out** ◇ vt sep rayer, barrer. ◇ vi [head out] se mettre en route, partir. ◆ **strike up** vt fus **-1.** [conversation] commencer, engager; **to ~ up a friendship (with)** se lier d'amitié (avec). **-2.** [music] commencer à jouer.

striker ['straɪkə'] n **-1.** [person on strike] gréviste mf. **-2.** FTBL buteur m.

striking ['straɪkɪŋ] adj **-1.** [noticeable] frappant(e), saisissant(e). **-2.** [attractive] d'une beauté frappante.

string [strɪŋ] (pt & pp **strung**) n **-1.** (U) [thin rope] ficelle f. **-2.** [piece of thin rope] bout m de ficelle; **to pull ~s** faire jouer le piston. **-3.** [of beads, pearls] rang m. **-4.** [series] série f, suite f. **-5.** [of musical instrument] corde f. ◆ **strings** npl MUS: **the ~s** les cordes fpl. ◆ **string out** vt fus échelonner. ◆ **string together** vt sep fig aligner.

string bean n haricot m vert.

stringed instrument ['strɪŋd-] n instrument m à cordes.

stringent ['strɪndʒənt] adj strict(e), rigoureux(euse).

strip [strɪp] ◇ n **-1.** [narrow piece] bande f. **-2.** Br SPORT tenue f. ◇ vt **-1.** [undress] déshabiller, dévêtir. **-2.** [paint, wallpaper] enlever. ◇ vi [undress] se déshabiller, se dévêtir. ◆ **strip off** vi se déshabiller, se dévêtir.

strip cartoon n Br bande f dessinée.

stripe [straɪp] n **-1.** [band of colour] rayure f. **-2.** [sign of rank] galon m.

striped [straɪpt] adj à rayures, rayé(e).

strip lighting n éclairage m au néon.

stripper ['strɪpə'] n **-1.** [performer of striptease] strip-teaseuse f, effeuilleuse f. **-2.** [for paint] décapant m.

striptease ['striptiːz] n strip-tease m.

strive [straɪv] (pt **strove**, pp **striven** ['strɪvn]) vi: **to ~ for sthg** essayer d'obtenir qqch; **to ~ to do sthg** s'efforcer de faire qqch.

strode [strəud] pt → **stride**.

stroke [strəuk] ◇ n **-1.** MED attaque f cérébrale. **-2.** [of pen, brush] trait m. **-3.** [in swimming - movement] mouvement m des bras; [- style] nage f; [in rowing] coup m d'aviron; [in golf, tennis etc] coup m. **-4.** [of clock]: **on the third ~** ≈ au quatrième top. **-5.** Br TYPO [oblique] barre f. **-6.** [piece]: **a ~ of genius** un trait de génie; **a ~ of luck** un coup de chance OR de veine; **at a ~** d'un seul coup. ◇ vt caresser.

stroll [strəul] ◇ n petite promenade f, petit tour m. ◇ vi se promener, flâner.

stroller ['strəulə'] n Am [for baby] poussette f.

strong [strɒŋ] adj **-1.** [gen] fort(e); **~ point** point m fort. **-2.** [structure, argument, friendship] solide. **-3.** [healthy] robuste, vigoureux(euse). **-4.** [policy, measures] énergique. **-5.** [in numbers]: **the crowd was 2,000 ~** il y avait une foule de 2 000 personnes. **-6.** [team, candidate] sérieux(ieuse), qui a des chances de gagner.

strongbox ['strɒŋbɒks] n coffre-fort m.

stronghold ['strɒŋhəuld] n fig bastion m.

strongly ['strɒŋlɪ] adv **-1.** [gen] fortement. **-2.** [solidly] solidement.

strong room n chambre f forte.

strove [strəuv] pt → **strive**.

struck [strʌk] pt & pp → **strike**.

structure ['strʌktʃə'] n **-1.** [organization] structure f. **-2.** [building] construction f.

struggle ['strʌgl] ◇ n **-1.** [great effort]: **~ (for sthg OR to do sthg)** lutte f (pour qqch/pour faire qqch). **-2.** [fight] bagarre f. ◇ vi **-1.** [make great effort]: **to ~ (for)** lutter (pour); **to ~ to do sthg** s'efforcer de faire qqch. **-2.** [to free oneself] se débattre; [fight] se battre.

strum [strʌm] vt [guitar] gratter de; [tune] jouer.

strung [strʌŋ] pt & pp → **string**.

strut [strʌt] ◇ n CONSTR étai m, support m. ◇ vi se pavaner.

stub [stʌb] ◇ n **-1.** [of cigarette] mégot m; [of pencil] morceau m. **-2.** [of ticket, cheque] talon m. ◇ vt: **to ~ one's toe** se cogner le doigt de pied. ◆ **stub out** vt sep écraser.

stubble ['stʌbl] n (U) **-1.** [in field] chaume m. **-2.** [on chin] barbe f de plusieurs jours.

stubborn ['stʌbən] *adj* **-1.** [person] têtu(e), obstiné(e). **-2.** [stain] qui ne veut pas partir, rebelle.

stuck [stʌk] ◇ *pt & pp* → **stick**. ◇ *adj* **-1.** [jammed, trapped] coincé(e). **-2.** [stumped]: **to be ~** sécher. **-3.** [stranded] bloqué(e), en rade.

stuck-up *adj inf pej* bêcheur(euse).

stud [stʌd] *n* **-1.** [metal decoration] clou *m* décoratif. **-2.** [earring] clou *m* d'oreille. **-3.** *Br* [on boot, shoe] clou *m*; [on sports boots] crampon *m*. **-4.** [of horses] haras *m*.

studded ['stʌdɪd] *adj*: **~ (with)** parsemé(e) (de), constellé(e) (de).

student ['stju:dnt] ◇ *n* étudiant *m*, -e *f*. ◇ *comp* [life] estudiantin(e); [politics] des étudiants; [disco] pour étudiants.

studio ['stju:dɪəʊ] (*pl* **-s**) *n* studio *m*; [of artist] atelier *m*.

studio flat *Br*, **studio apartment** *Am n* studio *m*.

studious ['stju:djəs] *adj* studieux(ieuse).

studiously ['stju:djəslɪ] *adv* studieusement.

study ['stʌdɪ] ◇ *n* **-1.** [gen] étude *f*. **-2.** [room] bureau *m*. ◇ *vt* **-1.** [learn] étudier, faire des études de. **-2.** [examine] examiner, étudier. ◇ *vi* étudier, faire ses études.

stuff [stʌf] ◇ *n* (*U*) **-1.** *inf* [things] choses *fpl*. **-2.** [substance] substance *f*. **-3.** *inf* [belongings] affaires *fpl*. ◇ *vt* **-1.** [push] fourrer. **-2.** [fill]: **to ~ sthg (with)** remplir OR bourrer qqch (de). **-3.** CULIN farcir.

stuffed [stʌft] *adj* **-1.** [filled]: **~ with** bourré(e) de. **-2.** *inf* [with food] gavé(e). **-3.** CULIN farci(e). **-4.** [preserved - animal] empaillé(e).

stuffing ['stʌfɪŋ] *n* (*U*) **-1.** [filling] bourre *f*, rembourrage *m*. **-2.** CULIN farce *f*.

stuffy ['stʌfɪ] *adj* **-1.** [room] mal aéré(e), qui manque d'air. **-2.** [person, club] vieux jeu (*inv*).

stumble ['stʌmbl] *vi* trébucher. ◆ **stumble across**, **stumble on** *vt fus* tomber sur.

stumbling block ['stʌmblɪŋ-] *n* pierre *f* d'achoppement.

stump [stʌmp] ◇ *n* [of tree] souche *f*; [of arm, leg] moignon *m*. ◇ *vt* [subj: question, problem] dérouter, rendre perplexe.

stun [stʌn] *vt* **-1.** [knock unconscious] étourdir, assommer. **-2.** [surprise] stupéfier, renverser.

stung [stʌŋ] *pt & pp* → **sting**.

stunk [stʌŋk] *pt & pp* → **stink**.

stunning ['stʌnɪŋ] *adj* **-1.** [very beautiful] ravissant(e); [scenery] merveilleux (euse). **-2.** [surprising] stupéfiant(e), renversant(e).

stunt [stʌnt] ◇ *n* **-1.** [for publicity] coup *m*. **-2.** CINEMA cascade *f*. ◇ *vt* retarder, arrêter.

stunted ['stʌntɪd] *adj* rabougri(e).

stunt man *n* cascadeur *m*.

stupefy ['stju:pɪfaɪ] *vt* **-1.** [tire] abrutir. **-2.** [surprise] stupéfier, abasourdir.

stupendous [stju:'pendəs] *adj* extraordinaire, prodigieux(ieuse).

stupid ['stju:pɪd] *adj* **-1.** [foolish] stupide, bête. **-2.** *inf* [annoying] fichu(e).

stupidity [stju:'pɪdətɪ] *n* (*U*) bêtise *f*, stupidité *f*.

sturdy ['stɜːdɪ] *adj* [person] robuste; [furniture, structure] solide.

stutter ['stʌtər] *vi* bégayer.

sty [staɪ] *n* [pigsty] porcherie *f*.

stye [staɪ] *n* orgelet *m*, compère-loriot *m*.

style [staɪl] ◇ *n* **-1.** [characteristic manner] style *m*. **-2.** (*U*) [elegance] chic *m*, élégance *f*. **-3.** [design] genre *m*, modèle *m*. ◇ *vt* [hair] coiffer.

stylish ['staɪlɪʃ] *adj* chic (*inv*), élégant(e).

stylist ['staɪlɪst] *n* [hairdresser] coiffeur *m*, -euse *f*.

stylus ['staɪləs] (*pl* **-es**) *n* [on record player] pointe *f* de lecture, saphir *m*.

suave [swɑːv] *adj* doucereux(euse).

sub [sʌb] *n inf* **-1.** SPORT (*abbr of* substitute) remplaçant *m*, -e *f*. **-2.** (*abbr of* submarine) sous-marin *m*. **-3.** *Br* (*abbr of* subscription) cotisation *f*.

subconscious [,sʌb'kɒnʃəs] ◇ *adj* inconscient(e). ◇ *n*: **the ~** l'inconscient *m*.

subcontract [,sʌbkən'trækt] *vt* sous-traiter.

subdivide [,sʌbdɪ'vaɪd] *vt* subdiviser.

subdue [səb'dju:] *vt* [control - rioters, enemy] soumettre, subjuguer; [- temper, anger] maîtriser, réprimer.

subdued [səb'dju:d] *adj* **-1.** [person] abattu(e). **-2.** [anger, emotion] contenu(e). **-3.** [colour] doux (douce); [light] tamisé(e).

subject [*adj, n & prep* 'sʌbdʒekt, *vt* səb'dʒekt] ◇ *adj* soumis(e); **to be ~ to** [tax, law] être soumis à; [disease, headaches] être sujet (sujette) à. ◇ *n* **-1.** [gen] sujet *m*. **-2.** SCH & UNIV matière *f*.

◇ *vt* **-1.** [control] soumettre, assujettir. **-2.** [force to experience]: **to ~ sb to sthg** exposer OR soumettre qqn à qqch. ◆ **subject to** *prep* sous réserve de.

subjective [səb'dʒektɪv] *adj* subjectif(ive).

subject matter *n* (U) sujet *m*.

subjunctive [səb'dʒʌŋktɪv] *n* GRAMM: ~ **(mood)** (mode *m*) subjonctif *m*.

sublet [ˌsʌb'let] (*pt* & *pp* **sublet**) *vt* sous-louer.

sublime [sə'blaɪm] *adj* sublime.

submachine gun [ˌsʌbmə'ʃiːn-] *n* mitraillette *f*.

submarine [ˌsʌbmə'riːn] *n* sous-marin *m*.

submerge [səb'mɜːdʒ] ◇ *vt* immerger, plonger. ◇ *vi* s'immerger, plonger.

submission [səb'mɪʃn] *n* **-1.** [obedience] soumission *f*. **-2.** [presentation] présentation *f*, soumission *f*.

submissive [səb'mɪsɪv] *adj* soumis(e), docile.

submit [səb'mɪt] ◇ *vt* soumettre. ◇ *vi*: **to ~ (to)** se soumettre (à).

subnormal [ˌsʌb'nɔːml] *adj* arriéré(e), attardé(e).

subordinate [sə'bɔːdɪnət] ◇ *adj fml* [less important]: ~ **(to)** subordonné(e) (à), moins important(e) (que). ◇ *n* subordonné *m*, -e *f*.

subpoena [sə'piːnə] (*pt* & *pp* **-ed**) JUR ◇ *n* citation *f*, assignation *f*. ◇ *vt* citer OR assigner à comparaître.

subscribe [səb'skraɪb] *vi* **-1.** [to magazine, newspaper] s'abonner, être abonné(e). **-2.** [to view, belief]: **to ~ to** être d'accord avec, approuver.

subscriber [səb'skraɪbər] *n* [to magazine, service] abonné *m*, -e *f*.

subscription [səb'skrɪpʃn] *n* **-1.** [to magazine] abonnement *m*. **-2.** [to charity, campaign] souscription *f*. **-3.** [to club] cotisation *f*.

subsequent ['sʌbsɪkwənt] *adj* ultérieur(e), suivant(e).

subsequently ['sʌbsɪkwəntlɪ] *adv* par la suite, plus tard.

subservient [səb'sɜːvjənt] *adj* [servile]: ~ **(to)** servile (vis-à-vis de), obséquieux(ieuse) (envers).

subside [səb'saɪd] *vi* **-1.** [pain, anger] se calmer, s'atténuer; [noise] diminuer. **-2.** [CONSTR - building] s'affaisser; [- ground] se tasser.

subsidence [səb'saɪdns, 'sʌbsɪdns] *n* [CONSTR - of building] affaissement *m*; [- of ground] tassement *m*.

subsidiary [səb'sɪdjərɪ] ◇ *adj* subsidiaire. ◇ *n*: ~ **(company)** filiale *f*.

subsidize, -ise ['sʌbsɪdaɪz] *vt* subventionner.

subsidy ['sʌbsɪdɪ] *n* subvention *f*, subside *m*.

substance ['sʌbstəns] *n* **-1.** [gen] substance *f*. **-2.** [importance] importance *f*.

substantial [səb'stænʃl] *adj* **-1.** [considerable] considérable, important(e); [meal] substantiel(ielle). **-2.** [solid, well-built] solide.

substantially [səb'stænʃəlɪ] *adv* **-1.** [considerably] considérablement. **-2.** [mainly] en grande partie.

substantiate [səb'stænʃɪeɪt] *vt fml* prouver, établir.

substitute ['sʌbstɪtjuːt] ◇ *n* **-1.** [replacement]: ~ **(for)** [person] remplaçant *m*, -e *f* (de); [thing] succédané *m* (de). **-2.** SPORT remplaçant *m*, -e *f*. ◇ *vt*: **to ~ A for B** substituer A à B, remplacer B par A.

subtitle ['sʌbˌtaɪtl] *n* sous-titre *m*.

subtle ['sʌtl] *adj* subtil(e).

subtlety ['sʌtltɪ] *n* subtilité *f*.

subtract [səb'trækt] *vt*: **to ~ sthg (from)** soustraire qqch (de).

subtraction [səb'trækʃn] *n* soustraction *f*.

suburb ['sʌbɜːb] *n* faubourg *m*. ◆ **suburbs** *npl*: **the ~s** la banlieue.

suburban [sə'bɜːbn] *adj* **-1.** [of suburbs] de banlieue. **-2.** *pej* [life] étriqué(e); [person] à l'esprit étroit.

suburbia [sə'bɜːbɪə] *n* (U) la banlieue.

subversive [səb'vɜːsɪv] ◇ *adj* subversif(ive). ◇ *n* personne *f* qui agit de façon subversive.

subway ['sʌbweɪ] *n* **-1.** *Br* [underground walkway] passage *m* souterrain. **-2.** *Am* [underground railway] métro *m*.

succeed [sək'siːd] ◇ *vt* succéder à. ◇ *vi* réussir; **to ~ in doing sthg** réussir à faire qqch.

succeeding [sək'siːdɪŋ] *adj fml* [in future] à venir; [in past] suivant(e).

success [sək'ses] *n* succès *m*, réussite *f*.

successful [sək'sesfʊl] *adj* **-1.** [attempt] couronné(e) de succès. **-2.** [film, book etc] à succès; [person] qui a du succès.

succession [sək'seʃn] *n* succession *f*.

successive [sək'sesɪv] *adj* successif(ive).

succinct [sək'sɪŋkt] *adj* succinct(e).

succumb [sə'kʌm] *vi*: **to ~ (to)** succomber (à).

such [sʌtʃ] ◇ *adj* tel (telle), pareil(eille); ~ **nonsense** de telles inepties; **do you**

have ~ **a thing as a tin-opener?** est-ce que tu aurais un ouvre-boîtes par hasard?; ~ **money/books as I have** le peu d'argent/de livres que j'ai; ~ ... **that** ist ... que. ◇ *adv* **-1.** [for emphasis] si, tellement; **it's** ~ **a horrible day!** quelle journée épouvantable!; ~ **a lot of books** tellement de livres; ~ **a long time** si OR tellement longtemps. **-2.** [in comparisons] aussi. ◇ *pron:* **and** ~ **(like)** et autres choses de ce genre. ◆ **as such** *adv* en tant que tel (telle), en soi. ◆ **such and such** *adj* tel et tel (telle et telle).

suck [sʌk] *vt* **-1.** [with mouth] sucer. **-2.** [draw in] aspirer.

sucker ['sʌkəʳ] *n* **-1.** [suction pad] ventouse *f.* **-2.** *inf* [gullible person] poire *f.*

suction ['sʌkʃn] *n* succion *f.*

Sudan [suːˈdɑːn] *n* Soudan *m.*

sudden ['sʌdn] *adj* soudain(e), brusque; **all of a** ~ tout d'un coup, soudain.

suddenly ['sʌdnlɪ] *adv* soudainement, tout d'un coup.

suds [sʌdz] *npl* mousse *f* de savon.

sue [suː] *vt:* **to** ~ **sb (for)** poursuivre qqn (pour).

suede [sweɪd] *n* daim *m.*

suet ['sʊɪt] *n* graisse *f* de rognon.

suffer ['sʌfəʳ] ◇ *vt* **-1.** [pain, injury] souffrir de. **-2.** [consequences, setback, loss] subir. ◇ *vi* souffrir; **to** ~ **from** MED souffrir de.

sufferer ['sʌfrəʳ] *n* MED malade *mf.*

suffering ['sʌfrɪŋ] *n* souffrance *f.*

suffice [səˈfaɪs] *vi fml* suffire.

sufficient [səˈfɪʃnt] *adj* suffisant(e).

sufficiently [səˈfɪʃntlɪ] *adv* suffisamment.

suffocate ['sʌfəkeɪt] *vt & vi* suffoquer.

suffrage ['sʌfrɪdʒ] *n* suffrage *m.*

suffuse [səˈfjuːz] *vt* baigner.

sugar ['ʃʊgəʳ] ◇ *n* sucre *m.* ◇ *vt* sucrer.

sugar beet *n* betterave *f* à sucre.

sugarcane ['ʃʊgəkeɪn] *n (U)* canne *f* à sucre.

sugary ['ʃʊgərɪ] *adj* [food] sucré(e).

suggest [səˈdʒest] *vt* **-1.** [propose] proposer, suggérer. **-2.** [imply] suggérer.

suggestion [səˈdʒestʃn] *n* **-1.** [proposal] proposition *f,* suggestion *f.* **-2.** *(U)* [implication] suggestion *f.*

suggestive [səˈdʒestɪv] *adj* suggestif(ive); **to be** ~ **of sthg** suggérer qqch.

suicide ['sʊɪsaɪd] *n* suicide *m;* **to commit** ~ se suicider.

suit [suːt] ◇ *n* **-1.** [for man] costume *m,* complet *m;* [for woman] tailleur *m.* **-2.**

[in cards] couleur *f.* **-3.** JUR procès *m,* action *f.* ◇ *vt* **-1.** [subj: clothes, hairstyle] aller à. **-2.** [be convenient, appropriate to] convenir à. ◇ *vi* convenir, aller.

suitable ['suːtəbl] *adj* qui convient, qui va.

suitably ['suːtəblɪ] *adv* convenablement.

suitcase ['suːtkeɪs] *n* valise *f.*

suite [swiːt] *n* **-1.** [of rooms] suite *f.* **-2.** [of furniture] ensemble *m.*

suited ['suːtɪd] *adj* **-1.** [suitable]: **to be** ~ **to/for** convenir à/pour, aller à/pour. **-2.** [couple]: **well** ~ très bien assortis.

suitor ['suːtəʳ] *n dated* soupirant *m.*

sulfur *Am* = sulphur.

sulk [sʌlk] *vi* bouder.

sulky ['sʌlkɪ] *adj* boudeur(euse).

sullen ['sʌlən] *adj* maussade.

sulphur *Br,* **sulfur** *Am* ['sʌlfəʳ] *n* soufre *m.*

sultana [səlˈtɑːnə] *n Br* [dried grape] raisin *m* sec.

sultry ['sʌltrɪ] *adj* **-1.** [weather] lourd(e). **-2.** [sexual] sensuel(elle).

sum [sʌm] *n* **-1.** [amount of money] somme *f.* **-2.** [calculation] calcul *m.* ◆ **sum up** ◇ *vt sep* [summarize] résumer. ◇ *vi* récapituler.

summarize, -ise ['sʌməraɪz] ◇ *vt* résumer. ◇ *vi* récapituler.

summary ['sʌmərɪ] *n* résumé *m.*

summer ['sʌməʳ] ◇ *n* été *m;* **in** ~ en été. ◇ *comp* d'été; **the** ~ **holidays** les grandes vacances *fpl.*

summerhouse ['sʌməhaʊs, *pl* -haʊzɪz] *n* pavillon *m* (de verdure).

summer school *n* université *f* d'été.

summertime ['sʌmətaɪm] *n* été *m.*

summit ['sʌmɪt] *n* sommet *m.*

summon ['sʌmən] *vt* appeler, convoquer. ◆ **summon up** *vt sep* rassembler.

summons ['sʌmənz] *(pl* **summonses)** JUR ◇ *n* assignation *f.* ◇ *vt* assigner.

sump [sʌmp] *n* carter *m.*

sumptuous ['sʌmptʃʊəs] *adj* somptueux(euse).

sun [sʌn] *n* soleil *m;* **in the** ~ au soleil.

sunbathe ['sʌnbeɪð] *vi* prendre un bain de soleil.

sunbed ['sʌnbed] *n* lit *m* à ultra-violets.

sunburn ['sʌnbɜːn] *n (U)* coup *m* de soleil.

sunburned ['sʌnbɜːnd], **sunburnt** ['sʌnbɜːnt] *adj* brûlé(e) par le soleil, qui a attrapé un coup de soleil.

Sunday ['sʌndɪ] *n* dimanche *m*; ~ **lunch** déjeuner *m* du dimanche OR dominical; *see also* **Saturday**.

Sunday school *n* catéchisme *m*.

sundial ['sʌndaɪəl] *n* cadran *m* solaire.

sundown ['sʌndaʊn] *n* coucher *m* du soleil.

sundries ['sʌndrɪz] *npl fml* articles *mpl* divers, objets *mpl* divers.

sundry ['sʌndrɪ] *adj fml* divers; **all and ~** tout le monde, n'importe qui.

sunflower ['sʌn,flaʊəʳ] *n* tournesol *m*.

sung [sʌŋ] *pp* → **sing**.

sunglasses ['sʌn,glɑːsɪz] *npl* lunettes *fpl* de soleil.

sunk [sʌŋk] *pp* → **sink**.

sunlight ['sʌnlaɪt] *n* lumière *f* du soleil.

sunny ['sʌnɪ] *adj* **-1.** [day, place] ensoleillé(e). **-2.** [cheerful] radieux(ieuse), heureux(euse).

sunrise ['sʌnraɪz] *n* lever *m* du soleil.

sunroof ['sʌnruːf] *n* toit *m* ouvrant.

sunset ['sʌnset] *n* coucher *m* du soleil.

sunshade ['sʌnʃeɪd] *n* parasol *m*.

sunshine ['sʌnʃaɪn] *n* lumière *f* du soleil.

sunstroke ['sʌnstrəʊk] *n* (*U*) insolation *f*.

suntan ['sʌntæn] ◇ *n* bronzage *m*. ◇ *comp* [lotion, cream] solaire.

suntrap ['sʌntræp] *n* endroit très ensoleillé.

super ['suːpəʳ] *adj inf* génial(e), super (*inv*).

superannuation ['suːpə,rænjʊ'eɪʃn] *n* (*U*) pension *f* de retraite.

superb [suː'pɜːb] *adj* superbe.

supercilious [,suːpə'sɪlɪəs] *adj* hautain(e).

superficial [,suːpə'fɪʃl] *adj* superficiel(ielle).

superfluous [suː'pɜːfluəs] *adj* superflu(e).

superhuman [,suːpə'hjuːmən] *adj* surhumain(e).

superimpose [,suːpərɪm'pəʊz] *vt*: **to ~ sthg (on)** superposer qqch (à).

superintendent [,suːpərɪn'tendənt] *n* **-1.** *Br* [of police] ≃ commissaire *m*. **-2.** [of department] directeur *m*, -trice *f*.

superior [suː'pɪərɪəʳ] ◇ *adj* **-1.** [gen]: **~ (to)** supérieur(e) (à). **-2.** [goods, craftsmanship] de qualité supérieure. ◇ *n* supérieur *m*, -e *f*.

superlative [suː'pɜːlətɪv] ◇ *adj* exceptionnel(elle), sans pareil(eille). ◇ *n* GRAMM superlatif *m*.

supermarket ['suːpə,mɑːkɪt] *n* supermarché *m*.

supernatural [,suːpə'nætʃrəl] *adj* surnaturel(elle).

superpower ['suːpə,paʊəʳ] *n* superpuissance *f*.

supersede [,suːpə'siːd] *vt* remplacer.

supersonic [,suːpə'sɒnɪk] *adj* supersonique.

superstitious [,suːpə'stɪʃəs] *adj* superstitieux(ieuse).

superstore ['suːpəstɔːʳ] *n* hypermarché *m*.

supertanker ['suːpə,tæŋkəʳ] *n* supertanker *m*.

supervise ['suːpəvaɪz] *vt* surveiller; [work] superviser.

supervisor ['suːpəvaɪzəʳ] *n* surveillant *m*, -e *f*.

supper ['sʌpəʳ] *n* [evening meal] dîner *m*.

supple ['sʌpl] *adj* souple.

supplement [*n* 'sʌplɪmənt, *vb* 'sʌplɪment] ◇ *n* supplément *m*. ◇ *vt* compléter.

supplementary [,sʌplɪ'mentərɪ] *adj* supplémentaire.

supplementary benefit *n Br ancien nom des allocations supplémentaires accordées aux personnes ayant un faible revenu.*

supplier [sə'plaɪəʳ] *n* fournisseur *m*.

supply [sə'plaɪ] ◇ *n* **-1.** [store] réserve *f*, provision *f*. **-2.** [system] alimentation *f*. **-3.** (*U*) ECON offre *f*. ◇ *vt* **-1.** [provide]: **to ~ sthg (to sb)** fournir qqch (à qqn). **-2.** [provide to]: **to ~ sb (with)** fournir qqn (en), approvisionner qqn (en); **to ~ sthg with sthg** alimenter qqch en qqch. ◆ **supplies** *npl* [food] vivres *mpl*; MIL approvisionnements *mpl*; **office supplies** fournitures *fpl* de bureau.

support [sə'pɔːt] ◇ *n* **-1.** (*U*) [physical help] appui *m*. **-2.** (*U*) [emotional, financial help] soutien *m*. **-3.** [object] support *m*, appui *m*. ◇ *vt* **-1.** [physically] soutenir, supporter; [weight] supporter. **-2.** [emotionally] soutenir. **-3.** [financially] subvenir aux besoins de. **-4.** [theory] être en faveur de, être partisan de; [political party, candidate] appuyer; SPORT être un supporter de.

supporter [sə'pɔːtəʳ] *n* **-1.** [of person, plan] partisan *m*, -e *f*. **-2.** SPORT supporter *m*.

suppose [sə'pəʊz] ◇ *vt* supposer. ◇ *vi* supposer; **I ~ (so)** je suppose que oui; **I ~ not** je suppose que non.

supposed [sə'pəʊzd] *adj* **-1.** [doubtful]

supposé(e). **-2.** [reputed, intended]: **to be ~ to be** être censé(e) être.

supposedly [sə'pəʊzɪdlɪ] *adv* soi-disant.

supposing [sə'pəʊzɪŋ] *conj* et si, à supposer que (+ *subjunctive*).

suppress [sə'pres] *vt* **-1.** [uprising] réprimer. **-2.** [information] supprimer. **-3.** [emotions] réprimer, étouffer.

supreme [sʊ'priːm] *adj* suprême.

Supreme Court *n* [in US]: **the ~** la Cour Suprême.

surcharge ['sɜːtʃɑːdʒ] *n* [extra payment] surcharge *f*; [extra tax] surtaxe *f*.

sure [ʃʊəʳ] *adj* **-1.** [gen] sûr(e); **to be ~ of o.s.** être sûr de soi. **-2.** [certain]: **to be ~ (of sthg/of doing sthg)** être sûr(e) (de qqch/de faire qqch), être certain(e) (de qqch/de faire qqch); **to make ~ (that)** ... s'assurer OR vérifier que .... **-3.** *phr*: **I am** OR **I'm ~ (that)** ... je suis bien certain que ..., je ne doute pas que .... ◇ *adv* **-1.** *inf* [yes] bien sûr. **-2.** *Am* [really] vraiment. ◆ **for sure** *adv* sans aucun doute. ◆ **sure enough** *adv* en effet, effectivement.

surely ['ʃʊəlɪ] *adv* sûrement.

surety ['ʃʊərətɪ] *n* (*U*) caution *f*.

surf [sɜːf] *n* ressac *m*.

surface ['sɜːfɪs] ◇ *n* surface *f*; **on the ~** *fig* à première vue, vu de l'extérieur. ◇ *vi* **-1.** [diver] remonter à la surface; [submarine] faire surface. **-2.** [problem, rumour] apparaître OR s'étaler au grand jour.

surface mail *n* courrier *m* par voie de terre/de mer.

surfboard ['sɜːfbɔːd] *n* planche *f* de surf.

surfeit ['sɜːfɪt] *n* *fml* excès *m*.

surfing ['sɜːfɪŋ] *n* surf *m*.

surge [sɜːdʒ] ◇ *n* **-1.** [of people, vehicles] déferlement *m*; ELEC surtension *f*. **-2.** [of emotion, interest] vague *f*, montée *f*; [of anger] bouffée *f*; [of sales, applications] afflux *m*. ◇ *vi* [people, vehicles] déferler.

surgeon ['sɜːdʒən] *n* chirurgien *m*.

surgery ['sɜːdʒərɪ] *n* **-1.** (*U*) MED [performing operations] chirurgie *f*. **-2.** *Br* MED [place] cabinet *m* de consultation.

surgical ['sɜːdʒɪkl] *adj* chirurgical(e); **~ stocking** bas *m* orthopédique.

surgical spirit *n* *Br* alcool *m* à 90°.

surly ['sɜːlɪ] *adj* revêche, renfrogné(e).

surmount [sɜː'maʊnt] *vt* surmonter.

surname ['sɜːneɪm] *n* nom *m* de famille.

surpass [sə'pɑːs] *vt* *fml* dépasser.

surplus ['sɜːpləs] ◇ *adj* en surplus. ◇ *n* surplus *m*.

surprise [sə'praɪz] ◇ *n* surprise *f*. ◇ *vt* surprendre.

surprised [sə'praɪzd] *adj* surpris(e).

surprising [sə'praɪzɪŋ] *adj* surprenant(e).

surprisingly [sə'praɪzɪŋlɪ] *adv* étonnamment.

surrender [sə'rendəʳ] ◇ *n* reddition *f*, capitulation *f*. ◇ *vi* **-1.** [stop fighting]: **to ~ (to)** se rendre (à). **-2.** *fig* [give in]: **to ~ (to)** se laisser aller (à), se livrer (à).

surreptitious [ˌsʌrəp'tɪʃəs] *adj* subreptice.

surrogate ['sʌrəgeɪt] ◇ *adj* de substitution. ◇ *n* substitut *m*.

surrogate mother *n* mère *f* porteuse.

surround [sə'raʊnd] *vt* entourer; [subj: police, army] cerner.

surrounding [sə'raʊndɪŋ] *adj* environnant(e).

surroundings [sə'raʊndɪŋz] *npl* environnement *m*.

surveillance [sɜː'veɪləns] *n* surveillance *f*.

survey [*n* 'sɜːveɪ, *vb* sə'veɪ] ◇ *n* **-1.** [investigation] étude *f*; [of public opinion] sondage *m*. **-2.** [of land] levé *m*; [of building] inspection *f*. ◇ *vt* **-1.** [contemplate] passer en revue. **-2.** [investigate] faire une étude de, enquêter sur. **-3.** [land] faire le levé de; [building] inspecter.

surveyor [sə'veɪəʳ] *n* [of building] expert *m*; [of land] géomètre *m*.

survival [sə'vaɪvl] *n* [continuing to live] survie *f*.

survive [sə'vaɪv] ◇ *vt* survivre à. ◇ *vi* survivre.

survivor [sə'vaɪvəʳ] *n* survivant *m*, -e *f*; *fig* battant *m*, -e *f*.

susceptible [sə'septəbl] *adj*: **~ (to)** sensible (à).

suspect [*adj* & *n* 'sʌspekt, *vb* sə'spekt] ◇ *adj* suspect(e). ◇ *n* suspect *m*, -e *f*. ◇ *vt* **-1.** [distrust] douter de. **-2.** [think likely, consider guilty] soupçonner; **to ~ sb of sthg** soupçonner qqn de qqch.

suspend [sə'spend] *vt* **-1.** [gen] suspendre. **-2.** [from school] renvoyer temporairement.

suspended sentence [sə'spendɪd-] *n* condamnation *f* avec sursis.

suspender belt [sə'spendəʳ-] *n* *Br* porte-jarretelles *m inv*.

suspenders [sə'spendəz] *npl* **-1.** *Br* [for

stockings] jarretelles *fpl.* **-2.** *Am* [for trousers] bretelles *fpl.*

suspense [sə'spens] *n* suspense *m.*

suspension [sə'spenʃn] *n* **-1.** [gen & AUT] suspension *f.* **-2.** [from school] renvoi *m* temporaire.

suspension bridge *n* pont *m* suspendu.

suspicion [sə'spiʃn] *n* soupçon *m.*

suspicious [sə'spiʃəs] *adj* **-1.** [having suspicions] soupçonneux(euse). **-2.** [causing suspicion] suspect(e), louche.

sustain [sə'stein] *vt* **-1.** [maintain] soutenir. **-2.** *fml* [suffer - damage] subir; [- injury] recevoir. **-3.** *fml* [weight] supporter.

sustenance ['sʌstinəns] *n* (U) *fml* nourriture *f.*

SW (*abbr of* **short wave**) OC.

swab [swɒb] *n* MED tampon *m.*

swagger ['swægə'] *vi* parader.

Swahili [swɑ:'hi:li] *n* [language] swahili *m.*

swallow ['swɒləʊ] ◇ *n* [bird] hirondelle *f.* ◇ *vt* avaler; *fig* [anger, tears] ravaler. ◇ *vi* avaler.

swam [swæm] *pt* → **swim**.

swamp [swɒmp] ◇ *n* marais *m.* ◇ *vt* **-1.** [flood] submerger. **-2.** [overwhelm] déborder, submerger.

swan [swɒn] *n* cygne *m.*

swap [swɒp] *vt*: **to ~ sthg (with sb/for sthg)** échanger qqch (avec qqn/contre qqch).

swarm [swɔ:m] ◇ *n* essaim *m.* ◇ *vi fig* [people] grouiller; **to be ~ing (with)** [place] grouiller (de).

swarthy ['swɔ:ði] *adj* basané(e).

swastika ['swɒstikə] *n* croix *f* gammée.

swat [swɒt] *vt* écraser.

sway [swei] ◇ *vt* [influence] influencer. ◇ *vi* se balancer.

swear [sweə'] (*pt* **swore**, *pp* **sworn**) ◇ *vt* jurer; **to ~ to do sthg** jurer de faire qqch. ◇ *vi* jurer.

swearword ['sweəwɜ:d] *n* juron *m*, gros mot *m.*

sweat [swet] ◇ *n* [perspiration] transpiration *f*, sueur *f.* ◇ *vi* **-1.** [perspire] transpirer, suer. **-2.** *inf* [worry] se faire du mouron.

sweater ['swetə'] *n* pullover *m.*

sweatshirt ['swetʃɜ:t] *n* sweat-shirt *m.*

sweaty ['sweti] *adj* [skin, clothes] mouillé(e) de sueur.

swede [swi:d] *n Br* rutabaga *m.*

Swede [swi:d] *n* Suédois *m*, -e *f.*

Sweden ['swi:dn] *n* Suède *f.*

Swedish ['swi:diʃ] ◇ *adj* suédois(e). ◇ *n* [language] suédois *m.* ◇ *npl*: **the ~** les Suédois *mpl.*

sweep [swi:p] (*pt & pp* **swept**) ◇ *n* **-1.** [sweeping movement] grand geste *m.* **-2.** [with brush]: **to give sthg a ~** donner un coup de balai à qqch, balayer qqch. **-3.** [chimney sweep] ramoneur *m.* ◇ *vt* [gen] balayer; [scan with eyes] parcourir des yeux. ◆ **sweep away** *vt sep* [destroy] emporter, entraîner. ◆ **sweep up** ◇ *vt sep* [with brush] balayer. ◇ *vi* balayer.

sweeping ['swi:piŋ] *adj* **-1.** [effect, change] radical(e). **-2.** [statement] hâtif(ive).

sweet [swi:t] ◇ *adj* **-1.** [gen] doux (douce); [cake, flavour, pudding] sucré(e). **-2.** [kind] gentil(ille). **-3.** [attractive] adorable, mignon(onne). ◇ *n Br* **-1.** [candy] bonbon *m.* **-2.** [dessert] dessert *m.*

sweet corn *n* maïs *m.*

sweeten ['swi:tn] *vt* sucrer.

sweetheart ['swi:thɑ:t] *n* **-1.** [term of endearment] chéri *m*, -e *f*, mon cœur *m.* **-2.** [boyfriend, girlfriend] petit ami *m*, petite amie *f.*

sweetness ['swi:tnis] *n* **-1.** [gen] douceur *f*; [of taste] goût *m* sucré, douceur. **-2.** [attractiveness] charme *m.*

sweet pea *n* pois *m* de senteur.

swell [swel] (*pt* **-ed**, *pp* **swollen** OR **-ed**) ◇ *vi* **-1.** [leg, face etc] enfler; [lungs, balloon] se gonfler; **to ~ with pride** se gonfler d'orgueil. **-2.** [crowd, population etc] grossir, augmenter; [sound] grossir, s'enfler. ◇ *vt* grossir, augmenter. ◇ *n* [of sea] houle *f.* ◇ *adj Am inf* chouette, épatant(e).

swelling ['sweliŋ] *n* enflure *f.*

sweltering ['sweltəriŋ] *adj* étouffant(e), suffocant(e).

swept [swept] *pt & pp* → **sweep**.

swerve [swɜ:v] *vi* faire une embardée.

swift [swift] ◇ *adj* **-1.** [fast] rapide. **-2.** [prompt] prompt(e). ◇ *n* [bird] martinet *m.*

swig [swig] *inf n* lampée *f.*

swill [swil] ◇ *n* (U) [pig food] pâtée *f.* ◇ *vt Br* [wash] laver à grande eau.

swim [swim] (*pt* **swam**, *pp* **swum**) ◇ *n*: **to have a ~** nager; **to go for a ~** aller se baigner, aller nager. ◇ *vi* **-1.** [person, fish, animal] nager. **-2.** [room] tourner; **my head was swimming** j'avais la tête qui tournait.

swimmer ['swimə'] *n* nageur *m*, -euse *f.*

swimming ['swɪmɪŋ] *n* natation *f*; **to go** ~ **swimming** nager.

swimming cap *n* bonnet *m* de bain.

swimming costume *n* Br maillot *m* de bain.

swimming pool *n* piscine *f*.

swimming trunks *npl* maillot *m* OR slip *m* de bain.

swimsuit ['swɪmsuːt] *n* maillot *m* de bain.

swindle ['swɪndl] ◇ *n* escroquerie *f*. ◇ *vt* escroquer, rouler; **to ~ sb out of sthg** escroquer qqch à qqn.

swine [swaɪn] *n inf* [person] salaud *m*.

swing [swɪŋ] (*pt & pp* **swung**) ◇ *n* -1. [child's toy] balançoire *f*. -2. [change - of opinion] revirement *m*; [- of mood] changement *m*, saute *f*. -3. [sway] balancement *m*. -4. *phr:* **to be in full** ~ battre son plein. ◇ *vt* -1. [move back and forth] balancer. -2. [move in a curve] faire virer. ◇ *vi* -1. [move back and forth] se balancer. -2. [turn - vehicle] virer, tourner; **to ~ round** [person] se retourner. -3. [change] changer.

swing bridge *n* pont *m* tournant.

swing door *n* porte *f* battante.

swingeing ['swɪndʒɪŋ] *adj* très sévère.

swipe [swaɪp] ◇ *vt inf* [steal] faucher, piquer. ◇ *vi:* **to ~ at** envoyer OR donner un coup à.

swirl [swɜːl] ◇ *n* tourbillon *m*. ◇ *vi* tourbillonner, tournoyer.

swish [swɪʃ] *vt* [tail] battre l'air de.

Swiss [swɪs] ◇ *adj* suisse. ◇ *n* [person] Suisse *mf*. ◇ *npl:* **the ~** les Suisses *mpl*.

switch [swɪtʃ] ◇ *n* -1. [control device] interrupteur *m*, commutateur *m*; [on radio, stereo etc] bouton *m*. -2. [change] changement *m*. ◇ *vt* [swap] échanger; [jobs] changer de. ◆ **switch off** *vt sep* éteindre. ◆ **switch on** *vt sep* allumer.

switchboard ['swɪtʃbɔːd] *n* standard *m*.

Switzerland ['swɪtsələnd] *n* Suisse *f*; **in** ~ en Suisse.

swivel ['swɪvl] ◇ *vt* [chair] faire pivoter; [head, eyes] faire tourner. ◇ *vi* [chair] pivoter; [head, eyes] tourner.

swivel chair *n* fauteuil *m* pivotant OR tournant.

swollen ['swəʊln] ◇ *pp* → **swell**. ◇ *adj* [ankle, face] enflé(e); [river] en crue.

swoop [swuːp] ◇ *n* [raid] descente *f*. ◇ *vi* -1. [bird, plane] piquer. -2. [police, army] faire une descente.

swop [swɒp] = **swap**.

sword [sɔːd] *n* épée *f*.

swordfish ['sɔːdfɪʃ] (*pl inv* OR **-es**) *n* espadon *m*.

swore [swɔːr] *pt* → **swear**.

sworn [swɔːn] ◇ *pp* → **swear**. ◇ *adj* JUR sous serment.

swot [swɒt] Br inf ◇ *n pej* bûcheur *m*, -euse *f*. ◇ *vi:* **to ~ (for)** bûcher (pour).

swum [swʌm] *pp* → **swim**.

swung [swʌŋ] *pt & pp* → **swing**.

sycamore ['sɪkəmɔːr] *n* sycomore *m*.

syllable ['sɪləbl] *n* syllabe *f*.

syllabus ['sɪləbəs] (*pl* **-buses** OR **-bi** [-baɪ]) *n* programme *m*.

symbol ['sɪmbl] *n* symbole *m*.

symbolize, -ise ['sɪmbəlaɪz] *vt* symboliser.

symmetry ['sɪmɪtrɪ] *n* symétrie *f*.

sympathetic [ˌsɪmpə'θetɪk] *adj* -1. [understanding] compatissant(e), compréhensif(ive). -2. [willing to support]: ~ **(to)** bien disposé(e) (à l'égard de).

sympathize, -ise ['sɪmpəθaɪz] *vi* -1. [feel sorry] compatir; **to ~ with sb** plaindre qqn; [in grief] compatir à la douleur de qqn. -2. [understand]: **to ~ with sthg** comprendre qqch. -3. [support]: **to ~ with sthg** approuver qqch, soutenir qqch.

sympathizer, -iser ['sɪmpəθaɪzər] *n* sympathisant *m*, -e *f*.

sympathy ['sɪmpəθɪ] *n* (*U*) -1. [understanding]: ~ **(for)** compassion *f* (pour), sympathie *f* (pour). -2. [agreement] approbation *f*, sympathie *f*. ◆ **sympathies** *npl* [to bereaved person] condoléances *fpl*.

symphony ['sɪmfənɪ] *n* symphonie *f*.

symposium [sɪm'pəʊzjəm] (*pl* **-siums** OR **-sia** [-zjə]) *n* symposium *m*.

symptom ['sɪmptəm] *n* symptôme *m*.

synagogue ['sɪnəgɒg] *n* synagogue *f*.

syndicate ['sɪndɪkət] *n* syndicat *m*, consortium *m*.

syndrome ['sɪndrəʊm] *n* syndrome *m*.

synonym ['sɪnənɪm] *n:* ~ **(for** OR **of)** synonyme *m* (de).

synopsis [sɪ'nɒpsɪs] (*pl* **-ses** [-siːz]) *n* résumé *m*.

syntax ['sɪntæks] *n* syntaxe *f*.

synthesis ['sɪnθəsɪs] (*pl* **-ses** [-siːz]) *n* synthèse *f*.

synthetic [sɪn'θetɪk] *adj* -1. [man-made] synthétique. -2. *pej* [insincere] artificiel(ielle), forcé(e).

syphilis ['sɪfɪlɪs] *n* syphilis *f*.

syphon ['saɪfn] = **siphon**.

Syria ['sɪrɪə] *n* Syrie *f*.

syringe [sɪ'rɪndʒ] *n* seringue *f*.

syrup ['sɪrəp] *n* (*U*) **-1.** [sugar and water] sirop *m*. **-2.** *Br* [golden syrup] mélasse *f* raffinée.

system ['sɪstəm] *n* **-1.** [gen] système *m*; **road/railway** ~ réseau *m* routier/de chemins de fer. **-2.** [equipment - gen] installation *f*; [- electric, electronic] appareil *m*. **-3.** (*U*) [methodical approach] système *m*, méthode *f*.

systematic [,sɪstə'mætɪk] *adj* systématique.

system disk *n* COMPUT disque *m* système.

systems analyst ['sɪstəmz-] *n* COMPUT analyste fonctionnel *m*, analyste fonctionnelle *f*.

t (*pl* **t's** OR **ts**), **T** (*pl* **T's** OR **Ts**) [tiː] *n* [letter] t *m inv*, T *m inv*.

ta [tɑː] *excl Br inf* merci!

tab [tæb] *n* **-1.** [of cloth] étiquette *f*. **-2.** [of metal] languette *f*. **-3.** *Am* [bill] addition *f*. **-4.** *phr*: **to keep ~s on sb** tenir OR avoir qqn à l'œil, surveiller qqn.

tabby ['tæbɪ] *n*: ~ **(cat)** chat tigré *m*, chatte tigrée *f*.

table ['teɪbl] ◇ *n* table *f*. ◇ *vt Br* [propose] présenter, proposer.

tablecloth ['teɪblklɒθ] *n* nappe *f*.

table lamp *n* lampe *f*.

tablemat ['teɪblmæt] *n* dessous-de-plat *m inv*.

tablespoon ['teɪblspuːn] *n* **-1.** [spoon] cuiller *f* de service. **-2.** [spoonful] cuillerée *f* à soupe.

tablet ['tæblɪt] *n* **-1.** [pill] comprimé *m*, cachet *m*. **-2.** [of stone] plaque *f* commémorative. **-3.** [of soap] savonnette *f*, pain *m* de savon.

table tennis *n* ping-pong *m*, tennis *m* de table.

table wine *n* vin *m* de table.

tabloid ['tæblɔɪd] *n*: ~ **(newspaper)** tabloïd *m*, tabloïde *m*; **the ~ press** la presse populaire.

tabulate ['tæbjʊleɪt] *vt* présenter sous forme de tableau.

tacit ['tæsɪt] *adj* tacite.

taciturn ['tæsɪtɜːn] *adj* taciturne.

tack [tæk] ◇ *n* **-1.** [nail] clou *m*. **-2.** NAUT bord *m*, bordée *f*. **-3.** *fig* [course of action] tactique *f*, méthode *f*. ◇ *vt* **-1.** [fasten with nail - gen] clouer; [- notice] punaiser. **-2.** SEWING faufiler. ◇ *vi* NAUT tirer une bordée.

tackle ['tækl] ◇ *n* **-1.** FTBL tacle *m*; RUGBY plaquage *m*. **-2.** [equipment] équipement *m*, matériel *m*. **-3.** [for lifting] palan *m*, appareil *m* de levage. ◇ *vt* **-1.** [deal with] s'attaquer à. **-2.** FTBL tacler; RUGBY plaquer. **-3.** [attack] empoigner.

tacky ['tækɪ] *adj* **-1.** *inf* [film, remark] d'un goût douteux; [jewellery] de pacotille. **-2.** [sticky] collant(e), pas encore sec (sèche).

tact [tækt] *n* (*U*) tact *m*, délicatesse *f*.

tactful ['tæktfʊl] *adj* [remark] plein(e) de tact; [person] qui a du tact OR de la délicatesse.

tactic ['tæktɪk] *n* tactique *f*. ◆ **tactics** *n* (*U*) MIL tactique *f*.

tactical ['tæktɪkl] *adj* tactique.

tactless ['tæktlɪs] *adj* qui manque de tact OR délicatesse.

tadpole ['tædpəʊl] *n* têtard *m*.

tag [tæg] *n* **-1.** [of cloth] marque *f*. **-2.** [of paper] étiquette *f*. ◆ **tag along** *vi inf* suivre.

tail [teɪl] ◇ *n* **-1.** [gen] queue *f*. **-2.** [of coat] basque *f*, pan *m*; [of shirt] pan. ◇ *vt inf* [follow] filer. ◆ **tails** ◇ *npl* [formal dress] queue-de-pie *f*, habit *m*. ◇ *n* [side of coin] pile *f*. ◆ **tail off** *vi* [voice] s'affaiblir; [noise] diminuer.

tailback ['teɪlbæk] *n Br* bouchon *m*.

tailcoat [,teɪl'kəʊt] *n* habit *m*, queue-de-pie *f*.

tail end *n* fin *f*.

tailgate ['teɪlgeɪt] *n* AUT hayon *m*.

tailor ['teɪlər] ◇ *n* tailleur *m*. ◇ *vt fig* adapter.

tailor-made *adj fig* sur mesure.

tailwind ['teɪlwɪnd] *n* vent *m* arrière.

tainted ['teɪntɪd] *adj* **-1.** [reputation] souillé(e), entaché(e). **-2.** *Am* [food] avarié(e).

Taiwan [,taɪ'wɑːn] *n* Taiwan.

take [teɪk] (*pt* **took**, *pp* **taken**) ◇ *vt* **-1.** [gen] prendre; **to ~ an exam** passer un examen; **to ~ a walk** se promener, faire une promenade; **to ~ a bath/photo** prendre un bain/une photo; **to ~ offence** se vexer, s'offenser. **-2.** [lead, drive] emmener. **-3.** [accept] accepter. **-4.** [contain] contenir, avoir une capacité de. **-5.** [tolerate] supporter. **-6.**

[require] demander; **how long will it ~?** combien de temps cela va-t-il prendre? **-7.** [wear]: **what size do you ~?** [clothes] **quelle taille faites-vous?**; [shoes] **vous chaussez du combien? -8.** [assume]: **I ~ it (that) ...** je suppose que ..., je pense que .... **-9.** [rent] prendre, louer. ◇ n CINEMA prise f de vues. ◆ **take after** vt fus tenir de, ressembler à. ◆ **take apart** vt sep [dismantle] démonter. ◆ **take away** vt sep **-1.** [remove] enlever. **-2.** [deduct] retrancher, soustraire. ◆ **take back** vt sep **-1.** [return] rendre, rapporter. **-2.** [accept] reprendre. **-3.** [statement, accusation] retirer. ◆ **take down** vt sep **-1.** [dismantle] démonter. **-2.** [write down] prendre. **-3.** [lower] baisser. ◆ **take in** vt sep **-1.** [deceive] rouler, tromper. **-2.** [understand] comprendre. **-3.** [include] englober, couvrir. **-4.** [provide accommodation for] recueillir. ◆ **take off** ◇ vt sep **-1.** [remove] enlever, ôter. **-2.** [have as holiday]: **to ~ a week/day off** prendre une semaine/un jour de congé. **-3.** Br [imitate] imiter. ◇ vi **-1.** [plane] décoller. **-2.** [go away suddenly] partir. ◆ **take on** vt sep **-1.** [accept] accepter, prendre. **-2.** [employ] embaucher, prendre. **-3.** [confront] s'attaquer à; [competitor] faire concurrence à; SPORT jouer contre. ◆ **take out** vt sep **-1.** [from container] sortir; [from pocket] prendre. **-2.** [go out with] emmener, sortir avec. ◆ **take over** ◇ vt sep **-1.** [take control of] reprendre, prendre la direction de. **-2.** [job]: **to ~ over sb's job** remplacer qqn, prendre la suite de qqn. ◇ vi **-1.** [take control] prendre le pouvoir. **-2.** [in job] prendre la relève. ◆ **take to** vt fus **-1.** [person] éprouver de la sympathie pour, sympathiser avec; [activity] prendre goût à. **-2.** [begin]: **to ~ to doing sthg** se mettre à faire qqch. ◆ **take up** vt sep **-1.** [begin - job] prendre; [- singing] se mettre au chant. **-2.** [use up] prendre, occuper. ◆ **take up on** vt sep [accept]: **to ~ sb up on an offer** accepter l'offre de qqn.

takeaway Br ['teɪkə,weɪ], **takeout** Am ['teɪkaʊt] n [food] **plat** m à emporter.

taken ['teɪkn] pp → **take**.

takeoff ['teɪkɒf] n [of plane] décollage m.

takeout Am = **takeaway**.

takeover ['teɪk,əʊvə'] n **-1.** [of company] prise f de contrôle, rachat m. **-2.** [of government] prise f de pouvoir.

takings ['teɪkɪŋz] npl recette f.

talc [tælk], **talcum (powder)** ['tælkəm-] n talc m.

tale [teɪl] n **-1.** [fictional story] histoire f, conte m. **-2.** [anecdote] récit m, histoire f.

talent ['tælənt] n: **~ (for)** talent m (pour).

talented ['tæləntɪd] adj qui a du talent, talentueux(euse).

talk [tɔːk] ◇ n **-1.** [conversation] discussion f, conversation f. **-2.** (U) [gossip] bavardages mpl, racontars mpl. **-3.** [lecture] conférence f, causerie f. ◇ vi **-1.** [speak]: **to ~ (to sb)** parler (à qqn); **to ~ about** parler de. **-2.** [gossip] bavarder, jaser. **-3.** [make a speech] faire un discours, parler; **to ~ on OR about** parler de. ◆ **talks** npl entretiens mpl, pourparlers mpl. ◆ **talk into** vt sep: **to ~ sb into doing sthg** persuader qqn de faire qqch. ◆ **talk out of** vt sep: **to ~ sb out of doing sthg** dissuader qqn de faire qqch. ◆ **talk over** vt sep discuter de.

talkative ['tɔːkətɪv] adj bavard(e), loquace.

talk show Am n talk-show m, causerie f.

tall [tɔːl] adj grand(e); **how ~ are you?** combien mesurez-vous?; **she's 5 feet ~** elle mesure 1,50 m.

tall story n histoire f à dormir debout.

tally ['tælɪ] ◇ n compte m. ◇ vi correspondre, concorder.

talon ['tælən] n serre f, griffe f.

tambourine [,tæmbə'riːn] n tambourin m.

tame [teɪm] ◇ adj **-1.** [animal, bird] apprivoisé(e). **-2.** pej [person] docile; [party, story, life] terne, morne. ◇ vt **-1.** [animal, bird] apprivoiser. **-2.** [people] mater, dresser.

tamper ['tæmpə'] ◆ **tamper with** vt fus [machine] toucher à; [records, file] altérer, falsifier; [lock] essayer de crocheter.

tampon ['tæmpɒn] n tampon m.

tan [tæn] ◇ adj brun clair (inv). ◇ n bronzage m, hâle m. ◇ vi bronzer.

tang [tæŋ] n [taste] saveur f forte OR piquante; [smell] odeur f forte OR piquante.

tangent ['tændʒənt] n GEOM tangente f; **to go off at a ~** fig changer de sujet, faire une digression.

tangerine [,tændʒə'riːn] n mandarine f.

tangible ['tændʒəbl] adj tangible.

Tangier [tæn'dʒɪə'] n Tanger m.

tangle ['tæŋgl] n **-1.** [mass] enchevêtrement m, emmêlement m. **-2.** fig [confusion]: **to get into a ~** s'empêtrer, s'embrouiller.

tank [tæŋk] n **-1.** [container] réservoir m; **fish ~** aquarium m. **-2.** MIL tank m, char m (d'assaut).

tanker ['tæŋkər] n **-1.** [ship - for oil] pétrolier m. **-2.** [truck] camion-citerne m. **-3.** [train] wagon-citerne m.

tanned [tænd] adj bronzé(e), hâlé(e).

Tannoy® ['tænɔɪ] n système m de haut-parleurs.

tantalizing ['tæntəlaɪzɪŋ] adj [smell] très appétissant(e); [possibility, thought] très tentant(e).

tantamount ['tæntəmaʊnt] adj: **~ to** équivalent(e) à.

tantrum ['tæntrəm] (pl **-s**) n crise f de colère; **to have** OR **throw a ~** faire OR piquer une colère.

Tanzania [,tænzə'nɪə] n Tanzanie f.

tap [tæp] ◇ n **-1.** [device] robinet m. **-2.** [light blow] petite tape f, petit coup m. ◇ vt **-1.** [hit] tapoter, taper. **-2.** [resources, energy] exploiter, utiliser. **-3.** [telephone, wire] mettre sur écoute.

tap dance n claquettes fpl.

tape [teɪp] ◇ n **-1.** [magnetic tape] bande f magnétique; [cassette] cassette f. **-2.** [strip of cloth, adhesive material] ruban m. ◇ vt **-1.** [record] enregistrer; [on video] magnétoscoper, enregistrer au magnétoscope. **-2.** [stick] scotcher.

tape measure n centimètre m, mètre m.

taper ['teɪpər] vi s'effiler; [trousers] se terminer en fuseau.

tape recorder n magnétophone m.

tapestry ['tæpɪstrɪ] n tapisserie f.

tar [tɑːr] n (U) goudron m.

target ['tɑːgɪt] ◇ n **-1.** [of missile, bomb] objectif m; [for archery, shooting] cible f. **-2.** fig [for criticism] cible f. **-3.** fig [goal] objectif m. ◇ vt **-1.** [city, building] viser. **-2.** fig [subj: policy] s'adresser à, viser; [subj: advertising] cibler.

tariff ['tærɪf] n **-1.** [tax] tarif m douanier. **-2.** [list] tableau m OR liste f des prix.

Tarmac® ['tɑːmæk] n [material] macadam m. ◆ **tarmac** n AERON: **the tarmac** la piste.

tarnish ['tɑːnɪʃ] vt lit & fig ternir.

tarpaulin [tɑː'pɔːlɪn] n [material] toile f goudronnée; [sheet] bâche f.

tart [tɑːt] ◇ adj **-1.** [bitter] acide. **-2.** [sarcastic] acide, acerbe. ◇ n **-1.** CULIN

tarte f. **-2.** v inf [prostitute] pute f. ◆ **tart up** vt sep Br inf pej [room] retaper, rénover; **to ~ o.s. up** se faire beau (belle).

tartan ['tɑːtn] ◇ n tartan m. ◇ comp écossais(e).

tartar(e) sauce ['tɑːtər-] n sauce f tartare.

task [tɑːsk] n tâche f, besogne f.

task force n MIL corps m expéditionnaire.

tassel ['tæsl] n pompon m, gland m.

taste [teɪst] ◇ n **-1.** [gen] goût m; **have a ~!** goûte!; **in good/bad ~** de bon/mauvais goût. **-2.** fig [liking]: **~ (for)** penchant m (pour), goût m (pour). **-3.** fig [experience] aperçu m. ◇ vt **-1.** [sense - food] sentir. **-2.** [test, try] déguster, goûter. **-3.** fig [experience] tâter du, goûter de. ◇ vi: **to ~ of/like** avoir le goût de; **to ~ good/odd** etc avoir bon goût/un drôle de goût etc.

tasteful ['teɪstful] adj de bon goût.

tasteless ['teɪstlɪs] adj **-1.** [object, decor, remark] de mauvais goût. **-2.** [food] qui n'a aucun goût, fade.

tasty ['teɪstɪ] adj [delicious] délicieux(ieuse), succulent(e).

tatters ['tætəz] npl: **in ~** [clothes] en lambeaux; [confidence] brisé(e); [reputation] ruiné(e).

tattoo [tə'tuː] (pl **-s**) ◇ n **-1.** [design] tatouage m. **-2.** Br [military display] parade f OR défilé m militaire. ◇ vt tatouer.

tatty ['tætɪ] adj Br inf pej [clothes] défraîchi(e), usé(e); [flat, area] miteux(euse), minable.

taught [tɔːt] pt & pp → **teach.**

taunt [tɔːnt] ◇ vt railler, se moquer de. ◇ n raillerie f, moquerie f.

Taurus ['tɔːrəs] n Taureau m.

taut [tɔːt] adj tendu(e).

tawdry ['tɔːdrɪ] adj pej [jewellery] clinquant(e); [clothes] voyant(e), criard(e).

tax [tæks] ◇ n taxe f, impôt m. ◇ vt **-1.** [goods] taxer. **-2.** [profits, business, person] imposer. **-3.** [strain] mettre à l'épreuve.

taxable ['tæksəbl] adj imposable.

tax allowance n abattement m fiscal.

taxation [tæk'seɪʃn] n (U) **-1.** [system] imposition f. **-2.** [amount] impôts mpl.

tax avoidance [-ə'vɔɪdəns] n évasion f fiscale.

tax collector n percepteur m.

tax disc n Br vignette f.

tax evasion n fraude f fiscale.

tax-free Br, **tax-exempt** Am adj exoné-ré(e) (d'impôt).

taxi ['tæksɪ] ◇ n taxi m. ◇ vi [plane] rouler au sol.

taxi driver n chauffeur m de taxi.

tax inspector n inspecteur m des impôts.

taxi rank Br, **taxi stand** n station f de taxis.

taxpayer ['tæks,peɪəʳ] n contribuable mf.

tax relief n allègement m OR dégrèvement m fiscal.

tax return n déclaration f d'impôts.

TB n abbr of **tuberculosis**.

tea [tiː] n -1. [drink, leaves] thé m. -2. Br [afternoon meal] goûter m; [evening meal] dîner m.

teabag ['tiːbæg] n sachet m de thé.

tea break n Br pause-café f.

teach [tiːtʃ] (pt & pp **taught**) ◇ vt -1. [instruct] apprendre; **to ~ sb sthg, to ~ sthg to sb** apprendre qqch à qqn; **to ~ sb to do sthg** apprendre à qqn à faire qqch. -2. [subj: teacher] enseigner; **to ~ sb sthg, to ~ sthg to sb** enseigner qqch à qqn. ◇ vi enseigner.

teacher ['tiːtʃəʳ] n [in primary school] instituteur m, -trice f, maître m, maîtresse f; [in secondary school] professeur m.

teacher training college Br, **teachers college** Am n ≃ institut m universitaire de formation de maîtres, ≃ IUFM m.

teaching ['tiːtʃɪŋ] n enseignement m.

tea cloth n Br -1. [tablecloth] nappe f. -2. [tea towel] torchon m.

tea cosy Br, **tea cozy** Am n couvre-théière m inv, cosy m.

teacup ['tiːkʌp] n tasse f à thé.

teak [tiːk] n teck m.

team [tiːm] n équipe f.

teammate ['tiːmmeɪt] n co-équipier m, -ière f.

teamwork ['tiːmwɜːk] n (U) travail m d'équipe, collaboration f.

teapot ['tiːpɒt] n théière f.

tear[1] [tɪəʳ] n larme f.

tear[2] [teəʳ] (pt **tore**, pp **torn**) ◇ vt -1. [rip] déchirer. -2. [remove roughly] arracher. ◇ vi -1. [rip] se déchirer. -2. [move quickly] foncer, aller à toute allure. ◇ n déchirure f, accroc m. ◆ **tear apart** vt sep -1. [rip up] déchirer, mettre en morceaux. -2. fig [country, company] diviser; [person] déchirer. ◆ **tear down** vt sep [building] démolir; [poster] arracher. ◆ **tear up** vt sep déchirer.

teardrop ['tɪədrɒp] n larme f.

tearful ['tɪəful] adj [person] en larmes.

tear gas [tɪəʳ-] n (U) gaz m lacrymogène.

tearoom ['tiːrum] n salon m de thé.

tease [tiːz] ◇ n taquin m, -e f. ◇ vt [mock]: **to ~ sb (about sthg)** taquiner qqn (à propos de qqch).

tea service, tea set n service m à thé.

teaspoon ['tiːspuːn] n -1. [utensil] petite cuillère f, cuillère f à café. -2. [amount] cuillerée f à café.

teat [tiːt] n tétine f.

teatime ['tiːtaɪm] n Br l'heure f du thé.

tea towel n torchon m.

technical ['teknɪkl] adj technique.

technical college n Br collège m technique.

technicality [,teknɪ'kælətɪ] n -1. [intricacy] technicité f. -2. [detail] détail m technique.

technically ['teknɪklɪ] adv -1. [gen] techniquement. -2. [theoretically] en théorie.

technician [tek'nɪʃn] n technicien m, -ienne f.

technique [tek'niːk] n technique f.

technological [,teknə'lɒdʒɪkl] adj technologique.

technology [tek'nɒlədʒɪ] n technologie f.

teddy ['tedɪ] n: **~ (bear)** ours m en peluche, nounours m.

tedious ['tiːdjəs] adj ennuyeux(euse).

tee [tiː] n GOLF tee m.

teem [tiːm] vi -1. [rain] pleuvoir à verse. -2. [place]: **to be ~ing with** grouiller de.

teenage ['tiːneɪdʒ] adj adolescent(e).

teenager ['tiːn,eɪdʒəʳ] n adolescent m, -e f.

teens [tiːnz] npl adolescence f.

tee shirt n tee-shirt m.

teeter ['tiːtəʳ] vi vaciller; **to ~ on the brink of** fig être au bord de.

teeth [tiːθ] pl → **tooth**.

teethe [tiːð] vi [baby] percer ses dents.

teething troubles ['tiːðɪŋ-] npl fig difficultés fpl initiales.

teetotaller Br, **teetotaler** Am [tiː'təʊtləʳ] n personne f qui ne boit jamais d'alcool.

TEFL ['tefl] (abbr of **teaching of English as a foreign language**) n enseignement de l'anglais langue étrangère.

tel. (abbr of **telephone**) tél.

telecommunications ['telɪkə,mjuːnɪ'keɪʃnz] npl télécommunications fpl.

telegram ['telɪɡræm] n télégramme m.
telegraph ['telɪɡrɑːf] ◇ n télégraphe m.
◇ vt télégraphier.
telegraph pole, telegraph post Br n
poteau m télégraphique.
telepathy [tɪ'lepəθɪ] n télépathie f.
telephone ['telɪfəʊn] ◇ n téléphone m;
to be on the ~ Br [connected] avoir le
téléphone; [speaking] être au téléphone.
◇ vt téléphoner à. ◇ vi téléphoner.
telephone book n annuaire m.
telephone booth n cabine f téléphonique.
telephone box n Br cabine f téléphonique.
telephone call n appel m téléphonique, coup m de téléphone.
telephone directory n annuaire m.
telephone number n numéro m de téléphone.
telephonist [tɪ'lefənɪst] n Br téléphoniste mf.
telephoto lens [,telɪ'fəʊtəʊ-] n téléobjectif m.
telescope ['telɪskəʊp] n télescope m.
teletext ['telɪtekst] n télétexte m.
televise ['telɪvaɪz] vt téléviser.
television ['telɪ,vɪʒn] n **-1.** (U) [medium,
industry] télévision f; **on ~** à la télévision. **-2.** [apparatus] (poste m de) télévision f, téléviseur m.
television set n poste m de télévision,
téléviseur m.
telex ['teleks] ◇ n télex m. ◇ vt [message] envoyer par télex, télexer; [person] envoyer un télex à.
tell [tel] (pt & pp **told**) ◇ vt **-1.** [gen]
dire; [story] raconter; **to ~ sb (that)** ...
dire à qqn que ...; **to ~ sb sthg, to ~
sthg to sb** dire qqch à qqn; **to ~ sb to
do sthg** dire OR ordonner à qqn de
faire qqch. **-2.** [judge, recognize] savoir,
voir; **could you ~ me the time?** tu
peux me dire l'heure (qu'il est)? ◇ vi
-1. [speak] parler. **-2.** [judge] savoir. **-3.**
[have effect] se faire sentir. ◆ **tell apart**
vt sep distinguer. ◆ **tell off** vt sep gronder.
telling ['telɪŋ] adj [remark] révélateur(trice).
telltale ['telteɪl] ◇ adj révélateur(trice).
◇ n rapporteur m, -euse f, mouchard
m, -e f.
telly ['telɪ] (abbr of **television**) n Br inf
télé f; **on ~** à la télé.
temp [temp] inf ◇ n (abbr of **temporary
(employee)**) intérimaire mf. ◇ vi travailler comme intérimaire.

temper ['tempər] ◇ n **-1.** [angry state]:
to be in a ~ être en colère; **to lose
one's ~** se mettre en colère. **-2.** [mood]
humeur f. **-3.** [temperament] tempérament m. ◇ vt [moderate] tempérer.
temperament ['temprəmənt] n tempérament m.
temperamental [,temprə'mentl] adj
[volatile, unreliable] capricieux(ieuse).
temperate ['temprət] adj tempéré(e).
temperature ['temprətʃər] n température f; **to have a ~** avoir de la température OR de la fièvre.
tempestuous [tem'pestjʊəs] adj lit & fig
orageux(euse).
template ['templɪt] n gabarit m.
temple ['templ] n **-1.** RELIG temple m.
-2. ANAT tempe f.
temporarily [,tempə'rerəlɪ] adv temporairement, provisoirement.
temporary ['tempərərɪ] adj temporaire,
provisoire.
tempt [tempt] vt tenter; **to ~ sb to do
sthg** donner à qqn l'envie de faire
qqch.
temptation [temp'teɪʃn] n tentation f.
tempting ['temptɪŋ] adj tentant(e).
ten [ten] num dix; see also **six**.
tenable ['tenəbl] adj [argument, position]
défendable.
tenacious [tɪ'neɪʃəs] adj tenace.
tenancy ['tenənsɪ] n location f.
tenant ['tenənt] n locataire mf.
tend [tend] vt **-1.** [have tendency]: **to ~
to do sthg** avoir tendance à faire qqch.
-2. [look after] s'occuper de, garder.
tendency ['tendənsɪ] n: **~ (to do sthg)**
tendance f (à faire qqch).
tender ['tendər] ◇ adj tendre; [bruise,
part of body] sensible, douloureux(euse). ◇ n COMM soumission f. ◇
vt fml [apology, money] offrir; [resignation] donner.
tendon ['tendən] n tendon m.
tenement ['tenəmənt] n immeuble m.
Tenerife [,tenə'riːf] n Tenerife.
tenet ['tenɪt] n fml principe m.
tennis ['tenɪs] n (U) tennis m.
tennis ball n balle f de tennis.
tennis court n court m de tennis.
tennis racket n raquette f de tennis.
tenor ['tenər] n [singer] ténor m.
tense [tens] ◇ adj tendu(e). ◇ n temps
m. ◇ vt tendre.
tension ['tenʃn] n tension f.
tent [tent] n tente f.
tentacle ['tentəkl] n tentacule m.

tentative ['tentətɪv] *adj* **-1.** [hesitant] hésitant(e). **-2.** [not final] provisoire.

tenterhooks ['tentəhʊks] *npl*: **to be on ~** être sur des charbons ardents.

tenth [tenθ] *num* dixième; *see also* **sixth**.

tent peg *n* piquet *m* de tente.

tent pole *n* montant *m* OR mât *m* de tente.

tenuous ['tenjʊəs] *adj* ténu(e).

tenure ['tenjəʳ] *n* (U) *fml* **-1.** [of property] bail *m*. **-2.** [of job]: **to have ~** être titulaire.

tepid ['tepɪd] *adj* tiède.

term [tɜːm] ◇ *n* **-1.** [word, expression] terme *m*. **-2.** SCH & UNIV trimestre *m*. **-3.** [period of time] durée *f*, période *f*; **in the long/short ~** à long/court terme. ◇ *vt* appeler. ◆ **terms** *npl* **-1.** [of contract, agreement] conditions *fpl*. **-2.** [basis]: **in international/real ~s** en termes internationaux/réels; **to be on good ~s (with sb)** être en bons termes (avec qqn); **to come to ~s with sthg** accepter qqch. ◆ **in terms of** *prep* sur le plan de, en termes de.

terminal ['tɜːmɪnl] ◇ *adj* MED en phase terminale. ◇ *n* **-1.** AERON, COMPUT & RAIL terminal *m*. **-2.** ELEC borne *f*.

terminate ['tɜːmɪneɪt] ◇ *vt* **-1.** *fml* [end - gen] terminer, mettre fin à; [- contract] résilier. **-2.** [pregnancy] interrompre. ◇ *vi* **-1.** [bus, train] s'arrêter. **-2.** [contract] se terminer.

termini ['tɜːmɪnaɪ] *pl* → **terminus**.

terminus ['tɜːmɪnəs] (*pl* **-ni** OR **-nuses**) *n* terminus *m*.

terrace ['terəs] *n* **-1.** [patio, on hillside] terrasse *f*. **-2.** *Br* [of houses] rangée *f* de maisons. ◆ **terraces** *npl* FTBL: **the ~s** les gradins *mpl*.

terraced ['terəst] *adj* [hillside] en terrasses.

terraced house *n Br* maison *attenante aux maisons voisines.*

terrain [te'reɪn] *n* terrain *m*.

terrible ['terəbl] *adj* terrible; [holiday, headache, weather] affreux(euse), épouvantable.

terribly ['terəblɪ] *adv* terriblement; [sing, write, organized] affreusement mal; [injured] affreusement.

terrier ['terɪəʳ] *n* terrier *m*.

terrific [tə'rɪfɪk] *adj* **-1.** [wonderful] fantastique, formidable. **-2.** [enormous] énorme, fantastique.

terrified ['terɪfaɪd] *adj* terrifié(e); **to be ~ of** avoir une terreur folle OR peur folle de.

terrifying ['terɪfaɪɪŋ] *adj* terrifiant(e).

territory ['terətrɪ] *n* territoire *m*.

terror ['terəʳ] *n* terreur *f*.

terrorism ['terərɪzm] *n* terrorisme *m*.

terrorist ['terərɪst] *n* terroriste *mf*.

terrorize, -ise ['terəraɪz] *vt* terroriser.

terse [tɜːs] *adj* brusque.

Terylene® ['terəliːn] *n* Térylène® *m*.

test [test] ◇ *n* **-1.** [trial] essai *m*; [of friendship, courage] épreuve *f*. **-2.** [examination - of aptitude, psychological] test *m*; [- SCH & UNIV] interrogation *f* écrite/orale; [- of driving] (examen *m* du) permis *m* de conduire. **-3.** [MED - of blood, urine] analyse *f*; [- of eyes] examen *m*. ◇ *vt* **-1.** [try] essayer; [determination, friendship] mettre à l'épreuve. **-2.** SCH & UNIV faire faire une interrogation écrite/orale à; **to ~ sb on sthg** interroger qqn sur qqch. **-3.** [MED - blood, urine] analyser; [- eyes, reflexes] faire un examen de.

testament ['testəmənt] *n* [will] testament *m*.

test-drive *vt* essayer.

testicles ['testɪklz] *npl* testicules *mpl*.

testify ['testɪfaɪ] ◇ *vt*: **to ~ that ...** témoigner que .... ◇ *vi* JUR témoigner. **-2.** [be proof]: **to ~ to sthg** témoigner de qqch.

testimony [*Br* 'testɪmənɪ, *Am* 'testəməʊnɪ] *n* témoignage *m*.

testing ['testɪŋ] *adj* éprouvant(e).

test match *n Br* match *m* international.

test pilot *n* pilote *m* d'essai.

test tube *n* éprouvette *f*.

test-tube baby *n* bébé-éprouvette *m*.

tetanus ['tetənəs] *n* tétanos *m*.

tether ['teðəʳ] ◇ *vt* attacher. ◇ *n*: **to be at the end of one's ~** être au bout du rouleau.

text [tekst] *n* texte *m*.

textbook ['tekstbʊk] *n* livre *m* OR manuel *m* scolaire.

textile ['tekstaɪl] *n* textile *m*.

texture ['tekstʃəʳ] *n* texture *f*; [of paper, wood] grain *m*.

Thai [taɪ] ◇ *adj* thaïlandais(e). ◇ *n* **-1.** [person] Thaïlandais *m*, -e *f*. **-2.** [language] thaï *m*.

Thailand ['taɪlænd] *n* Thaïlande *f*.

Thames [temz] *n*: **the ~** la Tamise.

than [weak form ðən, strong form ðæn] *conj* que; **Sarah is younger ~ her sister** Sarah est plus jeune que sa sœur; **more ~ three days/50 people** plus de trois jours/50 personnes.

thank [θæŋk] *vt*: to ~ sb (for) remercier qqn (pour OR de); ~ **God** OR **goodness** OR **heavens!** Dieu merci! ◆ **thanks** ◇ *npl* remerciements *mpl*. ◇ *excl* merci! ◆ **thanks to** *prep* grâce à.

thankful ['θæŋkful] *adj* **-1.** [grateful]: ~ **(for)** reconnaissant(e) (de). **-2.** [relieved] soulagé(e).

thankless ['θæŋklıs] *adj* ingrat(e).

thanksgiving ['θæŋks,gıvıŋ] *n* action *f* de grâce. ◆ **Thanksgiving (Day)** *n* fête nationale américaine commémorant, le 4ᵉ jeudi de novembre, l'installation des premiers colons en Amérique.

thank you *excl*: ~ **(for)** merci (pour OR de).

that [ðæt, *weak form of pron sense 2 & conj* ðət] (*pl* **those**) ◇ *pron* **-1.** (*demonstrative use: pl 'those'*) ce, cela, ça; (*as opposed to 'this'*) celui-là (celle-là); **who's** ~? qui est-ce?; **is** ~ **Maureen?** c'est Maureen?; **what's** ~? qu'est-ce que c'est que ça?; ~'s **a shame** c'est dommage; **which shoes are you going to wear, these or those?** quelles chaussures vas-tu mettre, celles-ci ou celles-là?; **those who** ceux (celles) qui. **-2.** (*to introduce relative clauses - subject*) qui; (*- object*) que; (*- with prep*) lequel (laquelle), lesquels (lesquelles) (*pl*); **we came to a path** ~ **led into the woods** nous arrivâmes à un sentier qui menait dans les bois; **show me the book** ~ **you bought** montre-moi le livre que tu as acheté; **on the day** ~ **we left** le jour où nous sommes partis. ◇ *adj* (*demonstrative: pl 'those'*) ce (cette), cet (*before vowel or silent "h"*), ces (*pl*); (*as opposed to 'this'*) ce (cette) ... -là, ces ... -là (*pl*); **those chocolates are delicious** ces chocolats sont délicieux; **later** ~ **day** plus tard ce jour-là; **I prefer** ~ **book** je préfère ce livre-là; **I'll have** ~ **one** je prendrai celui-là. ◇ *adv* aussi, si; **it wasn't** ~ **bad/good** ce n'était pas si mal/bien que ça. ◇ *conj* que; **tell him** ~ **the children aren't coming** dites-lui que les enfants ne viennent pas; **he recommended** ~ **I phone you** il m'a conseillé de vous appeler. ◆ **that is (to say)** *adv* c'est-à-dire.

thatched [θætʃt] *adj* de chaume.

that's [ðæts] = **that is.**

thaw [θɔː] ◇ *vt* [ice] faire fondre OR dégeler; [frozen food] décongeler. ◇ *vi* **-1.** [ice] dégeler, fondre; [frozen food] décongeler. **-2.** *fig* [people, relations] se dégeler. ◇ *n* dégel *m*.

the [*weak form* ðə, *before vowel* ðı, *strong form* ðiː] *def art* **-1.** [gen] le (la), l' (+ *vowel or silent "h"*), les (*pl*); ~ **book** le livre; ~ **sea** la mer; ~ **man** l'homme; ~ **boys/girls** les garçons/ filles; ~ **Joneses are coming to supper** les Jones viennent dîner; **to play** ~ **piano** jouer du piano. **-2.** (*with an adjective to form a noun*): ~ **British** les Britanniques; ~ **old/young** les vieux/ jeunes; ~ **impossible** l'impossible. **-3.** [in dates]: ~ **twelfth of May** le douze mai; ~ **forties** les années quarante. **-4.** [in comparisons]: ~ **more ...** ~ **less** plus ... moins; ~ **sooner** ~ **better** le plus tôt sera le mieux. **-5.** [in titles]: Alexander ~ **Great** Alexandre le Grand; **George** ~ **First** Georges Premier.

theatre, theater *Am* ['θıətər] *n* **-1.** [gen] théâtre *m*. **-2.** *Br* MED salle *f* d'opération. **-3.** *Am* [cinema] cinéma *m*.

theatregoer, theatergoer *Am* ['θıətə ,gəʊər] *n* habitué *m*, -e *f* du théâtre.

theatrical [θı'ætrıkl] *adj* théâtral(e); [company] de théâtre.

theft [θeft] *n* vol *m*.

their [ðeər] *poss adj* leur, leurs (*pl*); ~ **house** leur maison; ~ **children** leurs enfants; **it wasn't** THEIR **fault** ce n'était pas de leur faute à eux.

theirs [ðeəz] *poss pron* le leur (la leur), les leurs (*pl*); **that house is** ~ cette maison est la leur, cette maison est à eux/elles; **it wasn't our fault, it was** THEIRS ce n'était pas de notre faute, c'était de la leur; **a friend of** ~ un de leurs amis, un ami à eux/elles.

them [*weak form* ðəm, *strong form* ðem] *pers pron pl* **-1.** (*direct*) les; **I know** ~ je les connais; **if I were** OR **was** ~ si j'étais eux/elles, à leur place. **-2.** (*indirect*) leur; **we spoke to** ~ nous leur avons parlé; **she sent** ~ **a letter** elle leur a envoyé une lettre; **I gave it to** ~ je le leur ai donné. **-3.** (*stressed, after prep, in comparisons etc*) eux (elles); **you can't expect** THEM **to do it** tu ne peux pas exiger que ce soit eux qui le fassent; **with** ~ avec eux/elles; **without** ~ sans eux/elles; **we're not as wealthy as** ~ nous ne sommes pas aussi riches qu'eux/qu'elles.

theme [θiːm] *n* **-1.** [topic, motif] thème *m*, sujet *m*. **-2.** MUS thème *m*; [signature tune] indicatif *m*.

theme tune *n* chanson *f* principale.

themselves [ðem'selvz] *pron* **-1.** (*reflexive*) se; (*after prep*) eux (elles). **-2.**

(*for emphasis*) eux-mêmes *mpl*, elles-mêmes *fpl*; **they did it** ~ ils l'ont fait tout seuls.

then [ðen] *adv* **-1.** [not now] alors, à cette époque. **-2.** [next] puis, ensuite. **-3.** [in that case] alors, dans ce cas. **-4.** [therefore] donc. **-5.** [also] d'ailleurs, et puis.

theology [θɪ'ɒlədʒɪ] *n* théologie *f*.

theoretical [θɪə'retɪkl] *adj* théorique.

theorize, -ise ['θɪəraɪz] *vi*: **to** ~ **(about)** émettre une théorie (sur), théoriser (sur).

theory ['θɪərɪ] *n* théorie *f*; **in** ~ en théorie.

therapist ['θerəpɪst] *n* thérapeute *mf*, psychothérapeute *mf*.

therapy ['θerəpɪ] *n* (*U*) thérapie *f*.

there [ðeə^r] ◇ *pron* [indicating existence of sthg]: ~ **is/are** il y a; ~'**s** someone at the door il y a quelqu'un à la porte; ~ **must be some mistake** il doit y avoir erreur. ◇ *adv* **-1.** [in existence, available] y, là; **is anybody** ~? il y a quelqu'un?; **is John** ~, **please**? [when telephoning] est-ce que John est là, s'il vous plaît? **-2.** [referring to place] y, là; **I'm going** ~ **next week** j'y vais la semaine prochaine; ~ **it is** c'est là; ~ **he is!** le voilà!; **over** ~ là-bas; **it's six kilometres** ~ **and back** cela fait six kilomètres aller-retour. ◇ *excl*: ~, **I knew he'd turn up** tiens OR voilà, je savais bien qu'il s'amènerait; ~, ~ **allons, allons.** ◆ **there and then, then and there** *adv* immédiatement, sur-le-champ.

thereabouts [ðeərə'baʊts], **thereabout** *Am* [ðeərə'baʊt] *adv*: **or** ~ [nearby] par là; [approximately] environ.

thereafter [ˌðeər'ɑːftə^r] *adv fml* après cela, par la suite.

thereby [ˌðeər'baɪ] *adv fml* ainsi, de cette façon.

therefore ['ðeəfɔː^r] *adv* donc, par conséquent.

there's [ðeəz] = **there is.**

thermal ['θɜːml] *adj* thermique; [clothes] en thermolactyl.

thermometer [θə'mɒmɪtə^r] *n* thermomètre *m*.

Thermos (flask)® ['θɜːməs-] *n* bouteille *f* Thermos®, Thermos® *m or f*.

thermostat ['θɜːməstæt] *n* thermostat *m*.

thesaurus [θɪ'sɔːrəs] (*pl* **-es**) *n* dictionnaire *m* de synonymes.

these [ðiːz] *pl* → **this.**

thesis ['θiːsɪs] (*pl* **theses** ['θiːsiːz]) *n* thèse *f*.

they [ðeɪ] *pers pron pl* **-1.** [people, things, animals - unstressed] ils (elles); [- stressed] eux (elles); ~'**re pleased** ils sont contents (elles sont contentes); ~'**re pretty earrings** ce sont de jolies boucles d'oreille; **THEY can't do it** eux (elles), ils (elles) ne peuvent pas le faire; **there** ~ **are** les voilà. **-2.** [unspecified people] on, ils; ~ **say it's going to snow** on dit qu'il va neiger.

they'd [ðeɪd] = **they had, they would.**

they'll [ðeɪl] = **they shall, they will.**

they're [ðeə^r] = **they are.**

they've [ðeɪv] = **they have.**

thick [θɪk] ◇ *adj* **-1.** [gen] épais (épaisse); [forest, hedge, fog] dense; [voice] indistinct(e); **to be 6 inches** ~ avoir 15 cm d'épaisseur. **-2.** *inf* [stupid] bouché(e). ◇ *n*: **in the** ~ **of** au plus fort de, en plein OR au beau milieu de.

thicken ['θɪkn] ◇ *vt* épaissir. ◇ *vi* s'épaissir.

thicket ['θɪkɪt] *n* fourré *m*.

thickness ['θɪknɪs] *n* épaisseur *f*.

thickset [ˌθɪk'set] *adj* trapu(e).

thick-skinned [-'skɪnd] *adj* qui a la peau dure.

thief [θiːf] (*pl* **thieves**) *n* voleur *m*, -euse *f*.

thieve [θiːv] *vt & vi* voler.

thieves [θiːvz] *pl* → **thief.**

thigh [θaɪ] *n* cuisse *f*.

thimble ['θɪmbl] *n* dé *m* (à coudre).

thin [θɪn] *adj* **-1.** [slice, layer, paper] mince; [cloth] léger(ère); [person] maigre. **-2.** [liquid, sauce] clair(e), peu épais (peu épaisse). **-3.** [sparse - crowd] épars(e); [- vegetation, hair] clairsemé(e). ◆ **thin down** *vt sep* [liquid, paint] délayer, diluer; [sauce] éclaircir.

thing [θɪŋ] *n* **-1.** [gen] chose *f*; **the (best)** ~ **to do would be** ... le mieux serait de ...; **the** ~ **is** ... le problème, c'est que .... **-2.** [anything]: **I don't know a** ~ je n'y connais absolument rien. **-3.** [object] chose *f*, objet *m*. **-4.** [person]: **you poor** ~! mon pauvre! ◆ **things** *npl* **-1.** [clothes, possessions] affaires *fpl*. **-2.** *inf* [life]: **how are** ~**s**? comment ça va?

think [θɪŋk] (*pt & pp* **thought**) ◇ *vt* **-1.** [believe]: **to** ~ **(that)** croire que, penser que; **I** ~ **so/not** je crois que oui/non, je pense que oui/non. **-2.** [have in mind] penser à. **-3.** [imagine] s'imaginer. **-4.** [in polite requests]: **do you** ~ **you could** ...

help me? tu pourrais m'aider? ◇ *vi*
-1. [use mind] réfléchir, penser. **-2.**
[have stated opinion]: **what do you ~ of**
OR **about his new film?** que pensez-
vous de son dernier film?; **to ~ a lot
of sb/sthg** penser beaucoup de bien de
qqn/qqch. **-3.** *phr*: **to ~ twice** y réfléchir à deux fois. ◆ **think about** *vt fus*:
to ~ about sb/sthg songer à OR penser
à qqn/qqch; **to ~ about doing sthg**
songer à faire qqch; **I'll ~ about it** je
vais y réfléchir. ◆ **think of** *vt fus* **-1.**
[consider] = **think about. -2.** [remember]
se rappeler. **-3.** [conceive] penser à,
avoir l'idée de; **to ~ of doing sthg**
avoir l'idée de faire qqch. ◆ **think
over** *vt sep* réfléchir à. ◆ **think up** *vt
sep* imaginer.

think tank *n* comité *m* d'experts.

third [θɜːd] ◇ *num* troisième; *see also*
sixth. ◇ *n* UNIV ≃ licence *f* mention
passable.

thirdly [θɜːdlɪ] *adv* troisièmement, ter-
tio.

third party insurance *n* assurance *f* de
responsabilité civile.

third-rate *adj pej* de dernier OR troisième ordre.

Third World *n*: **the ~** le tiers-monde.

thirst [θɜːst] *n* soif *f*; **~ for** *fig* soif de.

thirsty [θɜːstɪ] *adj* [person]: **to be** OR
feel ~ avoir soif; [work] qui donne soif.

thirteen [ˌθɜːˈtiːn] *num* treize; *see also*
six.

thirty [θɜːtɪ] *num* trente; *see also* **sixty.**

this [ðɪs] (*pl* **these**) ◇ *pron* (*demonstrative use*) ce, ceci; (*as opposed to 'that'*)
celui-ci (celle-ci); **~ is for you** c'est
pour vous; **who's ~?** qui est-ce?;
what's ~? qu'est-ce que c'est?;
**which sweets does she prefer, these or
those?** quels bonbons préfère-t-elle,
ceux-ci ou ceux-là?; **~ is Daphne
Logan** [introducing another person] je
vous présente Daphne Logan; [introdu-
cing oneself on phone] ici Daphne Logan, Daphne Logan à l'appareil. ◇ *adj*
-1. (*demonstrative use*) ce (cette), cet
(*before vowel or silent "h"*), ces (*pl*); (*as
opposed to 'that'*) ce (cette) ...-ci, ces
...-ci (*pl*); **these chocolates are delicious** ces chocolats sont délicieux; **I
prefer ~ book** je préfère ce livre-ci; **I'll
have ~ one** je prendrai celui-ci; **~ afternoon** cet après-midi; **~ morning**
ce matin; **~ week** cette semaine. **-2.**
inf [a certain] un certain (une certaine).
◇ *adv* aussi; **it was ~ big** c'était aussi

grand que ça; **you'll need about ~**
much il vous en faudra à peu près
comme ceci.

thistle [θɪsl] *n* chardon *m*.

thong [θɒŋ] *n* [of leather] lanière *f*.

thorn [θɔːn] *n* épine *f*.

thorny [θɔːnɪ] *adj lit* & *fig* épi-
neux(euse).

thorough [θʌrə] *adj* **-1.** [exhaustive -
search, inspection] minutieux(ieuse);
[- investigation, knowledge] approfon-
di(e). **-2.** [meticulous] méticuleux(euse).
-3. [complete, utter] complet(ète), abso-
lu(e).

thoroughbred [θʌrəbred] *n* pur-sang *m*
inv.

thoroughfare [θʌrəfeəʳ] *n fml* rue *f*,
voie *f* publique.

thoroughly [θʌrəlɪ] *adv* **-1.** [fully, in de-
tail] à fond. **-2.** [completely, utterly] absolument, complètement.

those [ðəʊz] *pl* → **that.**

though [ðəʊ] ◇ *conj* bien que (+ *subjunctive*), quoique (+ *subjunctive*). ◇
adv pourtant, cependant.

thought [θɔːt] ◇ *pt & pp* → **think.** ◇ *n*
-1. [gen] pensée *f*; [idea] idée *f*, pensée;
after much ~ après avoir mûrement
réfléchi. **-2.** [intention] intention *f*.
◆ **thoughts** *npl* **-1.** [reflections] pensées
fpl, réflexions *fpl*. **-2.** [views] opinions
fpl, idées *fpl*.

thoughtful [θɔːtfʊl] *adj* **-1.** [pensive]
pensif(ive). **-2.** [considerate - person] pré-
venant(e), attentionné(e); [- remark, act]
plein(e) de gentillesse.

thoughtless [θɔːtlɪs] *adj* [person] qui
manque d'égards (pour les autres); [re-
mark, behaviour] irréfléchi(e).

thousand [θaʊznd] *num* mille; **a** OR **one
~** mille; **~s of** des milliers de; *see also*
six.

thousandth [θaʊzntθ] *num* millième;
see also **sixth.**

thrash [θræʃ] *vt* **-1.** [hit] battre, rosser.
-2. *inf* [defeat] écraser, battre à plates
coutures. ◆ **thrash about, thrash
around** *vi* s'agiter. ◆ **thrash out** *vt sep*
[problem] débrouiller, démêler; [idea]
débattre, discuter.

thread [θred] ◇ *n* **-1.** [gen] fil *m*. **-2.** [of
screw] filet *m*, pas *m*. ◇ *vt* [needle] enfiler.

threadbare [θredbeəʳ] *adj* usé(e) jusqu'à la corde.

threat [θret] *n*: **~ (to)** menace *f* (pour).

threaten [θretn] ◇ *vt*: **to ~ sb (with)**

menacer qqn (de); **to ~ to do sthg** menacer de faire qqch. ◇ *vi* menacer.

three [θriː] *num* trois; *see also* **six**.

three-dimensional [-dɪˈmenʃənl] *adj* [film, picture] en relief; [object] à trois dimensions.

threefold [ˈθriːfəʊld] ◇ *adj* triple. ◇ *adv*: **to increase ~** tripler.

three-piece *adj*: **~ suit** (costume *m*) trois pièces *m*; **~ suite** canapé *m* et deux fauteuils assortis.

three-ply *adj* [wool] à trois fils.

thresh [θreʃ] *vt* battre.

threshold [ˈθreʃhəʊld] *n* seuil *m*.

threw [θruː] *pt* → **throw**.

thrifty [ˈθrɪftɪ] *adj* économe.

thrill [θrɪl] ◇ *n* **-1.** [sudden feeling] frisson *m*, sensation *f*. **-2.** [enjoyable experience] plaisir *m*. ◇ *vt* transporter, exciter.

thrilled [θrɪld] *adj*: **~ (with sthg/to do sthg)** ravi(e) (de qqch/de faire qqch), enchanté(e) (de qqch/de faire qqch).

thriller [ˈθrɪlər] *n* thriller *m*.

thrilling [ˈθrɪlɪŋ] *adj* saisissant(e), palpitant(e).

thrive [θraɪv] (*pt* **-d** OR **throve**, *pp* **-d**) *vi* [person] bien se porter; [plant] pousser bien; [business] prospérer.

thriving [ˈθraɪvɪŋ] *adj* [person] bien portant(e); [plant] qui pousse bien; [business] prospère.

throat [θrəʊt] *n* gorge *f*.

throb [θrɒb] *vi* [heart] palpiter, battre fort; [engine] vibrer; [music] taper; **my head is throbbing** j'ai des élancements dans la tête.

throes [θrəʊz] *npl*: **to be in the ~ of** [war, disease] être en proie à; **to be in the ~ of an argument** être en pleine dispute.

throne [θrəʊn] *n* trône *m*.

throng [θrɒŋ] ◇ *n* foule *f*, multitude *f*. ◇ *vt* remplir, encombrer.

throttle [ˈθrɒtl] ◇ *n* [valve] papillon *m* des gaz; [lever] commande *f* des gaz. ◇ *vt* [strangle] étrangler.

through [θruː] ◇ *adj* [finished]: **are you ~?** tu as fini?; **to be ~ with sthg** avoir fini qqch. ◇ *adv*: **to let sb ~** laisser passer qqn; **to read sthg ~** lire qqch jusqu'au bout; **to sleep ~ till ten** dormir jusqu'à dix heures. ◇ *prep* **-1.** [relating to place, position] à travers; **to travel ~ sthg** traverser qqch; **to cut ~ sthg** couper qqch. **-2.** [during] pendant. **-3.** [because of] à cause de. **-4.** [by means of] par l'intermédiaire de, par

l'entremise de. **-5.** *Am* [up till and including]: **Monday ~ Friday** du lundi au vendredi. ◆ **through and through** *adv* [completely] jusqu'au bout des ongles; [thoroughly] par cœur, à fond.

throughout [θruːˈaʊt] ◇ *prep* **-1.** [during] pendant, durant; **~ the meeting** pendant toute la réunion. **-2.** [everywhere in] partout dans. ◇ *adv* **-1.** [all the time] tout le temps. **-2.** [everywhere] partout.

throve [θrəʊv] *pt* → **thrive**.

throw [θrəʊ] (*pt* **threw**, *pp* **thrown**) ◇ *vt* **-1.** [gen] jeter; [ball, javelin] lancer. **-2.** [rider] désarçonner. **-3.** *fig* [confuse] déconcerter, décontenancer. ◇ *n* lancement *m*, jet *m*. ◆ **throw away** *vt sep* **-1.** [discard] jeter. **-2.** *fig* [money] gaspiller; [opportunity] perdre. ◆ **throw out** *vt sep* **-1.** [discard] jeter. **-2.** *fig* [reject] rejeter. **-3.** [from house] mettre à la porte; [from army, school] expulser, renvoyer. ◆ **throw up** *vi inf* [vomit] dégobiller, vomir.

throwaway [ˈθrəʊəˌweɪ] *adj* **-1.** [disposable] jetable, à jeter. **-2.** [remark] désinvolte.

throw-in *n Br* FTBL rentrée *f* en touche.

thrown [θrəʊn] *pp* → **throw**.

thru [θruː] *Am inf* = **through**.

thrush [θrʌʃ] *n* **-1.** [bird] grive *f*. **-2.** MED muguet *m*.

thrust [θrʌst] ◇ *n* **-1.** [forward movement] poussée *f*; [of knife] coup *m*. **-2.** [main aspect] idée *f* principale, aspect *m* principal. ◇ *vt* [shove] enfoncer, fourrer.

thud [θʌd] ◇ *n* bruit *m* sourd. ◇ *vi* tomber en faisant un bruit sourd.

thug [θʌg] *n* brute *f*, voyou *m*.

thumb [θʌm] ◇ *n* pouce *m*. ◇ *vt inf* [hitch]: **to ~ a lift** faire du stop OR de l'auto-stop. ◆ **thumb through** *vt fus* feuilleter, parcourir.

thumbs down [ˌθʌmz-] *n*: **to get** OR **be given the ~** être rejeté(e).

thumbs up [ˌθʌmz-] *n* [go-ahead]: **to give sb the ~** donner le feu vert à qqn.

thumbtack [ˈθʌmtæk] *n Am* punaise *f*.

thump [θʌmp] ◇ *n* **-1.** [blow] grand coup *m*. **-2.** [thud] bruit *m* sourd. ◇ *vt* [hit] cogner, taper sur. ◇ *vi* [heart] battre fort.

thunder [ˈθʌndər] ◇ *n* (U) **-1.** METEOR tonnerre *m*. **-2.** *fig* [of traffic] vacarme *m*; [of applause] tonnerre *m*. ◇ *v impers* METEOR tonner.

thunderbolt ['θʌndəbəʊlt] *n* coup *m* de foudre.

thunderclap ['θʌndəklæp] *n* coup *m* de tonnerre.

thunderstorm ['θʌndəstɔːm] *n* orage *m*.

thundery ['θʌndərɪ] *adj* orageux(euse).

Thursday ['θɜːzdɪ] *n* jeudi *m*; *see also* **Saturday**.

thus [ðʌs] *adv fml* **-1.** [therefore] par conséquent, donc, ainsi. **-2.** [in this way] ainsi, de cette façon, comme ceci.

thwart [θwɔːt] *vt* contrecarrer, contrarier.

thyme [taɪm] *n* thym *m*.

thyroid ['θaɪrɔɪd] *n* thyroïde *f*.

tiara [tɪ'ɑːrə] *n* [worn by woman] diadème *m*.

Tibet [tɪ'bet] *n* Tibet *m*.

tic [tɪk] *n* tic *m*.

tick [tɪk] ◇ *n* **-1.** [written mark] coche *f*. **-2.** [sound] tic-tac *m*. **-3.** [insect] tique *f*. ◇ *vt* cocher. ◇ *vi* faire tic-tac. ◆ **tick off** *vt sep* **-1.** [mark off] cocher. **-2.** [tell off] enguirlander. ◆ **tick over** *vi* [engine, business] tourner au ralenti.

ticket ['tɪkɪt] *n* **-1.** [for access, train, plane] billet *m*; [for bus] ticket *m*; [for library] carte *f*; [label on product] étiquette *f*. **-2.** [for traffic offence] P.-V. *m*, papillon *m*.

ticket collector *n Br* contrôleur *m*, -euse *f*.

ticket inspector *n Br* contrôleur *m*, -euse *f*.

ticket machine *n* distributeur *m* de billets.

ticket office *n* bureau *m* de vente des billets.

tickle ['tɪkl] ◇ *vt* **-1.** [touch lightly] chatouiller. **-2.** *fig* [amuse] amuser. ◇ *vi* chatouiller.

ticklish ['tɪklɪʃ] *adj* [person] qui craint les chatouilles, chatouilleux(euse).

tidal ['taɪdl] *adj* [force] de la marée; [river] à marées; [barrier] contre la marée.

tidal wave *n* raz-de-marée *m inv*.

tidbit *Am* = **titbit**.

tiddlywinks ['tɪdlɪwɪŋks], **tiddledywinks** *Am* ['tɪdldɪwɪŋks] *n* jeu *m* de puce.

tide [taɪd] *n* **-1.** [of sea] marée *f*. **-2.** *fig* [of opinion, fashion] courant *m*, tendance *f*; [of protest] vague *f*.

tidy ['taɪdɪ] ◇ *adj* **-1.** [room, desk] en ordre, bien rangé(e); [hair, dress] soigné(e). **-2.** [person - in habits] ordonné(e); [- in appearance] soigné(e). ◇ *vt* ranger, mettre de l'ordre dans. ◆ **tidy**

up ◇ *vt sep* ranger, mettre de l'ordre dans. ◇ *vi* ranger.

tie [taɪ] (*pt & pp* **tied**, *cont* **tying**) ◇ *n* **-1.** [necktie] cravate *f*. **-2.** [in game, competition] égalité *f* de points. ◇ *vt* **-1.** [fasten] attacher. **-2.** [shoelaces] nouer, attacher; to ~ a knot faire un nœud. **-3.** *fig* [link]: to be ~d to être lié(e) à. ◇ *vi* [draw] être à égalité. ◆ **tie down** *vt sep fig* [restrict] restreindre la liberté de. ◆ **tie in with** *vt fus* concorder avec, coïncider avec. ◆ **tie up** *vt sep* **-1.** [with string, rope] attacher. **-2.** [shoelaces] nouer, attacher. **-3.** *fig* [money, resources] immobiliser. **-4.** *fig* [link]: to be ~d up with être lié(e) à.

tiebreak(er) ['taɪbreɪk(əʳ)] *n* **-1.** TENNIS tie-break *m*. **-2.** [in game, competition] question *f* subsidiaire.

tiepin ['taɪpɪn] *n* épingle *f* de cravate.

tier [tɪəʳ] *n* [of seats] gradin *m*; [of cake] étage *m*.

tiff [tɪf] *n* bisbille *f*, petite querelle *f*.

tiger ['taɪgəʳ] *n* tigre *m*.

tight [taɪt] ◇ *adj* **-1.** [clothes, group, competition, knot] serré(e). **-2.** [taut] tendu(e). **-3.** [schedule] serré(e), minuté(e). **-4.** [strict] strict(e), sévère. **-5.** [corner, bend] raide. **-6.** *inf* [drunk] soûl(e), rond(e). **-7.** *inf* [miserly] radin(e), avare. ◇ *adv* **-1.** [firmly, securely] bien, fort; to hold ~ tenir bien; hold ~! tiens bon!; to shut OR close sthg ~ bien fermer qqch. **-2.** [tautly] à fond. ◆ **tights** *npl* collant *m*, collants *mpl*.

tighten ['taɪtn] ◇ *vt* **-1.** [belt, knot, screw] resserrer; to ~ one's hold OR grip on resserrer sa prise sur. **-2.** [pull tauter] tendre. **-3.** [make stricter] renforcer. ◇ *vi* **-1.** [rope] se tendre. **-2.** [grip, hold] se resserrer.

tightfisted [,taɪt'fɪstɪd] *adj pej* radin(e), pingre.

tightly ['taɪtlɪ] *adv* [firmly] bien, fort.

tightrope ['taɪtrəʊp] *n* corde *f* raide.

tile [taɪl] *n* [on roof] tuile *f*; [on floor, wall] carreau *m*.

tiled [taɪld] *adj* [floor, wall] carrelé(e); [roof] couvert de tuiles.

till [tɪl] ◇ *prep* jusqu'à; **from six ~ ten o'clock** de six heures à dix heures. ◇ *conj* jusqu'à ce que (+ *subjunctive*); **wait ~ I come back** attends que je revienne; (*after negative*) avant que (+ *subjunctive*); **it won't be ready ~ tomorrow** ça ne sera pas prêt avant demain. ◇ *n* tiroir-caisse *m*.

tiller ['tɪləʳ] *n* NAUT barre *f*.

tilt [tɪlt] ◇ *vt* incliner, pencher. ◇ *vi* s'incliner, pencher.

timber ['tɪmbəʳ] *n* **-1.** (U) [wood] bois *m* de charpente OR de construction. **-2.** [beam] poutre *f*, madrier *m*.

time [taɪm] ◇ *n* **-1.** [gen] temps *m*; a long ~ longtemps; **in a short** ~ dans peu de temps, sous peu; **to take** ~ prendre du temps; **to be** ~ **for sthg** être l'heure de qqch; **to have a good** ~ s'amuser bien; **in good** ~ de bonne heure; **ahead of** ~ en avance, avant l'heure; **on** ~ à l'heure; **to have no** ~ **for sb/sthg** ne pas supporter qqn/qqch; **to pass the** ~ passer le temps; **to play for** ~ essayer de gagner du temps. **-2.** [as measured by clock] heure *f*; **what's the** ~? quelle heure est-il?; **in a week's/year's** ~ dans une semaine/un an. **-3.** [point in time in past] époque *f*; **before my** ~ avant que j'arrive ici. **-4.** [occasion] fois *f*; **from** ~ **to** ~ de temps en temps, de temps à autre; ~ **after** ~, ~ **and again** à maintes reprises, maintes et maintes fois. **-5.** MUS mesure *f*. ◇ *vt* **-1.** [schedule] fixer, prévoir. **-2.** [race, runner] chronométrer. **-3.** [arrival, remark] choisir le moment de. ◆ **times** ◇ *npl* fois *fpl*; **four** ~**s as much as me** quatre fois plus que moi. ◇ *prep* MATH fois. ◆ **at a time** *adv* d'affilée; **one at a** ~ un par un, un seul à la fois; **months at a** ~ des mois et des mois. ◆ **at times** *adv* quelquefois, parfois. ◆ **at the same time** *adv* en même temps. ◆ **about time** *adv*: **it's about** ~ **(that)** ... il est grand temps que ...; **about** ~ **too!** ce n'est pas trop tôt! ◆ **for the time being** *adv* pour le moment. ◆ **in time** *adv* **-1.** [not late]: **in** ~ **(for)** à l'heure (pour). **-2.** [eventually] à la fin, à la longue; [after a while] avec le temps, à la longue.

time bomb *n lit & fig* bombe *f* à retardement.

time lag *n* décalage *m*.

timeless ['taɪmlɪs] *adj* éternel(elle).

time limit *n* délai *m*.

timely ['taɪmlɪ] *adj* opportun(e).

time off *n* temps *m* libre.

time out *n* SPORT temps *m* mort.

timer ['taɪməʳ] *n* minuteur *m*.

time scale *n* période *f*; [of project] délai *m*.

time-share *n Br* logement *m* en multipropriété.

time switch *n* minuterie *f*.

timetable ['taɪm,teɪbl] *n* **-1.** SCH emploi *m* du temps. **-2.** [of buses, trains] horaire *m*. **-3.** [schedule] calendrier *m*.

time zone *n* fuseau *m* horaire.

timid ['tɪmɪd] *adj* timide.

timing ['taɪmɪŋ] *n* (U) **-1.** [of remark] à-propos *m*. **-2.** [scheduling]: **the** ~ **of the election** le moment choisi pour l'élection. **-3.** [measuring] chronométrage *m*.

timpani ['tɪmpənɪ] *npl* timbales *fpl*.

tin [tɪn] *n* **-1.** (U) [metal] étain *m*; [in sheets] fer-blanc *m*. **-2.** *Br* [can] boîte *f* de conserve. **-3.** [small container] boîte *f*.

tin can *n* boîte *f* de conserve.

tinfoil ['tɪnfɔɪl] *n* (U) papier *m* (d')aluminium.

tinge [tɪndʒ] *n* **-1.** [of colour] teinte *f*, nuance *f*. **-2.** [of feeling] nuance *f*.

tinged [tɪndʒd] *adj*: ~ **with** teinté(e) de.

tingle ['tɪŋgl] *vi* picoter.

tinker ['tɪŋkəʳ] ◇ *n Br pej* [gypsy] romanichel *m*, -elle *f*. ◇ *vi*: **to** ~ **(with sthg)** bricoler (qqch).

tinkle ['tɪŋkl] *vi* [ring] tinter.

tinned [tɪnd] *adj Br* en boîte.

tin opener *n Br* ouvre-boîtes *m inv*.

tinsel ['tɪnsl] *n* (U) guirlandes *fpl* de Noël.

tint [tɪnt] *n* teinte *f*, nuance *f*; [in hair] rinçage *m*.

tinted ['tɪntɪd] *adj* [glasses, windows] teinté(e).

tiny ['taɪnɪ] *adj* minuscule.

tip [tɪp] ◇ *n* **-1.** [end] bout *m*. **-2.** *Br* [dump] décharge *f*. **-3.** [to waiter etc] pourboire *m*. **-4.** [piece of advice] tuyau *m*. ◇ *vt* **-1.** [tilt] faire basculer. **-2.** [spill] renverser. **-3.** [waiter etc] donner un pourboire à. ◇ *vi* **-1.** [tilt] basculer. **-2.** [spill] se renverser. ◆ **tip over** ◇ *vt sep* renverser. ◇ *vi* se renverser.

tip-off *n* tuyau *m*; [to police] dénonciation *f*.

tipped ['tɪpt] *adj* [cigarette] à bout filtre.

tipsy ['tɪpsɪ] *adj inf* gai(e).

tiptoe ['tɪptəʊ] ◇ *n*: **on** ~ sur la pointe des pieds. ◇ *vi* marcher sur la pointe des pieds.

tip-top *adj inf dated* excellent(e).

tire ['taɪəʳ] ◇ *n Am* = **tyre**. ◇ *vt* fatiguer. ◇ *vi* **-1.** [get tired] se fatiguer. **-2.** [get fed up]: **to** ~ **of** se lasser de.

tired ['taɪəd] *adj* **-1.** [sleepy] fatigué(e), las (lasse). **-2.** [fed up]: **to be** ~ **of sthg/of doing sthg** en avoir assez de qqch/de faire qqch.

tireless ['taɪəlɪs] *adj* infatigable.

tiresome ['taɪəsəm] *adj* ennuyeux(euse).

tiring ['taɪərɪŋ] *adj* fatigant(e).

tissue ['tɪʃuː] *n* -1. [paper handkerchief] mouchoir *m* en papier. -2. (U) BIOL tissu *m*.

tissue paper *n* (U) papier *m* de soie.

tit [tɪt] *n* -1. [bird] mésange *f*. -2. *vulg* [breast] nichon *m*, néné *m*.

titbit *Br* ['tɪtbɪt], **tidbit** *Am* ['tɪdbɪt] *n* -1. [of food] bon morceau *m*. -2. *fig* [of news] petite nouvelle *f*.

tit for tat [-'tæt] *n* un prêté pour un rendu.

titillate ['tɪtɪleɪt] *vt* titiller.

title ['taɪtl] *n* titre *m*.

title deed *n* titre *m* de propriété.

title role *n* rôle *m* principal.

titter ['tɪtər] *vi* rire bêtement.

TM *abbr of* **trademark**.

to [*unstressed before consonant* tə, *unstressed before vowel* tʊ, *stressed* tuː] ◇ *prep* -1. [indicating place, direction] à; **to go ~ Liverpool/Spain/school** aller à Liverpool/en Espagne/à l'école; **to go ~ the butcher's** aller chez le boucher; **~ the left/right** à gauche/droite. -2. (*to express indirect object*) à; **to give sthg ~ sb** donner qqch à qqn; **we were listening ~ the radio** nous écoutions la radio. -3. [indicating reaction, effect] à; **~ my delight/surprise** à ma grande joie/surprise. -4. [in stating opinion] **~ me, ... à mon avis, ...; it seemed quite unnecessary ~ me/him** *etc* cela me/lui *etc* semblait tout à fait inutile. -5. [indicating state, process]: **to drive sb ~ drink** pousser qqn à boire; **it could lead ~ trouble** cela pourrait causer des ennuis. -6. [as far as, up to] jusqu'à; **to count ~ 10** compter jusqu'à 10; **we work from 9 ~ 5** nous travaillons de 9 heures à 17 heures. -7. [in expressions of time] moins; **it's ten ~ three/quarter ~ one** il est trois heures moins dix/une heure moins le quart. -8. [per] à; **40 miles ~ the gallon** ≃ 7 litres aux cent (km). -9. [of, for] de; **the key ~ the car** la clef de la voiture; **a letter ~ my daughter** une lettre à ma fille. ◇ *adv* [shut]: **push the door ~** fermez la porte. ◇ *with infinitive* -1. (*forming simple infinitive*): **~ walk** marcher; **~ laugh** rire. -2. (*following another verb*): **to begin ~ do sthg** commencer à faire qqch; **to try ~ do sthg** essayer de faire qqch; **to want ~ do sthg** vouloir faire

qqch. -3. (*following an adjective*): **difficult ~ do** difficile à faire; **ready ~ go** prêt à partir. -4. (*indicating purpose*) pour; **he worked hard ~ pass his exam** il a travaillé dur pour réussir son examen. -5. (*substituting for a relative clause*): **I have a lot ~ do** j'ai beaucoup à faire; **he told me ~ leave** il m'a dit de partir. -6. (*to avoid repetition of infinitive*): **I meant to call him but I forgot ~** je voulais l'appeler, mais j'ai oublié. -7. [in comments]: **~ be honest ...** en toute franchise ...; **~ sum up, ...** en résumé, ..., pour récapituler, ... ◆ **to and fro** *adv*: **to go ~ and fro** aller et venir; **to walk ~ and fro** marcher de long en large.

toad [təʊd] *n* crapaud *m*.

toadstool ['təʊdstuːl] *n* champignon *m* vénéneux.

toast [təʊst] ◇ *n* -1. (U) [bread] pain *m* grillé, toast *m*. -2. [drink] toast *m*. ◇ *vt* -1. [bread] (faire) griller. -2. [person] porter un toast à.

toasted sandwich [,təʊstɪd-] *n* sandwich *m* grillé.

toaster ['təʊstər] *n* grille-pain *m inv*.

tobacco [tə'bækəʊ] *n* (U) tabac *m*.

tobacconist [tə'bækənɪst] *n* buraliste *mf*; **~'s (shop)** bureau *m* de tabac.

toboggan [tə'bɒgən] *n* luge *f*.

today [tə'deɪ] ◇ *n* aujourd'hui *m*. ◇ *adv* aujourd'hui.

toddler ['tɒdlər] *n* tout-petit *m* (*qui commence à marcher*).

toddy ['tɒdɪ] *n* grog *m*.

to-do (*pl* -s) *n inf dated* histoire *f*.

toe [təʊ] ◇ *n* [of foot] orteil *m*, doigt *m* de pied; [of sock, shoe] bout *m*. ◇ *vt*: **~ the line** se plier.

toenail ['təʊneɪl] *n* ongle *m* d'orteil.

toffee ['tɒfɪ] *n* caramel *m*.

toga ['təʊgə] *n* toge *f*.

together [tə'geðər] *adv* -1. [gen] ensemble. -2. [at the same time] en même temps. ◆ **together with** *prep* ainsi que.

toil [tɔɪl] *literary* ◇ *n* labeur *m*. ◇ *vi* travailler dur.

toilet ['tɔɪlɪt] *n* [lavatory] toilettes *fpl*, cabinets *mpl*; **to go to the ~** aller aux toilettes OR aux cabinets.

toilet bag *n* trousse *f* de toilette.

toilet paper *n* (U) papier *m* hygiénique.

toiletries ['tɔɪlɪtrɪz] *npl* articles *mpl* de toilette.

toilet roll *n* rouleau *m* de papier hygiénique.

toilet water *n* eau *f* de toilette.

token ['təʊkn] ◇ *adj* symbolique. ◇ *n* **-1.** [voucher] bon *m*. **-2.** [symbol] marque *f*. ◆ **by the same token** *adv* de même. **-2.** [permit] tolérer.

told [təʊld] *pt & pp* → **tell**.

tolerable ['tɒlərəbl] *adj* passable.

tolerance ['tɒlərəns] *n* tolérance *f*.

tolerant ['tɒlərənt] *adj* tolérant(e).

tolerate ['tɒləreɪt] *vt* **-1.** [put up with] supporter. **-2.** [permit] tolérer.

toll [təʊl] ◇ *n* **-1.** [number] nombre *m*. **-2.** [fee] péage *m*. **-3.** *phr*: **to take its ~** se faire sentir. ◇ *vt & vi* sonner.

toll-free *Am adv*: **to call ~** appeler un numéro vert.

tomato [*Br* tə'mɑːtəʊ, *Am* tə'meɪtəʊ] (*pl* **-es**) *n* tomate *f*.

tomb [tuːm] *n* tombe *f*.

tomboy ['tɒmbɔɪ] *n* garçon *m* manqué.

tombstone ['tuːmstəʊn] *n* pierre *f* tombale.

tomcat ['tɒmkæt] *n* matou *m*.

tomorrow [tə'mɒrəʊ] ◇ *n* demain *m*. ◇ *adv* demain.

ton [tʌn] (*pl inv* OR **-s**) *n* **-1.** [imperial] *1016 kg Br*, = *907,2 kg Am*, ≃ tonne *f*. **-2.** [metric] = *1000 kg*, tonne *f*. ◆ **tons** *npl inf*: **~s (of)** des tas (de), plein (de).

tone [təʊn] *n* **-1.** [gen] ton *m*. **-2.** [on phone] tonalité *f*. ◆ **tone down** *vt sep* modérer. ◆ **tone up** *vt sep* tonifier.

tone-deaf *adj* qui n'a aucune oreille.

tongs [tɒŋz] *npl* pinces *fpl*; [for hair] fer *m* à friser.

tongue [tʌŋ] *n* **-1.** [gen] langue *f*; **to hold one's ~** *fig* tenir sa langue. **-2.** [of shoe] languette *f*.

tongue-in-cheek *adj* ironique.

tongue-tied [-,taɪd] *adj* muet(ette).

tongue twister [-,twɪstə[r]] *n* phrase *f* difficile à dire.

tonic ['tɒnɪk] *n* **-1.** [tonic water] Schweppes® *m*. **-2.** [medicine] tonique *m*.

tonic water *n* Schweppes® *m*.

tonight [tə'naɪt] ◇ *n* ce soir *m*; [late] cette nuit *f*. ◇ *adv* ce soir; [late] cette nuit.

tonnage ['tʌnɪdʒ] *n* tonnage *m*.

tonne [tʌn] (*pl inv* OR **-s**) *n* tonne *f*.

tonsil ['tɒnsl] *n* amygdale *f*.

tonsil(l)itis [,tɒnsɪ'laɪtɪs] *n* (*U*) amygdalite *f*.

too [tuː] *adv* **-1.** [also] aussi. **-2.** [excessively] trop; **~ many people** trop de gens; **it was over all ~ soon** ça s'était terminé bien trop tôt; **I'd be only ~**

happy to help je serais trop heureux de vous aider; **I wasn't ~ impressed** ça ne m'a pas impressionné outre mesure.

took [tʊk] *pt* → **take**.

tool [tuːl] *n lit & fig* outil *m*.

tool box *n* boîte *f* à outils.

tool kit *n* trousse *f* à outils.

toot [tuːt] ◇ *n* coup *m* de klaxon. ◇ *vi* klaxonner.

tooth [tuːθ] (*pl* **teeth**) *n* dent *f*.

toothache ['tuːθeɪk] *n* mal *m* OR rage *f* de dents; **to have ~** avoir mal aux dents.

toothbrush ['tuːθbrʌʃ] *n* brosse *f* à dents.

toothpaste ['tuːθpeɪst] *n* (pâte *f*) dentifrice *m*.

toothpick ['tuːθpɪk] *n* cure-dents *m inv*.

top [tɒp] ◇ *adj* **-1.** [highest] du haut. **-2.** [most important, successful - officials] important(e); [- executives] supérieur(e); [- pop singer] fameux(euse); [- sportsman, sportswoman] meilleur(e); [- in exam] premier(ière). **-3.** [maximum] maximum. ◇ *n* **-1.** [highest point - of hill] sommet *m*; [- of page, pile] haut *m*; [- of tree] cime *f*; [- of list] début *m*; [- on; ~ dessus; **at the ~ of one's voice** à tue-tête. **-2.** [lid - of bottle, tube] bouchon *m*; [- of pen] capuchon *m*; [- of jar] couvercle *m*. **-3.** [of table, box] dessus *m*. **-4.** [clothing] haut *m*. **-5.** [toy] toupie *f*. **-6.** [highest rank - in league] tête *f*; [- in scale] haut *m*; [- SCH] premier *m*, -ière *f*. ◇ *vt* **-1.** [be first in] être en tête de. **-2.** [better] surpasser. **-3.** [exceed] dépasser. ◆ **on top of** *prep* **-1.** [in space] sur. **-2.** [in addition to] en plus de. ◆ **top up** *Br*, **top off** *Am vt sep* remplir.

top floor *n* dernier étage *m*.

top hat *n* haut-de-forme *m*.

top-heavy *adj* mal équilibré(e).

topic ['tɒpɪk] *n* sujet *m*.

topical ['tɒpɪkl] *adj* d'actualité.

topless ['tɒplɪs] *adj* [woman] aux seins nus.

top-level *adj* au plus haut niveau.

topmost ['tɒpməʊst] *adj* le plus haut (la plus haute).

topping ['tɒpɪŋ] *n* garniture *f*.

topple ['tɒpl] ◇ *vt* renverser. ◇ *vi* basculer.

top-secret *adj* top secret (top secrète).

topspin ['tɒpspɪn] *n* lift *m*.

topsy-turvy [,tɒpsɪ'tɜːvɪ] *adj* **-1.** [messy] sens dessus dessous. **-2.** [confused]: **to be ~** ne pas tourner rond.

torch [tɔːtʃ] *n* **-1.** *Br* [electric] lampe *f* électrique. **-2.** [burning] torche *f*.

tore [tɔːʳ] *pt* → tear.

torment [*n* 'tɔːment, *vb* tɔː'ment] ◇ *n* tourment *m*. ◇ *vt* tourmenter.

torn [tɔːn] *pp* → tear.

tornado [tɔː'neɪdəʊ] (*pl* **-es** OR **-s**) *n* tornade *f*.

torpedo [tɔː'piːdəʊ] (*pl* **-es**) *n* torpille *f*.

torrent ['tɒrənt] *n* torrent *m*.

torrid ['tɒrɪd] *adj* **-1.** [hot] torride. **-2.** *fig* [passionate] ardent(e).

tortoise ['tɔːtəs] *n* tortue *f*.

tortoiseshell ['tɔːtəʃel] ◇ *adj*: ~ **cat** chat *m* roux tigré. ◇ *n* (*U*) [material] écaille *f*.

torture ['tɔːtʃəʳ] ◇ *n* torture *f*. ◇ *vt* torturer.

Tory ['tɔːrɪ] ◇ *adj* tory, conservateur(trice). ◇ *n* tory *mf*, conservateur *m*, -trice *f*.

toss [tɒs] ◇ *vt* **-1.** [throw] jeter; **to ~ a coin** jouer à pile ou face; **to ~ one's head** rejeter la tête en arrière. **-2.** [salad] remuer; [pancake] faire sauter. **-3.** [throw about] ballotter. ◇ *vi* [move about]: **to ~ and turn** se tourner et se retourner. ◆ **toss up** *vi* jouer à pile ou face.

tot [tɒt] *n* **-1.** *inf* [small child] tout-petit *m*. **-2.** [of drink] larme *f*, goutte *f*.

total ['təʊtl] ◇ *adj* total(e); [disgrace, failure] complet(ète). ◇ *n* total *m*. ◇ *vt* **-1.** [add up] additionner. **-2.** [amount to] s'élever à.

totalitarian [,təʊtælɪ'teərɪən] *adj* totalitaire.

totally ['təʊtəlɪ] *adv* totalement; **I ~ agree** je suis entièrement d'accord.

totter ['tɒtəʳ] *vi lit & fig* chanceler.

touch [tʌtʃ] ◇ *n* **-1.** (*U*) [sense] toucher *m*. **-2.** [detail] touche *f*. **-3.** (*U*) [skill] marque *f*, note *f*. **-4.** [contact]: **to keep in ~ (with sb)** rester en contact (avec qqn); **to get in ~ with sb** entrer en contact avec qqn; **to lose ~ with sb** perdre qqn de vue; **to be out of ~ with** ne plus être au courant de. **-5.** SPORT: **in ~** en touche. **-6.** [small amount]: **a ~** un petit peu. ◇ *vt* toucher. ◇ *vi* [be in contact] se toucher. ◆ **touch down** *vi* [plane] atterrir. ◆ **touch on** *vt fus* effleurer.

touch-and-go *adj* incertain(e).

touchdown ['tʌtʃdaʊn] *n* **-1.** [of plane] atterrissage *m*. **-2.** [in American football] but *m*.

touched [tʌtʃt] *adj* **-1.** [grateful] touché(e). **-2.** *inf* [slightly mad] fêlé(e).

touching ['tʌtʃɪŋ] *adj* touchant(e).

touchline ['tʌtʃlaɪn] *n* ligne *f* de touche.

touchy ['tʌtʃɪ] *adj* **-1.** [person] susceptible. **-2.** [subject, question] délicat(e).

tough [tʌf] *adj* **-1.** [material, vehicle, person] solide; [character, life] dur(e). **-2.** [meat] dur(e). **-3.** [decision, problem, task] difficile. **-4.** [rough - area of town] dangereux(euse). **-5.** [strict] sévère.

toughen ['tʌfn] *vt* **-1.** [character] endurcir. **-2.** [material] renforcer.

toupee ['tuːpeɪ] *n* postiche *m*.

tour [tʊəʳ] ◇ *n* **-1.** [journey] voyage *m*; [by pop group etc] tournée *f*. **-2.** [of town, museum] visite *f*, tour *m*. ◇ *vt* visiter.

touring ['tʊərɪŋ] *n* tourisme *m*.

tourism ['tʊərɪzm] *n* tourisme *m*.

tourist ['tʊərɪst] *n* touriste *mf*.

tourist (information) office *n* office *m* de tourisme.

tournament ['tɔːnəmənt] *n* tournoi *m*.

tour operator *n* voyagiste *m*.

tousle ['taʊzl] *vt* ébouriffer.

tout [taʊt] ◇ *n* revendeur *m* de billets. ◇ *vt* [tickets] revendre; [goods] vendre. ◇ *vi*: **to ~ for trade** racoler les clients.

tow [təʊ] ◇ *n*: **"on ~"** *Br* «véhicule en remorque». ◇ *vt* remorquer.

towards *Br* [tə'wɔːdz], **toward** *Am* [tə'wɔːd] *prep* **-1.** [gen] vers; [movement] vers, en direction de. **-2.** [in attitude] envers. **-3.** [for the purpose of] pour.

towel ['taʊəl] *n* serviette *f*; [tea towel] torchon *m*.

towelling *Br*, **toweling** *Am* ['taʊəlɪŋ] *n* (*U*) tissu *m* éponge.

towel rail *n* porte-serviettes *m inv*.

tower ['taʊəʳ] ◇ *n* tour *f*. ◇ *vi* s'élever; **to ~ over sb/sthg** dominer qqn/qqch.

tower block *n Br* tour *f*.

towering ['taʊərɪŋ] *adj* imposant(e).

town [taʊn] *n* ville *f*; **to go out on the ~** faire la tournée des grands ducs; **to go to ~ on sthg** *fig* ne pas lésiner sur qqch.

town centre *n* centre-ville *m*.

town council *n* conseil *m* municipal.

town hall *n* mairie *f*.

town plan *n* plan *m* de ville.

town planning *n* urbanisme *m*.

township ['taʊnʃɪp] *n* **-1.** [in South Africa] township *f*. **-2.** [in US] ≃ canton *m*.

towpath ['təʊpɑːθ, *pl* -pɑːðz] *n* chemin *m* de halage.

towrope ['təʊrəʊp] n câble m de remorquage.

tow truck n Am dépanneuse f.

toxic ['tɒksɪk] adj toxique.

toy [tɔɪ] n jouet m. ◆ **toy with** vt fus **-1.** [idea] caresser. **-2.** [coin etc] jouer avec; to ~ with one's food manger du bout des dents.

toy shop n magasin m de jouets.

trace [treɪs] ◇ n trace f. ◇ vt **-1.** [relatives, criminal] retrouver; [development, progress] suivre; [history, life] retracer. **-2.** [on paper] tracer.

tracing paper ['treɪsɪŋ-] n (U) papier-calque m.

track [træk] ◇ n **-1.** [path] chemin m. **-2.** SPORT piste f. **-3.** RAIL voie f ferrée. **-4.** [of animal, person] trace f. **-5.** [on record, tape] piste f. **-6.** phr: **to keep ~ of sb** rester en contact avec qqn; **to lose ~ of sb** perdre contact avec qqn; **to be on the right ~** être sur la bonne voie; **to be on the wrong ~** être sur la mauvaise piste. ◇ vt suivre la trace de. ◆ **track down** vt sep [criminal, animal] dépister; [object, address etc] retrouver.

track record n palmarès m.

tracksuit ['træksuːt] n survêtement m.

tract [trækt] n **-1.** [pamphlet] tract m. **-2.** [of land, forest] étendue f.

traction ['trækʃn] n (U) **-1.** PHYSICS traction f. **-2.** MED: **in ~** en extension.

tractor ['træktər] n tracteur m.

trade [treɪd] ◇ n **-1.** (U) [commerce] commerce m. **-2.** [job] métier m; **by ~** de son état. ◇ vt [exchange]: **to ~ sthg (for)** échanger qqch (contre). ◇ vi COMM: **to ~ (with sb)** commercer (avec qqn). ◆ **trade in** vt sep [exchange] échanger, faire reprendre.

trade fair n exposition f commerciale.

trade-in n reprise f.

trademark ['treɪdmɑːk] n **-1.** COMM marque f de fabrique. **-2.** fig [characteristic] marque f.

trade name n nom m de marque.

trader ['treɪdər] n marchand m, -e f, commerçant m, -e f.

tradesman ['treɪdzmən] (pl **-men** [-mən]) n commerçant m.

trade(s) union n Br syndicat m.

Trades Union Congress n Br: **the ~** la Confédération des syndicats britanniques.

trade(s) unionist [-'juːnjənɪst] n Br syndicaliste mf.

trading ['treɪdɪŋ] n (U) commerce m.

trading estate n Br zone f industrielle.

tradition [trə'dɪʃn] n tradition f.

traditional [trə'dɪʃənl] adj traditionnel(elle).

traffic ['træfɪk] (pt & pp **-ked**, cont **-king**) ◇ n (U) **-1.** [vehicles] circulation f. **-2.** [illegal trade]: ~ **(in)** trafic m (de). ◇ vi: **to ~ in** faire le trafic de.

traffic circle n Am rond-point m.

traffic jam n embouteillage m.

trafficker ['træfɪkər] n: ~ **(in)** trafiquant m, -e f (de).

traffic lights npl feux mpl de signalisation.

traffic warden n Br contractuel m, -elle f.

tragedy ['trædʒədɪ] n tragédie f.

tragic ['trædʒɪk] adj tragique.

trail [treɪl] ◇ n **-1.** [path] sentier m. **-2.** [trace] piste f. ◇ vt **-1.** [drag] traîner. **-2.** [follow] suivre. ◇ vi **-1.** [drag, move slowly] traîner. **-2.** SPORT [lose]: **to be ~ing** être mené(e). ◆ **trail away**, **trail off** vi s'estomper.

trailer ['treɪlər] n **-1.** [vehicle - for luggage] remorque f; [- for living in] caravane f. **-2.** CINEMA bande-annonce f.

train [treɪn] ◇ n **-1.** RAIL train m. **-2.** [of dress] traîne f. ◇ vt **-1.** [teach]: **to ~ sb to do sthg** apprendre à qqn à faire qqch. **-2.** [for job] former; **to ~ sb as/in** former qqn comme/dans. **-3.** SPORT: **to ~ sb (for)** entraîner qqn (pour). **-4.** [gun, camera] braquer. ◇ vi **-1.** [for job]: **to ~ (as)** recevoir OR faire une formation (de). **-2.** SPORT: **to ~ (for)** s'entraîner (pour).

trained [treɪnd] adj formé(e).

trainee [treɪ'niː] n stagiaire mf.

trainer ['treɪnər] n **-1.** [of animals] dresseur m, -euse f. **-2.** SPORT entraîneur m. ◆ **trainers** npl Br chaussures fpl de sport.

training ['treɪnɪŋ] n (U) **-1.** [for job]: ~ **(in)** formation f (de). **-2.** SPORT entraînement m.

training college n Br école f professionnelle.

training shoes npl Br chaussures fpl de sport.

train of thought n: **my/his ~** le fil de mes/ses pensées.

traipse [treɪps] vi traîner.

trait [treɪt] n trait m.

traitor ['treɪtər] n traître m.

trajectory [trə'dʒektərɪ] n trajectoire f.

tram [træm], **tramcar** ['træmkɑːr] n Br tram m, tramway m.

tramp [træmp] ◇ n [homeless person] clochard m, -e f. ◇ vi marcher d'un pas lourd.

trample ['træmpl] vt piétiner.

trampoline ['træmpəliːn] n trampoline m.

trance [trɑːns] n transe f.

tranquil ['træŋkwɪl] adj tranquille.

tranquillizer Br, **tranquilizer** Am ['træŋkwɪlaɪzər] n tranquillisant m, calmant m.

transaction [træn'zækʃn] n transaction f.

transcend [træn'send] vt transcender.

transcript ['trænskrɪpt] n transcription f.

transfer [n 'trænsfɜːr, vb træns'fɜːr] ◇ n **-1.** [gen] transfert m; [of power] passation f; [of money] virement m. **-2.** [design] décalcomanie f. ◇ vt **-1.** [gen] transférer; [power, control] faire passer; [money] virer. **-2.** [employee] transférer, muter. ◇ vi être transféré.

transfix [træns'fɪks] vt: to be ~ed with fear être paralysé(e) par la peur.

transform [træns'fɔːm] vt: to ~ sb/sthg (into) transformer qqn/qqch (en).

transfusion [træns'fjuːʒn] n transfusion f.

transient ['trænzɪənt] adj passager(ère).

transistor [træn'zɪstər] n transistor m.

transistor radio n transistor m.

transit ['trænsɪt] n: in ~ en transit.

transition [træn'zɪʃn] n transition f.

transitive ['trænzɪtɪv] adj GRAMM transitif(ive).

transitory ['trænzɪtrɪ] adj transitoire.

translate [træns'leɪt] vt traduire.

translation [træns'leɪʃn] n traduction f.

translator [træns'leɪtər] n traducteur m, -trice f.

transmission [trænz'mɪʃn] n **-1.** [gen] transmission f. **-2.** RADIO & TV [programme] émission f.

transmit [trænz'mɪt] vt transmettre.

transmitter [trænz'mɪtər] n émetteur m.

transparency [træns'pærənsɪ] n PHOT diapositive f; [for overhead projector] transparent m.

transparent [træns'pærənt] adj transparent(e).

transpire [træn'spaɪər] fml ◇ vt: it ~s that ... on a appris que .... ◇ vi [happen] se passer, arriver.

transplant [n 'trænsplɑːnt, vb træns'plɑːnt] ◇ n MED greffe f, transplantation f. ◇ vt **-1.** MED greffer, transplanter. **-2.** [seedlings] repiquer.

transport [n 'trænspɔːt, vb træn'spɔːt] ◇ n transport m. ◇ vt transporter.

transportation [,trænspɔː'teɪʃn] n transport m.

transport cafe n Br restaurant m de routiers, routier m.

transpose [træns'pəʊz] vt transposer.

trap [træp] ◇ n piège m. ◇ vt prendre au piège; to be trapped être coincé.

trapdoor [,træp'dɔːr] n trappe f.

trapeze [trə'piːz] n trapèze m.

trappings ['træpɪŋz] npl signes mpl extérieurs.

trash [træʃ] n (U) **-1.** Am [refuse] ordures fpl. **-2.** inf pej [poor-quality thing] camelote f.

trashcan ['træʃkæn] n Am poubelle f.

traumatic [trɔː'mætɪk] adj traumatisant(e).

travel ['trævl] ◇ n (U) voyage m, voyages mpl. ◇ vt parcourir. ◇ vi **-1.** [make journey] voyager. **-2.** [move - current, signal] aller, passer; [- news] se répandre, circuler.

travel agency n agence f de voyages.

travel agent n agent m de voyages; to/at the ~'s à l'agence f de voyages.

traveller Br, **traveler** Am ['trævlər] n **-1.** [person on journey] voyageur m, -euse f. **-2.** [sales representative] représentant m.

traveller's cheque n chèque m de voyage.

travelling Br, **traveling** Am ['trævlɪŋ] adj **-1.** [theatre, circus] ambulant(e). **-2.** [clock, bag etc] de voyage; [allowance] de déplacement.

travelsick ['trævəlsɪk] adj: to be ~ avoir le mal de la route/de l'air/de mer.

travesty ['trævəstɪ] n parodie f.

trawler ['trɔːlər] n chalutier m.

tray [treɪ] n plateau m.

treacherous ['tretʃərəs] adj traître (traîtresse).

treachery ['tretʃərɪ] n traîtrise f.

treacle ['triːkl] n Br mélasse f.

tread [tred] (pt trod, pp trodden) ◇ n **-1.** [on tyre] bande f de roulement; [of shoe] semelle f. **-2.** [way of walking] pas m; [sound] bruit m de pas. ◇ vi: to ~ (on) marcher (sur).

treason ['triːzn] n trahison f.

treasure ['treʒər] ◇ n trésor m. ◇ vt [object] garder précieusement; [memory] chérir.

treasurer ['treʒərər] n trésorier m, -ière f.

treasury ['treʒərɪ] n [room] trésorerie f.

◆ **Treasury** n: the Treasury le ministère des Finances.

treat [triːt] ◇ vt -1. [gen] traiter. -2. [on special occasion]: **to ~ sb to sthg** offrir OR payer qqch à qqn. ◇ n -1. [gift] cadeau m. -2. [delight] plaisir m.

treatise ['triːtɪs] n: ~ **(on)** traité m (de).

treatment ['triːtmənt] n traitement m.

treaty ['triːtɪ] n traité m.

treble ['trebl] ◇ adj -1. [MUS - voice] de soprano; [- recorder] aigu (aiguë). -2. [triple] triple. ◇ n [on stereo control] aigu m; [boy singer] soprano m. ◇ vt & vi tripler.

treble clef n clef f de sol.

tree [triː] n -1. [gen] arbre m. -2. COMPUT arbre m, arborescence f.

treetop ['triːtɒp] n cime f.

tree-trunk n tronc m d'arbre.

trek [trek] n randonnée f.

trellis ['trelɪs] n treillis m.

tremble ['trembl] vi trembler.

tremendous [trɪ'mendəs] adj -1. [size, success, difference] énorme; [noise] terrible. -2. inf [really good] formidable.

tremor ['tremər] n tremblement m.

trench [trentʃ] n tranchée f.

trench coat n trench-coat m.

trend [trend] n [tendency] tendance f.

trendy [trendɪ] inf adj branché(e), à la mode.

trepidation [,trepɪ'deɪʃn] n fml: **in** OR **with ~** avec inquiétude.

trespass ['trespəs] vi [on land] entrer sans permission; "**no ~ing**" «défense d'entrer».

trespasser ['trespəsər] n intrus m, -e f.

trestle ['tresl] n tréteau m.

trestle table n table f à tréteaux.

trial ['traɪəl] n -1. JUR procès m; **to be on ~ (for)** passer en justice (pour). -2. [test, experiment] essai m; **on ~** à l'essai; **by ~ and error** en tâtonnant. -3. [unpleasant experience] épreuve f.

triangle ['traɪæŋgl] n [gen] triangle m.

tribe [traɪb] n tribu f.

tribunal [traɪ'bjuːnl] n tribunal m.

tributary ['trɪbjʊtrɪ] n affluent m.

tribute ['trɪbjuːt] n tribut m, hommage m; **to pay ~** payer tribut à, rendre hommage à; **to be a ~ to sthg** témoigner de qqch.

trice [traɪs] n: **in a ~** en un clin d'œil.

trick [trɪk] ◇ n -1. [to deceive] tour m, farce f; **to play a ~ on sb** jouer un tour à qqn. -2. [to entertain] tour m. -3. [knack] truc m; **that will do the ~** inf ça

fera l'affaire. ◇ vt attraper, rouler; **to ~ sb into doing sthg** amener qqn à faire qqch (par la ruse).

trickery ['trɪkərɪ] n (U) ruse f.

trickle ['trɪkl] ◇ n [of liquid] filet m. ◇ vi [liquid] dégouliner; **to ~ in/out** [people] entrer/sortir par petits groupes.

tricky ['trɪkɪ] adj [difficult] difficile.

tricycle ['traɪsɪkl] n tricycle m.

tried [traɪd] adj: ~ **and tested** [method, system] qui a fait ses preuves.

trifle ['traɪfl] n -1. Br CULIN ≃ diplomate m. -2. [unimportant thing] bagatelle f.
◆ **a trifle** adv un peu, un tantinet.

trifling ['traɪflɪŋ] adj insignifiant(e).

trigger ['trɪgər] n [on gun] détente f, gâchette f. ◆ **trigger off** vt sep déclencher, provoquer.

trill [trɪl] n trille m.

trim [trɪm] ◇ adj -1. [neat and tidy] net (nette). -2. [slim] svelte. ◇ n [of hair] coupe f. ◇ vt -1. [cut - gen] couper; [- hedge] tailler. -2. [decorate]: **to ~ sthg (with)** garnir OR orner qqch (de).

trimming ['trɪmɪŋ] n -1. [on clothing] parement m. -2. CULIN garniture f.

trinket ['trɪŋkɪt] n bibelot m.

trio ['triːəʊ] (pl -s) n trio m.

trip [trɪp] ◇ n -1. [journey] voyage m. -2. drugs sl trip m. ◇ vt [make stumble] faire un croche-pied à. ◇ vi [stumble]: **to ~ (over)** trébucher (sur). ◆ **trip up** vt sep [make stumble] faire un croche-pied à.

tripe [traɪp] n (U) -1. CULIN tripe f. -2. inf [nonsense] bêtises fpl, idioties fpl.

triple ['trɪpl] ◇ adj triple. ◇ vt & vi tripler.

triple jump n: **the ~** le triple saut.

triplets ['trɪplɪts] npl triplés mpl, triplées fpl.

triplicate ['trɪplɪkət] n: **in ~** en trois exemplaires.

tripod ['traɪpɒd] n trépied m.

trite [traɪt] adj pej banal(e).

triumph ['traɪəmf] ◇ n triomphe m. ◇ vi: **to ~ (over)** triompher (de).

trivia ['trɪvɪə] n (U) [trifles] vétilles fpl, riens mpl.

trivial ['trɪvɪəl] adj insignifiant(e).

trod [trɒd] pt → **tread**.

trodden ['trɒdn] pp → **tread**.

trolley ['trɒlɪ] (pl **trolleys**) n -1. Br [for shopping, luggage] chariot m, caddie m. -2. Br [for food, drinks] chariot m, table f roulante. -3. Am [tram] tramway m, tram m.

trombone [trɒm'bəʊn] n MUS trombone m.

troop [tru:p] ◇ n bande f, troupe f. ◇ vi: **to ~ in/out/off** entrer/sortir/partir en groupe. ◆ **troops** npl troupes fpl.

trophy ['trəʊfɪ] n trophée m.

tropical ['trɒpɪkl] adj tropical(e).

tropics ['trɒpɪks] npl: **the ~** les tropiques mpl.

trot [trɒt] ◇ n [of horse] trot m. ◇ vi trotter. ◆ **on the trot** adv inf de suite, d'affilée.

trouble ['trʌbl] ◇ n (U) **-1.** [difficulty] problème m, difficulté f; **to be in ~** avoir des ennuis. **-2.** [bother] peine f, mal m; **to take the ~ to do sthg** se donner la peine de faire qqch; **it's no ~!** ça ne me dérange pas! **-3.** [pain, illness] mal m, ennui m. **-4.** [fighting] bagarre f; POL troubles mpl, conflits mpl. ◇ vt **-1.** [worry, upset] peiner, troubler. **-2.** [bother] déranger. **-3.** [give pain to] faire mal à. ◆ **troubles** npl **-1.** [worries] ennuis mpl. **-2.** POL troubles mpl, conflits mpl.

troubled ['trʌbld] adj **-1.** [worried] inquiet(iète). **-2.** [disturbed - period] de troubles, agité(e); [- country] qui connaît une période de troubles.

troublemaker ['trʌbl,meɪkər] n fauteur m, -trice f de troubles.

troubleshooter ['trʌbl,ʃu:tər] n expert m, spécialiste mf.

troublesome ['trʌbləsəm] adj [job] pénible; [cold] gênant(e); [back, knee] qui fait souffrir.

trough [trɒf] n **-1.** [for animals - with water] abreuvoir m; [- with food] auge f. **-2.** [low point - of wave] creux m; fig point m bas.

troupe [tru:p] n troupe f.

trousers ['traʊzəz] npl pantalon m.

trout [traʊt] (pl inv OR **-s**) n truite f.

trowel ['traʊəl] n [for gardening] déplantoir m; [for cement, plaster] truelle f.

truant ['tru:ənt] n [child] élève mf absentéiste; **to play ~** faire l'école buissonnière.

truce [tru:s] n trêve f.

truck [trʌk] n **-1.** [lorry] camion m. **-2.** RAIL wagon m à plate-forme.

truck driver n routier m.

trucker ['trʌkər] n Am routier m.

truck farm n Am jardin m maraîcher.

truculent ['trʌkjʊlənt] adj agressif(ive).

trudge [trʌdʒ] vi marcher péniblement.

true ['tru:] adj **-1.** [factual] vrai(e); **to come ~** se réaliser. **-2.** [genuine] vrai(e),

authentique; **~ love** le grand amour. **-3.** [exact] exact(e). **-4.** [faithful] fidèle, loyal(e).

truffle ['trʌfl] n truffe f.

truly ['tru:lɪ] adv **-1.** [gen] vraiment. **-2.** [sincerely] vraiment, sincèrement. **-3.** phr: **yours ~** [at end of letter] croyez à l'expression de mes sentiments distingués.

trump [trʌmp] n atout m.

trumped-up ['trʌmpt-] adj pej inventé(e) de toutes pièces.

trumpet ['trʌmpɪt] n trompette f.

truncheon ['trʌntʃən] n matraque f.

trundle ['trʌndl] vi aller lentement.

trunk [trʌŋk] n **-1.** [of tree, person] tronc m. **-2.** [of elephant] trompe f. **-3.** [box] malle f. **-4.** Am [of car] coffre m. ◆ **trunks** npl maillot m de bain.

trunk call n Br communication f interurbaine.

trunk road n (route f) nationale f.

truss [trʌs] n MED bandage m herniaire.

trust [trʌst] ◇ vt **-1.** [have confidence in] avoir confiance en, se fier à; **to ~ sb to do sthg** compter sur qqn pour faire qqch. **-2.** [entrust]: **to ~ sb with sthg** confier qqch à qqn. **-3.** fml [hope]: **to ~ (that)** ... espérer que .... ◇ n **-1.** (U) [faith]: **~ (in sb/sthg)** confiance f (en qqn/dans qqch). **-2.** (U) [responsibility] responsabilité f. **-3.** FIN: **in ~** en dépôt. **-4.** COMM trust m.

trusted ['trʌstɪd] adj [person] de confiance; [method] qui a fait ses preuves.

trustee [trʌs'ti:] n FIN & JUR fidéicommissaire mf; [of institution] administrateur m, -trice f.

trust fund n fonds m en fidéicommis.

trusting ['trʌstɪŋ] adj confiant(e).

trustworthy ['trʌst,wɜ:ðɪ] adj digne de confiance.

truth [tru:θ] n vérité f; **in (all) ~** à dire vrai, en vérité.

truthful ['tru:θfʊl] adj [person, reply] honnête; [story] véridique.

try [traɪ] ◇ vt **-1.** [attempt, test] essayer; [food, drink] goûter; **to ~ to do sthg** essayer de faire qqch. **-2.** JUR juger. **-3.** [put to the test] éprouver, mettre à l'épreuve. ◇ vi essayer; **to ~ for sthg** essayer d'obtenir qqch. ◇ n **-1.** [attempt] essai m, tentative f; **to give sthg a ~** essayer qqch. **-2.** RUGBY essai m. ◆ **try on** vt sep [clothes] essayer. ◆ **try out** vt sep essayer.

trying ['traɪɪŋ] *adj* pénible, éprouvant(e).

T-shirt *n* tee-shirt *m*.

T-square *n* té *m*.

tub [tʌb] *n* -1. [of ice cream - large] boîte *f*; [- small] petit pot *m*; [of margarine] barquette *f*. -2. [bath] baignoire *f*.

tubby ['tʌbɪ] *adj inf* rondouillard(e), boulot(otte).

tube [tjuːb] *n* -1. [cylinder, container] tube *m*. -2. *Br* [underground train] métro *m*; **the ~** [system] le métro; **by ~** en métro.

tuberculosis [tjuː,bɜːkjʊ'ləʊsɪs] *n* tuberculose *f*.

tubing ['tjuːbɪŋ] *n* (U) tubes *mpl*, tuyaux *mpl*.

tubular ['tjuːbjʊlər] *adj* tubulaire.

TUC *n abbr of* **Trades Union Congress**.

tuck [tʌk] *vt* [place neatly] ranger. ◆ **tuck away** *vt sep* [store] mettre de côté OR en lieu sûr. ◆ **tuck in** ◇ *vt* -1. [child, patient] border. -2. [clothes] rentrer. ◇ *vi inf* boulotter. ◆ **tuck up** *vt sep* [child, patient] border.

tuck shop *n Br* [at school] *petite boutique qui vend des bonbons et des gâteaux.*

Tuesday ['tjuːzdɪ] *n* mardi *m*; *see also* **Saturday**.

tuft [tʌft] *n* touffe *f*.

tug [tʌg] ◇ *n* -1. [pull]: **to give sthg a ~** tirer sur qqch. -2. [boat] remorqueur *m*. ◇ *vt* tirer. ◇ *vi*: **to ~ (at)** tirer (sur).

tug-of-war *n* lutte *f* de traction à la corde; *fig* lutte acharnée.

tuition [tjuː'ɪʃn] *n* (U) cours *mpl*.

tulip ['tjuːlɪp] *n* tulipe *f*.

tumble ['tʌmbl] ◇ *vi* -1. [person] tomber, faire une chute; [water] tomber en cascades. -2. *fig* [prices] tomber, chuter. ◇ *n* chute *f*, culbute *f*. ◆ **tumble to** *vt fus Br inf* piger.

tumbledown ['tʌmbldaʊn] *adj* délabré(e), qui tombe en ruines.

tumble-dryer [-,draɪər] *n* sèche-linge *m inv*.

tumbler ['tʌmblər] *n* [glass] verre *m* (droit).

tummy ['tʌmɪ] *n inf* ventre *m*.

tumour *Br*, **tumor** *Am* ['tjuːmər] *n* tumeur *f*.

tuna [*Br* 'tjuːnə, *Am* 'tuːnə] (*pl inv* OR **-s**) *n* thon *m*.

tune [tjuːn] ◇ *n* -1. [song, melody] air *m*. -2. [harmony]: **in ~** [instrument] accordé(e), juste; [play, sing] juste; **out of ~** [instrument] mal accordé(e); [play, sing] faux; **to be in/out of ~ (with)** *fig* être

en accord/désaccord (avec). ◇ *vt* -1. MUS accorder. -2. RADIO & TV régler. -3. [engine] régler. ◆ **tune in** *vi* RADIO & TV être à l'écoute; **to ~ in to** se mettre sur. ◆ **tune up** *vi* MUS accorder son instrument.

tuneful ['tjuːnfʊl] *adj* mélodieux(ieuse).

tuner ['tjuːnər] *n* -1. RADIO & TV syntoniseur *m*, tuner *m*. -2. MUS [person] accordeur *m*.

tunic ['tjuːnɪk] *n* tunique *f*.

tuning fork ['tjuːnɪŋ-] *n* diapason *m*.

Tunisia [tjuː'nɪzɪə] *n* Tunisie *f*.

tunnel ['tʌnl] ◇ *n* tunnel *m*. ◇ *vi* faire OR creuser un tunnel.

turban ['tɜːbən] *n* turban *m*.

turbine ['tɜːbaɪn] *n* turbine *f*.

turbocharged ['tɜːbəʊtʃɑːdʒd] *adj* turbo (*inv*).

turbulence ['tɜːbjʊləns] *n* (U) -1. [in air, water] turbulence *f*. -2. *fig* [unrest] agitation *f*.

turbulent ['tɜːbjʊlənt] *adj* -1. [air, water] agité(e). -2. *fig* [disorderly] tumultueux(euse), agité(e).

tureen [tə'riːn] *n* soupière *f*.

turf [tɜːf] (*pl* **-s** OR **turves**) ◇ *n* [grass surface] gazon *m*; [clod] motte *f* de gazon. ◇ *vt* gazonner. ◆ **turf out** *vt sep Br inf* [person] virer; [old clothes] balancer, bazarder.

turgid ['tɜːdʒɪd] *adj fml* [style, writing] pompeux(euse), ampoulé(e).

Turk [tɜːk] *n* Turc *m*, Turque *f*.

turkey ['tɜːkɪ] (*pl* **turkeys**) *n* dinde *f*.

Turkey ['tɜːkɪ] *n* Turquie *f*.

Turkish ['tɜːkɪʃ] ◇ *adj* turc (turque). ◇ *n* [language] turc *m*. ◇ *npl*: **the ~** les Turcs *mpl*.

Turkish delight *n* loukoum *m*.

turmoil ['tɜːmɔɪl] *n* agitation *f*, trouble *m*.

turn ['tɜːn] ◇ *n* -1. [in road] virage *m*, tournant *m*; [in river] méandre *m*. -2. [revolution, twist] tour *m*. -3. [change] tournure *f*, tour *m*. -4. [in game] tour *m*; **in ~** à tour de rôle, chacun(e) à son tour. -5. [performance] numéro *m*. -6. MED crise *f*, attaque *f*. -7. *phr*: **to do sb a good ~** rendre (un) service à qqn. ◇ *vt* -1. [gen] tourner; [omelette, steak etc] retourner; **to ~ sthg inside out** retourner qqch; **to ~ one's thoughts/ attention to sthg** tourner ses pensées/ son attention vers qqch. -2. [change]: **to ~ sthg into** changer qqch en. -3. [become]: **to ~ red** rougir. ◇ *vi* -1. [gen] tourner; [person] se tourner, se retourner. **-2.** [in book]: **to ~ to** a page se reporter OR aller à une page. **-3.** [for consolation]: **to ~ to** sb/sthg se tourner vers qqn/qqch. **-4.** [change]: **to ~ into** se changer en, se transformer en. ◆ **turn around** = turn round. ◆ **turn away** ◇ vt sep [refuse entry to] refuser. ◇ vi se détourner. ◆ **turn back** ◇ vt sep [sheets] replier; [person, vehicle] refouler. ◇ vi rebrousser chemin. ◆ **turn down** vt sep **-1.** [reject] rejeter, refuser. **-2.** [radio, volume, gas] baisser. ◆ **turn in** vi inf [go to bed] se pieuter. ◆ **turn off** ◇ vt fus [road, path] quitter. ◇ vt sep [radio, engine, gas] éteindre; [tap] fermer. ◇ vi [leave path, road] tourner. ◆ **turn on** ◇ vt sep **-1.** [radio, TV, engine, gas] allumer; [tap] ouvrir; **to ~ the light on** allumer la lumière. **-2.** inf [excite sexually] exciter. ◇ vt fus [attack] attaquer. ◆ **turn out** ◇ vt sep **-1.** [light, gas fire] éteindre. **-2.** [empty - pocket, bag] retourner, vider. ◇ vt fus: **to ~ out to be s'avérer; it ~s out that ... il** s'avère OR se trouve que .... ◇ vi **-1.** [end up] finir. **-2.** [arrive - person] venir. ◆ **turn over** ◇ vt sep **-1.** [playing card, stone] retourner; [page] tourner. **-2.** [consider] retourner dans sa tête. **-3.** [hand over] rendre, remettre. ◇ vi **-1.** [roll over] se retourner. **-2.** Br TV changer de chaîne. ◆ **turn round** ◇ vt sep **-1.** [reverse] retourner. **-2.** [wheel, words] tourner. ◇ vi [person] se retourner. ◆ **turn up** ◇ vt sep [TV, radio] mettre plus fort; [gas] monter. ◇ vi **-1.** [arrive - person] se pointer. **-2.** [be found - person, object] être retrouvé; [- opportunity] se présenter.

turning ['tɜ:nɪŋ] n [off road] route f latérale.

turning point n tournant m, moment m décisif.

turnip ['tɜ:nɪp] n navet m.

turnout ['tɜ:naʊt] n [at election] taux m de participation; [at meeting] assistance f.

turnover ['tɜ:n,əʊvə] n (U) **-1.** [of personnel] renouvellement m. **-2.** FIN chiffre m d'affaires.

turnpike ['tɜ:npaɪk] n Am autoroute f à péage.

turnstile ['tɜ:nstaɪl] n tourniquet m.

turntable ['tɜ:n,teɪbl] n platine f.

turn-up n Br [on trousers] revers m inv; **a ~ for the books** inf une sacrée surprise.

turpentine ['tɜ:pəntaɪn] n térébenthine f.

turquoise ['tɜ:kwɔɪz] ◇ adj turquoise (inv). ◇ n **-1.** [mineral, gem] turquoise f. **-2.** [colour] turquoise m.

turret ['tʌrɪt] n tourelle f.

turtle ['tɜ:tl] (pl inv OR **-s**) n tortue f de mer.

turtleneck ['tɜ:tlnek] n [garment] pull m à col montant; [neck] col m montant.

turves [tɜ:vz] Br pl → turf.

tusk [tʌsk] n défense f.

tussle ['tʌsl] ◇ n lutte f. ◇ vi se battre; **to ~ over sthg** se disputer qqch.

tutor ['tju:tə] n **-1.** [private] professeur m particulier. **-2.** UNIV directeur m, -trice f d'études.

tutorial [tju:'tɔ:rɪəl] n travaux mpl dirigés.

tuxedo [tʌk'si:dəʊ] (pl **-s**) n smoking m.

TV (abbr of **television**) n **-1.** (U) [medium, industry] télé f. **-2.** [apparatus] (poste m de) télé f.

twang [twæŋ] n **-1.** [sound] bruit m de pincement. **-2.** [accent] nasillement m.

tweed [twi:d] n tweed m.

tweezers ['twi:zəz] npl pince f à épiler.

twelfth [twelfθ] num douzième; see also sixth.

twelve [twelv] num douze; see also six.

twentieth ['twentɪəθ] num vingtième; see also sixth.

twenty ['twentɪ] num vingt; see also six.

twice [twaɪs] adv deux fois; **~ a day** deux fois par jour; **he earns ~ as much as me** il gagne deux fois plus que moi OR le double de moi; **~ as big** deux fois plus grand; **~ my size/age** le double de ma taille/mon âge.

twiddle ['twɪdl] ◇ vt jouer avec. ◇ vi: **to ~ with sthg** jouer avec qqch.

twig [twɪg] n brindille f, petite branche f.

twilight ['twaɪlaɪt] n crépuscule m.

twin [twɪn] ◇ adj jumeau (jumelle); [town] jumelé(e); **~ beds** lits mpl jumeaux. ◇ n jumeau m, jumelle f.

twin-bedded [-'bedɪd] adj à deux lits.

twine [twaɪn] ◇ n (U) ficelle f. ◇ vt: **to ~ sthg round sthg** enrouler qqch autour de qqch.

twinge [twɪndʒ] n [of pain] élancement m; **a ~ of guilt** un remords.

twinkle ['twɪŋkl] vi [star, lights] scintiller; [eyes] briller, pétiller.

twin room n chambre f à deux lits.

twin town n ville f jumelée.

twirl [twɜːl] ◇ *vt* faire tourner. ◇ *vi* tournoyer.

twist [twɪst] ◇ *n* **-1.** [in road] zigzag *m*, tournant *m*; [in river] méandre *m*, coude *m*; [in rope] entortillement *m*. **-2.** *fig* [in plot] tour *m*. ◇ *vt* **-1.** [wind, curl] entortiller. **-2.** [contort] tordre. **-3.** [turn] tourner; [lid - to open] dévisser; [- to close] visser. **-4.** [sprain]: **to** ~ **one's ankle** se tordre OR se fouler la cheville. **-5.** [words, meaning] déformer. ◇ *vi* **-1.** [river, path] zigzaguer. **-2.** [be contorted] se tordre. **-3.** [turn]: **to** ~ **round** se retourner.

twit [twɪt] *n Br inf* crétin *m*, -e *f*.

twitch [twɪtʃ] ◇ *n* tic *m*. ◇ *vi* [muscle, eye, face] se contracter.

two [tuː] *num* deux; **in** ~ en deux; *see also* **six**.

two-door *adj* [car] à deux portes.

twofaced [ˌtuːˈfeɪst] *adj pej* fourbe.

twofold [ˈtuːfəʊld] ◇ *adj* double. ◇ *adv* doublement; **to increase** ~ doubler.

two-piece *adj*: ~ **swimsuit** deux-pièces *m inv*; ~ **suit** [for man] costume *m* (deux-pièces).

twosome [ˈtuːsəm] *n inf* couple *m*.

two-way *adj* [traffic, trade] dans les deux sens.

tycoon [taɪˈkuːn] *n* magnat *m*.

type [taɪp] ◇ *n* **-1.** [sort, kind] genre *m*, sorte *f*; [model] modèle *m*; [in classification] type *m*. **-2.** (*U*) TYPO caractères *mpl*. ◇ *vt* [letter, reply] taper (à la machine). ◇ *vi* taper (à la machine).

typecast [ˈtaɪpkɑːst] (*pt & pp* **typecast**) *vt*: **to be** ~ **as** être cantonné dans le rôle de; **to be** ~ être cantonné aux mêmes rôles.

typeface [ˈtaɪpfeɪs] *n* TYPO œil *m* de caractère.

typescript [ˈtaɪpskrɪpt] *n* texte *m* dactylographié.

typeset [ˈtaɪpset] (*pt & pp* **typeset**) *vt* composer.

typewriter [ˈtaɪpˌraɪtəʳ] *n* machine *f* à écrire.

typhoid (fever) [ˈtaɪfɔɪd-] *n* typhoïde *f*.

typhoon [taɪˈfuːn] *n* typhon *m*.

typical [ˈtɪpɪkl] *adj*: ~ **(of)** typique (de), caractéristique (de); **that's** ~ **(of him/her)!** c'est bien de lui/d'elle!

typing [ˈtaɪpɪŋ] *n* dactylo *f*, dactylographie *f*.

typist [ˈtaɪpɪst] *n* dactylo *mf*, dactylographe *mf*.

typography [taɪˈpɒɡrəfɪ] *n* typographie *f*.

tyranny [ˈtɪrənɪ] *n* tyrannie *f*.

tyrant [ˈtaɪrənt] *n* tyran *m*.

tyre *Br*, **tire** *Am* [ˈtaɪəʳ] *n* pneu *m*.

tyre pressure *n* pression *f* (de gonflage).

U

u (*pl* **u's** OR **us**), **U** (*pl* **U's** OR **Us**) [juː] *n* [letter] u *m inv*, U *m inv*.

U-bend *n* siphon *m*.

udder [ˈʌdəʳ] *n* mamelle *f*.

UFO (*abbr of* **unidentified flying object**) *n* OVNI *m*, ovni *m*.

Uganda [juːˈɡændə] *n* Ouganda *m*.

ugh [ʌɡ] *excl* pouah!, beurk!

ugly [ˈʌɡlɪ] *adj* **-1.** [unattractive] laid(e). **-2.** *fig* [unpleasant] pénible, désagréable.

UHF (*abbr of* **ultra-high frequency**) *n* UHF.

UK (*abbr of* **United Kingdom**) *n* Royaume-Uni *m*, R.U. *m*.

Ukraine [juːˈkreɪn] *n*: **the** ~ l'Ukraine *f*.

ulcer [ˈʌlsəʳ] *n* ulcère *m*.

ulcerated [ˈʌlsəreɪtɪd] *adj* ulcéré(e).

Ulster [ˈʌlstəʳ] *n* Ulster *m*.

ulterior [ʌlˈtɪərɪəʳ] *adj*: ~ **motive** arrière-pensée *f*.

ultimata [ˌʌltɪˈmeɪtə] *pl* → **ultimatum**.

ultimate [ˈʌltɪmət] ◇ *adj* **-1.** [final] final(e), ultime. **-2.** [most powerful] ultime, suprême. ◇ *n*: **the** ~ **in** le fin du fin dans.

ultimately [ˈʌltɪmətlɪ] *adv* [finally] finalement.

ultimatum [ˌʌltɪˈmeɪtəm] (*pl* **-tums** OR **-ta** [-tə]) *n* ultimatum *m*.

ultrasound [ˈʌltrəsaʊnd] *n* (*U*) ultrasons *mpl*.

ultraviolet [ˌʌltrəˈvaɪələt] *adj* ultraviolet(ette).

umbilical cord [ʌmˈbɪlɪkl-] *n* cordon *m* ombilical.

umbrella [ʌmˈbrelə] ◇ *n* [portable] parapluie *m*; [fixed] parasol *m*. ◇ *adj* [organization] qui en regroupe plusieurs autres.

umpire [ˈʌmpaɪəʳ] ◇ *n* arbitre *m*. ◇ *vt* arbitrer.

umpteen [ˌʌmpˈtiːn] *num adj inf* je ne sais combien de.

umpteenth [,ʌmp'ti:nθ] *num adj inf* énième.

UN (*abbr of* **United Nations**) *n*: the ~ l'ONU *f*, l'Onu *f*.

unabated [,ʌnə'beɪtɪd] *adj*: **the rain continued** ~ la pluie continua de tomber sans répit.

unable [ʌn'eɪbl] *adj*: **to be** ~ **to do sthg** ne pas pouvoir faire qqch, être incapable de faire qqch.

unacceptable [,ʌnək'septəbl] *adj* inacceptable.

unaccompanied [,ʌnə'kʌmpənɪd] *adj* **-1.** [child] non accompagné(e); [luggage] sans surveillance. **-2.** [song] a cappella, sans accompagnement.

unaccountably [,ʌnə'kaʊntəblɪ] *adv* [inexplicably] de façon inexplicable, inexplicablement.

unaccounted [,ʌnə'kaʊntɪd] *adj*: **to be** ~ **for** manquer.

unaccustomed [,ʌnə'kʌstəmd] *adj* [unused]: **to be** ~ **to sthg/to doing sthg** ne pas être habitué(e) à qqch/à faire qqch.

unadulterated [,ʌnə'dʌltəreɪtɪd] *adj* **-1.** [unspoilt - wine] non frelaté(e); [- food] naturel(elle). **-2.** [absolute - joy] sans mélange; [- nonsense, truth] pur et simple (pure ct simple).

unanimous [juː'nænɪməs] *adj* unanime.

unanimously [juː'nænɪməslɪ] *adv* à l'unanimité.

unanswered [,ʌn'ɑːnsəd] *adj* qui reste sans réponse.

unappetizing, -ising [,ʌn'æpɪtaɪzɪŋ] *adj* peu appétissant(e).

unarmed [,ʌn'ɑːmd] *adj* non armé(e).

unarmed combat *n* combat *m* sans armes.

unashamed [,ʌnə'ʃeɪmd] *adj* [luxury] insolent(e); [liar, lie] effronté(e), éhonté(e).

unassuming [,ʌnə'sjuːmɪŋ] *adj* modeste, effacé(e).

unattached [,ʌnə'tætʃt] *adj* **-1.** [not fastened, linked]: ~ **(to)** indépendant(e) (de). **-2.** [without partner] libre, sans attaches.

unattended [,ʌnə'tendɪd] *adj* [luggage, shop] sans surveillance; [child] seul(e).

unattractive [,ʌnə'træktɪv] *adj* **-1.** [not beautiful] peu attrayant(e), peu séduisant(e). **-2.** [not pleasant] déplaisant(e).

unauthorized, -ised [,ʌn'ɔːθəraɪzd] *adj* non autorisé(e).

unavailable [,ʌnə'veɪləbl] *adj* qui n'est pas disponible, indisponible.

unavoidable [,ʌnə'vɔɪdəbl] *adj* inévitable.

unaware [,ʌnə'weəʳ] *adj* ignorant(e), inconscient(e); **to be** ~ **of sthg** ne pas avoir conscience de qqch, ignorer qqch.

unawares [,ʌnə'weəz] *adv*: **to catch** OR **take sb** ~ prendre qqn au dépourvu.

unbalanced [,ʌn'bælənst] *adj* **-1.** [biased] tendancieux(ieuse), partial(e). **-2.** [deranged] déséquilibré(e).

unbearable [ʌn'beərəbl] *adj* insupportable.

unbeatable [,ʌn'biːtəbl] *adj* imbattable.

unbeknown(st) [,ʌnbɪ'nəʊn(st)] *adv*: ~ **to** à l'insu de.

unbelievable [,ʌnbɪ'liːvəbl] *adj* incroyable.

unbending [,ʌn'bendɪŋ] *adj* inflexible, intransigeant(e).

unbia(s)sed [,ʌn'baɪəst] *adj* impartial(e).

unborn [,ʌn'bɔːn] *adj* [child] qui n'est pas encore né(e).

unbreakable [,ʌn'breɪkəbl] *adj* incassable.

unbridled [,ʌn'braɪdld] *adj* effréné(e), débridé(e).

unbutton [,ʌn'bʌtn] *vt* déboutonner.

uncalled-for [,ʌn'kɔːld-] *adj* [remark] déplacé(e); [criticism] injustifié(e).

uncanny [ʌn'kænɪ] *adj* étrange, mystérieux(ieuse); [resemblance] troublant(e).

unceasing [,ʌn'siːsɪŋ] *adj fml* incessant(e), continuel(elle).

unceremonious ['ʌn,serɪ'məʊnjəs] *adj* brusque.

uncertain [ʌn'sɜːtn] *adj* incertain(e); **in no** ~ **terms** sans mâcher ses mots.

unchanged [,ʌn'tʃeɪndʒd] *adj* inchangé(e).

unchecked [,ʌn'tʃekt] *adj* non maîtrisé(e), sans frein.

uncivilized, -ised [,ʌn'sɪvɪlaɪzd] *adj* non civilisé(e), barbare.

uncle ['ʌŋkl] *n* oncle *m*.

unclear [,ʌn'klɪəʳ] *adj* **-1.** [message, meaning, motive] qui n'est pas clair(e). **-2.** [uncertain - person, future] incertain(e).

uncomfortable [,ʌn'kʌmftəbl] *adj* **-1.** [shoes, chair, clothes etc] inconfortable; *fig* [fact, truth] désagréable. **-2.** [person - physically] qui n'est pas à l'aise; [- ill at ease] mal à l'aise.

uncommon [ʌn'kɒmən] *adj* **-1.** [rare] rare. **-2.** *fml* [extreme] extraordinaire.

uncompromising [,ʌn'kɒmprəmaɪzɪŋ] *adj* intransigeant(e).

unconcerned [ˌʌnkən'sɜːnd] *adj* [not anxious] qui ne s'inquiète pas.

unconditional [ˌʌnkən'dɪʃənl] *adj* inconditionnel(elle).

unconscious [ʌn'kɒnʃəs] ◇ *adj* -1. [having lost consciousness] sans connaissance. -2. *fig* [unaware]: **to be ~ of** ne pas avoir conscience de, ne pas se rendre compte de. -3. [unnoticed - desires, feelings] inconscient(e). ◇ *n* PSYCH inconscient *m*.

unconsciously [ʌn'kɒnʃəslɪ] *adv* inconsciemment.

uncontrollable [ˌʌnkən'trəʊləbl] *adj* -1. [unrestrainable - emotion, urge] irrépressible, irrésistible; [- increase, epidemic] qui ne peut être enrayé(e). -2. [unmanageable - person] impossible, difficile.

unconventional [ˌʌnkən'venʃənl] *adj* peu conventionnel(elle), original(e).

unconvinced [ˌʌnkən'vɪnst] *adj* qui n'est pas convaincu(e), sceptique.

uncouth [ʌn'kuːθ] *adj* grossier(ière).

uncover [ʌn'kʌvəʳ] *vt* découvrir.

undecided [ˌʌndɪ'saɪdɪd] *adj* [person] indécis(e), irrésolu(e); [issue] indécis(e).

undeniable [ˌʌndɪ'naɪəbl] *adj* indéniable, incontestable.

under ['ʌndəʳ] ◇ *prep* -1. [gen] sous. -2. [less than] moins de; **children ~ five** les enfants de moins de cinq ans. -3. [subject to - effect, influence] sous; **~ the circumstances** dans ces circonstances, étant donné les circonstances; **to be ~ the impression that ...** avoir l'impression que .... -4. [undergoing]: **~ discussion** en discussion; **~ consideration** à l'étude, à l'examen. -5. [according to] selon, conformément à. ◇ *adv* -1. [underneath] dessous; [underwater] sous l'eau; **to go ~** [company] couler, faire faillite. -2. [less] au-dessous.

underage [ʌndər'eɪdʒ] *adj* mineur(e).

undercarriage ['ʌndəˌkærɪdʒ] *n* train *m* d'atterrissage.

undercharge [ˌʌndə'tʃɑːdʒ] *vt* ne pas faire assez payer à.

underclothes ['ʌndəkləʊðz] *npl* sous-vêtements *mpl*.

undercoat ['ʌndəkəʊt] *n* [of paint] couche *f* de fond.

undercover ['ʌndəˌkʌvəʳ] *adj* secret(ète).

undercurrent ['ʌndəˌkʌrənt] *n* *fig* [tendency] courant *m* sous-jacent.

undercut [ˌʌndə'kʌt] (*pt & pp* **undercut**) *vt* [in price] vendre moins cher que.

underdeveloped [ˌʌndədɪ'veləpt] *adj* [country] sous-développé(e); [person] qui n'est pas complètement développé(e) OR formé(e).

underdog ['ʌndədɒg] *n*: **the ~** l'opprimé *m*; SPORT celui (celle) que l'on donne perdant(e).

underdone [ˌʌndə'dʌn] *adj* [food] pas assez cuit(e); [steak] saignant(e).

underestimate [ˌʌndər'estɪmeɪt] *vt* sous-estimer.

underexposed [ˌʌndərɪk'spəʊzd] *adj* PHOT sous-exposé(e).

underfoot [ˌʌndə'fʊt] *adv* sous les pieds.

undergo [ˌʌndə'gəʊ] (*pt* **-went**, *pp* **-gone** [-'gɒn]) *vt* subir; [pain, difficulties] éprouver.

undergraduate [ˌʌndə'grædjʊət] *n* étudiant *m*, -e *f* qui prépare la licence.

underground [*adj & n* 'ʌndəgraʊnd, *adv* ˌʌndə'graʊnd] ◇ *adj* -1. [below the ground] souterrain(e). -2. *fig* [secret] clandestin(e). ◇ *adv*: **to go/be forced ~** entrer dans la clandestinité. ◇ *n* -1. *Br* [subway] métro *m*. -2. [activist movement] résistance *f*.

undergrowth ['ʌndəgrəʊθ] *n* (*U*) sous-bois *m inv*.

underhand [ˌʌndə'hænd] *adj* sournois(e), en dessous.

underline [ˌʌndə'laɪn] *vt* souligner.

underlying [ˌʌndə'laɪɪŋ] *adj* sous-jacent(e).

undermine [ˌʌndə'maɪn] *vt* *fig* [weaken] saper, ébranler.

underneath [ˌʌndə'niːθ] ◇ *prep* -1. [beneath] sous, au-dessous de. -2. [in movements] sous. ◇ *adv* -1. [beneath] en dessous, dessous. -2. *fig* [fundamentally] au fond. ◇ *adj inf* d'en dessous. ◇ *n* [underside]: **the ~** le dessous.

underpaid ['ʌndəpeɪd] *adj* sous-payé(e).

underpants ['ʌndəpænts] *npl* slip *m*.

underpass ['ʌndəpɑːs] *n* [for cars] passage *m* inférieur; [for pedestrians] passage *m* souterrain.

underprivileged [ˌʌndə'prɪvɪlɪdʒd] *adj* défavorisé(e), déshérité(e).

underrated [ˌʌndə'reɪtɪd] *adj* sous-estimé(e).

undershirt ['ʌndəʃɜːt] *n* *Am* maillot *m* de corps.

underside ['ʌndəsaɪd] *n*: **the ~** le dessous.

underskirt ['ʌndəskɜːt] *n* jupon *m*.

understand [ˌʌndəˈstænd] (*pt & pp* -stood) ◇ *vt* -1. [gen] comprendre. -2. *fml* [be informed]: **I ~ (that) ...** je crois comprendre que ..., il paraît que .... ◇ *vi* comprendre.

understandable [ˌʌndəˈstændəbl] *adj* compréhensible.

understanding [ˌʌndəˈstændɪŋ] ◇ *n* -1. [knowledge, sympathy] compréhension *f*. -2. [agreement] accord *m*, arrangement *m*. ◇ *adj* [sympathetic] compréhensif(ive).

understatement [ˌʌndəˈsteɪtmənt] *n* -1. [inadequate statement] affirmation *f* en dessous de la vérité. -2. (*U*) [quality of understating] euphémisme *m*.

understood [ˌʌndəˈstʊd] *pt & pp →* understand.

understudy [ˈʌndəˌstʌdɪ] *n* doublure *f*.

undertake [ˌʌndəˈteɪk] (*pt* -took, *pp* -taken [-ˈteɪkn]) *vt* -1. [take on - gen] entreprendre; [- responsibility] assumer. -2. [promise]: **to ~ to do sthg** promettre de faire qqch, s'engager à faire qqch.

undertaker [ˈʌndəˌteɪkər] *n* entrepreneur *m* des pompes funèbres.

undertaking [ˌʌndəˈteɪkɪŋ] *n* -1. [task] entreprise *f*. -2. [promise] promesse *f*.

undertone [ˈʌndətəʊn] *n* -1. [quiet voice] voix *f* basse. -2. [vague feeling] courant *m*.

undertook [ˌʌndəˈtʊk] *pt →* undertake.

underwater [ˌʌndəˈwɔːtər] ◇ *adj* sous-marin(e). ◇ *adv* sous l'eau.

underwear [ˈʌndəweər] *n* (*U*) sous-vêtements *mpl*.

underwent [ˌʌndəˈwent] *pt →* undergo.

underworld [ˈʌndəˌwɜːld] *n* [criminal society]: **the ~** le milieu, la pègre.

underwriter [ˈʌndəˌraɪtər] *n* assureur *m*.

undid [ˌʌnˈdɪd] *pt →* undo.

undies [ˈʌndɪz] *npl inf* dessous *mpl*, lingerie *f*.

undisputed [ˌʌndɪˈspjuːtɪd] *adj* incontesté(e).

undistinguished [ˌʌndɪˈstɪŋgwɪʃt] *adj* médiocre, quelconque.

undo [ˌʌnˈduː] (*pt* -did, *pp* -done) *vt* -1. [unfasten] défaire. -2. [nullify] annuler, détruire.

undoing [ˌʌnˈduːɪŋ] *n* (*U*) *fml* perte *f*, ruine *f*.

undone [ˌʌnˈdʌn] ◇ *pp →* undo. ◇ *adj* -1. [unfastened] défait(e). -2. [task] non accompli(e).

undoubted [ʌnˈdaʊtɪd] *adj* indubitable, certain(e).

undoubtedly [ʌnˈdaʊtɪdlɪ] *adv* sans aucun doute.

undress [ˌʌnˈdres] ◇ *vt* déshabiller. ◇ *vi* se déshabiller.

undue [ˌʌnˈdjuː] *adj fml* excessif(ive).

undulate [ˈʌndjʊleɪt] *vi* onduler.

unduly [ˌʌnˈdjuːlɪ] *adv fml* trop, excessivement.

unearth [ˌʌnˈɜːθ] *vt* -1. [dig up] déterrer. -2. *fig* [discover] découvrir, dénicher.

unearthly [ʌnˈɜːθlɪ] *adj inf* [uncivilized - time of day] indu(e), impossible.

unease [ʌnˈiːz] *n* (*U*) malaise *m*.

uneasy [ʌnˈiːzɪ] *adj* [person, feeling] mal à l'aise, gêné(e); [peace] troublé(e), incertain(e); [silence] gêné(e).

uneconomic [ˈʌnˌiːkəˈnɒmɪk] *adj* peu économique, peu rentable.

uneducated [ˌʌnˈedjʊkeɪtɪd] *adj* [person] sans instruction.

unemployed [ˌʌnɪmˈplɔɪd] ◇ *adj* au chômage, sans travail. ◇ *npl*: **the ~** les sans-travail *mpl*, les chômeurs *mpl*.

unemployment [ˌʌnɪmˈplɔɪmənt] *n* chômage *m*.

unemployment benefit *Br*, **unemployment compensation** *Am n* allocation *f* de chômage.

unerring [ˌʌnˈɜːrɪŋ] *adj* sûr(e), infaillible.

uneven [ˌʌnˈiːvn] *adj* -1. [not flat - surface] inégal(e); [- ground] accidenté(e). -2. [inconsistent] inégal(e). -3. [unfair] injuste.

unexpected [ˌʌnɪkˈspektɪd] *adj* inattendu(e), imprévu(e).

unexpectedly [ˌʌnɪkˈspektɪdlɪ] *adv* subitement, d'une manière imprévue.

unfailing [ʌnˈfeɪlɪŋ] *adj* qui ne se dément pas, constant(e).

unfair [ˌʌnˈfeər] *adj* injuste.

unfaithful [ˌʌnˈfeɪθfʊl] *adj* infidèle.

unfamiliar [ˌʌnfəˈmɪljər] *adj* -1. [not well-known] peu familier(ière), peu connu(e). -2. [not acquainted]: **to be ~ with sthg/sb** mal connaître qqch/qqn, ne pas connaître qqch/qqn.

unfashionable [ˌʌnˈfæʃnəbl] *adj* démodé(e), passé(e) de mode; [person] qui n'est plus à la mode.

unfasten [ˌʌnˈfɑːsn] *vt* défaire.

unfavourable *Br*, **unfavorable** *Am* [ˌʌnˈfeɪvrəbl] *adj* défavorable.

unfeeling [ʌnˈfiːlɪŋ] *adj* impitoyable, insensible.

unfinished [ˌʌnˈfɪnɪʃt] *adj* inachevé(e).

unfit [ˌʌnˈfɪt] *adj* -1. [not in good health] qui n'est pas en forme. -2. [not suit-

able]: ~ **(for)** impropre (à); [person] inapte (à).

unfold [ʌn'fəʊld] ◇ vt [map, newspaper]
déplier. ◇ vi [become clear] se dérouler.

unforeseen [ˌʌnfɔː'siːn] adj imprévu(e).

unforgettable [ˌʌnfə'getəbl] adj inoubliable.

unforgivable [ˌʌnfə'gɪvəbl] adj impardonnable.

unfortunate [ʌn'fɔːtʃnət] adj -1. [un-
lucky] malheureux(euse), malchan-
ceux(euse). -2. [regrettable] regrettable,
fâcheux(euse).

unfortunately [ʌn'fɔːtʃnətlɪ] adv malheureusement.

unfounded [ˌʌn'faʊndɪd] adj sans fondement, dénué(e) de tout fondement.

unfriendly [ˌʌn'frendlɪ] adj hostile, mal-
veillant(e).

unfurnished [ˌʌn'fɜːnɪʃt] adj non meu-
blé(e).

ungainly [ʌn'geɪnlɪ] adj gauche.

ungodly [ˌʌn'gɒdlɪ] adj inf [unreasonable]
indu(e), impossible.

ungrateful [ʌn'greɪtfʊl] adj ingrat(e),
peu reconnaissant(e).

unhappy [ʌn'hæpɪ] adj -1. [sad] triste,
malheureux(euse). -2. [uneasy]: **to be ~
(with** OR **about)** être inquiet(iète) (au
sujet de). -3. [unfortunate] malheu-
reux(euse), regrettable.

unharmed [ˌʌn'hɑːmd] adj indemne,
sain et sauf (saine et sauve).

unhealthy [ʌn'helθɪ] adj -1. [person,
skin] maladif(ive); [conditions, place] insalubre, malsain(e); [habit] malsain. -2.
fig [undesirable] malsain(e).

unheard-of [ʌn'hɜːd-] adj -1. [unknown]
inconnu(e). -2. [unprecedented] sans
précédent, inouï(e).

unhook [ˌʌn'hʊk] vt -1. [dress, bra] dégrafer. -2. [coat, picture, trailer] décrocher.

unhurt [ʌn'hɜːt] adj indemne, sain et
sauf (saine et sauve).

unhygienic [ˌʌnhaɪ'dʒiːnɪk] adj non
hygiénique.

unidentified flying object [ˌʌnaɪ-
'dentɪfaɪd-] n objet m volant non identifié.

unification [ˌjuːnɪfɪ'keɪʃn] n unification
f.

uniform ['juːnɪfɔːm] ◇ adj [rate, colour]
uniforme; [size] même. ◇ n uniforme
m.

unify ['juːnɪfaɪ] vt unifier.

unilateral [ˌjuːnɪ'lætərəl] adj unilaté-
ral(e).

unimportant [ˌʌnɪm'pɔːtənt] adj sans
importance, peu important(e).

uninhabited [ˌʌnɪn'hæbɪtɪd] adj inhabi-
té(e).

uninjured [ˌʌn'ɪndʒəd] adj qui n'est pas
blessé(e), indemne.

unintelligent [ˌʌnɪn'telɪdʒent] adj inin-
telligent(e).

unintentional [ˌʌnɪn'tenʃənl] adj involontaire, non intentionnel(elle).

union ['juːnjən] ◇ n -1. [trade union]
syndicat m. -2. [alliance] union f. ◇
comp syndical(e).

Union Jack n: the ~ l'Union Jack m, le
drapeau britannique.

unique [juː'niːk] adj -1. [exceptional]
unique, exceptionnel(elle). -2. [exclu-
sive]: ~ **to** propre à. -3. [very special]
unique.

unison ['juːnɪzn] n unisson m; **in** ~ à
l'unisson; [say] en chœur, en même
temps.

unit ['juːnɪt] n -1. [gen] unité f. -2.
[machine part] élément m, bloc m. -3. [of
furniture] élément m. -4. [department]
service m.

unite [juː'naɪt] ◇ vt unifier. ◇ vi s'unir.

united [juː'naɪtɪd] adj -1. [in harmony]
uni(e). -2. [unified] unifié(e).

United Kingdom n: the ~ le
Royaume-Uni.

United Nations n: the ~ les Nations
fpl Unies.

United States n: the ~ (of America) les
États-Unis mpl (d'Amérique); **in the ~**
aux États-Unis.

unit trust n Br société f
d'investissement à capital variable.

unity ['juːnətɪ] n (U) unité f.

universal [ˌjuːnɪ'vɜːsl] adj univer-
sel(elle).

universe ['juːnɪvɜːs] n univers m.

university [ˌjuːnɪ'vɜːsətɪ] ◇ n université
f. ◇ comp universitaire; [lecturer]
d'université; ~ **student** étudiant m, -e f
à l'université.

unjust [ˌʌn'dʒʌst] adj injuste.

unkempt [ˌʌn'kempt] adj [clothes, per-
son] négligé(e), débraillé(e); [hair] mal
peigné(e).

unkind [ʌn'kaɪnd] adj [uncharitable] mé-
chant(e), pas gentil(ille).

unknown [ˌʌn'nəʊn] adj inconnu(e).

unlawful [ˌʌn'lɔːfʊl] adj illégal(e).

unleaded [ˌʌn'ledɪd] adj sans plomb.

unleash [ˌʌn'liːʃ] vt literary déchaîner.

unless [ən'les] conj à moins que (+ sub-

junctive); ~ **I'm mistaken** à moins que je (ne) me trompe.

unlike [ˌʌn'laɪk] *prep* **-1.** [different from] différent(e) de. **-2.** [in contrast to] contrairement à, à la différence de. **-3.** [not typical of]: **it's ~ you to complain** cela ne te ressemble pas de te plaindre.

unlikely [ʌn'laɪklɪ] *adj* **-1.** [event, result] peu probable, improbable; [story] invraisemblable. **-2.** [bizarre - clothes etc] invraisemblable.

unlisted [ʌn'lɪstɪd] *adj Am* [phone number] qui est sur la liste rouge.

unload [ˌʌn'ləʊd] *vt* décharger.

unlock [ˌʌn'lɒk] *vt* ouvrir.

unlucky [ʌn'lʌkɪ] *adj* **-1.** [unfortunate - person] malchanceux(euse), qui n'a pas de chance; [- experience, choice] malheureux(euse). **-2.** [object, number etc] qui porte malheur.

unmarried [ˌʌn'mærɪd] *adj* célibataire, qui n'est pas marié(e).

unmistakable [ˌʌnmɪ'steɪkəbl] *adj* qu'on ne peut pas ne pas reconnaître.

unmitigated [ʌn'mɪtɪgeɪtɪd] *adj* [disaster] total(e); [evil] non mitigé(e).

unnatural [ʌn'nætʃrəl] *adj* **-1.** [unusual] anormal(e), qui n'est pas naturel(elle). **-2.** [affected] peu naturel(elle); [smile] forcé(e).

unnecessary [ʌn'nesəsərɪ] *adj* [remark, expense, delay] inutile.

unnerving [ˌʌn'nɜːvɪŋ] *adj* troublant(e).

unnoticed [ˌʌn'nəʊtɪst] *adj* inaperçu(e).

unobtainable [ˌʌnəb'teɪnəbl] *adj* impossible à obtenir.

unobtrusive [ˌʌnəb'truːsɪv] *adj* [person] effacé(e); [object] discret(ète); [building] que l'on remarque à peine.

unofficial [ˌʌnə'fɪʃl] *adj* non officiel(ielle).

unorthodox [ʌn'ɔːθədɒks] *adj* peu orthodoxe.

unpack [ˌʌn'pæk] ◇ *vt* [suitcase] défaire; [box] vider; [clothes] déballer. ◇ *vi* défaire ses bagages.

unpalatable [ʌn'pælətəbl] *adj* d'un goût désagréable; *fig* dur(e) à avaler.

unparalleled [ʌn'pærəleɪd] *adj* [success, crisis] sans précédent; [beauty] sans égal.

unpleasant [ʌn'pleznt] *adj* désagréable.

unplug [ʌn'plʌg] *vt* débrancher.

unpopular [ˌʌn'pɒpjʊləʳ] *adj* impopulaire.

unprecedented [ʌn'presɪdəntɪd] *adj* sans précédent.

unpredictable [ˌʌnprɪ'dɪktəbl] *adj* imprévisible.

unprofessional [ˌʌnprə'feʃənl] *adj* [person, work] peu professionnel(elle); [attitude] contraire à l'éthique de la profession.

unqualified [ˌʌn'kwɒlɪfaɪd] *adj* **-1.** [person] non qualifié(e); [teacher, doctor] non diplômé(e). **-2.** [success] formidable; [support] inconditionnel(elle).

unquestionable [ʌn'kwestʃənəbl] *adj* [fact] incontestable; [honesty] certain(e).

unquestioning [ʌn'kwestʃənɪŋ] *adj* aveugle, absolu(e).

unravel [ʌn'rævl] *vt* **-1.** [undo - knitting] défaire; [- fabric] effiler; [- threads] démêler. **-2.** *fig* [solve] éclaircir.

unreal [ˌʌn'rɪəl] *adj* [strange] irréel(elle).

unrealistic [ˌʌnrɪə'lɪstɪk] *adj* irréaliste.

unreasonable [ʌn'riːznəbl] *adj* qui n'est pas raisonnable, déraisonnable.

unrelated [ˌʌnrɪ'leɪtɪd] *adj*: **to be ~ (to)** n'avoir aucun rapport (avec).

unrelenting [ˌʌnrɪ'lentɪŋ] *adj* implacable.

unreliable [ˌʌnrɪ'laɪəbl] *adj* [machine, method] peu fiable; [person] sur qui on ne peut pas compter.

unremitting [ˌʌnrɪ'mɪtɪŋ] *adj* inlassable.

unrequited [ˌʌnrɪ'kwaɪtɪd] *adj* non partagé(e).

unreserved [ˌʌnrɪ'zɜːvd] *adj* [support, admiration] sans réserve.

unresolved [ˌʌnrɪ'zɒlvd] *adj* non résolu(e).

unrest [ˌʌn'rest] *n* (U) troubles *mpl*.

unrivalled *Br*, **unrivaled** *Am* [ʌn'raɪvld] *adj* sans égal(e).

unroll [ˌʌn'rəʊl] *vt* dérouler.

unruly [ʌn'ruːlɪ] *adj* [crowd, child] turbulent(e); [hair] indisciplinés.

unsafe [ˌʌn'seɪf] *adj* **-1.** [dangerous] dangereux(euse). **-2.** [in danger]: **to feel ~** ne pas se sentir en sécurité.

unsaid [ˌʌn'sed] *adj*: **to leave sthg ~** passer qqch sous silence.

unsatisfactory ['ʌnˌsætɪs'fæktərɪ] *adj* qui laisse à désirer, peu satisfaisant(e).

unsavoury, **unsavory** *Am* [ˌʌn'seɪvərɪ] *adj* [person] peu recommandable; [district] mal famé(e).

unscathed [ˌʌn'skeɪðd] *adj* indemne.

unscrew [ˌʌn'skruː] *vt* dévisser.

unscrupulous [ʌn'skruːpjʊləs] *adj* sans scrupules.

unseemly [ʌn'siːmlɪ] *adj* inconvenant(e).

unselfish [ˌʌn'selfɪʃ] *adj* désintéressé(e).

unsettled [ˌʌn'setld] adj -1. [person] perturbé(e), troublé(e). -2. [weather] variable, incertain(e). -3. [argument] qui n'a pas été résolu(e); [situation] incertain(e).

unshak(e)able [ʌn'ʃeɪkəbl] adj inébranlable.

unshaven [ˌʌn'ʃeɪvn] adj non rasé(e).

unsightly [ʌn'saɪtlɪ] adj laid(e).

unskilled [ˌʌn'skɪld] adj non qualifié(e).

unsociable [ʌn'səʊʃəbl] adj sauvage.

unsocial [ˌʌn'səʊʃl] adj: **to work ~ hours** travailler en dehors des heures normales.

unsound [ˌʌn'saʊnd] adj -1. [theory] mal fondé(e); [decision] peu judicieux(ieuse). -2. [building, structure] en mauvais état.

unspeakable [ʌn'spiːkəbl] adj indescriptible.

unstable [ˌʌn'steɪbl] adj instable.

unsteady [ˌʌn'stedɪ] adj [hand] tremblant(e); [table, ladder] instable.

unstoppable [ˌʌn'stɒpəbl] adj qu'on ne peut pas arrêter.

unstuck [ˌʌn'stʌk] adj: **to come ~** [notice, stamp, label] se décoller; fig [plan, system] s'effondrer; fig [person] essuyer un échec.

unsuccessful [ˌʌnsək'sesfʊl] adj [attempt] vain(e); [meeting] infructueux(euse); [candidate] refusé(e).

unsuccessfully [ˌʌnsək'sesfʊlɪ] adv en vain, sans succès.

unsuitable [ˌʌn'suːtəbl] adj qui ne convient pas; [clothes] peu approprié(e); **to be ~ for** ne pas convenir à.

unsure [ˌʌn'ʃɔːʳ] adj -1. [not certain]: **to be ~ (about/of)** ne pas être sûr(e) (de). -2. [not confident]: **to be ~ (of o.s.)** ne pas être sûr(e) de soi.

unsuspecting [ˌʌnsə'spektɪŋ] adj qui ne se doute de rien.

unsympathetic ['ʌnˌsɪmpə'θetɪk] adj [unfeeling] indifférent(e).

untangle [ˌʌn'tæŋgl] vt [string, hair] démêler.

untapped [ˌʌn'tæpt] adj inexploité(e).

untenable [ˌʌn'tenəbl] adj indéfendable.

unthinkable [ʌn'θɪŋkəbl] adj impensable.

untidy [ʌn'taɪdɪ] adj [room, desk] en désordre; [work, handwriting] brouillon (inv); [person, appearance] négligé(e).

untie [ˌʌn'taɪ] (cont **untying**) vt [knot, parcel, shoelaces] défaire; [prisoner] détacher.

until [ən'tɪl] ◇ prep -1. [gen] jusqu'à; **~ now** jusqu'ici. -2. (after negative) avant; **not ~ tomorrow** pas avant demain. ◇ conj -1. [gen] jusqu'à ce que (+ subjunctive). -2. (after negative) avant que (+ subjunctive).

untimely [ʌn'taɪmlɪ] adj [death] prématuré(e); [arrival] intempestif(ive); [remark] mal à propos; [moment] mal choisi(e).

untold [ˌʌn'təʊld] adj [amount, wealth] incalculable; [suffering, joy] indescriptible.

untoward [ˌʌntə'wɔːd] adj malencontreux(euse).

untrue [ˌʌn'truː] adj [not accurate] faux (fausse), qui n'est pas vrai(e).

unused [sense 1 ˌʌn'juːzd, sense 2 ʌn'juːst] adj -1. [clothes] neuf (neuve); [machine] qui n'a jamais servi; [land] qui n'est pas exploité. -2. [unaccustomed]: **to be ~ to sthg/to doing sthg** ne pas avoir l'habitude de qqch/de faire qqch.

unusual [ʌn'juːʒl] adj rare, inhabituel(elle).

unusually [ʌn'juːʒlɪ] adv exceptionnellement.

unveil [ˌʌn'veɪl] vt lit & fig dévoiler.

unwanted [ˌʌn'wɒntɪd] adj [object] dont on ne se sert pas; [child] non désiré(e); **to feel ~** se sentir mal-aimé(e).

unwavering [ʌn'weɪvərɪŋ] adj [determination] inébranlable.

unwelcome [ʌn'welkəm] adj [news, situation] fâcheux(euse); [visitor] importun(e).

unwell [ˌʌn'wel] adj: **to be/feel ~** ne pas être/se sentir bien.

unwieldy [ʌn'wiːldɪ] adj -1. [cumbersome] peu maniable. -2. fig [system] lourd(e); [method] trop complexe.

unwilling [ˌʌn'wɪlɪŋ] adj: **to be ~ to do sthg** ne pas vouloir faire qqch.

unwind [ˌʌn'waɪnd] (pt & pp -**wound**) ◇ vt dérouler. ◇ vi fig [person] se détendre.

unwise [ˌʌn'waɪz] adj imprudent(e), peu sage.

unwitting [ʌn'wɪtɪŋ] adj fml involontaire.

unworkable [ʌn'wɜːkəbl] adj impraticable.

unworthy [ʌn'wɜːðɪ] adj [undeserving]: **~ (of)** indigne (de).

unwound [ˌʌn'waʊnd] pt & pp → **unwind**.

unwrap [ˌʌn'ræp] vt défaire.

unwritten law [ˌʌn'rɪtn-] *n* droit *m* coutumier.

up [ʌp] ◇ *adv* -1. [towards or in a higher position] en haut; **she's ~ in her bedroom** elle est en haut dans sa chambre; **we walked ~ to the top** on est montés jusqu'en haut; **prices are going ~** les prix augmentent; **~ there** là-haut. -2. [into an upright position]: **to stand ~** se lever; **to sit ~** s'asseoir (bien droit). -3. [northwards]: **I'm coming ~ to York next week** je viens à York la semaine prochaine; **~ north** dans le nord. -4. [along a road, river]: **their house is a little further ~** leur maison est un peu plus loin. ◇ *prep* -1. [towards or in a higher position] en haut de; **~ a hill/mountain** en haut d'une colline/d'une montagne; **~ a ladder** sur une échelle; **I went ~ the stairs** j'ai monté l'escalier. -2. [at far end of]: **they live ~ the road from us** ils habitent un peu plus haut OR loin que nous (dans la même rue). -3. [against current of river]: **to sail ~ the Amazon** remonter l'Amazone en bateau. ◇ *adj* -1. [out of bed] levé(e); **I was ~ at six today** je me suis levé à six heures aujourd'hui. -2. [at an end]: **time's ~** c'est l'heure. -3. *inf* [wrong]: **is something ~?** il y a quelque chose qui ne va pas?; **what's ~?** qu'est-ce qui ne va pas?, qu'est-ce qu'il y a? ◇ *n*: **~s and downs** hauts et bas *mpl*. ◆ **up and down** ◇ *adv*: **to jump ~ and down** sauter; **to walk ~ and down** faire les cent pas. ◇ *prep*: **we walked ~ and down the avenue** nous avons arpenté l'avenue. ◆ **up to** *prep* -1. [indicating level] jusqu'à; **it could take ~ to six weeks** cela peut prendre jusqu'à six semaines; **it's not ~ to standard** ce n'est pas de la qualité voulue, ceci n'a pas le niveau requis. -2. [well or able enough for]: **to be ~ to doing sthg** [able to] être capable de faire qqch; [well enough for] être en état de faire qqch; **my French isn't ~ to much** mon français ne vaut pas grand-chose OR n'est pas fameux. -3. *inf* [secretly doing something]: **what are you ~ to?** qu'est-ce que tu fabriques?; **they're ~ to something** ils mijotent quelque chose, ils préparent un coup. -4. [indicating responsibility]: **it's not ~ to me to decide** ce n'est pas moi qui décide, il ne m'appartient pas de décider; **it's ~ to you** c'est à vous de voir. ◆ **up to, up**

until *prep* jusqu'à.

up-and-coming *adj* à l'avenir prometteur.

upbringing ['ʌp,brɪŋɪŋ] *n* éducation *f*.

update [ˌʌp'deɪt] *vt* mettre à jour.

upheaval [ʌp'hiːvl] *n* bouleversement *m*.

upheld [ʌp'held] *pt & pp* → **uphold**.

uphill [ˌʌp'hɪl] ◇ *adj* -1. [slope, path] qui monte. -2. *fig* [task] ardu(e). ◇ *adv*: **to go ~** monter.

uphold [ʌp'həʊld] (*pt & pp* **-held**) *vt* [law] maintenir; [decision, system] soutenir.

upholstery [ʌp'həʊlstərɪ] *n* rembourrage *m*; [of car] garniture *f* intérieure.

upkeep ['ʌpkiːp] *n* entretien *m*.

uplifting [ʌp'lɪftɪŋ] *adj* édifiant(e).

up-market *adj* haut de gamme (*inv*).

upon [ə'pɒn] *prep fml* sur; **~ hearing the news ...** à ces nouvelles ...; **summer/the weekend is ~ us** l'été/le week-end approche.

upper ['ʌpər] ◇ *adj* supérieur(e). ◇ *n* [of shoe] empeigne *f*.

upper class *n*: **the ~** la haute société. ◆ **upper-class** *adj* [accent, person] aristocratique.

upper hand *n*: **to have the ~** avoir le dessus; **to gain** OR **get the ~** prendre le dessus.

uppermost ['ʌpəməʊst] *adj* le plus haut (la plus haute); **it was ~ in his mind** c'était sa préoccupation majeure.

upright [*adj sense 1 & adv* ˌʌp'raɪt, *adj sense 2 & n* 'ʌpraɪt] ◇ *adj* -1. [person] droit(e); [structure] vertical(e); [chair] à dossier droit. -2. *fig* [honest] droit(e). ◇ *adv* [stand, sit] droit. ◇ *n* montant *m*.

uprising ['ʌp,raɪzɪŋ] *n* soulèvement *m*.

uproar ['ʌprɔːr] *n* -1. (*U*) [commotion] tumulte *m*. -2. [protest] protestations *fpl*.

uproot [ʌp'ruːt] *vt lit & fig* déraciner.

upset [ʌp'set] (*pt & pp* **upset**) ◇ *adj* -1. [distressed] peiné(e), triste; [offended] vexé(e). -2. MED: **to have an ~ stomach** avoir l'estomac dérangé. ◇ *n*: **to have a stomach ~** avoir l'estomac dérangé. ◇ *vt* -1. [distress] faire de la peine à. -2. [plan, operation] déranger. -3. [overturn] renverser.

upshot ['ʌpʃɒt] *n* résultat *m*.

upside down ['ʌpsaɪd-] ◇ *adj* à l'envers. ◇ *adv* à l'envers; **to turn sthg ~** *fig* mettre qqch sens dessus dessous.

upstairs [ˌʌpˈsteəz] ◇ *adj* d'en haut, du dessus. ◇ *adv* en haut. ◇ *n* étage *m*.

upstart [ˈʌpstɑːt] *n* parvenu *m*, -e *f*.

upstream [ˌʌpˈstriːm] ◇ *adj* d'amont; to be ~ (from) être en amont (de). ◇ *adv* vers l'amont; [swim] contre le courant.

upsurge [ˈʌpsɜːdʒ] *n*: ~ (of/in) recrudescence *f* (de).

uptake [ˈʌpteɪk] *n*: to be quick on the ~ saisir vite; to be slow on the ~ être lent(e) à comprendre.

uptight [ʌpˈtaɪt] *adj inf* tendu(e).

up-to-date *adj* -1. [modern] moderne. -2. [most recent - news] tout dernier (toute dernière). -3. [informed]: to keep ~ with se tenir au courant de.

upturn [ˈʌptɜːn] *n*: ~ (in) reprise *f* (de).

upward [ˈʌpwəd] ◇ *adj* [movement] ascendant(e); [look, rise] vers le haut. ◇ *adv Am* = upwards.

upwards [ˈʌpwədz] *adv* vers le haut.
◆ **upwards of** *prep* plus de.

uranium [juˈreɪnjəm] *n* uranium *m*.

urban [ˈɜːbən] *adj* urbain(e).

urbane [ɜːˈbeɪn] *adj* courtois(e).

urchin [ˈɜːtʃɪn] *n dated* gamin *m*, -e *f*.

Urdu [ˈʊəduː] *n* ourdou *m*.

urge [ɜːdʒ] ◇ *n* forte envie *f*; to have an ~ to do sthg avoir une forte envie de faire qqch. ◇ *vt* -1. [try to persuade]: to ~ sb to do sthg pousser qqn à faire qqch, presser qqn de faire qqch. -2. [advocate] conseiller.

urgency [ˈɜːdʒənsɪ] *n* (*U*) urgence *f*.

urgent [ˈɜːdʒənt] *adj* [letter, case, request] urgent(e); [plea, voice, need] pressant(e).

urinal [ˌjʊəˈraɪnl] *n* urinoir *m*.

urinate [ˈjʊərɪneɪt] *vi* uriner.

urine [ˈjʊərɪn] *n* urine *f*.

urn [ɜːn] *n* -1. [for ashes] urne *f*. -2. [for tea]: tea ~ fontaine *f* à thé.

Uruguay [ˈjʊərəgwaɪ] *n* Uruguay *m*.

us [ʌs] *pers pron* nous; can you see/hear ~? vous nous voyez/entendez?; it's ~ c'est nous; you can't expect US to do it vous ne pouvez pas exiger que ce soit nous qui le fassions; she gave it to ~ elle nous l'a donné; with/without ~ avec/sans nous; they are more wealthy than ~ ils sont plus riches que nous; some of ~ quelques-uns d'entre nous.

US *n abbr of* **United States**.

USA *n abbr of* **United States of America**.

usage [ˈjuːzɪdʒ] *n* -1. LING usage *m*. -2. (*U*) [handling, treatment] traitement *m*.

use [*n & aux vb* juːs, *vt* juːz] ◇ *n* -1. [act of using] utilisation *f*, emploi *m*; to be in ~ être utilisé; to be out of ~ être

hors d'usage; to make ~ of sthg utiliser qqch. -2. [ability to use] usage *m*. -3. [usefulness]: to be of ~ être utile; it's no ~ ça ne sert à rien; what's the ~ (of doing sthg)? à quoi bon (faire qqch)? ◇ *aux vb*: I ~d to live in London avant j'habitais à Londres; he didn't ~ to be so fat il n'était pas si gros avant; there ~d to be a tree here (autrefois) il y avait un arbre ici. ◇ *vt* -1. [gen] utiliser, se servir de, employer. -2. *pej* [exploit] se servir de. ◆ **use up** *vt sep* [supply] épuiser; [food] finir; [money] dépenser.

used [*senses 1 and 2* juːzd, *sense 3* juːst] *adj* -1. [handkerchief, towel] sale. -2. [car] d'occasion. -3. [accustomed]: to be ~ to sthg/to doing sthg avoir l'habitude de qqch/de faire qqch; to get ~ to sthg s'habituer à qqch.

useful [ˈjuːsfʊl] *adj* utile.

useless [ˈjuːslɪs] *adj* -1. [gen] inutile. -2. *inf* [person] incompétent(e), nul (nulle).

user [ˈjuːzər] *n* [of product, machine] utilisateur *m*, -trice *f*; [of service] usager *m*.

user-friendly *adj* convivial(e), facile à utiliser.

usher [ˈʌʃər] ◇ *n* placeur *m*. ◇ *vt*: to ~ sb in/out faire entrer/sortir qqn.

usherette [ˌʌʃəˈret] *n* ouvreuse *f*.

USSR (*abbr of* **Union of Soviet Socialist Republics**) *n*: the (former) ~ l'(ex-)URSS *f*.

usual [ˈjuːʒəl] *adj* habituel(elle); as ~ comme d'habitude.

usually [ˈjuːʒəlɪ] *adv* d'habitude, d'ordinaire.

usurp [juːˈzɜːp] *vt* usurper.

utensil [juːˈtensl] *n* ustensile *m*.

uterus [ˈjuːtərəs] (*pl* -**ri** [-raɪ] OR -**ruses**) *n* utérus *m*.

utility [juːˈtɪlətɪ] *n* -1. (*U*) [usefulness] utilité *f*. -2. [public service] service *m* public. -3. COMPUT utilitaire *m*.

utility room *n* buanderie *f*.

utilize, -ise [ˈjuːtəlaɪz] *vt* utiliser; [resources] exploiter, utiliser.

utmost [ˈʌtməʊst] ◇ *adj* le plus grand (la plus grande). ◇ *n*: to do one's ~ faire tout son possible, faire l'impossible; to the ~ au plus haut point.

utter [ˈʌtər] ◇ *adj* total(e), complet(ète). ◇ *vt* prononcer; [cry] pousser.

utterly [ˈʌtəlɪ] *adv* complètement.

U-turn *n* demi-tour *m*; *fig* revirement *m*.

v¹ (*pl* **v's** OR **vs**), **V** (*pl* **V's** OR **Vs**) [viː] *n* [letter] v *m inv*, V *m inv*.

v² **-1.** (*abbr of* **verse**) v. **-2.** (*abbr of* **vide**) [cross-reference] v. **-3.** *abbr of* **versus**. **-4.** (*abbr of* **volt**) v.

vacancy ['veɪkənsɪ] *n* **-1.** [job] poste *m* vacant. **-2.** [room available] chambre *f* à louer; **"vacancies"** «chambres à louer»; **"no vacancies"** «complet».

vacant ['veɪkənt] *adj* **-1.** [room] inoccupé(e); [chair, toilet] libre. **-2.** [job, post] vacant(e). **-3.** [look, expression] distrait(e).

vacant lot *n* terrain *m* inoccupé; [for sale] terrain *m* à vendre.

vacate [vəˈkeɪt] *vt* quitter.

vacation [vəˈkeɪʃn] *n Am* vacances *fpl*.

vacationer [vəˈkeɪʃənəʳ] *n Am* vacancier *m*, -ière *f*.

vaccinate ['væksɪneɪt] *vt* vacciner.

vaccine [*Br* 'væksiːn, *Am* vækˈsiːn] *n* vaccin *m*.

vacuum ['vækjuəm] ◇ *n* **-1.** TECH & *fig* vide *m*. **-2.** [cleaner] aspirateur *m*. ◇ *vt* [room] passer l'aspirateur dans; [carpet] passer l'aspirateur.

vacuum cleaner *n* aspirateur *m*.

vacuum-packed *adj* emballé(e) sous vide.

vagina [vəˈdʒaɪnə] *n* vagin *m*.

vagrant ['veɪgrənt] *n* vagabond *m*, -e *f*.

vague [veɪg] *adj* **-1.** [gen] vague, imprécis(e). **-2.** [absent-minded] distrait(e).

vaguely ['veɪglɪ] *adv* vaguement.

vain [veɪn] *adj* **-1.** [futile, worthless] vain(e). **-2.** *pej* [conceited] vaniteux(euse). ◆ **in vain** *adv* en vain, vainement.

valentine card ['væləntaɪn-] *n* carte *f* de la Saint-Valentin.

Valentine's Day ['væləntaɪnz-] *n*: **(St)** ~ la Saint-Valentin.

valet ['væleɪ, 'vælɪt] *n* valet *m* de chambre.

valiant ['væljənt] *adj* vaillant(e).

valid ['vælɪd] *adj* **-1.** [reasonable] valable. **-2.** [legally usable] valide.

valley ['vælɪ] (*pl* **valleys**) *n* vallée *f*.

valour *Br*, **valor** *Am* ['væləʳ] *n* (*U*) *fml* & *literary* bravoure *f*.

valuable ['væljuəbl] *adj* **-1.** [advice, time, information] précieux(ieuse). **-2.** [object, jewel] de valeur. ◆ **valuables** *npl* objets *mpl* de valeur.

valuation [ˌvæljuˈeɪʃn] *n* **-1.** (*U*) [pricing] estimation *f*, expertise *f*. **-2.** [estimated price] valeur *f* estimée.

value ['væljuː] ◇ *n* valeur *f*; **to be good** ~ être d'un bon rapport qualité-prix; **to get** ~ **for money** en avoir pour son argent. ◇ *vt* **-1.** [estimate price of] expertiser. **-2.** [cherish] apprécier. ◆ **values** *npl* [morals] valeurs *fpl*.

value-added tax [-ædɪd-] *n* taxe *f* sur la valeur ajoutée.

valued ['væljuːd] *adj* précieux(ieuse).

valve [vælv] *n* [on tyre] valve *f*; TECH soupape *f*.

van [væn] *n* **-1.** AUT camionnette *f*. **-2.** *Br* RAIL fourgon *m*.

vandal ['vændl] *n* vandale *mf*.

vandalism ['vændəlɪzm] *n* vandalisme *m*.

vandalize, -ise ['vændəlaɪz] *vt* saccager.

vanguard ['væŋgɑːd] *n* avant-garde *f*; **in the** ~ **of** à l'avant-garde de.

vanilla [vəˈnɪlə] *n* vanille *f*.

vanish ['vænɪʃ] *vi* disparaître.

vanity ['vænətɪ] *n* (*U*) *pej* vanité *f*.

vantagepoint ['vɑːntɪdʒˌpɔɪnt] *n* [for view] bon endroit *m*; *fig* position *f* avantageuse.

vapour *Br*, **vapor** *Am* ['veɪpəʳ] *n* (*U*) vapeur *f*; [condensation] buée *f*.

variable ['veərɪəbl] *adj* variable; [mood] changeant(e).

variance ['veərɪəns] *n fml*: **at** ~ **(with)** en désaccord (avec).

variation [ˌveərɪˈeɪʃn] *n*: ~ **(in)** variation *f* (de).

varicose veins ['værɪkəʊs-] *npl* varices *fpl*.

varied ['veərɪd] *adj* varié(e).

variety [vəˈraɪətɪ] *n* **-1.** [gen] variété *f*. **-2.** [type] variété *f*, sorte *f*.

variety show *n* spectacle *m* de variétés.

various ['veərɪəs] *adj* **-1.** [several] plusieurs. **-2.** [different] divers.

varnish ['vɑːnɪʃ] ◇ *n* vernis *m*. ◇ *vt* vernir.

vary ['veərɪ] ◇ *vt* varier. ◇ *vi*: **to** ~ **(in/with)** varier (en/selon), changer (en/selon).

vase [*Br* vɑːz, *Am* veɪz] *n* vase *m*.

Vaseline® ['væsəliːn] *n* vaseline® *f*.

vessel

vast [vɑːst] *adj* vaste, immense.

vat [væt] *n* cuve *f*.

VAT [væt, viːeɪˈtiː] (*abbr of* **value added tax**) *n* TVA *f*.

Vatican ['vætɪkən] *n*: **the ~** le Vatican.

vault [vɔːlt] ◇ *n* **-1.** [in bank] chambre *f* forte. **-2.** [roof] voûte *f*. **-3.** [in church] caveau *m*. ◇ *vt* sauter. ◇ *vi*: **to ~ over sthg** sauter (par-dessus) qqch.

VCR (*abbr of* **video cassette recorder**) *n* magnétoscope *m*.

VD *n abbr of* **venereal disease**.

VDU (*abbr of* **visual display unit**) *n* moniteur *m*.

veal [viːl] *n* (*U*) veau *m*.

veer [vɪəʳ] *vi* virer.

vegan ['viːgən] ◇ *adj* végétalien(ienne). ◇ *n* végétalien *m*, -ienne *f*.

vegetable ['vedʒtəbl] ◇ *n* légume *m*. ◇ *adj* [matter, protein] végétal(e); [soup, casserole] de OR aux légumes.

vegetarian [,vedʒɪˈteərɪən] ◇ *adj* végétarien(ienne). ◇ *n* végétarien *m*, -ienne *f*.

vegetation [,vedʒɪˈteɪʃn] *n* (*U*) végétation *f*.

vehement ['viːəmənt] *adj* véhément(e).

vehicle ['viːəkl] *n lit & fig* véhicule *m*.

veil [veɪl] *n lit & fig* voile *m*.

vein [veɪn] *n* **-1.** ANAT veine *f*. **-2.** [of leaf] nervure *f*. **-3.** [of mineral] filon *m*.

velocity [vɪˈlɒsətɪ] *n* vélocité *f*.

velvet ['velvɪt] *n* velours *m*.

vendetta [ven'detə] *n* vendetta *f*.

vending machine ['vendɪŋ-] *n* distributeur *m* automatique.

vendor ['vendɔːʳ] *n* **-1.** *fml* [salesperson] marchand *m*, -e *f*. **-2.** JUR vendeur *m*, -eresse *f*.

veneer [vəˈnɪəʳ] *n* placage *m*; *fig* apparence *f*.

venereal disease [vɪˈnɪərɪəl-] *n* maladie *f* vénérienne.

venetian blind [vɪˌniːʃn-] *n* store *m* vénitien.

Venezuela [,venɪzˈweɪlə] *n* Venezuela *m*.

vengeance ['vendʒəns] *n* vengeance *f*; **it began raining with a ~** il a commencé à pleuvoir très fort.

venison ['venɪzn] *n* venaison *f*.

venom ['venəm] *n lit & fig* venin *m*.

vent [vent] ◇ *n* [pipe] tuyau *m*; [opening] orifice *m*; **to give ~ to** donner libre cours à. ◇ *vt* [anger, feelings] donner libre cours à; **to ~ sthg on sb** décharger qqch sur qqn.

ventilate ['ventɪleɪt] *vt* ventiler.

ventilator ['ventɪleɪtəʳ] *n* ventilateur *m*.

ventriloquist [ven'trɪləkwɪst] *n* ventriloque *mf*.

venture ['ventʃəʳ] ◇ *n* entreprise *f*. ◇ *vt* risquer; **to ~ to do sthg** se permettre de faire qqch. ◇ *vi* s'aventurer.

venue ['venjuː] *n* lieu *m*.

veranda(h) [vəˈrændə] *n* véranda *f*.

verb [vɜːb] *n* verbe *m*.

verbal ['vɜːbl] *adj* verbal(e).

verbatim [vɜːˈbeɪtɪm] *adj & adv* mot pour mot.

verbose [vɜːˈbəʊs] *adj* verbeux(euse).

verdict ['vɜːdɪkt] *n* **-1.** JUR verdict *m*. **-2.** [opinion]: **~ (on)** avis *m* (sur).

verge [vɜːdʒ] *n* **-1.** [of lawn] bordure *f*; [of road] bas-côté *m*, accotement *m*. **-2.** [brink]: **on the ~ of sthg** au bord de qqch; **on the ~ of doing sthg** sur le point de faire qqch. ◆ **verge (up)on** *vt fus* friser, approcher de.

verify ['verɪfaɪ] *vt* vérifier.

veritable ['verɪtəbl] *adj hum or fml* véritable.

vermin ['vɜːmɪn] *npl* vermine *f*.

vermouth ['vɜːməθ] *n* vermouth *m*.

versa ['vɜːsə] → **vice versa**.

versatile ['vɜːsətaɪl] *adj* [person, player] aux talents multiples; [machine, tool, food] souple d'emploi.

verse [vɜːs] *n* **-1.** (*U*) [poetry] vers *mpl*. **-2.** [stanza] strophe *f*. **-3.** [in Bible] verset *m*.

versed [vɜːst] *adj*: **to be well ~ in sthg** être versé(e) dans qqch.

version ['vɜːʃn] *n* version *f*.

versus ['vɜːsəs] *prep* **-1.** SPORT contre. **-2.** [as opposed to] par opposition à.

vertebra ['vɜːtɪbrə] (*pl* **-brae** [-briː]) *n* vertèbre *f*.

vertical ['vɜːtɪkl] *adj* vertical(e).

vertigo ['vɜːtɪgəʊ] *n* (*U*) vertige *m*.

verve [vɜːv] *n* verve *f*.

very ['verɪ] ◇ *adv* **-1.** [as intensifier] très; **~ much** beaucoup. **-2.** [as euphemism]: **not ~** pas très. ◇ *adj*: **the ~ room/book** la pièce/le livre même; **the ~ man/thing I've been looking for** juste l'homme/la chose que je cherchais; **at the ~ least** tout au moins; **~ last/first** tout dernier/premier; **of one's ~ own** bien à soi. ◆ **very well** *adv* très bien; **I can't ~ well tell him ...** je ne peux tout de même pas lui dire que ....

vessel ['vesl] *n fml* **-1.** [boat] vaisseau *m*. **-2.** [container] récipient *m*.

vest [vest] *n* **-1.** *Br* [undershirt] maillot *m* de corps. **-2.** *Am* [waistcoat] gilet *m*.

vested interest ['vestɪd-] *n*: ~ (in) intérêt *m* particulier (à).

vestibule ['vestɪbjuːl] *n fml* [entrance hall] vestibule *m*.

vestige ['vestɪdʒ] *n* vestige *m*.

vestry ['vestrɪ] *n* sacristie *f*.

vet [vet] ◇ *n Br* (*abbr of* **veterinary surgeon**) vétérinaire *mf*. ◇ *vt* [candidates] examiner avec soin.

veteran ['vetrən] ◇ *adj* [experienced] chevronné(e). ◇ *n* **-1.** MIL ancien combattant *m*, vétéran *m*. **-2.** [experienced person] vétéran *m*.

veterinarian [ˌvetərɪ'neərɪən] *n Am* vétérinaire *mf*.

veterinary surgeon ['vetərɪnrɪ-] *n Br fml* vétérinaire *mf*.

veto ['viːtəʊ] (*pl* **-es**, *pt* & *pp* **-ed**, *cont* **-ing**) ◇ *n* veto *m*. ◇ *vt* opposer son veto à.

vex [veks] *vt* contrarier.

vexed question [ˌvekst-] *n* question *f* controversée.

vg (*abbr of* **very good**) tb.

VHF (*abbr of* **very high frequency**) VHF.

VHS (*abbr of* **video home system**) *n* VHS *m*.

via ['vaɪə] *prep* **-1.** [travelling through] via, par. **-2.** [by means of] au moyen de.

viable ['vaɪəbl] *adj* viable.

vibrate [vaɪ'breɪt] *vi* vibrer.

vicar ['vɪkər] *n* [in Church of England] pasteur *m*.

vicarage ['vɪkərɪdʒ] *n* presbytère *m*.

vicarious [vɪ'keərɪəs] *adj*: to take a ~ pleasure in sthg retirer du plaisir indirectement de qqch.

vice [vaɪs] *n* **-1.** [immorality, fault] vice *m*. **-2.** [tool] étau *m*.

vice-chairman *n* vice-président *m*, -e *f*.

vice-chancellor *n* UNIV président *m*, -e *f*.

vice-president *n* vice-président *m*, -e *f*.

vice versa [ˌvaɪsɪ-] *adv* vice versa.

vicinity [vɪ'sɪnətɪ] *n*: in the ~ (of) aux lentours (de), dans les environs (de).

·ious ['vɪʃəs] *adj* violent(e), brutal(e).

ous circle *n* cercle *m* vicieux.

·n ['vɪktɪm] *n* victime *f*.

·ize, -ise ['vɪktɪmaɪz] *vt* faire une ·de.

**·ktər] *n* vainqueur *m*.

victorious [vɪk'tɔːrɪəs] *adj* victorieux(ieuse).

victory ['vɪktərɪ] *n*: ~ (over) victoire *f* (sur).

video ['vɪdɪəʊ] (*pl* **-s**, *pt* & *pp* **-ed**, *cont* **-ing**) ◇ *n* **-1.** [medium, recording] vidéo *f*. **-2.** [machine] magnétoscope *m*. **-3.** [cassette] vidéocassette *f*. ◇ *comp* vidéo (*inv*). ◇ *vt* **-1.** [using videorecorder] magnétoscoper. **-2.** [using camera] faire une vidéo de, filmer.

video camera *n* caméra *f* vidéo.

video cassette *n* vidéocassette *f*.

videoconference [ˌvɪdɪəʊ'kɒnfərəns] *n* visioconférence *f*, vidéoconférence *f*.

video game *n* jeu *m* vidéo.

videorecorder ['vɪdɪəʊrɪˌkɔːdər] *n* magnétoscope *m*.

video shop *n* vidéoclub *m*.

videotape ['vɪdɪəʊteɪp] *n* **-1.** [cassette] vidéocassette *f*. **-2.** (*U*) [ribbon] bande *f* vidéo.

vie [vaɪ] (*pt* & *pp* **vied**, *cont* **vying**) *vi*: to ~ for sthg lutter pour qqch; to ~ with sb (for sthg/to do sthg) rivaliser avec qqn (pour qqch/pour faire qqch).

Vienna [vɪ'enə] *n* Vienne.

Vietnam [*Br* ˌvjet'næm, *Am* ˌvjet'nɑːm] *n* Viêt-nam *m*.

Vietnamese [ˌvjetnə'miːz] ◇ *adj* vietnamien(ienne). ◇ *n* [language] vietnamien *m*. ◇ *npl*: the ~ les Vietnamiens *mpl*.

view [vjuː] ◇ *n* **-1.** [opinion] opinion *f*, avis *m*; in my ~ à mon avis. **-2.** [scene, ability to see] vue *f*; to come into ~ apparaître. ◇ *vt* **-1.** [consider] considérer. **-2.** [examine - gen] examiner; [- house] visiter. ◆ **in view of** *prep* vu, étant donné. ◆ **with a view to** *conj* dans l'intention de, avec l'idée de.

viewer ['vjuːər] *n* **-1.** TV téléspectateur *m*, -trice *f*. **-2.** [for slides] visionneuse *f*.

viewfinder ['vjuːˌfaɪndər] *n* viseur *m*.

viewpoint ['vjuːpɔɪnt] *n* point *m* de vue.

vigil ['vɪdʒɪl] *n* veille *f*; RELIG vigile *f*.

vigilante [ˌvɪdʒɪ'læntɪ] *n* membre *m* d'un groupe d'autodéfense.

vigorous ['vɪgərəs] *adj* vigoureux(euse).

vile [vaɪl] *adj* [mood] massacrant(e), exécrable; [person, act] vil(e), ignoble; [food] infect(e), exécrable.

villa ['vɪlə] *n* villa *f*; [bungalow] pavillon *m*.

village ['vɪlɪdʒ] *n* village *m*.

villager ['vɪlɪdʒər] *n* villageois *m*, -e *f*.

villain ['vɪlən] *n* **-1.** [of film, book] méchant *m*, -e *f*; [of play] traître *m*. **-2.** [criminal] bandit *m*.

vindicate ['vɪndɪkeɪt] *vt* justifier.

vindictive [vɪn'dɪktɪv] *adj* vindicatif(ive).

vine [vaɪn] *n* vigne *f*.

vinegar ['vɪnɪgər] *n* vinaigre *m*.

vineyard ['vɪnjəd] *n* vignoble *m*.

vintage ['vɪntɪdʒ] ◇ *adj* **-1.** [wine] de grand cru. **-2.** [classic] typique. ◇ *n* année *f*, millésime *m*.

vintage wine *n* vin *m* de grand cru.

vinyl ['vaɪnɪl] *n* vinyle *m*.

viola [vɪ'əʊlə] *n* alto *m*.

violate ['vaɪəleɪt] *vt* violer.

violence ['vaɪələns] *n* violence *f*.

violent ['vaɪələnt] *adj* [gen] violent(e).

violet ['vaɪələt] ◇ *adj* violet(ette). ◇ *n* **-1.** [flower] violette *f*. **-2.** [colour] violet *m*.

violin [ˌvaɪə'lɪn] *n* violon *m*.

violinist [ˌvaɪə'lɪnɪst] *n* violoniste *mf*.

VIP (*abbr of* **very important person**) *n* VIP *mf*.

viper ['vaɪpər] *n* vipère *f*.

virgin ['vɜːdʒɪn] ◇ *adj literary* [land, forest, soil] vierge. ◇ *n* [woman] vierge *f*; [man] garçon *m*/homme *m* vierge.

Virgo ['vɜːgəʊ] (*pl* **-s**) *n* Vierge *f*.

virile ['vɪraɪl] *adj* viril(e).

virtually ['vɜːtʃʊəlɪ] *adv* virtuellement, pratiquement.

virtual reality *n* réalité *f* virtuelle.

virtue ['vɜːtjuː] *n* **-1.** [good quality] vertu *f*. **-2.** [benefit]: ~ **(in doing sthg)** mérite *m* (à faire qqch). ◆ **by virtue of** *prep fml* en vertu de.

virtuous ['vɜːtʃʊəs] *adj* vertueux(euse).

virus ['vaɪrəs] *n* COMPUT & MED virus *m*.

visa ['viːzə] *n* visa *m*.

vis-à-vis [ˌviːzɑː'viː] *prep fml* par rapport à.

viscose ['vɪskəʊs] *n* viscose *f*.

visibility [ˌvɪzɪ'bɪlətɪ] *n* visibilité *f*.

visible ['vɪzəbl] *adj* visible.

vision ['vɪʒn] *n* **-1.** (U) [ability to see] vue *f*. **-2.** [foresight, dream] vision *f*.

visit ['vɪzɪt] ◇ *n* visite *f*; **on a** ~ en visite. ◇ *vt* [person] rendre visite à; [place] visiter.

visiting hours ['vɪzɪtɪŋ-] *npl* heures *fpl* de visite.

visitor ['vɪzɪtər] *n* [to person] invité *m*, -e *f*; [to place] visiteur *m*, -euse *f*; [to hotel] client *m*, -e *f*.

visitors' book *n* livre *m* d'or; [in hotel] registre *m*.

visitor's passport *n Br* passeport *m* temporaire.

visor ['vaɪzər] *n* visière *f*.

vista ['vɪstə] *n* [view] vue *f*.

visual ['vɪʒʊəl] *adj* visuel(elle).

visual aids *npl* supports *mpl* visuels.

visual display unit *n* écran *m* de visualisation.

visualize, -ise ['vɪʒʊəlaɪz] *vt* se représenter, s'imaginer.

vital ['vaɪtl] *adj* **-1.** [essential] essentiel(ielle). **-2.** [full of life] plein(e) d'entrain.

vitally ['vaɪtəlɪ] *adv* absolument.

vital statistics *npl inf* [of woman] mensurations *fpl*.

vitamin [*Br* 'vɪtəmɪn, *Am* 'vaɪtəmɪn] *n* vitamine *f*.

vivacious [vɪ'veɪʃəs] *adj* enjoué(e).

vivid ['vɪvɪd] *adj* **-1.** [bright] vif (vive). **-2.** [clear - description] vivant(e); [- memory] net (nette), précis(e).

vividly ['vɪvɪdlɪ] *adv* [describe] d'une manière vivante; [remember] clairement.

vixen ['vɪksn] *n* [fox] renarde *f*.

VLF (*abbr of* **very low frequency**) *n très basse fréquence.

V-neck *n* [neck] décolleté *m* en V; [sweater] pull *m* à décolleté en V.

vocabulary [və'kæbjʊlərɪ] *n* vocabulaire *m*.

vocal ['vəʊkl] *adj* **-1.** [outspoken] qui se fait entendre. **-2.** [of the voice] vocal(e).

vocal cords *npl* cordes *fpl* vocales.

vocation [vəʊ'keɪʃn] *n* vocation *f*.

vocational [vəʊ'keɪʃənl] *adj* professionnel(elle).

vociferous [və'sɪfərəs] *adj* bruyant(e).

vodka ['vɒdkə] *n* vodka *f*.

vogue [vəʊg] *n* vogue *f*, mode *f*; **in** ~ en vogue, à la mode.

voice [vɔɪs] ◇ *n* [gen] voix *f*. ◇ *vt* [opinion, emotion] exprimer.

voice mail *n* [system] messagerie *f* vocale; [device] boîte *f* vocale.

void [vɔɪd] ◇ *adj* **-1.** [invalid] nul (nulle); → **null**. **-2.** *fml* [empty]: ~ **of** dépourvu(e) de, dénué(e) de. ◇ *n* vide *m*.

volatile [*Br* 'vɒlətaɪl, *Am* 'vɒlətl] *adj* [situation] explosif(ive); [person] lunatique, versatile; [market] instable.

volcano [vɒl'keɪnəʊ] (*pl* **-es** OR **-s**) *n* volcan *m*.

volition [və'lɪʃn] *n fml*: **of one's own** ~ de son propre gré.

volley ['vɒlɪ] (*pl* **volleys**) ◇ *n* **-1.** [of gunfire] salve *f*. **-2.** *fig* [of questions, curses] torrent *m*; [of blows] volée *f*, pluie *f*. **-3.** SPORT volée *f*. ◇ *vt* frapper à la volée, reprendre de volée.

volleyball ['vɒlɪbɔːl] *n* volley-ball *m*.

volt [vəʊlt] *n* volt *m*.

voltage ['vəʊltɪdʒ] *n* voltage *m*, tension *f*.

voluble ['vɒljʊbl] *adj* volubile, loquace.

volume ['vɒljuːm] *n* **-1.** [gen] volume *m*. **-2.** [of work, letters] quantité *f*; [of traffic] densité *f*.

voluntarily [*Br* 'vɒləntrɪli, *Am* ˌvɒlən-'terəlɪ] *adv* volontairement.

voluntary ['vɒləntrɪ] *adj* **-1.** [not obligatory] volontaire. **-2.** [unpaid] bénévole.

volunteer [ˌvɒlən'tɪər] ◇ *n* **-1.** [gen & MIL] volontaire *mf*. **-2.** [unpaid worker] bénévole *mf*. ◇ *vt* **-1.** [offer]: **to ~ to do sthg** se proposer OR se porter volontaire pour faire qqch. **-2.** [information, advice] donner spontanément. ◇ *vi* **-1.** [offer one's services]: **to ~ (for)** se porter volontaire (pour), proposer ses services (pour). **-2.** MIL s'engager comme volontaire.

vomit ['vɒmɪt] ◇ *n* vomi *m*. ◇ *vi* vomir.

vote [vəʊt] ◇ *n* **-1.** [individual decision]: **~ (for/against)** vote *m* (pour/contre), voix *f* (pour/contre). **-2.** [ballot] vote *m*. **-3.** [right to vote] droit *m* de vote. ◇ *vt* **-1.** [declare] élire. **-2.** [choose]: **to ~ to do sthg** voter OR se prononcer pour faire; **they ~d to return to work** ils ont voté le retour au travail. ◇ *vi*: **to ~ (for/against)** voter (pour/contre).

vote of thanks (*pl* **votes of thanks**) *n* discours *m* de remerciement.

voter ['vəʊtər] *n* électeur *m*, -trice *f*.

voting ['vəʊtɪŋ] *n* scrutin *m*.

vouch [vaʊtʃ] ◆ **vouch for** *vt fus* répondre de, se porter garant de.

voucher ['vaʊtʃər] *n* bon *m*, coupon *m*.

vow [vaʊ] ◇ *n* vœu *m*, serment *m*. ◇ *vt*: **to ~ to do sthg** jurer de faire qqch; **to ~ (that)** ... jurer que ....

vowel ['vaʊəl] *n* voyelle *f*.

voyage ['vɔɪɪdʒ] *n* voyage *m* en mer; [in space] vol *m*.

vs *abbr of* **versus**.

VSO (*abbr of* **Voluntary Service Overseas**) *n* organisation britannique envoyant des travailleurs bénévoles dans des pays en voie de développement pour contribuer à leur développement technique.

vulgar ['vʌlgər] *adj* **-1.** [in bad taste] vulgaire. **-2.** [offensive] grossier(ière).

vulnerable ['vʌlnərəbl] *adj* vulnérable; **~ to** [attack] exposé(e) à; [colds] sensible à.

vulture ['vʌltʃər] *n lit* & *fig* vautour *m*.

w (*pl* **w's** OR **ws**), **W** (*pl* **W's** OR **Ws**) ['dʌblju:] *n* [letter] w *m inv*, W *m inv*. ◆ **W -1.** (*abbr of* **west**) O, W. **-2.** (*abbr of* **watt**) w.

wad [wɒd] *n* **-1.** [of cotton wool, paper] tampon *m*. **-2.** [of banknotes, documents] liasse *f*. **-3.** [of tobacco] chique *f*; [of chewing-gum] boulette *f*.

waddle ['wɒdl] *vi* se dandiner.

wade [weɪd] *vi* patauger. ◆ **wade through** *vt fus fig* se taper.

wading pool ['weɪdɪŋ-] *n Am* pataugeoire *f*.

wafer ['weɪfər] *n* [thin biscuit] gaufrette *f*.

waffle ['wɒfl] ◇ *n* **-1.** CULIN gaufre *f*. **-2.** *Br inf* [vague talk] verbiage *m*. ◇ *vi* parler pour ne rien dire.

waft [wɑːft, wɒft] *vi* flotter.

wag [wæg] ◇ *vt* remuer, agiter. ◇ *vi* [tail] remuer.

wage [weɪdʒ] ◇ *n* salaire *m*, paie *f*, paye *f*. ◇ *vt*: **to ~ war against** faire la guerre à. ◆ **wages** *npl* salaire *m*.

wage earner [-ˌɜːnər] *n* salarié *m*, -e *f*.

wage packet *n Br* **-1.** [envelope] enveloppe *f* de paye. **-2.** *fig* [pay] paie *f*, paye *f*.

wager ['weɪdʒər] *n* pari *m*.

waggle ['wægl] *inf vt* agiter, remuer; [ears] remuer.

waggon ['wægən] *Br* = **wagon**.

wagon ['wægən] *n* **-1.** [horse-drawn] chariot *m*, charrette *f*. **-2.** *Br* RAIL wagon *m*.

wail [weɪl] ◇ *n* gémissement *m*. ◇ *vi* gémir.

waist [weɪst] *n* taille *f*.

waistcoat ['weɪskəʊt] *n* gilet *m*.

waistline ['weɪstlaɪn] *n* taille *f*.

wait [weɪt] ◇ *n* attente *f*. ◇ *vi* attendre; **I can't ~ to do sthg** je brûle d'impatience de faire qqch; **~ and see!** tu vas bien voir! ◆ **wait for** *vt* attendre; **to ~ for sb to do sthg** attendre que qqn fasse qqch. ◆ **wait on** *vt fus* [serve food to] servir. ◆ **wait up** *vi* veiller, ne pas se coucher.

waiter ['weɪtəʳ] n garçon m, serveur m.

waiting list ['weɪtɪŋ-] n liste f d'attente.

waiting room ['weɪtɪŋ-] n salle f d'attente.

waitress ['weɪtrɪs] n serveuse f.

waive [weɪv] vt [fee] renoncer à; [rule] prévoir une dérogation à.

wake [weɪk] (pt **woke** OR **-d**, pp **woken** OR **-d**) ◇ n [of ship] sillage m. ◇ vt réveiller. ◇ vi se réveiller. ◆ **wake up** ◇ vt sep réveiller. ◇ vi [wake] se réveiller.

waken ['weɪkən] fml ◇ vt réveiller. ◇ vi se réveiller.

Wales [weɪlz] n pays m de Galles.

walk [wɔːk] ◇ n **-1.** [way of walking] démarche f, façon f de marcher. **-2.** [journey - for pleasure] promenade f; [- long distance] marche f; **it's a long ~** c'est loin à pied; **to go for a ~** aller se promener, aller faire une promenade. ◇ vt **-1.** [accompany - person] accompagner; [- dog] promener. **-2.** [distance] faire à pied. ◇ vi **-1.** [gen] marcher. **-2.** [for pleasure] se promener. ◆ **walk out** vi **-1.** [leave suddenly] partir. **-2.** [go on strike] se mettre en grève, faire grève. ◆ **walk out on** vt fus quitter.

walker ['wɔːkəʳ] n [for pleasure] promeneur m, -euse f; [long-distance] marcheur m, -euse f.

walkie-talkie [,wɔːkɪˈtɔːkɪ] n talkie-walkie m.

walking ['wɔːkɪŋ] n (U) marche f à pied, promenade f.

walking shoes npl chaussures fpl de marche.

walking stick n canne f.

Walkman® ['wɔːkmən] n baladeur m, Walkman® m.

walk of life (pl **walks of life**) n milieu m.

walkout ['wɔːkaut] n [strike] grève f, débrayage m.

walkover ['wɔːk,əuvəʳ] n victoire f facile.

walkway ['wɔːkweɪ] n passage m; [between buildings] passerelle f.

wall [wɔːl] n **-1.** [of room, building] mur m; [of rock, cave] paroi f. **-2.** ANAT paroi f.

wallchart ['wɔːltʃɑːt] n planche f murale.

walled [wɔːld] adj fortifié(e).

wallet ['wɒlɪt] n portefeuille m.

wallflower ['wɔːl,flauəʳ] n **-1.** [plant] giroflée f. **-2.** inf fig [person]: **to be a ~** faire tapisserie.

wallop ['wɒləp] inf vt [person] flanquer un coup à; [ball] taper fort dans.

wallow ['wɒləu] vi [in liquid] se vautrer.

wallpaper ['wɔːl,peɪpəʳ] ◇ n papier m peint. ◇ vt tapisser.

Wall Street n Wall Street m (quartier financier de New York).

wally ['wɒlɪ] n Br inf idiot m, -e f, andouille f.

walnut ['wɔːlnʌt] n **-1.** [nut] noix f. **-2.** [tree, wood] noyer m.

walrus ['wɔːlrəs] (pl inv OR **-es**) n morse m.

waltz [wɔːls] ◇ n valse f. ◇ vi [dance] valser, danser la valse.

wan [wɒn] adj pâle, blême.

wand [wɒnd] n baguette f.

wander ['wɒndəʳ] vi **-1.** [person] errer. **-2.** [mind] divaguer; [thoughts] vagabonder.

wane [weɪn] vi **-1.** [influence, interest] diminuer, faiblir. **-2.** [moon] décroître.

wangle ['wæŋgl] vt inf se débrouiller pour obtenir.

want [wɒnt] ◇ n **-1.** [need] besoin m. **-2.** [lack] manque m; **for ~ of** faute de, par manque de. **-3.** [deprivation] pauvreté f, besoin m. ◇ vt **-1.** [desire] vouloir; **to ~ to do sthg** vouloir faire qqch; **to ~ sb to do sthg** vouloir que qqn fasse qqch. **-2.** inf [need] avoir besoin de.

wanted ['wɒntɪd] adj: **to be ~ (by the police)** être recherché(e) (par la police).

wanton ['wɒntən] adj [destruction, neglect] gratuit(e).

war [wɔːʳ] n guerre f.

ward [wɔːd] n **-1.** [in hospital] salle f. **-2.** Br POL circonscription f électorale. **-3.** JUR pupille mf. ◆ **ward off** vt fus [danger] écarter; [disease, blow] éviter; [evil spirits] éloigner.

warden ['wɔːdn] n **-1.** [of park etc] gardien m, -ienne f. **-2.** Br [of youth hostel, hall of residence] directeur m, -trice f. **-3.** Am [of prison] directeur m, -trice f.

warder ['wɔːdəʳ] n [in prison] gardien m, -ienne f.

wardrobe ['wɔːdrəub] n garde-robe f.

warehouse ['weəhaus, pl -hauzɪz] n entrepôt m, magasin m.

wares [weəz] npl marchandises fpl.

warfare ['wɔːfeəʳ] n (U) guerre f.

warhead ['wɔːhed] n ogive f, tête f.

warily ['weərəlɪ] adv avec précaution OR circonspection.

warm [wɔːm] ◇ *adj* **-1.** [gen] chaud(e); it's ~ **today** il fait chaud aujourd'hui. **-2.** [friendly] chaleureux(euse). ◇ *vt* chauffer. ◆ **warm to** *vt fus* [person] se prendre de sympathie pour; [idea, place] se mettre à aimer. ◆ **warm up** ◇ *vt sep* **-1.** [person, room] se réchauffer. **-2.** [machine, engine] chauffer. **-3.** SPORT s'échauffer.

warm-hearted [-'hɑːtɪd] *adj* chaleureux(euse), affectueux(euse).

warmly ['wɔːmlɪ] *adv* **-1.** [in warm clothes]: **to dress** ~ s'habiller chaudement. **-2.** [in a friendly way] chaleureusement.

warmth [wɔːmθ] *n* chaleur *f*.

warn [wɔːn] *vt* avertir, prévenir; **to** ~ **sb of sthg** avertir qqn de qqch; **to** ~ **sb not to do sthg** conseiller à qqn de ne pas faire qqch, déconseiller à qqn de faire qqch.

warning ['wɔːnɪŋ] *n* avertissement *m*.

warning light *n* voyant *m*, avertisseur *m* lumineux.

warning triangle *n Br* triangle *m* de signalisation.

warp [wɔːp] ◇ *vt* **-1.** [wood] gauchir, voiler. **-2.** [personality] fausser, pervertir. ◇ *vi* [wood] gauchir, se voiler.

warrant ['wɒrənt] ◇ *n* JUR mandat *m*. ◇ *vt* **-1.** [justify] justifier. **-2.** [guarantee] garantir.

warranty ['wɒrəntɪ] *n* garantie *f*.

warren ['wɒrən] *n* terrier *m*.

warrior ['wɒrɪə'] *n* guerrier *m*, -ière *f*.

Warsaw ['wɔːsɔː] *n* Varsovie; **the** ~ **Pact** le pacte de Varsovie.

warship ['wɔːʃɪp] *n* navire *m* de guerre.

wart [wɔːt] *n* verrue *f*.

wartime ['wɔːtaɪm] *n*: **in** ~ en temps de guerre.

wary ['weərɪ] *adj* prudent(e), circonspect(e); **to be** ~ **of** se méfier de; **to be** ~ **of doing sthg** hésiter à faire qqch.

was [weak form wəz, strong form wɒz] *pt* → **be**.

wash [wɒʃ] ◇ *n* **-1.** [act] lavage *m*; **to have a** ~ se laver; **to give sthg a** ~ laver qqch. **-2.** [clothes] lessive *f*. **-3.** [from boat] remous *m*. ◇ *vt* [clean] laver; **to** ~ **one's hands** se laver les mains. ◇ *vi* se laver. ◆ **wash away** *vt sep* emporter. ◆ **wash up** ◇ *vt sep Br* [dishes]: **to** ~ **the dishes** faire OR laver la vaisselle. ◇ *vi* **-1.** *Br* [wash dishes] faire OR laver la vaisselle. **-2.** *Am* [wash oneself] se laver.

washable ['wɒʃəbl] *adj* lavable.

washbasin *Br* ['wɒʃˌbeɪsn], **washbowl** *Am* ['wɒʃbəʊl] *n* lavabo *m*.

washcloth ['wɒʃˌklɒθ] *n Am* gant *m* de toilette.

washer ['wɒʃə'] *n* **-1.** TECH rondelle *f*. **-2.** [washing machine] machine *f* à laver.

washing ['wɒʃɪŋ] *n* (*U*) **-1.** [action] lessive *f*. **-2.** [clothes] linge *m*, lessive *f*.

washing line *n* corde *f* à linge.

washing machine *n* machine *f* à laver.

washing powder *n Br* lessive *f*, détergent *m*.

Washington ['wɒʃɪŋtən] *n* [city]: ~ **D.C.** Washington.

washing-up *n Br* vaisselle *f*.

washing-up liquid *n Br* liquide *m* pour la vaisselle.

washout ['wɒʃaʊt] *n inf* fiasco *m*.

washroom ['wɒʃrʊm] *n Am* toilettes *fpl*.

wasn't [wɒznt] = **was not**.

wasp [wɒsp] *n* guêpe *f*.

wastage ['weɪstɪdʒ] *n* gaspillage *m*.

waste [weɪst] ◇ *adj* [material] de rebut; [fuel] perdu(e); [area of land] en friche. ◇ *n* **-1.** [misuse] gaspillage *m*; **it's a** ~ **of money** [extravagance] c'est du gaspillage; [bad investment] c'est de l'argent perdu; **a** ~ **of time** une perte de temps. **-2.** (*U*) [refuse] déchets *mpl*, ordures *fpl*. ◇ *vt* [money, food, energy] gaspiller; [time, opportunity] perdre. ◆ **wastes** *npl literary* étendues *fpl* désertes.

wastebasket *Am* = **wastepaper basket**.

waste disposal unit *n* broyeur *m* d'ordures.

wasteful ['weɪstful] *adj* [person] gaspilleur(euse); [activity] peu économique.

waste ground *n* (*U*) terrain *m* vague.

wastepaper basket [ˌweɪst'peɪpə'-], **wastepaper bin** [ˌweɪst'peɪpə'-], **wastebasket** *Am* ['weɪstˌbɑːskɪt] *n* corbeille *f* à papier.

watch [wɒtʃ] ◇ *n* **-1.** [timepiece] montre *f*. **-2.** [act of watching]: **to keep** ~ faire le guet, monter la garde; **to keep** ~ **on sb/sthg** surveiller qqn/qqch. **-3.** [guard] garde *f*; NAUT [shift] quart *m*. ◇ *vt* **-1.** [look at] regarder. **-2.** [spy on, guard] surveiller. **-3.** [be careful about] faire attention à. ◇ *vi* regarder. ◆ **watch out** *vi* faire attention, prendre garde.

watchdog ['wɒtʃdɒg] *n* **-1.** [dog] chien *m* de garde. **-2.** *fig* [organization] organisation *f* de contrôle.

watchful ['wɒtʃful] *adj* vigilant(e).

watchmaker ['wɒtʃ,meɪkə'] n horloger m.

watchman ['wɒtʃmən] (pl **-men** [-mən]) n gardien m.

water ['wɔːtə'] ◇ n [liquid] eau f. ◇ vt arroser. ◇ vi **-1.** [eyes] pleurer, larmoyer. **-2.** [mouth]: **my mouth was ~ing** j'en avais l'eau à la bouche. ◆ **waters** npl [sea] eaux fpl. ◆ **water down** vt sep **-1.** [dilute] diluer; [alcohol] couper d'eau. **-2.** usu pej [plan, demand] atténuer, modérer; [play, novel] édulcorer.

water bottle n gourde f, bidon m (à eau).

water closet n dated toilettes fpl, waters mpl.

watercolour ['wɔːtə,kʌlə'] n **-1.** [picture] aquarelle f. **-2.** [paint] peinture f à l'eau, couleur f pour aquarelle.

watercress ['wɔːtəkres] n cresson m.

waterfall ['wɔːtəfɔːl] n chute f d'eau, cascade f.

water heater n chauffe-eau m inv.

waterhole ['wɔːtəhəʊl] n mare f, point m d'eau.

watering can ['wɔːtərɪŋ-] n arrosoir m.

water level n niveau m de l'eau.

water lily n nénuphar m.

waterline ['wɔːtəlaɪn] n NAUT ligne f de flottaison.

waterlogged ['wɔːtəlɒgd] adj **-1.** [land] détrempé(e). **-2.** [vessel] plein(e) d'eau.

water main n conduite f principale d'eau.

watermark ['wɔːtəmɑːk] n **-1.** [in paper] filigrane m. **-2.** [showing water level] laisse f.

watermelon ['wɔːtə,melən] n pastèque f.

water polo n water-polo m.

waterproof ['wɔːtəpruːf] ◇ adj imperméable. ◇ n imperméable m.

watershed ['wɔːtəʃed] n fig [turning point] tournant m, moment m critique.

water skiing n ski m nautique.

water tank n réservoir m d'eau, citerne f.

watertight ['wɔːtətaɪt] adj **-1.** [waterproof] étanche. **-2.** fig [excuse, contract] parfait(e); [argument] irréfutable; [plan] infaillible.

waterway ['wɔːtəweɪ] n voie f navigable.

waterworks ['wɔːtəwɜːks] (pl inv) n [building] installation f hydraulique, usine f de distribution d'eau.

watery ['wɔːtərɪ] adj **-1.** [food, drink] trop dilué(e); [tea, coffee] pas assez fort(e). **-2.** [pale] pâle.

watt [wɒt] n watt m.

wave [weɪv] ◇ n **-1.** [of hand] geste m, signe m. **-2.** [of water, emotion, nausea] vague f. **-3.** [of light, sound] onde f; [of heat] bouffée f. **-4.** [in hair] cran m, ondulation f. ◇ vt [arm, handkerchief] agiter; [flag, stick] brandir. ◇ vi **-1.** [with hand] faire signe de la main; **to ~ at** OR **to sb** faire signe à qqn, saluer qqn de la main. **-2.** [flags, trees] flotter.

wavelength ['weɪvleŋθ] n longueur f d'ondes; **to be on the same ~** fig être sur la même longueur d'ondes.

waver ['weɪvə'] vi **-1.** [falter] vaciller, chanceler. **-2.** [hesitate] hésiter, vaciller. **-3.** [fluctuate] fluctuer, varier.

wavy ['weɪvɪ] adj [hair] ondulé(e); [line] onduleux(euse).

wax [wæks] ◇ n (U) **-1.** [in candles, polish] cire f; [for skis] fart m. **-2.** [in ears] cérumen m. ◇ vt cirer; [skis] farter. ◇ vi [moon] croître.

wax paper n Am papier m sulfurisé.

waxworks ['wækswɜːks] (pl inv) n [museum] musée m de cire.

way [weɪ] ◇ n **-1.** [means, method] façon f; **to get** OR **have one's ~** obtenir ce qu'on veut. **-2.** [manner, style] façon f, manière f; **in the same ~** de la même manière OR façon; **this/that ~** comme ˙ça, de cette façon; **in a ~** d'une certaine manière, en quelque sorte. **-3.** [route, path] chemin m; ~ **in** entrée f; ~ **out** sortie f; **to be out of one's ~** [place] ne pas être sur sa route; **on the** OR **one's ~** sur le OR son chemin; **to be under ~** [ship] faire route; fig [meeting] être en cours; **to get under ~** [ship] se mettre en route; fig [meeting] démarrer; **"give ~"** Br AUT «vous n'avez pas la priorité»; **to be in the ~** gêner; **to go out of one's ~ to do sthg** se donner du mal pour faire qqch; **to keep out of sb's ~** éviter qqn; **keep out of the ~!** restez à l'écart!; **to make ~ for** faire place à. **-4.** [direction]: **to go/look/come this ~** aller/regarder/venir par ici; **the right/wrong ~ round** [in sequence] dans le bon/mauvais ordre; **she had her hat on the wrong ~ round** elle avait mis son chapeau à l'envers; **the right/wrong ~ up** dans le bon/mauvais sens. **-5.** [distance]: **all the ~** tout le trajet; fig [support etc] jusqu'au bout; **a long ~** loin. **-6.** phr: **to**

give ~ [under weight, pressure] céder; **no
~! pas question!** ◇ *adv inf* [a lot] largement; ~ **better** bien mieux. ◆ **ways** *npl*
[customs, habits] coutumes *fpl*. ◆ **by
the way** *adv* au fait.

waylay [ˌweɪˈleɪ] (*pt* & *pp* **-laid** [-ˈleɪd]) *vt*
arrêter (au passage).

wayward [ˈweɪwəd] *adj* qui n'en fait
qu'à sa tête; [behaviour] capri-
cieux(ieuse).

WC (*abbr of* **water closet**) *n* W.-C. *mpl*.

we [wiː] *pers pron* nous; **WE can't do it**
nous, nous ne pouvons pas le faire; **as ~
say in France** comme on dit en France;
~ **British** nous autres Britanniques.

weak [wiːk] *adj* -1. [gen] faible. -2. [deli-
cate] fragile. -3. [unconvincing] peu
convaincant(e). -4. [drink] léger(ère).

weaken [ˈwiːkn] ◇ *vt* -1. [undermine]
affaiblir. -2. [reduce] diminuer. -3. [physi-
cally - person] affaiblir; [- structure] fragiliser. ◇ *vi* faiblir.

weakling [ˈwiːklɪŋ] *n pej* mauviette *f*.

weakness [ˈwiːknɪs] *n* -1. (U) [physical -
of person] faiblesse *f*; [- of structure]
fragilité *f*. -2. [imperfect point] point *m*
faible, faiblesse *f*.

wealth [welθ] *n* -1. (U) [riches] richesse *f*.
-2. [abundance]: **a ~ of** une profusion de.

wealthy [ˈwelθɪ] *adj* riche.

wean [wiːn] *vt* [baby, lamb] sevrer.

weapon [ˈwepən] *n* arme *f*.

weaponry [ˈwepənrɪ] *n* (U) armement *m*.

wear [weəʳ] (*pt* **wore**, *pp* **worn**) ◇ *n* (U)
-1. [type of clothes] tenue *f*. -2. [damage]
usure *f*; ~ **and tear** usure. -3. [use]: **these
shoes have had a lot of** ~ ces chaussures ont fait beaucoup d'usage. ◇ *vt* -1.
[clothes, hair] porter. -2. [damage] user.
◇ *vi* -1. [deteriorate] s'user. -2. [last]: **to
~ well** durer longtemps, faire de
l'usage; **to ~ badly** ne pas durer
longtemps. ◆ **wear away** ◇ *vt sep*
[rock, wood] user; [grass] abîmer. ◇ *vi*
[rock, wood] s'user; [grass] s'abîmer.
◆ **wear down** *vt sep* -1. [material] user.
-2. [person, resistance] épuiser. ◆ **wear
off** *vi* disparaître. ◆ **wear out** ◇ *vt sep*
-1. [shoes, clothes] user. -2. [person]
épuiser. ◇ *vi* s'user.

weary [ˈwɪərɪ] *adj* -1. [exhausted] las
(lasse); [sigh] de lassitude. -2. [fed up]: **to
be ~ of sthg/of doing sthg** être las de
qqch/de faire qqch.

weasel [ˈwiːzl] *n* belette *f*.

weather [ˈweðəʳ] ◇ *n* temps *m*; **to be**

under the ~ être patraque. ◇ *vt* [crisis,
problem] surmonter.

weather-beaten [-ˌbiːtn] *adj* [face, skin]
tanné(e).

weathercock [ˈweðəkɒk] *n* girouette *f*.

weather forecast *n* météo *f*, prévisions
fpl météorologiques.

weatherman [ˈweðəmæn] (*pl* **-men**
[-men]) *n* météorologue *m*.

weather vane [-veɪn] *n* girouette *f*.

weave [wiːv] (*pt* **wove**, *pp* **woven**) ◇ *vt*
[using loom] tisser. ◇ *vi* [move] se faufiler.

weaver [ˈwiːvəʳ] *n* tisserand *m*, -e *f*.

web [web] *n* -1. [cobweb] toile *f*
(d'araignée). -2. *fig* [of lies] tissu *m*.

website [ˈwebsaɪt] *n* site *m* Web.

wed [wed] (*pt* & *pp* **wed** OR **-ded**) *literary*
◇ *vt* épouser. ◇ *vi* se marier.

we'd [wiːd] = **we had, we would**.

wedding [ˈwedɪŋ] *n* mariage *m*.

wedding anniversary *n* anniversaire
m de mariage.

wedding cake *n* pièce *f* montée.

wedding dress *n* robe *f* de mariée.

wedding ring *n* alliance *f*.

wedge [wedʒ] ◇ *n* -1. [for steadying]
cale *f*. -2. [for splitting] coin *m*. -3. [of
cake, cheese] morceau *m*. ◇ *vt* caler.

Wednesday [ˈwenzdɪ] *n* mercredi *m*; *see
also* **Saturday**.

wee [wiː] ◇ *adj Scot* petit(e). ◇ *n v inf*
pipi *m*. ◇ *vi v inf* faire pipi.

weed [wiːd] ◇ *n* -1. [plant] mauvaise
herbe *f*. -2. *Br inf* [feeble person] mauviette *f*. ◇ *vt* désherber.

weedkiller [ˈwiːdˌkɪləʳ] *n* désherbant *m*.

weedy [ˈwiːdɪ] *adj Br inf* [feeble] qui agit
comme une mauviette.

week [wiːk] *n* semaine *f*.

weekday [ˈwiːkdeɪ] *n* jour *m* de semaine.

weekend [ˌwiːkˈend] *n* week-end *m*; **on**
OR **at the** ~ le week-end.

weekly [ˈwiːklɪ] ◇ *adj* hebdomadaire.
◇ *adv* chaque semaine. ◇ *n* hebdomadaire *m*.

weep [wiːp] (*pt* & *pp* **wept**) *vt* & *vi* pleurer.

weeping willow [ˌwiːpɪŋ-] *n* saule *m*
pleureur.

weigh [weɪ] *vt* -1. [gen] peser. -2. NAUT:
to ~ anchor lever l'ancre. ◆ **weigh
down** *vt sep* -1. [physically]: **to be ~ed
down with sthg** plier sous le poids de
qqch. -2. [mentally]: **to be ~ed down by**
OR **with sthg** être accablé par qqch.

◆ **weigh up** vt sep **-1.** [consider carefully] examiner. **-2.** [size up] juger, évaluer.

weight [weɪt] n lit & fig poids m; **to put on** OR **gain** ~ prendre du poids, grossir; **to lose** ~ perdre du poids, maigrir; **to pull one's** ~ faire sa part du travail, participer à la tâche.

weighted ['weɪtɪd] adj: **to be** ~ **in favour of/against** être favorable/défavorable à.

weighting ['weɪtɪŋ] n indemnité f.

weightlifting ['weɪt,lɪftɪŋ] n haltérophilie f.

weighty ['weɪtɪ] adj [serious] important(e), de poids.

weir [wɪəʳ] n barrage m.

weird [wɪəd] adj bizarre.

welcome ['welkəm] ◇ adj **-1.** [guest, help etc] bienvenu(e). **-2.** [free]: **you're** ~ **to** ... n'hésitez pas à .... **-3.** [in reply to thanks]: **you're** ~ il n'y a pas de quoi, de rien. ◇ n accueil m. ◇ vt **-1.** [receive] accueillir. **-2.** [approve of] se réjouir de. ◇ excl bienvenue!

weld [weld] ◇ n soudure f. ◇ vt souder.

welfare ['welfeəʳ] ◇ adj social(e). ◇ n **-1.** [well-being] bien-être m. **-2.** Am [income support] assistance f publique.

welfare state n État-providence m.

well [wel] (compar **better**, superl **best**) ◇ adj bien; **I'm very** ~, **thanks** je vais très bien, merci; **all is** ~ tout va bien; **just as** ~ aussi bien. ◇ adv bien; **the team was** ~ **beaten** l'équipe a été battue à plates coutures; **to go** ~ aller bien; ~ **done!** bravo!; ~ **and truly** bel et bien. ◇ n [for water, oil] puits m. ◇ excl **-1.** [in hesitation] heu!, eh bien! **-2.** [to correct oneself] bon!, enfin! **-3.** [to express resignation]: **oh** ~! eh bien! **-4.** [in surprise] tiens! ◆ **as well** adv **-1.** [in addition] aussi, également. **-2.** [with same result]: **I/you** etc **may** OR **might as** ~ **(do sthg)** je/tu etc ferais aussi bien (de faire qqch). ◆ **as well as** conj en plus de, aussi bien que. ◆ **well up** vi: **tears** ~**ed up in her eyes** les larmes lui montaient aux yeux.

we'll [wiːl] = we shall, we will.

well-advised [-əd'vaɪzd] adj sage; **you would be** ~ **to do sthg** tu ferais bien de faire qqch.

well-behaved [-bɪ'heɪvd] adj sage.

wellbeing [,wel'biːɪŋ] n bien-être m.

well-built adj bien bâti(e).

well-done adj CULIN bien cuit(e).

well-dressed [-'drest] adj bien habillé(e).

well-earned [-ɜːnd] adj bien mérité(e).

well-heeled [-hiːld] adj inf nanti(e).

wellington boots ['welɪŋtən-], **wellingtons** ['welɪŋtənz] npl bottes fpl de caoutchouc.

well-kept adj **-1.** [building, garden] bien tenu(e). **-2.** [secret] bien gardé(e).

well-known adj bien connu(e).

well-mannered [-'mænəd] adj bien élevé(e).

well-meaning adj bien intentionné(e).

well-nigh [-naɪ] adv presque, pratiquement.

well-off adj **-1.** [rich] riche. **-2.** [well-provided]: **to be** ~ **for sthg** être bien pourvu(e) en qqch.

well-read [-'red] adj cultivé(e).

well-rounded [-'raʊndɪd] adj [education, background] complet(ète).

well-timed [-'taɪmd] adj bien calculé(e), qui vient à point nommé.

well-to-do adj riche.

wellwisher ['wel,wɪʃəʳ] n admirateur m, -trice f.

Welsh [welʃ] ◇ adj gallois(e). ◇ n [language] gallois m. ◇ npl: **the** ~ les Gallois mpl.

Welshman ['welʃmən] (pl **-men** [-mən]) n Gallois m.

Welshwoman ['welʃ,wʊmən] (pl **-women** [-,wɪmɪn]) n Galloise f.

went [went] pt → go.

wept [wept] pt & pp → weep.

were [wɜːʳ] → be.

we're [wɪəʳ] = we are.

weren't [wɜːnt] = were not.

west [west] ◇ n **-1.** [direction] ouest m. **-2.** [region]: **the** ~ l'ouest m. ◇ adj ouest (inv); [wind] d'ouest. ◇ adv de l'ouest, vers l'ouest; ~ **of** à l'ouest de. ◆ **West** n POL: **the West** l'Occident m.

West Bank n: **the** ~ la Cisjordanie.

West Country n Br: **the** ~ le sud-ouest de l'Angleterre.

West End n Br: **the** ~ le West-End (quartier des grands magasins et des théâtres, à Londres).

westerly ['westəlɪ] adj à l'ouest; [wind] de l'ouest; **in a** ~ **direction** vers l'ouest.

western ['westən] ◇ adj **-1.** [gen] de l'ouest. **-2.** POL occidental(e). ◇ n [book, film] western m.

West German ◇ adj ouest-allemand(e). ◇ n Allemand m, -e f de l'Ouest.

West Germany *n*: (former) ~ (ex-)Allemagne *f* de l'Ouest.

West Indian ◇ *adj* antillais(e). ◇ *n* Antillais *m*, -e *f*.

West Indies [-'ɪndi:z] *npl*: **the** ~ les Antilles *fpl*.

Westminster ['westmɪnstər] *n* quartier de Londres où se situe le Parlement britannique.

westward ['westwəd] *adj & adv* vers l'ouest.

westwards ['westwədz] *adv* vers l'ouest.

wet [wet] (*pt & pp* **wet** OR **-ted**) ◇ *adj* **-1.** [damp, soaked] mouillé(e). **-2.** [rainy] pluvieux(ieuse). **-3.** [not dry - paint, cement] frais (fraîche). **-4.** *Br inf pej* [weak, feeble] ramolli(e). ◇ *n inf* POL modéré *m*, -e *f*. ◇ *vt* mouiller.

wet blanket *n inf pej* rabat-joie *m inv*.

wet suit *n* combinaison *f* de plongée.

we've [wi:v] = **we have**.

whack [wæk] *inf* ◇ *n* **-1.** [share] part *f*. **-2.** [hit] grand coup *m*. ◇ *vt* donner un grand coup à, frapper fort.

whale [weɪl] *n* baleine *f*.

wharf [wɔ:f] (*pl* **-s** OR **wharves** [wɔ:vz]) *n* quai *m*.

what [wɒt] ◇ *adj* **-1.** (*in direct, indirect questions*) quel (quelle), quels (quelles) (*pl*); ~ **colour is it?** c'est de quelle couleur?; **he asked me** ~ **colour it was** il m'a demandé de quelle couleur c'était. **-2.** (*in exclamations*) quel (quelle), quels (quelles) (*pl*); ~ **a surprise!** quelle surprise!; ~ **an idiot I am!** ce que je peux être bête! ◇ *pron* **-1.** (*interrogative - subject*) qu'est-ce qui; (*- object*) qu'est-ce que, que; (*- after prep*) quoi; ~ **are they doing?** qu'est-ce qu'ils font?, que font-ils?; ~ **is going on?** qu'est-ce qui se passe?; ~ **are they talking about?** de quoi parlent-ils?; ~ **about another drink/going out for a meal?** et si on prenait un autre verre/allait manger au restaurant?; ~ **about the rest of us?** et nous alors?; ~ **if ...?** et si ...? **-2.** (*relative - subject*) ce qui; (*- object*) ce que; **I saw** ~ **happened/fell** j'ai vu ce qui s'était passé/était tombé; **you can't have** ~ **you want** tu ne peux pas avoir ce que tu veux. ◇ *excl* [expressing disbelief] comment!, quoi!

whatever [wɒt'evər] ◇ *adj* quel (quelle) que soit; **any book** ~ n'importe quel livre; **no chance** ~ pas la moindre chance; **nothing** ~ rien du tout. ◇ *pron* quoi que (+ *subjunctive*); **I'll do** ~ **I can**

je ferai tout ce que je peux; ~ **can this be?** qu'est-ce que cela peut-il bien être?; ~ **that may mean** quoi que cela puisse bien vouloir dire; **or** ~ ou n'importe quoi d'autre.

whatsoever [,wɒtsəʊ'evər] *adj*: **I had no interest** ~ je n'éprouvais pas le moindre intérêt; **nothing** ~ rien du tout.

wheat [wi:t] *n* blé *m*.

wheedle ['wi:dl] *vt*: **to** ~ **sb into doing sthg** enjôler qqn pour qu'il fasse qqch; **to** ~ **sthg out of sb** enjôler qqn pour obtenir qqch.

wheel [wi:l] ◇ *n* **-1.** [gen] roue *f*. **-2.** [steering wheel] volant *m*. ◇ *vt* pousser. ◇ *vi*: **to** ~ **(round)** se retourner brusquement.

wheelbarrow ['wi:l,bærəʊ] *n* brouette *f*.

wheelchair ['wi:l,tʃeər] *n* fauteuil *m* roulant.

wheelclamp ['wi:l,klæmp] ◇ *n* sabot *m* de Denver. ◇ *vt*: **my car was** ~**ed** on a mis un sabot à ma voiture.

wheeze [wi:z] ◇ *n* [sound] respiration *f* sifflante. ◇ *vi* respirer avec un bruit sifflant.

whelk [welk] *n* bulot *m*, buccin *m*.

when [wen] ◇ *adv* (*in direct, indirect questions*) quand; ~ **does the plane arrive?** quand OR à quelle heure arrive l'avion?; **he asked me** ~ **I would be in London** il m'a demandé quand je serais à Londres. ◇ *conj* **-1.** [referring to time] quand, lorsque; **he came to see me** ~ **I was abroad** il est venu me voir quand j'étais à l'étranger; **one day** ~ **I was on my own** un jour que OR où j'étais tout seul; **on the day** ~ **it happened** le jour où cela s'est passé. **-2.** [whereas, considering that] alors que.

whenever [wen'evər] ◇ *conj* quand; [each time that] chaque fois que. ◇ *adv* n'importe quand.

where [weər] ◇ *adv* (*in direct, indirect questions*) où; ~ **do you live?** où habitez-vous?; **do you know** ~ **he lives?** est-ce que vous savez où il habite? ◇ *conj* [referring to place, situation] où; **this is** ~ ... c'est là que .... **-2.** [whereas] alors que.

whereabouts [*adv* ,weərə'baʊts, *n* 'weərəbaʊts] ◇ *adv* où. ◇ *npl*: **their** ~ **are still unknown** on ne sait toujours pas où ils se trouvent.

whereas [weər'æz] *conj* alors que.

whereby [weə'baɪ] *conj fml* par lequel (laquelle), au moyen duquel (de laquelle).

whereupon [ˌweərəˈpɒn] *conj fml* après quoi, sur quoi.

wherever [weərˈevəʳ] ◇ *conj* où que (+ *subjunctive*). ◇ *adv* **-1.** [no matter where] n'importe où. **-2.** [where] où donc; **~ did you hear that?** mais où donc as-tu entendu dire cela?

wherewithal [ˈweəwɪðɔːl] *n fml*: **to have the ~ to do sthg** avoir les moyens de faire qqch.

whet [wet] *vt*: **to ~ sb's appetite for sthg** donner à qqn envie de qqch.

whether [ˈweðəʳ] *conj* **-1.** [indicating choice, doubt] si. **-2.** [no matter if]: **~ I want to or not** que je le veuille ou non.

which [wɪtʃ] ◇ *adj* **-1.** (*in direct, indirect questions*) quel (quelle), quels (quelles) (*pl*); **~ house is yours?** quelle maison est la tienne?; **~ one?** lequel (laquelle)? **-2.** [to refer back to sthg]: **in ~ case** auquel cas. ◇ *pron* **-1.** (*in direct, indirect questions*) lequel (laquelle), lesquels (lesquelles) (*pl*); **~ do you prefer?** lequel préférez-vous?; **I can't decide ~ to have** je ne sais vraiment pas lequel prendre. **-2.** (*in relative clauses - subject*) qui; (*- object*) que; (*- after prep*) lequel (laquelle), lesquels (lesquelles) (*pl*); **take the slice ~ is nearer to you** prends la tranche qui est le plus près de toi; **the television ~ we bought** le téléviseur que nous avons acheté; **the settee on ~ I am sitting** le canapé sur lequel je suis assis; **the film of ~ you spoke** le film dont vous avez parlé. **-3.** (*referring back - subject*) ce qui; (*- object*) ce que; **why did you say you were ill, ~ nobody believed?** pourquoi as-tu dit que tu étais malade, ce que personne n'a cru?

whichever [wɪtʃˈevəʳ] ◇ *adj* quel (quelle) que soit; **choose ~ colour you prefer** choisissez la couleur que vous préférez, n'importe laquelle. ◇ *pron* n'importe lequel (laquelle).

whiff [wɪf] *n* [of perfume, smoke] bouffée *f*; [of food] odeur *f*.

while [waɪl] ◇ *n* moment *m*; **let's stay here for a ~** restons ici un moment; **for a long ~** longtemps; **after a ~** après quelque temps. ◇ *conj* **-1.** [during the time that] pendant que. **-2.** [as long as] tant que. **-3.** [whereas] alors que.
◆ **while away** *vt sep* passer.

whilst [waɪlst] *conj* = **while**.

whim [wɪm] *n* lubie *f*.

whimper [ˈwɪmpəʳ] *vt & vi* gémir.

whimsical [ˈwɪmzɪkl] *adj* saugrenu(e).

whine [waɪn] *vi* [make sound] gémir.

whinge [wɪndʒ] *vi Br*: **to ~ (about)** se plaindre (de).

whip [wɪp] ◇ *n* **-1.** [for hitting] fouet *m*. **-2.** *Br* POL chef *m* de file (*d'un groupe parlementaire*). ◇ *vt* **-1.** [gen] fouetter. **-2.** [take quickly]: **to ~ sthg out** sortir qqch brusquement; **to ~ sthg off** ôter OR enlever qqch brusquement.

whipped cream [wɪpt-] *n* crème *f* fouettée.

whip-round *n Br inf*: **to have a ~** faire une collecte.

whirl [wɜːl] ◇ *n lit & fig* tourbillon *m*. ◇ *vt*: **to ~ sb/sthg round** [spin round] faire tourbillonner qqn/qqch. ◇ *vi* tourbillonner; *fig* [head, mind] tourner.

whirlpool [ˈwɜːlpuːl] *n* tourbillon *m*.

whirlwind [ˈwɜːlwɪnd] *n* tornade *f*.

whirr [wɜːʳ] *vi* [engine] ronronner.

whisk [wɪsk] ◇ *n* CULIN fouet *m*, batteur *m* (à œufs). ◇ *vt* **-1.** [move quickly] emmener OR emporter rapidement. **-2.** CULIN battre.

whisker [ˈwɪskəʳ] *n* moustache *f*.
◆ **whiskers** *npl* favoris *mpl*.

whisky *Br*, **whiskey** *Am & Irish* (*pl* **whiskeys**) [ˈwɪskɪ] *n* whisky *m*.

whisper [ˈwɪspəʳ] ◇ *vt* murmurer, chuchoter. ◇ *vi* chuchoter.

whistle [ˈwɪsl] ◇ *n* **-1.** [sound] sifflement *m*. **-2.** [device] sifflet *m*. ◇ *vt & vi* siffler.

white [waɪt] ◇ *adj* **-1.** [in colour] blanc (blanche). **-2.** [coffee, tea] au lait. ◇ *n* **-1.** [colour, of egg, eye] blanc *m*. **-2.** [person] Blanc *m*, Blanche *f*.

white-collar *adj* de bureau.

white elephant *n fig* objet *m* coûteux et inutile.

Whitehall [ˈwaɪthɔːl] *n* rue *f de Londres, centre administratif du gouvernement britannique.*

white-hot *adj* chauffé(e) à blanc.

White House *n*: **the ~** la Maison-Blanche.

white lie *n* pieux mensonge *m*.

whiteness [ˈwaɪtnɪs] *n* blancheur *f*.

white paper *n* POL livre *m* blanc.

white sauce *n* sauce *f* blanche.

white spirit *n Br* white-spirit *m*.

whitewash [ˈwaɪtwɒʃ] ◇ *n* **-1.** (*U*) [paint] chaux *f*. **-2.** *pej* [cover-up]: **a government ~** une combine du gouvernement pour étouffer l'affaire. ◇ *vt* [paint] blanchir à la chaux.

whiting ['waɪtɪŋ] (*pl inv* OR **-s**) *n* merlan *m*.

Whitsun ['wɪtsn] *n* Pentecôte *f*.

whittle ['wɪtl] *vt* [reduce]: **to ~ sthg away** OR **down** réduire qqch.

whiz, whizz [wɪz] *vi* [go fast] aller à toute allure.

whiz(z) kid *n inf* petit prodige *m*.

who [huː] *pron* **-1.** (*in direct, indirect questions*) qui; **~ are you?** qui êtes-vous?; **I didn't know ~ she was** je ne savais pas qui c'était. **-2.** (*in relative clauses*) qui; **he's the doctor ~ treated me** c'est le médecin qui m'a soigné; **I don't know the person ~ came to see you** je ne connais pas la personne qui est venue vous voir.

who'd [huːd] = **who had, who would**.

whodu(n)nit [,huː'dʌnɪt] *n inf* polar *m*.

whoever [huː'evəʳ] *pron* **-1.** [unknown person] quiconque. **-2.** [indicating surprise, astonishment] qui donc. **-3.** [no matter who] qui que (+ *subjunctive*); **~ you are** qui que vous soyez; **~ wins** qui que ce soit qui gagne.

whole [həʊl] ◇ *adj* **-1.** [entire, complete] entier(ière). **-2.** [for emphasis]: **a ~ lot bigger** bien plus gros; **a ~ new idea** une idée tout à fait nouvelle. ◇ *n* **-1.** [all]: **the ~ of the school** toute l'école; **the ~ of the summer** tout l'été. **-2.** [unit, complete thing] tout *m*. ◆ **as a whole** *adv* dans son ensemble. ◆ **on the whole** *adv* dans l'ensemble.

wholefood ['həʊlfuːd] *n Br* aliments *mpl* complets.

whole-hearted [-'hɑːtɪd] *adj* sans réserve, total(e).

wholemeal ['həʊlmiːl] *Br*, **whole wheat** *Am adj* complet(ète).

wholesale ['həʊlseɪl] ◇ *adj* **-1.** [buying, selling] en gros; [price] de gros. **-2.** *pej* [excessive] en masse. ◇ *adv* **-1.** [in bulk] en gros. **-2.** *pej* [excessively] en masse.

wholesaler ['həʊl,seɪləʳ] *n* marchand *m* de gros, grossiste *mf*.

wholesome ['həʊlsəm] *adj* sain(e).

whole wheat *Am* = **wholemeal**.

who'll [huːl] = **who will**.

wholly ['həʊlɪ] *adv* totalement.

whom [huːm] *pron fml* **-1.** (*in direct, indirect questions*) qui; **~ did you phone?** qui avez-vous appelé au téléphone?; **for/of/to ~** pour/de/à qui. **-2.** (*in relative clauses*) que; **the girl ~ he married** la jeune fille qu'il a épousée; **the man of ~ you speak** l'homme dont vous parlez; **the man to ~ you were speaking** l'homme à qui vous parliez.

whooping cough ['huːpɪŋ-] *n* coqueluche *f*.

whopping ['wɒpɪŋ] *inf* ◇ *adj* énorme. ◇ *adv*: **a ~ great lorry/lie** un camion/mensonge absolument énorme.

whore [hɔːʳ] *n offensive* putain *f*.

who're ['huːəʳ] = **who are**.

whose [huːz] ◇ *pron* (*in direct, indirect questions*) à qui; **~ is this?** à qui est ceci? ◇ *adj* **-1.** (*in questions*) à qui; **~ car is that?** à qui est cette voiture?; **~ son is he?** de qui est-il le fils? **-2.** (*in relative clauses*) dont; **that's the boy ~ father's an MP** c'est le garçon dont le père est député; **the girl ~ mother you phoned yesterday** la fille à la mère de qui OR de laquelle tu as téléphoné hier.

who's who [huːz-] *n* [book] Bottin® *m* mondain.

who've [huːv] = **who have**.

why [waɪ] ◇ *adv* (*in direct questions*) pourquoi; **~ did you lie to me?** pourquoi m'as-tu menti?; **~ don't you all come?** pourquoi ne pas tous venir?, pourquoi est-ce que vous ne viendriez pas tous?; **~ not?** pourquoi pas? ◇ *conj* pourquoi; **I don't know ~ he said that** je ne sais pas pourquoi il a dit cela. ◇ *pron*: **there are several reasons ~ he left** il est parti pour plusieurs raisons, les raisons pour lesquelles il est parti sont nombreuses; **I don't know the reason ~** je ne sais pas pourquoi. ◇ *excl* tiens! ◆ **why ever** *adv* pourquoi donc.

wick [wɪk] *n* [of candle, lighter] mèche *f*.

wicked ['wɪkɪd] *adj* **-1.** [evil] mauvais(e). **-2.** [mischievous, devilish] malicieux(ieuse).

wicker ['wɪkəʳ] *adj* en osier.

wickerwork ['wɪkəwɜːk] *n* vannerie *f*.

wicket ['wɪkɪt] *n* CRICKET **-1.** [stumps, dismissal] guichet *m*. **-2.** [pitch] terrain *m* entre les guichets.

wide [waɪd] ◇ *adj* **-1.** [gen] large; **how ~ is the room?** quelle est la largeur de la pièce?; **to be six metres ~** faire six mètres de large OR de largeur. **-2.** [gap, difference] grand(e). **-3.** [experience, knowledge, issue] vaste. ◇ *adv* **-1.** [broadly] largement; **open ~!** ouvrez grand! **-2.** [off-target]: **the shot went ~** le coup est passé loin du but OR à côté.

wide-angle lens *n* PHOT objectif *m* grand angle.

wide-awake *adj* tout à fait réveillé(e).

widely ['waɪdlɪ] *adv* **-1.** [smile, vary] largement. **-2.** [extensively] beaucoup; **to be ~ read** avoir beaucoup lu; **it is ~ believed that ...** beaucoup pensent que ..., nombreux sont ceux qui pensent que ....

widen ['waɪdn] *vt* **-1.** [make broader] élargir. **-2.** [gap, difference] agrandir, élargir.

wide open *adj* grand ouvert (grande ouverte).

wide-ranging [-'reɪndʒɪŋ] *adj* varié(e); [consequences] de grande envergure.

widespread ['waɪdspred] *adj* très répandu(e).

widow ['wɪdəʊ] *n* veuve *f*.

widowed ['wɪdəʊd] *adj* veuf (veuve).

widower ['wɪdəʊər] *n* veuf *m*.

width [wɪdθ] *n* largeur *f*; **in ~** de large.

wield [wiːld] *vt* **-1.** [weapon] manier. **-2.** [power] exercer.

wife [waɪf] (*pl* **wives**) *n* femme *f*, épouse *f*.

wig [wɪg] *n* perruque *f*.

wiggle ['wɪgl] *inf vt* remuer.

wild [waɪld] *adj* **-1.** [animal, attack, scenery, flower] sauvage. **-2.** [weather, sea] déchaîné(e). **-3.** [laughter, hope, plan] fou (folle). **-4.** [random - estimate] fantaisiste; **I made a ~ guess** j'ai dit ça au hasard. ◆ **wilds** *npl*: **the ~s of** le fin fond de; **to live in the ~s** habiter en pleine nature.

wilderness ['wɪldənɪs] *n* étendue *f* sauvage.

wild-goose chase *n inf*: **it turned out to be a ~** ça s'est révélé être totalement inutile.

wildlife ['waɪldlaɪf] *n* (*U*) faune *f* et flore *f*.

wildly ['waɪldlɪ] *adv* **-1.** [enthusiastically, fanatically] frénétiquement. **-2.** [guess, suggest] au hasard; [shoot] dans tous les sens. **-3.** [very - different, impractical] tout à fait.

wilful *Br*, **willful** *Am* ['wɪlfʊl] *adj* **-1.** [determined] obstiné(e). **-2.** [deliberate] délibéré(e).

will[1] [wɪl] ◇ *n* **-1.** [mental] volonté *f*; **against one's ~** contre son gré. **-2.** [document] testament *m*. ◇ *vt*: **to ~ sthg to happen** prier de toutes ses forces pour que qqch se passe; **to ~ sb to do sthg** concentrer toute sa volonté sur qqn pour qu'il fasse qqch.

will[2] [wɪl] *modal vb* **-1.** (*to express future tense*): **I ~ see you next week** je te ver-

rai la semaine prochaine; **when ~ you have finished it?** quand est-ce que vous l'aurez fini?; **~ you be here next week?** — **yes I ~/no I won't** est-ce que tu seras là la semaine prochaine? — oui/non. **-2.** [indicating willingness]: **~ you have some more tea?** voulez-vous encore du thé?; **I won't do it** je refuse de le faire, je ne veux pas le faire. **-3.** [in commands, requests]: **you ~ leave this house at once** tu vas quitter cette maison tout de suite; **close that window, ~ you?** ferme cette fenêtre, veux-tu?; **~ you be quiet!** veux-tu te taire!, tu vas te taire! **-4.** [indicating possibility, what usually happens]: **the hall ~ hold up to 1000 people** la salle peut abriter jusqu'à 1000 personnes. **-5.** [expressing an assumption]: **that'll be your father** cela doit être ton père. **-6.** [indicating irritation]: **she ~ keep phoning me** elle n'arrête pas de me téléphoner.

willful *Am* = **wilful**.

willing ['wɪlɪŋ] *adj* **-1.** [prepared]: **if you're ~** si vous voulez bien; **to be ~ to do sthg** être disposé(e) OR prêt(e) à faire qqch. **-2.** [eager] enthousiaste.

willingly ['wɪlɪŋlɪ] *adv* volontiers.

willow (tree) ['wɪləʊ-] *n* saule *m*.

willpower ['wɪl,paʊər] *n* volonté *f*.

willy-nilly [,wɪlɪ'nɪlɪ] *adv* **-1.** [at random] n'importe comment. **-2.** [wanting to or not] bon gré mal gré.

wilt [wɪlt] *vi* [plant] se faner; *fig* [person] dépérir.

wily ['waɪlɪ] *adj* rusé(e).

wimp [wɪmp] *n pej inf* mauviette *f*.

win [wɪn] (*pt & pp* **won**) ◇ *n* victoire *f*. ◇ *vt* **-1.** [game, prize, competition] gagner. **-2.** [support, approval] obtenir; [love, friendship] gagner. ◇ *vi* gagner. ◆ **win over, win round** *vt sep* convaincre, gagner à sa cause.

wince [wɪns] *vi*: **to ~ (at/with)** [with body] tressaillir (à/de); [with face] grimacer (à/de).

winch [wɪntʃ] *n* treuil *m*.

wind[1] [wɪnd] ◇ *n* **-1.** METEOR vent *m*. **-2.** [breath] souffle *m*. **-3.** (*U*) [in stomach] gaz *mpl*. ◇ *vt* [knock breath out of] couper le souffle à.

wind[2] [waɪnd] (*pt & pp* **wound**) ◇ *vt* **-1.** [string, thread] enrouler. **-2.** [clock] remonter. ◇ *vi* [river, road] serpenter. ◆ **wind down** ◇ *vt sep* **-1.** [car window] baisser. **-2.** [business] cesser graduellement. ◇ *vi* [relax] se détendre. ◆ **wind**

up *vt sep* **-1.** [finish - meeting] clôturer; [- business] liquider. **-2.** [clock, car window] remonter. **-3.** *Br inf* [deliberately annoy] faire marcher. **-4.** *inf* [end up]: **to ~ up doing sthg** finir par faire qqch.

windfall ['wɪndfɔːl] *n* [unexpected gift] aubaine *f*.

winding ['waɪndɪŋ] *adj* sinueux(euse).

wind instrument [wɪnd-] *n* instrument *m* à vent.

windmill ['wɪndmɪl] *n* moulin *m* à vent.

window ['wɪndəʊ] *n* **-1.** [gen & COMPUT] fenêtre *f*. **-2.** [pane of glass, in car] vitre *f*. **-3.** [of shop] vitrine *f*.

window box *n* jardinière *f*.

window cleaner *n* laveur *m*, -euse *f* de vitres.

window ledge *n* rebord *m* de fenêtre.

window pane *n* vitre *f*.

windowsill ['wɪndəʊsɪl] *n* [outside] rebord *m* de fenêtre; [inside] appui *m* de fenêtre.

windpipe ['wɪndpaɪp] *n* trachée *f*.

windscreen *Br* ['wɪndskriːn], **windshield** *Am* ['wɪndʃiːld] *n* pare-brise *m inv*.

windscreen washer *n* lave-glace *m*.

windscreen wiper [-,waɪpəʳ] *n* essuie-glace *m*.

windshield *Am* = **windscreen**.

windsurfing ['wɪnd,sɜːfɪŋ] *n*: **to go ~** faire de la planche à voile.

windswept ['wɪndswept] *adj* [scenery] balayé(e) par les vents.

windy ['wɪndɪ] *adj* venteux(euse); **it's ~** il fait du vent.

wine [waɪn] *n* vin *m*.

wine bar *n Br* bar *m* à vin.

wine cellar *n* cave *f* (à vin).

wineglass ['waɪnglɑːs] *n* verre *m* à vin.

wine list *n* carte *f* des vins.

wine merchant *n Br* marchand *m* de vins.

wine tasting [-,teɪstɪŋ] *n* dégustation *f* (de vins).

wine waiter *n* sommelier *m*.

wing [wɪŋ] *n* aile *f*. ◆ **wings** *npl* THEATRE: **the ~s** les coulisses *fpl*.

winger ['wɪŋəʳ] *n* SPORT ailier *m*.

wink [wɪŋk] ◇ *n* clin *m* d'œil. ◇ *vi* [with eyes]: **to ~ (at sb)** faire un clin d'œil (à qqn).

winkle ['wɪŋkl] *n* bigorneau *m*. ◆ **winkle out** *vt sep* extirper; **to ~ sthg out of sb** arracher qqch à qqn.

winner ['wɪnəʳ] *n* [person] gagnant *m*, -e *f*.

winning ['wɪnɪŋ] *adj* [victorious, successful] gagnant(e). ◆ **winnings** *npl* gains *mpl*.

winning post *n* poteau *m* d'arrivée.

winter ['wɪntəʳ] ◇ *n* hiver *m*; **in ~** en hiver. ◇ *comp* d'hiver.

winter sports *npl* sports *mpl* d'hiver.

wintertime ['wɪntətaɪm] *n* (*U*) hiver *m*.

wint(e)ry ['wɪntrɪ] *adj* d'hiver.

wipe [waɪp] ◇ *n*: **to give sthg a ~** essuyer qqch, donner un coup de torchon à qqch. ◇ *vt* essuyer. ◆ **wipe out** *vt sep* **-1.** [erase] effacer. **-2.** [eradicate] anéantir. ◆ **wipe up** *vt sep & vi* essuyer.

wire ['waɪəʳ] ◇ *n* **-1.** (*U*) [metal] fil *m* de fer. **-2.** [cable etc] fil *m*. **-3.** [telegram] télégramme *m*. ◇ *vt* **-1.** [ELEC - plug] installer; [- house] faire l'installation électrique de. **-2.** [send telegram to] télégraphier à.

wireless ['waɪəlɪs] *n dated* T.S.F. *f*.

wiring ['waɪərɪŋ] *n* (*U*) installation *f* électrique.

wiry ['waɪərɪ] *adj* **-1.** [hair] crépu(e). **-2.** [body, man] noueux(euse).

wisdom ['wɪzdəm] *n* sagesse *f*.

wisdom tooth *n* dent *f* de sagesse.

wise [waɪz] *adj* sage.

wisecrack ['waɪzkræk] *n pej* vanne *f*.

wish [wɪʃ] ◇ *n* **-1.** [desire] souhait *m*, désir *m*; **~ for sthg/to do sthg** désir de qqch/de faire qqch. **-2.** [magic request] vœu *m*. ◇ *vt* **-1.** [want]: **to ~ to do sthg** souhaiter faire qqch; **I ~ (that) he'd come** j'aimerais bien qu'il vienne; **I ~ I could** si seulement je pouvais. **-2.** [expressing hope]: **to ~ sb sthg** souhaiter qqch à qqn. ◇ *vi* [by magic]: **to ~ for sthg** souhaiter qqch. ◆ **wishes** *npl*: **best ~es** meilleurs vœux; **(with) best ~es** [at end of letter] bien amicalement.

wishful thinking [,wɪʃfʊl-] *n*: **that's just ~** c'est prendre mes/ses *etc* désirs pour des réalités.

wishy-washy ['wɪʃɪ,wɒʃɪ] *adj inf pej* [person] sans personnalité; [ideas] vague.

wisp [wɪsp] *n* **-1.** [tuft] mèche *f*. **-2.** [small cloud] mince filet *m* OR volute *f*.

wistful ['wɪstfʊl] *adj* nostalgique.

wit [wɪt] *n* **-1.** [humour] esprit *m*. **-2.** [intelligence]: **to have the ~ to do sthg** avoir l'intelligence de faire qqch. ◆ **wits** *npl*: **to have** OR **keep one's ~s about one** être attentif(ive) OR sur ses gardes.

witch [wɪtʃ] *n* sorcière *f*.

with [wɪð] *prep* **-1.** [in company of] avec; **I play tennis ~ his wife** je joue au tennis avec sa femme; **we stayed ~ them for a week** nous avons passé une semaine chez eux. **-2.** [indicating opposition] avec; **to argue ~ sb** discuter avec qqn; **the war ~ Germany** la guerre avec OR contre l'Allemagne. **-3.** [indicating means, manner, feelings] avec; **I washed it ~ detergent** je l'ai lavé avec un détergent; **she was trembling ~ fright** elle tremblait de peur. **-4.** [having] avec; **a man ~ a beard** un homme avec une barbe, un barbu; **the man ~ the moustache** l'homme à la moustache. **-5.** [regarding]: **he's very mean ~ money** il est très près de ses sous, il est très avare; **the trouble ~ her is that ...** l'ennui avec elle OR ce qu'il y a avec elle c'est que .... **-6.** [indicating simultaneity]: **I can't do it ~ you watching me** je ne peux pas le faire quand OR pendant que tu me regardes. **-7.** [because of]: **~ my luck, I'll probably lose** avec ma chance habituelle, je suis sûr de perdre. **-8.** *phr*: **I'm ~ you** [I understand] je vous suis; [I'm on your side] je suis des vôtres; [I agree] je suis d'accord avec vous.

withdraw [wɪð'drɔː] (*pt* **-drew**, *pp* **-drawn**) ◇ *vt* **-1.** *fml* [remove]: **to ~ sthg (from)** enlever qqch (de). ◇ *vi* **-1.** *fml* [leave]: **to ~ (from)** se retirer (de). **-2.** MIL se replier; **to ~ from** évacuer. **-3.** [quit, give up]: **to ~ (from)** se retirer (de).

withdrawal [wɪð'drɔːəl] *n* **-1.** [gen]: **~ (from)** retrait *m* (de). **-2.** MIL repli *m*.

withdrawal symptoms *npl* crise *f* de manque.

withdrawn [wɪð'drɔːn] ◇ *pp* → **withdraw.** ◇ *adj* [shy, quiet] renfermé(e).

withdrew [wɪð'druː] *pt* → **withdraw.**

wither ['wɪðə'] *vi* **-1.** [dry up] se flétrir. **-2.** [weaken] mourir.

withhold [wɪð'həʊld] (*pt* & *pp* **-held** [-'held]) *vt* [services] refuser; [information] cacher; [salary] retenir.

within [wɪ'ðɪn] ◇ *prep* **-1.** [inside] à l'intérieur de, dans; **~ her** en elle, à l'intérieur d'elle-même. **-2.** [budget, comprehension] dans les limites de; [limits] dans. **-3.** [less than - distance] à moins de; [- time] d'ici, en moins de; **~ the week** avant la fin de la semaine. ◇ *adv* à l'intérieur.

without [wɪð'aʊt] ◇ *prep* sans; **~ a coat** sans manteau; **~ seeing him** je suis parti sans l'avoir vu; **I left ~ him seeing me** je suis parti sans qu'il m'ait vu; **to go ~ sthg** se passer de qqch. ◇ *adv*: **to go** OR **do ~** s'en passer.

withstand [wɪð'stænd] (*pt* & *pp* **-stood** [-'stʊd]) *vt* résister à.

witness ['wɪtnɪs] ◇ *n* **-1.** [gen] témoin *m*. **-2.** [testimony]: **to bear ~ to sthg** témoigner de qqch. ◇ *vt* **-1.** [accident, crime] être témoin de. **-2.** *fig* [changes, rise in birth rate] assister à. **-3.** [countersign] contresigner.

witness box *Br*, **witness stand** *Am n* barre *f* des témoins.

witticism ['wɪtɪsɪzm] *n* mot *m* d'esprit.

witty ['wɪtɪ] *adj* plein(e) d'esprit, spirituel(elle).

wives [waɪvz] *pl* → **wife.**

wizard ['wɪzəd] *n* magicien *m*; *fig* as *m*, champion *m*, -ionne *f*.

wobble ['wɒbl] *vi* [hand, wings] trembler; [chair, table] branler.

woe [wəʊ] *n literary* malheur *m*.

woke [wəʊk] *pt* → **wake.**

woken ['wəʊkn] *pp* → **wake.**

wolf [wʊlf] (*pl* **wolves**) *n* [animal] loup *m*.

woman ['wʊmən] (*pl* **women**) ◇ *n* femme *f*. ◇ *comp*: **~ doctor** femme *f* médecin; **~ teacher** professeur *m* femme.

womanly ['wʊmənlɪ] *adj* féminin(e).

womb [wuːm] *n* utérus *m*.

women ['wɪmɪn] *pl* → **woman.**

women's lib *n* libération *f* de la femme.

women's liberation *n* libération *f* de la femme.

won [wʌn] *pt* & *pp* → **win.**

wonder ['wʌndə'] ◇ *n* **-1.** (U) [amazement] étonnement *m*. **-2.** [cause for surprise]: **it's a ~ (that) ...** c'est un miracle que ...; **it's no** OR **little** OR **small ~ (that) ...** il n'est pas étonnant que .... **-3.** [amazing thing, person] merveille *f*. ◇ *vt* **-1.** [speculate]: **to ~ (if** OR **whether)** se demander (si). **-2.** [in polite requests]: **I ~ whether you would mind shutting the window?** est-ce que cela ne vous ennuierait pas de fermer la fenêtre? ◇ *vi* [speculate] se demander; **to ~ about sthg** s'interroger sur qqch.

wonderful ['wʌndəfʊl] *adj* merveilleux(euse).

wonderfully ['wʌndəfʊlɪ] *adv* **-1.** [very well] merveilleusement, à merveille. **-2.** [for emphasis] extrêmement.

won't [wəʊnt] = **will not**.

woo [wu:] *vt* **-1.** *literary* [court] courtiser. **-2.** [try to win over] chercher à rallier (à soi OR à sa cause).

wood [wʊd] ◇ *n* bois *m*. ◇ *comp* en bois. ◆ **woods** *npl* bois *mpl*.

wooded ['wʊdɪd] *adj* boisé(e).

wooden ['wʊdn] *adj* **-1.** [of wood] en bois. **-2.** *pej* [actor] gauche.

woodpecker ['wʊd,pekəʳ] *n* pivert *m*.

woodwind ['wʊdwɪnd] *n*: **the ~** les bois *mpl*.

woodwork ['wʊdwɜːk] *n* menuiserie *f*.

woodworm ['wʊdwɜːm] *n* ver *m* du bois.

wool [wʊl] *n* laine *f*; **to pull the ~ over sb's eyes** *inf* rouler qqn (dans la farine).

woollen *Br*, **woolen** *Am* ['wʊlən] *adj* en laine, de laine. ◆ **woollens** *npl* lainages *mpl*.

woolly ['wʊlɪ] *adj* **-1.** [woollen] en laine, de laine. **-2.** *inf* [idea, thinking] confus(e).

word [wɜːd] ◇ *n* **-1.** LING mot *m*; **too stupid for ~s** vraiment trop bête; **~ for ~** [repeat, copy] mot pour mot; [translate] mot à mot; **in other ~s** en d'autres mots OR termes; **in a ~** en un mot; **to have a ~ (with sb)** parler (à qqn); **she doesn't mince her ~s** elle ne mâche pas ses mots; **I couldn't get a ~ in edgeways** je n'ai pas réussi à placer un seul mot. **-2.** (*U*) [news] nouvelles *fpl*. **-3.** [promise] parole *f*; **to give sb one's ~** donner sa parole à qqn. ◇ *vt* [letter, reply] rédiger.

wording ['wɜːdɪŋ] *n* (*U*) termes *mpl*.

word processing *n* (*U*) COMPUT traitement *m* de texte.

word processor [-,prəʊsesəʳ] *n* COMPUT machine *f* à traitement de texte.

wore [wɔːʳ] *pt* → **wear**.

work [wɜːk] ◇ *n* **-1.** (*U*) [employment] travail *m*, emploi *m*; **out of ~** sans emploi, au chômage; **at ~** au travail. **-2.** [activity, tasks] travail *m*. **-3.** ART & LITERATURE œuvre *f*. ◇ *vt* **-1.** [person, staff] faire travailler. **-2.** [machine] faire marcher. **-3.** [wood, metal, land] travailler. ◇ *vi* **-1.** [do a job] travailler; **to ~ on sthg** travailler à qqch. **-2.** [function] marcher, fonctionner. **-3.** [succeed] marcher. **-4.** [become]: **to ~ loose** se desserrer. ◆ **works** ◇ *n* [factory] usine

f. ◇ *npl* **-1.** [mechanism] mécanisme *m*. **-2.** [digging, building] travaux *mpl*. ◆ **work on** *vt fus* **-1.** [pay attention to] travailler à. **-2.** [take as basis] se baser sur. ◆ **work out** ◇ *vt sep* **-1.** [plan, schedule] mettre au point. **-2.** [total, answer] trouver. ◇ *vi* **-1.** [figure, total]: **to ~ out at** se monter à. **-2.** [turn out] se dérouler. **-3.** [be successful] (bien) marcher. **-4.** [train, exercise] s'entraîner. ◆ **work up** *vt sep* **-1.** [excite]: **to ~ o.s. up into** se mettre dans. **-2.** [generate]: **to ~ up an appetite** s'ouvrir l'appétit; **to ~ up enthusiasm** s'enthousiasmer.

workable ['wɜːkəbl] *adj* [plan] réalisable; [system] fonctionnel(elle).

workaholic [,wɜːkə'hɒlɪk] *n* bourreau *m* de travail.

workday ['wɜːkdeɪ] *n* [not weekend] jour *m* ouvrable.

worked up [,wɜːkt-] *adj* dans tous ses états.

worker ['wɜːkəʳ] *n* travailleur *m*, -euse *f*, ouvrier *m*, -ière *f*.

workforce ['wɜːkfɔːs] *n* main *f* d'œuvre.

working ['wɜːkɪŋ] *adj* **-1.** [in operation] qui marche. **-2.** [having employment] qui travaille. **-3.** [conditions, clothes, hours] de travail. ◆ **workings** *npl* [of system, machine] mécanisme *m*.

working class *n*: **the ~** la classe ouvrière. ◆ **working-class** *adj* ouvrier(ière).

working order *n*: **in ~** en état de marche.

workload ['wɜːkləʊd] *n* quantité *f* de travail.

workman ['wɜːkmən] (*pl* **-men** [-mən]) *n* ouvrier *m*.

workmanship ['wɜːkmənʃɪp] *n* (*U*) travail *m*.

workmate ['wɜːkmeɪt] *n* camarade *mf* OR collègue *mf* de travail.

work permit [-,pɜːmɪt] *n* permis *m* de travail.

workplace ['wɜːkpleɪs] *n* lieu *m* de travail.

workshop ['wɜːkʃɒp] *n* atelier *m*.

workstation ['wɜːk,steɪʃn] *n* COMPUT poste *m* de travail.

worktop ['wɜːktɒp] *n Br* plan *m* de travail.

work-to-rule *n Br* grève *f* du zèle.

world [wɜːld] ◇ *n* **-1.** [gen] monde *m*. **-2.** *loc*: **to think the ~ of sb** admirer qqn énormément, ne jurer que par qqn; **a ~ of difference** une énorme dif-

wrapping

férence. ◇ *comp* [power] mondial(e); [language] universel(elle); [tour] du monde.

world-class *adj* de niveau international.

world-famous *adj* de renommée mondiale.

worldly ['wɜːldlɪ] *adj* de ce monde, matériel(ielle).

World War I *n* la Première Guerre mondiale.

World War II *n* la Deuxième Guerre mondiale.

worldwide ['wɜːldwaɪd] ◇ *adj* mondial(e). ◇ *adv* dans le monde entier.

World Wide Web *n*: the ~ le World Wide Web.

worm [wɜːm] *n* [animal] ver *m*.

worn [wɔːn] ◇ *pp* → **wear**. ◇ *adj* -**1.** [threadbare] usé(e). -**2.** [tired] las (lasse).

worn-out *adj* -**1.** [old, threadbare] usé(e). -**2.** [tired] épuisé(e).

worried ['wʌrɪd] *adj* soucieux(ieuse), inquiet(iète).

worry ['wʌrɪ] ◇ *n* -**1.** [feeling] souci *m*. -**2.** [problem] souci *m*, ennui *m*. ◇ *vt* inquiéter, tracasser. ◇ *vi* s'inquiéter; to ~ about se faire du souci au sujet de; not to ~! ne vous en faites pas!

worrying ['wʌrɪɪŋ] *adj* inquiétant(e).

worse [wɜːs] ◇ *adj* -**1.** [not as good] pire; to get ~ [situation] empirer. -**2.** [more ill]: he's ~ today il va plus mal aujourd'hui. ◇ *adv* plus mal; they're even ~ off c'est encore pire pour eux; ~ off [financially] plus pauvre. ◇ *n* pire *m*; for the ~ pour le pire.

worsen ['wɜːsn] *vt & vi* empirer.

worship ['wɜːʃɪp] ◇ *vt* adorer. ◇ *n* -**1.** (U) RELIG culte *m*. -**2.** [adoration] adoration *f*. ◆ **Worship** *n*: Your/Her/His Worship Votre/Son Honneur *m*.

worst [wɜːst] ◇ *adj*: the ~ le pire (la pire), le plus mauvais (la plus mauvaise). ◇ *adv* le plus mal; the ~ affected area la zone la plus touchée. ◇ *n*: the ~ le pire; if the ~ comes to the ~ au pire. ◆ **at (the) worst** *adv* au pire.

worth [wɜːθ] ◇ *prep* -**1.** [in value]: to be ~ sthg valoir qqch; how much is it ~? combien cela vaut-il? -**2.** [deserving of]: it's ~ a visit cela vaut une visite; to be ~ doing sthg valoir la peine de faire qqch. ◇ *n* valeur *f*; a week's/£20 ~ of groceries pour une semaine/20 livres d'épicerie.

worthless ['wɜːθlɪs] *adj* -**1.** [object] sans

valeur, qui ne vaut rien. -**2.** [person] qui n'est bon à rien.

worthwhile [,wɜːθ'waɪl] *adj* [job, visit] qui en vaut la peine; [charity] louable.

worthy ['wɜːðɪ] *adj* -**1.** [deserving of respect] digne. -**2.** [deserving]: to be ~ of sthg mériter qqch. -**3.** *pej* [good but unexciting] méritant(e).

would [wʊd] *modal vb* -**1.** (*in reported speech*): she said she ~ come elle a dit qu'elle viendrait. -**2.** [indicating likelihood]: what ~ you do? que ferais-tu?; what ~ you have done? qu'aurais-tu fait?; I ~ be most grateful je vous en serais très reconnaissant. -**3.** [indicating willingness]: she ~n't go elle ne voulait pas y aller; he ~ do anything for her il ferait n'importe quoi pour elle. -**4.** (*in polite questions*): ~ you like a drink? voulez-vous OR voudriez-vous à boire?; ~ you mind closing the window? cela vous ennuierait de fermer la fenêtre? -**5.** [indicating inevitability]: he ~ say that j'étais sûr qu'il allait dire ça, ça ne m'étonne pas de lui. -**6.** [giving advice]: I ~ report it if I were you si j'étais vous je préviendrais les autorités. -**7.** [expressing opinions]: I ~ prefer je préférerais; I ~ have thought (that) ... j'aurais pensé que .... -**8.** [indicating habit]: he ~ smoke a cigar after dinner il fumait un cigare après le dîner; she ~ often complain about the neighbours elle se plaignait souvent des voisins.

would-be *adj* prétendu(e).

wouldn't ['wʊdnt] = would not.

would've ['wʊdəv] = would have.

wound¹ [wuːnd] ◇ *n* blessure *f*. ◇ *vt* blesser.

wound² [waʊnd] *pt & pp* → **wind²**.

wove [wəʊv] *pt* → **weave**.

woven ['wəʊvn] *pp* → **weave**.

WP *n* (*abbr of* word processing, word processor) TTX *m*.

wrangle ['ræŋgl] ◇ *n* dispute *f*. ◇ *vi*: to ~ (with sb over sthg) se disputer (avec qqn à propos de qqch).

wrap [ræp] ◇ *vt* [cover in paper, cloth]: to ~ sthg (in) envelopper OR emballer qqch (dans); to ~ sthg around OR round sthg enrouler qqch autour de qqch. ◇ *n* [garment] châle *m*. ◆ **wrap up** ◇ *vt sep* [cover in paper or cloth] envelopper, emballer. ◇ *vi* [put warm clothes on]: ~ up well OR warmly! couvrez-vous bien!

wrapper ['ræpəʳ] *n* papier *m*; Br [of book] jaquette *f*, couverture *f*.

wrapping ['ræpɪŋ] *n* emballage *m*.

wrapping paper n (U) papier m d'emballage.

wrath [rɒθ] n (U) literary courroux m.

wreak [riːk] vt [destruction, havoc] entraîner.

wreath [riːθ] n couronne f.

wreck [rek] ◇ n -1. [car, plane, ship] épave f. -2. inf [person] loque f. ◇ vt -1. [destroy] détruire. -2. NAUT provoquer le naufrage de; **to be ~ed** s'échouer. -3. [spoil - holiday] gâcher; [- health, hopes, plan] ruiner.

wreckage ['rekɪdʒ] n (U) débris mpl.

wren [ren] n roitelet m.

wrench [rentʃ] ◇ n [tool] clef f anglaise. ◇ vt -1. [pull violently] tirer violemment; **to ~ sthg off** arracher qqch. -2. [arm, leg, knee] se tordre.

wrestle ['resl] vi -1. [fight]: **to ~ (with sb)** lutter (contre qqn). -2. fig [struggle]: **to ~ with sthg** se débattre OR lutter contre qqch.

wrestler ['reslə[r]] n lutteur m, -euse f.

wrestling ['reslɪŋ] n lutte f.

wretch [retʃ] n pauvre diable m.

wretched ['retʃɪd] adj -1. [miserable] misérable. -2. inf [damned] fichu(e).

wriggle ['rɪgl] vi remuer, se tortiller.

wring [rɪŋ] (pt & pp wrung) vt [washing] essorer, tordre.

wringing ['rɪŋɪŋ] adj: ~ (wet) [person] trempé(e); [clothes] mouillé(e), à tordre.

wrinkle ['rɪŋkl] ◇ n -1. [on skin] ride f. -2. [in cloth] pli m. ◇ vt plisser. ◇ vi se plisser, faire des plis.

wrist [rɪst] n poignet m.

wristwatch ['rɪstwɒtʃ] n montre-bracelet f.

writ [rɪt] n acte m judiciaire.

write [raɪt] (pt wrote, pp written) ◇ vt -1. [gen & COMPUT] écrire. -2. Am [person] écrire à. -3. [cheque, prescription] faire. ◇ vi [gen & COMPUT] écrire. ◆ **write back** vi répondre. ◆ **write down** vt sep écrire, noter. ◆ **write into** vt sep: **to ~ a clause into a contract** insérer une clause dans un contrat. ◆ **write off** vt sep -1. [project] considérer comme fichu. -2. [debt, investment] passer aux profits et pertes. -3. [person] considérer comme fini. -4. Br inf [vehicle] bousiller. ◆ **write up** vt sep [notes] mettre au propre.

write-off n [vehicle]: **to be a ~** être complètement démoli(e).

writer ['raɪtə[r]] n -1. [as profession] écrivain m. -2. [of letter, article, story] auteur m.

writhe [raɪð] vi se tordre.

writing ['raɪtɪŋ] n (U) -1. [handwriting, activity] écriture f; **in ~** par écrit. -2. [something written] écrit m.

writing paper n (U) papier m à lettres.

written ['rɪtn] ◇ pp → write. ◇ adj écrit(e).

wrong [rɒŋ] ◇ adj -1. [not normal, not satisfactory] qui ne va pas; **is something ~?** y a-t-il quelque chose qui ne va pas?; **what's ~?** qu'est-ce qui ne va pas?; **there's something ~ with the switch** l'interrupteur ne marche pas bien. -2. [not suitable] qui ne convient pas. -3. [not correct - answer, address] faux (fausse), mauvais(e); [- decision] mauvais(e); **to be ~** [person] avoir tort; **to be ~ to do sthg** avoir tort de faire qqch. -4. [morally bad]: **it's ~ to ...** c'est mal de .... ◇ adv [incorrectly] mal; **to get sthg ~** se tromper à propos de qqch; **to go ~** [make a mistake] se tromper, faire une erreur; [stop functioning] se détraquer. ◇ n mal m; **to be in the ~** être dans son tort. ◇ vt faire du tort à.

wrongful ['rɒŋful] adj [unfair] injuste; [arrest, dismissal] injustifié(e).

wrongly ['rɒŋlɪ] adv -1. [unsuitably] mal. -2. [mistakenly] à tort.

wrong number n faux numéro m.

wrote [rəʊt] pt → write.

wrought iron [rɔːt-] n fer m forgé.

wrung [rʌŋ] pt & pp → wring.

wry [raɪ] adj -1. [amused - smile, look] amusé(e); [- humour] ironique. -2. [displeased] désabusé(e).

WWW (abbr of World Wide Web) n WWW m.

x (pl **x's** OR **xs**), **X** (pl **X's** OR **Xs**) [eks] n -1. [letter] x m inv, X m inv. -2. [unknown thing] x m inv. -3. [to mark place] croix f. -4. [at end of letter]: **XXX** grosses bises.

xenophobia [ˌzenə'fəʊbjə] n xénophobie f.

Xmas ['eksməs] n Noël m.

X-ray ◇ n -1. [ray] rayon m X. -2. [picture] radiographie f, radio f. ◇ vt radiographier.

xylophone ['zaɪləfəun] *n* xylophone *m*.

y (*pl* **y's** OR **ys**), **Y** (*pl* **Y's** OR **Ys**) [waɪ] *n* [letter] y *m inv*, Y *m inv*.

yacht [jɒt] *n* yacht *m*.

yachting ['jɒtɪŋ] *n* yachting *m*.

yachtsman ['jɒtsmən] (*pl* **-men** [-mən]) *n* yachtman *m*.

Yank [jæŋk] *n Br inf terme péjoratif désignant un Américain*, Amerloque *mf*.

Yankee ['jæŋkɪ] *n Br inf* [American] *terme péjoratif désignant un Américain*, Amerloque *mf*.

yap [jæp] *vi* [dog] japper.

yard [jɑːd] *n* -1. [unit of measurement] = 91,44 *cm*, yard *m*. -2. [walled area] cour *f*. -3. [area of work] chantier *m*. -4. *Am* [attached to house] jardin *m*.

yardstick ['jɑːdstɪk] *n* mesure *f*.

yarn [jɑːn] *n* [thread] fil *m*.

yawn [jɔːn] ◇ *n* [when tired] bâillement *m*. ◇ *vi* [when tired] bâiller.

yd *abbr of* **yard**.

yeah [jeə] *adv inf* ouais.

year [jɪəʳ] *n* -1. [calendar year] année *f*; **all (the)** ~ **round** toute l'année. -2. [period of 12 months] année *f*, an *m*; **to be 21 ~s old** avoir 21 ans. -3. [financial year] année *f*; **the ~ 1992-93** l'exercice 1992-93. ◆ **years** *npl* [long time] années *fpl*.

yearly ['jɪəlɪ] ◇ *adj* annuel(elle). ◇ *adv* -1. [once a year] annuellement. -2. [every year] chaque année; **twice ~** deux fois par an.

yearn [jɜːn] *vi*: **to ~ for sthg/to do sthg** aspirer à qqch/à faire qqch.

yearning ['jɜːnɪŋ] *n*: ~ **(for sb/sthg)** désir *m* ardent (pour qqn/de qqch).

yeast [jiːst] *n* levure *f*.

yell [jel] ◇ *n* hurlement *m*. ◇ *vi & vt* hurler.

yellow ['jeləu] ◇ *adj* [colour] jaune. ◇ *n* jaune *m*.

yellow card *n* FTBL carton *m* jaune.

yelp [jelp] *vi* japper.

yeoman of the guard ['jəumən-] (*pl* **yeomen of the guard** ['jəumən-]) *n* hallebardier *m* de la garde royale.

yes [jes] ◇ *adv* -1. [gen] oui; ~, **please** oui, s'il te/vous plaît. -2. [expressing disagreement] si. ◇ *n* oui *m inv*.

yesterday ['jestədɪ] ◇ *n* hier *m*; **the day before** ~ avant-hier. ◇ *adv* hier.

yet [jet] ◇ *adv* -1. [gen] encore; ~ **faster** encore plus vite; **not ~** pas encore; ~ **again** encore une fois; **as ~**

jusqu'ici. -2. déjà; **have they finished** ~? est-ce qu'ils ont déjà fini? ◇ *conj* et cependant, mais.

yew [juː] *n* if *m*.

yield [jiːld] ◇ *n* rendement *m*. ◇ *vt* -1. [produce] produire. -2. [give up] céder. ◇ *vi* -1. [gen]: **to ~ (to)** céder (à). -2. *Am* AUT [give way]: "~" «cédez le passage».

YMCA (*abbr of* **Young Men's Christian Association**) *n union chrétienne de jeunes gens (proposant notamment des services d'hébergement)*.

yoga ['jəugə] *n* yoga *m*.

yoghourt, yoghurt, yogurt [*Br* 'jɒgət, *Am* 'jəugərt] *n* yaourt *m*.

yoke [jəuk] *n lit & fig* joug *m*.

yolk [jəuk] *n* jaune *m* (d'œuf).

you [juː] *pers pron* -1. (*subject - sg*) tu; (- *polite form, pl*) vous; ~**'re a good cook** tu es/vous êtes bonne cuisinière; **are ~ French?** tu es/vous êtes français?; ~ **French** vous autres Français; ~ **idiot!** espèce d'idiot!; **if I were** OR **was ~** si j'étais toi/vous, à ta/votre place; **there ~ are** [you've appeared] te/vous voilà; [have this] voilà, tiens/tenez; **that jacket really isn't ~** cette veste n'est pas vraiment ton/votre style. -2. (*object - unstressed, sg*) te; (- *polite form, pl*) vous; **I can see ~** je te/vous vois; **I gave it to ~** je te/vous l'ai donné. -3. (*object - stressed, sg*) toi; (- *polite form, pl*) vous; **I don't expect** YOU **to do it** je n'exige pas que ce soit toi qui le fasses/vous qui le fassiez. -4. (*after prep, in comparisons etc, sg*) toi; (- *polite form, pl*) vous; **we shall go without** ~ nous irons sans toi/vous; **I'm shorter than** ~ je suis plus petit que toi/vous. -5. [anyone, one]: ~ **have to be careful** on doit faire attention; **exercise is good for** ~ l'exercice est bon pour la santé.

you'd [juːd] = **you had, you would**.

you'll [juːl] = **you will**.

young [jʌŋ] ◇ *adj* jeune. ◇ *npl* -1. [young people]: **the** ~ les jeunes *mpl*. -2. [baby animals] les petits *mpl*.

younger ['jʌŋgəʳ] *adj* plus jeune.

youngster ['jʌŋstəʳ] *n* jeune *m*.

your [jɔːʳ] *poss adj* -1. (*referring to one person*) ton (ta), tes (*pl*); (*polite form, pl*) votre, vos (*pl*); ~ **dog** ton/votre chien; ~ **house** ta/votre maison; ~ **children** tes/vos enfants; **what's** ~ **name?** comment t'appelles-tu/vous appelez-vous?; **it wasn't** YOUR **fault**

ce n'était pas de ta faute à toi/de votre faute à vous. **-2.** (*impersonal - one's*) son (sa), ses (*pl*); ~ **attitude changes as you get older** on change sa manière de voir en vieillissant; **it's good for** ~ **teeth/hair** c'est bon pour les dents/les cheveux; ~ **average Englishman** l'Anglais moyen.

you're [jɔːr] = **you are**.

yours [jɔːz] *poss pron* (*referring to one person*) le tien (la tienne), les tiens (les tiennes) (*pl*); (*polite form, pl*) le vôtre (la vôtre), les vôtres (*pl*); **that desk is** ~ ce bureau est à toi/à vous, ce bureau est le tien/le vôtre; **it wasn't her fault, it was YOURS** ce n'était pas de sa faute, c'était de ta faute à toi/de votre faute à vous; **a friend of** ~ un ami à toi/vous, un de tes/vos amis. ◆ **Yours** *adv* [in letter] → **faithfully, sincerely** *etc.*

yourself [jɔːˈself] (*pl* **-selves** [-ˈselvz]) *pron* **-1.** (*reflexive - sg*) te; (- *polite form, pl*) vous; (*after preposition - sg*) toi; (- *polite form, pl*) vous. **-2.** (*for emphasis - sg*) toi-même; (- *polite form*) vous-même; (- *pl*) vous-mêmes; **did you do it** ~? tu l'as/vous l'avez fait tout seul?

youth [juːθ] *n* **-1.** (*U*) [period, quality] jeunesse *f*. **-2.** [young man] jeune homme *m*. **-3.** (*U*) [young people] jeunesse *f*, jeunes *mpl*.

youth club *n* centre *m* de jeunes.

youthful [ˈjuːθful] *adj* **-1.** [eager, innocent] de jeunesse, juvénile. **-2.** [young] jeune.

youth hostel *n* auberge *f* de jeunesse.

you've [juːv] = **you have**.

YTS (*abbr of* **Youth Training Scheme**) *n* programme gouvernemental britannique d'insertion des jeunes dans la vie professionnelle.

Yugoslav = **Yugoslavian**.

Yugoslavia [ˌjuːgəˈslɑːvɪə] *n* Yougoslavie *f*.

Yugoslavian [ˌjuːgəˈslɑːvɪən], **Yugoslav** [ˈjuːgəˈslɑːv] ◇ *adj* yougoslave. ◇ *n* Yougoslave *mf*.

yuppie, **yuppy** [ˈjʌpɪ] *n inf* yuppie *mf*.

YWCA (*abbr of* **Young Women's Christian Association**) *n* union chrétienne de jeunes filles (*proposant notamment des services d'hébergement*).

z (*pl* **z's** OR **zs**), **Z** (*pl* **Z's** OR **Zs**) [*Br* zed, *Am* ziː] *n* [letter] z *m inv*, Z *m inv*.

Zambia [ˈzæmbɪə] *n* Zambie *f*.

zany [ˈzeɪnɪ] *adj inf* dingue.

zap [zæp] *vi inf*: **to** ~ **(off) somewhere** foncer quelque part.

zeal [ziːl] *n* zèle *m*.

zealous [ˈzeləs] *adj* zélé(e).

zebra [*Br* ˈzebrə, *Am* ˈziːbrə] (*pl inv* OR **-s**) *n* zèbre *m*.

zebra crossing *n Br* passage *m* pour piétons.

zenith [*Br* ˈzenɪθ, *Am* ˈziːnəθ] *n lit & fig* zénith *m*.

zero [*Br* ˈzɪərəʊ, *Am* ˈziːrəʊ] (*pl inv* OR **-es**) ◇ *adj* zéro, aucun(e). ◇ *n* zéro *m*.

zest [zest] *n* (*U*) **-1.** [excitement] piquant *m*. **-2.** [eagerness] entrain *m*. **-3.** [of orange, lemon] zeste *m*.

zigzag [ˈzɪgzæg] *vi* zigzaguer.

Zimbabwe [zɪmˈbɑːbwɪ] *n* Zimbabwe *m*.

zinc [zɪŋk] *n* zinc *m*.

zip [zɪp] *n Br* [fastener] fermeture *f* éclair®. ◆ **zip up** *vt sep* [jacket] remonter la fermeture éclair de; [bag] fermer la fermeture éclair de.

zip code *n Am* code *m* postal.

zip fastener *n Br* = **zip**.

zipper [ˈzɪpər] *n Am* = **zip**.

zodiac [ˈzəʊdɪæk] *n*: **the** ~ le zodiaque.

zone [zəʊn] *n* zone *f*.

zoo [zuː] *n* zoo *m*.

zoology [zəʊˈɒlədʒɪ] *n* zoologie *f*.

zoom [zuːm] ◇ *vi inf* [move quickly] aller en trombe. ◇ *n* PHOT zoom *m*.

zoom lens *n* zoom *m*.

zucchini [zuːˈkiːnɪ] (*pl inv*) *n Am* courgette *f*.

Achevé d'imprimer par l'Imprimerie
Maury-Eurolivres à Manchecourt
Nº de projet 10081843 - 210 - OSB60º
Nº de projet 10081844 - 80 - OTB50º
Dépôt légal : janvier 2001 - Nº d'imprimeur : 83500

Imprimé en France - (Printed in France)